新版
日本語教育事典

日本語教育学会 編

水谷修
加藤清方
佐久間勝彦
佐々木倫子
西原鈴子
仁田義雄
編集

大修館書店

まえがき

　日本語教育に携わる人には幅広い分野にわたる知識と実践能力が求められます。それらを身につけていくためには，日本語についての言語学的分析能力や習得研究に基づく教授法，さらに日本語教育をめぐる社会状況など，広範に及ぶ動向を総合的に視野に収めた上で，専門的な研究成果にも裏打ちされたバランスのとれた情報を獲得していかなければなりません。

　『日本語教育事典』は，1982年に初版を発行，さらに1987年には縮刷版も発行し，以来日本語教育についての基本事項を網羅した百科として好評のうちに版を重ねてきました。

　しかしながら，この10数年間の日本語教育をめぐる環境の変化には著しいものがありました。学習者の急増と学習目的の多様化，グローバル化の進展に伴う日本語教育の国内・国外への広がり，教師養成制度・内容の転換，日本語教育にかかわる言語研究や習得研究の進展などの事態の変化は，従来の日本語教育の枠組みの再編を迫るものでした。

　そこで，そうした変動に対応するとともに，21世紀の日本語教育のあり方をも展望した新たな事典が必要とされているとの認識に基づき，旧版の内容を全面的に見直すことからこの事典の編集が始められました。

　新版の内容上の最大の特色としては，実際に教えるときに役に立つ情報が盛り込まれた教育事典だということが挙げられます。学習者にとって何が必要か，そしてそれに応じた教育をどのように行うことができるのかという疑問に応えるべく，問題を具体的に提示し，その問題に取り組む視点と考え方の筋道をわかりやすく説明しました。

　読者対象としては，国内外の日本語教員，日本語教育専攻の大学生・大学院生，ボランティアの人々，自治体の国際交流担当者，国語・英語教員などを想定しています。基礎的な知識を整理して提供する一方，必要に応じて最新の研究動向にも触れましたが，その場合でもあまり予備知識がない読者にも理解できるような書き方を心がけました。

　編集・執筆にあたっては，旧版同様日本語教育学会が総力を挙げて取り組みました。学会外の人々や国外の人々からの協力も積極的に仰ぎました。日本語教育の現状の問題点を見据え，新世紀のあるべき方向を示唆するだけでなく，日本語教育を基盤にした新しい言語教育学の構築を目指す事典として教育・研究に役立つことを願っています。

　　2005年9月

　　　　　　　　　　　　　　　　　　　　　　　　　　　　　　　　　　編集委員一同

編者・執筆者一覧

●編集委員(*は編集委員長)
水谷 修*　加藤清方　佐久間勝彦　佐々木倫子　西原鈴子　仁田義雄

●分野別編集コーディネーター(*はチーフ・コーディネーター)
1　音声・音韻──鮎澤孝子*　西沼行博　林 良子
2　文法──仁田義雄*　安達太郎　安藤節子　庵 功雄　大曾美惠子　野田尚史　森山卓郎　山田敏弘
3　語彙・意味──中道真木男*　遠藤裕子　木田真理
4　ことばと運用──岡本能里子*　熊谷智子　小宮千鶴子　三宅和子
5　文字・表記──加納千恵子*　石井恵理子　谷部弘子
6　ことばと社会──渋谷勝己*　J. V. ネウストプニー*　細川英雄*　佐藤和之
7　言語・言語教育研究の方法──西原鈴子*　横溝紳一郎
8　言語習得・教授法──佐々木倫子*　谷口すみ子　西川寿美　林 さと子
9　教育・学習メディア──加藤清方*　内海成治　才田いずみ　谷口聡人
10　国内の日本語教育──春原憲一郎*　石井恵理子　林 さと子　山田 泉
11　海外の日本語教育──佐久間勝彦*　坪山由美子　藤長かおる　三原龍志

●執筆者(50音順)

相澤正夫	安藤節子	井上亜子
アイスマン，スザンナ	李 德奉(イ・ドクボン)	井上京子
青木惣一	家村睦夫	井上 優
青木直子	庵 功雄	猪塚 元
青木博史	生田少子	今井邦彦
赤羽三千江	池上摩希子	今井新悟
赤堀侃司	池上嘉彦	岩崎 卓
秋元美晴	池田伸子	ヴァンデワラ，W. F.
秋山隆志郎	池田優子	ウェッツェル，パトリシア．
阿久澤麻理子	池田玲子	植松 清
阿久津 智	石井恵理子	宇佐美まゆみ
浅川伸一	石井哲士朗	宇佐美 洋
安達太郎	石黒 圭	氏平 明
足立祐子	伊豆蔵恵美子	内田聖二
阿部 忍	泉 文明	内田伸子
阿部泰明	磯 洋子	内海成治
阿部洋子	市川保子	内海由美子
鮎澤孝子	市瀬俊介	宇根祥夫
新井弘泰	伊東祐郎	梅田博之
荒川友幸	伊藤雅光	遠藤裕子
アラード房子	稲垣滋子	王 伸子

編者・執筆者一覧

大北葉子	亀山稔史	齋藤伸子
大島弘子	カルヴェッティ，パオロ	齋藤ひろみ
大曾美恵子	川上郁雄	齋藤正雄
太田 亨	川口義一	斎藤倫明
大竹孝司	川越菜穂子	斉山弥生
大津由紀雄	川村よし子	三枝令子
大西拓一郎	河原崎幹夫	佐賀啓男
大野眞男	木田真理	酒井順子
大野木裕明	木谷直之	坂原 茂
岡 秀夫	北原博雄	坂本 正
岡崎敏雄	北村武士	鷲山郁子
岡崎 眸	北村達也	佐久間勝彦
岡野賢二	木部暢子	佐久間まゆみ
岡本能里子	木村琢也	櫻井直子
小川貴士	木村政康	迫田久美子
小川誉子美	ギルフリー，ヘレン	佐々木あや乃
小河原義朗	金城尚美	佐々木倫子
荻野綱男	金水 敏	佐々木泰子
奥田純子	具志堅美智子	笹沼澄子
奥村智紀	工藤真由美	笹原宏之
生越直樹	国広哲弥	佐竹秀雄
尾﨑明人	窪薗晴夫	作花文雄
尾崎喜光	久保田賢一	佐藤恵美子
鬼木和子	熊谷智子	佐藤和之
小野寺典子	ゲーツ三隅友子	佐藤郡衛
カイザー，シュテファン	小出慶一	佐藤勢紀子
加賀野井秀一	河野理恵	佐藤紀子
加賀美常美代	郡 史郎	佐藤 豊
影山太郎	兒島慶治	佐藤ゆみ子
笠原ゆう子	ゴスマン，ヒラリア	サトヤ・ブシャン・ヴァルマ
鹿島 央	小林悦夫	ザトラウスキー，ポリー
鹿嶋 恵	小林佳代子	真田信治
柏崎秀子	小林 隆	佐野正之
柏崎雅世	小林哲夫	佐野由紀子
片岡裕子	小林典子	澤田美恵子
カッケンブッシュ知念寛子	小林基起	塩入すみ
加藤清方	小林由子	塩田雄大
加藤好崇	小宮千鶴子	篠﨑摂子
門倉正美	小矢野哲夫	篠原文陽児
カネギ ルース	小山 悟	柴田 武
金田智子	西條美紀	柴山真琴
加納千恵子	才田いずみ	渋谷勝己
鎌田 修	斎藤里美	嶋田和子
亀井 尚	斎藤純男	清水康敬

清水百合	谷 啓子	西阪 仰
朱 春躍	谷口すみ子	仁科喜久子
シュヴレー慧子	谷口龍子	西沼行博
シュルテペルクム，ルドルフ	玉岡賀津雄	西端律子
徐 一平	チラソンバット，ウォラウット	西原純子
ジョナック，キャッシー	陳 淑娟	西原鈴子
白井賢一郎	辻 幸夫	西村よしみ
白井純子	辻井潤一	二通信子
白川博之	都染直也	新田哲夫
白畑知彦	土屋 俊	仁田義雄
代田智恵子	土屋順一	縫部義憲
菅井勝雄	土屋千尋	沼田善子
杉戸清樹	筒井通雄	ネウストプニー，J. V.
杉本和之	坪井栄治郎	野口裕之
杉本 武	坪本篤朗	野田春美
助川泰彦	坪山由美子	野田尚史
鈴木智美	當作靖彦	野村敏夫
鈴木美加	堂寺 泉	野村益寛
鈴木 睦	戸田貴子	野元千寿子
鈴木庸子	富谷玲子	野元弘幸
砂川有里子	トムソン木下千尋	野山 広
スルツベルゲル三木佐和子	鳥飼玖美子	野呂博子
清 ルミ	トリーニ，アルド	萩田 博
牲川波都季	ドルゴル，スレン	初鹿野阿れ
関 加代子	直井恵理子	橋元良明
関 正昭	中井精一	蓮沼昭子
関口明子	長尾昭子	長谷川恒雄
善如寺俊幸	中澤 潤	畑佐一味
高宇ドルビーン洋子	中島和子	八田直美
高澤美和子	長島要一	浜田麻里
高梨信乃	中西久実子	林 さと子
高橋悦子	永野和男	林 伸一
高橋美奈子	永野マドセン泰子	林 良子
高見健一	中畠孝幸	早田輝洋
高見澤 孟	中林理絵	早津恵美子
高山善行	中道知子	ハリール，カラム
滝野有紀子	中道真木男	春原憲一郎
武田加奈子	中村雅子	ハルペン・ジャック
竹綱誠一郎	中村律子	半沢 康
舘岡洋子	中山惠利子	ハント蔭山裕子
田中和美	西尾珪子	備前 徹
田中 望	西川寿美	日高水穂
ダナサスミタ，ワワン	西口光一	日比谷潤子
田辺淳也	西郡仁朗	姫野昌子

平高史也	松見法男	八重島 炎
平畑奈美	松村一登	矢澤真人
広瀬正宜	松本裕治	八代京子
ファン，サウクェン	マーハ，ジョン・C.	屋名池 誠
フェアブラザー，リサ	丸山敬介	柳沢昌義
深澤のぞみ	水島和夫	柳澤好昭
福島青史	水谷 修	谷部弘子
福地 肇	水谷信子	矢部まゆみ
更田恵子	水野義道	山内 豊
藤長かおる	三井豊子	山崎信喜
藤村知子	光信仁美	山崎 誠
船津誠也	御堂岡 潔	山崎 恵
降幡正志	南 不二男	山下喜代
古川嘉子	箕浦康子	山下早代子
文野峯子	三原龍志	山下美知子
保坂敏子	三宅和子	山科健吉
星 亨	三宅知宏	山田 泉
星野和子	宮崎和人	山田恒夫
細川英雄	宮崎里司	山田敏弘
堀江 薫	宮地 宏	山本和子
堀口純子	宮島達夫	要門美規
本郷智子	宮副ウォン裕子	横溝紳一郎
本郷好和	宮原 彬	横山詔一
前川喜久雄	関 光準（ミン・グァンジュン）	横山紀子
前田富祺	村岡貴子	吉岡 薫
前田直子	村岡英裕	吉川・一甲真由美エジナ
前田理佳子	村上京子	吉田達弘
牧野成一	村木新次郎	吉田勝一
牧野高吉	村野良子	吉村弓子
正高信男	村松賢一	米勢治子
益岡隆志	メイナード，泉子・K.	米田正人
舛見蘇弘美	本橋啓子	米谷隆史
マダナー，オットー	籾山洋介	ラフィック，ハナーン
松尾 大	森本順子	李 活雄（リー・ウッドホン）
松木啓子	森山 新	ロング，エリク
松木正恵	森山卓郎	ロング，ダニエル
松崎 寛	森山由紀子	和栗雅子
松田陽子	茂呂雄二	

● 日本語教育史年表作成──池谷貞夫　柳澤好昭　野山 広　【協力】関 正昭　坪山由美子
● 主要参考文献作成────早田美智子

● 本文校閲協力──────北川千里　藤田美佳

総目次

まえがき ─── iii
編者・執筆者一覧 ─── iv
本文詳細目次 ─── x
凡例 ─── xix

●

1 ｜ 音声・音韻 ─── 3
2 ｜ 文法 ─── 61
3 ｜ 語彙・意味 ─── 215
4 ｜ ことばと運用 ─── 313
5 ｜ 文字・表記 ─── 367
6 ｜ ことばと社会 ─── 449
7 ｜ 言語・言語教育研究の方法 ─── 533
8 ｜ 言語習得・教授法 ─── 679
9 ｜ 教育・学習メディア ─── 823
10 ｜ 国内の日本語教育 ─── 937
11 ｜ 海外の日本語教育 ─── 983

●

日本語教育史年表 ─── 1054
日本語教育主要統計 ─── 1104
日本語教育にかかわる領域 ─── 1108
主要参考文献 ─── 1110
索引 ─── 1121

本文詳細目次

1 — 音声・音韻 ————— 3
- A — 音声の生成 ————— 5
  - 音声器官…5　発声と調音…6
- B — 音声記号 ————— 7
  - IPA…7　音素…9　日本語の子音…11　日本語の母音…12
- C — 発話の単位 ————— 13
  - 音節と拍（モーラ）…13　五十音図…14　特殊拍…16
- D — 音連続 ————— 17
  - 縮約形…17　連濁…18
- E — 韻律 ————— 19
  - アクセント…19　アクセントの体系…20　イントネーション…21　プロミネンス…23　リズム…24
  - ポーズ…25
- F — パラ言語 ————— 26
  - パラ言語情報…26
- G — 音声の物理的特徴 ————— 26
  - 音声分析…26　音声波形…28　スペクトログラム…29
- H — 音声の心理的特徴 ————— 32
  - 音声の知覚…32　聴取実験の方法…33
- I — 学習者の音声 ————— 35
  - 中間言語の音声…35　母語別問題点…36　英語…37　スペイン語…37　イタリア語…38　ポルトガル
  - 語…39　フランス語…40　ドイツ語…40　スウェーデン語…41　ロシア語…42　ポーランド語…43
  - トルコ語…43　モンゴル語…44　韓国語（朝鮮語）…45　北京語…45　閩南語…46　上海語…47
  - 広東語…48　ベトナム語…49　タイ語…50　ビルマ語…50　タガログ語…51　インドネシア語…52
  - マレー語…53　ウルドゥー語・ヒンディー語…54　ペルシャ語…54　アラビア語…55
- J — 音声教育 ————— 56
  - 音声教育法…56　VT法…57　音声教育教材…58

2 — 文法 ————— 61
- A — 総論 ————— 64
  - 日本語文法研究の歴史…64
- B — 形態論 ————— 65
  - 語と形態素…65　語構成（文法論から）…66　派生…67　複合…68　品詞分類…69　文法カテゴリ
  - ー…70　活用の捉え方…71　活用とアクセント…78　動詞…80　自動詞と他動詞…81　形容詞…83
  - 名詞…85　数量詞…85　様態副詞…87　程度副詞…87　陳述副詞…88　連体詞…89　接続詞…90
  - 感動詞…91　助詞…92　助動詞…93
- C — 文型 ————— 94
  - 文の成分…94　基本文型…95　基本語順…96
- D — 格 ————— 97
  - 日本語の格…97　連体修飾節主語を表すガとノ…98　対象を表すヲとガ…99　場所を表すニとデとヲ

…99　起点を表すヲとカラ…100　時を表すニの使用・不使用…101　目的地を表すニとへ…101　材料を表すカラとデ…102　起因を表すニとデとカラ…102　動詞と格助詞…103　格助詞の用法…104　複合格助詞…104

E－ヴォイスとその周辺 ——————107

ヴォイス…107　受動文の種類…108　受動文での動作主の格…110　受動文の諸特徴…110　自動詞と他動詞の受身…111　使役…112　使役と他動詞…113　自発…113　可能文に用いられる形式…114　可能文の諸特徴…115　相互文の諸特徴…116　授受の補助動詞表現…116　授受表現の諸特徴…117　方向性表現…118

F－肯否 ——————119

否定との呼応…119　否定の焦点…120　ナク（テ）・ナイデ・ズ（ニ）…121

G－テンス・アスペクト ——————122

アスペクト…122　状態動詞…123　スル形・シテイル形の意味…124　ツツアル・テクル・テイク──直前，変化の進展など…125　アスペクトの複合動詞…126　テオク・テアル…126　形式名詞系のアスペクト形式…127　接辞形式とテンス・アスペクト…128　動詞とアスペクト…128　副詞とアスペクト…129　テンス…130　タ形…131　ル形…132　連体修飾とテンス…133

H－モダリティ ——————134

モダリティ…134　疑問文の種類…135　疑問形式の用法…136　確認表現…137　意志の表現…138　誘いかけ…139　行為要求…139　禁止…140　勧め…141　義務・許容…141　不確かさを表す表現…142　証拠からの判断…144　伝聞…145　ノダ──説明のモダリティ…146　終助詞の用法…146　モダリティの副詞…147　感嘆文…148

I－主題・とりたて ——————149

主題…149　ハとガ──基本的な違い…150　ハとガ──有題文と無題文…150　ハとガ──顕題文と陰題文…151　ハとガ──文の中と節の中…152　ハとガ──対比と排他…152　ッテとハ──主題のバリエーション…153　とりたて…153　サエとマデ──意外性のとりたて…154　デモとモ──意外性のとりたて…155　デモとナンカ──例示のとりたて…156　ナンカとナンテ──低評価のとりたて…157　ナンカとクライ──低評価のとりたて…158　ダケとシカ──限定のとりたて…158　ダケとバカリ──限定のとりたて…159　数量詞＋ハ・モ…160　無助詞，格助詞の省略…161

J－複文 ——————161

従属節の階層性…161　テ・中止節…163　ナガラ・ツツ…164　キリ・ママ・ナリ…164　バ・ト・タラ・ナラ──条件…165　条件節の周辺形式…166　テモ・タッテ・トコロデ──逆条件…167　カラ・ノデ・テ──原因・理由…168　理由を表す節の周辺…169　ノニ・クセニ・モノノ…170　タメニ・ヨウニ・ノニ──目的…172　ガ・ケレド──逆接・前置き…173　並列を表す形式…173　とき・折・頃・際…174　最中・ウチニ・アイダ…175　マエ（ニ）・アト（デ）・テカラ…176　ヤイナヤ・ガ早イカ…177　連体修飾節…178　コト・ノ・トコロ──名詞節…179　ト・カ・ヨウニ──引用…180

K－談話・テキスト ——————181

文章のまとまり──結束性・一貫性…181　ダイクシス（直示）…182　指示詞（現場指示）…182　指示詞（文脈指示）…183　分裂文…184　名詞句の省略・繰り返し…185　代名詞の使用・不使用…186　ハイ・イイエ・エエ──応答…186　アラ・マア──感嘆詞…187　アノ・エート・マア──フィラー…188　接続詞・接続表現…188　ノダ・ワケダ・カラダ・ハズダ──関連づけ…189　文体による表現の異なり…191　旧情報・新情報（定・不定，既知・未知）…192　視点…193

L－敬語 ——————194

待遇表現の体系…194　尊敬語…195　謙譲語…196　丁寧語・丁重語…197　待遇表現の運用…198

M－教育のための文法分析 ——————199

判定詞の連体形…199　自動詞と他動詞の特徴…199　意志動詞と無意志動詞にかかわる現象…200　感情・感覚形容詞，感情動詞…201　テ形…202　見える・聞こえる…204　使役…204　受身…205　受給表現…206　動詞活用の見分け方…207　モダリティと文体…207　接続表現と文体…207　表現機能から見た文法項目…210　教科書などで使われる文法用語の対照表…214

3 — 語彙・意味　215

A — 語彙と語彙学習　217
日本語の学習と語彙…217　指示と命名…218　言語運用と語彙…218　伝達と語彙…219　文化と語彙…220　社会行動と語彙…221

B — 語彙　222
語彙…222　語彙の範囲と変異…223　語彙の言語間対照…225　日本語の語彙の特色…226

C — 語のなりたち　228
語…228　語彙要素…231　形態素…232　連語…233　慣用句…235　語の形…236　語の変化形…237　語構成（語彙論から）…239　単純語…240　合成語…240　複合語…241　派生語…243　接頭辞（接頭語）…244　接尾辞（接尾語）…245　造語成分…246　漢語の構造…246　造語法…247　合成法…249　転成…250　略語…250　語の借用…252　借用のしくみ…252

D — 語の分類　254
語の分類…254　語種…256　和語…257　漢語…259　外来語…260　混種語…261　さまざまな語類…262　音象徴語…263　数詞…264　助数詞…266

E — 語の意味　268
語の意味…268　意味と認知…269　単義・多義・同音異義…270　多義の構造…271　語感…273　語義の分析…275　語と語の関係…276　語彙の体系…278

F — 語の用法　279
語の用法…279　語の共起関係…281　語の談話的機能…282

G — 語の数　283
語彙量…283　日本語の語彙量…284

H — 語彙資料　285
辞書…285　コーパス…287

I — 語彙の変化　288
語の通時的変化…288　原義・転義…289　語源…290　新語…291　語彙の通時的変化…292

J — 語彙の学習　293
日本語学習のなかの語彙学習…293　学習語彙…295　学習者条件と語彙学習…296　留学生の学習語彙…298　ビジネスピープル・就労者の学習語彙…299　海外初等・中等教育における学習語彙…300　定住生活者の学習語彙…301　学習レベルと語彙学習…302　語彙学習の方法…304　意味の学習…305　用法の学習…307　体系としての語彙の学習…308　語彙学習の教材…310

4 — ことばと運用　313

A — 語用論　315
語用論…315　発話行為…316　ポライトネス理論…318　ポライトネスと丁寧さ…320　丁寧さの表し方…322　発話の単位…324　発話の機能…325　ことばの運用と文化差…327　コミュニケーション・ストラテジー…328　決まり文句…329　文化的キーワード…330　アイデンティティ…332

B — 談話　333
談話…333　談話構造…334　会話のつながり…336　会話のしくみ…337　会話の合図…338　ジェスチャー…339　会話の参加者…341　談話研究…341　教室談話…344　話しことばと場面…345　話

しことばの特徴…347　話しことばの文法…349　ことばの使い分け…350

C－書きことば────352
文章構成…352　段落…352　文のつながり…354　文脈…355　文章の種類…356　文体…357　新聞の文体…358　手紙の文体…359　報告の文体…360　レトリック…361　書きことばの文化差…362　文章のわかりやすさ…363　読解の過程…364　要約…365

5－文字・表記────367
A－文字────369
文字の機能…369　世界の文字…370　文字体系間距離…371　日本の文字の特色…372　アルファベットと日本の文字…373　中国の漢字と日本の文字…374　韓国の文字と日本の文字…375　視覚障害者の文字…376

B－表記法────377
漢字仮名交じり文…377　分かち書き…378　日本語の正書法…379　日本語の文字の書体…380　ひらがな表記…381　カタカナ表記…381　ローマ字表記…382　表記と発音…383　字種と語彙表記…383　表記法の変遷…384　表記に関する政策…385　現代表記の実態…386

C－漢字────387
漢字の特性…387　漢字の字源…388　漢字の字形…398　漢字の構成要素…390　漢字の意味・用法…391　漢字の読み…392　漢字・漢字語の使用頻度…393　漢字の字体…394　漢字の辞典…395　漢字の難度…397　漢字の情報処理…397　専門分野別の漢字…399　漢字文化圏…399

D－文字の認知・習得メカニズム────401
字形認識…401　文字の記憶…402　文字記憶の要因…403　文字記憶のメカニズム…404　文字記憶のメカニズムと文字習得…405

E－文字教育のカリキュラム────407
国内の文字学習ニーズ…407　海外における文字学習ニーズ…407　文字教育と学習者特性…409　文字教育と学習者の意識…410　文字教育のシラバス…411　ひらがな教育のカリキュラム…412　カタカナ教育のカリキュラム…413　漢字教育のカリキュラム…413　非漢字圏学習者に対する文字教育…414　アルファベット系学習者に対する文字教育…415　非アルファベット系学習者に対する文字教育…417　漢字圏学習者に対する文字教育…418　韓国の学習者に対する文字教育…419　多言語使用の学習者に対する文字教育…420　年少者に対する文字教育…421　目的別の文字教育…422

F－かな文字の学習法・指導法────422
ひらがなの導入法…422　ひらがなの学習法…423　ひらがな学習の活動…423　カタカナの導入法…424　カタカナの学習法…425　カタカナ学習の活動…426　かなの教材…427　かな学習の評価…428

G－漢字の学習法・指導法────429
漢字の導入法…429　漢字の書写指導…430　漢字の読み指導…431　読解・作文指導と漢字指導…432　学習漢字数…433　漢字の字源による学習法…434　漢字の字形による学習法…435　漢字の構成要素による学習法…437　漢字の意味・用法による学習法…438　漢字の音による学習法…439　コミュニカティブ・アプローチによる漢字の学習法…439　漢字の学習活動…440　漢字学習のストラテジー…441　漢字の連想…442　漢字の教材…443　漢字の検索方法…444　漢字学習の評価…445

6－ことばと社会────449
A－日本語の歴史────451
日本語の流れ…451　漢字・漢語の受容…451　仮名の歴史…453　文体の歴史…454　アクセントの歴史…454　音声の歴史…456　活用の歴史…457　自動詞・他動詞の歴史…457　受動文の歴史…458

授受表現の歴史…459　テンス・アスペクトの歴史…460　モダリティの歴史…461　敬語の歴史…462　言語行動の歴史…463　現代の言語変化…464

B－日本語のバリエーション ── 465

バリエーション…465　ことばの性差…466　ことばの年齢差…467　ことばの階層差…467　集団語…468　ことばの地域差…469　アクセントの地域差…471　音声の地域差…472　文法・表現法の地域差…473　語彙の地域差…474　敬語の地域差…475　言語行動の地域差…476　海外の日本語…477

C－言語行動・言語生活 ── 478

言語意識…478　言語行動…479　談話行動…480　発話行為…481　敬語の選択要因…482　対人行動とパーソナル・スペース…483　外国における日本語観…484　言語生活…486　在日外国人の言語生活…487　中国帰国者の言語生活…488　災害時の外国人の避難行動…489　海外の日本語学習者の言語生活…490　在外日本人の言語生活…491　海外日本人学校での言語教育…492　バイリンガル児の言語生活…493　帰国子女の言語生活…494　方言と共通語の使い分け…495　方言イメージと共通語イメージ…496　標準語と共通語…497　スティグマ…498　日本語教育と方言…499

D－異文化コミュニケーション ── 500

異文化コミュニケーション…500　異文化接触場面の特徴…502　異文化コミュニケーションと社会…503　日本の異文化交流史…504　異文化コミュニケーションに関する調査研究…505　接触場面におけるピジン化（簡略化）…507　接触場面における転移…507　コミュニケーション・ギャップ…508　異文化価値論…509　コミュニケーション・アコモデーション理論…509

E－社会文化の教育 ── 510

日本社会の捉え方…510　日本文化の捉え方…511　異文化への対応能力…512　社会調査の意味と方法…513　文化論と日本語教育…514　ステレオタイプ論と日本語教育…515　日本事情と日本語教育…516　文化理解と学習者の変容…517　総合学習としての日本語教育…518

F－多言語多文化社会 ── 519

言語文化の多様性…519　マルチリンガリズム（多言語多文化主義）…520　外国人問題…521

G－言語政策・言語管理 ── 522

言語問題と言語管理…522　現代日本の言語政策…524　日本の言語政策史…525　国家以外のレベルでの管理…526　言語障害者と日本語…527　言語弱者に対する翻訳と通訳…528　談話の管理…528　言語管理理論における規範…530　日本語教育の歴史…531

7－言語・言語教育研究の方法 ── 533

A－言語研究の視点 ── 536

記号としての言語…536　言語の単位…537　言語の構造…538　言語の運用…538　言語の変化…540　言語の系統…540　言語の類型…541　言語の意味…542　言語と文化・社会…543　言語の普遍性…544　言語行動の規範…545　コミュニケーションのモデル…546　言語と認知…547　言語と脳…548　ことばの障害と治療…549　人工知能…550

B－研究領域の概観 ── 551

言語理論の流れ…551　言語哲学…553　社会言語学…554　言語心理学…555　認知言語学…556　言語地理学…557　言語人類学…558　対照言語学…559　計量言語学…559　言語類型論…561　歴史言語学…562　コミュニケーション学…563　言語病理学…564　応用言語学…565

C－言語研究の枠組み ── 566

音響学…566　音声学…567　音韻論…568　形態論…569　統語論…570　意味論…571　語用論と関連性理論…572　発話行為論…573　記号論…574　関連性理論…575　談話分析…575　修辞論…576　文字表記論…577　ヴァリエーション理論…578　方言学…579

D－言語研究の基礎概念 ────── 580

記述の単位…580　トピック・コメント…581　格…582　活用…583　有標・無標…583　命題…584　モダリティの研究…585　ヴォイスの研究…586　テンスの研究…587　アスペクトの研究…588　言語機能の研究…589　テキストの研究…590　言語コーパス…591　意味ネットワーク…592　メタファー…593　バリエーション…593　メンタル・スペース…594　非言語行動…595　ポライトネスの研究…596　結束性…599　地域方言・社会方言…600　共時・通時…601　パラディグマティック・シンタグマティック…602

E－言語教育研究の枠組み ────── 602

言語習得論…602　言語発達論…603　言語接触論…604　バイリンガリズム論…605　異文化コミュニケーション…606　言語治療…607　言語学習理論…608　教室活動論…609　翻訳論…611　評価理論…612

F－研究の方法 ────── 613

量的研究…613　質的研究…614　エスノグラフィー（民族誌）…615　フィールドワーク…616　参与観察…617　演繹的研究…618　帰納的研究…619　操作的定義…620　事例研究…621　アクション・リサーチ…622　クラスルーム・リサーチ…623　縦断研究…624　横断研究…625　文献研究…626　教育史研究…626

G－教育の立案 ────── 628

リサーチ・クエスチョン…628　サンプリング…628　パイロットスタディ…629

H－データ収集 ────── 630

面接法…630　質問紙法…631　実験法…632　観察法…633

I－研究データ ────── 634

フィールドノート…634　ティーチング・ログ…635　ダイアリー…636　視聴覚資料…637　授業観察記録…638　FLINT…639　FIAS…640　COLT…640

J－研究評価 ────── 642

信頼性…642　妥当性…643

K－データ分析 ────── 643

尺度の4水準…643　クロス集計…644　帰無仮説…645　有意水準…646　χ^2（カイ2乗）検定…647　t検定…648　分散分析…649　信頼係数…651　ノンパラメトリック検定…652　多変量解析…653　重回帰分析…654　因子分析…655　共分散構造分析…656

L－データ処理法 ────── 657

度数分布表…657　ヒストグラム…658　代表値…659　平均…660　メディアン（中央値）…660　モード（最頻値）…661　散布度…662　範囲…663　標準偏差…664　相関関係…664　散布図…665　分散…666　相関係数…667　確率…668　確率変数…668　確率分布…669　期待値…670　正規分布…670

M－研究形態 ────── 671

個人研究…671　グループ研究・共同研究…672

N－研究費 ────── 673

科学研究費補助金…673　研究支援団体…674

O－研究発表 ────── 676

論文…676　口頭発表…677　ポスター発表…677

8－言語習得・教授法 ────── 679

A－第二言語習得理論 ────── 682

第二言語…682　母語の習得…682　言語生得説…683　言語習得と脳…684　臨界期仮説…685　第

二言語習得理論・モデル…687　言語学習と心理学…688　言語学習と認知…690　記憶と言語習得…691　言語学習と情報処理…692　言語知識の習得…693　言語能力…694　母語の影響…695　対照研究と日本語教育…697　誤用研究…697　中間言語…698　音声・音韻の習得…700　表記の習得…701　語彙・意味の習得…702　文法の習得…703　語用能力の習得…704　簡略化コード…705　インプット…706　インターアクション…707　言語学習ストラテジー…708　コミュニケーション・ストラテジーと学習…709　学習者要因…710　学習動機…711　言語適性…712　学習環境…713　教授監督下の学習…714　文化と言語習得…715　社会文化的アプローチ…716　言語保持と喪失…717　バイリンガリズム…718　二言語使用能力…720　バイリンガル教育…721　継承日本語教育…722　リテラシー（識字）…724

B－外国語教授法 ─────── 725

教授法とは…725　教授法の流れ…726　文法訳読法…727　直接法（ダイレクト・メソッド）…728　オーディオ・リンガル法…729　コミュニカティブ・アプローチ…730　TPR…731　CLL…732　ナチュラル・アプローチ…733　サジェストペディア…734　サイレントウェイ…735　イマージョン・プログラム…736　日本語教育と演劇…737　その他の教授法…738　教授法の理念…739　4技能…740　音声指導…741　文字指導…742　語彙指導…743　文法指導…743　談話レベルの指導…745　聴解指導…746　会話指導…747　読解指導…747　作文指導…748　統合的指導法…749　翻訳・通訳…750

C－コースデザイン ─────── 751

コースデザイン…751　ニーズ分析…753　シラバス…754　カリキュラム…756　学習段階…757　上級レベルの指導…758　学校におけるJSLカリキュラム…759　対象別日本語教育…760　目的別日本語教育…761　ビジネス日本語の指導…762

D－学習活動 ─────── 764

学習活動の流れ…764　学習活動の設定…764　学習活動の形態…765　学習活動の種類…766　学習リソース…767　学習の場のインターアクション…768　教室運営…769　教師の質問…770　媒介語…771　誤用への対応…772　自律学習…773　ピア・ラーニング…775　コンピュータ利用の活動…776　言語コーパスと日本語教育…777

E－評価 ─────── 777

評価とは…777　評価の主体と対象者…779　評価の機能…780　学習者評価の原則…781　ポートフォリオ評価…781　多様な評価活動…782　評価の方法…783　テストの目的と得点解釈…785　測定の条件…786　テストの機能…787　テストの内容…788　テストの形式…790　テストが備えるべき条件…791　テスト作成上の留意点…792　テスト結果の分析…793　統計的方法…794　授業時の評価…795　言語能力の評価…797　コンサルティング…798　学習者による評価…799　日本語能力試験…800　OPI（口頭能力評価）…800　日本留学試験…801　ビジネス日本語試験…802　年少者評価法…803

F－教師教育 ─────── 804

教師の資質…804　教授能力…805　教師の日本語能力…806　信念（ビリーフ）…807　教師の意思決定プロセス…808　授業計画…809　実習…810　ティーム・ティーチング…811　授業研究…812　教師の成長…813　カウンセリング…815　教員養成の標準的教育内容…816　日本語教育能力検定試験…817　教師の多様性…817　海外に派遣される日本語教師…819　教師教育…821

9－教育・学習メディア ─────────────── 823

A－メディア ─────── 826

メディア…826　メディアとコンテンツ…827　メディアの種類…828　ハイパーメディア…830　マルチメディア…830　メディアミックス…831　通信メディア…832　記録メディア…833　視聴覚メ

ディア…834　放送メディア…835　ハードウェア…835　コンピュータ…836　記録媒体…837　ソフトウェア…838　OS・基本ソフト…839　ソフトウェア・プラットフォーム…839　プログラミング…840　アプリケーション…841　ネットワーク…842　インターネット…843　電子メール…844　サイトライセンス…845　セキュリティ…846　ネチケット…847　パソコン通信…848　ビデオ・オン・デマンド…848　プロバイダー…849　ホームページ…850

B－教育メディア ——————— 850
　教育メディア…850　教育システム…852　サイバースクール…852　LL・ランゲージラボ…854　コンピュータラボ…854　テレビ会議システム…855　途上国の教育メディア…856　学校教育の教育メディア…856

C－教育メディア研究 ——————— 857
　教育メディア研究…857　教育メディア研究分野…859　教育工学…860　視聴覚教育…861　遠隔教育…861　通信教育…862　放送教育…863　教育メディアの比較研究…863　学習理論…864　適性処遇交互作用…865　インタラクティブ…866　プログラム学習…866　マイクロティーチング…867　シミュレーション…868　フィードバック…868　モティベーション…869　学習環境…870　メディア選択モデル…871　コミュニケーション分析…871　コミュニケーション理論…872　視聴覚コミュニケーション…873　コミュニケーションモデル・過程…873　人間工学研究…874　インターフェース…875　バーチャル・リアリティ…875　メディア選択…876

D－情報 ——————— 877
　情報…877　情報の形式…878　アナログ・デジタル…879　テキスト（文字データ）…880　プログラム・スクリプト・コマンド…881　音・音声…881　画像の形式…882　映像・動画…883　静止画像・線画…883　情報の量…884　情報がもつ意味…885　メディア・リテラシー…886　情報リテラシー…886　文字処理…887　フォント…888　文字コード…889　音声処理…889　音声の合成…890　音声の認識…891　音声分析ソフト…891　画像処理…892　レイアウト…893　画像の種類…894　画面デザイン…894

E－教材 ——————— 895
　教材…895　教材シラバス…896　主教材・副教材・補助教材…897　視覚教材…898　教科書…899　漫画・イラスト…900　フラッシュカード…900　絵・写真・図表・チャート…901　文字カード…902　聴解教材…902　録音テープ・音声CD…903　視聴覚教材…904　トーキングカード…906　映像教材…907　テレビドラマ…908　電子ブック…908　電子辞書…909　モジュール教材…910　ネットワーク教材…911　教具…911　OHP・トラペン…912　ゲーム…913　プレイヤー・レコーダー…914　プロジェクター…914　スライドショー…916　指示棒…916　実物…917　実物投影機…917　模型…918

F－教材開発 ——————— 919
　教材開発…919　開発スタッフ…921　開発技法…922　開発計画…923　録音技法…924　録画技法…925　映像メディアの規格・方式…925　録音の規格・方式…926　データ記録の規格・方式…927

G－知的所有権 ——————— 929
　知的所有権…929　著作権の歴史…931　著作権と教育…932　著作権とメディア…933

10 国内の日本語教育 ——————————————————— 937

A－今日の日本語教育を取り巻く社会的状況 ——————— 939
　日本語教育を取り巻く社会的状況…939　定住者の制度的受け入れ以前…939　定住者受け入れ開始…940　留学生受け入れ施策推進…941　地域の日本語教育…942

B－日本語教育にかかわる制度・施策・政策 ——————— 943
　日本語教育にかかわる制度・施策…943　試験制度の動向…944　学習者のための試験…944　教師の

ための試験…946　留学生受け入れ施策…947　日本語教員養成…948　海外日本語教員派遣…949　公教育教師の海外派遣…950　技術研修生・技能実習生受け入れ施策…951　地域の国際化推進施策…952　日本人の日本語能力養成…953　年少者に関する施策・制度…954

C－日本語教育および関連機関・組織の動向 —— 955

日本語教育機関…955　教師養成・研修…956　日本語学校の日本語教師…957　日本語教育研究・研修…958　機関間の連携・ネットワーク…958　日本語教育関連機関（国際協力）…960　日本語教育関連省庁…962

D－学習者の多様化 —— 964

学習者の多様化…964　留学生…965　就学生（予備教育）…965　ビジネス関係者…966　技術研修生・技能実習生…967　中国帰国者…968　インドシナ難民…969　日系人・就労者…970　外国人配偶者…971　高校生留学の現状…972　児童・生徒…973　サービス業で働く人たち…974

E－共生のためのネットワーク —— 975

ボランティア・ネットワーク…975　多文化共生を模索する地域…975　フレイレの教育哲学の実践…976　地域日本語ボランティア研修…977　地域の日本語教育活性化のための方策…978　多文化共生の地域づくり…979　医療と言語問題…979　非常時対策と日本語教育…980　地域社会で生活する女性…981

11－海外の日本語教育 —————————————————— 983

A－さまざまな日本語教育 —— 985

高校生用日本語教材の開発…985　日本語教育におけるコンピュータ利用…986　高校教師対象の研修コース…987　大学教師対象の研修コース…988　青年海外協力隊と日本語教育…989　高校日本語教師の短期養成プロジェクト…990　多文化主義と日本語教育…991　欧州の言語政策における日本語教育…992　サブカルチャーと日本語教育…993　日本語教師のネットワークの構築…994　学会・教師会の活動…995　観光に関係する日本語教育…996　学校教育における日本語教育…997　日本研究と日本語教育…998　留学のための日本語教育…999　バイリンガリズムと日本語教育…1000　日系社会における日本語教育…1001　民間教育機関での日本語教育…1002　市民講座での日本語教育…1003

B－各国の日本語教育 —— 1003

アメリカ…1004　アルゼンチン…1005　イギリス…1006　イタリア…1007　インド…1008　インドネシア…1009　ウクライナ…1010　ウズベキスタン…1011　エジプト…1012　オーストラリア…1013　オーストリア…1014　カナダ…1015　韓国…1016　キルギス…1017　シンガポール…1018　スイス…1019　スウェーデン…1020　スペイン…1021　スリランカ…1022　タイ…1023　台湾…1024　中国…1025　デンマーク…1026　ドイツ…1027　トルコ…1028　トンガ…1029　ニューカレドニア…1030　ニュージーランド…1031　パラグアイ…1032　ハンガリー…1033　フィジー…1034　フィリピン…1035　フィンランド…1036　ブラジル…1037　フランス…1038　ブルネイ…1039　ベトナム…1040　ペルー…1041　ベルギー…1042　ポーランド…1043　香港…1044　マーシャル諸島…1045　マレーシア…1046　ミクロネシア…1047　メキシコ…1048　モンゴル…1049　ルーマニア…1050　ロシア…1051

凡例

1. **構成・配列**　日本語教育に関連する1001項目を取り上げ，テーマに沿って配列した。全体の構成は，まず分野別に大きく11の章に分け，各章の中はA, B, C, ……でさらに下位のセクションに分けた。各セクション内では，内容的に関連する項目が隣り合うように配列した。項目名による五十音配列ではないため，それを手がかりに項目を探す場合には巻末の索引を活用していただきたい。
2. **執筆者名の表示**　各項目の執筆者名はその項目の末尾に表示した。さらに，巻頭に「編者・執筆者一覧」を設け，そこに執筆者全員をまとめて記した。
3. **術語の表記**　できるだけ各分野で一般的に通用している表記に従って統一を図るよう努めた。ただし，「インターアクション」と「インタラクション」のように，もとは同じ英語に発する語でありながら分野によって慣用表記が異なるケースもあり，その場合には項目の内容に応じておのおのの分野の慣用表記に従った。
4. **外国語の表示**　外国語起源の用語については，必要に応じて原語を添えた。
5. **記号の説明**　主に「2文法」の章で出てくるが，例文の冒頭についている記号の意味は次のとおりである。
   　　＊…非文（文法的に適格でない文）であることを表す。
   　　？…その適格性に疑問がある文であることを表す。
   　　＃…文法的には誤りではないが，発話される場面や文脈などにそぐわない文であることを表す。
6. **参照項目**　ある項目で扱った内容と関連した記述が別の項目にある場合には，➡で参照項目を指示した。その際，項目名のあとに，その項目がある章番号とセクション記号を（1-A）のように表示し，検索の便を図った。
7. **参考文献**　各項目で取り上げられた内容についてさらに詳しく知りたい読者のために，項目の末尾に参考文献を挙げ，場合によっては関連情報にアクセスできるURLも紹介した。さらに，巻末に「主要参考文献」を設け，各項目の参考文献欄では取り上げにくい，広い範囲を包括的に扱った事典やシリーズ物，概説書，また特定分野で定評のある事典や基本図書などをまとめて紹介した。
8. **索引**　事項，人名，語句を分けずに，すべてを一本化した索引にした。配列は，まず日本語の用語を五十音順に並べ，そのあとにアルファベットが語頭に来る用語をABC順に並べた。

新版
日本語教育事典

1 | 音声・音韻

　日本は狭い国ではあるが，言語の音声面では多様性に富んでいることが特色である。しかし，日本語教育においては東京語を基盤とする共通語が学習目標言語とされている。本章では，共通語の音声・音韻を扱い，「日本語」というのは共通語をさすものとする。諸方言の音声・音韻については6章で扱う。

　本章では，音声はどのように産出されるのか，日本語においてはどのような音声が使われていて，その音響的な特徴はどのようなものか，どのような体系をなしているのか，日本語学習者の母語の音声とはどのような共通点，相違点をもつのか，学習者が日本語音声を習得するうえでの困難点はどのようなところか，学習者の音声習得の支援・指導についてはどのような方法があるのかなどに関連した項目を取り上げている。

　近年，コンピュータによる音声分析ソフトが普及し，パソコンで自分の音声の音響分析を行ったり，モデル音声と比較したりすることもできるようになった。音声分析ソフトの普及は今後の音声教育・音声教材開発に大きな影響を与えるものと思われる。日本語教師にとっても，今後は音声の音響的特徴についての知識が必須になると思われるので，この分野の項目も取り入れた。

　ところで，日本語学習者にとっては，日本語音声はそれぞれの母語の音声に加えて習得されるものであり，日本語を話そうとするときにも，母語の音声生成のための運動神経系の影響を受けることになりがちである。個人差はあるにしても，同じ母語の学習者が日本語音声を習得する過程において，共通した困難点を示すのも当然と言える。そこで，学習者の音声の特徴，とくに日本語音声との違い，日本語音声習得において予想される困難点を学習者の言語別にまとめた。

　日本語音声習得の重要性は会話や口頭表現のためだけではない。中・上級レベルでは漢語語彙が増えるが，母音の長短，促音・撥音の有無，清濁の聞き分けができないと，辞書が引けない。単語の音声面の記憶が曖昧だと，ワープロ入力ができない。イントネーションの習得ができていないと，流暢に話せるようになってもコミュニケーションがうまくいかない。また，聞きづらい音声での発話量が増えると，聞き手はそれを避けたくなるが，学習者はそのことに気づかず，人間関係がうまくいかなくなるなど，さまざまな問題が生じる。

　音声の習得は日本語習得のさまざまな面での基本になる。音声教育の重要性を認識し，音声教育に力を入れていただきたい。

[鮎澤孝子]

1 音声・音韻 ──────── 見出し項目一覧

A 音声の生成 ──── 5
音声器官
発声と調音

B 音声記号 ──── 7
IPA
音素
日本語の子音
日本語の母音

C 発話の単位 ──── 13
音節と拍（モーラ）
五十音図
特殊拍

D 音連続 ──── 17
縮約形
連濁

E 韻律 ──── 19
アクセント
アクセントの体系
イントネーション
プロミネンス
リズム
ポーズ

F パラ言語 ──── 26
パラ言語情報

G 音声の物理的特徴 ──── 26
音声分析
音声波形
スペクトログラム

H 音声の心理的特徴 ──── 32
音声の知覚
聴取実験の方法

I 学習者の音声 ──── 35
中間言語の音声
母語別問題点
英語
スペイン語
イタリア語
ポルトガル語
フランス語
ドイツ語
スウェーデン語
ロシア語
ポーランド語
トルコ語
モンゴル語
韓国語（朝鮮語）
北京語
閩南語
上海語
広東語
ベトナム語
タイ語
ビルマ語
タガログ語
インドネシア語
マレー語
ウルドゥー語・ヒンディー語
ペルシャ語
アラビア語

J 音声教育 ──── 56
音声教育法
VT法
音声教育教材

A──音声の生成

■音声器官

　言語において用いる音を音声(または言語音)と呼ぶ。音声を発するために必要なはたらきをする身体の部分を音声器官という。主要なものを図1-1および図1-2に挙げる。

　音声の生成には主に呼気を用いる。肺と横隔膜は呼吸を起こす主要な器官である。息を吸うときには横隔膜が引き下げられ、胸腔が大きくなって、外部の空気が鼻や口から吸い込まれ、気管を通って肺に入ってくる。呼気のときには逆に横隔膜が引き上げられ、肺の中の空気は鼻や口から排出される。

　肺からの呼気が気管支・気管を経て到達する軟骨でできた箱のような器官が喉頭で、いわゆる「のどぼとけ」は甲状軟骨前部の突起である。喉頭の中には、開閉する左右1対の弾力的な組織から成る声帯がある。

　喉頭を経た呼気は咽頭を通り、口腔(口むろともいう)または鼻腔(びこう、鼻むろともいう)およびその両方から外部へ排出される。口蓋帆はこの呼気の通り道を調節する役割をし、下がったときには呼気を鼻腔へ、上がったときには口腔へと導く。

　口腔の天井となっているのが口蓋である。口蓋には前部の硬い部分、硬口蓋(かたこうがい)と後部の柔らかい部分、軟口蓋(やわこうがい)があり、軟口蓋の先端突起が口蓋垂、いわゆる喉ひこである。前述の口蓋帆は口蓋のうち、軟口蓋と口蓋垂を指す。口を大きく開けたときには、口蓋垂が上から垂れ下がって見え、その背後の壁は咽頭壁と呼ばれるものである。

　舌は筋肉の塊で、口腔内で音声生成のために重要なはたらきをする。舌の先端を舌尖、その周辺を舌端、その後部に前舌面、後舌面が続

図1-1　音声器官

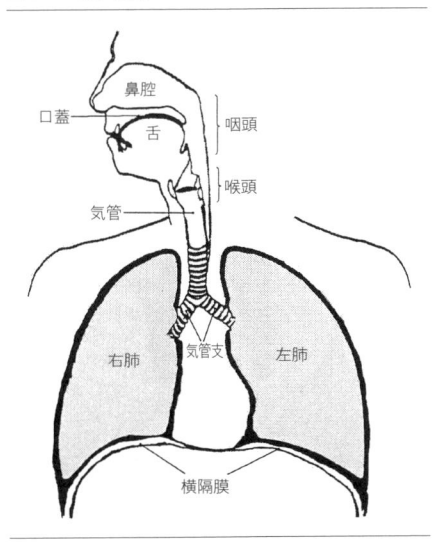

ボーデン, G. J./ハリス, K. S.〔広瀬筆訳〕『ことばの科学入門』所収の図に基づき筆者改変。

図1-2　音声生成にかかわる口腔・鼻腔各部の名称

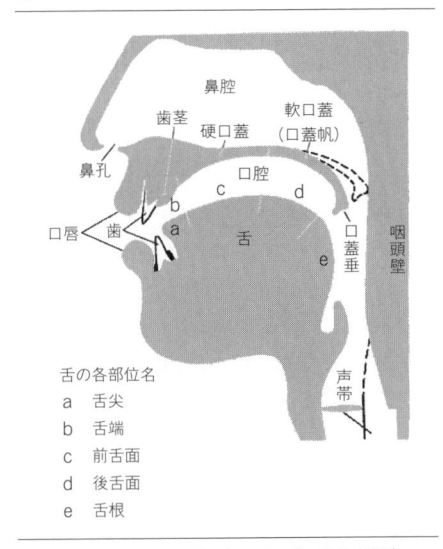

舌の各部位名
a　舌尖
b　舌端
c　前舌面
d　後舌面
e　舌根

竹林滋『英語音声学入門』所収の図に基づき筆者改変。

く。静止時には前舌面は硬口蓋に，後舌面は軟口蓋に対する。舌の最後部は舌根（ぜっこん）という。

口腔内で最も外側にある音声器官は口唇であり，上下口唇で開閉，丸め，突き出しなどの動作をする。口唇の内部には歯があり，歯の後部のふくらんだ部分を歯茎（しけい）という。

➜発声と調音 (1-A)，音声記号 (1-B)，音声学 (7-C)

● 参考文献

ボーデン, G. J./ハリス, K. S.〔広瀬肇訳〕(1989)『ことばの科学入門』メディカルリサーチセンター．

北原保雄 (監修) 上野善道 (編) (2003)『朝倉日本語講座3 音声・音韻』朝倉書店．

竹林滋 (1982)『英語音声学入門』大修館書店．

［林 良子］

■ 発声と調音

日本語を含む多くの言語音では通常，肺からの呼気を用いる。一部の単語に吸気を用いる音をもつ言語もあるが，まれである。

肺から出た呼気が喉頭を通るとき，声帯の状態によって異なった音が生成される。図1-4 (a)〜(e)は図1-3の喉頭を上部から見たところを模式的に表したものである。大きく息を吸ったときには，図1-4(a)のように声帯が大きく開いている。左右の声帯が開いてできる空間を声門と呼ぶ。声門がほぼ閉じている状態（図1-4(b)）で声門下圧が上昇し呼気が通ると，弾力的な組織でできた声帯は周期的な声帯振動を起こす（「声の状態」）。

このように声帯を振動させて生成される音を有声音と呼び，声帯が開き声帯振動を伴わないで生成される音を無声音と呼ぶ。無声音のときの声帯の状態は図1-4(c)である。声門が閉じきらないのに振動もしている状態では息もれ声 (breathy voice) となる。声門の一部（後部の

図1-3 咽頭のつくり

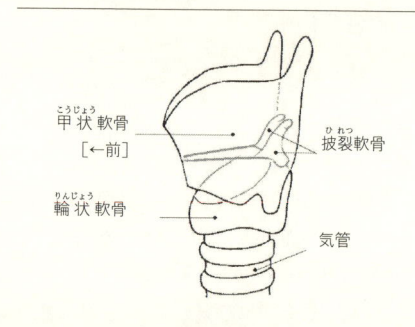

図1-4 さまざまな発声における声帯の状態

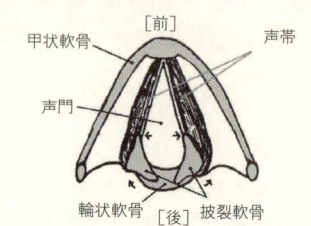

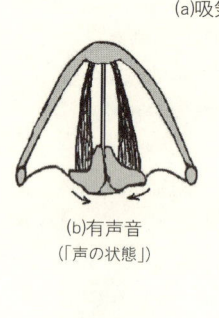

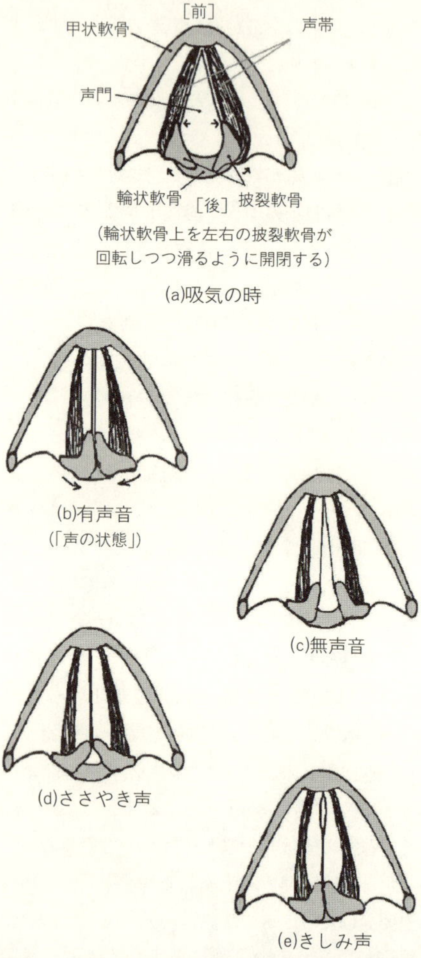

(a)吸気の時
(b)有声音（「声の状態」）
(c)無声音
(d)ささやき声
(e)きしみ声

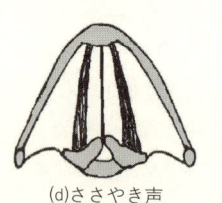

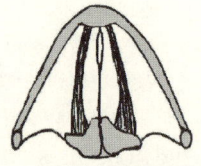

軟骨部)のみが開いて振動しているとき(図1-4(d))にはささやき声(whispery voice)となり，前部の一部のみが開いて振動しているとき(図1-4(e))にはきしみ声(creaky voice)となる。

このような喉頭の段階での声の生成過程を発声(phonation)と呼び，声門より上の音声器官は，声門で生成された声に対してさまざまに形状を変えて妨害したり，共鳴させたりする役割を担う。これらの運動を調音(articulation)といい，音声器官のなかでも声帯から上の部分を調音器官と呼ぶ。調音運動には，呼気を閉鎖して妨害することや，器官同士を接近させて狭めをつくることなどが含まれる。なお声門から唇および鼻腔までの空間は，通過する音を共鳴させる共鳴管の役割をもち，声道と呼ばれる。

➜ 音声器官(1-A)，音声記号(1-B)，音声の物理的特徴(1-G)

● 参考文献

日本音声言語医学会(編)(1994)『声の検査法 基礎編』医歯薬出版．

服部四郎(1984)『音声学』岩波書店．

[林 良子]

B──音声記号

■ IPA

IPAとは国際音声学会のInternational Phonetic Alphabet(国際音声字母)の略である。

音声を記述するための記号には，単音(一つ一つの母音や子音)を基本的に1つの記号で表す字母的なもの(たとえば，タの子音は[t]と表される)，音声器官の部分や状態を分類して記号化し，各音についてその特徴を表す記号を列挙する非字母的なもの(たとえば，[t]は $M a I l D e C V v e I c A P p a a t d t l t n r a n s f s S i F S s$ などと表される)とがある。後者は分析的で音声の生成面からの記述として優れているが実用的ではなく，普及していない。一般には前者の字母タイプのものが使われており，なかでも国際音声学会のIPAが現在最も広く用いられている。IPAは主にローマ字を基に作られた記号で，19世紀の終わりにヨーロッパで考案された。何回か国際的な改訂を経て現在は表1-1のようにまとめられ，その構成は次のようになっている(別に「拡張IPA」として病的言語の記述に用いる記号も用意されているが，ここでは扱わない)。

● 子音(肺気流)── 肺からの気流を使う子音。調音に関しては，その方法がほぼ気流に対する妨害の度合いの強い順で上から下に，場所が口の前から奥への順で左から右に並べられている。発声の違いについては有声子音と無声子音の記号をそれぞれ各マス目の右側と左側に置いて区別する。

● 子音(肺気流以外)── 肺以外の器官を使って作られる気流を用いて出される子音。軟口蓋と後舌面による流入気流の吸着音，喉頭を用いた流入気流の入破音，同じく流出気流の放出音がまとめられている。

● その他の記号── すべて肺からの気流を用いる音で，「子音(肺気流)」の表の欄を増やせばそこに入れることが可能なもの([ʍ ʔ H ɦ ɕ ʑ ɺ])，口腔内の2ヵ所に同程度の妨げがある二重調音のうち特別の記号が用意されているもの([ʍ w ɥ ɧ])が列挙されている。特別の記号が用意されていない二重調音と，閉鎖の開放速度が遅いために同器官的な摩擦音を伴う破裂音(すなわち破擦音)は2記号を並べて1音を表すが，必要な場合には結合記号([‿]もしくは[⁀])を用いることができることが注記されている。

1 音声・音韻

表1-1 国際音声字母（1993年改訂・1996年修正）

● 子音（肺気流）

	両唇音	唇歯音	歯音	歯茎音	後部歯茎音	そり舌音	硬口蓋音	軟口蓋音	口蓋垂音	咽頭音	声門音
破裂音	p b			t d		ʈ ɖ	c ɟ	k ɡ	q ɢ		ʔ
鼻音	m	ɱ		n		ɳ	ɲ	ŋ	ɴ		
ふるえ音	B			r					R		
はじき音				ɾ		ɽ					
摩擦音	ɸ β	f v	θ ð	s z	ʃ ʒ	ʂ ʐ	ç ʝ	x ɣ	χ ʁ	ħ ʕ	h ɦ
側面摩擦音				ɬ ɮ							
接近音		ʋ		ɹ		ɻ	j	ɰ			
側面接近音				l		ɭ	ʎ	ʟ			

マス目の右側の記号は有声音、左側の記号は無声音を表す。網かけ部分は調音が不可能と考えられるところ。

● 子音（肺気流以外）

吸着音		有声入破音		放出音	
ʘ	両唇	ɓ	両唇	'	例：
ǀ	歯	ɗ	歯（茎）	p'	両唇
ǃ	(後部)歯茎	ʄ	硬口蓋	t'	歯（茎）
ǂ	硬口蓋歯茎	ɠ	軟口蓋	k'	軟口蓋
ǁ	歯茎側面	ʛ	口蓋垂	s'	歯茎摩擦

● その他の記号

- ʍ 無声両唇軟口蓋摩擦音
- w 有声両唇軟口蓋接近音
- ɥ 有声両唇硬口蓋接近音
- ʜ 無声喉頭蓋摩擦音
- ʢ 有声喉頭蓋摩擦音
- ʡ 喉頭蓋破裂音
- ɕ ʑ 歯茎硬口蓋摩擦音
- ɺ 歯茎側面はじき音
- ɧ ʃとxの二重調音

破擦音と二重調音は、必要な場合は2つの記号を結合記号で結んで表すことができる。 k͡p t͡s

● 補助記号

下に伸びたディセンダーを持つ記号にはその上につけてもよい。例： ŋ̊

	無声(化)	n̥ d̥		息もれ声	b̤ a̤		歯音	t̪ d̪
	有声(化)	s̬ t̬		きしみ声	b̰ a̰		舌尖音	t̺ d̺
ʰ	帯気音化	tʰ dʰ		舌唇音	t̼ d̼		舌端音	t̻ d̻
	強い丸め	ɔ̹	ʷ	唇音化	tʷ dʷ	~	鼻音化	ẽ
	弱い丸め	ɔ̜	ʲ	硬口蓋化	tʲ dʲ	ⁿ	鼻腔開放	dⁿ
	前寄り	u̟	ˠ	軟口蓋化	tˠ dˠ	ˡ	側面開放	dˡ
	後ろ寄り	e̠	ˤ	咽頭化	tˤ dˤ		無開放	d̚
	中舌寄り	ë	~	軟口蓋化あるいは咽頭化	ɫ			
	中央寄り	ë		狭い	e̝	(ɹ̝ = 有声歯茎摩擦音)		
	音節主音	n̩		広い	e̞	(β̞ = 有声歯茎接近音)		
	音節副音	e̯		舌根が前に出された	e̘			
	r音色	a˞		舌根が後ろに引かれた	e̙			

● 母音

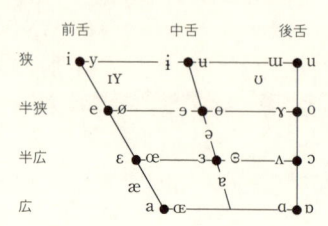

右側の記号は円唇、左側の記号は非円唇

● 超分節音

ˈ	主強勢	
ˌ	副強勢	ˌfoʊnəˈtɪʃən
ː	長い	
ˑ	半長の	
˘	超短	
|	小グループ（フット）の境界	
‖	大グループ（イントネーション）の境界	
.	音節境界	ɹi.ækt
‿	切れ目のない	

● トーンと語アクセント

平板		曲線	
e̋ または ˥	超高	ě または ˩˥	上がり
é ˦	高	ê ˥˩	下がり
ē ˧	中	e᷄ ˦˥	高上がり
è ˨	低	e᷅ ˩˨	低上がり
ȅ ˩	超低	e᷈	上がり下がり
↓ ダウンステップ		↗ 全体的上昇	
↑ アップステップ		↘ 全体的下降	

● 補助記号──発声（無声，有声，息もれ声，きしみ声），帯気音化，鼻音化，二次的調音（唇音化，硬口蓋化，軟口蓋化，咽頭化），閉鎖の開放（鼻腔開放，側面開放，無開放）などを表す補助記号が使用例とともにまとめられている。

● 母音──舌の最高部の位置（前後・高低）を基準として台形の図の中に母音記号が配置されている。左右が舌の前後，上下が舌の高低（空間の狭広）を表す。唇の形状による違いは記号の配置で表してあり，左が平唇（非円唇），右が円唇である。

● 超分節音──ストレス（強勢），長さ，切れ目にかかわる記号が列挙されている。

● トーンと語アクセント──ピッチ（高さ）にかかわる記号が並べられているが，日本語のようなタイプのアクセントを表記するのに適当な記号は用意されていない。また，イントネーションも細かく記述することはできない。

　音声字母による表記は一般の表記と区別するため [ ] に入れて表す。IPAに関しては国際音声学会のハンドブックに詳しい説明がある。

　同じ音声を記述するにも，より精密な表記とそうでない表記がある（スの母音をより精密に [ü] とするか簡略に [ɯ] とするか）。また，ぴったりの記号がないときは同じ音でも記述者によって異なる記号が使われることがある（ウを [u] とするか [ɯ] とするか）。記述者が決められた記号の使用法にどの程度厳密に従うかによっても異なる（シの子音を [ɕ] で表すか，[ʃ] で代用するか）。さらに，同じ音でも記述者の音声学的訓練の違いによって認め方が異なることがある（とくに母音の場合）。そして，音によっては記号が改訂の過程のどの版に基づいているかによっても異なる（摩擦音の [ʝ] と接近音の [j] は1989年の改訂まではどちらも [j] で表されていた）。

　したがって，同じ音声字母を使っていても表記のしかたは一様でないので，とくに言語間の対照を行うときなど記号だけに頼るのは危険である。厳密には実際の音声の観察や音響的・生理的データの利用が不可欠である。また，IPAのような記号によって表記されるのは言語的なもののみで，パラ言語的な特徴などは含まれない。

　IPAの記号が代表する音は，国際音声学会のハンドブックにある諸言語の例，CDやカセットテープ，ウェブ上での音声学コースなどによって知ることができる。また，IPAフォントも容易に入手できる。

　なお，日本語の表記には日本音声学会がIPAに基づいて考案した「日本語表記法」という記号群があるが，普及していない。

➡ 音声の生成（1-A），韻律（1-E），パラ言語情報（1-F），音声学（7-C）

● 参考文献

上野善道（2004）「音の構造」風間喜代三他『言語学』（第2版）東京大学出版会.

国際音声学会（編）〔竹林滋・神山孝夫訳〕（2003）『国際音声記号ガイドブック』大修館書店.

服部四郎（1984）『音声学』〔テープ付〕岩波書店.

[斎藤純男]

■ 音素

　ある特定の言語において，意味を区別することができる，音の最小の分節的単位を音素（phoneme）という。意味に関与するかどうかが問題となるので，音声的に同様の音であっても，言語によって異なる（[k] と [g] は日本語ではその違いによって意味の区別が行われるが，朝鮮語ではそうではない）。音素はできるだけ簡略な記号で表し，/ /に入れて示す。音素を設定するための一連の手順を音素分析という。異なった考え方があるが，次のような基準

に従って行うことが比較的広く受け入れられている。

●対立——[akete]（「開けて」），[agete]（「上げて」）を見るとわかるように，[k]と[g]は同じ音声的環境（[a]__[ete]）に現れ，これらの音の違いは意味の区別に関与している。このような場合，この2音の違いは意味を弁別するので，これらの音は弁別的対立をなすといい，これらの音の現れ方を対立的分布という（図1-5）。このような場合，[k]と[g]はそれぞれ別々の音素（/k/と/g/）に属すると考えられる。この例のように1単音のみの相違からなる対立を最小対立，最小対立をなす2語をミニマルペアという。ミニマルペアがあれば，2音の対立的分布は明瞭であるが，それが見つからない場合はその音の前後の部分的な音声的環境によって分布を見ていく。

朝鮮語では，[k]は語頭に，[g]は語中の有声音間に現れ，同じ音声的環境には出現しない。このような分布を相補的分布という（図1-5）。これらの音は同じ環境に現れないのであるから，その違いによって意味を区別することはない。この2音は同一の音素（/g/）に属し，その音素の条件異音もしくは位置異音であるという（単に異音とも呼ぶ）。そして，朝鮮語において音素/g/は語頭で[k]，語中の有声音間で[g]として実現する，のようにいう。

日本語において，たとえば「開けて」のケの子音は気音を伴う[kʰ]とそうでない[k]のどちらの場合もありうる。この2音は同じ環境に現れるが，意味の区別に関与しない。このような場合，これらは同じ音素（/k/）に属し，その音素の自由異音であるという。そして，このような現象を自由変異と呼ぶ。

●音声的類似——朝鮮語の語頭に現れる[k]は語中の有声音間に現れる[b]と[g]どちらとも相補的分布をなしているが，[b]とではなく[g]とともに1つの音素の異音を

図1-5 対立的分布と相補的分布

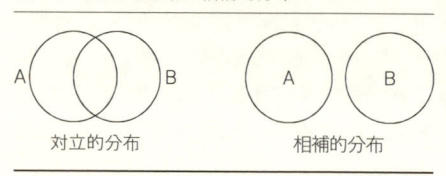

なすとみる。[k]と[b]では音声的な違いが大きく，また，その違いは同じものが現れる環境の違いによって異なった姿になった結果によるとは考えにくいからである。

●音素の数はできるだけ少なく抑えたほうがよい——日本語では[noː]（脳）と[nʲoː]（尿）などの対立から，音素/n/と/ɲ/が設定できる。しかし，このようにするのは，音素の数は少ないほうがよいという経済の原則から好ましくない。そこで，硬口蓋子音/j/（ヤなどの子音）を利用して硬口蓋性をもつ[nʲ]を2音素の連続/nj/が実現したものと解釈すれば，/ɲ/を立てる必要がなくなる。

●音素の分布・結合のパターンは整然としているはずだ——すべての[nʲ]を音素連続/nj/の実現と解釈すると，/n/は/a, u, e, o/の前，/nj/（/n/に続く/j/）は/a, i, u, o/の前，直前に子音の来ない/j/は/a, u, o/の前に現れることになり，分布は均斉的にならない。そこで，母音/i/に注目する。/i/は/j/と同じく硬口蓋性の強い音であるので，[nʲi]は/nji/ではなく/ni/であり，この場合の[nʲ]は/n/が/i/の前において実現した姿であると考える。すると，母音音素との組み合わせは/na, ni, nu, ne, no/, /nja, nju, njo/となって，/a, i, u, e, o/, /ja, ju, jo/と並行的で均斉的な分布が得られる。

破擦音を1破擦音音素の実現したものとみるか，破裂音音素プラス摩擦音音素の実現とみるかという問題がある。後者の見方をとると，ズの子音[dz]は2音素の連続/dz/（=/d/+/z/）の実現となる。そうすると，日本語には

ほかの子音連続（[st]，[kn] など）は存在しないから，[dz] など少数の破擦音のために，/C/と/Cj/以外に新たに/CC/という構造を加えなければならない（C は任意の子音）。少数のもののためだけに結合の型を増やして複雑にするのは好ましくないので，前者の解釈のほうが望ましいと考える。

「音声的類似」に関しては明確な基準を定めるのは難しい場合がある。「音素の数」「音素の分布・結合のパターン」の基準についてはどの程度重視するかによって分析が異なる。したがって，同じ資料に基づいて行っても，分析者によって結果が違うことがある。

音素は分節的な単位としては最小のものだが，いくつかの弁別的特徴の集まりと考えられる。弁別的特徴によって音素は他の音素と区別される。たとえば，日本語の/p, b, m, t, d, n/は表 1-2 のような特徴の有無によって互いに区別される。

表 1-2　日本語の子音の弁別的特徴

	/p/	/b/	/m/	/t/	/d/	/n/
有声性	−	+	+	−	+	+
鼻音性	−	−	+	−	−	+
唇音性	+	+	+	−	−	−
歯茎音性	−	−	−	+	+	+

→IPA（1-B），音声学（7-C）

● 参考文献

上野善道（2004）「音の構造」風間喜代三他（編）『言語学』（第 2 版）東京大学出版会．

グリースン，H. A.〔竹林滋・横山一郎訳注〕（1970）『記述言語学』大修館書店．

デュシェ，J.-L.〔鳥居正文・川口裕司訳〕（1995）『音韻論』白水社．

服部四郎（1955）「音韻論」『国語学』22〔柴田武他（編）（1980）『日本の言語学 2　音韻』大修館書店，に所収〕．

［斎藤純男］

■日本語の子音

どこまで細かく区別するかという問題もあるが，現代共通語にはおおよそ図 1-6 のような子音が現れる（音声記号であることを示す[ ] は省略）。

図 1-6　現代日本語の子音

● 音節頭に現れる主な子音

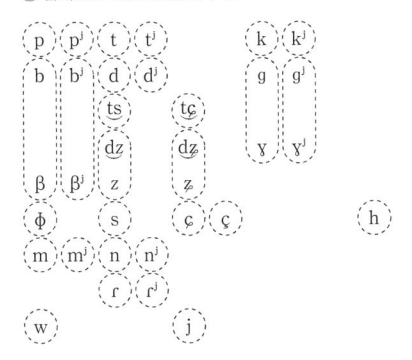

p pʲ　t tʲ　　　k kʲ
b bʲ　d dʲ　　　g gʲ
　　　ts　tɕ
　　　dz　dʑ　　ɣ ɣʲ
β　　　　　　　　　　h
ɸ　s　　ɕ ç
m mʲ　n nʲ
　　　ɾ ɾʲ
w　　　j

● 音節末に現れる主な子音

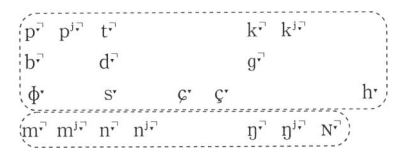

pʼ pʲʼ　tʼ　　　　kʼ kʲʼ
bʼ　　dʼ　　　　gʼ
ɸʼ　sʼ　　çʼ ç　　hʼ
mʼ mʲʼ　nʼ nʲʼ　　ŋʼ ŋʲʼ　Nʼ

音節頭子音としては，語頭以外の音節頭に現れる軟口蓋鼻音（いわゆるガ行鼻音）[ŋ, ŋʲ] を認めることもある。ハなどの子音として[χ] もよく観察される。有声摩擦音の [β, βʲ, z, zʲ, ɣ, ɣʲ] は母音間でよく見られる。はじき音 [ɾ, ɾʲ] は自然な発話の母音間で観察されるものだが（「さら」「とり」），語頭で直前に音声的切れ目がある場合（「レモン」），撥音の後（「だんろ」），促音とかかわる部分（「アッラー」）でははじき音ではないが類似の音が現れる。

ある言語にどういう音素があるかというのは解釈によって異なる。日本語では図 1-6 で点線で囲ったものをそれぞれ 1 つの音素の異音と考えることもできるが（たとえば，無声摩擦音

は「フォー」[ɸoː],「層」[soː],「省」[ɕoː],「豹」[çoː],「方」[hoː] などの対立から5音素/f, s, ɕ, ç, h/が設定できる)、いくつかを音素連続の実現したものと解釈して音素の種類そのものを少なく抑えることもできる (たとえば、[ɕ], [ç], [ɸ] をそれぞれ/sj/, /hj/, /hw/の実現と考えて無声摩擦音音素を/s, h/の2音素にする)。

音節末の子音音素は鼻音の/N/と非鼻音の/Q/の2種類である。それぞれ伝統的に撥音、促音とよばれるもので、長めに実現し ([ˑ])、閉鎖の開放がない ([˺])。音素/N/は後ろに何もこないときは前舌母音の後で [ŋ̍]、後舌母音の後で [N̩] であるが(「線」[seŋ̍]、「酸」[saN̩])、後ろに何らかの音が続いた場合は調音場所がその音に同化される(「三歩」[sam̩po]、「三度」[san̩do]、「三個」[saŋ̍ko])。表に示したもの以外に、/r/が続いたときの舌尖による調音のもの(「だんろ」) などもある。音素としては子音だが、その異音として母音も存在する。音素/Q/も後続の音に調音場所が同化する(「河童」[kap̚pa]、「いっしょ」[iɕɕo])。/Q/とそれに続く子音は和語・漢語では無声のもののみであるが、外来語においては有声のものもある(「バッグ(〜バック)」「レッド」「アッラー」)。

日本語における子音はすべて肺からの気流を用いるものである。入破音と放出音は日本語社会ではまったく用いられない。いわゆる舌打ちは吸着音の一種であるが、日本語の音体系の一部とはいえない。

→音素(1-B)、日本語の母音(1-B)、音声学(7-C)
● 参考文献
上村幸雄 (1978)「現代日本語の音韻体系」松本泰丈 (編)『日本語研究の方法』むぎ書房.
上野善道 (編) (2003)『朝倉日本語講座3 音声・音韻』朝倉書店.
上野善道 (2004)「音の構造」風間喜代三他 (編)『言語学』(第2版) 東京大学出版会.
城生佰太郎 (1977)「現代日本語の音韻」『岩波講座日本語5 音韻』岩波書店.

[斎藤純男]

■日本語の母音
● 短母音 ── /a, i, u, e, o/の5母音音素。単独での音価はほぼ [a, i, ɯ, e, o] だが、/u/ は IPA の [ɯ] が表すような平唇ではなく、やや唇の丸めがある。環境による変種があり、とくに/u/の場合は [s, ts, dz] などの直後で中舌寄りの [ʉ̞] が現れる。
● 長母音 ── 短母音と同様の音価のものが認められ、単独で [aː, iː, ɯː, eː, oː] である。それぞれ一つ一つ別の長母音音素に属するとみる (/â/など) 等の立場もありうるが、音素の数は少なく抑えたほうがよいという経済の原則その他から短母音音素の連続と解釈することができる (/aa/など)。
● 二重母音と連母音 ── 自然な発話では [ai̯, oi̯, ɯi̯, ae̯] といった二重母音が観察される (「はやい」「おそい」「ねむい」「かんがえる」)。二重母音もそれぞれ1つの二重母音音素の実現とも考えうるが、日本語の場合はていねいに発音すると母音の連続(連母音) が現れる ([a.i] など) という事実や音素分析における経済の原則などから短母音音素の連続とみることができる (/ai/など)。ある種の母音連続は自然な発話で長母音化することがある(福岡 [フコーカ]、NHK [エネーチケー]、教える [オシェール])。
● 無声母音 ── 共通語などでは短い狭母音/i, u/は無声子音に挟まれた環境で無声の母音として現れることが多い (下 [ç̊ita], 草 [kɯ̊sa])。無声になりやすいかどうかは前後の子音の組み合わせやその音節の高さなどによって異なる。狭母音以外の短母音も無声になることがある。

●**鼻母音**――音素としては子音だが，音声的には母音として現れるものがある。音節末の子音音素/N/は，後ろに母音（/a, i, u, e, o/），接近音（/j, w/），摩擦音（/s/など）のような閉鎖を形成しない音が来た場合は鼻音化した母音（鼻母音）として現れるのが普通である（音価はさまざまだが簡略に示すと，たとえば，南欧 [naã.oː]，県営 [keẽ.eː]，信用 [ɕĩi.joː]，電話 [deẽwa]，検査 [keẽsa]）。

→日本語の子音（1-B），音声学（7-C）

●**参考文献**

上村幸雄（1978）「現代日本語の音韻体系」松本泰丈（編）『日本語研究の方法』むぎ書房．

上野善道（編）（2003）『朝倉日本語講座3 音声・音韻』朝倉書店．

城生佰太郎（1977）「現代日本語の音韻」『岩波講座日本語5 音韻』岩波書店．

[斎藤純男]

C――発話の単位

■音節と拍（モーラ）

日本語教育では，拍（モーラ）という概念が重要な役割を担うと考えられてきた。だが，今日のグローバル化された時代での多様な言語を背景とする話者に対する日本語教育を考える場合には，日本語の拍（モーラ）が世界の音声言語のなかでどのような位置づけにあるかを明確に把握して理解したうえで指導することが肝要である。

伝統的な拍（モーラ）という概念は，時間的要素をもつ発話の単位として定義されることが多い。しかしながら，音韻論ではモーラは音節構造内の音節の下位に位置する普遍的な構成要素として定義づけられている。すなわち，音節構造内には階層関係が存在することを前提としている。日本語の拍を論じる場合には，特殊拍（撥音（N），促音（Q），長音（R））が問題となるが，音節構造ではいずれも重音節の定義づけがなされ，撥音（N）はCVNから構成される重音節の一部を担うものであり，促音（Q），長音（R）も同様にそれぞれCVQ，CVRという重音節の一部をなす。このように音韻構造の観点から，音節と拍（モーラ）の両者の関係は普遍的なものであることを理解する必要がある。

一方，日本語教育における音節と拍（モーラ）は，音節構造の観点からの理解にとどまることなく，音声言語処理や音韻認識の観点から両者の関係を捉えることも肝要である。とくに重要と思われることは，日本語話者と外国語話者は発話や知覚を行う場合に音節と拍（モーラ）をどのように認識して処理しているかを理解することである。音韻記述では，音節と拍（モーラ）は階層関係をなすとしているが，これらの単位を日本語話者はどのように認識して処理するのか，あるいは外国語話者はいつ音節に加えて拍（モーラ）を認識するようになるのか，そのきっかけはどのようなものによるのかなど，かな文字の習得を含めた言語発達的な側面の理解を深めることが日本語音声の基礎を効果的に指導する際にはとくに役立つであろう。なお，音韻認識や音声言語処理の研究は心理言語学の領域で活発に進められている。

→特殊拍（1-C），音韻論（7-C）

●**参考文献**

窪薗晴夫・太田聡（1998）『音韻構造とアクセント』（日英語比較選書10）研究社出版．

大竹孝司（1995）「音声の知覚」『認知心理学3 言語』東京大学出版会．

Otake, T. and Cutler, A. (eds.) (1996) *Phonological Structure and Language Processing: Cross-linguistics Studies*. Mouton de Gruyter.

[大竹孝司]

■五十音図

　表1-3のうち点線で囲まれている「清音」の部分が基本となる五十音図（歴史的仮名遣い）である。横方向の5字の組を行，縦方向の10字の組を段と呼ぶ。現在，教育で用いられている五十音図は，重複のある「いうえ（イウエ）」と，発音が変化して「いえお（イエオ）」と同音になって使われない「ゐゑを（ヰヱヲ）」のうち助詞の表記用の「を（ヲ）」を除いたものである。直音の各段は共通の母音ア，イ，ウ，エ，オをもち，それぞれア段，イ段，ウ段，エ段，オ段と呼ばれる。

　単独で発音された「ア」は [ɐ] を基本とし，「キャ」などの拗音のア段においては [æ]，「ワ」では [ɑ] など舌の前後の位置が大きく変化する。「イ」は基本母音 [i] に近い。「ウ」は [ɯ] を基本とするが，歯茎子音が先行する「ス，ズ（ヅ），ツ，(人によっては「ル」)」において中舌化し [ɨ] に近い音となる。「シュ」などの拗音のウの段の母音も同様に中舌化していることが多い。「エ」は [ɛ]，「オ」は [ɔ] とそれぞれ半狭と半広の基本母音の間の音である。

　行は「ハ」を古い発音に対応する「パ」にすると基本的に「軟口蓋（カ），歯茎（サタナ）・両唇（パマ）」，「硬口蓋（ヤ），歯茎（ラ），ワ（両唇）」というように調音点の順である。

　上記の清音の文字に濁点（濁音符）「゛」のついた文字で作られる濁音，半濁点（半濁音符）「゜」のついた半濁音，小さい「ャ　ュ　ョ」を伴った拗音を加えたものが拡大五十音図（表1-3）である。なお音声的には「お（オ）/を（ヲ）」「じず（ジズ）/ぢづ（ヂヅ）」「じゃじゅじょ（ジャジュジョ）/ぢゃぢゅぢょ（ヂャヂュヂョ）」がそれぞれ同音なので，これらを1つと考えると，100の音（拍）があることにな

表1-3　五十音図・拡大五十音図

	●ひらがな				●カタカナ			
	直音		拗音		直音		拗音	
清音	あ い う え お				ア イ ウ エ オ			
	か き く け こ		きゃ きゅ きょ		カ キ ク ケ コ		キャ キュ キョ	
	さ し す せ そ		しゃ しゅ しょ		サ シ ス セ ソ		シャ シュ ショ	
	た ち つ て と		ちゃ ちゅ ちょ		タ チ ツ テ ト		チャ チュ チョ	
	な に ぬ ね の		にゃ にゅ にょ		ナ ニ ヌ ネ ノ		ニャ ニュ ニョ	
	は ひ ふ へ ほ		ひゃ ひゅ ひょ		ハ ヒ フ ヘ ホ		ヒャ ヒュ ヒョ	
	ま み む め も		みゃ みゅ みょ		マ ミ ム メ モ		ミャ ミュ ミョ	
	や い ゆ え よ				ヤ イ ユ エ ヨ			
	ら り る れ ろ		りゃ りゅ りょ		ラ リ ル レ ロ		リャ リュ リョ	
	わ ゐ う ゑ を				ワ ヰ ウ ヱ ヲ			
濁音	が ぎ ぐ げ ご		ぎゃ ぎゅ ぎょ		ガ ギ グ ゲ ゴ		ギャ ギュ ギョ	
	ざ じ ず ぜ ぞ		じゃ じゅ じょ		ザ ジ ズ ゼ ゾ		ジャ ジュ ジョ	
	だ ぢ づ で ど		ぢゃ ぢゅ ぢょ		ダ ヂ ヅ デ ド		ヂャ ヂュ ヂョ	
	ば び ぶ べ ぼ		びゃ びゅ びょ		バ ビ ブ ベ ボ		ビャ ビュ ビョ	
半濁音	ぱ ぴ ぷ ぺ ぽ		ぴゃ ぴゅ ぴょ		パ ピ プ ペ ポ		ピャ ピュ ピョ	

注｜□で囲んだ「を（ヲ）」は「お（オ）」，「ぢづちゃちゅちょ（ヂヅヂャヂュヂョ）」はザ行の同じ段の音と音声的には同音である。

表 1-4 外来語音などを含んだ拡大五十音図[1]

● 無声の子音をもつ

カ	ク	ケ	コ		キャ	キ	キュ	キェ	キョ
[ka	kɯ	ke	ko]		[kʲa	kʲi	kʲɯ	kʲe	kʲo][2]

					クァ	クィ		クェ	クォ
					[kɯa	kɯi		kɯe	kɯo]

サ	スィ	ス	セ	ソ	シャ	シ	シュ	シェ	ショ
[sa	si	sɯ	se	so]	[ɕa	ɕi	ɕɯ	ɕe	ɕo]

タ	ティ	トゥ	テ	ト			テュ		
[ta	ti	tɯ	te	to]			[tjɯ]		

ツァ	ツィ	ツ	ツェ	ツォ	チャ	チ	チュ	チェ	チョ
[tsa	tsi	tsɯ	tse	tso]	[tɕa	tɕi	tɕɯ	tɕe	tɕo]

ハ		ヘ	ホ		ヒャ	ヒ	ヒュ	ヒェ	ヒョ
[ha		he	ho]		[ça	çi	çɯ	çe	ço]

ファ	フ	フェ	フォ		フャ	フィ	フュ		フョ
[ɸa	ɸɯ	ɸe	ɸo]		[ɸʲa	ɸʲi	ɸʲɯ		ɸʲo]

パ	プ	ペ	ポ		ピャ	ピ	ピュ		ピョ
[pa	pɯ	pe	po]		[pʲa	pʲi	pʲɯ		pʲo]

● 有声の子音をもつ

ガ	グ	ゲ	ゴ		ギャ	ギ	ギュ	ギェ	ギョ
[ga	gɯ	ge	go]		[gʲa	gʲi	gʲɯ	gʲe	gʲo][2]
([ŋa	ŋɯ	ŋe	ŋo]		[ŋʲa	ŋʲi	ŋʲɯ	ŋʲe	ŋʲo])[3]

					グァ				
					[gɯa][4]				

ザ	ズィ	ズ	ゼ	ゾ	ジャ	ジ	ジュ	ジェ	ジョ
[za	zi	zɯ	ze	zo]	[ʑa	ʑi	ʑɯ	ʑe	ʑo][5]

ダ	ディ	ドゥ	デ	ド			デュ		
[da	di	dɯ	de	do]			[djɯ]		

| | | | | | ([dza | dzi | dzɯ | dze | dzo] | [dʑa | dʑi | dʑɯ | dʑe | dʑo])[5] |

ナ	ヌ	ネ	ノ		ニャ	ニ	ニュ	ニェ	ニョ
[na	nɯ	ne	no]		[ɲa	ɲi	ɲɯ	ɲe	ɲo]

ア	イ	ウ	エ	オ	ヤ	(イ)	ユ	イェ	ヨ
[a	i	ɯ	e	o]	[ja	i	jɯ	je	jo][6]

ワ	ウィ		ウェ	ウォ					
[ɰa	ɰi		ɰe	ɰo][6]					

バ	ブ	ベ	ボ		ビャ	ビ	ビュ		ビョ
[ba	bɯ	be	bo]		[bʲa	bʲi	bʲɯ		bʲo][2]

マ	ム	メ	モ		ミャ	ミ	ミュ		ミョ
[ma	mɯ	me	mo]		[mʲa	mʲi	mʲɯ		mʲo][2]

ラ	ル	レ	ロ		リャ	リ	リュ		リョ
[ɾa	ɾɯ	ɾe	ɾo]		[ɾʲa	ɾʲi	ɾʲɯ		ɾʲo]

● 特殊拍：ン，ッ，ー

注｜1）カタカナのみ。下線は外来音などを示す。簡略な発音表記を添える。
2）イの段以外は，口蓋化子音と母音のあいだに渡りの半母音が入った [kʲja kʲjɯ kʲje kʲjo] [gʲja gʲjɯ gʲje gʲjo] [ŋʲja ŋʲjɯ ŋʲjo] [pʲja pʲjɯ pʲjo] [bʲja bʲjɯ ʲjo] [mʲja mʲjɯ mʲjo] が実際の発音に近い。
3）鼻濁音（ガ行鼻音）で発音された時のガ行音。
4）「キャ」などの「(開)拗音」に対する「合拗音」。「クァ」は「クヮ」，「グァ」は「グヮ」とも表記される。「クア（クワ），クイ，クエ，クオ」「グア（グワ）」のように2拍で発音されることも多い。
5）破擦音で発音されたときの「ザ ズィ ズ ゼ ゾ」「ジャ ジ ジュ ジェ ジョ」の発音に相当する。
6）「イェ」「ウィ，ウェ，ウォ」は「イエ」「ウイ」「ウエ」「ウオ」のように2拍で発音されることも多い。
7）「ヴァ，ヴィ，ヴェ，ヴォ」は有声唇歯摩擦音 [v] の表記に用いられることがあるが，発音は通常「バビベボ」と同音である。

る。教育用の五十音図では特殊拍の撥音（はねる音）「ん（ン）」と促音（つめる音）「っ（ッ）」，さらにカタカナでは長音（ひく音）「ー」もしばしば表に加えられる。

音声学的には濁点は無声子音をもつ仮名文字につけ，その子音を有声子音に変えるはたらきをもつ記号と考えられる。そのため有声子音をもつ「ナマヤラワ」行には濁点はつかない。

なお，ハ行の濁音，半濁音（ハ[ha]，バ[ba]，パ[pa]）の関係は形態音韻論（morphophonemics）の観点からの説明が必要である。

直音の子音のうち，口蓋化したイの段の子音が母音「アウオ」と組み合わさったのが拗音である。拗音において子音は表記にイの段の仮名文字が用いられていることで示される。また母音部（段）は小さく「ャ」を添えることで「ア

(段)」であることが示される。このように2文字から成る拍の場合で，大きな仮名が子音(行)を示し，添えられた小さな仮名が母音(段)を示す。

音声学的に配置した「外来語音などを含んだ拡大五十音図」を表1-4に示す。拡大五十図にない「子音と母音」の組み合わせの表記は拗音と同様に行われ，「ファ」は「フ」と同じ子音で母音は「ア」，「ティ」は「テ」の子音と母音「イ」の拍である。このように外来語音が増えたとはいっても，以前にない新しい音が増えたわけではない。拗音のエ段「シェ」や「クェ」などの合拗音，口蓋化していないイの段「スィ」，「ツ，フ」の子音が他の段の母音と組み合わさった「ツァ，ファ」など，拡大五十音図の既存の子音と母音の組み合わせが増えたものである。

➡日本の文字の特色 (5-A)，ひらがな表記 (5-B)

● 参考文献

湯澤質幸・松崎寛 (2004)『音声・音韻探求法』朝倉書店．

竹林滋 (1996)『英語音声学』研究社．

城田俊 (1993，テクスト版1995)『日本語の音』ひつじ書房．

猪塚元 (1995)「発音記号としての仮名表記」『國學院雑誌』96-11．

猪塚元・猪塚恵美子 (2005)『日本語音声学のしくみ』研究社．

[猪塚 元]

■ 特殊拍

特殊拍とは，撥音 (「はねる音」，「ん」，音素/N/)，促音 (「つまる音」「っ」，音素/Q/)，長母音の後半部分 (「引く音」，「ー」) など，重音節 (長音節) の後半部をなす拍 (モーラ) をいう。語頭に生起せず，つねに自立拍に後続して現れるものであり，直前の自立拍とともに1つの音節をなす。特殊拍は，音節の尾子音 (coda) 部分に位置し，モーラ性が付与される。/ai, oi, ui/などの母音連続の第二要素も特殊拍に含めることが多い。

日本語教育の現場では，この特殊拍のモーラ感覚を教えることの困難さ，つまり，特殊拍を1モーラとしての長さで発音するにはどうしたらよいかを教えることの難しさが，つとに指摘されている。子音あるいは母音1つから成る特殊拍は，子音と母音から成る通常の自立拍 (たとえば，「目」/me/，「差」/sa/など) より持続時間は短いものの，日本語話者には1モーラ分の長さをもつと知覚される。モーラという概念は，日本語のみで用いられるわけではないが，モーラ言語といわれる日本語では，モーラという音韻単位が不可欠であることが，音韻論，音響音声学，聴覚音声学，言語心理学，工学，脳科学など，さまざまな分野の研究から明らかにされている。

撥音/N/の異音には，[m, n, ɲ, ŋ, N] および鼻音化母音がある。日本語学習者の発音では，持続時間が短すぎ，「女の子」が「オナノコ」に，また，鼻音化母音を[n]で発音してしまい，「安易 (アンイ)」が「アニ」のようになることがある。促音/Q/の異音には，[p, t, k, s, ç, ɸ, ç, h, ʔ, b, d, g] などがある。近年は外来語の影響で「ヘッドホン」など，有声子音の促音もある。長母音は，音質を変えず持続時間を伸長させる。「おとうさん」([oto:san])，「けいざい」([ke:zai]) など，仮名表記と実際の音声が異なることがあるので注意が必要である。

東京方言では，特殊拍はアクセント核をもてない。アクセント規則により核がくるべきところに特殊拍がある場合は，1モーラ前 (重音節の第一要素) に移動する (例：トーキョー＋…「エキ→トーキョーエキ)。

➡音節と拍 (モーラ) (1-C)，アクセントの体系 (1-E)，音韻論 (7-C)

● **参考文献**

窪薗晴夫・本間猛（1999）『音節とモーラ』研究社．

佐藤ゆみ子（1996）「日本語の音節末鼻音（撥音）のモーラ性」『音声学会会報』212．

村木正武・中岡典子（1990）「撥音と促音――英語・中国語話者の発音」『講座日本語と日本語教育3 日本語の音声・音韻（下）』明治書院．

Han, S. M. (1992) "The Timing Control of Geminate and Single Stop Consonants in Japanese: A Challenge for Nonnative Speakers." *Phonetica* 49.

Sato, Y. (1993) "The Durations of Syllable-final Nasals and the Mora Hypothesis in Japanese." *Phonetica* 50.

［佐藤ゆみ子］

D――音連続

■縮約形

話しことばにおいて，ある語形に音の脱落や融合が起きた結果，本来の形式より簡略な音形で音声実現されたものを縮約形と呼ぶ．縮約形をその成立過程から分類すると以下のような2種類になる（規則的に起こる，下記(2)のような音形だけを「縮約形」と呼ぶ立場もある）．

(1)ある程度以上の話速で生理的な理由によって偶発的に生じることが多いもので，生起するかどうかは個人差が大きい（これらの縮約形は話速の遅い，あらたまった発話では起こりにくいが，絶対に起きないというわけではない）．

(1)の例

学校	→	ガッコ
その	→	[sno]
です	→	[dsu]
飲んで	→	[nõde]
だから	→	ダーラ，ダラ
僕は	→	ボカー，ボカ
ちょっと	→	チョト
そんなことは	→	ンナコトワ，ナコタ
わるい	→	ワリー，ワリ

(2)スピーチレベル（スタイル差）によって使い分けがされているもので，ある種の形態素連鎖に対して規則的に起こるものである．発話速度が比較的ゆっくりであっても話者の選ぶスタイルに応じてこうした縮約形が起こる．

(2)の例

書いている	→	カイテル
飲んでいる	→	ノンデル
書いてしまう	→	カイチャウ，カイチマウ
飲んでしまう	→	ノンジャウ，ノンジマウ
書いては	→	カイチャ
飲んでは	→	ノンジャ
見れば	→	ミリャー，ミリャ
書けば	→	カキャー，カキャ
飲めば	→	ノミャー，ノミャ
それは	→	ソリャー，ソリャ
持っていく	→	モッテク
置いておく	→	オイトク
わからない	→	ワカンナイ
来るの	→	クンノ
いられない	→	イランナイ
食べるな	→	タベンナ
来るなら	→	クンナラ
それで	→	ソンデ
知っているのじゃないか	→	シッテルンジャナイカ
	→	シッテンジャナイカ
そこのところ	→	ソコントコロ
げんきになる	→	ゲンキンナル
バッグの中	→	バッグンナカ
かばんの中	→	カバンナカ

日本語教育の現場では縮約形を慎重に扱う必

要がある。中・上級者にとっては上述(1)のような縮約形の実態を学ぶことで聴解力が向上するであろうが、学習者が(1)に挙げた縮約形を使用した場合は、その学習者の流暢さの程度にもよるが、「あまりに崩れすぎた不適切な発音」という印象を与えかねない。

また(2)のような縮約形も中・上級の学習者には必須の学習項目であるが、使用に関しては慎重に指導する必要がある。たとえば「書いてる」の使用はかなりフォーマルな場面でも許容され、「書いちゃう」ではややスタイルが下がる。さらに「書いちまう」の使用はきわめてスタイルが低くなる。学習者がこれらの縮約形のスタイル上の差を知らずに使用すると非常に奇異な印象を日本人に与えてしまう危険性がある。

縮約形を日本語教育で扱うには、単に音声学上、あるいは形態音韻論上の問題として項目を整理するだけでは不十分である。教室や教材で縮約形を取り上げるに際しては、社会言語学的な適切さを検討する必要があることを忘れてはならない。

➜ 話しことばの特徴（4-B）

● 参考文献

斎藤純男（1986）「話し言葉におけるラ行音およびナ行音のモーラ音素化」『日本語教育』60.

斎藤純男（1991）「現代日本語における縮約形の定義と分類」『東北大学日本語教育研究論集』6.

助川泰彦（1999）「日本語長母音の短母音化現象をめぐる諸要因の実験音声学的研究と音声教育への示唆」アラム佐々木幸子（編）『言語学と日本語教育1 実用的言語理論の構築を目指して』くろしお出版.

土岐哲（1975）「教養番組に現れた縮約形」『日本語教育』28.

嶺岸玲子（1999）「日本語学習者への縮約形指導のめやす──日本人による評価と使用率をふまえて」『日本語教育』102.

［助川泰彦］

■ 連濁

2つの語が結合して新しい語（複合語）をつくるとき、後部要素の初頭モーラ（拍）が濁音化する現象を連濁（sequential voicing）という。たとえば「海」と「亀」が結合して「海亀」という複合名詞になるとき、「亀」の発音が「かめ」から「がめ」に変わってしまう。音声学的には、母音と母音のあいだに挟まれた無声子音（kame の k）が母音と同じ有声の音に変わる同化現象と考えられる。連濁に似た現象は多くの言語に観察されているが、日本語の連濁に特徴的なのは「むしば」（虫歯）や「ほんばこ」（本箱）のように、バ行の子音/b/がハ行の子音/h/と交替することであろう。

連濁現象は普通の名詞だけでなく、人名や地名を含む数多くの複合語で起こるが、すべての複合語に起こるというわけではない。たとえば漢語では起こりにくく、外来語ではほとんど起こらない。「…党」「…カメラ」が「…どう」「…ガメラ」とはならないのはこのためである。また和語であっても、後部要素がすでに濁音を含んでいる場合には連濁は起こらない。「蓋」や「柿」が「うわぶた」（上蓋）「しぶがき」（渋柿）と濁るのに、「札」「鍵」が「ねぶだ」（値札）「あいがぎ」（合い鍵）と濁らないのはこのためである。濁音の連続を嫌う異化現象であり、ライマンの法則（Lyman's Law）と呼ばれている。

複合語は通常、前部要素が後部要素を修飾する構造をもつが、例外的に2つの要素が並列的に結合する複合語では連濁は起こらない。「宛名書き」「食べず嫌い」「大食い」「日帰り」では連濁が起こるのに、「読み書き」「好き嫌い」「飲み食い」「行き帰り」で連濁が起こらないの

はこの特殊な意味構造によるものと考えられる。

→ 語構成（3-C），複合語（3-C）

● 参考文献

窪薗晴夫（1999）『日本語の音声』岩波書店．

佐藤大和（1989）「複合語におけるアクセント規則と連濁規則」『講座日本語と日本語教育2　日本語の音声・音韻（上）』明治書院．

窪薗晴夫（1998）「音韻論」『岩波講座言語の科学2　音声』岩波書店．

小松英雄（1981）『日本語の世界7　日本語の音韻』中央公論社．

Vance, T. J. (1987) *An Introduction to Japanese Phonology*. State University of New York Press.

　　　　　　　　　　　　　　［窪薗晴夫］

E──韻律

■アクセント

　概略的には，声の高さや強さによって単語の語彙的文法的区別をする「標識」，あるいはその標識によって区別されている「型」，を「アクセント」（accent）という。東京方言で，ハ⌐シガ［高低低］は《箸が》，ハシ⌐ガ［低高低］は《橋が》を意味するが，［高低］が《箸》を，［低高］が《橋》を意味するわけではない。ハシという音列なら，アクセントによって《箸》と《橋》などの区別がなされるだけである。「標識」をアクセントという人は，ハ⌐シは第1音節に，ハシ⌐は第2音節にアクセントがあり，この2語はアクセントの「位置」が違う，したがって「アクセント型」（accent pattern）が違うという。「型」をアクセントという人は，ハ⌐シは第1音節に，ハシ⌐は第2音節に「アクセント核」があり，この2語はアクセントが違うという。

　「標識」（アクセント（核））がどの「位置」にあるか，によって単語が区別される音調体系のほかに，どの「型」か，が本質的な音調体系もある。長崎方言は「語頭高」と「語末高」の2型を区別する。この場合，"高"の位置の違いにより単語を区別できるが，それは本質的でない。重要なのは2種類の「型」の区別であり，高の位置は型から予測できる。このような，位置でなく型が本質的な音調を，位置が本質的である「アクセント」と区別して，「トーン（声調）」と呼ぶのが適当である。単音節単位のトーンでは北京語の四声(しせい)がよく知られている。

　位置の弁別的な東京方言のアクセントも，型の弁別的な長崎方言や北京語も，声の高さを用いている。東京方言はその意味で「高低アクセント」（ピッチアクセント）といわれる。トーンをアクセントと区別しない場合には，北京語も「高低アクセント」に入れられることがある。

　ロシア語，英語などのアクセントは「強弱アクセント」といわれる。そのアクセント（核）は高低アクセントにおける声の高さのような，対応する単純な物理量はない。そのアクセント（核）を有する音は，一般に，強く，高く，長めに，すなわち，ほかより"目立つように"発音されるが，アクセント（核）のない音は弱化して区別が減るのが普通である。ロシア語では，有アクセント母音音素5に対して無アクセント母音音素は3であり，イタリア語では7対5である。北京語にはトーンのほかに強弱アクセントもあり，トーンは強弱アクセント（核）を有する母音でしか4種類の型の区別がなされない。

　広義の日本語のアクセントには，狭義のアクセントとトーンが含まれる。（狭義の）アクセントが北海道・本州・四国と九州東北部の諸方

言を覆い，トーンが琉球諸島から九州西部南部・四国・近畿の諸方言にまで及び，四国・近畿で同一方言にアクセントとトーンが共存している。これが日本語のアクセントの本質であるといえるが，世界中の言語すべてがアクセントとトーンおよびその組み合わせで記述できるかどうかは，まだわからない。

→アクセントの体系 (1-E)

● 参考文献

上野善道 (2003)「アクセントの体系と仕組み」『朝倉日本語講座3 音声・音韻』朝倉書店．

早田輝洋 (1999)『音調のタイポロジー』大修館書店．

McCawley, J. D. (1977) "Accent in Japanese." Hyman, L. M. (ed.) *Studies in Stress and Accent*. Southern California Occasional Papers in Linguistics 4.

[早田輝洋]

■ アクセントの体系

東京方言には複数のアクセント型があり，nモーラ（拍）の名詞には (n+1) 個のアクセント型が許容される。3モーラの名詞を例にとると，次の4つの型が見いだされる（ここでは高を●，低を○で表す）。伝統的な研究では，それぞれ(a)頭高型，(b)中高型，(c)尾高型，(d)平板型と呼んでいる。

(1) a．いのち（が）　●○○○
　　b．こころ（が）　○●○○
　　c．おとこ（が）　○●●○
　　d．ねずみ（が）　○●●●

n個ではなく (n+1) 個となるのは，(1 d) のように助詞がついてもピッチ（高さ）が落ちないタイプがあるからである。また (n+1) 個の型しか許されない背景には，①一度下がったピッチは同一語内では二度と上がらない，②最初の2モーラは異なる高さとなり，高高や低低で始まることはない，という2つの原理がはたらいている。この2つの原理があるために，「ピッチが下がるか下がらないか」「下がるとすればどこで下がるか」がわかれば，単語全体の発音が決まってくる。アクセント辞典などで「いのち」を「い゛のち」，「ねずみ」を「ねず゛み」と表記しているのはこのためである（「゛」はピッチの下がり目，つまり「アクセント核」または「アクセントの滝」を表す）。

どの語がどの型をとるかを完全に予測することは難しいが，品詞や語種などの情報が与えられると比較的予測しやすくなる。名詞の場合，上述の (n+1) 個の型が均等に現れるわけではない。語の長さを問わず，日本語に特徴的といえる平板型と，語末から3つ目のモーラ（特殊拍）の後でピッチが下がる型が多い。つまり…●○○（−3型）と…●●●（平板型）の2つの型に収束する傾向がある。

このことは人名，地名などの固有名詞のアクセントを考えてみると実感できる。ただし，「大川」や「ロンドン」のように語末から3モーラ目が撥音，長母音などの特殊モーラ（特殊拍）である場合には，ピッチの下がり目が一つ左にずれる。語種別に見ると，外来語には−3型が多く，和語と漢語には平板型が多い。また語種を問わず，4モーラ語は平板型になる傾向が強い。

単純語よりさらに規則性が高いのが，複数の語が結合してつくられる複合語である。複合名詞アクセントの基本は，「ピッチが語頭で上がり，2要素の境界付近で下がる」パターンである。右側要素が1〜2モーラと短い場合には，(2) のようにその直前でピッチが下がり，右側要素が (3) のように3モーラ以上の長さをもつ場合には右側要素の最初まで高く，その直後にピッチが下がる。

(2) きょうと＋し→きょうと゛し（京都市）
　　あいち＋けん→あいち゛けん（愛知県）

(3) こうべ＋だいがく→こうべだいがく（神戸大学）
にほんご＋きょういく→にほんごきょういく（日本語教育）

これらの例からもわかるように，左側要素のアクセント型は複合語全体のアクセント型に関与してこない。また右側要素が同一であれば，基本的に同一の型が作り出される（例：ユタ州，ネバダ州，アリゾナ州，カリフォルニア州）。きわめて規則性が高いのである。

複合語アクセントについては，(2)(3)の標準型に対して次のような例外的な型も存在する。

(4) a. にほん＋ご→にほんご（日本語）
オレンジ＋いろ→オレンジいろ（オレンジ色）
b. こうそう＋ビル→こうそうビル（高層ビル）
c. やまと＋なでしこ→やまとなでしこ（大和撫子）

名詞に比べ，動詞と形容詞のアクセント体系は単純である。いずれも，終止形・連体形は(5)のように語末のモーラが低くなるか，(6)のように平板型となるか，のいずれかである。名詞の場合と同じように，どの語がいずれの型となるかを予測することは難しい。複合語になると(7)のように(5)と同じ型が一般的となる。終止形・連体形以外の活用形でも基本的に平板型と非平板型の区別は保たれるが，非平板型(5)や(7)の場合にはピッチの下がり目が1モーラ前に動くときがある（例：話さない，話した）。

(5) a. うまい，あおい，あつい（暑い，熱い）
b. 読む，話す，喜ぶ
(6) a. あまい，あかい，あつい（厚い）
b. 行く，歌う，働く
(7) a. 心細い，肌寒い
b. 買い戻す，追い出す

➡アクセント（1-E）

● 参考文献

秋永一枝（1998）「共通語のアクセント」NHK（編）『日本語発音アクセント辞典』巻末．
金田一春彦（監修）（2001）『新明解日本語アクセント辞典』三省堂．
窪薗晴夫・太田聡（1998）『音韻構造とアクセント』研究社出版．
佐藤大和（1989）「複合語におけるアクセント規則と連濁規則」『講座日本語と日本語教育2 日本語の音声・音韻（上）』明治書院．
田中真一・窪薗晴夫（1999）『日本語の発音教室』くろしお出版．

［窪薗晴夫］

■イントネーション

イントネーションとは，日常的な意味では発話のなかでの声の高低変化全般を指すが，研究レベルでは単語アクセント以外の高低変化に限定していうことが多い。付随して生じる音の長さや強さの変化を含めることもある。誤解を避けるために，アクセントもそうでないものも含めた発話内の高低変化のことを「音調」と呼ぶことがある。

イントネーションは，円滑なコミュニケーションを実現するうえで重要な役割を果たしている。アクセントが正しくても，イントネーションが正しくなければ，発話全体として自然な日本語にならない。それはたとえば，「今日は早く帰る」が文末の「る」のイントネーションによって，告知（平調で），質問（音を伸ばして疑問型上昇調で），強い主張ないし命令（高く強く言う強調型上昇調で）に言い分けられるということからも，また以下のような同音同アクセントの異義文が文全体のイントネーションで言い分けられることからも明らかである。

(1) けさ買ったばかりの傘をなくした。（「買ったのがけさ」対「なくしたのがけさ」）

(2)参加することにイギがあるんです。(「意義」対「異議」)

　またイントネーションは，話し手の心理状態や聞き手との関係を表しうる。したがって，不適切なイントネーションの使用は，本人にそのつもりがなくても，聞き手に否定的な感情的反応を引き起こしうる。たとえば，「それでけっこうです」の「け」を高く際立たせて言うと，文句を言われていると受けとめられやすく，「ありがとうございました」の「ございま」を高く際立たせて言うと，本気で感謝していないと感じる人がいる。

●**文末のイントネーション**──「今日は早く帰る」における告知，質問，主張ないし命令の言い分けに見られるように，文末でのいくつかのモダリティ的意味の表現は日本語イントネーションの重要な機能の1つである。

　文末助詞がない場合の文末モーラ（母音が長呼される場合を含む）について，高低の変化方向と表現機能の違いを基準とすると，そのイントネーションは次の5種類に分類できる。文末詞助詞を別扱いするのは，後述のように音調に関して独特のふるまいをするからである。

　①末尾母音を長めに言いながら，どこまでも上がりつづけるような上げ方をするもので，疑問文に典型的に使われる「疑問型上昇調」。②末尾母音を少し上げたまま同じ高さを保つもので，強めを伴うことが多く，強い主張や固執を表す際に使われる「強調型上昇調」。③意外なことを聞いたときに言う「本当」を，全体のピッチを高くすると同時に「当」の内部でぐっと下げる言い方があるが，このような意外性の表現などに使われる「顕著な下降調」。④子供が親をせかせて「早く！」と言うときに，末尾母音を伸ばしつつ音を上下させるが，このような注目要求に使われうる「上昇下降調」。⑤平叙文に典型的に見られ，顕著な高低変化もなく，特別な表現機能ももたない「平調」。

　このうち強調型上昇調の存在は見過ごされやすく，疑問型上昇調と同一視されやすいので注意が必要である。この2種の上昇調には，文末が特殊拍の場合に末尾2モーラめから上昇させる変種がある。

　なお，文末イントネーションと表現機能との対応関係はさほど緊密でなく，「今日は早く帰る？」と聞く場合でも，使用場面に制限はあるが，平調を使うことがある。

　以上は文末モーラの音調の特徴であるが，じつは平叙文でも疑問文でも，高低変化の音域は文頭から文末にかけて少しずつ低いほうに移っていくが，平叙文では文末付近でその低まり方がいっそう大きいこと，また疑問文は文末語のアクセントが起伏式ならその下降をより急なものにしてから上昇することが多いなど，文末モーラ内部だけにとどまらない特徴をもつ。

　このほか，一種のスタイルとして，「…です」の「で」，「…ます」の「ま」を高く際立たせる一拍卓立調も文末によく現れる。

●**文末助詞の音調**──上に挙げた5種の文末音調は文末助詞のネやヨなどにも現れる（ただし，直前が平板型アクセントの語の場合，その末尾と同じ高さから文末音調を続けるか，いったん低くした後に続けるかという「順接」と「低接」の区別も同時に考慮しなければならない）。しかし，「帰るわ」はワを疑問型上昇調で言っても女性による単なる告知であり，質問にはならないことからもわかるように，各文末助詞は音調と表現機能との対応関係に独自のものをもっている。こうした文末助詞の音調の使い分けは実用面からは重要であるが複雑でもあり，現状ではアクセント辞典などには記載されていない。

●**文節末のイントネーション**──文末に使われる音調は文節の末尾（ネなどの間投助詞がある場合を含む）にも現れる。その際，平調以外は直後にポーズを伴うことが多いが，いずれも

図1-7 文(1)の2つの読みの基本周波数曲線

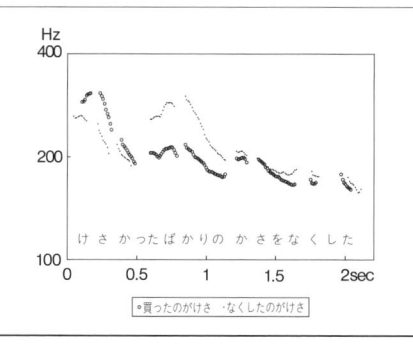

[図：横軸0〜2sec、縦軸100〜400Hzの基本周波数曲線。「けさ かった ばかりの かさを なくした」の2通りの読み（●買ったのがけさ、・なくしたのがけさ）]

発話を継続させる意図を示すものと考えられる。

●**文の構造とイントネーション**── 先の文例(1)はいわゆる曖昧文だが、「買ったのがけさ」の意味で言う場合は、「けさ買ったばかりの」が音調として一まとまりになるように「買ったばかりの」を低く抑えて言えばよい（つまり「買っ」から「たば」にかけてほとんど上昇させない）。逆に「なくしたのがけさ」の意味で言う場合は、「買ったばかりの」は抑えないでおくことで（つまり「買っ」から「たば」へ明瞭に上昇させることで）、「けさ」と「買ったばかりの」のあいだに音調の切れ目を作るように言えばよい（図1-7参照）。

音調上のまとまりを音調句、あるいはイントネーション句、または単に句と呼ぶが、文例(1)を「なくしたのがけさ」の意味で言うときの「買っ」から「たば」のように、顕著な上昇をさせるときは、それが新しい音調句が始まる印と考えて、句頭の上昇ということがある。

文(1)の2つの読みに対応するイントネーションの違いは文の構造を反映したものであるが、文の枝分かれ構造という統語関係を重視する考え方と、隣接する語間に意味的な限定関係があれば音調的に一まとまりになるという考え方、あるいは聞き手のなかですでに活性化していると想定される語はその直前の語と音調的に一ま

とまりにして言うという考え方などがある。

とくに伝えたい情報とイントネーション文の構造とともに文全体のイントネーションを左右するもう一つの大きな要因にフォーカスがある。

→アクセント（1-E），プロミネンス（1-E），発話の単位（4-A）

●**参考文献**

上村幸雄（1993）「日本語のイントネーション」言語学研究会（編）『ことばの科学3』むぎ書房.

川上蓁（1963）「文末などの上昇調について」『国語研究』16.

窪薗晴夫（1997）「アクセント・イントネーション──構造と文法」『日本語音声2 アクセント・イントネーション・リズムとポーズ』三省堂.

郡史郎（2003）「イントネーション」『朝倉日本語講座3 音声・音韻』朝倉書店.

轟木靖子（1998）「東京方言の終助詞『ね』『な』『か』の音調について」ことばの科学研究会（編）『ことばの心理と学習──河野守夫教授退職記念論文集』金星堂.

［郡 史郎］

■**プロミネンス**

発話のなかでとくに伝えたい重要な言語形式は高く際立たせて言うのが普通である。同時に、わずかに長めに言う。この際立ちをプロミネンス（または卓立）といい、伝統的にイントネーションとは別のものとして扱われている。

しかし、自然な発音であるためには、とくに伝えたい重要な言語形式（ここには「フォーカス」、あるいは情報の焦点があるという）を高く際立たせるだけでは不十分で、同時にそれ以降を低く抑えて言うことが必要である。そうすることで初めて文の中で何が重要かが聞き手に伝わる。つまり、フォーカスによって文全体の

イントネーションが影響を受けるのであるが、プロミネンスはその一部分に着目したものにすぎないことに注意しなければならない。なお、個々の語のアクセント型自体はいつでも変わらない。

(1)参加することにイギがあるんです。
を「(その大会は)参加することに意義がある」のつもりで言うときは、「参加することに」が強調したい点なので高く際立たせて言い、「意義がある」を低く抑える。同時に助詞「に」を一拍卓立調で際立たせることもある。一方「(私はその大会に)参加することに異議がある」のつもりで言うときは、大会への参加を進める動きに対して「異議がある」ことをとくに主張する場面が想定しやすく、ここを高く際立たせて言うのが普通である。しかし、もし「異議があるのは観戦することではなく参加することについてだ」の意味で言いたければ「参加することに」を高く際立たせ、「異議がある」を低く抑える。

文を音読する場合、どこにフォーカスがあると考えて読むべきかは文脈次第であり、原則としてはその1文だけでは決められない。しかしこの文例(1)からわかるように、前後の文脈がなくても想定しやすい発話場面というものがあり、そのためにどこにフォーカスがあると考えるのが自然かだいたい決まってくることがある。

→イントネーション(1-E)

● 参考文献

郡史郎 (1997)「日本語のイントネーション──型と機能」『日本語音声2 アクセント・イントネーション・リズムとポーズ』三省堂.

[郡 史郎]

■リズム

リズムは、何かが規則的に反復することによって生ずる感覚のもたらす現象である。何かを見たり、聞いたり、あるいは体感してリズムを感じるときは、そこには何らかの反復とその反復を生み出すきっかけ、すなわち拍子(ビートまたはタクト)がある。

ことばは、時間の流れにそって生成されるが、どの言語でも、発話は一つずつの音がただ単に並んでいるのではなく、母音を中心とした音節を形成している。この音節が連なって文になるが、音節相互には強弱あるいは長短の違いがあり、この違いが各言語に特有のリズムを生み出すと考えられている。

日本語はモーラが等時に反復するというモーラリズムをもつとされている。モーラは拍とも呼ばれる音韻論の単位で、このモーラ(拍)に基づき日本語教育では、「拍感覚の養成」を音声項目に挙げている。ところが、学習者の発音では、「よかった」が「よかた」になったり、「としょかん」が「としょうかん」になる例、すなわち、特殊拍が脱落したり添加される誤用が見られ、学習者に共通の問題となっている。

そこでモーラよりも大きい単位を設定して、リズム現象を捉え、教育に応用する動きが出てきた。第一には、俳句や短歌などの韻文では、2つのモーラを1つにしたフット(bimoraic foot)という単位で発話されるが、これによってリズムが形成されると考えるものである。

第二には、リズムの形成には2モーラ分の長さと1モーラ分の長さをもつ2種類の単位があり、この2つの単位の長短の組み合わせでリズムを捉えようとするものである。具体的には、2モーラ分の単位は、/(C)VN、(C)VQ、(C)V(C)V/(例:たん、かっ、こー、たか、あお)(C:子音、V:母音、N:撥音、Q:促音。(C)は、子音があってもなくてもよいことを表す)で、1モーラ分の単位は、/(C)V/(例:え、め)である。このようにリズムを長短の配置特徴として分析し、反復を生み出すき

っかけであるビートという概念を導入すると，以下の(1)(2)のように，同じ6モーラで構成されている文でも，リズムとしては異なることがわかる。

(1)たべられます。(たべ・られ・ます)
(2)とっておいて。(とっ・て・おい・て)

(1)は長長長で3ビート，(2)は長短長短で4ビートのリズムとなる。

日本語のリズムがモーラの等時性によるのではなく，長短の配置特徴とビートという概念の組み合わせで捉えると，さまざまな言語を母語とする学習者の特徴的なリズムが説明しやすい。

→音節と拍（モーラ）(1-C)

● 参考文献

別宮貞徳（1977）『日本語のリズム』〈講談社現代新書〉講談社．

土岐哲・村田水恵（1989）『発音・聴解』荒竹出版．

上村幸雄（1997）「日本語音声の歴史的なふかさと地域的なひろがり」『日本語音声2 諸方言のアクセントとイントネーション』三省堂．

クラーゲス，L.〔杉浦実訳〕（1971）『リズムの本質』みすず書房．

[鹿島 央]

■ポーズ

ポーズとは，基本的には，発話中の無音区間（silent pause）をいう（ただし，促音や破裂音などの調音に伴う場合を除く）。休止，間と訳されるゆえんである。これに対して，「あの」「まー」「えーと」などの間投詞をポーズの一種（filled pause）とする立場もある。

ポーズには以下の3種類がある。①息継ぎのためのポーズ。これは，発話が呼気を利用して行われる以上不可避である。たいていは，呼気が尽きたところでとるわけだが，私たちは，なるべくそれを意味のつながりと一致させるように努める。②文法的切れ目と関係した構文的ポーズである。息継ぎを伴わない，いわゆる息止めの場合が多い。この置き方が適切でないと意味がとりにくくなる。日本語学習者（とくに初級）の場合，助詞の前など文節内でポーズをとる傾向がある。ポーズの後ではピッチ（声の高さ）が上がりやすい。なるべく大きな意味のくくりでポーズをとるような指導が日本語らしい音調を身につけるうえでも大切である。③聞き手の意味理解に配慮した結果としての意味上のポーズである。発話内容を聞き手が理解するためには要所での適切なポーズが不可欠である。また，段落のまとまりを表現するうえでもポーズはイントネーションとともに重要なはたらきをする。聞き手は，小さなポーズで文と文とが意味的に続いていることを，大きなポーズで段落の区切りを知る。一方，ポーズは，前後の語句を強調する，期待を与え余韻を残すといったパラ言語としての機能ももつ。

ポーズは発話速度（話速）とも大いに関係がある。話速は普通一定時間内に何拍話したかで求めるが，その値は発話総時間に占めるポーズ時間の割合によって左右される。早口でもポーズを十分とればゆっくりとした印象を与える。

このように，ポーズは，聞きやすさやわかりやすさ，さらには韻律の習得とも密接に関連する。学習段階に応じた指導が望まれる。

→パラ言語情報 (1-F)

● 参考文献

杉藤美代子（1994）『日本人の声——日本語音声の研究1』和泉書院．

匂坂芳典（1999）「日本語音韻の時間長制御と知覚」『言語』9月号．

杉藤美代子（1996）『声に出して読もう！』明治書院．

杉藤美代子（監修），国広哲弥他（編）(1997)『日本語音声2 アクセント・イントネーショ

ン・リズムとポーズ』三省堂.
Laver, J. (1994) *Principles of Phonetics.* Cambridge University Press.

[村松賢一]

F──パラ言語

■パラ言語情報

　パラ言語情報（paralinguistic information）とは，話し手が聴き手への伝達を目的に意図的に表出する情報のうち，イントネーション，リズム，声質などの韻律特徴によって伝達されることが多いために，文字に転写されることがないかまれである情報のことをいう。発話の意図，話し手の態度，ある種の強調の有無などである。たとえば「ナニヤッテンノ」というテキストは，「質問」のほかに「叱責」「からかい」などのパラ言語情報を意図して発することができる。

　話しことばによって伝達される情報のなかには，通常，言語学が研究対象とする情報のほかにも多くの情報が含まれている。この種の情報をどう分類するかは国により学派によって異なるが，日本では①「言語情報」②「非言語情報」③「パラ言語情報」の三分法が普及している。

　まず，①「言語情報」は音素，形態素，統語構造などの情報である。言語情報は，話し手が意図的に制御して生成する記号とその結合によって表現される離散的情報であり，発話中に局所的に分布する情報から構成されている。

　次に，②「非言語情報」は声の性差，年齢差，感情，気分など，話し手の身体的・生理学的特性を不可避的に反映して生じる種類の情報である。非言語情報は，話者が意図的に制御することができない情報であり，離散的なもの（性差）も，連続的なもの（年齢）もある。非言語情報には，言語情報に比べれば明らかな言語普遍性が看取される。さらに，時間的な分節が明瞭でなく発話の全体にわたって分布することも非言語情報の特徴である。

　③「パラ言語情報」は，話し手によって意図的に制御される点，発話中で局所的に分布しうる点においては言語情報と共通しているが，情報に強弱の連続的変化を伴いうること，基本的には文字に転写されることがないことの2点において，言語情報と異なる。

　なお，書きことばでも種々の補助記号でパラ言語情報の伝達が試みられるが，話しことばに比べると伝達の精度は格段に低い。また感情が「非言語」「パラ言語」のいずれに属するかについては議論が分かれることがある。

➡イントネーション（1-E），リズム（1-E），プロミネンス（1-E）

●参考文献

前川喜久雄・北川智利（2003）「音声はパラ言語情報をいかに伝えるか」『認知科学』9-1.
Fujisaki, H. (1996) "Prosody, Models, and Spontaneous speech." In Sagisaka, Y. et al. (eds.) *Computing Prosody.* Springer.

[前川喜久雄]

G──音声の物理的特徴

■音声分析

　音声分析とは，音を分析し，その物理的な特徴を視覚化することである。音声は一瞬にして消え去るが，録音して，分析結果を視覚化し，数値化することで，音声の物理的特徴についての客観的なデータが得られる。多人数の音声分析データからその言語の母語話者における音声の特徴がわかる。また，語学教育では，母語話

者の音声と学習者の音声の相違点を目に見えるようにしたものが役立つ。

●音声分析の対象——音声分析で視覚化・数値化できる音声の特徴は，以下のようなものである。

①声の高低：ピッチ感覚の基になる物理量は，基本周波数と呼ばれる。発話の高低の変化は，高低アクセントのピッチパターンやイントネーションとして意味伝達にかかわる。

②音の長短：音の持続時間は，音声波形やスペクトログラムの横軸上に示される。長母音と短母音，促音（重子音）と単子音の長さの差，撥音「ン」の長さなど，違いがよくつかめる。

③音の強弱：音声波形の縦軸は音圧であるから，波形の振幅を曲線でなぞった包絡線で強さ変化を示しうる。言語音の強弱はインテンシティと呼び，単位はデシベル（dB）を用いる。

④母音の音色：たとえば「ア」と「イ」の違いは，声帯で作られる音の周波数成分が，口の構えの違いで，声道を通過中に増幅したり減衰して，エネルギーの分布が異なるということである。とくに強められたエネルギーは，スペクトログラムではフォルマントとして現れる。

⑤子音の音色：子音は，調音点，調音法，有声・無声によって，スペクトログラムではエネルギーの分布がそれぞれ異なって現れる。

●コーパス——自由発話は制御できない要因が多数含まれ，分析が難しい。したがって基礎的な音声分析では，普通は資料を読み上げ形式で収録する。目的を絞りこんで，録音資料の語彙や文のリストであるコーパスを作成する。予備実験を行い，コーパスが適切かどうかを確認する。分析対象の語彙や音の前後に来る音環境を一定にし，分析対象の音の位置（語頭・語中・語尾），分析対象の語の文中での位置，アクセント型，イントネーション，発話速度などをそろえる。「わたしは_____と言った」「これは_____と言います」などのキャリア文に入れて読ませる場合も多い。

●録音——録音は，目的に応じて，読み上げの繰り返しの回数や発話者の人数を決めて行う。音声分析には質のよい録音が前提条件である。以下に録音の際の注意点を挙げる。

①無響室・録音室ではなくても，じゅうたん，カーテン・テーブルクロスなどで音声の反響が生じないようにした静かな部屋でもよい。空調や電気器具などのノイズが入らないようにする。

②話者はなるべく動かないで，衣服のすれる音を最小限にする。

③外付けマイクロホンを使用し，モノラルで録音する。対話のときはステレオ型を用いる。

④カセットテープは60分（片面30分）以下のものが丈夫でよい。録音終了後すぐにラベルを貼り，話者情報を記入する。被験者ごとに別のテープに録音すると，分析に都合がよい。

⑤マイクロホンが近すぎると呼吸音が入ったり，音割れが起こる。遠すぎると音圧が不十分で分析ができなくなる。テープレコーダーの録音レベルを確認すること。

⑥録音資料は読みやすい大きな文字で書かれたものを2部用意する。1部は発話者に渡し，1部は実験者が手許において，発話をチェックする。1つの項目は少なくとも3回以上発話させて録音しておくとよい。

⑦録音の際には，実験者は必ずヘッドホンをつけて，正しく録音されているかを確認する。

⑧録音資料のページをめくるのは発話と発話のあいだとし，ノイズが入らないようにする。

⑨一部分に録音の不備が観察された場合は，前後も含めてやり直す。

⑩直接コンピュータに音声を取り込まないで，テープに録音する。ファイルの操作ミスでデータを失う可能性があるからである。

⑪録音に先立ち，日付，名前などを言ってもらい，緊張を解くようにする。

⑫録音後に言語背景，出生地，居住歴，両親の出生地，既習外国語などを調査票に記入してもらう。

●A/D 変換と音声ファイル作成 —— 録音した音声はコンピュータでの編集・分析のために，音声ファイルに保存する。音声ファイルには音声はデジタル化した音声波として保存される。音声のアナログ情報をデジタル化して保存するので A/D 変換と呼ばれる。1秒間に何回音を取り込むかというサンプリングレート（sampling rate）や，音の強さを何段階の精度で量子化（resolution）するか，などについて適切に指定する。テープレコーダーの line out または headphones の端子とコンピュータの line in を接続し，音量を適切なレベルに調整して音声を取り込む。

取り込んだ音声は，音声編集ソフトによって分析しやすい単位に分割し，それぞれに異なるファイル名をつけて保存する。ファイル名は事前に準備しておき，保存されている音声がすぐに見つかるようにする（同じファイル名で別の音声を保存すると，前に保存してあった音声が上書きされ，前の音声は消去されてしまう）。音声を分割してファイルを作成する際には，語頭の無声子音部分をカットしたりしないように十分注意する。また，分割する前の音声はそのまま別に保存し，必要に応じて，音声ファイルを作り直すことができるようにしておく。

●セグメンテーションとラベリング —— 音声分析ソフトで行う基本的な作業の1つ。音の連続である発話を，ある基準で，小さな単位，たとえば，単音，単語などに分割することをセグメンテーションという。普通は，分割された区間の始点と終点に目印（マーカー）を入れ，標識となる名札をつけるラベリングを同時に行うことが多い。

➡ アクセント（1-E），スペクトログラム（1-G），音声波形（1-G），音声分析ソフト（9-D），音・音声（9-D）

●参考文献

杉藤美代子（編）（1989・90）『日本語の音声・音韻』（上・下）明治書院．

今井邦彦（編）（1971）『シリーズことばの障害 1 言語障害と言語理論』大修館書店．

ラディフォギッド，P.〔竹林滋・牧野武彦訳〕（1999）『音声学概説』大修館書店．

斎藤純男（1997）『日本語音声学入門』三省堂．

ケント，R. D./リード，C.〔荒井隆行・菅原勉監訳〕（1996）『音声の音響分析』海文堂．

〔西沼行博〕

■音声波形

音は，空中を伝わる粗密波，つまり，空気粒子の濃い薄いの繰り返しである。これをマイクロホンで電圧の波として録音し，さらに数値に変えて表示すると音声波形が得られる。これをオシログラムと呼ぶ。縦軸は振動の強さである振幅，横軸は時間を表す。

日本語の発話は音節構造が単純なため，波形は，串団子のように，小さい塊の子音と大きい塊の母音が繰り返し現れるように見えることが多い。基本的には，母音は子音に比べて振幅が大きく持続時間も比較的長い。拡大してみると母音の波形は，振幅の大きい複雑な波である（図1-8を参照）。大きい波が，1秒間（1000ミリ秒：msec）に何回繰り返されるか，つまり1秒間での振動数が基本周波数（単位ヘルツ：Hz）に相当し，聴覚的にはピッチ感を生む。声が高くなると，波長は短く，一定時間内での振動数が多くなり，基本周波数が高くなる。逆に，低い音では，波長は長く，一定時間内での振動数は少なく，基本周波数が低い。

これに対して子音は，振幅が母音に比較して小さく，不規則である。鼻音は母音に比べると振幅が小さいが，安定した波形で振幅がある。

図1-8 日本語5母音の音声波形

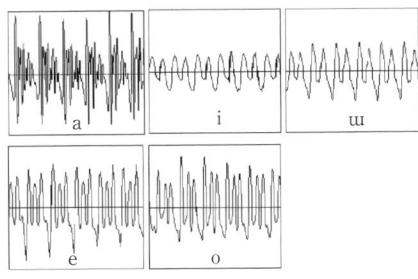

1つのピークが1回の声帯振動に相当する。

無声摩擦子音では，不規則な小さな振動が観察される。破裂子音は，破裂時にきわめて短い雑音があり，口が閉じている内破（閉鎖）区間は原則的に無音である。したがって語頭での無声破裂子音の正確な調音の開始時点は知りえない。

➡音声分析（1-G），スペクトログラム（1-G）

● 参考文献

ラディフォギッド，P.〔竹林滋・牧野武彦訳〕（1999）『音声学概説』大修館書店．

今井邦彦（編）(1971)『シリーズことばの障害1 言語障害と言語理論』大修館書店．

ケント，R. D./リード，C.〔荒井隆行・菅原勉監訳〕(1996)『音声の音響分析』海文堂．

[西沼行博]

■ スペクトログラム

音声波に含まれる周波数の成分分析を時間的に連続して行い，各周波数の強さを色によって表した，周波数，強さ，時間の3次元表示をスペクトログラムという（声紋と訳されることもある）。横軸が時間，縦軸が周波数（上に行くほど高い高周波成分。単位はヘルツ：Hz），パソコン上の表示法が白黒かカラーかによるが，色が黒，または黄色いほど音が強く大きい。

歴史的には，ビジブル・スピーチ（Visible Speech）と呼ばれたように，スペクトログラムは，子音や母音の状態を観察するのに便利である。

● 母音——母音の音色（日本語ではアイウエオ）の違いに対応して，スペクトログラムの数百ヘルツから4000ヘルツくらいの周波数域に，色が濃く輪郭が不明瞭な帯が現れる。これがフォルマント（formant）である。フォルマントは声道の共振によるもので，普通，有声音，とくに母音には数個見られ，低いほうから順に第1フォルマント，第2フォルマントと呼び，F1，F2などの記号を使う。母音は，これらF1，F2の相対的な分布で区別される。音色の違いは，声道内で共鳴し増幅される周波数成分域の違いで生じる。増幅のしかたは声道の長短に関係するので，成人男性に比べて，女性や子供では，フォルマント域が高い周波数方向にずれる。性差，年齢差，個人差はあっても，同一言語内では母音ごとにフォルマントが一定の傾向を示す。なお第3フォルマント以上は高次フォルマントと呼ばれ，発話者の個人特性を含む。

異なる母音を連続して発音すると，声道内の形状が時間的に変化するのを反映して，各フォルマントは曲線としてつながって見える。図式的にいえば，F1は顎の開き具合に対応し，値はa-e-iの順で小さくなる。F2は舌の前後の

図1-9 日本語5母音を連続発音した音声波形（上）とスペクトログラム（下）

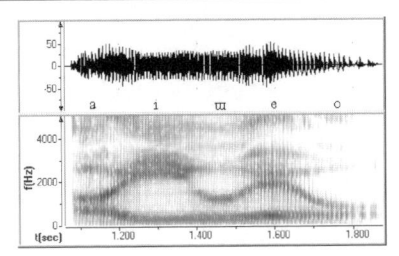

スペクトログラムの帯状に続く色の濃い部分の低いほうが第1フォルマント，その上の動きの多いのが第2フォルマントである。

図1-10 子音を伴う拍の音声波形（各図上部）と広帯域スペクトログラム（各図下部）

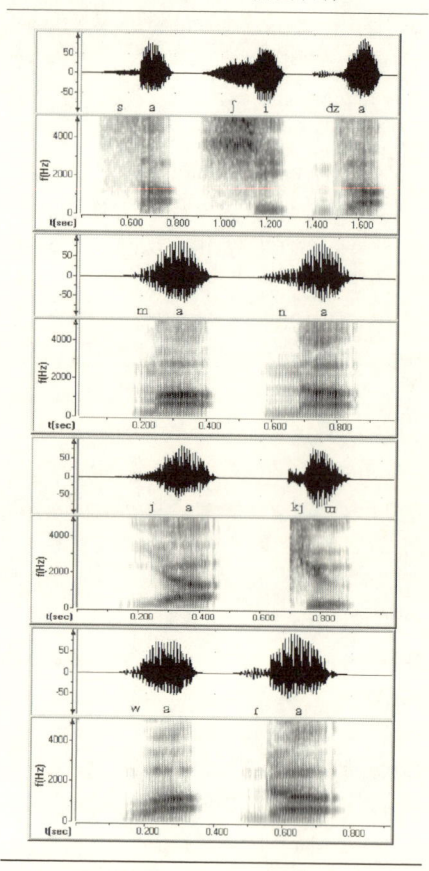

m, n, ɾ）。日本語の子音を伴う拍のスペクトログラムを図1-10に示す。

●**フィルター**——スペクトログラムは，先行音から母音へのフォルマントの遷移（わたり）を観察するのにも向いている。F1，F2とも，前後の子音の調音点の違いで，音境界で向きの異なった形の曲線を示す（典型例は図1-10のjaで，F1が上向きに，F2が下向きに現れている）。

音声分析ソフトでは，分析に使うフィルターを選択できる。広帯域と狭帯域があり，普通は広帯域スペクトログラムに設定されている。この場合，母音や有声音では，声帯の振動に対応して縦縞が観察できる。低い声では，（図1-10のɾaの最後のように）間隔が荒くなる。高い声は，振動数が多く波長が短いので間隔が詰まって見える。

●**倍音**——狭帯域スペクトログラムでは，すじが横向きに現れる。一番下から順に第1倍音，第2倍音（第1倍音の2倍）…と続く。フォルマント域にある倍音は濃く現れるので，フォルマントがどの倍音で成り立っているかがわかる（図1-11参照）。

第1倍音は，音の高さに関係し，基本周波数（次項参照）と呼ばれ，F0と表記される。しかし母音の音韻情報であるフォルマント：F1，F2とは論理的な関連はない。たとえばaの音で，声の高さが上がって下がる音調で発声すると，フォルマント周波数域は同じ平坦のままで，基本周波数だけが上昇し下降する。狭帯域スペクトログラムで見ると，倍音群がフォルマント域にあるときだけ一段と濃く現れる。

なお，ソナグラムは，ソナグラフ社の専用スペクトル分析装置の出力を指す固有名詞である。

動きに関係すると考えられ，i–u軸ではi方向へ値が大きくなる。このような事実から，生成面で定義される母音三角形の音響的な根拠となっている。

●**子音**——子音は本質的には雑音である。たとえば，サ行音に現れる摩擦音は3000 Hzあたりから上のほうにエネルギーが雲状に広がる。破裂音は，スペクトルの始まりが急激に現れる（図1-10ではkj）。有声子音になると，声帯の振動によるエネルギーが，横軸の下方すれすれに灰色の薄い帯状のヴォイス・バー（voice bar）として現れる（図1-10ではdz，

●**基本周波数曲線**——音声の高さは，物理量である基本周波数（fundamental frequency，記号でF0）に関係し，ピッチ感覚

図 1-11　上昇調のaの音声分析出力例

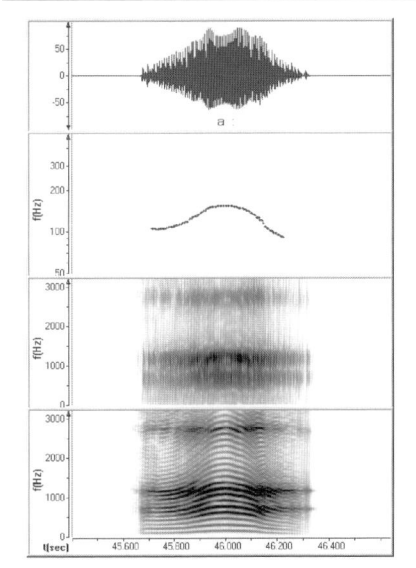

図 1-12　基本周波数曲線の例

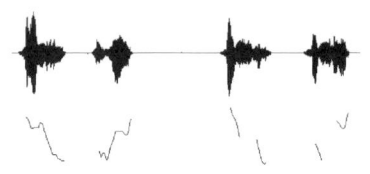

左から，「雨」（頭高型アクセント）：「飴」（平板型アクセント），「箸」（頭高型アクセント）：「橋」（尾高型アクセント）の発話。/ame/は有声音のみで，基本周波数曲線は連続しているが，/haʃi/はそれぞれの拍が無声子音をもつので，その無声部分の基本周波数曲線は現れない。

上から順に，音声波形，基本周波数曲線，広帯域スペクトログラム，狭帯域スペクトログラム。声の高さは上昇/下降しても，aの口の構えが変わらないのでフォルマントは平坦のままである。

を生む。基本周波数は，広帯域スペクトログラム上で，母音や有声音の縦縞として，狭帯域スペクトログラムでは，表示の一番下に現れる横縞である第1倍音として現れる。これらの表示方法は，声の高さが主な手がかりであるイントネーションやアクセントなどを調べるのには向いていない。韻律の研究では，音の高さの動きが明瞭に読める基本周波数曲線をもっぱら用いる。

基本周波数抽出は，聴覚系がどのような倍音処理，スペクトル成分変化処理をするかの理論に依存する。しかし決定的な説はまだ出ていない。このため，複数の計算法を提案するソフトウェアが多い。音声波に添って短い一定の間隔ごとの基本周波数の平均値を点として表示するので，その連続が曲線に見える。

基本周波数曲線の高さが，大脳中枢でどのように認識されるかはまだ特定されてはいないが，複雑な曲線は，音韻レベルでは単純化されるといえる。したがって，韻律研究では，基本周波数データから，知覚されうる上昇下降，高低の差を推定するルールと，音韻情報に還元するモデルが必要になる。

音圧が十分な有声音や母音は，基本周波数は曲線として視覚化される。しかし無声子音や無声化母音など，声帯振動がない区間は，基本周波数が存在しないので曲線が途切れる。子音の影響により，局所的な揺れも起こるので，検出される基本周波数曲線はきわめて複雑である（しかしこの局所的な変動は，声の高さの知覚には関係しない）（図1-12参照）。

叙述文末では声の高さが下がり，弱くなるため，基本周波数の検出が困難になる。無音とみなされて表示されないか，誤って上下の離れた場所に曲線が現れることがある。

女性や子どもの声は，男性の声に比べ，1オクターヴ以上高いので，表示の縦軸を対数目盛りにすると見やすくなる。声域の上限下限の指定を求めるソフトウェアが多いのは，F0抽出の効率を上げ，表示の体裁を整えるためである。

→音声波形（1-G），音声分析（1-G）
● 参考文献

杉藤美代子（編）(1989・90)『日本語の音声・音韻』(上・下) 明治書院.

今井邦彦（編）(1971)『シリーズことばの障害1 言語障害と言語理論』大修館書店.

ラディフォギッド, P.〔竹林滋・牧野武彦訳〕(1999)『音声学概説』大修館書店.

斎藤純男 (1997)『日本語音声学入門』三省堂.

ケント, R. D./リード, C.〔荒井隆行・菅原勉監訳〕(1996)『音声の音響分析』海文堂.

［西沼行博］

H ── 音声の心理的特徴

■音声の知覚

聴覚系から入った言語音が，中枢で確認されることを音声の知覚という。言語心理学の研究で，音の高低・強弱・長さをどのように聞き取るのかが明らかになってきた。

●ピッチの知覚（高さ変化の検知）── 声の上昇下降を聞き取ることをピッチ変化の検知という。早口の短い母音（持続時間が100ミリ秒以下）で起こるピッチ変化は聞き取れない。普通の速さで発音する長い母音（持続時間が250ミリ秒以上）では，基本周波数の変化が15％以上（約1音半）のとき初めて変化が聞こえる。このときピッチ変化が聞こえても，耳は持続時間の3分の2に対応する高さまでしか変化の形状を追跡できない。しかし，実際の発話では，これらの形状の始点や終点に，上昇下降とはみなしえない部分が50ミリ秒程度あれば，形状の端を聞き取る手がかりになる。

1母音内の変化幅が小さな複雑な曲線は知覚できず，持続時間の3分の2あたりの高さに対応する平板音と知覚される。形状が，上昇，下降，山型，谷型などの組み合わせから成る単一母音の場合も同様で，無変化の短い音に聞こえる。

2母音間の高低の差を識別する（弁別）には，2つの音が6〜7％（成人男性の声で10 Hz程度）以上離れていると異なった高さとして聞こえうる。話速が速くなると，隣り合う音の高さの差がさらに大きくなければ知覚できない。

●インテンシティの知覚 ── 音圧の心理学的な感覚量であるラウドネスは，累積効果があるといわれる。言語音の大きさを表すインテンシティも同様で，物理的レベルが同じでも，持続時間が長いとき，短い場合に比べて，大きい音に聞こえる。ストレス・アクセント言語である英語で，強さに突出がなくても，持続時間が長いと，ストレスがあるように聞こえるのはこの理由による。一般的には，隣接する2母音の持続時間が同じなら，2母音間で3 dB（デシベル）以上の差がないと強さの違いは聞こえない。ストレスが聞こえるためには，強勢母音が，前後の母音より山型に3 dB突出している必要がある。

●持続時間の知覚 ── 聴覚系は時間情報を種々の精密な認知判断に使う。しかし，時間の長さの量的な違いをヒトは，うまく検知できない。したがって，2音間の持続時間差の知覚は，2音間の高さ区別の機能に比べるときわめて劣る。実際，2つの言語音の長さを弁別する能力は，2桁の比率で変化しなければ聞こえない。日本語母語話者は，普通の話速の場合，隣接音との差が30％以上あれば，長短差が聞ける。話速が速くなるに従い，長短差の知覚には，いっそう大きな持続時間差が必要になる。

日本語は，母音の長短や，促音のように，持続時間長が音韻に組み込まれているまれな言語である。日本人は，子どものとき言語音の長短を区別する能力を学習によって得る。しかし，このような言語経験を経ていない外国人が，日

本語音の長短をよく聞きとれないのは，時間差知覚の性格上むしろ当然といえる。

●カテゴリー知覚──聞いた音を，瞬間的に分類することをカテゴリー知覚（範疇知覚）と呼ぶ。発話者が，離散的な音素から成る記号列を調音すると，声道内の連続的な運動となり，発生する音声信号も連続的で複雑な流れとなる。一方，聞き手は，この連続現象から，離散的な音素列を再構成する。つまり，音声信号の流れのなかに，ある音と次の音との境目を示すような手がかりはないにもかかわらず，異なる音素の連結として知覚する。カテゴリー知覚は，いろいろな言語で，合成音を用いた実験により確認されている。日本語では，たとえば，「アマ」の鼻音［m］を長くしていくと，カテゴリーの交代が起こる閾値があり，「アンマ」に聞こえる。子音をそれ以上長くしてもカテゴリーの変更は起こらない。同様に，長母音や促音でも類似の現象が起こる。音声を聞いて，瞬時に上位の言語処理をする必要上，このような知覚が発生したと考えられる。

→アクセント（1-E），聴取実験の方法（1-H）

●参考文献

杉藤美代子（編）（1989・90）『日本語の音声・音韻』（上・下）明治書院.

今井邦彦（編）（1971）『シリーズことばの障害1 言語障害と言語理論』大修館書店.

ライアルズ，J.〔今富摂子他訳〕（2003）『音声知覚の基礎』海文堂.

難波精一郎（編）（1984）『聴覚ハンドブック』ナカニシヤ出版.

［西沼行博］

■聴取実験の方法

音声分析ソフトや音声編集ソフトが簡単に入手できる今日では，音の聴取実験が容易になった。実験を行うに際して留意する項目を挙げる。

●聴取実験の留意点──(1)実験の目標：実験の目的を絞り込むことがまず肝要である。1つの実験で知りたいことをいくつも盛り込むと，意味あるデータは得られない。問題点を細かく分け，要因を1つずつ検討していく。1実験で調べる音響要素は1つ，たとえば，音の高さ，強さ，時間，音質のうちどの問題に取り組むかを決める。

(2)音環境の設定：実験で提示する音，つまり刺激音と，その前後の環境について，以下のような注意が要る。

①音の種類：特定の子音群，特定の母音に限定する。

②母音の無声化：調査の目的が無声化でない限り，避ける。

③拍/音節構造：母音のみと，普通拍，特殊拍では音響特性に差が出る。

④前後の音環境：子音の種類で後続する母音の特性が変化する。

⑤語の長さ：語の長さを制御して意味ある比較を目指す。

⑥音の位置：語，句，文のなかでの位置が，音響特性を左右する。

⑦アクセント型：アクセントの型で音響特性が異なることもある。

⑧イントネーション：抑揚のタイプを一定に保つ。

⑨発話速度：話速の条件（ゆっくり，普通，早口）を設定する。

⑩文の長さ：埋め込み文（キャリア・センテンス）は，短めにする。

(3)刺激音の選択：自然発話の形状について調べようとするなら，録音したものから，最適な音を選んで，刺激の配列をつくる。ある音響特性の変化に注目するなら，適切な音声合成が必要になる。合成ソフトの進歩で，自然音声を精巧に再生し，あるパラメータだけを変化させることのできるものもある。しかし，評価がから

む実験では，合成音の微妙な音質が被験者の判定に影響することを知っておこう。

刺激の質は，実験の結果を決めるので細心の注意が要る。録音の音質は完璧でなければならない。編集するときは，波形を拡大して聴覚と視察でチェックする。音の大きさが対象でない実験では，均一の聴覚印象を与えるように，刺激列全体の音圧を調整する。

(4)実験法の選択：聞こえる/聞こえない，などの「検知」か，高い/低い，などの「比較」か，好き/嫌いなどの「評価」かで，選択できるテスト方法が異なる。テストの方法と，得られるデータの処理方法とは，密接な関係にある。したがって，実験の計画は統計処理も含めて考える。

実験で，基準音と比較音を対(つい)にして提示する方法のうち，刺激音のペアを値の減少順・増大順に示すのが極限法である。この方法は容易に行えるので，準備段階で傾向を予測するのに便利である。しかし期待や予測が働くため，正確な測定には向かない。恒常法は，刺激をランダム対に提示するので，回答を集計してからでなければ反応傾向はわからない。有効な実験法の1つである。評価を求めるには，ランキング法などが手軽である。

●**刺激の組み方**——実験は，多大の時間と労力を必要とする。実験の不備を事前に洗い出すため，小規模の人数で予備実験を行う。仮説，方法，刺激などが適切かを検討する材料になる。刺激をどのように並べ，どこに区切りを入れ，何回繰り返すかなどの構成は，採用する実験法に依存する。実験法にかかわらず，配慮すべき点を挙げておく。

(1)変化の幅：ステップともいう。刺激音の要因変化の割合が適切で，かつ変化の両端（−の端と＋の端）は，必ずほぼ全員が同じ答えになるようにする。刺激列（−の端から＋の端まで）は7，9などの奇数刺激を1セットとす

る。この範囲内で適切な変化幅を決める。パラメータごとに標準的なステップ値があるので文献で確認する。嗜好評価の場合は，選択肢を3または5程度にする。

(2)刺激の間隔：単一刺激を順に提示する場合，ある刺激から次の刺激までの時間の設定が大切である。対刺激であれば，ペア内でのインターバルも重要である。文献に同様の実験がある場合には参考にするとよい。回答のしかたが，ボタンを押すか，記入方式かで，インターバルの長さが異なる。短すぎると回答の信頼性が低くなり，長すぎても被験者に焦燥感を引き起こす。

(3)提示方法：答え方で，強制2択か，「わからない」という答えも許す3択かで，計算方法も統計処理も異なる。

(4)反復数：偶然の答えや失敗もありうるので，同じ刺激が奇数回，判定の機会があるように繰り返す。

(5)ダミー刺激：実験には関係のない類似のダミー刺激をいくつか挿入することがある。実験者の意図が見破られないようにするためである。当然データ処理の計算には含まれない。

(6)練習刺激：実験の初めに，回答方法，判断基準で被験者がまごつかないように，典型的なタイプの刺激を提示して練習させ，回答を示す。質問も受け，疑問なく回答できるようにする。

(7)実験の長さ：被験者が極度の疲れを感じるような長い実験は 疲労のため精度が落ちる。10分から15分くらいが手頃な拘束時間である。長い実験が避けられなければ，短く分割するか，中休みをとる。

(8)音場の選択：スピーカーからの適切な距離を設定したら，被験者の耳の位置で，刺激再生時の音圧レベルを確認する。ヘッドホンでも同様にチェックする。

(9)被験者への指示：実験のしかたの説明はあ

らかじめ文書化しておく。被験者への口頭での説明は最小限にし、文書による説明をテープで聞かせるのがよい。被験者には実験の目的を知らせない。とくに実験が長期にわたる場合、すでに実験を受けた者からほかの者に情報が伝わると、後のデータに影響が出る可能性がある。

(10)被験者：被験者の選択は慎重にする。年齢、出身地、居住歴、言語背景などに極端なばらつきがないほうがよい。統計的には、実験の要因数で必要な集団の数が決まる。人数は多ければ多いほど、統計値の信頼性が増すが、実際の可能性を考慮して、統計的に意味があるような数にする。被験者は計算目標より少し多めの人数を募る。何らかの理由でデータの欠損が発生するかもしれないからである。

→音声分析（1-G）、音声の知覚（1-H）

● 参考文献

難波精一郎（編）(1984)『聴覚ハンドブック』ナカニシヤ出版.

[西沼行博]

I──学習者の音声

■中間言語の音声

中間言語の音声とは、第二言語（L2）学習者特有の音声のことである。

中間言語音声の形成にはさまざまな要因が関与している。中間言語の音声は変異性を伴っており、同一学習者が自分の発音に注意を払う度合いによって体系的に変化する（例：ミニマルペア、朗読、自由会話などのスピーチスタイル）。

第二言語音声習得理論において注目されるのが、母語転移と言語普遍性との関係である。L1とL2の音韻構造における相違点と、有標性（markedness）のように言語に普遍的に備わっている特性が、第二言語音声の習得において密接な関係をもっていると考えられる。しかし、言語普遍性が中間言語の形成にどの程度の影響を与えるかということについては、さまざまな仮説がある。有標性弁別仮説（Markedness Differential Hypothesis）では、有標性は母語転移の影響を上回ると考えられている。この仮説においては、目標言語の音声がL1と異なり、かつ有標性が高い場合、習得が困難であり、目標言語の音声がL1と異なっていても、有標性が低い場合、習得はさほど困難ではないと予測される。有標性が高い音声の難易度は、有標性の度合いに比例する。ただ、有標と無標の区別の基準についてはあいまいさが残る点も多く、議論を要する。

中間言語という概念の導入により、「母語干渉」は「負の母語転移」（母語の音韻体系がマイナスに作用すること）として捉えられ、これとは別のプロセスとして正の転移（母語の音韻体系がプラスに作用すること）も認められている。近年、母語転移の記述とともに、日本語の音韻体系を習得する過程において、学習者がつくり出す中間言語の特徴を分析しようとする新たな動きも生まれている。このような音声習得研究の成果から、日本語学習者の音声は母語転移、過剰一般化（過剰般化）、近似化など、さまざまなプロセスを経て、目標言語の音声に近づいていく（また、化石化する）ことがわかっている。

学習初期段階において、母語転移が中間言語の形成に与える影響は強い。しかし、それは時間とともに弱まり、中間言語の構成要素としてL2が増加していく。一方、普遍性の占める割合はいったん増加した後、減少していくと考えられている（Major 2001）。このモデル（Ontogeny Phylogeny Model）は、L1、L2、普遍性の関係が時間軸に沿って変化していくという点で、中間言語の可変性を捉えている。

学習者の母語に関する知識だけでは解決できない問題があることは明らかであるが，日本語教育の現場で適切な音声指導を行うために，まずは母語の音韻体系と学習者言語の音声特徴を把握しておくことが望ましい。

→中間言語（8-A），音声・音韻の習得（8-A）

● 参考文献

鮎澤孝子（1999）「中間言語研究——日本語学習者の音声」『音声研究』3-3.

戸田貴子（2003）「外国人学習者の日本語特殊拍の習得」『音声研究』7-2.

Ioup, G. and Weinberger, S. H. (eds.) (1987) *Interlanguage Phonology: The Acquisition of Second Language Sound Systems*. Rowley, Mass. Newbury House Publishers.

Major, R. C. (2001) *Foreign Accent: The Ontogeny and Phylogeny of Second Language Phonology*. Laurence Erlbaum Associates.

［戸田貴子］

■ 母語別問題点

学習者の日本語音声にはしばしば母語の音韻体系や音声特徴の影響が見られる。母語の影響はプラスにはたらく場合もあるが，マイナスにはたらく場合もある。学習者は母語の音韻体系によって，耳から入ってくる日本語の音声を聞き分けようとするが，耳慣れない音声，母語の音声に似た音声を日本語として聞き分けることは困難である。日本語音声に聞き慣れ，日本語の音韻体系を習得するにはかなりの時間がかかる。学習者の日本語音声習得支援のためには，学習者の母語の音韻体系や音声特徴から日本語音声習得上の困難点を予測し，適切な音声教材を準備することが望まれる。

ここでは，世界の言語のうち，25言語の音韻体系と音声の特徴，その言語母語話者による日本語音声習得上の困難点を記述した。記述内容は次のようである。

言語名（原語・英語），言語の使用地域，母音・子音の音素（音素記号，/ /は省略。必要に応じて，音声記号を [ ] に記載），音節構造，プロソディー（アクセント，イントネーション），母語話者の日本語音声習得における困難点。

簡単な記述であるが，学習者の音声について知るための手がかりになるものと思う。ただし，学習者は日常生活で母語以外の言語を用いている可能性もあり，外国語教育の影響で母語にない音素をすでに習得している場合もある。また，同じ母語をもつ学習者でも，個人的な言語背景，日本語音声との接触の程度などによって，日本語音声習得に個人差が生じることは当然である。

なお，学習者自身の「母語の耳」では自分の日本語発話における問題点には気づきにくいので，教師の側から問題点を指摘することが必要である。さまざまな母語の学習者が混在する教育現場では，学習者ごとに異なる音声の問題に対応することは困難である。小人数での音声練習の時間をとること，母語と日本語の音声を録音し，その違いに気づかせることが必要である。音声の聞き分け・聞き取り・発話練習などを短時間ずつでも継続することが望ましい。

→音声教育法（1-J），音声教育教材（1-J）

● 参考文献

鮎澤孝子（1999）「中間言語研究——日本語学習者の音声」『音声研究』3-3.

Ellis, R. (1985) *Understanding Second Language Acquisition*. Oxford University Press.

Lado, R. (1957) *Lingaistics across Cultures*. The University of Michigan Press.

Selinker, L. (1992) *Rediscovering Interlanguage*. Longman.

［鮎澤孝子］

■英語

英語（English）は，イングランド，スコットランド，ウェールズ，北アイルランド，アイルランド共和国，アメリカ合衆国，カナダ，オーストラリア，ニュージーランドでは，多くの人々の母語として，また，インド，シンガポール，ガーナ，バルバドス，パプアニューギニアなどでは公用語として使用されている。これに第二言語としての使用者を加えると，その数は7億〜14億人にのぼるといわれる（クリスタル，D.『言語学百科事典』大修館書店，1992による）。

● 母音——方言による差が大きい。アメリカ英語では，ɪ, ɛ, æ, ɑ, ʌ, ʊ, ij, ej, aj, uw, ow, aw。

● 子音——①閉鎖音 p, b, t, d, k, g, ②破擦音 tʃ, dʒ, ③摩擦音 f, v, θ, ð, s, z, ʃ, ʒ, h, ④鼻音 m, n, ŋ, ⑤側音 l, ⑥流音 r, ⑦わたり音 w, j。

● 音節構造——(C)(C)(C)V(C)(C)

● プロソディー——強さアクセント。イントネーションは一般に平叙文・wh-疑問文で下降調，yes/no 疑問文で上昇調とされる。

● 日本語発話の特徴——①非円唇母音/ɯ/が円唇母音/u/になりやすい。②英語の母音は長短という量の対立ではなく，張りと弛みという対立である。そのため，母音の長短の混同が，長→短，短→長の両方向で起こりやすい。③日本語の短母音が二重母音のように発音される傾向がある。④日本語の長母音が二重母音化しやすい。⑤パ・タ・カ行子音の破裂が強すぎることがある。⑥英語固有の単語には語頭に/ts/は現れない。そのため，語頭の/ts/は/s/または/t/になりやすい。⑦ラ行のはじき音の発音が難しく，ダ行との混同が起こる。⑧「ワ」の子音が円唇化する。⑨撥音は後続母音，半母音と融合しやすい。⑩促音・撥音・長音：特殊拍において，拍の等時性が失われやすいため，語全体の拍数が増減する。⑪拗音の2拍化：拗音が1拍でなく2拍で発音されがち（/kja/が/kija/となるなど）。⑫高低アクセントの強勢化：アクセントを高さではなく強さで表す。⑬アクセントのない拍中の母音が曖昧母音化する。⑭拍数の多い語ではアクセントの谷が現れる。

● 参考文献

竹林滋（1998）『英語音声学』研究社．
鹿島央（1999）「英語話者の日本語音声」『音声研究』3-3．

[日比谷潤子]

■スペイン語

スペイン語（español, Spanish）は，スペイン，中南米18ヵ国（メキシコ，アルゼンチンなど）のほか，アメリカ合衆国の委任統治領プエルト・リコ，アフリカの赤道ギニアの公用語である。方言による音声の差は当然存在するが，使用域の広大さに比べて大きいとは言えない。

● 母音——以下，[ ]，/ /に入れない文字は綴字を示す。単母音 i [i], e [e〜ɛ], a [a], o [o〜ɔ], u [u] の5つ。母音の長短の対立はなく，アクセントのある音節での母音の伸長も多くの方言では顕著でない。上昇二重母音 ie, ue（この2つはとくに頻出），ia など。下降二重母音 ai, oi など。三重母音 iai, uei など。

● 子音——①閉鎖音 p, t, c [k], b, d, g。②破擦音 ch [tʃ], ③摩擦音 f, s, /x/〔綴字 g, j〕（スペインではこのほかに/θ/〔綴字 c, z〕)。④鼻音 m, n, ñ [ɲ]。⑤側音 l (/ʎ/〔綴字 ll〕をもつ話者は今日では少ない)。⑥舌先顫動音 rr [r]。⑦弾音 r [ɾ]。⑧接近音 [j]〔綴字 y, ll〕。

無声子音は原則として帯気を伴わない。有声閉鎖音/b, d, g/は休止の後と鼻音の後を除

き，摩擦音［β, ð, ɣ］で実現される。接近音［j］はしばしば摩擦音［ʝ］になる。
- 音節構造──$(C_{-2})(C_{-1})V(C_1)(C_2)$。開音節，とくにCVが好まれる。
- プロソディー──強さアクセントだが，母音の弱化はない。アクセントは語末から2音節目にある語が最も多く，語末音節にあるものがそれに次ぐ。一般に平叙文のイントネーションは下降，疑問文は上昇・下降のいずれもある。
- 日本語発話の特徴──/z/をもたないため，ローマ字のzを/s/（スペイン人は/θ/）で読む傾向がある。スペイン語のhは黙字なのでハ行の発音が困難だが，これはj/x/で代用できる。［j］と［ʒ］の対立がないためヤ行とジャ行の区別が困難。シャ行とシの子音を［tʃ］で発音する傾向がある。長音，促音，拗音は習得困難。アクセントを語末から2音節目に置きやすいので「伊藤」が「糸」のように聞こえることがある。
- 参考文献

おかだたつお (1983)『現代スペイン語講座』芸林書房.

山田善郎（監修）(1995)『中級スペイン文法』白水社.

Navarro Tomás, T. (1959) *Manual de pronunciación española*. Consejo Superior de Investigaciones Científicas.

Quilis, A. and Fernández, J. A. (1964) *Curso de fonética y fonología españolas*. Consejo Superior de Investigaciones Científicas.

［木村琢也］

■イタリア語

イタリア語 (italiano, Italian) は，イタリア，サン・マリノ，バチカン市国，スイスで公用語。その他欧州，北・南米，オーストラリアなどに移住した話者により諸国で受け継がれている。多様な方言を擁して，発音の差も大変大きい。今日でも多くの地方では，フィレンツェ方言を中心にして形成された標準イタリア語と地域語との二重言語生活をしているといえる。
- 母音・子音──a, e, ɛ, a, o, ɔ, uだが，アクセントのない位置ではɛ, ɔはe, oとなり五母音となる。子音は①閉鎖音 p, b, t, d, k, g，②歯擦音 ts, dz, tʃ, dʒ，③摩擦音 f, v, s, z, ʃ，④鼻音 m, n, ɲ，⑤側音 l, ʎ，⑥ふるえ音 r の21種である。

zは常に単子音，ɲ, ʎ, ʃ, ts, dzはつねに二重子音（例：figlio [fíʎʎo], pizza [píttsa]）として現れ，それ以外は単子音/二重子音の対立をもちうる（例：fato/fattoなど）。半母音には j, w がある。
- 音節構造──いくつかの外来語 (sport, jazz など) を除き単語はすべて開音節で終わる。
- プロソディー──強さアクセント。アクセントのある開音節母音は語末を除き，長音化する（例：mare [maːre]）。語末から2番目の音節にアクセントのくる単語が最も多い。最終音節にアクセントを置く単語は，正書法上アクセントが記される（例：città [tʃittá]）。イントネーションは一般に平叙文・wh-疑問文で下降調，疑問文で上昇調とされるが，上げ下げの調子は方言による変異が大変大きい。
- 日本語発話の特徴──イタリア語話者にとって日本語発音は比較的「簡単」とされ，問題は少ないほうといえる。ただし他のロマンス語話者同様，hは聞き取り・発音ともに困難である。語中の母音間の綴りsは北イタリアでは[z]，南イタリアでは[s]と発音されるため（例：casa北 [kaːza]，南 [kaːsa]），聞き取りは可能なものの，s/zの表記に混乱を生じる学習者は多い。促音は得意であるが，長短の区別はイタリア語のアクセントによる音節伸長が干渉するため大変難しい。最後から二番目の音節や，促音の前の母音にアクセントを置き，そ

こを長く発音する傾向がある。イタリア語のアクセントが強さと長さと密接に関連しているため，ピッチアクセントは聞き取り・発音ともに困難となる。

●参考文献

長神悟（1988）「イタリア語」亀井孝他（編著）『言語学大辞典1』三省堂.

池田廉（編）(1999)『伊和中辞典 第2版』小学館.

西川一郎（編）(1993)『和伊中辞典』小学館.

William, B. (ed. in chief) (1992) *International Encyclopedia of Linguistics* vol.2. Oxford University Press.

[林 良子]

■ポルトガル語

ポルトガル語（português, Portuguese）は，ポルトガルとブラジルでは第一言語，アンゴラ，モザンビーク，東ティモールなどでは第二言語ないしクレオール化した言語として使用されている。本項ではブラジルで話されるポルトガル語の音声・音韻を概観する。

●母音——口母音はi, e, ɛ, a, ɔ, o, u。ストレスの置かれない音節の場合，eとɛ，oとɔは中和され，非語末位置ではそれぞれe，oと音声実現され，語頭や語末ではeとɛはi，oとɔはuと実現される。二重母音はai, aw, ei, ɛi, ew, ɛw, oi, ɔi, ui, iwがある。通鼻母音には単鼻母音 ã, ẽ, ĩ, õ, ũ と二重鼻母音 ãĩ, ãw̃, ẽĩ, õĩ, ũĩ がある。

●子音——①破裂音 p, b, t, d, k, g，②鼻音 m, n, ɲ，③摩擦音 f, v, s, z, ʃ, ʒ，④接近音 l, ʎ，⑤はじき音 ɾ，⑥ふるえ音 r がある。r は摩擦音 x として発音されることが多く，語末では脱落する場合もある。

t, d は i の前では異音 tʃ, dʒ として実現する。音節末の s, z は ʃ になることもある。綴り字の h は無音。語末位置および子音に先行するlはwと実現される。

●音節構造——閉音節と開音節がある。子音連鎖には tr, br, kw, gw などがある。

●プロソディー——アクセントは強弱アクセント。例外的アクセント位置はアクセント記号で示される。規則によって語末にストレスが置かれる場合があるが，デフォルトでは次末音節にストレスが置かれる。イントネーションは平叙文ではダウンステップを伴い文末に向けて下降する。疑問文では文末にかけて上昇する場合と，次末音節が上昇し文末に向けて急激に下降するタイプがある。

●日本語学習者の問題点——h がないため「はな」を「アナ」のように誤ることがある。逆に，ハ行音を意識し過ぎて「おなじ」を「ホナジ」(h の代わりに x を使用する傾向がある) とする誤りが起きる。「ひと」を「シト」とする場合もある。ファ行子音は唇歯摩擦音 f で代用される。破擦音 ts がないため，「いつつ」「つくえ」を「イスス」「スクエ」のように言い誤る。「モーツァルト」「カンツォーネ」等のツァ行音も困難。語頭のラ行子音が x で発音され，ハ行のように聞こえることもある。長音と促音は知覚面でも産出面でも困難である。

鼻音が強い逆行同化を起こし「ホンヲヨム」が [hõðojõmɯ] のように「ン」「ム」に先行する口母音が鼻音化する傾向が見られる。

なお，母音音素を9つとする考え方もある。

●参考文献

池上岑夫他（1996）『現代ポルトガル語辞典』白水社.

黒沢直俊（1992）「ブラジル・ポルトガル語」亀井孝他（編著）『言語学大辞典3』三省堂.

黒沢直俊（2000）『CDエクスプレス ブラジルポルトガル語』白水社.

馬場良二（1989）「ブラジルのポルトガル語におけるつづり字とe, oの音価について」『吉沢典男教授追悼論文集』東京外国語大学

音声学研究室.
深沢暁 (1994)『初級ブラジルポルトガル語』東洋書店.

[助川泰彦]

■フランス語

　フランス語 (français, French) は，フランス，ベルギー，スイス，カナダや西アフリカ諸国を含む20ヵ国以上の公用語である。そのほか，アルジェリア，レバノン，ベトナムなどでも通用し，その言語圏は広い。国内外の方言，地域による発音の差は多様。

● 母音——口腔母音 i, y, u, e, ø, o, ɛ, ə, œ, a, ɑ, ɔ, 鼻母音 ɛ̃, œ̃, ã, ɔ̃

● 子音——①閉鎖音 p, t, k, b, d, g, ②摩擦音 f, s, ʃ, v, z, ʒ, r [ʁ], ③鼻音 m, n, ɲ, ŋ, ④側音 l, ⑤ふるえ音 r [r, ʀ], ⑥接近音 ɥ, j, w。/r/は，口蓋垂ふるえ音 [ʀ] または口蓋垂摩擦音 [ʁ]（パリのr），南フランスやカナダなどでは舌先ふるえ音 [r] が使われる。また，フランス語では綴り字上の表記と音声（母音・子音）の対応関係が決まっている。

● 音節構造——(C)(C)V(C)(C)

● プロソディー——リズム・グループの最終音節に置かれる「強勢（強さ）アクセント」と，強調・感情表現のため語頭に置かれる「強調アクセント」がある。イントネーションは，文中のリズム・グループの末尾は上昇調，文末は平叙文が下降調，疑問文では上昇調となるが，疑問詞のない疑問文で平叙文と同じ形式の疑問文では上昇度が最も高くなり，倒置による疑問文，est-ce queを用いる疑問文，疑問詞疑問文では文末は少し上げる程度。

● 日本語発話の特徴——フランス語には日本語の「ハ」行子音にあたる音がないため，[h, ç] の脱落や付加（人が [ito]/絵が [he] になる），[ɸ] の [f] による代用などが見られる。撥音を含む音節を鼻母音 [ã, ɔ̃] や [in, en, un] と発音したり（さんが [sã]/電話が [denwa]「デヌワ」になる），長音の短音化，促音の非促音化（ちょっとが [tʃoto]），拗音の直音化（京都が [kijoto]）も起こる。このなかにはローマ字表記された綴り字からの類推による誤りも多い。音節構造は開音節が約80％を占め，日本語 (85％) と似ているため問題は少ない。アクセントでは頭高型より平板型，尾高型の習得が難しい。イントネーションでは文中の文節末尾が高く長く発音される傾向がある。

● 参考文献

石田敏子 (1991)「フランス語話者の日本語習得過程」『日本語教育』75.

国立国語研究所 (編) (2001)『日本語と外国語との対照研究 IX 日本語とフランス語——音声と非言語行動』国立国語研究所.

代田智恵子 (1997)「日本語アクセントの習得とイントネーション——フランス語母語話者による日本語発話の音調特徴とその要因」『世界の日本語教育』7.

Carton, F., Rossi, M., Autesserre, D. et Léon, P. (1983) *Les accents des Français*. Hachette.

Léon, P. R. (1992) *Phonétisme et prononciations du français*. Nathan.

[代田智恵子]

■ドイツ語

　ドイツ語 (Deutsch, German) は，ドイツ，オーストリア，リヒテンシュタイン，スイスの公用語である。そのほか，隣接する地域に広域な言語圏を形成。方言による発音の差は大きい。

● 母音——長母音 iː, ü [yː], uː, eː, ö [øː], aː, ä [ɛː]（北ドイツではäは [eː]），短母音 i [ɪ], ü [ʏ], u [ʊ], e [ɛ], ö [œ], o [ɔ], a [a]。

● 子音──①閉鎖音 p, t, k, b, d, g, ②歯擦音 pf, ts, ③摩擦音 f, ʃ, s, x [ç, x], h, v, z, j [j], ④鼻音 m, n, ŋ, ⑤側音 l, ⑥ふるえ音 r [r, ʀ]。無声子音は強い帯気を伴う。r は北部では口蓋垂摩擦音 [ʁ] が前後の音環境により無声または有声 [χ] で現れ、南部では舌先顫動音 [r] または、はじき音 [ɾ] が使われる。-ch の綴りで表される x は、a, o, u, au など後方母音の後では [x]、その他では [ç] となる。南部ドイツ語では z を用いない。母音で始まる単語は機能語を除き、語頭に声門閉鎖音 [ʔ] を伴う。

● 音節構造──(C) (C) (C) V (C) (C) (C) (C) (C)

● プロソディー──強さアクセント。多くの語で第一音節に置かれる。イントネーションは、一般に平叙文で下降調、疑問文では上昇調だが、wh-疑問文では下降調（近年の傾向ではていねいに質問するときに上昇調）。

● 日本語発話の特徴──ドイツ語では [v] を w-、[z] を s-で表記するため、ローマ字表記日本語を発音するときにこの影響が見られる。南部ドイツ語話者には s/z の弁別に苦労する者もいる。ドイツ語の [u] は円唇が強く、日本人には [o] に聞こえることもある。ラ行は北部出身者が [ʁ] を使うことがあるため、初級の段階では l で代用するとよい。拗音はドイツ語では [-i] (例：Tokyo [toːkio]) と発音され、習得困難。初級者には日本語の開音節連続の発音が難しいこともある。特殊拍、とくに促音は習得困難。ピッチアクセントも難しい。最後から 2 番目の音節に語アクセントを置き、その音節を強く発音する傾向がある。

● 参考文献

桜井和一 (1968)『改訂ドイツ広文典』第三書房.

Kohler, K. J. (1995) *Einführung in die Phonetik des Deutschen*. Erich Schmidt Verlag.

[林 良子]

■ スウェーデン語

スウェーデン語 (Svenska, Swedish) は、スウェーデンの公用語であるとともに、隣国フィンランドの公用語の 1 つでもある。

● 母音──長母音 iː, yː, eː, ɛː, øː, ɑː, oː, uː, 短母音 ɪ, ʏ, ʉ, ɵ, ɛ, œ, a, ɔ, ʊ。

● 子音──①閉鎖音：p, t, k, b, d, g, ②摩擦音 f, s, ɕ, v, h, ɧ, ʝ, ③鼻音 m, n, ŋ, ④側音 l, ⑤ふるえ音 r。s は多くの異音をもち、外国人には大変難しい音である。r は標準スウェーデン語では巻き舌、あるいはそれが摩擦音化したものが使われる。ɕ と ʝ は硬口蓋音として扱われているが、前者は日本語のシとほとんど同じ、また ʝ は英語の 'yes' の 'y' に似た音であるが音節末の位置にも現れ、強く発音されるときは摩擦を伴うので、摩擦音として分類されている。

● 音節構造──(C) (C) (C) V (C) (C) (C) (C) (C)

● プロソディー──強さアクセント。加えて、強さアクセントのある音節にはピッチアクセント (1 か 2、語末では必ず 1) の区別がある。平叙文と wh-疑問文では下降調のイントネーションとなり、疑問文では上昇調の後で少し下降する。

● 日本語発話の特徴──k, g が口蓋化し「キャ」「ギャ」になり、「書く」「客」「規約」が混乱する。「ギ」が「イ」になり「イター」(ギター) に、また、z や破擦音が母語にないため、「センサイ」(洗剤)「シシ」(七) のようになりやすい。日本語の r の正確な音価の習得も難しい。短母音に続く子音が長く発音されて「ホッテル」(ホテル)「ヨッコニ」(横に) にな

ったり，語頭の短母音が長く発音されて「ゴーガツ」（五月）のようになりやすい．特殊拍ではとくに長母音が難しい．

● 参考文献

下宮忠雄（1994）「スウェーデン語」『音声学会会報』206.

永野マドソン泰子／マークハム，D.（1998）「日本語発話の知覚と生成に与える視覚メディアの影響──スウェーデン人のデータより」『平成10年度日本語教育学会春季大会予稿集』．

Elert, C.-C. (1966) *Allmän och Svensk Fonetik*. Norstedts.

Engstrand, O. (2004) *Fonetikens Grunder*. Studentlitteratur.

Nagano-Madsen, Y. and Ayusawa, T. (2002) "Analysis of Perceptual Patterns of Japanese Word Accent by Swedish Learners." *Africa & Asia* 2, pp. 187-195.

[永野マドセン泰子]

■ ロシア語

ロシア語（Русский Язык, Russian）は，旧ソ連邦諸国のほぼ全域で公用語などとして広く用いられている．方言は北方方言，南方方言，両者の中間的なタイプの3種類に大別される．北方方言では無アクセント音節でaとoが区別して発音されるが，南方方言では区別されない．

● 母音──a, i, u, e, o。母音の発音はアクセントの有無で変化．アクセント音節では強く長く明瞭に発音し，無アクセント音節では弱く短くあいまいに発音する．アクセント音節ではa, i, u, e, oの5音素，無アクセント音節ではa, i, u, eの4音素が対立する．母音字母 а [a]，ы [i]，у [u]，э [e]，о [o]，я [ja]，и [i]，ю [ju]，е [je]，ё [jo]．

● 子音──①閉鎖音 p, t, k, b, d, g [g]，②gは南方方言では [ɣ]，③破擦音 ts, tʃʲ，④摩擦音 f, s, ʃ, x, v, z, ʒ, j，⑤鼻音 m, n，⑥側音 l [ɫ]，⑦ふるえ音 r，⑧子音結合 ʃʃʲ．ʃ, ʒ, ts, tʃʲ, x, j以外の子音には非口蓋化（硬子音）と口蓋化（軟子音）の対立がある．子音字母 б [b]，в [v]，г [g]，д [d]，ж [ʒ]，з [z]，й [j]，к [k]，л [ɫ]，м [m]，н [n]，п [p]，р [r]，с [s]，т [t]，ф [f]，х [x]，ц [ts]，ч [tʃʲ]，ш [ʃ]，щ [ʃʲ tʃʲ]．

● 音節構造──歴史的には開音節言語である．基本的な音節の構造はV, CV, VC, CVCであるが，最大4個までの子音連続が可能である．

● プロソディー──アクセントはストレスアクセントで，語弁別機能がある．イントネーションは，平叙文は下降調，Да/Нет (yes/no)疑問文は上昇下降調，疑問詞疑問文は下降調で発音される．

● 日本語発話の特徴──日本語音素の習得はそれほど困難ではないが，日本語 [ɯ] をロシア語 [u]（強い円唇母音）で発音する傾向がある．綴り字どおりに発音する傾向があるので，無声化する母音については注意が必要である．アクセントについては，第1拍を最も高く最終拍を最も低く発音する傾向がある．イントネーションは一般に文末を低く発音する傾向がある．「〜ですか」タイプの疑問文でも文末を低く発音するので，場合によっては詰問調に聞こえることがある．

● 参考文献

佐藤純一（1992）「ロシア語」亀井孝他（編著）『言語学大事典4』三省堂．

佐藤純一（2001）『NHK新ロシア語入門CDブック』日本放送出版協会．

城田俊（1993）『現代ロシア語文法』東洋書店．

東郷正延他（編）（1988）『研究社露和辞典』

研究社.

藤沼貴（編）(2000)『研究社和露辞典』研究社.

木村彰一・佐藤純一（編）(1995)『改訂新版 博友社ロシア語辞典』博友社.

Академия Наук СССР, Институт Русского Языка (1980) *Русская Грамматика*. Наука.

［船津誠也］

■ポーランド語

　ポーランド語 (język polski, Polish) はポーランド共和国（人口約 3850 万）の公用語である。ほかにポロニアと呼ばれる，アメリカをはじめ世界各地に散在する在外ポーランド人社会（総勢約 1000 万人）でも話される。ラテン文字を使用。

● 母音 —— 口母音 6 個 a, e [ɛ], i, y [ɨ], o [ɔ], u。このうち i は語頭と軟子音の後で，y は硬子音の後に現れる。[u] の表記には ó も使われる。鼻母音は 2 個で ą [ɔ̃] と ę [ɛ̃]。

● 子音 —— ①硬子音 21 個と②軟子音（口蓋化子音）15 個に大別される。①前者は閉鎖音 b, p, d, t, g, k, 摩擦音 w [v], f, z, s, ż/rz [ʒ], sz [ʃ], ch/h [x], 破擦音 dz, c [ts], dż [dʒ], cz [tʃ], 鼻音 m, n, 流音 r, 半母音 ł [w]。②後者は閉鎖音 b', p', g', k', 摩擦音 w' [v'], f', ź [z], ś [ɕ], ch'/h' [x'], 破擦音 dź [dʑ], ć [tɕ], 鼻音 m', ń [ɲ], 流音 l, 半母音 j（アポストロフィーは口蓋化を表すが，正書法では字母 i で表記）。ほかに主として借用語に [d'], [t'], [z'], [s'], [r'] などが現れる。

● 音節構造 —— 開音節と閉音節が共存する。概して子音連続，子音過多が特徴。

● プロソディー —— アクセントは強さアクセントで，一部の例外を除き，語末から 2 番目の音節に置かれる。平叙文のイントネーションは文末下降調。疑問文は一般に文末上昇調だが，疑問詞で始まる文では下降調も聞かれる。

● 日本語発話の特徴 —— 母音ウは円唇化を伴うポーランド語の [u] で代用しがちである。母音の長短の対立，たとえば「主人」と「囚人」の区別が難しい。短母音イ，ウの無声化，たとえば「あした」の無声化母音を完全に落として [aɕta] と，「ですが」を [dezga] と発音（この場合ポーランド語の同化規則を誤って適用し，かつ [ŋ] を [g] で代用）する傾向がある。子音ではフの子音 [ɸ] を [f] で，ン [N] を [n] で代用しがち。初心者には拍の理解，促音の習得，高低アクセントの聞き取りも難しい。

● 参考文献

Karaś, M. (1977) *Słownik wymowy polskiej*. PWN.

Huszcza, R., Ikushima, M., Majewski, J. (1998) *Gramatyka japońska*. Wydawnictwo Akademickie *DIALOG*.

［石井哲士朗］

■トルコ語

　トルコ語 (Türkçe, Turkish) は，トルコ共和国の公用語である。1928 年に文字改革が実施されたため，綴りと発音の相違が少ない。カザフ語，ウイグル語などチュルク諸語と親族関係にあり，音韻的にも類似点が多い。

● 母音 —— 8 種の母音は，前舌：後舌，広：狭，円唇：非円唇の 3 種の 2 項対立で分類される。音素としての長母音はない。接辞を含めて 1 語のなかに前舌母音 e, ı, ö, ü, 後舌母音 a, ı, o, u が共存することはない。この規則を代表とする一連の規則を母音調和と呼ぶ。

● 子音 —— ①閉鎖音 p, t, k, b, d, g, ②摩擦音 f, h, s, z, ʃ, v, ③破擦音 tʃ, dʒ, ④鼻音 m, n, ⑤側音 l, ⑥ふるえ音 r, ⑦半母音 j, ⑧特殊子音 ğ（先行母音を長母音化させるなどの機能をもつ）。

- ●**音節構造**——(C) V (C) (C)
- ●**プロソディー**——アクセントは強さと高さの両方で，原則的にたとえば名詞に複数，人称，格など，動詞に，否定，可能，使役，時制，人称などの多くの接辞がついたものの最終音節におかれる。しかし，この原則に従わない接辞があるうえ，同音異義の接辞が多いので，統語機能の相違がアクセントに依存することがある。

    例：yázma 書くな！（ma は否定の接辞でアクセントはとらない），yazmá 書くこと（ma は名詞形成の接辞でアクセントをもつ）

- ●**日本語発話の特徴**——母音，子音とも，ほぼ日本語のものを含んでいるうえ，文のなかのどの位置でピッチが下がるかが統語上重要な意味をもつという母語の影響のため，トルコ語話者の日本語はほかの母語話者より比較的自然に聞こえる。

    それでもなお，次のような問題点がある。①語頭の ts の発音（津波が [tusunami] や [sunami] のような発音になりやすい）。②母音の無声化（好き [suki] のように母音をはっきりと発音してしまう）。③母音の前の N の発音（本を [hono] のように「ン」の発音がうまくいかない）。④単語を1つずつ発話すると，後から2番目の音節にアクセントを置く傾向がある。これはトルコ語にはない中間言語的特徴である。

- ●**参考文献**

勝田茂（1986）『トルコ語文法読本』大学書林．

竹内和夫（編）（1989）『トルコ語辞典 ポケット版』大学書林．

[土屋順一]

■モンゴル語

モンゴル語（монгол хэл, Mongolian）はモンゴル国の公用語（ハルハ方言）で，北に接する旧ソ連のブリヤート共和国（ブリヤート方言），南に接する中国の内蒙古自治区（チャハル方言）でも話されている。ここではハルハ方言を中心に述べる。

- ●**母音**——7種の母音は，前舌母音 e, ö, ü と奥舌母音 a, o, u, 中性母音 i の3系列に分かれる。前舌母音と奥舌母音は1語中に共起することはない。この規則を母音調和と呼ぶ。長母音と短母音の区別がある。
- ●**子音**——①閉鎖音 p, t, b, d, g, G, ②破擦音 ts, tʃ, dz, dʒ, ③摩擦音 s, ʃ, x, ④側音 l, ⑤ふるえ音 r, ⑥鼻音 m, n, N, ⑦半母音 j がある。語頭に r がくることはない。
- ●**音節構造**——(C) V (C) (C)
- ●**プロソディー**——語の第1音節に強さアクセントが置かれるといわれている。第1音節の母音は明瞭に発音されるが，第2音節以降の母音は弱化する傾向にある。また，有声子音の無声化も進んでいる。これらは，とくに，ハルハ方言で顕著である。語レベルでも文レベルでもピッチレンジが狭い。yes/no 疑問文はピッチの上昇で表さず，終末詞で表し，文末のピッチの上昇は文がまだ続くことを表す。
- ●**日本語発話の特徴**——拗音，語頭および撥音の後の r 音，母音の前の撥音が苦手であるほかは，子音の発音の問題点は少ない。日本語より母音が多いにもかかわらず，母音が弱化して発音されるモンゴル語の影響を受けて，日本語の e と i, a と o の発音の区別がはっきりしない傾向がある。疑問文の文末のピッチの上昇が不十分であり，疑問文に聞こえないことがある。ピッチレンジが狭いので，イントネーション表現が不得意であるが，アクセントの誤りが目立たず，強い癖が感じられない。なお，内蒙古自治区のモンゴル語話者は北京語とのバイリ

ンガルが多く，日本語発話には北京語話者の特徴のほうが強く現れる傾向がある。

● **参考文献**

小沢重男（編著）（1983）『現代モンゴル語辞典』大学書林．

フフバートル〔小沢重男監修〕（1993）『モンゴル語基礎文法』たおフォーラム（インターブックス）．

温品廉三（1998）『語学王 モンゴル語』三修社．

[土屋千尋]

■韓国語（朝鮮語）

한국어（Korean）は，大韓民国（韓国）と朝鮮民主主義人民共和国（北朝鮮）の公用語。方言による発音の差はあまり大きくない。そのほか中国の朝鮮族の人々にも話されている。

● **母音**——短母音 i, e, ɛ, a, ʌ, o, u, ɯ。長母音 iː, eː, ɛː, aː, ʌː, oː, uː, ɯː。長母音と短母音の区別は語頭の第1音節に限る。ただし，ほとんどの世代では長母音と短母音を区別しない。また，e と ɛ を区別しない。半母音 j, w, ɰ。ja, wa などの二重母音の構成要素となる。

● **子音**——①閉鎖音 p, t, k, pʰ, tʰ, kʰ, p', t', k'，②摩擦音 s, s', h，③破擦音 tɕ, tɕʰ, tɕ'，④流音 r [ɾ, l]，⑤鼻音 n, m, ŋ。閉鎖音と破擦音は平音，激音，濃音の3項対立をなす。平音の p, t, k, tɕ は語中の有声音のあいだで有声音化する。流音は母音のあいだ，母音と半母音のあいだ，母音と h のあいだ，外来語の語頭でははじき音 [ɾ] となり，語末，子音の前，側面音の後では側面音 [l] となる。

● **音節構造**——(C) V (C)

● **プロソディー**——無アクセント。ただし，韓国の慶尚道方言と北朝鮮の咸慶道方言はピッチアクセント。イントネーションは，一般に平叙文で下降調，疑問文では上昇調だが，wh-疑問文ではていねいに質問するときに下降調になることがある。

● **日本語発話の特徴**——韓国語では有声音と無声音の対立がないため，日本語の清濁の弁別が難しい。韓国語の音節末鼻子音 n, m, ŋ は後に母音や半母音で始まる音節が続くと，後続音節の頭子音になるので，母音や半母音の前で鼻母音化する「ン」の発音が難しい。「本を」が [hono] [honõ] [honŋo] のようになりやすい。特殊拍は習得困難。無声母音の習得も困難。拗音のなかでは，チャ行音とジャ行音の習得が困難。韓国語には歯茎音の ts と dz がないので，ツとチュ，ザとジャ，ズとジュ，ゾとジョの区別がむずかしく，ぜがジェになりやすい。韓国語の h は有声音のあいだで有声音化するか脱落するため，語中のハ行音がア行音のように聞こえる。無アクセント方言話者には，ピッチ下降の知覚とその発音が難しい。

● **参考文献**

大坪一夫（監修）（1987）『日本語の音声 I・II』NAFL Institute 日本語教師養成通信講座，アルク．

中東靖恵（1998）「韓国語母国語話者の英語音声と日本語音声」『音声研究』2-1．

松崎寛（1999）「韓国語話者の日本語音声——音声教育研究の観点から」『音声研究』3-3．

李翊燮他〔前田真彦訳〕（2004）『韓国語概説』大修館書店．

[閔 光準]

■北京語

北京語（北京話，Beijing dialect, Mandarin）は中国語の1方言であり，中国語の7大方言区のうちの北方方言の代表格である。北京方言の使用地域は広く，北京の市街地と近郊を中心として，河北省東部や東北3省（黒竜江，遼寧，吉林）全域，内モンゴルの一部を含む。

北京市街地の発音は現代北京語の標準発音とされている。

● **音節構造**——漢字1つが1音節にあたる中国語の音節構造を有する。(I)V(F)/T。

(1) I 頭子音（声母）：①破裂音 p, pʰ, t, tʰ, k, kʰ, ②摩擦音 f, s, ç, ʂ, z, x, ③破擦音 ts, tsʰ, tç, tçʰ, tʂ, tʂʰ, ④鼻音 m, n, ⑤側面音 l。破裂音, 破擦音は呼気の強い有気音と呼気の弱い無気音で対立している。有声音・無声音の対立は摩擦音のなかに1組（ʂ, ʐ）あるが, ʐ は摩擦が弱いので, これを接近音とみる学者も多い。

(2) V 主母音：単母音 a, o [ʊɔ], ɤ [iɤ], i, u, y, 重母音 ia, ie, ua, uo, ye。

(3) F 音節末要素：i, u, n, ŋ。

VFの組み合わせ（韻母）の例：重母音 ai, ei, uai, uei, ao, ou, iao, iou 鼻音 an, en, ian, yn, …, aŋ, iŋ, ioŋ, ueŋ, …。

● **声調**——形態素の一つ一つに固有のピッチパターン「四声」を有し音韻論上それぞれ 55, 35, 214, 51 と高さ（の変化）を表記。高さの幅は（無表情の場合）約12半音（1オクターブ）。「四声」のほかに, 高さの独立性を失い, 長さも半減する「軽声」がある。

図1-13 北京語の調値模式図

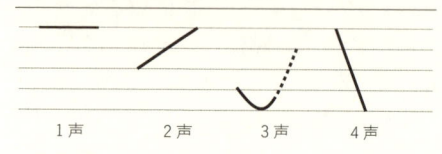

1声　2声　3声　4声

2音節語, 3音節語の多くは末尾の音節が強い。文中では, フォーカスの後は四声の高さが弱まる。イントネーションは形態素の声調の上にかぶさるが, その実態は声調との絡みにより, 複雑である。

● **日本語発話の特徴**——母音では, e, o が二重母音的になりやすい。ɯ を円唇化した [u] で発音する。ユを iou と発音するのでヨと聞こえ, 拗音を含め「ユ・ヨ」の区別が難しい。母音の無声化も問題。子音の有声音・無声音の違い, 促音は調音, 知覚ともに困難。撥音は直前の拍と連結して北京語の(C)Vn か(C)Vŋ 音節になる。アクセントは高低の幅が大きく, 激高しているように聞こえる。語アクセントを−2型にし, 複合語は分割して発音する傾向がある。リズムでは, 長音, 促音, 撥音の長さが不足しがち。イントネーションでは, 全体として抑揚が激しく, 日本語的自然下降が実現しにくい。

● **参考文献**

藤堂明保 (1980)『中国語音韻論』光生館.

呉宗済 (2004)『呉宗済語言学論文集』商務印書館.

王理嘉 (1991)『音系学（音韻論）基礎』語文出版社.

Yuen Ren Chao (1968) *A Grammar of Spoken Chinese*. University of California Press.

[朱 春躍]

■ 閩南語

閩南語（閩南方言, Min Nan dialect）は中国語の1方言であり, 7大方言区のうちの閩方言区に属する。方言そのものの使用地域は大変広く, 福建省, 広東省, 浙江省, および海南島そして台湾のほぼ全域である。閩方言の代表は福州方言と厦門(アモイ)方言であり, 前者は閩北方言, 後者は閩南方言といわれ, 発音上もかなり異なる。厦門方言はもともと漳州方言と泉州方言が新しく発達した土地, 厦門で混じり合ってできたものと言われている。

● **音節構造**——漢字1つが1音節にあたる中国語の音節構造を有する。(I)V(F)/T。

(1) I 頭子音（声母）：①破裂音 p, pʰ, b, t, tʰ, k, kʰ, g, ②破擦音 tç, tçʰ, dz, ③摩擦音 s, h, ④鼻音 m, n, ŋ, ⑤側面音 l。破

裂音には両唇音と軟口蓋音に有声音があり，無声の有気音，無気音とともに三項対立をなす。唇歯音 f がないのも閩南語の特徴。

(2) V 主母音：単母音 a, o, ə, e, i, u，重母音 io, oe, ia, oa。このほか，鼻音 m, ŋ は単独で 1 音節をなす。

(3) F 音節末要素：i, u, ĩ, ũ, m, n, ŋ，~（鼻音化），p, t, k, ʔ, ~ʔ

(4) VF の組み合わせ（韻母）：ai, oai, au, iau, aĩ, iũ, am, iam, om, in, un, oŋ, ioŋ, ã, ẽ, op, ip, iat, ut, ok, ek, aʔ, iaʔ, ẽʔ, ĩʔ …。

●声調──声調は 8 種類あるが，2 声と 6 声は同型なので，事実上 7 種。このうち 4 声と 8 声は入声であり，音節末が閉鎖音で終わる。

図 1-14　閩南語の調値模式図

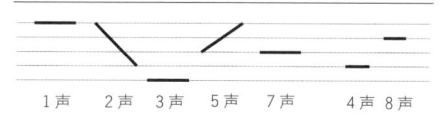

1声　2声　3声　5声　7声　4声　8声

●プロソディー──音節高さアクセント。声調は事実上 7 種類だが，音節が連続して発せられると規則的に変調される（連読変調）。イントネーションは，全体的に声の調子を低く抑えて発話するのが閩南語の特徴である。平叙や疑問による上昇・下降のパターンはとくに決まっておらず，声調が優先されるため，疑問文であっても，下降調で発話される語が多い。

●日本語発話の特徴──異音として [l] を [n] で発音することがあるため，日本語発話にもナ行とラ行の混同が見られる（例：さようなら→サヨーナナ）。1 文を発話するとき，一つ一つの語について後から 2 拍目にアクセントをつける傾向があり，平らに続けて発話することが苦手。

●参考文献
牛島徳次他（編）(1967)『中国文化叢書 言語』大修館書店.
王育徳 (1987)『台湾語入門 増補版』日中出版.

［王　伸子］

■上海語

上海語（上海話，Shanghai dialect）は中国語の 1 方言であり，7 大方言区のうちの呉方言区に属する。上海語は上海という都市ができ，近隣の蘇州，寧波などから人が流入し，それらの方言が混ざり合ってできたものである。ここでは，現在，上海市内の中心部で一般的に使われている現代上海語について述べる。

●音節構造──漢字 1 つが 1 音節にあたる中国語の音節構造を有する。(I) V (F) / T。

(1) I 頭子音（声母）：①破裂音 p, pʰ, b, t, tʰ, d, k, kʰ, g，②破擦音 ts, tsʰ, tɕ, tɕʰ, dʑ，③摩擦音 f, v, s, z, ɕ, ʑ, h, ɦ, j，④鼻音 m, n, ŋ，⑤側面音 l。

(2) V 主母音：非円唇母音 i, e, ɤ, ɛ, ɑ，円唇母音 y, u, ø, o, ɔ，重母音 iɛ, iɑ, iɤ, iɔ, uɑ, uɛ, uø, yø。このほか əl, m, n が単独で音節をなす。

(3) F 音節末要素：n, ʔ。

(4) MVF の組み合わせ（韻母）：①鼻音 an [a], ian [ia], yn [yŋ], ion [ioŋ], …。②入声音 aʔ, eʔ, ioʔ, uaʔ, …。鼻音は n, ŋ および鼻母音が異音として現れる。降り二重母音（北京語の ai, ei, ou, au）はない。

●声調──声調は 5 種類ある。このうち 4 声と 5 声は入声であり，音節末が閉鎖音で終わる。

図 1-15　上海語の調値模式図

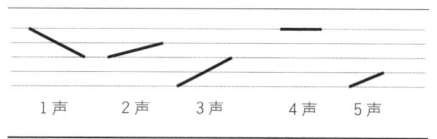

1声　2声　3声　4声　5声

● プロソディー——音節高さアクセント。声調は5種類だが、2音節、3音節など複音節語になると、ほとんど原調は保たれず、一定のパターンで変調して発話される。これを連読変調というが、日本語話者の耳には日本語のアクセント型とよく似た高さのパターンに聞こえる。

2音節変調：高低・低高・高高

3音節変調：高中低・低高低・中高低・低低中

イントネーションは平叙文では下降調、疑問文では上昇調になることが多いが、基本的には前述のアクセントパターンが保たれ、疑問文であっても下降調に抑え込んだイントネーションが用いられる場合もある。

● 日本語発話の特徴——連読変調が日本語のアクセントのパターンに似ており、比較的早く日本語らしいイントネーションを習得する。母音の無声化も頻繁に起こるため日本語に現れる無声化母音の習得も早い。各音節が短く発音され、二重母音を伴う語が拗音のような聞こえをもつので、拗音の習得にも有利。しかし、上海語のzの無声化を学習者が意識していないため、日本語のsとzを発音し分けることが困難な場合も多い。

● 参考文献

牛島徳次他（編）（1967）『中国文化叢書 言語』大修館書店.

宮田一郎（編著）（1988）『上海語常用同音事典』光生館.

榎本英雄・范曉（1987）『エクスプレス上海語』白水社.

[王 伸子]

■ 広東語

広東語（広州話，Cantonese）は中国語の1方言で、香港、マカオ、そして中国の広州を中心とした広東省および東南アジアや欧米諸地域で生活している中国人や華僑間の共通語の1つである。

● 音節構造——漢字1つが1音節にあたる中国語の音節構造を有する。(I)V(F)/T。

(1) I 頭子音（声母）：破裂音 p, p^h, t, t^h, k, k^h, kw, k^hw, 破擦音 ts, ts^h, 摩擦音 f, s, h, 鼻音 m, n, ŋ,, 側面音 l。

(2) V 主母音：単母音 aː, ɛː, əː, iː, ɔː, uː, yː, このほか m, ŋ が単独で音節を成す。

(3) F 音節末要素：i, u, m, n, ŋ, p, t, k。

(4) VFの組み合わせ（韻母）：① 重母音 aːi, ʌi, ei, øy, ɔːi, uːi, aːu, ʌu, iːu, ou。② 鼻音で終わるもの aːm, ʌm, iːm, øn, uːn, ɔːŋ, oŋ, …。③ 入声 aːp, ʌp, iːp, øt, uːt, ɔːk, ok, …。

韻母には長母音と短母音の分類があるが /a/ と /aː/ を除き対立せず、相補的に分布する。音節末要素のないものはすべて長母音に分類される。

● 声調——6つの声調がある。これに高音の下降調（点線部分）を加え7種に分類する方法や、音節末が閉鎖音である入声の3種を別に数えて9種に分類する方法もある。平坦調は下降調で発話されることもあり、区別されない。

図 1-16 広東語の調値模式図

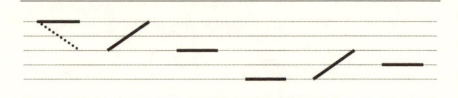

● プロソディー——語単位の声調言語で、強弱アクセントのない単音節言語。疑問文のイントネーションは下降調と上昇調と両方ある。音の長さを延ばすことによって強調する気持ちを示すことがある。

● 日本語発話の特徴——日本語の有声音・無声音に対して、広東語は有気・無気で音を弁別しているので、破裂音の習得は困難。ことに語中にたつ破裂音の知覚および生成が難しい。本

来は対立するはずの語頭子音ŋの有無、また、lとnの弁別を失いつつあり、ア行とガ行の混同、ナ行とラ行の混同が見受けられる。そのほか、口蓋化音、狭い母音のü、撥音、促音、長音、母音無声化、「ふ」の両唇化、ラ行音の弾き、およびオ段音の口の開き具合などが、広東語話者の難点として指摘されている。

アクセント型に関しては平板型のものでも中高型として発音してしまう傾向にある。聞き取りでは頭高型も苦手。イントネーションとしては、単語本位にアクセントをつけて発話する傾向が強く、少しでも長い文になると、上げ下げが激しい。

● 参考文献

魚返善雄 (1993)『広東語の発音』不二出版.

Bauer, R. S. (1997) *Modern Cantonese Phonology*. Mouton de Gruyter.

Lai Y. W. Esther (2002) *Prosody and Prosodic Transfer in Foreign Language Acquisition: Cantonese and Japanese*. Lincom. Europa.

Lai Y. W. Esther (2003) *Studies on Cross-linguistic Transfer Patterning and Prosodic Typology: Cantonese, Japanese, English*. Lincom. Europa.

Mathews, S. and Yip, V. (1994) *Cantonese: A Comprehensive Grammar*. Routledge.

[李 活雄]

■ベトナム語

ベトナム語 (Tiếng Việt, Vietnamese) は、広い意味では人口の約90％を占めるキン族 (=ベトナム族) と50以上の少数民族共通の国語である。狭い意味ではキン族の言語。方言は大きく北部ハノイ方言、中部フエ方言、南部サイゴン方言があり、発音の差はかなり大きい。本項はハノイ方言によっている。

● 音節構造 ── (I)(M)V(F)/T。

(1) I 頭子音：①破裂音・破擦音 p, b, t, tʰ, d, c, k, ʔ, ②摩擦音 f, v, s, z, x, ɣ, h, ③鼻音 m, n, ɲ, ŋ, ④側面音 l。p は外来語のみに使用。

(2) M 介母音：w。

(3) V 母音：①長母音 i, e, ɛ, a, ɤ, ɯ, u, o, ɔ, ②短母音 ă, ɤ̆, ③二重母音 iă, uă, ɯă。

(4) F 音節末要素：①半母音 j, w, ②破裂音 (内破) p, t, k, ③鼻音 m, n, ŋ。

一部の声調 (á と ạ) では母音終わりの音節の末尾に ʔ が現れる。前舌母音 i, e, ɛ に後続する場合、ŋ は [ɲ]、k は [c] となる。

● 声調 ── 6つの声調がある。音節末が p, t, k の場合は á か ạ のどちらかの声調をとる。

図 1-17 ベトナム語の調値模式図

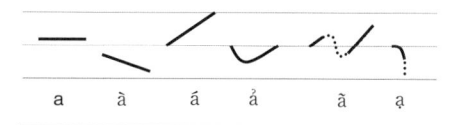

ã は声帯緊張でやや上昇し、一瞬の声門閉鎖後、急上昇する。ạ は声帯緊張で下降、声門閉鎖のままで終わる。

● プロソディー ── 英語のような疑問を表す上昇イントネーションはない。

● 日本語発話の特徴 ── ベトナム語には [ts] がないのでツの発音が当初難しい。長音や同じ母音の連続を短音と区別できない。カ行やタ行には無声無気音 k, t が使われる。これらは強い閉鎖の状態から発音される。有声破裂音 g がなく、ガ行には有声摩擦音 ɣ を利用するので、語頭のガ行が不自然に聞こえる。

ニャ行とチャ行は、硬口蓋後部で調音するため、不自然に聞こえる。他の拗音も似た音をもたないため困難。とくに、ジャ行は多くの場合ザ行に発音してしまう。

● 参考文献

富田健次（2000）『ヴェトナム語の世界』大学書林.

法貴則子（2000）「ベトナム人，カンボジア人，ラオス人学習者の音声上の問題点」『東京外国語大学留学生日本語教育センター論集』26.

Thompson, L. C. (1965) *A Vietnamese Grammar*. University of Washington Press.

［宇根祥夫］

■タイ語

タイ語（phasaa thay, Thai）は，タイ王国の公用語である。タイ国内で広範に使用されるほか，隣国ラオスでもかなりの程度通用する。声調体系を除き，方言間に発音上の大きな違いはない。

●音節構造 ── IV(F)/T

(1) I 頭子音：破裂音 p, pʰ, b, t, tʰ, d, k, kʰ, ʔ，②摩擦音 f, s, h，③破擦音 ʧ, ʧʰ。④鼻音 m, n, ŋ，⑤流音 l, r，⑥半子音 j, w。

このほか音節頭には次の子音連続が現れうる。pr, pʰr, pl, pʰl, tr, tʰr, kr, kʰr, kl, kʰl, kw, kʰw（tʰr は，まれ）。

閉鎖音に無声無気・無声有気・有声の 3 項対立をもつが，有声音素 g を欠く。同様に破擦音も有声音素 ʤ を欠く。ʧʰ は自由異音として [ʧʰ, ʃ] をもつ。r はふるえ音 [r] が正式な発音とされるが，自由異音 [r, ɾ, ɹ, ɽ, l] などをもち，バンコクでの日常語では l との対立も分明ではない。

(2) V 主母音：短母音 9 種 i, ɯ, u, e, ə, o, ɛ, a, ɔ，対応する長母音 9 種，二重母音 ia, ɯa, ua（a は軽く添える）。

(3) F 音節末要素 j, w, m, n, ŋ, p, t, k。短母音で終わる語については，語末にしばしば ʔ が現れる。

(4) IVF の組み合わせの例：naa kluɯa teʔ faj ŋən luaŋ plɛɛk

●声調 ── 以下はバンコク方言の調値模式図である。

図 1-18　バンコク方言の調値模式図

平声　低声　下声　高声　上声

●プロソディー ── 語，句，文などの末尾音節が長めに発音される。統語境界は，ポーズのほか境界直前音節の延長によって表示されることがある。音調変化はもっぱら単語の意味区別のために用いられ，文末の上昇調のみによって疑問を表すというようなことがきわめて行いにくい。

●日本語発話の特徴 ── シとチの区別が困難。ツとズはともに su か ʧu のいずれかで発音されることが多い。母音が連続するときに，母音間に明瞭な声門閉鎖音 ʔ がよく挿入される。タイ語の CV 型音節は語末以外の位置で声調が中和されることが多いため，CV が連続する日本語の発話では音調がきわめて平坦になり，末尾音節のみを高く，あるいは低く発音する傾向がある。

●参考文献

三谷恭之（1996）「タイ語」亀井孝他（編著）『言語学大辞典 2』三省堂.

峰岸真琴（1990）「タイ語と日本語」『講座日本語と日本語教育 12 言語学要説（下）』明治書院.

［宇佐美 洋］

■ビルマ語

ビルマ語（myanma baḍa, Burmese）は，ミャンマー連邦の公用語である。ミャンマーの民族間での共通語の役割も果たす。ミャンマー国内のみで通用する。

● 音節構造——I(M)V(F)/T．

(1) I 頭子音：① 破裂音 p, pʰ, b, t̪, t, tʰ, d, k, kʰ, g, ʔ，② 破擦音 tç, tçʰ, dʑ，③ 摩擦音 s, sʰ, z, ç, h，④ 鼻音 m, hm, ɲ, hɲ, n, hn, ŋ, hŋ，⑤ 側面音 l, hl，⑥ 接近音 r, j, w, hw。

t̪ は歯間破裂音であり人によって破擦音 t̪θ となる。t̪ は環境により有声化 [d̪] する。hm, hɲ, hn, hŋ, hl は無声化音。j は強い摩擦を伴う [ʝ]。r ([ɽ] または [ɹ]) は外来語の発音に現れる。このほか教育レベルの高い人の場合は外来語の発音で摩擦音 f ([f] または [ɸ]) が現れる。

(2) M 介子音：j, w。j は両唇音の直後にのみ現れる。

(3) V 主母音：単母音 a, i, u, e, ɛ, ɔ, o 二重母音 ai, au, ei, ou。二重母音は常に音節末要素 F を伴う。

(4) F 音節末要素：鼻音化 ˜，声門閉鎖 ʔ。鼻音化する母音は a, i, u および 4 つの二重母音。声門閉鎖を伴う母音は a, i, u, ɛ および 4 つの二重母音。

● 声調——弱化音節（母音はつねに a）を除き，音節には 3 種の声調対立がある。高平調は単独で発音する場合に末尾が下がることがある。ʔ で終わる音節は外来語を除き常に下降調である。研究者によってはこれを区別して 4 種の声調に分類する。

図 1-19　ビルマ語の調値模式図

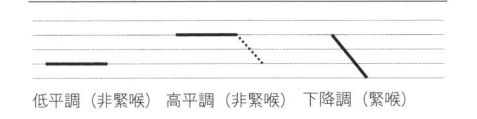

低平調（非緊喉）　高平調（非緊喉）　下降調（緊喉）

● 日本語発話の特徴——ア行に ʔ が先行する（顔 kaʔo）。ただし，類似する二重母音がある場合は，母音連続を鼻音の二重母音で発音する（相手 ʔaĩte）。

日本語のウ段，エ段，オ段の母音にビルマ語のu, e, o をあてはめるため，響きに違和感を感じる。母音の長短を，短母音は弱化母音もしくは緊喉母音，長母音は非緊喉母音というように声調（の付随的特徴）によって区別しようとする。

撥音は鼻母音で発音されるが，en と on は似た鼻母音がないため，ã（まれに ĩ）と oũ となる。このため「パン」と「ペン」の区別ができない。促音はすべて末子音 ʔ になる（合体 gaʔtaĩ）。無声化した母音も末子音 ʔ とし，促音と区別できないことがある（「楽隊」と「合体」，藪 1990：332）。ツとスの区別ができず，どちらも su と発音される。

拗音はパ行・バ行・マ行では介子音 j を用いて発音され，ピヤ，ピユ，ピヨのように聞こえる。他の拗音は頭子音と介子音 j とのあいだに弱化母音 ă が挿入される傾向がある（客 kăjaku，百 hăjaku，略 răjaku）。また，ビルマ語の綴りの影響により，初学者はキャ・キュ・キョをチャ・チュ・チョと，ギャ・ギュ・ギョをジャ・ジュ・ジョと発音することがある。

● 参考文献

藪司郎（1990）「ビルマ語と日本語」『講座日本語と日本語教育 12 言語学要説』明治書院．

[岡野賢二]

■タガログ語

タガログ語（Tagalog）は，フィリピンにある 100 余りの言語の 1 つである。マニラ首都圏をはじめ，ルソン島中部や南部，ミンドロ島を本拠地とする。1937 年の憲法で国語の基盤とされ，全国の学校で教えられてきたことから，国民の大半が理解する。9 つほどの方言に分かれている。

● 母音——本来は 3 母音 i, a, u であったが，スペイン語の影響により，i 対 e, u 対 o の対立ができ，5 母音 i, e, a, o, u, とな

●**子音**──16の子音がある。①閉鎖音 p, t, k, ʔ, b, d, g, ②摩擦音 s, h, ③鼻音 m, n, ŋ, ④側音 l, ⑤ふるえ音 r, ⑥半母音 w, y である。

声門閉鎖音 ʔ は語頭・語中・語末のすべての位置に起きる。とくに語末の声門閉鎖音は，これを取ってしまうと単語の意味が変わってしまう（例：baga [baːga]「燃えさし」，bagà [bagaʔ]「肺」）。母音のあいだの d は r になるが，外来語の d はその限りでない。

●**音節構造**──CV, (C)CVC。

●**プロソディー**──強勢アクセントであり，語末か，語末から2番目の音節にある。音節の多い単語の場合，さらにもう1ヵ所あるものもある。アクセントのある音節の母音は，語末音節以外では長い（例：túbo [tuːbo]「筒」，tubó [tubo]「砂糖キビ」）。イントネーションは，平叙文では下降調。疑問文では上昇調であるが，疑問詞疑問文は下降調になる。

●**日本語発語の特徴**──タガログ語では外来語の z を [s] と発音することが多いため（例：zipper [siːper]），日本語でも同様の傾向が見られる。外来語に現れる ts は [tʃ] と発音されるため，日本語の tsunami「津波」などは [tʃunɑmi] になる。タガログ語のアクセントは語末から2番目の音節にある場合が多いため，Oosaka「大阪」などは [osɑːkɑ] となる。

●**参考文献**

山下美知子（1998）「タガログ語」東京外国語大学語学研究所（編）『世界の言語ガイドブック2　アジア・アフリカ地域』三省堂.

[山下美知子]

■**インドネシア語**

インドネシア語（bahasa Indonesia, Indonesian）は，インドネシア共和国の国語，公用語である。東ティモール民主共和国では実用語とされる。数百に上る地方語があり，一般に各自の地方語が母語でインドネシア語は第二言語となるため，インドネシア語の発音に地方語の影響がしばしば現れる。表記はラテン文字を用いる。マレー語と同様ムラユ語の1変種である。

●**母音**──i, e, a, o, u, ə の6母音。長短による弁別はない。[e] と [ə] は表記上区別せず e を用いる。開音節の ai, au は二重母音で，しばしば [ei, e], [ou, o] と発音される。

●**子音**──①閉鎖音 p, t, k, b, d, g, ②摩擦音 f, s, z, sy [ʃ], kh [x, χ], h, ③破擦音 c [tʃ], j [dʒ], ④ふるえ音 r, ⑤側音 l, ⑥半母音 w, y [j], ⑦鼻音 m, n, ny [ɲ], ng [ŋ]。

f, v, z, sy, kh は外来語音。v は無声 [f] となる。無声閉鎖音は一般に帯気せず，語末では調音点の閉鎖で呼気の流れを止めるのみで破裂を伴わない。r は語頭・音節頭でしばしばはじき音 ɾ となる。si は [si] [ɕi] が区別なく現れる。

●**音節構造**──(C)(C)V(C)(C)。ただし1音節内の子音連続はほとんど外来語にしか見られない。3子音連続は外来語にごくわずかに存在する。

●**プロソディー**──語中のアクセントの位置は意味の弁別に関与しない。話者や文脈などにより最終音節もしくは最終から2つめの音節が高くなる傾向がある。イントネーションは主語と述語の明示という重要な文法的役割を担う。疑問文は基本的に上昇調となる。

●**日本語発話の特徴**──「ツ」の子音 [ts] がないため「チュ」と発音することが多い。「ザ，ズ，ゼ，ゾ」が「ジャ，ジュ，ジェ，ジョ」，「シャ，シュ，ショ」が「サ，ス，ソ」になり

やすく，しばしば「ゴザイマス」が「ゴジャイマス」または二重母音の影響で「ゴゼィマス/ゴジェィマス」と発音される。「ヒ，フ」は[h]を用いるため子音の聞こえが弱い。母音の長短の区別や特殊拍，アクセントは習得困難。アクセントは第２音節のみが高くなりやすい。一方でイントネーションの習得は比較的優れているといえる。

➡マレー語（1-I）

● 参考文献

佐々木重次（1998）「インドネシア語」『世界の言語ガイドブック２　アジア・アフリカ地域』三省堂.

左藤正範（1997）『超入門インドネシア語』大学書林.

高殿良博（1996）『初めて学ぶインドネシア語』語研.

降幡正志（1998）『キーワードで覚える！やさしいインドネシア会話』ユニコム.

Halim, A. (1974) *Intonation in Relation to Syntax in Bahasa Indonesia*. Djambatan.

Sneddon, J. N. (1996) *Indonesian Reference Grammar*. Allen and Unwin.

[降幡正志]

■マレー語

マレー語（bahasa Melayu, Malay）は，マレーシア，シンガポール，ブルネイで話される。マレーシアではマレーシア語（the Malaysian Language, bahasa Malaysia）と呼ぶこともある。表記にはラテン文字を用いる。マレーシアではリアウ・ジョホール方言を基に標準語が定められているが，その方言と標準語とのあいだには発音にいくつかの違いがある。実際の使用状況を考慮し，ここでは主としてリアウ・ジョホール方言について言及する。インドネシア語と同様ムラユ語の１変種である。

● 母音──i, e, a, o, u, əの６母音，および二重母音として ai, au, oi がある。長短の弁別はない。語末の a は，やや狭い発音[ɜ]となる。最終閉音節の i と u はそれぞれ[e]，[o] に近く発音される。[e] と [ə] はいずれも e で表記される。

● 子音──①閉鎖音 p, b, t, d, k, g，②摩擦音 f, v, s, z, h, sy [ʃ], kh [x], gh [ɣ]，③破擦音 c [tʃ], j [dʒ]，④鼻音 m, n, ny [ɲ], ng [ŋ]，⑤ふるえ音 r，⑥側音 l，⑦半母音 y [j], w。

f, v, z, sy, kh, gh は外来語音。閉鎖音は帯気せず，語末では破裂させず呼気の流れを止めて発音する。r は語末では発音されず，直前の母音がやや長めになる。

● 音節構造──(C)(C)V(C)(C)。ただし１音節内の子音連続はほとんど外来語にしか見られない。３子音連続は外来語に若干数見受けられる。

● プロソディー──語中のアクセントの位置は意味の弁別に関与しない。基本的には終わりから２音節目がアクセントを受け高く発音される傾向がある。イントネーションは文の基本構造である主語と述語を明示する重要な役割を果たし，また平叙文では文末下降調，疑問文では文末上昇調となる。

● 日本語発話の特徴──日本語の句末の[a]は，口の開きが十分ではなくややあいまいに発音されることもある。ザ行音がジャ行音でしばしば発音される。「ツ」の子音[ts]がないため「チュ」のようになることもあるが，英語からの類推で習得することも多い。他の音についても英語からの類推を援用できる。特殊拍や母音の長短の区別，アクセントはもともとマレー語になく，これらの習得は一般に困難。イントネーションに対する感覚は優れており，比較的困難を伴わずに聞き分け習得する。

➡インドネシア語（1-I）

参考文献

小野沢純（1996）『基礎マレーシア語』大学書林．

正保勇（1998）「マレーシア語」『世界の言語ガイドブック2 アジア・アフリカ地域』三省堂．

Asmah Haji Omar and Rama Subbiah (1995) *An Introduction to Malay Grammar*. Dewan Bahasa dan Pustaka.

Nik Safiah Karim (1995) *Malay Grammar for Academics and Professionals*. Dewan Bahasa dan Pustaka.

［降幡正志］

■ウルドゥー語・ヒンディー語

ウルドゥー語（Urdu）はパキスタンの国語であるとともにインドにも数千万の母語話者がいる。ヒンディー語（Hindi）はインドの連邦レベルの公用語であり、北インドのいくつかの州では州レベルの公用語でもある。ウルドゥー語とヒンディー語とは同一言語であるが、文字と語彙の面で差異がある。

● 母音 ── ①長母音 ā [aː]，ī [iː]，ū [uː]，ē [eː]，ō [oː]，ai [ɛː]，au [ɔː] それぞれに鼻母音がある。②短母音 a [ə]，i，u それぞれに鼻母音がある。また環境によって u，o も現れる。

● 子音 ── ①閉鎖音 b，bh [bʱ]，p，ph [pʰ]，t [ʈ]，th [ʈʰ]，ṭ [t]，ṭh [tʰ]，d [ḓ]，dh [ḓʱ]，ḍ [d]，ḍh [dʱ]，q，k，kh [kʰ]，g，gh [gʱ]，②破擦音 j [ʤ]，jh [ʤʱ]，c [ʧ]，ch [ʧʰ]，③摩擦音 s，h，x，z，ž [ʒ]，ğ [ɣ]，f š [ʃ]，v，④鼻音 m，n，⑤側音 l，⑥ふるえ音 r，⑦はじき音 ṛ [ɽ]，ṛh [ɽʰ]，⑧半母音 y [j]．

外来の音素である x，z，ž，y，f，q をヒンディー語話者はそれぞれ kh，j，j，g，ph，k で代用することがある。

● 音節構造 ── V，CV，VC，CVC が基本。

● プロソディー ── アクセントは意味の違いに関与しない。イントネーションは一般的に平叙文で文末が下降調、疑問詞のない疑問文では文末が上昇調、疑問詞疑問文では疑問詞の部分が上昇する。

● 日本語発話の特徴 ── 日本語の ts の音素がないためこの発音の習得に苦労する場合がある。ヒンディー語話者の一部は z の発音についても同様のことがいえる。ウルドゥー語、ヒンディー語ではアクセントが意味の違いに関与しないので、日本語の高低アクセントの習得には時間がかかる。また特殊拍である促音にとまどう場合がある。

参考文献

町田和彦（1999）『書いて覚えるヒンディー語の文字』白水社．

Barker, M. A. R. et al. (1974) *Spoken Urdu: A Course in Urdu*. Spoken Language Services.

［萩田 博］

■ペルシャ語

ペルシャ語（Fârsi, Persian）は、イラン・イスラーム共和国、アフガニスタン、タジキスタンの公用語である。周辺のアゼルバイジャン、インド、パキスタンの一部でも通用する。方言・地域による発音の違いは大きい。

● 母音 ── i，e，a，â，o，u。â は音声学的には [ɑ] で、口の奥からを口を大きく開けて発音する。

● 半母音 ── y，w。これらの音は ey，ow という二重母音を構成する。

● 子音 ── ①閉鎖音 p，t，k，b，d，g，q，ʔ，②摩擦音 f，s，ʃ，v，z，ʒ，x，h，③破擦音 ʧ，ʤ，④ふるえ音またははじき音 r，⑤鼻音 m，n，⑥側音 l。y，w，ʔ，h は、母音の連続・接続を回避するためのわたり音にも用いら

れる。アルファベット第22字gheynと第24字qâfで示される音は，現在のテヘランで用いられる標準ペルシャ語では，同一の音とみなすことができる。音環境によって，q（無声口蓋垂閉鎖音），G（有声口蓋垂閉鎖音），ʁ（有声口蓋垂摩擦音），χ（無声口蓋垂摩擦音），x（無声軟口蓋摩擦音），ɣ（有声軟口蓋摩擦音）などのヴァリエーションが見られる。t，s，z，hの音はおのおの同一音にもかかわらず複数のアルファベットで表記される。

●音節構造── CV，CVC，CVCCの組み合わせより成る。ペルシャ語では，母音で始まるように見える単語でも語頭に声門閉鎖音を伴うと認識される。

●プロソディー──強さアクセント。通常は語の最終音節に置かれる。間投詞や呼びかけでは第1音節。イントネーションは，一般に平叙文で下降調，直後にさらに文が続く場合には平坦もしくは少し上がり調子になる。疑問文では上昇調，疑問詞疑問文では一般に下降調。

●日本語発話の特徴──ペルシア語には日本語の「つ」音がないため，発音が困難で，ときに「す」の代用あるいは聞き違いが起こる。また，「ふ」はfと発音されたり，語頭のラ行は歯茎舌先ふるえ音のrになりがちである。ペルシャ語では，長母音と短母音の区別が，古典詩朗読などの限られた機会にのみ要求されるためか，長音があいまいになる傾向が見られる。撥音は「たんい」などの場合，「たに」や「たんに」との区別が難しいことがある。語中・語尾の母音の無声化も初学者には困難。カスピ海沿岸のギーラーンやマーザンダラーン地方出身者には母音の「お」と「う」の区別がつきにくく，いずれも「お」に近い発音になることがある。日本語の高低アクセント，イントネーションの習得はかなり困難で，文が平坦な調子になりがちである。

●参考文献

上岡弘二・吉枝聡子（2000）「現代ペルシア語の音とカナ表記」『アジア・アフリカ言語文化研究』60.

Majidi, M. R. (1986) *Strukturelle Grammatik des Neupersischen* (Fârsi). 2 vols, Helmut Buske Verlag.

Lambton, A. K. S. (1953) *Persian Grammar*. Cambridge University Press [reprint] (1900).

［佐々木あや乃］

■アラビア語

アラビア語（Arabic）はセム語族に属し，アラブ諸国の22ヵ国で使われている。方言の数が多いが，アラブ諸国の文化的中心地であるカイロの方言が最も支配的。「コーランのことば」としてイスラム文化と深いかかわりをもつ。

●母音──短母音i，a，uにその長母音を加え6つ。

●子音──咽頭化子音音素をもつ。咽頭化音は調音的には引っ込められた舌根と咽頭壁とのあいだで狭めを形成することによって作られ，音響的には第1フォルマント（F1）が高く，第2フォルマント（F2）が低くなる。咽頭化子音には［.］を書き加える。①破裂音b, t, t., d, d., k, q, ʔ, ②摩擦音f, θ, ð, ð., s, s., z, ʃ, χ, ɣ, ħ, ʕ, h, ③破擦音dʒ, ④鼻音m, n, ⑤ふるえ音r, ⑥側音l, ⑦半母音w, j。

●音節構造── CV，CVV，CVC，CVVC，CVCC。最後の2つは末尾にのみ現れる。

●プロソディー──強勢アクセント。弁別的機能はもたない。イントネーションは疑問文末で上昇，平叙文末で下降。

●日本語発話の特徴──①pとbの混同。pがbになりやすい。②uとoの混同。uがo

になりやすい。アラビア語のuは円唇性が強く，日本語の非円唇母音uよりもoに近い。③eとiの混同。eが［i］になりやすい。④長母音と短母音の混同。とくに発話速度が速いと長母音は短母音化する。⑤初級者は日本語のtʃiとʃiを混同。tʃiがʃiになりやすい。⑥初級者は日本語のtsuとsuを混同。tsuがsuになりやすい。⑦初級者は促音が非促音になりやすい。⑧母音iを含む音節の後にjが続く場合，先行する音節とj音の音節が1音節になり，拗音節を形成しやすい。（例：規約kijakuが客kjakuになる）⑨撥音は母音の直前にきたときのみ問題が生じやすく，撥音と後続の母音とで1拍を形成しがち。（例：単位taNiが谷taniになる）⑩高低アクセントの習得は最も困難である。

● **参考文献**

Hanan Rafik（1990）「アラビア語のカイロ方言の咽頭化子音と非咽頭化子音のPhono-Laryngographによる分析」『言語学論叢』9．

Hanan Rafik（2004）『エジプト人のための日本語音声』ダールキバー出版社．

[ハナーン・ラフィック]

J──音声教育

■音声教育法

音声教育法とは文字どおり，音声を教える方法であり，たとえば模倣，ミニマルペアの活用，口腔断面図の呈示，調音点・調音法の指示，学習者の母語や既有知識の利用，韻律表示法・VT法・コンピュータの活用などが挙げられる。

しかしどんな場合でも，これらの方法を選択する際には，音声教育にかかわる人間や環境について的確に把握したうえであることが大前提である。具体的には，教師の音声教育能力・信念，国内国外・クラス内外・クラスサイズなどの学習環境，学習者の母語・ニーズ・動機づけ・母語別問題点，学習段階，時間配分，到達目標，使用教材・教具，難易度・使用頻度・必要度，学習者の発音に対する日本人評価などを変数としてふまえたうえで，音声教育シラバスを決め，具体的な方法を選択し，どのように工夫して使うかを検討する。音声教育とは音声学の知識をそのまま教えることではない。学習者に観察された音声上の問題点についての単発的な矯正にとどまるものでもない。音声教育が教育である以上，場当たり的ではなく，上記変数に応じた体系的なシラバスを作り，適切な方法の適切な使用によって計画的・継続的に指導・支援することが重要である。

その際の留意点は，まず唯一絶対の方法はないということである。教師は上記変数に応じ，そのときの学習者・環境に合わせて，いろいろな方法を試みて適切な方法を探る必要がある。そのためには具体的な方法に結びつく情報をなるべく多く収集し身につけておかなければならない。関連する学会や研究会，先行文献，同僚教師，他の言語教師，さらには学習者も重要なリソースになる。指導の成果は，ある方法の繰り返しによる場合もあれば他の方法との組み合わせによることもあるため，教師は単に実践を繰り返すだけでなく，つねに自らの実践を評価し，工夫・改善していくことが不可欠である。

しかし，音声だけを教える，正しい発音に導くことだけが音声教育ではない。最終目標は日本語による現実場面での音声コミュニケーション能力である。たとえ教室の中であってもつねに現実のコミュニケーションを視野に入れた練習や活動を工夫すべきである。その意味では，音声上の問題から通じない，あるいは誤解が起きたときの対処法を指導することも音声教育の

重要な部分である。
　さらに、音声の知覚と生成のメカニズムをふまえることが大切である。単に模倣といっても学習者は音を聞いてただ発音するのではなく、その自分の発音を聞きながら絶えず自己評価し、発音をコントロールしている。この自己評価の際に重要なのは評価の基準であり、意識するしないにかかわらず学習者が自ら形成した内的な基準が妥当であれば、適切な発音の生成に結びつく。つまり、学習者が自分の発音上の問題について、妥当な発音基準を模索しながらそれを基に適切に自己評価し、発音を自己修正していく自己モニター能力を高めることが、自律的な音声学習に導く音声教育の重要な指針である。

→音声の知覚（1-H）、中間言語の音声（1-I）、VT法（1-J）

● 参考文献

松崎寛・河野俊之（1998）『よくわかる音声』〈日本語教師・分野別マスターシリーズ〉アルク.

小池生夫（監修）SLA研究会（編）（1994）『第二言語習得研究に基づく最新の英語教育』大修館書店.

日本語教育学会（監修）（1989）「発音の指導」〈ビデオシリーズ日本語教育の実際5〉プロコムジャパン.

[小河原義朗]

■ VT法

「VT（ベルボ・トナル）法（Verbo-tonal Method）」は、「言調聴覚論（Verbo-tonal System）」を理論的基盤とした言語教授法で、「全体構造視聴覚教授法（Methodologie structuro-globales audio-visuelles：SGAV）」とも呼ばれている。「言調聴覚論」は、旧ユーゴスラビアのザグレブ大学の言語学者、ペタル・グベリナ（Petar Guberina）に

よって1950年代半ばに開発された、言語音の受容と再生に関する研究の体系で、発話・聴覚障害者のリハビリと外国語教育の分野で応用されている。

　VT法は、日本では発音矯正の教授法として知られているが、ヨーロッパを中心にオーディオリンガル法（AL法）と対照的な言語教育理念をもつ教授法として注目され、コミュニカティブ・アプローチが普及する以前の、1960～80年代に現れる、他の外国語教授法に大きな影響を与えた。

　VT法の教授理念の中心は、「言語の全体構造性」ということである。これはアメリカ構造言語学でいう、「言語の最小単位」の積み重ねとしての構造性ではなく、単音などの言語的要素とジェスチャーなどの超言語的要素、および文脈などの伝達場面的要素が有機的に、分かちがたく結びついている、大きな構造性なのである。

　このため、VT法の音声教育は、①言語の受容と生成を、耳と口だけでなく体の全体にかかわる活動と認識する、②音声要素間に「緊張と弛緩」の相互関係を仮定する、という特徴をもつ。特徴の①は、リズムやイントネーションを、身体運動感覚を通して習得させる、「身体リズム運動」という教授技法を生んでいる。②の概念は、AL方式の「ミニマルペア」では処理できない単音やアクセント矯正に有効である。また、③感覚器官で言語音を感じさせるための特殊な機器を試用する、という特徴ももつなど、他の教授法が音声教育に積極的な指導法を欠くなかで異彩を放っている。

→その他の教授法（8-B）

● 参考文献

横溝紳一郎・川口義一（2005）『ライブ！成長する教師のための日本語教育ガイドブック（下）』ひつじ書房.

小坪博子他（2002）『聴覚・言語障害教育およ

び外国語教育のためのVTS入門』特定非営利活動法人グベリナ記念ヴェルボトナル普及協会．
町田章一他（1994）『言語聴覚論の輪郭』上智大学聴覚言語障害研究センター．
ロベルジュ，C.（監修）（1994）『ヴェルボトナル法入門――ことばへのアプローチ』第三書房．
グベリナ，P.（講述），北原一敏・内藤史朗（編著）（1981）『話しことばの原理と教育――言調聴覚法の理論』明治図書．

[川口義一]

■音声教育教材

　音声教育に用いる素材は，大きく分けて，(1)体系的教育のための「教材」つまり教科書・副教材と，(2)発音矯正用の「教具」に二分できる．近年では，その両者の特性を生かした(3)マルチメディア教材も開発されつつある．

　(1)初中級用教材としては，Mizutani and Mizutani (1977), Mizutani and Mizutani (1979), 土岐・村田 (1989) などがよく知られているが，文化庁 (1971)，国際交流基金 (1989) のミニマルペア集も，自作教材のリソースとして利用できる．ただし，ミニマルペア集自体は例文リストであり，これを「教材」とするには，学習者の母語や学習段階に応じた誤りの傾向の把握，発音に対するニーズや日本人評価を視野に入れた到達目標の設定，体系的教育のための教授項目の提出順，また，韻律の表記法や，さらには，それを用いて具体的にどんな活動を行うか等々について考えなければならない．

　(2)教具としては，韻律を記したフラッシュカード，口腔断面図，手鏡，上顎や舌面に貼って調音点を示すウエハース，気息を抑えさせる紙きれなどの，聴覚以外の感覚に訴えるものや，特定の教授法で用いられる，サイレントウェイのサウンドカラーチャート，ベルボ・トナル法のローパスフィルタなどのほか，テープレコーダー，MD，ビデオ，DVDなどの機器も挙げられる．これを用いてどのような指導を行うか，という音声教育法の開発が重要である．たとえばテープレコーダーは，聞き取り・書き取り用テープの再生だけではなく，学習者の発音を録音して本人に聞かせるのに用いられる．これにより学習者は，問題点を自分で発見して学習目標を明確化したり，モデル発音と自分の発音の違いを聞き分ける妥当な発音基準を形成したりする．

　(3)マルチメディア教材としては，聞き取り練習用教材，すなわちモデル発音をランダム出力し，学習者に選択肢などで解答させるプログラムは比較的簡単にできるが，学習者の発音の正誤をコンピュータに判定させる技術は，現在のところ実用化されていない．そこで，音響分析ソフトでモデル発音の音声波形やピッチグラムを示し，そこに学習者の発音を入力して比べ，長さや高さの違いを視覚的に確認させる方法がとられる．分析ソフト自体はWEB上で無料で入手できる（URLは，「無料」「音声分析」などのキーワードで検索すれば最新情報が得られる）が，ソフトの操作法，データ測定法，ピッチ誤抽出の見極めや，聴覚印象と物理的実態とのずれに関する知識等々，専門的知識が要求されるため，学習者・教師双方に使い勝手のよい学習システムの開発が求められている．NHK放送文化研究所編（2002）のCD-ROM版アクセント辞典には，話速・抑揚変換技術を取り入れたアクセント練習ソフトが収録されている．口腔断面図や音響分析ソフトの活用例としては，山田他 (1999) の英語マルチメディア教材も参考になる．

→音・音声 (9-D)，視聴覚教材 (9-E)

●参考文献

文化庁（水谷修・大坪一夫）(1971)『音声と

音声教育』大蔵省印刷局.
国際交流基金(今田滋子)(1989)『発音 改訂版』凡人社.
NHK放送文化研究所(編)(2002)『CD-ROM版NHK日本語発音アクセント辞典』日本放送出版協会.
土岐哲・村田水恵(1989)『発音・聴解』荒竹出版.
山田恒夫・足立隆弘・ATR人間情報通信研究所(1999)『英語スピーキング科学的上達法』講談社.

Mizutani, O. and Mizutani, N. (1977) *An Introduction to Modern Japanese*. The Japan Times.

Mizutani, O. and Mizutani, N. (1979) *Aural Comprehension Practice in Japanese*. The Japan Times.

[松崎 寛]

2 | 文法

　言葉を交わすときに，話し手と聞き手のあいだで共通の規則が共有されていなければ言葉は通じないし，規則に外れた表現をすれば了解不能となる。文法とは，言葉にかかわるこうした規則のうち，文をつくるための規則の総体を指す。言い換えるならば，語と語の結びつきや文の形式・構造にかかわる規則群が文法であり，それに従えば正しい表現ができ，十全な理解が成り立つことになる。しかし，母語の場合，通例それらはあまり意識されることがない。文法研究の目的は，こうした規則を一つ一つ明らかにし，さらにそれらがどのようにかかわり合っているかを探ることにある。

　本章では日本語の文法そのものを捉えることに努めた。つまり，日本語の具体例を手がかりに，そこにひそんでいる規則性を最も適切に説明できるかたちで取り出すことを，第一の目的とした。このため，従来の文法事典でよく取り上げられている用語や文法学説についての解説は，意識的に省いた。日本語教育のために文法研究について説明するという本章の目的を，限られたスペースのなかで実現するためには，それが最適なアプローチであると判断したからである。

　文が語から形成されて，テキスト（文章・談話）のなかに存在することからして，本章の記述は，文の意味-統語構造の解明を中心に据えながらも，語構成や品詞といった形態論的な事象や，テキストにかかわることをも対象にした。

　文は，できごとや事柄を対象的な内容として描き取りながら，対象的な内容に対する話し手の捉え方および話し手の発話・伝達的な態度を担って存在している。従来のように助詞の意味の記述というあり方ではなく，まず，文の描き取る対象的な内容の中核に存在する格という捉え方から，その表示形式の分析を行った。文の対象的な内容の中核は，さらに，ヴォイス，アスペクト，肯否，テンスやモダリティといった文法的意味を付け加えていき，文に成長する。これらは，副詞的表現にも関連をもちながら，述語の形態的な現れによって実現される。ここでは，それぞれの文法的意味を実現している形式を取り出し，その意味・用法を記述し，その使用条件を明らかにすることに努めた。さらに，文を構成する要素が他の同類の要素とどのような関係にあるかを表す「とりたて」の現象を，取り出し記述した。また，単文から複文への発展を生み出す従属節のさまざまや，文と文とのつながりをつくり出す装置・工夫も記述されている。

　読者が，本章に提示された記述・説明を基にして，自らで日本語の文法現象を分析・記述していく基本的な視点を身につけることが期待される。

［仁田義雄］

2 文法 ―― 見出し項目一覧

A 総論 ―― 64
日本語文法研究の歴史

B 形態論 ―― 65
語と形態素
語構成（文法論から）
派生
複合
品詞分類
文法カテゴリー
活用の捉え方
活用とアクセント
動詞
自動詞と他動詞
形容詞
名詞
数量詞
様態副詞
程度副詞
陳述副詞
連体詞
接続詞
感動詞
助詞
助動詞

C 文型 ―― 94
文の成分
基本文型
基本語順

D 格 ―― 97
日本語の格
連体修飾節主語を表すガとノ
対象を表すヲとガ
場所を表すニとデとヲ
起点を表すヲとカラ
時を表すニの使用・不使用
目的地を表すニとヘ
材料を表すカラとデ
起因を表すニとデとカラ
動詞と格助詞
格助詞の用法
複合格助詞

E ヴォイスとその周辺 ―― 107
ヴォイス
受動文の種類
受動文での動作主の格
受動文の諸特徴
自動詞と他動詞の受身
使役
使役と他動詞
自発
可能文に用いられる形式
可能文の諸特徴
相互文の諸特徴
授受の補助動詞表現
授受表現の諸特徴
方向性表現

F 肯否 ―― 119
否定との呼応
否定の焦点
ナク（テ）・ナイデ・ズ（ニ）

G テンス・アスペクト ―― 122
アスペクト
状態動詞
スル形・シテイル形の意味
ツツアル・テクル・テイク
　――直前，変化の進展など
アスペクトの複合動詞
テオク・テアル
形式名詞系のアスペクト形式
接辞形式とテンス・アスペクト
動詞とアスペクト
副詞とアスペクト
テンス
タ形
ル形
連体修飾とテンス

H モダリティ ―― 134
モダリティ
疑問文の種類
疑問形式の用法
確認表現
意志の表現
誘いかけ
行為要求
禁止
勧め
義務・許容
不確かさを表す表現
証拠からの判断
伝聞
ノダ――説明のモダリティ
終助詞の用法
モダリティの副詞
感嘆文

I 主題・とりたて ―― 149
主題
ハとガ ―― 基本的な違い
ハとガ ―― 有題文と無題文
ハとガ ―― 顕題文と陰題文
ハとガ ―― 文の中と節の中
ハとガ ―― 対比と排他
ッテとハ ―― 主題のバリエーション
とりたて
サエとマデ ―― 意外性のとりたて
デモとモ ―― 意外性のとりたて
デモとナンカ ―― 例示のとりたて
ナンカとナンテ ―― 低評価のとりたて
ナンカとクライ ―― 低評価のとりたて
ダケとシカ ―― 限定のとりたて
ダケとバカリ ―― 限定のとりたて
数量詞＋ハ・モ
無助詞，格助詞の省略

J 複文 ―― 161
従属節の階層性
テ節・中止節
ナガラ・ツツ
キリ・ママ・ナリ
バ・ト・タラ・ナラ ―― 条件
条件節の周辺形式
テモ・タッテ・トコロデ ―― 逆条件
カラ・ノデ・テ ―― 原因・理由
理由を表す節の周辺
ノニ・クセニ・モノノ
タメニ・ヨウニ・ノニ ―― 目的
ガ・ケレド ―― 逆接・前置き
並列を表す形式
とき・折・頃・際
最中・ウチニ・アイダ
マエ(ニ)・アト(デ)・テカラ
ヤイナヤ・ガ早イカ
連体修飾節
コト・ノ・トコロ ―― 名詞節
ト・カ・ヨウニ ―― 引用

K 談話・テキスト ―― 181
文章のまとまり ―― 結束性・一貫性
ダイクシス（直示）
指示詞（現場指示）
指示詞（文脈指示）
分裂文
名詞句の省略・繰り返し
代名詞の使用・不使用
ハイ・イイエ・エエ ―― 応答
アラ・マア ―― 感嘆詞
アノ・エート・マア ―― フィラー
接続詞・接続表現
ノダ・ワケダ・カラダ・ハズダ ―― 関連づけ
文体による表現の異なり
旧情報・新情報（定・不定，既知・未知）
視点

L 敬語 ―― 194
待遇表現の体系
尊敬語
謙譲語
丁寧語・丁重語
待遇表現の運用

M 教育のための文法分析 ― 199
判定詞の連体形
自動詞と他動詞の特徴
意志動詞と無意志動詞にかかわる現象
感情・感覚形容詞，感情動詞
テ形
見える・聞こえる
使役
受身
受給表現
動詞活用の見分け方
モダリティと文体
接続表現と文体
表現機能から見た文法項目
教科書などで使われる文法用語の対照表

A──総論

■日本語文法研究の歴史

●明治以前の文法研究──言語の自覚的反省への1つの契機として，異言語との接触がある。中国語との接触は，日本語文法研究に大きな影響を与えることになる。実質語である「詞」と機能語である「てにをは」の識別も，この接触の1つの現れである。鎌倉末か遅くとも室町初めに成立したとみられる『手爾葉大概抄』には「詞ハ寺社ノ如ク手爾葉ハ荘厳ノ如シ」という記述が見える。単語分類の意識の芽生え，詞とテニヲハの表現性の違いの言及として，後世に受け継がれ影響を与えていく。

江戸期の文法研究の双璧は本居宣長と富士谷成章である。宣長には，『てにをは紐鏡』(1771)や『詞 玉緒』(1785)などがある。『てにをは紐鏡』は，係りを「は・も・徒」「ぞ・の・や・何」「こそ」の3行に分け，その結びを43段にわたって記した1枚の図である。この比較的簡単な図のなかに係り結びの法則性があざやかに捉えられている。また，『詞玉緒』は，『紐鏡』で捉えた係り結びの法則を，たくさんの証歌を挙げ詳細に解説している。

成章には，『かざし抄』(1767成)や『あゆひ抄』(1778)がある。成章は，単語を「名・装・挿頭・脚結」に4分類し，その本性を，「名をもて物をことわり，装もて事をさだめ，挿頭脚結をもてことばをたすく」(あゆひ抄)と述べている。名は体言，装は用言，挿頭はおおよそ代名詞・副詞・接続詞・感動詞・接頭辞，脚結は助詞・助動詞・接尾辞に対応する。

ほかに，注目すべき書として，鈴木朖の『言語四種論』(1824)や，本居春庭の『詞八衢』(1808)，『詞 通路』(1828成)などがある。

●明治初期の文法研究──初期の研究は，洋式模倣文典といわれるもので，これには，田中義廉の『小学日本文典』(1874)や中根淑の『日本文典』(1876)がある。また，馬場辰猪がロンドンで An Elementary Grammar of the Japanese Language (1873)を出している。田中は助詞を語とは認めず，格にかかわるものとして名詞の項で扱い，中根は「浅キ川」「花ノ命」，「浅ク掘ル」「早ク来ル」の下線部を，それぞれ形容詞・副詞の項で説いている。

●大槻文法──洋式模倣文典と八衢学派の統一・折衷を図ったのが大槻文彦の『広日本文典』(1897)である。単語は，名詞・動詞・形容詞・副詞・接続詞・感動詞・助動詞・弖爾乎波の8種に分けられている。また，日本語の形容詞と西洋語の形容詞の異なりを正しく指摘している。『広日本文典』は，西洋文典の枠組みの批判的摂取によるわが国最初の組織立った近代文典である。

●山田文法──伝統的な文法研究を十分考慮に入れ，スウィート(Sweet)やハイゼ(Heyse)の文典のみならず，西洋の心理学などをも参照しながら，独自の雄大な理論体系を構築した者に，山田孝雄がいる。山田の代表的な著作には，『日本文法論』(1908)や『日本文法学概論』(1936)がある。

山田の文法論は，大きく語論と句論に分かれる。語論は語の性質と運用を思想表現の材料としての見地から考察したもの。単語は，大きく体言・用言・副詞・助詞に分けられる。いわゆる助動詞は複語尾として語以下の存在とされる。句論は文を構成する法則を扱う部門であり，句は，山田によれば，「統覚作用の一回の活動により組織せられたる思想の言語上の発表」(概論)といったものである。そして，この統覚作用を用言の機能という点において捉えた用語が陳述である。この陳述なる概念が陳述論争といった後の日本語文法研究の1つの重要

な流れを形成することになる。

●**松下文法**── 独自の用語と強固な科学精神で普遍文法を志向した者に，松下大三郎がいる。代表的な著作には『改撰標準日本文法』(1928)があり，初期のものとして『日本俗語文典』(1901)，さらに『標準漢文法』(1927)がある。

松下は，文法法則を，思念にかかわる内面的法則と音声・外的形式にかかわる外面的法則に分かち，前者は普遍的で後者は個別的であるとする。さらに，言語の単位として原辞・詞・断句の3つのレベルを設定する。原辞は，詞の材料で，構造言語学の形態素にほぼ対応する。詞とは，断句の成分であり，「本」だけでなく「本を」も1つの詞である。特記すべきは，詞論中の相の論・格の論の区別である。パラディグマティック（paradigmatic）な関係を対象にするのが相の論，シンタグマティック（syntagmatic）な関係を対象にするのが格の論である。

●**橋本文法**── 外形に重きを置いた文法論を構築したのが橋本進吉である。橋本には『国語法要説』(1934)がある。橋本文法の中核は，文節の概念である。文節は「文を実際の言語として出来るだけ多く句切つた最短い一句切」（要説）と規定される。また，文の構成は，構造言語学のIC分析に通じる連文節の概念で分析される。橋本文法は長く学校文法の基礎となっている。

●**時枝文法**── 言語過程説という独特の理論で文法体系を構築しようとした者に，時枝誠記がいる。代表的な著作に『国語学原論』(1941)や『日本文法 口語篇』(1950)がある。

言語過程説の文法研究への最も重要な現れは，詞と辞という単語分類である。詞は，事物やことがらの客体的概念の表現，主体に対立する客体化の表現，辞は，概念過程を含まない表現，表現されることがらに対する話し手の立場の直接表現であるとされる。文の成分として「詞＋辞」のかたちをとる句を設定し，句の入子型方式による文の分析を提案している。

●**その後の展開**── 従来から議論を呼んでいたテーマに，「は」に関するものと文成立論の問題があった。「は」にかかわるものには，三上章『現代語法序説』(1953)や『象は鼻が長い』(1960)がある。文成立論に連なるものには，叙述・陳述という概念で山田や時枝のそれを一歩前進させた渡辺実『国語構文論』(1971)がある。また，学派的研究の所産に鈴木重幸『日本語文法・形態論』(1972)や奥田靖雄他『日本語文法・連語論（資料編）』(1983)などがある。さらに，寺村秀夫『日本語のシンタクスと意味Ⅰ・Ⅱ・Ⅲ』(1982・1984・1991)は，日本語教育の現場から生まれたきめの細かい文法記述の書である。現在，海外での言語研究をも考慮に入れ，文法現象を丹念に分析していく研究が増えつつある。

●**参考文献**

福井久蔵 (1953)『増訂日本文法史』風間書房.

徳田政信 (1983)『近代文法図説』明治書院.

[仁田義雄]

B── 形態論

■語と形態素

語も形態素も言語単位の一種である。形態素は「意味を有する最小の言語単位」と規定されることが多いが，語とのかかわりで考えるなら，語の構成要素（あるいは造語要素）と捉えるのがわかりやすい。ただし，語の構成要素には，「高望み」「円高」「真水」「真ん中」の「たか」「だか」，「ま」「まん」のように，若干

形が異なっていても意味のうえから同じものと見ることのできる場合があり、そういったケースをも含めて処理するために、具体的な形そのものを「形態」、それらから抽象化された単位そのものを「形態素」と区別し、複数の形態(「たか」「だか」、「ま」「まん」、これらを互いに「異形態」と呼ぶ)が同一形態素(「たか(高)」、「ま(真)」)を構成すると考えるのが一般的である。なお、語「山」「川」「走る」など、それ以上分けられない語の場合にも、形態素「山」「川」「走る」からできていると考える。これは、すべての語は形態素からできているとするための理論的措置である。

語構成要素としての形態素には、語とは異なる独特の性質が見られることがある。たとえば、意味の面では、「筆箱」の「筆」(=筆記具一般)、「甘口」「辛口」の「口」(=味)、「月影」の「影」(=光)などのように、単独の語には存在しない形態素特有の意味(最後の例は、古語の意味が残存したものである)の存在、形式の面では、「国際社会」の「国際」、「社交性」の「社交」(以上、複合語基)のように、結合形式専用の語基の存在などがその例として挙げられよう。なお、「ビー玉」の「ビー」や「あわてふためく」の「ふためく」のように、意味のはっきりしない特殊な形態素も存在するが、こういったものが存在するのは、われわれにとって重要なのはあくまでも形態素の意味ではなく語全体の意味だからである。

→語構成 (3-C)、複合 (2-B)
● 参考文献
森岡健二 (1994)『日本文法体系論』明治書院.
斎藤倫明 (1999)「語構成要素の多義性と語の多義性(2)」佐藤武義 (編)『語彙・語法の新研究』明治書院.
宮島達夫 (1994)「無意味形態素」宮島達夫『語彙論研究』むぎ書房.

[斎藤倫明]

■**語構成(文法論から)**

語のなかには、「汗」「追う」「立つ」「肌」「春」など、意味と形の両面から見て、それ以上小さい部分(「形態素」「語構成要素」などと呼ぶ)に分けることのできないものと、「汗ばむ」「追い抜く」「お肌」「素肌」「立ち止まる」「春めく」など、さらに小さい部分に分けることのできるものとが存する。そこで、個々の語について、さらに小さい部分に分けることができるかどうか、できる場合にはどのような性格の要素に分けることができるのか、また、それらの要素のあいだにはどのような関係が見られるのか、といった点を問題にすることができるが、そういった観点から見た語のあり方を「語構成」といい、それについて考える分野を「語構成論」と呼ぶ。

語がそれ以上分けられるかどうかは、あくまでも当代の言語使用者の意識による。したがって、たとえば「魚(酒+菜)」、「鍋(肴+甕)」、「宿(屋+処)」などは現代語ではそれ以上分けられないと考える。ただ、現実的には、「榊」「垂木(椹)」「棟木」と並べてみればわかるように、分けられるかどうかの判断が微妙な例も存在する。ただし、その場合でも語構成と語源とは区別して考えることが重要である。

語構成には、その語がどのようなプロセスをへて生じたのかという動的な側面と、実際の語がどのような構造を現に有しているのかという静的な側面の2つが区別される。それに応じて、語構成論も前者を扱う「語形成論(造語論)」、後者を扱う「語構造論」と一般に呼び分けられる。ただし、ある語が実際にどのような構造を有しているかという点は、その語がどのようなプロセスをへて形成されたのかということの結果であるから、両者は密接に関連する。たとえば、「非科学的」という語が「科学的でない」(非+科学的)という意味を有し「非科学のような」(非科学+的)という意味を有し

ていないのは，この語が「科学→科学的→非科学的」というプロセスで形成されたからにほかならない．なお，語構成（論）のこの分類は通時論・共時論の区別とは本質的に別である．

語構成要素は，語を構成する際の機能に従って，「語基」と「接辞」とに二分される．語基は，語の意味の基幹部分をなし，接辞は，語基の前（「接頭辞」）や後ろ（「接尾辞」）について語基の意味を補佐したり，文法的な機能を担ったりする．「お肌」「素肌」「汗ばむ」「春めく」の例でいうならば，「お」「素」が接頭辞，「ばむ」「めく」が接尾辞で，それ以外が語基である．ただし，たとえば「(ロケットを) 打ち上げる」「(ほこりを) 打ち払う」「(勉強に) 打ち込む」「(態度が) 打ち解ける」と並べてみればわかるように，両者は連続的である．なお，語「汗」「追う」「春」などは語基「汗」「追う」「春」からできていると考える．語構成要素の観点から見た場合日本語においてとくに問題となるのは漢語で，「教室」「黒板」「未熟」など明確に語構成要素（「字音形態素」と呼ぶ）に分けられるものから，「哲学」「磁石」「維新」など中間的なものを介し，「挨拶」「慇懃」「齟齬」など形式（漢字）的には分けられても意味のうえからはまったく分けられないもの（この類は仮名書きにするのが望ましい）まで，語構成論的にはさまざまなものが含まれる．

語構成の意味的側面に関しては，「暗室」「庭石」は単に「暗い部屋」「庭にある石」ではなくそれ以上の意味を有する存在である，という点をどう説明するのか，また文法的側面に関しては，語構成要素の分類と語の分類（品詞）との異同，語構成要素間の関係と統語論における語同士の関係との異同をそれぞれどう捉えるのか，といった点が問題となろう．

➡ 語と形態素 (2-B)，複合 (2-B)
● 参考文献
阪倉篤義 (1986)「接辞とは」『日本語学』3月号.
斎藤倫明 (1992)『現代日本語の語構成論的研究——語における形と意味』ひつじ書房.
森岡健二 (1994)『日本文法体系論』明治書院.
斎藤倫明 (2004)『語彙論的語構成論』ひつじ書房.
阪倉篤義 (1966)『語構成の研究』角川書店.
湯本昭南 (1978)「あわせ名詞の意味記述をめぐって」松本泰丈（編）『日本語研究の方法』むぎ書房.
影山太郎 (1993)『文法と語形成』ひつじ書房.
影山太郎 (1999)『形態論と意味』くろしお出版.

［斎藤倫明］

■派生

派生とは，「楽し＋さ」のように，中心となる部分（語基）に従属的な形式，つまり接辞（affix）が結合するような語構成である．日本語の接辞には接頭辞（prefix）と接尾辞（suffix）とがある（それぞれ「接頭語」「接尾語」とも呼ばれる）．

接頭辞は語の「頭」につく非自立的な形態素である．「御（ご/お）〜」「大（おお）〜」「真〜」「か〜」「無」「不」などがある．「弱い（形容詞）」→「か弱い（形容詞）」のように品詞を変えないことが多い．ただ，「不〜」「無〜」などは注意が必要で，たとえば「無＋関心」という構成で考えれば，「関心」は名詞だが，「無」のついた「無関心」は，「無関心な」という形容動詞語幹になっている．

接尾辞は，語基の後にくっつく非自立的な形態素である．「〜個」「〜回」「〜つ」「〜倍」のような助数詞や，数の取り上げ方を表す「〜おき」「〜ころ」「〜未満」，敬意を表す「〜様」「〜君」，複数を表す「〜たち」「〜ら」などがあ

る。「3人様ずつ」のように，接尾辞が重ねて使われることもある。

　接尾辞には品詞性を変えるものが多い。たとえば，「楽しい」は形容詞だが，形容詞語幹に「さ」をつけた「楽しさ」は名詞である。また，「楽しがる」のように「がる」をつけると動詞になる。また，「世界」は名詞だが「的」がついた「世界的」は，「世界的な〜」というような形容動詞語幹になる。

　派生には文法的な派生と語彙的な派生とがある。「寒+さ」「白+さ」「太郎+用」のように基本的に自由に組み合わせを作れるもの（文法的なもの）と，「*か+薄い」「*暑+み」のように，語基によって組み合わせの制限があるもの（語彙的なもの）とがある。

　なお，こうした派生を考える場合，語構成の緊密さにおける段階性にも注意しておく必要がある。たとえば，同じ否定形式でも「不」「未」などは後に発音上の区切れがないが，「非」は，発音上，後に短いながらもポーズが入りうる。形態としても仮に共起した場合，「非未登録者」のように外側に位置するし，「非[菜食主義者]」のように，複合全体を領域にした否定ができる。したがって，たとえば，「的」が接尾辞として付加していて，その全体を否定する場合，「非[建設-的]」のように，「非」が使われることが普通である（動詞だけを否定する場合には「未建設」の形がありうる）。

　なお，派生には，漢語，和語といった語種による違いがある。たとえば，接頭辞の「御」は，原則として「×おパン」と言えないように外来語にはつかないし（「おビール」などは例外），漢語（音読み語）の前では「御子息」のように「ご」，和語（訓読み）の前では「御子様」のように「お」となる（ただし「お誕生日」などは例外）。また，「無，不，的」などの漢語由来の接辞は，「無意識」「不可能」「人道的」のように，通常，漢語につく。

　表記との関係では，接辞の漢字表記をどう読むかという問題がある。たとえば「水槽中」の「中」を「ちゅう」と読むと存在可能性のある範囲を表すが，「じゅう」と読むと存在範囲を表す（「今週中に」のように「ちゅう」「じゅう」の区別がない場合もある）。また，「〜人」は，数詞の場合には「にん」，動作をする場合には，「にん」（例「代理人」），所属などの属性を言う場合「じん」（例「外国人」）のように，「じん」と読むなど，注意が必要である。

➡語構成（2-B），派生語（3-C），接頭辞（接頭語）（3-C），接尾辞（接尾語）（3-C）

●参考文献

影山太郎（1993）『文法と語形成』ひつじ書房．

斎藤倫明・石井正彦（編）（1997）『語構成』ひつじ書房．

[森山卓郎]

■複合

　複合とは自立語の2語以上の合成をいう。和語・漢語・外来語に生じる。同種語同士の合成が原則で，後の語の品詞が複合語の品詞となる。ただし，後に来る語が動詞連用形なら名詞（雨上がり），形容詞の語幹なら形容動詞（気短）となる。

　複合に際し，意味限定が生じることがある（赤字：「赤い字」ではなく，欠損を表す）。

　複合語の構成は基本的に文の成分間の関係に準ずる。主に対比・並列（親子・出入り），修飾・補足（親心・出遅れ）の関係がある。複合の際，連濁・音便・母音交替・連声など音韻変化（酒樽，枕木）が生じやすいが，対比の関係（親子，草木）には生じない。

●複合名詞──後の語が名詞のとき前には主に名詞・形容詞語幹・動詞連用形が来る（秋草・青草・枯れ草）。後が動詞連用形のとき「する」がつくかどうか用法上重要である［名

詞＋動詞連用形：人殺し（する）/人通り（*する）］［動詞連用形＋動詞連用形：見聞き（する）/見すぎ（*する）］。「する」の付加に，対応する複合動詞の有無を加えると4種に分けられる．

(1)見直し：　する：見直す
(2)見聞き：　する：［動詞の形無し］
(3)見すぎ：*する：見すぎる
(4)見納め：*する：［動詞の形無し］

● 複合動詞 ── 名詞・形容詞・副詞（擬態語）との結合がある（息づく・近づく・ふらつく）。動詞との結合は多様で，造語力もあり，重要である。後の動詞により2種に大別される．
　(1)語彙的複合：意味的制限（「見回る」は巡視が主目的となる）や語彙的結合の制限がある（「回る」は継続動詞と結合。「*死に回る」）。主な構成の意味関係［様態・手段：切り倒す→切って倒す］［付帯状況：遊び暮らす→遊びながら暮らす］［平行動作：泣き叫ぶ→泣いたり叫んだりする］［アスペクト：降りやむ→降るのがやむ］。後の動詞のとる格助詞が複合動詞を支配する場合がある。（乗る＋{を}回す：車を乗り回す/かむ＋{に}つく：足にかみつく）。
　(2)文法的（統語的）複合：語は補文関係にある。(1)のような制限は受けないので，造語力は強い。主な構成の意味関係［アスペクト：見終わる→見ることが終わる］［過剰：見すぎる→見ることがすぎる］［可能：見うる→見る可能性がある］。
　前に来る動詞で(1)と異なる点［「そうする」の代用：私は見うる。彼もそうしうる］［サ変動詞：勉強しうる］［尊敬語：お書きになりうる］［受身形，使役形：されうる，させうる］。
　同じ語が(1)(2)の用法をもつとき，要注意である。［外へ持ち出す：外部移動(1)/雨が降り出す：開始(2)］［人に話しかける：対象志向(1)/言いかける：始動(2)］。接続の順序は(1)，次に(2)であり，逆はない。（切り倒し＋かけ＋始める）。
● 複合形容詞 ── 名詞・動詞・形容詞・副詞（擬態語）との結合がある（名高い・焦げ臭い・細長い，ほろ苦い）。造語力はあまりない。
➡ 複合語（3-C），語と形態素（2-B），語構成（2-B）
● 参考文献
野村雅昭（1977）「造語法」『岩波講座日本語9　語彙と意味』岩波書店．
西尾寅弥（1988）『現代語彙の研究』明治書院．
影山太郎（1993）『文法と語形成』ひつじ書房．
斎藤倫明・石井正彦（編）（1997）『語構成』ひつじ書房．
姫野昌子（1999）『複合動詞の構造と意味用法』ひつじ書房．
　　　　　　　　　　　　　　［姫野昌子］

■ 品詞分類
● 品詞分類とは ── 品詞分類というのは，言語において単語と認定されたものを，1つの文または文の連続のなかでどんな形態で，どんな文法的な意味を担い，どんな文法的な機能をもって成分を構成するかという点から分類することである。そもそも単語とは何かという，言語研究上の重要な問題がある。単語には語彙的な面と文法的な面が備わっていて，不可分であるという立場がある。その一方で，文法的な面だけをもち語彙的な面をもたず独立しない形態素，つまり助詞や助動詞も単語と認定する立場もある。しかし，日本語教育では，品詞分類の原理そのものは教えないので，助詞や助動詞を文中や文末での用法としてとりたてて指導することにも意義があると考えられ，学習者が効率的に運用できるような指導を優先させるほうがよい。

●**主要品詞**——1つの文の基本的な骨組みを構成する主要な品詞として，名詞，動詞，形容詞（イ形容詞・ナ形容詞）がある。名詞は，曲用という語形変化（格変化）をもち，文の主語として，述べられるものという構文的な役割を担う。動詞や形容詞は，活用という語形変化をし，述べることという構文的な役割を担う。また，副詞（様態副詞・程度副詞・陳述副詞）と連体詞は，語形変化をせず，骨組みとなる構文の成分に意味的な限定を加える役割を担う品詞である。文の連続のなかでは，文を接続する機能をもつ接続詞と，単独で文を構成できる感動詞とが分類され，いずれも語形変化をしない。

●**名詞**——名詞は，多くの場合，格助詞を伴って文の主語や目的語などの成分の中核部分を形成する。この場合は事態を構成する人や事物や現象といった実体的な意味をもつ単語として働き，動詞や形容詞が表す事態の主体や対象といった意味的な役割を担う。また，「だ」「である」「です」などを伴って文の述語としても機能する。この場合は人や事物の属性や関係といった，非実体的な意味的な役割を担う。さらに，名詞のなかの数量詞はほかの名詞には見られない特異なふるまいをする。

●**動詞**——動詞は動きや変化や状態を表し，文の述語となることを主要な機能とする。活用をもち，ヴォイス，アスペクト，ムードなどの文法カテゴリーに従って変化する。また，文の叙述を中止したり，名詞を修飾したりする機能ももっている。

●**形容詞**——形容詞は，活用をもち，人や事物の属性や人の感覚・感情などを表し，名詞を修飾したり，文の述語として属性を叙述したりする。また，連用形が動詞の表す動きや変化の様態を修飾したり，状態性の概念の程度を限定したりする機能をもつ。

●**副詞**——副詞は語形変化をしない品詞である。多くの場合，文の命題内容の動きや変化を修飾する様態副詞と命題内容の状態性の概念を修飾する程度副詞，文頭に位置して文のモダリティーを補強したり予告したりする陳述副詞の3つに分類される。

➡動詞 (2-B), 形容詞 (2-B), 名詞 (2-B), 数量詞 (2-B), 様態副詞 (2-B), 程度副詞 (2-B), 陳述副詞 (2-B), 助詞 (2-B), 助動詞 (2-B)

●**参考文献**

鈴木重幸 (1972)『日本語文法・形態論』むぎ書房．

寺村秀夫 (1982)『日本語のシンタクスと意味 I』くろしお出版．

［小矢野哲夫］

■**文法カテゴリー**

●**文法カテゴリーとは**——文法範疇（はんちゅう）ともいう。単語の帯びている文法的意味は，単語の形式に加えられる変化によって表し分けられる。単語の有している文法的意味を表し分けるいろいろな形式は，その形式が有している文法的意味を，類として等しくし，種として異にするいくつかのグループに分かれる。種として異なるいくつかの文法的意味を1つの類にまとめる共通する文法的意味を文法カテゴリーという。たとえば，「有る，読む」と「有った，読んだ」という形式が，それぞれ表している〈非過去〉〈過去〉に共通する《テンス》が文法カテゴリーである。

●**述語の文法カテゴリー**——日本語文の述語には，動詞から成っている動詞述語と形容詞でできた形容詞述語と名詞で形成された名詞述語がある。述語に存在する文法カテゴリーには，肯否・テンス・丁寧さ・モダリティ（ムード）がある。

それぞれの文法カテゴリーは，動詞述語では，肯否［走る（肯定）―走らない（否定）］，テンス［走る（非過去）―走った（過去）］，丁寧さ［走る（普通）―走ります（丁寧）］，モダ

リティ［［走る（断定）―走るだろう（推量）］（述べ立て）―走れ（命令）―走ろう（意志・勧誘）］，という形態的な対立でもって実現されている。モダリティには，認識のモダリティと発話・伝達のモダリティがある。述べ立て・命令・意志勧誘が発話・伝達のモダリティであり，述べ立ては，断定・推量という認識のモダリティの分化をもつ。

　形容詞述語では，肯否［大きい（肯定）―大きくない（否定）］，テンス［大きい（非過去）―大きかった（過去）］，丁寧さ［大きい（普通）―大きいです（丁寧）―大きゅうございます（ご丁寧）］，モダリティ［大きい（断定）―大きいだろう（推量）］のようになる。

　名詞述語では，肯否［学生だ（肯定）―学生で（は）ない（否定）］，テンス［学生だ（非過去）―学生だった（過去）］，丁寧さ［学生だ（普通）―学生です（丁寧）―学生でございます（ご丁寧）］，モダリティ［学生だ（断定）―学生だろう（推量）］のようになる。形容詞述語や名詞述語では，丁寧さは三項対立である。

　形式の担っている文法的意味を読み取るうえで重要なことは，有標の形式「走ら＋なかっ＋た＋でしょう」が［否定＋過去＋丁寧＋推量］を表していることを理解するとともに，無標の形式「走る」が［肯定＋非過去＋普通＋断定］を表している形式である，ということを理解することである。「走った」にあっても，過去だけを表しているわけではなく，他の文法カテゴリーも担われている。

● 動詞の文法カテゴリー ―― すべての動詞にではないが，動詞には，上で見た形容詞述語や名詞述語に存在している文法カテゴリー以外に，ヴォイスとアスペクトという文法カテゴリーが存在する。ヴォイスの中心的な存在である能動と直接受動は，［叱る―叱られる］の形態的な対立で表される。アスペクトの中核は，［叱る―叱っている］で表される。

→ヴォイス（2-E），アスペクト（2-G），テンス（2-G），モダリティ（2-H）

● 参考文献
鈴木重幸（1996）『形態論・序説』むぎ書房．
仁田義雄（2002）「日本語の文法カテゴリー」『現代日本語講座5　文法』明治書院．

[仁田義雄]

■活用の捉え方

　日本語では，動詞や形容詞など述語に立つ語はその意味・機能に応じて語形変化するが，その語形変化を「活用」といい，活用する語を「活用語」という。

● 用言複合体 ―― 日本語の述語は，アクセントや息継ぎなど外形的な特徴を目安にすると，いくつかの「語」に分割することができる（ここでいう「語」はほぼアクセント単位，最小呼気段落に相当し，学校文法の単語よりは大きい）。すなわち，日本語の述語は1語ではなく，語連続から成る「用言複合体」である。

　述語（＝用言複合体）を構成する「語」はそれぞれが語形変化し，同類の語は複数個連続することもあるので，述語全体では，その形はきわめてバラエティに富んだものとなる。用言複合体を語に分けず，述語全体を一体として扱い，その形のバラエティ全体を活用と呼んで，これを1枚の語形変化表にまとめようとする立場もあるが，表が膨大なものになるばかりでなく，語ごとに同じ形が何度も循環的に現れるので無駄が多い。日本語のような言語では，述語（用言複合体）を構成する語の出現順と，それぞれの語の語形変化とに分けて記述したほうが，記述・指定がシンプルになる。

　用言複合体は，
　用言本体―補助用言―助動詞―{終助詞／接続助詞}

という構成をもっている。用言本体・補助用言・助動詞・助詞はそれぞれ「語」である。補

助用言・助動詞・終助詞はそれぞれ1つとは限らず，同類のものが（一定の順序で）複数個連なることができる。用言本体・補助用言・助動詞はそれぞれ語形変化する。

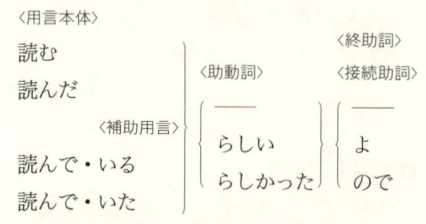

〈用言本体〉
読む
読んだ

〈補助用言〉
読んで・いる
読んで・いた

〈助動詞〉
らしい
らしかった

〈終助詞〉
〈接続助詞〉
よ
ので

補助用言がつくと用言本体と一体ではたらき，用言本体が行うべき「活用」（後述の狭義の「活用」）は補助用言が代行する。

「助動詞」は1語としての独立性をもち，それ自身が語形変化するが，先行する語も自由に語形変化できる点で補助用言の場合とは異なっている。ここでいう「助動詞」は学校文法の助動詞とは異なり，「語」として独立性をもつ，「らしい」「（かも・）しれない」「（に・）ちがいない」「そうだ」「だろう」「でしょう」などに限られる。学校文法でいう助動詞の大部分〔「（ら）れる，（さ）せる，たい，ます，ない，た」〕は，「語」ではなく「語」の構成要素である形態素にすぎず，用言（用言本体・補助動詞）内部の接辞・語尾としてはたらいているにすぎない。なお，学校文法で接続助詞とされるもののなかにも，用言の語尾にすぎないものがある（「て」「ながら」「ば」「たら」など）。

用言本体と補助用言は自身が語形変化するだけでなく，別の用言本体や補助用言を派生することができる。

1a 読む　　　1b 読んだ
2a 読ませる　2b 読ませた
3a 読まれる　3b 読まれた
4a 読まない　4b 読まなかった

1a，1bのような語形変化を1自身の「活用（狭義）」といい，1から2，3，4を生じるのを1からの「派生」という。派生用言2，3，4もそれぞれ1語をなしており，2a，2b，……のように「活用（狭義）」する。

こうした語形のあり方と，述語の文法カテゴリーとの関係を見ると，ヴォイス，丁寧さ（マス），肯否，希望，難易などは派生用言として，アスペクト，やりもらいなどは補助用言として，丁寧さ（デス），モダリティの一部は助動詞として表現される。テンスやモダリティの一部，接続関係はそれぞれの語の「活用（狭義）」として表されるのが普通である。

●**日本語の活用の特色**── 日本語の活用語は，語形変化するといっても，その語形をまったく変えてしまうわけではない。「語」の内部は，意味・機能を表す形態素を順次つないだ形をしており，それぞれの形態素のかたちはほとんど一定で変わらない。語形変化は形態素と形態素の境界部分で起こるにすぎないのである。

必須の文法カテゴリーにおいて，無標の意味（肯否における《肯定》など）は対立する意味の形態素が現れないこと（＝ゼロ形態の形態素の存在）によって表されるが，語形変化においては有形の形態素のみが問題となり，ゼロ形態の形態素は無視される。

活用語を構成している形態素はその出現位置により，「語」の先頭に現れる「語幹」，末尾に現れる「語尾」，その中間に現れる「接辞」に分けることができる。接辞は一定の順で複数個現れることもある。

たとえば，「読む」は yom-u，「読ませる」は yom-ase-(r)-u，「読ませられる」は yom-ase-(r)-are-(r)-u と形態素に分解でき，yom-が語幹，-ase-と-are-が接辞，語尾が-u である。

「活用（狭義）」は，語尾と直前の形態素とのあいだに見られる語形変化であり，「派生」は接辞とその前・後の形態素とのあいだに見られる語形変化といえる。しかし，日本語では両者は形態に関してはまったく同質の機構なので，語形生成の点からは両者をいっしょに扱うこと

ができる。普通〈活用〉というのは、この、「活用（狭義）」と「派生」とを合わせたものである。以下ではこの広義の〈活用〉を扱う。

〈活用〉は用言の種類によって異なる。

●動詞の〈活用〉──日本語の〈活用〉の整理・提示にはさまざまな方法がある。

〈活用〉は形態素境界で起こる局所的な現象なので、語全体をパラダイムのかたちで示すよりは、先行する形態素（以下「先行部」と仮称）と後続の形態素（同じく「後続部」）を挙げ、その境界（同「中間部」）でどのような変化が起こるかを示すほうがより精密な記述ができる。ここで語幹・語尾といわず、先行部・後続部と呼ぶのは、接辞も含めて扱うためである。語幹はつねに先行部となり、語尾はつねに後続部となるが、接辞の場合、語幹に続くときは後続部となり、語尾に先立つなら先行部となるのである。「読ませる」yom-ase-(r)-u を例にすれば、yom-ase- の部分では語幹 yom- が先行部、接辞 -ase- が後続部だが、-ase-(r)-u の部分では、語尾 -u が後続部であるのに対し、接辞 -ase は先行部となるということである。

最も単純な〈活用〉の指定法は、「先行部─中間部─後続部」と単純につないでゆくことである。いわゆる活用表は、先行部と後続部をそれぞれ表の縦軸、横軸とし、その交点で中間部を表すので、次のように読みとり、つなげば動詞の形態がえられる。

```
　　　　先行部
　　　　　↓
　　中間部 →　後続部
```

現代共通語の動詞活用表を作成すれば表 2-1 となる。

学校文法の活用表では先行部と中間部だけを動詞とし（中間部を「活用語尾」と呼び、先行部・中間部をあわせて「活用形」と呼ぶ）、後続部を別語として切り離すが、中間部を先行部側に組み入れることに根拠はない。

表 2-1　現代語の暫定的動詞活用表 1

読-	起き- 逃げ- 読まれ- 読ませ-	
-ま-	──	-ない -ずに -ないで
-み-	──	-ながら -ます
-む-	-る	
-め-	──	-ば
-め-	-ろ	
-ま-	-ら-	-れる
-ま-	-さ-	-せる
-も-	-よ-	-う

表 2-2　学校文法の現代語動詞活用表

	読	起	投	
①	ま/も	き	げ	ない　う/よう　れる/られる 　　　　　　　　せる/させる
②	み	き	げ	ながら　ます
③	む	きる	げる	
④	む	きる	げる	名詞
⑤	め	きれ	げれ	ば
⑥	め	きろ	げろ	

学校文法の活用表のもとになった、江戸時代の国学者が作り上げた古典語活用表は表 2-1 と同じ原理でつくられているが、(1)ゼロの価値を知らないので空欄（──）を認めない、(2)受身・使役の形は自動詞・他動詞と同列のものとみて別語扱いしたので活用表に入れない、という 2 点が異なっている。学校文法の現代語の活用表は、現代語の実態から帰納することなしに、古典語の活用表に欄の数はそのまま現代語のかたちを押し込んだだけでなく、受身・使役の形も無理やり組み込んだので、表 2-2 のようになり、①欄からは「読ま-ない」「読も-う」「読ま-れる」「起き-させる」などの実在のかたちだけでなく、「読も-ない」「読ま-う」「読ま-られる」「起き-せる」のような実在しないかたちが導き出されてしまうし、③欄と④欄もまっ

表 2-3　現代語の暫定的動詞活用表 2

yom-	oki- nage- -are- -ase-			
a	—	-na-(i)	-zuni	-naide
i	—	-nagara	-mas(u)	
—	r	-u	-eba	-are-(ru)
—	s	-ase-(ru)		
—	y	-oo		

たく同じものが理由もなく重複している。日本語教育の現場で使用するには不適切であり、最低限、表 2-1 の形にまでは改善する必要がある。

　江戸時代の国学者たちは音素単位の表記法をもっていなかったが、現在のわれわれは、仮名表記にこだわる必要は何もない。表 2-1 を音素単位に書き改めると、表 2-3 になる。

　学校文法では、大多数の規則動詞（「五段活用動詞」「上一段活用動詞」「下一段活用動詞」）と、「する」「来る」などごく少数の例外的な不規則動詞を同列に扱っているのも問題である。大多数のものが従っている規則性が見えなくなってしまうからである。国学者たちが不規則動詞を「変格動詞」と呼んで別扱いした良識ある態度に戻るべきであろう。

　「上一段活用動詞（「起きる」など）」「下一段活用動詞（「投げる」など）」は、表 2-1・2-3 に見るとおり、語幹が i で終わるか、e で終わるかのみの違いにすぎず、〈活用〉に関してまったく同じふるまいをするから区別する必要はない。これを区別するなら、「五段活用動詞」も語幹末の子音が何であるかによって（「読む」yom- なら m、「泳ぐ」oyog- なら g）区別しなければならないことになってしまう。学校文法で上一段・下一段を区別するのは、現在の一段活用動詞は、古典語では「起<u>き</u>ず」「起<u>く</u>」「起<u>くる</u>」、「投<u>げ</u>ず」「投<u>ぐ</u>」「投<u>ぐる</u>」と活用して

おり、下線で示した部分まで示す必要があったからにすぎない。

●**語彙的な活用指定法**——規則動詞は表 2-3 に見るとおり、母音終わりの語幹のもの（学校文法の上一段・下一段活用動詞）と子音終わりの語幹のもの（学校文法の五段活用動詞）の 2 種類しかない。

　子音・母音という観点から表 2-3 を見ると、

　　　　［先行部］　［後続部］　　　　［中間部］
　1　子音終わり　子音始まり　のとき　母音 1 つ
　2　子音終わり　母音始まり　のとき　なし
　3　母音終わり　子音始まり　のとき　なし
　4　母音終わり　母音始まり　のとき　子音 1 つ

つまり、形態素と形態素の境界で、子音と子音、母音と母音という同種の音が連続するときだけ、その連続を避けるように、その間にそれぞれ母音と子音が現れることが見てとれる。その他の場合は境界部分（中間部）では何も起こらないのである。

　この中間部の特異な現れ方を利用すれば、もっとシンプルな記述が可能になる。

　表 2-3 の中間部を後続部の先頭につけてしまい、後続部を、

-ana-(i)　　　-azuni　　　-anaide
-inagara　　 -imas-(u)
-ru　　　　　-reba　　　 -rare-(ru)
-sase-(ru)
-yoo

のようにする。そのうえで、「形態素境界で子音と子音、母音と母音が連続してしまうならば、それぞれ 2 つ目の子音、母音を削除する」という規則をおいて、次のように実際の音形を導くのである（《　》は削除を示す）。

　1　yom- ＋ -yoo → yom-《y》oo → yomoo
　2　yom- ＋ -ana(i) → yom-ana(i) →〈そのまま〉
　3　oki- ＋ -yoo → oki-yoo →〈そのまま〉
　4　oki- ＋ -ana(i) → oki《a》na(i) → okina(i)

語幹・語尾・接辞を覚えておくだけで、面倒な

活用表の暗記が不要になるだけでなく，学校文法の活用表ではすべての活用形を同じ労力をかけて表引きしなければならないのに，この方法では，処理の複雑さに差があり，上記の2・3の場合には何の処置も必要としない。

● **類別にもとづく活用指定法** —— 現代の共通語ではこれで十分なのだが，この記述法は日本語の他の方言や，各時代語の多様な〈活用〉にまでは適用できない。

たとえば，「読まない」は共通語と同じでも，「起きない」を「起きらない」という方言や，「読もう」はそのままでも「起きよう」のほうは「起きろう」という方言がある。前者では-ana(i)が-rana(i)となっていることになるが，後者では-yooが-roo となっているわけだが，-rana(i)先頭のrはどこからきたのか，-rooではなぜrがyにとって代わるのかが説明できない。

また，「起きる」が「起くる」になる方言や時代語では，形態素境界での音削除だけでは記述できず，語幹の交代も必要になってくる。

図2-1は処理のしかたが，言語的に有意な類別(子音・母音の別や意味のちがいなど)と対応しているという観点から，〈活用〉を指定する方法を流れ図のかたちで示したものである。

形態素境界で子音同士，母音同士が接しなければ処理の必要がないことは，語彙的な指定法と同じだが，処理を必要とする場合についても，枝分かれによって処理の複雑度の段階を表し分けているのが特色である。枝分かれが多いほど，より複雑な処理を必要とする語形であり，本線(右端に〈そのまま〉と記されている中央の線)に近いほど単純な処理で生成される語形である。語幹・接辞・語尾(表2-4)を覚えるほかには，形態素境界での子音連続にはiを，母音連続にはrを間に挿入することだけを覚えておき，あとは少数の例外的な語尾・接辞とその処理だけを覚えておけばよい。

枝分かれによる例外的な指定がなければ，本線に戻って処理されるのだから，図2-1を見れば，-(y)-ooが-(r)-ooになっている方言は，-yooのための枝分かれがなくなってより単純なシステムになったものであることがわかるし，《否定》の意味をもつ-na(i)が-ana(i)になっている方言では，中間部の挿入音aが後続する後続部の-na(i)に取り込まれたものであることがわかる。

右端での処理も「削除」に限っていないから，柔軟な対応が可能である。

なお，子音終わりの先行部と，tで始まる語尾(「-た」「-たら」「-たり」「-て」など)が組み合わさるときに生じる「音便形」と呼ばれる形(「読んだ」「書いた」など)は，以上の方法では扱えない。先行部と中間部が融合してしま

図2-1 動詞〈活用〉指定のための流れ図

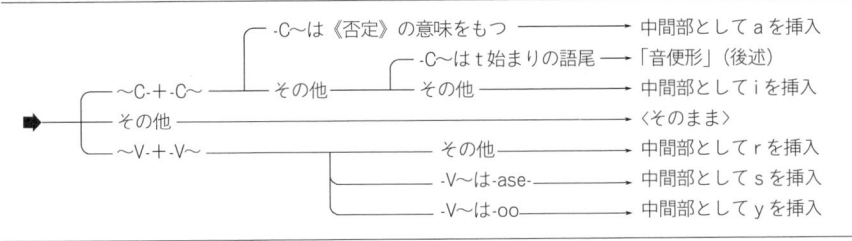

```
                 ┌─-C~は《否定》の意味をもつ ──────→ 中間部としてaを挿入
         ┌~C-+-C~─その他─┤─-C~はt始まりの語尾 ──────→「音便形」(後述)
         │               └─その他 ────────────────→ 中間部としてiを挿入
→────────┼─その他 ─────────────────────────────→〈そのまま〉
         │               ┌─その他 ────────────────→ 中間部としてrを挿入
         └~V-+-V~────────┼─-V~は-ase- ─────────────→ 中間部としてsを挿入
                         └─-V~は-oo ──────────────→ 中間部としてyを挿入
```

注| Cは子音，Vは母音。「~C-」「~V-」はそれぞれ先行部が子音終わり，母音終わりであること，「-C~」「-V~」はそれぞれ後続部が子音始まり，母音始まりであることを示す。

表2-4 語幹の例・接辞・語尾

● 語幹の例
  子音終わり語幹（学校文法の五段活用動詞）
    yom-（読む） tat-（立つ） oyog-（泳ぐ） odorok-（驚く）
    waraw-（笑う：〈活用〉の処理後，生じた wi, wu, wo は w を削除する） など
  母音終わり語幹（学校文法の上一段活用動詞，下一段活用動詞）
    mi-（見る） oki-（起きる） ne-（寝る） nage-（投げる） など

● 接辞
  -ase-（使役） -are-（受身） -e-（可能）
  -mas-（丁寧：例外的に特殊な語尾をとる）
  ［先行部となったときは形容詞型の〈活用〉を行うもの（後述）］
  -na-（～ない《否定》） -ta-（～たい） -yasu-（～やすい） -niku-（～にくい）

● 語尾
  -u（いわゆる終止形・連体形の語尾） -oo（う/よう） -una（禁止）
  -e/o（命令形の語尾：子音終わりの先行部に対しては e で現れ，母音終わりの先行部に対しては o で現れる） -eba（ば） -uto（と）
  -ni（目的の「に」） -nagara（ながら） -φ（中止。-φ はこれより後に有形の形態素がないことを示す）
  ［《否定》の意味をもつもの］
  -naide（ないで） -zuni（ずに）
  ［「音便形」をとるもの（後述）］
  -ta（た） -tara（たら） -tari（たり） -te（て） -tewa（ては） -tya（ちゃ） -temo（ても）

い，分離できないために，後続部の先頭も t が d に変化することがある。

先行部末の子音によってどんな音便形をとるかは決まっている（「～s-」だけは音便形にはならず，普通の活用をする）。表2-5のように，いちいち覚えてもたいしたことはないが，表2-6のように先行部と後続部を分けて扱うこともできる。ヨン(4)をヨといえるのは，直後の音が［鼻音・濁音］であるときに限られるなど，［鼻音・濁音］という音類は，他の言語現象の条件にもなっているし，後続の音が無声音なら促音 Q が現れ，有声音なら撥音 N が現れるという現象はオノマトペなどにも広く見られるので，動詞の音便形だけの特殊な規則を棒暗記するより，適用範囲が広い。

● 形容詞の〈活用〉—— 形容詞は動詞のように複雑な問題はない。先行部と後続部にきれいに分かれてしまい，中間部はないからである。後続部（語尾）を示せば次のようになる。

  -い   -ければ   -く
  -くて   -くては（くちゃ） -くても
  -かった -かったら   -かったり

形容詞は動詞とは形態上まったく別の種類の語だから，語尾を動詞と共通に取り出す必要はない。「-かった」「-かったら」などは語源的には動詞「ある」を含んでいるが，現在ではアクセントのうえでも完全に一体化しており，学校文法のように動詞と共通の語尾「た」「たら」をとりだすために中間部「かっ」をたてる必要はない。

なお，「～ない」「～たい」「～やすい」「～にくい」のように，動詞から形容詞を派生する接辞（動詞につくが形容詞の語尾をとる接辞）では，1語の内部で接辞を挟んで前方では動詞型

表 2-5　動詞の音便形

				例				
~m- + -t~ ⎫					yom-	+ -ta	→	yoNda
~n- + -t~ ⎬	→	~Nd~			sin-	+ -ta	→	siNda
~b- + -t~ ⎭					tob-	+ -ta	→	toNda
~g- + -t~	→	~Id~			kog-	+ -ta	→	koIda
~k- + -t~	→	~It~			kak-	+ -ta	→	kaIta
~w- + -t~ ⎫					kaw-	+ -ta	→	kaQta
~t- + -t~ ⎬	→	~Qt~			tat-	+ -ta	→	taQta
~r- + -t~ ⎭					tor-	+ -ta	→	toQta

表 2-6　音便形生成のルール

- 後続部
  - 先行部末が鼻音（m, n）か濁音（b, g）　→　t~をd~に有声化
  - 先行部末がその他　→　〈t~そのまま〉
- 先行部
  - 先行部末がk, g　→　先行部末をIとする
  - 先行部末がその他でかつ後続部がt~なら　→　先行部末をQとする
  - 先行部末がその他でかつ後続部がd~なら　→　先行部末をNとする

の〈活用〉，後方では形容詞型の〈活用〉が行われる。逆に，形容詞につき，動詞型の語尾をとるガル（-gar-）のような接辞もある。

● コピュラの〈活用〉──「だ」は1類1語なので，同類の語と比較して語幹・語尾を取り出すことができないから，語全体をそのままパラダイムとして暗記することになる。いわゆる形容動詞（ナ形容詞）も，「だ」の部分は形態上は独立した別語のコピュラと考えなければならない（「だろう」は助動詞，「なら」は接続助詞で，「だ」の変化形ではない）。

だ	な	に
で	では（じゃ）	でも
だった	だったら	だったり

● 助動詞の〈活用〉──助動詞には独自の〈活用〉のパターンはなく，たとえば形容詞型の助動詞（「らしい」など）なら，形容詞と同様の〈活用〉を行う。

➡ 動詞活用の見分け方（2-M），活用（7-D），活用とアクセント（2-B）

● 参考文献

清瀬義三郎則府（1989）『日本文法新論』桜楓社．

鈴木重幸（1972）『日本語文法・形態論』むぎ書房．

中山昌久（1981）「動詞活用の種類とその記述方法」『国語と国文学』58-3．

中山昌久（1984）「動詞の活用」『研究資料日本文法2』明治書院．

橋本進吉（1948）『国語法研究』岩波書店．

ブロック，B.〔ミラー，R.（編）林栄一監訳〕（1975）『ブロック日本語論考』研究社．

村木新次郎（1991）『日本語動詞の諸相』ひつじ書房．

屋名池誠（1995）「『音便形』──その記述」『築島裕博士古稀記念国語学論集』汲古書院．

［屋名池　誠］

■活用とアクセント

●**アクセント活用**——活用語はアクセントの面でも語形変化する。アクセント活用も整然とした規則性をもつが、〈活用〉とは独立した機構によるものである。

アクセントは地域差が大きいので、以下では東京方言の場合について述べる。

動詞や形容詞のアクセントは、つねに同じアクセントをとる名詞と異なり、同じ語であっても活用形によって異なっているが、(1)活用形ごとに、(2)語末をそろえて見ると、つねに語幹によって2種類の系列(仮に+、-と呼ぶ)が区別されており、名詞のアクセントのように語の長さによって型の数が増減するということはない。動詞の例を挙げると表2-7のようになる。

〈活用〉が形態素と形態素の境界部分で起きる局所的な現象(だから〈活用〉は1語の内部で複数回起きることがある)であるのに対し、動詞や形容詞のアクセント活用は「語」全体にかかわる現象なので、アクセントの形成にかかわるのは、個々の形態素ではなく、「語」の「前部」と「後部」の二大部分である。動詞や形容詞を構成する形態素の場合、アクセント活用上の役割からは、語幹と接辞(複数個続いても)の全体が「前部」、語尾のみが「後部」に属する。語尾の直前の〈活用〉上の「中間部」も「前部」に属す。+/-の2系列は、「前部」のもつ特性であり、活用形ごとの個々のアクセントは「後部」によって決まる。

●**動詞のアクセント活用**——+/-は語幹ごとに決まっており、対応関係にある自動詞・他動詞の組では+/-も同じである。アクセントにかかわる+/-の別は、表2-7に見るとおり、〈活用〉に関する「子音終わり語幹」(表2-7の(a))、「母音終わり語幹」(同じく(b))の別とはまったく関係がないので、別個に覚えなければならない。

接辞は、アクセント活用上は語幹とともに「前部」に属する。自身が+/-の特性をもたない接辞〔-are-(受身)、-e-(可能)、-ase-(使役)〕では語幹の+/-が「前部」全体の+/-を決め、接辞自身が+/-の特性をもつもの〔-mas-(丁寧)は+〕では、語幹の+/-にかかわらず、接辞の特性が「前部」全体の特性を決める。接辞が複数続くときは最末尾の接辞の特性が優先される。

個々のアクセントは語尾ごとに決まっており、図2-2の流れ図によって指定することができる。一見複雑に見えるが、①、③、④、⑦と⑧が基本であり、アクセント核の位置は、③と④は「前部の次末子音を含む拍」、①はその1拍後ろ、⑦と⑧は「後部の先頭母音を含む拍」とまとめてしまうことができる。

また、ほとんどの語尾では、子音始まり(-c〜)か母音始まり(-v〜)かという音形と、《否定》にかかわるか否かという意味だけで(これらの条件は〈活用〉の指定の際に必要とされるものと同じ)アクセントの指定が可能なので、個別に覚えておかなければならないのは、②の「ながら」、⑤の「う/よう」にすぎない。

東京式アクセント体系の諸方言の場合、方言による動詞アクセント活用の違いは、この枝分かれの多い・少ないの違い、語尾の所属の異同、枝分かれ後に指定されるアクセントが一部異なることによるものである。たとえば、名古屋方言は⑦がCVCVcv⌐cvではなく、CVCV⌐cvcvであることが東京との主要な違いであり、博多方言は③がCV⌐CVcvcvではなく、CVCV⌐cvcvであることと、-の語幹の場合アクセント核が現れないこと(-用の流れ図が不要であること)などで東京と異なっている。

東京式以外のアクセント体系をもつ諸方言や各時代語も同様の流れ図によってアクセントを指定できるが、詳しい説明は省略する。

●**形容詞のアクセント活用**——形容詞のアク

2-B 形態論

表 2-7 動詞アクセントの例

＋(a)	よ˥む	よ˥んだら	よも˥う
	およ˥ぐ	およ˥いだら	およご˥う
	おどろ˥く	おどろ˥いたら	おどろこ˥う
＋(b)	み˥る	み˥たら	みよ˥う
	なげ˥る	な˥げたら	なげよ˥う
	わかれ˥る	わか˥れたら	わかれよ˥う
－(a)	とぶ	とんだ˥ら	とぼ˥う
	すすむ	すすんだ˥ら	すすも˥う
	したがう	したがった˥ら	したがお˥う
－(b)	にる	にた˥ら	によ˥う
	あげる	あげた˥ら	あげよ˥う
	わすれる	わすれた˥ら	わすれよ˥う

図 2-2 動詞のアクセント活用指定のための流れ図

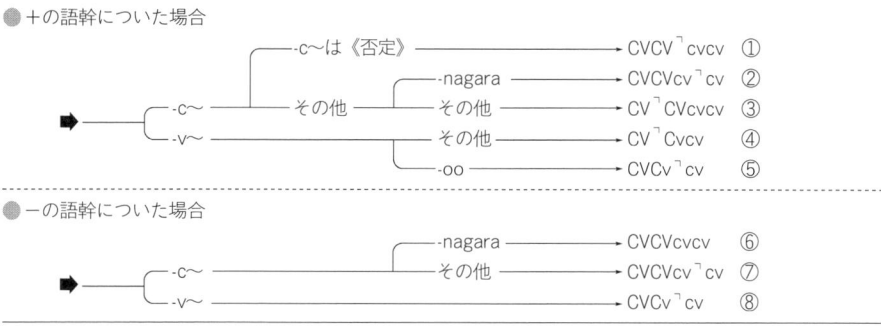

● ＋の語幹についた場合

```
         ┌─ -c～は《否定》────────────→ CVCV˥cvcv   ①
    ┌─-c～┤         ┌─ -nagara ────→ CVCVcv˥cv   ②
────┤    └─ その他 ─┤
    │              └─ その他 ─────→ CV˥CVcvcv   ③
    │              ┌─ その他 ─────→ CV˥Cvcv     ④
    └─-v～─────────┤
                   └─ -oo ────────→ CVCv˥cv     ⑤
```

● －の語幹についた場合

```
         ┌─ -nagara ──────────────→ CVCVcvcv    ⑥
    ┌─-c～┤
────┤    └─ その他 ────────────────→ CVCVcv˥cv   ⑦
    └─-v～───────────────────────→ CVCv˥cv      ⑧
```

注｜ c は子音，v は母音．アクセント核の位置を示すため，大文字の C や V を「前部」の音形の，小文字の c や v を「後部」である語尾の音形の，それぞれダミーとして用いてある．

セント活用でも，＋/－は語幹によって決まっているが，人により語により，ゆれが激しく，＋の形容詞と－の形容詞のアクセントが活用形によってはまったく同じものになることも多い．＋の形容詞では，語幹末尾にアクセント核があるのが通例だが，「-い」以外の語尾（「-く」「-くて」「-かった」「-かったら」「-かったり」「-ければ」）をとる場合は 1 拍前進することも多く，－の形容詞では，「-い」「-く」は無核，その他（「-く」と似ているが，「-くて」はこちら）は語幹末尾にアクセント核があるが，「-い」が文末で用いられたときは語幹末尾に核を置いている人が多い．

動詞の＋/－と，形容詞の＋/－は同じ特性なので，動詞から派生した形容詞，形容詞から派生した動詞は，それぞれもとの語幹や派生接辞の＋/－にしたがって形容詞としてのアクセント，動詞としてのアクセントを考えればよい．派生接辞のなかには先述のように，アクセント上透明なもの（動詞→形容詞の「～ない」（否定），「～たい」（希望））と，それ自身の特性をもつもの（＋：形容詞→動詞の「～がる」）がある．なお，動詞の否定形「～ない」は＋の動詞の場合に限り，普通の＋の形容詞のアクセントより，全活用形で核が 1 拍前進する．

助動詞のうち，形容詞型の活用をする「らし

い」は、アクセント上も＋の形容詞と同じふるまいをする。

●**コピュラのアクセント**── コピュラは語形を一つ一つ覚えてゆく際、アクセントも個別に覚えてゆくことになるが、語源的に動詞の「ある」を含む形、「だった」などは「あ＼った」などとアクセントは同じである。

→ 活用の捉え方（2-B）

●**参考文献**

屋名池誠（1992）「上方ことばのアクセント」『上方の文化 上方ことばの今昔』和泉書院.
[屋名池 誠]

■**動詞**

●**動詞の基本的な特徴**── 典型的・代表的な動詞は、動きや動作を表すという語義を有する。動きを表すことが基因となり、動詞はさまざまな節の述語になるという文法機能をもつ。そのことと結びついて、日本語の動詞はその語形を変化させる。

　日本語では形容詞も、語形を変え述語になりうるが、属性を表すことを受け、用法の中心は、「新しい本が出版された」のような連体修飾（「装定」）用法である。それに対して、動詞では、「食べる物がない」のような装定用法は多くなく、用法の中心は、「雨が降れば、運動会は中止だ」「激しい雨が降った」のように、述語を形成する用法（「述定」）である。

●**活用と文法カテゴリー**── 動詞は、語形を変化させ、文形成のためにさまざまな節の述語となる。この種の語形変化を「活用」と呼ぶ。たとえば、「書く」の場合には、「書いたり（並列形）」「書きながら（副詞形）」「書き/書いて（中止形）」「書く/書いた（連体形）」「書けば/書いたら/書くと（条件形）」「書いても/書いたって（逆条件形）」「書く・書いた/書こう/書け（終止形）」などと語形を変え、それぞれの節の述語になる。

また、動詞は、述語として、肯否・テンス・ていねいさ・モダリティなどの「文法カテゴリー」を有し、また、動詞特有の文法カテゴリーとして、ヴォイスとアスペクトをもつ。

●**動詞の結合能力**── 述語になることを第一の機能とする動詞は、述語として文を成立させるために、連用成分と結びつき、それらをまとめ上げる機能を有する。「彼はコーヒーをおいしそうに飲んだ」の「彼は」「コーヒーを」「おいしそうに」は、いずれも動詞「飲んだ」に係っていき、それらと結びついている。動詞の結合能力の最も中核をなすものは、動詞の「格支配」である。これは、動詞が、自らの表す動きや状態を実現するために、名詞句の組み合わせを選択的に要求する働きである。たとえば、「割る」は、「XガYヲ（割る）」のように、ガ格名詞句とヲ格名詞句を要求し、「贈る」は、「XガZニYヲ（贈る）」のように、ガ格名詞句とヲ格名詞句とニ格名詞句を要求する。

●**動詞の語彙-文法的下位類**── 動詞は、テンス・アスペクトやヴォイスや意志・命令などに対するふるまい方の点において、いくつかの下位類に分かれる。

　テンスに関しては、ル形（基本形）で、「あっ、荷物が落ちる」のように、未来を表す「動作動詞（動き動詞）」と、「この部屋には机がある」のように、現在を表す「状態動詞」とに分かれる。また、動作動詞は、「彼はワインを｛飲んだ/飲んでいた｝」のように、アスペクトの存在・分化をもつが、状態動詞には、「机の上に本が｛ある/*あっている｝」のように、アスペクトが存在・分化しない。

　意志・命令に対しては、「公園に行こう」「公園に行け」「公園に行くな」のように、意志・命令・禁止を作りうる「意志動詞」と、「*困ろう」「*うんと困れ」「*そんなことで困るな」のように、意志・命令・禁止になれない"無意志動詞"がある。さらに、「*驚こう」「*うんと驚

け」「そんなことで驚くな」のように，意志・命令を作らないが，禁止にはなりうる動詞がある。

●**動詞らしさの喪失**──動詞は，動きを表し，主節の述語になりうるものが，典型的な動詞である。状態を表すことによって，「ある」は，アスペクトをもたないし，形態的にも否定形の「*あらない」がない，など典型から外れている。また，「馬鹿げている，尖っている」なども，述定用法ではテイル形しかなく，また，述定より装定用法のほうが多い，という形容詞に近い性質を有している。さらに，「連れる」は，「子どもを公園に連れて行く」のように，テ形を中心とした限られた用法しかない。

→活用（2-B），文法カテゴリー（2-B），状態動詞（2-G）

●**参考文献**
宮島達夫（1972）『動詞の意味・用法の記述的研究』秀英出版．
髙橋太郎（2003）『動詞九章』ひつじ書房．
[仁田義雄]

■**自動詞と他動詞**

日本語の動詞には，形のうえで自動詞と他動詞とが対をなしているものがある（「まわる」と「まわす」）。基本的な動詞のなかにも比較的多くあり，学習者がその習得に困難を感じることも少なくない。自他の対の形態的な対応関係は，いくつかの型に整理することができるので，ある段階でそれを指導することが役に立つこともある。

対応の型をタイプ分けするとき，動詞をローマ字表記して考えることが有効である。次のような自他の対は，仮名で表記しただけでは，対応の形態的な共通性がわかりにくい（動詞を対にして示すとき，左側に自動詞，右側に他動詞を書くことにする）。

《例》「かかる─かける」「あがる─あげる」「かぶさる─かぶせる」「まざる─まぜる」「あたる─あてる」「かさなる─かさねる」「とまる─とめる」「くわわる─くわえる」。

これらをローマ字で表記すると，「kakaru─kakeru」「agaru─ageru」…となるがこれに少し手を加えてみる。自動詞・他動詞の初めの共通部分を「〜」で表し，それぞれの語幹と活用語尾との境界（これもローマ字表記のうえで考える）を「-」で示すのである。すると上の対はどれも「〜ar-u──〜e-ru」となり，これらを〔〜ar-u──〜e-ru〕型の対としてまとめることができる（最後の「くわえる」は「kuw-aweru」と表記して考える）。

このようにして対応する自動詞と他動詞を形態的に整理して型を見いだし，それぞれの型に属する動詞対の例とともに表2-8に示す。その際，型をさらに4つに大別して示す。この4大別とは，ローマ字表記した動詞対の共通部分（「〜」）と活用語尾とを除いた部分に注目し，そこに〔r〕または〔s〕があるかどうかを見たものである。

これを見ると，語幹内の「〜」を除いた部分に〔r〕か〔s〕が含まれているときにはいずれも，自動詞に〔r〕，他動詞に〔s〕を含むことがわかる。

現代日本語の自他の対はおおよそ上のいずれかの型に属するが，いくつか補足しておく。

(1)対をなす自動詞と他動詞は，「こまがまわる─こまをまわす」のような構文的な対応をなすことが多い。しかし上には，そうでないものもいくらか含まれている。「先輩にまける：先輩をまかす」「試験にうかる：試験をうける」

(2)基本的な動詞のうちにも上の型におさまらない動詞対があるが，語源や歴史的変化をたどることで説明できる。

きえる─けす　　でる─だす
ねる─ねかす　　はいる─いれる

(3)他動詞と他動詞とのあいだに，自他対応

表 2-8 動詞対の〔r〕と〔s〕を含むもの・含まないもの

《A》自動詞に〔r〕，他動詞に〔s〕を含むもの

(A-1) 〔～r-u ― ～s-u〕（ルース）
　うつる―うつす　　　　かえる―かえす［帰］
　くだる―くだす　　　　とおる―とおす
　なおる―なおす　　　　のこる―のこす
　まわる―まわす　　　　わたる―わたす

(A-2) 〔～re-ru ― ～s-u〕（レルース）
　かくれる―かくす　　　けがれる―けがす
　こぼれる―こぼす　　　こわれる―こわす
　ながれる―ながす　　　たおれる―たおす
　はずれる―はずす　　　はなれる―はなす

(A-3) 〔～r-u ― ～se-ru〕（ルーセル）
　のる―のせる　　　　　にる―にせる［似］

《B》自動詞に〔r〕を含むもの

(B-1) 〔～ar-u ― ～e-ru〕（アルーエル）
　あがる　―あげる　　　あたる　―あてる
　あつまる―あつめる　　うかる　―うける
　うすまる―うすめる　　うまる　―うめる
　おさまる―おさめる　　かかる　―かける
　かさなる―かさねる　　かたまる―かためる
　かぶさる―かぶせる　　きまる　―きめる
　さがる　―さげる　　　そまる　―そめる
　たかまる―たかめる　　たすかる―たすける
　たまる　―ためる　　　まがる　―まげる
　まざる　―まぜる　　　まるまる―まるめる
　みつかる―みつける　　もうかる―もうける
＊うわる―うえる（uwar-u ― uwe-ru）
　かわる―かえる［変］　くわわる―くわえる
　そなわる―そなえる　　つたわる―つたえる

(B-2) 〔～ar-u ― ～-u〕（アルーゥ）
　くるまる―くるむ　　　つながる―つなぐ
　ふさがる―ふさぐ　　　またがる―またぐ

《C》他動詞に〔s〕を含むもの

(C-1) 〔～-u ― ～as-u〕（ウーアス）
　うごく―うごかす　　　かわく―かわかす
　どく　―どかす　　　　とぶ　―とばす
　なる　―ならす［鳴］　へる　―へらす

(C-2) 〔～e-ru ― ～as-u〕（エルーアス）
　あれる―あらす　　　　かれる―からす
　こげる―こがす　　　　さめる―さます
　とける―とかす　　　　なれる―ならす
　にげる―にがす　　　　ぬれる―ぬらす
　まける―まかす　　　　もれる―もらす
＊たえる―たやす（taye-ru ― tayas-u）
　はえる―はやす　　　　ひえる―ひやす
　ふえる―ふやす　　　　もえる―もやす

(C-3) 〔～i-ru ― ～os-u〕（イルーオス）
　おきる―おこす　　　　おちる―おとす
　おりる―おろす　　　　すぎる―すごす
　ほろびる―ほろぼす

(C-4) 〔～i-ru ― ～as-u〕（イルーアス）
　いきる―いかす　　　　とじる―とざす
　のびる―のばす　　　　みちる―みたす

《D》〔r〕も〔s〕も含まないもの

(D-1) 〔～e-ru ― ～-u〕（エルーゥ）
　おれる　―おる　　　　きれる―きる
　くだける―くだく　　　さける―さく［裂］
　とれる　―とる　　　　ぬける―ぬく
　やぶれる―やぶる　　　われる―わる

(D-2) 〔～-u ― ～e-ru〕（ウーエル）
　あく　―あける　　　　うかぶ―うかべる
　すすむ―すすめる　　　そだつ―そだてる
　たつ　―たてる　　　　ちぢむ―ちぢめる
　つく　―つける　　　　つづく―つづける
　とどく―とどける　　　ならぶ―ならべる
＊そろう―そろえる（sorow-u ― sorowe-ru）
　かなう―かなえる　　　ととのう―ととのえる

(D-3) 〔～e-ru ― ～-ru〕（エルール）
　みえる―みる　　　　　にえる―にる［煮］

※型のタイプを，上の手続きで得たローマ字表記で示すとともに，括弧内にカタカナで語の最後の部分を簡単に示す（普通字は音節，小字は母音）。

と似た形態的な関係を示すものがある。

〔〜a<u>r</u>-u―〜e-ru〕型：あずかる―あずける
　さずかる―さずける
〔〜-ru―〜<u>s</u>e-ru〕型：みる―みせる
　きる―きせる（着）　あびる―あびせる

(4)自動詞1語に対して他動詞2語，他動詞1語に対して自動詞2語という対応をなすものがある（2語ずつのものもわずかだがある）。

・「つながる―つなげる・つなぐ」
　「とける―とかす・とく」
　「ぬける―ぬかす・ぬく」
　「きれる―きらす・きる［切］」
　「むれる―むらす・むす」
　「どく―どかす・どける」
・「おこる・おきる―おこす」
　「ちぢまる・ちぢむ―ちぢめる」
　「やすまる・やすむ―やすめる」
　「からまる・からむ―からめる」
　「よわまる・よわる―よわめる」
・「はがれる・はげる―はぐ・はがす」

これらは，たとえば「つながる―つなげる」(B-1)型，「つながる―つなぐ」(B-2)型，「おこる―おこす」(A-1)型，「おきる―おこす」(C-3)型，というように，それぞれがいずれかの型に属している。

(5)「門がとじる」と「門をとじる」のようにかなり似た意味で，あるいは「赤ん坊が笑う」と「人の失敗を笑う」のように異なる意味で，自動詞としても他動詞としても使われる動詞がいくらかあり，自他同形の対応となる。

・「川の水量がます―川が水量をます」
　「席がかわる　　―席をかわる」
・「会社につとめる―司会をつとめる」
　「潮がひく　　　―皿を手前にひく」

(6)動詞対の成否には，地域差・時代差・個人差もある。次のようなものは，一方を不自然に感じる人があるだろう。

「洗濯物がひる［干］―洗濯物をほす」
「芋がふける　　　―芋をふかす」
「卵がゆだる　　　―卵をゆでる」
「花がいかる　　　―花をいける」
「柿がつるさる　　―柿をつるす」
「野菜がいたまる［炒］―野菜をいためる」

(7)その型に属する動詞対の多い型とそうでない型がある。優勢な型は，ますます勢いを増すかのようであり，新しい語が臨時的・一時的に作り出されるときに，いわば模型としてはたらくことがある。「なぐさめる（他）→なぐさまる（自）」(B-1)型，「なごむ（自）→なごめる（他）」(D-2)型などがこれに相当する。

➡動詞（2-B），自動詞と他動詞の特徴（2-M）

● 参考文献

大鹿薫久（1990）「現代語動詞の形式に関する若干の整理――自他の形式的な対立を通して」『山邊道』33.

奥津敬一郎（1967）「自動化・他動化および両極化転形――自・他動詞の対応」『国語学』70.

佐久間鼎（1951）『現代日本語の表現と語法 改訂版』恒星社厚生閣.

西尾寅弥（1954）「動詞の派生について――自他対立の型による」『国語学』17.〔西尾寅弥（1988）『現代語彙の研究』明治書院，に所収〕

水谷静夫（1982）「現代語動詞の所謂自他の派生対立」『計量国語学』13-5.

［早津恵美子］

■形容詞

● 形容詞とは──形容詞は典型的な意味として人や事物の属性，人の感覚や感情を表す。活用という語形変化をするので，文のなかでは連体修飾語として機能するほか，述語や連用修飾語としても機能する。連体修飾語の場合は修飾される名詞の属性を規定し，テンスの分化を失っていることが多い。述語の場合は人や事物の

属性を叙述したり，一時的な状態を叙述したりする。連用修飾語の場合は連用形が動詞の表す動きや変化の様態を修飾したり，状態性の概念の程度を限定したりする。活用の型の違いに応じてイ形容詞とナ形容詞に分かれる。

　動詞が動きや変化といった動的な事態を表すものが中心であるのに対して，形容詞は静的な事態を表す。形容詞を意味の点から，属性を表すもの，感覚や感情を表すもの，関係性や態度を表すものなどに分類することがある。感覚や感情を表す形容詞が非過去形の言い切りの述語になる場合には，主語に1人称の名詞しか使えないという人称制限が観察される。

● 形容詞の構文・形態的特徴 ── 動詞ほどのバラエティはないが，形容詞も格支配の体制をもっている。特徴的なのはニ格の名詞と組み合わさる場合である。「優しい」「親切だ」，「うるさい」「熱心だ」は人や物事に対する態度の向けられる対象の結びつきを作る。「強い」「弱い」，「明るい」「詳しい」は能力や特性の発現する対象の結びつきを作る。「ふさわしい」「適切だ」は評価の基準の結びつきを作る。このほかにも，「乏しい」「うってつけ」など，内容を規定したり目的を規定したりする結びつきを作るなどの関係を構成する。「友だちに悪い」とか「友だちにすまない」など，言語によっては発想の違いから，学習者に説明しにくいものもある。

　形容詞の格支配ではまた，ガ格の名詞と組み合わさる場合に，種々の意味的な結びつきを作る。「頭が痛い」「体がかゆい」では感覚を感じる場所であり，「傷口が痛い」「太陽がまぶしい」では感覚を生じさせる対象であり，「犬がこわい」「生まれ故郷が恋しい」では感情の向けられる対象であり，「テニスがうまい」「演技が上手だ」では能力の発現する対象である。

　形容詞は状態性の概念をもつことから相対化され，程度の修飾を受けたり，比較の表現に使われたりする。程度の修飾では，「とてもうれしい」のように程度副詞によるもの，「おそろしく暑い」のように形容詞の連用形によるもの，「驚くほど寒い」のように程度の形式名詞によるものなどがある。比較の表現では，「AはBより形容詞」「Aは〜のなかで最も形容詞」のような構文をとる。「等しい」「同じだ」「そっくりだ」などがニ格またはト格の名詞と組み合わさって，相対的な関係に差がない，または差が小さいさまを表すこともある。反対に，「逆だ」「反対だ」などがト格の名詞と組み合わさって，2つの事物の関係が異なっているさまを表す。

　形容詞だけではないが，「つらい」「悪い」「便利な」「不便な」などの評価を表す形容詞が「〜ことに」の形になって，文副詞として機能し，叙述内容に対する話し手の評価を前触れすることがある。「幸いにも」「珍しく」なども文副詞の機能をもつ。

　形容詞がもつ文法カテゴリーは動詞に比べて少なく，認め方（肯否），テンス，ていねいさ，ムードなどであり，動きや変化を表す動詞に見られるヴォイスやアスペクトはない。

● 形容詞化 ── 品詞としては認められないが，形容詞性・形容詞化といった用語で説明される現象がある。「とがった鉛筆」「曲がった道」などの「とがった」「曲がった」は，過去形であるが，テンスとしての過去を表すのではない。「とがっている」「曲がっている」という状態を表すという文法的な意味の面，およびこの形態が連体修飾語の機能しかもっていないという構文的な面において品詞としての形容詞に準じたものとして扱われるのである。

→感情・感覚形容詞，感情動詞 (2-M)

● 参考文献

西尾寅弥 (1972)『形容詞の意味・用法の記述的研究』秀英出版.

[小矢野哲夫]

■名詞

　名詞は人や事物などを表して，文が描く事態の主体や対象といった意味関係で文の構成メンバーになる品詞である。

　意味の点からは人を表すもの，具体的な事物や抽象的な事物を表すもの，出来事や現象を表すもの，時間や物理的な空間を表すものなどに分けられる。さらに語彙的な意味をもたず指示機能だけをもつ代名詞，数量を表す数量詞など，特殊な名詞もある。

　文のなかでの述語に対する出現形態には，格助詞を伴うもの，副助詞を伴うもの，何も伴わないものなどがあり，主語や目的語，連体修飾語や連用修飾語，状況語などとして機能する。また，「だ」「である」「です」などを伴って述語にもなる。

　名詞は，動詞や形容詞，さらには名詞と組み合わさって，動きや変化や状態や属性などの主体や対象，時間・空間・原因などの状況といった，さまざまな意味役割を担って，事態の構成メンバーとなる

　名詞には，意味の点でも構文上の位置の点でも，名詞らしい名詞から，そうでない，ナ形容詞に近い名詞までさまざまなものがある。「健康」と「病気」は意味の点で反対語の関係にあるように考えられるが，構文的には「健康」が名詞としてもナ形容詞としても使われるのに対して，「病気」は名詞の用法しかもたない。「勉強」は名詞でもあり，「する」をつけて動詞にもなるが，「不勉強」になるとナ形容詞の用法を獲得する。

　「足」は名詞で身体の一部分を表し，主語にも目的語にも使われるが，「はだし」になると足の具体性が失われて状態性の概念へとずれが生じる。したがって，「はだし」は主語や目的語になりにくく，「はだしで」の形で動きの様態を修飾する機能へと移行する。

　また，具体的な事物であっても，構文的な機能として叙述性を獲得することがある。すなわち，述語になると，名詞がもっていた実体性がなくなり，その事物に与えられている属性の面が現れ，属性を叙述する機能を帯びる。たとえば，「オオカミ」は動物で，主語にも目的語にもなる資格をもつが，人のうわさ話で「あいつはオオカミだ」と言う場合の「オオカミ」は動物そのものを表すのではなく，オオカミ的な性質を表す。「オオカミのようだ」という比喩を媒介にしていると考えられる。

　名詞は「だ」「である」「です」などを伴って文の述語としても機能し，いわゆる名詞述語文を構成する。この構文の基本は「AはBだ」といった形式であり，「わたしは鈴木です」のようにAとBが一致する関係を表す指定文と，「鈴木さんは公務員です」のようにBがAの属性を表す措定文がある。指定文はAとBを入れ替えた文「鈴木はわたしです」も成り立つが，措定文ではAとBを入れ替えた文「公務員は鈴木さんです」は成り立たない。

　名詞のなかの数量詞は他の名詞には見られない特異なふるまいをする。「3人の学生がおしゃべりしている」の「3人」は学生の人数を表して，連体修飾語の位置に現れている。このような機能は普通の名詞にも見られるが，数量詞が遊離した「学生が3人おしゃべりしている」や，数量詞が転移した「学生3人がおしゃべりしている」は数量詞に独特の文法現象である。

→数量詞（2-B），格（2-D）
● 参考文献
鈴木重幸（1972）『日本語文法・形態論』むぎ書房．

[小矢野哲夫]

■数量詞
● 数量詞の現れる位置 ──「5冊」や「50ページ」のような数量詞は「xの本を読んだ」や「本をx読んだ」のxの位置に現れる。前者を

連体用法の数量詞，後者を連用用法の数量詞と呼ぶ．

数量詞はつねに両用法をもつとは限らない．たとえば，「3000 cc」は連体用法しかもたない（「3000 cc の車を買う」は適格な文だが，「車を 3000 cc 買う」は非文）場合があるし，角度を表す「5 度」は連用用法しかもたない（「柱が 5 度傾く」は適格な文だが，「5 度の柱が傾く」は非文）場合がある．

連体用法と連用用法がともに適格な文になる例では，「5 冊の本を読んだ」と「本を 5 冊読んだ」のように両者の表す数量が同じであるように見える例がある．しかし，「50 ページの本を読んだ」と「本を 50 ページ読んだ」とは意味が異なる．すなわち，前者は数量詞が「本」の総ページ数を表しているのに対し，後者は本を読むという行為を 50 ページ分したことを表している．

このように，連体用法と連用用法のうち一方だけが適格な文になる例があったり，両用法ともに適格な文でも両者の表す数量的側面が異なる場合がある．したがって，連体用法の数量詞と連用用法の数量詞は，それぞれが表す数量に違いがあると考える必要が出てくる．

● **数量詞の品詞性** —— 連体用法の数量詞は名詞であると考えてもいいであろう．「5 冊の本」では，「の」を数量詞に後接することによって名詞を修飾している．これは名詞が名詞を修飾する場合と同じである．

「本を 5 冊読む」の「5 冊」のような連用用法の数量詞は，一見すると副詞のようであるが，次のような例では単純に副詞であると考えることはできない．

(1) 私は［本を 5 冊］と［メモ帳］を買った．

(1)では，「本を 5 冊」と「メモ帳」が等位接続されている．等位接続される複数の句は，統語的に同じタイプのものである．したがって，「メモ帳」は名詞句であるから，「本を 5 冊」は名詞句であるということになる．つまり，(1)の「本を 5 冊」は「5 冊の本」と同じであるということである．

しかし，この分析が適切ではないことを示唆する例がある．

(2) ［男性が昨日 5 人］と［女性が今日 3 人］来た．

「昨日」や「今日」のような時の副詞はできごとを修飾するものだから，普通は，できごとを表さない名詞句のなかには現れない．したがって，(2)の「男性が昨日 5 人」を節あるいは動詞句であると考えると，(2)の数量詞は副詞であると考えることもできる．

このように，連用用法の数量詞の品詞性については検討を要する問題が多い．なお，連用用法の数量詞は文が帯びるアスペクトのあり方に影響を与えることがあるなど，副詞として考えると説明しやすい現象もある．

➡ 名詞 (2-B)，程度副詞 (2-B)，副詞とアスペクト (2-G)

● **参考文献**

奥津敬一郎 (1969)「数量的表現の文法」『日本語教育』14.

奥津敬一郎 (1983)「数量詞移動再論」『人文学報』160.

神尾昭雄 (1977)「数量詞のシンタックス——日本語の変形をめぐる一資料」『言語』6-9.

北原博雄 (1996)「連用用法における個体数量詞と内容数量詞」『国語学』186.

北原博雄 (1997)「数量詞の先行詞が現れる統語的階層——非対格性の仮説からの検討」『言語』26-3.

北原博雄 (1999)「日本語における動詞句の限界性の決定要因——対格名詞句が存在する動詞句のアスペクト論」黒田成幸・中村捷 (編)『ことばの核と周縁——日本語と英語の間』くろしお出版.

三原健一 (1998)「数量詞と『結果』の含意」

『言語』27-6〜8.

[北原博雄]

■様態副詞

● **様態副詞の周辺**——従来の副詞論では，陳述副詞「明日は<u>たぶん</u>雨だろう」「<u>ぜひ</u>来てください」，程度副詞「今日は<u>とても</u>寒い」以外の副詞は，すべて様態副詞に一括されることが多かった．これでは，様態副詞が雑多でごみ箱的存在になってしまう．少なくとも，「彼女は<u>たびたび</u>海外に出かける」「彼は<u>めったに</u>本を読まない」のように，事態生起の回数的あり方を表すものは，頻度副詞として，また，「彼は<u>ずっと</u>健康だった」「<u>すぐ</u>行ってくれ」などは，時間のなかでの事態の出現・展開のあり方などを表し，時の副詞とでも仮称し，様態副詞とは別扱いすべきであろう．また，副詞を品詞のうえから限定しすぎて考察することは，実りが少ない．

● **様態副詞とは**——様態副詞の代表は，「眼が<u>ギラギラ</u>光った」「彼の肩を<u>激しく</u>揺さぶった」「男は<u>ゆっくり</u>立ち上がった」のようなものである．様態副詞とは，事態が有している展開・実現・結果の局面に存在する諸側面を取り上げ，そのありように言及することによって，事態の行われ方を修飾限定したものである．たとえば，笑うことによって音が発生する，その音のありように言及することで，笑うという動きの行われ方を限定したのが，「男は<u>ゲラゲラ</u>笑った」である．また，様態副詞と頻度副詞や時の副詞とが異なった存在であることは，「彼は<u>めったに・ゲラゲラ</u>笑わない」「彼は<u>ずっと・ゲラゲラ</u>笑っていた」のように，両者が共存することからもわかろう．

● **様態副詞の細分化**——頻度副詞や時の副詞を様態副詞から取り出したとしても，まだ様態副詞は，語彙性が高く，雑多な存在である．様態副詞のなかを細分化する必要があろう．意味的傾向が強いが，たとえば，「男は{<u>じっくりと</u>/<u>さっと</u>}辺りを見廻した」は動きの早さ，「女は{<u>強く</u>/<u>軽く</u>}手を握りしめた」は動きの勢い，「<u>ポトンと</u>物が落ちた」は付随音，「道路を<u>斜めに</u>横切った」は動きの軌跡の点から，動きの実現のあり方に限定を加えたものとして細分化できる．ただ，これらは，いずれも，動きの展開の局面を取り上げた様態副詞である．

さらに，上述の典型的な様態副詞とは異なるものとして，「壁が<u>こなごなに</u>崩れた」「木を<u>真っ二つに</u>折った」などが，動きが実現した結果の，主体や対象のありように言及することで動きの実現のされ方を限定したものとして取り出される．結果副詞と仮称する．動きの展開過程を取り上げたものとは，「木を<u>ポキッと・真っ二つに</u>折った」のように，共存できる．

また，「A君は{<u>わざと</u>/<u>喜々として</u>}B君を叩いた」は，事態実現時の主体の態度のあり方から動きの実現され方を限定したもので，上述のものとは異なる．主体めあての副詞と仮称する．「<u>ゆっくり</u>叩け」ば，「<u>ゆっくり</u>叩かれた」ことになるが，「A君が<u>喜々として</u>B君を叩いた」からといって，「B君がA君に<u>喜々として</u>叩かれた」ことにはならない．

→程度副詞 (2-B)，陳述副詞 (2-B)

● **参考文献**

国立国語研究所（編）(1991)『副詞の意味と用法』〈日本語教育指導参考書19〉大蔵省印刷局.

仁田義雄 (2002)『副詞的表現の諸相』くろしお出版.

[仁田義雄]

■程度副詞

● **程度副詞とは**——形容詞・形容動詞を中心とする属性や状態を表す語と結びつき，その程度を表すことを基本的なはたらきとする副詞を

程度副詞という。

(1)この本は非常におもしろい。

(2)多少危険な場所

形容詞・形容動詞以外にも，性質・状態を表す名詞や様態副詞などとも結びつく。

(3)彼女は相当{美人/やり手/大物}だ。

(4)彼は非常に{大人/紳士/子ども}だ。

(5)昨晩は割合ぐっすり眠れた。

名詞と結びつく場合には，次のように，「の」を介することがある。

(6){かなり/なかなか/ある程度/相当}の美人だ。

属性や状態を表す語であっても，程度性をもたない語とは結びつかない。

(7)*非常に{等しい/真丸い/同じだ/無料だ}。

程度副詞はこのほか「嫌う，憎む，喜ぶ，悲しむ，驚く，困る，感動する」などの感情・感覚を表す動詞，「太る，やせる，伸びる，広がる，進む，温まる」など漸次的な変化を表す動詞とも結びつく。

(8)太郎はわが子の誕生をたいそう喜んだ。

(9)ダイエットの結果，だいぶやせた。

● **程度副詞のさまざま** —— 程度副詞には，「非常に，たいへん，とても，たいそう，きわめて，はなはだ，なかなか，ずいぶん，かなり，だいぶ，相当，割合，けっこう，ある程度，多少，少し，ちょっと，もっと，ずっと，より，さらに，はるかに，いっそう，最も，一番」などがある。また，「あまり，さほど，そんなに，たいして，ちっとも，少しも，全然，まったく」のように，否定形と結びつくものもある。

(10)今日はあまり暑くない。

このうち「ずいぶん，かなり，だいぶ，相当，割合，けっこう，ある程度，多少，少し，ちょっと」や否定形と結びつく程度副詞は，程度のほかに数量を表すことができる。

(11)今日はかなり食べた。

(12)みかんが少し残っている。

数量を表す程度副詞の多くは，時空間を表す名詞とも結びつく。

(13)少し{上/左/奥/前}だ。

また，程度副詞のなかには「もっと，ずっと，より，さらに，はるかに，いっそう，最も，一番」のように，つねに比較にかかわるものがある。

(14)太郎は次郎よりずっと背が高い。

(15)太郎はクラスのなかで一番背が高い。

このほか，数量を表す程度副詞も，しばしば比較構文に立ち，ある状態とある状態との程度差を表すことができる。

(16)太郎は次郎より少し背が高い。

程度副詞のなかでもとくに，程度が大きいことを表すものは，使い古されるとインパクトがなくなり，より斬新な表現が求められるため，表現の移り変わりが激しく，若年層を中心として現在もさまざまな表現が生まれ，また消滅している。

➡ 様態副詞（2-B），陳述副詞（2-B）

● **参考文献**

工藤浩（1983）「程度副詞をめぐって」渡辺実（編）『副用語の研究』明治書院．

仁田義雄（2002）『副詞的表現の諸相』くろしお出版．

［佐野由紀子］

■ **陳述副詞**

副詞の3分類において，属性や程度など客観的な意味を担う様態副詞，程度副詞に対して，話し手の心的態度という主観的な意味を担うのが，陳述副詞である。これまで，さまざまな副詞の分類があり，陳述副詞の領域は必ずしも明確ではないが，推量判断の「たぶん」「おそらく」「ひょっとしたら」「きっと」「必ず」「さぞ」，様態や推測にかかわる「どうも」，意志や

願望を表す「ぜひ」など，モダリティにかかわる副詞が中核になるだろう。

陳述副詞は，一定の文末表現をとることが多く，その点から呼応の副詞と呼ばれることもある。たとえば，「たぶん来るだろう」「ひょっとしたら花が咲くかもしれない」のように文末が推量表現になる。「どうも」は動詞文では，「どうも本当のことを知らないらしい」のように「らしい」などに続く。「ぜひ」は，「ぜひ行ってみたい」「ぜひ来てください」のように使う。

文末表現は必ずしも強い呼応をするわけではなく，「たぶん」は「たぶん行きます」のような用法が普通に使われる。「たぶん―だろう」を固定して指導することは誤用につながりやすい。

「どうも」は，状態表現とともに「どうも具合が悪い」のように使って，はっきりしない事態を表すこともできる。また，「どうも」は「らしい」「ようだ」などに対応するので，「*どうも来るだろう」は誤用となる。この違いは，「らしい」「だろう」の意味の違いに対応している。

陳述副詞は基本的にモダリティ表現の特徴をもっている。様態副詞などとは違って，その副詞をつけても，文の客観的意味は変わらない。

また，推量判断にかかわる陳述副詞は，質問文や命令文とともには使われない傾向があり（*明日たぶん来ますか。*明日たぶん来てください。），質問文や命令文で使われる場合も，それ自体が質問や命令の対象にはならない。

副詞の3分類は，伝統的に山田孝雄の立てた分類に基づいている。ここでは，陳述副詞は，文末形式との呼応が条件であり，「けっして―ない（否定）」「めったに―ない（否定）」「もし―なら（仮定）」なども含むとされている。しかし，否定や仮定は，モダリティ表現の領域に含まれないという問題がある。

また，このままではどこにも属さない副詞が多数生じてくる。「幸い」「あいにく」などは，特定の文末モダリティ表現と呼応しているとはいえないため，呼応を基準にすると，陳述副詞に入らないが，話し手の心的態度を表し，上記の陳述副詞の特徴をもっている。この点から，このような副詞は話し手の注釈や評価判断を示す「注釈・評価の副詞」とし，広い意味での陳述副詞とすることがある。また，ほかに，話し手の心的態度を表す副詞に，「やっぱり」「結局」などがあり，陳述副詞に入れられることがある。

→ 様態副詞（2-B），程度副詞（2-B）

● 参考文献

中右実（1980）「文副詞の比較」『日英語比較講座2 文法』大修館書店．

国立国語研究所（編）（1991）『副詞の意味と用法』〈日本語教育指導参考書19〉大蔵省印刷局．

森本順子（1994）『話し手の主観を表す副詞について』くろしお出版．

工藤浩（2000）「副詞と文の陳述的なタイプ」『日本語の文法3 モダリティ』岩波書店．

[森本順子]

■ 連体詞

連体詞とは，活用しないで（形が変わらずに），名詞（体言）のみを修飾する語を表す品詞である。活用しないという消極的性格による品詞であるために，起源的にはさまざまなものがある。

主なものに，「大きな」「いろんな」など，形容動詞などの活用語が活用を失ったもの（「×大きだ」「×いろんだ」），「この」「こんな」「かの」など指示語になっているもの，「ある」「いわゆる」「あらゆる」「明くる」「来たる」「来たるべき」など，動詞によるもの，などがある。

ただし，連体詞の認定には難しいところがある。「たかだか50人」「わずか5人」のように，

後続名詞が数量を表す名詞に限られるというものもある。「同じ」などは連体詞とも，不規則な形容動詞ともみることができる。また，「ちょっとした（喫茶店）」「あきれた（警察官）」など，動詞ではあるが，当該用法では名詞修飾しかしないという点で，連体詞とみることもできる（ただし，「ありふれた店」の「ありふれた」などは「ありふれている」という終止用法ももつので，連体詞とはしない）。「〜さめやらぬ」「のっぴきならぬ」「言い知れぬ」など，連体詞的な機能をもつ動詞出自の連語もある。なお，「歴戦の」「当面の」などは，「名詞＋の」という見方もできるが，「が」をつけるなど名詞としての使用が大きく制限されている点で，「〜の」という形全体で連体詞とみることもできる。

「大きな」「いわゆる」などの連体詞は述語との呼応関係をもたないが，「さしたる」「たかが」などは，基本的に述語に呼応関係を要求する。すなわち，「さしたる〜ない」は，「×さしたる問題がある」などと言えないし，「たかが〜（だけ）である」も，「×たかが本を落とした」と言えない。これらの連体詞は，単に名詞を修飾するのみではなく，名詞句全体として述語に呼応関係を要求する素性を付与する点で，とくに文型として提示する必要がある。

➡ 指示詞（現場指示）(2-K)，指示詞（文脈指示）(2-K)，否定との呼応 (2-F)

● 参考文献

村木新次郎 (2002)「第三形容詞とその形態論」『国語論究』10.

鈴木一彦他（編）(1984)『研究資料日本文法 4 修飾句・独立句編』明治書院.

宮島達夫 (1994)『語彙論研究』くろしお出版.

［森山卓郎］

■ 接続詞

● 接続詞とは ── 接続詞は，後に続く内容がそこまでの内容とどのような意味関係にあるかを示す形式である。

(1) 本品は添加物を使用しておりません。<u>ですから</u>，安心してお召し上がりください。

(2) 子どもがゲームをする時間は前回調査より増えた。小学生男子では39.7％が1日2時間以上ゲームをしている。<u>一方</u>，保護者は子どもとゲームの接触時間を十分認識していない。子どもがゲームを2時間以上していると答えた小学生男子の保護者は14.2％にすぎない。

(1)の接続詞「ですから」は，後続の内容が直前の内容「添加物を使っていない」から推論して得られる結果であることを表す。(2)の接続詞「一方」は，後の内容「子どもがゲームをする時間を認識している保護者が少ないこと」が直前の内容「子どもがゲームをする時間が増えていること」と対比的であることを示す。

接続詞の用例には(1)のように文と文の関係を表すもののほか，(2)のように2つ以上の文から成る意味のまとまりの関係を表すものもある。一部の接続詞は，語と語（<u>黒または紺</u>），句と句（<u>学校でそして職場で</u>），節と節（<u>風邪をひいてあるいは熱を出して</u>）の関係を表すこともある。(3)のように言語化されていないその場の状況をうけて用いられることもある。

(3) <u>教室で学生がそろっているのを確認して</u>「では，授業を始めましょう。」

このように接続詞はそこから新しい意味のまとまりが始まることと，新しい意味のまとまりがそれまでに話し手と聞き手で了解された内容とどのような関係にあるかということを示すことばである。

● 学習上の問題点 ── 接続詞のさまざまな用例のなかで(1)や(2)のように前後の意味関係が明確なものは比較的理解しやすいが，(4)や(5)の

ように「しかし」「だから」の前後に逆接や順接の意味関係が読みとりにくいものは，理解も使用も難しい．

(4) しかし，今日は暑いですね．
(5) A「新しい部長って，いったいだれ？」
   B「みんなが知っている人．」
   A「だから，だれ？」

(4)は話題の転換，(5)は相手が自分の発話を理解してくれないいらだちを表している．このような会話で微妙なニュアンスを表現する接続詞の機能は注意が必要である．

談話から見た機能も重要である．

(6) それで，実は，ちょっとお願いがあるんですが．
(7) 日本語は発音がやさしい．また，文法も単純である．話すだけなら難しくない．

(6)の「それで」は本題を切り出すときに使われる．(7)の「また」は「発音がやさしい（論点1）」「文法も単純である（論点2）」という2つの論点を並べて提示するときに使われる．このように接続詞によって談話構成を効果的に表示できる．

類義の接続詞の使い分けについては，まず文体差に注意が必要である．公的なあいさつでは「だから」より「ですから」が適当なことが多いし，くつろいだ話しことばで「でも」ではなく「だが」を使うと，聞き手に違和感を与える．

また，接続詞によっては後続文末に用いることができる表現に制限があることも注意したい．

(8) 佐藤さんはまだ仕事が残っているそうだ．
　　｛だから/＊それで｝先に帰ろう．

➡接続詞・接続表現 (2-K)，接続表現と文体 (2-M)

● 参考文献

宮島達夫・仁田義雄（編）(1995)『日本語類義表現の文法（下）』くろしお出版．

横林宙世・下村彰子 (1988)『接続の表現』〈外国人のための日本語例文・問題シリーズ6〉荒竹出版．

［浜田麻里］

■ 感動詞

広義の感動詞とは，談話において独立的に使われる形式である．感動を表す「ああ，わあ」などの狭い意味での感動詞（感嘆詞）のほかに，あいさつ，応答，呼びかけ，言いよどみなども，品詞分類上は感動詞に分類される．

感嘆詞は，話し手の未分化な反応を表す．たとえば，何かわからないもの，予想していなかったことなどに触れて驚いたという意味を表す「おや」「わあ」，事情の了解を表す「ああ」，ゆっくりとした感情のわき上がりを表す「あああ」など，さまざまなものがある．これらには性差があることもある．

応答詞は，「はい」「うん」「いいえ」などであるが，その用法は多様である．たとえば，「はい」はものを手渡すときのきっかけなど，聞き手への注意喚起という機能ももつ．「いや」も，否定的応答にとどまらず，話題転換など，その使用範囲は応答だけにとどまらない．なお，「へえ」などの驚きを表す表現も新情報の導入として使われ，感嘆詞と連続する．

あいさつ表現は，定型的なものが多様にあり，各種の儀礼に対応している．日常的なものを大別すると，「こんにちは」「さようなら」など，出会いや別れに関するもの，「ありがとう」「ごめん」など，お礼やお詫びに関するものに分けられる．ただし，「どうも」のように，その使用範囲が広いものや，「すみません」のように，相手に気を遣わせることのお詫びによってお礼を言うというメカニズムで広く使われるものもある．

日本語の問題としてよく取り上げられることに，「おはよう」「こんばんは」など，時刻によ

る使い分けがある（前者は本来夜明け以降午前の挨拶だが，用法を拡張させつつある）が，どういう相手に，どういう場合に，どのような表現であいさつを言うかには文化による違いも大きい。

呼びかけ詞は，典型的には，「ねえ」「おい」「もしもし」など聞き手の注意を喚起するものであるが，「あのう」などの言いよどみや「やあ」などの声かけのあいさつに連続する。

言いよどみは，発話の途中で，発話（やその続行）の意図があることを示す表現であるが，思考のプロセスをモニターするものもあり，感嘆詞や応答詞などにも連続する。

→ハイ・イイエ・エエ──応答（2-K），アラ・マア──感嘆詞（2-K）

● 参考文献

森山卓郎（2002）「動作発動の感動詞『さあ』『それ』をめぐって」『日本語文法』2-2．

Schiffrin, D. (1994) *Approaches to Discourse*. Blackwell.

［森山卓郎］

■助詞

品詞論上，自立せずに各種の語につき，活用しない語が助詞と呼ばれるが，英語などの前置詞とは逆の語順をもつことから，後置詞と呼ばれることもある。その機能はさまざまであるため，助詞はさらに下位の品詞に分類される。その分類法，個々の助詞の名称，所属語彙には諸説ある。

代表的なものとしては，「が」「を」「に」「で」「から」「まで」「と」「の」などの"格助詞"，「と」「か」「や」（コーヒー{と/か/や}紅茶）などの"並立助詞（並列助詞）"，「と」「ば」「たら」「から」「ので」「が」「けれども」「ながら」などの"接続助詞"，「も」「さえ」「まで」「だけ」「ばかり」「しか」「こそ」などの"とりたて助詞"，「か」「わ」「よ」「ね」などの"終助詞"，「ね」「さ」などの"間投助詞"などがある。

このうち，とりたて助詞は，従来，"係助詞"，"副助詞"と呼ばれていたものが，その"とりたてる"機能からとりたて助詞（あるいはとりたて詞）と呼ばれるようになってきている。ただし，係助詞「は」については，その処遇に問題は残る。また，「赤いのを下さい」の「の」のようなものは，"準体助詞"と呼ばれることもあるが，むしろ「こと」などと同じく，形式名詞と考えるべきであろう。

その所属語彙からもわかるように，同一の形式の語が異なったタイプの助詞として用いられることもある。たとえば，「と」の場合，「太郎が花子と結婚した」では格助詞として用いられているが，「太郎と花子が結婚した」では並立助詞として用いられている。また，「まで」の場合，「太郎が駅まで行った」では格助詞として用いられているが，「太郎までが欠席した」ではとりたて助詞として用いられている。しかも，この場合，両者は意味的にも近い関係をもっていると考えられる。

助詞は関係語であり，その多くは，前接の要素と他の要素との間の文法的，意味的関係を示すのに用いられるが，この点から，3つのグループに分けることができる。①文中の他の成分とのあいだの統合的な（syntagmatic）関係を示すもの（格助詞・並立助詞・接続助詞など），②文中の要素と同類の要素との連合的な（paradigmatic）関係を示すもの（とりたて助詞），③話し手の主観的な態度を示すもの（間投助詞・終助詞）である。このなかでも，③の終助詞，間投助詞は，命題（コト）を構成するのではなくモダリティの機能を有するという点で，他の助詞とは性格を異にする。この点で，助詞は，活用しない非自立語という形態的な特徴は共有するが，文法的・意味的には異質な形式が同居しているといえる。

→格 (2-D)，並列を表す形式 (2-J)，終助詞の用法 (2-H)，とりたて (2-I)，コト・ノ・トコロ──名詞節 (2-J)

● 参考文献

奥津敬一郎他 (1986)『いわゆる日本語助詞の研究』凡人社．

国立国語研究所 (1951)『現代語の助詞・助動詞──用例と実例』〈国立国語研究所報告3〉秀英出版．

此島正年 (1983)『助動詞・助詞概説』おうふう．

[杉本　武]

■ 助動詞

単独ではなく，つねに他の語に付属して用いられる語（付属語・辞）のうち，活用のある語を助動詞という。この名称は英文典の auxiliary verb の訳語で，本動詞に付加してさまざまな意味を添える補助的な動詞という意味である。したがって，その本来的な定義からいえば，日本語ではむしろ補助動詞（「〜ている・〜ておく・〜てくれる」などのような動詞中心のテ形表現など）のほうが英語でいう助動詞にふさわしいということになる。

従来，学校文法では，現代語の助動詞を次のように意味のうえから分類することが多い。

使役（せる・させる），受身・可能・自発・尊敬（れる・られる），希望（たい・たがる），丁寧（ます），否定（ない・ぬ・ん），断定・指定（だ・です），過去・完了（た），意志・推量（う・よう），否定の意志・推量（まい），推量・比況（ようだ），推定（らしい），様態・伝聞（そうだ）など。

しかし，「だろう・でしょう」を推量の助動詞として独立させたり，「みたいだ」を推量・比況の助動詞とみなしたりする考えもある。さらには「のだ・かもしれない・なければならない」などの複合形式を助動詞相当（複合助動詞）とみなす考え方などもある。隣接する補助動詞・接尾辞・活用語尾と性質上似た点も多く，助動詞の範囲や捉え方は統一されているとはいえない。

助動詞には，動詞にしか接続しない「(さ)せる・(ら)れる・たい・ます」のような接尾辞的なものもあれば，動詞・形容詞・「名詞＋だ」に広く接続できる「た・ようだ・そうだ（伝聞）・だろう」のような，時間や話し手の捉え方にかかわるものもある。名詞述語文を形成する「だ・です」は体言接続のみのため，助動詞とは別立てに「判定詞」とする説もある。また，「(さ)せる・(ら)れる」のように活用形がそろったものから，「う・よう・まい」のように活用のないもの（不変化助動詞）まで幅広い。とくに「不変化助動詞」は助動詞の概念規定と矛盾し，活用がなく文末に置かれる「終助詞」との意味・機能的な類似性や連続性が問題になる。

日本語教育では，助動詞として個別に教えるのではなく，動詞の活用形や表現文型に含まれるかたちで提示する。教育的な立場からは，たとえば「た・だ」の仮定形「たら・なら」なども条件を表す接続助詞として独立させたほうが実際的である。「見る」を例として活用形を挙げると，使役形「見させる」，受身形「見られる」，丁寧形（マス形）「見ます」，否定形「見ない」，過去形（タ形）「見た」，意志形「見よう」，条件形「見たら」などがある。表現文型としては，義務を表す「見る べきだ/なければならない」，不確かさを表す「見る だろう/かもしれない」，証拠からの判断を表す「見る ようだ/らしい」「見そうだ」，伝聞を表す「見るそうだ」などがある。これらのうち，活用形はヴォイス・肯否・テンスに，表現文型はモダリティにかかわる表現である。また，これらの助動詞が複数連なる場合には規則性が見られる。たとえば「見させ られ たく なかっ た よう

だ」では、ヴォイス（使役→受身→希望）・肯否・テンス・モダリティの順で、おおむね客観性の強いことがら的表現から、主観性の強いモダリティ表現へと並ぶ。

日本語教育では、話し手の表現意図を基に類似表現を整理して教える必要があるため、従来の助動詞の枠にとらわれずに、補助動詞・複合形式・終助詞的表現も含めた文末表現全般を広く視野において指導することが肝要である。

→ヴォイス (2-E)、テンス (2-G)、モダリティ (2-H)

● 参考文献

北原保雄 (1981)『日本語助動詞の研究』大修館書店.

金田一春彦 (1953)「不変化助動詞の本質」『国語国文』22-2・3〔金田一春彦 (2004)『金田一春彦著作集 3 国語学編 3』玉川大学出版部、に所収〕.

森田良行・松木正恵 (1989)『日本語表現文型』アルク.

渡辺実 (1971)『国語構文論』塙書房.

［松木正恵］

C──文型

■文の成分

文の成分として、議論されることが多いのは、主語、述語、述語に付随する補充成分、修飾成分、独立成分、複文構造における接続成分である。たとえば「ああ、雨が降ったから、残念ながら運動会が明日に延期される」では、「ああ」が独立成分、「雨が降ったから」が接続成分、「運動会が」が主語（ただし受動文となっている）、「明日に」が「延期する」の補充成分、「残念ながら」が、修飾成分である。

ただし、立場によってどのような成分をたてるかに違いがある。学校文法では、「明日に」のような補充成分を修飾成分と分けずに、ともに連用修飾成分としている。

また、三上章などは、日本語には主語人称などとの一致現象がないほか、「象は鼻が長い」などの多重主格文や「～している私です」「秋だなあ」などの無主語文が成立する点で、主語を認めず、主題と主格とに解体することを提唱する。ただし、これに対して意志・勧誘の「～よう」などの文末形式や「悲しい」などの内的述語における人称制約（「{私が/*君が/*彼が} 行こう」「{私は/*君は/*彼は} 悲しい」）、尊敬語、「～自身」の用法、さらには複文構造での主語の表れ方など、日本語なりの「主語」という概念を認定すべきだとする立場もある。

意味的観点からは、文の中核は、述語とそれに意味的に結合する名詞の項があり、それに、時間・空間などの状況を修飾する成分、様態などの修飾成分などが付加することで成立する（ただし、名詞の項をどこまで必須なものと認定するかには難しい点があるほか、「寒く感じる」のように連用修飾が意味的に必須成分相当になることもある）。こうして成立する事態概念の中核の成分は、「命題内容」とか「コトガラ」などと呼ばれる。これに、「～するやいなや」のような時間節や「～すれば」のような条件づけの節などの複文要素が加わることもある。

そして、文としての独立性が認められる段階になると、内容の構成部分に対して、「～に違いない」など確からしさに関する文末形式や注釈、評価などの成分が付与される。注釈のなかには「正直にいえば」のように、発話行為に関するものや「部屋が暗いから、彼はいない」のように判断根拠の場合もある。これらの「命題めあて」あるいは「コトガラめあて」の成分と呼ばれる。

なお、文末に確からしさを表す形式が現れて

いなくても，逆に，無標の意味として断定などの意味が与えられることになる。これは文が独立することで話し手の態度が表されることになるからである。

さらに，伝達的側面として，聞き手への呼びかけや言いよどみ，そして，聞き手を意識した「ね」などの文末形式などがある。ていねいなスタイルをとるかどうかもこうした段階にかかわる。これらの成分は「聞き手めあて」の成分と呼ばれる。

こうした成分のレベルの違いは，複文構造の独立性や，関連形態の並び方にも大まかなところで対応している。もっとも，個別の形式を検討した場合，すべてがこうした層に截然と分けられるわけではない。また，テンスや否定などをどう位置づけるか，文法形式化した語彙的形式の扱いをどうするかなど，考えていくべき問題も多い。形態としての表面的な特性とその意味や文構成上のはたらきとは，すべての点で一致しているわけではないからである。

● 参考文献

仁田義雄（1995）「日本語文法概説」宮島達夫・仁田義雄（編）『日本語類義表現の文法（上・下）』くろしお出版．

時枝誠記（1941）『国語学原論』岩波書店．

三上章（1960）『象は鼻が長い』くろしお出版．

山田孝雄（1936）『日本文法学概論』宝文館．

渡辺実（1971）『国語構文論』塙書房．

〔森山卓郎〕

■ 基本文型

基本文型とは文型の基本的なものをいう。基礎文型，基幹文型などともいう。何を基本的とするかについては，使用頻度が高いこと，習得しやすいこと，述語と必須要素の基本的な語順を示すこと，派生や拡張のもととなること，日常生活の有用な場面で広く用いられること，などが挙げられる。

基本文型への関心は，主として外国人に対する日本語教育や国語教育といった実用的な要請によるものである。とくに第二次世界大戦中，東南アジアで日本語教育を推進するのに伴って基本文型の研究が盛んになった。一方，戦後になってからは文法論として理論的に基本文型を記述しようとする動きも出てきた。

基本文型の初期の記述に青年文化協会『日本語練習用 日本語基本文型』が挙げられる。ここでは，命令・許可・禁止などの表現を分類した「表現の種々の場合に於ける文型」，主として助詞・助動詞の用法を分類した「語の用法に関する文型」，主語や述語の構造に基づいた「文の構造に関する文型」の3種の文型が立てられている。

それ以降の研究では，「構造文型」と「表現文型」という2種が立てられることが多い。「構造文型」は，単文・複文・重文の別や，文の述語に応じた格成分の配列（「～に～があります」「～が～に～をあげます」）など，文の構造面に関する文型であり，「表現文型」は，依頼，勧誘，警告などの表現意図や「因果関係」「時間関係」などの表現内容に関する文型である。存在文・所在文や平叙文・疑問文・命令文などの区分も「表現文型」に属する。また，構造と表現だけでなく，イントネーションも含めてそれらを総合的に記述する「総合文型」の試みもなされている（たとえば国立国語研究所『話しことばの文型』(1)(2)）。

一方，文の階層性の各レベルに応じて文型を記述しようとする立場もある。その1つとして三上章は次のような基本文型を立てている（「基本文型論」）。

第1段　コトの類型：Xガドウスルカ，Xガドンナデアルカなど5型

第2段　コト＋話手：題述関係としての有題・略題・無題の3型

第3段　コト＋話手＋相手：平叙文・疑問文・命令文・感嘆文の4型

第4段　コト＋話手＋相手＋場面：伝達条件の大別による普通調と丁寧調の2型

　また，文を文章構成過程にあるものとして位置づけ，文章中の文脈の作り方に関与する文型として捉えようとする立場もある。林四郎の「起こし文型」はそのような立場からのもので，そのなかには「始発の文」「承前の文」「転換型の文」といった区分が立てられている（『基本文型の研究』『文の姿勢の研究』）。

　日本語教育においては，より基本的な文型からそうでない文型へと学習を進めるのが普通である。とくに初級レベルにおいては基本文型が重要な学習項目となり，どのような基準で文型を立てるか，そのうちのどれを学習項目とするか，それらをどのような順序で学習させるかが大きな問題になる。日本語教育における基本文型は，「構造文型」と「表現文型」という二分法によるものが多い。直接法やオーディオリンガル・メソッドは「構造文型」に主眼を置くが，近年のファンクショナル・アプローチをはじめとするコミュニケーションを重視した教授法では，それを文法偏重であると批判し，「表現文型」を重視した内容に変わっている。

● 参考文献

国立国語研究所（編）（1960）『話しことばの文型(1) 対話資料による研究』〈国立国語研究所報告18〉秀英出版.

国立国語研究所（編）（1963）『話しことばの文型(2) 独話資料による研究』〈国立国語研究所報告23〉秀英出版.

青年文化協会（1942）『日本語練習用 日本語基本文型』国語文化研究所〔復刻：日本語教育史資料叢書，冬至書房，1972〕.

寺村秀夫（1989）「構造文型と表現文型」宮地裕他（編）『講座日本語と日本語教育1』明治書院.

林四郎（1960）『基本文型の研究』明治図書.

林四郎（1973）『文の姿勢の研究』明治図書.

三上章（1958）「基本文型論」『国語教育のための国語講座5』朝倉書店〔復刻：『三上章論文集』くろしお出版，1975〕.

〔砂川有里子〕

■ 基本語順

　有意味な文を作るための文の要素の配列を語順という。日本語には，主として(1)文の成分を構成するための語順と，(2)文の成分を配列するための語順との2つがある。

　(1)は，格成分や述語などを構成するもので，「太郎-に-は」「行き-たく-なかっ-た」が「*太郎-は-に」「*行か-なく-たかっ-た」とならないように比較的制限が厳しい。格成分の構成では，「太郎-に(格助詞)-は(係助詞)-ね(間投助詞)」のような配列になるが，「花子-だけ-に/花子-に-だけ」のように，格助詞と副助詞との順番が入れ替わるものもある。

　述語の構成では，「行か-せ(使役)-たく(希望)-なかっ(否定)-た(過去)-だろう(推量)-か(疑問)-ね(同意)」のような配列になる。受身の「れる」やアスペクトの「ている」「てしまう」，授受の「てやる」などは，「歩い-てい-たい」のように動詞と希望のあいだに，補助形容詞の「やすい」「にくい」や形容詞述語や名詞述語は，「行き-やすく-ない」や「美しく-なかっ-た」のように否定の「ない」の前に，伝聞の「そうだ」は推量と同じ位置に現れる。ただし，「行っ-た-らしい/行く-らしかっ-た」のように過去や否定との位置が入れ替わるものもある。

　(2)の文の成分の配列では，「僕の-本」を「*本-僕の」といえないように，修飾成分と被修飾成分との配列は制限が厳しい。修飾成分同士では，長い成分が短い成分より先に出やすい傾向はあるが，「太郎は-カミソリで-ひげを-ぞり

ぞりと-剃った」を「太郎は-ぞりぞりと-ひげを-カミソリで-剃った」ともいえるように比較的制限が緩やかである。

　しかし，感動詞や接続詞は文頭に現れ，主題の「は」は主語の「が」よりも先行し，主格の「が」は目的語の「を」よりも先行するといった一般的な傾向は見られ，「呼びかけ・感動-場面設定・主題-主語-目的語-動詞」といった基本的な配列を想定することができる。

　場所の「で」や時を表す語は，出現位置で解釈の傾向が変わり，「昨日-中野区で-若者が-朝早くから-公園で-廃品で-家を-作りました」のように，主語に先行するとできごとが生じる場面を，主語に後続すると動作主体の活動の場を表しやすくなる。同じ「で」格でも，「*廃品で公園で」のように，道具の「で」は場所の「で」に先行しにくい。

　副詞も，モダリティ副詞は先頭や主語に近い位置，様態副詞は目的語の前後，結果副詞は動詞の直前に置かれやすい。

　また，移動を表す文では，「太郎が学校に行く」や「荷物を倉庫に運ぶ」のようにモノが着点に先行しやすく，存在や生産などを表す文では，「駅前に交番がある」や「庭に小屋を建てた」のように存在場所がモノに先行しやすく，相手をとる文では，「花子に手紙を渡す」のように相手がモノに先行やすいといった，文のタイプによる語順の傾向性も見られる。

→文の成分（2-C），格（2-D）

● **参考文献**

佐伯哲夫（1975）『現代日本語の語順』笠間書院．

[矢澤真人]

D——格

■日本語の格

● **格とは**——主に名詞相当語句が係り先である文中の支配要素とのあいだで取り結ぶ統合的（syntagmatic）な関係のことをいう。ただ，日本語の文法研究では，格の範囲について広狭いくつかの立場がある。広い捉え方は，名詞句に限らず，ある構成要素が文中の他の構成要素と統合的関係を取り結んでいれば，それは格の問題であるとするものである。名詞句に限る立場にあっても，主に述語に対する連用関係に限定するものもあれば，他の名詞句に対する連体関係を含めるものもある。さらに限定し，名詞句の述語に対する統合的関係全体から，「土曜日に大学でA君は B君に 本を借りた」の下線部の名詞句のように，文中での生起を述語（この場合「借りる」）に指定されている名詞句の述語に対する統合的関係に，格の中心を置く立場もある。

● **格の2側面**——述語に対して統合的関係を帯びている名詞句には，2つの側面が観察される。一つは，その統合的関係がどのような表現手段（表現形式）によって実現されるのかという側面であり，他の一つは，ある表現手段で実現される統合的関係が意味的にどのような関係を表しているのかという側面である。前者を表層格と名づけ，後者を意味格（深層格）と名づける。表層格を表すための表現手段には，ラテン語のように語形変化や日本語のように助辞の付加や中国語のように語順の異なりなどがある。

● **日本語の表層格**——述語に対する表層格には，ガ格・ヲ格・ニ格・ヘ格・カラ格・ト格・デ格・ヨリ格・マデ格がある。名詞に対するものはノ格であり，さらにそれを分化させた「ヘ

ノ」「カラノ」「トノ」「デノ」「ヨリノ」「マデノ」がある。

●**日本語の意味格**── 表現形式の表す意味格を取り出す基準や，分類された意味格のタイプと数に対しては，なかなか確定的なことがいえない。したがって以下に示す日本語の意味格も暫定的なものである。たとえば，「男が走った」（動作の主体），「戸が開いた」（変化の主体），「A君がB君を叩いた」「花瓶を割った」「昔のことを思い出した」（対象），「花束を彼女に贈った」（相手：行き先），「会員から会費を集めた」（相手：出どころ），「A子{と/に}会う」（相手），「物音に驚いて」（基因），「庭に出た」「日本語に訳す」（行き先），「部屋{を/から}飛び出した」「卵から稚魚をかえした」（出どころ），「机の上に本がある」（ありか），「あたりをさまよう」（経過域）などが挙げられる。

➡格（7-D），動詞と格助詞（2-D），格助詞の用法（2-D）

●**参考文献**
仁田義雄（編）(1993)『日本語の格をめぐって』くろしお出版．
国立国語研究所（1997）『日本語における表層格と深層格の対応関係』三省堂．
石綿敏雄（1999）『現代言語理論と格』ひつじ書房．

［仁田義雄］

■**連体修飾節主語を表すガとノ**

連体修飾節においては，主語を提示するのに，格助詞「が」のほかに「の」が用いられる場合もある。たとえば，「背{が/の}高い人」「太郎{が/の}書いた論文」「火災{が/の}起きる危険性」「一般市民{が/の}死傷する事件」「パン{が/の}焼ける匂い」などである。

「が」と比べて，「の」の使用にはいくつかの制約がある。いわゆる「外の関係」で，被修飾名詞の内容を説明する連体修飾節においては「の」は用いにくい。ことに，「どこの店{が/*の}おいしいという知識」「彼{が/*の}失職したという話」などのように，連体修飾節と被修飾名詞とのあいだに「という」あるいは「との」などのつなぎのことばが介在する場合は，「の」を用いるのは不適切である。

また，いわゆる「内の関係」の連体修飾節でも，「の」で主語を提示しにくい場合がいく通りかある。まず，連体修飾節内の主語と述語とのあいだに他の補語や副詞的成分などが介在すると，そうでない場合に比べて「の」は用いにくくなる。この主語と述語のあいだの距離が長くなるほどその傾向は強い。たとえば「太郎{が/*の}去年ニューヨークで婚約者のために数百ドルで買った指輪」などはその例である。また，連体修飾節が複文構造をもつ場合も，そのなかの従属節にあたる節の主語を提示するのに「の」を用いにくい。「太郎{が/*の}買ってきて次郎{が/の}料理した牛肉」「子ども{が/*の}風邪をひいたら飲ませる薬」「子ども{が/*の}嫌がっても食べさせたほうがいい食品」などがその例である。また，「妻が知り合いに聞いた話」「息子が先生からもらった本」などでは，「が」の代わりに「の」を用いて「妻の知り合いに聞いた話」「息子の先生にもらった本」などとすると，「の」を主語を提示する格助詞としてではなく，「妻の知り合い」「息子の先生」など，いわゆる所有格と解しやすく解釈のうえで誤解が生じる可能性があるので，「の」の使用は不適切である。

➡連体修飾節（2-J）

●**参考文献**
牧野成一（1980）『くりかえしの文法』大修館書店．
三上章（1972）『現代語法序説』くろしお出版．
井上和子（1976）『変形文法と日本語 上』大修館書店．

柴谷方良（1978）『日本語の分析』大修館書店．

益岡隆志・田窪行則（1992）『基礎日本語文法 改訂版』くろしお出版．

[高橋美奈子]

■対象を表すヲとガ

「犬<u>が</u>ほしい」「犯人<u>が</u>憎い」「スポーツ<u>が</u>好きだ」「タバコの煙<u>が</u>嫌いだ」など，形容詞で感情・感覚を表す際，感情・感覚の向けられる対象を格助詞「が」で示す。「彼女<u>を</u>好きだ」のように「を」で示すこともあるが，「が」に比べ一般的ではない。一方，「犬<u>を</u>ほしがる」「犯人<u>を</u>憎む」「スポーツ<u>を</u>好む」「タバコの煙<u>を</u>嫌う」のように動詞述語の場合は対象を格助詞「を」で示す。

述語が動詞でも，次の場合には，「が」で対象を表すことがある。①「水を（が）飲みたい」「映画を（が）見たい」のように，「たい」をつけて願望を表す場合，②「中国語を（が）話せる」「ご飯を（が）食べられる」のように，可能を表す場合，③「荷物を（が）積んである」「車を（が）止めてある」のように，補助動詞「てある」をつけて結果の状態を表す場合である。単独の動詞では動作を表すが，「たい」，可能表現，「てある」などで状態性を帯びることによる。

ただし，以上の場合であっても，動作の対象から述語までが長い文においては「を」を使う傾向がある。「宿題<u>を</u>明日までに全部やってしまいたい」などでは「を」を使わなければ意味がとりにくくなるからである。また，対象が人の場合には，その人が対象なのか主体なのかあいまいになるのを避ける意味で「を」が用いられる。「太郎が推薦できる」の場合，「太郎」が主体とも解釈され，あいまいであるが，「太郎<u>を</u>推薦できる」とすれば，対象であることが明白になる。

また，③の「てある」構文の場合，目に映る現象をそのまま述べる場合には，「ほら，あそこにポスター<u>が</u>貼ってある」のように「が」が用いられる。これは「雨<u>が</u>降ってきた」のような現象文で「が」が用いられるのと同じ原理である。目に映る対象がない場合，たとえば，「予防注射<u>を</u>してある」「あの人に仲人<u>を</u>頼んである」のように効力の維持を表すような場合には，「を」を用いることが多い。

→格助詞の用法（2-D）

●参考文献

鈴木重幸（1972）『日本語文法・形態論』むぎ書房．

益岡隆志・田窪行則（1987）『格助詞』〈日本語文法セルフ・マスターシリーズ3〉くろしお出版．

[中畠孝幸]

■場所を表すニとデとヲ

「に」は，「太郎は喫茶店<u>に</u>いる」のように述語が存在を表すものである場合，主体（ガ格）の存在場所を表す。また，「太郎は学校<u>に</u>行った」「家<u>に</u>荷物を送る」のように述語が移動を表すものである場合，主体（ガ格）や対象物（ヲ格）の移動の着点を表す。一方，「で」は，「太郎は喫茶店<u>で</u>お茶を飲んだ」「学校<u>で</u>火事が起きた」のように，動作を行う場所や出来事の起こる場所を表す。

したがって，「小学校<u>に</u>プールがある」「この町<u>には</u>公園が多い」など存在に重点がある場合は「に」が用いられ，「小学校<u>で</u>運動会がある」「この町<u>では</u>交通事故が多い」など，できごとの発生に重点がある場合は「で」が用いられる。「東京｛に/*で｝住む」と「東京｛*に/で｝暮らす」の違いも，「住む」が存在に重点のある動詞であり，「暮らす」が動作に重点のある動詞であることを示している。

また，「空き地｛に/で｝ゴミを捨てる」の場

合，「に」では空き地がゴミの移動の着点を意味し，「で」では捨てる動作を行う場所を意味するという違いがある。「会社 {に/*で} 勤める」と「会社 {*に/で} 働く」も，「勤める」が移動の着点をとる動詞であり，「働く」が動作を行う場所をとる動詞であることを示している。

「を」には，「橋を渡る」「名古屋を通過する」のように，動作の経路・通過点を表す用法がある。「廊下を走る」は，廊下に沿って一直線に走ることを意味するが，「廊下で走る」は廊下が走る動作の舞台であることを表していて，必ずしも一直線的な移動を意味しない。

また，「山 {に/を} 登る」は「に」「を」がともに使えるが，「に」では山頂に到着する意味が強く，「を」では麓から山頂までを移動する意味が強い。したがって，「2階 {に/*を} 上がる」のように着点に重点がある場合には「に」が適格，「を」が不適格となり，「長い階段 {*に/を} 上がる」のように経路に重点がある場合には「を」が適格，「に」が不適格となる。

→動詞と格助詞（2-D）

●参考文献

野田尚史（1991）『はじめての人の日本語文法』くろしお出版．

寺村秀夫（1982）『日本語のシンタクスと意味Ⅰ』くろしお出版．

益岡隆志・田窪行則（1987）『格助詞』〈日本語文法セルフ・マスターシリーズ3〉くろしお出版．

森田良行（1989）『基礎日本語辞典』角川書店．

［日高水穂］

■起点を表すヲとカラ

格助詞の「を」と「から」は，ともに起点を表す用法をもつ。

(1)田中は急いで部屋 {を/から} 出た。
(2)船が岸 {を/から} 離れた。

「から」は本来「3階から2階に降りる」のように終点へ向かう移動・連続の起点を表す。これに対し「を」は前接する名詞句によって分けられた領域の境界通過に着目する。

この違いは次のような具体的な使い分けを生じる。

第一に，着点を表すニ格などの名詞句とともに「を」は使えない。

(3)3階 {*を/から} 2階に降りる。

逆に着点が想定できない場合「から」は用いにくい。

(4)駅前でバス {を/*から} 降りた。
(5)毎朝，7時に家 {を/*から} 出る。

第二に，当該起点以後の動きや連続が認められる場合は「から」が用いられる。

(6)泥棒は玄関 {*を/から} 逃げたらしい。
(7)カメラが肩 {*を/から} 提がっている。

(6)のように当該起点以前にも動きが認められる場合，経由点とも呼ばれる。

第三に，無情物主語の起点は「から」で表され，「を」は使えないことが多い。

(8)煙が部屋 {*を/から} 出ている。
(9)ポケット {*を/から} 飴が出てきた。

(8)は連続した状態の一端であり，(9)は移動の一端である。いずれも境界域の通過とは捉えられないため「を」は用いることができない。

ただし，無情物主語であっても境界通過に着目すれば「を」も用いられる。

(10)隣の家の木の枝が垣根を出ている。

→動詞と格助詞（2-D）

●参考文献

三宅知宏（1995）「ヲとカラ」宮島達夫・仁田義雄（編）『日本語類義表現の文法（上）』くろしお出版．

［山田敏弘］

■時を表すニの使用・不使用

時を表す名詞のなかには、「今日 {*に/φ}、太郎と会った」のように、「に」を伴うと不自然になるものと、「1月1日 {に/*φ}、初詣に行った」のように、「に」を伴わないと不自然になるものがある。

「に」を伴わないものは、「今日, 明日, あさって, 昨日, おととい, 今週, 来週, 先週, 今月, 来月, 先月, 今年, 来年, 去年, 今, 昔」のように、その指し示す時が、発話時を基準にして相対的に決まる時の名詞である。一方、「1月, 1日, 1時10分, 2000年, 21世紀, 江戸時代」のように、発話時とはかかわりなく、絶対的に決まる時の名詞は、基本的に「に」を伴う。新聞などでは、「首相は1日、記者会見を行った」のように、「に」を伴わない表現も行われるが、これは書きことばの文体の特徴であり、話しことばでは「に」を伴うのが普通である。

なお、「事件の3日後 {に/φ}、犯人が捕まった」「子供の頃 {に/φ}、よく川で遊んだ」のように、「に」があってもなくても適格なものもある。「事件（の起きたとき）」あるいは「子供（であったとき）」は絶対的に決まる時であるが、それを基準時として相対的に決まる時の名詞は、「に」を伴っても伴わなくてもよいと考えられる。季節（春, 夏, 秋, 冬）、曜日（日曜日, 月曜日……）、一日の時間帯（午前, 午後, 朝, 昼, 夕方, 晩, 夜）などは、ある年、ある週、ある一日が基準時として想定されるため、「に」を伴わなくても適格になることが多い。

ただし、「冬 {に/?φ}、大雪が降った」「日曜日 {に/?φ}、教会に行った」「晩 {に/?φ}、カレーを食べた」のように、基準時を明示しない場合は、無助詞はやや不自然である。「去年の冬 {に/φ}、大雪が降った」「先週の日曜日 {に/φ}、教会に行った」「昨日の晩 {に/φ}、カレーを食べた」のように、とくに相対的な時の名詞を基準時として示すと、無助詞の適格性は上がる。

→名詞 (2-B), 無助詞, 格助詞の省略 (2-I)

● 参考文献

野田尚史 (1991)『はじめての人の日本語文法』くろしお出版.

益岡隆志・田窪行則 (1987)『格助詞』〈日本語文法セルフ・マスターシリーズ 3〉くろしお出版.

[日高水穂]

■目的地を表すニとヘ

「北海道に行った」「北海道へ行った」のように着点を示す際に「に」も「へ」も使える場合がある。「行く」のほか、「移る」「帰る」「寄る」「向かう」など、方向性をもった主体の移動を表す動詞では、「に」「へ」どちらも用いることができる。また、「海 {に/へ} 土砂を捨てる」「沖縄 {に/へ} 手紙を送る」など、対象物が方向性をもって移動する場合もどちらも用いうる。

「に」を用いるが「へ」を用いないのは、主体や対象の具体的な移動を伴わない場合である。「友達 {に/*へ} 出会う」「母 {に/*へ} 約束する」など、相手を表す文では「へ」は用いられない。また、「黒板 {に/?へ} 紙を貼った」「かばん {に/?へ} 本を入れてある」のように、動作後、対象物がその場所に行き着いた状態であることを表すにも「へ」は適さない。

「へ」に特徴的なのは方向性を表す点である。「に」に置き換えられる場合が多いが、名詞修飾構造における場合など、置き換えられないこともある。たとえば「北海道への旅行」とはいえるが、「*北海道にの旅行」とはいえない。また、引用の「と」を後接させ「家へと急いだ」とはいえるが「*家にと急いだ」とはいえない。さらに、新聞見出しや標語などに特徴的に見ら

れる語法として、「衆議院解散へ」「ごみはくずかごへ」など、助詞「へ」で終止する言い方があるが、その場合も「に」ではなく「へ」を用いる傾向が強い。

「に」も「へ」も用いにくい動詞として、「歩く」「走る」「泳ぐ」「這う」など、移動そのものというより、移動の様態や方法を表す動詞がある。それらの動詞では「学校に歩いた」とも「学校へ歩いた」ともいいにくく、「学校まで歩いた」と「まで」を用いる必要がある。ただ、「病院に（へ）走った」とはいえる。それは、「走る」という身体的動作よりむしろ「急いで行く」という移動の意味を表そうとしているからである。移動の意味が顕在化すれば、「に」や「へ」を用いる妥当性が生じる。

●参考文献

鈴木重幸（1972）『日本語文法・形態論』むぎ書房.

益岡隆志・田窪行則（1987）『格助詞』〈日本語文法セルフ・マスターシリーズ 3〉くろしお出版.

[中畠孝幸]

■材料を表すカラとデ

格助詞の「から」は「ぶどうからワインを作る」のように〈原料〉を表す用法をもつのに対し、「で」は「紙で模型を作る」のように〈材料〉を表す用法をもつ。いずれの場合にも述語の位置には生産の意味をもつ動詞が現れる。

原料と材料の違いは、元になるものが生産物になる過程で質の変化を伴うか否かという点にある。すなわち、質の変化を伴う場合は「から」が用いられ、質の変化を伴わない場合は「で」が用いられるのが典型である。

ただし「で」の使用範囲は「から」より広く、「ぶどうでワインを作る」といえないことはない。つまり広い意味での材料には原料も含まれるということであり、質の変化という側面

をあえて問わないような場合には「で」を用いることが可能である。

しかし「ジャガイモ｛から/*で｝でんぷんを抽出する」「記憶の断片｛から/*で｝妄想を作り出す」のように、述語が単に生産を意味するだけでなく質の変化をも論理的に含意する場合は、「から」を「で」で置き換えることはできない。

一方、「*紙から模型を作る」とはいえないが、「一枚の紙から複雑な模型を作る」のように、元になるものから生産物への変化の大きさ、距離感を表現する場合には、「で」の代わりに「から」を用いることが可能になる。

なお、「で」のつくものは、「塩で味をつける」「染料で色を出す」のように生産の途中で加わる副次的なものでもありうるが、「から」のつくものは、生産の起点、生産物の核になるようなものでなければならない。

また、「から」「で」は両者ともものの構成要素を表すことができるが、「委員会は 7 人の委員｛から/*で｝成る」「委員会は 7 人の委員｛で/*から｝構成される」のように、述語の語彙的な性質によってどちらか一方しか用いられない場合がある。

➡動詞と格助詞（2-D）

●参考文献

岡部寛（2000）「格助詞の使い分け」『京都橘女子大学研究紀要』26.

益岡隆志・田窪行則（1987）『格助詞』〈日本語文法セルフ・マスターシリーズ 3〉くろしお出版.

益岡隆志・田窪行則（1992）『基礎日本語文法』（改訂版）くろしお出版.

[阿部 忍]

■起因を表すニとデとカラ

事態生起の原因・理由を表す格助詞には「に」「で」「から」の 3 つがある。

最も一般的なものは「で」である。
(1)地震で多くの家が倒壊した。
(2)風邪で学校を休んだ。
　「に」は心理状態や自然状態の原因，あるいは心理変化のきっかけを表すことが多い。
(3)彼は会社の理不尽な扱いに怒っていた。
(4)コスモスが秋風に揺れている。
(5)教授のノーベル賞受賞の知らせに皆喜んだ。
　「に」は一般的な変化や動作のきっかけとなる継起的起因を表すこともある。
(6)突然襲った大地震に多くの家が倒壊した。
(7)わが子の誕生に太郎は就職を決意する。
　ただし，きっかけとなる名詞句はそれ自体が1つのできごとを表すだけの具体性がなければならない。
(8)*地震に多くの家が倒壊した。
　「で」にはこのようなきっかけとしてのニュアンスがなく(1)のように原因一般を表す。
　「から」は変化の元となった原因を表す。
(9)たき火の不始末から大惨事となった。
　状態の原因としては「で」が適当である。
(10)たき火の不始末{で/?から}山が燃えている。
　「から」にはほかに理由に近い用法として判断の根拠を表す用法もある。
(11)この人骨は鼻の形から縄文人と考えられる。
　原因・理由を表す複合形式としては「によって」「のせいで」「のおかげで」「のため」「につき」「とあって」「ゆえ(に)」がある。
➡格助詞の用法（2-D）
● 参考文献
言語学研究会（編）(1983)『日本語文法・連語論（資料編）』むぎ書房．

[山田敏弘]

■動詞と格助詞
● 動詞の格支配 —— 動詞は，文の述語をなし，他の成分を要求し従属させる支配要素である。動詞には，述語として文を形成するにあたって，自らの表す動き・状態・関係を完成させるために，どのような格助詞を伴った名詞句の組み合わせ（文型）をとるかが，基本的に決まっている。このように，動詞が自らが有している語彙的意味の類別に応じて，文の形成に必要な名詞句の組み合わせを選択的に要求する働きを，〈動詞の格支配〉と呼ぶ。動詞「死ぬ」では「男が死んだ」のようにガ格名詞だけでよい。それに対して「殺す」では「犯人が男を殺した」のようにガ格名詞とヲ格名詞が必要になる。したがって，「死ぬ」がヲ格をとったり，「殺す」がニ格をとったりすると，逸脱文ができてしまう。
● 文型から見た動詞のタイプ —— 日本語教育においては，どのような動詞（群）がどのような格助詞を伴った名詞句の組み合わせをとるかを知っておくことは，重要である。
　また，表2-9に挙げた「相互動作」「引っつけ」「与え」などは，「争う，結婚する，会談する」「置く，積む，すえる」「与える，贈る，売る」などの動詞から引き出される共通の語彙的意味へのラベルである。これをカテゴリカルな語義（範疇的語義）という。
➡日本語の格（2-D），格（7-D）
● 参考文献
言語学研究会（編）(1983)『日本語文法・連語論（資料編）』むぎ書房．
仁田義雄(1986)「格体制と動詞のタイプ」情報処理振興事業協会（編）『ソフトウェア文書のための日本語処理研究7』情報処理振興事業協会技術センター．
村木新次郎(1991)『日本語動詞の諸相』ひつじ書房．

[仁田義雄]

表 2-9　共起格助詞の組み合わせ型の例

・[Nガ]（自らのみの運動・変化を表すもの）
暴れる（男が暴れている），生きる，騒ぐ，泣く，笑う，照る，光る，揺れる：枯れる，砕ける，切れる，はげる，固まる，溶ける，温まる，冷める，濁る，ゆるむ，乱れる，曲がる…

・[Nガ, Nニ]（起因をとる心理・生理的活動）
弱る（A君がB君の強引さに弱っている），困る，喜ぶ，おびえる，あわてる，苦しむ，驚く，参る（母が暑さに参る），（看病に）疲れる…

・[Nガ, Nト]（相互動作・相互状態）
争う（源氏が平家と争った），結婚する，けんかする，離婚する，婚約する，会談する，交際する，ずれる（彼の考えは常識とずれている），違う…

・[Nガ, Nニ]（対手めあて）
いばる（彼は部下にいばっている），吠える，（彼に）従う，逆らう，尽くす，仕える，甘える，頼る，（彼/議案に）反対する，賛成する，背く，抵抗する…

・[Nガ, Nヲ]（他への働きかけ）
洗う（母が服を洗った），ゆらす，握る，もむ，振る，なでる，押す，叩く，ける，打つ，押さえる：暖める，冷やす，折る，固める，溶かす，砕く，育てる，助ける，静める，煮る，乱す，汚す，焼く…

・[Nガ, Nヲ]（通過）
登る（男が山を登った），降りる，転がる（ボールが廊下を転がる），渡る，横切る，通る，回る（地球が太陽の回りを回る）：歩く（子供が歩道を歩く），飛ぶ…

・[Nガ, Nニ]（引っつき）
はねる（泥水がズボンにはねた），つく，引っつく，掛かる（服がハンガーに掛かっている），刺さる，当たる…

・[Nガ, Nカラ]（取れ）
外れる（腕から時計が外れた），はがれる，ちぎれる，取れる，抜ける…

・[Nガ, Nヲ, Nニ]（引っつけ）
置く（子供が机の上に本を置いた），積む，（工場に機械を）すえる，乗せる，上げる，つける，貼る，（書類に判を）押す，刺す，塗る，掛ける，（上着をハンガーに）つるす，（仏壇に花を）供える…

・[Nガ, Nヲ, Nカラ]（取り外し）
外す（男は腕から時計を外した），取る，（板から釘を）抜く，はがす，（枝から柿を）ちぎる…

・[Nガ/カラ, Nヲ, Nニ]（与え）
あげる（子供が犬にえさをあげた），与える，（僕から彼女に花束）贈る，売る，恵む，貸す，やる，（近所に土産物を）配る，（彼に資金を）出す…

・[Nガ, Nヲ, Nカラ]（取り）
（会計が会員から会費を）集める，取る，奪う，盗む，預かる，（彼から金を）得る…

・[Nガ, Nヲ, Nカラ/ニ]（貰い）
（僕が彼{から/に}本を）もらう，借りる，いただく，たまわる…

■格助詞の用法

　格助詞の用法を実例を添えて一覧にし，表2-10にまとめた。
→動詞と格助詞（2-D），複合格助詞（2-D）

●参考文献

言語学研究会（編）（1983）『日本語文法・連語論（資料編）』むぎ書房．

益岡隆志・田窪行則（1987）『格助詞』〈日本語文法セルフ・マスターシリーズ3〉くろしお出版．

[中畠孝幸]

■複合格助詞

　複合格助詞の用法を実例を添えて一覧にし，表2-11にまとめた。
→動詞と格助詞（2-D），格助詞の用法（2-D）

表 2-10　格助詞の用法一覧

【が】	(1)主体	「犬が走っている」「銀行がある」		(3)材料	「木で作る」
	(2)対象	「海が好きだ」「水が飲みたい」「手袋が編める」		(4)様態	「Tシャツで出席する」「はだしで歩く」
【を】	(1)対象	「ハンカチをたたむ」「お茶を飲む」「料理を作る」		(5)原因	「風邪で休む」「大きな音で目がさめる」
	(2)起点	「家を出る」「バスを降りる」		(6)限界点	「午後7時で閉店する」「100度で沸騰する」
	(3)経過域	「空を飛ぶ」「横断歩道を渡る」「川を泳ぐ」		(7)単位	「一人で住む」「3つで1000円だ」
【に】	(1)場所	「机の上にある」「大阪に住む」	【へ】	方向	「職場へ向かう」
	(2)着点	「美術館に行く」「ゴミ箱に捨てる」「大人になる」	【と】	(1)相手	「家族と行く」「子どもとけんかする」「母と相談する」
	(3)相手	「友達に会う」「先生にもらう」「母に相談する」		(2)比較対象	「昔と違う」「私のと同じだ」
	(4)受け手	「私にはわかる」「子どもには難しい」		(3)内容	「無効とみなす」「恩師と呼べる」
	(5)起因	「大きな音に驚く」「寒さに震える」	【から】	(1)始点	「関西空港から出発する」「4月から始まる」
	(6)方向	「東京に向かう」「南北に長い」		(2)原料	「米から作る」
	(7)目的	「見物に行く」		(3)材料	「試験結果から判断する」
	(8)時	「午前10時に開店する」		(4)起因	「不注意から事故を起こす」
【で】	(1)場所	「喫茶店で会う」「川で泳ぐ」	【より】	(1)比較対象	「私よりうまい」
	(2)道具	「ナイフで切る」「飛行機で行く」		(2)起点	「東京より北だ」「10時より始める」
			【まで】	終点	「九州まで出かける」「12時まで勉強する」

● 参考文献

森田良行・松木正恵（1989）『日本語表現文型』アルク.

山崎誠・藤田保幸（2001）『現代語複合辞用例集』国立国語研究所.

山田敏弘（2002）「格助詞および複合格助詞の連体用法について」『岐大国語国文』29.

[山田敏弘]

表 2-11　複合格助詞一覧　　　　　　　　　　　　　　　　（[　]内は変異形，Nは名詞）

《に対して》[に対し，に対しまして，に対するN，に対してのN]
　用法1〈対象〉…動作が直接には及ばない二格目的語であることを明示的に示す
　　　　(1)外相の発言に対して近隣諸国が抗議した。
　用法2〈対比〉…2つの事象を対比的に示す
　　　　(2)A市は人口が急増している。これに対してB市は激減している。

《にとって》[にとり，にとりまして，にとってのN]
　用法1〈価値判断・評価の立場〉…述部に表す主観的な価値判断や評価を述べる立場を表す
　　　　(1)母は捨てなさいと言うけれど，私にとってこのぬいぐるみは大切な友達なのです。
　用法2〈関係を捉える立場〉…関係を捉える立場を表す
　　　　(2)山下先生は私にとって叔父に当たります。

《について》[につき((2)のみ)，につきまして，についてのN]
　用法1〈言語情報の対象〉…「話す」「考える」「研究する」など言語情報を伴う動作の対象を表す
　　　　(1)私の小さな頃の思い出についてお話しします。
　　　　★「に関して」もほぼ同じ意味であるが，やや書きことば的
　　　　★「をめぐって」は複数主体による長い議論や争いの対象を表す　　(例)領地をめぐって
　用法2〈数量的対応〉…前接する名詞に応じた数量的変化を表す
　　　　(2)入場料金はお一人様につき500円です。

《につき》[-]
　用法1〈理由〉…張り紙など間接的媒体によって不特定の人に対する現状の理由の告知などに使用
　　　　(1)改装中につき臨時休業いたします。
　　　　★過去には使えない。例　*改装中につき臨時休業いたしました。→「のため」

《によって》[により，によりまして，によるN，(によってのN)]
　用法1〈方法〉…意志動詞とともに用いられ当該動作の手段を表す。「で」よりもやや硬い
　　　　(1)インターネットによって商売を拡大する。
　　　　★とくに情報源を主題的に取り上げる場合には「によると」「によれば」を用いる
　　　　　　例　天気予報によれば明日は大雪だそうだ。
　用法2〈原因・理由〉…時間的に先立つ事象が原因・理由となって主節の事象が生じることを示す
　　　　(2)株の暴落によってA銀行は大きな損害を被った。
　　　　★同時である場合には使えない。　(例)*彼は病気によって休養中だ。→「で」
　用法3〈材料・構成要素〉…「で」と同じ
　　　　(3)キシリトールは酸素と水素と炭素によってできている。
　用法4〈変化・対応〉…前接する名詞の変化に対応する変化・多様性を表す
　　　　(4)牛乳は保存状態によっては賞味期限内でも腐ってしまう。
　用法5〈受身の動作主〉➡「受動文での動作者の格（2-E）」の項参照

《をもって》[(をもち)，をもちまして，をもってのN]
　用法1〈体裁・形式〉…文体的に硬い「で」で置換可能
　　　　(1)回答は文書をもって通知いたします。
　用法2〈開始や終了の区切り〉…開始・終了を表す動詞とともに用いられその期限を表す
　　　　(2)当店は本日をもって閉店いたします。
　　　　★「でもって」は終了の区切りは表すが開始時は表さない　(例)*4月でもって始める。「でもって」はほぼ「で」の全用法に対応する

《にかけて》［にかけ，にかけまして，にかけてのN］
　用法1　〈空間的・時間的範囲〉…ある事象が2つの範囲を両端域として生じたことを表す
　　(1)昨夜未明，関東地方から東海地方沿岸にかけて強い地震がありました。
　　　★前接する名詞はある程度の範囲をもつ名詞に限られる（cf.*3時ちょうどにかけて）。

《にわたって》［にわたり，にわたりまして，にわたってのN，にわたったN］
　用法1　〈空間的・時間的範囲〉…ある事象が1つの範囲全体において生じたことを表す
　　(1)雨は1ヵ月にわたって降りつづいた。

《として》［としまして，としてのN］
　用法1　〈資格・立場〉…動作や状態の資格や立場を表す。一時的な場合も多い
　　(1)全国大会に学長の代理として参加する。
　　(2)京都は古い町として全世界的に有名だが，実際には新しいビルが多い。
　　(3)中国はWTOの正式加盟国として承認された。

《を問わず》［を問わないN］
　用法1　〈多様性に対する不変化〉…反対概念や複数の要素を含む名詞に続いてそのような場合にも変化し
　　　　　ないことを表す
　　(1)工事は昼夜を問わず続けられた。
　　　★「にかかわらず」は反対概念の語にはつきにくい。（例）*昼夜にかかわらず

《において》［におきまして，におけるN］
　用法1　〈事態の生起場所〉…動作や出来事が生じる場所を表す
　　(1)卒業式は大ホールにおいて行われます。

　複合格助詞としての認定は当該の意味・用法を変えず文末で用いられないことを第一に考える。「に応じて」は「その歌手はアンコールに応じてもう一曲歌った」の場合，「アンコールに応じた」とも言える点で複合格助詞ではなく動詞のテ形と認定されるべきものである。一方，「金額に応じて一定の割合を返金する」の「に応じて」は文末で「*返金は金額に応じた/応じている…」などと述べることができない点で格助詞として文法化しているものと考えられる。
　「に対して」に対する「に対し」など，いわゆる連用中止型はやや文体的に硬い印象を受けるが，意味は変わらない。「に対しまして」のような丁寧形は格助詞が本来的に名詞と述語との関係を表す機能語であることを考えれば過剰な待遇的配慮であるが実際には広く使われている。
　連体形については「に対する」のような連体形型も「に対しての」のような連体助詞型も差はほとんど見られない。ただし，「インフルエンザ｛に対する/?に対しての｝抗体」のように動作性を含意しない「抗体」のような名詞に続く場合には連体形型のほうが許容されやすい。

E──ヴォイスとその周辺

■ヴォイス

　ヴォイスとは文を構成する動詞の語形と名詞の格関係が交替するという統語的な現象をいう。すなわち，一方では，文のかなめとなる述語の役目を担う動詞に何らかの特別の形が現れ，基本の形と対立するという形態論的な特徴がある。しかし，そのような述語の形態上の対立を生み出すのは，何を文の中心として述べるかというperspectiveであり，これは文の伝達上の機能である。ヴォイスという文法現象は，動詞の語形上の特徴と統語上の交替関係という形式的な側面とコミュニケーションに基づく機能の側面との両方を問題にしなければならない。

　ヴォイスは，動詞述語文に固有な文法カテゴリーであり，形容詞述語文や名詞述語文には存在しない。動詞述語文における「甲は乙に英語を教える。」と「乙は甲に（あるいは甲から）英語を教えられる/教わる/習う。」のような関係は，ヴォイスの対立が多面的であることを示

している。すなわち、「教える vs 習う」さらに「教える vs 教わる」という語彙的な対立が「教える vs 教えられる」という共通の動詞「教える」の能動形と受動形の対立と競合関係にあり、「教える vs 習う」が語彙的なヴォイスと呼ばれることもある。

日本語のヴォイスとして、「能動（基本）文 vs 受動文」と「基本（非使役）文 vs 使役文」の対立関係が中心に位置づけられる。述語部分の形式は「する vs される」と「する vs させる」の対立関係を示すが、受動と使役を特徴づける -Rare- と -Sare- の音形が類似していることが注目される。また、統語上の形式は、どちらの対立関係においても、変形関係と派生関係の双方が認められる。「太郎が次郎をなぐった。」と「次郎が太郎になぐられた。」の関係は同じ事態を視点を替えて述べた文で変形関係に基づく、能動文と（直接）受動文の対立である。「雨が降った。」と「太郎は雨に降られた。」の関係は派生関係に基づくもので、後者は、前者の文に存在しえない関与者「太郎」の視点から述べた二重構造の文である。前者が基本文、後者が（間接）受動文という対立である。この区別は、事態との関係とどのような統語上の対立を示すかに基づいた分類で、迷惑性をもつかどうかという意味上の特徴や動詞が自動詞か他動詞かといった動詞のタイプに基づくものではない。もちろん間接受動文には一般に迷惑性が認められるとか自動詞は間接受動文にしかならないといった性質が見られるのは確かである。しかし、間接受動と迷惑性は別物と考えるべきである。迷惑と対の意味をもつ恩恵の形式「〜てもらう」があって、「-られる」が恩恵の意思を排除し、迷惑の意味に限定されるということもある。

使役についても、受動と同様の変形関係と派生関係の双方の対立が見られる。「彼は多額の借金に悩んでいた。」と「多額の借金が彼を悩ませていた。」は同一事態を述べた変形に基づくもので、非使役文と使役文の対立である。一方、「息子が買い物に行った。」と「母親が息子に買い物に行かせた。」は派生関係に基づく、基本文と使役文の対立で、後者は前者に存在しない関与者（母親）の視点から述べた二重構造の文である。前者の対立は、「喜ぶ」「悲しむ」「いらだつ」「驚く」「感動する」「失望する」といった人間の精神状態を意味する動詞に現れ、後者の対立は「行く」「遊ぶ」「寝る」「立つ」など人間の肉体的かつ社会的な活動にかかわる動詞に現れるという違いが見て取れる。「喜ぶ」「驚く」などの精神活動は、自ら行う能動的な行為ではなく、直面するものごとにすぎない。使役動詞の形をとるものの、行為者の意志性を尊重すれば、許可や放任の意味になることはよく知られている。

➡受動文の種類（2-E）、使役（2-E）、自動詞と他動詞（2-B）、ヴォイスの研究（7-D）

● 参考文献

柴谷方良（2000）「ヴォイス」『日本語の文法1 文の骨格』岩波書店．

高橋太郎（1977）「たちばのとらえかたについて」『教育国語』51．

村木新次郎（1991）「ヴォイスのカテゴリーと文構造のレベル」仁田義雄（編）『日本語のヴォイスと他動性』くろしお出版．

村木新次郎（2000）「ヴォイス」『別冊國文學』53．

[村木新次郎]

■受動文の種類

受動文は受身文ともいう。受身文は直接受身文と間接受身文とに分けられる。

●直接受身文——直接受身文とは、「子どもが犬に助けられた」のように、能動文（「犬が子どもを助けた」）をそのまま転換して得られる受身文のことをいう。対象がヲ格で表される

能動文のほか、「犬が子どもにかみついた」のようにニ格成分をもつ能動文や「犬が子どもからボールをとった」のようにカラ格成分をもつ能動文からも直接受身文ができる（「子どもが犬にかみつかれた」「子どもが犬にボールをとられた」）。直接受身文は、能動文の動作主を主語の位置から降ろし、ガ格以外の成分を主語の位置に置き、動詞の語幹に-(r)areruをつけた述語をもつ文である。直接受身は「まともの受身」ともいう。

直接受身文のなかには、無生物が主語となるものがある。「橋がかけられた」「ビールは麦から作られる」「この地方ではドイツ語が話される」などで、これらは非情物が主語の位置に立つことから「非情の受身」と呼ばれる。「非情の受身」では、動作主がだれであるかが問題にならないことが多い。動作主をあえて示す場合には「市によって橋がかけられた」のように普通「によって」が用いられる。

●**間接受身文**——間接受身文とは、「住民がカラスにゴミを荒らされた」のように、主語の位置にたつもの（「住民」）が、能動文（「カラスがゴミを荒らした」）のなかに、もともと格成分として含まれない受身文をいう。つまり、「カラスが住民にゴミを荒らした」といった能動文は想定できない。他の例では、「だれかが絵を先に買った」という能動文で表される事態があり、「姉」がそれから影響を受けたと話し手が捉えると、「姉はだれかに絵を先に買われた」という間接受身文ができる。「母が玄関の鍵をかけた」という事態があり「父」が影響を受けたと捉えると、「父は母に玄関の鍵をかけられた」という間接受身文となる。これらの例でも、能動文の動作主（「誰か」「母」）は、受動文の主語にあたるもの（「姉」「父」）に直接のはたらきかけをしていない。

また、「花子が乗客に足を踏まれた」「太郎が泥棒に財布を盗まれた」「母馬は牧場主に子を連れていかれた」のような文では、「（花子の）足」「（太郎の）財布」「（母馬の）子」など、主語にあたるものの一部あるいは所有物、身内などが動作の対象になっている。それらも間接受身文の一種で、「持ち主の受身」と呼ぶ。また、「愛犬に死なれた」「観客に騒がれた」など「死ぬ」「騒ぐ」などの自動詞からも間接受身文が作られ、その受身を「自動詞の受身」と呼ぶ。

間接受身文は、一般に迷惑を被る意味を表すことが多いため、「迷惑の受身」とも呼ばれ、元の能動文に含まれない第三者が影響を被るという点に着目して、「第三者の受身」と呼ばれることもある。

ただし、間接受身文であっても、「母親に手を引かれて門をくぐった」の「引かれて」のように中止形が用いられ言い切りにならない場合など、迷惑の意味を帯びないことがある。

●**非情の受身か間接受身か**——注意を要するのは、「マンションが建てられた」「マンションを建てられた」のような文において、助詞に「が」を用いるか「を」を用いるかで、受身文の種類が異なることである。「マンションが建てられた」は直接受身文で、無生物を主語とする非情の受身である。したがって、マンションについて単に建築されたという事実を述べている。一方、「マンションを建てられた」は、文に表されていないガ格の位置に人が来うる間接受身文である。影響を受ける主体は別に存在し、マンションが建つことでその主体が影響を受けたことを意味する。

同様に、「知事によってくす玉が割られた」は直接受身文、「知事にくす玉を割られた」は迷惑の意味を含む間接受身文である。また、「彼女によって花壇が作られた」は直接受身文、「彼女に花壇を作られた」は迷惑の意味を含む間接受身文である。

→ヴォイス（2-E）、受動文の諸特徴（2-E）、受動文の歴史（6-A）

● 参考文献

鈴木重幸（1972）『日本語文法・形態論』むぎ書房.

寺村秀夫（1982）『日本語のシンタクスと意味 I』くろしお出版.

[中畠孝幸]

■ 受動文での動作主の格

能動文のガ格に置かれる動作主は対応する受動（受身）文では一般的にニ格で表れる。

(1)太郎が花子を愛する。
(2)花子が太郎に愛される。

受身文の動作主にニ格が用いられないのは次の場合である。

第一に，「作る」「（ケーキを）焼く」「（絵を）描く」など作成の意味をもつ動詞の場合である。

(3)有名なシェフ {*に/によって} 作られた料理

この場合，作成された物の受け手との混同を避け，受身文の動作主は「によって」で表される。

なお，「によって」は文体の硬さを除けば広く直接受身文の動作主を表すことができる。

第二に，「渡す」「送る」「与える」など二者間の物品の移動を表す三項動詞の場合である。

(4)先生 {?に/から} 手紙を渡された。

この場合，物品の受け手がニ格で表されるため，混乱を避け受身文の動作主は出どころとしてカラ格が用いられることが多い。

カラ格は「話しかける」「招待する」「愛する」のように「声」など直接接触しない動作を表す動詞の受身動作主にも用いられる。この場合はニ格を用いてもよい。

(5)見知らぬ人 {に/から} 話しかけられた。

デ格を受身の動作主に含める立場もある。

(6)建物は生け垣で囲まれている。

ただしデ格は能動文で「建物を生け垣で囲む」ともいえる点で「道具・手段」に近く，純粋な動作主につくものとは区別される。

間接受身文の動作主は必ずニ格で表され，「によって」を用いることはできない。

(7)隣人 {に/*によって} 騒がれ寝られなかった。

→ 格 (2-D)，授受表現の諸特徴 (2-E)

● 参考文献

益岡隆志（1987）『命題の文法』くろしお出版.

山田敏弘（2004）『日本語のベネファクティブ――「てやる」「てくれる」「てもらう」の文法』明治書院.

[山田敏弘]

■ 受動文の諸特徴

「犬が子どもを助けた」という能動文と「子どもが犬に助けられた」という受動文とでは，表すことがらは同一であっても，話し手の表現意図が異なる。能動文では，「犬」の行為に関心が向けられるのに対し，受動文では，「子ども」の処遇に関心が向けられる。受動文は，行為を受ける対象に焦点をあて，利害などの影響を含めて事態を描くはたらきをする。

受動文で表される意味で最も特徴的なのは，迷惑の意味である。一般に「迷惑の受身」と呼ばれるのは，「隣にビルを建てられた」「子どもに泣かれた」などの間接受身文である。行為を直接受けたわけではないが，そのできごとからマイナスの影響を被ったと捉える場合である。一方，直接受身文は，「先生にしかられた」「蜂に刺された」など，マイナス含意の場合もあるが，「先生にほめられた」「みんなに愛されている」などプラス含意の場合もあり，迷惑・利益どちらの意味を帯びるかは，動詞それ自体の有する意味によって決まる。

利害にかかわらない受身として，非情物を主語とする「非情の受身」がある。「酒は米から

作られる」「きのう会議が開かれた」「地震が起きるといわれている」など非情の受身では特定の動作主（「作る」「開く」「言う」の動作主体）を明示する必要のない場合が多い。もし特定の動作主を示す場合には「この曲は15歳の少女によって作られた」のように「によって」を用いる。ただ，動作主が不特定多数の場合には，「この本はおおぜいの人に読まれている」のように「に」を用いうる。また，「事実は謎に包まれている」「家が木に囲まれている」などは，有情物の動作主をもたない文である。このタイプの文は「謎が事実を包んでいる」「木が家を囲んでいる」といった能動文が想定されにくく，もっぱら受動文のかたちで用いられる。

受動文は，複文で同一主体について述べるときに有効である。「両親に大事に育てられて大きくなった」といった文では「両親が大事に育てて大きくなった」と，前件を能動文にすると不自然である。それは「育てる」「大きくなる」の動作主体が一致しないためである。同一主体に関して一貫して叙述するのに受動文が必要となる例である。また，逆に「水は沸かされてから飲む」といった，受動文を使って不適格となる例は，「水は沸かしてから飲む」のように受動文を使わず，「沸かす」「飲む」の動作主体を統一すると自然な文になる。

「友達に待たせられた」「嫌いなものを食べさせられた」のように，「待たせる」「食べさせる」という使役の動詞を受身にすることがある。それを使役受身という。Ⅰグループ（五段活用）動詞の場合には，-aseru を語尾にもつ「待たせる」から作った「待たせられる」というかたちのほか，-asu を語尾にもつ「待たす」から作った「待たされる」というかたちも同様に用いられる。

→ 受動文の種類（2-E），受動文の歴史（6-A）

● 参考文献

鈴木重幸（1972）『日本語文法・形態論』むぎ書房．

寺村秀夫（1982）『日本語のシンタクスと意味Ⅰ』くろしお出版．

[中畠孝幸]

■自動詞と他動詞の受身

動詞には「開く：開ける」「建つ：建てる」のように自動詞と他動詞の対応をもつものが多く存在する。

無情物主体の変化が含まれる事態の場合，自動詞と他動詞の受身とは変化主体がガ格に置かれる点で近接している。

(1)窓が {開いた／開けられた}。
(2)駅前にビルが {建った／建てられた}。

自動詞文は次の点で他動詞の受身文と異なる。

第一に，自動詞文では動作主を表すことができないが，他動詞の受身文は表すことができる。

(3)ビルが○○建設によって {*建った／建てられた}。

自然現象の場合，原因をデ格などで表せば自動詞で表せる（他動詞の受身は用いられない）。

(4)風で窓が {開いた／*開けられた}。

第二に，自動詞はできごとの過程をテイル形で表せないが，他動詞の受身文は表せる。

(5)着々とビルが {*建っ／建てられ} ている。

「ビルが建っている」は結果残存の意味にしかならず，「着々と」のようなできごとの過程を表す副詞とは共起しない。

自動詞が有情物主語をとる場合，自動詞が動作主体自らの意志による行為を，他動詞の受身が他者の意志による行為を表すことがある。

(6)こんな所，入りたくて入ったんじゃない。入れられたんだ。

また，「悩む」「がっかりする」など感情を表す自動詞は対応する他動詞をもたず，自動詞の使役受身と意味的に類似することがある。

(7) 騒音に {悩んでいる/悩まされている}．

➡自動詞と他動詞 (2-B), 授受表現の諸特徴 (2-E)

●参考文献
早津恵美子 (1990)「有対他動詞の受身表現について——無対他動詞の受身表現との比較を中心に」『日本語学』5月号．

[山田敏弘]

■使役

「親を困らせる」「生徒に黒板を見させる」のように，動詞語幹に-(s)aseruをつけた述語をもち，事態が起こるよう仕向ける意味を表す文を使役文という。使役は，使役者が意志的に事態を起こすかどうか，被使役者がその事態を望むかどうか，といった観点から，①指図の使役，②許容の使役，③事態発生の使役などに分けられる。

●使役の意味的タイプ——①指図の使役とは「監督が選手を走らせる」「母親が息子に皿を洗わせる」のように，被使役者に勧めたり命じたりして，事態を使役者の望む方向に導くことである。②許容の使役とは，「父親が娘を旅行に行かせる」「雪子が花子に好きなだけ不満を言わせる」のように，被使役者がその事態を望むとき，許可を与えたり援助したり，または妨害しないことによって，事態を被使役者の求める方向に導くことである。③事態発生の使役とは，「忘れていて肉を腐らせる」「不覚にも敵に点を取らせる」のように，使役者からの意志的なはたらきかけがないにもかかわらず，何らかの要因によってある事態が発生する場合に用いられる使役のことである。気づかないうちに事態が進展した，有効な手立てを講じなかったという場合，使役者が責任を感じ悔やみ嘆く意味を帯びる。「目を輝かせる」「足をすべらせる」「表情を曇らせる」「不安を募らせる」など，主語に当たるものの付属物が被使役者となる例

も，自然発生的なことがらであり，事態発生の使役の一種といえる。①〜③のほか，「規制緩和が経済を活性化させる」「その一言が彼女に退部を思いとどまらせる」のように，主語の位置に原因を表すことがらが来て，使役表現が結果を表す言い方がある。

●被使役者の表示形式——使役文において，被使役者は「を」または「に」で表される。被使役者が「を」で表されるのは，自動詞の使役で，「兵士を戦場へ行かせる」のように，被使役者の意向にかかわらず，被使役者に直接はたらきかけて事態を導き出す場合に多い。また，「みんなを笑わせる」「親を困らせる」「妹をびっくりさせる」など感情を表す動詞の場合や，「自転車を走らせる」「電気を点灯させる」「計画を成功させる」など非情物が被使役者の場合にも必ず「を」を用いる。「笑う」「困る」「びっくりする」などの感情の誘発は，被使役者の意向と関係なく行われることであり，また，非情物に意志は存在しないから，その意向にも当然考慮は払われない。

被使役者が「に」で表されるのは，第一に，「子どもに仕事を手伝わせる」「選手に減量をさせる」のように，意志性のある他動詞を使役文に用いる場合である。「に」を用いるのは，二重ヲ格を避けるという意味もある。次に，自動詞の使役文でも，「娘に行かせる」「阪神に勝たせる」のように「に」が用いられることがある。それは，被使役者の意志にはたらきかけて，そうするよう仕向ける場合が多い。「子どもに『いただきます』と言わせる」では「を」を用いず「に」を用いるが，これは教え諭して言う気を起こさせるからである。一方，「子どもに『まいった』と言わせる」では，「に」を「を」に変えて言うことができるが，それは，子どもの意向を考慮しない，有無を言わせぬはたらきかけのためである。

●使役述語の形式——授受の補助動詞をつけ

た，「休ませてもらう」「写真を撮らせてもらう」は話し手の望むことがらを実現させる表現，「行かせてください」「水を飲ませてください」は話し手の望む事態の実現を求める表現である。

　使役の形としては，「読ませる」「見させる」といった，語幹に-(s)aseru をつけたもののほか，「読ます」「見さす」といった，語幹に-(s)asu をつけた形が用いられることがある。-(s)asu をつけた形は，中止形では使いにくいなど，活用形により使用に若干の制限はあるものの，「立たされる」「持たされる」などの使役受身の表現では「立たせられる」「持たせられる」に劣らず用いられるなど，使用頻度は認められる。

→ヴォイス（2-E），使役と他動詞（2-E），自動詞と他動詞（2-B）

●参考文献
寺村秀夫（1982）『日本語のシンタクスと意味 I』くろしお出版．
早津恵美子（2004）「使役表現」『朝倉日本語講座 6 文法II』朝倉書店．

[中畠孝幸]

■使役と他動詞

　「子どもを起きさせる」と「子どもを起こす」，「受験生を教室に入らせる」と「受験生を教室に入れる」のように，使役文と他動詞文とが意味的に近接することがある。「起きる/起こす」「入る/入れる」「集まる/集める」「通る/通す」「戻る/戻す」「降りる/降ろす」など，自動詞と他動詞が対で存在する場合，自動詞の使役文とそれに対応する他動詞の文とが似た意味になる。ただし，それは有情物を被使役者とするときに限られる。無情物が被使役者の場合には，「品物を並ばせる」「切手を集まらせる」と使役文を使うのは不自然で，「品物を並べる」「切手を集める」と他動詞文のみが使える。使役文は，被使役者の意志を喚起してそうするよう仕向けるという意味をもつからである。

　使役文と他動詞文が両方可能な場合でも，厳密には意味の違いがある。「子どもを風呂に入らせる」「子どもを風呂に入れる」では，前者は，命じて子どもが自ら風呂に入るよう仕向ける場合，後者は，幼い子どもに風呂で体を洗ってやるような場合に多く用いられる。また，「乗客を降りさせる」「乗客を降ろす」では，前者は，乗客に車外に出るよう命じる場合，後者は，通常業務で降車させる場合に多く使われる。使役文は，被使役者に命じてそうするよう仕向ける意味を表すのに対し，他動詞文は，相手に直接はたらきかける意味を表す。

　また，自他の対応をもたない他動詞の使役文と別の他動詞を用いた文とが意味的に近接することがある。「着させる」（他動詞「着る」の使役の形）と「着せる」，および，「見させる」（他動詞「見る」の使役の形）と「見せる」などである。被使役者はニ格で表される。「娘に着物を着させる」と「娘に着物を着せる」，あるいは，「生徒にノートを見させる」と「生徒にノートを見せる」を例に比較すると，両者間の意味の差は先と同様で，「着物」や「ノート」を直接手にとっている状況が想起されるのが，「着せる」「見せる」という他動詞を用いた場合である。

→使役（2-E），自動詞と他動詞（2-B）

●参考文献
寺村秀夫（1982）『日本語のシンタクスと意味 I』くろしお出版．
早津恵美子（2004）「使役表現」『朝倉日本語講座 6 文法II』朝倉書店．

[中畠孝幸]

■自発

　自発とは，感情・思考・判断・認識・動きなどが，主体の意志とは無関係に，あるいはそれ

とは反するかたちで自然に出現することを表す。

自発を表す文法的な形式には、「昔のことが偲ばれる」「彼の心遣いが感じられる」の例のような助動詞「(ら) れる」と、「彼の今の姿を見ると思わず泣けてしまう」の例のような五段動詞の場合の接辞-eruがある。

自発構文は、他動詞の場合、通常「～に～が」の格をとり、1人称主語をもつ。「(枝が) 折れる」「(糸が) 切れる」などの自動詞も自発と同じく人為とは無関係に事態が生起することを表すが、自発文は、「あの頃のことが (僕には) なつかしく思い出される」のようにあくまで思考や動きの主体を名詞句としてもつのに対して、自動詞文にはそれがない。この点で両者は異なっている。

自発文は基本的には思考や感情、動きが現実に生起したことを表すが、「彼が犯人だとは思われない」のような否定文になると状態性を帯び、「どう考えても彼が犯人だとは思えない」のような意志の発動がうかがわれる文を介して、「彼の名前がどうしても思い出せない」のような動き達成への意志が明確な可能文と連続する。

なお、現代共通語で自発文に用いられる動詞は、助動詞「(ら) れる」形の場合には感情・思考・判断・認識などを表す意味的に限られたグループ、接辞-eru形の場合には「笑う」や「泣く」などごくわずかの語のみであり、古典語や一部の方言に見られるような、意志的な動きを表す動詞一般から派生されるという生産性はない。文体面でも自発文は話しことばではあまり用いられず、自発文の使用範囲はかなり限定されている。自発は現代語では、むしろ、「思わず」「自然に」などの副詞や「てしまう」などの補助動詞によって分析的に表現するのが普通である。

➡ヴォイス (2-E)、可能文の諸特徴 (2-E)

●参考文献
安達太郎 (1995)「思エルと思ワレル——自発か可能か」宮島達夫・仁田義雄 (編)『日本語類義表現の文法 (上)』くろしお出版.
森山卓郎・渋谷勝己 (1988)「いわゆる自発について——山形市方言を中心に」『国語学』152.

［渋谷勝己］

■可能文に用いられる形式

可能文とは、動きの主体が動きを意志的に行おうとする場合、その動きを実現することが可能かどうかを述べる文である。現代標準語では、動詞の活用タイプによって相補分布をなす、次のような述語形式によって表される。

(1) 五段動詞：可能動詞 (「読める」など)
(2) 一段動詞・カ変動詞：未然形＋助動詞「られる」(「見られる」など)
(3) サ変動詞：補充形「できる」(「勉強できる」など)

ただしこの分布には、次のような例外がある。

(2)' 一段動詞・カ変動詞では、可能動詞に相当する形 (ら抜きことば、「見れる」など) が幅広く使われる。
(3)' サ変動詞でも、「愛する」や「感ずる」「重んずる」などの「する」や「ずる」は「できる」が使えない (「*愛できる」、「*感できる」)。逆に可能文で「できる」を用いるもののなかには、サ変動詞に対応しないものがある (「英語ができる」に対する「*英語をする」など)。

なお「～ことができる」は、「書く/見る/(研究) することができる」のように、すべての種類の動詞について用いることができる。

日本語で可能を表す形式には、ほかに「～うる」「～える」などがあるが、これは現在では「ありうる」「起こりうる」のように蓋然性を表

す用法のほうが一般的である。また、「〜やすい」「〜にくい」「〜がたい」などの難易を表す形式や「〜かねる」なども可能に隣接する意味領域を担っているが、「〜かねる」の場合には、「そんな場所には行きかねる」など1人称で使われる肯定文では可能に近いものの、否定文では「あいつならそんな所にも行きかねない」のようにもっぱら2・3人称の文で用いられ、意味も可能から離れて蓋然性を表す形式として用いられている。

各地の方言には、「書くにいい」(東北地方)、「書ききる」(九州)など多様な可能形式があり、これらの地域で日本語教育を行う場合には配慮が必要である。

→可能文の諸特徴(2-E)

● 参考文献

渋谷勝己(1995)「可能動詞とスルコトガデキル——可能の表現」宮島達夫・仁田義雄(編)『日本語類義表現の文法(上)』くろしお出版.

寺村秀夫(1982)『日本語のシンタクスと意味Ⅰ』くろしお出版.

[渋谷勝己]

■可能文の諸特徴

可能動詞や助動詞「られる」「できる」などを述語とする可能文は、意味や構文について、次のような特徴をもっている。

● 可能文の意味的特徴——まず意味の面では、(a)動作実現が(不)可能な理由は何か、(b)動作の実現までを含めて言うか否か、の2点から分類することができる。

まず第一に、可能文は、その動作実現の(不)可能である理由によって、能力可能や状況可能などに分けることができる。たとえば、

(1)ぼくは英語が書けない。

(2)忙しくて手紙がなかなか書けない。

の文では、(1)の書けない理由は英語を書く能力を身につけていないからであるのに対して、(2)の場合には手紙を書く能力がないからではない。その能力があっても、忙しいという状況が、その実現を妨げている。

第二に、可能文には、動作の実現までを含めて言う実現的な可能文と、動作の実現については述べず、単にその実現可能性を述べるだけの潜在的可能文の2つのタイプがある。

(3)太郎は、きのうやっと仕事を片づけることができた

(4)太郎はきのう、その仕事を片づけることができたのにしなかった

の2つの文では、(3)が実際に仕事を片づけたことを述べているのに対して、(4)の文は実現可能性があったことだけを述べた文である。潜在的可能述語は、ル形で現在を表し、テイルと共起しない状態述語であるが、その恒常性を表す度合いに段階があり、それが高い場合には形容詞に近いふるまいをする。

(5)このパソコンは今あいているから使える。

(6)このパソコンはデータの処理に使える。

(7)このパソコンは使える。

(5)はパソコンの一時的な状況を述べるだけの文であるが、(6)と(7)はパソコンの性質を述べる文であり、(7)はとくに、形容詞文と同じように「とても」などの程度副詞が共起してもよい。(7)にはまた、「〜ことができる」と置き換えられないといった特徴もある。

● 可能文の構文的特徴——次に、可能文は、構文的に、主語と対象語を、[〜が〜を][〜が〜が][〜に〜が]の3つの格パターンで表すことができる。

(8)[彼がスワヒリ語{が/を}話せる]のは有名な話だ。

(9)[彼{が/に}スワヒリ語が話せない]のは言うまでもない。

ただし「できる」を述語とする場合には、「研究できる」のような「漢語+できる」など

を除けば，対象語はガ格に限定される。

(10)ぼくは英語｛が/*を｝できない。

また，主語をニ格で表示するのは能力可能の場合に多い。

(11)ぼくにはそんなこととても言えない。

●自発動詞との違い──なお，可能については，「見える」と「見られる」，「聞こえる」と「聞ける」など，自発動詞との違いが問題になるが，

(12)最近は忙しくてテレビが｛見られない/*見えない｝

などの文でその違いが明確になる。自発動詞はある事物・事態や音が視覚や聴覚に飛び込んでくることを述べる文であり，可能文が，主体が動作を意志的に発動することを前提とするのとは異なる。

➡可能文に用いられる形式（2-E）

●参考文献

渋谷勝己（1995）「可能動詞とスルコトガデキル──可能の表現」宮島達夫・仁田義雄（編）『日本語類義表現の文法（上）』くろしお出版．

寺村秀夫（1982）『日本語のシンタクスと意味Ⅰ』くろしお出版．

［渋谷勝己］

■相互文の諸特徴

●相互文とは──相互文の基本は，［動詞（名詞$_X$，名詞$_Y$）＝動詞（名詞$_Y$，名詞$_X$）］という関係が成り立つ構文である。たとえば，「博が洋子と結婚した＝洋子が博と結婚した」「太郎は次郎と殴り合った＝次郎は太郎と殴り合った」において，左辺と右辺が表している事態は同じである。言い換えれば，2つの成分の格関係を入れ替えても，同じ事態を表すことになる構文である。

●相互文を作る形式──(1)まず，相互文を作る相互動詞が挙げられる。「A氏がB氏と会談した」のように，「離婚する，戦う，交際する，共存する，交わる，反目する，違う，異なる」などがある。(2)「彼は彼女と肩を抱き合った」のように，「～合う」を付与する形式。これらのなかには，さらに「博は洋子と（お）互いに愛し合った」のように，「（お）互いに」が挿入されるもの，「源氏は平家と相憎み合った」のように，「相V」のかたちになるものがある。(3)「人指し指を親指とこすり合わせて」のように，「～合わせる」を付与する形式などがある。

●相互文の成分──相互関係にある2つの成分は，ガ格をめぐる相互性の場合，「博が洋子と肩を抱き合った」のように，［Nガ，Nト］の格関係で表される。ただ，これは実際にはさほど多くない。「博と洋子が肩を抱き合った」のように，ガ格内部が並列構造をとる場合や，「新郎新婦が肩を抱き合った」のように，複数性のガ格名詞をとる場合などがある。ヲ格をめぐる相互性の場合，「彼は裏地を表地と取り違えた」のように，［Nヲ，Nト］の格関係をとる。

●相互文のタイプ──相互文には，少なくとも，「博が洋子と結婚した」「太郎が次郎とけなし合った」のように，対手の関係にある場合と，「太郎は次郎と一つ釜の飯を食い合った」「太郎が次郎と（いっしょに）相手をけなし合った」のように，元の動詞の表す動作の実現にとって必須ではない，共同行為者の関係にある場合とがある。

●参考文献

仁田義雄（1998）「相互構文を作る『Vシアウ』をめぐって」『阪大日本語研究』10．

定延利之（2000）「一郎は二郎と立ち上がれるか」『日本語学』19-5．

［仁田義雄］

■授受の補助動詞表現

授受動詞のうち「やる，あげる，さしあげ

る」「くれる，くださる」「もらう，いただく」の3種類の動詞は補助動詞としての用法をもつ。

「小林が田中に本を貸す」という事態を恩恵的に述べる場合，3つの表現が可能である。

(1)田中に本を貸し<u>てやった</u>。
(2)小林が本を貸し<u>てくれた</u>。
(3)小林に本を貸し<u>てもらった</u>。

(1)は動作主である「小林」の視点から描いたものであり，(2)と(3)は動作の受け手である「田中」の視点から描いたものである。(1)は「小林が」を，また(3)は「田中が」を主語にして客観的な視点から描くことも可能である。

(1)と(2)の対応は「本」の移動が話し手からの遠心的方向性をもったものか求心的方向性をもったものかという違いである。(2)と(3)は，(2)が動作主を，(3)が動作の受け手を主語にしている点で異なっている。

このような授受の補助動詞の基本的な意味・機能は恩恵の表示である。

(4)（夫に向かって）ごはん作った？
(5)（夫に向かって）ごはん作っ<u>てくれた</u>？

(5)は「夫がごはんを作る」という事態を恩恵的なものと捉えている。その点で(4)よりも待遇的な配慮が含まれた表現である。

「てやる」の謙譲表現である「てあげる」および「てさしあげる」は目上の人に直接対する場合には使わない。

(6)*（客に）きれいに包ん<u>であげます</u>。
(7)*先生，お荷物持って<u>さしあげましょう</u>。

この場合には「お包みします」や「お持ちします」のような謙譲語を使う。ただし，直接目上の人に言う場合でなければ使うことができる。

(8)（日記で）先生のお荷物を持って<u>さしあげた</u>。

授受の補助動詞は会話や談話では頻繁に省略される主語や目的語を明示化する機能も担う。

(9)昨日，町で昔好きだった人とばったり会ったの。突然，{a．話しかけた/b．話しかけてくれた}のでびっくりしちゃった。

(9)a では「話しかけた」のは「私」であるという解釈が優先されるのに対し，(9)b では話し手への求心的な方向性をもった動作となり，動作主は「昔好きだった人」になる。

授受の補助動詞には恩恵を表さない用法もある。

(10)いつかえらくなっ<u>てやる</u>。
(11)とんだことをし<u>てくれた</u>な。
(12)店の前で立ってて<u>もらっては</u>困ります。

「てやる」と「てくれる」は文脈から明らかに非恩恵とわかる場合に，また「てもらう」は「てもらっては困る」などの定型において恩恵を表さない用法となる。

➡授受表現の諸特徴（2-E），視点（2-K），ヴォイスの研究（7-D）

●参考文献
久野暲（1978）『談話の文法』大修館書店．
寺村秀夫（1982）『日本語のシンタクスと意味 I』くろしお出版．
山田敏弘（2004）『日本語のベネファクティブ――「てやる」「てくれる」「てもらう」の文法』明治書院．

［山田敏弘］

■授受表現の諸特徴

X，Y二者間における対象Zの移動を表す動詞を授受動詞という。これらの動詞は「XがYにZを〜」あるいは「XがYからZを〜」という文型で用いられる。

XがZの出どころである場合，「与える」「やる」「くれる」「渡す」「出す」「授ける」「授与する」などの動詞が用いられる。「やる」は「あげる・さしあげる」という謙譲的な待遇を有する表現に対応し，「くれる」は「くださる」という尊敬的な待遇形式と対応する。

「与える」と「やる」類は以下の点で異なる。「やる」類は受け手YにとってZが恩恵的でなければならない。これに対し「与える」は必ずしも恩恵的な意味は含まれなくてもよい。

(1)プレゼントを {やった/与えた}。
(2)損害を {*やった/与えた}。

1人称主語の意志など主観的表現では「やる」類が用いられる。

(3)これ、君に {やる/あげる/*与える} よ。
(4)これ、{さしあげます/*お与えします}。

「くれる」類は「やる」類と話し手から見たZの移動の方向性が異なる。「話し手<話し手に属するもの<聞き手<聞き手に属するもの<第三者」というウチからソトへのスケールの上において，「やる」類は話し手から見てソトへの（遠心的）移動もしくは第三者間の移動に対して用いられる。これに対し，「くれる」類はウチへの（求心的）移動に対して用いられる。

(5)(私が) 田中くんにプレゼントをあげた。
(6)田中くんが (私に) プレゼントをくれた。

「与える」「渡す」などの他の動詞には「やる」類や「くれる」類のような方向性の制限は見られない。

XがZの受け手である場合，「もらう」「受け取る」「受ける」などの動詞を用いる。「もらう」は謙譲形式「いただく」に対応する。

「もらう」類は「やる」類・「くれる」類と同様，恩恵的なZの移動を表す。これに対し「受け取る」には恩恵的な意味は含まれない。

(7)プレゼントを {もらった/？受け取った}。
(8)請求書を {*もらった/受け取った}。

「受け取る」は具体物の移動に対し用い，「受ける」は抽象的な移動に対して用いる。

(9)請求書を {受け取った/*受けた}。
(10)損害を {*受け取った/受けた}。

Zの出どころYはカラ格でも表される。

(11)父 {に/から} 本をもらった。

「くれる」類と「もらう」類は同一事象をヴォイス的対応において描く。

(12)僕がおじさんにプレゼントをもらった。
(13)おじさんが僕にプレゼントをくれた。

➡授受の補助動詞表現 (2-E)，ヴォイスの研究 (7-D)

● 参考文献

大江三郎 (1975)『日英語の比較研究──主観性をめぐって』南雲堂.
久野暲 (1978)『談話の文法』大修館書店.

[山田敏弘]

■方向性表現

日本語では具体物もしくは抽象物の移動に敏感な動詞が2種類存在する。

一つは話し手への求心的方向性あるいは話し手からの遠心的方向性をつねに内在させる動詞である。この類に属する動詞のうち，「やる」「行く」は話し手がガ格に置かれ遠心的な移動を表す。「もらう」「（から）聞く」は話し手がガ格に置かれ求心的な方向性をもつ移動に対して用いられる。「くれる」「よこす」「来る」は話し手以外がガ格に置かれ話し手への求心的方向の移動に用いられる。

(1) {私が彼に/*彼が私に} 本をやった。
(2)a．私はその話を彼から聞いた。
　　b．*彼はその話を私から聞いた。
(3) {妹が僕に/*僕が妹に} 手紙をよこした。

これらの動詞は従属節においても基本的に話し手の視点を取る。

(4)彼は私に時計を {くれた/*あげた} ことを忘れたらしい。

もう一つは事象を叙述する場合にとくに単独では話し手への求心的方向性を表しにくい動詞である。このような動詞には「引っ越す」「近寄る」などの動作主体の移動を表す動詞，「送る」「伝える」「話しかける」などの対象の移動を表す動詞などが含まれる。

これらの動詞を含む事象を叙述する場合には話し手への方向性をもつ移動を動詞単独で表すことはできない。

(5)*今度お隣に引っ越した山田です。
(6)*実家の母が僕に果物を送った。

(5)(6)は「引っ越してきた」「送ってきた」のように「てくる」を用いるか、動詞のよっては「送ってくれた」のように「てくれる」を用いて話し手への方向性を明示することによって文法的な文になる。

「教える」「貸す」などの対象移動動詞も話し手への求心的方向性を単独で表すことはできない。この場合、「てくる」を用いることはできず「てくれる」を用いなければならない。

(7)一人の老人が私に道を｛?教えた/*教えてきた/教えてくれた｝。

これらの動詞は動作の受け手を主語にした「教わる」「借りる」という表現をもつ。

また、「やる」など第一のタイプの動詞と異なり、従属節で用いられたり文末のモダリティによっては方向性の制限は解消される。

(8)彼は私に話しかけてこう言った。
(9)母は私に果物を送ったことを忘れらしい。

→授受表現の諸特徴（2-E）、受動文での動作主の格（2-E）、視点（2-K）

●参考文献
久野暲（1978）『談話の文法』大修館書店．
山田敏弘（2000）『日本語のベネファクティブ――「てやる」「てくれる」「てもらう」の文法』明治書院．

[山田敏弘]

F――肯否

■否定との呼応
●副詞と否定の呼応――副詞には、(1)のように必ず否定述語とともに用いられるものがある。(2)は不自然である。

(1)けっして約束は破りません。
(2)*けっして約束は守ります。

このような現象を、否定と呼応するという。否定と呼応する副詞には、次のようにさまざまなものがあり、述語に制限があるものも多い。

(3)ちっとも嬉しくない。（程度の完全否定）
(4)あまり面白くない。（程度の弱否定）
(5)めったに会えない。（頻度の強否定）
(6)いっこうに上達しない。（変化の完全否定）
(7)けっして忘れません。（完全否定判断）
(8)まさか忘れないだろう。（否定推量判断）
(9)必ずしも君だけの責任とは言いきれない。（完全肯定の留保判断）
(10)とうてい間に合わない。（不可能判断）

副詞と否定の呼応に関連して、注意すべきことを3つ挙げる。

第一に、1つの副詞が、肯定で用いられる場合と、否定と呼応する場合とでは、意味・用法が大きく異なることがある。

(11)まるで天使の｛ようだ/*ようではない｝。
(12)まるで｛*わかる/わからない｝。

第二として、肯定の事態を表すときと、否定の事態を表すときとでは、適切な副詞が異なることがある。

(13)映画は、よく見ます。
(14)*映画は、よく見ません。
(15)映画は、あまり見ません。

日本語学習者には(14)のような誤用が見られる。

第三として、否定と呼応する副詞の一部は、

「ない」による否定の形でなくても，否定的な意味・性質をもつ述語と共起することがある。

(16)とうてい不可能だ。
(17)全然 ｛違う/だめだ/平気だ｝。

とくに「全然」は，否定的な文脈に支えられて肯定形と共起する用法も広まりつつある。

●副詞以外の語句と否定との呼応── 副詞以外にも，否定と呼応する語句がある。連体詞の「ろくな」は，副詞の「ろくに」と同様，否定述語と呼応する。

(18)この店は，ろくな雑誌を置いてないな。

とりたて助詞の「しか」は，否定と呼応して，限定を表す。

(19)あの人は，野菜しか食べません。

「1人も」「1冊も」など，「1」に「も」が加わると，否定と呼応して全部否定を表す。

(20)1人も残っていませんでした。

「何も」も否定と呼応し，全部否定を表す。

(21)何も食べたくありません。

ただし，不定語＋「も」と文末の肯否との関係は複雑であり，注意が必要である。「どこも」「いつも」などは肯定の文で用いられ，「いつも」は，副詞として一語化している。

(22)どこも満員だ。
(23)いつも笑っている。

→程度副詞 (2-B)，陳述副詞 (2-B)，数量詞＋ハ・モ (2-I)

●参考文献

工藤真由美 (2000)「否定の表現」金水敏他『日本語の文法2 時・否定と取り立て』岩波書店．

近藤泰弘 (1997)「否定と呼応する副詞について」川端善明・仁田義雄（編）『日本語文法──体系と方法』ひつじ書房．

新野直哉 (2000)「近年の，『"全然"＋肯定』関係の文献について」佐藤喜代治（編）『国語論究8 国語史の新視点』明治書院．

飛田良文・浅田秀子 (1994)『現代副詞用法辞典』東京堂出版．

[野田春美]

■否定の焦点

●「のではない」と否定の焦点── 否定の文では，文のどの部分を否定したいのかが重要である。単純な否定では，(1)のように，事態の成立が否定される。

(1)「これ，読んだ？」「いや，読んでない。」

事態の成立以外の部分をとくに否定したいときには，「のではない」を用いて否定のスコープ (scope) を広げることによって，そのなかの一部を否定の焦点（とくに否定する部分・focus）にできる。[　]で示すのが否定のスコープである。

(2)[遊びで行った]のではありません。

(2)では，「遊びで」が否定の焦点になり，それと対立する「仕事で」などであれば適切である（「行った」が成立する）ことが含意される。焦点の部分は，通常，強勢を置いて発音される。

「のではない」を用いない(3)は，「行った」ことが否定されてしまうので，不自然になる。

(3)*遊びで行きませんでした。

なお，焦点がわかりやすい場合には，「のではない」を用いなくても(4)のように自然になることがあるが，例外的である。

(4)車で来ていないので，お酒が飲めます。

「のではない」の文では，否定のスコープに入りうるさまざまな要素が否定の焦点になる。

(5)父に話したのではありません。（格成分）
(6)わざとぶつけたんじゃないよ。（修飾成分）
(7)悲しくて泣いてるんじゃない。（従属節）
(8)やめさせられたのではありません。自分でやめたんです。（述語の一部）

ただし，主題の「は」などは，「のではない」の文の否定のスコープには入らない。

(9)*[明日は休む]んじゃありません。

●「わけではない」と否定の焦点 ── また，「わけではない」は聞き手の推論を否定する表現だが，「のではない」同様，スコープが広がるので，その一部が焦点になりうる。

(10)お世辞で言っているわけじゃないよ。

(11)休みたくて休むわけではありません。

程度表現を否定の焦点にするときには，「のではない」より「わけではない」が適切である。聞き手の推論よりも程度が低いことが示される。

(12)そんなに嫌ってるわけじゃないよ。

(13)??そんなに嫌ってるんじゃないよ。

●とりたて助詞「は」と否定 ──「のではない」「わけではない」のような文以外でも，文のある成分と否定とのかかわりが示されることがある。対比を表すとりたて助詞の「は」は否定文によく用いられ，「は」がついた成分に限定した否定を表す。

(14)父には話しませんでした。

(14)は，「父に」を「母に」などと対比させ，「父に」に限定して，「話した」という述語を否定している。「父に」を否定の焦点にした(5)との共通性はあるが，(14)では「話す」という事態の成立が否定されている点で異なる。

また，「のではない」が文のさまざまな成分を否定の焦点にできるのと比べると，「は」による限定には制限がある。(15)は不自然である。

(15)*悲しくては泣いていない。

●数量表現と否定の焦点 ──「全部」「全員」のような数量表現を含む否定の文においても，否定の焦点が問題となる。

(16)全部わかりませんでした。

(17)全部わかったわけではありません。

(18)全部はわかりませんでした。

単純な否定である(16)は，「まったくわからなかった」という全部否定の意味になる。一方，「わけではない」を用いた(17)と，数量に「は」を付加した(18)は，「わかったのは全部ではない」という部分否定の意味になる。

(17)が部分否定になるのは，「全部」が否定の焦点になり，「全部ではない」ということが表されるからである。(18)が部分否定になるのは，「全部」と限定したうえで「わかった」ことを否定するため，一部については肯定することが含意されるからである。

●日本語教育における否定表現の重要性 ── 否定表現は，適切に使いこなせないと，意図とまったく逆の意味にもなりかねないので，日本語学習においては，「のではない」「わけではない」や，否定文での「は」の習得が重要である。

➡とりたて (2-I)

● 参考文献

久野暲 (1983)『新日本文法研究』大修館書店.

工藤真由美 (2000)「否定の表現」金水敏他『日本語の文法2 時・否定と取り立て』岩波書店.

野田春美 (1997)『「の(だ)」の機能』くろしお出版.

[野田春美]

■ナク(テ)・ナイデ・ズ(ニ)

これらの使い分けは動詞の後につける場合にのみ問題になり，それ以外の場合は，「暑くなく(て)(い形容詞)」「簡単じゃなく(て)(な形容詞)」「お金じゃなく(て)(名詞+だ)」のように「なく(て)」となる。

動詞の場合は，「ないで+いる・ある・おく・いく・くる・あげる・もらう・くれる・ください・ほしい(補助動詞)」(用例(1)(2)(3))や「なく+なる・する/させる」(用例(4)(5))のように形式的に決まっているものがある。

(1)いつまでも気づかないでいる。

(2)忘れないでください。

(3)ここで吸わないでほしい。

(4)最近飲まなくなった。
(5)息子の携帯を使えなくした。

複文の動詞の節では「ないで」を基本とし，例外として「なくて」の使用条件を指導するとよい。「ないで」は，ほとんどの接続が可能で，少々座りの悪い文もそれほど問題ではない。

(6)原稿を見ないで/見ずに/*見なくて演説した。
(7)バスに乗らないで/乗らずに/*乗らなくて，歩いて通学している。
(8)まだ見つからないで/見つからなくて/見つからず（に），探している。
(9)帰ってこなくて/こないで/こず，心配だ。
(10)探さなくても/ないでも/*ずにも，いいですよ。
(11)今出かけなくては/?ないでは/*ず（に）は，間に合わない。

「ないで」よりも，「なくて」のほうをよく使うものは，因果の意味のあるもの（用例(8)(9)）と条件（用例(10)(11)）である。「て」接続と同じ原理で，原因の節は状態性か，主節の主体の意志で制御できない述語である（異主語の場合は意志動詞であってもよい）。

連用中止形としての「なく」は動詞文では使えないので，「ず」を使用する（用例(12)）。

(12)勉強もせず，仕事もせず，寝てばかりいる。

「ず（に）」は書きことば的と言われるが，慣用句は話しことばでもよく使用されているし，並列の用法では中止形としての「ず」を使うので，書きことばと決めつけるのはよくない。

➞テ節・中止節（2-J）

●参考文献

鈴木英夫（1976）「『なく（て）』と『ないで』と『ず（に）』の用法の異同について」『名古屋大学教養部紀要』20.

北川千里（1976）「『なくて』と『ないで』」『日本語教育』29.

日高瑞穂（1995）「ナイデとナクテとズニ──テ形の用法を持つ動詞の否定形」宮島達夫・仁田美雄（編）『日本語類義表現の文法（下）』くろしお出版.

[小林典子]

G──テンス・アスペクト

■アスペクト

アスペクトとは，進行中かどうかなど，動きの局面（aspect）の捉え方に関する表現のグループである。基本的に動詞述語においてしか問題にならない。

とくに，事態を状態として捉えるか，状態ではなく動きとして捉えるかの区別を，狭い意味でのアスペクトと呼ぶこともある。形態的には，無標のスル形か状態としての捉え方になるシテイル形かの選択がアスペクトの中心的な形である（ほかにシテアル，シツツアルなども状態を表す）。なお，これに対して，シハジメルなどの複合動詞が出来事の開始局面や終結局面を表すこともあるし，シテクルなどのテ形形式も事態の進展など，動きの時間的局面を表す。こうした事態そのものの時間的局面の表し方もアスペクトの中に含まれるが，とくに区別する場合には，アクチオンスアルト（aktionsart）と呼ばれることもある。

なお，アスペクトは，以前，以後といった出来事の時間的関係を表す場合にもかかわることがあり，テンスに隣接している。たとえば「すでにそのときには〜している」というとき，以前に動作があったということの有効性を，状態表現を用いて表すことになっている。こうした表現はパーフェクトと呼ばれる。パーフェクトもアスペクトの枠内で考えられるのが普通であるが，これはテンスにも無関係なわけではな

い。通常，過去成分はル形と共起しないが，テイル形によるパーフェクトの表現では，「去年死んでいる」のように，過去の副詞がル形と共起することができる。この例でいえば，「去年」が出来事の時を示し，そういうことが先行して起こっているという経歴が現在において有効であると表現されているのである（ライヘンバッハ 1947 は，こうした時間の構造を発話時（S），参照時（R），出来事発生時（E）として説明する体系を提案している）。

➡スル形・シテイル形の意味（2-G），アスペクトの複合動詞（2-G），テオク・テアル（2-G）

● 参考文献

ライヘンバッハ，H.〔石本新訳〕（1982）『記号論理学の原理』大修館書店.

金田一春彦（編）（1976）『日本語動詞のアスペクト』むぎ書房.

国立国語研究所（1985）『日本語動詞のアスペクトとテンス』〈国立国語研究所報告 82〉秀英出版.

工藤真由美（1995）『アスペクト・テンス体系とテクスト──現代日本語の時間の表現』ひつじ書房.

コムリー，B.〔山田小枝訳〕（1988）『アスペクト』むぎ書房.

金水敏他（2000）『日本語の文法 2 時・否定と取り立て』岩波書店.

〔森山卓郎〕

■ 状態動詞

「ある」「要る」など，静的状態を表す動詞のことを状態動詞（stative verb）という。狭義には，動詞単独で状態を表すものだけを状態動詞というが，広義では，動きを表さない動詞という意味で，「優れる」など，終止用法では「ている」を付加して状態を表すものも状態動詞の中に入れる場合がある。

「寒い」「学生だ」のような形容詞述語や名詞述語は，そのことを取り上げる以前も以後もそのままであるということ（状態）を表す。動詞の場合でも，「ある」「要る」「居る」「飲める」「できる」などは，そのまま現在の状態を表し，「今要る」「現在要る」などと言える。これが狭義の状態動詞である。

一方，状態動詞でないということは，一般的には動きを表すものとしてまとめることができる。たとえば，動きを表す「食べる」「落ちる」のような動詞は一定の時間内で発生する現象（時間的にとぎれたできごと）を表す。しかし，発話の瞬間内部にとぎれたできごとを取り上げることはできないので，動きの動詞（非状態動詞）は，特定の時間に位置づけた文脈では，通常，

今食べるよ。（＝まだ食べていない）
　cf.*現在食べる

のようにスル形が未来のことを表す。そこで，現在の状態を表すためには，テ形の後に状態動詞を付加してシテイルなどの形（「食べている」）になる。

状態動詞は，シテイルなどの状態化形式が付加しないものがあるほか（「*要っている」），付加しても知的意味上の区別がないものもある（たとえば「根ざす」と「根ざしている」）。また，「優れる」「馬鹿げる」などは，そのままの形（スル形）だけでは終止せず，「ている」を伴って「優れている」のような形で状態を表す（金田一 1950 の用語に従って第 4 種の動詞と呼ばれることもある）。

ただし「走れる」のような可能動詞はスル形で可能という「状態」を表す一方で，「走れている」という（シ）テイル形で実際に実現したという結果の状態を表す。このように，状態動詞と動きの動詞との両方の用法を持つ動詞も多い。

➡スル形・シテイル形の意味（2-G），アスペクト（2-G），動詞（2-B）

● 参考文献

金田一春彦（編）(1976)『日本語動詞のアスペクト』むぎ書房.
髙橋太郎（1994）『動詞の研究――動詞の動詞らしさの発展と消失』むぎ書房.
寺村秀夫（1984）『日本語のシンタクスと意味II』くろしお出版.

[森山卓郎]

■スル形・シテイル形の意味

ここでいうスル形とは，動詞に「シテイル」を代表として，「シテアル，ツツアル」などの状態化形式がついていない場合の動詞形態である。シテイル形は，状態化の形式のうち最も使用範囲の広いもので，進行中も結果も表すことができる。これに対して「シテアル」は結果を，「シツツアル」は主として変化過程をそれぞれ表す。

スル形は，時間的にとぎれたできごととしてまるごと扱うことになるのに対して，シテイル形などの表す状態とは，時間的に続くあり方の一部を取り出すという扱いになっている。図示すれば図2-3のようになる。

そのため，たとえば，

(1)私は，彼が［倒れる/倒れている］のを見た。

を比べた場合，自分が見ている間に「倒れる」動作が起こればスル形を，自分が見たのがすで

図2-3 観察された事態と全体の事態とのかかわり

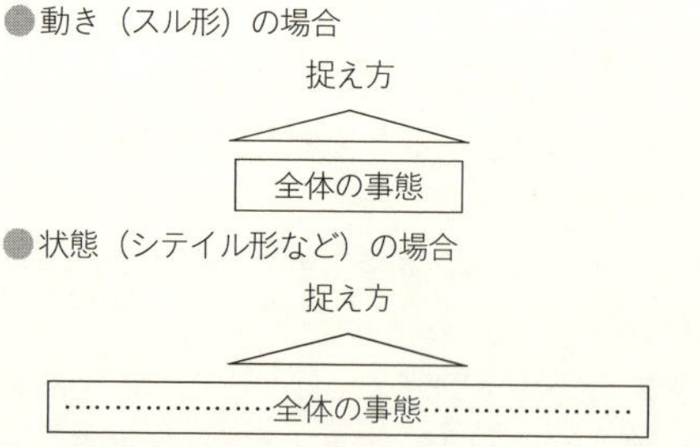

● 動き（スル形）の場合

　　　　　捉え方
　　　　　△
　　　｜全体の事態｜

● 状態（シテイル形など）の場合

　　　　　捉え方
　　　　　△
　　………全体の事態………

に成立した状態の一部であればシテイル形を使う。日本語ではこうした観察者の事態とのかかわり方が比較的厳密に表現し分けられ，すでに倒れた状態であることを発見したような場合には「倒れた」よりも「倒れている」を使う傾向がある。

なお，複数の文がある場合，動きの文連続には時間進行があるが，状態の文連続には時間進行がない。

ただし，特定の時間軸のなかで位置づけられない事態の場合，スル形による動きとシテイルなどの状態としての捉え方の区別がなくなる。たとえば，

(2)私は毎朝ご飯を食べます。

のように，習慣の場合，「私は毎朝ご飯を食べています」のように「している」でも言い換えられる（シテイル形のほうが具体的，スル形のほうが一般的なニュアンスになる）。

シテイル形は，状態を一般的に表すが，動詞の表す事態との関係によりさまざまな場合がある。

まず，動詞に進行過程がある場合には，進行中の動作を表すことができる。「歌を歌っている」のように，進行過程になることが同時に事態の実現を伴う場合もあるが，達成的な意味の動詞の場合，

(3)今，鎧を着ているが，まだ着たとはいえない。

(4)今子どもに鎧を着せているが，まだ着たとはいえない。

のように，進行中の過程が事態の成立を表さない場合もある。

次に，変化を語彙的意味として含む動詞（事態がある特定の結果状態を構成する動詞）の場合，その変化結果の状態（結果の維持，結果存続）をシテイル形が表すことができる。

(5)演劇で今子どもが鎧を着ている。

(6)演劇で今子どもに鎧を着せている。

一方，シテイル形が，動詞の語彙的な意味にかかわらず，以前に事態が成立したことの有効性を表すという用法で使われることもある。たとえば，

(7)以前，一度，彼は鎧を着ている
(8)以前，一度，彼は子どもに鎧を着せている。

などは，その出来事が以前にあったということを表す（いわば経歴を表す。〜シタという形が，直後の過去にも使え，また，直接その場面を確認したようなニュアンスをもちやすいのに対し，経歴は，今と切り離された以前のできごとで，それまで強く意識されてこなかったことも表せる傾向がある）。

この用法のシテイル形によって，複数の時点の相互関係が位置づけられることもある。たとえば，

(9)彼は去年の九月にはすでに卒業していた。

という文では，特定時点（「去年の9月」）における状態としての表現によって，その特定時点以前に事態（「卒業」）が先行したことが表される。

なお，事態を否定する場合，事態の非存在を状態として言うことがある。たとえば，「来た」の否定として，「来なかった」と言うこともできるが，「来ていない」のようにも言うことも多い。前者の場合，過去の特定時のことを取り上げることになるが，後者の場合，事態の非存在が現在に関連づけて表されることになっている。

➡アスペクト（2-G），状態動詞（2-G），テオク・テアル（2-G），ツツアル・テクル・テイク——直前，変化の進展（2-G）

●参考文献
奥田靖雄（1977）「アスペクトの研究をめぐって——金田一的段階」『宮城教育大学 国語国文』8．
国立国語研究所（1985）『現代日本語動詞のアスペクトとテンス』〈国立国語研究所報告82〉秀英出版．

［森山卓郎］

■ツツアル・テクル・テイク
—— 直前，変化の進展など

ツツアル，テクル，テイクは「春になって気温が次第に{上昇しつつある/上昇してくる/上昇していく}」のように，いずれも変化が進展することを表せる点で共通する。ただし，形式の基本的意味は違っている。

ツツアルは，「被害がしだいに拡大しつつある」「供給量を減らしつつある」のように，主体または対象がゆるやかに連続して変化していく過程（進展過程）にあることを状態として表す。そのほか，「新校舎が完成しつつある」のように，動きが限界点へ到達する直前の状態であることや「われわれは未曾有の状況を体験しつつある」のように進行過程を状態として表す用法もある。いずれも何らかの動きが進行している状態にあるということを，刻々の推移に着目して表現することになっている。そのため，通常，刻々の推移に重大な意味があるような内容について使うのが普通で，「彼はカラオケで『春』を歌いつつある」などと言うことは一般的ではない（仮にそう言うと，刻々の推移を取り上げるだけの特別な意味があるような意味になる）。

なお，直前の様相を表す形式には成立直前を表す「〜かけている」などもあるが，「つつある」は実際に動きの発生へ向けて具体的に状況が推移・進行していることを表す。文体的にも硬い。

テクル/テイク（時間的用法）は，漸時的に変化が進展すること（変化の漸時的進展）を視点を含めて表現する。すなわち，変化の元の状態に視点基準があって行く末を見通す場合には「〜ていく」を，変化後の状態に視点基準があ

って以前のあり方からの変化を見る場合には「〜てくる」を使う。

ただし「てくる」には，「雨が降ってきました。」（出来事の出現）のように，非意志的現象の始まりを表す用法があるほか（シテイクは使わない），「てくる」「ていく」ともに，「昔からここで生活をしてきました。これからもここで生活をしていきます」のように，以前からの継続，以後への継続を表す用法もある。

→アスペクトの複合動詞（2-G）

●参考文献

森山卓郎（1983）「動詞のアスペクチュアルな素性について」『待兼山論叢』17.

寺村秀夫（1984）『日本語のシンタクスと意味II』くろしお出版.

[森山卓郎]

■アスペクトの複合動詞

アスペクトにかかわる生産的な複合動詞は大別して2類に分類される。一つは，時間的な局面だけを表す「しかける」「しはじめる」「しだす」「しつづける」「し終わる」などであり，もう一つは，「しつくす」「しきる」「し通す」などの内容的な完遂を表すものである。

「しかける」は動詞の語彙的意味の制限が最も緩やかで，動きの動詞全般に共起できる。「何か言いかけてやめた」のように，始動以前の段階も表せるほか，「すでにやりかけている」のように，始動段階に入っている意味もある。

「しはじめる」「しだす」は，動きの始動段階を表す。そのため，繰り返しは別として，「*故障し始める」などと言えず，共起動詞に進行過程が必要である。逆に，基本的に始動段階が表せる動詞は進行過程をもつともいえる。

「し終わる」は，進行過程の中の終結局面を表す。終わりの局面が取り上げられている場合や，1つの動作を終わって次の動作に移る文脈などで使われることが多い。意味的には，進行過程の存在の上に動きの終結点の存在が必要である（心理動詞には基本的に終結点がない）。たとえば，「愛しかける」「愛しはじめる」と言えるのに対して，「*愛し終わる」とは言えない。

これらに対して「しつづける」は，「窓を開けつづける」に2通りの意味があるように，進行過程がある場合にも，変化結果の維持（一時的状態が主体によって維持される区間）の場合にも使える。

これらの時間的局面を表す複合動詞に対して，「しつくす」「しきる」「し通す」「しおおす」などは，内容的に完遂することを表す。意味的には終結を表す「し終わる」にも近いが，「疲れきる」のように程度の極限を表す場合もあるなど，必ずしも時間的局面を表すわけではない。当然，「*疲れつくす」「*食べおおす」のように，語彙的な制約も大きい。

→アスペクト（2-G）

●参考文献

影山太郎（1996）『動詞意味論』くろしお出版.

森山卓郎（1983）「動詞のアスペクチュアルな素性について」『待兼山論叢』17.

寺村秀夫（1984）『日本語のシンタクスと意味II』くろしお出版.

[森山卓郎]

■テオク・テアル

テオク，テアルはテイルと共起できず，形態的位置は同じである。しかし，テアルとテオクは動作に何らかの合目的的な準備性があることが含意される点で一くくりにされる（もくろみの形式と呼ばれることもある）。いずれも，準備性が含意されるため，主体は人間であることが普通であり，基本的には意志的な動作を表す動詞と共起する（「一度，はしかにかかっておくと免疫ができる」のように，意志性がない場

合でも仮定条件や希望の文脈などがあれば共起できる)。ただし，テアルには後述するような受身と同じ関係を構成する用法があり，その用法では対象が主語になる。

テアルは動作の結果的側面に合目的性があること，すなわち，何かのために動作が完了した状態であるということを表す。「机の上に飲み物が準備してあった」(「されてあった」という形で使われることもある)のように存在に結びついた用法 (ニ格と共起) も，「たっぷり睡眠をとってある」のように，動きの効果の有効性だけを取り上げる用法もある。なお，「(虫干しのために) 本を開けてある」に対して，「本が開けてある」のように，対象と主語とを入れ換えた関係でも使われる (とくに対象の状態に重点が置かれる場合)。

一方，テオクは状態性をもたない。意味的には，たとえば，「今のうちに明日の準備をしておこう」のように，動作をあらかじめ行うという準備的側面があることを表示する。すなわち，その動作をすることによって，後で望ましい状況になることに貢献する，あるいは，望ましくない状況になることを回避するということを表す。

ただし，後で望ましい状況となるという意味になるため，具体的用法としては，「考えておきます」のように，その場での動作の発動をしないという文脈での使用も多い。また，「おかしを戸棚にしばらく {?しまう/しまっておく}」のように，対象をある結果状態のまま保存する場合にも使われる。

→アスペクト (2-G)，アスペクトの複合動詞 (2-G)

● 参考文献
金田一春彦 (編) (1976)『日本語動詞のアスペクト』むぎ房.

益岡隆志 (1987)『命題の文法』くろしお出版.

森山卓郎 (1987)『日本語動詞述語文の研究』明治書院.

[森山卓郎]

■形式名詞系のアスペクト形式

「彼は料理をしている最中だ」「彼は本を読み始めたばかりだ」のように，動詞述語の最後に形式名詞が共起してアスペクト的な場面を限定する場合がある。

「ところだ」「最中だ」は，「彼は皿を洗っているところだ」のように，テイル形に共起して進行過程の内部を取り出すが，「暖房で窓を閉めている最中だ」のように，結果の維持持続を取り出すこともできる。特定の状態を取り上げるので，どのような場面かということを取り上げるような文脈で使われる。

「ところだ」は，「そう思っていたところだ」のように，「ていた」という形にもつくことができる点で，「最中だ」などとは違っている (「ていたところだ」は，場面を客観的に説明するときに使われる)。

「ばかりだ」は，「たった今，食事の準備をしたばかりだ」のように，動きの動詞 (非状態) のタ形と共起すると，動きの直後の状態であることを表す。こうした直後という時間が取り上げられるのは，あらかじめその時間に焦点があてられるような文脈がある場合が普通である。なお，「ばかりだ」には，「開店するばかりになっている」のように直前の状況を近似的に表す用法や「気持ちがあせるばかりで何も進んでいない」のように，発生する事態がその事態だけに限定されることを表す用法もある。

「ところだ」にも，動きの述語と共起する用法がある。タ形についた場合には「彼は日本に着いたところだ」のように直後の状態を表す。「ばかりだ」「ところだ」の用法は似ているが，「彼は去年来日した (ばかりです/?ところです)」のように，ある事態の後あまり時間がたってい

ないことを表す場合にも「ばかりだ」が使われるのに対し，「ところだ」は直後の場面を表す用法が一般的である。

また，「ところだ」には，「もう少しで死ぬところだ」「彼が遅れたら置いていくところだった」のように，仮定条件下での非現実事態の想定を表す用法があるほか，「犯人が逃げるところをつかまえた」のように，主体の特定の場面でのあり方を取り上げる用法もある。

なお，一定以上の古い過去の経験を表す「たことがある」や過去の習慣的動作を表す「たものだ」なども形式名詞系のアスペクト形式である。

→アスペクト（2-G），最中・ウチニ・アイダ（2-J），コト・ノ・トコロ——名詞節（2-J）

●参考文献

森山卓郎（1984）「～ばかりだ/～ところだ」『日本語学』3-10.

吉川武時（編）小林幸江・相崎雅也（2003）『形式名詞がこれでわかる』ひつじ書房.

[森山卓郎]

■接辞形式とテンス・アスペクト

漢語の接辞「～中（ちゅう）」「～前（まえ）」「～後（ご）」は，「～中」が期間を表す名詞に，「～前」「～後」が時点を表す名詞に付加することもあるが（「夏休み中」「月末前」「夕食後」），「する」をつけて動詞になる動詞的名詞（動名詞）に付加することもある。この場合，その付加した動詞的名詞の表す事態のどの時間的展開局面のことなのかを表すアスペクトの機能を果たす（「パトロール中」「出発前」「立ち読み後」）。なお，これらの接辞は，動詞連用形からの転成名詞には付加しない（「*走り中」「*食べ前」「*読み後」）。

「～中」は，まず，過程のある動きの進行中の局面にあることを表す（「勉強中」「作業中」）。また変化のある動きの変化後の結果状態の継続局面にあることを表す（「閉鎖中」「婚約中」）。なお，この場合，変化後の結果状態というのが，一時的・臨時的なものであるものに限られ，結果状態が永久に続くと思われる「*死亡中」や，臨時的なものとはみなされない「*結婚中」などは言えない。また，精神的な活動を表すものは，「*期待中」「*絶望中」「*心配中」など言えないものが多い（「恋愛中」「考慮中」など言えるものもある）。この点は，以下の「～前」「～後」も同様である（「*期待前」「*絶望後」）。

「～前」は，動きの開始前の局面にあることを表す。変化のある動きでも（「崩壊前」「出発前」），変化のない動きでも（「食事前」「試合前」），この接辞は付加するが，変化のない動きの場合，その動きが開始される前の局面が，開始後との対比などにより意味のある段階として認識されにくいものには，この接辞は付加しにくい（「?電話前」「?駐車前」/「電話する前」「駐車する前」なら適格）。

「～後」は，動きの終了後の局面にあることを表す。この接辞は「～前」の場合のような制限はなく，あらゆる動きに付加する（「家族に電話後，帰宅した」「犯人は車を路上に駐車後，銀行に押し入った」）。

→最中・ウチニ・アイダ（2-J），マエ（ニ）・アト（デ）・テカラ（2-J）

●参考文献

グループ・ジャマシイ（編著）（1998）『教師と学習者のための日本語文型辞典』くろしお出版.

[岩崎 卓]

■動詞とアスペクト

動詞には動きを表さない動詞（広義の状態動詞）と動きを表すものがある（両方の用法をもつ動詞もある）。動きを表す動詞は，その性質によってアスペクトに関する表現のあり方が決

まる。これにはさまざまな分類がある。

日本語では，金田一（1950）による，シテイルという形に着目した分類が先駆的である。すなわち，「状態動詞」（「有る」など，テイルがつかない），「瞬間動詞」（「死ぬ」など，テイル形が結果），「継続動詞」（「歩く」など，テイル形が進行中），「第4種の動詞」（「優れる」など，いつもテイル形）という分類である。しかし，これに対して，奥田（1977）はスル，シテイルの対立としてアスペクトを捉えるべきだとし，その対立のある動詞を，時間的な長さの有無ではなく動作か変化かという観点で考えるべきだとし，「動作動詞」（「壊す」など）と「変化動詞」（「壊れる」など）に分類した。動作動詞のシテイル形は進行中になるが，主体変化動詞のシテイル形は結果を表す（「髪を切る」のように主体動作が主体の変化にもなるような再帰的動詞は2つの場合があると説明できる）。

さらに工藤（1995）はこれを受け継いで，内的情態動詞，静態動詞，外的運動動詞に分類し，外的運動動詞について，「主体動作・客体変化動詞」（スル形は終了限界達成が一まとまりとしての捉え方に同じ），「主体変化動詞」（スル形は終了限界が変化達成として取り上げられる），「主体動作動詞」（スル形は開始限界達成を取り上げることも全体を一まとまりに取り上げることも両方ある）に分類した。

ただし，森山（1988）が指摘するようにアスペクトを包括的に捉えるには単純な動詞分類では不十分である。まず，動詞の語彙的意味だけによってアスペクト的な性質が決まるのではない。あくまで動詞が他の名詞や副詞などとともに表す「事態の性質」が全体としてアスペクト的な現象にかかわるのである。たとえば「鼻歌を歌う」と「『春』を歌う」では終結点があらかじめあるかどうかに違いがある。当然こうした構造は，「〜した瞬間」がどの時点を表すか，「〜しているが〜したことにはなっていない」

と言えるかなどにもかかわっている。また，動作・変化ということ以外に，持続性などの時間構造（動きの展開する持続期間や維持される持続期間など）も重要である。たとえば，「太郎は{半時間かかって/半時間}窓を開ける。」のように，持続時間の質的な違いがあるが，これは，「窓を開けつづける」の二義性（動作中と結果維持）にも対応する。

こうした観点から，森山（1988）は，動的事態のアスペクト的性質を持続性（動きの展開，維持），結果の可逆性，終結点の有無，変化の進展性などのさまざまな素性の組み合わせとして類型化している（時定項分析）。

→アスペクト（2-G），状態動詞（2-G）

●参考文献

奥田靖雄（1977）アスペクトの研究をめぐって──金田一的段階」『宮城教育大学 国語国文』8．

金田一春彦（1950）「国語動詞の一分類」『言語研究』15．

金田一春彦（編）（1976）『日本語動詞のアスペクト』むぎ書房．

工藤真由美（1995）『アスペクト・テンス体系とテクスト──現代日本語の時間の表現』ひつじ書房．

国立国語研究所（1985）『現代日本語動詞のアスペクトとテンス』〈国立国語研究所報告82〉秀英出版．

森山卓郎（1988）『日本語動詞述語文の研究』明治書院．

Vendler, Z. (1967) Lingnistys in Philosophy. Cornell University Press.

［森山卓郎］

■副詞とアスペクト

アスペクトにかかわる副詞には，動きの側面を修飾するタイプと期間副詞など状態を修飾するタイプがある。前者は，状態動詞には基本的

に共起しない点で狭義のアスペクトの副詞といえる。大別して，事態発生の時間的側面を修飾する発生様態副詞，事態の進行的側面を修飾する進行様態副詞，事態の結果や終結的側面を修飾する結果・終結様態副詞，事態の量規定を示す量規定副詞，がある。また，以前を表すテンス副詞も意味解釈に関与する。

まず発生様態副詞は，「すぐに」「突然」「ようやく」「やがて」のように，事態発生時点を設定したり，事態発生のいきさつ，時間経過後の変化の存在を表示する。これらの副詞は多くの場合動詞のスル形と共起するが，動詞のシテイル形と共起する場合でも，通常，進行中の解釈にならない（その発生があったという経歴を取り上げる解釈になる）。

進行様態副詞は，「ゆっくり」「一つずつ」「どんどん」「しだいに」のように，事態進行の様態を表す（「どんどん」「しだいに」などはとくに変化程度の進展をも表す」）。複数事態の繰り返しを表す繰り返し副詞は，事態の集合を取り上げる点でレベルは違うが，進行的側面を修飾する点でここに含まれる。いずれも進行中の様態を表すので，シテイル形の解釈は進行中になる。たとえば，「窓が開いている（結果）」のように，主体変化動詞のシテイル形は結果を表すが，進行様態副詞が共起すれば，「窓がゆっくり開いている（進行中）」のように進行中での解釈が優勢になる。同様に，「芸能人が死んでいる」も「次々と」などが共起すると，結果ではなく繰り返しとしての複数事態の進行を表すことができる。

結果・終結様態副詞は，「粉々に」「がらりと」のように事態の変化結果を表すものである。主体動作・客体変化を表す動詞のシテイル形の優勢的解釈は通常，進行中であるが，結果の様態を表す副詞が共起すれば，「窓ガラスを割っている（進行中）」→「窓ガラスを粉々に割っている（結果）」のように，結果的側面が優勢になる。同様に，事態の全体量の規定を表す副詞も，事態の終結的側面を修飾する用法では，「詩を書いている（進行中）」→「詩を九本書いている（経歴）」のように，終結的側面を修飾し，述語としては進行過程を取り出さなくなる。

一方，テンスにも関与する副詞として，「以前，すでに，昨日（後二者は発話時に関連づけられる）」などがある。これらは，「すでに彼は本を書いている。」のように，シテイル形と共起した場合でも，経歴があるという意味しか構成しない。

こうした副詞が共起した場合，「彼は牛丼を食べている。」「彼は牛丼を四杯も食べている。」「彼は毎日牛丼を四杯も食べている。」「彼は学生時代毎日牛丼を四杯も食べている。」のように，上位レベルの副詞の存在によってシテイル形の意味は優勢的に解釈される。

→アスペクト（2-G），様態副詞（2-B）
● 参考文献
森山卓郎（1984）「アスペクトの意味の決まり方について」『日本語学』3-12.
仁田義雄（2002）『副詞的表現の諸相』くろしお出版.

[森山卓郎]

■テンス

述語が表す事態は，通常，時間軸上において生起する。たとえば，「太郎が東京へ行った」という文では，〔太郎が東京へ行く〕という事態は，時間軸上における過去において生起したことが意味され，また「太郎が東京へ行く」という文では，〔太郎が東京へ行く〕という事態が，未来において生起することが意味される。このように，通常，述語が表す事態は，文において時間軸上のどの時点においてのことかが表されるが，述語が表す事態を，時間軸上のどの時点のこととして位置づけるのか（過去か現在

か未来か)，その表し分けにかかわる文法形式を，「テンス」と呼ぶ。「テンス」という文法形式とは，具体的には，「行った」「暑かった」「休みだった」のように「た」が付加した形態（タ形）と，「行く」「暑い」「休みだ」という「た」が付加しない形態（ル形）の対立である。

述語が表す事態を時間軸上に位置づけ，それを過去・現在・未来とするには，基準点が必要となる。その基準点が，典型的には，会話文の主文末におけるテンスについては，発話時となる。発話時を基準として，時間軸上の以前に位置づけると「過去」となり，同時に位置づけると「現在」となり，以後に位置づけると「未来」になる。このように，発話時を基準として，述語が表す事態を時間軸上に位置づける文法形式を，「絶対的テンス」と呼ぶ。一方，従属節におけるテンスの場合，主節が表す事態の時（＝主節時）を基準として，それより以前か同時か以後かを表し分けるということがある。たとえば「来年博士号を取った人を，助手に採用しよう」という文では，「取った」は発話時には未来のことであるが，主節時から見て過去のこととしてタ形になっている。これを「相対的テンス」と呼ぶ。

動きを表す動詞の「した」については，「昨日は晩ご飯を食べた」「昨年はアメリカに行った」の「食べた」「行った」のように，事態を発話時現在と切り離されたものとして表現するものと，「晩ご飯はもう食べた」「さくらちゃん，大きくなったねえ」の「食べた」「大きくなった」のように，事態を発話時現在にも関連したものとして表現するものがある。前者をアオリスト的な過去，後者をペルフェクト的な過去とし，両者をテンスとする研究もあれば，前者を過去というテンス，後者を完了というアスペクトとする研究もある。また，前者をアスペクトは完成相，テンスは過去とし，後者をアスペクトはパーフェクト相，テンスは現在とする研究もある。

→タ形（2-G），ル形（2-G）

●参考文献
寺村秀夫（1984）『日本語のシンタクスと意味II』くろしお出版．
工藤真由美（1995）『アスペクト・テンス体系とテクスト』ひつじ書房．
鈴木重幸（1996）『形態論・序説』むぎ書房．

［岩崎 卓］

■タ形

日本語の述語は〈非過去（現在・未来）―過去〉というテンス的対立を有する。このうち〈過去〉の形を「タ形」という。
 (1)寝る（未来）―寝た（過去）
　　ある（現在）―あった（過去）
　　寝ている（現在）―寝ていた（過去）
動詞のスル形とシタ形の対立を〈未完了―完了〉（未然―既然）というアスペクト的対立と見る立場もある。

状態述語（状態動詞，形容詞，名詞述語）のタ形は，基本的に過去の状態を表す。
 (1)昔ここに大きなビルがあった。［一般論］
 (2)(「太郎，見なかった？」と聞かれて)
　　太郎なら教室にいたよ。［個別事象］

非状態述語（動作動詞・変化動詞）のタ形（シタ形）には，次のような用法がある。
①過去の動作・変化を表す「した」。否定形は「しなかった」。
 (3)若い頃はよく徹夜した（あまり徹夜しなかった）。［一般論］
 (4)昨日徹夜した（昨日は徹夜しなかった）。［個別事象］
②動作・変化が実現ずみであることを表す「もう～した」。否定形は「まだ～していない」。
 (5)A：お湯，（もう）沸いた？
　　B：うん，（もう）沸いたよ。（いや，まだ沸いていない。）

③動作・変化の実現を表す「した」。
(6)ピッチャー，第一球，投げました。
(7)おれも年を取ったなあ。

②と③の用法については，〈過去〉の一種（現在と結びついた過去）と見る立場と，〈現在パーフェクト〉と見る立場とがある。

タ形には，このほか，「発見」「思い出し」「回想」「反事実」「催促」といった話者の心的態度を表すといわれる用法がある（ムードのタ）。

(8)あ，あった。［発見］
(9)そういえば明日は休みだった。
　　今日は何の日だったっけ？［思い出し］
(10)この本は昨日からここにあった。［回想］
(11)さっさと仕事をすませていれば，今頃は遊んでいられたのに。［反事実］
(12)さっさと帰った，帰った。［催促］

タ形にこのような多様な用法があることをどのように説明するかについては，研究者のあいだでさまざまな意見があり，定説と呼べるものはない。

➡テンス (2-G)，アスペクト (2-G)，動詞 (2-B)

● 参考文献

井上優 (2001)「現代日本語の『タ』」つくば言語文化フォーラム（編）『「た」の言語学』ひつじ書房.

金水敏 (2000)「時の表現」『日本語の文法2 時・否定と取り立て』岩波書店.

工藤真由美 (1995)『アスペクト・テンス体系とテクスト』ひつじ書房.

鈴木重幸 (1996)『形態論・序説』むぎ書房.

寺村秀夫 (1984)『日本語のシンタクスと意味 II』くろしお出版.

［井上 優］

■ ル形

日本語の述語は〈非過去（未来・現在）―過去〉というテンス的対立を有する。このうち〈非過去〉の形を「ル形」という。この名称は，動詞や動詞型接辞の非過去形（基本形と同形）に「着る，-(ら)れる，-(て)いる」のように「る」で終わるものが多いことに由来する。継続相「-ている」を伴わないスル形のことを「ル形」と呼ぶこともある。

状態述語のル形は，現在の状態，現在までの状態，または未来の状態を表す。

(1)今北京にいる。［現在の状態］
(2)昨年から北京にいる。［現在までの状態］
(3)明日の今頃は北京にいる。［未来の状態］

非状態述語（動作動詞・変化動詞）のル形（スル形）は，基本的に未来の動作・変化を表す。発話現場とは別の場面で実現される事象の場合(4)と，発話現場で実現される事象の場合(5)とがある。

(4)明日太郎が来る。/明日はきっと晴れる。
(5)先頭グループがまもなく折り返し地点を通過します。今，通過しました。

主語が1人称の場合，話者の意志確定の語気を伴うことがある。

(6)君が行くなら，ぼくも行くよ。

次のような場合は，現在の事象についてもスル形が用いられる。

① 発話時における話者の思考や感覚。
(7)ぼくもそのほうがよいと思う。
(8)今日は昨日より暖かく感じる。
(9)何か変な音が聞こえる（変な音がする）。
② 話者自身の発話行為（遂行文）。
(10)スポーツマンシップにのっとり，正々堂々と戦うことを誓います。
(11)北京支店への転勤を命ずる。
③ 眼前で展開される事象の同時的描写。
(12)（つきたての餅を手で引っ張って）
　　お，のびる，のびる。
(13)あ，飛行機が飛んでいく！

ル形はまた，現在の習慣や，時間の限定なしに一般的に成り立つことがら（恒常的属性，法

則，手順説明など）を叙述するのにも用いられる。
(14)太郎は毎朝6時に起きて散歩する。[習慣]
(15)彼は英語を上手に話します。[属性]
(16)水は100度で沸騰する。[法則]
(17)まず玉ねぎをみじん切りにする。次にその玉ねぎを弱火でゆっくり炒める。[手順]

既存の事象に対する感嘆や不審の気持ちを表すのに，スル形が用いられることもある。
(18)（雨が降りつづくのを見て）
　　よく降るなあ。
(19)（予想外の人が来たのを見て）
　　え，なんであの人が来るの？
➡テンス (2-G)，アスペクト (2-G)，動詞 (2-B)

● 参考文献
尾上圭介 (2001)『文法と意味Ⅰ』くろしお出版.
国立国語研究所 (1983)『現代日本語動詞のアスペクトとテンス』〈国立国語研究所報告82〉秀英出版.

[井上 優]

■ 連体修飾とテンス
　連体修飾節内の述語がル形であるかタ形であるかは，連体修飾節内の事態と主節事態との時間的前後関係の表し分けにかかわってくる。文末における場合は，およそル形であれば，事態が発話時を基準にして現在・未来であることを表し，タ形であれば，事態が過去であることを表す。しかし，連体修飾節における場合，文末における場合とは異なる現象が見られる。
(1)遅れて来る人を駅で待った。
(2)明日20分以上遅れて来た人は，テストを受けることができません。
(1)では，「来る」という連体修飾節事態は，ル形ながら，発話時未来ではなく，「待った」という主節事態よりも後の事態であることを表している。(2)では，「来た」という連体修飾節事

2-G　テンス・アスペクト — 133

態は，タ形で，発話時過去ではなく，「受けることができない」という主節事態よりも前の事態であることを表す。これらは，連体修飾節内の述語のル形・タ形が，発話時を基準とする絶対的テンスではなく，主節時を基準としてル形なら主節時より前，タ形なら主節時より後という相対的テンスであるということで説明される。
　連体修飾節内のテンスは，相対的テンスだけでなく，絶対的テンスも現れる。
(3)さっきデパートで見かけた人は，先週テレビに出ていた。
(4)来年アメリカに留学する彼と，再来年に結婚する。
(3)では「見かけた」というタ形の連体修飾節事態は，主節事態よりも後のことであるが，これは相対的テンスではなく，絶対的テンスとして発話時過去を表している。(4)では「留学する」という連体修飾節事態は，主節事態よりも前のことであり，これは，絶対的テンスとして発話時未来を表しているとして説明される。
　連体修飾節内の述語が状態性の述語の場合，次の例のように，連体修飾節内がル形であっても，タ形であっても，連体修飾節事態と主節事態が同時であることを表す。
(5)となりに座っている人に話しかけた。
(6)となりに座っていた人に話しかけた。
(5)は，「座っている」という連体修飾節事態が，ル形で相対的テンスとして主節時現在を表し，主節時と同時であることを表している。(6)は「座っていた」という連体修飾節事態が，タ形で絶対的テンスとして発話時過去を表している。連体修飾節内の述語が状態性の述語の場合，(5)(6)のようにいつでもル形とタ形が交替できるわけではない。以下の(7)では交替可能であるが，(8)では交替不可能である。
(7)｛激しい/激しかった｝雨がやんだ。
(8)｛激しい/*激しかった｝雨が降った。

(8)のように，連体修飾節内の述語が，どのような雨が降ったのかなど，被修飾名詞のタイプ的な性質を述べる文である場合，発話時から回想した過去の被修飾名詞の状態としてタ形にすることができない。一方，(7)では，「激しい→やむ」という雨の状態変化があり，発話時から回想した過去の雨の状態として，連体修飾節内の述語をタ形にすることもできる。

連体修飾節内の述語が動作性のもので，限界点をもたない事態を表す場合，スル形として，連体修飾節事態と主節事態が同時であることを表すこともある。

(9)田舎に住む両親に手紙を書いた。
(10)日本語を学ぶ外国人100人に聞いた。
(11)道を通る人にビラを配った。

これら連体修飾節内のスル形は，相対的テンスとして主節時未来を表しているとも，絶対的テンスとして発話時未来を表しているとも考えられない。テンスから解放され，スル形が被修飾名詞の状態規定としてはたらいていると考えられる。

➡テンス (2-G)，タ形 (2-G)，ル形 (2-G)，状態動詞 (2-G)

● 参考文献
寺村秀夫 (1984)『日本語のシンタクスと意味 II』くろしお出版．

[岩崎 卓]

H──モダリティ

■モダリティ

日本語の文は性質の異なる2つの部分からできている。

(1)きっと彼は忙しいんだろうね。

(1)において意味の中心となることがら（「彼が忙しい」こと）は文の内側に現れている。これに対して，文頭の「きっと」や文末の「だろう」「ね」のように文の外側に現れる要素はそのことがらに何らかの内容をつけ加えているわけではない。これらは，ことがらに対する話し手の捉え方や伝え方といった主観的態度を表している。

ことがら的内容を表す部分は"命題"，話し手の主観的態度を表す部分は"モダリティ"と呼ばれる。日本語の文は命題が文の内側に現れ，それをモダリティが包み込む(2)のような構造をしている。

(2) | 命題 | モダリティ |

命題は文のことがら的な意味内容を担う部分である。ことがら的な意味の中心となるのは述語であり，これにさまざまな要素が付け加わって，より複雑なことがらが表されるようになる。命題レベルの要素としては，動作の表し方にかかわるヴォイスや動作過程の捉え方を表すアスペクト，出来事の時間的な位置づけの表現であるテンスといったものがある。

一方，モダリティは典型的には発話の瞬間における話し手の心的態度を表すものとして規定される。モダリティの下位類には「遅刻してもいい」のようにことがらに対する評価を表す評価のモダリティ，「疲れているようだ」のようにことがらの真偽に対する判断を表す認識のモダリティ，「傘を忘れました。急いでいたんです」のように別の文との関係づけを表す説明のモダリティ，「彼女ならそこにいるよ」のように聞き手への伝え方を表す伝達のモダリティなどがある。平叙文や疑問文，命令文といった文のタイプ（表現類型）や丁寧さのような発話態度に関する要素がモダリティとして捉えられることもある。

モダリティ形式がモダリティの意味的な条件を一部分欠くことがある。たとえば，「だろう」と「かもしれない」はともに話し手の認識的な

判断を表すが,「だろう」がつねに発話時における判断を表す純粋なモダリティ形式であるのに対して,「かもしれない」は「彼は来られないかもしれなかった」のようにテンスを分化させることができ,発話時という条件を満たさない場合がある。これは本来意味的な概念であるモダリティが,日本語では高度に構造化(文法化)されていることの反映だと考えられる。

➡ モダリティの副詞 (2-H), モダリティと文体 (2-M)

● 参考文献
仁田義雄 (1991)『日本語のモダリティと人称』ひつじ書房.
益岡隆志 (1991)『モダリティの文法』くろしお出版.
　　　　　　　　　　　　　　　[安達太郎]

■ 疑問文の種類

疑問文は,その命題に対して話し手の判断が成り立たないことを前提として,聞き手に問いかけて解答を引き出そうとする機能をもつ文のタイプである。疑問文はさまざまの観点から分類することができる。

最も基本的なのは,判断が成り立たない理由からの分類である。真偽疑問文と補充疑問文(疑問詞疑問文)の2つが主要なタイプである。

真偽疑問文はその命題の真偽が不明なために判断が成立しないものである。「明日,学校に行きますか?」「あなたは学生?」のようなものである。真偽疑問文には「はい」や「いいえ」で答えることができる。

補充疑問文は命題中に話し手にとって不明の要素が含まれているために判断が成立しないものである。この不明の要素を疑問詞で置き換えて,解答を補充することを聞き手に求めるのである。「今日は何を食べる?」や「いつあの人に会ったの?」がこの例である。「何かを食べる」ことや「あの人に会った」ことは前提とされ,疑問詞が質問の焦点を表している。補充疑問文に対しては,その不明な要素が何であるかを答えることで応答できる。

2つの主要なタイプのほかに,両者の中間的な性質をもったものとして選択疑問文が立てられることがある。「中華にする? それとも和食にする?」「事務室は1階ですか,2階ですか?」のようなものである。疑問詞が用いられていない点では真偽疑問文に近く,「はい」や「いいえ」で答えられない点では補充疑問文に近い。ただし,このタイプは1つの文と認められるのか,複数の文を連接させたものなのか問題が残る。

第二は,真偽疑問文における文末の述語の肯否による分類である。これによって肯定疑問文と否定疑問文に分けられる。

真偽疑問文はある命題の真偽を聞き手に尋ねるものなので,肯定疑問文と否定疑問文には論理的な違いはない。しかし,否定疑問文には独自の特徴がある。

「誰かいないかなあ」のような文ではその実現に対する希求が前面に出てくる。また,「こんなこと言って怒られないかなあ」は不安を強く感じる。希求や不安といった情意性が強く出てくるのが否定疑問文の1つの特徴である。

否定疑問文による質問には,質問者が予測をもっているという特徴がある。「雨,降ってる?」という肯定疑問文は,雨が降っているかどうかが話し手にはまったくわからない状況で使われる。一方,「雨,降ってない?」という否定疑問文は,実際に雨が降っているかどうかは不明ながら,話し手は雨が降っていることを予測している。否定疑問文は文の形式とは逆方向の判断の成立を予測するものである。類似した機能をもつ形式に「のではないか」がある。

第三に文末の「の(だ)」の有無によって通常の疑問文とノカ疑問文が区別される。ノカ疑問文は単に命題の真偽や要素の補充を求めるの

ではなく,「君,煙草吸うの?」「おや,どこへ行ってきたの?」のように発話状況と関連づけて事情説明を求めるものである。「私が行きます」という発言に対して「あ,君も行くの?」と言えるように,相手の直前の発話をそのまま繰り返して確認する用法もある。補充疑問文はノカ疑問文になることが多いが,とくに「なぜ昨日休んだの?」のように理由を尋ねるときは,ほぼ必須的にノカ疑問文になる。「疲れたから休んだの?」のように,質問の焦点が述語以外の部分にある場合もノカ疑問文が使われる。

→モダリティ (2-H),疑問形式の用法 (2-H),ノダ──説明のモダリティ (2-H)

●参考文献

仁田義雄 (1991)『日本語のモダリティと人称』ひつじ書房.

野田春美 (1997)『「の(だ)」の機能』くろしお出版.

[安達太郎]

■疑問形式の用法

疑問の助詞「か」はさらに他の形式と結びついてさまざまな機能をもった形式を派生させている。このような疑問形式には「だろうか」,「ではないか」,「のではないか」などがある。

推量形式「だろう」に「か」が付加した「だろうか」は話し手の判断が成り立たないことを表すだけで,聞き手に問いかけることをしない。「彼,間に合うだろうかとつぶやいた」のように,「だろうか」は独話的な表現である。「今,何時だろう」のような補充疑問文では「か」が脱落することが多い。「今,何時かな」といった文の「かな」も同様の機能をもっている。これらは疑いの文と呼ばれる。

疑いの文は基本的に心内での疑念を表すにとどまるので,いくつかの可能性での迷い(「あれだろうか,これだろうか」)を表したり,不確かな想像(「彼,もう目的地に着いたかな」)を表したりすることもある。

疑念を聞き手に問いかけることを意図しないという疑いの文の性質を利用して,あえて対話で使われることもある。一般的な質問文が聞き手が解答を知っているという前提のもとで発話されるのに対して,疑いの文は「今,何時かな」のように聞き手が解答を知っているかどうかわからない状況で使われる。聞き手に解答を強制しないところから,「あなたは田中さんでしょうか」のように丁寧な質問として機能することもある。「かな」は「年はいくつかな」のように目下の人に優しく問いかけるような機能をもつ。また応答としても,「この橋,何メートルぐらいあるの?」という質問に対して「さあ,30メートルぐらいかな」と言えるように,正確な解答を知らないまま答えるときに使われる。

否定形式と疑問助詞の結びつきが固定化した形式に「ではないか」と「のではないか」がある。

「ではないか」は話し手の認識と聞き手の認識が同一であることを述べ,聞き手がそれに気がついていないときは思い出させ,確認する機能をもつ。「そこにあるじゃない」と言って眼前の事実を相手に気づかせようとしたり,忘れていることを思い出させようとする「ほら,一度会ったことあるじゃありませんか」のような用法がある。「コーヒーを飲むと眠れなくなるじゃないですか」のように,一般的知識を確認するときも使われる。探し物が見つかったときに,「なんだ,ここにあるじゃない」とそれまでの疑念が解消されたことを独話的に表すこともある。

「のではないか」は何らかの判断の成立を予測して質問する否定疑問文から発達した形式である。「雨,降ってるんじゃない?」や「もしかして,私たちどこかで会ったことあるんじゃ

ない？」のように，不確かな見込みや記憶に基づいて話し手が何らかの判断の成立を予測して尋ねるのが基本的な用法である。

「のではないか」は，相手から解答を引き出そうとするのではなく，話し手の予測を聞き手に伝えることに重点の移った，情報伝達的な機能をもつことも多い。この用法では，「彼，どこ？」に対して「そこにいるんじゃない」と答えられるように，応答文として使われる。「きっと来るんじゃない？」のようにモダリティの副詞とともに使われることもある。文章においても，主張をはっきり断定せずに表現する「この問題は次のように解決できるのではないか」のような文は頻出する。「のではないかと思われる」や「のではないだろうか」のように文末に思考動詞や「だろうか」を付け加えることで，さらに主張を和らげることができる。

➡疑問文の種類（2-H），確認表現（2-H）

●参考文献

安達太郎（1999）『日本語疑問文における判断の諸相』くろしお出版．

三宅知宏（1993）「派生的意味について——日本語質問文の一側面」『日本語教育』79．

[安達太郎]

■確認表現

話し手にとって不確実なことを確実にするための確認を聞き手に求める表現一般のことを，確認表現と呼ぶ。日本語では，「だろう」「じゃないか」「ね」などの文末辞により表される（ここでいう「だろう」には丁寧体の「でしょう」も含み，「じゃないか」には，「じゃない／じゃないですか」などの変種も含む）。

確認表現は大きく2つのタイプに分けられる。それは，確認される対象，すなわち話し手にとって不確実なことに2つの異なったレベルが存在することに対応している。

一つは，確認の対象を文の意味内容（「命題」と呼ばれる）とするもので，文の表す意味内容が正しい（真である）ことの確認を求めるものである。これを命題確認と呼ぶ。「だろう」を代表させて例を挙げると次のようなものである。

(1)「傘持ってないだろう？」「ああ」

(2)あなた関西の人だから，そういう味付け好きでしょう？

もう一つは，確認の対象を聞き手の知識とするもので，文の意味内容によって表される知識を聞き手がもっていることの確認を求めるものである。この場合，話し手にとって，文の意味内容を聞き手が知っているかどうかが不確実なのであって，文の意味内容そのものは確実なものであるという点が前者との違いである。これを知識確認と呼ぶ。次のようなものである。

(3)ほら，私，この前，引っ越しをしたばかりでしょう。

(4)そんなのんきなことを言っている場合じゃないだろう。

知識確認は，聞き手の知識を確認することによって，(3)のように話し手と聞き手が潜在的に共有していると仮定される知識を活性化させたり，(4)のように聞き手に話し手と同じ認識をもつことを要求する，といった効果をもつことになる。

ジャナイカも，命題確認と知識確認の両用法をもっているが，用法間で，接続のしかたなど，形態的な異なりが生じる場合がある。

(5)（ひょっとして）彼はこのことを知らなかったんじゃないか。　　[命題確認]

(6)（ほらみろ，やっぱり）彼はこのことを知らなかったじゃないか。　　[知識確認]

ネには，(7)のように命題確認の用法はあるが，知識確認の用法はない。ただし(8)のようにヨネの形にした場合は知識確認も表せる。

(7)これでいいですね。

(8)君にちゃんと言っておいたよね。

なお，不確実なことを確実にするという意味での確認ではないが，聞き手にある種の同意を求めているという点で，広い意味での確認表現に加えてもよいと思われる用法が「じゃないか」と「ね」には存在する。次のようなものである。

(9) 元気そうじゃないか/ね。
(10) いい天気だね。

➡ 疑問形式の用法 (2-H), 終助詞の用法 (2-H), 助詞 (2-B)

● 参考文献

田野村忠温 (1988)「否定疑問文小考」『国語学』164.

三宅知宏 (1996)「日本語の確認要求的表現の諸相」『日本語教育』89.

[三宅知宏]

■ 意志の表現

意志の表現とは，その時点でまだ実現していない行為を話し手がこれから実行しようとすることを表すものであり，動詞の意志性にかかわる表現である。基本的には「もう帰ろう」のように意志動詞に現れてその行為を実行に移す決定を表すが，「もう忘れよう」のように意志性が弱い動詞に使われてその実行に向けて努力することを表すこともある。「*英語が話せよう」が言えないように，意志性をもたない動詞は意志の表現になることはない。

意志にかかわる表現として重要なのは「しよう」と「する」である。「二度と会うまい」のように否定と結びついた意志を表す「まい」もある。意図を表す形式名詞に由来する「つもりだ」も意志の表現の1つである。

動詞の意志形（意向形）「しよう」は，話し手が行為の実行を決定したことを表すのが基本である。これは，「疲れたなあ。もう帰ろう」のような独話や「今日は一日本を読んで過ごそうと思った」のような心内発話で使われるものである。「*用事があるので，失礼しましょう」が意志文にならないように，対話において聞き手に話し手の意志の決定を伝えることはできない。意志形が疑問化された「しようか」は，「帰ろうか。それとも，残ろうか」のように意志を決めかねて迷っていることを表す。

「しよう」は聞き手に意志を伝えることが意図されない形式であるが，その行為が聞き手に関係がある場合には対話で使うことができる。聞き手の利益になる行為を申し出るような「荷物，お持ちしましょう」は自然である。この用法では，「荷物，お持ちしましょうか？」のように，聞き手がその申し出を受けるかどうかを確認するために「しようか」が使われる。

一方，動詞の基本形「する」は話し手が実行する行為を聞き手に伝えること自体を意図するものである。「私，もう帰る」は対話としては自然だが独話ではおかしいし，「*私はもう帰ると思う」とは言えない。また，決定権をもつ話し手が「この案を採用する」のように「する」を使うと，その発言によって最終的な決定を宣言するニュアンスが出る。

「する」は一般に独話では使われないが，「今度会ったらはっきりさせてやる」や「今度こそ勝つぞ」が言えるように，自分自身に言い聞かせるような表現であれば独話でも可能である。

意図を表す形式名詞による「つもりだ」は，発話に先立って決定ずみである予定を伝える形式である。「私は来年留学するつもりだ」は予定を聞き手に伝えるものであり，その場で話し手が行為の実行を決定したことは表せない。

➡ モダリティ (2-H), 誘いかけ (2-H)

● 参考文献

森山卓郎 (1990)「意志のモダリティについて」『阪大日本語研究』2.

仁田義雄 (1991)『日本語のモダリティと人称』くろしお出版.

[安達太郎]

■誘いかけ

　誘いかけとは，話し手が実行しようとしている行為や，実行中の行為に聞き手を引き込もうとする表現である。意志の表現や行為要求の表現と同様，誘いかけも動詞の意志性にかかわる表現の1つである。

　意志と行為要求が動詞の語形変化として意志形（意向形）や命令形をもつのに対して，誘いかけにはこのような語形変化がない。誘いかけは，否定疑問文「しないか」や意志の表現「しよう」あるいはそれを疑問化した「しようか」から派生された機能として位置づけられる。

　「しないか」はその行為を実行するかどうかを聞き手に尋ねることによって間接的に実行を誘いかける形式である。誘いかけになるのは，話し手の行為が前提となっている場面で発話される場合である。「これから出かけるんだけど，君もいっしょに行かない？」は，これから実行しようとしている行為に聞き手を誘っている。「ここ空いてるよ。座らない？」は自分が座っている隣に座るよう誘いかける場合と，いっしょに席を探している場合のどちらにも使える。このように「しないか」は誘いかけの文として幅広い場面で用いられる。「君，来年，留学しない？」のように話し手の行為を前提としない場合には提案のニュアンスが強く出る。

　一方，動詞の意志形「しよう」は話し手の行為実行の決定を表すのが基本的機能であるが，その行為に聞き手を含み込むことによって誘いかけの機能を果たすようになる。

　「しよう」による誘いかけは，「これから出かけるんだけど，君もいっしょに行こう」のように話し手がこれから実行しようとしている行為に聞き手を誘う場面で使われる。「この席，空いてるよ。座ろう」も自分の座っている席の隣に聞き手を誘うことはできず，2人で席を探している場面でしか使えない。

　「しよう」は話し手の行為に聞き手を引き込もうとするところから強引な誘いかけになりやすい。「先生もいっしょに行きませんか？」に比べると「？先生もいっしょに行きましょう」はややぞんざいに感じられる。逆に「あいつのことなんか気にするな。{帰ろう！/?帰らないか？}」のように強引に行為の実行を求める場面では「しよう」のほうがふさわしい。

　意志の疑問文「しようか」は「??君もいっしょに行こうか？」が不自然であるように，話し手が行うことを決めている行為に聞き手を誘う場面では使いにくく，「ここに座ろうか？」のように聞き手の同意を得て2人で行為を実行に移そうとする場面にふさわしい。

→モダリティ（2-H），意志の表現（2-H）

● 参考文献

安達太郎（1995）「勧誘文──シナイカとショウとショウカ」宮島達夫・仁田美雄（編）『日本語類義表現の文法（上）』くろしお出版．

樋口文彦（1992）「勧誘文──しよう，しましょう」『ことばの科学5』むぎ書房．

［安達太郎］

■行為要求

　聞き手に行為の実行を求める機能を行為要求と呼ぶ。「そこに座りなさい」のような行為要求の文において，その行為は未実現の行為であり，話し手がその実現を望むものである。

　典型的な行為要求の表現は「こっちに来い」のような意志動詞によってその行為の実現を求めるものである。意志性が弱い動詞でも「あの時のことを思い出しなさい」と言えるように，その行為の実現に向かって努力することを指示できる。「*この本が読めろ」のような無意志動詞には行為要求は成り立たない。

　行為要求の表現には非常に数多くの形式が存在する。これは行為要求の機能が聞き手に負担を負わせるので，聞き手に行為を実行させると

いう発話意図を実現させるためには、さまざまな要因を考慮して適切な形式を選択しなければならないからである。話し手と聞き手との関係、聞き手に対する負担の大きさ、その行為が話し手と聞き手のどちらに利益をもたらすのかといったものが要因として挙げられる。

　最も直接的に行為の実行を強制するのが「ここにいろ」や「早く寝なさい」のような命令文である。命令形「しろ」は強制的な意味が非常に強いので、聞き手の利益にかかわらない行為を命令する「窓を開けろ」といった文は日常会話では使いにくい。しかし、相手を気づかった「元気を出せ」や聞き手のためを思って言う「早く起きろ。遅刻するぞ」は使える。「しなさい」は「しろ」より丁寧な言い方になり、親が子どもに、監督が選手に指示するような場合に使われることが多い。

　授受動詞によって話し手がその行為の実行に恩恵を感じていることを明示するのが依頼文である。「こっちに来てくれ」や「彼女を呼んでください」のような命令系の依頼文と「ちょっと待ってくれない?」のような疑問系の依頼文がある。疑問系の依頼文は聞き手に行為実行の最終決定権を委ねるものなので丁寧な行為要求になる。「手伝ってもらえませんでしょうか?」のように「でしょうか」をつけ加えて丁寧さをさらに強めることができる。

　「お〜ください」は「お入りください」のように聞き手が実行を望んでいる行為を話し手が許可したり、「どうぞ奮ってご参加ください」のように権限をもつ立場の人による丁寧な依頼を表す。

　話し手がその行為の実現を望んでいることを伝える希望文によっても間接的に行為要求を表すことができる。希望文による行為要求では、「手伝ってほしいんだけど」のように文末が言いさし表現をとることで希望の表出を和らげることが多い。

➡ モダリティ (2-H), 疑問形式の用法 (2-H)
● 参考文献
仁田義雄 (1991)『日本語の人称とモダリティ』ひつじ書房.
前田広幸 (1990)「『〜て下さい』と『お〜下さい』」『日本語学』9-5.
宮崎和人他 (2002)『モダリティ』くろしお出版.

[安達太郎]

■ 禁止

　禁止は聞き手にその行為を実行しないことを命令するものであり、行為要求の表現の一種である。ただし、行為の非実行を要求するということから、一般的な行為要求表現とは多少の異なりが出てくる。

　最も直接的に禁止を表すのは「するな」である。「するな」は聞き手がその行為を実行しないことを話し手が望んでいることを前提とする。行為の実行を望むか非実行を望むかの違いはあるが、これは他の行為要求の性質と同様である。

　ただし、禁止文と行為要求の表現とでは文の自然さに違いが出ることもある。「気にするな」という禁止文は自然であるが、「??気にしろ」のような文は不自然に感じられる。これは行為の実現と非実現では望ましさに違いが出ることがあるからである。「気にする」という行為の実現は望ましくないが、非実現は望ましいと認識されやすい。

　行為要求は一般的にその文が発話される時点で未実現の行為の実行を求める機能である。一方、禁止の文は発話時点で行為が未実現の場合だけでなく、実現している行為に対しても使うことができる。「彼に会っても話しかけるな」は未実現の行為を予防的に禁じているが、「うるさいなあ。今話しかけるな」は話しかけた相手に対してその行為を阻止するものである。

直接的な禁止を表す「するな」に対して，「それに触ってはいけないよ」や「触ったらだめ」のようにその行為が許可されないことや望ましくないことを伝えることによって間接的に禁止を表すことが日常会話では多い。
➡モダリティ (2-H), 行為要求 (2-H), 勧め (2-H)

● 参考文献

仁田義雄 (1991)『日本語の人称とモダリティ』ひつじ書房．
村上三寿 (1993)「命令文──しろ，しなさい」『ことばの科学 6』むぎ書房．

[安達太郎]

■ 勧め

"勧め" とは，話し手が聞き手にとって有益と考える行為を行うように求めることである。勧めの表現にはいくつかのタイプがある。
　第一のタイプは，「お〜ください」である。
　(1)どうぞこのイスにお掛けください。
　尊敬語であり，ていねいに話す必要がある場合に使われる。ただし，同じく「お〜ください」を用いた(2)は，話し手に有益な行為を求める "依頼" の文なので，区別が必要である。
　(2)どうかお許しください。
　第二のタイプは，その行為が望ましいものであるという評価を表す表現である。代表的なものとして「といい」「たらいい」「ばいい」「ほうがいい」などがある。
　(3)一度富士山に登ってみるといいですよ。
　(4)やせたければ，食べなければいいんだよ。
　「といい」は単純な勧めに用いられるのに対し，「ばいい」「たらいい」は聞き手が求めている望ましい結果に達するために有効な行為を示すのに使われる。一方，「ほうがいい」はその行為をしなければ悪い結果をもたらすという含意が伴うことが多い。
　(5)暗くなるから，もう帰ったほうがいいよ。

これらに関連して，「〜ば」「〜たら（どう）」が上昇音調で使われる場合がある。
　(6)先にお風呂に入れば？
　(7)今度学会で発表したらどうですか？
　問いかけの形で聞き手のとりうる行為の 1 つを提示するだけの表現なので，使える範囲は広い。
　また，「べきだ」「ことだ」なども行為に対する評価を示す表現であり，勧めに使われることがある。
　(8)結婚相手は自分で選ぶべきだ。
　(9)疲れたときは，とにかく休むことです。
　基本的に「べきだ」は一般論として妥当であることを表すのに対し，「ことだ」は特定の目的のために最も重要な行為を示すのに使われる。
　このほか，第三のタイプとして，「ませんか」「ないか」などの問いかけの形が勧めに使われる場合がある。
　(10)コーヒー，飲まない？
➡モダリティ (2-H), 行為要求 (2-H), 授受の補助動詞表現 (2-E)

● 参考文献

高梨信乃 (1996)「条件接続形式を用いた〈勧め〉表現──シタライイ，シタラ，シタラドウ」『現代日本語研究』3，大阪大学現代日本語学講座．
姫野伴子 (2000)「勧めの表現形式」『留学生教育』3，埼玉大学留学生センター．

[高梨信乃]

■ 義務・許容

● 義務 ── ある行為が義務的に必要であることを表す表現には「なければいけない」などがある。
　(1)約束は守らなければいけない。
　(2)会議に間に合うには，7 時に家を出なければいけない。

(1)のように道徳的に必要な場合や，(2)のように物理的に必要な場合など広い範囲で使われる。

ほかに「なくてはいけない，ないといけない，なければならない，なくてはならない」という形がある。意味の差はほとんどないが，文体的には「～いけない」より「～ならない」のほうがやや硬い。また，話しことばでは「なければ」が「なきゃ」に，「なくては」が「なくちゃ」になったり，後半の「いけない，ならない」が省略されたりすることがある。

意味的に近い表現に「必要がある」がある。主に(2)のような状況上の必要性を述べるものであり，(1)のような例では用いにくい。

そのほか，使い分けが問題になる表現に「ざるをえない」などがある。

(3)高熱があるので仕事を休まざるをえない。

「なければいけない」と似ているが，義務というより，その行為が状況のうえで不可避であることを表すものであり，行為者にとって不本意な場合に用いられる傾向がある。「ないわけに（は）いかない」「しかない」なども同様の表現である。

また，「べきだ」も「なければいけない」と同じ文脈で使われることがあるが，その行為が妥当であることを述べるだけで，「なければいけない」ほど拘束力をもたない。

(4)約束は守るべきだ。

●**許容**──ある行為が許容されることを表す表現には「てもいい」などがある。

(5)田中君，もう帰ってもいいですよ。
(6)休みだから，何時に来てくれてもいいよ。
(7)エアコンを切ってもいいでしょうか。

(5)(6)のように聞き手の行為について平叙文で用いると許可を与える文になり，(7)のように話し手の行為について疑問文で用いると聞き手に許可を求める文になる。

また，(8)のように話し手の行為について平叙文で「てもいい」を用いて自分の意向を表す場合もある。

(8)忙しいなら，僕がやってもいいよ。

「も」のない「ていい」という形もある。多くの場合「てもいい」と置き換えられるが，(6)のように疑問語といっしょに使うことはできない。また，(8)のような，意向を表す場合にも用いにくい。

なお，「いい」の代わりに「よろしい」「かまわない」などが接続した形もある。

(9)入ってもよろしいですか。
(10)この部屋は自由に使ってかまいません。

→モダリティ（2-H），助動詞（2-B）

●**参考文献**

奥田靖雄（1999）「現実・可能・必然（下）」『ことばの科学9』むぎ書房．

高梨信乃（2002）「評価のモダリティ」宮崎和人他『モダリティ』〈新日本語文法選書4〉くろしお出版．

森山卓郎（2000）「基本叙法と選択関係としてのモダリティ」森山卓郎他『日本語の文法3 モダリティ』岩波書店．

［高梨信乃］

■不確かさを表す表現

叙述文において，話し手がその事態を経験や知識として把握している場合，そのことは，「雨はまだ降っている」「彼はもう家に帰った」のような無標形式（言い切りの形）の文によって表現される。これに対して，話し手がその事態を経験や知識として把握するに至っておらず，事態の把握のしかたに何らかの不確かさが存する場合には，たとえば，「雨はまだ降っているだろう」「彼はもう家に帰ったかもしれない」のように，そのことを有標形式（助動詞などのついたかたち）を用いて表示する必要がある。

●**推量の表現**──「だろう」は，話し手が想

像や思考によってその事態を把握していること（＝推量）を表す形式であり、「だろう」の文には、命題内容の真偽についての判断が成立しているか否か、成立している場合には、話し手がその判断にどの程度の確信をもっているか、ということの表し分けが成り立つ。判断が未成立であること（＝疑い）は、「雨はまだ降っているだろうか」のように「か」をつけたかたちで表し、確信の度合いは、「{きっと／たぶん／おそらく} 雨はまだ降っているだろう」のように副詞によって表す。また、「あそこに信号があるだろう?」のように聞き手の認識内容について確認を求める用法を派生させていることも「だろう」の特徴である。なお、無標形式であっても、「明日は（きっと）晴れる」（未来の事態）、「（たぶん）あいつが犯人だ」（名詞文による判断表現）、「もう少しがんばれば勝てた」（反事実的条件文）のような場合には、文のレベルで推量の意味が実現している。

「だろう」を対話で用いると、話し手の独断を一方的に述べているようなニュアンスになってしまうことがあるが、「たぶん明日は雨が降るんじゃないか?」のように、「のではないか」という形式を用いると、それを回避することができる。「のではないか」は否定疑問の形式が特殊化して不確かさの表現相当になったもので、「だろう」と同様、確信の度合いを示す副詞と共起する。「のではないか」に独断的なニュアンスがないのは、「だろう」のように成立した判断を伝えるのではなく、形成途上にある判断（仮説）を提示し、聞き手のコメントを受容するというように、疑問形式としての性質を保持しているからであり、使用環境によって、情報提供的にも情報要求的にもなる。

思考動詞「思う」も、「だろう」相当の不確かさの表現として機能することがある。たとえば、「明日は雨になると思う」のように、スル形で1人称主語が省略された場合の「と思う」

は、ほぼ「だろう」に置き換え可能である。ただし、「明日は雨になるだろうと思う」「明日は映画を見に行こうと思う」のように、引用文に有標的なモダリティ形式が出現している場合には、話し手の判断や意向を表明するだけで、不確かさの表現とはなりえない。また、「と思う」が不確かさの表現として用いられる場合でも、独り言では使用できない（「(独り言で) 明日は雨になる {#と思う／だろう} なあ」）。これは、「と思う」が自己の思考内容を対象化して聞き手に伝える表現であるということによる。

●可能性の表現――「だろう」が想像や思考によって命題内容の真偽を判断するのに対して、「かもしれない」は、真偽の判定を放棄して、真である"可能性がある"ということだけを述べる形式である。「明日は雨かもしれないし、そうでないかもしれない」のように、矛盾する命題を並列することができるのは、そのためである。実際の対話においては、可能性導入の必要性・有効性は、当該文脈との関係において決まる。たとえば、「明日、お邪魔してもいいですか?――明日は、家に {#いる／いない} かもしれません」という例では、実際には家にいる可能性もあるわけだが、相手の来訪を断るために、家にいない可能性のほうを選んで導入していると考えられる。

●必然性の表現――「にちがいない」と「はずだ」は、当該命題の成立に"必然性がある"ことを主張する形式であり、「彼の言っていることは辻褄が合わない。彼は嘘をついている {にちがいない／はずだ}」のように、未知情報の推論に使用した場合、両者は類似する。だが、「はずだ」は、「本当なら、彼はもう卒業しているはずなのだが」「窓が開いている。寒いはずだ」のように、命題内容の真偽が確定している状況でも使用でき、この点で両者は異なっている。「にちがいない」が真偽不明な命題内容の成立に対する"確信"を表すのに対して、

「はずだ」の本質は，論理や法則から，命題内容の成立を"当然である"と判断することにあると考えられる。
→助動詞 (2-B)，モダリティ (2-H)

●参考文献
森山卓郎 (1989)「認識のムードとその周辺」仁田義雄・益岡隆志（編）『日本語のモダリティ』くろしお出版．
仁田義雄 (2000)「認識のモダリティとその周辺」森山卓郎他『日本語の文法3 モダリティ』岩波書店．
宮崎和人 (2002)「認識のモダリティ」宮崎和人他『モダリティ』〈新日本語文法選書4〉くろしお出版．

[宮崎和人]

■証拠からの判断
 叙述文の文末形式には，「この本は，結構面白い{ようだ/みたいだ/らしい}」「この本は，結構面白そうだ」のように，当該発話が何らかの証拠（話し手の観察や推論の根拠）に基づいていることを表すものがある。このうち，「ようだ」と「みたいだ」は，文法的な意味・機能がほぼ等しく（文体的には異なる），「ようだ」と「らしい」には，推論用法での類似性が認められる。
●「ようだ」と「らしい」――「ようだ」の本質は，話し手が観察したこととして命題内容の成立を認識するということである。「ようだ」のこのような性格は，「見たところ，彼はなかなかいい車に乗っているようだ」「今日は昨日より少し暖かいようだ」「あなたの考え方は私とはかなり違っているようですね」のような例によくうかがえる。これらを「らしい」に置き換えると，不自然になるか，あるいは，話し手が観察して述べているというニュアンスがなくなってしまう。「あの人の話し方は，まるで怒っているようだ」のようないわゆる比況の用法

が，観察したことを述べるという「ようだ」の基本性質から派生するのも，自然なことである。
 「ようだ」が「らしい」に近づくのは，「（水溜まりを見て）どうやら雨が降った{ようだ/らしい}」のように，話し手が観察していることと命題内容とが必ずしも等価でなく，推論が介在したと解釈できるような場合である。「ようだ」の用法は，このように推論用法にまで拡張されていると見られるが，それでも，観察に基づいて命題内容を構成するという性質は維持されている。
 一方，「らしい」は，証拠に基づく推論を表すのが基本であり，外的情報であれば，証拠の種類を選ばない。「噂では，彼はまもなく転職するらしい」のように，他人がそう言っているということをも証拠とすることができ，これがいわゆる伝聞用法と呼ばれるものである。
●「そうだ」――「そうだ」は，形態的な性質が「ようだ」や「らしい」と異なり，動詞・形容詞の語基（「降り-」「楽し-」）に接続し，否定形（「降りそう{に/も}ない」「楽しそうではない」）や疑問形（「降りそうか？」「楽しそうか？」）を有する。
 「そうだ」の意味は，動詞に接続する場合と形容詞に接続する場合とで大きく異なる。まず，動詞に接続した場合には，「今にも雨が降りだしそうだ」や「この椅子は壊れそうだ」のように，あるできごとの実現を予想させる兆候の存在そのものを観察して述べる用法と，逆に，「この仕事は，あと30分くらいで片づきそうです」や「このままでは，あの会社は買収されることになりそうだ」のように，現時点での状況観察に基づいて，以後にあるできごとが実現することを予想する用法とがある。
 また，「そうだ」が形容詞に接続した場合には，基本的に，「このケーキ，おいしそうだな」や「彼は最近寂しそうだ」のように，主体のも

つ性質や内情が外観として観察されることを表す。なお，動詞に接続する場合でも，「このナイフ，切れそうだな」「あの人は，スポーツマンだからよく食べそうだ」のように，主体の性質を述べる意味構造のなかで使用された場合には，時間的な展開が問題にならず，形容詞に接続した場合に準じた意味になる。

→助動詞（2-B），モダリティ（2-H）

● 参考文献

寺村秀夫（1984）『日本語のシンタクスと意味II』くろしお出版.
仁田義雄（2000）「認識のモダリティとその周辺」森山卓郎他『日本語の文法3 モダリティ』岩波書店.
菊地康人（2000）「「ようだ」と「らしい」」『国語学』51-1.

[宮崎和人]

■伝聞

叙述文の文末形式には，聞き手に伝えようとする情報が他者から伝聞したものであることを表すものがあり，それらは，認識系の形式と引用系の形式に分かれる。

「そうだ」は，話し手の伝聞的知識を伝える，代表的な認識系の伝聞形式である。また，「らしい」は，本来は証拠からの判断に使用される形式であるが，他者からの伝聞情報を証拠とすることによって，認識系の伝聞形式としてもはたらく。「そうだ」と伝聞用法の「らしい」は，「聞くところによると，地価はまだまだ下がる{そうだ/らしい}」のように，置き換え可能な場合が多い。ただし，伝聞専用形式である「そうだ」に対して，「らしい」はあくまでも判断形式の伝聞用法であるという違いから，「マスコミの報道では，どうやら，犯人逮捕が近い{*そうだ/らしい}」や「彼から伝言を頼まれました。急用ができたので遅れて来る{そうです/#らしいです}」のように，「どうやら」のよ うな副詞との共起の可否や伝言の受け渡しでの使用の可否が両者を分ける。

認識系の伝聞形式が伝聞に基づく話し手の認識内容を伝えるのに対して，引用系の伝聞形式の基本的な機能は，他者のコメントを中継するということにあり，日常会話では，「彼のお母さんの話では，彼は旅行に出た{って/んだって}」のように，「って」「んだって」がよく使用される。このうち，「って」は，多分に引用形式の性質を残しており，「お父さんが，早く帰ってきなさいって」のように，はたらきかけの形式に接続できたり，情報源が主題として現れたりもする。「って」「んだって」は，疑問文で使用できるという点も，特徴的である。ただし，両者は，伝聞自体が疑問の対象になるか否かが異なる。「彼も来るって？」は，聞き手が伝聞しているかどうかを尋ねているが，「彼も来るんだって？」は，話し手の伝聞したことを確認している。

このほかにも，いくつか引用系の伝聞形式があり，元の発話を再現するときに使う「だって」（「彼，そろそろ結婚しようかなあ，だって」），伝言の受け渡しや事情・経緯について聞いたことを伝えるときに使う「とのことだ」「ということだ」（「彼は急用ができたので遅れて来る{とのことだ/ということだ}」）や，書き言葉において一般論や言い伝え的な伝聞を表す「という」（「ここは昔，沼地だったという」），噂や又聞きなど，伝聞内容が不確実である場合に使用される「とか」（「このビールが一番売れているんだとか」）などがある。

→助動詞（2-B），モダリティ（2-H）

● 参考文献

森山卓郎（1995）「『伝聞』考」『京都教育大学国文学会誌』26.
山崎誠（1996）「引用・伝聞の『って』の用法」国立国語研究所（編）『国立国語研究所研究報告集17』秀英出版.

[宮崎和人]

■ノダ──説明のモダリティ

「のだ」は、「のだ」「んです」「の」「のである」といった形で文末や従属節末に用いられる。典型的な用法は、次の(1)(2)のように、状況や先行文脈を受けて、それが成立する事情や、何を意味するのかを説明するものである。

(1) [咳をして] すみません。風邪な<u>ん</u>です。
(2) 就職が決まりました。専任講師になれる<u>ん</u><u>です</u>。

依頼や質問をする事情を、前置きとして示すこと（=(3)）もある。

(3) 両替したい<u>ん</u>ですが、銀行はどこですか。

「のだ」は、すでに定まっていることを聞き手に認識させようという話し手の態度を表す。状況や先行文脈の説明以外にも、聞き手の知らない真実を告白する場合（=(4)）や、聞き手が了解済みのことなどを命令する場合（=(5)）がある。

(4) 実は、隠していたことがある<u>ん</u>です。
(5) さっさと片づける<u>ん</u>だ。

このほか、すでに定まっていることを話し手自身が把握した場合にも「のだ」が用いられる。状況や先行文脈の事情や意味を把握した場合（=(6)）や、話し手が知らなかったことを発見した場合（=(7)）、再認識した場合（=(8)）がある。

(6) [咳をしている人を見て]
　　かわいそうに、風邪をひいてる<u>ん</u>だな。
(7) そうか、ここを曲がればいい<u>ん</u>だ。
(8) そうだ、今日は新聞は来ない<u>ん</u>だ。

「のだ」に関して、日本語学習者に見られる問題点のうち、まず、非用の例を挙げる。

第一に、「なぜ」「どうして」を用いた質問文で「のだ」を用いないと、不自然になる。

(9) どうしてパーティに｛*行きませんか/行かない<u>ん</u>ですか｝。

第二に、明らかに状況や先行文脈を受けて事情や意味を述べる場合の「のだ」の非用である。

(10) 電気がついていますね。まだ勉強している｛??でしょう/<u>ん</u>でしょう｝。

このほか、「考え直したほうが｛*いいではないか/いい<u>の</u>ではないか｝と思う」のような形での「のだ」の非用も多い。

次に、「のだ」の不適切な使用の例を挙げる。

第一に、「のだから」は、聞き手が知ってはいるが十分に認識していないことを認識させ、それに基づいた判断を述べるときに用いられる。不適切な使用は、失礼な発話となりやすい。

(11) *頭が痛かった<u>ん</u>ですから、休みました。

第二に、感情を強調するだけのために「のだ」を用いると、不自然な文になる。

(12) *わあ、おいしい<u>ん</u>です。

このほか、「*寒いな<u>の</u>。」のような形の誤りや、母語の影響と思われる、「はじめまして。??私は中国から来た<u>の</u>です。」のような誤用例も見られる。

➡ノダ・ワケダ・カラダ・ハズダ──関連づけ（2-K）、否定の焦点（2-F）

● 参考文献

佐治圭三（1991）『日本語の文法の研究』（第3部）ひつじ書房．
田野村忠温（1990）『現代日本語の文法Ⅰ「のだ」の意味と用法』和泉書院．
野田春美（1997）『「の(だ)」の機能』くろしお出版．

[野田春美]

■終助詞の用法

終助詞は話し手がその文を聞き手に対してどのような態度で発話するかという伝達態度にかかわる表現である。聞き手めあての機能をもつ

ことが多いが，聞き手を意識しないことを伝達的な特徴とするものもある。「よ」「ね」「ぜ」「さ」「なあ」「な」「ぞ」「わ」などが主要な終助詞である。

「よ」は，その文を話し手が一方的に発話しているのではなく，聞き手にかかわりがあるものとして注意を向けさせようとしていることを表す。財布が落ちているのを見つけたときは，聞き手に向かって「あ，財布が落ちてる」と言うこともできるが，その財布が聞き手のものである場合は「財布が落ちてる<u>よ</u>」と言わなくてはならない。

「ね」は話し手と聞き手の知識や認識に矛盾がないことを表すものである。話し手の認識を聞き手に確認する「これでいい<u>ね</u>」のような用法や，聞き手に同意を求める「いい天気だ<u>ね</u>」のような用法がある。また，「今，何時？」と尋ねられて「ええと，三時です<u>ね</u>」のように答える場合には，時計や記憶との食い違いがないことを確認して聞き手に答えている。

「ぜ」は「もう帰る<u>ぜ</u>」のように話し手の考えを一方的に聞き手に知らせるものである。非常にぞんざいな表現なので「??塩ならそこにあります<u>ぜ</u>」のように丁寧形はとりにくく，使用者は基本的に男性に限られる。

「さ」は「心配しなくても，そのうち帰ってくる<u>さ</u>」のように，話し手が当然のこととして聞き手に伝えることを表す。「彼，今日来られないって<u>さ</u>」のように，人から聞いた話を聞き手に軽く取り次ぐような用法もある。

「きれいな花だ<u>なあ</u>」や「よく来た<u>なあ</u>」に見られる「なあ」は，属性表現とともに使われて文を詠嘆的にする独話的な終助詞である。質問に対して考えているポーズを聞き手に示す「そうだ<u>なあ</u>」のような対話的な用法もある。

「な」は「あ，だれか来た<u>な</u>」のように何かに気がついたときに使われる。

「ぞ」は新しく認識した内容を心内で確認する「さっきの話，変だ<u>ぞ</u>」のような用法が基本である。男性が使うことが多く，対話で使われると「もう帰る<u>ぞ</u>」のように聞き手に認識を強く求めるはたらきをもつ。

上昇音調の「わ」は主として女性によって使われる。知り合いを見つけて「あら，田中さんだ<u>わ</u>」と言うように認識の成立を独話的に表す形式である。対話では「うれしい<u>わ</u>」や「私，もう行く<u>わ</u>」のように感情表出や意志の表明を和らげる機能をもつ。

➜ モダリティ（2-H），助詞（2-B）

● 参考文献

上野田鶴子（1972）「終助詞とその周辺」『日本語教育』17.

宮崎和人他（2002）『モダリティ』〈新日本語文法選書4〉くろしお出版.

［安達太郎］

■ モダリティの副詞

モダリティ（文の叙法性）の中心的な表現手段は，言うまでもなく，述語形式であるが，日本語には，「<u>どうぞ</u>いらしてください」「<u>たぶん</u>明日は雨だろう」「<u>どうやら</u>彼は来ないらしい」のように，述語形式の叙法的意味を予告・強調・限定・代行するはたらきをする副詞が多数存在し，これもまた，叙法性の重要な表現手段の一つと考えられる。こうした副詞を"モダリティの副詞（叙法副詞）"と呼ぶ。モダリティの副詞に似た概念としては，"陳述副詞"や"文副詞"といったものがあるが，陳述副詞は，特定の有標的な形式との呼応関係を前提とするため，「<u>もし</u>～ならば」のような非文末述語と呼応するものをも含み，また，文副詞は，文を作用域として（命題の外で）はたらく副詞であることから，「あいにく」「残念ながら」のような評価の副詞をも含むことになるが，モダリティの副詞にそれらを含めるべきか否かについては，諸説がある。

モダリティの副詞を類型化するには，述語形式によって表される叙法的意味の類型が基準となり，大きくは，行為系，認識系，疑問系に分かれる。行為系には，依頼の叙法と相関する「どうぞ，どうか」，願望の叙法と相関する「ぜひ，せめて，いっそ，できれば，なんとか，どうしても」などがある。認識系には，推量や必然性・可能性の認識叙法と相関する「さぞ，まさか，きっと，たぶん，おそらく，もしかすると」，証拠性（推定・伝聞）の認識叙法と相関する「どうも，どうやら，なんでも，聞けば」などがある（なお，「確かに，現に，事実，実際」など，無標形式と相関するものも，認識系の副詞と考えるべきである）。また，疑問系には，「はたして，いったい，なぜ，どうして」などがある。

モダリティの副詞全般に共通する機能は，叙法的意味を予告するということである。副詞によって後続しうる具体的な述語形式の範囲の広さには違いがあるが，とりあえず，その副詞を聞いた段階で，実現しうる当該文の叙法的意味はかなり限定されるため，聞き手はそれをある程度予測可能である。

また，いくつかのモダリティの副詞には，叙法的意味を強調するはたらきがある。「ぜひ君に来てほしい」や「なんとか今年中に結婚したい」の「ぜひ」「なんとか」は，当該事態の実現への思い入れの強調であり，「まさかそんなことはあるまい」や「いったい誰がこんないたずらをするのだろう」の「まさか」「いったい」は，当該事態の成立を否定する態度や疑念を強調している。

モダリティの副詞には，述語形式の叙法的意味を限定するはたらきをするものもある。「明日は，{きっと/たぶん/おそらく}雨だろう」のような例では，「だろう」だけでは表せない確信の度合いの差を「きっと」「たぶん」「おそらく」という副詞が表し分けている。

さらに，述語形式よりも，副詞自体がその文の叙法的意味を決定していると考えられるような場合もある。たとえば，「彼は明日来る」「あいつは長男だ」という文は，通常，話し手が知っていることを述べていると解釈されるが，「たぶん彼は明日来る」「きっとあいつは長男だ」とすれば，これらは推量文に転化する。この場合，述語形式による叙法的意味の表示を副詞が代行していることになる。

→モダリティ（2-H）

● 参考文献

中右実（1980）「文副詞の比較」『日英語比較講座2 文法』大修館書店.

森本順子（1994）『話し手の主観を表す副詞について』くろしお出版.

工藤浩（2000）「副詞と文の陳述的なタイプ」森山卓郎他『日本語の文法3 モダリティ』岩波書店.

［宮崎和人］

■感嘆文

事物や事態から感じる驚きを感動を込めて表現する文のタイプを感嘆文という。「なんてかわいい花だろう！」のような文が感嘆文である。日本語の感嘆文は一般的に感動の中心となる事物（「花」）を文末に置いて，感動を誘発する性質（「かわいい」）がその名詞を修飾するという文型をとる。

同じ状況で，感動を引き起こす性質を文末に置くことも可能である。しかしその際にも「この花はなんてかわいいだろう」は落ち着きが悪く，「この花はなんてかわいいんだろう」「君に会えてなんとうれしいことでしょう」のように文末を「の」や「こと」でまとめることが必要になる。このように，感嘆文の特徴は名詞を中心として文が構成されることである。

日本語の感嘆文には主に3つの文型がある。第一のタイプは「きれいな音！」「彼女のピ

アノの見事さ！」のように，発話現場で引き起こされた感動が文としての形を整えない未分化な状態で表現されるものである。感動の中心となる名詞が文末に来るものと，感動を誘発した属性を表す形容詞が名詞化されるものがある。

ほかの2つのタイプは「なんと」という副詞によるものである。第二のタイプは，文末が「だ」をとることによって述語としての形を整えたものである。「彼はなんて面白いんだ！」がこれにあたる。このタイプは，聞き手に対する伝達を意図せずに感嘆の気持ちを表出する文であり，「だ」を丁寧形にすることができない。

第三のタイプは「だろう」を使って感嘆の気持ちを表現する「なんとかわいい子どもだろう」のような文である。このタイプは丁寧形にすることが可能であり，聞き手にその感動を伝えることを意図することもできる。

→モダリティ（2-H）

● 参考文献

安達太郎（2002）「現代日本語の感嘆文をめぐって」『広島女子大学国際文化学部紀要』10.
[安達太郎]

I──主題・とりたて

■主題

主題というのは，その文が何について述べるかを示すもので，日本語では典型的には(1)のように「は」で表される。

(1)ここは静岡県です。

主題は，文を述べるときの前提になるものなので，基本的に文の前のほうに置かれる。主題になれるのは，その場にあるものや，前の文脈に出てきたもの，聞き手が聞いてすぐ特定できるものなどである。「何」や「だれか」「知らない人」のようにそれが何を指すのか特定できないものは主題になれない。

主題をもつ文は，大きく主題の部分と解説の部分に分けられる。そのため，話しことばでは，主題の後に短いポーズを置くことができる。

主題をもつ文では，主題は前置きであり，述べたいことは解説の部分にある。そのため，話しことばでは，主題にプロミネンスを置いて強く発音することはできない。

日本語で主題を表す手段を広く考えると，表2-12のようなものが挙げられる。

表 2-12　主題を表す手段とその特徴

● 主題の形式	● 特徴
「は」	典型的な主題
無助詞	話しことばで使われる
「というのは」「とは」「って」など	主題について，その性質を述べる
「なら」「だったら」など	相手が持ち出したことを主題にして関連のあることを述べる
「といえば」「っていったら」など	前に出てきたものを主題にして，別のことを述べる
「(のこと)だが」「(のこと)だけど」など	前置きとして，文だけでなく，段落や文章・談話の主題を表す
陰題文の述語	述語の部分を主題にして，主格の「〜が」を際だたせる

この表で無助詞というのは，(2)のように，助詞を使わずに主題を表すもののことである。

(2)これ＿，おいしいね。

陰題文の述語というのは，(3)のように，述語の「責任者」が実質的に主題になっているもののことである。

(3)だれが責任者ですか。

→ハとガ──基本的な違い（2-I），ハとガ──有

題文と無題文（2-I），ハとガ——顕題文と陰題文（2-I），ハとガ——文の中と節の中（2-I），ツテとハ——主題のバリエーション（2-I），無助詞，格助詞の省略（2-I），トピック・コメント（7-D）

● 参考文献

庵功雄他（2001）『中上級を教える人のための日本語文法ハンドブック』スリーエーネットワーク．

野田尚史（1996）『「は」と「が」』〈新日本語文法選書1〉，くろしお出版．

［野田尚史］

■ ハとガ——基本的な違い

(1)のような「は」と(2)のような「が」の使い分けは，日本語学習者にとって最も難しい文法項目の1つだといわれている。

(1)あの人は社長さんです。
(2)あの人が社長さんです。

「は」は，その文が何について述べるかということ，つまり主題を表す助詞である。「が」は，「を」や「に」と同じく格を表す格助詞であり，動作や状態の主体，つまり主格を表す。

「は」と「が」の使い分けを説明するためには，少なくとも①から④の4点について説明する必要がある。

①有題文と無題文
②顕題文と陰題文
③文の中と節の中
④対比と排他

①有題文と無題文：文の多くは(3)のように「は」が使われる有題文である。ただし，1回限りのできごとや一時的な状態を表す文は，(4)のように「が」が使われる無題文になる。

(3)私は京都に住んでいます。
(4)きのう北海道で地震がありました。

②顕題文と陰題文：述語のほうに伝えたいことや聞きたいことがある場合は，(5)のように「は」が使われる顕題文になる。主格のほうに伝えたいことや聞きたいことがある場合は，(6)のように「が」が使われる陰題文になる。

(5)これは何ですか。
(6)だれがそんなことを言ったんですか。

③文の中と節の中：文の中と違って，節の中では基本的に「は」は現れない。(7)のように文の中で「は」が使われる場合でも，(8)のように節の中に入ると，「が」が使われる。

(7)私は高校生です。
(8)私が高校生のとき，父が亡くなりました。

④対比と排他：対比的な意味をもつときには(9)のように「は」が使われ，排他的な意味をもつときには⑽のように「が」が使われる。

(9)私は教育学は勉強しましたが，心理学は勉強していません。
⑽私の家では弟がいちばん背が高いです。

→ ハとガ——有題文と無題文（2-I），ハとガ——顕題文と陰題文（2-I），ハとガ——文の中と節の中（2-I），ハとガ——対比と排他（2-I）

● 参考文献

野田尚史（1985）『は と が』〈日本語文法セルフ・マスターシリーズ1〉くろしお出版．

野田尚史（1996）『「は」と「が」』〈新日本語文法選書1〉くろしお出版．

堀口和吉（1995）『「～は～」のはなし』ひつじ書房．

［野田尚史］

■ ハとガ——有題文と無題文

文には，主題をもつ有題文と主題をもたない無題文がある。有題文は，(1)のように主格が「は」で表される。無題文は，(2)のように主格が「が」で表される。

(1)私は京都に住んでいます。
(2)きのう北海道で地震がありました。

有題文と無題文の使い分けには，述語の種類や主格名詞の種類，談話のなかでの機能などが関係する。

初めに，述語の種類についていうと，(3)のように述語が恒常的な事態や繰り返し起きる事態を表すときは，有題文になる。無題文の述語は，(4)のように一時的な事態や1回限りの事態を表すものになる。

(3)山田さんは毎日，犬と散歩します。
(4)雪が降ってきたよ。

次に，主格名詞の種類についていうと，主格が「だれか」や「何か」のような不定名詞のときは，(5)のように無題文になる。

(5)だれかが大声で叫んでいました。

そのほか，(6)のように主格名詞が話の現場や前の文脈にあるものであれば，それが主題になった有題文になりやすい。逆に，(7)のように主格名詞が話の現場や前の文脈にないものであれば，無題文になりやすい。

(6)このいすはとても座りやすいです。
(7)駅前にパン屋さんができるみたいです。

最後に，談話のなかでの機能については，有題文は，前の話題を継続する機能をもっている。無題文は，新しい話題を設定したり，話題を転換したりする機能をもっている。(8)では，最初の無題文で話題を設定し，次の有題文で話題を継続している。

(8)この頃公園に見たことがない鳥がいます。
　その鳥は，スズメより少し大きくて，くちばしが赤いです。

➡主題（2-I），文章のまとまり——結束性・一貫性（2-K），旧情報・新情報（定・否定，既知・未知）（2-K）

●参考文献
野田尚史（1996）『「は」と「が」』〈新日本語文法選書1〉くろしお出版．

[野田尚史]

■ハとガ——顕題文と陰題文
　主題をもつ文には，主題を「は」で明示する顕題文と，主題を「は」で明示しない陰題文がある。(1)は顕題文，(2)は陰題文である。

(1)あの人は社長さんです。
(2)あの人が社長さんです。

(1)は，「あの人」について，「社長さん」や「部長さん」などの候補のなかから「社長さん」を選んで，それを聞き手に伝える文である。この文の主題は「あの人」で，その主題は「は」で明示されている。

(2)は，「社長さんです」に該当するものとして，「あの人」や「その人」などの候補のなかから「あの人」を選んで，聞き手に伝える文である。この文は，(3)とほぼ同じ意味をもつので，主題は「社長さん」だと考えられるが，(2)では主題が「は」で明示されていない。

(3)社長さんはあの人です。

(1)のような顕題文では，文のさまざまな成分が主題になれる。たとえば，(4)では「を」格成分が，(5)では「に」格成分が主題になっている。

(4)その書類は私が持っています。
(5)この動物園にはパンダがいます。

一方，(2)のような陰題文では，述語の部分が主題になっている。陰題文の述語は，(1)の「社長さんです」のような名詞述語か，(6)の「言ったんですか」のように動詞に「のだ（んだ）」がついたものであることが多い。

(6)だれがそんなことを言ったんですか。

なお，(7)のような顕題文と(8)のような陰題文はほぼ同じ意味をもつので，どちらを使っても違いはほとんどない。ただ，話の現場にあるものや，前の文脈に出てきたものがあるときは，それが文頭にくる(8)のような陰題文になりやすい傾向がある。

(7)太宰治が生まれた家はここです。
(8)ここが太宰治が生まれた家です。

➡ハとガ——基本的な違い（2-I）

●参考文献
野田尚史（1996）『「は」と「が」』〈新日本語文

法選書1〉くろしお出版.

[野田尚史]

■ハとガ——文の中と節の中

「は」と「が」の使い方は，単文や，複文の主文の中と，節の中では大きな違いがある．

(1)のような従属度が高い節の中では，基本的に主題を表す「は」は使われない．

(1)仮定節：「〜たら」「〜（れ）ば」「〜と」
　　時間節：「〜とき」「〜まえに」「〜あとで」
　　様態節：「〜ように」「〜ほど」
　　連体修飾節：「私が買ったカメラ」など
　　名詞節：「〜こと」「〜の」「〜か」

たとえば，(2)のように文の中で「は」が使われる場合でも，(3)のように「〜とき」という節の中に入ると，「は」は使えない．

(2)私は高校生です．

(3)*私は高校生のとき，父が亡くなりました．

「は」は文全体の主題を表すものなので，節の中で主題を表すことはできないのである．

(4)のような文は，一見，「〜とき」という節の中に主題の「は」が現れているように見える．しかし，これは，(5)のように「〜とき」節の外にあると考えられる．

(4)私は高校生のとき，テニス部でした．

(5)私は［高校生のとき，テニス部でした］．

(4)のように，複文で主文の主格と節の主格が同じときは，主格が主題になって「は」で表されるのが普通である．

一方，従属度が低い(6)のような節の中では，単文や，複文の主文の中と同じように，主題の「は」が現れる．

(6)並列節：「〜が」「〜けれど」「〜し」
　　引用節：「〜と」

たとえば，(7)では，「〜と」という引用節の中に主題を表す「は」が現れている．

(7)私はこの小説は面白いと思います．

なお，理由を表す「〜から」「〜ので」は，従属度が中間的で，「は」はまったく現れないわけではないが，現れにくい．

→ハとガ——基本的な違い (2-I)

● 参考文献

野田尚史 (1996)『「は」と「が」』〈新日本語文法選書1〉くろしお出版.

[野田尚史]

■ハとガ——対比と排他

「は」には，(1)の「教育学は」「心理学は」のように"対比"を表すものがある．「が」には，(2)の「弟のほうが」のように"排他"を表すものがある．

(1)私は教育学は勉強しましたが，心理学は勉強していません．

(2)私の家では弟がいちばん背が高いです．

対比の「は」は，典型的には，(1)のような対比を表す構文，つまり，2つの節が「が」や「けれど」で対比されている形の文で使われる．対比されるものは，「教育学」と「心理学」のように同類のものであることが多く，述語は「勉強しました」と「勉強していません」のように対立的なものであることが多い．

対比になっていなければ，(3)の「教育学を」のように「を」になる場合などでも，対比の構文になると，(1)の「教育学は」のように，対比の「は」が使われるのである．

(3)私は教育学を勉強しました．

対比を表す「は」は，(4)の「心理学は」のように，対比する相手が文中に現れない形で使われることもある．とくに否定文では，対比の意味がほとんどなくても，このような「は」がよく使われる．

(4)私は心理学は勉強していません．

一方，排他の「が」は，典型的には，(2)のような比較を表す構文，つまり「〜より〜のほうが……」や「〜のなかで（は）〜がいちばん……」のような形の文で使われる．

比較の構文になっていなければ，(5)のように「弟は」になる場合でも，比較の構文になると，(2)の「弟が」のように，排他の「が」が使われるのである．

(5)弟は背が高い．

→ ハとガ——基本的な違い（2-I）

● **参考文献**

野田尚史（1996）『「は」と「が」』〈新日本語文法選書1〉くろしお出版．

[野田尚史]

■ **ッテとハ——主題のバリエーション**

文の主題を提示するのに用いられる，助詞「は」以外の形式の1つに「って」がある．

「は」と比較すると，「って」による主題提示では，人や物・事のみならず，ことばや表現なども主題として取り上げることができる．さらに，以下の①〜③のような3つの特色がある．

①主題として取り上げたものやことば・表現の意味や内容を問うたり，意味説明や定義づけを行う．

(1)「ほかす」って，どういう意味ですか．
(2)もう会いたくないって，どういうこと？
(3)クローン人間って，同じ人間がたくさんできるの？

話しことばでは多く「って」が用いられるが，ほかに「というのは」という形式もあり，また書きことばでは「とは」という形式が用いられる．

(4)NGOとは，「非政府組織」の略語である．

②指示対象が不明である主題について，その指示する対象を問うたり，確認したりする．また主題の指示対象を述べる．

(5)A：山田さんから電話があったよ．
　　B：山田さんって，どの山田さん？
　　A：英文科の山田さんだよ．
(6)ここでの英語というのは，イギリス英語ではなく，アメリカ英語のことである．

③主題として取り上げたものの特性や本質について述べる．

(7)働くって，たいへんなことなんだな．
(8)人生とは厳しいものだ．

とくに「って」は，話し手が主題の特性や本質に関する新たな発見や認識を得て，驚きや感心，あるいは喜びや失望などの感慨をこめてそれらを述べたり，改めて評価づけを行ったりする発話においてよく用いられる．

(9)（うにを食べて）うにって，おいしい！
(10)（相手の無情な言動を目の当たりにして）君って，そんな冷たい人だったのか．
(11)（相手に自分の不備を指摘されて）あ，馬鹿ですね，私って．

→ 主題（2-I）

● **参考文献**

丹羽哲也（1994）「主題提示の『って』と引用」『人文研究』46（第2分冊）．

益岡隆志・田窪行則（1992）『基礎日本語文法』（改訂版）くろしお出版．

森田良行・松木正恵（1989）『日本語表現文型——用例中心・複合辞の意味と用法』アルク．

グループ・ジャマシイ（編著）（1998）『教師と学習者のための日本語文型辞典』くろしお出版．

藤田保幸（2000）『国語引用構文の研究』和泉書院．

[高橋美奈子]

■ **とりたて**

"とりたて"とは，文中のさまざまな要素Xに関して，それと範列的（paradigmatic）に対立する同類の他者を暗示し，Xと他者とがどのような関係にあるかを示すことをいう．この際Xは"とりたての焦点"であり，Xを"とりたてる"という．

(1)太郎だけ来る．

たとえば(1)は,「太郎が来る」という意味に加え,「だけ」があることで「来る」のが「太郎」に限定され,文中に表現されない他者「太郎以外」について「太郎以外が来ない」という意味が暗示される。「だけ」は"限定"の意味で「太郎」をとりたてているのである。

格助詞「が」や音声的な卓立が,"排他"の意味で前接要素をとりたてることもあるが,とりたては「だけ」を含む①いわゆる助詞や②の副詞によるのが普通で,とりたてによる要素間の関係も"限定""特立""例示""意外性""累加"など語によってさまざまである。

①助詞:だけ,のみ,ばかり,しか,こそ,など,なぞ,なんか,なんて,くらい,でも,だって,さえ,すら,まで,も,は

②副詞:ただ,単に,もっぱら,ひとえに,まさに,まさしく,ほかでもなく,とくに,ことに,とりわけ,わけても,なかんずく,なかにも,おもに,主として,たとえば,むしろ,どちらかといえば,いっそ,いわんや,まして,少なくとも,せめて,せいぜい,たった,わずか,たかだか,たかが

一方,とりたての焦点となるものは,名詞,副詞,述語,格成分+述語,文全体など種々ある。②の語群は(2)(3)のようにそれら焦点に後接したり,(4)のように焦点の中に現れたり,(5)のように焦点と離れてそれを含む文末に現れたりする。

(2)そうそう[のんびりと]ばかりしていられない。(副詞)

(3)仕事らしい仕事はなく,ただ[客からの電話を取りつぐ]だけだ。(格成分+述語)

(4)彼は弁が立つ。[腕もいい]。(文全体)

(5)小麦粉は[半量]を使うだけで,残り半分は後に残しておきます。(名詞)

ところで上の①②の語は,文中でのはたらきがとりたてとは異なる場合がある。たとえば

(6)米の飯が食べたいだけ食べられる。

の「だけ」のはたらきは,「食べたいだけ」全体で,「米の飯」の量を表す副詞句を作ることであって,とりたてではない。また,とりたての「は」とは(7)のように対比の「は」であって,(8)のような他者を問題としない典型的な主題の「は」のはたらきは,とりたてではない。

(7)数学は好きだが,理科は嫌いだ。

(8)はじめまして。私は田中花子と申します。

→助詞(2-B),モダリティの副詞(2-H)

● 参考文献

工藤浩(2000)「副詞と文の陳述的なタイプ」森山卓郎他『日本語の文法3 モダリティ』岩波書店.

沼田善子(2000)「とりたて」金水敏他『日本語の文法2 時・否定ととりたて』岩波書店.

[沼田善子]

■サエとマデ──意外性のとりたて

「さえ」と「まで」は,どちらもとりたてる要素Xが同類の他者と比べて,意外で極端な程度にあることを表す。またXの程度から考えて,Xがそうなら,同類の他者は当然そうだということを類推させる。これを意外性のとりたてといい,(1)では両者を置き換えられる。

(1)太郎{さえ/まで}やって来た。

このとりたてはさらに,事態の進展や状況の程度,物や人の属性やその程度などが予想外であることをも意味することがある。

(2)記憶喪失で自分の名{さえ/まで}忘れた。

(3)子どものくせに,彼は理論物理学{さえ/まで}理解する。

これらは(2)のように病状の程度,(3)のように優秀だという「彼」の属性の程度が予想外であることを意味する。

しかし「まで」は次の点で「さえ」と異なる。「さえ」は,「Xがそうなら他者も当然そうだ」と類推させるだけで,必ずしも他者がそ

うであることが確定しているわけではない。一方、「まで」は他者について事態が成立することが確定しており、それをふまえて、その他者にXを累加するのでないと使えない。

(4)優勝候補だった彼が初戦に{さえ/*まで}敗れてしまった。

たとえば(4)では、「初戦」Xに対して、「彼が敗れ」る可能性が高い他者は、それ以降の試合である。しかし「初戦」に「敗れ」れば、それ以降の試合はない。つまり、他者について事態が成立しないため、それを前提として「初戦」を累加することができないのである。そのため「さえ」はよいが、「まで」は不自然になる。

また、「まで」はXと他者のあいだに連続性がないと使えない。他者に含まれる各要素が、意外性ゼロから徐々に意外性を増す順に連続し、その最終到達点がXであるという連続性だが、「さえ」では必ずしもこうした連続性は必要ない。

(5)素人に{さえ/?まで}わかる不動産投資

(5)の「まで」に不自然さがあるのは、意外性ゼロの他者であるプロとXである「素人」のあいだに、連続性が見いだしにくいためである。

このような違いから、実際のことの積み重ねによる事態の進展や状況の程度に注目する文脈では、「まで」が使われる。逆に「さえ」は、それが問題にならない、あるいはできない文脈で使われる傾向にある。

また(6)のように否定文に現れた場合、「さえ」と「まで」では解釈が異なる場合がある。

(6)親にさえ話さなかった。

(6)は「話さなかった」相手に「親」さえ含まれるという意味になる。一方、(7)は(6)の意味のほかに、第二の意味「親に話すなどというそんなことまではしなかった」という意味にも解釈できる。この違いは、文脈によって鮮明になり、(8)で「さえ」を使うと不自然な意味になる。

(7)親にまで話さなかった。

(8)他人の夫婦げんかに{?さえ/まで}口を出さない。

→ とりたて (2-I)

● 参考文献

菊池康人 (2003)「現代語の極限のとりたて」沼田善子・野田尚史 (編)『日本語のとりたて——現代語と歴史的変化・地理的変異』くろしお出版.

中西久実子「モとマデとサエ・スラ——意外性を表すとりたて助詞」宮島達夫・仁田義雄 (編) (1995)『日本語類義表現の文法 (上)』くろしお出版.

沼田善子 (2000)「とりたて」金水敏他『日本語の文法3 時・否定と取り立て』岩波書店.

茂木俊伸 (1999)「とりたて詞『まで』『さえ』について——否定との関わりから」『日本語と日本文学』28.

[沼田善子]

■デモとモ——意外性のとりたて

「でも」と「も」は累加のとりたてのほかに、「さえ」「まで」と同様、それがとりたてるXが同類の他者と比べ、意外で極端な程度であるという意外性のとりたても表す。

(1)彼は猛獣{でも/も/さえ/まで}自由に操れる。

ただし、「も」と「でも」は、Xが極端な要素であることを表す文脈が必要な点で、「さえ」「まで」と異なり、とくに(2)の「も」などは、これだけでは、累加のとりたての解釈もでき、必ずしも意外性のとりたてとは解釈しにくい。

(2)太郎と{でも/も/さえ/まで}仲良く遊んだ。

意外性の「でも」は、逆条件の条件節を作る「でも」と連続的である。(1)も「でも」は、「猛

獣の場合でも」といった，条件ないし例示的な意味が感じられる。また，条件節を導く「たとえ」などが入っても，「も」「さえ」「まで」は使えないが，「でも」は自然である。

(3)彼はたとえ猛獣 {でも/*も/*さえ/*まで} 自由に操れる。

さらに，次では意外性の「でも」か逆条件の「でも」か区別できない。

(4)昨日は雨でも運動会を決行した。
(5)たとえ今からでも遅くない。

また，(6)のように述語をとりたてない点も，「も」などと異なる「でも」の特徴である。

(6)人の足を踏んでも謝り {*でも/も} しない。

ところで「も」や「でも」は，いわゆる疑問詞をとりたてる場合，同類の要素すべてを包括して，「も」は全面否定，「でも」は全面肯定を表すことがあり，とくに「何」ではつねにそうなる。

(7)彼女は {何も知らない/何でも知っている}。

なお，「だって」も意外性のとりたてを表すが，口語的表現に使われる。「だって」は多くの場合「でも」と置き換えられるが，既定の事態を表す場合や，「せめてそれだけでも〜」と依頼や希望をする場合に使うのは難しい。

(8)昨日は雨 {?だって/でも} 運動会をやったよ。
(9)せめてヒントだけ {*だって/でも} 教えてよ。

→とりたて (2-I)

● 参考文献

菊池康人 (2003)「現代語の極限のとりたて」沼田善子・野田尚史 (編)『日本語のとりたて——現代語と歴史的変化・地理的変異』くろしお出版.

定延利之 (1995)「心的プロセスからみた取り立て詞モ・デモ」益岡隆志他 (編)『日本語の主題と取り立て』くろしお出版.

沼田善子 (1995)「現代日本語の「も」——とりたて詞とその周辺」つくば言語文化フォーラム (編)『「も」の言語学』ひつじ書房.

丹波哲也 (1995)「『さえ』『でも』『だって』について」『人文研究』47-7.

蓮沼昭子 (1997)「「だって」と「でも」——取り立てと接続の相関」『姫路獨協大学外国語学部紀要』10.

[沼田善子]

■デモとナンカ——例示のとりたて

とりたて助詞「でも」はあることがらを例としてとりたてるが，それ以外にも選択肢があるということを表すことがある。

(1)ドライブでもしますか。

たとえば(1)ではドライブをすることをとりたてているが，ドライブと同類のことがらなら何でもかまわないという暗示がなされている。

このように「でも」が例示を表すのは聞き手にはたらきかける発話・モダリティを含む発話で，文末が確定的ではない場合に限られる。

(2)歌でも歌ってください。
(3)喫茶店の前ででも待ち合わせをしよう。
(4)この場所に居酒屋でも開くのだろうか。

過去を表すなど確定的な文では例示の意味にならない。

(5)ドライブでもしました。

「なんか」もある事物を例としてとりたててほかに何かあるような暗示をするとりたて助詞である。

(6)家の鍵なんかに鈴をつけると便利だ。

「なんか」は硬い文体では「など」になることもある。(6)では家の鍵以外にも自転車の鍵や車の鍵などが暗示されている。このように暗示されるものが想定可能な「なんか」は並列助詞とほぼ同じ機能をもつ。

「でも」「なんか」には，とりたてたもの以外

に何かあるような感じはするものの、暗示されているものが何か不明な用法もある。
  (7)家業をついで、医者にでもなるか。
  (8)田中さんなんか学生時代から突出して優秀だったね。
  (9)こちらのブラウスなんかいかがでしょうか。

　これらは限定的に述べることを避け、例示であるかのように見せかける婉曲的な例示である。「なんか」が「でも」と交換できる可能性があるのは、聞き手にはたらきかける発話・モダリティを含む発話で、暗示されている要素がないわけではないという場合に限られる。
  (10)村上春樹の本{でも/なんか}読んでみたらどうだろうか。

➡デモとモ──意外性のとりたて（2-I）

●参考文献
森山卓郎（1998）「例示の副助詞『でも』と文末制約」『日本語科学』3．
蓮沼昭子（1997）「『だって』と『でも』──取り立てと接続の相関」『姫路獨協大学外国語学部紀要』10．

[中西久実子]

■ナンカとナンテ──低評価のとりたて

　「なんか」「なんて」はとりたてたものが評価の低いもので検討の範囲をはずれていると話し手が考えていることを表す。
  (1)納豆{なんか/なんて}食べられないよ。
  (2)納豆{なんか/なんて}どこでも買えますよ。
  (3)納豆に{なんか/なんて}マヨネーズはかけないよ。

　(1)～(3)ではいずれも「納豆」を評価的に低いものとして、それ以外の評価の高いもの（伊勢海老のフライ、帆立貝の蒸し物など）を範列的（paradigmatic）に暗示している。納豆以外のものならば検討の対象になるだろうが、納豆は検討するまでもなく低評価なので判断も簡単だということである。「なんか」は硬い文体では「など」になることもある。

　「なんか」「なんて」はほとんどの場合、同じ意味で交換可能だが、以下の①～③の3つの場合は交換できない。
①格助詞の前では「なんて」は使えない。
  (4)弟{なんか/*なんて}に負けないぞ。
  (5)私{なんか/*なんて}が作る作品は全国大会では入選しないだろう。
②節全体がとりたてられて、いてその節中の用言に割り込む場合は「なんて」は使えない。
  (6)安い果物{なんか/*なんて}だと、甘味が足りないんです。
  (7)高校生が学校にも行かず渋谷で情報交換したり{なんか/?なんて}しているんですよ。
③「なんて」が「『など』+引用節を導く『と』」を含む場合、「なんか」とは交換できない。
  (8)私をママ{*なんか/なんて}呼ばないで。（＝などと）
  (9)行きたくない{?なんか/なんて}思っていません。（＝などと）
  (10)みんなで授業をさぼろう{*なんか/なんて}ことになったんだ。（＝などという）
  (11)パーティーにラーメン{*なんか/なんて}食べにくい料理は出さないでください。（＝などという）
  (12)自転車に乗れない{?なんか/なんて}、知らなかったなあ。（＝などとは）

　「なんて」には③のように引用節を導く「と」を含むものと、そうでないものの2種類があるということである。

➡とりたて（2-I），ナンカとクライ──低評価のとりたて（2-I）

●参考文献
沼田善子・野田尚史（編）（2003）『日本語のとりたて──現代語と歴史的変化・地理的変

異』くろしお出版.

沼田善子（2000）「とりたて」金水敏他『日本語の文法2 時・否定と取り立て』岩波書店.

　　　　　　　　　　　　［中西久実子］

■ナンカとクライ──低評価のとりたて

「くらい」はとりたてたものが「低評価だから当然だ」と話し手が考えていることを表す。

(1)あいさつくらいきちんとしなさい。

(1)では子どもがすべきことが簡単なことから順に「あいさつ，身だしなみ，部屋の掃除…」とスケールになって想定されている。「あいさつ」はそのスケールの最低のことなので当然すべきだということになる。そして，その裏には「あいさつ以外のことならできなくてもかまわないが…」という暗示がある。

とりたて助詞「なんか」も，とりたてたものが低評価だと話し手が思っていることを表すことがある。

(2)偽物のダイヤの指輪なんか欲しくない。

(2)では「偽物のダイヤ，本物のルビー，本物のダイヤ…」という評価のスケールが暗示され「偽物のダイヤ」が話し手にとっては低い評価のものであることが示されるが，「偽物のダイヤ」は最低のものである必要はない。「なんか」による低評価では，偽物のダイヤが単に低い評価のものであり，それはまったく検討の範囲をはずれているという気持ちが表されているだけである。それによって，話し手の検討の対象になるもの，つまり，「本物のダイヤ」が範列的（paradigmatic）に暗示される。

「なんか」と「くらい」はどちらも低評価にかかわるとりたて助詞だが，相互に交換ができない場合が多い。

(1)'あいさつ｛*なんか/くらい｝きちんとしなさい。

(2)'偽物のダイヤの指輪｛なんか/*くらい｝欲しくない。

「くらい」は基本的には肯定文で用いられるので，否定文の「なんか」は「くらい」とは置き換えられないことが多い。

(3)中古車｛なんか/*くらい｝ほしくない。

両者が同じ意味で交換可能なのは「低評価なのだから当然だ」という文脈が備わっている肯定文に限られる。

(4)偽物のダイヤ｛なんか/くらい｝今すぐにでも買えるさ。

「くらい」は現実が話し手の予想・期待を裏切っていて，現実とのズレを生じているということを聞き手に伝える発話（忠告，命令など聞き手にはたらきかける発話であることが多い）で用いられることが多い。その場合は，「なんか」と交換することができない。

(5)まだ話していないのか。家族に｛*なんか/くらい｝病状を話すべきだよ。

➡とりたて（2-I），ナンカとナンテ──低評価のとりたて（2-I）

●参考文献

沼田善子・野田尚史（編）（2003）『日本語のとりたて──現代語と歴史的変化・地理的変異』くろしお出版.

沼田善子（2000）「とりたて」金水敏他『日本語の文法2 時・否定と取り立て』岩波書店.

　　　　　　　　　　　　［中西久実子］

■ダケとシカ──限定のとりたて

「だけ」も「しか」も限定のとりたての機能をもつ語である。(1)の a．b．を比べると，「だけ」と「しか」は，単文単位では同じ機能を果たしているように見える。

(1)a 太郎はワインだけ飲む。
　　b 太郎はワインしか飲まない。

しかし，次のように文脈のなかでは，一方だけが適切な表現となる。

(2)A：アイスコーヒーありますか。
　　B：すみません。ホットしかおいてない

んです。

B′：すみません。#ホットだけおいているんです。

また、「だけ」と「しか」を同時に使用できる(3)のような例もある。

(3)今日は，昼ごはんだけしか食べてない。

このような表現の場合は，文脈を考慮し，話し手の使用意図を考える必要がある。

以下①〜③に，「だけ」と「しか〜ない」の相違点を挙げる。

①「だけ」は条件文の前件に使用して十分条件の要素を示せるが，「しか〜ない」は示せない。

(4)それだけあれば，十分だ。

(5)*それしかなければ，十分だ。

②「しか〜ない」は，特別な文脈でないと，通常要求や懇願の表現形式に使用しにくい。

(5)子どもだけ助けてください。

(7)#子どもしか助けないでください。

③「しか」は概数や不定の量の後にも使用できるが，「だけ」では不自然である。

(8)今日はお金をいくらかしかもってない。

(9)?今日はお金をいくらかだけもっている。

この相違点は，話し手が「だけ」と「しか」の使用意図と文法的なレベルの異なりを意味する。「だけ」の使用意図は，その文脈で問題となっているカテゴリーを限定して表示することにある。明示される要素は話し手にとって明確な要素である。そのため概数や不定の量は示せないのである。一方，「しか」の使用意図は，成立した事態を量的に認識してその事態が成立する以前に期待・予測していた値に満たなかったことを表示することにある。したがって，概数や不定の量に使用できるが，十分量や要求・懇願といった意図をもった文には使用され難いのである。「だけ」と「しか」が同時に使われる場合は，限定し，かつ不充足を表す。

➡とりたて (2-I)，ダケとバカリ──限定のとりたて (2-I)

●参考文献

寺村秀夫 (1991)『日本語のシンタクスと意味 III』くろしお出版.

定延利之 (2003)「現代語の限定のとりたて」沼田善子・野田尚史 (編)『日本語のとりたて──現代語と歴史的変化・地理的変異』くろしお出版.

山中美恵子 (1993)「限定と否定」『日本語教育』79.

［澤田美恵子］

■ダケとバカリ──限定のとりたて

「だけ」も「ばかり」も限定の意味を表す。(1)の例では，「だけ」「ばかり」は「その檻には，明示されている要素であるライオン以外の要素は存在しなかった」という意味を表す。

(1)A：その檻には，何がいましたか。

　　B：ア）ライオンだけいました。

　　　　イ）ライオンばかりいました。

(1)の文はライオンは種を表す名詞だが，個体を表す名詞にすると，その相違点が明らかになる。

(2)A：その教室には，だれがいましたか。

　　B：ア）太郎だけいました。

　　　　イ）太郎ばかりいました

(2)の「だけ」の場合は，太郎という名の人物のみが複数いるという解釈もありうるが，普通は，太郎という人物が1人だけ存在する意味を表す。それに対して，「ばかり」の場合は太郎という人物が複数存在することを表す。

(3)最近，カレーだけ食べている。

(4)最近，カレーばかり食べている。

(3)の文は，カレー以外は食べていないという意味に解釈できるが，(4)の文では，カレーを食べる回数は多いが，それ以外のものを食べていてもこの文を使用することが可能である。つまり，「ばかり」を使用する第一の目的は，「カレ

ー以外は食べなかった」とカテゴリーを限定することよりも，話し手が「最近を思い起こせば，よくカレーを食べた，それは多すぎた」ということを伝えるほうに重点が置かれる。さらに，その二次的な効果として，明示された要素に対比される要素（明示された要素以外にその現象を成り立たせる可能性のある要素）がその観察された範囲のなかに少なかった。または，なかったと伝える機能も果している。反復される現象を叙述した結果，限定的解釈が派生的に伴ってくると考えられる。

(5)この頃，雨ばかり降るね。
(6)?この頃，雨だけ降るね。

(5)(6)の場合，「だけ」がカテゴリーの限定をまず意図して使用されるため不自然となるが，「ばかり」は，ある事象を観察し，話し手の経験的な知識により「通常より多い」と判断される現象を「ばかり」を使用して叙述するため自然な文となる。

→とりたて（2-I），ダケとシカ──限定のとりたて（2-I）

● 参考文献

菊池康人（1983）「バカリ・ダケ」国広哲弥（編）『意味分析』東京大学文学部言語学研究室.

定延利之（2001）「探索と現代日本語の『だけ』『しか』『ばかり』」『日本語文法』1-1.

沼田善子（1992）「とりたて詞と視点」『日本語学』11-9.

山中美恵子（1993）「日本語の限定表現」『KANSAI LINGUISTIC SOCIETY』13. 関西言語学会.

[澤田美恵子]

■ 数量詞＋ハ・モ

数量詞＋「は」は，肯定文の場合は「少なくともその数量は成立した」というニュアンスがあり，実際に成立した数量は明示されない。

(1) 10人は来た。

否定文の場合は，数量詞＋「は」が否定のスコープの外にある場合と内にある場合で解釈が異なる。

(2) 10人は来なかった。

〔解釈1〕否定のスコープの内にある場合で，来た人数が10人以下であったことを表す。

〔解釈2〕否定のスコープの外にある場合で，来なかった人数は少なくとも10人であることを表す。つまり，否定のスコープの外にある場合は，肯定文と同様の意味を表すことになる。

数量詞＋「も」の場合で，「は」と異なることは，肯定文の場合，実際に成立した数量を明示することである。「も」を付加することにより成立した数量は，話し手が期待・予測した数量よりも，大きい数量であったと意外性を表示する。

(3) 10人も来た。

否定文の場合は，「は」の場合と同様に，数量詞＋「も」が否定のスコープの外にある場合と内にある場合で解釈が異なる。

(4) 10人も来なかった。

〔解釈1〕否定のスコープの内にある場合で，期待・予測した数量が成立せず，それより小さい数量しか成立しなかったことを述べている。つまり，10人は来ると期待・予測していたのに，10人未満の数量しか成立しなかったことを表している。

〔解釈2〕否定のスコープの外にある場合で，来なかった人数が期待・予測した数量より大きかったと意外性を表示する。10人来ないとは予想しがたかったが，実際には「来なかった人数が10人に達した」という意味である。この場合も肯定文と同様に予想より大きい数量であることに対して意外性を表示することになる。

数量詞＋「は」・「も」で否定との関係は重要である。

→数量詞（2-B）

● 参考文献

井島正博（1995）「数量詞とハ・モ」築島裕博士古稀記念会（編）『築島裕博士古稀記念国語学論集』汲古書院.

定延利之（2001）「心的プロセスからみた取り立て詞モ・デモ」益岡隆志他（編）『日本語の主題と取り立て』くろしお出版.

山中美恵子（1991）「『も』の含意についてその2——「数量詞＋も」を中心に」『KANSAI LINGUISTIC SOCIETY』11 関西言語学会.

［澤田美恵子］

■無助詞，格助詞の省略

話しことばでは次のように助詞が現れないことが多い（ϕ はそこに助詞がないことを表す）。

(1)（林さんに）林さん ϕ このかばん ϕ 買う？

こうした無助詞は機能上，2種類に分かれる。

一つは(1)の「林さん ϕ」のように文頭にあるもので，これは「は」の代わりに使われる。「は」との違いは対比性がないことであり，とくに，主語が1・2人称の場合は「は」よりも無助詞が使われることが多い。逆に，対比的な文脈では無助詞は使いにくい。

(2) A：例のパーティーに行く？
　　B：僕 {は/?ϕ} 行く。妻 {は/?ϕ} 行かないけど。

また，排他の「が」も無助詞になりにくい。

(3) A：だれだ，ガラスを割ったのは。
　　B：僕 {が/?ϕ} 割りました。

もう一つは(1)の「このかばん ϕ」のように文頭以外に現れるものであり，これは格助詞（(1)の場合は「を」）の省略とみなせる。

格助詞のうち，省略できるのは「が，を，に（方向），へ」であり，「に（相手，場所），で，と，から，まで」は省略できない。

(4) 今度大阪 {に/へ/ϕ} 行こう。（方向）
(5) この件は彼 {に/*ϕ} 頼もう。（相手）
(6) 彼は事故 {で/*ϕ} 死んだ。（原因）
(7) 彼は中国 {から/*ϕ} 来た。

こうした無助詞は一律に「助詞の省略」とされることが多いが，第一の場合は無助詞であることに積極的な意味があるので，「省略」という捉え方は不適当である（これを，はだか格ということもある）。なお，無助詞は書きことばでは通常使われない。

→主題（2-I），話しことばの特徴（4-B）

● 参考文献

庵功雄他（2001）『中上級を教える人のための日本語文法ハンドブック』スリーエーネットワーク.

野田尚史（1996）『「は」と「が」』〈新日本語文法選書1〉くろしお出版.

［庵　功雄］

J——複文

■従属節の階層性

● 従属節の種類——単文は1つの節でできているが，複文は2つ以上の節から成る。文には主節が1つあり，他はすべて従属節である。従属節にはいくつかの種類があり，それらは，従属度・文的度合いにおいて異なり，包み包み込まれる関係にある。そのような節には，副詞節・中止節（テ節）・条件節・理由節・接続節などがある。

● 副詞節——副詞節とは，「しながら」「しつつ」「して」「し」という形式をとるもので，主節の動きの行われ方を表す。「彼はお茶を飲みながら本を読んでいる」「男は下を向いて彼の話を聞いた」の下線部である。副詞節には「堅

い椅子に座らせられながら話を聞いた」のように，ヴォイスは出現するものの，アスペクト・肯否・テンスなどは現れない。また，ガ格も「は」も出現しない。

●中止節──述語が「し」「して」のかたちをとるもので，副詞節になるものや，並列を表すものなど，その用法は広い。中心的な用法は，「彼は，朝6時に起き，7時に家を出た」のように継起を表すもの，「働きすぎて，体をこわした」のように起因を表すものである。中止節には，ヴォイス・アスペクト・肯否（「十分食べないで，体をこわした」）やまれに丁寧さ（「6時に起きまして，7時に家を出ます」）も現れるが，テンスなどは出現しない。「は」はとれないが，「戸が開いて，男が出てきた」のようにガ格は現れる。

●条件節──述語が「すれば」「すると」「したら」「{する/した}なら」の形をとるのが，通常の条件節であり，「しても」「したって」のかたちをとるのが逆条件節である。「これ以上雨が降ると，川があふれる」のように，主節の事態実現の条件としてはたらく事態を表したり，「どんなに雨が降っても，この堤防は崩れない」のように，主節の事態が，条件から期待・予想される方向で展開しなかったことを表したりする。条件節には，ヴォイス・アスペクト・肯否・丁寧さは現れるが，ナラ節を除いて，テンスは出現しない。「は」は現れないが，ガ格は出現する。

●理由節──これには，ノデ節とカラ節がある。ノデ節では，「えさを与えられていませんでしたので，とても腹を空かせているようでした」のように，ヴォイス・アスペクト・肯否・丁寧さ・テンスが現れるが，認識のモダリティは出現しない。それに対して，カラ節では，「激しい雨になるだろうから，旅行は見合わせた」のように，さらに認識のモダリティが出現する。カラ節では，ガ格だけでなく「は」も現れる。

●接続節──述語が「するが」「するけ（れ）ど」「するし」の形式をもつものである。これは，「彼は叱られていなかったでしょうが，失敗がなかったわけではない」のように，ヴォイス・アスペクト・肯否・丁寧さ・テンスさらに認識のモダリティをとる。ただ，「*雨になるだろうね＋が，激しくはならないだろう」のように，伝達のモダリティは出現しえない。「は」も出現する。

●主節──そこで文が成立する主節には，「早く走れ」「彼は来るだろうね」のように，伝達のモダリティを含め，すべての文法カテゴリーが現れる。当然「は」も出現する。

●文法カテゴリーの階層性──さまざまな文法カテゴリーは，「叱ら・れ・てい・なかっ・た・だろう・ね」のように並び，次のような階層性を持つ。

[[[[[ヴォイス]アスペクト]肯否]テンス]認識のモダリティ]伝達のモダリティ]
上図から丁寧さは除いてある。

●節の階層性──節は，取りうるカテゴリーなどからその文的度合い・従属度がわかる。文的度合いは，「副詞節＜中止節・条件節＜ノデ理由節＜カラ理由節・接続節＜主節」の順に高くなる。そして，この順に従属度が下がる。そして，この階層性は，節の包み包み込まれの関係でもある。たとえば，「紅茶を飲みながら，新聞を読んでいたら，電話が鳴りだし，コップを落としたが，幸い割れなかった」では，[[[[[副詞節]条件節]中止節]接続節]主節]の階層構造をなしている。また，「学校を抜け出して，遊んでいたら，先生に見つかったから，逃げ帰った」では，[[[[中止節]条件節]カラ理由節]主節]という階層構造をなしている。

➡テ節・中止節（2-J）

●参考文献

林四郎（1960）『基本文型の研究』明治図書.
南不二男（1993）『現代日本語文法の輪郭』大修館書店.

[仁田義雄]

■テ節・中止節

● テ節・中止節の形成 —— 従属節の一種で、なかどめ節ともいう。述語がテ形やいわゆる連用形によって形成されるものである。テ形と連用形によって形成される節は、基本的に同じ使われ方をする。ただ、連用形からなるものは、文体的に古く、書きことばで使われ、話しことばに使われることはあまり多くない。

● テ節・中止節の用法 —— テ節・中止節には、次のような用法がある。
(1)主たる事態が実現するときの〈様態〉を表す。
「彼は、足を投げ出して、人の話を聞いていた」
(2)事態実現のための〈手段・方法〉を表す。
「僕は、自転車に乗って、学校まで来た」
(3)〈継起〉的に生起する出来事を表す。
「彼は、朝6時に起きて、7時に家を出た」
(4)主たる事態実現の〈起因〉を表す。
「冷たい物を飲み過ぎ、彼はお腹をこわした」
「雨が降らず、干ばつが起きた」
(5)〈並列〉する事象を表す。
「兄は気が優しくて、弟は気が強い」

もっとも、さまざまな意味をテ節・中止節が形式の意味として分化させているのではなく、テ節・中止節で結びつけられる前後の事態の意味的なあり方が、意味の現れに深くかかわっている。

● 各用法の特徴 —— 様態を表す場合は、「*彼は腰を浮かして、彼は外を見ていた」のように、主体は同一主体であり、テ節・中止節の主体は省略されなければならない。様態を表す場合は、「彼は、母に手を引かれて、部屋を出ていった」のように、受身にはなるものの、アスペクトや否定をもたないし、丁寧さやテンスをとることもない。また、状態述語が来ることもない。「しながら」も様態を表す。「しながら」では、「彼は、陸橋を渡りながら、下を見た」のように、主体の運動を表す動詞から作られるが、この種の動詞は、テ節・中止節では、「彼は、陸橋を渡って、下を見た」が示すように、基本的に継起になる。

継起を表す用法でも、「彼はペンを置いて、立ち上がった」「僕は彼に会って、事情を聞いた」のように、主節とテ節の主体が同一である場合が多いが、「ドアが開いて、男が姿を現した」のように、異主体の場合も存する。継起を表すテ節・中止節の動詞は、動きを表す動詞であり、さらに意志動詞が多い。

起因を表す用法では、「僕は、妙にいらいらして眠れなかった」「大雨が降り、家がたくさん流された」のように、主節とテ節・中止節の主体は同一・異種の双方がある。理由を明示的に表す「ので」では、「明日人が来るので、部屋の掃除をした」のように、後に生じる事態を理由にすることができる。テ節・中止節では、このような場合、「*明日人が来て、部屋の掃除をした」のように、起因を表すことは不可能である。

並列では、述語は、テ形より連用形が多い。動きを表す述語も使われるが、状態述語が多い。

➡ ナガラ・ツツ（2-J）、従属節の階層性（2-J）

● 参考文献
鈴木重幸（1972）『日本語文法・形態論』むぎ書房.
仁田義雄（1995）「シテ形接続をめぐって」『複文の研究（上）』くろしお出版.

[仁田義雄]

■ナガラ・ツツ

「ながら」は，複数の動作が同一主体によって同時に行われることを表す。たとえば，「AながらB」の場合，Bが主でAはその付帯状況となる。また，逆接になる場合もあり，Aの事態に対しBの事態がふさわしくないという判断を表す。「つつ」は文語的表現で一部の慣用表現を除き口語ではあまり使わない。用法は「ながら」とほぼ同じ。

典型的な用法はA，Bとも意志的な動作が同時に行われるもの（「音楽を聴きながら勉強する」「橋を渡りながら夜空を見上げた」）であるが，AがBの動作の様態を表す描写文ないし，過去の事態の説明の場合には，Aは非意志的動作になることもある（「汗をかきながら走っている」「口ごもりながら言った」）。この場合，「もくもくと黒煙を上げながら燃えている」のように非情物主語も可能である。一方，Bも「壁を見ながら眠りに落ちた」「手紙を読みながら，ひどく不安になった」のように非意志的動作になりうる。ただし，「*橋を渡りながら，財布を落としてしまった」などといえないように，「ているとき」ほどの自由度はない。

同時の用法では「ながら」は動詞や受身・使役の助動詞の連用形について継続的動作を表す（「子どもは母親に引きずられながらわめいた」）。

逆接は本来，主観的判断から生ずる意味合いで，「ぬかるみに足をとられながら歩き続けた」のような場合，同時か逆接かあいまいである（「ながらも」といえば逆接）。逆接の典型的用法ではAは継続動作ではなくBにそぐわないと判断される状態を表し，テイル形（動作・作用の結果の状態）や，形容詞，名詞も使う。また，Bも動作である必要はない（「知っていながら知らないと言う」「狭いながら楽しいわが家」「子どもながらよく我慢した」）。

なお，慣用化した表現として「昔ながらの味」「生まれながらにして」のように「まま」の意味を表すものもある。

→従属節の階層性（2-J），テ節・中止節（2-J）

● 参考文献

三宅知宏（1995）「～ナガラと～タママと～テ」宮島達夫・仁田義雄（編）『日本語類義表現の文法（下）』くろしお出版．

森田良行（1989）『基礎日本語辞典』角川書店．

［川越菜穂子］

■キリ・ママ・ナリ

「きり・まま・なり」は動詞のタ形につくとき，"その状態で"という意味を表す（「座った{きり/まま/なり}立ち上がろうとしない」）。前件は動作・作用の結果の状態が続いていることを表し，動詞は瞬間的な動作を表すものが基本である。前件後件は同一主体による動作・作用でなければならない。

「～たきり」は「雨は3ヵ月前に降ったきり，一度も降っていない」「一度手紙を出したきり，その人のことを忘れた」のように，多く後にナイ形ないし否定的表現が続いて，前件の事態がそれ以上展開しないことをいう。一方，「～たまま」は「立ったまま食べる」「グラスを手に持ったまま歩き回っている」のように，前件状態で後件事態が起こることをいうのが普通で，付帯状況を表す。この場合「きり」では言い換えられない。「～たなり」はやや古い言い方で，「～たきり」または「～たまま」が使われる（ル形について「家に帰り着くなり，ベッドに倒れ込んだ」のように，"それと同時にまたはすぐに"という意味を表すのが一般的）。「～たきり」は事態の説明をするもので，後件に意志や希望，命令などは現れにくい（「*行ったきり帰ってくるな」）が，「～たまま」は「朝は布団に入ったままコーヒーを飲みたい」「今日は座ったまま歌いなさい」のような言い方が可能で

ある。

「まま」は連体詞，名詞＋の，ナ形容詞の連体形，形容詞，動詞および受身，使役の助動詞のタ形，ル形，ナイ形などにつく（「そのまま」「裸足のまま」「健康なままで長生きする」「美しいまま死にたい」「思うままに生きたい」「言われる（が）ままにする」）。ママノ，ママヲ，ママニ，ママデ，ママダなどの形もとる。キリは動詞および受身，使役の助動詞のタ形につき，ソレキリ，〜タキリダの形もとる。

→従属節の階層性 (2-J)，ナガラ・ツツ (2-J)

● 参考文献

グループ・ジャマシイ（編著）(1998)『教師と学習者のための日本語文型辞典』くろしお出版．

三宅知宏 (1995)「〜ナガラと〜タママと〜テ」宮島達夫・仁田義雄（編）『日本語類義表現の文法（下）』くろしお出版．

[川越菜穂子]

■ バ・ト・タラ・ナラ──条件

あるできごとが起こった場合に，その結果として別のできごとが起こるという因果関係を予測する表現を条件という。条件を表す基本形式「ば」「と」「たら」「なら」は，次のような条件文を表す。

● 仮定条件──第一は，条件・結果ともに未実現の事態である仮定条件で，4形式すべて可能である。

(1)薬を飲めば，熱は下がるだろう。
(2)あの坂を上ると，富士山が見えるよ。
(3)仕事が終わったら，電話します。
(4)明日仕事があるなら，今日はもう帰れ。

「ば」は，「それをしさえすれば主節事態が実現できる」という主節事態を実現するために必要な条件を提示する場合に用いられるのが自然である。そのため，起こってほしくない事態の生起を聞き手に伝達する場合には使えない。

(5)*お酒を飲みすぎれば肝臓を悪くするよ。

「と」は「それを行った場合に必ず」という状況を提示する。(1)(2)は「たら」でも表せる。普通，主節が命令・依頼，意志・希望などの表現の場合は，「たら」「なら」が用いられるが，条件節が状態性述語であれば「ば」も可能である。

(6)この本，欲しければ，あげよう。
(7)時間がなければ，明日来てください。

「ば」は，名詞述語文では「なら」となる。

(8)明日雨なら，試合は中止だ。

「なら」のみ，(4)のように条件と結果の時間的前後関係が逆転できる。「なら」による条件文は，条件で述べられるできごとが成立した場合に何が起こるかということを述べるのではなく，成立が確定していると話し手が捉えた事態に対して下される話し手の判断・評価・態度を表す。

(9)パソコンを買うなら，あの店が安い。

こうした「なら」には，主題を表す用法もある。

(10)ワインなら赤がいい。

仮定条件のなかには，条件となる事態がすでに実現した直後の段階で用いられるものもある。

(11)ここまで来れば，もう安心だ。

とくに「なら」は直前の相手の発話を受け取り，それに対する話し手の判断などを表明する用法がある。

(12)「隣の家に泥棒が入ったんだよ」
　　「お隣に入ったなら，お宅も危ないね」
(13)「新聞は？」「新聞なら，ここにあるよ」

● 反事実条件──第二に，条件・結果ともに，成立しなかったできごと，つまり事実に反する事態である反事実条件がある。「ば」「たら」「なら」が使われる。

(14)薬を飲めば，熱が下がったのに。
(15)息子が生きていたなら，今年二十歳です。

現実にはありえない事態間の関係を表す反事実条件は，条件文独自の用法といえる。この条件は「と」では表しにくく，条件を表す機能に関して，4形式のなかで「と」が最も希薄であることを示す。なお「なら」には条件が事実である場合もある。

(16)雨が降るなら，傘を持ってきたのに。

●**一般条件**——第三は一般条件で，条件・結果が特定の時点ではなく一般的に成立する因果関係にあることを表す。普通，「ば」や「と」によって表される。

(17)お酒を飲めば，血圧が上昇する。
(18)低気圧が近づくと，天気が悪くなる。

できごとが実際に複数回起こった場合には，習慣・反復といった関係を表す。

(19)時間があれば，映画を{見る/見たものだ}。
(20)父はお酒を飲むと，顔が赤くなる。

●**事実条件**——第四に，条件となる事態もその結果も，過去に1回起こったことを示す事実条件がある。「と」や「たら」によって表され，結果が成立するきっかけとなる状況を示す。

(21)ドアを開けると，コートを脱いだ。
(22)ドアを開ける{と/たら}，風が入ってきた。
(23)ドアを開ける{と/たら}，父が立っていた。
(24)本を読んでいる{と/たら}，電話が鳴った。

(21)のように同一主体の意志的動作が連続する場合，「たら」は用いられない。ただし話し手が直接体験した事態を，話しことばとして聞き手に伝える場合には「たら」が使われる。

(25)布団に入ったら，すぐ眠っちゃったよ。
(26)佐藤先生に質問したら，教えてくれました。

また，「なら」以外の条件節は発話や思考を表す動詞について発言の前置きを表すことがある。

(27)思えば，昔はよく飲んだ。
(28)はっきり言うと，それは間違いだ。
(29)考えてみたら，彼はまだ二十歳だ。

そのほか，条件節は，接続語化したり，複合格助詞化したり，当為を表す複合的表現を構成することもある。

➡条件節の周辺形式 (2-J)，勧め (2-H)，義務・許容 (2-H)

●**参考文献**

益岡隆志（編）(1993)『日本語の条件表現』くろしお出版．
蓮沼昭子他 (2001)『条件表現』〈セルフマスターシリーズ7〉くろしお出版．

［前田直子］

■条件節の周辺形式

条件を表す形式には，「と」「ば」「たら」「なら」のほかに，次のようなものがある。

「ては」は，好ましくない出来事，否定的な結果が起こることを示す条件に用いられる。仮定条件，一般条件，反事実条件もある。名詞に続く場合は「では」となる。

(1)毎日練習しなくては，上手にならない。
(2)君にそう言われては，返すことばもない。
(3)人間はひとりでは生きていけない。
(4)君がいなくては，きっと失敗していたよ。

「ては」の主節は，述べ立てる文のみであり，命令や意志などの文は現れない。

また「ては」は，事実的なできごとを結びつける場合，動作・現象の繰り返しを表す。

(5)遊んでばかりいては，父に叱られた。
(6)白い波が現れては消えていく。

「限り」は状態性の述語につき，その状況の範囲・場合において起こる結果を述べる。

(7)生きている限り，ご恩は忘れません。
(8)自分で見ない限り，絶対に信じない。

「～しないことには」も，好ましくない結果

を引き起こす仮定条件に用いられ，条件に取り上げられた事態の実現を主張する文を作る。

(9)毎日練習しないことには，上達しない。

この文は「毎日練習することが望ましい」ということを述べる。

「～しようものなら」は，起こって欲しくない事態を条件とする。その結果として望ましくない事態が起こることを提示し，条件の成立を望まないことを示す，大げさな表現である。

(10)秘密を人に話そうものなら，ただではおかないぞ。→ 人に話すな。

「～してみろ」も，条件となる事態が起こらないことを望む仮定条件の表現である。話しことばで用いられる。

(11)嘘の申告をしてみろ，すぐに告発されるぞ。

(12)弟が自殺でもしてみろ，おまえを一生許さないからな。

「～したが最後」は，条件となる事態が成立すれば必ず起こる結果を主節に提示する。結果となるできごとが強調される誇張した表現で，仮定的な場合と事実的な場合がある。

(13)秘密を知ったが最後，おまえも仲間に入ってもらう。

(14)名人が作る料理は，一度味わったが最後，生涯忘れられないおいしさだ。

(15)家を出たが最後，二度と戻らなかった。

「場合・時」は，本来，時間的な関係を表すが，「は」によってとりたてられ，仮定的なできごとを結びつける場合に，仮定条件に近づく。

(16)もし事故が起こった場合には，速やかに避難してください。

(17)連絡がない場合は，警察に通報します。

(18)小学生がこの乗り物に乗る場合には，保護者の許可が必要です。

(19)雨が降った時は，中止です。

条件が結果に先行する(16)(17)(19)のような例は「ば」「たら」「と」で置き換えることができ，(18)のような例は「なら」で置き換えられる。

時間表現が「は」によってとりたてられると，「それ以外の場合には，そのような結果が起こらない」ということが含意され，それが仮定条件のもつ性質と重なるために条件文に近づく。こうした意味・構文的条件を満たした次のような表現も，同様に条件表現に近づく。

(20)試験が終わった人は，帰ってもいいです。
→ バ・ト・タラ・ナラ──条件 (2-J)，とりたて (2-I)

●参考文献

グループ・ジャマシイ（編著）(1998)『教師と学習者のための日本語文型辞典』くろしお出版．

［前田直子］

■テモ・タッテ・トコロデ──逆条件

"逆条件"とは，(1)の条件関係を否定する，(2)(3)のような表現のことである。条件が有効にはたらかず，予想する結果が実現しなかったり，必要な条件が満たされないにもかかわらず，結果が実現するだろうということを表す。

(1)手術すれば，病気は治るだろう。

(2)手術しても，病気は治らないだろう。

(3)手術しなくても，病気は治るだろう。

逆条件を表す形式「ても」「たって」「ところで」のなかで，「ても」は最も広い用法をもつ。

(4)手術しなくても，病気は治っただろう。

(5)洗っても洗っても，このシミは取れない。

(6)お酒を飲んでも飲まなくても，会費は同じです。

(7)雨が降っても風が吹いても，新聞配達の仕事は休めない。

(8)いつ電話しても，彼は留守だ。

(9)先生に聞いても，わからなかった。

(2)(3)は〈逆条件〉，(4)は〈反事実的条件〉の例で，副詞「たとえ，よしんば，仮に」などが

共起できる。(5)～(7)は〈並列条件〉の例で，条件が複数回反復され，「どちらにしても，同じ結果になる」という意味を表す。(8)は，「ても」の前に疑問語が使われる用法で，「どんな場合も，必ず同じ結果になる」という意味を表す。(9)は〈事実的条件〉の例で，「先生に聞いたが，わからなかった」という，過去に一回生起した事実を表す。

「たって」は「ても」のくだけた話しことば的な表現で，(2)～(8)は，「たって」で言い換えられるが，(9)の〈事実的条件〉には用いられにくい。

「ところで」は，動詞のタ形のみに続き，形容詞や名詞述語には続かない。〈並列条件〉〈事実的条件〉には用いられにくい。

(10)急いだところで，間に合わないだろう。
(11)試験がやさし {*かったところで/くても/く(っ)たって} 合格できないだろう。
(12)たとえ雨 {*だったところで/でも/だって} 試合は決行されます。

「ところで」は，条件が有効にはたらかず望まれる結果が得られないことを「無駄だ，無意味だ」と評価したり，条件が有効にはたらいたとしても，それによって生じる結果を「大したことはない」と軽く見くびる話し手の態度を表す。

(13)手術したところで，病気は治らないだろう。
(14)失敗したところで，何とかなるさ。

望ましい結果や，評価を交えず客観的に述べる表現では使えない。

(15)手術しな {*かったところで/くても/くたって} 病気は治りますよ。
(16)4月になっ {*たところで/ても}，肌寒い日が続くでしょう。(天気予報)

さらに，「ところで」は，「～してもいい/したっていい」のような慣用表現をもたない点や，「反対され {*たところで/ても/たって} 留学したい/しよう/しなさい」のように，希望，意志，命令の表現とは共起しないという文末制約をもつ点でも，「ても」「たって」と異なる。

➡バ・ト・タラ・ナラ——条件 (2-J)

● 参考文献

前田直子 (1994)「-テモ/タッテ/トコロデ/トコロガ」『日本語学』13-9.
宮崎茂子 (1984)「～たところで/～たところでは」『日本語学』3-10.

[蓮沼昭子]

■カラ・ノデ・テ——原因・理由

「から」「ので」はどちらも結果となるできごとを引き起こした原因を表す。

(1)夏は暑い {から/ので}，花がすぐ枯れる。
(2)薬を飲んだ {から/ので}，熱が下がった。

また，主節に表れた話者の判断の根拠や，命令・希望などの態度の理由を表す。

(3)部屋の電気がついているから，まだ中に人がいるのだろう。
(4)風邪をひくから，上着を着なさい。
(5)結婚記念日なので，早く帰りたい。

「から」(ていねいな場合には「ので」)には原因や理由を表さないと見られる場合もある。

(6)すぐ戻るから，ここで待っていて。
(7)すぐ近くだから，ちょっと寄っていこう。
(8)銅メダルでいいから，表彰台にあがりたい。

主節ははたらきかけや希望・意志を表し，理由節はその実現を容易にする情報や，きっかけとなる事態を表す。実現を強く望む前置きとして使われる次のような慣用表現(「から」のみ)もある。

(9)お願いだから，いい子でいてね。
(10)一度でいいからキャビアを食べたい。

「から」と「ので」はほぼ同じ意味を表すが，「ので」のほうがていねいな文とよくなじ

む。
　(11)頭痛がした<u>ので</u>，欠席しました。

「から」の場合は「しました<u>から</u>」とするほうがよい。

　意味的には近い両者の文法的違いは，まず第一に，「から」は終止形に接続するのに対し，「ので」は連体形に接続する点である。
　(12)未成年だ{<u>から/なので</u>}，酒は飲めない。

第二に，「だろう・でしょう」「まい」や「のだ」は「から」しか接続できない。
　(13)明日は晴れるだろう<u>から</u>，スポーツ大会の参加者は去年より増えると思う。
　(14)退院したばかりなんだ<u>から</u>，無理しないで。

第三に，「から」には「からか」「からこそ」「からには」のような助詞が接続した表現が可能である。また第四に，「から」は「だ」を伴って述語になることができ，分裂文でも用いられる。
　(15)「なぜ休んだの？」「忙しかった<u>から</u>です」
　(16)休んだのは忙しかった<u>から</u>だ。

この場合，「から」には非丁寧形が接続する。
　「から」は単なる省略とはいえない終助詞的な用法も持ち，聞き手に対し，協力的な理解や行動を促す。
　(17)じゃあ，行って来る<u>から</u>。
　(18)時間通りに来なかったら許さない<u>から</u>。

活用語のテ形も原因・理由を表す。
　(19)合格でき<u>て</u>うれしい。
　(20)遅くなっ<u>て</u>すみません。
　(21)洋書は高く<u>て</u>買えない。
　(22)いたずらをし<u>て</u>父に叱られた。

テ形は事態間の継起関係を表すが，先行事態によって後行事態が必然的に引き起こされる場合に原因・理由と解釈される。(19)(20)のように主節の感情を引き起こす原因としては「から」「ので」よりもテ形が使われる。(21)(22)のように話し手にとって意志的に制御できない，やむを得ない事態と判断される場合にも用いられる。
➡理由を表す節の周辺 (2-J)，テ節・中止節 (2-J)

● 参考文献
白川博之（1995）「理由を表さない『カラ』」仁田義雄（編）『複文の研究(上)』くろしお出版．
蓮沼昭子他（2001）『条件表現』〈セルフマスターシリーズ7〉くろしお出版．
　　　　　　　　　　　　　　　　　［前田直子］

■ 理由を表す節の周辺

「から」「ので」「て」のほか，次のような形式も原因・理由を表す。
　「のだから」は「のだ」に「から」が接続したものだが，「から」とは性質が大きく異なり，主節に述べたての文は来ない。
　(1)*お金がない<u>のだから</u>，行かなかった。

「のだから」は，話し手の判断・評価・感情や命令・希望といった態度を引き起こした原因を，意外感や非難，当然・強調の意を込めて表す。
　(2)忙しい<u>んですから</u>，電話してこないで。
　(3)若い<u>んだから</u>，自分の夢に挑戦したい。

「ものだから・もので」は，話者が主観的に重大だと考えるできごとが原因となり，予想外・不本意な結果が避けがたく起きたことを表す。話しことばで用いられ，主節には述べたての文が現れる。
　(4)あまりに安い<u>ものだから</u>，つい買いすぎた。
　(5)「どうして遅刻したの？」
　　「すみません，頭が痛かった<u>もんですから</u>。」

「から」に種々の助詞がついた表現もある。
　(6)時間がない<u>からか</u>，参加しなかった。
　(7)素人だ<u>からこそ</u>，独創的な発想ができる。
　(8)父が死んだ<u>からには</u>，私が継ぐしかない。

(9)英語ができない<u>からといって</u>，海外出張を断ることはできない。

「からか」は理由であることを断定せず推測する。「からこそ」は唯一の理由，一般常識とは異なる逆説的な理由であるなど，特別な理由であることを強調する。「からには」は話者の態度・評価の根拠となる状況を述べる。「からといって」は因果関係自体を否定する場合に用いられる。

「以上（は）」「うえは」は，確信的な話者の判断・評価や，命令・意志などの態度を引き起こした根拠を表す。

(10)ほかにやる人がない<u>以上</u>，私がやるしかない。

(11)挑戦する<u>以上は</u>，みんなの期待に応えるようがんばってくれ。

(12)彼女に断られた<u>うえ</u>は，生涯だれとも結婚しないつもりだ。

「ため（に）」は，原因と結果の客観的因果関係を表すフォーマルな表現である。

(13)台風の<u>ために</u>，飛行機の到着が遅れた。

(14)事故が発生した<u>ため</u>，道路は不通となった。

主節には，はたらきかけや意志・希望の文は現れないが，改まったアナウンスや掲示には用いられる。

(15)エスカレータ設置工事中の<u>ため</u>，階段をご使用ください。

(16)天候不順の<u>ため</u>，列車運行を中止します。

「から」と同様，述語的用法「ためだ」や，「ためか」のように助詞がついた形もある。

「せいで」「おかげで」も，「ために」同様，客観的な事態間の因果関係を表すが，前者が望ましくない事態を引き起こす原因であるのに対し，後者は望ましい事態の原因を表す。

(17)勉強しなかった<u>せいで</u>，試験に落ちた。

(18)先生に教えていただいた<u>おかげで</u>，こんなに日本語が上手になりました。

ただし，望ましくない事態の原因であることを皮肉として述べる場合は，「おかげで」も用いられる。

(19)君に手伝ってもらった<u>おかげで</u>，時間が何倍もかかってしまったよ。

「ばかりに」は，望ましくない否定的事態が起こった原因を表す。「それさえなければ悪い事態は起こらなかったのに」との含みがある。

(20)英語が話せない<u>ばかりに</u>，恥をかいた。

「〜したいばかりに」という形では，唯一の願望が原因となって起こった結果がくる。

(21)孫に会いたい<u>ばかりに</u>，急いで帰宅した。

「だけに」「だけあって」は，主節に程度性のある事態が来て，ほかよりもその程度を増大させる原因であることを示す。

(22)俳句は短い<u>だけに</u>難しい。

(23)横綱<u>だけあって</u>非常に強かった。

(24)前回失敗した<u>だけに</u>，承認しかねます。

「あまりに」は，程度性のある語につき，その程度が甚だしいことが原因で起こった望ましくない結果が表される。

(25)悲しみの<u>あまりに</u>，病気になった。

(26)帰宅を急ぐ<u>あまりに</u>，事故を起こした。

やや改まった，硬い表現である。

➡カラ・ノデ・テ──原因・理由（2-J），とりたて（2-I）

● 参考文献

グループ・ジャマシイ（編著）(1998)『教師と学習者のための日本語文型辞典』くろしお出版.

［前田直子］

■ ノニ・クセニ・モノノ

「のに」「くせに」「ものの」は，「にもかかわらず」と類義の，事実的逆接関係を表すが，ニュアンスにはかなりの違いがある。

(1)毎日練習している｛<u>のに</u>/<u>くせに</u>/<u>ものの</u>｝，ちっとも上達しない。

用法の系列でも，「のに」「くせに」は同一系列に入るが，「ものの」は，「が」「けれど」の系列に入る。

「のに」は前件も後件も事実を表し，予想と食い違う現実に直面した際の，話し手の意外感，驚き，残念感を表す。

(2)昨日はいい天気だったのに，今日は雨が降っている。
(3)不合格だと思っていたのに，合格した。
(4)一生懸命勉強したのに，残念です。
(5)努力すれば合格できたのに。

「くせに」の用法は，「のに」に部分的に重なるが，一連の事態を低く評価し，その当事者に対する話し手の非難・軽蔑・からかいの気持ちを表す。主語は，人や組織など，責任能力を問うことが可能な対象で，普通，前件・後件とも同一である。

(6)知っている{くせに/のに}知らないふりをしている。
(7)男{のくせに/なのに}，めそめそするな。

「くせに」はたいてい「のに」で言い換えられるが，逆は必ずしも成り立たない。

(8)まだ小さい{のに/*くせに}，大変礼儀正しく，感心な子供だ。
(9)春{なのに/*のくせに}冬のような天気だ。
(10)せっかくおじいさんが買ってくれた{のに/*くせに}，この子は「ありがとう」さえも言わない。(異主語)

「ものの」は，前件を一応認めたうえで，それに反する事態の展開を述べる場合に使われる。プラスからマイナス(またはその逆)に，前件と後件で評価が反対になる展開で使われる。

(11)景気は回復に向かってはいるものの，相変わらず高い失業率だ。
(12)わずかではあるものの，景気は回復に向かっている。
(13)感じたとおりに書けばいいものの，それがなかなか難しい。
(14)口に出しては言わないものの，心の中はさぞつらいことだろう。

「ものの」は，「が」「けれど」の用法に近く，上の例でも言い換えが可能である。しかし，逆は必ずしも成り立たず，対比関係の客観的な叙述や(16)のような前置き表現では，「が」「けれど」を「ものの」で言い換えることはできない。

(15)去年はヨーロッパに行った{が/けれど/*ものの}，今年は東南アジアへ行った。
(16)話は変わる{が/けれど/*ものの}，宮崎さんが結婚するそうだ。

「ものの」と「のに」を比べると，「のに」は予想との食い違いに対する話し手の意外感・違和感を必ず伴うのに対し，「ものの」はそうでない。

(17)物価は高い{ものの/が/けれど/*のに}，日本の生活は楽しいです。

文末の共起制限を見ると，「のに」「くせに」と「ものの」のあいだに傾向の違いがある。

(18)ろくに日本語もできない{のに/くせに}日本に留学{した/するな/するんですか}。
留学{*するかもしれない/*しよう/*しろ/*してください/*しますか}。
(19)日本語はまだよくできないものの，日本に留学{した/するかもしれない}。
留学{??しよう/*しろ/*するな/*してください/*しますか/*するんですか}。

→ガ・ケレド――逆接・前置き (2-J)，ナガラ・ツツ (2-J)

● 参考文献

池上素子 (1997)「『のに』・『ながら』『ものの』・『けれども』の使い分けについて」『北海道大学留学生センター紀要』1．

尾形理恵 (2003)「ものの」吉川武時 (編)『形式名詞がこれでわかる』ひつじ書房．

渡部学（2001）「接続助詞の語彙的な意味と文脈的な意味——クセニとノニの記述と分析を巡って」『日本語科学』10．

［蓮沼昭子］

■タメニ・ヨウニ・ノニ——目的

主節のできごとが起こる目的を表す表現には，「ために」「ように」「のに」がある．

「ために」は，名詞に続くほか，従属節の主体と主節の主体が同一で，従属節（すなわち目的節）の述語が意志的動作である場合，動作の目的を表すのに用いる．「ために」の「に」は省略してもよい．

(1)世界の平和の<u>ために</u>，国連で働きたい．
(2)車を買う<u>ために</u>，アルバイトをした．

また，「必要・使用・有用」を表す表現や，存在の目的・理由を表す場合にも使われる．

(3)水を消毒する<u>ために</u>，塩素を使用する．
(4)鳥の羽は飛ぶ<u>ために</u>ある．

「ため」は，次のようなかたちで，連体節化したり，助詞が後続したり，述語的に用いられたりする．

(5)リンゴの皮をむく<u>ための</u>機械
(6)留学する<u>ためか</u>，英語の勉強に励んでいる．
(7)親を安心させる<u>ためにも</u>，手術を受けたい．
(8)手術を受けたのは，親を安心させる<u>ためだ</u>．

なお，「ために」が「は」によってとりたてられた「ためには」は，過去の1回のできごとを表すことはできず，一般的に必要な条件を表す．

(9)教師になる<u>ためには</u>，免許が必要だ．
(10)子どもが本を読むようになる<u>ためには</u>，まず親が本を読まなければならない．

従属節と主節の主体が異なったり，従属節述語が状態性である場合，言い換えれば，主節主体の立場から見て，意図的にコントロールできないできごとを目的とする場合には，「ように」が用いられる．「ように」の「に」は省略してもよい．

(11)赤ん坊が起きない<u>よう</u>，小さい声で話した．
(12)みんなに聞こえる<u>ように</u>，大声で話した．
(13)始発電車に間に合う<u>ように</u>，目覚まし時計を4時にセットした．

こうした「ように」が表す目的とは，時間的に主節の後に起こる事態を提示するもので，目的というより，結果と呼ぶにふさわしいものである．そのため，「ように」節には疑問語は入らない．

(14)*何ができる<u>ように</u>，勉強しているのか．

次のようないわゆる間接的な引用の表現も，結果を表す「ように」の用法の1つと考えられる．

(15)早く来る<u>ように</u>言った．
(16)雨が降る<u>ように</u>祈った．

それぞれ「ように」節の内容は，発話・祈願の内容であると同時に「言う」「祈る」という動作の目的・結果でもある．

「のに」は，主節の述語が限定されており，「必要・使用・有用」を表す場合に用いられる．

(17)パソコンを買う<u>のに</u>20万円は必要｛だ/かかる/費やした｝．
(18)このナイフはリンゴの皮をむく<u>のに</u>使う．
(19)絵は外国人とコミュニケーションする<u>のに</u>｛役立つ/効果的だ/いい/都合がいい｝．

これらの述語は本来的にニ格を必要とする．「のに」も「は・も」などでとりたてられる．

(20)この鍋はゆでる<u>のに</u>も蒸す<u>のに</u>も使える．

そのほか，移動の目的を表す「〜しに」もある．

(21)映画を見<u>に</u>，新宿へ行った．

➡ト・カ・ヨウニ——引用（2-J）

● 参考文献

前田直子（1995）「スルタメ（ニ），スルヨウ（ニ），シニ，スルノニ」宮島達夫・仁田義雄（編）『日本語類義表現の文法（下）』くろしお出版.

[前田直子]

■ガ・ケレド──逆接・前置き

接続助詞のガやケレド（ケド，ケレドモ）は，確定的な事実である前件に何らかの意味で対立するものとして後件を結びつける。ケド（モ），ケレド（モ）は話しことば的で，そのうち，ケドはくだけた表現，ケレド（モ）はていねいな表現である。

(1)あの店は，少し高い<u>が</u>とてもおいしい。
(2)時間はある<u>け（れ）ど</u>，お金がない。
(3)転んだ<u>が</u>，けがはしなかった。
(4)先生に聞いた<u>け（れ）ど</u>，わからなかった。

(1)(2)のように後件が内容的に前件と対比的な事柄を表す場合もあれば，(3)(4)のように前件から予想されない帰結を後件が表す場合もある。いずれの場合も，後件には前件の含意を否定する内容が来る。その意味では逆接である。

しかし，同じ逆接でも，因果関係に基づいた予想と実際の帰結との食い違いを積極的に表すノニとは異なり，前件の含意と後件が単に対立していれば，使える。(1)(2)はもちろんのこと，(3)(4)のような場合も，ノニは不自然である。

(5)?転んだ<u>のに</u>，けがはしなかった。
(6)?先生に聞いた<u>のに</u>，わからなかった。

また，ガやケレドには，前置きの用法がある。

(7)あそこに高いビルがあります<u>が</u>，あれは何ですか。
(8)王さんからおもしろい指摘がありました<u>けれど</u>，どなたかご意見はありませんか。

その文で述べたい（尋ねたい）本題は後件の内容であり，前件はそれを切り出すための前置きになっている。「前件が言いたいことなのではなく，後件に言いたいことが来る」という気持ちをガやケドが表している。

なお，後件のほうが言いたいことであるというのは，逆接の用法についても同様である。とくに，対比的な用法では前件と後件が並列的に結ばれているように見えるが，実際は，主張の重みが違う。前に出した(2)と次の文を比べられたい。

(9)お金はあるけ(れ)ど，時間がない。［結局は，「時間がない」ことが言いたい］

➡テモ・タッテ・トコロデ──逆条件（2-J）

● 参考文献

国立国語研究所（1951）『現代語の助詞・助動詞──用法と実例』〈国立国語研究所報告3〉秀英出版.

佐竹久仁子（1986）「『逆接』の接続詞の意味と用法」宮地裕（編）『論集 日本語研究1 現代編』明治書院.

西原鈴子（1985）「逆接的表現における三つのパターン」『日本語教育』56.

[白川博之]

■並列を表す形式

並列を表す代表的な接続形式には，テ形（連用形），タリ，シの3形式がある。

(1)あの店は，安く<u>て</u>，早く<u>て</u>，おいしい。
(2)日曜日には，音楽を聞い<u>たり</u>，本を読ん<u>だり</u>，散歩をし<u>たり</u>する。
(3)彼は，若い<u>し</u>，ハンサムだ<u>し</u>，頭がいい。

これらの形式は，ことがら同士を対等の重みで並べるという点では共通しているが，並べ方に違いがある。名詞同士の並列表現と対照させて整理するなら，「〜テ，〜テ，…」は「AトBト…」，「〜タリ，〜タリ，…」は「AヤBヤ…」，「〜シ，〜シ，…」は「AモBモ」に相当する並べ方である。

●「〜テ，〜テ」──テ形（連用形）による並

列は，該当することがらを列挙するもので，最も中立的な並べ方である。

(4)その果物は，丸くて，重くて，中が赤い。
(5)明日は，洗濯をして，掃除をして，買物をする。

この並べ方は，名詞の並列でいえば「A ト B ト…」という並べ方と同様である。

(6)冷蔵庫の中には，卵と牛乳とハムとレタスがある。

(6)が「冷蔵庫の中にあるもの」すべてを列挙しているのと同様に，たとえば，(5)では「明日すること」すべてを列挙している。

一部を例示的に挙げるだけの場合は，「〜タリ，〜タリ，…」を使う。

なお，接続する述語が「名詞＋ダ」またはナ形容詞の場合は，テ形の代わりに連用形を使う。

(7)彼女は，美人で，すなおで，頭がいい。

●「〜タリ，〜タリ」──該当することがらを例示する並べ方である。

(8)洗濯をしたり，掃除をしたり，買物をしたりする。

テ形（連用形）による並列と異なり，最後に並べられることがらにもタリがつき，「〜タリ，〜タリ，…」全体を最後にスルで締めくくるかたちになる。

(8)′×洗濯をしたり，掃除をしたり，買物をする。

この並べ方は，名詞の並列でいえば，「A ヤ B ヤ…」という並べ方に相当する。

(9)洗濯や，掃除や，買物（など）をする。

あくまでも例示であり，すべてを並べ上げているのではない点が「〜テ，〜テ，…」と異なる。

●「〜シ，〜シ」──同類のことがらを累加的に並べる形式である。

(10)洗濯もするし，掃除もするし，買物もする。

(10)にも見られるように，ことがらの叙述のなかには，しばしばモが用いられる。

この並べ方は，名詞の並列でいえば，「A モ B モ…」という並べ方に相当する。

(11)洗濯も，掃除も，買物もする。

「Aだけでなく B も」「A であってしかも B である」という気持ちが共通している。

➡テ節・中止節（2-J）

●参考文献

寺村秀夫（1992）『寺村秀夫論文集Ⅰ 日本語文法編』くろしお出版.

森山卓郎（1995）「並列述語構文考」仁田義雄（編）『複文の研究（上）』くろしお出版.

[白川博之]

■とき・折・頃・際

「とき・折・頃・際」は，「〜の」や述語の基本形，タ形，動詞のテイル/テイタ形などが接続して，主節事態とおよそ同時であることを表す時の状況成分を形成する。

(1)学生の {とき/頃}，よく麻雀をした。
(2)数量限定商品ですので，売り切れの {折/際} にはご容赦ください。
(3)私がアメリカから帰ってくる {とき/頃} には，日本も涼しくなってることだろう。
(4)帰郷した {折/際}，高校時代の恩師を訪ねた。

「頃」は，おおまかな状況設定を行うため，期間の長い事態に付加して状況設定とするか（例文(1)），期間の長くない事態に付加した場合は，その事態の時点を含む，おおよその時点の設定を行う（例文(3)）。いずれの場合でもない以下のような例文では，不適格となる。

(5)こないだ東京へ行った {とき/折/*頃/際}，新宿で友人に会った。

「折」「際」は，それらが付加する事態と主節事態とが，前者が成立して初めて後者が成立するような関連のしかたで結びついていることが

必要となる。よって，期間の長い事態の状況設定は，その事態が成立したことにより主節事態が成立したとは考えにくいので，「折」「際」が不適格になる（例文(6)）。また，異なる場面の2つの事態が，同じ時点に起こったことをいう以下の(7)のような文も，「折り」「際」が付加する事態が成立して初めて，主節事態が成立するような関連のしかたで，2つの事態が結びついていないため，「折」「際」では不適格になる。

(6) *子供の折/*学生だった際
(7) 私が街で遊び回っていた{とき/頃/*折/*際}，太郎は家で必死に勉強していた。

「トキ」「頃」「折」は，「〜だ」などに付加して，述語になる（「際」はならない）。「とき」「頃」は，分裂構文の述語部分になるが，「折」はならない（例文(8)）。「折」が述語になるのは，「〜だった」に付加して，過去における文脈の状況設定を行う場合である（例文(9)）。

(8) 自分のミスに気づいたのは，出張先から帰って，会社に戻った{とき/頃/*折}だ。
(9) 退屈しのぎに，家でテレビを見ていた{とき/頃/折}だった。

「とき」「頃」は「〜だ」に付加して，現在における状況設定を行うこともできる。しかし「頃」が，現在その状況にあるという単なる時間的な状況設定をするのに対して，「とき」は，「今こそそうするべきだ」というような，現在そうするのがふさわしいという状況設定をするという違いがある。

(10) そろそろ息子が学校から帰ってくる{??とき/頃/*折}だ。
(11) 今こそ決断するときだ。

→最中・ウチニ・アイダ (2-J)

● 参考文献

北條淳子 (1989)「複文文型」国立国語研究所（編）『談話の研究と教育II』〈日本語教育指導参考書15〉大蔵省出版局.

[岩崎 卓]

■最中・ウチニ・アイダ

「最中・うちに・あいだ」は，いずれも時間関係節として，ある事態の成立する期間を表すことにより複文を構成する。期間を表す時間関係節にはほかに「途中」などがある。

「最中」は，「食事している最中に電話がかかってきた」のように，先行する事態が継続する，まさにそのときに後続の事態が発生することを表す。多くは「最中に」のかたちで用いられる。接続のかたちは「名詞＋の最中」「動詞テイル形＋最中」。ただし，「忙しい最中にお邪魔します」のように，形容詞に接続することもある。動詞のマス形には接続しにくい。また，最中（さなか）には「最中（さいちゅう）」とほぼ同じように用いられるが，「暑いさなか」「大雪のさなか」のようにある状態が最も盛んなときを表す用法があり，この場合「さいちゅう」は用いにくい。また，まさにそのときという意味を強調した形，「真っ最中」などもある。

「最中」は事態が予想外のことで遮られたことを表すため，そのような意味を表さない場合は不適切である。

(1) 母が電話している{あいだに/*最中に}，食事の用意をした。

「うちに」は「話を聞いているうちに，なんだか心配になってきた」のように，先行する事態が継続する期間に，後続の事態が生じることを表す。持続の形は「名詞＋のうちに」「イ形容詞終止形＋うちに」「ナ形容詞連体形＋うちに」「動詞ル形・テイル形・否定形＋うちに」。

マス形に接続することがあるが，「です」には接続しにくい。「うちに」の主節は行為要求意志文が多く現れる。

(2) 若いうちに，いろいろ勉強しよう。

先行する事態が終了する前という意味の強い文では，「うちに」は「まえに」と置き換えられる。

(3) 先生が{来ないうちに/来るまえに}宿題

をやってしまおう。

　この場合「うちに」のほうがその期間内でなければ後続の動作ができないという意味を表す。また、「話が終わるか終わらない(かの)うちに」のような動詞の肯定と否定を繰り返す用法は、その動作が成立してすぐという意味を表す。

　「あいだ(間)」は「あいだ」「あいだに」「あいだ(に)は」の形がある。接続のかたちは「名詞＋のあいだ」「イ形容詞終止形＋あいだ」「ナ形容詞連体形＋あいだ」「動詞ル形・テイル形＋あいだ」。イ形容詞・ナ形容詞・動詞の場合は過去形も用いられる。マス形に接続することがあるが、「です」には接続しにくい。基本的には「あいだ」の場合主節は動きの継続や繰り返し、結果持続、状態を表し、「あいだに」の場合主節に1回の動きが現れやすい。

(4)彼は先生が説明している{あいだ/*あいだに}ずっと窓の外を見ていた。
(5)留学している{あいだに/*あいだ}一度北海道へ行ってみたい。

　「あいだに」の主節は動きの継続や繰り返しは現れるが、結果持続や形容詞の状態は現れにくい。

(6)*母が出かけているあいだに{店を閉めている/寂しかった}。

　「あいだに」は「テレビを見ている{うちに/あいだに}眠くなってきた」のように「うちに」と置き換えられる場合もあるが、「先行する期間でなければ」という意味が強い文では「あいだに」は用いにくい。

(7)熱い{うちに/*あいだに}食べてください。

　「あいだ(に)は」は(8)のように後続の事態が状態の場合と、(9)のように後続するのが動作述語で「は」が対比の場合とがある。

(8)健康でいられるあいだは幸せだ。
(9)競技を行っているあいだはいい天気だったが、競技が終わってから大雨になった。

→とき・折・頃・際(2-J)、マエ(ニ)・アト(デ)・テカラ(2-J)

●参考文献

グループ・ジャマシイ(編著)(1998)『教師と学習者のための日本語文型辞典』くろしお出版.
庵功雄他(2001)『中上級を教える人のための日本語文法ハンドブック』スリーエーネットワーク.
寺村秀夫(1983)「時間的限界の意味と文法的機能」渡辺実(編)『副用語の研究』明治書院〔寺村秀夫(1992)『寺村秀夫論文集Ⅰ 日本語文法編』くろしお出版,に所収〕.

［塩入すみ］

■マエ(ニ)・アト(デ)・テカラ

　「Pまえ(に)Q」では、時間的にPが後、Qが前であることを表し、「Pあと(で)Q」「PてからQ」では、時間的にPが前、Qが後であることを表す。Pには、「まえ(に)」と「あと(で)」の場合、「名詞＋の」が来るほか、「まえ(に)」は動詞スル形、「あと(で)」は動詞シタ形が来る。「てから」は、動詞テ形に「から」が接続する。

　「まえ」と「まえに」、「あと」と「あとで」の違いはまず、「Pまえ(に)/あと(で)Q」のQに状態性の述語がきて、Pの時点以前、または以後の継続した期間ずっとQだったということを表す場合には、「まえに」「あとで」では不適格になるという点である。

(1)東京に引っ越す{まえ/*まえに}、ずっと田舎に住んでいた。
(2)家に帰った{あと/*あとで}ずっとテレビを見ていた。

　「まえ」と「まえに」の違いについては、Qに当為表現や命令、意志、誘いかけ、希望の文がきて、Pが発話時未実現の事態になる場合、

「まえ」が不適格で「まえに」としなければならなくなる。「まえ」の場合，Pに発話時既実現の事態が来なくてはならない。「あと」と「あとで」にはこのような違いはない．

(3)財政が破綻する｛まえに/*まえ｝対策を講ずべきだ．
(4)実家に帰る｛まえに/*まえ｝一度あなたに会っておきたい．
(5)大学に入る｛まえに/まえ｝一度就職した．

「あと(で)」と「てから」の違いは，PとQが意図的な前後関係で結ばれていない場合は，「あと(で)」は適格であるが，「てから」は不適格になる点である．

(6)太郎が｛??帰ってから/帰ったあと｝花子が来た．
(7)太郎は戦争が｛??終わってから/終わったあと｝死んだ．

ただし，Pの後，やっとQになったという意味が強調され，含意としてPするまでQでなかったという意味が強く出る場合は，PとQが意図的な前後関係で結ばれていないくても，「てから」が適格になる．

(8)家を出て，しばらく｛歩いたあとで/歩いてから｝，財布を忘れたことに気がついた．

➡ヤイナヤ・ガ早イカ（2-J）

● 参考文献

安達太郎（1995）「テカラとアト（デ）」宮島達夫・仁田義雄（編）『日本語類義表現の文法（下）』くろしお出版．
岩崎卓（1999）「マエとマエニのちがいについて」『日本語・日本文化』25．
久野暲（1973）『日本文法研究』大修館書店．
寺村秀夫（1983）「時間的限定の意味と文法的機能」渡辺実（編）『副用語の研究』明治書院．

［岩崎 卓］

■ヤイナヤ・ガ早イカ

いずれも時間関係節として，先行する動作の直後に後続する動作が成立することを表し，動詞のスル形に接続する．いずれも書きことば的である．マス形には接続しない．

(1)その男は警官の姿を見る｛やいなや/が早いか｝大慌てで逃げ出した．

「やいなや」は「手紙を見るや，何も言わずに出ていった」の形もある．

「やいなや」と「が早いか」はいずれも動作の直後を捉える表現であるため，動きの開始や終了が捉えられない「ある」「できる」動詞のテイル形などの状態や，「遊ぶ」「勉強する」のような過程をもつ動作にも接続しにくい．

(2)日本語が｛*できるやいなや/*できるが早いか｝，日本へ留学した．
(3)日本語を勉強｛した後すぐ/*するやいなや/*するが早いか｝日本へ留学した．

過程をもつ動きの場合，過程の開始や終了を表す．

(4)ニュースを｛見るやいなや/見るが早いか｝，外へとび出した．

また，いずれも前後の事態の成立する時間が短いことに主眼が置かれた形式であるため，主節は平叙文であり，(5)のような行為要求の文や意志文にはなりにくい．また(6)のように疑問詞を含むこともできない．

(5)家へ｛帰ったらすぐ/*帰るやいなや/*帰るが早いか｝電話してください．
(6)何を｛食べた後/*食べるやいなや/*食べるが早いか｝気持が悪くなったんですか．

「やいなや」は主節に意志的な動きも非意志的な動きも現れるが，「が早いか」は主節に非意志的な動きは現れない．

(7)学校に｛着くやいなや/着くが早いか｝，レポートを書きはじめた．
(8)学校に｛着くやいなや/*着くが早いか｝，雨が降りだした．

直後を表す時間関係節にはほかに、「た途端(とたん)(に)」「た(か)と思うと(思ったら・思えば)」「なり」がある。

(9)立ったとたん(に)めまいがした。
(10)最近は寒くなったかと思うと、また暖かくなり、気温の差が激しい。
(11)息子は私の顔を見るなり泣き出した。

いずれも行為要求の文や意志文になりにくく、疑問詞を含むこともできない。「た(か)と思うと」は持続的な動作にも接続する。

(12)彼はさっきまで勉強していたかと思うと、もうテレビの前で笑っている。

→マエ(ニ)・アト(デ)・テカラ(2-J)

● 参考文献

グループ・ジャマシイ(編著)(1998)『教師と学習者のための日本語文型辞典』くろしお出版．
庵功雄他(2001)『中上級を教える人のための日本語文法ハンドブック』スリーエーネットワーク．

[塩入すみ]

■連体修飾節

● **構造による分類** —— 連体修飾節は、被修飾名詞との関係から以下のように分類することができる。

①「入口に立っている人」「彼が教えてくれた噂(うわさ)」「私が見た情景」「祖父が亡くなった年」などでは、被修飾名詞と修飾節中の述語とのあいだに前者が後者と格関係を持つ補語にあたるような関係がある(「その人が入口に立っている」「彼がその噂を教えてくれた」「その年に祖父が亡くなった」など)。このような修飾節と被修飾名詞との関係は「内の関係」と呼ばれる。それに対し、被修飾名詞と修飾節中の述語とのあいだにそのような格関係が見いだされないものは「外の関係」と呼ばれる。「外の関係」にはさらにいくつかの類型がある。

②「祖父が亡くなった翌年」「太郎が新聞を読んでいる隣」などは、「ある年に祖父が亡くなった。その年の翌年」「太郎がある位置で新聞を読んでいる。その位置の隣」という意味で、被修飾名詞「翌年」「隣」は、修飾節中の述語の表面には現れない補語(「(ある)年」「(ある)位置」)と相対的な関係にあるということができる。

③「彼が会社を辞めるらしいという噂」「子どもたちがサッカーを楽しんでいる情景」などでは、一定の内容をもつ名詞である「噂」や「情景」が被修飾名詞となり、修飾節はその内容を説明している。

● **「内の関係」** —— ①の類型の表現の成立には、被修飾名詞と修飾節、とくに修飾節中の述語との意味関係の理解のしやすさが重要である。

(1) ?食堂へ行った友人(「その友人と食堂へ行った」という関係の場合)
(2) ?プレゼントをもらった人(「その人にプレゼントをもらった」という関係の場合)

また文とは違い、この類型の連体修飾節はその中に現れる要素にいろいろな制約がある。たとえば「*たいへん面白いね映画」「*すぐにコピーしろこの書類」「?来週入荷するそうな品物」のように、修飾節中の述語は終助詞やある種のモダリティ表現を伴わない。また修飾節中には主題は現れない。たとえば「私は好きな酒」では、「私は」は対比的に解釈される。

● **「外の関係」** —— ②の類型では次のような名詞が被修飾名詞となる。

・時間にかかわる名詞：前、後、前日、翌日、翌年など。
・位置や場所など空間を表す名詞：前、後ろ、横、隣、上、下など。

③の類型では、次のような名詞が被修飾名詞となる。

・言語表現、思考に関する名詞：噂、質問、

意見，報告，指摘，予想，考え，意志，決心，手紙，電話，記事など．
・ことがらを表す名詞：できごと，事件，事実，状態，仕事，結果，傾向など．
・情景や視覚的媒体にかかわる名詞：情景，光景，絵，写真など．

被修飾名詞の意味特徴と，修飾節中に現れうる要素や述語の形，修飾節と被修飾名詞とのあいだに介在するつなぎのことば（「という」や「との」）の有無などは相関する．「質問」「意見」「指摘」などを被修飾名詞とし，発言や思考内容などを修飾節に引用する場合は「という」か「との」ということばの介在が必要である．「できごと」「事実」など，ことがらを表す名詞を被修飾名詞とする場合は「という」の介在が随意的である．

(3)このデータは間違っている｛という/との｝指摘
(4)彼が詐欺をしていた（という）事実

●**機能による分類**──「パソコンに詳しい人」と「パソコンに詳しい太郎」を比較すると，前者では修飾節「パソコンに詳しい」が，被修飾名詞「人」の集合のなかから指示対象を限定するはたらきをしている．後者では，被修飾名詞「太郎」はそれ自体で指示対象が同定できる名詞であり，修飾節は被修飾名詞の指示対象を限定する機能は持たない．このような機能の違いによって連体修飾節を「制限（限定）的修飾節」と「非制限的修飾節」とに分類することができる．修飾節の助けを借りずに指示対象が同定できる固有名詞や唯一存在の名詞（「地球」「日本」など）や，「この」などの限定詞を伴っている名詞，また総称的な意味で用いられている名詞などが被修飾名詞である場合には，修飾節は指示対象を限定する以外のはたらきを果たすことになる．

➡連体修飾節主語を表すガとノ（2-D）

●**参考文献**

寺村秀夫（1992）『寺村秀夫論文集Ⅰ』くろしお出版．
奥津敬一郎（1974）『生成日本文法論』大修館書店．
高橋太郎（1994）『動詞の研究──動詞の動詞らしさの発展と消失』むぎ書房．
益岡隆志（1997）『複文』くろしお出版．
井上和子（1976）『変形文法と日本語 上』大修館書店．

［高橋美奈子］

■コト・ノ・トコロ──名詞節

述語を補うはたらきをする節を補足節というが，そのなかには「こと」「の」「ところ」といった形式名詞を伴うもの（名詞節）がある．

たとえば(1)では述語（「気づいた」）を補う補足節として形式名詞「こと」を伴う名詞節（「雨が降りだしたことに」）が現れており，(2)(3)においてはそれぞれ形式名詞「の」「ところ」を伴う名詞節が補足節として現れている．

(1)田中は雨が降り出したことに気づいた．
(2)店員は男が走って逃げるのを見た．
(3)警察は泥棒が家を出たところを捕まえた．

「こと」「の」を伴う名詞節は広範な種類の述語に対する補足節として現れる．また，多くの場合「こと」と「の」は交替できる．

(4)佐藤はその日会議があった｛こと/の｝を思い出した．
(5)監督はピッチャーを代える｛こと/の｝をためらった．

しかし，主節の述語によっては「こと」しかとりにくい場合や「の」しかとれない場合がある．たとえば，主節の述語が「提案する」「祈る」「命令する」「約束する」のように"あることの実現を目指す"という意味をもつ場合は，「こと」しかとりにくい．

(6)委員長は投票を延期する｛こと/*の｝を提案した．

(7)両親は子どもが健やかに育つ{こと/*の}を祈っている。

一方，主節の述語が「見る」「目撃する」「聞く」のように直接的な感覚を表す場合や，「待つ」「手伝う」「じゃまする」のように，具体的な事態と密接に関係する動作を表す場合は，「の」しかとれない。

(8)鈴木は自転車が風で倒れる{の/*こと}を見た。
(9)先生は生徒たちが静まる{の/*こと}を待った。

「ところ」をとるのは，主節の述語が「見かける」「目撃する」「出くわす」のように目撃を表す場合や，「捕まえる」「襲う」「撮影する」のように捕捉を表す場合である。

(10)知人は山田が出かけるところを見かけた。
(11)強盗は住人が寝入ったところを襲った。

「ところ」と「の」が交替する例も存在する。

(12)主婦は犯人が拳銃を捨てる{ところ/の}を見た。

「の」を伴う補足節のなかには，「〜のは〜だ」の形で補足節のなかの述語に対する補足語の1つに焦点をあてる構文を作るものがある。たとえば(13)は述語「くれた」に対する補足語「この本」に焦点をあて，(14)は述語「描いた」に対する補足語「私」に焦点をあてている。

(13)妹がくれたのはこの本だ。
(14)この絵を描いたのは私だ。

→ト・カ・ヨウニ——引用 (2-J)

● 参考文献

工藤真由美 (1985)「ノ，コトの使い分けと動詞の種類」『国文学 解釈と鑑賞』50-3．
久野暲 (1973)『日本文法研究』大修館書店．
黒田成幸 (1999)「トコロ節」黒田成幸・中村捷（編）『ことばの核と周縁——日本語と英語の間』くろしお出版．
野田春美 (1995)「ノとコト」宮島達夫・仁田義雄（編）『日本語類義表現の文法(下)』く

ろしお出版．
益岡隆志・田窪行則 (1992)『基礎日本語文法』（改訂版）くろしお出版．

［阿部 忍］

■ ト・カ・ヨウニ——引用

述語を補足するはたらきをする節を補足節というが，そのなかには節の末尾に「と」「か」「よう（に）」といった引用や疑問の形式を伴うものがある。

たとえば，(1)においては述語（「言った」）に対する補足節として「と」を伴う節（「紅茶が飲みたいと」）が現れ，(2)(3)においては「か」「よう」を伴う節がそれぞれ主節の述語に対する補足節として現れている。

(1)妹は紅茶が飲みたいと言った。
(2)山田は会議にだれが来るか知っている。
(3)店長は秘書に金庫を開けるよう指示した。

「と」「よう（に）」という引用の形式を伴う節を引用節と呼ぶが，「と」は引用節を導く最も主要な形式であり，「言う」「思う」「考える」といった発言・思考にかかわる活動を表す広範な種類の述語とともに用いられる。

(4)首相は大型減税を実施すると明言した。
(5)社長はリストラが必要だと考えている。

また，「と」は発言内容などをそのまま引用する直接引用の形式として用いられる。

(6)夫が「ちょっと来てみろよ」と言った。
(7)生徒が「あれは何ですか」と聞いてきた。

さらに，「と」は(8)のように「ヲ格+引用節」という形の構文を作ることがある。(8)は(9)とほぼ同じ意味を表す。

(8)多くの人はAを犯人だと思っている。
(9)多くの人はAが犯人だと思っている。

「か」は疑問表現が補足節になる場合に用いられる。

(10)私はその日だれと会ったか思い出せない。

補足節が選択疑問である場合は「〜か〜か」

「〜かどうか」といった形をとることがある。

(11)明日来る<u>か</u>来ない<u>か</u>教えて欲しい。
(12)その契約を取れる<u>かどうか</u>が重要だ。

「か（どうか）」は，格助詞を伴うことも伴わないこともあるが，その選択に関しては自由であることが多い。

(13)何を買う<u>か</u>（を）考えている。
(14)気持ちが伝わる<u>かどうか</u>（が）不安だ。

補足節として疑問表現をとる述語には，「知る」「わかる」「尋ねる」「考える」「教える」「明らかだ」のような情報の所有ややりとりなどにかかわる述語や，「重要だ」「問題だ」のような情報の重要性を表す述語などがある。

「よう（に）」は，「と」と同様，引用節を導く形式であるが，用いられる範囲は比較的狭く，主節の述語が命令・依頼・祈願などを表す場合に限られる。

(15)隊長は部下に見張りに就く<u>よう</u>命令した。
(16)一刻も早く病気が治る<u>ように</u>祈っている。

なお，「言う」が「よう（に）」をとって現れた場合，指示や依頼などの意味を表す。

(17)助手にコピーをとるよう言っておいた。

➡コト・ノ・トコロ――名詞節（2-J）

● 参考文献

久野暲（1973）『日本文法研究』大修館書店．
藤田保幸（2000）『国語引用構文の研究』和泉書院．
前田直子（1995）「トとヨウニ」宮島達夫・仁田義雄（編）『日本語類義表現の文法(下)』くろしお出版．
益岡隆志・田窪行則（1992）『基礎日本語文法 改訂版』くろしお出版．
森山卓郎（1988）『日本語動詞述語文の研究』明治書院．

［阿部 忍］

K――談話・テキスト

■文章のまとまり――結束性・一貫性

文が連続しているとき，そこには一定の意味的まとまりが感じられるのが普通である。このまとまりの単位をテキストという。

テキストには意味的まとまりがあるが，これには2つのタイプがある。

第一のタイプは文法的手段によってまとまりがもたらされている場合である。

(1)私は『吾輩は猫である』が好きだ。<u>この本</u>は夏目漱石のデビュー作である。
(2)A：太郎は今朝6時に起きたよ。
　　B：釣りに行ったのかい？

たとえば，(1)の第2文が第1文と1つのテキストをなすのは「この本」が『吾輩は猫である』と照応するためであり，この場合，指示詞「この」という文法的手段によってテキストが作られている。一方，(2)Bが(2)Aとテキストをなすのはこの文が項であるガ格を欠きその同定を(2)Aに依存するためである。このような文法的手段によってテキストが作られる場合，そのテキストには結束性（cohesion）があるという。

第二のタイプは推論によってまとまりがもたらされている場合である。

(3)A：太郎は今朝6時に起きたよ。
　　B：雨が降らなきゃいいけどな。

(3)Bには項の不足も，指示詞などの要素も含まれていない。(3)Bが(3)Aと一つの意味的まとまりをなすことを理解するには「ふだん早起きをしない人間が早起きをすると雨が降る」という日本の俗信を知っている必要がある。つまり，この場合のつながりは文法的手段ではなく，百科事典的知識に基づく推論によって得られるのである。このような運用論的手段によっ

てテキストが作られる場合，そのテキストには一貫性（coherence）があるという。

テキストの研究では結束性も一貫性も重要だが，一貫性の研究は（場面性を考慮する必要があるため）結束性の研究よりも困難である。

結束性の研究では結束性をもたらす文法的手段（結束装置）の研究が中心になる。日本語に関しては，指示詞，一部の名詞，述語がとる項の省略，接続表現，「のだ」などの説明のモダリティなどが結束装置であると考えられる。

(4)『ハリー・ポッター』は世界的ベストセラーだ。作者はこの本が売れるまでポルトガルで英語教師をしていたという。

たとえば，(4)の第2文が第1文とまとまりをなすのは「作者」という名詞が「ある作品の」を必ず必要とするためである（「作家」はこの性質をもたないことに注意）。

➡結束性（7-D），指示詞（文脈指示）（2-K），名詞句の省略・繰り返し（2-K）

●参考文献

庵功雄（1998）「テキスト言語学の理論的枠組みに関する一考察」『一橋大学留学生センター紀要』創刊号.

ハリデー，M. A. K.／ハサン，R.〔安藤貞雄他訳〕（1997）『テキストはどのように構成されるか——言語の結束性』ひつじ書房.

〔庵 功雄〕

■ダイクシス（直示）

語のなかには場面によって指示対象が変わるものがある。

(1)A：君，明日暇かい。
　　B：ああ，僕は明日暇だよ。
(2)A：その本，面白そうだね。
　　B：ああ。この本は面白いよ。

たとえば，(1)Aの「君」は(1)Bの「僕」と同じく「Bという人物」を指す。同様に(2)Aの「その本」は(2)Bの「この本」と同一物を指す。このように，場面ごとに指示対象が異なる性質を「ダイクシス（性）」（直示（性））という。三上章はダイクシス性を「記号の境遇性」と呼んでいる。ダイクシス性をもつ語をダイクシス語という。

ダイクシスは「今，ここ，私」を中心に意味が決まるものである。たとえば，「明日」は「発話時（今）を含む日の翌日」という意味をもつダイクシス語だが，「翌日」はダイクシス語ではない。ちなみに，これらの語に「に」がつきうるか否かはダイクシス性と相関している。

(3)a．明日 {×に／φ} 私は帰国する。
　b．（その）翌日 {に／φ} 私は帰国した。

一方，電話で(4)のように言う場合の「こっち」「そっち」はそれぞれ話し手，聞き手に近い地点を指すのでともにダイクシスである。

(4)こっちは雪だけど，そっちはどう？

また，1・2人称の代名詞も(1)からもわかるようにダイクシスである。

指示詞はダイクシスの場合とそうでない場合がある。ダイクシスなのは(2)(4)のような話し手，聞き手にかかわる現場指示の場合，そうでないのは(5)のような文脈指示の場合である。

(5)昨日寿司を食べた。その寿司は旨かった。

➡指示詞（現場指示）（2-K）

●参考文献

三上章（1953）『現代語法序説』くろしお出版から再版（1972）.

レヴィンソン，S. C.〔安井稔他訳〕（1990）『英語語用論』研究社出版.

〔庵 功雄〕

■指示詞（現場指示）

指示詞の用法は「現場指示」と「文脈指示」に大別できる。このうち，現場指示は指示対象が発話の現場に存在するものである。

(1)森：林さん，そのかばんどこで買ったの？

林：このかばんは渋谷で買ったんだ。

なお，匂いや音などは目に見えないが現場に存在するものに準じて現場指示として扱う。

(2)台所からしてくるこの匂いは何だろう。

次のように形式上は文脈指示だが文章中の現場の要素を指す現場指示に準じる用法もある。

(3)うとうととして眼が覚めると女は何時の間にか，隣の爺さんと話を始めている。この爺さんは慥かに前の前の駅から乗った田舎者である。(夏目漱石『三四郎』)

現場指示には2つの用法がある。第一は(4)のように，話し手と聞き手が離れた位置にある場合で，三上章はこれを対立型と呼んでいる。

(4)A：その指輪きれいね。
　　B：この指輪は去年和光で買ったの。

この用法は典型的なダイクシスであり，話し手の近傍にあるものは「コ」，聞き手の近傍にあるものは「ソ」で指される。

(5) コ｜ソ　S：話し手　H：聞き手
　　S　H

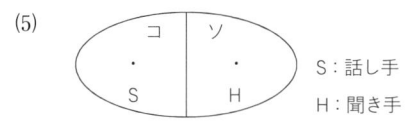

一方，話し手と聞き手が並んでいる場合は視点は対立せず，コ・ソ・アが話し手（聞き手）からの距離によって近中遠の順に使い分けられる。

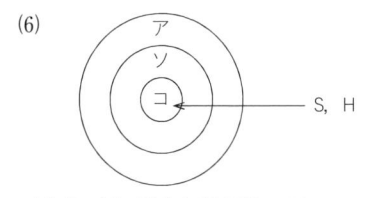

(6) ア／ソ／コ ← S, H

三上章は(6)の場合を融合型と呼んでいる。この場合通常使われるのは「コ」（近）と「ア」（遠）で，「ソ」は次のような場合以外あまり使われない。

(7) (タクシーで) そこで止めてください。

指示詞は品詞的には代名詞，連体詞，副詞に分かれるが，機能的にはコ・ソ・アの共通性を重視して表2-13のように整理するのがよい。この整理に合わせて指示詞を「コソア」と呼ぶこともある。

表2-13　指示詞の分類

		コ	ソ	ア
●連体詞	個体	この	その	あの
	属性	こんな	そんな	あんな
●代名詞	もの	これ	それ	あれ
	人	こいつ	そいつ	あいつ
	場所	ここ	そこ	あそこ
	方向	こっち	そっち	あっち
		こちら	そちら	あちら
●副詞		こう	そう	ああ

➡ダイクシス（直示）(2-K)，指示詞（文脈指示）(2-K)

● 参考文献

金水敏・田窪行則（編）(1992)『指示詞』〈日本語研究資料集 1-7〉ひつじ書房．

　　　　　　　　　　　　　　　　[庵 功雄]

■ 指示詞（文脈指示）

「文脈指示」は指示詞の用法の1つで，「現場指示」とは異なり，指示対象（先行詞）が発話の現場ではなく文中に存在する場合をいう。

先行詞が指示詞より前に現れる場合を前方照応，指示詞の後に現れる場合を後方照応という。後方照応では常に「コ」が使われる。

文脈指示では対話と文章を区別することが重要である。対話では「ア」と「ソ」の対立が問題となる。両者は原則的に先行詞に対する話し手の知識によって使い分けられる。

まず，話し手が知っているものは「ア」で指す。とくに，(1)のように聞き手も知っているものや(2)のような独り言の場合はつねに「ア」が使われる。

(1)A：昨日林に会ったよ。{あいつ/×そいつ} 相変わらず元気だったよ。

B：{あいつ/×そいつ}まったく元気だな。
(2)またあの店で寿司を食べたいなぁ。
　一方，話し手が知っていても聞き手が知らない（と話し手が想定する）ものは，(3)Aのように「ソ」で指す。
(3)A：学生時代の友人に林って奴がいるんだけど，{?あいつ/そいつ}面白い奴なんだ。
　　B：{×あの/その}人，仕事は何なの？
　ただし，この場合でも独り言的になると「ア」が使われることがある。
(4)A：学生時代の友人に林って奴がいるんだけど，あいつ面白い奴だったなぁ。
　これに対し，(3)Bや(5)のように話し手が知らない要素はつねに「ソ」で指される。
(5)特急に間に合ったら{×あれ/それ}に乗って行こう。
　一方，文章では「コ」と「ソ」の対立が問題となる。文章では聞き手は希薄化するため，聞き手の知識に依存する「ア」は通常使われない。ここでは「コ」と「ソ」の使い分けを指定指示（先行詞全体を受ける用法）の「この」と「その」に絞って述べる。
　まず，「この」と「その」はおのおの先行詞に対する話し手の次のような捉え方を表す。
　この：先行詞をテキストの話題との関連性という観点から捉えていることを示す。
　その：先行詞をテキスト的意味の付与という観点から捉えていることを示す。
　「この」は先行詞がテキストの話題と関連性が高いことを示す。一方，「その」は先行詞がテキスト内で帯びる属性（テキスト的意味）という観点から捉えられていることを示す。テキスト的意味というのは(6)の「そのぜんざい」が(6)のテキスト内で帯びている「昨日生協で食べた」のような属性のことである。
(6)昨日生協でぜんざいを食べた。そのぜんざいはうまかった。
　文章では文連続の意味関係が順接的な場合は通常「この」が使われる。「この」が使われる場合は，①言い換えがある，②先行詞がテキストの話題との関連性が高い，③先行詞が離れている，という3つの場合に大別できる。
　①は(7)のように先行詞（紅茶）を別表現（飲物）で言い換える場合であり，②は(8)のように先行詞（事故）がテキストの話題との関連性が高い場合である（③の場合は省略）。
(7)私は紅茶が好きだ。{この/×その}飲物はいつも疲れを癒してくれる。
(8)昨夜東名で事故があった。{この/?その}事故で3人が死亡した。
　一方，「その」は(9)のように文連続の意味関係が対比的・逆接的な場合に多く使われる。この場合，「その」を省略したり「は」を「が」に変えるのは難しい。
(9)健は昔国体の水泳選手だった。{?この/その}健が溺死したとは信じられない。
➡指示詞（現場指示）(2-K)，旧情報・新情報 (2-K)

●参考文献
庵功雄 (1997)「「は」と「が」の使い分けに関わる一要因」『国語学』188.
金水敏・田窪行則（編）(1992)『指示詞』〈日本語研究資料集 1-7〉ひつじ書房.
　　　　　　　　　　　　　　　[庵 功雄]

■分裂文
　分裂文とは文のある要素に特別の注意を向けるために，通常の語順を変えて，その要素を特定の位置に取り出すための構文（例：It is Mary who owns the house.）である。文が2つの節に分かれることからイェスペルセン (Jespersen, O.) によって分裂文 (cleft sentence) と名づけられた。英語以外にも分裂文をもつ言語は多く，日本語の場合は「Xのは

Yだ」と「XのがYだ」という構文がそれにあたる。「山下公園で彼にあった」の「山下公園」や「彼」のように、普通なら述語より前に来なければならない要素が述語の後ろに置かれ、「彼に会ったの{は/が}山下公園だ」「山下公園で会ったの{は/が}彼だ」のように「だ」を伴って述語となる。

「XのはYだ」と「XのがYだ」では構造や意味に違いがある。Yに主格、対格などの名詞や時、場所などの名詞を用いることは両者とも可能だが、理由節「〜から」「〜ため」や「初めて」「2度目」などの表現を許すのは「XのはYだ」だけである(例:太郎に会ったの{は/*が}聞きたいことがあったからだ)。また、Yに来る名詞が格助詞を伴えるのも「XのはYだ」だけである(例:彼に会ったの{は/*が}山下公園でだ)。

「XのはYだ」は「Xのは」の部分で聞き手と共有する前提的な情報を述べ、「Yだ」の部分で最も伝えたい情報(=焦点)を述べる(例:あなたが悪いんじゃない。悪いのはこの私だ)。それに対して、「XのがYだ」では、「Yだ」のほうが前提で「Xのが」が焦点となる場合(例:人の価値は容姿じゃないとわかっているが、やはり気になるのが容姿である)と、「Yだ」の部分や「XのがYだ」全体が焦点となる場合(例:あの戦争を生き延びたのが意外にも体の弱い弟だった)がある。

これまでは分裂文の統語構造や情報構造を記述する研究が盛んであったが、最近では、分裂文が談話のなかで果たす諸機能についての研究が盛んになりつつある。

➡基本語順(2-C)

● 参考文献

熊本千明(1989)「日・英語の分裂文について」『佐賀大学英文学研究』17.
西山佑司(2003)『日本語名詞句の意味論と語用論』ひつじ書房.
野田尚史(1996)『「は」と「が」』くろしお出版.
Declerck, R. (1988) *Studies on Copular Sentences, Cleft and Pseudo-Clefts*, Leuven University Press.

[砂川有里子]

■ **名詞句の省略・繰り返し**

日本語では次の例のように名詞句がよく「省略」される([ ]内は省略されている要素)。

(1) φ林です。どうぞよろしく。[私は]
(2) φ林さんですか?[あなたは]
(3) 林さんは趣味が多い。φ今毎週三味線教室に通っているそうだ。[林さんは]

ただし、(1)(2)と(3)には質的な違いがある。つまり、(1)(2)では「私は」「あなたは」がなくても「指示対象」はわかる(「省略」した言い方のほうが普通)。だが、(3)の第2文で省略されている要素が「林さん」であることは第1文がない限りわからない。つまり、(3)の第2文では「林さん」が省略されていることが文連続につながり(結束性)をもたらしている。一般に、1・2人称の要素の省略は結束性に貢献しないが、3人称の要素の省略は結束性をつくり出す。

このように、1・2人称の要素は「省略」されているというより、対比などを表すために必要な際に「顕現」すると考えたほうがよい。

(3)からもわかるように、3人称の要素も繰り返されるより省略されるのが基本だと考えられる。ただし、次のように前文ができごとを表す事象叙述文で後文が属性を表す属性叙述文の場合は省略が難しく、要素が繰り返されることになる。

(4) 林さんは昨日朝早く出かけた。{林さんは/?φ}釣同好会の会員である。

繰り返しでは(5)のようにできごとの内容を特定するために使われるものも重要である。この

場合,通常,後文では強調構文が使われる.
(5)今朝JR中央線で事故があり電車が遅れた.事故があったのは中野駅の構内.

➡文章のまとまり──結束性・一貫性 (2-K), 結束性 (7-D), 談話研究 (4-B)

● 参考文献

久野暲 (1978)『談話の文法』大修館書店.
清水佳子 (1995)「『NPハ』と『φ(NPハ)』」宮島達夫・仁田義雄 (編)『日本語類義表現の文法 (下)』くろしお出版.

[庵 功雄]

■代名詞の使用・不使用

代名詞の使用頻度はあまり高くない.とくに,1・2人称の場合は使わないのが普通である.
(1) {?私は/φ} 林です.どうぞよろしく.
(2) {?あなたは/φ} 林さんですか.
ただし,対比や排他では代名詞が使われる.
(3)今度のパーティー,{僕は/?φ} 行くけど,君はどうする?〈対比〉
(4)部長:今度の会議誰か出てくれないか.
    田中:{僕が/?φ} 出ます.〈排他〉

2人称代名詞が待遇上の制約で使えない場合,相手の名前や職階が使われることが多い.
(5) (林さんに) {?あなた/林さん} もいっしょに食事をしませんか.
(6) (田中部長に) {×あなた/部長} もいっしょに食事をしませんか.

3人称代名詞は1・2人称代名詞よりも待遇上制限は緩やかだが,次の場合は使いにくい.
 1) 指示対象が目上の人物である場合
(7) A:林先生は明日大学に来られるかな?
    B:{×彼/×彼女/先生} は出張だよ.
 2) 指示対象が特定されていない場合
(8) A:昨日,山田君に会ったよ.
    B:えっ,だれ {×彼/その人}.
日本語では代名詞の使用が義務的ではなく,名詞の繰り返しが使われることも多い.
(9)姉娘の英子の声で,鮎太は床を離れた.洗面して,茶の間で女中の給仕で大急ぎで夕食を御馳走になると,鮎太は多勢のいる応接間へ入って行った.鮎太は照れ臭さから不機嫌にむっつりしていた.……誰に何を話しかけられても,彼は短い返事しかしなかった.(井上靖「あすなろ物語」)

➡名詞句の省略・繰り返し (2-K)

● 参考文献

鈴木孝夫 (1973)『ことばと文化』〈岩波新書〉岩波書店.
田窪行則 (1997)「日本語の人称表現」田窪行則 (編)『視点と言語行動』くろしお出版.

[庵 功雄]

■ハイ・イイエ・エエ──応答

広義の応答形式は,聞き取り表示のあいづちと文の応答との2つに分けることができる.
たとえば,「あのね,(はい) 今日ね (はい) 行きますね (はい)」のように,文の途中での「はい」は聞き取りが成功していることを示す.個人差もあるが,「ね」などの聞き手めあての終助詞 (間投助詞) や発話途中に生じた沈黙があった場合,一定の時間内に「はい」「うん」といったあいづちや頷く動作などのモニター的表現が期待され,それがなければ,伝達が成功していない可能性を示すことになってしまう.
一方,文末での「はい」は肯定の認定になっており,あいづちとは違った機能をもつ.狭義の応答は,このように相手のまとまった情報に対して行われる聞き手の反応の表示である.
応答形式は,「待ってください」→「わかりました」「いいですよ」「*そうですね」,「寒いですね」→「×わかりました」「×いいですよ」「そうですね」のように,行為要求の場合には要求への態度表明を,情報のやりとりについては情報へのアクセスの表示をする.

情報へのアクセスの表示をする場合，自分が知っていたことかどうかによって応答は違ってくる。日本語では，新しい情報には「へええ」（驚きによる新情報受け取りの表示），「あ，そうですか」「本当」（疑問形式による確認的導入），「ふうん」（自分の知識への位置づけ作業中であることの表示），「なるほど」（自分の知識への位置づけ完了）のように，それまで知らなかったということを表示しなければならない。

これに対して，「はい」「うん」などはすでに知っているということの表示に使う（なお，肯否別についていえば，共通語では「知りませんか？」→「はい，知りません」となる）。これらの応答には「はい，そうです」「いいえ，違います」などのような付加的表現があり，品詞にもかかわる。通常，名詞が述語になる応答にはこれらの形式が，そうでない場合には述語の繰り返しや「そんなことはない」などが使われる。

なお，留保を表す場合には「まあ」のようなあいまいな認定をしたり，「どうでしょうね」のような疑問型の文を使用したりすることが多い。

➡アノ・エート・マア——フィラー (2-K)
● 参考文献

堀口純子 (1997)『日本語教育と会話分析』くろしお出版．

定延利之 (編) (2002)『「うん」と「そう」の言語学』くろしお出版．

[森山卓郎]

■アラ・マア——感嘆詞

感嘆詞は，発話の現場で話し手の未分化な反応を表す独立した語である。大別して情動変動の表示をする「広義情動変動類」，思考過程中などの環境に出現する「広義思考中表示類」，現実世界での動作実行に連動する「動作実行連動類」の3類に分かれる。

広義情動変動類は，「ああ」のように内発的に湧き起こる感情を表示するものと事態との遭遇によるものとがある。後者は，「おや」「え」「あれ」など，異常事態との遭遇による探索を表すタイプ（疑問上昇が可能）と，「わあ」「おお」「まあ」「きゃあ」など驚嘆を表すタイプ（疑問上昇不可），「やった」「しめた」「よし」「くそ」など価値評価を表すタイプがある。驚嘆を表すものでも，強弱による使い分けがあり，「おお」と「わあ」「きゃあ」とでは後者のほうが驚嘆の程度が高い。

広義思考中表示類には，フィラーや応答表現にも共通すものがある。「ええっと」など思考中の表示をするものはフィラーとしても使える。「どれどれ」（探索開始表示），「ははあ」（解決接近表示），「なるほど」（納得），「ふうん」（位置づけ計算中の表示），「はて」（未解決問題存在の表示）など，思考内容の課題解決過程に即したものがあるほか，「そうそう」「ああ」（記憶の新規呼び起こし。転換にもなる）など，情報の算出に関連するものもある。これらはいずれも情報処理過程のモニターとしての機能をもち，使い分けがある。

動作実行連動類とは，現実世界での動作実行に連動するもので，「よっこらしょ」「よいしょ」「おっと」「えい」「それ」などの掛け声があるほか，「さあ」のように動作を促すもの（動作発動）もある。

感嘆詞は未分化な情動を表すため，意識化されることが少ないが，言語による違いもあり（たとえばタイ語での「ワーイ」は痛いとき），自然な会話にとってきわめて重要な要素である。日本語教育でも感嘆詞の用法について押さえておく必要がある。

➡感動詞 (2-B), アノ・エート・マア——フィラー (2-K)
● 参考文献

森山卓郎 (1996)「情動的感動詞考」『語文』
　65. 大阪大学国語国文学会.
森山卓郎 (2002)「動作発動の感動詞『さあ』
　『それ』をめぐって」『日本語文法』2-2.

[森山卓郎]

■アノ・エート・マア──フィラー

　私たちはよどみなく伝達内容を話しているわけではない。話そうとして，ことばを探したり，会話の順をとるために声出しをしたりしている。また，一時的に文を述べることを中断してしまうこともある。そうしたときに，「あのう」とか「えーと」というようなことばを発する。これを「言いよどみ」(フィラー filler) と呼ぶ。

　言いよどみの表現を使うことで，発話の順番をとったり，話しつづける場合に別の人からの割り込みを防ぐことができる。言いよどみがうまく使えないことで，会話運用上，発言権を侵害されやすくなることもあり，日本語教育においても留意が必要である。

　言いよどみが位置するのは，文頭か，文内部で，独立した文節と文節との切れ目，すなわち間投助詞（終助詞の間投的用法）の生起する場所である。

　形式としては，「ああ」「うう」など，語彙的に未分化なものもある。これらは，通常，思考中であり後続発話があることを示し，緊張状態が持続していることを示すために，平板なイントネーションで発音される。

　語彙的形式として確立しているもので，とくに多用されるのは，「あのう」や「ええっと」などである。

　「あのう」は，相手への呼びかけや話しかけの意図があることを示す。一方，「ええっと」は，話し手がどのような言い方で言うか，どう考えたらいいのか，答えはどうなるか，などの考え中であることを表し，独り言でも使える。「うーんと」という形になることもある。「ええっと」にはどちらかといえば考え中という私的なニュアンスがあるが，「えー」と平らにのばす場合，どちらかといえば公的な発話であるというニュアンスで，次に話すことがあることを示す。

➡ハイ・イイエ・エエ──応答 (2-K)，会話のしくみ (4-B)，談話分析 (7-C)

●参考文献

定延利之（編）(2002)『「うん」と「そう」の言語学』ひつじ書房.
定延利之・田窪行則 (1995)「談話における心的操作モニター機構──心的操作標識『ええと』と『あのー』」『言語研究』108.

[森山卓郎]

■接続詞・接続表現

　「接続表現」は，文，文の一部，談話などの意味のまとまりの切れ目に現れて，後に続く内容がそこまでの内容とどのような意味関係にあるかを示す表現である。

　(1)…このように，お菓子は私たちの生活に欠かすことができない存在となってきたのです。

　　<u>ここまではお菓子の歴史について述べました。ここからは，現在人気のあるお菓子について紹介します。</u>現在は，健康ブームの影響でどちらかといえばあっさりしたものが好評です。

　(1)の下線部は，ここまでの内容をまとめ，次にどのような内容が展開されるかを予告しており，全体として，前の段落と後続の段落の意味関係を表しており，全体として接続表現の役割を果たしている。

　下線部は接続詞「ところで」や決まり文句である「それはそうとして」などと置き換えることができる。これらの表現も意味のまとまりの間の関係を表す表現であることがわかる。

なお、同様のはたらきをもつ表現として「雨が降ってきたから、帰ろう。」「京都へ行ったとき、見ました。」のような接続助詞や「楽しく歌い、踊る」のような連用中止節も含めていうことがあるが、ここでは、接続助詞、連用中止節については「複文」の項に述べられているので扱わない。

接続表現と呼べるものは無限に存在する。接続詞や「それはそうと」「話は変わりますが」のように慣用的に頻繁に用いられるものはあるが、接続詞だけに限っても、すべてを網羅したリストを作ることは難しい。たとえば「では」という接続詞には、「じゃ（あ）」のような縮約形や「それでは」のような指示詞を伴う形式がある。「だから」には「ですから」のようなていねいさの違う対応形式がある。こういった諸要素を組み合わせると膨大な数の形ができる。

以下では、とりあえず、代表的な接続詞の形を意味による分類とともに表2-14に示す。

接続詞・接続表現には、比較的新しい時代になってから、もともと他の品詞であったものが固定化されたり転用されたりしてできたものが多い（例：「～したところで」→「ところで」、「それ」＋格助詞「から」→「それから」など）。

現代においても、若者ことばを中心に、新しい用法は生まれつづけている。たとえば副詞「あと」が付加を表す接続表現に用いられる。

(2) ラーメンひとつ。あと、餃子も一人前お願いします。

また、「西田は勤勉というか、くそまじめだ」の「というか」の用法から派生して、相手の発言を修正したり、話題を転換したりする用例も耳にするようになっている。

(3)「悪いと思うなら、謝れ」
「ていうか、おまえが先に謝れよ」
(4) （黙って料理を食べているとき、急に）
「ていうか、このサラダ、おいしいね」

→接続詞 (2-B)

●参考文献
佐久間まゆみ (1990)「接続表現(1)(2)」寺村秀夫他（編）『ケーススタディ日本語の文章・談話』おうふう．

[浜田麻里]

■ノダ・ワケダ・カラダ・ハズダ
——関連づけ

文と文の関連づけを表す代表的な助動詞（相当）として「のだ」「わけだ」があり、それらと類似性をもつ表現として「からだ」「はずだ」がある。

● 「のだ」と「わけだ」——「のだ」と「わけだ」は、ともに、説明のモダリティを表すとも言われる。「のだ」は、状況や前の文などの事情や意味を示すときに広く用いられる。「わけだ」は、論理的必然性のある結果や帰結を示す用法が基本である。

(1)のように状況などの事情を示すには、「のだ」が適している。

(1) [咳をして] すみません。風邪をひいてる {んです/*わけです}。

前の文の意味を示すときは、「のだ」も「わけだ」も用いられる。「わけだ」を用いると、論理的必然性のある帰結であることが示される。

(2) 林さんも来ました。全員そろった {んです/わけです}。

「わけだ」は、論理的必然性のない場合には用いにくい。前の文の意味を具体的に述べる形で示す場合などは、「のだ」が適当である。

(3) 母が本を出した。歌集を出版した {のだ/*わけだ}。

● 「のだ」と「からだ」——事情を表す「のだ」は、原因・理由を表す「からだ」と類似性がある。

(4) 旅行は中止した。急な仕事がはいった {のだ/からだ}。

表2-14 接続詞・接続表現の分類

● 論理的関係を表示する接続表現
　〈帰結〉(先行部と後続部がそれぞれ判断の根拠と帰結であることを表す)
　　したがって/そのため/だから/ゆえに/よって
　〈推論〉(後続部が先行部の結果であることを示す)
　　すると/そうすると/それなら/では/とすると/なら/と
　〈理由〉(後続部が先行部の理由であることを示す)
　　だって/なぜなら/というのは
　〈逆接〉(後続部が先行部の内容とは異なっていることを示す)
　　が/けれども/しかし/だが/だけど/でも/ところが/それが/逆に/そうかといって/そうはいうものの/そのくせ/そのわりに/それでいて/それなのに/とはいうものの
　〈反転〉(先行部の前提が成立しない場合の推論の判断の結果を示す)
　　さもないと

● 加算的関係を表示する接続表現
　〈添加〉(後続部がそれまでに提示された内容に関連して後に起こったできごとであることを示す)
　　それで/そして/そこで
　〈累加〉(先行部の内容と同種の内容が後続することを示す)
　　おまけに/かつまた/しかも/そのうえ/それに/そればかりか/それも/ひいては
　〈換言〉(先行部の内容を後続部で言い換える)
　　いいかえると/いってみれば/いわば/すなわち/つまり
　〈例示〉(先行部の内容の例証を後続部で示す)
　　じっさい/たとえば

　〈代替〉(先行部より適切な内容として後続部を提示する)
　　というより/むしろ/というか
　〈卓立〉(先行部の内容の具体化としてとくに卓立したものを後続部で示す)
　　とくに/とりわけ

● 対等な関係を表示する接続表現
　〈並列〉(先行部の内容と対等なものとして後続部を示す)
　　および/かつ/ならびに
　〈選択〉(先行部と後続部のどちらを選択しても事態が成立することを示す)
　　あるいは/それとも/ないしは/または

● 話題の展開を表示する接続表現
　〈転換〉(話題の一時的あるいは恒久的変更を表示する)
　　さて/それにしても/それはそうと/ちなみに/ところで/話変わって
　〈列挙〉(大きな話題の中で別の小さな話題に変更する)
　　最初に/それから/ほかに/また/さらに/次に/第一に/まず/ついでに
　〈対比〉(大きな話題の中でもう一つの別の話題に変更する)
　　一方/その反面/同時に/それに対して
　〈まとめ〉(後続部がそれまで提示された内容のまとめであることを示す)
　　以上/結局/こうして/このように/要するに
　〈補足〉(後続部でそれまで提示された内容の補足を示す)
　　なお/ただ
　〈無視〉(それまで提示された内容をいったん凍結して, 後続部を示す)
　　いずれにしても/とにかく/なににせよ

注│複数の用法をもつ場合, そのうち1つの用法のみを記した。したがって, ここに挙げた以外の用法をもつ場合がある。

ただし,「のだ」は, 状況の事情や, 後文の内容の事情を示すことができるが,「からだ」は不自然である。

(5) [咳をして] 風邪をひいてる {んです/??からです}。(状況の事情を提示)
(6) 気分が悪い {んです/*からです}。休ませ

てください。(後文の依頼の事情を提示)
　また,「からだ」は因果関係を明確に示すため,(7)のような場面では,「のだ」に比べて,自分の行為を正当化する文になってしまう。
　(7)明日は休みます。風邪をひいた{んです/からです}。
●「からだ」と「わけだ」——「からだ」が,その直前の部分で原因・理由を表すのに対し,「わけだ」の直前の部分では結果や帰結が示される。
　(8)試合には出なかった。骨折したからだ。
　(9)骨折した。それで,試合に出なかったわけだ。
●「わけだ」と「はずだ」——「わけだ」には,すでに知っていた事態について,その事情を知ることによって,必然性を納得する用法がある。この用法の「わけだ」は,原則として「はずだ」に置き換えられる。
　(10)専門家なのか。道理で詳しいわけだ。
　(11)専門家なのか。道理で詳しいはずだ。
➡ノダ——説明のモダリティ(2-H)

● 参考文献

奥田靖雄(1992)「説明(その2)——わけだ」言語学研究会(編)『ことばの科学5』むぎ書房.
寺村秀夫(1984)『日本語のシンタクスと意味II』くろしお出版.
野田春美(2002)「説明のモダリティ」『モダリティ』くろしお出版.
益岡隆志(2001)「説明・判断のモダリティ」『神戸神大論叢』52-4.
松岡弘(1987)「『のだ』の文・『わけだ』の文に関する一考察」『言語文化』24,一橋大学語学研究室.

[野田春美]

■ 文体による表現の異なり
　日本語教育で文体に関してとくに大きな問題になるのは,次の3点である。
　①丁寧体と普通体
　②話しことばと書きことば
　③かたい文体とやわらかい文体
● 丁寧体と普通体——丁寧体と普通体というのは,文章や談話の全体に,述語に「です」「ます」のついた形の文と,「です」「ます」のつかない形の文のどちらを使うかという選択である。この選択では,まず,話し手や書き手が特定の聞き手や読み手を意識しているかどうかが重要である。
　日常の会話や特定の個人に出す手紙など,特定の聞き手や読み手を意識している場合は,聞き手や読み手をどう待遇するかによって丁寧体と普通体が使いわけられる。たとえば,目上のあまり親しくない人には(1)が使われ,目上でなく親しい関係にある人には(2)が使われるというようなことである。
　(1)ここに置いておきます。
　(2)ここに置いとくよ。
　一方,論文や新聞記事,小説など,特定の読み手を意識していない場合は,普通体が使われることが多い。たとえば,論文では,読み手にはたらきかけるような文でも(3)のように「です」「ます」がつかない普通体の形になる。
　(3)詳細は山田(2003)を参照されたい。
　普通体について注意しなければならないのは,普通体にはダ体とデアル体があることである。ダ体というのは,述語が名詞やナ形容詞のときに「〜だ」というかたちの文が使われるものであり,デアル体というのは,「〜である」というかたちの文が使われるものである。
　ダ体は,特定の聞き手や読み手を意識しているときにも意識していないときにも使われるが,デアル体は,論文など,特定の読み手を意識していない書きことばだけに使われる。
● 話しことばと書きことば——話しことばと書きことばには,さまざまな違いがあるが,そ

れも文体の1つである。

たとえば，(4)と(5)はほぼ同じ内容を表しているが，(4)は話しことばで，(5)は書きことばである。

(4)壊れてるんじゃなかったよ，あれ。

(5)あれは壊れているのではなかった。

話しことばでの(4)では，「ている」が「てる」になったり「では」が「じゃ」になるような縮約形が多く使われている。「よ」のような終助詞もよく使われる。また，倒置や省略，言いさしなどもよく見られる。

なお，話しことばには，方言による違いや，話し手が男性か女性かによる違いも見られる。

●かたい文体とやわらかい文体——一般に，書きことばはかたい文体になり，話しことばはやわらかい文体になる。しかし，書きことばのなかにも，話しことばのなかにも，かたい文体とやわらかい文体がある。

たとえば，(6)と(7)はどちらも話しことばであるが，(6)はかたい文体，(7)はやわらかい文体になっている。

(6)やはり謝礼は必要だと存じます。

(7)やっぱりお金とかあげないといけないんじゃないでしょうか。

かたい文体の(6)では「謝礼」や「存じる」のような漢語系の語が多く使われているのに対し，やわらかい文体の(7)では「とか」など話しことばにしか出てこない形が多く使われている。

→丁寧語・丁重語 (2-L)，話しことばと場面 (4-B)，文章の種類 (4-C)，文体 (4-C)，新聞の文体 (4-C)，手紙の文体 (4-C)，報告の文体 (4-C)，ことばの性差 (6-B)

●参考文献

寺村秀夫他（編）(1990)『ケーススタディ日本語の文章・談話』おうふう。

［野田尚史］

■旧情報・新情報（定・不定，既知・未知）

旧情報・新情報（既知・未知）というのは文の成分が文脈上帯びる性質である。

たとえば，(1)の最初の「おじいさん」は新情報，2番目の「おじいさん」は旧情報である。

(1)昔々ある所におじいさんがいました。ある日おじいさんは芝刈りに行きました。

ただし，旧情報・新情報とテキストに初出か否かは別の区別である。たとえば，(2)(3)はともに新聞の記事中の文で，始発文の例だが，「小渕恵三首相」は(2)では新情報，(3)では旧情報として扱われている。

(2)小渕恵三首相が29日，アメリカへたった。

(3)小渕恵三首相は4日，三重県伊勢市を訪れて，伊勢神宮を参拝した。

このように旧情報・新情報の区別は指示対象が聞き手の意識に上っている（と話し手がみなす）か否かによる。そのように話し手がみなすものは旧情報，みなさないものは新情報となる。

新情報か旧情報かの区別が関与する最も重要な現象は「は」と「が」の区別である。

「は」と「が」の区別については，話し手が旧情報とみなすものには「は」，新情報とみなすものには「が」がつくのが原則である。(1)のような場合に初出時には「が」，2度目以降には「は」が使われるのはこのためである。

また，(4)の主語である疑問語のように，話し手に指示対象が不明なものも新情報となる。なお，(4)のような場合，文全体から疑問語を除いた部分は旧情報になるため，(5)のようにその部分を主語にするとそれには「は」がつく。

(4)だれがこの本を書いたんですか。
　　新情報　旧情報

(5)この本を書いたのはだれですか。
　　旧情報　　　新情報

上述のように，テキスト内で繰り返された名

詞句には通常「は」がつくが，(6)のように文連続の意味関係が対比的・逆接的な場合は「が」がつく．これは対比的・逆接的という有標な意味関係のために，当該の名詞句がテキスト内で新情報として扱われるようになるためである．

(6) 田中は健康が自慢の男だった．その田中{?は/が}急病で死んでしまった．

新情報，旧情報と似た区別に定・不定がある．定・不定は聞き手が指示対象を特定できる（と話し手が想定する）か否かによる区別であり，特定でき（ると話し手が考え）れば定，そうでなければ不定である．たとえば，(7)の「知らない人」は不定，(8)の「太郎」は定である．

(7) さっき知らない人が家に来た．
(8) さっき太郎が家に来た．

主題になれるのは定の名詞句に限られる．(7)(9)で「は」が使えないのはこのためである．

(9) 昨日知らない人{×は/が}来ました．

定・不定と旧情報・新情報には一定の関係があり，不定のものは常に新情報である((7)(9))．しかし，定のものは旧情報になる場合((3))も新情報になる場合((2)(8))もあるので注意が必要である．

新情報，旧情報の区別が関与するその他の現象に存在にかかわる表現がある．

(10) 机の上に本があります．(存在文)
(11) 本は机の上にあります．(所在文)

(10)のような存在文はある場所に存在するものや人を特定するのに使われる文であり，そこに現れるガ格名詞句は新情報と解釈される．一方，(11)のような所在文はものや人が存在する場所を特定するために使われる文であり，そこに現れるガ格名詞句は旧情報と解釈される．

➡ 指示詞（文脈指示）(2-K)，ハとガ——基本的な違い (2-I)

● 参考文献
久野暲（1973）『日本文法研究』大修館書店．
田窪行則（1987）「誤用分析(2)」『日本語学』6 -5.
野田尚史（1984）「有題文と無題文」『国語学』136.

［庵 功雄］

■視点

視点はもともとは物語のある登場人物に感情移入してその人物の目からものを見るという様式である．これをカメラアングルにたとえて統辞論に導入したのは久野（1978）である．視点は共感（empathy）とも呼ばれる．牧野（1995）は空間的な概念であるウチとソトの概念を比喩的に解釈して，自分を中心にして，ウチの人の視点とソトの人の視点をそれぞれ主観と客観とした．日本語で表現をするときにわれわれはつねに，ウチの視点をとるか，ソトの視点をとるか，という岐路に立たされ，どちらかというと，ウチの視点に傾きがちである．文法現象を観察すると，ウチの視点を表す人を人称として指定する構文がじつに多い．このような人称をウチ人称と呼び，ソト人称を対立項として考える．ウチ人称もソト人称も流動的な概念で，言語的な脈絡よりも，流動的な人間関係に敏感である点で印欧語の文法的な人称の概念とは違う．いくつかウチ人称を要求する文法を見ていこう．

授受動詞の「授」動詞の「くれる」はよく知られているように，話者はもらい手の視点をとっている．

(1) 太郎は X にチョコレートをくれました．

というときには，話者にとって X はウチ人称でなければならないから，私とか父とか友人ならその条件を満たすから問題ないが，知らない人だったら，ソト人称なので，「くれた」は使えない．面白いのは X が話者の妻だったらウチ人称だからいいが，もし「別れた女房」となれば同一人物でもソト人称になり，「くれた」は使えないことになる．

受動文の主語は一般にはウチ人称である。

(2) X はニューヨークで暴漢に財布をひったくられた。

という文ではXのところに「通行人」のように話者とウチ関係にない人はまず使えない。自分とウチ関係にある私，母，友人などを使うのが普通である。逆に(3)のような能動文ではXのところにソト人称が来て，ウチ人称は来ない。

(3)暴漢がニューヨークでXの財布をひったくった。

「自分」は文の主語に来る人を指す再帰代名詞であるが，指示される人もウチ人称でなければならない。したがって次の文のXにはソト人称は使えない。

(4) X は自分の車で通勤しています。

小説の一文として読み手が十分に共感をもてる主人公であれば，Xに使えるが，普通は話者にとってウチ人称の人しか使えない。

「自分」と同じように，人の意図を表現する「つもり」も，意図をもっている人はウチ人称でなければならない。したがって，(5)のXには共感のもてないソト人称は使えない。

(5) X は来週休暇をとるつもりです。

以上のように視点にはウチ的視点とソト的視点とが連続体としてあり，前者は主観的な表現を，後者は客観的な表現を，表す機能をもっているといえる。

➡授受表現の諸特徴（2-E），方向性表現（2-E）

● 参考文献

久野暲（1978）『談話の文法』大修館書店．

牧野成一（1995）『言語文化学——文法を文化で切る』アルク．

［牧野成一］

L──敬語

■待遇表現の体系

待遇表現は，大きく2つに分かれる。1つは敬語と呼ばれるもので，話し手の敬意，ていねいな態度などを表現する。その対極には卑語と呼ばれるものがある。卑語は話題の人物なり，聞き手を馬鹿にしたり，ののしったりする表現である。日本語教育では卑語は通常，学習対象とされないので，敬語のほうが重要になる。卑語まで学習する必要はないとしても，相手とのあいだに適度な距離を置く敬語ではなく，相手との親しさ，仲間意識などを表す表現の学習は大事である。親しさの表現には，述語に普通形を使う普通体が使われる。

(1)今，これ，読んでるんだ。

(2)今晩，何，食べる？

家族や友人など気の置けない人に対してはこの文体が使われる。

敬語は聞き手に対して丁寧さ，丁重な態度を表現する対者敬語と，文の構成要素の位置に現れる人物に対する敬意の表現である話題敬語に分かれる。

対者敬語は丁寧体と丁重体からなる。丁寧体は「です・ます体」とも呼ばれるように「名詞/形容詞＋です」および「動詞＋ます」が主節の述語に使われる。

(3)東京は今何時ですか。

(4)あの店のラーメンはおいしいですよ。

(5)いつもあの店で買い物します。

成人が，初対面の人，顔見知り程度の近所の人や，駅員，店員などに話しかけたりする場合には丁寧体が使われることが多いため，日本語教育では通常，丁寧体から導入される。

ご丁寧体とも呼ばれることのある丁重体の中心をなすのは「ございます（＝あります）」で

ある。このほか，「参ります，いたします，おります，でございます」などが使われ，次のように聞き手に対して丁重な丁重体が構成される。

(6)洗面所は4階と6階にございます。
(7)まだ鍵をお持ちでございましたら，ご返却をお願いいたします。
(8)6階で北海道物産展を開催いたしております。

話題敬語は，尊敬語と謙譲語に分けられる。尊敬語は文の主体となる人物を高める表現で，「お＋動詞連用形＋になる」のほか，「いらっしゃる（＝いる，来る，行く）」「なさる（＝する）」など特定の形をもつ動詞から成る。また，動詞の受身形と同じ形も尊敬語として使われる。

(9)お読みになりましたら，こちらにお返しください。

謙譲語は主として「お＋動詞連用形＋する」の形で，文の主語以外の位置に置かれる人物を高める表現と，「申します，いたします，おります」など特定の形で，文の主体のへりくだりを表すものの2つに分かれる。次の(10)は前者の例で，(11)は後者の例である。

(10)受け取りは田中さんにお渡ししました。
(11)佐藤と申します。

➡尊敬語 (2-L), 謙譲語 (2-L), 丁寧語・丁重語 (2-L), 待遇表現の運用 (2-L)

● 参考文献
菊地康人 (1997)『敬語』〈講談社学術文庫〉講談社.

[大曽美恵子]

■ 尊敬語
尊敬語は敬語の一種であり，文の主語の位置に置かれる人物への敬意を表すものであり，主体尊敬語とも呼ばれる。動詞は次のように「お＋連用形＋になる」の形をとる。「お＋連用形＋する」の形をとるいわゆる謙譲語と混同しないよう，注意が必要である。

(1)このワープロ，お使いになりますか。
(2)課長は先ほどお出かけになりました。

しかし，「来る」「行く」「いる」「食べる」などは，次のように特定の尊敬語をもち，上記の「お＋連用形＋になる」ではなく，そちらが使われる。

(3)山田先生は明日は大学にいらっしゃいません。
(4)お嬢様は3時にケーキを召し上がりました。

「いらっしゃる」は「来る」「行く」「いる」の尊敬語なので，(3)のような文は場面により，そのいずれかに解釈される。次に主な特定形を示す。

来る，行く，いる	→	いらっしゃる／お出でになる
くれる	→	くださる
言う	→	おっしゃる
食べる，飲む	→	召し上がる
知っている	→	ご存じだ
見る	→	ご覧になる
寝る	→	お休みになる

「いらっしゃる，おっしゃる，くださる，なさる」の活用が少し不規則な点も注意する必要がある。（例：いらっしゃる→いらっしゃいます，いらっしゃい）

文の主語と聞き手は必ずしも一致しないので，次のように主語に置かれた人物に敬意を表しつつ，聞き手にはくだけた言い方をすることもある。

(5)山田先生は研究室にいらっしゃるかな。

「お＋連用形＋になる」以外に受身と同じ形の「〜れる／〜られる」形も尊敬語として使われる。東京では「〜（ら）れる」形を「お＋連用形＋になる」（および特定形）より敬意が低いとみなす人が多いようだが，地域によっては

こちらが主たる尊敬語である。

(6)このパソコン，使われますか。

　形容詞の尊敬語は次のように「お＋形容詞」，あるいは「お＋テ形＋いらっしゃる」の形をとる。ただし，漢語のナ形容詞の場合は原則として「お」ではなく「ご」がつく。

(7)お忙しいですか。/お忙しくていらっしゃいますか。

(8)おきれいですね。/おきれいでいらっしゃいますね。

(9)ご立派です。/ご立派でいらっしゃいます。

「名詞＋だ」は「名詞＋でいらっしゃる」となる。

(10)先生でいらっしゃいますか。

→待遇表現の体系 (2-L)，謙譲語 (2-L)

●参考文献
菊池康人 (1997)『敬語』〈講談社学術文庫〉講談社．

[大曽美恵子]

■謙譲語

　従来謙譲語と呼ばれてきたものは大きく2種類に分かれる。一つは基本的に「お＋動詞連用形＋する」の形をとるもので，もう一つは「いたす (＝する)，申す (＝言う)，参る (＝行く/来る)，おる (＝いる)」など，いくつかの動詞から成る類である。

　前者は文の主体となる人物のへりくだりを表すというより，主体以外の位置に現れる人物への敬意を表すといったほうがよい。前者が「受け手尊敬表現」などと，呼ばれるゆえんである。

(1)先生からお借りした本です。

(2) (先生の) おかばん，お持ちしましょうか。

(3)先生に本をお返ししました。

(4)先生を駅までお送りします。

　この表現が成立するのは，基本的に主体以外の位置，つまり，ニ格やヲ格に人物をとる動詞である。たとえば，自分がうちへ帰ることをへりくだって伝えようとしても「*お帰りします」とは言えない。「帰る」は主体しかとらない動詞だからである。

　しかし，主体以外の位置に敬意の対象となる人物を置きうる動詞でも，「お～する」の形が成立しない動詞も多い。たとえば，「先生のお背中をお流しした」はいいが，「*先生のお背中をお洗いした」とは言わない。また次の例(5)(6)のように1つの動詞であっても，その使い方によって，「お～する」が適切であったり，不自然であったりする。

(5)あの方のプロポーズをお受けしようと思っています。

(6)*先生のお作りになった試験をお受けします。

　したがって，学習法としては「受け手尊敬表現」がよく使われる場合を覚えるしかない。

　受け手尊敬表現には「お～する」に加えて，「申し上げる (＝～に言う)」「いただく (＝もらう)」など，特定の形も存在する。

　次に，「申す (＝言う)，参る (＝行く/来る)」の類であるが，こちらは謙譲語の名のとおり，主体となる人物のへりくだりを表すといえるであろう。

(7)今年の3月に大阪へ引っ越してまいりました。

(8)現在，IT関連の仕事をしております。

　しかし，これらの動詞は次のように主体が人間ではない場合にもしばしば使われる。

(9)このエレベーターは上へ参ります。

(10)東京は雨が降っております。

　これらは，丁重語といわれる「ございます」とともに丁重体，あるいはご丁寧体と呼ばれる文体を形成するといってもよい。丁重体は，です・ますを基調とする丁寧体よりさらに改まった文体であり，ホテル・レストランなどサービ

ス業に従事する人々が客に向かって話すときに使われることが多く，聞き手に対する敬語表現である。

(11)お部屋は7階でございます。
(12)あちらにございますエレベーターをご利用くださいませ。

丁重体では(12)のように連体修飾節のなかでも，ます形が使われる。「ござる」は現代語ではまったく使われないし，「参る，いたす」なども次のように主節の文体を丁重体にしないと不自然に聞こえる。

(13)これからも誠心誠意，職務に取り組んでまいる所存でございますので，何とぞ，よろしくお願い申し上げます。

また，主体が目上と判断される人物である場合もテレビ・ラジオのニュースでは次のように「おる」が使われている。

(14)首相は次のように言っております。

これは現代日本語で文の構成要素となる人物への敬意表現より，聞き手に対してていねいに，あるいは丁重に話すほうが優先されるようになってきていることを示しているといえよう。

謙譲語と呼ばれているものには2種類あることに注意する必要がある。

→待遇表現の体系 (2-L)，尊敬語 (2-L)，丁寧語・丁重語 (2-L)

● 参考文献
菊池康人 (1997)『敬語』〈講談社学術文庫〉講談社．

[大曽美恵子]

■ 丁寧語・丁重語

丁寧語・丁重語は聞き手に対する配慮を表す表現である。丁寧語が聞き手に対する丁寧さを表すとすると，丁重語は丁寧語にもまして聞き手にていねいに，丁重に話すときに使う表現である。

丁寧語は「です・ます」から成り，次のように「名詞/形容詞＋です」「動詞連用形＋ます」という形で主として文末に使われ，丁寧体という文体を構成する。

(1)ここは世界一の空港です。
(2)この空港は有名です。
(3)この空港は新しいです。
(4)この空港のそばにホテルがあります。

丁寧体の文においても，次のように従属節には普通体が使われることが多い。

(5)私が最近見たのはフランス映画です。
(6)みんなが寝ているときに仕事をする人がいます。
(7)頭が痛かったので，一日中うちにいました。

成人の場合，駅員，店員，顔見知り程度の近所の人などに話すときには丁寧体が用いられるので，日本語教育では丁寧体から導入されるのが普通である。しかし，親しくなった人に丁寧体で話すのは，逆によそよそしい感じを与え，人間関係に支障をきたすことにもなりかねない。丁寧体と普通体の適切な使い分けが大事である。

丁重語の代表は「ございます（＝あります）」である。これと謙譲語と重なる「参ります（＝行きます/来ます），おります（＝います），いたします（＝します），でございます（＝です），申します（＝言う）」などで，丁重体，あるいはご丁寧体と呼ばれる非常に改まった文体が構成される。

(8)あちらにエレベーターがございます。
(9)お部屋にご案内いたします。
(10)お食事のご用意ができております。

丁重語はます形で使われるのが普通であり，「ござる，でござる」は現代語では使われない。また「参る，いたす，おる」なども，この形での使用に制限がある。したがって，これらは次のように通常は従属節においても「ます」形が

使われる。
(11)一番線に参ります電車は東京行きでございます。
(12)何かご用がございましたら、お呼び下さいませ。
(13)今日、皆様に東京をご案内いたしますのは、私、野田愛子でございます。

現在、最も多く丁重体が使われるのは、ホテル、旅館、レストランなど、サービス業ではないかと思われる。また、テレビ、ラジオのニュース、飛行機や電車の中での不特定多数の人に向けた放送においても丁重体が使われる。

→待遇表現の体系（2-L）、謙譲語（2-L）

● 参考文献
菊池康人（1997）『敬語』〈講談社学術文庫〉講談社．

［大曽美恵子］

■ 待遇表現の運用

待遇表現は日本語母語話者でも運用が難しい。しかし、社会生活を営むうえで人間関係は重要である。待遇表現は円滑な関係を保つための言語的手段であり、生活のなかでことばを交わす機会のある人に対する気配りとかかわるといってもよい。社会生活の潤滑油ともいえるだろう。

家族や親友と話すときなど余計な気配りが無用な場合は、普通体が使われる。逆に普通体を使うということは相手に対する親しさ、仲間意識を表すことになる。初対面の人や、店員、駅員のように日常生活で時折ことばを交わすことのある人、先輩、上司など、摩擦が起きないよう気配りを要する人に対しては、丁寧体が使われる。普通体と丁寧体の適切な運用がまず望まれる。

日本語教育では丁寧体から入ることが多いが、親しくなってからも丁寧体に固執すると、よそよそしい、他人行儀だという印象を与えかねない。普通体と丁寧体を上手に使い分ける必要がある。

「ございます，参ります」などからなる丁重体を必要とするのは、ホテル、デパート、レストランなどサービス業に従事する人であろう。彼らは、サービス業に従事しているという立場上、客が気分を害さないように丁重な物言いをする必要がある。これは彼らの提供するサービスが高価であればあるほど、大事になる。

話題敬語運用の第一の基準は、上下関係、親疎関係、内・外の関係、立場など社会的ファクターである。社会的な地位が上の人、初対面の人、自分の属するグループの外の人について話すとき、次のように話題敬語が使われる。

(1)高橋さんがいらして、あちらでお待ちだよ。
(2)平井部長はもうお帰りになりました。

しかし、上記の基準がつねに一致するとは限らない。取引先の会社の人に自分の会社の社長について話すときは、上下関係と内・外の関係にずれが生じる。自社の社長は自分より地位は上だが、内の人物である。ビジネスの場面では、社長はあくまで内の人間と考え、話題敬語を使わないとしても、プライベートな場面で社長2人を目の前にしてなど、条件が変わると、そう一概には言えなくなる。

敬語を使うことも大事だが、敬語を上手に回避することも大事になる。それにはまず、(3)のように話題敬語の対象となる人物を主体の位置に置かないような文を使うことである。その他、文を最後まで言い切らず、(4)のように中途で終了してしまうという方法もある。

(3)A：部長はもう帰られたんですか。
　　B：いいえ、まだお鞄がございますから。
(4)部長は今、ちょっと……。

敬語使用の傾向としては、現在、目の前にいる人に対する待遇的配慮のほうが話の場面にいない人に対する配慮より重視されるようになっ

てきている。
→ 待遇表現の体系 (2-L), 尊敬語 (2-L), 謙譲語 (2-L), 丁寧語・丁重語 (2-L)
● 参考文献
菊池康人 (1997)『敬語』〈講談社学術文庫〉講談社.

[大曽美恵子]

M——教育のための文法分析

■判定詞の連体形

「友人 {だ/である/です}」のように，名詞と結合して述語を作る「だ」「である」「です」は判定詞と呼ばれ，「だった」「で」などのように活用する。現在肯定を表す判定詞の連体形は，「の」または「な」となる。

● 「の」の場合
 (1) 友人<u>の</u>山本さん
  ←友人 {だ/である/です}+山本さん
 (2) 母親が作家<u>の</u>太郎さん
  ←母親が作家 {だ/である/です}+太郎さん

判定詞の活用形としての「の」は同格の「の」とも呼ばれ，初級の半ばないし後半で提示されることが多い。「友人の山本さん」のような「名詞₁+の+名詞₂」という結合形式は，2つの名詞を助詞の「の」で接続する場合（日本語<u>の</u>本，韓国<u>の</u>車，ヤンさん<u>の</u>会社）と見かけ上同じであり，学習者は最初は区別がつかない。助詞の「の」は初級の早い段階で提示され，比較的習得しやすいのに対して，その後に学習する判定詞の活用形の「の」は必ずしも容易ではない。

判定詞の「の」は「である」に置き換えることができる。それが使われる典型的な場面（たとえば人を紹介する）を設定して運用の練習を十分に行い，例文を示して，助詞の「の」とは構造と機能が違うことを説明する。たとえば，「友人<u>の</u>（←である）山本さん」と「友人<u>の</u>家」「友人<u>の</u>趣味」などを比べてもよい。

● 「な」の場合——現在肯定の判定詞は，形式名詞「の」および「<u>の</u>だ」「<u>の</u>で」「<u>の</u>に」などの前に現れる場合，「な」という活用形になる。

 (3) 今日は休み<u>な</u>のです。
 (4) 今日は祝日<u>な</u>ので，学校は休みです。
 (5) 今日は祝日<u>な</u>のに，朝から仕事です。

これらは「な形容詞+の」（例「暇<u>な</u>のです」「有名<u>な</u>ので」「便利<u>な</u>のに」）と形が同じ形である。

→ 活用の捉え方 (2-B)
● 参考文献
益岡隆志・田窪行則 (1992)『基礎日本語文法』(改訂版) くろしお出版.
寺村秀夫 (1982)『日本語のシンタクスと意味 I』くろしお出版.

[安藤節子]

■自動詞と他動詞の特徴

一般にヲ格目的語をとる動詞を他動詞，それ以外を自動詞と呼ぶ。他の他動詞の定義としては，①他の対象に対するはたらきかけ，②はた迷惑の受身文でなく直接受身文を形成すること，の2つが挙げられる。しかし①②を重視すると，「ぶつかる/さわる/かみつく」のようなヲ格目的語でなくニ格をとる動詞を他動詞として認定することになる。また，逆にヲ格目的語をとる動詞のうち，「知る/感じる/忘れる」のような非動作系の動詞は①の性格が弱いことから，さらに「あげる/くれる/いただく/預かる」のような授受系の動詞は受身文を形成しにくいという理由で他動詞から排除されることになる。

「自動詞-他動詞」が日本語教育で最初に提

示されるのは,入門期のヲ格目的語をとる動詞群の紹介のときである。通常,典型的な動作性の他動詞が紹介され,格助詞ヲとの共起が学習のポイントとなる。

つづいて提示されるのは,文型「自動詞＋テイル(結果の状態)」「他動詞＋テアル」の学習に際してである。ここでは「汚れる-汚す/並べる-並ぶ」など,自動詞と他動詞のペアも紹介される。ペアの数は10種類に及ぶが,「～ス」が他動詞となること以外は形態上定まった規則はなく,また「続く-続ける」「焼ける-焼く」のように「～ウ-～エル」の組み合わせが正反対の方向で使用されるなど,学習者には複雑である。この初級後半の段階では,学習者は「自動詞＝無意志動詞」「他動詞＝意志動詞」と,誤解しやすい。確かにこの組み合わせが圧倒的に多いが,「行く/走る/入る」や「忘れる/なくす」など,逆の例があることの指摘も重要である。

次に問題となるのは受動態の学習である。日本語では「私はきのう雨に降られました。」のように,自動詞でも受身文(間接受身文)を作ることができることが重要である。

つづいては使役態の学習である。他動詞文(ヲ格が文面になくともよし)の使役態は,必ずニ使役文になるということがポイントである。

(1)弟がさいふをひろった。
　　　　→*弟をひろわせた。
　　　　→弟にさいふをひろわせた。

目的格表示でなく,出発点・通過点を表すヲ格をとる動詞の使役文は,ヲ格が文面に表示されていない場合は,許容の意を表す文を除いて,通常ヲ使役文を用いる。

(2)弟が通る。→弟を通らせる。

(3)弟が部屋を通る。→弟に部屋を通らせる。

最後に中・上級段階では,語彙としての自動詞・他動詞の種々の現象に遭遇する。まず第一は,多少ではあるが,「開く」「閉じる」「増す」「伴う」のように自動詞・他動詞両用の動詞があることである。次は「お茶が入りました」「お風呂が沸きました」のような独得の自動詞表現が日本語にあることである。

ほかには,次のような,自動詞の他動詞的用法といった特殊な用法も見られる。

(4)口をあいたまま話を聞いていた。
(5)職場が変わったので住所を移った。

➡自動詞と他動詞(2-B),ヴォイス(2-E),受動文での動作主の格(2-E)

● 参考文献

須賀一好・早津恵美子(編)(1995)『動詞の自他』ひつじ書房.

三上章(1972)『現代語法序説』くろしお出版.

寺村秀夫(1982)『日本語のシンタクスと意味 Ⅰ』くろしお出版.

[杉本和之]

■意志動詞と無意志動詞にかかわる現象

意志動詞とは,主体の意志が,動詞が示す動作・作用・状態の成立,実現の決定要因となっている動詞をいい,それ以外の動詞を無意志動詞という。「食べる」「歩く」「殴る」など,人間の意志的動作を表す動詞が典型的な意志動詞であり,「乾く」「汚れる」「起こる」など,無生物・事柄の作用,状態を表す動詞が典型的な無意志動詞である。

使用される動詞が意志動詞か無意志動詞かによって,原則的に成立・不成立が分かれたり,意味が根本的に異なったりする表現形式が数多く見られる。たとえば,

(1)僕はプールで泳ぎたい。〈意志動詞〉
　　*早く会議が終わりたい。〈無意志動詞〉
(2)今日は電車で帰るつもりだ。〈意志動詞〉
　　*雨は早く止むつもりだ。〈無意志動詞〉
(3)夜電話をかけてみる。〈意志動詞〉

＊信号が消えてみる。〈無意志動詞〉
(4)＊この本は難しくて読まない。〈意志動詞〉
　　この本は難しくて読めない。〈無意志動詞〉
(5)明日映画を見よう。〈意志動詞，意向〉
　　もうすぐ桜も咲こう。〈無意志動詞，推量〉
(6)このビールを飲め。〈意志動詞，命令〉
　　雨よ降れ。〈無意志動詞，事態願望〉

　このほかにも「～まい，～てしまう，～ておく，～なければならない，可能形，思い切って～，やむをえず～，うっかり～」，あるいは条件を表す「～ば～」「～と～」の後件部分などが「意志動詞-無意志動詞」の対立を中心に展開する。

　ただし，これらの表現のいずれもが動詞が意志動詞か無意志動詞かによって完全に二分されるわけではない。たとえば無意志動詞「忘れる」は「忘れたい」「忘れるつもりだ」「忘れよう」「忘れろ」のように意志動詞と同じ使われ方をする。ほかにも「喜ぶ」「安心する」「あきらめる」など，心的作用を表す動詞に中間的な用法が多く見られる。「意志動詞-無意志動詞」の対立を最も鮮明に分ける表現形式は，「～てみる」の言い切りの形である。

　なお心的作用，生理的作用を表す動詞には，「考える」「瞬きをする」など，意志的発動と無意志的発動の2つを同時にもつ動詞がある。これらは意志動詞と無意志動詞の両者の性格を兼備する。

　これらのほかにも人間が主体の動作・作用を表す動詞で無意志動詞が偏在するのは，①評価を伴う動詞（成功する/合格する），②無意識・不注意による動作を表す動詞（転ぶ/倒れる），③態度を表す動詞（あわてる/白ける），④受益・受動を表す動詞（もうかる/こうむる），⑤主体変化を表す動詞（太る/ふける）などである。

　最後に，文脈的環境によって意志動詞の無意志化，無意志動詞の意志化といった例外的な用法も見られる。

(7)気がついたら彼を刺していた。〈無意志化〉
(8)木村は彼女の前でわざと転んだ。〈意志化〉

➔意志の表現（2-H），誘いかけ（2-H），行為要求（2-H），禁止（2-H），ヴォイス（2-E），自動詞と他動詞の特徴（2-M）

● 参考文献
杉本和之（1995）「意志動詞と無意志動詞の研究──その1」『愛媛大学教養部紀要』28．
杉本和之（1996）「意志動詞と無意志動詞の研究──その2」『愛媛大学教育学部紀要』29-2-II．
国立国語研究所（1972）『動詞の意味・用法の記述的研究』〈国立国語研究所報告43〉秀英出版．
仁田義雄（編）（1991）『日本語のヴォイスと他動性』くろしお出版．

［杉本和之］

■感情・感覚形容詞，感情動詞

　「高い」「大きい」「面白い」のように，人やものの性質を表す属性形容詞に対して，「うれしい」「悲しい」「さびしい」「ほしい」「憎い」「嫌いだ」などのように，人の感情を表す形容詞を感情形容詞と呼ぶ。また，「痛い」「かゆい」などのように人の感覚を表す形容詞を感覚形容詞という。両者を合わせて感情・感覚形容詞と呼ぶことが多い。

　感情・感覚形容詞は人の内面の状態を表すので，主観性の強い表現である。したがって，感情・感覚の主体は通常，話し手である。

(1)私は手紙をもらってうれしい。
(2)?彼は手紙をもらってうれしい。

　話し手以外の人の感情・感覚を表すには，後ろに「そうだ」「ようだ」「らしい」などの助動詞，「～と言っている」などをつける必要がある。

(3)彼は手紙をもらってうれしい｛そうだ/よ

感情・感覚形容詞は次のような構文をとることが多い。

　　（感情の主体）ハ＋（対象）ガ＋感情・感覚形容詞
　　　私は　　あの人が　　恋しい。

ただし，感情形容詞のなかにも，「好きだ」「嫌いだ」のように，主体が話し手以外であってよいものもある。

(4)彼は犬が好きだ/嫌いだ。

「憎む」「喜ぶ」「驚く」「困る」などの人の感情を表す動詞（感情動詞と呼ぶ）は，感情・感覚形容詞に比べて主観性が弱く，感情の主体は話し手とは限らない。

(5)私は彼女を憎んでいる。
(6)彼は彼女を憎んでいる。

感情動詞は感情の対象に「を」をとるものと，「に」をとるものがある。

　　（感情の主体）ハ＋（対象）ヲ＋感情動詞
　　　私は　　あの人を　恐れる。
　　（感情の主体）ハ＋（対象）ニ＋感情動詞
　　　私は　　あの人に　困る。

前者には「憎む」「喜ぶ」のほかに「嫌う」「悲しむ」「懐かしむ」「恐れる」などが，後者には「驚く」「困る」のほかに「おびえる」「怒る」「感動する」「失望する」などがある。

感情・感覚形容詞から感情動詞を派生する接尾辞に「がる」がある。

(7)彼は車をほしがっている。
(8)子供が苦しがっている。

「がる」は客観性が強いので，話し手自身が主語に立つことはない。

(9)?私は苦しがっている。

→形容詞 (2-B)
● 参考文献
益岡隆志・田窪行則 (1992)『基礎日本語文法　改訂版』くろしお出版．
庵功雄他 (2000)『日本語文法ハンドブック』スリーエーネットワーク．
飛田良文・浅田秀子 (1991)『現代形容詞用法辞典』東京堂出版．

[市川保子]

■テ形
● 特定の意味をもたないテ形 ── 動詞のテ形は，動詞の活用形の一種で，使用頻度が非常に高い。「て」の部分に決まった意味があるのではなく，テンスももたない。「図書館で本を借りて家に帰ります」「寝坊して，いつものバスに乗れませんでした」のように文をつなぐ機能をもつほか，複合的な述語や接続語の一部を形成する。たとえば初級教科書には下記のような項目が見られる。

《テ形に接続する述部形式の例》「ちょっと待ってください」「雨が降っています」「電話番号をメモしておきます」「資料は用意してあります」「新しいパソコンを使ってみます」「電車の中にかさを忘れてしまいました」「荷物を持ってもらいました」「クラスメートが親切にしてくれます」「森林が少なくなってきました」「レポートは来週出してもいいですか」

《複合的な接続形式の例》「考えてから質問する」「いくら調べても意味がわかりません」

なお，テ形は「イ形容詞」「ナ形容詞」「名詞＋だ」にも存在する。

● テ形の導入と指導 ── 初級の教科書は多くの場合，丁寧体から始まる。動詞は「〜ます，ません，ました，ませんでした」が示され，その後「話す，話さない，話した，話さなかった」のような普通体が現れる。テ形は，丁寧体から普通体への移行の段階で「〜てください」「〜ています」などの文型の中で提示されることが多く，動詞の分類もそのときに紹介されるのが一般的である。

テ形の作り方について，「食べます→食べて」「見ます→見て」のような一段動詞，「します→して」「来ます→来て」の変格動詞は，さほど

問題はないが，五段動詞のいわゆる音便形は学習者にとって習得が容易ではない。「買います」は「かいて」ではなく「かって」となり，「書きます」が「かいて」となるなど，複雑である。ルールを簡明に示し，折にふれて練習を繰り返す必要がある。

五段動詞テ形のルール説明では，「〜ます」の前の音によって，「い，ち，り→って」「に，び，み→んで」「き，ぎ→いて，いで」「し→して」と，機械的に覚えるよう指導するのも1つの方法である。

● **複合述語の主な意味機能と用法** ── テ形のついた複合述語の主な意味機能と用法を，例文を添えて表2-15にまとめた。

➡ 動詞活用の見分け方（2-M）

● **参考文献**

益岡隆志・田窪行則（1992）『基礎日本語文法 改訂版』くろしお出版.

国立国語研究所（編）（2001）『日本語教育のための文法用語』〈日本語教育指導参考書22〉財務省印刷局.

高橋太郎（1976）「すがたともくろみ」金田一

表2-15 複合述語の主な意味機能と運用上の用法

《〜ている》➡ スル形・シテイル形の意味（2-G）

《〜て｛もらう／あげる／くれる｝》➡ 授受の補助動詞表現（2-E），受給表現（2-M）

《〜て｛くる／いく｝》➡ 方向性表現（2-E）

《〜ておく》（将来のために意図的に何かをするという意味をもち，意志動詞と共起）
 用法1〈準備〉…旅行，会議，パーティー，試験などの前にすること。
  (1)旅行に行く前にホテルを予約しておきます。（縮約形は「予約しときます」）
 用法2〈放置〉…発話時の状態を継続させる。
  (2)暑いですから，窓を開けたままにしておきます。

《〜てある》（意図的に行った動作の結果が残っているという意味をもち，意志動詞と共起）
 用法1〈準備の確認〉…「〜は〜てある」の形をとり，「もう」と共起しやすい。「〜ておく」の用法1〈準備〉と対応し，その結果を表す。
  (3)切符はもう買ってあります。
 用法2〈動作の結果の発見〉…「〜が〜てある」
  (4)こんな所にかばんが置いてある。

《〜てみる》（行為をした結果によって判断するという意味）
 用法1〈意図的に試す〉…様子がわからないという前提がある。「〜よう」「〜てください」「〜たい」などが下接しやすい。
  (5)山本さんが来るかどうか，ちょっと聞いてみます。
 用法2〈結果として知覚・認識を引き起こす〉…文中に使われる。中級以降の教科書に提示される。
  (6)都会に住んでみて，田舎の自然の大切さに気がついた。

《〜てしまう》（動作，作用が終了するという意味）
 用法1〈終了〉…ものごとを積極的に処理するような場面が多い。意志動詞と共起。
  (7)今日中に片づけてしまいましょう。（縮約形は「片づけちゃいましょう」）
 用法2〈後悔〉…元に戻ることができず残念だという気持ち。用法1より用例が多い。「忘れる」「なくす」「遅れる」など，マイナスの意味の動詞と共起することが多い。
  (8)切符を落としてしまった。（縮約形は「落としちゃった」）

春彦（編）『日本語動詞のアスペクト』むぎ書房．

[安藤節子]

■見える・聞こえる

　可能と自発の両方の意味をもつ動詞で，学習の困難点は，①可能形「見られる・聞ける」との違い，②格助詞「に・から」にある。

● 可能形との違い――「見える・聞こえる」は自発の意味を担っているので，主体の意志の有無と関係なく，単に対象のほうから視覚や聴覚に入ってくる，あるいは入ってこないことを表す（用例(1)(2)）。可能かどうかの原因が主体の側になく，対象の側にあるとする言い方である。一方，原因が主体の側にある場合は，可能形を使う（用例(4)）。また，原因が主体以外にある場合であっても，「見る，聞く」という行為が主体の意志と関係がある場合には，可能形を使うのが基本である（用例(3)）。

(1)「もしもし聞こえますか。」
　　「すみません，よく聞こえません。もう一度お願いします。」
(2)福岡では韓国のラジオが聞こえるんです。
(3)福岡では韓国のラジオが聞けるんです。
(4)私は臆病なのでホラー映画は見られません。

● 助詞「から」「に」の使い方――目や耳で知覚する位置を「から」で表すのは「見える」「聞こえる」のどちらでも言えるが（用例(6)(9))，対象のある位置を「に」とするのは「見える」では言うが，「聞こえる」は文学的表現ではあっても「から」を使用する（用例(5)(7)(8))。「見える」「聞こえる」は文法的には同じような扱いをされるが，視覚と聴覚ではこのような格助詞の違いがあり，学習者は混乱することがある。

(5)沖に船が見える。
(6)ここから船が見える。
(7)？沖に船の汽笛が聞こえる。
(8)沖から船の汽笛が聞こえる。
(9)ここから船の汽笛が聞こえる。

　また，「だ」の連用形の「に」も「雲が羊に見える」のように使うが，学習者の場合，この「に」を位置を示す助詞と間違える場合もある。

➡自発（2-E），可能文に用いられる形式（2-E）

● 参考文献

寺村秀夫（1982）『日本語のシンタクスと意味 I』くろしお出版．

森田良行（1989）『基礎日本語辞典』角川書店．

グループ・ジャマシイ（編著）(1998)『教師と学習者のための日本語文型辞典』くろしお出版．

[小林典子]

■使役

　使役「～（さ）せる」は，教科書によって「使役形」あるいは「使役動詞」と呼ばれるが，それ自体が一段動詞として「～（さ）せない，～（さ）せます，～（さ）せて…」のように活用する。

● 使役文の意味・機能と提出順――「名詞₁が名詞₂に/を～（さ）せる」の文にはいくつかの意味・機能がある。

　初級・初中級では，多くの場合，①強制（嫌いな物を食べさせる），②気持ち・感情の誘発（笑わせる），③許可（遊びたがったので遊ばせた）④許可願い（休ませてください）などが提出される。①では，名詞₁は名詞₂より目上であることが多いが，②ではそうとは限らない。

　中級以降，⑤放置（言いたい人には言わせておいた），⑥宣言・告知（本日，休業させていただきます），⑦責任（子どもに風邪を引かせてしまった）などが提示されていく。

　また，使役には，⑧他動詞の代用としての用法がある。中級の読解文など書きことばを学習

する段階で確認する。（今年は作文力を向上させたい。朝顔は，夏の朝早く花を咲かせる。）

強制・許可・放置などまったく異なる意味機能を１つの構文で表せることに，学習者が違和感をもつことがある。時機を見て①〜⑧に共通する意味「名詞₁が，なんらかの形で名詞₂の動作や変化の誘因になっている」を伝えるとよい。

● **助詞の指導**——学習者にわかりやすい助詞の説明として，次のような方法がある。

「親が子どもを掃除をさせる」のように「名詞₁が 名詞₂を 名詞₃を〜(さ)せる」の形は好まれない。

助詞の規則は以下のとおりである。

規則１：「名詞₃を」である場合は「名詞₂に」となる。（親が子どもに嫌いな物を食べさせる。親が子どもに道の右側を歩かせる。）

規則２：「名詞₃を」でない場合は「名詞₂を」となる。（親が子どもを買い物に行かせる。弟が両親を心配させる。）しかし，名詞₂の意志が尊重される場合は「名詞₂に」となることもある。（娘に旅行に行かせた。）

➡ 使役（2-E），使役と他動詞（2-E）

● **参考文献**

安藤節子・小川誉子美（2001）『自動詞・他動詞，使役，受身——ボイス』スリーエーネットワーク．

名古屋YMCA教材作成グループ（2004）『わかって使える日本語』スリーエーネットワーク．

柴谷方良（1978）『日本語の分析』大修館書店．

寺村秀夫（1982）『日本語のシンタクスと意味Ⅰ』くろしお出版．

楊凱栄（1989）『日本語と中国語の使役表現に関する対照研究』くろしお出版．

［安藤節子］

■受身

受身「〜(ら)れる」は，教科書によって「受身形」あるいは「受身動詞」と呼ばれるが，それ自体が一段動詞として「〜(ら)れない，〜(ら)れます，〜(ら)れて…」のように活用する．

● **受身文の提出順**——受身文は構造，意味・機能ともに多様であり，提示方法も教科書によって異なるので，使用する教科書の意図や方針をよく把握したうえで授業に臨むことがとりわけ重要である。すべての受身文に共通しているのは「影響の受け手の立場から事態を述べる表現」ということである。

初級では，「日常会話場面」で適切な単文を産出できることが１つの目標になっている。会話での運用力を身につけるための方法として，主語を１人称に絞った練習から入るのも有効である（(私は) コピーを頼まれました。）。無情物が主語になりやすい「説明文など（毎年自動車が輸出されている）」を初級で扱う教科書もある。そこでは，動作者を明確にできない（しない）ために受身が選ばれる場合もある。（だれかがオリンピックを開く。→オリンピックが開かれる。）

中級では，複文のなかで受身を適切に使ってより日本語らしい文を作ることが１つの目標になる。（会社はリーさんを表彰した＋リーさんは国の両親にそのことを報告した→リーさんは，会社から表彰されたので，国の両親にそのことを報告した。）視点（立場）の統一である。また，「影響の与え手（前出文では「会社」）」を表す助詞「に」「から」「によって」などの使い方もあわせて指導する。

上級では文体差による使い分け（新会社が設立された。cf.新しい会社ができた。），自動詞との使い分け（30年前に建てられたビル cf.30年前に建ったビル）なども指導する。論文などの文末表現の「と考えられている（一般的に）」

と「と考えられる（筆者）」の違いなどにも触れる。

● 迷惑の意味 ── 迷惑の意味が出る要因には①語彙（怒られる，叩かれる，文句を言われる），②構文（間接受身：隣の空き地に大きな家を建てられた。cf.隣の空き地に大きな家が建てられた。），③文脈，がある。授受表現との使い分けもポイントとなる。

➡ヴォイス（2-E），受動文の種類（2-E），受動文の諸特徴（2-E）

● 参考文献

安藤節子・小川誉子美（2001）『自動詞・他動詞，使役，受身 ── ボイス』スリーエーネットワーク．

小川誉子美・安藤節子（1999）「文法項目の段階的シラバス化」『世界の日本語教育』9．

名古屋YMCA教材作成グループ（2004）『わかって使える日本語』スリーエーネットワーク．

益岡隆志（1987）『命題の文法』くろしお出版．

高橋太郎（1985）「現代日本語のヴォイスについて」『日本語学』4-4．

［安藤節子］

■受給表現

受給表現とは，「やる，あげる，差しあげる，くれる，くださる，もらう，いただく」を使った物の授受の表現と，それらを補助動詞として使った恩恵の授受の表現を指す。とくに後者は，日本語らしい日本語に不可欠の表現で，これらがないと，どこか不自然に聞こえる。日本語教育では上記の動詞群は，通常，物の授受を表す本動詞の用法から導入され，「あげる」「くれる」「もらう」に代表される3系列の使い分けが示される。補助動詞の場合も使い分けの基本は同じであるが，次のような点に留意する必要がある。

まず，「くれる」は，話し手のまわりで起こったことを感謝の気持ちをもって捉える表現であるため，例(1)のように「～てくれる」の主体が生物である必要はない。

(1)雨が降って<u>くれて</u>，助かった。

これに対し，「～てもらう」は，相手に恩恵的な行為を求める受け手の意志が表現されることが多いので，相手は生物であることが必要となり，上記(1)を「*雨に降ってもらう」とは表現できない。

次に「～てくれる」は感謝の気持ちを表すため，それを使いうる状況があれば使ったほうがいいが，「～てあげる」は注意が必要である。主体になる人物の好意の押しつけのように響くことがあるからである。友人には「手伝ってあげようか」と言っても，目上の人には「手伝ってさしあげましょうか」とは言わないほうがよい。この場合は「お手伝いしましょうか」が適切である。

最後に，「くれる」「あげる」を使う場合，受け手を示す格助詞が一定していないことにも注意する必要がある。動詞が「～に～を貸す」「～に～を教える」のようにもともとニ格をとる場合は「に」が使われるが，その他の場合は次のようにさまざまな形で恩恵の受け手が表される。

(2)山田さん<u>といっしょに</u>走ってあげた。
(3)友達が弟<u>を</u>助けて<u>くれた</u>。

➡授受の補助動詞表現（2-E），授受表現の諸特徴（2-E）

● 参考文献

庵功雄他（2001）『中上級を教える人のための日本語文法ハンドブック』スリーエーネットワーク．

山田敏弘（2004）『日本語のベネファクティブ ──「てやる」「てくれる」「てもらう」の文法』明治書院．

［大曽美恵子］

■動詞活用の見分け方

日本語教育では，動詞を活用のしかたによって3つのグループに分けている。表2-16は，個々の動詞がどのグループに属するか，その見分け方とグループの呼称の例を示したものである。見分け方によって例外扱いにする動詞が異なる。

また，動詞の活用の呼び方は教科書によって異なる。表2-17は，学校文法および各種日本語教科書における動詞活用形の呼称の違いを一覧にしたものである。

さらに，表2-18には，例外的な活用をする動詞と初級学習者が混同しやすい動詞の例を掲げた。

➡活用 (2-B)

●参考文献

国立国語研究所（編）(2001)『日本語教育のための文法用語』〈日本語教育指導参考書22〉財務省印刷局.

伊坂淳一 (1997)『ここからはじまる日本語学』ひつじ書房.

［安藤節子］

■モダリティと文体

話しことばと書きことばで，モダリティ表現はかなり異なる。とくにくだけた話しことばにおいて，書きことばとの違いが大きい。

まず，話しことばによるコミュニケーションでは，終助詞「ね」「よ」などが大変重要な役割を果たすが，書きことばで使われる終助詞は疑問を表す「か」ぐらいである。

次に書きことばでは，伝聞は「そうだ」で表されるが，話しことばでは次のように「って」が使われることが多い。

(1)山田さん，来ない<u>って</u>。
(2)山下さん，お辞めになるんで<u>すって</u>？

証拠のある推定を表す「ようだ」も話しことばでは「みたいだ」が使われることが多い。

(3)彼は出かけた<u>みたい</u>です。

説明のモダリティ形式「のだ」は会話では「んだ」が普通であり，文末ではしばしば「だ」が省略され，「の」となる。

(4)食べない<u>ん</u>ですか。
(5)食べない<u>の</u>？

また，会話で意見表明に使われる「と思う」を書きことばで使うと，かなり強い調子の意見表明となるため，書きことばでは「と思われる」「ではないだろうか」などが好まれる。

最後に，話しことばでは，当然のことながら，イントネーション，プロミネンスの果たす役割が大きく，同じ「じゃないか」も次のように異なる意味を表す。

(6)きれい<u>じゃない(か)</u>。〈反論〉
（「きれい」にプロミネンス。下降調。）
(7)きれい<u>じゃない(ですか)</u>。〈意見表明〉
（「きれい」にプロミネンス。上昇調。）

推量の助動詞「でしょう」も，話しことばで上昇調のイントネーションで用いると，確認の意味をもつ。

(8)あなたも食べる<u>でしょ(う)</u>？

➡終助詞の用法 (2-H)，証拠からの判断 (2-H)，確認表現 (2-H)，伝聞 (2-H)

●参考文献

庵功雄他 (2001)『中上級を教える人のための日本語文法ハンドブック』スリーエーネットワーク.

蓮沼昭子 (1995)「対話における確認行為――『だろう』『じゃないか』『よね』の確認用法」仁田義雄（編）『複文の研究(下)』くろしお出版.

［大曽美惠子］

■接続表現と文体

接続表現の使い分けには文体が大きくかかわっている。公的な文書で「だから」を使ったり，親しい友人とくつろいで話すときに「だ

表 2-16 動詞活用によるグループ分けとその見分け方

	分類の種類	グループの名称［網掛け（　）はグループを見分ける手がかり］				
		聞く，読む，待つ，など	見る，起きる，など	食べる，出る，など	する	来る
学校文法	●橋本文法 ［母語話者の学校教育で指導される］	活用語尾の最初が五段に変化する	活用語幹の最後がイ段	活用語幹の最後がエ段	「する」	「来る」
		五段活用の動詞	上一段活用の動詞	下一段活用の動詞	サ行変格活用の動詞	カ行変格活用の動詞
	●学校文法に準ずる ［漢字圏の学習者は自国でこの呼び方で習うことが多い］	五段動詞	一段動詞		サ変・カ変動詞	
日本語教科書の例	●「連用形/ます形」を見て判断する ［「ます形」のみ知っている入門期の学習者に有効］	「-iます」	「-eます」		「します」「来ます」	
		1グループ/グループ1 1類の動詞	2グループ/グループ2 2類の動詞		3グループ/グループ3 3類の動詞	
	《例外となる動詞》		「-iます」のいくつか[1]			
	●「終止形/辞書形」を見て判断する ［辞書の見出しになっている形を知っている学習者に有効］	「-iる」「-eる」以外	「-iる」「-eる」		「する」「来る」	
		-u verb	-ru verb/ 　　-eru and -iru verbs		irregular verbs	
		group 1 verbs	group 2 verbs		irregular verbs/ 　　group 3 verbs	
		group 2 verbs[2] class 1 動詞1	group 1 verbs class 2 動詞2		irregular verbs class 3 動詞3	
	《例外となる動詞》	「-eる」「-iる」のいくつか[3]				
	●「語幹」を見て判断する ［例外が少ないので整理のしかたとしては最も整っている。「未然形/ない形」を習得した学習者に有効］	活用語幹の最後が子音	活用語幹の最後が母音		不規則	
		consonant-ending verbs 子音動詞 consonant verbals 強変化動詞 regular 1	vowel-ending verbs 母音動詞 vowel verbals 弱変化動詞 regular 2		irregular verbs 不規則動詞 irregular verbals 混合変化動詞 irregular	

注｜グループ名の数字は算用数字に，英語の語頭は小文字に統一した。
1）「上一段活用」の動詞：起きます，降（お）ります，借ります，います，見ます，着ます，できます，足ります，浴びます，似ます，通じます，落ちます，-すぎます，他。
2）「五段動詞」を"group 2"，「一段動詞」を"group 1"と呼ぶ教科書は少ない。
3）「ラ行五段活用」の動詞のうち「-eる」「-iる」で終わるもの：帰る，蹴（け）る，照る，切る，要る，知る，走る，散る，入る，他。

表 2-17 学校文法および各種日本語教科書における動詞活用形の呼称

		未然形(＋助動詞)		連用形 (＋助動詞)	連体形 (＋接続助詞)	終止形	連体形	仮定形 (＋接続助詞)	命令形
学校文法の呼称		書か(ない) 考え(ない) 説明し (ない)	書こ(う) 考え(よう) 説明し (よう)	書き(ます) 考え(ます) 説明し (ます)	書い(て) 考え(て) 説明し(て)	書く 考える 説明する	書く 考える 説明する	書け(ば) 考えれ(ば) 説明すれ(ば)	書け 考えろ/ 考えよ 説明しろ
日本語教科書での呼称の例	a	ない形 ［書か］	意向形 ［書こう］	ます形 ［書き］	て形 ［書いて］	辞書形 ［書く］		条件形 ［書けば］	命令形 ［書け］
	b	-nai form ［書かない］	volitional form ［書こう］	-masu form ［書きます］	-te form ［書いて］	dictionary form ［書く］		conditional form ［書けば］	plain imperatives ［書け, 書くな］
	c	「〜ない」の形 ［書かない］	意志の形 ［書こう］	「〜ます」の形 ［書きます］	「〜て」の形 ［書いて］	辞書の形 ［書く］		「〜ば」の形 ［書けば］	命令形 ［書け］
	d	基本体 否定形現在 ［書かない］	意志形 ［書こう］	ます形 ［書きます］	て形 ［書いて］	辞書形 ［書く］		「ば」の形 ［書けば］	命令形 ［書け］
	e	ない形 ［書かない］	意志形 ［書こう］	ます形 ［書きます］	て形 ［書いて］	基本形 ［書く］		ば形 ［書けば］	命令形 ［書け］
	f	-nai form ［書かない］	-(y)oo form ［書こう］	[V (base)] -masu ［書きます］	-te form ［書いて］	dictionary form ［書く］		-ba form ［書けば］	imperative form ［書け］
	g	plain, nonpast, negative ［書かない］	volitional ［書こう］	polite, nonpast, affirmative ［書きます］	te-form ［書いて］	dictionary form ［書く］		ばconditional ［書けば］	imperative ［書け］
	h	short present neg. ［書かない］	volitional ［書こう］	long form (masu) ［書きます］	te-form ［書いて］	dictionary form ［書く］		ば-form ［書けば］	———

注｜英語の語頭は小文字に統一した。

表 2-18 例外的な活用をする動詞と初級学習者が混同しやすい動詞

● 例外的な活用をする動詞

① 「行く」のテ形/連用形（音便）は「行って」であって，「行いて」ではない。(cf.「書く―書いて」「働く―働いて」)

② 「ある」の否定の形は「ない」であって，「あらない」ではない。

③ 「くださる」「おっしゃる」「なさる」「いらっしゃる」「ござる」の連用形は，「ござ<u>い</u>ます」「おっしゃ<u>い</u>ます」「なさ<u>い</u>ます」「いらっしゃ<u>い</u>ます」「ござ<u>い</u>ます」である。「くださ<u>り</u>ます」「おっしゃ<u>り</u>ます」「なさ<u>り</u>ます」「いらっしゃ<u>り</u>ます」「ござ<u>り</u>ます」とはならない。

④活用のゆれ
　[例1]　｛愛します　愛する/愛す　愛する/愛す　愛すれば　愛せよ　（サ行変格活用）
　　　　　　愛さない　愛します　愛す　　　　愛す　　　　愛せば　　愛せ　　（五段活用）
　　　　　（「介する」もこれに同じ）
　[例2]　｛信じない　信じます　信ずる/信ず　信ずる/信ず　信ずれば　信じろ/信ぜよ　（サ行変格活用）
　　　　　　信じない　信じます　信じる　　　信じる　　　信じれば　信じろ/信じよ　（上一段活用）
　　　　　（「接する」もこれに同じ）
　[その他の例]　「足らない/足りない」「済まさない/済ませない」など

●その他，初級学習者が混同しやすい動詞
　きます｛来ます（変格）　　おきます｛起きます（一段）　　かえる｛帰る（五段）　　きる｛切る（五段）
　　　　　着ます（一段）　　　　　　　置きます（五段）　　　　　　変える（一段）　　　　着る（一段）
　　　｛旅行します，勉強します，……（変格）
　　　　話します，出します，……（五段）

が」を使ったりすると，聞き手に違和感を与える。

このような場面から見た文体差のほかにもさまざまな文体の違いがある。例として「ところが」「でも」の使い分けと文体について考えてみる。

例(1)では，話し手が，先行部で示した予想と後続部で述べた実際の結果を対峙的に示そうと意図している。このような場面では「でも」より「ところが」のほうが自然である。

(1)試験に失敗して，李くんはあきらめて国に帰ったと思うでしょう？｛ところが/?でも｝李くんは翌年も試験に挑戦したのです。

一方，話し手と聞き手が対等に議論をする場面では「ところが」は使えない。

(2)A：今度の日曜日はキャンプに行こうよ。
　　B：｛でも/*ところが｝雨だと大変だよ。

このように「ところが」は，話し手が主導権をもって事態を述べていく文体においてのみ用いられる。これが「でも」との最大の差である。

「ところが」と同様，話し手が主導的に展開する文体で用いられる接続表現の例としては，「富士山は日本で一番有名な山です。さて，富士山は何県にあるでしょうか。」「おばあさんは包丁で桃を切りました。すると，中から元気な男の子が出てきました。」などがある。

一般に，個々の接続表現がどのような文体で使われるのか，日本語学習者には把握しにくいため，接続表現が体系的に指導されることが必要である。

➡接続詞（2-B），文体（2-K），モダリティと文体（2-M）

●参考文献
宮島達夫・仁田義雄（編）(1995)『日本語類義表現の文法（下）』くろしお出版．
甲田直美 (2001)『談話・テクストの展開のメカニズム——接続表現と談話標識の認知的考察』風間書房．

[浜田麻里]

■表現機能から見た文法項目

表現機能から見た文法項目の研究には2つの方向がある。一つは，表現文型の研究で「言語を使って何かを言うこと」に重点をおき，「ある言語形式のもつ意味と機能」を整理しようとするものである。もう一つは，「言語を使って何かをすること」に重点をおき，「ある言語形式が具体的な状況・文脈中で表すコミュニケーション上の機能（communicative function)」を扱おうとするものである。両者は，取り上げる項目にも，各項目の具体的な内容にも，かなり違いがある。

●**言語形式を基礎とした研究〈表現文型〉**——表現文型は,「どういうことが言いたいときどういう表現を使えばよいか,という機能的な方向から文の型を整理・配列していこうとするもの(寺村 1989)」である。『日本語表現文典』(1944),『日本語表現文型:中級Ⅰ,Ⅱ』(1983),『日本語教師のための現代日本語表現文典』(1995),友松他(1996,2000)などがある。森田・松木(1989),坂本(1996),岡本他(2000)では,複合辞の意味・用法が分類されている。

表現文型で扱われる項目には,(1)受身,使役などの文法項目,(2)時間,空間などの概念項目,(3)依頼,許可などの機能項目,の3種類が混在している。重点は(1)(2)に置かれているが,最近は(3)の項目も増加している。主な項目は次のとおり。

受身,使役,可能,自発,意志,推量,義務,当然,必要,完了/結果,開始/終了,授受,事物の一致/不一致,存在,性質/状態,位置,数量,時間,移動,変化,類似,比況/比喩,対比/比較,程度,伝聞/引用,条件,知覚/感情,分類/定義,原因/理由,目的,難易,予想/期待,希望/願望,要求/依頼,命令/禁止,許可,申し出,勧め,勧誘,提案,など

各項目には文型が列挙され,語彙・慣用句などはほとんど扱われない。「概念・機能シラバス(Willkins 1984,Van Ek and Alexander 1980 など)」のように,学習者に必要な概念と機能を網羅しているわけではない。

●**言語行動を基礎とした研究**——ある言語行動を遂行するときに,どのような言語形式が実際に使われるかを考えようとする立場からは,感謝・謝罪・苦情・アドバイスなどのより広い項目が取り上げられる。*Aural Comprehension Practice in Japanese*〔ACP〕(1979),*Situational Functional Japanese*〔SFJ〕(1991)以降の教科書などでは,文型だけを単独の学習項目として捉えるのではなく,言語行動を一連のディスコースの中で話し手と聞き手の相互交渉として扱う方向へと変化している。具体的な状況・文脈の中での適切な言語使用が目標とされるため,文型だけでなく,慣用表現,語用論的な用法も扱われる。文型は,そのままの形ではなく,文末の終助詞,言いよどみなども含んだ実際に使われる形で提示される。主な項目は次のとおり。

依頼する,命令する/禁止する,指示する,誘う/招待する,勧める,許可する,断る,申し出る,提案する,感謝する,謝罪する,苦情/文句を言う,アドバイスする,挨拶する,紹介する,お祝いを言う,近況をたずねる,ほめる,説明する,慰める/励ます,説得する,警告/注意する,叱る,弁解/言い訳する,約束する,など

→発話の機能(4-A),言語行動(6-C),発話行為(6-C),コミュニカティブ・アプローチ(8-B),語用論(7-C)

●**参考文献**

寺村秀夫(1989)「構造文型と表現文型」『講座日本語と日本語教育 13 日本語教育教授法(上)』明治書院.

日本語教育学会(編)(1991)『日本語教育機関におけるコース・デザイン』凡人社.

Blundell, J., Higgens, J., and Middlemiss, N. (1982) *Function in English*. Oxford University Press.

生田目弥寿(1995)『日本語教師のための現代日本語表現文典』凡人社.

岡本牧子・氏原庸子・砂部太郎(2000)『日本語——表現文型ノート』大阪YWCA教師会.

坂本正(1996)『学習者の発想による日本語表現 文型例文集』凡人社.

友松悦子他(1996)『どんな時どう使う日本語

表 2-19 教科書などで使われる文法用語の対照表

	『日本語教育のための文法用語』による文法項目の用語（*はそれ以外から）	日本語教科書，学習者用文法書などでの用語例
バスが来た。あれは駅前行きだ。	普通体	普通体, 基本体, plain style, informal style
来る，来ない，来た，来なかった，	普通形*	普通形, 基本形, plain form, informal form
バスが来ました。あれは駅前行きです。	丁寧体	丁寧体, です・ます体, polite style, formal style
来ます。来ません。来ました。来ませんでした。	丁寧形*	丁寧形, です・ます形, polite form, formal form
「複文」（2-J）を参照	複文	complex sentence, embedded sentence
「並列で表す形式」（2-J）を参照	重文*	compound sentence
「従属節の階層性」（2-J）を参照	従属節	subordinate clause
安くて簡単に作れる料理を習いたい。	連体修飾節	名詞修飾節, relative clause, noun modification by sentence
「文の成文」（2-C）を参照	主語	主語, 主部, subject
北海道は夏でも涼しい。	主題	主題, topic
「文の成文」（2-C）を参照	述語	述語, 述部, predicate, verbal
林さんは留学生です。ヤンさんも留学生だ。	判定詞*	です, copula
「活用」（2-A），「活用表」（2-A）を参照	活用	活用, inflection, conjugation
名前を書く。電車に乗る。	意志動詞	volitional verb
子どもが生まれる。信号が変わる。雨が降る。	無意志動詞	non-volitional verb
電気をつける。本を読む。	他動詞	他動詞, transitive verb
電気がつく。庭に木がある。右側を歩く。	自動詞	自動詞, intransitive verb
話す，歩く（「＋ている」＝動作の進行）	継続動詞	continual verb
ここに本がある。意味がわかる。考えが違う。	状態動詞	verbs to express states, stative verb
知る，消える（「＋ている」＝変化結果の状態）	瞬間動詞	punctual verb, verbs to indicate instantaneous act or action
面白い，暑い，いい，欲しい	イ形容詞	い形容詞, -i adjective, I-type adjective
元気，きれい，静か，親切	ナ形容詞	な形容詞, na adjective, Na-type adjective

こと, もの, つもり, ところ, はず, わけ, ため	形式名詞	dependent noun
1, 2, 3, …100, 1000	数詞	数詞
本, 台, 枚, 冊, 杯,	助数詞	助数詞, counter
「受動文の種類」(2-E) を参照	受身表現(受動態)	受身, 受身形, passive sentence
「受動文の種類」(2-E) を参照	直接受身	direct passive
「受動文の種類」(2-E) を参照	間接受身	indirect passive
遅くまで残業させられた。びっくりさせられた。	使役受身表現	使役受身形, causative passive
子供に掃除を手伝わせる。人を笑わせる。	使役表現(使役態)	使役, 使役形, causative sentence
7つの言語が話せる。この切符はまだ使える。	可能表現(可能態)	可能, 可能形, potential verb, potential form
友人に本をあげた。友人から子犬をもらった。	授受表現(やりもらい)	授受表現, giving and receiving, giving and receiving verb
歌を聞いている。窓が開けてある。	補助動詞	補助動詞, auxiliary verb
昨日こちらに着いた。先週田中さんがいた。	過去	過去, past
明日そちらに着く。今日は加藤さんがいる。	非過去	非過去, nonpast
もう手紙を出した。彼は1度中国を訪れている。	完了	完了
まだ手紙を書いていない。	非完了	未完了
が, を, に, へ, で, と, から, まで, より	格助詞	structure particle
として, にとって, とともに, による, 他	複合格助詞	comound particle
か, ね, よ, な, わ, さ, かな, かしら, 他	終助詞	終助詞, final particle, sentence-final particle
ので, から, が, しかし, のに, 他	接続助詞	conjunctive particle, connective particle, subordinate conjunction
これ, それ, あれ, どれ, ここ, この, こう, 他	指示詞(指示語)	指示詞, こ/そ/あ/ど, ko/so/a/do system/, demonstrative
本を読むの, 本を読むこと, 他	名詞節	noun clause
たら, れば, と, なら	副詞節-条件節	条件

表現文型 500 中・上級』アルク.

友松悦子他（2000）『どんな時どう使う日本語表現文型 200 初・中級』アルク.

森田良行・松木正恵（1989）『日本語表現文型』アルク.

国際文化振興会（1944）『日本語表現文典』国際文化振興会.

ウィルキンズ，D. A.〔島岡丘訳注〕(1984)『ノーショナル・シラバス』桐原書店/オックスフォード.

筑波大学日本語教育研究会『日本語表現文型：中級Ⅰ，Ⅱ』(1983) 凡人社.

Van Ek, J. A. and Trim, J. L. (1991) *Threshold 1990*. Cambridge University Press.

Mizutani, O. and Mizutani, N. (1979) *Aural Comprehension Practice in Japanese* (ACP). Japan Times.

Tsukuba Language Group (1991) *Situational Functional Japanese* (SFJ). 凡人社.

〔鈴木 睦〕

■教科書などで使われる文法用語の対照表

日本語の教科書は，必要以上に文法用語を使わないという方針をとっているものがほとんどである。日本語の運用力を身につけるための授業では，抽象的になりやすい用語をもって説明をすませるというより，適切な例文を示しながらその用語が言わんとすることをより具体的なことばで伝えるという方法が一般的である。

そのなかにおいても使われる用語は必ずしも統一されていない。表 2-19（前ページ）は，教科書および学習者の使用する文法書などに見られる用語の対照を示したものである。同一項目を表すとして並記したそれぞれの用語例は，まったく同じ意味範囲を表すというわけではないが，目安となるものを収集した（紙面その他の都合により，日本語と英語の用語に限った）。

● 参考文献

国立国語研究所（編）（市川保子）（2001）『日本語教育のための文法用語』〈日本語教育指導参考書 22〉財務省印刷局.

〔安藤節子〕

3 | 語彙・意味

　外国語学習において語彙の習得が不可欠であることは，だれしもが認めることである。言語を身につけ使用するうえで，語彙を形作る単位である語は，多くの面にわたって重要な機能を担っている。

　1．外界の事物を指し示す機能：語は，宇宙に存在する事物・事象や人が思い浮かべる概念などに名前を与え，それについて考えたり人に伝えたりするための手がかりとしてのはたらきをもっている。つまり，新しい語を与えられることによって，人は外界の新しい見方を身につけていく。外国語学習もそのようなプロセスの繰り返しであって，目標言語において，外界がどのように切り取られ，どのような呼び名，つまり，語が与えられるかを知ることが重要な学習内容となる。

　2．情報伝達における意味単位としての機能：他者に情報を伝達することが，言語の最も重要なはたらきである。外国語学習者の多くは，言語を用いて情報を得たり発信したりすることを目的とする。伝達行動においては，一つ一つの語の意味について人々が共通の了解をもっていることによって，語の組み合わせとしての多様なメッセージの理解が保証される。語とその意味に関する知識を蓄積することは，外国語学習の最も主要な部分を占める。

　3．文法規則に従って他の要素と結びつく機能：言語は，規則に従って配列される語の列として伝達される。人は，個々の語の用法に規則性を見いだし，帰納的に「文法」を身につけていく。外国語学習においても，言語メッセージを理解し生成するために，個々の語が文法的にどんな性質をもつか，他の語とどのような関係で結びつくかといった知識を得ることが必要である。

　4．文化認識の手がかりとしての機能：語が指し示す事物，そして，その語自体にも，それぞれの文化のなかで特有の意味づけがなされている。外国語学習においては，語の背景にある社会文化的な意味づけを知ることが不可欠である。そのようにして理解された語は，目標言語文化やそれが用いられる社会を理解するためのキーワードとしての役割を果たしていくことになる。

　5．人間関係意識の標識としての機能：語のなかには，いわゆる敬語のように他者や場面に対する話し手の意識を示すもの，使用者自身の出身や所属集団などの背景を推測させるものなどがある。外国語学習者にとっては，用いられた語から他者に対する態度や話し手の背景を読み取ること，自ら使用することばによって自己がどのように見られるかを知ることも課題となる。

　本章では，まず，このような語の諸機能が言語学習にどのように関係するか，学習の場でどのように扱われるべきかを考えたうえで，語と語彙に関する事象を説明するために用いられるさまざまな概念を紹介し，それらが日本語の学習・教育にどのような意味をもつかを概観していく。[中道真木男]

3 語彙・意味 ───────── 見出し項目一覧

A 語彙と語彙学習 ─── 217
日本語の学習と語彙
指示と命名
言語運用と語彙
伝達と語彙
文化と語彙
社会行動と語彙

B 語彙 ─── 222
語彙
語彙の範囲と変異
語彙の言語間対照
日本語の語彙の特色

C 語のなりたち ─── 228
語
語彙要素
形態素
連語
慣用句
語の形
語の変化形
語構成（語彙論から）
単純語
合成語
複合語
派生語
接頭辞（接頭語）
接尾辞（接尾語）
造語成分
漢語の構造
造語法
合成法
転成

略語
語の借用
借用のしくみ

D 語の分類 ─── 254
語の分類
語種
和語
漢語
外来語
混種語
さまざまな語類
音象徴語
数詞
助数詞

E 語の意味 ─── 268
語の意味
意味と認知
単義・多義・同音異義
多義の構造
語感
語義の分析
語と語の関係
語彙の体系

F 語の用法 ─── 279
語の用法
語の共起関係
語の談話的機能

G 語の数 ─── 283
語彙量
日本語の語彙量

H 語彙資料 ─── 285
辞書
コーパス

I 語彙の変化 ─── 288
語の通時的変化
原義・転義
語源
新語
語彙の通時的変化

J 語彙の学習 ─── 293
日本語学習のなかの語彙学習
学習語彙
学習者条件と語彙学習
留学生の学習語彙
ビジネスピープル・就労者の
　学習語彙
海外初等・中等教育における
　学習語彙
定住生活者の学習語彙
学習レベルと語彙学習
語彙学習の方法
意味の学習
用法の学習
体系としての語彙の学習
語彙学習の教材

A──語彙と語彙学習

■日本語の学習と語彙

語は,言語体系と言語外世界を結びつける接点であり,言語伝達の最も基本的な資源である。また,語はその言語の背景にある文化を反映するから,異文化を知るためのインデックスでもある。語彙の習得は,外国語学習において最も大きな比重を置かれるべき領域である〔→指示と命名 (3-A),言語運用と語彙 (3-A),伝達と語彙 (3-A),文化と語彙 (3-A),社会行動と語彙 (3-A)〕。

個々の語について学習すべきことがらは,およそ以下のような範囲にわたる。

(1) 用法の広がり:語がどのような用法をもち,それぞれの用法でどのような意味を表すか。ただし,学習は用法ごとに進め,ある程度学習が進んだ段階で,その語の用法の全体像をまとめ直すことになる〔→語の用法 (3-F),用法の学習 (3-J)〕。

(2) 文法的性質:文法的部類(品詞など)としての機能,共起関係・修飾-被修飾の制限など。なお,これらが,用法の区別の1つの主要な基準となる。

(3) 形態論的性質:語形とその変化,語構成,造語力など〔→語 (3-C),語彙要素 (3-C),語の形 (3-C),語構成 (3-C)〕。

(4) 表記:日本字表記の学習をどの段階で導入するかについては議論があるが,多くの学習者にとって,現実の日本語使用のために必要であるばかりでなく,学習手段としても日本字で表記された資料が利用できることは大きなメリットとなる。

(5) 語義:用法ごとに,直接の指示的意味内容・前提的意味内容・ニュアンスなどの諸側面にわたって学習する必要がある。これらが,用法の区分のもう一つの主要な基準となる。ただし,早い段階から詳細な意味内容を提示するか,対訳的理解からしだいに緻密な理解に進むかは,学習者の条件などによって検討されるべきである〔→語の意味 (3-E),意味の学習 (3-J)〕。

(6) 談話展開上の機能:談話の開始・収束や話題転換の機能,メタ言語的機能などを担う語のはたらき。

(7) 待遇的機能:聞き手や場面に対する態度を反映する語のはたらき。

(8) 位相・適用習慣:用いるのにふさわしい話題・文脈などが限定される語について,それらの特質に関する知識〔→語感 (3-E)〕。

(9) 他の語彙要素などとの関係:類義にあたる語・表現との差異,使い分けに関する知識や,対義語,上位語・下位語にあたる語・表現に関する知識〔→語と語の関係 (3-E),語彙の体系 (3-E),体系としての語彙の学習 (3-J)〕。

学習者の条件,とくに学習目的や接触が想定される場面の種類により,習得すべき語彙の範囲は異なる。学習対象となる語彙の範囲を検討するために,さまざまな観点からの語の分類が参考にされる〔→語の分類 (3-D),学習語彙 (3-J),学習者条件と語彙学習 (3-J),学習レベルと語彙学習 (3-J)〕。

学習者にとって,語彙学習の機会には多様なものがある。教育機関などに所属する学習者の場合,当初は教室における教授者の提示が主な機会であるが,しだいに,書きことば資料の自主的な参照や教室外での使用経験の比重が増す。海外など日本語使用環境にない学習者の場合,放送,パッケージ,インターネットなどのメディアも重要な学習手段となる。教授者の管理下にない学習は,多くの場合不効率・不正確であることが避けられないから,教室外での使用経験を教室で見直すなど,無管理の学習と教

授者管理の学習との連携をはかることが望まれる。

→日本語学習のなかの語彙学習 (3-J), 語彙学習の教材 (3-J), 語彙学習の方法 (3-J) 語彙指導 (8-B)

● 参考文献

国立国語研究所 (1984)『語彙の研究と教育 (上)』〈日本語教育指導参考書 12〉大蔵省印刷局.

[中道真木男]

■指示と命名

語をはじめとする記号が、ある意味内容に対応し、それを想起させるはたらきを指示という。語の最も重要なはたらきは、文化によって切り取られた概念（実質語においては、指示する事物とその文化的な位置づけや評価など。機能語においては、その言語における文法範疇の立て方と各要素が表示する機能）を指示する手がかりとなることであり、言語習得における語彙の拡張の基本的な部分は、新たな語を知ることによって、それが指示する新たな概念を獲得していくことである。「トラウマ」という語を与えられて初めてそのような心理的現象の存在を認識しはじめるように、新しい語とその意味を知ることによって、人は新しい見方を身につけていく。外国語学習もそのプロセスの繰り返しであって、目標言語における外界の切り取り方を知り、切り取られた概念に与えられるラベルである語を知ることが学習の大きな部分を占める。

事物にことばを与える命名は、切り取られる概念内容を決定すること、それに対応する言語形式を決定することの2段階から成ると考えられる。同じ親から生まれた子を、英語では性別を基準として2分類、日本語では性別および年齢の上下を基準として4分類するように、命名は言語ごとの切り取り方に従い、その切り取り方は、主に、"brother/sister"「アニ/アネ/オトウト/イモウト」といった語をラベルとして人に与えられる。

語とそれが切り取る概念は文化として社会に伝承されるから、個人にとってはあらかじめ所与のものである。ある花を目にして「ウメか、モモか」と考えるように、人が事物・事象を認識するとき、まず、それが既知の語（概念）のどれに相当するかを判断しようとすることから、人の認知は言語によって制約される面があるとされる。

人が言語をもちはじめた原初には、さまざまな事物・事象を切り取って概念化し、それに形式を与える命名が行われたはずだが、現代の言語では、個々の言語使用者がまったく新しい語をつくり出す語根創造は非常に困難である。言語表現は、基本的に、既存の語から表現したい内容に近いものを選ぶことによるが、利用可能な資源が既存の語彙のみであるならば、言語化することは、事物をステレオタイプ化した陳腐な捉え方に押し込めることになるため、新しい概念を指示したり独自の個人的な表現を実現したりするために、既存の要素を配列して句や文をつくるほかに、合成や借用といったさまざまな造語法によって新たな命名が行われ、新しい語がつくられる。

→語の意味 (3-E), 造語法 (3-C)

[中道真木男]

■言語運用と語彙

意味を担う単位である形態素や語を規則に従って配列することによって、単なる語の羅列でない、複雑・多様な言語メッセージが形成される。言語メッセージを利用するには、個々の語彙要素の内在的意味に関する知識に加え、「犬が人を嚙む↔人が犬を嚙む」のように配列規則から生じる意味を知り、個々の語および形態素が他の要素とどのように結びつくかを知って、

言語メッセージを理解し生成する能力が不可欠である。

外国語学習のなかで語の文法的性質に関して問題になることがらには、まず、指示物の切り取り方の問題がある。既知の言語において動作として表現される事態が、日本語では状態として表現されるといった場合は、習得に困難が生じうる。

　（例）英：know ↔ 日：知ッテイル
　　　　英：giggle ↔ 日：クスクス笑ウ

要素配列の規則のうち、形態論的結合によってより大きい語を生成する造語に関するものは、個々の形態素・語ごとに実際に用いられる組み合わせが限られており（例：関心-事/*-物）、臨時的につくられることも多いため、一般的な規則として説明することが困難である。また、そのため、学習者が新しく造語することはかなり困難で、目にした使用例を記憶して用いることにとどまりがちである。

文あるいは談話全体の構造に関する規則に従って語を配列する統語論的結合に関する規則は、語の部類（品詞など）ごとにかなりの一般性をもってあてはまり、部類ごとに語をグループ化して学習することは有効である。ただし、ナ形容詞に分類される語のなかにも「発展的に解消する/発展的な解消/*解消は発展的だ」「遠大な計画/*計画が遠大だ/*遠大に計画する」のようにその部類の一般的規則に対して例外的な性質をもつ語は多く、結局は個々の語について、用法を習得するほかない。

また、用法として、「可能性が 高い/?強い/?濃い」「改善が 望まれる/期待される/??希望される」のように、共起関係が習慣的に定まっている部分があり、これらも個別の学習が必要である。

母語の獲得においては、語の文法的性質は、言語使用の経験を通じて帰納的に習得されるのが基本であるが、意図的・集中的な外国語学習・教育においては、多くの部分をおおう規則を用意することによって、学習を効率化できることは確かである。ただし、規則に対して多くの例外が存在し、また、学習者が母語における分類を類推的に適用することで誤りが生じる可能性があり、学習者が接する場面によっては通常と異なる変種が存在する可能性があるなどのことに留意する必要があり、最終的には、一つ一つの語について、具体的・明示的な情報が与えられなければならない。

➡語の分類 (3-D)，語構成 (3-C)，造語法 (3-C)，語の用法 (3-F)，語の共起関係 (3-F)，用法の学習 (3-J)

[中道真木男]

■伝達と語彙

言語は、情報を伝達する機能のほかに、外界を認識する機能、他者との関係を構築する機能、ことばそのものの良さ・面白さを表現する機能など、さまざまなはたらきをもつが、なかでも、他者とのあいだで情報をやりとりする手段としての伝達機能は最も重要なものである。

言語伝達は、聞き手に対する情報の伝達や依頼・命令といった行為要求の手段となり、さらに、話し手の心情や聞き手への配慮を示して他者との共感を醸成する機能も発揮する。言語生活の多くの局面がこうした言語伝達を利用して成立するから、言語伝達は、人間の社会行動を調整するうえで最も有力な手段である。外国語学習の目的も、多くの場合、目標言語による情報の受信・発信、すなわち、伝達の能力を身につけることである。

言語伝達が成立するために最も重要な条件は、そこで用いられる単位、つまり、語や形態素の意味について、発信者-受信者間に共通理解があることである。おのおのの語の意味内容を知らなければ伝達は成立しない。逆に、幼児の言語や習得レベルの低い外国語の使用におい

て語の羅列が一定の効果を発揮するように，文法規則を関与させなくても，語の知識さえあれば，ある程度の伝達は実現されうる。この意味において，ある語形にどのような意味が結びついているかを知ることは，言語伝達能力の習得において優先的な重要性をもつ。

伝達のなかで語がその意味機能を有効に発揮するために，言語使用者のあいだで了解されているべき内容は，大別して以下の両面にわたる。

(1) 語が指示する事物に関する情報：語の指示物がどんなものであるかという定義的知識，および，「小さい」に対する「ちっぽけ」が含むような評価に関する知識。これらに伴って，「根回し」と呼ばれる習慣の存在といった文化的知識や，「幅寄せ」が自動車の運転についていわれるといった使用文脈あるいはスキーマに関する知識がある。

(2) 語が用いられる位相に関する情報：「勘案」が用いられるのはどんな文章か，「あっし」を用いるのはどんな人物かといった語自体の価値に関する知識。また，場面や使用者にふさわしい言語使用であるかどうかを判断し，逸脱が起こった場合にどんな結果が生じるかを予測する能力が求められる。

外国語学習における語彙の習得は，語に関するこうした知識を他の言語使用者と共有することを目標とする。ただし，これらは，母方言・母語，世代差，職業・関心領域の違いなどのために，ある種の言語使用者に共有されていないことがありうるから，優先的に学習されるべき内容は，個々の学習者に想定される言語使用場面，とくに，接触する他者がどのようなものであるかによって決定されることになる。

➡ 語彙の範囲と変異 (3-B)，語の意味 (3-E)，語感 (3-E)

[中道真木男]

■ 文化と語彙

言語の理解には，その背景となる文化に関する知識が必要であり，文化を理解するための手段として，その文化を背景とする言語は最も有力なものの一つである。

文法的な規則や言語表現に，その文化における事態の捉え方や対人意識が反映するとの見方がある。たとえば，「本日休ませていただきます」のように，日本語の使役態には《その行為を許容する》といった実質的意味のほかに，《自分だけの判断で決定することは身勝手あるいは僭越である》といったニュアンスを表現するはたらきがある。また，日本語の自動詞表現は動作主体を明示しないため，しばしば責任の所在をあいまいにするといわれる。こうした視点のとり方や動作主体の表示・不表示が，日本文化においてよしとされるふるまい方や対人意識を反映するとの指摘もある。

実質語は外界の事物を指示する。それら事物には，文化によってその位置づけが大きく異なるものがあるから，言語メッセージの理解には文化的背景に関する知識が必要となることが多い。たとえば，現代の日本人のライフコースにおいて，大学卒業後の進路として'就職'が最も主要な選択肢であり，「就職しないんだって―うん，フリーター」という会話は《通常期待される進路を選択しないことに対する意外な気持ち》を前提とするから，「就職《企業・団体などに雇用されること》」といった辞書的説明では十分に理解されえない。「お盆の飛行機とれないよ―都心をドライブでもしてたら」というやりとりが，'お盆休み''帰省ラッシュ''大都市の一時的過疎化'など互いに密接な連想関係にある前提概念によって理解されるように，語の背後にある概念スキーマの知識が必要となることも多い。さらに，「居場所」が，現代日本における集団帰属意識の不安定化を問題視する文脈で用いられるように，その語が主に用いられ

る領域と意味づけを知ることが必要になる場合がある。

　逆に，そうした文化的知識を獲得するためには，語をはじめとする言語要素の習得が最も有力な手段となる。伝統文化や文化財に関する語・表現に限らず，目標文化に特徴的な事物・概念（「接待」「系列」）や外界の切り取り方（「目上↔目下」「世間」），価値基準（「いい年をして」）などの存在は，それらを表すことばに接し，その意味を知ることによって習得されることが多い。語は文化理解のインデックスとしての役割を担っているといえる。

　文化的知識の指標となる語を見出しとした"話題シラバス""文化シラバス"といったかたちで学習内容を列挙することも追求されるべきであろう。ただし，文化指標語彙の学習においても，その文化的意義づけに関する説明のみでなく，「いじめ→〜にあう」「全国区→〜になる」など，その語の具体的な用法の習得も欠かすことができない。

〔中道真木男〕

■社会行動と語彙

　社会における行動のなかでは，それぞれの場面にふさわしい行動の形態・手段を選択することが求められ，行動の選択が他者に情報を発信する。とくに，伝達行動において，語をはじめとする言語形式の選択は，話題や視点の選択，非言語的伝達手段の選択と並んで多くの情報を発信する。

　ある内容を表現するのに用いる語の選択は，まず，使用者の背景・所属集団などを推測させる。例：「お仕事，楽しいわ」「お野菜」など接頭語オを頻用するのは，自己の品位を保持しようとする性向のある人物である。「ヘルメット」でなく「メット」を用いるのは，二輪車を運転する人であると推測される。

　集団への帰属意識のマークとして選択される語もある。例：「わが社」「うちのクラス」など。「名古屋外国語大学」をその関係者が単に「外大」と呼ぶ。

　また，聞き手や場面に対する意識が推測されることもある。例：〈本当に腹が立つ〉を「マジむかつく」と言えば，その場に対して非常にくだけた態度で接しようとする意識を伝達する。「わたくしもお供します」は，聞き手が主な主体であるとの意識を表現することによって敬意を表す。「先生がいらっしゃったら始めようぜ」は，尊敬語イラッシャルによる素材'先生'への敬意表現に合わせ，そうした敬語形式を用いることによって，場面がある程度公的な改まったものであるとの意識を表現しながら，デス-マスの不選択によって，聞き手に対する親しさなどを表現する。「みんな」によって，聞き手あるいは自分の所属集団のメンバーとの一体感が表現される。一般に人称詞や応答詞の選択は，聞き手に対する態度を直接に表現する。例：「私」↔「おれ」，「あんた」「あなた」↔「（名前）さん」・肩書き↔不使用，「はっ」↔「はい」↔「うん」

　外国語学習者にとっては，用いられた語から他者に対する態度や話し手の背景を読み取ること，および，自ら使用することばによって自己がどのように見られるかを知ることも課題となる。

　ただし，個々の語について，それがどのような意識を反映するかを知る手段は非常に乏しい。辞書などにはそうした記載はほとんど見られない。また，この種の情報は，辞書といった固定的な記述ではなく，現実場面での使用例を観察することを通じて学習されるべきである。学習のなかでは，伝達される素材的情報の内容だけでなく，伝達する主体の意識・態度にも注意を向ける習慣を形成することが望まれる。

〔中道真木男〕

B──語彙

■語彙

● **語彙の定義**──語彙とは，たとえばある日の新聞，ある作品，ある作家，集団，トピックなどある範囲のなかの語（単語）の集合をいう（したがって，「〈書く〉という語は…」とは言っても，「〈書く〉という語彙は…」という言い方は誤りである）。語彙には普通何らかの体系，基準がある。たとえば，天気の語彙，季節の語彙，親族語彙，色彩語彙，温度の語彙，速度の語彙，上下・左右・前後などの位置関係の語彙などさまざまな体系のほかに，たとえば初級日本語教科書に出てくるという基準で範囲を区切った語の集合を「初級日本語教科書の語彙」という。

● **単語の認定**──語彙は単語の集合だが，実際に単語を認定しようとすると容易ではない。たとえば複合語の場合など，意味のまとまりの単位で単語とするか，構成要素となっている単位を単語とするか，独立性を指標とするか，発音（アクセント）が一まとまりの場合単語とするかなど，いろいろな観点から考えられる。内容語（語彙的意味をもつ語）と機能語（文法的意味を持つ語）という分け方もある。

たとえば，「雨がふるふる 城ヶ島の磯に 利休鼠の雨がふる」の場合には，「雨，が，ふる，城ヶ島，の，磯，に，利休鼠」などの語を取り出すことができる。「利休鼠」は利休と鼠に分けられそうだが，ここでは色の名前であるから1単語とする。「雨，ふる，城ヶ島，磯，利休鼠」が内容語で，「が，の，に」は機能語である。これは比較的単位切りがやさしい例である。

次に，「咲いた咲いたチューリップの花が 並んだ並んだ赤白黄色 どの花見てもきれいだな」の場合は，「咲いた，チューリップ，の，花，が，並んだ，赤，白，黄色，どの，見，ても，きれいだ，な」が取り出せるであろうか。しかし，学校文法では「咲いた」の「た」は過去を表す助動詞であるから，「咲いた」は「咲く」と「た」に分けられることになる。「並んだ」も同様である。しかし，こうすると現在形の場合はどうするのか。先の例の「ふる」は1語で，現在形（終止形）語尾の「る」を取り出していない。「見ても」の扱いもどうすべきか迷うところである。「きれいだ」は学校文法では1語だが，「きれい」と「だ」から成るという見方もある。

このように，区切り方によって調査結果が変わってくるので，語彙調査をする場合などにはどのような基準で単位切りをするかについてあらかじめしっかり決めておかなければならない。国立国語研究所の各種調査が参考になる。

● **基本語彙と基礎語彙**──基本語彙と基礎語彙は，研究者によって少しずつ指し示すものが異なり，一般的には必ずしも明確に使い分けられているわけではないが，日本語教育・国語教育・外国語教育の分野では普通次のように使い分けている。すなわち，ある一定の範囲の語彙のなかでもとくに使用頻度が高く，使用範囲が広い語彙をその語彙のなかの基本語彙という。たとえば，初級日本語教科書の基本語彙，新聞の基本語彙などである。基本語彙は統計的な裏づけがある。一方，基礎語彙は，ある言語を使用して日常生活をするにあたって必要とされる一定の数の語の集まりをいい，その語彙の選定は選者の主観的判断に基づいて行われる場合が多く，必ずしも統計的な裏づけがあるとは限らない。

● **言語生活と語彙**──人は日常生活のさまざまな場面で，話し相手，話の内容，話の場面，状況などに応じて表現・語彙を使い分けている。さまざまな職業に特有の語彙もあれば，若

者ことば・キャンパスことばもある。ある人が話したり書いたりするときに使う語彙を使用語彙といい，読んだり聞いたりしてわかる語彙を理解語彙という。それぞれの個人にとって後者のほうがはるかに多い。

●**学習者にとっての必要性・優先順位**――日本語学習者にとって必要性の高い語彙は，学習目的によっても異なる。たとえば日本語で記述された特定分野の論文を翻訳する目的だけで海外において日本語を学習するというような場合なら，日常生活に必要な語彙は不要であろう。しかしそのような特殊な場合を除けば，一般的には学習目的が何であってもまず一通りの日常会話ができることが目的としてある。とくに日本国内において生活しながら日本語を学習する場合は，日本語の基本的文型を習得するための語彙とともに日常必要性の高い生活語彙を優先しつつ，特定の技術研修，大学等教育研究機関での研究などおのおのの職業や専門などの分野に必要な語彙を学ぶことになる。しっかりしたシラバスを構築するうえでそれぞれの分野の基本語彙の調査が必要であるが，一般的にはそれぞれの分野で基礎語彙として見立てて教えられているようである。

　日本語教育では一般に丁寧体から導入することが多いが，学習者によっては周囲の日本人とは違う日本語だとして違和感をもつことがある。とくに若い人たちのあいだでは普通体で省略の多い表現が使われるため，使わない日本語を教えられていると思うことがあるようである。しかし，丁寧体はほかの場面では日常使われるものであり，男女ともに使え，相手に対して失礼になる心配がなく，用言の活用形も簡単なので，学習上の優先順位を高くしておくべきであろう。

➡語構成 (3-C)，語の分類 (3-D)，バリエーション (6-B)，集団語 (6-B)，学習語彙 (3-J)，語彙指導 (8-B)

●**参考文献**
国立国語研究所 (1984・1985)『語彙の研究と教育 (上・下)』〈日本語教育参考指導書 12・13〉大蔵省印刷局．
飛田良文・佐藤武義 (編) (2002)『現代日本語講座4　語彙』明治書院．

[広瀬正宜]

■語彙の範囲と変異

　同じ事物や概念などを表そうとするときに，人によって使用する語彙が異なるという現象はよく観察されるものである。この「人によって」というのが具体的にどういう要素によるものか考えてみると，まず，地域差・性差・年齢差など，発話者の属性による語彙の違いが挙げられる。

　社会言語学の専門家でなくても，「オオキニ」と聞けば関西出身者だろうと予測がつくし，「ステキ」という単語は女性のほうが使用率が高そうな印象がある。また，カメラのことを言うのに「シャシンキ」という単語が使われれば，それは年配の人だろうと思う。これらは，個々人の使用語彙の違いであり，学歴や職業など，ほかにもことばに影響を及ぼす属性は考えられる。

　一方，ある事物や概念などを表すときに，一人の人がことばを使い分けるという現象もある。場面や相手，また話題や媒体などの違いによって使われる語彙が異なるというものである。親しい友人との話では「ヤバイ」と言えても，目上の人には「マズイ」を使うという切り換えが行われる。親しい友人に対してでも，謝罪するときにはふだんより恐縮した態度やていねいなことば遣いに変わる。面と向かって話をするときより手紙を書くときのほうがていねいな表現が使われたり，冠婚葬祭で避けるべきとされている語彙項目があったりする。

　このように，発話者の属性，相手との関係や

そのときの状況などによってことばにはさまざまな変異（＝バリエーション）が生じるものであり，個々の単語や表現がどのような状況で選択されるかは，それぞれの辞書的意味とは別の問題として存在する。

ところで，ある事物や概念などを表現しようとするとき，一人一人の話者にとっての単語選択の要因はどのようなものだろうか。たとえば，ある条件のときには「ヤバイ」を使い，そうでないときには「マズイ」と言うのはなぜだろうか。「シャシンキ」という単語を知っているにもかかわらず，「カメラ」と言うのはなぜだろうか。

それは，場面や待遇表現の使い分けについての意識などから，話者自身のなかに「自分はどんな人間なのか，自分をどう表現したいか」に対する判断があり，その判断に沿った評価をほかの人からも得たいと思っているからだろう。たとえば，常識のある人間だと評価されることに重きを置けば，敬語をきちんと使い分けようとするだろうし，逆に常識にはさほどとらわれず，だれに対してもできるだけざっくばらんな態度でいることに重きを置けば，公的な場面でも俗語的な語彙を多用することが考えられる。また，努力の末にある集団への帰属が実現したとすれば（たとえば，難関校入試や国家試験の合格など），ほかの集団の人たちとの接触の際にも，自分の所属集団に特有の語彙（その学校のキャンパスことばや当該分野の専門用語など）を多用することが考えられるし，逆の場合には，その集団に属することを特徴づけるような単語・表現の使用は避けることもありえよう。

語彙の範囲を考える際には，語彙項目の辞書的意味に加えて，各語彙項目が日本語社会のどういう場面でどんな属性や意識の持ち主に使われるかという情報が，まず重要になる。もちろんそこにはある程度のゆれがあり，また個人による判断認識の差は多少あるだろうが，一致する部分が大きいということはできるだろう。地域・性・年齢・学歴・職業などのほかにどのような属性が語彙項目の選択にかかわるか，自分自身の経験を省みたり実態を調査したりすることが必要である。

そのうえで，自分自身を何者であると捉え，周囲の人たちからどのように捉えられることを望むのか，意識をいったん内側に向け，次に日本語社会において自分自身の意識を期待どおりに現実化するためにはどうしたらよいか，それらの判断のための材料を学習者に提供することも，語彙教育に求められるものの1つである。

初級の日本語教育で取り上げられる語彙項目の多くは，どのような相手や場面などで使われても問題のない最大公約数的なものである。逆にいえば，初級の語彙項目自体からは，学習者が何者であるかの情報が得られにくいものである。学習者が初級レベルであれば，相手もそのような情報を使用語彙から読み取ることは期待しない場合が多いが，学習者の日本語レベルが上がるに従って，ある事物・概念を表すためにその語彙項目を選択したこと自体から，学習者についての情報を読み取ろうとするだろう。

従来の語彙教育では，個々の語彙項目についての情報に言及されることはあったが，学習者自身がどうありたいかという意識にまで及ぶことは少なく，学習者側の努力に任されてきた。そこには，学習範囲として考えるべき「日本語の語彙」の範囲が一律に決められるものではなく，学習者の日本語使用環境によってさまざまな状況が想定されるという事情があることが影響していた。しかし，効率のいい語彙教育を進め，学習者が自分自身の日本語を獲得するためには，日本語母語話者の意識まで含んだ実態調査が必要である。

→バリエーション（6-B），ことばの性差（6-B），ことばの年齢差（6-B），ことばの階層差（6-B），

学習語彙（3-J），日本語学習のなかの語彙学習（3-J），語彙指導（8-B）

● 参考文献

東照二（1997）『社会言語学入門――生きた言葉のおもしろさにせまる』研究社．

国立国語研究所（編）（2002）『学校の中の敬語1――アンケート調査編』〈国立国語研究所報告118〉三省堂．

［備前 徹］

■ 語彙の言語間対照

　語彙は，具体的な物や動作などの実質的な意味を主として表す「内容語」と，文法的な意味を主として表す「機能語」とに分けられる。機能語は語彙の一部であるが，機能語を対象とした言語間対照は文法の対照という側面が強くなるので，ここでは内容語の意味の対応関係を中心に見ていくことにする。

　学習者の母語と日本語のあいだの語彙の意味区分の数の対応関係には，次のように6つの可能性が考えられる。

　学習者の母語：日本語＝
　　1：1（①）　1：多（②）　多：1（③）
　　0：多（④）　多：0（⑤）　多：多（⑥）

以上のうち，日本語教育の観点からは，①③の場合には問題が比較的少ないのに対して，②④⑤⑥の場合に問題が多く，注意が必要であると考えられる。以下，①から順に見ていこう。

　①は，学習者の母語の単語と日本語の単語とが1：1の対応をしている場合である。例としては，スポーツの競技名が挙げられる。中国語の例を挙げると，「足球（zúqiú）：サッカー」「排球（páiqiú）：バレーボール」「滑雪（huáxuě）：スキー」のようになる。このような場合は，母語と同じ概念に対して，日本語の単語を覚えるだけでよいので，問題は少ない。しかし，これらの名詞とともに用いられる動詞を考えると，日本語が「～をする」で，同一の単語で表されるのに対して，中国語では「踢足球（tī zúqiú）」「打排球（dǎ páiqiú）」「滑雪（huáxuě）」と異なる動詞を用いたり，名詞と動詞とが同形であったりするという違いが出てくる。この場合の動詞の対応は，上記の③の場合であり，中国人の日本語学習においては問題が比較的少ないが，日本人の中国語学習においては②の場合となり，注意が必要となる。

　②は，学習者の母語においては1つの単語で表される概念が，日本語においては複数に区分され，それぞれの概念を表す単語を使い分けなければならないという場合である。たとえば，H₂Oという化学式で表される液体は，英語では"water" 1語で表されるが，日本語では，その温度によって「みず」と「ゆ」の2つの単語を使い分けなければならない。英語でも，"cold water"と"hot water"で区別することは可能であるが，これらは"water"の下位分類である。このような英語の語彙体系に基づいて，「みず」で「ゆ」の意味を表そうとしたり（例：「ゆ」をもらうことを期待して「すみません。みずをください」と言う），あるいは"hot water"と同様に「あついみず」という形容詞と名詞の組み合わせを用いたりすれば（例：「つめたいみずじゃなくて，あついみずをください」），日本語としては不適格である。

　③は，②と逆の場合であり，学習者の母語では複数の概念に区分されているものが，日本語では1つの概念を表す1語で表される場合である。たとえば，英語では，"ox（去勢された雄牛），bull（去勢されていない雄牛），cow（雌牛），calf（子牛）"等に区分されている動物が，日本語では「牛」1語で表される。この場合は，母語の複数の概念を上位概念でまとめて，それに「牛」という単語を結びつければよいので，②に比べて，問題は少ないと思われる。

④は，日本語には，ある概念を表すために1つ以上の単語があるのに，学習者の母語には，それに対応する単語がないという場合である。たとえば，母語にオノマトペ（とくに擬態語）が少ない学習者の場合が考えられる。中国語を例にとれば，痛みを表す「ずきずき，がんがん，ちくちく」などの擬態語は，"头一阵阵地跳着疼(tóu yízhènzhènde tiàozheténg：頭がずきずきする)" "头疼得厉害(tóu téngde lìhai：頭ががんがんする)" "眼睛刺痛(yǎnjing cìtòng：目がちくちくする)"のように，痛みを表す動詞"疼(téng)"および形容詞"痛(tòng)"とそれを修飾する連用修飾語を用いて表される。このような場合は習得が難しいと思われる。

⑤は，④と逆で，学習者の母語において1つ以上の単語で表される意味範疇が日本語ではそれに相当する単語で的確に表せない場合である。上記④の例を逆の立場に立って考えてみれば，母語においては一群の単語で簡潔明瞭に表される意味内容が，日本語においては説明的にしか表現できないことになるわけであり，学習者はもどかしく感じることであろう。学習者の母語の特徴を知らなければ学習者のもつ問題が理解できない可能性があり，注意が必要である。

⑥は，学習者の母語においても，日本語においても，同一の概念を複数に区切っているのであるが，その区切り方にずれがある場合である。たとえば，日本語では動力の違いによって「汽車」と「電車」を使い分けるが，中国語ではともに"火车(huǒchē)"で表すことができ，さらに，市街地および近郊を走る電車を表す単語として"轻轨铁路(qīngguǐtiělù)"が用いられる。また，中国語では"汽车(qìchē)" "电车(diànchē)"という単語も用いられており，それぞれ「自動車」「トロリーバス」の意味を表していて，対応が複雑である。

この項の冒頭で日本語教育の観点から問題が多いとした②④⑤⑥の語彙・意味的対応関係に基づく学習上の問題は，教授者が学習者の母語の語彙体系について知り，日本語の語彙体系と対照してみることによって，効果的に軽減できると考えられる。

→学習語彙（3-J），留学生の学習語彙（3-J），語彙指導（8-B）

● 参考文献

玉村文郎（編）(1989)『講座日本語と日本語教育6 日本語の語彙・意味（上）』明治書院.

玉村文郎（編）(1990)『講座日本語と日本語教育7 日本語の語彙・意味（下）』明治書院.

玉村文郎（編）(1998)『新しい日本語研究を学ぶ人のために』世界思想社.

生越直樹（編）(2002)『対照言語学』〈シリーズ言語科学4〉東京大学出版会.

[水野義道]

■ 日本語の語彙の特色

語種として，日本語に元からある語彙（固有語）と他の言語から輸入した語彙（借用語・外来語）があることは他の言語と同様だが，日本語の固有語である和語に対して借用語である漢語の語彙が非常に多いことが特色の一つである。借用語・外来語という用語については，ここでは借用語は他の言語から入った語彙を指し，外来語は漢語以外の，西洋語に限らずカタカナで表記される外国語起源の語彙を指すことにする。すなわち，固有語として和語，借用語として漢語と外来語があり，さらにこれらを組み合わせた混種語があるということである。なお，別の考え方では借用語は一時的に外国のことばを借りて用いる場合で，日本語に定着したものを外来語と呼ぶことがある。その場合は外

来語に漢語も洋語（西洋語）も含まれることになる。

●**語種による特色**――国立国語研究所の1964（昭和39）年の調査によれば、雑誌における語種の割合は異なり語数で漢語47.5％、和語36.7％、外来語9.8％、混種語6％であり、話しことばの場合（野元他 1980）は異なり語数で和語46.9％、漢語40.0％、外来語10.1％、混種語3％である。延べ語数では、前者の場合、和語53.9％、漢語41.3％であり、後者の場合は和語71.8％、漢語23.6％であるから、よく使われる基本的な語は和語が多いが、単語の種類でいうと漢語が多いことがわかる。

和語・漢語・外来語・混種語という語種の違いを利用して、「やど/旅館/ホテル、さけ/洋酒、ぶどう酒/ワイン、とりけし/解約/キャンセル」などのように同じ意味分野のものやことがらの細かい違いを表し分けている。普通、和語のほうが大まかな種類を表し、漢語と外来語はそれぞれ意味範囲が狭い。

漢語に限らず和語でも同じ意味分野の同音語が多いことも日本語の語彙の特徴である。これは漢字が存在することによる特色である。大まかな意味の範囲を同音で表し、細かな意味の違いを漢字の書き分けにより明らかにすることができるからであり、「科学/化学、市立/私立」などの漢語だけでなく、和語の場合も「油/脂」のように本来区別していなかった「あぶら」が漢字の表記の違いで区別されるようになっている。「計る/測る/量る/諮る/謀る/図る」なども、同音語か別語かの識別に漢字が役立っている例である。

●**意味的な特色**――金田一（1988）によれば日本語は自然を表す語彙が豊富である。なかでも雨、風などの気象を表す語（しぐれ、さみだれ、つゆ、すずかぜ、こがらし、など）や、地形（さか、おき、なだ、え、せ、す、はま、いそ、なぎさ、など）、植物、魚、鳥、虫を表す語が多く、星、鉱物、牧畜関係は少ない。人体の部位を表す語も英語などに比べて大まかである（て：hand/arm、あし：foot/leg など）。確かに、動詞も英語などに比して概して大まかだが（歩く：walk, amble, hike, lumber, plod, saunter, stagger, stride, stroll, stomp, toddle, totter, trudge, waddle, wander, …；わらう：smile, grin, beam, smirk, sneer; laugh, cackle, guffaw, chuckle, giggle, snicker, snort, …など）、日本語では擬態語などの副詞をともに用いることで細かい違いを表している（のろのろ歩く、のっしのっしと歩く；にっこり笑う、げらげら笑う、など）。心理内容を表す感情関係の語彙が多いのも日本語の特徴である。

「ワンワン/ニャーニャー/コケコッコー」や「ガラガラ、ドンドン、ドシン、ビュービュー」など音と意味のあいだに有縁性のある擬声語（擬音語）をもっている言語は多いが、日本語は擬声語のほかに擬態語の体系が整っていることも特徴である。たとえば、「コロ」には「コロコロ、コロリ、コロッ、コロン、…」という系列があり、濁音の「ゴロ」も「ゴロゴロ、ゴロリ、ゴロッ、ゴロン、…」と並んでいる。通常の語彙と違って、擬態語にも音と意味のあいだにある程度有縁性が認められる。

擬態語における音と意味の対応には次のような傾向がある。i：早い、細かい、a, o：遅い、ゆっくり、e：品のない；k, t：堅い、m：やわらかい、s：摩擦、など。清音：小さい、軽い、鋭い、美しい；濁音：大きい、重い、鈍い、汚いなど。語形についても象徴性があり、繰り返しの畳語形は1回でなく何回も繰り返すことを表し、リがつくとなめらかさ、ゆっくりした感じがする。ッは1回性、瞬間性などを表す。ンは軽やかさや余韻のような感じを与える。擬態語には触覚、視覚、気分や心理状態に

関するものは豊富だが，味覚と嗅覚に関するものは少ない。味覚はピリピリ，カーッ，トロリ，など，嗅覚はツン，プーンなどだが，これらは味覚や嗅覚というよりは触覚というべきかもしれない。聴覚（擬声語）のなかでは虫の鳴き声が目立って多い。

● **位相による特色**——どの言語にも位相差があるが，日本語の語彙にも地域方言のほかに男性語・女性語，職業語・専門語・若者語などの集団語，敬語，話しことば・書きことばなどがある。男性語・女性語は人称詞・感動詞・終助詞に男女の対応が見られる。敬語のうち，尊敬語には「いらっしゃる」などの独特の語形をもつものと「お〜になる」「〜られる（受身形）」など動作性を間接的に表す形式を使い，謙譲語には「まいる」などの独特の語形のもののほかに「お〜する・いたす」のように動作性を表す形式を使う点が特徴的である。

➡ 語種（3-D），多義の構造（3-E），音象徴語（3-D），語感（3-E），ことばの階層差（6-B），集団語（6-B）

● **参考文献**

金田一春彦（1988）『日本語（上）』（新版）〈岩波新書〉岩波書店.

国立国語研究所（1962）『現代雑誌九十種の用語用字』（第 1 分冊）〈国立国語研究所報告 21〉秀英出版.

［広瀬正宜］

C──語のなりたち

■ **語**

語は，言語の最も基本的な単位である。一定の形態と意味をもつという語彙論的な性質と，文を構成する要素となるという文法論的な性質とを合わせもつ。その言語の音韻体系にのっとった一続きの音形（音節の連続）から成り，その言語特有の捉え方で言語外の現実を切り取った 1 つの断片（人・物・事，動き・変化，状態・性質，空間・時間など）を名づける。われわれは現実世界を叙述したり何かを伝え合ったりするとき，その言語に用意されているいくつかの語を一定の規則（文法）に従って組み合わせて文を構成し，その文を単位として言語活動を行う。

この，文を構成する要素（文の成分）となるということは，語の重要な構文的な機能であり，また語の形態論的な性質（とくに語形変化の有無）とかかわる。名詞は，主語やさまざまな補語となることが基本的な機能であり，その役割をはっきり示すために格助詞という文法的な形式を伴っていわば曲用（declension）し，「〜が，〜を，〜に，〜で，〜と」などの形で文の成分となる。動詞は，文の述語の基幹となってさまざまな事態をさまざまな捉え方で叙述するために，活用（conjugation）したり助動詞その他の文法的な接尾辞を伴ったりする（「食べろ」「食べれば」「食べさせられたかったらしい」）。副詞・感動詞は，それぞれ連用修飾語・独立語になることが主たる機能であるため形態論的な変化を必要としない。

語の音形と意味との結びつきは，一般に恣意的（無契的 unmotivated）である。やや例外なのは音象徴語（擬声語・擬態語）であり，音象徴語は音形と意味とにある程度の有契性（動機づけ）があるとされる。確かに，「犬がワンワンなく」「ドアをどんどんたたく」「肩をとんとんたたく」「ぐるぐる回る」「くるくる回る」などは，日本語を母語とする者には，いかにも音や様子を生き生きと模写していて効果的に描写する表現だと感じられる。しかし，日本語を母語としない人にとっては必ずしもそうではなく，むしろこれらの語のニュアンスをきちんと習得するのは難しいことも多い。音象徴語もや

はり，言語一般と同じく社会的な約束事という性格をもっている。

　さて，語を上のように規定することができるとしても，また，人の素朴な言語意識として語という単位を認めうるとしても，すべての言語にあてはまるような語の規定はおそらくできない。日本語においても，ある出現形（音声連続）を語とするかどうかの判断は容易でない。語をどのように規定するかによって理論的にも認定の違いが生まれる。たとえば，学校文法でいう助詞・助動詞を語と認めるか否かによって，「映画が」「見たい」をそれぞれ1語とするか2語とするかが異なる。実用的・現実的にも語の認定の難しさにはいろいろな場合がある。

(1)切れ目の難しさが問題となることがある。

①複合語（すなわち1つの語）なのか単に複数の語が続いているだけなのか：要素の独立性が低いもの（「中肉中背」「男尊女卑」）や，要素の意味だけでは全体の意味がわかりにくいもの（「突然変異」「短期大学」）は，日本語の語彙体系のなかに既成のものとして存在していて複合語といってよいだろう。では，「入学試験」「卒業証書」「日本語教員養成講座」「時間外活動許可書」「三回転ジャンプ」はどうだろうか（これらは「臨時一語」といわれることがある）。なお，1つの事物を名づける形式を1つの語とするというのは，必ずしも望ましくない（「日本語教育学会第三代会長就任記念講演」）。

②一般の連語との区別が難しいもの：「やる気，いたるところ，思ったとおり，見渡す限り」「いい加減（嫌になる），若い衆」「床の間，気の毒」「どうしても（できない）」「このあいだ，ここへきて（急に寒くなった）」「やってくる，とってかわる，（役目を）かってでる」。これらのうちには，アクセント（「いい加減〈イーカゲン〉」「どうしても〈ドーシテモ〉」）や発音の際の音の変化（「やむをえない〈ヤモーエナイ〉」「しょうがない〈ショーガナイ〉」）が一

語性の目安になるものもある。漢字表記が1語という意識を支えることもある（「てのひら（掌）」「たけのこ（筍）」）。

(2)同一の語か否かの難しさもある。

①同音語（同音異義語 homonym）か多義語（polysemantic word）か：「いしを投げる（石）」「強いいしをもつ（意志）」「いしとして働く（医師）」の「いし」は，もともとまったく別の語で同音語である。「子どもがめをあける（目）」と「花がめをだす（芽）」の「め」は，語源的には同じとされるが，現代語としては別語だろう。一方，「子どもがおきる」と「事故がおきる」，「机を動かす」と「株価を動かす」とは，同じ語で1つの語に複数の意味のある多義語である。意味が近くても異なる漢字表記ができることで同音語という意識がもたれることがある。上の「め（目・芽）」以外にも，「かさ（傘・笠）」「かわ（皮・革）」「もの（物・者）」「かえす（帰す・返す）」など。ただ，漢字表記の違いのみに基づいて別語とするのは必ずしも正しくない（「なく（泣く・鳴く）」「はる（貼る・張る）」「あう（会う・合う・遭う）」「みる（見る・診る・観る・看る）」「はかる（測る・計る・図る・諮る・謀る）」）。

②転成（文法的な接辞の付加によって品詞が変わることも転成とする）：転成によって生じた語と元の語との意味の違いが意識されやすい場合は，別語としやすい（「こおり [←こおる]」「うがった [←うがつ]」「思わず [←思う]」「つまり・つまらない [←つまる]」）。しかし，「かかり」「こたえ」「よく（休む）」「あつく（御礼申しあげます）」「いたく（感激した）」などを「かかる，こたえる，よい，あつい，いたい」と別語とするかどうか基準は明瞭でない。

③音の変異：子音の調音のしかたの近さによる変異（「さびしい/さみしい」「むずかしい/むつかしい」）や，文体・場面などにかかわる音

の変異(「やはり/やっぱり/やっぱし」「あまり/あんまり/あんまし」「まるい/まあるい」「ほんとう/ほんと」「おおきい/おっきい」)がある。これらは,確かに音形は異なるが,別語というよりも,同一語の外形上の変異というべきだろう。

④外来語の表記:実際の発音はほぼ一定しているのに複数の仮名表記がなされるものがある(「ヴァイオリン/バイオリン」「ウイスキー/ウィスキー」「ティッシュ/ティシュー」)。これらもそれぞれ同一の語といってよい。

(3)表記におけるニュアンスの差:1つの語は,漢字で書いても仮名で書いても同一の語である(「山/やま」,「桜/さくら/サクラ」)。ただ実際の文字使用において,「奴」「ヤツ」「俺」「オレ」「こと」「事」「綺麗」「きれい」「キレイ」などを,微妙なニュアンスの違いを表現し分けるものとして書き分ける場合もありうる。これは,複数の文字体系を日常的に用いている日本語の表記の特徴ともいえる。

語の認定の難しさは次のようなときにも意識される。

①語の計量:語彙調査などで語数を数えるとき,語の認定は直ちに問題となる。日本語は漢字仮名交じり文で表記するとき,普通,分かち書きをしない。したがって,英語その他と違って,表記を目安にして便宜的に語を認定することもできない(したがって,日本語では「500語で作文せよ」という指定はしにくい)。実際の語彙調査では,必要に応じて操作的に規定して調査を進めざるをえない。「学習基本語彙」「初級で導入すべき1000語」などの選定においても,同様の問題が起こる。

②辞書の見出し語:同音語ならば別見出しにし,多義語ならば1つの見出しのなかで複数の意味を説明することが必要だが,判定は必ずしも容易ではない。また,活用する語の個々の活用形や助詞・助動詞のついた形は,普通,見出し語としないが,上に述べた「つまり」「思わず」などは見出し語とする必要があろう。「浮かれる」「泳がせる」なども,単に「浮く」「泳ぐ」に「-れる」「-せる」がついたものではない独特な意味を表す語として見出し語にすることが多い。これらを「浮く」「泳ぐ」とは別の語とみなすか否かは別として,辞書では種々の語彙要素を見出し語とする必要がある。

③分かち書きの単位:初級日本語教科書では分かち書きがなされることがある。基本的には,語ではなく文節による分かち書きであるが,ひらがな表記とローマ字表記とで,助詞の扱いが異なることがある。

たろうが ほんを かいました。
Taro ga hon o kaimasita.

また,動詞に補助動詞のついたもの(「貸してあげます」「破れてきています」)の扱いも問題となる。

語は,品詞性,語構成,語種,文体的特徴,位相などの面からそれぞれに性質を考えることができ,さまざまな下位分類がなされうる。それについては,個々の項目を参照されたい。

なお,「語」と「単語」とは同じ意味で用いられるのが普通であるが,山田孝雄は両者を区別する。山田は語構成の面から「単語」(いわゆる単純語と派生語)と「合成語」(いわゆる複合語)を区別し,それらをまとめた上位の概念として「語」を用いる。

➡語の形 (3-C),語の分類 (3-D),形態素 (3-C),語構成 (3-C)

● 参考文献

斎藤倫明 (2004)『語彙論的語構成論』ひつじ書房.
阪倉篤義 (1966)『語構成の研究』角川書店.
西尾寅弥 (1964)「単語認定の基準」『講座現代語6 口語文法の問題点』〔西尾寅弥 (1988)『現代語彙の研究』明治書院,に所収〕.

野村雅昭（1977）「造語法」『岩波講座日本語　9　語彙と意味』岩波書店．
宮岡伯人（2002）『「語」とはなにか』三省堂．
［早津恵美子］

■語彙要素

語は語彙論的な性質として，一定の形態と意味をもつが，その点において語に類する単位は語以外にもあり，それらを「語彙要素，語彙項目，語彙素，lexical item」ということがある。国語辞書は基本的には語を集めたものだが，見出し語になっているのはいわゆる語だけではなく，種々の語彙要素（「ご-」「-屋」「本格」「髪の毛」「ふんだりけったり」「これみよがし」）を含むことが多い。「学習基本語彙」というときも，いわゆる語だけを指しているわけではない。「語彙（vocabulary）」は普通，一定の範囲（時代，地域，作品，個人など）に用いられる語の総体とされるが，実はこれらさまざまな語彙要素の総体といえるかもしれない。

語以外の語彙要素として次のようなものがある。

(1)接辞や造語成分：「お-，非-，-屋，-っぽい，-こむ（走りこむ），-たて（焼きたてのパン）」「卒，稚，哲，協」「国際，合理」。

(2)連語（助詞・助動詞を語とするかどうかで語とするか連語とするかが異なるが，次のようなものがある）：①2つ以上の付属語：「(やる)からには，(彼)ならではの(計画)」，②自立語＋付属語：「時の(首相)，頭から(反対する)，それどころか，見るからに，(学生)として，(教育)について」，③語＋接辞：「おかっぱ，おにぎり，おさむい(予算)，ご多分(にもれず)，赤ちゃん，坊さん，高み(の見物)」，④2つ以上の自立語（語の意味と通常の構文関係からは推し量れない独自の意味をもっているもの）：「この間(引っ越した)，やる気，心ゆくまで，ここへきて(急に寒くなった)，床の間，女の人，身のほど，身のまわり」。

(3)慣用句（比喩的な固定連語）：「腹がたつ，だらしがない，猫も杓子も」。

どのような概念を表すものがある言語の語彙要素として存在するかは，それぞれの社会慣習で異なり，言語によって一様ではない。一つは，現実世界の切り取り方の違いによるもので，ある言語で2つ以上の別の語で区別して表すものを他の言語では表し分けない場合である（こめ/いね/ごはん―rice，とけい―clock/watch）。もう一つは，切り取り方はほぼ同じなのだが，どのような単位で表すかが異なる場合である（足の裏―sole，女の人―woman，弟―younger brother，湯―hot water）。また，英語では'young'と'old'とが対をなす形容詞だが，日本語の「若い」に対立する形容詞（イ形容詞）はないというタイプもある。

さらに，日本語では語彙要素であるものが他言語には語彙要素としては存在しないものもありそうである。これは，必ずしも「わび，さび」など日本特有の文化とされるものに限らない。たとえば，「忘れ物」にあたる語を，単純語であれ合成語であれ，語彙要素としてはもたない言語もあるだろう。そういった言語を母語とする日本語学習者であっても，「忘れ物」という語が使われるのに接して意味がわからないときには，辞書で調べるなどして"理解"することができる。しかし，それにあたるものを日本語で"表現"しようとするときに，「忘れ物」という語が日本語にあることに気づくのは難しいだろう。ある概念を表す語（語彙要素）があるかないかが母語と学習語とで異なる場合，適切に習得するのはそれほど容易でない。「つき指，帰り道，かけ足，流し目，目うつり，目くばせ，あとまわし，行き違い，ありのまま」なども，語彙要素としてもっている言語は多くないかもしれない。

➜語構成（3-C）

● 参考文献

斎藤倫明（1995）「語彙素とその意味」『日本語学』5月号.

松下大三郎（1930）『改撰標準日本文法』中文館書店.

宮島達夫（1983）「単語の本質と現象」『教育国語』74〔宮島達夫（1994）『語彙論研究』むぎ書房，に所収〕

［早津恵美子］

■形態素

　形態素とは，意味を有する最小の言語単位をいう。「ハナタバ（花束）」という語は，「ハナ」と「タバ」という，いずれも意味をもった単位に分けることができる。これらをさらに「ハ」と「ナ」，「タ」と「バ」に分けると，それぞれはもはや意味をもたない形式となる。「ハナ」と「タバ」は形態素であるが，「ハ」「ナ」「タ」「バ」は形態素ではない。「クサバナ（草花）」は，「クサ」と「バナ」という2つの形態素から成る語である。ただしこの「バナ」は，上の「ハナ」と意味が等しく，「クサ」と結合することで音形が変化したものだと考えられる。このように，語彙的な意味が等しく，ほかの形式との結合によって音形が変化するもの（多くはその変化の理由が説明できる）は同じ形態素とみなし，変異形のそれぞれを「異形態（allomorph）」という。「おさけ（お酒）」「さかや（酒屋）」「ひやざけ（冷酒）」の「サケ/サカ/ザケ」，「いっぴき（一匹）」「にひき（二匹）」「さんびき（三匹）」の「ピキ/ヒキ/ビキ」も異形態である。

　形態素が単独でまたは2つ以上結合して，現実の一断片を名づけ，文を構成しうる形となったものが語である。「はな」「たば」「くさ」は単独で語となれる形態素である。単独では語となれない形態素には次のようなものがある。①付属語（助詞・助動詞），②接辞（接頭辞・接尾辞），③いわゆる造語成分としての字音語（「医者」「校医」の「イ（医）」，「学問」「医学」の「ガク（学）」），④実質的な意味をもっていて接辞とはいいにくいが造語成分ともやや異なるもの（「国際，学際，民主，合理，積極，本格」，などである。

　外来語の形態素のうちには，日本語で独特な意味を発達させているもの（「シルバーシート」「マイカー（単に"私の車"ではない）」）や，原語の一部分が日本語で形態素となっているもの（「ハイテク産業」「バイト代」「大型スーパー」）もある。

　形態素は原則的には意味をもつ単位であるのだが，複合語や慣用句の要素のなかには，ある共時態において必ずしも意味が明瞭でないものもある。たとえば，「すき焼き，まな板，耳たぶ，くちびる，やけくそ，大雑把，うさんくさい，しがみつく，ぶりかえす，手つだう，口ずさむ，あわてふためく，だまりこくる，やたらめったら，メリケン粉，ステンドグラス，ミルクセーキ」「うだつが上がらない，めくじらをたてる，あっけに取られる」などである。これらは「無意味形態素」とも呼べるほどのものであるが，複合語や慣用句の要素としての形態素には，意味が明瞭なものからそうでないものまで，さまざまな段階のものがある。複合語や慣用句は，要素の組み合わせ全体で現実の一断片を名づけているのであるから，要素の意味が希薄であってもかまわないのである。

●「語基」と「語根」── 共時的な認識として，ある語の基幹的な要素とみなされるものを「語基（base）」という。「くらさ（暗さ）」「子どもっぽい」「悲しがる」「お菓子」「うら寂しい」の下線部が語基である。語構成の観点からいう「単純語」は，語基1つから成る語（「花」），「複合語」は2つ以上の語基から成る語（「花束」），「派生語」は語基と接辞から成る語（「花屋」）である。

一方「語根（root, radical）」は、通時的な分析によって理論的に抽出して得られる要素である。たとえば「くらさ kurasa」「くらむ（眩む）kuramu」の〔くら kura〕を、「くれ（暮れ）kure」「くろ（黒）kuro」と比較して、過去のある時点の言語意識としてこれらに共通する意味の存在を求めうるとするとき、それを担う要素として〔kur〕を抽出し語根とする。語根は語基の内に含まれることも語基と一致することもある。

なお、「語基」はまた、活用する語に関して、「語幹」の認め方との関係で用いられることもある。五段活用動詞「書く」の語幹として、学校文法では「か」をたてるが、「kak-」という子音語幹をたてる立場がある。「かく」の「ば」に続く形「かけば kakeba」は、学校文法では "語幹「か」＋活用語尾「け」＋接続助詞「ば」" と分析されるが、後者の立場では、語幹「kak-」が「e」で延長された「kak-e-」に「ば」がつくと考え、この「kake-」を語基とする。

➨語と形態素（2-B），複合語（3-C），語構成（3-C），漢語の構造（3-C）

●参考文献

服部四郎（1950）「附属語と附属形式」『言語研究』15〔服部四郎（1960）『言語学の方法』岩波書店，に所収〕

宮地裕（1977）「現代洋語の構成」『国語国文』46-5．

宮島達夫（1972）「無意味形態素」『ことばの研究』〈国立国語研究所論集4〉秀英出版〔宮島達夫（1994）『語彙論研究』むぎ書房，に所収〕．

森岡健二（1984）「形態素論——語基の分類」『上智大学国文学科紀要』1．

［早津恵美子］

■連語

連語とは、2つ以上の語が組み合わさって、1つの語よりも複雑ではあるが一まとまりをなす概念を表すものをいう。「語」の認定とかかわって、大きく異なる2つの捉え方がある。①付属語（助詞・助動詞）も語とする立場では、「作文を」「書かせた」「遠足について」「について」などが連語となり、②自立語のみを語とする立場では、「作文を書く」「友達に会う」「のろのろ歩く」「広い家」「資源に乏しい」「本とノート」などが連語である。①の立場では、「書かせた」のように活用する助動詞と他の語とが結びついて1つの用語のようにはたらく連語を「活用連語」、「について」のように助詞と他の語とが結びついて助詞のようなはたらきをするものを「助詞相当連語」ということがある。「食べさせられたかったらしい」は1つの長い活用連語であり、助動詞の結びつく順序には一定の決まりがあることが知られている。また、助詞相当連語において助詞と結合している語（「について」「をめぐって」）には、もともと独立の語であったものがその語彙的な意味を希薄にして文法的な要素になったと考えられるものが多い。③なお、国語辞書で、「なにがなんでも」「もしかすると」「かもしれない」のように、組み合わせが緊密で要素の意味から全体の意味を推し量りにくい形式を見出し語とするときに、その品詞表示にかえて「連語」と記されることもある。

②の立場ではさらに、単に複数の自立語から成る形式というだけでなく、2つまたは3つ以上の自立語が、1つが軸となり、他がそれに従属する関係で組み合わさって現実の1断片を名づけているもの（「作文を書く」「友人に会う」「のろのろ歩く」「広い家」「資源に乏しい」）を「連語」（「単語結合，語連結」とも）とすることがある。意味的には、軸となる語（「書く」「会う」など）の語彙的な意味を、従属する語

(「作文を」「友人に」など）が狭めるというかたちで結びついている。そしてこのような連語では，連語の要素である語の語彙的な意味（とくに，文法的な意味とかかわる共通の一般的な語彙的意味）と，連語の構造としての文法的な意味とが相互に影響を及ぼし合っている。たとえば，「割る，つぶす，折る」という動詞は，語彙的な意味はそれぞれ少しずつ異なるが，共通の側面として"具体物に働きかけて物理的な変化を引き起こす"という一般的な意味をもつ。そして，その反映として，これらの動詞（V）はいずれも〔具体物ヲ V〕という構造の連語を作り（「くるみを割る」「箱をつぶす」「枝を折る」)，この構造は"具体物の変化の引き起こし"という文法的な意味を表す。また，「入れる，しまう，貼る」は，"具体物にはたらきかけてそれを他の具体物に含ませたり取り付けたりする"という共通の意味側面をもっていて，〔具体物ヲ 具体物ニ V〕という構造を作り（「本を袋に入れる」「人形を箱にしまう」「切手を葉書に貼る」)，この構造は"具体物の付着"といった文法的な意味を表す。

個々の連語はこのようにして，構造としての文法的な意味の共通性によっていくつかの連語型にまとめられるのだが，それぞれの連語型はパラディグマティックな体系をなしてもいる。上で〔具体物ヲ 具体物ニ V〕という構造を見たが，いわゆる格体制としては同じ「〜ヲ〜ニ V」であっても，動詞が「入れる」類とは異なる語彙的意味をもち，名詞も具体物ではなく人や空間や抽象物を表すものは，異なる構造の連語型となる。「譲る，渡す，あげる」などの授与動詞は，〔物ヲ人ニ V〕という連語（「財産を娘に譲る」「花束を先輩に渡す」）を，「伝える，話す，連絡する」などの伝達動詞は，〔情報ヲ人ニ V〕という連語（「日程を部長に伝える」「秘密を人に話す」）を，「運ぶ，降ろす，移す」などの運搬動詞は，〔物ヲ空間ニ V〕という連語（「椅子を廊下に運ぶ」「積荷を陸に降ろす」）を，「命じる，言いつける，すすめる」などの動作要求動詞は，〔動作ヲ人ニ V〕という連語（「調査を部下に命じる」「掃除を妹にいいつける」）をそれぞれ作り，これらの連語型は相互に関連している。

● **語彙指導との関係**——語彙指導，とくに動詞やある種の形容詞・名詞の意味や用法の指導には，②のような，語彙と文法とのかかわり，連語の型とその要素としての単語の意味とのかかわりという観点からの連語の捉え方が有効である。「働く」と「勤める」は，「工場で働く」「工場に勤める」のように，異なる格の名詞をとるが，それは，「働く」が「外で遊ぶ」「海で泳ぐ」「二階で勉強する」のような〔空間デ 具体動作〕という連語をつくる動詞であるのに対し，「勤める」は「営業部に所属する」「球団に勤務する」「弁護団に加わる」のような〔組織ニ 所属〕といった連語をつくる動詞であることが関係する。多義語である「あげる」は，授与動詞としては「後輩に辞書をあげる」という連語（〔物ヲ人ニ V〕型)，運搬動詞としては「二階に机をあげる」という連語（〔物ヲ空間ニ V〕型）を作る。また，「くるみを割る」と「卵を皿に割る」を比べると，後者の「割る」には"割り入れる"に近いニュアンスが感じられるが，それは，普通は〔具体物ヲ V〕という構造を作る「割る」が，〔具体物ヲ 具体物ニ V〕という構造で使われることにより，その構造のもつ文法的な意味（"具体物の付着"）が，要素である「割る」に影響しているのである。形容詞（Adj）「甘い，からい」は，「人ニ Adj」という連語になるときに，味覚ではなく他に対する心情的な態度をあらわす（「娘に甘い」)。

なお，かつて，「syntax（構文論）」を「連語論」ということもあったが，現在ではそういった使い方はほとんどされない。

→慣用句 (3-C), 語彙指導 (8-B), 語の用法 (3-F)

● **参考文献**

奥田靖雄 (1976)「言語の単位としての連語」『教育国語』45.

橋本進吉 (1931)『新文典別記 口語篇』富山房.

松本泰丈 (1995)「単語・連語・慣用句」『日本語学』14-5.

[早津恵美子]

■ **慣用句**

慣用句とは，2つ以上の自立語が固定的に組み合わさって一定の意味を表しているものをいう。「腹が立つ（"いかる"）」「肩をおとす（"がっかりする"）」などである。普通の組み合わせとは異なり，要素である語の語彙的な意味と構造のもつ文法的な意味とから全体の意味を推し量ることが難しい。その言語にすでに用意されている既成の単位であって，組み合わせ全体で，現実を切り取った1つの断片を指し示し，文を構成する要素となる。その点で，本質的には「語」に相当する言語単位といえる。

組み合わせの固定性が高いことは，要素のあいだに別の語を入れたり，要素の一部を入れ換えたりということが，慣用句としてはしにくいことにもうかがえる（「*腹がとてもたつ，*肩をひどくおとす」「*おなかが立つ，*肩をおっことす」）。他の語との格関係も慣用句全体として定まっている（「～に［腹が立つ］，～から［足を洗う］，～と［手を切る］」）。要素の語の形の変化に限定のあるもの（「根も葉もない」「論をまたない」「あっけにとられる」）や，修飾する語がかなり限定されているもの（「湯水のごとく使う，指をくわえてみている，雪のように白い，猫の手も借りたいほど忙しい，蚊のなくような声，鼻をつくにおい」）もある。あまり慣用句と意識されないもののなかにも，語の組み合わせがかなり固定しているもの（「碁をうつ，将棋をさす，すもうをとる，ピアノをひく」）や，その組み合わせならではの意味をも実は表しているもの（「風呂に入る（"入浴する"）」「大学をでる（"卒業する"）」）がある。

慣用句は，語の普通の組み合わせとの関係からいくつかのタイプに分けられる。①普通の組み合わせとしての意味も慣用句としての比喩的な意味ももつもの：「骨を折る（"骨折する"と"苦労する"），油を売る，頭があがらない，指をくわえて，泣いても笑っても」など，②要素の語はいずれも，他のいろいろな語と組み合わせうるのだが，その組み合わせはもっぱら慣用句として使われるもの：「間にあう，腹がたつ，手に負えない，胸がおどる，猫も杓子も，火の車」など，③その慣用句のなかでしか使われず意味もはっきりしない語を含むもの：「らちがあかない，うだつがあがらない，肩身がせまい，気前がいい，てぐすねをひいて，ためつすがめつ，元のもくあみ」などである。

慣用句にはまた，事態に対する説明・評価・判断などを表すという点で文相当のものもある。これは主語・補語のような文成分とはなりにくく，文中で用いられるときは引用節となる（「急がば回れというじゃないか」「貧すれば鈍するとはよくいったものだ」）。

語の組み合わせが固定しているというのではないが，いわば枠組みとして固定している言い方がある。「AがAならBもBだ」（「親が親なら子も子だ」），「スルことはシタ」（行くことは行ったが何も手伝えなかった），「スルことはスル」（私も一応行くことは行きます）。これらは普通の辞書では見出し語となりにくく，意味がわからないときに調べにくい。

慣用句の成り立ちには種々あり，普通の組み合わせの比喩的転用によるもの（「首をかしげる」）のほか，故事に基づくもの（「蛍雪の功，弘法も筆のあやまり」），ある社会範囲に特有の

言い方が一般化したもの（「一目おく（←囲碁）」，王手をかける（←将棋）」），語呂合わせ的なもの（「のるかそるか，おしあいへしあい，やたらめったら」）などがある。なお，あいさつとしての決まり文句（「おかえりなさい」「おかげさまで」）も慣用句に含めることがある。

→決まり文句（4-A）

●参考文献

高木一彦（1974）「慣用句研究のために」『教育国語』38〔松本泰丈（編）（1978）『日本語研究の方法』むぎ書房，に所収〕．

宮地裕（1982）「慣用句解説」宮地裕（編）『慣用句の意味と用法』明治書院．

白石大二（1969）「解説・慣用句論」白石大二（編）『国語慣用句辞典』東京堂．

〔早津恵美子〕

■語の形

語の形とは，個々の語が客観的に認知されるための音素（phoneme）の種類と配列をいう。さらにアクセントや声調（tone）のような「かぶせ音素（suprasegmental phonemes）」をも指すことがある。たとえば，「雨」という語は/ame/のように3種類の音素の結合だが，その配列は決まっており，/a/の上にアクセントがあると規定できる。このような語の認定法は音韻論による語の定義となる。広い意味では，語の長短も語形の概念に含まれる。たとえば，「句/ku/」（1モーラ）と「空/kuː/」（2モーラ）は音素列は同じだが，語形は異なる。このように語形といえば，普通は語の音的側面を指すが，場合によっては語を書き表した文字の表記形（「「沖」と「冲」は語形が似ている。」）や文法上の形態（動詞「読む」の命令形の語形は「読め」だ。）を指すこともある。

語は一定の語形と一定の意味とが結びついた統一一体であるが，その結びつきは恣意的である。日本語は英語・フランス語・ドイツ語などに比べて，同音（異義）語が多いといわれる。これは，日本語は語を構成する音素の種類が比較的少ないうえに，音節構造が割に単純なためである。音素の種類は母音音素/a/ /i/ /u/ /e/ /o/，半母音音素/j/ /w/，子音音素/k/ /g/ /s/ /z/ /c/ /t/ /d/ /n/ /h/ /p/ /b/ /m/ /r/，特殊音素/Q/（促音），/N/（撥音），/R/（長母音）の23種類（ガ行鼻濁音を除く）である。音節構造は①1母音，②1子音+1母音，③1半母音+1母音，④1子音+1半母音+1母音，⑤特殊音素の5種類しかない。①〜④は，語頭・語中・語尾のいずれの位置にも現れるが，⑤は語頭には現れない。

同音（異義）語が多いと，意味伝達に支障をきたす。とくに漢語には「科学」vs.「化学」，「私立」vs.「市立」，「発音」vs.「撥音」のように，よく似た場面・文脈で使われる同音（異義）語の組があるので，語彙教育の面では注意して指導する必要がある。また，基本語のなかの単音節語は，実際の話しことばでは「葉→はっぱ，背→せい，名→なまえ」のように語形を長大化することによって，同音衝突を回避する傾向がある。

これまでの調査報告によると，辞書に採録されている見出し語の平均音節数は，4〜5音節だという。第1位は4音節語で約40％を占めている。新語や専門用語，借用語で元は長い音節のものでも，3〜4音節の略語となる場合が多い。音節数から日本語の語形を見ると，3〜6音節に約90％の語が集まっている。また，語形の長さを語種により比較すると，異なり語で漢語は2〜4音節語が全体の約97％を占めるという。そして，漢語→和語→外来語の順に長い語形をもつ語が多くなっている。

●語形から見た和語らしさ──日本語は語形上，同母音の連続が多い（例：山川/yamakawa/）。なかでも母音の/a/や/o/が多く，反対に/e/が最も少ない。語形から見た固有日本語

（和語）らしさに関して，国立国語研究所（1984）を基にまとめると以下のようになる。①拗音節よりも直音節のほうが和語らしい。②語頭に濁音/g//z//d//b/や半濁音/p/が立つと和語らしくない。立った場合は，いわゆる擬音語・擬態語などの音象徴語（「ゴロゴロ，ザーザー」）か俗語（「ばてる，ぱくる」）で，それ以外は外来語である。ただし，漢語には語頭p音は存在しない。③語頭ラ行音は和語らしくない。④語中・語尾のハ行音節は和語らしくない。⑤促音/Q/や撥音/N/は漢語や外来語であるという印象を与えたり，卑俗感を伴ったりすることが多く，固有日本語の和語としての日本語らしさを低める。

このように固有日本語（和語）らしさを決める要因としては，個々の音素の種類，その出現位置や出現頻度がかかわっている。日本語学習者にとって語形から和語を判断するのは難しいが，日本語にはない音素列を提示することによって，固有日本語の和語として日本語らしい語形と日本語らしくない語形とを見極める力を養うことは重要であろう。

日本語教育では，文字・語彙の指導も一般に音声形式に関する指導から入る。ひらがな・カタカナの指導は字形の認識から始まり，音声と文字の結びつきを定着させる。漢字は形と音と意味の結びつきに重点を置いて指導する。初級学習者に対して「朝/asa/」と「汗/ase/」のような母音の違い，「茎/kuki/」と「空気/ku:ki/」のような短音と長音の区別，「来て/kite/」と「切って/kiQte/」のような促音の有無について認識させることは，指導上重要である。語形の指導は意味の理解・運用面で，音声教育と文字教育と語彙教育とが密接にかかわる問題である。

語形は，時の流れとともに変化するが，その過程で1つの語が2つ以上の語形をもつことがあり，この現象を語形のゆれと呼ぶ。日本語の語形のゆれとしては，①文法上のゆれ（感ずる─感じる，見られる─見れる），②発音・音韻上のゆれ（さびしい─さみしい，さんかい─さんがい），③表記上のゆれ（行う─行なう，コンピューター─コンピュータ）などに分けられる。これらは言語変化の過程で共存する複数の形式であり，語形変化とは区別されねばならない。

→語彙指導（8-B），語の変化形（3-C），語の通時的変化（3-I）

● 参考文献

秋元美晴（2002）『よくわかる語彙』アルク．
小池清治他（編）（1997）『日本語学キーワード事典』朝倉書店．
国立国語研究所（1984）『語彙の研究と教育（上）』〈日本語教育指導参考書12〉大蔵省印刷局．

［山崎 恵］

■ 語の変化形

● 活用形──語の変化形としては，まず語が文中で一定のはたらきをするために形を変える活用形がある。日本語の動詞・形容詞はテンス・肯否などにより語尾が変化し，活用する。このうち，辞書の見出しに挙がっている形をその語を代表する形とみて，基本形（辞書形）という。

いわゆる学校文法では，現代語の動詞には未然形・連用形・終止形・連体形・仮定形・命令形の6つの活用形があるとする。しかし，日本語教育では未然形のうち助動詞「ナイ」に続く形をナイまで含めてナイ形，助動詞「ウ・ヨウ」に続く形をウ・ヨウまで含めてウ・ヨウ形（意志形/意向形），連用形は後接するマスまで含めてマス形，終止形（形が同じ連体形も同様）は辞書形（基本形）というように呼ぶことが多い。また，「書いて，飲んで，立って」のような連用形の音便形を接続助詞「テ」まで含

めてテ形と呼ぶ。仮定形もこの呼び方のほかに、後接する「バ・レバ」まで含めてバ・レバ形と呼ぶ場合もある。

形容詞と形容動詞については、いわゆる学校文法では別の品詞であるが、もっぱら体言を修飾する機能をもつ点で共通している。そこで日本語教育では「美しい花」vs.「きれいな花」のように名詞（体言）を修飾する際の形式の違いに注目し、前者をイ形容詞、後者をナ形容詞と呼び、形容詞の下位分類とする。

日本語教育では動詞・形容詞の活用形は初級段階で学習する。動詞の基本形（辞書形）はすべて/-u/で終わるが、活用の種類により五段活用動詞（子音語幹動詞）、一段活用動詞（母音語幹動詞）、不規則活用動詞（「来る」と「する」の2語）の3種に分類されることをまず理解させる必要がある。その後、基本形（辞書形）あるいはマス形からテ形に変換する規則を教え、十分に定着させておくことが望ましい。イ形容詞とナ形容詞は活用が異なるが、「きれいな、嫌いな」などはイ形容詞と間違えて「きれくない、きれかった」のようにイ形容詞と同じ活用をさせる誤用が学習者には見られるので、注意が必要である。「～たい、～らしい」などの助動詞の活用形はイ形容詞と似た変化をすることに気づかせると、学習者は記憶しやすくなる。

語形変化の方法としては、音の交替（「煙」/keburi/→/kemuri/）、音の添加（「春雨」/haruame/→/harusame/）、音の脱落（音節の脱落：「蓮」はちす→はす、母音の脱落：「抱く」いだく→だく、子音の脱落：「一日」つきたち→ついたち）、音の転倒（「新し」/aratashi/ vs. /atarashi/、「腹鼓」/haratudumi/ vs. /haradutumi/）、形態素の反復（「泣く泣く」、「ころころ」）などがある。動詞の活用は五段活用動詞（子音語幹動詞）の場合、/-a, -i, -u, -e, -o/のような母音交替によるし、一段活用動詞（母音語幹動詞）の場合、/-ru, -ro/のような接辞の添加によっている。

日本語の動詞の自他（「上がる」vs.「上げる」）、品詞の転成（形容詞「大きい」→名詞「大きさ」）などは語形変化を伴うことが多い。略語化における語形変化も注意を要する。「日教組」（←「日本教職員組合」）は語形が単に短縮化しているだけでなく、「組」が訓読みから音読みへ転換している。「アメフト」（←「アメリカンフットボール」）や「からオケ」（←「からオーケストラ」）では促音節や長音節が脱落し、「国研（こっけん）」（←「国語研究所」）では促音節に交替している。このような語形変化は日本人にとって無意識的であるが、外国人学習者にとっては理解しにくいものである。

●話しことばにおける語の変化形── また、話しことばではできるだけ少ない労力で効率的に伝達しようとする「経済の原則」がはたらき、語形が変化する場合が多い。たとえば、「それは」が「そりゃ（あ）」、「～では」が「～じゃ」、「～てしまう」が「～ちゃう」、「～ておく」が「～とく」のように音韻融合を起こし、語形が短小化・簡略化している。このような形を縮約形（融合形）という。拍数が減少しないので、縮約形とはいえないが「～のだ」が「～んだ」、「わからない」が「わかんない」のように撥音化したり、「万国旗（ばんこくき）」が「ばんこっき」、「あたたかい」が「あったかい」と促音化したり、「すみません」が「すいません」と音声的変異形となっているのも、発音を容易化するためであろう。話しことばでは「先生（せんせい）」が「せんせ」、「本当（ほんとう）」が「ほんと」と出現形としては短音化する例も日本語学習者には注意を促すべきである。また、「痛い」が「いてえー」、「わたし」が「あたし」、「やはり」が「やっぱり/やっぱし」などのように発音されると俗語感を伴い、文体差が生じるが、これらも語形変化に含めて

考えることもできよう。

ほかにも誤った語源意識（民間語源）によって語形が変化する場合がある。たとえば「一生懸命」は元の「一所」を「一生」に誤って用いるようになったもので，心理的な要因ともかかわっている。

➡語の形（3-C），活用（2-B）

● 参考文献

小池清治他（1997）『日本語学キーワード事典』朝倉書店．

国立国語研究所（1985）『語彙の研究と教育（下）』〈日本語教育指導参考書13〉大蔵省印刷局．

［山崎 恵］

■ **語構成（語彙論から）**

語構成は，1つ以上の形態素から成る語の組み立てと，語全体の文法的・意味的関係を扱う。語構成はこのほか新しい語がどのように造られるかという観点から語の成り立ちを論じる場合があるが，この成立過程を扱うのは造語法である。

語の構成要素である形態素（morpheme）は，普通，意味を有する最小の単位であると定義される。さらに形態素は，自立形態素と結合形態素に分類することができる。語構成の観点からいえば，単独で語を構成することができる自立形態素は語基に相当し，単独で語を構成することはできずつねに語基とともに用いられる結合形態素は接辞に相当する。たとえば，「山」「走る」「ペン」などは語基で，「お金」の「お」や「私たち」の「たち」などは接辞である。意味的に見た場合，意味が実質的で明確なものが語基で，文法的な意味合いをもつものが接辞である。普通，語基は語と同じように単独で使いうるものであるが，「近道」の「近（ちか）-」や「研究所」の「-所（じょ）」のように意味は明確でありながら，単独では使えないものもあ

る。なお，結合形態素のなかに助詞・助動詞などの助辞を含める立場もある。

語は，どのような要素から構成されるかによって，語基1つでできている単純語と2つ以上の語基からできている複合語，それに語基に接辞が結合してできた派生語に分けることができる。このうち複合語と派生語は，1つの語基に語基か接辞かを問わず他の構成要素が結合してできたものであり，これらを合わせて合成語という。なお，同一の語基が結合した畳語を合成語に含める場合もある。合成語のなかで最も多いのは複合語である。

単純語……………山・走る・ペン

合成語｛複合語……山里・走り回る・天地
　　　　（畳語……山やま・泣き泣き・ひろびろ）
　　　　派生語……お金・不必要・私たち・合理化｝

語構成の立場から単語を分類する場合には，歴史的にさかのぼらず，現代日本語の意識に基づいて単語を判定する必要がある。たとえば，「まぶた」はもともと「目＋蓋」からできた単語であるが，現代の意識としては1語であり，単純語であろう。また，「普通」のような二字漢語は，もともとは「普（あまね）く通じること，通じさせること」の意味であるが，現在ではそれが意識されず，構成要素である「普」と「通」の2つの形態素に分けにくく，単純語とするのが適当であろう。「ランデブー」のような外来語ももともとはフランス語の"rendez-vous"で複合語であるが，日本語では単純語として扱う。もう一つ注意しなければならないこととして，「機械化する」などの高次結合語の判定の問題がある。「機械化する」の構成は，「機械」に「化」という接尾辞がついてできた派生語に「する」という動詞がついてできた階層的な結合による語であるが，これは最終段階の結合である「機械化＋する」により複合語とする。

→語構成（文法論から）（2-B），形態素（3-C），単純語（3-C），複合語（3-C），派生語（3-C），合成語（3-C），接頭辞（接頭語）（3-C），接尾辞（接尾語）（3-C），漢語の構造（3-C），造語法（3-C）

● 参考文献

国立国語研究所（玉村文郎）（1985）『語彙の研究と教育（下）』〈日本語教育指導参考書13〉大蔵省印刷局.

斎賀秀夫（1957）「語構成の特質」『講座現代国語Ⅱ ことばと体系』筑摩書房.

斎藤倫明（2004）『語彙論的語構成論』ひつじ書房.

斎藤倫明・石井正彦（1997）『語構成』ひつじ書房.

阪倉篤義（1966）『語構成の研究』角川書店.

野村雅昭（1977）「造語法」『岩波講座日本語9 語彙と意味』岩波書店.

森岡健二（1984）「形態素論――語基の分類」『上智大学国文学科紀要』1.

［秋元美晴］

■ 単純語

単純語とは，「山」「走る」「普通」「ペン」などの1つの語基からできている語である。

「山」や「ペン」などの名詞は活用がないため単純語として認めることは容易である。しかし，動詞や形容詞のように活用のあるものは単純語として認定するときに問題が生じる。

動詞「走る」は，「はし-ら」「はし-り」「はし-る」「はし-れ」「はし-ろ」のように活用する。このうち「はしり」「はしる」「はしれ」は，その形態のままで語となることができるが，「はし-ら」「はし-ろ」は「はしらない」「はしろう」のように他の形態素と結合することによって初めて語として機能することができる。

このことから，自立語基のうち「はしり」「はしる」「はしれ」を自立形態，「はし-ら」「はし-ろ」を結合形態と分けて考えることがある。同じように活用語である形容詞のうち，限られたものであるが，たとえば「あつい」は，「あつ！」のように語幹のみで使うことができる。このため「あつい」は「あつ」を自立語基とし，それに接尾辞「い」が結合してできた派生語と考える見方がある。

一方，「おかあさん」の「かあ」や「まさに」の「まさ」のように，接辞と結合することによって初めて語になることができるものを結合語基とする考えがある。「おかあさん」の「かあ」は，確かに意味の中核を担ってはいるが，単独では語になりえず，接頭語「お」と接尾語「さん」とが結合して初めて語となるため，結合語基とするのである。

二字漢語に関しては，「読書」（書物を読むこと）などは和語の場合と同様に複合語と考えるが，「国際」「事故」などは分解不可能であり，普通，単純語とする。なお，「電話」はもともと「電話機による通話」であるが，現在では単純語とも理解される中間的な存在の語である。

「原発」「ファミコン」「輸出入」などの略語を1語基として単純語とするか，合成語とするかは問題である。

→語構成（3-C），漢語の構造（3-C）

● 参考文献

山本清隆（1995）「単純語・複合語・派生語」『日本語学』14-5.

［秋元美晴］

■ 合成語

1つの語基から成る語を単純語というのに対して，1つの語基に他の語基，あるいは接辞が結合してできた語を合成語という。

合成語は，複合語と派生語に分けることができる。複合語は「山里（←山＋里）」「泣き暮らす（←泣き＋暮らす）」「天地（←天＋地）」「ホ

ームドラマ（←ホーム＋ドラマ）」のように複数の語基の結合によりできている語である。複合語の一種で同一の語基の重複によってできた「山々」「泣き泣き」「広々」のような語があるが，これらを畳語という。一方，派生語は「お-金」「男-っぽい」「無-理解」「ホーム-レス」のように語基に接辞「お」「っぽい」「無」「レス」が結合してできた語である。

　合成語は，次のように複合や派生を繰り返し，階層的に結合するものもあるが，複合語か派生語かの判定は最終段階の結合によって決まる。

(1) アンチ体制派
　　アンチ＋(体制＋派)
　　　　　　(派生語)
　　(派生語)

(2) 語構成論的研究
　　語＋構成＋論＋的＋研究
　　(複合語)
　　(複合語)
　　(派生語)
　　(複合語)

(1)(2)のような漢語の高次結合による構成はしばしば長大語を生産する。

　略語のなかには，合成語の構成要素の各部分が省略されてつくられた「原発（←原子力発電所）」「ファミコン（←ファミリー・コンピュータ）」などがある。また，「輸出入（←輸出＋輸入）」「送受信（←送信＋受信）」のような略熟語といわれるものがあるが，これらを合成語とするか1語基とするかは難しい問題である。

　合成語のなかには語の構成要素が結合する際に次のような変音現象が見られるものがある。
・連濁……例：やま＋さと→やま<u>ざ</u>と
・転音……例：さけ＋や→さ<u>か</u>や
・音便……例：ぶち＋なぐる→<u>ぶん</u>なぐる
・音韻添加……例：はる＋あめ→はる<u>さ</u>め

・半濁音化……例：ひき＋はがす→ひっ<u>ぱ</u>がす
　ただし，「みぎ＋ひだり→みぎひだり」のような和語の語基と語基が対等の資格で結合している並列構造のものは変音現象は見られない。
→語構成 (3-C), 語構成 (2-B), 複合語 (3-C), 派生語 (3-C), 略語 (3-C)

●参考文献
斎藤倫明 (1979)「形態素『深-』『浅-』とその合成語」『国語学研究』19.
斎藤倫明 (1998)「語構成要素の多義性と語の多義性——合成語の場合」『国語学研究』37.
　　　　　　　　　　　　　　　　[秋元美晴]

■複合語
　「春風」「走り回る」「天地」のように2つ以上の語基が結合してできた語を複合語という。複合語の品詞は，普通，その最終要素の品詞によって決定されるが，分類すると，複合名詞（「春風」）・複合動詞（「走り回る」）・複合形容詞（「名高い」）・複合形容動詞（「話し上手」）・複合副詞（「なおかつ」）などとなる。このうち，最も多いのが複合名詞で，ついで複合動詞，ずっと少なくなるが複合形容詞の順となる。

　複合名詞・複合動詞・複合形容詞の代表的な構造パターンを，語基の統語構造と並列構造という文法的性質を基にその意味関係を含めて以下に分類する。二字漢語は普通，1語基相当と考えられる。なお動詞の連用形は複合語の後要素となる場合は転成名詞となることが多い（N＝名詞，V＝動詞，A＝形容詞，NA＝形容動詞，AD＝副詞，(用)＝連用形，(幹)＝語幹)。

●複合名詞——
(1) 統語構造（語基と語基の間に主語・述語の関係や修飾・被修飾の関係などが認められるもの）
　1. 格関係

- N+V（用）……Nガ・ヲ・ニ……Vスル
  日-暮れ　金-持ち　里-帰り　海外-旅行
2. 連用修飾関係
- Vi（用）+Vii（用）……Vi シタ状態デ Vii スル
  立ち-食い　建て-売り　飲酒-運転
- A（幹）+V（用）……A ノ状態デ V スル
  早-起き　長-生き　苦し-まぎれ
- AD+V（用）……AD ノ状態デ V スル
  また-貸し　よちよち-歩き　特別-展示
3. 連体修飾関係
- V（用）+N……Vスル・シタ・シテイルN
  買い-物　空き-缶　落ち-葉
- A（幹）+N……A ノ状態ノ N
  近-道　長-雨　美-女
  このパターンは形容詞で名詞を修飾するもので，和語・漢語を問わず豊富である。
- NA（幹）+N……NA ノ状態ノ N
  きれい-事・邪魔-物・親切-心
4. その他の関係
- Ni+Nii……Ni ハ Nii ニ含マレル
  母-親　宝-物　大腸-菌
- Ni+Nii……Ni ヲ〜スルタメノ Nii
  歯-ブラシ　日-傘　花-瓶
- Ni+Nii……Ni ニアル Nii
  山-道　庭-木　地下-資源
- Ni+Nii……Ni デデキテイル Nii
  紙-袋　石-橋　石油-製品
- Ni+Nii……Ni ノ時期ニ〜スル Nii
  春-風　夜-桜　晩-餐

Ni+Nii の構造の複合名詞は，その数も多く生産性も高いが，「雪男」と「雨男」のように見かけ上の構造は同じでも，意味構造がまったく異なるものもある。これは他の構造パターンの複合語にもいえる。

(2)並列構造（語基と語基が対等の資格で結合しているもの）
  1. 類義要素の並列

- N=N′……足-腰　草-木　道-路
2. 対義要素の並列
- Ni=Nii……裏-表　右-左　天-地
  並列構造をなす複合語は，各要素が対等の資格で結合しているため，合成語に見られる変音現象は見られない。

●複合動詞──
(1)統語構造
- Vi（用）+Vii……Vi シテ Vii スル，
  Vi シタ状態デ Vii スル
  取り-除く　撃ち-落す　こごえ-死ぬ
- N+V……Nガ・ヲ・ニ……V スル
  気-づく　名-づける　耳-なれる
  勉強-する　チャレンジ-する
- A（幹）+V……A ノ状態デ V スル
  近-寄る　若-返る　遠-ざける
  このうち，最も多いのは Vi（用）+Vii のパターンである。
(2)並列構造
  1. 類義要素の並列
  V=V′……とび-はねる　なげき-悲しむ
  上-昇する
  2. 対義要素の並列
  Vi=Vii……点-滅する　伸-縮する
  対義要素の並列したものは和語の動詞には見つけにくい。
●複合形容詞──
(1)統語構造
- N+A……Nガ・ニ A ノ状態デアル
  奥-深い　口-うるさい　人-なつっこい
- V（用）+A……V シタ状態デ A デアル
  蒸し-暑い　こげ-くさい　粘り-強い
- Ai（幹）+Aii……Ai ノ状態デ Aii デアル
  暑-苦しい　細-長い
  厳密にいえば，複合形容詞の後要素は〈語基+接尾辞〉から成る派生語であり，「奥深い」などは複合語である。
(2)並列構造

1. 類義要素の並列

   和語のものには「甘-酸っぱい」「痛-がゆい」などがあるが，あまりない。漢語の場合は「善良・広大・聡明」などあるが，複合形容動詞となる。

2. 対義要素の並列

   「甘-辛い」などがあるが，「たかひく」「しろくろ」「明暗」「遠近」などは，名詞として用いられることが多い。

●**畳語**── 複合語のなかには，同一語基を重ねることによってできた「山々」のような語があり，これを畳語という。代表的な構成パターンとそれが表す意味を挙げる。

1. N＋N→複合名詞……多数性を表す。

    人-びと　家-いえ　村-むら

2. N＋N→複合副詞……頻度を表す。

    時-どき　常-づね　日-び

3. V（用）＋V（用）→複合副詞……〜シナガラ・〜シツツの意味を表し，後に続く動詞の連用修飾句になる。

    泣き-なき　生き-いき　思い-おもい

4. A（幹）＋A（幹）→複合副詞……強調の意味となる。

    ちか-ぢか　ひろ-びろ　くろ-ぐろ

複合語の品詞は，多くの場合，後要素の品詞と一致するが，畳語は一致しないことが多い。また「ながながしい」のように接尾辞「-しい」をつけて派生語となるものもある。

→ 語構成（3-C），語構成（2-B），合成語（3-C）

●**参考文献**

石井正彦（2001）「複合動詞の語構造分類」国語語彙史研究会（編）『国語語彙史の研究 20』和泉書院．

奥津敬一郎（1975）「複合名詞の生成文法」『国語学』101．

斎藤倫明（1992）『現代日本語の語構成論的研究──語における形と意味』ひつじ書房．

長嶋善郎（1976）「複合動詞の構造」『日本語講座4　日本語の語彙と表現』大修館書店．

姫野昌子（2003）『複合動詞の構造と意味用法』ひつじ書房．

「特集：複合」（1988）『日本語学』7-5．

［秋元美晴］

■**派生語**

語基に1つ以上の接辞が結合してできた語を派生語という。派生語は2つに分けられる。一つは，「お金」「無理解」「スーパーコンピュータ」のように語基「金」「理解」「コンピュータ」の前に接頭辞「お-」「無-」「スーパー-」が結合してできたものである。もう一つは，「私たち」「看護師」「ホームレス」のように語基「私」「看護」「ホーム」の後に接尾辞「-たち」「-師」「-レス」が結合してできたものである。派生語は後者のほうがその種類も量も多い。なお，派生語のなかには「お子さん」のように語基に接頭辞と接尾辞が結合してできたものや「子どもっぽさ」のように語基に接尾辞が2つ（「ども」を接尾辞とする場合は3つ）結合したものもある。

派生語の品詞は，「無」「不」「未」「非」などの漢語系接頭辞を除き，普通，接尾辞により決定される。派生を構成する際，「小（こ）＋刀（かたな）→こがたな」「酒（さけ）＋屋（や）→さかや」となるように連濁や語基の語末母音が交替するような変音現象が見られる場合がある。また，頭高のアクセントの「汗（あせ）」が派生語「汗（あせ）ばむ」になるとアクセントの位置が変わる。これらは複合語の場合と同様である。

動詞「動く」の連用形名詞（動詞の連用形が転じて名詞になったもの）「動き」や，動詞「及ぶ」の連用形からできた接続詞「および」は，接辞を結合することなく語が造られることから内的派生といわれ，派生語に含めることがある。

接辞の多くは、「一箱←(箱)」「取り囲む←(取り)」のように独立の語基から転化したものであるが、それを接辞とするか、名詞あるいは動詞の語基とするかは実質的な意味がどの程度保持されているかの差である。とくに、表語文字である漢字は本来一字一字が漢語であるため「新発売」「洗濯機」「出席者」などの「新-」「-機」「-者」を接辞とするか否かは問題である。「ノーアイロン」「ニューファッション」の「ノー」「ニュー」なども同様である。このように派生語と複合語を厳密に区別することは難しい。

→語構成 (3-C), 語構成 (2-B), 合成語 (3-C), 複合語 (3-C)

● 参考文献

山本清隆 (1995)「単純語・複合語・派生語」『日本語学』14-5.

西尾寅弥 (1988)「第二部 語構成と造語法」西尾寅弥『現代語彙の研究』明治書院.

[秋元美晴]

■ 接頭辞 (接頭語)

接頭辞とは、単独で語を構成することができず、常に語基の前について語を構成する結合形式をいう。接頭辞は語基に意味を添加するだけで、語基の品詞性を変えるはたらきをもたない。ただし、否定の漢語系接頭辞である「無」「不」「未」「非」が、「理解→無理解」「景気→不景気」となるように、語基である名詞にこれらの接頭辞がついてできた派生語に、いわゆる形容動詞の語幹にあたる品詞性を与えるものなどがある。

接頭辞は接尾辞に比べて、その種類も数も少なく、生産力も乏しい。とくに、和語系接頭辞は、尊敬・謙譲・丁寧の意味を表す「お」や「最初の」の意味を表す「初 (はつ) -荷・-舞台」、「大 (おお) -金持ち、-仕事」などを除いてはその生産性は低い。それに対して、先の

「無」「不」「未」「非」や「反」「抗」「被」「再」「大」「超」などの漢語系接頭辞は、二字漢語の構成要素となるだけでなく、「未成熟」「反体制」のような漢語だけでなく、「不払い」「抗アレルギー」のように和語や外来語とも結合する。漢語系接頭辞は、その種類も多く、生産力も高い。「アンチ (-テーゼ)」「スーパー (-コンピュータ)」などの外来語系接頭辞もあるが、なかには「ノー (-ゲーム, -タッチ)」「ハイ (-クラス, -テクノロジー)」「ニュー (-タウン, -フェイス)」のようにすでに語基化しているものもある。

接頭辞と複合語構成要素の前要素とのあいだに境界線を引くことは難しい。たとえば、「取り出す」「取り除く」の「取り」は動詞の意味が生きており、複合動詞の前要素だが、「取り囲む」「取り計らう」の「取り」は単に語調を整えるための接頭辞である。「取り締まる」「取りつける」の「取り」はその中間的存在である。漢語の場合も同様で、たとえば「前首相」「前世紀」の「前」は接頭辞だが、「前面」「前列」などの二字漢語の場合は「前」は実質的な意味をもつ複合名詞の前要素である。

次に代表的な接頭辞を語種別に分類する。

1. 和語系
   お-, おん-, み-；うち-, か-, す-, はつ-, ほろ-；ま-, まっ-, まん-；み-, もの-

2. 漢語系
   抗-, 御 (ご) -, 再-, 新-, 全-, 大-, 第-, 超-, 反-, 非-, 被-, 不-, 副-, 無- (ブ・ム), 未-

3. 外来語
   アンチ-, スーパー--

→語構成 (3-C), 語構成 (2-B), 接尾辞 (接尾語) (3-C), 派生語 (3-C)

● 参考文献

野村雅昭 (1973)「否定の接頭語『無・不・

未・非』の用法」『ことばの研究4』〈国立国語研究所論集4〉秀英出版．
「特集：接辞」(1986)『日本語学』5-3．

[秋元美晴]

■接尾辞（接尾語）

　接尾辞とは，単独で語を構成することができず，つねに語基の後について語を構成する結合形式をいう。接尾辞には，語基に意味を添加させるだけのものと，意味を添加させると同時に語基の品詞を転換するものがある。前者の例としては「先生たち」「悩み抜く」「危険性」などがあり，後者の例としては「暑さ」（形容詞→名詞）「汗ばむ」（名詞→動詞）「子どもらしい」（名詞→形容詞）などが挙げられる。

　接尾辞は接頭辞に比べて，その種類も多く，また派生語を造る生産力も強い。とくに抽象的な意味を表す漢語系接尾辞「-性，-化，-的，-風，-式，-主義」や外来語系接尾辞「-イズム，-ティック，-モード，-スト」などは生産性が高い。しかし，和語系接尾辞は種類も少なく，限られたもの（「-っぽい」）を除いては生産力も乏しい。

　問題となるのは，接尾辞と複合語を構成する後要素や助動詞などの境界線をどこに引くかということである。「神さま」の「さま」や「所帯じみる」の「じみる」はもともと語基であったものが接尾辞化したものである。しかし，複合動詞「抱きつく」の「つく」は，動詞の語彙的な意味をもっているのに対して，「ふらつく」の「つく」は動詞「つく」の意味が希薄で，「そのような状態になってくる」というアスペクト的な意味となり，接尾辞化している。しかし，このような区別は程度の差であり，連続線上に位置しているといえる。また，いわゆる助動詞は単独では用いられないことから，その大部分を接尾辞とみなす説や，また，そのなかの「れる，られる，せる，させる」のような受身・可能・使役の助動詞は助動詞と接尾辞の双方の特徴を備えているという説もある。

　本来，接尾辞は語構成要素であるが，たとえば，「二十歳前後のサラリーマン風」では，「風」は「二十歳前後のサラリーマン」という句全体についている。このように接尾辞は句構造に関与する場合もある。

　次に代表的な接尾辞を挙げる。

1. 意味を添加させるだけのもの。
   -さん・-さま・ちゃん・-君，-ども・-たち・-ら，-方・-士・-師・-人，-性・-化・-式・-風・-主義，-枚・-台・-冊・-本・-匹・-人（にん）・-杯・-階・-羽・-個・-回

2. 意味を添加させると同時に品詞を変えるもの。
   ①名詞をつくるもの
      -さ，-み，-け，-性
   ②動詞をつくるもの
      -がる，-たがる，-つく，-ぶる，-まる，-めく，-める，-る
   ③形容詞をつくるもの
      -い，-しい，-っぽい，-らしい，-がましい，-たい，-やすい，-にくい，-がたい
   ④形容動詞をつくるもの
      -的な

　日本語教育で留意すべきこととして，数量を表す語に添える接尾辞である助数詞の問題がある。助数詞はその数も多いうえに，「-本，-杯，-匹」などは前に来る数詞との関係で，/ホ・ボ・ポ/や/ハ・バ・パ/，/ヒ・ビ・ピ/と接尾辞の辞頭の音が交替することがある。

➡語構成（3-C），語構成（2-B），接頭辞（接頭語），派生語（3-C），助数詞（3-D）

● 参考文献
飯田朝子（2004）『数え方の辞典』小学館．
玉村文郎（1986）「数詞・助数詞をめぐって」

『日本語学』5-8.

[秋元美晴]

■造語成分

　語にはそれ以上小さな単位に分けられない単純語と，さらに小さな単位に分けられる複合語・派生語がある。

　複合語「春風」「海岸」などと派生語「春めく」「お金」「男っぽい」などは，自立的な成分である「春」「風」「金」「男」と，非自立的な成分である「海」「岸」「めく」「お」「っぽい」に分けることができる。これらの複合語と派生語を構成するすべての単位を造語成分と呼ぶ。

　また，「お」は接頭辞で，「めく」「っぽい」は接尾辞であるが，非自立的な造語成分から接頭辞と接尾辞を除いたものを造語成分と呼ぶこともある。上の例ではいわゆる熟語といわれる「海岸」の「海」「岸」の漢字の字音一字一字がそれぞれ造語成分ということになる。「海」も「岸」も漢字であるので，それぞれ意味を表しているが，「海」も「岸」も単独で用いることはないため，非自立的な造語成分になる。このほかに「ほのか」「ほの暗い」「ほのぼの」の「ほの」や「はるか」「はるばる」の「はる」など，普通，語根といわれるものや，「ハンドバッグ」「ハンドブレーキ」の「ハンド」，また「ガールフレンド」「キャンペンガール」の「ガール」なども含まれる。

　さらに，接頭辞・接尾辞を含めた非自立的な成分をすべて造語成分とする立場もある。

　このように「造語成分」はさまざまな捉え方がある。

→語構成（語彙論から）(3-C)，語構成（文法論から）(2-B)

● 参考文献

石井正彦（1997）「専門用語の語構成──学術用語の組み立てに一般語の造語成分が活躍する」『日本語学』16-2.

宮島達夫（1973）「無意味形態素」『ことばの研究4』〈国立国語研究所論集4〉国立国語研究所.

山下喜代（1995）「形態素と造語成分」『日本語学』14-5.

「特集：日本語の造語力」（1992）『日本語学』11-5.

[秋元美晴]

■漢語の構造

　漢字は表語文字であり，本来1字が1語を表す。したがって，漢字1字で表記され，字音で読まれる「天・熱・客・脳」などもすべて漢語である。このような一字漢語も存在するが，普通，他の漢字と複合して二字漢語（天地・熱病・旅客・脳死）や三字漢語（天＋地＋人→天地人・旅客＋機→旅客機），四字漢語（熱病＋対策→熱病対策・脳死＋状態→脳死状態），五字漢語（(旅客＋機)＋事故→旅客機事故・(基本＋的)＋人権→基本的人権）などの熟語を形成する。このなかで量的に最も多く，また使用頻度の高いものは二字漢語である。3字以上の漢字から成る漢語は上記のように二字漢語を基に複合あるいは派生して造られたものも多い。なお，四字漢語のなかには「一石二鳥」「快刀乱麻」のような四字熟語といわれるものがあるが，その多くは慣用句的な意味をもつ。

　漢語の基本である二字漢語の構造は，「天地」「脳死」のように「天」と「地」，「脳」と「死」から成る複合語であるという語構成意識が明らかなものもある。しかし，「事故」「宇宙」のように現在では意味的に分解不可能であり，1語基相当，すなわち単純語と考えたほうがよいものもある。大部分の二字漢語は，この中間に存在する単純語に近い合成語である。

　次に，二字漢語の構造パターンの明確なものを分類して挙げる（N＝名詞相当，V＝動詞相当，A＝形容詞・形容動詞相当，AD＝副詞的

修飾語相当）。
(1) 対等
　①並列（類義の語基を重ねる）
　　ア．N＋N……道路・河川・身体
　　イ．V＋V……増加・尊敬・破壊
　　ウ．A＋A……広大・温暖・善良
　②対立（対義の語基を重ねる）
　　ア．N＋N……天地・父母・左右
　　イ．V＋V……売買・往復・愛憎
　　ウ．A＋A……強弱・大小・善悪
(2) 修飾・被修飾
　①連体修飾
　　ア．N＋N……天女・牛乳・銅像
　　イ．V＋N……造花・進路・産地
　　ウ．A＋N……近所・美人・悲劇
　②連用修飾
　　ア．A＋V……新着・近刊・静観
　　イ．V＋V……競走・焼死・代行
　　ウ．AD＋V……必要・特集・予知
　　エ．AD＋A……最短・極悪・絶大
(3) 補足（ガ・ヲ・ニなど格関係によって示されるもの）
　　ア．N＋A……頭痛・民主・気鬱
　　イ．A＋N……無害・多額・低音
　　ウ．N＋V……日没・雷鳴/心配・草食/乗車・後退
　　エ．V＋N……落雷・来客/読書・開店/登山・入社
(4) 重複……個々・黙々・喜々・堂々
(5) 接辞や助辞のつくもの
　①他の語基の上につくもの……非常/不明/未知/被害/所持
　②他の語基の下につくもの……整然・断乎・欠如・悪化・公的
(6) 省略……国際連合→国連・特別急行→特急・自宅配達→宅配
(7) 音借
　①和語に漢字をあてたもの……時計・素敵・物騒
　②借用語に漢字をあてたもの……旦那・刹那・阿片

　以上の構造パターンのなかで最も多いのは，(2)－①の連体修飾関係で，次いで(1)－①の並列関係である。なお，「女優・名優・声優・老優」の「優」は「俳優」の意味である。このように既成の漢語の意味を漢字一字に担わせた漢語も多い。

　また，「国際熱核融合実験炉誘致」などの長大語や，「非武装地帯」「無国籍軍」のように漢語の接頭辞「非」や「無」などが接続する複合語が目立つ。

➡ 語構成（3-C），語構成（2-B），造語法（3-C）

● 参考文献

小林英樹（2004）『現代日本語の漢語動名詞の研究』ひつじ書房．

野村雅昭（1973）「複次結合語の構造」『電子計算機による国語研究Ⅴ』〈国立国語研究所報告 49〉秀英出版．

野村雅昭（1974）「四字漢語の構造」『電子計算機による国語研究Ⅶ』〈国立国語研究所報告 54〉秀英出版．

森岡健二（1967）「現代漢語の成立とその形態」『国語と国文学』44．

［秋元美晴］

■造語法

　造語法は新しい語をつくり出す方法である。われわれは言語外の事物や概念が新たに入ってくると，それに対応する語をつくり出す。通時的に見ると「幻灯機」→「スライド」のように既存の語を新語で呼び替えることも多い。和製漢語・外来語，擬音語・擬態語，忌詞，隠語などは造語にかかわり，新語を生産的につくり出している。造語法としては，語根創造と既存の言語要素を利用した造語の2つしかない。語根創造（root-creation）とは既存の言語要素を

利用せずに，まったく新しい語がつくられることをいう。新語や流行語はどんどん生まれるが，現代においては語根創造によりまったく新しい語がつくられるのは，「ルンルン」などの擬声語・擬態語を除いてほとんどない。大部分の造語は既存の語を基につくられるが，これには「合成法」「転成」「略語」「借用」「混淆」「逆成」「文字・表記によるもの」などの方法がある。

● 合成法 —— このうち最も生産的なのは既存の語を結合させる合成法であり，これは複合法と派生法とに分けられる。複合法によってできた語を複合語と言い，「テロ対策」「受付」「飛び上がる」などがある。派生法によってできた語を派生語と言い，「不自然」「積極性」「子どもらしい」などがある。

● 転成 —— 転成は，名詞の「露」が「そうとはつゆ知らず」のように副詞として用いられるような，既存の語の機能や意味を変えて，別の品詞の語としてはたらかせることをいう。動詞の連用形は「休み」「物語」「怒り」など，そのままの形で名詞に転成するものが多い。また，副詞・接続詞・連体詞・感動詞は転成によって元の語の品詞を転じてできたものが数多くある（「たとえば」「つまり」「ある」「いわゆる」「あら」「もしもし」など）。

● 略語 —— 略語は既存の語の省略によって縮約されたものである。省略される部分により，語頭省略（（プラット）ホーム），語中省略（警（察）官），語尾省略（リストラ（クチュアリング））の3種がある。また，「ワープロ（←ワードプロセッサ）」「文科省（←文部科学省）」「行革（←行政改革）」は複合語からの略語である。「IT（← Information Technology）」「ユネスコ（← United Nations Educational, Scientific, and Cultural Organization）」は頭文字羅列である。アルファベットの「IT」は「インフォメーション・テクノロジー」の略だが，「インターネット・テクノロジー」の略のように誤解されたりして，何の略かわからなくなっているものある。語種別に見ると漢語や外来語の略語が多く，語の長さは4モーラのものが多い。このほか，「輸出」と「輸入」を結合させた「輸出入」や「冷房」と「暖房」を結合させた「冷暖房」などの略熟語と呼ばれるものも略語の一部である。

● 借用 —— 借用は広義では異なる言語あるいは古語・方言から語彙を受け入れることで，前者を外部借用，後者を内部借用という。内部借用の例としては「老いらく」のような古語や「しんどい」のような方言からの借用があるが，数は少ない。借用といえば，とくに外国語から借りてくるものを指す場合が多い。「ベンチャービジネス」「インフォームドコンセント」など，英語からの借用が目出つ。分野としてはファッション関係，先端技術部門などが多い。

行政機関・広告宣伝業界などが新しい外来語を使い，外来語は増加傾向にあるが，近年，それが問題となっている。国語審議会が外来語をもっとわかりやすくするよう勧告したのを受けて，2002（平成14）年12月には独立行政法人国立国語研究所がわかりにくい外来語の言い換え例の試案を発表した（例：コンセンサス→合意，インフォームドコンセント→納得診療，マスタープラン→基本計画）。日本語教育上，外来語は英語圏の学習者にとっても原語と発音や意味が異なっているため理解しにくく，語彙教育のなかで外来語の指導は軽視できない。

● 混淆 —— 混淆（contamination）は，「破る（やぶる）」の前部分と「裂く（さく）」の後部分をつないで「やぶく」のような新語をつくることをいう。元来は言い誤りや記憶違いが広がり，それが固定して出来たといわれる（例：とらえる＋つかまえる→とらまえる，ごてる＋こねる→ごねる）。しかし，近年は「騾馬」（メスの馬とオスのロバとの掛け合わせによる混

種),「レオポン」(レオパード+ライオン)など生物界における混種や「タビックス」(たび+ソックス)のような意識的につくられた混淆語が見られる。「smog」(smoke+fog),「mook」(magazine+book),「motel」(motor+hotel)などは英語による混淆語だが,日本語でもそのまま外来語として使用されている。

● 逆成 ── 逆成はもともと派生語ではない語の語末部分を派生語尾と考え,その語尾を切り離して別の新しい語をつくり出すことであるが,日本語の例は少ない。英語ではこの逆成によって-ar, -or, -asmなどの接尾辞を取ってつくられた動詞が多い(例:beggar → beg, editor → edit, enthusiasm → enthuse)。日本語では「目論む(もくろむ)」(目論見る→目論見),「垣間む(かいまむ)」(垣間見る→垣間見),「試む(こころむ)」(試みる→試み)などがあるといわれている。

● 文字・表記による造語 ── 文字・表記による造語は日本語の場合,他の言語に比べて多い。これはひらがな・カタカナ・漢字・ローマ字の4種の文字を併用しているからである。「ロハ」は「只」の字を分けたものであるから,カタカナ書きの語である。「傘寿」(八十歳。「傘」の略字が八十と読めることから),「米寿」(八十八歳。「米」を分解すると八十八になることから),「くノ一」(「女」の漢字を三画に分解した言い方)は漢字の字形に由来する。ほかにも「十字路」「三本がわ」など漢字の字形に即してつくられた語は多い。「当然」の当て字「当前」を訓読みしてできた「あたりまえ」なども文字・表記による造語に含まれる。「Tシャツ」「Uターン」「Vネック」などはローマ字の字形に由来する。ローマ字表記にしたときの頭文字をとったものもある(「エッチ」は変態(hentai)の頭文字「h」から)。以上,文字・表記による造語はもともとは誤写や誤読に

よるものが多かったが,近年,風刺性・娯楽性・奇抜性を意図した意識的な造語が増加している。

いろいろな造語法により新語がつくられるのは命名の必要性という積極的な契機によるものだけではなく,類推作用によって新語が生じたり,タブーによる婉曲表現や仲間意識としての隠語など消極的な契機によるものもあり,造語の背景には複雑な要因が絡んでいると考えられる。

➡ 指示と命名 (3-A),語構成 (3-C),語構成 (2-B),複合語 (3-C),派生語 (3-C) 転成 (3-C),略語 (3-C),合成法 (3-C)

● 参考文献

小池清治他 (1997)『日本語学キーワード事典』朝倉書店.

国立国語研究所 (1985)『語彙の研究と教育(下)』〈日本語教育指導参考書13〉大蔵省印刷局.

野村雅昭「造語法」(『岩波講座日本語9 語彙と意味』)岩波書店.

[山崎 恵]

■ 合成法

　合成法とは,複数の形態素を結合させて語をつくる方法で,2つ以上の語基(自立成分)から成る複合法と,語基と接辞から成る派生法とに大きく分けられる。複合法により出来た語を品詞によって分類すると,複合名詞,複合動詞,複合形容詞,複合形容動詞,複合副詞があるが,複合名詞,複合動詞が圧倒的に多い。この品詞は大部分が最後の構成要素の品詞によって決まる(例:携帯電話→複合名詞,飛び出す→複合動詞,聞き苦しい→複合形容詞,きれい好き→複合形容動詞,ただいま→複合副詞)が,そうでない場合もあるので注意を要する(例:夜長/遠浅→複合名詞,内気/控え目/声高/気弱→複合形容動詞,大方/すぐさま→複

合副詞)。

複合法を語基と語基との結合関係の面から見ると、主述関係や修飾関係の見られる統語的関係（例：雨降り、花見）と、2つの語基が対等の関係で結合している並列的関係（例：雨風、貸し借り）の2つに分けられる。並列的関係においては、統語的関係と異なり連濁や転音（母音交替）など造語に伴う変音現象が生じないという特徴がある。たとえば、「飲み食い」は並列的関係なので「のみくい」、「立ち食い」は統語的関係なので「たちぐい」と発音される。また、複合法のなかには準複合として「茶の間」のように助詞などが顕在化しているものや「食わず嫌い」のような連語的なものもある。

派生法の接辞には「真夜中、不都合」の「真、不」のように語基の前につく接頭辞と、「大人ぶる、教育的」の「ぶる、的」のように語基の後につく接尾辞があり、後者は品詞を変えるが、前者は「不、無」のような漢語系接頭辞を除いて品詞を変えるはたらきはしない。最近は「超-、反-/-的、-性、-化」など、漢語系接辞が話しことばでも頻繁に用いられているが、漢字圏学習者は、不要な語にも「安全的、誠実的」など過剰使用する傾向があるので指導上留意する必要がある。

➡ 造語法 (3-C), 複合語 (3-C), 派生語 (3-C)

[山崎 恵]

■転成

転成とは、ある語がその意味や機能を変えて、別品詞としてはたらくようになることである。これには語形が変化しない場合と語形の変化を伴う場合とがある。また、語形は変化しなくとも、アクセントに異同が見られる場合もある。動詞の連用形は名詞に転成するものが多く、このような名詞を連用形名詞と呼ぶ。この場合、語形は変化しないが、「ひか￬り→ひか￬り」のようにアクセントが変化するものも多

い。さらにすべての動詞の連用形が名詞に転成するわけではないので、日本語学習者には注意して指導する必要がある。たとえば、言語活動にかかわる動詞「話す」「聞く」「読む」「書く」のうち、「話が上手だ」「読みの練習」とはいえるが、「書きが上手だ」「聞きの練習」とは一般的にいえない。

以下に品詞別に転成の例を挙げる。

①動詞連用形→名詞　例：つくり、悲しみ、喜び、釣り、踊り
②名詞（＋助詞）→副詞　例：つゆ、ゆめ、いったい、よもや、まことに
③動詞連用形→副詞　例：たとえ、ひきつづき、あまり
④動詞＋助詞など→副詞　例：たとえば、はじめて、なるほど、たえず
⑤動詞（＋助詞など）→接続詞　例：および、つまり、したがって
⑥指示詞＋助詞など→接続詞　例：それで、それから、そして、そこで
⑦動詞（＋助詞など）→連体詞　例：ある、さる、来たる、いわゆる、あらゆる
⑧指示詞＋助詞など→連体詞　例：この、その、あんな、どんな
⑨動詞・副詞・指示詞→感動詞　例：もしもし、どうぞ、どうも、あら、どれ

上記を見ると、副詞、接続詞、連体詞、感動詞は転成によるものが多いことがわかる。

➡ 造語法 (3-C)

● 参考文献

小池清治他 (1997)『日本語学キーワード事典』朝倉書店.

[山崎 恵]

■略語

略語は語の一部分が省略されることによって語形が縮約されたものである。発音上の便宜から短縮化された略語が大半であるが、隠語や流

行語のように特定の仲間内だけに通じるよう故意につくられたり，娯楽的な目的でつくられたりした略語もある。略語は4モーラのものが最も多い。省略される部分は「(アル) バイト」のように語頭の場合と「インフレ (ーション)」のように語尾の場合，「警 (察) 官」のように語中の場合がある。

省略される部分から略語の例を見ると，語尾の省略が多い。

① 語頭省略：(ネク) タイピン，(セルフ) タイマー，(警) 察，(学) 校長，(大学) 院生
② 語尾省略：コネ (クション)，マンネリ (ズム)，スト (ライキ)，板わさ (び)，七味 (とうがらし)
③ 語中省略：フリー (アルバイ) ター，外 (国) 債，衆 (議) 院，参 (議) 院
④ 複合語の省略：天 (婦羅) どん (ぶり)，学 (生) 食 (堂)，原 (子) 爆 (弾)，高 (等学) 校，公 (共利) 益

次に語種別に略語の例を見る。

⑤ 和語：うな (ぎ) どん (ぶり)，ちらし (ずし)
⑥ 漢語：国 (際) 連 (合)，入 (学) 試 (験)，電 (子式) 卓 (上計算機)，関 (西国際) 空 (港)
⑦ 外来語：コンビニ (エンスストア)，チョコ (レート)，パト (ロール) カー，アメ (リカン) フ (ッ) ト (ボール)
⑧ 混種語：アル (コール) 中 (毒)，サラ (リーマン) 金 (融)，からオ (ー) ケ (ストラ)，学 (生) 割 (引)

上記のように語種別に見ると，漢語や外来語に略語が多い。これは元の語が使用頻度が高いのに長大な語形が多いためである。一般に頻度数の高い語は短いという経済の原則が作用したものと考えられる。

英語起源の外来語の略語の場合，英語圏の日本語学習者でも何が略されたかわからないと，その意味が理解しにくいので，注意を要する。たとえば「マザコン・パソコン・エアコン・リモコン・ゼネコン」の「コン」はそれぞれ「コンプレックス」「コンピュータ」「コンディショナー」「コントロール」「コンストラクター」の略で意味が異なる。

「プロフェッショナル」の略語である「プロ」のように単独で用いられるだけでなく，「プロゴルファー，プロ野球，プロレス，ノンプロ」など複数の複合語の成分となっているものもある。

ほかに日本語教育で留意すべきは「大蔵大臣→蔵相（ぞうしょう）」，「外国為替→外為（がいため）」のような特殊な例である。「蔵相」の場合は「蔵」が音訓転換したうえに閣僚を意味する「大臣」も別語「相」と交替している。「外為」の場合は文字ともかかわり，熟字訓「為替（かわせ）」の「為」が訓読み「ため」となる特別な略語である。音訓転換による略語は「京阪神，名神，京葉」など地名に関する語に多い。「日本教職員組合」の略語である「日教組 (にっきょうそ)」は「組」が訓読みから音読みに，「落語研究会」の略語である「落研 (おちけん)」は「落」が音読みから訓読みに変換している。また，最近増加しているのが「NHK, JR, IT」などのローマ字による頭文字語である。「日本放送協会」の略語である「NHK」の場合，両語の共通性は音声上にはなく，表記上にある。日本語では略語を形成する省略法として音声 (形態) 変化だけではなく，上述のNHKのように視覚的な文字表記 (Nippon-Hōso-Kyokai) を利用した方法もある。これらは日本人にとっては無意識的であるが，外国人にとっては理解しにくいものであろう。

➡ 縮約 (1-D)，集団語 (6-B)

[山崎 恵]

■語の借用

　語の借用は，他の言語世界から自己の言語世界に語を取り入れ，使用することを意味する。その取り入れた語を「借用語」というのに対して，既存の語を「固有語」ないし「在来語」などという。

　借用には，2通りのタイプが認められる。その一つは，外国語のような異なる言語体系から新たな語を受け入れる場合で，「外部借用」と呼ばれる。もう一つは，方言や特殊な集団語など，他の言語社会と認識される世界の語を取り入れる場合である。こちらは「内部借用」と呼ばれ，いわば異なる位相語からの借用であるといえる。

　「外部借用」は，日本語の場合，大きく2つの系統に分けられる。一つは古代中国語から受け入れてきた多くの語彙の場合であり，その借用語を漢語あるいは字音語と呼ぶ。

　もっとも，漢語のなかには中国語由来ではなく，「返事・恋愛・哲学」など日本でつくられたものも少なくない。たとえば「引力」は，明治期につくられた和製漢語である。元はドイツ語で，それを直訳した「引く力」に漢字をあててつくったものである。このような場合は，厳密には借用語ではなく新造語にあたる。

　外部借用のもう一つの系統は，外来語あるいは洋語と呼ばれるものである。中世末のポルトガル語に始まり，その後，西欧各国から受け入れられた語彙がある。「パン，ビロード，カステラ」といった古典的なものから，比較的新しい「デジタル，ボランティア，メディア」といったものまで数は多い。とくに，第二次世界大戦後はアメリカ英語からの借用が急増している。

　なお，「ラーメン，マージャン，チャーハン」など，近代以降の中国語からの借用語は，漢語ではなく外来語に含まれる。

　これらの漢語系統の語と外来語系統の語とでは，人々の借用語意識において大きな差がある。外来語に対しては借用語意識が強いが，漢語は固有語に近く扱われている。ラーメンやマージャンが外来語に扱われるのは，それらの借用語意識が明確なのと無縁ではないだろう。

　ちなみに，外部借用においては，原語の意味まで対応させて取り入れるわけではない。外来語を日本語のなかに取り入れる場合は，一般に，その意味が原語よりも狭くなるものが多いとされている。たとえば，「ボート」は日本語では小船だけに使われ，英語の意味に含まれる大型の船には使われない。

　他方，内部借用には，方言，古語，職業語，隠語などからのものが見られる。たとえば，関西方言からの「しんどい」，古語からの「老いらく」，料理人用語からの「ガリ（しょうが）・むらさき（醬油）」，警察用語からの「デカ（刑事）・ホシ（犯人）」，その他の隠語からの「インチキ・スケ（女）」などがある。これらの内部借用語は，一般に普及するにつれて，借用語意識は薄れてきている。

→語種（3-D），漢語（3-D），外来語（3-D）

● 参考文献

森岡健二（編著）(1991)『改訂近代語の成立
　　——語彙編』明治書院.
石綿敏雄 (1985)『日本語の中の外来語』〈岩波新書〉岩波書店.

[佐竹秀雄]

■借用のしくみ

　他の言語から語の借用が行われるとき，その語が元の言語と同じ形で，同じ意味で使われることはありえない。借用される言語と借用する言語とのあいだに，言語の性質上の違いがある。そのため，借用する言語側の性質に合わせて，変形されたり影響を受けたりするのが通例である。日本語において外国語を借用する際にも，次のような現象が認められている。

(1)発音上での変形が認められる：元の言語と日本語との音韻体系が違うために，日本語の音韻体系に合わせた変形がなされる。

たとえば，日本語の音韻の基本パターンは子音＋母音である。そこで，子音が連続する語を借用するときには，連続する子音のあいだに母音を挟み込み，日本語の音韻規則に近づける現象が見られる。具体例を挙げれば，英語のstrikeで，英語は[straik]で子音が連続しているが，日本語に取り入れた「ストライク」は，[sutoraiku]と母音が挟み込まれる。

母音についても，日本語は5つしかないので，英語では異なる母音も，日本語では同じ母音として取り入れることになる。たとえば，英語で乗り物のbusは[bʌs]と発音され，魚のbassは[bæs]と発音される。英語での母音は違っているが，日本語に取り入れられると，どちらも同じ[basu]になる。子音に関しても同様のことが起こる。たとえば，日本語の音韻では英語の[r]と[l]の区別ができない。そのため，rightもlightも[raito]と発音され，同じ語形「ライト」となってしまう。

さらに，借用した語の発音が，日本語の既存の音韻では対応できない場合もある。そのようなときは原音に近い音をつくって代用する。たとえば，teenに対する「ティーン」，duetに対する「デュエット」，formに対する「フォーム」といった場合である。この「ティ」「デュ」「フォ」などは，もともと日本語の音韻にはなかったものであり，借用する語の音に合わせてつくり出されたのである。

(2)意味の変化するものが認められる：借用した語において，その意味が変化するものが多く認められる。もっとも，すべての場合に意味が変化するわけではないし，変化する場合も，その変化が大きいものと，そうでないものとがある。

たとえば，「ダイエット」は，元は治療や体重調節のための食事を意味していたが，日本語ではやせるための食事制限の意味になり，さらに減量そのものを指すようになった。また，「バイキング」の意味は「北欧の海賊」であったが，日本語では，食事の形式を意味する。これらは比較的大きく意味がずれたものといえよう。

それに対して，元の意味の一部に限定して使っているものもある。つまり，意味が縮小したわけで，たとえば「ヤング」である。英語では若者だけでなく10歳以下の子どもをも意味するが，日本語では，若者だけの意味に限定して使い，幼い子どもの意味には使っていない。

また，逆に，元の意味が拡大したものもある。「ワイシャツ」がその例で，元はホワイトシャツ，つまり白いシャツの意味であったが，日本では，色のついたシャツの意味にも使われるようになった。

(3)文法面における変化やずれが認められる：一つに，日本語に借用するとき，日本語の文法的特性に合わせて，原語がもっている文法的な要素が消えることがある。

たとえば，日本語では単数・複数の区別が問題にならないために，英語で複数を示す-sが消える。「スリッパ」「フォアボール」など複数であることが明確であっても，単数形を使うことになる。

また，英語で動詞の派生語をつくり出す，現在分詞の-ingや過去分詞の-edなども消える。たとえば「スタート・ライン」「スモーク・チーズ」は，原語では「スターティング・ライン(starting line)」「スモークド・チーズ(smoked cheese)」であり，原語の文法的な要素が消えている。

次に，品詞に関しては原語の品詞性とは関係なく取り入れる傾向がある。たとえば「アナウンス」「セレクト」といった原語では動詞のものも，日本語では名詞として取り入れる。

そして、それらを動詞として使うときは、漢語サ変動詞と同様に、「アナウンスする」「セレクトする」のように「する」をつける。また、元の語が名詞であれ形容詞や副詞であれ、それを形容動詞として使うときには、「だ・な・に」をつける。「ショックだ」「ドライに」「アバウトな」といったふうにである。つまり、借用した語を、日本語の文法的な特徴に合わせた姿に変形して取り入れているのである。

このほか、「サボる」「ネグる」のように借用した語の一部に「る」をつけて動詞として使う例も見られる。これも、日本語の文法の枠組みになじませやすくした変形といえよう。

→語の借用 (3-C)、日本語の母音 (1-B)、日本語の子音 (1-B)、造語法 (3-C)

● 参考文献

石綿敏雄 (1983)『外来語と英語の谷間』秋山書店.

石綿敏雄 (2001)『外来語の総合的研究』東京堂出版.

柳父章 (1982)『翻訳語成立事情』〈岩波新書〉岩波書店.

[佐竹秀雄]

D──語の分類

■語の分類

語は、基準の設け方によってさまざまな角度から分類することができる。以下に代表的な基準を示しながら、それぞれの概略を説明する。

I 語形による分類──普通の国語辞典は五十音順に配列されている。これは語形による語の分類配列の一種であり、検索するのに大変便利である。また、いわゆる「逆引き (逆順配列)」と呼ばれる、末尾音から順に五十音順に配列したものもある。たとえば、「ゆめ」は「め」の項目の「-やめ」(「あやめ・たをやめ」など)と「よめ」のあいだに位置する。さらに下位には、「さかゆめ・まさゆめ・はつゆめ・そらゆめ」と並ぶ。配列順を決める音 (下線部) が末尾音から2拍目・3拍目…と順にさかのぼっていく方式で、語末が「-ゆめ」となる語を集めたいときなどには重宝である。

II 文法的機能による分類──代表的なのは品詞分類だが、その分類基準は言語観・文法観によって異なってくるため、これまでにもさまざまな品詞分類が行われてきた。

橋本文法に基づく学校文法を例にすると、「a. 自立語か付属語か」「b. 活用するかしないか」「c. 文の成分 (主語・述語・修飾語・独立語) のどれになるか」「d. どんな意味を表すか」の基準が挙げられる。まずaで大きく二分された語は、bでまたそれぞれ二分され、さらにc・dによってより細分化される。その結果が、「動詞・形容詞・形容動詞・名詞・副詞・連体詞・接続詞・感動詞・助動詞・助詞」という、よく知られた10品詞である。

「自立語・付属語」は本来文節に基づく捉え方だが、類似の対立関係は、「詞・辞」「実質語・機能語」「内容語・関係語」などでも表され、文法的機能による語の二大別を形成している。

III 意味による分類──意味による分類の場合、まず概念の世界を分類し、その分類項目に個々の語をあてはめていくことになる。その代表的な語彙表として『分類語彙表』(国立国語研究所 1964、増補改訂版 2004) がある。まず品詞に基づいて「1. 体の類 (名詞)」「2. 用の類 (動詞)」「3. 相の類 (形容詞)」「4. その他の類」と大分類し、それをさらに「部門」「中項目」「分類項目」と細分化していく方式である。たとえば「1. 体の類 (名詞)」は、「1.1 抽象的関係」から「1.5 自然物および自然現象」の5つに部門分けされ、さらに「1.1

「抽象的関係」は「1.10 事柄」から「1.19 量」の中項目に分けられ，「1.10 事柄」は，「1.1000 事柄」から「1.1040 本体・代理」といった分類項目にまで細分化されている。各項目にはその意味領域に該当する語が並ぶことになる。収録語数約9万6000語，分類項目総数895で，類義関係，対義関係，上位・下位・同位関係などがわかりやすい。また，異なり語数約20万語を，1044のカテゴリーに分けて一覧にした『日本語大シソーラス』(2003，大修館書店）や日英機械翻訳システムの翻訳辞書のうち，「日本語意味辞書」を取り出してまとめた『日本語語彙大系1〜5』(1997，岩波書店）もある。

　語彙表に用例・語釈・対義語などを付した類語辞典も出されている。時期が早いものとしては約6万語を収録した『角川類語新辞典』(1981，角川書店）がある。十進分類法方式によって「0. 自然　1. 性状　2. 変動」(自然)，「3. 行動　4. 心情　5. 人物　6. 性向」(人事)，「7. 社会　8. 学芸　9. 物品」(文化) に大分類し，それを「00. 天文」から「99. 機械」まで中分類し，さらにそれを「000. 天文」から「999. 航空機」まで小分類する。各項目には品詞の別なく関連語が並ぶ。一方『類語大辞典』(2002，講談社）は見出し語総数7万9000語である。意味によってまず「00. 生きる」から「99. その他」まで100のカテゴリーに分類する。さらに，意味の近い語を集めた小分類，および品詞の別も加味して，たとえば「1507a00」(考える) のような7桁のコード番号を付し，語釈・用例・複合語例などを示す。

　概念世界の分類は語彙体系構築につながるが，その捉え方は人により異なるため，分類の客観性を保つのは，I，IIの分類よりも難しい。

IV 出自による分類 ── 語の起源や由来によって分類したものが語種である。日本固有の「やまとことば」や，漢字で書かれても訓読みする語を「和語」，漢字で書かれて音読みされる「字音語」を「漢語」という。また，古くはポルトガル語・オランダ語，近世以降は英語・ドイツ語・フランス語などから入ってきた語は「外来語（洋語）」である。さらに，「生ハム（和＋外）・ビニール袋（外＋和）・進学コース（漢＋外）・ジェンダー研究（外＋漢）」など，異なる語種が組み合わされたものを「混種語」と呼ぶ。漢字の読み方の特例として表記面で問題にされてきた「重箱読み（音―訓）」「湯桶読み（訓―音）」は，語構成的には漢語と和語の混合形式であるため，混種語の一種である。

V 位相による分類 ── 音声言語・文字言語という表現様式の違いや，性別・年齢・職業・分野・階層・地域といった生理発達的・社会的背景の違い，また，心理的要因や私的・公的などの場面の違いなどによって，同じ事物を指すことばが異なる姿を呈することがある。この現象を位相と呼ぶ。方言や待遇表現，さらには一般に文体的特徴といわれる，文章のジャンルによる使用語彙の差も，広く見れば位相の問題である。

VI 使用頻度による分類 ── 日常生活のいろいろな場面でよく用いられる語を「中心語彙」，一般にはあまり用いられない専門用語・特殊な職務上の語・方言・古語・俗語・隠語などを「周縁語彙」という。また，語彙調査を基に帰納的に選ばれた「基本語彙」に対して，表現・理解のために欠くことのできない語をできるだけ少なく人為的に選ぶという「基礎語彙」の考え方もある。一方，個人のレベルでも，理解はできるが使用することのない「理解語彙」と，理解はもちろん表現にも使用できる「使用語彙」（「表現語彙」）とが存在する。学習者の立場からいえば，まず「基礎語彙」を習得し，「基本語彙」に進むのが一般的である。学習者

にとって，ある語が，表現行為まで要求される「使用語彙」(「表現語彙」)なのか，理解できればそれでよい「理解語彙」なのかは重要な情報である。

Ⅶ 語構成による分類── 語構成論的に見ると，すべての語は「単純語」か「合成語」かに分けられ，さらに「合成語」のなかでも「複合語」「派生語」のいずれかに分類できる。

● **個人の頭の中の語彙の構造**── 林四郎(1982) によれば，日本語を使っている日本人の頭の中で，語彙は次のような単語グループの集合として存在するという。

「(1)文法機能語（辞に相当するもの）」
「(2)準文法機能語（形式名詞・準体助詞等）」
「(3)機能的接辞（接頭語・接尾語）」
「(4)思考基本語（疑問詞・判断のための語）」
「(5)叙事基本語（認知して名づけた語）」
「(6)方面別基本語（分野別基本語）」
「(7)方面別発展語（専門語）」

そして，(1)を中核として，その外側を，(2)から(7)が順次層をなして取り巻いているとみる。

前述のⅠ～Ⅶが，さまざまな分類の観点を個々に提示していたのに対し，これは個人のなかの語彙構造を総体として描こうとした見取り図である。

➡ 品詞分類(2-B)，語彙の体系(3-E)，語種(3-D)，さまざまな語類(3-D)，語彙の範囲と変異(3-B)，学習語彙(3-J)，語構成(3-C)，語の形(3-C)，語感(3-E)

● **参考文献**

林四郎(1982)「日常語・専門語および表現語」『講座日本語学1 総論』明治書院.

国立国語研究所(1984)『語彙の研究と教育（上）』〈日本語教育指導参考書12〉大蔵省印刷局.

斎藤倫明（編）(2002)『朝倉日本語講座4 語彙・意味』朝倉書店.

　　　　　　　　　　　　　　　　[松木正恵]

■**語種**

語種とは，語を分類するときの観点の1つで，個々の語をその出自によって分類するときの類別をいう。具体的には，和語，漢語，外来語，混種語の区別のことを指す。たとえば「先生がケーキを食べる」という文では，「食べる」「が」「を」が和語，「先生」が漢語，「ケーキ」が外来語である。その先生に「ケーキ先生」なるあだ名がついたとすれば，これは外来語と漢語の混種語ということになる。混種語は語構成の観点からは，すべて二次的につくられた合成語である。

個々の語にはそれぞれ独自の歴史的な由来・来歴があり，日本語のなかに位置を占めることになった経緯にも違いがある。語の出自とは，このような語の生い立ちのことをいう。語の出自を問題にするならば，まず固有語と借用語とに二分するのが合理的であろう。固有語は，もともとその言語に存在した語，借用語はその言語に外部世界から導入され，やがて同化・定着した語のことである。したがって，固有語を本来語あるいは在来語に，借用語を外来語に置き換えても，用語としては通用するはずのものである。

しかし，日本語の場合は，外来語をもっと狭く限定して使うことが一般化している。すなわち，固有語としての和語に対して，借用語としては，古代に中国語から漢字とともに輸入された漢語系のグループと，中世末期から今日まで輸入が続いている西洋語系のグループとの2系統を認め，後者を一括して外来語と呼び習わすものである。この区別は，日本語のなかにおける同化・定着の度合いの違いや，使用者である日本人の意識の違いを詳細に捉えるうえで，きわめて有効である。和語と外来語との中間に漢語というもう一つの層をもつことが，日本語の語彙を複雑にもし，また豊かにもしているという認識をもつことは重要である。

なお，用語の混乱を避けて，外来語を洋語と呼ぶことも行われている。しかし，外来語のなかには少数ながら，アイヌ語，朝鮮語，近現代中国語など西洋語起源ではないものも含まれているので，これらを見落とさないようにしたい。

● **語形・語義と語種** ── 語形（すなわち音声的な形）の面から和語，漢語，外来語をみると，それぞれに特徴や傾向が観察される。たとえば，和語の語頭にはラ行音や濁音が立たないという原則がある。また，語頭の半濁音（P音）は，和語と外来語だけに現れ，漢語には現れないという顕著な傾向もある。このような語種による特定の音の現れ方の偏りは，それぞれを識別するための手がかりとして，あるいは表現効果を高めるための手段として，意識的にも無意識的にも広く利用されている。

語義と語種の関係では，類義語の使い分けに見られる傾向が注目される。たとえば，「とりけし，解約，キャンセル」というセットを見ると，それぞれの意味領域の広さに違いが認められるだけでなく，和語の「とりけし」が日常語的，漢語の「解約」が文章語的，外来語の「キャンセル」が新語的といった文体的特徴をもっていることが明らかである。類義語に限らず，語種の違いは，一般的に場面や文脈による適切な語の使い分けなど，言語使用のさまざまな局面にかかわってくるので注意が必要である。

● **表記と語種** ── ひらがな，カタカナ，漢字のどの表記を自然と感じるか，すなわち現代日本人の一般的な表記意識は，語種の区別と深くかかわっている。その関係を整理すれば，およそ表3-1のようになろう。◎は最も一般的で主要な表記，○は◎に次いで一般的な表記，△は特殊でまれな表記，というほどの意味である。ただし，これは絶対的なものではない。

たとえば「ヒト」や「昭和ヒトケタ」など和語のカタカナ表記が，やや特殊な語であること

表 3-1　表記と語種

	ひらがな	漢字	カタカナ
和　語	◎	○	△
漢　語	○	◎	○
外来語	△	△	◎

◎：最も一般的で主要な表記
○：◎に次いで一般的な表記
△：特殊でまれな表記

を表示し，注意を喚起する効果があるのは，その一方で和語はひらがな，漢語は漢字，外来語はカタカナという通念がしっかりと確立されているからにほかならない。

→ 和語（3-D），漢語（3-D），外来語（3-D），混種語（3-D），語の借用（3-C）

● **参考文献**

佐藤喜代治（編）(1982)『講座日本語の語彙 2　日本語の語彙の特色』明治書院．

国立国語研究所 (1984)『語彙の研究と教育（上）』〈日本語教育指導参考書 12〉大蔵省印刷局．

森岡健二 (1987)『語彙の形成』〈現代語研究シリーズ 1〉明治書院．

西尾寅弥 (1988)『現代語彙の研究』明治書院．

「特集：語種論」(1984)『日本語学』3-9．

[相澤正夫]

■和語

　和語とは，語種による語の分類の1つで，もともと日本語にあったとされる語のことをいう。"やまとことば（大和言葉）"とも呼ばれる。日本語の語彙のなかで，和語は固有語として，借用語である漢語，外来語に対する1つのグループをなす。ただし，借用語のうち「うま（馬），うめ（梅）」のように中国語起源ではあるが，古代に大量の漢語が導入される以前，漢字を伴わずに日本語に入ったと推定されるものは，和語として扱われる。これらは，漢語が導

入された当時、すでに固有の日本語として意識されていたことが文献により確認されている。

● **和語の位置**——和語は日本語の語彙のなかで最も長い使用の歴史をもち、現代語でも語彙の根幹をなす基本的な語として盛んに使われている。書きことばについて語種別の統計を見ると、異なり語数では和語が4割弱、漢語が5割弱と漢語が優勢であるが、延べ語数では和語が5割強、漢語が4割強と逆転する。この傾向は話しことばではさらに顕著であり、延べ語数だけでなく異なり語数においても、和語が漢語より優位に立つ。これは実際の言語使用、とくに日常語において、和語の使用が盛んであることを示唆するものである。

和語は漢語や外来語と違って、耳で聞いてわかりやすいという特徴がある。日常生活に密着した身近なことばとして自然に習得され、意味の透明な語がほとんどである。和語は文字の支えがなくても十分に意志疎通がはかれる点で話しことば向きであり、擬音語・擬態語などを含めて一般に感覚的・情緒的な表現力に富んでいる。

品詞の面から見ると、和語はすべての品詞にわたって出現し、とくに文法的な関係を示す機能語の大部分を占める点で構文上も重要である。また、このことが和語の使用頻度を高める1つの要因ともなっている。

● **和語の特徴**——語形の面では、「かわ、ながれる」のように〔子音+母音〕から成る一般的な拍の連続が普通であるが、擬音語・擬態語では「ばったん、ぐっすり、ひんやり」のように、促音・撥音などの特殊拍が頻繁に現れる。音の出現傾向としては、語頭にラ行音や濁音が立たないという制約が知られている。ただし、「ばら、だく」のように古くは「いばら、いだく」であったものが、語頭音の脱落によって語頭に濁音をもつようになったものもある。語頭の濁音は、現代語では「ばてる、びり」のように俗語的でマイナスのイメージをもつ語や、上記の擬音語・擬態語のように周辺的な語に現れ、一般の和語との対比によって独特の表現効果を上げている。

語形に関連して、和語には独特の変音現象がある。「さけ（酒）」と「たる」（樽）」の複合語は「さけたる」ではなく「さかだる」となる。「さけ」が「さか」となる現象を母音交替、「たる」が「だる」となる現象を連濁という。母音交替と連濁は、ともに和語の複合を語形の面から補強するはたらきがあるが、すべての和語に見られる現象ではない。とくに母音交替は、限られた一定の語でしか起こらない。

語義の面では、和語の単純語が、あらゆる概念の枠組みをつくり上げるうえで、最も基本的な骨格部分を形成している点が注目される。言語習得の際に、子どもが最初に習得するのは和語であり、それを基準にして上位概念や下位概念をふくらませていく。また、語彙の意味分野のうちでは、自然物や自然現象を指す語に和語の多いことが知られている。対象自体に古代から大きな変化がなく、漢語や外来語を取り入れる必要があまりなかった分野と考えられる。

和語の文体的特徴は、ひとことでいえば日常語的ということである。くだけた親しみやすい感じを出すことができる反面、古くさくて俗っぽい感じを伴い、幼稚な印象を与えることもある。ただし、「しらとり（白鳥）、たび（旅）」のように漢語の「白鳥、旅行」に比べて、むしろ詩的で文学的な表現に使われる和語もある。

表記の面では、和語が機能語を含めて基本的にひらがなで書かれることが、漢語・外来語との区別に役立っている。しかし、分かち書きをしない以上、文章中の語を素早く識別するためには、和語の内容語を必要に応じて漢字やカタカナで書くことも必要になっている。

→語種 (3-D)

● **参考文献**

「特集：和語の世界」(1981)『言語生活』359.
「特集：和語」(1989)『日本語学』8-10.

[相澤正夫]

■漢語

漢語とは，語種による語の分類の1つで，古代から中世にかけて，中国大陸から漢字とともに日本語に入ってきた語のことをいう。すなわち，当時の中国語の語彙が，発音・表記とも原語のまま導入され，やがて日本語化したものが漢語である。漢語は，漢字で書かれ，中国語に由来する発音（古いほうから呉音，漢音，唐宋音）で読まれる点に特徴がある。漢字の発音を漢字音あるいは字音と呼ぶことから，漢語を字音語ということもある。

日本語の語彙には，中国語から取り入れた本来の漢語のほかに，日本で独自に漢字を組み合わせてつくった大量の和製漢語が存在する。それらのなかには，「大根，返事」のように和語の「おほね，かへりごと」を漢字表記したものが，音読みされて（すなわち字音で読まれて）生まれたものもある。また，江戸時代以降には欧米から外来語の概念を導入する際に，中国語の古語をその訳語として利用したり，新たに日本人が訳語を造語したりしてできたものもある。字音語は，本来の漢語に対して，これらを含めた総称として用いるのに便利な用語である。なお，「阿弥陀，娑婆，檀那」のような中国で音訳された梵語（サンスクリット語）は，広い意味での漢語に含めるのが普通である。

● **漢語の位置**──漢語は，日本語の語彙のなかで，借用語としては外来語とともに固有語の和語に対するが，日本語への同化・定着が進んでいる点で外来語よりもはるかに和語に近い位置にある。書きことばについて語種別の統計を見ると，異なり語数では和語が4割弱，漢語が5割弱と漢語のほうがすでに優勢となっている。延べ語数ではこの関係が逆転するが，漢語

は和語に欠ける部分を補いながら，日本語のなかに独自の地位を築いている。話しことばでは，耳で聞いてわかることが優先されるので，和語の優位は動かない。一方，書きことばでは，見ただけで微細な意味が即座に識別できる漢語の利点はきわめて大きい。

● **漢語の特徴**──語形の面では，まず，語頭に半濁音（P音）が現れないという顕著な傾向が指摘できる。また，「言語」「生活」のような2字の漢語が基本となり，さらに長い複合語の「言語生活」や派生語の「言語学，諸言語」がつくられる点に特徴がある。漢字1字の長さは1拍または2拍であるから，2字漢語の長さは「語義」が2拍，「言語」が3拍，「生活」が4拍のように，すべてが2拍から4拍までの範囲に収まる。しかも，漢語には促音・撥音・長音などの特殊拍が多く含まれている。これらの特徴が重なり合って，漢語独得の歯切れのよい簡潔な語形をつくり出しているのである。

漢字1字または2字，長さでいえば1拍から4拍の形式を基本単位として，漢語は合成による旺盛な造語力を発揮している。しかし，一方ではこれが長大な合成語を生み出すことにもなり，その解決策としての略語化も盛んである。たとえば「原子力発電所」を「原発」，「文部科学省」を「文科省」とするように，意味を復元するための最低限の手がかりを残して省略が行われている。

語義の面では，和語に欠けている抽象概念を表す語彙を，漢語が組織的に補充している点が注目される。とくに学術用語，法律用語など近現代社会にとって不可欠な語彙は，漢語の抽象語を抜きにしては考えにくい。また，和語の「くさはら，まきば」と漢語の「草原，牧場」のような具体的な意味をもつ類義語においても，和語と漢語の指示物には規模に明らかな違いがあり，漢語の導入が意味の細分化に役立っている。

漢語の文体的特徴は、ひとことでいえば文章語的ということである。日本語の文章は漢文の影響を受け、漢語を多用する傾向があった。話しことばでは「知らせる」ですませるところを、「通知する、通達する」と書いたりするのはそのためである。「きのう、きょう」よりも「昨日、本日」のほうが改まった言い方であり、格調の高さを感じさせるのも、これらの漢語がもともと文章語であったことに由来する。

漢語がかかえる大きな問題は、近代化の過程で漢語による造語が盛んに行われた結果、同音語や難解な漢語が数多くつくり出されたことである。戦後、漢字制限の流れのなかで、いかに漢語をわかりやすくするかが課題となっている。

→ 漢字の意味・用法（5-C）、語種（3-D）

● 参考文献

「特集：漢語」（1987）『日本語学』6-2.
「特集：漢語・漢字の位相」（1993）『日本語学』12-8.

［相澤正夫］

■ 外来語

外来語とは、語種による語の分類の1つで、室町時代末期以降、主として欧米諸言語から日本語に入ってきた語のことをいう。欧米諸言語がその大半を占めることから、洋語と呼ぶこともある。また、カタカナで表記することから、最近ではカタカナ語と呼ぶことも多い。ただし、これらが指し示す内容にはずれがあり、完全に重なる概念ではない。

たとえば、アイヌ語から入った「サケ、ラッコ」、朝鮮語からの「パッチ、キムチ」、近現代中国語からの「ギョーザ、ラーメン」、カンボジア語からの「キセル、カボチャ」などは、外来語として扱われるが、洋語とするのには無理がある。また、古くポルトガル語から入った「じゅばん（襦袢）、かっぱ（合羽）」などの外来語は、すでにカタカナ語とはいいにくい定着の段階に達している。

外来語という用語は、日本語の語彙の歴史、性格、機能などを総合的に論じるうえで、和語、漢語以外の"その他"をまとめて捉えるものとして便利であり、かつまた有効である。

● 外来語と外国語── 外来語は外国語から借り入れたことばであるが、日本語への定着の度合いによって、大きく次の3種類に分けられる。

①外国語に由来する感じが残っておらず、ひらがなや漢字で表記されることが多いもの（「てんぷら＝天麩羅」「たばこ＝煙草」など）。

②外国語に由来する感じが残っていて、カタカナで表記されるもの（「ラジオ」「ナイフ」「スタート」など）。

③外国語の感じが多分に残っていて、カタカナで表記されるもの（「ジレンマ」「フィクション」「エトランゼ」など）。

これら3種類のうち、②と③がカタカナ語に相当する部分である。外来語はあくまでも日本語であるが、③の段階の外来語には、外国語を臨時的にカタカナ表記したものとの境界が、必ずしも判然としないという難しい問題がある。

● 外来語の特徴── 外来語は原語の語形・意味を変容させ、日本語化して受け入れている。語形の面では、英語の「lamp」「ramp」「rump」がすべて「ランプ」になるような音の変容、1音節の英語「strike」が5拍の「ストライク」になるような音構造の変容、「コンビーフ（corned beef）」「フライパン（frying pan）」のような文法的な要素の省略が起こる。また、「イメージアップ」のような和製語が盛んにつくられる一方で、語形の長大化への対応として「CDラジカセ」のような略語を大量に生産している。しかし、「エアコン」「パソコン」「リモコン」「マザコン」その他の「コン」のように、意味が不透明なまま同音要素が限り

なく増えるといった問題もかかえている。

　意味の面では，原語よりも狭く限定されたり，特殊化されたりするのが普通である。たとえば「オープン（する）」は「開店，開業」の意味に限定され，「マンション」は「西洋風集合住宅」の意味に特殊化されている。「バーチャル」のように原語の意味から大きくくずれて「仮想」という意味で定着したものもある。

　外来語の文体的特徴は，ひとことでいえば新語的ということであり，とくに和語，漢語との対比において，新しくてしゃれているという雰囲気やイメージをもちやすい。商業分野で盛んに使われるのはそのためである。また，本来は特殊な領域の専門語として使われていた外来語が，一般社会に流出している場合も多い。

●**外来語問題**──「カタカナ語の氾濫」として問題にされ，急増している外来語への対応がさまざまな角度から議論される。背景には，英語とアメリカ文明の圧倒的な優位があるといってよい。議論の方向は，大きく２つの立場に分かれる。一つは，日本語そのものが良き文化的伝統とともに崩壊するのではないかと懸念する伝統重視の立場からのもの，もう一つは，一般になじみのうすい外来語が出まわることによって，基本的な情報のやりとりや意志疎通に支障が生ずることを問題視する機能重視の立場からのものである。後者に関しては，とくに公共性の高い場面における外来語使用について，個々の語の定着度に配慮した適切な対応を求める動きが国のレベルでも見られる。

→語の借用（3-C），語種（3-D）

● **参考文献**

石野博史（1977）「外来語の問題」『岩波講座 日本語3 国語国字問題』岩波書店.

相澤正夫（2003）「日本語コミュニケーションにおける外来語使用の功罪」『日本語コミュニケーションの言語問題』（第10回国立国語研究所国際シンポジウム第2部会）国立国語研究所.

「特集：外来語の世界」(1982)『言語生活』366.

「特集：外来語論争」(1984)『言語生活』391.

「特集：洋語」(1985)『日本語学』4-9.

「特集：いまカタカナことばを考える」(2003)『日本語学』22-8.

［相澤正夫］

■ **混種語**

　混種語とは，語種による語の分類の１つで，和語，漢語，外来語の３種のうち，２種以上の要素の組み合わせによってできている語をいう。混種語は，語構成の観点から見れば，合成語でしかありえない点で，和語，漢語，外来語のグループとは区別される。このことを具体的な語例で示せば，表3-2のようになる（区別のために，和語はひらがなで表記する）。

表3-2　混種語の特徴

	単純語	合成語
和　語	やま，さくら	やまざくら
漢　語	日本，言語	日本語
外来語	チーズ，ケーキ	チーズケーキ
混種語	×	なまビール

　以下，和語を「和」，漢語を「漢」，外来語を「外」と略すことにすれば，上の「なまビール」は〈和＋外〉の混種語の例，「ソースあじ」は〈外＋和〉，「電子レンジ」は〈漢＋外〉，「テレビ電話」は〈外＋漢〉，「ひかり通信」は〈和＋漢〉，「書類ぶくろ」は〈漢＋和〉の例である。

　以上が2種の要素から成る基本的な組み合わせであるが，さらに3種の組み合わせの例を料理や食事の分野から示せば，「やき肉セット」は〈和＋漢＋外〉，「野菜いためライス」は〈漢＋和＋外〉，「くしカツ定食」は〈和＋外＋漢〉，「チキンからあげ弁当」は〈外＋和＋漢〉，「牛カルビやき」は〈漢＋外＋和〉，「ソース鉄

板やき」は〈外+漢+和〉の例となる。

混種語の存在は，日本語がその固有要素である和語を基盤にして，外来要素である漢語，外来語を積極的に取り込みながら，さらにそれらを組み合わせることによって造語を行い，語彙を豊富にしてきた経緯を物語っている。

表記に関連して，漢字の音読み・訓読みが1語のなかに混在する事例として言及される「湯桶読み」と「重箱読み」は，本質的に混種語の問題であることに注意したい。「湯桶」は〈和+漢〉，「重箱」は〈漢+和〉の構成をもつ混種語の一種であり，和語も漢字で表記する習慣があるために，漢字の読みという側面から注目されているにすぎない。ほかに〈和+漢〉の例としては「場所」「荷物」など，〈漢+和〉の例としては「番組」「本箱」などがある。

なお，「信じる」「力む」「サボる」のように漢語や外来語が和語の活用語尾と結合したものも，混種語に含めて考えるのが普通である。ただし，「心配する」「スタートする」などの複合サ変動詞については，これを混種語とするかどうかについて意見が分かれる。

最近では，「どた（んば）キャン（セル）」「デパ（ート）地下（売り場）めぐり」のように，長くなりがちな混種語では，略語化が非常に盛んである。略語の側面から多様な混種語の実態を捉えておくことは，日本語教育にとっても重要な課題である。

→語種（3-D），語構成（3-C），合成語（3-C）

● 参考文献

林大（監修）宮島達夫他（編）（1982）『図説日本語——グラフで見ることばの姿』〈角川小辞典9〉角川書店．

野村雅昭（1984）「語種と造語力」『日本語学』3-9．

［相澤正夫］

■ さまざまな語類

語彙を分類する観点は非常に多様なものがあり，言語記述や学習者に対する説明のため，各語がもつ何らかの特徴を手がかりとして一定範囲の語に言及することがしばしば行われる。

本章の他項目では，語彙を分類する観点として，語の文法的な性質による分類（品詞など），語構成・造語法による分類（複合語，略語など），語の出自・通時的消長による分類（語彙，新語，死語など），位相・使用域による変異（基本語彙，社会方言/地域方言，若者ことば，古語など），意味・機能などによる分類（音象徴語，数詞，助数詞など），言語学習との関連による区分（学習語彙など）などが触れられている。これらは，それぞれの語類に共通し，他の語類とは異なる特質を説明するために立てられるカテゴリーである。

本項では，他の項目で解説されない観点と語類のいくつかに触れる。その他の観点としてしばしば話題になるものに以下のようなものがある。

● 表記による分類——

カタカナ語：主に外来語に関する議論で用いられる用語で，場合により，外来語のほか，通常カタカナで表記される音象徴語・動植物名などを含めて言及するのに用いられる。また，臨時的にカタカナで表記することにより何らかのニュアンスを表すもの（例：ほとんどビョーキ）を含めることもある。

漢字語彙：漢語，および，通常漢字で表記される和語（例：出口）を一括して言及するのに用いられる。

四字熟語，頭文字語など。

● 文法的な性質による分類——2章「文法」を参照のこと。

指示詞（指示語・コソア（ド）ことば），応答詞（応答語），可能動詞，授受動詞（やりもらい動詞・受給表現）など。

● **指示的意味による分類**——「移動動詞」が、他の動詞と異なり、起点・経由地を表す-ヲ格をとるなど、文法的にも何らかの特徴をもつことがある。

固有名詞：人名・地名・団体名など、特定の事物を指す名詞。商品名などを含めることがある。比喩的な用法（例：下町の玉三郎）が成立することがある。また、一般名詞化（例：セロテープ）することがある。外国の固有名が紹介される場合、必然的に外来語の固有名詞がつくられることになる。日本語を文字表記した最古の例が地名・人名であったように、固有名詞は異言語・異文化の接触において有力な契機となることがある。日本語学習においても、学習者の名前や出身地名のカタカナ表記が問題になることがある。また、一般に、外国語の理解においては、固有名詞の聞き取りやその事物に関する背景的知識が困難を生じることが多く、学習のなかでのていねいな扱いが望まれる。

抽象名詞/具体名詞、場所名詞、親族語彙、発話動詞、温度形容詞など。

● **使用域による分類**——ある種の場面で頻繁に、あるいは、特徴的に使用される語彙。位相語、分野語など。

生活語彙、ビジネス語彙、アカデミック・ジャパニーズ、山村語彙など。

● **社会的価値による分類**——

敬語/非敬語

差別語：指示対象に対する侮蔑的なニュアンスを伴う語。本来差別的な意味を含まない語を差別的な意味を表すために用いること（例：消極的であることを「自閉症的」と形容する）を含むことがある。報道や公的な場面では、差別語を使用しないことが厳密に求められるが、日常的な場面で耳にすることがあり、学習者はそれらが差別的な表現であることを知る必要があるので、教育のなかでは、単に差別語を教えないだけで十分であるとはいえない。

→語の分類（3-D）

[中道真木男]

■ **音象徴語**

音象徴語とは、擬音語・擬声語・擬態語・写生詞・オノマトペ（onomatopoeia）などと呼ばれる語類の総称である。私たちは色に対してあるイメージを抱く。リンゴが青ければ酸っぱそうだと思い、赤く色づけばおいしそうだと言う。同様のことが音や声にも認められる。さまざまな音や声の与えるイメージに意味を重ね合わせ、実際には音響を伴わない外界の事象をも言語音で描写することがある。こうした類のことばを擬態語と呼ぶ。「腹がシクシク痛む」「それを聞いてドキッとした」などがその例である。言語音の与えるイメージは言語によって異なるため、外国人の日本語学習者には習得の難しい語類であると言われてきた。

擬態語が意味を担ったことばであるのに対し、「ドアがバタンと閉まった」「キャーという叫び声」など外界の物音・人の声・動物の鳴き声などを言語音で模写したものを擬音語・擬声語という。これはどの言語にも見られるが、犬の「ワンワン」が英語では"bowwow"になるように言語の音声条件によって表現は異なる。

単なる音声の模写から意味が生まれ擬態語として用いられるようになるものもある。意味の派生は具体的なものから抽象的なものへという流れをもつのが普通であり、擬音語から擬態語への転化もその例に漏れない。その場合には用法とアクセントの変化を伴うことが多い。「雨がパラパラ（と）降ってきた」は多くの場合雨粒が何かに当たる音を伴っており、頭高型アクセントの副詞用法である。これに対し音を伴わずに情態を表す「パラパラの冷や飯」は尾高型で体言的な用法に変化している。

拍数と音との組み合わせに特徴があり、いく

つかの型に分類できる。まず，畳語とそれ以外の語とに二分される。畳語の基本形は「ウロウロ・モジモジ」のような語根2拍の繰り返しである。畳語に似た形態として，

(1) 異なる2拍の語根を2つ重ねる：カサコソ，カタコト，ガタピシ，ウロチョロ
(2) 1拍目と3拍目の音が異なる：チラホラ，ジタバタ

などがある。畳語以外に2拍，3拍，4拍の語があり，拍数の少ない語は普通「と」を伴って連用修飾する。「綱をグイと引く」「サッと引き上げる」「背筋をピンと伸ばす」「布団をキチンと畳む」「サラリと受け流す」「ヒッソリ（と）静まり返った住宅街」などがその例である。これらを重ねて畳語にすることもある。

「寝不足で頭がボンヤリしている」「ポカンとした顔」などのように「する」が後接するものも多い。「ウロつく・チラつく・ネバつく・キラめく・ザワめく」のように2拍の語根に「つく」「めく」などの接尾辞がついて動詞化するものもある。「ウンザリ・ホヤホヤ」などは助動詞ダを伴って述語にもなる。「うっかりミス」「しっかり者」「自信たっぷり」「父親そっくり」のように体言を直接修飾したり複合語をつくったりすることもある。

畳語には音象徴語でないものもある。日本語は語を重ねて数量や程度を強調する場合があるので注意が必要である。「青々（アオアオ）」「生き生き（イキイキ）」「薄々（ウスウス）」「渋々（シブシブ）」などは「青・青い」「渋・渋い・渋る」など形容詞・名詞・動詞と密接な関係があるので音象徴語とはしない。漢語出自の「営利に汲々（キュウキュウ）とする」「清水が滾々（コンコン）と湧き出る」「満々（マンマン）と水をたたえる」なども音象徴語ではない。

●意味・用法──感性の所産である擬態語には動き・感覚・感情・心理・態度・物事のありようなど人間生活や自然に関するさまざまな語がそろっている。一般に語の表す意味と語音とは無関係であるが，擬態語の場合は意味と音とのあいだにある種の結びつきが認められる。日本語の母音［i］は「明るい・小さい・小刻みな動き」などを特徴とする語に現れるといわれる。「キラキラ・チリチリ・ヒリヒリ」などはその例となろう。子音では清音が「軽・鋭・清・弱・美」を表すのに対し，濁音や半濁音は「重・鈍・濁・強・醜」を表現し，意味の対立が認められる。語尾の「リ」音は情態の成立・定着，促音「ッ」は瞬間的な動き，撥音「ン」は弾んだ感じを表すとされ，「チクリ・チクン・チクッ」などは刺された感覚の微妙な違いを表現する。

擬態語には程度副詞・情態副詞・陳述副詞が見られる。「スッカリ・タップリ・ドッサリ」などは程度副詞として使われる。「キッパリ・ギッシリ・クッキリ」などは情態副詞である。「サッパリ」は「汗を流してサッパリした」では情態を表すが，「説明がサッパリわからない」では助動詞ナイと呼応し陳述副詞として「まったく～ない」という意味を表す。

●参考文献

浅野鶴子（編）（1978）『擬音語・擬態語辞典』角川書店．

阿刀田稔子・星野和子（1993）『擬音語・擬態語使い方辞典』創拓社．

［星野和子］

■数詞

数量や順序を表す語を数詞という。「一から始める」の「一」のように，数の概念を表す語だけで用いることもあるが，日本語の場合多くは，「数の概念を表す語（本数詞）＋数えられる対象の種類を表す語（助数詞）」のかたちで用いられる。「ひとり・ふつか・みっつ・四枚・五台・六本・七回・八匹・九件・十羽」などの

ように個数・数量・度数を表すものを基数詞，「第一（この場合の「第」は接頭辞的な助数詞）・二等・三着・四番・五代・六級・七版・八段・九番地・十位」などのように順序・位置づけを表すものを序数詞（順序数詞）と呼び分ける場合もある。また，「いくつ・何日・何番」などのように不定の数を表す場合も数詞に含めるのが普通である。

●**和語系と漢語系**── 日本語の数詞には和語系と漢語系とがある。和語系は，「ひと・ふた・み・よ・いつ・む・なな・や・ここの・と」で，「ひ (i)→ふ (u)」「み (i)→む (u)」「よ (o)→や (a)」の倍数関係が母音交替によって成立している。数を順に唱える場合（唱数詞）は「ひい・ふう・みい・よう…」だが，現代ではほとんど使われない。人を数える場合（人数詞）も「ひとり・ふたり」までで，現代では「みたり・よったり…」とは言わず，漢語系の「サンニン・ヨニン・ゴニン…（「よ」だけは和語系）」を用いる。個数を数える場合（個数詞）は「ひとつ・ふたつ・みっつ・よっつ…・とお」，日にちを数える場合（日数詞）は「ついたち（日付）/イチニチ（算日）・ふつか・みっか・よっか…・とおか」で，十を超える数は漢語系を用いる。ただ，「ジュウよっか（十四日）」は一部和語系であり，また，「はたち（二十歳）・はつか（二十日）・みそか（三十日）・みそひともじ（三十一文字）・よそぢ（四十路）・やそすけ（八十助）・ももえ（百恵）・やほや（八百屋）・ちとせ（千歳）・よろづや（萬屋）」など慣用的に残存している和語系もある。和語系助数詞の前には和語系本数詞が置かれる場合が多く，「一（ひと）揃・二（ふた）袋・三（み）口・四（よ/よん）切れ」などとなるが，三では漢語系併用（「三（み/サン）組・桁・束・粒・通り・箱」）が増え，四以降は漢語系優勢となる。

また，漢語系は「イチ・ニ・サン・シ・ゴ・ロク・シチ・ハチ・キュウ/ク・ジュウ」だが，唱数詞以外では四と七に「よ/よん」「なな」と和語系が混ざる。漢語系助数詞の前には漢語系本数詞が置かれる場合が多いが，四と七だけは和語系である。たとえば「四個・七個」は「シコ・シチコ」ではなく「よんコ・ななコ」で，「七人」は「シチニン」とも「ななニン」とも言う。逆に，四と七で漢語系が用いられるのは，「シガツ（四月）・シキ（四季）・シコク（四国）・シジュウ（四十）肩」，「シチゴサン（七五三）・ゴシチチョウ（五七調）・シチテンバットウ（七転八倒）」などの固定化した表現だけである。ちなみに「ク（九）」も使用範囲が限られ，「サンジュウク（三十九）度の熱・クジュウク（九十九）里浜・クブクリン（九分九厘）」などと固定化している。十を超える数はもっぱら漢語系で，「ヒャク（百）・セン（千）・マン（万）・オク（億）・チョウ（兆）…」となるが，その前に一から九までの本数詞をつけて言う場合も，四と七だけは「よんヒャク・ななセン」などと和語系になる。また，この結合の際には，前項の一・六・八と後項の百・千に促音化・濁音化が生じ，「サンビャク・サンゼン・ロッピャク・ハッピャク・ハッセン・イッチョウ」のように変化し，不定の場合も「なんビャク・なんゼン」のようになる。

なお，外来語系の助数詞とともに外来語（英語）の本数詞（ワン・ツー・スリー）が使われることもあるが，「ワンシーズン・ツーショット・スリーアウト」など，一から三までで，使用可能な助数詞も限られている。

●**品詞論上の数詞**──「数詞」という名称は，蘭文典の翻訳から始まり，その後英文典の影響による「数量詞」「数形容詞」などの名称を経て，大槻文彦『広日本文典』（1897）の普及以降に定着したものと見られる。

数詞の品詞論的な位置づけにも諸説ある。蘭文典の影響を受けた江戸末期には，数詞を一品

詞と扱う文法書が多かったが，英文典の影響が強くなる明治初期の洋式日本文典では，数詞を一品詞とはせず，名詞の関連事項として扱うものや形容詞の一部とするものが一般的であった。曖昧な立場にあった数詞を，八品詞の１つである名詞（体言）の細目として位置づけたのが『広日本文典』であり，それ以降この見方が定着した。もっとも，明治以降でも，数詞を一品詞とする見方がなかったわけではない。山田孝雄『日本文法学概論』（1936）は，数詞を客観的形式体言とみなし，名詞（実体言）・代名詞（主観的形式体言）と並べて一品詞と扱った。また，「連体副名詞」（杉山栄一『国文法品詞論』1943）や「時数詞」（吉沢義則『日本文法理論篇』1950）といった名称で名詞と並立的に扱う立場もあったが，今日では名詞の一部と捉えるのが一般的で，学校文法でも同様の位置づけがなされている。

一方で，数詞が助詞を伴わずに単独で副詞的に用いられる点を重視した見方もある。先に挙げた山田，杉山，吉沢らが数詞を名詞とは別の範疇に位置づけた理由もここにある。また，川端善明が副詞に分属させた（「数・量の副詞——時空副詞との関連」『国語国文』1967・10）のも，佐治圭三の捉え方（「時詞と数量詞——その副詞的用法を中心として」『月刊文法』1969・12）も，ともに副詞的用法に着目したものである。たとえば，「昨日」には，「桜が昨日咲いた」のような副詞的用法がある。それと同様に，数詞「三個」にも，「柿が三個実った」「柿を三個もらった」のような副詞的（連用修飾）用法がある。これらは，「三個の柿が実った」「三個の柿をもらった」のような名詞的（連体修飾）用法と意味的に近い。このような現象を「数量詞遊離」と呼び，以前から生成変形文法の考え方に基づいて議論されることが多い。数量詞遊離は，先行する名詞（上の例では「柿」）が主格・目的格の場合に起こるとされ，他の格では，たとえば「三個の柿から毒が検出された」と「柿から三個毒が検出された」では意味が異なる。格の制限以外にも，数量の限定のあり方や名詞・動詞の性質，さらには文脈的条件などによって，数量詞遊離にもさまざまな制限が加わる。ちなみに，数量詞が遊離するのは基数詞の場合だけで，序数詞は遊離することができない。

→助数詞（3-D），数量詞（2-B）

● 参考文献

宮地敦子（1972）「数詞の諸問題」『品詞別日本文法講座2 名詞・代名詞』明治書院.

田野村忠温（1990）「現代日本語の数詞と助数詞——形態の整理と実態調査」『奈良大学紀要』18.

小林功長（1998）『数詞——その誕生と変遷』星林社.

清水康行（1999）「日本語の数表現」『言語』10月号.

[松木正恵]

■助数詞

助数詞とは，数の概念を表す語について数詞を構成する接尾辞をいう。日本語では，数量や順序を表す数詞は，多くの場合，「数の概念を表す語（本数詞）＋数えられる対象の種類を表す語（助数詞）」のかたちで用いられる。「ひとつ・ふた月・三度・四勝・五杯」のように個数・数量・度数を表すものを基数詞，「一番・二位・三等・四次・五級」のように順序・位置づけを表すものを序数詞（順序数詞）と呼ぶ。ただ，「三階」「九号」のように数詞だけでは基数詞なのか序数詞なのか定かでない場合もある。文中に入れることで，「私の家は三階建てだ。」「二年間で雑誌を九号発行した。」なら基数詞，「私の家はマンションの三階だ。」「これが先週発行したばかりの九号だ。」なら序数詞と判断できるようになる。これは，基数詞のな

かに，個数だけでなく順序数をも同形で示しうる語があるために，「巻・章・時限・戦」なども同様である。ただし，この場合に限らず，上に挙げた基数詞でさえ，序数詞特有の「第〜(唯一接頭的な助数詞)・〜目」を付加すれば，序数詞に変化する点は注意しておきたい（例：第九号・六時限目・第五戦・ひとつ目・三度目・四勝目）。

●助数詞と語種──助数詞にも和語系「つ・り（ひとり）・たり（みたり）・切れ・言（こと）・束（たば）・度（たび）・通り」など，漢語系「回・脚・隻・足（ソク）・滴・泊・発・尾（ビ）・編」など，外来語系「オクターブ・セット・パック」などがある。ただ，何を助数詞とするかについては意見が分かれ，数詞なしでも自立的に用いられる名詞や，単位を表すものは助数詞とは認めないという立場もある。たとえば，和語系の「枝・口・桁・皿・粒・箱・鉢・袋・部屋・棟」など，漢語系の「家族・学級・缶・曲・字・種類・瓶」など，外来語系の「カップ・クラス・グループ・ケース・シーズン・チーム・ページ」などは自立的に用いられる名詞であり，「円・グラム・メートル・トン・パーセント・リットル」などは単位である。これらは，意味的側面（数えられる対象の種類を表示）においても，文法的側面（数量詞遊離などが可能）においても，助数詞と同等の機能を果たしている。接尾辞とする以上，形態論的には問題はあるだろうが，助数詞と同種のものと扱ったほうがよい。

ちなみに，助数詞に似た概念として「類別詞(classifier)」があるが，「シーズン」などの自立的名詞の一部や単位名は除かれることが多い。

●助数詞・本数詞の音変化──助数詞が本数詞と結合する際には，双方に音変化が起こりやすい。以下に概略を示す。

(1)音変化が生じないもの──有声音で始まる助数詞，およびハ行音で始まる外来語系助数詞（「位・円・行（ギョウ）・語・号・時・畳・台・度・年・番・枚・万・把・割・グラム・ダース・ドル・メートル・リットル・ワット」，「フィート・フラン・ヘクタール・ヘルツ」など）

(2)本数詞に促音化が生じるもの
①「一・八・十」が促音化──サ・タ・パ行音で始まる助数詞（「歳・冊・週・章・世紀・隻・節・着・通（ツウ）・滴・点・等・頭・シーシー(c.c.)・センチ・チャンネル・トン・パーセント・ピーピーエム(p.p.m.)・ページ」など）

※「足」は「三足（サン<u>ゾ</u>ク）」では助数詞が濁音化。

②「一・六・八・十・百」が促音化──カ行音で始まる助数詞（「回・階・箇月・巻・級・曲・件・軒・個・カロリー・キロ」など）

※「階・軒」は「三・何」では助数詞が濁音化（「何階（ナン<u>ガ</u>イ）」）。

(3)本数詞・助数詞の双方に音変化が生じるもの──ハ行音（「羽」はワ行音）で始まる助数詞の場合，「一・六・八・十・百」が促音化し，さらに「一・三・(四)・六・八・十・百・何」に続く助数詞の語頭が，

①すべてパ行音になるもの──「敗・拍・泊・発・版・犯・品・分・編・歩・方（ホウ）」など

②「三」のときパ行音，残りはパ行音になるもの──「杯・匹・票・遍・本」など

③「三・何」のとき「ば」，「六・八・十・百」のとき「ぱ」，残りは「わ」となるもの（ただし，「わ」のとき本数詞は促音化しない。また，すべてを「わ」で呼ぶことも可能）。──「羽」

なお，和語系助数詞の前には和語系本数詞が，漢語系助数詞の前には漢語系本数詞がおかれる場合が多いが，前者の例外として「一（イ

チ）羽（わ）・一（イチ）刷（ず）り・一人（イチニン）前（まえ）」など，後者の例外として「一（ひと）缶・一（ひと）呼吸・二（ふた）種類・二人（ふたり）分（ブン）」などがある。また，外来語系助数詞の前には漢語系本数詞が多いが，「一（ひと）パック・一（ひと）シーズン・二（ふた）クラス」などのように和語系本数詞がつく場合もある。

→ 数詞（3-D），数量詞（2-B）

● 参考文献

田野村忠温（1990）「現代日本語の数詞と助数詞――形態の整理と実態調査」『奈良大学紀要』18.

松本曜（1991）「日本語類別詞の意味構造と体系――原型意味論による分析」『言語研究』99.

NHK放送文化研究所（1992）『NHKことばのハンドブック』日本放送出版協会.

西光義弘・水口志乃扶（編）（2004）『類別詞の対照』〈シリーズ言語対照3〉くろしお出版.

[松木正恵]

E──語の意味

■語の意味

語には必ず意味がある。言い換えれば，語とは，何らかの音形と何らかの意味とが結びついたものである。たとえば，日本語には「のぼる」という語はあるが，「のほる」という語は存在しない。これは，「のぼる」という音形には〈下から上へある経路を通って移動する〉といった意味が結びついているが，「のほる」という音形は日本語において可能な音連続ではあるが，対応する意味がないということである。

さて，多くの語は音形と意味の結びつきが必然的ではなく，恣意的である。たとえば，「のぼる」という語が上記のような意味をもつのは，日本語において慣習的に決まっていることである。ただし，「かんかん」「ざあざあ」などの擬音語は，音形と意味の結びつきがある程度必然的である。さらに，「やまやま（山々）」「ひとびと（人々）」などの畳語は，「やま」「ひと」を繰り返したものであり，音形が長く（大きく）なっているが，意味の面でも複数を表している。つまり，音形の大きさと意味における数の多さに相関関係があることになる。以上のように，語の音形と意味の関係は，恣意的であるものが多いが，ある程度必然的，有契的なものもある。

● 成分分析──次に，語の意味の考え方，分析・記述のしかたについて見る。まず，語の意味を言語体系内のみで考える成分分析を取り上げる。成分分析とは，ある語の意味を記述する際に，関連のあるいくつかの語と比較して，違いとして抽出された意味（弁別的意味特徴）の束をその語の意味とするものである。その背景にあるのは，ある言語においてある語に存在価値があるのは，何らかの点でほかのどの語にもない意味を担っているからであるという想定である。この想定自体は妥当である。具体例を見てみよう。「子ども」という語は，まず，「子犬」と比べた場合，〈＋人間〉という意味特徴が抽出できる。さらに，「大人」と比較すると，〈＋成長過程にある〉という「大人」と異なる意味が認められる。以上から，成分分析による「子ども」の意味は，〈＋人間〉〈＋成長過程にある〉となり，この意味はすべての子どもにあてはまる。

成分分析には問題点もある。すなわち，ある語の弁別的意味特徴だけに注目することは，その語の十分な意味記述を保証するものではない。たとえば，「太郎君もやっぱり子どもだ」における「子ども」の意味を的確に理解するに

は、〈＋人間〉〈＋成長過程にある〉という意味だけでは不十分であり、典型的な子どもがもっている「十分に思慮深くない」「自分勝手である」といった特徴も知識としてもっていることが必要になる。このようなある語が指し示す対象（の典型的なもの、代表的なもの）がもつもろもろの性質・特徴、さらにはその対象と関連をもつさまざまなことがらを、その語の百科事典的意味という（従来、この種の内容は、「辞典」ではなく「(百科) 事典」に記載すべきことと考えられていたので「百科事典的意味」といわれるようになった）。伝統的な意味論では、語の言語体系内の意味と百科事典的意味は区別すべきであると考え、前者の意味をもっぱら研究の対象としてきた。しかし、両者の意味は明確に区別できるものではなく、百科事典的意味も語の意味に含めて考えることが必要である。

加えて、語の意味は、単に語が指し示す対象の集合とはいえず、対象に対する人間の見方・捉え方という認知能力を反映している。日本語には、「上り坂」と「下り坂」という語がある。この2つの語が指し示す対象の集合は同じであるが、両語の意味が同じであるとは考えられない。つまり、「上り坂」と「下り坂」の意味の違いは、人間が、「坂」という同一の対象を、坂の下のほうから上に向かって見るか、逆に上のほうから下に向かって見るかという捉え方の違いに基づくことになる。

最後に、語の意味に関係する基本的なことがらを補足する。まず、意味（あるいは価値）がまったく同じである複数の語は存在しないと考えられる。つまり、類義語は存在しても、完全な同義語はないということである。これはすでに見た成分分析の前提となる考え方である。まったく同じ意味の語が2つ以上存在するということは、言語使用者がある意味内容を表現する際に、それらの語のどれを使ってもよいという事態が生じることになり、経済的ではないであろう。なお、「あした」「あす」「みょうにち」などは、意味は同じであるが、改まりの度合いという文体的特徴が異なると考えられる（文体的特徴なども意味の一部に含める考え方もある）。つまり、文体的特徴なども含めた価値の点でまったく同じである複数の語は存在しないということである。また、基本的な語の多くは多義語であり、関連のある複数の意味をもっている。このことは辞書において、1つの見出し語のもとに複数の意味を区別して記載しているという場合が多いことからもわかる。

→意味論（7-C），語義の分析（3-E），言語の意味（7-A），意味の学習（3-J），単義・多義・同音異義（3-E），語義の分析（3-E），語と語の関係（3-E）

● 参考文献

国広哲弥（1982）『意味論の方法』大修館書店.

国広哲弥（1997）『理想の国語辞典』大修館書店.

郡司隆男他（1998）『岩波講座言語の科学4 意味』岩波書店.

籾山洋介（2002）『認知意味論のしくみ』研究社出版.

Cruse, D. A. (1986) *Lexical Semantics*. Cambridge University Press.

[籾山洋介]

■ 意味と認知

近年、言語を人間の行う認知、人間の有する認知能力との関係で考える認知言語学が盛んになり、意味の研究が飛躍的に進展しつつある。認知言語学は、言語だけに注目して言語の体系・構造の解明を目指すもの（構造主義言語学）、人間の言語能力を自律したものであると考え、人間の他の能力から切り離して研究するもの（生成文法）とは明確に異なる理論である。

さて、「認知」あるいは「認知能力」とは何

かという問題について，認知言語学者のあいだで完全に意見の一致をみているわけではない。ここでは「人間が頭や心によって行う営み」あるいは「人間が行う知的・感性的な営み」というように広く考えておく。以下，言語の意味の基盤をなす基本的な認知能力のいくつかを取り上げる。

まず，比較するという認知能力がある。この認知能力は，日常，複数の品物を比較して買う物を決める，選挙で候補者を比較して投票する人を決めるなど，無意識のうちに頻繁に行使しているものである。この種の認知能力はある種の言語の意味の基盤をなしている。たとえば，「ゾウは大きい」という文は，動物の平均的な大きさ，あるいは人間の大きさを基準として，ゾウの大きさをその基準を上回るものとして位置づけている。つまり，「大きい」などの形容詞には，ある対象をある基準と比較して位置づけるという意味が内在していることになる。

二つ目は，同一の対象を異なる視点から捉えるという認知能力である。たとえば，Aチーム対Bチームの野球の試合で「Aチームの攻撃でノーアウト満塁」という状況は，どちらのチームの側に立って試合を見るかによって「チャンス」とも「ピンチ」とも表現可能である。つまり，Aチームのファンであれば「チャンス」，Bチームのファンであれば「ピンチ」と言うであろう。また，「太郎は花子に花をあげた」と「太郎は花子に花をくれた」という2つの文は，同じ事態を述べた文であるが，違いはやはり視点の取り方の違いによる。つまり，太郎の視点あるいは中立的な視点の場合には「あげる」を用い，花子の視点の場合には「くれる」を使うということである。このように，同一の対象を異なる視点から捉えるという認知能力も言語の意味の重要な基盤をなしていることになる。

最後に，同一の対象を異なる予測に基づき捉えるという認知能力を取り上げる。われわれはあるできごとに接したとき，「期待はずれだ」とか「思った以上にすばらしい」などと言う場合がある。これは，われわれは日常しばしば未来のできごとや未知のことがらについて何らかの予測や期待をするからである。この種の認知能力が言語の意味に関与していることは，「私は昨日7時間も寝た」と「私は昨日7時間しか寝なかった」という2つの文の意味の違いからわかる。つまり，いずれの文も同じ事態を描写しているが，前者は睡眠時間が予想よりも多かったことを，後者は予想よりも少なかったことを表しているわけである。

➡認知言語学（7-B），言語の意味（7-A），語の意味（3-E）

●参考文献

杉本孝司（1998）『意味論2――認知意味論』くろしお出版．

辻幸夫（編）（2001）『ことばの認知科学事典』大修館書店．

松本曜（編）（2003）『シリーズ認知言語学入門3 認知意味論』大修館書店．

籾山洋介（2002）『認知意味論のしくみ』研究社出版．

Langacker, R. W. (1987) *Foundations of Cognitive Grammar* Vol. 1. Stanford University Press.

［籾山洋介］

■単義・多義・同音異義

1つの音形に，ただ1つの意味だけが結びついている語を「単義語」という．地名，人名などの固有名詞や，科学的な専門用語，また人工的につくられた通信記号などは，1つの音形が1つの意味しかもたないため，単義である．

一方，1つの音形に，互いに関連のある2つ以上の意味が結びついている語を「多義語」という．語は，長いあいだ人々のあいだで使用さ

れているうちに意味が変化し，新しい意味がつけ加わっていく。そのため，使用頻度の高い語彙は，そのほとんどが多義となっている。

たとえば，「もの」「ところ」「先」「前」「手」「足」「目」「頭」「山」「道」「高い」「大きい」「明るい」「いい」「みる」「とる」「かける」「つける」「よむ」「はいる」「できる」「でる」など，使用頻度の高い基本的な語は，いずれも，1つの音形に互いに関連のある2つ以上の意味が結びついた多義語となっている。

また，音形が同じであるが，意味的には互いに関連の見られない2つ以上の語のことを，「同音異義語」という。たとえば「川」と「皮」，「紙」と「髪」，「耐える（堪える）」と「絶える」，「聞く」と「効く」などは，同音異義である。

日本語教育の面から考えると，動詞などの述語が多義語の場合には，初級の段階から，その文型の違いに注意が必要となる。

たとえば，「きく」という動詞の場合には，その意味の違いによって，「[話・音楽]を聞く」（耳で感じて捉える），「[人]から[知らせ・ニュース]を聞く」（人を通して知る），「[人]に[道・時間・値段]を聞く」（尋ねる）というように，異なる文型が対応する。「ひく」や「ふく」の場合も，「[ひも]を引く」と「[汗]が引く」，「[風]が吹く」と「[笛]を吹く」のように，その多義的な意味の違いによって，補語の格助詞に違いが現れる。

また，中級以上になれば，多義語の意味の違いに応じて，それと結びつく語にも意味的な違いが現れることに注意が必要となる。

たとえば，「みる」という動詞を考えると，「[テレビ・映画・新聞]を見る」（視覚で捉え理解する），「[顔色・様子・反応]を見る」（状況を探る），「[意見の一致・解決・終結]を見る」（新たな状況を迎える），「[子どもの勉強・面倒・赤ちゃん]をみる」（世話をする），「[患者・患部・病状]を診る」（診察する）のように，動詞「みる」の意味の違いによって，それと結びつくヲ格の名詞（[ ]に示したもの）にも意味的な違いが現れる。

また，多義語は，その異なる複数の意味と漢字表記とが，必ずしも1対1に対応するわけではない。たとえば「あたたかい」（温・暖），「かたい」（固・硬・堅・難），「はかる」（計・測・量・図・謀・諮），「かえる」（変・換・代・替）などに見られるそれぞれの漢字表記は，その多義語の異なる複数の意味を一つずつ表すものではないため，注意が必要である。

同音異義語についても，「感心」と「関心」，「想像」と「創造」，「強行」と「強硬」など，意味および表記を取り違えやすい漢字熟語があるため，注意しなければならない。

➡語の意味（3-E），多義の構造（3-E），言語の意味（7-A）

● 参考文献

池上嘉彦（1975）『意味論』大修館書店．

国広哲弥（1982）『意味論の方法』大修館書店．

国広哲弥（1997）『理想の国語辞典』大修館書店．

森田良行（1989）『基礎日本語辞典』角川書店．

森田良行（1996）『意味分析の方法——理論と実践』ひつじ書房．

[鈴木智美]

■多義の構造

1つの音形に，互いに関連のある2つ以上の意味が結びついている語を「多義語」という。語は，長いあいだ人々のあいだで使用されているうちに意味が変化し，新しい意味がつけ加わる。そのため，使用頻度の高い基本的な語彙は，そのほとんどが多義語となっている。

多義語の異なる複数の意味のなかで，その語

の中心となる基本的な意味のことを「基本義」という。「基本義」というのは，現代において最も中心的と考えられる意味のことである。歴史的に意味の派生の順序をさかのぼり，その出発点となったおおもとの意味（原義）を指していうのではない。両者は，必ずしも一致するものではない。

たとえば，「よむ」という動詞の原義は「数を数える」ことである。しかし，現代において最も中心的と考えられる基本義は，「[本・新聞]を読む」に見られるような，「文字や文章を目で見て，その意味を理解する」というものであろう。日本語教育においてまず導入されるのは，多くがその語の基本義である。

また，多義語の複数の意味のあいだに見られる「関連」というのも，現時点において話し手に感じられる意味的な関連性のことである。必ずしもその語の語源を問題とするのではない。しかし，その語の語源的な意味に目を向けると，多義語の複数の意味のあいだのつながりが，捉えやすくなることもある。

たとえば，「まもる」という動詞には，「[身・国・子ども]を守る」（安全でいられるようにする），また「[約束・時間・法律]を守る」（決められたことを変えないで保つ）に見られるように，少なくとも2つの異なる意味がある。これらの意味のあいだのつながりは，「まもる」という語に「目（ま）守（も）る―あることから目を離さずに，じっと見る」という語源的な意味があることを考えると，理解しやすくなる。あるものから「じっと目を離さず」に，その安全性を保つことと，決められたことから「じっと離れず」に，それを保ちつづけることとのあいだには，「じっと離れず・離さず」という，語源的に共通の意味特徴を見いだすことができるからである。

しかし，このような多義語の異なる複数の意味は，無制限に，無原則に生まれてくるのではない。語の意味の新たな広がりには，それなりの「動機づけ」があると考えられる。多義語の意味の派生には，われわれ人間がこの世界をどのように捉え，理解するか，人間の認知的な営みとその能力とが深くかかわっている。

たとえば「あかるい」という語は，「部屋が明るい」および「性格が明るい」に見られるように，少なくとも2つの異なる意味をもつ多義語である。この多義的な意味の派生を支えているのは，われわれが，2つの異なる事物や概念のあいだに，類似性あるいは共通性を認識することのできる能力である。

ここでは，「部屋」という物理的な対象物と，人の「性格」という抽象的な対象物とのあいだに，「光が十分にあって，周囲を照らすような様子である」という類似性・共通性が認められており，このような多義が生まれている。比喩的に意味が転用されたといってもよい。

また，さらにいえば，このような類似性・共通性が見いだされるとき，そこにはわれわれが外界を捉え，理解する際のある決まった認知の型，すなわち「イメージ・スキーマ」（image schema）が基盤としてはたらいているということができる。

たとえば，「心が広い」と言うとき，「広い」は単に物理的な面積の大きさをいうのではなく，細かなことにこだわらない人間的な度量の大きさ，包容力を示している。物理的な面積と抽象的な度量とのあいだにこのような類似性・共通性を見いだすことができるのは，人が，人間の「心」を，1つの空間的な領域をもつ場所，一種の「入れ物・容器」であると捉えるからである。

また，「結ぶ」「つなぐ」「つながる」などの語が，人と人とのあいだの抽象的な関係を表すことができるのも，われわれがそこに，物理的なものと同じような結びつき，「リンク」を見ているからであると考えることができる。

また，われわれには，空間的あるいは時間的に隣接する2つの異なる事物や概念を，互いに関係づけて捉えるという能力がある。このような認知のしかたも，多義的な意味構造を支える1つの原理となっている。

たとえば，「頭」という語は，「頭がいい」と言った場合，人間の身体における頭部そのものではなく，その中身である頭脳，考えるはたらきのことを指す。ここでは空間的な隣接関係（入れ物とその中身）に基づき，意味の派生が生じている。

また「寝る」という語が，ただ体を横にするだけでなく，「目を閉じ，眠る」という意味も表すのは，時間的な隣接関係（時間的な前後関係あるいは因果関係）に基づき，意味が派生しているからだと考えることができる。このような場合は，対象となる事物や概念を，その焦点をずらして捉えているのだといってもよい。

また，2つの異なる事物や概念が「類」と「種」の包摂関係にあるとき，われわれは，特殊なものをより一般性の高いもので表したり，一般的なものをより具体的なもので代表させたりすることができる。このような一般化あるいは特殊化という認知的な営みも，多義語の意味の派生を動機づける。

たとえば，「ごはんをすませた」と言う場合の「ごはん」は，米を炊いたものを指すのではなく，その上位概念である「食事」のことを意味する。また，「明日は天気だ」と言うときの「天気」は，その下位概念である「晴天」のことを意味するものである。

日本語教育の，とくに中級以上の語彙・意味教育においては，多義語の異なる複数の意味をこのような観点から整理し，学習者にとって既知のより基本的な意味と関連づけ，指導していくことも有効な手段となろう。

→単義・多義・同音異義（3-E），原義・転義（3-I）

● 参考文献

国広哲弥（1982）『意味論の方法』大修館書店．
国広哲弥（1997）『理想の国語辞典』大修館書店．
山梨正明（1995）『認知文法論』ひつじ書房．
山梨正明（2000）『認知言語学原理』くろしお出版．

［鈴木智美］

■ 語感

語の意味のうち，指示物に関する客観的な情報以外の，指示物あるいはその語自体から感じられる主観的な印象を語感，語のニュアンスなどという。

語感には，ネコ好きが「ネコ」という語を聞けば思わずほほえむように，ある個人に特有のものから，「癒し」という語に日本人の多くが感じる安堵感のような社会的に共有されるものまで，さまざまな範囲で成立するものがある。また，語感は主観的なものであって，個々の語の語感がどのようなものかを客観的に記述することは不可能である。

しかし，「人生はリセットがきかない」という文の〈慎重に考えて行動すべきだ〉という言外の意味が「リセット」という語に伴う〈安易さ〉という語感に支えられるように，効果的な伝達のために，ある語感をもつ語が選択されることがしばしばある。言語の理解において，「リセット」の〈すべてを最初の状態に戻してやり直すこと〉という実質的意味だけでなく，語感も意識し感じとることが必要である。何かを教えられたとき，「そのことはもう知っています」でなく，「そんなことは知っています」と答えれば，「そんな」が含むマイナス評価によって相手に対する非難を発信したことになり，このような語感を知らずに用いたとすれば，意図しない摩擦を生じる可能性がある。

個々の語に伴う語感，あるいは，語感が生じる契機を客観的に説明することは困難だが，たとえば，以下のように分類して考えることができる。

　(1)指示物の性質や指示物に付与される価値から生じる語感：同じ事態を指す「病気」「やまい」「(～を) 病んでいる」「(～が) 悪い」などがいずれも好ましくない印象を与えるように，指示物が一般にある印象や評価を伴って受け取られる事物であれば，その指示物を指す語・表現はそのような語感を伴うことになる。

　「ださい」「ポンコツ」「卓見」「さわやか」のように，指示物に対するマイナスまたはプラスの評価を明瞭に含んでおり，その選択によって評価を表現するために利用される語も多い。語に伴うこうした評価的な意味は，評価的特徴と呼ばれる。

　評価が表現されることを避けるために，「疾病」「瑕疵（↔落ち度・悪いところ）」「廃棄物（↔ごみ・くず）」といった評価的に中立な語が選択されることがある。

　(2)語自体がもつ価値から生じる語感：「多数の家屋が倒壊した」「うちがいっぱい こわれちゃった」のように，それが用いられるのにふさわしい位相が限られている語や表現形式がある。位相とは，言語使用のあり方に影響を及ぼす言語外の要因で，語・表現は，それぞれの出現位相に応じた文体的特徴を備えており，その文体的特徴に応じた語感を伴う。「それ」「見る」「大きい」など，あらゆる位相で普通に用いられる語は，中立的な文体的特徴をもつとされる。「バグ」「幅寄せ」のように，出現する位相が限定される語を位相語と呼ぶことがある。

　位相および文体的特徴を分類する観点としてはさまざまなものが考えられ，互いが複雑に関連し合うので，客観的に分類しつくすことはできないが，一般に意識され問題になる位相および文体的特徴の主な種類として，以下のようなものがある。

　①言語伝達の様態などによる区別
　伝達の手段・媒体：話しことば的/書きことば的（例：簡単↔容易）
　　　　　　　　　ある媒体に特有の語
　　　　　　　　　（例：もしもし，敬具）
　②使用者による区別
　性差：男性語的/女性語的（例：やる↔あげる，金↔お金，終助詞ぜ↔わ）
　年齢・発達段階：幼児語的（例：ニャンコ）
　世代差：古風/新しい（例：外套↔コート，アベック↔カップル）
　地域：方言（地域方言）的（例：かわいい↔めんこい，寒い↔しばれる）
　職業・専門領域・階層：専門的（例：風邪↔感冒）
　　　　　　　　　　　仲間ことば・隠語
　　　　　　　　　　　（例：シャコタン，ドヤ）
　③場面・状況による区別
　表現態度：あらたまり（例：本日↔今日，～願いたい↔～てください）
　　　　　　正式（例：家屋↔家，通知↔知らせ）

　(3)聞き手に対する態度から生じる語感：一部の語は，その選択によって，聞き手に対する何らかの態度を直接表現するはたらきをもつ。応答詞「はい↔うん」，呼びかけ「あのう↔おい」，終助詞「ね，ぞ，ぜ」，1・2人称代名詞「おれ↔ぼく↔わたし↔わたくし」などが例である。こうした語の使用は，かしこまった/ぞんざい，へりくだった/尊大などの語感を生じる。

　なお，「語感」という用語は，ここで解説した意味以外に，言語に対する感覚・感性（例：鋭い語感をもつ人），ことばの正しさに関する意識（例：私の語感では「見れる」は誤りだ）などいくつかの意味で用いられる。

→語の意味（3-E）

● 参考文献

国広哲弥（1982）『意味論の方法』大修館書店．

田中章夫（1999）『日本語の位相と位相差』明治書院．

森田良行他（編）（1989）『ケーススタディ日本語の語彙』おうふう．

［中道真木男］

■ 語義の分析

語義分析について語るときに，多くの場合，類義語分析が取り上げられる。それは，ある語Aを分析しようとするとき，その語のみを対象として分析するよりは，語Aと意味がよく似ているがわずかに異なると感じられる別の語Bと比較対照しながら分析するほうが効果的だからである。類義語として適切な語を選ぶことにより，それぞれの語の固有の特徴が鮮やかに浮かび上がり，分析は成功する。

類義語分析の方法に，「こうすれば自動的に分析ができる」というような統一手順的なものはない。分析の方法は，分析者の母語話者としての語感をとぎすまして，語義の違いに仮説を立て，一定の作業原則に従い分析する，ということに尽きる。作業原則として最も重要なものは，「対照的文脈の作業原則」である。対照的文脈というのは，類義語群の一方の語Aは用いられるが，他方の語Bは用いられないというような文脈である。最小対立文脈ともいう。

たとえば，ホス（干す）とカワカス（乾かす）には次のような対照的文脈がある（×はその表現が意味的に不適切だという印である）。

(1a)ホシ柿（ブドウ・大根・魚・草）
(1b)×カワカシ柿（ブドウ・大根・魚・草）

(1a)(1b)から，ホスは物の内部の水分を対象とするのに対して，カワカスは表面の水分を対象とすると考えると，2語の違いが説明できる。さらに，下記(2a)〜(3b)から，ホスは[高くつるしたり広げたりして風や日光のはたらきで乾燥させようとする具体的な動作]であり，カワカスは[「カワク」という結果に至るための総合的な行為]であると考えられる。

(2a)濡れたタオルを竿にホス。
(2b)×濡れたタオルを竿にカワカス。
(3a)×洗ったハンカチを乾燥機で/外につるして/アイロンをかけて ホス。
(3b)洗ったハンカチを乾燥機で/外につるして/アイロンをかけて カワカス。

対照的文脈を見つける際には，語の比喩的転用法を用いることが有効である場合が多い。比喩的転用法というのは，具体的な動作を表す語が，抽象的な用法として用いられる場合のことである。たとえば，「1ヵ月分の古新聞をククル」は具体的動作を表す用法だが「規則でシバル」は比喩的転用法である。シバル（縛る）とククル（括る）はたいていの文脈で交換可能であって違いが捉えにくい類義語であるが，次のような比喩的転用法においては対比が明らかになる。

(4a)学生を厳しい校則でシバル。
(4b)×学生を厳しい校則でククル。
(5a)×数式の共通項を括弧でシバル。
(5b)数式の共通項を括弧でククル。

(4a)〜(5b)から，シバルには[対象物が個々に自由に動くのを防止する]という要素があり，ククルには[対象物をひとまとめにする]という要素があると考えられる。

対照的文脈の発見には，合成語が有効な場合がある。イウ（言う）とハナス（話す）は「合う」を後要素とする合成語（下記例文）において，明らかな意味の差が見られる。

(6a)太郎と次郎はハナシ合いをした。
(6b)太郎と次郎はイイ合いをした。

「ハナシ合い」が〈相談〉や〈交渉〉という意味をもつのに対して「イイ合い」は〈口論〉

という意味になる。「〜合い」は前項要素に〈お互いに〜する〉という意味を添える。このことから、ハナスは〈相手に伝え、相手からも受け取るという双方向的な行為〉で、イウは〈自分から発信するだけの一方向的な行為〉という異義特徴をもつと考えられる。

ツカム（摑む）とニギル（握る）においても合成語における違いが有効である。
(7a)×手すりをツカミしめる。
(7b)手すりをニギリしめる。
(8a)相手にツカミかかる。
(8b)×相手にニギリかかる。

(7a)〜(8b)から、ツカムは［対象物に手を伸ばしてとらえる］動きであるのに対して、ニギルは［手でとらえた対象物に圧力を加えてしっかり保持する］動きであると考えられる。このことから、(9a)(9b)⑽も説明できる。
(9a)チャンスをツカム。
(9b)×チャンスをニギル。
⑽相手のこころをツカンだらしっかりニギッて離すな。

語の使用環境、すなわちその語と共起する語の特徴が、類義語の違いを浮き彫りにすることがある。シセン（視線）に対して、近年メセン（目線）という語の使用が目立つようになっている。多くの国語辞典でのメセンの語釈は、シセンの俗語的表現であるとか、シセンのことを映画テレビ演劇の世界でいう語であるなどとなっている。しかし、使用例では、メセンは「高い・低い」「上げる・下げる」と共起することが多く、また、「だれだれと同じメセンで」という用法も多い。これらはシセンには見られない共起上の特徴である。他の要素の検討も経て、メセンは〈対象に対する物理的・心理的な目の位置を、高低という観点から問題にする〉、シセンは〈視覚対象を、目からの物理的・心理的な動きが向かう対象として捉える〉と、分析できる。

➡語の意味（3-E），単義・多義・同音異義（3-E），多義の構造（3-E），合成語（3-C）
● 参考文献
国広哲弥（1982）『意味論の方法』大修館書店．
国広哲弥（1997）『理想の国語辞典』大修館書店．
柴田武他（1976〜1982）『ことばの意味 1〜3』平凡社．
森田良行（2001）『意味分析の方法 新版』ひつじ書房．
森田良行他（編）（1989）『ケーススタディ日本語の語彙』おうふう．

［中道知子］

■語と語の関係

意味関係から語を考えるとき、「興味・関心・好奇心」「重い・軽い」「果物・りんご」などのように、どこかしらつながりがあると感じられるものをいくつでも挙げていくことができる。語は、語彙のなかで他の語と関係をもちながら存在するものだからである。意味が似ていたり、反対であったりなどする語と語のあいだには、意味的な共通部分と相違部分が見られる。それらは意味的重なりのようすによって、上下関係、対義関係、並列関係、類義関係などと呼ばれ、語彙の部分体系をなすと考えられる。

なお、ここでは「意味」を、語義的意味（概念的意味）と含蓄的意味（文体的情緒的特徴など）の全体と考える。

● 上下関係──語と語のあいだで、意味のかなりの部分が共通だが、一方がもう一方より多くの意味特徴をもつとき、それらは上下関係（上位下位関係、包摂関係）にあるという。たとえば「夕立」も「小雨」も「雨」であることに変わりはないが、「夕立」は「雨」のうち「夕方急に激しく降る」もの、「小雨」は「量が

少なく細かい」ものという限定がついている。この場合「雨」を上位語，「夕立」「小雨」を下位語という。やさしい上位語で説明したり，具体例にあたる下位語を挙げたりするのは日常よく行うことであり，適切な提示は語の理解を助け語彙を増やすのに役立つ。

●対義関係──「男・女」「明るい・暗い」「起きる・寝る」「貸す・借りる」などのように，語と語のあいだで意味のかなりの部分が共通だが，ある1点で対立するとき，それらは対義関係にあるといい，互いに他の対義語 (antonym) であるという。対立のしかたが一様でないことを反映してか，この関係を表す用語としては「反義，反対」などもあり，また下位区分したものを指す用語として「反義，反対，対比，対照，対極，両極」などが見られる。村木 (2002) は対義語を大きく7つのタイプに分類し，また対義語らしさを強める要素も挙げている。ここではいくつか例を挙げて対立のようすを見てみよう。

「男・女，出席・欠席」などは，男でなければ女であり，女であれば男でないという相補関係になっている。人は，必ず「男」か「女」のどちらかに入るということである。現実の世界では，「出席・欠席」のほかに「後半のみ出席」「遅刻」といった中間段階もありうるが，語彙的には相補関係の対義である。

「明るい・暗い，積極的・消極的」など，ものごとの属性などを表す形容詞は，「明るくなければ暗い」とは限らない点が「男・女」とは異なる。「明るくも暗くもない」中立点を中心に，「明るさ」という基準で相反する方向に伸びたのが，「明るい・暗い」であるともいえる。したがって「とても明るい，少し暗い」といった程度を表す副詞を伴っていろいろな中間段階を表すことができる。

上記の2つとは異なるタイプに「貸す・借りる，売る・買う，上り坂・下り坂」などがある。これは1つのものごとを異なる視点から捉えた対義関係と考えられる。「貸す・借りる」は，貸し借りという1つの行為をどちら側から表現するかの違いである。視点に注目して似たような動詞の対を思い浮かべていくと「教える・教わる」「つかまえる・つかまる」，そして「殴る・殴られる」のような能動態・受動態という異なる範疇へもつながっていく。

このほか，注意すべき語の対として「東洋・西洋，和室・洋室，邦画・洋画」など，社会の変化に伴って現在では意味的な二項対立とはいいにくいものもある。狭義の対義関係には入れにくいが，「洋の東西を問わず」「和洋折衷」など，この対を基にした表現が残っていることを考えれば，教育的には取り上げる意味があるだろう。また「あした・昨日」「明日・きのう」などは文体的にやや不一致なためきれいな対義とは言いがたい。語義的意味のほかに含蓄的意味や品詞なども，語と語の関係を判断する材料になっている。個別の語ごとに慎重な意味用法の分析が必要であろう。

●並列関係──対義関係と似たものに，並列関係（同位関係）がある。つまり，意味に共通部分が多く，かつ，ある1点で非両立関係にある語と語の場合である。「東・西」「北・南」はそれぞれ方角が逆向きで対立関係にあると同時に，4つで1つのまとまりをなす並列関係でもある。同位語が有限個の例には，「気体，液体，固体」や循環型の「月，火，……，日」などがあり，それぞれきれいな体系をなしている。一方，開いた同位語群には「菊，百合，チューリップ，……」「盲導犬，猟犬，災害救助犬，……」などがある。ある上位概念でくくられる（一般に）3つ以上の（下位）語同士についていうことが多い。しかし，分類の観点は複数ありうるので，下位語同士がいつも並列関係にあるわけではない。たとえば「犬」の下位語にあたる「むく犬」も「名犬」も上述の「盲導犬」

などの語群とは関係が薄い。

● **類義関係**——語と語のあいだで，意味のかなりの部分が共通するとき，それらは類義関係にあるといい，互いに類義語と呼ぶ。相違部分に決まった特徴のない（つまり上下・対義・並列関係に入らない）タイプである。同義（synonym）ともいう。完全に意味の重なる語が長く存在しつづけることはないとされる。「写真機・カメラ」の例を考えてみても，「カメラ」がデジタルから映画撮影用まで広く指示することができるのに対し「写真機」はかなり狭く，指示物に関しては包摂関係にある。さらに語感の違いも加わる。類義語を教えるときには，語連結や十分な文脈を数多く与えることが大切である。

➡ 語の意味（3-E），語義の分析（3-E），語彙の体系（3-E）

● **参考文献**

村木新次郎（2002）「意味の体系」『朝倉日本語講座4　語彙・意味』朝倉書店.

[遠藤裕子]

■語彙の体系

関係のある語と語の部分体系は，一般により大きな体系へとつながっていく。たとえば，「暑い・寒い」の対は不快なほどに温度が高い（あるいは低い）というきれいな対立関係になっていて，対義語とされることが多い。しかし実際には「あたたかい・涼しい」や「熱い・冷たい」などとも関係が深く，これらを含めた温度感覚を表す形容詞全体を見渡すことが意味を理解するうえで有用である。たとえば，久島（1997）は，「変化前体温」「外界温度」という2つの基準から，「暑い・寒い・あたたかい・涼しい」という《場所》の温度形容詞4語を表3-3のようにまとめた（「φ」は語が欠けていることを表す）。

これは，冬に暖房，夏に冷房を使用する状況

表 3-3　《場所》の温度形容詞

変化前体温＼外界温度	高温	弱高温	弱低温	低温
高体温	暑い		涼しい	
平常体温	暑い	φ	φ	寒い
低体温	あたたかい		寒い	

（短時間の温度変化）や，春→夏→秋→冬という季節的温度変化に合う説明であり，日本語教材の場面や例文ともよく対応することがわかる。

さて，語彙の部分体系には，上記の温度形容詞のように，ややいびつではあるものの限られた語数で体系をなし長く使われてきたものや，表3-4の「兄・姉・弟・妹」のように整然とした閉じた体系もある。

表 3-4　2つの基準による閉じた体系の例

	男	女
年上	あに	あね
年下	おとうと	いもうと

これは，「男・女」「年上・年下」という2つの基準から形成される。語彙の体系と意味の体系がぴったり重なった例でもある。ちなみに，表3-3のφの箇所のように，概念はあっても語（単純語）はないという例は少なくない。

また，「コップ・カップ・グラス・マグ・湯飲み・茶碗」などは，飲み物を入れる容器として1つのグループをなしている。これは，いわば開いたゆるい体系で，新しい語がそこに加わったり，それに伴って既存の語が消えたり意味が変化したり，という語彙変化が起きやすい。たとえば，「コップ」は以前は冷たい飲み物を入れるガラス製のものを指したが，今ではプラスチック製のものもあれば，ホットコーヒーを入れる紙コップもある。また，「グラス」は「グラス片手に」「グラスを傾ける」のような表

現でもわかるように，やや上品な語感がある。類義・上下などさまざまな関係の語同士がゆるい鎖のようにいくつも複雑につながって意味分野を形成している例である。

● **シソーラス** —— 以上，語と語の関係を発展させるかたちで語彙体系のようすを見たが，これはボトムアップ的な考え方といえよう。ボトムアップとトップダウンの両方式を使い，語彙（や慣用句など）を意味で整理分類した辞典をシソーラスという。意味的に何らかの共通部分がある語をたくさん集めてグループ化し，日本語の語彙を分類配列したものに，『分類語彙表』（1964），『角川類語新辞典』（1981），『日本語語彙体系』（1997），『類語大辞典』（2002），『日本語大シソーラス』（2003）などがある。

現代語のシソーラスとしては初期の『分類語彙表』の場合，品詞論的分類を第一に行ってから概念分類と語彙分類を行う方式を採っている。およそ3万2600の語を「1. 体の類」（名詞の仲間）「2. 用の類」（動詞の仲間）「3. 相の類」（形容詞の仲間）「4. その他の類」（接続詞や感動詞など）の4つに大きく分け，さらに「抽象的関係，人間活動の主体，精神および行為，生産物および用具，自然物および自然現象」といったゆるい意味基準でカテゴリーをつくり，関係のある語のグループを並べている。「眺める」という語を例に下から上へと見てみると，「眺める→見る（2.3090)→精神および行為（2.3）→用の類（2.）」となる。なお，「見る」「見せる」「聞く」「嗅ぐ・味わう」が同列のグループとして分類されている。

ここに挙げた5つの辞典だけを見ても，分類のしかたや見出しの採り方などがかなり異なっている。詳細は各辞典の解説に譲るが，かたちで並べた国語辞典と違い，編纂の目的によって大きく変わるのがシソーラスであるといえよう。意味による分類を優先させ慣用句も入れた『日本語大シソーラス』では，たとえば「怒る」のカテゴリーに「かんかん，剣幕，烈火の如し，堪忍袋の緒が切れる」なども入れられている。

このような辞典は似たような語が並んでいることから，逆に語と語の微妙な差異に気づかされる。また，同じ意味分野に属する語群を見渡せるので，日本語という言語の語彙的特徴が見えてくる。実用的辞典としていろいろな表現を確認するのにも使用できる。語は，語彙体系のなかでの位置がわかるとより理解しやすくなるのである。

➡ 語と語の関係（3-E），語彙の範囲と変異（3-B），日本語の語彙の特色（3-B）

● **参考文献**

池原悟他（編）（1997）『日本語語彙体系』岩波書店．

大野晋・浜西正人（編）（1981）『角川類語新辞典』角川書店．

玉村文郎（編）（1989）『講座日本語と日本語教育6 日本語の語彙・意味（上）』明治書院．

久島茂（1997）「温度を表す形容詞の意味体系——《物》と《場所》の対立」『日本語科学』2．

国立国語研究所（1964）『分類語彙表』（2003増補改訂版）秀英出版．

柴田武・山田進（編）（2002）『類語大辞典』講談社．

山口翼（編）（2003）『日本語大シソーラス』大修館書店．

［遠藤裕子］

F——語の用法

■ **語の用法**

「かなり」という副詞は，「かなり早い」「か

なり難しい」など形容詞を修飾すると程度を表し，「かなり飲む」「かなり食べる」など動詞を修飾すると量を表す。「美人」という名詞は，「美人がいる」「美人を見た」など主語や目的語になっている場合はヒトを指し示すが，「彼女はかなり美人だ」のように「美人だ」の形で述語として用いられる場合には，ヒトの性質を表して形容詞的になる。それは，「かなり」という程度副詞の修飾を受けることが可能であることからもわかる。

このように，語はある環境のもと，一定の形式・意味・機能をもって用いられている。このような語の「使われ方」をその語の用法という。語を習得するということは，語の用法を習得することにほかならない。すなわち，語の品詞情報や辞書的な意味の分類を知識として得るということよりも，むしろ，語が文のなかでどのような形で，他のどのような要素と結びついて，どのような意味を表し，伝達上のどのような機能を果たすのかを理解し，正しくその語を用いることができるようになる，ということである。

以下，語の用法を形式，意味，機能の３つの観点から検討してみよう。語の意味はある特定の形式のもとでのみ現れることもあれば，ある特定の機能においてのみ現れることもある。また，語がある機能を果たすときに特定の形式をとることもある。つまり，用法を捉えるためのこれら３つの観点は，それぞれが独立したものではなく相互依存的なものである。

●形式──形式とは次の(1)〜(6)のようなものであり，その語の形だけではなく，他のどのような要素と結びつくのかという構文上のあり方も含めて形式という。

(1)アクセント：「夏はビールが<u>いちばん</u>だ」「この店がい<u>ちばんおいしい</u>」のように名詞の用法と副詞の用法ではアクセントが異なる。

(2)助詞・助動詞がついた形：「<u>一度食べた</u>」

と「<u>一度に食べた</u>」では表すことがらが異なる。「<u>8時から会社で仕事だ</u>」のように名詞「仕事」は「仕事だ」の形で述語になると，ガ格以外の格までもが共起することがある。

(3)共起関係：「<u>壁にペンキをぬる</u>」「<u>壁を白くぬる</u>」のように，共起する名詞の格によって動詞の意味（対象のとりつけ・対象の変化）が異なる。

(4)合成語のつくり方：「注意」という語において，「<u>注意</u>力」「不<u>注意</u>」「<u>注意</u>深い」などの合成語の用法があるのは，「車に<u>注意</u>をする」（気をつける）の意味の場合であり，「先生から<u>注意</u>を受ける」（戒める）の意味の場合，合成語の用法はかなりまれである。

(5)転生：「<u>たっぷり</u>時間をかける」「<u>たっぷり</u>のお湯でゆでる」「このシャツは<u>たっぷり</u>している」はそれぞれ副詞・名詞・サ変動詞としての用法における形式である。

(6)語を超える一まとまりの単位：「<u>あっというま</u>」「<u>ああいえばこういう</u>」などの慣用的な言い方，「<u>太郎といい次郎といい</u>」「<u>どちらかというと</u>」などの複合形式は，語を超える単位で一まとまりの意味を表しており，それぞれが「いう」の一用法と考えられる。

●意味──「棚に荷物を<u>上げる</u>」「スピードを<u>上げる</u>」の違いのような語自体の意味の違いとして理解される用法の違いもあれば，文全体や文脈からしか区別されない意味の違いが用法の違いとなることもある。「すぐ行けば間に合うでしょう」と「彼はちょっとしたことですぐ怒る」では前提としている時（発話時・できごとの発生時）が異なる。また，「お返事は電話で<u>結構です</u>」と「もう<u>結構です</u>」では前者が事情の説明を，後者が断りを表している。さらに，意味というのはその語が表す指示的な意味の違いだけではない。「彼女に言ったが最後町中に広まってしまう」はややかたい言い方だが，「彼女に言っ<u>たら最後</u>だ」はややくだけた言い

方である，というような文体的な意味，「さっそく食べよう」が表す主体の積極性や「連絡したらさっそく文句を言ってきた」が表すマイナスの価値などのような評価的な意味，語がもたらすこのようなニュアンス的な意味の側面も用法を区別するものである。

● 機能——「美人」は「美人が」の形で文の主語として，「美人だ」の形で述語として用いられる。また，「結果」は「結果を報告します」のように単独の名詞として用いたり，「調査した結果，次のことがわかった」のように従属節を結びつける場合にも用いる。語にはこのような統語論的な機能がある。また，「きっと来てください」が依頼を，「あした来るんだな。きっとだな」が確認を，「あした来てよね」「ああ，きっと」が応答を表す，というようにある発話行為と結びついて用いられたり，「実は」が「実は忙しいんです」のように打ち明ける場合に用いるほか「実はほかでもないのですが」と前置きとして用いるなど，語は談話的な機能ももっている。そして，このようにそれぞれの機能の観点からも用法を捉えることができる。

→ 語感（3-E）

● 参考文献

有賀千佳子（1994）『意味上の言語単位・試論——「どうってことない」は辞書にあるか』くろしお出版．

中道真木男（1991）「副詞の用法分類——基準と実例」国立国語研究所（編）『副詞の意味と用法』〈日本語教育指導参考書19〉大蔵省印刷局．

［光信仁美］

■ 語の共起関係

ある語が文中で用いられるときに，共に用いられる他の語や句などの要素との関係を共起関係という。語の用法を捉えるときにはその語の共起関係をみることが有効である。つまり，共起関係が異なれば用法が異なることが多い。共起関係には次のような場合がある。

(1) どんな格と共起するか：動詞や形容詞が述語になると，ある一定の名詞の格を要求するが，どのような格とともに用いられるかによって用法が異なる。「壁にペンキをぬる」「壁を白くぬる」では「ぬる」が表す意味（対象のとりつけ・対象の変化）が異なる。また，「彼は考えがあまい」と「彼は娘にあまい」では「あまい」の意味（楽観的である・厳しさが足りない）が異なる。

(2) どんな種類の語と共起するか：「丸い顔」「四角い顔」のように形を形容する類の修飾語と共起する場合と，「明るい顔」「憂鬱な顔」のように気分を形容する類の修飾語と共起する場合とでは，「顔」の意味（身体部位・表情）が異なる。また，「しっかり」は「しっかり結ぶ」「しっかりつける」など対象の変化を引き起こすことを表す類の動詞と共起した場合と，「しっかり勉強する」「しっかり見る」などの対象とのかかわりを表す類の動詞と共起する場合では意味（変化の結果の状態・動作のようす）が異なる。

(3) どんな表現形式と共起するか：「もちろん」は「もちろんお金は大切だが，自由な時間もほしい」のように譲歩形と呼応して用いられる場合もあれば，「お金がほしいのはもちろんだが，時間の自由な仕事がいい」のように譲歩節をつくる場合にも用いられる。「はたして」は「はたして彼はくるだろうか」のような推量疑問の形式と呼応する場合と，「雨が降るという予想だったが，はたして昼すぎから降り出した」のように，予測を表す前提的な表現とともに用いられる場合がある。

(4) その他：「全然」は「全然おもしろくない」「全然心配いらない」など否定の形式と共起するほか，「全然だめだ」「全然ちがう」など否定的な意味を表す一部の語と共起する。また，く

だけた話しことばで「全然おもしろい」「全然いい」などプラス評価の述語とも共起し、驚きや意外性を表すことがある。

→日本語の格（2-D），陳述副詞（2-B）

[光信仁美]

■語の談話的機能

　間投詞や応答詞はもちろん，副詞や接続詞なども対話の場面においてさまざまな談話的機能を果たしていることがあり，これらの語については談話的機能の観点から用法を分析することができる。学習者はこれらの用法を習得することによってコミュニケーション能力（談話運営能力）を向上させることができる。

　談話的機能と呼ばれるものには大きく分けて2つの場合がある。一つは談話の構造を表示したり談話の展開をつかさどる「談話構成に関する機能」であり，もう一つは聞き手に対する伝達態度や配慮を示す「対者的機能」である。これらの機能において異なる機能で用いられれば異なる用法であるとして捉えることができる。

　たとえば，「談話構成に関する機能」の側面からみると，「実は」は「実はほかでもないのですが」と前置きし，話題を提起するために用いられることもあれば，「実はその日は予定がありまして……」のように打ち明けて，話を展開するために用いることもある。「それで」は「それで，その後どうなったの？」のように話を進めたり，「それで，急な用事とはいったいどんなこと？」のように話を転換するために用いる。また，「それでは」は「それでは彼も来るのですね？」のように話を進めたり，「それではやってみましょう」のように話を収束させるために用いることがある。このように語は話題の提起・展開・収束という談話構成上の機能にかかわっている場合がある。

　「対者的機能」の側面はさらに2つに分けることができる。一つは，その語が聞き手に対する伝達態度を表す（依頼・勧誘などの発話行為と結びついて用いられる）という側面であり，もう一つは，その語の使用が聞き手に対して何らかの配慮を示すという側面である。

　前者からみると，「きっと」は，「きっと来てください」が依頼，「あした来るんだな。きっとだな」が確認，「あした来てよね」「ああ，きっと」が応答を表すのに用いられている。また，「ひとつ」は，「ひとつおおいに飲みましょう」が勧誘，「ひとつ彼に話してください」が依頼を表すのに用いられている。

　後者からみると，「ちょっと30分くらい席をはずしてもいいですか」「その件については一応お断りしたいと思います」などは話をぼかす（あるいはやわらげる）ために，「いったいこの国はどうなっているんだ」「とにかく今彼に何をいっても無駄だ」などの用法は強調するために，「まあ，これは，ちょっと，どうしましょうか」では間つなぎのために用いられている。これらは，それぞれの述べ方によって聞き手に配慮を示している。また，「このたび一応合格することができました」「どうぞお元気で」「どうもお世話になりました」では謙遜する態度やていねいな態度を表していて，聞き手に対する積極的な配慮を示すために用いられている。

→談話行動（6-C），談話構造（4-B），陳述副詞（2-B）

●参考文献

有賀千佳子（1993）「対話における接続詞の機能について——『それで』の用法を手がかりに」『日本語教育』79.

中田智子（1991）「談話における副詞のはたらき」国立国語研究所『副詞の意味と用法』〈日本語教育指導参考書19〉大蔵省印刷局.

[光信仁美]

G──語の数

■語彙量

　語彙を見出し語の集合として捉えたとき，その語彙の濃度（＝見出し語の個数）を語彙量という。すなわち，語彙量とはある表現域の異なり語数のことである。測定条件が同じであれば，語彙量で複数の語彙の大きさを比較することができる。なお，語彙量のことを語彙数というのは間違いである。

● **語彙調査** ── 語彙量は，語彙調査の結果得られる基本的な情報の1つである。語彙調査とは，計量語彙論に基づく統計的調査法で，調査対象に出現した語の使用率（全数調査の場合は使用頻度）を明らかにするものである。19世紀末頃から主として辞書の見出し選定や教育基本語彙の選定のために行われてきた。

　語彙調査の前提として次の6つの要請がある。①調査対象がはっきりしていること。②調査した本人以外の人による再現が可能であり，同じ結果が得られること。③一定の言語表現を，あいまいさや矛盾がないかたちで一義的に単位語に分割できること。④③で取り出された単位語は等質であること。⑤③で取り出された単位語に対して，見出し語が決まること。⑥ある単位語と別の単位語とが同じ見出し語をもつか別の見出し語をもつかが見分けられること（いわゆる「同語異語判別」の処理）。

　語彙調査は，その基礎となる統計理論によって全数調査と標本調査とに分かれる。全数調査は記述統計，標本調査は推測統計に基づく。

● **調査単位** ── 語彙調査における言語単位の等質性を保証するために重要なものとして言語単位（調査に即しては「調査単位」と呼ぶ）の設計がある。日本語では分かち書きの習慣がないため，操作的な規則をつくらないと，作業上の揺れが大きくなってしまい，調査の客観性を失う。

　日本語の場合，調査単位は文節相当の長い単位と形態素相当の短い単位との2系列に分かれる。調査単位は，調査目的によって選択されるべきもので，最初からどちらが最適ということはできない。調査単位の選び方によって，延べ語数，異なり語数，上位語によるカバー率など語彙調査の結果から得られる基本的な値が変わってくるので注意が必要である。また，異なる系列で調査した結果を比較してはいけない。

　調査単位と並んで重要な作業規則に同語異語判別がある。単位語にラベルとしての見出し語を付与する際，活用の違いを無視して1つの語形にまとめたり，見出し語の意味的な範囲を定めたりするものである。この手続きを経ない語彙調査は信頼性が低いとされる。

● **計量語彙論** ── 統計的方法論を取り入れ，語彙の量的構造を明らかにしようとする語彙研究の一分野。日本では，1950年代から計量国語学会の発足とともに発展してきた。国立国語研究所が数回にわたり実施してきた大規模な語彙調査もその普及に貢献した。主な研究テーマとしては，品詞や語種の割合に着目した語類構成比，使用率の分布，延べ語数と異なり語数との関係，語彙量の推定，上位語によるカバー率，語彙の類似度，共出現語による作品の分類などが挙げられる。

● **延べ語数・異なり語数** ── ある表現域に出現する語を数える際，一義的に分割された単位語の数が延べ語数，それぞれの単位語に付与されたラベルである見出し語の数が異なり語数である。一般に，言語運用にあたっては，同じ語が繰り返し使用されることが多いので，異なり語数は延べ語数よりも小さな値となる（短い表現域では，延べ語数＝異なり語数となる場合がある）。

　延べ語数は，表現域の大きさを端的に表すも

のであるが，異なり語数は，その表現域の語彙の豊かさを表すものである。すなわち，延べ語数が同じ場合，異なり語数が多い語彙のほうが，より内容的に多くを語っているということになる。

●**上位語によるカバー率**——語彙調査の結果得られた使用率順語彙表において，一定の上位語までの累積使用率のことをその上位語までのカバー率という。調査の条件によって一概にはいえないが，上位2000語程度で，累積使用率が70〜80％となる場合が多い。

→語彙の体系 (3-E)，学習語彙 (3-J)，計量言語学 (7-B)

●**参考文献**
水谷静夫（編）(1983)『朝倉日本語新講座2 語彙』朝倉書店.
伊藤雅光（2002)『計量言語学入門』大修館書店.
中野洋（1975)「単語の数はどのくらいあるか」『新・日本語講座1 現代日本語の単語と文字』汐文社.
林大他（1982)『図説日本語』角川書店.
国立国語研究所（1962〜64)『現代雑誌九十種の用語用字調査 第1〜3分冊』秀英出版.

[山崎　誠]

■**日本語の語彙量**

日本語にはどれくらいの語があるか。この問いに答えるには，語の範囲を2つの意味で確定しなければならない。一つ目は，語の長さである。日本語は分かち書きの習慣がないので，語（単語）の認定が人によって揺れる。たとえば，「日本語教育」ということばを全体で1語と数えるか，「日本語」と「教育」の2語と数えるか，あるいは「日本」「語」「教育」の3語と数えるか，どの方法をとるかで測定された語彙量は変わってくる。

二つ目は，語の意味的カテゴリーである。日常生活では人名・地名・組織名・商品名などさまざまな固有名詞が欠かせないが，これらを数える対象とするかどうかも語彙量に影響を与える。後述の現代雑誌の語彙調査では，異なり語数約4万語のうち，約4分の1が人名・地名で占められている。

●**理解語彙・使用語彙**——個人の言語運用にかかわる語彙の区別として理解語彙と使用語彙がある。理解語彙は，個人が見たり読んだりする際に理解しうる語の総体のことをいう。使用語彙には，①個人が話したり，書いたりするときに使うことのできる語彙，②個人が実際に使用した語彙（「漱石の語彙」など）の2つの意味がある。使用語彙は，一般に理解語彙よりも少ないとされる。

理解語彙がどのように増加していくかという調査が教育心理学の分野で行われている。子どもの発話を記録したり，アンケート形式で辞書の見出し語に○をつけたりする調査である。

義務教育終了時点で約3万語程度が理解語彙になっているという報告がある。

②の意味での使用語彙は，文学作品の研究などに用いられる。1つの作品の全使用語彙を整理して，五十音順に並べたものを「総索引」と呼ぶ。

●**辞書の見出し数**——一般に，ハンディな1冊タイプの国語辞典は，約6万〜8万語余りの見出しを立てているものが多い。中型辞典で15万〜23万語，大型辞典では50万語に及ぶ。ただし，大型になるほど専門用語や古語，固有名詞，百科事典的な項目が増えてくる。

見出し語の数え方で注意が必要なのは，派生語の扱いである。通常，辞書では「面白い」の派生語として「面白さ」「面白がる」を，「書く」の可能動詞形として「書ける」の語形を載せるが，これらを親見出しと別に数えるのかどうかによって語彙量が違ってくるからである。

●**主な語彙調査の語彙量**——国立国語研究所

が実施した現代語の語彙調査のうち，主なものの延べ語数・異なり語数を挙げる。（　）内は，調査対象の発行（放送）年である。調査単位は，β単位，M単位が形態素の1回結合に相当する比較的短めの単位，W単位と長い単位が，文節相当の長めの単位である。

(1)総合雑誌（1953-54）　標本調査

	延べ語数	異なり語数
β単位	23万語	1.5万語

(2)現代雑誌（1956）　標本調査

	延べ語数	異なり語数
β単位	53.3万語	40,156語

(3)高校教科書（1974）　全数調査

	延べ語数	異なり語数
M単位	594,266語	15,662語
W単位	451,550語	40,998語

(4)中学校教科書（1980）　全数調査

	延べ語数	異なり語数
M単位	250,572語	8,139語
W単位	197,343語	17,774語

(5)テレビ放送（1989）　標本調査

	延べ語数	異なり語数
長い単位	141,975語	26,033語

●**位相と語彙量**――上記(5)のテレビ放送の語彙調査では，音声のほかに画面の文字も調査対象とした。また，番組本編とコマーシャルとの比較も行った。

番組本編	延べ語数	異なり語数
音声	103,081語	17,647語
画面	20,246語	7,970語
コマーシャル	延べ語数	異なり語数
音声	9,235語	3,455語
画面	9,413語	3,591語

画面の文字よりも音声のほうが延べ語数に対する異なり語数の割合が低いこと，コマーシャルでは，音声と画面の文字の語彙量がほぼ同じであることなどがわかる。

➡日本語の語彙の特色（3-B），学習語彙（3-J）

●**参考文献**

真田真治（1977）「基本語彙・基礎語彙」『（岩波講座日本語9　語彙と意味）』岩波書店．

森岡健二（1951）「義務教育修了者に対する語彙調査の試み」『国立国語研究所年報』2．

国立国語研究所（1957-58）『総合雑誌の用語（前編・後編）』秀英出版．

国立国語研究所（1962）『現代雑誌九十種の用語用字』秀英出版．

国立国語研究所（1962）『現代雑誌九十種の用語用字　全語彙・表記』（FD版）三省堂．

国立国語研究所（1983-84）『高校教科書の語彙調査　I・II』秀英出版．

国立国語研究所（1986-87）『中学校教科書の語彙調査　I・II』秀英出版．

国立国語研究所（1995）『テレビ放送の語彙調査――方法・標本一覧・分析』秀英出版．

国立国語研究所（2001）『テレビ放送の語彙調査　語彙表 CD-ROM 版』大日本図書．

［山崎　誠］

H――語彙資料

■辞書

　本項では，日本語学習者が日本語学習のために使用する辞書について解説する。

　辞書は，個々の学習項目について具体的な情報を与え，学習者が自律的に学習を進めるための情報源となる役割を担う。体系的な言語学習では，文法など抽象化された規則・原則を身につけることによって学習の効率化をはかるのが普通であるが，実際に言語を運用するには個々の言語要素や伝達手段の用法・待遇的価値・使用域といった具体的な情報が必要である。これらは要素ごとに特徴があり例外的な性質をもつものも多いため，個々について一般的な規則が

どこまで適用できるかを知る必要がある。学習の初期には教室内で個々の要素を扱うことも多いが，学習が進み学習内容が増大するに従って教室外でも学習を進めなければならなくなり，その際には，辞書が最も重要な情報源となる。

日本語学習者用辞書は，以下のような観点から性格づけされる。

(1)使用者：辞書は，使用者である学習者の母語・使用可能な媒介言語，年齢・発達状況，学習目的・遭遇が想定される場面，学習レベル，学習環境などを考慮して設計されなければならない。

(2)学習上の用途：文型学習，教材化テクスト・現実のテクストの読解，各種の作文，音声言語の理解，場面でのふるまい方の習得など，学習内容・学習活動ごとに必要な情報は異なり，それぞれに応じた辞書の利用方法が考案されなければならない。

ただし，本格的な学習者用辞書が少なく，辞書の使用を前提とした学習が行われにくかったことなどにより，学習過程における辞書の有効な利用方法については，ほとんど解明がなされていない。

多くの見出しを備え対訳語程度の簡単な情報を即座に与えるものから，見出し数は限られても各項目について詳しく記述したものまで，また，語義・語法など言語記号としての性質に重点を置くもの，コミュニケーション上の機能・用法に重点を置くものなど，多様な辞書が，学習者の条件ごとに用意されるのが理想であるが，そうした限りなく多様な辞書をごく限られた使用者ごとに提供することは非効率的であり，現実には望みえない。

使用者・用途に応じて辞書の性格を具体的に決定することがらとして，以下のようなものがある。

(1)採録項目：何を見出し単位とするか（語，文型，場面・機能名称など），採録範囲・数 (初級語彙 2800 語など)。

(2)記述内容：見出しごとに記述する情報。以下の範囲から用途等に応じて選択される。

①形態論的性質（語形，語構成，語形変化，造語力など），②文法的性質（文法的部類としての機能，共起関係上の特質など），③用法（出現する形およびそれが表現・伝達する内容の種類），④語義（指示物の限定，前提的意味内容，指示物の文化的意味づけ・百科的知識，指示物に対する評価，文体・スタイル上の価値・使用域），⑤談話運用上の機能・待遇上の機能，⑥表記，⑦その他（使用上の留意事項，その他用途などに応じて必要・有用なことがら）。

(3)記述方法：記述言語としては自然言語（目標言語，学習者の母語，媒介言語）を用いるのが現実的である。目標言語のみについて上述の記述内容を解説する1言語内辞書に対して，学習者の母語または既知の媒介言語との対照の観点から記述する2言語間対照辞書が区別される。日本人のための国語辞典，英和辞典は，日本語を記述言語とする1言語内辞書であり，後者には2言語間対照の視点が部分的に含まれる。学習者の母語などを記述言語とする日本語学習辞典であっても，記述言語と日本語とを対照する2言語間辞書であるとは限らない。

記述方法としては，対訳語や既習語への言い換え，文章による詳しい説明などがある。言い換え語の使用では，見出し語との差異が必然的な問題となる。文章による説明は，理解の困難度と所要時間の問題を伴う。例文の提示は，文の意味から見出しの意味を推測させる，使用環境や共起関係を示す，文化的知識など実質的情報を与えるなどを目的とする。

(4)配列・検索方式・媒体：見出しの配列方法としては，五十音順・アルファベット順など見出しの形式によるもの，意味分野など別の基準によるものがありうるが，形式以外の基準によ

った場合も，形式順の索引が付されることが多い。

辞書の媒体として，印刷物に加え，電子媒体（電子辞書・CD-ROM などパッケージ化された固定的なもの，インターネット上に開設される可変的なもの）の利用が進んでいる。主な特徴として，印刷物は，物理的なサイズが大きく検索に時間がかかるが，比較的広い範囲を一度に見ることができる。電子媒体は，機械が使用できることを条件とし，一画面に表示できる情報が比較的少なく，検索手順に習熟する必要があるが，大量の情報を収めることができる。

→コーパス（3-H），言語コーパス（7-D）

[中道真木男]

■コーパス

言語研究用に計画的に集められた電子化言語データの集積をコーパスという。データが電子化されているかどうかは必須条件ではないが，現実的には，コーパスはコンピュータで取り扱える（機械可読）ことが前提となっている。

コーパスは，対象を代表するデータとして，ジャンル・文体・著者の年齢など，言語的特徴に影響を及ぼすさまざまな属性について偏りがないように収集しなければならない。

また，コーパスには研究の便のためにさまざまな情報が付与されることが多い。情報付与の方法はいろいろであるが，検索の利便性から文書整形用のプログラム言語である XML の利用が今のところ有望である。付与される情報のうち，言語的に有用なものは，品詞，見出し語形（活用などを代表形でまとめたもの），著者の属性，韻律情報（話しことばの場合）などである。これらの言語情報はタグと呼ばれ，タグが整備されたコーパスをタグつきコーパスという。

コーパスは，その目的によって，いくつかのタイプに分けることができる。広く言語事象を観察する汎用コーパス，特定の目的のみに用いる特殊目的コーパス，歴史的な変化を調べるための通時コーパス，常に新しいデータを追加するモニターコーパス，2 言語を対照させたパラレルコーパスなどである。

●**コーパス言語学**── コーパス言語学は，20 世紀後半に英語研究を中心に発達した新しい言語研究の方法論である。言語運用の定量的な記述をもとに言語事象を実証的に解明しようとするという特徴をもつ。従来の内省による方法では気づかれにくかった現象を具体的に数値で示すことで客観性が保証される利点もあるが，一方で，新しい方法論だけに研究手法に未開拓な部分がある。たとえば，コーパスを使って，「こういう言い方がある」と言うことはできるが，「こういう言い方はない（言えない）」と言うことはできない。そのためには，当該の現象に即した言語的な理論の裏づけが必要になる。

また，分析の基礎となる「語」という言語単位の規定や，大量の用例をどのように扱って有効な結果を導くかなど解決すべき課題は多い。

●**日本語のコーパス**── いくつかの研究者グループでコーパスを作成しているが，現段階では著作権の問題があり，非公開となっているものが多い。そのため，一般的には，新聞や文学作品の CD-ROM をコーパスとして用いる研究が多い。

しかし，2000 年代に入り，本格的なコーパス構築の動きが盛んになってきた。2004 年に学会講演などの自発的な音声を 662 時間（約 752 万語）収録した『日本語話し言葉コーパス』が公開された。現時点では，質・量ともに世界最高水準のコーパスである。また，現代語の確立期によく読まれた総合雑誌『太陽』から 5 年分（約 1400 万字）を選び，構造化テキストにした『太陽コーパス』が 2005 年に刊行された。今後，コーパスを利用した言語研究はますます盛んになるものと思われる。

また，インターネットでの検索をコーパスの代用と考えることもあるが，テキストの信頼性などでいくつか問題が指摘されている。

→計量言語学（7-B）

● 参考文献

特集「コーパス言語学」（2003）『日本語学』22-5.

国立国語研究所（2004）『日本語話し言葉コーパス』（http://www.kokken.go.jp/.）

国立国語研究所（2005）『太陽コーパス——雑誌『太陽』日本語データベース』博文館新社.

国立国語研究所（2005）『雑誌太陽による近代日本語の研究——「太陽コーパス」研究論文集』博文館新社.

齋藤俊雄他（1998）『英語コーパス言語学』研究社出版.

バイバー，D.他〔齋藤俊雄他訳〕（2003）『コーパス言語学——言語構造と用法の研究』南雲堂.

[山崎 誠]

I──語彙の変化

■語の通時的変化

時間の経過とともに変化する言語のなかで，語も変化する。語の変化の過程は，その言語の体系に及ぶものもあれば，1つの語のなかだけで起こるものもある。変化にかかる時間の長さは，語によって違い，短期間で変化するもの，長く変わらないものがある。変化の原因は，形や意味が似ていることに影響されるもの，発音のしやすいものに変わる（労力の軽減），聞き間違い，記憶の間違いなどのほか，社会や生活様式の変化など，さまざまである。

日本語学習者の直面する問題として，古語的な表現の残存，方言，また新語への対応の困難などが予想される。通常は共時的変異として経験されるので，それらのあいだの意味やニュアンスの違いを教えればよいと考えられる。

● 語形の変化──語の形から見ていくと，音の変化として，音の添加：マナカ（真中）→マンナカ，音の脱落：ツキタチ（月立ち）→ツイタチ（一日），音の交替：ナデル（撫でる）→ナゼル，音の転倒：アラタシ（新し）→アタラシなどが挙げられる。変化の原因は，隣接する音に影響されたり，発音しやすいものへ変わったりといった音声環境に起因するものだけではない。たとえば，アラタシ（新し）→アタラシというのは，アタラシ（惜し）という形の類似している語と混同したと考えられている。イッショケンメイ（一所懸命）→イッショウケンメイ（一生懸命）は，別の似た語の意味に民間語源的に解釈しなおされたと考えられている。

発音の便宜に従って，ヒキツカム→ヒッツカムのように，音節が促音や撥音などに変わる現象を音便という。平安時代以降，イ音便：ツギテ→ツイデ（次いで），ウ音便：オモヒテ→オモウテ（思うて），その後，撥音便：トビテ→トンデ（飛んで），シニテ→シンデ（死んで），促音便：タチテ→タッテ（発って）などが用いられるようになった。鎌倉・室町時代以降，音便は広く用いられるようになったが，室町末期には，京都方言と関東方言で対立が見られ，ハ行四段活用の連用形を京都で払ウテ，関東で払ッテ，形容詞の連用形を京都で良ウ，関東で良クのように言った。現在も方言として残存している。

トッカエル/トリカエル，オッツケル/オシツケルなど音便とそうでない形が並存しているものがある。これらは，音の添加の例で，ヨホド/ヨッポド，ヒヤリ/ヒンヤリなどとともに，1体系内に両形が意味を分担して残存している。

● **文法的な性質の変化**──現代では、トテモは、肯定文でも否定文でも使われるが、肯定文で使われるようになったのは、大正時代後半といわれている。それまではトテモ〜ナイという形で使われるのが自然であった。同様に、ゼンゼンも、後に否定を伴うか伴わないか、現在は、ゆれている表現といえよう。

「科学→科学スル」のようなスル動詞化、「市民的な感覚→市民的な感覚」「最先端な技術」のような形容動詞化など品詞の変化もある。

● **語義の変化**──語の意味も、それぞれに変化する。

(1)指示物の変化：ことばの形は変わらないが、その指示対象が変わるというもの。クルマは、人や物を運ぶという意味だが時代の変化とともに〈牛車→人力車→自動車〉と変化した。また、アシタということばも〈朝→明日〉と変わった。

(2)意味の拡大・縮小：たとえば、ボウズ（坊主）は、〈寺院の坊の主→僧侶〉、セトモノ（瀬戸物）は、〈瀬戸産の陶器→陶器一般〉というふうに、意味が拡大、一般化した例である。一方、ショウジ（障子）〈和室の境、窓などに立てる家具の総称→明かり障子〉のように意味範囲が狭まったものを意味の縮小という。

(3)価値の上昇・下降：相手に対する敬意を込めたオマエ（お前）が、相手を粗略に扱うことばに変わったというのは、価値の下降にあたる。テンキ（天気）は、プラスでもマイナスでもないが「今日は天気だ」と使うと、プラスの評価を与えたことになる。意味の変化には、個別に見ると、このほかにもさまざまな類型が考えられるが、大まかな傾向として、もともとの意味に新たな意味が加わって意味の範囲が拡大していくことが多く、その逆は少ないことがいわれている。

ある意味を表す語が、まったく違う語に替わってしまうこと。〈アベック→カップル〉、〈バンド→ベルト〉、〈チョッキ→ベスト〉などの例がある。また、元は〈信者の仲間、師〉〈分別する〉という意味だった「知識」ということばが、knowledge の訳語として出現してから、元の意味と交替してしまった。

その語から受ける感じ、イメージによって、違うことばと交替することがある。たとえば、ベンジョ（便所）のことをテアライ（手洗い）、ハバカリ（はばかり）、トイレなどと言うのは、忌避感によるものである。アパートとマンション、メゾン・ド〜というと、高級感が違う。

➡ 語の変化形 (3-C)、語義の分析 (3-E)、多義の構造 (3-E)、語感 (3-E)

● **参考文献**

池上二良（編）(1980)『講座言語2 言語の変化』大修館書店.

田中章夫 (1978)『国語語彙論』明治書院.

築島裕 (1964)『国語学』東京大学出版会.

玉村文郎（編）(1989)『講座日本語と日本語教育6 日本語の語彙・意味（上）』明治書院.

町田健（編）(2001)『シリーズ・日本語のしくみを探る4 日本語学のしくみ』研究社.

[要門美規]

■ **原義・転義**

ある語の意味について通時的に見た場合、そのもともとの意味を原義、そこから変化して生じた意味を転義という。たとえば、「目」は、〈動物がものを見るための器官〉で、この意味が原義と考えられる。しかし、「カメラの目」といえば、〈カメラで画像・映像を捉える〉ことになる。「目を注ぐ」は〈注視する〉、「目をかける」は〈注意して面倒をみる〉ことを示し「お目玉をもらう」といえば、〈叱られる〉の意になる。「日の目を見る」「つらい目にあう」のように境遇を示す表現もある。また、位置、形状などが目に似ていることから「台風の目」

「賽の目」，連続する物と物との間という意味で「切れ目」「織り目」「碁盤の目」という使い方もある。

同じ「目」という語でも，たくさん意味がある。このような複数の意味をもつことばを多義語という。通時的にみると，それぞれの意味が出現した時期や変化の過程は違うが，共時的に見ると，それらは並存している。

「口」「手」「できる」「かける」などの多義語に対して，意味が１つしかない語を単義語という。「赤血球」ということばは，そのものしか表さず，ほかの意味はもたない。基本語であるほど，多義的であることが多い。

言語は，変化するものであるから，今使われている語の意味も変わる可能性がある。原義から派生して，いくつもの意味が生まれ，原義と転義が共存している場合も，派生した語の意味だけが残って，原義がなくなってしまう場合もある。たとえば，①形状の類似から（「茶柱」「火柱」「蛇の目傘」など），②ようすや状態の類似から（「雪の肌」「冷たい人」「口が軽い」「頭がかたい」など），③機能や性質の類似から（「椅子のあし」「医者の卵」など）の例が，挙げられる。「彼は美術に明るい」「深い考え」「甘いものに目がない」など，原義が抽象的に使われ，本来の意味が薄らいでいるものもある。

原義の語に形やはたらきが類似していることから派生してできる場合だけでなく，連想的な結合から，飛躍的な意味が出てくるものも，少なからずある。その背景には，生活様式や文化が深くかかわっていると考えられる。

● 比喩── あるものごとをわかりやすく説明するために，それに似たほかのものにたとえて言い表すことを比喩という。原義から転義が派生する過程で，比喩が重要なはたらきをしていることが多い。比喩には，次のようなものがある。

(1)直喩：「リンゴのような赤い頬」というように「〜のようだ」「〜みたい」などを使って表現する。

(2)隠喩：「足が棒になった」「矢の催促」など，「〜のようだ」「〜みたい」という語句を使わずにたとえる。

(3)換喩：「今月も赤字」と言ったら，欠損があるということ，というように，ある事物をそれと関係のある事物を使って表す。

(4)提喩：「花より団子」の「花」が「風流」や「外観」を示すように，ある事物を示すのに，その概念を包摂するような上位語，あるいは逆に下位語を用いるというもの。

➡単義・多義・同音異義 (3-E)，語の通時的変化 (3-I)，メタファー (7-D)

● 参考文献

玉村文郎（編）(1990)『講座日本語と日本語教育 7 日本語の語彙・意味（下）』明治書院.

佐藤喜代治（編）(1982)『講座日本語の語彙 2 日本語の語彙の特色』明治書院.

玉村文郎（編）(1992)『日本語学を学ぶ人のために』世界思想社.

国広哲弥 (1982)『意味論の方法』大修館書店.

[要門美規]

■ 語源

単語がどのようにつくられ，どのような形で，どのような意味で使われるようになったかについての由来を語源という。単語とそれが指し示す概念との結合がいかに成立したかを，意味と形式の両面から考察するのが，語源論もしくは語源学である。

語源は，その対象となる事物や概念に対してどのように呼ぶかという問題であり，「命名」や「名づけ」の問題ともいえる。一般に，命名には，いくつかのパターンが認められる。一つ

は，新しい事物や概念が発生した場合で，まったく新しい言語形式を創造する場合と，既存の形式を応用して名づける場合の2通りがある。もう一つは，対象となる事物や概念がすでに存在していて，その名前が改まる場合で，こちらもまったく新しい形式を創造する場合と，既存の形式を応用する場合の2通りがある。

すべての語の語源は，これらのパターンのいずれかにあてはまるはずである。しかし，どのような語においても，語源が明らかになるわけではない。たとえば，「木」や「鼻」のように原始日本語の時代から存在するような単語について，その語源を分析することは難しい。他方，「パソコン」や「カラオケ」など，最近くられた語では命名のありようが明らかなものもある。

語源を明らかにするにあたっては，単に形や意味が似ているというだけで推定を積み重ねてはいけない。その語にまつわる文化的な背景などを含め，どのような状況のもとで，その語が使われだしたかを明らかにしなければならない。その意味で，語誌つまり，その語の語形・意味・用法などの変遷について考証することが重要になってくる。

たとえば，「精進」「普請」といった語は仏教とかかわる語であり，「テンプラ」「ポン酢」は南蛮文化とかかわる語である。外国からの文物の伝来も含めて，文化的背景の変遷を頭に入れて考察することが大切なのである。

また，一つ一つの語について考えるのではなく，他の語との関連も考慮しなければならない。つまりは，語彙史を見すえたうえで考察する必要がある。たとえば，上代においては，母音は甲類・乙類と呼ばれる類別が認められている。このような語彙全体にわたる事実を無視した語源論は許されないことになる。

以上に述べたように，語源は，語誌と語彙史とをふまえて探求されるべきものなのである。

他方，「民衆語源」「語源俗解」と呼ばれる現象も見られる。一般の人々による思いつきの語源解釈やこじつけの語源解釈を指し，語源研究としては評価の低いものである。しかし，そうした語源俗解が，言語における形態変化や意義変化をもたらすこともある。たとえば，武士が所領を守る意の「一所懸命」が，命がけの「一生懸命」に変化したのも，そのような例とみることができる。その意味では，民衆語源，語源俗解も，語源研究にとって無視できないものといえよう。

➡指示と命名（3-A），語の通時的変化（3-I），語彙の通時的変化（3-I），原義・転義（3-I）

● 参考文献

阪倉篤義（1978）『日本語の語源』〈講談社現代新書〉講談社.

柴田武（1967）「民衆語源について」『国語学』69.

吉田金彦（1976）『日本語語源学の方法』大修館書店.

［佐竹秀雄］

■新語

その社会に新しい事物や概念が生じたとき，それを言い表すために新しい語が生まれる。これが新語の基本パターンである。たとえば，明治時代には「鉄道」という新しいモノに対して新しい語がつくられた。また，近年，「バーチャル」という新語が使われている。これは「仮想」という，それまでになかった概念を示すもので，「バーチャルリアリティ」や「バーチャルメモリー」などの複合語を生み出している。

しかし，新語の誕生は，まったく新しい事物や概念が生まれる場合に限らない。従来の事物や概念に対して，新しく言い表す必要が生じた場合にも生まれる。次のような場合である。

その1つは，表現の対象に関して新しいイメージを植えつけたいときである。たとえば，集

合住宅を「アパート」と呼んでいたのに対して,「マンション」という新語が生まれたのがそれにあたる。さらに,「ハイツ,メゾン,コーポ」など次々と新しい呼び名も誕生している。

これと似たタイプが「小使」から「用務員」,「看護婦」から「看護師」といった変化によるものである。これらは,旧来の語がもつ不適切さを払拭するためにつくられたものといえる。

また,新語は言語的な理由からも発生する。たとえば,戦後の漢字制限の結果,「瀆職」は「汚職」と書き換えられた。当時の「当用漢字表」の範囲で書けるようにと改められたのである。同様の例に「探偵小説」→「推理小説」や「輿論」→「世論」がある。後者の場合,単に漢字の書き換えだけであったのが,「世論」が「セロン」と読まれ,結局「ヨロン」に対して「セロン」という新語が生まれる結果となった。

以上のような場合も含めて,新たな語が生まれてくるのであるが,新語の造語法もその状況に応じていくつかのタイプが認められる。

第一は,それまでになかった語をつくり出す場合である。明治期に外来の文物に対して行われた方法の1つで,たとえば「哲学」や「理想」などで,漢語を使って行われた。しかし,現代では商品名や流行語の一部に対して行われる程度で,ほとんど行われていない。

第二は,外国語などからの借用によるもので,現代の外来語の多くがこれにあたる。

第三は,省略による略語である。たとえば「民間放送局」に対する「民放」で,同様の例に「流感(流行性感冒)」「パソコン(パーソナルコンピュータ)」などがある。なお,この変形として,「NPO」や「CD」のようにアルファベットの頭文字を利用した略語も少なくない。

新語のうち,世相や風俗にからんだり新鮮さや奇抜さをもっていたりして,人々の注意を引き,一時的に多くの人に使われるものは流行語と呼ばれる。つまり,流行語はことばのおもしろさや人を引きつける魅力をもっているのである。しかし,時代が移って,その面白さや魅力がなくなったとき,流行語は使われなくなる。使われなくなった語は死語と呼ばれる。

➡指示と命名 (3-A),造語法 (3-C),略語 (3-C)

● 参考文献

槇田満文 (1983)『明治大正の新語・流行語』角川書店.

米川明彦 (1996)「新語・流行語」『講座日本語と日本語教育 6 日本語の語彙・意味(上)』明治書院.

[佐竹秀雄]

■語彙の通時的変化

語彙は,音韻や文法と比べて,社会,文化との関連が強く,それらの変化をよく反映する。したがって,日本語の語彙の通時的変化は,日本の歴史と深く関連する。以下,日本語の語彙変化について,特徴的な語種を中心に述べる。

上代では,基本的に和語が使われていた。身体語彙などの基本語彙と呼ばれるものの多くは,この時代から使われてきている和語である。

やがて,中国文化の流入とともに漢語が日本語のなかに入ってくる。中国文化は,日本の政治体制にも,また仏教という思想面でも大きな影響を与えた。さまざまな文物の到来に伴って漢語も入ってきた。それらには,律令政治にかかわる語や仏教用語だけでなく,「燭台,食堂,脇息」など日常生活に及ぶものもあった。

それでも基本的には和語が中心であったが,中古には漢語がさらに日常的な語にも入ってくる。その結果,「寝装束,消息だつ,奏し切る」などの混種語を多く生み出すことになった。ま

た，この時代は，書きことばの語彙使用において性差が認められることが注目される。男性が漢語を多く使い，女性はほとんど和語のみを使っていた。

中世になると，さらに漢語の一般化傾向が認められる。基本は和語ではあるが，男女ともに漢語を交えて使うようになった。そして，漢語は中国から流入するだけでなく，「出張・物騒・火事」などのいわゆる和製漢語がつくられた。

中世末には，ポルトガル人がキリスト教の布教と貿易を目的にやってきた。それに伴って，物とともに「カッパ」「タバコ」「ビードロ」などのポルトガル語が入ってきた。

中世は，日本語の歴史で古代語から近代語への過渡期と位置づけられる。語彙の面でも，武士詞や女房詞などの位相語の成立，衣食住の変化に伴う新しい語彙の使用などが注目される。

近世は，前期と後期に分けられ，前期は上方語を，後期は江戸語を中心とする時代である。前期には中世の語彙が残存するのに対して，後期は近代語的な語彙が増えてくる。

近世には，漢語が広く一般化し口語化した。他方，和語では女房詞が町家の女性にまで広まり一般化した。そして，近世後期には，蘭学の発展とともに，「ガラス，コップ」などのオランダ語が入ってきている。

近代は，西洋文化の影響を受けた時代である。西洋から流入した文物の名称を，一つには和製漢語によって対応した。現在使っている漢語の多くは，この時代につくられた漢語である。

他方，外来語として受容したものも少なくなかった。スポーツ用語をはじめとして，英語を中心に取り入れられるようになった。そして，「オートバイ，サラリーマン」といった和製英語をつくり出し，さらには「アパート，インフレ」など外来語の省略形も使いだした。外来語が一般化したのである。この外来語の使用拡大の傾向は，現代においてはいっそう強く認められる。

→語の分類（3-D），語種（3-D），日本語の語彙の特色（3-B）

●参考文献

阪倉篤義（編）(1971)『講座国語史3　語彙史』大修館書店．

森岡健二他（編）(1982)『講座日本語学4　語彙史』明治書院．

前田富祺 (1985)『国語語彙史研究』明治書院．

[佐竹秀雄]

J——語彙の学習

■日本語学習のなかの語彙学習

語に関する知識の構成要素には，「形式」「意味」「用法」がある。「用法」に関する知識には，「その語がどんな文型のなかで使われるか」「その語がどんな語と共起関係にあるか」「用途のうえでどんな制約があるか」などが含まれる。たとえば「基づく」という語は，「経験に基づいて判断する（～に基づいてV）」「史実に基づいた小説（～に基づいたN）」など特定の文型で多用される一方で，「*この小説は史実に基づきます/基づきました」というかたちではあまり使わないなど，さまざまな用途上の制約をもっている。また，「年齢に基づいた給与体系」という一方で，「*としに基づいた給与体系」とはいわないなど，共起関係および文体という観点からの制約もある。

以上のように同じ意味を表現するのであっても，書きことばか話しことばか，言語使用者の性別，年齢，社会的立場，使われる場面などによって選択されるべき語が異なる場合が多い。

ある語を「使いこなせる」ということは，このようなさまざまな側面の知識を（必ずしも知識として意識している必要はないが）はたらかせ，言語構造的にも文化社会的にも適切な文脈のなかでのみ，その語を使うという選択ができることであろう。

一方，日本語学習者は，完全に「使いこなせる」レベルには至っていなくても，言語行動のなかで有意義に語を使っている。つまり，中間言語における語彙の習得にはさまざまな深度があり，ある語を「まったく知らない」というレベルと「完全に使いこなせる」レベルとのあいだには無数といっていいほどの段階がある。たとえば，形式や意味の「理解」に関する深度だけを大まかに見ても，次のようなレベルがある。まず，ある語を「聞いたことがある／見たことがある」という非常に浅い習得〜「はっきり意味はわからないが，コンピュータに関連する用語である／否定的なニュアンスをもつ語である／感情を表現する語である」など断片的な意味が理解できるレベル〜「その語の総括的・網羅的意味はわからないが，ある特定の文脈のなかでは理解できる」レベルなど。そして，最終的には「どんな文脈のなかでも理解でき，類義語との意味の違いも感知できる」レベルまで習得は進んでいくことが目指される。以上は「理解」に関する習得深度だが，「産出」に関しても同様に多様なレベルが存在する。

このように，語の習得は，上で述べた「形式」「意味」「用法」に関する知識を少しずつ積み重ねていくことによって進んでいく。断片的な習得であっても，文脈のなかでの類推の手がかりになるなど，言語運用に有効なはたらきをもつ。また，深度の浅い習得がよりいっそう深度の深い習得の基盤になるということも重要な視点である。

習得の深度が深くなっていく過程を認知活動との関連から見ると，次の3つの段階が考えられる。

(1)「気づき」（noticing）：学習者がある語について「未知である（あるいは部分的に未知である）」と認識し，その語の形式と意味の照合を行うこと。具体的には「辞書を引く」「その語について教師の説明を求める」「文脈からその語の意味を類推する」などして，意味を認識することである。この段階では，文脈のなかでその語に接触していても，一時的に文脈からその語を取り出して意味を確認することになる。多くの場合瞬間的でありながら，この文脈からの取り出し（decontexualization）がないと，文全体の意味は理解しても語の習得としての進展はないと考えられる。

(2)「想起」（retrieval）：一度「気づき」を経た単語に再度出会った際，前回の「気づき」の記憶に再度アクセスすること。具体的には「この単語は前にも聴いた／見た。○○という意味だった」と想起することである。同じ語に繰り返し接触することは習得の大事な要件だが，それが「繰り返し」であることを学習者自身が認識することが「想起」であり，「想起」を伴わない繰り返しは学習者にとっては初めての接触と同じである。言い換えれば，学習者の記憶が消失しないうちに次の接触の機会を得ることで「想起」は成立する。

(3)「生成」（generation）：すでに接触経験のある語に以前とは異なる文脈で出会うこと。たとえば「固まる」という語について，次の3つの文脈で接触するとする。「冷蔵庫に入れたゼリーはもう固まった？」「もう少し考えが固まったらお話しします」「（パーティーなどで）知り合い同士で固まってないでいろんな人と話しなさい」このように，さまざまな文法形式やさまざまな語との組み合わせによる接触を重ねることで，その語に関する知識に幅や深さが加わっていくと考えられる。

以上のことを考え合わせ，「気づき」「想起」

「生成」の過程を効果的にへるための具体的な学習活動の条件として，次のようなことが考えられる。

①同じ語への繰り返しの接触を記憶が薄れないタイミングで得るようにする。

②同じ語にできる限り多様な文脈のなかで接触するようにする。

語の学習の伝統的な方法である「単語カード」による学習は，①を実現するうえでは効果的な方法だといえよう。一方，②を実現するうえでは，コミュニケーションに焦点をあてた4技能の活動が欠かせない。とくに読解が語彙習得のうえで効果的な活動だといわれるのは，「気づき」や「想起」に必要な時間的コントロールが学習者にゆだねられていることと関連があるのではないかと思われる。

→学習語彙（3-J），学習者条件と語彙学習（3-J）

● 参考文献

松見法男（2002）「第二言語の語彙を習得する」海保博之・柏崎秀子（編著）『日本語教育のための心理学』新曜社．

森美子（2003）「日本語における語彙習得」畑佐由紀子（編）『第二言語習得研究への招待』くろしお出版．

谷内美智子（2003）「付随的語彙学習に関する研究の概観」『第二言語習得・教育の研究最前線 2003年版』日本言語文化学研究会．

Nation, P. (2001) *Learning Vocabulary in Another Language*. Cambridge University Press.

［横山紀子］

■学習語彙

語学学習によって習得される語彙を学習語彙という。習得の目標となる語彙を指す場合，体系的な教育によって学習させる語彙を指す場合などがある。なお，習得語彙は，すでに習得している語彙を指すが，習得すべき語彙の意味で用いることがある。

語彙研究において，使用頻度が高い，基本的な事物を指す，多様な場面で使用されるなどの特徴をもつ語彙を中心語彙（基本語彙と呼ぶことがある），使用頻度が低い，特殊な事物を指す，限られた場面で用いられるなどの特徴をもつもの（専門用語，方言語彙，古語，俗語，隠語など）を周縁語彙として区別する。ただし，個々の語が中心語彙に属するかどうかを客観的に決定することはできないことが多く，中心語彙・周縁語彙の区別は観念上のものというべきである。

語彙学習は，中心語彙から，それぞれの学習者が必要とする周縁語彙に進むのが効率的であると考えられる。この考え方に従って，各学習段階で優先的に習得すべき学習基本語彙（単に基本語彙ともいう）を選定する試みは多くなされている。選定の方針として，語彙調査などによって得られる資料，とくに使用頻度と使用範囲といった客観的な基準から機械的に決定するものを基本語彙，言語教育・言語間比較などの目的を考慮し選定者の裁量によって決定するものを基礎語彙と呼んで区別することがある。実際に日本語学習の基本語彙として提案されているもののほとんどは，この意味における基礎語彙である。

なお，「基本語彙」という用語は，ここに触れたようにいくつかの異なる意味で用いられるので注意を要する。

学習基本語彙の内容は個々の学習者のニーズに応じて異なるが，大別して，学習を進めるために必要であるもの，学習者にとって接触が想定される場面において必要となるものなどが含まれる。機能語，形式名詞など機能語に準ずる語，接続語，「大きい」「思う」「かなり」のように文構成の際に多用される自立語，応答詞などは，学習者の種別にかかわらず，文の骨格をつくり談話を運用するために必要である。学習

者によっては，文法用語や，「ウチ/ソト」「目上/目下」といった文化的概念を表す語を習得することで学習を効率化できる場合もある。こうした学習に向けての基本性に対して，日常生活用語，ビジネス用語，ファッション用語など，想定される日本語使用場面に対応するための語は，言語使用に向けての基本性をもつといえる。提案されている語彙表には，この両方の観点から選定した語を取り混ぜたもの，使用に向けての基本性をもつ語に限って列挙したものがある。

学習基本語の数に関しては一定の基準がなく，提案されている語彙表によってもさまざまである。一般的な教育過程では，初級段階2000語（例：国際交流基金『基礎日本語学習辞典』の見出し数約2700），中級段階4000語（例：文化庁『外国人のための基本語用例事典』の見出し数約4500），上級段階1万語（例：「日本語能力試験」出題基準1級の出題範囲1万語）といった数が意識されることが多い。

ただし，個々の語に関する学習内容は，その用法のどこまでを扱うか，ニュアンス面をどこまで扱うかなどの点で，さまざまでありうる。初級の学習語彙表に「もう」が挙げられていても，「宿題はもうやりました」は学習するが，「それはもう大変な騒ぎでした」は学習を想定しないこともありうる。したがって，"語"を単位として学習語彙の範囲や語数を考えることには限界があり，学習語彙の量は，学習する用法の数で測られるべきである。

ある個人が聞きまたは読んで理解できる語を理解語彙，自ら用いることができる語を使用語彙として区別する。ただし，必要な場面に遭遇すればそれまで理解語であったものを使用することがある，女性にとっての1人称代名詞「おれ」のように使用を避けるべき語がある，理解が正確であるとは限らず理解語彙の範囲は測定しがたいなど，ある個人にとってある語が理解語か使用語かの判別は実際には困難なことも多く，この区別は理念的なものというべきである。

教育においては，使用語として習熟する必要がある語と理解語にとどめてよい語とを区別して扱うことがあるが，話しことば場面/書きことば場面，受容/生成，使用する談話ジャンルなど学習者のニーズを綿密に見極めること，学習段階に応じてどの段階で使用にまで習熟するかを計画すること，学習者自身にどこまで意識して学習させるかを決定すること，学習のなかでの具体的な扱い方を決定することなどが必要である。

→語彙量（3-G），日本語の語彙量（3-G），学習者条件と語彙学習（3-J），留学生の学習語彙（3-J），ビジネスピープル・就労者の学習語彙（3-J），海外初等・中等教育における学習語彙（3-J），定住生活者の学習語彙（3-J），学習レベルと語彙学習（3-J）

●参考文献

国立国語研究所（1982）『日本語教育基本語彙7種比較対照表』〈日本語教育指導参考書9〉大蔵省印刷局.

国立国語研究所（1984）『語彙の研究と教育（上）』〈日本語教育指導参考書12〉大蔵省印刷局.

国立国語研究所（2000）『日本語基本語彙――文献解題と研究』〈国立国語研究所報告116〉明治書院.

［中道真木男］

■学習者条件と語彙学習

限られた時間数で効率よく学習目標を達成するためには，初めに学習者の諸条件やニーズを知る必要がある。教科書が語彙の学習範囲や導入順序を決めるのではない。学習者が最も必要としている語彙を必要なときに指導するのが原則である。

学習者によって必要な語彙は違うので、とくに以下の項目を考慮して教材、語彙の学習範囲、導入時期などを決定する。

(1)学習期間：予・復習の時間が確保された1年以上の長期ないし集中授業であれば、基本語彙のほかに専門分野あるいは時事的な話題を理解するための語彙もかなり網羅的に学習することができる。短期の場合はあらかじめ使用場面や分野を特定して到達目標を絞り、関連する語彙を集中的に学習する。

(2)学習レベル：一般に学習目的や社会的立場を問わず、初級学習者は自立した日常生活をするために必要な語彙から学習を開始する。身の回りの物や人間関係を表す名詞、日時や電話番号、値段の数字、往来・存在・動作・授受動詞と形容詞である。初級後半段階から徐々に副詞や抽象的概念を表す語彙を導入する。これらは学習基本語彙と呼ばれるが、その範囲の線引きはあいまいである。学習効果を高めるためには、基本語彙に加えて学習者の興味・知識と結びついた語彙を随時取り上げる。基本語彙の学習を終えてから時事および専門用語の学習に入ることが多いが、職業人にとってある種の専門用語は日常語である。初級文型の例文のなかに提示しても、案外負担にならない。専門分野の語彙学習が難しいかどうかは、その分野の知識をどれくらいもっているかによる。どの程度まで専門用語を学習するかは必要性による。関係書類を読むために知識として必要な場合もあれば、現場で実際に微妙なニュアンスまで使いこなせることが求められることもある。日常語に比べて専門用語では漢語の比率が高いので、漢字学習と並行して進める。

(3)学習目的：近年、学習者の多様化に伴い、学習目的も人によりさまざまである。単なる日常会話あるいは進学、仕事のための日本語学習にとどまらず、趣味の熱帯魚サークル、病院ボランティアでの患者とのコミュニケーションのためなど細分化の傾向にある。学習者の満足感を高めるためにも、これらの目的に沿った関連語彙を柔軟に学習に取り入れる。教科書では「です・ます体」を基本に学習するが、日本人の友達や職場の同僚が話す日本語とは違うと感じる学習者もいる。こなれた話しことばが必要な学習者には、くだけた表現・語彙や方言も無視できない。反対に、あらたまった日本語が必要な環境にいる学習者には積極的に待遇表現を取り上げる。

(4)年齢・社会的立場・職業：日本語にはいわゆるジェンダー（gender）がないとされるが、男ことば・女ことば、あるいは老人語・幼児語などの区別がある。サービスを提供する側と受ける客では表現が違う。いずれも学習者の立場や場面に合わせて使い分けを指導する。また、職業が違えば日常語はともかく専門用語の学習範囲はほとんど重なることがない。

(5)学習環境：日本国内在住の学習者であれば、生活や交際に役立つ語彙は職場の同僚や友だちから聞いたり、テレビや広告、カラオケの歌詞を見たりして覚えるなど教室外で得ることも多い。一方、海外の学習者は教室外の日本語・日本情報と接触する機会が従来は限られていたため、彼らの話す日本語に古めかしさを感じることも多かった。しかし、近年インターネットや衛星放送を通じて日本に関する最新情報への接触可能性は飛躍的に増えている。学習者によっては時間的・地理的距離を感じさせないほどに娯楽・教養・文化・時事に関する語彙を違和感なく身につけていることもある。

●語彙指導の留意点── 次に学習者条件に左右されない語彙指導の一般的な留意点を挙げる。漢字学習がかなり進んでいても、日本語は同音異義語が多いので母語話者と違い音を聞いただけで正しい漢字を想起するのは容易ではない。そのため、聞き取った内容がどんどん話し手の想像外へずれていく。内容をあらかじめ知

っていれば，いくつかの未知語があっても概略を聞き取れるが，そうでない場合「汚職事件」が「お食事券」になり，「嫌煙権」と聞いて選挙権，人権を連想せず千葉県，入場券などを思い巡らしてしまう。さらに，最近では原語をそのままカタカナ表記にしたものが多く，これがいっそう学習を困難にしている。訳語が必ずしも原語が指し示す範囲と一致しているとは限らないので，言語間対照をして確認する。このほか，話しことば・書きことば，法律用語・日常語，雅語・俗語などの使い分けや，固定連語，とくに英語話者の長音・短音の区別（例：都市・投資，組織・葬式）なども学習課題である。

➡日本語学習のなかの語彙学習（3-J），学習レベルと語彙学習（3-J），ニーズ分析（8-C），語彙・意味の習得（8-A），学習環境（8-A）

●参考文献
仁科喜久子（1997）「日本語教育における専門用語の扱い」『日本語学』16-2．

[長尾昭子]

■留学生の学習語彙
　高等教育機関の留学生に期待されている学習語彙の具体例は，大学や予備教育を専門とする機関が留学生や研究者用に作成した教科書や教材に見ることができる。教科書作成にあたっては，機関や学習者のニーズ分析の結果に基づいて留学生の日本での日本語使用場面と話題領域，さらには文型や表現，語彙などの学習項目が決定される。生活場面は日常生活場面と大学（学校）生活場面に分かれる。前者には役所などの公共の場，郵便局や銀行，買物場面など以外に，近所や宿舎での対人関係場面，交通，余暇活動，冠婚葬祭，飲食や嗜好など，後者では学内での諸手続き，健康，勉強や研究，運動，進学や就職，面接，研究発表などの場面が挙げられる。さらに抽象的な話題には日本の地理，政治，経済，歴史や文芸，年中行事，価値観や思想，数学や科学の分野も含まれる。

　初級レベルでは主に日常生活や学校生活の基本的な場面が取り上げられるが，採用された語彙には機関によって偏りが見られることがある。漢語が多いことは留学生用の教科書に共通する特徴であるが，比較的新しい教科書ではカタカナ語や英語などの略語が多く取り入れられる傾向がある。

　中・上級では生教材が中心となるため，上記の場面や話題領域からどんなテーマを取り上げるかによって学習語彙も異なる。留学生の専門領域にかかわる語彙については日本語教育の範囲を越えるとも考えられるが，上級レベルの比較的早い段階から日本語教員と留学生の専門領域の教員が連携して指導することによって効果を上げている機関もある。

●アカデミック・ジャパニーズの語彙──高等教育機関の研究者や留学生のカリキュラムは，大学や研究機関において必要とされる日本語（アカデミック・ジャパニーズ）を到達目標としているが，アカデミック・ジャパニーズの内容については個々の機関がそれぞれに学習項目リストを作成しているのが実状であろう。2002（平成14）年より施行された日本留学試験は「留学生活を送るうえで必要なコミュニケーション能力を測る」テストであり，そのアカデミック・ジャパニーズの表現や語彙などの具体的な内容は日本語能力試験の出題基準のようにリストとして公開されているものではない。実際の学生生活を日常生活と大学での学術研究の2つの場面と考えれば，生活スキルは日常生活や留学生活に必要なスキルであり，コミュニケーション・ストラテジーなどの言語運用能力と対人関係の構築，維持，修復や異文化調整や生活適応などの社会適応能力が含まれる。学習スキルは学術研究活動に必要なスキルで，学内での諸事務手続き能力，コンピュータ・リテラ

シーをはじめとする，講義を聴き，演習で発表し，実験したりする際に必要なスキル，さらにレポートや論文作成，発表，調査研究にかかわる研究活動スキルなどである。

　アカデミック・ジャパニーズに特有の語彙はどのようなものか。施行試験や留学試験過去問題のなかから特徴を見てみる。授業関係では，授業や試験，レポート作成，カリキュラム，ガイダンス，オリエンテーション，必修科目，選択科目，講義，休講，教育実習，追試など，施設関連では，入学課，教務課，経理課，証明書，守衛室，指導教官，自由選択科目，取得単位数，転入学，捺印，要綱，DNA，クローン，学生課，奨学金，履修登録，変更，授業料納入，図書館関連では，返却，期日，検索など，IT系では，パスワード，システム，クリック，アクセス，オンライン，ファイル，ディスクなど英語を原語とするコンピュータ関連語彙も必要語彙である。政治経済用語としてはWHO，GNP，IMF，G8，APEC，GDP，デフレ，NGO，NPO，社会環境関連語彙として，省エネ，リストラ，エコロジーなど，学生生活関連語彙としては，コンパ，サークル，飲み会，デジタルカメラ，携帯メールなどがその一例である。これ以外にキャンパス用語として，学食，新歓コンパ，合コン，ゼミ，登録ミス，レポートなどが学生必修語彙に入るだろう。カタカナ語，和製英語，省略語が多くなっているが，この傾向は今後も続くだろう。カタカナ語や和製英語は出身地や母語にかかわりなく留学生にはわかりにくいといわれており，早い段階で指導すべきであろう。

●日本語能力試験の語彙——日本語能力試験では，4級は語彙800語・100漢字，3級は1500語・300漢字，2級では6000語・漢字1000字，そして従来の大学入学資格であった1級では語彙1万語・漢字1926字を基準とし，それぞれの級の出題語彙と文型のリストが公開されている。この試験は一般的な日本語能力を測定するものであることから，特殊な専門用語，趣味や娯楽に関する特殊な語，ローマ字表記による略語の類，さらに特殊な語彙や古典語などは，出題には不適当であり，固有名詞，擬態語，擬声語，飲食物名，動植物名，スポーツ名，楽器名なども出題には配慮が必要とされている。

➡日本語能力試験（8-E），日本留学試験（8-E），日本語教育関連機関（国際協力）（10-C）

●参考文献

佐々木瑞枝（監修）EJU日本語研究会（2004）『アカデミック・ジャパニーズ重点攻略 日本留学試験実践問題集』ジャパンタイムズ．

藤戸淑子他（1997）『日本語能力試験1級合格の漢字・熟語4740』凡人社．

国際交流基金・日本国際教育協会（編著）（2002）『日本語能力試験 出題基準 改訂版』凡人社．

大矢根裕子他（2002）『完全マスター語彙 日本語能力試験1・2級レベル』スリーエーネットワーク．

［村野良子］

■ビジネスピープル・就労者の学習語彙

　ひとくちにビジネスピープル，就労者，技術研修生といっても，その実態はさまざまである。海外在住の場合もあるし，在日でも在留資格，職種，学習の到達目標など学習者条件は個々人で違う。

　ビジネス関係者の語彙というと，すぐさま貿易実務や金融・法律用語，工学系の専門用語を思い浮かべる向きもある。しかし，どんな仕事をしている人も，職業人としての固有の側面と生活者としての側面とを合わせもつ。教科書で取り上げている生活場面の基本語彙はビジネスピープルでも技術研修生でもかなり共通している。一方，それぞれの趣味や娯楽のため，ある

いは職場の同僚との個人的なつき合いのための語彙を体系的に指導するのは難しく、個々に対応する。これらは接触する日本人との人間関係や遭遇する場面のなかで習得されていくことが多い。

一般にグローバル企業と呼ばれる企業ではインターネットの普及と相まって英語が圧倒的な存在感を示している。そのような企業に勤務する外国人社員の場合、日本語ができなくても仕事に支障をきたすことは比較的少ないが、英語ができなければ雇用もされない。そんななかで多忙な時間を割いて日本語学習に取り組むのはより良いビジネスコミュニケーションを求めているからであり、日本語を本業達成のための重要な手段と考えているからである。最近、外資系企業や外国公館が日本語の電子メールが読めるようなコンピュータ・システムに切り替える動きを見せているのもその表れと思われる。ビジネスピープルは留学生などと較べると、限られた時間に効率良く学習し、その成果がすぐ現れることをより期待する傾向がある。

このような条件で語彙学習を進めるために初期の段階から専門用語を導入することもある。その1つの手だてとしては媒介語の使用が有効である。ビジネスピープルの場合、書くことは電子メール以外あまり必要としないので漢字学習と並行せず、もっぱら耳からだけで学習することもある。学習者はその仕事の専門家であり、業界用語などは初級学習者でもしばしば教師よりよく知っている。専門領域の日本語を教える教師はその領域にかなり通じていなければならないが、教えるのは専門の内容ではなく表現や用語の使い方である。また、同じ職業でもどこまでその語彙を必要としているかは人による。日本語で商談や交渉をするのであれば、微妙なニュアンスまで熟知して使いこなせなければ実際には役に立たないが、関係書類や新聞が読めればよいのであれば理解語彙にとどめておいてよい。

ビジネス用語には日本の商慣習に根ざすものも多いので、歴史的な背景や事情説明も欠かせない。さらに対外折衝活動をするビジネスピープルには待遇表現、技術研修生には作業・工具に関するもの、安全や衛生のための語彙も必須である。

→ビジネス関係者 (10-D)、ビジネス日本語試験 (8-E)、日系人・就労者 (10-D)、技術研修生・技能実習生 (10-D)

● 参考文献

文化庁文化部国語課（編）(1994)『外国人ビジネス関係者のための日本語教育Q&A』大蔵省印刷局.

西尾珪子 (1995)「ビジネス関係者への日本語教育——現状と展望」『日本語教育』86号別冊.

文化庁（編）(1997)『技術研修生のための日本語教育Q&A』大蔵省印刷局.

［長尾昭子］

■海外初等・中等教育における学習語彙

国際交流基金の2003年の調査によれば、海外で日本語を学習する人の数は235万人で、このうち6割強（64.8％）が初等・中等教育機関（小学校、中学校、高校）の学習者である。初等・中等教育レベルにおける海外での日本語教育の広がりの背景には、日本と世界諸国との関係の深まりが要因としてあるのと同時に、「（異）文化」にかかわる能力の育成のために外国語教育を推進しようという、各国の教育政策の動きがある。

初等・中等教育における日本語学習者数が多い韓国、中国、オーストラリアでは、学校での日本語教育の内容は、各国が国家レベルで定めているガイドライン、シラバスなどで規定されている。学習語彙については、ガイドラインに「語彙表」のかたちで具体的に明示されている

場合(韓国,中国)と,されていない場合(オーストラリア)がある。しかし,いずれの場合も,初等・中等教育における日本語教育の目的・目標をふまえて,それに適した語彙が教育活動のなかで扱われていくことになる。

海外の初等・中等教育での日本語教育が,国内の留学生,技術研修生,ビジネスピープル,就労者,定住生活者のそれと異なる点として,①学習者は日本社会の外で生活しており,日本社会のなかでの自己実現のために緊急に日本語を使用する必要に迫られているわけではないこと,②自分たちを取り巻く世界についての認識を深め,異文化を受け入れ対応していく能力を育成していくための「人間教育」の一環として位置づけられていること,③発達段階に応じた教育内容を考える必要があること,などが挙げられる。

その結果,表3-5のようなテーマ/トピックを軸としたシラバスが構成され,それぞれのテーマ/トピックについて自分を表現すると同時に,日本人(日本に住む人)の生活について理解していくという活動に結びつけて,日本語の語彙も学習される方式が,よく見られる。

扱われる語彙の特徴としては,ひとことでいえば,「小学生,中学生,高校生の生活に関係の深い語彙」であり,自国を訪れたり自国で生活したりしている日本人との交流や,インターネットや交通などを通した交流を想定して,①自国での生活を表現するのに必要なことば,②日本人の生活を理解するのに必要なことばの両種が含まれているといえる。

→日本語学習のなかの語彙学習(3-J),児童・生徒(10-D)

● 参考文献

国際交流基金(2004)『2003年海外日本語教育機関調査』.

韓国教育部(編)(1997)「日本語科教育課程」『外国語科教育課程』(教育部告示第1997-15号「別冊14」).

中華人民共和国教育部制定(2001)『全日制義務教育日語課程標準(実験稿)』.

Scarino, A., et. al. (1988) *Australian Language Levels Guidelines.* Curriculum Development Center.

[矢部まゆみ]

表3-5 初等・中等教育の日本語教育のなかで扱われる主なテーマ/トピック

● 初等教育
・自分のこと(名前,年齢,国籍,学年,誕生日,家族,趣味,興味)
・一日の生活(時間,食事,通学,習慣)
・天候(天気,季節)
・余暇(週末,放課後,特別な日)

● 中等教育
(初等教育でのものに加えて)
・自分のこと(嗜好,能力,特技,将来の夢,関心事)
・食生活(食物,食習慣,料理)
・余暇(スポーツ,音楽,ファッション)
・教育(学科,時間割,行事,クラブ活動,自国と日本の学校生活の比較)
・経済活動(買い物,広告,アルバイト)
・環境問題

■ 定住生活者の学習語彙

自らを定住者と意識しているかどうかにかかわらず,この項では,定住生活者とは,中国帰国者,難民,外国人配偶者,外国人労働者とそれらの同伴家族とする。主に女性である外国人配偶者は,日本人の夫の家族と同居する場合も多く,家庭を含む生活のすべてが外国語である日本語によってなされるという点が,他の定住生活者と大きく異なる。いずれにせよ,これら定住生活者は,地域で,安全で豊かな生活を築くことを目的に日本語を学習する。彼らがその目的を達成するために,生活の安定・保持および生活設計,精神面の充足をはかるための日本

語教育を考えなくてはならない。生活の安定・保持は、彼らの職場、地域、家庭における情報収集と人間関係の構築によってなされる。生活設計は、生活レベルの向上や子どもの教育にかかわる情報収集と主体的な行動があって、可能になる。精神的な安定は、より濃密な人間関係の構築によって得られる。この人間関係の構築がすべての基本であり、それは生活者としての共感を生む口頭コミュニケーションによってなされる。人間関係が構築できれば、情報もメディアや文書ばかりに頼ることなく、人々との口頭コミュニケーションによって、より簡単に迅速に収集できる。また、主体的な行動を後押しするものは、口頭コミュニケーションへの自信である。これらの口頭コミュニケーションは、文型や文法の正しさよりは、語彙の豊富さに依存する部分が大きい。

彼らが必要とする理解語彙は主に情報収集のためのものであり、それぞれの職場、地域、家庭における個別的なもので、一般名詞より固有名詞、上位語より下位語が優先的に学習されるという特徴がある。抽象度の高い語彙は固有名詞や下位語で言い換えることができるからである。また、目で意味を認知する語彙、看板、道路標識に表記されている語彙は意味がわかればよく、読んだり、書いたりすることができなくてもいい。使用語彙の学習も理解語彙と同様なことがいえるが、人間関係の構築の面からいえば、気持ちを伝える語彙の重要度が高く、たとえば、客観性形容詞（赤い・少ない・若い）より主観性形容詞（うれしい・ほしい・痛い）のほうが先に学習されるべきということが考えられる。

彼らの必要とする語彙が共通性の高いものではなく個別的なものであるので、語彙の習得は、1人の教授者対複数の学習者という形態の、生活から隔離された学習の場よりは、生活を共にする人々とのコミュニケーションを通してなされたほうが有効である。同時に、共感による人間関係の構築がその土台となるので、日本人側の、定住生活者に対する共感をもった受容的な態度が必要となる。彼らへの日本語教育を考える場合には、目標言語調査が不可欠であること、まわりの日本人を教授者としてではなく支援者として参加させることに留意すべきであろう。

➡中国帰国者（10-D）、インドシナ難民（10-D）、外国人配偶者（10-D）、日系人・就労者（10-D）

●参考文献

文化庁（編）（2004）『地域日本語学習支援の充実――共に育む地域社会の構築へ向けて』国立印刷局．

[土屋千尋]

■学習レベルと語彙学習

学習者が必要とする語彙は、学習者の学習目的、ニーズによって異なり、どの段階でどのような語彙を扱うかも学習者のレディネスや学習形態等によって異なってくる。学習者要件や目的別日本語の語彙については関連項目を参照されたい。

ここでは、一般成人を対象に市販の教科書を用いて4技能を養成するコースを想定し、初級、中級、上級各レベルで取り上げられる学習語彙の一般的な内容について述べる。初級・中級・上級の各学習レベルの基準については諸説あるが、学習時間と語彙数による記述は、多少の異同はあるものの、おおむね日本語能力試験の認定基準と一致している。初級は学習時間約300時間・学習語彙約2000語（日本語能力試験3・4級に対応）、中級は学習時間約600時間・学習語彙約6000語（日本語能力試験2級）、上級については学習時間約900時間・学習語彙約1万語（日本語能力試験1級）であるが、約2万語、3万語とするものもある。

●初級――初級においては、学習者の日常生

活に必要な日本語とともに，それ以降の日本語学習の材料となる基本語を習得することが目的となる。つまり，学習者にとっては基本的な使用語彙を学習することになり，その学習は音声と表記を併せて行われる。初級前半では，基本的なあいさつ表現や呼称，数や助数詞，日付，身の回りの物や施設の名称など，生きるために必要なコミュニケーションの遂行に必須の語が選ばれる。動詞や形容詞，副詞は高頻度であると同時に具体的で，視覚的に示せるものが多く，意味や用法を限定して提示する。この段階では和語の比重が高く，外来語は身近な物の名称が主である。初級後半には，抽象的な意味をもつ基本語が増えてくる。助詞や助動詞などの機能語，類義語，多義語が初級前半に比べて増える。初級教科書では，後半に基本的な待遇表現が扱われることが多く，尊敬語・謙譲語も学習項目となる。また，漢語が増え，和語においても同音異義語が導入されるため，このレベルから漢字の知識が有用となってくる。

●中級── 中級では，日常生活の言語活動が主眼となる初級から進んで，より一般的・社会的な言語活動が行えることが目標となる。専門・職業のための日本語も本格的に射程に入ってこよう。導入される語彙数が初級より多くなるため，学習者のニーズや負担を考慮し，使用語彙と理解語彙を分けることが必要である。内容語については抽象度の高いものが導入される。初級で学習した基本語についても，派生的意味が取り上げられ，類義語が新たに導入される。慣用句・連語が増え，複合語・派生語が提出される。体の部分を使った慣用句，擬声語・擬態語もこのレベルで取り上げられることが多い。機能語は，初級で取り上げられたものは，その用法とは別の用法が導入される。また，助詞相当句が多く提出される。提出数の多さに加え，形の似通ったものや用法の差が微妙であるものも多く，学習者を悩ませる項目の1つである。接続詞など，ある程度の長さをもつ，まとまった内容の談話や文章を理解し，運用するための語彙も種類が増える。中級語彙にとくに特徴的なことは，漢語が飛躍的に増加することである。漢語の学習は漢字の学習と切り離せないものである。音の似た漢語，同音の漢語を区別し，漢語語彙の習得を促進するためには，語構成や造語成分などの知識を含めた漢字学習と併せて行うことが効率的である。漢語の類義語も多く提出されるので，共起する語や用法の違いに留意させなければならない。

中級レベルでの語彙学習のポイントの1つは，語の数を増やすことと同時に，初級から学習してきた類義語・多義語・類似した表現の意味や用法を整理することである。中級教科書のなかには，語彙の整理のためのセクションを設けているものも多く見られる。また，書きことばと話しことば，フォーマルとインフォーマル，女性語と男性語といった違いによる語彙の使い分けも重要なポイントである。

●上級── 上級は，中級との境界をはっきりと引けるものではないが，より一般的・専門的な言語活動が行えると同時に，より広範囲で抽象度の高い話題に対処できること，スタイル・文体・位相・メディアや相手に応じて，適切な使い分けができることが目標となってこよう。また，長い文章や談話に取り組むために数多くの種類の機能語が必要になる。さまざまな人間関係や場面に対応するために語や表現のニュアンスの微妙な違いにも慣れなければならない。中級に引き続き，類義語や多義語，漢語，基本語の派生的意味や用法を体系的に指導することが重要である。レベルが上がれば上がるほど，新しく目にするものは文法的な項目より語彙のほうが多くなるといわれている。語彙自体の指導だけでなく，学習者が自立的に語彙学習に取り組むための指導やアドバイスも必要である。目的別日本語の点からは，学習者が目的を達成

しうることが目標となり，個々の専門的・職業的な分野に特有の語彙が主な焦点となる（分野を問わず，専門用語には漢字やカタカナ語の比重が高いという傾向がある）。当然のことながら，分野ごとに，理解に高度な背景知識が必要なものがあり，意味や用法に付随する社会的文化的知識・領域固有の知識が求められる。

→学習語彙（3-J），語彙指導（8-B）

● 参考文献

国際交流基金（1987）『教師用日本語教育ハンドブック5　語彙』凡人社.

国立国語研究所（1984）『語彙の研究と教育（上）』〈日本語教育指導参考書12〉大蔵省印刷局.

国立国語研究所（1985）『語彙の研究と教育（下）』〈日本語教育指導参考書13〉大蔵省印刷局.

宮地裕他（編）（1988）『講座日本語と日本語教育6　日本語の語彙・意味（上）』明治書院.

宮地裕他（編）（1990）『講座日本語と日本語教育7　日本語の語彙・意味（下）』明治書院.

［笠原ゆう子］

■語彙学習の方法

どんな日本語学習も，何らかのかたちで語彙学習としての側面をもっている。4技能の養成を目標とするにせよ，音声・文字・文法・日本事情などの学習を目的とするにせよ，すべての学習に語彙の学習が付随している。

初級段階における日本語学習は，教科書を使用する学習が一般的であるため，語彙の学習も教科書に沿って行われる。学習者は，教科書に付随する単語表や語彙リストで提示された語彙に関して，辞書や教師の説明などを通して，語の意味，用法，発音，表記などの情報を得る。そしてそれらを記憶し，運用に結びつけることが主な学習活動である。初級段階での教室活動としては，日本語学習への動機づけも兼ねた「しりとり」「ビンゴ」「かるた」などがある。

一通りの初級文型の学習を終え中級以上になると，語彙を増やす必要性がいっそう高まり，語彙学習が独立した学習項目となる。主な学習方法は，既習語彙を整理し，語彙を体系的に見直すことで関連語彙を増やすという方法である。意味・用法が複雑な難易度の高い語や，類似表現との使い分けなどを理解する目的で書かれている参考書も多く出されており，それらを用いた教室外での自立的な学習も進められる。

一般的には，カリキュラムのなかに単独で語彙指導が設定されていることは，とくに初級においてはまれである。学習者は，クイズやテストなどの動機づけにより，語の辞書的意味を覚えることに主眼を置いた学習に取り組んでいる場合が多い。

語彙学習は，意味を理解し，形式・意味・用法に関する必要事項を記憶し，実際の正しい使用に向けての練習をするという過程をたどる。ただ，それぞれが段階的に行われるというよりは，螺旋状にからみながら進み，最終的には適切な語を選択して，文脈のなかで正しく使えるようになることが目標となる。

語彙の「理解」「記憶」「使用」の各過程における学習方法については，近年の第二言語習得理論や認知心理学の立場からさまざまな研究が行われている。とくに主なものは，記憶のメカニズム，学習ストラテジーなどの研究成果をふまえたものである。

語彙学習において記憶することは不可欠なプロセスであり，記憶するためにとられる方法は，効果的なものであることが望ましい。記憶には，短期記憶と長期記憶があり，情報が長期記憶となれば半永久的に記憶されるが，長期記憶に残すためには，何らかの工夫が必要となってくる。

単語リストのなかで出会い，何度も書いたり発音したりする機械的な作業を繰り返すだけでは，運用に結びつく長期記憶にはなりにくい。単語のみを取り出して，その辞書的意味を機械的に記憶するだけでなく，単語の意味・用法を文レベルの表現のなかで捉えて理解し，例文や文脈とともに学習していくことも大切である。異なる文脈のなかで，さまざまな用法に繰り返し出会うことによって，記憶につながるといえよう。

未知の語の意味を知るのに，文脈からその語の意味を類推するというのも記憶に結びつく1つの方法である。語の意味推測は，辞書を使ったり母語話者に尋ねたりする方法と比べ，より深い処理を必要とするため，テキスト全体の理解へもつながり，その結果として語の学習が起こると考えられている。読解や聴解活動などを通して，未知の語の意味を，背景知識などを用いて類推する訓練を積極的に行う必要があろう。

また，学習ストラテジーの研究も語彙学習に多くの示唆を与えている。語彙学習のストラテジーは，記憶，認知，補償ストラテジーなどが密接な関係にある。教師はもちろん学習者も，予習，授業，復習という一連の学習の流れのなかで，どんなストラテジーが語彙学習にとって有効なのかを知る必要がある。時間的効率や，心理的負担の軽減につながるストラテジーなどを，目的に応じて適宜選択して使用できることが望ましい。

語彙の学習は，カリキュラム上の時間的制約からか，学習者の努力にゆだねられていることが多い。しかし，教室の内外で，語彙を覚えていく過程に焦点を合わせた学習活動がもっと積極的に行われる必要性がある。

語彙を理解し記憶する過程では，体系性に基づいた語彙の図示，ツリー，表などを，学習者自身が作成していくような活動がある。また，コミュニケーション上意味のある目的をもった作業に取り組むことも有効であろう。中條他（1992）では，家計簿の費目名の単語を覚えるために，出納リストに基づいて家計簿を作成する活動などが挙げられている。ペアやグループで行われる活動は，伝達過程で起こるさまざまな現象，つまり連想や具体化，言い換えなどが自然に発生し，記憶に作用するさまざまな方略が行われる。その結果，長期記憶にある情報を活性化させ，既有の記憶構造のさまざまな接点に新規の情報をつなぎ止めていくはたらきをすると考えられている。これらの知見をふまえたうえで，教室の内外で記憶が薄れないうちに同一語彙に何度も出会うようなタスク，単純な作業に終わらない工夫された語彙学習のタスクへの意識的な取り組みが必要といえよう。

➡体系としての語彙の学習（3-J），言語学習ストラテジー（8-A）

● 参考文献

矢内美智子（2002）「第二言語としての語彙習得研究の概観──学習形態・方略の観点から」日本言語文化研究会 増刊特集号編集委員会（編）『言語文化と日本語教育──第二言語習得・教育の研究最前線 あすの日本語教育への道しるべ』5月号，凡人社.

中條一光他（1992）「単語の記憶に及ぼすコミュニカティブ活動の効果」『教育心理学研究』40-3.

岡崎眸他（2001）「語彙学習中心の活動」岡崎眸・岡崎敏雄『日本語教育における学習の分析とデザイン』凡人社.

［木田真理］

■ 意味の学習

言語の意味には，語，文，文章談話の3つの言語単位における意味が考えられる。ここでは，語彙をかたちづくる単位である語の意味の学習を中心に述べる。

語は，外界の事物や人間の観念の断片を切り取って指し示したものであり，意味と形式をもつ。語の意味の学習においては，その語と他の語との意味の違い（弁別的意味特徴）を知るだけでは十分とはいえない。その語が指し示す対象が典型的にもつさまざまな性質や特徴などについて知ることも重要である。そのような性質や特徴を百科事典的意味ということがある。ただし，ある語の百科事典的意味のうち，どこまでを学習すればよいのかは，明確とはいえない。また，従来の辞典類には，その種の意味があまり記述されていないという問題点もある。

一方で，従来から語の意味を語彙的意味，文法的意味，文体的意味，あるいは文脈的意味など，異なる側面から捉える考え方がある。以下では，これら各側面からの学習について述べることにする。

語彙的意味は，文脈から独立した個々の語がもつ個別的な意味である。たとえば，「本箱」は「本をしまったり，並べておくための箱型の家具」といった意味で，これは辞書的意味ともいう。普通に語の意味という場合，この語彙的意味のことを表すことがある。一般的に語は，談話や文章など文脈のなかで提示され，その文脈のなかで意味を理解し学習していく。しかし，語の意味の学習においては，文脈を離れた言語体系における語彙的意味を理解することが必要である。そのうえで，その語のその文脈における意味，すなわち文脈的意味を考え学んでいくべきだろう。

このように語はそれぞれに語彙的意味をもつが，意味的に孤立して存在するのではない。

(1)机・椅子・本箱・たんす・ベッド

(1)は家具を表す語のグループで，「家具」とは上位語-下位語の関係にある。親族語彙は意味的に体系化されている例として取り上げられることが多い。「きょうだい」という上位語に対して，下位語の「兄・姉・妹・弟」がすべて，「年齢の上下」と「性別」という意味特徴によって体系化できる。すべての語彙がこのような方法で意味的に体系化できるわけではないが，意味的にグループ化することは可能である。意味の学習では，語をそれが含まれる語彙体系のなかで捉えて学習することも必要であり，それは語彙の力を高める効果的な手段となる。

語を語彙のなかで捉えるという点では，類義語や対義語の学習も重要である。「くだる/さがる/おりる」といった類義関係にある複数の語や「あがる/さがる」など対義関係にある語を取り上げ，共通する意味を捉えるとともに，相違する点を明らかにすることも個別の語の意味を明確に理解するうえで大切である。類義語や対義語は語彙体系内部の意味的関係であるが，語の内部に意味的関係をもつものが多義語である。基本的な語ほど多義であるといわれている。

多義語の意味理解は文脈に依存するが，意味の学習においては，その語の基本義をふまえたうえで，文脈における派生義を理解する必要があるだろう。また，多義語に関しては，その語の別の意味なのか，同音異義語なのかという判別が困難な場合がある。「収める・納める」のように多義語の意味の違いを別の漢字で書き分けるということもある。このようなものは，実際の発話においては，文脈や他の語との関係から意味が判別できるものだ。しかし，表記においては語の意味の弁別に関係してくるのでその書き分けの学習も重要になってくる。

(2)は類義語のグループである。

(2)ははうえ・おかあさま・おかあさん・かあさん・かあちゃん・おっかあ・おふくろ・ママ

これらの語の違いは語感や位相，古語か新語か，文章語的か俗語的かなどの違いによって生じるものである。このようなものを文体的意味

という。文体的意味のような，語の中心的意味を取り巻く周辺の意味を学ぶことも意味の学習においては重要である。

また，外界に具体的な指示対象をもたない抽象名詞や副詞，助詞・助動詞・接続詞などが文のなかで果たす役割を文法的意味ということがある。文法的意味は語の用法に深くかかわっているので，その学習は用法の学習ともいえる。そのような文法的意味を学習することによって，語を実際の言語活動のなかで使いこなせるようになるのである。

→語の意味（3-E），用法の学習（3-J）

● 参考文献

池上嘉彦（1978）『意味の世界』〈NHKブックス〉日本放送出版協会．

籾山洋介（2002）『認知意味論のしくみ』研究社．

[山下喜代]

■ **用法の学習**

語の用法は狭義には，「言語単位体である語の文法的な用い方」といえる。たとえば，「名詞は助詞と結合して文の成分として用いられる」とか「助詞『を』には，『故郷を離れる』のように動作の起点・分離の対象を示す用法がある」などである。また，動詞「飲む」は動作主と飲む対象物を表すことで文が完成する。すなわち「…ガ/ハ…ヲ飲む」という文型をとる。このようなことも文法的な用い方にかかわることである。

「きょうはいい天気だね。」と「本日はいい天気だね。」という表現において後者に違和感があるのは，「本日」というやや改まった感じのする語と文末の「〜だね」という話しことばが合わないことによる。このようなことは語の文法的な用い方というより文体的な用い方にかかわることである。

一方，たとえば「お母さん」と「母」は類義語であるが，「お母さん」は呼びかけにも用いられるが，「母」は使えない。そして他者に対して自分の母親のことを言うときは「母」を使うのが一般的である。それは，「お母さん」が「母」の敬称だからである。これは，日本社会においては他者に対して身内のことを言うときは敬称を使用しないという言語習慣に基づく使い分けである。さらにまた，「お母さん」は子がその母親について用いるとは限らない。母親が子に対して自分のことを「お母さん」と自称することがある。夫が妻を子の視点から「お母さん」と呼ぶことも日常的に見られる。このようなことは，文法的あるいは文体的な用法というより，日本社会における人間関係の認識のあり方にかかわる用法といえるだろう。

語の用法は広義には，文法的な用い方に限らず，文体や位相，日本人の人間関係の認識のあり方に基づく語の用い方なども含めて考えるべきである。

「語の意味と用法」という言い方をするが，意味と用法は明確に区別されるものなのだろうか。先に例として挙げた動詞「飲む」は，文中において飲み手を表す人間や動物などの有情者を示す名詞および飲まれる物を表す名詞と共起する。類似した意味を有する動詞「食べる」も同様の共起のあり方を示す。このことは語の共起が語の意味によってすでに基本的に定められていることを示している。文中における共起関係は文法的な用法にかかわる問題である。つまり，語の用法はその語がもつ意味に大きくかかわっているわけで，その点からも語の意味と用法は分かちがたい面があるといえる。

意味と用法が密接な関係をもっているとするなら，意味の学習と用法の学習は表裏をなすもので，どちらか一方で語彙の学習が終わることはないといえよう。言い換えると意味の学習を土台としてその上に用法の学習があるともいえる。そして，用法の学習において中心的な内容

は，その語の文法的な使い方を学ぶことである．それに加えて，文体的，位相的あるいは社会習慣的用法を学ぶ必要があろう．

また，用法の学習においては，語のレベルではなく句や文あるいは文章談話のレベルでのその語の使い方を学ぶことになる．たとえば「電車で行く」(手段)，「公園で遊ぶ」(場所)，「台風で屋根がとぶ」(原因)，「一日で仕上げる」(期限)，「一人で行く」(状態) などのように機能語である助詞は，句や文のレベルにおいてその機能が発揮され文の意味を明確にする．下の(1)や(2)のようにいくつかの形態素が結合して意味的に1つの単位体になっている複合助詞や複合辞と呼ばれるものも機能語的なはたらきをする．

(1)やるからには成功させたい．
(2)彼に言ったところで無駄に決まっている．

これらの用法も文のレベルで学ぶべき重要な学習内容である．

さらに，並列・添加，継起，選択，転換，順接，逆接，説明，補足などを表す接続詞は，文章談話のレベルで見ることによってそのはたらきが明らかになる．その他，指示詞や助詞「は/が」の使い分けなども文章談話のなかで考え学んでいくべきものである．そのためには，学習者の理解を助けるような適切な文脈のなかで語の用法が提示される必要がある．学習者はその知識を基にその語の使用経験を重ね，それが習慣化して用法の習得がなされる．用法の学習においては，適切な例文と説明のある優れた辞典や学習教材が必須といえよう．

→語の用法 (3-F)，語の意味 (3-E)

● 参考文献

小泉保他 (編) (1989)『日本語基本動詞用法辞典』大修館書店．
国立国語研究所 (編) (1991)『副詞の意味と用法——基準と実例』〈日本語教育指導参考書19〉大蔵省印刷局．

飛田良文・浅田秀子 (1991)『現代形容詞用法辞典』東京堂出版．
飛田良文・浅田秀子 (1994)『現代副詞用法辞典』東京堂出版．

[山下喜代]

■体系としての語彙の学習

語彙には体系の観点から研究がなされているものもあり，体系性を用いて語彙学習を支援することは有効である．語彙の体系は，音韻や文法の体系よりはるかに複雑であるが，なかには整然とした体系をもつ単語のグループがある．体系性が明らかな語彙の例を以下の(1)〜(4)に挙げる．

(1)これ　ここ　こちら…それ…あれ…など
(2)ちち　はは　じじ　ばば　おじ…など
(3)あか　あかい　あお　あおい…など
(4)くるくる　ころころ　ぐるぐる…など

このようなはっきりとした体系が認められる語彙について，初級段階から中級にかけての学習上の留意点について述べる．

(1)は，いわゆる「コソアド」と呼ばれる指示詞の体系で，言語レベルでの体系がはっきりと示せるものである．日本語のコソアは3分割であるが，言語によっては，1〜2つのことがあり，対照的観点の表示も有効であろう．

(2)のような親族名称も，完全ではないが，体系性が認められるものの1つである．初級段階から親族のツリーを提示して書かせるなどの，一通りの名称の学習に発展させることが可能だ．

(3)に挙げた色彩語彙も体系をなしているが，対応の語形がない場合も生じ，コソアドほど整然としたものとはいえない．「あかみ」「まっさお」などは中級以上で接する語彙であり，「あかみをおびる」「まっさおになる」など，使用場面を考えたうえで，連語性に注目させることも重要である．

(4)のような擬声語・擬態語などの音象徴語も，音と意味の連関をもった語の系列である。日本語は，世界有数の音象徴語率の高い言語であり，積極的な学習が望まれる。口語的な性格が強いため，読み教材などからの学習は限られており，体系化して整理してある問題集などを用いて意識的に学習に取り組む姿勢をもつことが重要だ。

上記のように，もともと体系が明瞭に感じられる語群以外のものは，さまざまな観点から体系化を行って提示する必要性がある。

語は形と意味をもった単位であり，両者の観点から語彙の体系化ができる。その1つとして，意味や概念の関係性による類義表現と対義表現，および類縁的関係がある。

意味や概念の関係性によって，単語をグループ化する際，学習と関係の深い観点の1つとして，類義と対義が挙げられる。辞書類などから情報を得ることも容易であり，この観点の学習を心がけることは，語彙量の増加に直結する。類義関係の語の学習では，類似した表現同士のもつニュアンスの差が重要な学習項目となる。「気持ちが悪い」「気分が悪い」「嫌な気持ちになる」「気まずい」などは，どのような組み合わせでどんな場合に使うのか，一般的な辞書では得られにくい情報である。複数ある類義表現のなかから，より適切な語を選択できることを目指す，使い分けも含めた用法の学習には，参考書や教師による詳細な説明が必要である。

さらに，ある語を中心にしてその語と何らかの類縁的関係をもつ語を集めて，それぞれの関係性に基づいて体系化することも可能である。着脱に関する動詞および名詞類などが代表例である。「着る」「かぶる」「かける」「はく」「する」に対して「脱ぐ」「とる」が，動作の対象となる具体的事物を基準としてどのように対応しているか，体系的な提示ができる。

また，語を形式的な面からの体系性で捉えることもできる。語構成に注目した体系化は，語彙学習と文法学習との接点ともいえる。観点となるのは，品詞の特徴に基づいた体系化，「する」を加えて動詞がつくれる語群，「〜ぽい」のように同じ接辞がつくかどうかという派生語類を軸としたものなど多数ある。

意味的な結びつきがなくとも，ある語をめぐって連想されるものによって語彙を組織化することができる。この観点は，生活場面と語と語の関係から生じるものも含み，コミュニケーションを主体とした日本語学習にとっては重要な観点である。学習者が会話や作文で文を産出する際に必要となってくる語群は，トピックに関連する連想からくるものと捉えることができる。たとえば外出時の一連の行動から，「駅」「切符」「改札」「タクシー」「かど」「目印」などの語が連想される。さらにそれぞれの語はどのような語と共起するのか，「タクシーを拾う」「角を曲がる」などの連語学習としての側面も，正しい語の運用を目標とする際には忘れてはならない。

● **体系を用いた語彙学習** ── このような体系性に注目した語彙学習は，既習語彙がある程度の量に達した段階から取り組みやすくなる。「対義の形容詞」「身体の部位」「性格」など，何かに関係のある語をまとめて提示する試みは，総合的な教科書にも散見される。中級においては，各課に必ず独立して語彙のセクションを設けている教科書もある。

また，教科書や参考書で整理されたものを，受身的に学習するのではなく，学習者が体系性にそって自ら語彙を整理するタスクへの取り組みも重要である。学習者が体系を理解したうえで自分で単語グループを体系化させていくような活動を通して，語彙の理解と記憶が深まっていく。関連のある単語を関係性に基づいて各カテゴリー別に分類し，図やツリーや表を作成したりする活動などがある。これらのなかには，

「ことば遊び」的なものもあり，単調になりがちな語彙の学習に，楽しさを与える要素ともなる。時間的制約からか学習者の自助努力に負うところの多い語彙学習であるが，このような活動をペアやグループで教室活動として行う効果も指摘されている。

→語彙の体系 (3-E)

● 参考文献

秋元美晴 (2002)『よくわかる語彙』〈日本語教師・分野別マスターシリーズ〉アルク．

北原保雄 (監修) (2002)『朝倉日本語講座 4 語彙・意味』朝倉書店．

[木田真理]

■ 語彙学習の教材

語彙学習は文型や漢字の学習，読解や聴解の学習活動に付随して行われることが多い。また，日常生活・社会生活のなかで意識的，無意識的に行われることもある。そういう意味で，あらゆる教材が語彙学習の教材となりうるといえよう。一方，語彙学習に焦点をあてた語彙学習のための教材もある。総合教科書に，語彙学習への配慮がなされているものも少なくない。

● 語彙学習用教材 (中級・上級) —— 中級以上の段階では，語彙の拡大，体系化がとくに求められるようになる。品詞別語彙，場面・分野別語彙，学習者が困難に感じる語彙（慣用句・慣用表現，擬声語・擬態語，外来語など）を切り口とした中級，上級用教材が多数市販されている。これらの教材は，意味の似ているものやトピックなどで語彙をさらに分類して提出し，おのおの次のような内容を含んでいる。

・語義の説明（日本語で説明したもの，あるいは媒介語を使用したもの）
・例文，談話例
・類意表現との比較
・語感，待遇性，スタイル
・多義の整理
・文法（品詞や接続，共起する表現）
・練習問題

また，擬声語・擬態語のように，イラストでイメージを視覚的に捉えられるようにしたもの，頻度の副詞など数量の図式化で理解や記憶を助けているものもある。

これらの教材は既知の語句を体系化して意味の理解，記憶を促進すること，その体系を利用して新たな語彙を増やすことが重要であるので，新出語句が多すぎると効果的ではない。また，理解に重点が置かれていることが多く，運用に結びつけるには教師が補う必要がある。異なる文脈での使用例を提示する，学習者自身が意味領域や用法を発見できるようにするなどして，理解，記憶，運用がより正確に効率的に行われるよう留意しなければならない。

● 語彙学習用教材 (初級) —— 市販されている初級段階の語彙学習用教材は，基本的あるいは日常的な語彙を整理すること，増やすことを目標としている。意味や用例以外に表記，発音，文法性（活用・接続など）にも注意が向けられているのが特徴である。初級の学習語彙でも，意味，用法が母語とずれているものも少なくないので，学習段階に応じて注意を向けさせることが必要である。

ほとんどの教科書には，その教科書に掲載されている語彙のリストや索引が盛り込まれている。課ごとにリストがあれば，授業の予習や復習に役立つ。訳語がついていない場合は，辞書を引くか授業で説明を受けることが必要になる。漢字の読みやアクセント記号，品詞や動詞のグループ，理解語彙・使用語彙の区別などがついているものもある。これらの制作者側の意図は見過ごされがちなので，必要に応じて参照し，利用方法を指導するべきであろう。

また，語彙学習に配慮し，短文作成や練習問題を盛り込んだもの，類義語や対義語，語構成などに焦点をあて，語彙の体系としての理解，

語彙の拡大を積極的に進める教科書もある。

●**辞書**── 学習者にとって語彙の学習に辞書は欠かせない。各国語対応の辞書は役に立つ反面，言語によっては日本語学習者用の適当な辞書がない場合がある。母語対応の辞書の有無によって学習方法や学習者の負担が異なるので，教師はこの点への配慮が必要である。また，語義の説明や媒介語での置き換えには限界がある。意味・用法のずれ，語感やスタイルの使い分けは辞書だけでは理解しにくい。この部分は，それを補う教材か教師による指導が必要となる。

●**その他の語彙教材**── 反復および体系化以外のストラテジーを用いて語彙学習を行う教材は，開発の余地が十分に残されている。文脈からトップダウンに，あるいは構成素からボトムアップに語義を類推する力を養成する教材，音声や映像を伴い，使用場面や言語以外の文脈を通して学べる教材は少数である。

また，一般の教科書では十分に満たしきれない，学習者によって異なる必要語彙，学習したい語彙に，教授者が簡単にアクセスできるリソース型教材の開発も望まれている。たとえば社団法人国際日本語普及協会の「リソース型生活日本語」(http://www.ajalt.org/resource/) は，生活場面，地域に即した語彙のリストをウェブ上で得ることができる。今後さらに多様な分野で，辞書的意味のほかに，例文，使用場面などの情報が盛り込まれた教材が期待される。

➡教材（9-E），辞書（3-H）

●**参考文献**

国際交流基金（1987）『教師用日本語教育ハンドブック⑤ 語彙』（第2版）凡人社.

国立国語研究所（1985）『語彙の研究と教育（下）』〈日本語教育指導参考書13〉大蔵省印刷局.

縫部義憲（編者）（2002）『多文化共生時代の日本語教育』瀝々社.

［中村雅子］

4 | ことばと運用

　従来の日本語教育では，文法的に正しい文がつくれ，かつ母語話者に近い発音で話せるようになることに教育の重点が置かれていた。このような傾向は外国語教育においても同様であった。ところが近年，地球規模での人の動きが活発になり，異なる言語の話者が接触する機会が増えるにつれ，学習者が使う表現が文法的に正しいにもかかわらず，相手が違和感をおぼえたり，相互の誤解を招いたりといった事例が次々と報告されるようになってきた。このことは，人と人とのコミュニケーションにおいて，個々の場面に応じた表現の適切さが必要であり，そのためには習得しなければならない知識が文法や語彙に限らないということを意味している。このような現状に応えるべく，近年，人と人との相互行為としてのことばの運用面に注目した研究が盛んに行われるようになってきた。それらの成果により，話し手，聞き手，場面の多様性を考慮したコミュニケーションのための外国語教育の必要性が認識されつつある。

　こうした動きのなかで，日本語教育においても，文を超えた単位である文章・談話の分析に，関心が注がれるようになってきたのはごく自然の流れであろう。これらの領域で扱う日本語は，単に分析単位が大きくなったというだけではない。情報の送り手と受け手の双方を考慮に入れたコミュニケーションを問題としているという特徴がある。また，ことばが文章・談話レベルでどのような使われ方をするか，これまで文法の枠内で説明されていたものが，実際にはどのようなふるまいをしているのかを明らかにしようとする。さらに，ことばの背後にはどのような社会的・文化的規範や世界観が反映されているのかをも考える。

　このような知識は日本語を自ら母語として使用してきた者にとっても無自覚な場合が多く，日本語教育においてもこれまでのところ，体系的な分析や教育への応用が十分になされているとは言いがたい。今後の地道な研究によって一つずつ解明していかなければならない課題である。しかし，この領域における研究の積み重ねから引き出される日本語の規則は，文法規則と異なる次元において，日本語使用の際に参照されるべき重要な知識であることは間違いない。

　本章では，ことばが使用されるときのダイナミックなはたらきを文章・談話レベルで捉え，日本語の言語使用実態を研究して得られた知見から重要な項目を選び解説した。日本語教育が今後学習者の生きたコミュニケーション能力を高め，社会・文化に根ざした教育を進めていくうえで大きな役割を果たす領域である。

[岡本能里子]

4 ことばと運用 ―― 見出し項目一覧

A 語用論 ―― 315
語用論
発話行為
ポライトネス理論
ポライトネスと丁寧さ
丁寧さの表し方
発話の単位
発話の機能
ことばの運用と文化差
コミュニケーション・ストラ
　テジー
決まり文句
文化的キーワード
アイデンティティ

文脈
文章の種類
文体
新聞の文体
手紙の文体
報告の文体
レトリック
書きことばの文化差
文章のわかりやすさ
読解の過程
要約

B 談話 ―― 333
談話
談話構造
会話のつながり
会話のしくみ
会話の合図
ジェスチャー
会話の参加者
談話研究
教室談話
話しことばと場面
話しことばの特徴
話しことばの文法
ことばの使い分け

C 書きことば ―― 352
文章構成
段落
文のつながり

A──語用論

■語用論

●語用論とは

語用論は英語のPragmaticsの邦訳として一般に知られている。この用語は20世紀前半から使われていたが、1960～70年代にオースティン（Austin）, サール（Searl）らによって発話行為論（speech act theory）が提唱されると、ことばの統語上の意味と現実の言語行動における機能との関連を探る研究が盛んに行われるようになった。さらに、グライス（Grice）が発話の意図とその理解に関して「言外の意味」の原理を提唱し、80年代後半のスパーバーとウィルソン（Sperber and Wilson）の関連性理論へとつながっていった。語用論の研究は現在多岐にわたり、その意味するところも研究者間で一定していない。ここでは広義に、ことばの実際の使われ方と、それが聞き手にどのように伝達され、解釈され、話し手との相互行為に影響を与えるかにかかわるさまざまな研究を、一括して語用論と呼ぶ。

語用論の研究に共通していえるのは、「コミュニケーションは文法的な知識のみによっては達成できない」という考え方であろう。コミュニケーションの達成には、文法以外にも、パラ言語、非言語、コンテクスト（文脈）、社会言語学的知識、社会文化的知識、コミュニケーション参加者間の相互交渉など、さまざまな要素が相互に関連している。

●日常の言語使用と語用論

日常生活における言語使用は、語用論でどのように説明できるだろうか。たとえば、映画館で1つだけあいている席を見つけたとしよう。しかし、そこには荷物が置いてある。荷物の隣の席の人に声をかける場合、以下のような会話が考えられる。

例(1)
A：すみません、その席、あいていますか。
B：あっ、どうぞ。（と荷物を取って席をあける）

例(2)
A：すみません、その席、あいていますか。
B：あっ、すみません、人が来るんで…。

例(1)(2)のAの質問への答えを文法的な観点から考えれば、以下のいずれかが正しい。

(1) B′：はい、あいています。
(2) B′：いいえ、あいていません。

しかし、実際にBがこのような答え方をしたら、非常識で礼儀知らずだと思われかねない。これはなぜなのだろうか。

Aの質問は実は、「あいているか」という質問のほかに、「あいているのなら座りたい」（意思表明）や、「荷物を取って席をあけてくれないか」（依頼）という、ことばには現れない意味（言外の意味）を含んでいるからである。このような意味をグライスは「会話の含意」（conversational implicature）と呼んだ。

例(1)でBが「あっ、どうぞ」と荷物を取って席をあけるのは、Aの発話が「座りたい」ということを含意しているのがわかっているからだ。例(2)のBも、Aの含意を理解し、あいていないことを「人が来るんで」（理由）と言って示し、「すみません」（謝罪）と謝っているのである。

このような含意の伝達と理解は、グライスの提唱した「協調の原理」（cooperative principle）から導くことができる。私たちは、協調的な社会生活を行うために、一定の基準を共有し、それに従って行動している。これをグライスは「協調の原理」と名づけ、私たちの会話は、以下のような量、質、関係、様態の4つの公理に基づいて行われているとした。

①量の公理：必要とされる情報を与え、必要以上には与えない

②質の公理：真実でないこと，十分な証拠がないことは言わない
③関係の公理：関連のないことは言わない
④様態の公理：不明確，あいまいな表現を避け，簡潔で順序だてた話し方をする

私たちはこの公理にそって話をしているので，これに反した話し方を聞くと，何らかの含意があると考える。次の例で説明しよう。

例(3)　部屋を散らかしっぱなしの息子（B）に，
A：部屋を片づけなさい！
B：いま期末テストだから。

AへのBの答えは，ことばの表面的意味からは③の関係の公理に違反している。「片づけなさい」という命令への応答は「はい」という服従か，「いやだ」という拒否のはずである。ところが，「いま期末テストだから」という発話は，そのどちらでもない。この発話に関連性があるとすれば，何らかの含意が含まれているはずである。すなわち，「期末テストだから」という理由の後には，「今は忙しくて掃除ができない」「集中できないから黙ってくれ」「散らかっていても当然だ」などが隠されていると解釈できる。Aはそのなかから，Bとの人間関係や文脈を考慮に入れ，その場に最も適した含意を読み取るのである。

先ほどの例(1)(2)に戻って考えれば，映画館の中で知らない人に空席があるかを聞くのは，「イエスかノーかの答えを聞きたいだけではなく，座りたいという含意がある」という推論をはたらかせて，Bは席を空けたり謝ったりするのである。

● 日本語教育における指導——このような推論は瞬間的に行われ，表現が慣用化していることもあり，推論の過程が意識にのぼることはあまりない。また，背景となる社会や文化が違えば，推論の過程や含意の理解のしかたも違う。ところがこの認識が十分でないため，日本語学習者と日本語母語話者間で誤解が起こったり不快感を感じたりすることがある。文法的な間違いは許せても，語用論的な間違いは許しがたく，学習者個人の人格を疑われることにもなりかねない。したがって日本語教育では，以下のようなことを心にとめておく必要がある。

(1)辞書の意味や文法知識のみではなく，状況に依存したことばの意味に注目すべきである。
(2)言語事象の理解や受容には，学習者の社会文化的な背景が大きく関与するため，価値観の押し付けにならない教育が必要である。

以上のような観点から日本語教育に深くかかわる研究の対象や分野として，ポライトネスと敬語，語用論的トランスファー，異文化間コミュニケーション，対照語用論が挙げられよう。

→発話行為（6-C），発話行為論（7-C），ポライトネス（4-A）

● 参考文献

高原脩他（2002）『プラグマティックスの展開』到草書房．
トーマス，J.〔浅羽亮一監修，田中典子他訳〕（1998）『語用論入門』研究社出版．
ユール，G.〔高司正夫訳〕（2000）『ことばと発話状況』リーベル出版．
リーチ，J.〔池上嘉彦・河上誓作訳〕（1987）『語用論』紀伊國屋書店．
レビンソン，S. C.〔安井稔・奥田夏子訳〕（1990）『英語語用論』研究社出版．
Grice, H. P. (1975) "Logic and Conversation." In Cole P. and Morgan, J. L. (eds.) *Syntax and Semantics 3: Speech Acts*. Academic Press. pp. 41-58.

［三宅和子］

■ 発話行為

● 発話行為とは——私たちは，ことばを使う

ことによって，じつに多くの活動を行っている。あいさつをしたり，情報を伝えたり，ものを尋ねたり，命令したり，頼みごとをしたり，脅したり，忠告したりとさまざまな「行為」を行っている。そのような行為を発話行為 (speech act) と呼ぶ。実際，ことばを使わずに，これらのことを行うのは困難である。

● 遂行動詞──通常，「今，何時ですか」のような質問の発話は，それを発話することでの「質問」を遂行することができる。つまり質問するという発話の効力 (illocutionary force) を有する発話行為であると考えられる。「早く寝ろ」のような発話をすることは，「命令」を行う効力を有する発話行為である。「約束するよ」という発話は，それを発話することで「約束」という行為を行うことになる。このように，何らかの発話の効力を明示的に述べる動詞を用いることによって，その発話行為が遂行されることがある。そのような動詞を遂行動詞 (performative verb) と呼ぶ。

遂行動詞は，いくつかの基本範疇に分類されている（オースティン 1978，サール 1986）。日本語の例を挙げると「断言する」「抗議する」のような事実陳述型 (representatives)，「命ずる」「頼む」のような行為指導型 (directives)，「約束する」「誓う」のような行為拘束型 (commissives)，「謝る」「感謝する」のような心理表出型 (expressives)，「宣言する」「命名する」のような宣告命名型 (declaratives) である。

● 間接発話行為──文の統語上の形式と，それによって遂行される発話行為は，つねに対応しているわけではない。確かに，文形式と発話行為が一致しているような場合もある。たとえば，上述の「今，何時ですか」という文は，文末に疑問の助詞「か」を伴う疑問文であり，かつ「質問」の発話行為を行っていると解釈できる。しかし，「ちょっと，その本を見せていただけませんか」のような文は，同じように疑問文だが，通常は「質問」ではなく「依頼」をしていると考えられる。このように，発話行為論では，表現の形式ではなく，発話が果たす機能に注目する。

遂行動詞を使ったり，字義どおりの表現を使う発話行為は直接的なものだが，上記のように疑問文を使って「依頼」をするのは，間接的に発話行為を行ったといえる。たとえば，「起きなさい」という発話は，直接的な「命令」の発話行為である。これとほぼ同様な機能を果たす表現として，「もう起きる時間ですよ」と言うこともできる。後者は間接的な「命令」の発話行為である。私たちの日常生活には，このような間接発話行為 (indirect speech act) がしばしば見られる。

しかし，そのような間接発話行為が成立するためには，その前提となるいくつかの条件が満たされている必要がある。それらの条件は「適切性条件」(felicity conditions) と呼ばれる（サール 1986）。簡単な例を挙げよう。「田中さんはいらっしゃいますか」という発話は，田中さんに取り次いでもらいたいという間接的な依頼の発話行為となりうるが，これは田中さんの家に電話をかけ，別の人が電話に出たが，田中さんが在宅している，といったような条件下で成立する。

● 慣用化した間接発話行為──頻繁に行われる間接発話行為には，定式化しているものも多い。「～さんはいらっしゃいますか」は，電話で取り次ぎを「依頼」する表現として，また「～していただけませんか。」という表現は，「質問」ではなく，ていねいな「依頼」と一般に捉えられている。

間接発話行為は，どの言語にも同様なものがあるわけではない。定式化の度合いにも，言語によってずれがある。たとえば，英語圏の日本語学習者はあいさつする際に「お元気ですか」

という表現を多用する傾向が見られる。英語のHow are you? に対応する表現とされているからだが, How are you? は同じ相手に毎日でも使えるのに対し,「お元気ですか」は昨日会ったばかりの相手に言うのは奇妙である。「お元気ですか」はあいさつの際に使われる慣用的な表現ではあるが, How are you? に比べると,「あいさつ」としての定式化の度合いが低く, 字義どおりの「質問」の発話行為としての機能がより強く残っているようである。

間接発話行為は, ポライトネスにも深くかかわっている。それは単に, 間接的な表現を使うことによって発話をていねいにするということではない。間接発話行為を行うことにより発話目的が遂行されれば, 相手の面子を脅かす可能性のある行為（たとえば「頼むよ」などと言って直接的な「依頼」をすること）を回避することもできるのである。そのような間接的発話行為を行うことはネガティブ・ポライトネスのストラテジーとなる（Brown and Levinson 1987）。

→語用論（4-A）, ポライトネス理論（4-A）, 発話の機能（4-A）, 発話行為（6-C）, 発話行為論（7-C）

● 参考文献

オースティン, J. L.〔坂本百大訳〕(1978)『言語と行為』大修館書店.

リーチ, G. N.〔池上嘉彦・河上誓作訳〕(1987)『語用論』紀伊国屋書店.

山梨正明 (1986)『発話行為』大修館書店.

サール, J. R.〔坂本百大・土屋俊訳〕(1986)『言語行為——言語哲学への試論』勁草書房.

Brown, P. and Levinson, S. C. (1987) *Politeness : Some Universals in Language Usage*. Cambridge University Press.

Mey, J. (1993) *Pragmatics : An Introduction*. Blackwell.

［生田少子］

■ポライトネス理論

● **ポライトネスとは**——「ポライトネス」は, 専門用語としての英語の'politeness'を日本語で表したものである。この英語は従来,「丁寧さ」「丁寧表現」と翻訳されることが多かったが, 日本語のもつ「丁寧さ」の意味では捉えきれない概念であることが指摘され, ポライトネスとカタカナ表記されるようになった。ポライトネスに関する理論や原則は, 複数の研究者によって提示されているが, ここでは, 最も包括的なポライトネス理論として評価されているブラウン（Brown）とレビンソン（Levinson）のポライトネス理論について, その概要を説明する。

● **フェイス**——ブラウンとレビンソンのポライトネス理論は,「フェイス（face）」を鍵概念とした「普遍理論」として提唱された。フェイスとは, 常識的な意味での「面子」などと通じるところはあるものの, 以下のように操作的に定義されたものである。すなわち, 人間には, 人と人とのかかわり合いに関して,「ポジティブ・フェイス（positive face）」と「ネガティブ・フェイス（negative face）」という2種類の「基本的欲求」がある。ポジティブ・フェイスとは, 他者に好かれたい, 認められたいというような, 他者と近づきたいというプラス方向への欲求であり, 集団への帰属の欲求である。一方, ネガティブ・フェイスは, 他者に邪魔されたくない, 立ち入られたくないというマイナス方向にかかわる欲求であり, 束縛からの自由への欲求である。「ネガティブ」ということばは, けっして「否定的な」という意味でも,「消極的な」という意味でもないことに注意する必要がある。

ブラウンとレビンソンは, この2つのフェイスを脅かさないように配慮することがポライトネスであると操作的に定義した。そして, 相手のポジティブ・フェイスに訴えかけるストラテ

ジーを「ポジティブ・ポライトネス」, ネガティブ・フェイスを配慮するストラテジーを「ネガティブ・ポライトネス」と呼んだ。ポジティブ・ポライトネスには, 冗談を言うことや, 仲間内のことばを用いることが含まれている。この点が, それまでのポライトネスや丁寧さの捉え方と大きく異なる点であり, ポライトネス研究における新たな展開を切り開く糸口にもなった斬新な捉え方といえる。しかし, とくに日本語のように敬語を有する言語・文化では, 冗談を言うことを「ポライトネス」として感じにくい面があり, それが, この理論で操作的に定義されたポライトネスの概念の理解を困難にしている一因となっていることは否めない。また, 敬語を有する言語において「敬語使用の原則」を守ることは, この理論では, 互いの社会的立場を侵害しないことを表すため, 全体としてはネガティブ・ポライトネス・ストラテジーになっていると捉えられている。

● FTA（フェイス侵害行為）——ブラウンとレビンソンは, フェイスを脅かす可能性のある行為を「フェイス侵害行為（FTA：Face Threatening Acts）」と呼び, 相手のフェイスを脅かす度合いである「フェイス侵害度（FT度）」が高くなればなるほど, よりポライトなストラテジーが必要になるとした。ポライトネス・ストラテジーは, 以下の3つの要因の重みづけを見積もった総和である相手への「フェイス侵害度（Wx）」に基づいて選択される。具体的に数量化できるわけではないが, この「フェイス侵害度」の算出法は, 以下のように記号で表されている。

$$Wx = D(S, H) + P(H, S) + Rx$$

Wx：「ある行為（x）のフェイス侵害度」
D：話し手（Speaker）と聞き手（Hearer）の「社会的距離（Social Distance）」
P：聞き手（Hearer）の話し手（Speaker）に対する「力（Power）」
Rx：特定の文化におけるある行為（x）の「負荷度」の絶対的順位に基づく重み（absolute ranking of impositions）」

つまり, ある行為（x）が相手のフェイスを脅かす度合い（Wx）は, xという行為（たとえば, 聞き手に旅行先で何かを買ってきてくれるよう依頼する）が, ある特定の文化のなかでどのくらい相手に負担をかけるとみなされているかという「ある行為（x）の負荷度（R）」と, 話し手と聞き手の「社会的距離（D）」（対称的関係）, 聞き手の話し手に対する「相対的力（P）」（非対称的関係）の3要素の見積もりが加算されて決まるとしている。

この公式の最後の要因（R）については, 「同じ行為であっても, その相手への「負荷度」は, 文化や状況によって異なる」とされており, また, 「社会的距離（D）」や「力関係（P）」の見積もりの重みづけがおのおのの文化によって異なることも考慮に入れられている。すなわち, この理論は「普遍理論」といわれるが, この「普遍性」とは, P, D, Rおのおのの変数の重みや使用されるストラテジーが文化を越えて同じであるという意味ではなく, この3要素の重みづけの「見積もり」の総和によって, 「ポライトネス・ストラテジー」が選択されるという, そのメカニズムが普遍的であるということである。その普遍的メカニズムがはたらいた結果, 実際に表れる具体的な言語ストラテジーが言語・文化によって違っていても, 何らこの理論の反証とはならない。この理論の普遍性を検証するにはむしろ, 種々の言語・文化における, 具体的な言語ストラテジーの類似点や相違点に関する比較文化語用論的な研究が発展することが望まれる。

これまでポライトネス理論を基にさまざまな研究や教育が行われてきた。この理論の問題点や発展の方向性としては, 構造の異なる種々の言語・文化のポライトネスの普遍性の追究のた

めには，談話レベルからポライトネスを捉える必要があるということ，一見フェイス侵害がないように見える日常行動におけるポライトネスおよびコミュニケーションが円滑に進まないケースも体系的に扱っていく必要があるということなどが指摘されている。また，近年はとくに日本語教育の現場においても，対人配慮行動が重要な観点であることが認識されており，今後は，談話レベルにおけるポライトネス理論の展開とともに，より具体的な言語教育への応用法についての研究の発展が望まれる。

→ポライトネスの研究（7-D），ポライトネスと丁寧さ（4-A），丁寧さの表し方（4-A），語用論（4-A），待遇表現の体系（2-L），待遇表現の運用（2-L），談話行動（6-C）

●参考文献

トマス, J.〔浅羽亮一監修〕(1998)『語用論入門』研究社出版.

宇佐美まゆみ (2002)「ポライトネス理論の展開（1～12）」『言語』31-1～13（31-6を除く）.

ユール, G.〔高司正夫訳〕(2000)『ことばと発話状況——語用論への招待』〈オックスフォード言語研究叢書 13〉リーベル出版.

Brown, P. and Levinson, S. (1987) *Politeness: Some Universals in Language Usage.* Cambridge University Press.

Fraser, B. (1990) "Perspective on Politeness." *Journal of Pragmatics* 1. pp.219-236.

Watts, R. J. (1992) "Linguistic Politeness and Politic Verbal Behavior: Reconsidering Claims for Universality." In Watts, R. J. et al. (eds). *Trends in Linguistics.* Mouton de Gruyter.

〔宇佐美まゆみ〕

■ ポライトネスと丁寧さ

「丁寧さ」は日本語・日本社会を理解するキーワードの1つであり，日常的によく使われることばでもある。この「丁寧さ」は，英語の'politeness'の訳語として広く使われてきた経緯がある。そのため，ポライトネス（ここではブラウンとレビンソンの politeness をいう）と「丁寧さ」や「敬語」が同様な概念であるかのように理解されたり，混同されたりする傾向が見られた。

丁寧さとポライトネスの関係は，たとえば，「そのセーター似合うね」という表現が，日本語では「丁寧だ」とはいえないのに対し，同様の内容の英語'You look nice in your sweater.'が「ポジティブ・ポライトネス」にのっとっていると評価される，といった違いに象徴されている。丁寧さとポライトネスはどのように違うのか，敬語との関係はどのようなものなのか，整理して考える必要がある。

● ポライトネス・ストラテジー——ブラウンとレビンソンが提唱したポライトネスとは，お互いのフェイスを脅かさないような人間関係調整の配慮をいう。その配慮のストラテジーとして，他者に好かれたい，認められたいという欲求（ポジティブ・フェイス）を満たそうとするのがポジティブ・ポライトネスであり，他者に邪魔されたくない，立ち入られたくないという欲求（ネガティブ・フェイス）を脅かさないようにするのがネガティブ・ポライトネスであると説明されている。

実際の会話を想像しながら，ポライトネスがどのように現れるかを考えてみよう。たとえば，子どもが散らかし放題にしている部屋を，親が片づけてほしいと思っているとしよう。親（話し手）はまず，何も言わず，子ども（聞き手）が自主的に掃除してくれるのを忍耐強く待つかもしれない。この場合，フェイス侵害行為（Face Threatening Act＝FTA）をしないという選択をしたことになる（図4-1の⑤）。

だが，片づけるのが当然だと思えば，子ども

図4-1 FTAに対するストラテジー

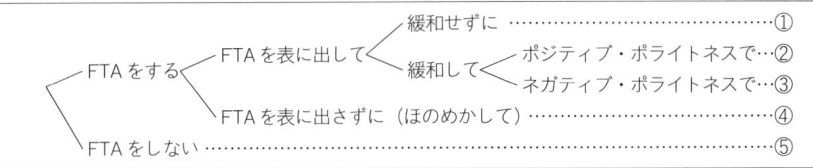

```
                    ┌─ 緩和せずに ……………………………………①
        ┌─ FTAを表に出して ─┤              ┌─ ポジティブ・ポライトネスで…②
┌─ FTAをする ─┤              └─ 緩和して ─┤
│       │                              └─ ネガティブ・ポライトネスで…③
│       └─ FTAを表に出さずに（ほのめかして）……………………………④
└─ FTAをしない ………………………………………………………………⑤
```

出典｜Brown and Levinson 1987, p. 69 より

（聞き手）に何らかの発言をするだろう。つまり，FTAを実行するわけだが，子ども（聞き手）のフェイスへの侵害度を小さくするため，さまざまなストラテジーを使って話すことになる。まず，最も侵害度が小さくてすむのは，④のほのめかしやヒントを与えるストラテジーだが，この場合，話し手の意図が理解されない危険性もある。すなわち，「最近忙しそうだね」とだけ言った場合，子どもはそれを親の単なる感想だと受け取る可能性があるし，そう理解したふりをすることもできる。この場合，子どもが部屋の掃除をするという目標は達成されないかもしれない。③は，「時間があいたときでいいから片づけてくれないかな」といった発言である。子ども（聞き手）に押し付けず，心理的余裕を与える表現，すなわちネガティブ・ポライトネスで言う場合である。一方，②は，「このガラクタ，何とかしようよ」といった例が考えられる。親しさや共有感覚に訴える表現，すなわちポジティブ・ポライトネスで言う場合である。そして①は，このような緩和をいっさいせず発言する場合，すなわち「片づけなさい！」と明確に言う例が考えられる。

●**ポライトネスと丁寧さ** ── ポライトネスと丁寧さの関係，敬語がポライトネス理論にどのように組み込まれるかの相互関係を理解するには，言語行動におけるレベルの違いに注目する必要があろう。ポライトネスは，社会生活を送るうえで必要な対人姿勢や態度についての概念である。一方，丁寧さは，対人姿勢や態度とともに言語表現をも含む。敬語は言語表現そのものであり，これらのレベルの違いを，まず押さえておかなければならない。

次に，ポライトネスはネガティブ・ポライトネスとポジティブ・ポライトネスのストラテジーを含み，その遂行に最も適した言語表現や言語行動が，場面ごとに選ばれる。日本語社会では，ネガティブ・フェイスを尊重し，それに配慮したネガティブ・ポライトネスを遂行する志向性があり，それが丁寧だと評価されやすい。そして，ネガティブ・ポライトネスを遂行するために使用される言語表現として，敬語形式が体系的に存在しているのである。ここで注意すべきことは，ネガティブ・ポライトネス＝敬語ではないということである。また，日本語使用者にポジティブ・フェイスがない，ポジティブ・ポライトネスのための表現が少ないということでもない。ただし，ポジティブ・ポライトネスを表現するためには，敬語のような体系化した言語表現がないのも事実である。それが，日本語→ネガティブ・ポライトネス志向→敬語，という関連性を強く感じさせる要因にもなっている。

●**2種類のポライトネス** ── これまで，日本語社会の対人言語行動をポライトネス理論で説明しようと，ポジティブ・フェイス，ネガティブ・フェイスの考え方を取り入れた分析が試みられてきた。

井出他（1986）はポジティブ・ポライトネスとネガティブ・ポライトネスに近い概念とし

て，言語行動における「はたらきかけ」方式と「わきまえ」方式を提示した。そしてアメリカ人，日本人ともにこの2方式を使っているものの，アメリカ人は「はたらきかけ」方式を，日本人は「わきまえ」方式を志向する傾向が強いことを指摘している。

　一方，井上(1999)は，ポジティブ・ポライトネスを「連帯(solidarity)の丁寧さ」，ネガティブ・ポライトネスを「独立(independence)の丁寧さ」と表現し，ポライトネスの原理を説明している。「ネガティブ」ということばから導かれがちな否定的な印象を払拭し，ブラウンとレビンソンが意図した意味(他者に邪魔されたくない，立ち入られたくないという欲求に配慮する)に近い日本語に言い換えられている。

　こうした研究者の取り組みにもかかわらず，ポライトネスの理解にはいまだに混乱が起こりやすい。これは，日本語の「丁寧さ」という用語が「敬い」「かしこまり」「礼儀正しさ」といった意味を色濃くもったことばであり，ポライトネス理論の説明に使われることによって，むしろ理解の妨げとなっているからだと思われる。

　日本語の対人言語行動を観察すると，確かに，目上や親しくない相手には敬語を使う規範が強くはたらいている。一方，親しい相手にはくだけた表現を使い，目下の相手にはかえっててていねいなことば遣いをする傾向も見られる。また，親しい相手でも，頼みごとをするときにはいつもよりていねいなことば遣いになることもある。このような対人関係を調整しながら行う言語行動は，日本語では心遣い，気配り，すなわち配慮として認識されている。したがって，ポライトネスは「丁寧さ」というより，より広い概念である「配慮」と捉えたほうが理解されやすい。つまり，ポジティブ・ポライトネスは「連帯志向への配慮」，ネガティブ・ポライトネスは「距離志向への配慮」と捉えるのが，日本語のポライトネスに最も適した理解のされ方ではないだろうか。

→ポライトネス理論(4-A)，ポライトネスの研究(7-D)，丁寧さの表し方(4-A)

●参考文献

井出祥子他(1986)『日本人とアメリカ人の敬語行動』南雲堂.

井上逸兵(1999)『伝わるしくみと異文化間コミュニケーション』南雲堂.

Brown, P. and Levinson, S. C. (1978) *Politeness: Some Universals in Language Usage*. Cambridge University Press.

［三宅和子］

■丁寧さの表し方

●「丁寧さ」の意味——「丁寧さ」は，相手を大事にする，敬いの気持ちをもった言語行動を表すことばとして一般的には理解されている。しかしながら「丁寧」という語は，「ていねいな仕事」「ていねいな字」などの表現に見られるように，相手を敬う意味が伴わない場合にも用いられる。両者の用法を満たす基本的な意味は，「注意深く配慮が行き届くこと」だといえよう。

　日本語教育では，「丁寧さ」ということばを使って，特定の表現や文を丁寧だと評したり，丁寧語，丁寧体，丁寧表現などの専門用語を用いて説明したりすることが頻繁に行われている。このような場合，教師が意味している「丁寧さ」とは，一般的な意味，すなわち，敬いや場面の改まりを示しているといえよう。注意を要するのは，日本語の「丁寧さ」の概念や具体的な言語行動が，学習者の母語とは異なる可能性があることである。どのようなことに「丁寧さ」が要求とされ，どのように「丁寧さ」を表すかは，背景となる社会・文化によって異なる。文法的に正しい日本語を使っていても，

「丁寧さ」を必要とする場面で「丁寧さ」を表さないと相手を不快にさせる。反対に，「丁寧さ」が必要でない場面で「丁寧さ」を表しても，同様に相手を不快にさせたり違和感をもたれたりする可能性もある。

日本語の「丁寧さ」がどのように表されるかを，いくつかの角度から眺めてみよう。

● **言語形式としての丁寧さ**── 丁寧さは，尊敬語，謙譲語，丁寧語のような敬語で表すことが可能だが，敬語を使わなくとも，ほかのさまざまな言語形式で表すことができる。まず，語彙レベルで考えてみよう。「めし」「ご飯」「食事」という単語は，ほぼ同様の意味を示しているが，和語よりも漢語のほうが，ひらがなよりも漢字のほうが，丁寧で，かしこまった印象を与える。

文レベルでは，いわゆる丁寧体の「です・ます」や，超丁寧体の「でございます」を文末に使うことによって丁寧さを高めることができる。また，文を言い切らない表現「今日はちょっと…（都合が悪いです）」や，前置き表現「申し訳ありませんが，本日はもう閉店しました」などを使って丁寧さを出すこともできる。文より長い談話レベルにおいても，どのような文を選び，どのような順序で話を展開させるかが，丁寧さとかかわってくる。

● **言語行動としての丁寧さ**── 言語形式そのものの丁寧さのほか，それに付随する言語行動も丁寧さと関連が深い。たとえば，話の内容が低俗であったら，表現をどんなに丁寧にしても，丁寧には聞こえない。また，内容がいかに丁寧でも，下品な話し方をすると，丁寧に聞こえない。口調や速度などを含む音声的な特徴も丁寧さと関連するからである。さらに，身体的な姿勢や態度，服装なども，丁寧さの重要な要素となる。たとえば，目上の人に対して感謝する場合，ポケットに手を突っ込んで身体をゆすっていたのでは，いかに丁寧なことばを使っても，ていねいだとは評価されない。

● **丁寧さと適切さ**── 敬語や丁寧表現は，「敬して遠ざける」といわれるように，相手との距離をとることによって敬いを表現する。逆の見方をすれば，敬語や丁寧表現をつねに使っている相手には，距離感やよそよそしさを与えてしまうということにもなる。目上や年上でも，親しい気持ちをもっている相手には，どのように接するべきなのか，日本語母語話者でも判断が難しい。しかし，母語話者をよく観察すると，談話の基本は丁寧体や敬語を用いていても，局所的に普通体やくだけた表現を使って文体をシフトさせ，親しさを表現している言語行動が見られる。相手や場面によって丁寧度を適度に調節しているのである。敬語や丁寧表現は，故意に使って相手に嫌味を言ったり，不快にさせたりすることもできる。いわゆる「慇懃無礼」といわれる言語行動である。丁寧さも適切なレベルを超えると，丁寧さとは違う意味が出てきてしまう例といえよう。

丁寧さの捉え方は社会・文化によっても違う。たとえば，日本語社会では，レストランやコンビニなどのサービス業の従業員があいさつをしても，それを聞き流すのが普通である。しかし，学習者の母語によっては，あいさつを交わすことが期待されている場合がある。そのような学習者にとって，相手があいさつをしているのに自分がそれを返さないのは失礼だと感じてしまうだろう。

このように，日本語教育では，日本語社会と学習者の言語社会において，それぞれ「何を丁寧とするのか」「何が丁寧な表現なのか」「丁寧さをどのように表すのか」などの理解が必要である。

→ポライトネスと丁寧さ（4-A），ことばの使い分け（4-B），尊敬語（2-L），謙譲語（2-L），丁寧語・丁重語（2-L）

● **参考文献**

東照二（1994）『丁寧な英語・失礼な英語』研究社．
金珍娥（2002）「日本語と韓国語における談話ストラテジーとしてのスピーチレベルシフト」『朝鮮学報』183．
三牧陽子（2002）「待遇レベル管理からみた日本語母語話者間のポライトネス表示」『社会言語科学』5-1．

[三宅和子]

■発話の単位
●話しことばの単位——発話（utterance）とは，現実の状況やコンテクストのなかで，話し手が，聞き手に対して発したことばをいう。一般に，書きことばには「文」という単位があり，その連続体として「文章」がある。これに対し，話しことばでは「文」とはみなされないようなことばの連続や断片，言いよどみなども含めて発話という。たとえば，「あー，た，他動詞，」ということばの連なりは，文としては成り立たない。しかし，このことばの連なりが，例(1)のような状況下で音声として発せられたときには，質問に対する応答の発話として機能する（ここで「?」は上昇イントネーションを，「，」は短いポーズを示す）。

例(1)
〔初級の日本語授業の録音記録より〕
01　教師：「開ける」は自動詞?，他動詞?，
02　学習者：あー，た，他動詞，
03　教師：そう，「開く」は?，

このような発話を分析するときに，話しことばの連続体を，あるまとまり（単位）に区切ることが必要となる。その単位には，たとえば，「ターン（turn）」「ムーヴ（move）」「イントネーション・ユニット（intonation unit）」などがある。「ターン」は，一人の話し手が話しはじめて次の話し手に替わるまでの発話の一まとまりを指し，そこでは話し手が話す権利や義務を担う（Sacks et al. 1974）。「ムーヴ」とは，会話のなかで話し手が発する最小の機能的な単位をいう（中田 1990）。また，「イントネーション・ユニット」は，ポーズや韻律の上昇/下降など，音調曲線の変化によって発話の区切りを認定する（Chafe 1993）。何を単位として認定するかは，話しことばの連続体において分析者が何に焦点をあて，何を明らかにしたいのかによって変わってくる。具体的に見てみよう。

たとえば，例(1)では，ターンごとに話しことばの連続体が区切られ，それぞれに01から03の番号が付けられている。この発話の単位に基づけば，1時間の授業時間のなかで，教師や学習者がそれぞれどのくらいの時間，どのくらいの頻度で発話する機会を得ているかなどを見ることができる。

これに対して，教師や学習者の発話がどのような言語機能を果たしているかを見たいときなどには，ムーヴという単位が便利である。たとえば，例(1)の教師の発話（03）では，「そう，」はその前の学生の応答に対する「評言（フィードバック）」という機能を果たし，「『開く』は?」は次の新しい「質問」という，別の機能を果たしている。すなわち，例(1)の03の発話には，2つの異なるムーヴを認定することができる。

他方，例(1)の01の発話には，2つのイントネーション・ユニットが認定できる。なぜなら，この発話のなかで「『開ける』は自動詞?，」と「他動詞?，」は，それぞれ末尾が上昇イントネーションを帯び，短いポーズが続いているためである。基本的に，各イントネーション・ユニットには，活性化された情報が1つずつ表されると考えられている。そのため，語順や文法化（grammaticalization/grammaticization）の研究などが，この発話の単位に基づいてなされている。

● 発話の単位と談話構造 —— 上記のような発話の単位は，より大きな会話のつながりや会話のしくみのなかに位置づけて捉えることも必要とされている。

たとえば，例(1)の 01 から 03 の「そう，」までの発話の連なりは，教師と学習者の間における「質問—応答—評言」のやりとりとなっていた。このようなやりとりは教室内において繰り返し出現するため，Sinclair and Coulthard (1975) は，IRF［Initiation‐Response‐Feedback］という発話交換の基本構造として位置づけている（または IRE［Initiation‐Response‐Evaluation（質問—応答—評価）(Mehan 1979)］)。

他方，このような発話交換の基本構造は，教室談話における階層構造の一部をも構成する。たとえば例(1)の IRF の場合は，「自動詞と他動詞の違いの確認」というやりとり（exchange）の一部を構成し，さらにその exchange は「『〜てあります』の文型練習」という上位構造のやりとり（transaction）の一部を構成していた。

このように，より大きな談話の流れや枠組みの中で捉えることによって，個々の発話の単位が，有機的な関係を持ちながら作用していることが浮かび上がってくる。

● 発話の単位の認定と表記方法 —— 例(1)では，便宜的に簡略化して表記したが，もともと音声である発話を文字化・記号化する場合，何をどのように表記するかは実は難しい問題である。逆にいえば，文字化・記号化された資料を見れば，分析者が話しことばの連続体をどのように把握したかが浮かび上がってくることがある。たとえば，多くの場合，発話の連なりが改行されているところは発話の単位の区切れ目を示す。韻律の変化の記述は，イントネーション・ユニットの認定のよりどころを示す。発話の単位と単位の間に存在する無音声時間をどう表記するかも，分析者の視点と判断に委ねられている。

ただし，発話の単位の認定が科学的な分析として支持されるためには，客観性は欠かせない。複数の分析者による認定の摺り合わせや，分析機器類による測定数値の表示などは，その1つの方法といえよう。

➡ 談話構造 (4-B)，会話のつながり (4-B)，会話のしくみ (4-B)，会話の合図 (4-B)，教室談話 (4-B)，発話の機能 (4-A)

● 参考文献

中田智子 (1990)「発話の特徴記述について ——単位としての move と分析の観点」『日本語学』9-11．

Chafe, W. L. (1993) "Prosodic and functional units of language." In Edwards, J. A. and Lampert, M. D. (eds.) *Taking Data*. pp. 33-43. Lawrence Erlbaum Associate, Inc., Publishers.

Sacks, H., Schegloff, E. A. and Jefferson, G. (1974) "A simplest systematics for the organization of turn-taking in conversation." *Language* 50-4. pp. 696-735.

Sinclair, J. M. and Coulthard, R. M. (1975) *Towards an Analysis of Discourse*. Oxford University Press.

［鹿嶋 惠］

■ 発話の機能

● 発話形式と発話意図 —— 私たちは，何かをするときにはそれに応じた発話のかたちを選択する。すなわち，ある発話意図には，それに応じた発話形式（言語形式）が存在するのである。しかし，1つの発話意図を実現する発話形式は，必ずしも1つではなく，いくつもの形式が使えることが多い。逆に，同じ形式でも場面が違えば別のはたらきを伝える機能をもつこともある。以下の発話を見てみよう。

「時計，持ってますか」

この発話は，文法的には時計を所持しているか否かを尋ねる疑問文である。が，実際には，今何時かを尋ねる機能をもつほうが多いだろう。あるいは，待ち合わせに遅れた相手に対して，非難という機能をもつことになるだろう。このように，同じ言語形式でも，文脈（場面）によってその発話の機能は変わる。

●発話行為の構成要素──オースティン（Austin），サール（Searl）による発話行為論（Speech Act Theory）は，発語（ことばを発すること）と発語内行為（ことばを発することにおいて遂行される行為。日本語ではこれは「発話行為」と一般的に呼ばれている）を区別した。そして，人がある発話をすることで行っている行為が，どのように成り立つのかを，命題内容条件，準備条件，誠実条件，本質条件という4つの条件により説明しようとした。

たとえば，「明日8時にここに来てください」という発話がある。これが「依頼」として成り立つのは，以下のような条件を満たしているからである（A＝行為，S＝話し手，H＝聞き手）。

命題内容条件：聞き手Hによる未来の行為A

準備条件：1. 聞き手Hは未来の行為Aを行う能力がある。
　　　　　　話し手SはHがAを行う能力があると信じている。
　　　　　2. SとHの双方にとって，通常の状況においてはHがAをするのが明らかではない。

誠実条件：SはHにAを行ってほしいと望んでいる。

本質条件：HにAを行わせようとする試みまた，「明日8時に来られますか」のように，準備条件について質問する（「その行為を行う能力があるか」を聞き手に聞いている表現）こ とでも，間接的に「依頼」という発話行為（発語内行為）を行っていると考えることができる。

●日本語における機能と形式──これまで，日本語において，「依頼」「断り」「誉め」「感謝」「不満表明」といった発話行為の機能が，どのような言語表現または伝達ストラテジーで遂行されるかについて，多くの研究がなされてきた。

「依頼」という発話行為を例に考えてみよう。日本語では，「依頼」には「〜してください」「〜お願いします」といった表現をよく使う。また，「〜を依頼します」のような遂行動詞（その動詞を使うことによってその行動が遂行される動詞。「依頼する」と発話することで，依頼の発話行為が成立する）を使う表現形式もある。一方，「〜してほしいんですが」（自分の願望を述べる）や「〜できますか」（相手の能力/可能性を聞く）のような間接的な表現でも，依頼は達成できる。さらに，「この部屋空気が悪いねえ」のように，その理由となる現象を述べることによって，窓を開けることを「依頼」できるのである。

発話行為は1つの発話のみではなく，いくつかの発話の連なりのなかで遂行されることが多い。たとえば「①申し訳ないんだけど，②会議の資料をそろえなくちゃならないから，③残業お願いできるかなあ」のような「依頼」の発話行為は，①「詫び」，②「理由」，③「依頼」といった3つの単位の組み合わせから成り立っている。発話行為はさらに，相手とのやりとりのなかで調整を加えながら遂行される場合もある。

●発話行為遂行上の問題点──日本語教育の立場から発話行為を考えると，学習者にとって問題になることは，日本語母語話者が意図した発話行為を，学習者が理解できないことである。反対に，学習者のある発話が，その遂行し

ようとした発話行為とは異なる発話行為として日本語母語話者に理解されてしまうこともある。たとえば、「明日朝8時に来られますか」という発話は、「8時に来てほしい」という依頼、または命令の意図のもとに発話されることが多い。ところがこれを「8時に来ることができるか」という能力の有無を問われていると解釈してしまうと、コミュニケーションに支障をきたす。また、「考えておきます」という表現は、日本語母語話者間ではしばしば「断り」の方略（ストラテジー）として使われるが、日本語学習者がこの表現を「断り」と理解できなかった場合も同様である。

意図の伝達は、その場の状況に適した表現とていねいさをもって行われなければならない。たとえば、知り合いに「明日暇だったら映画にでも行きませんか」と誘われて、「明日は行きたくないから、また今度お願いします」という断り方をしたとしよう。この場合、「断り」という発話行為は遂行されているが、日本語のコミュニケーションとして適切かという点では問題が残る。ここでは、学習者の母語からの語用論レベルの転移（プラグマティック・トランスファー）が起こっている可能性がある。すなわち、学習者の母語において、相手からの誘いを上記のような表現で断ることが適切な場合、その方略をそのまま日本語の断りに転用してしまうのである。

学習者にとって大切なのは、ある状況においてある意図を伝えるためには、さまざまな言語表現やストラテジーがあることを理解し、そのなかからより適切な表現を選べるようになることであろう。

→発話行為（4-A）, 発話行為論（7-C）, 語用論（4-A）, 丁寧さの表し方（4-A）

●参考文献

熊取谷哲夫（1995）「発話行為理論から見た依頼表現——発話行為から談話行動へ」『日本語学』14-11.

生駒知子・志村明彦（1993）「英語から日本語へのプラグマティック・トランスファー——「断り」という発話行為について」『日本語教育』79.

トマス, J.〔浅羽良一（監修）田中典子他訳〕（1998）『語用論入門』研究社出版.

［初鹿野阿れ］

■ことばの運用と文化差

ことばの運用における文化差を考える場合の「文化」とは何か。たとえば、「男文化・女文化」「若者文化」などと聞くとき、人はそれぞれの集団特有のことば遣いを思い浮かべることがある。ことばは、地域、民族、社会階層、職業、性別、年齢などに応じて使われ方が異なり、それがことばの変種となる。同じ「日本語」でも、ことばの運用には文化差が存在するのである。しかし、ここでは「文化差」を、日本語母語話者対非母語話者の視点から考えたい。

●高コンテクスト文化と低コンテクスト文化 —— 文化差を高コンテクスト・低コンテクストの概念で示したのは、ホール（1979）である。ことばで説明することを強く求める低コンテクスト文化に育った人間は、日本語の運用パターンに戸惑うことが多いとされる。日本語の運用では高コンテクストで、「目は口ほどに物を言う」と文脈に語らせることが多いためという。水谷（1988）はあいづちの打ち方にも文化差があり、日本人が頻繁にあいづちを打つことで共話を作り上げる様子を示した。しかし同じ日本人でも、あいづちの量は相手との年齢差や話題などによって、変化する。

●言語運用と文化差 —— Blum-Kulka 他（1989）による依頼と謝罪の研究は言語運用と文化差を扱った古典的な研究である。橋元（1992）はこれに示唆を得て談話完成式の質問

紙調査をし，日本語を含む9言語の比較対照を行った。中国を除くアジアの言語では社会的地位の高低によって間接的方略を使い分け，欧米言語文化圏では親疎によって使い分けるなどの傾向を見いだしている。そしてこの傾向は，言語構造以上に，背景的な文化の差異によるところが大きいと推察している。笹川（1994）は同じデータをていねいさの視点から分析し，アジアの多くの言語とブルガリア語では，ポルトガル語，ドイツ語，英語ほど「消極的なフェイス」に対する配慮がなされないことを示唆した。つまり，相手の自由を脅かさないようにするより連帯を重視する傾向があり，これらの文化圏の人々が「個人を尊重する文化圏で『依頼』をするとき，その行為は，母語の『ていねいさのルール』から個人の『消極的なフェイス』を重視しないため，『強引』『無作法』という評価を受ける可能性もある」と述べている。

●**日本語授業と文化差**── 日本語の授業に目を転じると，多くの場合教師と学習者とのあいだに地域的，民族的文化差が存在する。学習者間の文化差が大きいことも多い。学習者がクラスメートや教師とどのようなコミュニケーションやインターアクションをもつのかは言語習得に直結することであり，教師の関心が集まっている。教室内で文化差に対処するインターアクション能力の育成が可能なものか，育成を目指す場合に，明示的な説明がある場合とない場合とでは習得に違いが出るか，などの研究がさらに必要である。しかも文化差の指導は，ステレオタイプ的文化論の押し付けにならないよう，また，日本語母語話者の運用パターンとされるものへの同化を強いる結果にならないよう心する必要があろう。

➡ 言語の運用（7-A），言語と文化・社会（7-A），日本文化の捉え方（6-E）

● **参考文献**

笹川洋子（1994）「異文化間に見られる『丁寧さのルール』の比較──九言語比較調査データの再分析から」『異文化間教育』8．

橋元良明（1992）「間接的発話行為方略に関する異言語間比較」『日本語学』11-13．

水谷信子（1988）「あいづち論」『日本語学』7-12．

ホール，E. T.〔岩田慶治・谷泰訳〕（1979）『文化を越えて』TBSブリタニカ．

Blum-Kulka, S., House, J. and Kasper, G. (eds.) (1989) *Cross-cultural Pragmatics: Requests and Apologies.* Ablex.

［佐々木倫子］

■**コミュニケーション・ストラテジー**

コミュニケーションにおいて，目的を達成するために遂行される手順や過程（方略，方策ともいう）のことをコミュニケーション・ストラテジーという。なお，第二言語学習者が言語能力の限界を補うために使用する方略は，「学習者コミュニケーション・ストラテジー」とされる。

コミュニケーションでは，伝達内容だけでなく，どの表現形式にするか，どのように談話を進めるかなど，伝え方も重要である。ポライトネス理論や敬意表現（国語審議会答申「現代社会における敬意表現」2000）にあるように，相手の負担を気遣ったり親しさを表したり，人間関係や場面状況などに配慮して，目的を達成するために有効な伝え方を選んでいる。ただし，それを意識しないで行う場合もある。

高コンテクスト文化の日本では，文脈に依存して言語化を抑え，共有知識による意図の察しが期待され，和を保つことが尊ばれる。このため，断定を避けて間接的表現や婉曲表現やほのめかしが多用され，意見の衝突を避けて人間関係を維持する伝え方が好まれる。

●**文表現レベルのストラテジー**── たとえば，授受表現「～てくれた」「～させていただ

く」などの使用で，恩恵や謙虚さを有する人間関係にあることを示す。「とか」「〜のほう」の使用は，発言のあいまい化によって，突出しない人間関係を維持する。「〜ですが/けど」と文末を言い切らず言いよどむことで，意図をほのめかす。

発話行為でも，目的に応じて表現形式を使い分ける。たとえば，依頼の際に，「貸していただきたいんですが」と願望を述べて相手に判断の主導権をもたせたり，「壊れてしまって」と状況を述べることで意図を婉曲に表現したりする。逆に，「貸して」と端的に表現することで，友達同士の気兼ねなさを示す場合もある。

● 談話レベルのストラテジー ── 普通体/丁寧体の文体シフトや，方言や仲間ことばへのコード切り替えは，心的距離を操作し，人間関係の親疎を調整するのはもちろん，話題の発展・終了のためにも使われる。

発話の順序に関しても，「今いいですか」「申し訳ないけど」と最初に発話することで，相手の負担に配慮を示したり，後に続く発話を予測させるなどのはたらきをもつ。

さらに，あいづちの打ち方，間の取り方，声の出し方・韻律，非言語行動もストラテジーとして機能しうる。言語・文化によって，同じ目的・意図であっても，選択されるストラテジーや表現形式が異なることがあるので，異文化間コミュニケーションでは注意が必要である。

➡ポライトネスと丁寧さ(4-A)，コミュニケーション・ストラテジーと学習(8-A)，発話の機能(4-A)

● 参考文献

国立国語研究所（2001）『談話のポライトネス』凡人社．

柏崎秀子（2002）「日本語の談話を科学する」海保博之・柏崎秀子『日本語教育のための心理学』新曜社．

[柏崎秀子]

■決まり文句

繰り返し現れる，定型的な言語形式を備え，特定のまとまった意味や場面に対応した機能をもつ言語表現の総称を「決まり文句」という。

● 日常用語としての決まり文句 ── 日常的な用語としての「決まり文句」には，「一息入れる」「〜するのにやぶさかでない」などの慣用句，「蚊の鳴くような声」「生き馬の目を抜く大都会」などの比喩表現，「時は金なり」「歳月人を待たず」などのことわざ・故事成語などが含まれる。いずれも，構成要素である語や句の意味が単純に合わさるのではなく，決まり文句全体としてまとまった，特定の意味や表現効果をもつ。これらは，繰り返し現れる決まった言語形式を備え，特定の意味を表すという点で，「決まり文句」と呼ばれる。

● 場面や文脈に依存した決まり文句 ── これらの特徴に加え，ある特定の場面や文脈に限定的・類型的に現れる言語表現を，とりたてて「決まり文句」と呼ぶ場合がある。狭義の「決まり文句（routine formulae）」である。

これには，「おはよう」「ただいま」「どうぞよろしく」などのあいさつことば，「ありがとう」「ごめんなさい」「おめでとう」などの感謝・謝り・祝いなどの表現，「かしこまりました」「とんでもないです」などの受け応えの表現が含まれる。さらに，「夜分遅く恐れ入ります」「お電話で失礼ですが」「本日はお日柄もよろしく」などの前置き表現や，「僭越ですが司会は私が務めます」「以上が前置きです。以下具体例を挙げながら本論に入ります」「以上，甚だ簡単ですが，歓迎のごあいさつとします」など，会話や文章のなかに現れ，その構造・展開などについて説明する定型表現（メタ言語行動表現）なども含まれる。

このうち，「こんにちは」「さようなら」「どうぞよろしく」などのあいさつことばは，場面（相手・時間帯・場所・用件・状況など）と言

語表現との結びつきが、とりわけ強い。「この場面ではこの言語表現」という、場面ごとのことば遣いの定型性があり、言語形式の本来の語義が希薄化したものが少なくない。あいさつは、実質的な情報を伝えるより、何らかのことばを交わすことで人間関係を整える交話的機能 (phatic function) がその主な機能である。したがって、形式化 (形骸化) した決まり文句でも、あいさつは成立しうるのである。

● 決まり文句の習得 ── あいさつことばを含め、狭義の決まり文句は、その言語社会（広くは国や地域、狭くは家庭・学校・職場・仲間など）ごとのことば遣いのルールや、言語生活上の規範に沿って用いられている。さらに、個々の決まり文句だけでなく、それらを互いに言い交わすやりとりの連続にも、ルールや規範に沿った定型性がある。

日本語教育で決まり文句を扱う際には、その言語形式の定型性や表現内容を学ぶことと同時に、場面と強く結びついた使い方ややりとりのしかたについて、言語社会の規範をふまえて理解し、習得することが不可欠である。

➝ 慣用句 (3-C)、話しことばと場面 (4-B)、ことばの運用と文化差 (4-A)

● 参考文献

杉戸清樹 (1983)「待遇表現としての言語行動──『注釈』という視点」『日本語学』2-7.
杉戸清樹 (1989)「言語行動についてのきまりことば」『日本語学』8-2.
杉戸清樹 (1994)「お礼に何を申しましょう」『日本語学』13-9.
杉戸清樹 (1996)「メタ言語行動の視野──言語行動の『構え』を探る視点」『日本語学』15-11.

[杉戸清樹]

■ 文化的キーワード

● 文化を映し出す鏡 ── 言語、とくに語彙は、それを使う人間や文化の特徴を如実に映し出す鏡であるといわれる。ここでは、話し手が、ある文化的特徴を如実に表す表現を「文化的キーワード」と呼ぶことにする。これらの表現は、会話の参加者全員が、その意味を共有していることを前提に使用される。すなわち、特定のコミュニティで共存していくには、共通の世界観に支えられた語彙を知り、使用する能力が必要とされる、ということである。

このようなキーワードについて、これまで社会とことばに視点をおく研究で論考されてきた (Bachnik and Quinn 1994, 土居 1971, 井出 1989, Lebra 1976, Wetzel 2004) が、日本人向けに書かれた一般書にも、数多く現れている。特筆すべきなのは、このようなキーワードが、「あたり前であり、そのことばを使えばだれもが同じ解釈のもとに意味を理解する」ことを前提に、使われていることである。日本人にとって、これらのキーワードは不可欠であり、これらを習得できていない人間は、日本人らしさに欠けるとみなされかねないのである。以下、とくに頻繁に言及されている表現について見てみよう。

● 「場」「上・下」 ── 日本語では、立場や状況によって話し方や表現が多様に変化する。「場」というキーワードは、このことをよく表している。コミュニケーションが円滑に運ぶには、その場その場の会話状況や、コンテクスト (context) を判断し、その場に適した話し方や表現を選ぶ必要がある。いかにていねいなことばを使っても、その場に適していなければ、「場違い」であったり「わきまえ」を知らないと受け取られてしまうのである。

日本社会の人間関係を表す2本の軸に「上・下」と「ウチ・ソト」がある。近年「上・下」意識が薄らいでいるとはいえ、職場や社会を語るうえで、「上下関係」の語彙は欠かせない。話し相手が年齢的に上か下か、立場が上か下か

ということは，いまだに人間関係を決める最も重要な要素の1つであり，敬語や待遇表現の使用を左右する。同様の概念として，「上司と部下」「目上と目下」「先輩と後輩」などがある。

●「ウチ・ソト」「本音・建前」「裏・表」──現代日本の人間関係とことば遣いに最も深く関与しているのは，やはり「ウチ」と「ソト」であろう。上下関係がある集団内での人間関係であるのに対し，ウチ・ソトは，集団内と集団外にいる人間とを区別する。日本人は，ウチに属するメンバーに対し，「身内」「仲間」「〜内（うち・ない）」といった呼び方をする。一方，ソトの人間に対しては「お宅」「外の人」「よその人」という表現を使う。ウチ・ソト感覚も敬語や待遇表現の使い分けに強く作用する要素である。

日本人は一般に，ウチの人間とはインフォーマルで率直な対応（「本音」のつき合い）をするが，ソトの人間には，フォーマルで慎重に身構えて接する（「建前」でつき合う）といわれる。この対照的な二面性を表すのに「裏」と「表」というキーワードが，しばしば使われる。「表」は外的な現実を，「裏」は潜在的な現実を指す。社会人は，この二面性を（融合して保持するのではなく）兼ね備えることが求められている。

●「人間関係」「配慮」──日本社会では，自分の立場や役割が，相手との関係によって決まる割合が大きいといわれる。この傾向は，「人間関係」というキーワードの使われ方によく現れている。ものごとの成功と失敗の要因として，「人間関係」がうまくいっているかいないかがたびたび取り上げられる。「人間関係」を話題にすれば，相手の納得が得やすい。どのような組織でも，ものごとを円滑に運ぶには，人間関係が重要な鍵を握っているとみられている。このため，良好な人間関係を維持するための「配慮」を怠らないことが重んじられる。

「思いやり」「気配り」「気遣い」も，同様の意味をもった表現である。日本人の母親にとって「いい子」とは，「思いやりのある子」，つまり他者の立場や気持ちを察することのできる子どもを指すといわれる。ここには，人に配慮することを重視する価値観が如実に現れているといえよう。

●「甘え」「遠慮」「和」「恩」「義理・人情」──文化的キーワードは，自分自身より人との関係にまつわる態度や心構えを表現したものが多い。たとえば，土居が提唱した「甘え」の概念も，日本社会の，甘え，甘えられる相互依存性を説明したものといえよう。また，あまり親しくない相手や目上の相手には「遠慮」を示すことが多いが，これは，ほかの人に対して分別ある，わきまえた態度をもつべきだという考えを反映している。さらに，このようなさまざまな配慮をすることで，人間関係の「和」を大切に育てることが期待されている。

過去に助け合ったり心を配ったりした経験は，記憶にとどまるものである。過去に受けた恩恵に対してもつ義務感を「恩」といい，同じ義務感でも社会の立場関係などからくるものは「義理」と呼ばれる。いずれも，人間らしいありようという意味合いをもつ「人情」によって，その度合いが調整される。

ここに挙げた表現は，日本文化にしかない独自の性質を示したものではない。ただ，ほかの言語では単独の同義語が簡単には見つからないだろうと思われる。これらのキーワードは，日本の社会や文化を構築している，さまざまな要素を凝縮したものといえるであろう。日本語を話す場合，その場の人間関係や状況に合わせる適応性をもつことが必要である。しかし，それと同時に，言語表現としては，敬語のような非常に組織化された要素を使うことが要求されている。文化的キーワードとは，そのような日本語のコミュニケーションを理解するうえで，大

きなヒントを与えてくれるものだといえよう。
➡ことばの運用と文化差（4-A），話しことばと場面（4-B），文脈（4-C），ポライトネスと丁寧さ（4-A），待遇表現の運用（2-L）

●参考文献

土居健郎（1971）『「甘え」の構造』弘文堂．

井出祥子（1998）『「ことば」に見る女性――ちょっと待って，その「ことば」』東京女性財団．

Bachnik, J. M. and Quinn, C. J. (eds.) (1994) *Situated Meaning: Inside and Outside in Japanese Self, Society, and Language.* Princeton University Press.

Ide, S. (1989) "Formal Forms and Discernment: Two Neglected Aspects of Universals of Linguistic Politeness." *Multilingua* 8-2/3. pp. 223-248.

Lebra, T. S. (1976) *Japanese Patterns of Behavior.* University of Hawaii Press.

Wetzel, P. J. (2004) *Keigo in Modern Japan: Polite Language from Meiji to the Present.* University of Hawaii Press.

［パトリシア・ウェッツェル］

■アイデンティティ

●言語表現とアイデンティティ――アイデンティティとは，一般には自己証明（書）を指すが，心理学や言語学では，その人間の固有性，独自性という意味で使われる。言語を用いて何かを表現することはすなわち，アイデンティティを表現することにほかならない。言語はその話者を，ある特殊な種別の人間として，あるいはあるグループのメンバーとして表象するのである。話し手が話しはじめた瞬間に，必然的に，男性であるか女性であるか，子どもであるか年配者であるか，どの地域に属するかなどを，外へ向かって指標することになる。私たちは，自己のなかにさまざまなアイデンティティを同時にもっているのである。

●アイデンティティの可変性――個人のアイデンティティには，柔軟な部分と安定した部分が共存している。私たちは一生のうちに結婚したり，仕事を変えたり，ほかの都市や国へと移り住んだりする。そのたびにアイデンティティが変化し，ことばの遣い方も変化する。一方，変化しないアイデンティティもある。たとえば，性別，民族，人種などである。また，職業のように，引退してもその特徴を保持するものもある。教師として教えていた人が，退職しても教師らしい話し方や態度がとれない例などが，それである。

●自己証明としてのアイデンティティ――言語は，それを話す人々のあいだに共有されるアイデンティティを形成する。ある地域の言語が話されなくなるということは，その言語のもっている独立した文化，伝統，アイデンティティがなくなるということであり，さらには，個人が自己のアイデンティティの重要な部分を失うことをも意味する。このような背景から，日本の先住民族や移民のグループ（マーハ/本名 1994, Maher and Yashiro 1995），ウェールズ，ケベック，ベルギーの人々などで言語を維持したり復活させたりする動きが見られ，絶滅の危機に瀕した言語の調査や保護の努力も行われている。

●日本語教育と学習者のアイデンティティ――日本語教育においてもアイデンティティの問題は重要である。日本語を話すことが学習者のアイデンティティと深くかかわっているからである。学習者は，母語社会で培われた規範や価値観を反映したことば遣いと，アイデンティティをもっている。日本語の学習，とくに初期の段階では，日本語に埋め込まれた価値観に自文化との差を感じ，違和感を抱くことも少なくない。表面に現れた現象から，即座に否定的な結論を導いてしまいやすい。このような場

合，日本語の規則や日本でのふるまい方だからという理由づけ（自文化の押しつけ）では学習者は納得できず，葛藤を引き起こしかねない。たとえば，学習者のなかには，まったく尊敬もしていない年上の人に敬語を話すことに抵抗を感じる者がいる。あるいは，頼みごとを断るのに，婉曲的な表現や態度をとることに自分らしさが失われるように感じる者もいる。

　日本語教育に限らず，言語教育の場においては，目標言語に近づくことに熱心なあまり，言語と密接な関係にある学習者のアイデンティティの維持と変化に配慮が不足していることがある。日本語をうまく話すということは，日本文化の価値観にすべて合わせていくということではなく，自らの価値観に照らし合わせて，新たな価値観を見いだし，アイデンティティを築き上げていくことであろう。アイデンティティは一生を通じて形成・変容していくものなのである。

➡ことばの運用と文化差（4-A），文化的キーワード（4-A），言語保持と喪失（8-A）

● 参考文献

マーハ，J./本名信行（1994）『新しい日本観・世界観に向かって——日本における言語と文化の多様性』国際書院．

Edwards, J. (1985) *Language, Society and Identity*. Blackwell.

Maher, J. and Yashiro, K. (1995) *Multilingual Japan*. Multilingual Matters.

　　　　　　　　　　　　［ジョン・マーハ］

B──談話

■談話

● 談話（ディスコース）とは──談話という用語が言語学のみならず，心理学，社会学，教育学などでも頻繁に使われるようになって久しい。このようにさまざまな分野で使われているだけに，その意味するところにはかなりの幅があり，「談話」の統一的，包括的な定義を示すことは難しい。

　しかし，一般的に談話とは，一文を超えた何らかの意味的まとまりをもった結束性のある文の集まりのことをいう。話しことばにおいては会話（conversation），書きことばにおいてはテクスト（text）を指し，これに呼応して言語学における話しことばの研究を「談話分析」，書きことばの研究を「テクスト言語学」と称し，区別する傾向がある。

● 言語学的立場の違いと談話の定義──談話の定義の違いは，談話をどのように見るかといった言語学的（理論的）立場の違いによっても異なる。その代表的なものとして，ことばの構造（しくみ）に重きを置く構造主義（形式主義）とことばのはたらきに重きを置く機能主義がある。この立場の違いは談話研究に反映され，構造主義では，文の構造にあてていた焦点を談話というレベルに広げ，正しい文の構造と同様に談話のあるべき構造を解明しようとする。一方，機能主義では，談話を社会的・文化的に組織立てられた話のまとまりとして捉える。そして，そこで言語がいかに使用され，どのような機能がはたらいているのかを考察する。

　近年，「談話」という場合には，話し手と聞き手の関係による相互行為に注目した実際の会話，話しことばを指すことが多くなっている。これは社会と言語との関連を扱う社会言語学や，言語使用の法則を明らかにする語用論，会話のメカニズムを明らかにする会話分析の影響を受けていると考えられる。そこでは談話を音声，文法，文字，などの言語要素と種々の記号，ジェスチャーなどの言語以外の要素が総合され，これらが組み合わされて何らかのまとま

りのある意味を伝える言語行動の断片でありコミュニケーション上の単位として捉える。

● 談話と日本語教育 ── 日本語教育において「談話」という概念が注目されるようになったのは，教室で文法知識を学び，文法的に正しい文を作ることができても，相互行為がうまくいかず，目的が達成できないという問題が起こってきたことが1つの要因となっている。それによって「文法」「文型」を超えた言語能力，コミュニケーション能力育成が重視されるようになったのである。このような状況によって従来「文型」の段階にとどまる教育から，「談話」への転換が求められるようになった。外国語教育のこの流れは，本来，日本語の言語構造や文法を学ぶことが目的ではなく，自らの目的達成のためのコミュニケーション能力に学習者のニーズがある日本語教育においては，重要な変化として捉えられた。

● 談話と日本語教育教材 ── これまでの「文型シラバス」の教科書のなかにも，「会話練習」は含まれていたが，その課の文型練習としての性格が強かった。実際の言語使用，「談話」へと日本語教育の焦点が変化してきたことに伴い，文型シラバスの教科書には，一連の相互行為やそれが起こる場面性への視点が乏しいことが指摘されるようになった。その結果，学習者が出会う日本語の使用場面を中心にそこで必要な表現や文型が埋め込まれた「場面シラバス」や，「依頼」「誘い」といった実際の言語使用における言語の機能を中心に学習項目が配列された「機能シラバス」の教科書が出版されるようになった。そこでは，「デパート」で買物をしたり，「誘う」という目的を遂行するための相互行為の一連の流れとして，文を超えた「談話」という視点からの言語教育の捉え方が中心となっている。

➡ 文章のまとまり ── 結束性・一貫性 (2-K)，語用論 (7-C)，談話研究 (4-B)，談話分析 (7-C)，コミュニカティブ・アプローチ (8-B)，シラバス (8-C)

● 参考文献

橋内武 (1999)『ディスコース』くろしお出版．

メイナード，泉子・K. (2004)『談話言語学 ── 日本語のディスコースを創造する構成・レトリック・ストラテジーの研究』くろしお出版．

茂呂雄二（編）(1997)『対話と知』新曜社．

田窪行則他 (1999)『談話と文脈』岩波書店．

ザトラウスキー，P. (1993)『日本語の談話の構造分析』くろしお出版．

[岡本能里子]

■ 談話構造

　談話の構造は，いくつかの異なるレベルで考えることができる。それらは，単に単位の大きさが異なるというのではなく，談話の成り立ちを捉えるうえでの観点の違いに基づくものといえる。

● 談話の全体構造 ── まず，開始部と終了部，そしてそれらに挟まれた本題の部分という区分がある。これらは複数の話し手による会話にも単独の話し手による独話にも共通するもので，談話の全体構造を大づかみに捉える枠組みといえる。開始部は，対面の会話ではあいさつや社交辞令的なやりとりなど，相互作用を始める部分であり，講演などの独話では自己紹介や本題に入る前の前置き部分から成る。いずれにせよ，開始部はコミュニケーションへの参加・協力の状態を作り上げる段階と位置づけられる。本題部は，その談話において意図されたコミュニケーション行動がなされる部分である。そして終了部では，それまでの話を収束させ，コミュニケーションの終結に向けたしめくくりを行う発話，あるいは別れのあいさつなどが見られる。とくに，開始部・終了部が一定の形式

に沿って行われることが多い電話会話に関しては，開始・終了パターンに関する研究の蓄積も多い。

●**相互作用から見た構造**——複数の話し手が交替で話すことによって，やりとりが作り上げられていくという会話の姿を最も端的に示すのは，ターン（turn）の概念である。おのおのの話し手が話す部分をそれぞれの話し手のターンとして，それを会話の構造を考えるうえでの単位とするのである。ただし，「おのおのの話し手が話す部分」といっても，相手の発話のあいだに挟まれる「ええ」「なるほど」といったいわゆるあいづちは，独立したターンとは認められない。ターンの交替や連鎖というかたちで会話のありようを記述することは，会話分析の主要な手法となっている。

談話における発話は，受け手へのはたらきかけ（あいさつ，依頼，謝罪などの発話機能）から成るものと捉えることもできる。個々の発話機能を単位とするのが，ムーヴ（move）の考え方であり，機能の連鎖ややりとりとして会話の構造が捉えられることになる。

ここで，例(1)を基に，ターンとムーヴの関係を見てみる。

例(1)

1 A：おはよう。（声がかすれている）
2 B：おはよう。風邪ひいたの？
3 A：うん，ちょっとね。

例(1)は3つのターンから成り，Aが2回，Bが1回，ターンをとっている。ムーヴの観点では，1 Aには「あいさつ」という1つのムーヴが含まれ，2 Bには「あいさつ」と「質問」という2つのムーヴが，そして3 Aには「答え」という1つのムーヴが含まれている。何か言いはじめて途中で遮られたような場合を除けば，一般に1つのターンは1つ以上のムーヴから成ると考えられる。

さらに，特定の機能をもつ発話の組み合わせから成る隣接ペア（adjacency pair）というかたちで，会話の局所的な構造が記述・分析されることもある。隣接ペアとは，「あいさつ—あいさつ」「質問—答え」「依頼—承諾」のような，別個の話し手による2つの発話の組み合わせ，あるいは連なりを指す概念である。隣接ペアにおいては，一方の話し手が質問すれば，受け手からの答えが次に来ることが期待される。すなわち，第一発話部が特定の第二発話部を要求することが特徴である。上記の例(1)にも，「おはよう。」—「おはよう。」（あいさつ—あいさつ），「風邪ひいたの？」—「うん，ちょっとね。」（質問—答え）という2つの隣接ペアが含まれていると考えられる。

隣接ペアという名称のとおり，ペアの第一発話部と第二発話部は，互いに隣り合って出現することが原則である。しかし，ときには例(2)のように，1つのペアのなかにもう一つのペアが埋め込まれたかたちで出現することもある。

例(2)

1 C：明日，テニスしない？　　【質問1】
2 D：コートは予約できたの？　【質問2】
3 C：うん，できてるよ。　　　【答え2】
4 D：よし，やろう。　　　　　【答え1】

●**内容から見た構造**——上記の各種の概念や単位に加えて，話題の面から談話構造をみることもできる。そこでは，話の内容に基づくまとまりによって，談話を区分することになる。ただし，話題の定義は，現在のところさほど明確とはいえない。そのため，話題をどう区切るか，すなわち，前の話題から派生して少し異なる内容に話が移ったような場合にそれを話題の転換とするか，上位・下位に話題のレベルを分けるとしたらその目安はどうするかなど，実際の分析においては，ときに難しい面も含んでいる。

➡会話のしくみ（4-B），発話の単位（4-A）

●**参考文献**

中田智子(1990)「発話の特徴記述について——単位としてのmoveと分析の観点」『日本語学』9-11.
レビンソン,S. C.〔安井稔・奥田夏子訳〕(1990)『英語語用論』研究社出版.

[熊谷智子]

■会話のつながり

　会話は,「沈黙」(silence)や「繰り返し」(repetition),言い誤りや聞きのがしの「修正」(repair)などの話し手と聞き手の相互作用によって話す順番(ターン)の交替が起こり,つながっていく。ターン(turn)は,文・節・句などの統語上の要素や韻律上の要素などから成る「ターン構成単位(TCU:turn constructional unit)」からつくられる。それぞれのターンは,ある会話では,1人の話し手がTCUをつくる。そのTCUの終了部は話し手が交替してもよい「話者交替適確箇所(TRP:turn relevance place)」となる。終了部が予測できる予測可能性により,次の話し手はTRPの箇所を予測し,そこでターンを得,話す。この過程が繰り返されることで話者交替が起こっていく。

●話者交替(turn taking)のルール——
ルール1(最初のTRPで適用される)
　a. 現在の話し手(C)がある参加者を次の話し手(N)として選んだ場合,交替はNが選ばれた後の最初のTRPで起こる。
　b. CがNを選ばない場合,C以外の参加者で最初に話しはじめた人が交替者の権利を得る。
　c. もしCがNを選ばず,また,bも生じなかった場合には,Cは,話しつづけることができる。
ルール2(2番目以降のTRPで適用される)
　ルール1cがCによって適用されると,ルール1のa〜cが次々にTRPで話者の交替が生じるまで繰り返し適用される。

　話者交替のルールはどの言語にも適応できるといわれているが,TCUを構成する要素は言語によって異なる場合がある。また,日本語のようなあいづちが多い言語では,2人以上の参加者によってつくり上げる単位のほうが話者交替では重要な役割を果たしている。

●話者交替のルールと沈黙——沈黙も単に話されていない状態というだけでなく,発話がない状態,つまり話者交替のルール違反が起きたことを示すことがある。話者交替ルールに基づくと,沈黙は,「空所」「時間的経過」「意味のある(意識的な原因のある)沈黙」の3種類に分けられる。「空所」とは話者交替ルール1bか1cが連続して適用される前に起こる沈黙である。「時間的経過」とは話者交替ルール1a〜cが適用されないときに起こる沈黙である。「意味のある沈黙」とは話者交替ルール1aによって次の話し手と指定された人が発言しなかった場合に起こる沈黙である。

　(2)-a 　1B　出てこれるー?
　　　　→2A　(1.0)
　　　　　3B　来れなさそう?

　1Bによる誘いのための質問に対する2Aの1.0秒の沈黙は,Aが次の話者として選ばれているのに発言しないため,躊躇しているなどと予測できる「意味のある沈黙」となる。それゆえBが3BでAが断りやすいような質問で繰り返し誘っている。

●話者交替と繰り返し——繰り返しには自己反復と他者反復がある。さらに,元の発話と同じ表現を繰り返すものと意味を保持しながらも多少の言い換えをするパラフレーズとがある。先の(2)-aの会話を以下のように書き換えた場合を考えてみよう。

　(2)-b 　1B　出てこれるー?
　　　　　2A　(1.0)
　　　　→3B　出てこれる?

この場合，1Bと3Bとは同じ表現の繰り返しとなる。しかし話者交替のルールから見るとAが次の話し手として選ばれているのに発言しなかったこととなる。その結果3Bは，応答の催促とも捉えられ，同じ表現の繰り返しであっても異なるはたらきをもつことがわかる。発話の繰り返しは，会話の前後のつながりのなかで，会話への参加・寄与，共感，強調，情報伝達，談話構成などさまざまな機能を担う。

● 話者交替と修正 ── 修正（repair）は，先行の発話の理解について確信のない場合に聞き手が行う修正誘発，聞き手が誤解や聞き間違いをしたことに気づいて話し手側が補足や訂正を行う修正，明らかな誤りがなくても話し手がする「自己編集」などのさまざまな現象を指す。「修正の仕組み」のなかには，以下に優先順位の高―低の順で並べた4つの修正の機会がある。「自己主導」とは話し手が自力で修正するものであり，「他者主導」とは他者に促されて修正するものである。

機会1：ターン1の修正可能な項目を含む発話で話し手自身の発話のあいだに，誤りの直後で修正が行われる「自己主導の自己修正（self repair）」。

(3) 1 K　なんか最初，昔はさー，

機会2：ターン1からターン2へ移行する合間に誤りが含まれる発話の終わったところで修正が行われる「自己主導の自己修正」。

(4) 1 W　あと誰か行かない，
　→ 2 W　来ないの？

機会3：ターン2での「他者修正」の例。
（Sは非母語話者である。）

(5) 1 S　あのー，屋根からー，あの，取ってー，
　→ 2 K　取ろう，うん。
　3 S　あっ，取ろうと思ってー，

機会4：ターン2において「他者主導」がなされた後のターン3で行われる「自己修正」。

(6) 1 B　今。

　→ 2 A　え？
　→ 3 B　今。

3Bは1Bとまったく同じ表現ではあるが，Aが1Bの発話が聞こえなかったり驚いたため2Aで聞き返し，3Bで修正したと捉える。会話分析では1Bと3Bのような繰り返しを，会話のつながりのなかで考え，修正の一種と捉えるのである。また，訂正の意図がなくても，修正の発話は訂正として解釈される場合がある。

→ 談話構造（4-B），会話のしくみ（4-B）

● 参考文献

中田智子（1992）「会話の方策としてのくり返し」国立国語研究所（編）『研究報告集13』〈国立国語研究所報告104〉秀英出版.

ザトラウスキー，P.（1993）『日本語の談話の構造分析──勧誘のストラテジーの考察』くろしお出版.

Sacks, H., Schegloff, E. A. and Jefferson, G. (1974) "A Simplest Systematics for the Organization of Turn-taking in Conversation." *Language* 50-4. pp. 696-735.

Schegloff, E. A., Jefferson, G. and Sacks, H. (1977) "The Preference for Self-correction in the Organization of Repair in Conversation." *Language* 53-2. pp. 361-382.

Tannen, D. (1987) "Repetition in Conversation: Towards a Poetics of Talk." *Language* 63-3. pp. 574-605.

［ポリー・ザトラウスキー］

■ 会話のしくみ

日常会話は，いくつかの部分的な単位から成り立っている。会話の内部構成を理解する手法として，〈隣接ペア〉や〈優先応答体系（preterence organization）〉という会話分析の概念がある。日本語学習者はこれらのしくみを理解し，それにふさわしい言語のストラテジーを習

得する必要がある。

●**隣接ペア**——隣接ペア（adjacency pair）は，話し手が言ったこと，つまり第一ペア部分と，聞き手が答える第二ペア部分から成る。第二ペア部分の答えは社会的な慣習によって決められていて，話し手と聞き手の順番が二者1組のセットとして存在するとき，それを隣接応ペアと見る。具体的には，基本的なインタラクションのかたちとしては「あいさつ―あいさつ」，「質問―応答」「呼びかけ―応答」「誘い―受け入れ/断り」などがある。

隣接ペアは必ずしも隣接しているとは限らない。以下の例では，1Aの質問の応答となる第二ペアは，4Bである。そこに2Bと3Aが挿入されている。このような挿入された発話のつながりを「挿入連鎖（insertion sequence）」という。

　例：1A　これ　おいくらですか。
　　　2B　お安くしますよ。
　　　3A　じゃ，それください。
　　　4B　980円です。

このように隣接ペアの発見により，一見無秩序に見える談話レベルでの会話のしくみやつながりが明らかになった。

●**優先応答体系**——ペアとなったインタラクションには相手の期待どおりの反応，つまり〈優先応答形式〉をとるものと期待に反するものとがある。たとえば，人に何かを頼まれたとき，相手の期待に沿って引き受けるなら，「はい」のひとことですませることが多い。しかし，断りたいときは，遠回しに断ったり，なるべく差し障りのない言い訳を並べたりして，長い答えで対処する必要がある。たとえば，「それが，残念なんですが，土曜日は約束があって，ごいっしょできないんですよ。ごめんなさい」などの「前置き表現」を挿入することも必要となる。また，一般的に目上の人，甘えの許されない相手には「あのう，ちょっとよろしいでしょうか」などと，「言いよどみ」表現を使うこともが好まれる。

➡コミュニケーション・ストラテジー（4-A），談話分析（7-C），発話の単位（4-A）

●**参考文献**

メイナード，泉子・K.（1993）『会話分析』くろしお出版.

レビンソン，S. C.〔安井稔・黒田夏子訳〕（1990）『英語語用論』研究社出版.

Maynard, S. (1989) *Japanese Conversation: Self-contextualization Through Structure and Interactional Management*. Ablex.

　　　　　　　　　　　　［泉子・K. メイナード］

■会話の合図

会話を社会的相互作用として捉え，どのように会話が成り立っているのかを研究することが盛んになり，一見無秩序にみえる会話にも話者交代のルールがはたらいていることが明らかになっている。会話が秩序立って進むために合図となるものを「談話標識（discourse marker）」（Schiffrin 1987）という。

日本語の談話標識には，「でも・だけど・だから・だって・(それ) で」といった接続表現，「ね・よ」といった終助詞，「ねえ」といった感嘆詞などが含まれる。それぞれが，従来の文法では捉えきれなかったことばの語用論的意味・機能をもつ。

「でも・だけど」は反論・会話の開始・発言権の要求・話者のポイント・話題転換などを示し（Onodera 2004），「だから」は前述の内容の補足的説明・前述の内容が当然であるためしかたなく説明を始めること（Maynard 1993）など，「だって」は前の発話の理由づけ・自己正当化（ためらいながら反対意見を述べること），前の発話の支持（Mori 1999）などを示す。

また，会話の流れにおいて，途切れ・沈黙が

起こると，コミュニケーション上の異変と感じられるため，会話者はフィラー（filler）をしばしば用いる。日本語では「あの・ええと・ええ」などがこれにあたる。こうした表現が発せられると「前言の撤回・自己修正（self repair）」などがなされることが伝わる。これも狭義の談話標識といえそうである。話しことばは書きことばと違い，同時性が求められるため，頭のなかでプランする時間が少ない。円滑なコミュニケーションをはかるためには，フィラーも習得しておく必要があろう。ただ，現在，談話標識という場合は，話し手と聞き手のことばのやりとりにおいて，互いの理解を助ける「合図」（標識）となるものとして捉えるのが一般的だろう。

「談話標識」という概念は，それまで接続詞・助詞・感嘆詞と文法的には別々に扱われてきた要素が，人の相互作用（interaction）を視野に入れた社会言語学的考え方により，理論的・体系的に1つのカテゴリーとして捉えられるようになったものである。コンテクストを考慮に入れた，真のコミュニケーションに役立つ言語運用を目標とする言語教育においても，注目される概念である。

→談話分析（7-C），会話のしくみ（4-B），会話のつながり（4-B）

●参考文献

Sacks, H., Schegloff, E. A. and Jefferson, G. (1978) "A Simplest Systematics for the Organization of Turn-taking in Conversation." In Schenkein, J. (ed.), *Studies in the Organization of Conversational Interaction*. pp. 7-55. Academic Press.

Schiffrin, D. (1987) *Discourse Markers*. Cambridge University Press.

Onodera, N. O. (2004) *Japanese Discourse Markers : Synchronic and Diachronic Discourse Analysis*. John Benjamins.

Maynard, S. K. (1993) *Discourse Modality: Subjectivity, Emotion and Voice in the Japanese Language*. John Benjamins.

Mori, J. (1999) *Negotiating Agreement and Disagreement in Japanese*. John Benjamins.

［小野寺典子］

■ジェスチャー

●ジェスチャー研究の視点──ジェスチャー（身ぶり）には，電話口でお礼を言いながら，思わず頭を下げてしまうなど無意識にやってしまうものもある。しかし，だからといって無秩序に行われるわけではない。とくにことばとともに用いられるジェスチャーの秩序をどこに求めるかについては，大まかに2つの流れを考えることができる。一つは，ことばも身ぶりもともに話者の考えを表現しているという考え方である。つまり，（逆にジェスチャーが考えをまとめ上げるための助けにもなりうるという考え方も含め）ジェスチャーを，個人の「内面的」過程と（擬似因果的に）関係づけられた「外面的」過程として捉えようという考え方である（McNeill 1992，喜多 2002 など参照）。

●ジェスチャーと相互行為──もう一つの流れは，社会学者（人類学者）ゴフマン（Goffman）の相互行為研究に端を発し，グドウィン（Goodwin）らによって展開されているものである。ゴフマンが強調したのは，他人と居合わせているという単純な事実に，いかに人々のふるまいが敏感であるかだった。たとえば，講義をしながら途中で考え込んでしまうとき，（自然と）中空を見つめて口に手を当てたりする。そうするのは，必ずしも，そうすれば考えがまとまりやすいからではない。そうすることで，今自分は本来ならしゃべりつづけるべきだと承知していることを，そこに居合わせている他人（学生）たちに示すことができる。つ

まり，話は中断していても，なお教員という資格でその場に参加していることを，そのための相互行為上の能力を失っていないことを，示すことができる。ジェスチャーは，相互行為の組織化のための重要な資源である。

● **ジェスチャーと環境の構造** ── それだけではない。ジェスチャーの意味は，そのつどの相互行為への参加の組織化を通して産み出される。たとえば，最近グドウィンが「環境に埋め込まれたジェスチャー」と呼ぶジェスチャー（手ぶり）がある（Goodwin 2003）。「発話とジェスチャーと環境の構造が近接的に配置されることで作り上げられる」ようなジェスチャー（手ぶり）である。次の例がわかりやすい。耳が痛いという子どもとその母親が，ある小児科医を訪れる。医師は，子どものリンパ腺を診た後，自分のデスクの位置に戻って，「お子さんは，たぶん，呼吸器系がウィルスに冒されているために，いくらか痛みがあるんでしょう」と言う。そして「痛み」ということばを発するのとちょうど同時に，右手で自らの右耳を覆うようなジェスチャーをする。これは，「環境に埋め込まれたジェスチャー」である。「痛み」という表現は耳を覆う手ぶりを伴うことで，「耳の痛み」であることが明らかとなる。つまり，何かを塞ぐような手ぶりと，「痛み」ということばと，医師自身の頭の構造とが近接的に配置されることで，それぞれの意味が相互に構成される。

● **ジェスチャーと参加構造** ── この子どもの主訴は実は左耳の痛みだった。ところが，医師の手ぶりは，右手で右耳を覆うものだった。なぜか。医師は子どもと向かい合っている。事実として向かい合っているだけではなく，身体全体を子どものほうに向け，子どものほうを見つめている。一方，子どもも身体を医師のほうに向けたまま（足をばたつかせるだけで）じっとしている。このような医師と子どもの協同の達成として医師の身体は子どもの身体の「鏡像身体」として組織されている。それだけでなく，医師は子どもを指すのに「お子さん（she）」と3人称を用いることで，視線は子どもに向いているにもかかわらず，発話を母親に宛てている。一方，母親は視線を含め，医師のほうに身体全体を向けることで，医師の説明を聞くものとして自らを示している。医師は説明する者として，母親は説明を聞く者として，子ども（患者）は説明の対象として，それぞれその場に参加している。その参加の構造のなかに，医師の「環境に埋め込まれたジェスチャー」は埋め込まれている。

● **ジェスチャーと分析単位** ── まず参加構造があって，それに基づいてジェスチャーの意味が決まるなどといいたいわけではない。医師からのジェスチャーが，他の2人の参加者によりそれぞれの立場から，子どもの左耳の痛みを表すものとして受け止められることにより，医師の身体は子どもの「鏡像身体」として再構築され，参加の組織は更新される。そして，このような協同の営みこそが，医師による「主訴の原因の説明」という活動を遂行することにほかならない。ジェスチャーを考えるとき，分析の単位を参加の組織に設定することにより初めて見えてくるものがある（西阪 2001 参照）。

➡ コミュニケーション・ストラテジー（4-A），会話の合図（4-B），会話の参加者（4-B），談話研究（4-B）

● **参考文献**

喜多壮太郎（2002）『ジェスチャー』金子書房．
西阪仰（2001）『心と行為』岩波書店．
Goodwin, C. (2003) "The Semiotic Body in its Environment". In Coupland, J. and Gwyn, R. (eds.), *Discourse, the Body and Identity*. Palgrave/Macmillan.
McNeill, D. (1992) *Hand and Mind*. Univer-

sity of Chicago Press.

[西阪 仰]

■会話の参加者

●**話し手と聞き手**──会話には複数の参加者が認められる。参加者の会話への関与の度合いにも違いがある。さらには，会話の進行に伴う参加者の役割交替も生じる。一口に会話の参加者といっても，参加者相互の関連やダイナミックなプロセスとして捉える必要がある。

会話の参加者を役割から分類することが可能である。第一に話し手と聞き手を区別することができる。多くの日常会話では，話し手と聞き手は事前には決定されていない。その場の参加者の総合行為を通して，相互行為として実現される。たとえば数人の会話では，現在の話し手が発話中に起こす，いわゆる言い誤り，視線移動，上体の変化，抑揚や強調等に応じて，会話の参加者同士が視線を接触することが頻繁にあるという。この種の現象は，参加者相互による，だれが話し手であり聞き手であるかに関する，ダイナミックな確認作業だといえる。講演などの話し手と聞き手が事前に決定された会話場面でも，同様のダイナミックな相互行為現象が生起する。

●**ワキの参加者**──第三の参加者として，ワキの聞き手を区別することができる。ワキの聞き手とは，話し手によって宛て名（アドレス）を付与される直接の聞き手以外の聞き手である。その会話への関与の度合いから，多様なワキの聞き手を区別することも可能である。町中や電車の中などの，公共の場では，本来は聞き手ではない人々が偶然に会話を耳にすることになる。最も関与の度合いが低いワキの聞き手である。それでも，このような場合にも，ときには話される会話の内容に笑ったりまゆを顰めたりするなどの反応を起こすこともあり，その反応が話し手と直接の聞き手の行動を左右することもある。

●**ナラティブと参加者**──第四の参加者は，語りの登場人物である。日常の会話ほど，特定の人物に関するゴシップや人物評価などのナラティブとして提供されることが多い。会話の場面には，同席しない人物の発話や行為の描写を会話する場合が多い。その問題の人物がどんな発言をしたか，どのようなふるまいをしたかなどのことが，その人物の発話を引用することで報告される。その際話し手による問題の人物への評価および世間一般の評価が加えられることになる。

●**参加構造**──これら複数の参加者を，特定の会話場面にどのように配置するか，その配置を「参加構造」と呼ぶ。それぞれの会話場面には，一定の配置の型が存在する。配置の型である参加構造は，ただ参加者の言語行動を左右するだけではなく，認知的な意味合いももつ。たとえば，会話場面の1つである教室には，教師が本来的な話し手であり学習者は聞き手であるとする参加構造が流通している。この場合，学習過程が教科内容に達する以前に，参加構造を体得することへと向いてしまう場合も多く，求められる学習過程を疎外する場合も多いとされる。参加構造は，会話場面の言語行動のみならず，情動・認知的な側面にも関与する。

➡会話のしくみ（4-B），談話研究（4-B），ジェスチャー（4-B），教室談話（4-B）

●**参考文献**
茂呂雄二（編）(1997)『対話と知』新曜社．
Goffman, E. (1981) *Forms of Talk*. University of Pennsylvania Press.

[茂呂雄二]

■談話研究

●**談話研究への注目**──談話研究（discourse studies）は，1960年代〜1970年代初めにかけて生まれた学問分野で，その発展がめ

ざましく，言語学のみならず，その隣接学問分野である社会学，心理学，文化人類学などコミュニケーションを取り巻く領域で盛んに行われている。

談話研究が注目されるようになった背景には，人と人との相互行為における人間のダイナミックな言語使用の実態を捉える必要性が認識されるようになったことが挙げられる。生成文法家のチョムスキー（Chomsky）が言語能力（competence 母語話者の文法知識）と言語運用（performance 言語使用）を区別したように，構造主義，形式意味論に代表されるそれまでの言語研究では，言語をそれが使われる文脈から切り離して取り出し，その文が「正しい」か「正しくない」かを自律的な体系として研究し，考察してきた。しかし，言語習得や言語教育の分野において，文法的に「正しい」文を生成しても，個々の文脈において不適切となり，目的が達成できないということが報告されるようになった。それは，文法能力以外に，「いつ，だれが，だれに，何を，どのように表現するのか」などのコミュニケーションが起こる場面の知識も含め「適切に」コミュニケーションの目的が達成できる能力（「コミュニケーション能力（communicative competence）」が必要であることに気づかせるものとなった。そのなかには，「言うか，言わないか」を判断する能力も含まれる。このような言語に対する認識の変化が，文法規則を超えた談話研究への注目へとつながった。

●さまざまな談話研究のアプローチ──談話研究は異なる学問分野の立場や目的によって，多様な広がりを見せるようになっている。しかし「一文を超えた「談話」を対象とした言語研究」という点は共通している。その代表的なアプローチを以下に挙げる。

(1)談話文法を目指す談話分析（DA：Discourse Analysis）：この研究は，談話を文の上の単位として位置づけ，文レベルで有効とされてきた統語論の手法を談話の範囲に広げようとするアプローチである。そこでは，繰り返しや代名詞の使用など，文の前後関係が語句の用法に影響を与え，意味のまとまりを保っている談話における規則性を見いだすことを目的としている。考察対象となる談話もこれまでと同様に分析者によって作られた談話で，その適格性を判断するという分析方法をとる。

(2)会話分析（CA＝Conversational Analysis）：サックス（Sacks）ら社会学の一派であるエスノメソドロジストたちによる研究分野である。実際の自然な会話を研究対象とし，繰り返し現れる言語使用パターンを取り出し何らかの決まりを見いだそうとする経験的，機能的アプローチである。その影響で最近「談話分析」といわれる場合も，相互行為に注目した会話，話しことば研究と理解されることが多くなっている。

研究の目的は，言語のしくみやはたらきを解明するのではなく，人々が無意識に従っている社会的秩序を明らかにすることにある。これまで自然会話には秩序などはないと考えられ，分析対象から除外されていた。しかし，会話分析によりターンテイキング・システムや隣接ペアなど，一定の規則があることを明らかにし社会的相互作用としての会話を明確なシステムとして説明した点は言語研究において大きな貢献となった。

(3)ことばの民族誌（Ethnography of speaking）：提唱者は，言語教育の分野において「コミュニケーション能力（communicative competence）の必要性を説いた社会言語学者のハイムズ（Hymes）である。研究目的は，以下のようにまとめられている。

①ある特定の文化的状況における伝達を理解すること

②異文化間の伝達行為を比較することによっ

てコミュニケーションの一般理論を確立すること

③状況に応じた適切な発話を行う人間の伝達行為を解明すること

研究方法は，ある言語社会でフィールド調査を行い，話しことばの要因（場面，目的，メッセージの形式など）に注目して談話を分析し，それを蓄積して個々の民族誌を描き出そうとするものである。

(4)相互行為の社会言語学（Interactional Sociolinguistics）：文化人類学を背景としたガンパース（Gumperz）によって提唱されたアプローチで，言語使用の方法と人間関係の要素を言語分析に持ち込み，それを通して社会や人間関係のあり方を解明しようとするものである。異文化に属する人々が英語でコミュニケーションする場合，語彙や文法形式の誤りではなく，イントネーションや姿勢などによって今がどのような場面として把握される必要があるのかを推論するための「場面の手がかり」（contextualization cues）や，会話の目的を達成したり人間関係を維持したりする方法などの違いから，いろいろな誤解が生じることを実際の相互行為における会話を分析することで明らかにした。社会言語学者のタネン（Tannen）は，この手法を応用し，会話分析（CA）では，ターンテイキングの失敗と考えられていたオーバーラップが，ニューヨークのユダヤ系アメリカ人のネットワークにおいては，積極的にコミュニケーションに加わろうとするストラテジーとして使用されていることを示した。その結果，異なる会話スタイルのカリフォルニア育ちのアングロサクソン系アメリカ人とのあいだでコミュニケーションに支障を来すことを明らかにした。

(5)クリティカルディスコース・アナリシス（Critical Discourse Analysis）：フェアクロフ（Fairclough）らに代表され，とくにヨーロッパで盛んになっているアプローチで，上司と部下，男女など社会の権力関係やそれに伴う不平等が談話のなかに見えないかたちで埋め込まれている点を明らかにし，その背後にあるイデオロギーを批判的観点から分析しようとする研究である。メディアを通した戦争報道の鋭い分析なども見られるようになっており，今後発展が期待される分野である。

さらに近年，言語学，心理学，認知科学，自然言語処理，コンピュータ言語学，計算機科学など異質の学問分野とのかかわりも深くなり，共同で「談話のコーパス」を作る動きが活発化している。文系・理系を超えた学際的な研究分野として発展が期待される。

● 談話研究と日本語教育 ── 談話研究が日本語教育に貢献する点は多い。畠（1985）によると，たとえば，伝統文法が指示詞を扱うとしたら，使用するのはコソアドのどれかを分析することになる。そこでは「指示詞を使うか使わないか」という問題は含まれない。しかし，談話文法では，指示詞を使うかどうかをまず考える。そのうえで使うとしたらコレかソレかアレのどれかを判断する。このように談話研究のなかにおける指示詞の文法は「省略」の文法，「反復」の文法という観点をもつことになる。つまりもう一段高いところから指示詞を観察することによって指示詞に新しい光をあてることを可能にしたといえる。

また，相互行為の社会言語学の方法を応用し，接触場面の談話を分析することで，日本語学習者の日本語能力に対して新たな評価の視点が開かれるようになってきている。

談話研究は年々盛んになっているが，日本語教育の場に十分活かされているとはいえない。談話研究の発展と同時に日本語教育現場への応用方法を考えていく必要があろう。

➡ 話しことばと場面（4-B），会話のつながり（4-B），会話のしくみ（4-B），会話の合図（4-B）

● 参考文献

メイナード, 泉子・K. (1997)『談話分析の可能性』くろしお出版.

Brown, G. and Yule, G. (1983) *Discourse Analysis*. Cambridge University Press.

Shiffrin, D. (1994) *Approaches to Discourse*. Oxford University Press.

Stubbs, M. (1983) *Discourse Analysis: The Sociolinguistic Analysis of Natural Language*. University of Chicago Press.

Tannen, D. (1984) *Conversational Style: Analying Talk among Friends*. Ablex.

[岡本能里子]

■ **教室談話**

● **教室の談話とその研究**──教室における授業では,教師と生徒という社会的な役割関係のなかでことばのやりとりが行われる。家族や友人の間で交わされる日常の会話とは異なり,このような教師と生徒,医者と患者,裁判における判事と弁護人など何らかの社会制度のなかで行われるやりとりは,制度的談話 (institutional discourse) と呼ばれ,欧米ではエスノメソドロジーの会話分析のグループによって早くから研究がなされてきた。教室でのやりとりを談話の一形態として捉え,そのなかでの発話交換を対象としたいわゆる「教室談話研究」は,話しことばの談話研究に大きな影響を与えた重要な研究分野の一領域となっている。

● **教室談話の構造**──教室談話研究の知見のなかでも,異なる学問分野を超えて認められ,最も注目されてきたものは,IRE または IRF,すなわち「教師の働きかけ (Initiation)」─「応答 (Reply) / (Response)」─「評価 (Evaluation または Follow-up)」という 3 種の発話の連鎖からなる秩序だった談話構造である (Mehan 1979, Sinclair and Clulthard 1975)。以下に IRE (IRF) の構造を示す。(以降 IRE と記述する)

教師:今,何時ですか。 〈I〉
生徒:4 時です。 〈R〉
教師:はい,そうですね。 〈E〉

日常のコミュニケーションで時間を尋ねた場合,〈R〉には,「あ,時間ですか? 4 時です」,〈E〉の位置には「ありがとうございます」などのお礼のことばがくるだろう。しかし,教室談話においては,〈E〉は質問への生徒の応答に対する教師の評価となる。教師はこの秩序立った談話構造を評価のための質問や生徒の発話の方向づけを行う資源として利用する。一方生徒は,〈E〉の位置での教師の応答が自分の応答の一部を繰り返して発話されるとき,たとえば「4 時?/ 4 時ですか?」のような上昇イントネーションであれば誤答,「4 時,そう/ 4 時ですね」のように下降であれば正答というようにイントネーションの違いによっても教師の判断を知る。つまり,発話内容のみならず,発話のイントネーションやトーン,さらには教師の表情などの「文脈化の合図となるキュー」(contexualization cues) (Gumperz 1982) を読み取り,適切な発話を見いだすのである。このように秩序だった IRE の発話連鎖による談話構造は,教室談話における言語的相互行為の一つの基本パターンとなる。

● **「発話の型」への注目**──教室には授業の進行をスムーズに行うことをはじめとする教師の意図と生徒それぞれの多様な意図のせめぎ合いが見られる。それを調整する装置として方言と共通語のシフトや,普通体と丁寧体とのシフトという発話の型の使い分けがある。たとえば茂呂 (1997) は,生徒が方言を使うときは,発話のアドレス性,つまり,その発話の向けられている先が,隣りの生徒であり,共通語では,教師またはクラス全体となること,また,教師は授業進行の停滞を避けるために方言にシフトすることを示した。岡本 (1997) は,こ

の方言と共通語の使い分けが普通体と丁寧体の使い分けとも並行関係にあることを明らかにした。つまり発話の型のシフトを通して教師，生徒双方が「今ここ」がどのような場面であり自分や相手がどのような立場で参加しているのかを交渉し合っているのである。このように教師と生徒は規範から制約を受けるだけでなく，それを互いに利用しながら教室の秩序を維持し，発話を生成しているといえる。

● 秩序だった教室談話を支える言語事象── 教室談話の秩序を可視化し，維持している言語事象には，繰り返し（熊谷1997），言いよどみ（茂呂1997），「さあ」「はい」「じゃあ」などの談話標識（石井1997）などが認められている。授業の多くは「指示／質問」→「意見発表」→「まとめ」という3段階の内容構造をもっている。たとえば各段階での教師による繰り返しは，「指示／質問」段階では，情報発信および生徒の理解促進を支え，「意見発表」では，生徒の発言を受けてそれをさらにクラス全体によりよく聞かせる媒介役となり，「まとめ」では，活動を通して得られた学習のポイントを再整理して印象づける手立てとして作用する。

● 日本語教育における教室談話研究の意義── これまで，教室での教師の発話については，学習者の言語能力に応じて文法や語彙をコントロールしたティーチャートークという独特の話し方などの研究があり，学習を支援するための調整として捉えられてきた。しかし，これまでに得られた社会的相互行為としての教室談話の知見から，たとえば教師が無意識に使用している談話標識の使い方が授業の流れを方向づけ，学習者の発話機会や学びの機会を脅かす可能性もあることも示唆される。一方，村岡（1999）は，教室談話分析を通して学習者の理解を支えたり学習への参加を促すなどの教授ストラテジーを記述し，日本語教員の実践知の解明への道を切り拓いた。近年注目されている社会文化的アプローチでは，生徒が独話によって教師主導の授業進行への抵抗や調整を行っていることや，生徒同士の相互作用における葛藤や調整を経て談話が進行し，生徒たちの理解が他者との相互行為を通して実現されていくことが明らかにされている。この流れをふまえ，生徒同士の発話の研究も行われつつある。どのような発話が生徒や学習者の主体的なことばの学びを促進するのかは，日本語教師養成における課題としても重要であり，「教室談話」の多角的な分析と解明およびその応用が待たれる。

→ 会話のしくみ（4-B），会話の合図（4-B），会話の参加者（4-B），談話研究（4-B）

● 参考文献

Gumperz, J. (1982) *Discouse Strategies*. Cambridge University Press.

Mehan, H. (1979) *Learning Lessons: Social Organization in the Classroom*. Cambridge University Press.

「特集：授業の談話分析」(1997)『日本語学』16-3.

村岡英裕（1999）『日本語教師の方法論──教室談話分析と教授ストラテジー』凡人社.

茂呂雄二（編）(1997)『対話と知』新曜社.

Sinclair, J. M. and Coulthard, R. M. (1975) *Towards an Analysis of Discourse*. Oxford University Press.

［岡本能里子］

■話しことばと場面

● 日本語教育における「場面」の注目──日本語学習者から「自国や教室で学んだ日本語が日本社会で通じない」ため，目的が達成できなかったり，日本人の友人がなかなかできないという声をしばしば聞く。これは，日本で中学から6年間英語教育を受けてきたにもかかわらず，実際の具体的な場面では，英語でコミュニケーションできないという状況と似ている。人

間の言語行動は、つねに、ある場面において行われる。その一方で、具体的な場面における言語表現は、その場面を構成している社会文化的な価値観などを含めたさまざまな制約に規定されている。つまり、言語行動を成立させ、規定していく要素として「場面」は重要な意味をもっているのである。実際の具体的な場面で使える生きた外国語能力の育成への注目により、話し手、受け手がことばを交わす「場面」の重要性が認識されるようになった。

●**場面を構成する要素**——日本では、ことばと場面とは第二次世界大戦前から注目されており、1950年代には研究も盛んに行われていた。まず、時枝誠記(1941)は、言語行動の成立要素として「表現主体(表現者、理解者の双方を含む)、素材、場面」の3要素を挙げている。次に、阪倉篤義は、「対話」成立の重要な要素として「場面」「話し手」「聞き手」の位置づけを行っており、話し手の主体的な立場に立って、相手、話題、環境などを主体的に捉え、解釈しようとした。三尾砂(1958)は、つねに「場」があって発言が行われ、「場」をつくっている「話し手」「聞き手」などの関係により「ことば遣い」が決定され、会話が意味をなし多様な機能を果たすことを示そうとした。これとは対照的に、できるだけ客観的に観察者の立場をとって場面を考察しようとしたものに、日向・杉戸の研究がある。そこでは「外国人留学生が日本で接する機会が多い」と考えられる層の日本人の日常言語生活における語彙や文型を場面との関連で調査分析している。物理的な「場面」ではなく、実際の日本語の言語行動を成立させ、規定するものとしての「場面」の構成要素を早くから認識していた点が注目される。

ことばの民族誌の提唱者であるハイムズ(Hymes)も、状況に応じた適切な発話を行う人間の伝達行為を解明するために、話しことばを成立させている場面構成要素をspeakingという語の文字を使って挙げた。(Setting/Scene〔物理的環境/その場の主観的定義〕、Participants〔話し手と聞き手、聴衆〕、Ends〔目的と結果〕、Act sequence〔メッセージの形式と内容〕、Key〔調子・様子〕、Instrumentalities〔その社会のレパートリーにある話の型〕、Norm of interaction and interpretation〔話に結びついた儀礼・文化の規範と解釈〕、Genre〔テキストの種類〕)。これらの要素を各言語社会で比較することでコミュニケーションの一般理論を確立しようとした。

●**話しことばと書きことば**——日本語は話しことばと書きことばの違いが大きく、作文教育では1つの困難な点とされている。しかしその区分は、単純ではなく、文字で伝達されるものが「書きことば」で、音声で伝達されるものが「話しことば」とはいえない。とくに最近盛んになっているインターネット上のチャット(おしゃべり)といわれるやりとりが行われていることからもその区別がますます難しくなっている。日本語研究では1940年代からこの点に注目していた永野賢(1947)は、「話しことば」と「書きことば」という区分ではなく、聞き手が眼前にいる場合といない場合に分け、前者を「音声的場面」、後者を「文字的場面」としてことばと「場面」の関係を捉えた。その大きな違いは、「音声的場面」では、身ぶりなどの非言語要素が使えるという点である。その他時間の制約の有無など違いを挙げている。これらには早くから相互行為としての言語行動への注目が見いだせる。その後、畠弘己(1983)は、明確に「コミュニケーション」という点に注目し、やりとりが一方方向か双方向かなどを含めた場面の違いがどのようにことばの差異に影響を与えるのかを考える観点を示した。また、電話会話をはじめとするメディアを通したコミュニケーションにおける場面とことばの関係にも注目し、「場面」をつくっている「話し手」と

「聞き手」がそこでのさまざまな要素と相互行為しながら会話をつくり上げているということを示した。

　日本語教育において，話しことばと書きことばを二分法として捉えるのではなく，「対立させつつ「話しことば」に「書きことば」を持ち込んで特殊な効果を生み出す」点に生きた実践がある。話しことば教育においては，変化することばのダイナミックな捉え方が不可欠である。

● 日本語教育と「場面」── 具体的な場面を構成する要素への注目に伴って，言葉の意味もそれぞれの場面によって異なる機能をもつことが明らかにされた。その影響を受け，日本語教育の教科書も，文法項目によって配列されていた文法シラバスの教科書から，「病院」「デパート」などで必要な日本語の語彙や表現を中心に配列された「場面シラバス」やその場面ごとで異なることばの機能に注目して配列された「機能シラバス」の教科書も作られ，それに則して教育が行われるようになった。しかし，当初は日本語母語話者の直感によってある場面に使用される表現や語彙が選ばれ配列されていた感がある。それに従って教室活動を行っていくうちに，学習者からの不満や疑問が出されるようになり，実際の場面での日本語母語話者の言語行動の調査が行われた。続いて学習者の母語との対照研究も行われるようになった。その結果，ある特定の場面において目標達成のために時間軸に沿ってどのような行為が行われるかという一連の知識（スクリプト）は，社会文化によって異なることが明らかになってきた。これらの要素は文法や語彙とは異なった次元の場面に則した知識として認識されるようになっている。日本語学習者の多い韓国語，中国語と日本語との対照研究が盛んになりつつある。その知見は日本語教育の現場にフィードバックされ，活用されうる有意味な研究である。今後さらにさまざまな言語と日本語との対照研究の進展が期待される。

→ 発話の機能（4-A），話しことばの特徴（4-B），ことばの使い分け（4-B），話しことばの文法（4-B），談話研究（4-B）

● 参考文献

畠弘己（1983）「場面とことば」『国語学』133．

Hymes, D. (1968) *The Ethnography of Speaking, Reading in the Sociology of Language*. Mouton.

南不二男（編）（1979）『講座言語3　言語と行動』大修館書店．

三尾砂（1958）『話しことばの文法』法政大学出版局．

茂呂雄二（編）（1997）『対話と知』新曜社．

時枝誠記（1941）『国語学原論』岩波書店．

永野賢（1947）「音聲表現と文字表現──言語に於ける場面の制約と主體の表現技術」『国語と国文学』東京大学国語国文学会．

日向茂男・杉戸清樹（1980）「場面について」特定研究「日本語教育のための言語能力の測定」研究報告書『日本人の知識階層における話しことばの実態』国立国語研究所．

阪倉篤義（1954）「「對話」──戯曲のことば」『国語国文』23-11（京大国文学会）．

[岡本能里子]

■話しことばの特徴

● 話しことばの定義── ここでいう「話しことば」とは，単に書きことばの「である」が「話しことば」では「です」になるというような「書きことば」に対する文体の違いをいうものではない。相手があって場面があるコミュニケーションの目的をもって用いられるものと限定する。また，音声言語であっても書かれた原稿をそのまま読む場合の講演やテレビニュースは話しことばとして扱わない。

● 話しことばと書きことば ── 日本語は，話

しことばと書きことばとの位相差が大きいといわれてきた。一度書いたものは何度も読み返すことができるが，話したことはその場ですぐ消えてしまう。そのため，終助詞を入れて聞き手が話についてきているか確認したり，中心的な情報を連続させるのでなく，聞きやすいように緩衝となる部分を入れたり，繰り返しを用いたりする。同音異義の語や耳なれない語を言い換えることもあって，冗長性を帯びることも自然である。書きことばで「10時に家を出て銀行で預金し買い物をして，11時に駅に着いた」というものを，話しことばでは，「家を出たのは10時だったけど，銀行でお金を預けたり買い物をしたりしたんで駅に着くのが遅くなって11時になってから駅に着いた」のようになる。この冗長性は，理解を容易にする機能も果たしている。また，ポーズ，イントネーション，プロミネンスが表現の意図のみならず意味の区別にも大きな役割を果たす。たとえば，「うすい茶色のコート」は，ポーズによって「うすい」が「茶色」を修飾するか「コート」を修飾するかの違いが出る。

● 相手と場面 —— 相手があるために相手に対する配慮がはたらくこと，場面があるために自明なことは言わないということが，話しことばの大きな特徴である。相手があるために敬意・親愛・遠慮などの感情が伴い，話す目的によって表現方法が変わる。この2つの特徴を習得することが自然な話しことばの運用に必要である。学習者が敬語という項目のもとで尊敬表現・謙譲表現などを学習しても，どのような相手にそれぞれの表現が適切とされるのかの指導がなければ，相手を十分に意識した表現が使えない。また，場面によって言わないのが適切である語句，たとえば不要の「わたし」を入れることで違和感を与えたり，意図せぬ強調を加えることになったりする。

● あいづちと共話 —— 相手との話し合いであれば当然，話し手から問いかけや語りかけがあり，それに対する応答が伴うが，日本語の場合，話し手の発話が完結しないうちに切れ目ごとに聞き手のあいづちが頻繁に入るという特徴がある。あいづちは日本語だけではないが日本語では頻度が高く，打つことにプラスの評価が与えられることが多い。話し手は聞き手のあいづちを待って次に進むという作業を基本とするために，外国人学習者があいづちを打たない場合に違和感をもつ。また，「きのうの地震」という話し手の発話の途中で聞き手が引き取って「強かったですね」と言うように，1文を話し手と聞き手との共同作業で終わらせることも起こる。一人が一方的に話し，他方が沈黙して聞くという，いわば対話型の話し合いに対して，こうした話し方を水谷（1980）は，「共話」と呼ぶことを提唱している。共話型の話し方は文の構造に関係してくる。話し手が自分の発話を必ずしも自分で完結させないという方式が相手に協調的な態度を表すものとされる。「ちょっとほかに回る所がありますので」というような，一見，不完全文のような話し方が実際の話し合いで機能している。このような特徴は，話しことばにおける文の定義や文末にくる助詞「から」「ので」「けど」などの機能を考えるうえで，無視してはならない。

● 立場と視点 —— 話しことばでは，話し手は客観的な立場からでなく自分の立場からものを言うため，話し手の視点が固定しやすい。「Aさんがわたしに電話した」という，いわばAと話し手を平等に見た視点よりも，話し手の視点から「Aさんから電話があった」「Aさんが電話してきた」のような表現が多く用いられる。また，他者同士の行動を語るときも，その一方に視点をおいて自分の目から見た表現が多くとられる。たとえば「AがBを殴った」事実も，Bを自分の視点から見た場合には「BさんはAさんに殴られた」などとなり，Aを

自分の視点から見た場合には「Aさんはついにはんでしまった」のようになりうる。複雑な展開をもつ長い談話であっても話し手の視点は固定している場合が多く、視点の移動しない話し方のほうが受け入れられやすい。このため受身や補助動詞、とくに授受表現などの使用が多くなるが、学習者の場合には視点移動が多いため、その使用が少ない傾向がある。

● **文字場面における話しことば**——電子メールやチャットなどは、文字場面でありながら、従来話しことばの特徴として挙げられてきた「終助詞」や助詞の省略などが多く見られる。音声言語が話しことばではないのと同様に文字言語も書きことばであると単純にはいえなくなっている。日本語教育上、書きことばの概念を話しことばにあてはめるのを避けることは重要な指導項目である。しかし、さまざまなメディアの発達によって、話しことばと書きことばの境界があいまいになってきており、指導上注意が必要である。

➾ 話しことばの文法 (4-B)、話しことばと場面 (4-B)、ことばの使い分け (4-B)、文体 (4-C)、ことばの運用と文化差 (4-A)、丁寧さの表し方 (4-A)、方向性表現 (2-E)

● **参考文献**

水谷信子 (1980)「外国語の修得とコミュニケーション」『言語生活』344.

水谷信子 (1985)『日英比較話しことばの文法』くろしお出版.

国立国語研究所 (1988)『話しことばのコミュニケーション』凡人社.

水谷信子 (1988)「日本語教育と言語生活」『言語生活』436.

水谷信子 (2001)「あいづちとポーズの心理学」『言語』30-7.

Mizutani, O. and Mizutani, N. (1977-83) *Nihongo Notes* 1-5. The Japan Times.

[水谷信子]

■話しことばの文法

● **主語の省略**——文を作るための規則である文法が、話しことばにおいても基本的には適応されるが、文法的に正しくても違和感を感じる場合がある。それは話しことばの性質に書きことばと異なる面があるからであり、話しことばには話しことばの性質を反映した文法がある。

話し手と聞き手が互いのことについて質問と答えのやりとりをする場合、主語が明らかな場合は言わないのが普通である。相手について質問する文の主語が2人称で、それに対して答える文の主語が1人称であることは明らかだからである。

(1)A：(あなたは) 今何年生ですか。
　　B：(わたしは) 2年生です。
(2)A：(あなたは) どうしたの。
　　B：(わたしは) 忘れ物しちゃった。

感覚や感情を表す場合、主語は言わないのが普通である。感覚や感情は本人にしかわからないため、それを表す文の主語が1人称であることは明らかだからである。

(3)あー (わたしは) 疲れた。
(4)久しぶりにお会いできて (わたしは) うれしいわ。

話し手と聞き手のどちらか一方あるいは両方が知らないモノには「という/っていう/って」をつける。

(5)田中っていう人から電話がありましたよ。

● **終助詞**——「か」以外の終助詞は、主に話しことばで使われる。「よ」「ね」「よね」「の」「っけ」は、聞き手に向けて使われる。接続助詞の「ので」「から」「けど」「が」「のに」「ば」「たら」なども、話しことばでは終助詞的に使われる。

(6)言ってくれれば手伝った<u>のに</u>。
(7)その日はちょっと都合が悪いんだ<u>けど</u>。
(8)先に行ってる<u>から</u>ね。
(9)もうあきらめ<u>たら</u>。

● 引用 ── 引用の「って」を文末につけて引用や伝聞を表すのも、話しことばに特有の用法である。

(10) あしたも雨だって。

● 無助詞 ── 話しことばでは助詞をつけないことが多い。助詞が省略されるのは「が」「を」「に」（方向）「へ」である

(11) （ラーメンを食べながら）ここのラーメン（が）おいしいね。

(12) コーヒー（を）飲む？

(13) 1000円（を）お預りします。

(14) どこ（に/へ）行くの？

これらのなかには、単に文法構造上の助詞が省略されているのではなく、コミュニケーション上で異なる機能を担う「無助詞」といわれるものがあり、助詞の省略との区別が必要である。

● 話しことばにおける接続詞の機能 ── 話しことばでは、接続詞はターンをとったりターンの維持にも使われる。よく使われるのは、「それで」「だから」「だけど」「だって」「で」などである。「じゃ」はターンをとるにはとくによく使われる。

(15) A：頭痛くて。

　　B：じゃ、休めば。

(16) A：頭痛くて。

　　B：で、薬は飲んだの。

➡ 終助詞の用法（2-H）、接続詞（2-B）、接続詞・接続表現（2-K）、会話のつながり（4-B）、話しことばの特徴（4-B）

● 参考文献

佐久間まゆみ他（1997）『文章・談話のしくみ』おうふう．

堀口純子（1997）『日本語教育と会話分析』くろしお出版．

メイナード，泉子・K.（1993）『会話分析』くろしお出版．

［堀口純子］

■ **ことばの使い分け**

● 使い分けの要因：相手と場面 ── 同じ話し手であっても、ことば遣いがいつも同じとは限らない。ことばのていねいさの度合い、用いる語の難しさの度合いなどに始まって、日常の生活ではさまざまなことばの選択や調節がなされている。そのような使い分け行動に影響を与える主な要因は、どのような相手と話をするか、そしてどのような場面で話すかであろう。

まず、相手については、上下・親疎、あるいは会社や学校など同じ社会的集団に属する人かそうでない人かによるウチ・ソトの区別が、とくに大きな影響を与えるといえる。従来の敬語使用の説明においては、目上の人と話すときには尊敬語や謙譲語を使うというように、上下関係に重点を置く記述が多かった。しかし近年では、むしろ親疎やウチ・ソトといった心理的距離の違いによることばの使い分けの傾向が、より強く指摘されるようになっている。それと同時に、どのようなことばでどのような言い方をすると相手が最も理解しやすいか、ということに応じても、ことばの使い分けはなされる。

場面については、公式の会議なのかリラックスした雑談なのかなど、状況の改まりの度合いの違い、すなわちフォーマル/インフォーマルの区別が、ことばの使い分けに大きな影響を与える。その他、話をする場所、状況、目的、コミュニケーションの媒体、その場に同席する人々など、多様な要因が話し手の場面認識に影響を与え、それがことば遣いの選択を左右することになる。

● ことばの選択のさまざまなレベル ── 相手や場面によることばの使い分けとしては、まず文体（普通体・丁寧体・超丁寧体など）の選択が挙げられる。文体は、同じ相手や場面であればつねに同じレベルが一貫して維持されるとは限らず、1つの談話のなかで普通体から丁寧体に、あるいはその逆に、というような変化が見

られることも少なくない。こうした変化は，スピーチレベルシフトと呼ばれる。スピーチレベルシフトは，話題の転換や話し手同士の心理的距離の変化などと関係して起こったり，話し手のあいだで人間関係を調整する方策として用いられたりもする。また，電話会話などでは，開始部と終了部において文体がより丁寧になることもある。

　ことばの使い分けは，単語レベルでもなされる。たとえば，同じ話し手が友人と気楽に話すときには「翌日」のことを「アシタ」と言い，改まった場では「アス」「ミョウニチ」と言うなどは，その例である。あるいは，同じことがらを説明する場合にも，小学生に向かって話すのなら，大人に使うような難しい用語はわかりやすく言い換えるであろう。呼称に関しても，同じ人物に対して，場合によって「鈴木さん」と姓で呼んだり，「太郎くん」と名で呼んだり，あるいは「係長」などの職位を用いたりするかもしれない。また，日本語には自称詞（ワタクシ，アタシ，ボク，オレなど）や対称詞（アナタ，キミ，オマエなど）の種類が豊富にあるが，これらも相手と自分の関係，場面の雰囲気や話の目的などの諸々の条件に応じてさまざまに使い分けられる。

　同じ言語のなかでも，各地の方言や，幼児語，フォリナートーク，ティーチャートークなど，異なる変種（バリエーション）が存在する。それらについても，どの変種を用いるか，複数の変種をとり混ぜたりシフトさせながら話すかなどの選択や調節が行われる。同一言語内での変種だけでなく，バイリンガルの話し手であれば複数の言語を対象にして，同様の使い分けや選択がなされうる。このように使用する言語あるいは言語変種を切り替えることを，コード・スイッチングという。

　方言と共通語の使い分けを例にとると，国立国語研究所が宮津市と豊中市の市民を対象に実施した調査（1983年，1984年）によれば，「友人と話す」に始まり，「近所の店の人と話す」「地元の見知らぬ人と話す」「地元で東京の人と話す」「東京で東京の人と話す」などの複数の場面にわたる変化に伴って，方言の使用が減り，共通語が増えるという結果が出ている。これなどは，相手や場面状況（改まり）の違いと言語変種（方言と共通語）の選択の関係を示す例といえる。

●なぜ使い分けるのか── ことばの使い分けは，なぜなされるのであろうか。一つには，話し手が，ことばを使い分けることによって，相手と自分の関係を確認・調整したり，コミュニケーションを行っている場面への適切な認識（をもってそれに対応していること）を示す，ということがある。そしてもう一つには，複数の選択肢のなかから適切なことば遣いを選んで用いることによって，情報をより効果的に伝えるということがある。自分が話している相手にとって伝達内容がより理解しやすいように言語変種や語彙の選択を行うことは，受け手を配慮したコミュニケーションには不可欠な行動といえる。

→バリエーション（6-B），敬語の選択要因（6-C）
●参考文献
岡本能里子（1997）「教室談話における文体シフトの指標的機能──丁寧体と普通体の使い分け」『日本語学』16-3．
国立国語研究所（1990）『場面と場面意識』三省堂．
真田信治他（1992）『社会言語学』桜楓社．

[熊谷智子]

C──書きことば

■文章構成

　国語教育などでしばしば説かれる伝統的な文章構成に，四分法の起承転結と，三分法の序破急がある。しかし，起承転結は漢詩の作法に，序破急は舞楽の作法にそれぞれ端を発するものであり，こうした伝統的な文章構成は，学習者が書く必要に迫られる論文やレポートの構成と，発想の面で異なるように思われる。そこで，ここでは，文科系の論文やレポートによく見られる，序論・本論・結論という三分法による文章構成を取り上げる。

　序論は，当該の文章の冒頭に位置し，その文章が「何の話か」を示すところである。そのため序論では，読者と主題の共有化をはかることがまず求められる。同時に，冒頭で読者を引き込まないと，肝腎の本論を読んでもらえないので，そこでは，想定される読者の好奇心や問題意識を喚起しつつ，その後展開される本論がいかに大きな意味をもつか，積極的にアピールする必要がある。そして序論の終わりで「何が問題になっているか」，つまり論点を示すことになるが，この論点は，文章全体の問いを表す問題提起文として，疑問のかたちで示されることが多い。

　本論は，序論の最後に示された論点に対する答えを，それを支える根拠とともに示すところであり，いわば文章の本題にあたる。そこでは，筆者の主張を裏づける論証などが詳しく示される。一般に，文章全体のなかで，本論の占める割合が最も大きく，必要に応じて，章や節などに分割して説明が行われる。

　結論は，本論の議論をふまえて，「言いたいことは何か」，すなわち，筆者の主張を最後に伝えるところである。その後に，議論を尽くせなかった今後の課題をつけ加えることもある。

　なお，序論・本論・結論は，表現法における文章構成，すなわち，文章の組み立て方に用いられる用語であり，文章論における文章構造，すなわち，文章のしくみを議論する際には，冒頭部・展開部・結尾部と呼ばれることが多い。

➡文章の種類（4-C），作文指導（8-B）

● 参考文献

市川孝（1978）『国語教育のための文章論概説』教育図書．

樺島忠夫（1980）『文章構成法』〈講談社現代新書〉講談社．

佐久間まゆみ（1999）「現代日本語の文章構造類型」『日本女子大学紀要 文学部』48．

［石黒　圭］

■段落

　段落とは，文を超える言語単位であり，比較的長い文章を，内容上，1つの話題を表す複数の文のまとまりに区分し，形式上，書き出しの文を改行1字下げにして記す。文と文章の中間に位置する段落は，文章を展開するはたらきをもち，大小さまざまの話題をまとめる統括機能による多重構造をなして，文章全体を完結させる。

● 句読法と改行規則── 通常，2文以上の連続集合体から成る段落は，文章の直接的な構成要素である。日本語の段落は，今もなお，句読法としての改行規則が一定しているとはいえない。

　段落は，文章の意味内容のまとまりの区切りを表すが，印刷・表記上の分量面の区分も示すため，段落の恣意性が問題になる。「形式（・改行・修辞的・小）段落」と「意味（・内容・論理的・大）段落」を区別する用語もある。後者の場合を，文章・談話論で，書きことばの文章と話しことばの談話の成分と見なし，「文段」と「話段」の総称として，「段」と呼ぶことも

ある。

●**パラグラフ**——漢文作法の「句読段落」に由来する日本語の段落は，明治以降，西欧の「パラグラフ（paragraph）」の翻訳概念も付与された。英文構成の基本単位として，「改行字下げ（indention, indentation）」で記される文章中の一定の意味を表す複数の文のまとまりである。内容面では，1つの考え（main idea）を表す「トピック・センテンス（topic sentence）」とその「支持文（supporting sentences）」から成る文の集合体を示す。英文の「1つのパラグラフには1つのトピックを述べる」という原則が，日本語の段落とは異なるとする説もあるが，改行の規則の不統一はあれ，いずれも，文章の構成要素としての本質を同じくする言語単位の一種である。

●**中心文**——日本語の文章論では，段の主な内容を端的に表す文を「中心文」，文章全体の主題を表す「中心段」の「中心文」を「主題文」と呼ぶ。通常，文章は主題の統一ある複数の段（連段）から，段は話題の統一ある複数の文（連文）から成る。「話題」とは1つの段で取り上げる主な内容の言語表現であるが，種々の大きさの話題をまとめる「統括機能」をもつ文が，中心文と主題文である。統括機能には，段の話題の規模や頻度，文章展開機能に応じた相対的な力の強弱があり，各段の中心文が相互に統括し合って，最終的に主題文が文章をまとめている。

●**中心文の統括機能**——文章展開機能と一部重なるが，①話題提示，②結論表明，③問題提起，④課題導入，⑤承前起後などがある。段は，通常，中心文の統括する話題を表す連文から成るが，中には，1文1段や1段1文章もあり，それらは，中心文と中心段を兼ねるものが多い。

●**中心文と中心段の出現位置**——段と文章の①最初，②最後，③最初と最後，④中間，⑤複数の分散，⑥潜在するものがある。文章の種類や段の出現位置と頻度，文章展開機能の種類により異なる。「話題提示」や「課題導入」は最初，「結論表明」や「問題提起」は最後が多く，「承前起後」は1文1段や1段1文章に多い。また，「分散型」は長い複雑な文章や法令文などに多く，小説や記録などに多い「潜在型」は，前後の段の中心文に統括されるか，同じ段内の文間に暗示された中心文を想定できるものが多い。

●**段落の改行規則**——①新しい話題の提示と転換　②立場や全体・観点の変化　③文章の冒頭（はじめ）・展開部（なか）・結尾（おわり）の3区分　④会話文や引用文の変化　⑤強調や視覚的効果　⑥段落の文章展開機能の変化（定義・例示・列挙・比較・対比・分類・類推・要約・詳述・因果・反復・省略・一般-特殊など）。一般に，3～5文，10行前後，約200字を目安に改行することが多い。

●**段落と日本語教育**——国語教育の実践用語としての段落は，20世紀半ばまで，国語学の研究対象として，語や文と並ぶ言語単位とは見なされなかった。また，国語教育の分野では，画一的な段落指導による弊害が叫ばれて，久しい。

一方，英語教育では，最近，「パラグラフ・ライティング」や「パラグラフ・リーディング」を導入したコミュニケーション技能の養成が重視されつつある。パラグラフの話題を表すトピック・センテンス（キー・センテンス key sentence）は，文章の「主題（theme）」（中心思想（central idea））を表す「主題文（thesis sentence/theme sentence）」と，部分と全体の関係をなすが，主としてパラグラフの初めに置くとされ，作文や口頭表現の「アウトライン（outline）」，読解や聴解の要点をまとめる「要約文（summary）」や速読に活用されるなど，コミュニケーション技能の習得に有効

だとされている。

日本語教育の分野では，用語や指導上の取り扱いが不統一で，「パラグラフ」を用いるものも少なくない。日本語教育では，学習者が母語や外国語学習で習得した「段落意識」を活性化させて，日本語の表現と理解の方法を習得させることが期待される。ただし，その際，英語のパラグラフ等の安易な適用は極力避けて，日本語の文章型や談話型の構成要素としての特性をふまえた「段型」や「連段型」を，4言語技能の中で初級段階から計画的に指導する必要がある。

→ 文章構成（4-C），文のつながり（4-C），書きことばの文化差（4-C）

● **参考文献**

市川孝（1978）『国語教育のための文章論概説』教育出版．

佐久間まゆみ（2003）「文章・談話における『段』の統括機能」『朝倉日本語講座7 文章・談話』朝倉書店．

塚原鉄雄（1966）「論理的段落と修辞的段落」『表現研究』4．

平井昌夫（1984）『何でもわかる文章の百科事典』三省堂．

森岡健二（1959）『文章構成法』至文堂．

　　　　　　　　　　　　［佐久間まゆみ］

■ 文のつながり

文章や談話における一続きの意味を表す複数の文が連続したものを「連文」という。「文連鎖」や「文連続」と呼ぶこともある。

連文は，接続詞や指示語などの「文脈展開形態」を用いて，文を越える大小さまざまの意味のつながりを表す。最小の連文は隣接する2文で，最大の連文は文章と一致する。また，複数の述語をもつ「節」から成る「複文」は，用言の運用形や接続助詞が接続詞に対応する働きをするため，連文と連続するものとして扱うべきであろう。

連文には，話題のまとまりを表す「段」や複数の段のまとまりを表す「連段」もある。

● **段と連段**── 文と文章の中間にある「段」には，文章や談話を展開する機能があり，意味的な関連のある，より大きな話題のまとまりを表す複数の段が，相互に関係し合って「連段」（「大段」ともいう）をなし，文章・談話を構成するすべての段が大小幾重にも統括し合いつつ，話題のまとまりによる多重構造をつくり上げている。

段が文章を構成する複数の文の連続統一体であるのに対し，連文は文章の構成要素の一部分，または，話題の部分的な断片を表す文の連続体にすぎない。連文の成立条件は，意味のつながりにあり，話題のまとまりにあるわけではない。

● **連文と日本語教育**── 文のつながりを分析する「連文論」には，広狭2種あり，狭義のものは連続する2文のつながり，広義のものは段や連段の話題のまとまりを，それぞれ分析する。

日本語教育では，初級後半から，複文の文型を教えるが，読解や作文では，複数の文のつながりや段落を指導する。聴解や口頭表現でも，文・発話のつながりや話題のまとまりを扱う。文法や語彙の面からも，接続詞や指示語などのはたらきを文の連接関係に結びつけて指導する必要がある。「連文型」「段型」「連段型」「文章型」「談話型」として，文脈展開形態や文章・談話の統括機能を体系づけて扱う必要があるだろう。

● **文の接続関係**── 文のつながりは，主に接続詞の働きによる「順接型・逆接型・添加型・対比型・同列型・補足型・転換型」の7種に，接続詞の用いられない「連鎖型」（市川1978）を加えた8種類を「連文型」として，接続詞や指示語などのはたらきとともに，複文

の文型と関連づけて，使い分けの指導をすることが望ましい．

①順接型　ダカラ，シタガッテ，ソレデ，ソコデ，ジャ，デ
②逆接型　ケレドモ，シカシ，デモ，トコロガ，ソレナノニ
③添加型　ソシテ，マタ，ソレカラ，ソレニ，サラニ，デ
④対比型　イッポウ，ソレニタイシテ，トイウヨリ，ムシロ
⑤同列型　タトエバ，ツマリ，ヨウスルニ，スナワチ，トクニ
⑥補足型　ナゼナラ，トイウノハ，タダ，タダシ，モットモ
⑦転換型　トコロデ，サテ，ソレニシテモ，ソレデハ，ジャ

● ⑧連鎖型──前文で提示した話題についての，解説や見解を後文に述べるものや，引用する内容と引用形式，「問答」をはじめとする複数の発話のやりとりなどは，指示語や語句の反復・省略などによって内容的に直接結びつく連文である．

(1)向こうに黄色いビルが見えるでしょう．あれが留学生センターのある建物です．
(2)「お出かけですか．」「ちょっとそこまで．」

接続詞の省略された連文との区別が難しいものもあるが，実際の文章や談話に多く見られることから，連文型として指導するべきである．

→ 段落 (4-C)，文章の種類 (4-C)，文章のまとまり──結束性・一貫性 (2-K)，接続詞 (2-B)，接続詞・接続表現 (2-K)

● 参考文献
市川孝 (1978)『国語教育のための文章論概説』教育出版．
国立国語研究所（編）(1987)『談話の研究と教育Ⅱ』〈日本語教育指導参考書 15〉大蔵省印刷局．
長田久男 (1984)『国語連文論』笠間書院．
林四郎 (1973)『文の姿勢の研究』〈言語教育の基礎論Ⅰ〉明治図書．
益岡隆志他 (2002)『日本語の文法 4 複文と談話』岩波書店．

［佐久間まゆみ］

■文脈

● 話しことばの文脈──話しことばにおける文脈とは，話し手や聞き手が当該の言語表現を話したり聞いたりするときに役立てる状況（コンテクスト）を指す．状況には，すでに言語化された内容である言語文脈のほか，話をしている場面や，話し手，聞き手などといった非言語文脈も含まれる．

　話し手や聞き手が文脈を用いてコミュニケーションを行っていることは，同一の言語表現が文脈によって複数の意味をもちうることからわかる．「時計ある？」という時計の存在を確認する表現を例にとろう．家で娘が母親に「今日予備校で試験があるんだ．時計ある？」と言えば「あったら貸して」の意味になるのに対し，おじが甥に「うちにもらい物の時計が余っているんだ．時計ある？」と言えば「なければあげるよ」の意味になる．友達二人で電車を待っている状況で時刻表を見ながら「時計ある？」と言えば「あったら今何時か教えて」の意味であろう．このように，話し手も聞き手も文脈を頼りに当該の言語表現を理解している．

● 書きことばの文脈──一方，書きことばにおける文脈とは，書き手や読み手が当該の言語表現を書いたり読んだりするときに役立てる状況のことを指す．状況といっても，話しことばのような非言語文脈はあまり問題にならず，もっぱら言語文脈を指すことが多い．言語文脈のうち，当該の言語表現の前に書かれているものを先行文脈，後のものを後続文脈と呼ぶが，書きことばの教育においては，先行文脈と当該の言語表現の関係表示の方法がとくに重要にな

● **作文教育における文脈** —— 作文教育では，先行文脈と当該の言語表現をどのような接続表現で結ぶか，先行文脈と重複して出てくる要素をどう表現するか，この２つが大きな問題になる。前者では接続表現の選択が問題となり，後者では指示表現や繰り返し語句の使い分けが問題となる。また，日本語の場合，重複して出てくる要素が先行文脈との関係でかなりの程度まで省略できるため，表現の経済性を考慮しつつ，省略可能な範囲もあわせて指導する必要がある。

● **読解教育における文脈** —— 読解教育では，逆にこうした接続表現や指示表現，繰り返し語句を理解に役立てることができる。すなわち，先行文脈と当該の言語表現との関係は，接続表現に着目することで理解が容易になるし，また，指示表現や代名詞が何を指すか，また省略されている要素が何であるかを常に確認する習慣をつけることで，学習者の，文脈を把握する力は向上する。

また，読解教育では，先行文脈だけでなく，後続文脈との関係も重要になる。当該の言語表現を見て後続文脈が予測できれば，読み手の理解が円滑に進むからである。「もちろん」を見て逆接を，「だけではない」を見て累加を予測するといった，後続文脈の予測能力もまた，学習者の文脈把握力の向上に欠かせない力である。

→ 語用論（7-C），文のつながり（4-C），読解指導（8-B），作文指導（8-B）

● **参考文献**

金水敏・今仁生美（2000）『現代言語学入門４ 意味と文脈』岩波書店.

田窪行則他（1999）『岩波講座言語の科学７ 談話と文脈』岩波書店.

［石黒　圭］

■文章の種類

私たちの相互行為を支える重要な手段の一つに言葉がある。ことばは単語，節，文，段落，さらに文章へとその単位が大きくなるが，文章とは，文が文脈をもって集まり，統一ある全体として完結している言語表現のことである。私たちは文章を理解し，表現することによって相互行為を営んでいる。

文章はその形式や内容からさまざまに分類される。たとえば，機能を基準とする内容からの分類の一つに，実用文と非実用文（芸術文）との２分類がある。実用とは実際の役に立つということだが，実用文には手紙文・報告文・広告文・宣伝文・説明文・記録文・論説文・評論文などがある。一方，非実用文としては，小説・物語・随筆・紀行・詩・短歌・俳句などがある。

これまでは均一な社会とされてきた日本でもグローバル化とともに多様な読み手・書き手の存在を考える必要が生まれてきた。たとえば，日本語を母語としない人々が情報を正しく理解し，円滑な相互行為を営んでいくことを可能にするための文章を考えるためには，どのような文章に私たちが日常的に接しているのかをまずきちんと押さえておく必要がある。

手紙は最近の電子メディアの発達によって，携帯やパソコンによるメールが一般的になりつつある。そこでは文字だけでなく記号などの非言語表現が多用され，これまでになかった「話しことばに近い書きことばの文体」が生まれている。その内容もお知らせ，問い合わせ，お願い，お礼など多様である。報告文には学生の書くレポートはもちろんだが，会社では上司や同僚への報告の文章も含まれるだろう。それらの文章が印刷されたり，Web上に公開される場合も考えられる。就職のために履歴書を書いたり，エントリーシートを書いたりと，自己アピールのための文章も大切である。電気製品の取

り扱い方法，パスポートの取得の方法，税金の支払い方法などさまざまな説明書が読みこなせなければ日常生活が円滑に営めない。レストランのメニュー，工事を知らせる注意書きなども重要である。

➡文章構成（4-C），作文指導（8-B），新聞の文体（4-C）

● 参考文献

市川孝（1978）『国語教育のための文章論概説』教育出版．

木下是雄（1981）『理科系の作文技術』〈中公新書〉中央公論社．

長沼行太郎他（2003）『日本語表現のレッスン——文章技法からイベント・プレゼンの企画と実施まで』教育出版．

北原保雄（監修）佐久間まゆみ（編）（2003）『朝倉日本語講座7 文章・談話』朝倉書店．

[佐々木泰子]

■ 文体

文体とは，文章の表現上の性格を他と対比的に捉えた特殊性のことをいう。書きことばについていうことが多いが，話しことばを含める場合もある。

文体は，個性的文体と類型的文体とに大別される。個性的文体とは，「漱石の文体」や「源氏物語の文体」のように，特定の作家や作品の言語表現の個性的な特徴を指していうものである。

それに対して，類型的文体とは，次のように言語表現を何らかの観点から類型的に捉えた特徴を指していうものである。

(1)語彙・語法の面から　和文体・漢文訓読体・和漢混淆体・候文体・擬古文体など。あるいは，文語体・口語体，ですます体・だ体・である体など。

(2)文章のジャンル（種類）の面から　手紙の文体，新聞の文体，論説の文体，広告の文体など。

(3)修辞の面から　散文体，韻文体，四六駢儷体（しろくべんれい）など。七五調や演説調などの「調子」に近い概念。

日本語教育に直接かかわるのは，類型的文体のうちの「ですます体」「だ体」「である体」とジャンルの文体である。

● ですます体——「森ですが，今，駅にいます。」のように，文末や句末に助動詞の「です」や「ます」をとる文体。丁寧体ともいう。「です」「ます」は，書き手（話し手）の読み手（聞き手）に対する直接の敬意を表す。話す場合は，接客や面接，ニュースなどの社会的・公的な場面で一般的に用いられる。書く場合は，童話や小学校教科書，手紙，器具の取扱説明書など，身近な話題で読み手を意識して語りかけるように述べる文章に用いられる。「ですます体」で書き始めた文章は，最後まで「ですます体」で通すのが基本である。日本語教育の初級は，「ですます体」から始まるのが一般的である。丁寧体には「ですます体」のほか，「でございます体」「であります体」も含まれるが，それらは使用される場面が限られている。

● だ体——「彼は大学生だけど，英語の先生だ。」のように，文末や句末に指定の助動詞「だ」をとる文体。普通体ともいう。話す場合は，改まらない私的な場面で家族や親しい友人同士のあいだで使用する。教室では，クラス全体に向けた発言では「ですます体」，個人に向けた発言では「だ体」と，文体がシフトする。書く場合には，新聞や雑誌の記事など特定の読み手を意識しない文章で「だ体」が用いられる。日本語教育では初級半ばで指導される。

● である体——「それは危険な方法である。再検討の必要があろう。」のように，文末や句末に指定表現の「である」をとる文体。「だ体」と同様に普通体ともいう。書きことばに使用され，社説，論文，事務文書など公的な性格の強

い文章に用いられる。「である体」の文章は「だ体」の文章よりも形式的で改まった印象を与えるが、文末の単調さを避けるために両者を混用する例も多い。「である体」は、日本語教育では中級で指導され、「影響は大きいである。」のような誤用や、「である体」にふさわしい語彙や文型の選択が問題になる。

● **読解教育と文体**── 文体の研究は文体論といわれ、文学的文体論と語学的文体論（統計的アプローチを含む）とに大別される。日本語教育に直接かかわるのは、文の長さや文末表現、文型や語彙などの分析から文体を捉える語学的文体論である。

　読解指導が本格化するのは、中級以降である。通常、日本語教育では、学習者がさまざまな文体の文章に対処できるように、新聞、雑誌、手紙、小説、随筆などから幅広く教材が選ばれる。だが、学習者はそれらの文体の違いを直感的には理解できないので、教師がそれぞれの表現の特徴を説明し、学習者の文体感覚を徐々に養っていく必要がある。そのためには、語学的文体論の方法で教材を分析し、その文体に特徴的な表現を抽出して指導することが重要である。また、生教材を使用する場合には、難しい表現をやさしく書き換えることが多いが、文体の破壊にならないように慎重に行う必要がある。

● **作文教育と文体**── 学習者が学習する必要のある文章の種類は、学習目的によって異なるが、限られている。そのなかで共通して必要なものは、「メモ」や年賀状、お礼のはがき、メールの書き方などである。それらの指導の要点は、日本人向け実用書のとおりに教えるのではなく、人間関係を保つうえで重要な点にしぼり、学習者の書ける例文で示すことである。レポートや論文の書き方を指導する場合は、まず、部分に区切り、見出しをつけて書くことや参考文献の書き方など、形式面の指導を短い課題レポートで行う。次に、見出しにそってどのような内容をどう述べるのかを実例を示して理解させ、書く練習を行う。

➡ことばの使い分け（4-B），読解指導（8-B）

● **参考文献**

佐竹久仁子（1988）「『である体』『だ体』と『です・ます体』」『日本語学』7-12.

中村明（1993）『日本語の文体』岩波書店.

村岡貴子（1996）「文体の指導」『日本語学』15-8.

村田年（2002）「論理展開を支える機能語句──接続語句、助詞相当句による文章のジャンル判別を通じて」『計量国語学』23-4.

山口佳紀（編）（1989）『講座日本語と日本語教育5　日本語の文法・文体（下）』明治書院.

［小宮千鶴子］

■ **新聞の文体**

　日刊新聞に代表される「新聞」は、一般に多様な目的の記事を含むため、その文体も多様である。たとえば、社説、連載小説、読者からの投稿欄あるいは座談会形式の話しことばを基にした文章などがある。以下では、日刊新聞の、「だ/である体」が用いられる、政治面、経済面、社会面、国際面などの報道文を、新聞の典型的な文体的特徴をもつ文章と考える。

　新聞の文章は、多くの情報を、迅速、正確かつ客観的に読者に伝えることを使命としている。それはその文体に反映されている。

　まず、新聞の文章にはパターン化された構成や表現が見られる。たとえば、新聞記事は、見出し、リード、本文の3部分から成る。見出しには最も重要なことが書かれ、リード、本文と後に行くほど補足的になり、「逆三角形の構成」といわれる。また、とくに見出しでは、「首相3月訪米」のように格助詞や語尾の省略がよく行われる。本文の文末にも「～する見通し。」

のような体言止めが用いられる。さらに，本文のなかで，「〜への援助が増額された。その援助増額は〜」のように先行表現を臨時的な複合語に変えて繰り返す表現も見られる。これらは時間と紙面の制約のなかで大量生産される新聞の文体として定着している。

また，新聞の文章は客観性が重視され，事実と意見が厳格に区別される。「〜は〜だ」と断定する文がある一方で，「(〜によれば)〜という」といった，伝聞形式が使用される文もある。他方，「〜ことが予想される」「指導力が試される」のような，判断の主体を特定しない受身表現も多用される。

さらに，断定を避けた，「〜公算だ」「〜見方が強い」「〜だろう」のような推量や推定の表現もよく用いられる。「論議を呼びそうだ」「予断を許さない」といった定型表現も多い。これらも新聞の文章で繰り返し用いられ，新聞の文体的特徴を形成している。

→ 文章の種類（4-C），文体（4-C）

● 参考文献

石井正彦（2001）「『文章における臨時一語化』の諸形式——新聞の四字漢語の場合」『現代日本語研究』8，大阪大学大学院文学研究科日本語学講座．

片山朝雄（1983）『ゆれ動く言葉と新聞』〈叢書・ことばの世界〉南雲堂．

片山朝雄（1997）「専門用語と新聞」『日本語学』16-2．

小宮千鶴子（1985）「文章の種類と言語的性格」『文体論研究』32，日本文体論学会．

鈴木英夫（1982）「新聞の文体」『講座日本語学 8 文体史II』明治書院．

[村岡貴子]

■ **手紙の文体**

● **手紙文の表現**——近年，電話やファックス，eメールなど，手紙より速くて簡便な伝達手段が種々発達しており，私たちは必要に応じてそれらを使い分けている。手紙もeメールも書くことによるコミュニケーションの手段であるが，前者がていねいで改まった印象を与えるのに対し，後者は話しことばの延長としてのくだけた印象を与える。そこで，目上の人への礼状，挨拶状や依頼状，また詫び状などていねいさを必要とする場合には，手紙が用いられる。手紙は情報伝達に加え，儀礼的な機能をも担っているからである。そのためワープロ書きより手間暇かけた手書きが好まれ，葉書より封書が，横書きより縦書きがよりていねいな印象を与える。最近は年賀状のように多数に出す場合には，ワープロによる宛名書きが増えているが，これはダイレクトメールのような印象を与えるとして手書きにこだわる人もいる。

手紙におけるていねいさの規範意識には，世代による違いが見られるが，一般的に改まった手紙は一定の形式をふまえており，文章構成の型，定型表現，文体のていねいさなどに特徴が見られる。

手紙文の文章構成は，「前文」「本文」「末文」の3部構成が基本である。前文は，「拝啓」などの頭語に始まり，「大寒の候」「先日は初雪でしたが，」など時候のあいさつを述べ，相手の安否を気遣い，近況を知らせる。本文では，用件である本題を述べる。末文では，相手の健康や活躍を祈り「敬具」などの結語で締めくくる。最後に，縦書きの手紙では，後付けとして日付，署名（差出人の名），宛名を書くが，横書きの場合は宛名を前文に書く。

定型表現については，頭語と結語との組み合わせが「拝啓—敬具」「前略—草々」のように決まっている。時候のあいさつには季節ごとの定型表現，結びのあいさつには「まだまだ寒い日が続きそうです。お体をお大切になさってください。」などの定型表現がよく用いられる。また，「お手紙（を）ありがとうございました」

など助詞の省略,「先生にお目にかかりましたおり」のような連体修飾節内での丁寧体の使用など,文法においても特徴が見られる。

　手紙文は,一般に,日常会話に比べ文章語的で,ていねいで,たとえ親しい相手に宛てる場合でも,話すときよりていねいな文体(ですます体など)を用いる。また,待遇表現も重要で,書き手と読み手の関係の上下,親疎,依頼の場合の負荷の大小など,場面によって尊敬語や謙譲語の適切な使用が求められ,文全体をていねいにするために丁寧語も多用される。

● **手紙文の指導**──留学生はホームステイ先へのお礼,保証人や恩師への依頼や報告など,手紙を書くことが必要な場面も多い。相手と場面に応じて,拝啓─敬具といった形式ばかりを先行させるのではなく,学習者各自の日本語レベルに合った自然な,しかし失礼のない,心が通じるような手紙が書けるような指導が望まれる。

➡文章の種類(4-C),丁寧さの表し方(4-A),文体(4-C)

● **参考文献**

C&P日本語教育・教材研究会(1988)『日本語作文Ⅰ──身近なトピックによる表現練習』専門教育出版.

稲垣滋子(1986)『日本語の書き方ハンドブック』くろしお出版.

山下暁美(2002)『スキルアップ文章表現』おうふう.

「特集:手紙教育」(2000)『日本語学』19-4.

Inter-University Center for Japanese Language Studies (1992) *Writing Letters in Japanese*. The Japan Times.

〔舘岡洋子〕

■ **報告の文体**

　報告の文章は,ある明確な目的のもとに,種々の資料を活用しながら,特定のことがらを客観的かつ論理的に読み手に伝える文章で,一般に「である体」が用いられる。ここでは留学生にとって重要な研究報告の文体を取り上げる。

　まず,報告の文章は,あらかじめ全体の構成が定められている場合が多い。たとえば,大学の学部や大学院で作成する研究計画では,「はじめに」「調査方法」などの見出しを定められた順につけて,おのおのにふさわしい内容を配置する。また,各見出しの下にも必要に応じて小見出しを作る。このように,報告の文章には,重要な点を見出しとして前もって読者に明示し,全体構成と要点の理解を促すという文体的な特徴がある。

　また,報告の文章では,文献などの他の資料からの引用も行われる。その場合,だれが,いつ,どのようにそのことに言及したかを正確に記載しなければならない。「○○(2000)は〜と報告している」「〜は〜である(△△(2001))」のように,著者名と発行年を明記する。引用された内容は,引用した筆者の意見とは厳格に区別される。なお,該当箇所に付された注の番号から引用文献を参照する方法もある。

　さらに,報告の文章には,考察や結論を裏づける具体的なデータが必要である。データは図表にまとめ,視覚的に示されることが多い。たとえば「図1はAとBの関係を示したものである」「表1から〜が明らかである」などの表現で,客観性と論理性の高い文体を形成する。

　以上のように,報告の文章は適切な論理展開により客観的表現を用いて記述するものである。「示す」や「明らか」などの頻繁に用いられる語,「したがって」などの接続表現,および「〜と考えられる」などの定型表現は,報告の文体を形成する特徴的な表現である。これらの表現は留学生への報告文作成の指導において,適切な論の展開方法とともに取り上げる必

要のある指導項目である。

➡文章の種類（4-C），文体（4-C），論文（7-O）

●参考文献

佐久間まゆみ（1994）「文章・文体」『日本語学』13-6.

中村明（編）（1999）『テキスト 日本語表現——現代を生きる表現行動のために』明治書院.

村岡貴子（1996）「文体の指導」『日本語学』15-8.

木下是雄（1981）『理科系の作文技術』〈中公新書〉中央公論社.

野村眞木夫（2000）『日本語のテクスト——関係・効果・様相』ひつじ書房.

[村岡貴子]

■レトリック

　文章がどのように展開するのかは，ジャンルによっても異なるが，学習者はテキスト展開，および伝達のために使われるレトリックの技法を理解しなければならない。

●展開のレトリック——文章の展開とは，基本的には広義の結束性（cohesion），一貫性（coherence）の実現である。そのための技法として，トピック構造や接続表現などがある。

　トピック構造は主に提題表現「は」「といえば」「も」などを伴う関連語彙によって実現される。たとえば，次の文章例では下線を施した名詞句を観察することで，大まかなトピック構造を理解することができる。「<u>色彩</u>は人々にいろいろな感じを与える。あたたかくやさしい感じのする<u>色彩</u>といえば，まずピンクが挙げられる。<u>オレンジ系の色</u>もあたたかい感じを与える。病院の中で見る<u>うすいピンクやオレンジ色</u>は心を癒してくれる。このように<u>色彩</u>は人間の生活に潤いを与えてくれるものである。」

　同一のトピックについて異なった文章を展開する作業は，トピック提示表現，ことばの連鎖，繰り返し表現，省略などをレトリックの手法として学ぶ際に有効である。たとえば，「私の同僚は嘘をつくことがある」という文から，「しかも彼は重大なことに関して嘘をつく。（彼は）嘘をつくことについてまったく反省していない」のように同僚についての文章を展開することもできるし，代わりに嘘について展開することも可能である。

　文章構成に役立つ接続表現には，トピック転換表現や，順序立て表現がある。たとえば前者には「ところで」や「さて」，後者には「まず」「次に」「最後に」などがある。これらの結束性を実現する接続表現をヒントとして，文の前後関係を理解させ，文章全体の展開を把握するように指導することができる。

●伝達のレトリック——文章が最終的にはだれかに向けて何らかの伝達を目的としていることはいうまでもない。そのため言語表現の主体は，各種の文型やスタイルなどを意図的に文章内のある位置に挿入する。このような表現の談話機能に焦点をあてることは，文法項目として学習した表現が，文化の一部としてのディスコースにどのような意図で使用されるのかを確認する作業にもなる。

　とくに日本語の伝達のレトリックの特徴として，〈パトスのレトリック〉がある。日本語には主語・述語のロゴス的なレトリックに対応して，トピック・コメントを基軸とした結びのレトリックがあり，できごとを概念化しそれに主体がコメントを加えるという操作が頻繁に行われる。〈パトスのレトリック〉では，コメントの発信元としての言語表現の主体が共感を目的としたエッセー的なテキスト構成をする。

　その技法の1つとして，テキスト構成に機能を果たすコメント文と非コメント文の混合がある。コメント文は名詞述語文（のだ，ことだ，など），執筆者の言語行動に触れる表現（といえる，と言いたい，など），感情，思考などに

触れる表現（と思う，感じがする，て欲しい，など），態度を示す文末表現（ではないだろうか，など）を伴う。これらの文は言語主体のコメントを提示するという意味で，テキストレベルのトピック・コメント構成を実現しているといえるが，これらは，たとえば新聞コラムの文章のおよそ20％を占める。コメント文は各段落の後半，文章全体の後半により頻繁に用いられ，全体として非コメント文からコメント文へという文の連鎖が観察される。

このようなコメント文を文章のなかに発見することで，文章の要旨や執筆者の意図を把握するヒントとすることができる。日本語では，文内部のトピック・コメント軸が談話レベルにも反映されているが，それを文章全体に流れる〈パトスのレトリック〉の展開として捉え，他言語の文章展開と比較対照しながら理解することもできる。

伝達のレトリックとして，ほかに〈です・ます〉と〈だ〉体の混合がある。主節に〈です・ます〉体，従属節に〈だ〉体が用いられるのと同じように，テキストレベルでも，重要な情報や，読者に意識的に向けられた情報には〈です・ます〉体が，より補足的な情報や，書き手の内面表現には〈だ〉体が用いられる。スタイルの混合は，単にスタイル一貫性の法則に違反するとして捉えるべきではなく，それなりの機能があることを強調したい。スタイルの差を利用して，執筆者の伝達意図を拾い出すことで，文章解釈指導のヒントとすることもできる。

➡文章のまとまり——結束性・一貫性 (2-K)，文体 (2-K)，文のつながり (4-C)，文体 (4-C)，メタファー (7-D)

● 参考文献

メイナード，泉子・K. (1997)『談話分析の可能性——理論・方法・日本語の表現性』くろしお出版.

メイナード，泉子・K. (2000)『情意の言語学——「場交渉論」と日本語表現のパトス』くろしお出版.

メイナード，泉子・K. (2004)『談話言語学——日本語のディスコースを創造する構成・レトリック・ストラテジーの研究』くろしお出版.

Maynard, S. (1998) *Principles of Japanese Discourse: A Handbook.* Cambridge University Press.

[泉子・K. メイナード]

■書きことばの文化差

言語社会は，それぞれ特有の伝達スタイルを共有しているといわれる。それは書きことばにもいえることである。カプラン (Kaplan 1966) は，渡米した留学生の英語作文指導の経験から，書きことばに見られる言語文化的類型に言及した。研究者のあいだでは，カプランのような文化相対主義的類型論の主張は検証不可能だとして批判する見方が強かったが，1970年代以降，テキストの結束性，スクリプト/スキーマ，社会言語学的機能，語用論的機能などに関する研究成果が蓄積され，伝達スタイル，あるいは談話ストラテジーの言語文化差が注目されるようになった。とくにそれらの差が第二言語学習に与える影響を予測した応用言語学分野での対照研究が多く行われるようになった。そのなかで，書きことばの対照研究は，対照修辞論 (contrastive rhetoric) と呼ばれる。

日本語の書きことばに関する対照研究では，ジョン・ハインズ (Hinds) がよく知られている。彼は，日本語の論述文によく見られる「起承転結」スタイルは英語母語話者からは高い評価を得られないという調査結果を発表している。メイナード，クボタ，西原らの調査でも，日本語が英語に比べて主題の提示が冒頭に現れないこと，つまり前置きが長いことを報告して

いる。

ハインズはまた，日本語では書き手が文の解釈を読み手に委ねること，つまり「紙背を読むこと」が一般的なのに対し，英語では書かれた内容のみが解釈の対象となるように書き手・読み手の双方が期待していると述べている。これは，日本語社会の高コンテクスト的特徴，つまり伝達されるべき内容中の言語化される部分が少なく，相手に察してもらうことを期待する傾向，と一致する。一方，英語による伝達では反対に低コンテクスト的傾向が強い。

対照修辞論研究では以上のほか，テキストのジャンル，抽象度，情報提供方法，文脈の遠近などが変数として分析研究に使用されている。

→文章構成（4-C），文章の種類（4-C），作文指導（8-B）

● 参考文献

メイナード，泉子・K.（1997）『談話分析の可能性——理論・方法・日本語の表現性』くろしお出版．

Hinds, J. (1987) "Reader versus Writer Responsibility: A New Typology." Connor and Kaplan (eds.) *Writing Across Languages: Analysis of L2 Text.* pp. 141-152. Reading, MA: Addison-Wesley.

Kaplan, R. B. (1966) "Cultural Thought Patterns in Intercultural Education." *Language Learning* 16. pp. 1-20.

Kubota, R. (1992) *Contrastive Rhetoric of Japanese and English: A Critical Approach.* Ph.D. Thesis. University of Toronto.

Nishihara, S. (1997) "Patterns of Assertion and Exposition in English and Japanese Newspaper Editorials." *Japanese Discourse*, Vol. 2. pp. 25-41.

[西原鈴子]

■文章のわかりやすさ

「文章のわかりやすさ」はreadabilityの訳語の「読みやすさ」と同じ意味で用いられる。readabilityが画面や文字などの見やすさと内容の理解しやすさとの2つの意味を表すため，後者の意味を明示するのに使用される。

文章のわかりやすさの研究は，1920年代のアメリカで始まり，文の長さや単語の使用頻度などを組み合わせて文章の難易度を測るさまざまな公式が開発された。

日本では，1950年代以降，朝日新聞社や国立国語研究所，NHK放送文化研究所などを中心に文章のわかりやすさの研究が行われた。堀川（1957）は，新聞などの事実的文章は漢字が多くて文が長く構文が複雑な文章のほうがわかりやすく，文学的文章はその逆になると主張した。

森岡健二（1988）は文章のわかりやすさを主観に基づく印象ではなく，readabilityの別の訳語である可読性と捉えた。そして，言語要素の複雑さと子どもの読解力の発達が対応すると主張した。森岡は文章のわかりやすさは文の長さと漢字の量によって測定されるとし，阪本（1971）は漢字率，基本語彙率，短文率によって測定されるとした。

最近の認知心理学による研究によれば，読解には言語知識のほかにもさまざまな知識や能力が必要である。そのため，同じ文章でも，読者の内容に関する知識の有無などにより，読解の方法が異なり，文章のわかりやすさにも違いが生じるとされる。

日本語教育では，読解教材の文字量，文の長さ，未習語や未習漢字，未習文型の割合，学習者の内容に関する知識などを考慮して，読解教材とする文章のわかりやすさを判断する。

中級後半からは生教材の難しい表現を既習語による表現に変えて使用するが，部分的な修正がかえって読解を難しくしないように注意する

必要がある。

→読解の過程（4-C），読解指導（8-B）

●参考文献

阪本一郎（1971）「読みやすさの基準の一試案」『読書科学』14-1・2.

堀川直義（1957）『文章のわかりやすさの研究』（朝日新聞調査研究室報告65）朝日新聞社.

森岡健二（1988）「リーダビリティー」『文体と表現』明治書院.

山本一枝（1985）「大学一般教養書の読みの難易と文体的特徴」『日本語論集』1, 筑波大学留学生教育センター.

Carrell, P. L. (1987) "Readability in ESL." *Reading in a Foreign Language*, 4-1.

［小宮千鶴子］

■読解の過程

文章理解の過程については，認知心理学，認知科学，心理言語学，最近では脳科学などの分野で研究が行われている。文章を読む際，読み手の頭の中ではボトムアップ処理とトップダウン処理とが行われている。ボトムアップ処理（データ駆動処理：data driven processing）とは，読み進むにつれて目に入ってくる情報を少しずつ組み合わせ，その情報と読み手の知識をつき合わせることにより，文字の知覚，語の認識，文の理解，文章の理解を行う情報処理の流れである。それに対し，トップダウン処理（概念駆動処理：conceptually driven processing）とは，すでに読んだ文章の一部や関連する既有知識を利用して，これから読む文章の内容や構成についての予測を立て，それに基づいて文字，語，文，文章の意味を予測し，検証する情報処理の流れである。この2種の処理は相補的にかつ同時に行われ，必要に応じ意味の修正がされながら文章全体の意味の構築がなされるとされている。

情報処理の際には，文字や語彙，構文，談話に関する「言語的知識」や，一般常識などの「世界的知識」が脳内の長期記憶から取り出され，活性化される。この処理は母語話者の場合には自動化されているため，文章理解に必要な他の処理（個々の要素の意味との結びつけ，照応関係の把握，文章全体としての意味内容の構築，文章全体の整合性に対する配慮など）が円滑に進む。それに対し，外国語学習者の場合は，言語的知識が不足していると，トップダウン処理に依存しすぎて文章を誤って把握したり，ボトムアップ処理に追われ，個々の要素のみの記憶しか残らなかったりする。これは文章理解のために必要な，一時的な情報の保持と処理を行うワーキングメモリ（working memory）の容量の限界を超えた結果であろう。さらに，個々の言語要素は学習ずみでも，それらが学習直後の場合や，複数の処理が必要な場合，その処理に負担がかかり，容量を他の処理にあてられず，文章全体の理解につながらないことも少なくない。また，学習者のもつ世界的知識が書き手とは違い，書き手の意図とは異なった解釈をすることもある。読解指導では，これらに配慮した支援を行う必要がある。

→読解指導（8-B），言語学習と情報処理（8-A）

●参考文献

阿部純一他（1994）『人間の言語情報処理——言語理解の認知科学』サイエンス社.

苧阪満里子（2002）『ワーキングメモリ——脳のメモ帳』新曜社.

苧阪直行（編）（1998）『読み——脳と心の情報処理』朝倉書店.

鈴木美加（1998）「初級後半の学習者は文章をどう読むのか——アイカメラによる文章読解中の眼球運動の記録」『東京外国語大学留学生日本語教育センター論集』24.

Just, M. A. and Carpenter, P. A. (1987) *The Psychology of Reading and Language*

Comprehension. Allyn and Bacon.

[鈴木美加]

■要約

「要約」とは，文章などの要点を短くまとめることで，まとめた内容も「要約」という。まとめた内容を指す場合は，要約の元になる文章を示す「原文」と対比させ，「要約文」と呼ぶことがある。要約は原文の内容を，その文章構造に沿ってまとめる「大意要約」と，結論を中心にまとめる「要旨要約」との2種に大別される。

● 要約の方法 ── 大意要約は，原文の字数の約4分の1までの長さに縮める場合に行われやすい。大意要約をするには，原文の文章構造を把握する必要がある。文章構造は，手紙文，意見文，新聞記事など文章の種類によって異なるが，ここでは日本語教育でよく取り上げられる意見文について述べる。意見文の典型例として「話題提示」の段（→段落），「理由説明」の段，「結論主張」の段から成る構成が挙げられる。それぞれの段の内容を，段を統括している「中心文（→段落）」を手がかりにまとめると，大意要約となる。要約文に原文のどの部分が残存しているのかを実際に調べてみると，「結論主張」の段の内容が残存するほか，「話題提示」や「理由説明」の段の部分も多く残存している。要約の際，結論の部分は原文の表現をあまり変えずに要約文に使うことが多く，例の部分は抽象的な表現に変えて使うことが多い。また，「しかし」「そのため」など文章構造を示唆する接続表現を積極的に用いたほうが読みやすい要約文となる。

要旨要約は，原文の字数の約5分の1以下に縮める場合に行われやすく，原文の「結論主張」の段を中心に短くまとめる。概要や抄録も要旨に近いものといえる。要旨をさらに縮めたものが原文の主題である。

● 要約の指導 ── 母語話者を対象とした国語教育においては，要約をさせることにより，文章の理解力と表現力の両面が確かめられる。それに対し，非母語話者を対象とする日本語教育においては，原文の理解はできていても，表現力がつたないために，理解した内容を要約文に正確に反映できず文法などの誤用となる場合があることに留意する必要がある。そのほか，原文の結論を書かずに例の部分を詳しく書いていたり，要約者の意見を書いていたりする場合は，読解が不正確なことが多いため，「～のではないか」「～たい」などの文末叙述表現に着目させて意見の文，説明の文など文の機能を見分けさせるといった指導方法が必要である。

要約は，ノート・テイキング，レポートや論文への文献の引用，発表要旨や論文要旨の作成など，中上級における実用面からの指導としても重要である。

● 関連情報 ── 自然言語処理の分野においては，反復語句などを手がかりに重要な文の認定が行われていたが，最近では文章のジャンルによる文章構造の違いや文末叙述表現に着目し，要約の精度を上げる試みが行われている。

→読解の過程（4-C），読解指導（8-B），文章構成（4-C），論文（7-O）

● 参考文献

佐久間まゆみ（編）(1989)『文章構造と要約文の諸相』くろしお出版．

佐久間まゆみ（編）(1994)『要約文の表現類型』ひつじ書房．

邑本俊亮 (2001)「文章の要約」(21世紀の認知心理学を創る会『おもしろ言語のラボラトリー』〈認知心理学を語る2〉北大路書房)．

[藤村知子]

5 | 文字・表記

　従来の外国人のための日本語の文字・表記教育のあり様を振り返ってみると，大きく2つの時期に分けて考えられる。第1期は，国語教育における指導法をそのまま踏襲した形で教育が行われていた時代である。漢字指導について言えば，シラバスとして漢字の配当表のみが提示され，どのように教えるのか，またどのように習得されていくのかというプロセスや方略に関しては，教師あるいは学習者の努力に完全に任されていた。その結果，「漢字は難しい」という理由で日本語学習から脱落する非漢字圏学習者も多かったと言われている。

　その後，地域や教育機関によって多少の時間差はあるものの，1980年前後から，特に非漢字圏学習者を対象とした漢字教育改善の必要性が認識され始め，1990年代にかけて数多くの漢字記憶法や学習方略を使ったテキスト・練習帳などが国内外で開発された。この時期を第2期と考える。主に日本語の表記システムの特殊性を強調する見方が強くなり，さまざまなアプローチが考案された。しかし，客観的に見ると，そのような方法によって学習動機を強化することはできたと思われるが，第1期に比べてそれほど際立った教育成果が上がったという報告はまだ出されていない。

　そして現在，認知心理学などの発達によって文字の記憶や学習に関する新たな知見が示されるようになり，またコンピュータを利用した統計処理なども進んで，科学的，客観的に文字の認識や学習過程，使用実態などを研究することにより教育を支援していこうとする第3の時期に入りつつある。一方で，韓国の「ハングル世代」を含むいわゆる「漢字圏」学習者に対する効率的な漢字語彙教育の必要性も叫ばれるようになり，ニーズ多様化の時代を迎えているといえる。

　本章では，大きく4つの観点から見出し項目を設定した。1つは，日本語の文字を，人類が発明してきた世界の文字体系全体の中で捉え，相違点ばかりでなく共通点も含めて客観的に認識理解し，教育に役立てようとする観点である。2つ目は，文字の使用や表記を従来のように規範として捉えるよりはむしろ実態として捉え，それにどのように対応していくかを教育の中で考えようとする観点である。3つ目は，日本語の文字・表記の認知過程を科学的に探り，その知見を教育に生かしていこうとする観点である。最後は，そのような「文字・表記」に関するさまざまな知識・知見を「学習法・指導法」にどのように結びつけられるかを探ろうとする観点である。具体的には，「A〜D」の項目で示される知識・知見と「E〜G」の項目で示される学習法・指導法の間にクロス・レファレンスをつけることを試みた。まだ試案の段階のものもあるが，21世紀の日本語の文字・表記教育のあり方を探るための材料として役立てていただければと思う。　　　　　　　　　　　　　　　　[加納千恵子]

5 文字・表記 — 見出し項目一覧

A 文字 —— 369
- 文字の機能
- 世界の文字
- 文字体系間距離
- 日本の文字の特色
- アルファベットと日本の文字
- 中国の漢字と日本の文字
- 韓国の文字と日本の文字
- 視覚障害者の文字

B 表記法 —— 377
- 漢字仮名交じり文
- 分かち書き
- 日本語の正書法
- 日本語の文字の書体
- ひらがな表記
- カタカナ表記
- ローマ字表記
- 表記と発音
- 字種と語彙表記
- 表記法の変遷
- 表記に関する政策
- 現代表記の実態

C 漢字 —— 387
- 漢字の特性
- 漢字の字源
- 漢字の字形
- 漢字の構成要素
- 漢字の意味・用法
- 漢字の読み
- 漢字・漢字語の使用頻度
- 漢字の字体
- 漢字の辞典
- 漢字の難度
- 漢字の情報処理
- 専門分野別の漢字
- 漢字文化圏

D 文字の認知・習得メカニズム —— 401
- 字形認識
- 文字の記憶
- 文字記憶の要因
- 文字記憶のメカニズム
- 文字記憶のメカニズムと文字習得

E 文字教育のカリキュラム —— 407
- 国内の文字学習ニーズ
- 海外における文字学習ニーズ
- 文字教育と学習者特性
- 文字教育と学習者の意識
- 文字教育のシラバス
- ひらがな教育のカリキュラム
- カタカナ教育のカリキュラム
- 漢字教育のカリキュラム
- 非漢字圏学習者に対する文字教育
- アルファベット系学習者に対する文字教育
- 非アルファベット系学習者に対する文字教育
- 漢字圏学習者に対する文字教育
- 韓国の学習者に対する文字教育
- 多言語使用の学習者に対する文字教育
- 年少者に対する文字教育
- 目的別の文字教育

F かな文字の学習法・指導法 —— 422
- ひらがなの導入法
- ひらがなの学習法
- ひらがな学習の活動
- カタカナの導入法
- カタカナの学習法
- カタカナ学習の活動
- かなの教材
- かな学習の評価

G 漢字の学習法・指導法 —— 429
- 漢字の導入法
- 漢字の書写指導
- 漢字の読み指導
- 読解・作文指導と漢字指導
- 学習漢字数
- 漢字の字源による学習法
- 漢字の字形による学習法
- 漢字の構成要素による学習法
- 漢字の意味・用法による学習法
- 漢字の音による学習法
- コミュニカティブ・アプローチによる漢字の学習法
- 漢字の学習活動
- 漢字学習のストラテジー
- 漢字の連想
- 漢字の教材
- 漢字の検索方法
- 漢字学習の評価

A──文字

■文字の機能

● **文字の定義**── 英語では一般に writing や writing system という用語が使われるが、後者は「文字体系」に対応する。一方、writing と「文字」は必ずしもきれいに対応しないが、ここでは文字学で使う writing と同じ意味で使うことにする。

文字の定義にはいろいろあるが、定義の主な要素として、「習慣化された」「一定の図形」「コミュニケーションの一手段」「音声言語と何らかの形で対応する」が挙げられる。日本でよく引用されるブルームフィールド（Bloomfield）の「文字は目に見える記号によって言語を記録するだけのものであって、言語ではない」という主張は、その後の研究では否定されている。ただ、1950 年代のゲルブ（Gelb）の研究書以来、とくに 1970 年代から数多く出されている文字の主要研究書は、日本語訳がないのが大きな問題といえる。

何が文字で、何がそうでないかについては、一応のコンセンサスは得られている。上記の定義要素からは、絵文字（ピクトグラム）などの表意的な記号が、「言語との対応」が成立しない（言語的文字 glottic writing ではない）ことから除外される。それから、点字やモールス符号などは二次的な表示法（notation）として区別される。数式や楽譜なども notation に入る。

文字を言語との対応から捉えると、文字が言語のどういう単位に対応するかが問題になるが、これについては「世界の文字」（次項）を参照されたい。

● **文字言語と音声言語**── 従来、文字の機能として挙げられた点は「記録」で、時間・空間を超えるものとして音声言語と対照された。しかし、技術の進展に伴って、それは文字の専用領域ではなくなった。ただ、文字の創造に至った歴史的な動機づけとしては残る。

文字には、音声言語にない側面が多くある。文字言語ではパラ言語的な要素が捨象されており、通常、アクセントやイントネーションなどは示されていない。また、文字言語ができると、通常「文語」のような、話しことばでは一般に使わない、地域や方言を超えるスタイルができ、規範的な地位を占める。

また音声言語では真似ができないカリグラフィや修飾文字、大文字・小文字やフォント、太字や斜体などの効果がある。また、双方向から読める回文や、日本語のように印刷の方向を使い分ける現象（たとえば、新聞の見出しと本文）もある。

つねに変化する音声言語と違って、文字は比較的安定しており、改革を実施しないかぎり、文字のほうがより古い時代の言語を反映することが多い。この特徴はよく同音語の区別や同系語彙の標識として利用されている。たとえば英語の /teil/ は tail（尻尾）・tale（物語）に書き分けられている。また、ドイツ語では、Land（国）の末子音は /t/ と発音されるが、属格 Landes では /d/ の発音になる。しかし、綴り字では「d」に統一されている。その一方、フィンランド語やクロアチア語のように徹底した音声主義をとっている綴り字もある。このような違いは、「形態音韻的体系」と「音韻的体系」という用語で区別される。

一方、表語文字は発音を示さないことが多く、日本語の「急ぐ」と「忙しい」の場合のように派生などの語彙体系が不透明になる場合も少なくない。

➡ 世界の文字（5-A）

● **参考文献**

Gelb, I. J. (1952) *A Study of Writing*. University of Chicago Press (revised edition 1963).

Gelb, I. J. (1975)「文字」『ブリタニカ国際大百科事典』19, TBS ブリタニカ.

[シュテファン・カイザー]

■世界の文字

●**古代文字**――現在使われている文字はほとんど古代の文字から発展してきたため,古代文字を別にたてることが多い。未解読のものを除けば,中東のシュメール文字とエジプト文字がB.C. 3000年頃から使われた体系で,それより遅れて出現したのは,中国の漢字(B.C. 1350年以前)と新大陸のマヤ文字(A.D. 3世紀頃から)である。これらの文字の相互関係は現在不明で,文字の形も象形以外にはたいへん異なっていることもあって,まったく別個に発明されたとする説と,「刺激伝播」によって発想だけが伝わったという考えがある。

古代文字はすべて「象形」から発展したといわれる。古代4体系のなかで現在も使われているのは漢字だけであるが,漢字が日本に渡って仮名を生んだのと同様に,シュメール文字がアッカドなどの楔形に展開し,エジプト文字がセム文字やインド系文字,ギリシャ・ラテン文字などへと発展した。マヤ文字にだけは後継者が現れなかった。一方,ハングルは,インド系文字の影響を受けながらも,15世紀中頃に新しく作られた,珍しい例である。

●**文字分布の現況**――現在使われている文字の分布を見ると,アメリカ・オーストラリア・西ヨーロッパ・アフリカはほぼ全体がラテン文字圏で,旧ソ連はほとんどがキリル文字,中東はトルコ(ラテン文字)以外はほぼアラブ系文字となっている。インドや南アジアでは主としてインド系文字が使われるが,ベトナム・フィリピン・インドネシアはラテン文字を使っている。漢字を使っている国・地域は中国・台湾・韓国と日本だけとなった。

世界的にはアルファベット系統の文字が圧倒的に多いことになるが,上記のような分布から読み取れるのは,ローマ帝国を含む植民地政策の結果のラテン・キリル文字の影響圏,イスラム文化の進展に伴うアラブ系文字の影響圏,さらに仏教によるインド文字の影響圏などが見られることである。インドとパキスタン,あるいはセルビアとクロアチアのように,名称は異なるものの同じ言語を話す隣国で,別系統の文字を使っているという現状を見ても,文化的な要因の重要さがわかる。

●**文字の分類**――上記のような分布は歴史的な展開の結果で,本来は一次的な文字(文字プロパー)と,二次的な文字,つまり別の言語に応用された文字と区別しなければならない。フランス語のアルファベットをベースにして作られた点字や,日本の仮名に基づく点字なども文字の二次的な表示法(これは notation という用語で区別される)となる。

新旧を問わず,文字の分類によく利用されるのは,音声言語とどう対応するかである。

一つの基準になるのは,表音文字の音声の単位で,1文字が原則的に対応する最小の単位から順に音素・準音節・純音節・多音節ということになる。音素文字はさらに母音を表記するかしないかで子音式・アルファベット式に分類できる。音素文字から例を挙げると,アラブ文字が子音式なのに対し,ギリシャ・ラテン文字やハングルがアルファベット式である。デーヴァナーガリなどのインド系文字については,子音では/a/で終わる形がデフォルト・モードであることから音節文字とする説もあるが,母音は音素文字で表記される点でアルファベットに分類すべきである。準音節文字の例は日本のような仮名(モーラ文字)や,マヤ文字やシュメール文字のように1音節の表記に複数の文字が使われることの多いシステムを指すもので,中国

語のように原則として1字＝1音節の純音節システムと区別される。完全な多音節システムは知られていないが、日本語の表記体系の一部である訓読漢字には多く存在し、そのようなシステムに最も近い位置にある。

もう一つの基準として使われるのは、1文字が意味の単位とどう対応しているかである。アルファベットや仮名などでは例外的な現象にすぎないが、エジプト・シュメール・マヤの象形文字は、単語を表すものであった（しかし、その後の発展では、表音的な性格がむしろ強かった）。中国の漢字は単語・形態素を表すもので、上記3システムのような補音符がない（補音符と違って、漢字の音符は固定されている）点では、より表語的といえる。なお、文字のタイプと数の関係はおよそ音素文字：20～45、音節文字：40～90、表語文字：数百～数千のようになる。

以前はよく「表意（ideography）」という用語が使われたが、文字が直接に概念を表しているのか、音声を経由して概念に結びついているのかは明らかではなく、現在では、「表語文字」、もっと正確には「表形態素文字」が正しい名称としてきている。

→文字の機能（5-A）、文字体系間距離（5-A）
● 参考文献
Sproat, R. (2000) *A Computational Theory of Writing Systems.* Cambridge University Press.
カイザー、シュテファン（1995）「世界の文字・中国の文字・日本の文字——漢字の位置付け再考」『世界の日本語教育』5.
　　　　　　　　　　　［シュテファン・カイザー］

■ 文字体系間距離
● 言語間の遠近関係 ——外国語学習のスピードは、目標言語と母語（あるいは学習済みの外国語）との遠近関係に大きく左右される。同じ語族に属する言語は類似点をもっていることが多いが、系統がまったく別の言語でも、語順が同じだったり（日本語のSOV順が世界の言語では最も多いタイプに属する）音韻体系やアクセントのタイプが似ていたりすることがある。また、言語接触によって、一部の語彙や形態素が共通になることもある。日本語における漢語がその例である。

目標言語が使用する文字についても、遠近関係が問題になる。言語と文字がある程度重なる場合もある。たとえば、スペイン語話者がフランス語を学習するとき、初めて目にする語彙でもその意味がわかることが多い。それは、系統上近い言語のうえ、同じラテン文字を使っているからである。

● 文字体系間距離 ——心理言語学や認知心理学では、第二言語学習者の母語と目標言語とのあいだに存在する文字体系の類似程度を文字体系間距離（orthographic distance）と呼んでいる。ここでは文字学などで使われる「文字体系」という用語を使うが、伝統的には「正書法」という日本語が対応する。その距離は、単語認識や読みに関する実験で明らかにされようとしている。

いくつかの結果を紹介すると、Haynes and Carr（1990）は、台湾の大学生の英語の読みに関する実験を行い、母語の読み手の成績と比較した。ネイティブは単語・疑似単語を同じくらいの効率で処理したのに対し、台湾人は疑似単語の処理効率が明らかに劣っていた。それは、予想可能なスペルの構造が十分活用できないためだと解釈される。また、読解課題の結果でも、理解面では台湾の読み手と母語の読み手のあいだにさほど差は見られなかったが、速さでは3分の1ほどと大きく劣っていた。

Muljani et al.（1998）が行った、英語の読解力などが同程度の中国語・インドネシア語の読み手および母語の読み手に対する語彙判断の

実験では，反応時間にインドネシア人のラテン文字効果がはっきり現れた。

漢字に関しては，Hayes (1988) の実験から，非漢字系の場合，熟達した学習者でも漢字を処理するときに形態にこだわることがわかっている。

●文字の認識・文字の弁別──学習者の母語と目標言語の文字体系間距離が近い場合には，未習の語彙でも認識が可能である場合が多い。つまり，トップダウン処理が可能である。しかし，距離が遠い場合にはそれが不可能である。非漢字圏の日本語学習者の場合は，むろん後者にあたる。したがって，彼らにとって必要になるのは，ボトムアップ処理である。つまり，彼らが幼児期から慣れている文字とまったく違う，日本語特有の技能を獲得しなければならないため，見慣れない文字・語彙に学習者を慣れさせ，ボトムアップ処理ができるようにするためのトレーニングをすることが必要だと指摘されている。その具体的な方法はまだ開発されていないが，仮名や漢字の場合は，最小対で形の違いを認識させる弁別練習や，語単位やよく使われる文字連続を認識させる練習などが考えられる。

➡ 字形認識 (5-D)，文字記憶のメカニズム (5-D)

●参考文献

Hayes, E. B. (1988) "Encoding Strategies Used by Native and Non-native Readers of Chinese Mandarin." *The Modern Language Journal* 72-4. pp. 375-421.

Haynes, M. and Carr, T. H. (1990) "Writing System Background and Second Language Reading: A Component Skills Analysis of English Reading by Native Speaking-Readers of Chinese." In Carr, T. H. and Levy, B. A. (eds.) *Reading and Its Development: Component Skills Approaches*. pp. 375-421. Academic Press.

Muljani, D. et al. (1998). "The Development of Word Recognition in a Second Language." *Applied Psycholinguistics* 19. pp. 99-113.

Koda, K. (1996) "L2 Word Recognition Research: A Critical Review." *Modern Language Journal* 80-4. pp. 450-460.

［シュテファン・カイザー］

■日本の文字の特色

●文字による機能分担──日本語の表記には，複数の種類の文字が使われる。主な文字は，漢字，ひらがな，カタカナであるが，このほかに，ローマ字，算用数字，句読点やかっこなどの記号が使われる。これらの文字はその性格に応じて使い分けられている。

漢字は意味を表す単位となるため，日本語の標準的表記である「漢字仮名交じり文」のなかでは，主に実質的内容の部分（動詞や形容詞の語幹部分，名詞など）を表すのに使われる。

これに対し，仮名は，言語音の基本的単位である音節を表す文字である。仮名は，文字さえ覚えてしまえば，日本語（音声言語）が容易に書き写せるという便利さをもつ。この表音的性格は，2種類の仮名による2つの用法に現れている。

一つは，漢字では表しにくい文法的関係や機能を担う部分（用言の活用語尾，助詞，助動詞など）を表すというひらがなの用法である。もう一つは，音声言語を忠実に写しとるというカタカナの用法（外来語，擬音語，俗語など）である。

以上のような文字による機能分担は，本来は中国語を表す文字である漢字を，言語構造の異なる日本語に適用させようとする過程から生まれてきたものである。

●日本の文字の歴史──日本人が初めて接した文字は漢字であった。古代の人々はこの文字

を使って日本語を表す試みを始める。漢字は表意性をもつため，同義の日本語を漢字で表すことは可能であったが，①発音をどう示すか，②中国語と文法構造の異なる部分をどうするか（助詞や助動詞をどう表すか），については別の工夫が必要であった。

結局，①漢字の意味を捨てて，読み方（音訓）だけを借りる，②漢字（語）を日本語の語順に並べ，漢字の音訓を借りて表記した助詞や助動詞をはさむ，という方法によって，日本語（文）は表されるようになった。

①の用法は「万葉仮名」と呼ばれ，「万葉集」（8世紀中成立）に代表される古代歌謡の表記に盛んに使われた。②の代表は「宣命体」と呼ばれるもので，古代の「宣命」（詔勅）や「祝詞」の表記に使われた。助詞や助動詞を万葉仮名で小書きにするのが特徴である。

平安時代に至り，漢字の草書体からひらがなが生まれ，省画からカタカナが生まれると，万葉仮名の役割はこれらに引き継がれた。当初，ひらがなは和歌などの文学的用途に使われ，カタカナは漢文訓読のために使用された。やがて，この両者から，それぞれ独自に漢字仮名交じり文（ひらがな交じり文，カタカナ交じり文）が発展していく。

日本で誕生した表音文字は，結局，単独で日本語を表記するには至らず，表語文字である漢字を補完する役割を担いつづけることとなった。漢字はその豊富な語彙と優勢な造語力とによって生き残った，現代日本語表記の特色といえる多元性をもつ歴史的所産といえる。

➡ 漢字仮名交じり文（5-B），ひらがな表記（5-B），カタカナ表記（5-B），ローマ字表記（5-B），表記と発音（5-B），表記法の変遷（5-B）

● 参考文献

沖森卓也（2003）『日本語の誕生』吉川弘文館．

金田一春彦（1988）『日本語 新版（上・下）』〈岩波新書〉岩波書店．

武部良明（1991）『文字表記と日本語教育』凡人社．

[阿久津 智]

■アルファベットと日本の文字

アルファベットはいわゆる西洋の言語に広く使われている表記体系である。音声言語の要素である音素，あるいは音節を表す表音文字であるが，音声を完璧に表すことはできない。

日本の文字は，日本語を書き表す表記体系としか定義できない。構造的立場から見れば，普通，漢字仮名交じり表記といわれている。日本の文字は混種であり，中国で発明された漢字と，日本で発明された仮名を含んでいる。漢字が表語文字といわれるのに対して，仮名は表音文字に属し，準音節を表すので，準音節文字ともいわれるが，機能的にはアルファベットと同質である。したがって，日本の文字にはアルファベットと同じ特質の文字もあれば，違う性格の文字もある。

● 表音文字と表語文字 —— 文字は大きく2種類に分けられる。一つは音価を表し，音価を媒介として，意味を表す文字である。もう一つは，意味を表すと同時に音も表す文字である。前者を表音文字，単音文字，あるいは音字という。後者を表語文字（古くは表意文字あるいは意字）という。

表音文字は分析的に音声言語を表し，音声の部分，すなわち音素か音節に対応する文字である。純粋な表音文字では，文字と音の関係が1対1であり，読みは文字列の一つ一つの単音の組み合わせの結果となる。しかしながら，これは昔の言語表記にも，現在の言語表記にもかならずしもあてはまるものではない。

それに対して，表語文字は，表音文字とは異なり，音を分解せずにそのまま全体として，総括的に語の意味を表す。

言語学者アンドレ・マルティネ（Martinet）が打ち立てた二重分節理論を表記体系に適用すれば，意味をもつ最小の要素，すなわち形態素（morpheme）が表語文字にあたり，意味をもたない最小の要素，すなわち音素（phoneme）が表音文字にあたる。

●**文字と語の表記**——音声言語との対応の立場から見ると，アルファベットと日本の文字は，明らかに異なる性質を示している。数多くの言語を表すアルファベットは，言語により，違うはたらきをしており，文字のコード化と綴りとが異なる。イタリア語やスペイン語のような言語では音が比較的正確に表記され，読みは文字によるが，フランス語や英語の表記では読みとの隔たりが大きい。この隔たりは，アルファベットの論理的なはたらきを疑わせ，アルファベットであっても，表語文字の機能に近くなっている。

また，最近の神経言語学の研究では，表音文字も表語文字も人間の脳では同じように総括的に処理されていることが明らかになっている。これは，表語文字の場合にはすでに知られている現象であるが，表音文字も普通，単文字以上の単位で処理されることは興味深い。

日本の文字は，実際には日本語だけを表し，戦後の現代仮名遣いが公布されてから，数少ない例外を別として，音声言語に忠実に対応する。日本語の表記は戦後，簡略化されたものの，依然としてかなり複雑で，例外が多い。日本語の語の表記は，語種（漢語，和語，外来語など）や品詞などによって，書き分けられる。

→世界の文字（5-A），字種と語彙表記（5-B），日本語の正書法（5-B）

●**参考文献**

橋本進吉（1976）『文字及び仮名遣いの研究』岩波書店．

河野六郎（1980）『河野六郎著作集 3 文字論・雑纂』平凡社．

Gelb, I. J. (1963) *A Study of Writing*. University of Chicago Press.

［アルド・トリーニ］

■**中国の漢字と日本の文字**

日本語表記の1つとして漢字がある。その字体は「当用漢字字体表」で定められ，現在「常用漢字表」に受け継がれている。中国・台湾・香港においてもそれぞれ標準字体が示されている。この4地域の現在の漢字字体は使用漢字の制限・字体の規範化・簡略化という整理の趨勢において共通している。ただ，その方向性は異なる。

●**漢字の使用制限**——中国では2238字の簡体字を載せた「簡化字総表」（1986）が全国通用漢字の規範となり，台湾では4808字を載せた「常用国字標準字体表（第2次修訂本）」（1982）が，香港では4759字を載せた「常用字字形表（97年修訂本）」（1997）が標準字体として公布されている。

●**字体の規範化**——中国では「第一批異体字整理表」（1955）で異体字の使用を禁止した。台湾・香港では積極的な制限はなく，常用国字標準字体表の標準字体採用にあたっての選択基準が示されているにすぎない。字体の規範化において楷書体を主としている点は共通しているが，画数の整理などは異なっている。たとえば，草の部首「艹」を「艹」に統一する点は中国・日本とも同じであるが，「黒」を「黑」に整理するのは日本だけである。台湾では本来異なるものが現在混同している場合は，草部の「艹」は「艹」（草）に，「丷」は「艹」（歡）とするように2種類の標準字体を示している。

また，偏旁の統一については，中国は「簡化字総表」第二表で他の偏旁に利用できる132字の簡体字と14個の簡略化された偏旁を挙げているが，台湾は「常用国字標準字体表」で標準字体確定の6個の基本原則を示すにとどまっ

ており，簡略化より明確化に重点を置いている。たとえば，「妊・任」と「呈・廷」のように筆遣いが似て混同しやすいものは区別して別々の標準字体を示している。また，ある字において整理の方向が中国・台湾・日本で逆になっている例がある。中国では「况・凉」などのニスイに，台湾・日本では「況・涼」などのサンズイとなっている。

● **字体の簡略化** —— 字体の簡略化を最も大胆に行ったのが中国であるが，「簡化字総表」の簡体字の多くは民間の簡略俗字や書写体を採用しているため，「常用漢字表」の「宝・辞・灯・党・来」などと同字体になっているものもある。一方，台湾の「常用国字標準字体表」は独自の簡略化を行わず，数多くある字体から最も通用している字体，初形において本義に合うものなどの規準に従って標準字体を決定している。その結果，「寶・辭・燈・黨・來」などの字体が採用されている。中国では2238字の簡体字以外に，台湾の「常用国字標準字体表」と共通の「窗・佛・德」のような簡略化されなかった繁体字も使用されており，簡体字・繁体字を含めた7000字を編纂した「現代漢語通用字表」(1988)が定められている。この繁体字の部分においては台湾の字体と多くの共通点をもつが，字体の選択で台湾で「脚」を棄てて「腳」を採ったのに対して，中国では「脚」を標準字体とするような中国と台湾で逆の現象もある。

→ 漢字の字体 (5-C)，漢字文化圏 (5-C)，漢字圏学習者に対する文字教育 (5-E)

● **参考文献**

「簡化字総表」『漢字簡化拼音手冊』(1986) 三聯書店(香港)有限公司.
『常用国字標準字体表』(1971) 正中書局出版.
李学銘(主編)『常用字字体表(第2次修訂本)』(1997) 香港教育学院出版.
高更正 (2002)『現行漢字規範問題』商務印書館.
謝世涯 (1989)『新中日簡体字研究』語文出版社.
兒島慶治 (1999)『香港・日本漢字字体対照表』向日葵出版.

[兒島慶治]

■韓国の文字と日本の文字

韓国語と日本語は，ともに漢字漢語文化圏に属する。また，語種によって複数の文字種(漢字と固有文字であるハングルまたは仮名)の使い分けがある点，および縦書きでも横書きでも表記される点は共通している。

● **韓国における漢字使用** —— 使用文字としては，韓国語では「漢字」「ハングル」が，日本語では「漢字」と「仮名(ひらがな・カタカナ)」が使用されている。このほか両言語ともアラビア数字とアルファベットを用いている。

韓国では，文書の種類によってまったく漢字を使用しない場合もあるが，手紙・新聞その他通常は，漢字とハングルの交ぜ書きである(朝鮮民主主義人民共和国ではハングルしか使われていない)。また，韓国語の個々の漢字には基本的に音読みが一通りしかない。一方，日本語のなかでは，大半の漢字に音読みと訓読みの両方があり，熟字訓を除いても1つの漢字に複数の音読み，複数の訓読みがある場合も少なくない。両国の文字使用の状況を比べると，韓国語における漢字の比重は相対的に小さい。

さらに，韓国語においては日本語におけるような訓読みとしての使用はなく，すべての漢字音は1音節であり，1音節は1ブロック(原稿用紙でいう1マス)にまとめて表記される。日本語では仮名ばかりで書く場合と，漢字を併用して書く場合とでは字数にかなりの差が出るのが通例であるが，韓国語では上記の事情があるため，原稿用紙を使ったときも活字化したときも，ハングル専用か漢字併用かにかかわらず長

短の差が出ることはない。なお，漢字の字体は日本でいう「旧字体」(中国でいう「繁体字」)であり，「國・国」「對・対」「學・学」のように，現在日本で使用されている漢字の字体(常用漢字表通用字体)と異なるものが少なくない。

●**ハングルと仮名**── それぞれの固有の文字であるハングルと仮名は，機能も字形も異なる。ハングルと仮名は，ともに両言語の固有の文字であること，語形(語音)を示すが語義を示さないこと，近代に至るまで長らく漢字に比べて低く位置づけられていたことなど共通点がある。しかし，この両者には相違点も多い。韓国語のハングルは子音音素と母音音素とを別個に示す音素文字である。したがって，1ブロックとして書かれているハングルの塊を，さらに単位音素を示す字母に分解することが可能である。

またハングルは，音素文字という点ではアルファベットと共通するものがあるが，その表記方法には大きな違いがある。すなわち，アルファベットは左から右へ横1列にしか書かれないが，ハングルは漢字の偏旁冠脚による構成法と似た構図で，音素を上下左右に配列してブロックを構成するという，立体的な組み合わせになっている。したがってハングルは，日本文や中国文と同様，縦書きも左横書きも，あるいは右横書きもできる。一方，日本語の仮名にはひらがなとカタカナがあるが，いずれも音節文字であり1字1字をそれ以上分解することができない。

→ 漢字の字体 (5-C)，漢字文化圏 (5-C)，韓国語の学習者に対する文字教育 (5-E)

●**参考文献**

申昌淳 (1992)『國語正書法研究』集文社.
文化庁 (編) (2001)『公用文の書き表し方の基準 (資料集) 増補二版』第一法規.
玉村文郎 (2001)『新しい日本語研究を学ぶ人のために』世界思想社.

［泉 文明］

■**視覚障害者の文字**

点字は，視覚障害者が読み書きに使用する文字で，触覚で識別できる点が一定の位置にあるかないかで構成される記号体系である。点字の単位は1マスで，縦3点・横2列の6点から成る。点字はすべて横書きで，視覚障害者は指先で凸面を左から右へと読む。

●**ブライユの点字**── 点字を考案したのは，フランス人ルイ・ブライユ (Braille, L. 1809-1852) である。自身も視覚障害者であったブライユは，アルファベットや数字を6個の点で書き表す記号体系の基本を，1825年に完成させた。点字を意味する英語の braille は，彼の名に由来する。ブライユの点字は明治初期にわが国にも紹介され，日本語への翻案が時代的要請となった。そこで，官立東京盲啞学校の教員や生徒らが点字選定会を開いて検討した結果，1890 (明治23) 年11月1日，同校の教員石川倉次 (1859-1944) の案が採択された。

●**日本の点字**── 日本語の点字は仮名文字体系で，漢字を用いず，ひらがなとカタカナの区別もない。点字の仮名の構成原理はローマ字の綴字法に類似しており，基本は母音プラス子音である。清音は，1マスで書き表す。ア行は，「①②④の点」の3点の組み合わせで書き表す。カ行以降は，ア行に「③⑤⑥の点」の組み合わせを付加して書き表す。例外は，ヤ行とワ行である。濁音・半濁音は，清音に濁点・半濁点を前置して，2マスで書き表す。拗音や特殊音なども，2マスで書き表す。

①	④
②	⑤
③	⑥

点字の基本的な仮名遣いは，現代仮名遣いにほぼ対応しているが，次の2点で異なる。第一は，現代仮名遣いで「は」「へ」と書く助詞を，発音するとおり「ワ」「エ」と書き表すことで

ある。第二は，ウ列とオ列の長音のうち，現代仮名遣いで「う」と書く長音部分を，長音符を用いて書き表すことである。点字の文中で数字やアルファベットを書き表す場合は，仮名とは異なる別の体系として位置づける。すなわち，数字は1マス目に数符を前置して書き表し，アルファベットは外国語引用符や外字符を用いて書き表す。

　表音文字である点字は，意味を理解しながら速く読むことができるように，文中でマスあけをする。これを分かち書きという。点字の分かち書きは，文節分かち書きに依拠した一定の規則に従って行う。

● **点字の漢字** ―― ところが，分かち書きを駆使しても，同音異義語や特殊な造語などの理解には，用いられている漢字の裏づけが求められる。そこで点字で漢字を書き表す試みが模索された。1969（昭和44）年に川上泰一は，漢点字（八点式）の体系を発表した。また，1972（昭和47）年に長谷川貞夫は，六点漢字の体系を発表した。六点漢字は，構想段階から，コンピュータによる点字と墨字（点字に対して，普通に書いたり印刷したりした文字）の相互自動変換を企図したものである。これらの点字の漢字を学校教育や日常生活で読み書きに用いることは，きわめてまれである。

　しかし，点字使用者でも，日本語の文章理解において，漢字の基本的な知識は，ある程度必要になってくる。視覚障害児は，漢字を訓読みしたり，別の熟語で言い換えたりすることにより，漢字の意味を獲得する。また，中途失明者であれば，字形や部首の説明も有効である。

　墨字の原文をその内容にできるだけ忠実に点字に置き換えることを，点訳という。IT化の進展で，今日では自動点訳ソフトを利用して，墨字データを点字データに変換し，点字プリンタで打ち出せば，簡単に点字化できるため，外国人の視覚障害者への日本語教育にも活用されている。しかし，漢字の誤変換や分かち書きの間違いを修正し，点字固有の符号類や点字独特のレイアウトを採用するなどの点字データの処理が必要である。

→文字の機能（5-A）

● **参考文献**

日本点字委員会（2001）『日本点字表記法2001年版』日本点字委員会.

全国視覚障害者情報提供施設協会（2002）『点訳のてびき 第3版』全国視覚障害者情報提供施設協会（株式会社大活字発売）.

田辺淳也（2002）『点字練習帳』社会福祉法人東京ヘレン・ケラー協会点字出版所.

アンリ・ピエール〔奥寺百合子訳〕（1984）『点字発明者の生涯』朝日新聞社.

［田辺淳也］

B ―― 表記法

■漢字仮名交じり文

　漢字と仮名という2つの文字体系をまぜて書く表記法で，現代日本語の通常の文章表記である。英・独・仏・西・伊語がラテン文字のみで書かれ，中国語が漢字のみで，アラビア語がアラビア文字のみで表されるように，世界のほとんどの言語は単一の文字体系で書かれる。その意味で漢字仮名交じり文は，きわめてユニークなものである。

● **文字の書き分け** ―― 日本語は基本的には漢字とひらがなによって表され，実質的な意味をもつ部分を漢字で，文法的なはたらきを担う部分をひらがなで書く。外来語，擬声語，専門用語などのようにカタカナで表されるものは，特殊な語という位置づけである。そのほかに，原語のまま表記した外国語，アラビア数字，記号なども日本語の文章には含まれている。

実質的な意味をもつ語であっても，それを表す漢字が常用漢字でないときは，ひらがなで書くという規則もある。これを厳密に適用すると「あっ旋」のように，1つの語を漢字とひらがなで，まぜて書くことになる。これを交ぜ書きという。交ぜ書きは一目見て一語であることがわかりにくくなるため，「斡旋」と漢字で書いて読み方を小さくひらがなで添えることもある。このひらがなを，「ふりがな」または「ルビ」という。新聞では「斡旋（あっせん）」と後ろに括弧書きでつけるのが一般的である。

● **文字の使用比率** ── 文章に占める漢字の比率が高いと文面が黒っぽく難しく見え，仮名の比率が高いと白っぽく，やさしく見える。漢字使用率は文章のジャンルによって異なるが，一般的に戦後の漢字制限で低下してきた。ところが，近年ワープロで書いた文章では漢字が多くなる傾向にある。手書きが難しい漢字でもワープロの漢字変換候補のなかから選ぶことは容易であるためと見られている。また，なるべく常用漢字だけを使おうという意識よりも，知っている漢字は自由に使いたいという気持ちのほうが強いことを反映しているとも考えられる。

➡日本の文字の特色（5-A），日本語の正書法（5-B）

● **参考文献**

佐藤喜代治（編）(1996)『漢字百科大事典』明治書院．

文化庁（編）(2001)『公用文の書き表し方の基準（資料集）増補二版』第一法規．

林大（監修）宮島達夫他（編）(1982)『図説日本語』角川書店．

樺島忠夫他（編）(1985)『事典日本の文字』大修館書店．

武部良明（1979）『日本語の表記』角川書店．

［吉村弓子］

■ **分かち書き**

文を読みやすくするために，語と語のあいだなどにスペースを入れて書く表記法のことを分かち書きという。通常の日本語は分かち書きをしないが，子どもや初級日本語学習者向けの文章では，分かち書きが広く行われている。

小学校1・2年生用の教科書では，以下のように一貫して文節で分けられている。

(1)ともだちと　あそびました。
(2)おてつだいを　して　います。
(3)本を　よみはじめました。
(4)あれは　うさぎです。
(5)きれいな　花では　ありません。

日本語教科書の漢字仮名交じり版はこれに準じるが，(2)を(6)のように，(5)を(7)のように書くなど別の方針をとるものもある。

(6)おてつだいを　しています。
(7)きれいな　花ではありません。

ローマ字表記版では必ず分かち書きをするが，文節よりも小さな単位である自立語・付属語まで分ける。自立語と付属語のあいだは，スペースをおく方法とハイフンでつなぐ場合がある。接辞や活用語尾まで分けるかどうかは，ゆれている。

(8) Tomodachi to/ Tomodachi-to asobimashita.
(9) O-tetsudai/ Otetsudai wo/-wo shite imasu/ shite-imasu/ shiteimasu.
(10) Hon wo/-wo yomi hajimemashita/ yomi-hajime-mashi-ta/ yomihajimemashita.
(11) Are wa usagi desu.
(12) Kiree na/ Kiree-na/ Kireena hana dewa arimasen.

いずれの場合も，分かち書きは読みやすくするための便法であり，学習者が書く場合に教科書どおりに書くことを強制するものではない。それどころか，小学生は初めから分かち書きを

しないで書くよう指導されている。

→ ローマ字表記 (5-B), ひらがな表記 (5-B)

● **参考文献**

天沼寧 (1989)「ローマ字のつづり方」『講座日本語と日本語教育 8　日本語の文字・表記 (上)』明治書院.

富田隆行 (1989)「分かち書き」『講座日本語と日本語教育 8　日本語の文字・表記 (上)』明治書院.

[吉村弓子]

■ **日本語の正書法**

社会的な規範として認められている語の表記法を正書法という。英語の正書法は厳密であり，analyse/analyze のように 2 通りのつづりが認められている語は例外的である。また，inter- が international や interstate ではスペースをおかず，inter-American はハイフンでつなぐという分かち書きも決まっている。行末から行頭に 1 単語がわたる場合も，切る箇所が in·ter·na·tion·al のように定められている（分綴法）。さらに，文の表記法も一定しており，どこに , (カンマ) を打つか，: (コロン) と ; (セミコロン) の使い分けはどうするか，という句読法も厳しい。

● **日本語の表記の原則と許容** —— これに比べると日本語の正書法は自由度が高く，常用漢字表，常用漢字音訓表などは方針や目安であって，これから逸脱した書き方を誤りとするわけではない。たとえば，接尾語，接続詞，助詞，補助動詞，形式名詞などで，原則としてひらがなで書くと例示されている語がある。しかし，その語が「私共」「従って」「二十歳位」「報告して頂く」「現在の所」と漢字で書かれたものが，現実には見受けられる。また，常用漢字表外の漢字は用いないのが原則であるが，「瞳 (ひとみ)」「瞳孔 (どうこう)」のようによく使われる漢字も少なくない。「盗る」を「とる」と読む訓読は音訓表にはないが，「取る」や「とる」では微妙な意味が伝わらないとして「盗る」と書く人もある。これに対して「盗る」「撮る」「採る」「捕る」「執る」「摂る」「取る」と使い分けるのは，漢字の母国＝中国語の影響であって，本来の日本語はこれらをすべて含めた「とる」が 1 つの語であったという主張から，和語はひらがなで書く人もある。送り仮名のつけ方は，そもそも規則自体に許容範囲があり，「かわる」は「変わる」でも「変る」でもよい。外来語の表記も原語の発音に近い書き方が許される傾向になり，「バイオリン」は「ヴァイオリン」でもかまわない。句読点は，文を読んで意味がわかりやすくするために，語句の長さ，漢字仮名表記，文法構造などに配慮して打つもので，絶対的なルールはない。

● **縦書きと横書き** —— 文章まで視野に入れると，現在の日本語は右縦書きと左横書きの両方が共存している。どちらでも文字は同様に書くが，長音記号，句読点，括弧などは方向や位置が異なるので注意を要する。1952 (昭和 27) 年に内閣官房長官から出された「公用文改善の趣旨徹底について」で公用文は左横書きとなり，日常生活でも履歴書，事務文書，教科書，ノート，レポートなど横書きが増えてきた。縦書きをしているのは，国語科の教科書・ノート，文芸書，新聞である。また，老舗の看板には右横書きも残っている。

縦書きと横書きのどちらが読みやすいか，書きやすいか，という議論も行われてきた。実験に基づく科学的な説明も試みられたが，調査協力者が縦書きと横書きのどちらに慣れているかを抜きにしては論じられない。

→ 漢字仮名交じり文 (5-B), ひらがな表記 (5-B), カタカナ表記 (5-B), 表記法の変遷 (5-B), 表記に関する政策 (5-B), 現代表記の実態 (5-B)

● **参考文献**

林大他 (編) (1977)『現代作文講座 6　文字と

表記』明治書院.
樺島忠夫他（編）(1985)『事典日本の文字』大修館書店.
小泉保(1978)『日本語の正書法』大修館書店.
文化庁（編）(2001)『公用文の書き表し方の基準（資料集）増補二版』第一法規.

［吉村弓子］

■日本語の文字の書体

　書体とは，文字を表現する際に，文字に与えられる統一的な字形の特徴・デザイン様式のことである。個人や流派による特徴については，書風として区別することがある。書体は，大きく，手書き文字の書体と活字文字の書体とに分けられる。

　●**手書き書体**——手書き書体は，筆記書体とも呼ばれ，楷書体，行書体のほかに，草書体や古代中国で使われていた篆書体，隷書体なども見られる。行書体と草書体は崩し字とも呼ばれる（表5-1）。縁起をかつぐために独特な様式化が進んだ勘亭流，相撲文字，寄席文字など江戸文字書体や，若年層女性に流行した丸文字や長体文字も楷書体の変種といえる。これらの書体の発生には，筆記具（毛筆，硬筆など）や書字方向（縦書き，横書き）の影響が指摘できる。

　●**活字書体**——一方，印刷（活字，写真植字，DTP印刷など）に用いられる活字書体は，手書き書体の特徴を幾何学的なデザインに置き換えたもので，明朝体のほかに，ゴシック体，丸ゴシック体，ナール体などが開発されてきた（表5-1）。なお，同一の書体名，たとえば明朝体であっても，線の形状，配置や太さなど細かな差をもつさまざまな書体が設計されている。同じ文字でも，書体によって印象が異なることがあり，明朝体の中にゴシック体を混入することでその部分を強調させるといった表現も見られる。これらの書体は，レタリングなどの手法で手で描かれることもある。

　手書き書体の要素を取り込んだ活字書体として正楷書体や清朝体，ポップ書体などがあり，小学校の教科書などでは手書きを元に作られた教科書体が用いられる。勘亭流，丸文字なども活字書体としても設計されている。また，ワープロ・パソコンなどのコンピュータにおいては，点の集合で表されるドット文字だけでなく，トゥルータイプ・フォントなどの技術を用いて各種の書体が搭載されるようになった。書体が変わると字体に変化が生じることがあるほか，コンピュータ上では字種にまで違いが生じることまである（例：今昔文字鏡フォントの「鄧」をMS明朝フォントに変えると「駅」となる）。仮名，記号類のほかローマ字やアラビア数字にも各種の書体が作られている。

→字形認識(5-D)，漢字の字形(5-C)，漢字の字体(5-C)

●**参考文献**

笹原宏之他(2003)『現代日本の異体字——漢字環境学序説』〈国立国語研究所プロジェクト選書2〉三省堂.

表5-1　各種の書体の例

●手書き書体

書体	例
楷書体	ユニークな体系をなす日本語の文字
行書体	ユニークな体系をなす日本語の文字
篆書体	ユニークな体系をなす日本語の文字
隷書体	ユニークな体系をなす日本語の文字

●活字書体

書体	例
明朝体	ユニークな体系をなす日本語の文字
教科書体	ユニークな体系をなす日本語の文字
ゴシック体	**ユニークな体系をなす日本語の文字**
丸ゴシック体	**ユニークな体系をなす日本語の文字**
ナール体	ユニークな体系をなす日本語の文字

［笹原宏之］

■ひらがな表記

1981（昭和56）年内閣告示による「現代仮名遣い」によると，現代語の音韻に従って書き表すことを原則とし，一方，特定の語については表記の習慣を尊重するとしている。日本語教育の観点から以下のような項目についての理解が必要である。

ひらがなは1文字で1拍または1モーラの音を表記するのが原則である。現代日本語の音節は原則として開音節であり，母音（V）のみ，または子音（C）＋母音（V）の（CV）の構造をもち，それぞれが，拍またはモーラとして，仮名1文字で表記される。拗音は小さい「ゃ，ゅ，ょ」と組み合わせて2文字で表記する。

母音が長音として発声が伸ばされ2拍の開音節（CVV）の構造とみなされる場合は，「ああ，いい，うう，ええ，おお」と母音の2文字で表記されるが，そのほかに「え」と「お」の長音は（語によっては）「えい」，「おう」と表記され，実際の発音と表記が異なる。

閉音節（CVC）の中で尾子音として起こる子音は基本的には撥音と促音だけである。それぞれ，撥音は「ん」，促音は小さい「っ」の1文字で表記される。

送り仮名は漢字仮名交じり文のなかで，漢字の読みを確定するために，動詞，形容詞の活用形などを示すときに規則に従って漢字の後につけて使用される（書く，寒い，書き送る）。助詞の「は，へ，を」はそれぞれ，「は」は「わ」と，「へ」は「え」と，「を」は「お」と同音である。

副詞，接続詞は基本的にひらがなで表記するとされているが，「必ず」，「従って」のように漢字に送り仮名をつけることもある。

振り仮名は，漢字の後にカッコ書きで記すこともあるが通常，縦書きの場合は漢字や外国のことばの右に，横書きの場合は上につけて，読みを示す。日本語教育の教材では意図的に下につけることもある。なお印刷したものの振り仮名はとくに「ルビ」ともいわれる。日本語教育の教科書にはルビを使用することが多い。

➡表記と発音（5-B），字種と語彙表記（5-B），ひらがな教育のカリキュラム（5-E），ひらがなの導入法（5-F），ひらがなの学習法（5-F）

● 参考文献
文化庁（編）(2001)『公用文の書き表し方の基準（資料集）増補二版』第一法規.

［カッケンブッシュ知念寛子］

■ カタカナ表記

● カタカナで表記される語
日本語のなかでカタカナで表記されるものには外来語，和製外国語，外国語の発音（アンニョン・ハシムニカ），外国製日本語（フジヤマ）や混種語（空＋オーケストラ→カラオケ）のほかに，擬音語（ワンワン，バターン），擬態語（イライラする，ゴロリと），学術専門語，動植物名など多様な和語・漢語がある。

さらに，感動詞，終助詞，振り仮名，方言，外国人の日本語発話，隠語，俗語，人名（イチロー），国名（ニッポン），地名（ギンザ），機関・施設名，常用漢字の第一義でない語（本のオビ〔帯〕），漢字で記されるとわかりにくい語（メド〔目処〕が立つ），表記者が特別な意図を加味した語（カネ〔政治資金〕）などの用法もある。

このようなカタカナ表記は生教材に多く出現するため，日本語教育においても中級以上では言及されるべきであろう。

● カタカナ表記の留意点
カタカナ表記がひらがな表記と異なる点は，長音の表記である。横書きの場合は「ー」，縦書きの場合は「｜」を用いる。またカタカナ表記には「ウィ，クァ，ツェ，ティ，フォ，デュ，ヴェ」のようなひらがなにはないものも存在する。

「コンピュータ」か「コンピューター」かと

いう表記のゆれも問題になる。分野によって，時代によって，または表記者の好みによって表記方法が異なる。日本語教育の現場ではその時点においてできる限り一般的な表記を教えるのが望ましい。一般的な表記は新聞や用語辞典類を参照するとよい。

外来語には「パソコン」などの縮約形が多く，日本人になじみやすい3音節，4音節になることが多い。書きことばでも原形に戻さず，そのまま表記されることが多い。

●日本語教育上の留意点──外来語の多くが英語を原語としているので，学習者が英語理解者である場合は，英語からの表記規則（外来語表記の原則）を教えておくとある程度の応用がきく。ただし，カタカナ表記された語は，出自が外国語であっても日本語であり，発音や意味や文のなかでの使われ方はすべて日本語のルールに従うものと意識させることが日本語学習者の精神的な受け入れに役立つと思われる。

→日本語の正書法（5-B），表記と発音（5-B），字種と語彙表記（5-B），現代表記の実態（5-B），カタカナ教育のカリキュラム（5-E）

●参考文献

文化庁（編）（2001）『公用文の書き表し方の基準（資料集）増補二版』第一法規．

[中山惠利子]

■ローマ字表記

●ローマ字で表記される語──現代日本語の表記において，ローマ字は一般に次のような場合に使用される。

(1)略語（例：CD←コンパクト・ディスク）
(2)単位などの略号（例：m〔メートル〕）
(3)外来語などの表記（例：FOCUS〔雑誌名〕）
(4)順序の表示（例：A，B，C，D，…）

(1)は，多くは英語の略語をそのままローマ字として取り入れたものであるが，なかには，NHK（←日本放送協会）のように非英語起源の縮約語もある。

(3)は，特殊な効果（ある種の強調など）をねらったもので，雑誌や店の名前，ポピュラーソングのタイトルや歌詞などに多く見られる。

以上のほかに，特殊なものとして，主として外国人向けに，駅名や地名の表示板，標識，看板などで，一般表記とともにローマ字表記が併記される（例：新宿 Shinjuku）ことがある。

●ヘボン式と訓令式──日本語のローマ字表記法としては，今日では，「ヘボン式」と呼ばれる方式が最も多く使われている。駅名や地名，パスポートの人名の表記などに使われるのは，普通，ヘボン式である。この方式では，子音を英語式（例：シ shi，ジ ji）に表記する。

これに対し，小学校の国語教育などでは，「ローマ字のつづり方」（1954〔昭和29〕年内閣告示）第1表にある方式が行われている。これは，1937（昭和12）年の内閣訓令を踏襲しているため，「訓令式」と呼ばれる。この方式では，基本的に，各行の子音に同一の文字を用いて（例：サ sa─シ si，ザ za─ジ zi）表記する。

そのほか，歴史的には，16世紀末のヨーロッパ人の渡来に始まるポルトガル語式や，オランダ語式，五十音図に忠実な日本式（例：ダ da─ヂ di─ヅ du）などがある。また，日本語ワープロソフトのローマ字入力には，複数の方式が併用されている。こういったことから，ローマ字表記には，ゆれや混乱（例：ジュ jyu←ヘボン式 ju と訓令式 zyu との混同）もしばしば見られる。

●ローマ字表記に関する注意点──アルファベット系学習者にローマ字表記を使用する場合，言語によってはローマ字が日本語と異なる音で読まれることがあるので，注意を要する。たとえば，スペイン語やポルトガル語では「ya, yu, yo」を「ジャ，ジュ，ジョ」に近

く発音したり「ja, ju, jo」を「ヤ, ユ, ヨ」に近く発音したりする。フランス語では「h」の音を発音しなかったり，ロシア語などでは「wa」を「ヴァ」に近く発音することもある。

また，ローマ字の表記法によって，長音の書き表し方が異なる（例：オー＝ō, ô, oo, ou, oh）ことにも注意が必要である。

➡日本の文字の特色（5-A），字種と語彙表記（5-B），表記に関する政策（5-B）

● **参考文献**

野村雅昭（1988）「文字と表記」金田一春彦他（編）『日本語百科大事典』大修館書店．

飛田良文・佐藤武義（編）（2002）『現代日本語講座6 文字・表記』明治書院．

［阿久津 智］

■ **表記と発音**

文字表記の1つの理想は，文字単位とその言語の音韻的単位とが正確に対応することである。しかし，実際には，いずれの言語においても，程度の差はあれ，表記と発音とのあいだにずれが見られる。語の表示は大まかな音声表示によって可能なのである。

表記の目的は語を表すことであり，表音はそのための手段である（本来表語文字である漢字も，その多くは表音要素をもつ形声文字である）。文字表記の歴史が長い言語では，つづりが音声的事実を離れて定着している。固定したつづりは語の特定に役立つため，音韻との対応が失われても，正書法を改めることは難しい。

● **歴史的仮名遣いと現代仮名遣い**——日本語の歴史では，仮名において，表記と発音との対応が崩れ，混乱が生じている。これは，日本語音韻の変遷により，仮名の読み方が変化したためである。たとえば，本来［wi］［we］［wo］と読まれた「ゐ」「ゑ」「を」が，「い」「え」「お」と同音になり，両者の区別ができなくなった。このような混乱を収拾するために，仮名文字のつくられた平安時代の仮名表記を規範とする方法が採られた。これは「歴史的仮名遣い」と呼ばれ，明治以降，標準的なものとなるが，実際の発音と合わない部分が多く，必ずしも学びやすいものではなかった。戦後になって，これに代わり，表音的な「現代仮名遣い」が採用されたが，助詞の「は・へ・を」，オ列長音の「う」などの「歴史的」表記は踏襲されている。

● **表記のゆれ**——借用語の表記において，表記と発音とのずれや，表記のゆれが起こりやすい。これは，本来その言語にはない音の処理をめぐり混乱が起こるためである。日本語では，カタカナによる外来語表記にこのような例が多く見られる。たとえば，Venusのカタカナ表記には，「ヴィーナス～ビーナス」というゆれがある。両者はいずれも，主として［ビーナス］（語頭子音は［v］ではなく［b］）と読まれるが，前者の場合，表記と発音が一致していない。

➡表記法の変遷（5-B），表記に関する政策（5-B）

● **参考文献**

犬飼隆（2002）『文字・表記探究法』朝倉書店．

河野六郎（1994）『文字論』三省堂．

築島裕（1987）『歴史的仮名遣い』（中公新書）中央公論社．

橋本萬太郎（編）（1980）『世界の中の日本文字』弘文堂．

［阿久津 智］

■ **字種と語彙表記**

● **文中の表記分担**——日本語の文章には，ひらがな・カタカナ・漢字・ローマ字という4種の文字が混在する。概念語はおもに漢字・カタカナで，機能語はひらがなで表記する。語種別にいえば，原則として漢語は漢字で，外来語はカタカナで書かれる。最近では，「ウーロン茶」

「チンゲン菜」など漢語(中国語)も原音をカタカナ表記する例が見られるものの,漢語と外来語の表記は比較的安定している。それに対して,和語は品詞によって書き手によってさまざまな書き方があり,必ずしも表記法と一致しない。和語系の動詞や形容詞は,「言う,見る,高い,大きい」のように,漢字と活用語尾を表すひらがな(送り仮名)によって書かれる。副詞や接続詞は基本的にひらがな表記であるが,公用文では漢字表記が原則となっている「既に,直ちに,全く」「又は,及び,並びに」なども,一般の出版物ではひらがな表記が多くなっている。なかには,漢語は漢字で,和語はひらがなで,といった語種別の使い分けを徹底している書き手もいる。

ひらがな表記の傾向が進む一方で,日本新聞協会は常用漢字のほか新聞で使う漢字として39字を追加しており,「拉致」や「誘拐」が一般的な表記として見られるようになった。教育現場では,「常用漢字表」に準拠した漢字教育が行われているが,一般の言語生活に影響の大きい新聞では,すでに「常用漢字表」を逸脱する表記が進みつつある。

ローマ字は,従来よく見られた語の頭文字(WHO,NHKなど)や単位(cm,kgなど)に加え,「W杯」「IT革命」「PC講習」「e-メール」「TELする」など混種語が増加し,用法が多様化している。

●**表音文字の表意的な用法**── 4種の文字の標準的な表記分担に対し,通常とは異なる表記をあえてすることによって特別の意味をもたせる場合がある。非標準的な用法を多く担うのはカタカナである。カタカナは外来語のほか,擬音語や動植物名,俗語の表記に使われているが,従来漢字やひらがな表記であったものをカタカナ表記にすることによって特別の意味をもたせることがある。たとえば,「藤森,早川」は日本人の姓であるが,「フジモリ氏,ハヤカワ氏」は日系人であることを意味する。「ケータイ」は携帯電話を意味し,そこには「携帯」がもつ動作性は失われている。また,「キレる」とあれば,青少年の不安定な精神状態をイメージし,はさみや包丁を連想するものは少ない。つまり,「きれる」を臨時的に「キレる」と表記したというよりも,すでに「きれる」と「キレる」は異なる概念を背負っており,両者は意味分担をしているというほうが適切だろう。漢語や和語のカタカナ表記,メール通信などによく見られる顔文字や若い世代に多用される長音記号(─,〜,→),歌詞などに見られるルビの非標準的な使用(時代(とき),真実(ほんとう),休暇(バカンス),雑踏(ノイズ)など)は,文字に感情や評価的な意味合いを託す表記行動として捉えることができる。

➡日本語の正書法(5-B),漢字仮名交じり文(5-B),ひらがな表記(5-B),カタカナ表記(5-B),ローマ字表記(5-B),現代表記の実態(5-B)

[谷部弘子]

■表記法の変遷

表記法とは,文字や補助記号を用いた言語の書き表し方である。

●**古代から近世にかけての表記法**── 日本語の表記は,中国の文字である漢字を用いて日本語を書き表そうと工夫することから出発した。「古事記」や「万葉集」には,漢字の音や訓を用いた複雑な表記法が見られる。

平安時代には,漢字の崩し書きに由来するひらがなを用いた(平)仮名文が発達した。これは主として物語,日記,和歌,手紙など和文調の文章に,男女を通じて用いられるようになった。また,男性の公家や寺院関係者のあいだでは,学問・宗教関係などに見られる漢文調の文章を訓読するために,漢字の省画に由来するカタカナが用いられはじめ,平安時代の末頃には,このカタカナと漢字とを交ぜた表記法,す

なわち漢字片仮名交じり文も行われるようになった。

中世には、和漢混交文の発達などにより、高僧たちの文章、法度類、文芸作品などにおいて、次第に漢字平仮名交じり文が有力となった。

江戸時代には、各分野で漢字平仮名交じり文が主流となり、浮世草子や読本などにおいては、振り仮名を伴った多くの漢字を用いて表記する形が定着していったが、一方、学問の世界などでは漢字片仮名交じり文も用いられていた。

●近代の表記法──明治初期には、評論や政治小説、翻訳小説などが多く漢字片仮名交じり文で書かれたが、言文一致文の広がりと並行して漢字平仮名交じり文が一般化していった。ただし、法令は、第二次世界大戦終結まで漢字片仮名交じりの文語文であった。句読点は古くは打たれず、打たれたものでも形式はそれぞれであったが、明治20年代ぐらいから、しだいに現在と同じ方式が用いられるようになった。明治政府は、教育・行政上に歴史的仮名遣いを採用した。

●戦後の表記法──戦後、日本国憲法が漢字平仮名交じりの口語体を採用したのをはじめとして、法令は口語文となった。また、国語審議会の答申に基づく一連の国語施策の実施により、法令、公用文、新聞などが、原則として「当用漢字表」の字種・音訓と「現代かなづかい」で表記されることとなった。日本語の伝統的な書き方は右縦書きであるが、戦後、公用文が左横書きを採用するようになり、このことは、民間の文書などにも影響を与えた。

➡表記に関する政策 (5-B)、現代表記の実態 (5-B)

●参考文献

森岡健二他（編）(1982)『講座日本語学6 現代表記との史的対照』明治書院.

中田祝夫（編）(1972)『講座国語史2 音韻史・文字史』大修館書店.

飛田良文・佐藤武義（編）(2002)『現代日本語講座6 文字・表記』明治書院.

中田祝夫他 (1982)『日本語の世界4 日本の漢字』中央公論社.

築島裕 (1981)『日本語の世界5 仮名』中央公論社.

[野村敏夫]

■表記に関する政策

●近代の国語政策──明治維新を迎えた日本にとって、近代国家としての体制整備、国民皆教育の実現が急務となった。その際、種々の方言に分かれ表記法も未整備だった国語について、その統一をはかり、表記の合理化を進めることが課題となり、具体的には、漢字節減、仮名遣い平易化、標準語選定、言文一致体採用などが目標とされた。

1902（明治35）年には文部省に国語調査委員会が設置され、国語の音韻、方言などのほか、仮名遣い、漢字など、表記関係の事項についても、学術的な調査を行った。教育の面からは、1900（明治33）年の小学校令施行規則に小学校で用いる「平仮名」「片仮名」の字体が定められたことが、広く一般社会にも影響を与えた。1921（大正10）年に文部省に設置された臨時国語調査会は、「常用漢字表」（大正12：1962字）、「仮名遣改定案」（大正13）、「字体整理案」（大正15）などの諸案をまとめた。1934（昭和9）年に文部大臣の諮問機関として設置された国語審議会は、「漢字字体整理案」（昭和13）、「標準漢字表」（昭和17：2528字）などを議決、答申した。しかし、これら戦前・戦中にまとめられた諸案が国全体の決まりとなることはなかった。

●戦後の国語改革──戦後になると、国を挙げて民主主義に基づく文化国家の建設が進められるなかで、国語表記についても大きな改革

が，国語審議会の答申または建議に基づき，内閣告示・訓令として実施に移された。最初は1946（昭和21）年11月告示・訓令の「当用漢字表」（1850字）と「現代かなづかい」である。これらに引き続き「当用漢字音訓表」（昭和23），「当用漢字字体表」（昭和24），「送りがなのつけ方」（昭和34）が内閣告示・訓令となり，数百の略字体を取り入れた当用漢字と，おおむね現代語音に基づく仮名遣いによる現代表記の基準が一通り整備された。また，「当用漢字別表」（昭和23：881字）により，義務教育の期間に読み書き共にできるように指導すべき漢字の範囲が定められた。

戦後実施されたこれら一連の国語施策は，国語表記の平明化，教育上の負担軽減，社会生活上の能率増進等に大きな成果を上げた反面，漢字制限が国語の表現を束縛し，表記を不自然なものにしているなどの批判も生じた。

● **現行の表記基準**——1966（昭和41）年6月，文部大臣から国語審議会に対して，それまでの国語施策の実施の経験などにかんがみ，「国語施策の改善の具体策について」の諮問があり，同審議会は国語施策の再検討を行った。その結果の答申に基づいた内閣告示・訓令「送り仮名の付け方」（昭和48），「常用漢字表」（昭和56：1945字），「現代仮名遣い」（昭和61），「外来語の表記」（平成3）が現行の国語表記の基準である。一連の新しい基準は，戦後定められた漢字表などの制限的，画一的な色彩を改めて，「目安」または「よりどころ」という緩やかな取り決めとされ，適用分野を「一般の社会生活」として各種専門分野や個々人の表記にまで及ぼそうとするものではないことを明示している。

なお，その後，ワープロ・パソコンの急速な普及のなかで問題となった「常用漢字表」外の漢字の字体について，印刷における標準字体を定めた「表外漢字字体表」が，2000（平成12）年に国語審議会によって議決，答申されている。

➙ 表記法の変遷（5-B），現代表記の実態（5-B）

● **参考文献**

文化庁（編）（2001）『公用文の書き表し方の基準（資料集）増補二版』第一法規．

武部良明（1979）『日本語の表記』角川書店．

吉田澄夫・井之口有一（編）（1962）『明治以降国字問題諸案集成』風間書房．

文化庁（1973）『覆刻 文化庁国語シリーズⅠ 国語問題』教育出版．

井之口有一（1982）『明治以後の漢字政策』日本学術振興会．

［野村敏夫］

■**現代表記の実態**

現代表記の実態の特徴は，多様性という点に求められる。日本語では厳密な意味での正書法が確立していない。そのため，よくいえば自由な表記，悪くいえばバラバラで統一のない表記がなされている。

たとえば，その語を漢字で書くかひらがなで書くかについては自由な場合が多い。その結果，その文章ごとに，漢字使用のありようが異なってくる。たとえば，論文などでは漢字含有率が高いが，若者雑誌やスポーツ誌の文章では，漢字含有率が低いという現象が生じる。あるいは，同じ分野の文章であっても，筆者によって漢字含有率が異なることが起こる。

● **語表記のゆれ**——同一の語が漢字でもひらがなでも書けることは，語表記のゆれという現象をも生む。たとえば，「分かる/わかる」「欲しい/ほしい」のような同一語に対する複数表記の存在が認められる。語表記のゆれは，漢字とひらがなとのあいだで生じる以外に，送りがなのゆれ（例：行う/行なう），外来語表記のゆれ（例：マネージャー/マネジャー），数字表記のゆれ（例：320/三二〇/三百二十）などが多

く見られる。

●**縦書きと横書き**──縦書きと横書きという面でも表記上の統一がない。新聞, 小説, 漫画に, 大部分の雑誌では縦書きであるが, それ以外では横書きが主流である。手紙も, かつては縦書きが中心であったが, 現在では行政や企業の世界は横書きになっており, 個人の世界でも横書きが増えている。そして, 縦書きと横書きは, 分野や領域によって異なるだけでなく, 広告のポスターなどでは, 1つの紙面に両者が混在する例も少なくない。

●**自由な表記**──若者の文章や漫画においては, かなり自由で特殊な表記が見られる。たとえば次の下線の部分のようなものである。

(1) すごい² カンドーでした♡
(2) ずう〜〜っっっと片思いしか知らない。
(3)「あ゛〜」 どかん!! 「いたぁっ☆」
(4) ごめんね m(＿)m

(1)(2)は, 若者の文章によく見られる表記である。数学の累乗表記を利用したり, 一般の表記記号でないものを使用したりしている。カタカナや促音の特殊な使い方なども含めて, 一般的でない表記がなされるという特徴が見られる。

(3)は漫画に見られる表記で, やはり表記記号でないものや,「あ」に濁点という, 対応する音声が定かでない文字が使われる。

(4)はパソコンや携帯電話のメールで使われる「顔文字」の例である。携帯メールでは, さらに絵に近い「絵文字」と呼ばれる特殊記号を使った表記も行われている。

これらの多くは, その表記に個人の感情や気分をこめようとして作られたものと考えられる。個人の感覚をもとにして, 個別的な表記が自由に生み出されている。このような表記の自由さが, 日本語表記の多様性をますます拡大させているのである。

➜ 日本語の正書法 (5-B), 字種と語彙表記 (5-B), 表記法の変遷 (5-B)

●**参考文献**

国立国語研究所 (1983)『現代表記のゆれ』〈国立国語研究所報告 75〉秀英出版.

佐竹秀雄 (2002)「変容する『書く暮らし』」『日本語学』21-15.

［佐竹秀雄］

C──漢字

■漢字の特性

漢字は中国語を表記するために中国で作られた表語文字で, 原則として1文字が1音節を表していたが, 日本に伝えられてからは, 伝来当時の中国語音が日本語化した読み（音読み）に加えて, その意味に相当する日本語を訓読みとして合わせもつようになり, その表語性が強化された。したがって日本語における漢字は, 字形, 意味, そして複数の読みに加えて, さらに意味と読みの連合である語としての用法や熟語を作る際の造語性などの情報を合わせもつ, 非常に情報量の多い文字となった。

●**漢字の主な特性**──他の文字と比べて, 漢字には, 次の5つの特性があると考えられる。

(1) 数の多さ：語彙数に匹敵する。
(2) 字形の複雑性：点画の数が格段に多く, その構成も複雑である。
(3) 字形の構造性：構成要素の並び方がある程度規則的であり, 構成要素の集合から成る一定の構造をもつ。多くの場合, 音読みを表す構成要素（音符）と, 意味傾向を表す構成要素（意符＝部首）とから成る。
(4) 多読性, 類似音性：1文字が複数の読みと対応する。常用漢字1945字には1字平均2.1通りの読み方があり, 音読みには, 同音, 類似音の漢字が数多く存在する。

(5)表語性，造語性：1文字で1語になる漢字，熟語の構成成分となる漢字，両方の用法をもつ漢字があり，意味も用法によって複数存在する場合がある。また，漢字は，使われる語や文章のジャンル，専門分野，使用場面によってその使用頻度や字体などにかなり異なる傾向が見られる。

● 漢字の分類── 漢字はその造字法から，象形，指事，会意，形声の4つに分類される。

自然の事物を絵からイメージ化した象形文字，抽象的概念を点画でイメージ化した指事文字は，字形も単純でそれ自体が他の字の構成要素となる基本的なものであり，とくに非漢字圏学習者の興味関心を引きやすく覚えやすいものである。しかし，その数は限られており，常用漢字1945字の1割にも満たない。しかも，漢字の特性の(2)(3)があてはまらないものが多いため，典型的な「漢字」の特性を学ぶためには必ずしも適していない。

現在，日本で表記の目安とされている常用漢字のなかで大きな割合を占めているのは，「林（木が重なったもの）」や「位（人の立つ位置）」のように2つ以上の字形と意味を合わせて作られた会意文字，そして「河」のように意符（＝部首：さんずいは水の意味）と音符（可は字音「カ」を示す）とからなる形声文字である。これらは，(1)〜(5)の特性を備えているため，早くから学習することが重要である。

このような伝統的，字源的分類のほかに，漢字はその特性から，字形構造による分類，音による分類，意味による分類，用法による分類なども考えられる。

● 漢字の便利さと困難さ── 表語文字である漢字は，文中で概念語の表記に使われるため，日本語で書かれた文章を読む際に漢字だけを拾い読みすることによって速読が可能である。また，同音異義語が多い日本語において，漢字によって語を表し分けることができる利点がある

とも言われる。一方，1文字のもつ情報量が多いことによる習得の困難さも指摘されている。

➡ 漢字の字源 (5-C)，漢字の字形 (5-C)，漢字の構成要素 (5-C)，漢字の意味・用法 (5-C)，漢字の読み (5-C)，専門分野別の漢字 (5-C)

● 参考文献

海保博之・野村幸正 (1983)『漢字情報処理の心理学』教育出版．

野村雅昭 (1984)「第一章 漢字の特性をはかる」海保博之（編）『漢字を科学する』〈有斐閣選書〉有斐閣．

[加納千恵子]

■漢字の字源

字源とは，漢字の始源的な字形・字音・字義のことである。字源研究に関しては，後漢の許慎の手による『説文解字』(A. D. 100 年) が9353字の漢字を540の部首に分類し，それらの構造を体系的に追究したものとして，今日でも高い評価を得ている。わが国においても加藤常賢によって『漢字の起原』（角川書店，1970）がまとめられた。字源研究は漢字の構成を分析したり歴史的変遷を追う基盤となるだけでなく，学習の定着度を高めたり漢字配列表の作成に役立てることができる。

● 六書の分類── 許慎は『説文解字』において，漢字の構造を造字法と運用法から6種類（象形・指事・会意・形声・転注・仮借）に分類している。これを「六書（六義）」という。この「六書」は現代でも漢字分類に活用されている。象形とは天地・人物・動植物などの形を写したもので，「☉＝日」「☽＝月」「⛰＝山」「🌲＝木」などがこれにあたる。指事とは抽象的観念を表すことであり，あるものの位置や数量などを直接に指す。「一」「二」「三」などの数字や「一」の上下に点を加えて「亠＝上」「丅＝下」とする，「木」に一本加えて「本」「末」とするなどの字をいう。この2種類は造

字の段階からみて第一次的であり，とくに「文」という。

　会意とは既成の文字を組み合わせて新しい意味を示すことで「木＋木＋木＝森」「人＋言＝信」などの字をいう。形声とは形（意味）を表す文字と声（音）を表す文字を組み合わせることである。漢字の80％以上は，この造字法に基づいている。「言（意味を表す部首）＋青（音を表す音符）＝請」，「氵（意味を表す部首）＋エ（音を表す音符）＝江」などの字をいう。会意・形声は象形・指事に基づいた第二次的な造字法であることから，とくに「字」という。

　転注とは本義と関係のある別の意味に利用する方法である。「令＝号令する・言いつけるから，同音で命令する人・長官の意味に使用」などをいう。仮借とは「借りる」という意味で，あることばを書き表すのに既製の漢字のなかから意味とは関係なく音が同じか似ている漢字を選んでそのことばを書き表す方法である。「東（トウ）は象形文字で，物を袋に入れて両端をくくった形を表しており，この漢字で「方角のひがし」を表すのは仮借（音を借りた用法）である。現代の中国語において，外来語を書き表すのに「コーヒー」を「咖啡（kafei）」，「バス」を「巴士（bashi）」と書くが，この場合のそれぞれの漢字の用法は仮借である。なお日本においては，「丁度，目出度（漢字の本義を無視して音の類似だけで慣用句に用いられるもの）」，「時雨，土産（漢字の意味をとって，和語の表記にあてたもの）」，「国字」（畑，峠，躾，榊など）の用法が仮借であり，これらは生活のなかに漢字を巧みに取り入れた日本人の知恵といえよう。

●**字源による記憶法** ── 字源を漢字の記憶に役立てようとする学習法を取り入れた漢字指導の方法としては，(1)字源説中心（藤堂），(2)字形中心（武部，Foerster and Tamura），(3)覚え話中心（酒井，James W. Heisig）などのアプローチがある。

→ 漢字の字源による学習法（5-G），漢字の連想（5-G）

●**参考文献**

武部良明(編) (1989)『講座日本語と日本語教育8　日本語の文字・表記（上）』明治書院.

国語教育研究所（編）(1972)『国語教育研究大辞典』明治図書出版.

藤堂明保 (1965)『漢字語源字典』学燈社.

Foerster, A. and Tamura, N. (1994) *KANJI ABC: A Systematic Approach to Japanese Characters.* チャールズ・イー・タトル出版.

［酒井順子］

■**漢字の字形**

　伝説によると，三皇五帝の一人の黄帝に仕えた蒼頡が，動物の足跡を見て漢字を創出したとされている。つまり，動物の足跡から，その動物を特定できることにヒントを得たというのである。この話は，もとより伝説にすぎないが，漢字の字形的特性を考えるうえで示唆に富む。漢字の字形はいわゆる絵文字と違い，きわめて象徴的である。絵文字ならば牛や羊の全体像を描くだろうところを，漢字ではその特徴的な形状の頭部を線によって象徴化したことを見ればわかりやすい。漢字の字形の本質はイメージの線条化である。

●**漢字の構成要素** ── 線条化が構造的に整理されてくると，本来の字形的区別が失われ同形になったり近似形になったりもする。口唇の口や器の口や国の囗がそうであるし，田畑の田や頭部を示す思の田や胃の田などがそうである。しかし，こうした偶発的な字形の類型をもってつながりを求めるのは意味をなさない。漢字の類型というときには字形のみならず字義をも含む構成要素を共通項としてもち合う関係のものをいう。口，舌，唇がそうであり，器，吉，告が，そして国，囲，図がそうである。

漢字を構成するこれらの要素は部首の範疇を超えるものも多く，部首では把握しきれないために，単に「構成要素」といったり，さらに簡単に「部品」「パーツ」といったりもする。字源論の世界では，それ以上分解できない最小限の意味的要素として「形体素」という用語を用い，中国の文字学では形体素にあたるものを「文」，「文」を組み合わせてできる複合漢字を「字」としている。

●**漢字の字形的特性** ── 漢字は，その創成期には獣骨に刻まれたり青銅器に鋳込まれたりしたものである。字形的特性としてその直線性が挙げられるのは獣骨に刻まれた歴史と切り離せない。やがて筆記されるようになると，運筆が最も楽でスムーズにいくルートが出来上がってくる。それが筆順である。そして筆順を数えたものが画数である。しかし，「筆順指導の手引き」（文部省）に依拠した学習筆順には，本来の筆順を修正した不自然な運筆のものもある。たとえば，「上」は縦画から先に書く筆順が採用されているが，それは日本の初等教育における文字指導上の配慮によるもので，本来の筆順では児童がマス目に正しく書きづらいという理由から修正されたためである。

●**漢字の構造** ── 事物を象徴的に象（かたど）って創出された漢字の字形は構造的にひたすら多画化の道を歩みはじめる。それはもっぱら多義化のゆえであるが，その多画化を実現する手立てとなった主なは幾何学的構成法は，2つの要素を並立させて偏・旁をなすか，重積して冠・脚をなすことであった。ほかには，構・垂・繞（にょう）と組み合わせる方法も使われた。雷光を象った「申」はそもそも神を意味する字であったが，やがて伸長の意味をもつようになったため，本来の神を表す字形が，新たに祭壇を意味する示を加えて生み出されたという具合にである。

➡ 漢字の字源（5-C），漢字の構成要素（5-C），漢字の字形による学習法（5-G）

●**参考文献**

阿辻哲次（2001）『漢字道楽』〈講談社選書メチエ〉講談社．

白川静（1996）『字通』平凡社．

白川静（1978）『漢字百話』〈中公新書〉中央公論社．

斉藤洋典他（1997）『岩波講座言語の科学3 単語と辞書』岩波書店．

［善如寺俊幸］

■漢字の構成要素

漢字は，ほとんどの字がいくつかの構成要素から成る。1つの漢字のなかで構成要素が置かれる位置には，上下，左右などとある程度の規則性がある。そしてその規則によって定められた位置により構成要素は以下の7つに分類されている。すなわち「偏（へん）」「旁（つくり）」「冠（かんむり）」「脚（あし）」「垂（たれ）」「繞（にょう）」「構（かまえ）」である。たとえば「時」は左が偏であり，「教」は右が旁である。また「木」や「金」のようにその字自体が構成要素となっている字もある。

さらにこれらの構成要素は，多くの場合，意味を表す「部首」と読みを表す「音符」に分けられている。そして調べたい字がどの「部首」に属するかがわかると，漢字辞典を引く際に部首索引を使うことができる。

●**漢字の部首** ── 漢字は長い歴史のなかでさまざまな変遷を遂げてきた複雑な形の字であり，数多くの字にはもはや原形をとどめず部首の分類にのみその痕跡をとどめている字もある。初めて見る字を構成要素に分け，その部首を探すというのは，初級学習者，とくに非漢字圏学習者には至難の業である。その困難点を克服するには，以下のことが重要である。

(1)多くの線や点からなる形に惑わされずにその字の「部首」を見つけること。

(2)今では形が同じであっても元々は意味が異なる部首の字，たとえば「胸」の「月」と

「服」の「月」では部首の意味が異なる，というような知識を得ること．
(3)形が異なっていても意味が同じ部首，たとえば「煙」の偏と「点」の脚が同じ意味であるという知識を得ること．
(4)部首として認識できる構成要素が多くある場合，そのなかから正しいものを選ぶための知識を得ること．たとえば「明」は偏も旁も部首として存在するが，部首は「日」である
(5)「魚」「火」のような象形文字や「十」「本」のような指事文字は1字で部首となること．

●**構成要素を学習する利点**──学習者にとってこれらの構成要素の特質を学ぶことは，中上級レベルに至ると利点が多い．
(1)漢字辞典が引けるようになる
(2)字形を覚える際に，その字がどのような要素の組み合わせからなるかがわかると形を覚えやすい．
(3)会意文字や形声文字などの造字法の概念が身につくと未習の字の音読みがわかったり，ある程度の意味が類推できたりするようになる．
(4)形が似ている字，たとえば「険」「検」「倹」などに惑わされにくくなる．

近年では，学習者が引きやすいように工夫した新しい部首索引の辞書も多く，たとえば，日本人の小学生用の『例解学習漢字辞典』(藤堂明保編，小学館)では「売」は部首として旧字の「賣」の脚である「貝」ではなく，冠の「士」をとっている．

また外国人学生用には，漢字の字形パターンによって検索できる『新漢英字典』(ハルペン・ジャック，研究社)やどの構成要素からでも対象漢字が検索できる『新版ネルソン漢英辞典』(Haig, J. H.，チャールズ・イー・タトル出版)などもあり，学習者には学びやすい環境が整ってきている．

→漢字の特性(5-C)，漢字の字形(5-C)，漢字の辞典(5-C)，漢字の構成要素による学習法(5-G)

●**参考文献**
清水百合 (1988)「漢字部首導入の問題について」『筑波大学留学生教育センター日本語教育論集』3．
加納千恵子 (1988)「外国人学習者にとっての漢字の字形の複雑性」『筑波大学留学生センター日本語教育論集』3．

[清水百合]

■**漢字の意味・用法**

漢字は，表音文字であるひらがなやカタカナと異なり，語の読みを表すだけではなく，意味をも表しており，その意味用法は，さまざまな観点からいくつかに分けて考えることができる．

●**漢字の意味**──まず，漢字の表す意味を考えると，「海」「山」「空」「花」のように単字で語の意味を表すものと，「国際」の「際」のように他の漢字と組み合わせて熟語としての意味を表し，単字の意味に分割することが難しいものとがある．前者はさらに，自然を表す漢字，人間を表す漢字，ものを表す漢字，場所を表す漢字，時を表す漢字などの具体的な意味をもつものと，位置を表す漢字，性質を表す漢字，動作を表す漢字などの抽象的な意味をもつものとに分けられる．また，「社会的」の「的」や「可能性」の「性」，「近代化」の「化」のように，意味を表すというより品詞転換の機能を表すと考えられるものもある．

●**漢字の品詞性**──次に，漢字が単独で文中で使われる場合の品詞性，あるいは熟語を作る場合，語構成上どのような意味的機能をもつかという観点から，以下のように分類できる．
(1)名詞となるもの： 山 川 人 私 家

(2)動詞となるもの： 行 来 読 食 変
(3)形容詞となるもの：大 重 長 難 良
(4)接辞となるもの： 的 性 化 不 無
(5)その他：

単独で動詞や形容詞として使われる漢字は，送り仮名の表記とその用法も必須情報となる。また，どのような漢字との組み合わせで熟語を作るかも重要な情報である。

●漢字熟語の意味──さらに，漢字が2字熟語を作る場合，前後の漢字の意味関係には，次のようなものがある。

(1)連体修飾関係　例：外国＝外の国，新車＝新しい車，寝室＝寝る室
(2)連用修飾関係　例：新設＝新しく設ける，急増＝急に増える
(3)述語・補語関係　例：読書＝書を読む，帰国＝国へ帰る
(4)対語関係　例：男女，前後，売買
(5)類義語関係　例：森林，行動，柔軟
(6)繰り返し　例：人々，国々，山々
(7)その他（分析不能なもの）　例：経済

●漢字の意味ネットワーク──漢字の意味関係には，漢字と漢字の意味的ネットワークおよび，漢字語と漢字語の意味的ネットワークという二重構造が存在する。「左」と「右」，「上」と「下」のような対義字/対義語の関係，「春」「夏」「秋」「冬」や「東」「西」「南」「北」のような同類字/同類語の関係，「動物」や「場所」のような上位概念の語と，「犬」「牛」「馬」や「駅」「家」「公園」のような下位概念の字や語との関係によって，数多くの漢字および漢字語が頭の中でネットワークを構成して整理され，記憶されていると考えられる。

➡ 漢字の特性 (5-C)，漢字の意味・用法による学習法 (5-G)，漢字の連想 (5-G)

●参考文献
水谷静夫(編) (1987)『朝倉日本語新講座1 文字・表記と語構成』朝倉書店．

加納千恵子 (1999)「初級漢字の品詞性と造語性」『筑波大学留学生教育センター日本語教育論集』14.

[加納千恵子]

■漢字の読み

漢字学習の困難な点として，「多読性」が挙げられる。常用漢字のなかで最も読みの数が多いのは，2音10訓の「生」と「下」である。「生」も「下」も，造語力の高い基本的な漢字であることから，学習者にとって読みの複雑さが強く印象づけられる。しかし，これらはむしろ特殊な例であって，見方を変えれば，漢字の読みはけっして多い数ではない。

●音訓数──常用漢字1945字の音訓総数は4087音訓であるから，平均2.1音になる。常用漢字総数の34.1％の漢字は1音0訓，32.5％は1音1訓である。1音2訓の漢字まで含めると，全体の78.4％をも占める。字訓(訓読み)が多くなるのは，「いきる/いかす，うまれる/うむ」のように自動詞・他動詞を区別する送り仮名のみが異なる場合もそれぞれ1訓として数えているからである。また，漢字の読みを覚えることは，表音文字の形と音を一致させることとは異なり，語を覚えることにつながる。漢字の特性を肯定的に考えれば，負担感は軽減されるだろう。なお，新聞協会用語懇談会では常用漢字表の音訓に，「粋(いき)」「要(かなめ)」「館(やかた)」「癒(いえる/いやす)」など1音10訓を加えている。

●呉音・漢音・唐音──字音(音読み)が多い漢字は，呉音・漢音・唐音など時代によって異なる音が伝わったためである。外国(がいこく：漢音)/外科(げか：呉音)，銀行(ぎんこう：漢音)/行列(ぎょうれつ：呉音)/，音楽(おんがく：漢音)/行楽(こうらく：呉音)など，多く使われるのは，唐代の音である漢音とそれよりも時代的に古い呉音である。唐音(南

宋音)は,行灯(あんどん)・風鈴(ふうりん)・普請(ふしん)・様子(ようす)や仏教関係の語が多い。唐音読みの語は数が少ないため,例外的な読みとして対処すればよい。

● 同音字・同訓字 —— 字音はすべて1または2音節であり,2音節の字音の最後の音は「イ,ウ,キ,ク,チ,ツ,ン」の7音に限られる。種類が少ないことから,同音,類似音が多い。常用漢字のなかで最も多い音は「コウ」「ショウ」でそれぞれ65字ある。したがって,字音は漢字表記が原則であり,いわゆる「交ぜ書き」も最近は敬遠される傾向にある。逆に,字訓は漢字の意味を表すという点で有効であるが,同訓の「図る・計る・測る・量る」などは「合理化をはかる・時間をはかる・距離をはかる」など文脈があれば,表記の上で必ずしも漢字に頼る必然性はない。

● 語の読み —— 1字1語の場合は,訓読みの語(山:やま,国:くに)が多く,肉(にく)のように音読みとほとんど意識されていないものもある。漢字2字が1語をなす場合,以下の5通りの読みが可能である。

(1)音+音 (2)音+訓(重箱読み) (3)訓+音(湯桶読み) (4)訓+訓 (5)分割不可の慣用的な読み(熟字訓:大人,浴衣など)

中国伝来の漢語は基本的に(1)であるが,(2)(3)には「家賃」「切符」「本音」など日常的な語が多い。

➡ 漢字の特性 (5-C),漢字の読み指導 (5-G),漢字の音による学習法 (5-G)

● 参考文献

佐藤喜代治他(編)(1996)『漢字百科事典』明治書院.

武部良明(1989)『漢字の教え方——日本語を学ぶ非漢字系外国人のために』〈NAFL選書〉アルク.

[谷部弘子]

■ 漢字・漢字語の使用頻度

漢字を教えるときの優先順位を決めたり,学習漢字数を設定したりする際に,漢字の使用状況についての基礎的知識が必要になる。

漢字の使用頻度調査には長い歴史があり,その結果もさまざまな用途に活用されてきた。戦後に当用漢字を設定する際にも,日本語による情報交換のためのJIS漢字を選ぶ際にも,頻度の高い漢字と低い漢字を分ける必要があった。かつては大変な労力を必要とした作業も,現在では小型コンピュータの普及や,使いやすいスクリプト言語,豊富に入手できる電子テキストなどのおかげで,さまざまな用途に応じた漢字の使用頻度調査が容易に手がけられるようになっている。対象となるテキストを厳密に採取しなければ,得られた結果が本当に代表的なものかどうか保証はできないものの,十分に参考資料にはなりうるはずである。

基本的な作業の流れは単純なものである。まず文章ファイルを文字列データとして読み込み,一つ一つの字に分割する。スクリプト言語にハッシュというデータ構造があるが,ハッシュを使うと,任意の文字列にニーズに応じたデータを関連づけることができる。調査したい字が現れたら,それをハッシュのキーに納め,関連したデータとして1という数値を結びつける。すでに見た字がまた出てきたら,関連した数値に1を足す。すべてのテキスト処理が終わったら,ハッシュのキーを適切な順(たとえば頻度の高いものから頻度の低いもの)に並べ換えた後,キーと数値を新しいファイルに出力する。

さまざまな調査の結果,漢字の使用頻度の分布は,単語の分布と特徴が似ていることが証明された。たとえば新聞を対象とする調査では,詳細な順番が異なることはあるが,最も頻度の高い漢字が全体の漢字の1%以上を占めるという結果になる。また,一度しか現れない漢字

も必ず何百かある。漢字を使う側が漢字の使用制限（常用・人名用漢字など）を厳密に行っていれば，調査の規模を拡大するにつれ，すべての漢字の2例目，3例目が出てきそうに思われるが，実際には，固有名詞に使用される珍しい漢字や，旧漢字，中国で使用される漢字なども現れ，1例だけの漢字がさらに増える。

1993（平成5）年の，『朝日新聞』を対象にした調査では，漢字の延べ字数は1711万7320となり，異なり字数は4583となった。「日」は最も頻度が高く，全体の1.5％を占め，頻度1の漢字は560字あった。さらに，頻度の高い順で何字で何％を占めるかと調べていくと，おおまかに表5-2のような結果が得られる。

表5-2 使用頻度の高い漢字が占める割合

10字で	10％	750字で	90％
150字で	50％	1600字で	99％

単漢字と比べ，漢語やその他，複数の漢字で表記されることばの頻度を調べることは，相当困難な作業になる。最も単純な方法は，漢字が続く文字列を対象にすることであるが，単語でない単位も数多く抽出されてしまう。最も現実的な方法は，chasen（茶筌）という形態素解析ソフト（奈良先端科学技術大学）で文章を形態素に解析したうえで，そのなかから漢字が含まれる単位だけを対象に調査を続けることである。chasenを利用することにより，固有名詞などを別扱いできるようになるという利点もあるが，解析の結果に不正確な部分が残り，厳密な調査には，その結果を修正するための手作業も必要となる。

→ 漢字の情報処理（5-C），学習漢字数（5-G）

● 参考文献

横山詔一他（編）（1998）『新聞電子メディアの漢字——朝日新聞CD-ROMによる漢字頻度表』三省堂.

国立国語研究所（1976）『現代新聞の漢字』秀英出版.

［エリク・ロング］

■ 漢字の字体

文字の形態を抽象化した概念や文字の骨組みを「字体」と呼ぶ。それに対して「字形」は，活字や手書き文字などで実際に視覚的に表現された文字の具体的な形態を指し，また「書体」は，文字に与えられた統一的なデザイン様式を指すことが多い。

● 異体字——漢字は，数十種に及ぶ画が組み合わされて字体を形成するため，伝統的に1つの字に複数の字体が併存することがあった（國に対する「國」「国」「国」「圀」「囯」「囗」など）。それらを互いに「異体字」（異字体）と称する。そのうち，字源説に即している字体や，字書や政策で認められたなど規範性がある字体を「本字」「正字（正字体）」「康熙字典体」と呼ぶことがあり（「國」），そうではないが人々のあいだで使用されてきた字体を「俗字」（俗字体）（「国」）や「筆写字体」（「國」）ということがある。狭義には正字を異体字と対立する概念とする。

俗字のうちで，字画が繁雑で頻度が高いために，筆写労力の節減や読みやすさなどを求めて点画が省略されたものが「略字」（略字体，省文）である（「囗」）。なお誤字とは，正字を書こうとして字体が違ってしまった「誤字体」（誤字「宜」→「宜」）や，別の字を書いてしまった誤用（「宜」→「宜」）をいう。

● 旧字と新字——日本では，「当用漢字表」（1946年）とそれに代わった「常用漢字表」（1981年）によって，従来の手書きに見られた略字，俗字が手書きだけでなく活字体としても公に認められるようになり，それ以前の字体を「旧字」（旧字体），それ以後の字体を「新字」

（新字体）と呼ぶ（「國」：「国」）。「常用漢字表」以外の漢字にも，一部に常用漢字に新字を敷衍した「拡張新字体」が見られるが（「掴」(摑)「鴎」(鷗)），国語審議会答申「表外漢字字体表」（2000年）では書籍，教科書や辞書に多く載っている字体が原則として「印刷標準字体」とされ，一部に「簡易慣用字体」が認められた。なお，そこでは活字体について規定がなされており，手書き文字では，活字と異なる伝統的な字体が容認されている（「噌」(噌)）。また，「常用漢字表」の前書きによると，「木」の「｜」ははねてもはねなくてもよいが，「八」は右はらいを上の「一」から書く筆押さえは明朝体活字のデザインであるとする。

● **漢字圏における漢字の字体** ── 中華人民共和国では「簡体字」（簡化字）が公式に採用されたため，「國」など日本の旧字にあたる簡略化前の漢字を「繁体字」と呼んでいる。「國」→「国」のように日本と同じもののほか，「專」→「专」のようにまったく異なるもの，「機」→「机」のように同音字で代用したものなどがその例である（表5-3）。独自の略字が用いられたシンガポールやマレーシアも現在これに従っている。香港，台湾や韓国にも，手書き文字を中心に略字も行われており，独自の字体も見られるが，公認されているのは原則として「國」のように日本の旧字に相当するものである。また，一口に漢字圏（漢字文化圏）といっても，「竹」を中国などでは「⺮」(竹)と手書きする傾向があるなど，字体や字形に差異が見られ，日本語学習者などにおいては母語干渉の一種といえる。「必」なども字形に差異が現れやすいが，学習する筆順の違いによるところも大きい。

● **国内における字体の地域差・位相差** ── 国内においては，新潟県や秋田県大潟村などで行われている「潟」に対する「泻」のように字体に地域差が見られることがある。正字と略字とは，個人や場面によって使い分けがなされることがあるほか，医学界で見られる「頸」に対する「頚」，固有名詞にこだわりが見られる「高」に対する「髙」など位相差がある。看板や手紙などには「才(第)」「旺(曜)」のたぐいも使われることがある。コンピュータや電光掲示板などに現れるドット文字には，点（ドット）の数が少ないために線を間引きした字形が現れる。

→ 中国の漢字と日本の文字（5-A），日本語の文字の書体（5-B），表記に関する政策（5-B）

● **参考文献**

笹原宏之他（2003）『現代日本の異体字──漢字環境学序説』〈国立国語研究所プロジェクト選書2〉三省堂．

［笹原宏之］

表5-3 学習されている漢字字体の例

日本	中国	韓国	台湾
円	圆	圓	圓
国	国	國	國
歴	历	歷	歷
機	机	機	機
鴎	鸥	鷗	鷗

●注｜日本の常用漢字表外字には印刷標準字体を掲げた。

■ **漢字の辞典**

外国人学習者は，調べたい語彙の読みを知らなければ国語辞典や和英辞典を引くことができない。したがって，外国人学習者を対象とした漢字辞典では，部首，画数，筆順，読みといった漢字の基礎知識がなくても漢字を効率的に検索できることが要求される。また「字典」として字を調べると同時に，「辞典」として単語・熟語の意味や用例を知る機能も合わせもつ必要がある。辞典ごとに独自の編纂方針が考案され，文字コード，異体字，画数・筆順情報，造語成分，字義や熟語配列，送り仮名表記など，

通常の漢和辞典と異なる情報も対象となる。

外国人学習者用には，漢字辞典や学習書，あるいはその両方を兼ねるものが出版されているが，本項では「純然たる」辞典を中心に，代表的なものをいくつか挙げてみる。

まず，最も古いものは『Beginner's Dictionary of Chinese-Japanese Characters and Compounds』(Rose-Innes 1942) である。現在でも改訂版が出版されており，部首を形状によって分類した一覧表で検字する。

『外国人のための漢字辞典』(文化庁，初版1966) では漢字の予備知識がなくても検字できる字形別索引が採用されている。

『最新漢英字典』(Nelson 初版1962) では12のステップによって部首を判定する。各所に画数，部首番号，漢字番号の情報が併記され，相互参照見出しによって正字，簡略字体，異体字からも検字ができる。同辞典の新版である『新版ネルソン漢英辞典』(Haig 1997) では，どの部首要素からでも対象漢字が検字できる。また JIS コード (JIS X 0208) や諸橋轍次『大漢和辞典』の親字番号も収録されている。

『漢英熟語字典』と『漢英熟語リバース字典』(Spahn and Hadamitzky) は親字によって熟語を配列した熟語辞典である。対象となる漢字を見出し項目とし，その漢字の出現位置ごとに当該字を含む熟語が網羅されており，ある熟語の中で1字しかわからなくても検索が可能である。だが，さまざまな熟語を同一の親字のもとで画数順配列すると，各字義と熟語，また各語義同士の関係が捉えにくくなるという側面もある。

前述の『新版ネルソン漢英辞典』『漢英熟語リバース字典』などが語彙の意味を引くための「参考書」であるのに対し，「学習辞典」としての字典も存在する。

『新漢英字典』(春遍雀來 1990) では漢字の

パターン（字型）による検字法 SKIP によって漢字そのものを検索するので，読みや部首などの予備知識がなくても検字できる。また中心義による字義分析，造語成分情報，同訓使い分け，画数，筆順，頻度情報などを収録している。個々の漢字の意味を理解させることに主眼を置いているため，熟語・用例は字義を理解する手段として有効なものを取り上げているのが特徴である。

→ 漢字の検索方法 (5-G)

● 参考文献

文化庁（編）(1973)『外国人のための漢字辞典 (*Dictionary of Chinese Characters for Foreigners*)』(第2版) 大蔵省印刷局.

Rose-Innes, A. (1975) *Beginner's Dictionary of Chinese-Japanese Characters and Compounds* (改訂第4版) Meiseisha.

Nelson, A. N. (1974)『最新漢英字典 (*The Modern Reader's Japanese-English Character Dictionary*)』(第2改訂版) チャールズ・イー・タトル出版.

Spahn, M. and Hadamitzky, W. (1989)『漢英熟語リバース字典 (*Japanese Character Dictionary with Compound Lookup via Any Kanji*)』日外アソシエーツ.

諸橋轍次（著）鎌田正・米山寅太郎（編）(1990)『大漢和辞典』(修訂第二版) 大修館書店.

春遍雀來 (1990)『新漢英字典 (*New Japanese-English Character Dictionary*)』研究社.

Spahn, M. and Hadamitzky, W. (1996)『漢英熟語字典 (*The Kanji Dictionary*)』チャールズ・イー・タトル出版.

Haig, J. H（編）(1997)『新版ネルソン漢英辞典 (*The New Nelson Japanese-English Character Dictionary*)』チャールズ・イー・タトル出版.

［春遍雀來(ハルペン・ジャック)］

■漢字の難度

漢字の難度を，意味，発音，字形の側面から考えてみる。

●**意味理解の難度** —— 漢字および漢字熟語がどれくらい頻繁に使われるかが，漢字の意味理解の難度に影響する。ここでいう漢字の使用頻度とは，新聞などの印刷物に出現する頻度のことである。頻繁に使用される漢字ほど，より速く意味を理解することができる。また，漢字1字の使用頻度とともに，熟語の使用頻度も独立して影響する。たとえば，「学」という漢字は，使用頻度の高い「学校」という熟語のなかで使われた場合には簡単に意味がわかる。しかし，使用頻度の低い「学術」という熟語に含まれると難しい。つまり，漢字単体としての頻度と熟語としての頻度がそれぞれ独立して漢字の意味理解の難度に影響しているのである。

●**発音の難度** —— 漢字の発音が複雑であることが，漢字の難度に影響する。学習した漢字数の少ない初級レベルの日本語学習者と，多くの漢字や漢字熟語を学習した上級レベルとでは，漢字の誤り方が異なっている。日本語を学習しはじめて2年以内の英語母語話者では，漢字の字形の誤りが圧倒的に多い。一方，日本語学習が進むにつれ，発音と関連した誤りが多くなる。たとえば，「意識」を「意織」と，発音が同じで字形が似ている漢字と書き誤ったりする。このような誤りは，日本語の漢字の音韻的特徴に起因している。たとえば，「小」「省」「商」など，ショウと発音される漢字は1945字の常用漢字だけでも65種類ある。一方，発音が1つしかない漢字は，常用漢字のなかで696字（訓読みのみ32字，音読みのみ664字）にすぎず，1249字は2つ以上の発音をもつ。漢字二字熟語であれば，可能な読み方は2つの漢字の発音数を掛けた数となるので，組み合わせはさらに多くなり，熟語ごとに正しい発音を覚えなくてはならなくなる。

●**字形の難度** —— 字形の複雑さが漢字の難度に影響する場合がある。単純に，漢字を書く時間のみを考えると，画数の多い「魚」よりも「人」のほうが容易である。しかし，音で聞いて漢字の字形を想起して書きはじめるまでの時間（書字潜時）を実測してみると（玉岡・高橋1999），頻繁に使用する漢字では字形の複雑さの影響はなく，使用頻度の低い漢字または熟語についてのみ画数の影響が現れる。つまり，字形の複雑さは，あまり使わない漢字の字形を想起する場合にのみ強く影響しており，画数が多いからといって難しい漢字とは限らない。

さらに，発音を聞いて漢字を書くのは，漢字を見て理解するよりも難しい。たとえば，「セキセツ」と音を示してから書きはじめるまでの時間は，「積雪」と視覚的に示して理解するまでの時間の約3倍長くかかる。これは，視覚的に示された漢字は，全体的あるいは特徴的な字形から意味は比較的容易にわかるが，漢字を書くためには，字形を詳細に想起しなくてはならないからである。ちなみに，26種類のアルファベットで表記される英単語では，この時間の差はほとんどなかった。

➡ 文字記憶のメカニズムと文字習得（5-D），漢字の読み（5-C），漢字の字形（5-C）

●**参考文献**

玉岡賀津雄・高橋登（1999）「漢字二字熟語の書字行動における語彙使用頻度および書字的複雑性の影響」『心理学研究』70.

Hatta, T., Kawakami, A. and Tamaoka, K. (1998)"Writing Errors in Japanese Kanji: A Study with Japanese Students and Foreign Learners of Japanese." *Reading and Writing* 10. pp. 457–470.

[玉岡賀津雄]

■漢字の情報処理

媒体が何らかの意味を蓄えたり，伝えたりで

きる状態にあるとき、それは情報となる。自然に発生する情報もあれば、知能をもつ生物が意志をもって作り出す情報もある。「情報処理」を論じるには、生き物がどのように情報を利用するかという認知科学の立場もあるが、多くの場合は、コンピュータを使って大量の情報を合理的に活用する方法を意味する。したがって「漢字の情報処理」では、どのようにコンピュータで漢字を含む言語データを取り扱うかが問題になる。

言語データ（文章）をコンピュータで処理するとき、一つ一つの文字は数値によって表される。ローマ字の場合は94字（発音符を使っても188字）で、ほとんどの文章を表すことができる。コンピュータの記憶媒体で、1バイト（8ビット）という単位で256の数値を表せるので、1字に1バイトを割り当てるのが一般的な方法であった。しかし、漢字のように何千もの異なる文字を必要とする場合は1字を表すのに少なくとも2バイトを使うことになる。

文字を表す数値を文字コードともいう。漢字を使う言語や地域により必要となる文字集合が異なるので、漢字の文字コード体系もさまざま存在する。日本語の場合は主に JIS X 0208 や UCS（ユニコード）が使われる。

漢字を含む文章には、他の言語データと同様、個々の文字が並んでおり、連続する文字が文字列を形成する。この文字列を対象にさまざまな操作をすることにより、文章データを分析したり、役に立つかたちに作り替えたりすることができる。

操作に使用者がどれくらい頻繁に介入するかによって、情報処理を行うソフトの規模が著しく異なる。ワードプロセッサなどを使って行う対話型の処理では、使用者はつねに対象となるデータを見ることができ、操作を進めるうえで微妙な判断も個別的にすることができる。一方、バッチ処理では、一連の作業が自動的に行われ、あらかじめ予想できる単純な判断しかできない代わりに、操作が素早く終わる。

バッチ処理を行うには、さまざまなソフトを使うことがある。grepのような検索ソフトでは大量のデータから、設定したパターン（正規表現）に合う文字列とその前後の文章を打ち出すことができる。もっと高度な処理をするためには、使用者が独自のプログラムを組み立てることができる。このような用途には、手軽に利用できる Perl や Ruby のようなスクリプト言語が便利である。日本語の場合は、JIS にも UCS にも簡単に対応できる Ruby がとくに適しているといえる。簡単な処理の流れについては「漢字・漢字語の使用頻度」（5-C）を参照されたい。

漢字の処理は基本的に他の文字データの処理と同じようなものであるが、1つの漢字に意味・読み・部首・画数など、さまざまな属性があるので、属性情報を利用して処理の流れを制御することが可能になる。

漢字を含む文章は、ローマ字のスペース文字のようにことばの区切りを明確にしないことが普通であるため、文章を単語に分けることがきわめて難しい作業になる。このために、文章を形態素に解析する chasen（茶筌）というバッチ処理ソフトが不可欠である。chasen から出力されたデータをさらにスクリプト言語によって分析し、たとえば動詞とか、固有名詞に使われる漢字だけを対象にして作業を進めることができる。

→ 漢字・漢字語の使用頻度（5-C）

● 参考文献

海保博之・野村幸正（1983）『漢字情報処理の心理学』教育出版.

漢字文献情報処理研究会（2000）『電脳国文学——インターネットで広がる古典の世界』好文社.

青木峰郎他（2004）『Ruby レシピブック 268

の技』ソフトバンクパブリッシング．

[エリク・ロング]

■専門分野別の漢字

　漢字学習において，留学生や職業人が特定の専門分野で運用できる漢字を効率的に習得することが考えられる。とくに非漢字圏学習者にとっては，限られた学習期間で，専門書を読む必要がある場合には，学習漢字の優先順を考慮する必要がある。日本語能力試験で示される4級から1級漢字の基準とは別に，目的や専門分野が特定される場合は，重要度，使用頻度などにより学習の優先順が異なるはずである。専門分野別学習漢字を考える場合，専門分野における専門語の漢字語彙との関連で，学習項目を考える必要がある。しかしながら，学習者が大学生であるか，大学院レベルの研究者であるかによっても専門の度合いが異なり，深い専門ほど特殊な用語を用いる頻度が高くなり，多くの学習者に一般化するのは難しくなる。

　現在までに，漢字学習シラバスが専門分野別に提示されているものとして，工学，農学などの科学技術系と，経済学などの社会科学系のものが見られる。

● 理工系の漢字 ── Daub, E. (1991) は，専門分野が理工系である非漢字圏日本語学習者向けの最初のテキストである。本書は高校理科教科書の頻度分析により，重要漢字500字によるシラバスが提示されている。「一，二，三」などの漢数字は一般のものと共通するが，「分，数，合，面，定，図，体，線，上，対，式，点，理，的，質，子，表」などが使用頻度の上位にある。「数式，目的，面積，定理」など物理，化学，数学，生物の基礎語特有の語に含まれる漢字がある。また，「分，体，上，子」などの漢字は一般の学習漢字には見られない「分子，体積，線上」など科学特有の漢語の要素であることが特徴となっている。

● 社会科学系の漢字 ── 経済学などの社会科学系分野の語彙は新聞語彙調査との重なりが見られる。新聞語彙の頻度調査における最上位漢字は「日，一，十，二，人，三，会，国，年，中，本，東，五，時，四，出，上，円，同」であり，社会科学系ではいずれも頻度が上位で重なっている。

　一方，日本語能力試験出題基準において3，4級で優先的に提示される漢字は，年月や曜日，時間を表す漢字，東西南北や左右前後の方位を表す漢字，父母兄弟など親族関係を表す漢字，山川などの自然や衣食住交通に関する生活漢字などが中心である。

➡ 目的別の文字教育（5-E），漢字・漢字語の使用頻度（5-C）

● 参考文献

村岡貴子・柳智博（1995）「農学系学術雑誌の語彙調査」『日本語教育』85．

今村和弘・三枝令子（1994）「経済学における専門基礎文献の語彙・表現調査」『日本語教育学会大会予稿集』．

岡田泰男他（1996）「はじめての経済学」『慶應通信』．

Daub, E. 他（1991）『科学技術日本語入門』東京大学出版会．

国立国語研究所(編)（1976）『現代新聞の漢字』〈国立国語研究所報告56〉秀英出版．

国際交流基金（1994）『日本語能力試験出題基準』凡人社．

寺朱実他（1996）「日本語読解支援システムDICTLINKER」『日本語教育学会秋季大会予稿集』．

[仁科喜久子]

■漢字文化圏

　「漢字文化圏」として普通挙げられるのは，中国（香港含む）・台湾・ベトナム・朝鮮半島・日本と，これらの地域の言語を話す人々が

集団で住んでいる地域である。各地域の言語生活において漢字を使う割合は、それぞれ異なる。

●**各地域の漢字使用**——ベトナムでは、漢字・漢文が公的な文字・言語として非常に長いあいだ用いられていた。しかし20世紀初め以降ローマ字表記が一般化し、現在漢字は公式文字としては使われていない。

朝鮮半島でも、かつて漢字・漢文が公的な文字・言語として用いられてきた。15世紀半ばに表音文字のハングル（訓民正音）が創製されたが、これが公式文書の表記法として認められるのは19世紀終わり頃である。その後日本の統治によって、朝鮮語自体が公式言語の地位を奪われる。日本統治から解放されると、北朝鮮では漢字を全廃する方向で政策が進められ、現在公式文書には漢字は現れない。一方、韓国では、「ハングル専用派」と「漢字混用派」とのせめぎ合いや、そのときどきの大統領の方針の違いによって言語政策が二転三転しつつ、全体として漢字表記は解放直後に比べるとかなり減っている。

●**同形漢語**——漢字文化圏の言語間では、漢字を通して単語が広がることがある。たとえば明治期に日本で作られた「科学」ということばは、韓国・朝鮮語では과학（gwahag）、中国語では科学（kēxué）、ベトナム語ではkhoa học という形で受け入れられている。とくに日本語と韓国語とのあいだには、同形漢語（漢字で書いたときに同じ形になる漢語）が多い。漢字文化圏の言語を、日本語の漢語体系と似ている順に並べてみると、①韓国・朝鮮語、②中国語、③ベトナム語、ということになるだろう。細かく考えると、韓国では北朝鮮よりも、また台湾では中国大陸よりも、日本語と同じ形の漢語が多く用いられているものと思われる。

漢字文化圏出身の学生にとって、ある漢語が自分の言語と同形である場合、比較的記憶しやすい。ただし同形漢語だからといって、それがまったく同じ意味で用いられているとは限らない。たとえば「愛人」という漢語は、韓国・朝鮮語では「恋人」の意味で、中国語では「配偶者」の意味であり、日本語とは異なる。概して、科学技術分野などの専門用語における同形漢語は意味の違いがほとんどないが、日常生活で用いられているものには、注意が必要である。

●**字体の相違**——漢字の字体については、日本とはそれぞれ異なる。活字と手書きとの違いもあるが、大まかに言って、韓国・台湾は康熙字典体にのっとった複雑な字体（繁体字）で、これは在外中国人社会の一部や香港でもよく使われている。一方、中国大陸では簡体字と呼ばれる中国式の略字体を、日本は通用字体という日本式の略字体を採用している。日本語教育において漢字書き取りのテストをする場合、字体の違いについてどこまでを正解とするか、前もって学生に伝えておく必要があるだろう。

➡ 中国の漢字と日本の文字（5-A）、韓国の文字と日本の文字（5-A）、漢字の字体（5-C）

●**参考文献**

加藤彰彦（編）（1989）『講座日本語と日本語教育9 日本語の文字・表記（下）』明治書院．

塩田雄大（1999）「日本・韓国・中国の専門用語——日本語とはどのくらい似ているか」『国文学解釈と鑑賞』64-1．

塩田雄大（2002）「韓国の人名・地名表記に関するノート——日本のマスコミの扱いと韓国の漢字使用の現状」『放送研究と調査』52-5．

橋本萬太郎他（編）（1987）『漢字民族の決断——漢字の未来に向けて』大修館書店．

［塩田雄大］

D——文字の認知・習得メカニズム

■字形認識

● **文字の弁別** ── 文字を読むという知的な営みは，簡単なようで実は大変複雑な側面を含んでいる。たとえば「ツ」と「シ」を別の字と見るか，それとも同じ字と判断するかは，かなり微細なパターンの違いに注意を向けて，両者を区別しなければならない。そのほかにも，カタカナの場合は，「ソ」と「ン」と「リ」など，日本語学習者が混同しがちで，そのために習得に支障をもたらす文字群が存在するようだ。

● **手書き文字の認識** ── 手書き文字に目を向けると，文字を読むメカニズムの不思議さが，より鮮明になる。筆跡鑑定が犯罪捜査などで実際に利用されているように，手書き文字には個人間で多種多様なパターンがある。書道が芸術の一分野として成立しているのは，手書き文字に無限のバリエーション（変異）が存在するからだろう。近年，情報工学の分野では，手書き文字を自動的に読み取る装置の開発が進み，郵便物に記された郵便番号や宛先住所を，かなりの正確さでコンピュータが認識できるようになってきた。同じようなしくみで，パソコンのイメージスキャナで取り込んだ文字列のデータを，文字認識してテキストデータに変換してくれるソフトも比較的安価で市販されている。ただし，これらは，精度の点で人間にかなわない。人間は，字形のバリエーションを超越して，いろいろな書き手の文字を読むことができるが，そのしくみについて十分に解明されているとはいえない。

● **活字字形のバリエーション** ── 活字においても，字形のバリエーションが見られる。たとえば，小学校の国語教科書などでは「言」となっているが，新聞などを見ると「言」と印刷されている。「なべぶた」の部分を注意深く観察すると，形態が明らかに違うのがわかるだろう。新聞や雑誌などで一般的に使われている明朝体活字は，「ごんべん」の「なべぶた」を「二」のようにデザインするという統一方針をもっている。これは小学校で教える字の形とは異なる。日本語学習者のなかには，「語（明朝体活字）」と「語（教科書体活字）」のように「ごんべん」の活字字形にゆれがあるという事実に気づく人もいて，どちらの字形が正しいのか迷うこともあるようだ。活字字形のバリエーションは，ほかにもいろいろなケースで散見される。

● **パターン認識** ── 人間は，たとえ文字の形態やデザインに差があったとしても，それらを同じ字に「包摂」できるおかげで，文字によるコミュニケーションが成立しているといえよう。このように，形態がさまざまに異なるものを同じ1つのカテゴリーとして認知することを「パターン認識」という。文字を読むほかに，さまざまな形や大きさの犬を見て，それらがすべて〈犬〉であるとわかることや，いろいろな表情の変化があってもだれの顔かわかること，声を聞いただけでだれの声かわかることなどもすべてパターン認識が基本にある。

● **字形と字体** ── 文字論の研究においては「字形」と「字体」を区別して用いる。字形とは，現実に紙や画面の上に印字・表示された文字の形状を意味する。一方，字体とは，その文字の骨組みに関する抽象的な概念を指す。先に示した明朝体と教科書体における活字の差は，字形レベルの違いで，デザイン差とされている。それに対して，字体レベルの差とは，「桜」と「櫻」の違いなどを指す。このように，漢字には読みと意味が同じなのに形態だけが異なる字が多数存在し，それらは「異体字」と呼ばれる。

➡ 漢字の字形（5-C），漢字の字体（5-C）

● 参考文献

横山詔一・笹原宏之（2000）「文字と暮らし」国立国語研究所（編）『豊かな言語生活のために』〈新「ことば」シリーズ11〉大蔵省印刷局．

加藤弘一（2002）『文字コード』（図解雑学シリーズ）ナツメ社．

笹原宏之他（2003）『現代日本の異体字——漢字環境学序説』〈国立国語研究所プロジェクト選書2〉三省堂．

[横山詔一]

■文字の記憶

　文字は視覚的な刺激であり，まず目から入ってくる。この段階でパターン認識がなされ，字形や字体の認知が完了する。そして，次の処理段階で音の情報が取り出される。漢字などの場合は，さらに意味の情報が抽出されることもある。漢字は，音訓などの読みのほか，意味を表す成分ももち合わせていることが多いため，表語文字に分類される。

　初めて目にした文字を習得する際は，形と音，あるいは形と意味（義）を頭の中で結びつける必要が生じる。形と音の結びつきを形成するための学習は，形・音のペアを連合させることから，形・音の「対連合学習」と呼ばれる。仮名の読みの習得は形・音の対連合学習ですむが，漢字の読みの習得は「形・音・義の連合」によって成立する。

●エピソード記憶と意味記憶——ある文字を習得した人は，その文字に関してどのような知識や記憶をもっているのだろうか。文字の記憶には大きく分けて「エピソード記憶」と「意味記憶」の2つがあるといわれている。

　文字のエピソード記憶は，以下のような「再生」検査や「再認」検査を用いて調べるのが普通である。検査を受ける人に，たとえば〈魚〉という文字を見せ，それを眼前から取り去った後に，「さっき，ここで見た文字を思い出して書いてください」というような課題を与える。このようなやり方を再生検査と呼ぶ。一方，「さっき見た文字は魚でしたか」とか「犬でしたか」と尋ねるのが再認検査法である。魚は見たけれども犬は見ていない，と回答すれば正解である。

　エピソード記憶に比べると，意味記憶の調べ方は簡単である。文字の意味記憶に対しては，音読検査や意味理解検査を用いる。たとえば，〈魚〉という文字を見せ，声に出して読ませるのが音読検査である。意味理解検査は，あらかじめ魚や犬などの線画もしくは写真を準備しておき，そこから〈魚〉という文字が指示する対象物を選択させるといったやり方をする。

　文字の意味記憶に関して，日本語を母語とする「失語症」患者では，漢字と仮名で大きな違いが生じるケースも多い。たとえば，平仮名で〈さかな〉と書いたカードと，漢字で〈魚〉と書いたカードを別々に見せて，音読の成績を比較すると，意外なことに漢字の〈魚〉のほうが容易に音読できる場合が珍しくない。

●イメージ統合課題——漢字の「イメージ統合課題」においては「空書（くうしょ）」という現象が生じる。たとえば，漢字の足し算として黄と木を組み合わせると〈横〉になる。では，口と十と共からは何ができるか。また，月と糸と口からは何ができるだろうか。このような問題をいくつか準備して，日本人など漢字文化圏の人に与え，そのときの動作を観察すると，ほとんどの人が，空中や手のひらの上などに指先で字を書くような動作を行う。これを空書と呼ぶ。

　漢字の足し算をするには，漢字のイメージを頭の中で統合する必要がある。その際に無意識のうちに自動的に指先が動いてしまう。このような事実から，漢字文化圏の人は，漢字の形を，イメージという視覚的な成分だけで記憶しているのではなく，指先の動きという「運動感

覚成分」も合わせて記憶しているのではないかといわれている。

→ 文字記憶の要因 (5-D), 文字記憶のメカニズム (5-D)

● 参考文献

小谷津孝明(編) (1984)『認知心理学講座 2 記憶と知識』東京大学出版会.

佐伯胖・佐々木正人 (1990)『アクティブ・マインド』東京大学出版会.

[横山詔一]

■文字記憶の要因

初めて目にする文字や文字列（語）の読みの習得では，形と音を頭の中で結びつける必要がある。形と音の結びつきを形成するための学習は，形・音のペアを連合させる対連合学習が基本になる。このような対連合学習に影響を及ぼす要因として，いくつかの言語心理学的属性が明らかにされている。

● 有意味度――「有意味度」が高い刺激文字や刺激語ほど，形・音の対連合学習が容易になされることが知られている。有意味度とは，刺激文字や刺激語を目にした際に心の中で産み出される意味の豊富さで定義され，「連想の量」をその指標とする。有意味度の測定方法にはいくつかあるが，代表的なやり方は次のとおりである。刺激文字や刺激語を被験者に提示し，約60秒間でどのくらいの連想語が産み出されるかを計測する。刺激提示に先立って「これから見せる刺激語から連想したことばのすべてを書いてください。ただし，連想したことばから次の連想をしないよう，必ず刺激語にもどるよう注意してください」という教示を被験者に与える。

● 熟知性――「熟知性」も刺激文字や刺激語の対連合学習に効果がある。熟知性とは，いわゆる「なじみ」の感覚を指す。刺激文字や刺激語に対して，それをどのくらい目にしたことがあるかとか，なじみをどの程度感じるかなどを，被験者が主観的に評定した結果を熟知性（あるいは「親密度」）と呼ぶ。たとえば，「女」という文字の熟知性は高い。一方，ほとんど目に触れない「娑」は，なじみがないので熟知性も低い。熟知性を測定する方法は次のとおりである。刺激提示に先立って「これは，ある文字（あるいは語）に，どのくらい接触していると感じているかを調べるものです。それぞれのことばに対して接触した程度を直観的に評定してください。評定は「まったくない」「まれに」「ときどき」「しばしば」「非常にしばしば」のどれかに○をつけるようにしてください。なお，ことばの意味はわからなくても結構です。そのことばに接触した程度だけを判断するようにしてください」というような教示を与え，数十名程度の被験者から得られた評定の平均値をもって熟知性の指標とする。熟知性には，その刺激文字や刺激語の新聞や雑誌における「出現頻度（使用頻度）」や，被験者の「接触頻度」が色濃く反映されると考えられている。

● 心像性――形・音の対連合学習において，有意味度や熟知性や出現頻度などをしのぐ効果をもつとされるのが「心像性」である。心像性とは，刺激文字や刺激語が心の中に視覚的イメージを喚起する力を指す。心像性の測定方法は次のとおりである。数十名程度の被験者に刺激を提示し，心像の思い浮かべやすさを主観的に評定させた平均値でもって心像性を定義する。このように，心像性は，刺激文字や刺激語が指示する対象についての視覚的鮮明性の指標である。

対連合学習以外にも「短期記憶」や「長期記憶」などの研究から，文字言語刺激の記憶は心像性に最も大きく影響されることがわかっている。その有力な説明の1つに，心像性の高い文字言語刺激は，音韻符号化に加えてイメージ符号化もなされるためだとする「二重符号化説」

がある。これに関連して、「画像や絵の記憶」は、言語刺激の記憶より格段に容易なことが知られている。

→ 文字の記憶（5-D），文字記憶のメカニズム（5-D）

● **参考文献**

大村彰道（監修）（2001）『文章理解の心理学』北大路書房．

横山詔一（1997）『表記と記憶』〈心理学モノグラフ No.26〉日本心理学会．

横山詔一（2001）「視覚的情報と意味」平澤洋一（編）『電脳意味論』〈日本語教育学シリーズ4〉おうふう．

[横山詔一]

■**文字記憶のメカニズム**

ここでは、文字そのものを初めて習得する場面ではなく、文字あるいは文字列によって提示された刺激語の記憶メカニズムを説明する。

●**形態処理・音韻処理・意味処理**——刺激語は目から入った後に、文字の形や刺激語の全体的な形状に関する何らかの表象（あるいは情報）が頭の中に成立すると考えられる。このような表象を「形態符号」という。刺激語は読みの情報も有するので、読みの表象が頭の中に成立する。これを「音韻符号」という。さらに、刺激語からは意味の情報も産み出されるので、これを「意味符号」という。

同じ刺激語であっても、人間がどの側面に注意を向けるかによって、形態処理・音韻処理・意味処理の3つに分けることができる。たとえば、〈はし〉という刺激語に対して「ひらがな2文字だ」と考えた場合は、刺激語の形態に関する処理すなわち「形態処理」がなされ、形態符号が記憶内に貯蔵される。「黙読してみよう」と考えた場合は、刺激語の読みに注意が向いているので「音韻処理」がなされる。「橋、端、箸のいずれだろうか」と考えた場合は「意味処理」がなされたといえる。記憶の処理水準説によれば、形態処理→音韻処理→意味処理の順に処理レベルが深くなり、意味処理に近づくほど記憶成績にプラス効果が生じるという。

●**記銘・保持・検索**——記憶における情報の一連の流れは大きく記銘・保持・検索の3段階から成るといわれている。まず外界から情報を取り込むのが「記銘」であり、次に取り込んだ情報が消滅したり減衰したりしないよう心の中で「保持」し、さらに利用したい（思い出したい）情報を正確に取り出すのが「検索」である。

これらの流れは、図書館にたとえてみると理解しやすいだろう。新刊本が図書館に入ってくると、図書館員は目録情報を作成する処理を行う。目録情報のうち、たとえば図書の大きさに関する情報は形態符号、書名の読み情報は音韻符号、内容の分類コードは意味符号にそれぞれ対応すると考えてよいだろう。この段階が記銘に相当する。次に、それらの目録情報をデータベース化して電子メディアに保存する。時間経過とともに電子メディアは劣化することもあるので、記憶されていた目録情報は失われていく。この段階が保持にあたる。その本を利用する場合は、目録情報を手がかりにして書架から本を探し出す。その本が図書館内のどこかに確かに存在したとしても、所定の書架に位置づけられていないとか、目録情報の記載が不正確であるなどの事故が生じた場合は、巨大な図書館では目標とする本を探し出せなくなる。つまり、その本にはだれも簡単にはアクセスできないので、事実上は消えたのに等しい。これと同様に、記憶においても、保持されている情報の検索に失敗すれば忘却したとみなされる。

記憶情報の検索は、記銘段階（符号化時）の状況と検索段階（テスト時）の状況が一致しているほど効率が良くなる。ダイバーに単語リストを陸上および水中で記憶させたところ、水中

で記銘した単語は水中でテストしたときのほうが陸上の場合よりも思い出しやすく，陸上で記銘した単語は陸上でテストしたときのほうが水中よりも成績が良いという結果になった。これは，記銘時の環境や状況が符号化されて記憶内に残り，検索時に有効な手がかりとしてはたらくためだと考えられている。このような説明を「符号化特殊性原理」という。

➡ 文字の記憶（5-D），文字記憶の要因（5-D），文字記憶のメカニズムと文字習得（5-D）

●参考文献

大島尚（編）(1986)『認知科学』（ワードマップ）新曜社.

太田信夫（編）(1988)『エピソード記憶論』誠信書房.

浮田潤・賀集寛（編）(1997)『言語と記憶』培風館.

[横山詔一]

■文字記憶のメカニズムと文字習得

●仮名・ローマ字の習得── 日本語の表記には，漢字と仮名，そしてローマ字が用いられている。仮名には，ひらがなとカタカナの2種類があるが，字形が単純であるため短期間で学習できる。仮名と日本語の音は規則的に対応しているため，記憶しやすい。慣れれば，「まむっさ」や「クーパッコ」のように意味と無関係に発音だけで書き取ることも容易にできるようになる。また，ローマ字も表記法にいくつかの種類があるが，アルファベットを母語の表記形態とする日本語学習者には，母語の文字記憶が応用できるので，容易にローマ字が習得できるようである。

しかし，漢字を習得するのは，そう簡単ではない。漢字に関連した人間の記憶は，字形，音韻，意味，運動の4つに分けて考えることができる。

●漢字の字形記憶── 1945字から成る常用漢字（詳細なデータは，Tamaoka, et al. 2002を参照）の平均画数は，10.84画である。最も画数の少ないのは1画の「一」であり，最も多いのは23画の「鑑」である。これらの漢字が，一つ一つ別々に記憶されているとすれば，かなり非効率的な記憶システムであろう。しかし実際には，1678字の常用漢字が2つ以上の構成要素から成っており，さらに669字の常用漢字が214種類の部首のうちの10種類で作られている。このことから，漢字の字形記憶が，繰り返し使われる部首などの構成要素を基盤としていることが想像できる。実際，漢字の知識構造の研究（Tamaoka and Yamada 2000）では，部首が，漢字の字形，音韻，意味の要となることが示されている。漢字の学習がある程度進むと，どういう構成要素が頻繁に使われ，それがどのような漢字に使われるかということを記憶することで，漢字を整理して覚えることができると考えられよう。

●漢字の音韻的記憶── 六書分類によると，常用漢字のうち1164字が「形声」に分類されている。つまり，常用漢字の約60％の漢字が，構成要素に音を示す音符をもっている。たとえば，「白」は音読みで，ハクと発音される。この発音は，「白」を構成要素とする「拍」「伯」「泊」「舶」でも同じ発音となる。このように，漢字の音読みと音符の示す音はかなり一貫している。しかし同時に，1249字の常用漢字が2つ以上の発音をもっている。さらに，日本語の発音は多様性に欠け，たとえば，ショウまたはコウと発音される常用漢字は，いずれも65字にのぼる。超上級レベルの日本語学習者は，漢字熟語の書き取りテストで，同じ発音をもつ漢字と間違えることがしばしばあるが，それは同音の漢字が多いことによる。

このように，漢字の音韻的記憶のネットワークは，1つの漢字が複数の発音をもち，さらに個々の発音が複数の漢字で書かれるという二重

の複雑な構造をもっている。中国語を母語とする日本語学習者でも，漢字の発音となると習得が難しいのは，このような漢字の発音の複雑さが原因であろう。漢字の発音を教える場合には，個々の漢字とともに，その発音を共有するほかの漢字を示すなど，2つの音韻的な記憶の側面からアプローチして教える工夫が必要であろう。

● 漢字の意味記憶 ── 日本語の語彙では，漢字が単独で使われることは少ない。むしろ，漢字を組み合わせることで，多様な語彙を形成している。2つの漢字から成る熟語が国語辞典の約70％を占めていることがそれを裏付けている。こう考えると，漢字は意味上の最小単位である「形態素」とみなすことができよう。そして，漢字を単位とした意味的なネットワークとともに，漢字が組み合わされた単語レベルの意味的なネットワークも存在し，二重構造ネットワークで多様な語彙を形成していると考えられる。実際，「安楽死」という難しい単語であっても，これら3つの漢字は「安」が小学校3年生で，「楽」が2年生，「死」が3年生で学習する漢字であり，漢字そのものは比較的簡単である。このように，限られた数の漢字形態素の組み合わせで，多様な語彙を構成しており，漢字は効率のよい意味記憶の単位であるともいえよう。漢字を学習する際には，ある漢字がほかのどのような漢字と結びついて熟語を形成するかを示し，漢字を単位とした意味的ネットワークの形成を助けるよう工夫する必要があろう。

● 漢字の運動性記憶 ── 漢字の筆順は，手の一連の動きを介して漢字の書字運動として記憶される。漢字失語（脳の障害によって漢字の字形記憶が失われた）の例では，漢字を筆順に従って指でなぞると漢字の意味が浮かぶという現象が知られている。この症例を見ると，漢字に運動性の記憶が存在することがわかる。近年，ワープロやコンピュータの普及により漢字を手で書くことが少なくなり，漢字が思い出せないという経験を訴えるのをよく聞く。これは漢字の運動性記憶を使わなくなったことが原因であろう。初期の漢字学習では，手で漢字を書かせることが漢字の記憶を促進すると考えられるので，初めからワープロに頼りすぎないように注意する必要があろう。

➜ 漢字の難度（5-C），漢字の読み（5-C），漢字の意味・用法（5-C），漢字の構成要素（5-C），漢字の字形（5-C），文字の記憶（5-D），文字記憶の要因（5-D），文字記憶のメカニズム（5-D）

● 参考文献

玉岡賀津雄（2001）「中国語系および英語系日本語学習者の母語の表記形態が日本語の音韻処理の及ぼす影響」『読書科学』44.

Tamaoka, K. and Yamada, H. (2000) "The Effects of Stroke Order and Radicals on the Knowledge of Japanese Kanji Orthography, Phonology and Semantics." *Psychologia* 43. pp. 199-210.

Tamaoka, K., et al. (2002) "A Web-accessible Database of Characteristics of the 1,945 Basic Japanese Kanji." *Behavior Research Methods, Instruments, & Computers* 34. pp. 260-275.

Leong, C. K. and Tamaoka, K. (1998) *Cognitive Processing of the Chinese and the Japanese Languages*. Kluwer Academic Publishers.

Tamaoka, K. (2003) "Where Do Statistically-Derived Indicators and Human Strategies Meet When Identifying On- and Kun-Readings of Japanese Kanji?"『認知科学』10.

Tamaoka, K. and Hatsuzuka, M. (1998) "The Effects of Morphological Semantics on the Processing of Japanese Two-kanji Compound Words." *Reading and Writing*

10. pp. 293-322.

[玉岡賀津雄]

E——文字教育のカリキュラム

■国内の文字学習ニーズ

国内の在住外国人の増加に伴い，日本語を学ぶ目的や方法も多様化している。日本語が主流言語である日本国内で日本語を学ぶ学習者は，日常生活レベルにおいてもある程度の文字学習の必要を感じているが，ひらがな，カタカナ，漢字のどの範囲までの学習が必要か，あるいは読むことと書くことではどうかなど，具体的な目標立てはさまざまである。

● **学習者特性・環境によるニーズの違い** ── 文字の学習ニーズは，来日目的や日本語学習目的，日本語や日本社会・文化などに対する興味関心，母語，出身文化圏，外国語学習経験など学習者の特性，あるいは学習者を取り巻く環境によって異なる。

大学や企業などに属し，日本語で専門書の読解や論文執筆，ビジネス文書の作成などを行う必要のある学習者は，非常に高度な日本語の読み書き能力を必要とする。しかし，専門領域や職種などによっては，もっぱら英語などでそれらの活動が行われ，日本語で読み書きする必要があまりない場合もある。また，組織全体として外国人を受け入れるための言語環境が比較的整えられていたり，周囲の補助が得やすい制度や環境がある場合には，文字学習の必要性は限られた範囲でしか意識されないこともある。

一方，日本各地の地域社会においては，公共機関などでの表記の多言語化が徐々に進んできてはいるものの，日本語非母語話者にとっての言語環境はまだ十分に整備されているとはいえない。日常生活の範囲で目にする看板や標識・表示類，住所・氏名など諸書類でよく使われる文字の学習は，地域に暮らす外国人にとって必要度が高い。

学齢期の子どもにとって，文字学習は学校教育を受け学力を伸ばす基礎となる。日本の学校で学ぶ子どもたちは，日本語で書かれた教科書を理解し，各教科についての必要な知識を得て考えを深めていくために，短期間に高度な漢字力を身につけることが求められる。

● **ライフステージによる学習ニーズの変化** ── 文字学習に対するニーズは，学習者の生活が変わることによっても変化する。地域に定住する外国人の日本語学習者の主要な場となっている地域の日本語教室でよく見られる例であるが，日常会話がある程度できるようになり，ひらがなが読み書きできるようになったところで，いったん教室を離れた学習者が，子どもが成長して日本の学校に入学したのを期に，学校からの「お便り」が読めるようになりたいと，漢字学習を強く意識して再び教室に通いはじめるということがよくある。

日本社会で生活をしていくなかで行動範囲が広がったり，接触の相手が変わったりすることで，言語使用の質が変わり，文字学習の必要性も変化する。とくに，長期滞在者に対しては，そうした学習ニーズの変化を視野に入れた対応が重要である。

→ 専門分野別の漢字（5-C），文字教育と学習者特性（5-E），年少者に対する文字教育（5-E），目的別の文字教育（5-E）

[石井恵理子]

■海外における文字学習ニーズ

文字学習が日本語学習のプロセスのなかでどのような影響を与え，読み書き能力の習得がカリキュラム，教育アプローチのなかでどのような目的，役割をもつかにより，さまざまなアプローチが使用されてきている。海外，とくに非

漢字圏での日本語教育の場合には，教室内でしか文字に接する機会がないので，文字教育のアプローチが学習者の文字習得に直接的かつ一義的に影響することになる。

●**文字学習の時期** ── 日本語学習開始時からひらがな，カタカナをさっそく提示しはじめる教師もいる一方，文字学習による情報処理の量の多さが日本語学習の初期においてマイナスのはたらきをすると考える教師は，会話，聴解の能力があるレベルに達するまでひらがな，カタカナ，漢字をまったく提示しない方法をとる。この間，ローマ字を使用する教師もいれば，ローマ字が日本語の正しい発音の習得を妨げると，まったく文字に頼らなかったり，ローマ字への依存をできるだけ最小限にとどめようとする教師もいる。ローマ字を使う場合にも，訓令式，ヘボン式など，どれを使うかで議論がある。

また，ひらがな，カタカナ，漢字をいつ導入するかについても多くの議論がある。短い場合には日本語学習を始めて日本語の音声に慣れた頃から仮名を提示しはじめるが，長い場合には日本語学習開始から2年ほど日本語の文字を提示しない教師もいる。仮名の導入に関しても，非漢字圏の学習者に比較的書きやすく，自分の名前や国名も書けるというニーズを満たすことからカタカナを先に導入する教師もいれば，頻度や有用性などを理由にひらがなを先に導入する教師もいる。その後，いつから，どのように漢字を導入していくか，分かち書きを使うかどうか，振り仮名をどのように扱うか，など教師によって文字教育の方法は千差万別である。

●**効果的な文字学習の方法** ── 文字教育の最終目標は個々の文字が読めること，書けることではなく，日本語で書かれたものを読み，文字を使って意志疎通ができるようになる統合的知識，能力を身につけることである。このためには，個々の文字を個別的に学習し，記憶保持し，想起するというボトムアップ的な学習と，実際の文脈のなかで文字を理解，使用することができる能力を養うという総合的，トップダウン的な学習とを効果的に組み合わせていく教育が必要となる。記憶保持を効果的に行うためのストラテジーをいろいろ教え，学習者個人のニーズに合った学習ストラテジーを学習の初期段階から獲得するようにしたり，文字の検索，再生が効果的に行われるように符号化したり，深い処理が行われるように教育する必要もある。

また，学習者の注意の限界を超えないように，漢字の提示数，漢字の提示のしかたを考えたり，漢字の認識に重点を与えたりすることも重要である。非漢字圏学習者の場合には新しい視覚パターンということもあり，形式に重点を置いた学習ストラテジーに頼る傾向が強く，漢字圏学習者の場合には意味情報に頼った学習ストラテジーを使う傾向が強いので，母語における正書法も考慮してバランスのとれた教育を行う必要がある。

●**教師の漢字に対する意識** ── 教師の漢字に対する意識が教育ストラテジーに大きな影響を与えるといわれている。たとえば，漢字を難しいと考えている教師は単漢字中心の機械的暗記を強調した教育方法を使い，漢字は楽しい，漢字には文化的価値がある，漢字は有用であると考える教師は字源，構造分析，連想法などさまざまな方法を使って全体的言語学習の一部として漢字教育を行う傾向が見られる。また，このような教師の意識は学習者の漢字学習ストラテジーの選択にも大きな影響を与える。その意味で教師は自分自身の漢字に対する意識，態度をよく考え，それが自分の漢字教育にどのような影響を与えているかを内省することが効果的な文字教育のアプローチの開発，コースデザインの第一歩となろう。

漢字教育の際には，日本語における漢字学習の有用性，歴史的背景，基本的用法なども教え

ることが，学習者の漢字学習への動機づけを高めることになり，漢字に対する肯定的な態度を植えつけ，自律的な学習を通して漢字の体系的な用法を習得していく学習者をつくることにつながる。学習の初期から漢字辞書，電子辞書，インターネット上の辞書などの効果的な使用法を教えることも重要である。

海外の学習者は自然な漢字使用に触れる機会が少なく，体系的な漢字学習に必要なインプット，環境が極端に不足している。このためにも生教材を多く使う，インターネットなどのテクノロジーを使うなどして，漢字にできるだけ触れさせることも学習効果を上げることにつながる。

→ 文字教育と学習者特性（5-E），文字教育と学習者の意識（5-E），文字教育のシラバス（5-E），漢字学習のストラテジー（5-G）

[當作靖彦]

■**文字教育と学習者特性**

文字教育のシラバス・カリキュラムを考えるうえで考慮すべき学習者の特性として以下の5点を挙げる。

(1) 年齢・社会的属性：年少者か成人か，学生か社会人か，など
(2) 学習目的：生活目的，学術研究目的，商用目的，その他の目的
(3) 文化圏：母語および漢字圏，非漢字圏，中間圏（韓国）など
(4) 言語環境：日本国内か海外か
(5) 学習スタイル：自律的か他律的か，理論派か実践派か，目型か耳型か，など

●**学習者の年齢・社会的属性・学習目的**──学習者が年少者か成人かによって，興味・関心や集中力の持続性，記憶力，効果的なアプローチなどに大きな違いがある。年少者といっても，学齢に達していない幼児か，初等・中等教育レベルの生徒かなど，年齢によっても異な

る。また，成人でも，学生か社会人かという社会的属性の違いもある。社会人でも翻訳家からビジネスマン，研究者，音楽家や芸術家などの職業，家庭の主婦までさまざまな属性がある。さらに，単に日本で生活するために学ぶのか，学術研究に必要なのか，ビジネスに必要なのかという学習目的などの違いも考えられる。

●**学習者の文化圏**──ここで漢字圏の学習者とは，日常的に漢字が使用されている地域すなわち中国・台湾・香港・シンガポールなどの中国系学習者を指す。漢字の字形やその意味については，すでに母語において豊富な知識をもっており，主に日本語としての読み，用法を学べばよい。韓国は，ある年代まで漢字圏と考えられてきたが，1970年から実施されたハングル専用政策により，若い世代は漢字に対して苦手意識が強くなってきている。しかし，韓国語の語彙には漢字語が大きな割合を占めており，まったく漢字および漢字語に触れたことのない非漢字圏の学習者とは異なる性格をもつと考えられる。

●**言語環境**──学習者が日本国内で学ぶのか，海外で学ぶのかという問題もある。国内では早い段階から学習者が実際の場面で遭遇するオーセンティックなテキストを使う教育が必要とされるのに対して，漢字の使用環境が限られている海外では，学習漢字を厳選して繰り返し提示する方式が主流である。

●**学習スタイル**──とくに成人の学習者の場合，アジアからの学習者に多く見られる他律的（教師主導型）学習スタイルと，欧米などの学習者に多く見られる自律的（学習者主導型）学習スタイルとに大別される。さらに，学習者個人の性格などによって，体系化や論理的な説明を要求する理論派タイプ，あくまで使いながら覚えていこうとする。実用を重んじる実践派タイプなども考えられる。また，視覚情報による記憶が強い「目型」の学習者に対して，音声情

報のほうが記憶に残りやすい「耳型」の学習者もいるといわれている。学習スタイルの違いによって，使用する学習ストラテジーにも違いが見られる。

➡ 専門分野別の漢字 (5-C)，漢字文化圏 (5-C)，文字教育と学習者の意識 (5-E)，年少者に対する文字教育 (5-E)，目的別の文字教育 (5-E)

● 参考文献

古藤友子 (1998)「中国・韓国からみた日本の漢字と語彙」『小出詞子先生退職記念 日本語教育論文集』凡人社．

縫部義憲 (1999)『入国児童のための日本語教育』スリーエーネットワーク．

玉岡賀津雄 (2002)「日本語漢字の理解過程における中国系日本語学習者の母語の影響」『科学研究費補助金・研究成果報告書』．

[加納千恵子]

■文字教育と学習者の意識

● 漢字学習意識──非漢字圏の例としてアメリカ合衆国での漢字学習について取り上げると，アメリカでの日本語文字学習は大きく2つの流れに分かれる。一つは会話習得が文字学習に先行すべきだという会話先行理念であり，もう一つは最初から文字（仮名および漢字）を導入すべきだという会話文字同時進行理念である。大北 (1998) の報告では会話先行理念を支持していた学生は約20％で，約50％の学生は反対しており，約30％はどちらともいえないとしていた。アメリカ合衆国ではほとんどの学習者は会話先行理念を支持せず，学習初期からの漢字学習を望んでいるといえる。またアメリカ合衆国，中国，シンガポールでの学習者を対象にしたデータではどの国でも約70％の学生が教師による漢字学習指導を望んでいた。漢字圏・非漢字圏を問わず漢字学習指導が必要であると思われる。

● 漢字学習ストラテジー──漢字圏，非漢字圏を問わず最も使用頻度が高いストラテジーは書写である。アジア7カ国の学習者の漢字の書き間違いについて調査した大北のデータで最も多かった間違いは字形によるものであった。漢字学習で字形学習が重要であることがわかる。漢字圏，非漢字圏を問わず漢字学習に有効と思われる学習ストラテジーは漢字部品組み立てとメタ認知である。漢字が部品（部首や旁(つくり)などの構成要素）に分解されてから統合認知されていることは実験心理学での漢字認知の研究で実証されつつあり，漢字部品組み立てストラテジーは漢字認知プロセスに裏づけされた有効な学習ストラテジーであるといえよう。また部首の漢字学習における重要性は中国での幼児を対象にした研究でも実証報告 (Shu and Anderson 1998) がある。また漢字圏，非漢字圏を問わず漢字の読みに注意を払わない学習者は漢字学習成績が良くなかったという報告があり，漢字学習には読みの学習も重要であることがわかっている。漢字は表語文字といわれているが，実験心理学では Sakuma et al. (1998) や Xu et al. (1999) のように，中国語でも日本語でも漢字認知には字形および音韻の双方が必要であることがわかってきている。メタ認知ストラテジー（間違いを見直したり，漢字学習方法について考えること）は学習一般においても重要とされる問題解決能力であり，自律学習に必要なストラテジーである。学習者の自律を促すように努めることが漢字学習でも重要なことがわかる。

まとめると，漢字圏，非漢字圏を問わず字形学習，部首や部品の学習，読みの学習，メタ認知能力に重点に置いた指導方法の開発が望まれる。

➡ 海外における文字学習ニーズ (5-E)，文字教育と学習者特性 (5-E)，漢字学習のストラテジー (5-G)

● 参考文献

大北葉子 (1998)「初級教科書の漢字学習ストラテジー使用及び漢字学習信念に与える影響」『世界の日本語教育』8.

Sakuma, N., Sasanuma, S., Tatsumi I., and Shinobu, M. (1998) "Orthography and Phonology in Reading Japanese Kanji Words: Evidence from the Semantic Decision Task with Homophones." *Memory and Cognition* 26-1. pp. 75-87.

Shu, H. and Anderson, R. (1997) "Role of radical awareness in the character and word acquisition of Chinese children." *Reading Research Quarterly* 32-1. pp. 78-89.

Xu, Y., Pollatsek, A., and Potter, M. C. (1999) "The Activation of Phonology during Silent Chinese Word Reading." *Journal of Experimental Psychology: Learning, Memory, and Cognition* 25-4. pp. 838-857.

[大北葉子]

■文字教育のシラバス

●オリエンテーション──外国人、とくに成人の非漢字圏学習者に対する日本語の文字指導においては、指導を始める前段階で日本語の表記システムに関して、以下のようなオリエンテーションを行っておく必要がある。

(1)ひらがなは漢字全体をくずして作られ、カタカナは漢字の一部から作られた表音文字であり、基本の字数が50程度となっている。一方、漢字は表語文字であるため、字数が語彙数に匹敵するほど多い。

(2)漢字の字形は複雑に見えるが、構成要素に分解でき、規則性・構造性がある。

(3)中国で作られた字を日本語を表記するのに使うため、読みが一通りでなく音訓が、複数ある場合がある。

(4)漢字は造語力が大きく、他の漢字と組み合わせることによって、多くの語を作ることができる。

(5)ひらがな、カタカナ、漢字を交ぜて書くことによって、その機能を分けるという表記上の利点がある。

●かな教育──ひらがなとカタカナは、同じ五十音を表すために使われる文字なので、まったく同じ方法で指導したのでは、学習者にとって新鮮味が薄れ、学習動機が弱まる傾向がある。たとえばひらがなは発音指導と組み合わせて1字1音ずつ指導し、カタカナを指導するときは漢字の筆順の基礎となる書写指導を徹底させるなどの工夫ができる。カタカナ指導は、1音ずつではなく単語単位で行う方法もある。

●漢字教育──漢字は数多く存在するが、実際には常用漢字1945字のうち使用頻度上位1000字で、新聞に使用されている漢字全体の約90％、上位500字で80％近くがカバーされる（国語研1976）ことを示し、必要に応じて短期の学習目標を設定し、学習者の心理的不安を軽減する必要がある。とくに非漢字圏学習者には、漢字の読み書きを実際に指導する前から、複雑な字形の異同の識別や、共通する構成要素の発見などのタスクを与えることにより、漢字を分析的に見る訓練をすることも効果的である。

一方、漢字圏学習者は母語での漢字の読み方や用法からの類推による間違いが多いため、そこを集中的に指導する必要がある。

年少者には単純な字から始めて複雑な字に進むという提出順でもよいが、学習動機の高い成人には、使用頻度や重要度の高い漢字から指導したほうが効率的な場合も多い。

●文字教育のシラバス──教師は学習者の特性を考慮し、ニーズに応じて学習目標を設定して、最適な教材・指導法を選択する必要があるが、文字の習得は、学習者自身が努力して積み上げていく作業にかかっている。教師の役割

は，学習者の自律的な文字学習を支援し，記憶保持に役立つ情報や方略を提供する，運用の機会をできるだけ多く与える，テストなどの効果的な評価・フィードバックを行う，などであろう．識別・理解できればよいものと，使用・再生する必要のあるものとをはっきり区別して指導することも重要である．学習漢字数が増えるに従って構成要素となる意符（部首）や音符を教える，習った漢字語の意味的ネットワークづくりを行う，漢字の音訓の読みを整理する，などの段階的・体系的指導が必要となる．

➡ 漢字の特性（5-C），漢字・漢字語の使用頻度（5-C），ひらがな教育のカリキュラム（5-E），カタカナ教育のカリキュラム（5-E），漢字教育のカリキュラム（5-E），文字教育と学習者特性（5-E）

● 参考文献

国立国語研究所（編）(1976)『現代新聞の漢字』秀英出版．

川口義一他（編著）(1995)『日本語教師のための漢字指導アイデアブック』創拓社．

[加納千恵子]

■ひらがな教育のカリキュラム

ローマ字，ひらがな，カタカナ，漢字の4種類の表記法はそれぞれ異なる特徴と機能をもっている．そして，日本語での最も普通の文章表記はこの4種類を駆使して書かれる．したがって，ひらがな教育もほかの表記法との関連で見ることが肝要であるし，教授法の影響も見逃せない．

● 教授法による文字指導の違い──教授法により，どの種類の文字を，どのような順序で，どういうふうに，そして，いつ導入するのかが異なる．

コミュニカティブ・アプローチ系の教授法では最初から漢字仮名交じり文を自然な日本語の教材という理由で利用する場合があり，「読み」「書き」「話す」「聞く」の4技能を並行して指導することも考えられる．

口頭表現能力の習得を優先させるアプローチでは，文字の導入を遅らせている．

● ローマ字の使用──従来，英語圏や，アルファベットを母語の表記法としている学習者の場合，負担を軽くする目的で，ローマ字表記を優先させた教科書もある．その流れのものが現在も海外では使用されている．

しかし，ローマ字は入門期の最初のみ，または，短期滞在者などの学習者に対してであり，一般的にはひらがなを入門期から導入するのが普通である．その理由はローマ字では日本語の発音を正確に表せないが，仮名は1文字が拍（またはモーラ）に対応していて，日本語の音韻体系の基本の理解を促進させることができるからである．

また，ローマ字で始めた日本語の学習の癖がなかなか取れず，上級レベルの学習者でもローマ字で日本語を書く学習者をよく見かける．たとえば，日本語の「ら行」の発音は難しいとされているが，ローマ字に慣れた学習者は中・上級までも母国語の「r」の発音を代用する傾向があるといわれている．

● ひらがなの導入──ひらがなの導入は，たとえば五十音表に沿って，一定数の文字について「読み」「書き」を同時に教え，数週間かけてひらがなを一通り指導する．どの場合も，なるべく意味のある単語と結びつけながら教えるようにする．また，歌「あいうえおの歌」など音と文字の一致をねらう．この方法はとくに年少者に効果的とされている．

ひらがなの字形を正しく書けるようにするための練習帳などが多く市販されている．たとえば，点線をたどって書く，絵と並べてあるなど，書きながら単語の意味がわかるようになっている．

以上のようなことから，ひらがな教育は発音指導の一環としても位置づけられるし，学習方

法論的には連想法，歌で覚える，書きながら覚える，など学習者のニーズによってカリキュラムの内容が決まってくる。
→ ひらがな表記（5-B），ひらがなの導入法（5-F），ひらがなの学習法（5-F），かなの教材（5-F），ひらがな学習の活動（5-F），かな学習の評価（5-F）

[カッケンブッシュ知念寛子]

■カタカナ教育のカリキュラム

カタカナ教育には，カタカナ文字の教育とカタカナ語の教育の2種類がある。

現代の日本社会におけるカタカナ語の多用は否めない現実である。とくに，日本で生活する学習者にとっては，カタカナが読めなければ困る場面が多々ある。その際，文字の拾い読みではなく，まとまりのある単語として読めるようにしておくほうが望ましい。書くことについては，学習者のニーズに従えばよいとする考え方もあるが，文字や単語を書くことによって覚えるという学習者も少なくないことを教師は考慮すべきであろう。

● **文字の教育**── カタカナ文字の教育は，ひらがなの導入を終えたあと1週間くらいで終わらせる場合が多い。しかし，文字の定着をはかるためにはその後も繰り返し練習を続けたほうがよい。英語理解者には表記規則も教えたい。

提出はひらがな同様2，3行をセットにして，五十音順に教えるのが一般的である。すでにひらがなが既習事項として入っているので，ひらがなと似ているカタカナには注意を促す必要がある。

文字教育の練習は書写練習をした後で，カードを使ってカルタ取りなどのゲームをしたり，早読み競争をしたりする方法がある。いずれも記憶を確かなものにしていく練習である。また，教材によっては，特別な記憶法があるので，マンツーマン教育の場合は学習者の好みによって利用してもよいだろう。

文字教育の評価は読めるか，書けるかという点に尽きる。音読テストや書き取りテスト，置き換えテストなどが一般的であろう。

● **カタカナ語の教育**── カタカナ語の教育は，文字教材や日本語教科書に掲載されている語だけでなく，学習者がよく接触する語を毎回少しずつ導入することも学習者の意欲を高める。これは，文字が定着しはじめた頃から始めるとよい。毎時間1語でも導入し，カタカナ語に慣れさせることが肝要である。カタカナ語は日本語なので，英語理解者には英単語とは違う発音（ときには意味）と日本語の文における使い方を，英語を理解しない学習者には新出単語として読みと意味と使い方を教えることとなる。

カタカナ語の練習は，理解語彙と使用語彙のいずれを目指すのかによって異なってくる。理解語彙であれば，読解練習や聴解練習に繰り返し組み込み，触れさせる。使用語彙ならば，理解語彙としたうえで，さらに作文や会話練習などで目標単語が使えるようにする。

語彙教育の評価は読み，意味，使い方の3方面が理解できているかを，理解語彙は「読む・聞く」方法で，使用語彙は「話す・書く」方法で調べることになる。
→ カタカナ表記（5-B），カタカナの導入法（5-F），カタカナの学習法（5-F），かなの教材（5-F），カタカナ学習の活動（5-F），かな学習の評価（5-F）

[中山惠利子]

■漢字教育のカリキュラム

漢字教育を文字どおり「漢字の教育」であるというふうに規定してしまえば，シラバスの策定は，各学習段階でどのような漢字をどのような順で教えるかということに尽きることになる。いわゆる漢字学習書の類は実際にそのよう

になっている。すなわち，常用漢字や日本語能力試験の各級配当漢字などが実際の使用頻度や字形の複雑さなど多様な要因が考慮された規準により配列され，それが漢字教育のシラバスをなす。そして，それぞれの学習漢字に関して，その書き方・読み方・意味などの情報が示され，さらにその漢字が使われる漢字語彙が例示されて，具体的な教育内容を形成するのである。

●**教科書・教材準拠型の方法**――このような漢字というものを独自に指導していこうという方法の対極にあるのが，教科書・教材準拠型の方法である。この方法では教科書や教材に出てくる語から学習漢字が選ばれる。初級段階では，漢字の読み方はおおむね当該の語での読み方に限定される。漢字は基本的に，何回も書く練習をして，字形と読み方を丸暗記するべき対象として扱われる。中級段階以降では，既習漢字が一定の数に達し，また文字言語教育の開始に伴って新しく学習する漢字語彙が増えるので，漢字教育は，漢字の字形・音・意味の体系や他の漢字との組み合わせ（熟語や複合熟語）などを配慮して行われるようになる。また，初級段階とは異なり，1つの漢字について多数の読み方が扱われるようになる。いずれの学習段階でも，実際の指導方法や学習方法の工夫は授業担当教師や学習者に任されることが多い。

●**カリキュラム策定の留意点**――漢字教育のカリキュラムを策定する場合に検討しなければならない点がいくつかある。(1)何をもって「漢字」教育の内容とするか，(2)漢字という文字の特殊性への対応（主として非漢字圏学習者に対して）をどうするか，(3)発達しつつある学習者の日本語能力との連携をどうするか，の3点である。

これまでの漢字および日本語の文字言語に関する広範な研究成果を基にこうした点を研究して開発された，初めての本格的な非漢字圏学習者向けの教材が『Basic Kanji Book』（加納他）である。同書では漢字教育の目的を，①漢字に関する知識（字源・表意性・音訓のルール・書き方・部首など）を体系的に教える，②漢字の運用能力（文脈からの意味の推測・複合漢語の意味構造の分析・漢字語の意味から文の意味を理解することなどを含む総合的な力）を身につける，③漢字の覚え方・思い出し方・整理法などを工夫させる，としている。そしてそのような知識・能力が徐々に習得できるように適切な学習材料が各課に配置されている。同書は先に述べた検討点の(1)と(2)および漢字を体系的に指導するという点において大きな変革を提起したといえる。

これに対し『みんなの日本語 初級 漢字』（西口監修）では，先の(3)を重視しながら，『Basic Kanji Book』によって提起された視点をこれに重ねた形でシラバスが作成され，学習材料が提示されている。一方で，漢字圏の学習者を対象とした漢字教育のカリキュラムと教材の開発が望まれているところである。

→ 文字教育のシラバス (5-E)，漢字の書写指導 (5-G)，漢字の読み指導 (5-G)

●**参考文献**

加納千恵子他 (1989, 1990)『Basic Kanji Book：基本漢字500』(Vol.1 and Vol.2) 凡人社．

西口光一（監修）新矢麻紀子他 (2000)『みんなの日本語 初級 漢字（I＆II）』スリーエーネットワーク．

［西口光一］

■非漢字圏学習者に対する文字教育

日本語の学習者はひらがな・カタカナ・漢字という3セットの文字を覚えなければならないが，この順序で導入されることが一般的である。

●**かな教育のアプローチ**――非漢字圏学習者

の場合，漢字が最大のハードルとされるが，とくに単純な文字に慣れているアルファベット圏の学習者にとっては，かなの習得もけっして楽ではなく，そのために形と発音を結びつけた連想法を利用したかな文字教材も開発されている。とくにひらがなは，直角的要素の多いカタカナ，漢字と比べて形態的に複雑であることを念頭におく必要がある。また，数百字の漢字を覚えた学習者でも，ひらがなの「は」と「ほ」などを混同したり，字形が怪しかったりする現象が見られることは，漢字導入後もひらがなの練習が引き続き必要であることを物語っている。

● **漢字教育のアプローチ** ── 漢字学習・指導は伝統的には日本・海外ともに繰り返しマス目に書くことを中心に行われてきた。ただ，欧米の教材・参考書で目立つのは，体系的な学習を目指す教材・参考書が盛んに作られてきている点である。これは，母語話者と比べて短期間に多くの文字と語彙を覚えなければならないためでもあるが，非体系的に見えるシステムを少しでも合理化しようという試みでもある。そうしたなかで，漢字のいわゆる形・音・義の記憶を促進するために，いろいろな方法が考案されてきている。

海外からの影響で考案されたものも含めて，主な特徴によって大きく分けて6つのアプローチに分類できる。①漢字の字形を記憶させるために，漢字を数百字程度の字素に分析し，その字素をまず学習したうえで，字素に従って漢字を配列し学習させる方法，②漢字の形・義を甲骨文字など原始的な絵画的要素による形と意味の関連づけによって記憶する方法，③漢字を構成要素に分析し，各要素にニックネームをつけ，各要素の意味と全体の意味を覚え話（ストーリー）や唱えことばにキーワードとして埋め込むことによって漢字の形・義を記憶する方法，④漢字の形・音を音符と意符の組み合わせによって記憶する方法，⑤漢字の形・音をキーワードと組み合わせた唱えことば（口唱法）によって記憶させる方法，⑥漢字の義を語彙として関連づけして，意味の分野・場面の中で記憶させる方法。そのほかに，上記の方法を組み合わせたものや，段階的にいくつかの方法を導入するアプローチもある。

● **国内と海外の文字教育** ── 上記のなかで，日本と海外で条件が著しく異なる点は，③の覚え話を日本語で作るか，媒介語の英語などで作るかである。日本語を使う場合は漢字の読みの1つは最低でも組み込むことができるが，英語を使用すると，意味だけになってしまって，読み方は別の段階で覚えなければならないことになる。ただ，心理学者のアトキンソン（Atkinson）が外国語の語彙学習について提唱しているキーワード・メソッドと同様，英語のキーワードを使う場合には，組み合わせについてイメージ化による意味の記憶が可能になる利点はある。

非漢字圏のなかでも，機械的な暗記を嫌う傾向の強い欧米では複雑な日本の文字の学習がとくに大きな問題となっており，高い運用能力に到達できる学習者がたいへん少ない結果に直結している。

→ 海外における文字学習ニーズ（5-E），アルファベット系学習者に対する文字教育（5-E）

● **参考文献**

カイザー，S.（1997）「漢字学習各種アプローチの検討(1)──表音的アプローチについて」『筑波大学留学生センター日本語教育論集』12.

［シュテファン・カイザー］

■ **アルファベット系学習者に対する文字教育**

文字の性質や数の多さから，アルファベット圏の学習者にとって日本の文字の習得は，日本語学習の大きな障害になっている。一般の言語教育のストラテジーは以前から研究や実験の対

象となっていたが，文字教育は最近まで軽視されてきた。その一つの理由は，「文字論」という文字の言語的なアプローチが現在でも，まだ確立していないことにある。科学的な文字教育が不足するなかで，最近までは，学習者のニーズや教育環境を無視した，日本の小学校の漢字教育を模倣したケースが多かったが，効果はあまりなく，より適切な教え方が必要であることがわかってきた。

●**漢字教育の方法**── 日本の文字のなかでも，一番大きい問題は，当然，漢字である。仮名はアルファベットよりも文字の数は多いが，根本的にはアルファベットと同じ性質の表音文字なので，学習しやすい。仮名の習得に問題があるとすれば，分かち書きがなく，外来語の文字のスペリングとかなり異なっている点が挙げられる。

漢字の有効な教え方は，学習者に教えるべき学習項目の策定から始めることである。まず，学習者のニーズにより，学習方法や学習目標を決め，さらに，常用漢字表，教育漢字，漢字の頻度リストなどから学習漢字のリストを作り，よく使われる漢字の用法などを提示する。学習者が初心者でない場合は，漢字力をテストで確かめる。

漢字の記憶法アプローチがかなり盛んだが，効果があるかどうかは，まだ不確かである。漢字の教え方としてはまず，アルファベットと漢字の相違点から教えることが考えられる。たとえば，アルファベットは分析的，連続的・線的・系列的，一次元的単純な文字であるのに対し，漢字は，包括的，平面的，二次元的で，複雑な文字である。漢字の運用力は，字形，読み（＝日本語の語彙），意味を統合的に漢字として結合する能力を含む。漢字の運用力には以下の2つの方向が考えられる。

(1) 字形 → 意味 (→ 読み＝(日本語の)語彙)
(2) 字形 → 読み＝(日本語の)語彙 → 意味

(1)は，字形が意味と結合し，必要に応じて，読み・語彙に結びつく方向にはたらく。

(2)は，字形が読み＝語彙と結びつき，そして，さらに意味に結びつく方向にはたらく。

いずれの場合も，字形認識の能力が必要とされる。漢字は学習者にとっては，複雑な形であるうえに，恣意的に配置された点と線の偶然の集合であるので，とくにアルファベット系の学習者には，予備の学習ストラテジーとして，漢字を読む手助けとなるパターン認識の訓練が必要である。漢字は複雑であるが，構成要素に分かれ，それによって，字形が認識できることを教えれば，学習者の記憶の負担が軽くなるだろう。

●**漢字の読み指導と書き指導**── 読み指導については，日本語が母語でない学習者にとって，読みといっしょに新単語を覚えるのはかなりの負担になるので，できる限り既知の単語の漢字から紹介するほうが合理的である。漢字の読みを一つ一つ習わせるストラテジーは，面白くなく，必ずしもテキストの理解を助けるわけではないので，文脈とともにテキストに出てくる単語として，覚えさせたほうがよい。そうすれば，漢字を単語と結びつけ，単語として覚えることができる。

書き指導については，漢字の書き順を覚えるのも大きな負担であるから，この点を慎重に考慮し，学習プロセスのなかの適当な位置づけを判断する。いずれにしても，筆画の根本的知識を教えても，現代の社会では，手書きの機会が少ないことを念頭におく必要がある。

➡文字記憶のメカニズムと文字習得 (5-D)，非漢字圏学習者に対する文字教育 (5-E)，アルファベットと日本の文字 (5-A)，文字体系間距離 (5-A)

[アルド・トリーニ]

■非アルファベット系学習者に対する文字教育

タイ語，ミャンマー語，カンボジア語，ラオス語，モンゴル語，ヒンディー語，アラビア語などの非アルファベット系文字非漢字圏言語を母語とする非漢字圏学習者にとって，日本語学習における文字学習の負担は大きい。しかし，文字学習は，彼らの学習放棄の理由にもなれば，逆に日本語への関心を高め，学習の喜びを与えることもある。したがって，文字教育の必要性とその量や順序は，個々の学習者に応じて十分に検討されなければならない。

学習初期には，読みに自信がなく，母語の文字で教科書などに読み方をつける学習者もいる。しかし，文字に特定のアクセントがある言語もあり，発音だけでなく，アクセントにまで母語の影響を受けることがある。また，学習が進んでも日本語の文字に移行できないこともあるので，適切な指導が必要である。

● **文字の書き指導** —— 書き指導では，字形を整えるために，日本語の基本的な筆画を，早い時期から身につけさせるとよい。文字教育の前段階での運筆練習，初期段階での筆順の徹底なども有効であろう。

学習者の母語によっては，特徴のある筆画があったり，下から，右や中から，丸から書く筆画があったりする。その影響で日本語の文字がおかしい形になる場合，母語ごとに一定の傾向が見られる。たとえば，タイ語を母語とする学習者には，「は」「み」「よ」などで丸の後の右に伸びる部分が途中で下に下がってからまた右に伸びることがある。また，「う」「え」「ら」などの第1画を，「か」の第3画のように後から右肩につけることがある。このような傾向は，母語ごととはいっても，その言語を母語とする学習者すべてに出るわけでもなく，また，ほかの言語を母語とする学習者のなかにも同じように出やすいものもあるが，サンプルを集めて分析すると，効果的な指導につながる。

書き指導初期には，マス目の用紙が，独立した文字を適当な大きさと間隔で書かせるために有効な場合がある。拗音，促音の小さい文字や句読点の位置も確認しやすい。

● **漢字の指導** —— とくに漢字は，学習者にとって身近な語彙や，造語成分としての使用頻度が高いもの，対やグループをなすものは，筆画の難しい文字でも定着しやすい。意味用法の理解と文字の定着とで相互に効果が高まるし，学習意欲の向上にもつながる。

字形認識では，字体による違いや，手書き文字についてとまどうことが多い。あるときには，つくつかない，出る出ない，長い短いで意味が変わるといわれるにもかかわらず，教師の板書が厳密でないことにとまどう学習者もいる。

漢字が構成要素に分けられることに関心をもつ学習者もいる。部首の理解も有用だが，既存の部首のみにこだわらず，認識しやすく分ける工夫もしたい。

筆画の習得・確認に書道，読みの正確さと漢字の識別・選択にワープロソフトの利用が有効な場合もある。これらは，学習意欲の向上や実用的な技能の習得にもつながる。

教師が学習者から彼らの文字を習ってみせ，音と文字のかかわり，正しい字形の大切さと幅，正しい筆順の有用性などを実感させる方法もある。

また，日本語の表記で使われるアルファベットとその読み方の指導，自律的学習のための漢字の調べ方の指導も適当な時期に取り入れたい。

➡ 非漢字圏学習者に対する文字教育（5-E），世界の文字（5-A），文字体系間距離（5-A）

［亀山稔史］

■漢字圏学習者に対する文字教育

●漢字の誤読——中国語を母語とする学習者の漢字の誤読を調べてみると，①「親しい」を「オヤシイ」とするようなほかの読みとの混乱，②「悪口」を「ワルイクチ」とするような複合語の送りがなの混乱，③「比べる」を「シラベル」とするような他の語との混乱があるが，最も多いのが④音韻上の混乱である。この音韻上の混乱を細分してみると，(a)「外国語」を「ガイゴクゴ」とする清濁音の混乱が最も顕著に現れている。この問題は一般に日本語の「有声音・無声音」の区別と中国語の「有気音・無気音」の区別の混乱から来ているといわれ，語中・語尾にある子音「t，k」と「d，g」の混乱が指摘されているが，実際には語頭での混乱例も多数出ている。これに続く混乱として，(b)「記憶」を「キーオク」や「無料」を「ムリョ」とする長音の付着や脱落がある。また，(c)「体」を「/r/→[n]・カナダ」とする子音の混乱や，「舞踊」を「ブンヨー」，「風邪」を「カゼン」のように語尾に比較的多く出てくる無用な N 音の付着などがある。

●中国語音の影響——こうした混乱のなかには中国語音の影響も当然あるが，その例はあまり多くない。これは学習者において日本語の読みと中国語音は異なっているという前提が作用しているようである。反面，同じような音の場合には中国語音の影響が出やすい傾向がある。「順」を北京語で「shùn」と読むことから「シュン」とする例や，「舞踊」の「舞」を広東語で「mou⁵」と発音するところから「モウヨー」と読む場合がある。これらの点を意識した読み指導が漢字圏学習者には効果的であろう。

漢字の1字多読の面では，常用漢字表の音訓読みの総計4087種のうち，2つ以上の音読みをもつ261字の漢字と2つ以上の訓読みをもつ445字の漢字が問題となるが，漢字圏学習者に対しては字画の複雑さの点を考慮する必要はなく，音読み1つか訓読み1つの1漢字1読のものから一漢字多読のものへと導入するのが望ましい。

●漢字語彙使用上の注意点——漢字語彙の使用上の注意点は，日本・中国・台湾・香港などの地域で現在使用されている意味の類似と異なりである。①「一緒，番組，部屋」等のような中国・台湾・香港では存在しない語彙や，②「番号，野菜，汽車」等のように日本と中国・台湾・香港とでは著しく意味が違っているもの，③「電車」のように日本と中国・台湾・香港で意味が一部重なるもの，④「政治，電話，留学生」などのように日本と中国・台湾・香港で意味が同じかきわめて近いもの，⑤日本で「自転車」が中国では「自行車」，台湾では「脚踏車」，香港では「単車」のようなもの，⑥「玄関・生徒」のように日本・台湾では同じ意味で使うが中国・香港では使わないものなどの整理が必要である。同じ漢字圏といっても漢字語彙の用法には違いがあり，北京語との比較が台湾や香港では通用しない場合もある。用法の指導に当たり，4地域に存在する意味の違いやずれを十分に意識すべきである。

→漢字文化圏（5-C），中国の漢字と日本の文字（5-A），漢字の読み（5-C）

●参考文献

浅野百合子（1988）『教師用日本語教育ハンドブック5 語彙』国際交流基金．

加納千恵子（1995）「漢字の読み分け指導に関する一考察——二つの音読みを持つ漢字について」『筑波大学留学生センター日本語教育論集』10．

李活雄（1992）『日語発音 香港人学習者日語指南』中文大学出版社．

兒島慶治（2000）「漢字圏学習者における漢字の読みの問題点」（香港中文大学第5回日本語・日本研究国際シンポジュウム発表論文）．

［兒島慶治］

■韓国の学習者に対する文字教育

● **韓国における漢字教育**——漢字についての素養の面では韓国の常用漢字数は2100字で，日本の1945字を上回っている。しかし，学校における漢字教育は，日本のように小学校の段階から「国語」の時間にしっかりと教えるのではなく，中学校入学後の「漢文」の授業（週1回45分程度）で教えるだけであることから，漢字の定着率は日本人の場合よりはるかに低い。一般に韓国の学校教育における漢字は古典漢文を読み下すためのものであり，現代の言語生活のためのものではない。韓国の学習者が大変難しい漢字を知っているのに，意外に簡単な漢字を知らなかったりすることがあるが，それはこうした事情によるものである。

● **日韓両言語における漢字の機能**——日韓両言語における漢字の機能面の違いを知らねばならない。漢字教育の基本事項としては，韓国の漢字には語種分類でいう「漢語（字音語）」を表記する機能しかもたないが，日本の漢字には音読みと訓読みとがあり，固有語である和語を漢字で表記することも当然のように行われている。したがって，漢字1字あたりの読み方が多く，語彙教育と密接に関連させながら指導していかなければならない。この点では韓国語母語話者も非漢字圏出身者と同様，程度の差はあるが努力が求められる。また活用語の漢字表記については送り仮名が問題になる。韓国語でも動詞・形容詞は日本語と同様に活用があるが，語幹部分も語尾変化の部分も漢字を用いずハングルだけで表記している。したがって，語尾活用の変化の学習と関連させながら指導することが有効である。韓国は漢字漢語文化圏にあるとはいうものの，日本語教育の場では漢字の教育に力を入れなければならない。

● **仮名の指導**——仮名については，ひらがなとカタカナの使い分けを把握させることが肝要である。文字種の対応で見た場合，日本のひらがな・カタカナに相当する部分を韓国語ではハングルが担っており，日本語のほうが2つに分かれているからである。韓国文では，通常文章全部をハングルで表記しているか，あるいは漢語の部分についてだけ漢字を用い，その他の部分はハングルで表記しているかのいずれかである。したがって，日本文におけるひらがなとカタカナの部分についての説明と指導が必要である。

具体的には，音象徴語・動植物などの学名や外来語などはカタカナで表記するのが一般的であって，語彙教育との関連で文字教育を進めなければならない。韓国語母語話者にとっては，促音「っ」のサイズや位置なども慣れにくい点である。音声教育との関連では，たとえば長音については，ひらがなでは母音（あ行）文字で表記するが，カタカナでは長音符号「ー」を用いるなど，ひらがな列の中かカタカナ列の中で，符号の使い方にも差のあることを指導する必要がある。

● **韓国語の正書法の影響**——韓国語の正書法では文節単位で分かち書きをするので，その影響が出て，日本文をも分かち書きにする者が少なくない。日本文では通例は分かち書きをしないことを，原稿用紙を用いたりしながら指導することが効果的である。また韓国語では，横書きでは，引用符や句読点などの諸符号は英語と同じものを使っているため，日本文の表記にもその影響が出ることが少なくない。とくに目立つのは文末の「？」「！」などである。このような誤用を正すには，日韓両言語の符号を対照的に明示した実践的な指導が有効である。

→ 韓国の文字と日本の文字（5-A），ひらがな教育のカリキュラム（5-E），カタカナ教育のカリキュラム（5-E）

● **参考文献**

国立国語研究所（加藤彰彦・伊藤芳照）（1988）『文字・表記の教育』〈日本語教育指導参考書

14〉大蔵省印刷局.
梅田博之（1989）『スタンダードハングル講座1　入門・会話』大修館書店.
玉村文郎（編）（1998）『新しい日本語研究を学ぶ人のために』世界思想社.

[泉　文明]

■**多言語使用の学習者に対する文字教育**

多言語使用の学習者の文字学習は学習者の習得している言語の組み合わせで文字教育の方法も変わると考えられるが，基本的には漢字圏と非漢字圏に分かれると思われる。

●**アメリカ合衆国における多言語使用の学習者**──アメリカ合衆国では英語を第二言語とし，スペイン語，ベトナム語，中国語，韓国語などさまざまな言語を母語とする学習者が第三言語として日本語を学習しているケースが増えてきている。スペイン語と英語，ベトナム語と英語などの母語と第二言語双方でアルファベット（表音文字）を使う言語の多言語使用の学習者の文字学習は，英語の単一言語使用者の文字学習とあまり差がないと思われる。漢字圏の言語を母語とする学習者の場合は母語や日常生活での漢字使用頻度などによって漢字習得の程度が学習者一人一人異なり，文字学習は非常に複雑になる。幼い頃に移住してきた学習者は母語で漢字を学習していないことが多く，文字学習に関しては英語単一使用者とあまり変わらない。

●**シンガポール・マレーシアの中国系学習者**──シンガポールやマレーシアなどでは，中国系の学習者は中国語と英語，中国語とマレー語，中国語とマレー語および英語の多言語使用者である。シンガポールの場合は，中国語といっても，言語背景は非常に複雑である。家庭では方言（福建語，潮州語，広東語，客家語）を少し話し，学校では北京語（マンダリン）を学んでいるが，シンガポールのマンダリンは福建語，広東語などの影響を受けており，とくに音韻的影響が大きい。福建語や広東語の漢字の読みは北京語の読みに比べて日本語の音読みに近く，音韻的には類推しやすくなってはいるが，清濁音の区別，長母音，撥音，促音は学習が難しいようだ。シンガポールでの第一公用語は英語であり，日常生活で中国語で話すことは多くても読んだり書いたりすることは少ないため，中国系シンガポール人の中国語での読み書きの能力は話したり聞いたりする能力ほど高くない。この結果，中国系シンガポール人の漢字学習は漢字圏と非漢字圏両方の特徴を示している。

たとえば，中国語の簡体字を書くという漢字圏特有の誤りのほかに，漢字を表音的に扱い，「二本人」と書くという非漢字圏でよく見られる誤りも見られる。シンガポールとマレーシアの小・中・高校での中国語の教育を比較すると，シンガポールでは英語教育に重点が置かれ，マレーシアに比べると中国語の習得は限られている。中国系シンガポール人と中国系マレーシア人を比べた場合，中級以上になると母語での漢字の知識の影響が現れてきて，中国系シンガポール人のほうが漢字学習に苦労するようである。中国系シンガポール人も中国系マレーシア人も学習者の中国語の習得背景は複雑で，漢字使用や識字能力は個人差が大きい。

●**多言語使用者の文字学習**──多言語使用者の読み書き能力は，すべての言語で同程度習得されているとは限らない。多言語使用の学習者の文字学習は学習者の言語背景によって非常に複雑な様相を呈し，学習者一人一人異なる。教師は多言語使用の学習者の言語背景の複雑さを認識し，学習者の言語背景に応じて教授方法を変えていく必要がある。

➜ 海外における文字学習ニーズ（5-E），漢字圏学習者に対する文字教育（5-E），非漢字圏学習者に対する文字教育（5-E），アルファベット系学習者

に対する文字教育（5-E），非アルファベット系学習者に対する文字教育（5-E）

［大北葉子］

■年少者に対する文字教育

　年少者に対する文字教育は，海外と日本国内とでシラバス・カリキュラムの面で大きな違いがある。

●海外における年少者対象の文字教育──海外の日本語学習者の約7割を占める初等・中等教育レベルでの学習者（国際交流基金による1998年の調査）の場合，日本語学習の目的は，異なる言語や文化との接触を通して異文化・自文化に対する意識化を促すことや日本の文化社会への興味関心を広げることなどに重きが置かれる。したがって，教育段階によっても差はあるが，日本語の文字指導も，実用的な読み書き能力の養成よりも，自分たちが使用している文字とは異なる文字に対する興味・関心の育成を重視し，日本語学習動機を高めることをねらいとした指導がなされ，初等教育段階ではひらがなの読み書き，基本的な語彙に使われるカタカナと多少の漢字が導入される程度であることが多い。

　たとえば，オーストラリアでは，州ごとに多少の違いはあるが，義務教育課程の必修の外国語科目としての日本語教育では，10年生までの段階で，ひらがな，カタカナについては正しく読み書きできるように指導され，漢字については約30字の漢字が導入される。選択科目となる11，12年生のコースのシラバスでは，使える漢字として約150字，理解できればよい漢字約50字が設定されている。

　一方，ある程度の漢字環境がある韓国の場合では，高等学校における日本語教育で教科書に使用してよい漢字として773字が選定されている（一般高校，第7次教育課程）。これはあくまでも上限であり，学習者の負担過多にならないよう配慮して採用するという性格のものである。

●国内における年少者対象の文字教育──日本の学校で教育を受ける国内の年少者学習者の場合，現状では，日本語で書かれた各教科の教科書を理解し，日本語で行われる授業に日本語母語話者に混じって参加する日本語力を，きわめて短時間で身につけることが要求される。日常生活におけるコミュニケーション技能の側面（生活言語）だけでなく，高度な認知活動を支える言語生活の側面（学習言語）で，日本語教育を考える必要がある。学習言語の獲得は，読み書き能力と密接に関係しているため，文字表記体系の複雑な日本語では文字学習の負担が重い。とくに漢字の指導が学校現場での重要な課題となっている。

　たとえば教科書に出てくる「光合成」という漢字語彙がわからない子どもに必要なのは，光・合・成という3つの漢字の意味と読みだけではなく，母語でもまだ学んでいない光合成という現象そのものについての理解が必要であることが考えられる。年齢や自国での学習状況などによっては，漢字教育は同時に各教科の学習内容である新しい概念の学習としての側面がいっそう強くなり，この点で，成人に対する指導とは異なる配慮が必要である。

　指導方法や教材については，日本人の子ども向けの教材（幼児教育教材を含む）から利用できるところもあるが，教科学習との連携を十分考慮し，子どもの負担をできる限り軽減し，短期間での基礎的漢字力養成が可能になるような漢字教育のシラバス，具体的な教材の開発は，年少者日本語教育のなかで最も必要とされているものである。

➡ 海外における文字学習ニーズ（5-E），目的別の文字教育（5-E）

●参考文献

石井恵理子（1998）「非母語話者に対する漢字

教育」『日本語学』17-5.
縫部義憲（1999）『入国児童のための日本語教育』スリーエーネットワーク.

［石井恵理子］

■目的別の文字教育

●**学習目的**——日本語の文字を学習する目的としては，①日本で生活するため，②学術研究のため，③商用のため，④文化理解や趣味を楽しむ，などが考えられる。また，それぞれについて，大まかな識別・理解さえできればよいというレベルから，正確な再生・運用を必要とするレベルまである。

●**生活目的の文字教育**——生活目的であっても，学習者の社会的属性や生活環境などによって，その必要な範囲や必要度は異なる。短期の旅行者であれば，旅行中の移動に必要な交通機関や観光地での必要最低限の表示，道路案内，看板その他の情報が識別・理解できればよいことになる。日本人と結婚して日本で暮らしている外国人にとっては，もう少し広い生活の範囲で，広告や通知，手紙なども読む必要があろうし，場合によっては伝言メモや手紙などを書く必要も考えられる。

●**学術研究目的・商用目的の文字教育**——学術研究目的ということになると，レポートや論文を読んで情報収集する，日本語で研究発表をするためにレジュメを作る，日本語でレポートや論文を書く，日本語から自国語に，あるいは自国語から日本語に翻訳する，などいくつかのレベルの必要性が想定される。専門分野によって必要な漢字・漢字語彙の異なりも大きいため，専門分野別の文字教育を行うほうが効率的な場合もある。

商用目的でも同様である。とくにビジネスレターや契約書などの書式は一般の私的な手紙とは異なり，特別に指導する必要がある。

●**文化理解目的の文字教育**——また，文化理解を目的とする場合には，文字だけを教えるより，日本文化についての読み物を読みながら読解中心の文字語彙教育を行ったり，文化的なテーマに関して作文を書かせながら漢字語彙の拡張をはかったりすることが多い。楽しむための文字語彙教育としては，カラオケで字幕を読んで歌う，クロスワードパズルやさまざまな文字ゲームを行う，手芸や楽器演奏，ガーデニングなどの趣味のためのテキストを読むなどの活動も考えられる。

年少者向けには，教科学習と連携した教材や漫画やアニメなどの教材もあり，多様な学習目的に応えられるような文字教育が考えられはじめている。

➡国内の文字学習ニーズ（5-E），海外における文字学習ニーズ（5-E），文字教育と学習者特性（5-E），専門分野別の漢字（5-C），年少者に対する文字教育（5-E）

［加納千恵子］

F——かな文字の学習法・指導法

■ひらがなの導入法

●**五十音表による導入法**——五十音表は日本語の基本的な音節構造が母音のみか，または子音と母音の組み合わせから成るという特徴を反映し，ひらがな1字が日本語の1拍を表すことから，音韻体系の理解と，それぞれの仮名の「読み」または発音を指導することに利用される。ひらがな1字が日本語の1拍を表すことを第一義として，ひらがなの一つ一つを「読み」または発音に結びつけた導入法である。この流れの導入法には次のようなものがある。

日本語の既習・未習にかかわらず，ひらがな文字のそれぞれの読みを導入するやり方であるがその場合，数個のひらがなを一度に取り上

げ，「読み」「書き」両方を教える方法と，まず「読み」だけに集中し，別の時間に「書き」方を指導する方法がある。いずれにせよ，多くの場合，五十音表が提出の基準となり，学習目標ともなる。

●教科書中心の導入── 教科書にある会話や文を中心に，ひらがなを導入する場合は，1文字1拍のルールが適用されない場合があり，問題となる。

ひらがなが語のレベルまたは文のレベルで使用されるときは，「せんせい」を［せんせえ］と発音する，「おう」を［おお］と発音するなど，長音の表記と実際の発音とのずれが見られる。また，「お」と文法的機能をもった助詞としての「を」の区別や，助詞の「は」が［わ］，「へ」が［え］と発音されるという問題もある。したがって，ひらがなの文字一つ一つの指導と同時に，語や文中でのひらがなの読みには相違があることに注意しなければならない。

→ ひらがな表記（5-B），ひらがな教育のカリキュラム（5-E），ひらがなの学習法（5-F），ひらがな学習の活動（5-F）

　　　　　　　　［カッケンブッシュ知念寛子］

■ひらがなの学習法

ひらがなの学習法としての記憶術にはいろいろあるが，そのなかで特徴のある方法として，口唱法と連想法がある。

●口唱法── 口唱法はひらがなの文字の一つ一つに楽しい絵ことばをつけて「あひるの・あかちゃん・あまえんぼ」のように楽しみながら声を出して読めばいつの間にか「あいうえお」が読めるようになるという方法である。教材の多くが日本人年少者向けに作られたもので日本語の意味がわからない外国人学習者にはそのままでは使えない。しかし，用途次第で工夫を凝らせば使える。

また「あいうえおの歌」などは音と文字を同時に学習する方法で，とくに年少者に効果的とされ，教材の一部として取り入れられている。

●連想法── 連想法はひらがな・カタカナの文字を，イメージ連想/読み連想/字形連想の手法を使用して，短時間で導入する，または学習が促進するように，考案された教材を使う。

ひらがなの学習のための教材は独立教材型が多く学習書，独習書，ワークブック，カードなどがある。たとえば，連想法では，文字の字形と「読み」を短時間に覚えるように，イメージを媒介とし，同時にキーワード，ストーリー（覚え話）などの言語的媒介を使用して行う。「あ」は「あひる」の「あ」ではなくて，アンテナの「あ」として覚える。その際，屋根の上のテレビのアンテナの線が外れている絵と「あ」の字形とともに，その状況を説明するストーリーをいっしょに覚えるように指導する。この方法ではイメージやキーワード，ストーリーなどが文字の「読み」と字形を覚えることを容易にし，かつ忘れた場合に「読み」と字形を思い出す手がかりにもなるとされている。この手法を活かして作成した教材がインドネシア語，ポルトガル語，ドイツ語，韓国語の母語話者のために作成されている。

いずれにしても学習法は学習目的によって選択される。

→ ひらがな表記（5-B），ひらがな教育のカリキュラム（5-E），ひらがなの導入法（5-F），ひらがな学習の活動（5-F），かなの教材（5-F）

　　　　　　　　［カッケンブッシュ知念寛子］

■ひらがな学習の活動

ひらがな学習の目標は，①日本語で書かれた文字が認識でき，ある程度の速さで音との対応がつけられること，②ひらがなを用いて書写ができるようになることの2つに大別される。

書かれた文字が認識できるようになるためには，①日本語の音が弁別できること，②日本語

の音と文字が対応させられること，③異なる文字の弁別ができること，が前提となる。

●**音と文字を結びつける活動**——母語にない音は認識が困難なことがあるため，日本語の音が認識できることがひらがな学習の前提として必須である。また，日本語の拗音・長音・促音・撥音の特殊音節は認識が困難な場合があるが，この認識ができなければ文字と対応させることはできない。ひらがなの形と音を結びつけるための学習活動としては，音を聞きながらひらがなを見る，音を聞いてひらがなを選ぶ/書く，カルタなどのカードゲーム，ローマ字表記をひらがなに直す，ひらがなで書かれたものを音読する，ひらがなを見て，聞いた単語を選ぶ，などがある。絵と単語の対応，パズルなどは，音だけではなく意味も含めた活動である。フラッシュカードは，速く文字を読むための訓練として役立つ。

●**字形の弁別の活動**——「め」「ね」「ぬ」，「わ」「ね」「れ」など形が類似した文字の弁別は，初めて日本語の文字に接する学習者にとって難しいことが多い。一方，書体が異なると同じ文字と認識されないこともある。ひらがなの弁別を促進するためには，形の類似した文字のなかから音を聞いて適切な文字を選ぶ，カードを用いた識別練習などの方法が有効である。ひらがなの形の記憶が難しい学習者には，ある語彙を表した絵の一部に，その語彙に含まれる音をもつ文字をあてはめて記憶を促進する方法もある。

●**書写の練習**——近年では，ワードプロセッサが普及しているため，実際に文字を手で書くことは少なく，文字を読んで弁別することのほうが多い。しかし，手を使って書くことは身体運動によって文字を記憶することにもつながるため，学習には不可欠である。書写の練習の際には，形を正確にとることに留意すべきである。そのためには，正しい形をなぞる，見本にならって学習者が書いたものを教師が訂正するほか，書いたものと正しい形を比べて違いを探す，正しくない例を示して留意点を見つけるなどの方法がある。また，印刷物と手書きの書体の違い（とくに「り」など）にも留意する。

文字の習得には個人差がある。とくに音声言語に強く文字言語に弱い「耳型」の学習者は習得に時間がかかる。また，学習時間が不十分，独学に任せられたなどの理由で，学習段階が進んでも確実に習得できていないこともある。学習の支援にあたっては，ある程度長期的な対応が必要であろう。

➡ひらがなの導入法（5-F），ひらがなの学習法（5-F），ひらがな教育のカリキュラム（5-E）

●**参考文献**

カッケンブッシュ寛子他（1984）「50分ひらがな導入法——『連想法』と『色つきカード法』の比較」『日本語教育』69．

海外技術者研修協会（編著）（2000）『一人で学べるひらがなかたかな』スリーエーネットワーク．

［小林由子］

■カタカナの導入法

カタカナの文字はひらがなと同じ文字数にカタカナ特有の「ティ・トゥ・ヴィ」などと長音記号（長音符号）を足したものである。まずは，単独で使用する文字を導入する。提出順は五十音順に2，3行ずつ導入するのが一般的である。

●**導入の流れ**——文字の導入は，まず字形の認識すなわち発音と字形の結びつけ，次に書き方という流れになる。

字形の認識にはカードを使うと便利である。たとえば「ア」というカードを見てひらがなの「あ」と同じ発音のものであるとわかるようにするのが第1段階である。「ア」を見せて発音させたり，発音してから「ア」のカードを選ば

せたりという練習を行う。行が進むにつれて新しい行の定着をはかった後で，既習の文字を入れた練習も行うようにする。

発音と字形の結びつけについては，子音と母音の「色分け」による覚え方もある。たとえば，カ行（k-）を緑，「ア（a）」を赤，「イ（i）」を黄とすると，緑と赤で「カ（ka）」，緑と黄で「キ（ki）」を示すというわけである。

● **書き方の指導**── 書き方は実際に黒板に書いて見せる。字形を保持させるためにも筆順を教えたほうがよい。似ている字形は明確に区別させるよう注意する。たとえば「シ」はひらがなの字源である「之」を崩して「し」にする途中の形であり，「ツ」は「川」から「つ」になる途中の形であると書きながら説明すると，「シ」と「ツ」を間違えることはなくなる。「ン」や「ソ」も同様に説明できる。カタカナ同士で似ている字形だけでなく，ひらがなと似ているカタカナとの区別も取り上げて説明し練習させる。

「ヲ」は現代日本語ではほとんど使用されない。しかし，少なくなったが今でも人名や社名などに使用されることがあるので，ひらがなの「を」と対照させて触れておくべきであろう。

長音記号（長音符号）は単語を導入しながら教える。すべての長音が「ー」になる。この記号（符号）は拗音と同様に横書きと縦書きが異なるので，縦書きの場合も教えておく必要がある。

書き方の練習としては，従来の方法どおり，マス目のある用紙を使用したり，点線をなぞる練習がついているものを使用したりするのが，字形の記憶強化には効率的である。何も見ないで文字が書けるようになったら，ディクテーション（聞き取り練習）などで確認する。また，一人の学習者に既習の文字や単語を言わせ，その文字や単語を別の学習者が黒板に書く練習もできる。逆に，一人が黒板に書いたものを別の一人が読むという練習もある。ポイント制にしてゲーム感覚でチーム別に行うのもよいだろう。

➡ カタカナの学習法（5-F），カタカナ学習の活動（5-F），かなの教材（5-F）
● **参考文献**
佐藤純子・村上温夫（1984）「日本語教育CAIの将来に対する私見と入門期の文字教育の一例」『日本語教育』54.

[中山惠利子]

■カタカナの学習法

● **カタカナ文字の学習法**── カタカナの学習は文字を覚えることが第一歩である。文字の記憶には，繰り返しの練習という地味な個人的作業を避けて通ることはできない。それを支える記憶術として，次のようなものがある。

文字記憶術の主流は「視写練習」（書写練習）である。手本を書き写しながら覚える方法である。点線をなぞる練習の後，自分で書く練習をするのが一般的である。

文字を書いて覚える方法以外の記憶術としては，「カタカナの導入法」で触れた「色分け」による方法や「連想法」がある。「連想法」とは，たとえば英単語を表す絵のなかにカタカナの文字が含まれており，その英単語の発音からカタカナの発音が連想できるというものである。英単語の絵を元にしてカタカナの字形と発音を覚える方法である。「連想法」には，絵がなく文章だけでカタカナ語の字形をイメージさせるものもある。

字形と発音を一通り練習した後に，音を聞いて文字をあてる，文字を見て発音する，ローマ字やひらがなとをマッチングする，1画ずつばらばらに解体されているカタカナを組み立て1字にする，カタカナの一部だけを手がかりに再生する，五十音表を完成させるなどの「応用練

習」もできる。これらは記憶の強化をはかるものである。

●カタカナ語の学習法──カタカナ語も「視写練習」により語形を覚えることが必要である。英語理解者には応用がきくため、英語から外来語を表記する原則を教えることが望ましいが、その原則さえ知っていれば正確に表記できるものでもない。まずは、正しい語形を覚えることによって、一つ一つの規則と例外を確認し、体得する過程が大切である。たとえば、'sausage' 'garage'は「ソーセージ」「ガレージ」だが、'cabbage'は「キャベージ」ではなく「キャベツ」であると覚えるしかない。英語を理解するしないにかかわらず、学習者はカタカナ語の語形も意味も使い方も新出語彙として覚えるという地道な方法が最善の道であろう。

既習語彙の記憶を保持する練習として、英単語や絵とカタカナ語のマッチングや、カタカナ語のなかの1字を空白にして埋めるもの、さまざまな語形のなかから正しい語形を選ぶもの、たとえばデパートの案内図からネクタイ売り場は何階にあるかなどの必要な情報だけを読み取るもの、絵を見て単語を書くものなどがある。単語レベルだけでなく、文レベルでカタカナ語の入った文を読む、聞く、書く、話すという練習は、使い方を身につけるためには欠かせない。

また、語彙学習は繰り返し、続けて行うことが肝要である。学習者自身に自分のニーズに合ったカタカナ語を選んで語形・意味・使い方を日々学んでいく姿勢をもたせる必要がある。ただし、最新のカタカナ語は辞書に掲載されていないことが多い。用語辞典やインターネットの利用など初めは教師が道づけをする必要もあるだろう。

→ カタカナ表記 (5-B), カタカナの導入法 (5-F), カタカナ学習の活動 (5-F), かなの教材 (5-F)

●参考文献

Quackenbush, H. C. and Ikeda, S. (1989) *Katakana in 48 minutes.* Curriculum Development Centre, A. C. T., Australia.

文化庁 (2001)『公用文書き表し方の基準(資料編)増補二版』第一法規.

国立国語研究所 (1995)『外来語の形成とその教育』〈日本語教育指導参考書16〉大蔵省印刷局.

国際交流基金日本語国際センター (1978)『日本語かな入門 英語版』凡人社.

[中山惠利子]

■カタカナ学習の活動

カタカナは、ひらがな同様に表音文字であり、通常ひらがなを学習した後に学ぶ。また、表記法の一部や用途がひらがなと異なっている。したがって、カタカナの学習目標としては、ひらがな同様、①文字の形と音が対応させられる、②書写ができる、ことに加えて、③ひらがなとの形・用途の区別ができる、④カタカナで書かれた語彙(とくに外来語)が理解できる、ことが挙げられる。

●形と音の対応──形と音の対応については、ひらがなの学習で用いる方法のほか、すでにもっているひらがなの知識を使うことができる。すなわち、カタカナの形を音と結びつける以外に、ひらがなと対応させて覚えることも可能である。ただし、文字の処理に負担を感じる学習者の場合は、音とカタカナと直接結びつけるほうが負担は少ない。

カタカナには、「ー(長音記号)」、「フィ」「ヴァ」など、ひらがなではあまり使われない表記があるため、これらについては、新たに学習する必要がある。また、ワードプロセッサのローマ字入力を使用する場合には、入力するローマ字との対応を知っておいたほうがよいだろう。

● **学習の活動**── 具体的な活動としては，提示されたカタカナ（語）を音読する，提示されたローマ字やひらがなをカタカナに書き直す方法などのほか，ゲームやタスクを使うことができる。たとえば，音と文字を対応させるためには，カルタが使える。とくに聞き取りの難しい長音・拗音などの特殊音節を含む語彙には有効であろう。また，語彙レベルでは，「絵カードとカタカナ語」「ひらがなで書かれたことばとカタカナ語」「原語とカタカナ語（ただし原語の知識がある場合に限定される）」をペアにする「ばばぬき」のようなカードゲーム，絵や原語をキーにしたクロスワードやシークワーズ（文字列からことばを探し出すパズル）のようなパズルが利用できる。ひらがなとカタカナを区別するためには，シークワーズにひらがなを混ぜるとよい。そのほか文脈のなかでことばを使うためには，地図を完成させる，メニューやガイドブックを読む，オノマトペと絵を結びつけるなどのタスクも考えられる。

● **カタカナ学習の注意点**── カタカナは，ひらがなに比べて学習時間が短く，自学自習に任されることも多い。自分の名前・国名は手書きすることも多いが，その他の語彙は書くことより読むことが優先される。最近の新聞・雑誌では外来語が多用されるようになってきており，学習者の専門分野によってはカタカナの語彙を多用することもある。カタカナの学習においては，学習者の目的に合わせて，カタカナで書かれたことばを理解することを中心にすべきであろう。また，学習者によっては外来語の知識が乏しいことがあるので，語彙導入の際には注意を要する。

➡ カタカナの導入法（5-F），カタカナの学習法（5-F），かなの教材（5-F）

● **参考文献**

海外技術者研修協会（編著）(2000)『一人で学べるかたかなひらがな』スリーエーネットワーク.

[小林由子]

■ **かなの教材**

かなの教材には，1つの教材で，ひらがなあるいはカタカナのみを扱ったもの，ひらがなとカタカナ両方を扱ったもの，ひらがなと基本的な漢字を扱ったものがある。

かなの教材の形態としては大きく分けて，独立教材型，副教材型，カード・ゲーム・絵教材のたぐい，五十音表，CAIソフトがある。

● **独立教材型と副教材型**── 独立教材型のものは，学習書，独習書，ワークブック，練習帳などがある。教科書などに準拠せず，独立して作成されたものである。たとえば，『日本語かな入門』（国際交流基金），『おもしろいひらがな』（アプリコット），『おもしろいカタカナ』，『ひらがながんばって』『カタカナがんばって』（講談社インターナショナル），『KANA CAN BE EASY』（ジャパンタイムズ）などである。

副教材型には『新日本語の基礎 かな練習帳』（スリーエーネットワーク）など，教科書の補充教材として，ひらがな，カタカナ練習帳があるものも少なくない。『KANA WORKBOOK』（国際日本語普及協会：AJALT）なども教科書の補充教材として作成されている。

● **ゲーム・絵教材など**── カード・ゲームや絵教材のたぐいは，初級レベル用のものが多種ある。カードやカルタで遊びながらひらがなを習得することを目的に作られている。いずれも本来は日本人の幼児用に作られたものである。また，KANA-A-DAY PRACTICE PAD（チャールズ・イー・タトル出版）は日本語学習者向けに，122の表記を収めた，日めくりカレンダー式のものである。

ゲームは日本人年少者向きに作られたもので，外国人学習者にも用途次第で使えるものが多数ある。ひらがなやカタカナの文字を一つ一

つに楽しい絵ことばをつけて，声を出して読めばいつの間にか「あいうえお」や「アイウエオ」が読めるようになる，という絵教材である。五十音表も外国人学習者向けに考案され作成されたものがある。

その他，日常生活の場から，ちらし，メニューなどを教材として使用することもある。目的に応じて教師が教材を作成することは大事である。

CAIソフトは，CD-ROM版の独立型教材があり，ひらがなの「読み」以外にも書き順や，語彙などが学習できるように作られている。最近ではホームページを介して，フリーまたは有料で入手できるソフトが増えている。IT時代に向く教材開発が目下盛んである。

●**カタカナの教材**──ひらがなが漢字といっしょに使用されるのが普通であるのに対し，カタカナは人名，地名，国名などの固有名詞，および外来語の表記が主な機能である。したがって，単語1語（カメラ，ケーキ），それも意味がわかる単語を覚えさせる方法をとることも多い。カタカナで学習者の名前を書かせたり，「テレビ」など日常的に目にするカタカナ語は，学習者が興味をもって覚えようとする。字形も直線で成り立っているので書きやすいとして，早くに導入する場合もある。

全体的に見て，外国人年少者向けのかな教材は少ない。日本人の子ども向けのものを外国人学習者に効果的に使用するには，指導者の工夫が必要である。また，英語母語話者向けの教材が多いが，説明が中国語，韓国語，ポルトガル語，スペイン語でなされているものも多少ある。多様な学習者のための教材作成が進んでいる。

→ ひらがな学習の活動（5-F），カタカナ学習の活動（5-F）

[カッケンブッシュ知念寛子]

■**かな学習の評価**

●**評価の項目**──かな学習の評価の重要な評価項目としては，①音と文字を対応させることができること，②文字の筆写ができることが挙げられる。また，そのためには，①日本語の音が弁別できること，②文字の形の認識と他の文字との弁別ができることが必要である。

音の弁別は，文字学習に固有の要素ではないが，母語にない音や特殊音節（拗音，促音，長音，撥音）は認識が難しいので注意を要する。文字の形の認識では，とくに，形が類似した文字の弁別ができるかどうかが重要である。音と文字の対応がつけられない場合には，その誤りの原因が音の認識・形の認識いずれによるものかを知ることが形成的評価の観点から必要であろう。

文字の筆写については，音と対応させて正しい形で筆写できるかどうかが主な観点となる。加えて，文中の助詞「を」「は」の書き分け，特殊音節（拗音，促音）の「ゃ」「ゅ」「ょ」「っ」の位置もチェック項目となる。文字の大きさの感覚は，漢字の認識にも影響するので留意したほうがよい。また，印刷書体を真似て手書きの書体とは異なった形で文字を書いていることがある（たとえば「り」など）ので注意を要する。

●**評価の方法**──かな学習を評価するための方法には，日本語の音（単音節・単語・文）を聞かせて書き取る/選択肢から選ぶなど，音から文字への結びつきを見るものと，かな文字で書かれたものを読む，かな文字をローマ字と対応させるなどの文字から音への結びつきを見るものがある。選択肢から選ぶ課題のほうが，文字を書く課題より学習者の負担が少ない。また，文字の弁別を評価する場合には，選択課題が有効である。

●**カタカナの学習評価**──カタカナの学習評価では，さらに，カタカナ独自の表記法，ひら

がなとの形・用途の区別,外来語・地名とカタカナ語の対応,外来語の表記が評価項目となる。原語と発音が異なる外来語は,カタカナ語との対応が難しいことがある。カタカナの評価方法としては,ひらがなとカタカナを交ぜ書きにしたものからカタカナをピックアップする,ローマ字とカタカナを結びつける,日本語の音(単音・単語)を聞いて適切なカタカナ(語)を選択肢から選ぶ,外来語の原語とカタカナ語を結びつける,絵や地図とカタカナ語を結びつける,日本語の音(単音・単語)を聞いてカタカナを書く,などの方法が挙げられる。

かなの学習は,学習段階初期に行われることが多い。また,時間不足や独学のため,学習が十分ではないこともある。かな学習の評価は,早期に学習者に適切なフィードバックを行い,後の「読む」「書く」技能の基礎をつくるうえで重要な意味をもつ。

→ひらがなの学習法(5-F),カタカナの学習法(5-F)

●参考文献

冨田隆之・眞田和子(1994)『教師用日本語教育ハンドブック2 新表記』凡人社.

[小林由子]

G——漢字の学習法・指導法

■漢字の導入法

漢字の導入法には,①「書き」と②「読み」と③「意味」の3つの側面があるが,①「書き」に関しては「漢字の書写指導」で解説する。

●読みの導入法——②「読み」については,学習者が漢字圏出身か非漢字圏出身かで,異なる導入法が必要になる。漢字圏学習者の場合,音読みはある程度母語からの類推が利くので,そのことを意識させるとよい。たとえば,中国語諸方言でも韓国語でも,音節末が[n]か[m]の漢字(円・林など)は,日本語の音読みがンで終わるものが多い。同様に,[ng](長・英など)はオ列やエ列の長音,[p](合・十など)はオ列やウ列の長音に,[k](学など)はクに,中国諸方言では[t]に,韓国語では[l]のもの(発・一など)はツかチに,それぞれ対応することが多い。音節の頭子音もある程度対応するので,学習者に意識的に整理させるとよい。訓読みの場合も,漢字圏学習者では,「川」と「河」をともに「かわ」と読むことがすぐに理解できるので,非漢字圏学習者より有利な点はある。

非漢字圏学習者には,漢字の偏と旁(つくり)のうち,旁は音読みの音を表すことが多いこと(経や茎にある音符の「圣(ケイ)」)を教えておくとよい。

ただ,漢字圏・非漢字圏を問わず,訓読み(とくに複数ある場合)や音読みの清濁・促音・長短の別などは導入時によく説明し,意識化させる必要がある。音読みでの清濁や特殊音素は,漢字圏学習者のほうが母語干渉で誤用が化石化しやすい可能性があることにも,注意を促す。なお,音読みをカタカナ,訓読みをひらがなで書き表すと,読みの区別が視覚的に強化される。

●意味の導入法——③「意味」についても,漢字圏学習者は母語干渉を起こしやすいので,導入時に母語と日本語での意味の違いに気づかせる必要がある。中国語では「愛人」「汽車」のような具体物から「問題」「検討」のような抽象物まで,干渉による誤解の可能性は広範に見られるので,個別の指摘が欠かせない。漢語ばかりでなく,和語でも,「走る」を「跑る」,「見る」を「看る」のように書くのは母語干渉の疑いが濃い。

韓国語の場合は,ハングルで表記するために

漢語と認識しにくいものが日本語の漢字語彙として誤用されることがある。たとえば、「いつも」を表す韓国語の〈항상(hangsang)〉は、「恒常」の韓国漢字音読みであるため、日本語で「いつも・常に・常時」を使うべきときに「恒常」を使ってしまうようなことがある。中国語の場合より誤用の背景が見えにくく、また学習者の漢字に対する知識の差で現れ方が異なるために、研究の遅れている分野であるが、注意を要する。

　非漢字圏学習者に対する漢字の意味導入の場合、「山・馬・上」などの象形文字・指事文字や「明・林」などの会意文字については、物やことがらの具体的イメージから漢字の意味が導入できる。しかし、漢字の大多数を占める形声文字ではこのような方法がとれないので、別途工夫が必要である。

→漢字の書写指導 (5-G)、漢字の読み (5-C)、漢字の意味・用法 (5-C)、漢字の読み指導 (5-G)

●参考文献

横溝紳一郎・川口義一 (2005)『ライブ！成長する教師のための日本語教育ガイドブック』ひつじ書房.

高木裕子 (1996)『日本語教師トレーニングマニュアル6 日本語の文字・表記入門』バベル・プレス.

川口義一他 (編著) (1995)『日本語教師のための漢字指導アイデアブック』創拓社.

武部良明 (1991)『文字表記と日本語教育』凡人社.

[川口義一]

■漢字の書写指導

　漢字は、複雑な点画でできた文字群であるが、その点画の構成には一定の規則がある。その規則とは、①「構成要素の組み合わせ」、②「筆画の運筆のタイプ」、③「筆順」の3点で、これらに習熟させることが書写指導の目標である。

●構成要素の組み合わせ── まず、字体を構成している要素の相互の位置関係を把握させることである。「構成要素」は伝統的な偏旁冠脚のみでなく、学習者の「形」に関する既習知識のすべてから導き出せる。たとえば、「門」では「カタカナのヨと英語のE、それぞれの開放部に竿をつけた旗が2本ある。2本の竿の違いは、先端のカギの有無である」というように、既知の形に置き換えられる要素を認定させ、要素同士の位置関係を認識させる。このような学習法のために、仮名、とくにカタカナの字形知識は、有用である。

　さらに、これらの要素のまとまりが、全体として「左右型」(八・体など)、「上下型」(二・字など)、「囲み型」(国・間・進・病など)、「全体型」(雨・水など)の4つの正方形の字型パターンに収まること、そのために偏であるときの「木」「食」や冠であるときの「ウ」「竹」などは木、飠や宀、⺮のように変形することなどを、繰り返し意識させる必要がある。構成要素同士の位置関係や部首になる字形の変化を意識させるには、認知科学の成果を応用し、眼前の空中に「空書」させたり、目を閉じてイメージどおりに書かせたりする練習が有効であることが報告されている。

　また、構成要素から自由な発想でストーリーを作らせて、字形の記憶を助ける方法もある。たとえば、「前」という漢字からは、「帽子(そいち)をかぶってナイフ(りっとう)を持った人が月夜(つき)に家の前にいる」というストーリーができ、これを唱えさせて記憶を強化する。

●筆画の運筆のタイプ── 筆画の運筆のタイプは、「とめ」(「一」の右端)、「はらい」(「友」の最後の画)、「はね」(「小」の第1画)、「おれ」(「口」の第2画)、「まがり」(「礼」の旁)などの筆の動きを意識させることで、「水」が

「>|<」のような形で書かれるのを防ぎ，漢字らしい文字の書写を可能にする。運筆の練習は，一度毛筆でやっておくとよいが，横線を1本引くときでも右端で「とめ」を入れるなどを励行すれば硬筆の書写でも十分に可能である。

●筆順——文部科学省の『筆順指導の手引き』に見る，第一言語話者用の基準に従うかどうか議論の分かれるところだが，「上から下へ」「左から右へ」の大原則と，「中央から左・右へ」「外側から内側へ」「貫く線は最後に」などの下位原則に従うほうが，字形が整い，かつ辞書を引く際の画数の把握が正確になる。「右手で縦書き」も励行したいが，左利きを矯正する必要はない。なお，「在」「女」のように，中国語の筆順の干渉から学習者の行書が判読しにくくなるものがあるので，注意を要する。

➡漢字の導入法（5-G），漢字の構成要素（5-C），漢字の構成要素による学習法（5-G），字形認識（5-D）

●参考文献

ヴォロビヨワ, G.（2005）『漢字物語Ⅰ』キルギス共和国日本人材開発センター.

横溝紳一郎・川口義一（2005）『ライブ！成長する教師のための日本語教育ガイドブック』ひつじ書房.

川口義一他（編著）(1995)『日本語教師のための漢字指導アイデアブック』創拓社.

武部良明（1991）『文字表記と日本語教育』凡人社.

[川口義一]

■漢字の読み指導

●音訓指導——「常用漢字表」に示されている1945の漢字は，平均して2通りの読みをもっている。うち3割強は1音1訓である。一般的には，その漢字の意味を表す訓をまず示すことで，漢字の形と意味と読みを一致させるが，語彙習得と漢字習得をほぼ併行させて行う非母語話者の場合，訓の必要度は漢字によって異なる。主に以下の3類に分けられる。

(1)基本義を表す訓読みの語が日常生活の基本語彙であるもの：訓→音（単漢字→漢字熟語）
 [例]帰(かえ)る，国(くに)→帰国(キコク)する
  新(あたら)しい，年(とし)
        →新年(シンネン)

(2)訓読みの語の使用頻度が低く，音または別のことばで意味を与えたほうがよいもの：
 [例]教室←室（シツ）＝へや　　［むろ］
   専門←門（モン）　　　　　［かど］

(3)訓読みの語の抽象度が高く，訓よりも漢字熟語から入り音を優先させたほうがよいもの：
 [例]学生，学校　→まなぶ
   半分，2時半→なかば

送り仮名をつけて動詞，形容詞になる漢字は概して造語力が高い。このような漢字は単漢字のレベルで，意味を表す訓読みを最初に覚えておいたほうが後の漢字熟語の意味理解を容易にする。音訓を同時に提示するか否かは，漢字教育が主教材準拠型か非準拠型か，によっても異なるが，常用漢字中736字は字訓をもたない。(2)の類と同様，その字が構成する使用頻度の高い熟語を念頭に置き，わかりやすい語彙や意味を与えることが求められる。

●文中の語の読み指導——非漢字圏の学習者にとって，漢字学習の初期の段階で漢字一字一字の意味と読みを確認していくことは大切であるが，最終的には文章中に現れる漢字語が読め，意味が理解できなければならない。そのためには語レベル，文レベルで繰り返し漢字あるいは漢字語にふれ，そのつど必要な語の形で読みを覚えていくことが有効である。

高校生に対する調査によれば，単漢字では漢字の形からの類推による誤答が多いのに対し，文章で漢字が出てくる場合は，誤答にいくつかのパターンが見られる。たとえば，「腎」単独では「ケン」という誤答（字形の似た「賢」か

らの類推）が多いが，文章題では「しんぞう・かんぞう，すいぞう」といった臓器からの類推による誤答が現れる。前後の文章の意味や熟語の理解度に影響を受けている例だが，逆に言えば，適切な語群や文脈を与えて提示すれば，記憶に残りやすい，ということがいえるだろう。

●**漢字圏学習者への読み指導**── 漢字圏学習者，とくに中国語話者の場合は，訓よりも音に自国語の漢字音の影響を受けた読みの誤用が多い。基本的に中国音で［-ng］の漢字の音は長音または「-イ」音となり，中国音［-n］の漢字は撥音となることなどをあらかじめ示しておくことは学習者にとって助けとなるだろう。また，中級以降急増する音読みの漢字熟語は母語による意味理解が容易なため，読み習得がおろそかになりがちである。連濁や促音化に関する知識を整理するなど，正確な読みを促す指導も重要である。

➜ 漢字の読み（5-C），漢字の意味・用法（5-C）

●**参考文献**

坂本充他（2001）「読める漢字・読めない漢字──常用漢字表と高校生の漢字認識度」『放送研究と調査』2001：10.

大越美恵子・高橋美和子（1997）『中国人のための漢字の読み方ハンドブック』スリーエーネットワーク.

「日中韓音韻対照表」（1996）『漢字百科大事典』明治書院.

［谷部弘子］

■読解・作文指導と漢字指導

●**初級段階**── 漢字指導の内容は大きく２つに分けられる。一つは，漢字および漢字語に関する知識を学ぶこと，もう一つは漢字語の運用力をつけることである。漢字学習も文法学習と同様，形の習得，意味の習得，用法の習得と段階がある。学習目的によって，漢字学習の必要の度合いはもちろん異なってくるが，最終目標は漢字仮名交じりの日本語の文章が読んで理解でき，書けるようになることである。したがって，初級段階の指導の際にも，単漢字の読み書きにとどまらず，その漢字が文章中でどのような品詞性をもつか，どのような語と共起して使われるかなど，読解，作文，口頭のコミュニケーションなど他の活動と関連づけた総合的な学習へとつなげていくことが重要である。日常生活レベルの漢字語であれば，駅の標示，テレビ番組欄，旅行パンフレット，地図など，学習者にとって身近な素材を利用し，その語が使われる場面や文脈を提示して読解活動を行うこともできる。

●**中級段階**── 中級段階になって説明文や論説文を扱うことが多くなると，書きことばに特有の漢字語が急激に増える。この時期，読解指導のかなりの部分が漢字語の理解と運用にあてられることになるが，後の自律的な学習につなげていくためには，以下のような項目について情報を整理して提示する必要があるだろう。

①形声文字，音符に関する情報
②語構成に関する情報
③語の品詞性に関する情報
④反対語，類義語の用法に関する情報
⑤促音化，半濁音化に関する情報，など

『INTERMEDIATE KANJI BOOK』（加納他）では，異なる専門分野の語彙にある程度共通して使われる漢字を「読解のための共通漢字」とし，それらの漢字・漢字語の学習を通して，学習者が自分の専門分野や興味の対象に応じてさらにを拡張していくための方策を示している。

●**専門分野別漢字**── 各専門分野で頻出する漢字・漢字語については，すでに科学技術分野，経済分野，農業分野など専門書を対象にした調査がなされている。これらの調査結果を利用することによって効率的な学習が可能となるだろう。『外国人のための専門別漢字導入と練

習』(国際日本語普及協会 1997)では,基礎漢字 300 字に加えて経済,政治,法律の 3 分野に必要な漢字各 200 字を提示している。

近年では,コンピュータを利用して学習者の独習を支援する読解教材やシステムが開発されている。一つは,読解教材に辞書機能をつけ,未習の漢字語に対応できるシステムであり,もう一つはウェブサイトの利用で,学習者自身が読みたい文章を貼り付け,わからない語の漢字にカーソルを合わせれば,読み方や英訳が出てくるというものである。また,作文指導ではワープロが活用されているが,正確に読みを習得していない学習者の誤りにある程度対応できるシステムの研究開発も行われている。

➡ 専門分野別の漢字 (5-C),読解指導 (8-B),作文指導 (8-B)

● 参考文献

川村よし子・北村達也 (1998)「語彙チェッカーを用いた読解支援システム──読解学習支援環境の構築のために」『日本教育工学研究報告集』ET 98-6.

鈴木庸子 (2002)「コンピュータを利用した自律学習支援のしくみを求めて──『食糧問題を考える』から『新書ライブラリー』まで」『教育とメディア』「教育とメディア」論集刊行会.

土屋順一 (2001)「外国人のための日本語キーボード入力支援システムの母語別カスタマイズ」『電気通信普及財団研究調査報告書』15.

[谷部弘子]

■ 学習漢字数

● 日本人の使用漢字数 ── 日本で最大の漢和辞典『大漢和辞典』は 5 万字を採録している。漢字が音を写し取る文字ではなく,語を表す文字である以上,その数は語彙数に匹敵する。だからこそ,学習段階に応じて学習すべき漢字数を示し,達成感を与えることが重要である。

では,日本人は生活するうえで,一般にどの程度の漢字を使っているのであろうか。言い換えれば,どの程度の漢字を知っていれば,日常生活を支障なく送れるのであろうか。

新聞の場合,異なり数 3214 字種のうち使用頻度の高い 500 字で約 80 %,800 字で 90 %,1600 余字で 99 %をカバーできる。96 年調査では,約 300 の漢字で新聞紙面に出現する漢字全体の約 85 %を占める。また,凸版印刷による書籍を対象に行った調査では,異なり数 8474 字種にのぼるが,「常用漢字」1945 字で 96 %を占め,3000 字種余りで大部分を占める。

一方,高校生を対象に行った漢字認識度調査では,「高校生が身に付け,活用できる漢字は 1,600 字程度,何とか使えそうな漢字は 300 字弱」(坂本ほか 2001) という結果が導き出されている。

以上の調査から,われわれが日常目にしている漢字は約 3000,運用に必要な漢字は 1600〜1900 字ということになろう。1900 字前後というのは,日常生活,勉学生活を支障なく送ることができるようになるための妥当な線だといえる。小学校で学習する「教育漢字」は 1006 字であるが,留学生のように,日本語で専門書を読み,論文を書くことなどが求められている学習者には,やはり「常用漢字」1945 字レベルの漢字習得が要求されることになる。

● 学習段階と学習漢字数 ── それでは各学習段階でどのくらいの漢字を学習すればよいか。この点に関しては,現在のところ,『日本語能力試験出題基準』が 1 つの目安になっている。日本語能力試験では,日本語レベルを 4 級から 1 級の 4 段階に分け,各級の漢字表を示している。各級の漢字数は以下のとおりである。

　1 級漢字表:第 1 水準漢字 1926 字(常用漢字から「翁・虞・嚇・且・侯・匂・爵・薪・帥・錘・畝・銑・但・朕・朕・奴・

婆・匁・隷」を除いたもの），第2水準漢字110字
2級漢字表：1000字
3級漢字表：300字
4級漢字表：100字

初級修了レベルの3級で300字となっているが，国内の日本語学習機関で使われている初級教材で扱われている漢字は300〜500字である。新聞の用字用語調査の結果から見ても，適切な300〜500字を学習すれば，かなり対応できることになり，複数の教材がこのあたりを基本漢字として提示する根拠となっている。しかし，外国人学習者にとって300〜500という数も，けっして低いハードルではない。

● **学習目的と学習漢字数**——学習目的が異なれば，学ぶべき漢字数や提出順も異なる。同じ留学生を対象とする初級用漢字教材でも，人文科学系・社会科学系の学習者も視野に入れているもの（『BASIC KANJI BOOK』）と，理工系学習者に限定しているもの（『日常生活の漢字』）とでは様相を異にする。前者は，500字を「基本漢字」とし，漢字の成り立ちにも配慮した提出順をとっているのに対し，後者は250字を学習漢字として，生活場面別の提出順をとっている。一般に，人文科学系・社会科学系の学習者が研究の場で日本語の読み書き能力を求められるのに対し，理工系学習者の場合，必ずしも日本語による口頭発表や論文発表が求められるわけではないことを反映している。就労や観光目的の短期滞在など特定の学習目的がはっきりしている場合には，一般的な字形の難易や学習漢字数にこだわらず，学習者に必要な語彙の学習として位置づけたほうがよい場合もある。

➡ 専門分野別の漢字（5-C），漢字・漢字語の使用頻度（5-C）

● **参考文献**
氏原基余司（2002）「現在の漢字使用の実態を考える——『漢字出現頻度数調査(2)』で分かったこと」『日本語学』21-15．
国際交流基金・日本国際教育協会編著（1994）『日本語能力試験出題基準』凡人社．
坂本充他（2001）「読める漢字・読めない漢字——常用漢字表と高校生の漢字認識度」『放送研究と調査』2001：10．
野崎浩成他（1997）「文字使用に関する計量的研究——日本語教育支援の観点から」『日本教育工学論文誌』日本教育工学会．
林大（監修）（1982）『図説日本語』角川書店．
〔谷部弘子〕

■ **漢字の字源による学習法**

字源説中心の漢字教材として，藤堂（1991）による『漢字なりたち辞典』が知られているが，これは日本人学習者を対象とし，小学校6年間に学習する教育漢字1006字を扱っている。学習方法は，部首索引を頼りに調べたい漢字を探し，「字源」「音訓」「意味」「熟語」「例文」「仲間の漢字」「筆順」等を順次，学んでいく方法である。日本語上級レベルの学習者にとって，自習用教材として利用するとよい。

また，浜西（1983）による『角川漢字学習字典』も日本人学習者対象に作成されており，小学校高学年から中学生向けに漢字の字源を系統的に学習できるように配慮されている。教育漢字を「人体」「器官」「手足」「動物」など13の部分に分類し，新部首によって，仲間の漢字を学習していく方法である。さらに漢字の「意味」「筆順」「読み方」を五七五調の句に詠み込む工夫（口唱法）がなされている。非漢字圏学習者には，漢字の仲間づくりが役に立ち，日本語中級レベルなら，五七五調の口唱法も役に立つ。

一方，外国人学習者を対象とした漢字教育は，字形やイメージ・覚え話（ストーリー）中心の学習方法といえる。

酒井（2003）による『Quick Learn KANJI Flash』は、主に非漢字圏学習者を対象とし、認知科学における「記憶法」の4つの過程（①記銘・印象、②保持、③再生、④再認）を漢字学習法に取り入れた方法といえる。①イラストによる漢字の提示→「イメージ連想法」、②「唱えことば」による記憶術→「長期記憶法」、③部首別フィードバック→「再生法」、④漢字圏・非漢字圏学習者の誤字、誤用例→「弁別法」。上記4つの項目を初級漢字600字について、順次、学習者に与え、初級段階から漢字の構成要素を考えた、いわゆる漢字家族を習得することにより、効率的な漢字の認識・記憶・筆記をさせることを目的としている。

さらに字源に即したイラスト提示は、漢字の成り立ち（説文解字）を考慮しつつ、必ずしも字源・字義にこだわらない外国人学習者向けのものである。

例：「イメージ連想法」

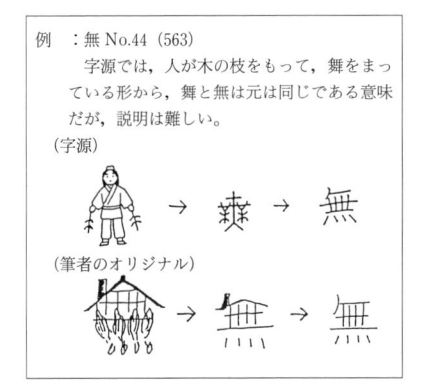

例　：無 No.44（563）
　字源では、人が木の枝をもって、舞をまっている形から、舞と無は元は同じである意味だが、説明は難しい。
（字源）
（筆者のオリジナル）

「記憶術」
⇒お寺にいる牛は特別です
寺＋牛＝特
「漢字家族」
⇒日→白→百/字→安→家

字源の知識は、学習者の知的好奇心を喚起する点で有効であるが、象形文字に限定されてしまうという欠点もある。従来の字源にとらわれずに自由な発想で字形をイメージすることも学習者にインパクトを与え、長期記憶に結びつける有効な方法といえる。

→漢字の字源（5-C），漢字の字形（5-C）

● 参考文献
藤堂明保（1991）『漢字なりたち辞典』教育社．
浜西正人（1983）『角川漢字学習字典』角川書店．
東京外国語大学留学生日本語教育センター（編）試用版（酒井順子）（2003）『Quick Learn KANJI Flash――酒井式連想法漢字おぼえ話』東京外国語大学留学生日本語教育センター．
横須賀柳子（1999）「第7章語彙及び漢字学習ストラテジーの研究」『日本語教育と日本語学習』くろしお出版．
川口義一他（編著）（1995）『日本語教師のための漢字指導アイデアブック』創拓社．
加納千恵子（1999）「漢字教育の動向」『言語』28-4．

[酒井順子]

■漢字の字形による学習法

漢字は字形が複雑なうえに字数が圧倒的に多いという点で世界に類似がない文字システムであるといえる。その漢字の学習をめぐっては、日本の国語教育においても日本語教育においてもさまざまな学習法が模索されてきた。そして、漢字の効率的な学習法を模索する途上で、漢字の組織的な理解あるいは把握の方法も試みられてきた。単純な漢字記憶術として、字形を分解して「たてたてよこよこまるかいてちょん」式に唱えて覚える「口唱法」による記憶法がある。また、とりわけ児童向けの漢字教育に頻用されているのが「そら書き」（空書）といわれる空中に字を書く方法である。「そら書き」の利点は腕を使って体で字形を覚えるという点

にある。

● 漢字家族および漢字系統樹 ── しかし、既習の漢字が増えてくると、学習者は漢字を構成する共通の構成要素に気づくようになり、漢字相互の関連づけを試みるようになる。この、字形による漢字グルーピングの成否は漢字学習自体の成否をも左右するといっても過言ではない。漢字家族とは、そうした漢字のグループを、字源を拠り所に、一元的にまとめたものである。そして、漢字家族相互の関係にまで拡大して漢字を鳥瞰しようとするのが漢字系統樹である。「幕」も「墓」も「膜」も「募」も「暮」も「莫」の家族と考えられるが、さらに「莫」は「日」の系統で「旦」の家族や「易」の家族などとともに「日」の系統樹を構成すると考えるのである。

● 字形ネットワーク ── また、左右、上下を主とする分離型漢字の字形に着目すれば、漢字を構成する偏・傍・冠・脚を含む左半、右半、上半、下半部などはおのおのに家族をなし、縦横にネットワークを形成していることに気づく。つまり、たとえば、左半を横軸に、右半を縦軸にとれば、「観」は横軸に「歓勧権」を連ね、縦軸には「視現規」など「見」の家族を列ねる。さらに「歓」は縦軸に「歌吹」など「欠」の家族を列ね、「視」は「社礼」を連ねるといった具合に字形ネットワークをなすと考えられる。

　文字はいわゆる約束事であるから字形と字義と字音を結ぶ約束のルールを知ることが学習の鍵でもある。たとえば、「時」の偏は「時」の字義を限定する日でなければならず、目や口では字義が成立しないし、旁は字音を支配する音素として作用しているのである。また、漢字の偏や旁が同形であることによる錯合現象が学習者に生じやすいともいわれる。この場合も、学習に際して、偏や旁を特定する何らかの意味づけが重要となってくる。その意味づけの効果的な方法として漢字の字源、すなわち成り立ちが利用されることが多い。そうした際には、漢字家族や漢字系統樹、あるいは字形ネットワークなどの考えが指標となる。

● 連想法 ── とくに象形字では事物の表象から字形を連想させて学習効果を高めようとする連想法もある。この方法は象形字のみならず指事字、会意字さらには形声字にまで応用されようとしている。これは漢字がきわめて直感的にイメージを象徴化していることを利用した教授法といえる。

　なお、手書きの機会の減少が漢字の記憶力や書字力の低下を招来しているという調査結果を待たずとも、漢字の習得あるいは記憶保持に、手書きの、それも、できれば筆をもって丹念に心を込めて書くという練習は、コンピュータの時代にあっても、やはり欠かせない効果的な訓練法である。

➙漢字の字形（5-C），漢字の構成要素（5-C）

● 参考文献

阿辻哲次（2001）『漢字道楽』〈講談社選書メチエ〉講談社．

白川静（1996）『字通』平凡社．

白川静（1978）『漢字百話』〈中公新書〉中央公論社．

藤堂明保（1965）『漢字語源辞典』学燈社．

「特集：新しい時代の漢字教育」（2000）『日本語学』19-9．

斎藤洋典他（1997）『岩波講座 言語の科学 3 単語と辞書 第3章』岩波書店．

善如寺俊幸（2004）「『隹』の漢字系統樹」『東京外国語大学留学生日本語教育センター論集』30．

善如寺俊幸（1995）「漢字系統樹による新しい漢字教授法」『漢字検定のすべて』アルク．

［善如寺俊幸］

■漢字の構成要素による学習法

漢字の構成要素による学習法は，字形の規則性・構造性を生かした学習法である。この学習法を身につけることで学習者は，これまで学習した漢字を形のうえで整理でき，覚えた字を思い出すことが容易になり，またこれから学習する漢字を効率的に覚えることができるようになる。

また，学習漢字が増えると当然形声文字（総漢字数の80％を占めるといわれている）の数も増大するので，「部首」による意味，「音符」による音読みの類推も可能な範囲が拡大する。

● **漢字の字形認識上の困難点** —— 構成要素による学習にはどのような学習項目が必要かを考えるために，初級学習者，とくに非漢字圏学習者にとって，漢字の形はどのような点で問題が多く，覚えるのが困難かを以下で述べる。

(1) 画数の多さ…一般に画数が多くなると困難度が増す。
(2) 構成要素の多さ…「機」のように構成要素が多い字は各要素がどこに位置しているかを覚えるのが困難である。
(3) 構成要素の接触…「美」「妻」などは「売」「青」などよりどこまでが1つの構成要素かを判断するのが難しい。
(4) 曲線性…「返」のように曲線が四方に広がっている字は形が捉えにくい。
(5) 字形の非対称性…「病」「発」のように対称ではない部分を含むと，左右の形がどのように異なるかで混乱する。

もちろん以上のような困難さは，学習が進むにつれて軽減していくが，初期の段階から上記のような点に留意して構成要素で分けて覚える練習を行うと，その効果はいっそう高まると思われる。

● **練習の方法** —— 具体的な練習としては，以下のような方法が考えられる。

①象形文字・指事文字で部首となるものを形声文字から学ぶ（例：姉　妹　妻→部首は女）

②構成要素の位置と意味を学ぶ
・字を構成要素に分ける（例：語→言＋吾）
・構成要素を加え字にする（例：白＋（　）→（　）解答例　泊　泉）
・似た構成要素をもつ字のなかから適切なものを選ぶ（例：（雪・雲）が降る）
・同じ構成要素をもつ字のリストを作成する（例：イ→行　後　待　彼）
・構成要素でグルーピングする（例：体の部分［月］肺　胃　腹　肩　［頁］頭　額　顔）

③音符を学ぶ
・字の音読みを類推する（例：水滴　半径）
・漢字の辞書を引く（例：被害を被る）
・同じ音符をもつ字の使い分け（例：［門］時間　簡単　［制］制作　製作）
・同じ音符の異なる音読み（例：［各］各地　格式　客室　連絡　金額　省略　線路）
・音符を利用したディクテーション（例：コウ通事故　高等学コウ　練習コウ果がある　コウ外に住む）

漢字の学習において形を覚えるという作業は初級の段階で多く求められるが，中級から上級に進むと学習は語の使い方や意味理解に時間の多くを費やし，形をていねいに見るということが少なくなる。そのため，作文などを書かせると学習した字数の割りには初歩的な間違いが直らない学習者の数が少なくない。教える側の努力として，間違いやすい形などの復習を授業に盛り込むことも必要であろう。

➡漢字の特性 (5-C)，漢字の字形による学習法 (5-G)

● **参考文献**

清水百合（1988）「漢字部首導入の問題について」『筑波大学留学生教育センター日本語教育論集』3．

加納千恵子（1988）「外国人学習者にとっての漢字の字形の複雑性」『筑波大学留学生センター日本語教育論集』3．

渡辺裕司・豊田悦子（1994）「漢字の字形知覚，認知，短期記憶に関する実証的研究Ⅰ」『東京外国語大学留学生日本語教育センター論集』20．

[清水百合]

■漢字の意味・用法による学習法

漢字の特性である表語性・造語力に注目し，漢字や漢字語をその①品詞性，②意味・用法のネットワーク，③造語性，④使われる分野や場面などによって整理しながら学習する方法がある。

●漢字の品詞性──『Basic Kanji Book』（加納他，凡人社）は，「山」「人」「木」のように単字で名詞となる漢字，「朝」「晩」「今」のように副詞的に使える漢字，「行く」「来る」「読む」のように，漢字1字に送り仮名をつけて動詞となる漢字，「大きい」「明るい」「長い」のように漢字1字に送りがなをつけて形容詞となる漢字，「政治」「経済」「研究」のように熟語として使われることの多い漢字などに分け，それぞれまとめて提示して学習する方式の教材となっている。このような方法により，単字の場合は訓読みされることが多く，熟語になると音読みが多くなること，動詞や形容詞の送り仮名のルールなどを体系的に示すことができる。

●意味・用法のネットワーク──時を表す漢字のグループ，家族関係を表す漢字のグループ，位置関係を表す漢字のグループ，場所を表す漢字のグループ，移動の動作を表す漢字のグループなどを分けて提示することにより，漢字学習を通じて語彙のネットワークの拡張を意図した学習法が可能である。対義字や対義語，同類字や同類語，上位概念語と下位概念語の関係にも注目させることができる。

●造語性──漢字が熟語を作る場合の前後の漢字の意味関係や語構成を分析したり，場所を表す漢字「場」「所」「館」「園」の接尾辞的用法などを紹介したりすることにより，漢字の造語性を強く意識させるアプローチをとることができる。また，漢字熟語が文中でどのような文法的機能をもって使われるか，他の語との意味的共起性などについても指導する必要がある。とくに中級からは，漢字語彙が激増するため，漢字の意味・用法による学習を強化することにより，非漢字圏学習者の漢字語彙学習の効率化を図ることが重要である。漢字圏学習者にとっても，日本語における漢字語彙の意味・用法が母語と異なる場合に注意させる必要がある。『KANJI IN CONTEXT』（西口・河野，The Japan Times）は関連語や例文などによって，文脈の中での漢字語彙の学習をはかっている教材である。

●場面性・分野性──『生活の中の漢字』（西野他，チャールズ・イー・タトル出版）のように，駅の場面でよく使われる漢字，病院でよく使われる漢字，といった場面別の漢字学習を目指す教材もある。専門分野別の漢字学習も考えられる。

→ 漢字の特性（5-C），漢字の意味・用法（5-C），目的別の文字教育（5-E）

●参考文献

海保博之（1990）「外国人の漢字学習の認知心理学的諸問題──問題の整理と漢字指導法への展開」『日本語学』9-9．

川口義一他（編著）（1995）『日本語教師のための漢字指導アイデアブック』創拓社．

[加納千恵子]

■漢字の音による学習法

●音符による学習法──漢字のもつ形音義の情報のうち，音に注目したアプローチは多くないが，『THE STUDY OF KANJI』(Michael Pye，北星堂書店)はその代表的な参考書である。形声文字の音符を利用して漢字を配列，整理しているところにその特徴があり，1971年に初版が出てから現在の1984年改訂版まで，ヨーロッパでは，古典的な教材であるが根強い人気がある。各音符をそれぞれ音が予測できるグループとそうでないグループに下位分類し，同じ音符をもっている漢字を記憶しやすくすると同時に，予測に反する漢字との区別も網羅している。旧字体や常用漢字外の同じ音符をもつものも広く紹介されており，音符による配列ができない象形文字や指事文字の類は巻末にまとめて紹介されている。

ほかの学習法で勉強している学習者にとっても，習得漢字数が増えるに従って，形声文字の音符に気づかせながら，漢字の音読みを整理して指導することは重要である。

●口唱法──音声を利用した学習法としては，日本人の子ども向けの漢字教材に，漢字の読み方や意味，構成要素などを盛り込んだ唱えことば（七五調などの調子をつけて声に出して言うことができることば）による学習法がある。「聞」という漢字を「新聞で，読んだニュースを，耳で聞く」という唱えことばを使うと，「ブン」という音読みと「き（く）」という訓読みが同時に覚えられることになる。同じ字でも，「門の中，話し声して，耳で聞く」という唱えことばになると，字形の説明になっている。ただし，日本人の子ども向けの唱えことばは，語彙が難しすぎるものが多いという難点があるため，外国人の学習者のために考案されたものもある。『KANJI PICT・O・GRAPHIX』(Michael Rowley, Stone Bridge Press)には，「聞」に「Hear more with your ear to the gate.」という英語による唱えことば（ストーリー）とイメージのイラストが載っている。一般に，英語圏で作られた唱えことばは，漢字の音を覚えるためではなく，形と意味を結びつけるためのものがほとんどである。

➡ 漢字の特性 (5-C)，漢字の連想 (5-G)

●参考文献

川口義一他（編著）(1995)『日本語教師のための漢字指導アイデアブック』創拓社．

カイザー，S. (1997)「漢字学習各種アプローチの検討(1)──表音的アプローチについて」『筑波大学留学生センター日本語教育論集』12．

[加納千恵子]

■コミュニカティブ・アプローチによる漢字の学習法

コミュニカティブ・アプローチは，もともとヨーロッパ地域内での人的交流の拡大を契機として開発されてきた教授法なので，漢字のような非アルファベット系の表語文字の学習法については具体的な提言がない。しかし，コミュニカティブ・アプローチの教授理念のなかには，漢字教育に応用可能なものがいくつか含まれている。

そのなかでも「言語の形式や構造よりも文脈の中の意味や機能を重視する」という部分は，とくに漢字学習に大きな示唆を与えるものである。これにより，漢字の学習・指導には，「画数の少ないものから順番に」「同じ偏旁のものをまとめて」などの形式主義的な考え方ではなく，「実際に漢字が使用されている文脈の中の意味を考える」という発想が生まれてくる。このような発想からすれば，漢字を読むための教材には，現実に漢字が使用されている広告・看板・事務文書・新聞記事などの「オーセンティックな教材」やそれらに近いかたちで作られたものが適当になる。また，漢字は単語や句レベ

ルの「意味を表すまとまり」として学習されることになり，単字を並べた表を教材とすることはなくなる。書く練習も，単字や単語だけを書くことから，意味のある文を書くことに変わってくる。

●**使用文脈を考える学習法**──漢字の使用文脈を考える指導法は，学習する漢字の配列にも影響を及ぼす。漢数字の「一・二・三・四」に続けて，「五」以下の漢数字を配するのをやめて，すぐに「年・生・大・学」を学習させれば，「△△大学の四年生」などの句がわかるようになる。また，続いて「人・留・学」を配すれば，「××さんは，△△大学のドイツ人留学生で，三年生です」のような文が書ける。さらに「語・英・中・国・日・本」などと続ければ，留学生向け文書や語学講座案内の一部が読めるようになり，達成感が生まれて，学習に対する肯定的な動機づけにもなる。一方，漢数字の「五」以降は，「月・日・時・分」などとともに，日付や時間の表現をもつ文脈で学習させることになる。

このような学習法は，特定の文脈のもとで，単字が語を作り，それらが文を作る過程を意識する学習法である。こういう学習を続けていけば，未習の漢字に遭遇しても，文章全体の文脈と既習漢字の知識から，その意味をトップダウン式に推定することができるようになり，自律的な漢字学習ができるようになる。また，字形の難易にかかわらず，学習者のニーズに応じたJSP型の漢字語彙の学習も可能になる。

●**字形の学習**──コミュニカティブ・アプローチは，上述のように漢字の意味の学習については示唆的であるが，「字形の学習」という，漢字学習のもう一つの側面については有効な理論をもっていない。これは，コミュニカティブ・アプローチの理論的背景が談話分析や社会言語学であることから来る構造的限界である。字形の指導・学習に関しては，別途，認知科学の成果を参考にしなければならない。

➡コミュニカティブ・アプローチ (8-B)，漢字の導入法 (5-G)，漢字の書写指導 (5-G)，漢字の字形 (5-C)

●**参考文献**

川口義一 (1989)「漢字指導の新しい試み」『講座日本語教育』24，早稲田大学語学教育研究所.

川口義一 (1993)「コミュニカティブ・アプローチの漢字指導」『日本語教育』80.

川口義一他（編著）(1995)『日本語教師のための漢字指導アイデアブック』創拓社.

[川口義一]

■**漢字の学習活動**

漢字の学習目標は，①読むときに漢字が理解できるようになること，②書くときに漢字が使えることに大別される。

読むときに漢字が理解できるためには，①漢字の形が認識できること，②漢字の意味を知っていること，③漢字の読み方を知っていること，④漢字語彙の意味がわかり，文を読む際にある程度の速さで理解ができることが必要となる。また，書くためには，適切な漢字を手やワードプロセッサを使って産出できなければならない。

●**初期段階の活動**──非漢字圏学習者の場合，初期段階では漢字の形を見分けることが困難なことが多い。そこで，まず，単漢字レベルで漢字の形を提示し，意味・音と対応づけるような活動を行うことが多い。ある程度漢字に慣れ，語彙が増えてくると，語彙レベルでの形と意味・音の対応づけが中心になる。単漢字・語彙レベルで形と意味を結びつける活動としては，フラッシュカードで提示された漢字を読む，音を聞いて正しい漢字を選ぶ/書く，カードゲーム，漢字に読み仮名をつける，読み方を見て漢字を書く，などがある。また，非漢字圏

学習者が漢字の形と意味を結びつけるためには，漢字を母語と結びつける，漢字を字源やイメージと結びつけたりストーリーを作ったりして意味を記憶する，などの方法もとられる。

一方，漢字圏学習者は，すでに漢字の知識をもっているが，母語と日本語の違い，とくに，読み方，和語の語彙，品詞，母語漢字との字形の違いについて，その相違や日本語での使い方を認識し訓練することが不可欠である。

●中級以降の活動──ある程度学習が進んだ段階では，部首や形声文字の音符の利用が有効である。漢字の音は形よりも記憶がしづらいため，どのように記憶するかが学習者にとって大きな課題となるが，とくに漢語の語彙が増える中級以降，形声文字の知識は重要である。

漢字は，単漢字・語彙のみで使われることは少ない。漢字の知識を実際の使用場面で使えるようになるためには，単漢字・語彙レベルでの練習に加えて，その場面で漢字語彙を使用するための活動が必要である。生活漢字ならば，駅・買い物・学校などの場面で使われている漢字を読んで情報を得るような活動が考えられる。また，文章の中で漢字の知識を使うためには，その漢字語彙を含む読み物を読む，漢字語彙を含む文章を書くなどの活動が有効であろう。

ワードプロセッサ，パソコンが普及したため，実際の使用場面で漢字を手で書くことは少なくなった。しかし，漢字の書写は，身体運動を通じて形を記憶することにもつながる。少なくとも漢字学習の初期段階では，正しい筆順も含めた書写の訓練が必要であろう。

また，自律的に学習するためには，漢字の仲間作り（グルーピング），辞書を引いて漢字を調べるなど，学習方法の訓練も不可欠である。

➡漢字の字形による学習法（5-G），漢字の字源による学習法（5-G），非漢字圏学習者に対する文字教育（5-G），漢字圏学習者に対する文字教育（5-E）

●参考文献

小林由子（1998）「漢字授業における学習活動──認知心理学的モデルによる検討」『北海道大学留学生センター紀要』2．

小林由子（2001）「認知心理学的視点」青木直子他（編）『日本語教育学を学ぶ人のために』世界思想社．

加納千恵子他（1889，1990）『Basic Kanji Book：基本漢字500』（Vol. 1 and 2）凡人社．

［小林由子］

■漢字学習のストラテジー

言語学習のストラテジーについては，Oxford (1990) が "SILL" (the Strategy Inventory for Language Learning) と呼ばれるアンケート形式を開発し，現在日本語教育でも広く利用されているが，漢字学習のストラテジーに関しては，SILLのversion 5.1を基にバーク（Bourke）によって開発された "SILK" (Strategy Inventory for Learning Kanji) がある。

●SILKの構成──SILKのversion 2.2 (1994) は，非漢字圏学習者の漢字学習ストラテジーを調べるために作成されたアンケートであり，直接ストラテジー，間接ストラテジーの2つのグループから成る。直接ストラテジーには，A. 連想 (association), B. ストーリー (stories), C. 部首 (radicals), D. 頻度 (frequency), E. 経験 (experience), F. 視覚化 (visualization), G. 自己モニター (self-monitoring), H. 補償 (compensation), I. 順序づけ (sequence), J. 身体的・情緒的反応 (physical/emotional response), K. 音声 (sound), L. 書き順 (stroke order) という12の種類，計39のストラテジーが挙げられている。また間接ストラ

テジーには，M. 学習の計画（planning your learning），N. 学習の評価（evaluating your learning），O. 他との協力（co-operating with others）という3種類，計16のストラテジーが挙げられている。

●**漢字学習ストラテジーの研究**──学習ストラテジーの分類，個々のストラテジー項目の立て方や名称などに関しては，現在もまだ議論が続いている。たとえばSILKでは，「自己モニター」を直接ストラテジーに分類しているが，これはメタ認知的ストラテジーとして，間接ストラテジーに入れるべきではないかという意見もある。また，ストラテジー項目のなかに，「学習方法」と呼んだほうがよいものや「学習意識」に近いものなどが混在しているとの指摘もあり，「学習ストラテジー」とはいったい何であるのかという再定義が求められているともいえよう。

従来，SILKのようなアンケート調査を利用した漢字学習ストラテジーの研究としては，大北（1998）のような欧米系の学習者を対象としたものが主であったが，最近ではPakkhinee（2002）や石井（2003）のように，タイや韓国の学習者を対象とした研究も出てきており，今後の進展が期待される。

→学習者の意識（5-E），言語学習ストラテジー（8-A）

●**参考文献**
大北葉子（1998）「初級教科書の漢字学習ストラテジー使用及び漢字学習信念に与える影響」『世界の日本語教育』8．
石井奈保美（2003）「漢字学習ストラテジーと日本語漢字学力──中級の学習者を中心に」『日本語學研究』8，韓國日本語學會．
伊藤寛子・和田裕一（2004）「日本語学習者の漢字の記憶検索過程──韓国語母語話者と中国語母語話者における検討」『教育心理学研究』52-4．

Bourke, B. (1998) "Strategies for the New Millennium" Handout, Applied Linguistics Association of Australia 23rd Annual Congress. Griffith University.
Bourke, B. (1999) "Cognitive Theory and the Kanji Learning Process" In *Japanese Language Education* Vol. 2, Yamagata University, Japan.
Kubota, M. and Toyoda, E. (2001) "Language Strategies employed for learning words written in Kanji versus Kana" *ARAL* 24-2. pp. 1-19.

［加納千恵子］

■**漢字の連想**

●**イメージの連想による学習法**──主に欧米で考案された漢字の学習法として，字形からイメージを連想し，ストーリー（覚え話）などを考えることによって，その意味と結びつけて覚える方法があり，James W. Heisigの"Remembering the Kanji"（1977 日本出版貿易）が代表的なものである。日本では，酒井（1999）のように口唱法のなかに連想による学習法を取り入れた教材がも開発されている。

●**漢字の自由放出**──5分，10分など一定の時間内に頭の中に思い浮かぶことがらを，学習者に自由に書かせるという自由放出法（認知心理学などで用いられる実験法）を用いて，長期記憶に格納されている漢字の知識を自由に検索して出力させることができる。このことは，3つの意味をもつと考えられる。

第一は，学習を開始するときにそれにかかわる知識を引き出すことによって，関連する知識要素を活性化し，学習の準備状況を整えるという教育的意義である。

第二は，このような実験は正解基準を設定しないので，出力されたデータには解答者の創意工夫が反映される。その点に着目すれば，能力

検査としての利用も考えられる。
　第三に，知識がどのように格納されているのか，また格納された知識の検索方法がどのようになっているのかを吟味するための方法として有意義である。
　外国人学習者に漢字を自由放出させ，その連なりを観察することによって，学習者の頭の中に格納されている漢字知識がどのような状態にあるのかを知る手がかりとして使おうとする研究もある。
● **漢字の連想** ── 日本人に漢字を自由放出させると，最初に思い浮かべた語から次々と意味的ネットワークを利用して語を連想し，漢字熟語を量産する。それに対して，非漢字圏の学習者の場合は，漢字を習いはじめた当初は，覚えている字をバラバラに放出するだけであるが，少し学習が進むと，「上下，左右，東西南北」のような単字レベルの意味の連想が見られるようになり，やがて「木 本 林 森，言 語 話 読」のような字形的構成要素による連想（同じ部首や同じ部分をもつ字の連想）が多くなることが報告されている。しかし，非漢字圏学習者でも，上級レベルになると，熟語単位の意味的な連想が増える。
　漢字圏学習者の場合は，日本人の場合と同様に，初めから意味的な語の連想による放出が見られるが，日本語の学習が進まないうちは，あくまでも母語による連想であるため，日本語には存在しない語や字体が見られるのが特徴である。
➡ 漢字の字源による学習法（5-G），漢字の音による学習法（5-G）

● **参考文献**
加納千恵子他（1988）「自由放出法による外国人の漢字知識の分析」『筑波大学留学生教育センター日本語教育論集』4．
伊藤寛子・和田裕一（1999）「外国人の漢字の記憶検索における手がかり──自由放出法を用いた検討」『教育心理学研究』47．
東京外国語大学留学生日本語教育センター（編）（酒井順子）（1999）『連想法漢字覚え話』東京外国語大学留学生日本語教育センター．

　　　　　　　　　　　　　　　　　［加納千恵子］

■ **漢字の教材**
● **漢字教材の内容** ── 漢字教材の内容は，次の項目をもつ。
　a．学習する漢字の提示（親字）
　b．学習する漢字の意味
　c．学習する漢字の形（筆順）
　d．学習する漢字の読み方（音・訓・特殊読み，連濁になる場合の例，促音化する場合の例）
　e．何字か書かせるためのマス目
　f．その漢字の熟語（用例）とその例文
　g．その漢字熟語の読み方練習
　h．その漢字熟語の書き方練習
　i．その漢字の部首・六書の類別・字形（象形・形声・会意など）

　教材の編集方針により，あるいは，授業形態により，上記の項目は一部外されることもある。近年はコンピュータ，ビデオなどの機器の発達・普及によりその教材が大きく変わった。しかし，学習する漢字そのものは変わったわけではない。
● **教材の漢字配列順** ── 漢字教材の漢字配列順序は，各書きわめて恣意的である。漢字配列には漢字辞典のように画数・部首の順とか五十音順とかABC順とかいう決まりはない。初級・中級の使用教科書に準拠しているものが多いから，その提出順に従っているものが多い。その日本語教科書には，提出漢字の指定のあるものと，まったく提出漢字の指定がないものとがある。1960年代の教科書はほとんどその課の提出漢字を指定していたが，近年の日本語教

科書にはその指定のないものがある。後者の場合，教科書準拠の漢字教材でなく，漢字だけを教科書の課とは別の進め方で指導することが可能である。

● **漢字指導の授業形態**――教科書各課準拠の漢字教材を用いる場合は，漢字指導の授業形態は，「オビ」的な時間割で行うことが効果的であり，非準拠型の漢字教材では，「コマ」的な時間割で行う場合が少なくない。オビ的というのは，毎日時間を決めて指導する方法であり，日本語学校的な方法といえる。コマ的というのは，毎週決められた時間にその時間だけ漢字指導が行われる方法をいう。大学などでの授業形態に合う方法だといえよう。

● **独習用教材と自習用教材**――漢字教材は独習用あるいは自習用を考慮して編集される。漢字をていねいに指導していく時間的余裕は日本語教育機関にはない。覚えるための練習は，漢字教材に任せているところが多い。漢字教材の機能は，漢字およびその熟語についての知識を与えることであり，また，その漢字およびその熟語に習熟し，運用できるようにさせることである。前者は辞書的な機能を有し，後者は練習帳的な機能をもつ。使用教科書準拠型漢字教材は，収録漢字についての辞書的な解説とその練習の2つの機能をあわせもつことになる。練習帳も文字を何回も書き写す作業の冊子ではなく，その漢字がどのような構成要素（部首のような部分＝部品＝パーツと呼ぶ）から成り立っているかが記憶できれば，その字形の記憶が容易になることから，パーツ発見，パーツ集めといったゲーム感覚を利用して学習効果を高めようと工夫した教材が出現している。

➡漢字の導入法（5-G），漢字の書写指導（5-G），漢字の読み指導（5-G）

［河原崎幹夫］

■**漢字の検索方法**

● **伝統的な検字法**――伝統的な検索方法（検字法）には，部首索引，総画索引，筆順配列，字形・筆形配列，読み索引などがある。最も代表的なのは部首索引で，ほぼすべての漢和辞典が『康熙字典』の部首索引を踏襲している。部首索引では漢字は通常214部首と約150の異体字により分類され，さらに画数順に配列される。最も普及している検字法だが，外国人には部首の判定が難しいなど，習熟に時間がかかる。

総画索引と筆順配列も伝統的検字法だが，部首索引よりも重要性・一般性の点で劣る。総画索引は同画数の見出しに数百もの候補が出現することもあるため，ほかの方法が使えない場合の最終的な手段といえる。また筆順配列は，古くから「札字法」「元亨利貞法」「江山千古法」「寒来暑往法」などがあり，この配列による漢字字典も存在するが，筆順知識が前提になるので外国人学習者向きとはいえない。

字形配列では古くから写植用に「一寸の巾」式が用いられていた。初画の筆形で漢字を分類する独自の起筆配列を用いた辞典も出版されている（『外国人のための漢字辞典』文化庁，1966）。なかでも歴史的に重要なのが「四角号碼{しかくごう}」（王雲五 1926）で，日本や中国語圏で広く実用化された。字の四隅にある点画筆形を分類番号に置き換えて4桁数列にする方法で，中国語電子辞書でも「五筆号碼」「倉頡{そうけつ}」（漢字入力方式）と併用されている。そのほか「上下形検索法」「三画号碼」といった配列もあるが，これらは，筆順等の知識のない非漢字圏学習者には難しい。

読みによる索引の代表である音訓索引はどの漢和辞典にも使用されている。近年では少数ながら五十音引き漢和辞典も出版されている。中国の漢字・国語辞典ではピンイン配列が，また台湾の漢字・国語辞典では注音字母（ボポモフ

ォ）配列が一般的であるが，その漢字を読めなければ検字できないという欠点がある。

●**外国人学習者向けの検字法**―漢字の基礎知識のない学習者を考慮し，部首検索に手を加えた「改良部首」も考案された。『最新漢英字典』（Nelson 1962）では，214部首から効率的に対象部首を判定するための Radical Priority System を採用しており，さらに改良を加えた『新版ネルソン漢英辞典』（Haig 1996）も出版された。また部首数を減らした辞典もある。『漢英熟語字典』（Spahn and Hadamitzky 1996）の79部首索引では，熟語に含まれる前後どちらの字からもその語を検索できる。より少ない「五十部首」を採用しているもの（中国語の『当代漢英字典』）もあるが，改良部首の方式は各辞書ごとに異なり，標準化されていないという問題点が残る。

他の改良検字法として漢字配列パターン（字型）を応用したものがある。『新漢英字典』（春遍雀來 1990）の検字システム SKIP（System of Kanji Indexing by Patterns）は，4つの視覚的パターンで漢字を分類するもので，部首や読みといった漢字の知識をもたない初級者でも，直感的に検字できる。

➡ 漢字の辞典（5-C）

●**参考文献**

文化庁（編）(1973)『外国人のための漢字辞典 (*Dictionary of Chinese Characters for Foreigners*)』（第2版）大蔵省印刷局．

Rose-Innes, A. (1975) *Beginner's Dictionary of Chinese-Japanese Characters and Compounds* (改訂第4版) Meiseisha．

Nelson, A. N. (1974)『最新漢英字典 (*The Modern Reader's Japanese-English Character Dictionary*)』（第2改訂版）チャールズ・イー・タトル出版．

Spahn, M. and Hadamitzky, W. (1989)『漢英熟語リバース字典 (*Japanese Character Dictionary with Compound Lookup via Any Kanji*)』日外アソシエーツ．

諸橋轍次（著）鎌田正・米山寅太郎（編）(1990)『大漢和辞典』（修訂第二版）大修館書店．

春遍雀來 (1990)『新漢英字典 (*New Japanese-English Character Dictionary*)』研究社．

Spahn, M. and Hadamitzky, W. (1996)『漢英熟語字典 (*The Kanji Dictionary*)』チャールズ・イー・タトル出版．

Haig, J. H（編）(1997)『新版ネルソン漢英辞典 (*The New Nelson Japanese-English Character Dictionary*)』チャールズ・イー・タトル出版．

［春遍雀來（ハルペン・ジャック）］

■**漢字学習の評価**

●**漢字力の診断的評価**―指導開始前に学習者の漢字習得の実態を把握し，それに適した授業内容や形態を調整したり，学習者個人のもつ問題点を知りその後の学習への指針を与えたりするための資料を得る目的で実施される。適性テスト，プレースメントテストなどもここに入れられる。とくに，非漢字圏学習者の漢字学習に関する診断的評価としては，加納千恵子(1997)にある中級用「漢字力診断テスト」，および加納千恵子他 (2003) にある初級用「漢字処理能力測定テスト」などが考案されている。これらは，学習者の漢字および漢字語彙の処理能力を形音義の各側面から分析的に評価しようとしたものである。

また，適性テストを目指したものとして，メルボルン大学の豊田悦子が開発中のコンピュータ制御による漢字認知力テスト（CREST＝Character REcognition Skills Test）がある。CRESTは，漢字の認知に必要なスキルを短時間に測定することを目指して開発された。漢字の認知力は漢字との接触が増えるとともに上達

するが，それは漢字の語彙知識と深い相関関係にあるといわれており，外国人学習者の場合は日本語母語話者とは異なり，漢字語彙量にかなりのばらつきがあるが，CRESTは同一のテストでどの漢字のレベルにも対応する。テストには漢字の認知に欠かせないメタ言語能力を必要とするタスクも含まれている。また漢字の認知は，漢字のもつ特性によっても影響を受けるため，CRESTにはさまざまな特性をもつ漢字がテスト項目として含められている。

●漢字力の形成的評価——授業過程中の学習者の漢字習得状況を把握し，授業や学習活動の改善のための資料を得る目的で行われる評価で，学習単位（各課など）ごとに行われるテストがこれにあたる。漢字学習の評価の場合，字単位，語単位，文単位，文章レベルの読み書きテストなどのほかに，作文や授業態度の観察，アンケートなどの形で行うこともある。

●漢字力の総括的評価——学期末や学年末に，学習目標が達成されたかどうかを知り，総括的に評価するもので，この結果は成績の決定，合否の判定などにも利用される。既習漢字語を出題し，特定の期間内に一定のレベルに達したかどうかを測る「到達度テスト（achievement test）」が多く用いられるが，個人のもつ漢字・漢字語彙知識や運用能力を，特定のコースや教科書の内容とは関係なく試す，日本語能力試験のような「熟達度テスト（proficiency test）」もある。

●漢字テストの種類——漢字のテストとしては，形音義およびそのつながりを分析的に評価する問題として次のようなものが考えられる。

　形………漢字の筆順を問う問題
　　　　　画数を問う問題
　　　　　同形字や異形字を識別する問題
　　　　　字形の間違いを探す問題
　　　　　字を構成要素に分ける問題
　　　　　字形の一部を完成させる問題
　音—形…漢字の読み問題（漢字→ひらがな）
　　　　　漢字の書き問題（ひらがな→漢字）
　音………同音の漢字を選ぶ問題
　意味……翻訳の問題（漢字語→英語の意味，英語の意味→漢字語）
　　　　　対義語の問題・類義語の問題
　　　　　意味ネットワーク作りの問題
　用法……語構成の問題（接辞などの用法）
　　　　　送り仮名の問題
　　　　　他の語との共起関係を問う問題
　　　　　文中の（　）に適切な字や語を入れる問題

これらのうち，意味や用法の問題は，語彙のテストとしてみることもできる。また，問題の形式を自由記述にするか，選択肢問題にするかによって難易度を変えることができる。

漢字の総合的な運用力をみようとするなら，課題作文を書かせて漢字含有率や漢字再生の正確さを測る，クローズテストと書き取り（ディクテーション）の組み合わせ，漢字仮名交じり文の文章を音読させるなど，さまざまな方法が考えられる。従来，漢字のテストというと，読み書きの正確さばかりが重視されがちであったが，実用的評価としては，漢字の処理スピードというのも重要な側面であろう。

→漢字の特性（5-C）

●参考文献

石田敏子（1992）『入門 日本語テスト法』大修館書店.

加納千恵子（1997）「非漢字圏学習者の漢字力と習得過程」『日本語教育論文集——小出詞子先生退職記念』凡人社.

加納千恵子・酒井たか子（2003）「漢字処理能力測定テストの開発」『筑波大学留学生センター日本語教育論集』18.

Toyoda, E. and Hashimoto, Y. (2002) Improving a placement test battery: What can test analysis programs tell us?, e-journal of Asian linguistics and language teaching Issue 2 [http://www.arts.unsw.edu.au/languages/asaa_ejournal/all_issues.htm].

[加納千恵子]

6 ことばと社会

　どの言語をとってみても，その内部がすべて統一されているといったものはない。言語はすべて多様なバリエーションを含んでいる。それらのバリエーションは，話し手の属性と結びついていることもあれば，話し手が言語行動を行うなかで使い分けるスタイルであることもある。日本語もその例外ではない。確かに一方には，「山」や「川」といった，バリエーションをほとんどもたない基本的な語彙項目はあるにしても，他方には，方言や性差，敬語など，同じ内容のことを言うためのことばが複数存在することもまた事実である。この多様性の背景に，過去の日本語がたどった複雑な歴史があることはいうまでもない。本章前半ではまず，「日本語」と一括して呼ばれる言語の内部の多様性を，時間的・社会的・空間的に分け入って，さまざまな側面から整理することを試みた。

　ところでわれわれは，このようなバリエーションをどのように使って日々の生活を送っているのだろうか。ことばの役割が伝達ということにあるとすれば，ことばのバリエーションはコミュニケーションを妨げる要因になるのではないだろうか。同じ内容を言うためのことばが2つ以上あれば，そのあいだに優劣の評価が加えられることはないのだろうか。

　ことばのバリエーションは，一方では，コミュニケーションを行うなかで活用できる言語財である。方言と共通語を例にとれば，われわれは，両者を使い分けることによって，聞き手との距離を調節したりすることもできる。しかしバリエーションは，異なる方言を話す話者が出会った場合に見るように，コミュニケーションの障害になることもまた否めない。この障害は，使うことばそのものだけでなく，その背景にある文化と関連した，ことばの使い方によってもたらされることもある。ここに異文化コミュニケーションの問題が生じる。「異文化コミュニケーション」の問題は，ふつう，異なった言語のあいだについて議論されることが多いが，同じ言語の，地域・年齢・性などを背景としたバリエーションのあいだにおいても観察されることがある。最近の日本では，日本語学習者や，日本に滞在する外国人就労者を取り巻く言語の問題などが新たに加わった。章の後半では，こうした，言語行動・異文化コミュニケーション・多言語多文化社会の問題群を取り上げた。

　多言語多文化社会であることは社会を豊かにすると言われることがある。しかしその社会に暮らす人間にとっては，それが社会問題の源であることもまた多い。世界全体といった大きなレベルから，国家や団体をへて個人に至るまでの大小さまざまな規模において，それぞれ，言語の引き起こす社会問題にどう対処しているのか。本章の末尾で，言語政策・言語管理のあり方について概観した。

[渋谷勝己]

6 ことばと社会 ——————————— 見出し項目一覧

A 日本語の歴史 ——— 451
日本語の流れ
漢字・漢語の受容
仮名の歴史
文体の歴史
アクセントの歴史
音声の歴史
活用の歴史
自動詞・他動詞の歴史
受動文の歴史
授受表現の歴史
テンス・アスペクトの歴史
モダリティの歴史
敬語の歴史
言語行動の歴史
現代の言語変化

B 日本語のバリエーション ——— 465
バリエーション
ことばの性差
ことばの年齢差
ことばの階層差
集団語
ことばの地域差
アクセントの地域差
音声の地域差
文法・表現法の地域差
語彙の地域差
敬語の地域差
言語行動の地域差
海外の日本語

C 言語行動・言語生活 - 478
言語意識
言語行動
談話行動
発話行為
敬語の選択要因
対人行動とパーソナル・スペース
外国における日本語観
言語生活
在日外国人の言語生活
中国帰国者の言語生活
災害時の外国人の避難行動
海外の日本語学習者の言語生活
在外日本人の言語生活
海外日本人学校での言語教育
バイリンガル児の言語生活
帰国子女の言語生活
方言と共通語の使い分け
方言イメージと共通語イメージ
標準語と共通語
スティグマ
日本語教育と方言

D 異文化コミュニケーション ——— 500
異文化コミュニケーション
異文化接触場面の特徴
異文化コミュニケーションと社会
日本の異文化交流史
異文化コミュニケーションに関する調査研究
接触場面におけるピジン化（簡略化）
接触場面における転移
コミュニケーション・ギャップ
異文化価値論
コミュニケーション・アコモデーション理論

E 社会文化の教育 ——— 510
日本社会の捉え方
日本文化の捉え方
異文化への対応能力
社会調査の意味と方法
文化論と日本語教育
ステレオタイプ論と日本語教育
日本事情と日本語教育
文化理解と学習者の変容
総合学習としての日本語教育

F 多言語多文化社会 ——— 519
言語文化の多様性
マルチリンガリズム（多言語多文化主義）
外国人問題

G 言語政策・言語管理 - 522
言語問題と言語管理
現代日本の言語政策
日本の言語政策史
国家以外のレベルでの管理
言語障害者と日本語
言語弱者に対する翻訳と通訳
談話の管理
言語管理理論における規範
日本語教育の歴史

A——日本語の歴史

■日本語の流れ

●歴史時代以前の日本語——日本語の最も古い姿は,『魏志倭人伝』などの外国資料や金石文に部分的に記録されているが,その体系や変遷過程をある程度の詳しさをもって描き出すことができるのは,8世紀,奈良時代以降のことである。さらにさかのぼって日本語の起源の問題となると,これまでアルタイ語や南島語と結びつけて論じられることがあったが,結論は出ていない。言語は祖語が徐々に枝分かれすることによって成立するとする系統樹モデルでは日本語の歴史は再構できず,複数の言語が接触し,また融合することによって成立したとする接触融合モデルで説明したほうが妥当だとする意見もある。

●変化の2種——歴史時代以降の日本語には,語順など,一貫して変わらない部分があるが,時代とともに変化した部分も多い。後者には,大別して,日本語自体の内部で自発的に変化した部分と,外国語との接触によって変化した部分とがある。

(1)自発的な変化:まず日本語それ自体で変化してきた部分として,長期的な変化の例に,ハ行音や合拗音に見られる唇音退化($p>\phi>h$, $k^w>k$など),動詞の活用タイプ数の減少(平安時代の9種類から現代の5種類への統合,さらには命令形「見レ」や「ら抜きことば」に見るような一段動詞の五段動詞化による3種類への統合傾向)などがある。敬語も,「各敬語形式の表す敬意度は時間の経過とともに低下する」という敬意逓減の法則に従って形式を取り替えつつ,絶対敬語から相対敬語へと,運用面での大きな変化を進めてきた。

(2)接触による変化:一方,日本語は,上代以降,中国語と接触することによって膨大な量の漢語を借用し,あわせて限られた数の和語動詞やイ形容詞をサ変動詞やナ形容詞で補うことを可能にした。音声面でも,語頭の濁音とラ行音,合拗音(k^w, g^w),母音連続,閉音節などが日本語のなかに導入され,それまでの姿が一変した。漢字(ひいては,ひらがなとカタカナ)という表記の手段を獲得したのも,中国語との接触があってのことである。さらに明治以降は英語と接触することによって再び多くの外来語を取り入れはじめ,同時にファ行音やティなどの音声,中立受動文などの表現法を獲得している。

なお,自発的な変化と接触による変化という2つの変化のタイプは方言についても観察され,現在の日本語諸方言をかたちづくってきた。新方言などは各地の方言が独自に変化を進めているところであり,また,江戸語や東京語について指摘される,形式と意味が1対1で対応する分析的な傾向は,江戸や東京という大都市で多様な方言が接触したことの結果である。

➡音声の歴史(6-A),活用の歴史(6-A),ことばの地域差(6-B),言語の変化(7-A),言語接触論(7-E)

●参考文献

小松英雄(1999)『日本語はなぜ変化するか——母語としての日本語の歴史』笠間書院.

阪倉篤義(1993)『日本語表現の流れ』岩波書店.

山口明穂他(1997)『日本語の歴史』東京大学出版会.

渡辺実(1997)『日本語史要説』岩波書店.

[渋谷勝己]

■漢字・漢語の受容

弥生時代以降,日本列島には漢字の記された貨幣や鏡などが断続的に流入していた。漢字を理解する渡来人たちも居住するようになり,5

世紀頃には「稲荷山古墳出土鉄剣銘」のように国内の政治体制にかかわる記録が漢字で記された例が見られるようになる。大陸を範とする律令制度が全国的に施行された7世紀以降の木簡や土器には文字を記したものが多数見られ、内容も公文書の類だけでなく『論語』の一節や字書の一部を記したものなどさまざまである。正倉院には8世紀以降の文書が大量に現存し、成書としては現存最古の『古事記』（712年成立）以前にも相当広い識字層が形成されていたことがうかがわれる。

奈良時代以降も各時代の大陸文化が漢字を媒介としてもたらされ、日本の政治思想・文学・宗教に多大な影響を与えつづけた。また、江戸時代から明治初期までは、西洋文化の受容においても中国語経由の知識や術語を日本人が参考にするところが少なくなかった。

●漢語・漢字の受け入れ方── 漢語・漢字の受け入れは、次のような順序で進んでいった（挙例は『万葉集』8世紀後半）。①漢語をそのまま受け入れる「音」（餓鬼・布施など）、②漢語と同じ意味の和語を読みとしてあてはめる「訓」（秋・寒・丸雪など）、③漢字の意味は問わずに「音」や「訓」の読みだけを借りて日本語を書き表す「仮借」（音：助詞「尓」、助詞「南」。訓：助詞「荷」、助詞「鴨」など）。

③の方法で定着して用いられた文字を万葉仮名と称する。万葉仮名の拠り所となる漢字音は8世紀前半頃までは呉音、以降は漢音が主流であった。なお、1字1音の万葉仮名は後に成立するひらがなやカタカナの基となった。また、糸星（『御堂関白記』1000年前後）、苦楽部（『日本大辞書』1893年）など、近代以降も見られる宛字も多くは②③の用法の延長にある。

●日本語との融合── 文章も当初は中国の漢文の格を保持していたが、②③の用法が選別され固定化してくるに従って、敬語要素の添加や日本語の語順に従う字順が見られる和化漢文が行われるようになる。木簡や『古事記』に見られるこの文体は、和化の程度は異なるものの、公文書や男性同士の書簡などに江戸時代まで広く用いられた。

漢字の日本的な用法としては国訓や国字がある。前者は、本来「なまず」の意味である「鮎」に訓として「あゆ」があてられたりするものであり、後者は、鰯や峠のように日本で新たに作られた漢字のことである。鰯は古く奈良時代の木簡に使用が確認される。

漢字と漢語の定着は日本語に新たな語基をもたらすこととなった。和語を漢字表記したものを音読したり（ひのこと→火事、など）、日本で字音の語基を組み合わせたり（哲学、など）することによって、中国語の造語法には必ずしも合致しない和製漢語も生み出されるに至っている。これらの一部は明治時代以降、中国語にも受け入れられた。

なお、古くは五十音図の成立、江戸時代以降では上代特殊仮名遣の解釈など、漢字音研究によって日本語の研究が進んできた一面も見逃すことができない。一方で、大陸で散逸した『遊仙窟』や唐代の字書『玉篇』が日本に残存することなど、漢字文化圏の歴史をたどるうえで日本の漢字・漢語受容のあり方は興味深い。

→漢字文化圏（5-C）、日本の文字の特色（5-A）、漢語（3-D）、仮名の歴史（6-A）

●参考文献

佐藤喜代治（編）（1987～1989）『漢字講座1～12』明治書院.

遠藤好英他（編）『漢字百科大事典』（1996）明治書院.

小林芳規（1998）『図説日本の漢字』大修館書店.

平川南（編）（2000）『古代日本の文字世界』大修館書店.

西條勉（編）（2000）『書くことの文学』笠間書院.

［米谷隆史］

■仮名の歴史

「仮名(かな)」は，正式な文字である漢字(真名(まな))に対する「仮名(かりな)」を語源とする語である。

仮名には大きく「万葉仮名」(真仮名)，「ひらがな」「カタカナ」の3種類がある。

●万葉仮名──万葉仮名は漢字の音訓を表音的に用いた文字で，音読によるものが多い。ひらがなとカタカナにつながる，1字で1音節を記す古い例は，5世紀の「稲荷山古墳出土鉄剣銘」中の固有名詞を表記した部分に見られる。くだって7世紀後半の木簡には和歌を，8世紀後半の正倉院文書には散文をつづった例が見られる。清濁に別字をあてることも多く，『日本書紀』の歌謡では万葉仮名の漢字音のアクセントを利用して抑揚を示そうとした部分もある。なお，867年の『有年申文(ありとしもうしぶみ)』の万葉仮名のように草書化したものは，「草仮名(そうがな)」ともいう。

●ひらがなとカタカナ──ひらがなとカタカナは，万葉仮名を略体化し漢字との区別を明確にすることで成立した。いずれも，現行の字体に統一されたのは1900(明治33)年の小学校令施行規則によってである。初期のカタカナで濁音を清音の鏡文字で示した例が見られるが，基本的に清濁の区別は行われてこなかった。

ひらがなは〈安→あ〉のように，元となる漢字(字母)を極端に草書化したもので，9世紀末頃に成立した。成立期に漢文の行間に音注や訓を記す訓点に使用されたことが草書化を促したともいわれるが，仮名文を表記する際に，墨の切れ続きによって語のまとまりを示すのに都合がよかったことが定着の要因とみられる。成立期には1つの音節にあてる仮名の種類は少なかった。しかし，10世紀以降，ひらがなによって表記される和文学の地位が向上したため，教養層では新たな字母から成る変体仮名も用いた美的な表記が追求された。流麗な書体は筆者の性別を問わず，「女手(おんなで)」とも称された。この命名は，美しさの比喩であるとともに，女性はもっぱらひらがなを使用することによるといわれる。12世紀以降，変体仮名は漸減傾向となり，語中での位置などによって変体仮名を使い分ける文献が現れる。こうした使い分けは部分的には近代まで残った。

カタカナは〈阿→ア〉のように，元となる漢字字体を省画したものである。9世紀に仏典の漢文に訓点として使用された例が早く，小書きに適した字体として定着したものである。当初は寺院によって字体も多様で，ひらがなとの混用も見られたが，後に，漢籍の訓点にも使用が拡大され，字体も整理の方向へ向かった。897年頃の『周易抄』の訓点ではひらがなとカタカナが異なる注釈用途に使用されており，この頃には両者が別の文字として意識されていたことが知られる。12世紀には，字体の統一が進み，寺院では，本文にカタカナを交え用いる文献も成立する。聞き書きを記すのにも使用されており，ひらがなよりも表音的な性格がうかがわれる。13世紀には農民の訴え状にも用いられるなど，使用層は拡大した。なお，漢文にかかわる場での使用は近代まで続いており，成立時の名残を残しているといえる。

→日本の文字の特色(5-A)，漢字・漢語の受容(6-A)

●参考文献

築島裕(1981)『日本語の世界5 仮名』中央公論社.

築島裕・小松英雄「仮名」(2001)河野六郎他(編著)『言語学大辞典 別巻 世界文字辞典』三省堂.

平川南(編)(2000)『古代日本の文字社会』大修館書店.

小林芳規(1998)『図説日本の漢字』大修館書店.

小松英雄(1998，補訂版2000)『日本語表記史原論』笠間書院.

[米谷隆史]

■文体の歴史

●**上代** ── もともと日本人は,漢文による表現方法しかもっていなかった。漢文とは,日本で中国語の文語の文法によって書かれた文章を指す。たとえば,上代において,『日本書記』は正式な漢文で記されている。中国語と日本語は性格の異なる点があるので,漢文によって日本語を表現することは困難を伴った。そこで,基本的には漢文であるが,語順などの面で日本語の要素を含む変体漢文(和化漢文)が創り出された。『古事記』は変体漢文によって記された代表的な作品である。また,上代には,助辞(助詞・助動詞)や活用語尾などを万葉仮名の小字で記す「宣命体(せんみょうたい)」,万葉仮名文書など,漢文から脱却した新しい文体をかたちづくる萌芽が見られる。

●**平安・鎌倉期** ── 中古に入っても漢文,変体漢文は引きつづいて用いられた。それらに加えて,中古期には,ほとんどひらがなで書かれ,和語(日本古来のことば)が中心となる和文が盛んに用いられている。実際『源氏物語』『蜻蛉日記』など,平安時代の日記,物語の多くは和文で書かれている。さらに,漢文訓読体と和文体とが融合した,和漢混交文もこの期に成立した。平安期から鎌倉期において,和漢混交文は,『宇治拾遺物語』『十訓抄』などの説話文学,『平家物語』などの軍記物語に多く見られる。なお,変体漢文は,『御堂関白記』『東鑑』など,公家の日記,記録に用いられ,「東鑑体」とも呼ばれる。書簡で用いられる「候文」もこの文体の一種である。

●**中世・近世期** ── 中世以降は,先に挙げた平安期の諸文体が継承されていく。文献では,それら諸文体がベースとなっており,それぞれの時代の口語的な要素は部分的に混入している程度である。したがって,純粋な口語が反映された文献はきわめて少なく,口語の実態は観察しにくい。抄物,キリシタン資料,近世期の小説,講話は,口語的な要素をうかがうことのできる貴重な資料である。

●**明治期** ── 明治期になると,国語国字改革の必要性が叫ばれ,口頭のことばと文字で記すことばとを一致させようとする「言文一致」が主張された。言文一致体の小説では,二葉亭四迷・尾崎紅葉・山田美妙などのものが著名である。その後,自然主義文学・白樺派文学の小説によって促進され,国定教科書にも採用されるなど,口語文はしだいに勢力を強めていった。

➡文体(4-C)

●**参考文献**

山本正秀(1965)『近代文体発生の史的研究』岩波書店.

佐藤喜代治(1972)『講座国語史6 文体史・言語生活史』大修館書店.

西田直敏(1978)『平家物語の文体論的研究』明治書院.

峰岸明(1986)『変体漢文』東京堂出版.

渡辺実(2000)『平安朝文章史』〈ちくま学芸文庫〉筑摩書房.

[高山善行]

■アクセントの歴史

過去のアクセントを明らかにするには,主として2つの方法がある。1つはアクセントが記された過去の文献を調べるもの,もう1つは現在の方言アクセントのようすを比較することによって古い時代の姿を推定するものである。

●**文献アクセント史** ── アクセントが付された文献は京都方言を中心とした当時の「中央語」に関するものである。このうち最も重要なものの1つに『類聚(るいじゅう)名義(みょうぎ)抄(しょう)』がある。『類聚名義抄』が示すアクセントは平安末期の京都アクセントを反映するものとされている。文献によってアクセントを付す方法はさまざまであるが,『類聚名義抄』の場合は,朱で付された点の位置による(この点を声(しょう)点(てん)という)。声点は

中国語の四声表記を模したものであり，その位置によって，上声(じょうしょう)＝高，平声(へいしょう)＝低，平声軽(かる)＝下降（図書寮(ずしょりょう)本のみ）のような音価が推定されている。たとえば2拍名詞の場合は上上，上平，平平，平上，平平軽の声点の例が見られるが，それぞれ高高，高低，低低，低高，低下降のような音調型だったと推定されている。

● **比較方法** —— 一方，各方言を比較する方法は，言語史再構の一方法である「比較方法」を用いて行われる。この方法は，語源が同じ語の音調型を比較することによって，個々の語の祖形と全体の祖体系を再構するものである。この方法によって，本土諸方言の2拍名詞にはおおむね5つの同じ音調型をもつグループがあったと推定しうる。また，これらのグループは文献で例証された5つの主たるグループと一致する。文献と比較方法によって，過去において同じアクセントをもつと推定される語彙のグループを「アクセント類別語彙」という。「類別語彙」は数字でその類を表し，たとえば2拍名詞ではⅠ類（鼻，牛，水…；名義抄では上上と付記），Ⅱ類（川，石，蟬…；上平），Ⅲ類（花，足，耳…；平平），Ⅳ類（空，松，針…；平上），Ⅴ類（影，秋，猿…；平平軽）の5つの類がある（類の数は品詞と拍数によって異なる）。

● **京都アクセント** —— 京都アクセントについては，各時代の文献や近畿周辺部の方言を参考に，平安末期から現在までの変遷をたどることができる。このあいだの大きな変化は南北朝時代以降に起きた，低低＞高高（語例：花，足），低低低＞高高低（頭，鏡），低低高＞高低高＞高低低（命，心）など，低が2つ以上続いた場合に最後の低を除く前の低すべてが高になる変化である。この結果，2拍名詞Ⅲ類はⅡ類との区別がなくなり合流した。また，江戸時代中期以降，低高高＞低低高（背中，歩く，空が）の変化，いわゆる「遅昇り現象」が起きた。また，現代の京都方言では高高低＞高低低（頭，鏡，赤い）のいわゆる「昇核現象」も起きている。

● **東京アクセント** —— 東京アクセントは，金田一（1954）によれば，室町時代以降の京都アクセントをそのまま祖形として導き出せるという。2拍名詞を例にとれば，Ⅰ類は高高＞低高（「語頭低下」という変化），Ⅱ・Ⅲ類は高低＞低高（「山の後退」），Ⅳ類は低高＞低低＞高低（「高さ同化」と「語頭隆起」），Ⅴ類は低降＞低低＞高低（「高さ同化」と「語頭隆起」）のように変化したと説明されている。

● **日本本土諸方言のアクセント** —— 日本本土諸方言のアクセントは，通説では，平安末期の姿を祖形として導き出せるものとされるが，とくにその音価については問題がある。近年，「下降式アクセント」の発見により，上野（1988）では，従来，過去に上上，上上上と表記されている音調を高高，高高高ではなく，下降式の現れとして高中，高高中を想定し，これまで成立に関して通時的な説明が困難であった諸方言の現象を明らかにしている。

→アクセント（1-E），アクセントの体系（1-E），アクセントの地域差（6-B）

● **参考文献**

上野善道（1988）「下降式アクセントの意味するもの」『東京大学言語学論集'88』東京大学文学部言語学研究室．

上野善道（1989）「日本語のアクセント」『講座日本語と日本語教育2 日本語の音声・音韻（上）』明治書院．

金田一春彦（1954）「東西両アクセントのちがいが出来るまで」『文学』22-8．〔金田一春彦（1975）『日本の方言』教育出版，に所収〕．

金田一春彦（1977）「アクセントの分布と変遷」『岩波講座日本語11 方言』岩波書店．

［新田哲夫］

■音声の歴史

● **音の増減** ── 日本語の音声の歴史を音の増減という観点から大きく捉えると、次のようになる。まず、上代は現在より約20ほど音の数が多かったが、平安初期に音の統合が行われ、音の数がかなり減少した。その後もア・ワ行の[i]と[wi]、[o]と[wo]の合流やア・ヤ・ワ行の[e]と[je]と[we]の合流、四つ仮名[ʒi]と[d͡ʒi]、[zu]と[d͡zu]の合流が起こり、音の数は減少したが、一方で平安以降の漢語の輸入、明治以降の欧米語の輸入により多数の外来音が定着し、日本語の音は増加していった。以下、これについて具体的に見ていく。

● **上代特殊仮名遣い** ── まず、上代語にはイ列のキ・ギ・ヒ・ビ・ミ、エ列のケ・ゲ・ヘ・ベ・メ、オ列のコ・ゴ・ソ・ゾ・ト・ド・ノ・モ・ヨ・ロに上代特殊仮名遣いと呼ばれる2種類の仮名の書き分けがあった。たとえば「上(かみ)」のミは「美」の万葉仮名で書かれ、「神」のミは「未・微」の万葉仮名で書かれ、混同がない。これから察するに、当時はこれらの音にそれぞれ2種類の発音があったと考えられる。ただし、実際の音価については不明の部分が大きい。これら2種類の音の区別は平安初期には消滅し、1種類に統合された。

● **漢語の影響** ── 平安時代には中国から大量の漢語が輸入され、これに伴ってキャ・キュ・キョなどの拗音が日本語に定着した。促音・撥音の成立にも漢語の影響があった。ただし、「喉(のど)」(のみと→のんど→のど)、「蓮(はす)」(はちす→はっす→はす)などの語に見られるように、促音・撥音は漢語の輸入以前、すでに日本語に生じていたと思われるから外来音というわけではないが、これらが1拍の音として確立するにあたっては、漢語に頻繁に現れる促音・撥音の影響が大きかったと思われる。

● **欧米語の影響** ── 下って、明治以降の欧米語の輸入の際には、[ti]、[di]、[tu]、[du]、[ɸa]、[ɸi]、[ɸe]、[ɸo]などの外来音が定着した。このとき定着した音は、じつはかつて日本語に存在していた音が復活したものである。たとえば[ti][di][tu][du]は、元はチ・ヂ・ツ・ヅの発音だったが、これらは16世紀に[t͡ʃi]、[d͡ʒi]、[t͡su]、[d͡zu]へ変化し、明治期には[ti][di][tu][du]があき間になっていた。そこへ入り込んだのが外来音[ti][di][tu][du]である。[ɸa][ɸi][ɸe][ɸo]も江戸時代まではハ行音の音声だった。ハ行子音はもともとはpだったが、平安時代にɸになり、江戸時代にhへ変化した(ただしフは[ɸu]のまま現代に至る)。また、語中ではp>ɸの後、有声化してwとなり、ワ行に合流した(これをハ行転呼という)。したがって、明治期には語頭・語中ともに[ɸa][ɸi][ɸe][ɸo]があき間になっていた。外来音[ɸa][ɸi][ɸe][ɸo]はそこへ入り込んだのである。結果的には、一度失われた音が復活したかたちだが、位置づけは以前の音とはまったく異なる。

● **濁音の変化** ── 音の増減にかかわらないが重要な変化もある。濁音の変化がそうで、室町時代までさかのぼると濁音は語中で鼻音性を有していた。現在、ガ行鼻濁音の[ŋ]にこの名残を見ることができる。

➜日本語の子音(1-B)、日本語の母音(1-B)、特殊拍(1-C)、音節と拍(モーラ)(1-C)

● 参考文献

橋本進吉 (1959)『橋本進吉博士著作集 国語音韻の研究』岩波書店.

有坂秀世 (1957)『国語音韻史の研究』三省堂.

浜田敦 (1986)『国語史の諸問題』和泉書院.

亀井孝 (1984)『日本語のすがたとこころ(1) 音韻』吉川弘文館.

中田祝夫 (編) (1972)『講座国語史 2 音韻

史・文字史』大修館書店．

[木部暢子]

■活用の歴史

● 動詞の歴史 —— 上代〜中古（奈良〜平安時代）の動詞には，9種類の活用のタイプが存在した．以下に挙げる例は代表的な語の終止形（通常の言い切りで用いられる形）である．

　四段動詞（咲く）　　上一段動詞（見る）
　上二段動詞（起く）　下一段動詞（蹴る）
　下二段動詞（明く）　カ行変格動詞（来）
　サ行変格動詞（為）　ナ行変格動詞（死ぬ）
　ラ行変格動詞（有り）

また，上二段・下二段・カ変・サ変・ナ変・ラ変では，終止形と連体形（体言を修飾する形）に区別があった（表6-1）．

表6-1　上代〜中古（奈良〜平安時代）の動詞の活用

	上二段	下二段	カ変	サ変
終止形	起く	明く	来	為
連体形	起くる	明くる	来る	為る

	ナ変	ラ変
終止形	死ぬ	有り
連体形	死ぬる	有る

中世（鎌倉〜室町時代）に入るとラ変が四段に統合する．また，終止形と連体形の区別が失われ，先の時代の連体形が終止形の用法で用いられるようになる．つまり，連体形から独立した終止形は，用いられなくなった．これらの統合は，中世でも時代が下るほど進行する．

近世前期（江戸時代前期・上方語）には，上二段が上一段に統合し（起くる→起きる），母音動詞化が進行する．また，下二段でも短い語形の動詞において，母音動詞化が起こる（寝→寝る）．

近世後期（江戸時代後期・江戸語）には，下二段の長い語も母音動詞化する（明くる→明ける）．また，ナ変が四段に統合し，サ変においては，未然形が「し（ない）」，命令形が「しろ」となり，現代語の活用がほぼ成立する．

● 形容詞の歴史 —— 形容詞においては，連用形「高く」に対する「高かり」，連体形「高き」に対する「高かる」など，存在動詞「有り」を取り込んだカリ型活用の発達が上代・中古に認められる．これは有史的に確認できる活用の獲得（新規活用型の成立）の数少ない例である．

中世に入ると動詞に平行して終止形と連体形の統合が始まる．その一方で「高く→高う」や「高き→高い」のような音便が発生する．前者の終止・連体形の統合はク活用・シク活用の統合に直結する．ク活用の連体形が終止形に変化することによりク活用とシク活用の区別が失われることは，表6-2の例で理解される．

表6-2　ク活用とシク活用

	ク活用	シク活用
連用形	高く	美しく
終止形	高し	美し
連体形	高き	美しき

● 活用の簡略化 —— 活用の歴史は，大きな流れとして捉えるなら統合，つまり簡略化の歴史である．近来話題にのぼる可能形のラ抜き（見レル，起キレルなど）も活用の簡略化と無関係ではない．各地の方言に目を向けるなら中央の歴史とは異なる道に進んだ簡略化の多様な例を知ることができる．

→ 活用（2-B），日本語の流れ（6-A）

● 参考文献

大西拓一郎（1999）「方言の動詞と日本語史」『日本語学』18-5.
坪井美樹（2001）『日本語活用体系の変遷』笠間書院.

[大西拓一郎]

■自動詞・他動詞の歴史

古代語の自動詞・他動詞の対応タイプは，形

態のうえから次のような2種類が区別される。
(1) 活用の種類の違いによるもの
　　たつ(立) 四段【自】⟷ たつ 下二段【他】
　　きる(切) 四段【他】⟷ きる 下二段【自】
(2) 語尾の違いによるもの
　　a．なる(成)【自】⟷ なす【他】
　　　　うつる(移)【自】⟷ うつす【他】
　　b．かる(枯)【自】⟷ からす【他】
　　　　まぐ(曲)【他】⟷ まがる【自】

(1)のタイプは，四段活用と下二段活用という活用の種類によって，自他の対応を示したものである。この場合，異なったそれぞれの活用が，自他いずれの情報も積極的に示してはいない。このため「r」「s」という語尾によって自他の標識を明示する(2)のタイプのほうを，歴史的に新しいとする見方もある。

(2a)と(2b)の関係については，(2a)を基に(2b)のタイプが形成されたものと推定される。(2a)は共通の語幹から，それぞれ「r」自動詞，「s」他動詞を派生させたものであり，語彙的に限られる。しかし，(2b)ではそのような制限は解消され，「-ar」「-as」という接尾辞を付接することによって，「自動詞化」「他動詞化」を可能にしており，生産的なシステムとなったといえる。

(2b)の例から明らかなように，形態的に有標であるものは，歴史的に見て新しい，派生形式である。そしてこの場合，新たに派生した形式は，意味的にも有標であることに留意すべきである。たとえば，(1)は一見，形態上の有標性は見られないかのようであるが，「切る」を例にとると，「切れ」る状態は，物を「切る」作用を受けない限り起こりえないのであるから，下二段自動詞のほうが意味的に有標であり，派生形である。実際，現代語では，「切る―切れる」という対応形式となっており，形態上の有標性も示している。

一方で，現代語では「曲げる―曲がる」のような対応形式の場合，形態上の有標性が示されない。しかしながら，(2b)に示される古代語の形態を参照することにより，「曲がる」の有標性が明らかとなる。実際，「授かる」「助かる」などは文献上においても，「授く」「助く」よりも時代が下った資料にしか現れない。また，「試験に受かる」の「受かる」なども非常に新しく，近代に入ってから派生して出来た語である。

日本語の自他は，動詞の表す意味によって決まる部分が大きい。対応する自動詞・他動詞をもつかもたないか，対応する場合どのタイプに属するか，といったことも意味に応じて決まっていると考えられる。したがって，自他の枠組みそのものは，古今を通じて普遍的なものであると考えられる。

➡自動詞と他動詞 (2-B)，自動詞と他動詞の特徴 (2-M)

● 参考文献

釘貫亨 (1996)『古代日本語の形態変化』和泉書院.
島田昌彦 (1979)『国語における自動詞と他動詞』明治書院.
西尾寅弥 (1988)『現代語彙の研究』明治書院.
須賀一好・早津恵美子 (編) (1995)『動詞の自他』〈日本語研究資料集〉ひつじ書房.
細江逸記 (1928)「我が国語の動詞の相 (Voice) を論じ，動詞の活用形成の分岐するに至りし原理の一端に及ぶ」『岡倉先生記念論文集』岡倉先生還暦祝賀会.

[青木博史]

■受動文の歴史

日本語の受動文（受身文）の原型的な意味を「他者から影響を受ける」意味であるとすれば，古い文献に現れる受動文をだいたい覆うことができる。このような，日本語固有の受動文の類

型を,「受影受動文」と呼んでおこう(益岡1987)。また,受影受動にあてはまらない,出来事を客観的に描写する性質をもった受動文を,「中立受動文」と呼ぼう。

受動文の拡張ということで最も強い影響を与えたのは,西洋の文献の翻訳であろう。明治時代以降,英語を中心に直訳的な翻訳文が多量に作られた結果,多量の中立受動文が生み出されることになった(松下 1930)。

動作主の表示形式の面から受動文を見ると,「に」「から」そして「によって」が用いられる。歴史的に見ると,「に」「より」(「から」と同様の意味の助詞)は古くから用いられてきたが,受動文の動作主表示に「によりて」(「によって」の古い形)を用いるのは,江戸時代のオランダ語文献の翻訳に端を発するようである(金水 1992)。

明治時代以降の英学は,この蘭学の伝統を受け継ぎ,「によりて/によって」を用いて英語の文献の直訳を量産した。その結果,「によりて/によって」を用いた中立受動文が多量に生じ,それが新しい文体として定着するにつれ,日本人が書く文章にも「によって」受動文が用いられるようになったのである。

ただし中立受動文,とくに「によって」を伴ったそれが日本語の文体の一部として受け入れられた背景には,けっして新奇さだけでなく,日本語の体系内にそれを受け入れる素地があったからである。すなわち,動作の対象をことがらの中心に置きながら,完全に中立的な立場から事態を描写するということが初めて日本語で可能になったのである(Kinsui 1997)。

➡ 受動文の種類 (2-E), 受動文での動作主の格 (2-E), 受動文の諸特徴 (2-E)

● 参考文献

金水敏 (1992)「欧文翻訳と受動文——江戸時代を中心に」文化言語学編集委員会(編)『文化言語学——その提言と建設』三省堂.

益岡隆志 (1987)『命題の文法——日本語文法序説』くろしお出版.

松下大三郎 (1930)『標準日本口語法』中文館書店.

Kinsui S. (1997) "The Influence of Translation on the Historical Development of the Japanese Passive Construction." *Journal of Pragmatics* 28. pp. 759-779.

[金水 敏]

■授受表現の歴史

現代日本語には,「やる」「あげる」「さしあげる」「くれる」「くださる」「もらう」「いただく」という,授受を表す基本的な動詞群がある。これらの動詞は,視点制約をもつこと,補助動詞用法をもつことにより,日本語を特徴づける表現として,重要な役割を果たしている。ただし,このいずれの性質も,日本語の歴史のなかで,不変のものであったわけではない。

● 視点制約——「やる」は,中古以前は「手紙をヤル」「人を使いにヤル」など,距離を前提にした物・人の移動を表す用例がほとんどであり,所有権の移動を表すいわゆる「授受」の用法が主流となるのは,中世末期以降のことである。一方,「くれる(くる)」は,用例数は多くないが,中古以前から授受動詞として用いられてきた。ただし,中古以前の「くれる(くる)」は,「私が他者にクレル(遠心的方向の授与)」「他者が私にクレル(求心的方向の授与)」のいずれの方向でも用いられ,現代日本語のような視点制約をもっていなかった。「くれる(くる)」の用法が後者に偏るようになるのは,「やる」が遠心的方向の授与を表す授受動詞としての用法を確立した時期(中世末期)に重なる。すなわち,現代語的な「やる」「くれる」の視点性による対立が確立したのは,中世末期以降ということになる。

● 敬語動詞——中古までの授受の表現は,

「たてまつる」「たまふ」「たまはる」といった敬語動詞の使用が大半であった。待遇的意味に関して中立の動詞は，少なくとも貴族社会で編まれた文献のなかでは現れにくいようである。「もらう」の授受動詞としての用例も，中古以前には見られない。また，「たてまつる」「たまふ」「たまはる」に代わって，「あげる」「さしあげる」「くださる」「いただく」が，授受を表す敬語動詞として用いられるようになるのも中世以降である。これらは，上下関係のある2者間の物のやりとり（その具体的な動作）を表す意味から派生して，授受動詞として用いられるようになったものである。

●**補助動詞用法**── これらの授受動詞が，行為の恩恵的方向性を表す補助動詞用法を発達させるのは，中世から近世にかけての，表6-3に示したような時期である。

表6-3 授受補助動詞用法の成立時期

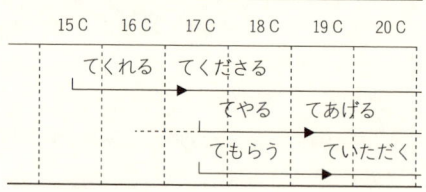

	15C	16C	17C	18C	19C	20C
てくれる	←					
てくださる			←			
てやる			←			
てあげる					←	
てもらう			←			
ていただく					←	

出典｜宮地裕（1981）「敬語史論」『講座日本語学9 敬語史』明治書院．

これらの補助動詞用法の発達の背景には，中世から近世にかけての，敬語の運用法の変化がある。すなわち，身分・階層的上下関係を基準に使い分けられていた敬語が，ウチ/ソト対立的な，話し手からの心理的距離を基準にした敬語運用に変化したことと，授受補助動詞による視点性明示の表現が発達したことは，軌を一にする現象だと考えられるのである。

→授受の補助動詞表現（2-E），授受表現の諸特徴（2-E），受給表現（2-M），敬語の歴史（6-A）

●**参考文献**

古川俊雄（1995）「授受動詞『くれる』『やる』の史的研究」『広島大学教育学部紀要』2-44．

近藤泰弘（1986）「敬語の一特質」『築島裕博士還暦記念 国語学論集』明治書院．

櫻井光昭（1991）「受身・使役・授受表現の歴史」『講座日本語と日本語教育10 日本語の歴史』明治書院．

宮地裕（1975）「受給表現補助動詞『やる・くれる・もらう』発達の意味について」『鈴木知太郎博士古稀記念 国文学論攷』桜楓社．

宮地裕（1981）「敬語史論」『講座日本語学9 敬語史』明治書院．

［日高水穂］

■**テンス・アスペクトの歴史**

文献時代の最初には，動詞のテンス・アスペクト形式として「-き」「-けり」「-つ」「-ぬ」「-たり」「-り」が認められる。

推量を表す「-む」「-らむ」「-けむ」はそれぞれ未来，現在，過去の出来事についての推量をもっぱら表す。これらはモダリティとテンポラリティの混じり合った意味を表す形式といえよう。

「-き」は完成相過去を表す形式である。「けり」も同様に完成相過去を表す一方で，「き」との対立において伝聞など間接的な情報に基づく過去の出来事を述べるといわれ，また気づきや確認など，モダリティにかかわる表現にもかかわると見られる。「-き」「-けり」ともに中世には口頭語から失われたが，「今日会議があったっけ」に見られる「け」は「けり」の末裔といわれる。

「-つ」「-ぬ」はともに完了（パーフェクト）および完成相の比較的近い過去を表す。持続性のある動詞には「-つ」が，持続性のない動詞には「-ぬ」がつく傾向がある。「-つ」「-ぬ」も中世には勢力を失うが，「抜きつ抜かれつ」など定型句のなかではなお用いられている。

「-たり」「-り」は後者に接続上の制約（四段動詞およびサ変動詞にしかつかない）がある以外は，とくに意味上の差が見られない。ともに，結果相，完了，完成相過去を表す。対象の存在の含意が強い。「-り」は早くも平安時代に衰えはじめ，中世に入ると滅んだと見られる。「-たり」は，室町時代末までには語尾を落として「-た」となり，その結果，相の意味を失ってもっぱら過去を表す形式となって，現在に至っている。

存在動詞「いる」が室町時代からよく用いられるようになると，「-ている」が新たな進行相，結果相の形式として登場してきた。近世の上方語では，人・動物などの主語には「-ている」が，それ以外の主語には「-てある」が用いられたが，江戸語（とくに近世後期）では「-ている」が主語の性質にかかわらず広く用いられる傾向が強まり，現在の共通語につながっている。

➡ アスペクト（2-G），スル形・シテイル形の意味（2-G），動詞とアスペクト（2-G），テンス（2-G），タ形（2-G），テンスの研究（7-D），アスペクトの研究（7-D）

● 参考文献

迫野虔徳（1998）『文献方言史研究』清文堂出版．

鈴木泰（1999）『古代日本語動詞のテンス・アスペクト――源氏物語の分析』ひつじ書房．

柳田征司（編）（1991）『室町時代語資料による基本語詞の研究』武蔵野書院．

[金水 敏]

■モダリティの歴史

モダリティには，命題を目あてにする「判断のモダリティ」と聞き手を目あてにする「発話・伝達のモダリティ」がある。以下では，前者にしぼって，その歴史的変遷を見ていきたい。日本語史を通して，「判断のモダリティ」は助動詞形式が担ってきた。これらモダリティ形式に注目して，時代ごとに見ていくことにしよう。

● 上代 ―― まず，上代には，推量系ム・ラム・ケム・マシ，推定系ベシ・ラシ・ナリ（伝聞・推定），否定推量系マジジ・ジといったモダリティ形式があり，それぞれによって事態に対する判断を表し分けていた。推量系は主観的な判断を，推定系は客観的な判断を表していたとされる。この違いは，意味の面からの把握であるが，構文的にも，推量系は疑問文で使用され，推定系は疑問文で使用されにくいという対立がある。

● 中古 ―― 中古に入ると，否定推量マジジに代わってマジが出現したが，その他の形式は上代に引き続いて用いられた。ただし，ラシは活力を失い，ほぼ和歌専用となった。一方，上代には未発達であったメリの使用頻度が増し，とくに『源氏物語』『枕草子』など王朝の女流文学作品で好んで用いられた。この時期，モダリティ形式は，「思はむ子を法師になしたらむこそ…」（枕草子）のように，かなり自由に連体節中で用いられている。この用法は古典文法では「婉曲用法」と呼ばれている。連体節での使用が許される点は，現代語のモダリティ形式一般とは異なっており注意すべきである。また，断定辞ナリと複合した，ナラム・ナメリ・ナルベシという複合形式も中古になって発達してきた。

● 中世 ―― 中世になると，ム→ウ，ラム→ラウ，ベシ→ベイ，マジ→マジイのように語形変化が起こった。また，過去の事態に対する推量形式はケムからツラウに交替した。反事実の表示形式マシは衰退し，否定推量系マジ・ジはしだいに文章語化していく。一方で，接尾辞ラシイが中世後期に成立した。このラシイが上代語ラシの末裔であるかどうかは疑わしい。中世期には文法史上注目すべき変化が数々見られるの

だが，モダリティ形式も大きく変動した時期といえよう。

● 近世 ―― 近世期には，ヨウダ・ソウダが成立し，徐々に証拠性推量（evidentiality）の中核へと発達していくことになる。推量系のダロウもこの期に成立している。準体助詞ノの発達に伴い，近世後期にはノダロウの形も見ることができる。また，語源未詳ながら，ハズダもこの期に成立した。

● 近代 ―― 近代（明治以降）になると，カモシレナイ・ニチガイナイのような組立て形式やミタイダ（ミタヨウダから変化）の出現もあり，現代語の主要なモダリティ形式は，この期にほぼ出そろったといえよう。

→ モダリティ（2-H），不確かさを表す表現（2-H），証拠からの判断（2-H），伝聞（2-H），モダリティの研究（7-D）

● 参考文献

近藤泰弘（2000）『日本語記述文法の理論』ひつじ書房．

高山善行（2002）『日本語モダリティの史的研究』ひつじ書房．

山口堯二（2003）『助動詞史を探る』和泉書院．

［高山善行］

■ 敬語の歴史

古典語の敬語は，大きく，次の2点において現代敬語と異なっている。

● 聞き手と話題の人物 ―― 第一に，聞き手に対する敬語よりも，話題の人物に対する敬語のほうが優勢であるという点である。奈良時代には，聞き手を目あてとする敬語は存在しない。平安時代に入って，本来「支配者のもとに存在する」という意味の動詞であった「はべり」が，「明日なむ，日，よろしくはべれば（明日が日がよろしゅうございますので）」（『源氏物語』夕顔）のように，聞き手を意識して自分の発言を整えるために用いられるようになった。しかし，それも，現代語の「です・ます」のように，各文末に必須のものではない。また，尊敬すべき人物の行為に接続して用いられることは稀であるなど，現代語の「丁寧語」とは異なる性質をもつ。中世以降には，「さぶらふ」が，尊敬語にも下接して用いられる聞き手目あての敬語として多用され，その後，室町時代には，「さぶらふ」に代わって「ござる」や「まらする」が用いられるようになる。ただし，室町時代後期のことばを反映するといわれる狂言台本のせりふを見ると，太郎冠者が大名に対して，「何事にてかやうに落涙なさるるぞ（どうしてこのように落涙されるのか）」（『虎明本狂言集』鬼瓦）のように，尊敬すべき話題の人物が聞き手と一致している場合，尊敬語（あるいは謙譲語）だけを用いて，聞き手への待遇を表す形式は用いられない。現代語においては，このような場合「落涙されるのですか」と，尊敬語に加えて丁寧語が必要となるが，これは，待遇という目的だけを考えれば，むしろ，狂言の時代のほうが合理的である。このことから，現代の「です・ます」は，聞き手目あての待遇という機能を超えて，聞き手を意識したスタイルの標識としての機能をもつようになっているといえる。

● 話題の人物の地位 ―― 第二に，現代の敬語は，話し手が，周囲の状況や相対的な人間関係を勘案したうえでの判断に基づいて運用する部分が大きいのに対して，古典語においては，対象の絶対的・客観的な地位に応じて敬語が，いわばルールとして運用されるという点である。極端な例としては，天皇が自分自身に対して敬語を用いる「自敬表現」の存在が指摘されている。また，現代語においては「*社長が課長に申し上げられた」のように，上位者から下位者（この例では社長から課長）に向かって行われた行為に謙譲語を用いることはないが，古典語

においては，「(光源氏が若紫を) 見奉り給ふ」（『源氏物語』葵）のように，その行為の方向性には関係なく，上位待遇されるべき人物にかかわる行為であれば謙譲語が用いられる。また，身内である場合には敬語を用いないという制約もない。さらに，平安時代の宮廷敬語には，「大殿ごもる」「奏す」「啓す」といった，特定の立場の人物にのみ用いられる敬語があった。

→ 待遇表現の体系 (2-L)，尊敬語 (2-L)，謙譲語 (2-L)，丁寧語・丁重語 (2-L)，待遇表現の運用 (2-L)，敬語の地域差 (6-B)

● 参考文献

辻村敏樹（編）(1971)『講座国語史 5 敬語史』大修館書店．

宮地裕他（編）(1981)『講座日本語学 9 敬語史』明治書院．

西田直敏 (1987)『敬語』東京堂出版．

西田直敏 (1998)『日本人の敬語生活史』翰林書房．

菊池康人（編）(2003)『朝倉日本語講座 8 敬語』朝倉書店．

[森山由紀子]

■ 言語行動の歴史

● 言語行動の歴史を捉える視点── 言語行動の歴史はマクロな観点からもミクロな観点からも考えることができる。マクロには，グローバル化のなかでの言語接触の観点からの研究が今後盛んになってくるであろう。移民などに見られる，異なる政治，経済，社会状況のなかで起こってくる言語行動の動態の歴史的考察は興味深い問題である。

一方ミクロには，言語表現形式と関係づけられた歴史的考察がある。ここでは依頼行動を例にして考えてみる。

● 依頼表現の歴史──「相手にある行動をするよう，あるいはしないよう要求すること」は，相手に情報を伝えること，および相手に情報を要求することと並んで，最も重要な言語行動である。現代日本語には，「読め（読むな）」「読みなさい」のような命令表現があるが，実際のコミュニケーション活動では，目下やごく親しい人に限定されている。その代わりによく使用されるのが「読んで（読まないで）ください（くれ）」「読んで（読まないで）」「読んで（読まないで）いただきたい（もらいたい）」「読んで（読まないで）ほしい」のような諸形式である。ところが，近世末期の江戸語の文献には，肯定形式の「～てくれ」「～てください」「～てもらいたい」以外の形式はほとんど出てこない。現在ではごく普通に使用されている他の諸形式はすべて東京語あるいは標準語としての特色を示すものであり，文献に見る限り，次のような経緯で発達してきたと考えられるのである。

まず，肯定の「～てくれ」「～てください」「～てもらいたい」は江戸時代から使用されていたが，明治20年代くらいから「～てちょうだい」「～ていただきたい」「～て」も使用されるようになってバラエティに富んできた。さらに昭和後期からは「～てほしい」もよく使用されるようになった。次に，否定の依頼表現形式が，肯定形式の後を追いかけるようにして次々に発達した。江戸語で盛んに使用されていた「～てくれるな（くださるな）」に代わって，大正期からは「～ないでくれ（ください）」が使用されるようになり，その後，「～ないでちょうだい」「～ないでもらいたい」「～ないでいただきたい」「～ないで」「～ないでほしい」が一挙に発達した。さらに「～てくれないか（くれませんか）」「～てもらえないか（もらえませんか）」「～てくださいませんか」「～ていただけませんか」のような，質問のかたちで判断を相手に委ねることによって婉曲にした形式（質問の依頼表現形式）も，昭和期に近づくほど発達してきており，戦後の文学作品に頻出するよう

になっている。「読んではいかがでしょう」「お読み願いたい」のような諸形式も含めて，どのような経緯で使用されるようになってきたかの考察は，日本語の言語行動の歴史を考えるうえで興味深い視点を提供するであろう。

➡行為要求（2-H），禁止（2-H），ポライトネス理論（4-A），発話行為（4-A），発話行為（6-C），ポライトネスの研究（7-D）

● 参考文献

工藤真由美（1979）「依頼表現の発達」『国語と国文学』56-1.

Clyne, M. (2003) *Dynamics of Language Contact.* Cambridge University Press.

［工藤真由美］

■ 現代の言語変化

● 現代の変化── ことばの意味と形式の結びつきは恣意的であるという，ことばのもつ根元的な特徴を背景にして，言語は，つねに変化の可能性をもっている。現代日本語のなかでも，現在，さまざまなレベルで変化が進行しつつある。たとえば音声面ではシの音が，「私」などの和語も含めて［ʃi］ではなく［si］と発音されることが観察される。また文法面では，見レルや起キレルなどのら抜きことばが勢力を増しつつあるが，これなどは，室町時代以降，五段動詞において，可能のほか受身や尊敬の意味を表す助動詞「れる」とは別に可能を専門に表す可能動詞が発生，伸張して以来，同じ変化の流れが継続し，近年になってようやく一段動詞にも及んでいるという，長期にわたる言語変化の一環である。

● 言語の変化と社会の変化── ことばが社会のなかで使われる以上，社会の変化もまた，言語のあり方に影響を与える。たとえば現代では，男女のことばの均質化が指摘されることが多いが，これも，社会のなかでの男女の位置づけが変化しているからである。話題の高位の人物に尊敬語を使うか否かは聞き手がだれかに依存するといった最近の敬語の運用面における変化も，人間関係の把握のしかたの変化と連動している。

● 規範と言語変化── このように現代日本語のなかではさまざまな変化が進行中であるが，これらは通常，若い人々によって引き起こされることが多く，ことばの「ゆれ」，あるいはそのことばを使わない人々によってことばの「乱れ」と位置づけられるのが普通である。ここで言語変化は，言語問題として顕在化する。伝統的な形式を使う人々と，新来の形式を使う人々の対立である。通常は前者が社会的に優位な立場にあって日本語の規範を支配しているので，日本語教育のなかではその規範に従って伝統的な形式が扱われることが多い。この規範の力の及ぶ範囲は，バリエーションの種類に応じて違いがあって，一般に，書きことばやフォーマルな場面で用いられることばに対しては規範の拘束力が強くはたらき，ここで新たな変化が生じることはもちろん，新たに生じた形がここに入り込むこともなかなか難しい。

一方，インフォーマルな話しことばの世界，そのなかでもその典型である方言社会では言語変化が盛んであり，井上史雄（1998）によって「若い世代に向けて使用者が増加しつつあり，地元でも方言扱いされる，標準語・全国共通語と異なる形」と定義される新方言が次々と生み出されている。ここには，現在の方言社会のメンバーが，以前のように標準語が話せなくて困るといった問題から解放され，標準語と方言のバイリンガルになっているというゆとりのある言語状況が背景としてあるが，また多様性が尊重されるという現代の社会的状況もその追い風になっている。

言語変化によって生じつつある新たな形を日本語教育に導入するか否かは，学習者のニーズや置かれた環境との関連で決める必要がある。

→日本語の流れ（6-A），言語の変化（7-A），バリエーション（7-D）

● 参考文献
井上史雄（1998）『日本語ウォッチング』〈岩波新書〉岩波書店.

［渋谷勝己］

B──日本語のバリエーション

■バリエーション

● バリエーションとは── どの言語や方言にも，同じことを言うのに複数の言い方があるのが普通である。この，「同じことを言うための違った言い方」のことを，ことばのバリエーションという。ことばのバリエーションは，大きく分けて，①話し手がどのような属性をもつ人なのかということと，②どのような場において使うのかという，2つの観点から整理するとわかりやすい。

● 話し手の属性によるバリエーション── ①には，たとえばことばの性差，年齢差などがある。また，話し手がどの集団や階層に属するのか，あるいはどこで生まれたのかといったことでも，使うことばが違うことがある。生まれた場所によることばの違いは，いわゆる「方言」である。また，今後，日本に長期的に滞在し，かつ日本語母語話者と接触する機会の少ない外国人の数が増加すれば，日本語の非母語話者変種といったものが生まれてくる可能性がある。大阪市生野区に居住する高年層の在日コリアン一世が用いる日本語は，かつてこのようにして形成されたものである。

● スタイル── 一方われわれは，聞き手や読み手がだれなのかといったことに応じて，使うことばを変えることがある。これが，②の観点で整理されるバリエーションである。この，切り換えにあずかる一つ一つのコードは，スタイルと呼ばれることがある。たとえばデス・マス体（丁寧体）と常体も，聞き手がだれなのかということと連動するスタイルである。スタイルの切り換えには聞き手以外にも，場面や，まわりにいる第三者などがかかわることがある。同じ父と子でも，会社で上司と部下の関係にあったとすれば，2人のあいだで使われることばには，家庭と会社で違いがある。また姑がそばにいるとき嫁は，夫と話すときのことばを変えるといった例もある。

さらにスタイルということばを「同じ社会的機能を果たす言い方」といった広い意味で捉えれば，言語行動のバリエーションなどもそれに含めて考えることができる。たとえば同じ「借りる」という行為でも，だれに借りるのか，何を借りるのかなどに応じて，躊躇しながら言うか否か，借りる理由を述べるか否か，返すことを約束するか否かなど，ことばのあり方が変わる。ちなみに日本では，スタイルは，方言と共通語をはじめとして日本語内部の問題であるが，多言語社会では，一つ一つの言語が，聞き手や場面に応じて切り換えられることがある。

● バリエーション能力── 日本語母語話者は，生まれたときから日本語を獲得するなかで，なかば無意識のうちに，バリエーションを使う能力や，相手が用いたバリエーションによって相手がどのような人なのか，自分をどう待遇しているのかなどを理解する能力（社会言語能力の一部）を身につける。このような能力は，そのニーズに応じて，日本語学習者も身につけなければならない。とくに日本語母語話者と接触する機会の多い学習者にはこのような能力が求められ，また実際に自然に習得しているケースが多い。

→ヴァリエーション理論（7-C），バリエーション（7-D），地域方言・社会方言（7-D）

● 参考文献

ワインライク，U. 他〔山口秀夫編訳〕(1982)
『言語史要理』大修館書店．

[渋谷勝己]

■ことばの性差

● **ことばの使用における性差**——性差はジェンダー（gender）の訳語で，社会的・文化的な規定を受けた女性らしさと男性らしさの差という意味で使われる。この性差が性差別，主に女性差別につながり，ことばの使用にも性差および性差別が見られる。その性差には，待遇表現の使い分けと同じように，会話者間の心的距離を遠ざけたり近づけたりする機能がある。相手との心的距離をどのように測るのかは難しいことだが，固定的な対人関係の図式では生きた会話が阻害される。会話の進展に応じて相手との心的距離も変わっていく。会話の動的な展開に注目した研究が深められる必要がある。

● **男性・女性を表す語**——語のレベルでよく指摘されるのが女性のことばと男性のことばの違いである。これには，それぞれの性を表すことばと，それぞれの性が使うことばの2つの意味がある。女性・男性を表すことばとしては，配偶者の呼び方が問題になる。「妻」と「夫」は身内を指すのには問題がないが，相手や第三者の呼称としては定着していない。「奥さん」や「ご主人」を使うケースが多いが，現状がこうだからといって，教育の現場で提示し定着をはかる必要はない。また，「画家」や「弁護士」は男女両性に使用されるはずの語だが，現実には男性を表すことが多く，女性の場合には「女流」「女性」をつけて表現することが多い。しかし，この扱いは職業における女性と男性との平等を欠き，ことさらに女性であることを強調することは女性を男性より低く見る性差別表現となるので，避けるべきである。

● **男性・女性が使用する語**——女性が使うことばと男性が使うことばの違いとして，文末形式の差がある。女性は「雨ね」「雨よ」「雨かしら」などの形式を使うとされているが，年齢差や地域差もあり，必ずしも固定的に考える必要はない。「雨ですね」「雨ですよ」「雨でしょうか」などの中性的で公的な表現は両性に使えるので，会話例でむやみに両性の差を強調しない配慮が望まれる。国民の意識としては，女性と男性のことば遣いに差があったほうがよいとする意見が全体の52％だが，国語審議会答申「現代社会における敬意表現」(2000年12月)の趣旨をふまえて，「いずれの性に属そうとも，基本的には一人一人が自己の人格を投影する自己表現として納得できる，しかも相手や場面にふさわしい表現を選択すること」を心がけ，実践する態度が日本語教育の現場でも必要である。服装や髪型などに性差にこだわらないユニセックス化が進んでいる。ことばの面でも，とくに若い世代では女性と男性の差が小さくなり，「雨だね」「雨だよ」のように，従来，主に男性が使っていた文末形式を女性も使うようになってきている。

● **教材と性差別**——さらに，「夫が妻に銀行へ行かせた」「彼女は料理が上手です」などの例文，女性の家事や妻が夫を玄関で見送る様子を描いた絵教材は性別役割の固定化を助長することにつながるので無批判な使用は避けるべきである。

→バリエーション（6-B），ヴァリエーション理論（7-C），地域方言・社会方言（7-D）

● **参考文献**

井出祥子（編）(1997)『女性語の世界』明治書院．

現代日本語研究会（編）(1998)『女性のことば・職場編』ひつじ書房．

現代日本語研究会（編）(2002)『男性のことば・職場編』ひつじ書房．

田中和子・諸橋泰樹（編著）(1996)『ジェンダーからみた新聞のうら・おもて——新聞女

性学入門』現代書館.
中村桃子（2001）『ことばとジェンダー』勁草書房.

[小矢野哲夫]

■ことばの年齢差
● 言語変化を反映する年齢差── 次の2文の違いは何だろうか．

(1) 駅まで<u>車</u>で行く．
(2) 駅まで<u>自動車</u>で行く．

(1)に比べて，(2)は年齢層の高い話者の発話という印象を受けるのではないか．このように同じ物を指すのに，話者の年齢によって異なる単語が用いられることがある．このような現象をことばの年齢差という．これは，言語変化の反映と考えられる．変化が完了するまでには時間がかかるので，その間新旧の形式が共存し，年齢が下がるにつれて新しい形式を用いる割合が高くなっていく．

(1)と(2)は，語彙レベルで変化が進行中であることを示している．他の例として，字引：辞書，前かけ：エプロン，ピンポン：卓球（いずれも：の前が古い形式，後ろが新しい形式）などがある．

変化は言語のあらゆるレベルで観察される．たとえば，若年層では「来れる・見れる・食べれる」という語形が一般的になって久しいが，一方，高年層の多くは「来られる・見られる・食べられる」という伝統的な形式を用いている．これは文法（活用）レベルの変化の一例で，五段動詞可能形においてすでに完了した変化（読まれる→読める，書かれる→書ける）をモデルとして，一段動詞可能形と「来る」でも類推変化が進行しつつある．

音韻レベルの例としては，いわゆる「ガ行鼻濁音」の消失や「イ形容詞」のアクセント型の合一化が挙げられる．

● 言語変化を反映しない年齢差── ことばの年齢差が見られるのは，その言語に何らかの変化が起こっている場合だけではない．(1)(2)の下線部の語「車・自動車」のことを，幼児は「ブーブー」と言うだろう．このように幼児が母語の獲得過程で用いることばは，幼児語と呼ばれている．幼児語は

① 上記の「ブーブー」のように反復が多い．
② 母音では [a]，子音では [p] [b] [m] といった調音に唇を用いる閉鎖音・鼻音の出現が早い．

といった特徴を有する．

幼児語ほど顕著ではないが，10代から20代前半にかけての若者が使用することばにも特徴がある．この年齢層の話者は，革新的でしばしば新語や新たな表現法（一般には若者ことばと呼ばれることが多い）を生み出し，頻繁に使用する．これらの大半は一時期，流行語として使われるだけで，やがては消えていくことが多いが，なかには生きのびて，一般的な語として定着するものもある．

このような青年期の革新性に対して，壮年期の言語の特徴はその保守性にある．たとえば，日本語を用いて社会生活を営むうえで，狭義の敬語を含む種々の待遇表現の使用は欠かせないが，使用率が高まるのは，学生生活を終えて職業生活に入る壮年期である．

→言語の変化（7-A），集団語（6-B），バリエーション（7-D）

● 参考文献
米川明彦（1998）『若者語を科学する』明治書院．
窪薗晴夫（2002）『新語はこうして作られる』〈もっと知りたい！日本語〉岩波書店．

[日比谷潤子]

■ことばの階層差
● イギリスの階層差── 社会の状況によって，ことばには階層（階級）差が見られる．た

とえば，階級社会といわれているイギリスでは，所属階級によって，英語の発音・文法・語彙などに顕著な違いがある。上流階級の人々やBBCのアナウンサーの話す英語は容認発音（RP：received pronunciation）と呼ばれ，労働者階級の英語，たとえば映画『マイ・フェア・レディ』の主人公エライザ・ドゥーリトルに代表されるコックニー（ロンドン，イーストエンドの労働者が話す英語）とは大きく異なっている。

●**日本の階層差**── 士農工商という身分制度が存在した江戸時代には，日本語も同様であった。福沢諭吉は『旧藩情』（1877）のなかで，旧中津藩において士農商のことばにはっきりした差異があったことを，具体例を挙げて記述している。さらに，このような言語の変異は身分の違いに起因するものであり，このような状況は，他藩でも同じだろうとも述べている。

一般に，階級・階層差が歴然としている社会では，下層の集団の言語は地域による違いがはなはだしいが，上層になるにつれて，変異の程度が小さくなり，イギリス英語の容認発音などから明らかなように，最上層集団の言語にはさほど地域差がない（図6-1）。

日本語の社会階層差は，明治時代に入り，いわゆる身分制度が廃止された後も，教育・職業などによることばの違いとして存続してきた。

近世・近代に比べると，高学歴化が進み，階層が固定的でなくなった現代では，社会階層間の格差の減少を反映して，日本語の階層による

図6-1 社会階層・地域差とことばの階層

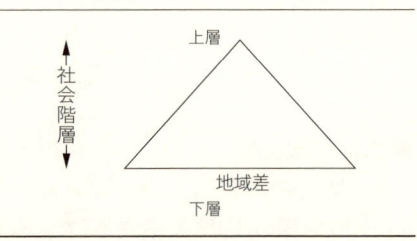

違いも，小さくなっているといえよう。しかし，音声上の諸特徴，使用する語彙の選択，表現の方法などから，話者の職業などをある程度特定することは可能である。

●**階層と威信**── どんな社会でも，階層グループによって複数の異なる言語変種が存在するなかで，特定の変種が標準的とみなされ，教育やマスメディアの言語として用いられている。標準変種の選択は，歴史的・社会的・政治的など，言語そのもののもつ特徴とは無関係な要因によって決まる。多くの場合に，上層集団の変種が標準となるが，その変種は当該社会の規範となる。上層の集団が用いることばの特徴が顕在的な威信を伴って他の層に伝播することもあるが，一方で，非上層の集団の有する言語特徴が潜在的な威信によって広まっていくことも珍しくない。

➡地域方言・社会方言（7-D），社会言語学（7-B）

●**参考文献**

トラッドギル，P.〔土田滋訳〕（1975）『言語と社会』〈岩波新書〉岩波書店．

真田信治（1991）『標準語はいかに成立したか──近代日本語の発展の歴史』創拓社．

真田信治（2001）『標準語の成立事情──日本人の共通のことばはいかにして生まれたか』〈PHP文庫〉PHP研究所．

［日比谷潤子］

■**集団語**

言語に地域的なバリエーション（地域方言）があるように，社会的なバリエーション（社会方言）も存在する。地域方言が，たとえば関西地域のものであれば「関西方言」と呼ばれるように，社会方言にもその社会的位置づけによって種々多様なものが存在し，それらは年齢・性別・職業・趣味などさまざまな要因によって，ある集団のことば（集団語）として特徴づけられる。

集団語のうち，職業や趣味によって特徴づけられることばは，「専門用語」とも呼ばれる。有名なものには，たとえば「ジャーマネ」（マネージャー）など芸能界の逆さことばや放送業界での「エヌジー」（NG：収録された映像や音声で使えないもの，失敗。No Good の略），趣味の世界でも将棋用語としての「王手」などがある。

上に挙げた例はある程度一般化しているもので，関係者以外でも理解の度合いは高いものと思われる。しかし，集団語には仲間うちのみで理解されればよいもの，また，仲間以外には理解できない（理解されると困る）ものといった特徴も見られる。前者には上にも挙げたように特定分野・職業・趣味などにおける専門的用語，後者には反社会的集団における隠語などがある。若い年齢層という社会集団に見られることばを若者ことばというが，そこには仲間ことば的なものと隠語的なものといった特徴をあわせもつものが多く見られる。

なお，米川（2000）は，集団語を次のように分類している。①反社会的集団の語（犯罪者隠語や不良用語など），②職業的集団・分野の語（業界用語・職場語），③趣味娯楽集団・分野の語（囲碁・釣り用語など），④若者集団の語（若者語・キャンパス用語）

ところで，集団語としての特徴は，語彙（語形）に限られるというわけではなく，音声面にも見られる。たとえば，ギター，ドラムなどの音楽用語，レシーブ，サービスなどのスポーツ用語は，専門家（愛好者）のあいだでは平板式アクセントで発音される傾向が強いことが指摘されている（井上史雄 1998）。

集団語が一般化した例は上に紹介したが，若者ことばのなかには集団語（とくにテレビ・芸能界などの業界用語）を取り入れたものも多く見られ，集団語が一般用語として定着していく過程を現在進行形で確認することができる。こ

のような例として「カム（言い間違えること）」「カツゼツ（滑舌：淀みないなめらかな発音）」などがある。後者は放送・演劇用語であるが，1970年代後半以降に生まれた世代ではほぼ一般用語のように理解・使用されている。

→新語（3-I），ことばの年齢差（6-B），地域方言・社会方言（7-D）

● 参考文献

井上史雄（1998）『日本語ウォッチング』〈岩波新書〉岩波書店.

米川明彦（編）（1997）『若者ことば辞典』東京堂出版.

米川明彦（編）（2000）『集団語辞典』東京堂出版.

米川明彦（編）（2001）『業界用語辞典』東京堂出版.

米川明彦（編）（2003）『日本俗語大辞典』東京堂出版.

[都染直也]

■ **ことばの地域差**

● 周圏分布 ── ことばの地域差は一般に「方言」と呼ばれるが，現在の日本語方言は，過去における中央語の伝播によって作り出された。中央で生まれた新しいことばは順次地方へ広がるため，原理的には古いことばほど日本の周辺部に残ることになる。この作用によって生成された分布は，ちょうど池に小石を落としたときの波紋のように同心円的な広がりを見せるので，「周圏分布」と称される。ただし，日本は東西に長いため，実際には近畿を挟んで東西が呼応する分布となる。たとえば，「顔」の名称（普通称）は，大局的に見て，日本の中央部のカオを挟み，その両側の東北および九州・琉球でツラであるが，上の原理によれば，ツラはカオより古い日本語の状態を残したものと推定される。

● 地方の改新 ── 一方，地方は中央語を受容

するだけでなく独自の改新を推し進める。この改新が東西の周辺部で同方向に進むと、中央より両端地域のことばが新しく、かつ類似の状態を示すことになる。アクセント体系が、非常に大まかに見て、中央からその両側に向けて複雑から単純に移行するのにはそうした背景がある。この場合には、複雑なアクセント体系をもつ近畿・四国方言が古く、アクセントの型の区別をもたない東北南部や九州中央部の方言が新しいと考えられている。これも見かけ上は周圏分布の一種であるが、歴史的な関係は「顔」の名称の事例と逆になる。

●**東西対立**──以上の同心円的な分布に対して、東日本と西日本で方言が大きく異なることもあり、「東西対立」と呼ばれる。これは、中央語に対して東日本と西日本が違った対応をとったために生じた地域差である。「塩辛い」を東日本ではショッパイ、西日本ではカライと言うのはその一例であるが、この場合、西日本が中央語の古い状態をそのまま保ったのに対し、東日本は古語「しほはゆし」を積極的に改変し、ショッパイに作り変えて広めた。方言の東西対立はすでに『万葉集』の時代から見られる根深いものである一方、たとえば、挽き肉(東)/ミンチ(西)、学区(東)/校区・校下(西)のように近代以降の新語でもこの分布傾向に従うものがある。

●**方言区画**──以上のように、個別の要素や部分体系に着目した場合、ことばの地域差にはさまざまなパターンがあるが、これを総合的な見地から把握し、日本語方言を大局的に分類しようという考え方がある。その代表が「方言区画」であり、それによれば、日本語方言は、まず本土方言と琉球方言とに大きく分けられ、次いで、本土方言が東部方言・西部方言・九州方言の3大方言に分割される。さらに、東部方言は北海道・東北・関東・東海東山・八丈島の5方言に分類されるというように、順次上位の方

図 6-2　日本語の方言区画（東条操による）

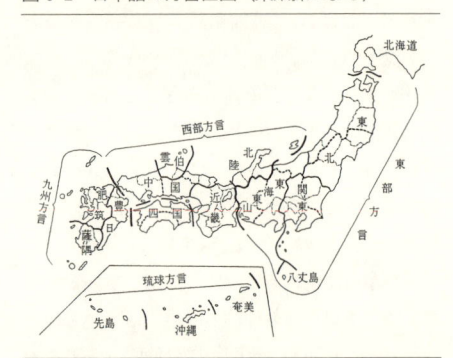

出典｜東条操の方言地図〔東条操（1953）『日本方言学』吉川弘文館、所収〕を補足した加藤正信の図〔加藤正信（1997）「方言区画論」『岩波講座日本語 11 方言』p.62 所収〕を引用。

言から下位の方言へと区画される（図6-2）。

●**日本語方言（学）の現状**──日本の方言は諸外国と比べ、面積のわりに地域差が激しいといわれ、研究も盛んである。とくに音韻・文法・語彙などことばの構造的な面で進んでいるが、談話・言語行動・言語生活など運用的な面は課題として残されている。ただし、戦後の共通語化の影響で方言の衰退が一気に進んでいる。このため、地域差が薄まる一方、方言を保つ高年層と、共通語を使用する若年層とのあいだの年齢差が目立つようになってきている。

➡ 文法・表現法の地域差（6-B）、語彙の地域差（6-B）、敬語の地域差（6-B）、方言学（7-C）、地域方言・社会方言（7-D）

●**参考文献**

飯豊毅一他（編）（1982-1986）『講座方言学』（全10巻）国書刊行会.

江端義夫（編）（2002）『朝倉日本語講座10 方言』朝倉書店.

小林隆・篠崎晃一（編）（2002）『ガイドブック 方言研究』ひつじ書房.

真田信治（編）（1999）『展望 現代の方言』白帝社.

[小林 隆]

■アクセントの地域差

地域差を見るときには，2つの側面から見ることができる。一つは共時的な見方で，その方言がどんなアクセント体系をもっているかを見るものである。もう一つは通時的な見方で，いくつかの方言を比較して，それぞれの方言でどんな単語が同じアクセントをもつグループを形成するかを主として見るものである。

● **共時的に見た地域差**──共時的な分類では，まず「無アクセント」と「有アクセント」に分けられる。単語に固有のアクセントをもたない，あるいはただ一つの型しかもたず，アクセントによって単語を区別することがないものを「無アクセント」という。これらは東北・関東では宮城県南部，山形県内陸部，福島・茨城・栃木各県にまとまって分布するほか，九州では鹿児島県東部の一部，宮崎ほぼ全県・熊本県東部，福岡県南部，佐賀県東部北部の地域に分布している。また，静岡県大井川上流部，福井県嶺北地方平野部，愛媛県大洲市付近に飛び地をもつ（図6-3）。これら「無アクセント」の地域の出身者はふだんの運用面で共通語を話していても抑揚のない話し方をすることが多い。また，トレーニングなしではアクセントの聞き分けができないことがある。「有アクセント」で主なものは，九州のほぼ西半分，鹿児島と熊本・長崎・佐賀にまたがる「鹿児島・長崎タイプ」（「二型アクセント」と呼ばれる），近畿・四国にまたがる「京阪タイプ」（2つの「式」と「下げ核」をもつ），関東・東海・甲信越，中国地方全域などにまたがる「東京タイプ」（「下げ核」をもつ），北海道・東北にまたがる「東北タイプ」（「昇り核」をもつ）などが挙げられる。

● **通時的に見た地域差**──通時的な側面では，「類別語彙」を使って地域差を見ることができる。表6-4では，Ⅰ～Ⅴは類を表し，平安・鎌倉期にはこれら5つの類がお互いに区別

図6-3　アクセントタイプの分布

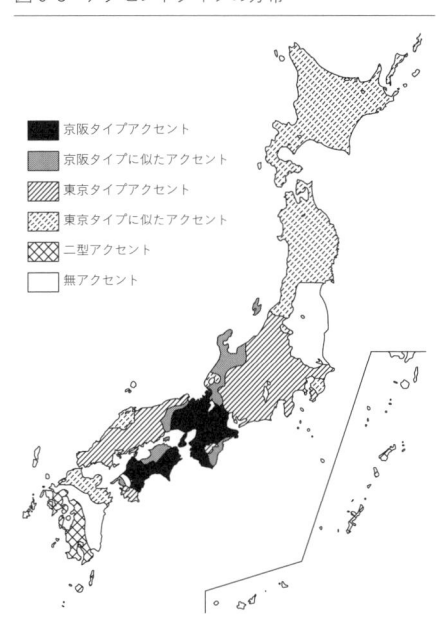

■ 京阪タイプアクセント
▓ 京阪タイプに似たアクセント
▨ 東京タイプアクセント
▧ 東京タイプに似たアクセント
▨ 二型アクセント
□ 無アクセント

出典｜杉藤美代子監修（1997）『諸方言のアクセントとイントネーション』三省堂，p. 6に基づく（ただし，京阪式を京阪タイプなどのように名称を一部変更した）。

されていた。そのため，それぞれの類がどのような統合のしかたをしているかを見ることによって，各方言の変遷の違いがわかる。以下，(a)～(f)で例を示す（Hは高，Mは中，Lは低，Fは下降。雫石方言は岩手県，伊吹島は香川県観音寺市の瀬戸内海の島。東京の (H)(L) は1拍助詞がついた場合，雫石はその単語を言

表6-4　類別語彙による変遷の違い

	Ⅰ 風	Ⅱ 川	Ⅲ 山	Ⅳ 肩	Ⅴ 雨
(a)福井	MM	MM	MM	MM	MM
(b)鹿児島	HL	HL	LH	LH	LH
(c)東京	LH (H)	LH (L)	LH (L)	HL	HL
(d)雫石	LL.	LL.	LH.	HL.	HL.
(e)大阪	HH	HL	LH	LH	LF
(f)伊吹島	HH	HL	HM	LH	LF

(a)福井ⅠⅡⅢⅣⅤとすべてが統合，(b)鹿児島ⅠⅡ/ⅢⅣⅤと2つに分かれて統合，(c)東京Ⅰ/ⅡⅢ/ⅣⅤ，(d)雫石ⅠⅡ/Ⅲ/ⅣⅤ，(e)大阪Ⅰ/ⅡⅢ/Ⅳ/Ⅴと統合している。(f)伊吹島Ⅰ/Ⅱ/Ⅲ/Ⅳ/Ⅴは平安・鎌倉期の5つの区別を保っているもの(「第一次アクセント」)で，全国唯一の方言である。

→アクセント (1-E)，アクセントの体系 (1-E)，アクセントの歴史 (6-A)

● 参考文献

上野善道 (1988)「下降式アクセントの意味するもの」『東京大学言語学論集'88』.

上野善道 (1989)「日本語のアクセント」『講座日本語と日本語教育2 日本語の音声・音韻(上)』明治書院.

金田一春彦 (1954)「東西両アクセントのちがいが出来るまで」『文学』22-8〔金田一春彦 (1975)『日本の方言』教育出版，に所収〕.

金田一春彦 (1977)「アクセントの分布と変遷」『岩波講座日本語11 方言』岩波書店.

〔新田哲夫〕

■ 音声の地域差

● 母音の地域差 —— 母音ではウの音声に地域差があり，東日本で非円唇母音の[ɯ]，西日本で円唇母音の[u]である。これに関連して，ウの無声化の度合いにも地域差がある。たとえば「〜です」のス，「奥さん」のクは，東日本では無声化した[sɯ̥][kɯ̥]だが，西日本では無声化しない[su][ku]である(ただし九州では無声化する)。次に，エの母音は日本の北と南で狭くなる傾向があり，東北では狭い[e̝]，奄美では中舌の[ï]，沖縄では[i]である。沖縄ではエとイが完全に統合しているが，東北ではイが中舌の[ï]に変化していて，エとイの区別は一応保たれている。ただし，単独母音ではエとイの区別がなく，「息」「駅」はどちらも[egi]である。ai, oi, uiなどの連母音は，近畿や四国では融合せず，周辺部ほど融合して[eː][iː]などになりやすい(連母音の融合)。au, ouに由来するオ段長音は多くの地域で[oː]だが，新潟では[ɔː]と[oː]，出雲では[aː]と[oː]，九州では[oː]と[uː]で区別される(開合の別)。

● 子音の地域差 —— 子音では，セ・ゼの子音，ハ行子音，四つ仮名，濁音，語中のカ行・タ行子音などに地域差が見られる。まず，セ・ゼは東北・北陸・中国・九州などでは口蓋化した[ʃe][ʒe]で発音される。たとえば「先生」は[ʃenʃeː]，「全部」は[ʒembu]。この[ʃe][ʒe]は古い発音を残したものである。次に，ハ行子音は奄美・沖縄でpやɸに発音される。たとえば「鼻」は[pana][ɸana]，「昼」は[piru][ɸiru]。東北でも語によってはɸに発音されるが，これも古い発音を残したものである。四つ仮名の区別に関しては，北から順に一つ仮名(東北)，二つ仮名(関東〜中国・四国)，三つ仮名(大分)，四つ仮名(高知・九州南部)，二つ仮名(奄美・沖縄)といった分布を示す。たとえば，東北北部では[tsĩ˜dzi](知事)，[sĩ˜dzi](筋)，[sĩ˜dzi](鈴)，[tsĩ˜dzi](地図)，九州では[tʃiʒi](知事)，[sudʒi](筋)，[suzu](鈴)，[tʃidzu](地図)である。

濁音に関しては，語中のガ・ザ・ダ・バ行子音が鼻音で現れる現象が東北に見られる。実際の音価は地域により異なり，子音自体が鼻音化している場合，直前の母音が鼻音化している場合，子音の前に入りわたり(前の音から次の音へ移るときに現れるつなぎの音)の鼻音が現れる場合がある。東北以外では，高知や薩摩半島南部に語中のガ・ダ行子音が鼻音で現れる現象が見られる。また，関東から中部地方にかけてはガ行子音にのみ鼻音が現れ，関西以西になると子音が鼻音で現れる現象は見られない。語中の濁音が鼻音で現れる東北や薩摩半島南部で

は，語中のカ・タ行音が［mugo］（婿），［mado］（的）のように［g］［d］で現れる。この地域ではガ・カ行，ダ・タ行が語中でŋ：g, d：ˀdのように鼻音性の有無により区別されているわけである。

● **韻律の地域差** ―― 韻律の単位にも地域差がある。日本語は一般にモーラを単位とする言語だといわれるが，東北や鹿児島はシラブルを単位とするシラビーム言語である。ただし，両者にはかなりの違いがあり，東北の促音・撥音・長音はCV構造（子音＋母音の構造）の音に比べてかなり短いが，鹿児島の促音・撥音・長音はCV構造の音と同じくらいの長さで発音される。

➡日本語の子音（1-B），日本語の母音（1-B），音節と拍（モーラ）（1-C），音声の歴史（6-A）

● **参考文献**
上野善道（編）(1989)「日本方言音韻総覧」『日本方言大辞典』小学館.
柴田武（1958）『日本の方言』〈岩波新書〉岩波書店.
加藤正信（1986）「音韻概説」飯豊毅一他（編）『講座方言学1 方言概説』国書刊行会.
木部暢子（1999）「方言音声・アクセントの現在」真田信治（編著）『展望 現代の方言』白帝社.

[木部暢子]

■文法・表現法の地域差

● **東西対立** ―― 文法・表現法の地域差には，東西対立をなすものが多い。たとえば次のようなものである。

(1) 音便形：ワ行五段動詞・形容詞は西日本でウ音便形をとるが，東日本では前者が促音便形，後者が非音便形となる。
(2) 指定辞：東日本ではダ，西日本ではジャ・ヤ。
(3) 否定辞：東日本ではナイ（ネー），西日本ではン・ヘン。
(4) アスペクト表現：西日本にヨル系とトル系の対立など，進行相と結果相を言語表現のうえで区別する方言がある。
(5) テンス表現：東日本にテアッタ・タッタ（過去），ケ（回想・報告），形容詞過去形語尾カッタの汎用接辞化など，テンス（とくに過去）にかかわる表現が多様に分化する方言がある。

動詞の活用の種類の地域差も，東西対立をなす。西日本には，二段活用（和歌山・九州）・ナ変（中国・四国・九州）の残存など，古態性を示す方言が多く見られる。一方，東日本には，サ変動詞が五段化（北奥羽）もしくは一段化（南奥羽から中部）するなど，活用の統合が進む方言が目立つ。この例のように，西日本側の周辺部にあたる紀伊半島，九州などの方言は，古典語に直接結びつく古い体系を残す傾向があるが，東日本の方言は，中央語とは異なる独自の体系変化を進める傾向が強い。

● **周圏分布** ―― 一方，周圏分布をなす項目には，次のようなものがある。

(1) 仮定表現：周辺部でスレバ（スリャー），中央部でシタラ。
(2) 授受表現：周辺部にクレルが「やる」と「くれる」の両方の意味で用いられる方言がある。
(3) 一段動詞のラ行五段化：東北，山陰，九州など，周辺部の方言によく見られる。

仮定表現，授受表現の地域差は，中央語の歴史に照らし合わせれば，周辺部の体系がより古いものといえる。それに対して，一段動詞のラ行五段化は，周辺部で先んじて独自の体系変化が起こったものとみなされる。体系の整合化・単純化への変化は，規範意識の薄い周辺部においては，いったん変化が始まると，その変化が加速度的に進むものと考えられるのである。

● **気づかない方言** ―― 文法・表現法の地域差

のなかには、同じ形式の用法が異なる、というものがある。とくに、標準語に存在する形式の用法が方言で異なる場合、「標準語形の非標準語的な使用」が生じる可能性がある。「このたびはたくさんの父母の皆さんから来ていただきましてありがとうございました」のようなカラの用法（新潟方言）、「（先に行くように促す場面で）先、行きかけて」のようなカケルの用法（京阪方言）、「そこに車をとめればダメだ」「そうすれば、さようなら」のようなバの用法（秋田方言）なども、当該地域では標準語と意識して用いられているものである。これらは、気づかない方言の一種であり、当該地域の地域的標準語をなす要素となっている。日本語学習者のみならず、教える側も「気づかない」場合があり、注意を要する。

→ 活用の歴史（6-A）、授受表現の歴史（6-A）、ことばの地域差（6-B）、語彙の地域差（6-B）

●参考文献
国立国語研究所（編）（1989-2005）『方言文法全国地図』（全6巻）大蔵省・財務省印刷局.
渋谷勝己（1999）「方言文法の現在」真田信治（編著）『展望 現代の方言』白帝社.
日高水穂（2002）「方言の文法」『朝倉日本語講座10 方言』朝倉書店.

［日高水穂］

■語彙の地域差
●方言量── 一般に語彙の地域差は他の言語分野に比べて著しい。ある標準語に対してそれと対応する方言形の数を「方言量」と呼ぶ。方言量が大きいことばほど地域差が激しいということになる。とくに、蟻地獄・目高・彼岸花・虎杖といった小動物や野草の名称、あるいは、片足跳び・お手玉といった遊びの名前など、子どもの関心を引く分野は方言が豊富である。また、けちん坊、馬鹿、怠け者のような人間の性向に関することばも方言量が大きい。一方、

山・川、目・口といった基本語彙は一般に地域差が乏しい。

●自然・文化と語彙の地域差── 語彙はそれが使用される地域の自然や文化の影響を受けやすい。たとえば、雪の種類を表す語彙は豪雪地域ではバラエティが豊富であるのに、雪の降らない南の地方では種類が少ない。また、生業の形態を反映して、農村には作物や農作業に関する語彙が発達し、漁村には魚や潮流・風の種類などの語彙が発達している。人間関係や人の性格を表す語彙には、その地域の社会組織や価値判断のあり方が反映しているといわれる。

●地域差のタイプ── 方言の分布を地図に表したものを「言語地図（方言地図）」と呼び、語彙を対象とした全国的な資料に国立国語研究所の『日本言語地図』（1966〜1974）がある。これを概観すると、語彙には次のような地域差のパターンが認められる。①東西対立型：あさっての翌日（シアサッテ／ヤノアサッテ）、茄子（ナスビ／ナス）、鱗（ウロコ／コケ・コケラ）、塩辛い（カライ／ショッパイ）、いる（オル／イル）など、いずれも／の左が西語形、右が東語形。②太平洋側・日本海側対立型：霜焼け（シモヤケ／ユキヤケ）、梟の鳴き声（ホロスケホーホーほか／ノリツケホーセー）など、／の左が太平洋側、右が日本海側。③周圏型〈同心円型〉：顔（ツラ／カオ）、地震（ナイ／ジシン）、塩味が薄い（アマイ／ウスイ／ミズクサイ）、かたつむり（ナメクジ／ツブリ／カタツムリ／マイマイ／デンデンムシ）など、／の右側ほど分布の中心である近畿地方に近い。④交互型：ふすま（カラカミとフスマ）、舌（シタとベロ）、いくつ（ナンボとイクツ）、貸す（カスとカセル）など。

これらのパターンのうち事例が多く、日本語方言に特徴的なのは東西対立型と周圏型の2つである。もっとも、数のうえでは分布の様相を明確につかみがたい複雑な地域差を示すものが

多く，そこに語彙から全国方言を分類することの難しさがある。

●**標準語の分布**——以上の発想とは逆に，標準語形がどの地域に広まっているかという点から見ると，標準語分布率は関東地方で最も高く，全体として関東から離れるほど割合が下がる。これは，関東地方の語彙が標準語として採用されているケースが多いことを意味する。

●**気づかない方言**——語彙のなかには話者自身が方言と気づかないで使用しているものがある。それらは，たとえば，捨てることを意味する東北地方のナゲルや，片づけるの意の西日本のナオスなどのように，形は標準語と同じだが意味の異なるものが多い。こうした方言は，出身地の異なる人同士がコミュニケーションを行う場合，ときとして誤解を生み出す原因になる可能性がある。

➡ことばの地域差（6-B），文法・表現法の地域差（6-B），語彙の通時的変化（3-I）

●**参考文献**

佐藤喜代治（編）（1982）『講座日本語の語彙 8 方言の語彙』明治書院．

佐藤亮一（監修）（2002）『方言の地図帳』小学館．

徳川宗賢（編）（1979）『日本の方言地図』中央公論社．

日本方言研究会（編）（1978）『日本方言の語彙』三省堂．

[小林 隆]

■**敬語の地域差**

●**無敬語地域**——敬語の地域差は，共通語の敬語モデルとの比較・対照でその特徴を示すことが一般的であるが，尊敬語，謙譲語，丁寧語のような敬意や丁寧さを表す専用の形式をもたない方言が東日本を中心に存在する。すなわち終助詞使用と命令・依頼の場合以外に敬語の枠がゼロである無敬語地域（単純地域）は，福島（会津を除く）から静岡にかけての太平洋側と紀伊半島南部に見られる。ただ，福島北部，山形内陸のところどころ，長野南部，高知などは両者の中間的性格をもっているようである。なお，伊豆諸島のうち，八丈島は有敬語，それ以北の島々は無敬語である。また，東京は無敬語地域（単純地域）の中の言語島といえよう。

●**西高東低の敬語体系**——方言の敬語は，きわめて著しい違いが認められるが，全国的には，西日本のほうが敬語の種類も多いうえに使用頻度が高いため，それだけ敬語体系が複雑であり，それに比べると東日本は，敬語のバリエーションも少なく単純である。敬語は一般的に「西高東低型」の様相を呈するといわれるが，西日本型敬語を複雑にしている要因としては，西日本の中心地である大阪や京都では，中世の段階で「オ＋動詞連用形＋アル」が敬意を表す表現となり，これとの対比から進行相のアスペクトを表してきた「動詞＋オル」が，低く意識されるようになって，存在動詞「ある」から派生した補助動詞ヤル・タル・チャルが上向きの待遇を担い，存在動詞「おる」から派生した補助動詞ヨル・トルは下向きの待遇を担うといった待遇表現体系を形成したことがある。すなわち存在動詞の東西対立に起因するアスペクト体系の差異が密接に関係していることがわかっている。

●**身内尊敬用法**——敬語の用法における地域差については，話し手が身内のことをよその人に話す場合，「お父さん行きはりました」のような共通語では使用しない身内に対する尊敬表現の有無が，注目される。共通語の敬語運用システムでは外部の人に対しては，身内を尊敬語で遇するのは誤りとする，いわば「身内無礼用法」が一般的であるが，西日本では「身内尊敬用法」として定着しており，問題のない用法とされている。

●**親しみを表す敬語**——敬語の機能における

地域差については，共通語の敬語は，聞き手や第三者に対する敬意を表すだけでなく，あらたまりの気持ちを表したり相手を隔て遠ざける機能があるが，方言の敬語では，相手に対する親しみの気持ちを表現する機能を有する地域が，中部地域以西で多く認められる。とくに近畿中央部では，敬語の一般的な機能である人物やモノなどに対して社会的に定まった上下軸による運用ではなく，話し手の第三者に対する個人的な評価や感情が，社会的な上下軸に優先される。つまり，感情や評価の機能を備えているということがわかっている。

● 都市と敬語── 東日本で敬語使用の盛んな地域は，旧城下町などのマチバや都市である。つまり歴史的に見て大都市である東京や城下町などの都市が，西日本なみに発達した敬語使用地域といえる。「西高東低」に象徴される敬語の地域差は，西日本という地域が，早くから大坂（大阪）・京都といった大都市に対するヒンターランドとして，換金作物の栽培と都市への人材輩出といった経済活動を通じて，地域住民の心意傾向や価値体系が都市的な心性に変化していったことによる。つまり東西の敬語の差は，日本の都市生活史および都市言語の成熟度の差異から生じていると考えられている。

→ 待遇表現の体系（2-L），尊敬語（2-L），謙譲語（2-L），丁寧語・丁重語（2-L），待遇表現の運用（2-L），敬語の歴史（6-A）

● 参考文献

井上文子（1993）「関西中央部における『オル』・『〜トル』軽卑化のメカニズム」『阪大日本語研究』4．

井上史雄（1981）「敬語の地理学」『国文学解釈と教材の研究』26-2．

加藤正信（1973）「全国方言の敬語概観」『敬語講座6 現代の敬語』明治書院．

中井精一（2001）「関西周縁部の地域特性と言語の動態（地域・言語・心性の変化に焦点をあてて）」『地域語資料6：伊勢湾岸西部地域の社会言語学的研究』近畿方言研究会．

中井精一（2003）「西日本言語域における畿内型待遇表現法の特質」『社会言語科学』5-1．

宮治弘明（1996）「方言敬語の動向」小林隆他（編）『方言の現在』明治書院．

［中井精一］

■ 言語行動の地域差

言語形式に地域差のあることはよく知られているが，ことばの使い方すなわち言語行動や，言語行動に対する意識にも地域差が認められる。しかし，その違いは言語形式ほど明瞭ではなく，傾向的な違いにとどまる。また，言語形式の地域差と異なり，さまざまな言語行動に関する全国的規模での調査研究もいまだ行われていない。そのため，どのような言語行動についてどの程度地域差があるのかも，まだ十分明らかではない。しかし，次のような試みもある。

全国8地点の高校生を対象とした徳川（1993）の調査によれば，相手にとくに世話になったわけではないにもかかわらず「おかげさまで」と言う（病気が回復して「いかがですか」と尋ねられて）ことを「おかしい」と受け止める比率は，東日本ほど高く，逆に西日本ほど低いようだ。

● 談話展開方法の地域差── 単発の発話ばかりでなく，より大きな談話単位でも地域差が認められる。自然談話中の説明文の展開方法について，東京方言話者と関西方言話者を比較した久木田（1990）の調査によれば，ほかの地域の出身者も多い東京では直截的に言わなければ理解されないため客観的状況に感情を込めた主観直情型の展開方法をとるのに対し，歴史も古く互いの生活をよく知っている関西では，接続詞を多用した客観説明累加型の展開方法をとるという。会話の参加者相互による談話（コミュニケーション）の展開方法にも地域差が認めら

れる。北海道と関西の大学生を被験者とし，ホテルの受付係としての電話対応のしかたを比較した濱（1995）の実験によれば，客から聞かれた以外のことがらについて積極的に情報提供したり，次の発話を促す対応は，北海道よりも関西のほうが多いという。

●ことばの使い分け方の地域差——相手によることばの使い分け方という面にも地域差が認められる。たとえば，男性が使う自称詞「ボク」は，相手による使い分けがどの地域でも認められるが，東京と山形の中学生を比べると，東京よりも山形のほうが，使い分けがいっそう明瞭である。

以上のように，特定の地域間における特定の言語行動の違いについては徐々に明らかになってきているが，日本全体としてどのような違いがどの程度あるのかについては，まだよくわかっていない。今後の研究の蓄積が必要な領域である。

➡方言と共通語の使い分け（6-C），談話構造（4-B），ことばの使い分け（4-B）

● 参考文献

久木田恵（1990）「東京方言の談話展開の方法」『国語学』162.

国立国語研究所（編）（2002）『学校の中の敬語 1 ——アンケート調査編』〈国立国語研究所報告 118〉三省堂.

徳川宗賢（1993）「第 5 章 ことばづかいの風土性」徳川宗賢『方言地理学の展開』ひつじ書房.

濱保久（1995）「接客コミュニケーションの地域比較研究」『日本グループ・ダイナミックス学会第 43 回大会発表論文集』.

[尾崎喜光]

■海外の日本語

●海外の日本語の多様性——近代・現代のさまざまな政治的，経済的な状況のなかにあって人々は，国境を越えた移動を繰り返してきた。その結果その人々の話す言語も同時に世界各地に拡散したが，日本語もその例外ではない。近代・現代において世界に広がった日本語の話し手を類型的にまとめると，次のようになる。

I. 日本語母語話者の移動による日本語の広がり
  (1) ハワイ（さらに北米）や南米（ブラジル・ペルーなど）に開拓移民として移住した人々
  (2) 企業の海外進出に伴って派遣された人々とその家族（アメリカ，東南アジア，中国など）
  (3) 外国人と結婚して海外に居住する人々とその家族
  (4) 留学や支援活動などで，個人単位で海外に出た人々

II. 第二言語・外国語としての日本語の広がり
  (5) 戦前・戦中の占領地において行われた日本語教育を受けた人々（朝鮮，台湾，東南アジア，ミクロネシアなど）
  (6) 日本に留学生や就労者として来日し，帰国した人々
  (7) 外国で日本語教育を受けた人々

これらの人々は，社会的には，①長期的な移住か一時的な滞在か，②日本語コミュニティを構成するか否か，③日本語をさまざまな領域において常用するか否か（②③はあわせて日本語使用に関するネットワークの問題である），④日本語と他の言語との併用状況はどのようなものか，などの要因によって，さらに個々に特徴づけることができる。

●日本語の国際化に向けて——海外で話される日本語は，「日本は 1 国家 1 言語」といった認識と表裏をなす「日本語は日本だけのもの」といった誤った認識によって，これまであまり注目されることはなかったが，今後，上記の社会的な側面に加えて，以下のような観点から把

握することが必要である。

(1)言語面：それぞれの海外の日本語は，社会もしくは個人レベルで安定して保持される日本語か喪失の過程にある日本語か，喪失の過程にある場合それはどのようにして喪失していくのか。共同体に特徴的な日本語が存在するか個人ごとにバリエーションが観察されるものか，共同体に特徴的な日本語である場合その特徴はどのようなものか，など。

(2)言語計画面：海外に日本語を普及する，あるいは海外にすでに存在する日本語を保持するために何らかの政策を施行すべきか否か，母語話者は非母語話者の話す日本語にどの程度寛容である（べき）か，など。

このうち一部の問題はすでに着手されはじめたが，日本語の国際化といったことを企画するためには，いずれも重要な検討課題である。

→海外の日本語学習者の言語生活 (6-C)，言語保持と喪失 (8-A)

●参考文献
野田尚史他 (2001)『日本語学習者の文法習得』大修館書店〔とくに，「第10章 教室での習得と自然な習得」〕.

［渋谷勝己］

C──言語行動・言語生活

■言語意識

●言語意識とは ── 人間は共同体を営む社会的動物であり，社会とは複数の人間によって作り上げられる共同体のことである。社会には行為や行動，思想，要求といった人間にかかわるありとあらゆるものが内包されている。そういった社会での共同生活を円滑に過ごすための表現手段としてことばは存在する。私たちがとる日常の言語行動は，それまでに社会のなかで経験してきたさまざまな事実の積み重ねによって支えられている。それら事実の積み重ねを個のうちで普遍化したものが言語意識であり，言語意識の表出した形態が言語行動である。言語意識とはこのように，その人の所属する社会の反映であるが，一方で意識は個人に内化してしまうため客体化することが難しいという特徴がある。しかし言語行動は言語意識の表出した形態であることからもわかるように，行動傾向を知ることによって内化した意識の客体化は可能となる。

●公的意識と個的意識 ── 言語意識にはまた，その社会で共有されている公的意識と個人的な経験が反映した個的意識とがある。公的意識とは，その人が所属する社会にとって普遍的なものであり，場合によっては社会通念とも呼ばれる。教育やマスコミなど，公の媒体によって作られたもので，調査などでは，多くの人が認める意識や意見として現れる。一方，個的意識とは，その人が個人的に経験してきた事実の積み重ねによって形成されたもので，公的意識とは必ずしも一致しない。その場合，個的意識は少数意識となり，社会的に正当な評価を受けることは，まれとなる。しかし少数意識だからといって，その社会を反映していないわけでなく，実際にはその社会で表面化させることの難しい部分を感じている場合が多い。

●言語意識の調査法 ── このような言語意識を知ろうとする調査では，他人には話したくないような個人的背景をも聞くことがある。これは，その人の社会的属性と意識，あるいは行動とを関係づけて考えることが大切なためである。しかし一方で，それだからこそ被調査者の名前や住所，電話番号といった個人を特定するような質問はしないことも約束となっている。他人には知られたくない意識や意見，考え方，行動のとり方などを正直に答えてもらうには，回答者の顔を見えないようにすることが大切だ

からである。ここで問題となることは，面接調査でのような信頼関係が調査者と被調査者とのあいだに成立していないため，正直な回答を得ることが難しくなるということである。そこでこのことへの解決策として，得られた回答が孤例でないことを証明するため，複数の人に調査を行い，統計学的な分析を加えることになる。大量のデータを扱うことで個人差を打ち消し，統計的手法を用いることで研究者の恣意性が入るのを防ごうというのである。このことはまた，おおぜいの人を調査することで，その社会が考えているより確実な言語意識やことばへの意見，行動傾向といったことを明らかにしようとするためでもある。

→外国における日本語観（6-C），方言イメージと共通語イメージ（6-C），スティグマ（6-C），ステレオタイプ論と日本語教育（6-E）

● 参考文献

佐藤和之（1996）「現代人の方言意識」小林隆他（編）『方言の現在』明治書院．

佐藤和之（2001）「意識調査と計量的研究」『日本語学』20-5．

杉戸清樹（1992）「言語意識」真田信治他『社会言語学』おうふう．

荻野綱男（2002）「プライバシーと方言研究」日本方言研究会（編）『21世紀の方言学』国書刊行会．

[佐藤和之]

■ 言語行動

● 言語行動とは —— 言語行動とは，人が言語によって行う思考・表現・伝達，およびこれに対応する理解・受容・反応などの行動の総称である。

具体的には，人が考えをめぐらして意見や思想を構築する内面的な言語行動，人に向けて感情を表出したり情報や意思を伝えたりする能動的な言語行動，相手や周囲の人がそれらの内容を理解・受容する受動的な言語行動，さらに表現・伝達と受容・反応が互いにやり取りされる相互的な言語行動などがある。

いずれも，音声形式や文字など記号体系としての言語そのものでなく，言語によって人が行う行動であり，できごとや過程（プロセス）として動的な姿で捉えるべき対象である。

● 言語行動と言語活動 —— 類似した術語に「言語活動」がある。日本語教育を含む言語教育や言語習得研究などの分野では，たとえば「話す・聞く・書く・読む」の4つの領域や，その能力や発達を議論する際に「言語活動」を用いる傾向が強い。会話・あいさつなど外見的な観察記述が可能なものを「言語行動」，理解・思考・発達など内面的なことがらを「言語活動」と使い分ける傾向もある。

● 言語行動への視点 —— 言語行動を記述・分析し，学習・指導の対象とする際の視点は多様であるが，大きくまとめれば，①言語行動の種類や機能への視点，②言語行動の構成要素への視点，③具体的な言語行動の動的な構造への視点が挙げられる。

このうち，言語行動の種類は，あいさつ・用談・討論・雑談などまとまりのある言語行動や，そのなかに現れるあいづち，呼びかけ，応答，質問，説明，承諾，拒否など個別的な言語行動が，それぞれの姿や機能の違いを基に分類される。

言語行動を成り立たせる構成要素については，たとえば「主体・場面・素材」の3要素を区分する時枝誠記（もとき）（1973など）や，「発信者・受信者・文脈・内容情報・接触状況・言語体系」の6要素を区分するヤーコブソン（Jakobson, R. 1960）の考え方が有名で，これらに基づく議論と具体的な言語行動分析が行われてきた。とくに，言語形式の現れ方を，言語行動の主体や相手，場面・目的・媒体・伝達内容など他の構成要素との相互関係のなかで分析す

る研究,あるいは狭い範囲の言語形式だけでなく,声の大小や抑揚などの副言語(パラ言語 paralanguage)や表情・身ぶりなどの非言語的(nonverbal)な要素をも視野に入れた研究が,社会言語学や社会心理学などの分野で言語行動研究として行われる。

さらに,買物・勧誘・謝罪・謝礼などの言語行動を含む対話や談話(ディスコース discourse)の動的な展開や内部構造を詳細に記述分析する研究も,対人的な言語行動の研究として,会話分析,談話分析(discourse analysis),発話行為(speech act)論などの枠組みで行われる。

日本語教育においても,このような言語行動研究の観点・方法・成果を活用して,言語形式の意味や用法を言語行動の枠組みのなかで扱う教材や指導法が望まれる。

➡言語生活(6-C),発話行為(4-A),談話(4-B)

●参考文献

時枝誠記(1973)『言語本質論』岩波書店.

Jakobson, R. (1960) "Linguistics and Poetics." In Sebeok, T. (ed.) *Style in Language.* M.I.T. Press.〔川本茂雄(監訳)(1973)「言語学と詩学」ヤーコブソン, R.『一般言語学』みすず書房〕.

南不二男(編)(1979)『講座言語3 言語と行動』大修館書店.

杉戸清樹(1992)「言語行動」真田信治他『社会言語学』おうふう.

亀井孝他(編)(1996)『言語学大辞典6 術語編』三省堂〔「言語行動」の項〕.

[杉戸清樹]

■談話行動

●談話とは──「談話」(ディスコース discourse)は,広義には,話しことばと書きことばの両者を通じて,文(およびそれにあたる話しことばの単位である「発話」)よりも大きな言語表現のまとまりを意味する。狭義の「談話」は,このうち話しことばによるものをいい,書きことばによるものは「文章」と呼んで区別することが多い。

●談話行動とは──「談話行動」という場合には,このうち話しことばの「談話」に限定して,複数の発話を連続させてまとまりをもった構造の言語表現を作り出し,自らの意思や感情,客観的な事実などを表現したり,他者とのあいだで相互にやりとりしたりする言語行動を意味する。

具体的には,説明・発表・講演・祝辞・弔辞など1人の話し手による談話行動や,出会いや別れの相互のあいさつ,質問と応答,要求と応諾,謝罪・謝礼と返答,祝い・悔やみと返答,一連の用談,対談,会議,雑談など複数の参加者による談話行動など,さまざまな姿の言語行動が該当する。

●談話・談話行動のまとまり──談話や談話行動は,上記のように発話が連続して作り上げるまとまりであるが,このまとまりは単に話題内容が一貫して続くこと以外に,参加者(話し手・聞き手・聴衆など),用いる媒体(電話,マイク・スピーカー,放送など),使用言語(日本語か外国語か,方言か共通語か,専門用語か一般用語かなど),状況(公的・私的,改まった場面かふだんの場面かなど)といった多くのことがらが基本的には一貫していることによって成り立つまとまりとして捉える考え方が必要である(南不二男 1974, 1983)。

●談話行動の研究領域──談話行動の内部構造を記述分析する研究領域として,会話の始め方,話者の交替,割り込み,話題の転換・展開,会話の終わり方など,具体的な会話の構造を記述する「会話分析(conversation analysis)」,発話の内容や機能に注目して,その連続や展開を記述することにより談話の構造を分析する「談話分析(discourse analysis)」,言

語社会・社会集団・言語場面における談話行動の実際の姿や背後の規範を記述分析する「エスノグラフィー（ethnography）」などがある。

● **談話行動の型** ── 談話行動には，それぞれの言語社会や社会集団，あるいは言語場面の種類に応じて，さまざまな型（類型・パターン）や規範があるとされる。たとえば，日常生活や祝儀・不祝儀のあいさつの交わし方，依頼や勧誘の始め方，応諾・拒否の返し方，前置きなどの決まり文句など言語表現そのものの型のほか，話題の選び方（あいさつで，天気・体調などを話題にするか），媒体の選び方（直接面談や電話など話しことばを選ぶか，手紙・電子メールなど書きことばを選ぶか）などにも，相手・用件・状況に応じた選択の型や規範，あるいは選んではいけないタブー（禁忌）がある。

こうした型や規範を外れた表現や談話行動は，コミュニケーションに誤解や摩擦をもたらす場合もある。日本語の教育や学習においても，こうした型や規範の視点から談話行動を扱う必要がある。

→談話（4-B），談話構造（4-B），談話研究（4-B），エスノグラフィー（民族誌）（7-F）

● **参考文献**

南不二男（1974）『現代日本語の構造』大修館書店.

南不二男（1983）「談話の単位」国立国語研究所（編）『談話の研究と教育Ⅰ』〈日本語教育指導参考書11〉大蔵省印刷局.

国立国語研究所（1987）『談話行動の諸相──座談資料の分析』〈国立国語研究所報告92〉三省堂.

ザトラウスキー，P.（1993）『日本語の談話の構造分析』くろしお出版.

佐久間まゆみ他（編著）（1997）『文章・談話のしくみ』おうふう.

［杉戸清樹］

■発話行為

● **発話行為とは** ──「今日はいい天気だね」と「明日，必ず借りた本を返すよ」の2つの発話を比べた場合，前者は「今日はいい天気だ」という状況を述べているだけだが，後者は発話の文字どおりの意味「相手に借りた本を返す」と同時に，聞き手に対して「約束」という行為をしていることがわかる。このような文字どおりの意味も伝えると同時に，その発話によって「約束」や「依頼」「断り」「誉め」「命令」などの行為を行うことを発話行為（Speech Act）という。

● **事例：依頼** ──以下，「依頼」を例に説明する。相手やその場の状況，さまざまな要因によって，依頼といってもバリエーションがある。隣の席の人に窓を開けてもらいたいときには，「窓，開けて。」「窓，開けてくれる？」「窓，開けてもらってもいいかな。」「すみませんが，窓，開けてもらえませんか。」などがある。しかし，「今日は暑いですね。」「暑くない？」と同意を求め，推量してもらったり，上着を脱ぐ，暑そうな態度をとる（たとえば，うちわであおぐ，汗をふく），などでも依頼が可能な場合もあるだろう。これらはすべて相手との関係や場面に左右される。相手が友人か会社の上司かによって，語彙の選択の段階で異なるだろうし，同じ会社の上司でも，会議室と居酒屋では依頼の方法が変わるかもしれない。

● **学習者と発話行為** ── 日本語非母語話者にとって難しい点は，ただ依頼行動を行うだけでは十分ではなく，日本語の文法外コミュニケーション能力（社会言語能力）が必要になることである。相手の面子（体面）を傷つけないようにするにはどのような配慮が必要か，つまりどのように頼めば失礼にならないかに注意しなければならない。たとえば留学生が「先生，私は推薦書が必要です。私の推薦書を書くことができますか」と指導教員に言ったとする。これは

文法的には正しい文であるが，その先生は一方的に頼まれた，おしつけがましいような印象を受けたり，あるいは依頼だと認識できない可能性もある。

　現在，さまざまな言語と日本語との対照研究が進んでいるが，母語文化での発話行為のストラテジーをそのまま使用して問題が起こった際は，それが言語的な問題ではなく，その非母語話者の性格上の問題と受け取られる危険性もあると指摘されている。

●**聞き手の行為**――以上，発話者側（依頼者）からの観点で話を進めてきたが，会話には聞き手（被依頼者）が必ず存在する。聞き手は依頼者の発話に対して，あいづちをうったり応答したりするが，依頼に対する応答が「承諾」とは限らない。「断り」や「延期」だった場合，依頼者はどうするのか。会話では，相手の発話を聞きながら自分の発話の計画を立てなければならないため，手紙やメールのやりとりのように考えながら応答することができない。このような「会話」での難しさも加わり，実際使用場面ではさまざまな問題が生じることが予測される。以上のようなことから，発話行為を談話レベルで捉え，実際の相互行為を検証すること，とくに，接触場面における発話行為の談話には，どのような問題が内在しているかを解明するような研究が必要とされている。

➡発話行為（4-A），ポライトネス理論（4-A），発話の機能（4-A），異文化コミュニケーション（6-D），ポライトネスの研究（7-D）

●**参考文献**

オースティン，J. L.〔坂本百大訳〕（1978）『言語と行為』大修館書店.

サール，J. R.〔坂本百大・土屋俊訳〕（1986）『言語行為――言語哲学への試論』勁草書房.

グライス，P.〔清塚邦彦訳〕（1998）『論理と会話』勁草書房.

リーチ，G. N.〔池上嘉彦・河上誓作訳〕（1987）『語用論』紀伊国屋書店.

〔武田加奈子〕

■敬語の選択要因

日本語には敬語体系があり，われわれ日本人は毎日の言語使用にあたって敬語の束縛から離れることはできない。天気の話一つするにも，「今日は暑い（です）ね。」とデス・マスをつけるかどうか判断しなければならない。いわば，敬語表現を毎日選択しながらことばを使っている。

　敬語表現を選択する際，いろいろなことを考慮して1つの表現を選ぶ。たとえば聞き手に対する敬語の場合，次のような要因がある。

　まず，大きな要因として，話し手と聞き手の上下関係ということがある。目上の人・年上の人に対しては，デス・マスのついた形を使うのが鉄則である。尊敬語もよく使われる。目下の人・年下の人には，そのような原則はない。目上-目下は，社会的役割関係における上下であり，会社における上司と部下はその典型であるが，店での店員と客も，その場限りで店員＝目下，客＝目上という関係が成立していると考えられる。年上-年下は，聞き手と話し手の年齢という生まれもっている属性で決まり，しばしば目上-目下と重なるが，必ずしも一致するわけではない。年上の目下の人や，年下の目上の人に対しては，どちらの場合でも「上」として待遇するのが望ましい。

　次に，話し手と聞き手の親疎関係ないし相手との距離がある。親しい人には距離を置かないように，ていねいな敬語は使わず，そうでない人にはていねいな言い方をして距離を置くようにする。ウチとソトという捉え方も，相手との距離とかかわる。ウチは，距離を置かない範囲であり，たとえば家族は全部ウチ側の人なので，世代の上下を問わず，デス・マスをつけないで話すのが一般的である。

さらに，その場面の公私，話の内容がもたらす恩恵・負担・利益のようなものがある。公的な場面では敬語が使われ，その場に対する改まりの意識が表される。聴衆の前での討論会では，（ふだんの言い方がどうであれ）討論者はお互いに対してていねいな言い方をするものである。結婚披露宴では，年配者のあいさつのなかでしばしば新郎・新婦に対してデス・マス形や尊敬語が使われる。ものを頼むときは頼む側が下手に出るものであるが，相手に好都合な話をもち出すときはそういう配慮は要らない。

第三者に対する敬語では，第三者に対する上下関係やウチ・ソト意識が要因としてかかわっているだけでなく，聞き手と第三者の関係が配慮されることもあるので，複雑である。

また，ここで述べてきた敬語の選択要因は，敬語とは別のレベルと考えられるさまざまな単語の選択（ご飯，めし，ライスのような語種の差や，ケータイと携帯電話のような文体差にかかわるものなど）でも同様のものが見られる。

→ 待遇表現の運用（2-L），ことばの使い分け（4-B），敬語の地域差（6-B）

●参考文献

荻野綱男（編）（2003）『朝倉日本語講座9 言語行動』朝倉書店．

菊池康人（1994）『敬語』角川書店．

[荻野綱男]

■対人行動とパーソナル・スペース

●非言語行動——対人行動において，人はメッセージを言語表現によって伝達しようとするが，同時に非言語行動もメッセージの伝達に重要な役割を果たす。非言語行動には，手ぶり・身ぶり，うなずきなどの動作，顔の表情，視線，姿勢，声の出し方，相手との距離や接触などが含まれる。

●パーソナル・スペース——このうち，個人が自分のまわりにもっている空間で，対人行動の際に意識的あるいは無意識的に相手とのあいだにとる距離のことをパーソナル・スペース（personal space）と呼ぶ。ふだんはあまり意識しないが，他人がこのなかに入ってくると，侵害されたという感じをもつことがある。

ホール（Hall）は，人が他人とのあいだにかたちづくっている空間や距離をどのように用いるかについて，プロクセミクス（proxemics；近接学）という用語で表現し研究を行った。それによると，平均的なアメリカ人は，パーソナル・スペースを密接距離・個人的距離・社会的距離・公的距離という4つの領域に分けて，使い分けているという。

まず，「密接距離」は約50cmぐらいまでの距離で，家族や恋人などごく親しい人しか入らない。次に，50cmから1.2mぐらいを「個人的距離」といい，普通の友人や知り合いなどと個人的な話題が話される距離である。約4mまでを「社会的距離」と呼び，仕事上の用事や普通の社交はこの距離で行われる。それ以上の距離は「公的距離」で，公式の演説などが普通よりも大きな声で行われるような距離である。

●文化としてのパーソナル・スペース——このように，人は相手や場面との心的距離が小さい場合にはパーソナル・スペースを小さくとり，逆に心的距離が大きい場合にはパーソナル・スペースも大きくとっているのである。ここで注意しなければならないのは，このパーソナル・スペースが普遍的なものではなく，文化や個人によって差が見られ，同時に価値観を反映してしまうことがあることである。

たとえば，日本人は親しい人とのあいだでもこのパーソナル・スペースを広くとることが多いといわれているが，それが，ときとして他の文化背景をもつ人から見ると冷淡だと思われることがある。逆に，親しさや信頼を表現するためにパーソナル・スペースを小さくとる文化圏に日本人が身を置くと，他人が近づいてきすぎ

るような感じがして，思わず身を引くようなことが起こる。

● 日本語教育とパーソナル・スペース —— 日本語教育の場では，言語面の教育が中心となることが多いが，パーソナル・スペースのような非言語行動もコミュニケーションにとって重要な意味をもっているため，教育のなかで触れていく必要がある。ただその場合，単に日本人と同じように行動することを強いるものであってはならず，学習者の文化背景や取り巻く環境，また学習者自身の希望にも留意して提示していかなければならないであろう。

➡ 非言語行動（7-D）

● 参考文献

ホール，E. T.〔日高敏隆・佐藤信行訳〕（1970）『かくれた次元』みすず書房．

［深澤のぞみ］

■外国における日本語観

国際社会の進展とともに，日本および日本語を取り巻く環境は激しく変化している。海外における，機関所属の日本語学習者数は200万人を優に超え，テレビ・ラジオの日本語講座や個人的学習者も含めると，上記の数倍になるともいわれている（国際交流基金調べ）。また，日本語学習と無縁の人でも，生活のなかで日本

表6-5 今後，世界のコミュニケーションで必要になると思われる言語（複数回答可）　　　　　　［単位：％］

国名	第1位		第2位		第3位		第4位		第5位	
アメリカ	英語	88	スペイン語	56	日本語	23	フランス語	18	中国語	13
ブラジル	英語	72	ポルトガル語	28	スペイン語	24	フランス語	8	日本語	5
アルゼンチン	英語	86	スペイン語	25	フランス語	9	ポルトガル語	5	イタリア語	4
イタリア	英語	95	フランス語	29	ドイツ語	21	スペイン語	12	イタリア語	10
フランス	英語	96	フランス語	55	スペイン語	35	ドイツ語	30	中国語	7
イギリス	英語	90	フランス語	56	ドイツ語	39	スペイン語	16	日本語	10
ドイツ	英語	96	ドイツ語	54	フランス語	32	スペイン語	17	ロシア語	13
ロシア	英語	88	ロシア語	71	ドイツ語	31	フランス語	18	日本語	7
トルコ	英語	95	ドイツ語	36	トルコ語	35	フランス語	23	イタリア語	11
イスラエル	英語	96	フランス語	31	アラビア語	22	ヘブライ語	15	イタリア語	10
オーストラリア	英語	83	日本語	50	中国語	29	フランス語	18	ドイツ語	11
シンガポール	英語	95	中国語	41	日本語	13	フランス語	7	ドイツ語	3
タイ	英語	97	タイ語	22	中国語	15	日本語	10	フランス語	5
インドネシア	英語	87	インドネシア語	49	日本語	8	アラビア語	8	フランス語	6
フィリピン	英語	98	タガログ語	25	スペイン語	6	中国語	4	日本語	3
ベトナム	英語	98	フランス語	36	中国語	19	ベトナム語	16	日本語	9
モンゴル	英語	93	モンゴル語	39	ロシア語	33	中国語	20	日本語	20
台湾	英語	91	北京語	36	日本語	17	台湾語	8	スペイン語	1
中国	英語	93	日本語	65	フランス語	21	ドイツ語	8	ロシア語	6
韓国	英語	93	韓国語	48	日本語	43	中国語	22	フランス語	14
日本	英語	90	日本語	21	中国語	9	フランス語	2	スペイン語	1

注｜ポルトガル，スペイン，オランダ，ハンガリー，エジプト，インド，ナイジェリアの7カ国を除く。
出典｜新プロ「日本語」総括班，研究班1（編）『日本語観国際センサス単純集計表（暫定速報版）』（1999.3）．参考HP：国立国語研究所「日本語観国際センサス」（1999） http://www.kokken.go.jp/jalic/

語と接する可能性は以前に比べて格段に飛躍していることが推測される。日本語が日本国内だけのもの，そして日本人だけのものであった時代は遠い過去のものとなった感がある。

●日本語観国際センサス── このような状況にあっても，日本語学習や日本語使用の実態に関する客観的・科学的情報資料はそれほど多くはない。世界各国における日本語の状況を客観的な情報として把握する必要性が多方面で指摘され，そのような状況を背景として，国立国語研究所が中心となったプロジェクト研究「国際社会における日本語についての総合的研究」（研究代表者：水谷修）が行われた。「日本語観国際センサス」はその一環として実施されたも

表 6-6　日本語のイメージ

国名	きれい	きたない	簡単	難しい	聞きやすい	聞きにくい	好き	嫌い	人数
アメリカ	35 %	14 %	7 %	67 %	14 %	54 %	27 %	20 %	999 人
ブラジル	50	38	10	87	9	88	56	35	1076
アルゼンチン	27	28	6	78	15	54	33	31	1110
イタリア	26	34	2	82	6	75	22	47	1032
フランス	20	37	1	82	12	54	14	38	1047
スペイン	22	34	3	78	17	54	20	32	1000
ポルトガル	13	28	3	51	4	42	10	25	967
イギリス	24	22	4	70	10	54	22	19	1014
ドイツ	24	20	2	74	7	45	18	33	998
オランダ	24	40	4	80	17	51	7	55	1008
ロシア	30	35	4	79	12	61	20	40	1042
ハンガリー	28	26	5	72	5	66	26	32	1066
トルコ	58	10	21	49	27	31	55	11	1010
イスラエル	23	34	4	81	7	66	20	35	1000
エジプト	38	21	13	50	18	44	37	24	1037
ナイジェリア	39	17	10	44	18	31	51	17	1001
オーストラリア	25	19	5	73	21	45	24	14	1024
インド	21	2	5	22	8	12	24	6	1000
シンガポール	55	8	17	45	30	28	41	15	1027
タイ	43	10	11	60	19	36	24	19	1000
インドネシア	25	36	9	75	40	35	31	37	1006
フィリピン	40	26	18	62	21	52	40	35	1000
ベトナム	63	12	15	70	32	45	53	38	1000
モンゴル	49	20	15	51	27	39	46	23	1002
台湾	55	13	33	30	43	17	47	17	1138
中国	25	30	20	36	24	30	21	34	2917
韓国	17	40	37	32	24	30	16	44	1000
日本	55	7	40	37	55	17	84	1	2950

注｜中間解答，無回答は除外して表示した。
出典｜新プロ「日本語」総括班，研究班 1（編）『日本語観国際センサス単純集計表（暫定速報版）』(1999.3)。参考HP：国立国語研究所「日本語観国際センサス」(1999) http://www.kokken.go.jp/jalic/

のである（1997〜98年）。

この調査は世界に例のないほどの大規模な意識調査（面接調査）である。28の国と地域で多段階層化法によるランダム・サンプリング（エリア・クォータ法）により調査対象（被調査者）を抽出し、個別面接により調査が行われた。被調査者は当該国・地域に市民権を有する15歳から69歳の男女、約1000名（中国と日本は3000人弱）である。日本語学習、日本語の価値、日本語のイメージなどをはじめ、母語や英語のイメージ、外国語学習など50項目以上が調査の対象となった。

コミュニケーション言語に関する調査項目として、「今後世界で必要となる言語」「今後自国で必要となる言語」「子どもに習わせたい言語」、日本語に関する項目として、「接触経験」「知っている日本語」「日本語のイメージ」「便利な話題」、日本語学習に関する項目として「学習経験の有無」「学習場所」「方法・期間」「学習意向」「理由」「上達意向」「日本語能力」「役立つ程度」「自国での学習障害」などがある。

表6-5はこれら調査項目のうち、「今後世界のコミュニケーションで必要となると思われる言語」に関する結果である（一部の国を省略）。南米、ヨーロッパなどの地域では日本語はさほど重要とは思われていないようであるが、環太平洋地域では日本語が上位に現れる国（地域）がかなりの割合になっている。

表6-6は日本語のイメージ（「きれい―きたない」「簡単―難しい」「聞きやすい―聞きにくい」「好き―嫌い」）に対する回答である。参考として結果のみを掲載するが、国や地域によって回答パターンが大きく異なっている。

➡ 言語意識（6-C）

● 参考文献
国立国語研究所ホームページ http://www.kokken.go.jp/jalic/
日本語観国際センサス単純集計表（暫定速報版），1999.

［米田正人］

■言語生活

● 国立国語研究所の言語生活調査——「話す・聞く・書く・読む」という言語行動は人間生活の主要な構成要素である。国立国語研究所はこうした日本人の「言語生活」を研究の対象とし、戦後各地で調査研究を行った。1949（昭和24）年に行われた福島県白河市における言語調査（国立国語研究所 1951）では、4名の市民を対象に1日の言語生活を追跡する「24時間調査」を行っている。調査員がインフォーマントに終日同行して全発話を記録したデータから、個人の1日の発話量、多用される語、読み書きの時間などについての量的なデータを得ている。1日の発話で多用される語について対象者2名の調査結果を比較すると、ともに指示語、基礎的な用言、あいさつことばが多用されるという共通性が見られる。

● あいさつ行動の地域差——「あいさつ」は他者とのコミュニケーションにおいて重要な位置を占めるが、この言語行動に気づかれにくい地域差があることが近年指摘されるようになった。杉戸（1997）は、国立国語研究所が行った北海道札幌市と富良野市の調査結果から、都市化の程度によって両市の人々の言語行動に差が見られることを指摘している。近所の店で買物をする場合「入る際にあいさつをするか」「店員が、天気の話など買物に関係のない雑談を話しかけてくるか」という2点についての調査結果では、都市化が進んでいるとみなされる札幌市に比べて富良野市に「あいさつ・雑談を行う」傾向が強いという。方言談話資料を用いて分析を行った沖（1993）では「結婚が決まった家の人に道であったときのお祝いのあいさつ」の地域差が分析されている。方言特徴を含

んだ各地の表現を，その表す内容に応じて〈確認〉（ケッコン キマッタソーナ，オヨメサンモライナサルゲナなど），〈祝い〉（オメデトーゴザイマス，オメットサンなど），〈感想〉（ヨカッタデスネ，イガッタノーなど）といった「要素」に分類し，各要素の出現・組み合わせに地域差があることを見いだしている。たとえば近畿圏では，話を継続するための手がかりとして「どこから嫁をもらうのか」「だれの紹介か」といった〈尋ね〉要素が出現することが多いという。一方，東海地方には，道端ではこうしたことを話題にすること自体を避ける地域がある。

●新しいメディアと言語生活の変容──新しいメディアの普及はわれわれの言語生活に影響を及ぼす。発信者が特定できる携帯電話が広まった結果，現在の大学生世代では，電話での発話の冒頭に通常認められる「名のり」「相手確認」「あいさつ」などが省略されつつあり，いずれはこの言語行動が携帯電話以外の電話における発話でも一般化する可能性も指摘されている（田中 2002）。言語生活の実態は，当然のことながら，情報機器などの技術革新による生活環境の変化とともに常に変容を続けている。

→言語行動の地域差（6-B）

●参考文献

沖裕子（1993）「談話型から見た喜びの表現──結婚の挨拶の地域差より」『日本語学』12-1．

国立国語研究所（1951）『言語生活の実態──白河市および附近の農村における』秀英出版．

杉戸清樹（1997）「地域社会と言語行動」『国文学解釈と教材の研究』42-7．

田中ゆかり（2002）「携帯電話と電子メイルの表現」飛田良文・佐藤武義（編）『現代日本語講座2 表現』明治書院．

[半沢 康]

■在日外国人の言語生活

●母語によるコミュニケーションの機会──近年の通信手段の発達は，母語社会とのネットワークやエスニック・ネットワークにおける母語コミュニケーションの機会を格段に増やすことになった。各種エスニック・メディアを介して母語に触れる機会が得られる場合もある。また，ニューカマーの集住コミュニティには，母語だけで当面の日常生活が可能な程度の各種産業を擁するものも現れている。在日外国人が主体となって多言語化を進める場合のみならず，一部の行政機関・NGO・NPOには生活情報の提供・相談活動・教育などにおける多言語サービスの充実をはかる例もあり，母語による情報受発その他の機会は徐々に増加しているといえる。こういった環境によって渡日第一世代や短期滞在者には日常のトランザクションに日本語がほとんど必要とならない場合もある。

●日本語の必要性──しかし，1995（平成7）年の阪神・淡路大震災で改めて明らかになったように，日本語を第一言語としない外国籍住民は緊急時に情報弱者としての立場を余儀なくされるのが日本社会の現状である。この現状をうけて，渡日第一世代の言語生活は，母語と日本語を含む多重言語生活が一般的となっている。就労・勉学・居住などの生活基盤を自ら築いていこうとする場合には，日本語能力が明示的な要件とされたり，日本語を解さないことによる不利益を免れないと解釈される例が圧倒的に多い。また，トランザクションのみならず日本語使用者とのインタラクションを志向して社会生活を営もうとする場合，日本語能力が不可欠なものとして意識されやすい。方言主流社会とされる地域社会においては，その言語状況に応じて，自らの方言使用を抑制する方略をも含めた方言についての理解が必要となる場合もある。

●母語と日本語への対応──定住化の歴史が

長い人々の集住コミュニティでは母語と日本語との接触によって形成された混成言語がコミュニティ言語となっている場合がある。また、民族学校など教育の場には日常的に民族語が志向され、日本語との接触を通して変容したものも含めた学習言語のコミュニティが存在している。こういったコミュニティや、渡日第一世代の意志と努力が反映できる環境がある場合は、第一世代の母語の継承がなされる例もある。が、前述のような日本社会の現状を反映して第二世代以降が日本語モノリンガルとなっていき、親世代の母語が世代間のコミュニケーション言語として機能しなくなる例は非常に多い。インドシナ難民、中国からの帰国者、労働を目的に渡日した日系人などには、厳しい就労条件などのなかで子世代への母語教育を行う余力がない場合も多い。母語が思考言語・学習言語として確立しないうちに渡日した子ども世代にとっては日本語環境にさらされることでライフチャンスがあらかじめ奪われるという問題も生じている。これら子ども世代の教育問題は、高齢化したオールドカマーの非識字者への対応とともに、最も緊要の課題となっている。

➡中国帰国者の言語生活 (6-C)、災害時の外国人の避難行動 (6-C)、外国人問題 (6-F)、言語弱者に対する翻訳と通訳 (6-G)、言語保持と喪失 (8-A)、中国帰国者 (10-D)、インドシナ難民 (10-D)、日系人・就労者 (10-D)、外国人配偶者 (10-D)、サービス業で働く人たち (10-D)、ボランティア・ネットワーク (10-E)、多文化共生の地域づくり (10-E)、非常時対策と日本語教育 (10-E)

●参考文献

任栄哲(1993)『在日・在米韓国人および韓国人の言語生活の実態』くろしお出版.

植田晃次(2001)「『総聯朝鮮語』の基礎的研究——そのイデオロギーと実際の重層性」野呂香代子・山下仁(編)『「正しさ」への問い——批判的社会言語学の試み』三元社.

言語権研究会編『ことばへの権利——言語権とはなにか』三元社.

KOBE外国人支援ネットワーク(編)(2001)『在日マイノリティスタディーズⅠ 日系南米人の子どもの母語教育』エピック.

ロング, D.(2002)「日本語と他言語の使い分け」『社会言語科学』5-1.

[前田理佳子]

■中国帰国者の言語生活

●中国残留孤児と中国帰国者——終戦の直前、中国の東北地区(旧「満州」地域)では、突然のソ連参戦により、開拓団を含め多くの日本人が居留地を追われ、混乱のうちに避難することとなった。悲惨な逃避行のなかで、親と生別または死別した日本人孤児が大量に発生した。これらの孤児の多くは中国人に育てられ中国で成長することになった。これが中国帰国者(中国残留孤児)と呼ばれる人々である。

中国帰国者の引き揚げは日中国交回復(1972年)後に本格化したが、帰国した残留孤児とその他邦人(生きるために現地の人と結婚するなどして残留することになった残留婦人など)、その同伴家族、帰国後中国から呼び寄せた家族を含めて一般に中国帰国者と呼んでいる。中国で生まれ育った同伴家族はもちろん、孤児本人にとっても「帰国」は言語・文化の異なる環境への移住そのものであった。戦後間もない頃の引き揚げ者とは本質的に異なる問題をかかえた人々であったといえる。

●中国帰国者のかかえる日本語問題——中国帰国者は、帰国後しばらくは当面の生活基盤を築くことに没頭することになる。それに伴い、買物や交通機関の利用、近隣との交際、保育や教育、医療機関や行政サービスの利用、就職・就労などの生活行動を実行するための日本語を習得する必要に迫られる。

時間の経過とともに、生活を安定させ生活の

質をより高めることを目指すようになるが，その過程で断続的に日本語学習ニーズが生じる。職場での地位向上やよりよい職場・職種への転職を目指し資格取得や自己研鑽に励むなかで，再び日本語学習の必要を感じるようになるというようなケースである。

彼らにとって日本語学習は潜在的には生涯学習的な性格をもつものとなっている。それはまた，彼らが日本での言語生活においてある種の不全感をもちつづけるということでもある。

中国帰国者の帰国後の言語生活はどのような年齢で「帰国」したかということにより大きく左右されることになる。日中国交回復後に帰国した孤児は30～40歳代であったが，2004（平成16）年現在帰国する孤児の年齢は50歳代後半～60歳代になっている。孤児世代にとっては帰国後に就職，就労を目指すことも，それに見合った日本語の能力を身につけることも難しくなり，正面から言語・文化の問題と格闘することは主に二世・三世の世代の役割となりつつある。

児童生徒の年齢で来日した孤児二世・三世の場合，言語・文化環境の激変は，認知・言語能力の形成に大変大きな影響を及ぼすことになる。小・中学校での学習や進学，就職に大きなハンディをかかえ，それがまた後の生活に種々の制約を加えるという負の連鎖が生ずるケースも少なくない。

国内の中国語などによる情報ネットワークが不備であることもあり，中国帰国者は日本語を十分に習得するまでは生活上の情報を得る経路が限られることになる。とりわけ，周囲に帰国者仲間や中国語を話す人が少ない地域では，その範囲はきわめて狭いものになっているのが実状である。

➡中国帰国者（10-D）

● 参考文献
文化庁文化部国語課（編）（1997）『中国帰国者のための日本語教育Q&A』大蔵省印刷局．
小林悦夫（1996）「中国帰国者教育の特性と研修カリキュラムおよび教育システムの現状」江畑敬介他（編著）『移住と適応――中国帰国者の適応過程と援助体制に関する研究』日本評論社．
小林悦夫（1996）「中国帰国者に対する日本語教育――経緯と課題」『日本語学』15-2．
蘭信三（2000）『「中国帰国者」の生活世界』行路社．

[小林悦夫]

■災害時の外国人の避難行動

災害には多様なものがあるが，ここでは，地震などの自然災害に関して，1995（平成7）年の阪神・淡路大震災の際の調査研究に基づく知見を述べる。とくに，日本語が堪能でない外国人の行動，および，そういう人たちを対象とした緊急情報を発信するための言語面での対策に焦点をあてて考えるものとする。

● 避難行動のタイプ ―― まず，避難行動を大別すると次のようなパターンが見られる。①日本人の知人・友人，または，公的な場所や組織に支援を求めるケース（日本人ネットワーク依存型）。②同じ出身国の人々や共通言語の使える外国人に支援を求めるケース（母国人ネットワーク依存型）。③必要な情報がほとんど入手できず，支援を求める所もわからず，孤立してしまうケース（孤立型）。

①のケースは，自分の理解できる言語で情報提供してくれる日本人が身近にいる場合である。

②のケースでは，依存する母国人ネットワークなどに正確な情報収集能力があり，日本人ネットワークと緊密につながっている場合は，有効に機能する。そうでない場合は，そのグループ全体が必要な情報を迅速に得られない状態に

なる。

③のケースでは、恐怖心から帰国してしまったり、危険な状況に気づかず、適切な避難行動がとれなかったり、支援から取り残されて、非常に困難な状況に陥ったりすることになる。

●**必要な情報の種類**——では、実際に、どのような情報が必要であるかを時間の経過を軸に分析すると、以下のように集約される。

(1)直後情報：現状把握，余震・津波関連情報，消防・救急，ガス漏れ・火事注意，避難所情報など。
(2)二次災害防止情報：避難勧告などにかかわること。
(3)生活・安否・復旧情報：安否情報，水・食料・交通・医療・電話サービスなどの生活情報，外国人支援情報，同国人との連携にかかわることなど。

●**言語面での支援**——先の阪神・淡路大震災の事例では、外国人に向けての公的支援や民間支援団体の多言語での活動の立ち上げなどには、72時間程度が必要であった。このような初期の混乱状況のなかで、身の安全と最小限の生活を守るために、多言語での災害関連情報の提供を迅速に行える体制の整備が必要である。と同時に、日本語の能力が初級後半ないし中級レベル程度の人たちにもわかるような、「やさしい日本語」で情報を提供することによって、少しでも救援の手を広げることができるのではないかという提案もなされている。地域のラジオ放送や防災無線などでも、やさしい日本語で、ゆっくりしたスピードで、くり返し情報を流すなどの工夫をすることが考えられる。また、ポスターやちらしなどには、できるだけ、イラストと文字情報を併用し、漢字には必ずルビをふるなどの工夫をすると、理解できる人が増加する。

➡非常時対策と日本語教育（10-E）、在日外国人の言語生活（6-C）

●**参考文献**

佐藤和之（1999）「震災時に外国人にも伝えるべき情報——情報被災者を一人でも少なくするための言語学的課題」『言語』28-8．

松田陽子（1996）「多様な外国人に対する情報提供を考える」『言語』25-3．

松田陽子他（2000）「災害時の外国人に対する情報提供のための日本語表現とその有効性に関する試論」『日本語科学』7．

[松田陽子]

■海外の日本語学習者の言語生活

海外の日本語学習者の言語生活は国や地域、年齢層などによって差が大きいと考えられるが、いずれの場合にも共通しているのは、やはり日本国内の学習者に比べ、日本語使用場面が少ないということであろう。ここでは、台湾の大学生・高校生の事例で見てみる。

●**母語話者との接触**——諸外国のなかでも地理的に日本に近い台湾では、とくに台北などの都市部において、企業の駐在員、観光客、留学生などの日本人も多く、台湾の大学生や高校生がこのような日本人と、言語交換やアルバイトなどを通じて接触するという事例も少なくない。また、日本の植民地時代に日本語教育を受けた世代を祖父母にもつ学習者の場合、日本語は幼い頃から耳慣れた言語の１つとなっていることもある。

●**メディアの日本語との接触**——一方、メディアの面では、戦後長らく続いた公の場での日本語使用禁止が解除されて以後、日本の衛星放送の中継をはじめ、民間放送局のドラマなどを録画したものが随時放送されているほか、新聞・雑誌・書籍の入手も容易であるなど、諸外国に比べ恵まれた日本語の学習環境にあるといえる。

日本語はこのようなメディアによりもたらされた消費文化や大衆文化とともに、とくに低年

齢層に浸透しており，幼い頃から日本の漫画とテレビゲームで育ったという大学生・高校生が圧倒的で，日本語学習の大きな動機となっている。しかし，漫画などはほとんどが中国語に翻訳されているなど，メディアによる情報は部分的かつ一方的であり，日本語使用という面では限界がある。

●e-mailと短期留学── 近年，このような限界を補おうとする学習者の日本語学習に大きな影響を与えているのが，e-mailと短期留学である。大学生・高校生のなかには，共通の趣味をもつ日本人と日本語のe-mailの交換をする者も多く，日本に行かなくても日本語を使用できる機会が大幅に増えた。また，夏休みなどを利用しての短期の語学留学，高校や大学の姉妹校への短期留学制度なども盛んになり，以前に比べて学生が直接日本文化に接触する機会も増えた。

●言語環境の変化と日本語教育── このような言語環境の変化により，大学の日本語学科においては新たな問題も生じている。たとえば，言語環境と教育政策によりもたらされた学習者の低年齢化に対する，カリキュラム全体のレベルアップ，日本語学科の学習内容と学習者の動機との関連性の問題などである。また，短期留学は経済的に裕福な学生に限られるという問題や，短期留学中の日本での授業内容と留学前後の学習内容の連結の問題，学習者の日本語の極度な口語への偏りといった問題もある。

これらの問題に対応すべく，台湾の各大学の日本語学科では，学習内容のレベルアップ，選択科目の増加，遠距離学習の導入など，教育内容の多様化と弾性化をはかるといった対策を進めつつある。

➡サブカルチャーと日本語教育（11-A），留学のための日本語（11-A），遠隔教育（9-C）

●参考文献
蔡茂豊（2003）『台湾における日本語教育の史的研究（上・下）1895〜2002年』大新書局．
陳淑娟（1999）「台湾高校生の日本語学習意識に関する調査研究」『台湾日本語教育学報』3，台湾日本語教育学会．

［塩入すみ］

■在外日本人の言語生活
●日本語と現地語の使用── 日本人が海外に居住している理由は，仕事，家族，学業のためなどさまざまであるし，滞在期間も人それぞれである。しかし，その違いに関係なく日常生活において日本語と現地語の双方を使っていることに変わりはない。家庭外で使用する日本語と現地語との比率は仕事の内容によって差が出てくるのは当然である。外資系の会社，現地の大学などで，同僚や級友が外国人の場合には使用言語は現地語となる。それに反して，顧客，同僚が日本人の場合には，いかに国外にいるとはいえ日本語を使う比率がはるかに多くなる。

では，家庭内ではどうかというと，まず結婚相手が日本人かどうかによって日本語の使用率は大きく変わってくる。伴侶が日本人であると使用言語の90パーセント以上が日本語になり，外国人の場合にはその逆になる。子どもたちも両親が日本人であれば，家庭内ではほとんど日本語を話しているが，成長するにつれてだんだん現地語を使用する率が高くなるケースも多々見られる。

家庭外の使用言語はその子どもたちが受ける日本語教育に深くかかわっているようである。全日制の日本人学校に通っている子どもたちは家庭外でもほとんど日本語を使っており，反対に全然日本語教育を受けていないとほぼ100パーセント現地語を使うようになる。週末の日本語補習校に通っている子どもたちは家庭内では100パーセント日本語を使用している場合でも，外ではほとんど現地語を使っているようである。

●**日本語の継承**——在外日本人は現在独身の人をも含めてほとんどすべてが子弟には日本語教育を受けさせようと考えている。その理由としては継承語である日本語を子どもたちに伝える義務があると考えていることであったり、日本人というアイデンティティをもつのに欠かせないものだから、また日本にいる親族とのコミュニケーションを可能にするため、ひいては現地語の堪能でない親にとって親子間の意志の疎通を図るのに欠かせないからなどということが挙げられる。

●**現地語の問題**——在外日本人の多くは現地語、たとえば英語は仕事をしていくうえで必要不可欠な言語であり、また外界との通信手段としても重要だと考えている。しかし、外国語であるがゆえに会話の間を逸したり、言ったことが自分の本当の気持ちにそぐわず後味の悪さが残ったりすることもあると感じている。それに反し、日本語は母語であるゆえ自分の気持ちを安心して表現できることばであり、母語として継承してきた文化のエッセンスを具現化したものであると考えている。

現地語、たとえば英語に対しては、国際語、自己主張が強い、物事をはっきり説明しやすい、あいまいさを許さないことばなど、そして日本語に対しては、あいまいである、含蓄が多い、敬語などがあり文字も3種類ある難解なことばというイメージをもっている。

➡ 継承日本語教育（8-A），日系社会における日本語教育（11-A）

[シュヴレー慧子]

■海外日本人学校での言語教育

●**日本人学校とは**——日本人学校は、海外に在留する日本人のために「学校教育法」に規定する日本国内の学校と同等の教育を行うことを目的とした全日制の教育施設である。2004（平成16）年4月時点で世界各地に82校開校されている。日本政府から派遣された教員により学習指導要領に準拠した教育が行われており、日本人学校での言語教育は、基本的には「国語科」がその中心である。

●**日本人学校における言語教育の特徴**——しかし、日本人学校での言語教育は、日本国内と大きな違いがある。その1つは、「日本語」が導入されているという点である。近年の国際結婚の増加により、一方の親が外国人のため日本語の力が十分でない子どもが増加しつつある。とくに、アジア地域、中南米地域の日本人学校では、小学校の低学年で「日本語」が取り入れられている。「国語科」の授業でも習熟度別の学級編成により、実質的に「日本語」を行っている学校もある。

日本人学校での言語教育のもう一つの特徴は、小学校から特設の教科として、「英語」「英会話」ないし所在国・地域の言語を取り入れている点である。文部科学省の2004年度の調査によると小学部では82校中77校で「英語」「英会話」を特設し、週1時間から2時間の授業が行われている。残り5校では、所在国の言語、たとえば、台湾では「中国語」、南米では「スペイン語」、ヨーロッパでは「ドイツ語」「フランス語」を週1時間から2時間実施している。英語圏以外の国・地域にある54の日本人学校では、「英語」「英会話」と所在国の言語の両方を実施している。

日本人学校の中学部では、「国語科」は日本国内と同じ時間配分で実施されている。「英語」は、国内よりも時間配分が多く、それに加えて、「英会話」を特設している学校が82校中71校ある。「英会話」以外に所在国・地域の言語を特設する学校は6校にとどまり、「英語」を特設する学校が年々多くなっている。また、インドネシア・タイ・中国・マレーシア・中南米・イタリア・ドイツ・ロシア・中近東の46の学校では、「英語」「英会話」に加えて所在国

の言語を特設教科として位置づけている。「英語」「英会話」については週2時間，所在国の言語については週1時間実施している学校が大半である。このほか，最近注目されるのが，イマージョン（一部教材のみ）を実施する日本人学校が出てきている点である。とくにシンガポール日本人学校では小学部・中学部とも一部教材でイマージョンを実施している。

　指導体制は，小学部で実施されている日本語の授業については国内から派遣された教員によって行われている。特設の「英会話」と所在国の言語については，「現地採用」といわれるネイティブ・スピーカーによって実施されている。日本人学校の「英語」については，文部科学省が実施した2002年度の教育課程実施状況調査によると，国内の中学生と比較し，きわめて良好であり，学習意欲も高い。ただ，所在国の言語については，時間数が少なく，実際に使う場面がないため，学習意欲も低く，その成果についても疑問視されている。

→継承日本語教育（8-A），言語保持と喪失（8-A）

● 参考文献
佐藤郡衛（1997）『海外・帰国子女教育の再構築』玉川大学出版部.
梶田正巳（1997）『異文化に育つ日本の子ども』〈中公新書〉中央公論社.
　　　　　　　　　　　　　　　　[佐藤郡衛]

■ バイリンガル児の言語生活
● バイリンガル児とは —— バイリンガル児といっても，2言語の能力が等しいバイリンガル（balanced bilingual）は実際には非常にまれである。また，おとなのバイリンガルの認定には「2言語それぞれを用いてのコミュニケーションが可能である」ことが必要最低条件として求められるが，それに対してバイリンガル児の言語生活は言語入力の意味でも，また言語使用の意味でも，ダイナミックで変化するものであ

るという点で，おとなの場合と大きく異なる。言語習得の一応の完成を思春期と考えると，それまでのあいだのバイリンガル児の言語生活，言語環境，2言語それぞれの発話機会が成長過程において変化する可能性があり，そのため2言語の能力が変わりやすいという特徴があるからである。言い換えると，2言語の能力が等しいバイリンガルから，どちらかの言語能力のほうが高い場合だけでなく，成長していくうちにバイリンガルでなくなっていく，1つの言語をまったく用いなくなる，そして1つの言語を理解できなくなるという可能性があるほど種々のケースがある。そのため，バイリンガル児の具体的な定義には「つねに2言語を聞き，用いる幼児，児童」だけでなく，「つねに2言語を聞き理解する能力はあるものの，1言語に関してはほとんど用いることのない幼児，児童（receptive bilingual）」も含めて考える必要がある。なお，バイリンガル児が話し相手によって使用言語を変える（code-switching）という言語使用の特徴は，非常に早い時期から現れる。

● 2言語環境 —— 仮に，バイリンガル児を「つねに2言語環境で生活している幼児，もしくは児童」と定義しても，その2言語環境はいつからなのか，生後すぐからか，それとも，ある一定の年齢になってからかで，彼らの言語生活，言語使用の特徴は大きく異なってくる。また，言語の使用には日常的なコミュニケーションだけではなく，知的な思考のためという意味があるが，この意味ではバイリンガル児が2言語で同じように知的な思考ができるようになるかどうかは教育によるものであると考えられる。

　日本に住んでいるバイリンガル児を例に考えると，幼稚園，学校では日本語を用い，家庭では日本語以外を用いているという環境であっても，将来バイリンガルになるとは限らない。そ

こには，2言語の環境がつねに用意され，さらに，幼児，もしくは児童が2言語を用いて生活するための動機が必要となる。動機が弱くなると，日本に住んでいるという条件，日本で教育を受けているという条件から，日本語以外の言語を用いることが減り，日本語だけを用いる可能性が高くなる。

●**2言語維持の支援**── 2言語の維持はバイリンガル児のアイデンティティのためにも大切なものであるが，現在の日本の幼稚園や保育園，義務教育機関では，外国人，もしくは帰国子女のための特別な日本語教育の機会が限られているだけでなく，さらに彼らの母語の維持のための教育的な配慮はあまり行われていないのが現状である。バイリンガル能力の維持のためには，家庭での支援だけではなく，教育機関からの支援が必要である。

→バイリンガリズム論（7-E），バイリンガリズム（8-A），二言語使用能力（8-A），バイリンガル教育（8-A），言語保持と喪失（8-A）

●**参考文献**

芳賀純（1979）『二言語併用の心理──言語心理学的研究』朝倉書店．

Grosjean, F. (1982) *Life with Two Languages.* Harvard University Press.

Lanza, E. (1997) *Language Mixing in Infant Bilingualism.* Oxford Univarsity Press.

Romaine, S. (1995) *Bilingualism.* Blackwell.

［白井純子］

■帰国子女の言語生活

●**帰国子女とは**── 帰国子女（帰国児童生徒と呼ぶこともある）には，在外邦人の子女と中国帰国孤児の子女がいる。在外邦人の帰国子女の明確な定義はない。保護者の事情により，日本で生まれ，日本文化社会で育ち，ある年齢に達した後に外国へ行き，その国の言語文化の影響を受けながら数年間生活して帰国，外国で生まれて学齢期まで居住して日本に帰国，数年単位で海外を転々とした後に帰国，といった状況下の子どもを指す。その数は，文部科学省の学校基本調査や外務省の管内在留邦人子女数調査による。中国帰国孤児の子女は，1972（昭和47）年の日中国交正常化を契機に，帰国するようになった中国残留邦人の子どもを指す。その数は，厚生労働省の調査統計資料で示されている。

●**在外邦人帰国子女**── 在外邦人帰国子女の場合，海外滞在期間や年齢，在籍校（日本人学校，補習授業校，私立在外教育施設，現地国校，国際学校，通信教育，未就学など），帰国時の年齢，家庭状況などにより，言語文化的背景や生活経験は多様である。彼らの第一言語は，英語，フランス語，中国語，ロシア語などさまざまである。日本での使用言語も，学校でも家庭でも日本語の子ども，学校では外国語，家庭では日本語の子ども，学校でも家庭でも外国語の子どもとさまざまである。

●**中国帰国孤児の子女**── 中国帰国孤児の子女の場合，在外邦人帰国子女に比して，日本に関する情報を得る機会が少ない環境にある。第一言語は中国語であるが，家族，親戚，仲間とのやりとりでは中国語，学校やマスメディアでは日本語で対応するといった状況である。また，保護者の生活状況や中国での就学状況などにより，言語力や学力の問題，人間形成の問題をかかえた子どもがいる。

●**2言語の習得と保持**── 両者とも，日本での言語環境において，生活日本語力は徐々に身につけていくが，学校での教科学習の日本語力の向上は容易ではない。第二言語としての日本語の習得，第一言語の保持（習得した言語の使用能力が維持または向上発達すること）という共通の問題をかかえる。多くの帰国子女が対外的には多数派言語である日本語を使い，同属集団内では第一言語を使うという状況は，日本語

と第一言語とのあいだにダイグロシア的な力関係をもたせることになり，帰国子女の2言語習得に影響を与えることが予測される。また，帰国後に現地国語を保持しながら日本語を発展させていくときに生じる自己概念形成や人間関係の問題，日本語力不足から本来の学年より低い学年で授業を受けるなどの受け入れ校の対応で生じる教育観や価値観にかかわる問題など，言語運用力を発端とした心身にかかわる問題も多く見られる。

現在，文部科学省のCLARINET，東京学芸大学国際教育センター，海外子女教育振興財団，波多野ファミリースクールをはじめ，インターネット上での掲示板やメーリングリストなどで，日本語力強化や外国語力保持の支援や情報交換が行われている。

→バイリンガリズム論（7-E），バイリンガリズム（8-A），言語保持と喪失（8-A）

● 参考文献

海外子女教育振興財団（2005）『帰国子女のための学校便覧——小学校から大学までの入学・編入学ガイド（2005）』海外子女教育振興財団．

南保輔（2000）『海外帰国子女のアイデンティティ——生活経験と通文化的人間形成』〈現代社会学叢書〉東信堂．

佐藤真知子（1999）『バイリンガル・ジャパニーズ——帰国子女100人の昨日・今日・明日』人文書院．

文部省（1999）『よりよい出会いのために——帰国子女教育実践事例集』ぎょうせい．

佐藤郡衛（1997）『海外・帰国子女教育の再構築——異文化間教育学の視点から』玉川大学出版部．

［柳澤好昭／高橋悦子］

■方言と共通語の使い分け

近代以降の日本では東京方言（の変種）が「全国共通語」として用いられている。一方，若い世代に向けて衰退が進んでいるものの各地域に固有の言語体系も存在している。

● 使い分け意識——佐藤和之・米田正人（編著）（1999）では，日本の主要都市に住む多くの人々が，程度の差こそあれ，話をする状況や相手に応じて方言と共通語の使い分けを行っていることが指摘されている。図6-4は全国14地点の各年層に対する調査データをまとめたものである。話をする相手（「地元の方言を話す知人／共通語を話す見知らぬ人」）と話をする場所（「地元で／東京で」）をそれぞれ変えて4場面を設定し，各場面で「方言と共通語のどちらを使うか」を尋ねた。「（家と同じ＋家で話すよりも改まった）方言で話す」と回答した人の比率を示している。

いずれの地点においても「方言を話す」という回答の多寡は4場面を通して一定ではなく，このことから日本各地の人々が場面に応じて方言と共通語を使い分けている様子を見てとることができる。また「方言話者と東京で話す」場面と「共通語話者と地元で話す」場面との数値を比較すると，14地点すべてにおいて，前者の場面でより多く方言が話されている。すなわち，日本人の多くは「どこで話をするか」ということ以上に「相手がどういうことばを話すか」をより重視して方言と共通語のいずれを話すかを決定する傾向のあることがわかる。

● 使い分けの地域差——こうした使い分けの基準は各地点に共通しているが詳細に見れば地域差も存在する。たとえば，西日本の都市である京都や福岡では全体に数値が高く，他地点に比べて場面を問わずに方言を使用する傾向が強い。一方，東日本の仙台や千葉では「相手が方言を話していても自分は方言を使わない」と回答する人が多く，脱方言志向が強いことがうかがえる。また東京や札幌では4場面間の差が他地点に比べると不分明になっているが，これら

図 6-4 日本各地の人々の場面に応じた方言の使用率

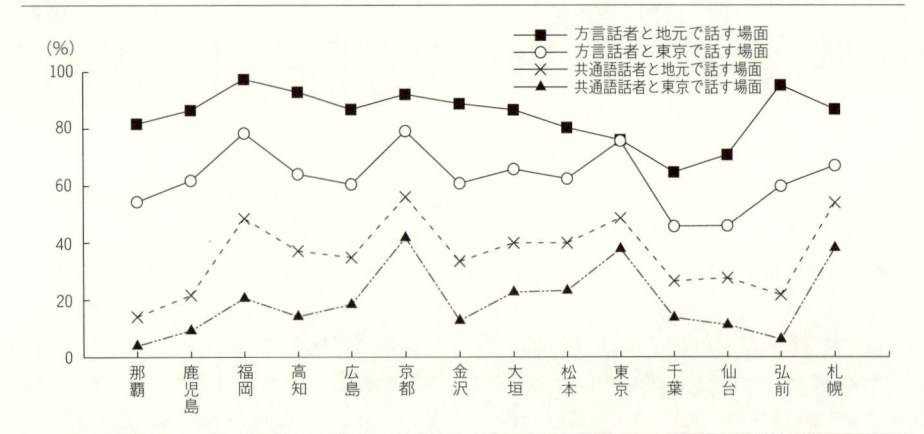

凡例：
- ■ 方言話者と地元で話す場面
- ○ 方言話者と東京で話す場面
- × 共通語話者と地元で話す場面
- ▲ 共通語話者と東京で話す場面

横軸地点：那覇，鹿児島，福岡，高知，広島，京都，金沢，大垣，松本，東京，千葉，仙台，弘前，札幌

出典｜佐藤和之・米田正人（編著）(1999)『どうなる日本のことば——方言と共通語のゆくえ』大修館書店，のデータに基づく。

の地域の人々は自分の話すことばが「方言」なのか「共通語」なのかが十分に区別できていないためではないかと考えられる。

14地点の調査データを分析した佐藤和之(1996)では，東京や札幌は言語行動・言語意識の面で他の地点とは異なった傾向を示すことが報告されている。佐藤(1996)は東京や札幌のように，方言の言語的価値を見いだしにくくなってしまった地域を「共通語中心社会」と呼んだ。一方，弘前や鹿児島，京都など，方言の価値を認識し，方言生活が日常的な社会を「方言主流社会」と位置づけ，地域の言語意識と言語実態に基づく地域社会の分類基準を提唱している。

東京方言と距離のある言語体系をもつ地域に生活する外国人への言語教育をどのように考えるか，地域の方言を教育すべきかどうかについて各地で検討・取り組みが行われているが，その判断基準の1つとして，このような地域社会の人々の方言に対する態度や言語行動の実態を十分考慮する必要がある。

➡ことばの使い分け (4-B)，バリエーション (6-B)，ことばの地域差 (6-B)，言語行動の地域差 (6-B)

● 参考文献

佐藤和之・米田正人（編著）(1999)『どうなる日本のことば——方言と共通語のゆくえ』大修館書店.

佐藤和之 (1996)『地域語の生態シリーズ東北篇 方言主流社会——共生としての方言と共通語』おうふう.

［半沢 康］

■ 方言イメージと共通語イメージ

● 方言の評価語——日本人がことばに対して感じている19の方言の評価語を，クラスター分析によってプラスからマイナスへ並べていくと「きれい/ていねい/良いことば/穏やか/表現が豊か/親しみやすい/味がある/使いやすい/素朴/感情的/早口/荒っぽい/聞き取りにくい/きつい/ねばっこい/まのびしている/汚い/やぼったい/悪いことば」の順となる。方言区画上重要とされる国内14地点（札幌・弘前・仙台・東京・千葉・松本・金沢・大垣・京都・広島・高知・福岡・鹿児島・那覇）での方言と共通語のイメージをこれらの評価語によって構

築してみると次のようになる。
●**方言のイメージ**——方言のイメージは，地域・世代・性，方言話者・非方言話者を問わず「親しみやすい・味がある・素朴・荒っぽい・表現が豊か」なことばであり，「悪いことば・きれい・汚い・ていねい・まのびしている」という評価語はふさわしくないと考えられている。方言話者と非方言話者とで違いのあるイメージに「やぼったい・まのびしている・ねばっこい・聞き取りにくい」があり，非方言話者はこれらに強く反応する。多くの非方言話者にとって，今住んでいる地域の方言はなじみにくいと感じていることになる。また「荒っぽい・汚い・きつい」というマイナスのイメージは方言話者で強く，方言話者は自分たちのことばを非方言話者よりも否定的に捉える傾向にある。

このようなイメージは方言の好悪と強く結びついていて，たとえば方言を「好き」と答えた人は，そうでない人に比べて「親しみやすい・味がある・素朴」と答える割合が高く，方言が「嫌い」と答えた人は「悪い・やぼったい・まのびしている」と答える割合が高い。
●**共通語のイメージ**——共通語のイメージは，どのような集団に尋ねても，「きれい・ていねい・良い」ことばであり，「やぼったい・ねばっこい・聞き取りにくい・汚い・悪い」ことばではない。また，方言の上位イメージにはマイナスの評価語も含まれるが，共通語のそれにマイナスの評価語が含まれることはない。共通語の上位イメージはプラスの評価語だけで構築されているという特徴がある。

共通語イメージと方言イメージを比べると，方言イメージには賛同率7割以上の評価語が複数あるが，共通語には皆無である。一般に，身近なものには複数の評価語で反応が高く，縁遠いものでは反応語も反応数も低いという傾向があり，人々は共通語よりも方言に親密さをより強く感じていることになる。

●**イメージとは**——人は，所属する社会が固定化した観念を共有しようとする。さまざまなメディアから送り出される大量の情報は，その社会にとって共通の，ある象徴的な観念をつくり上げている。これがイメージである。イメージとは，社会によってつくられる単純化された画一的な観念のことである。実像と虚像が入り交じるこのようなイメージは，部分的で，かつ偏ったものにならざるをえない。場合によってそれは，偏見を促進したり，スティグマを生み出したりすることに注意する必要がある。
→言語意識（6-C），スティグマ（6-C），ことばの地域差（6-B）
●**参考文献**
佐藤和之・米田正人（編著）（1999）『どうなる日本のことば——方言と共通語のゆくえ』大修館書店．
井上史雄（1980）「方言イメージの評価語」『東京外国語大学論集』30．
大石初太郎（1969）「東北弁はどう評価されているか」『言語生活』210．
佐藤和之（1992）「津軽のことば・東京のことば」『弘前大学文経論叢人文学科篇』27-3．
　　　　　　　　　　　　　　　　　[佐藤和之]

■標準語と共通語

標準語と共通語は類似の用語としてしばしば混同して用いられることがあるが，両者は歴史的な文脈において明確に区別される。標準語という概念は明治期の近代的な言語政策において誕生したものであるのに対して，共通語は第二次世界大戦後に国立国語研究所による言語生活研究のなかから提案された概念である。
●**標準語**——明治初期，とくに学校教育において日本全体に通用する通語あるいは普通語の必要が叫ばれたが，その具体像についてただちに示されることはなかった。上田萬年は「標準語に就きて」（1895）において日本中で模範と

して通用する話しことばが必要であるとし，教育ある東京人の口語が標準語の候補としてふさわしいことを主張した。1902（明治35）年に文部省のもとに設置された国語調査委員会は，上田の提言をうけて，その活動指針の1つとして「方言ヲ調査シ標準語ヲ選定スルコト」を位置づけている。同委員会は，全国の方言の口語法（口語文法）調査をふまえて具体的な標準語の選定作業を行い，その結果は国定教科書に反映され，明治後期から学校教育の場で標準語が励行されていく。標準語は方言と対概念であり，方言は排除されるべきことば，標準語は奨励されるべきことばとされた。地域によっては，方言札などを用いて，行きすぎた標準語励行運動，方言撲滅運動が展開された。戦前の日本語教育用の教科書のほとんども，仮名遣いが表音的に改められるなどしているものの，基本的には明治期に確立された標準語を教えるものであった。

● **共通語**── 共通語という新たな概念と用語は，戦後になって国立国語研究所が福島県下の言語生活を分析した『言語生活の実態』(1951) において提案されたものである。同書では，地域社会には地域でしか通用しないことばと全国に通用するようなことばの2種類が同時に使われていることを指摘している。前者がいわゆる方言であるのに対して，後者は全国共通語，略して共通語である。また，標準語を国により制定された規範的な言語と規定したうえで，日本にはまだそのような標準語は存在せず，かつて標準語の母体とされた東京の教養層のことばであっても共通語の1つにすぎないと捉え直している。学校教育においても，戦前の標準語に代わって共通語という用語が使われるようになり，1968（昭和43）年の小学校指導要領では「共通語と方言に違いがあることを理解し，また，必要な場合には共通語で話すようにすること」のように，方言と共通語の対立色はかなり薄められている。地域社会の言語生活において，相手や場面に配慮した敬意表現の1つのあり方として，共通語と方言の問題は位置づけられるようになっている。

➡日本の言語政策史（6-G），日本語教育と方言（6-C）

● **参考文献**

佐藤和之・米田正人（編著）(1999)『どうなる日本のことば──方言と共通語のゆくえ』大修館書店.

文化庁 (1973)『標準語と方言』〈復刻・文化庁国語シリーズⅣ〉教育出版.

徳川宗賢・真田信治（編）(1991)『新・方言学を学ぶ人のために』世界思想社.

イ・ヨンスク (1996)『「国語」という思想』岩波書店.

森下喜一・大野眞男 (2001)『方言探求法』朝倉書店.

[大野眞男]

■スティグマ

● **スティグマとは**── スティグマ（stigma）ということばはもともとギリシャ語で，差別される存在であることを表す，肉体上の烙印のことを意味していた。後にゴフマン（Goffman）が，社会的に差別されるような否定的な意味をもつアイデンティティのことを指して用いるようになった。

ゴフマンによると，スティグマには，個人の肉体的あるいは精神的な障害や欠点，性格上の問題，人種や民族など集団に帰属するような属性などが含まれる。これらのスティグマをもつ者は，本来その者がもっている属性とは関係なく，たとえそれが望ましいものであっても，ステレオタイプ的な偏見で否定的な社会的評価を与えられ，差別を受ける。

● **スティグマをもつことば**── ところで，このスティグマの1つとして，話しことばが挙げ

られることがある。方言（地域方言）を話す場合や、非母語話者である外国人特有の発音やアクセント、あるいは表現を用いて話す場合などである。

本来、方言は言語の地域差であり、方言同士に優劣があったり、標準語と比べて優劣があったりするわけではない。だが現在の社会では、標準語は規範性を有していて、方言よりも威信が高いとみなされている。そのため日頃、標準語と方言とを、改まった場かくつろいだ場か、非日常的な状況か普段の状況か、などによって使い分けて生活しているのである。

標準語がまったくできず方言しか話せない、あるいはうまく標準語と方言の使い分けができないというような場合、スティグマをもつ者とみなされることがある。「なまりがある」と嘲笑され、それが原因で周囲から孤立してしまったり、職業や学業などに不利な状況を招いたりするのである。このように方言を話すことによって差別を受けた経験がトラウマ（心的外傷）となり、方言コンプレックスをもつようになる。

また、たとえば日本語非母語話者が日本語を話す場合、母語の干渉を受け、標準的な日本語とは違った独特な発音やアクセント、あるいは表現を用いることがある。これに対しても「外国人なまりがある」という社会的評価が与えられ、また、ときとして、ある特定の言語と関係した偏見から差別を生むことになる。

● **スティグマとことばの教育** ── ゴフマンは、スティグマを個人の属性の問題として捉えるだけでなく、スティグマをもつ者ともたない者とのあいだの社会的な関係として捉えようとした。日本語教育の視点からこのことを考えたとき、方言や日本語学習者の日本語を標準語に近いかたちに「矯正」しようとしたりすることは、スティグマをもつ者というレッテルを貼ることにもつながる。伝達機能を重視したことばの「正しさ」と、方言や学習者の母語の尊重と、場合によっては相反する2つの要素のはざまでことばの教育の内容を問い直す必要があろう。

→方言と共通語の使い分け（6-C）、標準語と共通語（6-C）、ステレオタイプ論と日本語教育（6-E）

● **参考文献**

アーヴィング・ゴッフマン〔石黒毅訳〕（2001）『スティグマの社会学──烙印を押されたアイデンティティ』せりか書房．

[深澤のぞみ]

■日本語教育と方言

日本語を母語としない人を対象に日本語を教える場合、教授される言語は東京語を基盤とする標準語である。一方、学習者が日常的に受けるインプットは自然な日本語で、生活している地域によってはそれが標準語と大きく異なる場合がある。そのとき、教師は以下のようなプロセスを通じて、その方言を学習者に教える必要があるか否かを判断しなければならない（図6-5参照）。

● **擬似標準語教育** ── まず、東京で使われているオッコトスやカタス、関西のモータープール、名古屋の食べテミエルなどはそれぞれの地域で方言と意識されていない。そのため、非母語話者に対して使われることも当然ある。外国人が「カタス」と聞いて「片づけるの意味だろう」という推測が可能なら日本語教育での「特別配慮」は要らないが、それが不可能な場合はこうした「擬似標準語」を理解語彙として教える必要がある。

● **方言理解教育** ── 次に外国人と話す場合ですら方言を使う人が多い地域では、これ以外にも普通の方言に関する教育が必要になる。学習者はその方言が理解できるだけでよいと考えている場合が多いので、そうした場合は「方言理解教育」で十分である。方言を実際に話すこと

図 6-5　方言教育の必要性を判断する過程

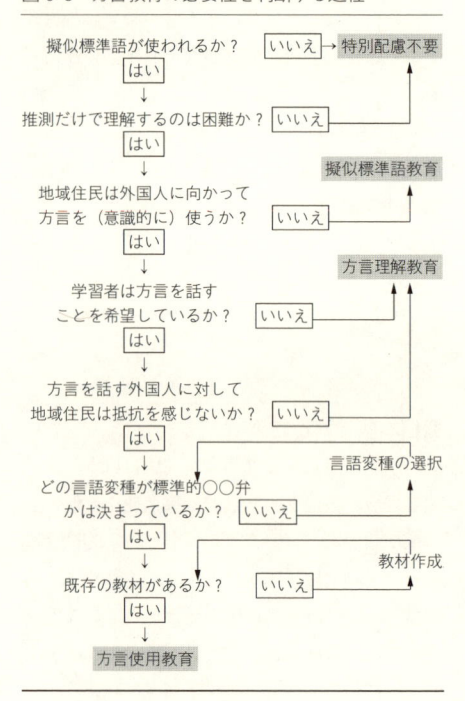

擬似標準語が使われるか？　いいえ → 特別配慮不要
　↓はい
推測だけで理解するのは困難か？　いいえ →
　↓はい
　　　　　　　　　　　　　　　擬似標準語教育
地域住民は外国人に向かって
方言を（意識的に）使うか？　いいえ →
　↓はい
　　　　　　　　　　　　　　　方言理解教育
学習者は方言を話す
ことを希望しているか？　いいえ →
　↓はい
方言を話す外国人に対して
地域住民は抵抗を感じないか？　いいえ →
　↓はい
　　　　　　　　　　　　　　　言語変種の選択
どの言語変種が標準的〇〇弁
かは決まっているか？　いいえ →
　↓はい
　　　　　　　　　　　　　　　教材作成
既存の教材があるか？　いいえ →
　↓はい
方言使用教育

を目指している学習者の場合は，地域住民の意識を考慮する必要がある。すなわち，地元方言を話す外国人があまりにも変な目で見られるおそれがある地域では，教師の判断で方言教育は理解できる程度にとどめたほうが無難ということもある。

● **方言使用教育**──さらに「方言使用教育」に踏み切った場合でも，解決しなければならない問題がある。標準語という概念の具体的な中身（語法，音声，語彙など）は決まっているが，たとえば大阪弁を教えようと思っても，河内・船場・北摂・泉南のさまざまな下位変種から教える変種を選択しなればならない。また，標準語と違って方言の教材は非常に少ないため，教師自身が作成しなければならないことが多い。

→方言と共通語の使い分け（6-C），コミュニケーション・ギャップ（6-D）

● 参考文献

国立国語研究所（編）(1993)『方言と日本語教育』〈日本語教育指導参考書20〉国立国語研究所.

特集「方言と日本語教育」(1992)『日本語教育』76.

備前徹 (1996)「在日外国人と方言」小林隆他（編）『方言の現在』明治書院.

ロング，D.他（編）(2001)『応用社会言語学を学ぶ人のために』世界思想社.

[ダニエル・ロング]

D──異文化コミュニケーション

■異文化コミュニケーション

異文化コミュニケーションは，人間の歴史において最近現れた現象ではないが，グローバル化した社会環境のなかでとくに目立つようになったといえよう。現在の異文化接触の行動において多くのインターアクション問題が起こるが，その解決のためのメカニズムとして語学教育が重要な役割を果たしている。

● **「異文化」と「異文化管理」**──同じ民族社会のなかにも異文化と同等の差異，たとえば，階層，性別などによる文化の違いが見られるが，日本語教育の文脈では，「異文化」としては異なる民族グループの文化を指すのが普通である。異文化と接するとき，その「管理」のプロセスにいくつかのアプローチがある。①自分の文化と比較し，他文化を否定的に評価すること，②反対に他文化を理想化し，自分の文化を否定的にみること，③すべての文化に同じ価値があると考えること（いわゆる「文化相対主義」）と，④簡単ではないが，異なる文化のどの特徴がいいか決めようとするアプローチ（いわゆる「普遍主義」）である。文化相対主義は

将来も強い立場を保つだろうと思われるが，普遍主義的な考え方がしだいに強まってきている。たとえば，異文化コミュニケーションにおいて女性を差別することを，「他の文化で起こるのが当然だ」と考えることは現在あまり見られない。このようなアプローチの差が異文化コミュニケーションにはっきり現れる。

● **異文化問題の種類**──異文化問題は，基本的に「文法能力」(ここでは語彙，発音，表記も含めたやや広い意味で使う)から出発するとし，文法能力を育てることによって解消できるという考え方があった。しかし，1960年代からしだいにさらに広い「文法外コミュニケーション能力」の規則への違反の存在が気づかれるようになった。これは日本語教育では水谷修・信子の *Modern Japanese* (1977) や *Nihongo Notes* (1977-) に強く反映された。ネウストプニー (1982) では文法外コミュニケーション問題の体系的な描写がなされた。そこでは，コミュニケーションのバラエティーを決め，コミュニケーションを点火するかしないかを選択し，時間や場所を選んでから，参加者や内容を規定し，メッセージを形づける，また非言語的チャンネルを使用し，問題があったらその問題を取り除くことなどに関する数多くのルールがあることを強調した。また，これらの規則に対する「違反」があったら，異文化接触場面で問題が起こる。しかし，われわれが対面しているのは，文法問題あるいは文法外コミュニケーション問題 (あわせてコミュニケーション問題) だけではない。

これも重要視しなければならないが，さらに先立つ問題として「社会文化能力」にかかわる問題がある。このような意識は海外ではすでに1960年代に始まった。Neustupný (1987) は文法能力，文法外コミュニケーション能力 (当時「社会言語能力」と呼ばれたもの) と社会文化能力を日本語教育の目標として立てたが，この3つの能力を統合する教科書は1990年代の初めにオーストラリアのモナシュ大学でネウストプニー，村岡，スペンス・ブラウンなどによって編纂されている。日本では留学生に対する「日本事情」の授業が国立大学で1962年に再導入され，また1990年代半ば以降『日本事情ハンドブック』(1995) や『21世紀の日本事情』という雑誌が社会文化行動に関する異文化問題を取り上げるようになった。

現在は異文化問題を考えるときに，日本社会のステレオタイプとの闘い，日本社会や文化の多様性を認め，社会や文化に関する権力の巨視的問題も含めるべきだという認識は，理論のレベルではすでに確立されている (ネウストプニー，田中望，岡崎敏雄，山田泉，春原憲一郎，雑誌『21世紀の日本事情』グループの細川英雄，川上郁雄など)。なお，文法能力，文法外コミュニケーション能力と社会文化能力をあわせて「インターアクション能力」という呼び方ができる (ネウストプニー 2002)。

日本語教育の課題のリストアップは，主として実際の行動における異文化インターアクション問題の調査で決まる。このような調査は日本語教育の場合はすでに1980年代から始まり，たとえば『日本語教育』45号 (文法能力の場合は吉光邦子など，文法外コミュニケーション能力の場合はスクータリデス，尾崎明人などの論文) に現れた。最近の成果に関しては主に雑誌『日本語教育』を参照されたい。ただし，社会文化能力に関するデータに基づく研究は，2000年代の前半に始まり，その問題の満足できる範囲はまだ確立されたとはいえない。

➡異文化接触場面の特徴 (6-D)，異文化コミュニケーションと社会 (6-D)，異文化コミュニケーション (7-E)

● **参考文献**
石井敏他 (編著)『異文化コミュニケーションの理論』〈有斐閣ブックス〉有斐閣.

ネウストプニー，J. V. (1982)『外国人とのコミュニケーション』〈岩波新書〉岩波書店．

ネウストプニー，J. V. (2002)「インターアクションと日本語教育」『日本語教育』112．

Neustupný, J. V. (1987) *Communicating with the Japanese.* The Japan Times.

[J. V. ネウストプニー]

■異文化接触場面の特徴

　日本語学習者が日本語を使用する場面は同時に異文化と接触する場面でもある。したがって日本語教育の目的の1つは，異文化接触場面で日本語を手段として円滑なコミュニケーションができる能力を育成することである。この目的を達成するには，教師自身が異文化接触場面の特徴を把握することが重要である。

●コミュニケーション場面の種類──コミュニケーション場面は，言語と文化の観点から，内的場面と外的場面の2つに分けられる。内的場面とは，同じ言語，文化を共有する母語話者同士のコミュニケーション場面である。内的場面は母語場面とも呼ばれる。一方，外的場面とは，参加者の言語，文化が異なる場合である。外的場面は異文化が接触する場面であり，単に接触場面と呼ばれることが多い。

　典型的な接触場面は母語話者と非母語話者のコミュニケーション場面である。日本語学習者が日本語母語話者と日本語でコミュニケーションを行う場面は，相手の母語を使用しているので，相手言語接触場面と呼ばれる。これに対して，学習者同士が日本語でコミュニケーションを行う場面では，日本語はどちらの話し手の母語でもない。いわば第三者の言語である。そこで，このような場面は第三者言語接触場面と呼んで区別することができる。中国人とアメリカ人が日本語でコミュニケーションを行う場面はその例である。これとは逆に，参加者がそれぞれ自分の母語を使ってコミュニケーションをしているが文化的な差を意識するような場面も存在する。英語を母語とするオーストラリア人とアメリカ人が英語で会話をする場面などは共通言語接触場面と呼ぶことができる。

●接触場面で生じる問題──このような場面の区別を立てるのは，それぞれの場面で参加者のコミュニケーションに対する意識やコミュニケーションの規範，談話展開の過程に異なる面が見られるからである。大多数の日本語学習者は接触場面で日本語を使用することになるので，日本語教師は接触場面の特徴を把握し，それを基に学習者が接触場面のコミュニケーションを日本語の習得に役立てていく能力を育てるような教育をしなければならない。

　接触場面の特徴は，母語場面に比べて，コミュニケーション上の問題がより頻繁に意識され，顕在化するということである。まず第一に，文法能力が限られているために言いたいことが言えない，相手の言うことがわからないという問題がある。第二の問題は，ことばの裏にある発話の意図が理解できないという語用論的な問題である。「ハンマー，どこだ」と聞かれて「あそこ」と答えた外国人が職長に「バカヤロウ」と怒鳴られたという話はこの問題の深刻さを示している。職長はハンマーを持ってくるように指示したつもりだったのである。第三に，社会言語学的な問題，すなわち適切さの問題がある。「うん，うん」と盛んに相づちを打つ留学生に対して失礼だと感じたという指導教員の話はこの問題を指している。さらに，このような問題に対処しながらコミュニケーションを続けていると母語場面よりも疲労感が大きくなる。疲労感も接触場面の特徴に挙げられる。

　上に挙げたような問題は母語場面でも経験することである。逆に，外から見ると接触場面であっても，会話の当事者は接触場面であることを意識せず，上に挙げたような問題を感じないでコミュニケーションをしている場合もある。

接触場面と母語場面は概念的には区別できるが, 現実には参加者の意識に左右されるものである。

●接触場面で使用されるストラテジー──日本語学習がかなり進むまで学習者は典型的な接触場面の参加者にとどまるのが普通である。学習者はさまざまなコミュニケーション・ストラテジーを使って先に挙げた問題に対処している。ストラテジーのなかには教えられて使えるようになるものもあるので, これは日本語教育のなかで取り上げるべきである。

一方, 母語話者はフォリナートークと呼ばれる簡略化した言語を用いて学習者を助けようとすることがある。フォリナートークは理解を助けるが, 過剰なフォリナートークは日本語習得に寄与しない。また, 学習者のなかには自分の日本語能力が低く見られていることに不満を感じる者もいる。フォリナートークを学習者の側からコントロールするには, 相手の発話がわかったときにはわかったという合図を速く出す, 積極的にターンをとって話を発展させる, 相手が使った英語や簡略化された日本語を普通の日本語に言い換えてみせる, などの方策が考えられる。日本語学習の段階に応じてこうした方策を授業のなかで取り上げることは意味がある。

接触場面の研究は日本語教育の内容と方法に直結する重要な研究領域であり, さらに発展させる必要がある。

→コミュニケーション・ストラテジー (4-A), 異文化コミュニケーション (6-D), 異文化コミュニケーションと社会 (6-D), 異文化コミュニケーション (7-E), コミュニケーション・ストラテジーと学習 (8-A)

●参考文献
ネウストプニー, J. V. (1995)『新しい日本語教育のために』大修館書店.
ファン, サウクェン (2003)「接触場面のタイポロジーと会話参加者の言語管理」『日本語総合シラバスの構築と教材開発指針の作成」論文集2　言語体系・言語運用能力とその学習内容』国立国語研究所.
Fan, S. K. (1994) "Contact Situations and Language Management." *Multilingua* 13-3. pp. 237-252.

[尾﨑明人]

■異文化コミュニケーションと社会

●グローバル化に対する社会の反応──20世紀後半からの異文化コミュニケーションの増大は, 交通手段の改善, コミュニケーション技術の発達, 経済の拡大, 移民形態の変化などによって進んだグローバル化 (globalization) の結果である。

グローバル化は, 一方で政治や経済の中央化と価値の一元化を進めたが, 他方で対抗文化としての地方化や民族化 (ethnicalization) など伝統的な価値基準の再編成を促す結果ともなった (石井他 2001)。移民や外国人を社会の言語的, 文化的規範に合わせようとする同化主義と, 異なる言語や文化の共存を目指す多文化主義とは, グローバル化に対する代表的な社会の反応として考えられる。ただし, 地方化を促進する際に外に対しては多文化主義を主張し, 内に対しては価値の一元化を進めることが可能なように, 社会の反応はきわめて複雑であることに留意すべきである。また, 多文化主義, 同化主義などは, 将来の理想を述べた規範的イデオロギーである場合と, 事実性を問題にすべきイデオロギーである場合 (たとえば「オーストラリアは多文化社会である」) とを区別する必要がある。

日本社会においてグローバル化は, まず何よりも英語や英語圏の社会文化の侵入に対して, 国際語 (英語) での異文化コミュニケーションへの対応というかたちで現れる。一方, 日本語を用いた異文化コミュニケーションにおいて

は，ゲストとしての日本語非母語話者への対応とそこでの権力の実践が問題となる。

● **異文化接触場面における権力作用** —— 権力とは経済的リソースと言語などのコミュニケーション・リソースの両方をコントロールする能力をいう（Tollefson 1995）。日本語母語話者と日本語非母語話者では，これらの能力に差が現れるために非対称的な関係が生じやすく，その関係は自明視されるのが普通である。社会制度や教育制度の意識しない正統化にもつながるため，日本語教育においてもホスト社会側の権力の自覚とディスエンパワーメントに基づく共生が唱えられている（cf. 田中 2000）。

一方，談話的な実践のレベルでは社会関係はその時その場でローカルに決定されることが少なくない。参加者は相互に自分のもつコミュニケーション・リソース（cf. スタイル・シフト，非言語）を駆使することによって，状況ごとに同等的なメンバーシップ（situated co-membership）の確立をはかっている（Erickson 2001）。日本語母語話者による日本語非母語話者の支援には，場面によって社会制度の正当化作用も見られるが，ローカルなレベルでの具体的なインターアクションにおいては相互理解や協力関係が実現されている。

また，権力関係は必ずしも利益の対立を生み出すわけではない。中小企業と就労外国人の場合のように，異なる参加者のインタレストが一致する場合も考えられる（ネウストプニー 2001）。

文化相対主義による正当化作用によって，権力関係は隠蔽される恐れがあり避けなければならない。しかし，権力の実践については個別的に検討していくことが求められる。

➡ 異文化コミュニケーション（6-D），マルチリンガリズム（多言語多文化主義）（6-F）

● **参考文献**

石井敏他（編著）(2001)『異文化コミュニケーションの理論』〈有斐閣ブックス〉有斐閣．

田中望（2000）『日本語教育のかなたに』アルク．

山田泉（1996）『社会派日本語教育のすすめ』凡人社．

ネウストプニー，J. V.（2001）「ネットワーク：規範性とインタレストの問題」『日本語教育における教授者の行動ネットワークに関する調査研究——最終報告』日本語教育学会．

Erickson, F. (2001) "Co-membership and Wiggle Room: Some Implications of the Study of Talk for the Development of Social Theory." In Coupland, N., Sarangi, S. and Candlin, C. N. (eds.), *Sociolinguistics and Social Theory*. Pearson Education Limited. pp. 152-181.

Tollefson, J. W. (1995) "Introduction: Language Policy, Power, and Inequality." In Tollefson, J. W. (ed.) *Power and Inequality in Language Education*. Cambridge University Press. pp. 1-8.

［村岡英裕］

■日本の異文化交流史

近代日本の異文化交流は日本あるいは海外を舞台にし，関係者の社会的意識によって変わってきた。この変わり方は，海外のほかの社会での異文化への態度の変遷とほぼ同じものである。

● **国内での交流** —— 近代前期の交流は，明治時代から1950年代までの長い時期を負い，「外」の異文化が日本の近代化にとって不可欠な背景とみなされ，肯定的に評価された。戦前，戦争直後のいわゆる「西洋かぶれ」もこの評価の表れだといえる。また戦前，戦時中の政治状態の影響でこの傾向が一時的に退いた。むろん，明治時代の「お雇い外国人」を除いて

は，この交流は個人的な接触によるものよりも，書きことばを媒体にしているケースが多かった。しかし，同時代の「内」の異文化（アイヌ人，朝鮮人，中国人など）への態度は否定的で，異文化の存在権利は認められなかった。日本語教育は主として植民地などへの道具として実行された。

一方，日本が近代期に入った戦後のいわゆる高度経済成長期においては，海外の異文化への憧れが薄くなり，穏やかなナショナリズムが台頭し，日本の優越性を説く「日本人論」の新しい波が見られるようになった。外国人とのコミュニケーションの手段は，全体としてはまだ外国語だった。国内に対しては，この時期は「単一民族国家」のイデオロギー，在日韓国朝鮮人への目に見えない差別の時期である。しかし，この「近代期」は長く続かなかった。

1980年代にはしだいにポスト近代期が始まり，世界の先進国と同じような特徴が現れた。異文化が積極的に取り上げられ，肯定的な評価を受けるようになった。ここではすでに外への態度と内への態度は融合し，外のほうではアジアの近隣文化が視野に入れられ，なかではアジア人を含む外国人対象のボランティア活動などが始まって，少なくとも公の場での差別が難しくなった。なお，国内の日本語教育のおびただしい成長もこのパラダイム変遷による。

●海外での交流──明治時代に日本の文化への関心がとくに強くなり，当時近代前期にあったヨーロッパなどの文化の状態に従い，ねつけ，浮世絵などが高く評価された。これは近代期になると，日本国旗の美，あるいは日本の「黒白」の文化が当時の欧米の文化状態に呼応していたので，それが日本文化の代表となった。源氏物語，短歌，俳句，能，歌舞伎なども紹介されたが，大きな影響を及ぼしたとはいえない。また，同時代の日本文化の紹介もあまり進んでいなかった。

海外の日本語教育はもちろん存在してはいたが，規模が小さかった。しかし，世界の先進国がポスト近代期に入った1960年代からは，国際および国内の多様性の崇拝が特徴的になり，そこで日本への新しい関心が現れる。ここで，「ジャパン・アズ・ナンバー・ワン」，日本型経営，現代の作家，漫画などや日本語への強い関心は，日本の経済的発展の帰結としてだけではなく，世界の国々の国内の需要に応じるものとして考えるべきであろう。

➡異文化コミュニケーション（6-D），定住者の制度的受け入れ以前（10-A），日本語教育の歴史（6-G）

●参考文献

ネウストプニー，J. V.（1996）『海外日本語教育の理解にむけて』〈アエラムック14〉朝日新聞社．

[J. V. ネウストプニー]

■異文化コミュニケーションに関する調査研究

日本語母語話者の異文化コミュニケーションに関する海外での調査は，アメリカ，オーストラリアで行われている研究が中心となっている。70年代からアメリカで異文化コミュニケーション研究の先頭を切っていたのは *The International Journal of Intercultural Relations* であったが，社会心理学的研究が目立つ。これに対してオーストラリアではモナシュ大学を中心に社会言語学および接触場面の観点から研究が進められてきた。日本国内では，雑誌『異文化間教育』および国立国語研究所の『日本語と外国語との対照研究』のシリーズ，日本語教育学会および社会言語科学会での発表などが代表的であると考えられる。

●テーマ──異文化コミュニケーションに関する調査は，以下のように分けられる。①アイデンティティ，環境づくりなどを含んだ異文化

適応をめぐる問題，②自己意識，謝罪，断定的行動，面子(めんつ)などの文化的要素の対比から見た異文化コミュニケーションの特徴，③ポライトネスの違反，話題の不適切さ，異文化間摩擦など，実際の異文化コミュニケーション場面で見られる問題，④異文化間トレランス，相互理解，人間関係づくりなど，異文化コミュニケーションの改善，という4つのテーマである。

①と②では，「異文化」が中心的な概念になると考えられ，アメリカおよび『異文化間教育』の研究では多く取り上げられている。一方，③と④では，「コミュニケーション」が中心的である。オーストラリアおよび90年代後半からの日本国内の研究では，このようなテーマに関心が集まっているといえる。

●対象者——これらの調査は多様な人の異文化コミュニケーションを対象にしており，そのなかではとくに学生と教師，あるいは学生同士，つまり教育場面が多いが，社会人の異文化コミュニケーションを対象とする研究もあり，海外では，ビジネスマンや専門家のコミュニケーションが調査されている。これに対して，国内の研究では，移民労働者と彼らの家族および日本人の配偶者などの調査が目立つ。

調査対象者の背景文化にも多様性が見られる。海外で行われている研究では，英語母語話者と日本語母語話者とのコミュニケーションが多い。一方，国内では，最近の日本の社会的意識を反映して日系人移民のコミュニケーションが研究されている。次に多いのは，アジア地域の人で，韓国，中国，台湾など，留学生を多く受け入れている地域の出身者に対する調査が見られる。

●方法——調査の目的，あるいは対象者が異なるため，方法もさまざまである。アメリカの研究および『異文化間教育』，国立国語研究所の90年代半ばまでの調査は主にアンケートとインタビューに基づいて行われている。これらの調査方法の利点は，あるテーマについての対象者の意識を大量にデータ収集できる点にある。

一方，近年では対象者本人の意識だけに頼るのを避けるため，実際のコミュニケーションが研究対象になってきた。とくにオーストラリアの研究では，すでに1970年代から自然なデータに基づいた調査が多かったが，90年代後半の『異文化間教育』および国立国語研究所の調査，学会での発表などでは，参与観察の方法が増加し，自然データの記録も見られる。ビジネスマンの実際の取引，パーティー，子どもの授業および休憩時間など，数多くの自然な異文化コミュニケーション場面が録音，録画，参与観察の方法で調査されている。

●日本語教育への応用——新たな研究の発展とともに，異文化コミュニケーションの調査は，非母語話者の受け入れ側の支援制度，適切な教育および個人レベルでのコミュニケーションの改善に応用可能であり，受け入れ側自身の習慣，価値観，文化の再評価にも役立つと考えられる。さらに調査の成果から異文化コミュニケーションにおける問題の原因，あるいは解決方法も明らかになっている。

➡異文化コミュニケーション（6-D），研究の方法（7-F），データ収集（7-H）

●参考文献

異文化間教育学会（編）『異文化間教育』1～，アカデミア出版会

国立国語研究所（1994-）〈日本語と外国語の対照研究〉 I ～，くろしお出版.

The International Journal of Intercultural Relations, 1～. Elsevier Science

Marriott, H. E. (1990) "Intercultural Business Negotiations: the Problem of Norm Discrepancy." *Australian Review of Applied Linguistics*, Series S, 7, pp. 33-65.

Neustupný, J. V. (1985) "Problems in

Australian-Japanese Contact Situations." In Pride, J. B. (ed.) *Cross-Cultural Encounters*. River Seine. pp. 44-64.

[リサ・フェアブラザー]

■接触場面におけるピジン化（簡略化）

接触場面では，さまざまなインターアクション問題が起きる。簡縮化または簡略化と呼ばれる，ピジン化現象もその１つである。ピジン語とは，もともと，複数の言語の単純化された混成語を指すが，応用言語学では，インターアクションの規範の制約がきかなくなり，逸脱してしまう現象を指す。中間言語は，ある習得過程の段階で現れる，ピジン化された目標言語と捉えることができるが，ピジン化された中間言語が，次の段階に進まないと化石化が起き，習得が停止してしまう。この原因として，たとえば，教師によって簡略化された媒介語（ティーチャートーク），または教室方言が，中間言語の化石化を助長する場合もある。Schumann (1978) は，「ピジン化仮説」を提唱し，目標言語がピジン化される条件として，２つの環境を挙げている。第一は，学習者が，目標言語から社会的に隔離された場合，そして，第二は，目標言語が，限定された機能内でのみ使われた場合にピジン化が起きるという仮説である。成人話者のピジン化は，幼児期に退行する現象として現れる。ここで，文法項目，コミュニケーション項目と社会文化項目のなかで，ピジン化がどのように起きるのかを具体的に例示してみる。

(1)文法（言語）能力：過去時制の習得過程において，その言語形式が「〜ました」と「〜でした」に集約され，とくに「〜でした」が名詞述語と形容動詞述語（ナ形容詞）以外のものにまで，過剰般化（overgeneralization）してしまうこと。たとえば，「いそがしいでした」「おもしろいだった」など。

(2)コミュニケーション（社会言語）能力：コミュニケーション手段の乏しさが原因で，トピックをピジン化，つまり簡略化してしまう。その結果，幼稚で限定的な話題しか提供できず，自分が伝えたい内容や態度が正しく伝わらない場合が出てくる。また，コミュニケーションが維持できず，結果的に，無口になったり，理由なく笑うなど，媒体がうまく操作できない。そのため，話し手のパーソナリティが誤解される危険性があるなどといったピジン化も起こる。

(3)社会文化能力：たとえば，日本語母語話者が，目標言語で話す場合，社会文化情報を，極端にステレオタイプ化してしまうことなど。東洋・西洋といった単純な文化の二項対立化や，「日本人は…」「日本では…」といったピジン化が起きる場合がある。

ピジン化は，学習者が言語習得を管理できないだけではなく，本来のパーソナリティが誤解されてしまう危険性もあるので，留意する必要がある。

→言語接触論（7-E），インターアクション（8-A），簡略化コード（8-A），ステレオタイプ論と日本語教育（6-E）

● 参考文献

Schumann, J. H. (1978) *The Pidginization Process: A Model for Second Language Acquisition*. Newbury House.

[宮崎里司]

■接触場面における転移

転移（language transfer）とは，母語（第一言語）の特徴が，中間言語の生成過程で影響を及ぼす現象を指す。転移は，学習者が，目標言語の規範から逸脱した言語行動をとる場合の原因の１つとも捉えられる。そのほかに考えられる原因としては，中間言語（interlanguage），簡縮化（reduction），ピジン化（pidginization）などがある。中間言語が構築

される原因として，成人の第二言語習得の場合には，年齢が第二言語習得に関係するといわれる臨界期を越えているために，母語である第一言語の知識を活用しながら第二言語を習得することが挙げられる。

転移には，正と負の2種類があるといわれ，母語に影響された結果，第二言語の習得にプラスに影響する場合を正の転移，一方，母語がマイナスに干渉することにより，第二言語の習得を阻害してしまう場合を，負の転移（または，干渉 interference）という。負の転移は，目標言語を習得する段階で生成する中間言語（母語や目標言語とは異なる言語体系）が化石化（fossilization）する原因の1つになる。化石化とは，インターアクション能力の習得が，ある段階で止まり，それ以上向上しない状態のことを指す。

なお，転移は，主に母語の影響を指す場合が多いが，目標言語を学ぶプロセスで，学習者がすでに学んだ外国語や第二言語からの干渉を受ける場合もある。語用論的な転移が発生する可能性もある。また，4技能と言語転移の関係では，話す技能では発音の面で母語の転移が観察されやすく，書きの技能でも同様の傾向がある。たとえば，母語からの借用（borrowing）で代用する場合も，その1つである。

→母語の影響（8-A），中間言語（8-A），簡略化コード（8-A），臨界期仮説（8-A）

● 参考文献

渋谷勝己（2001）「学習者の母語の影響」野田尚史他『日本語学習者の文法習得』大修館書店.

迫田久美子（2002）『日本語教育に生かす第二言語習得研究』アルク.

[宮崎里司]

■ コミュニケーション・ギャップ

コミュニケーションの定義はいくつも考えられるが，ここでは，個人と個人のあいだにメッセージが交信されること，としよう。メッセージの送信者と受信者とのあいだでメッセージの意味づけに大きな差があると，コミュニケーション・ギャップが生じる。メッセージの意味づけは，当事者の個人的，文化的背景，交信の環境や文脈に影響を受けると考えられる。メッセージには，送信者は送信者なりの，受信者は受信者なりの意味づけを行うことから，送信者と受信者がまったく同じ意味づけをすることはまず考えられない。

日本人同士のコミュニケーションでは，両者の意味づけに問題を起こすほどの差はそれほどなく，コミュニケーション・ギャップが感じられないことが多い。それでも，年齢差が大きい場合や，関東と関西のように地方差がある場合などは，コミュニケーション・ギャップが生じやすくなる。日本語教育場面では，教師と学習者，学習者間，学習者と日本語母語話者など，文化的，個人的背景の大きく違う者同士がコミュニケーションを試み，それぞれメッセージの意味づけを行うために，しかも，学習者の日本語が未熟な場合のあることも加わって，コミュニケーション・ギャップが一段と発生しやすい。

日本語教育の現場でコミュニケーション・ギャップは数多いが，頻繁に見られるものとしては，学習者の日本語力が足りず，メッセージがうまく送信・受信できない，あるいは，メッセージに誤った意味づけをしてしまう，日本語と学習者の母語の意味分類の違いから，意味を誤解してしまう，両言語の談話スタイルや，ボディーランゲージの差異から行き違いが起きてしまう，教師が，学習者の文化背景に起因する言語行動の意図を誤解してしまう，などが挙げられる。

メッセージは自分の思うとおりには受信してもらえないことを前提にコミュニケーションを

行うことが，コミュニケーション・ギャップを防ぐ一策だろう。

→異文化コミュニケーション（6-D），異文化コミュニケーション（7-E）

● 参考文献

八代京子他（2001）『異文化コミュニケーションワークブック』三修社.

西田ひろ子（編）（2000）『異文化コミュニケーション入門』創元社.

石井敏他（編）（2001）『異文化コミュニケーションの理論』〈有斐閣ブックス〉有斐閣.

[トムソン木下千尋]

■異文化価値論

人はそれぞれ価値観をもっている。価値観とは，何を望ましい，好ましいとするかの基準である。日々の行動はその価値観に根ざしているが，価値観の共有度の高い自文化内では自分の価値観を意識しながら行動することはほとんどない。しかし，異文化間コミュニケーションでは，相手の行動が望ましくないと感じられ，自分の行動が相手に受け入れてもらえないことが頻繁に起こる。自分と価値観の違う他者と接触したとき，他者の価値観と同時に自分の価値観も意識させられることになる。

人の価値観は，ある特定の環境のなかで形成されるものであることから，価値観，価値志向の体系化，類型化が試みられてきた。そして，類型化によって文化比較研究が行われてきた。研究の結果，日本人の一般的にもつ価値観は，集団主義的，権威主義的な伝統的価値観から，個人主義的，自由人的価値観に移行してきているが，勤勉で真面目な努力型価値観も維持されているようすが見えてきている。つまり，価値観には，普遍的な部分と可変的な部分があるといえよう。また，価値観の形成は個人の文化的背景による部分と個人的背景による部分があると考えられる。ある人の行動が，その人が日本人であることから，日本的な価値観に基づいたものなのか，この人の個人的な価値観に起因するのかは，時には判断が難しい。

異文化間の価値観の差異や衝突は，日本人と日本語学習者とのあいだに起こる誤解から，民族間の戦争まで，大小さまざまな結果を招く。日本語教育の現場では，教師が学習者と接する際に，そして学習者の言動を評価するとき，価値観の物差しを1本しか持ち合わせていないとしたら，大変危険である。異文化間コミュニケーションには，さまざまな価値観が持ち込まれる。そのどちらが優位であるということではなく，複数の物差しの共存を認める姿勢が大切であろう。

→異文化コミュニケーション（6-D），異文化接触場面の特徴（6-D），ステレオタイプ論と日本語教育（6-E），異文化への対応能力（6-E）

● 参考文献

八代京子他（2001）『異文化コミュニケーションワークブック』三修社.

西田ひろ子（編）（2000）『異文化コミュニケーション入門』創元社.

石井敏他（編）（2001）『異文化コミュニケーションの理論』〈有斐閣ブックス〉有斐閣.

[トムソン木下千尋]

■コミュニケーション・アコモデーション理論

コミュニケーション・アコモデーション理論（Communication Accommodation Theory：CAT）は，Giles（1973）によってSAT（Speech Accommodation Theory）として提唱され，Gallois et al.（1988）によってCATに展開されたスピーチ・スタイルの社会心理学的調整モデルをいう。現在はコミュニケーション行動研究のための統合的学際理論の1つとして認められている。当初の目的は多言語使用場面（マクロレベル）や，個人のなかで複

数の変種が併存する場合(ミクロレベル)に,それらの言語的な切り替えを制約する意識的,情動的なプロセスを解明することであったが,後に非言語コミュニケーションおよび談話の構造(微笑,視線,ポーズ,発話頻度と交代など)にまで研究対象を広げた。

「話し手による聞き手への配慮が切り替えを支配する」という前提で,convergence (相手への歩み寄り=プラス方向)と divergence (距離化=マイナス方向)という概念を利用し,おのおのの使用によってかかるコストと得られる報酬とのバランスを評価しようとする。convergence と divergence は相互排他的ではなく,送り手の動機と受け手が解読する意味が異なる場合(例:人真似),心理的距離化と言語的歩み寄りの同時進行(例:不仲な者同士の悪態のつき合い。外国人の流暢な日本語に日本人が下手な英語で答える)など,複雑なダイナミズムを扱う。

広義には社会的にカテゴリー化された他者(例:障害者,高齢者,外国人)に対して構築したステレオタイプに従って認知的に調整される(mediated)行動といえる。日常のアコモデーションは長期的に集団のあいだで起こりうるシフト(変化)を予兆するという立場は,異文化接触場面の相互行動や外国語学習・教育の研究に重要な意味をもつ。とくに外国人との日本語場面における日本人によるアコモデーションの研究は日本語教育の将来に示唆の多いものである。

➡異文化接触場面の特徴 (6-D)

● 参考文献

Gallois, C. et al. (1988) "Communication Accommodation in Intercultural Encounters." In Kim, Y. Y. and Gudykunst W. B. (eds.) *Theories in Intercultural Communication*. Sage. pp. 157-185.

Gallois, C., Ogay, T., and Giles, H. (2004) "Communication Accommodation Theory: A Look Back and a Look Ahead." In Gudykunst, W. B. (eds.) *Theorizing about Culture and Communication*. Sage.

Giles, H. (1973) "Accent Mobility: A Model and Some Date." *Anthropological Linguistics* 15. pp. 87-105.

Giles, H., Coupland, N., and Coupland, J. (1991) "Accommodation Theory: Communication, Context, and Consequence." In Giles, H. et. al. (eds.) *Context of Accommodation: Developments in Applied Sociolinguistics*. Cambridge University Press. pp. 1-68.

[舛見蘇弘美]

E━━社会文化の教育

■日本社会の捉え方

人がその社会の構成員として存在していることはすべての人が認識しているところである。ことばを学ぶということは,その社会を知ることであり,同時にその社会の文化を知ることでもあると考えられている。けれども,人がことばを学ぶとき,社会や文化が抽象的なかたちでどこかに存在するわけではない。必ず自分以外のだれかとのコミュニケーションのプロセスのなかで,その社会を認識し,その文化を感じるのである。それは,自らを取り囲む環境のなかから,私たち自身がさまざまな問題を情報として自分の視点で取り入れ,何らかの意味づけを行いつつ生きていることを表している。この環境とは,言語コミュニケーション活動の立場からすると,まさに場面そのものなのだから,この場合の個人にとっての「文化」とは,自らを取り囲む環境としての場面だということにな

る。そうすると，この「文化」としての場面を認識し，自分のなかに取り込んで，次に他者に向けて発信するという行為が言語活動にとって重要だということになる。

　日本語教育では，すべてが「日本社会」という枠組みのなかで論じられることが多い。この「社会」とはすなわち，家族＜地域＜民族＜国家，というような図式のもとで示されるものであり，従来取り上げられてきた「社会文化能力」や「ジャパン・リテラシー」はこの考え方によるものである。この「社会」の境界は，多く国家の枠組みと同一である。たとえば，こうした「社会」の「文化」に対しては，両方の文化のそれぞれに状況によって適合できる「スウィッチング・メカニズム」を身につけることが必要という考え方が一般的である。しかし，こうした「異社会」「異文化」への対応は，「異文化」としての「外国人」との関係ばかりでなく，たとえば日本人同士の「友人」にも「夫婦」にもあるいは「職場の同僚」にもあてはまることなのである。

　ことばと社会の関係が密接であるとはしばしば論じられるが，ことばのすべてが社会であるわけではない。確かに開かれた体系としての語彙は社会のありようを反映することが多いが，母語の音韻や文構造がその思考をすべて規定しているわけではない。まして日本語母語話者が日本の「社会」や「文化」を一身に背負っているわけではないことは，だれもが認識している。人は個人として一人一人の「文化」は担うけれども，それがすなわち「社会の文化」ではないし，そうした「社会の文化」を代表するようなプロトタイプの人間はこの世界にはどこにも存在しないのである。にもかかわらず，「社会」や「文化」の理解やそれへの適応ということを話題にするとき，つねに「文化」は個人の外側にあり，その「社会」の影響を受けるというように考えられてきた。もちろん，個人は「社会」なしではありえない。「社会」あっての個人であり，個人あっての「社会」である。

　このように考えると，「日本社会」という集団類型の方法を絶対視するのは，いろいろな点で問題だということになる。日本語教育で取り上げられる，伝統文化や日常生活あるいは現代社会のテーマはすべて「日本社会」という固定的な枠組みのもとで，いわば目に見えるかたちで教師によって取り出されたものである。この「日本社会」という視点を固定させて考えると，当然「日本人」なる概念が基準になる。そこで，「日本人」の目に見えにくい行動様式や思考方法との対比という観点で「文化」を捉えようとする考え方が生まれることになる。しかし，「日本人」とは何か。ここでの「日本社会」や「日本人」といった集団類型的な比較とそのステレオタイプにこそ言語教育での「社会文化」解釈に関する重大な問題が潜んでいる。

➡ステレオタイプ論と日本語教育（6-E），日本事情と日本語教育（6-E），文化論と日本語教育（6-E）

● 参考文献

細川英雄（1999）『日本語教育と日本事情——異文化を超えて』明石書店.

細川英雄（2002）『日本語教育は何をめざすか——言語文化活動の理論と実践』明石書店.

細川英雄（2002）「日本語教育におけるステレオタイプと集団類型認識」『早稲田大学日本語教育研究』創刊号.

細川英雄（編）（2002）『ことばと文化を結ぶ日本語教育』凡人社.

［細川英雄］

■日本文化の捉え方

　日本語教育に日本文化をどう組み入れていくかについては，1962（昭和37）年に設けられた「日本事情」という科目とも関係しながら，多くの議論が積み重ねられている。

大別すると4つの流れがある。第一は，いわゆる「日本人論」が創り出す類型的な言説を理解させようとするものである。この考え方に基づくシラバスでは「日本人の集団主義」「日本人の宗教観」といったようなステレオタイプ的表象を学習項目とし，それらを理解することで日本社会への適応ができるとする。クラス形式としては講義形式になり，学習者が担当教員の考え方を受動的に理解することになる。世代差や地域差，職業によるバリエーションなど不可欠の要因を反映しないこの方法論は現在批判的に捉えられている。

第二は，文化や社会に客観的な姿が存在せず，解釈する者の主観によってその姿が異なると規定するものである。この捉え方は，規範的に語られる社会や文化に同化させる方向性をもたない。文化や社会を主体的に認識する学習者が社会のなかでの経験や討論などを通して，自らをその社会・文化のなかでどう位置づけるかに焦点を置く。クラス形式はインターアクティブなかたちとなり，クラス外でもインタビューなど複眼的なリサーチ活動が多い。学習者を取り囲む社会・文化事象をどのように捉えたか，それを自分のことばでどう表現するかが評価の対象となる。

第三は，個人そのものが文化であるという考え方に基づいて，「個の文化」の確立を目指すものである。この捉え方は，個対個のコミュニケーションを重視する。そして，さまざまなコミュニケーション活動を通じて獲得される自己アイデンティティにクラスの目標を設定する。学習項目の選択は学習者に任され，日々の生活のなかで気がついた項目が主体的に取り上げられる。討論やリサーチ，コミュニケーションの過程で，学習者自身がその項目をどう自己アイデンティティに取り込んでいくかが焦点となる。従来「日本的」といわれてきたような事象をわざわざ取り上げることはせず，「自分以外の個人＝異文化」というアプローチで文化を捉えようとする。

一方，前述した第二，第三の視点に対して，すべてを主観に任せるような方法論に批判的な論もある。広く個人的なバリエーションを認めながらも，社会・文化にはだれもが納得するコア的な行動規範があるという考え方である。この考え方は，思想や哲学的な部分よりも，日本語教育に有効な社会行動に焦点をあてている。

➡ステレオタイプ論と日本語教育（6-E），日本事情と日本語教育（6-E）

● 参考文献

小川貴士（1996）「日本事情教育の一視座としての日本人論」『ICU日本語教育研究センター紀要』6．

ネウストプニー，J. V.（1995）『新しい日本語教育のために』大修館書店．

細川英雄（2002）『日本語教育は何をめざすか』明石書店．

細川英雄（編）（2002）『ことばと文化を結ぶ日本語教育』凡人社．

［小川貴士］

■異文化への対応能力

異文化への対応能力を形成する要素は数多くあるが，大きく態度の面と知識の面に分けて考えることができる。態度の面では，基本的に，開放的であること，柔軟性があること，寛容であることなどが重要であるとされる。これらは当事者の性格と関連の深い要素であるが，ある程度意識的に身につけることも可能である。一方，知識面では，まず，文化一般に関することとして，文化的気づき（cultural awareness）があることが望ましい。すなわち，自己を含めてすべての人間が各自の出身文化に支配されているということの認識である。そのうえで，対象となる特定の文化に関する知識がどの程度あるかが問われる。相手文化における行動

の型，コミュニケーションのルール，そしてそれらの背後にある価値観を知ることが，対応能力の向上につながる。ただし，そうした予備知識がステレオタイプの域を出ず，態度の面で柔軟性が不足している場合，かえって対応に問題が生じることがある。接触場面における摩擦は，必ずしも文化の相違のみに還元されるものではなく，しばしば個人の資質やその場の状況に起因しているからである。

　上述の諸条件が満たされていても，現実に異文化への対応がうまくいくとは限らない。相手文化の人々から見て違和感のない適切な対応ができるためには，相手文化についての知識を身につけるだけではなく，それをベースに，相手文化への共感をもち，実際にそのルールに即した行動がとれることが必要である。このように知識・感情・行動の3レベルにわたって相手文化を統合的に理解し習得したときに初めて，異文化適応が可能になるといえる。

　しかし，このような適応をつねに心がけることが異文化対応の最も望ましいかたちであるかどうかには疑問も残る。異文化適応は，自文化の一員としてのアイデンティティの保持と両立しないこともあるからである。その場の状況や人間関係に応じて，相手文化のルールに従うか，自文化の規範を優先するかを自在に選択し，総合的に見て最も適切な行動がとれる，二重文化能力（biculturalism）ないしは多重文化能力（multiculturalism）の獲得が目指されるべきであろう。

→異文化コミュニケーション（6-D），アイデンティティ（4-A），ステレオタイプ論と日本語教育（6-E），異文化接触場面の特徴（6-D），文化理解と学習者の変容（6-E）

● 参考文献

山岸みどり他（1992）「『異文化間能力』測定の試み」『現代のエスプリ』229．
ネウストプニー，J. V.（1995）『新しい日本語教育のために』大修館書店．
井上孝代（2001）『留学生の異文化間心理学』玉川大学出版部．
飛田良文（編）（2001）『異文化接触論』〈日本語教育学シリーズ1〉おうふう．

　　　　　　　　　　　　　［佐藤勢紀子］

■ 社会調査の意味と方法

　日本語学習者にとっての社会調査は，社会学や文化人類学などで行われる社会調査の方法や収集されたデータの分析方法を学ぶことではない。また，その目的は社会調査の専門家を育成することでもない。日本語学習者にとっての社会調査は，社会を認識していく方法であり，かつ，そのプロセスでことばと文化を理解していく方法なのである。したがって，教授者にとっては，学習者が社会調査を通じて社会認識を深め，言語を習得していくように手助けすることが肝要となる。

　では，そのためにはどのような社会調査が可能であろうか。ここで留意しなければならないのは，量的調査は必ずしも役に立たないということである。大量のデータの分析からある程度「傾向」を読み取ることができたとしても，それは学習者が日本語を使って目の前にいる人を理解していくときに役立たないばかりか，ときには，そのようなイメージがその個人の理解を妨げる場合もあるからである。

　そこで考えられるのが，人々と深くかかわるという意味の質的調査である。それは教室の外（つまり，フィールド）に出て，直接人々と接することから考えるという，社会学や文化人類学で用いられるフィールドワークの手法を用いることである。このなかには，観察調査やアンケート調査，インタビュー調査などが含まれる。観察調査は，ある事象を外部から観察するだけでなく，学習者があるグループに参加し，活動をともにしながら，集団内部から観察する

方法(参与観察)も含む。またアンケート調査やインタビュー調査では、1人の人から友人や知人を紹介してもらいながら、調査を拡大していく方法(スノー・ボール方式)や、アンケート調査を行ってから、ある特徴のある人に面接調査を行ったり、インタビュー調査の後にさらに詳しくインタビュー調査をするような方法(フォローアップ・インタビュー)をすることも考えられる。調査のテーマは学習者が最も興味のあるテーマがよいが、そのほかには、たとえば、学習者が近くにいる年配の人に「20歳の頃の私」「子ども時代の遊び」などをテーマに聞き書きをするのもよい。

ここで重要なのは、調査をすること自体ではなく、学習者自身が調査を通じて自分の社会認識を深めたり、社会的コンテクストにおけることばの意味を習得していくことである。したがって、調査の途中や調査後に調査を通じてわかったことや考えたことを口頭発表したり、それに基づいて議論したり、さらにはそれらを基に調査記録(エスノグラフィー)を日本語で書くことが伴わなければならない。

学習者に期待されることは、日本語を使ってフィールドワークを行い、また日本語を駆使してデスクワークを行うという往還過程で、社会認識を深め、ことばの意味を深く理解していくということである。このような意味で質的調査を重視した社会調査は日本語教育において、豊かな可能性を含んだ教育方法論といえる。

➡ フィールドワーク (7-F)、エスノグラフィー(民族誌) (7-F)

● 参考文献

ウイリス、P.〔熊沢誠・山田潤訳〕(1996)『ハマータウンの野郎ども――学校への反抗、労働への順応』筑摩書房.
クリフォード J./マーカス, G.(編)〔春日直樹他訳〕(1996)『文化を書く』紀伊国屋書店.

佐藤郁哉 (1992)『フィールドワーク――書を持って街へ出よう』新曜社.
佐藤郁哉 (2002)『フィールドワークの技法――問いを育てる、仮説をきたえる』新曜社.
箕浦康子(編)(1999)『フィールドワークの技法と実際――マクロ・エスノグラフィー入門』ミネルヴァ書房.

〔川上郁雄〕

■文化論と日本語教育

「文化論」とは、日本の文化について論じたり、説明したりすること、日本論、日本文化論、日本人論などの言説や、それに依拠した議論を指す。

日本での日本語教育は、言語と密接に結びついた「文化」の問題を教室外の社会や、「日本事情」教育に委ねてしまい、ことばと文化の問題に真剣に対峙してこなかったきらいがある。

その一方で、日本語クラスに時折、「文化」の問題が無造作に顔を出すことがある。たとえば、敬語使用を嫌う学習者に対して、「タテ社会」である日本社会では敬語が必要であることを説いたり、「くれる」という授受表現が日本人の「ウチ」意識の強さを表していると説明したりする場合である。

しかし、こうした「文化論」の援用が、以下のような「文化論」の前提を暗黙のうちに承認してしまっていることには注意が必要である。

「文化論」の第一の前提は、「日本の社会(日本人)は○○である」といえるように、「日本の社会」や「日本人」が単一・均質であるとみなす点である。「文化」は国家や国籍を単位として語られやすい。これは、「文化」が近代国家の統合を推進する装置として、「国家語」とともに形成された、「創造された伝統」であることからきている。「国家語」である「日本語」を教えるクラスとしては、「ことば」と「文化」

の両面で，学習者の「同化」を迫ることのないよう，最大の注意を払わなければならない。

　第二の前提は，「文化論」が「文化」をすでに出来上がった静態的なものとみている点である。「文化論」は，たかだか数十年前か百数十年前かに方向づけられた「伝統」を，「日本人」の「国民性」や「日本社会」の不易の規範であるかのように語る。しかし，「文化」は「ことば」と同様，たえず異なるものとの交流・摩擦を通じて変容していくものなのである。

　第三の前提は，「文化論」が「文化」を論じる当の主体を「日本人」一般のなかに融解させ，主体性を無化してしまう点にある。ところが実際は，個々の人々は「日本人」であるだけでなく，「女性／男性」であったり，「母親／父親」であったり，「教員」であったり，「地域住民」であったりという具合にたくさんの「文化主体」の結節点を生きている。

　では，国家単位の均質的・静態的な「文化」観を脱して，個に立脚する多様・多重で動態的な「文化」を日本語教育のなかに組み込むためにはどうしたらよいのだろうか。

　「日本では～です」とか「あなたの国ではどうですか」といった国単位で文化を論じる発想を脱却するところから始まり，さまざまなかたちの「文化論」的言説を批判的に吟味していく作業を学習者とともに地道に積み重ねていく必要があろう。そうした過程のなかで，単なる「ことばの習得」の支援にとどまらず，異なる文化との接触を通しての，自らの「文化変容」を担いきれる主体を育成するという新しい日本語教育の課題が見えてくる。

➡日本文化の捉え方（6-E），文化理解と学習者の変容（6-E）

●参考文献

田中克彦（1981）『ことばと国家』〈岩波新書〉岩波書店．

西川長夫（1995）『地球時代の民族＝文化理論』新曜社．

川上郁雄（1999）「『日本事情』教育における文化の問題」『21世紀の「日本事情」』創刊号．

細川英雄（1999）『日本語教育と日本事情――異文化を超える』明石書店．

［門倉正美］

■ステレオタイプ論と日本語教育

　ステレオタイプ（stereotype）は，もともとは印刷の際に紙型から鋳造される鉛版（ステロ版）を指す。社会心理学上の概念としては，W.リップマン（Lippman, W.）の『世論』（1922）に始まる。人が特定の個人，集団，状況などを認知するときにいつの間にか用いている先入固定観念，過度に単純化された紋切り型の態度，意見，イメージなどを指す。ステレオタイプは，社会文化的に共有・伝達され，しばしば歪曲されており，好悪・優劣などの強力な感情を伴い，それに合わない事例に出会っても容易に変容せず，認知上の労力の節約機能（経済性）と慣れ親しんだ安心できる世界像としての機能をもつ，とされる。

　留学生はよく「日本人は…だ」や，「日本社会は…だ」と決めつけてしまっていることが多い。こういった固定観念は，真実である場合もあるが，現実とかけ離れている場合も少なくない。日本語教育や「日本事情」教育において，学習者がもっているステレオタイプは，しばしば学習を妨げるはたらきをする。多様で具体的な日本の社会や文化の動きをいくら教えても，なかなかステレオタイプの支配から抜け出せないのである。「日本事情」でいわゆる「日本文化」，たとえば，「日本＝タテ社会」論や「本音と建て前」論などを教える授業や，「国境を前提にした異文化コミュニケーション」の授業は，ステレオタイプの再確認で終わる可能性がある。

ステレオタイプは広く人間相互のコミュニケーションやその障害にかかわるので,教師も学習者も,それぞれが用いているステレオタイプを知り,修正し,相対化することが必要である。そのためには,人を集団の一員としてだけ見ず一個人として見る訓練,集団の多様性・可変性を認め個の文化を発見することが重要である。

➡日本社会の捉え方(6-E), 日本文化の捉え方(6-E)

● 参考文献

リップマン, W. 〔掛川トミ子訳〕(1987)『世論』岩波文庫.

細川英雄(編著)(1999)『日本語教育と日本事情——異文化を超える』明石書店.

河野理恵(2001)「ステレオタイプの強固さ——『日本事情』教育の現場から」『21世紀の「日本事情」』3.

中島義明他(編)(1999)『心理学辞典』有斐閣〔「ステレオタイプ」の項〕.

森岡清美他(編)(1993)『新社会学辞典』有斐閣〔「ステレオタイプ」の項〕.

『スーパー・ニッポニカ』(CD-ROM 版)(1998) 小学館〔「ステレオタイプ」の項〕.

The Oxford English Dictionary. 2nd ed. (1989) Clarendon Press〔stereotype の項〕.

〔河野理恵〕

■日本事情と日本語教育

文部省(現「文部科学省」)から4年制大学学長に向けて,外国人学生に「日本事情」を教えるようにという通達があったのは1962(昭和37)年のことである。その頃から,日本語教育でも,どのように日本文化を教えたらいいのかについての研究が少しずつ始まった。当時は「わび・さび・茶の湯・タテ社会」など,他に類を見ない日本文化の特殊性を教えようという発想が支配的だった。1980年代後半になって,日本文化をほかの国の文化よりも優れたもの・特殊なものとみなすような文化観を批判する研究が現れる。その立場では,学習者の母国の文化を大切にして,その母国文化と日本文化を比較しながら,どちらの文化も優劣つけがたい大切な文化だと知ることが重視された。ただここで問題になるのは,文化を大切にするというとき,なぜその文化は母国や日本といった国境で区切られたものでなければならないのかということである。

1990年代後半に入ってから『21世紀の「日本事情」』(くろしお出版)編集委員らが中心となり,個人が文化を認識する方法に着目した研究が行われるようになった。さまざまな人々が織り上げるタペストリーのように日本文化を捉えたり,人間一人一人の見方こそが「個の文化」だと捉えたりする文化観に基づいた研究が始められている。

今後「日本事情」は,国境で区切られた単一な文化という文化観が揺り動かされる場,そして,人間が文化を創造する主体として生きていくための,文化を見る目を培う場として取り上げられていくだろうと考えられる。こうした視点は,これまでの日本語教育がもちえなかったものであり,日本事情の新しい展開によってこれからの日本語教育に新しい可能性をもたらすだろう。

➡日本社会の捉え方(6-E), 日本文化の捉え方(6-E)

● 参考文献

牲川波都季(2002)「学習者主体とは何か」細川英雄(編)『ことばと文化を結ぶ日本語教育』凡人社.

細川英雄(1999)『日本語教育と日本事情——異文化を超える』明石書店.

細川英雄(2002)『日本語教育は何をめざすか』明石書店.

『21世紀の「日本事情」』1〜5, くろしお出版.

『リテラシーズ』1〜，くろしお出版．

[牲川波都季]

■文化理解と学習者の変容

近年，言語と文化は切り離せないという認識が広まり，日本語教育の現場においても日本語だけでなく日本文化も教室活動の素材として積極的に取り上げられるようになった。しかし，何を日本文化とし，それをどう扱うかについてはまだ定説はない。これまでの傾向としては，日本文化のなかに，事物や風物などの紹介に加えて，日本人論の範疇に属する「日本では…」や「日本人は…」などが含まれることが多い。たとえば，「日本人は直接的には断らず言い訳を並べながら間接的に断る」，「日本人は面と向かっては反対意見を言わない」などである。後者に属することがらを取り上げる場合には注意が必要である。

海外の日本語教室で日本や日本人についての知識を得て来日した留学生の次のようなケースがある。ある学習者は日本人との接触を通して得た経験のなかから，自分が前もって得ていた日本や日本人についての知識に照らしてそれらに合致するものにだけ注目した。一方，それらの知識に合わないものについては「例外」として目をつぶった。つまり，日本人との接触経験を通してこの留学生が学んだことは日本や日本人についてのステレオタイプを強化しただけで，新たに学んだことは何もなかったといえる。

このようにステレオタイプを強化することなしに文化を取り上げるには，まず担当者（日本語教師や支援者）の学習観・文化観が問題となる。担当者が日本文化を1つのものとして固定的に捉え，それを学習者に伝達することを重視する場合には，学習者は伝達されたものをそのまま覚えるかたちになる場合が多い。担当者のもつ学習観・文化観が学習者の学習観・文化観に与える影響は大きい。したがって，担当者においては日本文化にもさまざまな側面のあることや変化している側面のあることに注目し文化を動的なものと捉え固定的に捉えないことが学習者にステレオタイプをつくらせない条件の1つである。担当者がこのような文化に対する柔軟な態度をとることで，学習者は日本文化に対する単一な見方から多様な見方へと文化観を変容させていくことが可能となる。学習者は学習者間のインターアクションや日本人や日本社会との接触経験のなかで，とくに初期のあいだは，さまざまの葛藤場面に遭遇する。自分の母語や母文化のもとでかたちづくられている「常識」が通用せず食い違うことが多いからである。しかし，違和感をもちつつもさらにインターアクションを続けていくなかで，自分とは違うものに対する共感が生まれ，両文化にまたがるアイデンティティを獲得していくことができるようになる。

こうした両文化にまたがるアイデンティティの確立はとくに年少者対象のバイリンガル教育では重要である。第二の言語や文化との接触を通して，それらの文化の理解にとどまらず自文化の理解も深まることが期待される。

→日本文化の捉え方（6-E），ステレオタイプ論と日本語教育（6-E）

● 参考文献

牧野成一（1996）『ウチとソトの言語文化学』〈NHFL選書12〉アルク．

細川英雄（2002）『日本語教育は何をめざすか——言語文化活動の理論と実践』明石書店．

細川英雄（編）（2002）『ことばと文化を結ぶ日本語教育』凡人社．

倉地暁美（1992）『対話からの異文化理解』勁草書房．

[岡崎眸]

■総合学習としての日本語教育

日本語教育に関する教科書の考え方の基本は，一定の期間内に一定の語彙・文型を習得させるという文型中心の考え方に基づいている。その一方，文化の問題に関しては，日本に関する情報を与えるという教育が多数を占めている。伝統文化や日常生活あるいは現代社会への視点が取り上げられるとしても，それらはすべて日本という地域とその事物・ことがらに関するものであり，いわば目に見えるかたちで教師によって取り出されたものである。近年は，いろいろな使用想定場面のなかでの言語諸機能を埋め込んだ「概念・機能シラバス」も提案されているが，以上の文型中心の言語教育と，日本に関する事物・ことがらを〈文化〉として教えようとする文化教育の立場とを結びつけるものは何もない。そこで，目に見えにくい行動様式や思考方法との対比という観点で〈文化〉を捉えようとする考え方が生まれることになる。いわゆる異文化（間）コミュニケーションの立場がこれに相当する。ところが，こうした「日本社会」や「日本文化」の存在を前提とした集団類型的な比較には，たとえば，日本語のやりもらい表現を日本人のウチ・ソトの発想に結びつけるような安易なステレオタイプも潜んでいる。

日本語教育の目的が，日本語によるコミュニケーション能力の育成にあることは衆目の一致するところであるが，このコミュニケーション能力の概念規定は必ずしも同じではない。総合活動型学習では，コミュニケーションを目的とした言語教育とは，学習者自身の〈考えていること〉をどのように表現させるかということを目的として行われるものという前提に立つ。すなわち，学習者自身の思考と表現の活性化が言語学習にとって重要だと考える。そのため，その学習形態は，ある一定の内容や構造を教授するという学習から，学習者自身の思考をどのように引き出すかというものへと転換していく。具体的には，教材読解型から自己発信表現型へという学習者主体の活動が中心になろう。学習者が主体的に表現するためには，まず，聞・話・読・書という4つの形態に支えられた総合的なコミュニケーション活動であることが要求される。しかし，ここでは，こうした4技能を総合することが目的なのではない。言語活動自体が本来こうした4技能が統合されて初めて機能するものだからである。

次に，こうした活動は，つねに当面の具体的な対象と目標を前提にして機能することを考えなければならない。これは，いわゆる言語構造重視の活動から内容重視の活動へと，活動の目的が転換することでもある。内容重視への転換のためには，その活動自体が達成感のあるものでなければ意味がない。つまり，言語重視の活動のように，当初の課題が言語の構造や機能を習得させることが目的だと，学習者自身の思考は対象にならない。内容重視の活動になることによって初めて学習者の思考が対象となり，同時にそこでは，学習者にとって達成感のある言語活動が期待されるようになるのである。ただし，学習者の思考を対象にする目的は，従来の国語教育のような表現主体の意図や感情の分析ではなく，あくまでも学習者の思考と表現の活性化にある。とくに母語以外の第二，三言語を成人になって学ぶということは，具体的な内容についての興味と関心なしにはありえない。

もし習得のはじめの段階から日本語によるコミュニケーション活動を中心として，学習者が自分の考えていることを発信する方法を採用するならば，当然のこととして，学習者の興味と関心は，当該の社会・文化と自分との関係に向くはずである。なぜなら，コミュニケーション活動とは，学習者と社会を結ぶという活動にほかならないからである。こうした総合活動型学習は，学習者自身の問題意識を明確化させ，そ

の問題の発見と解決に資するための問題発見解決学習を目指すことになる。

以上のような教室活動を総合活動型学習と呼ぶことができる。総合学習という用語は、すでに学校教育のなかで教科の統合を意味するものとして用いられているため、言語教育の問題として取り扱う場合は、総合活動型学習のほうが適切であると考えられるが、この名称はまだ一般的ではない。

→日本社会の捉え方 (6-E), 日本文化の捉え方 (6-E)

● 参考文献

細川英雄 (1999)『日本語教育と日本事情――異文化を超えて』明石書店.

細川英雄 (2002)『日本語教育は何をめざすか――言語文化活動の理論と実践』明石書店.

細川英雄（編）(2002)『ことばと文化を結ぶ日本語教育』凡人社.

牲川波都季・細川英雄 (2004)『わたしを語ることばを求めて――表現することへの希望』三省堂.

「統合」研究会（編）(2003)『「統合」の考え方と方法』早稲田大学日本語研究教育センター.

細川英雄＋NPO法人スタッフ (2004)『考えるための日本語――問題を発見・解決する総合活動型日本語教育のすすめ』明石書店.

[細川英雄]

F──多言語多文化社会

■言語文化の多様性

日本は、世界の他の多くの社会と同じく多言語多文化社会である。多言語多文化社会には、種々の民族的コミュニティが共存しているので、そのために言語への対策（多くの場合、言語教育）と社会・文化政策が必要である。

●**民族的コミュニティの種類**── 世界の多様性は経済的ないし政治的要因に裏づけられる特徴が多いが、民族的コミュニティの存在による差も大きい。それぞれのコミュニティでは、メンバーが文化的特徴を共有するものの、必ずしも決まった組織をもっているとは限らない。

歴史的コミュニティは、長期間（数世代にわたり）その国に居住した結果形成されたコミュニティである。日本の場合、それは日本人とアイヌ人である。なお、在日韓国人・朝鮮人もこれに近い。

移民コミュニティは、アメリカ、カナダ、オーストラリアなどに特徴的に見られる。日本ではこれにあてはまるものはあまりないが、東アジアからの最近の入国者にそのような性質が認められる場合があり、また日本人の家族構成員（外国人の配偶者など）も、「日本で生活するために自発的に来日し、帰るつもりがない」、つまり「移民」にあたる特徴をもっている人が普通である。

外国人労働者としては、日本にはアジアや南米からの労働者が多く見られる。合法的滞在者のほかにビザが切れてもそのまま滞在する人がいる点では、ヨーロッパなどの外国人労働者と性質が変わらない。

日本にとって特殊なカテゴリーは、中国残留孤児である。

難民は日本の場合は少ないが、インドシナからの限られた数の難民が受け入れられている。

「一時的滞在者」（英語では sojourner と呼ばれる人）は、グローバル化時代に世界的に大きくなったコミュニティだが、日本でもこれからかなり増えるだろう。

留学生はすでに人数が多いが、これもさらに大きなグループになる可能性がある。ただし、4年間日本の大学にいる留学生よりも「短期留学生」が主流になる可能性がある。また、ツー

リストも重要なグループをなしている。

世界の歴史を見ると，民族的コミュニティは，基盤（matrix）コミュニティと少数（minority）コミュニティに分けることができる。基盤コミュニティは多くの場合，権力を握り，少数コミュニティに対して差別的行為を行ってきた。これを限定させる考え方としては，1970年代，80年代の先進国に多言語多文化思想が現れたが，現在もまだ完全な平等状態に達したところは少ない。なお，多言語多文化主義に好意的な「人文主義」的なイデオロギーがあるのに対し，1990年代から先進国で現れた「合理主義」の思想が「外国人」の重要性を認めつつも，基盤コミュニティの特権を擁護しようとしている。

●コミュニティの特徴──「多言語」ということばは，狭い意味での言語（文法能力）に関する問題を指している。そしてその言語は象徴としての役割を果たしているだけではなく，実際の生活を行ううえで必要な道具として重大な意味ももっている。たとえば教育で使われる言語に関する差別は，多くの場合教育の高いレベルを達成する過程においては明らかに妨げになる。しかし，多言語多文化状態の様相は言語だけで捉えることはできない。ほかに文法外コミュニケーションの相違と社会文化的な相違も重要な役割を果たしている。前者には，関係者の問題，ポライトネスのパターン，ネットワークの作り方，非言語コミュニケーションの手段などの問題，後者には人間の考え方や日常行動，仕事場の行動などが含まれる。多言語多文化社会にとってとくに一次的な役割を果たしているのが，社会文化行動と，そのなかの異なる利害関係である。

●多言語多文化に対する政策──多言語多文化状態で起こる種々の問題を一方的に言語教育（日本の場合は日本語教育）によって解決することはできない。まず，それぞれのコミュニティを社会文化的に平等にし，コミュニケーションのネットワークにおいて独立した立場を与える必要がある。しかし，このような課題は言語なしには果たせないので，言語教育が多言語多文化問題の解決のために重要な道具になる。むろん，このためには，教師は多文化問題についてはっきりした意識をもたなければならない。日本の場合は，国家も外国人労働者への将来の依存，また国際社会での面子を考えざるをえないし，マスメディアも少なくとも中立的な態度をとるところが多く，一般社会においても日本語教師やボランティアなどに少数コミュニティのメンバーに対する積極的な態度が見られるので，過渡期にある社会だといえよう。日本人は，自国では基盤コミュニティの成員であるが，世界のほかの国に出ると少数コミュニティのメンバーになることを忘れずに，国際社会における多言語多文化問題の解決を求めるべきであろう。

➡マルチリンガリズム（多言語多文化主義）（6-F），異文化コミュニケーション（6-D）

●参考文献

田中望（2000）『日本語教育のかなたに』アルク．

Maher, J. C. and Macdonald, G. (eds.) (1995) *Diversity in Japanese Culture and Language.* KPI.

［J. V. ネウストプニー］

■マルチリンガリズム（多言語多文化主義）

全世界には約200の国々に5000余りの言語が存在している。すなわち，つねに多くの言語接触が起きていることになる。この言語の接触の結果がマルチリンガリズム（社会バイリンガリズム）である。2つないしはそれ以上の言語が個人のなかに見られる場合，これをバイリンガリズムと呼ぶ（個人バイリンガリズム）。

●マルチリンガリズムの普遍性──この世界

に完全な単一言語国家はないといわれている。広く受け入れられている「マルチリンガリズムは一般的ではなく，スイスなどのごく少数の国々に限られたことである」というイメージは，国家によるプロパガンダや国家主導による単一言語使用政策の結果である。ガーナやナイジェリアなど多くのアフリカの国々では公用語は1つであるが，人口の約90％の人々は日常的に2つ以上の言語を使用している。イギリスでは100以上の少数派言語が毎日の生活のなかで使用されている。日本でも韓国語，中国語，日本語手話，英語を日常的に使っている人がおり，また各種学校で使用されている（マーハ/八代 1991, 1995）。このように国境は言語間の境界とは一致しない。文化と言語は一致したりお互いに影響することはあるが，それらは同じものではない。むしろ文化と言語は混ざり合っていて，境界のぼやけたカテゴリーである。

● なぜマルチリンガリズムなのか —— 人が完全にしても部分的にしても複数の言語を用いるようになるのは，家族，職場，地域コミュニティ，教会，学校などの場面に見られる多文化的必要性の結果である。タイのある医師はいつも研究論文を英語で執筆しているが，必ずしも英語を流暢に話せるとは限らない。日本人のサッカー選手がイタリア語を話すのは，イタリアのチームでサッカーをするためである。スウェーデン出身の女優イングリッド・バーグマン（1915-1982）は映画のなかでスウェーデン語，英語，イタリア語を使用した。ローマ法王ヨハネ・パウロ2世（1920-2005）は，母語のポーランド語のほかにラテン語，イタリア語，英語，ドイツ語，フランス語，スペイン語，ロシア語を話すことができた。

● マルチリンガリズムに対する批判 —— マルチリンガリズムに対する誤解も多く見受けられる。毎年，世界中で，多くの家族が労働者，一時滞在者，もしくは難民などのかたちでほかの国へ移動している。その結果，校内に複数の言語を話す児童・生徒がいるにもかかわらず，単一言語主義を維持している学校がある。国家の政策を反映していると思われるこのようなアプローチは同化主義的にほかの言語を積極的に否定するか，単に児童・生徒のなかにほかの言語が存在しているという事実に対し理解がないかのどちらかである。ヨーロッパの子どもたちの多くは母語を流暢に話す一方，学校で2つの言語を学んでいる。スカンジナビアの国々では3つのことばを話す子どもたちを育てることに成功している。これらの国々では言語教育が重要視されている。そのほかにもモントリオールではヘブライ語，フランス語，英語を使用する学校があり，横浜では中国語と日本語を使う学校がある。

→ バイリンガリズム（8-A），バイリンガル教育（8-A）

● 参考文献

マーハ，J. C./八代京子（編著）（1991）『日本のバイリンガリズム』研究社.

Maher, J. and Yashiro, K. (eds.) (1995) *Multilingual Japan*. Multilingual Matters.

［ジョン・C. マーハ］

■外国人問題

グローバル化が進んでいるなか，異なる規範体系をもつ個人または集団の共存は珍しくない。日本において基盤コミュニティである日本人以外の少数コミュニティは「外人」または「外国人」の表現により表されている。

● 日本での外国人 —— 2004（平成16）年末現在，外国人登録者数は197万人を超え，日本総人口の1.55％を占める。この人々は，在日朝鮮人・中国人を中心とした永住者と，外国人労働者，外国人花嫁，留学生を含む非永住者に大別することができる。また，移動人口を考

えると，毎年約500万人の外国人入国者が就労，留学，結婚のほかに観光，商用，親族訪問などの目的で日本に短期または中長期に滞在している。政治的な背景を除くならば，アイヌ人，帰化した外国人，帰国子女，中国残留孤児なども，日本国籍をもちながら，日本人コミュニティによって「外人」または「外国人」のラベルを付されるため，相互にさまざまな調整が行われているのが現状である。

●**外国人問題のメカニズム**——「外人」，「外国人」という呼称は，いずれも，少数コミュニティの外来性を強調している。興味深いことは，「外人」は決して「外国人」の省略ではなく，それぞれ反映する日本社会の異文化受容プロセスが異なるという点にある。前者は多くの場合，外見や生活習慣の外来性が注目され，日本人によって情的な評価が行われる。日本語に「外人さん」や「変な外人」などの表現があるように，「外人」は一般日本人にとって身近な存在であるが，コミュニティ・レベルにおいては正の評価に基づいて歓迎されるだけでなく（たとえば，アイドル化現象），負の評価に基づいて差別的な調整（たとえば，アパートを貸さない）も行われる。他方，後者の「外国人」は日本社会の基底規範（base norms, Neustupný 1985）によって位置づけられ，その外来性自体が日本社会の従来の秩序を脅かしかねないものとして問題視されることが多い。

いわゆる「外国人問題」は政策レベルにおける概念として広く政府や地方自治体，そしてマスメディアのあいだで注目され，議論される。現代日本社会における最も典型的な外国人問題の１つは在日韓国・朝鮮人問題であるが，1970年代末からニューカマーと呼ばれる定住者が増加したことにより，外国人労働者問題や人権問題，さらに言語管理・言語計画における言語保障問題なども浮上している（駒井 1997）。

●**外国人問題と日本語教育**——現在の日本社会は多言語多文化社会への過渡期にあり，すでに多様な外国人と共存している以上，もはや外国人を単に問題として片づけることができない段階に来ている。問題解決はあくまでも基底規範に基づく社会的な調整にすぎず，基盤コミュニティと非基盤コミュニティの差をさらに大きくしかねない。政策レベルにおいてまず個々のコミュニティを対等に位置づけることが目指されるべきであろう。政策の一部を担う日本語教育においても，日本語教師やコース開発者には，問題解決アプローチによってではなく，多言語多文化社会を実現できるように，各コミュニティ間のコミュニケーション・ネットワークを充実させる共生的アプローチの構築が望まれる。

➡マルチリンガリズム（多言語多文化主義）(6-F)，多文化共生を模索する地域（10-E），多文化共生の地域づくり（10-E）

●**参考文献**

Neustupný, J. V. (1985) “Problems in Australian-Japanese Contact Situations.” In Pride, J. (ed.) *Cross-Cultural Encounters*. River Seine. pp. 44-64.

駒井洋（編）(1997)『新来・定住外国人がわかる事典』明石書店.

［サウクェン・ファン］

G——言語政策・言語管理

■言語問題と言語管理

日本語教育は言語問題を解決あるいは軽減するための道具で，言語問題の分野と密接な関係がある。言語問題を取り扱う最も代表的な分野としては，言語政策，言語計画と言語管理が挙げられる。

●**言語政策，計画，管理**——われわれがイン

ターアクションを営む際に必ず問題が起こり，その問題が個人や社会に管理（留意，評価，および調整）されることがある。言語の場合にも，言語使用というものが問題なし，そして管理なしには存在しない。このような問題と管理は人間社会が始まって以来続いてきたものだが，とくに目立つようになったのは，近代化によって言語への要求が高くなったときである。そこで，近代国家を形成することに絡み合う種々の問題と国家と他の国家の言語的接触の問題は，個人の力だけでは解決できず，国が積極的に参加し，「言語政策」の種々の理論によって指導される管理の対象になった。このような国の参加はもちろん部分的にはその後も見られるが，近代化が遂げられた社会にとっては必ずしも代表的なアプローチではない。しかし，国の参加がもう一度現れたのは，1960年代や70年代にアジアやアフリカの多くの国々が近代化のプロセスに加わったときである。その時期は「言語計画」の理論の誕生をみた。なお，1970年以来，一部の社会でポスト近代化の過程によって多くの言語問題が表面化し，言語計画の質的な修正が行われるようになり，さまざまな新しい理論的な試みが現れたが，その結果できたアプローチを「言語計画」と対立させ，「言語管理」理論と呼びたい。

●**言語管理理論の範囲と特徴**── 言語管理理論においては，伝統的な文字や語彙の問題だけではなく，ほかの多くの問題も対象になる。たとえば性と言語，行政ないし法のことば，翻訳と通訳，言語障害，言語教育，言語とインタレスト（関心・利害関係），あるいは権力の問題などであるが，言語管理理論はこれらのすべての現象を取り扱うための統合的なフレームワークを提供している。なお，これらの問題の取り扱いでは，国（「政策」）のレベルだけではなく，個人や家族，メディア，会社などの団体，あるいは教育制度関連の団体に留意される問題も考慮の対象になる。

言語管理理論の最も大きな特徴としては次の2つが挙げられる。一つは，すべての問題の根源を談話で探ることである。たとえば，正書法の改革は，関係者の意見に基づくのではなく，言語の使用者が実際に談話においてどのような問題を経験しているかという調査に基づくべきだという主義である。あるいは，言語接触での問題は言語接触におけるプロセスのなかで特定するように努力する。団体，国などの「組織管理」は，談話でのこのような「単純管理」のうえに立つべきなのである。もう一つの特徴は，種々の管理が同じようなプロセスを通って展開するということである。これらのプロセスは，

(1)コミュニティに一定の規範があり，その規範への「逸脱」（「違反」）が起こる，
(2)逸脱が留意される，
(3)留意された逸脱が否定的（あるいは肯定的）に評価される，
(4)調整がはかられる，そして
(5)その調整が遂行（実施）される，

というプロセスである。

たとえば，言語接触で，外来語が社会（あるいはその一部の層）の規範である「独自性」という規範に対する逸脱であるという留意があり，それが否定的に評価され，「言語の純化」という調整が選ばれ，政策が実施される。この例でもわかるように，言語管理は必ずしも「誤解」などのようなコミュニケーション問題から出発するのではなく，社会的要求（規範）から出発することもある。なお，この管理プロセスにおいて参加者のインタレストがはっきりと表れ，権力の差が遂行に大きく作用する。つまり，「客観的」で，「社会全体を代表する」ような言語管理は考えられない。

●**言語習得と言語管理**── 言語習得は，言語接触の場面における言語の完全なあるいは部分的な欠如という逸脱を処理するための管理シス

テムである。言語教育が一時的に対象にしている問題はコミュニケーションの問題であるが，種々の社会的問題，目標言語（社会）に対するエンパシーの問題，目標言語の担う民族象徴機能の問題なども大きく言語習得に影響する。言語習得は，教授行動，学習行動と自然習得を含む。このような習得は個々の単純管理によって行われることもあり，その例としては自然習得が挙げられる。しかし，多くの場合，言語習得，たとえば日本語習得は，かなり複雑な組織管理のかたちをとる。そのなかでは理論（「教授法」など）が活用され，多くの参加者が参加し，複雑なプロセス（教室行動など）が使用されている。このような言語習得はインタレストや権力に動かされることを忘れてはならない。

● **言語管理のエージェントとイディオム**——言語政策ないし他の組織管理を実施するために，すでに存在するネットワークが利用されることもある（たとえば，文部省の既成の委員会）。しかし，しばしば特殊な「エージェント」が形成され（たとえば「国語審議会」。現在は文化審議会国語分科会），海外の場合は種々の言語アカデミー，言語協会，放送局などで言語管理が行われる。なお，これらのネットワークにおいて，使われるイディオム，つまり「言語管理のことば遣い」が決定されることもある。

➡ 言語管理理論における規範（6-G），現代日本の言語政策（6-G），日本の言語政策史（6-G）

● **参考文献**

ネウストプニー，J. V.（1995）「日本語教育と言語管理」『阪大日本語研究』7．

Kaplan, R. B. and Baldauf, R. B. (1997) *Language Planning: From Practice to Theory*. Multilingual Matters.

［J. V. ネウストプニー］

■ **現代日本の言語政策**

現代日本の言語政策上の動きには，小学校への英語教育の導入計画や英語第二公用語化計画などの外国語にかかわるもの，また，日本語について，国連の公用語の1つに組み入れようとする動きや表外漢字字体を標準化する試みなどが見られるが，年々増加する日本語学習者や在日外国人などに対する日本語教育，日本語政策もその柱の1つになっている。

● **日本語教育計画とその主体**——日本語教育をめぐる現代日本の言語計画は，実際にはさまざまな主体が独自の方法によって展開している。たとえば，①多様化する日本語学習者に対応するために大学や日本語学校などがさまざまな日本語コースを設置する場合，②外国人就労者や外国人配偶者などのかかえる日本語問題に地方自治体やボランティア団体がそれぞれのしかたで取り組む場合，③近隣に住む外国人に日本語を個人的に教える場合などである。このような多様な主体のなかで最も大きな影響力をもって日本語教育政策を推進してきたのは，日本国家である。たとえば中曽根康弘元首相の時代に採択された1983（昭和48）年の「留学生受入れ10万人計画」は，その後の留学生をめぐる言語政策のあり方を決定づけている。

● **日本語教育政策関連機関**——日本の政府機関あるいは政府関連機関などで日本語教育政策にかかわってきたところには，次のものがある。国語審議会（2001年より文化審議会国語分科会），国際交流基金（日本語教育専門家の派遣，日本研究の支援など），国際協力事業団（2003年より国際協力機構。青年海外協力隊日本語教師の派遣など），国立国語研究所（教材開発，日本語教師養成など），日本国際教育協会（留学情報の提供，短期留学推進，日本留学試験の実施など），国際学友会（日本語教育，教材開発など）（最後の2機関は日本育英会，関西国際学友会，内外学生センターと統合して

2004年より日本学生支援機構に改組）など。このうち国語審議会は，日本の言語政策一般に最も深くかかわってきた機関である。

●**国語審議会の日本語教育政策**──国語審議会は，1949（昭和24）年，文部省設置法によって体制が再整備された後，1952（昭和27）年の「これからの敬語」（建議），1961（昭和36）年の「語形の『ゆれ』について」（部会報告）などを除いて，もっぱら，漢字制限・仮名遣い・送り仮名・外来語の表記など，文字・表記の問題に取り組んできた。「常用漢字表」「現代仮名遣い」「送り仮名の付け方」「外来語の表記」（いずれも内閣訓令・内閣告示）などがその成果である。その後国語審議会は，1993（平成5）年の諮問「新しい時代に応じた国語施策の在り方について」に応じて，新たに「国際社会に対応する日本語の在り方」を答申した。この答申のⅡ-2は「多様な日本語学習需要に応じたきめ細かな学習支援」であり，日本語教育に関する政策を提言している。ただし2002（平成14）年の諮問「これからの時代に求められる国語力について」以降は審議の対象が母語話者の国語力に限定され，日本語教育の問題は取り上げられていない。

●**その他の言語問題**──日本語非母語話者にかかわる言語問題は，日本語教育の問題に限らない。たとえば日本に滞在する日本語非母語話者については，教育や裁判などの公の場で使用する言語の問題がある。また地方自治体やサービス業界，企業などでは，パンフレットやホームページ，店内案内，商品説明書などを多言語で用意するなど，すでに独自の取り組みを進めているところがあるが，残されている課題はまだ多い。

➡表記に関する政策（5-B），日本語教育の歴史（6-G），日本語教育関連機関（国際協力）（10-C）

●**参考文献**
井上史雄（2000）『日本語の値段』大修館書店．
国際交流基金ホームページ（http://www.jpf.go.jp/）．
文化庁ホームページ（http://www.bunka.go.jp/）．

[渋谷勝己]

■日本の言語政策史

近代国家は全国に通じる公用語を必要とする。言語政策と銘打ったものが出る以前に，義務教育の施行（1872〔明治5〕年）や徴兵令の施行（1873〔明治6〕年）は，事実上全国民に共通の言語を与えようとする強力な政策の実施だった。日本国の公用語が日本語に限られることは自明のこととして，アイヌ・沖縄の人たちには同化の道しか残されていなかった。近代語としての必要条件である社会・科学・技術など諸分野の語彙の整備は，江戸時代の蘭学からの伝統を受け，大部分を漢語による新造語で，一部を外来語で，というかたちで急速に進められ，国の政策は出番が少なかったが，文体・表記の面での問題は大きかった。明治初期の書きことばは古代語の文法に基づくものだったが，民間の言文一致運動の進展と相まって，東京のことばに基礎を置く口語文が教育のなかでも主流を占めた。漢字制限・仮名遣い改定もたえず取り上げられたが，一応の解決は第二次大戦後に持ち越された。

初期の言語政策機関は，日本にヨーロッパの近代言語学を導入した上田万年を中心とする国語調査委員会（1902〔明治35〕年）である。上田の弟子のなかに，言語政策の理論と実施を指導した保科孝一がいる。ただし，上からの言語政策とともに民間の言語運動がこれと衝突しながら問題の解決に貢献したことを忘れてはならない。

アイヌ語に対する言語政策，すなわち少数民族語を抹殺して「国語」を母語にする，その方

法としては媒介語を使わずに直接法による，という方針は，台湾領有（1895〔明治28〕年）および韓国併合（1910〔明治43〕年）でも受け継がれた。さらに，事実上日本の植民地になったミクロネシアや「満州国」でもその方向へ進んでいった。日本の植民地で特徴的だったことは，天皇を中心とする精神主義であり，日本語を教えることが日本精神を植えつけることだ，とされたことである。

敗戦による植民地放棄によって，日本語教育は一時ほとんど途絶えたのち復活し，教員養成や国際交流基金による教師派遣などが続いている。これは国がはっきりした政策をとっているというより必要に迫られたのである。戦後の国語審議会は，漢字制限・仮名遣い改定など明治以来懸案の表記の問題に追われていた。一部には日本語の国連公用語化や英語第二公用語論などが唱えられているが，国として巨視的な日本語政策を示しているわけではない。

→現代日本の言語政策（6-G），日本語教育の歴史（6-G）

● 参考文献

平井昌夫（1948）『国語国字問題の歴史』昭森社〔復刻版：三元社，1998〕．

イ・ヨンスク（1996）『「国語」という思想』岩波書店．

関正昭（1997）『日本語教育史研究序説』スリーエーネットワーク．

安田敏朗（1997）『帝国日本の言語編制』世織書房．

［宮島達夫］

■国家以外のレベルでの管理

国家が絶対的な権威をもっていた近代前期，あるいは近代期では，言語問題の管理の場合主として国家による対策への期待が最も大きく，その手段としては公共レベルでの「言語政策」が圧倒的な権威をもっていた。たとえば，戦後の言語政策として，国語審議会が発表した当用漢字，現代仮名遣い，後に常用漢字などが注目を集めてきた。また，現在も，日本語の問題を「言語政策」の枠のなかでしか考えられない人がいる。

一方，言語管理は，公共レベル全体だけではなく，種々の「レベル」で行われているし，これは実際にはすでに近代前期から始まっている過程である。まず，国家の個々の部局のレベルでの管理があるが，このような管理は必ずしも同じストラテジーによるものではない。たとえば，1990年代には，日本人の名前を英語でどの順序（Nakamura Ichiro か Ichiro Nakamura か）で書くかに関して文部省と外務省の方針が違っていた。このレベルでは，日本語教育にとって最も参考になるのは文部省による言語管理だといえよう。たとえば，文部省がどのように筆順を認めているか，外来語の表記をどう規定しているか，あるいはどのような専門語彙を優先しているかという問題である。むろん，国語教育と日本語教育は違う分野なので，文部省などの決まりはそのまま日本語教育でも適用すべきだとは限らない。

メディアのレベルでは，日本で最も精力的に言語管理を実行しているのはNHKである。世界から，あるいは日本の行動の各分野から日常的に新しい語彙，表現や表記，同時通訳の場合の構文などが流れ込み，対策が要求される。『国語年鑑』に，毎年NHKが行った主な言語管理の結果が載っていたのは1961（昭和36）年から1979（昭和54）年までである。これも日本語教育にとって意味のあるデータになる。

個々の企業や団体も言語管理なしに存在することはできない。ここでは，例として，銀行による銀行員の敬語などのポライトネスに関する決まりなどが挙げられる。なお，家族のレベルでの言語管理も著しく，親による子どもの話し方のさまざまな管理が行われる。個人のレベル

では，個人としての日本人が，どのようにほかのレベルの刺激を受け，個人として自分の日本語の管理に含ませるかも日本語教育にとって重要なリソースになる。たとえば，個々人が常用漢字をどう取り扱っているか，外国の地名・人名をどう表記しているか，あるいは前の世代（親など）の言語的推薦をどう受け取るかも日本語教育にとって貴重なデータになる。

➡ 言語問題と言語管理（6-G）

● 参考文献

井上史雄（2001）『日本語は生き残れるか——経済言語学の視点から』〈PHP新書〉PHP研究所．

ネウストプニー，J. V.（1982）『外国人とのコミュニケーション』〈岩波新書〉岩波書店．
　　　　　　　　　　　　　［J. V. ネウストプニー］

■言語障害者と日本語

　言語障害は聴覚の障害，発声発語器官の障害，そして言語知識の障害に分けられる。それぞれの代表的なものが，たとえば難聴であり，構音障害や音声障害であり，失語症である。日本語を母語とする言語障害者がどのようなかたちで言語を表出するのか一概には表せない。なぜならその障害により多様な形態が現れるからである。しかしある特定の言語障害に着目すると，その言語障害者の発話に母語の特徴や他の個別言語とも共通する特徴を見ることができる。

　たとえば吃音（これを言語障害の１つと考えるなら発声発語器官の障害に入るだろう）に着目すると，各母語話者に共通な蓋然性は，その生起位置が語頭にあり，またその非流暢性が声帯の再始動の直前で生じることである。一方，各母語話者の個別的な特徴は，軽症の吃音者の蓋然性として，繰り返しの単位に母語の音韻単位が反映することである。言い換えれば，発話の非流暢性のかたちとして日本語ではモーラ単位の繰り返しが，中国語では音節単位のそれが多数を占める。しかし英語では音節の頭子音の繰り返しが日本語や中国語より多くなることである。

　また，たとえば特異性言語障害（SLI：これは言語知識の障害に入る）では各母語話者に共通して形態論の領域で障害が現れるといわれている。したがって個別言語的な特徴として，日本語では連濁などの形態音素交替に，英語では単数・複数の対応や時制の一致などに障害が見られる。

　これらの特徴やその背景を考慮すると，言語訓練や日本語教授には以下の配慮が望まれる。とくに吃音者へは，語や文の導入定着にあたり，語中・文中の分節音配列で有声音から無声音への移行数がより少ないものからの提示や練習を心がけたい。また吃音者とSLIの障害者に共通することとして，音節構造や語構成が無標の構造からの提示や練習を心がけたい。

➡ 言語弱者に対する翻訳と通訳（6-G），ことばの障害と治療（7-A），言語病理学（7-B），言語治療（7-E）

● 参考文献

萩原裕子（1993）「SLI——ある文法現象に限って現れる障害」『言語』22-1.

氏平明（1999）「吃音者と健常者の発話の非流暢性について」『音声研究』3-1.

氏平明（1999）「日本の言語障害治療の現状について」『社会言語科学』2-1.

氏平明（2001）「発話の非流暢性の分節について」『福岡教育大学障害児治療教育センター年報』14.

Fukuda, S. and Fukuda, S. (1994) "To Voice or Not to Voice: The Operation of Rendaku in the Japanese Developmentally Language-impaired." *MacGill Working Papers in Linguistics* 10.

Ujihira, A. and Kubozono, H. (1994) "A

Phonetic and Phonological Analysis of Stuttering in Japanese." *Proceedings of ICSLP* 94, 3.

[氏平 明]

■言語弱者に対する翻訳と通訳

海外居住者,旅行者,移民,難民などの増加に伴い,近年,多くの国々で多元的な社会を目指す機運が高まっている。そのようななか,国の公用語に精通しない者が,しばしば言語弱者であるがゆえに社会的な弱者になることも多い。いかなる個人も,社会の主流言語を十分運用できないという理由で制度上の不利益を被ってはならず,自分の母語または熟知する言語で社会的保障を受ける固有の権利を有する。こういった考えのもと,各種公共サービスの受益や権利の主張における平等を目指し,翻訳や通訳などの言語を中心とした支援サービスの提供が求められている。

具体的には,表示や文書の複数言語への翻訳,司法,医療,教育,警察,福祉などの現場における通訳,および手話通訳などが含まれる。海外ではコミュニティ通訳や公共通訳と称されることもあるが,その定義および呼称は確定していない。

社会においてこのようなサービスが広く,適切に行われるには,①法制化を含めたサービス提供の制度化,②サービス提供者の訓練,③資格認定や登録のしくみなどが必要とされる。

また,実際にサービス提供に従事する者には,言語の専門家としてのことばの正確な変換能力だけでなく,コミュニケーション過程への積極的参加,受益者への援助,文化的な仲立ちや調整,代弁・擁護,調停といった幅広い能力と判断が求められることもある。

日本では,対象言語と日本語の双方にある程度通じた者が,専門的な訓練を受ける機会がないままボランティアや有志,または公務の一環としてかかわることが多いのが現状である。海外では,近年,オーストラリア,カナダ,西ヨーロッパや北欧諸国,米国などの国々で,制度化,教育・訓練,資格・登録制度,研究が進んでいる。

→マルチリンガリズム(多言語多文化主義)(6-F),外国人問題(6-F),共生のためのネットワーク(10-E)

●参考文献

言語権研究会(編)(1999)『ことばへの権利——言語権とは何か』三元社.

徐龍達他(編)(2000)『多文化共生社会への展望』日本評論社.

多文化社会研究会(編訳)(1997)『多文化主義——アメリカ・カナダ・オーストラリア・イギリスの場合』木鐸社.

Brunette, L., et al. (eds.) (2003) *The Critical Link 3: Interpreters in the Community. Selected Papers from the Third International Conference on Interpreting in Legal, Health and Social Service Settings, Montréal, Quebec, Canada 22-26 May 2001.* John Benjamins.

Carr, S., et al. (eds.) (1997) *The Critical Link: Interpreters in the Community; Papers from the 1st International Conference on Interpreting in Legal, Health and Social Service Settings, Geneva Park, Canada, 1-4 June 1995.*

[本郷好和・本郷智子]

■談話の管理

話しことばにおける談話の管理は,会話のメカニズム(Goffman 1981, Sacks, et al. 1974)および社会言語的な規則(ネウストプニー 1995)などを基に生成される。談話の管理は,こうした生成に際して生じるおそれのあるコミュニケーションの崩壊(breakdown)

を事前に回避したり，あるいは事後に解決するために実施される。また，コミュニケーションを円滑に進める目的でも行われる。とくに異文化接触場面においては，談話生成の知識が参加者によって異なったり不十分だったりするため，談話維持のためのさまざまな管理が行われる。

● **言語的逸脱の管理** ── 接触場面の参加者のうち，そこでの使用言語が母語となる参加者は言語ホストとして，そうではない参加者は言語ゲストとして会話に参加する（ファン 2003）。言語ホストは談話の維持を最優先し，言語規範を緩める管理を行うことが多い。そのため非母語話者の談話生成上の逸脱はコミュニケーションに大きな障害が起こらない限り，調整の引き金とはならない。

しかし，談話の維持が困難な場合には，言語ホストは会話を維持する責任を果たすために言語的ないし会話的調整を実施する。母語話者は，自分自身の発話を簡略化し（たとえば，フォリナートーク），相手の発話が理解困難な場合には聞き返し（asking for clarification）や意味交渉（negotiation of meaning）などを試みる。さらに，あいづちや先取りなどによって非母語話者の会話支援を行う。こうした調整場面では一般的に自己調整が優先されるため，母語話者は非母語話者に調整を求めるなど間接的方略を選択する傾向がある。

ただし，ビジネスなどの実質的な活動領域では言語的な役割のほかに社会的役割が加わるため，だれが談話管理を主導するかは複雑である。

● **社会言語的逸脱の管理** ── 言語的なメッセージはパラ言語や非言語行動によるメタ言語的メッセージとともに伝達されるのが普通である。声の大きさ，イントネーション，ポーズ，視線などが伝えるメタ言語的メッセージは文脈化の合図（contextualization cues）と呼ば

れ，重要な問題を引き起こす原因となる場合がある。たとえば，依頼場面において非母語話者である被依頼者のポーズは，理解処理にかかった時間のためであったとしても，母語話者である依頼者には断りとして解釈される可能性が高い。また，断りにおいて相手に対する共感を強調する（ポジティブ・ポライトネス）か，理由説明を重視するか（ネガティブ・ポライトネス）は文化によって異なっており，意図とは異なって解釈されるおそれがある。

さらにセッティング，参加者，話題などに関する社会言語的規則が参加者のあいだで共有されない場合には，コミュニケーション自体に対する強い否定的評価が行われることも少なくない。

こうした社会言語的な逸脱は言語的逸脱以上に強く留意される一方で，参加者はその背景にある社会言語的能力の不足や相違には思いあたらないのが普通である。そのため，逸脱は談話上では調整されず，否定的評価だけが行われる傾向がある。しばしば参加者が相互にパーソナリティを誤解する重大な結果となることに注意すべきである（Gumperz 1982）。

→ 談話（4-B），談話構造（4-B），言語問題と言語管理（6-G）

● **参考文献**

ファン，S. K.（2003）「接触場面のタイポロジーと会話参加者の言語管理」国立国語研究所（編）『日本語総合シラバスの構築と教材開発指針の作成』論文集 2　言語体系・言語運用能力とその学習内容』国立国語研究所.

ネウストプニー（1995）『新しい日本語教育のために』大修館書店.

Gumperz, J. (1982) *Discourse Strategies*. Cambridge: Cambridge University Press.

Goffman, E. (1981) *Forms of Talk*. Pennsylvania: Pennsylvania University Publications.

Sacks, H., Schegloff, E. A. and Jefferson, G. (1974) "A Simplest Systematics for the Organization of Turn-Taking for Conversation." *Language* 50. pp. 696-735.

［村岡英裕］

■言語管理理論における規範

言語管理理論における規範とは、個人あるいは集団におけるインターアクションの行動の基準となるものを指し、言語規範、社会言語規範、社会文化規範の3つに分類される。

規範は一般性の高い原理から一般性の低い規則に分けられ、「一般原理」「マクシム（格率）」「ストラテジー」「普通ルール」「個別ルール」と分けられる。

規範はつねに顕在化するわけではなく、接触場面において母語話者が、非母語話者による規範からの逸脱に留意したような場合などに、規範が顕在化してくる。しかし、顕在化の過程は簡単ではなく、たとえばコミュニケーションが成立しているうちは顕在化しない言語規範が、同じ逸脱が何度も繰り返されたり、逸脱が敬意を失するような意味を帯びたりすると、顕在化する可能性がある。

接触場面における規範の選択については基本的に母語話者のもつ規範が基底規範となる可能性が高い。たとえば、日本語が使用される場面で、参加者の少なくとも1人が日本語母語話者であれば日本語ルールがその場の基底規範となる。しかし、母語場面とまったく同一の規範というわけではなく、母語規範をより厳しく、あるいはより緩やかに適用したり、時として非母語話者の母語規範を基底規範として適用するなどの場合もある。また、母語話者が不在の第三者言語場面では、造語を作るなど中間言語を基にした、弱い基底規範が適用される。

規範の選択には接触場面の参加者間の力の差異が影響している。主に母語話者側が訂正ストラテジーを用い、中心的にふるまう傾向を見せるといった母語話者対非母語話者の関係のほか、人種、年齢、性別の違いなども影響を及ぼす可能性がある。

適用される規範が会話中に変化することもある。たとえば、初め母語規範をかなり緩めた規範からフォリナートークを使用していたが、会話開始後フォリナートークを減少させ、規範を母語規範により近づけたものにするなどである。

規範にはそのほか、非母語話者が規範へどの程度同調すべきか、あるいは同調への動機の問題や、反対に母語話者がどの程度同調を求めるかといった問題も存在する。

最後に規範は必ずしも談話上に表面化するとは限らないので、その調査にあたってはフォローアップ・インタビューの使用が必須となる。

➡コミュニケーション・ストラテジーと学習（8-A）、コミュニケーション・ストラテジー（4-A）、言語問題と言語管理（6-G）

●参考文献

加藤好崇（2003）「日本語ボランティア場面における教師の『規範』と言語管理」宮崎里司・ヘレン・マリオット（編）『接触場面と日本語教育——ネウストプニーのインパクト』明治書院.

ファン、サウクエン（2003）「日本語の外来性（foreignness）——第三者言語接触場面における参加者の日本語規範および規範の管理から」宮崎里司・ヘレン・マリオット（編）『接触場面と日本語教育——ネウストプニーのインパクト』明治書院.

ネウストプニー，J. V. (1982)『外国人とのコミュニケーション』〈岩波新書〉岩波書店.

ネウストプニー，J. V. (1999)「コミュニケーションとは何か」『日本語学』18-7.

Neustupný, J. V. (1985) "Language Norms in Australian Japanese Contact Situations."

In Clyne, M. (ed.) *Australia, Meeting Place of Language*. Pacific Linguistics C-92.

[加藤好崇]

■日本語教育の歴史

●戦前・戦中までの日本語教育── 日本語教育の歴史というとき，一般的には16世紀後半のキリシタン宣教師の日本語学習・教育が行われていた時代以降を指す。日本語母語話者が主体的に行った例としては1895（明治28）年に伊澤修二（1851-1917）らが台北郊外の芝山巌で始めた教育が嚆矢とされる。

16世紀後半から17世紀にかけてのロドリゲス（Rodriguez）らキリシタン宣教師による日本語学習，18世紀ロシアにおける漂流民による日本語教育，シーボルト（Siebold）の遺産が基となって始まったとされる19世紀中葉以降のヨーロッパ各地における大学での日本学科の設立，明治維新前後の日本語研究や学習は外国人が主体になって進められたものが多い。

一方，日本が日清戦争以降アジア各地に版図を広げ，大東亜共栄圏を築いていく動きに乗って，日本語教育も台湾を手始めに朝鮮半島，関東州，満州から中国各地，モンゴル，東南アジア各国，南洋群島へと広がっていった。国内の日本語教育は，20世紀初頭に多数来日した清国留学生や第二次世界大戦中の南方特別留学生など世界各地から来た留学生や宣教師，外交官らを主たる対象として行われた。

こうしたなか教授法や教材の開発も進み，対訳による教育が行き詰まった草創期の台湾では山口喜一郎（1872-1952）らによってグアン（Gouin）の教授法の導入が試みられ，『国民読本参照国語科話方教材』（1900）が開発された。山口はその後，朝鮮半島，中国大陸でも直接法の研究に携わる。中国人留学生に対する日本語教育では漢訳といって中国語による説明を付した教材が多く出版され，宏文学院で教鞭を

とった松本亀次郎（1866-1945）の『言文対照・漢訳日本文典』（1904）は多くの版を重ねた。第二次世界大戦前夜からは文部省やその外郭団体であった日本語教育振興会などによって組織的な日本語教育への取り組みが行われ，雑誌『日本語』の発行（1941-1945），『ハナシコトバ』（1939），『成人用速成日本語教本』（1943）などの教材の刊行，中国大陸や東南アジアへの派遣教員の養成講座も行われた。国際文化振興会が発行した『日本語表現文典』（1944）に見られる表現文型のように，戦後の日本語教育に受け継がれていったものも少なくない。

●戦後の日本語教育── 戦後，日本語教育が再び盛んになるのは，日本が国際社会に復帰したのとほぼ時を同じくしている。長沼直兄は日本語教育振興会の遺産を引き継いで言語文化研究所を設立し，東京日本語学校を開校（1948）した。長沼は大正期からパーマー（Palmer）の親交を得，その影響下で『標準日本語読本』7巻（1933）を著したが，戦後これを改訂して8巻本とした。1950年代に入ると，国際学友会が復活し，鈴木忍・阪田雪子による *NIHOÑGO NO HANASIKATA*（1954）が刊行された。戦後の日本語教育の再出発に際しては，とりわけこの長沼と鈴木・阪田の教科書が後の日本語教育に大きな影響を及ぼしていると考えられる。とくに後者に見られる表現文型の理念は東京外国語大学付属日本語学校の初期の教科書や，国際交流基金による『日本語初歩』などに受け継がれていった。

1950年代から60年代にかけて，政府は東南アジア諸国に対して経済協力や技術研修を進めようという政策を積極的に進めた。外務省はタイ，シンガポールなどの大学に日本研究講座を寄贈し，海外技術者研修協会や国際協力事業団（現・独立行政法人国際協力機構）は多くの技術研修生を受け入れ，その一環として日本語教

育を実施した。海外技術者研修協会の刊行した『日本語の基礎』はオーディオリンガル・メソードを導入し，文型を軸として展開していく教科書として知られ，その理念や方針は『新日本語の基礎』『みんなの日本語』にも生きている。

1970年代の日本語教育に大きな影響を及ぼしたのが1972（昭和47）年の日中国交回復である。以来，中国からの帰国者が増えはじめ，1984（昭和59）年に日本での適応を促進するために日本語教育，生活指導などを行う「中国帰国孤児定着促進センター」（現・中国帰国者定着促進センター）が埼玉県所沢市に開設された。一方，1979（昭和54）年の訪中時に当時の大平首相が提案した「対中国日本語教育特別計画」により，翌年北京に日本語研修センター（通称「大平学校」）が設立された。中国各地の大学から集められた日本語教員を毎年120名受け入れていた同センターはその後日本学研究センターに改組され，現在に至っている。

政府は「21世紀への留学生政策に関する提言」（1983年・昭和58年）を基に，翌年「21世紀への留学生政策の展開について」を発表し，21世紀初頭に約10万人の留学生を受け入れるための施策を展開した。このいわゆる「留学生受け入れ10万人計画」に基づいて，日本語教員養成の拡充や教員検定試験実施のための準備が進められ，1980年代半ば以降，各地の大学に日本語教育を専門とする学科や大学院が設置された。第1回日本語教育能力検定試験は1988（昭和63）年に行われた。

1975（昭和50）年のベトナム戦争終結後，ベトナム，カンボジア，ラオスからの難民が日本にも庇護を求めるようになり，政府は1979（昭和54）年にインドシナ難民の受け入れを決定した。財団法人アジア福祉教育財団難民事業本部は定住促進センターを開設し，希望者に対して日本語教育や就職の斡旋などを行った。この事業は現在は東京品川の国際救援センターで行われている。

中国帰国者やインドシナ難民およびその子弟の日本語教育を支えているのが地域の日本語ボランティアの存在である。この動きは1990（平成2）年の「出入国管理及び難民認定法」（いわゆる「入管法」）の改正によって南米からの移住労働者が大挙して来日するに至ってますます顕著になっている。

➡教授法の流れ（8-B），定住者の制度的受け入れ以前（10-A），定住者受け入れ開始（10-A），留学生受け入れ施策推進（10-A），日本語教育関連機関（国際協力）（10-C）

● 参考文献

山口喜一郎（1943）「日本語の直接法教習について」国語文化学会（編）『外地・大陸・南方日本語教授実践』国語文化研究所.

日本語教育振興会（1941-45）『日本語』〔復刻版：冬至書房，1988〕.

木村宗男他（編）（1989）『日本語教授法』桜楓社.

平高史也（1995）「山口喜一郎の直接法と『国民読本参照国語科話方教材』」阪田雪子先生古稀記念論文集刊行委員会（編）『日本語と日本語教育』三省堂.

関正昭（1997）『日本語教育史研究序説』スリーエーネットワーク.

財団法人言語文化研究所（1997・1998）『日本語教育資料叢書復刻シリーズ第1回・第2回』.

平高史也（1999）「日本語教育史研究の可能性」『日本語教育』100.

［平高史也］

7 | 言語・言語教育研究の方法

　言語科学の研究領域は，隣接する諸科学の研究動向と密接に関連して発展を遂げている。また，基礎科学の研究領域における成果の土台の上に，応用言語学の研究が活性化されている。さらに，研究と実践との接触によって教育現場の活動が改善されることになる。人間の行動に関する基礎科学は，全体として大きく連関しながら応用科学部門を包括しているということができる。基礎的研究の動向は，教育現場には直接結びつくことはないと考えられがちであるが，実際には研究と教育現場は深く結びついている。研究について知ることは，教育現場のあり方を模索するために必要である。教育現場が研究を刺激することも多い。

　1960年代までに広く行われた「オーラル・メソッド」による教授法の背景には，言語の習得は言語習慣の形成であるから，学習は練習を繰り返すことによって完成するという前提があった。それは構造主義言語学の研究成果をふまえて提唱された実践方法であった。構造主義は，人類学・社会学などの隣接科学と研究の潮流を共有しており，心理学の分野における行動主義とも概念的につながっていた。1980年代以降は，認知科学の発展により，認知の様相，記憶のメカニズムや学習過程に関する研究が飛躍的に進展した。その成果は言語習得を習慣形成であるよりはむしろ認知的概念形成であるとする言語教育観をもたらし，認知学習理論の発展と相まって新しい教授法が生み出されていった。またこの時期に，関連する諸領域の研究方法論から多くの成果が言語研究，言語教育研究に刺激を与えた。以上のことからも，人間に関する科学一般の発展と教育現場の実践とは，一般に想像される以上に深く結びついていることがわかる。

　第7章では，言語教育の立場から，言語研究と言語教育研究の双方を視野に入れている。研究領域ごとに，研究の視点を解説し，研究史を概観する。また，各研究領域における基本的枠組みと，基礎概念を解説する。同時に研究方法論，調査法についても代表的なものを挙げて解説を加える。最後に，研究計画の立案，研究発表の方法についても具体的な方法について模索する。本章で取り上げる事項の多くは他の章で解説されている項目との重なりが多い。そのことをふまえて，それぞれの見出し項目の末尾には関連する箇所を記載している。それぞれの関連項目をあわせて参照することをお勧めする。

[西原鈴子]

7 言語・言語教育研究の方法 ──── 見出し項目一覧

A 言語研究の視点 — 536
記号としての言語
言語の単位
言語の構造
言語の運用
言語の変化
言語の系統
言語の類型
言語の意味
言語と文化・社会
言語の普遍性
言語行動の規範
コミュニケーションのモデル
言語と認知
言語と脳
ことばの障害と治療
人工知能

B 研究領域の概観 ── 551
言語理論の流れ
言語哲学
社会言語学
言語心理学
認知言語学
言語地理学
言語人類学
対照言語学
計量言語学
言語類型論
歴史言語学
コミュニケーション学
言語病理学
応用言語学

C 言語研究の枠組み — 566
音響学
音声学
音韻論
形態論
統語論
意味論
語用論と関連性理論
発話行為論
記号論
関連性理論
談話分析
修辞論
文字表記論
ヴァリエーション理論
方言学

D 言語研究の基礎概念 - 580
記述の単位
トピック・コメント
格
活用
有標・無標
命題
モダリティの研究
ヴォイスの研究
テンスの研究
アスペクトの研究
言語機能の研究
テキストの研究
言語コーパス
意味ネットワーク
メタファー
バリエーション

メンタル・スペース
非言語行動
ポライトネスの研究
結束性
地域方言・社会方言
共時・通時
パラディグマティック・シンタグマティック

E 言語教育研究の枠組み - 602
言語習得論
言語発達論
言語接触論
バイリンガリズム論
異文化コミュニケーション
言語治療
言語学習理論
教室活動論
翻訳論
評価理論

F 研究の方法 ──── 613
量的研究
質的研究
エスノグラフィー（民族誌）
フィールドワーク
参与観察
演繹的研究
帰納的研究
操作的定義
事例研究
アクション・リサーチ
クラスルーム・リサーチ
縦断研究

横断研究
文献研究
教育史研究

G 教育の立案 ———— 628
リサーチ・クエスチョン
サンプリング
パイロットスタディ

H データ収集 ———— 630
面接法
質問紙法
実験法
観察法

I 研究データ ———— 634
フィールドノート
ティーチング・ログ
ダイアリー
視聴覚資料
授業観察記録
FLINT
FIAS
COLT

J 研究評価 ———— 642
信頼性
妥当性

K データ分析 ———— 643
尺度の4水準
クロス集計
帰無仮説
有意水準

χ^2（カイ2乗）検定
t 検定
分散分析
信頼係数
ノンパラメトリック検定
多変量解析
重回帰分析
因子分析
共分散構造分析

L データ処理法 ———— 657
度数分布表
ヒストグラム
代表値
平均
メディアン（中央値）
モード（最頻値）
散布度
範囲
標準偏差
相関関係
散布図
分散
相関係数
確率
確率変数
確率分布
期待値
正規分布

M 研究形態 ———— 671
個人研究
グループ研究・共同研究

N 研究費 ———— 673
科学研究費補助金
研究支援団体

O 研究発表 ———— 676
論文
口頭発表
ポスター発表

A──言語研究の視点

■記号としての言語

　一般に，あるものがそれ自身以外のあるものを指示，ないし表示するという機能を有する場合，それを「記号」と呼ぶとすると，言語も間違いなく「記号」の一種である。しかし，人間のかかわるさまざまな種類の記号のなかで最もかかわりの深いものは何かということになれば，それは疑いもなく言語であろう（たとえば，言語以外の記号による表現を言語に翻訳することは，限度はあるにせよ，少なくともある程度は可能であろうが，その逆の操作がいかに困難であるかは容易に想像できる）。言語以外の記号や記号的な営みが語られる場合に，もともと言語に関して用いられる表現がしばしば転用される（たとえば「花ことば」「動物の言語」「モードは語る」「ファンタジーの文法」など）のも，そのような事情の反映にほかならない。

　どのような記号であれ，記号であるものはすべて，それに課せられた機能にかなう性質を備えていなければならない。そのような意味で言語に課せられている要件は，人間がかかわりうるあらゆるものごとを適度の正確さでもって，きめ細かく区別し，表示ないし指示できること，そして同時に，人間の習得能力を超えるほどの煩瑣なものであってはならないということである。事実，記号体系の言語には，この要件にかなういくつかのしくみが組み込まれている。たとえば，「二重分節」と呼ばれるしくみ（つまり，「文」はまず意味上の基本的な単位である「語」に，そして「語」はそれ自身意味を担わない「音」という単位に分節されるということ──このことから，人間にとって十分識別可能な少数の「音」から出発して，その組み合わせを通じて事実上無限個の異なる意味を担い

うる単位としての「語」を必要に応じて作り出せる），「言語記号の恣意性」（つまり，ある語形とある語義の対応は何か特別の理由や動機づけによってではなく，単にそれぞれの言語共同体の慣習によってたまたまそうなっているにすぎないということ──それによって，新しく生じてくるあらゆる語義に対して，任意の語形を配するというかたちでの対処が可能になる），「多義性」（つまり，1つの語形が2つ以上の語義と結びつきうること──それによって語の数が無限に及び，習得不可能という事態が避けられる），などの特徴がそうである。

　このほか，「統辞論」（記号と記号の結合に関しての決まり──言語の場合，「統語論」と呼ばれるもの）が著しく発達していて，高度に複合的な事象の表示，指示もきめ細かに行えること（いわゆる「動物の言語」は，この点がきわめて不十分である），「コード」（記号の使用に関しての取り決め──言語の場合，「文法」や「辞書」で規定される事項）が適度のゆらぎを許容するかたちで安定しており，新しい表示，指示の可能性をも排除することなく，場合によっては組み替えられうるだけの柔軟さを保持していること（「コード」の極度に厳格な記号体系では，その表示，指示能力を超える新しい事態にはまったく対処できない）など，記号体系としての言語について注目しておいてよい特徴である。

➡記号論（7-C），言語の構造（7-A）

● 参考文献

ソシュール，F. de〔小林英夫訳〕(1972)『一般言語学講義』岩波書店.

バルト，R.〔渡辺淳他訳〕(1971)『零度のエクリチュール 付・記号学の原理』みすず書房.

川本茂雄他（編）(1982)『講座記号論1 言語学から記号論へ』勁草書房.

池上嘉彦 (2002)『自然と文化の記号論』放送

大学教育振興会（日本放送出版協会）.

［池上嘉彦］

■言語の単位

　言語の単位とは，言語の分析，記述の方法のなかで，言語を構成する基本的な要素として設定されたものである。各種のものがあり，だいたいにおいて実際の言語表現におけるさまざまな要素的部分に対応する。音声の分野での単音，音節，文法における形態素，単語，文はその典型的なものである。

　言語の世界以外の日常生活で使われている単位には，重さについてのグラムや空間的距離についてのメートルなどのように計量を目的としたものが多い。そこでは，単位は計測のために量的に一定の性格をもたされている。それに対して言語の単位は，やはり何らかの点で一定の性格をもつことを要求されるが，それは音声，意味，文法機能その他の質的な面での一定性である。ただし，言語の単位はそのような質的な面の分析・記述のほかに，言語のいろいろな方面における計量的な調査，分析に利用されることも多い（語彙の統計その他）。

　よく知られているように言語の諸分野では各種の単位が使われている。その一部を挙げる。

(1)語彙関係：形態素，単語，各種の単語の結合体など
(2)文法関係：形態素，単語，文節（日本語の学校文法），句，節，文など
(3)音形関係：segmentalな要素については，単音，音素，音節，拍，モーラ，発話段落など。suprasegmentalな要素（アクセント，文音調，リズム単位）についても，研究者の考えによって諸種のものがある。
(4)表記関係：個々の文字。漢字の場合では偏や旁（つくり）などの部首の部分も単位とみることができる。そのほか句読関係の記号その他の補助記号がある。
(5)談話（文章），言語行動関係：文（にあたる発話），書かれた文章や音声言語による談話のさまざまなまとまり（段落，話段その他）。言語表現，非言語表現を含む伝達行動のまとまり。

　このほか音韻の示差的特徴とか，意味の面での意味素性などに単位を認めるかどうかは，研究者により意見が分かれるかもしれない。

　こうした言語についてのさまざまな単位，そしてそれを表す名称のなかには，現在までに長いあいだ使われてきて事実上定着しているものがいくつかある。語彙や文法の分野での文，単語（語）などはその例である。ただそのようなものも，名称としては同じものが使われていても，その内容についての定義や，実際の言語資料の例に適用される単位認定の方法は，研究者によって必ずしも同じでないことがしばしばある。新しく研究が盛んに行われるようになった分野（たとえば談話や言語行動）についてはなおさらである。一般的にいって，各分野でどのような性格の，そしてどのような名称の単位を設定するかは，研究の目的・観点によるわけで，言語の単位のそうした相対的性格にはつねに留意する必要がある。

➡記号としての言語（7-A），記述の単位（7-D），音韻論（7-C），音素（1-B），音節と拍（モーラ）（1-C），形態論（7-C），形態素（3-C），語と形態素（2-B），語（3-C），発話の単位（4-A），談話（4-B），段落（4-C），談話分析（7-C），世界の文字（5-A）

●参考文献

服部四郎（1960）『言語学の方法』岩波書店〔とくに「具体的言語単位と抽象的言語単位」「附属語と附属形式」「『文節』について 特に日本語および英語に関して」「『文節』とアクセント」〕.

国立国語研究所（1964）『現代雑誌九十種の用語用字 第三分冊 分析』〈国立国語研究所報

告25〉国立国語研究所.
宮岡伯人（2002）『「語」とはなにか——エスキモー語から日本語をみる』三省堂.

［南　不二男］

■言語の構造

言語にはいろいろな面で構造と呼べるような性格の存在が認められる。それについて，次の2つの特徴を指摘することができる。

第一は，言語の世界の要素にはさまざまなものがあり，それらは互いに直接的に，または間接的に関係をもって，まとまった存在をつくっていると考えられることである。これは，言語に限らず常識的に考えた場合の構造というものの一般的特徴である。

第二は，言語において認められる構造は，単にいくつかの要素から成る構成物ではなく，あるはたらきを行うしくみであるということである。そのはたらきとは，あることがらについての情報を言語記号（または付随する他の記号）のかたちに変換して表現する，そして表現されたかたちから内容を把握するという一種の情報処理の過程である。

言語の構造に対する接近のしかたにはさまざまなものがある。それによって知られる構造についての情報も一様ではない。

たとえば，言語を語彙，文法，音形，表記，談話，言語行動，待遇表現などの諸分野に分けて，それぞれの構造を取り上げるか，あるいは言語全体（個別言語または言語一般）を対象としてその構造を描くかといったことがある。「日本語の語彙構造」というのは前者であり，「フランス語の構造」といえば後者である。

ある言語（全体の，または分野別の）における伝達のしくみの一般的な枠組みないしは型をなす側面を対象とした研究もあるし，個々の具体的な伝達のかたちにおける諸要素とそれら相互の関係の分析もある。両者とも言語構造の研究と呼ぶことができる。「日本語の文法構造」といった場合は前者の性格のものが多い。個々の文の組み立ての分析は後者である。

言語の構造の研究については，さらに検討を必要とする問題が少なくない。そのいくつかを挙げる。構造を閉じられた性格のものと考えるか，開かれた性格のものと考えるか。単純かつ固定的な性格の面だけを取り上げるか，複雑かつ流動的な性格の面も含めて考えるか。構造に言語の通時的な変化の側面も取り入れるか。言語の構造とその地理的分布との関係を問題にするか。また，さまざまな社会言語学的要因（言語の変種，伝達の機能，場面，言語使用者の集団の性格ほか）との関係などの問題もある。

言語について，体系，組織，機構など構造に類似した意味で使われる概念（または語）がある。それらには構造と内容的に共通した点もあれば，異なる点もある。たとえば，構造と体系は「対象とする言語の一般的な伝達のしくみ」を問題とする場合には，いくらかの違いがあるにしても両者を使うことができる（「日本語の構造」「日本語の体系」）。ところが，具体的なある文の文法的構成については「文の構造」といっても，「文の体系」とはいわないであろう。

➡記号としての言語（7-A），アクセントの体系（1-E），多義の構造（3-E），語彙（3-B），語彙の体系（3-E），漢語の構造（3-C），待遇表現の体系（2-L），統語論（7-C），談話分析（7-C），談話構造（4-B）

●参考文献

ライオンズ，J.〔国広哲弥監訳〕（1973）『理論言語学』大修館書店.

［南　不二男］

■言語の運用

日本語教育に大切な言語研究の視点として，言語の具体的な運用面を重視する立場がある。言語を，抽象的な体系として捉えるのではな

く，使用する当事者の行為として捉えることで，そのコミュニケーション上の意味や機能に焦点をあてる研究方法，つまり，言語の構造より運用を中心とする研究の立場である。

このような立場の研究分野には，発話行為論・社会言語学・語用論・談話分析・会話分析・コミュニケーション論などがある。これらの研究の姿勢に共通するものは，言語を話し手と聞き手とのあいだのできごとと理解し，社会的な背景や発話のコンテクスト（コンテキスト）を研究の枠組みに入れて理解する点である。その分析では，研究者の解釈だけでなく，統計的な手法を通して言語使用の分布やその偏りを発見し，それを言語機能の理解と結びつける方法をとることが多い。

たとえば，談話分析では，プラーグ学派の影響を受けた機能論的立場，国語学の伝統のなかで育まれた文章論などを受け継いで，言語表現が談話のなかでどのような機能を果たし，どういった表現効果をもたらすかを研究する。

一例として，名詞述語文（「のだ」文・「ことだ」文）の研究がある。「のだ」文のシンタクスを考察するのではなく，ディスコースのなかでどのような頻度で，どのようなコンテクストで用いられ，どのような効果をもたらすか，に焦点をあてる。メイナード（1997）が報告したように，「の」と「こと」の使用をテレビニュースで検証した結果は次のようである。

テレビニュースではキャスターがカメラに向かってニュースを伝える「アナウンス」部分と，キャスター同士が交わす会話や録画された街頭インタビューの会話を含む「トーク」部分に分けることができるが，分析したテレビニュースでは「の」はトークに名詞述語文として使われることが多く（総数356のうち275回，77.25％），「こと」はアナウンスに名詞述語文以外のかたちで頻繁に（総数197のうち108回，54.82％）使われる。その機能上の理由として，トークでは話し手の主体的な表現が重要であり，その目的にふさわしいのが「の」の名詞述語文であり，アナウンスでは，抽象的な概念が情報の重要な要素になることが多いため，より適した名詞化現象として「こと」が（名詞述語文としてではなく）そのまま用いられる，ということが考えられる。

具体的な言語の現象を談話分析することで，名詞化現象が実際のコミュニケーンにどのように運用されているかを明らかにすることができる。

なお，言語の運用面の研究で日本語教育に具体的なヒントを提供してくれる関連分野に，学習者の母語と日本語の談話構造の違いを明らかにする対照談話分析，母語と日本語の会話参加のしかたの違いを解明する対照会話分析，さらに日本語の授業での教師と学習者のやりとりを分析する応用談話分析などがある。

➡ 語用論（4-A），発話行為論（7-C），談話（4-B），談話行動（6-C），談話分析（7-C），会話のしくみ（4-B），ことばの運用と文化差（4-A），コミュニケーション学（7-B）

● 参考文献

メイナード，泉子・K.（1997）『談話分析の可能性──理論・方法・日本語の表現性』くろしお出版．

高原脩他（2002）『プラグマティックスの展開』勁草書房．

橋内武（1999）『ディスコース──談話の織なす世界』くろしお出版．

田中春美・田中幸子（1996）『社会言語学への招待』ミネルヴァ書房．

メイナード，泉子・K.（2004）『談話言語学──日本語のディスコースを創造する構成・レトリック・ストラテジーの研究』くろしお出版．

[泉子・K. メイナード]

■言語の変化

ことばは,時の経過とととともに移りゆくものである。同じ人が使っていることばにも,歳月の経過とともに微妙な変容が生じる。また,子どもが親からことばを習得していくときを観察すると,その習得したことばは親のことばと必ずしも等しくないことがわかる。すなわち,1つの言語集団において,世代から世代への引き継ぎのあいだにも言語は変化するのである。

言語の変化の要因としては,親がもっている文法を子どもがそのまま引き継ぐことができず,あくまで親ないし周囲の人間の発話データを基に,自らが文法を創造しなければならないという文法引き継ぎ上の制約が挙げられる。そこでは,言語データの解釈(カテゴリー化,文法化)が少しずつずれ,したがって次世代へ伝える言語データも少しずつずれ,それが累積していくと,明らかに異なった文法が出来上がることになる。いわゆる内的変化と称されるものは,結局は人間の言語習得の際に作用する,このようなはたらきによるものと考えられる。内的変化に関しては,使い手たちの聞き誤り,記憶の誤り,あるいは発音などを簡略化する欲求(労力の軽減),または明晰化する欲求,などがその要因として挙げられている。

一方,その変化が言語外の社会的側面とどのようにかかわりをもつか,といった視点も重要である。ミクロレベルには,使い手の属性や対人関係などの社会言語学的変数がかかわる言語要素ないし言語の部分体系の変化がある。たとえば,俗語やスラングのように,一般に男性がリーダーシップをとる変化などはその典型である。現在の日本語に見られる目上への敬語使用の減少や,女性の男性語使用傾向などは,社会環境,社会通念などの社会的変化がもたらした言語上の変化である。マクロのレベルでは,少数言語の消滅や新しい言語の発生といった国家レベル,民族レベルの現象が含まれる。アイヌ語や琉球語はまさに消滅の危機に瀕した言語(endangered language)となっている。また,赤道付近の熱帯地域には,かつての欧米諸国による植民地政策によって誕生したピジン(pidgin)やクレオール(creole)が多く存在する。そのなかには,一時的なはかない命であったものもあれば,パプアニューギニアの公用語となっているトクピジン(Tok Pisin)のように,ピジン英語に由来するクレオールが定着し制度化されたものもある。

→歴史言語学(7-B),現代の言語変化(6-A),社会言語学(7-B),共時・通時(7-D)

●参考文献

池上二良(編)(1980)『講座言語2 言語の変化』大修館書店.

真田信治他(編)(1992)『社会言語学』おうふう.

[真田信治]

■言語の系統

同じ言語から分化・変遷してできた2つあるいはそれ以上の言語を「系統が同じ言語」または「同系語」という。そしてそれらのあいだには「親縁関係」(「親族関係」)があるという。系統が同じ言語は同一の「語族」に属するといい(それが大きい語族の一部分をなすときは「語派」という),それらの起源となった言語を「祖語」という。たとえば,フランス語・イタリア語・スペイン語・ポルトガル語・ルーマニア語はいずれも同じラテン語から分かれてできた言語であるから,互いに親縁関係にあり系統が同じである。それらの祖語はラテン語であり,「印欧語族」という一大語族の一分派である「ロマン語派」を形成し,ラテン語はさらにサンスクリット語・ギリシャ語・リトアニア語・スラブ諸語・ゲルマン諸語などとともに「印欧語族」を形成する。

言語を比較することによって,言語の系統

(linguistic genealogy) を明らかにし，祖語における語形などを再構する通時言語学の一分野を「比較言語学」(comparative linguistics) という．これは，2つの言語を比較して，共時的な言語の構造や用法の違いを明らかにする「対照言語学」(contrastive linguistics) とは異なるものである．

言語の比較研究が可能なのは，ソシュール (Saussure) のいわゆる「言語記号の恣意性」，つまり単語の形と意味の関係が自然的ではなく，原則として恣意的関係にあるからである．単語の形と意味との関係が恣意的であるために，2つの言語のあいだに似ている単語が見いだされた場合に，両言語間に親縁関係のあることを推定する手がかりとなりうる．

しかしながら，諸言語を広く見ていくと，偶然の類似の例も少なくない．単語の偶然の類似を排除し，親縁関係の存在を明らかにする方法は，語彙の全般的比較から音韻の対応を明らかにし，対応の通則を帰納し，それに基づき文法要素の対応を明らかにすることにある．しかし，たとえば漢数詞のように，日本語・韓国語・ベトナム語・中国語で明瞭な音韻対応の通則が認められる場合もあるが，文法要素や語彙全般を比較していくと，同系であるとはいえないことが明らかになり，さらに歴史を調べると，これらの諸単語は古い時代に中国語から他の3言語に借用されたものであることがわかる．また，日本語と韓国語の tera《寺》tʃɔl＜tyəl，koori＜köföri《郡》kool＜kɐvɐl のような例は，「語末母音が日本語で維持，韓国語で脱落」，「日本語の乙類の ö に韓国語 ɐ で対応」のように，日韓間で認められる音韻対応の通則に合致しているが，文化史的に見れば渡来人がもたらした借用語であって祖語にまで遡らないと考えざるをえない例もある．

比較言語学の方法は，印欧語やウラル語などを除き，親縁関係の証明に成功していないため，言語構造や文法範疇などの一致や類似を親縁関係の根拠とする試みもあるが，比較言語学とは別物である．

→言語の類型 (7-A)，言語類型論 (7-B)，歴史言語学 (7-B)，対照言語学 (7-B)

● 参考文献

高津春繁 (1992)『比較言語学入門』〈岩波文庫〉岩波書店〔旧版：『比較言語学』岩波全書，1950〕．

吉田和彦 (1996)『言葉を復元する――比較言語学の世界』三省堂．

メイエ，A.〔泉井久之助訳〕(1977)『史的言語学における比較の方法』みすず書房．

Bynon, Th. (1983) *Historical Linguistics*. Reprinted with corrections. Cambridge University Press.

Hock, H. H. (1991) *Principles of Historical Linguistics*. 2nd ed. Mouton de Gruyter.

［梅田博之］

■言語の類型

人間の言語の構造はきわめて多様であるが，その一方で，よく似た言語現象が世界のあちこちに見られることも事実である．言語の構造的多様性はランダムでなく，一定の規則性 (language universals「言語普遍」) に従った多様性であると考え，その規則性を定式化して比較的少数の類型 (type) のかたちにまとめ，言語の分類の基準としようとする言語研究の分野を言語類型論（略して，類型論）という．

19世紀の類型論は，言語の類型の違いを発達段階の違いとみなした点が特徴的である．最も有名なシュライヒャー (Schleicher) の類型論では，形態論的な特徴に基づく言語の類型を言語の発達段階として解釈し，孤立語 (isolating languages) →膠着語 (agglutinating languages) →屈折語 (inflecting languages) という発達過程の頂点にたつ西欧諸

語が最も高い文明段階にあるとする主張が行われた。言語類型に言語の発達段階を投影する考え方は廃れたが,「日本語は膠着語である」という言い方は,現在でも広く使われる。

20世紀の前半の言語学の花形は音韻論であったが,類型論でも,トルベツコイ（Trubetzkoy）による母音体系の類型化が有名である。また,サピア（Sapir）は,1つの特徴ではなく,複数の基準によって言語を類型化しようと試みた。

20世紀の後半の言語学を特徴づけるのは統語論であり,類型論においても,個々の言語の統語的特徴や複数の言語にまたがって現れる統語現象の類型化を目指す統語的類型論が登場する。1960年代にグリーンバーグ（Greenberg）が始めた語順の類型論は,他動詞文における主語（S）・直接目的語（O）・動詞（V）の相対的な語順に注目し,①論理的に可能な語順6つのうち,SOV, SVO, VSO以外が基本語順の言語はきわめて少ない,②基本語順と他の構造的特徴（名詞の形容詞修飾語の位置,後置詞言語か前置詞言語か,など）の分布とのあいだの相関がきわめて高い,などを明らかにした。

統語的類型論は,語順のほか,主語と目的語の形態的区別の体系の類型化（対格型か能格型か）,受動構文・使役構文の類型化,名詞句の文法的な階層（主語・目的語・斜格名詞句など）と関係節化の関係,時制やアスペクトの体系の類型化など,さまざまな統語現象の分野で成果を上げている。

→言語類型論（7-B）

●参考文献

コムリー, B.〔松本克己他訳〕(1992)『言語普遍性と言語類型論』ひつじ書房.

サピア, E.〔泉井久之助訳〕(1957)『言語——ことばの研究』紀伊國屋書店.

柴谷方良 (1989)「言語類型論」『英語学大系6 英語学の関連分野』大修館書店.

角田太作 (1988)「類型論」林栄一・小泉保（編）『言語学の潮流』勁草書房.

角田太作 (1991)『世界の言語と日本語』くろしお出版.

トルベツコイ, N. S.〔長嶋善郎訳〕(1980)『音韻論の原理』岩波書店.

〔松村一登〕

■言語の意味

「ことばの意味」とは何か,またそれをどのように研究していったらよいか。これは言語研究にとって本質的な問題である。そもそも,「意味」（meaning）を問うこと自体,人知を超えた課題であると思われるかもしれない。実際,構造主義言語学の時代では,意味そのものを対象にすることはむしろ避けられてきた。また,生成文法の登場（1950年代）以来,意味論（semantics）は,言語の文法体系のなかに「意味部門」（semantic component）として統合されたが,そこでは,もっぱら,意味論と統語論（syntax）のかかわりが問題にされた。ことばの意味自体を問うことは,やはり,後回しにされたのである。

一方,意味の問題は,論理哲学の世界では,論理学での「形式言語」（formal language）を定義して解釈を与えるなかで研究されてきた。この形式的方策は「モデル理論的意味論」（model-theoretic semantics）と呼ばれる。「モンタギュー意味論」（Montague Semantics）の登場（1970年代初頭）とともに,「自然言語」（natural language）に対してもこの手法が援用され,意味論研究が実質的に進展した。その後,おおむね1980年代に入ると,言語が情報を伝える基本的しくみに関心が深まり,自然言語の意味論,さらには意味それ自体についていくつかの新しい理論的枠組みが提起された（詳しくは,白井（1985, 1991）を参照）。さらに,このように言語の意味を「情報

の流れ」(flow of information) の観点から捉えようとする立場と並行して，大きく「認知言語学」(cognitive linguistics) と呼ばれる立場からも自然言語の意味論は詳細に研究された（両者の立場については，郡司他 (1998) を参照)。

以上が「言語の意味」に対する従来の言語研究の潮流である。それでは，われわれはこれからどこに進もうとしているのであろうか。相対立する研究方法は克服されるのか。その過程で，新しい視点が生み出されようとしているのであろうか。世紀のまたがりとともに，言語の理論的研究が加速度を増して展開しているなかで，意味の探求も新しい地平を切り開こうとしている。それとともに，人間言語のしくみにかかわる問題の本質が見えはじめている。そのいくつかの視点を挙げておこう。①言語を「知っている」とはいかなることであるのか（日本語の母語話者にはどのような能力が内在しているのか)。さらに，②言語を知っていることと，その言語を使えること（日本語を知っていることと，日本語を使ってコミュニケーション〔情報のやりとり〕できること）とは，互いに，どのような関係にあるのか。また，自然言語と形式言語の本質的相違に関して，③自然言語は，通常，言語形式だけでは「不特定な」(underspecified) ところがあるにもかかわらず，実際には，どのようにして発話は解釈・理解されるのか。最後に，④認知と言語の（情報を伝える）しくみ自体とは，互いにどのように独立しているのか，などである。

➡ 意味論 (7-C)，認知言語学 (7-B)，語の意味 (3-E)，意味と認知 (3-E)

● 参考文献

白井賢一郎 (1985)『形式意味論入門』産業図書.

白井賢一郎 (1991)『自然言語の意味論』産業図書.

郡司隆男他 (1998)『岩波講座言語の科学 4 意味』岩波書店.

［白井賢一郎］

■ **言語と文化・社会**

言語はそのほとんどが文化に含まれ (Goodenough 1981)，言語と文化の共通部分は，言語を他の人から学んだ部分のすべてから成る (Hudson 1980)。言語も文化の一部である以上，言語は文化のしくみ全体のなかに位置づけることが必要であり，そのうえで，（非言語的）文化との違いを浮き彫りにするには，文化を 2 つの側面からおさえておくことが有効である (宮岡 1996)。

まず文化とは，一定の様式あるいはパターン（型）をもつ諸活動（生活様式）から成る 1 つのシステムだとする「生態人類学」的見方がある。その一方で，集団がその環境を認識し，秩序（関連）づけ，解釈する固有の分類システムだとする「認識人類学」的見方もあり，両者は密接につながっている。

言語の機能は（非言語的）文化よりも多面的で，以下の 3 つに集約される (宮岡 1996)。

(1) 範疇化の言語：言語外現実は，その集団がさまざまに取り結ぶ相互作用的関係のなかで，何らかの基準や論理に基づき，ある一定範囲の要素を同種のものとして括り込んだ分類（範疇化）がなされている。言語外現実が範疇化かつ命名されることによって，人々は当該の要素を自らに近い存在として認知し，自らの環境に取り込む。このようなはたらきをもつ言語には，その集団に固有な環境の分類と環境との固有な取り結び方が反映され，言語が言語外世界を切り取るその切り取り方は，けっして一様ではない。

(2) 伝達の言語：伝達は言語の重要な機能であり，言語が対人的な活動のなかで果たす役割は大きい。ただ，道具としての言語の伝達機能

のみが注目されると，どの言語も同じ仕事をこなすなら，1つで事足りるといった言語同化政策や言語の消滅へとつながる。異なった言語が話される多民族社会における伝達は，言語同化政策のみならず，言語間のコード・スイッチング，多言語併用，言語の交替と吸収といった，文化的・民族的諸条件と連動する，言語人類学的な問題を含んでいる。伝達には，言語をとおしてなされる文化の累積と継承といった通時的な側面もある。一つは，固有の範疇化と行動様式ならびに言語を習得しながら無意識になされる「文化化」で，もう一つは，時空を超えた間接伝達に力を発する文字である。

(3)直接機能性の言語：「ことば」と「もの」がほとんど分かちがたく結びついているという無意識的な捉え方を生み，両者の素朴な混同を生むことにもなる直接的機能は，自然言語に特異な性質で，ことばによってものを思いどおりに動かすことができると考える「言霊」感覚の背景になっている。また，積極的に環境を操作し制御し改変する効果をもつことばの詩的（あるいは美的）機能もある。さらに，言語には，人間をグループにまとめ上げる「社会化」の力がある。言語の共有は集団の結束のシンボルとなり，アイデンティティの強力な証となる。しかし一方で，社会化の大きな力である言語や方言は，社会的差別や心理的コンプレックスを生むという直接的な機能ももつ。

➜言語人類学（7-B），ことばの運用と文化差（4-A），文化論と日本語教育（6-E），文化と言語習得（8-A），社会言語学（7-B），エスノグラフィー（民族誌）（7-F）

● 参考文献

飯野公一他（2003）『新世代の言語学――社会・文化・人をつなぐもの』くろしお出版．
宮岡伯人（編）(1996)『言語人類学を学ぶ人のために』世界思想社．
Goodenough, W. (1981) *Culture, Language, and Society.* The Benjamin/Cummings.
Hudson, R. A. (1980) *Sociolinguistics.* Cambridge University Press.

［井上京子］

■言語の普遍性

言語の普遍性とは，すべての言語の構造的特性を支配する原理であり，言語構造では何が可能で何が不可能かを規定するものである。この特性の重要性は，多様な言語に共通する規則性をあらかじめ知ることにより，言語学習者が他言語の学習に生かすことができるという実用的なものだけにとどまらない。言語の普遍性は，人間がそもそもどのようにして言語を話すようになったのかという疑問に深くかかわる「脳」の構造とはたらきを理解し，こうした言語を用いて社会的集団としてコミュニケーションをはかる「人間」を理解するのにも重要な役割を果たす。

言語の普遍性に関する研究には大きく分けて2つのアプローチがある（Comrie 1981）。一つは，グリーンバーグ（Greenberg）に代表されるように，できるだけ多くの言語のデータを収集し，具体的な分析方法によって普遍性を探る方法。もう一つは，チョムスキー（Chomsky）に代表される，1つの言語を深く掘り下げて抽象的な構造分析を行い，人間の生得的言語能力に普遍性の礎を見る方法である。後者の立場では，言語の普遍性＝生得的であるから，表面構造上の言語ごとのバリエーションにかかわりなく，深層構造にある普遍的な規則性を（変形生成文法を通して）子どもは生まれながらに習得することが可能であると説明される。

言語の普遍性は言語のタイプ（類型）と密接にかかわっているとする言語類型論の立場から，以下，意味論，音韻論，統語論・形態論の各分野から普遍性の具体例をいくつか取り上げ

る。

　まず，意味の普遍性は語彙の構成を規定する規則で，最近の認知人類学，認知心理学，認知言語学などの研究分野においても，多様性と相対性の背後に潜む普遍的原理の解明に関心が向けられてきている（光延 1991）。その研究対象は，人間の神経生理学的機能に多分に制約されていると考えられる色覚・冷暖・味覚・音感・喜怒哀楽などに関する語彙，人間の認知能力の普遍的傾向にかかわる日常的な事物や出来事（動植物，親族，身体部位など）の語彙化と階層化，さらには個別文化の恣意性，相対性を超えた普遍性が見られる概念領域（高低・長短・左右・遠近）などである。ただし，言語相対説の立場からこれに反論する研究もある（Gumperz and Levinson 1996 を参照）。

　音韻論では，母音の最少数やその種類に普遍性が見られ，子音にも有声破裂音があれば必ず無声破裂音もあるといった普遍性が挙げられる。

　統語論の普遍性では語順が有名で，グリーンバーグらの研究は S，V，O の語順と前置詞言語・後置詞言語の相互関係などに関して「A であれば必ず B である」という含意法則の形式をもつ普遍特性を提案した。

→言語人類学（7-B），言語の類型（7-A）
● 参考文献
光延明洋（1991）「言語と文化」村武精一・佐々木宏幹（編）『文化人類学』有斐閣．
中島平三・外池滋生（編著）（1994）『言語学への招待』大修館書店．
Comrie, B. (1981) *Language Universals and Linguistic Typology*. University of Chicago Press.
Finegan, E. and Besnier, N. (1989) *Language: Its Structure and Use*. Harcourt Brace Jovanovich.
Greenberg, J. H. (ed.) (1963) *Universals of Language*. MIT Press.
Gumperz, J. J. and Levinson, S. C. (eds.) (1996) *Rethinking Linguistic Relativity*. Cambridge University Press.

［井上京子］

■ 言語行動の規範

　ことばに正しい使い方のルールがあって，それに従えばコミュニケーションがうまく運び，楽であるが，従わないときには制限または障害となってコミュニケーションがうまくいかない。なお，規範は社会的なルールだから，合意によって変えることができる。

　言語行動の規範には，「場合によって従うべし，従うべからず」と指示するものと，「つねにべからず」と注意を促す禁止的規範がある。

　前者の第一は，日本語の場合，敬意表現である。敬意表現は，話し手・話し相手それぞれの経歴・社会的位置・経済状況，両者の人間的関係・どちらがウエでどちらがシタか，ウチの人かソトの人かの関係把握，さらに場面（場所および話し手と話し相手の存在）とその刻々の変化とを考え，対応しながら話すことである。その運用は，言語表現全般にかかわる。

　第二は，あいさつのことばである。あいさつには，毎日の口頭によるあいさつ（するか否か，何と言うか，電話口でのあいさつことば），手紙の冒頭および末尾の用語と表現，個人的な依頼を含む手紙のパソコン打ちが許されるか否か，署名までパソコン打ちしてよいか，祝儀・不祝儀におけることばの作法（お見合いや結婚披露宴などで「お茶にする」ということばは使わない，香典を包む紙に書く筆の文字は薄墨にする）などがある。

　第三は，表記にかかわるものである。カナモジ論者ではない人からの仮名ばかりの文章は，読み手には小学生レベルと見ているととられる。欧米諸国と違って，語の表記については規

範（正書法）が決まっていない。むしろ，同一語に複数の表記があって，それを表記の豊かさと感じている人が多い。複数の表記の選択は書き手に任され，ほとんど規範力がはたらかない。文章を仮名で書くときの規範（現代仮名遣い）と教育・マスコミの場で使う漢字の範囲（常用漢字表）には国として制定されたものがある。

次に，禁止的規範として，第一に，差別語・不快語の不使用がある。当事者の身になって考えれば，使うべきではない。この種の語彙は，特定の集団の社会的差別，身体的特徴，職業にかかわることばに多い。

禁止的表現の第二は，特定の語や表現にかかわるものである。たとえば「ヤル」という動詞は，性行為を暗示するので，ある文脈では避けられる。「餌をヤル」まで「餌をアゲル」に言い換えられた。また，「知ル」の敬意表現である「オシリニナル」は，相手が女性の場合は避けたくなる。また，人称代名詞の「ワタ（ク）シ」「アナタ」などは，「ワタクシハ鈴木デス」「アナタハドウオ考エデスカ」のような文脈では，思い上がりと思われたり，挑戦的発言ととられたりする。こういう文脈では人称代名詞は使ってはいけない。

第三は，タブーとか忌みことばといわれるものである。たとえば，数の「シ（4，四）」は「死」と同音なので避けられ，4階のないデパート，ホテル，病院がある。

以上は，ことば自身の規範であるが，現実には，これに行動の規範が「パラ言語」としてからまる。あいさつは，ことばだけではすまない。お辞儀や握手などの身体的表現も欠かせない。不祝儀のときは，「2」で表される物事を嫌う。再度不幸を招きたくないからである。香典の中身もお札2枚はよくない。死後1年たったときの法要は，「二回忌」とはいわず，「三回忌」という。

➙社会言語学（7-B），パラ言語情報（1-F）
● 参考文献
林四郎・南不二男（編）（1973）『敬語講座』（全10巻）明治書院．
菊地康人（1994）『敬語』角川書店．
ハヤカワ，S. I.〔大久保忠利訳〕（1985）『思想と行動における言語』岩波書店．

[柴田　武]

■ コミュニケーションのモデル

コミュニケーション・モデルとして最も影響力のあるのは「メッセージが情報源から送信器に送られ，そこで信号に記号化された後，チャネルを経て，受信器に達し，そこで解読されて目的地に伝達される過程」としてみるシャノン（Schannon）＝ウィーバー（Weaver）の工学的モデルである。このモデルは情報を記号の系列と捉え，情報理論の基礎を築いたハートリー（Hartley）の考えの延長上にある。

「コード・モデル」とも呼ばれ，言語学や社会心理学的コミュニケーション研究の基礎となった。戦後，アメリカを中心に展開されたマスコミュニケーション研究が，基本的にはシャノン＝ウィーバー流のモデルの上に成り立っていたことは周知のことである。

しかし，メッセージの意味や伝達過程の相互作用性，再帰性をあえて捨象した通信工学モデルを，複雑な社会生活を営む人間のコミュニケーションにあてはめるのには限界がある。マスコミュニケーション研究の領域では，その後，フィードバック概念を導入した循環的プロセス・モデル（シュラム Schramm）や状況，文脈とのかかわりを指摘した改良モデルがいくつか提案されている。また，言語学では，ヤーコブソン（Jakobson）がこの通信工学モデルに示唆を得て，コミュニケーションの6要素として発信者，受信者，回路，コード，メッセージ，コンテクスト（メッセージの指示する外界

の対象）を措定し，それぞれに関連する「コミュニケーションの6つの機能」を提唱した。

言語哲学や語用論の領域では，話し手-聞き手関係や発話の社会的脈絡，発話意図とそれに関する推論などを考慮に入れた視座の重要性が提唱されてきた。1960年代以降，日常言語学派に属するオースティン（Austin），サール（Searle）らが発展させた言語行為論や，意図の推測を基礎に会話構成原理を模索したグライス（Grice）の語用論などが積極的に言語了解モデルに援用され，その流れを受けて，80年代後半からは，スペルベルとウィルソン（Sperber and Wilson）らが認知心理学的意味解釈を導入した理論（関連性理論）を発展させている。

発話は，単に情報の伝達ではなく，当事者や発話状況にある種の効力を及ぼす。たとえば，「約束」は話し手自身の将来の行為を拘束し，「依頼」は相手へのはたらきかけである。その効力の発生・解釈には，話し手/聞き手に備わる条件や両者の関係，場面状況の適切性などさまざまな要因が関連する。また，聞き手は，発話の情報的意味を解読するだけでなく，発話間の関連性や文脈を勘案したうえで発話者の意図を推論する。現実的な言語コミュニケーションの成立過程は，素朴なコード・モデルの範疇内で考察できる域を超えており，また認知的処理過程も視野に入れなければならないのは自明である。

→コミュニケーション学 (7-B)，言語哲学 (7-B)，語用論と関連性理論 (7-C)，発話行為論 (7-C)，関連性理論 (7-C)

● 参考文献

ヤーコブソン，R.〔川本茂雄監修〕(1973)『一般言語学講義』みすず書房．

オースティン，J. L.〔坂本百大訳〕(1978)『言語と行為』大修館書店．

サール，J. R.〔坂本百大・土屋俊訳〕(1986)『言語行為』勁草書房．

スペルベル，D./ウィルソン，D.〔内田聖二他訳〕(1999)『関連性理論』（第2版）研究社．

[橋元良明]

■言語と認知

人類は長い進化をへて現在に至っている。大きく新皮質の発達した脳をもち，直立二足歩行をする。そして高度な文化や複雑な機構と分業体制を有する社会をつくり出し，芸術やスポーツを楽しむ生活を営んでいる。一人一人が意識のあるなかで，意志をもち，思考し，行動している。これらはすべて認知のはたらきによるものである。認知（cognition）という用語はさまざまな意味で用いられてきたが，現在では認知科学（cognitive science）の発展により，知覚，記憶，思考，言語，学習，意識などの認知活動を総称して指すことが一般的になっている。

人類は自然環境や他者を含む社会文化的環境のなかで相互作用をもちながら生きているが，その際にさまざまな入力情報を選択的に受容し，いろいろなかたちで記憶にとどめて再利用し，さらに自ら新たな知識をつくり出したりする。こうした認知活動のなかでも，人類が使用する言語は，記号体系としての抽象的構造や規則性を備えている点で，伝統的に人類特有に発達したものと考えられている。言語を使用することで，人類はほかの地球上の生物とは異なる傑出した知的世界を創出し，記憶能力を飛躍的に強化させた。また文字などの使用により，時空を超えた知識の伝達や共有も可能にした。直接自分で経験することができない事象も，言語を介して知識として蓄え，他者に伝えることさえできる。言語によって，壮大な知の世界が構築されたといえる。

一方で，感覚や運動を通して，他者や外界との身体的・精神的相互作用がなかったり，適切

な記憶能力や，学習・思考能力がなければ適切な言語が成り立たないことは自明である。言語は他の認知能力に支えられて成り立っている。こうした立場から認知と言語を研究する新しいアプローチに認知言語学（cognitive linguistics）がある（山梨 2000, 辻 2002, 2003）。

言語を含む認知の営みは脳のはたらきによって可能になるが，現実世界に生きる生身の人間が，生物学的・社会文化的・歴史的環境のなかで，いかにして言語をつくり出し認知活動を広げ深めてきたのかという視点が，認知と言語の本質を知るうえで重要である（進化論や脳神経科学からの概観にはディーコン 1999, 神経心理学や高次脳機能障害学の知見をふまえたものに山鳥 1998, 行動科学からの認知と言語の習得を扱ったものに正高 2001 がある。認知と言語のさまざまな認知科学的研究については辻 2001 を参照）。

→認知言語学（7-B），言語と脳（7-A），言語学習と認知（8-A）

● 参考文献

ディーコン，テレンス〔金子隆芳訳〕（1999）『ヒトはいかにして人となったか──言語と脳の共進化』新曜社．

辻幸夫（編）（2001）『ことばの認知科学事典』大修館書店．

辻幸夫（編）（2002）『認知言語学キーワード事典』研究社．

辻幸夫（編）（2003）『認知言語学への招待』大修館書店．

正高信男（2001）『子どもはことばをからだで覚える』〈中公新書〉中央公論新社．

山鳥重（1998）『ヒトはなぜことばを使えるか』〈講談社現代新書〉講談社．

山梨正明（2000）『認知言語学の原理』くろしお出版．

〔辻 幸夫〕

■言語と脳

言語と脳の関係については，古くはガル（Gall, 1758-1828）の骨相学にもさかのぼることができるが，脳内でさまざまな認知機能が，各小領域に分割されて処理されているという「機能局在仮説」が基本的な考え方である。機能局在説と対極をなす主張を，全体論仮説という。脳の言語機能を解明しようとする神経心理学の歴史は 1960 年代までは，局在説と全体説とのあいだで揺れ動いてきたといっても過言ではない。

● 言語領域の局在性──現代的な言語機能の局在説はブローカ（Broca, 1824-1880）の症例報告に始まる。ブローカは脳の左半球前頭葉後下部の弁蓋部と三角部を含む下前頭回腹側部（ブロードマンの 44 野と 45 野），いわゆるブローカ野と呼ばれる領域に障害を受けると失語症（舌や口唇の運動機能は保たれているにもかかわらずことばが話せないブローカ失語）の症状が出現することを報告した。続いてウェルニッケ（Wernicke, 1848-1905）は左半球側頭葉上部の側頭平面から上側頭回後部にかけての領域，いわゆるウェルニッケ野に障害を生じると別のタイプの失語症（音声は聞こえるにもかかわらず，ことばが理解できないウェルニッケ失語）が現れることを報告した。1965 年にゲシュヴィンド（Geschwind, 1926-1984）は，視覚-聴覚異種感覚連合が，角回，縁上回という頭頂葉下部にあるヒトにおいてとくに発達した領野（連合野の連合野とも呼ばれる）との線維連絡によって営まれており，さらに言語，高次認知機能の病理に関する諸症状はいわゆる離断仮説によって説明できることを論じた。

現在では，言語に関連する脳の部位として，ブローカ野，ウェルニッケ野，頭頂側頭連合野にある角回（ブロードマンの 39 野），縁上回（同 40 野），などが知られている。また，ブローカ野とウェルニッケ野を結ぶ線維連絡（弓状

束）に損傷があると，ことばの選択の障害や復唱の障害を呈する伝導失語が起こると考えられている。角回の役割については，視覚性の言語刺激（文字）を音韻に変換する際に重要な役割を果たすという説が一般的である。角回に損傷を生じると，失語症がなく，しかも視覚認知機能は正常に保たれ，さらに書字機能も保たれているにもかかわらず，書かれた文字を読むことができない純粋失読と呼ばれる症状が生じる。角回の役割について，日本語との関連でいえば，漢字と仮名の処理が乖離している可能性が報告されており，角回の病変では仮名が，側頭葉後下部の病変では漢字の処理が，障害を受けるという報告がなされている。だが，漢字仮名の乖離については疑問視する研究者もいる。

● **機能的脳画像研究** ── 近年の脳研究において重要な進歩は，脳機能計測あるいは機能的脳画像研究と呼ばれる分野が飛躍的に進歩し，数多く研究がなされていることが挙げられる。PETと呼ばれる陽電子断層撮影法，fMRIと呼ばれる機能的磁気共鳴映像法などに代表される機能的脳画像技術を用いて言語課題を遂行中の脳を非侵襲的に計測し，さまざまな知見が積み重ねられている。機能的脳画像研究の成果の1つは，従来考えられていたブローカ野やウェルニッケ野などの言語野以外にも実にさまざまな脳の領域が言語に関与していることが明らかになったことだろう。たとえば，島皮質，中側頭回，下側頭回，補足運動野，大脳基底核，視床，小脳皮質，小脳核などが言語課題を遂行中に活性化することが明らかとなっている。すなわちこれらの事実は，言語行為とは古典的な意味での機能局在説に基づくものではなく，脳全体の計算結果として言語の諸側面を捉えるべきものであるといえる。

● **ニューラルネットワーク** ── 近年における，もう一つの重要な発展は言語学，認知科学などの研究者が言語の障害やその機能の研究に参入して，その理論的適用の試みがなされていることである。とりわけ，ニューラルネットワークと呼ばれるコンピュータ・シミュレーションによる言語機能の研究が挙げられる。解剖学，神経心理学，機能的脳画像研究などで得られた研究成果を基にして，言語の機能的な抽象化された表現をコンピュータ上に実装し，プログラムの出力結果が人間の言語機能と等価とみなせるならば，その機能が脳内でも実現されている可能性が高いのではないかという主張がニューラルネットワークを用いた言語研究である。コンピュータを用いたニューラルネットワークによる言語機能のシミュレーションでは，わかっていることはできるだけ取り入れ，未解明の部分には大胆な仮説を設けて脳の機能を模倣することを目指している。シミュレートすべき機能が複雑であればあるほど，そこに至る道筋はそう多くはないという情報論的必然性という概念に導かれてニューラルネットワーク研究は進歩してきた。

近年における言語研究は，機能的脳画像研究の進歩とニューラルネットワークによる理論的考察および言語病理学，人工知能などの影響によって，大きく変化しようとしている。

→言語病理学（7-B），人工知能（7-A），言語習得と脳（8-A）

● **参考文献**

ゲシュヴィンド，N.〔河内十郎訳〕（1984）『高次脳機能の基礎』新曜社．

浅川伸一（2002）「計算機で脳の障害を再現できるか」『言語』31-7．

岩田誠（1996）『脳とことば──言語の神経機構』共立出版．

[浅川伸一]

■ **ことばの障害と治療**

ことばの障害と治療は，一般に言語病理学として体系化されているが，研究の内容として，

言語症状の記述,評価,原因の究明,治療法の開発と体系化などが含まれる。ここでは,失語症を対象とした治療研究の動向を概観する。

失語症に対する系統的な言語治療が開始されたのは第二次世界大戦後のことであり,行動理論を背景にした刺激法が,1960年代シュール(Schuell)により訓練技法として集大成された。この方法論は,患者に対する聴覚刺激を重視し,刺激を段階づけて繰り返し与えることで言語機能を改善させるものであった。1970年代から1980年代にかけては,その有効性を証明する目的で集団を対象とした治療効果の研究が盛んに行われた。その結果,失語症の言語治療は一般的に自然治癒以上の効果をもたらすという報告も数多くあったが,また逆に自然治癒以上の効果はないという言語治療の有効性を否定する報告もあった。

これに対して,1980年代以降は,特定の治療技法の効果や適応について,単一事例実験による研究方法が広く支持された。これらの研究のなかで,喚語訓練(意味システムと語彙項目との関係を強化する訓練),統語処理能力の訓練,文字能力の訓練,MIT(Melodic Intonation Therapy 抑揚とリズムをつけて言わせることによって発語能力を促進させる訓練)などが提唱された。とくに,統語処理能力に関しては,1990年代以降,普遍文法(universal grammar)を基盤に据えたGB理論(1980年以降のチョムスキー理論)の枠組みのなかで議論が進められており,失文法患者に対して,動詞とθ役割(thematic role 意味的な役割)を担った項との関係を強化する訓練(マッピング訓練)が成果を上げている。また,文字能力の障害(失読と失書)に対しては,イギリスを中心とした認知神経心理学の枠組みを取り入れた訓練法が重視されている。この方法論では,健常者のデータに基づく情報処理モデル上に,個々の患者の障害状態を特定し,治療プログラムを設計する。

以上のような言語情報処理の改善を目標にした訓練とは別に,1980年代から,コミュニケーション能力の実用性に着目した訓練技法が数多く提唱されている。その1つが,デーヴィス(Davis)らによるPACE(Promoting Aphasics' Communicative Effectiveness)であり,患者と訓練者とのあいだに自然な対話場面の原則が持ち込まれ,さまざまな伝達手段を組み合わせることにより情報交換を促進する方法である。その他,Amer-Indコードなどのジェスチャー訓練,描画訓練,シンボル(人工言語)を用いた訓練などがあり,これらの訓練による般化や適応について,研究が報告されている。

➡言語病理学(7-B),言語治療(7-E),言語と脳(7-A)

● 参考文献

波多野和夫他(2002)『言語聴覚士のための失語症学』医歯薬出版.

Howard, D. and Hatfield, F. M. (1987) *Aphasia Therapy: Historical and Contemporary issues.* Lawrence Erlbaum.

Helm-Estabrooks, N. (ed.) (1998) *Approaches to the Treatment of Aphasia.* Singular Publishing.

[亀井 尚]

■人工知能

人工知能は,人間を情報処理装置とみなすことで,知能の理論を構築すること,あるいは,人間と同じ知的行動をとる人工物をつくることを目的とする。

チューリング(Turing)が計算とは何かを捉えられる数学的な枠組みを確立し,また,それを物理的に実現する汎用の計算機械(コンピュータ)が現れた20世紀中葉から,計算機械の立場から人間をみるミンスキー(Minsky),

マッカーシー（McCarthy），サイモン（Simon）らの研究が始まる。

これらの研究は，構造主義言語学への批判として始まり，人間の言語能力を心の計算能力としてみるチョムスキー（Chomsky）の理論言語学とも結びつき，広範な科学運動，いわゆる認知革命となる。言語学，心理学，哲学，計算機科学など，広い分野を統合した科学は，認知科学と呼ばれ，このなかで，知的行動を示すシステムの構築を目指す研究が人工知能研究と呼ばれる。

人工知能は，①チェス・将棋などのゲームやパズル，数学の定理証明といった，問題定義が明確な分野での問題解決行動の研究に焦点をあてた初期の研究，②視覚理解，物語理解など，問題の定義は不明確であるが，人間の基盤的な知的能力に興味をもった1970年代，③医師や弁護士などの専門家を代行するエキスパートシステムや機械翻訳システムなど，工学的システム開発を目指した1980年代を経て，④機械学習，データマイニング，情報検索，ロボットなど，ほかの技術分野と結びつくことで，さまざまな形態で社会のなかに溶け込みはじめた21世紀初頭の研究，といったように研究の枠組みが変化している。

①の研究は，その後，発見的探索手法として独自の発展を遂げ，チェスなどでは人間の能力を凌駕するプログラムを生み出し，すでに知能の研究以外にも多くの分野で使われている。また，②の視覚理解の研究は機械学習の理論に発展し，言語理解の研究は知的情報検索システムに使われるなど，人工知能の多くの成果は，知能の解明という目的からは離れて独自に成熟し，それぞれ現在の技術や研究分野をつくり出している。

ただ，心の計算過程の解明，物語を人間と同じように理解するシステム，人間と同じような行動原理をもった知的ロボットなど，初期の人工知能が目指した課題は，まだ，ほぼ将来課題として残っている。

人間の知能が示す個別性，多様性，柔軟性を解明する人工知能の歴史は，研究の枠組みを模索する過程であるといってもよい。今後も，人工知能の研究は，枠組みや方法論を変遷させながら継続されていく。

→言語と脳（7-A），言語学習と情報処理（8-A）

● 参考文献

ラッセル，S./ノービック，P.〔古川康一他訳〕（1997）『エージェントアプローチ 人工知能』共立出版.

ミンスキー，M.〔安西祐一郎訳〕（1990）『心の社会』産業図書.

マー，D.〔乾敏郎他訳〕（1987）『ビジョン——視覚の計算理論と脳内表現』産業図書.

辻井潤一・安西祐一郎（1988）『機械の知 人間の知』東京大学出版会.

［辻井潤一］

B── 研究領域の概観

■言語理論の流れ

● 草創期の言語学 ── 言語理論は，西洋ではギリシャ・ローマの昔から存在する。世界的に見ても，メソポタミアにおける辞書編纂，インドにおけるパーニニのサンスクリット文法学（前4世紀）などを考慮すれば，長い歴史を有している。

エウジェニオ・コセリウ（Coseriu）は，言語理論の流れを，2極間で揺れる振子のようなものとして捉える。それによれば，ルネッサンス期と19世紀とは，言語の歴史や比較を重視する時代，両期の前後とそのはざまとは，言語の本質や理論を重視する時代とみなされている。

あるいはまた，その流れを，言語学誕生の以前と以後とに分けて考えることもできるだろう。そもそも「言語学」という名称が登場するのは19世紀の初頭であり，それ以前には，言語理論は，文献学や聖書解釈学の一環として論じられるにすぎなかった。つまり，言語が言語として純粋に対象とされるようになるのは，フランツ・ボップ（Bopp）が『サンスクリットの動詞活用組織について』を公刊し，近代言語学を確立する1816年以降のことなのである。

ボップたちが築いた草創期の言語学は「インド＝ヨーロッパ比較言語学」と総称される。この学は，英国人インド学者ウィリアム・ジョーンズ（Jones）の説に触発されて生じた。彼はインドの古い聖典に使われているサンスクリット語が，ギリシャ・ラテンの古典語やゲルマン・ケルト語とも同じ源から枝分かれしてきたものだと主張したのである。ここから各国語の比較，ルーツ探し，親族関係の解明などが行われ，具体的な言語資料が蓄積されて，言語学は学問として成立するようになった。

●**ソシュールの言語学**── やがて1人の学者が，この比較言語学の根底を疑い始める。フェルディナン・ド・ソシュール（Saussure）である。彼によれば，比較言語学は，言語の歴史や変化法則などをみごとに解明したものの，「言語とは何か」「言語の基本単位は何か」「言語の体系はどのようなものか」といった本質的な問題を提起していないという。

ソシュールはこれに答えるべく「一般言語学」という領域を設定する。そこで彼は，あらゆる言語活動を「ランガージュ」，言語体系を「ラング」，個人の行使することばを「パロール」と区分したり，ラングを同時代的に考察する「共時的」視点と，歴史的に考察する「通時的」視点とを区別したりしながら，言語を内的に考察する方法を模索していった。

やがて彼は，言語の体系性と，その体系のなかでのみ規定される言語単位というものに注目し，体系の構造を探る方向と，単位の存在様式を考える方向とに道を開いていく。以後，言語単位の研究は「音韻論」を生み出し，その音韻論の発展はそのまま言語体系の研究に進んで「構造言語学」となる。そうした発想は，ついには言語学を超えた「構造主義思想」にまで発展することになるだろう。

●**構造言語学とチョムスキー**── まずはヨーロッパの「プラーグ学派」「コペンハーゲン学派」と呼ばれる代表的な音韻論学派が，言語の音的単位を画定し，その組織を研究することによって，語彙のレベルを明らかにする。同じ頃，アメリカでも，先住民の言語を研究するプロセスから，期せずして似たような音韻論的手法が発見されていた。両者はそれぞれに音韻から語彙，語彙から言語構造へという歩みを進め，これまた期せずして同じ「構造言語学」という名称を手に入れることとなる。

ただし，アメリカ構造言語学のほうは，学問的歴史の短さからか，ともすると語彙論的分類の方面にばかりこだわりがちであった。やがて，それに不満をもつ者たちのなかからノーム・チョムスキー（Chomsky）が現われ，統語論（構文論）的法則を重視する姿勢をとりはじめる。

彼は，言語の具体的なさまざまな現れを「表層構造」，個々人が基本能力としてもつ抽象的記号列を「深層構造」と呼ぶ。そして後者から前者がどのように実現されるかを「樹形図」によって表し，その操作の全体を「（変形）生成文法」と名づけた。

●**言語理論の広がりと模索**── チョムスキーの影響はヨーロッパにも波及し，ひいては「ディスクール（言説）の言語学」「エノンシアシオン（発話行為）の言語学」といった，高次の言語単位を研究する分野を活性化させることになっていく。

こうして今日では，音韻から語彙，語彙から文法，文法から言説まで，言語内部を網羅するような分野が整備されている。その結果，言語理論はそこを中核として，さらに外部を模索するようにもなってくる。すでに，「言語行為論」「語用論」「社会言語学」など言語使用にかかわる言語外的な現象を考慮に入れるような分野が活況を見せている。「意味論」もまた，心理学，記号論，解釈学，表象理論などの知見を採り入れ，長足の進歩をとげた。

とくにアメリカでは，言語研究の総体が「認知科学」の内部に統合されつつある。知覚研究や脳研究の成果も即座に考慮されるようになり，教育的な観点からしても，領域間の連携には好都合な状況であるだろう。

→歴史言語学（7-B），言語類型論（7-B），言語の構造（7-A），認知言語学（7-B），応用言語学（7-B），社会言語学（7-B）

●参考文献

ハリス，R./テイラー，T. J.〔斎藤伸治・滝沢直宏訳〕（1997）『言語論のランドマーク——ソクラテスからソシュールまで』大修館書店．

フィシャ=ヨーアンセン，E.〔林英一監訳・間瀬英夫副監訳〕（1978）『音韻論総覧』大修館書店．

加賀野井秀一（2004）『ソシュール』〈講談社選書メチエ〉講談社．

今井邦彦（編）（1986）『チョムスキー小事典』大修館書店．

加賀野井秀一（1995）『20世紀言語学入門』〈講談社現代新書〉講談社．

[加賀野井秀一]

■言語哲学

言語哲学とは，言語および言語研究の方法論的基礎に関する思弁的考察を総称する哲学の一分野である．西洋における哲学の歴史において

は，その関心は存在とその認識に寄せられてきており，西洋中世の哲学，近世の普遍言語運動，言語起源論などを別にするならば，言語という領域は哲学的考察の対象となる機会が少なかった．しかし，19世紀後半以降，科学的思惟が学問全体において卓越し，言語学を科学の一分野として確立するという関心，さらに科学が言語的営為であるという洞察などを背景として，20世紀において言語に関する哲学的考察は，哲学における主要な領域となった．これを，ローティ（Rorty）の創案になる「言語論的展開」（the Linguistic Turn）という名前で呼び，現代哲学の大きな特徴と考えられ，現在の言語哲学もその展開の航跡をたどっているということができるであろう．

その関心は，言語が人間の営為において占める大きな役割の認識に基づいている．世界に関する人間の理解，認識を表現するための言語使用がどのようなしくみによって，その目的を達成しうるのかという問題について，あらためて論理学的な観点や科学知識の体系という観点から研究が行われはじめ，さらに，音を発し，文字を書き記す行為が社会的コンテクストのなかでどのような位置づけを与えられるかが問題となったのである．

現在における言語哲学の研究も依然としてこの経緯を踏襲するものであり，したがって，経験的な言語科学，さらに，応用的な関心との接点は直接，間接に多い．そのような接点には，コミュニケーションとしての言語活動がどのような要素からどのように構成されているのかという原理的関心とコミュニケーション能力を中心として言語を教育しようとする応用的関心との交わりや，言語の意味論的構造を形式的に表現しようとする理論的関心とその構造の処理を計算機上で実現することによって実生活に役立てようという工学的関心との交わりなどが含まれている．

そしてこのような現実的問題との接点が多いということは，日本語教育におけるさまざまな具体的課題への解決を言語哲学的知見から学ぶことができるということも，また，そのような解決の積み重ねが哲学的考察をより高度なものとできるということも意味している。たとえば，名詞を使って対象指示するときに定冠詞も不定冠詞もない日本語がどのように使われているかということの知見は，定冠詞つき単数名詞を特別視して分析してきた言語哲学的伝統への重要な問題提起となりうるし，言語的コミュニケーションの本質に関する議論は電話対話の開始と終了の多様性を説明することができるかもしれない。

→言語の意味（7-A），発話行為論（7-C）

［土屋　俊］

■社会言語学

社会言語学とは，言語を社会との関係において捉える言語研究の方法や領域の名称である。sociolinguitics の訳語として日本では1970年代から定着した。

言語表現，言語行動，言語コミュニケーションの形式や機能を，それが実現される社会，たとえば話し手を取り巻く人間関係や言語社会（国家・民族・地域・組織など）のしくみや特徴との相互関係のなかで捉えて記述・分析しようとする言語研究が，主としてアメリカで1960年代後半から活発になり，この名称で呼ばれている。

この研究方法は，言語がそれ自体としてもつ自律的な体系や構造，たとえば音韻体系・音節構造・統語規則などを抽出して対象とする言語研究（「生成文法」と概括される研究など）と対比される。

●言語と社会の相互関係——言語に属するものごとで研究対象とされるのは，音声・語・文・発話・文章・談話など言語形式の構造や体系，用法や機能，それらによって実現される言語行動や言語コミュニケーションの姿や機能，言語形式や言語行動について当事者のもつ言語意識，言語社会（国家，民族，地域，組織など）がもつ言語規範，言語政策，言語計画など幅広い。

一方，言語と関係づけられる社会の側では，言語行動の参加者の属性（民族・社会階層・職業・性・年齢層など）や，言語行動の場面（地域・状況・参加者の人間関係・話題・目的など），社会構造，社会体制などが対象とされる。

●社会集団・場面と言語の関係——言語と社会の関係は大別して2つの方向で捉えられる。一つは，どのような社会でどのような言語が選ばれるかという方向である。たとえば，性や年齢層など属性別の社会集団との関連で，ことばの性差や年代差が記述される。また，地域という観点からは方言が，参加者の人間関係や状況という観点からは呼称や敬語など対人的・場面的な配慮を表す待遇表現が記述される。こうした言語の多様性は，言語のバリエーション（variation 変種）と呼ばれ，社会言語学の重要な研究対象となっている。この種の研究は，日本では欧米の社会言語学に先立って，「言語生活研究」の名で1950年頃から行われた。

●言語がつくる社会関係——もう一つは，どのような言語表現がどのような人間関係や社会関係をつくり上げるかという方向の関係である。たとえば，改まった調子の言語使用は参加者の心的距離を遠ざけ，逆に気楽な調子は近づける。要求・命令の言語表現と依頼・懇願の言語表現の使い分けは，話し手と相手とのあいだに異なる人間関係をつくり上げる。こうした微細な言語形式や発話の機能分析は，会話分析や談話分析の手法と重なるものである。

より大きな社会関係の例としては，性差のかかわる特有の言語形式が性差別を助長する，民族固有の言語を別の言語に置き換える言語支配

が民族間の支配・抑圧の関係を強化するといった言語と社会の関係が記述される。

　社会言語学は言語と社会の関係を上述のように幅広く扱う研究領域である。異なる言語社会や文化を背負った学習者を対象とする日本語教育にとって，参照すべき情報や言語への視点を与える重要な基盤の1つである。
→ヴァリエーション理論（7-C），バリエーション（6-B），標準語と共通語（6-C），集団語（6-B），言語生活（6-C），現代日本の言語政策（6-G），方言学（7-C），地域方言・社会方言（7-D）

● 参考文献

「社会言語学」（1996）亀井孝他（編著）『言語学大辞典6　術語編』三省堂.
阿部圭子（2003）「Ⅲ．社会言語学　はじめに」小池生夫他（編）『応用言語学事典』研究社.
トラッドギル, P.〔土田滋訳〕（1975）『言語と社会』岩波書店.
ロメイン, S.〔土田滋他訳〕（1997）『社会の中の言語』三省堂.
田中春美・田中幸子（編著）（1996）『社会言語学への招待』ミネルヴァ書房.
真田信治他（共著）（1992）『社会言語学』おうふう.
ロング, D. 他（編）（2001）『応用社会言語学を学ぶ人のために』世界思想社.
橋元良明（編著）（1997）『コミュニケーション学への招待』大修館書店.

[杉戸清樹]

■言語心理学

　言語を脳に実在する知識と捉えた場合，その言語知識の個体発生（獲得）と使用（たとえば，理解や発話）の過程を解明することが重要な研究課題となる。言語知識の性質の解明という課題と有機的に結びついた，これら2つの課題に（神経生理学的レベルとの関連を捨象した）心理レベルにおいて取り組む研究分野を言語心理学（psycholinguistics あるいは psychology of language 前者に対して「心理言語学」という和名をあてる研究者もいる）と呼ぶ。

　言語獲得の過程を解明しようとするとき，最も重要な課題は，①遺伝情報の一部として生得的に規定された言語獲得専用の機構が関与しているのか。もし関与しているなら，それはどのような内部構造をもったものであるのか。②子どもが生後外界から取り込む情報（経験）は言語獲得においてどのような役割を果たしているのか，という2つである。これらの課題に関連する情報が得られると考えられる研究を行うためには，言語獲得の最終産物であるおとなの言語知識の性質について，少なくともある程度の見通しが立てられていなければならない。上記で，「言語知識の性質の解明という課題と有機的に結びついた」と述べたのはこの理由による。しかし，現実には，言語知識の性質について非常にナイーブな見解（たとえば，学校文法）を基盤にし，今述べた重要な見通しを欠いた獲得研究も少なくない。同じことが以下に述べる言語使用の研究にもあてはまる。

　言語使用の研究は主として，言語理解と発話（言語産出）を対象としたものであるが，質量ともに言語理解の研究が優っている。その理由は，言語理解の場合と異なり，発話についてはその入力（「発話意図」）の性質が明確になっておらず，したがって，実験を立案する場合も，入力のコントロールができないからである。このような状況下で，これまでは，言い誤り（speech error）の分析により，発話のモデルを構築する方法が主流を占めてきたが，近年の機能脳画像技法（functional brain imaging）の急速な発展によって，新たな展開が開ける可能性がある。

　言語理解の研究については，とくに入力語連鎖の統語構造を構築する内的処理（統語解析

parsing）の研究が興味深い。その処理を行う機構を解析器（parser）と呼ぶが、解析器が言語知識のどの部分をどのように使用するのかという課題がとくに重要である。

言語心理学は、神経生理学的レベルにおける言語の研究、いわゆる、言語の脳科学とも有機的関連をもつ。後者はごく最近まで、研究手段がほぼもっぱら損傷研究（lesion study いわゆる失語症研究）に限定されていたが、上記で述べた機能脳画像技法発展によって、今後の発展が期待できる。その際、言語心理学の研究成果が大きな役割を果たすことになるはずである。

→言語と脳（7-A）、母語の習得（8-A）、言語習得と脳（8-A）、言語習得論（7-E）、言語発達論（7-E）、言語病理学（7-B）、ことばの障害と治療（7-A）

●参考文献

ジャッケンドフ, R.〔水光雅則訳〕（2004）『心のパターン――言語の認知科学入門』岩波書店.

Gleitman, L. R. and Liberman, M. (eds.) (1995) *Language: An Invitation to Cognitive Science*. 2nd ed., vol. 1. MIT Press.

〔大津由紀雄〕

■認知言語学

生成文法の言語観、方法論と対峙するかたちで1970年代後半頃から認知科学・心理学の成果を柔軟に取り込みながらレイコフ（Lakoff, G.）、ラネカー（Langacker）、フォコニエ（Fauconnier）、タルミ（Talmy）、フィルモア（Fillmore）らを中心に展開されてきた言語研究のアプローチのことを認知言語学といい、次のような言語観によって特徴づけられる。すなわち、言語は意味を表すために存在し、言語のあり方は知覚、カテゴリー化、記憶、注意などの認知能力に動機づけられて（別の観点からすれば、制約されて）成立しているはずだという考えである。この言語観の根底には、人間と他の動物の質的差異に基づき、言語をヒトという種に固有なものだとみるデカルト的伝統に異を唱え、「言語はもともとある古い部品から作られた新しい機械である」（ベイツ）という、言語を適応進化の産物とみる考えがある。このような言語観が、言語を本質的に非自然的＝恣意的なものとみたソシュール言語学や言語能力が他の認知能力から自律したモジュールをなすと仮定するチョムスキー（Chomsky）の生成文法などとは対照をなすことは明らかであろう。

こうした言語観に基づき、認知言語学では意味を概念化という心的経験と捉え、言語はその概念化を（イメージ・スキーマやメタファー、メトニミーなどをときに利用して）カテゴリー化し、表現するための記号が構造をなして集まったものであると考える。ここでの「記号」とは形式と意味の結合のことで、個々の形態素、語彙項目のみならず、構文、品詞、文法関係なども包括する。このように構想された文法においては語彙、形態論、統語論の区別や規則とその具体例の区別は連続的なものとなる。

認知言語学ではこのような観点に立つ意味論、文法論を中核として、音韻論、類型論、言語習得などの分野で、生成文法を中心とする従来の言語学とは一線を画す研究が進められつつある。認知言語学の簡便な見通しを得るには辻編（2003）、本格的な概説書としては山梨（2000）などを参照のうえ、研究書・論文へ進まれたい。また認知言語学の語学教育への応用の可能性については Taylor (1993), Pütz and Dirven (eds.) (2001) を参照のこと。

→言語と認知（7-A）

●参考文献

辻幸夫（編）（2003）『認知言語学への招待』

大修館書店.

山梨正明（2000）『認知言語学原理』くろしお出版.

Pütz, M. and Dirven, R. (eds.) (2001) *Applied Cognitive Linguistics* I, II. Mouton de Gruyter.

Taylor, J. (1993) "Some pedagogical implications of cognitive linguistics." In Geiger, R. A. and Rudzka-Ostyn, B. (eds.) *Conceptualizations and Mental Processing in Language*. Mouton de Gruyter.

　　　　　　　　　　　　　　［野村益寛］

■言語地理学

　言語地理学は，近年，国際的には geolinguistics（訳して，地理言語学）という。地域の概念を欠く比較言語学を批判するところから生まれた言語史の方法である。ジリエロン（Gilliéron）の『フランス言語図巻』(1902) に始まる。

　一定の意味を表す言語形式（たいていは語のかたちで）の分布を地図上に表して，その地理的分布からその地域または全土の言語史を再構する。

　言語地理学が打ち出したテーゼがあるが，これは言語または言語研究についての哲学的思考には有益な情報になりうるが，日本語教育の現場に直結しているようなものではない。

　以下に，言語地理学が打ち出したテーゼを掲げる。テーゼだから，現実としてはやや極端な叙述とみられることがある。

　(1)語にはそれぞれの歴史がある。言語地理学が提供する言語地図の分布状況は1枚1枚違っている。

　(2)言語変化は，隣接する地域のことばを真似するところから始まる。比較言語学では，言語は自立的に，すなわち，その内部においてそれ自身がもつ契機によって変化すると考えているのと対照的である。

　(3)隣接地域に影響される地理的方向は一定している。たとえば，関東地方には南から北への強い流れがある。糸魚川地方には，古く南から北への流れがあり，新しくは西から東への流れがある。

　(4)語は一般に有意味な分布を示す。そのうちに，ABA のように分布するものがあり，A は B よりも古いと推定される。この分布が繰り返されたかたちの ABCDCBA の分布から A＞B＞C＞D という歴史的変化が再構される。

　(5)語の歴史は，ただ言語形式の年代的前後を推定することだけではなく，その語が表す個々の物事やそれぞれの概念との関係をも考えて再構する。たとえば，ある種の履物を表す語の変化は，履物自体とその変形を知らなくては説明のつかないことがある。言語地理学者は百科事典家にならざるをえない。

　(6)民衆にとっても言語は客観的に捉えることができる。ことばは話し手の頭の中に組み込まれたままのものではなくて，客観的なものとして聞いたり見たりすることができる。ことばは，おおぜいの人が変えたいと考えれば変えることができる。インフォーマントは，新古を内省でき，語源（民衆語源）を報告することもできる。

　さて，外国人は日本に来て，東京以外の土地に住んで，そこで日本語を学ぶ者も少なくない。教科書や教室の友人は東京共通語の世界であるが，日常生活では方言を話す民衆と接触することになる。そういう方言は『日本方言大辞典』（全3巻）を見ればわかるが，日本のどの範囲に分布するかとか，そのほかにどういう方言がどこにあるかとかは，言語地理学が提供する言語地図が説明してくれる。ただし，全国規模の方言地図で利用できるのは 1000 項目にも達していない。

　言語地理学が見せてくれる方言分布図は，情

報の一覧図でもあるが，(1)〜(6)に述べたように歴史再構のための情報図でもある。

➡方言学 (7-C), ことばの地域差 (6-B), 地域方言・社会方言 (7-D)

●参考文献

ドーザ, A.〔松原秀治・横山紀伊子訳〕(1958)『フランス言語地理学』大学書林.

柴田武 (1969)『言語地理学の方法』筑摩書房.

〔柴田 武〕

■言語人類学

言語人類学とは，言語の構造そのものを研究対象とする「言語内現実」に即した言語学と対比して，言語とそれを取り巻く「言語外現実」との関係を扱う分野の1つである。人類学から発祥した学問領域であるため，ヒトのことばを手がかりにして，ヒトとは何かという問題に迫ろうとする問題意識が強い（唐須 1988）。すなわち，言語と文化のあいだにありうべき相関性の性質を解明し，あわせて，言語を通して文化とそれを担う集団（共通母語集団）あるいは民族の諸問題に接近をはかろうとする言語人類学は，言語のはたらき（機能）の多様性を反映して，さまざまな分野に問題がまたがっている。なかでも言語外現実の，とくに社会的な面と言語との関係を扱う「社会言語学」とは，それぞれ固有の問題と方法をもちながらも，互いに重なる部分が少なくない（宮岡 1996）。これらの研究のなかには，言語と文化の相関に関する研究も含まれている（たとえば，サピア＝ウォーフの仮説）。

その歴史的背景は，北米先住民の言語と文化を切り離して考えることが不可能な状況にあったアメリカの学問的状況によるところが大きい。「総合人類学」を目指すボアズ (Boas) が民族学，形質人類学，先史考古学と並んで人類学の主要分野の1つに言語学を位置づけ，とりわけ文化と言語の相関性に大きな関心が払われ，文化のコンテクストのなかで言語を考え，言語を通して民族の文化や歴史の問題を考える態度が強調されたことが，その後の言語人類学を性格づけ，発展の礎となったことは，ボアズ学派から輩出されたサピア (Sapir) に代表される言語人類学者の研究成果に顕著である。

研究手法としては，フィールドワークによる参与観察 (participant observation) が挙げられる。通訳を介した調査における情報の歪曲を避けたり，土地の人々がかろうじて保っている社会的・心理的緊張関係のなかに異物として入り込む人類学者が，その人々とのあいだにラポール（信頼関係）を確立する際に原住民言語の果たす重要性を認識したことが大きい。研究成果は民族誌 (ethnography) としてまとめられる。また，言語学で開発された研究手法を取り入れ，成分分析などを用いて親族名称，色彩名称，人称・指示代名詞，類別詞といったある共通項をもつ語彙の集合を分析した研究が多数ある。民俗分類 (folk taxonomy), 空間表現 (space cognition) などの研究も近年，再度，注目されはじめ，言語の普遍性と相対性に関する研究が認知言語学領域とかかわりながら今後の発展が予想される。

➡言語の普遍性 (7-A), 社会言語学 (7-B), エスノグラフィー（民族誌）(7-F)

●参考文献

宮岡伯人（編）(1996)『言語人類学を学ぶ人のために』世界思想社.

唐須教光 (1988)『文化の言語学』勁草書房.

Duranti, A. (1997) *Linguistic Anthropology*. Cambridge University Press.

Foley, W. (1997) *Anthropological Linguistics*. Blackwell.

〔井上京子〕

■対照言語学

言語教育のために行われる言語間対照研究は，言語学習者の第一言語と学習対象となる言語がどのような関係にあるかを，言語学習の過程を通して捉えることを目的とする研究である。研究の動向は，言語学，言語教育学の潮流，ひいてはそれぞれの時代の言語教育観，言語学習観を反映しつつ変遷してきた。

1940年代を中心とする構造主義言語学優位の時代には，言語の習得は言語習慣の習得であるという言語教育観が広く支持された。学習対象となる言語を反復練習することによって言語習得が可能になるとされたため，学習者の第一言語は学習の干渉要因と見なされた。また，第一言語と学習対象となる言語の構造の類似/差異の程度が干渉の程度と相関すること，それによって学習の困難度が予測できるとされた。そのような言語学習観を背景に，対照研究は当該の2言語の構造比較とそれに基づいた困難度の計測を主たる関心事とした。

1960年代以降は，生成文法の基本的言語観を背景に，言語の学習イコール習慣形成であるという構造主義の言語学習観が強く否定された。また，第二言語習得に関する研究の進展の結果，言語学習において学習者の第一言語の構造ゆえに起きる困難は，関係する多くの要因の一部でしかないということが認識されるようになり，それまでの対照研究はその存在意義を疑問視されるようになった。

1970年代から1980年代にかけて，言語習得過程に関する横断的・縦断的研究の方法の1つとして誤用分析が盛んに行われた。誤用の原因帰属の過程で第一言語からの転移の可能性があらためて確認されるようになった。中間言語研究の一部としての誤用分析は，方法論的に信頼性が低いことが問題になり，対照研究として定着することはなかったが，学習者言語に関する研究の成果から，転移が第一言語での言語形成期を過ぎた成人学習者に多く見られること，個人の認知的発達の不可遡性に原因があること，言語構造よりもむしろ語用論的・社会言語学的要因に，また言語行動だけでなく非言語行動にも多く見られることが検証されるようになった。その結果，新しい局面での対照研究が行われるようになった。

1990年代以降は，エスノグラフィー研究，会話分析などの研究方法論が積極的に取り入れられた。またコーパス言語学の発展によって，大量の言語資料の利用が可能になった。

質問紙法，構造面接法などによって言語規範意識を導き出す方法論から，日常生活の自然な言語資料に基づいた言語分析ができるようになり，普段は意識されない言語運用パターンの対照研究の成果が発表されるようになってきた。

➡対照研究と日本語教育（8-A），誤用研究（8-A）

● 参考文献

エリス，R.〔牧野高吉訳〕（1988）『第二言語習得の基礎』ニューカレントインターナショナル．

メイナード，K・泉子（1993）『会話分析』くろしお出版．

Van de Vijver, F. and Leung, K. (1997) *Methods and Data Analysis for Cross-Cultural Research*. SAGE Publications.

［西原鈴子］

■計量言語学

計量言語学は，「統計的な方法を用いて言語や言語行動の量的側面を研究する学問分野」である。隣接分野としては，コーパス言語学・狭義の数理言語学・計算言語学がある。これらの上位概念にあたる大分野として広義の数理言語学がある（図7-1）。

広義の数理言語学は，数学の方法を主要な手段として言語を研究する分野全般を指す。数値を扱う数学分野の方法を使うのが計量言語学と

図7-1　数理言語学の体系

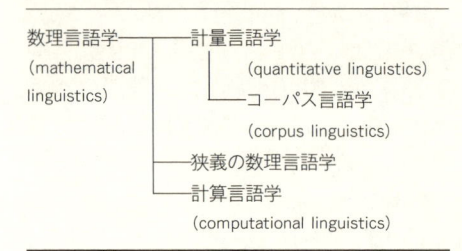

```
数理言語学────┬──計量言語学
(mathematical  │        ├──(quantitative linguistics)
linguistics)   │        └──コーパス言語学
               │                (corpus linguistics)
               ├──狭義の数理言語学
               └──計算言語学
                        (computational linguistics)
```

コーパス言語学で，数値を扱わない数学分野の方法を使うのが狭義の数理言語学である。計算言語学（コンピュータ言語学とも）はどちらの分野にも所属する。

計量言語学は，実際の言語現象の統計的分析から記述や法則化へという，帰納的手法がとられる。たとえば，語彙調査の結果に基づいて語彙の量的構造を解明したり，文体統計の手法を使って，ある小説家の文体的特徴を明らかにしたりする。また，社会言語学的立場から人々の言語使用の実態，つまり言語生活や言語行動を統計的手法で解明していく研究もある。以上のように統計的手法がとられるために統計的言語学と呼ばれることもある。

主な研究テーマとしては，①言語単位の使用率分布の研究，②文体の研究，③言語の系統研究，④方言区画の研究，⑤社会言語学・言語生活の研究，などがある。

これらのなかで，言語教育と関係が深いのは用語・語彙調査（①）で，教育語彙の選定や辞書の編纂など，実用的必要性から始められた。早くは，ケーディングのドイツ語1100万語調査（Kaeding 1898）や，ソーンダイクの英語1000万語調査（Thorndike 1932）などがある。日本では沢柳政太郎（1919）が早いが，大量調査としては坂本一郎の75万語調査（1943）が画期的である。また，日本語教育用の語彙調査としては，日本語振興会の成人用語彙と児童用語彙の25万語調査（1942, 1943）

が本格的だが，未刊のままである。なお，以上の調査は最後を除き，みな記述統計の手法がとられている。

計量言語学は広義では，戦前まで主流であった記述統計による研究も含むが，狭義には，戦後急速に普及・発展した数理統計（推測統計）による研究だけを指す。

日本における計量言語学の確立と発展のうえで，国立国語研究所（以下，国研）と計量国語学会が果たした役割は大きい。1948（昭和23）年末に設立された国研は，設立直後から社会言語学や語彙の調査・分析に標本調査と数理統計学の手法を導入しているが，これは世界的に見ても早いものである。また，『現代雑誌九十種の用字用語』（国研報告21, 1962）の語彙表は，精度では世界最高レベルに達している。欧米においても20世紀初頭から各種の語彙表が作成されてきたが，単位語と見出し語の認定の研究が遅れているため，精度の点ではいまだに大きな問題をかかえている。

1956（昭和31）年に計量国語学会が結成されたが，この種の学会としては世界初である。これによって，研究者人口と研究テーマが拡大・多様化し，1960年代には計量言語学という学問領域が確立した。1966（昭和41）年には国立国語研究所に大型計算機が導入され，1979（昭和54）年には国産初のパソコンが市販されたが，どちらも操作性と価格の面で問題があり，それらを駆使できる言語研究者はごく限られていた。それが1990年代後半になると，パソコンの操作性と価格の問題が解決されたため，パソコンは急速に普及して現在に至っている。この段階に至って，計量言語学の研究基盤はようやく整備されたといっても過言ではない。21世紀に入り，パソコンを活用した言語の計量的調査・研究は年々増加しており，計量言語学は本格的な普及・発展の時期を迎えつつある。

↠言語コーパス（7-D）

● 参考文献

ケニィ，A.〔吉岡健一訳〕（1996）『文章の計量』南雲堂.

伊藤雅光（2002）『計量言語学入門』大修館書店.

真田信治/ロング，D.（1997）『社会言語学図集』秋山書店.

［伊藤雅光］

■ 言語類型論

言語類型論（linguistic typology）は，音韻・形態・統語を含む言語の構造的特徴に関して，世界の言語間にどのような共通性がありどのような変異が見られるか，またそこからどのような一般化が可能かを，多言語のデータベースに基づいて明らかにしようとする学問分野である。

言語類型論が個別言語の研究や教育にとってどれほど重要なかかわりをもっているかを「格標示（case marking）」という文法現象を例にとって考えてみよう。「格（case）」とは，文中の名詞や代名詞が形の変化によってさまざまな文法的意味を表す現象である。日本語では，格標示は(1)に示すように名詞に後続する「側置詞（adposition）」（前置詞と後置詞を包括して用いられる用語）によって行われる。

(1)首相が官邸で外相を罷免した。

一方，ヨーロッパ言語の多くは，(2)のロシア語の例に示すように，名詞が直接屈折変化をすることによって格標示を行っている。

(2) stol（単数・主格または単数・対格：「（1つの）テーブルが，（1つの）テーブルを」）

stol-u（単数・与格：「（1つの）テーブルに」）

stol-om（単数・具格：「（1つの）テーブルで」）

stol-y（複数・主格または複数・対格：「（複数の）テーブルが，（複数の）テーブルを」）

また，英語のように，語順と側置詞（前置詞）の両方を用いて格標示を行う言語もある。

(3) President made a speech at the emperor's reception party.

言語類型論の研究によって，世界の言語に見られる格標示の主要な手段には，(1)～(3)に示したように側置詞（前置詞，後置詞），屈折変化，語順といったものがあることがわかっている。ある言語がこれらのうちどの手段を用いるかは，その言語の形態的特徴（「膠着語」「屈折語」「孤立語」といった）と密接にかかわっている。

このような言語間の共通性，変異を理解することは，個別言語の研究や教育とどのようにかかわっているのであろうか。たとえば日本語の格標示(1)を英語の格標示(3)と比べた場合，両言語のあいだには相違点と同時に共通点もあることがわかる。最も顕著な相違点は，日本語において側置詞で標示されている「主格」（「が」によって標示）「対格」（「を」によって標示）といった格が，英語においては，語順で標示されていることである。一方，両言語の共通点としては，「場所格」がいずれも側置詞（日本語では後置詞「で」，英語では前置詞at）で標示されていることがある。このことは，「場所格」といった周辺的な格標示に比べると，「主格」「対格」といった中心的な格標示に関しては言語間の相違がより大きいことを示唆している。また，英語話者に日本語を教える際には，日本語では「主格」「対格」が語順ではなくそれぞれ「が」「を」という側置詞（後置詞）によって標示されるということ（実際には主格の「が」の代わりに「主題」を表す「は」が用いられることが多いが）をとくに注意して説明する必要がある。言語類型論は，このように個別

言語の研究や教育に大きく貢献できる可能性をもっている。

→言語の類型 (7-A), 言語の普遍性 (7-A), 認知言語学 (7-B), 対照言語学 (7-B)

● 参考文献

角田太作 (1991)『世界の言語と日本語』くろしお出版.

コムリー, B.〔松本克己・山本秀樹訳〕(1992)『言語普遍性と言語類型論』ひつじ書房.

堀江薫 (2003)「言語類型論」山梨正明・有馬道子 (編)『現代言語学の潮流』頸草書房.

〔堀江 薫〕

■ 歴史言語学

言語は時の経過とともに変化する。民族や国家に歴史があるのと同様に,言語にもそれぞれの歴史がある。個々の言語の歴史的変遷を記述したものが,英語史・ギリシャ語史・中国語史・日本語 (国語) 史などの言語史である。言語史は言語の外的歴史と内的歴史とから成る。前者はその言語の成立,その言語の使用される領域の拡大・縮小,他言語との接触,社会の変化が言語に及ぼした影響などを扱い,後者は音韻・文法・語彙・意味の変化などを記述するものである。

初期の言語学がとくに注目し,研究に力を注いだのが言語の変化であった。ヨーロッパの主要な言語の歴史が精密に研究し記述され,変化の様相が明らかにされていった。ついには個別言語の比較によって,伝承されていない段階の歴史を再構成し,各言語の成立を推定するに至った。言語研究はもっぱら言語史の研究であった。パウル (Paul) も「言語学は言語史である」といっているほどである。

言語の研究に共時態・通時態の視点を持ち込んだのは,ソシュール (Saussure) である。前者は時間の流れのなかのある時点に置いて見た言語の実態で,室町時代の日本語,現代の日本語のごとくである。後者は時間の流れに沿って見た言語の実態である。共時態・通時態ともに個別の言語にかかわるもので,したがって,個別言語の共時的・通時的研究は個別 (特殊) 言語学である。個別言語学の提供する事実や事象を資料として,言語一般の構造・機能・性質・変化の様相を研究するのが,一般言語学である。

歴史言語学は上に述べてきたことからわかるように,個別言語の言語史にその資料をあおぎ,変化の様相を明らかにし,変化の統一的・原理的なものを求める一般言語学のなかの1分野である。通時言語学 (diachronic linguistics) ともいう。言語史は歴史言語学に個別言語学からのさまざまな事例を提供し,歴史言語学はこれらの事例から原理的なものを解明し,理論づけ,言語史に研究の方法論とその根拠を還元する関係にある。歴史言語学がかかわるのは,とりわけ以下の問題である。

(1) それぞれの記述レベル (音韻,文法,語彙,意味) での言語変化の種類,型。

(2) 言語変化の原因。言語内,言語外での原因など。

(3) 言語の内的歴史と外的歴史の相互関係。

(4) 言語変化の理論

個別言語の歴史は,最古の文献以前にさかのぼることはできないが,言語の歴史的研究は文献以前の歴史と,その言語の成立を想定する比較という方法を確立させた。これは比較言語という分野であるが,歴史言語学に属する分野である。

→言語の系統 (7-A), 共時・通時 (7-D), 言語の変化 (7-A)

● 参考文献

レーマン, W. P.〔松浪有訳〕(1967)『歴史言語学序説』研究社.

吉田和彦 (1996)『言葉を復元する——比較言

語学の世界』三省堂.
堀井令以知（1997）『比較言語学を学ぶ人のために』世界思想社.
池上二良（編）(1980)『講座言語学 2 言語の変化』大修館書店.

[家村睦夫]

■コミュニケーション学

コミュニケーションに関する研究をコミュニケーション学とするなら，コミュニケーション学には，合意された学問体系や研究対象領域，研究方法はなく，それが指示する概念は関連研究者と同じ数だけ存在するといってよい。まず，「コミュニケーション」ということば自体があいまいな概念であり，きわめて多義的に用いられ，また，コミュニケーションの参加者，コミュニケーションで交わされる内容，その内容を表象する記号，記号列を運ぶメディアなど，多くの分析的局面をもっている。また参加者も，1対1，1対多，多対多などさまざまなケースがあり，それに関与するのも人間に限らず機械や動物の場合も含まれる。さらに，一般的にある現象を分析しようという場合，その成り立ちやしくみにかかわる「構造」と，それが果たす作用や，それがもたらす問題にかかわる「機能」の2つの側面があるが，コミュニケーション学は，「コミュニケーション」の構造にも機能にも関係する学問である。

「コミュニケーション」をどの角度から見るかによってそれぞれに応じた「コミュニケーション学」が成立し，また多岐にわたる研究分野と関係する。対人関係に限定せず，情報の一般的伝達過程として捉えた通信工学/情報工学的コミュニケーション論，媒介記号としての言語や諸記号に焦点をあてた言語学的/記号論的コミュニケーション論，意味の了解にかかわる認知過程の分析を主とする認知心理学的コミュニケーション論，社会的相互作用やシステム論的分析に重点を置く社会学的コミュニケーション論，メッセージが経由するメディアを論じるメディア論，マスメディアの送り手・受け手分析，効果を分析するマス・コミュニケーション論，コミュニケーションの文化差・文化摩擦を分析する異文化コミュニケーション論，うわさや集合的行動，説得的効果などを実証的に分析する社会心理学的コミュニケーション論，対人コミュニケーションの病理的現象やカウンセリングにかかわる臨床心理的コミュニケーション論，動物行動に関与するエソロジーなど，コミュニケーション学はほとんどの研究領域，生活領域にかかわっている。情報技術の発展に伴う，社会構造やコミュニケーションの変容を論じる，もろもろの情報社会論は，最も現代的なコミュニケーション論でもある。

定義はともあれ，「コミュニケーション学」は，コミュニケーション現象を分析対象とするという点で収束点をもちうるものであり，既成の学問領域における成果，研究方法を生かしながら文系・理系の枠にとらわれず，俯瞰的視野から考察を加える学際的応用研究であるべきである。また，時代の変動に機敏に対処しうる柔軟性と，現実的課題の解決に寄与しうる実践性を備えた「学」であってこそ独自の存在価値をもつものであろう。

→コミュニケーションのモデル（7-A），発話行為論（7-C），社会言語学（7-B），異文化コミュニケーション（6-D）

● 参考文献

船津衛（1996）『コミュニケーション・入門』〈有斐閣アルマ〉有斐閣.
橋元良明（編著）(1997)『コミュニケーション学への招待』大修館書店.
林進（編）(1988)『コミュニケーション論』有斐閣.

[橋元良明]

■言語病理学

　言語病理学（speech and language pathology）は，正常なコミュニケーション過程の科学的究明を基盤として，正常な機能からの逸脱状態としての多彩な障害（①言語表象の操作レベルの障害である失語症，言語発達障害，②発声・構音・韻律を含む speech レベルの障害など）について，おのおのの症状ないし病態構造の記述，評価，原因の究明，治療法の開発と体系化を目指す専門領域である。

　この領域の芽生えは，言語中枢の発見，声帯振動の観測を含む音声の生理学的研究などが相次いだ19世紀中葉のヨーロッパに見ることができるが，音声言語障害の臨床面の発展を主眼とした学際的領域としての確立はアメリカにおける言語病理学の発展に負うところが大きい。1925年には米国言語聴覚学会が結成され，全米の主要大学・大学院における言語病理学講座の設置，会員数の飛躍的増大（現在10万人を超える），臨床対象の著しい多様化，研究・学会活動の活発化など，驚異的な発展を遂げつつある。講座内容の特色は言語科学系，心理・教育・社会科学系，医学系，工学・情報科学系などを包含する幅広い基礎科目と，言語障害の評価・診断・治療学から成る専門科目とを統合した学際性にあり，障害者の臨床，専門家の養成，研究活動が三位一体をなしている。

　こうした学際性は研究領域の多様性にも反映され，①コミュニケーション過程の諸レベル：言語表象の操作，表出，受容を含む固体側の諸レベル，および固体と環境（話し手と聞き手）との相互作用のレベル，②①の各レベルの機能状態：正常な状態からさまざまに逸脱した状態，③研究的アプローチの種類：対象障害の病態/障害構造・発現機序の究明，障害の治療・訓練・マネージメントに関する理論・技能の開発・進展，などをそれぞれ目指す領域に大別され，研究の理論的枠組み・方法論のいずれもが隣接する諸科学の発展・研究動向の影響を受けながらさまざまな変容を遂げてきた。

　初期の言語病理学において学齢期児童に多い機能性構音障害，吃音などへの対応を中心として展開された研究活動は，二度の大戦を経て大きな変貌を遂げ，脳損傷による成人の失語症，運動障害性構音障害など医学的色彩の強い障害が急増し，臨床・研究活動の著しい拡大・多様化が進んだ。また1960年代以降における生成文法理論の進展が，失語症に見られる統語障害の臨床研究に与えた影響も画期的であり，多数の成果を生み出してきた。

　1980年代に至ると，人間の情報処理能力に関する認知心理学と神経心理学とのドッキングによる認知神経心理学が誕生し，特定の言語症状の発現機序を説明する理論的枠組みとしての言語情報処理モデルの構築を通して，言語臨床における仮説検証的治療法の開発・発展に大きく貢献している。一方，人の脳活動の非侵襲的な観測を可能にする脳イメージング法（PET, fMRI, MEG, 光トポグラフィーなど）の開発・発展は，言語機能を含む高次脳機能の神経基盤についての知見のめざましい進展をもたらし，言語モデルの精緻化にも大きく寄与している。言語病理学は，その中核をなす言語臨床を介して脳における言語モデルの妥当性の検証に関与し，その意味において脳科学研究の一翼を担うといえよう。脳の言語機能に関する知見の深化は，より有効な臨床成果を生みだし，障害をもつ人々の生活の質の向上にむけてより実質的な貢献を可能にすると思われる。

➡ ことばの障害と治療（7-A），言語治療（7-E），言語と脳（7-A），音声の知覚（1-H）

● 参考文献

切替一郎（1986）「音声言語医学の源流とわが国における発展――前篇：19世紀中葉より日本音声言語医学会誕生（1956）までの100年間について」『音声言語医学』27．

Lesser, R. (2000) "Managing aphasia: Then and now." *Folia Phoniatr Logop* 52.

[笹沼澄子]

■応用言語学

「応用言語学」(applied linguistics) に関しては、いまだに統一した定義も、共通する理論もない。Kaplan (1980) において世界の著名な学者がそれぞれに定義しようとしているが、そこからも統一的なものは生まれてこない。概略的に定義すれば、「言語にかかわる社会的、教育的問題を解決するために、言語学の理論や原理、言語研究から得られた結果や知見を応用する学問分野」といえよう。ところが、それではあまりに範囲が広すぎて明確でない。言語教育の諸分野をはじめとし、言語政策、翻訳論から言語障害治療、コンピュータによる自然言語処理に至るまで、多岐にわたり学際的な性格をもつ。また、socio-linguistics や psycho-linguistics などハイフンつき言語学も広義の応用言語学に含まれる。このような多様性は世界応用言語学会 (AILA) の研究分野が、30 もの領域に分かれていることに表れている。

この用語のもともとの語源は、1946 年にミシガン大学英語教育研究所 (ELI) で独立した学科として誕生したことにさかのぼる。その当時、英米の大学で正式な学問分野として認知されるために、すでに確立していた言語学と結びつけたのである。しかし、言語にかかわる問題を扱うというよりも、主として、外国語の教授法や学習に関する研究分野を表すために使われた。構造言語学の基本的研究手法であった対照分析 (contrastive analysis) を使って、誤りや難易度に関する研究が行われた。その研究成果を行動主義心理学に基づいた学習理論と結びつけ、外国語学習・教育に応用した。そこから、1960 年代のオーディオ・リンガル法が生まれたのである。このように、応用言語学は理論言語学と言語教育の橋渡しと考えられる。

1970 年代に入ると、生成文法の誕生によりこの分野にも大きな衝撃があった。当初、多くの研究が変形理論をそのまま応用したもので "linguistics applied" という傾向が強く、応用言語学者は言語学理論の「消費者」としかみなされなかった。1980 年代半ばから、普遍文法 (UG: Universal Grammar) の枠組みを使って第二言語習得 (SLA) 研究が進むにつれ、この分野の研究も体系化され専門化していった。このような言語学に密着した研究分野に対して、他方、ますます形式的で抽象的になる言語学から離れ、コミュニケーションとしての言語、ことばの社会的機能に関心をもつようにもなった。その結果、チョムスキー (Chomsky) が提唱した competence の概念では外国語教育において知っていることと使えることのギャップが説明できないため、Hymes (1972) により新しく communicative competence (伝達能力) という概念が導入された。

専門誌のなかで最も古いのが、1948 年創刊の *Language Learning* である。その副題が 1993 年に "A Journal of Applied Linguistics" から "A Journal of Research in Language Studies" に変わったことにも表れているように、近年、応用言語学研究は TESOL (他言語話者に対する英語教育) や ELT (英語教育) の実践から少しずつ遊離する傾向にある。また逆に、もはや言語教育・学習にとって言語学が唯一の背景理論ではなく、言語学の応用以上のものを含むようになってきている。今や、応用言語学という用語は、理論言語学でないものすべてを含む総称として用いられる。

→言語心理学 (7-B), コミュニケーション学 (7-B), 社会言語学 (7-B), 言語病理学 (7-B), エスノグラフィー (民族誌) (7-F), 言語習得論 (7-E), 言語発達論 (7-E), 翻訳論 (7-E)

●参考文献

ジョンソン，K./ジョンソン，H.〔岡秀夫監訳〕(1999)『外国語教育学大辞典』大修館書店.
Brown, G. (2000) "Changing View of Language in Applied Linguistics" In Trappes-Lomax, H. (ed.) *Change and Continuity in Applied Linguistics*. Multilingual Matters.
Byram, M. (ed.) (2000) *Routledge Encyclopedia of Language Teaching and Learning*. Routledge.
Hymes, D. (1972) "On Communicative Competence" In Pride, J. and Holmes, J. (eds.) *Sociolinguistics*. Penguin.
Kaplan, R. B. (ed.) (1980) *On the Scope of Applied Linguistics*. Newbury House.
Spolsky, B. (ed.) (1999) *Concise Encyclopedia of Educational Linguistics*. Elsevier.

〔岡 秀夫〕

C──言語研究の枠組み

■音響学

音響学は，音の自然科学的性質を解明することを目的とした古典物理学の1分野である。言語との関係では，人間の可聴周波数帯域（20〜2000 Hz程度）における音の研究が重要である。

音響学では音を楽音（周期音）と騒音（非周期音）に二分する。楽音は，ある基本周波数と，その整数倍の周波数をもつ倍音が，さまざまな強さと位相で混じり合った音であり，時間の関数としてグラフ化すると，1つの波形が一定周期で完全に反復する特徴をもっている。

騒音もまた多くの周波数成分の混合として把握できるが，成分間に楽音のような整然とした関係が存在せず，時間軸上でも波形の反復が観察されない。

楽音の研究は，音楽の研究の一環として，アルキメデス以来古くから実施されてきたが，18世紀に入ると，フランスのフーリエ（Fourier）が発見した三角級数を用いた周期現象の分析手法（フーリエ級数）によって，楽音の構造を数学的に表現することが可能となった。

任意の楽音は，基本周波数とその倍音の振幅と位相を指定することによって完全に表現することができ，その関係を示すグラフを楽音のスペクトルと呼ぶ。この方法を拡張して騒音に適用することも可能であるが，騒音のスペクトルは無限個の倍音をもつ連続スペクトルとなる。音のスペクトルが表現する情報のうち，倍音構造は音色の知覚に重要な影響を与えるが，位相の影響はさほど重要でない。そのため，位相の情報を取捨したパワースペクトルを音のスペクトルと呼ぶことが普通である。

音響学の手法による言語音の分析は，19世紀にドイツのヘルムホルツ（Helmholtz）らによって開始された。1930年代には日本の千葉勉と梶山正登がX線写真などによって声道の立体形状を精密に測定し，そこから母音のスペクトル特徴を計算することに成功した。

この研究は国際的に強い影響を与え，やがて1950年代にはスウェーデンのファント（Fant），米国のスティーブンス（Stevens）らの手によって音響学的音声生成理論（音源フィルター理論）が定式化される。この理論は一定の仮定に立脚した近似理論であるが，有効性が高いために，現在も音声の自然科学的研究の基礎理論として重要な役割を果たしている。

ファントらの研究は音声の音響学に交流回路理論を導入するものであったが，1970年前後には板倉文忠らによって，コンピュータの利用を前提としたデジタル信号処理の手法が音声研究に導入されるようになった。その後，コンピュータの普及にともなって，現在では種々の音

響的分析をパソコン上で容易に実施することができるようになっている。

➡音声学 (7-C)，音声分析 (1-G)，音声分析ソフト (9-D)

● 参考文献

日本音響学会（編）(2003)『新版 音響用語辞典』コロナ社．

千葉勉・梶山正登〔杉藤美代子・本多清志訳〕(2003)『母音——その性質と構造』岩波書店．

Ladefoged, P. (1996) *Elements of Acoustic Phonetics*. 2nd. ed. The University of Chicago Press.

Stevens, K. N. (1998) *Acoustics Phonetics*. The MIT Press.

[前川喜久雄]

■ 音声学

音声学は，人間が情報伝達のために生成し知覚する言語音の特徴を研究する学問領域である。関連領域に音韻論があるが，音韻論が音声の記号的側面のみを対象とするのに対して，音声学は音声の物理的，生理的側面を含めて対象とする点に違いがある。また音韻論が知的意味（言語情報）の対立に関与する特徴を重視するのに対して，音声学はパラ言語情報や非言語情報を本来の研究対象に含める点にも両者の相違点がある。

音声学は，通常，自然言語の音声全般を研究対象とするが，特定の個別言語の音声だけを対象とした研究も行われる。これらを区別するためには，前者を一般音声学と呼び，後者を，対象言語の名称に従って，日本語音声学，英語音声学などと呼び分ける。

音声学として一般に最も広く知られているのは，調音音声学である。調音音声学は，言語音を生成する音声器官の形状に着目して，言語音を分類する。子音は調音位置，調音様式，声の有無によって分類され，母音は舌の最高点の上下位置，前後位置と唇の突出の有無によって分類される。調音音声学は，その名称とは異なって，本質的には人間の聴覚印象に依拠した分析であり，その技能を習得するためには専門家による訓練が必須である。

分類学としての調音音声学に対して，個々の言語音の生理的ないし物理的側面に注目した音声研究も行われ，生理音声学（音声生理学），音響音声学などと呼ばれている。これらの研究には自然科学的な実験手法が利用されることから，実験音声学と総称されることもある。

生理音声学は言語音の生成に関与する音声器官の形状とその運動パターンの観測，および運動制御メカニズムの解明を目的としており，そのために種々の生体計測手法が利用される。声道形状の観測には，かつてはX線写真や映画が利用されたが，現在ではMRI画像やEMAなど被曝の心配のない手法が利用されている。喉頭の観察には，ファイバースコープを用いた高速ビデオ撮像が有効である。また，種々の音声器官を支配する筋肉に関する筋電図学的研究も行われる。

音響音声学は，持続時間，振幅，基本周波数，スペクトル構造など，時間信号としての言語音の物理的諸特徴を分析する。音響音声学には，録音装置類のほか，波形を記録するオシログラム，スペクトル分析を行うサウンドスペクトログラムなどの分析装置が用いられるが，近年ではコンピュータ上のデジタル信号処理に置き換えられるようになった。

言語音の音響的特徴を決定する要因として最も重要なのは，音声を生成する声道の形状とその時間変化パターンであり，その意味で，音響音声学の基礎には生理音声学の知見が必須である。音声信号のスペクトル特徴と声道形状の関係については音源フィルター理論と呼ばれる理論があり，それを用いて高品質の音声信号を合

成することが可能である。その合成音では，言語音に含まれる多くの音響的特徴を個々独立に操作することができるので，音響音声学的分析の妥当性を合成音を用いた知覚実験で検証することが可能となる。この手法は音声学の進歩に大きく貢献している。

→発声と調音（1-A），音韻論（7-C），音響学（7-C），音声分析（1-G），音声分析ソフト（9-D），スペクトログラム（1-G）

● 参考文献

プラム，J. K./ラデュサー，W. A.〔土田滋他訳〕（2003）『世界音声記号辞典』三省堂．

窪薗晴夫他（2004）『言語の科学2 音声』岩波書店．

Laver, J. (1994) *Principles of Phonetics.* Cambridge University Press.

Ladefoged, P. (2003) *Phonetic Data Analysis.* Blackwell.

Levelt, W. J. M. (1989) *Speaking.* The MIT Press.

〔前川喜久雄〕

■ 音韻論

音韻論は言語研究のなかで，音声学と並んで「音声」を研究する分野である。しばしば音声学は音声の実証的研究，音韻論は音声の理論的研究だといわれる。一口に「音声」といっても，母音や子音といった音素（単音，分節素）から，モーラ（拍），音節，音韻語，音韻句というように大小さまざまな音の単位が仮定されている。また，母音や子音の発音だけでなく，語レベルで観察されるアクセント，文や発話のレベルで観察されるリズム，イントネーションなどなど，さまざまな音声現象が観察される。音韻論はこのような単位や現象を分析の対象とする。分析対象は音声学と同じであるが，音声事実そのものよりも，音の体系やその体系における音の機能を探るのが音韻論の仕事である。

音声学と音韻論の違いを理解するために，日本語の子音対応を考えてみよう。次の等式が提示されたとき，［x］の中に何を入れるだろうか。

(1) ［da］：［ta］＝［ba］：［x］

日本語を知らない人や一般音声学の知識がある人は［pa］という答えを出す。［d］と［t］はともに歯茎閉鎖音であり，有声か無声かという点で対立している。これに対し，有声［b］は唇でつくられる閉鎖音（両唇閉鎖音）という特徴をもつ。発音様式だけを考えると，［b］と有声・無声の対立をなすのは［p］であるから，［pa］という答えが出るのである。これが音声学的な答えである。

一方，日本語の体系を知っている人は上の問題に［ha］という答えを入れる。日本語の仮名文字を見ると，「た」に濁点がついて「だ」になるのと同じように，「は」に濁点がついて「ば」となる。「ば」の音と清濁の対応をなしているのは「ぱ」ではなく「は」なのである。この対応関係は，次のような連濁の事実によく現れている。

(2) もうそう＋たけ→もうそうだけ（孟宗竹）
たまて＋はこ→たまてばこ（玉手箱）

［b］が［p］ではなく［h］と対応関係をなすのは，日本語の体系がそのような対応をもっているからにほかならない。これが音韻論的な見方である。

もっとも，音韻論は個別言語の体系だけを問題にするわけではない。言語はしばしば系統の違いを超えて共通したパターンを見せる。たとえば日本語では「読み書き」「飲み食い」のような並列複合語で連濁が起こらなくなるが，並列関係という意味関係が音韻規則の適用を阻止する傾向は，日本語の他の音声現象や他の言語の諸現象に見られるものである。このように言語に共通した現象に注目して，その背後にある原理を見つけ出すのも音韻論の大きな仕事であ

る。

　音韻論は言語学の他の研究分野と密接に関係している。単語の発音は，単語の構造（形態論）や意味（語彙意味論）と密接に関係し，文の発音は文の構造（統語論）や意味（意味論，語用論）と深く結びついている。また，音韻論全体が，言語教育（音声教育）や音声工学（音声合成・認識），言語障害学などの言語学の周辺領域と密接に関係している。

→音声学（7-C），音素（1-B），言語の単位（7-A），言語の構造（7-A）

● 参考文献

小松英雄（1981）『日本語の世界 7 日本語の音韻』中央公論社．

田窪行則他（1998）『岩波講座言語の科学 2 音声』岩波書店．

窪薗晴夫（1999）『現代言語学入門 2 日本語の音声』岩波書店．

Kenstowicz, M. (1993) *Phonology in Generative Grammar*. Blackwell.

Prince, A. and Smolensky, P. (2004) *Optimality Theory: Constraint Interaction in Generative Grammar*. Blackwell.

〔窪薗晴夫〕

■ 形態論

　文法のなかで，句や文を扱う構文論（統語論）に対して，単語の内部構造や単語の作り方を扱う部門を形態論（morphology）という。国語学では「語構成」とも呼ばれる。古くは，品詞分類と動詞活用形の研究がその代表であったが，現在では単語の作り方（語形成）に重点が移っている。形態論の基礎は形態素（morpheme）という概念で，「意味をもつ最小の言語単位」と規定される。「町」はそれ以上分解できないから，1つの単語であり，かつ1つの形態素（独立形態素）である。「氷雨」という複合語は「氷」と「雨」という2つの形態素に分かれる。「氷（ひ）」のように独立して使えないものは拘束形態素（束縛形態素）と呼ばれる。「雨」が「あめ」，「（ひ）さめ」，「あま（がさ）」となるように，1つの形態素が異なる音形で現れたものを異形態（allomorph）という。

　現代語としてどこまでを形態素として認定するかは困難な問題である。「えげつない」を「えげつ」と「ない」に分けると，「えげつ」は意味のない形態素ということになり，定義上の矛盾が生じる。また，「ビードロ玉」を省略した「ビー玉」のような場合，「ビー」だけを形態素とすること自体が妥当でない。このような例は形態素に分析せず，「えげつない」「ビー玉」全体を1語として扱うほうが合理的である。

　近年，理論言語学において形態論の重要性が認識されているのは，研究範囲が語形の分析にとどまらず，単語がもつ文法的な性質や意味に広がってきたからである。単語の文法的な側面を考慮することによって，「（新聞が）刷り上がる」のような語彙的複合動詞に対して，「（新聞を）刷り終える」のような統語的複合動詞が区別される。後者は「印刷し終える」のように前項に「名詞＋する」が入ったり，「そうし終える」のように代用形が入ったりする。意味の研究に関しては，項構造，語彙概念構造，特質構造などの理論によって，動詞の自他交替など，従来は語形の分析だけですまされていた現象が意味の問題として解明されるようになった。

　最後に，日本語でよく見られる語形成過程をまとめておく。(1)複合（「若者＋ことば→若者ことば」のように語彙的な意味内容をもつ要素を組み合わせる），(2)派生（「生産＋的（接尾辞）」，「非（接頭辞）＋生産的」のように土台となる要素に派生接辞をつける），(3)転換ないし転成（「遊ぶ→遊び」のように接辞なしで品詞を変える），(4)屈折（「食べる，食べた，食べ

て」や「美しい，美しく」のように文法的に必要な語尾をつける），(5)重複ないし畳語（「飽き(る)→飽き飽き」のように同じ要素を繰り返す），(6)短縮（「インターネット→ネット」のように単語の一部を省略する），(7)混成（「ゴリラ＋クジラ→ゴジラ」のように単語の一部分ずつをとって合成する），(8)音位転換（「たね→ねた」のように音の位置を倒置する）。とくに(1)〜(4)は日本語文法のなかで重要である。

➡形態素 (3-C)，語 (3-C)，語と形態素 (2-B)

● 参考文献

影山太郎他 (1997)『岩波講座言語の科学 3 単語と辞書』岩波書店．

影山太郎 (1993)『文法と語形成』ひつじ書房．

[影山太郎]

■ 統語論

統語論とは文の内部構造を扱う分野であり，構文論とも呼ばれる。文はいろいろな要素の結合により成り立つのであるが，どのような要素がどのように結合することで文が形成されるのかを明らかにしようとするのが統語論である。

文中の諸要素のあいだに見られる関係には，構成関係と依存関係がある。構成関係とは，上位要素が下位要素により構成される関係をいう。たとえば，「桜が」という要素は「桜」と「が」という要素から成るとみることができる。構成関係の基本は，与えられた要素を2つ（あるいは，それ以上）に分割するという見方である。他方，依存関係とは，2つの要素のあいだに，一方が他方に従属する（依存する），逆にいえば，一方が他方を統合する（支配する）という関係が見られる場合をいう。たとえば，「桜が咲く」における「桜が」と「咲く」のあいだに，「桜が」が「咲く」に従属し，「咲く」は「桜が」を統合するという関係が成り立つ。国語学の研究でいわれる「係り受け」という概念は，基本的に依存関係のことであるとみてよい。

文の内部構造を目に見えるかたちで表すことを構造表示という。これまでに構造表示のさまざまな方式が提案されている。文構造を幹から枝が出る「木」にたとえる表示方式（このような表示を「樹形図」などと呼ぶ）は，その代表例である。国語学の研究では，橋本進吉による「連文節」という考えに基づく表示方式や，時枝誠記による「入れ子型」と呼ばれる表示方式がよく知られている。

文の構造を考えることの意義がどこにあるのかということも重要である。その意義は，文法現象の分析に有効にはたらくということ，すなわち，文法現象を記述・説明するうえで文の構造を捉えておくことが役立つということである。たとえば，日本語の文法研究では，文は「命題」と「モダリティ」で構成されるという見方や，文は複数の階層から成るという見方があるが，このような文構造の捉え方が妥当であるかどうかは，それが文法現象の記述・説明にとってどの程度有効であるかにかかっている。とりわけ日本語教育などへの応用研究においては，何のための構造分析であるのかを絶えず意識する必要があるだろう。

なお，日本語の統語論の研究には，国内の日本語研究のなかから生まれた国語学・日本語学の流れと，海外の言語研究（理論言語学）に基づく流れがある。このうち国語学・日本語学における流れでは，一般に統語論の独立性は弱く，文法論のなかに組み込まれる傾向が強い。意味の問題を排除して文法を論じるという立場は一般的ではない。これに対して，理論言語学においては，一般に統語論と意味論は明確に区別される。統語論は意味の問題とは独立に論じうるものという考えが一般的である。

➡文の成分 (2-C)，日本語の格 (2-D)

● 参考文献

金水敏 (2004)「国文法」『言語の科学5 文法』岩波書店.

郡司隆男 (2002)『単語と文の構造』岩波書店.

柴谷方良他 (1982)『言語の構造——意味・統語篇』くろしお出版.

長谷川信子 (1999)『生成日本語学入門』大修館書店.

[益岡隆志]

■意味論

　言語表現の意味に関連のある研究分野としては，統語論・意味論・語用論・発話行為論があるが，このなかでの意味論の役割は語が個々にもっている独自の意味の分析・記述であるといえよう。意味解釈における一般的規則というようなものは，統語論や語用論で扱われる。

　意味の性質からみて，語は大きく2種類に分けられる。一つは語が指す事物が外界にあって，五感で知覚できる内容語であり，もう一つは外界に指すもののない機能語である。両者は分析・記述の方法が異なるので，以下に別々に見ていく。

●**内容語**——「本・椅子・地震」などの語が指す具体的な事物が語義の中心となるが，それだけでは十分な記述とならない。たとえば「傘」は「さす」と，「電話」は「かける」とくに頻繁に結びつけて用いられるが，ここで用いられる動詞は，名詞の意味からは直接には推定できないものである。そのようにして生じる組み合わせを連語と呼ぶならば，語ごとにその連語を記述しなければならない。それは語の独自の性質に属するものだからである。語にはさらに関連語彙が結びついているので，それも記述しなければならない。たとえば「鯛」は上位語として「さかな」と，下位語として「真鯛・黒鯛」と結びつき，「ふね」はその部分名として「へさき・とも・ふなべり」などと結びついている。このような関連語彙は従来は百科知識に属するものとして切り離されていたが，実際は語義に結びついているものと考えるべきである。一般に文の意味理解にはこの百科知識が大いに助けになっているはずである。「朝顔がきれいに咲いている」という表現を聞けば，季節は夏で，時間は早朝であることがわかるが，それは朝顔をめぐる百科知識のためである。

●**機能語**——助詞・助動詞・接続詞などがこれにあたる。その指すものは外界に存在せず，観念的なものであるので，分析に際しては具体的な使用例の文脈と，分析者の直感を利用する。助詞に見られるように，機能語は表面からは簡単にうかがい知れないかたちで基本義をもっている。それは文脈の影響を受けてかなり幅広く変容する表面的な意味を示すので，分析にあたっては洞察力をはたらかせることが必要となる。

●**語彙の構造**——語の集合体を語彙と呼ぶ。自然言語の語彙の大部分は互いに脈絡なくつくられたものであるので，全体には明瞭な構造性は見られない。一部に見られる比較的はっきりした構造性を示すものとして，色名，味覚形容詞，温度形容詞などの組があるが，それは語の発生の元をなしている知覚そのものに構造性があって，それが語彙に反映したものであると考えられる。語彙がそれ自体の本来的な特質として構造性をもっていないことの1つの証拠として，意味の差がはっきりしない類義語がたくさんあるという事実がある。成績評語（例：優・良・可・不可）のような人工的な体系には構造性がはっきり見られ，構成要素の数によっておのおのの評語の意味が異なってくる。

➡言語の意味 (7-A), 語の意味 (3-E), 語彙 (3-B)

●**参考文献**

国広哲弥 (1982)『意味論の方法』大修館書店.

国広哲弥（1997）『理想の国語辞典』大修館書店.
杉本孝司（1998）『意味論2——認知意味論』くろしお出版.
籾山洋介（2002）『認知意味論のしくみ』研究社.

[国広哲弥]

■語用論と関連性理論

語用論（pragmatics）を簡単に定義すれば「他人の発話を解釈する際，ヒトの頭脳はどのようなはたらきをしているかを究める学」といえる。たとえば，

(1)今日はテレビ何にもやってないよ。
(2)このお時計の修理にはお時間がかかります。
(3)パーティー？　着るものがないわ。

という発話の解釈にあたって聞き手は決して文法と語彙の知識だけをはたらかせるのではない。その知識だけに頼ると，全テレビ局がストライキに入っているのでない限り(1)は偽の情報，(2)はまったく時間のかからない修理などというものはないのだから無内容な言明，(3)は衣類をいっさいもたない人の発話になってしまう。実際の聞き手は「見るに値する番組」「お客様が考えていらっしゃる以上の時間」「パーティーにふさわしい服」などの"補足"を行って話し手の意図を受け取る。それだけではない。聞き手は(1)～(3)からたとえば次のような「言外の意味」も受け取る。

(1)′だから将棋でも指そう。
(2)′1週間ほどお預かりしたいのですが。
(3)′欠席よ。新しい服買ってくれれば別だけど。

実際に口から出された言語形式に"補足"を加えて得られた解釈を明意（explicature；「表意」とも），(1)′～(3)′のような「言外の意味」を暗意（implicature；「推意」とも）と呼ぶ。明意や暗意はどうして得られるのか。聞き手が「推論」を行うからである。

推論といっても，当てずっぽうとか，あらゆる可能性を次々に吟味していったのでは伝達は成立しない。通常，明意・暗意とも瞬時に得られる。なぜか。人間は関連性（relevance）をつねに求める存在であり，「相手が自分に向かって発話をしていることは，すなわち，こちらに関連性のある情報を伝えようとしているのだ」と解する傾向を生得的に備えているからである。関連性をもつ情報とは，聞き手にとって未知だったことを教えたり，誤った知識を正したり，不確実な知識を確実にする情報を指す。このような認知活動（頭の働き）が生得的であるとする主張は，語用論が認知科学の一部をなすことを示す。

明意・暗意獲得の原理は万人共通であるが，日本では他のいくつかの文化圏（英語圏など）に比べて聞き手の推論に頼ることが少ないことに留意すべきであろう。英語圏ではたとえば，

(4)A : Are you fond of fish and chips?
　　B : I'm English.
(5)A : I'm an honest man.
　　B : Whereas I'm not!

などという対話が普通に交わされるが，(4) Bを直訳した「私はイギリス人です」は気分を害しているように聞こえ，(5) Bを直訳した「それに対して私は違う」ではこれがB氏の考えである（つまり自分が不正直であると認めている）ように響いてしまう。やはりより説明的な「ええ，それはまあイギリス人ですから好きです」「私は正直じゃないとおっしゃるわけですか。失礼な！」を使うよう指導する必要があろう。

以上はすべて関連性理論（relevance theory）の立場からの解題である。認知言語学（cognitive linguistics），言語行為理論（speech act theory）の語用論的側面と関連性

理論との比較については今井（2003）に詳しい。

➡語用論（4-A），関連性理論（7-C），結束性（7-D），言語と認知（7-A）

● 参考文献

今井邦彦（2001）『語用論への招待』大修館書店．

今井邦彦（2003）「真の語用論——関連性理論の斬れ味」『語用論研究』5，日本語用論学会．

スペルベル，D./ウィルソン，D.〔内田聖二他訳〕（1999）『関連性理論——伝達と認知』（第2版）研究社．

Imai, K. (1997) "On the Over-explicitness of some Japanese Utterances." M. Ukaji, et al. (eds.) *Studies in Linguistics: A Festschrift for Akira Ota on the Occasion of his Eightieth Birthday*. Taishukan.

［今井邦彦］

■ 発話行為論

発話は文を用いて状態やできごとなどを述べるだけでなく，それ自身が何らかの行為を行っているともいえる。たとえば，「明日は花束を用意します」という発話は，話し手が参与する未来のできごとを述べているだけでなく，聞き手に対して話し手が一種の「約束」をしているとも考えられる。また，「山には熊がいます」と言えば，単に事実を述べているだけでなく，聞き手に「警告」をしている可能性もある。このように発話自身が行為であるという視点に基づいて言語を分析する姿勢またはその理論を発話行為論と呼ぶ。

発話行為として話し手から聞き手になされるはたらきかけは，主張・宣言・命令・依頼・約束・質問・提案・警告・感謝・謝罪など多岐にわたる。このようなはたらきかけは文を発することによって伝達しようとする意図あるいはメッセージであることは確かであるが，それを文自身の意味とみなすかどうかについては，研究者の言語観による違いがある。

発話行為を文の意味を構成する1要素として発話全体の意味を合成しようとする考え方を遂行分析（performative analysis）という。これに対し，発話行為は，発話場面における成立条件に基づいてその適切性が判断される，純粋に語用論上の概念であり，命題の真偽判断にかかわる狭義の意味論の外にある，という考え方があり，こちらが一般的である。後者の研究は，発話行為が効果的に遂行される場合に満たさなければならない条件を規則のかたちで定式化したり，発話行為のタイプを範疇化する方向に関心が向くことになる。

どのような発話行為であれ，それが遂行されるためには統語規則で生成される文を発しなければならない。しかし，発話行為は，必ずしも発話文の文法上の特徴に対応しているわけではない。これは，たとえば，発話することによって命令行為をする場合，文法上の命令文を用いるだけではなく，平叙文（「24時間以内に作戦を完了するよう命ずる」）や疑問文（「早くしないか」）を用いたり，質問をする場合に疑問文を用いるだけでなく平叙文（「ご家族のお名前をお伺いいたします」）や命令文（「ご家族のお名前を教えてください」）を使うこともあることからわかる。このように，ある発話行為を典型的に行うような文法的特徴をもつ文が，それとは別の発話行為を行うように，慣習化することがある。これをとくに間接発話行為といい，日常の言語使用のなかで非常に広範に見られる現象である。

➡発話行為（4-A），発話行為（6-C），語用論（4-A），語用論と関連性理論（7-C）

● 参考文献

オースティン，J. L.〔坂本百大訳〕（1978）『言語と行為』大修館書店．

サール, J. R.〔坂本百大・土屋俊訳〕(1986)
『言語行為』勁草書房.
山梨正明 (1986)『発話行為』大修館書店.
Sadock, J. M. (1974) *Toward a Linguistic Theory of Speech Acts.* Academic Press.

[福地 肇]

■記号論

一般に,あるものがそれ自身以外の何かあるものを表示,ないし,指示していると諒解される際,その前者のあるものは「記号」と呼ばれる。ただし,その際,そのあるものがそれ以外のどのようなものを表示,ないし,指示していると了解されるかに関しては,一方では前もっての取り決め,規約(「コード」と呼ばれるもの)があって,それに従って読み取りが自動的に行われるというような場合があり,他方ではその種の取り決めは何も存在せず,当事者が自らの判断に基づいて主体的に行うというような場合があり,この2つの場合を両極端として,その中間のさまざまな場合がありうるわけである。

前者の極に近いような場合では,もともと「記号」と呼べるものが存在しているわけであるが,後者の極に近いような場合は,本来「記号」でなかったものが「記号」としての性質を付与され,「記号」として機能するという過程(「記号過程」と呼ばれる)が演出されることになる。この対比でいえば,現代の「記号論」が関心を抱く対象は,前者のような場合の「記号」ではなく,後者のような「記号過程」(あるいは,「記号現象」という名称が与えられることもある)である。

後者の「記号過程」(ないし「記号現象」)と呼ばれる場合は,あるものが当事者の主体的な判断によって「記号」として仕立て上げられる過程である。主体的というのは,あるものが当事者によって自らにとって「意味」のあるものかどうか,そして,もし「意味」のあるものならば,それは自らにとってどのような「意味」をもつものなのか―ベイトソン風にいうと,自らの存在にとって何らかの「差異」をもたらしうるものかどうか―が問われる過程であるということである。そのような意味で「意味」を解してよいとすると,「記号」とはわれわれがそこから何らかの「意味」を読み取りうるもの,われわれにとって,何らかの「意味」を有しうるものすべて,と解することができ,それを対象とする「記号論」は「認知科学」とも密接な関連性を有することになる。

「記号過程」(ないし「記号現象」)にかかわる当事者,「意味」を読み取る主体,ということでまず考えられるのは人間である。人間のかかわるさまざまな記号過程(とりわけ,言語という記号システムを介しての意味とのかかわり)を扱うということで「人間記号論」と呼ばれる分野が立てられることもあるが,「記号過程」の当事者は人間に限られるわけではない。動物や植物を当事者とする記号過程を対象とする研究も進んでおり,「動物記号論」「植物記号論」と呼ばれる分野も設定されているし,これらと「人間記号論」とを合わせて「生物記号論」と称されることもある。さらに生物体の体内のシステムによって遺伝や免疫の情報が読み取られ,反応がなされるという過程も「記号過程」と考え,「生命記号論」という分野が想定され,生命の営み一般と「記号過程」なるものとのあいだの深いかかわりが強調されることもある。

→記号としての言語 (7-A)

● 参考文献

池上嘉彦 (1984)『記号論への招待』〈岩波新書〉岩波書店.
池上嘉彦 (2002)『自然と文化の記号論』放送大学教育振興会(日本放送出版協会).
エーコ, U.〔池上嘉彦訳〕(1980)『記号論

Ⅰ，Ⅱ』岩波書店．

[池上嘉彦]

■関連性理論

Sperber, D. and Wilson, D. (1986) *Relevance*（『関連性理論』）は，'Communication and Cognition'という副題をもち，従来のコミュニケーションモデルを記号中心の code model と喝破し，さらにグライス理論を乗り越えるかたちで関連性理論の原則に基づく独自の認知コミュニケーションモデルを生み出した。そこでは，グライス（Grice）による 'what is said'と'what is implicated'の二分法をさらに精密化した，explicature（表意）と implicature（推意）の峻別，推意の段階性，かたや認知効果（cognitive effect）の多さで，かたや処理労力（processing effort）の少なさで規定する関連性（relevance）の厳格な定義，聞き手の解釈に貢献する手続き的記号化（procedural encoding）という斬新な概念，言語使用の根源にかかわる解釈的用法（interpretive use），等々言語学的にも心理学的にも興味深い新しい知見が提示されている。

その中核となるのが「関連性の原則（Principle of Relevance）」である。これは 1995 年の第 2 版でわかりやすく 2 つに分けられた。第 1 原則は認知原則と呼ばれ，「人間は自動的に関連性のある情報に注意を払う」という刺激一般に対する人間の認知活動の原則を述べたものである。第二原則が言語によるコミュニケーションを担う「伝達の原則」で「あらゆる発話は最適の関連性の見込みを伝える」ことをいう。この第二原則は，聞き手が発話を処理する論理的根拠を与え，仮に処理労力がかかろうともそれに見合うだけの認知効果が期待できることも説明する。

また，関連性理論の枠組みでは従来規範からはずれるとされてきたメタファー，アイロニーなどの修辞表現や，書きことば・話しことばも統一的に扱うことができる点で魅力的である。さらに，この理論は広く学際的な可能性を秘めており，とくに最近では心理学との結びつきが強く，種々の独自の概念，提案が心理学の実験を通して実証されつつあり，認知語用論（cognitive pragmatics）という観点から関心がより高まっている。とりわけ，メタ表象（metarepresentation）と心の理論（theory of mind）との関連は今後最も注目されるテーマの 1 つである。

➡語用論と関連性理論（7-C），発話行為論（7-C），修辞論（7-C）

● 参考文献

今井邦彦（2001）『語用論への招待』大修館書店．

ブレイクモア，D.〔武内道子・山崎英一訳〕（1994）『ひとは発話をどう理解するか』ひつじ書房．

スペルベル，D./ウィルソン，D.〔内田聖二他訳〕（1999）『関連性理論——伝達と認知（第 2 版）』研究社．

東森勲・吉村あき子（2003）『関連性理論の新展開——認知とコミュニケーション』研究社．

Caston, R. (2002) *Thoughts and Utterances: The Pragmatics of Explicit Communication*. Blackwell.

[内田聖二]

■談話分析

言語学の伝統的な研究対象となる最大の単位は文であった。ところが，人間が実際に言語を使用する場合には，単一の文を用いて発話をすることはほとんどなく，話しことばであれば，聞き手と話し手のあいだで成立する文脈や場面のなかで複数の文から成るまとまりのある会話を通して行い，書きことばであれば，文を脈絡

が保つように連ねた文脈・テキストを通して行うのが普通である。文の内部構造が文法の規則によって規制されて文法にかなう文が生成されるのと同様に，自然な会話や文脈を成立させるための原則・条件があるとして，これを分析・記述しようとするのが「談話分析」である。

談話分析は大きく分けると2通りの研究方法がある。一つは，談話を会話が行われる特定の場面のなかで構造体として捉えようとするもので，どのような発話行為がどんな型や原則に従って行われるかを観察し，それを話し手・聞き手の意図や行動なども含めたかたちで記述しようとする。たとえば，最も単純な談話は，質問と応答から成る会話であるといえるが，実際の会話を観察すると，質問と応答だけで終わることは少なく，応答の後に質問者がコメントをして「質問―応答―評言」のような基本形になるのが観察される。それぞれの前後に，話の切り出し，誘導，応答の確認などが行われたり，ていねいさの表現が加わることもある。この研究方法の目標は，このような会話構造が，具体的な場面でどのように展開するかを記述し，談話構造のモデル化を進める。さらには，言語表現の使用の場（register）を取り入れ，会話を効果的に進めるための方略（strategy）など，実践的な面にも目を向けようとする。

二つめの大きな研究方向は，主として書きことばによるテキストを分析対象として，自然な文脈を構成するための条件としての結束性（cohesion）や首尾一貫性（coherence）などを明らかにしようとする立場である。結束性とは，テキスト内の文や節の表層的なつながりのことで，これをもたせるための文法上の手段に，代用表現，省略，連結などがある。首尾一貫性とは，単なる文の寄せ集めではなく，意義のあるテキストを作る（そして解釈する）ための手順の基礎となるものである。たとえば，人間が知識としてもつテキストのパターンとして，現象―理由，現象―例示，原因―結果，手段―達成のような配列がある。さらに上のレベルには，問題設定―解決のようなパターンもある。このような配列型は，テキスト内の節と節，文と文，文節と文節などさまざまなレベルの単位を基礎としており，これらのあいだに成り立つ論理性や組み合わせに目を向けた研究が行われている。

➝談話（4-B），談話構造（4-B），談話研究（4-B），談話行動（6-C），文章のまとまり——結束性・一貫性（2-K）

● 参考文献

マッカーシー，M.〔安藤貞雄・加藤克美訳〕(1995)『語学教師のための談話分析』大修館書店.

スタブズ，M.〔南出康生・内田聖二訳〕(1989)『談話分析』研究社出版.

Coulthard, R. M. (1985) *An Introduction to Discourse Analysis*. Longman.

〔福地 肇〕

■ 修辞論

広義のレトリックは思考や伝達に関する広い領域までも含むが，「修辞論」という場合は，もっぱら措辞に関する狭義のレトリックを指す。この意味でのレトリックは，ある言述に注目を引きつけるためその言述に施されるさまざまな工夫を考察する学科として規定される。そして，このような「目立つ」言述の姿を文彩（figure）といい，それによって自分自身に注目させる言語の機能は「詩的機能」（ヤーコブソン）とか「修辞的機能」（グループμ）とか呼ばれる。

さて文彩は言語のコード（文法と辞書）に多少なりとも違反することによって成立する。例を引こう。

(1)ぱりっと何か痛みを感じたようにおもって，―けれども睡かった。もっとはっきり

頭のうえでばりばりと鳴った。実際は何が痛いのでもなくてただ猫が爪を磨いでいるのだった。（幸田文『流れる』）

　下線を引いた文は，「て」という接続助詞を含む接続成分は出たものの，それに呼応する成分が現れず，次の部分に移っている点で《破格構文》の一種だが，主人公の心の動きを生き生きと描き出すその表現効果が，この意識的な文法違反によることは明らかであろう。「ばりっと何か痛みを感じたようにおもって」の後に人は「起き上がろうとした」のようなことばを予想するから，この文では，痛みを感じたので何らかの対応動作をとろうとしたが，すぐに眠さがその意図を凌駕したという内面の動きが忠実に表現されているのに対し，文法的に正しい文—たとえば「ばりっと何か痛みを感じたようにおもったが，睡かった」—では，それが十分には表現されていないのである。

　この例は芸術言語に属するが，実用的言述にも文彩は現れる。

　(2)すり
　　　ひったくり　にご用心
　　　手荷物

　お花見期間限定で上野警察署が公園に出した掲示である（実物は縦書き）。物品をそれから守るべき盗人と，盗人からそれを守るべき物品という，常識的には同列に扱いにくいことばを一括する点で，少しだけコード違反の表現なのだが，もし当該のコードを厳守していたら，この的確にして簡潔な表現は生まれるべくもなかっただろう。無論これは，意味内容に合った表現を求める精神が無意識のうちに見つけだした表現であって，書いた人が意識的に文彩を使用したというわけではなかろう。しかし修辞論は，それを——たとえば《異質連立》とでも名づけて——文彩として認定することによって，書き手（話し手）の表現能力や読み手（聴き手）の認知能力を強化することができる。

→レトリック（4-C）
● **参考文献**

グループμ（1981）『一般修辞学』〔佐々木健一，樋口桂子訳〕大修館書店.
佐藤信夫（1978）『レトリック感覚』〈講談社学術文庫〉講談社.
中村明（1991）『日本語レトリックの体系』岩波書店.
野内良三（1998）『レトリック辞典』国書刊行会.

〔松尾　大〕

■文字表記論

　古くは文字を言語と同一視する考え方があった。文字を用いない民族の多いことが知られ，音声言語が言語の基盤で，文字は第二次的な要素であると考えられるようになった。ラテン文字を使用する人々によって確立された言語学では文字を軽視する傾向が強く，文字論の研究は遅れている。

　文字は紙などに二次元的に記された記号によって情報を伝えるものであるから，音声言語を超えた機能を果たすことがある。たとえば，音声言語が変化した後にも文字表記はそのまま残って意味を伝えられる。そこで，過去の文字表記法に従った表記法で新しい情報を伝えることもありうる。ある言語で発達した文字が，異なる言語を表すこともある。ここにその言語に即した文字表記法が成立することにもなる。

　ラテン文や漢文は異なる言語を用いる国で公的な文章として採用された。とくに漢字は漢字文化圏と呼ばれるほど文化と結びついて受け入れられた。漢字で表されたことばが音声言語の体系を変えた例は現代日本語の音節構造などにも見られる。

　音声と文字の対応も複雑である。ラテン文字は原則として1字1音を表すが，英語など音韻変化が大きかったのに表記法が変わらなかった

ので対応しなくなったものも多い。ここに正書法が問題となる。日本語の仮名も表音節文字であったが、音韻変化に伴ってどのように仮名で音節を表すかという仮名遣いの問題が生じた。

　文字が音声のどういう部分まで表すかも問題である。アラビア文字・ヘブライ文字などはもともと母音を表さなかったが、後に母音を表す記号を加えることが考えられた。世界の多くの文字は声調を表さない。しかし、ビルマ文字など声調の違いを区別するものもある。日本の仮名も清濁の別を示さなかったが、近世以降しだいに濁点を加える表記法が一般化した。長母音を示す方法も言語によってさまざまである。日本語ではひらがなとカタカナとで表記法が異なっている。このほか、疑問符・感嘆符、句読点、傍点、傍線、分かち書き、文字の大小、書体の違い、横書きと縦書きの別など、表記法とかかわるさまざまな問題がある。

　漢字は表意文字と呼ばれるが、じつは表語文字であり、語を表すことにより音（四声も）と意味を表している。その関係は時代・地域によって変わる。そのために日本では１つの漢字に複数の音訓が生じた。また漢字仮名交じり文という表記体を採用したために、どの部分を漢字でどの部分を仮名で表すかが問題となる。ある語を漢字で書くか仮名で書くか、送り仮名をどうするかがあいまいで、教育上でも大きな問題となる。これらの問題を高所から考える文字表記論の確立が望まれる。

→記号としての言語（7-A）、文字の機能（5-A）、日本語の正書法（5-B）、表記と発音（5-B）、表記法の変遷（5-B）

●参考文献
武部良明（1981）『日本語表記法の課題』三省堂.
水谷静夫他（1987）『朝倉日本語新講座１　文字・表記と語構成』朝倉書店.
前田富祺（2002）「現代日本語の文字・表記の基準」飛田良文・佐藤武義（編）『現代日本語講座６　文字・表記』明治書院.

［前田富祺］

■ヴァリエーション理論

　アメリカのワインライク（Weinreich）他（1968）によって理論的な骨子が描かれ、その著者の一人であるラボフ（Labov）（1966）によって体系化された社会言語学・歴史言語学の理論の１つ。１つの言語共同体のなかに存在することばのバリエーション（同じことを言うための違った言い方の集合、日本語では「揺れ」とも）を進行中の言語変化の現れとして捉え、言語変化のメカニズム、とくに言語変化が言語内的に、社会的に、またスタイル面で伝播していくプロセスを目の前で捉えようとする点に特徴がある。

　その基本的な方法は次のとおりである。
(1) １つの言語共同体のなかに存在する、２つ以上の具現形（variant）をもつ言語変項（linguistic variable）を見いだす。
(2) その具現形の現れ方を左右する言語的な制約条件と社会的な制約条件を仮定する。
(3) 調査によって大量のデータを集める。
(4) (2)の制約条件に沿って、具現形の現れ方を整理する。
(5) (4)のような結果が得られた理由を考える。

　(1)については英語圏では、さまざまな母音の具現形、接辞 -ing や母音の後の r（car や card などの r）の発音のありかた、-t/-d の脱落事象などが繰り返し取り上げられてきた。(2)については、言語的な制約条件として前後の音環境やそれ自体のもつ意味などが、また社会的な制約条件として話し手の属性（性・年齢・階層・民族性など）が注目されている。(3)はランダムサンプリングによって選ばれた被調査者に直接面接し、話者のもつスタイル（ラボフにとってはことばに対する注意度による具現形の違い）

がわかるように，次のようないくつかの場面を組み合わせて調査を行う．
・調査対象の言語変項を含む単語のリストを読む場面
・同じく文章を読み上げる場面
・調査者と会話を交わす場面
・調査されているということを忘れて体験（たとえば死にそうになった場面）などを語る場面

(4)については，次のようなことが明らかにされた．
・年齢差について，言語変項には，言語変化の過程にあると解釈できるものと，一定の年齢において使用されることが世代を超えて繰り返されるものがあること．
・性差について，女性のほうが一般的に威信のある具現形を早く多く採用する傾向があること．
・階層差について，上から2番目の階層が，最上位の階層の使用度を上回って威信形を導入・使用する場合があること．また，下位の階層は必ずしも上位の階層の使用する威信形を志向しない場合があること．

このラボフの方法は，第二言語習得研究の分野においても，空所補充問題や作文，自由談話など，タスクの違いによって生じる学習者の中間言語のヴァリエーションとその移行（習得）過程を解明するために早くから応用され，すでに十分な成果を上げている (Tarone 1988)．

➡バリエーション (6-B)，バリエーション (7-D)

● 参考文献

ワインライク，U. 他〔山口秀夫訳〕(1982)『言語史要理』大修館書店．

Labov, W. (1966) *The Social Stratification of English in New York City.* CAL.

Tarone, E. (1988) *Variation in Interlanguage.* Edward Arnold.

［渋谷勝己］

■ 方言学

戦後の日本における研究の潮流を年代ごとに見よう．まず，1950年代にはアメリカの構造主義言語学の影響を受けて記述研究が盛んになった．1960年代には日本で興隆した言語地理学を背景としての地理的な研究が展開された．また，1970年代には欧米における社会言語学のインパクトを受けての社会的な研究が勃興した．そして，1980年代にはコンピュータの普及によって，データの計量処理が進展し，1990年代には方言の運用にかかわる意識をめぐっての研究が進んだ．

近年の方言研究では，共時的な日本語変種の運用に関する問題の追究が大きなテーマとなっている．それは具体的には，話し手と聞き手が実際に会話や文章のなかでことばを使うときに観察される諸相，とくに当該者の心理的な側面に焦点をあてて，その機能を探ろうとする研究である．談話に出てくることばは，その人のよそいきのことば（標準語）であったり，ふだんのことば（方言）であったりする．一続きの発話のなかでも，ある部分は共通語コード，そしてある部分は方言コード，ということが当然起こる．それはどのような条件によって起こるのか，そのメカニズムは，といった点の解明は，現今の社会言語学と方言学における中心テーマでもある．談話の研究においては，たとえば，話し手Aと話し手Bとの談話の進行途中に第三者Cを加わらせて，AとBとの談話の変化を観察するといったような実験を行うことも可能なはずである．また，当該者に対する，その意識をめぐっての，いわゆるフォローアップ・インタビューもできるのである．談話での個人の言語問題の処理をめぐる分析には，言語計画研究における「言語管理」の理論が援用できそうである．

なお，方言学の分野でのもう一つの特徴は本格的な記述研究の展開ということである．たと

えば文法ジャンルについていえば，これまでは，文を最大単位とするアプローチだけで，文法的意味とテクスト的機能との相関性の問題はあまり扱われてこなかった。しかし近年は実際的使用のなかにある複数の文の有機的つながりと相関させた，ダイナミックな記述研究の成果が発表されるようになってきている。

→ ことばの地域差（6-B），バリエーション（6-B），言語地理学（7-B），社会言語学（7-B），地域方言・社会方言（7-D），談話分析（7-C）

● 参考文献

真田信治（編著）(1999)『展望 現代の方言』白帝社.

工藤真由美（1995）『アスペクト・テンス体系とテクスト――現代日本語の時間の表現』ひつじ書房.

[真田信治]

D――言語研究の基礎概念

■記述の単位

言語は第一義的には音声表現である。まず音声を基本とした場合の言語記述の単位を概観する。言語はメッセージを伝える手段であるため，音声と意味が備わっている。この二重性をもつ単位の歴史はソシュール（Saussure）が言語記号の2つのモジュールをシニフィアン（言語表現，能記）とシニフィエ（言語内容，所記）として区別したことにさかのぼる。音声と意味を兼ね備えた言語記号は言語構造のなかではより精緻な概念として，意味の最小単位としての形態素，その異なる実現である異形態として捉え直すことができる。一方，自由形式である形態素を含む自立的な要素を通常「単語」と称している。

形態素を出発点とし，言語を記述する研究法の管掌範囲の大きさを広げながら見ていく。形態素を組み合わせてメッセージの最小単位である「文」ができる。文は意味論的には時制を含み当該世界のありさまに照らして真理値を決定できる最小のメッセージ単位と考えられるが，発話行為の観点からは例外も存在するため，その言語に特有な文末イントネーション，正書法における文末記号（日本語の句点など）などを手がかりに総合的に認定される。

形態素と文のあいだに存在する構造的概念もある。人間言語は文をほかの文のなかに埋め込むことで無限の表現能力をもつわけだが，そうした埋め込まれた文を「節」と呼ぶ。節には時制を含んだ定形節と時制を欠いた不定形節がある。構文の規則はおおむねこうした節の形成にかかわるものであるが，節を，直接，辞書に登録されている語彙項目がかたちづくるわけではなく，語彙の要素を中心に一般的な原理に従って「句」が形成され，それらの句が寄り集まって節を構成する。人間の発話は単一の文で終わることは少なく，複数の参加者が応答をしながら，文の集合体として談話が成立する。

言語記号または形態素が最小の記述単位であるわけではなく，さらに深い分析をすることでより小さな単位が浮かび上がってくる。音声の側面で考えると，形態素や文の発音は，単音の並びと全体にかぶさる超分節音的要素群（強勢，ピッチ，トーン，イントネーションなど）から構成されている。単音は不規則に寄り集まっているわけではなく，モーラ（拍），音節などのような音韻的集まりを介して結合している。単音自体は音韻論のもとで音素，異音などの単位として分析される。また，単音は音韻素性の束として分析される。意味の側面でみれば，語彙のもつ概念は普遍的な意味素性の束として捉えうる。文の意味は基本概念を合成的に結合することで記述されうる。

文字をもつ言語については，音声表現を二次

的に記号化した正書法が問題になる。単音，音節あるいは意味の単位としての概念のどれを基礎単位として表現するかによって，アルファベット，音節文字，表意文字などの区分がある。表意文字の典型である漢字などは，さらに偏・冠・旁などの部首から構成されている。パラグラフ（段落）などの単位は文と談話の中間的な言語単位であると同時に正書法の概念でもある。

➡言語の単位（7-A），音素（1-B），形態素（3-C），語（3-C），文のつながり（4-C），日本語の正書法（5-B）

●参考文献

ソシュール，F. de.〔小林英夫訳〕（1972）『一般言語学講義』岩波書店.

マルティネ，A.（編著）〔三宅徳嘉監訳〕（1972）『言語学事典──現代言語学 基本概念51章』大修館書店.

ラディフォギッド，P.〔竹林滋・牧野武彦共訳〕（1999）『音声学概説』大修館書店.

Aronoff, M. and Rees-Miller, J. (eds.) (2001) *The Handbook of Linguistics*. Blackwell.

Baltin, M. and Collins, C. (eds.) (2001) *The Handbook of Contemporary Syntactic Theory*. Blackwell.

[阿部泰明]

■トピック・コメント

トピック・コメントという概念は，文の単位というよりコミュニケーション上の情報の単位である。トピック・コメントは一部のアメリカの言語学者のあいだで用いられたもので，歴史的には，プラーグ学派のテーマ・レーマの概念に由来する。また，日本語文献では，提題の「は」という表現が用いられ，「題目」「主題」などという表現も関連して用いられてきた。

「トピック」または「テーマ」という概念の定義は一定していない。プラーグ学派の代表的な定義では，テーマとは前のコンテクストですでに与えられている既知の事実，または当然そうであると考えられている事実，であり，一方 Halliday（1967）によるとテーマとはそれについて話されることであり，文中の節が伝える情報の出発点となるものである，としている。

さらに，トピックが談話レベルの概念として用いられる場合もある。たとえば Brown and Yule（1983）によると，談話の「トピック」は，「トピックの枠組み」とでもいうべきものであり，その枠組みにあてはまるトピックについてコメントする表現がいくつか集まる枠組みをいうのであり，それは前もって決定されるのではなく，たとえば会話当事者のあいだで会話進行中に提示したり，採用したり，拒否したりする交渉の後に確立される1つの枠組みである，とする。

いずれにしても，トピック・コメントは，情報上の概念であり，トピックとはある情報が，それについていう，その中心となる概念または枠組みであり，コメントとはそのトピックについて提供される情報であるとするのが妥当である。さらに一般的にトピックは既知の情報を提示し，コメントは未知の情報を提供するが，このためトピックが文の初めの部分に，そしてコメントがそれに続くという，情報の流れに沿った位置関係を保つ，とされている。

トピック・コメントが日本語教育研究上重要とされるのは，日本語の構造自体が，英語などと比較した場合，文単位でもまた談話単位でもトピック・コメントという力関係に支えられていて，それを実現する表現形式が豊富にあるからである。たとえば，文の構成を単なる主語・述語という関係で捉えるのではなく，トピック提示とそれに続くコメントの提供と捉えることで，一連の提題の助詞やトピック提示の表現，「は」「も」「って」「といえば」「じゃないですか」などと，それに後続する部分との結びつき

と理解することができる。

さらに，談話上のトピック・コメント操作では，たとえば，トピックの連鎖という操作を理解することで，文章構成の理解に役立てることもできる。また，会話行為のトピック構造を明確にすることで，話し手と聞き手がどのように協力・操作しながら，トピック構造を展開していくかなどを理解することで，会話の参加方法を指導する際のヒントとすることもできる。

→ハとガ——基本的な違い（2-I），主題（2-I），談話研究（4-B）

●参考文献

メイナード，泉子・K.（1997）『談話分析の可能性——理論・方法・日本語の表現性』くろしお出版.

Brown, G. and Yule, G. (1983) *Discourse Analysis*. Cambridge University Press.

Halliday, M. A. K. (1967) "Notes on Transitivity and Theme in English, Part 2" *Journal of Linguistics* 3: 189-244.

［泉子・K.メイナード］

■格

格とは，名詞類（名詞や，「～こと」のような名詞相当語句）が文中の他の成分に対してどのようなはたらきをするかをいう。

●狭い意味での格と広い意味での格——狭い意味での格は，名詞類が述語（動詞や形容詞）に対してどのようなはたらきをするのかをいう。たとえば，主格や対格，与格といったものである。広い意味での格は，名詞類が述語だけでなく，他の名詞類に対してどのようなはたらきをするのかも含めていう。たとえば，「田中さんの家」では，「田中さん」が「家」に対して所有格（属格）になるとされる。

●格を表示する手段——格を表示する手段には，次のようなものがある。

(1)日本語の助詞（後置詞）や英語の前置詞のように，比較的独立性が高い形式

(2)ラテン語の名詞の語尾変化のように，名詞から独立して取り出せない形式

(3)英語の主語や目的語のように，動詞の前に来るか後に来るかというような語順

このうち，日本語で格を表すのに使われるのは，主に助詞である。具体的には，格助詞の「が」「を」「に」「で」「と」「から」などである。ただし，話しことばでは，「私，あの人，好き」のように格助詞が使われず，語順が格を決める手がかりになる場合もある。

●表層格（形態格）と深層格（意味格）——格助詞のような文中に現れる形態に対応して分類した格を表層格（形態格）という。表層格としては，「おじいさんが話を始めた」の「おじいさんが」のように動作の主体を表すものも，「私はケーキが好きだ」の「ケーキが」のように感情の対象を表すものも，ガ格（主格）になる。

一方，述語に対してどのようなはたらきをするかという意味によって分類した格を深層格（意味格）という。深層格としては，「日程が決まった」の「日程が」も，「委員長が日程を決めた」の「日程を」も，対象格とされることがある。

一般には，表層格の考え方をベースに，深層格の考え方なども取り入れて，格を決めることが多い。「木村さんも来た」のように格助詞が現れていなくても，「木村さんも」は格としては「木村さんが」と同じだとして，ガ格（主格）だとされる。

また，「おじいさんが話を始めた」と「私はケーキが好きだ」の「～が」を別の格としたり，「ジュースを飲む」と「家を出る」の「～を」を別の格としたりすることも多い。

→日本語の格（2-D），格助詞の用法（2-D），動詞と格助詞（2-D），複合格助詞（2-D）

●参考文献

石綿敏雄（1999）『現代言語理論と格』ひつじ書房．

［野田尚史］

■活用

活用とは，動詞や形容詞などの述語がその機能によって語形を変えることである。

日本語の活用とヨーロッパの言語の活用は，同じ「活用」という用語を使っていても大きく違う現象だと考えられることが多い。日本語の活用は，「書く」の未然形は「書か」であるとか，「書く」の否定形は「書かない」であるというように記述される。一方，ヨーロッパの言語の活用は，「écrire（フランス語で「書く」）の直説法・現在・3人称・単数」は「écrit」であるというように記述される。このような記述では，日本語とヨーロッパの言語の活用がまったく違うもののように感じられる。

しかし，「書く」や「write」のような語の単位ではなく，「書かれたかもしれない」や「may have been written」のような成分の単位を対象にして考えると，日本語とヨーロッパの言語の活用はかなりよく似た現象だとわかる。

これは，日本語でも英語やフランス語でも，ヴォイス（能動か受動かなど），アスペクト（状態かどうか，完了かどうかなど），肯定否定（肯定か否定か），テンス（過去かどうか）などによって述語成分の語形（活用形）が変化する現象ということになるからである。

このような活用には，大きく分けて次の2つのものが含まれる。

(1)述語そのものがもつ文法的意味（過去や命令など）による語形変化
(2)文の中の他の成分との関係（仮定条件や並列など）による語形変化

(1)は，「書く」が過去を表す「書いた」になったり，命令を表す「書け」になったりする活用である。(2)は，「書く」が仮定を表す「書けば」になったり，並列を表す「書いたり」になったりする活用である。

言語教育では，活用について，次の2つのことをできるようにすることが必要である。

(3)活用形を正確に見分けられ，作れること。
(4)それぞれの活用形の使い方がわかること。

使役受動形を例にすると，(3)は，使役受動形を導き出す規則がわかっていて，「書く」の使役受動形が「書かされる」であり，「話す」の使役受動形が「話させられる」であることがわかり，その活用形が作れるということである。

一方，(4)は，「書かされる」は，「書く」とは違って，自分の意志で動作を行うのではないこと，多くの場合，自分の意志に反してその動作をしなければならない状況であることがわかるということである。

→活用の捉え方（2-B），テ形（2-M），動詞活用の見分け方（2-M），語の変化形（3-C）

● 参考文献

城田俊（1998）『日本語形態論』ひつじ書房．
野田尚史（2000）「日本語とスペイン語の拡大活用論」国立国語研究所『日本語と外国語との対照研究Ⅵ 日本語とスペイン語(3)』国立国語研究所／くろしお出版．

［野田尚史］

■有標・無標

有標（marked）・無標（unmarked）は，2つの対立する形式のどちらが特殊な形式で，どちらが基本的な形式かをいうものである。

たとえば，「書いている」のようなシテイル形と「書く」のようなスル形は，アスペクトで対立している2つの形式である。シテイル形は状態を表すが，これは「てい（る）」という状態を表す特別な標識がついた有標の形式である。それに対して，スル形は状態を表さないが，これは「てい（る）」という状態を表す特

別な標識がつかない無標の形式である。

無標の形式は，わざわざ特別な標識をつけていない消極的な形式である。たとえば，シテイル形に対するスル形は，積極的に何かの意味を表すというより，わざわざ状態の意味を表すことをしていないものである。「ある」や「いる」「書ける」のように動詞の意味が状態的である場合に，状態を表す標識「てい（る）」をつけなくても状態を表すのは，スル形が無標の形式だからである。つまり，無標の形式は，有標の形式が表す領域もカバーすることがあるということである。

無標の形式の意味は，有標の形式との対立のなかで捉えなければならない。たとえば，「する」という動詞の形は，「される」との対立を考えると能動を表すことがわかる。「しない」との対立を考えると肯定を表すことがわかり，「しただろう」との対立を考えると断定を表すことがわかる。

そのほかの有標・無標の例を挙げると，「広志は真由に誘われた」のような受動文と「真由は広志を誘った」のような能動文では，受動文が有標，能動文が無標になる。「その話を私も聞きました」のような特殊な語順と「私もその話を聞きました」のような基本的な語順では，特殊な語順が有標，基本的な語順が無標になる。

言語の習得では，一般に，有標の形式より無標の形式のほうが習得しやすく，早く習得されると考えられている。たとえば，「行きました」のような過去形と「行きます」のような非過去形では，過去形が有標，非過去形が無標である。そのため，一般に，無標の非過去形のほうが習得しやすい。また，学習者が「行きました」という有標の形式を使うべきときに「行きます」という無標の形式を使ってしまうほうが多く，逆に「行きます」を使うべきときに「行きました」を使ってしまうことは少ない。

有標・無標という概念はもともと音韻論で考えられたものであるが，形態論や語彙論，文法論などにも拡張して使われるようになってきた。語彙論での語彙的な対立の例を挙げると，目覚まし時計と時計では，目覚まし時計が有標で，時計が無標になる。女医と医者では，女医が有標で，医者が無標になる。漁港と港では，漁港が有標で，港が無標になる。

→音韻論（7-C）

[野田尚史]

■命題

命題（proposition）はモダリティと対にして用いられ，文の構成要素を指していう。日本語の文には，情報を中心とする命題と，話し手の主体的態度を表現するモダリティ的側面があることは，いろいろな角度から論じられてきた。命題は国語学の伝統を受け継いだ時枝（1941）の「詞」，寺村（1984）の「コト」，また日本語研究に影響を与えたバイイ（Bally）のmodusに対するdictumなどと関連している。

言語学で命題というとき，具体的には，平叙文が意味する情報的な内容を指す。つまり，文法上の主語が動作主であればその動作主が何かの動作・行動をするという意味の内容，また，その結果が相手または対象物に何らかの結果をもたらすという関係を指して，その文の命題と理解する。他の主体的な意味は命題には含めず，たとえば，「きっと，先生はいらっしゃいますよ」という文の命題は「先生ガ来ル」になる。

もっとも命題は論理学上の概念であり，その論理学的な表現は，たとえばtwo-place predicateならLove (x, y) とし，それは"x loves y"という関係で表現され，またthree-place predicateならGive (x, y, z) は"x gives y to z"という文構成となる。さらに，

命題 p の否定は〜p で表現されるなど，命題間の関係を捉え，それを意味論に利用することもある。

日本語教育で問題となるのは，日本語の命題が文としてどのようなかたちをとる傾向にあるかという点である。命題の要素がいかに結ばれる傾向にあるか，それがどのようなかたちで結ばれるか，その結果どのような意味の解釈がなされるかには，言語間に相違点があるからである。

たとえば英語と比較した場合，池上（1981）が指摘する次のような傾向が見られる。一般に行為動詞に関しては，行為者が達成すべきゴールを想定し，それが達成されるところまで動詞の意味に含まれるかどうかを知ることは意味解釈に重要である。これに関して日本語では，

いくつあるか数えたけど，多すぎて数えられなかった。

という表現は不自然ではないが，英語の

*I counted how many there were, but (there were so many that) I couldn't count them.

は不自然である。その理由は，日本語のある種の動詞が意図されたゴールの達成を必ずしも含意しないのに対し，英語のある種の動詞は意図されたゴールの達成を含意するからである。

このように命題内の行為関係が，ある言語に好まれるかたちで言語に表現されると，言語間の差が出てくる。日本語学習者は日本語の命題構成を正しく理解する必要がある。また，もっと基本的には動詞の意味，使用法などを指導するためにも命題構成の研究は欠かせない。

➡主題（2-I），モダリティ（2-H）

● 参考文献

池上嘉彦（1981）『「する」と「なる」の言語学』大修館書店．

寺村秀夫（1982-1991）『日本語のシンタクスと意味 I，II，III』くろしお出版．

時枝誠記（1941）『国語学原論』岩波書店．

［泉子・K. メイナード］

■モダリティの研究

モダリティ（modality）という概念は，命題に対して用いられるが，日本語にはいわゆる広義のモダリティにかかわる表現形式が多くあり，従来，異なった視点から多くの研究がなされてきた。

たとえば，国語学の伝統では，「てにをは」の概念を継承した時枝（1941）の「辞」，三上（1972）の「発言のムウド」，寺村（1984）の「ムード」また，いわゆる「陳述」の概念が，モダリティと類似した言語現象を捉えてきた。一方，ハリデー（Halliday 1970）は文全体，イントネーションなどをも含む表現方法で実現する対人的な機能として捉えているが，伝統的にはモダリティは命題に対する subjective な意見・価値判断とされてきた。

一般的にモダリティとは，判断・発話する主体に直接かかわる発想・発話態度を意味し，とくにそれらを表現する言語表現を指す。そこには，話す主体の主体的態度や感情が含まれる。なお筆者は Maynard（1993）でモダリティを談話レベルで捉え，Discourse Modality という概念を紹介した。

益岡（1991）は，文に構成素構造と依存関係構造という二面性を認め，後者を重視したモダリティ研究を報告しているが，モダリティの種類として，伝達態度，ていねいさ，表現類型，真偽判断，価値判断，説明，テンス，とりたてなどを挙げている。

日本語で，とくにモダリティの表現として注目されるものには，係助詞，終助詞，「どうせ」「やっぱり」などの副詞，「のだ」に代表される名詞述語文，「教えてもらう」などの授受表現，「だろう」などの助動詞がある。また，主体的な表現という観点からは，「悲しい」「欲しい」

などの使用上の制限が問題となり，対人関係に関連したポライトネス表現なども広義のモダリティのストラテジーとして注目される。

日本語教育と関連してとくに大切なのは，日本語表現が全体的にモダリティ重視の表現を好むこと，その表現意図が学習者の母語と対応していない場合があることである。たとえば，日本語の主観的側面が鮮明にコード化されるという特徴の証としてしばしば指摘される「欲しい」の場合がそうである。「*彼は旅行する時間が欲しい」という表現が不自然なのは，内面で感じる感情や思考が基本的には主観的な経験としてのみ表現されるからであり，「欲しい」は平叙文では1人称の文にしか用いられない。しかし，このようなモダリティの文法化現象は，英語などには見られないことから，日本語学習者にとっては，理解しにくい表現でもある。

モダリティの研究は，日本語に豊富に表現される主体の発想・発話態度を効果的に指導するための基礎として無視できないものである。

➡モダリティ (2-H)，主題 (2-I)，命題 (7-D)

● 参考文献

益岡隆志 (1991)『モダリティの文法』くろしお出版．

三上章 (1972)『現代語法序説』くろしお出版．

寺村秀夫 (1984)『日本語のシンタクスと意味II』くろしお出版．

時枝誠記 (1941)『国語学原論』岩波書店．

Halliday, M. A. K. (1970) "Functional Diversity in Language as Seen from a Consideration of Modality and Mood in English." *Foundations of Language* 6. pp. 322-361.

Maynard, S. K. (1993) *Discourse Modality: Subjectivity, Emotion and Voice in the Japanese Language.* John Benjamins.

〔泉子・K. メイナード〕

■ヴォイスの研究

ヴォイスの現象を特徴づけるものとして，①文の意味構造（主語の文法役割の交替），②統語形式（格の交替），③動詞の形態にかかわる問題があり，受身，使役，自発，可能，等々の表現がヴォイスにかかわる現象として取り上げられるのが普通であるが，そのなかで，受身（能動―受動の対立）が典型的なものと考えられる。これまでの日本語受動文の研究を意味的な面から分けると，概略，「迷惑」の有無と主語にかかわる，とりわけ，「被影響性」の問題に分けることができる。これらの問題とかかわるかたちで，(a)直接受動/間接受動，(b)（受身の）主語の有情/非情の区別，(c)動作主のニ/ニヨッテ形式などの区別などの問題が論じられ，さらに，(d)動詞の意味論的類型（どういう動詞が受動文を作れるのか）の問題や(e)日本語の固有性，等々について論じられてきた。また，どういう場合に受動文を用いるか，という機能的な面からの分析もある（主語の背景化〔あるいは，目的語の前景化〕や，視点〔共感〕といった観点から説明される）。こうした文法的ヴォイスの研究だけでなく，自動詞・他動詞の対立といった語彙的ヴォイスの研究も精密化されている。

ヴォイスの統語論的研究として，生成文法の枠組みでは，多くのデータの発掘がなされると同時に，意味と形式との関係に対して表層的な分析では取り扱えない問題（意味役割と格）が基底構造を設けることによって説明可能であると主張された。受動文，使役文，可能文，尊敬文などに関して，それらの基底構造として「埋め込み節」（あるいはそれに相当する構造）を含む構造を仮定し，上記①②③の問題は派生に関する統語論的な規則によって説明された。したがって，統語論的研究では，多くの場合，どのような基底構造からどのように派生するのかが問題となる。たとえば，上記(a)直接受身/間

接受身に対しても，同一の基底構造を仮定するかどうか，といった議論がある。

ヴォイスとは，ある事象の関与者がその事象とどのように関与するのかにかかわる表現である（直接関与/間接関与というしかたで大きく分類される）とすれば，この関与のしかたを考察することがヴォイスの意味論研究の中心であるといってもよい（上の「被影響性」も関与の問題である）。「迷惑」の意味の問題についても，「インヴォルヴメント」「作用性」などの概念が提案されたが，関与の意味を精密化することによって，「そのような意味がどうして生じるのか」という本質的な問題が議論されるようになってきた。そのほか，最近の意味論研究の傾向として，意味的な性質（たとえば，自己制御性，意志性など）を尺度にして，能動と受身の間に自発などの用法を位置づけたり，能動，使役，可能，受益，受身といったヴォイスの諸表現の関係を連続的，階層的に捉えようとする試みがなされている（これらの考え方の一部には，「意味地図」というかたちで用法を相対化する言語類型論の観点との関係がある）。

「れる」「られる」の受身，自発，可能，尊敬の4つの意味の展開については，古くは受身を出発点にする山田孝雄説と自発から発生とする橋本進吉説とがある。ヴォイスの諸表現を意味論的に統一的に説明しようとする傾向は，意味理論の進展を反映して，最近特に顕著である。その1つとして，受身や可能，自発などの用法は，ラレル文という形の共通性をもつが，そこには1つの固有の「捉え方」（これをスキーマという）があるとし，その用法の違いは，その「捉え方」の適用のしかたの違いとして説明される。ここには，形式と多義性の問題に関する最近の認知言語学的な考え方との関係がうかがわれる。

➡ヴォイス（2-E），受動文の諸特徴（2-E），使役（2-E），自発（2-E），可能文の諸特徴（2-E）

● 参考文献

井上和子（1976）『変形文法と日本語』大修館書店.

仁田義雄（編）（1991）『日本語のヴォイスと他動性』くろしお出版.

柴谷方良（2000）「ヴォイス」『日本語の文法1 文の骨格』岩波書店.

尾上圭介（2003）「ラレル文の多義性と主語」『言語』32-4.

寺村秀夫（1982）『日本語のシンタクスと意味Ⅰ』くろしお出版.

吉田金彦（1971）『現代語助動詞の史的研究』明治書院.

三原健一（1994）『日本語の統語構造』松柏社.

［坪本篤朗］

■テンスの研究

現代日本語の動詞述語，形容詞述語，名詞述語にある「読んだ―読む」「寒かった（静かだった）―寒い（静かだ）」「学生だった―学生だ」のような，基本的に発話時を基準軸とする事象の時間的位置づけをテンスという。過去形（夕形）は事象の成立が「発話時以前」であることを表し，無標の非過去形では，事象の成立が，動的述語では「未来」，静的述語では「現在（未来）」であることを表す。以上が現代日本語のテンスの基本的な意味・機能であるが，どのような言語でも，1つの形式が単一の意味・機能だけであることはない。したがって，下記のような現象をめぐってはこれまでさまざまな見解が提示されてきている。

第一に，「終止」の位置では発話時が基準となるが，「非終止」の位置では，「明日学校に行ったときに言おう」「曲がった道」のように，必ずしもそうはならないという現象がある。第二に「大きくなったね」のような完了用法をどう考えるかという問題がある。さらに第三に

「あ，あった」「明日は休講だった」のような，発見，想起用法をどう考えるか，第四に「あの子が生きていれば今頃は大学生になっていただろう」のような，反実仮想の用法をどう考えるか，第五に「ちょっと，待った」のような命令的な用法をどう考えるかの問題もある。大きくいえば，すべての現象を「過去」というテンス的意味であると考えていく立場と，アスペクトやムードとのかかわりを考えようとする立場があるのだが，以上の問題を考えるにあたっては，タ形式がかつてはテンス形式ではなかったという歴史的経緯や，他の諸言語の研究成果を参照することが今後必要になってくるだろう。

また，テンスはダイクシスの一部であることから，テクストや談話のタイプとの関係も考える必要がある。とくに「小説の地の文」という文学的テクストでは，過去形と非過去形の使い分けが，事象の時間的位置づけの違いではなく，視点の違いという文体的な問題に変容されてくる。「今ならわかってくれるかもしれなかった（わかってくれるに違いなかった）」のようなモダリティ形式の過去形が頻繁に出現するのも，小説の地の文の特徴である。

なお，日本語や英語などと違って，テンスという文法範疇がない，あるいは十分に発達していない言語もあるが，「来年，明日，目下，先週」のような，未来，現在，過去を表す時間名詞は普遍的にあるとされている。

➡テンス（2-G），タ形（2-G），アスペクトの研究（7-D），モダリティの研究（7-D）

●参考文献

金水敏（2000）「時の表現」金水敏他『日本語の文法2　時・否定と取り立て』岩波書店．

工藤真由美（1995）『アスペクト・テンス体系とテクスト』ひつじ書房．

鈴木重幸（1979）「現代日本語のテンス」鈴木重幸（1996）『形態論・序説』むぎ書房所収．

寺村秀夫（1984）『日本語のシンタクスと意味 II』くろしお出版．

［工藤真由美］

■アスペクトの研究

日本語におけるアスペクト研究は大変盛んであるが，これには主に次の要因がある。

第一に，標準語の代表的なアスペクト形式はシテイル形式であるが，この形式の特徴は，「動作の継続（進行）」と「結果の継続」という，動的事象が終わる前の段階と終わった後の段階の両方を表してしまうことにある。これは世界のほかの諸言語にはあまり見られない現象であることから，日本語を母語としない学習者にとっての障壁になりやすい。実際，戦後のアスペクト研究の出発点になった金田一春彦「国語動詞の一分類」という論文は，中国人留学生への日本語教育現場から生まれたものであった。このシテイル形式は，「先生が本を読んでいる」（動作継続），「先生は外国に行っている」（結果継続）のほかに，「先生は毎年外国に行っている」（反復習慣），「先生はすでに3度この本を読んでいる」（経験記録），「この道は曲がっている」（恒常的状態）のような意味も表すことから，過剰に多義的であるともいえ，ますます日本語学習者にとって理解に時間がかかるものとなりやすい（金田一論文の研究史的意義と批判については奥田靖雄「アスペクトの研究をめぐって」を参照）。

第二に，日本語内部の方言母語話者にとっても，標準語のシテイル形式が表す意味は理解しがたいものがある。とくに西日本方言には，動的事象が終わる前の段階はショル形式，動的事象が終わった後の段階はシトル形式という異なる形式が存在していることから，方言の観点からのアスペクト研究も盛んである。そして，世界の諸言語を見渡しているコムリー（Comrie）『アスペクト』を参照すれば，西日本方言のよ

うに，動的事象が終わる前の段階と終わった後の段階とを別の形式で表すほうがむしろ普通なのである。
- 動作継続（進行）：先生が窓を開けている→先生が窓を開けよる
- 結果継続：窓が開いている→窓が開いとる

　第三に，日本語の中央語の歴史でも，アスペクトを表す表現形式において大きな変化があったことから歴史的観点からの研究も大変盛んである。古代日本語では，スルという動詞の基本形そのものが「(現在の) 動作継続」というアスペクト的意味を表していたことなど，日本語アスペクトの形成史を考えるうえでの重要な事実が明らかになってきている。

　今後のアスペクト研究にとって必要なのは，グローバルな視点，日本語の多様性に対する視点，そして歴史的視点であるといえよう。

➡ アスペクト（2-G），スル形・シテイル形の意味（2-G）

● 参考文献

奥田靖雄（1985）『ことばの研究・序説』むぎ書房.

金田一春彦（編）(1976)『日本語動詞のアスペクト』むぎ書房.

工藤真由美（1995）『アスペクト・テンス体系とテクスト』ひつじ書房.

鈴木泰（1999）『古代日本語動詞のテンス・アスペクト』ひつじ書房.

コムリー，B.〔山田小枝訳〕(1988)『アスペクト』むぎ書房.

［工藤真由美］

■ 言語機能の研究

　言語機能の研究とは，文の構造など，言語の形式的側面を研究するのではなく，言語の機能的側面，たとえば，言語が実際にどのように用いられ，どのような機能やはたらきをもっているかを研究するものである。言語の形式的側面を研究する立場は，形式主義と呼ばれ，言語の機能的側面を研究する立場は，機能主義と呼ばれる。形式主義の言語研究は，文法用語や文法内の原理・原則を用いて言語を分析するが，機能主義の言語研究は，文法に外在的な要因，たとえば，主題，話し手の視点，情報の新旧や焦点，意味，人間の認知や知覚などを用いて言語を分析する。

　言語機能の研究例として，以下2つの例を挙げよう。文を構成する要素は，一般に強調ストレスなどでマークされない限り，旧情報（聞き手にとって既知の情報）から新情報（聞き手にとって未知の情報）へと配列される。ただ日本語では，通例，動詞の位置が文末に固定されているので，動詞が旧情報の場合，その直前の要素が最も新しい情報（焦点）となる。そのため，会話などで多用される動詞の後ろの要素は，補足的，追加的情報としてのみ機能する。この点をふまえ，次の例を見てみよう。

(1) A：ボストンへいつ行ったの？
　　B1：(ボストンへ) 3年前に行ったの。
　　B2：*(ボストンへ) 行ったの，3年前に。

(1) Aの質問に対して，(1) B1は適格であるが，(1) B2は不適格である。その理由は，「3年前に」が新情報で，話し手が最も伝達したい焦点要素であるため，(1) B1のように動詞の直前に置くのは自然であるが，(1) B2のように動詞の後ろに置くと，追加的情報にしかならないためである（久野 1978, 高見 1995, 参照）。

　次の例は，いずれも命題内容が同じであるが，文末の表現形式が異なっている。

(2) a　部長は3月で辞めるよ。
　　b　部長は3月で辞めるね。
　　c　部長は3月で辞めるらしいね。
　　d　部長は3月で辞めるらしい。

　このような表現形式の違いは，話し手と聞き

手が，「部長が3月で辞める」ということを知っているかいないか，つまり，その情報が話し手，聞き手の「なわ張り」に属しているかどうかに依存している（神尾1990，参照）。たとえば(2)aは，その情報を話し手が知っており，聞き手が知らないような場合に用いられる。

以上のように，言語機能の研究は，形式の違いがどのような意味や機能の違いを表すかを，文法に外在的な要因により説明する。

➡ 表現機能から見た文法項目（2-M），旧情報・新情報（2-K），主題（2-I），視点（2-K）

● 参考文献

神尾昭雄（1990）『情報のなわ張り理論』大修館書店.

久野暲（1978）『談話の文法』大修館書店.

高見健一（1995）『機能的構文論による日英語比較』くろしお出版.

［高見健一］

■ テキストの研究

文または文連続が構成する意味的まとまりをテキスト（またはテクスト）という。

テキストを対象とする研究分野の下位分類の1つに談話分析と会話分析という区別がある。

談話分析はテキストの構造を主に言語学的観点から分析しようとするのに対し，会話分析はテキストの背景にある社会学的現象（たとえば，会話参加者相互の関係）に関心を寄せる。

談話分析ではテキストの結束性や文の発話行為的機能（たとえば，「この部屋は暑いね」という平叙文に「冷房をつけさせる」という命令の機能を担わせるということ）の解明などが重視されるのに対し，会話分析ではエスノメソドロジー的手法による会話内部の秩序（たとえば，好まれる順序）の解明が目的とされる。こうした，談話分析と会話分析の関係やそれぞれの特徴などについて詳しくは橋内（1999）を参照されたい。

談話に固有の文法現象を扱う分野を談話文法またはテキスト文法という。この分野の研究としては，視点，省略，情報の新旧など多くの問題を扱っている久野の研究や，久野とはやや異なる機能主義的な立場からテキストを多角的に考察しているハリデー（Halliday）の研究，談話参加者の意識のなかでの情報の状態と言語形式の相関などを論じているチェイフ（Chafe）の研究などがとくに重要である。

国内の研究としては，主に書きことばを対象とする文章論の立場からの研究が挙げられる。そのなかでは，文法論的な立場からの文章論の可能性を論じている永野賢，結束性の問題を論じている林四郎，指示詞や名詞の連文的機能を明らかにした長田久男などの研究がとくに重要である。

書きことばの研究ではテキストタイプが問題となる。たとえば，小説の地の文ではル形とタ形の混在がよく見られるが，これは話しことば（会話）では通常見られない。テキストタイプと文法現象の関係については工藤（1995）が詳しい。

こうした，談話・テキスト分野の研究史を概観したものに庵（1999）がある。

話しことばの研究ではデータの自然さが問題となる。会話を録音，録画する場合に，いかに自然な状況を作るかが研究の成否を決めるという部分も大きい。さらに，得られたデータに関して関係者の許可を得るなどの倫理面での配慮も必要である。こうした方法論的な点についてはネウストプニー・宮崎編（2002）が参考になる。

➡ 談話分析（7-C），談話研究（4-B），会話のしくみ（4-B）

● 参考文献

庵功雄（1998）「テキスト言語学の観点から見た談話・テキスト研究概観」『言語文化』36，一橋大学語学研究室.

工藤真由美（1995）『アスペクト・テンス体系とテクスト』ひつじ書房.
ネウストプニー, J. V./宮崎里司（編）（2002）『言語研究の方法』くろしお出版.
橋内武（1999）『ディスコース』くろしお出版.

［庵 功雄］

■言語コーパス

コーパスとは，言語研究を目的として，ある規準をもって収集された文の集合であり，研究対象とする言語現象や言語使用について網羅性および代表性を満たしたものである．このように，コーパスは厳密にはテキストデータあるいはテキストアーカイブなどとは区別される．しかし，近年は，より広義に，テキストの集合体をコーパスと呼ぶことが多い．

コーパスについてのほかの要件として電子化され計算機上で可読な形式であること，研究利用のために無償あるいは安価に利用可能であることなどが挙げられる．

最初の大規模な英語コーパスとしては米国Brown大学で作成されたBrown Corpus（約100万語）が有名であり，その英国版であるLancaster-Oslo/Bergen (LOB) Corpusがある．また，あらゆるジャンルや状況の英語の使用を網羅的に収集してつくられたBritish National Corpus（約1億語）が有名であり，安価に入手可能である（http://www.natcorp.ox.ac.uk/）．

また，品詞情報や構文情報などの付加的な情報によってタグづけ（tagged），あるいは注釈づけ（annotated）されているものが好ましいが，近年の言語処理技術の発展により，たとえば，品詞タグづけについては，英語，日本語とも97〜98％程度の精度でタグの付与が可能になってきている．米国でも，BNCと同規模のAmerican National Corpusのプロジェクトが進んでおり，計画の10分の1の1000万語のデータが2003年秋に公開され，学術研究目的には無償で利用することができる．

言語処理研究では，品詞および統語構造タグが付与されたPenn Treebankが広く用いられている．欧米には，Linguistic Data Consortium (LDC) (http://www.ldc.upenn.edu/) やEuropean Language Resources Association (ELRA) (http://www.elra.info/) など研究用のコーパスを収集している組織があり，無償あるいは使用料を支払うかたちでさまざまなコーパスを入手する環境が整っている．

日本語の研究利用コーパスは，欧米に比べると大きく遅れており，公的な組織がつくっているバランスのよい（使用環境や用語に偏りがなく，広い使用例を含む）コーパスというものはまだ存在しない．しかし，日本経済新聞や毎日新聞などが研究利用を前提に年間記事CD-ROMを販売していたり，青空文庫（http://www.aozora.gr.jp）のように文学データのテキスト化を行っているボランティアグループがあり，かなりの量の電子的テキストデータが容易に入手可能になってきている．また，いくつかのコーパス作成プロジェクトも進行しており（たとえば，言語資源協会 http://www.gsk.or.jp），今後，コーパスの構築や整備の進展が期待される．

コーパスの利用には，それを支援するソフトが不可欠である．代表的なものは，検索対象の単語を中央にし，前後文脈とともに表示するKWIC (keyword in context) システムである．そのほか，品詞や統語情報を指定した検索ソフトが添付されているコーパスもある．

➡コーパス（3-H）

● 参考文献

Saito, T., Nakamura, J., and Yamazaki, S. (eds.) (2002) *English Corpus Linguistics in Japan*. Robopi.

Kennedy, G. D. (1998) *An Introduction to Corpus Linguistics*. Addison Wesley Longman.

Manning, C. D. and Schütze, H. (1999) *Foundation of Statistical Natural Language Processing*. The MIT Press.

［松本裕治］

■意味ネットワーク

意味ネットワーク（semantic network）とは，人間の知識内で，さまざまな意味関係により，概念が互いに結びつけられることで作られる相互依存的な知識構造をいう。あるいは，人工知能や言語学で，人間のこうした構造化された知識を表すために考案された知識表現の方法をいう。

たとえば，「ワシ」は「トリ」の一種の「動物」であり，「羽」の生えた「翼」で「空を飛び」，「くちばし」と「爪」をもち，「獲物を捕らえる」。「トリ」には，「ワシ」以外にも，「カラス」「ハト」「スズメ」などが含まれ，「動物」には，「トリ」以外に「サカナ」「ヘビ」「哺乳動物」が含まれる。狩りの獲物には，「ウサギ」「ヘビ」「サカナ」などが含まれる。空を飛ぶものには，「トリ」以外に「コウモリ」「ムシ」「飛行機」などが含まれる。こうした連想はさらに続けられ，要素とそれを結ぶリンクから成る複雑なネットワークをつくる。

人工知能研究では，キリアン（Quillian）は，ノード（ものを表す）と，ノードを結ぶリンク（もののあいだの関係を表す）による知識表現法を考案し，これを意味ネットワークと名づけた。リンクは方向性と，関係の内容を表すラベルから成る。こうしたネットワークでは，あるノードが刺激されると，リンクを介して近隣のノードも活性化される。これは，1つの意味刺激により，それに関係する概念領域全体が活性化されるという，人間の意味連想のメカニズムに対応する。人工知能研究における知識管理の主要な問題は，知識をどのように貯蔵したら，具体的課題の遂行で，必要な知識を効率的に取り出せるかということである。意味ネットワークやそれから発展した類似の知識表現は，この問題に1つの解決を与え，エキスパートシステム，機械翻訳などに広く使われている。

言語学では，概念の相互依存性は，ソシュール（Saussure）以来，当然の事実と受け取られている。言語学では，意味ネットワークという用語は，特定の知識表現法を指すというより，むしろ直観的に捉えられた概念の相互依存的構造を指す名称として使われている。こうした構造を表現する具体的試みとしては，構造主義言語学に意味場の理論があり，認知言語学にフレーム（フィルモア Fillmore），理想認知モデル（レイコフ Lakoff 1987），使用基盤モデル（ラネカー Langacker 2000）などがある。フレームや理想認知モデルは，特定のものや特定の活動領域などについての一般的な知識表現であり，言語の意味処理を支える背景的知識の明示化と考えることができる。それに対し，使用基盤モデルはより言語的な知識表現に重点をおくモデルであり，通常の意味論的対象に加えて，形式と意味のペアとしての構文や音など，音韻，統語，意味のすべての言語的知識がスキーマ，プロトタイプ，スキーマの拡張としてネットワークで表現される。

➡言語学習と認知（8-A），認知言語学（7-B），言語と認知（7-A），人工知能（7-A）

● 参考文献

レイコフ, G.〔池上嘉彦他訳〕(1993)『認知意味論』紀伊国屋書店.

ラネカー, R. (2000)「動的使用依拠モデル」坂原茂（編）『認知言語学の発展』ひつじ書房.

［坂原 茂］

■メタファー

メタファーとは，人を指して「あいつはタヌキだ」などと言うような，あるものをそれとは異なる概念領域に属するものになぞらえた表現をいう。その性質を一口には表現しづらい「あいつ」と，（俗信において）人をだます動物とされているタヌキとのあいだに類似性を見いだし，前者を後者になぞらえて理解させようとしているこの例からもわかるように，メタファーに関与する2つの概念には通常，非対称性がある。つまり，より明確なかたちで理解されている概念（＝起点領域 source domain）がそうでないほう（＝目標領域 target domain）に投射あるいは写像（map）されることによって，後者に対する理解を容易にしたり，メタファーによらなければ難しかったであろうような把握のさせ方をしているのである。

人をタヌキにたとえる場合，人に対してはある程度以上具体的なかたちでの理解がそのメタファーに先行して存在しており，目標領域が起点領域からの写像によって初めて構造化され，決定されるというわけではない。しかし，何かの大爆発になぞらえて理解されている「ビッグ・バン」のように，メタファーから独立した概念内容が希薄なものの場合には，起点領域の写像による目標領域の把握という，メタファーの性質がよりはっきり見て取れる。

メタファーのこのような性質のため，「あいつはタヌキだ」と，「あいつは人をだます奴だ」とは同じではない。「タヌキ」として「あいつ」を見ることを要求する前者においては，「タヌキ」についてのさまざまな知識が同時に喚起されて，「あいつ」の理解に持ち込まれる。たとえば，タヌキについてのわれわれの知識のなかには，（酒徳利をもった姿の置物が作られることにも表れているように）とぼけた顔をして，やや不格好な，愛嬌があるともいえる姿をしていることが含まれるが，「あいつはタヌキだ」というメタファーによってこの知識も喚起されるため，「あいつ」が人をだますしかたが何かとぼけたところのあるものとして了解され，「あいつ」が颯爽とした若者であるよりはやや風采の上がらない中年男のようなイメージで捉えられることになる。

つまり，メタファーとは，単にあるものを指すのにどのような表現を用いるのかという，表層的な修辞表現の問題なのではなく，対象に対する把握の様式にかかわる認識の問題として捉えられるべきものである。

➡修辞論（7-C），レトリック（4-C），認知言語学（7-B）

● 参考文献

尼ヶ崎彬（1990）『ことばと身体』勁草書房．
大堀壽夫（2002）『認知言語学』東京大学出版会．
佐藤信夫（1992）『レトリック感覚』〈講談社学術文庫〉講談社．
山梨正明（1988）『比喩と理解』東京大学出版会．
レイコフ，G./ジョンソン，M.〔渡部昇一他訳〕（1986）『レトリックと人生』大修館書店．

[坪井栄治郎]

■バリエーション

複数の言語形式が同一の意味を指すことがある。たとえば，「鍵」は [kaŋi] と鼻音で発音しても，[kagi] と破裂音で発音しても，同じものを指し示す。「見られる」と「見れる」も，同様である。このような場合に，語中のガ行子音や動詞の可能形にはバリエーション（変異）があり，[kaŋi]/[kagi]，「見られる」/「見れる」（いわゆる「ら抜きことば」）のような個々の音声実現形は変異形と呼ばれる。

言語のバリエーションは1960年代半ば以来，変異理論の枠組みで研究されてきた。以前

には，意味の区別に関与しない違いは，自由変異とみなされていたが，一定量のデータを収集し，複数の変異形が現れるパターンを分析してみると，かなり高い精度で，各変異形の生起率を予測することができる．

生起率に関係する変数は，言語外要因と言語内要因に二分される．前者は話者の年齢・性別・階層といった社会的属性で，社会的要因と呼ばれることもある．バリエーションは発話の状況（改まった場面かくだけた場面か，話し相手はだれかなど）によっても引き起こされるが，このような要因も，言語そのものとは無関係なので，言語外要因に含まれる．一方，後者は，変異に関与する諸条件のうち，言語自体に内在するものである．たとえば，「見れる」「食べれる」のような革新的可能形は，短い動詞では出やすいが，「考える」のような拍数の多い動詞では出現率が激減する．この場合の動詞の長さは，典型的な言語内要因である．

上記のガ行子音と動詞可能形のバリエーションは，どちらも進行中の言語変化（[-ŋ-]→[-g-]，「～られる」→「～れる」）を反映している．しかし変異現象のなかには，少なくとも数世代にわたって続いているもの（安定した変異）もある．たとえば日本語の長母音は，日常の自然な発話では「がっこう」→「がっこ」，「せんせい」→「せんせ」のように短縮されることがあるが，この変異は通時的な変化によるものではない．短縮には，発話スタイルのような言語外要因と，長母音の語中位置（非語頭で生起しやすい），先行音節の構造（撥音節・促音節の後ろで生起しやすい）といった言語内要因が関与している．

話しことば特有の縮約や脱落も，バリエーション現象の１つと考えられる．日常的な会話では，助詞，とりわけ対格名詞句をマークする格助詞「を」がよく脱落する（「花子がごはん φ 食べる」）．この現象にも言語内要因がかかわっており，対格名詞句と動詞の隣接性がきわめて重要な要因である．「を」は名詞句が動詞と隣接していない場合には脱落しにくいが，擬音語・擬態語や数量詞が両者のあいだにあっても影響がない．また，対格名詞句の形式によっても，脱落率に違いがあり，疑問詞＞語彙名詞＞代名詞＞節の順で「を」が落ちる．

➡バリエーション（6-B），ヴァリエーション理論（7-C）

●参考文献

中尾俊夫他（1997）『社会言語学概論』くろしお出版．

松田謙二郎（2000）「東京方言格助詞『を』の使用に関わる言語的諸要因の数量的検証」『国語学』51-1．

日比谷潤子（2002）「言語変異の地理的差異」『音声研究』6-1．

助川泰彦他（1999）「日本語長母音の短母音化現象をめぐる諸要因の実験音声学的研究と音声教育への示唆」アラム佐々木幸子（編）『言語学と日本語教育——実用的言語理論の構築を目指して』くろしお出版．

[日比谷潤子]

■メンタル・スペース

メンタル・スペース（mental space）とは，談話において，認知的意味構築（たとえば，背景情報を使って欠けている情報を補う，指示対象を同定する，比喩理解の推論を実行するなど）を行うために作られる，言語形式と認知プロセスを仲介するインターフェイスをいう．

メンタル・スペースは，要素（たとえば，t：太郎），要素の属性（たとえば，STUDENT (t)：太郎は学生だ），要素間の関係（たとえば，LOVE (t, h)：太郎は花子を愛している）から成る情報集合である．メンタル・スペースは，進行中の談話理解に必要な情報のみを含む，基本的に無矛盾な小さな情報集合であ

る。しかし，必要に応じて，フレームや理想認知モデルなどの背景知識から情報を引き出せるので，複雑な状況を表すこともできる。

　メンタル・スペース理論では，われわれが話したり，聞いたり，考えたりする際に行う意味構築を，メンタル・スペースの導入，管理，運用として表す。基底スペースを出発点に，スペースが次々に作られ，スペース構成と呼ばれるメンタル・スペースの集合が作られる。スペース構成は，1つの基底スペースと1つの焦点スペースをもつ。

　メンタル・スペースを明示的に作る言語表現は，スペース導入表現と呼ばれる。スペース導入表現には，命題態度動詞（たとえば，「太郎は…と思っている」），副詞節（たとえば，「もし…なら」），副詞句（たとえば，「この絵では」「昨年は」）などがある。スペース導入表現は，新しいスペースを作るか，すでにあるスペースを同定し，それを焦点化する。スペース導入表現に従属する文は，スペース導入表現が焦点化したスペースへの操作を表す。名詞句 N は，スペースに属性 N をもつ要素を導入したり，属性 N をもつスペース内の要素を同定する。動詞や形容詞は属性や関係を表す。

　スペースの要素は，別のスペースの要素と関係づけられる（スペース間マッピング）。スペース自体も上位スペースの要素となり，スペース同士も対応関係に置かれる。この対応関係により，アクセスやスペース間の情報伝播が可能になる。アクセスとは，ある要素の記述で，対応関係にある別の要素を指すことである（図7-2）。情報伝播には，親スペースの情報が子スペースに流れ込む最適化や，その逆方向の情報拡散がある。アクセスや情報伝播のために，スペース構成は，スペースのあいだで情報のやり取りをしながら，ダイナミックな意味構築を行うスペースのネットワークとなる。

　文は，メンタル・スペースに対する重要な入

図 7-2　アクセスの模式図

「この絵では，青い目の少女が緑の目をしている」のアクセス

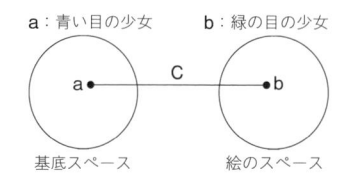

　　a：青い目の少女　　b：緑の目の少女

基底スペース　　　　　絵のスペース

モデル a の記述で，その記述に適合しない絵の中のイメージ b が同定されている。a をトリガ，b をターゲット，a と b を結ぶリンク C をコネクタという。

力源であるが，メンタル・スペースは，背景情報，談話状況から情報を取り込み，かつ推論により新たな情報を作り出し，文の与える情報を精緻化する。こうした精緻化は，言語的情報だけでは決定できないことが多く，複数のスペース構成が可能となる。これは，多義性の現象と考えるべきではない。

➡談話研究（4-B）

● 参考文献

フォコニエ, G.〔坂原茂他訳〕(1996)『メンタル・スペース 新版』白水社.

フォコニエ, G.〔坂原茂他訳〕(2000)『思考と言語におけるマッピング』岩波書店.

Fauconnier, G. and Tarner, M. (2002) *The Way We Think: Conceptual Blending and the Mind's Hidden Complexities.* Basic Books.

［坂原　茂］

■非言語行動

　非言語行動には視線，うなずき，手，体などによる動作がある。これらは，相互作用，発話の意味，単位などの面から分析されている。

　英語の話し手はターンの最中に聞き手の視線を得る必要があり，聞き手に視線を向ける前にポーズを置いたり，聞き手に視線を向けたのに

聞き手の視線が得られない場合にはポーズや言い直しを用いて得ようとする（Goodwin 1981）。一方，ストーリーを語る際には，日本人の語り手は英語ほど発話の最中に受け手の視線を必要としないが，発話の終わりに受け手の相づちとうなずきを得る必要がある。そのために受け手に視線を向けたり，うなずいたりし，あいづちとうなずきをするよう促す（ザトラウスキー 2001）。このように相互作用のなかで視線，うなずき，あいづちが関係し合っている。

手，体などの動作は，同時に発話されている発話の意味と関係のある場合とない場合とがある。後者はたとえば髪をかき上げたり，鼻を触ったりするような場合である。前者の発話と関係ある動作は身ぶり（gesture）と呼び，図像的（iconic），指示的（deictic），隠喩的（metaphoric），拍子的（beat），認知的（Butterworth）の面から考察できる（McNeill 1992）。

図像的な身ぶりは発話の意味内容と近い関係をもっており，身ぶりの実行やしかたにより話のなかで言及される具体的な出来事，物，動作が表される。言語の意味内容を補うこともある。

動作に伴うことばの発話前から動作の準備のために手が動きはじめる。このことから非言語行動は後に続くことばと関係があり，意味をつくり出す過程のなかで言語と1つの全体をかたちづくっていることがわかる。つまり，言語・非言語行動は本来切り離せない全体をつくっているのである。

指示的な身ぶりは体，手，頭，鼻，顎やペン，棒などによって指すことである。この身ぶりは現場指示として用いる場合もあれば，現場にいない人物・概念に言及する際に話者のまわりの空間を指すこともある。またはある物・事に対して知識をもっていることと，話を展開する接続表現を目立たせるために指示的な身ぶりが用いられる（ザトラウスキー 2002a）。

隠喩的な身ぶりは知識，言語そのもの，語りのジャンルなどの抽象的な概念を提示する身ぶりである。拍子的な身ぶりははっきりした意味を表さず，拍子をとるような主に2段階から成る指や手による動作である。認知に関する身ぶりは単語を思い出そうとするときや適切な文の構造を探しているときに用いる身ぶりである。

言語により身ぶりには相違があるが，日本人の身ぶりにはうなずきや話に出てくる人や物の輪郭を描く絵的な身ぶりが米国人より多く観察される（ザトラウスキー 2002b）。一方，米国人の身ぶりには拍子的な身ぶりがストレスに伴って多用される。

→ジェスチャー（4-B）

●参考文献

Goodwin, C. (1981) *Conversation Organization*. Academic Press.

McNeill, D. (1992) *Hand and Mind: What Gestures Reveal about Thought*. Chicago University Press.

ザトラウスキー，ポリー（2001）「総合作用における非言語行動と日本語教育」『日本語教育』110.

ザトラウスキー，ポリー（2002a）「アニメーションのストーリーを語る際の話段と中心発話」『表現研究』76.

ザトラウスキー，ポリー（2002b）「日米におけるアニメーションのストーリーの語り方と非言語行動の相違」水谷修・李徳奉（編）『総合的日本語教育を求めて』国書刊行会.

［ポリー・ザトラウスキー］

■ポライトネスの研究

●ポライトネスと丁寧さ──「ポライトネス」という概念が専門用語として認知され，カタカナで表記されることがある程度定着してきたの

は1990年代後半であり、その歴史はまだ浅い。「ポライトネス」は、専門用語としての英語の'politeness'を日本語で表したものであり、従来、「丁寧さ」「丁寧表現」と翻訳されることが多かった。しかし、ブラウンとレビンソン (Brown and Levinson) の「ポライトネス理論 (universal theory of politeness)」が1987年に発表されて以降、その理論で扱っている'politeness'を日本語に翻訳する際には、従来のように辞書的に「丁寧さ」と翻訳することは適当ではないことが指摘されはじめた（宇佐美1993）。その後、いろいろな経緯をふまえたうえで、「ポライトネス」という用語は、「丁寧さ」や「丁寧表現」とは異なり、諸言語におけるhonorifics, linguistic politeness, polite expressionsなどに関する研究のみならず、日本語研究における、敬語研究、待遇表現に関する研究なども含むすべての言語における「ことば遣いの丁寧さ」「対人関係調節のための言語使用」「フェイス処理行動」などの概念を包含し総称する用語として、カタカナ表記の「ポライトネス」を用いることが明確にされた（宇佐美2002）。すなわち、「ポライトネス」とは、言語（行動）がいかに話者間の社会的距離や社会的役割を表現しているかということにかかわる内外の研究すべてを総称するより広い概念として用いられるようになった。一方で、1990年代に入ってからは、「ポライトネス」というと、ブラウンとレビンソンのポライトネス理論における「ポライトネス」を指すことも多くなった。以下に簡単に概観するように、ブラウンとレビンソンの定義するポライトネスの概念は、それ以前に提唱されたアプローチとはかなり異なるものである。よって読者は、「ポライトネス」という用語が使用されている場合には、それが、種々の異なるアプローチに言及し総称する際に用いられているのか、あるいは、ブラウンとレビンソンなど特定の理論や原則におけるポライトネスを意味しているのかを区別して考える必要がある。

●ポライトネス研究へのアプローチ —— ここでは、欧米および日本の研究すべてを含めて、これまでの「ポライトネス研究」へのアプローチを大きく4つに分類し、それぞれの特徴を簡単にまとめておく。4つのうち、①は、言語形式重視の捉え方で、②〜④が、語用論的捉え方である。80年代末から90年代にかけてのポライトネス研究における議論やその論点の食い違いなどの混乱の主な原因は、①の言語形式重視の捉え方と、②〜④の語用論的捉え方における「ポライトネス」という異なる対象を、区別することなく混同して論じてきたところにあったといえる。たとえば、以下の①の規範的アプローチであれば、たとえ「ポライトネス」という用語を用いていたとしても、それは「言語形式の丁寧度」、あるいは、「ことば遣いの丁寧さ」を表しているのであり、むしろ日本語では、「丁寧さ」という用語を用いたほうがその観点が明確になる場合もある。

(1)言語形式重視の捉え方

①規範的捉え方 (social-norm view)：主に、言語形式に重きを置いた初期の研究で、たとえば、Would you X? Could you X? Can you X? などの表現の丁寧度を質問紙調査で尋ね、その結果から、いくつかの言語形式の丁寧度を同定し、順序づけようとするようなアプローチである。日本における質問紙調査に基づく言語形式や言語表現の丁寧度を順序づけた敬語研究なども、これに相当するといえる。

(2)語用論的捉え方 (pragmatic view)

②「会話の原則」としての捉え方 (conversational-maxim view)：主に、レイコフ (Lakoff 1975)、リーチ (Leech 1983) などのアプローチを指し、単なる言語表現の丁寧度の問題としてではなく、語用論的側面からポライトネスを捉えようとしたものである。しか

し，「語用論的捉え方」という新しい観点は導入したものの，その原理を「会話の原則」のようなものにまとめようとしたという点で，結局は，①の「規範的捉え方」から抜けきれておらず，ダイナミックな理論にはなりえていないという見方も多い。

③フェイス保持のストラテジーとしての捉え方（Face-saving view）：ブラウンとレビンソン（Brown and Levinson 1987）の捉え方である。ポライトネスの語用論的側面をダイナミックに捉えており，最も包括的なポライトネス理論であると評価されている。しかし，日常会話におけるポライトネスなどのように，一見フェイスを脅かすように見えない言語行動におけるポライトネスをうまく説明できない点，談話レベルの言語行動をあまり扱っていない点などが問題点として指摘されている。

④基本的状態としての捉え方（conversational-default view）：ポライトネスを，特別なものというより，日常における基本的な状態として捉え，むしろ，そこから何かが欠けたときに，初めてそれがないことが意識され，ポライトでないと感じられるものと捉える立場である。フレイザー（Fraser 1990）は，日常のポライトネスを，ある種の「会話の契約」に違反しない行為であると捉え，権利と義務の相互作用についての理解という概念を提出している。しかし，それ以上の具体的な記述はなく，今後の発展は未知数である。また，Watts（1992）の「分別ある行動（politic behavior）」という捉え方も，ポライトネスを基本的状態として捉えようとするものである。しかし，ポライトネスは，基本的状態のものとしてだけあるわけではないため，③のフェイス保持のストラテジーと④の基本的状態としてのポライトネスの双方を包括する談話理論が必要だとして「ディスコース・ポライトネス理論構想」（宇佐美 2001, 2002）も提出されている。

●**ポライトネスと日本語教育**——今後，「ポライトネス研究」は，言語研究，語用論的研究としてだけではなく，より広い「対人コミュニケーション研究」の1つとして，さらに多様な観点を取り入れながら発展していくことが予想される。ポライトネスは，談話管理にかかわる対人配慮行動として，また，異文化間ミス・コミュニケーションにかかわる問題としても，言語教育，日本語教育とも深くかかわっている。そのため，ポライトネスの研究と，日本語教育研究も含む言語教育学研究，およびその現場との相互刺激と相互発展も今後大いに期待されるところである。

➡ポライトネス理論（4-A），丁寧さの表し方（4-A），語用論（4-A），尊敬語（2-L），謙譲語（2-L），待遇表現の体系（2-L）

●**参考文献**

Brown, P. and Levinson, S. (1987) *Politeness: Some Universals in Language Usage*. Cambridge University Press.

Fraser, B. (1990). "Perspective on Politeness." *Journal of Pragmatics* 1. pp. 219-236.

Lakoff, R. (1973). "The logic of politeness: or minding your p's and Q's." *Chicago Linguistic Society* 9. pp. 292-305.

リーチ，G.〔池上嘉彦・河上誓作訳〕（1987）『語用論』紀伊国屋書店．

ジェニー・トマス〔浅羽亮一（監修）・田中典子他訳〕（1998）『語用論入門』研究社出版．

宇佐美まゆみ（1993）「談話レベルから見た"politeness"——"politeness theory"の普遍理論確立のために」『ことば』14，現代日本語研究会．

宇佐美まゆみ「談話のポライトネス——ポライトネスの談話理論構想」（2001）『談話のポライトネス』（第7回国立国語研究所国際シンポジウム報告書），国立国語研究所．

宇佐美まゆみ（2002）「連載：ポライトネス理論の展開（1-12）」『言語』30-1〜5，30-7〜13．

ユール，G.〔高司正夫翻訳〕『ことばと発話状況——語用論への招待』〈オックスフォード言語研究叢書13〉リーベル出版．

Watts, R. J. (1992) "Linguistic Politeness and Politic Verbal Behavior: Reconsidering Claims for Universality" In R. J. Watts et al. (eds). *Trends in Linguistics*. Mouton de Gruyter.

〔宇佐美まゆみ〕

■結束性

文が連続してそこに一定の意味的まとまりが存在するとき，そのまとまりをテキスト（テクスト）という。なお，「テキスト」という語は狭義には書きことば（文章）のみを指し，話しことばを指すには「談話」または「ディスコース」という語が使われる場合もある。

一般に，文連続は何らかの言語的要因によって結合されテキストとなる。これに関して，Halliday and Hasan (1976) はある種の文法的成分がもつ依存性を重視している。たとえば，(1)の the apples はそれだけでは指すものが決まらず，その解釈を前文に依存し，その結果，2文が1つの連文（テキスト）を構成することに貢献している。

(1) Wash and core six cooking apples. Put the apples into a fireproof dish.

こうした依存関係を Halliday and Hasan は結束性（cohesion）と呼んでいる。なお，結束性をもたらす文法的成分を結束装置という。

Halliday and Hasan はテキストの構成要因として結束性のみを考えている。そこには語彙的意味の類縁性なども含まれているが，広い意味では文法的な性格を重視する立場である。これに対し，Widdowson (1978) はそうした文法的関係以外にもテキストを構成するものがあるとしている。たとえば，(2)には上述の意味の結束性があるが，(3)にはそれはない。しかし，(3)も明らかにテキストである。

(2) A：What are the police doing?—— B：They are arresting the demonstrators.

(3) A：What are the police doing?—— B：I have just arrived.

Widdowson は，(3)のように発話内行為（illocutionary act）によってテキストが作られる場合，そこには結束性はないが一貫性（coherence）はある，としている。つまり，この場合，一貫性は結束性の上位概念であり，したがって，(2)のように結束性をもつテキストはつねに一貫性をもつことになる。

なお，cohesion と coherence については，前者を構造的な観点，後者を意味的な観点として区別する de Beaugrande and Dressler (1981) のような考え方もある。

結束性の研究では Halliday and Hasan が著名だが，日本ではこれより早く林四郎 (1973) が同様の研究を行っている。ここでは，接続詞や指示詞のように承前性などの性質を表す文法形式（承前記号）と，意味の連想関係のようにそうした性質を担う要素（承前要素）がともに扱われている。同書は文法的な観点に基づくテキスト研究において必読のものである。

➡文章のまとまり——結束性・一貫性 (2-K)，テキストの研究 (7-D)

●参考文献

林四郎 (1973)『文の姿勢の研究』明治図書．

de Beaugrande, R.-A. and Dressler, W. (1981) *Introduction to Text Linguistics*. Longman〔池上嘉彦他訳 (1984)『テクスト言語学入門』紀伊国屋書店〕．

Halliday, M. A. K. and Hasan, R. (1976)

Cohesion in English. Longman〔安藤貞雄他訳（1997）『テクストはどのように構成されるか――言語の結束性』ひつじ書房〕.
Widdowson, H. G. (1978) *Teaching Language as Communication.* Oxford University Press.

〔庵 功雄〕

■地域方言・社会方言

　ことばは地域によって異なる。地理的な言語変種を地域方言と呼ぶ。しかし，何をもって「地域方言」とするかという基準は必ずしも明確ではない。広東語は中国語の一方言とされることが多いが，中国語の共通語とされる北京語との違いはかなり大きい。一方，スウェーデン語とノルウェー語はそれぞれ独立した「言語」とされるが，両言語の話し手がおのおのの母語で話してもかなりの程度通じるといわれ，その違いは北京語と広東語の違いよりも小さい。それでも，両者をより大きな区分の1言語のなかの方言として扱うことはない。このことからわかるように，方言と言語の区別は，政治的・社会的要因を抜きにしては語れない。

　さて，日本語の方言区分は「ことばの地域差」(6-B) に掲げたとおりだが，こうした境界線はどのようにして決められたのだろうか。たとえば，有生物の存在を表す動詞は，東日本では「イル」だが，西日本では「オル」である。この違いの境界線を明確にするために，いくつかの地域の話し手（「インフォーマント」という）について調査し，そうした調査を数多く積み重ねた結果に考察を加えて境界線を引いていくのである。この場合は語彙のレベルでの差異であるが，ほかにも音韻・語法・文法などのレベルでも差異がある。境界線を引くに際しては，項目ごとに言語地図を作成し，諸事象を総合的に検討したうえで境界を設定していく。日本語の地域方言研究の歴史は長く，こうした成果の膨大な蓄積がある。

　方言の境界が生じる第一の要因は，山，海，川などの自然的条件である。しかし，言語地図を検討すれば明らかなように，このような自然の障害が存在しないにもかかわらず，境界線が認められる場合もある。第二の要因は社会的なものである。

　日本語の1人称代名詞には「わたし」「わたくし」「あたし」「ぼく」「おいら」「おれ」「おら」「わし」など，さまざまな形式がある。そのなかには特定の地域で多用されるものもあるが，地域による違いがすべてではない。上記のさまざまな代名詞を耳にしたとき，われわれは話者の年齢層や性別をイメージするが，その一致度はきわめて高い。これは言語の変異には地域差だけではなく，年齢差や男女差という社会的な側面もあることを示している。

　各方言区画内の地域的な変種は，けっして均質ではない。同一地域内であっても，話者の性別，年齢，教育，職業などによって，用いられることばには違いがある。このような言語の社会的な違いを社会的変異，個々の変種を社会方言と呼ぶ。身分制度に立脚する社会や，いわゆる階級社会では，社会方言間にははなはだしい差異が存在する。

　現代日本語にはそれほど顕著な社会方言はないが，職業グループ特有のことばや若者ことばも一種の社会方言といえる。

➡ことばの地域差 (6-B)，ことばの階層差 (6-B)，ヴァリエーション理論 (7-C)，バリエーション (6-B)，方言学 (7-C)，言語地理学 (7-B)

●参考文献
徳川宗賢・真田信治（編）(1991)『新・方言学を学ぶ人のために』世界思想社.
真田信治 (1989)『日本語のバリエーション』アルク.

〔日比谷潤子〕

■共時・通時

　言語の現象を研究する際に，その現象が現時点においてどのようなかたちで現れているかを，歴史的な観点を導入することなく分析する立場と，その現象がどのようなかたちで現れてきたかという歴史的な過程を分析する立場がある。前者の立場を「共時的（diachronic）」観点，後者の立場を「通時的（synchronic）」観点という。また，前者の分析対象である言語の現時点の状態を「共時態（synchrony）」，後者の分析対象である時間軸に沿った言語の変化を「通時態（diachrony）」と呼ぶ。この2つの概念は，現代言語学の基礎を築いたスイスの言語学者フェルディナンド・デ・ソシュール（Ferdinand de Saussure）によって提唱された。

　この2つの概念を，現代日本語の時制（テンス）を例にとって考えてみよう。現代日本語のテンスは，「ル」（非過去形）と「タ」（過去形）という2つの形式によって担われている。例文(1)では，過去を表す「10分前に」という付加語があるため，非過去テンス形式「ル」を用いると非文になる。

(1) 10分前に隣の部屋から話し声が聞こえ{*ル/タ}。

　このような現代日本語におけるテンス形式の分析は共時的な分析である。

　現代日本語の過去テンス形式「タ」は，(2)に示すような歴史的発展をたどって現在の形式になった。

(2) テアリ→タリ→タ

　このように，ある言語形式がどのような歴史的発展をたどったかを研究するのが通時的な言語分析である。

　共時的な言語分析と通時的な言語分析は独立した関係にある。(1)における「タ」の共時的分析と，「タ」が「テアリ」「タリ」から発展した形式であるという(2)の通時的分析は相互に独立している。

　しかし，共時的観点と通時的観点が相互に関連する側面をもつことも事実である。このことを，日本語の主要部名詞と連体節のあいだに介在する文法形式「トイウ」を例にとって考えてみよう。

(3) [だれかが深夜にドアをノックする] トイウ {噂, *音}

　「トイウ」は引用の助詞「と」と発話動詞「言う」が結びついて1つの文法形式となったものである。このように語彙的な意味を有している語が機能語化する過程を「文法化（grammaticalization）」という。文法化した「トイウ」は，連体節を，後続する主要部名詞と連結することができるが，その際，典型的には主要部名詞は「発話行為」を含意する名詞であり，修飾する連体節は具体的な「発話内容」を表す，という意味的特徴がある。このため，発話行為を直接含意しない「音」のような主要部名詞は「トイウ」と共起しにくい。この共起制限は，「トイウ」に含まれる動詞「言う」の語彙的意味からくるものである。このように，言語現象には，共時，通時両面からの考察を必要とするものが少なくない。

→歴史言語学（7-B），言語理論の流れ（7-B）
●参考文献
堀江薫（2001）「膠着語における文法化の特徴に関する認知言語学的考察——日本語と韓国語を対象に」山梨正明他（編）『認知言語学論考1』ひつじ書房.
Hopper, P. and Traugott, E. C. (2003) *Grammaticalization*. 2nd ed. Cambridge University Press.
Trask, R. L. (1999) *Key Concepts in Language and Linguistics*. Routledge.

［堀江　薫］

■パラディグマティック・シンタグマティック

言語がもっている基本的な構造的特徴のなかに paradigmatic relation (「選択的関係」) と syntagmatic relation (「統合的関係」) といわれるものがある。この2つの概念は，現代言語学の基礎を築いたスイスの言語学者フェルディナン・ド・ソシュール (Ferdinand de Saussure) によって提唱された。この2つの概念を，(1)に示す，日本語の他動詞文の基本構造を例にとって考えてみよう。

(1)日本語の他動詞文の基本構造：
　　{［付加語］［主　語］［目的語］}［動　詞］
　　（{ } 内の要素の語順は自由）

(1)の各構成要素に具体的な語をあてはめてみると，(2)のような文を作ることができる。

(2) {［昨日の復興会議で］［首相が］［議長を］}［賞賛しました］。

(2)の「首相が」という名詞句は，(1)の文構造における「主語」の位置に現れている。この位置には，「首相が」という名詞句の代わりに「外相が」「特別代表が」「多くのNGO代表が」といった他の名詞句が現れることも可能である。このように，ある要素 (「首相が」) が，同じ構造のなかに現れていない他の要素 (「外相が」「多くのNGO代表が」) と潜在的に交替可能であるような関係のことを，paradigmatic (「選択的」) な関係という。

(2)の主語名詞句「首相が」は，付加語名詞句「昨日の復興会議で」，直接目的語名詞句「議長を」，動詞句「賞賛しました」という他の3つの句と同時に，同じ文中に存在している。このように，ある構造において，ある要素が他の要素と並列的に共起しているような関係のことを，syntagmatic (「統合的」) な関係という。

Paradigmatic な関係とは，実際にある構造に現れている要素と，その代わりに現れうる他の要素とのあいだに存在する「潜在的な」関係とみることができる。いわゆる品詞分類は，paradigmatic な関係を前提としている。これに対して syntagmatic な関係とは，実際にある構造内に現れている要素間の「顕在的な」関係とみることができる。Syntagmatic な関係は，音素配列論，語構成，統語論といった要素間の配列，結合にかかわる規則体系と密接にかかわっている。

● 参考文献

Trask, R. L. (1999) *Key Concepts in Language and Linguistics*. Routledge.

［堀江　薫］

E──言語教育研究の枠組み

■言語習得論

言語習得の研究が本格的に行われるようになったのは，1950年代から60年代にかけてである。言語習得は，当時，行動心理学と構造言語学を背景に，刺激・反応による習慣形成であると考えられた。とくに外国語習得は成人言語の単なる模倣であり，学習者による誤りは母語の干渉による負の現象であると認識されたのである。このため，外国語の教授・学習で困難とされる相違点を明確にする対照分析研究が急速に発達するに至ったのである。

1960年代後半，Corder (1967) は，「誤り」が負の現象であるという認識とはまったく異なる観点を示した。つまり，「誤り」は回避されるべきものではなく，言語習得上，必要不可欠なステップであると考えたのである。なぜならば，英語母語話者の幼児は，動詞の過去形の習得過程で一定期間，went, took の代わりに goed, taked などと表出するからである。これは言語学習が明らかに成人言語の模倣ではないことの証拠である。このように，対照分析仮

説は，誤りの多くが単純化や過剰一般化など言語習得の発達段階における体系的なプロセスであるとする誤り分析仮説にとって代わられた。

この誤り分析仮説には理論的背景として，チョムスキー（Chomsky 1965）の変形生成文法がある。チョムスキーは，人間には抽象的な文法規則の習得を促す「言語習得装置（Language Acquisition Device）」があり，言語発達には普遍性があるはずであるという仮説を立てたのである。つまり，幼児のことばには，成人言語の模倣では説明できない数多くの現象が見られるという前提があるからである。彼の仮説によれば，人間は，生まれつき脳の中に言語の「普遍的な文法（Universal Grammar）」（英語，日本語，中国語などの個別言語の文法とは異なる）を備えていて，わずかな「言語インプット（とくに成人言語）」と接触することによって，その文法を修正しながら，目標言語の文法を完成させていくのである。

最近まで，言語習得は外界からの刺激に対して反応が繰り返される習慣形成説によるか，習得中の言語に関して仮説を立てて，その仮説を絶えず検証しながら習得する生得説によるかが論議の中心であった。しかし，今や，この生得説を抜きにして言語習得を語ることはできない。したがって，現在，理論言語学や認知科学の面から，この言語の生得性に基づく新しい言語習得理論の研究が数多く行われている。

➡言語発達論（7-E），母語の習得（8-A），言語生得説（8-A），第二言語習得理論・モデル（8-A），言語習得と脳（8-A）

● 参考文献

牧野髙吉（1994）「第二言語習得研究の方法」小池生夫（監修），SLA 研究会（編）『第二言語習得研究に基づく最新の英語教育』大修館書店．

Larsen-Freeman, D. and Long, M. H.〔牧野髙吉他訳〕（1995）『第2言語習得への招待』鷹書房弓プレス．

Chomsky, N. (1965) *Syntactic Structures*. Mouton.

Corder, S. P. (1967) *The Significance of Learners' Errors. IRAL* 5.

Krashen, S. (1981) *Second Language Acquisition and Second Language Learning*. Pergamon Press.

〔牧野髙吉〕

■言語発達論

● 言語発達の様相 ── 子どもは生後5，6年という短期間に複雑な母語を習得してしまう。母語話者になるために特別な訓練や模倣を必要とするわけではなく，ごく普通の言語が絡んだ社会的なやりとりに参加することを通してどの子どもも一定の順序で同じような段階を経て言語を獲得していく。二足歩行に伴い1語文期から1歳半には語彙爆発期を迎え2語文期に入る。2歳代からは発話に順接や逆接の接続語が組み込まれ長い発話ができるようになり，起承転結の談話構造をもったディスコース期に至る。幼児期の終わりまでに達成する言語能力の個人差は非常に小さい。このことは言語獲得には他の認知技能の獲得とは違った発達過程があることを窺わせるものである。

● 生得説と輻輳説 ── 言語発達（language development）のメカニズムをめぐり生得説と輻輳説の立場から論争が続いている。生成文法論者のチョムスキーは言語発達について「人間はかくも乏しい経験からかくも豊かな能力を身につけうるのか」（Chomsky 1972）という問題を提起した。語彙や音韻規則，とくに統語規則の獲得順序には規則性があることに着目して，子どもが貧弱で劣悪な入力から短期間のうちに文法獲得ができるのは生得的な「普遍文法（Universal Grammar）」が母語の統語規則を生成する枠組みとなるからだと考えた。

一方,「方法論的経験主義」に立つ発達心理言語学者はある特定の言語理論に依拠して生得的な原理を所与のものとするのではなく「差異・共通性抽出仮説」のような領域一般(domain general)・学習のメカニズムにより豊かな構造を内包する言語入力から語意(word meaning)や文法クラス(品詞),言語についてのメタ知識などの表象が創発されるという仮説がどこまで母語の獲得を説明できるかを見極め,環境からの入力による説明が完全に否定された場合にのみ生得的かつ言語固有の原理が言語発達を説明する可能性を受け入れる立場をとる。

● **進化がもたらした言語能力** ── 言語発達は二足歩行に伴う発語器官の変化とその道具を使いこなすための象徴機能の発達を土台にして社会的やりとりを介して成し遂げられていく。ことばはそれが使用される文脈に埋め込まれ生活経験と結びついて初めて機能する。このことから言語発達には生得的な成熟要因だけではなく環境要因も寄与していることは確かである。

言語発達に見られる普遍的な規則性は単一の神経組織によっているのではなく,言語を学習する人間の神経システムのきわめて抽象的な能力に由来していると推測される。遺伝の主要なはたらきは特定の種類の学習をする生得的な能力,言語を操る能力をもたらした。人間の脳は進化の過程で言語を短期間のうちに獲得するという特殊な能力を身につけたのである。経験はこの潜在能力を起動させ,特殊化や豊富化をもたらす。どうやって特殊化や豊富化が起こるのか,言語の獲得の詳細なメカニズムをめぐって,さまざまな領域からの挑戦がなされている。

➡ 言語習得論(7-E),母語の習得(8-A),言語生得説(8-A),言語習得と脳(8-A)

● **参考文献**

Chomsky, N. (1972) *Language and Mind*. Enlarged ed. Harcourt Brace Jovanovich.
内田伸子(1999)『発達心理学──ことばの獲得と教育』岩波書店.

[内田伸子]

■ **言語接触論**

複数の言語や方言が地理的・社会的に接近し,互いに影響を与えると「言語接触状況」が生じる。また言語が混合し新しい言語が生まれることを「クレオール化(creolization)」といい,この初期段階がピジン(pidgin)の形成である。

言語接触論(Theories of Language Contact)において,ピジンとクレオールは,異なる言語をもつもの同士が接触する際,それらの言語が混ざり合い,互いに話ができるように調節されてできた特別な言語の形態であるとされる。ピジンはそれを第一言語とするコミュニティをもたず,もっぱら外的なグループと貿易などでコミュニケーションするために特別につくられた言語である。中東の韓国人やフィリピン人が使う,英語をベースとしたピジンはよい例である。

ピジンとクレオールの特徴は,基になっている言語の構成の大幅な簡略化である。名詞と代名詞の性の区別は簡略化されるか消滅する(Todd 1990)。主部と述部の一致もなくなる。ピジンの機能は当然限られたものになるし,その寿命も短い。しかしピジンのなかにはその社会でフォーマルな役割を果たし,政治,宗教,儀式などの公式言語になったりするものがある。ニューギニアのトク・ピシンは,ある地元のピジンであったが,現在では国の公用語となっている。

クレオールを使用するコミュニティに住む人々が,そのクレオールの基になっている標準言語を使って教育を受けるという言語状況がある。たとえばガイアナやジャマイカでは英語ベ

ースのクレオールが広く話される一方，英語の標準語（とくに書きことば）が学校で教えられている。ガイアナにおける英語を説明するのに，Bailey (1966) は，標準的な最上位のクレオールと，もともとのかたちであったクレオールを最下位に置く理論的枠組みを提唱した。

表7-1 ベイリーが提唱したクレオールの発展段階分類のための理論的枠組み

言語の種類	話者
Acrolect	権威がある，高学識の人々のことば，標準言語に近い
Mesolect	
Basilect	地位が低い，低学識・無学の人々のことば

　クレオールが，その基となった言語と接触し，しだいに acrolect の方向に変化していくことを「脱クレオール化（decreolization）」という。そして標準言語がクレオールに強い影響を与えると，脱クレオール化が進み，ポスト・クレオール連続体が生まれる。ジャマイカでは，最も純粋なクレオールと標準的ジャマイカ英語とのあいだに，それらを両端とする英語の変種の連続体が発生している。これらの変種同士は互いに通じないが，この連続体には切れ目がない (Todd 1994)。脱クレオール化の結果，ポスト・クレオール変種が多数生まれるのである。

　Bickerton (1981) によると，クレオール化のメカニズムは，たとえば活用をなるべく避けるなど，人間の言語の，ある基本的傾向を反映する。また子どもは内的な想像力をもち，この「生態プログラム」のおかげでピジンの機能は拡張し豊かなものになるのである。

➡簡略化コード（8-A），接触場面におけるピジン化（簡略化）（6-D）

● 参考文献

Bailey, B. L. (1966) *Jamaican Creole Syntax*. Cambridge University Press.
Bickerton, D. (1981) *The Roots of Language*. Keroma.〔筧壽雄他訳（1985）『言語のルーツ』大修館書店〕
Todd, L. (1990) *Pidgins and Creoles*. 2nd ed. Routledge.

　　　　　　　　　　　　［ジョン・C. マーハ］

■バイリンガリズム論

　バイリンガリズムの歴史は，バベルの塔以来といわれるほど古い。世界200余りの国々で使われている言語が5000に及ぶことからもわかるように，言語地図は国境以上に複雑なものになる。それゆえ，「1国家1言語」は非常にまれでしかない。それと同時に，世界の人口の大多数はバイリンガルで，多言語話者も少なくない。一般に，ここでの"bi-"は2つ以上を指す上位語として用いられる。この分野での研究は大きく，社会的バイリンガリズム，個人的バイリンガリズム，バイリンガル教育の3つに分けることができる。

　社会的バイリンガリズムには，スイスのように地域によって分けられる型と，カナダのように個人中心の型がある。また，ダイグロシア（diglossia）のように縦の関係（HとL）の場合もある。もともと，さまざまな交流により言語接触が起こることに起因する。母語の違う人々のあいだのリンガフランカから，集団間の力関係により言語移行が進み，ピジン，クレオールのような新しい言語形態も生まれてくる。言語政策には，主に公用語化と標準語化がある。シンガポールでは，民族を越えて英語を公用語の1つに採用し，最近ではその標準化運動が見られる。また，アメリカのバイリンガル教育条例（1968），カナダの公用語条例（1969）も言語政策の一例である。

　個人のバイリンガリズムを論ずるときにまず問題になるのが，バイリンガルの定義である。

「2つの言語を母語話者と同じようにあやつる」から，「もう1つの言語で意味のある発話ができる」まで大きな幅がある。バイリンガル度の測定において，モノリンガルの尺度をあてはめてその不十分さを指摘する傾向が強かったが，最近新しい視点が生まれてきている。モノリンガルを2つ合わせたものではなく，目的，話題，相手によって使い分けるユニークな二言語使用者とみなすのである。

個人が2つの言語をどのように習得し，どのように使うのかが関心を呼ぶ。習得の過程によって，脳における2つの言語体系のしくみが違ってきて，等位型，複合型，従属型に分けられる。二言語使用に関しては，2つの言語がどのように使い分けられるのか，つまりコード・スイッチングが焦点になる。そしてつねに議論になるのが，知的発達との関連においてバイリンガルはプラスになるかどうかの問題である。バイリンガルに対する評価は1960年代に否定的から肯定的へと転換したが，その背後には被験者の違いがあることに注意しなければならない。「しきい仮説」（Cummins 1979）によれば，両言語でどのレベルまで到達しているかにより，付加的，支配的，削減的と分かれる。一定の「しきい」を越えていれば，共通基底言語能力を通して一方の言語で習得した知識が他方に転移するが，逆に，両方とも「しきい」に達しない場合にはセミリンガルに陥る危険性がある。

社会的な言語政策が子どもの教育に反映されたのが，バイリンガル教育である。このバイリンガル教育は1965年モントリオール，サンランベールの幼稚園で始まったとされる。少数派言語の扱い方によって，サブマージョンから，同化主義に基づく移行型，文化複合主義に基づく維持型，イマージョンまで多様な類型がある。言語だけの問題のみならず，学力の問題，さらには文化，アイデンティティの問題にも及ぶ。

➡バイリンガリズム（8-A），二言語使用能力（8-A），バイリンガル教育（8-A），バイリンガル児の言語生活（6-C），マルチリンガリズム（多言語多文化社会）（6-F）

●参考文献

ベーカー，C.〔岡秀夫（訳・編）〕（1996）『バイリンガル教育と第二言語習得』大修館書店．

Baetens-Beardsmore, H. (1986) *Bilingualism: Basic Principles*. Multilingual Matters.

Cummins, J. (1979) "Linguistic Interdependence and the Educational Development of Bilingual Children," *Review of Educational Research* 49. pp. 222-251.

Romaine, S. (1995) *Bilingualism*. 2nd ed. Blackwell.

Spolsky, B. (ed.) (1999) *Concise Encyclopedia of Educational Linguistics*. Elsevier.

〔岡 秀夫〕

■異文化コミュニケーション

異文化コミュニケーション（Intercultural Communication）は1960年代に米国の大学で教えられはじめた。当時，企業の国際化，国際交流の進展に伴い，文化背景の異なる人々とのやりとりで，誤解や摩擦などのコミュニケーション上の問題が多発し，その原因究明と解決方法を見つけることが急務となった。1970年代から日本でも教えられはじめた。異文化コミュニケーションはコミュニケーションの分野のなかの対人コミュニケーションに基礎を置き，文化背景が異なる人が互いにコミュニケーションをするときのメカニズムを明らかにすることを目的とする学際的分野である。研究者は，コミュニケーション論・文化人類学・比較文化・国際関係・言語学・心理学・社会学などのさま

ざまな分野の人々から成る。

異文化コミュニケーションでは，誤解や摩擦の原因として言語，言語表現スタイル，非言語・非言語表現スタイル，価値観，意思決定，衝突（コンフリクト）の解決方法の違い，異文化に接したときの適応過程などを検討する。さらに，自分および相手の文化の地理，風土，歴史，社会などのコミュニケーションに及ぼす影響を考察する。

具体例を示そう。言語表現スタイルの違いに自己開示がある。日本人は，欧米人に比べて，自発的に自分に関する情報を言わない。このことから，欧米人に日本人は閉鎖的であるとか秘密主義的であるとか誤解されることがある。反対に日本人からすると，欧米人の自己開示は自慢しているとか押し付けがましいと誤解してしまうことがある。

価値観の違いとしては，個人に価値を置くか，集団に価値を置くかで，社会の規範が大きく異なるので，根の深い摩擦や誤解の原因になる。集団のなかで目立たないことが奨励される文化では，遠慮や譲歩が行動規範になっているが，個人が重視される文化では，自己表現力と自己責任が規範となっている。自文化の基準で相手を評価してしまうと間違った評価を下してしまい，コミュニケーションに支障をきたす。

自文化と相手文化に対する知識を蓄えるだけではコミュニケーションはうまくできない。実践コミュニケーション力を重視する立場から，知識のレベルにとどめるのではなく，スキルの習得まで学習しなければならない。そのため，①他文化の気づきから始まって，自文化の気づき，②自他文化に関する知識の集積，③異文化に対する開かれた心と態度および感情管理，④異文化に対応するときの具体的な技術の習得，以上4つの段階をふんで学習することを奨励する。語学力は言うまでもなく，目的に応じて相手文化に適したコミュニケーション行動をとれるようになるためのスキルを取得することが最終目標である。

➡異文化への対応能力（6-E），異文化コミュニケーション（6-D）
● 参考文献
八代京子他（1998）『異文化トレーニング』三修社.
八代京子他（2001）『異文化コミュニケーション・ワークブック』三修社.

[八代京子]

■言語治療

言語治療（speech therapy）とは，言語習得，音声聴取・発語などに何らかの障害がある者に対して，言語病理学的・医学的見地から，現症を診断し治療することであり，診断・治療する専門家を言語聴覚士（speech therapist. 略してSTと呼ぶのが一般的）という。

言語障害といっても，正常な言語能力の下限と言語障害とのあいだを明確に線引きするのは容易ではなく，客観的基準に基づき定義することができない場合も多い。言語障害を判定するためには，①声，話しことば，聴覚，言語理解などに見られる症状の特徴，②周囲の人々が，それらの特徴に対して示す反応，③症状をもつ本人が，自分の症状に対してどのように反応し，他人の反応に対してどのように反応するか，といったことを考慮する必要があるであろう。

言語障害をその特徴によって分類すると，言語の理解面・表出面に障害があるもの，言語情報の送信・受信面に障害があるもの，それ以外のものとに分けられるが，その起因するものが両面にわたるものや，原因のわからないものもある。具体的には，言語発達遅滞，自閉症，学習障害（LD），失語症，発声障害，聴覚障害，構音障害，吃音などを挙げることができる。

以下に言語治療に至る手順を追ってみる（笹

沼澄子 1975 を参照した)。

(1)現症の記述：各種言語検査の実施，生育歴（即往歴）の調査，関係分野からの情報収集などにより現症を記述する。障害がどのような条件のもとに発生し，どのような経過を経て今日に至ったかについて明らかにする。

(2)評価・診断：収集した個々のデータとその相互関係を検討し，障害の種類と重症度の判定を行う。次に，回復・改善への可能性を評価・判定する。さらに，症状のどの側面をどう変えるかについて具体的な目標を立て，その目標を達成するための方法を詳細に検討する。

(3)治療：言語治療は，言語行動そのものの変容を目的として行う経験的・実証的方法であり，言語病理学における中心的位置を占めている。原則的には，刺激―反応―強化の過程を系統的に操作することによって，正常な言語行動と現症とのギャップを埋めることを目標としており，必要に応じて行動療法，カウンセリングなどを併用する。人間には障害のある部位を他の感覚器官（振動感覚など）で補おうとする補償現象が備わっている。残された感覚機能を十二分に活用し全体構造的（VT法。ベルボトナル・メソッド）に言語治療を行うことが肝心であろう。

(4)再評価：治療活動の開始後一定の期間（通常3ヵ月）をおいて再評価を行う。得られた結果が所期の目標に達していない場合は，その原因を探り治療方針を修正する。次に，修正された方針に基づき，再び実際の治療活動に移り一定期間の後，再評価を行う。

言語障害のリハビリテーションは，長期にわたる過程であり，多くの関係専門分野との密接なチームワークに依存している。また，障害児（者）を取り囲む地域社会全体の責任において，長期的・総合的な対策を推進する必要がある。

日本語教育の現場でも，何らかの言語障害をもつ日本語学習者が存在すると思われる。日本語学習能力・運用力が劣り授業についていけないとか友達ができず孤立しているとか，それが言語障害に起因しているのかほかに原因があるのかを見分ける能力が問われる。言語障害，言語治療に関する知識をもち，専門家との連携を密にすることが肝心であろう。

➡ことばの障害と治療 (7-A)，言語病理学 (7-B)，VT法 (1-J)

● 参考文献

笹沼澄子 (1975)「言語の障害と治療」『言語』4-10．

伊藤元信・笹沼澄子（編）(2002)『言語治療マニュアル』医歯薬出版．

内田伸子（編）(1990)『新・児童心理学講座6 言語機能の発達』金子書房．

大石敬子（編）(2001)『入門コース ことばの発達と障害3 ことばの障害の評価と指導』大修館書店．

小坏博子他 (2002)『VTS入門』グベリナ記念ヴェルボトナル普及協会．

[木村政康]

■言語学習理論

言語学習理論は，広義には第二言語習得理論と同じ内容を指す場合もあるが，ここでは教室内での学習との関連を中心に，学習者の果たす役割と教室学習の効果について述べる。

第二言語学習の達成度は，学習者側の要因，たとえば知能・適性・記憶・動機づけ・態度・年齢差・性格などに影響される。知能や適性・記憶は，教室内での学習への適応度という意味での関連があると考えられている。動機づけ研究では，従来，統合的動機づけと道具的動機づけによる違いが焦点となってきたが，現在の段階では両方とも言語学習を促進するものとされている。また学習している言語が話されている国や，第二言語話者であることへの肯定的態度も，言語学習上の成功に直接的または間接的に

関連があるといわれる。このほか，教室環境的要素に対する学習者の考え方も態度研究の対象となってきた。動機づけと態度に関連した理論にはGardner（1985）の社会教育的モデル（socio-educational model），Schumann（1978）の文化変容仮説（acculturation hypothesis）などがある。

年齢差については言語学習の臨界期仮説（critical period hypothesis）が有名であるが，第二言語学習の初期段階を短期的に見た場合，思春期以降のほうが子どもより習得が速いとされている。一方，子どもは自然な習得環境において適性を発揮すると考えられ，長期的に第二言語に接したときの最終的な達成度は子どものほうが高いといわれる。このほかの学習者要因としては，内向性/外向性など性格的要因や，場依存/場独立などの異なる認知スタイルの影響も研究されてきた。ただし，従来の学習者要因研究は被験者や学習環境，また研究方法にばらつきがあり，個々の結果を総合して一般的な結論を導き出すにあたっては注意が求められる。

教室学習が第二言語習得にどのように影響するかという議論では，学習した知識は言語産出をモニターするのに使われるだけである，というKrashen（1985）のモニター仮説に対し，学習が有効であるとする多くの反証が挙げられてきた。現在では，教室での意識的な学習は，第二言語の習得順序にはあまり影響しないが，習得方法，速度，最終的な達成度に影響を与えると結論づけられている。

この学習者の中間言語（interlanguage）発達への影響は，学習の過程での言語形式に対する意識化（consciousness raising；noticing；狭義のlanguage awareness）によって生じると考えられている。言語指導の観点からは，意味に焦点を置いた指導のなかで必要に応じて文法に言及すること（focus on form：FonF）と，体系的な文法指導（focus on FormS：FonFS）とに区別して論じる場合もある。最近の形式重視の指導（form-focused instruction：FFI）研究では，提示方法などの指導内容によって，またそれぞれの文法項目によって，指導効果に違いがあることが指摘されている。

➡第二言語（8-A），第二言語習得理論・モデル（8-A），言語適性（8-A），学習動機（8-A）

●参考文献

ジョンソン，K./ジョンソン，H.（編）〔岡秀夫（監訳）〕（1999）『外国語教育学大辞典』大修館書店.

Cook, V. (2001) *Second Language Learning and Language Teaching*. Arnold.

Gardner, R. C. (1985) *Social Psychology and Second Language Learning: The role of attitudes and motivation*. Arnold.

Krashen, S. (1985) *The Input Hypothesis: Issues and Implications*. Longman.

Krashen, S. D. and Terrell, T. D. (1983) *The Natural Approach*. Prentice Hall Regents.

Long, M. H. (1988) "Instructed Interlanguage Development." In Beebe, L. M. (ed.) *Issues in Second Language Acquisition*. Newbury House.

Schumann, J. H. (1978) *The Pidginization Process: A Model for Second Language Acquisition*. Newbury House.

〔堂寺　泉〕

■教室活動論

日本語教育でもよく使われる教室活動の例として，文型練習（パターン・プラクティス），ロールプレイ，タスク，シミュレーション，プロジェクト・ワークなどを挙げることができる。初級レベルを中心に最もよく使われている活動が文型練習である。文型練習は，言語の理

論としては，言語の形式を重視する構造言語学に，学習理論としては，刺激と反応による習慣形成を重視する行動心理学に基づく教室活動ということができる。シラバスとしては構造シラバスが用いられる。このような教授法をオーディオ・リンガル法と呼び，文型練習はその代表的な活動である。

文型練習の具体的な手順としては，まず，①学習目標として特定文型を決め，②その文型が口をついて出てくるようになることを目標として，教師がキューを出し，③それに学習者が反応し，④その反応に教師が評価（フィードバック）を与えるかたちで進められる。教師がどのようなキューをどのタイミングで出すか，また，どのようなフィードバックをどのタイミングで与えるかによって活動の効果が左右される。フィードバックとしては，誤用の習慣化を防ぐために厳格な誤用訂正が行われる。誤用の直接的な訂正を通して正用の強化がはかられると考えられている。文型練習は，このようにパターン化された教師主導の一斉活動ということができる。ペアやグループ・ワークの活動形態は，教師のコントロールが及びにくく，学習者間で互いの誤りを学び合う可能性が強いとして，あまり奨励されない。また，意味伝達を重視する自由会話は，語彙や文型などの点で教師コントロールが難しく誤りを引き出すおそれがあるとして，学習者の言語能力が向上するまでは，抑制される。

他方，近年，日本語教育の現場で注目され始めた教室活動として，ロールプレイ，タスク，シミュレーション，プロジェクトワークなどの言語の形式より言語の運用に重点を置いた活動がある。これらの活動は，言語を意志伝達の手段とみる機能主義言語学と人間の認知活動を重視する認知心理学の学習理論に基づくコミュニカティブ・アプローチで典型的に用いられる教室活動である。コミュニカティブ・アプローチでは，シラバスも教室活動も，学習者のニーズに合わせて柔軟に取捨選択される。たとえば，シラバスとしては機能・概念シラバスが中心となるが，ほかに構造シラバスやタスクシラバス・話題シラバスなどが組み合わされることもある。教室活動としては，課題達成のための言語使用を促すタスク活動をペア・ワークやグループ・ワークで行うことが重視される。言語の形式ではなく主に伝達する意味に注目させ，教室のなかでも，インフォメーション・ギャップやチョイス，フィードバックなどの自然なコミュニケーションの条件が十分満たされるように活動が工夫される。活動形態としては，教師主導の一斉活動よりも，ペア・ワークやグループ・ワークのほうがよく用いられる。その理由は，ペア・ワークやグループ・ワークによって，創造的な言語使用の機会が増え，そのなかで，学習者は自分の持っている第二言語の規則についての仮説を検証することができると考えられているからである。したがって，誤用訂正についても，教師による直接的な訂正ではなく，学習者自身による自己訂正や仲間同士で訂正し合うことが奨励される。

➡オーディオ・リンガル法（8-B），コミュニカティブ・アプローチ（8-B）

●参考文献

縫部義憲（2001）『日本語教師のための外国語教育学』風間書房.

村岡英裕（1999）『日本語教師の方法論——教室談話分析と教授ストラテジー』凡人社.

Krashen, S. D. and Terrell, T. (1983) *The Natural Approach*. Pergamon.

Gass, S. and Madden, C. G. (1985) *Imput in Second Language Acquisition*. Newbury House.

［岡崎眸］

■翻訳論

翻訳と通訳はともに，1つの言語で表現されたことを異なった言語に訳す行為を指す。

翻訳は主として「書かれた文章」を訳すことを意味し，通訳は「話しことば」を訳すことを指す。「翻訳」には，文学作品を訳すこと (literary translation) から技術翻訳 (technical translation) まで多様な翻訳がある。近年は，コンピュータのソフトを翻訳する localization も重要視されてきている。

「通訳」についてはさらに多様性が増す。「通訳」を技術的に分類すると，「同時通訳」と「逐次通訳」とに大別される。「逐次通訳」(consecutive interpreting) は，話者の発言が一区切りしてから訳すことで，「同時通訳」(simultaneous interpreting) とは，文字どおり，発言しているそばから同時に通訳することを指す。同時通訳は時間の節約になることから第二次大戦後のニュルンベルク裁判で初めて導入されたが，通訳ブースやイヤホンなどの設備が必要である。職業としての通訳者を分類すると，国際会議で同時通訳を専門に行う会議通訳者 (conference interpreter)，音声多重放送などで同時通訳を行う放送通訳者 (broadcast interpreter) を含むテレビ番組専門のメディア通訳 (media interpreting)，移民などの定住を助けるコミュニティ通訳 (community interpreting) などがある。コミュニティ通訳は，法廷専門の法廷通訳者 (court interpreter)，警察での司法通訳者 (legal interpreter)，病院での医療通訳者 (medical interpreter) を含み，liaison interpreting, dialogue interpreting などと呼ぶこともある。

英語では翻訳を translation という。通訳は interpreting である。翻訳・通訳を合わせて translation と呼ぶこともある。包括的な意味での translation が対象とするのは，言語自体というより，言語をどのように解釈し，表現するか，という点である。翻訳者 (translator)・通訳者 (interpreter) にとって「ラング」(langue) の知識が不可欠であるのは当然であるが，実際に「訳す」という行為は「パロール」(parole) が対象であり，その意味で翻訳論・通訳論は言語学の範疇ではなく，語用論および異文化コミュニケーション論にかかわる分野である。さらに近年は，機械翻訳 (machine translation) の研究が進み，認知心理学の分野においては同時通訳 (simultaneous interpreting) のメカニズム解明が研究対象となっている。

通訳翻訳研究は，異文化コミュニケーション研究と深く結びついており，国際関係を文化やコミュニケーションの視点から考察するうえで，通訳・翻訳が外交などの対外接触に果たした役割，あるいは社会や文化に及ぼした影響を探ることは不可欠であり，今後の研究課題といえる。

➥ 異文化コミュニケーション (6-D), 異文化コミュニケーション (7-E)

● 参考文献

平子義雄 (1999)『翻訳の原理』大修館書店.
Baker, M. (1992) *In Other Words*. Routledge.
Baker, M. (ed.) (1998) *Routledge Encyclopedia of Translation Studies*. Routledge.
Lambert, S. and Moser-Mercer, B. (eds.) (1994) *Bridging the Gap. Empirical Research in Simultaneous Interpretation*. John Benjamins.
Pochhacker, F. and Schlesinger, M. (eds.) (2002) *The Interpreting Studies Reader*. Routledge.
Snell-Hornby, M. (1988) *Translation Studies: An Integrated Approach*. John Benjamins.
Venuti, L. (1995) *The Translator's Invisibility: A History of Translation*. Routledge.

Venuti, L. (ed.) (2000) *The Translation Studies Reader.* Routledge.

〔鳥飼玖美子〕

■評価理論

評価とは,指導(到達)目標を立てて指導した結果,学習者が目標のどこまで到達したかを判断することであり,「指導目標」と「指導方法・内容」と「評価方法」を有機的に組み合わせて考えることが重要である。

評価は,集団のなかでの相対的位置を測るのか,学習者個人内の外的客観的基準への到達度を測るのかによって,「相対評価」と「絶対評価」に分類される。また,結果重視なのか,過程重視なのかによって「総括的評価」と「形成的評価」に分けられる。

「相対評価」(relative evaluation)は,以前の小学校などの通知表の5段階評定のように,学習者が全体集団のなかで相対的にどの位置にいるかを測る。一方,「絶対評価」(absolute evaluation)は,学習者個人が目標にどのくらい到達できたのかを測るもので,「目標に準拠した評価」とも呼ばれる。学習指導要領のような目標に合わせて,具体的な評価規準を策定し,学習者の到達度を測る。絶対評価には,テスト,観察法,自己評価,相互評価,面接法(インタビュー),ポートフォリオ評価などが利用される。

ポートフォリオ評価(portfolio assessment)とは,あるテーマについて調査して発表するようなプロジェクト型の学習を進めるときに,学習者が記録したメモや抜き書きやノート,収集したファイルや写真や資料,学習者の行動を記録した写真やビデオ,グループ討議やインタビューの記録,ワークシートやレポートや提出物というような,学習の過程や成果を示すものを取捨選択してまとめて,「ポートフォリオ」(1つにまとめたファイル)として評価する方法である。ポートフォリオを自己評価や相互評価することで,学習者は,自分自身やクラスメートの考え方の変化や成長に気づくことができ,教師は学習者が体験した「学びのプロセス」をより深く知ることができる。ポートフォリオ評価は,学習者が試行錯誤を通して進める「総合的な学習」に適しており,自主的に考えて判断し行動できる能力(生きる力)を育成するのに貢献できると期待されている。

「総括的評価」(summative evaluation)は,中間・期末試験や単位認定試験のように,指導終了時に実施し,指導の結果や効果を調べたり,今後の指導の展開(継続するか,改善するか,廃止するかなど)を決めたりするもので,結果に重点が置かれるので「プロダクト評価」につながる。一方,「形成的評価」(formative evaluation)は,学習作業の途中で時間的に小さな単位(単元)で評価していき,次の学習改善に役立たせようとするものである。学習作業のなかで事前にチェックポイントを作成しておき,おのおののポイントでの学習者が目標にどれだけ到達できているかを調べ,それに合わせて,学習内容の提示や指導方法を変えて調整していくものである。学習者の理解プロセスに重点を置いているため「プロセス評価」につながる。

現在の日本の教育界における評価は,従来の「総括的評価」と「相対評価」から,学びのプロセスを重視した「目標に準拠した評価(絶対評価)」に大きく転換しつつある。

→評価とは(8-E),評価の方法(8-E),ポートフォリオ評価(8-E)

●参考文献

バックマン,L. F.〔大友賢二他訳〕(1997)『言語テスト法の基礎』C.S.L.学習評価研究所.

鶴田清司(2003)『国語の基礎学力を育てる——学力保障・言語技術・絶対評価21世紀

型授業づくり』明治図書出版.
言語技術教育（編）（2002）『到達度・絶対評価の基準としての言語技術 言語技術教育11』明治図書出版.
言語技術教育（編）（2003）『「絶対評価」で問われる基礎学力と結果責任 言語技術教育12』明治図書出版.
言語技術教育（編）（2002）『国語科到達度・絶対評価ワークシート1・2・3』明治図書出版.

［山内　豊］

F──研究の方法

■量的研究

　量的研究とは，実験やテストなどによって大量のデータを数値化して分析し，全体像を把握して客観的な結論を得ようとする研究を指す。「計量的研究」や「定量的研究」とも呼ばれ，質的研究と対立する研究方法である。

　量的研究の特徴としては，①研究者によってコントロールされた測定方法を用いること，②比較的多くの人々や用例を対象として行われること，③プロセスよりも得られた結果に重点が置かれること，④適切な統計的処理をすることによって一般化を目指すこと，などが挙げられる。

　社会言語学や日本語学では，量的研究によって言語現象のさまざまな傾向を明らかにしようとする研究も多い。

　その例として，日本人とドイツ人の言語行動の対照研究を見てみよう。日本とドイツで各300名を対象に，どんなあいさつ場面でどんな身ぶりや表現を使用するかを調べた研究がある。調査の結果（表7-2），ドイツに比べると日本は異なり語数が少なく，日本人は悔みを言う場面以外では，上位2形式のカバー率が高いことから，あいさつに決まった表現を用いる傾向があることが示されている（杉戸 1992）。

　国立国語研究所や文化庁の報告書では，日本語および日本人の言語生活の特徴について量的な面からの調査や研究を多く紹介している（林

表7-2　あいさつ表現の定型性の日独比較

	あいさつをする割合		異なり語形数		上位2形式のカバー率
	日本	ドイツ	日本	ドイツ	（日本）
①朝起きて家族に	64.7%	92.9%	8種類	55種類	95.4%
②夜，寝るとき家族に	70.9	96.1	12	81	97.2
③夕食の始め	68.6	65.2	4	54	98.1
④夕食の終わり	71.9	25.6	11	46	91.8
⑤外出するとき	85.6	94.9	35	99	72.9
⑥外出する家族を見送る	78.8	90.5	28	99	71.4
⑦帰宅したとき	87.6	93.2	12	102	91.0
⑧帰宅した家族を迎える	80.7	88.1	20	106	78.5
⑨朝，近所の人に	97.4	97.6	6	67	96.4
⑩昼，近所の人に	97.4	98.8	11	74	89.2
⑪夕方，近所の人に	97.4	98.8	14	61	88.6
⑫誕生日の知人に	55.9	98.5	39	129	52.1
⑬不幸のあった知人に	87.9	95.5	120	127	20.5

1982)。

　量的研究の長所は，①多くの対象者や用例のデータを分析することによって，仮説が検証できること，②より一般性の高い法則や傾向を示すことができる，という点である。量的研究では，その結果から全体像を把握するため，調査対象者が全体像のサンプルとして妥当か，偏っていないかを十分に注意しなければならない。

　短所としては，①数値化できない現象やデータは研究対象として扱うことができないこと，②統計的処理を行うのに必要な一定数以上の調査の対象者（標本またはサンプル）が求められるため，かなり多くの対象者や用例を確保しなければならないこと，などが挙げられる。

　量的研究も質的研究もそれぞれ長所・短所が存在しており，研究の目的と内容によって適切なほうを選択したり，あるいは併用したりして研究を進めていくことが必要である。

➡質的研究（7-F），横断研究（7-F），計量言語学（7-B），尺度の4水準（7-K）

●参考文献

杉戸清樹（1992）「第4章 言語生活」真田信治他『社会言語学』おうふう．

林大（監修）（1982）『図説日本語』〈角川小辞典9〉角川書店．

ジョンソン，K./ジョンソン，R.〔岡秀夫監訳〕（1999）『外国語教育学大辞典』大修館書店．

ネウストプニー，J. V./宮崎里司（編）（2002）『言語研究の方法』くろしお出版．

Larsen-Freeman, D. and Long, M. (1991) *An Introduction to Second Language Acquisition Research.* Longman.

[迫田久美子]

■質的研究

　数値化されたデータを統計的に処理することを重視する量的研究に対し，質的研究では，文字情報を分析・解釈することが多い。これは急激な社会変化による生活世界の多様化を捉えるための仮説を既存の理論から導き出すことが難しくなったことが原因で，データから理論を立ちあげる帰納的な研究戦略が注目されるようになったためである。

　質的研究の特徴は，研究対象に適した方法と理論を選択し，当事者の視点の多様性を考慮に入れた分析をすること，また，研究者の内省もデータの一部となることに量的研究と際立った違いがある。また，質的研究は，意味や文脈，対象を包括的（holistic）に扱うことに特徴がある（Hayes 1997）。

　研究対象者とのあいだに距離を置き，対象者の世界を俯瞰する視点で現実をみる「論理実証主義」の立場に立つ量的研究に対して，質的研究は，マックス・ウェーバー（Weber）の流れを汲む解釈的アプローチ（interpretive approach）の立場に立つ。質的研究が依拠する解釈的アプローチの具体的特徴には，次の4つがある。①認識論的原則として，対象を「わかる（Verstehen）」ことに力点があり，人間行動に関する普遍的法則の定立を目的としていないこと，②具体的な事例を重視して，人が生きているローカルな社会文化的文脈のなかで捉える，すなわち，人工的な実験室ではなく，自然な日常活動を対象とすること，③構築主義的スタンス，すなわち，ある現象に関して特定のものの見方をすることで，現実は作り出されるという立場に立ち，客観的な現実はないと考えること，④テクスト（テキスト）が現実の構築と解釈の基礎だと考えることである。

　質的研究法は，テクスト産出過程とテクストの分析・解釈の過程から成るが，両過程は交互に交代を繰り返しながら高次の分析へと螺旋状に上がっていく。テクストとは，参与観察で産出されるフィールドノートや，面接記録，手紙や新聞記事などの文書資料，写真などをいう。

それらが分析のための基礎データであり解釈の根拠となったり，研究結果を提示・伝達するための媒体ともなる。それゆえ，現実を文字化してテクストに変換する際に問題が起こる。質的研究者のなかでも，テクストは「もとの」現実と照合できる現実の「コピー」と考える本質主義的立場と，「もとの」現実などというものはそもそもないとする構築主義の立場があり，後者は，当事者が何を現実とみなしているかを研究者は推定しうるだけであると考える。換言すれば，構築主義者は，純粋な事実というものはどこにも存在しない，事実は選択と解釈を通じて初めて事実として構築されると考えるのである。いずれの立場にしても，観察や面接からいかに豊かなデータを引き出しテクスト化できるかに，質的研究の成否は大きく影響を受ける。

➡ 量的研究（7-F），帰納的研究（7-F），フィールドワーク（7-F），参与観察（7-F），アクション・リサーチ（7-F）

● 参考文献

フリック，U.（2002）『質的研究入門──〈人間科学〉のための方法論』春秋社.

木下康仁（1999）『グラウンデッド・セオリー・アプローチ──質的実証研究の再生』弘文堂.

Hayes, N. (1997) *Doing Qualitative Analysis in Psychology*. Psychology Press.

[箕浦康子]

■エスノグラフィー（民族誌）

エスノグラフィー（ethnography）のethnoは「民族」を，graphyは「描く，書く，記録する」ことを意味している。一般的に，エスノグラフィーは特定の共同体やそのなかで生きる人々の行動，および，そうした行動が基づいているさまざまな価値体系などに関する「記述」そのものを意味するが，一方で，そのような記述のための調査過程，すなわち，フィールドワーク（field work）も含む。今日，エスノグラフィーは，人類学・社会学はもちろんのこと，教育学・心理学，そして，社会言語学などの複数の分野で広く実践されている。これまでにもしばしば援用されてきた「民族誌」という和訳語からも察することができるように，20世紀を通して発展してきた文化人類学の理論・方法論とは切っても切り離せない存在である。

エスノグラフィーの根底にある特徴は，徹底的な「現場主義的」な視点である。文化人類学におけるエスノグラフィーの本格的な発展は，1920年代に登場するポーランド生まれの文化人類学者ブロニスロウ・マリノフスキー（Malinowski）に始まる。1910年代に，太平洋のメラネシア地域のトロブリアンド諸島で2度にわたる長期調査を行った彼は，現地の言語を覚え，共同体の一員として人々の日常生活に参加する一方で，ある一定の距離を保ちながら「客観的な」調査者としての観察や分析に携わった。

彼の行ったフィールドワークの方法論は「参与観察（participant observation）」と呼ばれ，以来，現地調査の基本とされてきた。ただし，近年の人類学では，「参与観察」のような方法論が「『主観』対『客観』」や「『我々』対『他者』」といった二項対立的な視点を前提にしていること，さらに，そのような前提にひそむ政治性，また，イデオロギー性がしきりに論じられてきており，「現場」に向かおうとする研究者にさまざまな問題を呈示している。しかしながら，マリノフスキーが実践した「エスノグラフィー」について改めて考えるとき，その調査のプロセスが単に「データ（data）」を採集するためだけの行為ではなく，調査の「現場」で起こっていることに繊細さをもちつづける姿勢に基づいていたこと，さらに，そのような姿勢によって導かれた発見の大きさを再認識するに至る。

今日のディスコースや文化と意味の研究におけるマリノフスキーの貢献は，ことばを用いることが「社会行為（social action）」であるということを見据え，コミュニケーションにおける「コンテクスト（context）」の重要性を強調した点である．とくに，彼の現場主義的な視点は，1960年代にアメリカの言語人類学者ハイムズ（Hymes）が提唱した「ことばのエスノグラフィー（ethnography of communication)」の枠組みに受け継がれることになる．いつ，どこで，だれが，だれに，何を，どのように話すのかという「コンテクスト」への視点を中心に据えたハイムズのアプローチは，今日でも，人類学をはじめコミュニケーションの分析に携わる研究者にとってきわめて示唆的である．

→フィールドワーク（7-F），参与観察（7-F），言語人類学（7-B），質的研究（7-F）

● 参考文献

クリフォード，J./マーカス，G.（編）〔春日直樹他訳〕（1996）『文化を書く』紀伊国屋書店．

ハイムズ，D.〔唐須教光訳〕（1979）『ことばの民族誌——社会言語学の基礎』紀伊国屋書店．

ネウストプニー，J. V./宮崎里司（編著）（2002）『言語研究の方法——言語学・日本語学・日本語教育学に携わる人のために』くろしお出版．

Sabille-Troike, M. (1989) *The Ethnography of Communication*. Basil Blackwell.

［松木啓子］

■ フィールドワーク

「フィールドワーク」は，参与観察，フォーマルおよびインフォーマルインタビュー，文書資料の収集などから成る複合的な研究方法で，フィールドワークでわかったことを書くプロセスおよび書かれた著作を「エスノグラフィー」という．エスノグラフィーにおいて最終的に提示される仮説・理論を，データに根ざした理論（grounded theory）という．

ある民族の文化を探る方法として開発されたフィールドワークは，社会学・教育研究・言語研究・看護学・発達研究などに応用され，学級や病院などでの微細な相互交渉などをも観察ユニットとするようになった．村落や企業体などを主な研究対象にしているマクロ・エスノグラフィーに対して，このような小さなユニットを研究対象とする場合をマイクロ・エスノグラフィー（micro ethnography）と呼ぶ．

言語研究では，日本語非母語児と保育士や他児とのやりとりの分析（石黒 2001）や，日本語を知らない幼児が保育園の日常活動のなかでどのように日本語発話を形成していくかを追跡した例（柴山 2001）がある．

フィールドワークのステップは，①フィールドを選定し，②フィールドの全体像を把握し，③問いを立て，④観察のユニットを定めて焦点観察を行い，⑤観察結果を読み解くための理論枠組みの探索を行い，⑥理論に導かれた事象の選択的観察を実施して，⑦フィールドノートを分析し，カテゴリーを析出して，カテゴリー間の関係を解釈し，⑧解釈した結果から仮説を生成し，それをエスノグラフィーとして書き上げる，の8段階から成る．分析に耐えるフィールドノートが書けるかどうかが研究の成否を決める．フィールドに入っていた時間の2, 3倍の時間をフィールドノートの作成にあてるのが目安である．フィールドワークの中核は⑤〜⑦で，データの収集と分析が繰り返されるなかで仮説が生成される．エスノグラフィーを書いている⑧の段階で新しい視点を得て，またフィールドノートをひっくり返し，⑤，⑥，⑦のプロセスを繰り返すことも珍しくない．データ収集と分析が相互に依存し合いながら螺旋状に上に

詰めていき，漠然とした「問い」から，より理論的な「問い」へと精緻化していくのが，フィールドワークの特色であり，この点が直線的に進行する仮説検証型研究とは異なる。

　分析結果を書くこと自体が，理論的志向性に導かれた行為（a theory-informed act）であり，エスノグラファーがフィールドで聞いたさまざまな声のうち，だれの声をどのように誰に提示するかを決める必要が出てくる。したがって，フィールドワーク中やテクスト産出時よりも，だれの声を中心にどのように書き上げるかで，「批判的」エスノグラフィーとなったり「フェミニスト」エスノグラフィーになったりする。

➡参与観察（7-F），フィールドノート（7-I），エスノグラフィー（民族誌）（7-F）

● 参考文献

石黒広昭（2001）「ビデオデータを用いた相互行為分析——日本語非母語児を含む『朝会』の保育談話」石黒広昭（編）『AV機器をもってフィールドへ』新曜社.

箕浦康子（編著）（1999）『フィールドワークの技法と実際——マイクロ・エスノグラフィー入門』ミネルヴァ書房.

柴山真琴（2001）『行為と発話形成のエスノグラフィ——留学生家族の子どもは保育園でどう育つのか』東京大学出版会.

LeCompte, M. and Preissle, J. (1993) *Ethnography and Qualitative Design in Educational Research*. 2nd ed. Academic Press.

　　　　　　　　　　　　　　　　　［箕浦康子］

■ 参与観察

　参与観察はフィールドワークの主要なデータ収集法で，研究対象のいる場に身を置きながら観察を積み重ねることでデータを得ていくことである。参与観察は，第一にアウトサイダー（観察者）の視点とインサイダー（参加者）としての経験が交錯する二重性が存在していること，第二に，参加者が自明視していることを問い直すこと，第三に，行為のみならずそれが生起する状況や背景にも目を配ること，第四に，観察者自身が研究のツールであること，にその特徴がある。参与観察者は，自分がよく知らないことを自覚して〈いかにことが運ばれるか〉を知るつもりで活動に参加する。そこで生活している人から話を聞く場合，その人たちのことをインフォーマント（informant）という。

　フィールドへの参与の程度によって4つのタイプがある。①完全な参与は，自分が通常の参加者であるような場所でフィールドワークをする場合である。②積極的参与は，ボランティアとして登校拒否者の集まりに話し相手として参加するなどで，フルメンバーではないが一定の役割をもちながら観察する場合などである。③消極的参加は，フィールドの日常生活の流れを乱さないように片隅に観察場所を確保して，対象者との交わりは向こうから話しかけられたときくらいにとどめ，壁の花になったつもりで観察する場合である。しかし，研究者は，消極的な観察者のつもりでも，たとえば学級観察の場合は子どもたちが，昼休みにいっしょに遊ぼうと誘ってくることもあろう。このようなときは，ある時期は参加者としての役割に比重を置き，子どもたちとの人間関係を築き，その後は自覚的に観察者の役割に切り換える工夫が必要になってくる。④観察者役割のみの場合は，マジックミラーを通して園児たちの活動をみる場合，などである。

　参与観察では，自分はどのような目的で何を観察しているのかを判断の座標軸として，その場で臨機応変に役割を切り換える必要がある。学校や保育園でフィールドワークをするときに気をつけなくてはいけないのは，教師や保育士と同一視されるような行動はとらないことである。また，子どもの行動の分析単位を子どもが

何らかの行動を始めてから終止するまでとしているような場合は，子どもに話しかけたくとも，こちらからは動き出すべきではなく，こちらが動くのは危機的場面への介入にとどめておくよう自制する必要がある。イギリスのコンプリヘンシブ・スクールでフィールドワークをした志水（1996）は，「何も知らない素朴な外国人を装う」ことにしたという。これも，フィールドワークでの1つの役割のとり方である。

活動メンバーであり，かつ観察者であるという二重の役割をとることは，組織への関与が大きければ大きいほど困難になる。この意味では，自分が組織の外にいる集団のほうが，役割の葛藤を経験しないで，観察を継続しやすいといえる。

➡ フィールドワーク（7-F），質的研究（7-F）

● 参考文献

佐藤郁哉（2002）『フィールドワークの技法——問いを育てる，仮説をきたえる』新曜社.

志水宏吉（1996）「イギリスの中等学校の研究」須藤健一編『フィールドワークを歩く——文化系研究者の知識と経験』嵯峨野書院.

エマーソン，R.他〔佐藤郁哉他訳〕（1998）『方法としてのフィールドノート』新曜社.

Spradley, J. P. (1980) *Participant Observation*. Holt Rinhart and Winston.

［箕浦康子］

■ 演繹的研究

演繹的研究は，すでに存在する仮説やモデルを検証し，理論の一般化を目指す「仮説検証型」の研究であり，観察によって収集したデータから，概念，モデル，仮説を引き出す「帰納的研究」と対比される。心理学・教育学・応用言語学の研究では実証的な研究を目指し，膨大な数の演繹的研究が行われてきた。すべての演繹的研究がそうであるとはいえないが，演繹的研究で多くとられる手法は実験法（experimental method）である。実験法では，研究者は先行研究から得られた知見や理論に基づき，仮説を設定する。そして，その仮説を実証するために，対象である被験者の行動に影響を与えるとされる条件を意図的に統制し，実験を行う。そして，通常はそれぞれ異なった条件下での被験者の行動を定量化し，統計的な手続きをふむことで，設定した仮説を証明する。これによって，主発点となった理論を補強，あるいは，先行研究を追試することが可能になる。

仮説検証型の演繹的研究では，データ収集の方法，実験方法，統計処理の方法など，あらかじめ実験計画を十分に吟味し，決定しておくことが重要である。厳密な実験計画が行われないと，要因の統制ができなかったり，予測していなかった要因の影響を排除できなかったりすることもある。

帰納的研究と演繹的研究の関係は，前者からあるモデルや仮説が導かれ，後者によってその検証が行われる関係にあるが，「帰納的観察と演繹的観察はひとつの法則からみれば往復関係にあり，この両者の往復によって法則は構造化され，さらに法則にあわない現象が観察されれば，それを契機にしてより進歩した法則へと発展することにつながるのである」（南風原他 2001）。しかし，実際に行われる研究のなかには，帰納的研究や観察を自ら行わずに先行研究の結果だけを参照し，仮説を設定し，実験を行う研究も散見される。

応用言語学や日本語教育の研究は，教室での教授・学習や自然場面での言語使用が関心の対象であることが多いが，このような場面には複雑な文脈がからんでおり，行動に影響を与える多様な要因が存在している。したがって，データの独立性という条件を考慮しないまま統計的検定を行ったり，検定の結果を過剰に一般化し

てしまわないような配慮が必要である（吉田 1998）。演繹的研究の手法をとる場合，帰納的研究によってできるだけ自然な状況であらかじめデータを収集したうえで，仮説を生成すること，また，上述したように，帰納的研究と演繹的研究の往復関係を維持することが重要となる。

→帰納的研究（7-F）

● 参考文献

南風原朝和他（編）(2001)『心理学研究法入門——調査・実験から実践まで』東京大学出版会．

吉田寿夫（1998）『本当にわかりやすい すごく大切なことが書いてある ごく初歩の統計の本』北大路書房．

[吉田達弘]

■ 帰納的研究

演繹的研究が，すでに存在する仮説やモデルを検証する「仮説検証型」の研究であるのに対し，帰納的研究とは，観察によって収集したデータから，概念，モデル，仮説を引き出す研究，つまり，「仮説生成型」あるいは「データ駆動型」の研究である。帰納的研究では，研究者は，観察や調査によって集めたデータを記述・分析しながら，データの意味を読みとり，カテゴリー化，概念化する。仮説を検証するために，あらかじめ決定していた研究計画に基づき特定のデータを収集する仮説検証型の研究と異なり，仮説生成型の研究では，さまざまな情報を含んだデータを扱うことになる。言語の差異を記述した言語類型論（linguistic typology）をもとにグリンバーグ（Greenberg）らが展開した言語普遍性（linguistic universals）の研究は，言語学における帰納的研究の事例として挙げられる（McLaughlin 1987）。

帰納的研究と演繹的研究の関係は，前者からあるモデルや仮説が導かれ，後者によってその検証が行われる関係にあるといえるが，つまり，帰納的研究と演繹的研究は往復関係にあり，この往復によってさまざまな発見が構造化されていく（南風原他 2001）。一般に，帰納的研究は，先行研究の知見からだけでは仮説を設定できない段階で，研究を探索的に進める場合に有効であると考えられている。しかし，これは，帰納的研究が演繹的研究の前段階となる未熟な研究であるということを意味しない。帰納的研究では，集めたデータを記述，分析し，その意味を解釈することで仮説を生成するが，その仮説をさらに精錬させるために，再びデータを収集し，一連の作業を再帰的に行うことが求められる（平山 1997）。このことは，人間の学習や成長，コミュニケーションを対象とする言語教育研究にはとくに重要なことで，演繹的研究も，そのような豊かなデータをふまえたうえで行う必要がある。

このように帰納的研究では，結果的に導かれた仮説やモデルの妥当性や信頼性を確保するために再帰的な手続きをふみながら，収集したデータを丹念に読み解く作業が必要となる。安易な条件統制による実験を行わないためにも，研究者は，良質の帰納的研究と演繹的研究との往復関係を意識した研究計画を作成すべきであろう。

→演繹的研究（7-F）

● 参考文献

南風原朝和他（編）(2001)『心理学研究法入門——調査・実験から実践まで』東京大学出版会．

平山満義（1997）『質的研究法による授業研究——教育学/教育工学からのアプローチ』北大路書房．

無藤隆他（編）(2004)『質的心理学——創造的に活用するコツ』新曜社．

McLaughlin, B. (1987) *Theories of Second*

Language Learning. Edward Arnold.

〔吉田達弘〕

■操作的定義

物理学の分野で,「科学的概念は,それが得られた具体的操作を明らかにすることによってのみ,初めて正しく客観化される」とする考え方(ブリッジマン Bridgeman 1928)を「操作主義」という。ここでいう「操作」とは「概念を明らかにする行動」であり,そのような操作によってできあがった定義が,「操作的定義 operational definition」と呼ばれるものである。

この操作的定義が心理学においても広く用いられるようになったのは,従来,直接経験を基にしてあいまいにしか捉えられなかった心理学的概念を,客観的に定義できるようにするためであった。いろいろな現象や行動を説明するために導入される内的状態や心理過程のことを「構造概念」と言うが,構成概念それ自体は直接観察することはできない。たとえば,「悲しい」という感情を例にとって考えてみよう。われわれは,悲しいという感情そのものを観察できるわけではなく,自分自身が悲しんでいるという状態においてのみ,「悲しい」という感情がどのようなものであるのかを把握することができる。換言すれば,この「悲しい」というような内的状態や心理過程,すなわち「構成概念」については,それ自体を研究対象として直接観察することはできないのである。そのため,もし1人のインフォーマントが「悲しい」という報告をし,同じ(実験)状況で他のインフォーマントが同じく「悲しい」という報告をしたとしても,それは2人の報告が一致しているということを示しているだけで,「2人がまったく同じ『悲しい』という意識をもった」ということは証明できないということになる。このような研究対象の科学的研究は,報告の一致に基づいて進めていくしかないのである。

このように,研究対象(たとえば「悲しい」という意識)によっては,単に概念的に定義するだけでは,研究者間で一致した意味を共有することが難しいものがある。このような理論的用語のあいまいさを克服するための一つの試みが,「操作的定義(operational definition)」を行うことなのである。「操作的定義」をより具体的に言うと,「抽象的な概念を,具体的な手続きに基づく測定によって定義したもの」といえる。たとえば,「知能」という概念を,知能テストの成績によって定義づけることなどがそれにあたる。抽象的な構成概念(「知能」)を含む仮説は,操作的変数を用いた命題(「知能とは,知能テストによって測られたところのものである。」)に置き換えることによって,検証可能になると考えるのである。それゆえ,操作的定義は,定義されるトピックのすべての側面を表現した理想的な定義となるわけではないが(知能というものが,知能テストの成績のみに,すべて正確に反映されているかどうかは疑問),定義したものを実証的研究の対象にすることを可能にするのに十分なものである必要がある(知能テストの成績は,実証可能)。また,多くの研究者に受け入れられる意味と十分に近いものである必要がある(知能テストの結果が,経験的な予測と近いものであること)。

語用論や日本語教育にかかわりが深いところから例を挙げると,たとえば,ブラウンとレビンソン(Brown and Levinson)の2種類の「フェイス」を核とする「ポライトネス」の定義は,厳密には,ポライトネスという概念自体の理想的な定義とはいえないかもしれない。また,伝統的で一般的な「ポライトネス」の捉え方とは異なる面もある。しかし,その定義が,多くの研究者に受け入れられる意味と十分に近いものであり,かつ,「ポライトネス」というものを実証的研究の対象にすることを可能にし

ているという意味において，有用な操作的定義としての役割を果たしているといえるだろう。

実証的な研究方法において，「操作的定義」は，必須のものである。
→量的研究（7-F），演繹的研究（7-F）

● 参考文献

小川一夫（監）(1987)『社会心理学用語辞典』北大路書房.

下中弥三郎（編）(1957)『心理学事典』平凡社.

ストラットン, P./ヘイズ, N.〔依田明・福田幸男訳〕(1996)『人間理解のための心理学辞典』ブレーン出版.

山岸俊男（2001）『社会心理学キーワード』有斐閣.

[宇佐美まゆみ]

■ 事例研究

事例研究とは，1人もしくは複数の被調査者の変化について，徹底的かつ詳細に記述していくアプローチのことで，ケーススタディとも呼ばれる。たとえば村岡（1999）は，「発話コントロール」「学習者参加促進ストラテジー」「導入における談話構成ストラテジー」などの観点から，教授経験年数の浅い3名の日本語教師の授業を分析し，3名それぞれの特徴を詳しく記述している。また，丸山（1990）は，日本語教育実習生が授業中にトラブルを起こした事例を収集し，「段取りのまずさ」「語彙のコントロールの不十分さ」「基本的知識の欠如」「学習者に対する対応のまずさ」の視点で，細部にわたって分析・考察を加えている。

事例研究は，小人数の変化を詳しく記述していくため，長期の縦断的な質的研究であることが多い。たとえば松本（1998）は，来日1年目の中国人児童1名がどのようなかたちで語彙習得をしていくのかを明らかにするために，40分の授業時間と10分間の休み時間の児童の発話を録音したものを文字化した。データ収集は，約1年間にわたり合計20回実施され，得られた結果を分析・考察し，来日1年目の児童に対する日本語指導の具体的な方法を提案している。このようなかたちで進められる事例研究は，「少ない数の対象について多くの事項を把握し，"深く狭く"調べる」（佐藤 1992）ものであり，「根気強く，時間をかけて観察をしながら記録をしていく」（迫田 2002）記述型研究である。

被調査者の数が少ないため，「詳しい調査ではあるが，それが他のケースにどれだけあてはまるのか」「その結果は，その被調査者の場合にだけあてはまるのではないか」などと，調査結果の一般性や妥当性についての限界が指摘されることが少なくない。しかしながら，「被調査者を通して調べられる事柄の多さやその範囲の広がり」（佐藤 1992）にその特徴がある事例研究は，集めたデータに基づいて仮説をより良いものへと発展させていく「理論生成（グラウンディッド・セオリー）」タイプのアプローチである。

事例研究によって明らかになったことが，より統制された実験研究へと結びつくことも少なくなく，そういった意味で，理論生成タイプの事例研究は，データを集め測定することで，あらかじめ立てておいた仮説を検証する「理論検証（グラウンド・セオリー）」タイプの量的実験研究と，相補的な関係にあるともいえるであろう。

事例研究は「徹底的かつ詳細にわたる記述」や「深くて狭い調査」をその特徴とするものである。それゆえ，被調査者の数が少ない研究をすべて事例研究と呼んだり，小人数を対象にした簡単で深まりのない研究を事例研究の範疇に入れたりすることは，避けられるべきである。
→縦断研究（7-F），横断研究（7-F），フィールドワーク（7-F），帰納的研究（7-F）

● 参考文献

迫田久美子（2002）『日本語教育に生かす第二言語習得研究』アルク．

佐藤郁哉（1992）『フィールドワーク――書を持って街へ出よう』新曜社．

松本恭子（1998）「ある中国人児童の語彙習得――1年間のケーススタディを通して」『平成10年度日本語教育学会春季大会予稿集』．

丸山敬介（1990）『経験の浅い日本語教師の問題点の研究』創拓社．

村岡英裕（1999）『日本語教師の方法論――教室談話分析と教授ストラテジー』凡人社．

[横溝紳一郎]

■ アクション・リサーチ

アクション・リサーチは，教師が自己成長のために自ら行動（action）を計画して実施し，その行動の結果を観察して，その結果に基づいて内省するリサーチであり，「自分の教室内外の問題及び関心事について，教師自身が理解を深め実践を改善する目的で実施される，システマティックな調査研究」（横溝 2000）と定義される。①小規模で状況密着型である，②状況の改善・変革すなわち教育の質の向上を目標に行うものである，③自分の教室を超えた一般化を直接的に目指すものではない，④（授業を行っている）本人が行うものである，⑤協働的であることが望ましい，⑥伝統的なリサーチよりも柔軟性があり，取り組みやすく，現場の教師向きである，⑦評価的であり内省的である，⑧システマティックである，⑨他の人に影響を及ぼす変化を起こすという意味で，ポリティカルなプロセスである，などの特徴がある（横溝 2001）。

アクション・リサーチのトピックは，実施する教師自身の関心・興味により決定される。実施プロセスとして，「スタート地点の発見」「リサーチのトピックの明確化」「情報収集」「予備調査」「行動方略の発展」「行動の計画立案」「行動の実施」「行動結果の観察・分析」「行動成果の内省」「公開」という10のステップがあるが，リサーチの進行に伴い，実施プロセスは柔軟に変化していく。実施するメリットとしては，①教師自身の成長，②教師一人一人が，教え方についての既成の理論を受け入れるだけの「消費者」ではなく，「教え方に関する情報の発信基地」になれる，③教師同士のネットワークづくりに貢献する，④周りの人々そして社会の，教師の仕事に対する理解が深まる，⑤教授・学習環境が向上する，⑥教師と学習者のあいだの信頼感・親密性が増すこと，などが挙げられる。

アクション・リサーチは，普遍的真理を追及する実証主義的な実験研究とは異なる目的，すなわち「教室内外の問題および関心事についての，教師の理解の深まりと教育的実践の改善」，そしてその結果生じる「教師の自己成長」を目的として実施されるものである。目的の相違は，機能および方法論の違いをも意味するだけでなく，その質の善し悪しを考えるときの基準の見直しも要求する。実証主義的な実験研究の質を判断する基準である「妥当性」「信頼性」に基づいて，アクション・リサーチの質を判断することは避けられるべきであり，その代わりとして「教育的実践の向上性」「倫理的正当性」「実用性」などがアクション・リサーチの質の判断基準として採用されるべきである（Altrichter, Posch and Somekh 1993）。

→授業研究（8-F），教師の成長（8-F），参与観察（7-F），質的研究（7-F），帰納的研究（7-F），クラスルーム・リサーチ（7-F）

● 参考文献

横溝紳一郎（著）日本語教育学会（編）（2000）『日本語教師のためのアクション・リサーチ』凡人社．

横溝紳一郎（2001）「アクション・リサーチ」

青木直子他（編著）『日本語教育学を学ぶ人のために』世界思想社.
Altrichter, H., Posch, P. and Somekh, B. (1993) *Teachers Investigate Their Work: An Introduction to the Methods of Action Research.* Routledge.

［横溝紳一郎］

■クラスルーム・リサーチ

クラスルーム・リサーチは「教室のなかではいったい何が起こっているのか」という実際の現象を取り扱う研究である。クラスルーム・リサーチには、①教師と学習者のあいだや、学習者同士のインターアクションの視点、②（指導を受けずに言語を発達させることとの対比において）指導が言語発達に及ぼす効果の視点、③指導法によって言語発達に及ぼす効果が異なるかどうかという視点、の3つの視点が存在している（ジョンソン、K./ジョンソン、H. 1999）。

データ収集の方法として観察法や実験法が使用されることが多く、「その研究成果は、指導技術や指導手順に関して教師の日頃の授業の改善につながり、格好の反省材料を与えてくれる」（窪田 1994）という意見がある。その一方で、「実践に向かないという現場の教師の反応が少なくない（月刊日本語編集部 1998）」という主張も存在する。後者の主張は、実験法によって「仮説─実験─検証」の過程でクラスルーム・リサーチを実施しようとする場合、実験条件（変数）を統制しその結果を統計的に分析することが必要になることに起因するところが大きい。すなわち、統制すればするほど、多様な教師と学習者によって成立している実際の教室環境や文脈とは程遠くなり、その結果を自分の現場にも役立つものとして受けとめにくいこと、および結果の正しい理解のためには、変数統制や統計的分析の理解のための「リサーチ・リテラシー」を身につける必要があり、また難しいことが原因で、現場の教師がその成果を即座に直接的に受け入れることが困難になっているのである。

しかしながら、実証主義的実験法によらないクラスルーム・リサーチは、「授業を観た上でその感想や印象評価の域を脱していないことが多い」（窪田 1994）と批判されることも少なくないのも事実である。稲垣・佐藤（1996）は、この現象を「（どの授業にも応用可能な1つの真理を追及する）技術的実践」と「（その教室でしか成立しえない1つのできごとや経験に対する多様で多義的な認識を追及する）反省的実践」という対立構造で捉えている。実証主義的な量的クラスルーム・リサーチが前者の立場に基づくものであるのに対し、事例研究やアクション・リサーチなどの質的クラスルーム・リサーチは後者の立場に立つものである。

このようなかたちで、クラスルーム・リサーチと呼ばれるもののなかには、大きな幅が存在している。その結果、（授業の実践報告会というかたちで開催される）クラスルーム・リサーチの発表会に参加する聴衆が、自分の期待に沿わない発表会に参加し、「物足りない」「居心地が悪い」などと感じる場合が少なくない（横溝 2001）。

→授業研究（8-F）, 教師の成長（8-F）, アクション・リサーチ（7-F）, 量的研究（7-F）, 質的研究（7-F）

● 参考文献

稲垣忠彦・佐藤学（1996）『授業研究入門』岩波書店.
窪田三喜夫（1994）「クラスルーム・リサーチと第二言語習得」小池生夫（監修）, SLA研究会（編）『第二言語習得研究に基づく最新の英語教育』大修館書店.
月刊日本語編集部（1998）「こんな日本語教師になりたい！」『月刊日本語』11-1.

横溝紳一郎(2001)「授業の実践報告のあるべき姿とは? 現場の教師が参加したくなる報告会を目指して」『日本語教育』111.
ジョンソン, K./ジョンソン, H.〔岡秀夫監訳〕(1999)『外国語教育学大事典』大修館書店.

[横溝紳一郎]

■縦断研究

　縦断研究は,longitudinal study や「定期観察による研究」とも呼ばれる。言語の運用や発達を研究する領域において,1人あるいは小人数の特定の人を対象に時間(時間軸の縦方向)の流れに沿い,長期にわたってデータを収集して行う研究を指す。特定時に集団を調査対象とする「横断研究」に比べて,調査の対象者が少ないため,事例研究(case study)になる場合が多い。

　第二言語習得研究では,定期的あるいは不定期に言語運用の発達や文法形態素の習得順序を観察したり,記述したりする。

　たとえば,中国語話者,韓国語話者の日本語学習者各3名を対象として,学習開始3ヵ月後から3年間にわたってコ・ソ・アの習得状況を調査した研究がある。3～4ヵ月ごとに1時間の対話を文字化し,文脈に現れる指示詞コ・ソ・アの使用を分析した結果,形態素の出現順序はコ≧ソ＞ア(コが最も先に,あるいはコとソは同時期に,そしてアがその後に出現する)であること,母語の違いにかかわらずソ系指示詞を選択すべき場合にア系指示詞を選択する誤用(例「すてきな人が現れたら,あの(→その)人と結婚したい」)が多いことが報告されている(迫田 1998)。

　また,年少児を対象とした縦断研究もある。日本の小学校に通う中国人児童1名を対象とし,作文資料と2～3週間ごとの発話資料によって,来日2年目の語彙習得の研究が行われている。研究の結果,週1時間の日本語の取り出し授業を受けていた10歳の中国人児童にとって,接続詞,擬声語・擬態語,とくに気持ちを表す「だろう・ようだ・らしい」などの助動詞の使用が困難であることが明らかにされている(松本 2000)。

　縦断研究の長所としては,①収集された資料によって,調査対象者のある時系列に沿った言語運用の実態およびその変容が提示できること,②調査対象の特定項目以外の資料も多く収集されているため,言語運用の状況などの幅広い範囲から習得の要因が検討できること,が挙げられる。

　しかし,この研究方法では,①調査対象者の人数が少ないため,収集した資料には個人差の影響が大きく現れること,②統計的な分析によって研究結果を一般化することが困難であること,などの短所もある。この研究法では自然な言語運用を対象とする調査が多く,その場合は必ずしも調査の対象とする特定の項目が多く出現するとは限らないという問題点もある。

　縦断研究は,コントロールされない自然な観察を行うこと,発達の推移を観察するのでプロセス中心であること,一般化が難しいこと,などの点で質的研究の特徴を備えているといえる(Larsen-Freeman and Long 1991)。

　縦断研究を重ねて事例の数を増やしたり,横断研究と併用したりすることによって,より客観的な研究を目指すことが可能になる。

→横断研究(7-F),事例研究(7-F),質的研究(7-F),帰納的研究(7-F)

●参考文献

迫田久美子(1998)「日本語学習者における指示詞ソとアの使い分け」『第二言語としての日本語の習得研究』1.
松本恭子(2000)「ある中国人児童の来日2年目の語彙習得――『取り出し授業』での発話と作文の縦断調査(形態素レベルの分析)」

『第二言語としての日本語の習得研究』3．
Gass, S. and Selinker, L. (1994) *Second Language Acquisition: An Introductory Course*. Lawrence Erlbaum Associates.
Larsen-Freeman, D. and Long, M. (1991) *An Introduction to Second Language Acquisition Research*. Longman.

[迫田久美子]

■横断研究

横断研究は，cross-sectional study や「集団テストによる研究」とも呼ばれる。言語の運用や発達を研究する領域において，ある特定時(時間軸の横方向)に調査時期を設定し，多人数を対象にデータを収集して行う研究を指す。長期間に特定個人を対象として行う「縦断研究」に比べて，調査対象者の数が大きく，同時期に調査が行われるため，項目を絞った実験やテストによる調査方法が多く用いられる。

たとえば，学習者の周囲の環境が日本語習得に影響を与えるのかどうかという問題を取り上げ，学習場所の異なる日本語学習者を対象として行われた横断研究がある。クローズテストで同じレベルと判定された中国語話者を対象として，日本にいる学習者と台湾にいる学習者各30名に「～テイル」の使用をテストした。調査の結果，日本で勉強している学習者のほうが台湾の学習者より「～テイル」の習得が進んでいることが明らかにされた(許 1997)。

また，横断研究では，習得の異なったレベル，たとえば，初級・中級・上級レベルなどの学習者の各集団を一斉に調査することによって，言語運用の縦断的な習得傾向を捉えることも行われている。「食べて」「来て」などの「て形」のレベル別の習得状況を調査した横断研究がある。英語を母語とする準中級・中級・準上級・上級の4レベルの日本語学習者82名を対象に30の動詞(「～ます」の形と辞書形)を与え，「て形」を記入させるテストを行った。その結果，「て形」の形成の習得には難易度階層があることが明らかにされた(坂本 1993)。

横断研究の長所としては，①対象者が多いので個人差の影響が少なく，統計的な処理によって一般化できること，②言語の発達傾向だけでなく，母語や学習環境など，習得に影響を与える要因に焦点をあてて調査ができること，が挙げられる。客観的な結果が得られやすいので，仮説の検証や現象を一般化するうえで重要な研究方法である。

しかし，いくつかの短所もある。①初級・中級・上級などレベル別に調査を行って縦断的な言語運用の発達傾向が捉えられたとしても，各レベルの調査対象者は異なっているので，正確に発達過程を表しているといえるかどうかは不明であること，②要因が絞られ，研究対象の特定項目の言語資料しか収集されないので，習得にかかわるその他の要因などの検討が困難であること，が挙げられる。

横断研究は，コントロールされた測定方法を用いていること，その時点で出てきた結果を重視していること，そして一般化が可能であること，などの点で量的研究の特徴を備えているといえる(Larsen-Freeman and Long 1991)。

横断研究と縦断研究のどちらがより適切な方法かは，研究の目的や仮説の内容によって異なる。それぞれの方法の特徴を十分に理解して用いることが重要であり，互いの短所を補うためには両者の併用も考えられる。

→縦断研究 (7-F)，量的研 (7-F)

● 参考文献

許夏珮 (1997)「中上級台湾日本語学習者による『テイル』の習得に関する横断研究」『日本語教育』95．
坂本正 (1993)「英語話者における『て形』形成規則の習得について」『日本語教育』80．
Larsen-Freeman, D. and Long, M. (1991) *An*

Introduction to Second Language Acquisition Research. Longman.

Gass, S. and Selinker, L. (1994) *Second Language Acquisition: An Introductory Course.* Lawrence Erlbaum Associates.

［迫田久美子］

■文献研究

　文献研究とは，既存の研究文献や資料を収集・整理して，まとめる研究である。

　研究の対象である人々などから直接データを得るわけではないので，二次的な研究ということができる。あらゆる文献研究に共通していることとして，対象とする文献など（およびその文献内で引用されている文献など）で用いられている，直接データを得る面接法・質問紙法・観察法などの一次的研究の方法に，精通している必要があるという点である。言及するに足る研究とそうでないものを取捨選択すること，言及する文献についてはそれを評価することが必要だからである。

　また，二次的研究であるため，文献研究が価値をもつためには，それが何らかの学術的・実践的な「貢献」をしている必要がある。

　「貢献」にはさまざまなものが考えられるが，その「貢献」の方向性から，文献研究を分けると，①レビューを行いさまざまな研究を整理する，②理論をつくる，あるいは，発展させる，③具体的な実践方法を提示するという3つが挙げられる。

　①のレビュー研究を行う場合，まずは収集する文献・資料の範囲を決定することになる。既存の文献・資料が扱っている領域を決め，その領域を収集範囲として，レビューを行うことが多い。この際，注意する必要があるのは，日本語教育のような学際的な性格をもった研究においては，特定の領域を定めても，その領域に関する重要な文献・資料の出所は多様である場合が多いという点である。レビュー研究である以上，困難であるとしても，多様な情報源から収集するのが理想である。

　②の理論研究を行う場合，特定の新しい視点から，既存の文献・資料を整理することに成功すれば，新しい理論をつくることができる。また，既存の理論の枠組みに合致する例と合致しない例があるような場合，その違いをもたらす要因がわかれば，その理論を精緻化することになる。また，従来は適用されていなかった分野・領域で，既存の理論を援用して文献・資料を整理し直すことに成功すれば，その理論の適用範囲を広げたことになる。

　③の実践につながる研究の場合，既存の文献・資料を整理し直して，既存の教育方法とは異なる新たな教育方法の可能性を示す，あるいは，既存の教育方法の改善につながる方法の可能性を示すことになる。ただし，この場合，文献研究で可能性を示すだけでは，あまり価値はなく，提示された新しい教育法ないしは改善された教育法が有効性を，適切な一次的研究法によって確認することが望まれる。

　なお，文献研究は3つの方向性で区別されるものではあるが，1つの研究のなかで互いを排除するようなものではない。レビュー研究が特定の視点からなされ，それが新しい理論や既存の理論の発展につながることは十分にありうることであり，望ましいことでもある。また，日本語教育という実践的性格が強い分野では，理論的研究が，新たな教育方法や既存の教育方法の改善の可能性の提示に自然につながると考えられる。

➡論文（7-O）

［御堂岡 潔］

■教育史研究

　教育史は教える側と学ぶ側との双方の視点から解き明かさなければならない。日本語教育史

も日本語教育学の一研究領域として研究されるようになってからしばらく（1980年代）は言語政策，教授法，教材などの教育にかかわる要素に関心が注がれていたが，1990年代に入ったあたりから学習者，学習過程，言語能力など学習にかかわる要素にも関心が向けられるようになった。前者の研究は時代的にも地域的にも今なお未解明の部分が多く残されており，さらに推進されなければならない。後者の研究は，たとえば，戦前・戦時中に日本語教育がなされた地域のかつての学習者に対するインタビュー調査が有効な方法の一つである。当時の学習者（インフォーマント）の側から見た実態だけでなく，そのインフォーマントの現在の日本語能力を分析することによって，言語変化，言語維持，言語喪失など，言語の接触と変化のメカニズムの解明にもつながり（平高1999），日本語教育史のなかで，新たな展開が期待される領域である。

日本語教育史の時代区分も，教師主導か学習者主導かという観点から，日本語を母語としない外国人が主体的に日本語を学習し研究した時代（19世紀末以前）と日本語を母語とする日本人教師が主導権を握り日本語を母語としない人々に対して日本語教育（日本の植民地台湾における日本語教育）を開始した19世紀末以降に大きく二分できる（関1997）。しかし，教師や学習者を「日本語を母語とする日本人」「日本語を母語としない外国人」のように概念規定しただけでは，アイヌ語話者や琉球語話者に対して行われた「標準語教育」の歴史を日本語教育史のなかでどのように位置づければよいのかといった課題が残る（冨田2000）。このように日本語教育史研究は時代区分だけとっても定説はない。1990年代に入ってから次々に発表された「日本語」「国語」の言語思想的な研究成果（駒込1996，イ1996，安田1997）などをふまえ，一方，関連領域の国語教育史・外国語教育史・国語学史・言語学史等の研究も視野に入れながら，日本語教育史のより総合的で精確な時代区分がなされなければならない。

日本語教育史の研究には，一次史料の発掘・整理・保管・目録作成，それらの公開といった地道な作業が欠かせない。こうした作業の成果は今日まで少しずつ積み重ねられてはいるものの（佐藤ほか1993，日本語教育振興会の『日本語』復刻版1988，財団法人言語文化研究所1997・1998ほか），いまだ十分とはいえない。日本国内はもとより，海外（とくに，日本の旧植民地・占領地を中心としたアジア各地）において散逸の危機にさらされている史料の発掘・収集が何よりもまず急がれる。

➡日本の言語政策史(6-G)，日本語教育の歴史(6-G)
● 参考文献
平高史也（1999）「日本語教育史研究の可能性」『日本語教育』100.
関正昭（1997）『日本語教育史研究序説』スリーエーネットワーク.
冨田哲（2000）「日本語教育史研究の『死角』——日本語教育史研究の今日的意義の探究」『日本語教育学会春季大会予稿集』.
駒込武（1996）『植民地帝国日本の文化統合』岩波書店.
イ・ヨンスク（1996）『「国語」という思想』岩波書店.
安田敏朗（1997）『帝国日本の言語編制』世織書房.
「戦前・戦時期における日本語教育史に関する調査研究」研究成果報告書（研究代表者・佐藤秀夫（1993）『第二次大戦前・戦時期の日本語教育関係文献目録』.
日本語教育振興会『日本語』復刻版（1988）冬至書房.
言語文化研究所（1997・1998）『日本語教育資料叢書復刻シリーズ第1回・第2回』.

［関　正昭］

G──教育の立案

■リサーチ・クエスチョン

リサーチ・クエスチョンとはその研究で取り上げる問題，すなわち「研究課題」のことである。具体的には次のようなものが挙げられる。①文法構造の意識化が学習者の理解と運用にどのような効果を与えるのか。②意味交渉を促すタスクとはどのようなタイプのものか。③プレリーディング（pre-reading）の活動として最も効果的なものは何か。

リサーチ・クエスチョンの設定にあたっては，以下の3点を考慮に入れておく必要がある。①したいこと，②すべきこと，③できること。

最初の出発点が自分自身の興味や関心（＝したいこと）であることはいうまでもない。しかし，初心者の場合には自分でも何に興味があるのかはっきりしないということが少なくない。そのような場合には，まずいくつかの研究領域（たとえば，「年少者教育」「第二言語習得」「リスニングの指導法」など）について概説書を読むことから始めるとよいであろう。そして，おおまかな研究領域が決まったら，徐々に焦点を絞っていく。これには『日本語教育』などの雑誌に掲載された論文に目を通し，以下の点について整理していくことが有効である。①これまでの研究で何がどの程度まで明らかにされているのか。②研究者によって意見が分かれ，論点となっていることは何か。③それらの研究の理論的な背景は何か。

研究とは単なる思いつきや個人的な感想を述べたものではない。具体的な根拠に基づいて自分の意見を論じ，それによってその分野の研究に新たな知見をもたらすものでなければならない。そのためには，研究の全体的な流れを把握し，自分が何を研究「すべき」かを把握することが必要である。

そしてもう一つ，その研究が実行可能なものなのかどうかを見極めるのも重要なことである（＝できること）。たとえば，ある練習法の効果を測定するような研究は，現場の教育に携わっていない人間には，実験環境を確保すること自体容易ではない。また，第二言語習得の縦断研究などでは，長期間にわたって調査に協力してくれる被験者を確保することが必要となる。加えて，卒業論文や修士論文の場合には，定められた期間内に研究を終えられるかどうかも考慮しておかなければならない。

リサーチ・クエスチョンの設定は研究の立案で最も重要なプロセスの1つであり，これをどう設定するかにその研究の成否がかかっているといっても過言ではない。有意義な研究をするためにも，十分に検討を重ねたうえで，慎重に決定すべきであろう。

➡パイロットスタディ（7-G），文献研究（7-F），クラスルーム・リサーチ（7-F），論文（7-O）

● 参考文献

金谷憲（編著）(1992)『学習文法論』〈英語教育研究リサーチ・デザインシリーズ1〉河源社.

金谷憲（編著）(1995)『英語リーディング論』〈英語教育研究リサーチ・デザインシリーズ3〉河源社.

清川英男（1990）『英語教育研究入門──データに基づく研究の進め方』大修館書店.

セリガー, H. W./ショハミー, E.『外国語教育リサーチマニュアル』(2001) 大修館書店.

[小山 悟]

■サンプリング

調査の対象となる母集団が大きすぎて，全員を調べる時間も労力もないという場合，その一

部を抜き出して調査を行い，その結果から全体を推測することが必要になる。この抽出作業をサンプリングという。

　サンプリングの方法には2種類ある。一つは調査者自身が主観的にサンプルを選ぶ方法で，たとえば自分が担当するクラスの学生を対象に調査する場合や，個人的なつてを頼りに調査への協力者を募り，データを収集する場合などが挙げられる。統計的に偏ったデータになる危険性はあるものの，より実際的で最もよく使われている抽出法の1つである。もう一つは「無作為抽出」と呼ばれる方法で，以下の4つの方法がある。

●系統（等間隔）抽出法── これは調査対象者全員のリストが入手可能な場合に用いられる方法で，たとえば自分が所属する大学の学生6000人から600人を抽出し，意識調査を行う場合などがこれにあたる。まず学生全員に1番から6000番までの番号をふり，乱数表などを使って最初の1人を無作為に選ぶ。仮にそれが8番の学生であれば，以後は8番，18番，28番，38番……というように等間隔に選んでいくという方法である。

●層化抽出法── 二つ目は，入手したリストに所属学部，学年，性別などのより詳しい情報が含まれている場合に使われる方法である。たとえば，その大学に学部が5つあれば，調査対象者を学部5×学年4×性別2＝40層に分けることができる。そこで各層から600人÷40層＝15人ずつを選んでいくことになる。ただ，男女の比率が必ずしも1：1になるわけではなく，学部によっても学生数に偏りがあるので，その比率に合わせて抽出するのが一般的である。

●集落抽出法── これは，調査の対象となる母集団の完全なリストを入手できない場合に用いられる方法である。母集団を構成する個体を直接抽出するのではなく，その個体が所属する集落を無作為に抽出し，そこに含まれる個体すべてを調査する。具体的には，日本語学校の教師を対象とした調査を行う場合，全国の日本語学校からいくつかの学校（集落）を選び，その学校に所属する教師（個体）全員に調査を行う。

●多段抽出法（副次抽出法）── これも母集団の完全なリストを入手できない場合に用いられる方法で，抽出作業を何段階かに分けて行うものである。たとえば，中国の大学で日本語を学習している学生を対象に調査を行う場合，まず第1段階として北京・上海・広州などの調査地域を無作為に選ぶ。次に第2段階として，それぞれの地域から調査対象校を選び，そのうえで各大学から一定数を無作為に抽出するという方法である（この場合は3段抽出）。

➡面接法（7-H），質問紙法（7-H），量的研究（7-F），質的研究（7-F）

●参考文献
清川英男（1990）『英語教育研究入門──データに基づく研究の進め方』大修館書店.
安田三郎・原純輔（1982）『社会調査ハンドブック　第3版』〈有斐閣双書〉有斐閣.

［小山　悟］

■パイロットスタディ

　パイロットスタディ（pilot study）とは，実際の調査または実験（本調査・本実験）に入る前にほとんど同じ手順で規模だけを小さくして行うリハーサル（予備調査・予備実験）のことである。研究者はこれにより事前にリサーチ・デザインに問題がないかを検証する機会を得，データの質を確保することができる。

　パイロットスタディで検証が必要なのは以下の点である。これらはいずれもリサーチ・デザインの段階で慎重に検討しておくべきものであるが，それでもいざやってみると思わぬ見落としに気づくことがあり，注意が必要である。

(1)サンプルの量と質：無作為抽出をした場合でも，数が少ないと，個々の小さなばらつきが群全体の均質性に影響を与える可能性がある。標準偏差を算出するなどして群内のばらつきが大きいと判断した場合には，サンプルの数を増やしたり，プリテストを実施したりするなどの対策が必要である。

(2)ポストテストの実施時期：実験研究では，ポストテストによって実験の効果を測定するというのが一般的であるが，問題はそれをいつ実施するかである。あまり早すぎると実験の効果が数値に現れないという問題が生じ，逆に遅すぎると実験の効果が薄れるという問題が生じてしまう。

(3)実験・調査に要する時間：データの収集にかかった時間が適当かどうかを検証することも重要である。たとえば，アンケート調査の場合には，質問の数が多すぎると回答に時間がかかり，回収率が下がることが予想される。また，回答者が質問にていねいに答えてくれず，データとしての信頼性が損なわれるということもありうる。一方，実験研究の場合には，データの収集に時間がかかりすぎると，被験者が変質するという問題が生じる。

(4)データの信頼性と妥当性：文法テストなどの明示性の高い調査方法の場合には，それが測定すべきものをきちんと測定できているかどうかの検証が必要である。また，インタビューなどの明示性の低い調査方法の場合には，採点基準やチェック項目が内容的に適切かどうかを検証する。一方，質問表を使った調査の場合には，質問内容について回答者が調査者の意図とは違う解釈をしているところはないか，誘導尋問的な質問はないか，前の質問が後の質問の回答に影響を与えているところはないかなどの点について検証しておく。

(5)データの分析方法：最後に，集めたデータを本番と同じ方法で分析してみることにより，想定した方法で本当に分析可能か，予想どおりの結果が得られるかどうかになどついて検証する。そして，思うような結果が得られなかった場合には，問題がデータの収集方法にあるのか，それとも仮説の立て方にあるのかを再度検証することが必要となる。

➡リサーチ・クエスチョン（7-G），サンプリング（7-G），信頼性（7-J），妥当性（7-J）

● **参考文献**

石田敏子（1992）『入門日本語テスト法』大修館書店．

清川英男（1990）『英語教育研究入門――データに基づく研究の進め方』大修館書店．

セリガー，H. W./ショハミー，E.（2001）『外国語教育リサーチマニュアル』大修館書店．

[小山　悟]

H　データ収集

■面接法

面接法とは，研究の対象となる人々などに，研究者が直接会って話を聞き，それを記録したものを研究資料とする研究法である。

面接を行う際，具体的な研究課題ないしは研究仮説に沿って，質問事項をあらかじめ定めておく方法を「構造的面接法」と呼ぶ。

「構造的面接法」の長所としては，調べる内容が研究目的に直結しているので，得られた資料を研究目的につながるかたちで整理しやすい点が挙げられる。回答者に一貫した情報を与えることができること，回答者が複数いる場合に比較・検討がしやすいことも長所である。

一方で，「構造的面接法」は，立てられた研究課題ないしは研究仮説が現実とずれている場合に対処できない，研究課題ないしは研究仮説以外に重要なことがらがあったとしてもそれを

把握できない，などの短所をもつ．

「構造的面接法」と反対の特徴をもつ方法を「非構造的面接法」と呼ぶ．実態が十分には把握されていないことがらについて，実態を把握するために用いられることが多い．情報が少ないなどの理由で，多くの人が実態を歪めて理解していると想定される場合にも，多く用いられる．

「非構造的面接法」では，実態が把握されていないため，具体的な研究課題や研究仮説を立てることはせずに，「○○の実態を明らかにする」といった，あいまいな研究課題を立てることになる．したがって，質問をする際の大ざっぱなテーマは定めておくが，質問事項を具体的に定めておくことはせず，テーマについて自由に話してもらい，それを記録して研究資料とする．

「非構造的面接法」の長所・短所は，「構造的面接法」のほぼ逆になる．すなわち，得られた情報が現実とずれることが少ない，研究の計画時には思いつかなかったことがらを把握できることがある，といった点が長所である．短所としては，資料を的確に整理・検討することが難しい点が挙げられる．自由に話させるので，重要なことがらを聞きもらすことも多い．

さて，「構造的面接法」と「非構造的面接法」の長所を，ともにできる限りうまく活かそうとするのが，「半構造的面接法」である．「半構造的面接法」においては，研究課題・研究目的に沿った質問項目をあらかじめ用意しておき，それらについては必ず質問をし，回答を得る．さらに，面接相手が話をそらして質問と直接には関係ないことを話しはじめても，それをとめずに，記録して資料とする．質問が一段落したところで，研究テーマについて，ほかに何か話したいことがあるか尋ねるのも有効である．「半構造的面接法」は，的確に行えば，「構造的調査法」と「非構造的調査法」の長所をあわせもつものとなる．

なお，「構造的面接法」において，多くの回答者を訪問して選択肢中心の質問項目を尋ねる場合は，質問紙法と同様に，条件を満たしていれば，統計的推測を行うことができる．

→サンプリング（7-G），質問紙法（7-H）
●参考文献
高橋順一他（編著）(1998)『人間科学研究法ハンドブック』ナカニシヤ書店．
佐藤郁哉『フィールドワーク――書を持って街に出よう』新曜社．

［御堂岡　潔］

■質問紙法

質問紙法とは，あらかじめ作成した質問紙を回答者に配り，それに記入してもらったものを，研究資料とする研究法である．

質問の形式にはさまざまなものがあるが，代表的なものとして，①研究者があらかじめ設定した選択肢から選択させる方法と，②研究対象の回答者に自由に記述させる方法，が挙げられる．①においては，量的なデータとして，集計や統計学的推測などが行われることが多い．

質問紙を配る方法としては，回答者を訪問し記入してもらって回収する留置法，回答者を一堂に集め回答を得る集合調査，郵送して行う郵送法，（紙ではないが）インターネットを活用して行う方法などがある．なお，形態としては面接法と呼ぶべきであろうが，回答者を訪問しその場で尋ねる個別面接法は，質問紙法と共通点が多く，とくに選択肢から選択させる方法が中心の場合は，質問紙法と同様に扱うことができる．

さて，質問紙法の最大の長所は，比較的短い期間に，多数の回答を得ることができることにある．

また，全数調査でなくても，単なる集計だけでなく，統計学的推測を行うことができるのも

長所である。ただし，そのためには，回答者を母集団からランダムサンプリング（無作為抽出）によって選ばなくてはならない。

言い換えれば，ランダムサンプリングを行っていない場合，得られたデータは一般性をもたず，特定の条件下での事例の1つと解することになる。それを用いて事例の積み重ねは可能だが，1回の研究をもって理論的・実践的発展につなげていくのは困難である。

それに対して，ランダムサンプリングによって対象を選んだ場合は，統計的推測（推定・検定）を行うことができ，その結果を母集団に一般化することが可能である。したがって，仮説検証や理論的・実践的発展につなげていきやすい。さらに，回答者に与える情報の一貫性がかなりの程度保証されること，面接法や観察法などにおける面接者・研究者自身の影響を小さくできることなどが，質問紙法の長所である。

一方，短所としては，①得られるデータは，回答者が自分で考えた結果であり，必ずしも現実とは限らないこと，②回答者はとくに意見がない場合，社会的に望ましいと思われる回答をしがちであること，③回答者の大部分が回答できる質問が中心となるため，深くつっこんだ内容を尋ねられないこと，④面接法と異なり，得られた回答から見いだされた疑問や問題を追求するために新たに質問項目を加えることができないこと，などが挙げられる。

これらの短所からわかるように，質問文を作るに際しては，細心の注意を払う必要がある。研究目的に必要な項目がすべて含まれていること，多義的に解釈できる質問を避けることなどが重要である。

→面接法（7-H），サンプリング（7-G）
●参考文献
高橋順一他（編著）（1998）『人間科学研究法ハンドブック』ナカニシヤ書店．
岩永雅也他（編著）（2001）『改訂版 社会調査の基礎』放送大学教育振興会（日本放送出版協会）．
盛山和夫（2004）『社会調査法入門』有斐閣．

［御堂岡 潔］

■実験法

実験法とは，条件をコントロールすることによって生じる結果の違いから，主として因果関係を探る研究法である。

たとえば，日本語教育についてAという教育方法が考案されたとして，それが実際に効果があるかを検討する場合について考えてみよう。この場合，実験の協力者（被験者と呼ばれる）は，日本語を学ぶ人たちである。

実験の計画としては，まず，被験者を2つのグループに分ける。一方は，従来の教育方法に加え，Aという教育方法を行うグループである。もう一方は，従来の教育方法をそのまま行うグループで，コントロールグループと呼ばれる。こうして，しばらくの期間，両グループを独立して，それぞれの教育方法に従って教育を行う。そして，それぞれの成果を何らかの方法で測定する。

その結果，Aという教育方法を実施したグループのほうがコントロールグループよりも良い成果を得ていたということが，統計的に検証されれば，Aという教育方法は優れているということになる。成果に違いがなければ，とくに有効ではないということに，また，成果が悪ければ良くない教育方法ということになる。

もちろん，ひとことで成果といってもさまざまな側面があるので，Aという教育方法は，特定の側面では有効だが，他の側面では無効ということもある。いずれにせよ，Aを行うグループとコントロールグループの成果を比べることで，Aという教育方法の長所・短所を実証的に調べることができる。

この際，もともとこの2つのグループが，可

能な限り，等質であることが望ましい。理念的には，2つのグループのあいだの違いが，研究者がコントロールした部分，すなわち，この場合は「教育方法の違い」だけであることが，実験法のかなめである。この点を前提として，コントロールした部分が，成果の違いという結果の原因であると考えることができる。

なお，研究者がコントロールすることがら（上記の例の場合は，教育方法Aを行うか行わないか）を独立変数，それによって変化すると想定されることがら（測定された成果）を従属変数と呼ぶ。上記の例では独立・従属変数がそれぞれ1つずつであったが，独立変数の数は複数でも構わないし，従属変数を多数置くこともできる。つまり，かなり複雑な研究モデルに基づく研究も可能である。

また，上記の例では，優れているかどうか確認できていない教育方法を，被験者に試しているわけであるので，ここで当然，道義上の問題が生じてくる。実験法を用いる場合，コントロールしていることを知らせるわけにはいかない場合があり，道義上の問題が生じやすい。事後に説明することはもちろん，研究計画の際に，道義上の問題が生じないよう，あるいは最小限にとどめるよう，注意する必要がある。

→観察法（7-H），演繹的研究（7-F），量的研究（7-F）

●参考文献
高橋順一他（編著）(1998)『人間科学研究法ハンドブック』ナカニシヤ書店．
水原泰介（1989）『社会心理学入門 改訂版』東京大学出版会．

[御堂岡 潔]

■観察法

観察法とは，「人間や動物の行動を自然な状況や実験的な状況のもとで観察・記録・分析し，行動の質的・量的特徴や行動の規則性を解明する方法」（中澤他 1997）をいう。観察法には，特定の行為が生起するように環境を設定して観察をする「実験的観察法」と自然状況下で事態が生起するのを待つ「自然観察法」の2種類があり，後者はさらに「組織的観察法」と「日常的観察法」に分けられる。

会話への参入方略を調べるために，あらかじめ観察者が設定した会話中の場面に研究対象者を連れて来て，会話に加わってもらうのは，実験的観察法の一例である。

一方，組織的観察法には，①時間見本法，②場面見本法，③事象見本法の3種類がある。「時間見本法」とは，たとえば30秒間観察しては10秒間記録するというように，特定の行為が一定の時間内にどのくらい生起するかを記録する手法をいう。「場面見本法」とは，たとえば養育者のしつけが顕現しやすい食事場面を観察するなど，日常生活の意味ある場面でどのような行動が生起するかを記録する手法である。「事象見本法」とは，園児同士のトラブルに注目するというように，特定の事象や行為に焦点をあててその展開過程を記録する手法をいう。

日常的観察法には，①参与観察法と，②日誌法がある。「参与観察法」は，個人や集団の営みに焦点をあてて，フィールドで展開する実践を微視的かつ包括的に記録する手法である。「日誌法」は，育児日誌や保育日誌に代表されるように，特定の個人の行動を記録する手法をいう。一般的に，組織的観察法が量的な分析を前提とするのに対して，日常的観察法は質的な分析を前提としている。

日常生活での言語活動では，話し手は相手の音声だけを聞いてそれに反応しているわけではなく，会話の状況や他者の所作・表情を読み取りながら自分の発話を生成していく。別の言い方をすれば，人々の日常的な言語活動を詳細に観察することによって，会話録音だけではわか

らない言語活動の側面を照らし出せる可能性があるということである。たとえば，2歳の二言語併用児でも，「話す・聞く」技能がありさえすればいつでもどこでも話すわけではなく，状況や自分の気持ちを考えて慎重に発話を選択しているという事実が明らかになっている（柴山2001）。こうした事実は，観察を重ねることによって発見できたことである。

日本語習得/教育研究のデータ収集法としてどの観察法を選ぶかは，何を明らかにしたいか（リサーチ・クエスチョン）に依存する。同じ対象であっても，特定の場面で使用される発話の種類とその使用頻度を知りたい場合には時間見本法が有効であろうが，意味のやりとり過程を質的に解明したい場合には，発話が紡ぎ出される瞬間を発話者の行動や状況も含めて詳細に記録する参与観察法が適切であろう。観察法（とくに参与観察法）は，因果関係を解明し一般的傾向を抽出することは難しいが，人々の言語活動を制度的文脈や状況などの社会的次元と発話者の解釈や感情などの心理的次元の両方と関係づけて分析することを可能にする手法といえる。

➡リサーチ・クエスチョン（7-G），質的研究（7-F），参与観察（7-F），ダイアリー（7-I）

●**参考文献**

中澤潤他（編著）（1997）『心理学マニュアル観察法』北大路書房．

箕浦康子（1999）『フィールドワークの技法と実際——マイクロ・エスノグラフィー入門』ミネルヴァ書房．

柴山真琴（2001）『行為と発話形成のエスノグラフィー』東京大学出版会．

[柴山真琴]

研究データ

■フィールドノート

調べようとするできごとが起きているその「現場」に身を置いて調査を行うときの作業一般を「フィールドワーク」といい，調査地で見聞きしたことについてのメモや記録（の集積）を「フィールドノート/フィールドノーツ（field notes）」という。「フィールドノート」という用語は和製英語であり，その和訳の「野帳」「野帖」も誤訳である（佐藤1992）。言語教育研究では，教室内外で質的データを収集する方法として活用されることが多い。例として，言語教育の授業が行われている教室内に観察者が入り込み，教室内でのできごとを網羅的にこまめに書きとめていく方法などが挙げられる。メモとして書きとめたものをデータとして活用するには，まとめ上げる作業が必要であり，その作業そのものが「現場で体験したことを相対化・客観化する」（箕浦1999）助けとなる。まとめ上げる作業のなかで仮説が練り上げられていくので，フィールドノートが提供するデータは「理論の生成」のために使われることが多く，その結果つくられる理論は「グラウンディッド・セオリー（データ密着型理論）」と呼ばれる（佐藤1992）。

取り続けたメモをフィールドノートとして役立てるためには，①そのできごとのなかで「重要だ」と感じたことがらを詳細にメモするだけでなく，後で思い出すうえでポイントになるような行為や会話の断片は確実に記述しておくこと，②一般論的で要約的な書き方は避けること，③行動や会話に関して，五感を通して得られた情報を詳しくメモしておくこと，④その場面を理解するうえで鍵になりそうな感覚的ディテールもメモしておくこと，⑤「なんとなく漠

然とした感じ」も書きとめておくこと，が重要である（エマーソン他 1998）。

また，フィールドワークを進めていくなかで，「①調べようと思っている問題は，今，どの程度明らかになったのか，②どういう手順で，またどういう根拠でそれが明らかになったといえるのか，③明らかになったことは，初めの予想と同じだったか。違っていたとしたら，どのように違っているのか。どうしてそんな違いが出てきたのか。調査を始める前には思いもよらなかった発見はなかったか，④まだわかっていないことはどんなことなのか。それを明らかにするには，どのようなデータをどのような手順で集めればよいのか。そうした場合，どんな結果が出ると予測されるのか（佐藤 1992）」などの自問自答を繰り返しながらメモを取りつづけることが必要である。このようなかたちで取られたメモは，フィールドワークの途中で出てくる調査者の「仮説」を裏づけるデータとすることができる。

➡フィールドワーク（7-F），エスノグラフィー（民族誌）（7-F），質的研究（7-F），帰納的研究（7-F）

● 参考文献

エマーソン, R. 他〔佐藤郁哉他訳〕(1998)『方法としてのフィールドノート』新曜社.

佐藤郁哉（1992）『フィールドワーク——書を持って街へ出よう』新曜社.

箕浦康子（編著）(1999)『フィールドワークの技法と実際——マイクロ・エスノグラフィー入門』ミネルヴァ書房.

[横溝紳一郎]

■ ティーチング・ログ

研究過程で生じる（被調査者の）言動を書きとめたものを総称して「プロトコル」と呼ぶ（Wallace 1998）。クラスルーム・リサーチでのプロトコルのうち，フィールドノートをより組織的にしたものを「ティーチング・ログ（教授経緯記録）」という。記入するためのフォーマットを調査者があらかじめ作成し，それに従って記入していく。教師自身が調査者となる場合，記入する内容は，フィールドノート同様，①授業の自己評価や，②教授・学習のある特定の面やできごとなどである。たとえば，Hancock and Settle (1990) が作成したフォーマットでは，「授業の目的，授業で達成したいこと，とくに注意すべき点を，調査者かつ授業者である教師が授業前に記入する欄」が上部に設けられている。その欄の下に，「授業全体の時間の流れを表す図」が置かれ，授業中のできごとの記入と，授業に対する教師の自己評価（5段階で5分おき）のグラフ化ができるようになっている。この形式により，授業で実現しようとしたこと，実際に授業で生じたこと，および授業の各局面の評価を，まとまったかたちでデータとして得ることができる。

ティーチング・ログの記入は，教師自身が調査者である場合，フィールドノートと異なり授業中には行いにくいので，授業直後に素早く行う必要がある。記入のしかた，そしてそのまとめ方に関しては，フィールドノートと同様，エスノグラフィーの手法が活用可能である。

ティーチング・ログには，①道具をあまり必要としない，②教室内で起こっていることをその雰囲気のなかで記録するので，臨場感のある記録が残せる，③記憶を忘れずに残すことができる，④それに基づいて，できごとのつながりを考えることができる，⑤時間の流れとできごととの関係を見ることができる，⑥5分おきの5段階評価のグラフ化を行えば，授業の流れを把握しやすい，などの長所が存在する。その一方で，①より詳しい情報を得るために他のデータ収集の方法と共用する必要がある，②教室内の会話がそのまま記録できない，③初めのうちは，時間がかかり少し戸惑う，④主観性の高い

記述になる可能性がある，⑤フィールドノートに比べて記入に時間がかかる，などの短所も指摘されている。

フィールドノートまたはティーチング・ログといっしょにダイアリーを教師が記録することも可能である。できごとを記録する欄とそれに対する考え・感情を記録する欄のあるフォーマットを作成し，それに従って記入していけば，教室内で起きたできごとと自分の考え・感情との関係を後で考えることが可能になる。

→フィールドノート（7-I），エスノグラフィー（民族誌）（7-F），観察法（7-H），アクション・リサーチ（7-F），ダイアリー（7-I）

●参考文献

横溝紳一郎（著）（2000）日本語教育学会（編）『日本語教師のためのアクション・リサーチ』凡人社．

Hancock, R. and Settle, D. (1990) *Teacher Appraisal and Self-evaluation: A Practical Guide.* Blackwell Education.

Wallace, M. J. (1998) *Action Research for Language Teachers.* Cambridge University Press.

［横溝紳一郎］

■ダイアリー

ダイアリーは，フィールドノート同様，「エスノグラフィー的な枠組みのなかで確立された調査法の1つ」（ジョンソン, K./ジョンソン, H. 1999）である。日記として書いたものを分析することにより，外からの観察では明らかにできない，被調査者の「心のなかに生じていること・生じたこと」をデータとして得ることができる。クラスルーム・リサーチだけでなく，「異文化間コミュニケーションや異文化接触の問題，学習ストラテジーなどを扱う研究」（迫田 2002）でも使用されているデータ収集の方法である。また，日記をつけることによって，自己内省の機会を得ることが可能になるので，教師の継続的な内省を必要とするアクション・リサーチでは，多用される重要なデータ収集方法である。

授業中起きたことに対して，教師が「考えたこと・感じたこと」を書く場合，授業中または授業直後に記入することになる。授業中の場合は授業を中断せずに時間ができたときに書き，授業直後はできるだけ早く忘れないうちに書き残す。記入のしかた，そしてそのまとめ方に関しては，フィールドノートと同じである。

教師によるダイアリーには，①教授と学習に影響を与えている，教師の隠れた情意が明らかになる，②道具をあまり必要としない，③教室内で起こっていることをその雰囲気のなかで記録するので，臨場感のある記録が残せる，④自分の考えたこと・感じたことを忘れずに残すことができる，⑤できごとと自分の考え・感情のつながりを考えることができる，などの長所がある。その一方で，①教室内の会話がそのまま記録できない，②初めのうちは，時間がかかり少し戸惑う，③主観性の高い記述になる可能性がある，④より詳しい情報を得るために，他のデータ収集の方法と共用する必要がある，などの短所も存在する。

授業中のできごとやそれに対する考え・感情を，学習者が日記として書いたものを「学習者の内省ダイアリー」といい，これも研究のためのデータとして使用することが可能である。学習者の内省ダイアリーの内容は「行動の記述」「行動の評価」「これからの行動の決意」「グループの行動についてのコメント」「教室活動への提案」などに分類される（La Forge 1983）。学習者が内省ダイアリーを書く時間は，授業直後であることが望ましい。学習者の内省ダイアリーには，①教室内のできごとに対する学習者の見方がわかる，②学習者が学習しているクラスの雰囲気がわかる，③各学習者のかかえる問

題を把握するのに役立つ,などの長所がある。その一方で,①幼少の学習者には困難である,②学習者によっては,教師に自分の考えや感情を自己開示したがらない,③学習者の説明は主観的である,などの短所も存在する。

➡フィールドノート (7-I),アクション・リサーチ (7-F),ティーチング・ログ (7-I)

● 参考文献

迫田久美子 (2002)『日本語教育に生かす第二言語習得研究』アルク.

ジョンソン, K./ジョンソン, H.〔岡秀夫監訳〕(1999)『外国語教育学大辞典』大修館書店.

La Forge, P. G. (1983) *Counseling and Culture in Second Language Acquisition*. Pergamon Press.

〔横溝紳一郎〕

■ 視聴覚資料

教室内などで起こるできごとを「そのままの形で」記録したデータを,さまざまな角度から分析することによって,そのできごとの構成要素などを明らかにすることができる。このようなデータを視聴覚資料と呼び,その記録方法として,写真(視覚),録音(聴覚),ビデオ録画(視聴覚)などがある。クラスルーム・リサーチのために授業中のできごとを記録する場合,それぞれの方法には以下のような長所と短所がある(横溝 2000)。

● 写真 ——(1)長所:状況を視覚的に記録できる(録音テープなどの聴覚的な記録と共用すると,より詳しいデータになる)。(2)短所:①授業のある一部分を断片的にしか記録できない。②クラス全体ではなくて,小グループや個人に集中しがち。③視覚的に表面的な記録しかできず,聴覚的なものを記録できない。④授業の妨げとなる可能性が高い。⑤写真を撮る人が必要である(写真を撮るのは,教師なのか,学習者なのか,第三者なのか)。

● 録音 ——(1)長所:①録音すること自体は教師1人でできる簡単な作業である。②授業で起こっていることをある一定時間連続して記録することができる。③聴覚的情報に関して,詳細な情報を数多く得ることができる。(2)短所:①視覚的情報を記録できないため,授業が行われた環境や教師・学習者が使用した非言語的なコミュニケーションなどの情報は得られない。②録音した情報を文字化するときに,時間がかかる。③多くの情報がまとまって入っているので,必要な情報の分別に時間がかかる。④レコーダーの存在が気になる学習者も存在する。⑤機器の扱いに慣れていないと,授業の流れが妨げられる。

● ビデオ録画 ——(1)長所:①教えている状況を比較的全体的に,視覚・聴覚の両面から記録できる。②行動パターンが観察できる(言語行動/非言語的行動両方とも)。③あるできごとが生じたときの状況を詳細に記録できる。(2)短所:①ビデオカメラが教室内にあると気が散ってしまう学習者が存在する可能性がある。②できごとの完全な記録のように見えるが,(カメラの向きなどによって)かなり選択されたものを録画しているのが事実である。③他の人に撮影を依頼する場合,撮影者の存在が気になる学習者が出てくる可能性がある。④教室の広さによっては,クラス全体を同時に撮影できないことも多い。⑤ビデオ機器の扱いに慣れていない人もいる。⑥視覚的情報が妨げとなる場合もあるので,ビデオのなかから聴覚的情報だけを抽出するために,録画したものから音だけをテープにダビングすることもあるが,その文字起こしが大変である。

➡クラスルーム・リサーチ (7-F),アクション・リサーチ (7-F),フィールドワーク (7-F),授業観察記録 (7-I)

● 参考文献

横溝紳一郎(著)日本語教育学会(編)(2000)『日本語教師のためのアクション・リサーチ』凡人社.

[横溝紳一郎]

■授業観察記録

　授業観察記録とは，教室活動が行われているとき，または活動をビデオ撮影したものを元に，教師が，個々の学習者のパフォーマンス全体や，日本語の形，スキル，ストラテジーの不十分な点，さらには授業活動への参加度などについて観察し，記録するものである。教師が机間巡視をしながら観察をする形式，他の教師が行っている授業の際に学習者の側に座って観察する形式(参与観察)，また，学習者自身によって行われる形式のもの，がある。授業観察記録の目的は，形成的評価，つまり教育活動の進展する過程で当面の教育目標の達成度を何回かにわたって掌握し，授業の改善のデータとしたり，学習上の課題設定を容易にするために学習者に対してフィードバックを与えたりするためである。また，授業自体を研究対象として教師あるいは研究者が分析するためにも用いる。

　観察にあたっては，COLT，FLINTなど特定のチェックリストや教師自身の作成したチェックリストを用いる場合がある。また，学習者のパフォーマンスについては評定尺度を設けて観察する場合もある。記録の形式としては，特定の形式なしに記録する「教師ジャーナル」，少数の学習者を継続して記録する「ケーススタディ」，学習者個人についての進歩の記録を記す「進歩の記録」などがある。教育・研究用いずれの場合も，だれが，どのような立場で，どのような目的で，どのような記録形式をとって行うかを組み合わせることで多様なデータが得られ，それによって授業研究も多様な意義をもつことができる。たとえば，参与観察による場合は，教師の視点から行う観察ではあるが，教師が観察する対象となる学習者の行動に参加するなかで観察を行う。そのため，そこでは学習者と交流を共にするなかで評価を実施することになり，学習者のニーズや必要としている支援，活動中に集中して参加できている側面やうまく乗りきれていない側面を把握するなど，机間巡視のかたちでの教師による観察だけでは観察対象に入ってこない部分をも分析対象とすることができる。

　また，学習者自身が授業観察を行う形式は，次のような意義をもつ。①学習者が自分の参加している授業の特色を自分なりに捉える機会をもつことができる，②学習者が自分の学習活動でのパフォーマンスをモニターするのに必要な基準を自分自身で作っていく手助けとなる，③学習者が形成的評価を自分が主体となって行い，そこで自分のパフォーマンス上の不十分な点を前述の基準に照らして把握し，それを通じて目下の学習課題を自分なりに設定することができる，④このような過程を通して学習課題を自分なりに設定することで，学習課題を，ほかから与えられるものとしてではなく，自分で選んだ学習目標として取り組むことができるようになる，⑤以上を通じて，学習に対するニーズを自分なりに把握でき，学習に対する動機が育成される。学習者自身が授業観察を行う場合，学習者の立場で授業を観察すること，とくに自分の行動について(たとえばビデオ撮りされた授業を見て)振り返ることに不慣れであったり，パフォーマンスを基準に照らしてみるのに訓練が必要であることに留意して実施する必要がある。そのためにパフォーマンスを評定する基準などを当初は用意して，しだいに自分なりの基準を付加していくような手順が必要とされる。

→視聴覚資料(7-I)，COLT(7-I)，FLINT(7-I)，アクション・リサーチ(7-F)，クラスルーム・リサーチ(7-F)

●参考文献
米山朝二・佐野正之（1985）『新しい英語科教育法』大修館書店．
垣田直己・金田道和（1986）『英語の授業分析』大修館書店．

[岡崎敏雄]

■ FLINT

FLINT（Foreign Language Interaction）は，授業活動の展開の様子をカテゴリーごとに組織的に観察するカテゴリーシステムの1つで，モスコウィッツ（Moskowitz）により1960～70年代にかけてアメリカで開発された。フランダース（Flanders）により開発されたFIASは主として教師と生徒の言語交渉を把握するシステムであり，外国語の授業分析として直接適用するにはいくつか問題をかかえていた。FLINTはこの点を改善したものである。教師自身の授業分析や研究目的での分析のほかに，教育実習段階で指導教師と実習生が具体的な分析結果をベースに（実習生が行った）授業の特徴を把握するために用いられる。

観察の単位時間を3分や5分とあらかじめ設定し，対象として設定された活動が生起したか否か，何回生起したかを記録する。頻度のほかに，あらかじめ設定した3秒または5秒の一定時間を超えて継続して観察される項目については，3秒継続すれば1回，6秒であれば2回，30秒であれば10回分の頻度として記録する。29のカテゴリーに分類された教室内行動をそれぞれ記録しているのであるが，このカテゴリー数は，分析の視点に応じて増減することができる。それらのカテゴリーは教師の発言，生徒の発言，その他の3つに大別される。教師の発言としては「生徒のさまざまな感情を受け入れる姿勢で対処する」「生徒の考えを明確にしたり，要約して活用する」「説明，講義など情報を与える」「指示を与える」，生徒の発言では「型にはまったやりとり」「自分で考えてやりとりをし，進んで発言する」，その他では「沈黙」「授業の展開に関連する懇談」「授業に関連のない懇談」「笑い」「日本語の使用」「板書」などがある。

FLINTは開発後，言語教育の授業にかかわる情意面，望ましい教師像，学習動機などに関する研究に採用されてきた。たとえば，「FLINTを用いて授業分析を実施する場合，経験をもつ実習生が学習者の感情を受容しようとする態度に変容した」「被験者となった多くの国の教師について，学習者を理解しようとし，励まし，受容的な態度をとる場合には，学習者とのあいだで信頼関係が醸成・形成される」という結果が示された。それとは対照的に，「学習者を批判し，多くの指摘をし，教師としての権威を明示的に正当化しようとする態度をとる場合には，学習者は戸惑い，怒りやすく，自己を表に出さないようになる」という結果が出た。

FIASに比べ，FLINTは，外国語教育にかかわる研究では継続して使われているが，3秒間という短い間に多くのカテゴリーについて記録する点や，観察対象の言語行動を29のうちどのカテゴリーにするかの識別が難しいケースが多い点が指摘されていること，また，カテゴリーのなかに含まれる「ジョーク」などについての判定は，授業がどのような文化のもとで実施されるか，分析者がどのような文化圏の捉え方をしているかによって左右される点なども改善の余地があるとされている。

➡ FIAS（7-I），COLT（7-I），授業観察記録（7-I）

●参考文献
米山朝二・佐野正之（1985）『新しい英語科教育法』大修館書店．
垣田直巳・金田道和（1986）『英語の授業分析』大修館書店．

[岡崎敏雄]

■ FIAS

FIAS (Flanders's Interaction Analysis System)は，1950年代にアメリカで開発された授業分析システムである。授業を分析評価するにあたって，何をどのように教えるのがよいかを見ることに代えて，教師と生徒とのあいだで交わされるコミュニケーションを相互作用の活動として捉え，その分析によって教室で何が起こっているかを把握することを目指したものである。

その根底には「教授行動は社会的相互作用のなかで存在するものであり，個々の教師の行為によって，教師と学習者のあいだに相互接触が導き出され，そのようなやりとり自体が教えることそのものである」という考え方がある。そして，これらの相互の接触を生起する一連のできごととして捉え，そのできごとを一定の時間間隔で分析していくこと，そしてそこに見いだされるできごとのありようを貫くパターンを見いだし，授業改善や研究に利用することを目指している。

このような教室および授業行為の捉え方に基づき，教師と学習者のあいだに交わされる相互作用を10項目のカテゴリーに分け，なかでも大きく，教師の発言，学習者の発言，沈黙の3つに分類して文字化し，教師・学習者の発言を3秒ごとに区切り，どの項目のカテゴリーに属する発言かを記録していく。10項目のうち7項目は教師による発言，2項目が学習者による発言，残りの1つが沈黙であり，全体として教師による発言を重視して分析する。

さらに教師による発言のカテゴリー項目のうち，感情の受容，賞賛や激励，学習者のアイデアの受け入れ，学習者に対する発問などのように，教師の発言を「学習者のアイデアや考えを引き出し，それらをどう受け止めるかを示す間接的な影響力をもつ発言」と，「講義，生徒の発言の批判や正当化など教師による直接的なはたらきかけにあたる性格のもの」とを区別し，間接発言型の授業か直接発言型の授業かを評価することも意図されている。これに対して，学習者の発言は，それが単純応答か学習者による切り出しの応答かに二分されているだけで，学習者のコミュニケーションのあり方全体についての細かい分析は視野に入っていない。

これらのカテゴリーに対応する発言がどの程度発生したかをマトリックスとして表示し，項目ごとの頻度を見て，教師発言率・生徒発言率・沈黙率・教師間接的応答率・教師発問率・生徒自発発言率・総発言数などを算出し，その解釈によって授業の傾向を見る。また，それらの比率の傾向から講義中心・習慣形成・指示方向づけ・自己表出などの授業の型を特定する手段として用いる。

FIASは，言語教育以外の教育科目に対する授業分析を対象として創出されたものであり，言語教育固有の教授行動の分析としては十分ではない。また，教師側の教授行為にかかわるコミュニケーションが重視されており，学習者側の，ことに言語教育場面での特徴的なコミュニケーション・パターンに対する分析には直接あてはまらない部分もある。これらの問題はあるものの，言語教育における授業分析の先駆をなしたという点で意義がある。

➡FLINT (7-I)，COLT (7-I)，授業観察記録 (7-I)

● 参考文献

垣田直巳・金田道和 (1986)『英語の授業分析』大修館書店.

Flanders, N. A. (1970) *Analysing Teaching Behavior.* Addison-Wesley Publishing Company.

[岡崎敏雄]

■ COLT

COLT (Communicative Orientation in Language Teaching)は，単一の概念によっ

てコミュニケーション中心の教育を定義することに代えて，第二言語の教室で生起するコミュニケーションの特徴をできる限り正確に記述し，それによって言語教育の授業の特徴を把握することを目指して開発されたものである。その分析対象カテゴリーは「第二言語学習の教室での，言語的インターアクション上の特徴を捉えること」「教室内での談話と教室外での自然な談話を比較する手段を提供すること」の2点を重視して設定されている。具体的分析には7つを代表的カテゴリーとして使用し，教師側と学習者側に分けて記録される。

(1)「目標言語の使用」は，母国語または媒介言語に対して目標言語がどの程度使用されるかを示す。

(2)「インフォメーション・ギャップ」は，要求または指示される情報が予見不可能なものか，あるいはあらかじめ答えがわかっている予見可能なものかを示す。そこには情報が予見不可能なものであるものが自然な言語使用の特徴であるという前提がある。サブカテゴリーとして，情報要求が「疑似要求」つまり情報を所有しているがことばの形の練習のために要求するものであるか，「真の要求」つまり話者が情報を所有しておらず，内容上も必要としているために要求がなされているかも含まれる。

(3)「発話の持続性」は，話者同士が行う談話が持続される長いものであるかどうかをみる。一般に教室内では言語教育の練習のために談話が意図的に短縮されることがあるが，その場合は本来長く続くものを短く切り縮めているという点で，自然なコミュニケーションからは遠いと考えられる。

(4)「形やメッセージへの反応」は，教室内でのやりとりの目的が文法的な正確さを目的としたものか，伝えようとするメッセージの内容に重点を置いたものかを示すものである。メッセージに注目した言語使用が自然のコミュニケーションに近く，学習を促進するという前提に立つ。

(5)「談話の創始（学習者のみが対象）」は，学習者による談話の創始 (initiation) の度合いを測るためのカテゴリーで，第二言語学習の場では教師による談話の切り出しがほとんどで，学習者が自分で設定した目的のために言語を使用する機会が少なく，その点で自然なコミュニケーションと異なるという点に注目する。

(6)「言語形式上の制約（学習者のみが対象）」は，学習者の言語使用において特定の形式のものに限って使わせるという制約がどの程度はたらいているかを示すものである。一般に言語学習では，特定の言語形式の模倣や繰り返し，置き換え練習などが多いのであるが，入手可能な言語形式を広く使ってメッセージを相手に伝えること，そのなかで誤りを犯しながらしだいに目標言語に近づく中間言語の諸段階を経過する場がどの程度与えられているかをみることに注目する。

(7)「先行発話の取り込み」は，先行してなされた発話にどのように次の発話を行ったかを示すもので，新しい情報を追加したり，関連情報を尋ねたりしながら新しい言語形式を使って発話を続けるような過程が学習に結びつくことに注目し，先行発話の取り込みがあるかないか，具体的には繰り返しの言い換えやコメント，情報追加による内容拡大，関連質問による内容精緻化などが行われているかどうかをみる。

以上のような7項目それぞれについて，授業時間を一定の区分で等分し，それぞれの冒頭1分間について記録し，これら7項目の発生率を教師側・学習者側それぞれについて算出し，授業の傾向を探る。

➡ FLINT (7-I), FIAS (7-I), 授業観察記録 (7-I)

● 参考文献

岡崎敏雄・岡崎眸 (1997)『日本語教育の実習——理論と実践』アルク．

Allen, J. P. B., Frohlich, M. and Spada, N. (1984) "The Communicative Orientation of Language Teaching: An Observation Scheme." In Handscombe, J., Orem, R. A., and Taylor, B. P. (eds.) On *TESOL '83: The Question of Control*. TESOL.

［岡崎敏雄］

J──研究評価

■信頼性

リサーチには，その研究目的に応じて，基礎研究（Foundamental or Basic Research），応用研究（Applied Research），アクション・リサーチ（Action Research）の3種類があるとされている（Best and Kahn 1998）。リサーチの信頼性や妥当性を語るには，どの種類のリサーチなのかで基準が異なることを知らなければならない。

まず，基礎研究は自然科学をモデルにする。いついかなる場面でも一般化できる理論の構築を目的とするものであり，サンプルを注意して選び，実験室などの安定した場所で，しばしば動物を用いて行われる。現実への応用とは切り離された，純粋な理論研究である。

応用研究は，基礎研究と同様に，サンプルを選び，そこから母集団を推計する。しかし，その目的は，現実の場面で理論を試し，結果を調べることである。この意味では，教育研究の大部分はこの部類に属する。というのは，教育の場での教師や生徒の行動について理論を発展させようとするのが応用研究だからである。

応用研究が教育の場での一般論を構築しようとするのに対して，アクション・リサーチは，ある特定な場所で（たとえば教室で）特定の人（たとえば教師）が直面している問題を具体的に解決しようとする。前の2つのリサーチが「研究者」によって行われるのに対して，アクション・リサーチは問題に直接かかわる人によって実施されるという特徴がある。

基礎研究および応用研究での信頼性は，「同じ条件で，同じ手順である実験や調査を実施したら，同じ結果が得られる」度合いだといえるだろう（Celce-Murcia 1985）。あるいは，データの収集や整理の手順が正確で一定しているといってもよい（Seliger and Shohamy 1989）。たとえば，2度同じ調査をして，その結果がまったく一致すれば，そのときの信頼度係数（2回の調査結果の相関で計算する）は1となり，まったく相関がなければ0となる。基礎研究および応用研究では，0.7から0.8の信頼度係数が必要だとされている。

信頼度係数を高めるには，実験の条件が同一になるよう変数をコントロールして，他の要素が入り込まないように注意する。また，結果の判断に主観が入り込まないように，細心の注意が必要である。

一方，アクション・リサーチでは，同じ条件で実験を繰り返すことは不可能である。そのため，調査の手順を明確にする一方で，得た資料から結論を得るときに，正しく，客観的な整理をすることが必要である。

➡妥当性（7-J），アクション・リサーチ（7-F），信頼係数（7-K）

●参考文献

Best, J. W. and Kahn, J. V. (1998) *Research In Education*. Allyn and Bacon.

Celce-Murcia, M. (ed.) (1985) *Beyond Basics: Issues and Research in TESOL*. Newbury House.

Seliger, W. H. and Shohamy, E. (1989) *Second Language Research Methods*. Oxford University Press.

［佐野正之］

■妥当性

ある調査で，調査するはずのことがらがどれだけ忠実に調査できたかが妥当性の目安である。あるいは，ある技量を見るために活動をさせ結果を得た場合，それが調べるはずの技量の典型とみなせるかという問題である（Celce-Murcia 1985）。たとえば，会話能力を筆記試験で調査するような場合は，妥当性は低いといわざるを得ない。

信頼性と同様に，妥当性相関係数（validity coefficient）を求めることができる。2回のインタビュー・テストの成績の相関が0.7だとすれば，その2乗×100の49がcoefficientで，テストのあいだには約50％の一致があるとみなすことができる（Hughes 1990）。しかし実際は，調査の妥当性を数値で証明することは難しい。そこで，調査のための活動形式や内容が，上の例でいえばインタビュー・テストが，本当に今調べようとしている会話能力を見る代表的方法であるかを論じたり（内容的妥当性 content validity），他の基準に照らして，たとえば，ACTFL Guidelineと比較して判断したり（基準関連的妥当性 criterion validity），あるいは，会話能力と相関が高いといわれているリスニング・テストの結果から理論的に妥当性（概念的妥当性 construct validity）を検討したりすることになる。

だが，妥当性もまた，調査の目的に応じた解釈が必要である。たとえば，「アクション・リサーチは信頼性と妥当性がない」という批判を聞くことがあるが，これは応用研究における妥当性との混同に基づくものである。この点に関してのNunan（1993）の指摘は説得力がある。彼は信頼性や妥当性には内的側面と外的側面があるとして，それぞれ次のような質問文にして表している。①内的信頼性：ある研究者が手元にある資料を再度分析しても，最初と同じ結論になるか。②外的信頼性：ある研究者が，同じ調査をもう一度やり直したときでも，同じ結論になるか。③内的妥当性：リサーチの計画がよくできているので，実験の結果はトリートメントの成果だと自信をもって主張できるか。④外的妥当性：リサーチの計画がよくできているので，ある実験の結果を調査対象とした人以外にも拡大して適応することができるか。

Nunanはリサーチである限り，信頼性は内的にも外的にも必要だが，文脈に依存して，眼前の問題解決をはかろうとするアクション・リサーチに外的妥当性，すなわち，あるアクション・リサーチでの発見が，一般論的結論となることを期待することはできないとしている。

➡信頼性（7-J），アクション・リサーチ（7-F），クラスルーム・リサーチ（7-F）

● 参考文献

Celce-Murcia, M. (ed.) (1985) *Beyond the Basics: Issues and Research in TESOL*. Newbury House.

Hughes, A. (1990) *Testing for Language Teachers*. Cambridge University Press.

Nunan, D. (1993) "Action research in language education." In Edge, J. and Richards, K. (eds.) *Teachers Develop Teachers Research*. Heinemann.

［佐野正之］

K──データ分析

■尺度の4水準

実証データを得るためには測定を行うが，それには尺度が必要である。尺度には水準の異なる4つの尺度がある。名義尺度（nominal scale），順序尺度（ordinal scale），間隔尺度（interval scale），比率尺度（ratio scale）である。尺度によって，適用できる統計法が決ま

る。

名義尺度は，測定対象をいくつかのカテゴリーまたはグループに分類するだけの尺度である。被調査者を性別によって男・女に分けたり，国籍別に日本・韓国・オーストラリア・アメリカ・フランス・ドイツに分けたりするのが，これにあたる。明確な名前，すなわち名義を，対象の共通属性につけているにすぎない。名義尺度によるデータには，モード（最頻値）・連関係数・カイ2乗検定（χ^2検定）などが適用できる。

順序尺度は，測定対象を順序性のあるカテゴリーに分類する尺度である。口述試験の成績をA，B，C，Dで評価したり，100 m走の結果を1位，2位，……，6位と表示したりするのがこれにあたる。名義尺度よりも水準が高いが，数値間の差の大きさを問題にすることはできない。したがって，データに加減乗除の演算は施せない。順序尺度によるデータには，名義尺度のデータに適用される分析のほかに，メディアン（中央値），四分位偏差，順位相関係数，マン・ホイトニーのU検定などが適用できる。

間隔尺度は，名義尺度や順序尺度よりも数量的に厳密な尺度である。測定対象における量の差の大きさを，測定値の差の大きさで表す尺度である。したがって，単位の一定性が保証されている必要がある。たとえば，18と17の差は6と5の差と等しいことを意味していなければならない。妥当性・信頼性の高い標準テストの得点や温度測定における摂氏などがこれにあたる。間隔尺度では，原点0が任意に定められている（得点や摂氏の0は，能力や熱の皆無を意味しない）ので，測定値間の倍数関係を問題にすることはできない。つまり，測定値同士で乗除の演算をしてはならない。間隔尺度によるデータには，名義・順序尺度のデータに適用できる分析のほかに，算術平均，標準偏差，ピアソンの積率相関係数，t検定，分散分析などが適用できる。

比率尺度は，間隔尺度の条件に加えて，原点が一義的に決まっている尺度である。0が無の（量のない）状態を指す。よって「身長170 cmは85 cmの2倍」というように，測定値間の倍数関係を問題にすることができる。比率尺度によるデータにはすべての統計法が適用できるが，心理学や教育学のアプローチで人間の行動を研究するときは，比率尺度で測定できるものはほとんどないと考えてよい。0が，人間のもつ能力の「無」を表すわけではないからである。

名義尺度や順序尺度によるデータは，数値で表す必然性がないので，つまり記号で表してもかまわないので，質的データ（質的変数）と呼ばれる。他方，間隔尺度や比率尺度によるデータは，数値で表す必要があることから，量的データ（量的変数）と呼ばれる。

➡モード（最頻値）(7-L)，メディアン（中央値）(7-L)，平均 (7-L)，標準偏差 (7-L)，相関係数 (7-L)，χ^2（カイ2乗）検定 (7-K)，t検定 (7-K)，分散分析 (7-K)

●参考文献

森敏昭・吉田寿夫（編著）(1990)『心理学のためのデータ解析テクニカルブック』北大路書房．

山田剛史・村井潤一郎 (2004)『よくわかる心理統計』〈やわらかアカデミズム・わかるシリーズ〉ミネルヴァ書房．

[松見法男]

■クロス集計

クロス集計（cross tabulation）とは，観察・調査・実験データの統計処理において，2つ以上の質的変数の各カテゴリーを組み合わせ，それぞれのセル（区分域）に該当する度数を集計することをいう。

得られたデータが複数のカテゴリー（男性・

女性，あるいは20歳代・30歳代・40歳代・50歳代など）に分類されるとき，変数（性別，年齢層など）が1つであれば，単独に度数分布表を作成してデータの特徴を把握する（これを単純集計という）。他方，質的変数が2つ以上あり，それらの関係について検討したいときは，クロス集計を行って度数分布表を作成する。クロス集計で作成される表がクロス表（cross table），または分割表（contingency table）である。クロス表は，量的変数の関係を分析する際に作成される相関図に相当する。

例として，2×2のクロス表を挙げる。表7-3は，日本語教師を志望する日本人大学生の1年生と4年生に，赴任を希望する国を1つ挙げてもらい，国内と海外に分けて集計した結果である（仮想データ）。ここでは，日本以外の国についてはカテゴリーを合併させた。このほかにも，世界の地域別や国別に，$2 \times k$（kは3以上の整数）のクロス表を作成することができる。

表7-3 クロス表の例：学年による赴任希望先の違い

	国内	海外	計
1年生	102 (.85)	18 (.15)	120
4年生	54 (.45)	66 (.55)	120
計	156 (.65)	84 (.35)	240

クロス表では，各行と各列の計（表の120, 120, 156, 84）を周辺度数，総計（表の240）を総度数という。各セルの（ ）内は，各行における比率である。クロス集計では多くの場合，検討対象である2つの変数の間に，予測（説明）する変数と，予測（説明）される変数の区別がある。そのときは，前者のカテゴリー別に，後者の各カテゴリーの度数比率を算出する。表では，学年別に国内と海外の違いが計算されている。

2つの質的変数の関係について，その強さを数値要約するには，連関係数（coefficient of association）を算出する。これによって表では，「赴任希望先の学年差は，どの程度明確な傾向といえるか」に答えられる。連関係数にはいくつかの種類がある。カテゴリー数に基づくならば，2×2のクロス表にのみ適用できるものと，$k \times l$（いずれも2以上の整数）のクロス表に適用できるものとがある。四分点相関係数（ϕ係数）は前者の代表であり，クラメールの連関係数は後者の代表である。尺度の水準からは，各変数が完全な名義尺度（性別など）か，順序性のあるもの（年齢層など）かによって分けられる。グッドマン・クラスカルの順序連関係数（γ係数）は，後者の代表である。

連関係数から2変数のあいだに何らかの関係が認められ，2つの変数の時間的な生起順序から「予測」が成り立つとしても，それは2変数のあいだに因果関係が存在することを意味しない。これは，相関係数を解釈するときと同様に，注意すべき点である。なお，クロス集計後にカイ2乗検定（χ^2検定）を適用して「独立性の検定」を行うことがある。これは，連関係数の有意性の検定でもある。

→度数分布表（7-L），χ^2（カイ2乗）検定（7-K）

● 参考文献

山田剛史・村井潤一郎（2004）『よくわかる心理統計』〈やわらかアカデミズム・わかるシリーズ〉ミネルヴァ書房.

吉田寿夫（1998）『本当にわかりやすい すごく大切なことが書いてある ごく初歩の統計の本』北大路書房.

[松見法男]

■帰無仮説

帰無仮説（null hypothesis：H_0と略記される）は，統計的検定を行うときに立てられる仮説の1つである。帰無仮説と対立する仮説は，対立仮説（alternative hypothesis：H_1と略

記される）と呼ばれる。通常は，研究仮説が対立仮説となる。

　一般に，仮説が真であることを証明するのは難しい。しかし，仮説が真でないことを証明するのは比較的やさしい。一部でもその仮説に反する証拠が見つかればよいからである。つまり，「Aである」という仮説の正否を吟味するときは，「Aでない」と仮定し，この仮説のもとで論理的矛盾が生じることを示すのである。この考え方を応用するときの仮説が，帰無仮説である。研究仮説の正しさを証明したい研究者にとって，帰無仮説は後に否定されるべき仮説であり，棄却されて「無に帰する」ことを期待して立てられる仮説である。帰無仮説の由来はそこにある。

　日本語教育の実証研究では，多くの場合，ある特性値に関して，2つ以上の条件間に「差がある」という仮説（研究仮説）が立てられる。たとえば，「日本語の上級クラスと中級クラスのあいだでは，日本語語彙テストの平均得点に差がある」という形式で記述される。この場合の帰無仮説は「平均得点に差がない」である。帰無仮説が正しいとするとき，偶然に生じるのがまれな（ある一定の確率よりも低い確率でしか起こりえない），そういう大きな差が測定値において示されるならば，帰無仮説は棄却され，対立仮説が採択される。もしそうでなければ，つまり，帰無仮説のもとでは偶然の範囲内にあるとみなされる（ある一定の確率以上の確率で起こりうる），そういう差であれば，帰無仮説は棄却できず，対立仮説の採択を控えることになる。このときの「ある一定の確率」は，有意水準または有意確率と呼ばれ，心理学や教育学の領域では5％（または1％）に設定される。

　先の日本語語彙テストに関する帰無仮説は，
　(1) $\bar{X}_A = \bar{X}_I$（A：上級，I：中級）
と表記できる。他方，対立仮説は，

(2) $\bar{X}_A \neq \bar{X}_I$
　　（$\bar{X}_A > \bar{X}_I$ と $\bar{X}_A < \bar{X}_I$ の両方を含む）
(3) $\bar{X}_A > \bar{X}_I$

の2種類が設定できる。(2)に関する検定は両側検定，(3)に関する検定は片側検定と呼ばれる。有意水準が一定であれば，片側検定のほうが有意差が出やすくなる。データ解釈における主観性の排除という観点からは，大小関係を一方向に規定する片側検定より，両方向の可能性を考慮した両側検定のほうが，より安全といえる。

　帰無仮説に関しては，2つの論理的誤りが起こりうる。一つは，帰無仮説が真であるのにこれを棄却する「第一種の誤り（type I error）」である。もう一つは，帰無仮説が偽であるのにこれを棄却しない「第二種の誤り（type II error）」である。両者は，表裏一体の関係にある。有意水準とは，「第一種の誤り」を起こす確率（危険率）のことである。一方，「第二種の誤り」を起こさない確率（信頼率）は検定力と呼ばれる。有意水準が一定であれば，標本が大きくなるほど検定力は高くなる。
➡有意水準（7-K），量的研究（7-F）

●参考文献
大村平（1980）『統計解析のはなし——データに語らせるテクニック』日科技連出版社.
山田剛史・村井潤一郎（2004）『よくわかる心理統計』〈やわらかアカデミズム・わかるシリーズ〉ミネルヴァ書房.
吉田寿夫（1998）『本当にわかりやすい すごく大切なことが書いてある ごく初歩の統計の本』北大路書房.

［松見法男］

■有意水準

　有意水準（level of significance）とは，統計的検定において，帰無仮説（H_0）を棄却するか否かを決めるときの，基準となる確率である。有意水準は，有意確率または危険率とも呼

ばれる。pかαで表され、通常は5％（または1％）に設定される。5％に設定される根拠は定かでない。研究者間における暗黙のうちの共通基準といえる。

有意水準5％で帰無仮説が棄却されれば、研究仮説である対立仮説（H_1）を採択することになる。この場合、帰無仮説が正しいのに、それを間違いとして捨ててしまう（これを「第一種の誤り」という）危険性が5％はある。有意水準が危険率と呼ばれるのは、ここに由来する。

例としてt検定（2つの平均値の差の検定）を取り上げ、基本事項を説明しよう。電卓を用いて、いわゆる手計算をするときは、データに基づいて算出したt値とt分布表の値（統計本の付表にある）とを比較・照合する。t分布表には、自由度と有意水準に対応した臨界値が表示されている。t値の絶対値が当該の臨界値以上であれば、有意差があると結論づける。

統計パッケージを利用するときは、t値だけでなくp値も自動的に算出される。このp値は、帰無仮説が正しいとき、データから算出されたt値よりも大きなt値が得られる標本の出現確率を示す。普通はp値にアスタリスクがつけられ、*（$p<.05$），**（$p<.01$），***（$p<.005$），****（$p<.001$）と注記されることが多い。結果の記述では、$p=.028$，$p=.006$のように、値をそのまま表記する論文も見られるが、それぞれ$p<.05$，$p<.01$のようにするのが慣習的である。あらかじめ有意水準を5％に設定した場合は、$p=.028$でも$p=.006$でも、$p<.05$と記述する。ともに、5％水準で有意であることに変わりはない。

有意水準が小さいほど平均値の差（条件の差）が大きいと解釈するのは、誤りである。t値の大きさには、平均値の差だけでなく、データの散らばりを表す標準偏差（または分散）や、標本の大きさ、すなわち被験者や被調査者の人数が影響するからである。平均値の差が同じでも、標準偏差が大きければt値は小さくなり、有意差は出にくくなる。また、平均値の差が小さくても、標本が大きければt値も大きくなり、有意差は出やすくなる。つまり、p値は平均値の差だけを反映するものではない。

p値が.05以上.10未満であるとき、「傾向差が見られた（$p<.10$）」として結果を記述し、考察を行うことがある（統計パッケージではp値に⁺の記号がつく）。有意差は見られなかったが、研究者としては、研究仮説が支持される傾向であることを主張したい場合である。ただし、このような場合は、都合のよい条件間でのみ傾向差を取り上げることなく、一貫して傾向差を扱わなければならない。

→帰無仮説（7-K），量的研究（7-F）

● 参考文献

大村平（1980）『統計解析のはなし――データに語らせるテクニック』日科技連出版社.

山田剛史・村井潤一郎（2004）『よくわかる心理統計』〈やわらかアカデミズム・わかるシリーズ〉ミネルヴァ書房.

吉田寿夫（1998）『本当にわかりやすい すごく大切なことが書いてある ごく初歩の統計の本』北大路書房.

［松見法男］

■ χ^2（カイ2乗）検定

カイ2乗検定（chi-square test）とは、χ^2分布（chi-square distribution）を利用する統計的検定の総称であり、ノンパラメトリック検定の代表的なものの1つである。名義尺度によるデータの度数や比率の差を、条件間やグループ間で比較するときなどに用いられる。

適合度の検定を取り上げて、χ^2検定の原理を説明する。ここでは、一定の観測度数が、対応する期待度数と一致するか否かをみる。通常は、1〜k個の相互に独立したカテゴリー内に、

度数が分けられる。たとえば、過去5年にわたる日本語標準テスト（100点満点）の成績分布の比率がわかっているとする。80点以上が受験生全体の8％、79～60点が23％、59～40点が40％、39～20点が22％、19点以下が7％である（これらは期待度数）。今年行われたテストの成績分布の比率（これらは観測度数）が、過去の比率と異なるかどうかをみたい。このとき、次式の統計量を導くと、その値が近似的に χ^2 分布に従う。

$$\chi^2 = \sum \frac{(観測度数-期待度数)^2}{期待度数}$$

この値が、当該の自由度において、設定された有意水準での χ^2 の臨界値以上であれば、両者の比率に差がないという帰無仮説を棄却し、差があるという対立仮説を採択する。

χ^2 検定は、独立性の検定にも適用できる。N 個の標本が、2つの変数に関して分類されるとき、それらが独立しているかどうかをみる。たとえば、中級と上級の日本語学習者を対象として、ある学習法に対するビリーフ（賛成か反対か）を調べ、それが日本語の習熟度と関係するかどうかをみたい。このときは、表7-4のような2×2のクロス表を作成してデータの特徴を把握する（仮想データ）。表中の（ ）内は期待度数であり、当該の観測度数が属する行と列の周辺度数を乗じ、それを総度数で割ると得られる。

表7-4 習熟度と学習法に対するビリーフの関係

	賛成	反対	計
中級	157（126）	43（74）	200
上級	32（ 63）	68（37）	100
計	189	111	300

比率の等質性の検定にも、χ^2 検定は適用できる。独立性の検定と計算方法が同じなので、それと混同されるが、厳密には種類が異なる。たとえば、専門職の日本語教師とボランティアの日本語教師の年齢を調べる。両者のあいだで、年齢層による（20歳代、30歳代、40歳代、50歳代、60歳代の）比率に差があるか否かをみるとき、比率の等質性の検定を行う。この場合は、2×5のクロス表を作成する。

これらの χ^2 検定には、いくつかの注意点がある。各個体の反応は、どれか1つのセル（区分域）に、しかも1回しか分類できない。1個体の反応が複数ある場合に、個々の反応を独立した測定値とみなしてクロス集計し、χ^2 検定を行うのは誤りである。また、自由度が1で、いずれかの期待度数が10以下になる場合は、イェーツの連続性の修正を施すことが望ましい。さらに χ^2 検定の結果が有意でも、それは全体的特徴を示すものである。特定のセル同士を比較するときは、下位検定を行う必要がある。

➡クロス集計（7-K）、ノンパラメトリック検定（7-K）

●参考文献

南風原朝和（2002）『心理統計学の基礎――統合的理解のために』〈有斐閣アルマ〉有斐閣.

森敏昭・吉田寿夫（編著）（1990）『心理学のためのデータ解析テクニカルブック』北大路書房.

吉田寿夫（1998）『本当にわかりやすい すごく大切なことが書いてある ごく初歩の統計の本』北大路書房.

［松見法男］

■ t 検定

t 検定（t-test）とは、t 分布（t-distribution）を利用する統計的検定の総称である。t 検定は、主に2つの平均値の差を吟味するときに適用され、「対応のない（独立した標本の）t 検定」と「対応のある（関連した標本の）t 検定」に大別される。

代表的な「対応のない t 検定」について説明する。たとえば、英語を母語とする初級の日本語学習者36名に、未知の日本語単語（ひらがな3文字単語）20個を覚えてもらったとする。被験者を無作為に18名ずつの2グループに分け、Aグループには英語単語との対連合学習を、またBグループには絵との対連合学習を、それぞれ行ってもらった。後に、日本語単語を見て、その意味を英語単語で口頭再生するテスト（20点満点）を行ったところ、Aグループが9.2点（標準偏差は4.6）、Bグループが14.6点（標準偏差は5.2）となった（仮想データ）。2つの方法を比較した場合、絵との対連合学習のほうが有効であるといえるだろうか。この問いに答えを出すためには、次式の t 値を検定統計量とする。

$$t=\frac{|\bar{X}_1-\bar{X}_2|}{\sqrt{\frac{n_1s_1^2+n_2s_2^2}{n_1+n_2-2}\times\left(\frac{1}{n_1}+\frac{1}{n_2}\right)}}$$

$\bar{X}_1$ と $\bar{X}_2$ は各条件の平均値、s_1 と s_2 は各条件の標準偏差、n_1 と n_2 は各条件のデータ数である。t 値を求めた後、あらかじめ設定した有意水準（通常は5％）と、自由度（n_1+n_2-2）から、t の臨界値（統計本の別表にある）を調べる。データから計算された t 値が、その臨界値以上であれば有意差があるとし、臨界値未満であれば有意差はないとする。

「対応のない t 検定」では、t 値を求める際に、2条件の母集団の分散が等質であることを確認しておく。具体的には F 検定を行う。そして、2条件の分散に有意差が認められた場合は、変数を変換して分布の正規化や分散の等質化をはかったり、ウェルチの検定などの近似法を用いたり、さらに質的データ（名義尺度や順序尺度）に適用される検定を用いたりする。先の例のように、標準偏差が大きく違わないときは、分散の等質性に関してほとんど問題はない。「対応のない t 検定」では、他の条件が一定であれば、①平均値の差が大きいほど、②各条件の標準偏差が小さいほど、③各条件のデータ数が多いほど、t 値が大きくなる。したがって、それだけ有意差も出やすくなる。

一方、次のような場合は、「対応のある t 検定」を適用する。同一クラスに所属する中級の日本語学習者15名が、標準化された2種類の聴解テスト（難易度は同程度）を、それぞれ前期と後期に受けた。6か月間で、日本語の聴解力が高くなったといえるだろうか。この場合は、前期のテスト得点と後期のテスト得点とのあいだに、どの程度の相関関係があるかが重要な鍵となる。なお、2条件間で被験者が異なっていても、両条件に何らかの関係が認められる事態（剰余変数を統制するためにマッチングを行ったときなど）においては、この「対応のある t 検定」を用いて平均値の差を吟味しなければならない。

→平均（7-L），標準偏差（7-L），有意水準（7-K），分散分析（7-K）

● 参考文献

南風原朝和（2002）『心理統計学の基礎——統合的理解のために』〈有斐閣アルマ〉有斐閣．

森敏昭・吉田寿夫（編著）(1990)『心理学のためのデータ解析テクニカルブック』北大路書房．

吉田寿夫（1998）『本当にわかりやすい すごく大切なことが書いてある ごく初歩の統計の本』北大路書房．

［松見法男］

■ 分散分析

分散分析（analysis of variance）とは、F 分布（F-distribution）を用いた、3つ以上の平均値の差を吟味するための統計的検定の総称である。分散分析は、英語表記を略してANOVAとも呼ばれる。汎用性が高く、2要因や3要因といった多要因の実験計画のもとで

得られるデータにも適用できる。

分散分析では F 値（または F 比）を求めるが，その計算過程は複雑である。ここでは，2要因分散分析の具体例を挙げ，基本事項を説明する。

たとえば，日本語母語話者と中国語を母語とする日本語学習者に，中国語との形態類似性が高い日本語漢字単語の音読み課題を行ってもらい，正反応時間を測定したとする。実験計画は3（習熟度：母語話者，超上級者，上級者）×2（中国語との音韻類似性：高，低）の2要因配置で，第1要因は被験者間変数，第2要因は被験者内変数であった。表7-5に結果を示す（仮想データ）。

表7-5 音読みの平均反応時間（ms）と標準偏差

	類似性高群	類似性低群	平均
母語話者	488（ 41）	471（ 30）	480
超上級者	690（ 80）	697（ 76）	694
上級者	868（112）	789（103）	829
平均	682	652	

分散分析を行ったところ（有意水準は5％），習熟度の主効果，音韻類似性の主効果，習熟度と音韻類似性の交互作用が有意であった。

主効果とは，他の要因におけるすべての条件（水準）を合わせた（平均した）当該要因の条件間で差があることをいう。第2要因の主効果は，習熟度にかかわりなく，中国語との音韻類似性が低い単語（652 ms）のほうが，高い単語（682 ms）よりも反応時間が短いことを示す。第1要因の主効果については，水準が3つあるので（480，694，829 ms），多重比較を行った。どの条件間で有意差があるかを調べるためである。多重比較の方法には，テューキーの HSD 法や WSD 法，ライアン法などがある。表7-5では，すべての条件間に有意差が見られた。

次に交互作用とは，一方の要因の条件によって他方の要因の効果が異なることをいう。表7-5からは，習熟度によって，反応時間に及ぼす音韻類似性の効果が異なることがわかる。交互作用が有意なときは単純主効果の検定（必要に応じてさらに多重比較）を行い，各条件間の差を詳しく分析する。表7-5では，母語話者と超上級者で音韻類似性の高低による差がないのに対し，上級者で，発音類似性が低い単語のほうが高い単語よりも反応時間が短いことがわかった。なお，多重比較や単純主効果の検定などを総称して，下位検定という。

言語の認知過程を扱う実験研究では，刺激（材料）となる語句や文に関して，頻度，熟知度，具象性，学習容易性，言語内・言語間の形態・音韻・意味類似性といった属性を，被験内要因として操作することが多い。条件ごとに，一定の基準で選定された数十個の言語刺激が用意され，被験者はそれらについて課題を遂行する。このときに通常の分散分析（被験者分析）を適用すると，被験者を変量要因，言語刺激を固定要因とみなして F 値を算出することになる。それゆえ得られた結果は，実験で用いた特定の言語材料に限定して解釈するのが正しい。

そこで近年は，海外を中心に，被験者のほうを固定要因とし，言語刺激を変量要因とみなした分散分析（項目分析）を同時に行う研究が増えている。被験者分析（ F 値は F_1 や Fs で表される）と項目分析（ F 値は F_2 や Ft で表される）の結果が矛盾しないことを確認し，実験結果の一般化をある程度保証するのである。

➡平均（7-L），標準偏差（7-L），有意水準（7-K），t 検定（7-K）

●参考文献

石村貞夫（1997）『SPSSによる分散分析と多重比較の手順』東京図書．

大村平（1984）『実験計画と分散分析のはなし——効率よい計画とデータ解析のコツ』日科

技連出版社.

後藤宗理・大野木裕明・中澤潤（編著）
（2000）『心理学マニュアル——要因計画法』北大路書房.

田中敏・山際勇一郎（1992）『新版 ユーザーのための教育・心理統計と実験計画法——方法の理解から論文の書き方まで』教育出版.

森敏昭・吉田寿夫（編著）（1990）『心理学のためのデータ解析テクニカルブック』北大路書房.

[松見法男]

■**信頼係数**

研究の対象全体を母集団（population）という。それは、きわめて多くの被調査者や被験者（ときには学校や教材）から成る理論上の集まりであるが、実際には、各個人（団体や製品）についての測定値の集まりを指す。一方、標本（sample）とは、母集団から抽出された一部を指し、調査や実験で得られる測定値の集まりをいう。心理学や教育学の領域で言語研究を行うときは、母集団の値（母数：parameter）が知られていないことが多い。したがって、母集団の平均値や標準偏差、相関係数などは、標本の値から確率論的に推定しなければならない。信頼係数（confidence coefficient）は、このような統計的推定の信頼度を表す指標である。

統計的推定は、推測統計に位置づけられ、統計的検定と密接な関係にある。統計的推定には点推定と区間推定の2つがあるが、通常は両者が併用される。母平均値（μ）を推定するとき、標本平均値（$\bar{X}$）を用いるのが点推定である。この場合、$\bar{X}$はμの「偏りのない」推定値（不偏推定値）である。ただし、これだけでは$\bar{X}$がどのくらいμに近いかがわからない。そこで、μがあると思われる範囲、区間を指定する。これが区間推定である。

$\bar{X}$に基づくμの推定には、もともと標本抽出による誤差を伴うので、区間推定のほうが合理的である。たとえば、「95％の確率で、μが～から～までのあいだに存在する」というように、信頼度を確率で表して信頼区間の推定を行う。信頼区間の上限と下限（上記の2つの「～」）を信頼限界と呼び、母平均値がこの区間内に入る自信の程度を表すのが信頼係数（上記では.95）である。

母平均値μの信頼区間における上限（$\bar{X}_U$）と下限（$\bar{X}_L$）は、t分布を利用して次式で求める。

$$\bar{X}_U = \bar{X} + t_\alpha \frac{\hat{\sigma}}{\sqrt{n}}$$

$$\bar{X}_L = \bar{X} - t_\alpha \frac{\hat{\sigma}}{\sqrt{n}}$$

t_αは、自由度$n-1$で有意水準α（両側確率）のときのtの臨界値であり、$\hat{\sigma}$は母標準偏差の不偏推定値である。信頼係数は（$1-\alpha$）で、通常は.95または.99である。この計算式で信頼係数.95の信頼区間の推定を、同一母集団から大きさの等しい標本を無限回抽出して行ったとする。そのとき、そのうちの95％は、推定区間内に真の母平均値が含まれることになる。これが信頼係数の意味である。

信頼区間の推定は、2つの母平均値の差（$\mu_1 - \mu_2$）についても行われる。2条件間で標本が独立している場合と関連している場合とで求め方が異なる。しかし、いずれも1つの母平均値を推定する手続きを一般化したものである。$\mu_1 - \mu_2$の信頼区間に0が含まれないときは、2条件のあいだに有意差が見られることになる。

母集団での相関係数（ρ）についても、その信頼限界を求め、区間推定を行うことができる。信頼区間に0が含まれるときは、標本での相関係数（r）について有意性検定（無相関検定）を行っても、有意とはならない（帰無仮説

$\rho = 0$ を棄却できない)。

→ノンパラメトリック検定 (7-K)

● 参考文献

岩原信九郎 (1965)『教育と心理のための推計学 新訂版』日本文化科学社.

森敏昭・吉田寿夫 (編著) (1990)『心理学のためのデータ解析テクニカルブック』北大路書房.

[松見法男]

■ノンパラメトリック検定

推測統計の中心をなす統計的検定にはさまざまな方法がある。t 検定や分散分析は、いずれも母数 (parameter) の推定を含んだ検定であり、パラメトリック検定 (parametric test) と呼ばれる。これに対し、母数の推定を含まない検定がある。それがノンパラメトリック検定 (nonparametric test) である。2項検定や χ^2 検定、マン・ホイトニーの U 検定などは、これに属する。

パラメトリック検定では、3つの前提条件が満たされなければならない。第一に、母集団が正規分布またはそれに近い分布をなしていること、第二に、各条件における母集団の分散 (母分散) が等質であること、第三に、標本が母集団から無作為に抽出されていることである。母集団分布に関する母数についての仮定 (第二条件) は、当然のことながら、母集団分布の型に関する仮定 (第一条件) を前提としている。

ノンパラメトリック検定では、上記の第三条件「無作為な標本抽出」だけが重要な前提条件となる。したがってノンパラメトリック検定は、「母集団の分布を仮定しない検定」あるいは「母集団の分布に依存しない検定」といえる。この検定は、異なった母集団からの標本に対しても適用でき、名義尺度や順序尺度によるデータも扱える。それゆえ、通常はパラメトリック検定が適用できる間隔尺度や比率尺度によるデータでも、第一、第二の前提条件が満たされない場合は、ノンパラメトリック検定の適用を視野に入れ、対処法を考える必要がある。ただしノンパラメトリック検定は、母集団が正規分布をなしていたり、標本が大きくなったりすると、検定力が低くなる。また、分散分析で見られる交互作用の検定が難しい。

「無作為な標本抽出」という前提条件には、2つの意味がある。一つは文字どおりに、標本が母集団から偏りがないように抽出されていることである。被調査者や被験者を、特定の学校や地域に求めたり、身近な人々に求めたりするときは、研究仮説どおりに有意差が見られても、限定条件を設けるなどして、研究結果の一般化を慎重に行うべきである。もう一つの意味は、個々の測定値が互いに独立していることである。同一被験者の反応が同一条件下で繰り返し測定されるときや、集団形式の調査や実験で、ある被験者の反応が他の被験者の反応に影響を与えるときは、個々の測定値は独立しているとはいえない。そのような測定値を、あたかも独立しているかのように扱い、そのまま検定にかけると、結果を歪めてしまうことになる。

ノンパラメトリック検定には、前述した検定のほかに、マクニマーの検定、符号 (サイン) 検定、クラスカル・ウォリスの H 検定、コクランの Q 検定、フリードマンの検定など、さまざまな検定がある。これらは、測定値 (従属変数) の尺度水準 (名義尺度か順序尺度か) や要因 (独立変数) の数 (1要因の場合は、条件数が2か3以上か)、さらに設定された要因が「対応のない要因」か「対応のある要因」か、などによって適用が決まる。

→χ^2 (カイ2乗) 検定 (7-K)、信頼係数 (7-K)、正規分布 (7-L)

● 参考文献

岩原信九郎 (1964)『新しい教育・心理統計——ノンパラメトリック法』日本文化科学

社.
岩原信九郎（1965）『教育と心理のための推計学』（新訂版）日本文化科学社.
森敏昭・吉田寿夫（編著）（1990）『心理学のためのデータ解析テクニカルブック』北大路書房.

[松見法男]

■多変量解析

多変量解析（multivariate analysis）とは，複数の対象（質的・量的変数，項目，個体など）について，それらの相互関係を分析するための解析法の総称である。一般に，ある現象を規定する要因は数多くあり，要因間の関係も複雑である。多変量解析は，多くの変数を用いて現象を測定し，できる限り少数の要因でそれを説明しようとするときに適用される。

多変量解析は，基準変数（criterion variable）の有無によって2つに分類できる。

基準変数がある多変量解析は，対象同士の関係に基づいて，予測・説明・判別・因果推論などを行うときに用いられる。基準変数とは，予測，説明，判別される側の変数であり，目的変数や外的基準とも呼ばれる。いわゆる従属変数にあたる。他方，予測，説明，判別する側の変数は説明変数または予測変数と呼ばれ，いわゆる独立変数にあたる。基準変数がある多変量解析には，重回帰分析，判別分析，数量化理論Ⅰ類・Ⅱ類，正準相関分析，共分散分析，対数線型モデル分析，パス解析などがある。これらは，説明変数と基準変数の尺度水準や，基準変数の数に応じて適用が決まる。たとえば，重回帰分析は説明変数と基準変数がともに量的変数のときに適用され，判別分析は基準変数のみが，また数量化理論Ⅰ類は説明変数のみが，それぞれ質的変数のときに適用される。また正準相関分析は，基準変数が2つ以上ある場合の重回帰分析といえる。

基準変数がない多変量解析は，潜在的な共通因子の探索や，対象の類似性に基づく分類・布置を行うときに用いられる。そこでは，対象の内的構造を分析し，情報をできるだけ少数の次元にまとめることが目的となる。したがって，説明変数，基準変数という区別は存在しない。具体的には，因子分析，多次元尺度構成法，クラスター分析，数量化Ⅲ類・Ⅳ類，共分散構造分析などがある。

重回帰分析，因子分析，共分散構造分析は別項に詳述されるので，ここでは，日本語教育の研究や実践に有用な他の方法について説明する。

正準相関分析は，入学試験における複数の科目（例：国語，数学，外国語）の成績に基づいて，入学後の専門科目（例：日本語教育学，第二言語習得論，言語心理学）の成績を予測する場合などに適用できる。正準相関係数から，説明変数と基準変数の多次元的関連を吟味する。

共分散分析では，前提条件が厳しいものの，観察・実験における剰余変数の影響を積極的に統制できる。第二言語としての日本語の文章記憶に及ぼす音読，つぶやき読み，黙読の効果を調べたいとき，各被験者の母語での作動記憶容量を測定し，これを共変量（統制すべき剰余変数）として分析するような場合である。

多次元尺度構成法は，単語の外延的・内包的意味空間（意味的距離の程度）を調べるときなど，何らかの類似性に基づいて，対象を少数次元の空間に布置したい場合に適用される。

クラスター分析は，対象をいくつかのクラスター（群）に分類するために用いられる。代表的な階層的方法では，デンドログラム（樹形図）が作成され，クラスターの階層的構造が視覚的に把握できる。

➡重回帰分析（7-K），因子分析（7-K），共分散構造分析（7-K）

●参考文献

石村貞夫（2001）『SPSSによる多変量データ解析の手順』（第2版）東京図書.

大村平（1985）『多変量解析のはなし――複雑さから本質を探る』日科技連出版社.

長畑秀和（2001）『多変量解析へのステップ』共立出版.

山際勇一郎・田中敏（1997）『ユーザーのための心理データの多変量解析法――方法の理解から論文の書き方まで』教育出版.

[松見法男]

■**重回帰分析**

重回帰分析（multiple regression analysis）は，2つ以上の説明変数によって1つの基準変数の値を予測（もしくは説明）するときに用いられる解析法である。説明変数は，通常の実験計画における独立変数に相当する。他方，基準変数は従属変数に相当し，目的変数あるいは外的基準とも呼ばれる。重回帰分析は，多変量解析（複数の変数の相互関係を分析する解析法の総称）のなかで，基準変数が存在するものの代表である。ただし，説明変数と基準変数が量的な変数，つまり間隔尺度や比率尺度であることが条件となる。

たとえば，外国人留学生が，入学試験で課される日本語読解テストの模擬試験を受けるとする。この試験の成績（1つの基準変数）は，彼らの日本語の語彙力，文法力，作動記憶容量を測定すること（3つの説明変数）によって，どの程度予測できるだろうか。また重要な説明変数はどれであろうか。このような問いに答えを出したいとき，重回帰分析を行う。

重回帰分析では，重回帰式と呼ばれる次のような1次方程式を予測式とする。

$\hat{y} = b_0 + b_1 x_1 + b_2 x_2 + \cdots + b_p x_p$

y は基準変数であり，x は説明変数である。p は説明変数の数を表す。j 番目の係数 b_j は，説明変数 x_j の偏回帰係数と呼ばれる。この式は，各説明変数の影響が直線的・加算的であることを仮定し，説明変数のあいだの交互作用は仮定しない。

各変数があらかじめ標準得点（z）に変換されている場合は，b_0 が0になり，

$\hat{z}_y + \beta_1 z_1 + \beta_2 z_2 + \cdots + \beta_p z_p$

が成り立つ。ここで j 番目の係数 β_j は，説明変数 z_j の標準偏回帰係数（β 係数）と呼ばれる。β 係数は，説明変数の分散が基準化されているので，各説明変数の「重みづけ（予測における寄与の程度）」の指標として利用されることが多い。つまり，β 係数の絶対値が大きい変数は，より重要な説明変数であるといえる（実際の予測では，β 係数の正負も考慮する）。ただし，多重共線性に注意する必要がある。これは，説明変数同士に強い相関関係があるときに生じる。基準変数との個々の相関係数（単純相関係数）はすべて正であるのに，いくつかの β 係数が小さくなったり，負になったりする現象である。このときは，もとの相関係数行列を確認し，少なくとも1つの説明変数を削除しなければならない。

重回帰分析ではさらに，重相関係数（R）を求める。これは，2つ以上の説明変数と1つの基準変数との相関関係を示す値である。単純相関係数とは異なり，$0 \leq R \leq 1$ をとる。重相関係数の2乗は重決定係数（R^2）と呼ばれ，予測の精度を表す指標となる。たとえば，先の例で $R^2 = .751$ が得られたときは，3つの説明変数（語彙力，文法力，作動記憶容量）によって，模擬試験成績における分散の75.1％が予測（説明）されることになる。

→多変量解析（7-K），共分散構造分析（7-K），相関係数（7-L）

●**参考文献**

石村貞夫（2001）『SPSSによる多変量データ解析の手順』（第2版）東京図書.

室淳子・石村貞夫（1999）『SPSSでやさしく

学ぶ多変量解析』東京図書.
山際勇一郎・田中敏（1997）『ユーザーのための心理データの多変量解析法——方法の理解から論文の書き方まで』教育出版.

[松見法男]

■因子分析

因子分析（factor analysis）は，多変量解析の1つであり，変数間の相関関係数行列（または共分散行列）に基づいて，それらの関係を規定している潜在因子（変数間の相関関係の背後にひそむ共通因子）を抽出するための解析法である．

日本語の語彙・文法・発音・読解・聴解・作文などの能力は，互いに無関係ではなく，各能力のあいだに相関関係が見られることがある．たとえば，「語彙力が優れている学習者は読解力も優れている」や「発音力が優れている学習者は聴解力も優れている」が想定できる．このような場合は，語彙力と読解力，発音力と聴解力のあいだに，それぞれ何らかの共通因子が介在している可能性が考えられる．反対に，ほとんど相関関係がない能力は，異なった因子で規定されているとも考えられる．日本語能力を規定している潜在因子が明らかになれば，各能力の関係は，有効な少数の因子によって説明できる．因子分析は，このような考えを数学モデルで表現しようとするものである．

因子分析は，探索的アプローチと確認的（検証的）アプローチに分けられる．前者は，ある心的現象を説明するにあたり，どのような因子が存在するかがわからない場合に用いる．後者は，因子構造に関して仮説（モデル）があるとき，それを検証したり，より緻密にしたりする場合に用いる．因子分析，とくに探索的因子分析では，因子負荷量（因子パターンとも呼ばれ，因子から観測変数への影響の強さと方向を表す）に因子構造の特徴が集約されるので，そ

の算出，つまり因子解が重要となる．因子解には，各因子の直交（相関がないこと）を仮定する直交解と，直交の制約を設けない斜交解とがある．通常は，主因子法や最小2乗法によって求めた因子軸を回転させ，1つの変数が特定の因子に高い負荷を示すような単純構造を求める方法が採用される．バリマックス法などの直交解や，プロマックス法などの斜交解がそれにあたる．

因子分析の結果を記述する際は，因子負荷量の推定方法（因子抽出法），因子数の選択方法とその根拠，因子の回転方法，因子名とその決定法，さらに（質問紙尺度の構成などにおける）項目の削除に関する情報について，それぞれ説明する必要がある．使用した統計パッケージ（SAS，SPSSなど）についても述べておく．また，因子負荷量行列の表を提示し，各変数の共通性，各因子の寄与率を記入する．斜交回転では因子間相関関係数行列の表も提示する．

日本語教育の研究に因子分析を用いる場合は，単一母集団を対象とすることが多い．しかし，ときには複数の母集団（例：母語話者と学習者）を想定することもある．因子負荷量行列に見られる因子構造の集団差を調べたいような場合である．たとえば，2群で同じ因子が得られているかどうかは，別々に行った探索的因子分析の結果に基づいて，プロクラステス回転を利用すれば，ある程度判明する．もし複数の集団で因子が同じであることが示唆されれば，因子得点（または尺度値）を用いて分散分析を行い，条件間の差を吟味することができる．

確認的因子分析では，探索的因子分析と異なり，無関係が想定される因子に対しては，観測変数の因子負荷量が0と仮定される．加えて因子間の相関関係数も算出される．したがって，ある観測変数が，仮定された因子（潜在変数で表される構成概念）を測定しているか否かが確認できる．それゆえ，確認的因子分析を探索的因

子分析とうまく組み合わせると,質問紙調査において妥当性の高い尺度項目が作成できる。

➡多変量解析(7-K),共分散構造分析(7-K),相関係数(7-L)

●参考文献

石村貞夫(2001)『SPSSによる多変量データ解析の手順』(第2版)東京図書.

田中敏(1996)『実践心理データ解析―問題の発想・データ処理・論文の作成』新曜社.

松尾太加志・中村知靖(2002)『誰も教えてくれなかった因子分析――数式が絶対に出てこない因子分析入門』北大路書房.

[松見法男]

■共分散構造分析

共分散構造分析(covariance structure analysis)は多変量解析の1つである。重回帰分析のように観測変数(測定変数)同士の因果関係を推定したり,因子分析のように,観測変数に影響を与える潜在変数(因子)を仮定し,その影響の強さを推定したりすることができる。さらに,潜在変数同士の因果関係も吟味できる。共分散構造分析は,構造方程式モデリング(structural equation modeling)とも呼ばれ,適用範囲の広さと柔軟さから,「第二世代の多変量解析」と称される。

共分散構造分析は,「モデルの特定」「モデルの識別」「モデルの推定」「モデルの評価」という過程をたどる。大きな特徴は,測定値の性質を考慮しながら,研究者が自らの仮説に基づいてモデルを構成し,それがデータにあてはまるかどうかを検証する点にある。モデルは,測定方程式と構造方程式で構成される。前者は,潜在変数(構成概念を表す変数)が複数の観測変数に影響を与える様子を記述する。後者は,観測変数間や潜在変数間の因果関係を記述する。構成概念とは,言語能力や知能,感情,性格など,直接には観察できないが,独立変数と従属変数の関係からその存在が推定できるものをいう。

従来はモデルを数式で定義していたが,近年は,パス図(一種のモデル図)を描いて定義するのが一般的である。モデルのなかの変数は,観測変数か潜在変数か,誤差変数か構造変数か,外生変数か内生変数か,という3つの観点で分類される(最近はこれらに加えて,連続変数か質的変数か,という分類も重要な意味をもつとされる)。外生変数は,他の変数に影響されない変数であり,パス図において,単一方向の矢印をどの変数からも受けない変数である。説明のみに用いる変数ともいえる。他方,内生変数は,他の変数に影響される変数であり,パス図ではいずれかの変数から単一方向の矢印を受ける変数である。

潜在変数に関する仮説が明確でない場合は,前段階として探索的因子分析を行うことが多い。データの背後にある適切な共通因子を仮定するためである。また,モデルを仮定する際に測定方程式だけを構成する確認的因子分析は,共分散構造分析の下位モデルとして位置づけられる。換言すれば,因子分析に関する発展的問題を扱えるのが共分散構造分析である。たとえば,集団の差をモデルに組み込んで因子構造を比較したいときは,因子構造の相違を統計的に検証できる共分散構造分析が最適である。日本語を母語とする日本語教師と一般の日本語母語話者とを対象とし,日本語学習者の口頭運用能力に対する評価について,数十個の尺度項目を用いて調査研究を行う。そこで得られる因子負荷量(因子パターン)行列が,日本語教師と一般の母語話者とのあいだで共通かどうかを,計量的に検証したい場合などである。もちろん,複数の被調査者集団のあいだで,共通因子についての平均に差があるかどうかを吟味することもできる。

共分散構造分析の特徴としては,ほかにも,

変数間における双方向の因果関係が扱えること，独立変数，従属変数，構成概念ごとに必ずしも独立していない誤差が仮定できること，などが挙げられる。実際の計算は，統計パッケージに依拠して行う。代表的なソフトウェアに，LISREL, EQS, CALIS, AMOS などがある。

➡多変量解析 (7-K)，重回帰分析 (7-K)，因子分析 (7-K)

● 参考文献

狩野裕 (1997)『AMOS EQS LISREL によるグラフィカル多変量解析――目で見る共分散構造分析』現代数学社.

豊田秀樹 (1998)『共分散構造分析［入門編］――構造方程式モデリング』朝倉書店.

豊田秀樹 (編著) (1998)『共分散構造分析［事例編］――構造方程式モデリング』北大路書房.

豊田秀樹・前田忠彦・柳井晴夫 (1992)『原因をさぐる統計学――共分散構造分析入門』講談社.

山本嘉一郎・小野寺孝義 (編著) (1999)『Amos による共分散構造分析と解析事例』ナカニシヤ出版.

[松見法男]

L——データ処理法

■度数分布表

測定された生のデータ（ロウデータ）は，そのままではどのような特徴をもっているのかを把握することが難しい。そのため，データをまとめ整理することが，データ解析の第一歩である。カテゴリーや任意の一定の幅（これを級間，階級，クラスと呼ぶ）ごとのデータの出現頻度（度数という。frequency (f)）を集計整理した表を度数分布表という。総度数に占める各カテゴリーや各級間の度数の割合（相対度数）を算出すると，異なるデータ間の比較が可能となる。

● 連続変量の場合――測定データが間隔尺度や比率尺度である連続変量の場合，任意の級間で変量を区分し，級間ごとの出現度数を計数する。級間が大きい（級の数は少なくなる）とロウデータとの誤差（組分け誤差）が大きくなり，級間が小さすぎる（級の数は多くなる）と度数分布表作成の意義がなくなってしまう。したがって分布の特徴を適切に反映する級間・級数の設定が重要となる。級間は1～5，1～10のように区切りよくする。40程度のデータ数の場合，級の数は4～6，40～100のデータ数では級数は6～10，100～250のデータ数で級数は10～15，250以上のデータ数で15～20程度である。級間の中心の値を中心点という。また，たとえば11～20という級間に含まれる値は実際には10.5以上から20.5未満である。これを真の限界と呼ぶ。

たとえば，ある新聞記事を構成する各文の文字数を調べ，23, 19, 18, 29, 34, 27, 10, 32, 33, 26, 7, 42, 15, 28, 18, 31, 12, 21, 21, 15, 42, 27, 29, 34, 24, 13 であったとする。連続変量である文字数を，級間を10，級数を5として区分けし集計した例を示す（表7-6）。

● 離散変量の場合――測定データが名義尺度・順序尺度のような離散変量の場合，そのカテゴリーごとの出現度数を計数する。たとえば，新聞記事の文章を品詞に分類したとする。この場合，名詞，動詞，助詞，形容詞などの品詞は離散変量であるので，品詞ごとの出現頻度を総計することで度数分布表が作成される（表7-7）。

➡ヒストグラム (7-L)，尺度の4水準 (7-K)

表7-6 連続変量における度数分布表の例

級間	真の限界	中心点	度数	相対度数[%]
1～10	0.5～10.5	5.5	2	7.7
11～20	10.5～20.5	15.5	7	26.9
21～30	20.5～30.5	25.5	10	38.5
31～40	30.5～40.5	35.5	5	19.2
41～50	40.5～50.5	45.5	2	7.7
総度数			26	

表7-7 離散変量における度数分布表の例

	度数	相対度数[%]
名詞	27	36.0
動詞	8	10.7
助詞	18	24.0
助動詞	15	20.0
形容詞	7	9.3
総度数	75	

図7-3 ヒストグラムの例

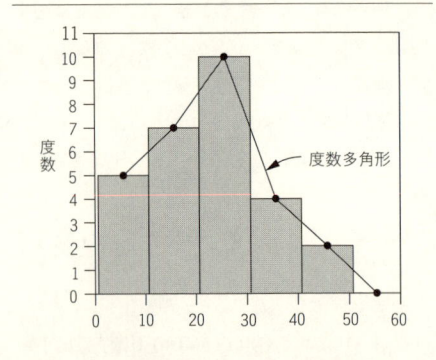

図7-4 棒図表の例

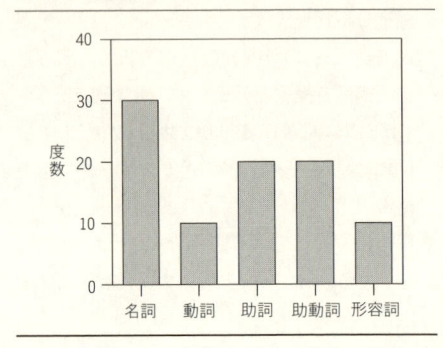

● 参考文献

西山啓他（1988）『教育心理統計法要説』明治図書．

吉田寿夫（1998）『本当にわかりやすい すごく大切なことが書いてある ごく初歩の統計の本』北大路書房．

山内光哉（1987）『心理・教育のための統計法』サイエンス社．

［中澤　潤］

■ヒストグラム

連続変量データの特徴を把握しやすくするために，度数分布表における度数を柱で図示したものがヒストグラム（柱状図ともいう）である（図7-3）。柱の高さは度数を示す。ヒストグラムの柱の中央は級間の中心点であり，柱の幅は級間の真の限界である。連続量を任意の級間により区分するため，ヒストグラムでは各柱のあいだはすきまなく密着している。ヒストグラムによりデータの全体的な分布のようすや級間による度数の違いなどを視覚的に把握できる。

級間については，左から右へと級間の数値を大きくする。最初の級間の下（つまり左側），最後の級間の上（右側）にそれぞれ1級間分の空白をあける（ただし図7-3のように級が0から始まるときは左側に空白を入れる必要はない）。度数は0から始め，上に行くほど数値が大きくなるようにする。

ヒストグラムの各級間の中心点の頂点を直線で結んだものを度数多角形という。ヒストグラムよりも分布の連続性が強調されている。

離散変量データの度数分布表を図示したものは棒図表（棒グラフ）という（図7-4）。横軸に各カテゴリーをとり，縦軸に度数をとり，カテゴリーごとの度数を棒グラフで示す。ヒストグラムではデータの連続性を反映して各柱のあ

いだはすきまなく密着しているが，棒図表ではカテゴリーの離散性を反映して，各柱のあいだは空けられる。

→度数分布表（7-L），量的研究（7-F）

●参考文献

西山啓他（1988）『教育心理統計法要説』明治図書.

吉田寿夫（1998）『本当にわかりやすい すごく大切なことが書いてある ごく初歩の統計の本』北大路書房.

山内光哉（1987）『心理教育のための統計法』サイエンス社.

[中澤 潤]

■代表値

(1)代表値とは：ある一群のデータを1つの値によって表現するとき，その値を代表値という。代表値には，平均値（mean, average），メディアン（median），モード（mode）がよく用いられる。このいずれを使うかは，データの性質や分布状態による。その一群のデータを適切に表現するような代表値を選ぶことが重要となる。

データの性質とは，数値のもつ特徴のことで，名義尺度，順序尺度，間隔尺度，比例尺度の4つが区別される。このうち，よく用いられるのは最初の3つである。

(2)名義尺度と代表値：あるカテゴリーを区別するために，ラベル代わりに数値を用いるとき，それを名義尺度によるデータであるという。男性データを1，女性データを2と表現するとき，この数値は名義尺度を用いたデータである。「1」「2」は逆に「2」「1」としてもかまわない。区別以外の意味をもたない。

名義尺度によるデータを代表値で表現するときには，モード（最頻値ともいう）を用いる。たとえば，ある日本語能力テストの合格者が50名いたとする。その内訳であるが，男性を1，女性を2として分類したとしよう。集計には，1の数を数えて全体の50名で割れば，男性がその全体に占める百分率が算出できる。同様に2の数を数えれば女性の百分率が算出できる。男女のいずれが多いかは，1と2の百分率を比較すればよい。それぞれの占有百分率のうち，たとえば2が70.0％であれば，モードは2（女性）ということになる。

(3)順序尺度と代表値：数値が大小関係を表現しているときは，その数値は順序尺度の性質をもつ。たとえば，ある日本語能力のヒアリングテストの成績について，上位から1〜10と順位をつけるとしよう。この数値は順序情報を含んでいる。ただし，「1」と「2」のあいだの距離（あるいは程度）と，「2」と「3」のあいだの距離（あるいは程度）は同じかどうかわからない。「1」と「2」はほとんど同じ程度かもしれないし，「1」が抜群で「2」「3」はわずかな差かもしれない。

順序尺度によって得られたデータの代表値には，メディアン（中央値ともいう）を用いる。メディアンとは，全部を大小順に並べかえたときの真ん中に相当する数のことである。

(4)間隔尺度と代表値：数値と数値のあいだの距離が等間隔であるとするとき，これを間隔尺度によるデータという。長さ，重さ，時間などは間隔尺度による数値である。多くの日本語能力テストの得点は間隔尺度であると仮定されている。この尺度によるデータの代表値には，平均値が用いられる。

→平均（7-L），メディアン（中央値）（7-L），モード（最頻値）（7-L）

●参考文献

大野木裕明他（1991）『教育の方法と技術を探る』ナカニシヤ出版.

大野木裕明（1994）『テストの心理学』ナカニシヤ出版.

[大野木裕明]

■平均

(1)平均値の算出法：間隔尺度によって得られた一群のデータ X の代表値としてよく使われるのが平均値（平均ともいう）である。算術平均（arithmetic mean）ともいう。

たとえば，男性5名，女性5名合計10名の人が日本語能力テストを受けて，その成績結果が表7-8のようであったとしよう（説明のため，小さな数字にしてある）。

A～Eの5名は男性であり，F～Jの5名は女性である。表のように，Aは7点，Bは5点，と以下続き，最後のJは2点となっている。

表7-8　テストの受験者10名の成績の例

受験者	男性					女性				
	A	B	C	D	E	F	G	H	I	J
成績	7	5	6	9	9	4	6	6	9	2

男性5名の平均値は次のようになる。Aは7点，Bは5点，Cは6点，Dは9点，Eは9点であるから，A+B+C+D+Eとして，人数（n）の5で割る。

$(7+5+6+9+9)/5=7.2$

同様にして，女性5名の平均値は次のようになる。Fは4点，Gは6点，Hは6点，Iは9点，Jは2点であるから，F+G+H+I+Jとして，人数の5で割る。

$(4+6+6+9+2)/5=5.4$

男女合計の10名の平均値は次のようである。

$(A+B+C+D+E+F+G+H+I+J)/10$
$=(7+5+6+9+9+4+6+6+9+2)/10$
$=63/10=6.3$

計算結果を整理すると表7-9のようになる。

表7-9　上記のテスト結果の平均

男性	女性	合計
7.2	5.4	6.3

なお，平均値を示すときには標準偏差も併記することが望ましい。

(2)代表値として平均値を選ぶとき：間隔尺度あるいは比尺度であること，分布のかたちがあまり歪んでいないこと，極端な値（はずれ値 outlier）がデータ全体に対してあまり影響を及ぼさないことなどが条件となる。これらが満たされないときは，他の代表値（メディアン，モード）を採用するほうがよいこともある。

(3)平均と平均値：なお，厳密には，平均値を計算する演算のことを平均，得られた値を平均値というが，実際には，これらは同じ用語として使われることが多い。

➡代表値（7-L），メディアン（中央値）（7-L），モード（最頻値）（7-L），標準偏差（7-L）

●参考文献

大野木裕明他（1991）『教育の方法と技術を探る』ナカニシヤ出版．

大野木裕明（1994）『テストの心理学』ナカニシヤ出版．

［大野木裕明］

■メディアン（中央値）

(1)メディアン（median）：メディアン（中央値ともいう）は，順序尺度（序数尺度）によって得られた一群のデータの代表値として使われる。中位数と呼ばれることもある。

たとえば，9名が日本語能力テストを受け，その成績結果が表7-10のようであったとしよう（説明のため，小さな数字にしてある）。まず，このすべての数値について，これらを大小順に並べ替える。同じ数値があっても，機械的に順番（順位，順序）をつけていけばよい。大きい順でも，小さい順でも，どちらでもよい。

表7-10　テストの受験者9名を成績順に並べた例

順位	①	②	③	④	⑤	⑥	⑦	⑧	⑨
得点	9	9	8	8	7	6	5	4	2

この場合，データ数は全部で9ある。したがって，9のなかの順序の真ん中の位置を探す。それは5番目であるから，5番目の順位の当該の数は7，つまりメディアンは7である。これを一般的に書くと，メディアンは，[(データ数 $n+1)/2$] 番目の数ということになる。上記のデータ数が9の例で見ると，メディアンは $(9+1)/2=5$ 番目の数となる。5番目の数値7がメディアンである。

以上はデータ数が奇数の場合である。もしもデータ数が偶数，たとえば10の場合は，真ん中の数は特定できない。そこで，実際にはありえないが，5番目と6番目の間が真ん中とみなす。ここでは，5番目の7と6番目の6のあいだ，つまり6.5をメディアンとみなす。

メディアンを使った一例を示す。心理学の領域のなかに，認知スタイル（cognitive style）の研究がある。そのうち，問題を解くときのスタイルである熟慮型―衝動型テスト（MMFテスト）では，解答者が選択肢を選んで解答するまでの反応時間（潜時）を調べ，同時に解答そのものの誤数も調べる。これら潜時，誤数のそれぞれをメディアンで区分する（二重中央値折半法）。そして，その解答者を，早くて正確，早くて不正確（衝動型），遅くて正確（熟慮型），遅くて不正確の4つのスタイルに分類する。

(2)関連する指標：メディアンは順序が全データのなかの真ん中，つまり2分の1の位置を表す。したがって，同様にして，四分位数（quartile），百分位数（percentile パーセンタイル）なども定義することができる。

四分位数では，全体のデータを大小の順に並べて，4分の1ずつに分ける。順に，第1四分位数，第2四分位数，第3四分位数，第4四分位数と呼ぶ。第2四分位数は，メディアンと同じになる。

→ 代表値（7-L），モード（最頻値）（7-L）

● 参考文献

大野木裕明他（1991）『教育の方法と技術を探る』ナカニシヤ出版.

大野木裕明（1994）『テストの心理学』ナカニシヤ出版.

[大野木裕明]

■ モード（最頻値）

(1)モード（modo）：モード（最頻値ともいう）は，名義尺度によって得られた一群のデータの代表値として使われる。並数，典型値などともいう。度数分布をとったとき，最も度数の多いカテゴリー，観測値，級間のことである。ある日本語能力テストの択一式選択問題（A～E）の例を示そう（表7-11）。80名の受験者がいずれかの問題を択一している。

表7-11 テストの受験者80名による択一式選択問題の選択例

問題A	＊＊＊＊	［20名］
問題B	＊＊	［10名］
問題C	＊＊＊＊＊＊＊	［35名］
問題D	＊＊	［10名］
問題E	＊	［ 5名］

最も選択者の多いのは，問題Cの35名である。したがって，モードは問題Cとなる。なお，これらをさらに男女別に分けると，2（男女）×問題（5）の10の区分域（セル cell）ができる。これをクロス集計といい，その統計的検定には，カイ2乗検定などを用いる。

(2)尺度間の変換：間隔尺度は順序尺度に変換，さらに順序尺度は名義尺度に変換できる。ヒアリング・テストの例を示そう（表7-12）。

9名の受験者について間隔尺度100点満点として採点し，それを得点の高い順番に並べた。1～9の数字は得点の高い順序を表している。つまり間隔尺度の情報を順序尺度に変換したものである。さらに，右端には半数を合格のカットラインとし，合格者を1，不合格者を0

表7-12 テストの受験者9名の成績に基づく尺度の変換例

整理番号	得点	順位	合否判定
1	94	1	1
2	91	2	1
3	90	3	1
4	76	4	1
5	71	5	1
6	47	6	0
7	44	7	0
8	43	8	0
9	29	9	0
	間隔尺度	順序尺度	名義尺度

とした値が並んでいる。これは，順序尺度を名義尺度に変換したものである。このように，間隔尺度のデータは順序尺度に，さらに名義尺度へと変換できる。

➜代表値（7-L），χ^2（カイ2乗）検定（7-K），クロス集計（7-K），メディアン（中央値）（7-L）

●参考文献

大野木裕明他（1991）『教育の方法と技術を探る』ナカニシヤ出版．

大野木裕明（1994）『テストの心理学』ナカニシヤ出版．

［大野木裕明］

■散布度

散布度とは分布の広がりの程度のことである。

データの全体像を1つの値で表すには，平均，メディアン（中央値），モード（最頻値）のような代表値を用いる。しかし，代表値といえども1つの値にすぎない。個々の得点をすべて適切に記述できるわけではない。そこで，個々の得点がどのような散らばりになっているかを記述するために，度数分布や分布の散布度（spread）といった分布の広がりの程度を見る。散布度には，範囲，標準偏差などがある。

範囲（range）とは，得点を大きさの順に見たときの，最大値と最小値の差のことである。一例であるが，ある日本語テストの得点分布において，最高点が100点，最低点が45点であるなら，範囲は（100−45）点すなわち55となる。今同じ100点満点のテストを2回実施し，1回目の範囲が55，2回目の範囲が34だったとしよう。この場合，1回目のほうが範囲が小さいので得点分布の広がりが大きいことが予想されよう。範囲を用いるときの欠点は，ある極端な数（はずれ値 outlier）があると，その影響を受けやすいことである。これは，データ全体のうちの一部しか用いていないからともいえよう。

それに対して，標準偏差（standard deviation）は，全データを用いて散らばりを表現する指標である。以下に略述する。

個々の得点 X と代表値との差を偏差（deviation）という。そこで，各得点の偏差の平均値 M をとれば，その一群の得点の散らばりが表現できる。これを平均偏差（mean deviation）という。代表値が平均値のときは，次式のようになる。

平均偏差＝各偏差の絶対値の合計／データ数

この式で，偏差（$X − M$）は，+値と−値の両方の場合があるので，距離を求めるために絶対値を使っている。

ところで絶対値は計算上何かと煩雑である。そこで，偏差の2乗をとる方法が考案された。これを分散（variance）といい，次式で求める。

分散＝偏差の2乗和／データ数
　　＝$\Sigma(X − M)^2$／データ数 n

この分散の平方根（正値）が散布度としてよく用いられる。これを（標本）標準偏差という。

なお，テストやアンケートなどによる調査の結果について，統計的検定を行うとき，分散，

標準偏差は，上記の標本分散，標本標準偏差には用いない．不偏統計量（unbiased statistic）を想定する．説明は略するが，分散として不偏分散（unbiased variance）を用いる．

不偏分散＝$[(n-1)/n]×$標本分散
$\qquad =\Sigma(X-M)^2/n-1$

また，標準偏差は不偏標準偏差（正確には，母標準偏差の不偏推定量）を用いる．これは不偏分散の平方根（正値）で代用する．

→メディアン（中央値）（7-L），範囲（7-L），標準偏差（7-L）

● 参考文献

大野木裕明他（1991）『教育の方法と技術を探る』ナカニシヤ出版．

大野木裕明（1994）『テストの心理学』ナカニシヤ出版．

［大野木裕明］

■ 範囲

範囲（range）と標準偏差（standard deviation）は，散布度（分布の広がり）を示す指標として知られる．範囲は，得点の最大値と最小値の差として求められ，レンジあるいは領域ともいう．範囲が大きいことは，分布が広がって散布していることを表し，範囲が小さいことは，得点が代表値（平均値など）の近くにかたまって密集していることを表す．一例を挙げると，もしもある一群の集団において最高点が90点，最低点が60点であるならば，その範囲は（90点－60点），つまり30となる．

範囲を用いるときには，データ数に留意する必要がある．同じ母集団でも，もしデータ数が少なければ，範囲は小さくなる傾向がある．他方で，データ数が多ければ，範囲は大きくなる傾向がある．このことから，2群を比べるときには，両群のデータ数に大きな違いのないことが必要であることがわかるだろう．

いろいろな統計的指標を用いるとき，その得点分布における範囲を知っておくことは重要になる．たとえば，日本語テストを実施して，試験成績と受験者の教育経験（キャリア）とのあいだの相関関係を調べたとする（図7-5）．図の縦軸（y軸）には日本語教育の現場経験の得点をとってある．横軸（x軸）には日本語テスト成績がとってある．テストは2回実施し，第一次の筆記試験の合格者のみが，第二次の面接実技試験を受けることができた．図の楕円の右側半分（第一次合格者）について，相関表，ピアソンの相関係数を算出したところ，統計的な有意性は見られなかったとする．この場合，図の楕円の左側の受験者は計算に組み込まれていない．第一次で落ちたからである．そこで，もしも第一次不合格者も第二次試験を受けたならば，有意な正の相関関係が認められるかもしれない．受験者（x軸）の範囲が統計処理に影響する場合の例である．

なお，一群のデータの最大値と最小値について，その平均値を求めたものを範囲中央（mid-range）という．

→散布度（7-L），標準偏差（7-L），相関係数（7-L）

図7-5 範囲の設定が統計処理に影響する例

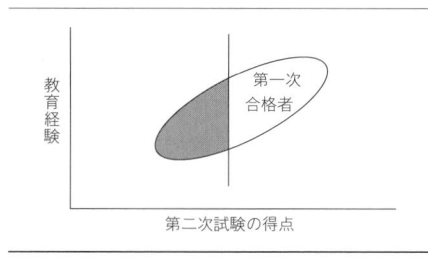

● 参考文献

大野木裕明他（1991）『教育の方法と技術を探る』ナカニシヤ出版．

大野木裕明（1994）『テストの心理学』ナカニシヤ出版．

［大野木裕明］

■標準偏差

標準偏差は得点分布の広がり，散らばりを示す指標の1つである。平均値と併記することが多く，平均値（標準偏差）または「平均値±標準偏差」のように，3.56 (0.29)，3.56±0.29などと表記する。

標本データ X と，その群全体データの代表値（普通は平均値 M）の差を偏差という。偏差の2乗の合計 $\sum(X-M)^2$ を標本データ数 n で割ったものを分散という。この平方根（正値）が（標本）標準偏差である。（標本）標準偏差は次式で求める。

$$\text{（標本）標準偏差 SD} = \sqrt{\frac{\sum(X-M)^2}{n}} = \sqrt{\frac{\sum(M-X)^2}{n}}$$
$$= \sqrt{\frac{X_1^2 + X_2^2 + \cdots\cdots + X_n^2}{n} - M^2}$$

一例として，あるヒアリングテストを同一受験者（$n=10$）に対して，2回実施したとしよう（表7-13）。

第1回の標準偏差を求めるには，まず，平均値を計算し6.40を得て，上式に代入する。

$$\sqrt{\frac{8^2 + 9^2 + 7^2 + \cdots\cdots + 6^2}{10} - 6.40^2}$$
$$= 1.63$$

表7-13 2回のテスト結果の平均値と標準偏差の例

調査時期	第1回	第2回
受験者1	8	9
受験者2	9	9
受験者3	7	8
受験者4	6	9
受験者5	7	5
受験者6	8	7
受験者7	4	8
受験者8	5	9
受験者9	4	8
受験者10	6	8
平均値	6.40	8.00
標準偏差	1.63	1.18

同様に，第2回目の標準偏差は1.18となる。2つを比べると第1回のほうが少し大きいので，第1回のほうがやや平均値6.40を中心として得点の散らばりが大きいことが見て取れる。

なお，この2つの平均値を比較するには，対応のある t 検定という計算をするが，そのときの標準偏差には分母に n ではなく $(n-1)$ を用いる。これは不偏分散の正値平方根のことである（それぞれ，1.71，1.25となり少し大きい）。計算すると，$t=2.33$ となり5％水準で有意差（第2回＞第1回）が認められる。

→ t 検定 (7-K)，平均 (7-L)，散布度 (7-L)，範囲 (7-L)

● 参考文献

大野木裕明他（1991）『教育の方法と技術を探る』ナカニシヤ出版．

大野木裕明（1994）『テストの心理学』ナカニシヤ出版．

[大野木裕明]

■相関関係

標本（統計学では，母集団のなかから選び出され，実際にデータを採る個体あるいは固体の集まりを標本という）はさまざまな属性をもっており，そのなかで統計的処理の対象となる特定の属性を変数という。同一個体の特定の2つの属性のあいだに何らかの関係があるとき，2変数間に相関関係があるという。たとえば，身長と体重という2つの変数の関係について考えてみよう。個々の標本を見ると，長身ではあるが体重の少ない人がいたり，また逆のケースもありうることを，われわれは経験的に知っている。しかし，数十人ほどの標本を対象に2変数の関係を調べてみると，身長の高い人はやせていてもそれなりに体重があり，身長の低い人は太っていてもそれほど体重がないという傾向が見えてくるだろう。このように身長が高い人ほ

ど体重が重いという傾向が認められた場合，2変数間には相関関係があるという。

取り扱う2変数によって，相関関係の強弱の程度は異なっている。両者のあいだに強い相関関係があったり，また弱いながらも相関関係が認められたり，あるいは相関関係がないと判断される場合もある（それぞれのケースの具体例および判断基準については，「散布図」および「相関係数」の項を参照）。

2変数のあいだに相関関係があったとしても，両変数の関係は，身長がわかれば体重がわかるというように一義的に決まるものではない。しかし，500円玉の枚数と重量の2変数の関係は，枚数が決まると重量が一義的に決まる（あるいは，重量がわかると枚数がわかる）。このような関係は，通常，関数関係と呼ばれるものである。関数関係は，相関関係のきわめて特殊なケースとも考えられる。

身長（変数x）と体重（変数y）の2変数のように，変数xの値が大きくなると変数yの値も大きくなる場合，両変数のあいだには正の相関関係があるという。一方，2変数として体重（変数x）と鉄棒での懸垂の回数（変数y）の関係を調べると，体重の重い人ほど懸垂が苦手な傾向があり，変数xの値が大きいほど変数yの値が小さくなる。このような場合には，2変数のあいだには負の相関関係があるという。

相関関係があるということは2変数が共変動する（一方の変数が変化すると他方も変化する）ことだけを示すものである。仮に相関関係が確認されたとしても，そのことから一方が原因で他方が結果であるという因果関係について議論することはできないので，注意が必要である。

→散布図（7-L），相関係数（7-L），散布度（7-L）

● 参考文献

池田央（1976）『統計的方法Ⅰ』新曜社．
鷲尾泰俊（1983）『日常のなかの統計学』岩波書店．

［竹綱誠一郎］

■散布図

標本の2つの変数のあいだの関係を捉えるために，各標本の2変数（変数xと変数y）の値をX軸Y軸の2次元上にプロットすることによって2変数の相関関係を視覚的に表現したものを散布図（あるいは相関図）という（図7-6）。

たとえば，小学校のあるクラスの児童30人の身長（変量xとする）と体重（変量yとする）をA図のような2次元上に表した散布図から，身長と体重には強い正の相関関係があることが，直感的に把握することができる。2変数の相関関係の表れ方は，2変数の組み合わせによってさまざまな関係が起こりうる。

B図のような散布図が描かれた場合，A図ほどの強い相関関係は見られないものの，弱い

図7-6　散布図から読みとれる相関関係の種々相

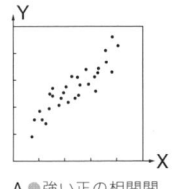

A ● 強い正の相関関係がある散布図
B ● 弱い正の相関関係がある散布図
C ● 弱い負の相関関係がある散布図
D ● 相関関係がない散布図
E ● 曲線的な相関関係がある散布図

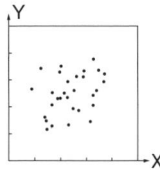

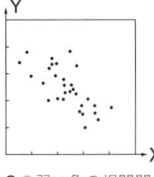

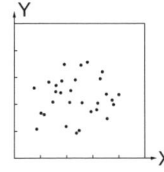

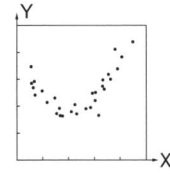

正の相関関係があることが認められる。また，C図の場合には弱い負の相関関係が認められ，D図の場合には2変数のあいだには相関関係がない（無相関である）と判断される。また，E図のような曲線的な相関関係が見られる場合もある。

散布図は2変数の関係を捉える方法としては，じつにわかりやすい。また，E図のような曲線的な相関関係を発見できるという長所もある。しかし，強い相関関係あるいは弱い相関関係という判断が，主観的であるという短所もある。相関関係の強弱の判断を客観的に行うためには，相関係数の考え方が有用である。

→相関関係（7-L），相関係数（7-L），分布（7-L），散布度（7-L）

●参考文献

池田央（1976）『統計的方法Ⅰ』新曜社．
鷲尾泰俊（1983）『日常のなかの統計学』岩波書店．

[竹綱誠一郎]

■分散

分散とは，各サンプルのある変数の値（測定値）の散らばりの程度を量的に表現する概念である。

たとえば，小学校のあるクラスで10題から成る漢字の書き取りテストを行った結果，男子10名の得点が表7-13のとおり，女子10名の得点が表7-14のとおりであったとしよう。

男子の得点も女子得点も平均得点は6点である。平均は集団全体の代表値として多用されるものであるけれども，散らばりの程度（散布度という）については何も示さないのである。散らばりの程度を表現する方法として範囲がある。範囲とは測定値の最大値と最小値の差であり，表7-13と表7-14のデータは平均においても範囲においても同点である。しかし，それぞれの得点を度数分布で表すと，図7-7と図7-8のようになる。平均と範囲が同じにもかかわらず，男子の得点の散らばりの程度（図7-7）と女子の得点の散らばりの程度（図7-8）がかなり異なっているように見える。女子の得点は平均点周辺にまとまっているのに対し，男子の得点は，平均点からかなり散らばっていることがわかる。

分散は測定値の散らばりの程度を数量的に捉えるものであり，この概念によって範囲では捉えられない散らばりの程度を把握することができる。

書き取りテストの得点のような離散型の変数

表7-13　男子10名の得点

| 4 | 4 | 4 | 5 | 6 | 6 | 7 | 8 | 8 | 8 |

図7-7　上記の得点に基づく男子の度数分布

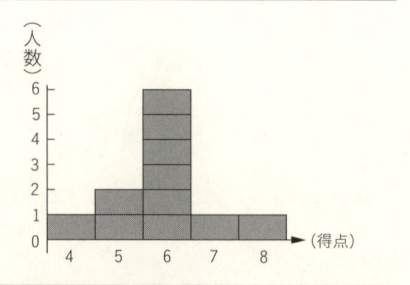

表7-14　女子10名の得点

| 4 | 5 | 6 | 6 | 6 | 6 | 6 | 6 | 7 | 8 |

図7-8　上記の得点に基づく女子の度数分布

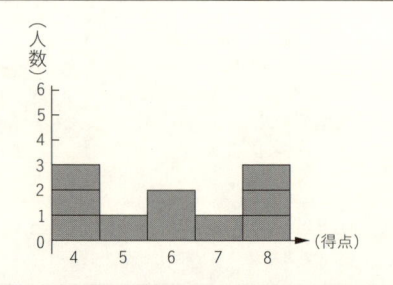

の場合，

$$\text{分散 } s^2 = \frac{1}{n}\{(x_1 - \bar{x})^2 + (x_2 - \bar{x})^2 + \cdots + (x_n - \bar{x})^2\}$$

　　[$x_1, x_2 \cdots x_n$ は，それぞれの得点。$\bar{x}$ は平均点。]

によって算出される。

散らばりの程度が大きければ分散の値は大きくなり，散らばりの程度が小さければ分散の値は小さくなる。

表7-13の男子の得点の分散は，

$$s^2 = \frac{1}{10}(4 + 4 + 4 + 1 + 0 + 0 + 1 + 4 + 4 + 4) = \frac{26}{10} = 2.6$$

となる。

表7-14の女子の得点の分散は，

$$s^2 = \frac{1}{10}(4 + 1 + 0 + 0 + 0 + 0 + 0 + 0 + 1 + 4) = \frac{10}{10} = 1$$

となる。

分散の考え方によれば，男子の方が散らばりの程度が大きいと判断されることになる。

→範囲（7-L），標準偏差（7-L），散布度（7-L），分散分析（7-K）

● 参考文献

池田央（1976）『統計的方法Ⅰ』新曜社．
鷲尾泰俊（1983）『日常のなかの統計学』岩波書店．

　　　　　　　　　　　　　　　　　　[竹綱誠一郎]

■ 相関係数

相関係数とは2つの変数のあいだの関係を数量的に表現したものである。散布図では2変数の相関関係を視覚的に捉えるのに対し，相関係数では2変数の相関関係を数量的に捉えることになる。

相関係数を算出する方法にはいくつかのものがある。ここでは，そのなかで比較的よく用いられるものとして，ピアソンの相関係数がある。ピアソンの相関係数 r は以下の式によって算出される。

$$r = \frac{\sum_{i=1}^{n}(x_i - \bar{x})(y_i - \bar{y})}{\sqrt{\sum_{i=1}^{n}(x_i - \bar{x})^2 \sum_{i=1}^{n}(y_i - \bar{y})^2}}$$

　　x_i, y_i はそれぞれの測定値
　　$\bar{x}$ は変数 x の平均値
　　$\bar{y}$ は変数 y の平均値

相関係数 r の値は，$-1 \leq r \leq +1$ の範囲の値をとる。$r = +1$ のときには2変数のあいだには完全な正の相関関係があり，$r = -1$ のときには2変数は完全な負の相関関係があることになる。このような場合は散布図は1本の直線で表されることになり，一般的にはこのような場合は，2変数は関数関係にあるという。r の値がほぼ0のときには散布図はほぼ円状の中に無秩序に散らばるようになり，このような場合2変数には相関がない（あるいは無相関である）と考えられる。

相関係数 r の値は，以下の目安で判断される。

　　$0 \sim +0.2$（$0 \sim -0.2$）：
　　　　　　　　　　　　　　　ほとんど相関がない
　　$+0.2 \sim +0.4$（$-0.2 \sim -0.4$）：
　　　　　　　　　　　　　　　弱い相関がある
　　$+0.4 \sim +0.7$（$-0.4 \sim -0.7$）：
　　　　　　　　　　　　　　　中程度の相関がある
　　$+0.7 \sim +1.0$（$-0.7 \sim -1.0$）：
　　　　　　　　　　　　　　　強い相関がある

→散布図（7-L），相関係数（7-L），散布度（7-L），分散分析（7-K）

● 参考文献

池田央（1976）『統計的方法Ⅰ』新曜社．
鷲尾泰俊（1983）『日常のなかの統計学』岩波

書店.

[竹綱誠一郎]

■確率

　起こりうるすべての事象のうち，ある事象がどれぐらい起こるかを量的に表現したものを確率という．確率を数学的に表現すると，以下のようになる．起こりうる結果の集合を標本空間といい，個々の結果を標本点という．ある事象（E）とは1個あるいはそれ以上の標本点の集合であり，その事象（E）が起こりうる確率 P(E) は，

　P(E) = Eの標本点の個数/標本空間内の標本点の個数

で表される．

　ある事象が起こりえないときは確率が0になり，一方いつでも必ず事象が起こるならば標本空間内の標本点の個数とEの標本の個数が同じになり，確率が1になる．つまり，確率の最小値は0，最大値は1となる．

　たとえば，サイコロを振ると1から6のいずれかの目が出る．標本空間（起こりうる事象）内の標本の個数は6なので，1の目が出る確率は1/6となる．また，奇数の目が出る確率は3/6=1/2になる．確率をこのように定義することを，確率論では数学的確率（あるいは算術的確率）という．

　一方，天気予報の降雨予想の確率などの場合には，数学的確率によって定義することはできない．同様の天気図N回のうち，雨が降るという事象Aが起こった回数をnとする．同様の天気図の数Nを増やしていくと，n/Nが一定の値pに近づくならば，このpを雨が降る確率といい，$P(A) = p = \lim_{N \to \infty} \frac{n}{N}$ と定義する．このように定義された確率を統計的確率という．

➡確率変数 (7-L), 確率分布 (7-L)

● 参考文献

芝祐順 (1976)『統計的方法II』新曜社．
鷲尾泰俊 (1983)『日常のなかの統計学』岩波書店．

[竹綱誠一郎]

■確率変数

　起こりうる結果の集合を標本空間といい，個々の結果を標本点という．標本空間のすべての事象（標本点）にある実数を対応させるという変数を想定し，その標本点（あるいは対応させた実数）の起こる確率がわかっている場合，この変数を確率変数という．

　たくさんのくじが入った箱を用いた2とおりのくじ引きの状況を考えてみよう．一方のくじ引きでは，くじに1から6までの6とおりの数字のいずれか1つが書かれているが，1から6までの値がどのような割合で起こりうるかがわからない．この場合は，くじの値は変数ではあるけれど，確率変数とは呼ばない．その一方で，同じくじ引きでも，くじに1から6までの数字が書かれており，しかも1の値が出る確率は5％，2の値が出る確率は10％，3の値が出る確率は15％，4の値が出る確率は20％，5の値が出る確率は25％，6の値が出る確率は25％というようにそれぞれの結果が起こる確率がわかっている場合は，これを確率変数という．

　サイコロを繰り返し振ると，出る目は1から6のあいだで変化する．この変化する量をXとすると，$X=1$である確率は1/6，$X=2$である確率は1/6，$X=3$である確率は1/6，$X=4$である確率は1/6，$X=5$である確率は1/6，$X=6$である確率は1/6である．このように変化する量Xはそれぞれの値をとる確率がわかっているので，Xは確率変数である．確率変数がとることのできる値を横軸に，それぞれの事象が起こる確率を縦軸に表したものを

確率分布という(「確率分布」の図7-9参照)。

サイコロ振りの場合は,確率変数のとる値が1, 2, 3, 4, 5, 6というようにとびとびの値になっているので,離散型確率変数と呼ばれる。一方,身長や体重の分布では,変数のとる値は切れ目なく連続的であるので,このような変数は連続型確率変数と呼ばれる。確率変数のとりうる値が連続量のときには,ある1つの値をとる確率を論じることは意味がない。というのは,170 cmと171 cmのあいだには,無限の値が存在するからである。それゆえ,連続型の確率変数の場合は,確率変数の値xが,$a \leq x \leq b$となる確率について考えることになる。

→確率 (7-L),確率分布 (7-L)

● 参考文献

芝祐順 (1976)『統計的方法II』新曜社.

鷲尾泰俊 (1983)『日常のなかの統計学』岩波書店.

[竹綱誠一郎]

■ 確率分布

サイコロをくりかえし振ると,出る目は1から6のあいだで変化する。サイコロの出る目は,1から6のそれぞれの値が出る確率が1/6とわかっているので,確率変数である。確率変数がとることのできる値を横軸に,それぞれの事象が起こる確率を縦軸に表したものを確率分布という。図7-9はサイコロ振りの場合の確率分布である。

サイコロの目の値xの出現する確率は$p(x)$と表され,これを確率関数(厳密には,確率密度関数)という。

$$p(x) = \begin{cases} \frac{1}{6}(x=1) \\ \frac{1}{6}(x=2) \\ \frac{1}{6}(x=3) \\ \frac{1}{6}(x=4) \\ \frac{1}{6}(x=5) \\ \frac{1}{6}(x=6) \end{cases}$$

一方,身長や体重の分布のような連続型確率分布の場合は,確率変数xがある区間$a \leq x \leq b$にある確率を考えることになり,図7-10に示すように,その確率はaとbのあいだの面積に等しくなる。この面積は,確率関数(確率密度関数)$f(x)$を積分することによって求められる。

$$P(a \leq x \leq b) = \int_a^b f(x)dx$$

図7-9 サイコロ振りの場合の離散型確率分布の例

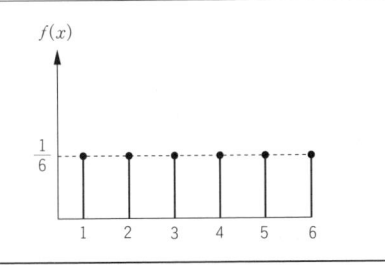

図7-10 連続型確率分布の例

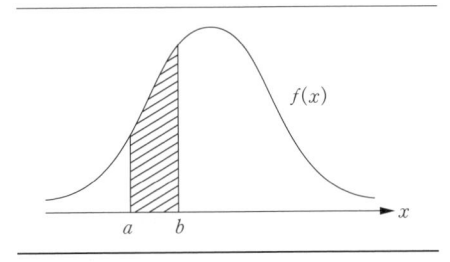

→確率 (7-L),確率変数 (7-L)

● 参考文献

芝祐順 (1976)『統計的方法II』新曜社.

鷲尾泰俊 (1983)『日常のなかの統計学』岩波書店.

[竹綱誠一郎]

■期待値

期待値とは確率分布の平均を表す概念であり，離散型確率変数 X がとることのできる値とその値（あるいは事象）が生起する確率の積の合計によって算出し，これを確率変数 X の期待値という。確率変数 X が n 個の値 x_1, x_2, …, x_n をとり，それぞれの値をとる確率が P_1, P_2, …, P_n とすると，期待値 μ あるいは $E(X)$ は，

$$x_1P_1 + x_2P_2 + \cdots\cdots + x_nP_n = \sum_{i=1}^{n} x_i P_i$$

で算出される。

くじ引きを例にして，期待値を具体例に示すことにする。1000本1組のくじがあり，くじの賞金と本数が10000円が2本，2000円が5本，1000円20本，100円が100本，はずれくじ0円が873本であったとする。くじの結果にはある実数が対応し，それぞれが起こる確率がわかっているので，このくじの賞金は離散型確率変数である。10000円の値は0.002の確率，2000円は0.005の確率で，1000円は0.02の確率で，100円は0.1の確率で，0円は0.873の確率で起こることになる。

このような確率変数の期待値は，10000円×0.002+2000円×0.005+1000円×0.02+100円×0.1+0円×0.873＝60円となる。この値は，1本のくじから期待できる賞金額を表していることになる。

→確率 (7-L)，確率変数 (7-L)，確率分布 (7-L)

● 参考文献

芝祐順（1976）『統計的方法II』新曜社．
鷲尾泰俊（1983）『日常のなかの統計学』岩波書店．

［竹綱誠一郎］

■正規分布

正規分布は連続変量の確率分布の代表的なものである。数学者ガウス（Gauss）が測定誤差に関する分布から正規分布を発見したことから，正規分布はガウス分布と呼ばれることもある。

たとえば，100メートルを10秒ジャストで走ったランナーのタイムを，仮に何百人もの審判員がストップウォッチで測定したとしよう。その測定値を確率分布（横軸にタイム，縦軸に人数で表す）で表すと，10秒ジャスト周辺の測定値が生じる確率は高く，10秒からの誤差が大きくなるほど生じる確率が低くなり，1秒以上の誤差があるような測定値はほとんど生じない。この確率分布は図7-11のような正規分布になる。正規分布が誤差の生じる確率分布から示されることから，誤差分布と呼ばれることもある。

正規分布の確率密度関数 $f(x)$ は，
$$f(x) = \frac{1}{\sqrt{2\pi}\sigma} e^{-\frac{1}{2}\left(\frac{x-\mu}{\sigma}\right)^2}$$
で表される（μ は正規分布の平均，σ は分散，e は自然数，π は円周率）。

正規分布は図7-12に示すような性質をもっ

図7-11　正規分布曲線

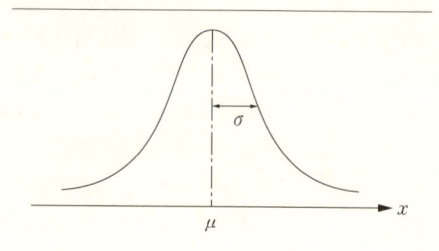

図7-12　正規分布曲線の性質

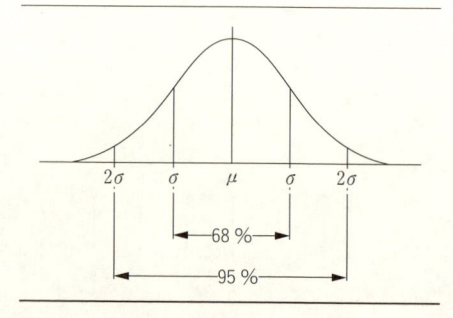

ている。正規分布で囲まれる部分の面積1.00のうち，$\mu\pm1\sigma$の面積は約0.68であり，$\mu\pm2\sigma$の面積は約0.95である。この性質は統計学においてきわめて重要な意味をもつものである。

たとえば，数学テストの得点分布（0点から100点）がほぼ正規分布であると判断される場合，平均点と分散がわかると，80点をとる確率を算出することができることになる。言い換えれば，ある生徒のテスト得点がわかればその生徒の相対的な位置を推測できるのである。

→平均（7-L），標準偏差（7-L），分散（7-L）
●参考文献
芝祐順（1976）『統計的方法Ⅱ』新曜社.
鷲尾泰俊（1983）『日常の中の統計学』岩波書店.

[竹綱誠一郎]

M――研究形態

■個人研究

言語・言語教育研究は，次の2タイプに大別できる。1つは，応用言語学や言語習得論，音声学といった学としての言語・言語教育の研究である。もう1つは，実際の言語生活や言語教育のなかで直面した個別の疑問・問題に，当事者自身が状況に即して解決するために行う研究である。後者は，教室や学習支援の場から見いだされた実践上の問題・関心事，あるいは現場に潜在する問題の発見などを研究課題とする。どちらの場合も，ある特定の場で発想されるため，必然的にそれぞれの個別文脈における課題解決を目指すことになる。

また，この種の研究は，教師自身の教育・学習に関する信念，態度，言語・言語教育の意味なども研究対象とする。したがって，一般的な言語や教授理論・技術的原理の構築を目指すものではない。あくまで特定の現場・教師個人の改善・変化・向上と理解・発見を志向する研究である。こうした特性をもつ研究形態を「個人研究」という。

このように，個人研究は，1人か集団かといった研究実施者の数や単位で特徴づけられるものではなく，そのあり方によって区別されるのである。

個人研究の実施にあたっては，事例研究，アクション・リサーチ，クラスルーム・リサーチなどが利用できる。研究データは，客観的な資料・情報ばかりでなく，教師自身の内省（reflection）記録も重要な資料となる。内省は，単に授業の出来・不出来の反省や，感覚的な感想にとどまらない。教室で何が起き（事実の記述），なぜそうなったのか（解釈），自分はその事態をどう捉え（意思決定・信念），そこから何を学び，どう感じたか（評価）など経験を深く，かつ具体的に振り返ることである。

研究は，公表して初めて研究と呼ばれる行為となる。公表しなければ社会的には研究活動をしたことにはならない点は，個人研究も同様である。公表の場は，学会や研究会のほか，教師仲間の集会でもよい。個人研究は，独善的な見方に陥る危険性も孕むため，公表のもたらす他者の視点は重要である。ただし，公表の際には，研究対象者（被調査者）のプライバシー保護，研究データ開示の了解など，倫理面の配慮を要する。

個人研究は，変革や新たな課題発見を志向することから，研究実施者のみならず，言語・言語教育研究のパラダイムや教育・学習環境をも変える可能性をもつ。特定・個別の課題を扱う営みといえども，直接的・間接的に学習者，教師，機関・団体などに影響を与える重要な活動であることを認識しておく必要がある。

言語教育の実践場面では，教授に関する理

論・技能を基礎とはするが，学習者の多様性，社会的変化，そして，今ここにある状況への柔軟な対応も求められる。個人研究は，このような多様性，可変性への対応力と，状況の観察力・洞察力を育む有用な道具である。個人研究は，教師の専門性の開発，自己成長に資するものであり，それを行いうる能力は，教師にとって必要不可欠なものといえよう。

➡事例研究（7-F），アクション・リサーチ（7-F），クラスルーム・リサーチ（7-F），教師の成長（8-F）

● 参考文献

実践研究プロジェクトチーム（2001）『実践研究の手引き』日本語教育振興協会.

八田玄二（2000）『反省的授業実践——リフレクティヴ・アプローチによる英語教師の養成』金星堂.

横溝紳一郎（著）日本語教育学会（編）（2000）『日本語教師のためのアクション・リサーチ』凡人社.

リチャーズ，J. C./ロックハート，C.〔新里眞男訳〕（2000）『英語教育のアクション・リサーチ—— Reflective Teaching in Second Language Classrooms』研究社.

Schön, D. A. (1983) *The Reflective Practitioner: How Professionals Think in Action.* Basic Books.

〔奥田純子〕

■グループ研究・共同研究

1人の研究実施者による単独研究に対し，複数によるものをグループ研究・共同研究という。

研究グループの構成形態には，①研究者同士，②教師・学習支援者同士，③研究者と教師・学習支援者，④研究者，教師・学習支援者，学習者，行政機関の職員，地域住民・親などがある。研究グループのメンバーシップとして，研究者であることは必ずしも要件ではない。だれが行ったかではなく，どのように行ったかで研究か否かが決まるからである。

研究メンバーは，研究の開始から終了まで協働作業に取り組むことになる。研究実施段階で，たとえば質問紙の配布・回収に携わった人は，研究協力者と呼ばれ，研究実施者とは区別される。

グループ研究・共同研究には，次のような利点がある。異なる視点，多様な意見を包括することで，①研究の信頼性・妥当性・客観性が高まる（研究の質的向上）。②新たな知見が生まれる（研究の発展への貢献）。また，③メンバーのサポートが得られ，研究の挫折が回避できる（研究の継続・蓄積への貢献）。④他者のパースペクティブを取り込むことで，視野の拡大がもたらされる（メンバーの成長）。さらに，⑤複数の観点を持ち込むことで，無意識・無自覚であった先入観・信念が明確になる（気づき，理解の促進）。⑥学習・教育の主体が参加することで，自己の学習・教育活動に責任をもてるようになる（学習者オートノミーの形成，教育の質的向上）。⑦より大きな教育・学習ネットワークが形成できる（ネットワーク形成，学習環境の変革への貢献）。

この形態の研究では，グループが研究コミュニティー（共同体）として機能することが必要条件となる。そのためには，それぞれ異なる考えをもつが，共通の関心のもとに，集団に貢献することを前提としたメンバーから成る「異類コミュニティー」（Friedman 1983）であること，集団がヒエラルキーによって硬直していないこと，メンバーが対話（dialogue）の能力をもっていること，が必要である。とりわけ，初めて研究活動に取り組むメンバーがいる場合，研究者・教師・行政職員といったサブカルチャーが異なる人々がメンバーである場合，専門家の集まりであっても専門分野が異なる場合

には，対話能力が必要不可欠となる。

研究を進めるうえでの基本的な対話能力とは，①聴く意図をもち，積極的な傾聴をする，②学ぶ態度で聴く，③相手の意見を受け入れる，④確信をいったん棚上げにする，⑤思い込み，判断を保留する，⑥相手にとって平明に話す，⑦自己開示をする，⑧発展的・建設的に話す，⑨探索的な態度で臨む，⑩自己内コミュニケーションをする，⑪自分自身を観察（モニター）する，能力である。

研究の協働性という点からは，役割の明確な分担と，進捗状況の共有が必須である。

➜信頼性（7-J），妥当性（7-J），科学研究費補助金（7-N），研究支援団体（7-N）

● 参考文献

中島義道（1997）『〈対話〉のない社会――思いやりと優しさが圧殺するもの』PHP研究所.

ウイリアム，H. S./久米昭元（1992）『感性のコミュニケーション――対人融和のダイナミズムを探る』大修館書店.

セリガー，H. W./ショハミー，E.〔土屋武久他訳〕（2001）『外国語教育リサーチマニュアル』大修館書店.

Friedman, M. (1983) *The Confirmation of Otherness: In Family, Communitiy and Society.* Pilgrim Press.

Burns, A. (1999) *Collaborative Action Research for English Language Teachers.* Cambridge University Press.

Nunan, D. (1992) *Research Methods in Language Learning.* Cambridge University Press.

〔奥田純子〕

N――研究費

■科学研究費補助金

「科学研究費補助金」は，日本の学術振興のため，人文・社会科学から自然科学までの分野で優れた独創的・先駆的な研究を格段に発展させることを目的に，大学などの研究者または集団が自発的に計画する基礎的研究で，学術研究の動向に即してとくに重要なものに研究費を助成する。科研費と呼ばれるこの研究助成費は，1918（大正7）年の「科学奨励金」を前身とする。「科学奨励金」は，第一次世界大戦頃の緊縮財政のなかで科学振興のために設けられた。大学と高等専門学校の教授が対象で，分野は自然科学に限られた。1939（昭和14）年に助教授と助手，1941（昭和16）年には師範学校と中学校の教員が対象に加えられた。

1939（昭和14）年，科学振興調査会の答申に基づいて，自然科学の基礎的研究を振興する「科学研究費交付金」が創設された。総合題目のなかに多数の専門的な研究課題を包含する方法が採られ，1945（昭和20）年に設置され1949（昭和24）年に廃止された学術研究会議の特別委員会の研究，班の研究，個人が行う各個研究を中心に運用された。

1945（昭和20）年，重要産業の復興と民生の安定をはかる応用研究の発展のために，「科学試験研究費」と「応用試行費」が創設され，翌年「科学試験研究費補助金」となった。行政省庁の緊要な研究課題を公募する要望課題制が採られ，科学試験研究協議会で審議された。その後，人文科学助成金，学会誌出版助成金，社会科学部門が加わり，人文科学助成金が「民間研究」に，学会誌出版助成金が「研究成果刊行費補助金」に，奨励研究金が「奨励研究費」と改称された。1965（昭和40）年，「科学研究費

交付金」と「科学試験研究費補助金」が統合されて「科学研究費補助金」となるが、翌年には学術奨励審議会に運用の改善が諮られ、その答申を受けて、学術奨励審議会の廃止、新しい制度による審査、配分が行われた。

これまでの統廃合や再編を経て、現在、「科学研究費補助金」は競争的研究資金として位置づけられ、文部科学省と独立行政法人日本学術振興会が分担して審査と交付を行っている。科研費の総額は約1000億円で、政府全体の科学技術関係経費の約5％、政府全体の競争的研究資金（約3600億円）の約50％を占めている。

前者が担当するのは、特別推進研究（3～5年、1課題5億円程度だが、制限は設けない）、特定領域研究（3～6年、単年度あたり1領域2000万円～6億円程度）、萌芽研究（1～3年、500万円以下）、若手研究（2～3年、(A)500万円以上3000万円以下 (B)500万円以下）、特別研究促進費、研究成果公開促進費、特別研究員奨励費（3年以内）、学術創成研究費（5年）である。後者が担当するのは、基盤研究(S)（5年、5000万円以上1億円程度まで）、基盤研究（企画調査のほか、申請総額によりA・B・Cに区分。A：2000万円以上5000万円以下、B：500万円以上2000万円以下、C：500万円以下）、奨励研究（1年、100万円以下）、研究成果公開促進費、学術図書、データベースである。

日本語教育に関しては、1993（平成5）年度より「複合領域」の部、「科学教育・教科教育学」の分科の細目の1つとなり、2003（平成15）年度から言語学の細目となった。申請件数と採択件数は、1994（平成6）年度が45/117件、1995（平成7）年度が55/132件、1996（平成8）年度が53/126件、1997（平成9）年度が58/147件と推移してきた。なお、「科学研究費補助金」による研究課題は、毎年秋に刊行される「文部科学省研究費補助金採択課題・公募審査要覧 上・下」（科学研究費研究会，ぎょうせい）に掲載されている。

➔研究支援団体（7-N）、グループ研究・共同研究（7-M）、個人研究（7-M）

● 参考文献

「文部科学省科研費ハンドブック」http://www.mext.go.jp/a_menu/shinkou/hojyo/main5_a5.htm

ぎょうせい（編）(2003)『文部科学省科学研究費補助金採択課題・公募審査要覧 平成15年度（上・下）』ぎょうせい．

日本学術振興会（編）(2003)『科学研究費補助金交付・執行事務の手引〈平成15年度版〉』日本学術振興会．

遠藤啓（編）(2002)『科研費の解説――確かな理解のために』ぎょうせい．

[柳澤好昭]

■研究支援団体

研究費の財源には、国からのもの、企業や非営利団体など民間からの資金がある。日本の大学は、研究資金のうち国からのものはアメリカと同様約6割であるが、授業料などを財源とする私立大学の研究費も考慮に入れる必要がある。国立大学については、民間資金の導入が進みつつあり、人件費を別にすれば、校費のうちで研究に使える部分と、科学研究費補助金、民間からの資金の三者が拮抗しつつある。

現在、所管する団体数が最も多いのは文部科学省で、次は厚生労働省、経済産業省、外務省と続く。都道府県知事、教育委員会所管のものも400近くある。これらの団体のうち、半数弱は特定公益増進法人の認定を受けているが、その比率は主務官庁によりかなり異なる。

民間の助成団体による研究支援が始まるのは、戦費支出などによる国家財政難の時代である。政府の研究補助費が減少してきた頃、斎藤

報恩会（1923（大正12）年），服部報公会（1930（昭和5）年），三井報恩会（1934（昭和9）年）のような大型財団が相次いで設立され，政府の研究補助費の肩代わりを果たすようになった。その後，1951（昭和26）年に民間学術研究機関の助成に関する法律が成立する。1957（昭和32）年度には，私立大学の研究設備に対する国の補助に関する法律が成立する。このような民間財団による科学研究に対する援助活動は，その後の日本の科学振興に貢献した。

助成型団体については，以下のように，活動内容から定義することができる。

①個人や団体が行う研究や事業に対する資金の提供
②学生，留学生などに対する奨学金の支給
③個人や団体の優れた業績の表彰と，賞金などの贈呈

このなかで，研究支援団体というのは，①に該当する活動の主体となっている組織ということである。なお，その組織の形態は，財団法人以外の「社団法人」や「社会福祉法人」などの公益法人も，活動内容が該当すれば内包される。

現在，研究支援団体に関する情報は，㈶助成財団センターが毎年1回刊行する『助成財団募集要覧』，ラテイス㈱が隔年発行する『全国試験研究機関名鑑』などがある。国際日本文化研究センターや助成財団センター「民間助成金ガイド」，㈱業務渡航センター「研究助成団体・研究開発支援機関」などのWebサイトからも研究支援団体に関する情報が入手できるようになった。とくに，日本語教育に関連するものについては，国際交流基金「国際交流活動団体・機関データベース」，㈳日本語教育学会「海外の日本語教育への支援プログラム情報」から入手できる。

研究支援団体である助成型団体は，1991（平成3）年以降，年間設立数が減少している。とくに，1993（平成5）年以降は大幅に減っている。バブル経済崩壊後の日本の景気低迷により，企業，個人ともに新しい財団を設立するだけの経済的余裕がなくなったことと，政府の超低金利政策により，財団を設立しても助成事業を維持するだけの十分な資産運用益が期待できないことなどによる。

資産の合計額，年間助成事業費の合計額について見ると，資産はおおむね継続的に増加しているが，1割にも満たない資産規模100億円以上の団体が，全団体資産の37％を占めている。1997（平成9）年以降，資産の増加率は緩やかになり，助成事業費の合計額が1994（平成6）年度よりほぼ減少している。

各団体の助成事業を形態別に見ると，研究助成が抜きん出て多く，派遣，招聘，会議，出版などを含めた研究支援関連の助成，公演・展示，事業プロジェクト，組織運営支援，施設・備品の支援など文化，福祉，市民活動などの事業プロジェクトへの助成となっている。助成事業を分野別に見ると，最も数の多いのが「科学・技術」「医療・保健」で，約半数を占める。次いで多いのは奨学金（奨日内・奨日留・奨外）を含む教育の分野である。過去も現在も民間団体による科学研究に対する援助活動が，日本の科学振興に貢献しているといえる。しかし，研究の担い手として，助手や大学院学生など若手研究者は重要な役割を果たしているが，資金的にどのように援助するかは1つの大きな政策課題といえる。

➡科学研究費補助金（7-M），グループ研究・共同研究（7-M），個人研究（7-M）

● 参考文献

助成財団センター（編）（2004）『助成団体要覧——民間助成金ガイド〈2004〉』助成財団センター．

助成財団センター（編）（2003）『助成財団の

社会的役割——あの時のあの助成金』助成財団センター.

[柳澤好昭]

○——研究発表

■論文

論文とは,あることがらについての自分のオリジナルな考え,あるいは,新規に発見した事実や現象について,考察を加えたうえで,根拠をもって説得的に主張することを目的とする文章である。大別して,論理を緻密に積み重ねて展開する理論的な論文と,データに基づいて論じる実証的な論文とがある。どちらのタイプであっても,それ以前には公表されたことのない,新しい知見を示す文章として書かれる。

論文に書かれるべき最低限のことがらは,題目,研究目的,研究方法,結果と考察,そして結論である。通常は,これに加えて,取り上げたテーマに関する研究を整理し,その不足を指摘して,なお論じる価値があることを明らかにする先行研究の検討がある。これらの備えるべき項目は,1冊の本に相当するような長大な論文の場合も,学会誌に掲載される枚数制限の厳しい短い論文の場合でも,変わらない。

論文で一番大事なことは,新規性,独自性である。よって,自分の主張を支える十分な証拠を提示する必要がある。研究方法や条件は具体的に明示し,場合によっては読み手が追試を行えるようにしておくことも重要である。また,オリジナルな見解を説得的に示すためには,読み手が納得しうるような明晰な議論の展開を心がけたい。とくに,論文の中に用いる重要な用語については,きちんと定義を示し,基本概念の理解に誤解が生じないようにしておく必要がある。

執筆中は,頭が論文のことでいっぱいになるため,日本語の文脈依存の性質が災いし,書いている本人は非常にわかりやすいと思っても,予備知識の少ない読み手には,わかりにくい文章になっている場合も多い。そこで,ほぼ仕上がった段階で,信頼できる人物に目を通してもらうか,数日の冷却期間を置いてから,もう一度読み直し,最終的な手直しを行うとよい。

論文は,自分が新しく発見したことがらについて論じる知的財産である。しかし,初めから終わりまで,すべて自分のオリジナルな見解だけを書き連ねる例は少ない。たいていは,関連の研究と比較対照したり,自分の主張に沿った論考を引用したりしながら,論を展開していく。よって,どこまでが他人の仕事で,どこからが自分の発見や主張なのかを峻別することが,互いの知的財産を尊重し合う観点からも,厳しく求められる。引用や出典の示し方,文献リストの掲げ方などには,いくつかの方法があるが,学問分野や投稿する雑誌によっては,細かい定めがあったり,一種の慣習が成立していることもあるので,関連文献を見る際には,体裁にも目を配り,優れた論文から学び取りたい。

➡口頭発表(7-O),ポスター発表(7-O)

● 参考文献

木下是雄(1981)『理科系の作文技術』〈中公新書〉中央公論社.

酒井聡樹(2002)『これから論文を書く若者のために』共立出版.

浜田麻里他(1997)『大学生と留学生のための論文ワークブック』くろしお出版.

Hatch, E. and Lazaraton, A. (1991) *The Research Manual: Design and Statistics for Applied Linguistics*. Heinle and Heinle Publishers.

[才田いずみ]

■口頭発表

　研究の成果や新しい知見の発表は，学会や研究会などでの口頭発表で行われることも多い。

　口頭発表の最大の利点は，発表内容についての他者の評価がすぐに得られる点にある。発表後の質疑を通して，研究にとって有益な情報が得られたり，自分の論の弱点に気づかされたり，また，励まされたりもするので，そこからさらに考えを深め，研究を発展させることができる。そのため，投稿論文は未発表のものに限るとしている論文誌でも，口頭発表はこれに抵触しないとするものが多い。つまり，口頭発表が論文内容を進化させると考えられているのである。よって，口頭発表を経て改稿した論文には，いつどこで発表したかを付記するのが普通である。

　口頭発表には，短くて10分，長くて30分程度の時間が与えられる。持ち時間をフルに使って発表してしまうと，質疑の時間がなくなり，口頭発表する意味が半減してしまうので，要領よく発表し，質疑の時間を確保するとよい。

　口頭発表の場合も，論文と同様に，研究の背景，目的，方法，分析結果，考察などについて述べることが必要であるが，論文と違って読み返すことができないうえ，時間も限られているので，聴衆に内容がよく理解されるよう，以下のような，わかりやすく話す工夫が必要になる。

　まず，発表原稿を書く際には，1文を短くする。できた原稿は読み上げずに，聴衆の反応を見ながら話す。暗記して文章がすらすらと口をついて出るほどになってしまうと，聞く側にとっては，無駄がなさすぎて，かえってわかりにくくなる。適度に原稿に目をやりながら，急がずに，ポーズ，プロミネンスにも注意して話すのがよいだろう。時間制限があっても，大事な情報を繰り返すことは重要である。予稿集があって，聴衆も書いたものを見ながら聞くという場合でも，書いた内容に補足説明を加えながら話すとよい。

　視覚情報を提示しながらの発表もよく行われるが，文字や図表が小さくて見にくいと，聴衆は大きな不満を感じる。OHP，実物投影機，スライド，コンピュータ・プロジェクターなどの機器を使う場合には，会場の最後部からも楽に読める大きな文字を用い，色の使い方にも配慮することが大切である。薄い色は，飛んでしまって何が書いてあるかわからなくなることがある。また発表中にインターネットなどを利用する場合には，機器の操作にかかる時間も忘れずに見込んでおくとよい。そして，OHPやスライドの枚数は絞って，目と耳の両方を使いながらメモを取ったり考えたりしている聴衆の，情報処理上の負荷に配慮したい。

　視聴覚機器は，発表時にトラブルが生じることも珍しくないので，事前に会場で十分確認することが不可欠であるが，発表会場に行ってみたら機器がない，動かない，という事態もありうる。万一のことも考えて，代替方法も準備しておけば，安心して発表に臨めるであろう。

→論文（7-O），ポスター発表（7-O）

● 参考文献

『化学』編集部（編）（1994）『上手なプレゼンテーションのコツ──若い研究者のための』化学同人.

木下是雄（1981）『理科系の作文技術』〈中公新書〉中央公論社.

諏訪邦夫（1995）『発表の技法──計画の立て方からパソコン利用法まで』〈ブルーバックス〉講談社.

[才田いずみ]

■ポスター発表

　ポスター発表とは，学会や研究会において研究成果や新しい実践内容などを発表するための

1形式である。ポスター・セッション，あるいはポスター・ディスカッションとも呼ばれる。

ポスター発表者は，指定された会場の指定された場所に，研究内容を大きな紙に視覚的に見やすくまとめたポスターを貼り出し，その前に集まる比較的少人数の聴衆に向かって，マイクなどを使わずに，研究成果や実践内容を説明する。聞く側は，随時質問や確認を挟みながら説明を聞き，発表者と至近距離で向き合って意見交換を行う。この相互交渉がポスター発表の特徴であり，最大の利点である。形式ばらないコミュニケーションができるので，研究内容について，聴衆から具体的なコメントや提案，評価を得たい場合に適した発表形式である。

ポスター発表には，1時間以上の長い時間枠が設定されることが多い。聴衆は，会場内に掲示されたポスターを見て歩き，興味を引かれたものについて，質問したり説明を求めたりする。発表者は，短い時間で概略が説明できるよう，事前によくまとめておくが，口頭発表のように一方的に話すのではなく，聞き手のはたらきかけや反応に合わせて，より詳細にするなどの対応が必要である。聴衆がポスターからポスターへと移動するので，時間内に何回かの口頭説明が繰り返されることになる。

ポスターセッションが長時間にわたって設定されている場合には，たとえば，発表番号によって，セッションの前半と後半で交替があったり，責任をもって説明にあたる時間帯が指定され，それ以外の時間はポスターの前を離れてもよい，とされている場合もある。これは，立ったままで説明にあたるポスター発表者の疲労に配慮すると同時に，発表者自身にも，他の発表を聞く機会を与えるためでもある。説明者が不在でも，ポスターが掲示されているので，聴衆は，かなりの情報を収集することができる。より詳しい情報を求める人々に対応するため，ポスターに連絡先を記すことも良い工夫である。

使用するポスターは，指定の大きさを遵守し，必要十分な情報をわかりやすく示すよう作成する。聴衆の注意を引くというポスター本来の役割を担うものでもあるので，目立たせる必要がある。図表やグラフ，色使いにも気を配って，魅力的な視覚情報になっていなければならない。最も大切なのは，ポスターの前に聴衆が集まっていても，人の輪の外から内容が楽に読めるような，大きな文字サイズで表示する，という点である。近づいてじっくり見なければ概略が把握できないようなポスターでは，会場が混雑した場合にはまったく存在に気づいてもらえないし，会場がすいている場合には，聴衆を素通りさせてしまうことが多い。掲示する情報の取捨選択を上手に行って，話し手と聞き手双方の助けとなるポスターを作ることが肝要である。

➜口頭発表（7-O），論文（7-O）

●参考文献

大隅典子（2004）『バイオ研究で絶対役立つプレゼンテーションの基本』羊土社．

『化学』編集部（編）（1994）『上手なプレゼンテーションのコツ──若い研究者のための』化学同人．

森川陽他（1990）『学会発表の上手な準備──ポスター・OHP・スライドのてぎわよい作り方』講談社．

［才田いずみ］

8 | 言語習得・教授法

　日本語教授法の研究と実践についての考え方は近年大きく変わってきている。変化の要因は種々あるが，第一に地球規模の人の移動と通信の時代に入ったことが挙げられる。以前にもまして活発化する留学・ビジネス・観光などにかかわる人々に対応する教授法は無論のこと，日本社会の地域住人として生活する外国人とその家族などの，以前にはあまり見られなかった多彩な立場の学習者への教授法も求められている。新しい情報環境に対応した教授法や，外国語学習年齢の低下傾向に対応する年少者教授法などが求められている。

　変化の第二の要因として，とくに言語のもつ社会性の認識を挙げたい。今，教授法の視点は，教室のなかでどのように音声，語彙，文法，表記システムを，効率的に導入し，練習・応用活動を行うかといった教授技術にとどまらない。社会のなかで日本語がどのように運用され，学習者がその運用の輪のなかにどのようにして入り，活動していくかを助ける方向へ視点が広がっている。言語は個人のうちに構築されるものであると同時に，その育成も運用も必ず他との相互作用のなかに成り立ち，社会で共用されるものである。真の運用・習得には相互作用が必要であり，それは人の生涯にわたる言語活動のなかで位置づけられるものである。この認識は教授法の視点を広げている。

　変化の主たる要因の最後に，教授法関連領域の研究の広がりと深化を挙げたい。日本語学習者は，それぞれ母語をもち，さらに，日本語以外の言語との接点をもつ人も多い。複数の言語学習の可能性のなかで，日本語との接点が生まれる。それぞれが，微妙に異なる動機や目的，学習環境，学習方略をもち，自律性，協働性をもちつつ習得の過程をたどる。そのような複雑な過程を解明し，日本語習得に寄与すべく，教授法はさまざまな隣接科学の知見を取り入れてきた。「教える」以前に「人がどのように第二言語を習得するのか」を捉えることの重要性が広く認識され，習得過程の研究は飛躍的に伸びてきている。実証的な習得研究から得られたデータに基づいたカリキュラム見直しの流れは強い。言語習得のしくみ・過程が把握できてこそ教授法が成立するという考え方は，この章の名づけにも示した。認知科学，教育学，心理学，社会学，文化人類学など，教授法研究が示唆を得ている領域は広い。

　以上を考慮し，見出し項目を「第二言語習得→外国語教授法→コースデザイン→学習活動→評価→教師教育」の流れで配列した。

[佐々木倫子]

8 言語習得・教授法 ──────── 見出し項目一覧

A 第二言語習得理論 ── 682
第二言語
母語の習得
言語生得説
言語習得と脳
臨界期仮説
第二言語習得理論・モデル
言語学習と心理学
言語学習と認知
記憶と言語習得
言語学習と情報処理
言語知識の習得
言語能力
母語の影響
対照研究と日本語教育
誤用研究
中間言語
音声・音韻の習得
表記の習得
語彙・意味の習得
文法の習得
語用能力の習得
簡略化コード
インプット
インターアクション
言語学習ストラテジー
コミュニケーション・ストラテジーと学習
学習者要因
学習動機
言語適性
学習環境
教授監督下の習得
文化と言語習得
社会文化的アプローチ
言語保持と喪失
バイリンガリズム
二言語使用能力
バイリンガル教育
継承日本語教育
リテラシー（識字）

B 外国語教授法 ── 725
教授法とは
教授法の流れ
文法訳読法
直接法（ダイレクト・メソッド）
オーディオ・リンガル法
コミュニカティブ・アプローチ
TPR
CLL
ナチュラル・アプローチ
サジェストペディア
サイレントウェイ
イマージョン・プログラム
日本語教育と演劇
その他の教授法
教授法の理念
4技能
音声指導
文字指導
語彙指導
文法指導
談話レベルの指導
聴解指導
会話指導
読解指導
作文指導
統合的指導法
翻訳・通訳

C コースデザイン ── 751
コースデザイン
ニーズ分析
シラバス
カリキュラム
学習段階
上級レベルの指導
学校におけるJSLカリキュラム
対象別日本語教育
目的別日本語教育
ビジネス日本語の指導

D 学習活動 ── 764
学習活動の流れ
学習活動の設定
学習活動の形態
学習活動の種類
学習リソース
学習の場のインターアクション
教室運営
教師の質問
媒介語
誤用への対応
自律学習
ピア・ラーニング
コンピュータ利用の活動
言語コーパスと日本語教育

E 評価 ── 777
評価とは

評価の主体と対象者
評価の機能
学習者評価の原則
ポートフォリオ評価
多様な評価活動
評価の方法
テストの目的と得点解釈
測定の条件
テストの機能
テストの内容
テストの形式
テストが備えるべき条件
テスト作成上の留意点
テスト結果の分析
統計的方法
授業時の評価
言語能力の評価
コンサルティング
学習者による評価
日本語能力試験
OPI（口頭能力評価）
日本留学試験
ビジネス日本語試験
年少者評価法

授業研究
教師の成長
カウンセリング
教員養成の標準的教育内容
日本語教育能力検定試験
教師の多様性
海外に派遣される日本語教師
教師教育

F 教師教育 ──── 804

教師の資質
教授能力
教師の日本語能力
信念（ビリーフ）
教師の意思決定プロセス
授業計画
実習
ティーム・ティーチング

A── 第二言語習得理論

■第二言語

世界中には1つの言語だけでなく，複数のことばを話せる人が少なくない。最近，第二言語（second language）という用語がよく使われるが，当然予想されるように第一言語（first language）という用語もある。第一言語は，大きく3つに分けられ，①最初に習得された言語，つまり母語，②最初に接触した言語，そして，③日常最もよく使用する言語，という意味で用いられている。ことばの発達を研究する言語習得の分野では，①の母語の意味で用いられる。

第二言語という用語も，いくつかの意味で使われる。①第一言語，つまり母語の次に習得する2つ目の言語，②2番目によくできる言語，③日常2番目によく使用する言語，などの意味がある。言語習得の分野では，①第一言語（母語）の次に習得する，2つ目の言語という意味で用いられる。さらに，アフリカやアジアの国々では，3番目に習得する言語を第三言語，4番目に習得する言語を第四言語といって，第二言語と区別する場合もあるが，その必要性がない場合は，一般に，第一言語（母語）以外の言語をすべて第二言語と呼んでいる。

また，第二言語と外国語（foreign language）を学習環境の違いにより区別して使う場合がある。日本の英語学習や海外の日本語学習などのように日常的なコミュニケーション手段とならない環境で学ぶ場合は外国語と呼ぶ。日本で学ぶ日本語やアメリカで学ぶ英語などを第二言語といって，区別する。しかし，言語習得研究では，その区別の必要性がない場合は，広い意味でどちらも母語に続いて2番目に習得する言語，母語以外の言語ということで，第二言語と呼んでいる。

第二言語は2番目に習得する言語のことだと述べたが，第一言語がしっかりと獲得され，安定した母語になった成人の場合と，第一言語がまだ十分獲得されていない，まだ安定していない状態の幼児の場合とでは，習得の状況が異なる。成人の場合は，言語的に安定した母語の上にもう一つ言語を習得することになるが，幼児の場合は母語となるはずの第一言語が十分発達していない状態で，第二言語に長期間触れると，結果的に第一言語が母語になりきれず，第二言語のほうが言語的に強くなって母語になってしまうこともある。

➡第二言語習得理論・モデル（8-A），母語の習得（8-A），バイリンガリズム（8-A），言語習得論（7-E）

●参考文献

迫田久美子（2002）『日本語教育に生かす第二言語習得研究』アルク．

Brown, H. D. (1987) *Principles of Language Learning and Teaching*. 2nd ed. Prentice Hall Regents.

Ellis, R. (1994) *The Study of Second Language Acquisition*. Oxford University Press.

［坂本 正］

■母語の習得

子どもが生後の一定期間触れることで，その知識を身につけた言語を「母語 mother tongue（あるいは，第一言語 first language, L1）」と呼び，その個体発生（ontogenesis）を「母語の習得」と呼ぶ（ちなみに，「母国語」は「母国の言語」のことであるから，必ずしも，母語と同一とは限らない）。母語の個体発生を考えるにあたって，なぜそれが可能なのかを説明しようとするときには母語の「獲得（acquisition）」，子どもが生後外界から取り込

む情報（経験）の役割に焦点をあてて考えるときには母語の「習得（learning）」，母語の知識の発生過程に重点を置く場合には母語の「発達（development）」と呼ぶが，その区別はさほど厳密なものではない。本項では，本書のほかの項目に合わせて，母語の「習得」という用語を用いる。

母語の習得には，古来から，子をもつ親，教師，言語学者，心理学者，哲学者，そして，近年では，コンピュータ科学（自然言語処理）の研究者，脳科学者に至るまで，広範な人々が多様な興味から関心を寄せている。なかでも，母語の習得に関する「氏か育ちか（nature or nurture）」の問題は多くの議論を引き起こしており，事実，現代諸科学の中心的話題の1つでもある。氏，すなわち，遺伝的に規定された（生得的な）機構を強調する立場を合理主義（rationalism）と呼び，経験の役割を強調する立場を経験主義（empiricism）と呼ぶ。しかし，生得的な機構をまったく想定しなければ，経験を処理することすらできないので，そのような極端な立場は厳密にはありえない。逆に，母語として，日本語とかスワヒリ語といった，どの個別言語を習得するのかはもっぱら（言語）経験によって決定されるのであるから，経験の役割をまったく認めないという極端な立場もありえない。実質的な問題は，母語の習得において，どこまでが遺伝的に規定され，どこまでが経験によって規定されるのか，また，遺伝的な機構と経験の相互作用はどのようなものかを決定していくことである。

近年の研究でとくに注目を集めているのは，母語の習得にかかわる，遺伝的に規定された機構はどの程度言語の習得に固有の（専用の）ものであるのかという問題である。生成文法（generative grammar）では，母語の習得には，パラメータ（parameter）を内包した普遍文法（universal grammar：UG）を含む，言語獲得装置（language acquisition device：LAD）と呼ばれる固有の機構が関与し，経験はそのパラメータの値を設定するのに用いられると考える（たとえば，Chomsky 1985）。それに対して，たとえば，エルマンら（Elman et al. 1996）は，母語の獲得に固有な機構を認めず，一般的な（汎用）知識獲得ネットワーク（いわゆる，エルマン・ネット）によって説明を試みている。同趣旨の主張はトマセロ（たとえば，Tomasello 2003）の一連の研究にも見られる。

➡ 言語生得説（8-A），言語習得と脳（8-A），言語習得論（7-E）

● **参考文献**

チョムスキー，N.〔福井直樹・辻子美保子訳〕（2003）『生成文法の企て』岩波書店．

Elman, J. L. et al. (1996) *Rethinking Innateness: A Connectionist Perspective on Development*. MIT Press〔乾敏郎他訳（1998）『認知発達と生得性――心はどこから来るのか』共立出版〕．

Chomsky, N. (1985) *Knowledge of Language: Its Nature, Origin, and Use*. Praeger.

Chomsky, N. (2002) *On Nature and Language*. Camdridge University Press.

Tomasello, M. (2003) *Constructing a Language: A Usage-based Theory of Language Acquisition*. Harvard University Press.

［大津由紀雄］

■ **言語生得説**

言語生得説とは，言語に関するある種の能力が人に生得的に備わっているという仮説である。人・チンパンジー・犬などを同じように育てても，人の子のみ自然に養育者の使う言語を話すようになるという事実から，人間には他の生物と異なり言語を習得する能力が遺伝的に備

わっていると想定せざるをえない。このような広義の生得説に対して，狭義の生得説は，通常チョムスキー（Chomsky）の提唱を中心とする生得説を指す。それは，言語の普遍的な特性を規定する文法が，人には生得的に備わっているとする仮説である。

Chomsky（1966）は，インプットとしての言語データとアウトプットとしての文法との差を埋める媒体が人には生得的に備わっていると仮定し，これを「言語獲得装置（language-acquisition device：LAD）」と呼んだ。生成文法においては，さまざまな言語範疇（たとえば統語範疇）・階層的な言語構造・原理などが想定されているが，それらは抽象的で，子どもたちが言語データから単に帰納的に知ることは不可能だとされている。そのため，言語的な経験を成人言語の文法に転換する言語獲得装置（LAD）が必要となる。たとえば，子どもは「太郎がりんごを食べた」という文を(1)(2)のどちらの構造として捉えるかは経験だけでは決定できないが，単語を統語範疇（V：動詞，N：名詞など）と照合する方法，〈動作主〉〈対象〉の句が階層構造において現れる位置などの生得的知識により(1)の構造とみなすことができるとする仮説（Pinker 1984：37-42）などが出ている。

(1) [[太郎]$_{NP}$ [[りんご]$_{NP}$ 食べた$_V$]]
（「食べた」という動詞が，目的語「りんご」と主語「太郎」をとる構造）
(2) [[太郎]$_{NP}$ [りんご$_V$ [食べた]$_{NP}$]]
（「りんご」という動詞が，目的語「食べた」と主語「太郎」をとる構造）

とくに1970年代から1980年代にかけて，LADの一部をなす普遍文法としてさまざまな重要な原理や条件が具体的なかたちで提唱された。普遍文法は普遍的なものではあるが，接する言語によって異なる個別言語の文法を形成させるものである。そのため，個別文法間の差異を保証するために，原理によっては，複数の選択肢を許すパラメータ（媒介変数）をもっていると想定された。たとえば，日本語と英語の目的語の方向に関する違い（「りんごを食べる」「eat an apple」）は，主要部パラメータ（head parameter）が「左」（日本語）か「右」（英語）に設定されることから来ると考えられた。

生成文法は1980年代の終わりから大きな変革をとげ，現在（ミニマリスト・プログラム）では，言語間の相違を説明するパラメータ設定の違いを，各原理には求めずに，語彙項目（とくにテンスを示す形態素のような機能範疇）における統語的素性の指定の違いに求めるようになった。生成文法を枠組みとする第一・第二言語習得研究においても，それら機能範疇の素性に焦点があてられるようになった。

以上は，文法に関する生得説であるが，音声や語の獲得に関する生得性についてもさまざまな仮説や発見が提出されている。

→第二言語習得理論・モデル（8-A），母語の習得（8-A），言語習得論（7-E），言語発達論（7-E）

●参考文献

ピンカー，S.〔椋田直子訳〕（1995）『言語を生み出す本能（上・下）』NHK出版.
大津由紀雄他（編）（2002）『言語の研究入門——生成文法を学ぶ人のために』研究社.
Chomsky, N. (1966) *Topics in the Generative Grammar.* Mouton and Co.
Pinker, S. (1984) *Language Learnability and Language Development.* Harvard University Press.
O'Grady, W. (1997) *Syntactic Development.* The University of Chicago Press.

[佐藤 豊]

■**言語習得と脳**

言語習得と脳の各部位との関係を探る研究は，言語障害に関する知見をめぐる考察が端緒

となった。1861年，フランスの神経学者ブローカ（Broca）は，周囲の話は理解できるものの，自分では流ちょうに話せない患者では，大脳の特定の部位に損傷が存在することを見いだした。下前頭回の後下部に対応する弁蓋部および三角部にあたるこの部位は，今日ブローカ野として知られている。さらに1874年にはドイツの生理学者ウェルニケ（Wernicke）が，自らは流ちょうに話せるものの周囲の話の理解に深刻な障害を示す患者では，やはり別の特定の部位が損傷していることを発見した。上側頭回後3分の1にあたるこの部位は，ウェルニケ野と呼ばれており，ブローカ野と合わせて狭義の言語野として，言語機能の発達に必須の働きを担うと考えられている。

だが，こうした2つの部位のみが言語習得とかかわると認識すると，それは大きな誤解を犯すこととなる。端的に健聴者が音声言語を習得する際，具体的な発話行為（とりわけ調音）は末梢の発声器官の運動発達なしには，成立が不可能となる。調音という運動は，一種のリズミックな身体運動であり，小脳の機能が健常に成熟しない限り，いわゆる臨界期までに発話することは困難となる。さらに小脳は，記憶した語彙の意味を適切に理解するうえでも，重要な役割を担っている。

われわれが特定の事物を前にして，特定のパターンの音韻情報に接し，ことばの指す内容を正しく把握するためには，音韻情報に対応する事物の属性を，正しく絞り込むことが不可欠である。その絞り込みを可能とするのは，情報を提供してくれる他者（モデル）の行為にほかならない。言語の習得にあたっては，単に情報を受動的に知覚するばかりではなく，同時にモデルの指示対象へのかかわり方を積極的に自分がなぞることが求められる。すなわち取り込んだ情報を心的に操作して，自分にとっての行為のレパートリーのなかで何を可能とするものであ

るか（アフォーダンス）を把握しなくてはならないのだが，それにはやはり小脳が深く関与している。

むろん，モデルに関する情報は言語入力と統合されねばならず，それは小脳とは別の，いわゆるワーキングメモリーという名で知られている認知メカニズムによってなされると考えられる。ワーキングメモリーには，情報の組み合わせや操作を可能にする中央実行系と呼ばれるシステムが存在し，かつそれが情報を一次的に貯えておくための音韻ループおよび視空間メモという2つのバッファと，結合していると想定されている。

音韻ループでは聴覚入力が，一時的に保持され通常は追唱のような心的リハーサルが伴う。それに対し，視空間メモでは視覚入力の保持が一時的になされる。これらの情報バッファを階層的に束ねるのが中央実行系で，それが「答え」を出すかたちで意味理解を行う限り言語習得はとうていおぼつかない。そうしたワーキングメモリーに大脳のどういう部位が関係しているかについての詳細は不明であるが，前頭葉の一部と頭頂葉の縁上回周辺の関与が明らかにされてきている。

→ 言語習得論（7-E），言語発達論（7-E），母語の習得（8-A）

● 参考文献

正高信男（2001）『子どもはことばをからだで覚える』〈中公新書〉中央公論新社．

［正高信男］

■ 臨界期仮説

ある機能を学習しようとするとき，その学習が可能な期間を臨界期と呼ぶ。言語習得にも学習可能な期間があるとする説を，言語習得における臨界期仮説と呼ぶ。この説の先駆けとなった論考に，レネバーグ（Lenneberg 1967）がある。

レネバーグは,何らかの原因(たとえば,頭部損傷,脳腫瘍など)で失語症になってしまった人たちの母語能力の回復具合が,思春期(12～15歳)頃を境に,大きな質的変化を受けることを見いだした。つまり,思春期前に失語症になった人は,ほとんどが失語症から回復できたのに対して,思春期後に失語症になった人は,回復しないわけではないが,完全に治る人は少数であった。このような事例を基に,人間には言語習得を最も行いやすい期間があり,それは思春期頃までだという仮説をレネバーグは提示した。これが,言語習得における臨界期仮説の基になっている主張である。

母語習得で臨界期仮説を調査することは,難しいことであるが,第二言語習得の場合は比較的容易なので,年齢要因を扱った研究は数多くある。研究結果のすべてが臨界期仮説を支持しているわけではない。「ある」とする説のほうが優勢のように思われるが,それは「臨界期は思春期までである」といった単純なものではない。学習項目(発音,文法,語用など)によって異なる臨界期があるとする考えや,臨界期はすべての項目にあるのではなく,影響を受けない項目もあるとする説もある。

臨界期の存在を認める説では,何歳から当該言語が話されている国で生活するかという,当該言語圏での学習開始年齢が最終的到達度に最も影響を及ぼす要因であるといわれている。教室場面などの外国語学習環境で何歳から学習しはじめたかは,重要な要因にはならないという研究結果が数多くある。

また,普遍文法の枠組みを用いた実験結果は,少なくとも文法習得に関しては,知能,適性,動機づけなどの学習者要因は重要な要素ではないことを示している。滞在年数に関して,ある一定の滞在年数を過ぎてしまうと最終的到達度に影響を与えないことがわかってきている。ここで注意することは,5年滞在している人のほうが1年滞在している人よりもたいていの場合,熟達度は高い。しかし,20年滞在している人と,15年滞在している人とでは,そこに5年の差があるが,20年の人のほうが必ずしも熟達度が上ではないということだ。滞在期間が長ければ長いほど熟達度が増すのではない。さらに,その原因は依然としてはっきりしていないが,成人の学習者は到達度に個人差が大きく,母語話者並みの能力に達する人もいるが,達しない人もおおぜいいる。

外国語教育の立場から付け加えると,仮に臨界期仮説が正しいものであったとしても,それは,ある年齢を過ぎてから第二言語を学習しても習得できないということをいっているわけではない。正しい方法で学習さえすれば,若干の「なまり」は消えないものの,第二言語で非常に上手になれることも確かである。

➡第二言語習得理論・モデル (8-A),音声・音韻の習得 (8-A),文法の習得 (8-A),学習者要因 (8-A),言語発達論 (7-E)

●参考文献

Lenneberg, E. H. (1967) *Biological Foundations of Language*. John Wiley〔佐藤方哉・神尾昭雄訳 (1974)『言語の生物学的基礎』大修館書店〕.

白畑知彦 (1994)「年齢と第二言語習得」小池生夫 (監修) SLA研究会 (編)『第二言語習得研究に基づく最新の英語教育』大修館書店.

白畑知彦 (2004)「言語習得の臨界期について」*Second Language* 3. 日本第二言語習得学会.

Birdsong, D. (ed.) (1999) *Second Language Acquisition and the Critical Period Hypothesis*. Lawrence Erlbaum Associates.

[白畑知彦]

■第二言語習得理論・モデル

第二言語習得（second language aquisition：SLA）理論，仮説，モデルなどは研究者の基本的な立場によっていくつかに大きく分けることができる。

まず人間が生まれながらに（生得的に）もっている知識が言語習得を含めた習得一般を可能にするという考えに基づく言語習得理論が挙げられる。このうちチョムスキー（Chomsky）の「普遍文法」は第一言語（L1）でも日本語を含めたSLAでも多く研究されている。また，70年代の言語習得研究に大きな影響を及ぼしたクラッシェン（Krashen）のモニター理論も生得的な無意識的知識と「学習」によって得られた知識を区別した。この2種類の知識に連携がないとすること，また後者を使用する際に必要だとする無意識性を科学的に立証できない点が批判された。

言語習得における認知能力の重要性は広く注目されているが，生得的な知識を考慮しない場合も多い。ピーネマン（Pienemann）は，ミーゼル（Meisel）などのZISA（Zweitspracherwerb Italienischer und Spanischer Arbeiter）プロジェクトの多次元モデルに基づいて，限られた時間内に人間が処理できる言語情報は記憶，認知能力などにより制約されるという考えを基本とするプロセサビリティー理論（Processabiliy Theory）を提唱する。言語習得が進むにつれて処理が自動化されるため，この制約が段階的に取り払われ，しだいに複雑な操作が可能になる。それぞれの言語の形態素，統語構造は処理の複雑さによって独自の段階を形成しており，言語習得はこの段階を追って進むものとされる。この段階を"飛び越えて"教えた統語構造が習得されない例から教授可能性（teachability）／学習可能性（learnability）という概念が打ち出され，シラバス作りの示唆も行われている。このモデルは日本語でもテストが進みつつある。

また認知能力中の気がつくこと（noticing）を重視し，インプト中に見られる形式に注目することが言語習得に必要だと考えるのがシュミット（Schmidt）のNoticing（気づき）仮説である。シュミットのほかにも学習者の意識・注意力を高めることが習得につながると考える研究者は多く，これはクラッシェンなどの無意識の習得と相反する立場である。意識を重視する立場からは教室での文法教育が再認識された。

また結合主義（connectionism）あるいは平行分布処理（parallel distributed processing：PDP）では，人間の脳を例として，インプットの相対的頻度と強さに基づいて単純な刺激から複雑に連携する神経核（nodes）が形成される過程を習得と考える。この考えに基づいて刺激（インプット）と反応（アウトプット）を比較してそのあいだの言語処理を研究するのが情報処理モデルの立場で，ここでも処理の自動化が大切な概念である。動詞の過去形習得において学習者と同じ間違いを示すコンピュータプログラムのシミュレートも行われている。

またベイツとマクウィニー（Bates and McWhinney）の競合モデルでは，言語処理の際にさまざまな語彙的要素（語順や動詞の呼応，形態素など）や機能的要素（ある名詞が生物か無生物かなど）が競合し，語彙が統語構造の理解に影響を与えるという。元来，英語を基に作られたこのモデルはさまざまな言語でテスト・評価され，語順の異なる日本語でも実験的な研究が行われている。

認知能力に対して学習者の機能表現を重視する研究者も多く，とくにBasic Variety（Klein and Perdue）では学校などで授業を受けていない成人移民が，限られた語彙・形態素体系を駆使して意志疎通できることに注目した。母語話者とのインターアクションを通じて

習得された特定の語彙と統語などに関係する限られた数の「体系原則」(organizing principles) との組み合わせによってある時点の中間言語の多様性 (varieties) が決定される。インプットと学習者側の「原則」に食い違いが生じるとその一部に変化が起こされるためにそれが全体の再構築につながり，このことが習得になるという。さらにこれらの「原則」は学習者の母語・第二言語が異なってもほぼ等しいと考えられ，Basic Variety は人間の言語における機能と形式の基本的で自然な関係を示しているとされる。習得対象の言語を目標とは設定せず，したがってエラーの概念も存在しない。

このほかにも環境の影響を重視する社会言語学的なシューマン (Schumann) の文化獲得モデル，また第二言語を母語話者レベルに習得する時間的限界を検討する臨界期仮説，日本語でも研究されている母語からの転移，また，インプットからインテイクに至る過程を効率的にするために意味の交渉を増やすことを勧めるロング (Long) のインターアクション仮説など異なった見地からの検討が続けられている。1990年代からは，認知面に重きを置いた言語習得研究を見直す社会的アプローチも提出されるようになった。

➜言語生得説 (8-A)，インプット (8-A)，文化と言語習得 (8-A)

● 参考文献

吉岡薫 (1999)「第二言語としての日本語習得研究——現状と課題」『日本語教育』100．

吉岡薫 (2000)「第二言語習得研究の現状」青木直子他 (編)『日本語教育学を学ぶ人のために』世界思想社．

Mitchell, R. and Myles, F. (1998) *Second Language Learning Theories*. Arnold and Oxford University Press.

Sharwood-Smith, M. (1994) *Second Language Learning: Theoretical Foundations*. Longman.

[吉岡 薫]

■言語学習と心理学

言語学習の研究と心理学は，密接な関係にある。現代心理学は，19世紀の半ばに，従来の哲学的な学問から一科学へと，また単なる経験論から実証科学へと飛躍的に転換し発展した。カウンセリングや精神分析など人間の「心」を研究する学問であるという一般的なイメージとは異なり，現代心理学においては，生活体の「行動」を研究する実証科学として，人間を含む生活体の「感覚・知覚」「認知」「学習」「記憶」などに関する実験的研究が，その中心的な位置を占めてきたといえる。なかでも「学習」については，とくに初期には動物実験を中心にさまざまな研究が行われ，それらの結果に基づいて，いくつかの学習理論が提唱された。

● 行動主義から新行動主義へ——なかでも，「行動主義」は，20世紀初頭 (1913年) にワトソン (Watson, J. B.) によって提唱されて以来，言語学をはじめとして，言語教育学，言語教授法など関連諸領域に絶大な影響を与えた。「行動主義」は，簡潔にいうと，「人間の心」を形而上学的にではなく科学的に研究するためには，目に見えない「心」自体を対象とするのは不適であり，実際に目に見える「行動」を対象とすることによって，心の中身を類推する手法をとることが必須であると主張するものであった。つまり，精神活動は，「行動」に反映されると捉えたのである。もちろん，言語活動もここでいう「行動」に含まれる。このように，行動主義は，心，すなわち，人間の認知過程そのものは，「ブラックボックス」として扱い，そのなかのプロセスは，観察可能な生活体への刺激，反応，強化などの関係を記述することによって明らかにしようとするものであった。「言語の学習」も，生活体の「行動の学習」

という，より広い枠組みのなかで「言語行動の学習」として，他の行動の学習と同じ原理によって説明しようと試みられた。

　言語の学習について，より具体的，かつ，詳細に論を展開したのが，新行動主義者のスキナー（Skinner）である。スキナーの考え方には，以下のようなポイントがある。言語を音声や構造を中心に捉える点，自発的行動に強化（reinforcement）すなわち報酬を与えることによって，当該の行動が半永続的に継続することという「習慣形成」という概念を導入した点，また，習慣形成を行うには，当該行動が自発された直後に間髪をいれずに強化する（報酬を与える）ことが，最も効果的であるとした点，効果的な学習，習慣形成のためには，簡単な行動から複雑な行動へという順序で強化を与えていくことが重要であるという考え方，などである。このような行動主義的言語観は，言語学においては「構造言語学」に多大なる影響を与え，言語教授法においては，20世紀半ばには一世を風靡したともいわれている「オーディオリンガル・アプローチ」の理論的基盤となった。また，スキナーは，自身の学習理論によって「言語行動の学習」について論じただけではなく，現在でも教育全般において取り入れられている「プログラム学習法」なども考案した。

●**認知心理学から第二言語習得研究へ**──その後，20世紀半ばになると，コンピュータ技術の著しい進歩に伴う情報科学の発展の影響を受けて，人間の認知過程そのものを研究していこうとする「認知心理学」が台頭してきた。認知心理学においては，行動主義がブラックボックスとして扱わなかった心の中身，すなわち，脳の認知処理過程をモデル化しながら解明していこうとする動きが活発になった。行動主義でいう強化とその随伴性（結果の知識）も情報科学でいう「フィードバック」と捉えることによって，後の「認知科学」へと吸収されていくことになる。また，言語学においても，チョムスキー（Chomsky）が「生成文法」を唱え，人間の自主的思考能力，言語能力の生得的側面を強調するようになると，スキナーの「言語習得論」は，人間の意志や思考力を考慮に入れていないと批判されるようになった。批判のなかには，スキナーの「方法論」を「言語観」と捉えるという誤解に基づくものが多かった。しかし，いずれにせよ，認知心理学の台頭により，行動主義はやがて衰退していくことになる。

　心理学，言語学におけるこのような流れの影響を受けて，言語教育学，教授法理論においても，オーディオリンガル・アプローチが，言語使用の自然な文脈を考慮することなく構造的側面のみを強調している点，そのため機械的な反復練習や文型のドリルに重きを置きすぎている点などが批判され，後のコミュニカティブ・アプローチの台頭を招くに至った。

　このような大きな流れのなかで，心理学においては，「言語の学習」というと，主に，発達心理学的観点から第一言語の習得が研究されることが多かった。しかし，20世紀半ば頃から外国語教育に対する興味が高まり，外国語，あるいは，第二言語の習得研究が盛んになると，第一言語習得過程との比較も含めた「第二言語習得研究」が，独自の領域として発展していくことになった。ただし，その研究方法論は，実証科学としての心理学の方法論をほぼ引き継いでおり，現在では，心理学との境界領域，あるいは，学際的研究領域として位置づけられるに至っている。さらに，21世紀初頭の現在，「言語学習」にかかわる研究においては，仮説検証法に基づく実証主義的方法論が引き継がれつつも，情報理論に基づいた認知心理学のパラダイムによる研究がますます盛んになってきているといえる。いずれにしても，言語学習と心理学の関係は，密接であるといえる。しかし，今後，「言語学習」は，「認知科学」というより広

い枠組みのなかで，個体内活動としてだけではなく，社会的・文化的要因の影響や社会的な相互作用という動的側面も考慮に入れながら，より総合的な観点から捉えられていくことになるであろう。

➜言語心理学（7-B），言語習得論（7-E），母語の習得（8-A），言語習得と脳（8-A），第二言語習得理論・モデル（8-A），言語学習と認知（8-A），オーディオ・リンガル法（8-B）

●参考文献

宇佐美まゆみ（1994-1995）「日本語教師のための心理学入門 1～15」『月刊日本語』7-4～8-6.

宇佐美まゆみ（1997）「心理学――学ぶということのメカニズム」高見沢孟（監修）『はじめての日本語教育Ｉ』アスク講談社.

梅本尭夫・大山正（編著）（1994）『心理学史への招待』サイエンス社.

海保博之・柏崎秀子（編著）（2002）『日本語教育のための心理学』新曜社.

篠原幸哉他（1993）『心理学基礎講座』北樹出版.

大山正・託摩武俊（編）（1973）『心理学通論』新曜社.

ミラー，G. A.〔戸田壱子・新田倫義訳〕（1967）『心理学の認識』白揚社.

高木貞二（編）（1977）『心理学』東京大学出版会.

八木冕（監修）末永俊郎（編）（1971）『講座心理学1 歴史と動向』東京大学出版会.

〔宇佐美まゆみ〕

■言語学習と認知

語学は「暗記」科目だといわれる。確かに，受動的で機械的な暗記が言語学習には必要である。しかし，数学や理科のように，学習者が問題の解決に積極的かつ能動的に取り組む「問題解決」の側面も言語学習には欠かせない。発音のコツを「発見」したとか，あることばの使い分けについて自分なりの簡単な説明や仮説を思いついたという経験のある人は希有ではないだろう。

問題解決は，「推論」という心的メカニズムに支えられている。推論は，「演繹推論」と「帰納推論」に大きく分けることができる。演繹推論とは，一般に通用するルールや原理に基づいて個別事例の性質を判断する心的プロセスをいう。たとえば，カナダの冬は寒いというルールを知識としてもっている人であれば，トロントはカナダの都市の1つなので冬は寒い，と推論するだろう。その反対に，帰納推論とは，経験した個別事例が一般化に用いられる心的プロセスを指す。カナダの都市であるトロント，カルガリー，オタワ，モントリオールなどの冬が寒いという知識から，カナダ全体の冬は寒いという一般化が行われる場合がその例である。

外国語の学習において，文法知識は演繹推論に役立つことが多い。文法はルールの集合体だからだ。それに対して，語彙の学習は帰納推論が支えている部分が大きい。たとえば，「机」という日本語の意味を知らない人がいたとしよう。どうやって机ということばを教えればよいか。机A，机B，机C…と世界中にある机をすべて見せないと机ということばが理解できないかといえば，そうではない。人間は，有限の経験から今後起こりうる無数の事例について名前が呼べるようになる。それが語彙習得の本質である。最初の何個目かの事例に接した時点で「なるほど，これが机か」と感じ，そこから先は，今まで目にしたこともないデザインの机や，変わった色の机を見せられても，一瞬で机かどうかを判別できるようになる。名詞については，このようなプロセスを経て理解できるようになるのが普通であろう。有限の事例から無数の事例に通用する原理を導き出すこのような精神作用は，まさに帰納推論そのものである。

言語学習と認知の関係を考える際には、「言語ゲーム論」が参考になる。言語ゲーム論は言語哲学者ヴィトゲンシュタイン（Wittgenstein）によるアイデアで、ことばの意味とは、それが指し示すものとの対応関係をいうのではなく、むしろことばの使い方、用法として理解したほうがよいのではないか、というものである。初めはどんなルールかわからないが、わかったときにはわからなかったことを忘れてしまい、あたり前になってしまう。母語話者は文法的に正しいか否かを直観的に判断できるが、なぜそうなのかを言語化するのは難しい場合が多い。

世間では、認知した内容が言語で表現されると考えるのが普通であろう。話し手や作者の心のなかに湧き上がったものを、ことばで表したのが談話や小説などだ、という見方である。しかし言語ゲーム論や構造主義では、少なくとも言語なきところに認知は存在しないと考える。むしろ、言語がまずあって、その結果として認知というものが存在しうると主張する。ヴィトゲンシュタインは「人は言語ゲームの外には出られない」と述べている。このように、「認知の自律性」は決して自明ではなく、哲学や社会学からは疑問視されている。

→言語学習と心理学（8-A），言語習得と脳（8-A）
● 参考文献
アイゼンク，M. W.（編）〔野島久雄他訳〕（1998）『認知心理学事典』新曜社．
橋爪大三郎（2003）『「心」はあるのか』〈ちくま新書〉筑摩書房．

[横山詔一]

■ 記憶と言語習得

日本語母語話者の場合、〈泣く〉という語をいつ、どこで習得したかと尋ねられても、はっきりと記憶している人はほとんど見あたらないだろう。それに対して、英語の〈cry〉は、そ れを学んだ時期や場所を、ある程度は特定できそうだと言う人は少なくないと思う。このように、基本語彙を習得したときの状況に関する記憶は、母語と外国語で違うことが多い。

いつ、どこで、といった情報、つまり学習時の文脈を思い出せる記憶は「エピソード記憶」と呼ばれる。〈cry〉のように、外国語の語彙は、出来事やエピソードの一種としてまず「短期記憶」の中に貯蔵され、それが徐々に「長期記憶」に定着して最終的に習得が達成される。一方、〈泣く〉のように母語の基本語彙においては、学習時の状況に関する記憶（つまり文脈情報）はすっかり消えてしまって、意味の記憶だけが残る。このタイプの記憶を「意味記憶」という。

外国語の学習は、ほとんどがエピソード記憶に支えられている。短期記憶の成分を効率的に長期記憶に転送・定着させるには、どうすればよいか。代表的な方法を2つだけ紹介する。第一に、憶えたいことを何度も繰り返し唱える「リハーサル」（復唱ともいう）が効果的である。リハーサルは、心の中だけで行うよりも、声に出したり、手で書いたりして、なるべく多くの感覚チャンネルを活用するほうが、記憶成績の向上につながる。第二に、「処理水準の効果」がある。たとえば、単語リストを記憶させる実験において、単語の形態・音韻・意味の3水準のいずれかに被験者の注意を向けさせるような処理課題を与えると、意味処理条件・音韻処理条件・形態処理条件の順番に記憶成績が優れている。意味処理条件が一番深い水準に注意を向けるため、豊富な符号化がなされ、強固な記憶痕跡が形成されるからだと考えられている。

以上で説明した2つの効果、リハーサルと処理水準については、おそらく多くの人が常識として先刻承知で、これらの効果を日常生活で有効に利用している人も少なくないだろう。あえ

てここで紹介したのは，記憶を驚異的に促進させる方法はいまだ見つかっておらず，常識はずれの記憶術などは存在しないことを示すためである。

ところで，意味記憶は「カテゴリー化」と密接な関係がある。カテゴリー化については，認知科学の分野では「表象理論」と「活動理論」の対立が注目されている。表象理論では，たとえばイスという単語の習得は，イスの特徴集合やプロトタイプ（典型）などの表象が頭の中に格納されることだと主張する。一方，活動理論は，頭の中に表象は存在せず，環境に知識が埋め込まれていて，生体と環境との相互作用のなかでカテゴリー化が生じると考える。

表象理論の場合，外界からの情報を頭の中の表象と照合するのはだれか，という問題がある。また，イスの表象を記述するには，膨大な特徴リストが必要ではないかとの批判もある。活動理論の場合は，イスとは「座るという行為・活動をいざなう対象」と単純に定義する。砂漠を歩いて疲れたときに，ある岩が目に入ったとしよう。ちょうど膝の高さあたりにくぼみがあり，腰掛けるのに具合が良さそうだ。その瞬間に，岩がイスになった。このような現象を，表象理論ではうまく説明できない。

➡ 言語学習と認知（8-A），言語学習と情報処理（8-A）

● 参考文献
ロフタス, G. R./ロフタス, E. F.〔大村彰道訳〕(1980)『人間の記憶』東京大学出版会.
佐伯胖・佐々木正人 (1990)『アクティブ・マインド』東京大学出版会.

〔横山詔一〕

■ 言語学習と情報処理

「あなたは，パスタとラーメソのどちらが好きですか」。この文をさっと読んで，違和感を覚えなかった人は「トップダウン」処理を行ったといえる。パスタからラーメンを連想することによって，文字を一つ一つ読まなくても意味を理解することができたからである。文字列を逐一読んでいたなら，ラーメソという文字列は非単語なので，変だと感じるはずである。このタイプの情報処理は，麵類とかラーメンという概念や知識に引きずられるかたちで進行することから，概念駆動型処理とも呼ばれる。

それに対して，以下のような錯視現象は「ボトムアップ」処理の典型例である。

```
      A           B
      ←―――――――→
    ←――――――――――→
    C             D
```

上と下で，横棒の長さは同じだと頭ではわかっているのに，どうしても下が長く見えてしまう。このタイプの情報処理は，感覚から入ってきたデータが概念や知識よりも優勢であるということで，データ駆動型処理とも呼ばれる。

言語情報の認知においては，トップダウン処理とボトムアップ処理の両者がバランスを保ちながらはたらいている。日常会話などでは，音声情報にどうしても雑音が混じるので，ボトムアップ処理だけに頼るとコミュニケーションに支障が生じる。前後の文脈から，雑音にかき消された部分を推測するという技能をだれもがある程度は身につけている。これは「文脈効果」を利用した例である。

また，外国語を聞いていると，いわゆる「そら耳」を体験することがある。これは，その外国語に不慣れだとよく起きる。前後の文脈とは関係なく，なじみのある（よく知っている）単語に聞き間違えるという点で，ボトムアップ処理とトップダウン処理が複雑に絡み合った現象だと考えられる。

ところで，駅の雑踏，ゲームセンターの喧噪，パーティーなど，雑音のひどい場所で友人と会話に夢中になっていると，いつの間にか雑音や他の人の話は耳に入らなくなる。ところ

が，隣のグループの会話に自分の名前が出てくると，突然それが聞き取れたりする。聞こうとしている声が周囲の声や雑音より小さくても，そこに注意が向くことで選択的に聞き取れるようになるのである。そのような現象を「カクテルパーティー効果」と呼ぶ。この効果は，注意のはたらきを示す典型例としてよく知られている。

　注意という心的資源には限りがあるため，なるべく効率的に配分することが必要とされる。言語認知の場合，その助けとなるのが「スキーマ」である。たとえば，物語には起承転結があるといわれている。いきなり結論から入る新聞記事のような文章もあるが，物語のジャンルからは外れている。物語の展開の枠組みについての知識は，物語スキーマあるいは「物語文法」と呼ばれる。人間はスキーマを利用しながら，効率的に言語情報を処理しているのである。

　スキーマに似たものとして「スクリプト」がある。レストランに入れば，まず席に着き，店の人が水とメニューを持ってきて…という一連の場面があるということを人々は知識として共有している。このような知識を，レストランのスクリプトと呼ぶ。スクリプトやスキーマは，いわゆる常識についての知識である。人間にはそれが備わっているおかげで，日常の言語生活が円滑に営まれている。

➡ 言語学習と認知（8-A）

● **参考文献**
重野純（2003）『音の世界の心理学』ナカニシヤ出版．

[横山詔一]

■言語知識の習得

　第二言語習得研究は従来，心理学的アプローチを基盤に学習者の認知的側面を重視する研究方法を多用してきた。このため，言語知識を言語使用者の内面にある言語体系の表象であるとみなし，言語の習得を言語知識の獲得および知識構造の変化と捉える傾向が見られる。知識にはいろいろな種類があるとされており，これらの概念や用語は，2つで1組の対概念として用いられていることが多い。

● **宣言的知識と手続き的知識** ── 私たちは言語に限らず日常生活一般において，何か新しいことを学習し，それができるようになるために，2種類の知識を必要とする。たとえば，自動車の運転を習う際，教習所では学科と実技の講習を受ける。学科の講習では，自動車の構造，基本操作，交通法規などを習い，実技ではこれらの知識が実際に車を運転しているときに状況に応じて，適切かつ自動的に使えるように訓練を受ける。つまり，自動車を運転するには，何かについて知っていることとそれをどう使うかを知っていることの両方が求められているのである。上述の2種類の知識のうち，事物やことがらについて知っていることを「宣言的知識（declarative knowledge）」といい，それをいかに使うかというやり方についての知識を「手続き的知識（procedural knowledge）」と呼ぶ。「宣言的知識」は，意識的に言語化して説明することが可能だが，「手続き的知識」は言語化することが難しい。とくに熟練者になるほど，頭で考えて体に指示するのではなく，体が覚えていて自然に動くという「自動化」と呼ばれる状態に達しているので，やり方の説明を求められても，困難を覚えることが多い。

　外国語の学習においても，初出の文法項目について説明を受け，それを練習するときには，ちょうど数学の公式に数字を代入して計算するように，意識的に考えながら，操作を行う。そして，その文法規則について理解できたという状態に達するのだが，実は文法規則を知っているからといってそれが使えるとは限らない。また逆に，規則は説明できないが，それを使うことはできるという場合もある。一般に教室での

文法中心の授業では宣言的知識が先に獲得されるが，第一言語の習得では両方の知識が平行して発達するといわれている。

●**明示的知識と暗示的知識**——この2種類の知識についての見解には諸説があるが，一般的には，明示的知識（explicit knowledge）とは言語学的な分析に基づき，意識的にその規則を説明できるような知識であり，暗示的知識（implicit knowledge）とは，明確に説明することはできないが直感的に判断できるような知識を指す。成人の第二言語学習の場合は，教師や教科書から文法規則を意識的に学ぶことが多い。これに対して，第一言語の習得の場合，子どもは意識的に文法規則を教えられることはない。第一言語に関する知識は，文法的な判断が正しくできるものの，多くの場合暗示的である。

この2種類の知識の区別は，第二言語の習得に，意識的な学習がどのような役割を果たすかという問題を考える際に重要な論点となる。まず，第一の立場は明示的知識と暗示的知識は独立した別々のもので，いくら文法規則のような明示的知識を増やしても，それが自動的に使えるような暗示的知識に変換されることはないというものである。これは，2種類の知識が共有領域（インターフェース）をもたないという意味で，非インターフェースの立場と呼ばれる。この説の提唱者としてはクラッシェン（Krashen and Terrell 1983）が挙げられる。クラッシェンは，意識的な「学習」と，言語を自然に身につける「習得」を区別し，学習には意識的で明示的な知識が関与するのに対し，習得は無意識的に起こり，暗示的知識が関与するとしている。そして習得には，意識的な学習は役に立たないと主張している。

このクラッシェンの説に対し，明示的知識と暗示的知識は相互に関連しており，一方が他方に移行することもありうるという立場がある。

これは，2種類の知識の共有領域を認めるという意味で，インターフェースの立場と呼ばれる。インターフェースの立場のなかにも強い主張から弱い主張まで程度の違いが見られるが，意識的な学習と，実際の言語使用の両方が第二言語習得には必要だという点では共通している。明示的な知識は，インプットに含まれる特定の言語項目に注意を向けさせたり，アウトプットを点検したりするはたらきを通して，言語習得を促進すると考えられるようになった。

➡第二言語習得理論・モデル（8-A），文法の習得（8-A），言語能力（8-A）

●**参考文献**

小林由子（2001）「認知心理学的視点」青木直子他（編）『日本語教育学を学ぶ人のために』世界思想社.

ガニエ，E. D.〔赤堀侃司・岸学訳〕（1989）『学習指導と認知心理学』パーソナルメディア.

Krashen, S. D. and Terrell, T. D. (1983) *The Natural Approach*. Pergamon.

Ellis, R. (1994) *The Study of Second Language Acquisition*. Oxford University Press.

［谷口すみ子］

■**言語能力**

言語能力とは何かについては，研究者やその拠り所とする言語理論によって用語の使い方が異なる。チョムスキー（Chomsky）を代表とする生成文法では，言語能力を母語話者がもっている言語についての知識であると規定し，特定の場面での実際の言語使用である言語運用とは区別する。チョムスキーの主たる関心は認知面に基盤を置いた言語の統語理論の確立であり，言語の他の側面については言及されていない。

1970年代になると，社会言語学や言語行為

論といった新しい言語研究分野が発達し、言語に関する能力の概念が拡大されていった。社会言語学者のハイムズ（Hymes 1972）は、母語話者がもっている能力のなかには、文法的に正しい文を作るだけではなく、いつ、だれに対してどのように話すのかといった言語使用の適切さに関する能力も含まれていると主張し、これをコミュニケーション能力と名づけた。文法や語彙に関する知識は、コミュニケーション能力に対して、狭い意味での言語能力と呼ばれることがある。

1970年代以降、コミュニケーション中心の外国語教育が盛んになってきた。このアプローチは、コミュニケーションを言語の重要なはたらきであるとみなす言語観と、コミュニケーション能力の養成という教育目標に基づいている。コミュニケーション能力の概念については①文法能力、②社会言語能力、③談話能力、④ストラテジー能力という4つの領域の知識と技能が含まれるというカナルとスウェイン（Canale and Swain 1980）およびカナル（Canale 1983）の説がよく引用される。文法能力とは、言語を文法的に正しく理解・使用する言語能力のことであり、文法規則だけではなく、語彙・発音・文字表記も含まれる。社会言語能力とは、場面に応じて言語を適切に使用し、理解するための能力である。談話能力とは、単独の文を超えて意味のまとまりをもつ談話という単位における理解と産出を行う能力のことである。ストラテジー能力とは、コミュニケーション能力が十分でないとき、および実際のコミュニケーション場面の制約などによって、コミュニケーションがうまくいかなくなったとき、それを修復する能力であり、またコミュニケーションの効果を高めるための技能も含むことがある。

1990年代以降、コミュニケーション能力を語る際に、社会文化的側面をもっと重視すべきだという意見や、言語使用の目的をコミュニケーションを超えてインターアクションに拡大すべきだという主張（ネウストプニー 1995）が提出されている。またバックマン（Bachman 1990）は言語能力とは構成的能力（文法的能力およびテクスト的能力）と語用論的能力（発語内能力および社会言語学的能力）から成るというモデルを提出している。このうち語用論的能力とは文脈のなかで社会的・文化的規則に従って言語を適切に使用する能力を指す。

→言語生得説（8-A）、文法の習得（8-A）、語用能力の習得（8-A）、コミュニケーション・ストラテジーと学習（8-A）

●参考文献

ネウストプニー，J. V.（1995）『新しい日本語教育のために』大修館書店．

Bachman, L. F. (1990) *Fundamental Consideration in Language Testing*. Oxford University Press.〔池田央・大友賢二（監修）(1997)『言語テスト法の基礎』CLS学習評価研究所（みくに出版）〕．

Canale, M. (1983) "Communicative Competence to Communicative Language Pedagogy." In Richards, J. and Schmidt, R. (eds.) *Language and Communication*. Longman.

Canale, M. and Swain, M. (1980) "Theoretical Bases of Communicative Approaches to Second Language Teaching and Testing." *Applied Linguistics* 1-1. pp. 1-47.

Hymes, D. (1972) "On Communicative Competence." In Pride, J. B. and Holms, J. (eds.) *Sociolinguistics*. Penguin.

［谷口すみ子］

■母語の影響

第二言語の習得過程には、学習者の母語にかかわらず共通に現れる誤用や発達段階が存在す

る。しかし，学習者（とくに成人）の中間言語は，同時に何らかのかたちで母語の影響を受けている。

母語の影響は，第二言語習得のさまざまな側面に現れる。最も顕著なのは，音声の習得であろう。第二言語での発音は，学習者の母語の音韻体系の影響を受け，いわゆる「外国人なまり」を形成する。また，たとえばあいさつをするとき，いつ，だれに対して，どのようなあいさつをするか，随伴する非言語行動はどのようなものか，といったコミュニケーション全般にかかわるルールにも母語の影響は見られる。母語は，学習者の発話に誤用や不自然さをもたらす側面をもつが，同時に学習者が第二言語の習得に持ち込むことのできる重要な知識・能力でもある。

●転移——第二言語習得に現れる学習者の母語の影響は，「転移（transfer）」という概念で把握される。これは，言語習得を習慣形成の過程と捉える行動主義的習得観に基づくものである。転移とは，母語というすでに身につけている習慣が，第二言語という新しい習慣を獲得する際に持ち込まれることを指す。その結果，母語と第二言語の構造が似ているときは学習が容易になり（正の転移），異なっているときは誤用が生じたり，習得に困難をきたす（負の転移，または干渉 interference）と考えられた。

次に，転移に関する研究のいくつかの方向性を示す。

●過程的転移——中間言語が普遍的な発達段階をたどるものだとしたら，学習者の母語の影響は，その過程のなかに一時的に現れてくるものである。発達過程の途中に見られる，ある過渡的な言語構造が，学習者の母語の構造と一致する場合，その発達段階に長くとどまり，次の段階への移行が遅れることが指摘されている。また，母語の影響を受けて，ある構造が一般的な発達過程には見られない道筋をたどって発達する現象も見られる。

●心理的転移——学習者は母語と目標言語を対比して，特定の心理的構えをもつ。学習者は，母語と第二言語が構造の似ている近い言語であると感じるとき，母語の要素を第二言語に転移させやすい。また，母語にない言語構造については，使用を回避して，別の表現形式で代用させようとする傾向がある。逆に，母語でよく用いられる構造が目標言語にもある場合，それを過剰に使用する。

●語用論的転移（プラグマティック・トランスファー）——すべての言語は，固有の社会と文化のなかで用いられる。ある言語でたとえば「依頼」をする場合，その言語の社会文化的規範の制約を受ける。しかし，この規範は，文法的な規範と異なり必ずしも明確に記述されていないので，第二言語での習得が難しい。学習者は，しばしば母語での規範を第二言語使用にあてはめてしまう。語用論のレベルでの母語の影響は，異文化コミュニケーションの問題でもある。

第二言語習得に見られる学習者の母語の影響については，このほかにも「言語の有標性」「普遍文法」の観点などからの研究も行われている。

→対照研究と日本語教育（8-A），中間言語（8-A），語用能力の習得（8-A）

●参考文献

渋谷勝己（2001）「学習者の母語の影響」野田尚史他『日本語学習者の文法習得』大修館書店．

西川寿美（2004）「第二言語の習得」高見澤孟（監修）『新・はじめての日本語教育1』アスク．

山岡俊比古（1997）『第2言語習得研究』桐原ユニ．

オドリン，T.〔丹下省吾訳〕（1995）『言語転移——言語学習における通言語的影響』リー

ベル出版.

[西川寿美]

■対照研究と日本語教育

　対照研究（contrastive study）は，複数の言語体系を比較し，その異同から対象とする諸言語の特徴を明らかにしようとするものである．対照研究が行われはじめた1950，60年代，対照研究は外国語教育に大きく寄与するものと考えられた．学習言語と学習者の母語との異同を基に，学習上の問題点とその原因を明らかにし，より効率的な教育が可能になるとみられたのである．ところが，その後の研究により，対照研究での成果と外国語学習者の誤りの現れ方とは必ずしも一致しておらず，対照研究だけで学習上の問題点を解明するには限界があることがわかった．

　しかしながら，その成果に限界があるにしても，外国語教育における学習上の問題点を解明するうえで，対照研究がきわめて重要な方法であることは疑いない．さらに，対照研究は言語の普遍性と個別性という理論的な問題に取り組む方法としても使われてきており，今後もさまざまな分野と関連しつつ研究が行われていくであろう．

　日本語と他の言語との対照研究は，当初，そのほとんどが英語との対照研究であり，論文数もあまり多くなかった．その後，日本語教育が盛んになるにつれて，対照研究の論文数は急激に増えてきている．対象となる言語もさまざまな言語が取り上げられ，とくに日本語学習者が多い国の言語，たとえば中国語，朝鮮語との対照研究が数多く行われるようになった．その結果，母語別の学習上の問題点が整理されるなど，対照研究は日本語教育において着実な成果を上げている．近年，日本語教育においてコミュニケーション能力の養成が問題にされるようになると，対照研究においても，談話分析や言語行動など社会言語学的な観点からの研究が多く見られるようになってきている．社会言語学的な対照研究の多くは，日本語と他の言語とのコミュニケーション・ストラテジーの違いを明らかにしようとしており，その成果は，日本語母語話者と外国人学習者とのあいだに生じる誤解や行き違いの原因を解明するうえで重要な情報となっている．このように，日本語に関する対照研究の数的・質的変化は，これまでの日本語教育の動向ときわめて密接な関係にあるといえよう．

　対照研究には，分析方法の確立など，今後，取り組むべき課題が残されている．とくに社会言語学的な対照研究については，分析方法に関する議論がさらになされる必要があろう．また，日本語に関する対照研究の多くが外国人留学生によってなされている点も今後の課題の1つである．対照研究の進展のためには，日本語母語話者側と非母語話者側の双方向から研究を進めることが望ましい．今後は日本語母語話者による研究も活発になされることを望みたい．

→ 対照言語学（7-B），誤用研究（8-A）

● 参考文献

石綿敏雄・高田誠（1990）『対照言語学』おうふう.

生越直樹（編）（2002）『シリーズ言語科学4　対照言語学』東京大学出版会.

国立国語研究所（編）（2002）『対照研究と日本語教育』〈日本語と外国語との対照研究Ⅹ〉くろしお出版.

[生越直樹]

■誤用研究

　誤用研究は，学習者がおかす誤りについて，どのような誤りが存在するのか，どうして誤りをおかすのか，どのように訂正すればよいかなどを考え，日本語教育・日本語学などに役立てようとする研究である．

その文が，絶対におかしいのか，ちょっとおかしいのかというように，誤用には段階（程度）があり，それは2つの方向から捉えることができる。一つは，文法的な正確さにかかわるもので，もう一つは文章・談話としての適切性にかかわるものである。たとえば，

(1)あした東京を行きます。

(2)きのう魚を食べます。

は，だれが見ても文としておかしい。(1)の文は「を」を「に」か「へ」にする必要がある。(2)は「食べます」を「食べました」にしなければならない。では次の文はどうか。

(3)先生に相談したところが，忙しいって言われた。

(3)は文法的には誤用とはいえない。引用の「と」の代わりに「って」を使っただけである。しかし，これが作文など書いたもののなかの文であれば，書きことばのなかに話しことばが混じることになって，不適切な誤用となる。

学習者はなぜ誤用をするのだろうか。第二言語習得研究の立場では，外国語を学習する過程で誤用をするのは当然で，それはそのことばを習得するための1つのステップであると考える。誤用とは捉えずに中間言語という呼び方をする。

誤用は大きく，①脱落，②付加，③誤形成，④混同，⑤位置，⑥その他に分類できる。

①脱落は，当該項目を使用しなければいけないのに使用していない誤用，②付加は，脱落とは逆に，使用してはいけないところに使用している誤用，③誤形成は，活用・接続のしかたなどの形態的な誤り，④混同は，助詞「は」と「が」，テンス・アスペクト「ている」「てある」，自動詞・他動詞などのように，他の項目との混乱による誤り，⑤位置は，その項目の文中での位置がおかしい誤りである。

誤用研究に関連して，誤りをどのように訂正するかは，どのような基準で，そして，どの程度訂正するのか，いつ訂正するのかが問題になる。おのおの難しい問題を含むが，文法的正確さを問題にする場合は，その訂正も厳しくし，コミュニケーションを大切に考えるときは，多少の文法的正確さは無視されるべきであろう。

誤用研究の目的は大きく2つに分けられる。1つは，第二言語習得理論や日本語文法理論として専門化される，理論的アプローチに向かう方向，2つ目は，日本語教育への貢献，つまり，誤用を分析評価し，教材・テスト作成，教授法への応用（資料の直接的利用）を考えることである。

→中間言語（8-A），誤用への対応（8-D）

● 参考文献

市川保子（1997）『日本語誤用例文小辞典』凡人社．

小篠敏明（編）（1983）『英語の誤用分析』大修館書店．

張麟声（2001）『日本語教育のための誤用分析──中国語話者の母語干渉20例』スリーエーネットワーク．

水谷信子（1994）『実例で学ぶ誤用例分析の方法』アルク．

明治書院企画編集部（編）（1997）『日本語誤用分析』明治書院．

［市川保子］

■中間言語

中間言語とは習得の段階に応じて変化していく第二言語学習者の言語体系を指す。母語とも目標言語とも異なっていることからセリンカー（Selinker 1972）によって中間言語（interlanguage）と名づけられた。

日本語学習者はある習得段階で，たとえば，「朝ご飯は食べるじゃない」「病院へ行ったのほうがいいです」などと言う。これらは一般的には「誤用」とみなされるが，中間言語の考え方では学習者の習得のメカニズムによって学習者

図 8-1 中間言語の変化

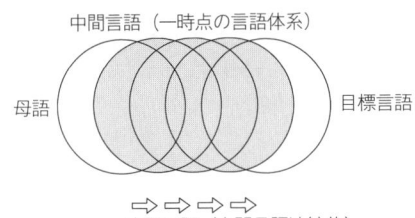

中間言語（一時点の言語体系）

母語　　　　　　　　　　　　　目標言語

⇨ ⇨ ⇨ ⇨
中間言語（中間言語連続体）

は独自の文法を積極的に検証している証であると肯定的に捉える。

中間言語は習得段階に応じて変化するという特徴があり，その意味で目標言語へ向かう過渡的構造であるといわれる。したがって，中間言語はある一時点の学習者の言語体系を指す場合と，習得段階に応じて変化していく中間言語連続体を指す場合とがある（図8-1）。

中間言語には以下に示す特徴がある。

① 体系性：ある習得段階で，ある要因などが運用に作用し，その規則に体系があること。
② 普遍性：ある習得段階においても連続体においても，その体系が一貫していること。
③ 浸透性：過剰般化や母語などの転移から影響を受けて変化しやすいこと。
④ 遷移性：浸透性の結果，つねに流動的な状況にあり，発達に応じて体系が改訂されること。
⑤ 変異性：同一個人内で同じ意味を表すのに種類の異なった言語形式が出現すること。

これらの特徴のなかでも変異性についての考え方は，習得理論とも関連して，研究者によって多様である。筆記テストや会話テストなどの作業課題や使用場面の違いによって，学習者は問題の表現を正しく使えたり，使えなかったり，さらには別の形式を使用したりする。この

ように，学習者が自分の言語形式に注意を多く払う場合からあまり払わない場合まで，中間言語はさまざまな変異を含んでおり，その意味で連続体をなしているといえる。そして，これもまた中間言語連続体と呼ばれる（Tarone 1983）。

1950年代，第二言語学習者の「誤用」は学習者の母語と目標言語の違いによって起きると考えられていたが，1960年後半から1970年代の英語の習得研究で，異なる母語の学習者から同種の「誤用」が生じることが明らかになった。そして，学習者の母語や学習環境の違いにかかわらず普遍的な習得順序が存在するという考え方（自然習得順序仮説）から，学習者共通の言語体系としての中間言語が存在すると考えられた。

中間言語は習得が進むにつれて目標言語に近づいていくが，ときには習得されたと思われる項目や規則が話者の緊張などによって再び元の誤った状態になったり，あるいは不完全なままで定着したりする場合がある。前者をバックスライディング（backsliding），後者を化石化（fossilization）と呼ぶ。Selinker（1972）は化石化を起こす原因として以下の5つの要因を挙げている（例は日本語学習者の場合である）。

(1) 言語転移：目標言語の習得に学習者の母語や既習言語が影響を与えること。次の例は英語の「on the table」を適用して語順を間違えたと推測される。

（例）本は上の机（→机の上）です。

(2) 訓練上の転移：教室指導や訓練が影響を与えること。次の例は質問内容を繰り返して不自然な応答をしており，教室での文型練習の影響が推測される。

（例）A：夕食の後は，いつも何をしていますか。
　　　B：夕食の後は，いつもテレビを見ています。

(3)過剰般化（過剰一般化ともいう）：目標言語の1つの規則や意味的特徴を異種類の項目に適用させること。次の例は「楽しい」の過去形を産出する際に、「有名だった」「休みだった」と同様に、「だった」を付加したと推測される。

（例）きのうの映画は楽しいだった（→楽しかった）。

(4)学習方略（学習ストラテジーともいう）：学習者が目標言語を学習する際に用いる方略によって起きる。次の例は「ある」の存在動詞はつねに「が」がつく（または「は」の次に「が」が来る）と覚え、「があります」を産出したと推測される。

（例）熱は38度が（→φ）あります。

(5)コミュニケーション方略（コミュニケーション・ストラテジーともいう）：

目標言語話者とのコミュニケーションにおいて用いる方略によって起きること。次の例はコミュニケーションをスムーズに行おうとして、選択に迷う助詞の使用を回避したり、特定の助詞を多用したりしていると推測される。

（例）先週φ，私φ，新幹線φ，乗りました。
　　　先週に（→φ）私は，新幹線は（→に）乗りました。

これらの分類をまとめると、学習者は、それぞれ目標言語の規則を単純化していると考えられる。中間言語は、限られた知識を活用して大きな成果を生むように編み出される体系であると考えられ、この点からピジン化との類似性も指摘されている。

→誤用研究（8-A），母語の影響（8-A）

参考文献

迫田久美子（2002）『日本語教育に生かす第二言語習得研究』アルク．

山岡俊比古（1997）『第2言語習得研究』（新装改訂版）桐原ユニ．

Selinker, L. (1972) "Interlanguage." *International Review of Applied Linguistics in Language Teaching* 10. pp. 209-231.

Tarone, E. (1983) "On the variability of interlanguage systems." *Applied Linguistics* 4. pp. 143-163.

Ellis, R. (1994) *The Study of Second Language Acquisition*. Oxford University Press.

［迫田久美子］

■音声・音韻の習得

第二言語（L2）習得において、母語の影響が最も顕著に現れる分野が音声・音韻である。学習者の音声はさまざまなプロセスを経て、目標言語の音韻体系に近づいていく。

●音声・音韻の習得プロセス──目標言語音声の生成に関して、次のプロセスが報告されている。

①第一言語（L1）からの転移（L1 transfer），②L1獲得プロセス（L1 acquisition process），③過剰一般化（overgeneralization），④近似化（approximation），⑤回避（avoidance）

また、これらのプロセスは、目標言語の音声がもつ調音上の難しさや語音配列などの音韻的理由による制約、極端なピッチの変動を避ける傾向、開音節を好む傾向などの影響を受けることが指摘されている。

●音声・音韻の習得に関与する要因──音声・音韻の習得には、さまざまな要因が関与している。

①L1とL2の音韻構造，②L1とL2の使用頻度，③L1における母方言，④L2音声の有標性（markedness），⑤L2学習経験，⑥L2学習動機，⑦L2学習開始年齢，⑧学習適性，⑨学習方略，⑩L2社会に対する心的距離，⑪教師の発音，⑫教授法，⑬使用教材

音声の習得と年齢との関係には諸説あるが、

臨界期仮説（Critical Period Hypothesis）によると，6歳前後に言語習得を開始した場合は，L2音声のほぼ完全な習得が可能で，12歳前後に開始した場合は個人差があり，それ以上の場合はL1音声のアクセントが残ることが多いと考えられている。

● 知覚と生成の関係 ── 学習者の発音に問題がある場合，その原因にはいくつかの段階が考えられる。

　①音韻知識：目標言語において意味をもつ音韻対立が，母語には存在しないため，発音も区別していない。
　②知覚：音韻対立についての知識はあるが，聞き分けができていないため，発音もできない。
　③生成：聞き分けはできるが，調音点や調音法などが適切でないため，発音ができない。

通常，知覚の習得は生成に先行すると考えられている。しかし，これとは逆の事例や，聴取能力の向上が必ずしも発音の正確さには結びつかないという調査結果も報告されている。

日本語教育の現場でコミュニケーション能力が重視されるようになり，情報伝達行為において音声の果たす役割に焦点があてられるようになった。近年，日本語音声教育用教材の開発も進んでいる。今後の音声習得研究の成果が期待される。

➡臨界期仮説（8-A），学習者要因（8-A），中間言語の音声（1-I）

● 参考文献

戸田貴子（2001）「日本語音声習得研究の展望」『第二言語としての日本語の習得研究』4号．

戸田貴子（2004）『コミュニケーションのための日本語発音レッスン』スリーエーネットワーク．

Major, R. C. (2001). *Foreign Accent : The Ontogeny and Phylogeny of Second Language Phonology*. Laurence Erlbaum Associates.

Toda, T. (2003) *Second Language Speech Perception and Production : Acquisition of Phonological Contrasts in Japanese*. University Press of America.

［戸田貴子］

■ 表記の習得

外国人学習者による日本語の表記の習得は，文字の習得のみならず，語彙の習得と密接な関係にある。とくに初級段階では，動詞や形容詞の習得において，語幹が漢字，活用語尾がひらがな表記になる場合が多いことなどを視覚的に知ることにより，文中での語彙の用法の習得につながると考えられる。中級以上の段階からは，話しことばから書きことばへと日本語の運用範囲が広がるにつれて，和語・外来語に加えて漢語の量が急増するため，漢字の習得によって漢語の習得が促進される効果が期待される。

● 仮名の習得 ── 一般的には，日本語学習の初めの段階で，日本語の発音（母音と子音）の習得と並行して，ひらがなの習得が行われる場合が多い。その場合，音と字形の1対1対応のかたちでまずひらがなの習得が進み，その後に語としてのつづりが習得される。そしてカタカナの導入時に文を表記する際のルール，すなわち外来語はカタカナ，それ以外はひらがなで表記されることなどが習得されると考えられる。海外などでは，まずローマ字で日本語の学習を始め，後から少しずつ仮名文字が導入されることが多く，その場合は既習語彙に対応するつづりとしての仮名表記の習得が行われる。

● 表記法の習得 ── 日本語の文字指導においては，仮名文字の学習を始める前あるいは途中段階で日本語の表記システムに関する全体的なオリエンテーションを行うことが望まれる。実

際に、ひらがな、カタカナ、漢字を交ぜ書きするという日本語の表記システムを習得するのは、文レベルの読み書きができるようになってからであろうが、何のために何種類もの文字を覚えなければならないのかという理由がわからないままでは、文字の習得が思うように進まないからである。

●**漢字の習得**——漢字は、既習語彙に対応する表記法として、形の単純なもの、よく使われるものから順に少しずつ導入されるのが普通であるが、すでにひらがなでの語表記に慣れていると、なぜ別の表記も学ばなければならないのかが納得できず、そのために漢字の習得に力が入らない学習者もいる。

漢字の習得は、表音文字である仮名の学習方法とは異なる方法を用いて行われる必要があり、漢字の特性(表意性、造語性、字形の構造性、多読性など)に注目させた指導方法も工夫されはじめている。しかし、形・音・義のうち、字形と意味の連合に焦点があてられすぎると、そこばかりに目がいって、読みや用法の習得が遅れる場合もある。また、表音文字である仮名の数は限られているのに対して、表語文字である漢字の数は非常に多いため、その習得が困難になっている。とくに非漢字圏学習者には、どのような漢字をレベルに応じてどのくらいずつ、どのような順番で導入するかなど、学習者のニーズも考慮に入れた効果的なカリキュラムを考えるべきであろう。今後、中国などの漢字圏学習者に対しても、母語における漢字語彙と日本語における漢字語彙との意味・用法の共通点と相違点に注目させた指導法などを工夫する必要があると思われる。

➙語彙・意味の習得(8-A)、文字指導(8-B)、ひらがなの導入法(5-F)、カタカナの導入法(5-F)、漢字の導入法(5-G)

●**参考文献**
武部良明(1991)『文字表記と日本語教育』凡人社.
川口義一他(編)(1995)『日本語教師のための漢字指導アイデアブック』創拓社.

［加納千恵子］

■**語彙・意味の習得**

語彙の習得研究は、日本語に限らず外国語教育において、1980年代までは軽視されてきた傾向がある。しかし語彙の習得が第二言語の学習において重要なことは言うまでもない。意味・語彙の習得研究は、大量の言語データ処理を可能にしたコンピュータの進歩、また心理言語学や認知心理学の発達を受けて盛んになっていった。語彙の習得は、記憶と関係が深いため単語の記憶方法に関する実験が心理学の分野で、多く取り扱われてきた。

語彙の習得は、量的側面と質的側面の両方から調べる必要がある。量的側面とは、理解語彙および使用語彙の量の変化を測定するものである。これに対して、質的側面では、語が学習者の頭の中にどのような知識として内在しているか、どのような語彙体系を形成しているか、そしてそれがどのように変化していくかなどを研究する。たとえば、ある単語を習得したとはどういう状態を指すのか、新しい語は既存の語彙体系にどのように組み込まれていくのか、第一言語での語彙体系と第二言語のそれとはどのような関係になっているかなどは、質的変化研究のテーマである。

日本語を第一言語とする子どもの語彙発達については、年齢に従って、どんなタイプの語彙が増加していくのかという縦断的な研究が行われてきた。第二言語としての日本語習得に関しては、年少者を対象に、学校での教科学習に必要な語彙がどのくらいの時間で、どの程度習得されていくかという調査が行われるようになってきた(一二三 1996、松本 1999)。

質的側面に関しては、多義性の高い語の意味

習得に関する研究（杉村他 1998，松田 2000），語の連想を手がかりにした語彙のネットワーク形成過程に関する研究（谷口他 1994）がある。語彙の効果的指導や学習のためには，語彙習得の実態を把握することが必要であるため，今後の発展が期待される分野である。

➡ 語彙（3-B），日本語の語彙の特色（3-B），日本語学習のなかの語彙学習（3-J）

● 参考文献

一二三朋子（1996）「年少者の語彙習得過程と言語使用状況に関する考察——在日ベトナム人子弟の場合」『日本語教育』90.

松本恭子（1999）「ある中国人児童の来日1年間の語彙習得——発話資料のケーススタディ：形態素レベルの分析」『日本語教育』102.

杉村和枝他（1998）「多義動詞のイメージスキーマ——日本語・英語間におけるイメージスキーマの共通性の分析」『日本語教育』99.

松田文子（2000）「日本語学習者による語彙習得——差異化・一般化・典型化の観点から」『世界の日本語教育』10.

谷口すみ子他（1994）「日本語学習者の語彙習得——語彙のネットワークの形成過程」『日本語教育』84.

［谷口すみ子］

■ 文法の習得

第二言語としての日本語の文法の習得を考えるということは，日本語学習者の中間言語の中の文法の習得プロセスを捉えるということである。第二言語といっても，年少者と成人ではその習得プロセスも異なる。10歳前後までの年少者は母語の影響をあまり受けず，あたかも第二の母語習得のようなプロセスを経るであろうが，それ以上の年齢の生徒や成人はそれ以前に習得し確立した母語の影響が避けられない。ここでは，後者の場合を考える。

中間言語をなしているものは，学習者の母語（L1）と目標言語（L2），そして，普遍文法などの言語学的な面はもちろんのこと，教師の不適切な教え方や日本語教育の方法，そして，学習者自身の学習ストラテジーや日本語の練習量などの言語以外の点にも関係しているといわれている。

母語習得では，自然環境において他とのインターアクションを通して，話者の心的態度を表すムード的な面の習得が先行すると思われる。一方，成人の，とくに教室環境で日本語を学ぶ学習者の場合は，形式に焦点をおいた日本語教育が行われていることが多く，文の中のことがらに関する構造の習得が先行し，徐々にムード的な面への習得に移行していく。初級で教えられる項目のなかでは，とくに受動文・条件文・授受表現・場所を表す助詞の「に」と「で」などが難しく，ムード的な面では，「のだ」文，「わけだ」文，「よう・そう・らしい」文などが難しい。また，その両方にかかわる主題の「は」と主語の「が」も大変難しい。

Ellis（1984）は，文が短く基本的な統語構造を習得する段階，目標言語の正しい語順と一致するような統語構造を習得する段階，文法形態素が体系的に発達する段階，関係節などの複雑な文が習得される段階というように発達段階を4つの段階に分けている。

最近は，コミュニケーション中心の日本語教育を行いながら，いかに学習者の注意を言語形式にも向けさせるかという Focus on Form（形式への焦点化）がどの程度文法の習得に貢献するかが研究されている。

➡ 母語の影響（8-A），中間言語（8-A）

● 参考文献

迫田久美子（1998）『中間言語研究——日本語学習者による指示詞コ・ソ・アの習得』渓水社.

田中真理（1997）「視点・ヴォイス・複文の習得要因」『日本語教育』92.
野田尚史他（2001）『日本語学習者の文法習得』大修館書店.
峯布由紀（1995）「日本語学習者の会話における文末表現の習得過程に関する研究」『日本語教育』86.
Ellis, E. (1984) *Classroom Second Language Development*. Oxford University Press.

［坂本　正］

■語用能力の習得

「語用能力」とは"ことばを使って何かを行うことができる"能力で、学習者にとってその能力を習得することは音韻・文法・形態素・語彙・意味の習得と並んで重要である。正しいか正しくないかがはっきりしている音韻や文法は習得の有無も判定しやすいが、文脈（context）に合わせて目標言語の社会的背景や話す相手を考慮しつつ、適切に話し手の意向を相手に伝えなければならない語用能力は、使い方を間違えると相手に誤解（misunderstanding）されたりコミュニケーションに支障をきたすことがある（miscommunication）。たとえば、道で「この近くに電話がありますか」と聞かれて、「はい、ありますよ」と言ってそのまま行ってしまったとしたら、言ったことばは文法的に正しくても、変な人だと思われてしまう。聞き手はこの場合、電話があるかないかを知りたかったのではなく、"どこにあるか"が知りたかっただろうし、聞かれた人も問いをそのように汲み取るのが普通である。

語用は通常、発話の機能にかかわる発話行為（スピーチアクト）とポライトネスの2つを中心に議論される。よく研究対象になるのは、謝罪・依頼・断り・感謝・不服・招待などである。これらの機能はほとんどすべての言語にあるが、それを実際の言語活動で表そうとすると、文化間でかたちが異なる場合が多い。文化間で表現や意味公式（semantic formula）がどのように異なるかを研究する学問領域を異文化間比較語用論（cross-cultural pragmatics）と呼ぶが、これは学習者の語用とも密接にかかわっている。

学習者の語用表現のなかの母語が干渉して現れると思われるかたちを「語用の転移」（pragmatic transfer）という。転移には正の転移と負の転移がある。Beebe, et al. (1990) の研究では、日本人とアメリカ人の母語話者および日本人の英語学習者を対象に調査が行われたが、意味公式の使われた種類は共通しているものの、順序が異なっており、負の転移が見られた。

一方、学習者固有の、習得途上の語用を、中間言語語用論（interlanguage pragmatics）という。目標言語と学習者の母語との中間あたりに位置し、学習者の語用習得のプロセスを研究するうえで重要な概念である。

語用習得の過程では中・上級者に見られるエラーが深刻である場合が多い。母語話者は初級者のエラーには寛大だが、すらすら話す中・上級者の語用上のエラーは、学習者の意図しない含意と誤解してしまうことがある。このことから、語用の習得を促す指導は上級者になっても大切なことがわかる。

語用能力習得の研究は横断的研究が多い。この場合は語用表現を抽出する談話完成テスト（DCT＝discourse completion test）、面接、自己評価、口頭レポート、ロールプレイなどを使用する。長期にわたる縦断的研究では、被験者の数は少ないが習得の過程を詳しく分析することができ、価値がある。これらの研究を通してさらに学習者の語用の習得過程を明らかにすれば、今後の教授法およびその理論面での教育に役立つ。

➜語用論と関連性理論（7-C）、語用論（4-A）、中

間言語（8-A），母語の影響（8-A）
● 参考文献
Achiba, M. (2003) *Learning to Request in a Second Language*. Multilingual Matters.

Beebe, L. M., Takahashi, T., and Uliss-Weltz, R. (1990) "Pragmatic transfer in ESL refusals." In Scarcella, R. C. Anderson, E. and Krashen, S. D. (eds.), *Developing Communicative Competence in a Second Language*. pp. 55-73. Newbury House.

初鹿野阿れ他（1996）「不満表明ストラテジーの使用傾向――日本語母語話者と日本語学習者の比較」『日本語教育』88.

Gass, S. M. and Houck, N. (1999) *Interlanguage Refusals : A Cross-cultural Study of Japanese-English*. Mouton de Gruyter.

Yamashita, S. (1996) Six Measures of JSL Pragmatics. (Technical Report #14). University of Hawai'i Press.

〔山下早代子〕

■ 簡略化コード

簡略化コードとは，接触場面でのディスコース管理（調整行動）の1つである。たとえば，言語学習者が，自らの学習を容易にするために，文法規則を簡略化する学習ストラテジーを応用する場合や，複数の異なる言語の単純化された言語であるピジン語を説明するためのキーワードとして使われる。また，簡略化は母語話者による調整行動の特徴としても捉えられ，フォリナートークやティーチャートークがその代表例として挙げられる。これらの調整ディスコースは，学習者へのインプットを理解可能にする媒介語として機能する。

ティーチャートークは，主に教室場面で，目標言語の母語話者である教師やティーチングアシスタントなどによる，簡略化された調整インターアクション行動であると定義できる。一方，フォリナートークは，教室でのビジターセッション場面や，教室外での接触場面における自己調整ディスコースであると解釈され，対外国人話法と訳される。フォリナートークやティーチャートークのディスコースには，他言語の使用，外来語の使用，繰り返し，言い換え，文法の簡略化，聞き取りやすい発音，明確化の要求，共通語の使用などの特徴がある。文法の簡略化を例にとってみると，短い文の頻用，格助詞の省略，複雑な文構造の回避，敬語の回避，丁寧体の回避，指定表現「ダ」の省略などが挙げられる。また，コミュニケーション上の簡略化は，身ぶり手ぶりを使う，新語を造る，話題を選択する，母語の変換，言い換え，情報内容を調節するなどといった調整ストラテジーとして現れる。

では，学習者が，教師によって管理され，簡略化されたディスコースがインプットされた場合，習得にどのような影響がもたらされるのだろうか。予想される現象の1つとして，習得モデルの化石化が考えられる。たとえば，教師自身による強いディスコース管理が行われる教室環境でのティーチャートークは，教室外場面で，一般の母語話者が使用する発話との違いを際立たせてしまうばかりでなく，学習者の中間言語の化石化を助長する可能性がある。また，Pica, et al. (1987) は，インプットが「理解可能」になるためには，インプットの形態を理解しやすいかたちに簡略化するといった，事前調整行動よりも，学習者とのインターアクションの過程で調整するほうが重要であり，接触場面での意味交渉のなかで，インターアクション問題を調整していく過程を，より重視すべきであると主張している。今後，フォリナートークやティーチャートークが，学習者にどのような影響を与えるか，実証研究のなかで明らかにしていく必要がある。

→ 談話研究（4-B），教室談話（4-B）

● 参考文献

Pica, T. et al. (1987) "The Impact of Interaction on Comprehension." *TESOL Quarterly* 21. pp. 737-58.

Ellis, R. (1994) *The Study of Second Language Acquisition*. Oxford University Press.

[宮崎里司]

■インプット

言語習得におけるインプットとは,言語使用の場面で学習者に向かって与えられる言語資料を指す。たとえば母語話者の発話,ビデオや音声テープの言葉,同僚の非母語話者である学習者の発話,さらには学習者が読む新聞・教科書で目にする文章などである。

●インプットを捉える3つの視点──インプットの捉え方には,(1)行動主義理論に基づく捉え方,(2)認知主義理論に基づく捉え方,(3)相互交流主義理論に基づく捉え方の3つがある。

(1)行動主義理論に基づく捉え方:20世紀の半ば以降見られたもので,言語の習得を刺激と反応によって捉え,インプットを学習者に刺激として与えられるものとする。学習者はそのことばを模倣することによって反応する。こうして刺激に反応することを繰り返すうちにことばは内在化される。インプットは学習者にとってフィードバックとしての機能をもち,それを聞いて学習者が自分の発話と異なると感じれば,自分の発話が間違っている,自分の発話と合っていれば,自分の発話は正確なものとなっていると捉えられる。こうしてインプットとは学習者の外から与えられる刺激,つまり外からの要因として言語の習得を進めるもの,というのが行動主義理論におけるインプットの見方である。

(2)認知主義理論に基づく捉え方:1960年代,とくにチョムスキー(Chomsky)の生成文法以来進められている。言語の習得過程は人間が生まれつきもっている生得的なものであり,学習者に向かって与えられるインプットは,この生得の過程,または構造を活性化するための引き金の役割を果たすにすぎない。この意味で行動主義理論が外からの刺激を主体に考えるのに対して,対極に位置する考え方である。認知主義理論のもとでは,言語習得は外からどのようなことばを学習者が受け取るかにかかわらず,人間が生得的にもっている言語習得装置が主体となって内から進められると考える。

(3)相互交流主義理論に基づく捉え方:学習者の外からと内からの双方の要素が言語習得を進めると考える。学習者が周囲の人と談話を経験することを通して言語の自然の道筋が形成されていくという考え方である。言語の習得は特殊な何かの刺激やあるいはあらかじめ頭の中で作られている構造ではなく,学習者とそれを取り巻く人間のあいだでなされる日常的な談話のやりとりのなかで,インプットがその言語の統語構造のかたちに自然に形成されていくと考えられている。

●インプット仮説──どのようなインプットがより習得を進めるかに関して,インプット仮説が提起されている。クラッシェン(Krashen)は,学習者の言語能力の発達レベルをわずかに上回る文法構造や語彙を含んだもので,発話のコンテクスト,背景知識,既有の言語知識を利用することによって意味が理解できる言語資料をその学習者にとっての理解可能なインプットと定義した。そして,言語習得の必要十分条件は,大量の理解可能なインプットに接触することだとした。インプット仮説のもとでは,目標言語のインプットの意味の理解を蓄積することを通して言語能力が養成され,その結果として話す,書くなどの言語産出が可能に

なる。

● **アウトプット仮説**——他方，理解可能なインプットが重要であることを前提として，それは言語習得の必要条件であっても十分条件ではないとし，言語習得の十分条件として言語の産出に注目した考え方がアウトプット仮説である。スウェイン（Swain）は，母語話者並みの言語能力獲得のためには，理解可能なインプットに対する接触に加えて文法的な正確さ，語用論的な適切さ，（短い単発的な発話でなく）前後とのつながり，まとまりをもった発話ができるように外からの導きを必要とするとした。そして，相手が意味が理解できるだけではなく，文法的にも正確に語用論的にも適切になるように（学習者によって）修正された発話を理解可能なアウトプットと定義し，理解可能なインプットのほかに理解可能なアウトプットを産出するに至る過程が言語習得に不可欠だと考えている。

➥ 言語心理学（7-B），ナチュラル・アプローチ（8-B）

● **参考文献**

Ellis, R. (1995) *The Study of Second Language Acquisition*. Oxford University Press.

Larsen-Freeman, D. and Long, M. (1991) *An Introduction to Second Language Acquisition Research*. Longman.

［岡崎敏雄］

■ **インターアクション**

言語習得分野でのインターアクションとは，第一言語習得過程にある子どもと父母などの大人，第二言語習得過程にある学習者と母語話者，学習者同士のあいだで行われるやりとりの諸形態を指す。第一言語習得の途上にある子どもと大人のあいだで行われるケアテイカートークは子どもとのコミュニケーションを助け，子どもにことばを教え，また社会化する機能をもつが，同時に，会話を進める過程でその会話のトピックと，それに対するコメントが作り出す垂直構造をたどっていくなかで，主語・動詞・目的語などの語順をはじめとする水平構造，つまり，統語構造が形成される場を提供すると捉えられている。具体的には，次のような場合が考えられる。

子1：くろ（猫の名）
母1：くろがどうしたの？
子2：食べた
母2：何を食べたの？
子3：おさかな
母3：あああー。くろがおさかなを食べたの

（子1がトピックを投げかけ，母1がコメントを加え，子2，母2，子3，母3と進むなかで，子1，2，3によって示された，孤立した名詞，動詞，名詞の各語が，母3によって主語－目的語－動詞という日本語固有の語順にまとめられ，日本語の統語構造が形成される場が協働で創り出されている。）

母語話者が，非母語話者に対してつくり出すフォリナートークにおいては，非母語話者の言語能力が十分でないために引き起こされるコミュニケーション上の問題を防ぐために敬語を省くなどの形の調整や，談話の進め方を修整し談話が理解されやすくするような調整がなされる（例：非母語話者にわかりやすいように固有名詞を入れた話題を取り上げる）。

第二言語学習の教室内で観察されるインターアクションとしてティーチャートーク，教師の質問（ティーチャーズ・クエスチョン），タスクベース・インターアクションがある。ティーチャートークは，教師が発話のスピードを落としたり，はっきり区切って発話したり，抽象的な語彙を具体的な表現に変えたり，繰り返しを多用して，学習者の理解を促す。

教師の質問（ティーチャーズ・クエスチョ

ン）は，母語話者間で行われる質問とは異なり，学習者の理解チェック，学習者が述べた発話をより理解するための明確化の要求，確認チェックなど（以上，エコータイプ），質問する教師の側では知っている情報について，学習者がすでに学習しているかどうかを試すために尋ねるディスプレー疑問文，教師自身ももっていない情報を得るために尋ねるレファレンシャル疑問文など（以上，認知タイプ）がある。

タスクベース・インターアクション（task-based interaction）は，ことばを使って互いに協力して1つの課題を達成するタスク活動のなかで，観察されるインターアクションである。この課題の達成の過程で互いの発話を理解するための意味交渉が頻繁に起こり，インプットが理解可能となり，アウトプットも相手に理解可能なものに言い直されていくとされる。

→教師の質問（8-D），インプット（8-A），簡略化コード（8-A），学習の場のインターアクション（8-D）

●参考文献

Ellis, R. (1995) *The Study of Second Language Acquisition*. Oxford University Press.

Chaudron, C. (1988) *Second Language Classrooms*. Cambridge University Press.

［岡崎敏雄］

■言語学習ストラテジー

●学習ストラテジーとは——学習ストラテジーとは言語知識や技能をより効率的に習得するために学習者が用いるテクニックや工夫のことであり，学習者が主体的に学習に取り組み，目標言語でのコミュニケーション能力を身につけるために必要なものである。

学習ストラテジーの研究は，第二言語習得研究において「何」が学ばれたかという「成果」から，「どう」学ばれたかという「過程」へと研究者の関心が発展するなかで展開してきた。また，学習ストラテジーへの関心は，「自律学習」の考え方のなかで発展してきた。「自律学習」では，学習者を自らの学習を計画し，目標達成のための実行手段を考え，その過程や成果を評価できる存在と捉える。

●学習ストラテジーの種類——学習ストラテジーにはさまざまな種類があり，その分類も研究者によって異なるが，大きく4つに分けられる。①理解・練習・記憶・定着に関する「認知ストラテジー」「記憶ストラテジー」，②学習の計画・評価に関する「メタ認知ストラテジー」，③学習環境作りに関する「社会的ストラテジー」，④学習の動機や意欲など情意面に関する「情意ストラテジー」である。

たとえば，学習者は文を単語に分割して意味を考える（認知ストラテジー），ことばを文脈のなかに入れて覚える（記憶ストラテジー），学習したことばを実際に使ってみることによって自分の学習をモニターし，必要があれば調整を加える（メタ認知ストラテジー），練習の機会を得るために目標言語話者と友達になる（社会的ストラテジー），他の学習者と学習に伴う不安感などについて話し合う（情意ストラテジー）などのストラテジーを使用している。オックスフォード（1994）には，Strategy Inventory for Language Learning (SILL) という言語学習ストラテジー調査方法の具体例が紹介されている。

●学習ストラテジーと教育——初期の学習ストラテジー研究は，観察，インタビュー，ダイアリー，回想法などの手法を用いて「優秀な言語学習者」を特徴づける学習ストラテジーを抽出すること，そしてそれらを他の学習者に共有させ，効果的に学習を促進させるための方法（ストラテジー・トレーニング）を開発することが主たる課題であった。

近年の日本語教育では，学習者の学習目的や

学習環境が多様化するなか，学習者が効果的に日本語でのコミュニケーション能力を身につけるために，「教室」を超えて学習の環境を整える「社会的ストラテジー」や，自律的に学習を計画，評価する「メタ認知ストラテジー」の重要性を指摘する声が大きい。また，学習ストラテジーと学習者の学習スタイル，性格，文化の関連に注目した研究も行われている。

学習者は，学習ストラテジーを意識することによって自らの学習に対して責任や自信をもつことができる。また，教師の側も学習過程に対する理解を深めることができ，学習を促進するために学習者がとることのできる方法を与えられるようになる。すなわち，これは教師の役割を伝統的な「教える者」から「学習者の学習過程を支援する者」へと広げることを意味している。

➡自律学習（8-D），学習者による評価（8-E）

● 参考文献

田中望・斎藤里美（1993）『日本語教育の理論と実際』大修館書店．

オックスフォード，R. L.〔宍戸通庸・伴紀子訳〕（1994）『言語学習ストラテジー』凡人社．

ネウストプニー，J. V.（1995）『新しい日本語教育のために』大修館書店．

宮崎里司／ネウストプニー，J. V.（編）（1999）『日本語教育と日本語学習――学習ストラテジー論にむけて』くろしお出版．

［西川寿美］

■コミュニケーション・ストラテジーと学習

コミュニケーション・ストラテジーとは言語学習者が接触場面におけるコミュニケーション上の問題解決を意識的に行い，理解可能なインプットを得るための方策である。一般には1970年後半から研究が進められている。主なコミュニケーション・ストラテジーの分類は，Tarone（1977）の①回避，②言い換え，③転移，④援助訴え，⑤身ぶり，Fearch and Kasper（1983）の形式的削減ストラテジー（S），機能的削減 S，達成 S などがある。

日本語教育では，ネウストプニー（1981）は「接触場面」のストラテジー教育を提唱した。尾﨑（1981, 1993）がコミュニケーション・ストラテジーを「伝達内容を言語化する過程で直面する問題」を処理する訂正ストラテジーと円滑化ストラテジーに分類し，「聞き返し」の発話交換の分析を行った研究により日本語教育におけるコミュニケーション・ストラテジー研究が開始された。猪崎（1997）は，尾崎の枠組みを受け継ぎ，「訂正」を拡大し，伝達上のルール違反を修正し，目標を達成するのは，「自己修正」と「他者修正」の共同・協力作業であるとした。つまり，学習者の視点から母語話者との相互的・共生的コミュニケーション・ストラテジーへと展開したといえる。村上（1997）は理解不可能な母語話者の発話に対して非母語話者が行う「意味交渉の方法」を「訂正」「貢献・完成」「精密化」「確認チェック」「明確化要求」の5つに分け，質的・量的分析を行った。

「インプット仮説」の延長上にある「意味交渉」はコミュニケーション・ストラテジー研究とは異なる理論背景をもつが，インターアクションにおけるアウトプットを引き出す有効な方策の研究として位置づけられる。

➡コミュニケーション・ストラテジー（4-A），インターアクション（8-A）

● 参考文献

尾﨑明人（1993）「接触場面の訂正ストラテジー」『日本語教育』81．

猪崎保子（1997）「日本人とフランス人日本語学習者の会話に見られる「修正ストラテジー」」『世界の日本語教育』7．

ネウストプニー，J. V.（1981）「外国人場面の

研究と日本語教育」『日本語教育』45.
村上かおり（1997）日本語母語話者の「意味交渉に非母語話者との接触経験が及ぼす影響」『世界の日本語教育』7号.
Fearch, C. and Kasper, G. (eds.) (1983) *Strategies in Interlanguage Communication*. Longman.
Tarone, E. (1977) "Conscious Communicative Strategies in Interlanguage." In Brown, H. D. et al. (eds.) *On TESOL 1977*. TESOL.

[西村よしみ]

■学習者要因

第二言語の習得過程には，学習者に共通に見られる側面がある一方，個々の学習によって異なる側面がある。第二言語習得研究では，言語の習得過程そのものに焦点をあてて共通の側面を探る試みと，学習者および習得にかかわる諸要因に焦点をあて，学習者によって異なる側面を探る研究が行われてきた。従来は，習得過程に見られる共通点への関心が高かったが，最近では，学習者に焦点をあてた研究の重要性も指摘されている。

学習者一人一人の習得過程には多くの要因が複雑にかかわっており，その諸要因と要因間の相互作用が習得に違いを生み出していると考えられるが，第二言語習得研究によると，習得にかかわる要因として以下のようなものが挙げられる。

(1)学習者要因：年齢，適性，動機・態度，学習ストラテジー・スタイル，性格・情緒，母語，性別，教育経験など

(2)学習環境要因：①フォーマル　教師特性，教師教育・養成，教師経験，教授法，教材，教育機関，時間数，他の学習者など　②インフォーマル　目標言語との接触，目標言語話者との接触など

(3)社会文化的要因：社会・心理的距離，ステレオタイプ，文化変容とカルチャーショック，民族的アイデンティティ，母語の保持，リテラシー，多言語・多文化との接触，多言語・多文化社会に対する態度，バイリンガリズム（マルチリンガリズム）への期待，言語政策，社会階層など

(1)は，学習者個々人の特性ともいえるもので，「学習者要因」というと，狭義にはこれを意味することが多い。学習者要因としては，年齢，適性，動機が取り上げられることが多いが，性格・情緒要因も影響が大きく，自尊感情，抑制，不安，リスクテイキング，感情移入，外向性などが，とくに言語運用力の習得には関係するといわれる。また，学習者の多様性が問題となっている日本語教育においては，場独立型/場依存型や，目型/耳型，熟慮型/衝動型などの認知スタイルや学習スタイル，学習者個々人の学習ストラテジーについての研究も注目を集めている。

しかし，習得の違いを生み出すものとしては，(2)も大きく関与する。とくに通常教室で行われるフォーマルな学習の場合，教師特性は影響が大きく，学習者自身も教師の影響を意識していることが多い。また，同じ教室で学ぶほかの学習者も協働者としてあるいは競争相手として不安や競争心に関係しており，無視することはできない。

さらに，世界的に人の移動が激しく，異なる文化あるいは複数の文化と日常的に接することが増えている現代社会の言語教育を考える際には，(3)を抜きに考えることはできない。第二言語習得研究において，社会文化的要因は間接的なものとしてあまり重要視されてこなかったが，学習者も，学習環境も社会的・文化的な状況の変化のなかにあって影響を受けていることを考えると，間接的ではあっても軽視できない要因であるといえる。近年，状況論や社会文化

的アプローチを背景として，環境との相互作用や関係性を重視した第二言語習得研究も進められている。

学習者要因の研究は，従来，個人差（individual differences）の研究として行われてきた。年齢，適性，動機，性格といった要因と言語の熟達度との関係を，統計的な手法を用いて量的に行う研究が主であったが，最近では，学習者へのインタビュー，アンケート，日記など学習者の自己申告や内省をデータとする方法が用いられている。また，エスノグラフィーを用いた質的な研究手法によって，学習者一人一人の習得過程を全体的に捉えようとする研究も行われるようになってきている。

➡言語学習ストラテジー（8-A），学習環境（8-A），文化と言語習得（8-A）

● 参考文献

JACET SLA 研究会（2000）『SLA 研究と外国語教育』リーベル出版.

林さと子他（1998）『第二言語としての日本語学習および英語学習の個別性要因に関する基礎的研究』平成 8〜9 年度科学研究費補助金研究報告書.

Breen, M. P. (2001) *Learner Contributions to Language Teaching: New Directions in Research*. Longman.

Brown, H. D. (2000) *Principles of Language Learning and Teaching*. 4th ed. Longman.

Ellis, R. (1994) *The Study of Second Language Acquisition*. Oxford University Press.

Skehan, P. (1989) *Individual Differences in Second-Language Learning*. Edward Arnold.

［林 さと子］

■学習動機

動機とは，ある目標に向かって行動を起こさせる内的要因をいい，欲求や意欲などと厳密に区別せず用いられることが多い。動機づけ（motivation）とは，行動を起こさせ，一定の目標に方向づけ，目標に到達するまで持続させる過程や状態を総称している。賞罰など外的な目標によって行動が引き起こされる外発的動機づけと，行動すること自体が楽しいといった内発的動機づけに分けられる場合もある。また，達成や親和など社会的動機に基づくものや認知的不協和に基づく認知的動機づけなど研究者により多くの分類がなされている。

動機づけが言語学習の成否に果たす役割の大きいことはいうまでもない。ガードナーとランバート（Gardner and Lambert 1972）は，言語学習の態度や動機づけを調べるために，Attitude/Motivation Test Battery (AMTB) を開発し，学習者にその国や言語に対する興味，外国語学習に対する態度，動機づけの強さ，欲求に関して評定を求め，その態度・動機づけのあり方から，道具的動機づけと統合的動機づけに分けた。語学の単位が必要だとか，より良い仕事につくために学習するといった外国語の学習が目的のための手段として位置づけられている場合を道具的動機づけと呼び，その言語が話される社会への関心や統合願望が中心となっている場合を統合的動機づけと呼んでいる。この動機づけが学習の成否と関連があるか否かを確かめる研究が数多くなされてきたが，一貫した結果は得られていない。多くの学習者にとって，外国語を学習する動機が上記のいずれかだけであることはあまりなく，二分することそれ自体に問題があるという指摘もある。

また，動機づけが学習の成否に影響を及ぼすばかりでなく，学習の進展そのものが動機づけに影響を及ぼすことも重要である。学習した言語でコミュニケーションできることが，さらなる学習へと動機づけることもあり，反対に失敗

が興味をそいでしまうこともある。同じ失敗経験でも、再挑戦を試みようとするか、二度と試みようとしないかは、個人差がある。個人のもつ性格や不安の強さなど多くの内的要因と、教育的環境などの外的要因がそこには関与している。一般に学習の成功はそれ自体が報酬となり学習に対する積極的な態度を作り上げ、より高い要求水準を達成しようとするさらなる動機づけを生み出す。

学習したものを身につけ、使えるようにしていくためには、学習したものを繰り返しリハーサルしたり、実際場面での使用を試みたりする態度が重要である。つまり、教室場面での学習への動機づけだけではなく、より広範な積極的態度の育成が重要となる。

→学習者要因 (8-A)、言語学習ストラテジー (8-A)

● 参考文献

Gardner, R. C. and Lambert, W. C. (1972) *Attitude and Motivation in Second Language Learning.* Newbury House.

Dornyei, Z. (2000) *Teaching and Researching Motivation.* Pearson Education (Longman).

[村上京子]

■ 言語適性

適性とは、特定の分野において、教育・訓練等を受けたとき、その分野での活動を効率的に遂行するために必要な知識・技能などを獲得することを可能とさせる個人的特性と定義される。言語学習における適性は、将来における言語能力獲得の可能性を予測するもので、現時点で、どれだけの知識・技能をもっているかをいうものではない。学習者が同じ期間、同じように意欲をもって学習を行った場合、その到達水準に差が見られるとき、その差を説明する要因として、学習者の個人差が挙げられる。個人差は能力や性格、身体的特性など多くの要因から成っているが、これまでの適性に関する研究においては、認知的側面に主に関心が払われてきた。

言語に関する適性テストとしては、一般的なものとしてキャロルとセーポン (Carroll and Sapon 1959) によって開発された MLAT (Modern Language Aptitude Test) やピムズラー (Pimsleur 1966) の PLAB (Pimsleur Language Aptitude Battery) がある。これらは主に印欧語に関しては、その予測的妥当性が確かめられているが、中国語や日本語のような言語に関しては、その予測性は低いことが指摘されている。日本語に関しては、名古屋大学が中心になって1984年から開発が進められている日本語習得適性テストがある。これは、視覚情報や聴覚情報を記憶・処理する能力および文法抽出能力を測定する課題から成っている。MLAT や PLAB、日本語習得適性テストはいずれも認知的課題に解答する形式で、現実の教室場面で要求される課題に類似していることから、教室における言語の熟達度、とくに文法などののみこみの速さを予測するには有効であることが確かめられており、クラス分けなどの資料として用いられることが多い。しかし、日常的なコミュニケーション能力の予測とどの程度関連性をもつかについては、十分確認されていない。

また、言語適性の測定が認知的側面に限定されてきたことに関して、一般的知能との関連性の高さの指摘や、そこで測定されたものが不安や動機づけなど情意的側面と独立ではありえない点など多くの異議が唱えられてきた。これらは測定方法とも深く関連しており、より多面的な観点からの測定など、研究の進展とともに適性の概念そのものも変化してくるものと考えられる。

どのような適性の学習者には、どのような教

育方法が最適かを考える概念として，適性処遇交互作用（aptitude treatment interaction：ATI）と呼ばれるものがある。これは，もともとはクロンバック（Cronbach）らによって個人の適性と教授処遇とのあいだに見られる統計的交互作用から提唱されたものだが，今日一般に個人差に応じた教育環境を研究・設計するうえでの基本的な考え方としてこの概念が用いられることもある。ここでいう適性は，認知的な能力に加え，性格・興味，態度，意欲など情意的な側面も含めて検討されている。

→学習者要因（8-A）
● 参考文献
日本語教育学会（編）(1991)『日本語テストハンドブック』大修館書店．
Carroll, J. and Sapon, S. (1959) *Modern Language Aptitude Test*. The Psychological Corporation.
Pimsleur, P. (1966) *Pimsleur Language Aptitude Battery*. Harcourt, Brace & World, Inc.
Parry, T. and Stansfieldand, C. (eds.) (1990) *Language Aptitude Reconsidered*. Prentice Hall.

[村上京子]

■ 学習環境

言語の習得を考える際，言語的側面，学習および教育の側面，そして学習者が社会生活を送っている環境的側面の3つの観点が欠かせない。学習・教育の側面は主に学校や教室環境設計の問題領域に属する。一方，環境的側面は，社会・経済・政治・文化などが織りなす学習者の置かれた環境全体にかかわる。

ここでは主に教室外の学習環境を中心に環境的側面について述べる。習得は，それが意図的/意識的であるかどうかにかかわらず環境によって生起するからである。たとえば，接客業で働く人のなかには客とカラオケを歌うなかで日本語を身につけていく人がいる。また日本人と結婚して子どもを育てている女性は，夫や姑，近所の人たち，子育てを通じて接触する人たちとのあいだで日本語を習得していく。

社会生活環境が学習環境となるかどうかの第一のポイントは，対象言語との接触機会の有無である（図8-2）。国内に数年いてもほとんど中国語やポルトガル語などの母語で生活して帰国する人もいれば，海外に数年いても，ほとんど日本語だけで過ごして帰国する日本人もおおぜいいる。

第二のポイントは，対象言語とのインターアクションの有無である。たとえば日本人が海外へ行き，現地の言語を耳にしていても，ほとんどインターアクションなしに，英語や日本語など，他の言語でコミュニケーションをすませてしまう場合もある。

第三に，インターアクションのなかに，学習を促進し，保障するさまざまな「手がかり」が埋め込まれている必要がある。

「手がかり」は大きく，人，物，機会と3つに分けることができる。たとえば，いっしょに家事や子育てをする人，仕事の仲間，遊び友達などの，文脈を共有する人は大きな「手がかり」となる。当然，日本語を教えてくれる人や通訳・翻訳をしてくれる人は大切であるが，正規の教育（formal instruction）を受けること

図 8-2 学習対象言語との接触機会のチェックシート

接触機会 ─┬ あり → インターアクション ─┬ あり → 手がかり ─┬ あり → 習得へ
         └ なし   └ なし   └ なし

のできない人もおおぜいいること，さらに教育という学習期間をへて，対象言語が獲得されていくためには社会文脈のなかでの「手がかり」となる人の存在は欠かせない。物に関しても単に教材，教具だけではなく，テレビや新聞などの日常接する媒体，子どもが学校から持ち帰ってくるお知らせの類，アナウンスや広告，掲示などの地域生活における種々のコミュニケーション・ツールが必要に応じて学習素材となる可能性を潜在的にもっている。機会や機関というのは，日本語学校や公民館などの日本語ボランティア教室などはもちろんであるが，それだけではなく，子どもの親同士の集いや同世代・同性同士の集まり，料理やスポーツなどの同好会的なものまで，対象言語に接することができ，相互支援関係のある機会が学習の成立に大きく影響してくる。学校環境では強く，学習が，個人の努力や意志，能力や才能によって成否が問われるが，社会文脈のなかでは，そういった個人にすべてが帰せられる個体還元主義ではなく，社会生活のなかでの豊かな接触体験とインターアクション，そして学習の促進剤となる「手がかり」の点滅する学習環境が不可欠である。

→ 社会文化的アプローチ（8-A），コースデザイン（8-C），インターアクション（8-A）

● 参考文献

レイヴ，J./ウェンガー，E.〔佐伯胖訳〕（1993）『状況に埋め込まれた学習——正統的周辺参加』産業図書．

レイヴ，J.〔無藤隆他訳〕（1995）『日常生活の認知行動——ひとは日常生活でどう計算実践するか』新曜社．

ネウストプニー，J. V.（1995）『新しい日本語教育のために』大修館書店．

〔春原憲一郎〕

■教授監督下の習得

日本語学習者の日本語習得プロセスは，だれによってコントロールされるかによって，教授監督下（他者管理），学習者監督下（自己管理），無監督下（無管理あるいは自然習得）の3つの局面に分けることができる。

教授監督下の習得とは，教授者が主となって学習者の習得環境をコントロールする場合をいう（ネウストプニー 1995）。教授監督下の習得は，言語インプットの理解にかかわる解釈活動と，相互作用による言語インプットの取り込み（intake）にかかわる練習活動，そして教授者により設定された実際のコミュニケーション場面で運用していく実際使用活動とに分けて考えることができる。

第二言語習得論においては，教室内を中心とした教授監督下の習得は，顕在的学習が暗示的知識に移行しうるとするインターフェイス・ポジションを前提としており，自然習得では意識化が難しい言語要素でも習得が可能であるなど，その有効性が認められつつある。ただし，段階を越えた言語インプットを与えても取り込みが起こらないことは注意すべきである（教授可能性 teachability）。

解釈活動では，コンテクストのある文法の説明などの明示的指導（explicit instruction）の有効性が指摘されている。たとえば，長友（1996）は，学習者に書いてもらった日記の内容を話題にカウンセリングを行い，そのコンテクストのなかに現れた誤用を気づかせたり（negative feedback），誤用の理由を説明するなどの方法を提案している。また，学習ストラテジーについてのグループ・ディスカッションなどによる習得過程の意識化もまた習得に寄与する。

練習活動では，インプットがどのような相互作用を通して学習者によって取り込まれるかという観点から，教師によるフィードバック，言

語形式の焦点化（focus on form），意味交渉などが注目されている。教授者が交渉を開始する教育的介入については意見が分かれているが，学習者が自発的に言語形式に注目し，交渉を開始する場合には，取り込みが起こりやすいことが多くの研究で一致している。さらに，教室での学習者間の会話に関しても相互の理解を促進するために聞き返しや文完成などの意味交渉が頻繁に生じることが指摘され，タスク中心の練習活動が推奨されている。ただし，厳密な科学的アプローチをとる従来の第二言語習得研究（cf. Long 1996）では，現在までのところ複雑な教室内のインターアクションと習得を結びつけることには成功していない。

教室内インターアクション研究からは，教室に特有な「発問(I)-応答(R)-フィードバック(F)」というパターンが教室外と異なることから，これまで練習活動における習得について消極的な見解が主流であった。そうした見解においては，IRFのパターンに参加しない場面での習得の可能性が指摘されてきた。たとえば，Ohta (1999) は，多くの時間を「認定された聞き手」として過ごす学習者が，私的発話（private speech）のなかで，ほかの参加者の発話のモニターをしたり，代行発話によって教室内のやりとりを共有し意味を構築しているとする。また，教授者によるフィードバックから話題が展開される場面には，教室外の自然会話と類似したインターアクションが生じており，教室外習得と類似した環境が生まれるとする指摘もある。一方で，IRFというパターンであっても，習得の局面がつくり出されるとする指摘が見られる。とくに教授者による共感を示すフィードバックのパターン（たとえば，「そうですか」「よかったですねえ」）があいづちの習得に作用するなど，コミュニケーション・スタイルが習得されている可能性がある。これらの指摘は，言語習得を社会的相互作用の内面化としてとらえようとする社会文化的アプローチと関連しており，今後とも注目される。

以上のように，教授監督下の解釈活動，練習活動でも習得が生じていると考えられる一方で，教室外の実際使用場面にはコミュニケーションの包括的な特徴が見られ，学習者の言語運用にとっても，言語インプットにとっても，豊かな習得環境が揃っている。学習者の日本語能力レベル，実際使用場面のコミュニケーションの特徴，参加できるネットワークなどを吟味した実際使用活動（たとえば，ビジター・セッションや日本人家庭の訪問など）が積極的に日本語プログラムに取り入れられることが期待される。

→ 誤用への対応（8-D），第二言語習得理論・モデル（8-A），インプット（8-A），言語知識の習得（8-A），インターアクション（8-A），教師の質問（8-D）

● 参考文献

長友和彦（1996）「第2言語習得における意識化の役割とその教育的意義」日本言語文化学研究会（編）『言語文化と日本語教育』9．

ネウストプニー, J. V.（1995）『新しい日本語教育のために』大修館書店．

Long, M. (1996) "The Role of the Linguistic Environment in Second Language Acquisition." In Ritchie, W. and Bhatia, T. (eds.), *Handbook of Research on Second Language Acquisition*. pp. 412-168. Academic Press.

Ohta, A. S. (2000) *Second Language Acquisition Processes in the Classroom: Learning Japanese*. Lawrence Erlbaum Associates.

［村岡英裕］

■ 文化と言語習得

言語と文化を切り離して考えることはできない，ということは一般に認められるようになっ

たが,教育のなかでどのように扱うのかについては共通の理解があるわけではない。日本語教育で「文化」というとき,大きくは2つの流れがあるが,1つは「日本事情」という捉え方,もう1つは「第二言語習得と文化」という捉え方である。近年高まりつつある文化論のなかでは,両者は統合的に議論される傾向にある。「文化」については,本書の「6章 ことばと社会」で取り上げられているので,ここでは,「第二言語習得と文化」という視点で「文化」を見ていく。

第二言語習得研究では,「文化」は社会文化的な要因として語られることが多い。文学や伝統文化などの「大文字Cの文化(Culture)」と日常の生活習慣などの「小文字cの文化(culture)」を区別して考えるとすると,「大文字Cの文化」は動機づけとしての機能はあるが,目には見えないかたちで深く第二言語習得にかかわっているのは「小文字cの文化」である。とくにその言語を使う社会への移動を伴う言語習得の場合には,言語集団間の社会的・心理的距離,ステレオタイプ,文化変容,カルチャーショック,アイデンティティなどが問題となり,異文化適応の視点から文化を捉える必要がある。

シューマン(Schumann)の仮説によると,学習者の集団と目標言語集団の「社会的・心理的距離」が大きければ,それだけ第二言語習得が困難になる。また,人は異なる文化と接触するとき何らかのステレオタイプをもって接触することが多いが,一面的に捉えた固定観念であることも多く,偏見や間違った判断を導くおそれもある。ステレオタイプは,目標言語集団および第二言語学習に対する肯定的あるいは否定的な態度を生み出す。一般的に,肯定的な態度は学習を促進し,否定的な態度は動機を低めるといわれている。新しい文化への適応の過程を「文化変容」と呼ぶが,①目新しさに対する興奮期,②カルチャーショック,③カルチャーショックからの回復期,④新しい文化の受容の4つの段階があるとされ,カルチャーショックから回復して新しい文化を受け入れ始める第3段階に第二言語習得が進むといわれる。ジャイルズ(Giles)のAccomodation Theoryによると,自分の所属する集団の言語的活力が強く,その集団に強い帰属意識を抱いている人は,第二言語習得が難しくなる(Brown 2000)。

これらは,学習者と目標言語集団との関係において第二言語習得を捉えようとしたものであるが,集団内の個人差の問題には触れていない。また,多言語・多文化社会における言語と文化の習得については別の考察が必要である。

➡異文化への対応能力(6-E),ステレオタイプ論と日本語教育(6-E),文化理解と学習者の変容(6-E),アイデンティティ(4-A)

● 参考文献

文化庁国語課(1994)『異文化理解のための日本語教育Q&A』.

細川英雄(編)(2002)『ことばと文化を結ぶ日本語教育』凡人社.

Brown, H. D. (2000) *Principles of Language Learning and Teaching.* 4th ed. Longman.

[林 さと子]

■ 社会文化的アプローチ

人々の認知・学習・記憶・知覚などは周囲の状況や文脈,歴史,文化的状況などから切り離すことはできないという考えを共通の基礎においた1つの分析的視座として状況論的アプローチがある。たとえば,文化人類学者のレイブ(Lave)は,人々の日常認知の研究を基に,従来の認知研究の柱となっていた転移概念に疑義を唱えた。従来の転移の概念によれば,人々にとって意味のある知識とは,類似の多くの場面で使うことができる知識であり,そのような「有用な知識」を習得することが,学習の目的

だと考えられてきた。しかし，レイブの主張では，人々の有能さや価値のある知識，表象などは，その時々の状況や文脈を通してしか語ることができず，どのような状況でも通用する普遍的な知識は存在しえないというものであった。つまり，人々はそのつど，つねに状況や文脈のなかで有能さを発揮しており，状況や文脈から切り取られた一般的知識を学ぶことは不可能だということである。

このような状況論的アプローチのなかにあって，旧ソ連の発達心理学者ヴィゴツキー(Vygotsky)の影響を色濃く受け，その理論を発展させた見方の1つが，社会文化的アプローチである。社会文化的アプローチの基礎には，ヴィゴツキーの媒介の概念がある。認知や学習などの人々の知的営みは，文脈や状況から切り離された「真空」のなかで行われているのではなく，つねに周囲の道具や記号(言語，数など)に媒介されながら成立していると考えるものである。そして，社会文化的アプローチによる研究では，「言語や記号に媒介された活動」全体を分析単位の中心に据えることで，人々の心の営みに対する新たな見方を提供しようしている。つまりここでの分析単位は，言語だけでも主体だけでもない，それらを取り巻く文脈や状況も含めた全体が分析単位である。

社会文化的アプローチの考え方を言語発達研究に置き換えると，以下のようになるだろう。まず，ことばの意味は一定不変のものではなく，つねに周囲の状況と関連づけて捉えなければならない。そして，言語を学ぶとは，文脈から切り取られた言語事項を覚えることではなく，具体的な状況や文脈を通して，目標言語話者として有能さを発揮できるようになることであるといえる。近年はこのような視点による第二言語発達研究も行われている。

➡ 異文化コミュニケーション(6-D)，言語学習と心理学(8-A)，学習環境(8-A)

● 参考文献

石黒広明(編著)(2004)『社会文化的アプローチの実際』北大路書房.

レイヴ，J./ウェンガー，E.〔佐伯胖訳〕(1993)『状況に埋め込まれた学習』産業図書.

ヴィゴツキー，L. S.〔柴田義松訳〕(2001)『新訳版 思考と言語』新読書社.

西口光一(1993)「状況的学習論と新しい日本語教育の実践」『日本語教育』100.

西口光一(2002)「日本語教師のための状況的学習論入門」細川英雄(編)『ことばと文化を結ぶ日本語教育』凡人社.

ワーチ，J. V.〔田島信元他訳〕(1995)『心の声——媒介された行為への社会文化的アプローチ』福村出版.

Lantolf, J. P. (ed.) (2000) *Sociocultural Theory and Second Language Learning*. Oxford University Press.

〔西口光一〕

■言語保持と喪失

外国人年少者に対する日本語教育の過程では，母語保持に対する積極的な対処がない場合，母語の喪失が進み，認知面，情意面，社会・文化面に多くの影響を及ぼす。このように第一言語を一定程度習得した後，第二・第三の言語を新たに習得していく場合，新たな言語の習得と先立って習得されていた言語の保持・喪失は，相互に関連し合いながら進む。典型的には，第一言語が一定程度発達した年齢になって別の国に移住した場合，新しい土地で学校に通い，地域社会で生活するなかで第二言語の習得が日々進むにつれて第一言語は失われていく。ただし，第一言語は，家庭・学校などの環境のもとで意識的に使用することが促される場合には，必ずしも喪失の一途をたどることなく保持されていく。また，第二言語・第三言語の習得

が進む場合にも，第一言語がマジョリティの言語であったり，社会的・経済的に地位の高い言語である場合には，喪失の度合いが低いなど，言語習得と言語保持/喪失の関係は両者を促進する要因によって多様である。

アラードとランドリーは，第一言語と第二言語の発達消長に影響を与える要因は大きく分けて，社会的レベル・社会心理的レベル・心理的レベルにわたり，それらが第一・第二言語の使用に影響を与え，全体としてその言語使用者のもっている第一言語と第二言語のどちらが強くなるかが決定されるとしている。

社会的レベルの要因としては，対象となっている2つの言語それぞれを用いている言語集団の活力，つまり民族言語的活力がどの程度であるかが取り上げられている。この活力は，その言語集団の人口がどのくらいか，どの程度の政治的影響力をもつか，経済的影響力をもつか，さらに文化的影響力をもつかの4つの指標によって示される。

社会心理的レベルには，その個人のもつ第一・第二言語の接触ネットワークがどのような広がりをもっているかの要因によって構成される。具体的には，家庭・学校・地域社会で接触することのできる諸個人とどの言語をどのように使っているか，新聞・テレビなどのメディアを通してその言語を聞いたり読んだりする接触がどの程度なされているか，さらに，学校または母語保持教室など，その言語の教育を受ける機会をどのくらいもっているかの3つの指標によって示される。

心理的レベルでは，その個人自身が自己のアイデンティティをどのように捉えているか，第一言語の言語集団に所属する存在と捉えているか，第二言語の言語集団に所属する存在として捉えているか，また，社会的レベルで取り上げられた言語集団の民族的活力を内面的にはどう捉えているか，などが指標とされる。

→継承日本語教育 (8-A)，二言語使用能力 (8-A)，バイリンガリズム (8-A)

● **参考文献**

Fase, W., Jaspaert, K. and Kroon, S. (eds.) (1992) *Maintenance and Loss of Minority Languages*. John Benjamins Publishiug Company.

Allard, R. and Landry, R. (1992) "Ethnolinguistic Vitality Beliefs and Language Maintenance and Loss." In Fase, W., Jaspaert, K. and Kroon, S. (eds.) *Maintenance and Loss of Minority Languages*. pp. 171-196. John Benjamins Publishing Company.

［岡崎敏雄］

■ **バイリンガリズム**

バイリンガリズム，つまり2つの言語の併用は，1960年代までは子どもの認知の発達を遅らせるという悪影響を及ぼし，学業成績を低くするとされていた。70年代以降の研究では，第二言語との接触時点までに第一言語が十分発達していない場合には，母語と第二言語のどちらの能力も標準より大幅に低い状態（セミリンガル，ダブルリミテッドなどと呼ばれるが，用語としては避けたいとする意見もある）に置かれるという報告がなされた。80年代以降，2言語を併用している子どもは単一言語だけを使っている子どもに見られない能力を示すことが報告され，とくにメタ言語の発達という点で優れているという報告がなされている。メタ言語とは，自分の言語について対象的に捉えること，たとえば，英語でbananaと呼ばれるものが自分の地域言語では別の呼び名で呼ばれるというように，1つのものについて言語によって別の表現があるなどの認識が高いということである。

以上の研究経緯を経て，現在ではバイリンガ

ル教育において効果をもたらす要因として，言語的多数派の子どもであること，ただし，言語的少数派の子どもであっても第一言語能力の養成が促進されている場合にはバイリンガルの弊害が見られず，むしろ良い結果が示されていることがある。また，使用される第一言語と第二言語が社会的経済的に高い位置をもつとされる場合には良い結果がもたらされ，さらにイマージョン・プログラムはサブマージョン・プログラムよりも良い結果を示し，さらに家庭の社会的経済的地位が高い場合には良い結果が示されている。

以上に加えて，バイリンガル教育を加算的バイリンガルと減算的バイリンガルに分けて考えることが進められている。加算的バイリンガルとは，第二言語の学習過程で第一言語の使用が減っていかない場合で，言い換えれば，第一言語能力の上に新たに第二言語のレパートリーを加えていくものである。それに対して，減算的バイリンガルとは，第一言語が地域社会で支配的な第二言語によって少しずつ置き換えられ，しだいに使われなくなって，長期的には第二言語の使用のみに移行していくという意味で引き算の結果をもたらすものである。多くの場合，減算的バイリンガルのもとでは，子どもの言語能力はどちらの言語においても他の母語話者のレベルに達しないダブルリミテッドになることが多いという報告がなされている。

バイリンガルのもとで2言語を併用した場合，第一言語の発達と第二言語の発達のあいだにはどのような影響関係があるかについて2つのモデルが示されている。一方は分離深層能力モデル（seperate underlying proficiency）と名づけられ，言語的少数派の子どもたちが第二言語能力を伸ばすのに必要なのは，その言語，たとえば，英語による授業を行って英語に多く接触することが必要であって，母語による授業や母語に対する接触ではないという考え方の基礎となるものである。要するに，第一言語の能力と第二言語の能力は別のもので，互いに切り離されており，家庭や学校である言語と接触すればするほどその言語の能力は育成されるとするものである。言い換えれば，2つの言語の能力は切り離されているため，第一言語を通して学習された内容や技能は第二言語で学習された内容に転移されず，また，逆方向の転移も起こらない。したがって，仮に頭の中に第一言語能力のための風船と第二言語能力のための風船があるとすると，第一言語能力用の風船に空気が吹き込まれて第一言語用の風船は膨らませることができても，第二言語用の風船は膨らませることはできない。

これに対して，共通深層能力モデル（common underlying proficiency）では，とくに読み書きで第一言語，第二言語のどちらかを使用すると，学習動機があって，学校・家・地域社会でその言語に十分接触できれば，当の言語だけではなく，他方の言語の能力も発達するとするものである。言い換えれば，一方の言語の発達は他方の言語の発達に貢献し，両言語のあいだに相互依存的な発達関係が成立するという相互依存の仮説を導き出すものである。長期にわたる研究の追跡・再調査などが，バイリンガル教育プログラムの評価，移民の年少者の移民時の年齢と第二言語習得の関係，家庭における2言語使用補助成績との関係の3点について行われた結果，共通深層能力のモデルに基づく相互依存の仮説が検証されている。ただし，分離深層能力に基づく考え方は，最大限接触の仮説（たとえば，英語を第二言語として学習する年少者の学業成績は，英語への接触度に依存し，学業上の成功のためには最大限接触が必要であるという考え方）が研究者とは別に，教師・父母に広く受け入れられ，また，教育現場に重要な影響をもたらしてきたという事実もある。

→バイリンガル教育（8-A），イマージョン・プロ

グラム（8-B），バイリンガリズム論（7-E）

●参考文献

Cummins, J. and Swain, M. (1986) *Bilingualism in Education*. Longman.

Cummins, J. (1984) *Bilingualism and Special Education*. Multilingual Matters.

［岡崎敏雄］

■二言語使用能力

　第二言語として日本語を学ぶ学習者には，その学習の多少・時期にかかわらず，母語と第二言語の併行使用という状況が生じる。その過程で，日本語と母語それぞれの言語能力とともに，2言語を使い分ける能力も発達し，発達段階に応じて特有の現象が観察される。言語習得のある段階で現れた「誤り」とされる現象が，過渡的な中間言語の成長過程現象であったりする。母語話者からのインプットを質・量ともに十分なものにすることによって，それらの現象を契機とした発達が促進される。同様に2言語の使い分け能力に特有の現象も見られ，それらを量的研究の手法で一律に捉え，対処しようとしても，学習者に対する有効な対処法を導き出せない。それらの現象は，発達段階における個別性の高い選択的現象であり，その個別性に配慮した捉え方に基づく対処法を編み出すことによって，誤りとされた現象が言語発達を促す契機へと転化するのである。

●コード・ミキシング──2言語を使い分ける能力の発達の過程で見られる特徴的な現象としてコード・ミキシング（code mixing）がある。コード・ミキシングとは，2言語話者の，とくに子どもが語・文レベルで2言語の要素を混用することである。通常，その子どもが2つの言語を同時に習得するための負担がかかりすぎることが原因で起こり，両言語の干渉によってもたらされるものと考えられている。両言語がどの程度干渉するかは，子どもの年齢，言語的多数派の言語が少数派の言語に干渉するか，逆のケースであるか，語彙・統語論・意味論・形態論・音韻論のどの領域にまたがって干渉が起きるか，さらに，両親がそれぞれ1言語のみを話す状況で起きるか，両親がともに2つの言語を使う状況で起きるかなどによって異なる。通常，子どもの年齢が進むに従って干渉の頻度が減少するとされている。

　コード・ミキシングは，ただし，一般に考えられているほど，頻繁に観察される現象ではない。また，バイリンガルの子どもたちに見られるこのようなコード・ミキシングは，1言語しか使用しないモノリンガルの子どもの習得の状況と合わせて考えると，想定されるほど特別な現象ではない。モノリンガルの子どもたちもまた，発達の度合いや言語使用環境に応じて，好みの単語があったり，逆に，発音や使い分けの難しい単語を避ける現象が観察されている。2言語使用の子どもの場合には，これらの好みのことばや避けたがることばを選ぶ範囲が1言語に限らず，2言語にわたっている分だけ広く，また，異なった言語のあいだでの組み合わせで好みや回避が起こるために，周囲の大人から見て目立ちやすいというにすぎない面もある。

　意味論のうえで，ある語彙が対象とする意味内容を通常使われる範囲を越えて拡大して用いる過剰延長（overextension）や会話相手の大人が行った発話の塊を聞いてすぐまねをしたり，自分の発話の産出に統合して用いたりすることで起こされる，通常の統語論を逸脱するような統語論的干渉（syntactic interference）などは，2言語使用児のみならずモノリンガルの子どもにも広く観察され，また，モノリンガルの子どもたちの第一言語の習得に必要な発達段階であると考えられている。さらに，2言語使用の子どもたちに見られるコード・ミキシングが，相手が2言語併用話者でなくモノリンガルの話者である場合には，まったくコード・ミ

キシングを起こさずに2つの言語をはっきりと分けて使うことができるということも多く観察されている。

●コード・スイッチング──コード・スイッチング（code switching）は，コード・ミキシングとは異なった現象である。コード・スイッチングは，異なるターン（話順），異なる文のあいだで別々の言語が使われる現象である。異なった話者のあいだでそれぞれが違う言語を使う場合，1人の話者の1つのターンのなかでなされる別々の発話のなかで異なった言語が使われる場合，さらに，1つの発話の中で2つの言語が使われる場合などがある。

　言語として現れたかたちのうえではコード・ミキシングとコード・スイッチングは厳密な線引きで2つに分けることができないが，コード・ミキシングが主として，言語能力の発達上では能力が発揮できないために起こる面に焦点をあてて取り上げられるのに対して，コード・スイッチングは十分な言語の使い分け能力があることを前提に，状況や目的に応じて使い分ける面に焦点をあてて取り上げられる点で大きく異なっている。

　コード・スイッチングには社会的・談話的，コミュニケーション上の相互理解の諸目的がある。社会的な目的としては，言語使用者が自分の属する集団の一員としてのアイデンティティを示すため，集団の一員として受け入れてもらうため，さらには，異なった言語集団の話者と対するにあたって，自己の集団の地位を示すために用いられる。また，集団の違いを際立たせるのとは逆に，異なった集団に属しているという境を取り払って，社会的・民族的境界を越えてコミュニケーションを成立させやすくしたり，あるいは，相手との心理的な境を取り払うために用いられる場合もある。

　さらに，談話的には，特定の話題を取り上げる場合に談話への参加を望まないメンバーがいた場合，そのメンバーが理解できないことばや十分会話に参加できる能力をもたないような言語を使う方向に言語を切り替えてそのメンバーを会話から排除するためや，談話のなかでだれかのことばを引用するため，会話の途中で自分がその会話に割り込みたい場合にことばを挟むために用いたり，あるいは，特定の内容について強調するためにその部分だけ別の言語に切り替えたりするために用いられる。

　さらに，コミュニケーション上の相互理解のために，一方の言語で表現したことが正確に伝えられているか，続けて別の言語で表して確かめたり，一方の言語で十分に伝わらないおそれがある場合に，あらかじめその部分だけ別の言語に切り替えて伝えようとしたり，一方の言語で表現すれば簡潔な語や句で表現できるのに対して，他方の言語では回りくどい説明を必要とするような場合に簡潔に効率良く相手に伝えるためにコードを切り替える場合がある。

➡バイリンガル児の言語生活（6-C），バイリンガリズム（8-A），バイリンガリズム論（7-E）

● 参考文献

Clyne, M. (1991) *Community Languages: The Australian Experiences*. Cambridge University Press.

Appel, R. and Muysken, P. (1987) *Bilingualism and Language Contact*. Edward Arnold.

[岡崎敏雄]

■バイリンガル教育

　バイリンガル教育とは，学校や家庭や地域社会を通して，2言語を使い分けることによって，高度な2言語能力を育成しようとする教育である。対象，到達目標，教育形態，教育内容，方法論に非常にばらつきがあるうえに，社会の主要言語を母語とする子どもの場合と，少数派言語を母語とする場合とでは相反する結果

が出ている。前者の例として「イマージョン方式のバイリンガル教育」を，後者の例として「移住者の児童生徒を対象とする米国のバイリンガル教育」と「移住者や外国人の児童生徒を対象とするバイリンガル教育」をあげる。

●**イマージョン方式のバイリンガル教育**——社会の主要言語を母語とする子どもを対象に，学校教育のなかで，教科学習のツールとして外国語と母語を使い分けることによって学齢期のあいだに有用な外国語をほぼ母語話者レベルまで伸ばそうとする学校教育の一形態である。原型は1970年代に英仏2言語を公用語とするカナダで始まった，フレンチ・イマージョンと呼ばれるフランス語教育である。

開始年齢によって幼稚園（early total immersion），小学校5年（middle immersion），中学1年（late immersion）の4つの形態があり，また午前，午後で学習言語を使い分けるのもある（partial immersion）。いずれも母語の発達，帰属意識，学力が犠牲になることがなく，母語に加えて有用な外国語が1つ加わるという意味で加算的バイリンガリズム（additive bilingualism）と呼ばれる。

イマージョン方式による外国語教育は，その後世界各地に広まり，いろいろなことばを組み合わせて試みられている。日本の一部の公立・私立の学校でもイマージョン英語教育を取り入れているところがある。

●**移住者の児童生徒を対象とする米国のバイリンガル教育**——英語を母語としない移住者の児童生徒を対象に，米国の公立学校で行われてきた，生徒の母語を使用する教科学習である。目標はあくまでも英語の習得であるが，暫定的な処置としての母語使用であるため過渡的モデル（transitional model）と呼ばれる。

このモデルは1974年に教育享受の権利均などの立場から政治的圧力で始まったものであるが，近年廃止運動が広まり，1998年にはカリフォルニア州の住民投票で反対派が過半数を得た。一方，新しい形態として英語話者とスペイン語話者とがほぼ同数近く在学する学校などでは，互いの言語を学び合う「双方向のバイリンガル教育」（two-way bilingual programまたはdual bilingual program）が増えている。

●**移住者・外国人の児童生徒を対象とするバイリンガル教育**——家庭で現地語を使用しない移住者・外国人の児童生徒が現地の学校に投入された場合，現地語での教科学習が可能になるのに長い時間がかかる。会話面では2年，教科学習に必要な認知面の習得は5〜7年，あるいは9年以上かかるといわれる。この状況は，イマージョンに対してサブマージョン環境といわれ，親子の交流の質の低下，学業遅滞，帰属意識混乱の危険を伴うものである。また現地語獲得の過程で母語が失われることが多いため，大事な言語が1つ減るという意味で減算的バイリンガリズム（subtractive bilingualism）とも呼ばれる。これに対して，親から継承する言語を強め，ルーツに対して誇りと自信を与えることを目的とした継承語教育を併行させることにより，移住者・外国人の児童生徒に対しても加算的バイリンガリズムを実現させる努力が行われている。

➡継承日本語教育（8-A），バイリンガリズム（8-A），二言語使用能力（8-A），イマージョン・プログラム（8-B）

●**参考文献**

ベーカー，C.〔岡秀夫訳・編〕（1996）『バイリンガル教育と第二言語習得』大修館書店.
中島和子（2001）『バイリンガル教育の方法』（増補改訂版）アルク.

［中島和子］

■**継承日本語教育**

継承日本語教育は親や祖父母の母語である日本語を世代を越えて子孫に継承するための教育

である。国語教育・母語教育と区別されるのは、学習者が日本語環境のなかで育つ国内の子どもではなく、現地語が主要言語、親の母語が少数言語というバイリンガル環境で育つ海外の子どもの日本語教育の一形態だからである。外国語としての日本語教育とは異なり、日本語が両親またはどちらかの親の母語であり、社会の少数言語であることからくる学習上の心理的・社会心理的諸問題に対処しなければならない。また日本語の家庭使用を軸にして、現地語と同時に高度の日本語力獲得が可能であることから、バイリンガル教育の一分野ともいえる。

継承言語教育は、もともとスウェーデンやノルウェー、多文化主義をモットーとするカナダやオーストラリアで言語形成期の子どもを対象に始まった。しかし、国際舞台での政治的・経済的な競争力を高揚させるために潜在的な言語資源を活用・強化すべきという観点で、最近は移住者を親にもつ高校生・大学生がすでにもっている外国語力の保持・伸長の立場から、継承語教育への関心が高まっている。国内でも外国人児童生徒の公立学校の受け入れに伴い、母語保持・発達の重要性が認識されつつある。

教育目的や内容は、継承語が果たす役割や機能によって異なる。まず継承語が家庭で親子の交流のツールとして使用されている場合は、家庭使用を通して培われた会話力を基礎に高度の読み書き教育が可能である。海外在住の子どもたちや学齢期の途中で海外に出た準一世や現地生まれの日系二世などが対象になるが、親子の交流の質の向上、親の背景や自分のルーツへ自信と誇りをもつこと、また継承語が現地語習得の基礎となり、帰属意識の育成と関係が深いことから、その教育的意義は大きい。

一方、家庭言語が現地語になり、継承語が文化的遺産のシンボルとなった日系三世・四世以降の場合は、「外国語としての日本語」と同じように教室内でゼロから日本語を育てる必要がある。その形態としては、カナダの中西部諸州で行われている英語と継承語のパーシャル・イマージョン方式（午前中は英語で学習し、午後は継承語で学習）が最も効果的だといわれている。

継承語教育の従来の形態は、保護者・地域団体が経営する日本語学校で、週末・放課後に課外で開かれる私塾的な存在であった。日本人の海外移住とともにハワイ（1868年）やブラジル（1908年）で始まったが、正規の学校教育の枠外であるため財政的な困難、教育者・教材不足の悩みをかかえ、歴史が長いにもかかわらず蓄積の少ない分野である。一般的に政治・社会・経済的に弱小である少数派言語を世代を越えて継承するのは多難であり、その70％が3代で消えるといわれる。日本語も決して例外ではない。

近年、国際結婚家庭の増加、海外在住の子どもたちの永住化に伴い継承日本語教育を必要とする学習人口が増え、日本語教育専門家の注意を引くようになった。高校・大学生対象のプログラムも増えつつある。継承日本語学習者の日本語力の伸張には、①敬語を含めたフォーマルな場面の言語使用、②会話力と読み書きの力のアンバランスへの対処（現地語から継承語への転移促進）、③継承文化に対する帰属意識の育成、などが新しい課題として浮上している。

→バイリンガリズム（8-A）、バイリンガル教育（8-A）、言語保持と喪失（8-A）、在外日本人の言語生活（6-C）

● 参考文献

カミンズ, J./ダネシ, M.〔中島和子・高垣俊之訳〕(2005)『カナダの継承語教育──多文化・多言語主義をめざして』明石書店.

中島和子（2001）「日系人子女とバイリンガル教育」中島和子『バイリンガル教育の方法』（増補改訂版）アルク.

中島和子・鈴木美知子（1997）『継承語として

の日本語教育——カナダの経験を踏まえて』カナダ日本語教育振興会.

『母語・継承語・バイリンガル教育（MHB）研究』（紀要）プレ創刊号（2004），創刊号（2005）
http://www.notredame.ac.jp/~eyukawa/heritage

ATJ（米国日本語教師会）継承語（heritage）部会
http://www.Colorado.EDU/ealld/ath/SIG/heritage/index.html

［中島和子］

■リテラシー（識字）

リテラシー（literacy）は一般に「読み書き能力」を意味するとされ，社会教育学では「識字」という訳語があてられる。社会がリテラシーに置く価値や定義は，教育の普及やメディアの発達などによって変化してきている。今日，リテラシーは単に知識や技能の有無を問うものではなく，読み書きの技能をもって社会に参加し，それを機能的に用いる能力，社会と相互作用を行う能力であるとされている。日本においては，社会的に不利な立場に置かれている人々に学習権を保障することを目指して，社会教育の実践が重ねられてきた。近年，日本語を母語としない住民がこの場に参加する割合も大きくなっている。ここでは，識字の実践は日本語能力の向上のみならず，彼らがよりよく生きられることを目指して行われている。

日本語教育においても，学習者の多様化・日本語教育の地域化といった文脈でリテラシーが意識されるようになってきた。リテラシーが「ある」「不十分」などと捉える視点は社会的な序列づけにつながるという議論もあり，安易な二分法は危険ではある。リテラシーをもたない学習者にそれを与えるというのではなく，学習者が批判的に考え環境に挑戦していけるよう支援するという発想が求められている。

成人日本語学習者では，①母語のリテラシーは十分だが日本語では不十分，②母語のリテラシーも不十分という場合がある。①のような，第二言語の読み書きのスキルが習得の過程にある学習者が一般的である。一方，②のような学習者の多くは，社会的・歴史的な背景から就学経験がほとんどないか，あっても短い傾向にある。書きことばと接する機会が少なく，学習自体に不慣れだったり，計算や図表の読みとりなども不得意だったりする。就学経験の豊富な学習者と比較すると，往々にして学習において困難が少なくない。こうした学習者がリテラシーを学ぶ意味として，文字の習得が行動範囲を広げ，学ぶ喜びと学べた自信が次の学習への意欲につながることが挙げられる。これらを念頭に学習支援を進める必要がある。

学習者のもつ社会文化的な背景は多様であり，求められるリテラシーも多様である。教師には批判的な目をもって自分たちの価値観を検討することが求められている。リテラシーを学ぶ過程とリテラシーの獲得は，ある言語で読み書きする能力をつけることだけにつながるのではない。ことばを社会的文脈から切り離すことなく日本語学習支援を進めていくためには，リテラシーの今日的な意味について，どういった学習者がどういった社会で何をすることをいうのか，教師はつねに意識していなければならない。

→4技能（8-B），文字指導（8-B）

●参考文献

菊池久一（1995）『識字の構造』到草書房.
東京学芸大学社会教育研究室（1995）『東京の識字実践・1994——第三次識字マップ調査報告書』.
日本社会教育学会（編）（1990）『現代的人権と社会教育』東洋館出版社.
McKay, S. L. (1996) "Literacy and liter-

acies." In Mckay, S. L. and Hornberger, N. H. (ed.) *Sociolinguistics and Language Teaching.* pp. 421-445. Cambridge University Press.

Wagner, D. A. (1996) "Literacy: Research and Measurement". *International Encyclopedia of Adult Education and Training.* pp. 858-864. Pergamon.

［池上摩希子］

B──外国語教授法

■教授法とは

「教授法」という用語は多角的に用いられており、「日本語教授法」ということばが、一般の人にはうまくできないような説明や練習をする技術を指すことがある。たとえば、助詞の「は」と「が」の違いや、「忙しいようだ」「忙しいらしい」との違いが説明できて効果的に授業に導入ができることを指す。つまり、個々の文型や文法項目に関する専門的知識とその指導方法を重視した捉え方であり、教師を目指す人のための指導参考書などによく見られるものである。

「初級の教え方」「中級の指導」といったレベル別教授法という捉え方もあれば、技術研修生、ビジネスマン、児童生徒といった対象別教授法という捉え方もある。さらに、「教授法」が言語技能の育成を指すこともある。たとえば、「発音指導」「漢字指導」「聴解力育成」といったキーワードのもとに4技能を分析し、それらを効率よく育成する技術のことをいう。教材や教具の利用法が「教授法」と直結することもあり、音声テープ・CD、映像教材はもとより、インターネット通信などメディア環境と教授法についての論議も多い。教案の書き方、学習者への質問のしかたや、教室活動の組み合わせと進行の技術を教授法の中核に据える考え方もある。ペア・ワーク、ロールプレイ、ディベートといった教室活動を効果的に行う技術はとくに重視されているが、これは技術論を教授法の中核に据えたものである。

しかし、学習者を一人の人間として捉えるとき、教室外での学習者の言語生活を知ることが重要になる。学習活動も、インタビュー、プロジェクト・ワーク、地域交流などと広がり、教室内活動と教室外活動との連携がかかわってくる。また、1コマ内での指導技術というより、一定期間のなかでの学習者の変化を捉える視点が必要となってくる。これが学習者の習得といった方向から「教授法」を捉える目につながっていく。

教師はともすれば決まった教科書と指導方法に安住しがちである。しかし、つねに注意深く学習者の声に耳を傾け、学習目的や言語環境を考慮しながら、何をどういう順序で進めるのが適切かを学習者とともに考える。このような学習者重視の授業設計を「教授法」と考える人も多い。ニーズ分析、シラバス、カリキュラム、評価、そして、コースデザインといった語にその概念が生きている。

さて、上記のような捉え方には具体的・実践的な指導方法を「教授法」の中核に据えるという共通点が見られる。しかし、具体的な指導の背後には、言語とは何か、その習得はどのようにして起こるかについての、それぞれの理念がある。理念こそ教授法の中核だとする考え方をもつ人も少なくない。日本語教授法は、これまでその理念を、外国語教授法理論に依存することが多かった。しかし今後は、社会の動き、教育工学の発達、隣接諸科学の発展を取り入れ、独自の教授法理論の構築を行っていくことも求められよう。地域の日本語教室がかかえる多様な学習者に対する教授法、年少者に対する教授

法などに関する理論面，実践面からのいっそうの研究が求められている。

→教授法の流れ（8-B），教授法の理念（8-B）

● 参考文献

東京YMCA日本語学校（編）（1992）『入門日本語教授法』創拓社．

高見澤孟（1996）『はじめての日本語教育2 日本語教授法入門』アスク．

日本語教育学会（編）（1995）『タスク日本語教授法』凡人社．

鎌田修他（編著）（2000）『日本語教授法ワークショップ』（増補版）凡人社．

細川英雄（編著）（2002）『ことばと文化を結ぶ日本語教育』凡人社．

[佐々木倫子]

■教授法の流れ

外国語教授法には，長い期間，種々の考え方が共存してきた。Richards and Rodgers（2001）は，言語教授法の略史において，1950年代から1980年代にかけてを教授法の最も盛んな時代と位置づけた。その時代には，オーディオ・リンガル法，コミュニカティブ・アプローチをはじめとして，種々の教授法の理念と技術が提唱され，実践された。その後，唯一絶対の教授法はないとする「ポスト教授法」時代へと移ったとされるが，日本語教育にも同じような流れを見ることができる。

現在の教育実践につながる代表的な教授法理論として，日本国内では，まずパーマー（Palmer）に始まる直接法の流れ，そして，オーディオ・リンガル法，コミュニカティブ・アプローチなどが時代を追って広く受け入れられてきた。ここには，言語構造中心主義からコミュニケーション重視への流れを見ることができる。さらに，海外では文法訳読法も根強く見られる。

TPR，CLL，ナチュラル・アプローチ，サジェストペディア，サイレントウェイといった"新教授法"の部分的な応用も1980年代以降見られる。ここには，「何を教えるか」から「どう教えるか」への流れ，言語学中心から教育学・心理学などの隣接分野を巻き込む流れを見ることができる。ただ，実際の教室では，オーディオ・リンガル法の文型練習などと直接法の組み合わせを基礎とし，コミュニカティブな活動を最後に取り入れる教授法が根強く実践されているようである。

しかし，21世紀に入り，日本語教育の世界でも教授法を第一に考える時代は過ぎたといわれるようになってきた。社会の変化はこれまでの教授法が重視してこなかった学習者を多く生み出した。日本国内でいえば，就労外国人とその家族の出現である。学習環境・学習動機も多様な人々の日本語習得のプロセスは，言語習得研究の重要性を認識させ，学習者をより個別的に，人間的に捉えようとする傾向を強めさせた。すべての学習者にあてはまる唯一の正しい教授法などは存在しないと考えるところに，「折衷法」の概念の台頭が見られる。また，自律的で協働的な学習重視の方向も，教授法に反映されつつある。教育工学の発達は，学習者の学習環境・学習方法の個別化に，技術的に応えることを可能にしつつあり，この流れに寄与している。

新しく日本語教育の世界に入る人が，教授法の流れを知り，直接法などの教授法の技術に習熟することはけっしてマイナスにはならない。しかし，実践の場での教授法の流れは，目の前にいる学習者を出発点に，お互いの言語教育観などを調整しつつ，その習得のプロセスを支援していく方向へと向かっている。その意味でも実践研究が教授法の流れのなかに占める位置は大きい。

→教授法とは（8-B），文法訳読法（8-B），直接法（ダイレクト・メソッド）（8-B），オーディオ・リ

ンガル法（8-B），コミュニカティブ・アプローチ（8-B），TPR（全身反応教授法）（8-B），CLL（8-B），ナチュラル・アプローチ（8-B），サジェストペディア（8-B），サイレントウェイ（8-B），教育工学（9-C）

● 参考文献

青木直子他（編）（2001）『日本語教育学を学ぶ人のために』世界思想社．

石田敏子（1995）『改訂新版 日本語教授法』大修館書店．

鎌田修他（編著）（2000）『日本語教授法ワークショップ』（増補版）凡人社．

「特集：コミュニカティブ・アプローチをめぐって」（1991）『日本語教育』73．

Richards, J. C. and Rodgers, T. S. (2001) *Approaches and Methods in Language Teaching*. 2nd ed. Cambridge University Press.

[佐々木倫子]

■文法訳読法

文法訳読法は，「文法翻訳法」「対訳法」とも呼ばれる。言語能力のうち，文章を読んで意味を捉える能力の育成を重視する教授法である。テキストと辞書が中心的に用いられ，教師による文法解説，学習者による文法規則や単語の暗記，文を音読し訳すこと，文章を理解すること，文法的に正しい文の作成ができるようになることなどが重視される。授業中，媒介語（学習者と教師に共通の言語）が頻繁に用いられ，文法と語彙の知識を問う練習問題なども多くこなされる。

文法訳読法について，Richards and Rodgers（2001）は，ラテン語教育に端を発し，「現在でも広く行われているが，提唱者はいないといえよう」（筆者訳）と述べている。外国人教師のなかには，この教授法で日本語授業を受けた経験をもつ人もかなりいる。

長所となりやすい特色は以下のとおりである。

(1) 教師・学習者の外国語教育観としばしば一致し，教室活動にスムーズに入れる。

(2) 文法・語彙・表記の力が早くつき，読解力，翻訳能力，作文力の育成に向く。

(3) 正確さ・定着度に優れる。

(4) 1クラスの学習者が多いときにも，また，独習にも向く。

(5) 母語あるいは媒介語での確認ができるので，理解不可能な状況がなく，つねに一定の安心感がある。

(6) 初級以後は，生の読物が中心になるので，まとまった内容が扱え，学習者の文化的興味をかきたてて教養を高める。

(7) テキストが1冊あれば授業ができ，ペーパーテストも行いやすい。

(8) 読解中心なので，漢字系の学習者にとっては勉強しやすい面がある。

逆に，以下のような短所になりやすい面もある。

(1) 訳して理解する癖がつき，対象言語の直接的な理解力が育ちにくい。

(2) 実際の運用場面から切り離されがちになるので，文法や単語はわかるようになるが，生きた運用能力やスムーズで自然な発話能力がつきにくい。聴解力もつきにくい。

(3) 日常生活にはなじみのない文法用語から学ぶこと，文を分析的に解読することなどから，アカデミックではない学習者には教室活動が苦痛に感じられることがある。

(4) 教材が（古典）文学などから多くとられ，興味がもてない，生活実感が湧かないことも多い。

(5) 教師主導型の授業になりがちで，学習者は退屈だと感じたり，受け身になったりする。

(6) 学習者全員と教師に，1つの共通言語の

相当な運用能力が要求される。

国内の日本語教育現場では文法訳読法はあまり実践が見られない。しかし，上記の長所から海外の大学などでは多く用いられる。また，歴史的には伊沢修二の台湾における実践などが知られている。

→教授法とは（8-B），教授法の流れ（8-B）

●参考文献

木村宗男（1982）『日本語教授法』凡人社．

近藤純子（1998）「伊沢修二と『対訳法』」『日本語教育』98．

Richards, J. C. and Rodgers, T. S. (2001) *Approaches and Methods in Language Teaching*. 2nd ed. Cambridge University Press.

［佐々木倫子］

■直接法（ダイレクト・メソッド）

直接法とは，外国語教授法の1つで，学習者の母語や第三の言語を使わずに，学習者が学ぶ言語そのものを使って教える方法である。この教授法には次のような特徴がある。

(1)学習者の母語や翻訳を介さずに，目標言語の言語形式と意味を直接結びつけようとする。

(2)授業は原則として目標言語のみで行う。

(3)具体的なものごとを表す語は身ぶり・手ぶりや対象となる事物そのもの，絵カードなどを使って教え，抽象的な概念を表す語は既習の語や概念を関連づけて導入する。

(4)文法は最初から規則を教えるのではなく，例文や練習などを通して帰納的に教える。

(5)口頭によるコミュニケーションは問答を軸として構成する。

(6)音声言語の教授（話す，聞く）が文字言語の教授（読む，書く）に先行する。

直接法がしばしば文法訳読法のアンチテーゼと捉えられるのは，19世紀後半のヨーロッパにおける外国語教育事情の変化による。産業革命の進展に伴い，国家間の交流が活発化しつつあった当時のヨーロッパでは，ラテン語や古代ギリシア語に代わって，英語・ドイツ語・フランス語といった「現代語」が外国語教育の主たる対象となっていた。こうした「生きたことば」を教えるには，自然に言語を身につけていく幼児の言語習得にこそ範を求め，翻訳を使わずに教えるべきだとする考え方が生まれ，直接法につながっていった。

母語の使用を厳しく戒めた教授法の典型がベルリッツ・メソッドに見られるため，直接法はベルリッツと結びつけられることが多い。しかし，ベルリッツ（Berlitz）自身は自らの教授法をベルリッツ・メソッドと呼び，直接法とはいっていない。

日本語教育では，対訳を中心にした教育が行きづまっていた19世紀末の台湾で，橋本武や山口喜一郎らが中心となってグアン（Gouin）の教授法を導入してから学習者の母語を排した教授法の研究と実践が進んだ。国府（1939）によれば，台湾では明治末年から大正期にかけて直接法が確立されたという。山口喜一郎は台湾だけではなく，朝鮮半島，関東州，北京などにおける50年にわたる日本語教育の実践を通して，直接法の理論化と普及に取り組んだ。その成果は『日本語教授法原論』などに顕著に示されている。

なお，近年の日本語教育史研究では，とくに植民地の日本語教育で直接法が「同化主義的な政策を支えるイデオロギー」（駒込1991）として機能したという指摘もある。

→教授法とは（8-B），教授法の流れ（8-B），文法訳読法（8-B）

●参考文献

関正昭（1997）『日本語教育史研究序説』スリーエーネットワーク．

駒込武（1991）「戦前期中国大陸における日本

語教育」木村宗男（編）『講座日本語と日本語教育 15 日本語教育の歴史』明治書院.

山口喜一郎（1943）『日本語教授法原論』新紀元社.

国府種武（1939）『日本語教授の実際』東京書籍.

Richards, J. C. and Rodgers, T. S. (2001) *Approaches and Methods in Language Teaching*. 2nd ed. Cambridge University Press.

[平高史也]

■オーディオ・リンガル法

1950〜60年代にかけて台頭したオーディオ・リンガル法（audio-lingual method：AL法）は，行動主義心理学と構造主義言語学を背景理論とする教授法で，ミシガン大学のフリーズ（Fries）によって提唱され，ミシガン・メソッド，フリーズ・メソッドともいう。

帰納的・分類的な言語研究の手法を開発したアメリカ構造主義言語学の理論では，言語に関して，本質的に音声であること，構造化されたものであるため科学的に分析し記述できること，型があること，すべて対立から成ること，習慣形成の過程であること，母語とする人々の話すものであることを唱えた。

また，行動主義心理学に基づいた習慣形成理論は，社会的な習慣である言語は外界からの刺激・反応の繰り返し・強化により形成されると主張した。

このような理論に基づき，AL法は以下の教授理論を唱えた。①音声言語教授・習得を優先する。②構造中心とした文型の学習を重視し，学習項目はやさしいものから難しいものへ，使用頻度の高い文型から低い文型へと配列する。③意味より音韻・文構造の分析を重視する。④発音練習では，言語の最小の対立であるミニマルペアを重視する。⑤習慣形成による言語習得を促進するために，ミムメム（mimicry-memorization 模倣と記憶）練習を行う。⑥母語話者と同様の流暢さ・正確さを習得することを目標とする。

AL法においては，構造シラバスに基づいてカリキュラムが組まれ，中心となる教室活動はミム・メム練習と文型練習である。ミム・メム練習は，学習すべき語彙・文型・会話を正確に模倣反復し記憶するものである。文型練習は言語形式の習得に重点を置く練習で，代入練習（与えられたキューに従って，ある文の一部を代入して新しい文を作り出す練習），変形（転換・文法）練習（与えられた語句や文を，ルールに従って変化させていく練習），応答練習（ある文型を使って質問に答える練習），拡張（拡大）練習（文を長くしていく練習）などがある。

AL法の長所としては，口頭能力の習得が効率的なこと，学習項目が段階的に配列されているので文法的な整理がしやすいこと，また，学習者の人数・レベルに柔軟性があることが挙げられる。

一方，短所としては，機械的な文型練習では学習者の創造性や自主性を生かせず単調になりがちなこと，伝達内容を軽視しがちで実践的なコミュニケーション能力が身につきにくいこと，文字認識・読解・作文能力の習得が遅れることなどが挙げられる。

このような短所に注目したAL法に対する批判から，認知能力と演繹的な教育に注目した認知学習法や，口頭表現の正確さよりも意味の伝達と学習者のニーズを重視するコミュニカティブ・アプローチなどの教授法が生まれた。

→教授法とは（8-B），コミュニカティブ・アプローチ（8-B）

●参考文献

鎌田修他（編著）（2000）『日本語教授法ワークショップ』（増補版）凡人社.

高見澤孟（監修）(2004)『新・はじめての日本語教育1，2』アスク社．
高見澤孟（監修）(1997)『はじめての日本語教育 基本用語事典』アスク．
西口光一 (1995)『日本語教授法を理解する本——歴史と理論編』バベル・プレス．

[ハント蔭山裕子]

■コミュニカティブ・アプローチ

コミュニカティブ・アプローチ（communicative approach）は1970年代にヨーロッパ共同体を中心とした言語学習者のニーズの多様化に呼応して誕生した。また，言語学や心理学に基礎を置き，「科学的」な教授法とされたオーディオ・リンガル法のもつ問題点の克服が目指された。こうした出発点にも規定されて，このアプローチはオーディオ・リンガル法と根本的な点で対照的な特徴をもっている。つまり，言語観（言語をどう捉えるか）と言語学習観（言語学習をどう捉えるか）が大きく違う。

● **定義づけ**——コミュニカティブ・アプローチは，このアプローチが依拠する言語の理論と学習の理論によって定義づけられる。

(1)言語の理論：構造言語学に影響を受けたオーディオ・リンガル法に対して，コミュニカティブ・アプローチは，ハリデー（Halliday）らによる機能主義言語学の影響を受けている。伝達の手段としての言語に注目することから，言語の形式や構造よりも，文脈のなかで果たされる言語の機能や意味を重視する。また，話しことばが主で書きことばをそれから派生した従属的なものという捉え方をしない。対等なものとして書きことば，話しことばを位置づける。学習者の用いる「誤り」をも含んだ学習者言語は，目標言語の母語話者の言語体系に向かって刻々と変化・成長していく学習者固有の言語体系として位置づけられ，中間言語と名づけられている。その帰結として「誤り」は言語学習にとって不可欠のものであり，教師による直接訂正より積極的な言語使用のなかでの自己訂正のほうが有効と考えられる。

(2)言語学習の理論：行動主義心理学の基本的な概念である刺激と反応の対概念で言語学習を捉えるのがオーディオ・リンガル法である。一方，コミュニカティブ・アプローチでは，学習主体としての学習者の認知活動が注目される。外から与えられた言語インプットの繰り返し（たとえば文型練習）による言語習得ではなく，学習者が言語を使って行う問題解決行動の過程で言語習得がなされると考える。目的のために言語を使うことが言語習得を促し，学習の対象は，言語の構造ではなく，相手とのやりとりで成立するコミュニケーションと捉える。

● **理論的展開**——コミュニカティブ・アプローチは，オーディオ・リンガル法を出発点として次のような3段階にわたって理論的な展開を遂げてきた。

(1)第一段階は，何を学ぶか・教えるかという学習内容面に注目した時期である。機能主義言語学の枠組みを言語教育に適用してウィルキンス（Wilkins）が提唱した概念・機能シラバスの考え方を導入した。つまり，オーディオ・リンガル法の構造シラバスに代えて，言語が果たすコミュニケーション上の機能や意味に着目して作成された概念・機能シラバスが採用された。たとえば，「行き方を尋ねる」「飛行機の切符を買う」「人にものごとを依頼する」などの日常生活に存在する必要性を満たすための言語上の機能を一つ一つ学ぶものへと学習内容が拡大した。

(2)第二段階は，どのように学ぶか・教えるかという学習過程に注目した時期である。シラバスの変更だけではコミュニケーション能力は獲得できない。そこで，認知心理学の学習理論が適用され，コミュニケーションの過程そのものの取り込みが重視されるようになった。インフ

オメーション・ギャップ（情報上のギャップ）を埋めるためにコミュニケーションが起きること，そうしたギャップを埋めるためのやりとりにおいては相手からのフィードバックを活用しながら自分の言語を調整することなどが明らかにされた。そこで，このようなコミュニケーションの過程が組み込まれた学習としてタスク活動，プロジェクトワーク，シミュレーションなどが考案されるようになった。

(3)第三段階は成果に注目した段階である。内容やコミュニケーション過程での経験のみならず，それらが学習者のニーズに対応しているかが吟味されるようになった。学習者のニーズに応じた学習内容や活動形式を組み込むとともに，教室内で果たせないものについては別のカリキュラムを提示し個人個人のペースで行う，自律的学習が目指されるようになった。

● **現場に一任された教授法** ── コミュニカティブ・アプローチはオーディオ・リンガル法のように「コミュニカティブ・メソッド（法）」と呼ばれることはない。その理由は，言語と学習の理論だけで，その他の教室活動やカリキュラムなど教授法が備えているべき細目についての規定がないからである。このことは言い換えればコミュニカティブ・アプローチでは具体的な教授テクニックなどが現場の教師や学習者の自由に任されているといえる。つまり，どこの現場でも通用する教授法としてではなく，特定の学習者と特定の教師が創り出す特定の教授法がコミュニカティブ・アプローチであり，それは学習者と教師の組み合わせの数だけ存在する。

➡ 教授法とは (8-B)，オーディオ・リンガル法 (8-B)

● **参考文献**

ジョンソン, K./モロー, K.〔小笠原八重訳〕(1984)『コミュニカティブ・アプローチと英語教育』桐原書房.

ハリデー, M. A. K.〔山口登・筧寿雄訳〕(2001)『機能文法概説──ハリデー理論への誘い』くろしお出版.

岡崎敏雄・岡崎眸 (1990)『日本語教育におけるコミュニカティブ・アプローチ』凡人社.

Yule, G. (1997) *Referential Communication Tasks*. Lawrence Erlbaum Associates.

Hymes, D. (1972) "On communicative competence". In Pride, J. B. and Holmes, J. (eds.) *Sociolinguistics*. Penguin Books.

〔岡崎　眸〕

■ TPR

TPR（Total Physical Response：全身反応教授法）とは，教師が学習者に動作を指示し，学習者がそれを実際に行動で表現する教授法である。米国の心理学者アッシャー（Asher）は，外国語学習過程の初期段階で学習者に目標言語での発言を要求すると心理的圧迫が大きくなると考え，乳児の自然な母語習得を凝縮したかたちで再現する理解優先の教授法としての TPR を提唱した。

● **授業の実践** ── 教師は普通「〜シテクダサイ」のかたちで指示を出すが，ごく初期の段階では「Aさんは〜シマス」のかたちを使うこともある。TPR は柔軟性の高い教授法で，単独で授業を構成することもできれば，ほかの方法とあわせて使うこともできる。ただし，学習者が発話された指示に反応して行動することに特徴があるので，併用の際にはこの点に注意すべきである。授業中，学習者に多くの発言を要求したり，新出語彙を板書により導入するなどの行為は，本来の意図から外れ，授業を失敗に導く危険がある。したがって他の教授法と併用する場合も，TPR の時間はそれだけに限るべきである。

Asher (1982) は，大まかな動きから細かい動きへの，また単純な作業から複雑な作業への

展開,同時に3つ以上の単語を教えない,導入段階では教師自身が命令や指示を自ら3回繰り返し,実際にその行動を学習者に示す,などの注意点を挙げている。これは教師が学習者に教授法の意図を伝えるためのデモンストレーションであるが,これを不自然と考える教師は,代わりに少々強調したジェスチャーを伴った指示を与えるとよい。

TPRの利点は,学習者がコミュニケーションの非言語的な面に敏感になることである。教師側の学習者に理解させたいという気持ちが自然に身ぶり・手ぶりの強調となって現れれば,学習者はそれを無意識に理解の手がかりとし,知らず知らずのうちに指示に正しく反応できるようになる。さらに,教師は新出語彙を視線だけで導入することもできる。

●間違いの訂正——学習者が反応せず,原因が指示の不理解にある場合,教師は他の学習者に同じ指示を出したり,強調した身ぶりで指示を繰り返したりする。その際,心理的負担をかけないよう,声を張り上げたりしないこと。間違った反応が出た場合は,逆にそれを利用して「〜シナイデクダサイ」という否定形の指示を聞かせることもでき,また自然に導入する絶好のチャンスでもある。

●注意すべき点——最近の教授法の大半が学習者主体であるのに対し,TPRは表面的には教師中心のように見えるが,学習者に与える印象は,指示の出し方によりかなり違ってくる。教師に振り回されているような印象は,学習者の母国文化やプライバシーを傷つけないように注意し,遊びの要素を取り入れた指示を使えば避けられる。また,消極的な学習者に傍観者としての参加を許せば,その印象はいっそう改善されるであろう。

→教授法とは (8-B)

●参考文献

Schulte-Pelkum, R. (1991) "TPR" In Shulte-Pelkum, R. et al. *A New Approach to Teaching Japanese*. Brockmeyer.

川口義一 (1987)「TPR 日本語初級授業における文法事項の配列の特徴」『言語論集』2,早稲田大学語学研究所.

Asher, J. J. (1982) *Learning Another Language trough Actions*. Sky Oaks Productions.

[ルドルフ・シュルテペルクム]

■ CLL

CLLとは,Community Language Learningの略である。C-L (Counseling-Learning Approach) ともいう。1960年代後半から心理学者カラン (Curran) が協力者とともに開発した言語教授法である。その名称が示すように,カウンセリングの理論と手法を外国語学習および第二言語学習に応用したものである。この教授法の根幹をなす理念は,学習者と教師がともに創造的学習コミュニティ (a creative learning community) を構成するということである。

CLLでは,言語学習を全人的 (whole person) な変容の過程であると捉え,教師は個々の学習者の知的側面のみならず,情緒的側面にも気を配る必要があると考える。そのために,教師は安心できる学習環境を創るべきであると提唱している。

そして,目標言語の習得の度合い,教師とのかかわり方などが個々の学習者において徐々に変容していく様子を人間の成長過程になぞらえる。目標言語について知識をもたず,教師に完全に依存している段階 (胎児期) から教師を必要としない段階 (完全自立期) までの5段階 (five stages) を経て,学習者は成長すると考えられている。その段階によって,学習者の知的および情緒的ニーズは異なり,教師は各学習者のニーズに応えるための知識や活動を提供

し，各段階に合った接し方をする必要がある。

CLLでは学習者が中心的存在であり，教師はカウンセラー的に援助する立場である。その特徴を表している活動として，学習者が言いたいことを，母語などで伝え，それを教師が目標言語に訳し，そのことばをその学習者だけが真似て，他の学習者に向かって話し，同様の流れで会話をつなげていくというものがある。このなかで，学習者自身が学習項目を選びとっていく。学習の過程のなかで学習項目が決まるため，ほかの教授法に見られるような教科書はない。

また，随所に内省（reflection）活動を組み込むことによって，学習者は自身の学習状況，実施した活動，内面の変化，コミュニティとのかかわり方などを振り返り，学習状況や感情を意識化し，自分自身で学習を管理する行動へと導かれる。

CLLは，その手法から特殊な教授法であると捉えられがちであるが，カランらの学習者観，教育観は幅広い応用の可能性があり，今後の実践および研究が期待される。

➡ 教授法の流れ（8-B）
● 参考文献

鎌田修他（編著）(2000)『日本語教授法ワークショップ』（増補版）凡人社．
Curran, C. A. (1976) *Counseling-learning in Second Languages.* Apple River Press.
Rardin, J. P. and Tranel, D. D. (1988) *Education in a New Dimension: The Counseling-Learning Approach to Community Language Learning.* Counseling-Learning Publications.

［金田智子］

■ナチュラル・アプローチ

ナチュラル・アプローチは，テレル（Terrell）の言語学習・教育の経験に基づいて1970年代後半に開発，提唱された言語教育のアプローチである。80年代に入り，言語学，心理学，言語心理学，第二言語習得理論の研究，実験に基づいたクラッシェン（Krashen）の考えがその理論的基盤を与え，アメリカのESL（English as a Second Language），スペイン語教育を中心に使われるようになり，他の言語教育やアメリカ以外の国でも使われるようになった。言語の第一義的機能はコミュニケーションを行うことであり，言語教育の主要目的はコミュニケーションを円滑に行う能力を身につけることであるという考えが基盤として開発された。

クラッシェンの言語習得に関する相互に関連した次の5つの仮説がこのアプローチにおける重要な基盤となっている。

(1)言語習得仮説：第二言語のコミュニケーション能力開発において使われる知識には有意味なコミュニケーションを行っているあいだに起こる言語獲得と意識的な学習によって起こる言語習得があり，コミュニケーション能力の開発では両方が必要であるが，前者がより重要な役割を果たし，後者は言語習得におけるインプットのプロセッシングを円滑にするものである。

(2)インプット仮説：コミュニケーションのコンテクストで学習者が発話を理解したときに言語習得が起こる。したがって学習者はインプットの意味に注意を十分払うべきであり，教師は学習者が意味がわかるようにインプットを与える配慮をするべきである。これはナチュラル・アプローチでは最も重要な仮説であり，これに関連して，クラッシェンが唱えた学習者の現在の能力よりも少し上のレベルでインプットを与えたときに言語習得が最も効率的に起こるという「$i+1$」仮説もこのアプローチでは重要な役割を果たす。

(3)モニター仮説：(1)の習得による知識で外国語の運用能力を身につけるのに第一義的な役割

を果たすのは,学習による知識は生成する言語を編集したり,モニターする役割しか果たさず,十分な時間がない限り使われないとする説である。この仮説は外国語のクラスでは言語獲得のための活動に重点を置くべきであるという主張につながっている。

(4)文法獲得の自然的順序の仮説:文法項目の獲得はある予測された普遍の順序に従って起こるが,われわれはこの「自然な」順序についてはまだ完全にわからないため,クラスにおける文法項目の学習と文法項目の獲得の順序には差がある。また,よいインプットと十分なコミュニケーションの経験がある限り,言語習得は文法学習とは関係なく起こる。したがって外国語教育のシラバスは意味に基づいたもの(トピック・シラバス,状況シラバス)のほうが効果的である。

(5)情意的フィルター仮説:外国語習得は情意的にポジティブな環境でのみ起こる。学習者の動機づけが高く,自分に自信があり,不安なくインプットに集中できるときに言語習得が起こる。したがって,外国語のクラスはリラックスした雰囲気で,学習者に興味のある内容を扱い,学習参加者がお互いに助け合う気持ちをもち,よい関係をもつようにすべきである。

以上の仮説により,テレルとクラッシェンは外国語教育においては言語理解が言語産出に先立つべきである,グループ活動・ペア活動を多く使う,などの具体的なクラス活動のガイドラインを提唱している。テレルはナチュラル・アプローチはコミュニカティブ・アプローチの一種であり,言語習得についてわれわれの知識が変わることにより,変化していくアプローチであると述べている。

➡教授法とは(8-B),インプット(8-A),文法の習得(8-A),コミュニカティブ・アプローチ(8-B)

● 参考文献

Krashen, S. D. and Terrell, T. D. (1983) *The Natural Approach: Language Acquisition in the Classroom*. Prentice-Hall Europe.

Richards, J. and Rogers, T. S. (2001) *Approaches and Methods in Language Teaching: A Description and Analysis*. 2nd ed. Cambridge University Press.

Terrel, T. D. (1977) "A Natural Approach to the Acquisition and Learning of a Language." *Modern Language Journal* 61. pp. 325-336.

[當作靖彦]

■サジェストペディア

サジェストペディア(Suggestopedia:SP)は,ロザノフ(Lozanov)の確立した「暗示学」(suggestology)に基づき体系化された学習法の理論と実践である。これは,できるだけ多くのポジティブな情報刺激(暗示)を与え,潜在能力を解放・活用し,短時間で多量の情報の習得を可能にする学習法であり,学習者を認知・情動・生理の面から全人格的に捉え,学習要素すべてを統合し学習プロセスを再編した「総合的な教授方法」ということができる(壹岐 1993)。

SPの外国語教授法では,成人対象の外国語初級集中会話コース(約100時間)が広く知られている。テキストは8~10章から成り,各章がそれぞれまとまった物語性のある会話で構成され,授業は,各章とも次の3部構成になっている。

(1)イントロダクション(introduction):その章の内容・文法項目を会話・絵・スライド・動作などを用い,簡単に紹介する。

(2)コンサートセッション(concert sessions):コースの核となる部で,厳粛にとり行われる。ⓐアクティブ・コンサート(active concert)では,教師は古典派あるいはロマン

派の曲に合わせ，1語1語テキストを読み上げる。学習者は音楽と朗読を聞きながら，テキストを見たり書き込みなどし，コンサートにアクティブにかかわる。ⓑパッシブ・コンサート（passive concert）では，教師は椅子に掛け，テキストを再朗読する。バロック音楽をかけ，今度は，テキストの内容に合わせ普通の会話の調子で朗読する。学習者は本を閉じ，コンサートにパッシブにかかわる。

（3）エラボレーション（elaboration）：主として潜在意識的な受容としてコンサートで導入された学習内容を顕在化させ，言語運用力を高めるための練習を行う。具体的にはテキストの音読，ゲーム・歌，訳読など。

教師養成を必須とするSPの正統的実践は容易ではないが，日本では「日本サジェストペディア学会」を中心に応用・研究が進められている。

→ 教授法とは（8-B）

● 参考文献

壹岐節子（1993）「サジェストペディアの理論的背景及び実践内容」『日本サジェストペディア学会紀要』創刊号．

鎌田修他（編著）（2000）『日本語教授法ワークショップ』（増補版）凡人社．

Lozanov, G. (1978) *Suggestology and Outlines of Suggestopedy*. Gordon and Breach.

[鬼木和子]

■サイレントウェイ

サイレントウェイとは，科学者で数学者でもあったガテーニョ（Gattegno）が提唱・実践した教育理念「ガテーニョ・アプローチ」を言語教育に応用したものである。「学習者の習得なくして教師の役割は全うされない」という大前提のもと"習得"に重点を置くのがこのアプローチの特徴である。

学習者は少なくとも1つの言語（母語）には精通しており，そのノウハウが自動化されている。このように人が何か1つのことを身につけるまでのプロセスを「①学習意識の確立，②試行錯誤，③練習，④自動化」と捉え「習得の4段階」としている。

学習活動の焦点は「言語の本質（the spirit of the language）」に触れることに置かれ，まず音，次に構文が重視される。その際，語彙の数と種類が制限されるが，このことによって目標言語の基礎となる音システムの確立，文の骨組みを見ることに集中できるのは，いうまでもない。音と基礎構文に親しみながら機能語300余りの「判断基準（inner criteria）」を培っていく。さらに個々に必要とする練習目標を自覚・認識しながら自分のものにしていくとともに「学び手」として自立していく。この学び手としての自立こそが習得に必要なもので教師はこの点に注目し授業を進める。

ガテーニョは「教育しうるものはawarenessのみである」と述べている。awarenessとは，「気づき・自覚・意識・認識」などの意味で用いられるが，学ぶことはまさにこのawarenessを磨くことにほかならない。教師の仕事においては「習得に必要なawarenessにはたらきかけること（forcing awareness）」そして，「習得を補佐すること（subordination of teaching to learning）」，この2点が重要となる。

また，ガテーニョ・アプローチの理念に基づいて考案された教材（カラーチャート，ロッド）は，第一言語の習得で発揮した力を第二言語の習得にも利用できるように作られている。生徒が言語に触れながら学んでいくことを可能にすると同時に，教師が無用な言動を慎み，生徒を観察して個々の生徒に今何が必要かを判断するための時間を提供する。このときの「沈黙」を有力な教具とするところからサイレントウェイと呼ばれている。

→ 教授法とは (8-B)

● **参考文献**

ガテーニョ, C.〔土屋澄男訳〕(1973/1988)『赤ん坊の宇宙』リーベル出版.

ガテーニョ, C.〔土屋澄男訳〕(1970/2003)『子どもの「学びパワー」を掘り起こせ』茅ヶ崎出版.

アラード房子 (2003)『サイレントウェイで日本語を学ぶ』語学文化協会.

Gattegno, C. (1976) *The Common Sense of Teaching Foreign Languages*. Educational Solutions.

[アラード房子]

■イマージョン・プログラム

イマージョン・プログラム (immersion program) は,生徒に教科の一部を外国語で教え,一部を母語で教える二言語教育(バイリンガル教育)の一種である.「イマージョン」は「浸す immerse」という意味で,生徒を外国語の海に浸すことを表す.1965年にカナダのモントリオールで英語を母語とする子どもたちの保護者の要求に応えてできたフランス語イマージョン・プログラムがその始まりである.イマージョン・プログラムは,学校において,家庭の言語とは異なる言語を使用することで知られるが,ほかに以下の特徴が挙げられる (Swain and Johnson 1997)。

(1)教科を第二言語で教える.
(2)イマージョンのカリキュラム(数学・理科・社会などの教科)は地域の母語教育と平行する.
(3)母語発達を支援する態度がとられ,時期をずらして母語教育,母語での教科教育を行う.
(4)目標は第二言語を加えること (additive bilingualism) で,生徒の最終的な第二言語能力は母語レベルではなくても高度のレベルとなり,一方,母語能力は,同一のカリキュラムを母語で学んだ非イマージョン生徒に相当する.
(5)第二言語に触れる場が教室に限られている.
(6)入学時の生徒たちの第二言語能力は似たようなレベル(初級)である.
(7)教師はバイリンガルである.
(8)教室文化は地域社会の,つまり,第一言語の文化になっている.

これらの特徴は可変的で連続的である.

イマージョン・プログラムは何種類かに分かれる.トータル・イマージョン (total immersion) ではカリキュラムを100％第二言語で教えるが,これは最初の2,3年間で,その後,母語の学習を加えることが多い.パーシャル・イマージョン (partial immersion) では,カリキュラムの少なくとも50％を第二言語で教える.Genesee (1987) によると第二言語使用率が50％以下の場合はイマージョンとはいいがたいが,実際50％以下のイマージョン・プログラムも存在する.

イマージョン・プログラムは入学時期で3つのパターンが見られる.早期イマージョン (early immersion) は幼稚園の年長組,または小学校1年生に始まる.文字の導入はトータル・イマージョンでは第二言語からスタートし,母語の文字教育は小学校2,3年から導入される.パーシャル・イマージョンの場合は,第二言語と母語文字が併行して導入されることが多い.中期イマージョン (middle immersion) では小学校4,5年(9歳か10歳)からスタートし,後期イマージョン (late immersion) では小学校6年,中学1,2年から始まるが,母語で教育を受けて,なかには外国語として第二言語を学習する生徒もいる.カナダやスペイン,米国などで最も人気のあるプログラムは,早期イマージョンである.

米国ではスペイン語やフランス語のイマージョン・プログラムに続き，1988年にオレゴン州で日本語イマージョン校が設立された。2001年の時点で全米に13校ほどある（Kanagy 2001）。日本にも1992年に最初の英語イマージョン校が静岡県沼津市に設立された。幼稚園から高校まであり，カリキュラムは文部科学省認定の教科書を英語に訳したものに基づく。

35年以上のイマージョン教育のなかの成果では，生徒の言語能力が外国語として学習した生徒より高度であり，とくに聴解や読解力は母語話者に近いことがわかった。会話力も流暢で，文法の正確度，語彙の多様性，社会言語学的適切性においては母語話者には及ばないものの，自信をもって話すことができる。精神面でも母語話者に対して第二言語を使うことに違和感をもたず，文化的理解度も高いとされる。

→バイリンガリズム（8-A）
● 参考文献

ボストウィック，M.（1999）「日本におけるイマージョン教育」山本雅代（編）『バイリンガルの世界』大修館書店．

Genesee, F. (1987) *Learning through Two Languages*. Newbury House.

Kanagy, R. (2001) "Hai, gengki desu : Doing Fine in a Japanese Immersion Classroom." In Christian, D. and Genesee, F. (eds.). *Bilingual Education*. pp. 139-150. TESOL, Inc.

Swain, M. and Johnson, K. (1997) "Immersion Education : A Category within Bilingual Education." In Johnson, K. and Swain, M. (eds.) *Immersion Education : International Perspectives*. pp. 1-16. Cambridge University Press.

［カネギ ルース］

■日本語教育と演劇

言語教育と演劇の関係は深い。ことばやコミュニケーションについて"まねび"，倣うことについて両者は共通している。子どもは親の真似をし，新入社員は先輩の話し方やふるまいを倣うなかで現場にふさわしいコミュニケーションのやり方を徐々に習得していく。本質的にオーラル・コミュニケーションは演劇的であるともいえる。

言語教育において演劇は，大きく4つの方法論とかかわっている。一つは，ドラマ・メソッドや大学のESSなどのサークルが行うような語学学習のための演劇，または演劇を通じて言語を学習，習熟しようとする方法論である。二つ目は，教室内活動に演劇的手法を取り入れたもので，ロールプレイやスキット・寸劇などである。三つ目は，異文化間コミュニケーションなどのワークショップに取り入れられている演劇的発想と手法である。異文化理解や母文化の自覚化，判断保留，人間関係や信頼関係を構築するためのものなど多様な活動が発案されている。四つ目は，word studyよりworld studyといわれるように，言語の獲得は同時に自分が現在置かれた世界，社会状況の意識化であり，エンパワーメントにつながっているという立場で，とくに第三世界における女性の識字運動の方法論となった応用演劇である。そのほかに教師の発声やパフォーマンス能力の向上のために演劇的ワークショップが利用されている。

日本語教育の世界では1990年以降，地域住民活動として日本語支援が全国各地で盛んになった。そこでは従来の教室や学校内で完結した日本語教育ではなく，言語や文化の違いを超えた地域住民同士の新たな関係性の構築を目指した日本語教育が求められた。たとえば，言語だけに依存しないコミュニケーションの可能性を探求すること，〈日本人＝教える人〉対〈外国人＝習う人〉という固定化した関係性を問い

直すこと，社会的実践や生活文脈のなかでことばを学習・獲得していく試みなどである。そのような要請に応えて，応用演劇と日本語教育の接点が生まれた。

たとえばフォーラムシアターという手法がある。この手法は，「演技による議論」ともいわれ，まずワークショップを通じて，現実社会のなかで生じるさまざまな「問題」をあぶり出す。そして「問題」に対処するいろいろな見方や行動のアイデアを，観客が劇のなかに入り，行動として示し，やってみる。熊谷保宏は，次のように述べている。「フォーラムシアターは，かならずしも問題の解決策をみつけることを目的にするわけではない。大事なのは，問題について，さまざまな見方を出し合うこと。その手段に演劇を使うのである。生きた文脈を作り出し，文脈のなかで考え，議論をし，学んでいくこと。その点において，コミュニケーションのための言語教育は，根底で演劇とつながっているといえよう。ことばはともすると，生きられている『今ここ』から離れがちである。劇というかたちで，問題を今ここの問題にすること，フォーラムはそのような仕掛けだ」（熊谷2002）。学習の場に生き生きとした「今ここ」を現出させる装置として演劇は大きな可能性をもっている。

● 参考文献

熊谷保宏（2002）「演劇を離れて演劇へ」石川泰，熊谷保宏，若栗文則　芸団協・芸能文化情報センター（編）『芸能と教育ブックレット「ワークショップ」になにができるか？──「多様性」と向き合うための知恵』芸団協出版部.

ボアール，A.〔里見実他訳〕（1984）『被抑圧者の演劇』晶文社.

竹内敏晴（1975）『劇──からだのパイエル』青雲書房.

平田オリザ（2001）『対話のレッスン』小学館.

鴻上尚史（2002）『発声と身体のレッスン──魅力的な「こえ」と「からだ」を作るために』白水社.

［春原憲一郎］

■ その他の教授法

本項では，主として独立して扱った教授法以外のものにふれる。

● GDM (Graded Direct Method)──GDMは，アメリカの言語学者リチャーズ（Richards）が始めた教授法であり，文（sentence）の意味とそれを支える文法は，その文が適用される場面（situation）から見いだすことができるという言語観を背景にもつ。その文と場面の組み合わせを"SEN-SIT"と呼び，あるSEN-SITを学べば，次のSEN-SITがどういう組み合わせかわかるように，文型・文法を配列（grading）して教材を作っていく。

教材は，単純な線画とその場面を表す文が同じページに載せられた教科書で，VT法にも影響を与えている。この教材で，体や物を利用した実演，絵による場面理解，文字による読み書きと，口頭表現から文章表現まで総合的に指導できる。

● VT（ベルボ・トナル）法（Verbo-tonal Method）──VT法は，「言調聴覚論（Verbo-tonal System）」を理論的基盤にした言語教授法で，「全体構造視聴覚方式（Méthodologie structuro-globales audio-visuelles；SGAV［スガブ］）」とも呼ばれる。「言調聴覚論」は，旧ユーゴスラビアの言語学者ペタル・グベリナ（Petar Guberina）によって開発された言語音の受容と再生に関する研究の体系である。VT法の教授理念の中心は，「言語の全体構造性」であるが，これは，言語活動を，言語的要素から場面的要素までが有機的に分かちがたく結びついた，「全体の構造」として捉えるという立

場である。

　VT法の典型的教材は，各課にひと続きのストーリーが提示された絵教材と，そのひとコマごとに対応する音声テープから成る。授業では，テープを聞きながら，絵で示されている場面の意味を汲み取りつつ，テープの発音を繰り返す。場面の意味を重視するVT法では，入門期から場面にふさわしい韻律的要素の習得を重視し，授業ごとにユニークな発音練習を行う。これによって，母語の音韻体系に干渉されず目標言語音を聞き取り，習得することが可能になる。

● SAPL（サプル：Self Access Pair Learning）── SAPLは，スイスにある語学教育研究所CEEL（Center for the Experimentation and Evaluation of Language Learning Techniques）の所長ファーガソン（Ferguson）が開発した教授法である。SAPLは，その教授理念を，VT法，サジェストペディア，70年代のコミュニカティブ・アプローチなどから得ている。ストーリーが提示された絵教材と，その内容を表す音声テープを主教材にする点には，VT法からの影響が強く見られる。

　教室活動については，絵とテープで学習を進める点はVT法と似ているが，教科書の指示が細かく，学習者はペアになって教科書の手順どおりに進んでいけばよい。教師は，雰囲気づくりや助言役に徹し，学習者が自分たちのペースで学習を続けられるので，「学習者主導型（learner-directed）」の，自律性を育てる教授法といえよう。

➡教授法の理念（8-B），教授法とは（8-B），サジェストペディア（8-B），コミュニカティブ・アプローチ（8-B），VT法（1-J）

● 参考文献
横溝紳一郎・川口義一（2005）『ライブ！成長する教師のための日本語教育ガイドブック（下）』ひつじ書房．

小坏博子他（2002）『聴覚・言語障害教育および外国語教育のためのVTS入門』特定非営利活動法人グベリナ記念ヴェルボトナル普及協会．
鎌田修・川口義一・鈴木睦（2000）『日本語教授法ワークショップ』（増補版）凡人社．

［川口義一］

■教授法の理念

　日本語教育の教授法は，他の外国語教授法と同様，時代や社会的状況の要請に伴い変遷を重ねてきた。媒介語（学習者と教師に共通の言語）を前提とした文法訳読法，媒介語を認めない直接法，習慣形成によるオーディオ・リンガル法をへて，コミュニケーション重視の日本語教育に至ったという大きな流れがある。日本語教育において，唯一絶対の教授法は存在しないといわれるようになって久しい。学習者の多様化が進むにつれて，歴史的変遷のなかで提唱されてきた数々の教授法を，学習者の多様性への対応方法として捉えるようになってきている。

　それぞれの外国語教授法には，拠りどころとなる言語や言語習得についての理論がある。Richards and Rodgers（1986, 2001）は，各教授法の言語観と言語学習観を捉えようとする分析の枠組みを提示しており，共通の枠組みによって教授法を分析し，理解することが可能になった。構造言語学に基づく言語観と行動心理学による言語学習観を基盤とするオーディオ・リンガル法のような教授法もあるが，どちらかというと言語学習観を重視するCLL，サイレントウェイ，サジェストペディアといった教授法もある。また，コミュニカティブ・アプローチは，コミュニケーション能力を含めた言語観と学習者中心の心理学を取り入れた言語学習観が背景にあると考えられる。

　教授法は，具体的な指導方法，指導技術と捉えられることも多いが，具体的な方法としての

教授法だけではなく，その背景にある言語観と言語学習観，言い換えれば，その教授法の理念を理解することが重要である。教授法によっては，それぞれの教育現場にそのまま応用することは難しいこともあるが，たとえば，教師はできるだけ発言を控えて学習者の参加を促したり，できる限り学習者の心理的な負担を軽くするなど，サイレントウェイやサジェストペディアの理念を教育活動に取り入れることは可能であろう。

また，教授法というと，教室内の活動を中心に考えられることが多いが，どのように言語が習得されるのかに注目すれば，教室外の活動も視野に入れる必要がある。そして，教室外の学習活動の助けとなるような活動を教室内で展開することが求められる。コミュニカティブ・アプローチ以降提唱されてきたタスク中心の活動やプロジェクトワークなどは，教室内のコミュニケーションと教室外のコミュニケーションを結ぶ活動とみることもできる。近年，言語の習得を状況や環境との相互作用のなかで捉える見方も広がりつつある。状況学習論，社会文化的アプローチといった理念のもとで，新たな教育方法の模索が始まっている。

→社会文化的アプローチ（8-A），教授法とは（8-B），教授法の流れ（8-B），学習活動の形態（8-D），学習活動の種類（8-D）

● 参考文献

鎌田修他（編著）(2000)『日本語教授法ワークショップ』（増補版）凡人社.

木村宗男他（編）(1989)『日本語教授法』おうふう.

Richards, J. C. and Rodgers, T. S. (2001) *Approaches and Methods in Language Teaching.* 2nd ed. Cambridge University Press.

［林 さと子］

■ 4 技能

言語的コミュニケーションは知識だけでなく，それらを適切に使う技能（スキル）が必要である。4技能とは「聞く・話す・読む・書く」という言語使用を指す。音声言語か文字言語かという観点から表8-1のように分類される。

表8-1 4技能の分類

	受容的	産出的
聴覚媒体	聞く	話す
視覚媒体	読む	書く

「聞く・読む」は，聞き手・話し手が受容した情報を既有知識と関連づけて照合したり解釈したりするなど，頭の中で積極的な情報処理作業を進めており，能動的な技能である。「聞く・話す」は自然環境で習得されるが，「読む・書く」は意識的学習により身につける。これら4つの主要技能に対して，発音・文法・語彙・句読法などは補助技能といわれ，言語使用に際して不可欠である。4技能はそれぞれ下位技能をもつ。

● 聞く──音声は瞬時に消え，発音や発話文は人により話し方によりばらつきがある。伝達内容も不完全になりがちである。聞き手はその内容を，聞き取れたことばや場面状況などを手がかりにし，既有の言語的・非言語的な知識を使って予測・推測しながら想像を広げ，解釈していく。母語話者は，幼児期に母語の音調や調音法を身につけ，発話文の意味理解や話者の発話意図まで察知できるようになる。聞き取った情報を既有知識と関連づけて解釈するという聞き方は幼児でも行っている。

● 話す──話し手は自分の意図を伝える際，単に文の形式を整え，語彙的・文法的意味を産出するだけではない。目的，相手との関係，場面や状況，話題などに応じて声の調子や発話スタイルを変化させるなど，非言語的な伝達手段

もとる。医者と患者，議会での閣僚と議員，大人と幼児といったペアのやりとりを見ると多様なスキルが使用されている。そこには，はたらきかけ，会話の開始・終了，話題提示，ターン（話順）受け継ぎなど，会話のしくみがあり，決まりにのっとって談話展開がなされている。また，発話文には必要な言語的要素の欠落，言い直しや繰り返しなどが見られ，文が完結していないことも多い。

● 読む──読むとは，読み手自身のすべての知識や想像力を使って，書かれた内容に関して自分なりのイメージを構築していく，積極的で主体的な活動である。文字情報を語彙的・文法的に解釈して内容を組み立てていくボトムアップ的読み方，テキストの言語情報を読み手の言語知識・言語外知識と照合しながら予測・推測し，意味の構築をしていくトップダウン的な読み方など，読み手は目的・テキストの性質・状況などに応じた読み方をする。読解は，両技能を交互に使い，補償的に進める過程だと捉える見方もある。

● 書く──伝統的なアプローチでは，既習の語彙・文型・話題を使って作文を書かせることが文章力育成の中心的な方法であった。そこでは文法的な正しさ，修辞的モデルの重要性が強調され，教師が読み手であり，添削者であった。コミュニケーションを中心においた考え方では，実生活に似た状況をつくり出し，伝達したい内容を相手に伝えることが重視される。間違いの扱い，教師の役割などには大きな変化が見られる。

➡ 聴解指導 (8-B)，会話指導 (8-B)，読解指導 (8-B)，作文指導 (8-B)，統合的指導法 (8-B)

● 参考文献

岡崎眸・岡崎敏雄 (2001)『日本語教育における学習の分析とデザイン──言語習得過程の視点から見た日本語教育』凡人社．

竹蓋幸生 (1984)『ヒヤリングの行動科学』研究社出版．

宮崎清孝 (1996)「聞くこととはどういう行為か」『言語』25-2．

ウィドウソン，H. G.〔東後勝明・西出公之訳〕(1991)『コミュニケーションのための言語教育』研究社出版．

ネウストプニー，J. V. (1982)『外国人とのコミュニケーション』〈岩波新書〉岩波書店．

メイナード，泉子・K. (1993)『会話分析』くろしお出版．

〔三井豊子〕

■ 音声指導

● 目的と指導項目──音声指導では，言語的な意味が正しく伝達できるよう指導することが第一の目的である。たとえば，学習者が「主人」「大学」と言ったつもりが「囚人」「退学」と聞こえてはならない。第二に，パラ言語情報が正しく伝わるように指導することも重要である。たとえば，質問のつもりで「そうですか？」と言ったのに，〈疑い・不信感〉を表明したと誤解されるようなことがあってはならない。

音声指導は，学習者が直面する音声面の誤伝達を避けるために何が最優先されるべきかを考慮して計画を立て実施しなければならない。

● 方法〈聞き取り練習から発音練習へ〉──日本人にとって英語のRとLが区別しにくいように，入門期の日本語学習者には教師のモデル音声と自己の音声がどう違うのか音韻レベルはおろか，知覚レベルで区別できないことがある。どう誤っているのかさえわからずに，同じ発音を何度も繰り返させられれば，屈辱を感じ，学習意欲を損ねる場合もありえよう。

音声項目にもよるが，とくに難しい項目の場合は聞き取り練習から始め，しだいに発音練習に移行していけば上述の問題が回避できる。以下に聞き取り優先式の長音の指導例を示す。教

師がA，B，Cのいずれかを発音し，学習者は表記を見ながら，黙って答えを選んでいき，自己採点する。

《ステップ1》無意味語：A　ダダダン
　　　　　　B　ダーダダン　C　ダダーダン
《ステップ2》有意味語：A　おばさん
　　　　　　B　おおばさん　　C　おばあさん
《ステップ3》文中の有意味語：どの　ひとが（A　おばさん　　B　おおばさん　C　おばあさん）ですか。

聞き取り練習によって母音の長短の区別に慣れた後で発音の練習に移行すれば，学習者の受けるプレッシャーは低くなるであろう。

→母語別問題点（1-I），音声教育法（1-J），4技能（8-B），音声・音韻の習得（8-A）

●参考文献

河野俊之他（2004）『1日10分の発音練習』くろしお出版.

土岐哲・村田水恵（1989）『発音・聴解』荒竹出版.

戸田貴子（2004）『コミュニケーションのための日本語発音レッスン』スリーエーネットワーク.

[助川泰彦]

■**文字指導**

文字の何をどのように教えるかは，学習者の興味，年齢，職業や，学習の目標，環境などを考慮し，学習者とよく話し合って決める必要がある。

会話さえできれば十分という場合は，ローマ字だけを使って発音，聴解，語彙，文法，会話などを指導することもできる。ローマ字使用による母語の発音の干渉が心配であれば，早めにひらがなに切り替える。ひらがなは日本人ならだれでも使えるが，ローマ字は必ずしもそうではないという意味でも，とくに日本で暮らす学習者には習得する価値がある。そこで，初めからローマ字は導入せずひらがなとカタカナを教え，カタカナ・ひらがな交じり文を指導することも多い。漢字は，「危険」「止まれ」など，生活に最低限必要なものは読めるようにしたい。

一方，読解が学習目標ならば，当然漢字も教えることになる。新聞は常用漢字のほかに地名・人名漢字を含んでいる。論文は各専門分野で頻度の高い漢字が明らかになっている。漢字の提出順は，漢字語彙の頻度，字形の複雑さ，漢字の成立，漢字の頻度，造語力，字義の関連などに配慮したいが，主教材との関連も無視できない。漢字の指導に際しては，学習者が非漢字圏か漢字圏かを意識する必要がある。非漢字圏には，表意文字に対する戸惑いや困難さを理解し気を配りたい。漢字圏に対しては漢字の学習は簡単であろうと油断しがちであるが，これは大きな間違いである。漢字圏とひとくちに言っても，複雑な字体を使っている地域と簡略化された字体を使っている地域があり，どちらも日本の字体とは異なる。発音は原則として1字1音であり，日本語で音と訓がいくつもあることと大きく異なる。同じ漢字で意味が違うこともある。

また，漫画やゲームの日本語が読めるようになりたい，カタカナで自分の名前が書けると格好良いなど，学習者の興味が近年多様化していることにも注意が必要である。

→文字教育のシラバス（5-E），ひらがな教育のカリキュラム（5-E），カタカナ教育のカリキュラム（5-E），漢字教育のカリキュラム（5-E）

●参考文献

加藤彰彦（編）（1989）『講座日本語と日本語教育9　日本語の文字・表記（下）』明治書院.

国際交流基金日本語国際センター（2000）『教師用日本語教育ハンドブック② 新表記』凡人社.

国立国語研究所（1988）『文字・表記の教育』

〈日本語教育指導参考書 14〉大蔵省印刷局．
武部良明（1989）「文字・表記の指導」『講座日本語と日本語教育 13 日本語教育教授法（上）』明治書院．
吉村弓子（1989）「漢字の指導」『講座日本語と日本語教育 13 日本語教育教授法（上）』明治書院．

［吉村弓子］

■語彙指導

日本語教育のなかで，語彙指導は，普通は単独で行われることはなく，カリキュラムの文法指導，読解指導，作文指導などのなかで随時なされる。また，語彙（語の集合）そのものを扱うよりは，個々の語を扱うほうが実際である。すなわち，語彙指導とは，語が理解でき，使えるようになるための指導ということになろう。

語の意味の理解に関して注意すべき第一の点は，類義語の意味差である。たとえば，サケルとヨケル，ヨコとトナリなど。類義語の意味差の指導は，簡潔な説明と適切な例文によってなされるべきである。説明は不必要に専門的だったり長かったりすることなく，例文は説明を裏づけるもので学習者がそれを記憶することが有用なものを提示すべきである。

注意すべき第二の点は，学習者にとって重要で困難な問題は，語の意味の中心部分より周辺部分のほうにあることである。意味の中心部分は，単純にいえば，日本語・外国語の対訳辞書でも一定の理解ができる。周辺部分とは，語の文体差，文化的特徴などを指す。日本語の語は，話しことばと書きことばの違いに応じて使い分けられることが多い。たとえば，「本」「書物」「書籍」，「本屋」「書店」など。書きことばのなかの細かい差も重要である。たとえば，「あした」に対して「あす」「みょうにち」，「少し」に対して「少々」「多少」「いささか」など。文化的特徴では，ある動物のもつイメージ，たとえば「ヘビのようだ」が［執念深い］という意味になること，など。

注意すべき第三の点は，外来語の存在である。外来語の流入によって，類義語はさらに広がりをもつようになっている。「アドバイス」「助言」「忠告」「忠言」「勧告」，「キャンセル」「取り消し」など。また，外国語が外来語として取り入れられるときに意味の拡大や縮小を起こしている点も見逃してはならない。たとえば，smart（英）とスマートである。

→ 語の意味（3-E），語感（3-E），語彙・意味の習得（8-A）

● 参考文献

国立国語研究所（編）（1984，1985）『語彙の研究と教育（上）（下）』〈日本語教育指導参考書 12・13〉大蔵省印刷局．

［中道知子］

■文法指導

● **導入と練習** ── 文法指導の必要性は学習者のニーズや学習スタイルによって異なる。短期滞在のためにサバイバル日本語を必要としている学習者や論理的な方法で外国語を学ぶことが不得意な学習者に対して文法を押しつけるべきではない。一方，上級まで進んで論理的な文章を読み，また自ら書く必要のある学習者には初級段階から体系的な文法指導を行う必要がある。

初級段階における文法指導では，文の骨格を作る文法の力が中心となる。たとえば，格助詞や副助詞の使い方，動詞の活用形を作る力や「～は～が～です」のような文を正しく作る力などである。文法の力をつけるには，導入方法にも練習方法にも工夫が要る。学習者に文法のポイントに気づかせるような焦点を絞った提出のしかた，区切り方，ほかの文法事項との区別に気づかせるような練習問題など細心の注意が要る。これらの指導法については教師用に多く

の指導書がある。しかし,直接法によって指導する場合,学習者にとっては教室における説明だけでは十分でない。教科書に付随した学習者用の母語による文法解説書があることが望ましい。

初級において学習するのは単純で応用範囲の広い表現である。しかし,中級に進むとより複雑で微妙,かつ個別的な表現が加わってくる。数多く現れる中級文型(機能語)を含む接続表現と文末表現などである。ここでは日本語の特徴である話し手の気持ち,話し手の視点についての指導が重要となる。また,似たことばの使い分け,文型の意味や文法情報についての指導も必要である。たとえば,後続のことばはプラス表現かマイナス表現か,有意志か無意志か,モダリティの有無などについての情報を多くの例文を通して与えなければならない。中級文型は数が多い。使用頻度や学習者のニーズに合わせて軽重をつけ,使用頻度の高いものは理解だけでなく運用できるようきめ細かな指導と適切な練習をさせたい。

また,中級において大切なことは初級文法の発展的な使い方をなおざりにせず,おさえることである。1例を挙げる。使役は初級で指導する文法項目であるためか,自責を表す使役,

(1)私の不注意で小鳥を死なせてしまった。

のような難しい使役文が何の前触れもなく,中級の教科書の本文中に表れて学習者を戸惑わせることがある。初級で学習した文法項目であっても,意味や使い方の違うものは中級においてしっかりとおさえ,話し手の心理,状況,使い方などについて指導する必要がある。

●指導上の留意点 ── 次に,指導上の留意点について述べる。

文法項目や文型の指導には,場面に適した文を作る力,運用力をつけることが大切である。たとえば,可能表現を指導する場合,可能動詞(可能態)の作り方や使い方を教えるだけでなく目上の人に対しては可能表現をあまり使わないということも教えなければならない。

(2)先生,中国語ができますか。

(3)部長,コンピュータが使えますか。

のような言い方は失礼であるという情報を伝えるべきである。受身・使役などを指導する場合にもこれらの文法項目を使う場面,話し手の視点,心理状態,使わない場面などについての情報を与えなければ不十分である。

文型練習や問題をさせる場合には,実際に使われている文に近い自然な文を使って指導を行うように心がけたい。

(4)先生,何が飲みたいですか。

(5)私は来年結婚するでしょう。

このような実際には言わない文を形の練習のために言わせることは避けたほうがよい。

練習は1文でなく,談話のなかでどのように使われるか,機能について理解させ,使えるように指導する必要がある。「Vたい」について例を挙げて説明する。

(6)すみません。駅へ行きたんですが…。

このように,何か聞くときの「切り出し」として使われる例などを提示し実際の運用に近いかたちで練習させることが大切である。

運用力を高めるためには,改まり度や文体についての情報も必要である。フォーマルな場面,親しい間柄の気楽な会話,会議,論文などでよく使われるなどの情報を必要に応じて,早くから与えるべきである。

日本語学習者の誤り(誤用)の原因について,近年,文法習得に関する研究の成果によって多くのことが明らかになってきた。学習者の母語による干渉は以前からよく知られている。そのほか,日本語そのものの文法規則の不合理性,教科書の提出方法の不適切さ,母語話者の文法使用の揺れ,教授法によって引き起こされるものなど,さまざまな原因がわかってきた。文法を指導するうえでは,これらの研究成果を

ふまえ，それらの視点から，自らの指導法を絶えず見直すことが大切であろう。

➡文法の習得（8-A）

● 参考文献

野田尚史（1999）「日本語教育の影響を受けた日本語文法」『言語』28-4．

野田尚史他（2001）『日本語学習者の文法習得』大修館書店．

友松悦子・和栗雅子（2004）『短期集中初級文法総復習』スリーエーネットワーク．

友松悦子他（2000）『どんなときどう使う 日本語表現文型 200 初中級』アルク．

友松悦子他（1996）『どんな時どう使う 日本語表現文型 500 中上級』アルク．

［和栗雅子］

■談話レベルの指導

談話（discourse）は文を超えた言語単位であるが，単に文や発話が連なったものではない。談話は，部分相互がつながっていて（結束性），全体として何を言っているか（首尾一貫性）を受け手に伝えるものでなければならない。さらに，場面に対する適切性も必要である。これら談話成立の要件についてふだん私たちはあまり意識していないが，それぞれの場面に応じた選択を行っている。たとえば，ゼミで自分の意見を述べる際には，何について話しているかを明確にするし（首尾一貫性），接続表現や指示表現などで部分のつながりを示し（結束性），いつもよりも少し改まった言い方で話す（場面に対する適切性）であろう。友達同士でおしゃべりをする際には，話題導入の表現や語の繰り返しなどを使って結束性と首尾一貫性を保ちつつ，うちとけた話し方をして，上記の3つの要件と会話の楽しさとを両立させようとするだろう。

しかし，母語話者が半ば無意識的に行っているこの選択を，学習者は意識的に行って談話を成立させ，コミュニケーションを達成しなければならない。したがって，談話レベルの指導を考える際には，学習者に自分の生成した談話の「まとまり」を意識させるとともに，その場面においてどうしたら適切な意思伝達ができるかを考えさせることが必要になる。そのためには，「こういう場合にはこういう言い方をし，こういうふるまいをする」といったような知識（宣言的知識）とともに，実際のコミュニケーションをどのように達成させるかについての知識（手続き的知識）が必要である。この手続き的知識は，単に実際の場面を学習者に経験させるだけでは身につかない。談話展開の場面を明瞭な課題（タスク）として提供し，学習者に自分のコミュニケーションについて意識化させることが必要である。つまり，タスクの目的，タスクのための準備，タスク後の評価のすべての段階で教師と学習者がともに活動をつくり上げていくことが重要である。

達成可能なタスクは学習者の日本語運用能力のレベルによって異なるだろう。初級では，上述のタスクをつくり上げるための作業は，媒介語（学習者と教師に共通な言語）などを通じて行うことも考えられる。初級での具体的なタスクとしては，教室に日本語母語話者を呼んで学習者にインタビューをさせるビジターセッションや，母語話者とともに作文を書く協働作文などが考えられる。これらの活動を行う際には，教師はタスクについて母語話者に十分に説明し，彼らがタスクの目的を共有できるよう努める必要がある。中級，上級では，タスクの選択，計画，実施，評価について学習者が自分で決められるように学習者間の話し合いを積極的に取り入れることが望ましい。具体的にはグループでの作文推敲や，グループでテーマを決めて何かの取材に行き，報告をすることなども考えられる。

このように，談話レベルの指導は談話の構築

とコミュニケーションの達成について学習者が意識できるような状況を教師が設定し,管理することが指導の柱になる。

→ 会話指導（8-B）,作文指導（8-B）,言語知識の習得（8-A）

●参考文献

大村彰道（監修）秋田喜代美・久野雅樹（編著）（2001）『文章理解の心理学』北大路書房.

西條美紀（2000）「弁証的作文過程のための作文指導」『日本語教育』105.

寺村秀夫他（編著）『ケーススタディ 日本語の文章・談話』おうふう.

ネウストプニー,J. V.（1995）『新しい日本語教育のために』大修館書店.

[西條美紀]

■聴解指導

聞き手は発話速度をコントロールできず,また,音声言語には短縮・消失・脱落・弱化など音変化が生じる。調音法は十人十色であり,発話文にも,言い直し・省略・倒置などが生じる。だが,母語話者は音声の変化した言語音を知覚しても,話し手が意図したとおりの言語音として捉え,不完全な発話文も言語知識や言語外知識で補完して聞く。

言語的情報は論理的な意味を担う情報であるが,音声談話は言語のみで構成されているわけではない。ポーズ（休止,間）をすべて除去したニュースを聞く実験で,被験者（母語話者）は意味が理解できなかったという（杉藤1993）。また,人は声の調子や話し方から話し手の特定,感情判断,話しかけの目的を察知する。聞き手はパラ言語情報も利用して予測・推測し,不完全な音声談話が意味をなすように解釈してメッセージをつくり上げる。聴解には社会文化的知識の蓄積も不可欠である。

聴解には「統合による分析」「予測と検証」という処理過程が関与するといわれる。前者は,突然耳に入ってきた音声情報などを既有の知識を駆使して総合的に分析・処理する場合であり,後者は,聞き手が発話内容について予測を立て,その予測と実際の音声情報とを照合することにより効率的に処理を進める場合である。

音声教材の選択では,より自然なものが望まれる。速度が速く,語彙が難しいと思われる場合にも,タスクの設定次第で教材の難易度を下げることもできる。ただ,背景知識の有無については十分に吟味すべきだろう。

聴解の指導では,学習者の日本語に関する言語知識・言語外知識を増やすことと同時に,聞き方の育成が必要である。ボトムアップ処理あるいはトップダウン処理が必要となるタスクを設定することにより,学習者の聞き方に変化を生じさせることが可能となる。また,予測を促すプリタスクにより,スキーマの活性化や聞く目的を明確にすることも大切である。

聴覚情報は逐次的に消失するため,私たちは情報を作業記憶（短期記憶）,長期記憶に保持しながら処理している。授業における音声教材の使用においても,タスクを変えて複数回使用することにより,理解過程への記憶のかかわりを意識化することもできる。日本国内なら,教室外で接する多量の音声談話に関心を向けるような課題を与えることも聴解力向上への意欲を喚起することになる。

→ 4技能（8-B）,聴解教材（9-E）

●参考文献

杉藤美代子（1993）「話し言葉の科学と音声教育」第7回「大学と科学」公開シンポジウム組織委員会（編）『国際化する日本語』クバプロ.

高橋陽太郎（編）（1995）『認知心理学2 記憶』東京大学出版会.

竹内理（編著）（2000）『認知的アプローチに

よる外国語教育』松柏社.
竹蓋幸生（1984）『ヒヤリングの行動科学』研究社出版.
土岐哲（1988）「聞き取りの基本練習の守備範囲」『日本語教育』64.

［三井豊子］

■会話指導

「会話」とは複数の話者間における相互伝達行為である。学習者の属性，日本語レベル，学習目標，学習時間などによりその指導内容は大きく異なる。

一般的に初級前半では，学習者が日常的に遭遇し得る場面を想定し，場面に見合った必要最低限の基本表現（いわゆるサバイバル日本語）が使用できるよう導くことから始める。この段階の指導上の留意点として，授業外の実際の使用場面になると，学習者が会話する相手の返答や質問に待遇表現が多く含まれていたり語彙が異なったりするため，学習者が理解できず応答できないケースが生じることがあげられる。授業ではこの点を踏まえ，想定される質問文・応答文のバリエーションを多く聞かせ，相手の発話意図を理解できるようにすることも大切である。

初級後半から中級前半では，機能別に多様な表現のバリエーションを学習させる。学習者が遭遇し得る場面・状況や人間関係を設定し，待遇表現の選択などの判断を正確にしながら適切にタスクを遂行できるように導くことが中心になる。また，この段階から，使用する文構造や語彙をより複雑なものにレベルアップさせるよう，文や談話の構造にも留意して指導することが必要になる。

中級後半から上級になると，場面・状況や人間関係を込み入った設定にし，困難な状況を適切に処理するためのタスク遂行上のスキルを指導する。また，このレベルでは，司会進行，プレゼンテーション，スピーチなどの一定時間内で行う長いモノローグトークの指導，会議などにおける突発的・流動的な質疑応答場面での適切な意見の受容と表出，説明能力の養成も不可欠である。

以上述べたレベル別指導の他に，技術研修生やビジネスピープル，観光関連業務従事者などを対象に，特定目的を達成するために行う実践的な指導もある。

→4技能（8-B），インターアクション（8-A），シラバス（8-C），談話レベルの指導（8-B）

● 参考文献
加瀬次男（2001）『コミュニケーションのための日本語・音声表現』学文社.
国立国語研究所（監修）（1988）『話しことばのコミュニケーション』凡人社.
佐藤嗣男他（2002）『日本語表現ガイダンス』おうふう.
堀口純子（1997）『日本語教育と会話分析』くろしお出版.

［清 ルミ］

■読解指導

読解とは文字で書かれた情報を読んで理解することである。読解活動というのは，文字を通して一方向的にテキストの情報が読み手の頭の中に入ってくる受け身的な活動だと考えられがちである。しかし，実際には読み手は，スキーマと呼ばれる階層化された知識構造をすでにもっていて，そのスキーマにテキスト情報をあてはめながら能動的にテキストにはたらきかけ，仮説設定と検証を繰り返している。つまり，読解とは読み手がテキストとの相互交渉によって意味を創造していく活動なのである。読解過程では，テキストからの入力データをより低次の具体的レベルからより高次の抽象的レベルへと次々に処理していくボトムアップ処理と，入力データを予測によって高次レベルから低次レベ

ルへと処理していくトップダウン処理とが同時に行われている。

読解過程の研究とともに，読解のときに読み手が用いるさまざまなストラテジーに関する研究も行われてきた。読み手は限られた日本語の知識にもかかわらず読解ストラテジーを駆使していること（谷口1991）や，優れた読み手は細部にとらわれずにトップダウン処理とボトムアップ処理をバランスよく行い，仮説設定と検証を繰り返して，自らの読解活動をよくモニターしていること（舘岡2001）などが報告されている。

読解指導は文字や語彙，文法の知識をある程度習得した初級後期・中級から始めるものだと考えられがちである。しかし，日本語で書かれたものを読むことに抵抗を感じないようにするためには，初級初期の段階から，生活のなかで目に触れるもの（駅の案内，新聞のテレビ番組，チラシなど）を理解するなどの読む経験を増やしていく必要があろう。ボトムアップのみに頼らず大きな流れで理解させるためには，読む前に関連の話題について考えたり話し合ったりして，スキーマを活性化させる活動が有効である。また，読んで得た情報と読み手自身とにつながりをもたせ，さらに思考を深めさせるために，書いたり話し合ったりするなどの読後の活動も重要である。さらに，読む目的，テキストのジャンルなどに応じて，精読，スキミング（大意把握），スキャニング（探し読み），批判読みなど読み方を変える指導も必要である。最終的には自分で読むものを探し，適切な読み方で必要な情報を得たり楽しんだりできる自律的な読み手を育てることを目指したい。

近年，協働的学習という観点から，授業でピア・リーディング（舘岡2000）を行うことが検討されている。ピア・リーディングとは，読解を問題解決過程と考え，本来，個人的な活動である読むことを，仲間と協働的に行う活動である。これによって，仲間から知識やストラテジーを学んだり，仲間と自分との異なった理解から読み自体が変容したり深まったりする可能性がある。

➡4技能(8-B)，読解・作文指導と漢字指導(5-G)

● 参考文献

舘岡洋子（2000）「読解過程における学習者間の相互作用——ピア・リーディングの可能性をめぐって」『アメリカ・カナダ大学連合日本研究センター紀要』23.

舘岡洋子（2001）「読解過程における自問自答と問題解決方略」『日本語教育』111.

舘岡洋子（2005）『ひとりで読むことからピア・リーディングへ——日本語学習者の読解過程と対話的協働学習』東海大学出版会.

谷口すみ子（1991）「思考過程を出し合う読解授業——学習者ストラテジーの観察」『日本語教育』75.

大村彰道（監修）秋田喜代美・久野雅樹（編著）（2001）『文章理解の心理学——認知，発達，教育の広がりの中で』北大路書房.

門田修平・野呂忠司（編著）（2001）『英語リーディングの認知メカニズム』くろしお出版.

[舘岡洋子]

■作文指導

作文には，文法や語彙などの言語面の知識とともに，文章構成能力や，目的や読み手に応じた形式や表現の違いについての理解も必要になる。作文指導の内容は学習者のレベルやニーズにより異なる。また，言語面の正確さと学習者の自由な表出とのどちらを重視するかによっても，指導の方法に違いがある。ここでは一般的な作文指導の内容について3つの段階に分けて説明する。

まず，初級前半の段階では，使える文型や語彙などが限定されていることもあり，授業で扱

った学習項目に関連した作文を書くことが多い。たとえば，「～に～があります」という文型を使って自分の部屋にあるものを描写する，動詞の過去形を使って自分の心に残った経験を叙述する，などの練習がそれにあたる。授業では，活動のねらいや該当する文型・表現などを示すために，文章例を事前に提示することが多い。また，主題文の位置やことがらの配列など，読み手の立場に立った構成を考えることも指導する必要がある。

初級後半以降では，課題の設定にあたって，学習者に魅力ある話題を選ぶとともに，そこでの文章の機能（例：事柄の描写なのか，経過の説明なのか，など）や予想される文型や表現について検討しておく必要がある。また，前後の活動も重要である。たとえば「私の大好きな人」という題で作文を書く場合，予想される文型や表現についてクラスで事前に話し合っておく。そして書く前に，ある人物について思いつくことを自由にメモさせる。次に，そこから適切なことがらやエピソードを選ばせ，文章全体の構成を考えさせる。書いた後で学習者同士で読み合うことも，読み手の立場から自分の文章を眺めるよい機会となろう。

一方，伝言メモ，各種文書，手紙，電子メールなどの実用的な文章も，学習者の社会参加の可能性を広げるために重要である。ニーズに応じて，積極的に取り上げたい。

最後に，上級段階での，留学生を対象としたアカデミック・ライティングの指導においては，①アカデミックな文章の文体や表現，引用の方法などの基礎的な知識，②論理の組み立て方やそれに伴う表現，③段落や文章全体の構造，④テーマの選択から完成までの論文作成のプロセス，などについての知識やスキルの習得が課題になる。

作文に対する添削の有効性については意見が分かれるが，提出前に学習者同士で読み合う，事前に自己チェックのための項目を示す，問題箇所に印のみをつけて返し学習者自身に直させるなどの方法も考えられる。効果的な指導のためには，課題の目的を事前に明確に示し，それに沿って焦点を絞った事後指導を行うことが重要であろう。

→ピア・ラーニング（8-D），文章構成（4-C）
● 参考文献
スカーセラ，R./オックスフォード，R. L.〔牧野高吉監訳，菅原永一訳〕（1997）『第2言語習得の理論と実践——タペストリー・アプローチ』松柏社.
橋内武（1995）『パラグラフ・ライティング入門』研究社出版.
Leki, I. (1998) *Academic Writing: Exploring Processes and Strategies.* 2nd ed. Cambridge University Press.

[二通信子]

■ 統合的指導法

言語活動として4技能を統合的または複合的に扱う場合をいう。伝統的な教授法では4技能を別々に扱い，学習項目は難易度順に教えられる。言語学習そのものが目的であった。しかし，現実のコミュニケーション場面では何かを聞きながらメモをとる，それを読みながら質問をするなど，複数の技能を使用することが一般的である。コミュニカティブ・アプローチにおける4技能の統合とは，言語使用を目的とした，自然な文脈を与えるための手段と捉える。自然環境におけるコミュニケーションでは4技能や文法，語彙などの補助技能との統合が必要となるからである。

また，技能統合の指導において，言語は学問的な興味の対象ではなくインターアクションの手段になる，主要技能（4技能）と補助技能が相互に発達する，内容そのものの学習に焦点を当てることにより学習者に強い動機づけを与え

る，などの利点があると考えられている。

　統合的指導法としては内容重視とタスク重視の指導が挙げられる。内容重視とは言語学習において言語形式に先行して内容が優先されるとする考え方で，学習者にとっての現実的な必要性や知的興味を引く内容が学習対象となる。近年，総合的な言語活動が日本語教育に意識的に取り入れられているが，プロジェクト・ワークもその1つである。この学習活動ではテーマの設定が先にあり，それを実現するために言語項目のインプットや技能練習などの必要があれば，それらを補いつつ活動を行うという後行シラバスを採用する。このように内容重視のアプローチは言語の次元と内容の次元の双方を考慮するという基本姿勢を前提としており，従来の項目積み上げ式日本語学習のもつ言語観を克服するものとして位置づけられる。

　また，年少者日本語教育においては教科の学習内容と第二言語としての言語教育を統合した形で内容重視のアプローチが採用されている。上級日本語教育や日本事情教育における内容重視の統合的指導による実践報告も多い。

→上級レベルの指導（8-C），4技能（8-B）

●参考文献

岡崎敏雄・岡崎眸（1990）『日本語教育におけるコミュニカティブ・アプローチ』凡人社.

西口光一（1991）「コミュニカティブ・アプローチ再考」『日本語教育』75.

縫部義憲（1991）『日本語教育学入門』創拓社.

ジョンソン，K/モロウ，K.（編著）〔小笠原八重訳〕（1984）『コミュニカティブ・アプローチと英語教育』桐原書店.

スカーセラ，R. C./オックスフォード，R. L.〔牧野高吉監訳，菅原永一訳〕（1997）『第2言語習得の理論と実践――タペストリー・アプローチ』松柏社.

［三井豊子］

■翻訳・通訳

　外国語教育において翻訳・通訳を使用する指導法はこれまでずっと行われてきたが，20世紀における理論と教授法のほとんどはそれを否定的に捉えたと思われる。その理由として，翻訳・通訳という言語技能から話しことばへ重点が移ったこと，翻訳・通訳が日本語教育のなかでつねに使用されるわけではないこと，翻訳・通訳というものは日本語教育とは別の学問分野に属すると思われたことなどが挙げられる。

　しかしながら，翻訳と通訳は，第二言語の習得・教授法に必要となるものの1つである。それは言語習得・教授法の助けとなり，有益なテスト方式や本質的に貴重な技能であると再認識されるべきであろう。

●翻訳および通訳の定義――成瀬（2003）は，翻訳・通訳について解説するなかで，「『こんにゃく問答って何のこと？』と幼稚園児に聞かれて，おじいちゃんが『とんちんかんなことばのやり取りのことさ』と答えれば，おじいちゃんは立派な通訳者である」と述べている。このように，わかりにくいことばをやさしいことばに言い換えることもときには翻訳だといわれるが，これは日本語教師がしばしば教室内で行う活動である。しかし，成瀬（2003）にもあるように，翻訳とは「文書に盛られた伝達内容をことばの壁を越えて向こう側に運ぶ」ことであり，その壁は多くの場合，国境線となる。

　次に「通訳」とは，異言語を話す人や言語の不自由な人などのあいだに立ち，その話を訳して主として音声によって伝えて，互いの意思を通じさせること，またそれを行う人を指す。とくに商談，取り引き，交渉，討論，講演などの際，当事者間あるいは話し手と聴衆のあいだに立って，両者のあいだの伝達を助けることを指す。通訳することは一種の翻訳であるともいえるが，翻訳と異なる点は主として音声によること，また直接人と人とのあいだに立って，実際

的な要求を満たすことを目的とする点である。

●**言語習得と翻訳**——(1)学習者のなかには将来翻訳家になることを目的として日本語を学ぶ者もある。翻訳家になるためには，日本語の各技能に通じる必要のあることはいうまでもない。翻訳するものの内容にもよるが，たとえ書かれたものを翻訳することが目的であっても，話しことばとしての日本語の訓練を十分に経なければ，優れた翻訳ができないということを，教師側も学習者側も認識しなければならない。

(2)外国語学習の方法として，翻訳を用いることには限界がある。あえて直訳を行うことによって，日本語の構造を知るという利点はあるのだが，一般的に初期のレベルで翻訳に頼ることは学習効果を妨げることになりやすいとされる。そこで，たとえば中東のある大学の言語翻訳学部・アジア言語学科・日本語専攻コースの5年間カリキュラムでは，1年生と2年生には日本語の4技能をバランスよく教え，3年生から5年生までに翻訳学と翻訳に関する科目を教えるかたちをとっている。

●**言語習得と通訳**——(1)通訳になることを目的として日本語を学習する者は，これからも増加すると思われる。翻訳家の場合と同様に日本語の技能に優れなければならないのはもちろんであるが，とくに通訳の場合は場面に即した表現ができなくてはならない。また，話し手の意図を正しく汲み取って伝える能力の育成が重要である。

(2)通訳という作業を日本語の学習の方法として導入することは効果的である。たとえば教師が言ったことをほかの学生に伝える練習がある。この場合，通訳の原義に即して，日本語のわからない者に伝える方法と，通訳の原義から少し離れて，日本語を学ぶ学生同士で通訳を行う方法とに分かれるだろう。

➔翻訳論（7-E）

●**参考文献**

金田一春彦他（編）(1988)『日本語百科大事典』大修館書店.

日本語教育学会（編）(1996)『日本語教育ハンドブック』大修館書店.

ジョンソン，K./ジョンソン，H.〔岡秀夫監訳〕(1999)『外国語教育学大事典』大修館書店.

成瀬武史（2003）「翻訳」小池生夫他（編）『応用言語学事典』研究社.

[カラム・ハリール]

C——コースデザイン

■**コースデザイン**

●**コースデザインとカリキュラム**——言語教育において，特定のコース（集団だけでなく個人がその単位になることもある）を対象としたひとまとまりの教育計画をコースデザインと呼ぶ。

「カリキュラム」の役割が教育の目的・目標・運営・評価を公的に明示するという点にあるのに対して，「コースデザイン」の役割は，設計されたカリキュラムを，ある特定のコース（集団もしくは個人）に合わせて具体化することである。したがって，主に行政もしくは教育機関がカリキュラムの開発・設計を行い，各教師もしくは教師集団がコースデザインを行う場合が多い。

かつては広義の「カリキュラム」にはこうしたコースデザインも含まれるとする考え方（Taba 1962）や，逆にコースデザインの一部に「カリキュラム」（この場合は学習内容を指す狭義の概念）を位置づける考え方もあった（田中望・斎藤里美 1993）。しかし，1990年代後半から外国籍児童を対象とした日本語指導が始まり，公教育における第二言語教育としての

日本語教育の重要性が指摘されるようになると、公教育で保障すべき学習内容を一定のガイドラインとして示す必要が生じた。その結果、行政が行うべきカリキュラム開発と教師が行うべきコースデザインとを明確に区別する必要に迫られている。

● **コースデザインの方法** ── 具体的には以下の一連の手続きを含む場合が多い。

(1)ニーズ調査・分析：学習者がどのような場面で、どのような活動（ニーズ領域）において日本語を必要としているかを調べることである。詳細は「ニーズ分析」の項を参照。

(2)目標言語調査：目標言語である日本語のうち、学習者のニーズ領域で使用される言語を調査し、分析することをいう。これには、母語話者がニーズ領域で用いる目標言語の調査と、非母語話者がニーズ領域で用いる目標言語の調査とがある。調査にあたっては、そのニーズ領域において非母語話者がどのようなことに困難を感じるか、またどのようなところでコミュニケーションに失敗するかを特定することが、後にシラバスをデザインするうえで重要である。

なお、目標言語調査の結果を分析する際の観点としては、①語彙や文型、②談話型、③会話型、④コミュニケーション上の機能、⑤コミュニケーション・ストラテジー、⑤誤用などがある。

いずれにせよ、ニーズ領域で使用されている実際の言語を、録音調査、実地体験調査、インタビュー調査などの方法によって収集することがまず重要である。なお、現実の言語使用場面で収集した言語資料をコーパスと呼んでいる。

(3)レディネス調査：一般にレディネス（readiness）とは、学習にかかわる準備状況を指す。外国語学習においては、目標言語の既習能力のほかに、外国語学習の経験や適性、学習ストラテジー、学習環境（時間・学習機材・予算などの物的リソースと学習支援者などの人的リソースを含む）、異文化接触などのレディネスがある。これらは、学習者がそれまでの人生のなかで経験し、蓄積してきた広義の「学習」の総体であり、すべてを教師が把握することはとうてい不可能だが、到達目標とのかかわりでこれを知ることによって、シラバスや教材、学習活動の決定に役立てることができる。

レディネス調査には次のような方法が用いられる。①テスト、②アンケート、③インタビュー、④実験観察、⑤参与観察、⑥その他。

(4)到達目標および学習目標の設定：ニーズとレディネスに基づいてコース終了時の到達目標を設定し、そこに至る各段階（学期や単元など）の学習目標を設定する。その後、課あるいは授業時間ごとの学習目標に細分化する。さらに、文型・語彙・スキル・コミュニケーション上の機能などの領域に分け、学習目標を記述する場合も多い。

(5)シラバスデザイン：到達目標・学習目標に応じて、コースで取り上げるべき学習項目を決定し、その順序づけを行う。このことを「シラバスデザイン」と呼んでいる。

(6)教材と教授法の開発・設計：シラバスが決定したら、教材と教授法の開発・設計を行う。

(7)学習活動の設計：学習目標・シラバス・教材等に基づいて、コースで取り扱う「学習活動」の設計を行う。

(8)配分時間の設計：到達目標の達成のために、一定の段階ごとに授業時間の配分を決め、コース全体として適当かどうかを検討する。最終的にはこれが「時間割」となる。

(9)評価方法の設計：コースの始まりと途中、最後に行う「評価」の方法を決めておき、コースの改善を目的としたフィードバックを行う。

なお、実際のコースデザインは、常に(1)から(9)の順序で進行するとは限らない。そのコースを運営していくうえで必要が生じたときに行い、適宜修正を繰り返すことで妥当性を高めて

いくものである。その意味でコースデザインには，何よりも柔軟性が求められている。
● **コースデザイン研究**── コースデザインに関する研究として，Nunan (1985) や Dubin and Olshtain (1988) などが挙げられる。いずれも，コースデザインにおける学習者の役割を強調した点が注目された。つまり，学習者自身が何らかのかたちでコースデザインに参加することで，コースに柔軟性と透明性，妥当性を確保しようとするものである。

この考え方に基づけば，コース開始前のコースデザインは，あくまで仮の，暫定的なものであるから，コース改善のためにはコース調査や評価を継続的に行うことが重要となってくる。

コースデザイン研究の分野では，上のような関心からここ数年さまざまな調査方法論が生み出された。ダイアリー・スタディやエスノグラフィー，アクション・リサーチと呼ばれるものである。加えて Dubin and Olshtain (1988) は，これら学習だけでなく，言語学習を取り巻く社会的要因に関する調査が必要なことを指摘し，カリキュラム研究との接点をつくった。

➡カリキュラム (8-C)，ニーズ分析 (8-C)，シラバス (8-C)，言語適性 (8-A)，教授法とは (8-B)，多様な評価活動 (8-E)

● **参考文献**
田中望 (1988)『日本語教育の方法』大修館書店.
日本語教育学会 (1991)『日本語教育機関におけるコースデザイン』凡人社.
田中望・斎藤里美 (1993)『日本語教育の理論と実際』大修館書店.
Dubin, F. and Olshtain, E. (1988) *Course Design*. Cambridge University Press.
Nunan, D. (1985) *Language Teaching Course Design*. National Curriculum Resource Center.
Taba, H. (1962) *Curriculum Development: Theory and Practice*. Harcourt, Brace and World.

［斎藤里美］

■ニーズ分析

● **ニーズ調査と分析**── ニーズとは，学習者や学習者集団が目標言語を必要とする状況やそこで用いられる言語的スキルなどを指す。こうした学習者のニーズを調査して，その結果を記述・整理したり，優先順位に従って配列したりすることをニーズ分析（needs analysis）またはニーズ評価（needs assessment）と呼ぶ。ニーズ分析のためには，まず，学習者や学習者と接する人々にアンケートやインタビューを行う，接触場面を観察する，言語資料を収集するなどのニーズ調査を行う。

その際，ニーズ調査と分析の項目としては，次のようなものが挙げられる。①目標言語が使用される場面，②①の場面で求められる言語的スキル，③①の場面で使用される言語の目的やねらい，④①の場面に見られるコミュニケーションの種類（書きことば，話しことば，フォーマル，インフォーマルかなど）と特徴，⑤①の場面で学習者が要求される熟達度，⑥その他（学習者のプロフィールなど）。

上のようなニーズ調査とその分析をカリキュラム開発やコースデザインの前や途中に行うことによって，目標やシラバスの妥当性を高め，コースを円滑に運営することができる。

● **ニーズ分析についての研究**── ニーズ分析に関する本格的な研究は，Munby (1978) などによって 1970 年代に始まった。当時のコミュニカティブ・アプローチと ESP (English for Special Purposes) の理論が，ニーズ分析の原理と実践を支えた。

たとえば，ESP の考え方によれば，個々の学習者もしくは共通の学習目的をもつ学習者集団のニーズを明確化することによって，一般的

なカリキュラムではなく，より学習者のニーズに合ったカリキュラムを適用することができるようになるという。航空乗務員や秘書，ビジネスマン，大学院生といった，日本語使用の場面がある程度特定できる学習者集団がその例である。確かに，Munby (1978) などが提唱したニーズ分析モデルは，上記のような学習者を対象とするカリキュラム開発やコースデザインに妥当性の根拠を与えている。

しかしその後，学習者の学習要求を「特定されたニーズの組み合わせ」とみなすことに対して，疑問が出されるようになった。Hutchinson and Waters (1987) は，目標言語のニーズだけでなく，学習スタイルや学習ストラテジー，興味や関心といった学習者それぞれの学習環境にかかわる要因が言語習得過程においては重要であることを示した。また，日本語教育の分野でも「ニーズ」が現実には受け入れ側のニーズを強く反映している場合があり，ニーズ調査の限界を指摘する声もある。しかし見方を変えれば，言語学習をめぐるこうした社会関係が明らかになるのも，ニーズ分析の成果といえる。

➡学習環境（8-A），コースデザイン（8-C），対象別日本語教育（8-C），目的別日本語教育（8-C），ビジネス日本語の指導（8-C）

● 参考文献

田中望・斎藤里美（1993）『日本語教育の理論と実際』大修館書店．

Munby, J. (1978) *Communicative Syllabus Design*. Cambridge University Press.

Hutchinson, T. and Waters, A. (1987) *English for Specific Purposes*. Cambridge University Press.

［斎藤里美］

■シラバス

● シラバスの意味── 日本語教育での「シラバス（syllabus）」の意味は二大別される。まず，クラスの構造，目標，目的，履修条件，成績決定方法，教材，カバーされる内容，スケジュール，参考文献などを記述した文書で，教師と学習者のあいだの契約のような役割を果たすものを指す。また，教育方法，あるいはクラスの教育・習得内容（たとえば，文法構造，文パターン，機能，トピックなど）とその構成を示したものもシラバスと呼ぶ。これは単なる内容のリストのこともあれば，構成要素を順序づけている場合もある。特定目的の言語教育（たとえば，旅行者のための日本語）のようにその内容の対象が限られていることもあれば，一般的な言語教育のように，言語全般を対象としてシラバスが作られていることもある。

どの言語教授法も教育項目や習得内容項目の選択に関する決定を，顕在的あるいは潜在的に行っているといってよい。この選択はそれぞれの教授法が基にしている言語理論に大きく左右される場合が多い。言語が意味を表すための構造要素の体系とみる教授法では文法構造に基づいたシラバスを使って言語を教えるし，言語は機能的な意味を表す媒体であると考える教授法では言語機能に基づいたシラバスを使う。また，言語は個人間の関係具現，あるいは社会的交渉を実現させる道具と考える教授法では言語のプロセスに基づいたシラバスを使う。また，それぞれの教授法が基にしている学習理論もシラバスの内容に影響を与える場合もある。言語はコミュニケーションを通して最も効果的に習得できるという考えの教授法ではシラバスはコミュニケーションの目的，機能などによって構成されることが多い。

● シラバスの種類── 多くの教授法ではシラバスは教育以前に設定される。このような教授法は「先行シラバス」ということができる。これに対して，カウンセリング・ラーニング（C-L）のような教授法では教える前には，教える

項目が指定されないので、シラバスは存在しない。学習者が自分で学習したい内容を選択する。こうして授業が行われた結果として、どのような内容が扱われたかを記述し、シラバスが作られることになる。これは「帰納的シラバス」と呼ぶことができる。

最も古典的なシラバスは「文法シラバス」あるいは「構造シラバス」と呼ばれるもので、学習すべき文法項目や文パターンなどを基にシラバスが構成されていて、オーディオ・リンガル法などで使われた。このシラバスは構成要素がわかりやすく、何を教えなければならないのかはっきりしている、積み上げ式で教えやすいなど、教師（また学生）にとっても使いやすい。が、文法として定義されるものはシラバスに入るが、そうでないものは漏れる可能性がある。また、上級レベルではどのように授業を構成するのかはっきりしなかったり、シラバスを一とおり終えるまでは実際の場面にうまく対応できない可能性があるなどの問題もある。また、文法の提示順序はどのように決定するのか、文法の提示順序が学習者の自然な学習順序と一致するのかなどの問題もあり、現在では純粋な意味でシラバスを文法のみで構成することは少なくなってきている。

「概念・機能シラバス」は「文法シラバス」に代わるものとして出てきたものである。これは学習者が表現する必要がある意味（概念）と学習者が行いたいコミュニケーション行動（機能）を基にシラバスを構成するものである。学習者のコミュニケーションのニーズに直接結びついた、きわめて実用的なシラバスであり、教室内で習ったことをすぐ実生活で使えるという利点がある。学習者がある限られた特定の状況、場面でしか言語を使わない場合には有効である。しかし、ごく一般的な言語学習のためには、概念、機能を特定化し、それをシラバスに構成していく仕事は複雑きわまりないものである。学習者のニーズと学習段階が一致しない場合には、初期の段階で学習者にとって非常に難しい構造を使わなければならないなどの問題もある。また、「概念・機能シラバス」による教材は「表現集」的なものになり、学習した内容が「文法シラバス」に比較して応用的ではないという問題もある。また、このシラバスを使った場合に上級のレベルはどのような授業活動をするのかも問題となる。

「トピック・シラバス」は学習者のニーズに関連した一連のトピックを基に作られたシラバスである。このようなシラバスは学習者にも学習の話題が何であるかがわかりやすいし、形式のみに極端に注意を向けることを避けることができる。このような内容中心のシラバスはイマージョン・プログラムの場合には非常に有効であるが、一般の言語教育の場合にはトピックのみで言語習得に必要な言語要素がすべてカバーされるかどうかの保証はなく、バランスのとれた言語習得が行われるかどうか疑問である。このような利点、問題点は一連の状況・場面をもとに作られた「状況・場面シラバス」にもいえることである。

「プロセス・シラバス」はカウンセリング・ラーニング（C-L）などで使われるもので、学習者が自分の必要に応じて学習タスク、アクティビティ、プロジェクト・ワークなどを行った結果を記述した帰納的なシラバスである。学習者は多くのタスク、アクティビティから選べるが、実際にどれを学習者が行うかは、教師のガイダンスがあるとはいえ、学習者次第であり、言語学習に必要な言語要素が十分にカバーされるかどうか疑問である。

そのほか、「リレーショナル・シラバス」「レキシカル・シラバス」などが提案されているが、実際にはあまり使用されていない。

学習者が必要とする項目がカバーされているか、バランスのある言語学習ができるか、学習

課程を通して使えるか，教師にとってわかりやすいか，学習した内容を基に現実の場面に対応できるか，未知の場面に使えるだけの能力がつくかなどの効果的なシラバスの条件は多々ある。以上に挙げたシラバス1つだけでこれらの条件を満たすことはなく，現実にはこれらのシラバスを組み合わせた「複合シラバス」が使われることがほとんどである。最近の日本語教育の教科書もほとんどが「複合シラバス」を使っているといってよい。

　日本語特有のシラバスとしては「漢字シラバス」がある。これはどの漢字を教え，どの順番で教えるかを記述したものであるが，画数の少ない漢字からより画数の多い漢字を提示していくものや，ほかの漢字の要素になる漢字からそれらを組み合わせた漢字を提示していく形式に基づいた漢字シラバスや，意味を基に漢字をグループ化して提示したり，状況ごとに使われる漢字をまとめて提示する，より意味的な漢字シラバスなどがある。トピック・シラバスや場面シラバスを使っている場合には後者の漢字シラバスが使われることが多い。

→カリキュラム（8-C），コースデザイン（8-C），教授法の流れ（8-B），オーディオ・リンガル法（8-B），コミュニカティブ・アプローチ（8-B）

●参考文献

Dubin, F. and Olshtain, E. (1986) *Course Design: Developing Programs and Materials for Language Learning*. Cambridge University Press.

Johnson, K. (1982) *Communicative Syllabus Design and Methodology*. Pergamon Press.

[當作靖彦]

■カリキュラム

　カリキュラム（curriculum）とは，一般に，教育目標を達成するために実施される教育内容を体系的に示した学校の教育計画を意味し，教育の目標，内容，方法，評価のしかたを含んだ概念として捉えられる。国が公教育の基準を示した学習指導要領から，学校，そして個々の教師が作成する指導計画まで，さまざまなレベルの計画がある。また，学習者の学びの実相に着目する立場からは，広く潜在的カリキュラム（hidden curriculum）も含めた「学校における学習経験の総体」と定義される。

●カリキュラムデザイン──日本語教育では，1980年代から広く用いられるようになったコースデザインの方法において，カリキュラムデザインを次のように捉えることが一般的である。

　ニーズ分析・レディネス分析に基づき「何を教えるのか」を決定することをシラバスデザイン，それを「どう教えるのか」を決定することをカリキュラムデザインと呼ぶ。主要な作業は，シラバスデザインにおいて確定した学習項目をどう配列し，それをどのような教授法，学習活動，教材によって教えるのかを決定することである。

　シラバスデザインに先立ちコースの目標設定が必要となる場合には，最終的な到達目標およびそれを段階化・細分化した学習目標を設定する作業もこれに加わる。さらに，評価システムの設計を含める考え方もある。

　学習項目の配列方法はシラバスの性格によってほぼ決まるが，難易度などの基準によって項目を直線的に積み上げていく方式，同じ学習項目を徐々にレベルを上げながら繰り返し扱うスパイラル方式，また項目の順序にこだわることなく選択できるモジュールに編成する方式などがある。配列した項目をコースの条件や学習者に合わせて絞り込み，時間配分を行う。近年さまざまなタイプのシラバスが提案され，複数のシラバスを折衷したり併用したりすることが一般的になっている。この場合には，学習項目の

配列以前に，どの段階でどのシラバスを用いるのか，あるいは併用されるシラバス間にはどのようなつながりをもたせるのかを計画する必要がある。教授法の決定や学習活動の設計は，目標やシラバスとの適合性，学習者の学習スタイルや興味・関心，そして学びやすさ・教えやすさを考慮して行う。教材は，基本的には学習活動が決定した後に活動に必要な材料として決定され，主教材，副教材，教具の選択や作成がここで計画される。

● カリキュラム開発 —— 一般に，何らかの明確な目的のもとにカリキュラムの各要素を相互に関連づけながら開発し，1つの体系をつくっていく活動を指す。現在，年少者を含めたJSL（第二言語としての日本語）学習者に対する日本語教育のカリキュラム開発が大きな課題となり，そのための実践的研究が進められている。

→ コースデザイン（8-C），ニーズ分析（8-C），シラバス（8-C），モジュール教材（9-E），学校におけるJSLカリキュラム（8-C）

● 参考文献

田中望（1988）『日本語教育の方法』大修館書店．

日本語教育学会（編）（1991）『日本語教育機関におけるコース・デザイン』凡人社．

田中望・斎藤里美（1993）『日本語教育の理論と実際』大修館書店．

小林悦夫（1996）「中国帰国者教育の特性と研修カリキュラムおよび教育システムの現状」江畑敬介他（編著）『移住と適応——中国帰国者の適応過程と援助体制に関する研究』日本評論社．

国際交流基金日本語国際センター（2003）「第2部 各国の日本語教育のシラバス・ガイドラインの開発」『世界の日本語教育 日本語教育事情報告編』7．

文部科学省初等中等教育局国際教育課（2004）『学校教育におけるJSLカリキュラムの開発について（最終報告）小学校編』文部科学省．

[佐藤恵美子]

■ 学習段階

長期にわたる日本語のコースでは，学習期間を区切っていくつかの段階を設定することが多い。これは，学習者に短期的目標や達成感を与えるために必要なことである。また，日本語学習の進展過程を段階に区切り，各段階の到達目標や学習内容を記述することは，カリキュラム策定の重要な部分でもある。

一般的に，学習段階は「初級」「中級」「上級」の3段階に分けられる。さらに，「初級」を「入門期」と「初級」に分けたり，「中級」を「前期」と「後期」に二分したりする。また，「上級」を「上級」と「専門期」に区別したり，あるいは「上級」の上にさらに進んだ「超（上）級」を想定するなどして，細分化して捉える考え方もある。各段階を区分する基準は，「到達目標」や「学習内容」であるが，目標達成に必要な「標準的授業時間数」も目安となる。川瀬（1989）と「日本語能力試験」の級別認定基準を参考にして各段階を記述すると次のようになる。

● 初級 —— 基礎的な文型・文法，漢字（300字程度），語彙（1500語程度）を習得する段階。これらを用いて簡単な応答，質問，依頼，説明などの口頭でのコミュニケーションができ，平易な文章の読み書きができるようになることが目指される。学習時間は300時間程度。

● 中級 —— やや高度の文型・文法，漢字（1000字程度），語彙（6000語程度）を習得する段階。まとまりのある談話の内容を理解したり，一般的なことがらについて会話や読み書きができる能力を身につける。学習時間は600時間程度。

●**上級**——高度の文型・文法，漢字（2000字程度），語彙（10000語程度）を習得する段階。社会生活上必要な口頭能力と読み書き能力を獲得し，仕事や専門の勉強といった目的を日本語で達成できるようになることが目指される。学習時間は900時間程度。

上記は，主に国内で長期間，いわゆる学校制度のなかで日本語を学ぶ学習者を想定した学習段階の記述であるが，近年，日本語学習者が多様化するなかで，この学習段階の目安に沿わない学習者が多く存在するようになった。

たとえば，中国帰国者や技術研修生のように短期間の教室での日本語学習後，地域社会や現場で日本語を用いた生活をすることが必要な学習者の場合，初級の段階から学習者のニーズや専門性を強く意識した教育が行われている。また，地域社会で行われている日本語教育支援プログラムでは日本語支援とともに生活支援が重視されており，上述のような，長期間継続した学習を前提とした学習段階の捉え方をそのままあてはめることは難しい。

海外の初等・中等教育段階の日本語教育では，コミュニケーション能力を重視した言語能力の育成とともに，異文化理解能力に教育の主眼が置かれている場合が多い。日本語教育が公教育の枠のなかで行われているため，各国では現地の事情を反映した指導のための「標準」を設けている。たとえば，アメリカのNational Standard（全国標準）では，Communication（意思伝達・意志疎通），Cultures（文化），Connections（連携），Comparisons（比較対照），Communities（地域）の5つのゴール領域が設定され，学習者が達成すべき11の標準が記述されている。

➜カリキュラム（8-C），コースデザイン（8-C），日本語能力試験（8-E）

●**参考文献**

川瀬生男（1989）「カリキュラム・学習段階」木村宗男他（編）『日本語教授法』おうふう．

日本語教育学会（編）（1991）『日本語教育機関におけるコースデザイン』凡人社．

當作靖彦（2003）「アメリカにおける教育改革と日本語教師の専門能力開発」當作靖彦（編）『日本語教師の専門能力開発』日本語教育学会．

［西川寿美］

■**上級レベルの指導**

初級の学習者に比較して，上級の学習者は，個々の学習者の能力，弱点，ニーズ，専門・興味などが大きく異なる。そのため，学習を始める段階での能力評価やニーズ分析，これまで行ってきた学習スタイルの調査などを行い，その結果に基づくシラバスデザイン，カリキュラムデザインを行うことがとくに重要となる。

上級レベルのシラバス・カリキュラムデザインを行ううえで考慮しなくてはならないことは多い。上級レベルでは，より自然さ，適切さが求められ，類義表現，専門別の語彙・表現，待遇表現およびその随伴行動，スピーチレベル，スタイルの違いなどの学習が重要となる。

また，内容重視（content-based）の学習が中心となるため，学習者のニーズに合い，レベル的にも適当な話題・教材を選ぶことも大切である。これらの点を考慮に入れ，読む，書く，話す，聞くの4技能すべてについて，その向上をはかっていく必要があるが，その際，4技能の活動を個々に学習していくのではなく，それらを組み合わせることで，それぞれが相互に補完し，かつ強化し合い，効率的，効果的な教育が可能となる。

しかし，その一方で，個々に大きく異なる学習者の弱点や能力，ニーズに合わせられるよう，それぞれが分離・省略可能であることも必要である。そのため，それぞれの活動は，必要に応じて組み合わせたり切り離したりできるよ

う，モジュール化されていることが望ましい。教師は，それらを学習者に合わせて選択し，組み合わせていくことが求められる。

上級レベルの授業活動においては，初級と異なり，計画どおりに授業が進むことはあまり多くない。学習者がつまずく部分もさまざまであるし，その多くが複合的な要因による。授業計画の段階で，できる限り，その可能性を予測して準備をする必要はあるが，それでもなお思いがけないことがらが生じ，その場での臨機応変の対応が求められる。授業目標を最優先し，それが最もよく達成されるよう，実際の授業での学習者のパフォーマンスによって，学習細目，学習方法を柔軟に変化させ，対応していくことが求められる。とくに学習者が日本国内にいる場合は，教室外でも24時間，日本語環境に身を置いているのであり，その環境を大いに利用すべきである。上級においては，教室外でもさまざまなかたちで日本語の学習を行う力を十分に身につけているので教室外活動を積極的に取り入れ，授業と組み合わせることで，学習効果は高まる。

教師と学習者との関係も，上級レベルでは，教師から学習者へあらかじめ用意されたことがらを一方的に「与える」ということよりも，学習内容・学習方法の双方に関して，教師と学習者との相互作用が強く求められる。これはつまり，学習者から学ぶ姿勢が教師に求められるということである。教師は教えると同時につねに学習者から学び，そのことが教えることがらを変えていく。このことは上級日本語教育の大きな特徴であり，難しい点でもあり，大きな魅力の1つでもある。

➡コースデザイン（8-C），シラバス（8-C），学習段階（8-C）

● 参考文献

国立国語研究所（編）(1980)『中・上級の教授法』〈日本語教育指導参考書7〉国立国語研究所.

特集「上級の日本語教育」(1990)『日本語教育』71.

藤原雅憲・籾山洋介（編）(1997)『上級日本語教育の方法』凡人社.

[青木惣一]

■ 学校における JSL カリキュラム

近年，学校教育現場においても外国人児童生徒への日本語教育の取り組みが行われてきた。その結果，初期段階の日本語指導については一定の成果が見られるが，教科学習に参加するための日本語能力育成が急務の課題となっている。こうした状況に対し，文部科学省は平成13年度より2年をかけ，カリキュラム『学校教育における JSL カリキュラム（小学校編）』（以下 JSL カリキュラム）を開発した。平成15年度からは JSL カリキュラムの中学校編の開発に着手している（JSL：Japanese as a Second Language）。

JSL カリキュラムでは，「学校で学習活動に，仲間とともに参加するための日本語の力を培う」ことを目標とする。子どもたちは，生育歴，学習歴，認知面の発達状況，日本語能力など，その背景は多様である。こうした子どもたちの学びの連続性を保障するには，それまでに育んできた経験・知識・技能・能力を土台に，学習を組織することが肝要である。それには，学習項目を配列した定型化したカリキュラムではなく，個に応じたカリキュラムを作成していくことが必要となる。JSL カリキュラムは，教師がカリキュラム作りや授業作りをするための発想やアイデアを支援するというコンセプトで開発されている。

教科学習を可能にするには，教室での学習に日本語で参加する力（これを「学ぶ力」と呼ぶ）の育成が必要である。それには，日本語を教科の学習文脈から切り離して教えるのではな

く，学習文脈の中に日本語を埋め込んだかたちで教育することが求められる。内容重視の考え方である。具体物や体験などの支えのある活動ベースの学習の場をつくることと，口頭での相互作用から他者を意識した発信活動へと結びつける活動を組み込むことが鍵となる。

このJSLカリキュラムでは，トピック型と教科志向型の2タイプのカリキュラムを準備している。トピック型では，各教科に共通する基本的な学習活動に日本語で参加する力を育むことをねらいとする。子どもたちの生活実態や知的好奇心を基にトピックを設定し，そのトピックをめぐって「体験」「探究」「発信」という3つの学習局面から授業を構成する。それによって「既有知識や経験を活性化して日本語で表現し，それを基にトピックに関して探究し，探究のプロセスや成果を日本語で表現する」力を育む。教科志向型は，国語・算数・理科・社会の4教科のカリキュラムから成る。各教科の典型的な学びのプロセスをたどって，教科特有の考え方や概念の基礎を身につけ，その教科の学び方を学ぶことをねらいとする。

両タイプで，授業づくりのツールとして授業活動単位（activity unit：AU）や授業例を提供している。AUとは，授業を構成する活動を単位化したものである。たとえばトピック型には，「知識を確認する」「観察する」「情報を収集する」「結論づける」などのAUがある。このAUと，その活動に参加するための日本語表現をセットにしたものが，AUカードである。授業づくりにおいては，AUカードで子どもたちがどの学習活動でつまずいているかをチェックし，そのAUを中心に授業を構成する。

文部科学省では，JSLカリキュラムのサポート・システムの構築を検討している。現場での実践例を交換するためのWebサイトの開設・運営，ワークショップなどによる普及活動などである。母語による支援に関しても，このサポート・システムを利用して展開することが期待されている。

➡カリキュラム（8-C），児童・生徒（10-D），対象別日本語教育（8-C）

● 参考文献

文部科学省初等中等教育局国際教育課（2003）『学校におけるJSLカリキュラムの開発について（最終報告）小学校編』文部科学省.

川上郁雄（2002）「年少者のための日本語教育」細川英雄（編）『ことばと文化を結ぶ日本語教育』凡人社.

岡崎眸（2002）「内容重視の日本語教育」細川英雄（編）『ことばと文化を結ぶ日本語教育』凡人社.

［齋藤ひろみ］

■対象別日本語教育

対象別日本語教育の対象とは，指導の対象となる学習者一人一人の意味ではなく，学習者の属性や環境などの諸要因を捉えて類型化したもののことである。学習者の母語，年齢，学習ニーズ，日本語を含む言語学習経験，学習環境，学習適性，基礎学力などを考慮し，対照言語学的観点からの母語干渉や，言語習得理論による中間言語などの知見をふまえて，より効率的に効果的に日本語学習が行えるようなシラバスやカリキュラムを用いる日本語教育を指す。

戦後の日本語教育において，1972（昭和47）年の総理府対外経済協力審議会の意見で，日本語教育のセンター的機関とともに，言語系統別，学習目的別，年齢別の日本語教育の内容・方法，教材の必要性が取り上げられた。その後，1974（昭和49）年の文化庁の日本語教育推進対策調査会で対照言語学的研究を取り入れた日本語教育の必要性が示された。1976（昭和51）年，国立国語研究所日本語教育センターに対照言語学の研究室が設置され，1979（昭和54）年の文化庁による大規模な研

究プロジェクト「日本語教育の方法及び教材の開発・改善に関する実際的研究」での対照研究、母語別辞典作成が行われるなど、対象別日本語教育は、母語別日本語教育として進められた。

それ以後、日本語教育は、中国帰国者、インドシナ難民、高校留学生、海外帰国子女、就学生などの学習者の拡大と多様化が進む状況を迎えた。そのため、たとえばビジネスマンと留学生では学習を必要とする日本語が異なるので、異なるシラバス、カリキュラム、コースデザインで日本語教育を行うことが求められた。そして、学習者の母文化と日本文化との差異、母語が漢字圏系か非漢字圏か、日本語と母語との差、母語や母文化からの影響の度合い、演繹的に思考する人と帰納的に思考する人、言語学習経験の質や量、学習適性、経済的な裏づけ、学習時間などの学習環境の違いなどの諸要因を考慮した日本語教育が進められてきた。

今日、海外では大学や高校の受験や日本文化への興味のために日本語学習をしている年少者、現地の日系企業への就職を目指す人、企業での職務遂行のために学習している会社員など、いろいろな学習目的や個人的要因をもつ人がさまざまな学習環境で日本語を学習している。とくに学習の学校教育への導入などの状況の変化を受けて、これまで以上に年少者の日本語学習者が増加している。国内では、宣教師、外交官などの政府関係者、就学生、技術研修生・技能実習生、留学生、中国帰国者、インドシナ難民、日系人などの成人が主たる対象別日本語教育の対象であったが、保護者に随伴してきた日本語を母語としない児童生徒や帰国子女といった就学齢期の日本語学習者が増えている。国内外で増加している就学齢期の日本語学習者は、個別対応が必要となる発達時期にあり、これまでの母語や学習環境などの要因を中心とした捉え方だけではなく、人格形成という観点から、対象日本語教育を捉える必要性が生じている。

→ 対照研究と日本語教育 (8-A)、学習者要因 (8-A)、目的別日本語教育 (8-C)、コースデザイン (8-C)、ニーズ分析 (8-C)、学習者の多様化 (10-D)

● 参考文献

細川英雄・言語文化教育研究所 (2004)『考えるための日本語——問題を発見・解決する総合活動型日本語教育のすすめ』明石書店.

水谷修・李徳奉 (編) (2002)『総合的日本語教育を求めて』国書刊行会.

村野良子 (2001)『高校留学生に対する日本語教育の方法——言語学習と文化学習の統合と学習支援システムの構築にむけて』東京堂出版.

縫部義憲 (1999)『入国児童のための日本語教育』スリーエーネットワーク.

宮崎里司/ネウストプニー, J. V. (編著訳) (1999)『日本語教育と日本語学習——学習ストラテジー論にむけて』くろしお出版.

［柳澤好昭/池田優子］

■ 目的別日本語教育

目的別日本語 (Japanese for Specific Purposes：JSP) 教育とは、何らかの明確な目的のための日本語の教育を指す。またその目的に合致した対象者、内容および方法が採られる言語教育である。

● 一般日本語教育との違い —— 目的別日本語と対比されるのが、一般日本語教育 (Japanese for General Purposes：JGP) である。これはいわゆる一般的な、普通の日常生活のための、基本的な語彙や文法項目、場面、機能などを優先的に教える立場である。特殊な目的がとくに見当たらない場合、つまり教養として日本語を学ぶ場合や、能力試験合格を目指す場合には、一般日本語教育が行われる。一方、目的別

日本語教育は，一般日本語では扱わないような，特定の学習目的に対して特殊な語彙や表現の教育を重視する。すなわち，日本語を専門の職務や特殊な目的のための道具として身につけるという立場といえる。また一般日本語教育の後に目的別日本語教育を行うべきであるとするアプローチと，できるだけ早い時期から目的別日本語教育を取り入れるべきという2つのアプローチが存在する。

● **対象別日本語教育との違い** —— 学習者の属性すなわち留学生・ビジネス関係者・年少者といった分類をする対象別日本語教育と目的別日本語教育は重なりをもつ。対象別がそのまま目的別に置きかえられる場合もある。ビジネス関係者のための日本語教育がビジネスのための日本語になり，留学生すなわち研究のための専門日本語となることが予想される。その他，生活適応のための日本語，観光日本語，技術研修の日本語などの目的にも分類される。対象別は学習者の多様化から生まれ，目的別はそこからさらに対象者が実際にどのようなコミュニケーション活動を行うのかという視点から，細かい学習者のニーズをふまえて生まれたという時間的な経緯も含んでいる。

● **目的別日本語教育（ビジネス日本語）の例** —— たとえば，ビジネスのための日本語教育とひとことで表せても，そこにはさらに学習者の職務内容によるさまざまな目的が存在する。目的の下位には，日本人のビジネスパートナーとのつき合い，事務的な連絡事項の確認，会議への参加，経済新聞からの情報収集，商談などの行動目標が存在する。そして学習の成果が，ビジネス・コミュニケーションの円滑化や仕事の達成となる。したがって教育にかかわる，教える側と学ぶ側の両者がその目標を互いに確認しながら進めるものとなる。

ビジネスのための日本語教育を実施するなかでは，①使われる日本語の分析，②教材や教授法の開発，③日本語教師と実務者との連携，④個人への対応の強化，といった活動が必要となる。また，ビジネスに限らず他の目的に関しても同じことがいえるであろう。

目的別日本語教育の特徴は次のとおりである。

(1) 学ぶ側のニーズや目的が明確であり，学習の効果が厳密に問われる場合，学習者自身の動機づけを高め，より教育の効率を上げることが可能になる。

(2) 日本語教師と専門家との連携が必要となる。また現実の場面での練習，擬似体験やシミュレーションを取り入れた教育内容および方法が要求される。

(3) 到達目標が明確になるため，学習者は自律学習および継続学習への手がかりを得やすい。

➡ 対象別日本語教育（8-C），ニーズ分析（8-C），学習者の多様化（10-D），ビジネス日本語の指導（8-C）

● **参考文献**

岡崎敏雄（1989）『日本語教育の教材』アルク.

田中望・斎藤里美（1993）『日本語教育の理論と実際』大修館書店.

寺村秀夫（編）（1991）『日本語教授法（下）』明治書院.

上田和子（2003）「海外の日本語学習者への支援——国際交流基金関西国際センターの現場から(6) 目的別日本語研修における実習」『日本語学』22-7.

小林和夫（1994）「ビジネス・コミュニケーション」『日本語学』13-12.

[ゲールツ三隅友子]

■ビジネス日本語の指導

「ビジネス日本語」という用語は，いろいろな解釈で使われてきたが，最近では，「仕事に

役立つ日本語」と定義されていることが多い。この分野の学習者は，国内・海外ともに年々増加してきているが，職種や業務が多岐にわたっているだけに，その教育の様態も多様化が進んでいる。

学習者を大別すると，国内の成人学習者の場合は，日本企業や外資系企業の従業員が中心で「仕事のための日本語」と「生活のための日本語」をおのおのの状況によって学習している。他方，サービス産業を中心とした海外の学習者の場合は，業務に必要な日本語能力の獲得に集中している。また，日本の大学・大学院の留学を終えて日本企業に就職する外国人留学生も2002年度で3000人に達しているが，これらの留学生たちは，高度の日本語能力はあるものの，ビジネス日本語の面では能力に欠けるため改めてビジネス日本語を学習している者も多い。

「仕事に役立つ」ビジネス日本語教育の特徴は，ビジネス関連の表現や慣用句を教えるだけではなく，日本人と良好な関係を構築し，ビジネスでの成果を上げるために，日本の企業文化やビジネスに対する日本人の行動様式の理解も促進することである。その意味で，教師は「言語と情報」の提供者になる必要がある。

学習者の期待に応える教育を行うためには，まずそのニーズやレディネスを理解することが必要であり，教育開始前に十分話し合い，教材や指導法について妥当な合意を得てから，授業を始めるのが望ましいし，その後も学習者の意向を尊重し，柔軟に対応することがその動機強化につながる。

この分野の学習者の特性としては次の点が挙げられる。

(1) 学習の目的は，業務遂行能力の向上にあり，日本語はその一手段と考える。
(2) 業務に直結した分野の語彙・表現の学習には熱意を示すが，他の分野のそれには関心が薄い。
(3) 実用性を重視し，「通じればよい」という考えの学習者が多い。
(4) 「費用対効果」的な思考から学習成果を性急に求める傾向がある。

このような特性に配慮して，指導にあたっては，学習者の求める教育内容を優先し，ビジネス現場を想定した実用性の高い練習法を採り，言語使用の「正確さ」を極端に求めず，受容可能な範囲での「やりとり」を中心とした指導が必要とされる場合が多い。ビジネス日本語の学習者の大多数は，日本語を学ぶ以前にすでにいくつかの外国語を学習した経験があり，そこで獲得した学習ストラテジーをもっている。原則的にはそれを尊重する指導が望ましいが，場合によっては，日本語学習に有効かどうかを教師が判断し，変更を指示することも必要である。

日本語によるビジネス活動の現場では，今日でも腹芸的な「婉曲表現」や対立を避ける「態度」など外国人学習者には理解が難しい面があり，ロールプレイや事例研究など，意図的に日本のビジネス行動の特徴の理解を進める方法も研究すべきである。教師は，基本的には担当する学習者をビジネスでの成功に導くよう工夫努力する義務があり，そのためにあらゆる努力を傾注することが求められる。

→対象別日本語教育（8-C），目的別日本語教育（8-C），ニーズ分析（8-C）

● 参考文献

高見澤孟（2003）『ビジネス日本語の教え方』（オンディマンド版）アルク．

文化庁（編）（1994）『外国人ビジネス関係者のための日本語教育Q＆A』大蔵省印刷局．

[高見澤 孟]

D──学習活動

■学習活動の流れ

広義の意味における「学習活動（learning activity）」は狭義の「学習活動（drill exercise）」と「言語活動（speech exercise）」に分けられる。文型練習は狭義の学習活動に、タスク練習は言語活動に属す。前者は正確さのための言語練習であり、後者は滑らかさのための言語練習である。一般に、広義の学習活動の基本的な流れは次の3つの部分から成り立つ。

まず、第1分節（preview）では、あいさつ、ウォーミングアップ、前回の授業の復習、新教材の導入が行われる。ウォーミングアップでは教室の雰囲気を和らいだものにする。復習においては、前回の課題の点検、小テスト、簡単な言語活動のいずれか（または複数の活動）を行う。復習はその授業の学習活動につなげることがねらいである。こうして、その授業の新教材の提示に進む。

次に、第2分節（view）では、狭義の学習活動と言語活動を行う。前者には、聞くこと、読むこと、話すこと、書くことという4技能の練習が含まれる。その後で、言語技能を組み合わせたコミュニケーション活動が行われるが、それがスムーズに進むには支持的教室風土が醸成されていることと学習活動が効果的に行われていることが必要である。

最後に、第3分節（review）においては、その授業の学習活動の主要なポイントやターゲットとなった文型などの総復習を簡潔に行ったり、課題を提示したりする。

➡学習活動の種類（8-D）

● 参考文献

岡崎敏雄・岡崎眸『日本語教育におけるコミュニカティブ・アプローチ』凡人社.

縫部義憲（1994）『日本語授業学入門』瀝々社.

縫部義憲（1998）『心と心がふれ合う日本語授業の創造』瀝々社.

Chastain, K. (1971, 1976) *Developing Second-Language Skills: Theory to Practice.* Rand McNally College Publishing Company.

［縫部義憲］

■学習活動の設定

狭義の学習活動の役割は正確さのための言語練習を行うことであり、一方、言語活動は滑らかさを目指した言語練習を行うことである。前者は指導の基礎基本と呼ばれ、教師に主導されるが、後者は学習者が主人公であり、教師は言語促進者の役割を果たす。

言語練習の目標は、理解・運用・応用の3レベルに分けられる。理解レベルでは理解中心の学習活動、たとえば、聞いて（理解したことを）動作で表すという理解活動が行われる。この後で、運用レベルの活動、たとえば、「聞いて（理解したことを）言う」「聞いて動作しながら言う」「言って動作する」という学習活動を行う。応用レベルにおいては言語活動が中心となり、特定の言語活動にふさわしい場面を選んだり、特定の機能を達成するために必要な言語表現を選択したりする。

言語活動を設定する際には、コミュニケーションの三原則、すなわち、①情報の欠如、②情報の受信と発信、③現実性・有意味性に関する原則を守らなければならない。つまり、欠けている情報を埋めるために言語活動を行う、メッセージの相互交流が行われる、自己にとって意味のある、真実な内容をメッセージにするということである。なお、第三原則は「今ここ」の原則とも呼ばれ、自分にとって真実なこととは学習者の「今ここ」に存在するものだけであるという考えである。

➜学習活動の流れ（8-D），コミュニカティブ・アプローチ（8-B）

● 参考文献

田中望（1988）『日本語教育の方法──コースデザインの実際』大修館書店．

縫部義憲（1998）『心と心がふれ合う日本語授業の創造』瀝々社．

縫部義憲（2001）『日本語教育学入門』（改訂版）瀝々社．

Littlewood, W. (1981) *Communicative Language Teaching: An Introduction*. Cambridge University Press.

[縫部義憲]

■学習活動の形態

伝統的な日本語教授法では，教室に1人の教師と複数の学習者がいて，教師からの提示やドリル練習，教師との問答などを学習者が一斉に，または個別に受けるのが主流である。実際の授業形態は，一斉のクラス指導と，教師から与えられた練習問題などの課題を学習者が1人ずつ行う個別活動を組み合わせた形態で行われる。

オーディオ・リンガル法以降，1980年代から広まった，コミュニカティブ・アプローチでは，日本語を使って学習者にとって意味のある交渉を行うことが習得を促進すると考えられた。そのため，教室内でより多くの相互交渉の機会をもつ授業が行われるようになった。教師を中心とした従来のクラス指導や個別活動だけでなく，ペア・ワーク（学習者が2人1組をつくり，学習活動を行う）やグループ・ワーク（3人以上の少人数の学習者が1組となる）が積極的に取り入れられるようになった。教師以外の日本人参加者がビジターやゲストと呼ばれる人的リソースとして授業に入り，学習者の練習相手になったり情報交換を行ったりすることもある。

学習者と教師が1対1で学ぶ形態は，個人教授（プライベート・レッスン）またはマンツーマン型と呼ばれる。前者は，ビジネス関係者や研究者など特殊目的の日本語教育を必要とする学習者の場合に主に使われる。後者は，地域で日本語を学ぶ学習者を支援するボランティアによる日本語教育において，学習者1人に教師または支援者1人がつき，それぞれの学習者の生活や仕事でのニーズに応じた学習を行う場合に使われることが多い。

レベルの差など本来別々のクラスで学ぶことが望ましい学習者グループに対して，教室や教師の不足などの理由で，1つの教室を使って1人の教師が教えることがある。このような形態の授業は複式指導と呼ばれる。教師は，学習者をグループに分けて，異なる教材を与え，教師のもとで行う活動と個別またはグループでの活動を組み合わせて授業を行う。

学習者が定期的に教室に通えない場合，遠く離れたところにいる教師と空間は共有できないが，さまざまな方法での学習が行われている。遠隔教育（遠距離教育）や通信教育と呼ばれ，教材を郵便で送るもの，電話会議，衛星放送やインターネットを利用するものなどがある。教師と学習者が1対1で行うものもあれば，教師と複数の学習者が相互交渉しながら授業が進められるものもある。

また，教師の介入がなく，学習者が自ら目標設定や学習計画の作成，教材選択を行って学習を進める形態は，独学または独習と呼ばれる。

学習活動の形態には，教授法の変遷や学習観の多様化，学習環境の制限，通信技術の発達など，さまざまな要因がかかわっている。

➜ピア・ラーニング（8-D），学習の場のインターアクション（8-D），教授法の流れ（8-B），学習リソース（8-D）

● 参考文献

日本語教育学会（1995）『タスク日本語教授

法』凡人社.

岡崎眸・岡崎敏雄（2001）『日本語教育における学習分析とデザイン』凡人社.

浅倉美波他（2000）『日本語教師必携 ハート＆テクニック』アルク.

高見澤孟（1996）『はじめての日本語教育2 日本語教授法入門』アルク.

ラーセン=フリーマン, D.〔山崎真稔・高橋貞雄〕（1990）『外国語の教え方』玉川大学出版会.

〔八田直美〕

■学習活動の種類

さまざまな教授法の発展につれて日本語教育の授業で用いられている学習活動には，多くの形態が生まれてきた．現在の日本語教育の現場では，特定の教授法を採用するというよりも，教授目的や学習者，教育機関の事情に合わせ，適宜，学習活動を選択して組み合わせ，授業を設計するというやり方が多く用いられている．

学習活動は，さまざまな観点から分類することができるが，まず学習事項の習得段階に応じて以下の3つに大別される．①ことばや文型，表現などの言語形式の形態・意味・用法の理解をはかるための活動（導入）．②導入した項目を記憶させ，文として発音したり書いたりできるようにするための活動（文型練習，パターンプラクティス，ドリル，発音練習）．③②で学習した項目を実際のコミュニケーションの場面で運用できるようにする練習（応用練習・運用練習）．

①の導入については，学習者の理解を促進するために教師は授業の目標となる言語項目を口頭で説明することが多い．その際，板書，状況のわかる写真，絵を利用するなど，学習者の理解を促すための補助教材を利用する．また，学習者に導入する項目を含んだ会話を聞かせる，ビデオを見せるなどにより，項目の意味を推測させる方法をとることもある．これは学習者が推測という認知的な活動を行うことで，言語学習が促進されるという認知心理学的な学習観を背景としている．

②の文型練習では，オーディオ・リンガル法で中心的に用いられたさまざまな学習活動が利用されている．オーディオリンガル法では，同じ会話文を繰り返し反復練習し，正しく発音できるように練習すること（ミムメム練習 mimicry-memorization practice）を重視し，教師のキュー（文型練習のうえで，学習者の答えを促すための語彙や表現の提示）に対して，すばやく反応するという刺激―反応の流れが習慣化して学習に結びつくとする行動主義的学習観を背景としている．文型練習（パターン・プラクティス）には，以下のような代表的な練習（ドリル）の形態がある．反復練習（教師が提示したモデルを繰り返す），代入練習（モデルの文の一部を入れ替える），変形練習（文や語の形を変える），結合練習（2つの文をつなげて，1つの文にする），Q＆A練習（質問に答える）．これらの文型練習には，練習の目的によって，文を正確に言うための機械的ドリルと，文や文脈の意味を学習者が考えて答える有意味ドリルとがある．

③に挙げたコミュニケーションで運用できる力をつけるための学習活動は，現実のコミュニケーションの要素を学習活動に取り入れることを意図している．たとえば，ロールプレイは，学習者が異なった社会的な役割を演じるなかで目標言語を使用する学習活動である．シミュレーションは，さらに規模の大きな擬似的な場面を設定し，仮想の役割を演じる活動である．

このほかにコミュニケーションを考えるうえで重要な基本概念には，タスクとインフォメーション・ギャップがある．タスクとは，最終的な行動目標（ゴール）があり，そこに到達するために目標言語を使用する学習活動である．タ

スクは，読解・聴解の学習活動に広く取り入れられているほか，話す・書く活動についてもロールプレイ，プロジェクト・ワークなどの学習活動として取り入れられている。

また，真のコミュニケーションが成り立つためには，参加者のあいだに情報の差（information gap）があることが前提となることから，一般的には学習者間に情報の差を設けたり，個々人の情報差を利用したりする活動をインフォメーション・ギャップの活動と呼ぶ。たとえば，2人の学習者にそれぞれ違う部分のある絵や地図を与え，互いに道案内をする練習や，学習者が互いに家族，趣味などの情報について質問するインタビュー練習は，初級段階でもよく利用されている。

このほかに，ゲームは，目標言語を用いて行う活動により，勝敗などの結果が出せ，それにより目標言語を使うことの意味が生まれ，学習者が楽しめることから，初級から上級までさまざまなかたちで日本語教育に取り入れられている。

以上とは異なる分類の観点としては，学習活動を，4技能のそれぞれを伸ばすことに焦点をあてた技能別の活動と，いくつかの技能を組み合わせた総合的な活動とに分ける見方がある。技能別の活動には，聴解練習，読解練習，作文，ディスカッションなどがある。総合的な活動としてはプロジェクトワークや，話す技能を高めるための活動として利用されるディスカッション，ディベート，スピーチがある。これらは，活動の過程で資料を読む，原稿を書くなどの多技能を用いるため，総合的な活動であるといえる。

このほかに，教室内で行う学習活動だけではなく，外部に出かけ，機関を訪問する，インタビューを行うなど，教室外の学習を取り込んだ試みも見られる。さらに，外部の日本人を招いてインタビューなどの活動を行うビジターセッションというかたちも日本国内，国外を問わず多くの教室で用いられている。

➡学習活動の流れ（8-D），学習活動の設定（8-D），教授法の流れ（8-B），オーディオ・リンガル法（8-B），コミュニカティブ・アプローチ（8-B）

●参考文献

岡崎眸・岡崎敏雄（2000）『日本語教育における学習の分析とデザイン——言語習得過程の視点から見た日本語教育』凡人社．

小林ミナ（1998）『日本語教師・分野別マスターシリーズ よくわかる教授法』アルク．

西口光一（1995）『日本語教師トレーニングマニュアル④ 日本語教授法を理解する本——歴史と理論編』バベル・プレス．

ラーセン＝フリーマン，D.〔山崎真稔訳〕（1990）『外国語の教え方』玉川大学出版部．

Keith, J. and Morrow, K. (eds.) (1981) *Communication in the Classroom*. Longman.

Richards, J. and Rodgers, T. S. (2001) *Approaches and Methods in Language Teaching*. 2nd ed. Cambridge University Press.

［古川嘉子］

■学習リソース

学習者は周りの環境にはたらきかけ，それを利用して日本語の学習に不可欠なインプットとフィードバックを得ている。この学習を支える環境（学習環境）は，人的リソース（資源）および物的リソースから成り立っていると考えられる。

人的リソースとしてまず考えられるのは教師であるが，ボランティア教授者，チューター，さらには同級生も学習を助ける人的なリソースである。これらはいずれも教室という空間を共有し，日本語の教育・学習を主な目的とするコミュニケーションに参加しているという点で直

接的なリソースである。一方,教室外でも学習者は日本語によるコミュニケーションを行っており,その相手は間接的な人的リソースと捉えることができる。

　人的リソースの面で日本国内と海外では学習環境が大きく異なる。国内では教室外でも日本語の使用を通して学ぶ機会が少なくない。一方,海外においては,日本語を使う機会が一般的に限られており,教室以外には日本語を使う場がないということもまれではない。しかしながら,海外であっても在住日本人の協力などを得て豊かな人的学習環境をつくり上げている教育機関も見られる。さらに,インターネットを利用して学習者が日本にいる日本人とやりとりができるようなプログラムを実施している機関もある。コンピュータという物的リソースの活用によって人的リソースが広がる可能性は大きい。

　日本国内にいるからといって日本語学習者が教室外の人的リソースを活用しているとは限らない。教室外では日本語で話す相手がいない学習者もいる。教室外の人的リソースを活用するという点では,家庭訪問・工場見学などの学習活動を日本語コースに組み込むのは効果的な方法である。

　伝統的な教室では教師と学習者だけが参加者であった。教室という学習環境をより豊かなものにするには,外部者をビジターとして招いて実際的なコミュニケーションの場を教室内につくることも人的リソースの有効な活用方法である。

　物的リソースはソフトとハードに分けられる。教科書,辞書,参考書,音声テープ,ビデオテープなどは学習の素材となるソフトであり,テープレコーダー,ビデオデッキ,コンピュータなどの機器類,および教室,コンピュータ室,図書室などの施設設備はハードなリソースである。これらの物的学習環境も学習成果を左右する重要な要素である。

　よりよい学習環境をつくることは教師の務めであるが,学習者自身が自己の学習環境を活用する力を身につけていかなければ永続的な学習は望めない。学習環境を改善する力,活用する力を育てることも教師の役割である。

➡教材(9-E),地域の日本語教育活性化のための方策(10-E),日本語教育におけるコンピュータ利用(11-A)

●参考文献

トムソン木下千尋(1997)「海外の日本語教育におけるリソースの活用」『世界の日本語教育』7.

田中望・斎藤里美(1993)『日本語教育の理論と実際』大修館書店.

村野良子(2001)『高校留学生に対する日本語教育の方法』東京堂出版.

[尾崎明人]

■学習の場のインターアクション

　教室という学習の場では,教師と学習者,学習者と学習者のインターアクション(相互作用,相互行為)が行われる。学習者は,インターアクションのなかで日本語の習得に不可欠だとされる①インプット,②アウトプットの機会,および③アウトプットに対するフィードバック,を得ている。

　教室では教師がインターアクションを主導し,談話を管理することが多い。教師は,いつ,だれが,だれに,何を,どう言うかをコントロールする権限を与えられており,その権限を基に情報の提示,説明,質問,質問に対する答えの正誤判定,学習者の理解の確認,教室作業の指示などさまざまな教授行動を展開する。学習者は好き勝手に質問をしたり話題を変えたりすることは許されない。しかし,学習者はただ一方的に受け身の立場で授業に参加しているわけではない。さまざまな反応を示すことで教

師にはたらきかけ，授業の展開に影響を与えている。教師は，学習者の反応に応じて，日本語の習得に結びつくようなインターアクションを主導する役割を担っているのである。

教師のもう一つの役割は，学習者が自らインターアクションを主導するような機会をつくることである。ペア・ワーク，グループ・ワークは学習者同士のインターアクションを促す活動として有効である。教室にビジターを招くのもよい方法である。これらの活動を通して，学習者は，質問に答えるだけでなく自ら質問する，相手の話に関連づけて話題を発展させる，相手の話がわかったときにはわかったという相づちを打つ，わからないときには聞き返すなど教師主導のインターアクションでは経験しにくいことが経験できる。さらにどんな話題をいつ持ち出せばいいか，1つの話題をどのように切り上げるかなど，談話の展開に必要な知識，技術を学ぶこともできる。このような活動では，学習者のインターアクションを観察し，その後で適切なフィードバックを与えることが教師の仕事になる。

多文化が共存する日本語教室ではインターアクションに関して教師と学習者がそれぞれ異なった役割認識をもち，相手に対して異なった期待をもっていることがある。教室では教師の話を黙って聞くものだと考える学生もいれば，積極的に質問し，自分の意見や考えを述べることが大事だと考える学生もいる。このような違いには学習者が自国で受けてきた教育が影響を与えていると考えられる。教室におけるインターアクションのしかたには文化的な違いもあるということに教師は留意すべきである。

学習の場は教室だけではない。教室外のインターアクションもまた学習の場である。学習者を教室の外に送り出し，日本語母語話者とのインターアクションを経験させるような活動をプログラムに組み込むことも教師の仕事である。

→学習活動の形態（8-D），インターアクション（8-A），授業研究（8-F），ピア・ラーニング（8-D）
● 参考文献
村岡英裕（1999）『日本語教師の方法論』凡人社．
Gass, S. M. (1997) *Input, Interaction, and the Second Language Learner.* Lawrence Erlbaum Associates, Inc.

［尾﨑明人］

■ 教室運営

教室運営の指針は，学習者と教師のあいだの契約書ともいえる広義のシラバスに示される。シラバスには学習項目のリストにとどまらず，学習目標，使用テキスト，評価方法，教授法などの明示が望まれる。

とくに日本語の教室運営においては，学習者の意欲と動機を高めながら対話のある授業を実践していくことが必要である。たとえ文法の授業でも，一方的に文法知識を伝達する独話ではなく，問答法によって学習項目を身につけさせていく工夫が求められる。クラスが多人数で十分な質疑応答の時間が確保できない場合には，授業終了後に質問・感想カードを配り，自由なかたちで書いてもらう。内容によって，個人差による問題に個別応答するか，教室で全体化するかを決める。そのようなフィードバック回路をつくることによって対話のある授業が実現できる。カードには，授業内容が理解できたか否かだけでなく，学習者個人の悩みが記されることがある。そのような場合には，教師もカウンセリング・マインドと守秘義務をもって対処することが望ましい。

クラスにまとまりがない，協力関係がない，孤立している学習者がいるなどグループに問題がある場合には，構成的グループ・エンカウンター（structured group encounter：SGE）を用いて対処することができる。SGE は，グ

ループのもつ教育力と集団力学(グループ・ダイナミックス)を応用した方法論として学習者間の人間関係づくりや教室運営に役立つ。

大学の授業で私語が問題になることがあるが、日本語教室では、むしろ私語をしたいという欲求を授業に組み込んで、構造化して会話練習に活用するという方策がとれる。

学習者の母語による私語には、授業がわかりにくい、単調で退屈だ、レベルに合っていないなどの原因が考えられる。授業展開に入る前のプレースメント・テストなどによるクラスのレベル分け、レディネス分析、ニーズ分析などの個人差に対する事前対応が重要となる。また、教案(lesson plan)レベルでの工夫で、授業の単調さをなくすことができる。1時間の授業であれば15分ずつの4ブロックに内容を区分し、変化をつける。導入・展開・練習・まとめの4区分でもいいし、聞く・話す・読む・書くの4技能区分でもいい。それは注意集中時間(attention span)が約15分程度だといわれていることにも関係する。クラス内にレベル差があるが、教室運営上レベルごとのクラスを設定することができない場合には、相互学習方式で対処したらよいであろう。一策としては、カーカフ(Carkhuff)の援助技法を参考に、上位レベルの学習者に援助者(helper)になってもらい、下位レベルの学習者(=被援助者)を手助けするという対処法もある。

そのほか、教室の学習環境整備、教師のリーダーシップ、学習者による授業評価、自己点検・自己評価が教室運営を改善していく鍵となる。

➡教授監督下の習得(8-A)、教授能力(8-F)、シラバス(8-C)、アクション・リサーチ(7-F)、クラスルーム・リサーチ(7-F)

● 参考文献

國分康孝(監修)、國分久子他(編)(1999)『エンカウンターで学級が変わる・ショートエクササイズ集』図書文化社.
國分康孝(監修)、國分久子他(編)(2001)『エンカウンターで学級が変わる・ショートエクササイズ集Part 2』図書文化社.
林伸一他(2000)「日本語教育に生かす構成的グループ・エンカウンター」國分康孝(編)『続・構成的グループ・エンカウンター』誠信書房.
林伸一他(1994-1995)「グループで学ぶ日本語1-15」『月刊日本語』7-4〜8-6.
縫部義憲・岡田弘(編著)(1999)『教師と成人のための人間づくり・第5集』瀝々社.
カーカフ, R. R.〔國分康孝監訳〕(1992)『ヘルピングの心理学』〈講談社現代新書〉講談社.

[林 伸一]

■教師の質問

授業研究のなかで、教師による質問は、しばしば取り上げられてきたテーマである。授業における教師と学習者の相互作用のなかで、教師による質問は大きな比重を占める。教師と学習者による談話の典型的な構造は、開始(initiation)→反応(response)→フィードバック(feedback)である。

(例1)教師が教材の時計を見せながら、学習者に質問している。
　教師:今、何時ですか。(開始)
　学習者:2時半です。(反応)
　教師:はい、よくできました。(フィードバック)

教師からの質問は開始にあたり、学習者による答えは反応、それに対する教師のコメントはフィードバックに相当する。教室場面で行われる教師と学習者のやりとりは、日常生活とは異なる側面が見られる。

(例2)バスの停留所で、時計を忘れてきたAが、見知らぬ相手Bに話しかけている。

A：すみません，今，何時ですか。
B：えーと，2時半です。
A：あ，どうも。

例1と2は「今，何時ですか」という同じ質問をしているが，その目的，機能は異なっており，談話の流れも違ったものになっている。日常生活での質問は，一般に自分の知らない情報を相手から与えてもらうことを目的として，呼びかけ→質問→確認→お礼，という談話の流れがつくられる。それに対して教室で教師の発する質問は，教師が正しい答えをあらかじめ知っており，学習者が正確に答えることができるかどうかを確認する目的であることが多い。質問者があらかじめ答えを知っている質問を提示質問（display question），答えを知らない質問を指示質問（referential question）と呼ぶ。教師の質問は提示質問であることが多く，意味の伝達よりも，言語形式を正しく使うことに主眼が置かれているという特徴が見られる。ただし，教師の質問がつねに提示質問であるというわけではない。学習者の意見を問うような場合は，正しい答えがあらかじめ決まっているわけではないので，指示質問となり，それに対する答えもさまざまな形式や内容が出てくることが予測される。

質問の形式は，①疑問詞を使った質問，②選択質問，③はい・いいえで答えられる質問，に分けることができる。教師は学習者の反応を見ながら，これらの形式を使い分けていく。たとえば，「お国はどちらですか」という疑問詞を使った質問に学習者がとまどっている場合は，「お国はペルーですか」と，はい・いいえで答えられる質問に変えることにより質問の意図を理解させることができる。また，はい・いいえで答えられる質問の後に，疑問詞を使った質問をして情報を引き出すこともできる。
(例3)
教師「Aさんのうちは横浜ですか」
A「いいえ」
教師「じゃあ，どこですか」

教師は教授・学習行動の目的を意識して，質問を使い分けることが肝要である。
→教室運営（8-D），授業研究（8-F），インターアクション（8-A），教授監督下の習得（8-A）
●参考文献
小池生夫（監修）SLA研究会（編）(1994)『第二言語習得研究に基づく最近の英語教育』大修館書店.
日本語教育学会（編）(1995)『タスク日本語教授法』凡人社.

[谷口すみ子]

■媒介語

多くの場合，媒介語は，学習者の母語と同義語であると認識されがちであるが，媒介するチャンネルはいくつかある。たとえば，教師が採用する媒介語としては，学習者の母語のほかに，教師と学習者との共通語，たとえば，ともに学習経験がある外国語や，ティーチャートークなどの簡略化コードなども考えられる。また，教室場面以外では，フォリナートークやコミュニケーション・ストラテジー（推測，類似後の使用，造語，言い換え，回避，助けを求める，母語へのスィッチなど）も広義的には媒介語として機能する。このように，媒介語のバリエーションは，単に狭い意味での文法項目だけではなく，非言語行動までも含めた，コミュニケーション行動に範囲を広げる必要がある。

このように考えると，媒介語の使用は，接触場面で使用する言語を母語とする話者が，非母語話者とのインターアクションを円滑に進めるためのコミュニケーション行動と考えられる。

初級レベルの学習者に対する学習活動場面で，教師が，学習者の母語を使い，目標言語から媒介語にコードスイッチすると，効果的な情報の処理が可能になることもある。たとえば，

海外での日本語教育のように，学習者の母語が比較的共通する場合などは，その母語が，媒介語として選択される可能性が高い。だが，母語が異なる場合には一部の学習者にとって理解の妨げになる場合もあるので，留意する必要がある。さらに，媒介語によるインターアクションは，理解可能なインプットを促進させるが，生の情報（authentic information）ではないため，学習者の習得を遅らせ，化石化させてしまう危険性もある。なお，媒介語としての母語の使用頻度が高くなると，目標言語によるインプットが少なくなり，これも，結果的に習得を遅らせることになる。

→インターアクション（8-A），インプット（8-A），簡略化コード（8-A），コミュニケーション・ストラテジーと学習（8-A）

● 参考文献

ロング，D.（1992）「日本語によるコミュニケーション——日本語におけるフォリナー・トークを中心に」『日本語学』11-13．

Krashen, S. (1985) *The Input Hypothesis: Issues and Implications*. Longman.

Cook, V. J. (1999) "Going beyond the Native Speaker in Language Teaching." *TESOL Quarterly*, 33-2. pp. 185-209.

［宮崎里司］

■ 誤用への対応

第二言語習得理論では，学習者に与えられる否定的情報である誤用訂正は目標言語習得にとって重要な要因の1つと考えられている。

学習者の誤用への対応を教師が「いつ」行うのかという観点からは，事前に文法を教えるなど予測される誤用が現れる以前に対応する場合と，実際に誤用が現れた後に対応する場合がありうる。また，言語能力以外の社会言語・社会文化能力を含むより広い概念として，事前調整・事後調整という分類をする場合もある。

教師が誤用発現後に対応する場合，誤用を含む発話の直後にフィードバックする場合と，宿題をチェックする場合などのように，比較的時間が経過した後でのフィードバックがあるが，ここでは主に前者に焦点を絞る。

Gass（1997）は，より直接的に誤用の存在を示すか，それとも聞き返しなどの方法で間接的に示すかという両極をもつ横軸と，より明示的に訂正をするか，それとも繰り返しなどで暗示的に訂正したり，訂正しないなどの両極をもつ縦軸を組み合わせることにより，誤用への対応領域を，「明示的・直接的」「明示的・間接的」「暗示的・直接的」「暗示的・間接的」の4つに分類している。そして，「明示的・直接的」フィードバックはより学習者の中間言語に変化をもたらす可能性があり，教室外では起こりにくいとしている。また，「暗示的・間接的」フィードバックは学習目的というよりも発話の意図を理解することが主な機能であるとしている。

このような分類は，学習者による気づき（noticing）に関連している。Schmidt（1990）は気づきが習得には必要だとしているが，教師の誤用訂正が学習者の習得に結びつくかどうかは，まず，教師の訂正行動に学習者が正しく気づき，取り込む（intake）ことができるかどうかが問題になる。たとえば，聞き返すなどの明瞭化要求によって間接的に誤用の存在を指摘しても，単に理解ができなかったという表示として学習者に受け取られる可能性が高い。

Lyster and Ranta（1997）は4つのイマージョン・プログラムの観察から，最も多く学習者から何らかの反応を導いた誤用の訂正方法は，一部を教師が発話しその後を学習者に言わせたり，質問によって訂正させるといった誘導法（elicitation）であったと報告している。反対に，最も学習者の反応を導かなかったものは，誤用を除いた学習者の発話のすべてあるい

は一部を繰り返すなどのリカスト（recast）であったとしている。また，仮に取り入れられたとしても，それが長期的に保持されるかどうかは別の問題として残る。

　誤用の訂正方法にはさまざまなものがあるが，教師にとって必要なことは，学習者のレベルを考慮して対応を選択することであろう。Aljaafreh and Lantolf（1994）は，学習が進行するにつれて教師から学習者に提供される訂正方法が明示的なものから暗示的なものに変わるとし，しだいに学習者自身による自己制御が強くなってくるとしている。

　「だれ」が誤用を訂正するかという点では，通常教室内では教師や他の学習者による他者訂正，あるいは自己訂正の2種類が挙げられる。しかし，教師以外の母語話者を利用するような活動（たとえば実際使用アクティビティ，ネウストプニー 1995）を授業に取り込めば，そういった母語話者による他者訂正の可能性もある。このような場合，言語能力だけではなく社会言語・社会文化能力での訂正も現れるだろう。

　また，教授法によって誤用への対応が異なる。誤用に対して寛容な教授法としてはナチュラル・アプローチなどがあり，そうでない教授法としてはオーディオ・リンガル法などが挙げられる。また，言語形式の焦点化（focus on form）を重視する立場では，内容中心の授業などを行うなかで意味を重視しつつ，必要時に目標言語の形態に学習者の注意を向けさせようとする。

➡誤用研究（8-A），言語学習ストラテジー（8-A），文法の習得（8-A），教授監督下の習得（8-A）

● 参考文献

ネウストプニー，J. V.（1995）『新しい日本語教育のために』大修館書店．
Aljaafreh, A. and Lantolf, J.（1994）"Negative Feedback as Regulation and Second Language Learning in the Zone of Proximal Development." *The Modern Language Journal* 78. pp. 465-83.
Gass, S. M.（1997）*Input, Interaction, and the Second Language Learner*. Erlbaum.
Lyster, R. and Ranta, L.（1997）"Corrective Feedback and Learner Uptake: Negotiation of Form in Communicative Classrooms." *Studies in Second Language Acquisition* 19. pp. 37-66.
Schmidt, R.（1990）"The Role of Consciousness in Second Language Learning." *Applied Linguistics* 11. pp. 129-158.

［加藤好崇］

■自律学習

　自律学習（autonomous learning）をことばの意味として解説すれば，学習者が自分で自分の学習の理由あるいは目的と内容，方法に関して選択を行い，その選択に基づいた計画を実行し，結果を評価すること，といえる。しかし「自律学習」という教授法や学習活動の形態が存在するわけではない。誤解を避けるために，現在の第二言語教育では学習者オートノミー（learner autonomy）という用語を使うほうが一般的である。Autonomyは自律あるいは自律性と和訳されることもあるが，「律」という文字から「外的な規範に自主的に従う」という連想をする人もいるようである。Autonomyにはそのような意味合いはない。Autonomyとは，平たくいえば，自分のことは自分で決めるということである。誤解を避けるために，本項ではautonomyをオートノミーとカタカナで書く。

　学習者オートノミーとは，学習者が自分で自分の学習の理由あるいは目的と内容，方法に関して選択を行い，その選択に基づいた計画を実

行し，結果を評価できる能力である。第二言語教育において学習者オートノミーという用語が初めて使われたのは，1960年代後半のフランスであった。学習者オートノミーを目指した初期の実践は，この時代のフランスの政治的状況を反映したものであり，イヴァン・イリッチ（Ivan Illich），パウロ・フレイレ（Paulo Freire），カール・ロジャーズ（Carl Rogers）など伝統的教育制度を批判した同時代の理論家・実践家の影響を受けていたとされる。その後，学習者オートノミーという用語は第二言語教育の世界で広く用いられるようになった。日本語教育においても1990（平成2）年前後から学習者オートノミーに言及する文献が散見されるようになった。

学習者オートノミーは学習者が生来もっているものではなく，教育のなかで育てるものであるという見解は多くの実践家・研究者に共有されている。第二言語教育は学習者オートノミーを育てることを目標にすべきであると主張する人々の挙げる理由は主に以下の7つである。①学習者オートノミーを育てることは，社会の意思決定に責任をもって参加できる市民を育てることにつながる。②学習とは学習者が新しい知識を自らの既有知識と結びつけることによって起こるものであるから，学習に成功するためには学習者オートノミーが必要である。③第二言語習得は教えられて起こるものではなく，学習者独自のシラバスに基づいているものだから，学習者が自分で学習をコントロールすれば習得の効率が上がるはずである。④第二言語使用者として成功するためには，自分のことは自分ですること，自信をもつことが欠かせない。⑤自分で選択することが内発的動機づけにつながる。⑥社会の急速な変化に対応するためには生涯にわたって学びつづける必要がある。⑦自分の学習に関する選択を自分で行うことは学習者の権利である。

学習者オートノミーという概念は西欧の個人主義を背景として生まれたものであり，集団主義的文化をもつアジア人の学習者には適当ではないという議論が一時あったが，これに対しては以下のような反論がなされている。①古くからアジアの思想家のなかにも似たような考え方は存在していた。②学習者オートノミーは個人主義的独立＝孤立を旨とするものではなく，学習の相互依存性を前提としている。これはおそらく文化的背景にかかわりなく人間の学習に普遍的な特徴である。③ある特定の地域または国出身の人々が均質の文化をもっていると考えることは正しくない。アジア人のなかにもオートノミーを志向する学習者はいる。④アジア人の学習者の学習者オートノミーに対する否定的な反応は，じつは欧米人の学習者にも見られるものである。

Benson（2001）は学習者オートノミーを育てるためのアプローチを6つに分類している。セルフ・アクセス・センターなどのリソースをベースとするもの，CALL，インターネットなどテクノロジーを活用するもの，学習者トレーニングをメインとするもの，学習活動の計画に学習者を参加させるタイプのもの，プロセス・シラバスなどによりカリキュラムの作成に学習者を参加させるもの，教師のオートノミーを育てれば，それらの教師は学習者オートノミーを育てるための授業をするはずであるという仮定に基づいて教師教育に重点を置くものである。教育現場では複数のアプローチが選択的に用いられることも多く，いずれのアプローチでも，学習者オートノミーを育てるための教師の役割が重要なポイントとなっている。教師の役割に関しては青木（2001）を参照のこと。

➡学習リソース（8-D），学習動機（8-A），言語学習ストラテジー（8-A），評価の主体と対象者（8-E）

参考文献

青木直子 (2001)「教師の役割」青木直子他（編）『日本語教育学を学ぶ人のために』世界思想社.

Benson, P. (2001) *Teaching and Researching Autonomy in Language Learning*. Pearson Education.

[青木直子]

■ピア・ラーニング

近年，多くの学術分野においてコラボレーションの概念が注目されるようになった。コラボレーションとは，人と人とが対話を通して協力し合い，新たな意味や価値を創造する活動のことである。

ピア・ラーニングは，コラボレーションを中心概念とする学習方法である。そこでの学習はpeer（仲間）同士の相互支援のなかで進められる。心理学や教育学でいう「協働学習」「協同的学習」「協調学習」「バズ学習」などはほぼ同様の内容である。日本語教育ではまだ例が少ないが，作文教育でのピア・レスポンス（peer response），読解教育のピア・リーディング（peer reading）などがそれにあたる。

従来の学習観では，教育場面での学習とは，あらかじめ用意された知識を教授することによって学習者個人のなかに知識体系を構成することを意味していた。つまり，教師から学習者への知識伝達型の学習である。これに対し，ピア・ラーニングは，学習者それぞれが自らのもつ能力を基に，自発的に学習に参加する活動参加型の学習を意味する。ここでの学習は，学習者同士互いの信頼関係を育むと同時に，学習課題の達成と新たな意味や価値観の創造を目指している。

ピア・ラーニングの授業デザインの特徴は，第一に，ペアや小グループの活動形態をとる点である。これは，学習者の主体性，自発性を重視し，参加しやすい場づくりとするからである。第二に，学習課題の設定は，創造が目指されるものとする。対話による批判的検討，相互内省を促すように方向づけられる。第三に，学習活動においては，学習者個人がもつ認知能力，技能，社会性などの個人的背景が重視される。第四に，学習活動への積極的な参加を支援するために，多様なリソースが設定される。教材・教具はもちろんのこと，教師もまた人的リソースとして機能する。さらに，教室外の環境にある多様なリソースとも関連づけられる。

こうした特徴をもつピア・ラーニングを日本語教育のような外国語学習に適用することは意義があるであろう。それは，外国語学習の目的をコミュニケーション能力の養成とする観点からいえることである。対話を中心にした学習活動は，現実のコミュニケーションの言語的な側面，非言語的な側面，社会的な側面など複数の要素をそぐことなく，学習が実現できるからである。しかも，学習を通した人と人との社会的関係性をつくる可能性も含んでいる。

具体的な活動方法を例にとれば，作文学習活動でのピア・ラーニング（ピア・レスポンス）では，学習者同士が互いの作文プロセスを共有することで，書き手と読み手とのあいだの相互理解を基に文章を書いていく。これは，ピア・リーディングでも同様で，互いの意味理解は学習者個人がもつ知識や体験からの解釈となるが，それらは共有されることで，個々の理解を深め，さらに新たな意味理解への発展を促すことになる。

しかし，ここで重要なのは，知識が共有され，創造されるための社会的関係性が学習の場に構築されるかどうかである。この点は，教室の学習においては困難な場合もある。ここにピア・ラーニングの問題点が指摘される。たとえば，学習者個人の学習スタイルとの不一致からくる不参加である。これは，従来の知識伝達型の学習方法に対するビリーフとのかかわりに起

因することかもしれない。

　また，評価の問題もある。個人の学習の成果を見るための評価方法をピア・ラーニングに適用させることは，活動と評価が意味するものが一致しないものとしてしまう。今後はこうした問題点をどのように改善していくのかの議論が必要であろう。

➡学習の場のインターアクション（8-D），作文指導（8-B），読解指導（8-B），学習リソース（8-D），評価の主体と対象者（8-E）

●参考文献

佐藤公治（1996）『認知心理学からみた読みの世界――対話と協働学習をめざして』北大路書房．

植田一博・岡田猛（編）（2000）『協同の知を探る――創造的コラボレーションの認知科学』共立出版．

池田玲子（2004）「日本語学習における学習者同士の相互助言（ピア・レスポンス）」『日本語学』23-9．

舘岡洋子（200）「読解過程における学習者間の相互作用――ピア・リーディングの可能性をめぐって」『アメリカ・カナダ大学連合日本語センター紀要』23．

Nunan, D. (1992) *Collaborative Language Learning and Teaching*. Cambridge University Press.

　　　　　　　　　　　　　　　［池田玲子］

■コンピュータ利用の活動

　コンピュータ利用の学習活動には，コンピュータの役割から見て4つのタイプがある。

　第一はチュートリアル学習で，多くの場合，学習者は一人でコンピュータに向かい，コンピュータからの出題に解答する。解答に対して正誤判定などのフィードバックが与えられるので，それにより学習していく。漢字練習や動詞の活用練習などにこのタイプが多い。以前はスタンドアローン型での利用が多かったが，現在では，LANやインターネットなど，ネットワークを介して問題を提供する形態も多い。

　第二は，コンピュータを通信手段として利用するもので，離れた場所にいる相手と日本語でコミュニケーションを行うことによって学習機会を拡大し，動機づけをはかる利用法である。電子メールや掲示板など時間に拘束されないものと，チャットやビデオカメラを接続してのテレビ会議など，相手と時間を決めて行う必要があるものとがある。

　第三は，コンピュータのデータ編集・保存・管理・計算機能などを利用して，共同で何かを行うタイプの活動である。複数の学習者が同じサーバーにアクセスして，協力し合って日本語でホームページを作成する活動などが例として挙げられる。離れた場所にいる学習者同士が共同作業をする場合には，通信手段としてもコンピュータを利用することになる。

　インターネットのサイトが充実してきたことから有力になってきたのが第四の利用法で，コンピュータを情報収集の道具として用いる活動である。電子辞書を提供したり，漢字に振り仮名をつけてくれたりするサイトもあるので，漢字の苦手な学習者でも，本や雑誌，事典などを利用するより，気軽に調査ができる。

　コンピュータは，これら4つの役割を簡単に融合させるので，学習活動のバラエティは，実はもっと豊かだといえる。これまでに開発されたコースウェアや利用事例については，独立行政法人国立国語研究所ウェブページのリンク集（http://www.kokken.go.jp/jsl）や，国際交流基金日本語国際センターの「みんなの教材」サイト（http://www.jpf.go.jp/kyozai）が詳しい。

➡日本語教育におけるコンピュータ利用（11-A），インターネット（9-A），ホームページ（9-A），メディア・リテラシー（9-D），ネットワーク教材（9-

E)
● 参考文献

池田伸子(2003)『CALL 導入と開発と実践——日本語教育でのコンピュータの活用』くろしお出版.

佐伯胖他(編)(1998)『岩波講座現代の教育 8 情報とメディア』岩波書店.

三宅なほみ(1997)『インターネットの子どもたち』岩波書店.

[才田いずみ]

■言語コーパスと日本語教育

言語コーパスとは,ある言語のデータ(音声データであるか文字データであるかを問わない)のうち,ある条件に適合するものを,一定の枠に沿って大量に集積したものである.

言語教育・言語習得研究においては,研究者自身が現在その言語の学習者であることは少ないため,自らの内省を研究や教育実践に活用することはやや困難である.このため,学習者の産出する言語資料を大量に収集した「学習者コーパス(learner corpus)」を構築し,これを活用していくことがとくに必要となる.学習者コーパスを利用することにより,学習者にとって習得しにくい(あるいは習得しやすい)表現とはどのようなものか,母語干渉とはどのような場合に起きやすいかなどの研究を進めていくことが可能となる.

日本語教育の分野において,現時点で公開中の学習者コーパスとしては,以下のようなものが挙げられる.

(1)日本語学習者による日本語作文と,その母語訳との対訳データベース(国立国語研究所)

(2)KY コーパス(鎌田修・山内博之)

(1)は,学習者による日本語作文だけでなく,執筆者本人によるその母語訳を収録していることを特長とする.このため,母語干渉の有無の検証がよりしやすくなっている.

(2)は,OPI(oral proficiency interview)による会話データを文字化した言語資料である.OPI データであるため,学習者の到達度による能力レベルがすべてのデータに明記されており,言語習得過程について研究を行う際にはきわめて有用である.

一方,学習者の立場からすれば,「日本語母語話者の言語コーパス」も有用であろう.たとえばある表現について,「日本語母語話者はどのような文脈のなかで多用するのか」「特定の表現と共起させることは可能なのか」というようなことを学習者自身がコーパスを用いて調べ,自らの誤用を訂正するための手がかりにすることができる.コーパスとその検索プログラムは,学習者の自学教材ともなりうるのである.

なお,日本語教育に活用できる言語コーパスとその利用法については,大曾・滝沢(2003)で詳細に紹介されている.作成進行中の言語コーパスについても言及されている.

➡言語コーパス(7-D),OPI(口頭能力評価)(8-E)

● 参考文献

大曾美恵子・滝沢直宏(2003)「コーパスによる日本語教育の研究——コロケーションおよびその誤用を中心に」『日本語学』22-5(特集 コーパス言語学).

[宇佐美 洋]

E——評価

■評価とは

● 評価の要素——評価とは,評価主体が,何らかの目的のもとに,評価対象に関する情報を収集し,何らかの基準に従ってその情報を解釈し,価値判断をすることである.

この規定に現れる各要素について以下に簡単に説明を加える。

評価主体は，当該の教育活動にかかわる人々（教師，学習者など）だけでなく，第三者（研究者，外部評価機関など）の場合もある。

評価の目的は，評価結果を，情報として必要とする人（教師，学習者，研究者など）にフィードバックし，その活動，意思決定を助けることである。

評価対象としては，教育活動にかかわる要素全般がその対象となりうる。学習成果対象の評価をアセスメント，アセスメントも含めた教育活動全般対象のものを，エバリュエーションと呼ぶこともある。また，評価主体との関係で，自己評価，他者評価という区分も行われる。

情報の収集法としては，一括的評価（一度だけの情報収集による評価）では，筆記テスト，面接などが代表的なものである。しかし，継続的評価（ある期間にわたる情報収集による評価）では，観察，日記，ポートフォリオなど，さまざまな情報収集手段が用いられる。

情報には，質的データと量的なデータがある。量的データとは数量化されたもの，質的データとは，観察の記録などである。

解釈の基準としては，4つの基準がある。一つ目は，相対基準。集団内のメンバー全体のデータを基準とする。二つ目は，絶対基準。あらかじめ決められた到達水準を基準とする。三つ目は，個人内基準。自分で設定した目標の達成度，自己の過去の学習の到達度などを基準に，自分自身を評価する。四つ目は，評価者基準。自己の主観的基準によって他者を評価するもの。作文の評定などで用いられる。最後の2つの評価は，一種の絶対評価といえる（撫尾1984，松沢 2002）。

●**測定・テスト**──測定とは，ある一定の手続きに従って，対象の特性を，数量化して表すことである。また，テストとは，ある対象の特性について，一定の推測を可能にするような，何らかの反応を引き出すための手順あるいは仕掛けである。テスト，測定，評価の関係は図8-2のようになる。

図 8-2　テスト，測定，評価の関係

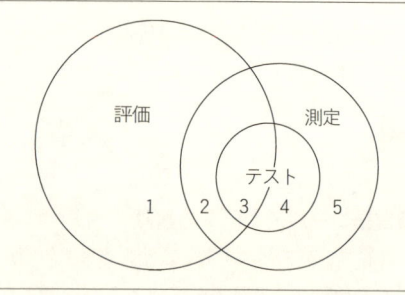

出典｜バックマン，L. F.〔大友賢二他訳〕(1990)

1は測定もテストも含まない評価。たとえば，ある学習者の学習の進歩などを観察に基づいて記述したもの。2は評価のための，テストを用いない測定。たとえば，成績をつけるために，教師が学習者に与える序列など。3は評価のためのテスト。たとえば，到達度テスト，クラス分けテストなど。4は評価を目的としないテスト。たとえば，研究目的のテスト。5は評価を目的とせず，テストにもよらない測定である。たとえば，学習者の母語に従ってコード番号をつけることなど（バックマン 1990，静 2002）。

➡評価の主体と対象者 (8-E)，評価の機能 (8-E)，評価の方法 (8-E)，テストの目的と得点解釈 (8-E)，多様な評価活動 (8-E)

●**参考文献**

東洋（2001）『子どもの能力と評価 第2版』東京大学出版会.

松沢伸二（2002）『英語教師のための新しい評価法』〈英語教育21世紀叢書〉英大修館書店.

撫尾知信（1990）「教育評価」細谷俊夫他（編）『新教育学大事典』第一法規.

静哲人(2002)『英語テスト作成の達人マニュアル』大修館書店.

バックマン, L. F.〔大友賢二他訳〕(1990)『言語テスト法の基礎』C.S.L.学習評価研究所.

[小出慶一]

■評価の主体と対象者

日本語教育における評価活動は，教師による学習者の日本語力の評価だけではない。評価の主体と対象者のさまざまな組み合わせが見られる。学習者の日本語力の評価には，学習者による自己評価，学習者間評価，教師以外の日本語母語話者（以下，一般人）による評価もある。教師も，その教育活動の評価を学習者，同僚，上司から受けることがあり，自己評価も行うだろう。コースの関係者によるコース評価も考えられる。また，学習者と教師の両者が参加し，交渉しながら評価を進めるという，結果だけでなく過程も重視した評価の考え方もある。

学習者の日本語力の評価活動は，過去の学習成果，不備を知り，次の学習計画に役立てるものであり，日本語力向上に貢献するものである。教師による評価は，当該コースの学習目標に照らし合わせて，学習者の達成度を評価することが多い。しかし，あるコースで好成績を修めた学習者が，教室外の実際使用場面で一般人による評価が高いとは限らない。同じタスクを評価した場合も，教師は，正確さを重視し，一般人は好感度とでもいえるものを重視する傾向が見えるようである。観光ガイドのような専門的なタスクでは，教師の評価だけに頼るより，顧客となる一般人や，実際にその職に就いている専門家にも評価を依頼したほうが，学習者の学習計画により有益な総合的な評価が得られる。

学習者は，日常の日本語学習，日本語使用場面で自己評価を行っているはずである。テストで正解した，教室で訂正された，教室外で日本語を使ってうまくいった，あるいは，通じなかった場合など，何らかの自己評価が起こる。自己評価を正確に行うことで学習計画の変更，語彙使用の修正などが可能になる。的確な自己評価能力は，自律学習を行う場合の重要な要素でもある。しかし，正確な自己評価は，それほどやさしくはない。学習者の言語文化背景や，評価環境により，過大評価・過小評価が起こることがある。

自律学習能力開発のためにも，的確な自己評価能力を高めることは重要である。その一方法として，学習者間評価が挙げられる。学習者同士で評価し合うことで，自分に近い立場の学習者の日本語力を客観的に，批判的に観察する力をつけ，また，教師評価とは違い，重圧感の伴わない評価を受ける機会ともなる。

一方，教師も自分の教育活動の的確な自己評価の力を養うと同時に，他者評価の機会も設け，学習者にアンケート調査を行う，同僚に授業を見てもらうなどで，次の教育活動の改善に役立てることができる。また，コースの評価は，担当教師の反省だけにとどめず，学習者による評価，さらに，当該コースの対象，たとえば，観光業界などからも評価を得ることで多面的な評価が可能になる。

➝評価の方法 (8-E)，ピア・ラーニング (8-D)，学習者による評価 (8-E)

● 参考文献

田中真理他 (1999)「第二言語としての日本語における作文評価についての報告」『第二言語としての日本語の習得に関する総合研究』平成8年度～10年度科研費補助研究成果報告書（研究代表者 カッケンブッシュ・寛子）.

Brown, A. (1995) "The Effect of Rater Variable in Development of an Occupation-Specific Language Performance Test."

Language Testing 12-1. pp. 1-15.

［トムソン木下千尋］

■評価の機能

評価は，その目的や機能によって，総括的評価，形成的評価，診断的評価に分類される。

●総括的評価（summative evaluation）──総括的評価の目的は，「学習者がある特定の技能や能力を身につけているかどうかの認定」「学習者へのフィードバック」「学習者の成績評定」「グループ間の比較」などであるが，学校教育機関では学習者の成績を評定するために行われる。したがって，総括的評価は，単元・学期・コースなどのある程度長期の教授活動終了時に，一般的には期末テストや修了テストとして行われる。

●形成的評価（formative evaluation）──形成的評価とは，学期やコースの途中で短い単元の終了時などに必要に応じて繰り返し行われる評価であり，その目的は，カリキュラムや教授課程の設計，学習・教授過程の改善，学習者の学習援助である。形成的評価にあたっては，各単元ごとのテストが用いられることが多いが，課題の提出，授業中の観察など他の方法も用いられる。

つまり，各段階における学習の進捗状況を把握するために用いられるものである。したがって，形成的評価では，評価のために集めたあらゆるデータを比較的短期間の学習目標や学習項目と関連づけて検討することによって，授業法や教材を見直し，カリキュラムや学習・教授過程を改善する。

形成的評価は，また学習者の学習援助にも利用される。形成的評価によって各学習者の弱点を見いだし，その弱点を補う手助けを行うのである。具体的には，学習者の習得状況を明らかにし，習得していない学習項目がある学習者に対して，個々に習得できるよう指導したり，援助を行ったりすることになる。

●診断的評価（diagnostic evaluation）──診断的評価とは，学期やコースの開始時に学習者の状況を把握したり，教授・学習過程のなかで学習者の学習上の困難点の原因を発見することを目的として行う評価である。

学期やコースの開始前に行われる診断的評価の主な機能は，学習者の状況に応じてコースの設定を考えることである。既存のコースに参加するという場合には，学習者を適切に位置づけることである。そのためには，①そのコースに入るために必要な能力や技能を学習者が身につけているかどうか，②学習者がそのコースの学習目標にすでに到達してしまっているかどうかを確認する評価でなければならない。

一方，教授・学習過程の進行中に行われる診断的評価の機能は，通常の授業その他の活動では克服できない学習者の学習上の問題の原因を明らかにすることである。そのためには，コース中で必要に応じて行うべきである。このような診断的評価は形成的評価と同様の機能をもつが，形成的評価が教授・学習活動の各ステップにおける学習者の習得状況を明らかにし，習得していない場合に個々の学習者に適切な指導や援助を行うための評価であるのに対し，診断的評価は形成的評価の結果に基づいて学習者の弱点を克服するための指導が行われてもなお学習者の弱点が克服されない場合に行われる評価である。

つまり，診断的評価は個々の学習者の学習上の問題点をさらに深く探り，その原因を見いだすことを目的としているのである。

→評価とは（8-E），学習者評価の原則（8-E），カリキュラム（8-C），評価の方法（8-E）

●参考文献

ブルーム，B. S.〔梶田叡一他訳〕（1973）『教育評価法ハンドブック』第一法規.

［池田伸子］

■学習者評価の原則

　教育評価は，日本語教育のさまざまな場面で重要な役割を果たしている。大きくは，日本語教育の政策やカリキュラム・大規模試験の枠組みなど日本語教育のシステムにかかわる評価と，具体的に日本語を教える教師や日本語を学ぶ学習者個人にかかわる評価とに分けられる。いずれの場合も，評価の役割は「フィードバック機能」にあるといえる。

　学習者に関しては，その時点における学習成果を明らかにして，さらにどのような学習を補うべきかなどの情報を返す。すなわち，学習者がより日本語能力を伸ばすのに役立つ情報を返すものである。この場合，学習者の年齢により返すべき情報は異なってくる。年少の日本語学習者の場合は，具体的に何ができていないかを指摘し，どのような学習をすればよいかを明示する必要がある。

　教育評価という場合に，教育測定と区別しておく必要がある。教育測定とはテストなどによる客観的なデータを得ることをいい，価値判断を含まないが，教育評価はテストや授業場面での観察結果などの客観的なデータをふまえたうえで，評価者による価値判断が含まれる。したがって，同じ測定結果に対しても評価者が異なると，異なる評価結果が与えられることもある。ただし，個々の評価者の主観にすべてが委ねられるのではなく，学習者に対して評価の観点や基準（規準）が明示される必要がある。

　学習者の学習成果に関する教育評価は「相対評価」と「絶対評価」とに分けられる。「相対評価」は，テストなどによる測定結果を解釈するのに，集団のなかでの相対的な位置を規準とする。学習者個人がテスト得点などに基づいて，集団内で位置づけられるため評価者の主観が入りにくい，同一の集団を規準にすれば，異なる技能間でも比較が可能になる，などの長所がある。その反面，学習目標の達成度を直接的には表せない，学習者の努力が反映しにくい，などの短所がある。これに対して，「絶対評価」は，学習目標の達成度を基準とする評価で，集団とは無関係に学習者個人が評価される。学習の到達度を直接的に示すことができる，などの長所がある。その反面，到達度の基準の設定が難しい場合がある，評価基準そのものが教師の個人的な経験に依存し，主観的になってしまう場合がある，などの短所もある。

　日本語学習者の日本語能力を評価する場合に，日常の学習場面できめ細かく繰り返し実施される「クラスルーム・テスト」，そして，一定期間の学習を終えた後で受験する，たとえば，日本語能力試験のような「熟達度テスト」，これらのテストによる測定結果を総合的に利用することによって，日本語学習者に役立つ評価とすることが可能になる。

➡テストの機能（8-E），測定の条件（8-E），評価とは（8-E）

● 参考文献

東洋（2001）『子どもの能力と教育評価』（第2版）東京大学出版会．

東洋他（1988）『現代教育評価事典』金子書房．

池田央（1992）『テストの科学——試験にかかわるすべての人に』日本文化科学社．

　　　　　　　　　　　　　　　［野口裕之］

■ポートフォリオ評価

　学習者の知識の量と質をテストにより測定して，その得点に基づいて評価をしていく形式が，従来の評価法の主流であった。このような評価法に代わって，さまざまな教育分野で最近注目を集めている新たな評価法を「代替的評価法（alternative assessment）」または「学習者参加型評価」と呼び，ポートフォリオ評価はその代表格である。ポートフォリオとはもともと，デザイナーや芸術家や写真家が自分を売り

込むために，自分の作品を入れておくファイルのことを指したが，教育の分野では「学習者の学習の成果を蓄積していくファイル」という意味で使われている。たとえば，高浦（1998）は，ポートフォリオを「一人一人の子供の過程及び結果に関する情報・資料が，長期にわたり，目的的・計画的に蓄積された集積物」と定義している。

ポートフォリオ評価には次のような特徴がある（横溝 2000）。①学習者一人一人の「学び」の過程・成果に関するあらゆる資料が長期間にわたって収集され，その資料が取捨選択され評価のために活用される。②「ルーブリック（rubrics）」（小田 1999）と呼ばれる評価基準が使用される。③評価に際しては学習者の自己評価が基本である。④自己評価のための内省によって，自律的な学習を促進する「メタ認知能力＝自分の学習活動を自己コントロールする能力（鈴木 1999）」の向上が期待されている。⑤教師は各学習者の「学び」に寄り添うかたちで継続的な支援を提供する。

ポートフォリオ評価に関しては，次のような長所および短所が指摘されている（横溝 2002）。

［長所］①評価への参加を通じて，学習者の自己の学習に対する責任感が増し，自律学習の実現を促進する。②言語および言語における自己成長に関する学習者の意識が高まる。③学習者の高いレベルの思考を促し問題解決スキルを発達させる。④各学習者についての詳しい個人的情報を教師に提供する。⑤（部分的であれば）現行のカリキュラムに統合可能である。

［短所］①評価の信頼性への懸念（学習者の自己評価が基本であるため）。②評価面での役割の変化に伴う，教師の負担感の増加。③学習者の数が多い場合に実施が困難。④教師/学習者ともに慣れるまでに時間がかかる。⑤いろいろな母語の学習者で構成されている初級クラスの場合，実施が困難。⑥ある媒介語を共有する学習者で構成されている初級クラスで，教師がその媒介語が使えない場合，実施が困難。⑦文化的・社会的な背景に起因する，学習者の抵抗。

上記の短所が原因となり，ポートフォリオ評価は日本語教育の現場での実践はいまだ数少ないのが現状である。しかしながら，日本国内の学校教育で総合的学習時間の評価のためにポートフォリオ評価が導入されたように，学習者の「学び」を捉え直し，「学習における振り返り」と「学びの過程」を重視しようとする流れは，教育界全体の大きな流れである。それゆえ，日本語教育の分野においても今後，ポートフォリオ評価の実践が増加していくと考えられる。

→評価とは（8-E），評価の方法（8-E），評価の機能（8-E），多様な評価活動（8-E）

● 参考文献

小田勝己（1999）『総合的な学習に適したポートフォリオ学習と評価』学事出版．
鈴木秀幸（1999）「訳者まえがき」エスメ・グロワート〔鈴木秀幸訳〕『教師と子供のポートフォリオ評価』論創社．
高浦勝義（1998）『総合学習の理論・実践・評価』黎明書房．
横溝紳一郎（2000）「ポートフォリオ評価と日本語教育」『日本語教育』107．
横溝紳一郎（2002）「学習者参加型評価と日本語教育」細川英雄（編）『ことばと文化を結ぶ日本語教育』凡人社．

［横溝紳一郎］

■ 多様な評価活動

学習活動の各段階においては，各種の評価法を用いた多様な評価が行われる。学習の開始時には，プレースメント・テスト，アンケート，インタビューなどを用いて準備状況を把握し，学習活動の設計に役立てることを目的とした評

価活動が行われる。コースの終了時には，アチーブメント・テストで学習の到達度を測ると同時に，アンケートやインタビューなどにより学習活動を振り返って総括的な評価を行う。その結果を基に学習者に対してはコンサルティングを行う一方，教師自身も教師やコースに対するフィードバックを得ることができる。

学習活動が進行している最中には，日常的な改善を目的とした形成的評価が行われる。学習の進度を確認するための小テストや一定期間の学習後に行われる中間テストなど達成度を測るテストが考えられるが，テスト以外にもさまざまな方法による状況把握のための情報収集が可能である。日常の学習活動の観察記録，学習者一人一人について記録した学習者カルテ，授業記録，教師間の引き継ぎノートなども，学習状況の把握や授業改善を目的とした評価のための情報であり，出席状況，課題の提出状況もこれらの一部として記録されることにより重要な情報となる。

作文，レポートなどの製作物も評価に用いられる。これらは，学習の成果として評価の対象とみなされることが多いが，その製作過程は，学習者にとっては学習活動そのものとなっている点が，ある時点での学習の結果を測定しようとするテストとは異なっている。インタビュー活動やプレゼンテーションなども学習活動に評価活動が組み込まれていると考えることができる。学習者は，話す相手や聞き手の評価を意識しながら，自己評価しつつ準備を進める。グループ活動であれば，他の学習者からの評価を参考にしながら準備を進めることになる。つまり，このような学習活動には形成的評価が内在しているといえる。

各段階において学習者の自己評価を取り入れることも可能である。学習者は自己評価の経験を通して，コース終了後も自律的に学ぶ力を身につけることが望まれる。また，教師も，学習者のもつ内的基準を知ることにより，評価基準を再検討する機会が得られる。アンケートやインタビューのほかに日記，ポートフォリオなどが用いられる。

このような学習活動の段階は，日本語教育機関でのコース設定を前提としているが，評価活動の設定がないところで日本語を学ぶ学習者も多い。その際には，日常の学習の改善を目的とする形成的な評価が重要性を増す。また，学校外での学習においては，地域社会による評価の役割が大きい。まわりの日本人の評価を適正に受け止め，自ら学びつづけるには自己評価能力の育成が重要である。

→評価の方法（8-E），評価の機能（8-E），学習者評価の原則（8-E），ポートフォリオ評価（8-E）

● 参考文献

梶田叡一（2001）『教育評価』（第2版補訂版）有斐閣．

古川ちかし（1988）『日本語教育評価法』NAFL Institute 日本語教師養成通信講座8，アルク．

[林さと子/西川寿美]

■評価の方法

● 形成的評価・総括的評価 ──

(1)形成的評価：教育課程の途中で教育活動のまとまりの区切りごとに学習目標が達成されている程度を観察し，授業の考え方の問題点や学習者の課題を把握するために行う評価である。学習活動の進捗の程度や問題点などのフィードバックを効果的に行い，それを基に新たな学習課題を学習者自身が設定しやすくするために行う。授業のなかで行うタイプと，数時間の一まとまりの授業の後に行うタイプがある。授業中のタイプとして，教師が学習者のなかに入って，個々の学習者のパフォーマンスや学習項目についての学習状況の不十分な点や，学習者の活動への参加度について観察・記録する観察記

録がある。チェックリストや評定尺度を用い，学習者の進歩の記録，ケーススタディ，教師ジャーナルの形式で行う。

また，教室活動に教師が参加するなかで学習者と交流しながら評価を実施して，教室活動に対する参加度や態度，学習者のニーズ，学習者が必要としている手助けなどを見る参与観察もある。この場合の参与観察では教師が学習活動を学習者の視点に立って観察する。教師の立場で見ているときに気づかない点を捉えることを目的とする。

授業後に行う学習者アンケートは学習者自身の目を通して教室活動の難しかった点，最も学んだ点，さらに勉強したい点などを記入する。宿題記録は，書いた宿題に表される日本語のかたちのうえでの問題点や単語構文に関して重要な点，補うべき点を個別に把握していく評価の方法として捉えられ始めている。これら数時間の授業の後で行われるタイプの形成的評価は，別名診断的評価と呼ばれ，学習者個々の不十分な点や問題点，補充を必要とする部分を明らかにし，次の授業の内容項目や組み立て方を考えるベースとされる。

(2)総括的評価：一定期間の学習終了後，その期間を通じて学習者が学習目標をどの程度達成できたかを評価する方法である。学習者の側はコース全体を振り返って，自分がどの程度のレベルに達することができたかを知り，その進歩の証拠を具体的なかたちで知ることを通して達成感を得ることができる。その達成感は，その後の動機の基となるものである。ただし1回の評価でコースを判定するという危険性を伴ったものであるという認識が必要である。

● **評価の方法** ── 評価の方法は，ほかに基準の取り方，測定対象能力の捉え方の違い，採点方法に注目して分類することができる。基準の取り方に注目して分類すると，集団準拠テストと基準準拠テストに分けることができる。

集団準拠テストとは，クラスという集団のなかで個々の学習者能力の値がどのように分布しているかを明らかにする。そのうえで，その集団の分布のなかで個人の能力の値がどの位置にあるかを明らかにすることによって測定する。一方，基準準拠テストは，到達基準に準拠した評価である。個人差を引き出すことによって，個人の能力を測ろうとする集団準拠評価とは違い，学習者があらかじめ設定された到達基準にどの程度達成しているかをみることを目指すものである。集団準拠テストが，得点数などの量的な判断を基に測定されるのに対して，基準準拠テストは，質的な面の判定を基にしている。ほかの学習者とどう違っているかを問わない基準準拠テストでは，自分の現在の達成度とそれまでの達成度を比較することによって行われる評価であり，他人との比較ではなく，自分の努力や成長という点から以前に比べて進歩が見られるかどうかに注目した個人内変動を捉える形式である。

測定対象能力の捉え方の違いに注目したテストの分類として，項目別能力テスト・統合的能力テストがある。語彙や構文，発音など細分化された能力をどの程度獲得しているかを測定する評価で，不十分な点を知るために用いる診断的評価として用いられることが多い。統合的能力テストは，項目別能力テストが個別に細分化された能力に注目するのに対して，それらの項目全体が現実の場面や状況のなかで一つ一つの語彙や構文としてではなく，まとまりをもったコミュニケーションのためにどの程度使えるかを見るための評価である。個別項目テストは集団準拠テストの形式が多く，統合的能力テストは基準準拠テストの形式のものが多い。個別項目テストには筆記テスト，統合的能力テストには面接テスト，クローズテスト（与えられた文章のうち，たとえば7語ごとに空白にされた中に単語を補充していく形式によって統合的能力

を見ようとする），ディクテーション（書き取り）テストの形式がある．

→評価とは (8-E)，学習者評価の原則 (8-E)，評価の機能 (8-E)

● 参考文献

東洋他（編）(1988)『現代教育評価事典』金子書房．

梶田叡一（1999）『教育評価』放送大学教育振興会．

[岡崎敏雄]

■テストの目的と得点解釈

言語テストは，さまざまな目的をもって作成される．テストから得られる得点の解釈も，目的に応じて異なる観点から行われる．クラス配置を行うためのプレースメント・テストや，コースの途中で実施される中間テスト，プログラム終了時に行う修了テストなどの得点は，それぞれが多様な役割と機能をもつことになる．

● 診断的評価と到達度評価── 日本語学習を始めようとする学習者に対して実施されるプレースメント・テストは，学習者のその時点の日本語能力を診断するために行うもので，診断的評価（diagnostic assessment）という．個々の学習者の得点は，全受験者の得点と相対的に比較される．成績上位群，中位群，あるいは下位群などに分けられ，学習者を適切なレベルに配置する．このように，受験者の得点を一直線上に並べて，相対的な位置を決め，個人間の違いを把握することを目的に行う評価を相対的評価という．

一方，プログラム開始後に，学習者の習得の度合いや教育目標に対する達成のようすを把握するために行う評価を，到達度評価（achievement assessment）という．教師自らが作成する単元テストや中間テスト，修了テストなど教室内テストにおける評価がこれにあたる．授業の到達目標に対して，各受験者が言語知識や運用能力をどの程度習得したかを明らかにすることを第一の目的とする．テスト得点は，学習項目に対する習得内容量として解釈されるので，絶対的評価といわれる．教室内テストは，習得度の測定が効率よく行えるよう，学習内容が細目化され，計画的に作成されることになる．

● 集団基準準拠評価と目標基準準拠評価──日本語能力試験や英検，TOEFL，TOEIC のような大規模テストは，不特定多数の集団を対象に実施される．総合的な言語能力の測定を目的としているので，テスト項目は，受験者の学習履歴や学習環境などに関係なく作成される．各受験者の得点は，受験者集団の全得点と相対的に比べて解釈され，順位づけられる．また，得点分布から集団の特徴を理解することもできる．このように受験者全体の能力水準を把握して，受験者間の能力の違いを明らかにすることを目的に実施されるテストは，集団基準準拠テスト（NRT：norm-referenced test）と呼ばれる．得点から受験者の日本語能力を解釈，推定する際には，集団の平均値，標準偏差などが用いられるため，集団基準準拠評価になる．

教室内テストのように，到達度の測定が主目的で行われるテストは，目標基準準拠テスト（CRT：criterion-referenced test）と呼ばれている．テスト項目の作成にあたっては，コースやカリキュラム内容と関連づけることになる．その結果，明確化された言語知識や運用能力に関する受験者個人の習得度を測定することができる．得点の解釈は，学習目標を基準に行われるため，目標基準準拠評価になる．そのため，得点は，目標に対して絶対数値になる．100点満点のテストにおける80点の受験者は，達成基準に対して80％の達成度であると解釈される．

ブラウン（Brown, 1999）は，NRT は，主に熟達度の判定とクラス配置の決定を行う際に，また，CRT は，学習状況の診断と到達度

の判定に優れていると述べている。

　NRTである日本語能力試験や日本留学試験は，受験者の一般言語能力や運用力を把握するものであるが，とくに，後者の場合は，アカデミックな分野での熟達度の測定と留学や入学の判定を評価の目的にしている。CRTは，学習者の日本語習得における達成の度合いや弱点，問題点を把握し，学習と指導の双方を診断することを可能にする。そのため，学習奨励をはじめ，学習および指導などの改善に役立つテストでもある。

　評価の目的が，NRTとCRTとでは異なっているわけであるが，いずれの場合においても，得点の解釈が，テストの目的に対して適切に機能していることが重要になる。入学やクラス分け，コース修了の判定基準をどのように設定するのか，また設定された基準における言語能力の水準をどのように記述するかは，得点に意義づけをする点で，重要な課題になる。言語習得理論とテスト理論を融合させた実証的研究が欠かせないものとなろう。

　評価に関するほとんどの判断が，教師に委ねられることになるが，テスト得点から得られる情報を信頼に値するものにするためにも，高い信頼性と妥当性を兼ね備えたテストの作成が求められることになる。

➡評価の方法（8-E），評価とは（8-E），測定の条件（8-E）

●参考文献
ブラウン，J. D.〔和田稔訳〕（1999）『言語テストの基礎知識』大修館書店.
バックマン，L. F./パーマー，A. S.〔大友賢二他監訳〕（2000）『言語テスト作成法』大修館書店.

〔伊東祐郎〕

■測定の条件
　教師の自作テストのように標準化されていないテストを用いて評価を行う場合，妥当性，信頼性，有用性などの測定の条件を満たしていなければならない。

●妥当性──妥当性とは，そのテストが測ろうとしているものをきちんと測っているかという問題である。妥当性は，何に対する妥当性を考えるのかによって，内容的妥当性，構成概念的妥当性，併存的妥当性に分けられる。

　(1)内容的妥当性：内容的妥当性とは，テスト項目と実際の教授活動とのあいだに十分な対応関係があるかどうかについての妥当性である。内容的妥当性を高めるためには，テスト範囲における学習項目を分析した細目表を作成し，その表に基づいて出題にムラのないテストを作成するのが有用である。

　(2)構成概念的妥当性：構成概念的妥当性とは，ある能力を構成する下位の概念を論理的に規定し，テストの問題がその規定された下位の概念や特定の能力をきちんと測定しているかどうかについての妥当性である。たとえば，学習項目細分表のある1つの項目について測定するために，多肢選択法，組み合わせ法，論文式の3タイプの問題形式を採用した場合，その3つの得点の相関が高ければ，それらは同じ能力を測定していると考えられ，構成概念的妥当性があるといえるのである。

　(3)併存的妥当性：併存的妥当性とは，あるテストの結果を他の基準（多くは定評のあるテスト）の結果に照らした場合，どのくらい結果に相関があるかについて問うものである。併存的妥当性を問う場合，一番難しいのは，基準にどのテストをもってくるかである。過去の受験者数が多く，また同様の能力を測定しているテストである必要があるため，通常は標準化されたテストを基準にするが，現在のところ日本語教育の場合は何を基準にもってくるかは非常に難しい。

●信頼性──信頼性とはそのテストが何を測

っているかではなく，そのテストの結果が安定しているかどうかを問うものである。言い換えれば，一定の条件下においてつねにテストの結果が同一である度合いのことである。

信頼性に関係する要因としては，テスト自体あるいは手続きの一貫性（安定性）とテスト項目の等価性（並行性）がある。一貫性とは，同じテストを2度行ったときにその結果に高い相関があるかどうかであり，等価性とはテストの偶数問題項目と奇数問題項目との結果のあいだに高い相関があるかどうか，つまりすべての問題項目が等価性をもっているかどうかである。

信頼性の推定方法としては，一定の期間を置いて再テストし相関係数を信頼性係数とする「再テスト法」，1つのテストを折半し，2つのテストとみなし相関係数をとる「折半法」，関心下のテストと観測得点の平均と分散が等しいテストを作成し相関係数をとる「代理テスト法」，そして「α係数（Cronbach's coefficient alpha）」による信頼性係数の推定などがある。α係数とは，考えうる折半方法すべてに関して信頼性係数を求め，それを平均した値であり，テストの内部整合性を示している。

一般的に信頼性係数αは0.8以上であることが望ましい。もし信頼性が低い場合，項目や問題の指示のあいまいな点を明確にし，妥当性をもった問題項目数を増やすなどの対策をとる必要がある。また，もし複数の採点者で，あるいは1人であっても複数回にわたって採点が行われる場合には，個々の採点者間あるいは複数回の採点のあいだで一致度を増大させることも信頼性を高める大きな要因となる（採点の客観性）。

●**有用性**——有用性とは，そのテストがいかに実際の教授活動のなかで使いやすいかを問うものであり，効率性と実用性の2点から述べることができる。

効率性とは，①そのテスト1つで測りたい能力が測れる，②テストの手続きや操作が簡単である，③テストの実施に日数を要しない，などの観点から考える。つまり，どんなに妥当性や信頼性が高いテストであっても，実施に1ヵ月もかかったりテストの実施手続きが非常に複雑である場合は，効率性が低いと考え，そのテストの採用についてはもう一度考える必要があるのである。

実用性とは，金銭的な問題とテスト実施にかかわる事故の起こりやすさなどの観点から考える特性である。実用性も効率性と同様，どんなに妥当性・信頼性が高いテストであっても，実用性が低い場合には採用の再考を要する。

→評価とは (8-E)，学習者評価の原則 (8-E)，テスト結果の分析 (8-E)，信頼性 (7-J)，妥当性 (7-J)

●**参考文献**

ブルーム，B. S. 他〔梶田叡一他訳〕（1973）『教育評価法ハンドブック——教科学習の形成的評価と統合的評価』第一法規出版．

梶田叡一・加藤明（監修・著）（2004）『実践教育評価事典』文渓堂．

［池田伸子］

■テストの機能

テストは，その目的によっていくつかに分けられる。コース実施の各段階で，どのような目的でテストが行われるか見る。

●**コース実施前**——適性テスト（aptitude test），プレースメント・テスト（placement test）：コース開始前に行うテストとして，プレースメント・テストと適性テストがある。

プレースメント・テストは既習学習者を対象としたテストで，学習者の日本語能力を測定し，最も適したレベルのクラスに振り分けるために行われる。クラス内の学習者の日本語能力にできるだけばらつきをもたせないことは，教

育の効率を考えるうえで，教える側にとっても，学ぶ側にとっても，非常に重要なことである。

一方，適性テストは，ある学習者が第二言語学習に対する適性（言語適性）をどの程度備えているかを測定するためのテストである。これによって，実際にコースが実施されたとき，習得の速度や理解度に見られる個人差をある程度予測することができる。日本語学習者用の適性テストについては，『日本語テストハンドブック』に名古屋大学で開発されたものが紹介されている。

●コース実施段階──到達度テスト (achievement test)，進度テスト (progress test)，診断テスト (diagnostic test)：ある一定期間に学習したことが，どの程度習得されたかを測定するために行われるテストが「到達度テスト」である。これには，形成的評価の側面と総括的評価の側面がある。

形成的評価のために行われるテストには，たとえば漢字学習のために毎時行われるクイズや各課の終了時に行われるテストがある。これらのテスト結果によって，教師は個々の学習者の学習進度を確認し，適切なフィードバックを考える。そして，自らの授業を反省し，改善するための情報源とする。学習者にとっては，学習の達成度や自己の実力を確認したり，学習のしかたを考える機会になる。さらに，コース実施中に行われるテストは，学習の動機を高めたり，教師が何を重視しているかを学習者に伝える役割も果たしている。コース中に行われるテストが学習の進展度を確認する目的で行われることを強調する場合は，「進度テスト」と呼ぶこともある。また，どのような学習上の問題が起きているか，その原因は何かを特定し，改善のための方法を考えることがテストの目的である場合は，「診断テスト」という名称が用いられる。

コースの区切りの段階や終了段階に行われる到達度テストでは，目標とした学習項目を学習者がどの程度身につけたかが総括的に測定される。これは，しばしば成績判定や修了認定の直接的な資料となるので，テストの作成にあたっては十分な配慮が必要となる。また，コース修了段階での到達度テストでは，教師側・教育機関側の教育の成果も測られているといえる。

●外在的評価──能力テスト (proficiency test)：特定の教育機関や教育活動の外にあって，学習者がその時点でもっている日本語の実力を測定するのが能力テストである。学習者の学習経験や使用教材は問題とせず，学習者の言語能力があらかじめ設定された基準のどのレベルに達しているかが判定される。日本語能力試験や OPI がこれにあたる。能力テストの結果は，学習者の言語能力のレベルを公的に示す資料として使用されることが多い。

➡評価の機能 (8-E)

●参考文献

青木昭六（編）(1985)『英語の評価論』大修館書店.

石田敏子 (1992)『入門日本語テスト法』大修館書店.

日本語教育学会（編）(1991)『日本語テストハンドブック』大修館書店.

[西川寿美]

■テストの内容

●項目別テストと統合的テスト──項目別テストとは，言語のある特定の要素に焦点をあて，その部分の能力を測るテストのことである。例としては，ミニマル・ペアを使った音の聞き分けや，ある文に入れる動詞の活用形を選ばせるものなどが考えられる。このテストでは，言語を音韻面，文法面，語彙などの要素に分け，さらにそれぞれを聞く，話す，読む，書くの4技能ごとに分けて扱う。部分的テスト，

要素別テストとも呼ばれる。項目別テストは，言語は細かい要素に分解でき，要素ごとに能力を測定し加算していけば個人の言語能力がわかるという仮定に基づいている。項目別テストの第一の目標は学習上の困難点の診断にあるとされ，テストは一度に１項目ずつ測定すべきであるとしている。

一方，一度に言語の２つ以上の側面を測るのが統合的テストである。このテストに入るものに，ディクテーション，クローズ・テスト，面接，作文などがある。統合的テストには，言語を文脈のなかで理解し使用する能力を測るテスト，あるいは，実際の言語場面で学習者が機能する能力を測るテスト，などの定義がある。また，統合的テストのなかで単に２つ以上の要素について測るテストと，通常の文脈的制約のなかで語用論的操作を求めるテストを区別して，後者をプラグマティック・テストとする呼び方もある。統合的テストは，言語は諸要素が相互に関連し融合して成立しており，言語能力も要素ごとに個別に測ることはできないという考えに基づいている。

項目別テスト，統合的テストはそれぞれ異なる言語理論とそれに基づいた言語習得理論，教授理論を背景にもち，理論的には互いに相容れないとされる。しかし，語学教育の現場では，二者択一的な態度をとるよりも目的に合わせて両方のテストを併用していることのほうが多い。２つのテストにはそれぞれ利点と限界があり，併用することでテストのさまざまな目的を満たすことが可能になるからである。どちらのタイプのテストを作成，あるいは採択するかは，そのテストでどんな能力を測ろうとしているのか，また，テスト結果を学習活動に還元する目的があるかなどで違ってくる。実生活におけるコミュニケーション能力を測るには統合的テストが，学生のつまずきに関する詳細な診断情報を得るには項目別テストが，それぞれ有用

と考えられる。日本語教育の場合，中・上級へと進むにつれて，より統合的なテストの割合が増え，初級ほど，より部分的なテストが多く用いられるのが一般的である。

●客観テストと主観テスト──客観テスト，主観テストということばは，そのテストの採点方法が客観的かあるいは主観的かを表す。特定の正解があり，採点が機械的にできるテストであれば，客観テストである。客観テストの代表的なものに多肢選択問題がある。これに対して，採点において採点者の判断が求められるテストは主観テストである。面接や作文はもちろん，記述式解答を含むたいていのテストには主観テストの要素が入る。

客観テストは採点が容易で統計的処理がしやすいこと，信頼性が得やすいことが大きな利点で，規模の大きなテストに多く用いられる。日本語能力試験も，日本留学試験（作文の記述問題以外）もこの形式をとっている。しかし，客観テストでは語彙や文法などの言語知識は測れるが，実際の言語の総合的な運用能力を測ることはできない，また，４技能のうち，聞く技能，読む技能はある程度測れても，話す技能，書く技能は測れないという批判がある。テスト形態がきわめて人工的で，能力をつねに間接的にしか測れないことから，妥当性が得にくいという弱点があるためである。妥当性を備えた質のよい客観テストの作成には，高度の作問技術が必要とされ，英語教育の場合に比べると，日本語教育では，そのための専門家の育成が遅れているといわれている。

主観テストは客観テストに比べて作成が容易だが，採点には大きな労力がかかる。また，実際の言語運用に近い形式のテストにできるので妥当性を得やすいが，採点に主観が入るため信頼性の問題が生じる。主観テストの客観性を上げるには，評価項目や評価基準を明確にする必要がある。また，面接や作文の評価は複数の採

点者で採点するのが望ましいとされる。日本語教育で行われている規模の大きい主観テストには、口頭表現能力を測定するものではOPI（面接）、書く力を測るものに日本留学試験の記述問題（作文）がある。

日本語の授業で使うテストは、客観テストと主観テストの両方を含むものが多い。
→テストの形式（8-E）、測定の条件（8-E）

● 参考文献

池田央（1992）『テストの科学』日本文化科学社.

ヒートン, J. B.〔語学教育研究所テスト研究グループ訳〕（1992）『コミュニカティブ・テスティング』研究社.

ブラウン, J. D.〔和田稔訳〕（1999）『言語テストの基礎知識』大修館書店.

オラー, J. W.〔堀口俊一訳〕（1994）『言語テスト』秀文インターナショナル.

Huges, A. (1989) *Testing for Language Teachers.* Cambridge University Press.

〔斉山弥生〕

■ テストの形式

言語テストの形式には、理解力の測定に適しているものと、表現力の測定に適しているものとがある。次の①～④の形式は主に理解力、⑤～⑦は両方、⑧と⑨は主に表現力の測定に使われる。

①多肢選択問題（multiple-choice）：3つ以上の選択肢のなかから最も適当なものを1つ選ばせる形式で、客観テストのなかで最も多く使われる。まぐれ当たりを避ける最適の選択肢数は4つか5つとされるが、3つ以上のもっともらしい誤答選択肢を作るのはかなり難しい。作成上多くの留意点があり、作成に最も時間のかかるテストともいわれる。

②正誤問題（true-false）：あるテキストに基づいて、与えられた文がそのテキストの内容と合っているかどうかを問うなどの、いわゆる○×テストである。短時間で内容理解の確認などを行うのに便利だが、まぐれ当たりの確率が高い（50％）という欠点がある。

③組み合わせ問題（matching）：2組の語や文を並べ、関係のあるものを組み合わせる形式である。慣用句やあいさつ表現などの問題によく使われる。まぐれ当たりや消去法を避けるため片方の事項数を多くする必要がある。

④並べ換え問題（re-arrangement）：任意に並べられた語や文を一定の基準に従って正しく並べ換えさせる形式である。語順や結束性に関する知識を測る問題などに使われる。

⑤完成問題（completion）：文中の空所に適当な語を補って、前後の意味が通るように文を完成させる形式である。幅広い用途をもつ。

⑥訂正問題（correction）：文中の誤りを訂正させる形式で、誤りを探させる場合と初めから下線などで指定してある場合がある。

⑦書き換え問題（transformation）：与えられた文を、指示に従って書き換えさせる形式である。態や時制の変換、複数文の結合など、主に文法に関する力を測る問題に使われる。

⑧論文体テスト（essay-type test）：ある課題を与え、一定の長さの文章でその答えを書かせる作文テストである。論述テスト、あるいは単に記述式テストとも呼ばれる。自分の考えをまとめて表現する力を測るのに適しており、アカデミックな目的をもつ受験者のテストにとくによく使われる。主観テストなので、明解で具体的な指示文による課題の統制、明確な評価項目と評価基準の設定が不可欠である。

⑨面接テスト（oral interview）：話す力を測る面接テストで最も一般的なのは、試験者が質問して受験者に答えさせる問答法だが、ほかに絵や実物を見せてそれを口頭で描写させる描写法や、受験者のほうに試験者に質問させる情報収集法などもある。主観テストなので評価項

目や評価基準の明確化が重要であるとともに，受験者が緊張しすぎないようにするなど，環境の整備にも配慮が必要である。
→テストの内容 (8-E)，テストが備えるべき条件 (8-E)

● 参考文献

青木昭六（編）(1985)『英語の評価論』大修館書店.

橋本重治 (1979)『新・教育評価法概説』金子書房.

ヒートン, J. B.〔語学教育研究所テスト研究グループ訳〕(1992)『コミュニカティブ・テスティング』研究社.

ブラウン, J. D.〔和田稔訳〕(1999)『言語テストの基礎知識』大修館書店.

オラー, J. W.〔堀口俊一訳〕(1994)『言語テスト』秀文インターナショナル.

[斉山弥生]

■テストが備えるべき条件

● 何を測るか──テストを作成するにあたって留意すべきことは，まず「何を測るか」を明確にすることである。たとえば，講義の聞き取り能力を測るなら，その能力に，講義の構成を把握する技能や専門語彙の知識が含まれることを意識しなければならない。また，到達度テストの場合は，コースの目標やシラバスとテストの内容に矛盾があってはならない。テスト作成のためには，測ろうとする能力を構成する言語技能の種類や，文法・語彙の知識といった下位項目を定義しておく必要がある。

● 妥当性──次に，その測ろうとするものが本当に測れるような「妥当性」の高いテストを目指すことが必要である。話す力をペーパーテストのみで測っても妥当性は低い。聞き取りのテストで解答の選択肢の文に多くの漢字が用いられていると，学習者の誤答が聞き取り能力の問題なのか，漢字の問題なのか特定できない。

また，言語はその使われる社会の文化や常識を自ずと含んでくるものである。テスト内容に含まれるこういった背景知識についてテスト作成者が無意識であると，テストの妥当性にも影響する。出題の範囲や出題形式をテストの目的に合った適切なものにすること，難易度を配慮することも重要である。

● 信頼性──テストはまた，評価が安定した「信頼性」の高いものでなければならない。問題の指示が不明確で答えにくい設問は，信頼性が低い。また，選択肢の数が少なくて「まぐれ当たり」を誘発したり，複数の正答が存在するような多肢選択問題は避けなければならない。問題数が少なかったり，解答時間が短すぎるテストにも問題がある。解答用紙の形式は誤記入の可能性の少ない単純なものが好ましい。

また，採点にあたっても信頼性が確保されなければならない。とくに作文やインタビューのような運用力を測るテストでは，あらかじめ明確な採点基準を設けて，採点者間のばらつきをなくす配慮が必ず必要になる。

● 情意面への配慮──テストの作成にあたっては，テストに対する学習者の情意的な反応にも留意することが重要である。学習者の文化的背景によっては，ある種の話題が否定的な反応を引き起こすことがある。逆に，興味のもてる面白い内容であれば，動機づけは高まるであろう。また，テストへの慣れやテスト結果をどの程度重要に受け止めるかで，学習者の受験時の緊張の度合いが違ってくる。テスト作成者は，学習者にとって不利になる要素をテスト内容やテストの環境から極力排除しておく必要がある。さらに，コース中に行われる到達度テストでは，テストが次の学習の動機づけになるように学習者に達成感を与えるようなものであることが望ましい。

以上のほかに，大規模に行われる能力テストの開発に際しては，「識別性」（受験者間で得点

差がつくこと)，「実行可能性」(物理的に実行できるかどうか)も問題になる。また，テストの質を上げるためには，テスト結果の検証と問題の改良を重ねていくことが重要である。

→測定の条件 (8-E), テストの形式 (8-E)

● 参考文献

ジョンソン，K./ジョンソン，H.(編)〔岡秀夫監訳〕(1999)『外国語教育学大辞典』大修館書店.

石田敏子 (1992)『入門日本語テスト法』大修館書店.

日本語教育学会(編)(1991)『日本語テストハンドブック』大修館書店.

古川ちかし (1988)『日本語教育評価法』NAFL Institute 日本語教師養成通信講座 8，アルク.

[西川寿美/斉山弥生]

■テスト作成上の留意点

言語テストの作成で重要なことは，第一に，テストの目的を明確にしておくことである。指導開始前に行うプレースメント・テストと，指導後に行う単元テスト，あるいは，プログラムの終了時に行うテストでは，明らかに目的は異なっている。それぞれのテストは，異なる意図で作られ，結果から得られる情報は異なる目的のために利用されることになる。したがって，目的の明確化は，その後のテスト作成，すなわち，どのような日本語能力 (what) を，どのように測定 (how) するかとも深く関係してくる。と同時に，受験者に期待する応答の形式や内容とも密接にかかわってくるため，大切な作業になる。

第二に，測定しようとする日本語能力と課題内容を検討し確定することである。成人学習者に対するテストと年少者に対するテストでは，測定しようとする能力もそのための方法も異なる。日本語習得の過程やテストに対する認識力，心構えが，成人と年少者では異なり，必ずしも同一の方法で同じ能力を測定できるとは限らないからである。測定対象者の特性と言語使用領域を明らかにして，適切な課題内容と出題方法を設計することが大切になる。

言語能力は，文法や語彙，音韻など知識の獲得とともに，聴解力，読解力，文章表現力，そして口頭表現力などの技能の習熟も含まれ幅広い。単元テストのような場合は，指導内容がそのままテスト項目になり，測定しようとする言語能力の特定が比較的やさしい。しかし，日本語能力試験のような大規模テストの作成になると，広範囲から語彙や文法項目を選択したり，読解や聴解のテキストのテーマも一般性のあるものを精選する必要がある。言語能力とは関係しない文化的，あるいは集団的特性要因を極力排除しなければならない。出題基準や言語能力の構成概念とも照らし合わせて，テスト項目の内容を確定することになる。

出題方法は解答形式と関係が深い。〇×や四肢択一などのような選択式と，記述，口頭で応答する構成式が一般的である。前者の場合は，採点が容易に行えるが，後者の場合は，採点に主観が入りやすくなるので，評価基準の確定と採点の適切な方法を十分に検討しておかなければならない。とくに，有意味で評定可能な言語標本をできるだけ多く受験者から引き出せられるような出題方法を検討しておくことは重要である。その際，受験者の試験形式に対する慣れ不慣れなどにも配慮し，公正な条件で実施することが求められる。

最後に，テストの得点は，受験者の日本語能力によって影響を受けるものである。また，出題方法と問題内容によっても相互に影響を受ける。しかし，得点には，測定誤差というものが含まれ，必ずしも完全に近いかたちで日本語能力を反映しているとは限らない。得点に影響を与えている能力以外の要因を極力最小限に抑え

る努力をする必要がある。たとえば，誤解を生むような曖昧な問題指示文，出題範囲の偏り，複数正解による誤採点などである。このような要因を特定し，細心の注意を払うことが肝要である。
→測定の条件 (8-E)，テスト結果の分析 (8-E)，テストが備えるべき条件 (8-E)

●参考文献
バックマン，L. F.〔大友賢二他訳〕(1997)『言語テスト法の基礎』大修館書店.
マクナマラ，T.〔伊東祐郎他監訳〕(2004)『言語テスティング概論』スリーエーネットワーク.

[伊東祐郎]

■テスト結果の分析

　テスト結果の分析の手法は，目的によって異なる。テストは大きく，総合的な言語能力を測る集団基準準拠テストと，具体的な学習目標をもつ目標基準準拠テストとに分けられる。前者は，テスト得点が正規分布することが望ましいが，後者は，多くクラス内の学習者を対象に，学習目標への到達度を問題にするので，得点が正規分布することは前提にしない。次に挙げる分析方法のうち，S-P 表は後者に属する。

●S-P 表 (student‐problem table/chart) —— クラスでの小テストの分析などに用いられる手法。具体的には，学習者×項目という長方形のデータ行列（正答1，誤答0）を作り，学習者については得点の高い順に，項目については正答者数の多い順に並べ替える。すると，得点が高いにもかかわらず，大部分の学習者が正答している項目で誤答している学習者が視覚的に明らかになるなどの利点がある。

●平均 (mean) —— 試験を受けた人の得点の合計を受験者数で割った値。パーセンタイル得点 (persentile rank) は，ある特定の点数と同じかそれより下の得点の受験者のパーセント。プレースメント・テストなどの分割点を決める際に用いられる。

●標準偏差 (standard deviation) —— 平均は得点の分布の中心的な位置を表す。それに対して，分散は平均の周囲の得点の散らばりを表す。具体的には，受験者の得点と平均の差の二乗和を受験者数で割る。標準偏差は，平均と単位をそろえるために，この分散の平方根をとったものである。集団基準準拠テストでは能力の広がりが示されているという点で標準偏差の大きいほうがよい。

●標準得点 (standard score) —— 異なるテストの素点を比べられるように，受験者の素点を，平均を原点，標準偏差を単位として変換したもの。これは z 得点と呼ばれ，-3 から +3 の小さい値をとるので一般の人にはなじみにくい。そこで，10 倍し，50 を加える。これが Z 得点で，さらに得点が正規分布するように面積変換したものを T 得点（偏差値）と呼ぶ。偏差値によって，受験者の得点が，全体のなかで相対的にどの位置にあるかがわかる。

●項目分析 (item analysis) —— 項目の性質を検討して，悪い項目を取ったり，改良したりすること。本来は予備テストの段階で行う。困難度 (difficulty) は，その項目に正答した人の割合で，それぞれの項目がどの程度難しかったかがわかる。識別力 (discrimination) は，各項目が，受験者の能力の違いをどの程度表しているかをみる。識別力が低い項目は，受験者間の能力の違いを測っていないので削除する。テストでは，識別力を表すのに点双列相関係数 (point biserial correlation coefficient) を用いる。これは，その項目の得点とテストの総点との相関係数の値で，項目数などによって異なるが，0.25 以上あれば良い項目といえる。多肢選択形式の項目の場合には，選択肢の選択状況を検討するのに G-P 分析が用いられる。G-P 分析では，テスト得点によって，受験者を上

位群，中位群，下位群に分け，各群の選択肢の選び方から，項目の良否を判断する。無答率は，その項目に答えられなかった人の割合である。この値が高いと，テスト項目間の見かけの相関が高くなる。

●α係数──テストが同一の条件で与えられれば，同じ結果が出るという安定性を信頼性という。現実には，同一条件でテストを実施するのは不可能なので，α係数によって，信頼性係数の値を推定する。信頼性係数は，得点の安定性の指標だが，α係数は，得点間の関係が高いか低いか，つまりテストの等質性を問題にする。α係数の値が信頼性係数の下限値を与えることが知られており，これを推定値として用いる。α係数の値は，達成度テストなら0.8以上が望ましい。また，項目が同じ特性を測っているとすれば，項目数の多いほうが信頼性は上がる。

●項目応答理論（Item Response Theory：IRT)──潜在特性理論（latent trait theory）ともいう。テストのデータから，受験者の能力および項目特性を同時に位置づけることのできる尺度を構成しようとするもの。古典的テスト理論による素点，難易度，識別度は，異なるテスト項目や異なるレベルの受験者が加われば変化するのに対して，この理論では，受験者の能力は，特定のテスト項目とは独立に求められる。すなわち，受験者ごとに答える項目が違っても，相互に比較可能な尺度得点が得られる。この特性によって，試験の等化（異なるテストの得点を共通の尺度で表す手続き）や受験者ごとに最適な項目を選んで出題するコンピュータ適応型テストが可能になる。IRTではテストの精度を表すのに，テスト情報量を用いる。測定の精度が高いということは，情報量が多いことになる。合否の分かれる付近に情報量が多い項目が並ぶようにテストを作ることができる。天井効果，床面効果とは，多くの受験者が満点に近い高得点，零点に近い低得点を取った場合に，その能力がテストによって識別されないことをいう。古典的テスト理論がもつ問題点の1つとされる。

➡評価の方法（8-E），測定の条件（8-E），平均（7-L），標準偏差（7-L），相関係数（7-L），テストの目的と得点解釈（8-E），統計的方法（8-E）

●参考文献
日本語教育学会（編）(1991)『日本語テストハンドブック』大修館書店.
佐藤隆博（1985)『S-P表の入門』明治図書.
大友賢二（1996)『項目応答理論入門』大修館書店.
ハンブルトン，R. K.〔野口裕之訳〕(1992)「第4章 項目応答理論の基礎と応用」『教育測定学』（原著第3版分冊版）C. S. L. 学習評価研究所.
ブラウン，J. D.〔和田稔訳〕(1999)『言語テストの基礎知識』大修館書店.

［三枝令子］

■統計的方法

●正規分布（normal distribution）──統計学でよく用いられる基本的な分布。コイン投げなどの事象や物理的な現象は，データの数が多くなれば，同じ分布パターンを示す。この平均が最も多く，両端に行くにつれデータが少なくなる曲線を正規分布曲線という。多くの言語テストはゆがみのある分布を示すが，その良し悪しは，テストの目的に応じて判断すべきである。

●相関（correlation）──2つの変数間の関係の強さを表す。テストでは，2つの異なるテスト得点の関係を知りたいときに，相関係数（correlation coefficient）を求める。これは，因果関係を意味しない。回帰分析や因子分析は，相関を基にしている。回帰分析（regression analysis）は，2つのテスト得点の因果

関係を検討するのに用いる。ここで得られる回帰直線（regression line）は，2つの変数に最もよくあてはまる直線で，Xの値だけしかわからない個人のYの値を予測するのに用いられる。たとえば，前年の入学試験の結果と入学後の成績から，本年の入学試験の結果を基に入学後の成績を予測する。このとき，決定係数が1に近いほど直線のあてはまりはよい。決定係数によって，2種類の得点の散らばりのうち，どのくらいの割合が両方に共通しているかがわかる。

● **検定**（test of hypothesis）── 母集団に1つの仮説を立て，標本から得られたデータからその仮説が正しいか否かを決める手法。たとえば，テスト方法の違いがテストの結果に影響を与えているか否かをみる。データによって否定されることを期待してたてられる帰無（検定）仮説を，棄却するか採択するかという二者択一の決定をする。仮説を棄却するかどうかは，あらかじめ決めておいた標本分布（χ^2，F，tなど）の棄却値と標本計算した統計量の大きさを比較して行う。その際，統計上有意であるという有意水準を通常1％か5％にとる。1％水準で有意（$p<.01$）とは，その帰無仮説が正しいにもかかわらず，誤って棄却してしまう偶然性が1％以下しか存在しないことを意味する。データに3つ以上のグループがある場合は分散分析（analysis of variance：ANOVA）を用いる。分散分析は，グループの平均を比較して，グループ間に有意差があるかどうかをみる。それによって観察で得られたデータが同じ母集団のものかどうかがわかる。また，分散分析は，測定の誤差の複数から成る原因を同時に検討する一般化可能性理論（generalizability theory）のなかで用いられる。

● **因子分析**（factor analysis）── 2つ以上の変数の相関が高ければ，それらの背後に直接測定できない1つの変数が存在していると考えられる。この直接観察できない潜在特性である因子を見つけ出す手法である。

● **クラスター分析** ── データを似ているものから集めて分類し，視覚的に図示する手法。似ているという類似度の定義としては，データ間の距離や相関係数などが用いられる。

➔ χ^2（カイ2乗）検定（7-K），t 検定（7-K），因子分析（7-K），相関関係（7-L），分散分析（7-K），テスト結果の分析（8-E）

● **参考文献**

山田剛史・村上潤一郎（2004）『よくわかる心理統計』ミネルヴァ書房．

南風原朝和（2002）『心理統計学の基礎──統合的理解のために』有斐閣．

山内光哉（1998）『心理・教育のための統計法』（第2版）サイエンス社．

繁桝算男他（1999）『Q＆Aで知る統計データ解析──DO's and DON'Ts』サイエンス社．

柳井晴夫・岩坪秀一（1976）『複雑さに挑む科学──多変量解析入門』〈ブルーバックス〉講談社．

「エクセル統計2004」http://software.ssri.co.ip/ex2004/index.html

［三枝令子］

■ **授業時の評価**

　授業時の評価とは，授業の途上で行う評価（形成的評価・到達度評価）と1単位時間の授業全体を記録して分析する評価（「外国語相互作用分析法」など）を指すことにする。前者においては，本日の授業（以下，本時）の到達目標に対して，授業を行って学習者の理解度・習得度を授業中に小テストで調べる。これを形成的評価と呼ぶが，その結果，到達度が不十分だと診断された学習者は言語練習の強化のために再学習を行う。問題のない学習者は次の深化学習に入るが，再学習者も補充学習に合格したら

この深化学習に進む．したがって，同じ到達目標を達成するのに学習時間の個人差を認めることになる．

言語適性は，生来，個人差があるものであり，それは学習に要する時間数に還元して考えられる．したがって，学習時間数を一定にすれば，到達度には個人差が生じ，逆に到達度を一定にすれば学習時間数に個人差が生まれてくる．また，形成的評価は個別化学習における1つの手法であり，評価の対象項目は認知領域（言語知識・言語技能）に限定され，情意領域は除外されている．

●**外国語授業の評価法**——次に，代表的な外国語授業評価法として，COLT (Communicative Orientation of Language Teaching) や FLINT System (Foreign Language Interaction System) などがある．COLT は外国語授業における認知領域のコミュニケーションのありようを診断・分析する方式であり，①活動の型（ドリル，会話など），②活動形態（一斉，小集団，個別），③内容（言語形式，言語機能，話題），④学習者の活動（聞くこと，読むことなど），⑤使用教材（教科書，視聴覚教材など）という範疇を用いて教室活動を記録する．それに基づいて，①目標言語の使用，②談話の創出，③情報欠如，④談話連続，という伝達的特性によって授業における言語交渉を分析する．

FLINT では，授業は教師と学習者のあいだの相互作用から成り立つという考えが基本にあり，外国語教師が教室内でどのような行動をとるかを量的に，客観的に明らかにしようとする．教師の行動は直接的行動（指示する，説明する，叱る，など）と間接的行動（ほめたり励ましたりする，学習者の考えを取り入れる，学習者の感情を受け入れる，質問する）に分類され，学習者の行動は受け身的発言（文型練習を行う，応答する，など）と自発的発言（言語活動に参加する，など）に分けられる．教師と学習者のあいだの相互作用がない場合は，沈黙・混乱という範疇を記す．合計10個の範疇について，3秒ごとに機械的にマトリックス表に記録され，この記録表から教師の目標言語使用の時間，教師の行動特性，相互作用の特徴などが明らかになる．教師の目標言語使用が増えること，教師の行動が間接的になること，学習者の発言が自発的になること，が目標である．

●**誤用の扱い**——さて，コミュニケーションは自他の相互作用がなければ成立しないが，教師と学習者との相互作用のなかで発生する学習者の日本語の間違い（誤用）をどう扱うかという問題がある．それは基本的には5W1Hで対応することができる．すなわち，「だれが (Who)」「何を (What)」「どれを (Which)」「どこで (Where)」「いつ (When)」，そして「どのように (How)」訂正するかということである．たとえば，伝達に支障があるような文法的な誤り (global errors) は訂正する (What, Which)．内気な学習者であれば，クラスの全員の前で訂正しないで個別に指導し (Where)，授業が終わってから指摘するほうがよい (When)．学習者が話している最中に教師が間違いを訂正するのは避ける (When)．どうしても気になる間違いや繰り返される間違いであれば，誤りの種類を手文字で間接的に知らせるやり方がある (How)．文字言語においては，訂正や採点には赤色の筆記具をやめて，青色か黒色を使うほうがよい．

授業分析法も誤り訂正法も授業中における観察法を用いた評価行動である．授業中に学習者個人をよく観察して，学習者一人一人の「個人カルテ」に記録をとってゆく．記録する項目は，日本語教育にかかわる個人的情報（出身国，母語，日本語学習歴，最終学歴，進路など），学習面として学習様式（視覚型，聴覚型，視聴覚型など）と評価項目（発音，文字，語

彙，文法，4技能，言語運用，文化，誤用の傾向），さらに情意面（性格特性，意欲，興味・関心）や生活面に関する個人記録を記す。

➡評価の方法（8-E），COLT（7-I），FLINT（7-I），誤用への対応（8-D），授業研究（8-F）

● **参考文献**

縫部義憲（1994）『日本語授業学入門』瀝々社．

米山朝二・佐野正之（1983）『新しい英語科教育法』大修館書店．

Malamah-Thoman, A. (1987) *Classroom Interaction*. Oxford University Press.

Moskowitz, G. (1976) "The Classroom Interaction of Outstanding Foreign Language Teachers." *Foreign Language Annals* 19-2. pp. 135-157.

［縫部義憲］

■**言語能力の評価**

言語能力を測定・評価する際には，言語能力とは何かという枠組みと，評価の目的についての明確な意識が必要である。言語能力の概念は，言語理論や言語教育理論の変遷に伴い，より広く捉えられるようになってきた。かつては，言語能力とは文法や語彙に関する知識とみなされることが多かったが，現在では文法の知識ばかりではなく，コミュニケーション場面での適切な言語使用を可能にする能力として捉えられるようになった。つまり，言語教育の関心が言語形式から言語使用へと拡大し，コミュニケーション能力を重視するようになってきたのである。

このような言語能力観の変化を受けて，測定・評価の対象や方法論も大きく変化してきた。1960年代には言語能力を言語要素（文法構造，語彙，発音など）と言語技能（話す，聞く，読む，書く）に分けて，個別に測定する傾向が強かった（例：Lado 1961）。しかし要素別の測定結果を合計しても個人の言語能力の総和にはならないという反対意見が提出されるようになった。なぜなら現実の言語使用は，いろいろな知識や技能が総合的に機能して成り立つからである。

この複雑な言語能力を測定するためには2つのアプローチが提唱されている（例：バックマン2002）。まず一つは，能力を課題に基づく言語行動として捉え，学習者に何ができるかを調べるものである。（例：テレビニュースを聞いて主題をつかむ，市場調査のための質問項目を作る，など）。限られた時間内に特定の目的のための手段として言語を学習する人にとって必要なのは，その目的に応じた分野での限定された言語能力であり，その分野でどのくらいうまく行動できるかを予測することが言語能力の測定・評価に求められる。もう一つのアプローチは，言語能力を言語使用のための潜在的能力として捉えるというものである。人間の言語能力は，直接観察したり，計測したりすることができない。そこである言語を話したり，聞いたり，読んだり，書いたりする観察可能な行動から，その基底にある能力を推測しようとするのである。このアプローチは言語使用が特定の分野に限定されておらず，さまざまな課題から構成されているような状況に適する。

チョムスキー（Chomsky 1965）は言語能力（コンピテンス）を母語話者がもっている言語についての知識であると規定し，特定の場面での実際の言語使用である言語運用（パフォーマンス）とは区別した。この区分は言語能力の測定にも大きな影響を及ぼしている。実際の言語使用は，言語能力だけではなく，一般的知識，文脈，記憶，感情などいろいろな要因が関与しているため，テストとは学習者の言語運用能力を人工的に測定し，言語運用能力の基底にある言語能力を間接的に観察するものであるといえよう。

→言語能力（8-A），評価の方法（8-E）

●引用文献

バックマン，L. F.（2002）「言語能力の測定と評価——いくつかの検討課題とその考察」『言語能力とその測定に関する国際シンポジウム』日本語教育学会.

Chomsky, N. (1965) *Aspects of the Theory of Syntax*. MIT Press.

Lado, R. (1961) *Language Testing*. McGraw-Hill.

［谷口すみ子］

■コンサルティング

　本来コンサルティングは，ある分野の専門家が専門知識をもって相談者の相談にのることを指す。一般的には，自分だけでは方向性を見いだすことの困難な状況にある人からの相談を受けて，専門家が問題を発見，把握，分析し，そこから新たな方策や進む方向を導き出すプロセスを指す。その際，問題を解決したり，導き出された方向性に沿って行動するのは相談者自身であって，コンサルティングを行う専門家（コンサルタント）が直接行動を手伝うわけではない。学習に関しては，学習の専門家が学習者からの相談を受け，学習者自身が問題を解決したり，よりよい学習を実現したりするための支援を行う行為がこれにあたる。

　学習に関するコンサルティングを行う際には，前提として，学習者の状況を正しく捉え，その背後にあるさまざまな条件を分析することが必要である。また，コンサルティングのプロセスにおいては，学習者自身に自分自身の置かれている状況に気づかせ，その改善・改革，あるいは保全に向けて，学習者が本来もっている力を発揮できるように方向づける。したがって，学習におけるコンサルティングは，学習上の実際的な問題を解決するだけではなく，そのプロセスを通して，学習者を自己の学習に主体的にかかわらせる機能をもつ。

　日本語教育の分野においては，コンサルティングを自律学習と関連づけて扱うことが多い。自律学習では，学習者自身が自己の学習に主体的にかかわり，学習計画や学習方法を自分で決定し，教授者や教材や社会環境など，さまざまなリソースを利用して学習を行う。しかし，学習者が十分な自己分析能力をもっていなかったり，リソースについての知識が限られていたりする場合は，専門家による支援が有益である。

　たとえば，漢字がうまく覚えられないという学習者から相談を受けた場合，コンサルタントは，直接漢字指導をするのではなく，なぜ漢字が覚えにくいのかについて学習者と話し合い，その原因を分析して学習者に示唆を与える。また，適切な自習書を紹介したり，学習ストラテジーを紹介したり，漢字クラスの情報を紹介したりする。さらに自律学習の立場では，目標設定や学習計画について助言を与えたり，学習が進むなかで学習者が遭遇する問題を解決するための方策について話し合ったりすることもある。

　これらのヒントを得て，実際に問題の原因を除去したり，新しい方法を試したりするのはあくまで学習者自身であり，コンサルティングは，問題解決の糸口を本人に発見させる役割を担うものである。

　日本語教育の分野においては，日本語教育の専門家として日本語教師がコンサルティングを行うことが多い。コンサルティングを行う教師は，個々の学習者の学習環境を正しく分析して問題点を導き出す能力，学習過程および学習内容に関する知識，さらにリソースに関する十分な情報を備えることが必要とされる。

　コンサルティングは，具体的な方策や行動のしかたなどを示す点で，いわゆる心理的なカウンセリングとは異なっている。

→自律学習（8-D），学習環境（8-A），カウンセリ

ング（8-F），言語学習ストラテジー（8-A）

● 参考文献

田中望・斎藤里美（1993）『日本語教育の理論と実際』大修館書店．

青木直子他（編）（2001）『日本語教育学を学ぶ人のために』世界思想社．

Dickinson, L. (1987) *Self-instruction in Language Learning*. Cambridge University Press.

Nunan, D. (1988) *The Learner-Centred Curriculum*. Cambridge University Press.

［齋藤伸子］

■学習者による評価

　評価というと教師が学習者の到達結果を知るために行うものと考えがちだが，学習活動の当事者である学習者が主体となって行う評価も重要である。近年，大学などで，学生による授業評価を実施するところが多くなったが，これは学習者による評価の一例である。学習者が行う評価の主なものは，次のとおりである。

(1)学習者が教材，教授法，教師の教授行動，カリキュラム，教育設備などコースデザイン全域にわたって，自分の学習に影響を与える要素を評価する。

(2)学習者が自分自身の学習方法，学習過程，およびその結果を評価する。これを学習者による自己評価と呼ぶ。

(3)学習者が他の学習者の学習方法，学習過程，およびその結果をお互いに評価し合う。これを学習者による相互評価と呼ぶ。

　学習者による評価が必要とされる理由は，評価というものが，本来，教育・学習活動の現状を把握し，改善を目指す目的で行われるものだからである。教師が自分の授業を教師自身の立場から評価することはもちろん重要だが，授業のもう一方の当事者である学習者が授業をどのように受け止めているかを把握し，問題点を明らかにすることは，授業の改善に不可欠である。従来の教師中心の評価は，教師があらかじめ設定した学習目標に照らして，学習がどの程度進んだかを調べるものである。この方法は，教師の意図した目標については情報を得ることができるが，逆に，学習目標以外の変化が学習者に起こったとしても，それについての情報は得にくい。学習者による評価は，たとえ主観的であっても，教師主導の評価を補う情報を提供する可能性をもつ。

　学習者による自己評価は，学習者が自ら学習を設計し，自分の設定した目標の達成度をモニターするという流れのなかで行われると，より効果的である。つまり，学習者は自分の学習課題を設定し，何を，どんな目的で，どうやって，いつまでに行うのかを計画する。その際に，到達目標が達成されたかどうかをいかに判断するかという自己評価基準を作っておく。そして学習が始まってからは，評価基準に基づき到達目標の達成度を判断し，学習計画を修正していくというものである。たとえば，科学技術に関する語彙を増やすことを目的にしている学習者が，対訳の専門用語辞典を手がかりに，自分で単語テストを作成し，どの程度正しく翻訳できるかで学習の達成度を評価することができる。また，インターアクション能力の養成を目標としている場合，学習者は必要に応じて，教師やその他の人間に，ある方法と評価基準を用いて，自分の日本語使用を評価してほしいと希望することもできるし，またほかの学習者による評価を参考にすることも可能である。

　学習者同士が互いに評価し合うことを学習者による相互評価と呼ぶ。たとえば授業でスピーチの練習をしているとき，各人のスピーチをクラス全員で聞いて評価し，フィードバックするというというような場合がこれにあたる。このようなフィードバックは改善に結びつく建設的なものであることが望ましい。

→ピア・ラーニング (8-D), 自律学習 (8-D), 多様な評価活動 (8-E)

●**参考文献**

宮地裕・田中望 (編) (1993)『日本語の教育とその理論』放送大学教育振興会.

田中望・斎藤里美 (1993)『日本語教育の理論と実際』大修館書店.

[谷口すみ子]

■日本語能力試験

●**経緯**──日本語教育学会が国際交流基金の助成を受けて 1979 (昭和 54) 年から 1983 (昭和 58) 年まで実施してきた「日本語能力認定試行試験」と, 財団法人日本国際教育協会 (2004 年からは日本学生支援機構) が実施してきた「私費外国人留学生統一試験」の日本語科目を前身に, 1984 (昭和 59) 年, 交流基金が国外分, 教育協会が国内分を主催して第1回の日本語能力試験が実施された。問題内容は 1990 (平成 2) 年から公表され, また, 出題基準が 1994 (平成 6) 年に公開された。2001 (平成 13) 年に一部改訂がなされ, 2002 (平成 14) 年から使用されている。

●**内容**──1級から4級まで4つのレベルがある。日本国内で集中して学習した場合, 大ざっぱにいって1級は1年半, 4級は3ヵ月の学習の後, 受けることを想定している。各級とも「文字・語彙」「聴解」「読解・文法」の3つの類から成り, すべて4肢選択問題である。1年に1回, 12月に実施されている。

●**受験者の変化**──1984 (昭和 59) 年の第1回は, 国内 4473 名, 海外 2546 名, 計 7019 名の受験者で, 海外 14 ヵ国 19 都市, 国内 2 都市で実施された。2004 (平成 16) 年の第 21 回は, 国内 5 万 8956 名, 海外 24 万 3242 名, 計 30 万 2198 名で, 海外 39 ヵ国・地域 99 都市, 国内 18 都市計 107 都市で実施された。日本語を母語としない者の日本語能力を測るテストとしては最も規模が大きい。試験開始当初から国外受験者が国内受験者を上回っていたが, 現在 2～4 級は 9 割近くが国外受験者である。

●**今後の課題**──大学入学試験用の「日本留学試験」が 2002 (平成 14) 年から実施された。従来は, 日本語能力試験が大学の入試にも使われていた。以後その役割はなくなったので, 一般的な日本語能力を測る試験という意味合いが強くなろう。位置づけの変化と相まって, ①現在の4つの級と類別, および認定基準の見直し, ②運用力を測定する, 話す・書く能力試験の実施, が必要である。また, ③毎回の結果を同じ基準で比較するために, 尺度の等化の実施, ④年複数回実施, などが重要な課題として挙げられる。

→日本留学試験 (8-E)

●**参考文献**

日本語教育学会 (2005)『平成 15 年度 日本語能力試験分析評価に関する報告書』国際交流基金・日本国際教育支援協会 (各年度ごとに出版).

[三枝令子]

■OPI (口頭能力評価)

　OPI は Oral Proficiency Interview の略で, ACTFL (米国外国語教育協会) 認定の口頭能力面接試験を指す。OPI はテスターが被験者と1対1で向き合い最高 30 分に及ぶ会話を行い, そこで得られた発話サンプルを ACTFL 口頭能力ガイドラインに照らし合わせ, 被験者の能力を判定する。その判定基準は大きく分けて初級, 中級, 上級, 超級の4段階から成る。さらに, 各段階 (ただし, 超級を除く) はそれぞれ上・中・下に下位区分される。

　OPI はプロフィシェンシー (実力) ということばが示すとおり, 被験者がどれだけその言語について知っているかではなく, その言語による, どのような会話活動がどのように, そし

て，どれだけ遂行できるかを測るための発話データ採集を目指す。そのデータは被験者の「機能/タスク」遂行能力，「内容/場面」処理能力，「正確さ（文法）」生成能力の3点と，それらが結集してどのような「発話の型」になるのかという点について評価され，そのうえで総合的な能力判定が下される。被験者の能力が最も表面的に現れるのは「発話の型」であり，それは，大まかにいって，初級は単語レベル，中級は文レベル，上級は文章レベル，超級は複文章レベルの発話ということになる。

OPIでは30分の限られた時間内に被験者の真の実力を正確に示す発話データを，最大限収集しなければならない。そのためにテスターは被験者がより自然に発話できる場を提供し，そのような場でどのレベルの会話が維持できるかを探らなければならない。テスターはまず被験者をリラックスさせる「ウォームアップ」で面接を始め，そして，問題なく容易に話ができるレベルを調べる「レベル・チェック」へと進む。さらに，どこまで突き上げれば，被験者が言語的挫折を起こし，それ以上は手が届かなくなるかを探る「プロービング（突き上げ）」へと進む。レベル・チェックとプロービングは被験者の「維持できる」レベルの決定が可能になるまで続けられる。その間，被験者が遭遇するであろうより自然な言語場面を背景に，「機能・内容」面では，だれにでも答えやすい身の回りに関する質問から，抽象的，概念的なことがらに関する質問内容へと，また，「正確さ」面では，母語話者にまったく理解されないレベルから，何度か聞き返されはするが意志疎通の可能なレベル，さらに，非母語話者の発話とは思えないようなレベルの範囲で調査が行われる。また，面接ではなく現実の場を想定するため，ロールプレイも行う。

このようにして収集されたデータは再度聞き直し，ガイドラインに沿って最終的能力判定を下すことになる。ACTFL口頭能力ガイドラインとこの能力測定法は世界中のどの言語にも適応可能なものという前提で実施され，また，外国語教育のさまざまな面で大いに応用されている。

→聴解指導（8-B），会話指導（8-B），言語コーパスと日本語教育（8-D），テストの形式（8-E）

● 参考文献

鎌田修他（2000）『日本語教授法ワークショップ』（改訂版）凡人社．

牧野成一他（2001）『OPI入門』アルク．

[鎌田　修]

■日本留学試験

● 試験作成の経緯・実施 —— 日本の大学への留学希望者が自国にいながら入学許可が得られるような制度の構築は長らく留学関係者のあいだで期待されていた。こうした需要に応えて，文部科学省および㈶日本国際教育協会（2004年からは日本学生支援機構）は，従来の私費外国人留学生統一試験および日本語能力試験（主に1級，2級）に代わる（米国のTOEFLのような）新たな「日本留学試験」の開発を行い，平成14年度から（㈶日本国際教育協会が主催，さらに平成16年度からは独立行政法人日本学生支援機構が主催して）実施している。

● 試験の実施経過 —— 第1回，第2回は，2002（平成14）年6月と11月に実施された（原則として，毎年2回，6月，11月に実施）。実施地は，国内が15都市，海外がアジア地域の10都市程度。応募者数（受験者数）は8514人（7655人：国内7123人，海外532人）から2万1621人（1万8466人：国内1万7566人，海外900人）と，増加の傾向をたどっている。

利用した大学は，平成14年度（6月）と15年度（9月）を比較すると，それぞれ326大学（89国立大学，46公立大学，191私立大

学），363大学（88国立大学，48公立大学，227私立大学）。日本留学試験結果を用いた渡日前入学許可実施予定校は，34大学（8国立大学，1公立大学，25私立大学），42大学（11国立大学，1公立大学，30私立大学）と，少しずつ増えた。今後ますます活用されることが期待される。

●**試験の概要**――試験科目は，日本語，数学（コース1，コース2のどちらかを選択），理科（物理，化学，生物から2科目選択），総合科目により構成され，科目選択制をとっている。この選択制と，試験の成績が複数年（2年間）にわたって利用できることは特徴の1つといえよう。

日本語の場合，読解・聴解・聴読解・記述の4領域について出題されており，大学での学習に必要な日本語の能力（いわゆるアカデミック・ジャパニーズ）を測定することを目指した内容となっている。従来の日本語能力試験よりも，読解・聴解力を中心に，実際の運用能力を要求するような問題が多く取り入れられている。

●**その他**――日本留学試験の成績上位者（約400名）には，私費外国人留学生学習奨励費（学部レベル月額5万2000千円）の予約（優先権）が提供されている。

→日本語能力試験（8-E），留学生（10-D）

●**参考文献**

日本国際教育協会（編）（2003）『日本留学試験（第1回）試験問題〈平成15年度〉』桐原書店

日本国際教育協会（編）（2004）『日本留学試験（第2回）試験問題〈平成15年度〉』桐原書店

門倉正美（研究代表者）（2003）『日本留学試験とアカデミック・ジャパニーズ 日本留学試験が日本語教育に及ぼす影響に関する調査・研究――国内外の大学入学前日本語予備教育と大学日本語教育の連携のもとに』平成14〜16年度科学研究費補助金基盤研究（課題番号14208022）中間報告書．

［野山 広］

■**ビジネス日本語試験**

ビジネス日本語試験としては日本貿易振興会（Japan External Trade Organization：JETRO）の開発した「ジェトロビジネス日本語能力テスト（ジェトロテスト）」が広く認知されている。ジェトロテストは，日本語を母語としないビジネス関係者を主な対象に，さまざまなビジネス場面での日本語によるコミュニケーション能力を客観的に測定・評価することを目的とする。日本政府が後援する唯一のビジネス日本語能力テストで，1996（平成8）年から年1回，日本国内外で実施されている。

このテストは，知識より実際的な日本語の理解力やコミュニケーション能力の測定に重点を置いている。「聴読解テスト（JLRT：JETRO Listening and Reading Comprehension Test）」と「オーラルコミュニケーションテスト（JOCT：JETRO Oral Communication Test）」の2部構成で，それぞれ6段階に評価される。JLRTは，録音された音声と問題用紙の文字や視覚情報を使った客観テストで，この評価が上位2段階に達した者に対しJOCTの受験資格が与えられる。JOCTは，言語テスター（日本語専門家）とビジネステスター（ビジネス経験者）の2名が受験者1名と対話する形式で行われる。口頭によるコミュニケーション能力を測定するところが「日本語能力試験」など他の試験と大きく異なる。JOCTは，言語テスター（日本語専門家）とビジネステスター（ビジネス経験者）の2名が受験者1名と対話する形式で行われ，結果は6段階で評定される。

2002（平成14）年まで，JLRTは「レベル

Ⅰ（難）」から「レベルⅢ（易）」の3レベルに分かれて「合格/不合格」が判定されていた。しかし，2003年よりJLRTテストは一本化され，TOEICやTOEFLと同じく「点数」でテスト結果が表示されるようになった。この変更により，同一の指標で受験者を評価できるようになった。また，評価基準を一定にするために点数の等化（equating）が行われているので，前後の受験結果を比較して能力の進捗状況を時系列で把握することも可能になった。

→ビジネス日本語の指導（8-C）

● 参考文献

大友賢二（1996）『項目応答理論入門』大修館書店．

加藤清方（2003）『ジェトロビジネス日本語能力テスト公式ガイド』日本貿易振興会．

ヒートン，J. B.〔語学教育研究社テスト研究グループ訳〕（1992）『コミュニカティブ・テスティング』研究社出版．

「ジェトロビジネス日本語能力テスト」公式サイト http://www.jetro.go.jp/it/j/bj/index.html

[保坂敏子]

■年少者評価法

言語形成期（2，3歳〜12，13歳）の学習者を対象とする言語力評価では，すでに母語が形成された高校・大学生と異なり，評価の妥当性，信頼度を高めるために，学習者の年齢と発達段階，言語環境，教科学習との関係などへの配慮が必要である。とくに言語・文化的背景が異なる移住者・外国人児童生徒の言語力評価では，多面的な見方と多言語的アプローチが必要とされる。

《年齢差》子どもの母語の発達度および認知面，情緒面，社会面の発達段階によって，次の3つに区分できる。①学齢期前，②話しことば中心で読み書きが未定着の小学校低学年，③読み書きが定着し抽象的思考段階に入った小学校高学年や中学生。以上の区分によって評価可能な言語面と技能領域が異なるので，それぞれ年齢に適した評価法が必要である。

《言語環境差》バイリンガル環境で育つ年少者は（たとえば，教科学習のツールとして外国語を使用するイマージョン方式や継承語学習者の場合），母語話者に近いレベルの言語習得が可能である。したがって，年少者対象の評価では，ゼロから母語話者レベルまでの広範囲にわたる多様な言語能力に対処する必要がある。

《教科学習との関係》海外在住の児童生徒の外国語学習や日本の公教育のなかの外国人児童生徒の日本語学習の目的は，一日も早く教科学習を可能にする認知面の言語力を習得することである。したがって言語力評価でも，この点に焦点を合わせた，年齢相応の教科学習に必要な言語能力の評価が必要とされている。

《多面的・多言語的評価の必要性》移住者・外国人児童生徒のように文化的にも，言語的にも背景が異なる少数言語話者の母語（L1）および現地語（L2）の評価では，多面的な見方と多言語的アプローチが必要である。従来主要言語話者のために作成された標準テストなどが無差別に適用され，その妥当性が問われてきたが，最近はL2の習得における会話面と認知面との発達度の差に対する認識が高まり，文化的バイアスを取り除く必要性も認識されている。またL1とL2が相互依存的関係にあることから，両言語を同時に測定し，言語能力をL1とL2の総和としてトータルに見る，多言語教育の観点に立った評価法（たとえばBilingual Verbal Ability Test，OBCなど）も開発されている。

→評価とは（8-E），バイリンガリズム（8-A），バイリンガル教育（8-A），イマージョン・プログラム（8-B），継承日本語教育（8-A）

● 参考文献

カナダ日本語教育振興会（2000）『子どもの会話力の見方と評価――バイリンガル会話テスト（OBC）の開発』カナダ日本語教育振興会.

Munoz-Sandoral, F. A. et al. (1998) *Bilingual Verbal Ability Test.* Riverside Publishing.

［中島和子］

F 教師教育

■教師の資質

　日本語教師の資質にはすべての教師に共通に期待される資質と日本語教師に限って期待される資質の2つの面が存在する。教師には己がもっている知識や技能を相手に与えるという役割もあるが、それ以上に学習者が教師のもっている知識や技能を乗り越えていってくれることを願う姿勢がなければならない。学習者が教育活動の主体であるということの意味はただ単に学習者が教室の中で主人公になって活躍するということではない。学習者を大切にしたいという姿勢は教師の資質の基盤である。

　また学習者に的確な指示が与えられるなどの指導能力に秀でていることや学習者が考えていることや思っていることをすみやかに察知できる洞察力などは教育者である限りは何を教えるにしても欠くことのできない能力である。日本語教師に対しても当然強く求められる資質であって、日本語教師を指向する人材であればすでに身につけていると考えるのは危険であって厳しい基準をもって資質の有無を問わなければならない。

　日本語教師に特有の資質と能力は学習者が日本語の母語話者ではないということと、教える内容が日本語であるということに深くかかわっている。学習者が日本語の母語話者ではないということは教育をより効果的に行うために日本語の教師には学習者の母語と文化に対する無限の知識を求められることになる。また、学習者との意思の疎通を可能にするための外国語の運用能力を所持することも要求される。

　もちろん無限の知識と無限の外国語運用能力をもつことは有限の能力しかもちえない一人一人の日本語教師には不可能である。したがって具体的な指針としては最も重要な知識や能力は何かということを追求するしかない。現実的な行き方としてはその教師がどのような学習者を対象にして教えていくことになるのかによって教師のもつべき言語や文化に関する能力は選ばれていくことになるが、その場合でも重要なことは日本語の教師の役割の中心にあるのは日本語を教えることであって、相手の文化や言語に関する知識や、言語の運用能力は日本語をより効果的に教えるための手がかりにすぎないということである。限られた時間のなかで少しでも多く日本語を聞かせ少しでも多く日本語を使わせるという大原則を忘れてはならない。

　日本語について教師がもたなければならない知識や能力は、日本語そのものの構造や決まりに限られるのではなく、日本語によって支えられているすべての日本の文化や社会的事実にも及ぶものであることである。それは学習者の学習目的を支えるためには不可欠だからであり、教師の資質を左右する重要な要件ともなる。

　現代日本社会のなかにおける日本語教師の果たさなければならない役割という視点からも日本語教師の資質は問われなければならない。グローバル化が激しく進むなかで日本語教師は日本社会の国際化に具体的な仕事を通して貢献できる限られた職務であることを前提とすると、その活動が日本語教育の世界のなかだけにとどまることは許されない。少なくとも日本語教育を取り囲む環境・領域に対して積極的にはたらきかけていく責任があり、それを実行できる意

志と資質が望まれる。

→教授能力 (8-F), 教師の日本語能力 (8-F), 教師の成長 (8-F)

● 参考文献
国立国語研究所 (編) (2000〜)『日本語教育年鑑』くろしお出版.
日本語教員の養成に関する調査研究協力者会議 (2000)『日本語教育のための教員養成について』文化庁国語課.

[水谷 修]

■ 教授能力

80年代以降の学習者層の急激な広がりにより，教師は，多様な学習目的，多様な学習スタイル，多様な環境をもつ学習者に対応しなければならなくなった。そうしたなかで，どんな学習者にも有効な教授法はないという考え方が一般的になり，教材や指導方法も学習者のニーズやレディネスに合わせて多様化してきた。一方，第二言語習得研究を中心としたさまざまな研究成果からも，学習者は教師に与えられる言語知識を受け身的に蓄積していくだけの存在ではなく，言語運用の体験を通じて自ら学び取っていく存在であると理解されるようになった。

また，このことは，学習者の個性や認知スタイルを一定の枠にはめ込んで教育するのでなく，学習者の個性を活かしながら自己実現を図っていくことを是とする学習者中心主義によっても強く後押しされていると考えられる。

かつては特定の教授法理論に基づく方法論を忠実に実現することが教師の中心的な役割であったが，こうした変動の連鎖のなかでは，教師に求められる知識・技能・役割も新たな方向性をもつようになった。すなわち，各教師は，最新の研究成果に基づいた指導方法の選択肢を広げたうえで，自分の学習者にとって最適と思われる教授方法を自ら選択・開発すること，また自らの教授活動の内省と分析を通してさらなる改善をはかっていくことが求められるようになった。

こうした流れのなかで，教授能力に対する捉え方も変化を迫られている。従来は，文法説明のしかた，ドリルの作り方，誤用訂正のしかたなどに関する知識を学び，先輩教師の教え方をモデルとしてその技術を体得していくことで教授能力は養成されると考えられていた。しかし，学習者の観察を出発点とする教授活動のなかでは，従来のように項目化，定式化できる知識・技術にとどまらず，むしろ知識・技術を道具として使いながら指導方法を開発・改善していく際に求められる観察力・判断力・分析力，問題解決能力などの能力も重視されるようになっている。

学習者の多様化と学習者中心主義の台頭を受け，学習者のさまざまな条件への対応をできるだけ考慮していくと，教材や教授方法の多様化だけでは限界があり，「最終的には個別学習に行きつく」という指摘もある（田中・斎藤1993）。こうした考えを受けて，教師の役割も，従来の「教室での指導」に加え，個別学習の支援者・助言者へと広がりを見せている。また，社会全体を学習環境と捉え，地域社会での日本語母語話者と非母語話者との共生を支援する役割も教師に期待されるようになってきている。

このような日本語教師の役割の変化は，日本国内にとどまるものではない。しかし，海外における外国語としての日本語教育では，日本語の学習環境が相対的に乏しいなかで，多人数の学習者グループを効率よく学習させなければならない場合も多い。また，自分自身の日本語運用力に100％の自信をもてない非母語話者教師にとって，教科書と教授法は一定の効果を保証する役割を失っていない。海外における非母語話者日本語教師の役割は，今後ますます重要になり，また国内の日本語教育との人的交流や情報交換も活発になると予想される。それに伴

い，教授能力の定義もより広い視野から総合的に行われていくことが期待される。

➡教師の資質（8-F），教師の成長（8-F）

●参考文献

田中望・斎藤里美（1993）『日本語教育の理論と実際――学習支援システムの開発』大修館書店．

岡崎敏雄・岡崎眸（1997）『日本語教育の実習――理論と実践』アルク．

Richards, J. and Nunan, D. (1990) *Second Language Teacher Education*. Cambridge University Press.

[横山紀子]

■教師の日本語能力

日本語教師に求められる日本語能力は2つの面から考えることができる。一つは日本語を客観的に把握できる能力であり，もう一つは日本語を運用することのできる能力である。

客観的に把握できる能力が必要な理由は，学習者に対してどんなことばをどんな手続きで与えていくのが適切であるかなどの教育の指針を組み立てるときや語や文の用法などを説明する場合などに不可欠の情報となるからである。日本人であればだれでも日本語を教えることができるという考え方が否定される大きな根拠の1つはここに存在する。

日本語を客観的に把握できる能力は，主として日本語に関する知識によって支えられるものと考えられるが，実際の教育の場では，国語辞典の説明・解説では処理しきれないことにも頻繁に遭遇する。生きている日本語を説明しきるのには現在までの学問的成果は決して十分なものとはなっていない。したがって日本語教師が日本語の用法や実態について客観的に把握する力を身につけていくためにはこれまでに出来上がっている学問的成果の習得以上に自分自身の力による日本語の実態の分析能力を習得していく必要がある。言語の記述の訓練を厳しく行うなど日本語そのものに具体的に立ち向かう姿勢が求められる。

現在ある学問的成果のなかから何を学ぶかということも大切な課題である。知識の幅は広いに越したことはないが，限りある時間的制約のなかでは，何よりも外国人学習者にとって必要な日本語能力を支える日本語に関する知識・情報に重点を置くべきである。したがって教師が身につけていなければならない日本語の知識・分析力は生きている日本語に集結されるべきであって，音声や文化的事象も避けることなく研究の対象としなければならない。

日本語を運用することのできる能力が重要だという理由は実際の教育活動のなかでお手本の日本語を提示できるということだけではなく，日本語の実態を把握・分析する能力としても欠くことができない。また，学習者に与えなければならない能力も日本語に関する知識にとどまるのではなく，日本語の運用能力を与えることにあるからである。ともすれば日本の語学教育の姿勢は受動的な能力の育成にとどまることが多く，取り扱う文や語句についても正しく受けとめているかどうかに目標を置いてしまう。学習者の書いた例文や発話を減点法的な視点で評価することがあるのは教師の日本語に対する姿勢のなかに受動的な言語教育観が存在するからであろう。

日本語教師に求められる運用能力はきわめて高い水準のものでなければならない。母語話者であることに安住せず，アナウンサーや記者，役者などが指導できる能力を日本語教師は目指すべきであって，日本人には無理でも外国人になら教えられるというような考え方は放棄しなければならない。外国人教師の場合，運用においても分析力においても，手本となるような日本語能力をもつことが求められる。日本語教師は日本語の教育の専門家として名誉ある地位を

目指すべきである。
➡教師の資質（8-F），教授能力（8-F）
●参考文献
水谷修（1987）『話しことばと日本人——日本語の生態』創拓社出版．
日本語教員の養成に関する調査研究協力者会議（2000）『日本語教育のための教員養成について』文化庁国語課．

［水谷 修］

■信念（ビリーフ）

　言語学習についての信念（ビリーフ）とは，言語学習の方法・効果などについて人が自覚的または無自覚的にもっている信念や確信を指す。信念は次のような5つのカテゴリーで提起されている。①言語学習の適性：「成人より子どものほうが日本語学習がたやすい」「外国語学習の特別の能力をもつ人がいる」など。②言語学習の難易度：「言語のなかには学習しやすいものとそうでないものがある」「私は日本語が上手に話せるようになるだろう」など。③言語学習の性質：「日本語を話すためには日本文化がわかる必要がある」「日本語の学習は日本でするほうがよい」など。④コミュニケーションストラテジー：「正しく言えるようになるまでは何も言ってはいけない」「日本語学習の初期に誤りが訂正されないと後には癖になり直せなくなる」など。⑤言語学習の動機：「就職に有用である」「日本人の友達が欲しい」など。これらは BALLI（Beliefs About Language Learning Inventory）としてまとめられ，これを用いた研究が多くなされている。同時に，見直しも行われている。

●教師と学習者のあいだに存在する信念上のギャップ——「言語運用中心の指導法」をとる教師と「言語の形式に注目した学習法」をとる学習者，「学習者自身による誤りの自己（仲間同士）訂正」をとる教師と「教師による直接訂正」を求める学習者，「グループやペア活動」を効果的とする教師と「教師主導の全体活動」を効率的とする学習者，などのギャップの存在が指摘されている。多くは言語教育研究の知見に基づいて教師が授業改善を目指しているケースで見られる。こうした場合，両者の調整が不十分なまま授業を強行すると学習者の積極的な参加を得ることはできない。

●文化的背景の違いによる信念の違い——リラックスした教室の雰囲気をよしとする欧米系と緊張した雰囲気をよしとするアジア系，仲間同士のフィードバック活動を好む欧米系と好まないアジア系などとして文化的背景による違いが報告されている例がある。

●信念の変容——大筋では学習者は明確な信念をもち，その信念は相当程度固定して安定したものであって変容は難しいとされている。ただし，日本語学習を進めるあいだに出来上がる信念もある。たとえば，「どんな人でも日本語ができるようになる」として日本語学習を始めた学習者が日本語学習が進むにつれて「だれもが日本語が上手になるわけではない」と考えるようになったり，「言語が上手に話せるにはその背後にある文化の理解が大切だ」としていたのが「一番大切なのは文法」だとするようになったりする例である。一方，教師側からの積極的なはたらきかけによって，「誤りの自己訂正」や「グループ活動」などを効果的と考えるようになった例もある。要は学習者のもつ信念を考慮に入れ，必要とあれば自他の信念の変容を積極的に課題としていくことが重要である。

➡学習動機（8-A），コミュニケーション・ストラテジーと学習（8-A），言語適性（8-A）

●参考文献
宮崎里司/ネウストプニー，J. V.（編）（1999）『日本語教育と日本語学習——学習ストラテジー論にむけて』くろしお出版．
オックスフォード，R. L.〔宍戸通庸・伴紀子

訳〕『言語学習ストラテジー――外国語教師が知っておかなければならないこと』凡人社.

[岡崎 眸]

■教師の意思決定プロセス

教師の意思決定プロセスは，教師の行動と思考を媒介する過程として認知心理学的教育学ないし教育工学において注目されてきた．教師の意思決定は，授業の計画段階と授業でのインターアクション段階とに分けられる．

とくに授業でのインターアクション段階が注目されており，学習者の反応からのキューの認知，教師の教育意図と学習者の反応のずれの有無の評価，新たな方針や代替案の生成と選択，という認知心理学的なプロセスが考えられている（岡根・吉崎 1992）．つまり，教師の意思決定は，まず何よりも専門知識に基づいた慎重で合理的な選択の過程であると考えられる．

一方，実践知（practical knowledge）研究では，こうした合理的な選択としての意思決定は必ずしも多くなく，規則とルーティンなどの教師個人の実践的な暗黙知による意思決定が支配的であるとする主張が一般的である．たとえば，Elbaz（1983）は実践知を適用範囲の点から，①実践の規則（特定の場面でどのような行動をとるべきか），②実践の原則（行動の選択について内省する際のより広い範囲に適用可能な原則），③イメージ（一般的な方向づけのフレームワーク）に分けた．さらに Brown and McIntyre（1993）は，教師の授業時の行動の選択が，教師が考える「生徒の学習の望ましい状態（Normal Desirable States of pupil's activities）」についての概念に基づいていると指摘し，村岡（1999）は事例研究から彼らの主張を裏づけた．

英語教育の領域では，Richards（1998）がTESL（Teaching English as a Second Language）の教師とのインタビューから実践の原則にあたる教授マキシムとして，①参加の増進（involvement），②学習者ニーズへの適切さ（relevance），③効率（efficiency），④学習者中心の授業運営（empowerment），⑤正確な発話の重視（accuracy），⑥授業計画の重視（order），⑦組織の方針・教授法への順応（conformity）を挙げている．

教師は以上のような規則やルーティンを用いながら授業を運営していくと考えられるが，そうした暗黙知では対処できない状況が発生することも少なくない．たとえば，ある学習者の質問が長引く場合，教師はその学習者のニーズへの適切さを重視すべきか，クラスの参加を重視すべきかといったジレンマに直面する．こうした場面においては，教師は内省的実践家（reflective practitioner, Schön 1983）として，必ずしも理論的に一貫しているわけではないさまざまな知識をつぎはぎしながら，授業を意味づけ，次善の解決策を決定しようとする．経験のある実践家としての意思決定は，必ずしも理論的，体系的である必要はないのである．

以上のような教師の意思決定におけるルーティンや原則の重要性は，教師の知識が領域特定的（domain-specific）であり，暗黙知的であることを示唆している．このことは，教授知識が教室外ネットワークの重要さも否定できないものの，何よりも教室での教授経験によって獲得されるものであることを意味しており，エキスパートから初心者に簡単に移植できる技術ではないことがわかる．初心者の意思決定には，教師養成機関での行動則や規範，生き残りのための対処ストラテジー（coping strategies）が少なからずはたらいているが，エキスパートのような教室のできごとや学習者の反応についての精緻な典型事例の蓄積がないため，適切な意思決定ができないことが多い（村岡 1999）．

→授業計画（8-F），インターアクション（8-A）

●参考文献

岡根祐之・吉崎静夫 (1992)「授業設計・実施過程における教師の意志決定に関する研究——即時的意志決定カテゴリーと背景カテゴリーの観点から」『日本教育工学雑誌』16-3.

村岡英裕 (1999)『日本語教師の方法論——教室談話分析と教授ストラテジー』凡人社.

Brown, S. and McIntyre, D. (1993) *Making Sense of Teaching*. Open University Press.

Elbaz, F. (1983) *Teacher Thinking: A Study in Practical Knowledge*. Croom Helm.

Richards, J. C. (ed.) (1998) *Teaching in Action: Case Studies from Second Language Classrooms*. Teachers of English to Speakers of Other Langages.

Schön, D. A. (1983) *The Reflective Practitioner: How Professionals Think in Action*. Basic Books.

［村岡英裕］

■授業計画

　授業計画とは，1コマの授業の内容や手順を，事前に考える→チェックする→改善する，という一連の作業である．授業計画は，コース全体の大きな枠との関連で考えられる．したがって，コース実施機関/教師の教育観，採用される教授法，また，個人レッスンか教室授業かなどの学習形態によってその内容が異なってくる．さらに，近年さまざまな学習環境での授業も盛んになり，授業計画の内容も多様化してきている．ただ，どのような授業においても，事前に授業内容を整理し，実施後改善に向けて見直しを行うプロセスは共通している．

　見直し作業を単なる主観的な印象に基づく反省に終わらせないためにも，計画や心づもりを文字化しておくことが大切である．文字にすることにより，計画自体が整理されるだけでなく，見直しの際の貴重な資料ともなる．

　文字に表された授業の事前計画案は「教案」，または「指導案」と呼ばれ，簡単なメモから，展開や教材内容などが詳細に記されたものまでさまざまなかたちがある．あらかじめ定められた学習項目の習得を目標に行われる授業では，次のような教案作成の手順となる．

(1) 授業の目標を明確にする：本授業終了時には何ができる/わかるようになるのかを具体的な行動目標として掲げる．抽象的な表現は避け，たとえば，「1万までの数が聞き取れ，言えるようになる」のように具体的に書く．

(2) 学習項目を確認する：目標および学習者の条件などに合わせて，その授業で扱う学習項目の増減・調整を行う．

(3) 学習項目の提示順を決定する．

(4) 教授・学習活動の方法・使用教材・学習活動形態などを決める：具体的には，おのおのの学習項目の導入や練習にはどのような方法が適切か，それは教師の口頭による説明によるのか，学習者が作業を通して帰納的に理解や技能の習得をする方法をとるのかなどが検討される．同時におのおのの活動に適した教材が選択・作成され，ビデオなどの使用機器の利用も考慮される．また，教師主導の教室活動か，学習者が主体となる形態をとるのか，教室外の人々の協力を必要とする活動かなども検討される．

(5) 所要時間を書き込み，活動の内容や量の調整をする：この段階では，活動は目標を実現できる内容か，学習者がその意義を理解・納得できるか，難易度は適切か，量は十分かなどが再検討される．

　注意しなければならないことは，授業案はあくまでも事前の準備段階のものであり，理想の授業展開を示すものではないことである．実際の授業では計画段階で予想しなかった事態が発生する．計画案はこのような情況の変化にでき

るだけ適確に対応できるための準備作業と捉えるべきである。

➡ コースデザイン（8-C），学習環境（8-A），学習活動の形態（8-D）

● 参考文献

日本語教育学会（1991）『日本語教育のコースデザイン』凡人社.

田中望・斎藤里美（1993）『日本語教育の理論と実際』大修館書店.

丸山敬介（2004）『授業の組み立て』京都日本語教育センター.

髙見澤孟（1996）『はじめての日本語教育2 日本語教授法入門』アスク講談社.

岡崎眸・岡崎敏雄（2001）『日本語教育における学習の分析とデザイン』凡人社.

田中望（1988）『日本語教育の方法――コース・デザインの実際』大修館書店.

[文野峯子]

■ 実習

日本語教員養成にとって，実習の充実は重要課題であるが，実習の場の確保，指導者，経費など問題も多い。とくに，教育現場をもたない大学の教員養成にあっては実習の機会をどのように提供するかということは難しい問題であるとされてきた。1980年代後半以降，大学において教員養成が始められた頃には，実習といっても，実際に教壇に立つのではなく，授業見学やビデオ視聴などもその教育内容に含まれるといった状態であった。しかし現在では，さまざまな形式の実習が繰り広げられている。日本人学生同士の模擬授業形式によるものは広く行われているが，外国人学習者を集め，場合によっては謝金を払って，実習のためのコースを設定し，実習を行うといったことも試みられている。また，民間の日本語教育施設や大学付属の日本語教育施設と連携して，実際の教壇に立つ実習を実施しているところもある。海外の日本語教育機関における実習も試みられているが，経費や引率教師の負担などが問題点として挙げられる。

民間の日本語教育施設では，実際の授業の見学や教壇実習を中心とする教員養成のコースも設けられているが，その教育施設での教員の育成を念頭に置いたものが多いようである。また，海外での実習体験プログラムなども民間の機関により提供されるようになっている。大学において教員養成が始められる以前は，公的なものとして国立国語研究所の長期専門研修と国際交流基金の助成による日本語教育学会の実習課程があったが，そのほかには，いくつかの民間の日本語教育機関による実習しかなかったことに比べると，かなり充実してきたといえる。

実習の教育内容としては，日本語や日本語の教授法に関する基礎的な知識を前提とし，授業見学，教育計画，教案作成，教材作成，教壇実習，授業観察，評価といった流れに沿ったものが考えられる。計画の段階では，学習者のニーズやレディネス（準備状況）を把握するためにアンケート，インタビュー，プレースメント・テストなどを行うところから始める実習もあれば，すでに決定された教育計画の一部として授業計画や教案作成から始める場合もある。

指導者がモデルを示し，それにできるだけ近づくように指導する訓練型の実習に代わって，最近では，自己の成長を促す方法を身につけることをねらいとした自己研修型の教師養成が提唱されている。そこでは，実習中の記録（配布物，提出物などの書類，授業観察記録，音声，ビデオ記録など）を基に，授業実施後に内省を行ったり，教師による評価だけではなく，実習生による相互評価や自己評価などの評価活動を行うことが重視される。

教壇実習以外にも，ボランティアとしての授業参加や交流活動を通して，教育現場に触れ，多様な背景をもつ学習者との出会いを体験する

といったさまざまな形の「実習」が試みられ始め，広い意味での実習への関心も高まりつつある。大学の教員養成と日本語教育の現場の連携のあり方が課題ではあるが，両者の連携は双方を理解する場として捉えられ，関係者の努力が進められつつある。

➡教師教育（8-F），教員養成の標準的教育内容（8-F）

● 参考文献

岡崎敏雄・岡崎眸（1997）『日本語教育の実習——理論と実践』アルク．

岡崎眸他（2002）『内省モデルに基づく日本語教育実習理論の構築』平成11年度～13年度科学研究費補助金研究報告書．

木村宗男（編）（1989）『日本語教授法』おうふう．

［林 さと子］

■ティーム・ティーチング

ティーム・ティーチング（TT）は，複数の教師がチームを組んで，授業の計画・実施・評価を協力的に行うことである。チームを組む教師同士の関係や協力のしかたから整理すると，次のような形態が主要なものとして挙げられる。①同僚の日本語教師同士，②ベテラン教師と初心者教師，③日本語教師と異教科の教師。さらに，このいずれにも重なりうる形態として，④母語話者教師と非母語話者教師のTTがある。また，上記のTTの定義からは若干はずれるが，⑤教師が教師以外の日本人を協力者として授業を構成することがあり，これもTTの延長線上にあるものとして捉えることができる。

①は，予備教育などの集中コースをはじめとして広く行われている。複数の教師が協力体制を組織することにより，多面的，弾力的な指導が可能になる。また，チームの構成員である教師間の打ち合わせを通して，学習者観察の結果や指導方法のアイデアなどさまざまな情報や意見の交換が行われ，結果として相互の力量の向上につながる効果があると思われる。

②は，初心者教師のOJT（on the job training）を1つの目的として行われるものである。同一機関内で継続して行うことで，初めは初心者教師としてTTに参加していた教師がいずれは新しい初心者教師の指導役になるなど，循環的に教師養成を行うことができる。

③は，主にイマージョン・プログラム，学校教育における外国人子女のための日本語教育，特殊目的日本語教育など，内容重視のシラバスや教授方法をとる日本語教育において実践されている。日本語教育と学科教育の比率や双方の教師のかかわり方は多様である。

④は海外では広く行われているが，そこでの母語話者と非母語話者の関係や役割分担はさまざまで，いくつかの典型例としては次のようなものがある。(a)非母語話者が学習者の母語を用いて言語や文化に関する説明を行い，母語話者がドリルや会話，作文など運用面の練習を行う。(b)当該国の教員資格をもたない母語話者教師が正規教員である非母語話者教師の監督のもとにティーチング・アシスタント（TA）として授業内外の指導に携わる。(c)海外で（新設日本語コースなどの）人材育成に携わる母語話者専門家が当該国の若手教師の指導・養成を目的に上記②のようなTTを行う。

⑤では，教室に招かれた日本人が学習者の話し相手として授業に参加したり，教室外での活動（外出への同行，キャンプ，ホームステイなど）に参加したりする。

①～④いずれの形態のTTでも，参加する教師全員が目標設定を共通理解し，計画性をもって協力的に教授活動を進めていくことが条件になる。そのためには，打ち合わせの時間を十分にとれるシステムをつくり，円滑なコミュニケーションによって人間関係を構築していくこ

とが有効なTTのための鍵となる。
→教師教育（8-F），イマージョン・プログラム（8-B），コースデザイン（8-C）

●参考文献

日本教育工学会（編）(2000)『教育工学事典』実教出版．

八田直美・山口薫（1993)「日本語教育における日本人アシスタント導入の意義と可能性」『日本語国際センター紀要』3．

松本隆他（1998)「経済分野の専門的日本語教育――語学教師と専門家の連携を目指して」『アメリカ・カナダ大学連合日本研究センター紀要』21．

百瀬侑子（1996)「海外における若手non-native 教師養成のための日本語Team Teaching」『日本語国際センター紀要』6．

Neustupný, J. V. (1992) "The Use of Teaching Assistants in Japanese Language Teaching."『世界の日本語教育』2．

[横山紀子]

■授業研究

●日本語教育における授業研究――日本語教育における授業研究は1980年代に入って盛んに行われるようになった。研究の焦点は他分野の授業研究と同様，主として，①学習者，②教授行動，③教師・学習者間の相互作用の3領域にあてられている。①では，学習者はどのように学習を進めるのか，また学習者自身は自己の学習過程をどう認識しているのかなどを見る。②では，教師による質問のタイプの研究や学習者に合わせて調整される教師の発話の研究など，教師はどのような教授行動をとるかを研究する。③では，教授行動と言語習得の関係に注目する研究や，教師と学習者が授業を成立させていくプロセスを明らかにする研究などがある。

研究のためのデータは，授業の観察，授業中の言語行動の記録，授業後の日誌・日記などの内省記録，質問紙調査やインタビューへの回答などから目的に合わせ，さまざまな資料が集められる。また，研究の目的は，言語や教育についての仮説を検証し，その結果新しい理論の構築を目指すものから，プロセスを重視し，現場で起こっていることの理解を主目的とするものまで多様である。

現場をフィールドとし授業の実態把握を基盤とした授業研究は，1980年代，急速に社会的要請が高まった日本語教師の養成・研修の分野に積極的に取り入れられた。授業研究が教師教育に利用された背景には，「どの学習者にも対応できる唯一絶対の方法（the best method）はない。どの授業も固有であり，授業の改善はその授業を知ることから始まる」「教授・学習活動についての知識は通常あたり前と考えられるがゆえに無意識に実施されることが多く，客観的な把握が行われにくい。実態の把握には無意識を意識化するための体系的研究が重要である」などの考え方があった。また，教師自身が研究者として参加するタイプの研究は，教師の授業に対する気づきを促すために有効であるとされ，早期より教師の自己研修の手法として取り入れられた。

●先行研究とその研究方法――研究の方法や分析の枠組みは心理学，社会学，教育学，教育工学，言語学，第二言語習得研究，社会言語学，文化人類学などさまざまな学問分野から目的に適した方法が援用されている。以下，日本語教育における授業研究の方法を3つに分けて概観する。

(1)量的データを統計やカテゴリー分析によって処理する研究：このタイプの研究には，授業中の教師・学習者の認知処理過程が学習結果に影響するという仮定のもとに，結果と要因の因果関係を明らかにすることを目標としたものが多い。

たとえば、教師・学習者双方に授業についての質問紙調査を行い、学習観・教育観を比較するもの、特定の教授法で教える実験クラスで授業を行い、教授法が学習や心理的側面に与える影響を測るもの、授業中の学習者発話を資料として特定の文法項目の習得度を調べるものなどあり、データは通常、数量的に処理される。

一方、授業観察により得られたデータをあらかじめ準備されたカテゴリーシステムに従って分類し、頻度として積算する研究もある。たとえば、FLINTやFOCUSなどの分析システムを使って授業の雰囲気や授業のパターンを明らかにするものや、COLTというシステムを使って授業中の相互作用がどの程度本物のコミュニケーションに近いかを測るものがある。観察によるデータ収集は、観察をしながらチェックリストや表を埋めていく方式のように短時間で処理できるものから、録画・録音した授業の文字化・分析に長時間要するものまである。

(2)内省を取り入れた質的研究：観察可能な行動のみだけでなく観察では見えてこない部分を明らかにすることを目的とする研究である。データはインタビュー、日誌・日記の外にthink aloud（思考プロセスを行動と並行して音声化する）や刺激回想法（録画ビデオを再生し、そのときに考えていたことを振り返る）などの手法により収集される。このタイプは、結果を抽象化して一般化するのではなく、思考過程などのプロセスを詳細に記述していく方法をとる。

(3)エスノグラフィックな研究：この種の研究では、「教室の文化やその時点での個人の『本音』に学習の効果の要因が隠されているという立場」（平山1997、2000）に立って、教室談話や授業中の行動を文脈のなかで詳細に分析し解釈を行う。授業中のやりとりを通して学習がどのように成立していくか、発話をコントロールする見えない規則は何などを詳細に見ていく研究や、社会的・文化的背景を基に教師や学習者の行動を解釈する研究がある。

ヴァン・リエ（van Lier 1988）は第二言語習得研究分野の授業研究を、証拠を求めるタイプの評価的研究と理解を求めるタイプの描写的研究に分け、これまでの教室研究は前者に偏っていたため相互作用の複雑さに迫れなかったことを指摘している。日本語教育における授業研究も、これまで評価的アプローチをとったものが多く、後者のエスノグラフィックな質的研究は始まったばかりであるということができる。

➡アクション・リサーチ（7-F）、クラスルーム・リサーチ（7-F）、エスノグラフィー（民族誌）（7-F）、FLINT（7-I）、COLT（7-I）、教師の質問（8-D）、ピア・ラーニング（8-D）、ティーム・ティーチング（8-F）

●参考文献

ショードロン, C.〔田中春美・吉岡薫訳〕(2002)『第2言語クラスルーム研究』リーベル出版.

平山満義（編著）(1997)『質的研究法による授業研究──教育学、教育工学、心理学からのアプローチ』北大路書房.

村岡英裕（1999）『日本語教師の方法論──教室談話分析と教授ストラテジー』凡人社.

志水宏吉（編著）(1998)『教育のエスノグラフィー』嵯峨野書院.

van Lier, L. (1988) *The Classroom and the Language Learner*. Longman.

〔文野峯子〕

■教師の成長

教育とはそもそも「成長」にかかわる事業であり、「人を変える」事業である。教育事業は、国家や企業、自治体、地域住民などの、抗争する意図と利害のなかで設計され、実施される。草木が自然の営みのなかで生長するのと異なり、教育による人の「成長」は明確な意図のもとに特定の方向づけをされている。当然、言語

教師の「成長」に関する議論も，時代の要請によって変化してきた。行動主義の時代の言語教師は，対象言語に関する規範的な知識の拡大と，学習者に刺激を与え適切な反応を引き出す「技」を磨くことが「成長」であった。それが応用科学モデルの時代を経て，コミュニカティブ・アプローチ，学習者中心カリキュラムの時代に入ると，教師の「成長」のシラバスには，コースデザインや実践的研究者，自律性，評価・内省能力などが含まれるようになった。

国内においては1990年以降，地域住民の相互支援活動として日本語教育が全国各地に広まってから，「教師像」や「教育観」にも大きな変化が生まれた。従来の学校の教室を中心とした教育や学習にとどまらない社会文化的文脈のなかで教育事業や学習支援，コミュニケーション支援を考えざるをえなくなってきた。社会的文脈はまさに潜在的な教育事業主の意図が顕在化する場であり，そこで学習者の「成長」を管理，牽引，支援するのが教師という職業であるとひとまず定義すれば，職業人としての「教師の成長」は狭義には，職能の向上であろう。職能の向上とは，すべての学習者が特定の方向に向けて，効率的に成長するような授業やカリキュラム，コース，学習環境の設計・実践・評価・調査研究能力を高めることである。国家や企業，地域社会にとって有為な人材を育成するエクスパートとして，教師の「成長」も学習者同様，前もって方向づけられている。

教師の成長は，教育の改善や変革（innovation）と車の両輪である。成長は当初，熟達の道をたどる。初心者研修で習ったことを精緻化・自動化し，エキスパート（熟練者）となっていく。それは長年，家族のために日々炊事にいそしむ主夫/主婦に似ている。狭義の「教師の成長」は教育事業主の意図をよりよく実現するためにさまざまな改善案を生み出す戦術的な能力の向上であるといえる。

一方，「成長」を広義に捉えれば，個人やコミュニティの可能性を信じ，可能性を開いていく営為だといえる。学び手は教育側の意図と軌道をつねに超えていく可能性をもっている。「成長」が教育側の意図を超える可能性をもつのは当然の理である。真の公益を考えたとき，国家も企業も地域も，内に批判的な構成員の存在が必須であり，すべてがイエスマンになってしまっては組織として硬直化してしまう。ゆえに教師という存在は事前に公益の体現と，公的なものに対する批判勢力を育成するという二律背反的な性格をもっている。

「教師の成長」が単に有能さの追求や職能の向上を超えて，人としての学習者の「成長」の可能性を広げるような「成長」であるためには，まず教師自身がリアリストである必要がある。自分の行っている営為がどのような社会や政治の意図に従っているのか冷静に見抜く力，自分の位置取り/社会的な立ち位置（positionality）を自覚して，現場の教育事業の枠組みや方法論，内容，実践のあり方を（遅々としてではあっても）変えていける意識と姿勢，実践力の涵養が欠かせない。

日本語教育の場合，そもそも外国語教育や国語教育というものが歴史的にどのような政策のもとに行われてきたのか，世界各地域のなかで「外/外国」人に分類される人たちがどのような社会的立場にいるのか，「日本語」として教えられているのは，どのようなことばなのか等々，自分の教育事業についての反省的な思索の繰り返しが大切である。と同時に，国内外を問わず，当事者である学び手に関係する多様な立場にある，教育・医療・行政・企業・地域・血縁などの人たちと協同で，日本語教育も含めた言語やコミュニケーションの保障，学習の機会や社会参画に向けて開かれた環境・コミュニティづくりをしていく粘り強い力が，人としての「教師の成長」に求められている。

→教授能力（8-F）

● 参考文献

岡崎洋三他（編著）（2003）『人間主義の日本語教育』凡人社．

[春原憲一郎]

■カウンセリング

1人の人間が悩みや問題をもち，その解決を望んでいるときにほかの人間が援助する。このとき悩みや問題をもってくる人がクライエント（来談者）で，それを援助する人がカウンセラーである。それゆえ，カウンセリングは，特定のカウンセラーとクライエントがつくり出す，二度と同じことがありえない独特のかかわり合いである。

カウンセリングは，クライエントの問題や症状，悩みをめぐり，話す内容や課題であると同時に，解決のプロセスでもある。カウンセリングの進行や経過に伴い，両者の姿勢や気持ち，関係，相互作用が重要な要素となる。このプロセスを体験し，カウンセラーとクライエントのあいだで形成される信頼関係を「ラポール」という。ラポールとは両者に温かい交流があり，安心感と信頼感のなかで自由に考えや気持ちが表現され理解されるようなかかわりである。それゆえ，面接をするにあたり，カウンセラーはクライエントが自由に自己開示できるように，クライエントの不安や緊張した心理状態を受け止め，クライエントにとって安全で信頼できる環境をつくろうと努める。

アメリカの心理臨床家であるロジャース（Rogers, R.）は，ラポールをつくるために，①その人を無条件に受け入れようとする態度，②クライエントの世界をあたかもカウンセラーの世界として体験しようとする共感性，③相手の感情や考えに積極的に耳を傾ける傾聴態度の重要性を述べている。

カウンセリングは，その源を職業指導にたどることができ，後に進路指導や学校生活への適応など教育の場における心理的援助活動に対してこの用語が使用されるようになった。そこには人間が自己実現に向かって自分で目標を定め行動ができるという「成長モデル」の人間観が反映されている。カウンセリングと心理療法は混同されることがあるが，心理療法はその源が医学にあり，患者の問題や症状を，精神的・心理的障害として治療するのが専門家の役割と考える「医療モデル」に基づいている。

日本における日本語学習者のカウンセリングについては，その現状から，文化的ストレス，ホームシック，対人関係，個人要因にも起因するため，危機状況にある学習者の問題解決には，上述した個別カウンセリングだけでなく専門的医療機関との連携も必要である。また，昨今の日本語学習者の年齢や受け入れ国の多様性から援助ニーズも多様化してきている。

たとえば，留学生の相談内容は環境的・経済的なマクロレベルの問題から日本語学習の困難，健康心理などミクロレベルの問題まで多岐にわたり，成人学習者については文化移動に伴い自尊心を喪失し生活活力や集中力，動機づけが低下して学習自体が苦痛になる人もいる。一方，年少の学習者については，発達上の問題，母語保持，教科学習の遅れ，進学，異文化環境における親子間の世代にわたる心理的葛藤，さらに，学校におけるいじめなども負荷される場合もあるため，より深刻な問題を抱えている。すべての学習者に対して受け入れ学校や近隣社会が温かい態度で迎え，学習者とその家族が孤立しないように，予防的・心理教育的啓発活動も行う必要性がある。

このように個々の学習者の援助ニーズに応じたカウンセリングとともに，学習者を取り巻く環境にはたらきかけるようなコミュニティ心理学的援助体制をつくることが学習者の良好なメンタルヘルスの維持に重要である。

→コンサルティング（8-E），学習環境（8-A）
●参考文献
平木典子（1997）『カウンセリングとは何か』朝日新聞社．
加賀美常美代（1998）「コミュニティ心理学的発想に基づいた留学生相談の実践的展開」『現代のエスプリ』377（多文化時代のカウンセリング）．
加賀美常美代・岡野禎治（2002）「来日早期にうつ病に至った留学生の症例報告――医療と教育の連携による奏功例」『こころと文化』1-1．
河合隼雄（1970）『カウンセリングの実際問題』誠信書房．

［加賀美常美代］

■教員養成の標準的教育内容

日本語教員養成に関しては，1985（昭和60）年に文部省（当時）の日本語教育施策の推進に関する調査研究会から出された報告『日本語教員の養成について』に示された枠組みに対応した内容の教育が標準として守られてきた。そこでは，一般の日本語教員養成機関で420時間，大学学部の副専攻課程で26単位を標準として，4区分の教育内容を網羅することが示唆されていた。

そのあいだに，日本国内外における日本語学習者および日本語教育機関の増加・多様化，言語教育理論の新たな展開，世界規模の情報網の拡大などを含む社会的状況に柔軟に対応する新たな教員養成の枠組みが求められるようになった。

そのような要望に答えるべく2000（平成12）年3月に文化庁国語課が刊行した『日本語教育のための教員養成について』には，日本語教員に求められる資質・能力について，個人的資質および専門的能力の2つの側面から提言がなされている。

まず，個人的資質としては，日本語を正確に理解し，的確に運用できる能力をもっていることを前提として，①実践的コミュニケーション能力，②言語に対する深い関心と鋭い言語感覚，③豊かな国際的感覚と人間性，④自らの職業の専門性と意義についての自覚と情熱という4点を挙げている。また，専門的能力については，個々の学習者の学習過程を理解し，学習者に応じた適切な教育内容・方法を判断し，それに対応した効果的な教育を行うことが重要であるとし，そのための知識・能力として，①言語に関する知識・能力，②日本語の教授に関する知識・能力，③その他，日本語教育の背景をなす事項についての知識・能力の必要性を説いている。

この報告書において新たに示された教育内容は，「社会・文化に関わる領域」「教育に関わる領域」「言語に関わる領域」の3つの領域から成り，それぞれは連続した緩やかな関係にあり，そのあいだには優先順位はなく，いずれも等しく重要であるとしている。さらに，その領域の区分として，「社会・文化・地域」「言語と社会」「言語と心理」「言語と教育」「言語」の5つを設けている。

各日本語教員養成機関は，それぞれの特質を生かし，相互に連携しつつ，新たな教育内容の充実に努力することが求められている。

→教師教育（8-F）
●参考文献
日本語教育施策の推進に関する調査研究会（1985）『日本語教員の養成等について』文部省．
今後の日本語教育施策の推進に関する調査研究協力者会議（1999）『今後の日本語教育施策の推進について――日本語教育の新たな展開を目指して』文化庁国語課．
日本語教員の養成に関する調査研究協力者会議（2000）『日本語教育のための教員養成につ

いて』文化庁国語課．

[西原鈴子]

■日本語教育能力検定試験

　日本語教員としての専門性を社会的に認知する方法として，①大学・大学院の日本語教育関連課程を修了していること，②日本語教育能力検定試験に合格していること，③教育現場での経験をもっていること，が挙げられる。そのうち，日本語教育能力検定試験は，日本語教員の資質・能力を判定する手段として，1987（昭和62）年度に㈶国際教育協会によって第1回試験が行われて以来，平均6000人前後の受験者に利用されてきた。合格者は毎年1000人程度，合格率は約18％である。2001（平成13）年度からはそれまでの文部大臣認定から，日本語教育学会認定へと認定団体が変更された。この間，日本語教員を目指す人たちのあいだで，この試験の内容が学習の指針とされる状況も見られる。

　日本語教育能力検定試験は，試験発足時においては，日本語教員として最低限必要な知識・能力を測定する試験として大学学部の日本語教員養成課程副専攻課程修了者のレベルを想定していた。しかし，日本語学習者層および日本語教育の場の多様化につれて，日本語教員に求められる知識・技能も一様でなくなってきている。そのことに鑑み，2003（平成15）年度からは，2001（平成13）年3月に文化庁国語課から刊行された，日本語教育のための試験の改善に関する調査研究協力者会議の報告書『日本語教育のための試験の改善について』の勧告に従って，出題範囲を拡大・変更した。

　新しい出題範囲は，2000（平成12）年3月に日本語教員の養成に関する調査研究協力者会議報告『日本語教育のための教員養成について』で示された，日本語教育において必要とされる教育内容をふまえている。3つの領域と5つの区分から成る出題範囲は，日本語教育の将来展望もふまえた，幅広い内容を包括的に網羅することになった。2001（平成13）年の報告書では，この出題範囲の内容は，多様な学習需要や社会状況の変化をふまえ，必要に応じてさらに検討していくことが必要であるとされている。

　日本語教育能力検定試験は日本語教員としての資格を認定するものではない。また，日本語教員としての適性・資質などについてもこの試験だけで認定できるものではない。しかし，日本語教員養成課程の教育内容と深い連携を保ちながら，日本語教員の資質・能力測定の役割を担いつづけていくことが期待されている。

➡教員養成の標準的教育内容（8-F），教師のための試験（10-B），試験制度の動向（10-B）

● 参考文献

日本語教員の養成に関する調査研究協力者会議（2000）『日本語教育のための教員養成について』文化庁国語課．

日本語教育のための試験の改善に関する調査研究協力者会議（2001）『日本語教育のための試験の改善について——日本語能力試験・日本語教育能力検定試験を中心として』文化庁国語課．

[西原鈴子]

■教師の多様性

　戦後，日本国内における日本語教育は，留学生や就学生に対するもの，宣教師やビジネスマン，技術研修生に対するものなどから始まった。その後「学習者のニーズ」をより重視するようになり，これら学習者のカテゴリーや個人の学習適性や学習ビリーフなどをも考慮した学習の内容・方法が検討されたり，「総合日本語」に対して「専門日本語」を模索する研究・実践も進められ，多様な日本語教育が取り組まれるに至った。それに応じて日本語教師にもそれぞ

れの専門的能力が求められるようになった。さらには、ニューカマーの増加によって、日本語教育界は新たな対応が求められるようになった。これらの人々の日本語学習とかかわる側も、これまでの日本語教師という範疇だけでは収まりきれない多様なものとなった。また、その資質・能力の養成もこれら多様性への対応が求められている。

ニューカマーの受け入れは、地域社会から地球規模までの社会環境の問題と密接不可分であり、本来、「移民」の受け入れ政策の一局面という視点から、先進諸国の例を参考に、日本としてどうすべきかの合意を形成し、関係諸機関等が連携し取り組むべきものである。

1960年代以降、ヨーロッパの先進国は、経済の復興・成長を遂げる過程で、後進諸国と呼ばれた地域からの労働者の移入政策をとった。これらニューカマーは定住化する場合も多く、ニューカマーを受け入れるホスト社会に起こるさまざまな問題を克服する必要が生じた。その1つがコミュニケーション言語の問題であった。この時代は欧米を中心に人権意識が高まっていく時代でもあり、「同化」政策ばかりではなく、場合によって程度の差こそあれ「多文化・多言語」政策がとられた。

日本におけるニューカマーの本格的な受け入れは、約20年遅れて、1980（昭和55）年前後から起こりはじめ、いわゆる「バブル経済」最盛期の1990（平成2）年前後がその増加率のピークとなった。それによって、これらの人々のコミュニケーション言語、文化、アイデンティティなどから社会のあり方の問題までが、日本語教育と密接に関係することがらとして注目されるようになった。日本社会にあっては、いまだホスト社会の「同化」意識やその圧力が低いとはいえない。しかし、一方では関係者による欧米やオセアニアの一部の国々を参考にした「多文化・多言語」政策を求める論調が強まっている。また、そのような実践の取り組みも始まっている。

日本におけるニューカマーの大規模入国の第一次として、1980（昭和55）年前後からのベトナム、カンボジア、ラオスからの難民や中国帰国者の受け入れがあった。まず、これらの人々を日本社会に適応させるための日本語等の教育はどうあったらよいかが模索された。また、学校現場でのこれらニューカマーの子どもたちに対する教育が模索された。その後第二次として、1990（平成2）年前後からは、主に中南米からの日系人労働者とその家族への同様な取り組みの模索があり現在に至っている。

これらの人々の日本語学習への対処は、経済的な要因にもより、その多くがいわゆる日本語学校での日本語教育ではなく、地域社会や学校現場での対応が中心となってきた。そのうち、成人に対するものは、地域の国際交流団体や教育委員会の社会教育・生涯学習担当部局が主催しているものがある。また、住民有志が個人あるいは団体として実施しているものも少なくない。いずれにしても、多くの場合、学習者に直接かかわるのは、同じく地域生活者である住民のボランティアであることがほとんどである。現在、これらの人々は、かかわり方についての信条の違いなどを反映し、自らを日本語教師、日本語学習支援者、相互学習者など多様に呼び分けている。これらの人々は日本語学習にとどまらず、生活者であり学習者であるニューカマーの衣食住から医療、就労、社会参加および精神面へのかかわりなど多様なニーズへの対応が求められることが多い。

一方、ニューカマーの子どもに対するものは、学校教員などが主体となりながらも、同じ母語を話す留学生や同国出身者などを含む地域住民の関与も増えている。これらの関与は、子どもの発達に直接かかわるものであり、子どものアイデンティティと保護者のそれとの関係に

も配慮し、多様できめ細かな対応が必要である。また、子どもの将来に向けて、母語と日本語双方での「学習言語」の伸長などが大きな課題とされている。あわせて、ホスト側への多文化教育の取り組みの必要性も指摘されている。

これらニューカマーのコミュニケーション問題の克服に向けて、日本語教育界には新たな課題に対処する多様な人材の養成が求められている。

➡ 教師教育（8-F）、地域日本語ボランティア研修（10-E）、日本語学校の日本語教師（10-C）、ボランティア・ネットワーク（10-E）

● 参考文献
太田晴雄（2000）『ニューカマーの子どもと日本の学校』国際書院．
梶田孝道・宮島喬（編）（1996）『外国人労働者から市民へ』有斐閣．
中島智子（編著）（1998）『多文化教育』明石書店．
山本雅代（編著）（2000）『日本のバイリンガル教育』明石書店．

［山田　泉］

■ 海外に派遣される日本語教師

日本語教師の海外派遣は多種多様である。ここでは、その国の事情や文化に配慮しつつ活動することが大切であることなど、派遣され海外で日本語教育に携わる日本人に求められる一般的な条件について考える。

● 日本語教師の海外派遣──派遣母体でいえば、国際交流基金や国際協力機構のような政府関係機関、大学、民間の企業や団体、NPOなどがあり、任期も数日間の短期から2年間、3年間という長期派遣までさまざまであり、教える場所も、その国の公立・私立の教育機関や政府関係機関、企業内の研修機関、日本の在外公館関係機関などがある。学習目的についても、小学校での国際理解教育の一環としての日本語教育から、中等教育での第二外国語としての日本語教育、大学での主専攻、公開講座、観光関係の日本語教育まで、日本語教師に期待される活動の内容や専門性のレベルは実に多様である。したがって、その多様性を十分に確認しそれにどう対処するかが、海外で教える日本人教師にとっての大きな課題となる。

● 海外での日本語教育活動──国語教育や英語教育は関連領域ではあるが、日本語教育ではない。また、日本語教育の分野に限っても、海外で仕事をする場合、国内での経験は一応別のものと考えるぐらいの認識が必要である。

活動の行われる場所が海外であることに着目し、海外における日本語教育が国内のそれと比べてどのような特徴があるか確認してみよう。①学習者が教室の外で日本語や日本的なものに触れる機会が極端に少ない、②日本語を使う機会や必要が少なく、高い学習意欲を維持できない、③学習・指導に役立つ教材・教具・資料などが入手しにくい、④学習者の母語や文化などが均質であることが多い、⑤日本語のノンネイティブ・スピーカーと仕事をすることが多い、⑥日本人教師が外国人という立場でマイノリティとなる、などである。以上からも、日本での日本語教師経験がそのまま海外で通用するとは限らないことが理解されよう。

● 派遣される教師に求められるもの──上記の①～⑥などの特徴を十分理解したうえで、日本語教師としての知識・技能を駆使しつつ可能な努力を継続することに尽きる。少し具体的に補足しよう。乱暴にいえば、①②③などを理由に自分の目指す活動ができないと感じる日本語教師は、専門性のレベルや経験の長短に関係なく、海外に派遣される資格を欠いているといえる。④⑤⑥では、相手のホームグラウンドで仕事をするという条件を十分理解することが肝要である。また、自分が短期滞在の「ビジター」であり「去る者」であるという認識も大

切である。日本国内での日本語教育では外国人の学習者がマイノリティで社会的弱者になりうるが，海外では反対に日本人教師がマイノリティであり，異文化適応に苦しんだりすることがある。日本語教師に限らず海外で活動する日本人は，「日本人とは…」というように一般化する材料にされてもしかたのない立場にあることを自覚すべきだろう。イラク戦争の際，中東の国へ派遣されていた日本語教師で，日本の首相が米国の大統領に協力を約束したニュースがCNNやBBCで流れた翌朝，学習者や教職員の態度が急変し，ある種の恐怖さえ感じる経験をしたと語った専門家や協力隊員は少なくない。

海外で日本語を教える日本人教師に求められる条件は多いが，現実には教師個人がその条件の多くを備えることは難しく，もっている要素によって，オールラウンド的な日本語教師，日本語研究者的な日本語教師，中等教育・予備教育・観光関係など特定の分野に強い日本語教師，特定の国・地域に強い日本語教師，アドバイザー型の日本語教師などのタイプが生じることになる。タイプを確認することは，教師が自己研鑽に励むのにも有益だろうし，政府関係機関などの派遣において適材適所を目指そうとすれば不可欠である。

今や日本語学習の場は圧倒的に海外に多い。それぞれの国のそれぞれの機関の"内発的発展"を尊重した日本人による協力が求められているのであって，日本で発想・研究・開発された「日本規格」の物や技術を，「普及」させる，「技術移転」するのだというような発想があまりにも古いことはいうまでもない。

先の①～⑥などを，国内と異なる"困難な条件"と捉えることもできるが，派遣される日本人教師は，その条件を受け入れ，むしろ，それこそが"日本語教師の醍醐味"と感じるぐらいの姿勢が望ましい。

● **今後の課題** —— 文化にかかわる仕事を，効率や合理性だけで評価することは不適切だが，現実には，日本語教育も，学習者の数，日本語能力試験の受験者数，学習到達度の高さ，教師の数などが問題にされることが多い。それは，ある意味で，克服しがたい私たちの"弱さ"だといえよう。

今後，多文化多言語共生社会の実現を目指そうとすれば，派遣されて海外で活動する日本人に日本語教師としての実力が求められることはいうまでもないが，それを十分生かすためにも，その国の歴史，政治，文化などについての理解，赴任した国の人々とその夢を尊重する姿勢が不可欠となる。自らの活動が，その国の1人でも多くの人々が幸せに近づくこととどのように結びつくのかを問いつづけ，自身も人間的に成長することを諦めず，少しでも寛容で誠実であろうと努力を重ねるような日本語教師が求められる。日本語教師の派遣母体となる機関・団体も，仕事を評価する際に，学習者数や作成した教材の量，論文や報告書の数といった目に見えやすい物差しだけを用いるのではなく，活動の質を捉える方法を模索すべきであろう。日本人の日本語教師が日本に帰ってから5年，10年たった海外の現場を視察に訪れるときなどに，当該国の関係者が，謝辞とともに，その日本人教師が謙虚であったこと，誠実であったこと，熱心であったこと，温かかったことなどについて述懐することが少なくない。

日本人の日本語教師も，大江健三郎がノーベル文学賞受賞の講演で今後の日本人の課題として示したdecent（気品のある）であることを目指す努力を続けてもよいのではないだろうか。

➡教師の成長（8-F），教師の資質（8-F），海外日本語教員派遣（10-B）

● **参考文献**

佐久間勝彦（1999）「海外で教える日本語教師

をめぐる現状と課題——タイでの聞き取り調査を中心に」『世界の日本語教育（日本語教育事情報告編）』5．

村岡英裕（1999）『日本語教師の方法論——教室談話分析と教授ストラテジー』凡人社．

[佐久間勝彦]

■教師教育

教師教育には，教師養成と現職者教育が含まれる。日本語教育においても，国内外で教師養成および現職者教育が実施されている。

海外の現職者教育では，日本からの派遣専門家などの協力を得て実施されるものもあるが，その国で独自に実施されることも多い。とくに，現在大きな学習人口を占める初中等教育機関では，その国の教育制度で認められた教師資格を得た教師が日本語教育に従事し，現職者教育についてもその国の教育行政の枠組みのなかで実施されていることが少なくない。

国内では，80年代後半から『日本語教員養成のための標準的な教育内容』（1985年）に基づき教師養成が行われてきた。しかし，学習者の多様化，地域社会における日本語学習/教育の広がりなどの変化等に伴い，教育内容の改訂が進められた。現在では2000（平成12）年に出た文化庁報告書『日本語教育のための教員養成について』にある「日本語教員養成において必要とされる教育内容」という新しいシラバスが教師養成を進めるうえでの指針となっている。この新シラバスは，①画一的な教育内容ではなく「基礎から応用に至る選択可能な教育内容」を示すことを基本としていること，②教授者と学習者とが固定的な関係でなく，相互に学び，教え合う関係であると捉えているところに大きな特徴がある。

教育学における教師教育研究の成果が，日本語教育における教師教育にも大きな知見を与えている。近年のアメリカの教育改革のなかでも取り入れられている，アメリカの哲学者ショーン（Schön）の提唱した「内省的実践家」（reflective practitioner）という概念から新しい教師教育，教師像が考えられるようになっている。この「『内省的実践家』モデルは，理論や技術の習得を目指した従来の教師教育から，教師の自立的な思考様式を育成するという新しい教育理念を支える概念になっている」（『教育工学事典』）。日本語教師教育でも，一定の教授法や教授技術の習得とその応用を目指した教師トレーニングから，多様な学習者の存在する複雑な状況に対応し，既有の知識や技術を応用・加工しながらその現場に即した指導のあり方を生み出す能力の開発を目的とするものへと変化している。内省的実践家としての教師は，自らが実践した授業を振り返ることによって，具体的個別的な問題解決に役立つ実践知を獲得していくと考えられている。この「振り返り」は，教授者・学習者双方が自立的であるために必要な活動となっている。

また「生涯学習者としての教師」という教師像も，教師教育を考えるうえで重要である。「生涯学習者としての教師」というのは，教えるための学習を継続しながら成長・発達していく者として教師を捉えている。日本語教師についても同様のことがいえよう。今後，教授経験の質と量を考慮に入れた多様な教師教育の内容や方法が考えられることが求められる。

➡教員養成の標準的教育内容（8-F），教師の成長（8-F）

● 参考文献

日本語教員の養成に関する調査研究協力者会議（2000）『日本語教育のための教員養成について』文化庁国語課．

日本教育工学会（編）（2000）『教育工学事典』実教出版．

岡崎敏雄・岡崎眸（1997）『日本語教育の実習 理論と実践』アルク．

浅田匡他（1998）『成長する教師——教師学への誘い』金子書房．

佐藤学（1996）『教育方法学』岩波書店．

[阿部洋子]

9 | 教育・学習メディア

　近年，日本語教育において，さまざまな教育・学習メディアが活用されるようになってきている。しかし，日本語教育に最新鋭のメディアを導入したからといって，すぐに教育・学習効果が得られるわけではない。むしろ，メディアが障害となることさえある。教育や学習を本質的に規定するものはメディアではなく，その中身つまりコンテンツ（contents）である。

　たとえば，クレヨンで画用紙に絵を描いている子どもには，クレヨンも画用紙も見えない。小説を読んでいる人には，紙質や装丁などは視野に入らない。ワープロソフトで原稿を書いている人には，コンピュータは見えない。金槌で釘を打つ人が注視するものは，釘であって金槌ではない。仕事に集中している人は，通常，メディアの存在を意識していない。

　メディアと教育・学習の内容は，容器と内容物の関係にたとえることができる。メディアを利用して日本語教育を行う場合には，たとえば文字と紙のように，教育・学習内容との関係において，相思相愛のメディアを選択することが求められる。さらに，特定の教育・学習内容と特定のメディアとの関係を1対1の孤立した関係としてではなく，他の教育・学習内容やメディアとの関係において捉えることも求められる。つまり，教育・学習メディアによって，教える者と教えられる者の双方がその教育・学習活動の可能性空間をいかに広げられるか，また，コミュニケーション活動をいかに増幅させることができるかといった教育・学習にかかわる全体的な視点から理解し，それが人間の言語理解あるいは情報の発信と受信，さらに知識の集約と分配においてどのような社会的役割を果たしているかを考えることも重要である。なぜなら，教育あるいは学習とは，本来，教える者と教えられる者とのあいだで交わされる社会的コミュニケーションにほかならないからである。

　本章においては，教育・学習メディアを，社会的なネットワークにおける人間のコミュニケーション過程にかかわる技術として捉え，それを日本語教育に適用するための基本的な視点を獲得できる項目を配列した。具体的には，教育・学習メディアにかかわる基本的事項について，「メディア」「教育メディア」「教育メディア研究」「情報」「教材」「教材開発」「知的所有権」の7つの枠組みを設定し，技術の視点（何ができるか），学習の視点（何を学びたいか），教育の視点（何を教えたいか），コミュニケーションの視点（教育・学習をどのように行いたいか），教育・学習管理の視点（教育・学習の成果をどのようにフィードバックさせるか）などの観点から記述を行った。また，日本語教育において教育・学習とメディアを利用する場合，教授者と学習者の双方が「何ができるか」ではなく，「何がしたいか」という共通の基盤にたてるような項目の配列や記述に留意した。　　　[加藤清方]

9 教育・学習メディア ——————— 見出し項目一覧

A メディア ——————— 826
メディア
メディアとコンテンツ
メディアの種類
ハイパーメディア
マルチメディア
メディアミックス
通信メディア
記録メディア
視聴覚メディア
放送メディア
ハードウェア
コンピュータ
記録媒体
ソフトウェア
OS・基本ソフト
ソフトウェア・プラットフォーム
プログラミング
アプリケーション
ネットワーク
インターネット
電子メール
サイトライセンス
セキュリティ
ネチケット
パソコン通信
ビデオ・オン・デマンド
プロバイダー
ホームページ

B 教育メディア ——————— 850
教育メディア
教育システム
サイバースクール
LL・ランゲージラボ
コンピュータラボ
テレビ会議システム
途上国の教育メディア
学校教育の教育メディア

C 教育メディア研究 ——————— 857
教育メディア研究
教育メディア研究分野
教育工学
視聴覚教育
遠隔教育
通信教育
放送教育
教育メディアの比較研究
学習理論
適性処遇交互作用
インタラクティブ
プログラム学習
マイクロティーチング
シミュレーション
フィードバック
モティベーション
学習環境
メディア選択モデル
コミュニケーション分析
コミュニケーション理論
視聴覚コミュニケーション
コミュニケーションモデル・過程
人間工学研究
インターフェース
バーチャル・リアリティ
メディア選択

D 情報 ——————— 877
情報
情報の形式
アナログ・デジタル
テキスト（文字データ）
プログラム・スクリプト・コマンド
音・音声
画像の形式
映像・動画
静止画像・線画
情報の量
情報がもつ意味
メディア・リテラシー
情報リテラシー
文字処理
フォント
文字コード
音声処理
音声の合成
音声の認識
音声分析ソフト
画像処理
レイアウト
画像の種類
画面デザイン

E 教材 ——————— 895
教材
教材シラバス
主教材・副教材・補助教材
視覚教材

教科書
漫画・イラスト
フラッシュカード
絵・写真・図表・チャート
文字カード
聴解教材
録音テープ・音声CD
視聴覚教材
トーキングカード
映像教材
テレビドラマ
電子ブック
電子辞書
モジュール教材
ネットワーク教材
教具
OHP・トラペン
ゲーム
プレイヤー・レコーダー
プロジェクター
スライドショー
指示棒
実物
実物投影機
模型

録音の規格・方式
データ記録の規格・方式

G　知的所有権 ──── 927
知的所有権
著作権の歴史
著作権と教育
著作権とメディア

F　教材開発 ──── 919
教材開発
開発スタッフ
開発技法
開発計画
録音技法
録画技法
映像メディアの規格・方式

A──メディア

■メディア

●メディアの歴史──有史以来，メディア（media）は人の行動や存在自体に大きな影響をもたらしてきている。原始時代，自然や肉体そのものがメディアであった。人は，天体の動き，気象条件，地形などから情報を読み取り，肉体が発する音声や動作，さらに烽火(のろし)などのメディアを使い，互いを結びつけ，分散させ，獲物や作物を手にした。その後，人は文字を獲得し，抽象的な情報処理や概念操作をするようになる。紙の発明，印刷機の登場は情報伝達の高速化・大衆化を加速した。その後，情報の占有者が絶対的支配者として世界に君臨するようになる。ハプスブルク家，メディチ家，ロスチャイルド家の巨万の富の蓄積に代表されるように，情報戦に勝利する者は必ず巨利を得るという経済原則が顕著となる。この流れは，産業革命以降，人が内燃機関や電気を手に入れ，さらに加速される。

20世紀に入り，ラジオ・テレビをはじめさまざまな情報メディアが登場する。砲弾の弾道計算のための道具として，コンピュータが誕生する。しかし，コンピュータは全知全能の神ではなかった。最新鋭の電子兵器が南ベトナム解放民族戦線（Vietcong）の地下トンネルに敗れたのである。数百キロにも及ぶ原始的な地下トンネルは，まさしく情報スーパーハイウェイそのものであり，弾薬や食料などの兵站はもとより，兵士間の情報共有化のための手段として絶大なる効果を発揮した。ベトナム戦争は人間不在のメディア利用がいかに無効であるかを証明した。現代社会においても，コンピュータやインターネットなどが人の生活や情報通信の飛躍的な高度化・大衆化を実現してはいるが，高度情報メディアそれ自体があやういメディアであるということを克服できていない。

歴史の原動力は人間である。物質的な生産様式を支えるのも人間である。お金や情報は物の背後にあって物や物の関係を指示する符号でしかない。しかし，それが人と人とのインタラクション（interaction）を増幅させるために使われるとき，メディアは世界を動かす原動力となる。このような歴史認識に立てば，情報史観ともいうべき考え方が可能となる。

●メディアの意味──メディア（media）という用語は，ラテン語のメディウス（medius）の女性形である。メディウス（medius）とは「真ん中」を意味する。ステーキを注文し「ミディアム（medium）」と焼き具合を指定するが，これもラテン語のメディウス（medius）の名詞中性形と一致する。英語の中世（medieval）や地中海（Mediterranean）という語も同じ語に由来する。

メディアは文字どおり「真ん中」を意味する。何と何の真ん中かといえば，人と人の真ん中である。人々がそこに集まり，何かを生産し流通させる「広場」のようなものである。広場にはさまざまな人々が訪れ，多種多様な品物を売買する。風景画や似顔絵を描く人もいる。歌を歌い，楽器を演奏し，大道芸を演じる人もいる。デートを楽しむ人もいれば，別れ話に泣く人もいる。そこでは物や知識や情報が生産，流通，編集，保存，消去される。メディアも物や情報を生産・流通させるための広場である。広場はそれを作った人や所有する人のものではなく，そこに集まる人々みなのものである。広場は仲良く使うために各広場特有のモラルやルールがある。

●メディアと倫理──メディアの利用には相応の倫理とルールが問われる。近年，テクノロジーの飛躍的な進歩とともに，多くの人々が複写機やインターネットなどを通じ，他人の著作

物を簡単に利用できるようになり，知的所有権や著作権をめぐる問題がクローズアップされてきている。著作権を知らず知らずに侵害したり，自分の著作権が侵害されても気がつかない事態が頻繁に起こっている。また，広場にウイルスが発生したり，テロ事件が起きたり，複雑かつ深刻な問題が大きく立ちはだかっている。

● 環境・道具としてのメディア —— 現代的な意味で，メディアとは，地面に小枝，紙に鉛筆，録音・録画器に磁気テープ，コンピュータにディスクなど，原始的な道具から高度情報機器まで，さまざまな道具の総称である。また，口コミ，新聞・雑誌，放送，インターネットなど，情報をやりとりするしくみの総称でもある。さらに，自然や人間という存在そのものもメディアといえる。なぜならば，情報を発信し，受容し，蓄積できるものすべてがメディアだからである。夜空の星は宇宙の生死に関する情報をたえず発信する。海や大地，そして，そこに生息するさまざまな生物は，人の生死にかかる諸情報の宝庫である。人間の身体も，五官を駆使し，外界からの情報を収集，脳に蓄積し，ときとして変容させ，音声や行動に変換し，情報を発信する。したがって，メディアは，広義には，環境であり生活条件である。狭義には，道具であり媒体である。何のための道具かといえば，人と人，あるいは，人と環境とのコミュニケーションないし相互交渉のための道具ないししくみである。どんな道具も人間抜きには考えられない。メディアは人間の活動のネットワークという社会的な視点から捉える必要がある。

● メディアと日本語教育 —— 近年，日本語の教育や学習においても，メディアの利用が盛んであるが，メディアの導入意義は学習者による情報の発信や学習者による創造的な活動を支援するためであり，「考えるための教育」「自己を表現するための教育」へと歩を踏み出すことにある。ことばを使って人が行っていることはほとんどの場合，広義の問題解決である。自分の知りたいことを知り，表現したいことを表現している。メディアはそうした現実のコミュニケーション上の問題解決のための道具ないし場として位置づける必要がある。メディアを使って単に単語の意味解説や文型練習を行うだけでなく，問題解決のためのシミュレーションやコンサルテーションなどを双方向型で行うような利用形態が問われる。学習者と教師が相互に主導権を譲り合う相互主導（mixed initiative）により，知識をつかみ，キャッチボールするための学びの道具あるいは場としてメディアを位置づける必要もあろう。

→ 情報（9-D），情報がもつ意味（9-D）

● 参考文献

浜野保樹（1990）『ハイパーメディアと教育革命』アスキー．

岡本敏雄（1990）『教育における情報科学』パーソナルメディア．

ルーメルハート，D. E.〔御領謙訳〕（1979）『人間の情報処理』サイエンス社．

加藤清方（1992）「日本語学習支援のためのメディアの統合と知的CA」『日本語教育』78．

［加藤清方］

■ メディアとコンテンツ

近年，国内外でさまざまなメディアが利用され，日本語の教育・学習が行われている。地面に文字を書く小枝から，ノートや鉛筆，教科書などの印刷物，録音テープやビデオなどの視聴覚機器，インターネットやコンピュータまで，多種多様なメディアが使われている。ここでいうメディア（media）とは，狭義の意味のメディアであり，教育や学習に役立つ情報を貯蔵したり，提示したりすることのできる技術や道具の総称である。メディアは，一般に，印刷メディア，通信・放送メディア，映像メディアとい

うように，情報の形式に関係する技術・道具を指す。一方，教育や学習の内容は，コンテンツと呼ばれる。コンテンツは，英語では通常"contents"と複数形で用いられ，容器の中身あるいはその目録，本などの目次，文書の内容などのことであり，メディアにより伝達・貯蔵される実質的な内容物の総体を意味し，情報が伝える具体的な意味内容や概念を指す。

メディアとコンテンツの関係は，固定的，絶対的なものではなく，流動的，相対的，ダイナミックなものである。たとえば，ある教材パッケージは，1つの教材メディアである。そのコンテンツは，教科書，録音テープ，ビデオ，絵教材だといえる。また，日本語のクラスで使われる絵教材は，1つのメディアである。そのコンテンツは，授受表現の学習であるということもできる。同じ絵教材が，文脈いかんで，あるときはメディアとして，またあるときはコンテンツとして現前するからである。ワインはワイングラスのコンテンツであるが，ワイングラスはまたお歳暮のコンテンツとなることがあるのと同様である。

また，メディアとコンテンツとの関係には，ある種の相性の良さと悪さが存在する。たとえば，日本語の音声を教えるとき，印刷メディアだけではうまくいかない。音声を元のかたちで記録・処理・提示できるメディアがほしくなる。しかし，動詞の活用を教えるには，印刷メディアがあれば事足りる。その意味で，メディアは「何を，どう，学習するか」を支援するものであって，学習の効果を左右するものではない。学習の効果を規定するものは，学ぶ者・教える者の意思，情報の質・量，その配列，環境，資金・財政など，複数の社会的なパラメータである。

近年，メディアの高度化とともに，コンテンツの高度化も進んでいる。従来の教科書や辞書に加えてデータベースやコーパスなどが登場してきた。データベース（database）は，情報を電子的に集積・管理・検索できるようにしたソフトウェアで，ネットワーク上で機能するものもある。コーパス（corpus）は，一般に「集大成」「集積」あるいは「言語資料」を意味するが，現在では，電子化した数千万から数億語の言語資料をコンピュータで検索できるようデータベース化したものもある。今後，日本語教育でも，データベースやコーパスに貯蔵されたコンテンツを活用して，教育や学習，さらに，言語研究や教材・辞書開発などが進むものと予想される。

→通信メディア（9-A），視聴覚メディア（9-A），放送メディア（9-A），コーパス（3-H），言語コーパス（7-D）

●参考文献

情報通信技術（IT）を活用した日本語教育の在り方に関する調査研究協力者会議（2004）『情報通信技術と日本語教育』文化庁.

加藤清方他（編）（2000）『日本語教員養成と情報リテラシー教育』（平成11年度文化庁日本語教育研究委嘱研究）日本語教育学会.

齋藤俊雄他（編）（1998）『英語コーパス言語学──基礎と実践』研究社.

[加藤清方]

■メディアの種類

メディアとは，人が生み出す知的情報を他へ媒介するものを総称していう。メディアということばは，情報の表現，保存，伝達，再生などあらゆる面で使われる用語であり幅が広い。

メディアの目的は，情報を伝達することであり，まずそのためには，人の知的情報を五感で感じ取った生のままではなく，媒体に収めるために変換する手法・技術が必要になる。たとえば，文字，絵，写真，映像などは，人の五感の情報を変換するメディアであるといえる。このようにして初めてこれらの情報が伝達可能にな

る。文字や絵を伝えるメディアには本・書籍・新聞・広告などがあり，映像を伝えるメディアとしては，映画・テレビなどが挙げられる。

情報を記録するメディアとしては，紙，磁気テープ，コンパクトディスク（CD）などが挙げられる。このような情報を記録・保存するメディアを記録メディアという。また，情報の伝達を行う郵便，電話，テレビやラジオ放送，インターネットなどを通信メディアといい，とくに1対多の通信に使われる放送を放送メディア，教育に使われる伝達手段や手法を教育メディアという。

人類が最初に生み出したメディアは身ぶり，ことば，彫刻，あるいは絵である。絵や彫刻は粘土板や木皮といった記録メディアに書き写されていた。そのような絵が絵文字となり，やがてシュメール文明では B.C.3200 年頃に楔形文字として発展した。エジプトでは B.C.3000 年頃神聖文字が発明され記録が行われるようになり，またパピルスや羊皮紙といった記録メディアが発明された。このような文字が記録されたメディアをテキストメディアという。

紙の製法の確立は A.D.105 年，後漢の蔡倫によるものといわれており，そして，紙による情報伝達を最も加速させたのが，1450 年のグーテンベルク（Gutenberg）による活版印刷の発明であった。これによって，本の大量生産が可能になり，近年までの長いあいだ，紙と絵・テキストが最も代表的なメディアであった。

1837 年にはダゲール（Daguerre）が写真の原理を，1877 年にエジソン（Edison）が蓄音機を，1895 年にリュミエール（Lumière）兄弟が映画を発明し，映像・音声メディアによる記録・伝達が可能になった。

情報の伝達手段の歴史は浅い。長らく手紙や本の陸路・海路による運搬のみでしか情報伝達を行う手段がなかったが，1836 年のモールス信号，1876 年の電話，1895 年に無線通信が発明された。1946 年，世界初のコンピュータ，ENIAC が完成し，デジタル情報がコンピュータで扱われる時代に移行していく。1969 年に合衆国の国防総省が ARPA ネットの研究を始め，それが発展し，インターネットとなり，そのあいだ，1971 年に電子メール，1991 年に WWW（ワールド・ワイド・ウェブ）が発明された。

情報を保存・伝達するには，情報がデジタル化されていると保存による劣化や伝達による変更がされにくく便利である。デジタル情報を扱うことができるコンピュータという新しいメディアによって，情報の利用の幅が著しく広がってきている。コンピュータを利用することで従来は難しかった，複数のメディアをお互いに関連づけたハイパーメディアや，さまざまなメディアの情報を統合して扱うマルチメディアが利用できるようになった。

→通信メディア（9-A），記録メディア（9-A），放送メディア（9-A），教育メディア（9-B），ハイパーメディア（9-A），マルチメディア（9-A）

● 参考文献

水越敏行（1995）『学習形態の改善』〈教育方法改善シリーズⅠ〉国立教育会館．

水越敏行・赤堀侃司（1995）『教育メディア利用の改善』〈教育方法改善シリーズⅣ〉国立教育会館．

高宮利行（1998）『グーテンベルクの謎』岩波書店．

クライブ・ギルフォード〔水越伸監修〕（2000）『メディア──メディアとコミュニケーションの歴史をビジュアルで探る』〈ビジュアル博物館80〉同朋舎．

松岡正剛（1996）『情報の歴史』NTT出版．

西之園晴夫（2001）『情報教育重要用語300の基礎知識』明治図書．

［柳沢昌義］

■ハイパーメディア

デジタル化されただけのテキストは単に文章を直線的に連ねたものであり、従来のアナログの印刷メディアに比べて文章の読み方に違いは生じない。これに対し、デジタル情報をインタラクティブに統合して表現するための概念をハイパーメディアという。たとえば、重要なキーワードに対し詳細な関連情報をリンクづけし、マウスのクリックなどの操作でその文章を表示させるという機能をもたせる。この概念は、1945年、ヴァンネヴァル（Vannevar）がMemexシステムというかたちで考案し、やがて1965年ネルソン（Nelson）がXanaduプロジェクトの研究のなかで、ハイパーテキストと命名した。

ハイパーテキストでは文章のある特定のキーワードなどに別の文章をリンクづけするが、そのリンクされる対象をテキストだけでなく画像、音声、動画などに拡張し、このリンクという方法を使って、さまざまなデジタル情報を1つの統合的で超越した（hyper）メディアにしようとする考え方をとくにハイパーメディアという。

ハイパーメディアが発表された当時は、動画などの情報をコンピュータで取り扱うことが困難であり、一つ一つを独立して扱っていた。ハイパーメディアは、既存のすべての情報をお互いにリンクづけし、個々のメディアを統合的に扱うという重要な考え方を示した。ハイパーメディアをさらに発展させたものにマルチメディアがある。ハイパーメディアはマルチメディアに比べ、デジタル情報の構造や統合に焦点がある。マルチメディアは単なるデジタル情報の統合だけでなく、アナログ情報や情報通信環境も含まれている点で意味が広い。

最初のハイパーメディアの商品化は、1987のApple社のHyperCardである。現在では、WWWやアプリケーションソフトのヘルプシステムなどがハイパーメディアのよい実装例として見ることができる。とくにWWWによってハイパーメディアが日常的に使われるようになった。

ハイパーメディアでは、情報の閲覧順序が本などとは異なり、読者の選択によって行われる。そのため、読者の好みや関心に合わせて浅い内容から深い内容まで、ランダムに情報にアクセスすることが可能になる。逆にその結果、自分が現在読んでいる場所の全体的位置づけが不明になったり、次に読むべき場所を見失うという問題もある。

→マルチメディア（9-A），アナログ・デジタル（9-D）

● 参考文献

水越敏行・赤堀侃司（1985）『教育メディア利用の改善』〈教育方法改善シリーズIV〉国立教育会館．

赤堀侃司（監修）（2003）『標準パソコン用語事典』秀和システム．

浜野保樹（1990）『ハイパーメディアと教育革命──「学ぶもののメディア」としてのコンピュータの出現』アスキー．

ニールセン，J.〔篠原稔和（監訳）三好かおる訳〕（2003）『マルチメディア＆ハイパーテキスト原論』東京電機大学出版局．

［柳沢昌義］

■マルチメディア

あらゆる情報を統合化して扱う方法・環境を総称してマルチメディアという。

たとえば、映画は映像・音声・効果音・字幕などが統合化されておりマルチメディアといえるし、携帯電話も音声通信だけでなく、電子メールや静止画・動画の撮影と配信などが1つの機器で行えるという意味でマルチメディア通信機器であるといえる。一方、コンピュータゲームやWWWは1つの画面に写真、テキストが

レイアウトされ，映像や音楽なども含めることができ，複数のメディアを統合して扱っているため，マルチメディアであるといえる。

このように，マルチメディアには広い意味で高度情報通信社会における情報の伝達手段の統合という見方と，狭い意味でパソコンなどによるデジタル情報の関連づけ・統合化としてのハイパーメディアという見方がある。

コンピュータが登場する以前には，コンピュータの処理能力の限界もあり，同時には1種類のメディアしか取り扱うことができなかった。しかしCPU（中央演算装置）処理スピードの向上，光ディスクなどの記録メディアの保存容量の増加，インターネットなどの通信技術の発達，映像や音声の圧縮技術の向上によって，コンピュータ1つで，複数のメディアを同時に扱うことができるようになり，これがマルチメディアの普及を広げた。

コンピュータで情報を扱うためには，情報がデジタル化される必要がある。デジタル化された情報は，加工・保存・通信が劣化なく行える。そのため，デジタル情報の通信技術の発展がマルチメディアの発展を支えている。こうして，今まで，映像であればテレビ，映画であれば映画館というアナログ装置が必要であったが，コンピュータによってこのようなマルチメディア情報の送受信が可能になった。コンピュータとテレビの統合も始まり，デジタルテレビ放送やデジタル衛星放送によってパソコンを使わなくても，マルチメディア情報の受信が一般に普及し，これまでのようなテレビ放送用・ラジオ放送用・電話通信用に特化した専用の装置を使わず，テレビとコンピュータの融合した1つの端末によって情報が統合的に受信できるようになった。また，インターネットとの組み合わせによりインタラクティブ（双方向）性が備わってきている。

➡ハイパーメディア（9-A），インタラクティブ（9-C）

●参考文献

水越敏行・赤堀侃司（1985）『教育メディア利用の改善』〈教育方法改善シリーズⅣ〉国立教育会館．

西之園晴夫（2001）『情報教育重要用語300の基礎知識』明治図書．

[柳沢昌義]

■メディアミックス

単一のメディアを使って情報を伝達するのに比べ，いくつかのメディアを利用して情報を伝達すると，相乗効果によってより効果的な情報伝達が可能である。このような，ある情報を複数のメディアを用いて伝達する手法をメディアミックスという。マルチメディアに近い概念ではあるが，マルチメディアは，情報を完全に1つのメディアのように統合したり，これらをデジタル化して扱う点が強調されるのに対し，メディアミックスは，複数のメディアを独立したまま利用し，それらはアナログ情報のままであったりするという点で異なっている。

メディアミックスはもともと広告業界の用語であり，複数のメディアを幅広く使って宣伝・広告をすることをいう。ある商品をテレビコマーシャルだけでなく，新聞・書籍・ホームページによって宣伝したり，映像はテレビにまかせ，詳細な情報はホームページで参照できるというように，メディアの特性をうまく利用した組み合わせを行っている。また，あるテレビ番組を放送後，そこで使われた素材を基に，書籍やコンパクトディスク（CD）やコンピュータソフトで発売することを指す場合にも使われている。

一方，教育においては，教育テレビ番組を主教材として使いながら他の教材を組み合わせる授業手法という意味で使われはじめた。教育におけるメディアミックスとは，授業において教

科書，黒板，写真，テレビ番組，ビデオなどの複数の教育メディアを，そのメディアの特性を生かして使い分け，より質の高い教授を目指したり，複数メディアを使いながら生徒による制作活動によって情報活用能力をつけさせる授業手法のことを指す．

このような教育におけるメディアミックスは，マルチメディア・アプローチともいわれていたが，コンピュータが普及する以前は，技術的に複数のメディアの混合や同期は難しかったため，個々の独立したメディアを提示せざるをえなかった．そのため，メディアミックスはマルチメディアを指向する過程で生み出された手法であるといえる．また，現在にあっても教室などの環境では完全なマルチメディアを実現することはできないため，メディアミックスは今後も使われていく教育手法であるといえよう．

→マルチメディア（9-A），教育システム（9-B）

● 参考文献

水越敏行（1986）『New 放送教育——メディアミックスと新しい評価』日本放送協会．

水越敏行（1985）『学習形態の改善』〈教育方法改善シリーズⅠ〉国立教育会館．

水越敏行・赤堀侃司（1985）『教育メディア利用の改善』〈教育方法改善シリーズⅣ〉国立教育会館．

西之園晴夫（2001）『情報教育重要用語300の基礎知識』明治図書．

[柳沢昌義]

■ 通信メディア

メディアのうち，情報を伝達する手法・方式・機器のことをとくに通信メディアという．たとえば，広くは，郵便，広告，書籍，新聞などの情報を伝達するためのアナログ的手法も指すが，ラジオ放送，テレビ放送，電話，ファクシミリ，携帯電話，インターネット，パソコン，衛星通信，テレビ電話など，とくに電子的な通信手段を使ったメディアを指すことが多い．

電気を使った初めての通信メディアは1835年にサミュエル・モールス（Morse）によって発明されたモールス電信機である．その後，1876年にグラハム・ベル（Bell）によって電話機が発明され，1895年のマルコーニ（Marconi）の無線通信の発明後，1916年のラジオ放送，1939年のテレビ放送へ発展した．その後，衛星通信，携帯電話，インターネットへと発展してきている．わが国におけるテレビ放送は1953（昭和28）年に始まり，従来，地上波のみであったものが，BSアナログ放送，CSデジタル放送が利用できるようになり，2000（平成12）年12月からはBSデジタル放送，2003（平成15）年12月からは地上波のデジタル放送が始まり，高画質でインタラクティブ性を備えたデジタルテレビ放送を受信できるようになってきている．2011年には，アナログ地上波放送が中止されることも決まっている．

通信メディアは日々最も進歩しつづけている技術である．通信メディアの発展によって人々が遠隔地にいる人と自由に会話できるようになってきており，とくにインターネットの回線スピードの向上とパソコンの処理速度の向上によって，地球の裏側の人々と電子メールを交わすだけでなく，音声チャットやテレビ電話などが可能になってきている．

近年，最も重要な通信メディアはインターネットとそれを扱うマルチメディアパソコンである．1969年にアメリカ国防省のARPANETに始まるインターネットは，電子メールとWWWによって加速的に普及した通信メディアである．わが国でのインターネットは1987（昭和62）年のWIDEプロジェクト開始に始まり，90年代にWindows 95の普及が拍車をかけインターネットブームとなる．1999（平成11）年にはADSL方式によるMbps単位の

ブロードバンド通信が始まり、さらに2000（平成12）年から光ファイバーが家庭で利用できるようになっており、動画のストリーミング配信が実用レベルのスピードと画質で受信できるようになってきている。そのため、ラジオやテレビ放送の一部がインターネットでも配信されたり、双方向通信されたりしている。

個人間における通信メディアとして携帯電話の普及も目ざましい。1999（平成11）年には一般加入電話の契約数を超え、いまや携帯電話は日常生活の必須の通信メディアになっている。2000（平成12）年にIMT-2000という世界標準規格が決まり、この方式に準拠する第三世代携帯（3G）により、単なる電話ではなく、テレビ電話やインターネットが使えるマルチメディア端末へと進化してきている。

→インターネット（9-A）、電子メール（9-A）

● 参考文献

井上伸雄（1997）『通信のしくみ』日本実業出版社.

赤堀侃司（監修）(2003)『標準パソコン用語事典』秀和システム.

藤沢太郎・松木ひろし（2001）『絵でわかる通信回線のしくみ』オーエス出版社.

［柳沢昌義］

■ 記録メディア

メディアのうち、とくに情報を記録・保存する媒体を記録メディアという。たとえば今日使われている代表的な記録メディアは、紙、写真、録音カセットテープ、ビデオテープ、フロッピーディスク、コンパクトディスク（CD）、DVDなどである。記録メディアといった場合、その素材や記録用に汎用化された工業製品・商品あるいは、記録手法全体を指すこともある。たとえば、写真は、その下地は紙やプラスチックであるが、それだけでは新しい記録メディアではなく、そこに感光溶液を塗り、撮影・現像・定着というプロセスを経て初めて新しい記録メディアとなりうる。ビデオテープは、記録原理は他の磁気記録メディアと同様であるが、VHSテープなどのように、工業製品として独立した記録メディアということができる。

記録メディアの歴史は人類の歴史といえるほど古い。人が絵を発明した頃から、それを動物の骨や洞窟の壁画として描いてきた。その骨や壁もまた太古の記録メディアといえる。文字が発明されると、それを粘土板、石（石碑、石版）、木（竹簡木柵）などに書きつけるようになり、やがてパピルス、羊皮紙といった記録メディアが作られるようになった。A.D.105年に中国で紙が発明され、15世紀の活版印刷の発明によって冊子本という記録メディアが一般化した。また、長期記録のためには金属（碑文、銅版画）も利用されることもあった。

近代になって記録メディアは多様化する。まず、1727年ハインリッヒ・シュルツェ（Schulze）が写真の原理を発明し、1839年にジャック・ダゲール（Daguerre）が現像から定着までプロセスを完成させたダゲレオタイプによって、写真という新しい記録メディアが発明された。また、エジソン（Edison）によって史上初めて音声を記録できるメディアである蓄音機、さらに動画を再現できる活動写真が発明され、レコードやフィルムといった記録メディアを生み出した。その後の発展は目ざましく、磁気テープ（カセットテープ、ベータ、VHS)、パンチカード、磁気ディスク（フロッピーディスク、光磁気ディスク、ハードディスク）、半導体メモリ（フラッシュメモリ、CFカード、SDカード、メモリスティック）、光ディスク（コンパクトディスク、レーザディスク、DVD）などと発展してきている。

記録メディアにとって重要な要素は、記録のより長期化そしてより大容量化である。情報を

デジタル化して記録すると，情報の劣化を防ぐことができ長期保管に向いている。磁気を使ったメディアでもデジタル情報を記録することができるが，磁気や電気による影響を受けやすいため，耐久性が悪く長期保管に向かない。一方，CDやDVDといった光ディスクは金属の凹凸や結晶の相変化で記録されているため，環境による影響を受けにくく長期保管に向いている。

記録メディアに貯蔵できる情報量も年々増えている。フロッピーディスクは1.44 MBであるのに対し，CDは650～700 MB，DVDは片面1層で4.7 GBもある。DVDは映画ならVHS以上の画質で2時間程度記録できるためVHSに取って代わる記録メディアになろうとしている。書き換え可能なDVDにはいくつか互換性の少ない規格（DVD-RAM，DVD-R/RW，DVD+R/RW）が存在し，利用者の混乱を招いたが，これらすべてのメディアに対応したDVDスーパーマルチドライブによって解消されつつある。さらなる大容量化を実現しハイビジョン放送の録画も可能な次世代DVD規格（Blue-ray Disc，HD DVD）も登場してきている。

近年のデジタル記録メディアにとって重要なのは，不正な複製を防ぐ著作権保護技術である。そのなかの1つCPRM（contents protection for recordable media）方式は，主として記録用DVDに用いられ，1世代までの複製に限るなどの著作権保護が可能になっている。

→記録媒体（9-A）

● 参考文献

赤堀侃司（監修）（2003）『標準パソコン用語事典』秀和システム．

徳丸春樹他（2003）『図解DVD読本』オーム社．

原田益水（1996）『CD技術のすべて』電波新聞社．

松岡正剛（1996）『情報の歴史——象形文字から人工知能まで 増補』NTT出版．

貞重浩一（2001）『情報記録のエレクトロニクス——技術発達の歴史と現況』コロナ社．

[柳沢昌義]

■視聴覚メディア

　視聴覚メディアとは，文字どおり視覚・聴覚を用いて，情報を伝達するメディアである。メディアとは媒体という意味で，あいだにあって伝えるという意味である。たとえば，黒板に書いた内容を，児童生徒が見たり読んだりして授業を受ければ，教師と児童生徒のあいだに黒板が介在しているので，メディアである。このように考えると，OHP，新聞，ラジオ，テレビ，ビデオ，カセットテープ，コンピュータ，CD，DVD，掛け図に至るまで，すべてメディアである。そして視覚と聴覚を通すので，視聴覚メディアであり，教育用に用いられるので，教育メディアとか教授メディアと呼んでもよい。視聴覚メディアは，視聴覚教育の発展とともに注目されてきたが，その出発点は，第二次世界大戦における軍隊の教育に視聴覚メディアを活用したことである。この考えや運動が日本に持ち込まれ，16ミリ映写機と教育映画が普及した。そして，全国に，「視聴覚ライブラリー」が設置された。

　視聴覚メディアは，軍隊のトレーニングから出発していることから，文字を大きく，映像を用いてわかりやすく，音声も提示して，というように，効率化が中心の考えで発展してきた。視聴覚メディアは，この意味では情報提示という使い方が中心であったが，コンピュータが登場して，情報提示だけでなく，メディアと学習者が対話するインタラクティブな情報交流に注目されるようになった。すなわち学校教育におけるメディアの使い方が，一方向のメディアか

ら双方向のメディアにという流れになった。しかし，視聴覚メディアはコンピュータにすべて移行したのではなく，メディアを組み合わせるというメディアミックスという形態で，活用されるようになった。この意味で，現在も視聴覚メディアの活用は生きているが，コンピュータへの移行は，むしろ情報のアナログからデジタルへの変換によって，ユーザが情報を好みに応じて加工できるようになったことの意義が大きいであろう。

→教育メディア（9-B），インタラクティブ（9-C），メディアミックス（9-A），視聴覚教育（9-C）

● 参考文献

井上智義（編）（1999）『視聴覚メディアと教育方法』北大路書房．

佐賀啓男（編）（2002）『視聴覚メディアと教育』樹村房．

堀田龍也（2004）『メディアとのつきあい方学習』ジャストシステム．

[赤堀侃司]

■ 放送メディア

放送メディアは，文字どおりラジオやテレビなどの放送用のメディアを用いて，教育を行う目的で用いられる。放送メディアが注目されたのは，学校放送である。1935（昭和10）年にNHKラジオ第2放送によって，全国規模の学校放送が始まった。そしてテレビ放送の時代になって，NHK教育テレビで教育番組を放送するようになった。この放送メディアは，学校の教育課程に位置づけられて，活発に利用されるようになり，かなりの視聴率を示す番組も出てきた。

この放送メディアは，学校教育から生涯教育・学習へと発展するにつれて，放送大学などのメディアとしても活用されるようになった。放送大学では，ラジオ，テレビだけではなく，印刷教材やスクーリングなどと併用して，活用されている。初期のラジオ，テレビのメディアから，情報技術や通信技術の発展に伴って，しだいにこれらのICT（infomation communication technology）技術と併用する試みが出てきた。放送メディアは，そこで遠隔教育の手段として，活用されることになった。たとえば，el-ネット（エルネット）と呼ばれる通信衛星を用いた遠隔教育システムが出てきた。通信衛星を用いて，講義などを社会教育施設に配信して，遠隔地でも受講できるようにしている。またインターネット技術を活用して，講義風景をビデオストリーミングで配信し，教材はWeb上で読めるようにして，講義風景の映像と教材をリンクすることで，いつでもどこでも学習できるような，e-ラーニングシステムへと発展している。また，NHKの教育番組も，テレビというリアルタイムの形態と同時に，内容をデジタル化して，いつでもアクセスできるようにWebに載せる試みも行われるようになってきた。

このように放送メディアは多様化してきている。たとえば，オーストラリアのような広大な面積をもつ国では，遠隔教育が盛んであり，そこでは，印刷教材，電話，ファックス，ラジオ，テレビ，無線，インターネットなど，すべてのメディアが活用されている。

→遠隔教育（9-C），視聴覚メディア（9-A）

● 参考文献

水越敏行（1999）『メディアを活かす授業づくり』ぎょうせい．

井上智義（編）（1999）『視聴覚メディアと教育方法』北大路書房．

佐賀啓男（編）（2002）『視聴覚メディアと教育』樹村房．

[赤堀侃司]

■ ハードウェア

ハードウェアということばはソフトウェアと

いうことばとの対比で用いられる。コンピュータのハードウェアとは，中央処理装置（CPU），記憶装置，入出力装置を指す。一方，ソフトウェアはこれらのハードウェアを制御するためのもので，これがなければハードウェアは動かない。なお，これらのことばは，コンピュータに限らず携帯電話やロボットなどでも使われている。

　CPU（central processing unit）は演算装置と制御装置から成る。演算装置は数値演算や論理演算を行う部分で，制御装置はハードウェアの制御を行う部分である。CPUの性能がコンピュータの処理能力を決める重要な要因である。現在は32ビットCPUが主流であるが，かつては，4ビット，8ビット，16ビットCPUが使われていた。このビット数はCPUが一度に処理するデータ量を表していて，これが大きいほど高速なCPUといえる。また，CPUはクロック周波数に合わせて動くので，一般に，CPUのクロック周波数が大きいほど高速である。数年前まではメガヘルツ単位のクロック周波数が主流であったが，最近ではギガヘルツ単位のCPUが珍しくなくなってきている。

　コンピュータを高速化する方法として，CPUの高速化に頼るだけでなく，CPUを複数用いることによって高速化する方法もある。複数のCPUをもつコンピュータも一般向けに販売されるようになってきている。また，科学技術の数値計算用のコンピュータとして，数十から数百のCPUをネットワークでつないで高速化したものも使われはじめている。

　記憶装置はデータの書き込み，保存，読み出しができる装置であり，主記憶装置と補助記憶装置から成る。最近のコンピュータでは主記憶装置として半導体メモリが用いられている。補助記憶装置としてはハードディスクドライブ（HDD）やCD-ROMなどが用いられ，最近ではDVDも用いられている。記憶装置には保存するデータのサイズや求められる読み書き速度の違いなどによりさまざまな種類がある。

　現在のほとんどのコンピュータが入力装置としてキーボードとポインティングデバイスを備えている。ポインティングデバイスとは，マウスやタブレットなど画面上の位置を指定する入力装置である。現在一般に使われている入力装置は手による操作を前提としているが，音声や視線などを用いる装置も開発されている。

　出力装置としてはモニタやプリンタやスピーカなどが挙げられる。モニタはかつて文字しか表示できなかったが，現在では画像を表示できるようになり，また3次元の立体画像を表示する装置の開発も進んでいる。

　今日のコンピュータでは，以上の装置に加えて通信装置が必須になっている。コンピュータにおけるネットワーク機能の重要性は今後ますます高くなるであろう。

➡ソフトウェア（9-A），コンピュータ（9-A），ネットワーク（9-A）

● 参考文献

宮崎正俊他（1987）『コンピュータ概説』共立出版．

有澤誠（1997）『文化系のコンピュータ概論』岩波書店．

石田晴久（2000）『新パソコン入門』〈岩波新書〉岩波書店．

［北村達也］

■コンピュータ

　コンピュータはハードウェアとソフトウェアによって構成される。ハードウェアは，中央処理装置（CPU），記憶装置，入出力装置から成る。ソフトウェアは，これらのハードウェアを制御するためのものである。

　現在，一般的に使われているコンピュータはノイマン型コンピュータと呼ばれる。これはア

メリカの数学者・物理学者であるジョン・フォン・ノイマン（John von Neumann）により考案された，プログラム内蔵方式に基づくものを指す。ノイマン型コンピュータでは，プログラムを記憶装置に記憶させておき，それを順次CPUで処理するという方法をとる。

それ以前のコンピュータではプログラムがハードウェア的に実現されていたため，処理内容の変更が容易ではなかった。プログラム内蔵方式のコンピュータがつくられたことにより，処理内容はソフトウェアというかたちでコンピュータに与えられるようになった。

現在のパーソナルコンピュータ（パソコン）のような形態のコンピュータは1970年代後半に登場した。当初はマイコンと呼ばれていた。それまではむきだしの基板の上にCPUや入出力装置がついたものしか存在しなかったので，パソコンの登場は画期的なものだった。その後，研究開発向けのコンピュータであるワークステーションや，計算能力を極限まで向上させたスーパーコンピュータも現れた。

コンピュータのそもそもの目的は，その名のとおり計算を行うことであった。しかし，その後言語をはじめ音声や画像などのメディアも処理対象となった。さらに，個々のコンピュータがネットワークにつながることによって，それまでとはまったく異なる使い方ができるようになった。今日では，コンピュータということばはそれ単体ではなく，ネットワークにつながったものを意味するといっても過言ではない。

→ハードウェア（9-A），ソフトウェア（9-A），ネットワーク（9-A）

● 参考文献

宮崎正俊他（1987）『コンピュータ概説』共立出版．

有澤誠（1997）『文化系のコンピュータ概論』岩波書店．

石田晴久（2000）『新パソコン入門』〈岩波新書〉岩波書店．

黒川利明（2004）『ソフトウェア入門』〈岩波新書〉岩波書店．

［北村達也］

■記録媒体

記録媒体とは，データの書き込み，保存，読み出しができる媒体である。データの書き込みや読み出しの操作をすることをデータにアクセス（access）するという。

データへのアクセスはフロッピーディスクのように専用の装置を用いるものが多い。しかし，ハードディスクドライブ（HDD）のように記録媒体がそのための装置をもっているものもある。

現在，多種多様な記録媒体が使われているが，これらはいくつかの観点から分類することができる。

まず，記録がアナログで行われるかデジタルで行われるかにより分類できる。前者にはカセットテープやビデオテープなどがある。後者はHDDやCD-ROMなどがある。データをデジタルで処理する電子機器が増えたのに伴い，デジタルで記録するものが主流になってきた。

データの記録方式は，磁気，光磁気，半導体を用いるものに大別できる。磁気を用いるものには，カセットテープ，DATテープ，ビデオテープ，フロッピーディスク，HDD，ZIPなどがある。

光磁気を用いるものには，CD-ROM，MD，MO，LD，DVDなどがある。半導体を用いるものには，コンピュータのRAMやROMのほか，コンパクトフラッシュカードをはじめとする種々のメモリーカードがある。

これらの記録方式のうち，データにアクセスする速度が最も速いのは半導体を用いたものである。このタイプの記憶媒体は消費電力が小さく，またサイズが小さくできるという利点もあ

る。以前は高価だったが，近年価格が下がってきたため普及が進んでいる。

磁気や光磁気を用いる記録媒体には，カセットテープのようにテープに記録するものと，CD-ROMのようにディスクに記録するものとがある。

あるデータを探してアクセスする速度が速いのは後者である。これはカセットテープとCDで楽曲の頭出しをする速度の違いに対応する。

記録媒体は記録容量によって分類することもできる。フロッピーディスクやメモリーカードは，数メガから数十メガバイトの記録容量をもつ。CD-ROM，MO，ZIPは数百メガバイトの記録容量をもつ。これらの数桁上の容量をもつものがHDDやDVDである。

HDDは近年大容量化と低価格化が進み，数十ギガバイトのものが主流となった。100ギガバイトを超えるものも珍しくない。DVDは数ギガバイトの保存ができ，しかも持ち運びができるというのが大きな利点である。データ量の大きな映像などの情報の保存やHDDのバックアップなどに適している。

記録媒体の選択は，保存するデータのサイズや記録媒体の価格などを勘案して行う必要がある。また，他人にデータを渡す必要がある場合には，相手がその記録媒体のデータを読める装置を持っていることも重要である。

➡アナログ・デジタル（9-D），情報の量（9-D），記録メディア（9-A）

● 参考文献

宮崎正俊他（1987）『コンピュータ概説』共立出版．

石田晴久（2000）『新パソコン入門』〈岩波新書〉岩波書店．

［北村達也］

■ソフトウェア

ソフトウェアは一般的にいうコンピュータプログラムとほぼ同義だが，ハードウェアということばと対比するとわかりやすい。

コンピュータの世界では，コンピュータ本体，プリンタ，モニタ，スキャナなど実体があるものを総称してハードウェアと呼ぶ。英語のhardwareは建築や電気工事で使う各種道具のことを指す。釘やねじもハードウェアで，それぞれのハードウェアは特定の機能をもっている。たとえば，金槌は釘を打つのがその機能で，基本的にはそれ以外のことはできない。アメリカ生まれの初期のコンピュータはハードウェアだった。つまり，特定の仕事（例：国勢調査のデータ処理）をするためのコンピュータはその仕事しかできなかった。したがって，新しい仕事をするためには，別のコンピュータを作る必要があり，非常に非効率的だった。この問題を解決するために，同じコンピュータでいろいろな仕事をさせることができないかと考えた結果，1つの新しい手法が生まれた。この方法はコンピュータに行わせる仕事の手順を機械から独立したかたちで保存するというものだった。これがコンピュータをプログラムするという考え方になり，保存されたものをソフトウェアと呼ぶようになった。こうすることでコンピュータをいちいち作り直さなくても，ソフトウェアを変えるだけで，同じ機械でいろいろ違う仕事ができるようになった。したがって，ソフトウェアには物理的な実体はない。ハードウェアとソフトウェアの分離は，その後のコンピュータを飛躍的に進歩させる原動力になった。

現在のコンピュータはハードウェアとしては特定の機能をもっていないといわれる。それは，ソフトウェア次第で何でもできてしまうからである。逆にいえば，ソフトウェアがないコンピュータはまったく役に立たない代物なのである。そのため，Microsoft社のようなソフトの会社が大きな力をもてるのである。現在，Windows，Mac OS，Linux，UNIX，プロ

グラミング言語（C++やJAVAなど），絵を描くためのソフトウェア，写真を処理するためのプログラム，表計算をするプログラム，データベースを構築し管理するプログラム，文書を処理するプログラム，音声を処理するプログラム等々，さまざまな種類のソフトウェアが開発されている。

→ハードウェア（9-A），OS・基本ソフト（9-A），プログラミング（9-A）

● 参考文献

『アスキーデジタル用語辞典』（http://yougo.ascii24.com/）アスキー．

『Yahoo! コンピュータ用語辞典』（http://computers.yahoo.co.jp/dict/）ヤフー．

『e-Words IT用語辞典』（http://e-words.jp/）インセプト．

『オンライン・コンピューター用語辞書』（http://www2.nsknet.or.jp/~azuma/）S. Azuma．

[畑佐一味]

■ OS・基本ソフト

　OSはOperating Systemの頭文字で，日本語では基本ソフトと訳されたり，またはそのままオペレーティングシステムということばが使われたり，さらに「オーエス」とそのまま発音されることもある。

　現在よく使われている基本ソフトにはWindows（98，Me，2000，XP），MacOS（9，X），Linux，UNIXなどがある。

　パソコンの場合，コンピュータに電源を入れたときに，1〜2分ほど準備ができるまでの時間がかかる。その間に起動されているのが基本ソフトである。基本ソフトの役割は，コンピュータに接続されている器機を検知し，それぞれが正常に機能するようにすることである。このような器機にはモニター，フロッピードライブ，ハードディスクドライブ，キーボード，マウス，プリンタ，スキャナなどコンピュータ本体に接続されているものすべてが含まれる。起動が終了すると，基本ソフトはユーザからの命令を待つ。命令はワープロソフトなどほかのソフトを起動したり，ファイルをコピーしたり，CD-ROMで音楽を聴いたりするなどさまざまである。これらの命令を正しく実行するのも基本ソフトの役目である。

　基本ソフトはコンピュータを購入したときに付属されている。ワープロソフトやグラフィックスソフトなど，各種のアプリケーションは特定の基本ソフト上で動くように設計されているので，アプリケーションが自分のコンピュータで使えるかどうかは，コンピュータのブランドではなく，そのコンピュータが使っている基本ソフトで決まる。

→ソフトウェア（9-A），ソフトウェア・プラットフォーム（9-A）

● 参考文献

『アスキーデジタル用語辞典』（http://yougo.ascii24.com/）アスキー．

『Yahoo! コンピュータ用語辞典』（http://computers.yahoo.co.jp/dict/）ヤフー．

『e-Words IT用語辞典』（http://e-words.jp/）インセプト．

『オンライン・コンピューター用語辞書』（http://www2.nsknet.or.jp/~azuma/）S. Azuma．

[畑佐一味]

■ ソフトウェア・プラットフォーム

　プラットフォームは，もともと「少し高くなった壇」という意味で，日本語では駅のプラットフォームという言い方が一番親しみ深い。コンピュータの分野では，ハードウェア（つまり機械そのもの）を一番下と考え，その上にソフトウェアが乗っていると考える。ソフトウェアのなかで一番下に位置するのが基本ソフト（オ

ペレーティングシステム，OS）である。したがって，基本ソフトの分だけ高くなった壇をソフトウェア・プラットフォームと呼ぶようになった。そして，さまざまな種類のソフトがそのプラットフォーム上で作動するという言い方をする。

現在Windows，MacOS，UNIX，Linuxが代表的なソフトウェア・プラットフォームといえる。あるソフトがWindows上では作動するが，マッキントッシュでは動かないとき，「このソフトはWindowsプラットフォームでは動くが，Macintoshプラットフォームでは動かない」と表現する。逆にあるソフトが複数のプラットフォームで作動すると，そのソフトはクロスプラットフォームであるという。たとえば，Microsoft社のOfficeにはWindows版とMacintosh版があり，クロスプラットフォームである。また，NetScapeのWWWブラウザはWindows，Mac，UNIX/Linuxのそれぞれの環境で作動するバージョンがあり，これもクロスプラットフォームである。

以前，ソフトウェア・プラットフォームが確立していなかった時代には，同じソフトでもNEC版や富士通版などコンピュータメーカーごとに違うバージョンを作らなければならなかった。現在はこういった問題は解消されて，ソフト開発もソフトウェア・プラットフォームを基本にして，より効率的に行われるようになった。

➡OS・基本ソフト（9-A），ソフトウェア（9-A）

● 参考文献

『アスキーデジタル用語辞典』（http://yougo.ascii24.com/）アスキー．

『Yahoo! コンピュータ用語辞典』（http://computers.yahoo.co.jp/dict/）ヤフー．

『e-Words IT 用語辞典』（http://e-words.jp/）インセプト．

『オンライン・コンピューター用語辞書』（http://www2.nsknet.or.jp/~azuma/）S. Azuma．

[畑佐一味]

■ プログラミング

プログラミングとはC++，JAVA，Visual BASICなどのプログラミング言語でコードを書き，コンピュータプログラムを作ることを指す。コンピュータプログラムはコンピュータが行う仕事をコンピュータが理解できる言語でステップごとに記述し，それを保存したものである。ソフトウェアは規模の大小にかかわらず，すべてプログラムである。

コンピュータを教育に利用しようとする場合，特定の学習目的を達成するための特別なプログラムを開発する必要が出てくる。その場合はプログラミングをしなければならないが，一般的に，これはプログラミング言語のトレーニングを受けたプログラマーによって行われる。一般の教師が，たとえば日本語のある教授項目を教えるためのプログラムを自分だけで作ろうとすることはあまり現実的ではない。

しかし，最近はこのような特別なトレーニングがなくても学習ソフトまたはそれに準じたものが比較的簡単に作成できるようなソフトウェアが開発されている。このようなソフトはオーサリングシステムと呼ばれる。Macromedia社のDirectorやAuthorwareなどはオーサリングシステムの代表的なものといえる。また，WWW用に学習コンテンツが開発できるWebCTウェブコースツールもオーサリングシステムと呼べる。ただし，このようなオーサリングシステムも複雑なものから単純なものまでさまざまである。一般的に，複雑なものほどよりいろいろなことが柔軟にできるが，使いこなすには時間がかかる。単純なものは簡単に使えるが，問題形式などに制約が多かったりする。

➡ソフトウェア（9-A）

● 参考文献

『アスキーデジタル用語辞典』(http://yougo.ascii24.com/) アスキー.

『Yahoo! コンピュータ用語辞典』(http://computers.yahoo.co.jp/dict/) ヤフー.

『e-Words IT 用語辞典』(http://e-words.jp/) インセプト.

『オンライン・コンピューター用語辞書』(http://www2.nsknet.or.jp/~azuma/) S. Azuma.

[畑佐一味]

■アプリケーション

　アプリケーションはアプリケーションソフトとも呼ばれ，ワープロソフトや表計算ソフトに代表されるように，特定の仕事を行うためのソフトウェアのことを指す。アプリケーションは基本ソフト（オペレーティングシステム，OS）上で作動する。したがって，基本ソフト自体はアプリケーションとは呼ばない。

　多数のアプリケーションが流通しているが，販売を目的として開発されたものを市販ソフトと呼ぶ。また，シェアウェアやフリーウェアと呼ばれるものはプログラミング好きのアマチュアがつくったアプリケーションを安価で，または無料で配布しているものである。通常，店頭では販売せず，インターネットからダウンロードして入手する。シェアウェアは代金を払うもので，フリーウェアは無料である。

　以下，日本語教育にとって有用な種類のアプリケーションについて簡単に説明する。

●ワープロソフト——Mirosoft Wordや一太郎などに代表される文書を作成編集するためのソフトである。最近は文字情報だけでなく，音声や画像なども簡単に組み込めるようになっている。描画機能も充実してきている。

●表計算ソフト——スプレッドシート(spreadsheet)とも呼ばれ，縦横に並んだ升目に数値や文字情報を入れ，計算したり並べ替えたりして情報を処理する。代表的なものはMicrosoft ExcelやFile Maker Proなどである。テストの点数の集計や学習者の成績の記録などに使うのが一般的な使い方である。しかし，言語に関する情報を扱う者にとっては，表計算ソフトの文字情報の処理能力（文字を扱う関数）やフィルター機能を，たとえば語彙表の作成などに活用することができる。

●プレゼンテーションソフト——スライドショーと呼ばれるプレゼンテーションを作成するためのアプリケーションで，Microsoft PowerPointが代表的なものである。プレゼンテーションはコンピュータの画面をプロジェクタを使って大写しにすることで，おおぜいの人が見られるようにする。学会発表などでもこのようなソフトを使うことが多くなってきている。また，日本語の授業のなかでの説明などにも有効である。

　プレゼンテーションソフトには多くの機能があり，色をうまく使ったり，さまざまな視覚効果を使うことで効果的に情報を伝えることができる。しかし，凝りすぎると逆効果にもなるので，上手に使うことが肝心である。

●描画ソフト・グラフィックスソフト——描画ソフトは色とりどりの絵が簡単に描けることから子どもたちへコンピュータを導入するときにもよく利用される。コンピュータ上で扱われている絵・画像はその保存のしかたからペイントとドローの2つに分けられる。ペイント（またはビットマップ）では，絵はピクセルと呼ばれる小さな点の集まりで構成されていて，その点の一つ一つの色を変えることができ，細かい部分を直したりするのに適している。しかし，変形したり拡大したりするのはあまり得意ではない。WindowsにはアクセサリーでPaintというソフトが付属している。また，デジタルカメラの普及で写真を加工する機会も増えてきて

いる。その代表的なソフト Adobe PhotoShop もペイントグラフィックスを処理するためのソフトである。

　もう一つの種類のドロー（またはベクター）と呼ばれるものは，絵を直線や曲線の角度と長さや丸や三角といった構成要素の集まりで作っていくもので，縮小拡大や変形が得意である。Adobe Illustrator などが代表的なソフトである。その名のとおりイラストをコンピュータで作ったりするときによく使われている。描画ソフトはフリーウェアやシェアウェアもたくさん開発されていて，インターネットから安価で入手できる。

● OCR ソフト──OCR は optical character recognition の略称で，日本語では光学式文字認識と訳す。スキャナと呼ばれる，画像を取り込む機器を使って，新聞記事のように文字が印刷されたページをスキャンして，コンピュータに取り込む。この時点では取り込んだイメージは絵として認識されている。そこで，OCR ソフトを使ってスキャンされたイメージを処理する。OCR ソフトはイメージに含まれている文字の大きさや配列を検知し，それぞれの文字の形を認識し，イメージを文字情報に変換していく。その結果，印刷されている文字をタイプすることなしに電子化することが可能になる。OCR は初め文字数が少ないヨーロッパ言語で発展したが，現在は文字数が多い日本語や中国語でも文字認識が可能になった。雑誌や新聞記事を使って読解教材を作るときなどに活用できる。

● ゲームソフト──ゲームをするためのプログラムで，パソコン用のものだけでなく，いわゆるゲーム機用に開発されたものもゲームソフトと呼ぶ。

● データベースソフト──データベースは現在のコンピュータの利用方法を代表するものといえる。ありとあらゆる情報がデータベース化され，それを管理しているのがデータベースソフトで，代表的なソフトとしては Microsoft Access や Microsoft Excel，File Maker Pro などがある。

● 統合ソフト──複数のアプリケーションソフトを集めて1つのパッケージとしたもので，マイクロソフト（Microsoft）社の Office やアップル（Apple）社の Apple Works は統合ソフトの代表的なものといえる。Office は Word（ワープロソフト），Excel（表計算ソフト），Power Point（プレゼンテーションソフト）が統合されていて，データや文書をソフト間でやりとりすることがある程度可能である。Apple Works にはプレゼンテーションソフトの代わりに描画ソフトが含まれていて，これもソフト間でのデータの互換性が高く便利である。

→ OS・基本ソフト（9-A），口頭発表（7-O），静止画像・線画（9-D），視覚教材（9-E）

● 参考文献

『アスキーデジタル用語辞典』（http://yougo.ascii24.com/）アスキー．

『Yahoo! コンピュータ用語辞典』（http://computers.yahoo.co.jp/dict/）ヤフー．

『e-Words IT 用語辞典』（http://e-words.jp/）インセプト．

『オンライン・コンピューター用語辞書』（http://www2.nsknet.or.jp/~azuma/）S. Azuma．

［畑佐一味］

■ ネットワーク

　子育て支援ネットワーク，日本語・ボランティアネットワーク，コンピュータ・ネットワークなど，現代はネットワーク時代である。さまざまな分野でネットワーク化がなされている。

　ネットワークは，ノード（node）とタイ（tie）から成る。ノードとは，ネットワークの要素である結節点のこと，タイはノードとノー

ドを結ぶものである。同質のノード同士がタイによって結ばれるものがネットワークである。この意味において，インターネットも鉄道も郵便もネットワークである。しかし，ネットワークを行為主体から捉えると，単に隣近所に住む人たちの人間関係は，結びつきと自律の点からネットワークとはいえない。

今日耳にする支援ネットワークや情報通信ネットワークなどは，ネットワークを資源や情報の経路ととらえたものである。ネットワークは，目的，行為主体，位置づけなど，見方によってさまざまな解釈ができる。結びつけられる行為主体間で情報が伝達されないことはないため，すべてのネットワークは，情報伝達のつながりである情報ネットワークであるといえる。ただし，情報ネットワークという捉え方は，何らかの目的を達成する手段ではなく，ネットワーク自体を目的化しているともいえる。

ほかに，ネットワークを構成や形状やネットワークから得られる資産（social capital）から捉えることもある。資産の具体例として，アイデア，ビジネスチャンス，精神的なサポート，善意，信頼，協力などがある。また，集団のコミュニケーション構造を表す道具としてコミュニケーションの集中度などから他集団と結ぶ関係を重視して，ネットワークを捉えることもある。たとえば，人間関係を自分の属する集団の一員の誰かが他集団とつながっているので，間接的に他集団とつながったネットワークと見ることもできる。

現在の日本のコンピュータ・ネットワークは，2001（平成13）年1月に施行された「高度情報通信ネットワーク社会形成基本法」が根幹となっている。その法律に記された「高度情報通信によるネットワークが形成された社会」とは，「インターネットその他の高度情報通信ネットワークを通じて，自由に，安全に，容易に多様な情報又は知識を世界的規模で入手し，共有し，又は発信することにより，あらゆる分野における創造的かつ活力ある発展が可能となる社会」としている。

どのネットワークも，有機的に結ばれ，タイと結びついたノードが少数存在して成り立つ。このネットワーク同士を結びつけるのがハブ（hub）である。これによって大規模なネットワーク上に効率的な流れができる。人間でいえば，社会集団でのリーダーや誰とでも仲よくなる人物の類である。1つのネットワークに多数のハブが存在すると，効率に問題が生じる。少数のハブが存在するネットワークは耐久力があり，生き残る可能性が高くなるが，ハブに多くを依存することになる。

→ インターネット（9-A），ボランティア・ネットワーク（10-E）

● 参考文献

毛受敏浩他（監編著）（2004）『国際交流の組織運営とネットワーク』明石書店.

堀田龍也・中川斉史（編著）（2004）『学校のLAN学事始』高陵社書店.

中岡快二郎（2004）『コンピュータ・ネットワークの基礎知識』丸善プラネット.

金山茂雄・葛西和広（2004）『ネットワーク社会の情報と戦略』創成社.

[柳澤好昭]

■ インターネット

複数のコンピュータが結ばれたネットワークがLAN（local area network）である。コンピュータのネットワークであるLAN同士をつなぐのがWAN（wide area network）であり，世界規模のWANがインターネットである。英語では"internet"と書く。インターネットは，ネットワークに接続した個々のコンピュータが与えられるIPアドレスに従って接続された世界規模のコンピュータ・ネットワークであり，LAN同士をつないだ「ネットワーク

のネットワーク」といえる。

インターネットは，1969年に米国国防総省高等研究計画局（ARPA）が始めたARPAnetに端を発する。1979年，ノース・カロライナの大学がネットワーク接続して電子メールなどを開始した。1986年，全米科学財団（NSF）が研究を主目的に大学・研究機関を中心としたNSFnetの運営を開始した。1991年にWWW（World Wide Web）が開発され，1993年にアメリカのゴア副大統領（当時）が情報スーパーハイウェイ構想を発表し，急速にインターネットが普及しはじめた。

学術研究の一環として，南カリフォルニア大学情報科学研究所（ISI）がIPアドレスなどの管理を，スタンフォード研究所（SRI）がドメイン名の登録業務をアメリカ政府から委託されていたが，後にネットワーク・ソリューションズ社に移管された。1998年，IPアドレスやドメイン名などの管理はICANN（The Internet Corporation for Assigned Names and Numbers）が，技術面は技術文書を発行しているIETF（The Internet Engineering Task Force）が行っている。しかし，原則としてだれでも参加でき，インターネットは，特定の団体が運営しているネットワークというものではない。

日本では，1984（昭和59）年にJUNET（Japan Unix NETwork）により電話回線を使った電子メールなどのサービスが行われ，1987（昭和62）年ニフティ・サーブがサービスを開始し，1988（昭和63）年にWIDE（Widely Integrated Distribution Network）が発足した。その後，1993（平成5）年IIJ（Internet Initiative Japan）がサービスを開始するなど，商用利用が本格化し，民間接続業者が多数出現し，インターネットが普及しはじめた。㈶インターネット協会によると，2005（平成17）年2月末の日本のインターネット人口は7007万2000人である。

日本政府は，2001（平成13）年1月に設置されたIT戦略本部において，「2005年までに世界最先端のIT国家になる」という目標を掲げた「e-Japan戦略」を決定し，e-Japan関連のさまざまな事業が実施されている。その1つに，ブロードバンド回線によるインターネット環境の整備の促進が示され，2004（平成16）年には，その目標を達成した。

インターネット利用経費も安く，回線速度も速くなり，ケーブルTV回線やADSL回線，光回線などを利用して，たくさんの人や機関がe-mailやWebサイトの活用，遠隔学習，テレビ会議，IP電話，掲示板，映像の視聴などでインターネットを利用するようになった。日本では，インターネットは通信であり，インターネットによる動画像の配信は放送とは区別され，だれでもできる。このような環境のなかで，デジタル・デバイド（情報格差）ということばが生まれた。パソコンやインターネットなどの情報技術を使いこなせる人や地域と使いこなせない人や地域とのあいだに生じる格差のことで，この対応も現在の課題となっている。

→ ネットワーク（9-A），電子メール（9-A），遠隔教育（9-C）

● 参考文献

財団法人インターネット協会（監修）（2005）『インターネット白書2005』インプレス．

三輪賢一（2004）『かんたんネットワーク入門』技術評論社．

通信総合研究所（編）（2002）『世界インターネット利用白書——主要6カ国』NTT出版．

　　　　　　　　　　　　　　　［柳澤好昭］

■電子メール

電子メールとは，郵便の電子メッセージ版である。インターネットでの電子メールを「e-mail」，電子メールソフトのことを「メーラー」という。このほか，閉ざされたネットワーク内で利用する「ショート・メール」というのがある。

郵便と同様に，文書に宛名（電子メール・アドレス）を指定して，相手にその文書を送信する。郵便物に比べ速く届き，電話のように相手の都合に合わせる必要がないので，自分の好きな時間に内容を見て返事を書くことができるといった特性をもつ。

通常は1対1でやりとりを行う私信であるが，同報機能により複数の相手に同時にメールを送ることも可能である。文字情報のみのテキスト（文書）を送るメールが主流であるが，音声，静止画像，動画像などをバイナリ・メールとして送ることができるようになった。音声のみを扱う場合は特にボイス・メールと呼ばれている。

電子メール・システムには，組織内のLANのなかだけでメールの送受信が可能といった閉じた運用のメール・システムから，インターネットや商用BBSなど外部の人とメールを送受信できるシステムもある。現在は，米国でUNIXベースのネットワークとして発展してきたインターネットのメール・システムを利用するのが一般化している。

パソコン通信も電子メール・サービスを提供している。この場合，相手がメールを読んだかどうかがわかる，ウィルス・メールなどの可能性が低いといった，閉ざされたネットワークならではの利点がある。パソコン通信は，当初閉じられた運用がされていたが，インターネット経由で異なるパソコン通信間でのメール交換ができるようになった。ただし，1つのメールに収容できるデータの容量に制限を設けている場合がある。

電子メールは，インターネット，パソコン通信のサービス，LANなどの応用アプリケーションとして提供されたが，日本ではiモードの普及以来，携帯端末や携帯電話を利用した電子メールの送受信が広がっている。海外では，携帯電話での電子メールは，閉ざされたショート・メールと呼ばれるシステムでの利用が主流であり，インターネットによる電子メールは，日本のようには活用されていない。

教育では，e-mailによる国内外の学校間での教育交流，授業などの連絡，作文添削などが行われている。しかし，海外とのe-mailのやりとりでは，文字が化けたり，一部のメールが届かなかったりといった問題がないわけではない。また，学生同士が自由にe-mail交流をした結果，メールの表現から誤解が生じた事例もあり，教師がどこまで管理するかといった問題が出ている。

最近では，コンピュータ内にあるデータなどに被害を与えるウィルス・メール，個人情報を流出させるスパム・メール，迷惑メールといったものにより，メール・アドレスや個人情報の流出といったセキュリティ問題も出て，その対策に追われている。

→ インターネット（9-A），パソコン通信（9-A），教育工学（9-C）

● 参考文献

日経コミュニケーション（編）（2004）『詳解ネットワーク大事典』日経BP社．

秀和システム編集部（2003）『通信ネットワーク用語事典2003-2004年版』秀和システム．

[柳澤好昭]

■サイトライセンス

企業などの組織が大量に同じソフトウェアを購入する場合に利用できる一括導入ライセンス契約のこと。サイトライセンスには，官公庁や企業向けのもの，指定された教育機関向けのもの（アカデミックライセンス）などがある。

コンピュータで利用するソフトウェアを1本

購入すると，原則として1台のコンピュータにインストールして使用することができる．1本のソフトウェアを複数のコンピュータにインストールし，複数の人が利用することは法律に違反する．

しかし，学校や企業のように，非常に多くのコンピュータを所有する場合，コンピュータの台数分のソフトウェアを購入することは，ソフトウェアが入っているディスク，説明書，各ディスクの登録番号（シリアル番号）などの保管が煩雑となり，経費もかかる．メーカー側も在庫管理，送料，ユーザー管理などの経費と手間がかかる．

そこで，大量に同じソフトウェアを購入する場合，ソフトウェアの入ったディスクやマニュアルを1セット購入し，利用する人数分のライセンスを購入する．そうすると，ソフトウェア1セットと登録番号の保管で済み，効率がよくなる．最近では，ディスクではなく，ユーザーがWebサイトからソフトウェアをダウンロードし，購入する分の登録番号を登録し，支払う方法も出てきた．

保管の容易さの利点だけではなく，購入するライセンス数によって価格が設定されるため，一括導入する数が多くなるに従って1ライセンスあたりの単価が安くなることがある．しかし，ソフトウェアによって，同一敷地内，同一建物，機関所有のコンピュータでの利用に限るといった条件が付与されることがある．また，ライセンスの契約期間，期間中のアップグレードの対象や費用，技術サポートの対象範囲，契約期間終了後の継続使用の可能性といったことは，ソフトウェアやメーカーによって異なる．

➡ソフトウェア（9-A），ネットワーク（9-A）
●参考文献
研究社辞書編集部（編）(2000)『英和コンピュータ用語辞典』研究社．

[柳澤好昭]

■セキュリティ

一般に，セキュリティとは警備保守のことである．建物への不正侵入，銀行カード情報の盗用，個人情報の流出，ネットワークを介してデータベースなどへの不正アクセスからの防御という意味で使われる．

コンピュータにおいては，安全を保護すること，情報セキュリティ，情報通信を利用するうえでの安全性のことである．設備系セキュリティとソフトウェア系セキュリティに大別される．ソフトウェア系セキュリティでは，セキュリティ・ホール（security hole：情報セキュリティ上問題となるソフトウェアの欠陥）を経由する不正侵入やデータ破壊，システム妨害などの脅威に対して，主として，ファイアーウォール，不正侵入検知，暗号化，照合と認証，コンピュータ・ウィルス（computer virus）叩き，情報フィルタリング，バックアップといった防御手段をとる．

一般的な認証は，各ユーザーに名前をつけ，本人しか知らない文字列をパスワードとしてユーザー名と対応づけてサーバに記録しておく．ネットワークやデータファイルへのアクセスのとき，ユーザー名とパスワードを入力させ，アクセス者と登録者とが一致するかを調べるものである．最近では，このユーザー名とパスワードの流出も問題となっている．

コンピュータ・ウィルスは，第三者のコンピュータ・プログラムやデータベースに対して意図的に被害を与えるように作られたプログラムであり，伝染機能，潜伏機能，発病機能のいずれか1つ以上をもつものである．最近では，ユーザーに情報を流して特定のサイトにアクセスさせて個人情報を流出させようとするフィッシングへの対応も必要となってきた．

情報フィルタリングとは，インターネット上に存在するコンテンツのうち成人向けの情報など受け取ることを望まないものについて遮断す

るための選別を行うしくみのことである。学校など公共の場でのWebサイトの閲覧に必要とされている。

　セキュリティを確保する方法をセキュリティ管理と呼ぶ。国際的な基準（ISO）が制定されている。メーカー側もユーザー名やパスワードやクレジットカード番号などの個人情報の流出が問題となり，指紋認証や音声認証といった新たな方法を開発している。

　しかし，セキュリティ管理には，どのような防御手段をどの程度運用するかについてのセキュリティ・ポリシーを明確にし，WindowsなどのOSの不具合の箇所からコンピュータへの侵入を防ぐためにメーカーが配布する最新の対策修正プログラムを入手する，ウィルス・メールやスパム・メール対策ソフトを使うといったユーザー個人レベルでの対応，ネットワーク・システム管理レベルでの対応が強く求められている。

→ネットワーク（9-A），インターネット（9-A）

●参考文献

Software design 特別編集（2005）『ネットワークセキュリティExpert』技術評論社．

一ケ谷兼乃・広野忠敏（2005）『できるウイルス対策＆セキュリティ』インプレス．

賀川亮著・西本逸郎（監修）（2005）『ビジネスパーソンのためのセキュリティ対策』税務経理協会．

Cisco Systems〔黒川佳澄他訳，前野譲二（監修）〕（2005）『ネットワークセキュリティ基礎テキスト』ソフトバンクパブリッシング．

日本ネットワークセキュリティ協会（編）（2003）『セキュリティビジネス白書』翔泳社．

［柳澤好昭］

■ネチケット

　ネチケットとは，インターネットなどのネットワーク上でのやりとりにおけるエチケットやマナーを指す言葉で，「ネットワーク上のエチケット」を短縮して作られた造語である。

　一般社会での人間関係の常識に近いものから，ネットワーク・システムの特性に依存するものまでさまざまである。ネットワークによるコミュニケーションは，基本的に相手の顔が見えない文字ベースのやりとりのため，ちょっとしたことばが発信者の意図に反して相手を中傷する結果になることがある。このようなネットワークの特徴を十分理解したうえで，円滑なコミュニケーションをはかれるように，利用者が注意すべきエチケットがネチケットである。

　ネチケットには，電子メールを送信するときの形式，受信メールへの返信などに関するエチケット，Webサイトでのリンクの張り方に関するエチケット，添付ファイルの使用のエチケットなどがある。このほか，ネットワーク上でのチャットによるディスカッションでは，途中から議論に参加する人がいるため，すでに結論が出された議論が再び持ち出されたり，すでに回答されている疑問について再度尋ねられたりすることがある。円滑なコミュニケーションを妨げないために，過去に議論された記録をあらかじめ参照してから議論に参加したり，またFAQ（frequently asked question：よく問い合わされる疑問への回答をまとめた情報）などの形式で自分の疑問に対する回答がすでになされていないかどうかを調査したりすることなどもネチケットである。

→インターネット（9-A），ネットワーク（9-A）

●参考文献

こどもくらぶ（編）（2002）「情報の選び方・使い方〈5〉ネチケットを守ろう──情報社会のルールとマナー 情報の選び方・使い方」ポプラ社．

和田茂夫（1998）『メールのルール──電子メールの書き方・出し方・ネチケット』オーエ

ス出版.
バージニア・シャー〔松本功訳〕(1996)『ネチケット——ネットワークのエチケット』ひつじ書房.
ローズ, D.〔池尻千夏訳〕(1996)『ネチケット入門——インターネットの行儀作法』海文堂出版.

[柳澤好昭]

■パソコン通信

　パソコン通信とは，パーソナル・コンピュータを利用して通信を行うことだが，日本では，通信によって各種サービスを提供し，利益を得るという営利目的で開局されたホストにアクセスすることを指す．利用者は，会員登録をし，ホスト・コンピュータにアクセスして各種サービスを利用する．

　1987年，世界で商用パソコン通信とインターネットとが接続されたが，パソコン通信は，ある特定の管理者のもとに各種のサービスが提供される点でインターネットとは異なる．日本では，1993（平成5）年にニフティ・サーブがサービスを開始し，パソコン通信が普及しはじめた．

　パソコン通信の一般的なサービスとして，電子メール，掲示板，会議室，チャット，データ・ライブラリ，ニュースやオンラインデータベースのインフォメーション・サービス，オンライン・ショッピング，機械翻訳，ほかのネットワークへの接続などが用意されている．

　アクセスには料金がかかるが，電子メールや掲示板だけでなく，データベースやオンライン・ショッピングなど，サービスの質と量は非常に豊富である．アクセスポイントもVAN（付加価値情報網）を利用して全国展開されており，海外からもローミング・サービスを利用して，どこからでも容易にアクセスできるという長所がある．

　商用のパソコン通信のほかに，パソコン通信の愛好家が個人で開局したり，同じ趣向をもつ少数のグループによって運営されたりするパソコン通信がある．規模は小さいが，趣向が限定されているため密度の高い情報が得られる場合が多い．一般にこれらを利用したアクセスポイントなどはないので，開局地から離れた場所からはアクセスしづらい．このため地域密着型のものが多い．

　昨今，商用プロバイダーの代表格の1つである@ニフティ（旧ニフティ・サーブ）がパソコン通信からインターネットに移行するなど，商用パソコン通信は衰退している．

➡インターネット（9-A），ネットワーク（9-A）

● 参考文献

針生時夫・佐藤健（2005）『わかりやすい通信ネットワーク』(新版) 日本理工出版会.
ASAHIインターネットクラブ（1995）『パソコン通信で始めるインターネット』朝日新聞社.
三谷一二（1993）『COMシリーズ 図解パソコン通信入門』オーム社.

[柳澤好昭]

■ビデオ・オン・デマンド

　ビデオ・オン・デマンドとは，視聴者のニーズに応じ，デジタル画像を即座にインターネット回線やケーブルテレビ回線などを使って配信するシステムをいう．視聴者が見たいときに，見たい映像を配信するサービスである．1992年頃からアメリカで実験が開始された．video on demandを略してVODと呼ばれることがある．

　現在のテレビ放送では，放送局から一方的に映像が配信されており，視聴者は，放送局側のスケジュールに合わせて映像を見る．VODは，個々の視聴者がそれぞれ配信開始時間や配信映像を指定し，視聴者の都合で配信を受け

る。そのため，VODでは視聴者側から放送局側への情報送付が必要となるので，視聴者と放送局のあいだで双方向通信が可能でなければならない。

　完全なVODシステムでは，視聴者が指定した時間に指定した映像を配信するが，この方法では，あらゆる視聴者に異なる映像を配信しなければならず，通信回線の負荷が大きく，視聴にかかるコストも割高になってしまう。これに対し，放送局側では，一定時間間隔で同一の映像をずらして配信し，視聴者がこのうち適当なタイミングを選択できるようにするニア・ビデオ・オン・デマンド（Near VOD，NVOD）と呼ばれる配信方式もある。このNVODでは，視聴者がプログラムを自由に選択することが困難になる代わりに，1回の配信で複数の視聴者が映像を視聴できるようになるため，通信回線の負荷が軽減し，コストも低下する。

　1996（平成8）年，日本で初めて帝国ホテル大阪がサービス提供を開始した。大学でもいろいろな授業に活用されてきた。小学校では，全員が同じ時間を共有することが少ない「総合学習」や「調べ学習」のような新しい授業形態の導入とともに，デジタル処理された動画や静止画のデータベースを活用して，直接体験できない情報にアクセスして資料としたり，観察や実験の前に情報にアクセスして実験の計画に役立てたり，観察や実験後にすでに行った活動を振り返ったりする，などの活用例が見られる。

→ インタラクティブ（9-C），視聴覚メディア（9-A），視聴覚教育（9-C），遠隔教育（9-C）

● 参考文献

研究社辞書編集部編（2002）『英和コンピュータ用語辞典』研究社．

柳沼卓志（1997）『マルチメディア最前線——インターネット，双方向TV，CG，CDコンテンツが拓くデジタル社会』電波新聞社．

[柳澤好昭]

■ プロバイダー

　プロバイダーとは，本来は，「提供者」というくらいの意味である。インターネットの世界では，インターネット・サービス・プロバイダー（インターネット接続サービスを提供する通信事業者）のことである。ISPとも呼ばれる。

　インターネットのサービスを利用するには，インターネットを構成するサーバにクライアント（端末）として接続する必要がある。サーバを所有している研究機関や学術団体，企業などに所属していればLAN経由でインターネットを利用できるが，サーバをもたない企業や個人でも簡単にインターネットを利用できるよう，公共のサーバを提供する業者が現れた。これがISP（internet services provider）で，1993（平成5）年にこうした通信事業者の開業が正式に当時の郵政省から認可され，ニフティ・サーブがサービスを開始した。

　インターネットの商用プロバイダーは，IIJ（Internet Initiative Japan）が個人向けのインターネット・サービスの提供を開始したのが始まりである。今では，大規模なものから地域限定のごく小規模なものまで，多数の業者がそれぞれサービスを提供している。

　ISPは，ほかのインターネットプロバイダーに基幹リンク（日本国内の基幹と海外への接続）を提供する一次プロバイダーと，一次プロバイダーにぶら下がるかたちでユーザーにインターネット接続サービスを提供する二次プロバイダーに分類することができる。

　プロバイダーは，一般の電話回線や専用回線からインターネットへの接続を可能にしたり，ユーザーに個別の電子メール・アドレスを割り当てたりするなど，さまざまなサービスを提供する。プロバイダーが提供する接続回線は，当初の電話回線やISDNからADSLやCATVが主流となっている。最近では，光回線が広まってきた。

プロバイダーと契約すると，ユーザーIDと接続のためのパスワード，電子メール・アドレスが提供される。プロバイダーによっては，ユーザーがWebページを開設できるスペース（プロバイダーのサーバ内のハードディスク）を提供する場合もある。

→インターネット（9-A）

● 参考文献

本郷隼人・音葉哲（2001）『パソコン・インターネット用語の誤用辞典——知ってるつもりが落とし穴 パソコンとインターネットにまつわる誤解と誤用』秀和システム．

研究社辞書編集部（編）（2000）『英和コンピュータ用語辞典』研究社．

[柳澤好昭]

■ホームページ

ホームページとは，本来は，インターネットエクスプローラなどのWeb閲覧ソフトを立ち上げたときに，初めに表示されるように設定されたWebページのことである。ときには，どこかのWebサイトにアクセスしたときに最初に表示されるWebページ（トップページ）のことである。

海外では，ホームページは，本来の意味に使われているが，日本ではインターネットが普及するにつれて，ホームページを開設したなどのように，Webページすべて，つまりWebサイトをホームページと呼ぶ傾向になっている。

→インターネット（9-A）

● 参考文献

有賀妙子・吉田智子（2005）『新・インターネット講座』北大路書房．

野口健一郎（1999）『ネットワーク利用の基礎——インターネット・ユーザのために ライブラリコンピュータユーザーズガイド』サイエンス社．

[柳澤好昭]

B──教育メディア

■教育メディア

● メディアの多様化──教育メディア（educational media）とは，教授メディア（instructional media）ともいわれるが，教育の場で使用されるメディアのことである。教育メディアの定義に関しては，教育あるいは教授の定義とともにメディアの概念が広義・狭義にさまざまなことから，多様である。授業あるいは学習を生起させるものを教育メディアとする立場から，視覚および言語情報を処理再現する機械的，電子的な手段とする立場があり，一般的な定義は難しい。しかし，いずれにしても教育におけるメディアとは授業のチャネルであり，それによって教授・学習が行われる手段であると考えることができる。つまりメディアによって学習するのである。

一般的な教育の現場で使用されるメディアとしては，黒板や実物模型，写真，絵画，紙芝居のような古典的なものから印刷メディア（教科書，チャート），視覚メディア（OHP，スライド），音声メディア（テープレコーダー，CD），視聴覚メディア（音声付スライド，映画，ビデオ），放送メディア（テレビ，ラジオ），電子メディア（パソコン，インターネット）などがある。

教育メディアは，技術革新に従ってその形態が変化し，多様かつ複雑になってきている。つまり，技術革新の成果を教育のなかに取り入れて，より効率的な教授学習を成立させようという試みが教育メディアの歴史であると考えられる。そのため，現在の教育メディアの課題は電子メディアが中心となることはいうまでもない。電子メディアの特徴は，映像をデジタル化して提示物のなかに取り入れることができ，ま

たインターネットによって情報の送受信ができるなど，言語情報と映像情報をきわめて自由に操作できることである。

言語の学習においては，言語的知識とともに，ことばの使われる場面や状況の提示がきわめて重要である。それゆえ，多様な教育メディアの適切な利用は重要な課題である（菅井勝雄他 2002）。

● **メディア選択の必要性** ── 教育メディアの開発，利用，効果を研究対象とした学問分野は視聴覚教育である。しかし，コンピュータの導入以後の教育メディア研究は機器の電子化や高度な工学的なデバイスを対象としていることから教育工学と呼ばれるようになった。視聴覚教育における教育メディア研究の課題はある教育課題の教授にあたってどのメディアが効果的かということであった。そこで，ある課題をめぐって複数のメディアの効果を比較する研究が行われた。この発展として1970年代にはアメリカを中心として，教育課題に対応したメディアの選択が研究された。そのため多様なメディア選択モデルやメディア選択理論が生まれた。

メディア選択が必要なのは，一般的にあるメディアに学習を有利にする特性があるからではなく，それぞれのメディアの特性，たとえば動きが提示できること（映画やテレビ）や，色を示すことができること（カラーテレビやスライド）が学習課題の達成にとって重要だからである。メディア比較研究のメタ分析からは，1つの学習課題に対する2つのメディアの比較研究を行っても有意な差は出てこないとされている。なぜならば，比較研究のための課題設定の際に，その課題にとって比較優位を有するメディアは必然的に除外されるからである。たとえば，鳥の鳴き声を学習課題として，録音機と写真を比較することはできないのである。そのためメディア比較研究では統計的に有意な結果はほとんど出ないのである（Romiszowski 1988）。

教育におけるメディアの比較研究からあるメディアの効果がないからといって，教育にさまざまなメディアを使用することに意味がないわけではない。メディアを利用することによって初めて可能となる授業形態や，メディアを利用しなければ理解の難しい課題，授業を楽しくする効果，さらに教師の負担を軽くするなどの効果も大きいといえる。

● **今後の課題** ── 教育メディアをめぐる課題の1つは，メディアのもつ複合性と多面性である。中野照海（1982）は，メディアの内容として，メッセージ，材料，機器，技法の4点を挙げている。つまり，1つのメディアであっても4つの次元があり，1つの学習課題に対して，さまざまな可能性をもつことになる。同じテレビ放送でも，ニュースやドラマ，生放送や録画，デジタルカメラやフィルムでの再生もある。また教育番組のなかにも講義やドキュメンタリーもある。1つの教育メディアといってもその種類と内容は多様である。

教育メディアの進歩と多様性のなかで，効果的にメディアを利用するために教師に必要とされる課題は，教育課題の特徴の把握，教育メディアのハードの知識，使い方のノウハウを知ることである。そして学習者がどのようなメディアに親近感をもっているかを知ることも重要である。

→マルチメディア（9-A），教育メディアの比較研究（9-C），視聴覚教育（9-C）

● **参考文献**

大内茂男・中野照海（編）(1982)『教授メディアの選択と活用』図書文化社.

菅井勝雄他（編）(2002)『情報教育論──教育工学のアプローチ』日本放送出版協会.

Romiszowski, A. J. (1988) *The Selection and Use of Instructional Media: For Improved Classroom Teaching and for Interactive,*

Individualized Instruction. 2nd ed. Kogan Page.

［内海成治］

■教育システム

教育システム（educational system）あるいは教授システム（instruction system）とは，教育過程を1つのシステムと考えることで，その過程に含まれる要素（システムコンポーネント）を最適化して，目標を適切かつ効率的に達成するようにデザインしようとするものである。

教育システムを構成するコンポーネントとして，目標，学習者，教師，教授技法，教授イベント，トライアル，形成的評価，実施，総合的評価，フォローアップなどが挙げられる。教授方略には，教室の大小，提示や実験の方法，個別学習の有無などが含まれる。技法としては，講義，セミナー，討議，個別指導，ワークショップ，遠隔教育，テレビ会議，ティーム・ティーチング，インタラクティブ・ビデオなどが考えられる。教授イベントとは，教材の配列，使用する例，ドリルや実習の量などを，学習者の特徴や状況によって決める教授過程上の事象のことである。

複雑な教育システムを最適化する方法が，システムアプローチと呼ばれる技法である。システムアプローチにはいろいろな定義があるが，目標を効果的に達成するために，システムを構成する下位システムを検討，操作することで，秩序だった方法によって問題解決を行うアプローチのことである。工学の世界におけるシステム設計における概念に基づくものである。

教育のシステムアプローチは，分析，設計，開発，実施と評価の4段階に分けられる。分析段階にはシステムニーズ（作業や課題分析，学習者の目的，社会的ニーズ），システムリソース（リソース，時間，場所，教材，費用，学習者の能力），課題の明確化（目標の言語化）が含まれる。次の設計の段階においては，課題および目標を同定して，それを基に教授方略を決定する。開発段階には，教育メディアを含めたリソースの計画，教材の準備，教授組織の構成などが含まれる。最後の実施と評価の段階には，トライアルと形成的評価によるシステム要素の妥当性の確認と変更や実施組織の検討，そして本格的実施と総合的評価，フォローアップが含まれる。

教育の過程を1つのシステムとして考えることは，インプット，プロセス，アウトプットが密接に関係しており，相互に影響し合っていることを前提としてモデルを検討するということである。だからといって，システムの決定にあたって，フローチャートなどによるアルゴリズムに従って，あらゆる要素を検討することがベストではない。教育システムの検討にあたっては発見的な問題解決技法のほうがふさわしいと考えられている。なぜならば，発見的方法は，特定の法則に従うというよりも，一般的な法則を創造的に使用することを促すものだからである。教育システムは，あくまでも教育という人間的な営みの最適化を目指すことから，総合性や創造性を常に要求されているからである。

→教授法とは（8-B），教材開発（9-F），開発技法（9-F），評価とは（8-E）

● 参考文献

宇都宮敏男・坂元昂（監修）(1988)『教育情報科学1 教育とシステム』第一法規．

Rowntree, D. (1976) *Educational Technology in Curriculum Development.* Harper and Row.

［内海成治］

■サイバースクール

● 概念——遠隔教育としての通信学習には5つのタイプがある。①郵便学習（correspondence study），②オーディオ/ビデオテープによる学習，③TV学習（telecourse），④衛星画像を利用した学習，⑤オンラインを利用したインターネット学習がそれである。サイバースクール（cyber school）とは，インターネットを利用したe-ラーニング（electronic-learning）による遠隔教育の一環で，WBI（Web Based Instruction）方式により教育を行うオンライン学校を指す。

インターネットや情報通信技術の発達は，教育の方法や内容の革新，費用の節約，多くの人々に教育の機会を与えることにより教育の民主化を成し遂げたといえる。

サイバースクールは，インターネット普及率が高くなるにつれ急速な勢いで成長しつつある。

●**学習方法**──インターネットによる学習方法には，学校のホストコンピュータへの接続やWeb上の各学校のホームページの利用，電子メール，オーディオ・ビデオコンファレンス，Webチャットなどがある。最近のサイバースクールは，Web上のホームページを利用した方法が一般的である。オーディオや動画像を提供し，学習者が自由に見られるようになっているのが多い。

●**現状**──1990年代の初期のサイバースクールは，遠隔地にある少数のための教育として始まったが，しだいに広まり，正規の学校が設けられるに至った。カナダのSchoolNetやイギリスのNGfL（National Grid for Learning），韓国教育学術情報院（KERIS）のeduNet，日本のeLC（日本e-ラーニングコンソーシアム）などは，サイバー教育のコンテンツや技術支援などを提供し，サイバー教育の発展に貢献している。

韓国におけるサイバースクールは，1997年に2つのコンソーシアムを結成し，1998年から3年間にわたりサイバー大学運営の実験を行った後，2001年からは9つの正規の大学を開校した。2002年には15校，2003年には19校（4年制17校，2年制2校），入学定員2万350名）となっている。

日本の場合，1996（平成8）年に設立された「TBTコンソーシアム」により，e-ラーニング普及のための基礎的な要となる標準化活動に焦点を合わせ，技術的側面からe-ラーニング普及のための活動が行われてきた。その機能をさらに拡大し，2001（平成13）年には，eLC（e-Learning Consortium）が設立され，情報提供，システムの構築や運営管理に関する教育，システムおよびコンテンツに関する標準化の認定などが活動の柱となっている。

●**特性**──Glenn（2002）は，e-ラーニングの特徴として「少ない費用，利用の容易性，より良質の教育」を挙げている。その他，学習内容の選択から参加時間まで，すべてが学習者の自律的行動に依存していること，時間と空間の制約がないこと，等を挙げている。

●**展望**──学習の容易さや教育的質の高さによりサイバースクールへの期待は大きい。ただし，ゲームやアニメーションなどに親しんでいるデジタル世代の学習者が利用しやすく，楽しめるコンテンツの開発こそサイバースクールの成功のための要であろう。

➡インターネット（9-A），遠隔教育（9-C），学習リソース（8-D）

●**参考文献**

安容柱（2000）「日本語学習とインターネット」『同日語文研究』15．

加藤清方（1996）「マルチメディアを利用した日本語教育のあり方」『日本語学』15-2．

金仁錫・李徳奉他（1999）『マルチメディア言語教育の理論と実際』ソウル：博文閣．

李徳奉（1999）「マルチメディア言語学習の認知構造」*Foreign Language Education* 5-2．

Walker, E. C. T. (2002) *Global Trends of e-Learning and its Standardization*, e-Learning WORLD. 2002年要録; http://www.alic.or.jp/event/2002/forum

Glenn, R. J. (2002) *Cyberschools*. 2nd ed. Cyber Publishing Group, Inc.

［李　德奉］

■ LL・ランゲージラボ

LLあるいはランゲージラボとは，いずれもランゲージ・ラボラトリー（language laboratory）のことである。日本語としては「語学練習装置」あるいは「語学練習装置を設備した教室」，さらにはこうした装置を利用する学習のことを意味する場合もある。第二次大戦中にアメリカで語学練習の装置として開発された。その後，短期集中的な語学訓練にきわめて有効であるために，学校教育のなかに普及した。日本では1950年代から使われるようになった。

LLの機能は，よい発音あるいは多様な発音を聴くことができることであり，また，発音の繰り返し練習が容易なことである。さらに生徒の個人差に応じた個別指導が可能なことである。1960年代，70年代にアメリカで実施された大規模なLLに関する実験によれば，LLの効果は，一般的に学習言語に触れる機会が増えることによる効果のほかに，特定の領域，たとえば聞き取り能力の向上や初級を終えた生徒の語学訓練に大きな効果があることが明らかにされている。

LLの形式には，いくつかの分類方式がある。AP方式（audio passive），AA方式（audio active）およびAAC方式（audio active comparative）である。AA方式はマスターコンソールからの音声を生徒が聞くための装置であり，最もシンプルなLLである。AAC方式は生徒用ブースにヘッドホン・レシーバーのほかに通信パネルとマイクロホンが設置されており，教師と個別に通話することや，自分の発音を聞くことができる。AAC方式は，生徒用ブースにテープレコーダーが設置されており，学習プログラムや自分の発声の録音，再生が可能である。とくにAAC方式をフル・ラボと呼んでいる。さらに，LLはコンピュータを組み込み，CAI（computer assisted instruction）やマルチメディア・プレゼンテーションが可能なものに進歩しており，多様な語学訓練の可能性が広がっている。

→視聴覚教育（9-C），学習リソース（8-D）

● 参考文献

大内茂男・中野照海（編）（1982）『教授メディアの選択と活用』図書文化社.

［内海成治］

■ コンピュータラボ

コンピュータラボ（computer laboratory）には2つの考え方がある。一つはコンピュータ学習のためにコンピュータをLANで接続して，LLと同様に，教師の指示によって個別学習も含めた学習のできるラボのことである。もう一つは，コンピュータのなかにCAI（computer assisted instruction）を組み込んで，さまざま教科の自学学習を可能とした教室のことである。語学教育におけるコンピュータラボの意味はCAIのできる教室を意味している。

CAIは，プログラム学習をコンピュータで操作することから発展したもので，1959年，ラス（Rath）とアンダーソン（Anderson）らによるIBM 650型を利用したプログラム学習がCAIの初めとされている。その後，イリノイ大学の開発したプレイトー（PLATO）などは現在でも使用されているCAIである。

現在のCAIは，①コンピュータが質問し，学習者が答え，その結果，学習者が自分の活動の成果を知ることができるKR情報（knowledge of results：学習成果の情報）が与えられるという学習システムから，②学習者が自分の学力に応じて学習内容を選択し，自分のペースで学習し，理解の度合いや学習に要した時間，誤答の原因やつまずき，過去の自分のデータといった，フィードバックや評価などを得る，という教育機能を重視したものに変わってきている。また，実際の学習のみならず，学習者自身がコンピュータを操作するという心理的な満足感や，プログラムのなかにグラフィックやシミュレーションを使用することや，音や色彩によって学習に興味や関心を抱かせる効果も重要である。

CAIを利用したラボでの教育は，OHPやビデオなどの教育メディアによる教育とは異なった機能を有している。コンピュータラボでの授業の実施にあたっては，教育システムのなかに教師とメディア（CAI）が含まれたものとして考えて，それぞれの機能と役割を明確にすることが重要である。

→視聴覚教育（9-C），自律学習（8-D），学習リソース（8-D）

● 参考文献

宇都宮敏男・坂元昂（編）(1988)『教育情報科学1 教育とシステム』第一法規.

[内海成治]

■ **テレビ会議システム**

テレビ会議システム（teleconference）は離れた場所をネットワークで接続し，相互に顔の見える状態で会議を行うシステムである。80年代に民間会社の会議システムとして開発された。提示装置や会議参加者の顔を写す複数のカメラ，音声システムなどを含む複雑なシステムであるが，アメリカではビジネス会議システムとしてホテルグループが顧客用に採用することで発達した。

テレビ会議システムの教育への利用は，システムの小型化や低価格化に伴って行われるようになり，学校間の討論会や交流会，また海外の学校との共同授業や遠隔教育なども行われている。テレビ会議システムを使った授業は，放送とは異なり，双方向でつねに顔が見え，フィードバックが得られるために，通常の授業にきわめて近いかたちの授業形態をとることができる。非常に小型化したテレビ電話と同様の機器を利用したテレビ会議システムでは，画面は数インチのモニターという場合もある。それでも実際に授業を行うと，違和感はほとんどない。テレビ会議システムの双方向性は放送教育とは異なった臨場感をもっているからである。

テレビ会議システムの課題としては，小型化したとはいえ，テレビ会議システムがカメラやビデオプロジェクターの設置，相互のネットワーク環境の設定など，準備に時間がかかることである。また，いったん設置した後も，システムのメンテナンスが必要であるが，ランニングコストは低下するので，恒常的な遠隔教育には適切なシステムである。しかし，実際に授業を行う場合には，準備に時間がかかることや教科における位置づけが難しいことから，現在は，学校での利用は進んでいない。今後インターネット環境の整備が進むことで，双方向性遠隔教育としてのテレビ会議システムの利用が進むと思われる。

→遠隔教育（9-C），教育システム（9-B）

● 参考文献

菅井勝雄他（編）(2002)『情報教育論——教育工学のアプローチ』放送大学教育振興会（日本放送出版協会）.

Unwin, D. and Mcaleese, R. (ed.) (1988) *The Encyclopaedia of Educational Media Communications and Technology.* 2nd ed. Greenwood Press.

[内海成治]

■途上国の教育メディア

　開発途上国といっても，アジアとアフリカでは異なり，また国によっても，国の内部でも地域によって，メディアの環境は大きく異なっている。このような多様性は現代社会の特徴ともいえるであろう。こうした点を念頭に置いて，途上国で教育活動をする場合，あるいは途上国の人とともに活動する際の留意点を検討する必要がある。

　開発途上国において教育活動を行う際には，教育メディアの活用は国内での活動よりも重要である。その理由の一つは言語の異なる国での教授であるため，教授の際の言語的な負担を軽くできることである。もう一つは教授を標準化できる点である。開発途上国における日本語教育は，きわめて少数の教師で指導することが多く，教師の質も一定していないことが多い。そのため教育メディアを活用することで，教授を一定の水準に保つことができる。

　開発途上国で教育メディアを利用する際の留意点もまた国内とはかなり異なっている。ハードに関する課題としては，機材の入手，方式，電源，メンテナンスなどが挙げられる。国によって，使用できる機材はきわめて限定される。また，ハードは入手できても，ソフトを入手できない場合もある。たとえば，OHPプロジェクターは入手できても，トラペン（transparency，OHPシート）が手に入らないケースもある。ビデオの方式もNTSCとPALの違いやパソコンの言語ソフトの違いなど，方式の違いの問題もある。最近は多くの方式に対応できるビデオが入手できるが，ときに旧式の機器を使用している場合がある。電源の問題としては，電圧が200V以上であること，電源のソケットの形状が多様なこと，また，電圧の変化や停電が多いことなどがある。異常に高い電圧になることや，停電後の通電の際にショックがかかるために，機器を痛めることも多い。また，故障した機材のメンテナンスは不可能でないにしても困難である。

　ソフトの課題としては，ビデオテープの購入やスライドフィルムの購入・現像が困難なことである。パソコン関係の機材は多くの途上国でも入手が容易である。教育メディアにも後発効果（近代化が遅く始まればそれだけキャッチアップが早いこと）があるからである。また，多くの途上国では，著作権が確立していないことから，違法にコピーされたビデオソフトやパソコンソフトが出回っていることにも注意が必要である。

　教育メディアの利用に関しては，メディア環境が国によって多様であることに留意する必要がある。メディア環境とは，その国の人々が一般的に利用できる，あるいは利用しているメディアのことであり，また，そうしたメディアをどういう目的で利用しているかということである。ラジオやテレビの普及や利用方法はそれぞれの国で異なっている。教育メディアを利用する際にはこうした点を考慮する必要がある。

➔教育メディア（9-B），教育システム（9-B）

● 参考文献

内海成治（1996）『教育メディア開発論――国際協力と教育メディア』北泉社．
中野照海他（編）（1992）『メディアと教育』小林出版．

［内海成治］

■学校教育の教育メディア

　学校教育には，教室における授業以外にさまざまな活動が含まれ，それぞれの場で多様な教育メディアが利用されている。学校には多様な教育メディアが教室や視聴覚室に準備されている。しかし，学校教育における教育メディアを考える場合には，学校における中心的な課題である教授学習過程（授業）における教育メディアのあり方を考えねばならない。

学校とは，教授学習過程を通して，人間の社会を次代に伝えるとともに，学習者が自己を開花させ，社会に参加するために必要な知識，態度，技能を系統的に効果的に伝える場である。学校における学びとは，実際の世界から物事を選択し，教材として構造化したものの学びであり，学習者が学びやすく，応用のきくかたちで，自然や社会を教材として提示することによって行われる。

授業の過程は，学習者が教師や教育機器から教材や問題を提示され（提示），それに対して，応答し，活動し，はたらきかけていく（フィードバック）。そうした学習者からのはたらきかけに対して，教師や機器は KR（knowledge of results）を与える。KR とは，学習者が自分の活動や実験の結果を知ることで，自分の答えが正しいのか間違っていたのかを知ることである。KR には，このほかにも，教師や他の学習者の活動，発言・態度を知ることも KR である。前者を知的 KR，後者を情的 KR と呼ぶ。教授学習過程には提示，フィードバック，KR の3方向のコミュニケーションがはたらいている。

教育メディアは，この3つのコミュニケーション過程に介在し，そのはたらきを助けるのである。提示を助ける教育メディアは，それぞれ，視覚，聴覚，視聴覚を通して，提示をわかりやすくする。遠くの世界の情景やミクロの世界を紹介し，時間を変化させて，瞬間の出来事をゆっくりと，長時間にわたる変化を素早く示すことができる。飛ぶ鳥の翼の動きや開花のようすや星の動きをみごとに伝えるのは，教育メディアならではの提示である。フィードバックは，反応分析装置，ビデオカメラ，ノートなどを通して行われる。KR は，KR ランプや OHP による発表の誤答修正などで行うことができる。また，3方向のコミュニケーションを助ける総合的な教授学習機器として，ティーチングマシンや CAI がある。しかし，こうした機器も，あくまで教授学習過程をある側面から支援する機器であり，教師にとって代わることはできない。なぜならば，教師の役割はきわめて多様だからである。

学校教育における教育メディアを考える際に重要なことは，教育メディアを教授学習過程のコミュニケーションのなかに位置づけることである。教育メディアは教師と学習者のコミュニケーション能力と活動を支援するのである。そのためには，授業の設計ができており，そのなかのどの時点で，どの情報を提示するために教育メディアを使用するのかが明確になっている必要がある。授業過程は，教師自身や教科書や機器までもがメディアと考えられる多様なメディアが介在する過程であり，教師には，こうした教育メディアを目標に向けて操作する授業のオペレーターとしての役割が求められている。

→教育メディア（9-B），教育システム（9-B），学習リソース（8-D）

●参考文献

坂元昂（1979）「授業過程と視聴覚メディア」大内茂男他（編）『視聴覚教育の理論と研究』日本放送教育協会.

大内茂男・中野照海（編）（1982）『教授メディアの選択と活用』図書文化社.

[内海成治]

C── 教育メディア研究

■教育メディア研究

教育メディア研究は，コミュニケーションのチャンネルとしての研究に始まり，メディア自体のもつ特性やはたらきについて焦点があてられて研究が進んだ。しかし，メディアの特性だけで教育の効果は規定できるわけではないの

で，学習者の特性，メディア特性，学習の課題内容，学習環境，教師と学習者との対話の内容など，多くの要因によって規定されるので，それらを総合的に研究する方向で進んできた。同時にその変遷は，学習理論や社会の変化とも関連が深い。それを，視聴覚機器の活用，コンピュータの活用，マルチメディアの活用，Web上の教材の活用に分けて述べる。

●**視聴覚機器の活用**——1960年代から教育に視聴覚機器が導入された。この時代は，工業が中心の時代であり，家電製品が家庭に入ってきた。人々は，電気洗濯機や掃除機などの家電製品の便利さによって，確実に生活が豊かになっていくと実感した。教育にもその便利さを反映した機器が導入されてきた。OHPやビデオなどの視聴覚機器が入ってきた。視聴覚機器とは，文字どおり，見ること聞くことなどの目や耳などの延長としての道具であった。電気掃除機や洗濯機がゴミを取り衣服を洗うという手の延長として，自動車がより遠くに出かけるという足の延長として，電話がより遠くの人と会話をするという口の延長として，人々の生活に浸透していった。同様に，OHPはより文字を大きく映し，テープレコーダは音声を再現し，ビデオは映像を再現して，いつでも視聴できる道具として，教室の中に入ってきた。

●**コンピュータの活用**——モノとは製品である。電化製品に限らず，すべての製品は，多くの部品からできている。部品を組み合わせて，ゴミを確実に吸い込む，衣服の汚れを除去するなどの目標を達成することを目指して，製品が開発されてきた。その考え方は，学習プログラムとして反映された。現在の知識の状態から，目標とする知識の状態までたどり着くには，いくつかのステップを習得しなければならないというプログラム学習の考え方が，コンピュータ上で実現された。コンピュータは，内部にプログラムという仕掛けを組み込むことによって，情報のシステムを実現した。学習者の進度に応じて，コンピュータに組み込まれたプログラムは，まだ理解できていないステップに戻したり，さらに先のステップにジャンプしたりという機能を実現した。コンピュータの活用は，学校教育では，1970年代に普及し実践が積み重ねられた。しかし，学習の費用対効果という点で，学校現場に受け入れられながらも，それだけでは飽きてしまうという単純な事実に気づくこととなった。

●**マルチメディアの活用**——コンピュータの発展は，さらに進化を遂げながら，学習の考え方に影響を与えてきた。いかに人間に受け入れられやすくするかというマルチメディアの考え方が出てきた。マルチメディアは，技術的には，コンピュータ内部ですべての情報様式がデジタル化され統合化された環境であるが，その考え方は，ちょうど視聴覚機器の登場のように，より便利に，より見やすく，よりわかりやすく，人間に役立つという意味で，急速に世の中に受け入れられていった。ハイパーメディアは，人間の脳を真似て，遠足という用語から遠足の風景を連想し，その風景から小学校の先生を連想するという連想をベースにして，文字・写真・音声・映像などがリンクによって構造化されている。このことによって，よりやさしく，より自然に学習できるように，設計されている。このような考えは，1980（昭和55）年頃から普及してきて，今日まで続いている。

●**Web上の教材の活用**——インターネットが普及すると，Webは優れたインターフェースとして機能するようになり，Web上で実行できる教材が急速に普及してきた。1990年代から，その傾向は顕著になった。「いつでも，どこでも，だれでも」教材にアクセスできることが魅力となった。たとえば，大学の日本語教育のコースには，日本語の授業が開講されているが，卒業論文や修士論文の作成時期に，授業

に出席するのは容易ではない。実験、レポート、ゼミなど、専門科目の授業や研究活動に追われて、なかなか日本語授業に出席することができない。そこで、Web上でアクセスできる教材があれば、研究室や自宅から、夜中でも学習できるので、「いつでも、どこでも、だれでも」という標語が実現されることとなった。それは、学習にも大きな影響を与えた。学習を一人で行うというよりも、お互いが意見交換したり、他人の作った教材を自分でも活用したりという、コミュニケーションや相互作用を通して学習が進むというパラダイムでもある。したがって、インターネットは学習の道具というよりも、学習環境と呼ばれるようになった。また、学習環境は、世の中すべてを対象世界とするため、有害情報などの影の部分にも注目されることになった。

→視聴覚教育(9-C)、マルチメディア(9-A)、インターネット(9-A)、メディア・リテラシー(9-D)

● 参考文献

坂元章(編)(2003)『メディアと人間の発達』学文社.

赤堀侃司(2002)『実践に学ぶ情報教育』ジャストシステム.

Nakajima, K. (ed.) (2002) *Learning Japanese in the Network Society*. University of Calgary Press.

Fleming, M. and Levie, W. H. (ed.) (1993) *Instructional Message Design*. Educational Technology Publishers.

[赤堀侃司]

■教育メディア研究分野

教育とメディアのかかわりを研究する分野は、教育工学のようなすべてを包括する幅広い分野から、視聴覚、放送、通信、遠隔などの手段を中心にした研究分野がいくつかあるが、ここではその概要を述べる(教育とメディアのかかわりの基本的な枠組みは、「教育メディア研究」の項参照)。

視聴覚教育や放送教育は、文字どおり視聴覚機器や放送機器を用いて、学習者に理解しやすくする目的で実践されてきた。そして、実際に効果的であった。現在でも、視聴覚教室は小学校から大学、また、社会教育に至るまで、広く活用されている。それは、多くの感覚を使って学習することを援助する考えが受け入れられたからである。一方、一斉授業のなかで放送や視聴覚機器を用いると、どうしても進度の進む学習者と遅れる学習者が生じてしまう。それは、視聴するよりもノートをとるほうが学習しやすい生徒もいれば、実際に作業するほうが理解しやすい生徒もいるという、学習者の特性によってどのメディアが良いかが決まるので、すべての生徒にあるメディアが効果的だと断定できなくなった。すなわち、メディアと学習者特性には交互作用があるというATI(aptitude treatment interaction:適性処遇交互作用)の考え方が出てきて、教育とメディアのかかわりの研究は、そのパラダイムが移っていった。すなわち、個々の学習者の特性に合ったメディアという考え方になり、コンピュータが導入されるようになった。

しかし、コンピュータを用いた授業を実践すると、生徒たちが興味をもって取り組むという反面、本来の目的であった個人の特性に応じた学習プログラムという考えは、しだいに敬遠されるようになった。その理由は、費用、労力、コンピュータ・リテラシー、コンピュータの技術的進歩、ハードウェア・ソフトウェアの不足などであるが、本質的には、教育という理念とメディアの活用とのギャップであった。それは、教科などの教育理念とメディアの活用が矛盾する、といった側面があったからである。やがて、コンピュータはマルチメディアを取り入

れて，やさしく，わかりやすく，情報にアクセスし加工できるという特性をもつにつれて，しだいに教育機関に受け入れられていった。

また，インターネットの普及とWeb技術が進むにつれて，世の中に急速に受け入れられていった。教育も例外ではなく，インターネットの教育利用は，重要な研究分野になった。Web上に教材をアップして，Web上で授業科目の申請から登録，評価まで実施できるようになり，e-ラーニングとして現在普及しつつある。遠隔教育システムの一部であるe-ラーニングは，「いつでも，どこでも，だれでも」学習できる環境として，生涯学習と結びついて広く受け入れられてきたが，多くの課題もかかえている。受講生のドロップアウトの問題，教材や質問に対するフィードバックなどの労力の問題，そして教育の質の問題などである。

➡教育メディア（9-B），教育システム（9-B），教育工学（9-C）

● 参考文献

赤堀侃司（2004）『授業の基礎としてのインストラクショナルデザイン』日本視聴覚教育協会．

坂元章（編）（2003）『メディアと人間の発達』学文社．

海保博之・柏崎秀子（2002）『日本語教育のための心理学』新曜社．

赤堀侃司（編）（1998）『教育メディア利用の改善』〈教育方法改善シリーズⅣ〉国立教育会館．

［赤堀侃司］

■教育工学

教育工学を定義することは，その分野のすそ野が広がっているため難しい。坂元昂（1985）によれば，「教育工学は，教育改善のための理論，方法，環境設定に関する研究開発を行い，実践に貢献する学際的な研究分野であり，教育の効果あるいは効率を高めるためのさまざまな工夫を具体的に実現し，成果を上げる技術を，開発し，体系化する学である」としている。また，1997年の全米コミュニケーション工学協会（Association for Educational Communications and Technology）の定義は，「教育工学は，人間の学習のあらゆる面に含まれる諸問題を分析し，これらの問題の解決法を考案し，実行し，評価し，運営するための，人，手だて，考え，道具，組織を含む複雑な統合過程である」である。いわば，教育における問題解決の方法論や技術を提供する研究分野といってもよい。

『教育工学事典』（2000年）では，教育工学研究の分類として，主な対象を人間の学習過程，主な手段をメディアなどの情報手段，主な目的を実際の授業や教育の改善，主な方法を教育設計や研究方法論としている。そして具体的な研究分野として，認知過程，メディア研究，コンピュータ活用，データ解析，ネットワーク活用，授業研究，教師教育，情報教育，教育システム設計，教育工学一般と分類して，それぞれの分野の特徴を述べている。

教育工学の特徴は，上記のように教育実践に寄与するという点であろう。これまでの学問分野，とくに人文・社会科学系の研究分野は，理論と実際の現象との乖離があり，理論どおりにいかないことが多かった。自然科学のように，法則が現実の場面で厳密に適用でき，かつ高い再現性があるのと違って，人間や社会がかかわる研究分野では，そこにギャップがある。教育工学は，そのギャップを埋めるような方法論を取り入れながら，教育実践に貢献するという姿勢をもちつづけているといえよう。

➡教育システム（9-B），教育メディア（9-B）

● 参考文献

日本教育工学会（編）（2000）『教育工学事典』実教出版．

坂元昂（1985）『教育工学の原理と方法』明治図書.
赤堀侃司（2002）『教育工学への招待』ジャストシステム.
井上光洋（1984）『教育学大全集29 教育工学』第一法規.

［赤堀侃司］

■視聴覚教育

視聴覚教育は，audio visual education の訳である．視聴覚教育は一般的には教育活動において掛け図や映画やテレビなどのさまざまな視聴覚メディアを利用すること，また，こうした視聴覚メディアを利用する教育方法を指す．

教育において絵画や写真などを使うことは古くから行われてきた．日本でも，近代教育の初期から，掛け図や地図が使用されてきた．しかし，視覚や聴覚の教育的効果の研究が行われ，その理論と実践が行われるようになったのは，第二次大戦後のことである．

その契機となったのは，一つは1950（昭和25）年に GHQ の CIE（民間情報教育局）がナトコ16ミリ映写機1300台を文部省（当時）を通じて都道府県に貸与し，文化映画の上映を行ったことである．いま一つは，1953（昭和28）年からテレビ放送が開始され，学校テレビ番組も放送されるようになったことである．そして小学校を中心として映画やテレビを使った教育が普及した．また，1956（昭和31）年にエドガー・デール（Edgar Dale）が来日し，彼の著書 Audio-Visual Method in Teaching が翻訳され，経験の円錐（cone of experience）など，視聴覚教育の効果が教育界に広く知られることとなった．

日本の視聴覚教育の発展には，わが国のテープレコーダーやビデオ，パソコンなどの情報分野における技術革新も大きな影響を与えている．新しい機器の開発がそうしたメディアの教育への利用を促したからである．また，現在のIT技術の進歩によってパソコンをはじめとする電子メディアが急速に学校に普及し利用されている．逆に90年代以降，学校教育におけるパソコンやインターネットの普及が社会のIT化を促す重要な契機となっており，IT分野，さらには科学技術の発展の面からも，学校教育における電子メディアの利用は，重要な施策である．

→ 視聴覚メディア（9-A），教育メディア（9-B）

● 参考文献

大内茂男他（編）（1979）『視聴覚教育の理論と研究』日本放送教育協会.
国際シンポジュウム実行委員会（1991）『ニューメディア，コミュニケーションそして教育』日本放送教育協会.
デール，E.〔有光成徳訳〕（1950）『学習指導における視覚的方法』政経タイムズ出版社.

［内海成治］

■遠隔教育

遠隔教育（distance education）とは，教師と生徒・学生，あるいは学習者同士が空間的・時間的な距離を隔てて参加する教育の形態をいう．とくに，学習者が空間的・時間的に広範囲に分散し，かつ教師を含む教育資源が偏って存在している場合に有効である．

学習手段としては，テレビ会議，チャットなどのシステムによって同期的（synchronous）に実施する場合と，Web（学習管理システム，LMS=learning management system）やVODストリーミングなどのシステムによって非同期的（asynchronous）に実施する場合がある．実際には，学習内容や学習者の利便を考慮して，さらに対面学習も含めて組み合わされることが一般的である（blended approach）．遠隔教育においては，使用するメディアやテクノロジーによって効果的に行える

学習と，限界のあるものがあることに配慮すべきである。

遠隔教育の対象は，本来，広大な国土や僻地，あるいは外国に分散している遠隔の学習者であるが，物理的に近接していても社会文化的に場所を共有できない場合，たとえば，受刑者や長期療養者に対する場合や，最近では，生涯学習やフレキシブル学習といった新たな学習観の浸透に伴って，有職者が限られた時間を使って非同期的に学習する場合なども含まれる。

教育資源偏在の例としては，学習機会の少ない言語，希少言語に分類される言語の教育が挙げられる。こうした言語を教授可能な教師や教育機関は，国内的には外国語教育系大学や教育機関，国際的には当該言語の分布域に偏しており，遠隔教育が有効な分野といえる。

→通信メディア（9-A），インターネット（9-A），通信教育（9-C）

●参考文献

経済産業省商務情報政策局情報処理振興課（編著）(2004)『eラーニング白書 2004/2005 年版』オーム社．

ムーア，M. G.〔高橋悟（編訳）〕(2004)『遠隔教育──生涯学習社会への挑戦』海文堂．

[山田恒夫]

■通信教育

通信教育とは，さまざまな通信手段（郵便，電話，テレビ会議など）を利用した教育・学習の方法・手段を指す。初等・中等・高等教育の各レベル，学校・生涯・職業教育などの各分野において，教育目標，実施形態，経営母体，単位や資格の認定方法などの異なるさまざまな例を見ることができる。

法令では，大学通信教育，短期大学通信教育，高等学校通信教育，盲学校・聾学校および養護学校の高等部の通信教育の「学校通信教育」とそれ以外の「社会通信教育」を区別する。たとえば，「大学通信教育」とは，文部科学省の認定を受けた通信制大学・大学院の教育を意味する。大学通信教育は，1947（昭和22）年に学校教育法によって制度化され，1950（昭和25）年には正規大学教育課程として認可された。また，1999（平成11）年度からは大学院に拡大された。2004（平成16）年度には，33大学，18大学院，9短期大学が通信教育を実施し，約28万人が就学しているといわれる。通信制大学・大学院には，有職者の就学が多く，生涯教育・学習，リカレント教育の性格が強い。

現行の大学設置基準では，大学通信教育の学習方法として，①印刷教材等による授業，②放送授業，③面接授業，④メディアを利用して行う授業の4つが可能である。これまでの主たる通信学習方法は，印刷教材などによる授業で，大学から送付された教材（テキスト）を自習し，所定のリポートを返送して，添削指導を受けるというものであった。また，一定の単位は面接授業（スクーリング）で取得する必要があった。しかし，2001（平成13）年の改正によって，メディアを利用して行う授業によって面接授業と代替することが可能となった。メディアを利用して行う授業として，テレビ会議による遠隔授業のほか，CD-ROMなどのマルチメディアやインターネットを利用した授業も導入され，今後の発展が期待される。

→遠隔教育（9-C），インターネット（9-A）

●参考文献

経済産業省商務情報政策局情報処理振興課（編著）(2004)『eラーニング白書 2004/2005 年版』オーム社．

文部科学省『平成15年度学校基本調査』（http://www.gov-online.go.jp/）．

[山田恒夫]

■**放送教育**

ラジオ・テレビで，学習内容に直結した番組を学校向けに送り，それを授業のなかで児童生徒に聞かせる教育活動を「放送教育」と呼んでいる。

日本放送協会がラジオ放送を始めたのは1925（大正14）年のことであるが，1935（昭和10）年から体系的に学校向けのラジオ放送を開始した。そのなかに「範読」という番組があった。これは，模範朗読の意味で，東京高等師範学校の教師が国定教科書の内容を模範的に朗読して，児童だけではなく教師にも模範的な日本語を聞かせようとする番組であった。ラジオが出現する以前には，全国にくまなく音声日本語を伝達する手段はなかったのであるから，これが全国の教師や子どもが聞くことができた音声日本語教材の始まりといってよいだろう。

一方，同じ頃，久留島武彦や岸辺福雄らは，日本や西欧のおとぎ話を子どもたちに話して聞かせる運動をしていた。それを「口演童話」と呼ぶが，久留島や岸辺らはしばしば学校放送に出演し，全国の子どもたちにお話を聞かせている。これも有識者の音声日本語を全国の子どもたちに聞かせるという面では，日本語の1つの規範を普及するに役立ったであろう。1937（昭和12）年，日本放送協会は『日本における教育放送』という小冊子を発行しているが，そのなかに「ラジオ学校放送により標準語の普及を図る」のが，学校放送の目的の1つであると書いてある。

日本放送協会が，ラジオで音声を中心にした日本語教育をより体系的に始めたのは，1953（昭和28）年に始まった学校放送番組「ラジオ国語教室」（15分番組）からである。これは，小学校1年生から6年生まで，それぞれ学年別に編成され毎週放送された6つの番組である。話すこと・聞くことを中心に6年間を通しての体系的なカリキュラムを作り上げ，それをラジオ番組化したものである。「ラジオ国語教室」は，後に「ことばの教室」と改題されて，2002（平成14）年度まで学年別に放送されていた。

→ 視聴覚メディア（9-A），放送メディア（9-A），遠隔教育（9-C）

● **参考文献**

教育と放送を考える会（編）（1973）『放送教育の新展開——学校教育における放送利用の総合的研究』日本放送教育協会．

全国放送教育研究会連盟・日本放送教育学会（1986）『放送教育50年 その歩みと展望』日本放送教育協会．

［秋山隆志郎］

■**教育メディアの比較研究**

何らかの新しいメディアが教育に用いられるときに，それを従来の伝統的な教育方法と比較して，その学習に及ぼす効果を見いだそうとするのが教育メディア比較研究である。この研究の枠組みにおいて，学習に違いをもたらすと期待される要因はメディアであり，他の条件はできるかぎり等しくなければならない。たとえば，テレビと教師の講義の効果を比較するために，生徒と対面して行われる教師の講義を，別室にテレビで生中継する。ここで，教室での教師と生徒の応答は，別室でテレビを見ている生徒にはそれができないのだから，許されない。また，2教室の学習者の質は等しくなければならない。こうすれば，違っているのはメディアだけという研究デザインが立てられる。しかし，このデザインでは，条件統制のために，テレビの多様な表現技法や，教師の生徒との相互交渉という重要な機能を殺さざるをえなくなっている。

多くの教育メディア比較研究の結果は，「有意差なし」であったが，場合によっては，テレビなどのメディアに有利な結果を示した研究もあった。ただし，それは別の対立する仮説に反

論できないとして批判された。そこには，統制しきれなかった要因の効果，ないし，メディアを用いたことによる新奇性の効果がはたらいていたことが疑われるのである（Clark 1983など）。

教育メディア比較研究は，少なくとも，「メディアだけではそれはできない」という教訓を残した。より肝心なのは，メディア自体よりも，教育内容，教授方法，学習者の特性など，メディアの周囲の要因である。研究の流れは，「メディア内比較研究」あるいは「適性処遇交互作用（ATI）研究」へと推移していくことになる。

→教育メディア研究分野（9-C），適性処遇交互作用（9-C）

● 参考文献

佐賀啓男（2001）「メディア効果研究の流れ」坂元昂（監修）『教育メディア科学』オーム社．

Clark, R. E. (1983) "Reconsidering Research on Learning from Media." *Review of Educational Research* 53:4. pp. 445-459.

［佐賀啓男］

■学習理論

さまざまな学習理論があるが，ここではこの分野で大きな影響を与えた学習理論に焦点をあてて，述べる。一つは，よく知られている行動主義による学習理論で，行動ができるようになることが学習と捉える考え方である。たとえば，空がskyで，黒板がblackboardと覚えるのは，日本語の単語と英語の単語を連合するという考えで，その基になるのは，連合する，結合するという考えである。何かを提示すると，何であると答えるので，刺激に対する反応というパターンの学習である。そのためには，何回も何回も練習すること，それが正しい反応であるか，誤った反応であるかを，学習者にフィードバックすることが重要になってくる。この情報提示とフィードバックを組み合わせて，ある目標まで到達できるように教材を構造化した学習法が，学習コースがあらかじめプログラム化されているという意味で，プログラム学習と呼ばれる。行動と呼ばれるのは，「空は」と聞かれて「sky」と答えるという，外から観察可能な行動で反応するからである。そのように，正しい反応ができたとき，学習したと考えている。

次に，認知的学習理論が広く受け入れられてきた。認知は行動に対応する考えで，頭のなかに生じる変化によって，学習したと考える。いくら外から観察できたとしても，頭の中できちんと理解しなければ，学習と呼べないと考えるのである。分数がきちんと計算できるのは，確かに外から観察できるので，行動として形成されているが，本当に理解したかどうかはわからない。それは，認知過程に依存すると考えるのである。それは，頭の中にある知識の構造ができることであるとしている。人間の体は，骨格，内臓，血液など，すべてが連携しながら，つまり構造体として機能しているから，生命を維持している。同じように，頭の中に入ってきた知識は，ばらばらでなく，ある関連性をもって相互に結びついて，知識の構造体をつくっている。その知識構造を手がかりにして，人は推論したり，判断したり，分析したりするという考えである。

さらに，近年になって，状況的な学習理論が台頭してきた。それは，知識が使われる場面を重視するという考え方ともいえる。どのような場面で知識が使われるのか，その状況によって学習は異なるということが前提とされている。たとえば，発展途上国などで，路上で新聞や花を売っている少年のお金の計算能力は，学校における計算問題の解き方と異なっていること，路上での物売りという状況においてはきわめて

高い計算能力を示すこと，学校の単純な計算問題は解けないことなどから，その能力が使われる場面に依存して，学習とは異なると主張する理論である。そのような学習のしかたは，実際の場面で行われることが多く，それを実際に行っている制度は，徒弟制のシステムである。この徒弟制を学習に適用する学習理論として，認知的徒弟制がある。また，その学習するプロセスは，周辺から中心へという学習の周辺参加論もある。

➡教育工学（9-C），言語学習ストラテジー（8-A），プログラム学習（9-C）

● 参考文献

赤堀侃司（2002）『教育工学への招待』ジャストシステム．

野嶋栄一郎（編）（2002）『教育実践を記述する——教えること・学ぶことの技法』金子書房．

Lave, J. and Wenger, E. (1991) *Situated Learning: Legitimate Peripheral Participation*. Cambridge University Press.

［赤堀侃司］

■ 適性処遇交互作用

適性処遇交互作用（aptitude treatment interaction：ATI）は，あるメディアを教育に利用する場合，どのような学習者に対して，どのような方法で学習状況をつくったかという2つの関係から，その教育効果を位置づける枠組みであり，特性処遇交互作用（trait treatment interaction, TTI）ともいう。

適性（特性）とは，学習者の能力，学習適性，性格，興味，認知スタイル，学習態度，学習ストラテジーなど，学習者の内部特性を指す。また，処遇というのは，教授方法，教材の提示方法（たとえば，演繹的提示と帰納的提示），どのメディアを使用したか，どのようなメディアを組み合わせたか，教師の役割など，学習の外的条件を整えるものを指す。ある処遇による学習効果は，学習者の適性（特性）によって異なるという理論に基づく。言い換えると，教授方法を含む教育メディア自体がもっている性質によって，そのメディアの優劣を規定することができないということである。また，学習者一般に対して最適なメディアというものは存在しないということである。

たとえば，スノーとサロモン（Snow and Salomon 1968）は，教師による授業（処遇1）と映画による授業（処遇2）と学習者の性格の関係についての実験を行った。その結果，外交的な性格の学習者は教師による授業から，一方，内向的な性格の学習者は映画による授業からより多くのことを学ぶことを明らかにした。このように学習者の適性（特性）と処遇のあいだには，いわば相性のような関係が存在することを見いだした。

現在では，学習者と処遇の関係だけでなく，「学習課題」の条件を加え，適性（特性）処遇課題交互作用（TTTI：trait treatment task interaction）を理論的枠組みとした研究が一般的になってきている。つまり，どのような学習者にとって，どのような学習課題を達成するために，どのようなメディアが学習効果を上げるかという研究である。

➡教育メディアの比較研究（9-C），学習者要因（8-A），言語適性（8-A），教授法とは（8-B）

● 参考文献

沼野一男（編）（1974）『教授工学基本用語辞典』明治図書．

今栄国晴（編著）（1992）『教育の情報化と認知科学——教育の方法と技術の革新』福村出版．

中野照海（1981）「特性・処遇・課題交互作用をめぐって」『視聴覚教育』9月号．

Snow, R. E. and Salomon, G. (1968) "Aptitude and Instructional Media." *Audio-*

Visual Communication Review 16-4.

［金城尚美］

■インタラクティブ

ものや人に対して何らかのはたらきかけをすると，何らかの反応が返ってくる関係のことをインタラクティブ（interactive）という。たとえば，人が粘土を指で押したとすると，粘土は変形し，指はその感触を感じることができる。インタラクティブな環境とは，このような，互いに影響を及ぼし合う関係を指す。

また，複数の人がいる環境もインタラクティブな環境といえる。2人の人の会話で，片方が発話をすると，その発話に対して相手が同意を示したり，反対意見を述べたりする。このような対話も，互いに影響し合い新しい局面が生まれてくるインタラクティブな環境といえる。

インタラクティブな環境は，人だけでなく，ものや機械の場合にもあてはまる。たとえば，自動販売機にお金を入れると，ジュースの缶が出てくるという反応が返ってくる。とくに，コンピュータを活用する場合，インタラクティブなコミュニケーションが重要な要素になる。コンピュータ画面上のアイコンをマウスで操作するものから，画面上のエージェントと自然言語で対話を進めながら高度な情報処理をすることができるものまで，さまざまなインタラクティブな環境がある。

それは，時間や空間を共有しなくとも，複数の人がコンピュータを介して相互のコミュニケーションを行う，日常生活の延長としてのインタラクティブな環境である。たとえば，インターネットを活用した電子メールやビデオ会議の利用により，離れた場所にいる人がインタラクティブな環境を利用して，創造的な活動をすることができる。

➡教育メディア（9-B），プログラム学習（9-C），遠隔教育（9-C），インターアクション（8-A）

● 参考文献

長尾確（1996）『インタラクティブな環境をつくる』共立出版.

［久保田賢一］

■プログラム学習

プログラム学習（programmed learning）は，周到に設計された学習単位ごとの質問に対して，学習者が答え，その答えに対するKR（knowledge of result）により完結するサイクルを繰り返すことによって，効率的に学習する方法である。学習者の知識や間違いによって，コースが枝分かれする場合もある。

プログラム学習の原理は，1920年代のプレッシー（Pressy）による多肢選択質問法によるティーチングマシンの開発から始まったといわれている。1950年代には，スキナー（Skinner）によって直線的プログラムが開発され，60年代のクラウダー（Crowder）による枝分かれプログラムの開発によって確立した。

プログラム学習の基本的な考え方は，スキナーの5つの原理に示されている。すなわち，①スモールステップ，②積極的反応，③フィードバック，④自己ペース，⑤学習者の検証，である。個々の学習者が教育目標に到達するために，学習内容は，周到に細かなステップに整理された学習単位（スモールステップ）に整理される。このプログラムに学習者が積極的に反応し（積極的反応），その結果が確認され（フィードバック），学習者が自己のペースを守ることができる（自己ペース）。学習者の進行プロセスや到達度を検証することでプログラムの妥当性が評価される（学習者の検証）。

プログラム学習を学習者の立場から考えると，次の4つのステップと捉えることができる。①目標の明確化（学習者がどこへ行くのかを知る），②学習課題の分析と適切な学習方法と教育メディアの選択（最もよい手段の選定），

③評価（自己の活動の検討），④改訂（次のステップの学習をよりよいものにするために結果を利用する）．

プログラム学習に必要な分析として，学習目標の行動分析と学習内容の論理分析が行われる．行動分析とは，目標を行動の変化と考えて，行動の変化の外部的，内面的変化を構造化する分析である．論理分析とは，目標に到達するために必要な下位目標を明らかにして，下位目標の水平的，垂直的関連の分析を行うことである．この分析に従ってコースアウトラインを設計する．

プログラム学習の理論と方法は，現在広く使用されているCAIシステムの原理となっているものである．

→学習理論（9-C），視聴覚教育（9-C）

● 参考文献

宇都宮敏男・坂元昂（監修）（1988）『教育情報科学1 教育とシステム』第一法規．

大内茂男・中野照海（編）（1982）『教授メディアの選択と活用』図書文化社．

Unwin, D. and McAleese, R. (ed.) (1988) *The Encyclopaedia of Educational Media Communications and Technology*. 2nd ed. Greenwood Press.

[内海成治]

■ マイクロティーチング

マイクロティーチング（micro teaching）は，教員養成・教員訓練の手法として，1963年にアメリカのスタンフォード大学のアレン（Allen）らによって開発された．マイクロティーチングは，教師が備えるべき基礎的なスキルに焦点を合わせた訓練で，教育実習生，新人教師が望ましい教師行動を獲得する際に効果のある訓練方法である．

マイクロティーチングの手法は次のようなものである．まず，教授活動を構成するさまざまなスキルについての効果が教えられる．次に，学生は，ベテラン教師の模範授業を実際に見たりVTRによって観察したりする．その際に教師がどのようにスキルを利用しているかに注目する．その後，学生は，教授スキルを生かしたマイクロレッスン（小規模な授業）を設計し，5人から10人程度の小集団の生徒（学生・教師が生徒役を務める場合もある）の前で授業を行い，そのようすをビデオで録画する．録画したものを視聴して，授業スキルを生かしているかどうか，好ましくない行動をどう改善するかをチューターあるいは学生同士で討議する．そして，再度授業を行って教授活動を分析することで，授業スキルの向上をはかる方法である．

教授行動における典型的なスキルとしては，「構えをつくる」「刺激を変化させる」「まとめる」「質問法（頻繁に，高度な，拡散的な，など）」「実例を使う」「教育メディアの使用法」などが挙げられる．

マイクロティーチング開発の当初は，マイクロレッスン再現の手段として，ビデオだけではなく録音テープも利用された．ビデオカメラの小型化，自動化，低価格化に伴い，ビデオが使われるようになった．当初は，マイクロレッスンの開発やその実施の手法，録画のシステムあるいは評価技法について，かなり厳密なシステムが開発された．ビデオ機器が高価なこともあって，マイクロティーチング用のビデオスタジオもつくられた．現在では，ビデオ機器の自動化や低価格化に伴い，自由で手軽な教師教育技法として広く使われている．

マイクロティーチングの利点は，学習者自らが自分を客観視することができる点である．初めてマイクロティーチングを行うと，学習者は自分を客観視することが困難で，自分のテレビの映り具合を気にするなど（コスメティック効果），自分の失敗や生徒の反応を気にするが，慣れてくると自分を教材の1つとして，仲間と

ともに学ぶ姿勢が出てくる。

→視聴覚教育（9-C），教授能力（8-F），教師の成長（8-F），教師教育（8-F）

● 参考文献

小金井正己（1979）「マイクロティーチング」東洋他（編）『新・教育の事典』平凡社.

[内海成治]

■シミュレーション

シミュレーション（simulation）は，字義的には，まねることを意味する。コンピュータのモニター画面を操縦室の窓から見える景色に見立てて行う模擬離着陸訓練や，自動車の模擬運転訓練のためのシミュレーションシステムは古くからある。ゲームをする人が主人公となってさまざまな課題を解決していくRPG（role-playing-game）もシミュレーションの一種といえる。

日本語教育でも，ある具体的な目的や課題を設定し，教室などで仮想の現実をつくり，具体的な小道具や役割をもった人物を設定して行う課題達成のための活動をシミュレーションと呼ぶ。ある場面設定やシナリオに従って行われるロール・プレイングも模擬会話練習の活動であり，シミュレーションの一形態である。

一斉授業の学習項目の提示・反復練習が受け身型学習であるのに対し，シミュレーションによる授業管理は，学習者の参加型個別学習を可能にする。情報機器を使った場合は，学習者の対人恐怖感ないし羞恥心を軽減できる。また，通常の問答法による授業が応答型学習であるのに対し，表出型学習も可能になる。

最近では，教室に小道具や人物を配置できなくても，コンピュータを利用して，さまざまなシミュレーションが可能になってきている。そこでは，文法，音声，語彙などの言語要素の学習というよりも，現実生活における日本語を使った課題達成活動を仮想現実で行えるというこ

とに比重がかかっている。学習者の能力や学習進度に応じて，いくつかのレベルを設定し，個々のレベルに応じた課題をそれぞれ解決して，次のレベルに進むようなものもある。課題をいくつ達成したか，要した時間はどのぐらいだったか，試行錯誤の回数は何回だったかなどの実績に基づいた評価が自動的に行えるものもある。こうしたシステムでは，一斉授業での印象評価を補うこともできる。また，通常の教室活動の問題点やシラバスの不備などを客観的に検出でき，それを基に解決案の作成，教室活動への適用，評価という一連の教授活動へとフィードバックすることも可能である。

→教育メディア（9-B），学習理論（9-C）

● 参考文献

赤木昭夫他（1987）『岩波講座教育の方法10 教育と機会』岩波書店.

田中幸子他（1989）『コミュニケーション重視の学習活動2 ロールプレイとシミュレーション』凡人社.

[加藤清方]

■フィードバック

フィードバックとは，行動主体が自己の行動の結果についての情報を取り入れて，次の行動のためにデータとすること，またその情報をいう。もとは制御工学の分野で生まれた概念である。

行動主義の学習理論のなかでは，プログラム学習で重要な原理である「即時フィードバック」がよく知られてきた。個々の具体的な行動目標に照らして学習成果がどうであったかをただちに学習者に知らせることが学習を確実にするという理論である。この「学習効果に関する情報」は「KR情報」（knowledge of results）と呼ばれる。坂元・東（1977）はこれを分類し，学習者の発言や解答の正否，正解，正しい発言の例などを知的KR，学習者の発言や行

動，解答を笑顔で受け入れる，ほめる，しかるなどの教師の反応を情的KRと呼んだ。

その後のコンピュータ・コースウェアの研究では「誤りに対し，もう一度考えさせる，誤りの理由がわかるような説明を提示する」など，フィードバックの技法が研究された。また，学習上の注意や，クラスメートからの反応もフィードバックということができ，学習者はフィードバックを通して次回の学習を調整するばかりでなく，達成感や満足感を得て学習の動機づけを高める。

教育メディアの開発にあたっては「開発→実際の利用と検証→フィードバック」というサイクルで改善していくという考え方が重要である。授業設計の理論では，上記の学習者に対するフィードバックのほかに，教授者に対するフィードバックが重要である。教授者にとって学習成果や学習者の態度が自分の授業の成功や問題点を知る重要な情報となる。この情報を次回の授業設計に生かし授業を改善する（形成的評価）。ただし，学習成果として評価しやすいことがらのみに視点が偏らないよう，態度や意欲，関心，自律性，自発性，達成感，満足感など，評価しにくいことがらにも賢明な配慮が必要である。

語学教育の場面では学習者が産出した作文や発話に対する教授者，クラスメートからの反応をフィードバックと呼ぶことが多い。その場合，産出の誤りを指摘し修正を促すことだけではなく，スピーチを基にしたクラスメートとの意見交換や聞き手からの賞賛をフィードバックとして捉え，動機づけとしてのはたらきがあることを認識することも大切である。この観点は今後インターネットなどの利用を含め，協働学習・自律学習のなかで重要な役割を果たすものと考えられる。

→ プログラム学習（9-C），シラバス（8-C），学習活動の設定（8-D），誤用への対応（8-D），評価の機能（8-E），学習動機（8-A）

● 参考文献

坂元昂・東洋（編）（1977）『学習心理学』新曜社.

大内茂男・中野照海（編）（1982）『授業の設計と実施』図書文化

梶田叡一（1994）『教育における評価の理論 I, II』金子書房.

ブルーム，B. S.他〔梶田叡一他訳〕（1973）『教育評価法ハンドブック』第一法規.

Gagne, R. M. and Discoll, M. P. (1988) *Essentials of Learning for Instruction.* Prentice Hall.

Jonassen, D. H. (ed.) (1988) *Instructional Designs for Microcomputer Courseware.* Lawrence Erlbaum Associates.

〔鈴木庸子〕

■モティベーション

動機づけ（motivation）はラテン語のmotivereから派生したことばでもともと「動くのに役立つもの」の意で，行動に方向と強さを与えるものである。人間は動機づけによって学習行動が誘発され，維持され，方向づけられる。

動機づけの過程は，動機の原因となる動因，行動の目標となる誘因，目標に向かって行動する習慣力の強さの関数であるとする説（ハル1960）と，動機の強さ・行動の結果，期待される目標達成の効果の大きさや価値の高さ・課題達成の可能性に依存するという説（Atkinson 1957）がある。

動機づけは，一般的に，外発的動機づけと内発的動機づけの2つに分けられる。外発的動機づけは，学習動機が教師等の学習者以外の人や環境によって引き出され，学習活動が動機を満たす手段となる。外発的動機を喚起する方法として，KR情報（knowledge of results）を与

える，賞賛する，叱責する，是認・否認を与える，競争や協同などの社会的動機づけを活用する，などが挙げられる。一方，内発的動機づけは，学習動機が学習者自身から自発的に生じる動機で，学習活動そのものが目標となる。内発的動機の喚起には，目標を明確に示す，目標のもつ価値への認識を深めさせる，達成への願望を高めるなどの達成動機を高める方法や，知的好奇心・興味・意志を高める，などの認知的動機づけを活用する方法がある。

第二言語学習の動機については，Gardner and Lambert（1972）が道具的動機と統合的動機に区別し，これらの動機が学習結果や言語の習得度に大きく影響していると述べている。道具的動機とは，入学試験に合格するため，就職を有利に運ぶため，専門分野の研究資料を読むためなど，目標達成の手段として言語を習得する動機を指す。他方，統合的動機は，学習者が目標言語のグループ集団の社会の一員になるための学習動機を指す。たとえば，移住して，ある社会で生活していく場合などの動機である。

→学習動機（8-A），学習者要因（8-A）

● 参考文献

東洋（1989）『教育の心理学』有斐閣．
山内光哉（1985）『学習と教授の心理学』九州大学出版会．
ハル，C. L.〔能見義博・岡本栄一訳〕（1960）『行動の原理』誠信書房．
ガニエ，E. D.〔赤堀侃司他監訳〕（1989）『学習指導と認知心理学』パーソナルメディア．
ワイナー，B.〔林保他監訳〕（1989）『ヒューマンモチベーション——動機づけの心理学』金子書房．
Atkinson, J. W. (1957) "Motivational Determinants of risk-taking behavior." *Psychological Review* 64. pp. 357-372.
Gardner, R. and Lambert, W. (1972) *Attitude and Motivation in Second Language Learning*. Newbury House.

［金城尚美］

■ 学習環境

具体的な学習指導において，教師中心の指導か，学習者中心の指導かの選択の問題は，教育における重要な課題の1つといえる。本来，両方とも必要なのであるが，時代とともに，全体として見た場合，どちらかに重みがかかることが教育方法史のうえでも知られている。近年では，後者の学習者中心の指導へ力点が置かれている。というのは，1960年代以降，とくに，当時，世界的に科学・技術への教育の対応がはかられるなかで，わが国でも，前者の教師中心の指導が展開され，一斉指導や個別指導により，知識の伝達や教授が長くなされたが，その後，いわゆる「指示待ち人間」の続出をはじめ，さまざまな問題が生じてきたことによる。

そこで，こうした教育の長い期間にわたる文脈を考慮した場合，学習環境とは，学習者の学習に目を向けたときの教育環境であるといえる。その場合，教師中心の知識の伝達も含まれるであろうが，むしろ主要となり重視されるのは，学習者中心の指導である。

近年では，学習環境のもとに，さまざまな実践が展開され，その広がりが見られるが，その骨格をなす理論として構成主義がある。

(1) 学習者個人が能動的に環境にはたらきかけ，学習し発達していくと同時に知識を構成していくという学習環境の基盤の確立には，ピアジェ（Piaget）の構成主義，認知発達理論の貢献が大きいといえる。
(2) その後，情報化，国際化，環境問題など地球規模の課題への教育の取り組みと，日常生活の重視もあって，学習環境は，学校を超えて，地域の図書館，博物館などから，情報ネットワークを介して，外国にも及び

つつある。そこには，人間同士の協力を強調する社会的構成主義やヴィゴツキー（Vygotsky）による社会文化的アプローチの理論がある。
(3)そこで，学習指導においては，とくに，グループ学習，共同学習，協調学習が盛んとなり，協力による問題解決や知識構成が目指されている。

→自律学習（8-D），ピア・ラーニング（8-D）
● 参考文献
コール，M.〔天野清訳〕（2002）『文化心理学』新曜社．
菅井勝雄（1993）「教育工学——構成主義の学習論に出あう」『教育学研究（特集 学習論の再検討）』60-3．
Salomon, G. (1993) *Distributed Cognitions*. Cambridge University Press.

[菅井勝雄]

■ **メディア選択モデル**

メディア選択（media selection）とは，ある学習課題に対して適切な教育メディアを選択すること，および，その方法のことである。さまざまな教育メディアの発達と産業分野や兵士の教育などで，大量の学習者に効果的な教授をする必要から，1970年代から80年代にかけて，アメリカで多様なメディア選択モデルが開発された。現在は，IT技術や電子メディアの発達により，メディア選択よりメディアミックスあるいはマルチメディアの時代であるが，メディア選択の方法論は，現時点でも教育メディア利用に関する重要な視点を与えてくれる。

メディア選択モデルとして発表されたものは20を超えているが，そうしたモデルにおいて考慮されている選択要因としては，次のようなものである。教授形態（一斉学習，グループ討議，経験のシェアなど），学習成果のカテゴリー（認知的，操作的など），学習者の特徴（識字，読解力など），教授イベント（学習における要素）物理的属性（必要な感覚など），実践的要因（入手の容易さなど，管理および経済的制約），人間的要因（教師が使えるメディアなど）。また，こうした要因をくまなく考慮するために，メディア選択モデルの方式には，マトリックス，ワークシート，フローチャートの3つの手法とその組み合わせが使われている。

最も完成されたメディア選択モデルとされているレーサーとガニェ（Reiser and Gagne 1983）のモデルは，ワークシートとフローチャートおよび設問によって構成されている。まず，課題ごとに6枚あるフローチャートを使い，フローチャート上の設問に従って教育メディアを選択するアルゴリズムであるが，迷った場合には後戻りして選ぶこともできる。次に，選ばれたメディア（群）を課題ごとにワークシートに記入し，さらにメディア選択基準に従って最終選択するようになっている。

多くのメディア選択モデルは複雑であるが，課題ごとに教育メディアの検討が素早くできるようになっている。訓練コースの設計や教材開発においては，まずメディア選択を行うことによって使用する一連のメディアを検定することが必要である。そのため，現在でも，教授設計のシステムアプローチには必ず教育メディア選択の過程が組み込まれている。

→メディア選択（9-C），メディアミックス（9-A）
● 参考文献
内海成治（1996）『教育メディア開発論——国際協力と教育メディア』北泉社．
Reiser, R. A. and Gagne, R. M. (1983) *Selecting Media for Instruction*. Educational Technology Publication.

[内海成治]

■ **コミュニケーション分析**

コミュニケーション分析とは，コミュニケー

ションの要素を分類し，それぞれについて，詳細や目的，過程（プロセス）などを記述することである。コミュニケーションの要素は，依拠するコミュニケーションモデルにより異なる。

ここでは，コミュニケーションの要素として(1)送り手，(2)媒介となるメディア，(3)受け手を取り上げる。それぞれの要素において，以下のような分析対象が考えられる。

(1)送り手
　①前提・プロフィール
　②送り手の目的
　③表象（伝えたいと思っていること）の記号化
　④送り手の効果測定
(2)媒介となるメディア
　①種類：言語，文字，静止画，動画など
　②時間差：同期型・非同期型
(3)受け手
　①前提・プロフィール
　②受け手の目的
　③メッセージ（送り手から送られたもの）の情報化
　④受け手の効果測定

コミュニケーションに関する問題として，送り手と受け手のコミュニケーションの前提が異なっているため，記号化・情報化の過程でずれが生じること，送り手と受け手の目的が異なるため，効果に違いが生じることが挙げられる。

→メディアの種類（9-A），通信メディア（9-A），コミュニケーション理論（9-C）

● 参考文献

池田健一（2000）『コミュニケーション』東京大学出版会．

フルッサー，V.〔村上淳一訳〕（1997）『テクノコードの誕生——コミュニケーション学序説』東京大学出版会．

〔西端律子〕

■コミュニケーション理論

コミュニケーション理論は，さまざまある。そのなかでも，近年のネットワーク社会に対応し，教育にもかかわり，コミュニケーションの大枠を与える「社会的構成主義」を取り上げる。その理論上の立場は，「われコミュニケーションする，ゆえに，われ在り」であるとする。このことは，携帯電話などを用いて，毎日コミュニケーションに明け暮れしている，われわれの日常生活をよく示している。その立場は，言うまでもなく，近代を切り開くのに貢献した哲学者のデカルトによる「われ思う，ゆえに，われ在り」に対立させている。それというのも，現代の世界においては，地球的規模で，情報化，国際化，エコロジーをめぐる環境問題など，相互依存の関係が広がり，もはや今日では，個人を中心とする人間観や知識観のみでは，時代に対応できず，相互のコミュニケーションが必要であるとする。

そこで，社会的構成主義では，自己と他者（グループ）でのネットワーク的な相互関係のなかで，コミュニケーションにより協力して問題を探究して解決したり，知識を社会的に構成し創造することを目指す。

(1)実体よりもむしろ関係性のなかで捉える。その意味で「関係性の科学」である。
(2)社会的理性主義の立場をとる。この立場では，社会的地平の副産物として個人的理性を位置づける。言語や知識の基盤も，個人よりもむしろ社会や共同体のほうにあるとみる。
(3)自己と他者との相互関係のなかでのコミュニケーションは，言語は言うまでもなく，インターネットをはじめとする情報通信技術によるメディアを介してもなされる。そこでは，参加により一定の文脈に基づき，交渉し，コンフリクトや不一致を協調や共同などの協力活動によって調節し，合意

し，共有化などがはかられる．

→ネットワーク（9-A），コミュニケーション分析（9-C）

● **参考文献**

菅井勝雄他（編著）（2002）『情報教育論』放送大学教育振興会（日本放送出版協会）．

Gergen, K. J. (1994) *Realities and Relationships*. Harvard University Press.

[菅井勝雄]

■ **視聴覚コミュニケーション**

　視聴覚コミュニケーションとは，主に，言語・文字以外の映像メディアを媒介とするコミュニケーションである．

　視聴覚コミュニケーションの特性として，以下の3つが挙げられる．

(1)言語・文字を介さないため，使用言語の違う集団でのコミュニケーションが可能である．国際交流の場面で有効な手段である．

(2)人間のイメージに近いため，知覚や思考に影響を及ぼしやすい．とくに，子どもを受け手とする場合や，送り手の目的が受け手の目的を凌駕するほど強い場合は注意が必要である．

(3)情報量が多いため，送り手の記号化，受け手の情報化の段階で多くの意味が発生し，コミュニケーションエラーを起こしやすい．

　最近の技術の進歩により，専門家ではなくても，映像を制作し視聴覚を利用したコミュニケーションを行うことが可能となっている．上述した問題のほか，知的所有権，肖像権などに対するルールが浸透していないため，視聴覚コミュニケーションの送り手としての教育が必要である．

→コミュニケーション分析（9-C），視聴覚メディア（9-A）

● **参考文献**

植条則夫（1990）『映像学原論』ミネルヴァ書房．

井上泰治（2004）『メディア・リテラシー――媒体と情報の構造学』日本評論社．

西端律子他（2004）『メディアリテラシー』実教出版．

[西端律子]

■ **コミュニケーションモデル・過程**

　今日まで，コミュニケーションモデルは数多く提唱されている．そのうち，基本的なモデルと過程について，いくつかの例を示す．

　(1)シャノン（Shannon）の通信系モデル：これは通信工学の分野に登場した情報理論のモデルである．このモデルのもとに科学的に情報の概念が明らかにされ，情報量（ビット単位）の観点から，送り手から受け手への情報の伝達が数学的に取り扱われている．すなわち，送り手側の情報源から一定の記号から成るメッセージが出されると，それが送信器によって符号化され，チャンネル（通信路）を通して，受信側に伝達される．すると，今度は逆の過程により，受け手側では，受信器によって解号化し，元の記号から成るメッセージを受け取ることになる．その際，チャンネルに雑音が混入するので，メッセージに誤りが生ずるなど，情報の伝達に支障が起こる場合がある．このモデルと過程は，一般にコミュニケーションを扱う場合，メディアを用いるときも含め，基礎的であり重要である．

　(2)双方向通信モデル：シャノンのモデルは，一方向の情報伝達を扱う．それに対して，本来人間のコミュニケーションは，情報が相互にやりとりされる双方向のチャンネルから成るとして，双方向通信モデルの提案へと発展する（菅井 1971）．このように，人間同士のコミュニケーションモデルが登場すると，教育もコミュニケーション過程とみなされるようになった．

(3)教育のコミュニケーションモデル：そこで，学習指導を対象として，教師が主導権をとり，教育目標や内容を十分に理解し，学習者との相互の情報のやりとりをしながら教授し学習させる教授・学習システムモデルが成立する。その場合，教師と学習者（集団）のあいだには，メディアが媒介し，そのコミュニケーションを円滑にするはたらきをする。このモデルは，一斉指導や個別指導に用いる。

➡コミュニケーション分析（9-C），教育メディア（9-B）

●参考文献

菅井勝雄（1971）「双方向通信理論」『教育工学講座3 教授・学習システム』大日本図書．

シャノン，C. E.／ヴィーヴァー，W.〔長谷川淳・井上光洋訳〕(1969)『コミュニケーションの数学的理論』明治図書．

［菅井勝雄］

■人間工学研究

「人間工学」とは，一般に，道具や機械，環境などを人間に適したように設計することの視点，あるいは，それに関する工学的な知見のことを指す。しかし，人間工学はその歴史的な背景から，2つの流れをもっており，この学問領域をひとことで表現することは誤解を招く。たとえば，代表的な定義として，次のようなものが挙げられている。

(1)人間が取り扱う機械器具・道具あるいは環境などを人間にとって使いやすいものにするように設計したり改良したりする科学
(2)人間とその作業環境との関係を人間の形態，生理，および心理面から研究する科学
(3)人間の身体的・精神的能力とその限界など，人間の特性に仕事，システム，製品，環境を調和させるために，人間諸科学に基づいた知識を統合してその応用をはかる科学

「人間工学」ということばは，古く1920年に，実験心理学者の松本亦太郎が"human engineering"の訳語として紹介したことに端を発するといわれる。しかし，人間工学の英語は，"ergonomics"または"human factors"が適当であろう。"ergonomics"は，"ergon (work)"と"nomos (law)"という2つのギリシャ語を源とし，語源的には，作業の法則に関する学問ということになり，(2)に近い。しかし，米国では，"human factors"という用語が一般的で，工業製品の開発の分野において，実験心理学的・システム工学的に積極的に研究されてきたいきさつがあり，(1)と(3)に近い。

人間工学が扱ってきた対象にも長い歴史があり，時代とともにその内容が変化している。機械や工業製品の設計は，初期の段階では，その効率や機能のみが重視され，人間にとって使いやすいという視点からはほとんど考えられていなかった。これに対し，1950年代から，「人が使う機械や装置である限り，体のつくりや筋肉の動き，運動特性に基づき，デザインすべきである」という考え方が主流になってきた。「人間工学的に設計された」とか「人間工学に基づいて開発された」といった声が聞かれるようになったのもこの頃からである。1960年代後半になると，環境デザインやソフトウェアデザインなどのソフトの分野に，さらに，1980年代に入ると，装置の導入に伴う，チームや構成など組織の分野についても研究の対象とされるようになる。現在では，人間工学は，人のかかわる，モノ，環境，組織，社会など，デザイン全般を扱う学問として捉えられている。このような歴史のなかで，初期の人間工学的な考え方はもはや当然のこととして捉えられ，製品開発に活かされている。たとえば，座りやすく疲れないイス（背もたれの形と脊椎），作業台の高さや形（体のつくり，作業の流れ），道具の取っ手（手首への負担），キーやスイッチの配列

(指の運動特性),見やすい標識(知覚,視覚の特性)などが挙げられる。

→教育工学(9-C),教育システム(9-B)

● 参考文献

大島正光(監修)大久保堯夫(編)(2005)『人間工学の百科事典』丸善.

伊藤謙治他(編)(2003)『人間工学ハンドブック』朝倉書店.

呉景龍・塚本一義(2001)『現代人間工学——知的システム設計の基礎と実践』森北出版.

[永野和男]

■インターフェース

インターフェース(interface)とは,2つ以上の機械をつなぐ装置または接面,あるいは,人間と機械との接面のこと。前者の場合は,コンピュータなどのハードウェアと周辺機器をつなぐ装置や機器などを示し,インターフェースボード,あるいは,インターフェースカードなどのような物理的なハードウェアを指している。後者の場合は,ヒューマンインターフェースあるいは,ユーザインターフェースともいわれ,操作を伴うソフトウェアの部分を含んでいる。マンマシンインターフェースの研究は,機械の「使いやすさ」の研究でもあり,これまで人間工学の分野で扱われてきたが,コンピュータ時代に入って,ソフトウェアの使いやすさの問題としてクローズアップされ,認知科学,認知工学といった分野で研究されてきた。認知工学の方法論では,利用者の目標とシステムで実現できる状態とのあいだの隔たりを淵(gulf)として捉え,この淵の距離を小さくすることがインターフェースに要求される要件と考えている。よく見かける,プログラムやファイルをわかりやすい絵(アイコン)で表示する,あるいは,ごみ箱のアイコンにファイルを移動すると「ファイルの消去」を意味するなど,操作をたとえや比喩(メタファー)によって行うことは,その成果である。

どのようなインターフェースが使いやすいかということを一般的に論じることは難しい。1つのインターフェース操作に慣れてしまうと,それがたとえ不適切なインターフェースであったとしても,淵が埋まる傾向にあり,理論的に理想的なものが普及するとは限らない。よいインターフェースの開発は,工学的アプローチによっても行われる。たとえば,説明書やテキストを用意して実際に機械やソフトウェアを操作してもらい,その活動をVTRなどに録画して,つまずきの原因を分析し,具体的にソフトを改善してインターフェース部をよくしていく方法が採用される。

→人間工学研究(9-C)

● 参考文献

海保博之他(1991)『認知的インターフェイス』新曜社.

[永野和男]

■バーチャル・リアリティ

バーチャル・リアリティ(virtual reality)とは,仮想的な空間で,現実と錯覚するような視聴あるいは体験をすること,あるいはその感覚をいう。日本語では,人工現実感あるいは仮想現実と訳されている。人間の目は,右側と左側の目に受ける映像信号の微小なずれを感知して,立体像を認知することが知られている。この性質を利用して,コンピュータの画像処理によって,視差のある画像を合成し,3次元の空間の状況を認知させる。また,目の瞳孔の位置や体の向きを測るセンサーを連動させることにより,視線の方向や角度を計算し,その位置から見える画像を合成して,利用者の動きに対応したインターフェースをもった仮想世界をつくり出すこともできる。さらに,手や指の動きを立体的に認識したり,加圧などを感じさせるデバイスも開発され利用されている。

しかし、仮想世界をより現実に感じさせるためには、このような表示の技術だけでなく、人間のさまざまな特性についての研究が必要である。元来人間は、遺伝的にも、経験的にも、重力空間のなかで、外界とインタラクションを継続しながら、対象を知覚・理解し学習・適応しているので、突然それとは違った応答を返すと、生理的あるいは心理的な不適応を起こす(たとえば、頭の動きに少しでも画面の処理がずれると、「酔いの状態」になったりすることが知られている)。したがって、バーチャル・リアリティの研究開発では、コンピュータの情報処理技術だけでなく、視覚、聴覚、感覚、など人間の五感とその関連に関する認知的な研究が進まなければならない。現在のところ、バーチャル・リアリティの応用として最も利用されているのは、ゲームや仮想体験館などのエンテイメントの世界である。しかし、簡単なモデルではあるが、建物の設計やシステムキッチンの設計などの配置の設計システム、自動車や飛行機などの操縦のシミュレーション・システムなども、実用に供している。

→インターフェース(9-C)、シミュレーション(9-C)

●参考文献

廣瀬通孝(1995)『バーチャルリアリティ』オーム社.

服部桂(1991)『人工現実感の世界』工業調査会.

[永野和男]

■メディア選択

メディア選択とは、情報を収集、編集・加工、表現、発信したりするとき、どのようなメディアを活用すべきか、判断し選択できる能力のことをいい、メディア・リテラシーの1つとして考えられる。メディア・リテラシーの教育運動は、戦後強く主張されるようになった。それは、第二次世界大戦中に、映像による政治的宣伝映画(いわゆるプロパガンダ)によって、国民が洗脳されたという事実を重く見たからである。そこでは、メディアの特性に関する知識や性能などのハードウェアに関する知識・理解、映像の構成やその解釈に関する経験、さまざまな事例の分析などの方法が、「視聴覚教育」あるいは「放送教育」の名のもとに進められてきている。

しかし、コンピュータの発展は、メディア選択の意味や意義を広く解釈せざるをえなくなってきた。デジタル化の進展によって、映像や音声が情報としてコンピュータに蓄積され、編集・表現できるので、従来のメディア特性とコンピュータの特性、表現の方法とソフトウェア機能、伝達の手段と情報ネットワークなどを区別して論じることはできないからである。また最近は、児童・生徒が情報を収集するだけでなく、マルチメディアやインターネットで編集・発信することが普通になってきており、情報発信の責任やモラルなど、身につけるべき能力も広がっている。したがって、メディアは単なる道具の1つであり、じつは、情報そのものを選択する能力の育成が、個人的にも社会的にも、最も大切であり、メディアの活用は、情報処理の創作や編集、発信、評価のプロセスのなかで習得していくべきだと考えられるようになった。このような流れのなかで、2002(平成13)年から実施されている新しい教育課程では、「情報教育」の①情報活用の実践力、②情報の科学的な理解、③情報社会に参画する態度の3つのねらいのなかで、メディア選択を、具体的な問題場面のなかで情報を的確に処理する能力の1つとして、位置づけている。

→メディア選択モデル(9-C)、メディア・リテラシー(9-D)、視聴覚教育(9-C)、放送教育(9-C)

●参考文献

田中博之他（1993）『新しい情報教育を創造する——7歳からのマルチメディア学習』ミネルヴァ書房．

永野和男（編著）（1995）『発信する子ども達を育てる これらの情報教育——「情報を見抜く」「情報を処理する知恵」の育成をめざして』高陵社書店．

文部省（1997）『情報教育の体系的な実施に向けて——情報化の進展に対応した初等中等教育における情報教育の推進に関する調査研究協力者会議 第1次報告』（答申）．

［永野和男］

D——情報

■情報

　情報ということばは，コンピュータの誕生と相前後して，1940年代後半から科学理論の重要な概念として登場する。

●**情報の概念と機能**——情報は，モノから離れて存在する概念である。たとえば，金星という1つの惑星に「明けの明星」と「宵の明星」という2つの名が独立して存在する。また，「お寺の鐘」の音を聞いて「家に帰る信号」ととることも「諸行無常の響き」ととることもできる。情報の物理的特性は同じであるが，意味は異なる。そこでは「意味するもの」と「意味されるもの」との乖離が存在する。日本語を教えるとき，1枚の林檎の絵を見せて「リンゴ」と発音したとしても，ある学習者はその音声を果物の林檎と理解し，別の学習者は赤と理解するかもしれない。したがって，情報それ自体に意味や価値があるのではなく，それに価値を与えるのは人間である。

　情報は，入力され，伝達され，貯蔵され，処理され，出力される（図9-1）。たとえば，自動販売機で飲み物を買う場合には，飲み物名が入力・伝達される。指定された飲み物名や挿入された金額は記憶・貯蔵され，おつりの有無ないし金額が処理される。飲み物とおつりは出力される。

図9-1　情報の入力・出力

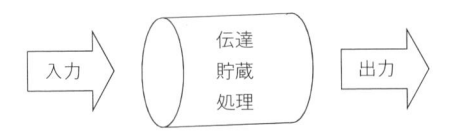

　人間も同じように情報を処理するといわれる。人は，見る・聞く・読むなどのコミュニケーション活動を通じて，外界の情報を獲得し，記憶に蓄え，知識とする。話す・書く場合も，人は，記憶のなかから情報を検索し，処理し，出力する。

●**人間の情報処理**——人間にとって，外界に存在する対象は，アナログ情報である。アナログとは，連続的に変化しうる物理量で表現されるデータのことである。外界の対象は，そのまま物理的に脳の中に取り込まれるわけではない。感覚受容器によって何らかの心理的な符号に変換されて，処理・貯蔵される。この変換はコード化（coding）と呼ばれる。外界の情報はまず表象（representation）に変換され，さらにコード化され，イメージ（image）や言語（language）や命題（preposition）などに変換され処理・貯蔵される。

　表象とは，ある情報に関する心の中における表現であり，人は，それを処理し操作することによって外界の情報を認知する。また，イメージとは，表象の一形態であり，外的世界を心のなかに表示するシステムである。視覚イメージや聴覚イメージなどがあり，その特徴として，感覚様相に依存し，対象のアナログ的性質を反映することが挙げられる。また，感覚様相に依存せず，それぞれのイメージ間の情報の相互変

換ができるようなコードもあり，その代表的なものに，言語や命題などがある。命題は，文に似ているが，文そのものではなく，文のもつ抽象的な意味を表現し，真か偽かを問うことのできる知識の基本単位である。

以上の表象システムは，人が行う情報の理解，記憶，伝達などに大きな役割を果たしている。ある外界の情報を理解するということは，その対象について寄せ集めの情報を獲得することではなく，その対象に関する表象を，幾重にもコード化して記憶し，相互に関連づけられた心理的なモデルとして頭のなかに構成することであるとされる。

● コンピュータの情報処理── 一方，コンピュータなどの場合は，情報はデジタルで処理される。デジタルとは，有限桁の数字列（たとえば2進法）などの非連続の物理量で表現されるデータのことである。コンピュータでは，外界の文字・音声・画像データはすべてデジタル信号に変換されて入力・貯蔵・処理される。そこでは，情報は，ボーダレス（borderless），つまり，その種類や形式に関係なく一元的に処理される。また，コンピュータで処理・貯蔵されるデジタルの情報量は，アナログ情報の形式によって大きな差がある。たとえば，一般によく用いられる2HDのフロッピーディスクに貯蔵できる情報量は，日本語の文字では約70万字，電話の音質程度の音声では約2分前後，Eサイズの大きさのフルカラーの写真では2枚程度である。情報量は，画像が圧倒的に大きいことがわかる。このことは，昔から「百聞は一見にしかず」といわれてきたことと符合する。

● 日本語教育・研究と情報処理── 日本語の教育・学習においては，一定の状況で適切な情報の形式とその適度な量が求められる。情報は，多すぎても少なすぎても教育・学習効果に悪影響を及ぼす。

日本語の教育・学習において，情報や表象ということを念頭に置く場合，学習項目のうち，どの情報が学習されやすく，どれが学習しにくいかということが問題となる。指導という視点からは，項目の提示方法の適切さが問題となり，学習という視点からは，情報のモダリティにかかわる選択的干渉，学習者の選択的注意などが問題となる。

また，日本語研究にも情報という概念が導入されている。従来の統語論や意味論とは異なる観点から文ないし発話を捉え，文章や談話を分節的に旧情報と新情報，また，情報の所有者はだれか，情報が共有されているか否かに分けて捉える立場である。「は」と「が」や，「よ」と「ね」などを含む文や発話の命題内容は，それが使用される状況と深く関連し，情報の発信者と受信者とのあいだで，情報の所有と分配がどのように行われるかといったことと複雑に絡み合っている。そうした現象について，情報のなわ張りと言語形式との多様な関係を，語用論的アプローチによって，究明しようとする試みも行われている。

➡メディア（9-A），アナログ・デジタル（9-D），視聴覚コミュニケーション（9-C）

● 参考文献

ウィーナー，N.〔池原武夫他訳〕（1962）『サイバネティクス──動物と機械における制御と通信』（第2版）岩波書店．

ルーメルハート，D. E.〔御嶺謙訳〕（1979）『人間の情報処理』サイエンス社．

神尾昭雄（1990）『情報のなわ張り理論──言語の機能的分析』大修館書店．

[加藤清方]

■ 情報の形式

私たちは，日々さまざまな情報をやりとりしたり処理したりしている。そこで媒体となっている主なものは，文字，音声，画像であるといってよいだろう。

コンピュータが登場するまでは，これらの媒体はアナログの形式で記録されてきた。文字は石や紙など，音声はレコードやテープなど，画像は写真やビデオなどに記録されていた。しかし，20世紀後半にコンピュータが普及すると，これらの媒体はデジタルの形式でコンピュータに保存されるようになった。

情報をデジタルで記録することにはさまざまな利点がある。デジタルではデータを数値で記録するため時間が経ってもデータの劣化がなく，数値をコピーすればまったく同じものが得られる。また，デジタルのデータは加工が容易である。さらに，データが数値化されているので，通信や記録媒体を通じてデータをやりとりできる。これらのことをアナログで実現するのは困難である。

コンピュータにデータが保存されるときには，媒体が何であれ2進数で表される。2進数とは0と1で数値を表す方法である。つまり，文字も音声も画像も0と1の2進数で表されるのである。

ビット（bit）やバイト（byte）は2進数の桁数を意味する単位であり，データのサイズを表すために使われる。

当初のコンピュータは，現在のものと比較してはるかに低い処理能力と小さい記憶容量しかもっていなかった。そのため，まずはデータ量の小さいテキストデータがコンピュータに記録された。テキストは，文字コードという文字と数値の対応表に基づいて，コンピュータに記録される。

テキストと比較して，音声や画像，とくに映像はデータのサイズが非常に大きい。そのため，これらの媒体をコンピュータで取り扱うためには高い処理能力と大きな記憶容量が必要である。

最近のハードウェア性能の向上と信号処理技術の進歩によって，一般的なコンピュータでも音声や画像が処理できるようになった。コンピュータで取り扱うデータのサイズが大きくなるのに伴い，データを保存する記録媒体の容量も大きくなっている。

音声や画像をコンピュータに記録することによって，フィルタなどの数学的な処理を施すことができるのも大きな利点である。つまり，音声や画像を保存するだけでなく，処理の対象にすることができるのである。これによって，音声や画像を加工したり，また圧縮してデータのサイズを小さくすることなども可能になっている。MP3，JPEG，MPEGは，それぞれ音，画像，映像を対象として圧縮保存する形式である。

これらのメディアを手軽にコピーしたり加工したりできるようになったことで，著作権や肖像権に関する問題も発生している。これらを教材に用いる場合には，著作権や肖像権に留意する必要がある。

→情報の量（9-D），アナログ・デジタル（9-D）

● 参考文献

有澤誠（1997）『文化系のコンピュータ概論』岩波書店．

石田晴久（2000）『新パソコン入門』〈岩波新書〉岩波書店．

[北村達也]

■アナログ・デジタル

アナログ（analog）とデジタル（digital）は，データの表現方式を意味することばである。アナログはデータを連続量で表し，デジタルは離散量で表す。デジタルでは数値でデータを表すので基本的にデータの劣化がない。また，数値をコピーすることによってまったく同じものが得られる。

連続量と離散量は坂道と階段にたとえることができる。坂道の高さは連続的に変化するが，階段の高さはとびとびの値をとる。さらに，階

段の場合，ある位置の高さをそこが何段目かで言い表すことができる。

アナログのデータをデジタル化してコンピュータで扱えるようにするには，標本化（sampling）と量子化（quantization）の処理が必要である。

標本化とは，連続したデータから一定の間隔ごとのデータを抽出することである。音の場合は一定の時間ごとに振幅を抽出する。また，静止画像の場合は画像上の一定間隔ごとに色情報を抽出する。

量子化とは，標本化により抽出したデータを一定の範囲の数値で表すことである。音の場合は振幅を数値化し，静止画像の場合は各色の大きさを数値化する。

コンピュータなどデータをデジタルで表す機器では2進法を用いて数値を表す。2進法は0と1のみで数値を表す方法である。実際にアナログからデジタルに変換するためには，A/D（analog/digital）変換器を用いる。逆に，デジタルからアナログへの変換にはD/A変換器を用いる。音楽用CD上のデジタルのデータは，再生の際D/A変換器によってアナログのデータに変換されている。

コンピュータなど電子機器に対する好き嫌いを指して，「アナログ人間」「デジタル人間」という表現を用いる人がいる。しかし，これらは根本的に誤った表現であることが以上の説明からわかるだろう。

→情報の量（9-D），情報の形式（9-D）

● 参考文献

中村尚五（1989）『ビギナーズデジタル信号処理』東京電機大学出版局．

江原義郎（1991）『ユーザーズデジタル信号処理』東京電機大学出版局．

［北村達也］

■テキスト（文字データ）

文字のみ（数字を含む）で表されたデータ形式をテキスト（text）という。プレーンテキスト（plain text）ということもある。テキスト形式のファイルをテキストファイルという。テキストファイルを編集するソフトウェアをテキストエディタ（text editor），もしくは単にエディタという。

テキスト形式のデータは世界的に取り決められた文字コードに従っているので，基本的にどのOS（基本ソフト）でも表示や編集ができる。ただし，英語以外の文字の場合，それに対応したOS，フォント，ソフトウェアが必要になる。

一方，ワープロや表計算などのソフトウェアで作られたファイルは，一般にそのソフトウェア独自のデータ形式で保存されている。したがって，あるソフトウェアで作ったファイルは，そのソフトェアか，そのファイルを読み込む機能をもつソフトウェアでしか処理できない。そのため，作成したデータを別のソフトウェアで処理したいような場合に不都合が生じる。そのソフトウェアをもっていない人にデータを渡したい場合も同様である。

この不便を解消するために，多くのソフトウェアはテキスト形式のファイルの読み込みと作成を行う機能をもっている。テキスト形式のファイルを介せば，さまざまなソフトウェア間での文字情報のやりとりが可能である。

どのOSでも表示や編集ができるという利点から，研究用の辞書やデータベースなどはテキスト形式で配布されることが多い。

テキスト形式のデータの処理に適したプログラム言語にPerlやRubyなどがある。これらのプログラム言語は柔軟な文字列パターン照合機能をもっているので，使えるようになると強力な道具になる。研究活動に限らず，教材作成や学習者の文章の分析など，アイデア次第でさ

まざまなことに威力を発揮するにちがいない。

➡情報の形式（9-D），文字処理（9-D），プログラム・スクリプト・コマンド（9-D），文字コード（9-D）

● 参考文献

有澤誠（1997）『文科系のコンピュータ概論』岩波書店．

東陽一（2001）『ファイルフォーマット便利帳』CQ出版．

高橋征義・後藤裕蔵（2002）『たのしい Ruby ── Ruby ではじめる気軽なプログラミング』ソフトバンクパブリッシング．

福島靖浩（2002）『一週間でマスターする Perl for Windows』毎日コミュニケーションズ．

［北村達也］

■プログラム・スクリプト・コマンド

プログラム（program）とは，コンピュータに処理させる手順を記述したものである。手順の記述には，プログラム言語（プログラミング言語ともいう）を用いる。プログラムを書くことをプログラミングという。

プログラム言語は人工的な言語であり，作成するプログラムの目的やその背景にある理論によってさまざまなものが存在する。それぞれのプログラム言語は固有の文法をもっている。この文法を学べば，自分のやりたい処理をコンピュータに行わせるためのプログラムを書くことができる。さらに，他人が書いたプログラムを理解したり，改良したりすることもできる。

プログラムは，その言語に対応した規則によって，コンピュータが直接解釈できる命令の集合（0と1で記述される）に変換される。この処理をコンパイル（compile）という。コンパイルすることによって，そのプログラムを実行できるようになる。

コマンド（command）は，コンピュータに対して何らかの処理をさせる命令である。コマンドもプログラムによって作られている。ファイルを開いたり，データを保存したり，プログラムを起動したりするときには，そのためのコマンドが実行されている。

スクリプト（script）はプログラムの一種である。一般に，スクリプトはユーザがコンパイルの処理をする必要がない。スクリプトはテキスト形式のファイルであり，これをそのまま実行できる。

スクリプトを記述するプログラム言語にもさまざまな種類がある。また，表計算やワープロなどのプログラムにスクリプトが用意されているものがある。これらのスクリプトはとくにマクロと呼ばれ，複数の処理を自動化するために使われる。

一般に，スクリプトはコンピュータの原理に詳しくなくても書くことができる。これからプログラムを勉強してみようという人は，まずスクリプトに挑戦することをお勧めする。

➡テキスト（文字データ）（9-D），プログラミング（9-A）

● 参考文献

谷尻かおり（2001）『これからはじめるプログラミング基礎の基礎──プログラマー確実養成講座』技術評論社．

黒川利明（2004）『ソフトウェア入門』〈岩波新書〉岩波書店．

高橋征義・後藤裕蔵（2002）『たのしい Ruby ── Ruby ではじめる気軽なプログラミング』ソフトバンクパブリッシング．

福島靖浩（2002）『一週間でマスターする Perl for Windows』毎日コミュニケーションズ．

［北村達也］

■音・音声

従来，音声の記録にはテープやレコードなどアナログの媒体が使われてきたが，近年はデジタルの媒体が多く使われるようになってきた。

アナログのデータである音をデジタルのデータとして保存する際には，一定時間ごとに振幅を数値化する処理が行われる。これをサンプリング（sampling）という。

1秒間にサンプリングする回数を標本化周波数という。たとえば，音楽用CDの標本化周波数は4万4100 Hzである。これは1秒間に4万4100回の数値化が行われていることを意味する。

デジタル化すると標本化周波数の半分の周波数まで記録できることが理論的に保証されている。したがって，標本化周波数が高いほど高い周波数まで記録することができる。音楽用CDの場合は2万2050 Hzまで記録することができる。これは人間の可聴域をカバーする。

また，振幅の数値化に用いるデータ量を量子化ビット数といい，ビット単位で表す。量子化ビット数が大きいほど波形を詳細に記録できる。

音楽用CDの場合，量子化ビット数は16 bitである。したがって，振幅は2の16乗つまり6万5536段階で数値化されていることになる。

標本化周波数や量子化ビット数の値が大きくなるに伴って音質が高くなるが，その一方でデータ量は大きくなる。そこで，従来からさまざまな音声圧縮方式が研究・開発されている。近年普及しているMD（mini disk）には，人間の聴覚特性を考慮した圧縮方式が採用されている。これによって，音質の劣化を抑えつつ，音楽用CDの内容を小さなディスクに保存することが実現されている。

コンピュータ上での音の保存形式は，圧縮を行わないものと行うものに大別できる。前者には，Windows標準のWAVE，Macintosh標準のAIFFなどがあり，後者にはMP3などがある。今後も圧縮率と音質を高めた新たな形式が生み出されるものと予想される。

→アナログ・デジタル（9-D），情報の量（9-D）

●参考文献

日本音響学会（1996）『音のなんでも小辞典』講談社．

北脇信彦（1996）『音のコミュニケーション工学——マルチメディア時代の音声・音響技術』コロナ社．

[北村達也]

■画像の形式

画像をコンピュータに保存する形式にはさまざまな種類がある。これらは，対象が静止画か動画か，またデータの圧縮を行うか行わないかという2つの視点から分類することができる。

静止画像が対象で圧縮を行わない形式として，Windows標準のBMP，Macintosh標準のPICTなどがある。これらの形式は圧縮を行わないためデータのサイズは大きいが，画質の劣化はない。

圧縮を行う形式としては，JPEG，PNG，GIFなどがある。TIFFは圧縮と非圧縮の両方で使われる。一般的に，写真の画像にはJPEGが使われ，図やイラストにはPNGやGIFが使われる。これらの形式では，圧縮率が高くなるほどデータのサイズが小さくなるが，それに伴って画質も劣化する。圧縮率はデータのサイズと画質の兼ね合いで決める必要がある。

映像のデータはサイズが大きいので圧縮するのが一般的である。その形式として，MPEG，Windows標準のAVI，Macintosh標準のQuickTimeなどがある。MPEGには，MPEG-1，MPEG-2，MPEG-4があり，MPEG-2はDVDビデオに採用されている。

また，画像データはビットマップ画像とベクトル画像という分類もできる。ビットマップ画像では画像データを点の集まりと考えて，各点の色を指定することで画像を表現する。一方，

ベクトル画像では直線や曲線など数値的に表せるものの組み合わせで画像を表現する。ベクトル画像の場合は拡大しても滑らかな輪郭が保持されるが，ビットマップ画像の場合はギザギザが目立つようになる。

画像を描くソフトウェアにペイント系とドロー系という分類がある。これらは画像をビットマップ画像として扱うか，ベクトル画像として扱うかに対応している。また，この両方に対応したソフトウェアもある。

→情報の量（9-D），映像・動画（9-D），静止画像・線画（9-D）

● 参考文献

ケイ, C. D./レビン, R. J. [MbCD]（1998）『グラフィックファイルフォーマット・ハンドブック』アスキー出版局．

東陽一（2001）『ファイルフォーマット便利帳』CQ出版．

[北村達也]

■ 映像・動画

学習者は自分が知らないことばと文化を学ばなければならない。このようなとき，映像は大きな効果をもつ。映像には学習者の興味を引く効果もある。

映像を使えば，学んだ表現が使われる状況や話し手の表情や身ぶりなど，文字だけでは伝えきれないことを具体的に伝えられる。また，映像を通してその国の文化を知ることもできる。

このようなことから，これまでビデオやレーザーディスク（LD）の教材が作られ，教育に用いられてきた。これらの教材は，主に，学習者を1ヵ所に集めて教師の解説とともに全員が一斉に見るという形態で用いられてきた。

しかし，ビデオ・オン・デマンド（video on demand）というユーザ主体の映像配信技術の出現により，この形態は変わりつつある。この技術は，ユーザごとに用意された画面でユーザが映像を自由に制御（一時停止や巻き戻し）できるものである。映像はデジタル形式でコンピュータ上に保存され，サーバと呼ばれるコンピュータが映像配信を制御する。

近年，CALL教室へのビデオ・オン・デマンドの導入が進んでいる。これにより，学習者が自分の理解に合わせて映像を一時停止したり巻き戻したりしながら学ぶことができる。つまり，ビデオ・オン・デマンドは映像を用いた学習を受動的なものから能動的なものへと一変させる可能性をもっているのである。

さらに，インターネットを介したビデオ・オン・デマンドも実用化されつつある。インターネットを用いれば，時間と距離に制約されることなく利用できるので，今後は語学教育でもこの技術が用いられるようになると予想される。映像教材の配信のみならず，授業のようすを配信することも行われるようになるだろう。

→ビデオ・オン・デマンド（9-A），視聴覚教育（9-C），遠隔教育（9-C）

● 参考文献

八木伸行他（2001）『C言語で学ぶ実践ディジタル映像処理』（改訂2版）オーム社．

東陽一（2001）『ファイルフォーマット便利帳』CQ出版．

[北村達也]

■ 静止画像・線画

静止画像や線画は，映像と比べて，手軽に利用できるメディアである。線画とは，静止画像のうち，とくに線のみで構成された白黒画像を指す。

静止画像は写真や書籍などのかたちで学習者に見せることができるのが大きな利点である。OHPやプロジェクタが使えれば，広い部屋で大人数相手に見せられる。また，静止画像はコピーして配布することもできる。

静止画像は作成するのも容易である。写真は

カメラで簡単に撮ることができ，ビデオと違って編集の手間もない。簡単な図であれば手描きで十分である。書き込みが容易であるというのも静止画像の特徴である。

静止画像は映像と比較してデータのサイズが格段に小さいため，処理能力がさほど高くないコンピュータでも表示させられる。

以上のように，静止画像は手軽に利用できるものである。しかし，その利用に際しては著作権と肖像権に注意する必要がある。言うまでもなく，これは静止画像に限らず映像や音声や文章にもあてはまる。

だれが作成した画像であれ，その作者が著作権をもっている。したがって，作者に無断でコピーして利用したり販売したりすることは著作権法に反することになる。また，だれかの写真を勝手に撮ることは肖像権を侵害することになる。教材を自作するような場合には，これらの点に留意する必要がある。

インターネット上には教育用に著作権フリーの画像を提供しているホームページが数多く存在する。たとえば，Washington and Lee大学の"Copyright-free Audio-Visual Resource Center"では静止画や動画を提供している。このような教育資源を活用することで，著作権上問題のない教材を自作することができる。

→画像の形式（9-D），情報の量（9-D），著作権とメディア（9-G）

●参考文献

古井貞熙・酒井善則（2003）『画像・音声処理技術——マルチメディアの基礎からMPEGまで』電波新聞社．

東陽一（2001）『ファイルフォーマット便利帳』CQ出版．

［北村達也］

■情報の量

ここでは，主に，デジタルで表されたデータのサイズについて説明する。

コンピュータなどデータをデジタルで表す機器では，2進法を用いて数値を表す。2進法は0と1のみで数値を表す方法である。2進法で表された数値を2進数という。

たとえば，1101という2進数は，10進数の13を表す。これは，$1×2^3+1×2^2+0×2^1+1×2^0$という計算で求めることができる。

ビット（bit）は，2進数の桁数を表す単位である。上の例の1101は4ビットである。4ビットの2進数では0000から1111まで，すなわち，10進数の0から15までの16個の数値を表すことができる。

バイト（byte）は8ビットを一まとまりとした単位であり，「B」と表記される。すなわち，1バイトは8ビットであり，256個の数値を表すことができる。記録媒体の容量はバイト単位で表されることが多い。1KB（キロバイト）は1024（$=2^{10}$）バイト，1MB（メガバイト）は1024KB，1GB（ギガバイト）は1024MBである。

次に，文字，音声，画像のサイズについて見ていく。英数字は1バイトで1文字が表されるが，日本語や中国語など文字数の多い言語では1文字が2バイトで表される。

音データや画像データの場合，その保存形式によりサイズが異なる。たとえば音楽用CDの場合，1秒間のステレオデータのサイズは約172KBとなる。このデータをMP3により圧縮すると，約10分の1にすることができる。

一般に，画像データは音データよりもはるかにサイズが大きい。800×600ピクセル，フルカラー（約1677万色）の画像を圧縮せずに保存した場合，1MBを超えるサイズになる。このデータをJPEGで圧縮すると，約10分の1にすることができる。

なお，情報の量といった場合，以上で説明したデータのサイズという意味のほかに，「シャノンの情報量」の意味もある。これは情報の価値を表す量である。

→ 記録媒体（9-A），アナログ・デジタル（9-D），音・音声（9-D），画像の形式（9-D）

● 参考文献

宮川洋（1979）『情報理論』コロナ社．
有澤誠（1997）『文科系のコンピュータ概論』岩波書店．
石田晴久（2000）『新パソコン入門』〈岩波新書〉岩波書店．
春木良且（2004）『情報って何だろう』〈岩波ジュニア新書〉岩波書店．

[北村達也]

■ 情報がもつ意味

テレビ，新聞，インターネットなど情報メディアの発達により，多くの情報を入手できるようになった。しかし，メディアから発信される情報は，あまりにも多く，かえって私たちの判断を鈍らせてしまうこともある。多すぎる情報のため，本当に必要な情報は，どれなのかわからなくなってしまうことがある。

広辞苑によると，情報とは「状況に応じた適切な判断をしたり，行動をとったりするための必要とされる知識」と定義づけられている。つまり情報は，本来，自分にとって意味のあるものであり，問題解決につながるものでなければならない。「情報」という用語は日常的にあいまいなかたちで使用されているが，本来，意味のある「情報」と単なる記号の配列としての「データ」を区別する必要がある。つまり，問題を解決するために，私たちは，データを集め，そのデータのなかから必要な情報を取り出し，意思決定の手だてとしていくことが重要である。どの情報が自分にとってより価値のあるものなのか判断できなければ，いくら多量のデータを入手しても意味がない。

情報のもつ意味について，アフリカの狩猟採集民族の例で説明しよう。カラハリ砂漠に住む彼らは，砂漠で生活するために必要な情報を環境のなかから適切に取り出して生きている。水を探すためには，どのような兆候を自然のなかに見つけ出せばよいかよく知っている。たとえば，風の吹き具合，雲のようす，地面のちょっとした湿り気など，環境のごくわずかな特徴を捉え，それを活かすことで自然のなかから水や食料を確保している。つまり，彼らは自分の置かれている砂漠という環境のなかで，適切に情報を取り出し，問題解決のための判断材料として活用しているのである。一方，私たちがカラハリ砂漠に行った場合，彼らのように環境から同じような情報を取り出すことができないだけでなく，砂漠のなかで生きていくために必要な情報も彼らとは違うものである。それは，砂漠の土の中にある水を発見するための情報ではなく，砂漠から町までたどりつくための情報である。彼らと同じ環境に置かれても，情報の受け手が置かれている立場や状況により，情報のもつ意味が違ってくるからである。

このように，情報のもつ意味は，人によってあるいは置かれている状況によって違ってくる。同じデータでも，ある人にとっては情報としての価値があるが，他の人にとっては単なる無価値のデータでしかない。私たちは，テレビ，新聞，インターネットなど，たくさんの情報メディアに囲まれて生活しているが，これらのメディアを駆使し，自分にとって本当に必要な情報は何かを知り，それを適切に取り出し，活用する力がますます必要になってきたといえる。

→ メディア・リテラシー（9-D），インターネット（9-A）

● 参考文献

水越伸・吉見俊哉（2003）『メディア・プラク

ティス――媒体を創って世界を変える』せりか書房.
吉見俊哉（2004）『メディア文化論――メディアを学ぶ人のための15話』有斐閣.
マッキンベン，B.〔高橋早苗訳〕（1994）『情報喪失の時代』河出書房新社.
井上宏（2004）『情報メディアと現代社会――「現実世界」と「メディア世界」』関西大学出版部.
ワーマン，R. S.〔金井哲夫訳〕（2001）『それは「情報」ではない』エムディエヌコーポレーション.

　　　　　　　　　　　　［久保田賢一］

■メディア・リテラシー

　テレビ，携帯電話，コンピュータなどのメディア機器が，急速に発達し普及してきた。このような日常生活のなかにあるさまざまなメディアは，私たちの生活に知らず知らずのうちに大きな影響を与えている。そこで，メディアから送られてくる多様な情報を受動的に受け取るのではなく，メディアを積極的に活用する能力，つまり，メディア・リテラシーが重要になってきた。
　メディア・リテラシーは，これまではマスメディアの受け手として，メディアからのメッセージを批判的な視点で読み解くことに重点が置かれてきた。その後，マルチメディアやインターネットの発達により，個人も送り手として情報を発信できる環境が整ってきたため，情報の発信者としてのメディア・リテラシーも重要になってきた。
　このように，時代や状況により重点の置き方は変わるが，メディア・リテラシーとは，メディアを介してやりとりされる情報を批判的に読みとったり，創造的に表現したりするための複合的な能力であり，メディア・リテラシー教育とは，それらを身につけるための教育実践を指す。
　メディア・リテラシーは，次の3つの能力から構成されている。まず，メディアを実践的に活用する能力である。これは，ビデオの録画や再生をしたり，コンピュータのソフトウェアを使いこなしたりする操作能力である。第二に，メディアの受け手として，メディア特性を理解し，メディアから送られる情報を批判的に読み解くメディア受容能力である。第三に，自分の意見を表明したり，議論を行ったりして，コミュニケーションをはかる力や，メディアの送り手としてメディア制作をする能力である。これは，単に自分の意見をメディアに盛り込む技術力だけでなく，それによって社会にはたらきかけようとする態度や意欲も含まれていることを意味する。
➡マルチメディア（9-A），インターネット（9-A），情報リテラシー（9-D）

● 参考文献

シルバーブラット，A.〔安田尚監訳〕（2001）『メディア・リテラシーの方法』リベルタ出版.
目垣隆（2002）『情報の「目利き」になる！――メディア・リテラシーを高めるQ&A』筑摩書房.
水越伸（2002）『デジタル・メディア社会』（新版）岩波書店.
菅谷明子（2003）『メディア・リテラシー――世界の現場から』〈岩波新書〉岩波書店.
鈴木みどり（編）（1997）『メディア・リテラシーを学ぶ人のために』世界思想社.

　　　　　　　　　　　　［久保田賢一］

■情報リテラシー

　情報通信技術（ICT）が急速に発達してきた今日，情報を適切に活用する能力（情報リテラシー）が人々にとって欠かせないものになってきている。情報リテラシーは，狭義の意味で

は，コンピュータ・リテラシーと同義に使われたりする。たとえば，タッチタイピング，日本語入力の方法，ワープロ機能を中心とした文書編集，ブラウザを使ったウェブの利用，プリンタやスキャナーを使ったデータ入出力などのような，コンピュータの操作能力を指す。しかし，一般にはコンピュータ操作能力だけでなく，それを含む幅広い概念として捉えられている。

私たちは，普段さまざまな情報を必要に応じて収集し，それを加工・編集することで情報の付加価値を高め，外部に発信している。情報リテラシーとは，情報の盲目的な受け手としてではなく，主体的に情報を獲得し，編集し，発信していくことのできる能力を指す。このような能力は，情報社会に参加していくための必要不可欠なものであると考えられ，情報リテラシーを育成する教育の重要性が増してきた。

学習指導要領における情報教育の目標は，次の3つの観点にまとめられている。①課題や目的に応じて情報手段を適切に活用できる「情報活用の実践力」，②コンピュータやネットワークなどのしくみや理論などを身につける「情報の科学的理解」，③情報の送り手と受け手の両方の役割を理解し，情報モラルを身につけ，情報に対する責任をもつ「情報社会に参画する態度」。情報リテラシーは，この3つの観点から捉えられ，これらの目標を達成することで，情報社会の担い手として社会に参加し，活躍することが期待されている。

➡メディア・リテラシー (9-D)，教育メディア (9-B)

● 参考文献
水越敏行他（2003）『ICT教育の実践と展望——ディジタルコミュニケーション時代の新しい教育』日本文教出版．
山内祐平（2003）『デジタル社会のリテラシー——「学びのコミュニティ」をデザインする』岩波書店．
一瀬益夫（2002）『現代情報リテラシー』同友館．

[久保田賢一]

■文字処理
●1バイト文字と2バイト文字——コンピュータ内で扱われている文字には，すべて番号がつけられている。コンピュータは何でも2進数によって処理するが，2進数の1桁を1ビット（1 bit），それが8桁集まった単位を1バイト（1 byte）と呼ぶ。したがって，1バイトは，2^8（＝256）で10進数の0から255までの数字を表すことができる。これを文字の番号に使うと，1バイトで256の異なった番号を扱えることになる。世界中のほとんどの言語の文字種は256字以内だから，1バイトで十分なのだが，漢字を使う中国語や日本語の場合はこれでは足りない。そこで，もう1バイト増やして，2バイトで文字の番号を表している。

●日本語入力・インプットメソッド——使用文字種の多い日本語は入力も，印欧語に比べるとはるかに複雑である。現在，最も一般的な入力の方法は，キーボードを使うことであるが，キーボードには100余りのキーしかない。そこで，多くの人は仮名をローマ字で入力し，さらに漢字変換をすることで，日本語の文を入力している。この一連の処理を行っているのがインプットメソッド（IM）と呼ばれるプログラムである（例：MS-IME，ことえり，ATOKなど）。ワープロソフトや表計算ソフトや描画ソフトなど，使っているアプリケーションにかかわらず，日本語を入力するときはインプットメソッドが処理を行っている。したがって，インプットメソッドは，基本ソフト（OS）とアプリケーションの中間に位置していると理解しておくとよい。音韻の数が少なく，同音異義語が多く，しかも，スペースで単語を区切ること

をしない日本語では，インプットメソッドの性能に，入力効率に大きな影響を与える（インプットメソッドは，以前は FEP〔Front End Processor〕とも呼ばれていた）。

● PDF── Adobe 社の Acrobat というアプリケーションで用いられるファイル形式のことを指す。この形式を使うと，Windows，Mac，Linux などのどのプラットフォームでも閲覧可能なファイルを作ることができるので，文書をインターネット上で公開したり他の人と交換したりするのに便利である。また，フォントを PDF (Portable Document Format) ファイルのなかに埋め込むこともできるので，日本語のフォントをもたないコンピュータ上でもファイルのなかの日本語が正しく読める。PDF ファイルを開けるためには，Acrobat Reader という無料のアプリケーションが必要である。このプログラムはインターネットから簡単に入手できる。

→テキスト（文字データ）(9-D)，文字コード (9-D)

● 参考文献

『アスキーデジタル用語辞典』(http://yougo.ascii24.com/) アスキー．

『Yahoo! コンピュータ用語辞典』(http://computers.yahoo.co.jp/dict/) ヤフー．

『e-Words IT 用語辞典』(http://e-words.jp/) インセプト．

『オンライン・コンピューター用語辞書』(http://www2.nsknet.or.jp/~azuma/) S. Azuma．

〔畑佐一味〕

■ フォント

フォント（font）とは，基本的には文字の字形のことで，印刷物でもコンピュータでも使われる。印欧語では Times や Helvetica などと呼ばれるものがあり，日本語では明朝体やゴシック体などがあるが，その種類は大変多い。あたかも手書きや毛筆書きのように見える印刷物にも，特別なフォントが使われている。

技術的には，フォントは 2 種類に分けられる。一つは，アウトラインフォントと呼ばれ，文字の輪郭を数式で表して保存してある。もう一つは，ビットマップフォントで，文字を点の集まりとして表している。現在は，文字サイズの変更のしやすさや，印刷したときのきれいさに優れているアウトラインフォントが主流になっている。

フォントは，そのときに使っているコンピュータに搭載されていなければならないので，あるフォントを使って作った文書をほかのコンピュータで見る場合，まったく同じものが現れるとは限らない。しかし，コンピュータは，指定されたフォントがないときは，代替フォントを使うので，文書が読めなくなることはない。もちろん，日本語フォントが一つも搭載されていないコンピュータでは，日本語は表示されない。

フォントのサイズはポイントという単位で表す。72 ポイントの文字を印刷すると，その高さがだいたい 1 インチになるようにデザインされている。通常の文書で使用されるのは 12 ポイント程度である。

→文字処理 (9-D)，テキスト（文字データ）(9-D)

● 参考文献

『アスキーデジタル用語辞典』(http://yougo.ascii24.com/) アスキー．

『Yahoo! コンピュータ用語辞典』(http://computers.yahoo.co.jp/dict/) ヤフー．

『e-Words IT 用語辞典』(http://e-words.jp/) インセプト．

『オンライン・コンピューター用語辞書』(http://www2.nsknet.or.jp/~azuma/) S. Azuma．

〔畑佐一味〕

■文字コード

コンピュータで使われているすべての文字（仮名，漢字，英数字）には，一つ一つ番号がつけられていて，コンピュータは，その番号を手がかりにして，どの文字を表示するかを決めている。したがって，コンピュータ間で正確に文字がやりとりされることを保証するためには，番号のシステムが統一されている必要がある。このような番号のシステムを文字コードと呼ぶ。理想的には，文字コードが1つだけ存在すれば一番よかったのだが，コンピュータ技術が発達する過程で，JIS コード，シフト JIS コード，EUC コードと呼ばれる3つの文字コードが共存する結果となった。

WWW ページを閲覧するときに日本語の文字が化けてしまっているのは，文字コードが正しく選択されていないことが多い。また，日本語の電子メールは，JIS コードで送るのが慣習になっているので，そのように設定されていないと，受信側で文字化けする可能性がある。また，日本語に対応していない電子メールソフトを使うと，送信するときにメッセージが JIS コードに変換されず，途中でコードが壊れてしまって，正しく受信されないという問題が起こることもある。

会社や雑誌の名前にもなっているアスキー（ASCII）ということばは，英語用の文字コードの名前で，American Standard Code for Information Interchange の頭文字である。

現在，Unicode（ユニコード）という文字コードが使われはじめているが，これは世界中の言語を1つの文字コードで表すことを目的として開発された。近い将来，文字コードのことを心配しなくてよい時代が来るだろう。

→文字処理（9-D），テキスト（文字データ）（9-D）

● 参考文献

『アスキーデジタル用語辞典』(http://yougo.ascii24.com/) アスキー．

『Yahoo! コンピュータ用語辞典』(http://computers.yahoo.co.jp/dict/) ヤフー．

『e-Words IT 用語辞典』(http://e-words.jp/) インセプト．

『オンライン・コンピューター用語辞書』(http://www2.nsknet.or.jp/~azuma/) S. Azuma．

［畑佐一味］

■音声処理

音声処理とは，音声波をコンピュータで分析し視覚化する場合に，必要な内部計算を行う広範な技術の総称である。音声処理技術は，大きくは音声の数量化，音声の合成，音声の認識，音声による機械との対話に分けられる。その背景には，音声の生成や音声の知覚に関する心理学的，言語学的研究がある。したがって，音声処理は，統計数理的理論だけでなく，音響理論や調音モデル，聴覚系モデルと結びついている。

実際には，音声分析ソフトを立ち上げたときに，メニューや，指定するパラメータや，視覚化のしかたの指定でユーザの前に現れる。以下，語学教育学習支援系で使用されていると思われる例を挙げる。

● デジタル変換 ── 音は，空気の濃い・薄いの繰り返しで空中を伝わる。これをマイクロホンで連続的に変化する電圧の波として取り込む。この連続量を離散的な数値に変えて，コンピュータで処理できるようにする。そのため，どのくらいの頻度と精度で音を読み込むかを決める。1秒間に何回データを取り込むかのことをサンプリングレートと呼ぶ。通常の発話では，2万2100回（22.1 kHz）程度で間に合う。定理として，サンプリングレートの半分の周波数まで録音できる。たとえば，22 KHz でサンプリングした場合，0〜11 KHz の周波数の音が録音できる。人間の耳が聞きうる上限は

2万 Hz といわれ，音声分析では1万 Hz 未満であることが多い。取り込んだデータをどのくらいの段階の精度で数値化するかを量子化といい，ビット数で指定する。8 ビットだと 256段階，16 ビットだと，音声信号振幅の全域を6万5536段階まで表現できる。こうして採集される1回ごとの数値は，0と1の2進法の符号としてコンピュータ内部に転送される。

●フーリエ変換——ある音がある時点で含む周波数成分の断面をスペクトルという。音声は，細かい波の重なった複合波であるから，まずこの複雑な波をばらして，それぞれの量を測定して配列しなければ見えない。このための波動現象を成分に分解する方法をフーリエ変換という。コンピュータでは，計算量が少ない高速フーリエ変換を用いる。フォルマント抽出や基本周波数抽出のように，周波数成分とその強さのデータが必要なときに行う前処理の1つである。

●フィルタリング——フィルターとは濾過のことである。音声の一定の周波数域を通過させたりカットしたりするのに用いる。高い周波数成分を通すのは，ハイパス・フィルター，低い周波数成分を取り出すのは，ローパス・フィルターである。発音を不明瞭にして，イントネーションだけを抽出するには，音声の非常に低い周波数成分だけを必要とするので，ローパス・フィルターが使用されることがある。

→音・音声（9-D），音声分析（1-G）

●参考文献

ラディフォギッド，P.〔竹林滋・竹野武彦訳〕（1999）『音声学概説』大修館書店．

中村健太郎（2000）『図解雑学 音のしくみ』ナツメ社．

日本音響学会（1996）『音のなんでも小事典』〈ブルーバックス〉講談社．

ケント，R. D./リード，C.〔荒井隆行・菅原勉監訳〕（1996）『音声の音響分析』海文堂．

スピークス，C. E.〔荒井隆行他監訳〕（2003）『音入門——聴覚・音声科学のための音響学』海文堂．

〔西沼行博〕

■音声の合成

音声の合成とは，人工的に音声を作り出したり変化させたりする処理を指す。具体的には，コンピュータで人間の声に似せてメッセージを生成したり，音声を加工編集して人工的に音声を出力する技術の総称である。

録音ずみの自然音声を部分的・全体的に加工修正したり，まったく人工的に音声を生成することもできる。文字を音にする方法は，text-to-speech（TTS）と呼び，大まかにいって，2つの方法がある。自然音声から採集した音素，音節，単語など小さな単位を辞書のかたちで用意し，必要に応じてこれらの素材を組み合わせる「録音編集方式」と，生成から出力までの総体を規則として記述する「規則による合成方式」である。

合成音の難点は音質にある。録音編集方式では，音声素材の継ぎ目の不備で雑音が出たり，規則による合成方式では，金属的に響く音の質的な欠点が指摘される。両方式に共通して，文にかぶせるアクセントやイントネーションなど，韻律をどのように処理するかという課題がまだ解決されたとはいえない。また感情，文脈，状況，年齢，性別などに対応した音声合成の研究が進行中である。

株式，天気予報，交通情報など，内容が頻繁に変化する報道を，人に代わって，音声化する分野で期待がもたれている。語学教育面での応用として，音声を加工して，きわめて自然で高品質の合成音で単語の発音を提示するソフトもある。また，発音の自然さが要求されない説明などに，合成音を使う教育ソフトも普及している。

➡音声処理（9-D），音声分析（1-G）

●参考文献

中村健太郎（2000）『図解雑学 音のしくみ』ナツメ社．

日本音響学会（1996）『音のなんでも小事典』〈ブルーバックス〉講談社．

ケント，R. D./リード，C.〔荒井隆行・菅原勉監訳〕（1996）『音声の音響分析』海文堂．

スピークス，C. E.〔荒井隆行他監訳〕（2003）『音入門——聴覚・音声科学のための音響学』海文堂．

［西沼行博］

■音声の認識

　音声に含まれる情報と，コンピュータ内に保存されている単語（群）との対応をつける処理を音声の自動認識という．単語を区切って発音する場合は，単語音声認識，連続した発話を処理するのは連続音声認識という．基準となる音響特徴のパターンを標準パターンと呼ぶが，単語ごとの標準パターンを用いるものと，単語より小さな単位（音節など）の標準パターンと，これらの組み合わせの単語辞書を用いるものとがある．

　話者を特定するかどうかで，単一話者型と不特定話者型に分けられる．後者では，話者がもつ発音の癖を学習し，標準パターンとの対応がうまくとれるような調整が必要で，いくつかの方法が考えられている．①多数話者の平均的な標準パターンを用いる．②個人による変動を自動的に除去する．③話者が発音する少数の発話例から，標準パターンをその声質に合うよう自動修正する．④単語ごとに多数の標準パターンを用意する．⑤個人の声質の変動を確立モデルで予測する．

　同じ単語を発音しても，音声の物理的性質に個人差が大きいこと，調音結合といって，音と音の調音動作が重なり合って境界が明確でないこと，隣り合う音が相互に影響し合って，物理量が大きく変動すること，などの理由で，音声の認識は難しいとされている．

　音声認識は，機械に意図する行動を起こさせるのに使われる．キーボードやマウスに代わって，声で機械を動かしたりするなど，コンピュータに対するインターフェースの拡張といえよう．語学学習では，モデル文が正しく発音されたかどうか，学習者の発話をチェックする小規模なものが使われつつある．しかし，学習者への配慮や雑音環境への対応，非言語音声の処理で，堅牢性の獲得に向けた改善が待たれる．

➡音声処理（9-D），音声分析（1-G），音声の知覚（1-H）

●参考文献

中村健太郎（2000）『図解雑学 音のしくみ』ナツメ社．

日本音響学会（1996）『音のなんでも小事典』〈ブルーバックス〉講談社．

ケント，R. D./リード，C.〔荒井隆行・菅原勉監訳〕（1996）『音声の音響分析』海文堂．

スピークス，チャールズ・E.〔荒井隆行他監訳〕（2003）『音入門——聴覚・音声科学のための音響学』海文堂．

［西沼行博］

■音声分析ソフト

　音声分析ソフトとは，音声データを分析・編集・視覚化したりするコンピュータ・プログラムを指す．基本的な機能を使用するだけで，いろいろな操作ができる．テープやCDから音を取り込む，録音再生する，時間軸に沿って音声波がどのように強弱変化するかを見る，時間軸上で音の周波数成分がどのように増幅されて分布するかという音響特性を見る（スペクトログラム，フォルマント，倍音の表示），基本周波数（最低周波数成分でピッチ感覚を生む物理量）を抽出し表示する，音の持続時間を測定す

る，波形を区切る（セグメンテーション），楽音や雑音の生成，表示した信号波にマーカーや記号を付与する（ラベリング）などができる。カット・アンド・ペーストで，音の削除，入れ替え，コピーなどがワープロなみの簡単な操作でできる。音の高さや長さを変える音声合成機能をもつソフトも珍しくない。音楽編集も考慮したソフトでは，エコーや加速・減速などの特殊音響効果機能も組み込まれていることが多い。

言語研究では，音声分析ソフトが言語音の音響的な性質を理解するのに必要な道具である。音響心理や言語心理の実験では，音声を編集加工して刺激を創るのに欠かせない。教育関係では，語学学習を支援するソフトに組み込まれているので，発音を観察したり矯正したりするのに便利である。

市販されている専用ソフトのほか，インターネット上で手に入るものには，Cool Edit 96（Windows版），Praat（アムステルダム大学，Windows/Mac版），Speech Analyzer（Summer Institute of Linguistics, Windows/Mac版），Wavesurfer（スウェーデン王立アカデミー，Windows/Mac版），SFS（Speech Filing System, Mark Huckvale大学，ロンドン，Windows版）などがある。

→音声処理（9-D），音声分析（1-G）
● 参考文献
北村俊樹（1996）『Windowsで知る音声と運動の実験室』森北出版．
吉澤純夫（2002）『Visual Basicで物理がわかる 音波シミュレーション入門』CQ出版．
　　　　　　　　　　　　　　　　［西沼行博］

■ **画像処理**
画像処理とは，コンピュータを使って，デジタル画像を処理することである。画像は，イメージ（image）あるいはグラフィックス（graphics）ともいわれ，コンピュータで描いた図形や，デジタルカメラやビデオカメラ，あるいは，スキャナーなどでコンピュータに取り込まれた写真や文書などの総称である。具体的には，デジタルカメラで撮影した写真をコンピュータに取り込み，フォトレタッチソフトを使って画像を編集・加工，プリンタ出力する一連の業務の流れである。つまり，画像のコンピュータへの入力は，コンピュータにあらかじめ用意されている描画用ソフトウェアや，入力装置であるカメラあるいはスキャナーなどに添付されてくるソフトウェアで行う。入力された画像は，前記のソフトウェアや，市販されているやや機能の高いフォトレタッチソフト，あるいは，インターネット上に公開されているフォトレタッチ用などのフリーウェア（個人での利用に限って無料のソフトウェア）などを使って，編集・加工などの処理がなされる。

こうした画像の編集・加工は，ソフトウェアの機能に大きく依存するが，その知識と技能の基本には，自由な回転とサイズ変更，部分的あるいは全体的な切り取りとレイヤー機能による重ね合わせや，文字や線などの追加・合成・削除・変更などがある。これらに加えて，カラーバランス・明るさとコントラスト・色相と彩度・シャープネス・ゴミやキズの除去・レッドアイ補正などの画質補正，また，特殊効果を目的とする加工として，モノクロやネガへの変更，画像をスケッチ風にすること，あるいは，ぼかし・渦巻き・球面・波紋などの画像変形がある。

画像処理の最後は，デジタル画像の出力で，一般には，USB（Universal Serial Bus）規格の普及により高機能でありながらも平易な操作性を維持し，廉価になっているインクジェット方式のカラープリンタが有用である。普通紙に加えて，写真用，はがき用など，用途に応じ

た印刷用紙も多数市販されている。

　財団法人画像情報教育振興協会（Computer Graphic Arts Society。略称CG-ARTS協会）は，フォトレタッチソフトを感覚や経験則に頼る指先の操作ではなく，理論として理解したうえで操作でき，画像処理の現場で求められることの多い精密さ，正確さにおける効果をねらって，「画像処理検定」試験を実施している。たとえば，第3級では，デジタル画像にかかわる仕事のアシスタントやオペレータを志す人のために，画像処理関連用語の意味がわかり，フォトレタッチソフトが利用できること，デジタル画像を加工・処理するときに必要な基礎知識（色彩・画質など）があること，画像処理で使用するコンピュータおよび出入力機器の名称や役割がわかることを基準とした出題がなされている。最も高度な第1級は，画像処理に関する一連の業務を統括できるエンジニアやプロジェクトマネージャーを志す人々が対象で，画像処理関連のアプリケーションソフトやプラグインソフトの開発ができること，画像処理に必要な論理的思考ができ，スタッフを指揮できること，応用分野に応じたシステムが構築できることを基準としている。これらに関連して，文部科学省認定の検定試験「CG検定」試験や，協会独自の「マルチメディア検定」試験も実施されている。

➡画像の形式（9-D），映像・動画（9-D），静止画像・線画（9-D）

● 参考文献

村上伸一（2004）『画像処理工学』東京電機大学出版局.

情報化交流会・利用技術教育部会（2004）『CGマルチメディア画像処理検定合格問題集』コンピュータ・エージ社.

鎌田清一郎（2003）『画像処理──画像表現・圧縮・フラクタル』サイエンス社.

[篠原文陽児]

■レイアウト

　レイアウトとは，文字やイラスト，あるいは，写真などを，決められたスペースの中で，見栄えよく，読みやすく配置することをいう。つまり，伝えるべきことをできるだけ簡潔にまとめ，正確で，読んだり見たりするときなど，興味を持続させ疲れさせないように，単調を避け，飽きさせない工夫である。出版・印刷では，「割り付け」とも呼ばれる。個人の好みやセンス，その時々の気分など，感覚的な要因に左右され，絶対的なレイアウトはないと考えてよい。しかし，おおよその了解事項はある。

　(1)余白・空間の効果：一般に，文字で埋め尽くされた書物を読みたいと思う人は少ない。小見出しがあったり，適度な空間，空白があって初めて，ゆったりとした気分で読む意欲が湧き，行間に思いを馳せることができる。

　(2)文字の大きさと1行の文字数：新聞が使っている文字の大きさは，一般的には9ポイント程度で，1行の文字数が12文字程度の少ない文字数になっている。コンピュータでは，読んで頭に入る文字数は横38文字程度，文字の大きさは10ポイントから12ポイントが望ましい。また，コンピュータでは，とくに，多数のフォントを同時に使わないことが，読みやすさを追求するうえで重要である。

　(3)背景と配色：書物の世界では，用紙にはクリーム色などが使われていることが多い。これは，白地に黒ではコントラストが強すぎて，目を疲れさせるからである。コンピュータの画面でも，背景色には薄いグレーやベージュ系がよいとされている。

　なお，レイアウトをコンピュータで効率よく行うためのソフトウェアをレイアウトソフト，または，ページレイアウトソフトと呼ぶ。QuarkXPressやPageMakerなどのソフトウェアがそれにあたる。

➡文字処理（9-D），フォント（9-D），画像処理

(9-D)

● 参考文献

レイアウトデザイン研究会（2004）『新レイアウトデザイン見本帖 パーツ編』銀貨社.

伊達千代（2004）『基礎からおぼえるグラフィックデザイン＆DTP練習帳』エムディエヌコーポレーション.

益子貴寛（2004）『伝わるWeb文章デザイン100の鉄則』秀和システム.

［篠原文陽児］

■画像の種類

画像は，イメージ（image）あるいはグラフィックス（graphics）ともいわれる。コンピュータで描いた図形や，デジタルカメラやビデオカメラ，あるいは，スキャナーなどでコンピュータに取り込まれた写真や文書などの総称である。

画像は，画素，または，数式つまり直線や曲線の方向や長さを単位としたデータのいずれかで記述され，前者によって表される画像をビットマップデータ（ペイント系データ），後者によって記述される画像をベクタデータ（ドロー系データ）と呼ぶ。

画素は，ディスプレイ画面上で文字や画像を表示するときの最小単位となる点（ドット）で，「ピクセル」ともいう。画素数が多いほど，より美しい画像を表現でき，デジタルカメラの性能は主に画素数で表されている。一方，ベクタデータは，コンピュータの内部処理として数式表現がなされているため，拡大・縮小しても質は変化せず，前者に比べて，滑らかな曲線を描いたり，図形を変形したりすることなどに適し，より正確な描画が可能である。

コンピュータで画像を処理するソフトウェアには，ペイント系データを処理するペイントブラシ（Paint）や，ドロー系データを処理するイラストレータ（Illustrator）などがある。

なお，われわれの目には同じに見える「文書」でも，コンピュータにとっては，文字を単位として，書き換えたり，削除したり，その削除した部分に後にある文字列が自動的に移動して詰められたりするなどの編集が行われる「テキスト（text）」と，上から別の文字などを重ね，下の文字などを見えなくさせる編集手法による「画像」とに分類される。つまり，テキストは，ワードプロセッサなどで，文字を最小単位として，加工・編集ができる。しかし，画像は，そこに書かれているすべての情報が1つの集合体であり，集合体の上から，別の画像を載せ，結果的に下の画像を見えなくしたりして，編集したのと同じ結果をもたらす。

→画像の形式（9-D），映像・動画（9-D），静止画像・線画（9-D）

● 参考文献

小堀研一（2003）『コンピュータグラフィックス概論』共立出版.

内田広由紀（2002）『Webデザインのためのデジカメ基礎講座』視覚デザイン研究所.

岸野文郎他（2000）『画像と空間の情報処理』岩波書店.

［篠原文陽児］

■画面デザイン

画面デザインは，コンピュータ画面の計画と設計であり，その画面を見る人に心的なストレスがなく，読みやすく，見栄えの良いことを心がけるその工程は，一般には，イメージを考える，紙にラフスケッチをする，ラフスケッチを基にパソコンでレイアウト作業をする，素材データを読み込む，必要に応じて関連性を考慮したリンクを張り，内容（コンテンツ）とともに画面間の動きが正確で鋭敏であるかをテストする，などである。

画面の全体は，とくに，ホームページ，あるいは，Webページでは，画面の左部分にナビ

ゲーションを配置したフレーム構成にしたり，あるいは，画面上部にインデックス形式でナビゲーションを配置したりするなど，ページの決まった位置にナビゲーション機能を設定するデザインが好まれる。これは，画面を見る人のストレスを軽減する良い方法の1つであり，ウェブユーザビリティ（web usability）の重要な観点の1つである。ナビゲーション機能は，書物でいう目次やしおりに相当し，区切られた小さな平面空間に奥行きと広がりの位置を示したり感じさせたりして，いわゆる「情報の海の中での迷子」感や，そのことによって起こる不安感を防ぐ役割も果たす。

ストレスや不安感は，画面が表示される速さにも影響されるという。そのため，画面デザインでは，一度に画面に表示される文字の分量や，画像の大きさと色の数にも留意する必要がある。つまり，ページを重くしない工夫である。画像処理のレイヤー機能を使うこと，ゴシックと明朝体の2つを基本フォントとして見出しや小見出しなど，必要に応じたポイントの選択や，1行あたりの文字数や行数を少なくしたり，影の設定によって立体感を出したりする表現法，メインに使う色は3つくらいにして，プログレッシブ jpg，あるいは，インタレース gif などの画像形式を採用すること，画面に適度な空白を設けることなどである。

→ 文字処理（9-D），画像処理（9-D）

● 参考文献

大藤幹（2004）『XHTML+CSS で書くホームページ構造デザインガイド』秀和システム．

ボニッチ，P.〔森屋利夫訳〕（2003）『デザインにおける写真処理』ビー・エヌ・エヌ新社．

原研哉（2003）『デザインのデザイン』岩波書店．

三井秀樹（2001）『形とデザインを考える60章』平凡社．

［篠原文陽児］

E──教材

■教材

● **教材のタイプ** ── 学習・教育を実現させようとするとき，有力な手立てとなるものの1つが教材である。教材とは，効果的な授業を行うための道具であると同時に，指導すべき内容を示すものでもある。

教育内容の盛り込まれ方によって，教材には2つのタイプがある。1つは，そのコースの目的に沿った具体的な教育内容が指導順に配列された，いわばコースの「仕様書」にも相当するタイプである。このような教材は，教師にとっては教育内容の見取り図にも，学習者にとっては自分の学習の過程を振り返り，行く先の展開を知る手段にもなりうる。もう1つは，ある教育内容に焦点をあてて，それがよく学べるように意図して作られるタイプの教材である。担当する授業に合わせて，タスクシートやカードなどのかたちで教師が自作することも多い。これらを授業後にポートフォリオにまとめれば，ある程度，前者のような性格を備えたものとなる。この点が，教具とは異なるところである。

● **教材の利用法** ── 新聞，雑誌，テレビ番組などを，そのまま日本語教育の場で利用することがある。このようなオーセンティック（現実的）なものは「生教材」と呼ばれるが，生教材は「生」であっても，その場で味わうライブとは異なる。教材は，学習を支援するものであるので，「聞き取れなかった箇所を確認したい」というような学習者の要望に応えるために，何らかの媒体に固定され，再現性を有する必要があるからである。

どのような媒体に記録されているかによって，教材の性格も利用法も変わってくる。たとえば，クラスで写真を利用する場合，サービス

判の写真を用いるか，引き伸ばして写真パネルにするか，スライドを使うかで，学習者に与える印象も授業の展開も大きく違ってくる。

　小さいサイズの写真であれば，1枚を全員に示して同時に同じ条件で見てもらうことはできないが，1人の学習者にのみ提示すれば，写真を手にとった学習者は，そこに写っているものを詳しく観察することができるだろう。写真を見てから，その写真について説明したり，自分の見た写真とほかの学習者の見たものが同じかどうかを確認したりする活動をするには，手にとって見られる写真が適していよう。同様の活動をグループ間で実施するのであれば，サービス判の写真よりは，写真パネルを利用したほうが情報を共有しやすくなる。同じ写真を焼き増しして，全員に同じものを配布することも考えられるが，学習者の注意は手元のものに向かいがちである。授業の進行や教師の指示への集中が弱くなる傾向があるので，配布の必要性とタイミングは，よく考えたい。

　スライドの場合は，見えるかどうかを心配したりせずに，クラス全員に同時に同じ情報を与えることができるので，場面の設定や，状況の理解を助けるのに有効である。ただし，暗幕を引いたりして部屋を暗くする必要があるため，授業の流れが切れること，学習者にはノートがとりにくいこと，教師側からは学習者の反応がつかみにくくなることなどを十分計算しておく必要がある。

　最近では，スライドより，OHPや実物投影機，コンピュータのプレゼンテーションソフトが用いられ，上述の問題点は，ほぼ解消されている。しかし，パネルや掛図による視覚情報提示に比べて，学習者が見物する姿勢になりやすいので，注意が必要である。

　音声テープやビデオ映像についても，記録される媒体の違いによって，使い勝手に差異が生じる。音声もビデオ映像も，CDやCD-ROM，DVDなどのデジタル媒体になると，ある箇所から離れた別の箇所へ飛ぶ再生が，ほとんど時間のロスなく実行できる。

　音声も映像も，データをコンピュータに取り込んでしまえば，特定区間の巻き戻しや早送りができる再生ソフトが利用できるが，デジタル方式での著作物の複製に関しては，著作権法第30条私的使用の場合でも「デジタル方式の録音録画機器等を用いて著作物を複製する場合には，著作権者に対し補償金の支払いが必要となる」とあり，授業での使用において一般的な複製が許されている教育目的の場合でも，デジタル方式の複製には慎重な対応が必要である。

➡教育メディア（9-B），教科書（9-E），視聴覚教材（9-E），教具（9-E）

●参考文献

岡崎敏雄（1989）『日本語教育の教材——分析・使用・作成』アルク．

文化庁「著作権——新たな文化のパスワード」（http://www.bunka.go.jp/8/VIII.html／2004.2閲覧）．

山口榮一（2004）『視聴覚メディアと教育』玉川大学出版部．

［才田いずみ］

■**教材シラバス**

　教材は，教育機関の性格や教育目的に応じ，そこで学ぶ学習者に合わせて作られたものが最も使いやすい。今日，多くの教材が出版されているが，今後も，より学びやすく教えやすい新たな教材が作られつづけることは間違いない。しかし，周到な調査・研究に基づいて洗い出した基本要素をしっかりと組み上げ，申し分ない教材を作ったとしても，教材は時間の経過とともに古くなる。それは，言語活動を含む人間の活動自体が，社会的変化に対応して変わるダイナミックなものであるから，どんなに優れた教材でも，必ず賞味期限がある。

時代が移り，メディア環境が変化すると，教材の骨格をなす基本要素のうち，最も大きな影響を被るのが語彙シラバスである．ひと昔前に初級語彙であった「レコード」ということばは，今や，実物を目にする機会もない．1994（平成6）年版の「日本語能力試験出題基準」で1級語彙にある「携帯」は，「携帯する」の語幹から携帯電話の省略形へと意味範囲を変化させつつ，今では初級レベルの学習者にとっても日常的な語彙になっている．

　語彙と同様，文末表現形式も時代的変化が大きい．近年，「男性」性・「女性」性の強い文末表現は，ともに出現頻度が低くなっており，女性の話しことばに現れる文末表現は，男性的な方向に動いている．会話教材で「ええ，そうね」「いいわよ」と話す女性表現を紹介しても，学習者が接触する日本人のほとんどは，男女ともに「うん，そうだね」「いいよ」と言っていたりする．

　場面シラバスやトピックシラバスには，変化の大きい部分と小さい部分がある．「買い物」や「病院」などは，変化が少ない部類であろう．「道聞き」は，携帯電話の普及によって変化しつつある．電話で指示を受けながら移動するので，用いられる言語表現が変わってきている．今後，携帯電話画面への地図表示によるナビゲーションシステムが定着すれば，「道聞き」自体があまり行われなくなるかもしれない．

　一方，文法シラバスは，「ら抜きことば」に代表されるような動きはあっても，変化が緩やかである．また，音声シラバスや機能シラバスも，時代の影響を受けにくい．「依頼」に用いる表現自体は変化したとしても，「依頼」という機能を扱う必要性には変化がない．

　語彙，話題，文法，機能，音声などのシラバス面では長寿と見えるリソースでも，視聴覚教材やマルチメディア教材は，メディア環境の変化に大きく影響される．コンピュータシステムや，データ変換方式の改変に影響されるだけでなく，リソースに登場する人物の服装や髪型，車のデザインなどが時代遅れになると，教材としての魅力は低下する．逆に，時代感覚に合っていれば，それだけ吸引力も強い．視覚情報シラバスとでもいうようなものを，教材選択のポイントとして考える必要があろう．

➡教材（9-E），シラバス（8-C），教科書（9-E），視聴覚教材（9-E），主教材・副教材・補助教材（9-E）

● 参考文献

佐伯胖他（編）（1998）『岩波講座現代の教育8　情報とメディア』岩波書店．
Yalden, J. (1987) *Principles of Course Design for Language Teaching*. Cambridge University Press.

　　　　　　　　　　　　　　　［才田いずみ］

■主教材・副教材・補助教材

　主教材とは，あるコースのシラバスと内容の大部分をカバーする教材であり，授業においても中心的に扱われる．この主教材の不足を補う，あるいは，より円滑に理解をもたらし練習を展開するために用いられるのが，副教材や補助教材である．

　副教材と補助教材は，主教材以外の教材という意味で同義であるとする考え方もある．一方で，複合シラバスにのっとるコースにおいて，主教材にはないシラバスをカバーするものを副教材と呼び，主教材および副教材に示された学習項目をより効果的に学習できるようにという意図で作られているのが補助教材であると考えることもできる．たとえば，主教材で提示される順に漢字指導を行う際に，楽しく繰り返し練習できるようにコンピュータによる漢字練習プログラムを導入したとしたら，それは補助教材である．漢字指導を主教材にはよらず，主教材とは違った柱立ての漢字学習用教材を用いて行

うとしたら、その教材は副教材であるといえる。この二者を厳密に分けて考える必要はないと思われるが、一つ一つの教材がコースのなかでどのような位置づけと役割をもっているのかを意識するためであれば、分けて考えることにも意義があろう。

一般に、主教材には教科書という冊子状の印刷物が利用されることが多いが、これは書物という媒体のもつ特性——持ち運びやすさ、参照のしやすさ、収める情報量の多さ、情報の保存性、丈夫さなど——と、価格との釣り合いによると考えられる。書物という形態は非常に使い勝手がよい反面、文字と絵、図表、写真以外のものが収まらないモノメディアに近い形態である。よって、語学学習用に十分に機能させるためには、録音テープやMD、CDなどの音声情報を搭載した副教材をぜひとも備えたい。

また、コースの目的・内容によっては、教科書を主教材とせずに、新聞・雑誌、論文、小説などの紙媒体で提供される生教材はもちろんのこと、ビデオテープや音声テープ、あるいはCD-ROM、DVDなどのマルチメディア記録媒体に格納された材料、たとえば演劇、朗読、語り、講演、スピーチ、インタビュー、座談会、映画、テレビ番組、ラジオ番組などを主教材として利用することがふさわしい場合も少なくない。例を挙げれば、専門分野の論文を材料に展開する専門日本語の授業や、映画を利用した待遇表現学習コースなどが考えられよう。

副教材・補助教材には、主教材よりもさらに幅広く、絵、字カード、写真、写真パネル、ワークブック、音声テープ、CD、ビデオ、OHPシート、スライド、紙芝居、人形、模型、掛け図、折り紙、本、雑誌、辞書、インターネットのウェブサイト、パソコンによるプレゼンテーション、実物など、多様なものが利用できる。

➡教科書 (9-E)、教育メディア (9-B)、視聴覚教育 (9-C)、教材シラバス (9-E)

● 参考文献

岡崎敏雄 (1989)『日本語教育の教材——分析・使用・作成』アルク.

[才田いずみ]

■ 視覚教材

視覚教材は、視覚的な手がかりを与えることで、学習者に学習目的に合った反応を促す。また、学習者の理解を助け、記憶を強化する。ことばでは説明しにくい情報も提供する。広義には、印刷された文字教材や教師の肉声以外の授業を効果的に行うために利用されるほとんどのものを指す。板書の略画、実物、さらには教師や学習者、また、そのジェスチャーなども含まれる。

主な視覚教材としては、実物・模型、写真・絵・カード、地図・図表・掛図、カルタ・すごろく・紙芝居などが挙げられる。パソコンを使い、デジタルカメラで撮影した写真や著作権フリーのイラスト集などから写真やカットを取り込み、独自の視覚教材を作成することもできる。静止画の投影機材としては、OHP、スライドプロジェクター、ビデオプロジェクターなどがある。

カードやパネルのような視覚教材は、①いつでもどこでも使える、②操作の煩わしさがなく故障も起きない、③学習者の注意を集中できる、④考えを視覚化し思考を助ける、⑤繰り返し使えるため、学習者の記憶の定着がはかれる、などの利点がある。

視覚教材に使われる静止画像には、写真や雑誌のグラビア、広告チラシといった実写によるものと、略画・イラスト・絵・漫画のように、人の手によって描かれるものがある。一般に、実写教材は、手書き教材に比べて、伝達する情報量が多い。そのため、学習活動の目的に従って教材を選択する必要がある。

視覚教材は、初級から上級まで学習者の能力

に合わせて使用できる。その使用目的は，①導入などで学習者の興味を喚起し，学習内容の理解を促進する，②応用練習などで定着を促進させる，③復習や評価で理解を確認する，などである。①には，学習者に誤解を与えにくい略画やイラストなどが用いられ，②には，コミュニケーション活動を活性化するために，学習者の想像力を高め，興味をそそるような写実的な絵や写真が適している。③は学習者の状況，評価の内容や方法によって使い分けられる。

視覚教材を使う際の留意点として，①学習者の興味・関心を引くような内容にする，②画像の鮮明さや教材の大きさに配慮して準備する，③学習者の期待を高めるような提示をする，④学習者の注意力を指導項目に集中させる，⑤教材間の情報差を利用することで学習活動を活発にする，などが挙げられる。

以下に視覚教材を使ったコミュニケーション活動の例を示す。①絵を見せ，描かれているものを言わせる。②絵を見せ，内容を覚えるように指示する。絵を回収後，覚えたことについて発話させる。③2枚の絵を見せ，その違いを言わせる。④4枚一組で完成するカードを用意し，学習者にバラバラに配る。学習者は自分と同じ種類のカードをもっている残りの相手3名を探す。⑤学習者A・Bは相補的な地図をもっている。Aは自分の地図にない場所への道順をBに聞く。Bはそれに従い道順を教える。

→ 視聴覚教材（9-E），視聴覚教育（9-C）

● 参考文献

河原崎幹夫他（編著）(1992)『日本語教材概説』北星堂書店.

野元千寿子・森由紀 (1998)『絵で教える日本語』（改訂版）凡人社.

Gerngross, G. and Puchta, H. (1992) *PICTURES IN ACTION*. Prentice Hall.

Wright, A. (1989) *Pictures for Language Learning*. Cambridge University Press.

Wright, A. (1976) *Visual Materials for the Language Teacher*. Longman.

[野元千寿子]

■教科書

教科書とは，ある教育・学習目的のためにデザインされたカリキュラムに従って教育・学習内容を編成し，学習項目ないしシラバスを一定順序に配列し，印刷物などにまとめたものをいう。

教科書は，学習到達目標を具体的に表現したものであり，学習者の予習・復習のよりどころとなる。また，教科書を終了した際の達成感があることなどから，教育指導・学習活動の主軸としての役割を担っている。また，学習者の多様性に合わせ，副教材や補助教材と組み合わせたり，スピーチやディスカッション，作文の指導に発展させたりと，コミュニケーションの素材を提供する役割を担うこともある。さまざまなドリルやクイズなどを収録するものもあり，音声教材や映像教材を装備したパッケージとなっているものもある。さらに，コンピュータの普及とともに，教科書は，従来の印刷物の形でなくともその役目を果たすようになってきている。

近年，教育の現場では，教師が「教える」ことを主導する立場から，学習者が「学ぶ」ことを重視する方向へと，教育・学習スタイルが変化してきた。教師から学習者への知識移転を中心とする一方通行的・静的な学習観から，教師と学習者の相互交流型の学習活動を重視する動的な学習観へ移行するなかで，コミュニケーション能力を培うための有効な教材・メディア利用が求められるようになってきている。

従来,「教科書を教えるのではなく，教科書で教える」といわれてきたが，さまざまな教授メディアが選択できる昨今，教師には，「だれが，何を学びたいのか」「そのためにはどう教

えるか」という原点に戻り，主教材・副教材・補助教材を選択することが求められている。

たとえば，小学校などで外国人児童に対して，学校生活への適応に必要な日本語教育を短期間で行うような場合，学習内容を絵カード形式にした教材のほうが，学習者の興味を引き，学習項目の提出順を可変的に展開でき，繰り返し使用できる点でも有用であろう。

➡主教材・副教材・補助教材（9-E），教育メディア（9-B）

●参考文献

河原崎幹夫他（編著）（1992）『日本語教材概説』北星堂書店．

岡崎敏雄（1989）『日本語教育の教材』アルク．

日本語教育学会教材委員会（編）（1992）『日本語教材データファイル日本語教科書』日本語教育学会（凡人社）．

［野元千寿子］

■漫画・イラスト

漫画には，一コマ漫画，四コマ漫画，ストーリー漫画などがあるが，漫画のもつ一般的な特徴として，①線画で描かれた単純な構図，②セリフや擬態語といった限定された言語情報，③「オチ」があるユーモラスなストーリー，④登場人物の特徴的なキャラクター，⑤省略や縮約表現を含む会話，⑥面白い表情やしぐさ，⑦擬声語・擬態語を伴った動きなど，静止画像のなかに活動性があることが挙げられる。

教材として漫画を選ぶメリットには，学習者に興味をもたせ，授業を活発にするという心理的な効果もある。漫画は教材として意図的に作成されたものもあるが，大半は生の素材を教材として使用することが多い。そのため，教材として漫画を選択する際には，登場人物のせりふの言語的なレベルを判断すると同時に，その漫画における「場」の理解が学習者に適しているかどうかを判断する必要がある。日本事情に詳しくないと，一見しただけでは理解しにくい場面は，せりふの語彙や構文が簡単でも，初級教材としては不向きであろう。背景知識を与えることで「オチ」までも説明してしまっては，教材としての面白みにも欠ける。

台詞は，問いかけや文の省略による親しみ，敬語のレベルや語尾のニュアンスまでわかるようでないと，作者が意図した面白さの理解は難しい。漫画を教材として使う場合，学習者のレベルや授業の意図，時間配分などを考慮し，学習目的に応じた選定と使い方を考える必要がある。

漫画が動的な場面性やストーリー性をもつのに対し，イラストは静的な描写画像であることが多い。テキストの挿絵や練習問題の素材として，場面や語彙を提示したり，学習項目の習得を視覚的に補強するために，絵カードにして使ったりする。CD-ROM版のイラスト集もある。インターネット上には，著作権フリーで公開されているイラスト・ライブラリーもあるが，利益を伴わない個人目的以外に使用することはできないので注意が必要である。

➡視覚教材（9-E），静止画像・線画（9-D）

●参考文献

永保澄雄（1987）『日本語直接教授法』創拓社．

［野元千寿子］

■フラッシュカード

フラッシュカード（flash cards）とは，文字，数字，単語，語句，表現などの学習項目を書いたカードをいう。教師が授業中に手早く取り扱えるサイズが使いやすい。学習内容の意味理解をさせた後，カードを素早く操作することで，学習者にスピードを伴う視覚的な刺激を与え，学習内容の定着を促進させる。

フラッシュカードは，主に，カードに示して

ある学習項目の字形や音と意味を素早く結びつける訓練のために使われる。漢字を，図形のように，パターンとして認識させるには，フラッシュカードが有効である。フラッシュカードを使用する際は，わかりやすく鮮明に発音し，学習者にインパクトを与えるように提示することが重要である。そのうえで，スピードを伴った反復練習をすることで，学習項目の定着がはかれる。

フラッシュカードは，表に漢字や熟語といった学習項目，裏にはその読み方や意味を書くといった形式が一般的である。漢字の筆順，単語の各国語訳やイラストで意味を描いたカード，カタカナ・ひらがなの字形を絵の一部にはめ込んだ文字絵カード，日本語のあいさつや決まり文句の使用場面をイラストにしたカードなどがある。

クラスにおけるフラッシュカードの使用目的として，①授業開始時に学習者の興味を引く，②既習事項の復習，③新出事項の導入・定着，④会話練習のきっかけ，⑤問答や話をする際の素材，⑥書き取りや作文の素材，などが挙げられる。教師がカードの提示を速めたり，繰り返し提示したり，裏返して意味を確認したりするなど，学習者の反応を見ながら使い方を工夫する必要がある。また，カードを学習者に選ばせて理解の確認をしたり，学習者にカードをもたせ，グループや二者間でのインタラクションの材料にしたり，カルタ取りのようなゲームによる練習をしたり，カードを黒板に並べたり，何枚かを一組にしたりして，ことばをつないで文を作らせるなど，教室活動に幅をもたせることにも利用できる。

➡視覚教材（9-E），文字教育のシラバス（5-E），年少者に対する文字教育（5-E），文字カード（9-E）

●参考文献
永保澄雄（1995）『絵を描いて教える日本語』創拓社.
フィノキアーロ，M./ブラムフィット，C.〔織田稔・萬戸克憲訳〕（1987）『言語活動中心の英語教授法』大修館書店.
Gerngross, G. and Puchta, H. (1992) *Pictures in Action*. Prentice Hall.

〔野元千寿子〕

■絵・写真・図表・チャート

絵には単純な線画から写実的なものまであり，情報の質と量により，使用上の差がある。吟味された情報を誤解なく伝えるには，白黒の線画が適し，総合的な情報を与えるには，多色使いの写実的な絵が適している。入門期の教育現場では，絵が教材として使われることが多いが，教師が作成すれば，必要なことがらだけを盛り込むことができ，学習目的に即した教材ができる。

写真は，ポスターやパネルとして使われることが多い。身の回りの物，日本の風景や生活文化的なことがらを，写実的に伝えることができる。いずれも，実物より簡単に取り扱えると同時に，保管が容易である。絵や写真パネルは，教師が手にもって提示する，黒板に貼る，学習者にもたせる，絵の一部にマスキングをする，裏と表，または複数の関連性のある絵を使うなど，学習内容や目的に応じて使い方を工夫することができる。

図表やチャートは，情報を正確に伝えるだけでなく，板書による時間的な無駄を省き，指導内容も整理できる。他のクラスにも同一内容・同一条件の素材を示すことができ，保存もできる。ただし，市街図などは，教師と学習者のやりとりのなかで，段階的に板書することで，興味を持続させ学習効果を高める場合もある。概念図などは，思考を積み上げ，考えの道筋をまとめることで，結果として，意図したものが出来上がるようにするのも一考に値する。教師の

作業効率を優先させることで，学習者の学習効率が低下する場合もあるので，情報の必要性・適切性を吟味して作成・使用することが大切である。

これらの視覚教材を使用する際の留意点としては，①誤解を与えないよう整理された画像を提示する，②興味を引かせるためにレイアウトや色彩の使い方を工夫する，③板書したほうが学習効果が上がる場合には，あらかじめ作成された視覚教材を与えない，④情報の提示過多にならないようにする，⑤やりとりが教師から学習者への一方通行にならないようにする，などが挙げられる。

→視覚教材（9-E），静止画像・線画（9-D）

●参考文献

国立国語研究所（編）（1995）『視聴覚教育の基礎』〈日本語教育指導参考書 21〉大蔵省印刷局．

永保澄雄（1995）『絵を描いて教える日本語』創拓社．

Wright, A. (1989) *Pictures for Language Learning.* Cambridge University Press.

［野元千寿子］

■文字カード

文字カードには，漢字カード，カタカナカード，ひらがなカードなどがある。ひらがなやカタカナのカードには，文字を関連のある語彙と結びつけ，その絵の一部に文字の形を埋め込んだように表示した「文字絵カード」もある。裏・表を使って，学習項目，読み方，意味を示すイラスト，筆順，訳語などを示しているものが多い。カードの大きさによっては，フラッシュカードとして教室で提示できるものから，カルタのように自分で遊べるものまである。

文字は，視覚を通してパターンとして認識される。それを引き出す場合もパターンとして再生され，そのパターンによって思考し判断する。パターン認識は，文章を通した認識よりも強力であるだけに，誤ったパターンで認識するとなかなか消滅せず，その後の正しい思考の妨げになるといわれている。

学習者が学びたい文字は，ニーズにより異なる。短期滞在者のように，駅名や名前など，限られた文字の区別や認識ができればよいレベルか，日本語の新聞を読み，書類が書けるまでの能力が必要かによって指導法も異なる。後者の場合は，漢字の偏・旁や，筆順・字形といった基礎的な要素から確実に定着させるよう指導する必要がある。

文字カードを一斉授業で提示する際は，学習者の注意力をカードに集中させるようにする。カードを短時間で読み取れるよう，認知速度を速める練習をし，何度も繰り返して示すことで，学習者の脳や神経を刺激し，記憶・定着を効果的に促進することができる。

文字カードには，いろはカルタ，文字絵トランプ，漢字ジグソーパズルなどもある。年少者には，カルタやトランプのかたちになっている文字カードを使い，神経衰弱や札取りといったゲームをさせながら文字を定着させるとよい。また，数字の読み方や助数詞の使い方などもカードを使って教えることができる。

→視覚教材（9-E），フラッシュカード（9-E），字形認識（5-D）

●参考文献

野元千寿子・森由紀（1998）『絵で教える日本語』（改訂版）凡人社．

永保澄雄（1995）『絵を描いて教える日本語』創拓社．

［野元千寿子］

■聴解教材

「聞く」という技能は，母語であれば，4技能「聞く，話す，読む，書く」のうち，最初に身につける技能であるが，外国語の場合には，

その音声に接する程度によって，習得の程度も異なる。国外の多くの学習者は，日本人に接したり，日本語を耳にする機会は非常に限られているが，通信・衛星放送による日本のテレビ番組の視聴が可能な地域も増えている。

「聞く」技能を伸ばすためには，国外ではとくに，聴解教材の活用が望まれる。現在，カセットテープ，ビデオ，CD，CD-ROM などによる音声教材，視聴覚教材が市販されているが，かなり高価であることや機器を所有していないなどの理由で，あまり利用されていない。学習者が耳にするのは教師の日本語だけという教育現場が多い。教師の音声は「ティーチャートーク」になりがちであるが，多様な，生の日本語音声を聞かせる工夫が必要である。

音声言語は，一瞬にして消滅することが特徴であり，普通の発話速度は1分間に約330拍，毎秒6～7拍程度である。句の倒置，省略，音の脱落，韻律による発話意図や感情表現，話者の出身地域による発音・アクセントの差，場面や相手による語彙・敬語・文体の変化もある。

さらに，音声言語は，ラジオやテレビのニュースのように，不特定多数に対し情報を伝達するアナウンスから，友達同士や家族など，生活場面を共有している者同士の日常生活でのやりとりまで，多様である。前者は，文字言語とあまり変わらない語彙・文構造をもつが，後者では，一語文が多く，表情，身ぶり，間投詞，韻律パターンなどが重要な役割を果たす。

音声言語を「聞く」とき，聞き手は，自分に必要な情報を聞き取り，他の情報は聞き流す。場面や状況に応じ，既知情報によって発話の内容を補足しながら，また，話の流れを予測しながら聞くので，音声が部分的にしか聞き取れなくても理解できる。逆に，知識や関心のないことについては，音声は聞き取れても，内容は理解できない。つまり，聴解というのは，音声を聞き取る能力と既知情報により発話を予測・推測する能力とが補い合って成り立っている言語能力である。

聴解教材でも，音声だけを聞かせるのではなく，発話の背景情報，場面，話者についての情報などを画像，映像，文字情報などで与え，聞き手である学習者が発話内容について予測，推測が可能となる状況をつくる必要がある。

なお，「聞く」課題については，必要な情報のみを聞くのか，全体の要旨を聞くのかをはじめに指定する。全体を逐語的に記憶することを求めるような課題は非現実的である。

音声だけではなく，表情，パラ言語から話者の感情，発話意図を理解させるような練習も必要である。また，場面にふさわしい発話とか，談話構造のパターンなどについての知識も，発話の予測・推測の力を伸ばすために役立つ。

学習者の多様化，ニーズの多様化に対応するためには，さまざまな言語活動の場面を扱った映像つき聴解教材の開発も必要である。

→音声教育教材（1-J），談話（4-B），録音テープ・音声 CD（9-E）

●参考文献

鮎澤孝子（1988）「『話しことば』の特徴──聴解指導のために」『日本語教育』64．

當作靖彦（1988）「聴解能力開発の方法と教材──聴解のプロセスを考慮した練習」『日本語教育』64．

土岐哲（1988）「聞き取り基本練習の範囲」『日本語教育』64．

［鮎澤孝子］

■録音テープ・音声 CD

音はテープレコーダーなどの機器により，録音，再生，編集することが可能であり，テープや CD などの記録媒体によりさまざまな音声や音が教室活動に利用できる。また，学習者の声を録音して再生することによって，発音の矯正，スピーチの指導に役立てることができる。

あるいは、学習者によるインタビュー活動を記録し、後日、利用することができる。また、再生機さえあれば、学習者が自学自習用にテープやCDを使うこともできる。

人の声は一度流れると、基本的には後戻りできないが、メディアに記録されたものは何度でも聞き直すことができる。市販の録音教材を利用する方法もあるが、教師が録音教材を作成することもさほど難しいことではない。たとえば、身近な人物の声で録音教材を作ることによって、教材に対する親近感をもたせたり、関心を高めたりすることができる。

一般に、授業では、録音教材を聞き取りなどの聴解練習用に使うことが多いが、読解や聴解などの導入に用いることにより、授業内容に対する動機を強化することもできる。たとえば、教材に関連した効果音と呼ばれるさまざまな音（生活音、自然音、動物・鳥の鳴き声など）を提示する。そして学習者に何の音か、何の鳴き声かを考えさせることで、興味を喚起し、学習者の発話を促したり、聴解のためのスキーマを喚起したり活性化したりすることが可能である。

また漢字圏と非漢字圏の学習者が1つのクラスに混在している場合や、学習者間で文字の習得状況に差がある場合、文章教材を配布して一斉に読ませると、どうしても読む速度や理解度に差が出てしまう。その点、音声教材の場合、情報が聴覚的に提示されることにより、耳から入る音の情報を処理して理解する過程をたどるため、仮名や漢字の習得度の差の問題が避けられる。そのため学習者をある程度一定の条件で学習課題に取り組ませることができる。

➡音声教育教材（1-J）、記録メディア（9-A）

●参考文献

リヴァーズ, W. M.〔天満美智子他訳〕(1987)『外国語習得のスキル――その教え方』研究出版.

岡崎眸・岡崎敏雄 (2001)『日本語教育における学習の分析とデザイン――言語習得過程の視点から見た日本語教育』凡人社.

国立国語研究所（編）(1995)『視聴覚教育の基礎』〈日本語教育指導参考書21〉大蔵省印刷局.

名柄迪（監修）中西家栄子他 (1991)『実践日本語教授法』〈日本語を教えるシリーズ3〉バベル・プレス.

竹蓋幸生 (1989)『ヒアリングの指導システム――効果的な指導と評価の方法』研究出版.

[金城尚美]

■視聴覚教材

●定義と枠組み――人間は、コミュニケーションを通して知識、経験、感情、技能などを伝え合い、相互理解を深め、心を動かされ、説得される。時と場合によっては、誤解し、嫌悪感を抱く。このように、人と人との間でさまざまな情報を伝える媒体がメディアである。メディアは、人間の五感を通して受容される。ことばのみならず、画像、映像、音楽、香り、手触り、顔の表情など、意識的なもの、無意識なものすべてがコミュニケーションのためのメディアである。言い換えれば、相手に自分の意志や考えを的確に伝達するために使用するものがメディアといえる。さらに、紙、ボード、テープ、フィルム、ディスクに視聴覚メッセージないし情報を記録したものが、視聴覚メディアあるいは視聴覚教材と呼ぶことができる。

教育や学習は、教師と学習者のあいだでメッセージが交わされる営みであると考えることができる。教師から学習者に送られるメッセージが的確に、効果的に伝わり、学習を促進するものがすなわち教育・学習メディアといえる。「学習を援助する人為的な状況づくり」が教育や授業の営みであり、その学習状況をつくり出し、活性化するものが教育・学習メディアであ

る。現在,科学技術の進歩に伴い,さまざまなメディアが教育に取り入れられている。

伝統的な教育では,「教師,黒板,チョーク」が教育メディアであったが,時代とともに教育に利用可能なメディアが広がった。教科書,掛図(地図,五十音表など),模型,標本,絵カード,絵パネル,ポスター,スライド,ラジオ,テレビ,ビデオ,テープレコーダー,OHP,コンピュータ,CD,LD,MD,DVDなど,ハードとソフトの両方を含む。また広く,見学,演示,実験,ディスカッションもメディアと位置づけられる。

視聴覚教育とは何かという定義によって,視聴覚教材は何かという枠組みも規定できる。視聴覚教育の起源を特定するのは難しいが,現代的意味での視聴覚教育という分野が意識されはじめたのは,映画の教育への利用がきっかけであった。初期の映画は無声映画で「視覚教育・視覚教材」であったが,後にトーキーとなり,「視聴覚教育・視聴覚教材」となった。視聴覚教育は,第二次世界大戦(1939-1945年)を契機に,AV Aidsとしてアメリカで始まり,世界各国に波及したといわれる。視聴覚教育という分野の成立には,①言語偏重主義の教育への批判が高まったこと,それに伴い,②経験を重視した教育への関心が高まったことなど,いくつかの時代の背景があった。つまり,抽象的な言語による学習ばかりでなく,より具象的,具体的な経験に重きを置く教育を目指すようになったのである。その実現のためにメディアを利用し,時空を超えた人為的な学習状況をつくるようになった。また,メディアを利用することにより,学習意欲を高めたり,持続させたり,同時に,学習の効率化,最適化を行ったりすることが容易になった。

ホーバン他(Hoban et al)が『カリキュラムの視覚化』(1937)で視聴覚教育の定義と視聴覚教材の分類を試み,最初に視聴覚教育の理論を体系化したといわれる。また1960年になり,ウィリアム・アレン(Allen)がC. W.ハリス編『教育研究事典』〔Harris (ed.) (1960)〕の中で視聴覚教育の新たな定義を行った。さまざまな研究者が視聴覚教育の定義を行い,視聴覚教具・教材に関しては「…がある」といった形式で,機器を列挙した。しかし,物を列挙する定義形式では,新しい機器や教材が現れた際に,それが視聴覚教育の領域に入るかどうかという判断基準がないことが問題となった。そこで全米教育協会の視聴覚教育部では,1963年に「視聴覚教育の定義と専門語に関する委員会」を立ち上げ,視聴覚教育を機能的に定義する試みを行った。その定義は,現在の視聴覚教育の定義としても有効であると考えられている。D. P.イリー編〔Ely (ed.) (1963)〕によれば,その定義は次のとおりである。視聴覚教育とは,学習課程を制御するメッセージの構成と使用に主たる関心を置く,教育の理論と実践にかかわる分野である。その役割は,①あらゆる目的のための学習過程で使用される画像メッセージと非表示的メッセージに関する独特の相対的長所と短所とを研究すること,また,②教育環境における人と機器とにより,メッセージを構成し,組織化することである。そこでの任務は,教育システム全体,および,そこに含まれる諸要素の,計画,制作,選択,管理運営,活用が含まれる。その実践のねらいは,学習者の最大の潜在能力を開発することができるように,それぞれのコミュニケーションの方法とメディアを効率よく利用することである。

● 研究と実践の課題── 以上の定義は,学習過程を制御するメッセージの作成と活用を基本的原理と捉え,「画像メッセージと言語メッセージとの学習過程における効果を明らかにすること」と「メッセージを授業システム全体に位置づけて効果を明らかにすること」が視聴覚教育の研究と実践の課題であることを明確にし

た。

現在，教育に利用できるメディアは多種多様である。選択肢が広がったことはよいことだが，適切なメディアの選択が問題となってくる。どのような学習目的や学習課題のために，どのような学習者に，どのようなメディアを使えば，学習動機を高め，より学習を促進できるかという点を考慮し，メディアを取捨選択する必要がある。初めにメディアありきでは，より適切な学習状況をつくることはできない。つまり，メディアの選択は授業目標から始めるべきでメディアから始めるべきではないということである。また，メディアを選択する際には，学習者の条件，学習課題の性質，入手利用の容易性とメディアの属性などを考え合わせる必要がある。

→視覚教材（9-E），聴解教材（9-E），視聴覚教育（9-C）

● 参考文献

大内茂男・中野照海（編）（1982）『授業の設計と実施』〈授業実践に生かす教育工学シリーズ１〉図書文化社.

大内茂男他（1979）『視聴覚教育の理論と研究』日本放送教育協会.

中野照海（1988）「授業過程における視聴覚メディアの選択」『視聴覚教育』42-6.

Allen, W. H. (1960) "Audio-Visual Communication." Harris, C. W. (ed.) *Encyclopedia of Educational Research*. Macmillan.

Ely, D. P. (ed.) (1963) "The Changing Role of the Audiovisual Process in Education: A Definition and a Clossary of Related Termes." *Audiovisual Communication Review* 11-1.

Hoban, C. F., et. al. (1937) *Visualizing the Curriculum*. Dryden Press.

［金城尚美］

■トーキングカード

トーキングカードは，絵または文字カードに音声や効果音がついた学習メディアである（図9-2）。カードに磁気テープがついており，再生器（カードリーダーまたはカードプレーヤー，リピーターとも呼ばれる）に片側から差し込むと，カードが自動的に送られ，音・音声が再生されるしくみになっている。市販のカードには，すでに絵や文字が描かれ，音・音声も録音されているが，自主作成用のカードなら，余白に文字，文章，絵を自由に書き込むことができる。また，カセットテープのように，利用者が録音を繰り返し行うことができるようになっている。製品によって異なるが，カードの大きさは10センチ×20センチ四方の長方形で，磁気テープの長さは横20センチである。その長さに入る音や音声が録音できる（4.8秒から6秒のものが多い）。

単語カードは，カードをめくりながら，学習者が頭の中で意味を想起したり，読み方を確認したりするだけの学習教材である。一方，トーキングカードは，視覚のみならず聴覚にも訴える視聴覚教材であるため，実際の音で意味や読み方が確認できる。ただし，再生器（カードリーダー）を使用するため，単語カードほど持ち運びが便利ではない。現在，市販の教材は幼児向けのものや英語学習教材が主流である。

初級の入門段階での教室活動への応用例を紹介する。音声の聞き取りによって，人物を特定するタスクである。前準備として学習者用質問シートを作成する。たとえば「だれですか。どこの国の人ですか」など。カードには，ヒントになる絵などを描き，質問の答えになる文をカード１枚に１つずつ録音しておく。また，再生器を教室のあちらこちらに置く。授業では，タスクシートをもった学習者がタスク達成のために，質問の答えを聞きながら教室の中を歩き回る。制限時間を設ければ，ゲーム感覚の活動が

図9-2　トーキングカードの例

●動詞のアスペクトを教える「絵＋文」のカード

　　ごはんを食べる

　　ごはんを食べている

　　ごはんを食べた

できる。

➡視覚教材（9-E），聴解教材（9-E）

● 参考文献

後藤和彦他（編）(1986)『メディア教育を拓く』ぎょうせい．

[金城尚美]

■映像教材

　日本語教育用映像教材は，従来，ビデオが主流でその種類も増えてきた。学習者向けでは，文法導入用ビデオ，言語機能中心のビデオ，会話の例示，コミュニケーション・ストラテジーに焦点をあてた教材，日本文化を紹介し理解を深めさせる教材，専門分野での研究活動や学習スキルを身につけさせる教材など，また，教師向けでは教授法ビデオなども開発されている。

　さらに，現在は，テレビを通し，ニュース，アニメ，ドラマ，映画，ドキュメンタリー，クイズ番組，コマーシャルなどさまざまな映像が放送され，配信されている。これらを録画することによって，映像と音を学習素材として用いることも多い。教室も，映像教材が利用できる機器環境が整ってきている。ドラマやドキュメンタリー番組，アニメ，映画などは，ビデオ化・DVD化され市販される作品も多いため，それを利用することもできる。その場合には，著作権に留意する必要がある。また，ビデオカメラの普及と録音・編集の利便性の向上に伴い，オリジナルの教材を作成する教師も増えている。

　映像教材は，臨場感に富み，学習者の動機を高めるメディアであるが，導入時に学習目標が何かを学習者に理解させる必要がある。視聴覚メディアは，その提示のしかたやタイミング，提示時間の長さによって，その効果が発揮されたりされなかったりする。映像教材のどの部分を見せるのか，音声を提示するのかしないのか，学習目標に合ったタスクは何か，どこに注目させるかなど，学習が効果的に促進されるように準備をし，適切な指示を与えることが重要である。

　映像や画像は，受け手の文化的背景や経験によって理解が異なる可能性があるため，教材として用いる場合には，そういった点にも注意する必要がある。

➡視聴覚教育（9-C），視覚教材（9-E）

● 参考文献

青柳由宇子他（1987）『映像教材による教育の現状と可能性——日本語教育映画ワークショップ報告』国立国語研究所．

後藤和彦他（編）(1986)『メディア教育を拓く』ぎょうせい．

佐久間勝彦（1989）「視聴覚的方法と視聴覚教材」宮地裕他（編）『講座日本語と日本語教育13　日本語教育教授法（上）』明治書院．

高木裕子他（1995）『視聴覚教育の基礎』〈日本語教育指導参考書21〉国立国語研究所．

日本語教育学会（監修）(1988〜1992)『日本語授業の実際』ビデオシリーズ1〜29，プロ

コムジャパン.

[金城尚美]

■テレビドラマ

日本のテレビドラマは，人々の日常生活，夢や理想，そして社会の問題などを描いている。そのため，ドラマを通して，日本で話題になっている最新の社会現象やことばに触れることができる。とくに，若い人たちをターゲットにしている恋愛ドラマなどは，ほかの国々との共通点・相違点を論じるのに最適である。ドラマにはさまざまな人物が登場するため，日本人の多様な考え方が反映され，異文化間教育の貴重な教材ともなる。

しかし，テレビドラマを教材として利用することはまだ少なく，主に，外国人向けに作成された日本語教育用ビデオが会話，聴解，日本事情などの授業で使われている。オーディオテープや単語表を併用し，学習者に予習させ，穴埋めなどの練習で理解度を確認するといった使い方もある。テレビドラマのシナリオやノベライゼーションを授業に取り入れた場合，映像メディアと活字メディアを組み合わせることによって，より大きな教育的効果が期待できる。

テレビドラマを教材として使用する際に考慮すべきことは，学習者が受け身的にならないような教授方法を心がけることである。また，ドラマにはさまざまな情報（言語，視覚，文化など）が取り込まれているため，教員と学習者にそれを整理できる能力（メディア・リテラシーあるいは情報リテラシー）が要求される。すべてのメディアと同様，テレビドラマは社会の鏡のように現実を忠実に反映しているのではなく，人為的に構成されたイメージであることを認識する必要がある。

最近，心理学における情報処理過程の研究の影響を受け，学習者の認知過程に着目した言語教育が実践されはじめている。この学習理論を視聴覚教育にも応用するならば，テレビドラマ独特の可能性を生かした，より充実した教室活動が可能になると思われる。

→視聴覚教育（9-C），放送メディア（9-A）

● 参考文献

小林典子（1989）「テレビドラマによる聴解授業の実践報告――「生」教材を初級後期，中級，上級で使用して」『筑波大学留学生センター日本語教育論集』第5号.

天満美智子（1989）『英文読解のストラテジー』大修館書店.

三宮真智子（1996）「思考におけるメタ認知と注意」市川伸一（編）『認知心理学4　思考』東京大学出版会.

鈴木みどり（編）（1997）『メディア・リテラシーを学ぶ人のために』世界思想社.

村松泰子/ゴスマン，ヒラリア（1998）『メディアがつくるジェンダー――日独の男女・家族像を読みとく』新曜社.

メイナード，泉子・K.（2001）『恋するふたりの「感情ことば」――ドラマ表現の分析と日本語論』くろしお出版.

山中信之（2001）*Untersuchungen zur Vermittlung von interkultureller Kompetenz-Videoeinsatz im Japanischunterricht.*（『日本語教育におけるビデオ教材――異文化教育を中心に』）Verlag Palm und Enke.

[ヒラリア・ゴスマン/スザンナ・アイスマン]

■電子ブック

電子ブックとは，従来印刷物のかたちで出版されていた書籍を電子情報としてCD-ROM，DVD-ROMなどのかたちで提供するものである。最近では，文字情報・画像情報に加えて，音声や動画が含まれたものも出てきた。電子ブックが1990（平成2）年にソニーから売り出された当初は，専用のプレーヤーを用いるものであった。現在では，パソコンで利用可能なも

のが主流になってきている。電子ブック化されているものは、辞書や事典類が多いが、100冊の文庫本や1年分の新聞が収められたものもある。

これらの電子ブックでは、さまざまな検索機能が用意されている。キーワード検索や複合検索、条件検索などの機能によって、膨大なテキストのなかから必要な項目や読みたい文章を素早く見つけ出すことができる。また、単語検索機能を活用すれば、情報の検索ばかりでなく、語句の用例を見つけたり、単語の使用頻度や使用法を調べることも可能である。日本語教育や日本語研究の分野に新しい可能性をもたらしたといえよう。

電子ブックを広義に捉えたとき、オンライン本、オンラインジャーナルをはじめ、インターネットや携帯電話経由で提供されている情報もここに含まれる。電子図書館のかたちで書物を電子情報化し公開しているデータベースもある。国立国会図書館も蔵書の一部を電子図書館として公開している。さらに民間ボランティアによって運営されている「青空文庫」には、著作権の消滅した作品を中心に膨大な量の文学作品が提供されている。こうしたかたちでインターネット上に公開されているものは、世界のどこからでもアクセスできるため、貴重な情報源であるとともに日本語教育の教材リソースとしても活用可能である。

→視聴覚教材（9-E）、メディアミックス（9-A）

● 参考文献

国立国会図書館（http://www.ndl.go.jp/）
青空文庫（http://www.aozora.gr.jp/）
伊藤守他（編）（2003）『電子メディア文化の深層』早稲田大学出版部.
伊藤民雄（2004）『インターネットで文献探索』実践女子大学図書館.

[川村よし子]

■電子辞書

日本で作られた最初の電子辞書は、1979（昭和59）年に発売されたシャープの「電訳機」である。収録語数は、数千語、日本語はカタカタ表示だった。1987（昭和62）年発売の「電辞林」は収録語数3万5000、日本語も漢字仮名交じり表示となったが、辞書の内容は訳語のみだった。辞書のフルテキストが収められた電子辞書は、1990（平成2）年、ソニーが電子ブックプレーヤーの付属ソフトとしてつけた英和・和英辞典が最初である。現在では、英和、和英、国語辞典に加えて、ことわざやカタカナ語辞典、逆引き辞典など数多くの辞書を収めたものが各メーカーから発売されている。

これらの電子辞書では、前方一致検索に加えて、後方一致、あいまい検索、全文検索など紙の辞書では実現できないような柔軟な検索が可能である。また、ほかの辞書へのジャンプ、文字の拡大、手書き文字認識などの機能を備えたものもある。こうした諸機能は、とくに日本語学習者にとっては利便性の高いものとなっている。

電子辞書にはCD-ROMなどで供給されるものや、出版社や検索エンジンのサイトを介して用いることができるものもある。利用者のパソコンやネット環境によって使い勝手が左右されるなどの問題点もあるが、利点も多い。最大の利点は、辞書から得られた情報をそのままパソコン上で利用できることである。また、メールやインターネット上の文章の語句から、直接、辞書を引くこともできる。

Web上にある日本語学習者向けの日英辞書としては、「EDICT」がある。また、日独、日仏などの辞書も公開されている。さらに「リーディング・チュウ太」や「Rikai」では、文章やURLをインプットすれば、本文中に含まれる単語の辞書引きが自動で行われる。一方、「ライフサイエンス辞書」は収録語が専門用語

に限定されているが，共起表現まで検索可能である．

→ 語彙 (3-B), 辞書 (3-H)

● 参考文献

川村よし子他 (2000)「EDR電子化辞書を活用した日本語教育用辞書ツールの開発」『日本語教育工学会論文誌』24．

金子周司（編）(2001)『ライフサイエンス辞書――医学・生物学のための絶対使える電子辞書』羊土社．

EDICT (http://www.csse.monash.edu.au/~jwb/edict.html/)

リーディング・チュウ太 (http://language.tiu.ac.jp/)

Rikai (http://www.rikai.com/perl/Home.pl/)

ライフサイエンス辞書 (http://lsd.pharm.kyoto-u.ac.jp/ja/service/weblsd/index.html/)

[川村よし子]

■ モジュール教材

一般に，教育課程は，ある能力開発あるいは人材育成を目的として構成される1つのシステム (system) と考えることができる．そのシステムを構成する要素として，教育目標，学習者，教師，教材，教授法，活動，評価などがあり，コンポーネント (component) と呼ばれる．コンポーネントは，ある機構を構成している一まとまりの構成部分で，さらに下位レベルで機能的にまとまった部分を，ユニット (unit)，モジュール (module)，パーツ (parts) と区分することもある．

人間の神経系や認知システムも，基本的に相互に関連し合ういくつかのモジュール（構成単位）から成ると考えられる．モジュール (module) とは，ある生体や機械系などのシステムを構成する部分で，機能的に関連づけられた部品の集合体である．モジュール教材は，人間の教育・学習活動や認知のしくみに合わせ，必要なものを必要に応じて必要なだけ取り出し，教育・学習に適用できるようにした教材体系のことをいう．

日本語教育では，学習者の多様な目的や背景に合わせ，多様なシラバスや教育・学習法がある．文型・文法積み上げ方式の教育では，言語の構造に着目する (form based)．コミュニカティブ・アプローチと呼ばれる教育法では，言語使用や言語行動を重視する (behavior based)．さらに，日本留学，ビジネス，技術研修，地域の日本語教育では，伝達内容や異文化間コミュニケーションの問題を中心に考える (contents based)．モジュール教材は，こうした多様な日本語教育・学習に柔軟に対応できるよう考えられた教材体系であり，そこでは，教育・学習目的，言語要素（音声，文法・文型，文字・語彙など），言語技能（聞く，読む，話す，書く），習熟・難易度，学習者の母語，学習環境，教育・学習メディアなどの多角的な観点から，学習内容やメディアを有機的に組み合わせ使用できるようモジュールが配置され，システム化されている．モジュール教材は，その規模という問題もあるが，基本的に，教材データベースという考え方にもつながる．また，個々のモジュールの教材としての完成度いかんでは，日本語指導や教材開発のための素材や資源を提供する教材リソースデータベースともなる．

モジュール教材の最大の利点は，モジュールを柔軟に組み合わせ，学習到達目標ごと，あるいは，学習者の背景ごとに個別のユニットを構成できる点にある．従来型の教材は，シラバスの配列やメディアとの関係が固定的で，直線的な学習しか許さないものが多いが，モジュール教材では，学習者のレディネスやニーズ，学習目的・期間などに応じて，学習そのものが可変

的となる。また，臨機応変にミニカリキュラムやミニ授業を編成でき，教育・学習情報の種類も，テキスト，音声，グラフィックス，アニメーション，ビデオなど，目的に応じて設定を変えることができる。

→教材シラバス (9-E)

● 参考文献

フォーダー，J. A.〔伊藤笏康・信原幸弘訳〕(1985)『精神のモジュール形式』産業図書.

コーベニ澤子他 (1993)『モジュールで学ぶよくわかる日本語2』アルク.

長友和彦・スタインバーグ美穂 (1995)『Do-it-yourself Japanese through comics（モジュール学習コミック日本語講座）』講談社インターナショナル.

[加藤清方]

■ネットワーク教材

ネットワーク教材とは，コンピュータ・ネットワーク上にあり，ネットワークを介して利用する教材のことである。学習者は，CD教材と異なり，ネットワークにアクセスして，学習する。ネットワーク教材には，遠隔講義型，教科書型，ディスカッション型，テスト型，これらの融合型など，いろいろな種類がある。利用範囲としては，自宅でも利用可能なもの，学校内での利用に限るもの，学生限定のもの，一般公開のもの，利用期間限定のもの，オン・デマンドのもの，などがある。いずれも，Webサーバに教材をデータベースとして蓄積し，Webブラウザで学生が自由に閲覧，利用できる学習支援のシステム上にある。CD教材と違って，内容や方法を随時，改編できる。

学生は通常のWeb操作で，簡単にサーバ上の教材を使って，予習・復習をしたり，教師に質問をしたり，テストを受けたりすることができる。ネットワーク教材は，コンピュータの知識が少ない教師でも簡単に作成，変更，蓄積し，科目を超えた教材の共有化ができるように開発されている。

ネットワーク教材は，学習者一人一人のレベルに合わせたコンテンツの作成，授業との関連，改編の時期，得られた学習記録の活用，質問に対処する効率的な方法，大量の質問のデータの公開方針といった問題をかかえる。また，学内と学外といった利用の範囲，アクセス権の管理といった問題点がある。

ネットワーク教材は，ネットワークのなかに仮想空間をつくり，いろいろな課題や役割を果たさせるもの，授業を発展させるもの，ネットワークをとおして共同作業を行い，その成果を発表するものなどに大別できる。このようなネットワーク教材を作り販売している企業は多くなく，ハード環境からシステム構築，教師の研修，授業での活用に至るまでの総合的な支援を行う会社は少ない。今後の課題の1つである。

→インターネット (9-A)，サイトライセンス (9-A)，ネットワーク (9-A)

● 参考文献

経済産業省商務情報政策局情報処理振興課 (2004)『eラーニング白書〈2004/2005年版〉』オーム社.

先進学習基盤協議会 (2003)『eラーニング白書』(2003/2004年版) オーム社.

学研『NEW 教育とコンピュータ』（月刊誌）(http://www.gakkenpc.net/new/)

PC倶楽部 (2001)『毎日ムック インターネット読む・学ぶ・調べる――文学-歴史-思想-芸術』毎日新聞社.

佐伯胖・湯浅良雄（編）(1998)『教育におけるコンピュータ利用の新しい方向』CIEC.

[柳澤好昭]

■教具

教具 (instructional equipment) という用語は，教材 (instructional material) ととも

に, 教材・教具と並べて使用され, 教育メディアあるいは教授メディアとほぼ同じ意味で使われている。教具はハードウェアを指し, 教材はソフトウェアを意味する。OHPを例にとれば, OHPプロジェクターやスクリーンは教具であり, トラペンは教材である。ただし, 教材には, ソフト以外にも, 学習内容としてのカリキュラムや, 単元の素材の意味でも使われている。

教具のなかには, 主として, 教室にセットされ, 教室内で使用する伝統的メディアあるいは小規模メディア (little media) といわれるものと, 視聴覚室や資料室にセットされる大規模メディア (big media) といわれるものがある。伝統的メディアとは, 指示棒, 黒板, 掛図, 紙芝居などであり, 小規模メディアとは, スライド, OHP, テープレコーダー, ビデオなどである。伝統的メディアや小規模メディアは, 教師の授業の意図と直接に結びついて使用するものであり, 教師や生徒が自分で制作することも可能である。さらに, 自作することで教師の意図がいっそう明確に伝達できる。

一方, 大規模メディアは, 映画や校内放送テレビ, LLや反応分析装置などで, 視聴覚室や特別な教室にセットされる。これらの機器は, 機器に習熟した教師によって操作されるもので, 一般の教師の役割は, 授業の意図に合わせてメディアをどのように選び, 利用するかということになる。映画や学校放送番組は, カリキュラムに準拠して作成されているが, 使用にあたっては自らの授業の進度に合わせる必要がある。

現代の技術革新によって, 教具のあり方は大きく変わりつつある。デジタルビデオやデジタルカメラの普及によって, 映像やスライドを容易に自作し教室で利用することができるようになった。また, パソコンとインターネットの普及により, 個人が複数のメディアと情報を同時に手に入れることを可能にしており, パソコンはこれまでの教具の概念を大きく超えている。こうした状況は大規模メディアの小規模化・分散化というべき現象であり, これまでのメディア観の変更を迫るものである。

教科書と黒板を主とした従来の授業から, 多様な教育メディアを利用した今日の教育まで, 歴史のなかで使用されてきた教具とは, 規模の大小を問わず教師によって知を伝達するために使用されてきた。デジタルカメラやパソコンの普及は, 教師と生徒が共同して知を探求することを可能にしており, これまでの教具の役割であった知の伝達という機能を大きく超えている。教師の役割は, 教具を選択して使用する立場から, 学習者とともに知を探求するという役割が加わってきているといえる。

→教材 (9-E), 教育メディア (9-B)

● 参考文献

大内茂男・中野照海 (編) (1982) 『教授メディアの選択と活用』図書文化社.

菅井勝雄他 (2002) 『情報教育論——教育工学のアプローチ』放送大学教育振興会 (日本放送出版協会).

[内海成治]

■ OHP・トラペン

OHPはオーバーヘッドプロジェクター (over head projector) の略。トラペンはトランスペアレンシー (transparency) の略称であり, TPあるいはシートともいう。OHPはハードウェアで, トラペンはソフトウェアである。OHPは, 比較的明るい教室において, 画像を提示する装置である。通常は静止画像 (文字と映像) であるが, モデルや偏光板を利用して動きを示すこともできる。

OHPの教育メディアとしての特徴は, まず, 構造が簡単で使いやすいことである。そのため, 教師のみならず生徒がOHPを使用してプレゼンテーションを行うことができる。ま

た，明るい部屋で鮮明な画像が提示できるため，特別な暗幕を必要とせず，黒板やチャートなどと同時に使用できる。次に，トラペンの製作が容易であり，周辺機器を使うことで多彩なトラペンを作成することができる。コピー機やパソコンプリンターによって，カラー写真やパソコンの画面をトラペンにすることができる。トラペンの保存が容易なことも特徴である。

OHPによる提示のテクニックとしては，スイッチング（スイッチを切って画面を暗くして教師や黒板に生徒の視点を変え，再びスイッチを入れてOHP画面に視点を移す技法），カバーリング（トラペンを不透明な紙などで隠しておき，話の進行に従ってずらしていく），オーバーレイテクニック（トラペンを順番に重ね合わせたり，外したりして，ストーリーを展開する），ポインターテクニック（指示棒の使い方のこと。たとえば指示棒をステージ上に置くなどして速く動かさないこと）などがある。また，偏光板と回転偏光板を利用した動きの提示は，大きな画面で思いがけない動きを提示できるため，とくに，マジシャンエフェクト（魔術師効果）といわれている。

OHP使用に際して注意すべき点としては，スクリーン面とOHPレンズの光軸が直角でないため画面の上方が広がるキーストーン（Key Stone）効果を避けることである。そのために，スクリーンには上部を前に出すノブのついたOHP用のスクリーンを利用する必要がある。OHPの内部にはフレネルレンズと呼ぶプラスチック製のレンズが使われているため，OHP機内が高温にならないようにファンが内蔵されている。そのため，提示が終了してランプを消しても，電源はそのままにして，機内の温度が下がるまでファンを回転させておく必要がある。これはランプの保護のためにも重要である。

OHPは構造が簡単で使いやすいため，国内はもとより世界的に普及している教育メディアである。そのため，OHPの使い方や技法をマスターし，授業ごとにトラペンのセットを用意しておくことは，大きな助けとなる。

→教具（9-E），教材（9-E）
●参考文献
野田一郎（編）(1988)『視聴覚教育』東京書籍.
［内海成治］

■ゲーム

ゲームは教育メディアのなかでも特殊な位置にある。教育メディアは，明確な教育目標に従って教授のなかで情報を提示したり，学習者が自学を支援するのに使われる。しかし，ゲームは，遊びと同様に，不確定な要素を楽しむものであり，厳格な教育目的をもって使用される教育メディアとは異なっている。

しかし，ゲームには厳格なルールがあり，その約束ごとのうえに成り立つものであり，学習者に高い社会性を要求している。たとえば，カルタでは，札の並べ方，お手つきのルールなどが重要であり，すごろくでは，駒の進め方のルールを厳格に守る必要がある。こうしたルールのうえで多彩に展開される動き，やりとり，勝ち負けの過程はきわめて教育的な要素をもっている。

古典的なカルタやすごろく以外に，スペルを競い合うスクラブルや，環境や生態系を考える環境ゲーム，都市の開発を考えるゲームなどが開発されている。また，非常に高度なゲームとしては，パソコンやゲーム機を利用したシミュレーションゲームがある。しかし，シミュレーションゲームは，もはやゲームというより，思考実験の領域に入るであろう。

教育メディアとしてゲームを使用する際の留意点としては，教育目標を明確にして導入することである。ゲーム導入に際しては，ルールを明確にして，ハンディなどを取り入れること

で，公平性を保つことも重要である．また，ゲームの展開は予測できないので，結果が不確定あるいは多様であることを前提として指導案を作る必要がある．

➡教育メディア（9-B）

●参考文献

西之園晴夫（1979）「シミュレーション」東洋他（編）『新・教育の事典』平凡社．

[内海成治]

■プレイヤー・レコーダー

プレイヤー（player）とレコーダーは，映像ないしは音声を記録再生する機器である．

映像の録画再生は，VTR（ビデオテープレコーダー）から始まり，VCR（ビデオカセットレコーダー）とデジタルビデオカセットが現在最も普及しており，さらに，パソコンに組み込まれるかたちでDCD（デジタルCD），DVD（デジタルビデオ）が急速に普及している．デジタル技術の進歩により，記録再生画質の向上，長時間録画ができるようになった．

映像記録機器の教育利用は，放送番組の記録によるタイムシフト（放送時間を変えて利用する）や，マイクロティーチング（授業を記録して自分のパフォーマンスを研究する教師教育の手法）や授業研究のための記録，教材開発，市販教材利用などが主なものである．機器の形態と種類は変わっても，利用の目的は大きく変わっていない．機器の取り扱いが簡単になったことや，映像編集機能が高まったことにより，教材開発の比重が高まっている．

音声の録音再生機器は，テープレコーダー，カセットテープレコーダー，DAT（デジタルオーディオテープ），CDR（コンパクトディスクレコーダー），MD（ミニディスク）へと変化してきた．機器の小型化，自動化，取り扱いの簡便化が進んでいるのと同時に，音質も向上している．とくに，音声の編集が簡便にできるようになったことは，録音教材の自作に非常に便利になった．録音再生機器は，音楽や言語学習分野の基本的な機器であり，こうした学習分野の教室には常備されている．

こうした機器の利用にあたって留意すべき点としては，周辺機器に配慮することが挙げられる．教育放送の録画再生をよいものにするためには，テレビアンテナをしっかりしたものにし，再生するテレビやビデオプロジェクターの画質や設置に配慮する必要がある．録音には，マイクロフォンやマイクスタンドのよいものを選ぶ必要があり，再生には，アンプとスピーカーに配慮する必要がある．

➡教具（9-E），録音テープ・音声CD（9-E），視聴覚メディア（9-A）

●参考文献

野田一郎（編）（1988）『視聴覚教育』東京書籍．

[内海成治]

■プロジェクター

●スライドプロジェクター──スライドプロジェクター（slide projector）は静止画像を提示する機器として，OHPとともに視聴覚教育の初期から使用され，最も普及している教育メディアである．その理由として，取り扱いが簡単であること，世界的な規格でありどこでも使用できること，鮮明なカラー画像が大画面で提示できることなどが挙げられる．スライドプロジェクターの場合には，部屋を暗くしなくてはならないこと，電源が必要なこと，スライドの現像に時間がかかることなどの限界がある．

スライドプロジェクターの形式は多様であるが，1こまずつ挿入するもの，トレーを使用した50枚から80枚のスライドを連続して上映できるもの，音声と連動してスライドやフィルムストリップを上映できるものがある．世界的に最も普及しているのは，トレーを利用して，

連続して上映できるものである。スライドを50枚格納できる箱型のトレーを使用するヨーロッパ式と，80枚から140枚収納できるカルーセルと呼ぶ，コダック式とがある。これらの機器は，2台あるいは複数台を結び，オーバーラップやフェードイン，フェードアウトの技法を利用して効果的な動きを表現できることや，マルチスライドプレゼンテーションとして，複数画面による多彩な視覚効果を表現することも可能である。

スライドプロジェクターの使用上の注意としては，できるだけ部屋を暗くすること，高めの台にプロジェクターをセットして，キーストーン効果（画面の上部が広がる現象）を避ける必要がある。通常，スライドプロジェクターのランプは，ハロゲンランプを使用しており，高温になるため，ファンが内蔵されている。長時間使用した場合，ランプを消しても，電源をつけたままにしておき，ファンを回してクーリングする必要がある。内部の温度が下がると，自動的にファンは停止するので，その後，電源を切るようにする。

●ビデオプロジェクター──ビデオプロジェクターとは，ビデオ映像やコンピュータ画面を拡大投影する機器である。かつては大型で高価な機器であったが，近年は小型化し，性能（画面の明るさ，付属機能）が向上し，低価格化も進んだために広く普及している。ヨーロッパでは，「ビーマー」「データプロジェクター」と呼ばれる。

ビデオプロジェクターは，基本的に，3原色の液晶パネルを光学的に合成して投射する。スライドプロジェクターのスライド部分に液晶パネルがあると考えればよい。ビデオプロジェクターは，デジタル信号を扱うために，映像表現の自由度が高く，さまざまな利点がある。

工学的なズーム機構以外に，部分的に拡大あるいは縮小するデジタルズーム，キーストーンを補正するデジタルキーストーン，天吊りやリヤ投射機能，スピーカーの内蔵などの機能がある。

ビデオプロジェクターの使用にあたっては，いくつかの留意点がある。世界には3つの大きなカラーテレビ方式（NTSC，PAL，SECAM）があるが，現在のプロジェクターは自動的に対応することができるようになっている。ただし，古い機種では対応の難しいものもあるので，チェックする必要がある。コンピュータとの接続に関しても，自動的に最適設定を行うマルチスキャンシステムとオートPCアジャスト機構を内蔵している機種が多い。接続にあたっては，専用のアダプターを必要とする機種もあるので，注意が必要である。

ビデオプロジェクターのランプは，ハロゲンランプよりも高輝度の水銀ランプ（高圧水銀ランプ）が使用されているものが多い。そのため，ビデオプロジェクターの光線が直接目に入ると危険である。また，ビデオプロジェクターには，ランプの交換時期を示すインジケーターが設置されているので，その指示に従ってランプを交換する必要がある。とくに，高圧水銀ランプは耐用期間が過ぎると，爆発する危険があるので，とくに注意を要する。ランプの交換自体は，ランプハウス全体を差し替える形式が多いため，簡単である。

➡教具（9-E），OHP・トラペン（9-E），スライドショー（9-E），指示棒（9-E）

●参考文献

内海成治（1987）「スライド制作技術」JICA国際協力総合研修所（編）『視聴覚メディアハンドブック』JICA．

大内茂男他（編）(1979)『視聴覚教育の理論と研究』日本放送教育協会．

野田一郎（編）(1988)『視聴覚教育』東京書籍．

[内海成治]

■スライドショー

　講演や発表などのプレゼンテーションの際に，画像や資料を順番に表示していくことをスライドショーという。もともとスライドショーは，35 mmスライド用フィルムとスライドプロジェクターを用いたものである。スライドフィルムは，画質もきわめて高く，規格も基本的に世界共通であるという便利さもある。現在でも，博物館やテーマパークなどでは，複数のスライドプロジェクターとスクリーンを用い，音響機器と同期させて映像を展開していくマルチスクリーン・スライドショーを行っているところが多い。教室授業で使用されることもあるが，部屋を暗くしなければならず，他の教室活動との組み合わせが難しいなどの欠点がある。現在は，パーソナルコンピュータとプロジェクターを用いてスライドショーを上映することが多くなっており，マイクロソフト（Microsoft）社のパワーポイント（PowerPoint）というソフトウェアが広く用いられている。パーソナルコンピュータ用のプロジェクターは，近年飛躍的に性能が向上し，部屋を暗くする必要もなく，また軽量・小型化が進んでいる。

➜口頭発表（7-O），プロジェクター（9-E）

●参考文献

文部科学省メディア教育開発センター（編）坂元昂（2001）『教育メディア科学──メディア教育を科学する』オーム社．

白鳥元雄・高桑康雄（編）(1999)『メディアと教育 放送大学教材』放送大学教育振興会（日本放送出版協会）．

［西郡仁朗］

■指示棒

　指示棒（pointer）は，映像や言語の提示において学習者の視点を導くツールである。指示棒は，きわめて古典的な教具であり，かつては教鞭ともいわれた。しかし，指示棒は，視聴覚教育や教育工学的な研究によって，新しい光をあてられた現代的教具でもある。

　指示棒は，きわめて日常的で簡単なツールであるために，使い方に関して意識することが少ない教具であるが，使用に際してノウハウをマスターすることが重要である。使い方を間違うと，かえって学習者の注意を拡散してしまうからである。

　黒板や掛図などに使われる金属製あるいは木製の指示棒は，指示する場所に先端を密着させることが重要である。指示点と指示棒が離れていると，教師は指し示しているつもりでも，学習者はどこを指しているかわからないからである。また，指示する際に，軽く叩いたり，円を描くなどして，明確に指示点を示すことが重要である。また，長い指示棒は，指示が終了したら，速やかに教卓に置くなり，黒板に立てかけるなどして，動かさないようにする。指示棒を振り回しながら講義することは慎むべきである。

　OHPの使用に際しては，スクリーン上を指示する場合と，ステージで指示する場合がある。大会場で画面から離れて提示する場合には，ステージ上に透明の指示棒を置いて利用する。その際には，ステージ上の指示点に指示棒を置いて利用することが重要である。OHPステージ上の指示棒の移動は，スクリーン上では画面の倍率に比例して速くなるからである。したがって，指示棒を移動する際には，できる限りゆっくり移動させ，次の指示点で指示棒を置くことが効果的である。

　ビデオプロジェクターやスライドでの提示に際しては，レーザーポインターが利用されている。レーザーポインターも通常の支持棒同様に，指示点で円を描いて示した後，あまり動かさないことが重要である。

　指示棒の使用にあたっては，つねに学習者にわかりやすくするということを考えて使用する

ことが必要である。

→ 教具（9-E），プロジェクター（9-E）

● 参考文献

大隅紀和（1987）「OHPの制作技術」JICA国際協力総合研修所（編）『視聴覚メディアハンドブック』JICA．

［内海成治］

■ 実物

　教材とは，自然界や社会における種々のものを教育目標に合わせて精選し，授業のなかに位置づけたものである。自然界や社会に存在するものも，教育目標を達成するために，教師の意図によって授業で使われるものは教材であり，教育メディアである。実物は，教育メディアのなかでは，情報提示物に分類される。たとえば石や岩石も標本として教材化され，校庭から持ってきた草花も植物の構造を示す教材となる。

　実物は，手で持てる程度の大きさと重さのものでないと，教室で使うことができず，また不透明なために投射できないので，大集団での授業には使用できない。そのため，実物を教材とするためには，どのように提示するかが課題である。ただし，平面的なものであれば，実物投影機が使用できる。また，影絵にはなるが，OHPでの投射は可能である。

　語学の学習の際に，身につけているメガネやナイフを次々とOHPのステージ上において問いかけていくと，非常に効果的である。理科教育で，メスシリンダーやビーカーの水の中に，あらかじめ体積のわかっている直方体や球を沈めて，体積の概念を理解させる実験セットがある。その際に，拾ってきた石に糸をつけて水中に沈めると，水量の変化から体積を求めることで，不定形の物の体積が求められ，体積概念を広げることができる。

　これらは物を実物教材にする例であるが，花が教師によって提示されたときに，メガネがOHPの台の上に乗せられた瞬間に，そして，石が水中に沈められる瞬間に，花やメガネや石は，人工物・自然物から教材に変化するのである。実物は，教師によって教育目標のなかに位置づけられて，学習者の前に提示されたときに，自然界のものを代表する実物になり，実物教材となるのである。実物は，単純で身近なものであるが，教師の意味の与え方によって，非常に効果的な教材になる。

→ 教材（9-E），実物投影機（9-E）

● 参考文献

Romiszowski, A. J. (1988) *The Selection and Use of Instructional Media: For Improved Classroom Teaching and for Interactive, Individualized Instruction*. 2nd ed. Kogan Page.

［内海成治］

■ 実物投影機

　実物投影機とは，OHPやスライドプロジェクターと異なり，不透明のものを投影する機器である。本の図表や絵，あるいはプリントになった写真，図を投影することができるほか，実物投影機のステージ（実物投影機の映写する物を載せる台）に載せられるものであれば，布やタペストリーのように，多少の凹凸があっても提示できる。また，色をそのまま表現できることなどが，この機器の大きな特徴である。また，画像を投影する前後に，投影した実物を見せることができるために，静止画面のリアリティを高めることができる点もこのメディアの利点である。とくに色や材質が重要な課題の場合に威力を発揮する。

　実物投影機のメディアとしての特徴は，ソフトの制作をまったく必要としないことである。この点は，実物と同様であり，何を見せるかを検討すればよい。機能としては，構造が簡単であり，使用にあたって特別なスキルを必要とし

ないこと，故障が少ないことが挙げられる。

使用にあたっての留意点としては，本などに掲載されている図表は活字を小さくしてあるため，そのまま提示すると画面の字が小さくなりよく読めない。その場合には，印刷を拡大コピーしたものを利用するとよい。また，OHPと異なりステージ上でポインター（指示棒）が利用が困難なため，レーザーポインターを使用するとよい。

かつてスライドの現像に時間や手間がかかり，OHPによる写真の提示が困難であった1960年代には，大型の実物投影機が設置された講義室もつくられた。しかし，実物投影機は反射光を利用しており，投影画面を明るくするためには大きな光源とファンを必要とし，OHPやスライドプロジェクターと比較して大型の機器であり，また，高価であること，部屋を暗くする必要があることなど，いくつかの難点があり，現在は補助的に使用する機器といえよう。

→教具（9-E），実物（9-E）
● 参考文献
野田一郎（編）(1988)『視聴覚教育』東京書籍．

[内海成治]

■模型

模型（model）とは，現象の背後にひそむ概念や構造を理解させるための工夫である。ただし，英語でいうモデルには，形のある模型以外にも思考モデルや数学モデルのように，考え方そのものまで含まれるが，日本語における模型には分子模型や船の模型とか模型実験といったように，現象や概念を理解させるための工作物や図表を意味している。

教材としても，模型には，人体模型やエンジン模型のように，内部の構造をわかりやすく示すものや，分子模型や核酸模型，太陽系モデルのように，ミクロ，マクロな構造を理解させるものがある。こうした模型は，OHPで投射できるようにしたものも市販されている。また，模型には，プラモデルや船の模型，あるいは，理科実験モデルにも，自作を前提として，自作することによって理解を深めるものもある。

教育メディアの分類として模型は，情報提示物の1つであり，そのなかは平面，立体，可動の3種類に分類される。平面のなかには紙芝居があり，立体としては模型のほかに，標本，ミニチュア，衣装，面，ジオラマなどが含まれる。可動のものは，動きを表現できるものであり，人形劇，影絵，パントマイム，指人形，模範演技，可動ディスプレイなどがある。

こうしたメディアは，伝統的メディアといわれるもので，教師の教授意図と直接結びついて使われるものである。現在でもこうした伝統的メディアは，あらゆる学校で日常的に使用されており，理科の実験室には，多くの標本や模型が置かれている。伝統的メディアの特徴は，身近でどこでも利用できることであるが，一方で，教師の力量によって，大きな教育効果を上げることもできる。紙芝居や模型の効果は，教師の使い方によるところが大きく，近代的メディアにない効果を発揮する場合も多い。また，伝統的メディアは，学習者が利用することも簡単であり，授業形態を多様化することも容易である。

→教材（9-E），教育メディア（9-B）
● 参考文献
大内茂男・中野照海（編）(1982)『教育メディアの選択と活用』図書文化社．

[内海成治]

F──教材開発

■教材開発

多くの教材では学習指導要領や教科書に従い，また，語学学習用にも多くのメディア教材が市販されている。こうした教材を活用することで，効果的な授業が展開できる。しかし，自らの教授課題や特別な学習者のためにメディア教材を制作する必要性は，つねに存在している。教材開発には，小規模メディアといわれるOHP，スライド，ビデオ，録音教材を自分あるいは教師集団で制作する場合と，外部のメディアプロダクションに発注する場合がある。しかし，近年は，電子技術の進歩により，パソコンや電子カメラを使用してビデオ教材や，映像と文字情報を組み合わせたマルチメディア・プレゼンテーションの制作が容易にできるようになった。いわば，メディアキッチンとでもいうべき小規模での教材開発が可能になってきている。こうした傾向は，今後も拡大していくであろう。

●**教材開発の手順**── ここでは，一般的な教材開発の手順を示し，教材開発に必要なスキルやメディア選択の基準を検討し，開発における課題を述べることとする。

教材開発の手順に関しては，さまざまなモデルが提案されている。たとえば，アメリカの国立特殊メディア研究所（National Special Media Institute）のモデルは，次の9段階になっている。①問題の決定，②状況の分析，③管理運営組織の組織化，④目標の同定，⑤方法の特定，⑥プロトタイプの開発，⑦プロトタイプのテスト，⑧結果の分析，⑨開発した教材の使用，である。そして，再び，⑨から①に戻る循環が提案されている（Romiszowski, A. J. 1988）。手順としては，プロジェクトの運営段階（③），設計段階（①，②，④，⑤）と開発段階（⑥，⑦，⑧），実施（⑨）の4段階に分けられる。つまり，なぜ教材が必要なのかを明確にしつつ，教材開発の組織を形成し，教材を設計し，プロトタイプを開発し，テストし，実施するということである。

●**教材開発のスキル**── 教材開発に必要なスキルに関して，内海（1993）は，5つのスキルが関係していると分析している。すなわち，①プログラム・マネージメント・スキル（メディア制作のために必要な計画を立て実行に移す），②教育メディア制作スキル（メディア制作の技術を使い実際に制作する），③教授内容構成スキル（今日得たい内容を制作するメディアのなかに適切に組み入れる），④評価スキル（教授システムや教育メディアの評価診断をする），⑤教授スキル（教育メディアを効果的に使用して教授する）の5つである。メディア教材開発は，教授活動のためにあるのであり，教材開発に直接必要なプログラム・マネージメント・スキルと教育メディア制作スキルの2つのスキルは，教授内容構成スキルと評価スキルを介して，教授スキルと連携している。

こうしたスキルは独立して存在するのではなく，互いに関係し合っていると考えられる。たとえば，教育メディア制作スキルの一部であるビデオ編集技法は，機械的に場面を編集するのではなく，教授内容の効果的な配列を考慮した編集（教授内容構成スキル）を考えなくてはならない。そして，効果的な編集は，教授スキルの水準と連携しているのである。

教育メディア制作スキルを構成するサブスキルとしては，制作するメディアによって異なるが，小規模メディアとして自作が可能な，録音，写真，音声付スライド，ビデオ，OHPなどを分析すると，次のようなサブスキルが挙げられる。すなわち，レタリング，グラフィックス，構図，照明，編集，カメラワーク，録音，

台本作成である．こうしたサブスキルとメディアを対応させると，ビデオ制作と音声付スライドは，すべてのサブスキルを必要とするメディアである．つまり，この2つのメディアの制作を学習することで，それぞれのメディアには独特の技法があるとしても，一応それ以外の教材制作に応用がきくようになると考えられる．たとえば，ビデオ制作のスキルがあれば，録音教材も制作することが可能であるが，録音教材制作をマスターしてもビデオ制作を行うことは難しいのである．それゆえに，教材制作のトレーニングには，ビデオや音声付スライドの制作が重要であり，それにより，他の教材開発のスキルも身につけることができる．

●**教育メディアの選択**——プログラム・マネージメント・スキルと教授スキルのなかの重要なサブスキルとして，教育メディア選択がある．教育メディア選択とは，ある教育目標に対してどのようなメディアが必要かを明らかにするもので，どのような教材を制作し，どのように利用するかを決定する鍵となるからである．教育メディア選択は，教授状況や教育課題の分析と，メディアのもっている属性の分析という2つの側面がある．つまり，状況や課題に必要な内容を提示，学習するのにふさわしい属性をもったメディアを選択することである．

ケンプら（Kemp and Dayton 1985）は，教育メディアを利用する状況を，大集団，小集団相互学習，自己進度学習の3つに分け，それぞれのフローチャートによってメディア選択をすることを提案している．そして，メディアの属性としては6点を挙げている．絵の表現（写真かグラフィックか），大きさの要因（映写するかしないか），色の要因（白黒かカラーか），動きの要因（静止画か動画か），言語の要因（印刷か音声か），音と絵の関係（音のない映像か音声付映像か），の6つである．

こうしたメディアの属性から必要なメディアを選択し，そのメディアのなかから準備の時間や費用，制作や利用にかかるスキルの有無などを勘案して，最終的なメディアを決定するのである．すなわち，ケンプらのメディア選択は次の5つのステップになる．

(1)学習パターンの決定——大集団，小集団相互学習，自己進度学習の検討．
(2)必要な学習経験の決定——教育メディアの必要性の検討．
(3)必要な教育メディアの属性の分析——動きや音などの必要性の検討．
(4)教育メディアのカテゴリーの決定——使用可能，自作可能な教育メディアの検討．
(5)最終的な教育メディアの決定——メディアの候補のなかから実際的な基準によって使用するメディアを検討する．

教材開発は，教授に必要な教育メディア教材を準備するなかでの1つの選択肢であり，自作教材は，市販の教材と複合的に利用することを前提に開発されるべきである．しかし，教材開発は，教材研究能力や教授能力を高め，教授を見直し，改善するための優れた方法でもあり，教材開発スキルを身につけることが重要である．

→教材（9-E），開発スタッフ（9-F），メディア選択モデル（9-C）

●**参考文献**

内海成治（1993）『教育メディア開発論——国際協力と教育メディア』北泉社．
Kemp, J. E. and Dayton, D. K. (1985) *Planning and Producing Instructional Media*. 5th ed. Harper and Row.
Romiszowski, A. J. (1988) *The Selection and Use of Instructional Media: For Improved Classroom Teaching and for Interactive, Individualized Instruction*. 2nd ed. Kogan Page.

［内海成治］

■開発スタッフ

　教育メディアの代表としての映画やテレビ番組は、芸術と科学技術が結びついたものである。あるいは、伝統的な技術と最近の技術の融合であるといえる。そのため、その開発には、多かれ少なかれ、いくつかの領域の専門家による共同作業が必要である。

　寺田寅彦は、映画制作について次のように述べている。「1つの映画が出来上がるまでには実に門外漢の創造に余るような、たくさんの人々の分業的労働を要するのである。そうしてそれが雑然たる群衆でなくて、ほとんど数学的『鋼鉄的』に有機的な設計書の精細な図表に従って、厳重に遂行されなくてはならない性格のものである。しかも、それはこれに併行する経済的帳簿の示す数字によって制約されつつ進行するのである。細かく言えば、高価なフィルムの代価やセットの値段はもちろん、ロケーションの汽車弁当代から荷車の代まで予算されねばならないのである。これを詩人が1本の万年筆と1束の紙片から傑作を作り上げ、画家がカンバスで神品を生み出すのとかなりな相違があるのを見逃すことはできない」（『寺田寅彦全集 第8巻』「教育映画について」）。

　教育メディアの制作の分業は、制作全体にかかわる部分、内容にかかわる部分、表現技術にかかわる部分の3つに大きく分けられる。制作全体にかかわる部分は、プロデューサーを中心とする制作の枠組みや進行をつかさどるスタッフである。内容にかかわる部分は、演出家や出演者、ナレーターなど教材の中身の責任を負うスタッフである。表現技術にかかわる部分は、カメラ、照明、録音、ビデオ技術などを担当する技術スタッフである。

　こうした開発スタッフの役割を見てみると、制作全体を検討するプロデューサーの技術は「大きな技術」であり、具体的な制作技術にかかわるスタッフの技術は「小さな技術」と分類することが可能である。「小さな技術」とは、演技の演出、構図、カメラワーク、ナレーションなど映像の表現にかかわる技術であり、教材開発にあたって不可欠な表現技術である。「大きな技術」とは、直接、画面には現れないが、どういう教材をどのように制作するかという開発の根本にかかわる技術である。日本では、映像は映画会社やテレビ会社という大きな組織によって行われてきたために、監督や演出家の役割が相対的に大きく、欧米のようにプロデューサーを中心としたシステムが確立してこなかった。そのため、メディア開発にあたっても「小さな技術」が重視されており、「大きな技術」に関しては十分に論議されてこなかった。

　「小さな技術」のノウハウの伝達は比較的容易であり、スタッフの養成も行われている。しかし、「大きな技術」は、制作過程に関する基本的な考え方や態勢づくり、つまり、メディア制作の基本構造にかかわるものであるために、伝達が難しい。しかし、制作される教材や作品の質は「大きな技術」によるところが大きいのである。

　中野照海（1991）は、教育番組制作を例にして「大きな技術」の内容として、次の3点を挙げている。

　(1)制作前の検討：視聴者の理解、視聴者のニーズの吟味、ニーズを基にした制作目標の策定、実施規模の検討、財源の確保と適切な配分、放送担当者からの支持、専門的助言・支援組織の確立、制作組織の構成と責任の明確化。

　(2)制作の推進：番組の段階的制作計画、技術的妥当性の吟味、熟達した演出・技術スタッフの確保、番組制作基盤（制作のためのインフラストラクチャー）の整備、中核職員の継続性への配慮、制作スタッフの継続的な研修計画。

　(3)利用の促進：番組配布に必要な支持態勢の確保、利用者からのフィードバックの受け入れ態勢の組織化（継続的な利用者との密接な関

係の保持），視聴・利用集団の組織化，機器の確保と保全，利用場面での指導者の確保と養成。

学校や研修所でのメディア開発においても，外注制作か自作かにかかわらず，制作にあたっては，こうした「大きな技術」を念頭に置いて，プロデューサーの役割をもったスタッフが中心となって実施することが必要である。

→教材開発（9-F），教育メディア（9-B）

● 参考文献

中野照海（1991）「幼児番組制作の技術移転と国際協力」『幼児テレビ番組国際版マニュアル』NHK.

内海成治（1993）『教育メディア開発論——国際協力と教育メディア』北泉社.

『寺田寅彦全集』8（1997）「教育映画について」岩波書店.

[内海成治]

■開発技法

教育メディアの開発技法（development skill）には，厳密には２つの側面がある。一つは，どのような教育メディアを開発するかという高次のスキルと，もう一つは，具体的なメディアを開発する際のスキルである。ひとことで開発技法という場合には，後者のさまざまなメディアを制作する際のスキルを意味することが多い。ここでは，代表的な教育メディアであるビデオ制作を例にとって，メディア開発技法について検討することとする。ビデオにおける技法は，スライドや録音教材の制作にも応用がきく技法が含まれているからである。

ビデオ制作における技法としては，台本作成，演出，カメラワーク，ビデオ編集，ナレーション録音，音声ダビングなどが代表的なものである。

台本は，スクリプトともいうが，画像のイメージとナレーション，カメラワークや出演者への指示が書き込まれたものである。１つの作品は複数のシーンから成り，シーンはショットから成り立っている。作品のなかに盛り込むべきショットを集めて，まとまりのあるシーンとし，そのシーンを適切な順序（起承転結など）に並べて台本とする。台本を書くうえで留意すべき点として，ビデオは映像と音声から成り立っているが，主体は映像であり，映像に語らせることが大切である。つまり，ナレーションは，必要最小限として，映像に語らせることを優先すべきである。

演出の際の留意点としては，学習者（視聴者）が教育目標をわかりやすく理解するにはどうしたらいいのかを第一にすることである。また，出演の講師には，できる限りゆっくりと話すことや，チャートが入る部分やクローズアップの部分を明確に指示することである。

カメラワークは，構図とカメラワークに分けられる。構図とは１つの画面をどのように構成するかであり，カメラワークとはズームレンズなどの使い方やカメラの動かし方である。カメラワークの基本はカメラをぶれさせないことである。画面の中で実験や講義が行われるのであるから，必要な場合にクローズアップやチャートを挿入する。また，画面を変える場合には，カメラを横に移動させたり（ドリー），被写体に近づいたり（トラック），被写体といっしょに移動するなどの技法を使い，ズームの使用は最小限にするとよい。ズームを使用してレンズの焦点距離を変化させると，被写体と背景の距離感（パースペクティブ）も変わってしまい，同じ場面でも異なったイメージを与えてしまう。

現在のビデオ編集は，パソコン上でできるようになり，自作の場合も，編集の操作性や精度はずいぶんとよくなっている。しかし，編集は台本の段階に組み込まれ，実際の撮影は編集を前提として行われなくてはならない。映像の編集には基本的な文法ともいうべき法則がある。

その法則にのっとって録画することで，編集が可能になる。

講義や実験の場合には，録画の際に音声も録音する。そのためには，カメラに内蔵したマイクではなく，別にマイクをセットする。その際に，マイクが画面に入ることをあまり気にする必要はない。こうした際に，出演の教師にははっきりと大きな声で発声してもらうことが必要である。ナレーションの録音の際には，ゆっくり読むことが大切である。ナレーションのスピードとしては，1分間に200字くらいが適当である。

音声ダビングとは，編集ずみの映像にナレーションあるいは音響（音楽と効果音）をミックスすることである。講義や実験を内容とした教育ビデオにとって，音響の重要性は，ドラマやドキュメンタリーと比べて低い。逆に，講義の声やナレーションを音楽が邪魔しないように注意する必要がある。

開発技法は，教育目標に見合った教育メディアを開発するための技法であり，初めに技法ありきではなく，さまざま技法を使用して作品を作ることが重要である。

→ 教育システム (9-B)，教育メディア (9-B)，教材開発 (9-F)

● 参考文献

Romiszowski, A. J. (1988) *The Selection and Use of Instructional Media: For Improved Classroom Teaching and for Interactive, Individualized Instruction*. 2nd ed. Kogan Page.

[内海成治]

■ 開発計画

教育メディアの開発計画は，つねに教授開発の一環として計画されねばならない。教育メディアは，単独で利用されるものではなく，教育目標に従って設計される指導案のなかに位置づけられるものだからである。

開発計画は，プランニング，メディア選択，プロトタイプの開発，試行，本格的開発，実施，評価という教材開発の全過程を念頭に置いて行われる。教育メディア開発計画において必要なことは，教育目標を分析して具体的な目標を明確にして，教育メディアに託すメッセージを同定することである。

メッセージには，意図，内容，記号化の3つの要素がある。意図とは，メッセージを伝達することで達成しようとすることで，たとえば，関心を高める，動機づけ，啓発する，教えることなどが含まれる。内容とは，伝達される情報のことで，事実なのか概念なのか，あるいは，構造をもった複雑な概念かなどということである。記号化とは，メッセージが伝達されるシンボルシステムのことで，どの感覚を使うのか，音楽はどうするのか，どのようなナレーションにするのか，などが含まれる。

マクルーハン（McLuhan）の「メディアはメッセージである」ということばにあるように，あるメディアは，1つの思考のあり方や態度を決めるメッセージ性をもっている。彼によれば，テレビは低い視覚指向性と高い参加度をもつ新しい環境をつくり出し，テレビをよく見る子どもはこうした態度を身につける。しかし，こうしたテレビのつくり出す環境と態度は，既成の教育とは相容れない。テレビっ子は，学校嫌いになり，落ちこぼれやすいのである。

しかし，テレビは，あくまでメディアの1つの要素であり，同じテレビ番組でも，ニュース，ドラマ，ドキュメンタリー，教育番組などがある。それゆえメッセージとメディアが一元的に結びついていると考える必要はない。教育メディア教材の開発計画に必要な視点は，決定したメッセージが，どのメディアでどのように伝えられるのか，どのメディアであればそのメッセージを伝えやすいのかという点である。

実際の開発計画におけるメディア選択の幅はそう広いものではなく,時間,費用,人材,施設などの点から,使用できるメディアは限定されていると考えるべきである。そこで,あるメディアを利用する場合には,内容・形式・使用法を検討することで,そのメディアで伝達すべきメッセージを伝える最適な方法を検討することが重要である。

→教育システム (9-B), 教育メディア (9-B)
● 参考文献
Romiszowski, A. J. (1988) *The Selection and Use of Instructional Media: For Improved Classroom Teaching and for Interactive, Individualized Instruction.* 2nd ed. Kogan Page.

[内海成治]

■ 録音技法

録音技法には,ハードウェアとソフトウェアの技法がある。ハードとは,ノイズを少なくして聞きやすい録音をするためであり,ソフトとは,いかに聞きやすい読み方をするかという技法である。

ハードの技法としては,録音レベルの適正化や,マイクと録音機のインピーダンスを適合させるなど機器の取り扱いに類することのほかに,マイクの選び方や取り扱いが重要である。マイクは,大きく分けて,無指向性マイクと指向性マイクとがある。スタジオや静かな教室で音声を録音する場合には,無指向性マイクがよいが,野外や街頭で録音する場合には,指向性マイクが適している。音声を録音する場合には,リップノイズ(舌や唇からの雑音)を避けるために,30センチ程度離すほうがよい。

ソフトの技法として重要なのは,原稿を読むスピードである。通常の会話や講義は,考えている以上に速いスピードで発音されており,そのまま録音すると,学習者にとっては聞き苦しいものである。ニュースのアナウンサーのスピードは,1分間に200字程度であり,文章の区切りや読点では十分に余裕をとらなければならない。

日本語のアクセントは,地域により変化が激しいので,原稿を読む場合,アクセント辞典をつねに手元において確認することが必要である。また,発音も個人差が大きいので,複数の人に原稿の読みをチェックしてもらうことが必要である。

原稿や本を読む場合のペーパーノイズ(ページや紙をめくる音)を除去するために,ページや原稿の端を軽く折っておくとよい。

編集作業は,オープンリールのテープレコーダーの時代は物理的な切り貼り作業であったが,デジタルオーディオの時代は電子的な作業であり,非常に簡単な作業になっている。音声の編集上の技法としてフェードアウト(音が徐々に消えていく)や,フェードイン(音が徐々に大きくなる)も電子的に自由にできるようになっている。

また,音にはナレーション,音楽,効果音(あるいは音響)の3つの要素があり,スライドやビデオの録音技法として,その3つの要素をどのように重ねるかが重要な課題である。教材の場合には,あくまでもナレーションが中心であり,音楽と効果音は副次的なものと考えるべきである。その際に,ナレーションと音楽,あるいは,ナレーションと効果音を組み合わせるのが通常であり,3つの要素を同時に使うことは効果的ではなく,避けたほうがよい。

→教材開発 (9-F), 音・音声 (9-D), 音声処理 (9-D), アクセント (1-E)
● 参考文献
内海成治 (1987)「ビデオ制作技術」JICA国際協力総合研修所(編)『視聴覚メディアハンドブック』JICA.

[内海成治]

■録画技法

現在のビデオカメラは，小型で自動化が進んでおり，色の調整やフォーカスまで自動で行われるために，特別な知識がなくとも簡単に使うことのできる機器である。しかし，教材として利用するには，ある程度の技法を知っておく必要がある。録画技法の基本は，録画するときに視聴者（学習者）のことを考えながら録画することである。

撮影するとは，3次元の景色を2次元のスクリーンやテレビに再現することである。そのため，画面の構成を考えないと，平板で魅力のない画面になる。そうならないためには，画面の中に撮影する対象の前後の景色を入れる必要がある。つまり，遠景，中景，近景のバランスを考えて，画面上のパースペクティブ（遠近感）を強調するように撮影することが必要である。

また，撮影は，現場にいない学習者に情景をレポートすることであるから，画面を見て状況がわかるようにする工夫が必要である。そのためには，撮影対象の全体的状況（ロングショット），対象自体（ミディアムショット），細かなディテール（クローズアップ）の3つのショットを組み合わせて撮影する必要がある。

1つのショットをある程度長い時間撮影することや，カメラを動かさないで撮影することなども必要である。なぜならば，頻繁にショットを変化させるなど，カメラを激しく動かすと，画面に落ち着きがなくなり，何を撮影しているのかよくわからなくなるからである。さらに，視聴者が激しく動く映像のスクリーンやテレビを注視すると船酔い状態になってしまう。したがって，撮影の際には，できるだけ三脚を利用するとよい。三脚は，カメラやビデオカメラが軽くなったこともあり，機材として軽視されがちであるが，がっちりして動きの滑らかな脚と雲台を選ぶ必要がある。

ほとんどのビデオカメラにはズームレンズが装着されているが，ズーミングを多用すると，被写体の大きさが変化するだけでなく，被写体と背景のパースペクティブ（遠近感）が変化して，違和感を覚えるものである。そのため，被写体を大きくしたい場合には，カメラ自体を被写体に近づけるとよい（ドリー）。被写体をよりよく見せるためには，カメラが被写体のまわりを回って，違った角度から見せる工夫が必要である（トラック）。

人物を撮影する際のカメラの高さは，目の位置が基本である。上から撮ると，人物が弱々しく，下から撮ると，高慢な感じがするからである。また，画面の構成としては，目の位置を画面の上から3分の1に設定すると，安定した画面になる。

→教材開発（9-F），画像処理（9-D），画像の形式（9-D）

● 参考文献

内海成治（1987）「ビデオ制作技術」JICA国際協力総合研修所（編）『視聴覚メディアハンドブック』JICA．

[内海成治]

■映像メディアの規格・方式

世界各国のカラー・テレビジョン方式は，画面の走査線数や，1秒あたりの像数などによって異なり，主に3種類の方式がある（表9-1）。アメリカや日本では，NTSC方式，西ヨーロッパや中国では，PAL方式，フランスや東ヨーロッパでは，SECAMが採用されている。これらの方式には互換性がなく，たとえば，海外で録画・購入したVHSビデオテープやDVDが日本では再生できないこと，また，日本で録画・購入したものが海外で見られないことがあるので注意が必要である。複数の方式に対応したビデオデッキや，DVDプレーヤーも販売されている。以下に，それぞれの方式を採用している国を記す（PALとSECAMには

表 9-1　テレビ・ビデオの規格・方式一覧

● NTSC

日本，韓国，台湾，フィリピン，カンボジア，ミャンマー，ミクロネシア，アメリカ合衆国，カナダ，エクアドル，エルサルバドル，キューバ，グアテマラ，コスタリカ，コロンビア，チリ，トリニダードトバコ，ドミニカ共和国，ニカラグア，ハイチ，パナマ，バハマ，バミューダ，プエルトリコ，ベネズエラ，ペルー，ホンジュラス，メキシコ

● PAL 系

イギリス，ドイツ，イタリア，オーストリア，オランダ，スイス，スウェーデン，デンマーク，ノルウェー，フィンランド，スペイン，ポルトガル，ベルギー，ユーゴスラビア，アイスランド，アイルランド，ルーマニア，インド，インドネシア，シンガポール，北朝鮮，中国，マレーシア，ブルネイ，スリランカ，タイ，パキスタン，バングラデシュ，香港，アフガニスタン，モルジブ，オーストラリア，ニュージーランド，アラブ首長国連邦，イエメン，イスラエル，オマーン，カタール，クウェート，トルコ，バーレーン，シリア，アルゼンチン，ウルグアイ，ブラジル，アルジェリア，ウガンダ，ガーナ，ケニア，ザンビア，スーダン，タンザニア，ナイジェリア，南アフリカ共和国，リベリア

● SECAM 系

フランス，ロシア，ギリシャ，スロバキア，チェコ，ハンガリー，(旧)東ドイツ，ブルガリア，ポーランド，モナコ，ルクセンブルク，イラン，イラク，エジプト，サウジアラビア，レバノン，ニューカレドニア，モンゴル，タヒチ，コートジボアール，コンゴ，ザイール，セネガル，チュニジア，トーゴ，ニジェール，マダガスカル，モロッコ，リビア，モーリシャス

下位分類があるが，いずれも NTSC との間に互換性はない)。

➡教材開発（9-F），映像・動画（9-D）

●参考文献

映像情報メディア学会（編）（2004）『映像情報メディアハンドブック』オーム社．
NHK 放送文化研究所（編）（2005）『NHK データブック　世界の放送 2005』NHK 出版．

［西郡仁朗］

■録音の規格・方式

　1980 年代以前は，音声の記録のほとんどがアナログ方式であり，LP・EP レコード，オープンリールテープ，カセットテープが主な媒体として用いられていた。しかし，その後，デジタル技術が飛躍的に進歩して，1982 年の音楽 CD の発売以降，DAT（digital audio tape），MD（mini disc），DVD（digital versatile disc）などの媒体が登場している。

　音声をデジタルデータに変換するには，通常，音を一定時間ごとに数値化（サンプリン

表 9-2　主な音声ファイルの形式一覧

● WAVE ファイル
　Microsoft 社の Windows の標準的音声ファイル形式。圧縮方法は規定されておらず，任意のものを利用することができる。

● RealAudio
　RealNetworks 社が開発した音声圧縮方式と，その配布・再生のためのシステム。ストリーミング方式に対応していて，音声コンテンツをインターネット上で配信するのに使われる。

● MP3（MPEG Audio Layer-3）
　映像データ圧縮方式の MPEG-1 で利用される音声圧縮方式の一つ。音楽 CD 並の音質を保ったままデータ量を約 1/11 に圧縮することができる。音楽 CD から MP3 に変換した海賊版の横行が著作権上の問題になっている。

● WMA（Windows Media Audio）
　Microsoft 社の音声圧縮形式で，音楽 CD 並みの音質を保ったまま，低速な通信回線を通じて音声を配信することができ，MP3 よりも高音質であるといわれる。暗号化が可能で，海賊版がインターネットで配布されるのを防止する機能もある。

グ）して記録する（PCM方式）。記録されたデータの音質は，1秒間に何回数値化するか（サンプリング周波数）と，データを何ビットの数値で表現するか（量子化ビット数）で決まり，それぞれの値が高いほど，音質はよくなる。音楽CDのサンプリング周波数は，44.1 kHz，量子化16ビットとなっている。

デジタル音声ファイルの圧縮技術は急速に進歩し，パーソナルコンピュータはもちろん，携帯電話でも扱えるようになってきている。現在は，表9-2にあるように，さまざまなファイル形式が併存している。また，インターネットから音声ファイルをダウンロードしたり，ダウンロードしながら再生するストリーミング技術も発達してきているが，この技術革新は，音楽などの著作権侵害の問題も生んでいる。

➡教材開発（9-F），音声処理（9-D）

● 参考文献

加銅鉄平（2001）『わかりやすいオーディオの基礎知識』オーム社．

田口美帆（2003）『ブロードバンドとダウンロード』技術評論社．

[西郡仁朗]

■データ記録の規格・方式

マルチメディア技術の進化によって，文字情報だけでなく静止画・音声・動画等をパーソナルコンピュータ上で扱うことが可能になった。しかし，これらのデータは大容量であり，また，情報の高速での読み取りが求められるため，それに対応したデータ記録媒体の開発が進んできている。逆に言えば，記録媒体の進歩がマルチメディアの発達を支えている。そうした記録媒体のうち，主なものを表9-3にまとめた。

円盤（ディスク）型の記録媒体には，ハードディスクやフロッピーディスクなどの磁気ディスク，CDやDVDなどレーザー光を利用した

表9-3 主なデータ記録媒体一覧

● フロッピーディスク（FD）
　磁気ディスクの1つ。容量が小さく，データの読み書きの速度は速くないが，安価なため広く普及している。現在使用されているのは3.5インチの大きさで，容量1.44 MBの2HDタイプのものが主流。

● ハードディスク（HD）
　磁気ディスクの1つで，ほとんどのコンピュータに搭載されている代表的記憶媒体。ディスクをモーターで高速回転させ，磁気ヘッドを近づけることでデータの読み書きを行う。容量はさまざま。

● CD-ROM
　光ディスクであるCDを用いた読み出しの専用記憶媒体。アプリケーション・ソフト，ゲームなどの製品は，ほとんどCD-ROMのかたちで流通している。600〜700 MB程度の容量がある。

● CD-R
　データを一度だけ書き込める追記型CD。レーザー光でディスク表面の色素を焼くため，いったん書き込んだデータは消去できない。600〜700 MB程度の容量がある。

● CD-RW
　相変化記録方式を採用し，データを何度でも書き込んだり消去したりできるCD。容量はCDと同じ600〜700 MB程度。ディスクの反射率が低いため，古いCD-ROMドライブやCDラジカセなどでは読み取ることができない。

● DVD-ROM
　光ディスクであるDVDを用いた読み出し専用の記憶媒体。最大記憶容量は片面1層記録で4.7 GB，片面2層記録では8.5 GB，両面各1層記録9.4 GBとなっている。コンピュータ用ソフトウェアの配布や，映画など映像作品の配布に利用される。

● DVD-R
一度だけ書き込みが行える追記型 DVD。DVD-ROM や DVD-RAM など，他の DVD 規格とも互換性がある。容量は片面 4.7 GB。

● DVD-RW
書き換え可能型 DVD の規格で，映像記録に向いた特徴をもつ。データ記録用としては，これとは別に DVD-RAM，DVD+RAM などがある。容量はともに片面 4.7 GB。

● MO（光磁気ディスク）
磁気記憶方式に光学技術を併用した書き換え可能な記憶媒体。レーザー光を用いるため，データの読み出しはかなり高速である。容量は 640 MB までのものが一般的だが，1 GB を超える別の規格のものもある。

● PC カード（PC Card）
ノートパソコン向けの拡張カードの統一規格。フラッシュメモリーカードやハードディスク，SCSI カード，LAN カード，モデムカードなどに利用される。PC カード規格は，カードの厚さによって Type Ⅰ，Type Ⅱ，Type Ⅲ の3つの種類がある。Type Ⅰ は，厚さ 3.3 mm で，メモリカードなどに使われる。Type Ⅱ は，厚さ 5 mm で，最も広く普及しているタイプ。Type Ⅲ は厚さ 10.5 mm で，ハードディスクなどに使われる。

● フラッシュメモリー（flash memory）
何度でも電気的に記憶の消去・書き込みができる記憶装置。外部から電力を供給しなくても記憶が消えないため，デジタルカメラや家庭用ゲーム機などのメモリーカードや，コンピュータに接続される周辺機器を制御するプログラム群（BIOS）の記憶などに使われる。

● コンパクトフラッシュ（CF, Compact Flash）
デジタルカメラやパソコンなどの記憶装置として使われるメモリーカードで，外部端子の構造は PC カードに準拠，専用のアダプタを介してパソコンに接続することができる。アダプタは，単に配線を延長してカードの長さを PC カードに合わせるだけ（制御回路をもたない）なので，他のメディアより安価。

● スマートメディア（Smart Media）
切手大（縦 45 mm，横 37 mm，厚さ 0.76 mm，重量 1.8 g）のフラッシュメモリーカードの規格。個人用の携帯情報端末やデジタルカメラの記憶媒体として広く使われている。構造が単純なため，メディア単価は安いが，パソコンなどで読み込むためには PC カードスロットに接続するためのアダプタが必要。1枚あたりの容量は 16 MB，32 MB，64 MB，128 MB などの種類がある。

● メモリースティック（memory stick）
日本の大手数社が共同開発したメモリーカードの規格。フラッシュメモリータイプの記録メディア。サイズは縦 21.5×横 50×厚さ 2.8 mm の棒状で，小型・薄型の部類に入る。パソコンやデジタルカメラ，携帯デジタル音楽プレーヤなどに差し込んで，データの記録・再生ができる。4 MB から 1 GB といった大容量のものもある。

● SD メモリーカード
（Secure Digital memory card）
音楽のオンライン配信に適した著作権保護機能 CPRM（Content Protection for Recordable Media）を内蔵しており，携帯音楽機器の記憶装置としての需要がある。SD メモリーカードはマルチメディアカード（MMC）の仕様をベースとしているため，SD メモリーカードスロットに MMC を差し込んでの使用が可能。サイズは縦 32 mm×横 24 mm×厚さ 2.1 mm。記憶容量は 16 MB〜512 MB。

● マルチメディアカード
（MMC, MultiMedia Card）
マルチメディアカードは，複数の企業が業界団体 MMCA（MultiMediaCard Association）を設立し，規格の普及を推進しているメモリーカード。容量は，当初は 4 MB，現在は 64 MB の製品が主流，仕様上は 4 GB まで拡張可能。サイズは縦 32 mm×横 24 mm×厚さ 1.4 mm。著作権保護機能を付加したものもある。

光ディスク，レーザー光と磁気を組み合わせて記録する光磁気ディスクなどがある。また，メモリースティックやフラッシュメモリーなど，円盤型ではないフラッシュメモリーもある程度大容量データに対応できるようになってきている。

→教材開発（9-F），記録メディア（9-A）

● 参考文献

徳丸春樹他（2005）『DVD 読本』オーム社．

日経 BP 社出版局（編）(2004)『情報通信用語事典』日経 BP 社出版センター．

小島準（2005）『CD＆DVD 作成』技術評論社．

[西郡仁朗]

G──知的所有権

■知的所有権

● 知的所有権の役割 ── 人々の知的創造活動の成果として，発明や著作物など種々のものがある。これらの知的成果物の創作活動を担った人々の正当な利益の確保をはかり，知的創造活動による社会公共の利益を増進するため，創作者に対して適切な法的保護が付与される必要がある。

私人の権利を定める基本的な法制として，民法がある。民法においては，当事者間の債権債務に関する契約にかかる規定などのほか，対世的な排他的性質を有する権利として，動産や不動産などの有体物に対する権利である物権，つまり所有権や地上権などについて，規定されている。また，民法第 709 条以下の規定により，不法行為制度を設け，他人の権利を侵害した者に対する損害賠償請求権を定めている。

知的創作活動の成果は，法的に守られるべき権利の対象となるべきものであり，民法の不法行為規定による保護の可能性も，ある程度は期待しうるが，一定の法目的のもとに，さまざまな知的創作物の特性に応じた権利内容を定め，その適切な保護をはかるとともに，安定的な利用・競争秩序の形成をはかるために，特別に知的財産に関する法制を整備することが不可欠となる。

そのため，民法に対するいわば特別法的な性格を有するものとして，知的所有権法制が確立されており，これにより創作者に準物権的な排他的権利が付与され，知的成果物の利用・競争秩序の基本的枠組みが構築されている（なお，知的財産にかかる各法制においては，刑事罰も定められており，その点では，特別刑法としての性格も有する。また，公正な競争秩序の維持という観点から見れば，公法的な意味合いもある）。

● 知的所有権と知的財産権 ── かつては，「無体財産権制度」と呼ばれることが多かったが，近年では，一般的には「知的所有権制度」あるいは「知的財産権制度」と呼ばれるようになってきた（英語では，一般的には "intellectual property law" と呼ばれている）。いずれも同様の意味を有するのであるが，無体財産権は，有体物でないものを保護対象とする権利という意味合いがあり，むしろ積極面から見た表現として，知的所有権あるいは知的財産権という用語が好まれるようになったと思われる。知的「所有権」ということばは，有体物にかかる所有権概念を想起させるので，知的「財産権」のほうがむしろふさわしいとする見解もある。ただし，知的成果物を排他的に支配する権利という意味での「知的所有権」という概念であるので，必ずしも有体物にかかる所有権概念との混同があるわけでもない。

この知的所有権制度の分野に属する法律としては，いくつかの種類があるが，大きく著作権法と工業所有権制度に分類される（近年では，

工業所有権に代えて産業財産権ということばが用いられるようになっている)。

●著作権——著作権法は,小説や論文,音楽,美術,コンピュータ・プログラムなどの著作物を創作した著作者を保護するとともに,実演家,レコード製作者,放送事業者などの著作隣接権者を保護している。特徴的であるのは,著作者には,財産的権利である狭義の「著作権」のほかに,人格的利益の保護をはかる「著作者人格権」が付与されている点である。著作物が創作されたときから無方式により権利が発生し,その保護の存続期間は,基本的には,その著作者の死後50年間である。

●工業所有権(産業財産権)——工業所有権制度のなかには,「特許法」「実用新案法」「意匠法」「商標法」の伝統的な4法がある。また,この4法以外に,産業の発展を目的とする知的財産法制として「半導体集積回路の回路配置に関する法律」や「種苗法」があるが,伝統的4法のみを指して「工業所有権」と呼ぶことが多い。

特許法の保護対象は「発明」であり,「発明」とは「自然法則を利用した技術的思想の創作のうち高度のもの」とされている。「自然法則の利用」とは,自然界のもつ物理的,化学的,生物的性質を利用することである(自然法則を利用する限り,微生物や植物,動物なども発明の対象となりうる)。したがって,たとえば,数学や経済学の法則,計算方法,生命保険制度など,人の精神活動のみから成るものや,遊戯方法,スポーツのルールなどの人為的取り決めは,それ自体としては自然法則を利用するものではなく,特許法でいう発明にはならない。近年,コンピュータ・プログラムやビジネスモデルについて,その特許性が課題となってきたが,これらに存する論理的思考法そのものは特許発明にはならないとしても,その応用面に着目して特許性が認められてきている。発明には,「物の発明」と「方法の発明」があるが,2002(平成14)年の法改正によりコンピュータ・プログラムは,「物の発明」の「物」に含まれることが明確に規定された。特許庁への登録により権利が発生し,特許出願の日から20年までが保護の存続期間とされている。

実用新案法の保護対象は「物品の形状,構造又は組合せに係る考案」である。「考案」とは「自然法則を利用した技術的思想の創作」であり,特許法の保護対象である発明と本質的には同じものということができるが,技術的思想の創作のうち,実用新案は「物品の形状,構造又は組合せ」にかかるものに限られ,また,高度性が要求されない点が発明と異なる。特許庁への登録により権利が発生し,保護の存続期間は出願日から10年までである。

意匠法の保護対象は,「意匠」つまり産業デザインである。意匠とは,「物品(物品の部分を含む。)の形状,模様若しくは色彩又はこれらの結合であって,視覚を通じて美感を起こさせるもの」とされている。特許庁への登録により権利が発生し,保護期間は設定登録の日から15年間とされている。

商標法の保護対象は「商標」であるが,特許発明などと異なり,創作的なものである必要はなく,他の商品などとの出所識別機能の有無が重要となる。従前は,商品商標(標章を「商品」の識別標識として使用する商標)が保護対象であったが,1991(平成3)年の法改正により,役務商標(標章を放送や金融,外食産業等の「役務」の識別標識として使用する商標),いわゆる「サービスマーク登録制度」が導入された。また,従前は,商品容器の形態や店頭に設置される人形のような立体的な形状は,商標法上保護される標章ではなかったが,1996(平成8)年の法改正により,立体的な形状についても立体商標として保護されることとなった。特許庁への登録により権利が発生し,その

存続期間は，設定登録の日から10年であるが，他の制度と異なり，更新できる。

● **不正競争防止法**── 上記の法制のように，創作者の独創性や創作性などに着目した排他的独占権の付与という形式ではなく，公正な競争秩序を確立するための法制として，「不正競争防止法」がある。また，知的所有権法制という性格づけはなされないものの，実質的に類似の機能を果たしうるものとして，商法による商号の保護や，消費者保護の観点からの「不当景品類及び不当表示防止法」がある。

➡ 教材開発（9-F）

● **参考文献**

作花文雄（2004）『詳解 著作権法』（第3版）ぎょうせい．

工業所有権法研究グループ（編）（2004）『知っておきたい特許法』国立印刷局．

土肥一史（2005）『知的財産法入門』（第8版）中央経済社．

渋谷達紀（2004-2005）『知的財産法講義1〜3』有斐閣．

中山信弘（1998）『工業所有権法』弘文堂．

［作花文雄］

■ **著作権の歴史**

著作権制度は，公衆に対する情報伝達手段の発達とともに今日まで発展してきた。15世紀中頃における活版印刷術の発明以前においては，著作者あるいは出版者に対する法的保護制度は特段の発達をみなかった。

活版印刷術は，一般的には，ドイツ人のグーテンベルク（Gutenberg）の発明と考えられている。グーテンベルクは，1450年頃，活版印刷機を開発し，1455年に四十二行聖書と呼ばれるラテン語の聖書の印刷に成功したといわれている。この印刷術は，1世紀足らずのうちにヨーロッパ全土に普及した。

一般に，著作権制度の発達の歴史は3つの時期に分けて説明されることが多いが，第1期の時代は，国王や官憲から恩恵的に出版者に出版の特許（営業独占権）が付与された時代であり，第2期は，著作者の本来有すべき権利が認知され，著作権法制を確立していく時代であり，第3期は，条約の締結により国際的な相互保護の体制を確立する時代である。

● **印刷技術の発達と出版の特許**── 第1期の時代は，上記の活版印刷術の発明・普及を契機としている。活版印刷技術により，書籍を大量にしかも安価に作ることができるようになり，広く世の中に書籍が流通するようになったが，一方では，無断印刷物の発生を招くこととなった。出版業者は，当初，同業者間での自衛策を講じたが，無断出版の防止には限界があったため，出版業者は，国王や官憲に願い出て，出版の保護を求めることとなった。国王や官憲としても，出版検閲上も都合がよく，また，上納金による収益を期待できることもあり，出版業者に出版の特許を与えて，独占的な権利を付与するに至った。

● **欧米諸国における著作権法制の確立**── 第2期の著作者の権利確立の嚆矢(こうし)となるものとしては，英国において1710年にアン・アクト（Act 8 Anne, c.19, 1710）が成立したことが挙げられる。アン・アクトでは，出版者ではなく著作者にその著作物の印刷出版の権利が認められている。出版者は，著作者から権利の譲渡を受けることにより，権利者となる。アン・アクトは，実際には出版者を保護する性格のものであったとの見解などもあるが，法制として，原始的な権利の帰属主体を著作者と明記したことに画期的な意義がある。

欧米諸国の動向としては，フランスにおいては，1791年には上演に関する法律，1793年には複製に関する法律が制定されており，ドイツ諸邦においても，18世紀から19世紀にかけて，印刷出版にかかる法律をおのおの制定して

いたが，ドイツ帝国において，1870年に文芸，音楽，演劇の保護に関する法律が制定され，1876年には，美術および写真の著作物の保護に関する法律が制定された。米国においては，英国のアン・アクトに類似した「U.S. Copyright Act」（1790年5月31日）が制定された。

● **国際的な相互保護体制の確立**——第3期の条約による国際的な相互保護確立の時代は，19世紀から始まるが，当初は，2国間条約を各国がおのおの締結していた。しかし，各国の文化発展のため不可欠な役割を果たす著作物は，本来的に，国際的な流通が求められるものであるところから，2国間条約では十分な保護をはかることが困難となった。そのため，1886年に多国間条約である「文学的及び美術的著作物の保護に関するベルヌ条約」が策定された。また，今世紀に入り，1952年に万国著作権保護条約が締結され，1961年に実演家等保護条約が締結されるなど，多数の関係条約が整備されてきている。

● **日本における発展**——わが国は，著作権にかかわるものとして，明治初期から出版条例や版権条例などを制定していたが，本格的な著作権法制としては，1899（明治32）年に著作権法が制定された（西欧列強諸国との不平等条約撤廃の条件として，わが国において，西洋の近代的法制を構築することが求められており，著作権法もその1つであった）。その後，1910（明治43）年のベルヌ条約ベルリン改正条約への対応のための改正，1920（大正9）年のレコードの海賊盤への対応のための改正，1934（昭和9）年の録音物の再生利用を自由にするための改正など幾度かの改正を経て，戦後，1970（昭和45）年に全面改正され，現行の著作権法が制定された（昭和46年1月1日施行）。

→ 教材開発（9-F）

● **参考文献**

作花文雄（2004）『詳解 著作権』（第3版）ぎょうせい．
半田正夫（2005）『著作権法概説』（第12版）法学書院．
Sterling, J. A. L. (2003) *World Copyright Law*. Sweet and Maxwell.

［作花文雄］

■著作権と教育

● **著作権の存続期間と使用条件**——日本語教育に限らず，著作権の重要性が急速に増大している。以前は，著作物を作ったり使用したりする人は限られていたが，情報化の進展によって多くの人がコンピュータなどを利用して自由に創作できるようになったためである。また，インターネットなどで提供される著作物をだれでも使用できるようになったためでもある。したがって，あらゆる人が著作権に関する知識を習得する必要があり，それを守る習慣が求められている。

著作権は著作した時点から自動的に生じ，著作者の孫の代に相当する死後50年間にわたり権利があり，申請によって権利が確立する特許権などの工業所有権とは異なる。著作権の基本的な点は，「他人の創作物を無断で使用できない」ということである。したがって，著作者の了解が得られれば，利用できることになる。ただし，その了解を得る際に，しかるべき代金を支払う必要がある場合もある。著作者は，自分の利用者に対して，対価を請求できることを意味している。著作者にメリットを与えることによって，創作意欲を高め，人類全体の文化的レベルを高めることになる。また，「創作物を他人に勝手に改訂されない」という権利も著作者にある。したがって，他人の創作物を修正したり，模倣したりして，自分の作品とすることはできない。

著作者の了解なしに，他人の著作物を使用できる場合がある。たとえば，「私的使用」がそれである。テレビ番組を個人的にまたは家庭内でビデオに収録して，後で見る場合などである。インターネットで提供されている文や画像を自分のパソコンにダウンロードする場合も，私的使用にあたる。しかし，それらを自分のホームページに掲載することは，著作者の了解なしにはできない。ホームページに掲載するだけでは，送信したことにはならないが，送信が可能状態にしているので，ほかの人が自由に取得できることになるためである。さらに，図書館などが利用者の求めに応じて，図書館資料の一部分を複写して1部提供することができる。ただし，図書館職員が複写することになっている。

次に，他人の文をそのまま掲載することは，盗作である。ただし，自分の主張を補強する目的で，公表された著作物を引用することができる。この場合，自分の文が主であって，引用部分が従であることが基本である。また，引用の部分を鍵括弧でくくるなどして，明確に区別する必要がある。また，引用の必然性が必要である。よく大学生が他人の文をつなぎ合わせてレポートを提出することがあるが，これは引用にあたらない。米国の大学などでは，レポートなどにおける引用のしかたを含めて，レポートの書き方の指導がなされているが，日本の大学においても著作権法における引用のしかたに関する指導が望まれる。

● **教育利用上の著作権** ── 教育利用も条件つきで可能である。学校や非営利の教育機関において，教育を担任する者がその授業のために自らが複写する場合である。その際，コピーの部数が適切で，著作者の利益を不当に侵害しない場合に限られる。これはインターネットで取得した著作物を授業中にディスプレーに提示する場合も含まれる。ただし，他の教員や学習者が複写したものを提示することは，無断ではできない。また，教員が複写したものであっても，講演会等で著作物を提示することはできない。講演会において，新聞記事をOHPで提示しているのをよく見かけるが，新聞社の了解を得ずにはできないことである。また，教育目的とはいえ，学校のホームページに他人の著作物を掲載し，児童生徒や他の教員に使用させる場合には，了解が必要である。教育目的であれば，かなりのことが可能であると勘違いしている場合が多いことは，ゆゆしきことである。試験問題に利用する場合は，事前に著作者に了解を得ることなく利用できる。試験問題が事前に漏れることは，試験の公平さを欠くためである。ただし，営利を目的とした試験問題としてコピーする場合は，通常の使用料を支払わなければならない。

➡教材開発（9-F），教育メディア（9-B），論文（7-O），ホームページ（9-A）

● **参考文献**

中山信弘（1996）『マルチメディアと著作権』〈岩波新書〉岩波書店．

岡本薫（2003）『著作権の考え方』〈岩波新書〉岩波書店．

著作権法令研究会（2002）（編）『実務者のための著作権ハンドブック』著作権情報センター．

文化庁「著作権──新たな文化のパスワード」（http://www.bunka.go.jp/8/VIII.html）．

［清水康敬］

■著作権とメディア

著作物は，出版物や舞台芸術，さらに，レコード，映画，放送などの媒体（メディア）を通じて公衆に伝達され，利用されることとなるが，その際行われる，複製，上演，演奏，上映などの行為について，複製権，上演権，演奏権，上映権などをもつ著作者の許諾を得，あ

るいは権利の譲渡を受けるなど，適正に利用するための手続き，すなわち権利処理（著作権処理）が必要となる．

一方，情報技術の進展に伴い，今日では，従来からの著作物伝達メディアに加えて，マルチメディア技術を駆使して，文字，音声，画像などによるさまざまな形態の著作物を取り込んだコンテンツが制作され，DVDなど，種々の記録媒体や，インターネット，衛星送信のような新しい情報通信メディアを通じて公衆に伝達され，利用されている．

このようなマルチメディア技術活用による著作物の制作や，その利用にあたっての権利処理については，従来の著作物の場合に比べて，格段の注意が必要となってくる．なぜなら，マルチメディア・コンテンツの多くは，言語，音楽，写真，映画など多種多様な著作物を含んでいるが，これらの著作物の種類に応じて，権利の内容が異なってくるからである．また，利用されている多数の著作物について，それぞれ権利者が異なり，映画のように映画製作者，脚本家，原作者など複数の権利者がかかわる著作物もある．さらに，CDに入っている音楽や，放送されるものを利用する場合には，著作隣接権の処理も欠かせない．

したがって，たとえば，マルチメディア技術を駆使して，多種多様な形態の著作物を取り込んだマルチメディア教材の制作や，その多様な形態での利用にあたっては，かかわっている多数の著作権者や著作隣接権者と交渉しなければならず，また，利用の形態に対応した，内容の異なる多様な権利について，逐一処理を行うという複雑な権利処理が必要となる．

このほか，マルチメディア・コンテンツの制作と利用にあたっての留意点は，次のとおりである．

●インターネット利用と公衆送信権── 著作物を公衆による受信目的で無線または有線送信することについて公衆送信権が，また，実際に送信しなくとも，公衆に開かれているサーバに著作物をアップロードしてアクセスできる状態にすることについて送信可能化権が著作者に認められている（著作権法23条）．したがって，ホームページへの掲載など，著作物のインターネット利用にあたっては，これらの権利の処理が必要となる．なお，ホームページに載せる準備のために，著作物をファイルした時点で複製権侵害となる．仮にその時点では私的複製であっても，ホームページに載せようとする時点で目的外使用（著作権法49条）となって，新たな複製を行ったものとみなされる．複製については，教師による授業目的のものは，許諾を得ずに行えるとされている（著作権法35条）が，公衆送信にはそのような規定がないので，注意しなければならない．

●著作者・実演家の人格権と肖像権── デジタル技術の発達により，マルチメディア・コンテンツには，容易に他の著作物を取り込み，また，変形・改変が可能となっているが，著作権者についての複製，翻案の権利処理とは別に，著作者のもつ著作者人格権（著作権法18〜20条）を忘れてはならない．とくに，著作者の氏名表示権，著作物の同一性保持権に注意が必要である．実演家についても，2002（平成14）年の法改正により，氏名表示権と名誉・声望を害する改変を防ぐための同一性保持権が認められている．

また，利用しようとする映像に人の肖像が含まれている場合には，判例で認められている「肖像権」も問題となってくる．たとえば，映像教材に教室での授業場面を載せる場合には，映されている生徒や教師の許諾を得ておく必要があり，このような映像を含む著作物の利用にあたっては，著作権処理に加えて，肖像権処理も必要となる．

→教育メディア（9-B），教育と著作権（9-G），イ

ンターネット(9-A)

●**参考文献**
水島和夫(2001)「メディア著作権」メディア教育開発センター(編)『教育メディア科学』オーム社.

[水島和夫]

10 | 国内の日本語教育

　歴史的に見ると，21世紀初頭現在，日本語教育は第二次隆盛・拡大期を迎えている。第一次拡大期は，台湾領有の1895年から第二次世界大戦敗戦時1945年までの半世紀間，国内外における植民地化とともに拡がった日本語教育である。1945年以降日本語教育は細々と続けられてきたが，1980年代に入り，中国残留孤児の帰国，インドシナ難民受け入れ，「留学生10万人計画」，1985年プラザ合意以降のバブル経済による労働者の移入，国際結婚の増加などにより，在住外国人が急増し，海外の日本語学習者の増加とも相まって日本語教育の第二次隆盛期が幕を開けた。それとともに日本語教育の制度的整備として，日本語能力試験（1984年），日本語教育能力検定試験（1988年）が始まり，大学における日本語教育専攻課程も設置された（1985年）。
　一方で日本語学校が林立し，1988年にはビザの発給をめぐって上海事件が起きるなど国際問題にも発展したため，翌年，日本語学校の管理機能を担う日本語教育振興協会が設立された。1989年に国内の労働力不足を補填するため入管法が改変され，1990年代には大勢の技能実習生や南米の日系人が来日，在住するようになった。1970年代以前は外国人の集住地域は比較的大都市中心であったが，1980年代以降，農漁村部，島嶼部など全国に広がった。在日外国人のなかには国内で家庭をもつ者，家族とともに来日する者，家族を呼び寄せる者も多く，1990年代には外国人児童生徒が学齢期に入り，日本語教育は幼児から介護を必要とする世代にまでかかわることになった。
　また1970年代までは留学生に対する大学の日本語教育が主流だったが，地域社会における多様な背景をもった外国人住民が増えるにつれて，地域の新たな住民運動として「日本語ボランティア」が全国に誕生し，各地のボランティア・グループがネットワークを形成する運動も拡がった。さらに在住外国人が一時滞在ではなく，中・長期化，定住化するにつれ，日本語教育や言語支援の動きは，行政や医療，司法，教育関係者等を巻き込んだ，住民の権利運動ともなり，専門領域を横断した連携が各地で始まった。それはちょうど世界各地で始まった先住民族，障害者，非識字者，女性，戦争被害者，HIVやハンセン病などをめぐるマイノリティのエンパワメントの動きとも連動している。
　1990年代後半に入ると，情報技術（IT）革命の展開に呼応して，日本語教育の世界でもマルチメディア化，デジタル化，衛星通信，インターネットなどを活用した教育の構築，実践が始まり，コンピュータによる自律学習や遠隔教育が普及した。現在，日本語教育は多様な文化背景や言語をもった人たちの生活保障，学習保障を目指して，多彩な分野の人々が協力しながら，新たなコミュニケーションの可能性を切り拓き，地域の創造をしていく市民活動へと深まりを見せつつある。［春原憲一郎］

10 国内の日本語教育 ─────── 見出し項目一覧

A 今日の日本語教育を取り巻く社会的状況 ─── 939
日本語教育を取り巻く社会的状況
定住者の制度的受け入れ以前
定住者受け入れ開始
留学生受け入れ施策推進
地域の日本語教育

B 日本語教育にかかわる制度・施策・政策 ─── 943
日本語教育にかかわる制度・施策
試験制度の動向
学習者のための試験
教師のための試験
留学生受け入れ施策
日本語教員養成
海外日本語教員派遣
公教育教師の海外派遣
技術研修生・技能実習生受け入れ施策
地域の国際化推進施策
日本人の日本語能力養成
年少者に関する施策・制度

C 日本語教育および関連機関・組織の動向 ─── 955
日本語教育機関
教師養成・研修
日本語学校の日本語教師
日本語教育研究・研修
機関間の連携・ネットワーク
日本語教育関連機関（国際協力）
日本語教育関連省庁

D 学習者の多様化 ─── 964
学習者の多様化
留学生
就学生（予備教育）
ビジネス関係者
技術研修生・技能実習生
中国帰国者
インドシナ難民
日系人・就労者
外国人配偶者
高校生留学の現状
児童・生徒
サービス業で働く人たち

E 共生のためのネットワーク ─── 975
ボランティア・ネットワーク
多文化共生を模索する地域
フレイレの教育哲学の実践
地域日本語ボランティア研修
地域の日本語教育活性化のための方策
多文化共生の地域づくり
医療と言語問題
非常時対策と日本語教育
地域社会で生活する女性

A──今日の日本語教育を取り巻く社会的状況

■日本語教育を取り巻く社会的状況

　日本語に限らず言語教育は深く政治・社会・経済などの動向に埋め込まれている。今日の日本語教育に関していえば，1975年のベトナム戦争終結によるインドシナ難民の流出，1976年の毛沢東死去，四人組追放後，中国の開放政策に伴う中国残留孤児の探索と帰国，1985年先進5ヵ国蔵相会議（G5）の「プラザ合意」後の急激な円高によるバブル経済に伴う労働者の移入，企業の生産拠点の海外シフトによる国内産業の空洞化と深刻な労働力不足を補うための技能実習制度や南米の日系人受け入れ，アジア諸国，とくに東アジア各国の民主化の進展と経済成長を背景としたアジアからの留学生の増加など，政治・経済の変化を後追いするかたちで日本語教育界は動いている。

　また，深刻な「嫁不足」に悩む農村部における外国人配偶者，日本の高齢化社会をにらんだフィリピン，ベトナムでの看護・介護関係に従事する人材育成，少子化により2009年には大学の定員が大学進学希望者と同数になる「全入時代」を控えた留学生施策（「日本留学試験」2002年から実施）など，国内の社会変動が外国人を呼び寄せ，そこで日本語教育が行われている。さらに，1990（平成2）年以降の地域社会における外国人住民のための日本語ボランティア活動の中核を担っているのは女性であるが，その背景として日本女性の高学歴化，家事の自動化，食の外部化，少子化，社会参画の高まりなどがある。国内の動向は，世界的な識字，先住民族，移住労働者の権利運動など，マイノリティのエンパワーメントの動きとも連動している。

　90年以降，東西冷戦の終焉は国家主義と市場主義（グローバリゼーション），民主運動と地域紛争，アメリカ一極集中化を激化させた。そのなかで起こったさまざまな事象も日本語教育にかかわっている。海外における日本語学習者の増加傾向，とくにアジア太平洋諸国の初等・中等教育における日本語教育課程の導入はアメリカに続く勢力・覇権を日本がグローバル市場でもっていることを抜きにしては考えられない。また世界各地で起きている地域紛争は，何千万という難民を生み出し，日本にも労働者として入ってきている。1997（平成9）年のアジア通貨危機によってアジア各国に進出した日系企業の多くが操業を中断せざるをえなくなり，現地社員が日本へ研修という名目でやって来るなど，政治と市場は日本語教育と密接にかかわっている。

➡日本語教育にかかわる制度・施策（10-B），学習者の多様化（10-D）

● 参考文献

田中望（2000）『日本語教育のかなたに──異領域との対話』アルク．

田中宏（1995）『在日外国人 新版──法の壁，心の溝』岩波書店．

田尻英三他（2004）『外国人の定住と日本語教育』ひつじ書房．

［春原憲一郎］

■定住者の制度的受け入れ以前

　日本は，明治維新以降，欧米列強の脅威を目の当たりにして，自らに「富国強兵・殖産興業」を課し，結果として，日清・日露戦争経過後，台湾と朝鮮半島を植民地とし，中国東北地域などにあったロシア（ソビエト）の利権を継承した。また，第一次世界大戦への参戦，勝利によりドイツ領の太平洋南方島嶼地域に対して国際連盟委任統治の権利を得た。さらに，第二次世界大戦突入と前後して東南アジアに転進

し，フィリピンからビルマ（現ミャンマー）に至る諸地域を占領した。その結果，これらの地域住民に対する「皇民化」政策を推し進め，その一環として日本語教育を展開していった。

これら植民地や占領地などに対する日本語教育政策はそれぞれの地域の事情により相違点は大きいが，おしなべて「皇民化」政策の一環としての日本語普及が推進された。それらは主として「直接法」によるものであり，成人などへの社会教育においてもほぼ「直接法」が導入された。

また，この時期は中国や植民地・占領地などからの留学生・研修生の受け入れも活発であり，日本語研究・日本語教育研究が推進された。これら日本語教育振興のために，1940（昭和15）年，日本語教育振興会が設置され，その機関誌『日本語』が大きな役割を果たしていった。また，日本語教育研究については，「文型」に基づいた教育の重要性が強調され，青年文化協会の『日本語基本文型』（1942），湯沢幸吉郎の『日本語表現文典』（1944）などはその実践に大きな役割を果たしたとされる。しかし，一方では文章読解を中心とした教育も広く行われていた。

これら「直接法」や「文型」による教育は，戦後さらに研究され，戦後の日本語教育に踏襲されていった。初期には戦前からの流れのうえで長沼直兄の教科書『標準日本語読本』に，その後，鈴木忍らの東京外国語大学附属日本語学校の教科書『日本語』や水谷修・信子の教科書『An Introduction to Modern Japanese』をはじめ多くの教科書に受け継がれ，戦後日本語教育の教授法としても中心的役割を果たしてきた。

1980年代前半までの日本語教育界の関心は，主に日本語の言語体系およびその運用についての教授項目の策定と学習者の母語別指導法の開発であり，想定した主な教授対象者は留学生といういうことになろう。そのための施策の展開や調査・研究，その成果の発表などが相次いだ。

その後，しだいに英語教育をはじめとして，第二言語教育についての研究が進み，欧州協議会の英語教育での機能シラバスや英語の「コミュニカティブ・アプローチ」の影響を受け，日本語教育も新たな教育内容や方法が研究され，導入されるに至った。

➡定住者受け入れ開始（10-A）

●参考文献

木村宗男（編著）（1991）『講座日本語と日本語教育15 日本語教育の歴史』明治書院.
石剛（1993）『植民地支配と日本語』三元社.
川村湊（1994）『海を渡った日本語』青土社.
酒井直樹（1996）『死産される日本語・日本人』新曜社.
多仁安代（2000）『大東亜共栄圏と日本語』勁草書房.

［山田 泉］

■定住者受け入れ開始

日本は，1972（昭和47）年に中華人民共和国との国交を回復させ，戦後それまで懸案となっていた日本人残留孤児とその家族の帰還に厚生省（当時）が中心となって取り組むこととなった。その後，残留孤児の来日による親族探しが行われ，親族の判明した孤児およびその同伴家族に対して国費による帰国が始まった。1984（昭和59）年には，厚生省（当時）の所管法人である㈶中国残留孤児援護基金の中国帰国孤児定着促進センター（現「中国帰国者定着促進センター」）が，国費帰国者と同伴家族に対し日本語教育および日本社会適応指導を開始した。その後，このようなセンターが日本各地に開設され，また親族の未判明孤児とその同伴家族の国費帰国も可能となった。遅れて残留婦人とその同伴家族の帰国への公的対応も法整備され，その後サハリンからの帰国者の公費受け

入れが始まった。これら国費帰国者以外にその数倍にのぼるといわれる私費帰国者や呼び寄せ家族があるとの指摘がある。

一方，ベトナム戦争終結後，ベトナム，ラオス，カンボジアからの政治難民に対して，日本は，他の受け入れ先進諸国からの圧力もあり，1981（昭和56）年に，国連のいわゆる「難民条約」を批准した。これに先がけ政府は1979（昭和54）年アジア福祉教育財団に難民事業本部を設置し，姫路，大和（神奈川県）に定住促進センターを，また東京都品川区に国際救援センターを開設し，日本語教育や社会適応教育を行い，漸次1万人規模の受け入れに及んだ。その後これらの難民受け入れは終了したが，呼び寄せ家族や二世への対応などがなされている。

これら中国帰国者やサハリン帰国者，難民とその呼び寄せ家族・二世などは，国籍や在留資格は一律ではないが，同じく日本社会への定住者として，日本語教育および日本社会への適応教育が求められ，教育実践がなされてきた。しかし，公的対応がなされる対象者は限られていて，これらを受け入れた地域社会での個別的対応が必要となっているが，対応への地域間格差が問題として指摘されている。

さらには，日本はバブル景気下での人手不足解消のために，一部改定した入国管理法を1990（平成2）年に施行した。それによって日系人労働者とその家族が実質的な定住者となったがこれらの人々への公的な対応が，強く求められている。

このような成人日本語教育では，生活者に必要な能力開発のあり方を研究し，その対応をどこがすべきかをも含め，実効性のある施策を講じることが喫緊の課題となった。また年少者への対応は，学校教育および地域社会における支援をいかにすべきかが課題だが，個々の発達を保障するかたちで取り組む必要がある。対応が不十分なことで非行に走って犯罪を犯す者もある

ることから，それによって社会が負担する費用を考えれば，バイリンガル，バイカルチュラルとしての発達を保障するためにこそ費用負担をすべきとの指摘もある。

これら定住者への日本語教育を含めた対応は，日本が批准した種々の国際条約の精神に基づき，積極的な推進が求められる。

➡定住者の制度的受け入れ以前（10-A）

● 参考文献

上野田鶴子（編）（1991）『講座日本語と日本語教育16 日本語教育の現状と課題』明治書院．

宮島喬・加納弘勝（編）（2002）『国際社会2 変容する日本社会と文化』東京大学出版界．

田尻英三他（2004）『外国人の定住と日本語教育』ひつじ書房．

［山田 泉］

■留学生受け入れ施策推進

1983（昭和58）年8月，文部省（当時）の21世紀への留学生政策懇談会から「21世紀への留学生政策に関する提言」がなされ，翌年6月，同じく留学生問題調査・研究に関する協力者会議において「21世紀への留学生政策の展開について」という政策提言が発表された。これらは，21世紀初頭において日本が当時のフランス程度の留学生数（約10万人。当時の日本の受け入れ留学生数約1万人）になることを見込んで，日本語教員の養成をはじめ諸施策を講じることが必要であるというものであった。これが，後に文部省の「留学生10万人計画」といわれるようになった。

一説には，時の中曽根首相が東南アジアを訪れたときに，日本留学経験者との懇談で，みなさんは自分の子を日本に留学させたいかと質問したところ，日本は留学先として魅力的ではないと言われたことから，留学生受け入れ施策の充実を示唆したことがこの「計画」につながっ

たともいわれている。

この時期は,日本の経済が,10年前のオイルショックを克服し,後にバブル景気といわれる急成長期に向かいはじめたときであり,他のアジア地域も単に資源の供給地としてだけでなく,経済発展を進め,日本企業の生産拠点として労働力などを提供し,また,市場として高い消費能力をつけていくことが期待されたときでもあった。そのようななかで,アジア諸国・地域の若者が日本で学び,双方のパイプ役に育つことが期待された。

その後,留学生数は1993(平成5)年に5万人台に達するまで急速に増加したが,その直後から伸び率は鈍化し,1996・97年は対前年比較で減少するに至った。これらは日本の経済の動向と連動していると思われる。しかし,文部省(当時)は,「推進制度」など諸施策を講じたり,私立大学への受け入れの推進をはかるなどを続けてきた。また,日本語習得を前提としない,英語による教育プログラムの充実も進められている。

従来は留学生の日本語などの予備教育を日本で行い,日本語能力試験を受験し,高等教育機関を受験するという流れを中心に施策が講じられてきた。しかし,2002(平成14)年度からは,新たな試験制度(日本留学試験)の導入をはじめ留学希望者が母国で予備教育を受け,母国で日本留学試験を受けることができるよう,制度の改革に着手した。

→留学生(10-D),留学生受け入れ施策(10-B),日本留学試験(8-E)

● 参考文献

総務庁行政監査局(編)(1993)『留学生10万人を目指して——留学生受入対策の現状と課題』大蔵省印刷局.

外国人留学生問題研究会(JAFSA)(編)(1990)『新時代の留学生交流』めこん.

[山田 泉]

■地域の日本語教育

地域の日本語教育は,国家や行政の言語政策と地域の学習・コミュニケーション保障の問題群に位置づけられる。地域の日本語/国語教育は,現代に始まったものではない。1895(昭和28)年から「台湾」,1910(明治43)年から「朝鮮」という当時〈国内〉の〈地域〉で始まった。沖縄,北海道でも19世紀の後半から国語教育が徹底的に実施された。その「成果」が現在でもアジア各地にいる日本語のできる老人であり,沖縄やアイヌの人たちの日本語化である。したがって単に外国人が増加したり,滞在が中長期化したり,さらに次世代に移ったりすることが,地域の言語保障や多言語・多文化化につながるわけではない。その証左が1945(昭和20)年以降日本で社会生活を送り,税金を払いながら,公的保障の枠外にずっと置かれてきた70万人の在日コリアン・中国の人たちであろう。

1945年の敗戦後,国内の日本語教育は,大学と一部の機関,団体,学校のなかで細々と行われていたが,1980(昭和55)年前後より,にわかに国家レベルの議論と地域住民を巻き込んだ胎動が始まった。なかでも中国帰国者,インドシナ難民の受け入れが引き金となり外国籍住民に対する差別的な法制度や公共サービスの改正が始まった。日本は工業化に伴う労働力として70年代までに農村労働力を,80年代に入ると女性と外国人を主に非正規労働力(パート,日雇いなど)として吸い上げ始めた(1985年の「男女雇用機会均等法」は単に女性の権利獲得の観点だけでは十分ではない)。また1985(昭和60)年に始まる自治体による行政主導型の国際結婚,それに続く業者による外国人花嫁の斡旋は,深刻な結婚難にある地域社会の核である家族(夫婦,親子)が多文化・多言語化する契機となった。こうして80年代に帰国者,難民,労働者,配偶者などが地域の日

本語学習者として登場した。

　一方で地域の日本語教育は、担い手が現れなければ成立しない。少子化、家事の自動化、高学歴化、海外滞在経験などをもった女性がカルチャーセンターから、さらに地域社会へ、「外国人のための日本語ボランティア教室」に参画するようになった。90年代に入ると、次世代である児童・生徒も含め、地域の日本語支援はいっそう拡大し、各地でボランティア同士のネットワーク化が進み、自治体の国際交流協会も熱心に日本語支援を始めた。

　本来、言語権という観点からは手話や点字を含め多様な言語が住民のために保障されているべきであるが、日本は圧倒的に日本語が主流である。全国各地の市町村の多くが公共の場における多言語表記などの外国籍住民サービスを実施しているものの、日本語ができなかったり、非識字であったりすると社会生活がきわめて制約されるのが現実である。外国人児童・生徒から中国から帰国した高齢者まで日本語・識字能力が不足しているために十全な学校生活、社会生活を送ることができない人が大勢いる。公的保障という点では、多言語対応、母語保障に向けての基盤整備と日本語学習機会の保障が緊急に必要である。

➡地域の国際化推進施策（10-B）、多文化共生を模索する地域（10-E）

● 参考文献

石井米雄・山内昌之（編）（1999）『日本人と多文化主義』山川出版社．

多仁安代（2000）『大東亜共栄圏と日本語』勁草書房．

文化庁（編）（2004）『地域日本語学習支援の充実——共に育む地域社会の構築に向けて』国立印刷局．

江畑敬介他（1996）『移住と適応——中国帰国者の適応過程と援助体制に関する研究』日本評論社．

桑山紀彦（1999）『多文化の処方箋——外国人の「こころの悩み」にかかわった、ある精神科医の記録』アルク．

[春原憲一郎]

B ── 日本語教育にかかわる制度・施策・政策

■日本語教育にかかわる制度・施策

　日本語教育も他の教育同様、国の教育施策が何らかのかたちで反映され取り組まれることが少なくない。したがってその時々の国の政策・方針のもとに制度の改変などがなされることがある。日本語教育は、その対象者の多くが海外在住者であったり、国内であっても外国籍など外国との関係の強い人々であったり、国の外交政策と密接不可分の関係にある。つまり、国の留学生政策や対内外経済政策、国際化政策などによって、また学習者の国との関係によって、教育の対象、内容、方法などが変化する。

　昨今の日本語教育における学習者評価については、留学生対象では、日本語能力試験と並行して日本留学試験が実施されるなどの変化がある。また対象学習者のカテゴリー別に能力検定試験が行われるようになるなど、分野・専門別対応が進んでいる。さらに試験の内容・方法などについても、筆記試験や聴解試験だけでなく、OPI（Oral Proficiency Interview）など口頭運用能力・社会文化能力の測定・評価が行われるようになっている。一方、日本語教員に対する教育能力の評価についても、これら学習者に対する評価に連動するかたちで、新たなシラバス、新たな試験体制での実施がなされている。1987（昭和62）年度から実施してきた日本語教育能力検定試験は、2003（平成15）年度から出題範囲や構成が新たになり、㈳日本

教育学会の認定となった。これらは，日本語教員養成においても，日本語教育の専門家であるとともに，これら種々の学習者の特性に対応した専門能力をもつことや日本語母語話者の多文化コミュニケーション能力養成にかかわる教育能力をもつことなどが目指されるようになっていることとも関連していると考えられる。

留学生受け入れに関しては量的拡大政策下の「総合日本語」教育とあわせ，現在，日本が推進している高度先端科学技術研究や多文化化・国際化などに対応すべく「専門日本語」教育の確立が求められている。また技術研修生の受け入れ事業の推進に合わせた日本語教育の充実が求められる。さらには，地域社会での年少者を含む種々の外国籍住民の受け入れに関連し，これらの住民への日本語学習支援のプログラムも推進されている。年少者に対しては文部科学省が「JSL」事業の整備をはかっている。

➡日本語教育を取り巻く社会的状況（10-A），学校におけるJSLプログラム（8-C）

● 参考文献

木村宗男（編）（1991）『講座日本語と日本語教育 15 日本語教育の歴史』明治書院．

上野田鶴子（編）（1991）『講座日本語と日本語教育 16 日本語教育の現状と課題』明治書院．

日本語教育学会（編）（1995）『日本語教育の概観』凡人社．

国立国語研究所（編）（2000～2004）『日本語教育年鑑』くろしお出版．

［山田 泉］

■試験制度の動向

試験制度として最も歴史のあるものは，6世紀，隋の時代に始まった科挙である。科挙は，幾多の変遷を遂げ，過当競争を生むなどの弊害もあったが，1300年もの長きにわたり高等官資格試験制度として機能し，清代末期の1905年に廃止された。日本における試験制度の大半は，科挙の廃止後1世紀たった現代でも，その強い影響下にある。とくに，大学入試を頂点とする教育の場面における能力評価においてその傾向が顕著である。

日本語教育関連の公的な試験制度の現状は，多様な世界の学習者がその対象となっているため，学校教育ほど科挙の影響を受けていないが，比較的その影響下にあるものとそうでないものがある。

前者は，「日本語能力試験」と「日本語教育能力検定試験」である。両試験は，それぞれ試験の目的・対象者が異なるが，年に1度しか行われない試験で，小項目を多数設定する方式に加え，解答に時間を要する大課題設定方式も含まれている。また，両試験とも，テストの得点は等化されたものではなく，素点の合計によって表示される。全体の平均点も毎年異なるため，受験者の能力がどの程度向上したのかわかりにくいものとなっている。

一方，後者は，「日本留学試験」と「ジェトロビジネス日本語能力テスト」である。両試験とも多数の小項目を設定する方式で，等化得点方式による能力評価を行っている。得点が等化されているということは，テストの結果が，項目正答数ではなく尺度得点というかたちで，受験者に報告され，異なる年度のテスト間，異なる版／バージョン間の難易度の差を統計的に調整し採点するということである。この尺度得点は，版／バージョンの難易度にかかわらず，また，受験した年度にかかわらず，比較可能なものとなっているため，受験者の能力を単純に比較でき，得点を複数年度にわたって利用することもでき，同じ年度内に複数回の試験実施を可能にするものである。また，「日本留学試験」では，書く能力を直接測定する「記述」試験，ジェトロテストでは，聞く・話す能力を直接測定する対面テストも導入している。

以上の試験は，今後，CBT化（コンピュータを活用した試験方法）を含めて，試験の目的，対象，認定基準，測定対象能力の規定，問題作成体制や試験実施体制などについて調査研究が行われ，従来の試験との整合性をはかりつつ，試験の信頼性・妥当性・実用性の3つの側面についてその精度や公平性を向上させていくものと予想される。

➡ 学習者のための試験（10-B），教師のための試験（10-B），日本語能力試験（8-E），日本留学試験（8-E），ビジネス日本語試験（8-E）

● 参考文献

日本語教員の養成に関する調査研究協力者会議（2000）『日本語教育のための教員養成について』文化庁．

日本語教育のための試験の改善に関する調査研究協力者会議（2001）『日本語教育のための試験の改善について——日本語能力試験・日本語教育能力検定試験を中心として』文化庁．

「日本留学のための新たな試験」調査研究協力者会議（2000）『日本留学のために新たな試験について——渡日前入学許可の実現に向けて』日本国際教育協会．

加藤清方（2002）『ジェトロビジネス日本語能力テスト公式ガイド』日本貿易振興機構（JETRO）．

[加藤清方]

■学習者のための試験

「日本語能力試験」は，非日本語母語話者の日本語能力を測定し，認定することを目的として開発，実施されている試験である。日本国内では日本国際教育支援協会が，海外では国際交流基金が実施している。試験内容は，4つの級に分かれ（2010年より5級制に移行），受験者の能力に適した級を受験することができる。各級とも「文字・語彙」「聴解」「読解・文法」の3つのセクションから構成されており，級別認定基準に基づいて認定される。毎年1回，12月に実施されている。

「日本留学試験」は，日本の大学などに入学を希望する外国人学生に対して，大学で必要とされる日本語力および基礎学力の評価を目的に，日本学生支援機構が実施している試験である。試験科目は，日本語，理科（物理・化学・生物），総合科目および数学という構成だが，各大学が指定する受験科目を選択して受験することになる。毎年6月と11月に実施されている。この試験を利用する大学では，留学を希望する学生に対して，渡日前に入学許可を出すことが可能になっている。これにより，「日本語能力試験」および「私費外国人留学生統一試験（2001年度の実施をもって廃止）」の2つの試験に代わる試験として位置づけられている。

「ジェトロビジネス日本語能力テスト（ジェトロテスト）」は，日本語を母語としないビジネス関係者や学生を対象として，日本語によるビジネス場面でのコミュニケーション能力を客観的に測定・評価するために，日本貿易振興機構（ジェトロ）によって開発，実施されている試験である。ジェトロテストの「聴読解テスト（JLRT）」は，6月と11月の年2回実施されており，日本国内および海外で受験できる。テストの結果は0～800点の点数制で，530点以上を取得した受験者に対して，東京で実施される「オーラルコミュニケーションテスト（JOCT）」の受験資格が与えられる。

「J.TEST実用日本語検定」は，日本語学習者を対象に開発された試験で，中級～上級者向けの「A-Dレベル試験」と初級者向けの「E-Fレベル試験」がある。前者は1000点満点で得点に応じてA～D級，後者は500点満点でE・F級のいずれかに能力が判定される。試験内容は，聴解と読解・記述（中上級のみ）から構成されている。日本語検定協会が年5回実施しているが，原則として日本国内での受験に限

られる。

「OPI (Oral Proficiency Interview)」は，全米外国語教育協会（ACTFL：The American Council on the Teaching of Foreign Languages）が外国語の口頭表現力の測定を目的に開発したインタビュー方式のオーラル・コミュニケーション能力の測定技法である。初・中・上・超級の判定尺度が設けられている。ACTFLの認定試験官が，受験者の発話に応じてインタビューを進め，会話タスクの達成度に基づいて能力を診断・評価し，最終レベルを判定する。認定試験官が授業などでOPIを活用している例が多い。認定試験官になるには，日本国内外で行われている「OPI試験官養成ワークショップ」を受講し，所定の課題に取り組む必要がある。

→試験制度の動向（10-B），日本語能力試験（8-E），日本留学試験（8-E），ビジネス日本語試験（8-E），OPI（口頭能力評価）（8-E）

●参考文献

牧野成一他（2001）『ACTFL-OPI入門』アルク.

　　　　　　　　　　　　　　　［伊東祐郎］

■教師のための試験

日本語教師の知識・能力を判定する試験としては，現在，日本語教育能力検定試験（以下「検定試験」）がある。1985（昭和60）年に示された出題範囲は，日本語教育を取り巻く環境の変化に対応すべく見直され，2001（平成13）年に拡大・変更された。2003（平成15）年度の試験からは，新たな出題範囲に基づいて実施されている。

以前の出題範囲による検定試験については，出題範囲や試験方法が日本語教育に関する知識を測定することに偏重している，断片的な知識問題に対して短い時間で効率的に答えなければならない受験能力が必要とされる，検定試験の合格レベル程度での知識や能力だけでは，専門的な能力が必要とされる教育の現場で十分に対応できない，という問題も指摘されていた。

出題範囲の改訂に際して検討されたことは，大学学部の日本語教員養成副専攻課程修了者を想定したレベルとなっていたものを，より高いレベル設定に変えること，そして，変化に対応できる柔軟な能力と高い専門性を測定できることなどであった。改訂後の主な特徴は，教育の多様性をふまえ，学習者の社会や文化，言語と心理，言語と教育など幅広い領域が新たにつけ加えられている点である。

検定試験は，筆記試験という制約もあり，学問的，専門的，かつ技術的な知識の測定・評価に限られていて，日本語教育の現場で求められる日本語力や指導力などの実践的な能力の測定については，具体的な内容と方法は示されていない。香港では，英語教師の教授面における言語運用力を判定するために，実際の教授活動を観察して評価を行う試験「The Language Proficiency Assessment for Teachers (LPAT)」が開発されているが，日本語教師に対する一段高いレベルの試験開発が望まれる。

検定試験とは別に，教師自らの日本語力を向上させるために役に立つ試験がある。「話しことば検定」（日本話しことば協会）は，話すことを職業にする人のコミュニケーション能力を客観的に評価するもので，話しことばに焦点をあてた試験である。「日本語力測定試験」（日本語学研究所）は，運用能力である話す・聞く・読む・書くを総合的に測定する試験で，受験者の日本語力の特性を文章でアドバイスしてくれる。「実用国語検定」（発達科学研究教育センター）では，理解する能力，表現する能力，思考する能力が評価の対象となっている。「漢字実務検定試験」（漢字実務検定協会）は，漢字についての実用的な知識や実務能力を測定する試

験である。

→試験制度の動向（10-B），日本語教育能力検定試験（8-F）

● 参考文献

日本語教員の養成に関する調査研究協力者会議（2000）『日本語教育のための教員養成について』文化庁国語課．

日本語教育のための試験の改善に関する調査研究協力者会議（2001）『日本語教育のための試験の改善について――日本語能力試験・日本語教育能力検定試験を中心として』文化庁国語課．

日本語教員養成における実践能力の育成及び評価にかかわる基礎的調査研究委員会（2003）『日本語教員養成における実践能力育成及び評価にかかわる基礎的調査研究』日本語教育学会（平成14年度文化庁日本語教育研究委嘱）．

[伊東祐郎]

■留学生受け入れ施策

2003（平成15）年現在，日本は，国費留学生9746名，私費留学生9万8135名，外国政府派遣留学生1627名，計10万9508名を受け入れている。教育段階別割合は大学院（26.1％），大学学部（48.4％），短期大学（4.1％），高等専門学校（0.4％），専修学校専門課程（19.4％）など，出身国別割合は中国（64.7％），韓国（14.5％），台湾（3.9％），マレーシア（1.8％）などとなっている。入学前の予備教育は，1984（昭和59）年から「就学生」と類別され，2000（平成12）年からは留学生施策のなかに位置づけられ，2002（平成14）年度2万6908名が日本語を中心とした教育を受け，68.6％が大学などに進学した。

戦後の留学生受け入れ施策は，「国費外国人留学生招致制度発足（1954年）に始まる。「21世紀の留学生政策に関する提言」（1983年，文部省）にある，いわゆる「留学生受入れ10万人計画」が1980年代以降，推進された。20世紀末までに留学生10万人を受け入れるという計画は，当初予測を上回る増加をみたが，90年代後半目標値以下に減じた。その反省から出た「知的国際貢献の発展と新たな留学生政策の展開を目指して」（1999年）は量より質を優先させる方向に施策を転じる。留学生数はその頃から再び増加し，2003（平成15）年に10万人に達したが，21世紀に入り一部大学が日本人学生減少の数的穴埋めを留学生で補い，その行き過ぎが社会問題化した。

現行の受け入れ施策の大筋は以下のようである。

● 渡日前の情報提供・相談――海外で行う「日本留学フェア」やインターネット（http://www.aiei.or.jp/）による情報提供。

● 入学前予備教育――留学生センター（国立大学進学予定国費留学生に対する日本語など予備教育。2004年現在44センター）。留学生別科（私大設置，私費留学生を主対象とし，日本語教育中心の入試準備教育。2004年現在60別科）。日本語教育振興協会認可日本語教育機関（高等教育機関入学希望者に対する日本語教育を中心とした予備教育。2003年度388機関）。準備教育課程（中等教育修了までが12年未満の国〔フィリピンなど〕からの学生に対する大学入学資格授与のための教育課程。2003年度20施設）。外国政府派遣留学（マレーシアなど15ヵ国），および現地予備教育への支援など。

● 日本留学試験――2002（平成14）年度より日本留学のための日本語・基礎学力の考査試験が開始された。日本語は生活スキル・学習スキル・専門知識・社会知識にかかわる領域を測定する。海外で受験し，日本の大学に直接出願できることを目標としている。

● 大学等入学後の教育施策――1962（昭和37）年留学生特設科目として「日本語・日本事

情」が開設され、今日の留学生教育の礎ができる。国立大学では留学生センターなどが任にあたり、留学生担当教官が配置されている。国費留学生は、留学目的により研究留学生、教員研修留学生、学部留学生、日本語・日本文化研修留学生、高等専門学校留学生、専修学校留学生、ヤング・リーダーズ・プログラム留学生（2001年～、アジアの若手指導者の大学院招聘）に分かれる。私費留学生への施策には学習奨励費、授業料減免措置、医療費補助、宿舎確保の支援施策、UMAP留学生支援奨学一時金などがある（UMAPはEUエラスムス計画を模し、1991年アジア太平洋地域に生まれた多大学間交流プログラムである。語学研修、域内文化・社会の相互理解推進を目的とし、留学先ではどこでも同一基準で単位評価が得られ、母校に持ち帰ることができる。文部科学省、大学関係諸団体が支援・協力。2001年度で廃止）。

新たな施策（1999年）は大学の質的充実・世界に開かれた留学制度を目指すが、日本語を習得させ学位を取得させる従来型とは異なる教育、すなわち「短期留学推進制度」（学位取得を目標としない交流協定などに基づく1年以内の留学）、英語による授業を展開している。しかし留学生受け入れ施策は、国公私立大学間、国費・私費留学生、および留学生・就学生間で健康保険、宿舎、奨学金などにおいて一律性を欠き、受け入れ現場の努力に委ねられている。

→日本語教育にかかわる制度・施策（10-B）、留学生受け入れ施策推進（10-A）、学習者のための試験（10-B）、留学生（10-D）

●参考文献

文部科学省高等教育局留学生課（2001）『我が国の留学生制度の概要――受入れ及び派遣』.

工藤正司（2002）「留学生に対する修学支援体制――制度的保証と自助努力の組合せ」『アジアの友』406, アジア学生文化協会.

岬里美（2002）「留学生受け入れの新たな課題――私立大学・短大での留学生急増を踏まえて」『日本語と日本語教育』30, 慶應義塾大学日本語・日本文化教育センター.

[長谷川恒雄]

■日本語教員養成

「21世紀への留学生政策に関する提言」（1983年）を受けたかたちのいわゆる「留学生受入れ10万人計画」に伴い、1980年代半ばより、日本各地の大学で広く日本語教員養成が行われるようになった。1985（昭和60）年に筑波大学と東京外国語大学の2校に養成講座が設置されたが、2003（平成15）年11月1日現在、国内で日本語教員の養成を実施している機関は大学院30、大学163、短期大学17、合計210機関である。そのほか一般の日本語教員養成実施機関・施設数は、184となっている（文化庁調査）。国立国語研究所や日本語教育学会によって現職者を対象とする研修も行われているが、この調査には含まれていない。このほかに通信教育による養成もある。

教員養成の教育内容については、日本語教育施策の推進に関する調査研究会（文部省学術国際局）により、1985（昭和60）年に標準的教育内容が示され、大学で教員養成が実施されることとなった。主専攻45単位、副専攻26単位が定められ、一般の日本語教員養成機関においては420時間が相当するとされた。実習については、実習の場の確保が難しく課題とされてきた。また、教師の専門性を高めることを目的とした「日本語教育能力検定試験」が標準的教育内容を基に実施されるようになったが、記述形式による基礎的な知識を問うもので、実践力に関する部分は、課題として残った。

その後、世界的な人の移動に伴い、定住化する外国人が増え、日本語学習者の多様化が進んだ。地域の日本語教室がボランティアなどによって支えられるかたちで展開することになり、

ボランティアの日本語教師あるいは日本語学習支援者の育成のための講座が地方自治体などによって開かれるようになる。地域の日本語教育では、とくに異文化理解、異文化コミュニケーション、多文化共生といった視点が求められる。このような社会的な変化のなかで、2000（平成12）年3月、新しい日本語教員養成の教育内容が示された。大学における主専攻・副専攻の区別は廃止され、独自の展開が求められることとなった。

海外においては、現地の教育機関によって日本語教師の養成が行われると同時に、独立行政法人国際交流基金のセンターなどで研修会が開催されている。また、外国人日本語教師を国内に招いて行う研修や、長く海外に在住し日本語教育に携わっている日本人教師を対象とする在外邦人研修が国際交流基金日本語国際センターで実施されている。外国人日本語教師のための日本語教育指導者養成プログラム（修士課程、博士課程）が政策研究大学院大学と国際交流基金日本語国際センター、国立国語研究所の連携プログラムとして、それぞれ2001年と2003年に開始された。

→ 実習（8-F）、教師教育（8-F）、海外に派遣される日本語教師（8-F）

● 参考文献

日本語教育学会（柳澤好昭執筆）（1995）『日本語教育の概観』日本語教育学会.

国際交流基金日本語国際センター　http://www.jpf.go.jp/j/urawa/

国立国語研究所　http://www.kokken.go.jp

［林　さと子］

■ 海外日本語教員派遣

海外への日本語教員派遣には、公的機関によるものと民間機関によるものとがある。代表的な公的機関として、国際協力機構（旧国際協力事業団）と国際交流基金が広く知られている。両者とも1970年代初頭の開設当初から海外に日本語教員を派遣している。この項では、国際交流基金による海外派遣日本語教育専門家プログラムを取り上げ、海外の日本語教育事情の変化に即して派遣教員の役割がいかに変化してきたかを概観することにしたい。

日本経済の大きな発展に伴い、70年代終盤から80年代にかけて、海外、とくにアジアと大洋州地域で日本語学習者が激増した。しかし学習者の急激な増加に対して、現地では専門的な教育と訓練を受けた教師の不足が大きな問題となった。そのような状況を背景にして海外からの要請を受けた派遣教員の数は大幅に増えた。この時期の派遣教員は、配属機関の学習者に対する直接指導が主な業務であったが、より効果的な授業実践のための教材・カリキュラム作成も行っていた。とくに日本語教育の歴史が浅い国や地域では、新しい教授法や指導技術、市販教材の紹介なども派遣教員に求められる役割であった。

90年代後半には各国で自国の教師たちが中心になって教師養成や教材作成などを行う自立化が進んだ。派遣教員に求められる役割も学習者に対する直接指導から、日本語教師に対する支援や日本語教育の環境整備にかかわる人的支援へと変化した。国際交流基金の派遣も、各国・各地域の支援を担う日本語センターやアドバイザー型派遣の教員を増やしつつある。当該国のさまざまな日本語教育支援事業の中核を担う日本語アドバイザー、拠点大学に籍を置きながら主に周囲の高等教育機関を守備範囲とする地域派遣専門家、主に地域の初中等教育機関を支援対象とする青年日本語教師（現「ジュニア専門家」）がそれにあたる。

海外の日本語教育の自立化が進んだ現在、派遣教員には高い能力と資質が求められる。日本語教育支援事業の遂行には、より専門性の高い知識や技能が必要である。また、現地の教師間

あるいは機関間ネットワークの構築と維持に努めることも重要な役割の１つである。

　上記の国際交流基金からの海外派遣日本語教員の養成を担ったのは，日本語教育学会の教師研修事業である。大学に日本語教育を専攻とする学科のなかった70年代半ばから，日本語教師養成のためのコースを実施している。まず，日本語教育を基礎から学ぶ理論講座が始まり，80年代初めには海外での日本語教員の不足を補うため海外派遣教員の養成を目的とした実習講座が開設された。当初の受講者は初学者や経験の浅い教師たちであった。しかし，80年代半ば以降，大学や民間の日本語教育機関に教師養成コースの開設が相次ぎ，理論講座はその役割を終え，閉講となった。また，海外各国の日本語教育の充実に伴い，海外派遣を目的に若手教師を養成する実習講座も1998（平成10）年に終了した。派遣専門家に求められる役割がアドバイザー型に変化してきたことに伴い，2001（平成13）年度には海外アドバイザー活動研究コースが開講された。

→海外に派遣される日本語教師（8-F），日本語教育関連機関（国際協力）（10-C）

● 参考文献

阿部洋子・横山紀子（2003）「第１章 教育改善：日本語教師に求められたもの・求められるもの ２．海外の日本語教育の視点から」国立国語研究所（編）『日本語教育年鑑 2003年版』くろしお出版．

佐久間勝彦（1999）「海外で教える日本人教師をめぐる現状と課題――タイでの聞き取り調査結果を中心に」『世界の日本語教育 日本語教育事情報告編』5．

トムソン木下千尋・桝見蘇弘美（1999）「海外における日本語教育活動に参加する日本人協力者――その問題点と教師の役割」『世界の日本語教育』9．

[阿部洋子]

■公教育教師の海外派遣

　1990（平成２）年前後から，国内では急速な国際化に伴い，国際交流の重要性，国際性豊かな人材の必要性が高まっていた，一方，海外においては日本語学習者数の増加に伴い，とくに初等・中等教育機関における日本語教師の派遣要請に応えることが急務となってきた。このような流れのなかで，1990年，当時の文部省（現・文部科学省）と自治省（現・総務省）の共同プロジェクトとしてREXプログラムが開始した。REXとは外国教育施設日本語指導教員派遣事業（Regional and Educational Exchanges for Mutual Understanding）の略で，日本全国の公立中学・高校の若手教員を海外の日本語教育を行っている初等・中等教育機関に２年間派遣するプログラムである。その目的としては大きく３点挙げられる。①国際化時代に対応できる十分な語学力と国際的センスをもった教員の養成，②派遣先における日本語教育の実施および日本社会・文化の発信，③帰国後は，学校内の教科や国際理解教育に，また地域社会における国際交流に経験を還元し，活動を推進していくヤングリーダーとなること，である。

　毎年20人前後が派遣され，2004（平成16）年までのあいだに303名が世界11ヵ国に派遣されている。派遣先はアメリカ合衆国の134名を筆頭に，オーストラリア・カナダ・ニュージーランド・イギリスなど英語圏が中心で，ほかにロシア・フランス・中国・韓国・パラオなどである。2004年にはブラジル派遣も開始した。

　派遣される教員の教科は英語が多数を占めるが，ほかに国語・社会・理科・体育・音楽・美術など多岐にわたっている。しかし，日本語教育については経験をもたないので，２年の派遣期間のうち３ヵ月は東京外国語大学留学生日本語教育センターにおいて派遣前研修を受ける。研修内容は，①日本語教育（基礎，教授法，実

習），②派遣先地域語学研修，③日本および派遣先地域の文化・事情などである。

　日本語教育の基礎を身につけた公立校の現職教師が派遣されることは，派遣先地域の機関にとっては質の高い教師の確保につながることから派遣要請は増加している。さらに派遣教員を通して，本務校と派遣先校の生徒同士の電子媒体などによる交流も進み，より身近な等身大の相互理解・多文化理解が推進されている。一方，派遣教員の帰国後の交流については，従来個人ベースでは行われていたが，2003（平成15）年には，国内外のネットワークの構築を目指してREX-NETが立ち上げられ，本格的な活動が緒についた。

　このように利点の多いプログラムであるが，派遣教員の総数はまだ少ない。優れた人材の安定した派遣，さらに派遣数の増加のために，今後は自治体を基盤にした派遣のみではなく，異なった派遣の枠組みの検討も必要となろう。また，派遣地域も日本語教育の需要が高い東南アジア・南米諸国への派遣の検討が急務である。

→異文化コミュニケーション（6-D），海外に派遣される日本語教師（8-F）

● 参考文献

東京外国語大学留学生日本語教育センター（2001）『国際教育協力の現状と課題——REXプログラム10年の総括と展望 第三者評価・自己点検評価報告書』．

東京外国語大学留学生日本語教育センター（2004）『国際理解教育への展望——REX帰国教員のネットワーク構築へ向けて シンポジウム2003報告書』．

東京外国語大学留学生日本語教育センター（1994-2003）『REX異文化言語教育研究会報告』（第1回～第8回）．

文部科学省国際教育課（2003）『REX』パンフレット．

[柏崎雅世]

■技術研修生・技能実習生受け入れ施策

　技術協力は経済協力の一環である（図10-1参照）。経済協力には政府開発援助（ODA）や民間，非政府組織（NGO）によるものなどがある。ODAには返済義務のない無償資金協力，返済義務のある円借款，そして技術協力がある。技術研修生の受け入れは途上国の産業技術者育成を担っている。

　日本では1953（昭和28）年に国際学友会がインドネシア政府派遣技術研修生を受け入れたのが嚆矢である。1954（昭和29）年に日本はコロンボ・プラン（アジア太平洋地域の国々の経済・社会開発を促進するため，1950年に発足した国際機関）に加盟し，政府ベースでの経済協力（技術協力）が開始された。1959（昭和34）年，海外技術者研修協会（AOTS）が民間ベースの技術協力団体として通商産業省（当時）の認可を受け設立された。1961（昭和36）年にはコロンボ・プランにより東南アジア諸国に日本語教師が派遣され，1962（昭和37）年には国際協力事業団（現「国際協力機構」）の前身である海外技術協力事業団が設立された。奇しくも同年は日本語教育学会が設立された年でもあり，日本語教育が経済，社会の動向と深く結びついていることをうかがわせる。

　しかし当時の日本は経済協力をする側であるとともに，国際社会から援助を受ける側でもあった。1953年から66（昭和41）年まで世界銀行から融資を受け，黒部ダム，東海道新幹線，東名・名神高速道路などのインフラ整備が進んだ。また，1954年から76（昭和51）年まではアジア各国に対する戦後賠償支払い期間であり，70年代までの技術研修生の受け入れ人数は現在と比べると微々たるものであった。しかし1985年のプラザ合意以降，急激な円高ドル安になると国際競争に打ち勝つため自動車メーカー，電機産業が海外投資，プラントの海外移転を積極的に進め，現地スタッフの研修が進め

られた。

　80年代後半の研修生受け入れ人数を見ると，1986(昭和61)年には1万4388人であったが，5年後の1991(平成3)年には4万3649人と急増し，2001(平成13)年には5万9064人となった。1980年代には，国内の深刻な労働力不足と世界的な経済不況によって来日する外国人が増えた。そして，外国人労働者受け入れについて国際的にも責任と義務が問われることになった。1989(平成1)年に政府は入管法を変え，研修生の受け入れ要件が以前よりも緩和され，中小零細企業や農協，労働組合などの団体でも研修生が受け入れられるようになった。

　入管法改変に応えて，91(平成3)年に国際研修協力機構(JITCO)が設立され，93(平成5)年には技能実習制度が発足した。この制度による研修は，非実務研修と実務研修に分かれている。非実務研修には日本語教育や技術，安全管理などの基礎知識の研修が含まれる。非実務研修終了時に技能検定試験を受け，合格すると，それまでの「研修生」ビザから「特定活動」ビザに変更する(特定活動というのは法務大臣が個々のケースについて裁量できる制度)。その後，実務研修に入ると，実際の仕事に就き，賃金が支払われる。当初2年だった滞在期間は97(平成9)年から3年に延長された。原則として実務研修は研修期間全体の3分の2以下と定められている。また技能実習の対象となる職種も，当初は機械加工・塗装など17職種に限られていたが，業界の要望を受けて拡大し，2000(平成12)年には農業や水産業も加わって59職種になり，2005(平成17)年では62職種を数える。しかし，失踪事件や賃金不払い，苛酷な労働条件などの問題もあり，研修と労働に関する議論は現在も続いている(2005年時点)。〔注：2010年より「技能実習」という在留資格が創設された。〕

➡日本語教育を取り巻く社会的状況(10-A)，技術研修生・技能実習生(10-D)

● 参考文献

文化庁文化部国語課・国立国語研究所(編)(1997)『技術研修生のための日本語教育Q＆A』大蔵省印刷局．

[春原憲一郎]

図10-1　日本のODAの形態

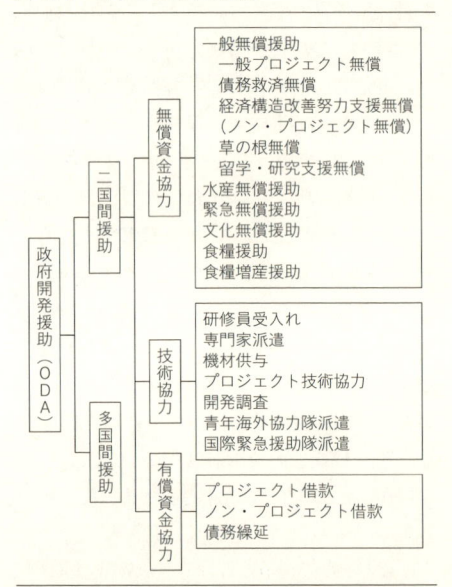

政府開発援助(ODA)
- 二国間援助
  - 無償資金協力
    - 一般無償援助
      - 一般プロジェクト無償
      - 債務救済無償
      - 経済構造改善努力支援無償(ノン・プロジェクト無償)
      - 草の根無償
      - 留学・研究支援無償
    - 水産無償援助
    - 緊急無償援助
    - 文化無償援助
    - 食糧援助
    - 食糧増産援助
  - 技術協力
    - 研修員受入れ
    - 専門家派遣
    - 機材供与
    - プロジェクト技術協力
    - 開発調査
    - 青年海外協力隊派遣
    - 国際緊急援助隊派遣
- 多国間援助
  - 有償資金協力
    - プロジェクト借款
    - ノン・プロジェクト借款
    - 債務繰延

出典｜外務省ホームページ(http://www.mofa.go.jp/mofaj/)「ODA入門」より．

■ 地域の国際化推進施策

　「国際」が文字どおり国家間のことでなく，地域社会の課題であることを自治体に認識させたのは，第二次大戦後も日本で暮らすことを余儀なくされた韓国・朝鮮人約60万，台湾人約7万人の存在である。かれらはその歴史的背景や定住性にもかかわらず，法の国籍条項や運用上の解釈によって社会保障制度の適用から排除されるなど，法・制度上の差別を受けていた。こうした人々の差別撤廃と生活権の保障を求める声が，自治体施策を変えるきっかけとなった。たとえば川崎市では70年代から外国人へ

の児童手当の支給や市営住宅入居の国籍条項撤廃などを実施した。また自治体職員の採用については，1973（昭和48）年に阪神間の6市1町が職種にかかわらず国籍条項を撤廃した。

その後，インドシナ難民の定住受け入れを契機に，日本政府が1979（昭和54）年に国際人権規約，1981（昭和56）年に難民の地位に関する条約（難民条約）の締約国となると，条約の「内外人平等」原則に基づき，大部分の社会保障制度が外国人に適用され，福祉，医療，教育などの分野において，外国人住民に日本国民と同様の処遇を求める声がさらに高まった。さらに80年代には外国人労働者をはじめとするニューカマーの急増によって，外国人住民の処遇における自治体の役割と責任は，よりいっそう大きなものとなった。外国人住民に対する生活実態調査やアンケート調査を実施し，生活上のニーズの把握に努めたり，地域の市民ボランティアが担ってきた外国人に対する生活相談や日本語教育などを自治体業務として引き受ける自治体も見られるようになった。

一方，地域社会における国際化の進展を受けて，自治省では1986（昭和61）年「国際交流プロジェクト構想」を発表，1989（平成11）年には「地域国際交流推進大綱の策定に関する指針について」を通達した。これを受けて各自治体でも大綱の策定，国際交流協会などの設立が相次ぎ，こうした施設が地域の国際交流や外国人住民の支援，ボランティア活動の拠点となっている。また，自治体間の連携も進んでいる。2001（平成13）年には，外国人住民が多数居住する自治体と地域の国際交流協会などが連携し，「外国人集住都市会議」が設立された。設立時の参加自治体は静岡県，愛知県，三重県，岐阜県，群馬県，長野県にまたがる13市町である。同年に浜松市で開催された「外国人集住都市公開首長会議」では，「浜松宣言及び提言」が採択され，教育，社会保障，外国人登録などにかかわる問題提起とともに現行の法・制度の見直しなど，国に対する要望も盛り込まれた。

なお，近年では外国人住民にも，地方自治体レベルにおける意思決定への参加の権利を保障しようとする動きが進んでいる。たとえば，「大阪府外国人問題有識者会議」（1992年），「大阪市外国籍住民施策有識者会議」（1994年），「川崎市外国人市民代表者会議」（1996年）のように，外国人の声を自治体行政に反映させようとする諮問会議・代表者会議の設置のほか，住民投票において永住外国人の投票を認める動きも滋賀県米原町（2002年）以後進んでいる。外国人住民を投票者に含む住民投票条例を制定した自治体数は2004（平成16）年10月13日現在150にのぼる（民団中央本部国際局）。

➡多文化共生を模索する地域（10-E），多文化共生の地域づくり（10-E）

●参考文献

宮島喬（編）（2000）『外国人と政治参加』有信堂．

定住外国人の地方参政権を実現させる日・韓・在日ネットワーク（2004）『住民自治・地方自治への共同参画』RAIK．

［阿久澤麻里子］

■日本人の日本語能力養成

日本語教育に携わるためには教師養成の課程などで外国語教育の観点からの日本語の知識や運用能力の学習を求められる。と同時に，期待される教師自身の日本語能力の幅の広さ・質の高さを考えれば初等中等教育段階での国語教育の役割の大きさを無視することはできない。

初等・中等教育のための国語科の指導要領では「読むこと」「書くこと」「話すこと・聞くこと」の4つの技能を枠組みとして押さえ「伝えあう力」を育成することを明確に示している

が，教育の現場ではその理想が必ずしも実現していているとはいえない。「文章を読みとる力」など受動的な姿勢での指導が重視されており日本語教育の基盤となるコミュニケーションを支える能力はなかなか身についてはこない。

2002（平成14）年から始まった文化審議会国語分科会（従来の国語審議会の役割を引き継いだもの）では「国語の重要性とこれからの時代に求められる国語力について」というテーマで審議が進められてきており，国語教育のあり方についても検討が続いている。日本人の国語力や国語の教育について議論が行われたことは国語審議会時代にはなかったことであり学校教育だけではなく家庭の教育や社会教育にも踏み込んで審議が行われるようになったことは高く評価されてよい。国際化の進むなかで日本人の日本語能力に対する関心が深まり始めたと考えることができる。

日本語教育以外の領域でも日本人のコミュニケーション能力を支える日本語能力に対する期待は小さくはなく，さまざまなかたちでの講習，研修の機会が用意されるようになってきており，日本語能力を評価する検定試験なども実施されている。以前はアナウンサーを目指す人たちのための講習や話しが不得手な人に上手な話し方を指導するなど限定された人たちを対象とするものが多かったが，近年では，漢字能力の検定をはじめ，文章表現能力など日本語能力全般にわたる，さまざまな人たちを対象とした教育活動が展開されるようになってきている。

それでもなお，大学生の日本語能力の低さがつねに話題になるなど，日本人全体の日本語能力のありようは，国際化社会のなかで堂々と自己主張をし，伝え合うものとはなっていないと考えられている。

➡日本語教育を取り巻く社会的状況（10-A），公教育教師の海外派遣（10-B）

●参考文献

文化庁ホームページ　http://www.bunka.go.jp
文部科学省ホームページ　http://www.mext.go.jp

［水谷　修］

■年少者に関する施策・制度

子どもは成長し発達する過程で十分な支援が与えられるべき存在であり，また権利の主体として尊重されるべき存在でもある。多文化化に向かう教育現場においても「国際人権規約」や「子どもの権利条約」により，国籍や法的地位に関係なくすべての子どもの学習権を保障することが求められている。年少者に対する日本語教育もこうした観点から進められる必要がある。

日本国籍を有しない子どもには就学義務は発生しない。しかし，子どもは等しく教育を受ける権利をもつのであるから，その機会を失うことがないようにしなければならない。就学年齢に達した外国人の子どもに就学案内を送る自治体も増えたが，手続きは当該の役所に出向いて行う必要がある。編入を希望する場合も同様である。

したがって，こうした情報を得られなければ，結果として学習機会を失ってしまう。出身国と日本の教育制度が異なることで学齢を超過した子どもの編入学がかなわない，実年齢と就学歴や学年などが合わず学習が困難となる，進学進路が保障されていないなど，制度に関する問題は多い。

また，学校教育現場で行われている日本語学習支援の形態・内容は地域や学校により異なる。日本語指導が必要な児童・生徒が多い学校には，その子どもが在籍する学級として学内に日本語学級（日本語適応指導教室，国際学級などともいう）が設置されることもある。設置基準は各都道府県や各区市町村によって異なる。

子どもを1ヵ所に集めて指導を行う形態もある。特定の学校に子どもを集めて在籍させるのが拠点校方式で，特定の学校に日本語学級を設け，近隣の学校からも子どもが通うのがセンター校方式である。このほか，日本語指導協力者（巡回指導員などともいう）を派遣する制度もある。

指導協力者は日本語教育が必要な子どもが在籍する学校を訪問して支援を行う。教育委員会や各区市町村などから講師というかたちで派遣されることが多く，教員とは待遇が異なる。学校が教育委員会に要求することで派遣される加配教員を置く基準もまた，一律ではない。

地域や学校によって支援が異なる現状では，子どもに必要な日本語教育が保障されているとはいいがたい。施策が見直される必要もあるが，同時に日本語教育の内容も問われている。来日年齢，滞在年数，編入学年と実年齢の差などの要因によっては，教科内容を理解し思考するのに必要な日本語の力が伸びないという問題が指摘されている。教科学習や子どもの母語を視野に入れることも含めて，従来の日本語指導の内容と方法に検討が求められている。多文化多言語の子どもが日本の学校や地域社会にスムーズに受け入れられれば，国際理解教育等の領域で日本の子どもにもよい影響があるだろう。それを支援するために日本語教育が果たすべき役割は大きいといえる。

➡児童・生徒（10-D），年少者評価法（8-E）

● 参考文献

社団法人自由人権協会（編）(1997)『日本で暮らす外国人の子どもたち——定住化時代と子どもの権利』明石書店.

文部科学省ホームページ http://www.mext.go.jp

［池上摩希子］

C──日本語教育および関連機関・組織の動向

■日本語教育機関

文化庁（2004年，以下，同）によると，国内の日本語学習者・教育施設は総計13万5146人・1717機関で，そのうち，大学関係3万5816人・449機関，一般教育機関9万6436人・1104機関である。

大学においては，予備教育・補習授業のための留学生別科・留学生センターの設置，正規科目としての「日本語・日本事情」開講，交換プログラムの一環としての日本語科目開講などのかたちがあるが，正規留学生の場合，学業を成就できるだけの日本語能力をより効率的に育成する教材・プログラムの開発が必要である。講義の聴き方・論文の書き方・文献の調べ方などといった技能別の教材，専門分野別の教材が開発されている。また，2002（平成14）年の日本留学試験の導入により渡日前の入学許可が大きく前進し，こうした教材・プログラムの必要性がいっそう高まった。そのため，日本留学試験でいう「アカデミック・ジャパニーズ」の定義とその運用に関する検討が進められている。

さらに，教員養成課程を設けている大学では，より実践的な能力を育成するための実習現場の確保に苦慮しているが，一般の日本語教育機関との連携によってそれを打開しようとした。また，2000（平成12）年「日本語教育のための教員養成について」（文化庁）でいう3領域・5区分に対応するため，複数の大学間で単位互換を認める動きも始まった。

一方，一般教育機関においては，冒頭の総計のうちの4万3725人・320機関が在学生・進学希望者で最も多く4割を超えるが，そこでも日本留学試験に対応するため，教材・指導法の

開発が進められた。ただ，学習者の多くを占める中国人の入国審査が「外国人犯罪」報道などの影響を受けて厳格化され，2005（平成17）年の春に一気にその数が減少した。その結果，いずれの機関も多角化を迫られている。実習の場を大学に提供するのもその一環であるが，ほかに，大学の日本語授業そのものを一般教育機関が受け持つケースもある。

このほか，学校を開放しての地域との交流，一般教育機関が最も得意とする実践的な指導法・教材の研究開発などが目下の課題である。これらには個々の機関がそれぞれの実情をふまえて対処しているが，日本語教育振興協会認定校が共同でこうした課題に取り組み，成果を上げている。

また，1990年代初頭より日系人，年少者，配偶者など長期滞在化・定住化する外国人が急増したが，生活支援を中心にその受け皿となっているのがボランティアなどによる日本語支援である。文化庁の調査によると，国内の日本語教師総数2万8511人のうち，1万4464人がボランティア教師である。今日の日本語教育の相当部分をボランティアが担っているといえよう。教師の確保・育成，地域・生活に密着した教材・指導法の開発，教室の確保，組織の運営などの課題を抱えている組織もあるが，各自治体の国際交流団体がさまざまなかたちで後押しをしているケースも多い。

→学習者のための試験（10-B），学習者の多様化（10-D），留学生受け入れ施策推進（10-A）

● 参考文献

文化庁文化部国語課（2004）『平成15年度 国内の日本語教育の概要』文化庁.

［丸山敬介］

■ 教師養成・研修

教師の養成と研修とに厳密な区別があるわけではないが，教師志望者対象のものを「養成」，現職者対象のものを「研修」と分けることもできる。文化庁（2004）によると，国内のこれらプログラムは，大学・短大で210，一般機関などで184，それら受講者数は3万6819人である。また，国際交流基金（2004）によると，海外の高等教育機関で日本語教師養成科目を設けているのは34ヵ国293機関で，韓国・アメリカ・中国に多い。

養成プログラムにおいては，通常，日本語指導に必要な基礎知識全般が扱われるが，その今日的指針となったのは，1985（昭和60）年の「日本語教員養成等について」（文部省＝当時）である。これによって，ア．1-(1)日本語の構造に関する体系的・具体的知識，1-(2)日本人の言語生活等に関する知識・能力，2 日本事情，3 言語学的知識・能力，4 日本語の教授に関する知識・能力の，指導すべき4領域とそれらに要する標準的時間数，イ．大学における主専攻（4領域計45単位）・副専攻（同26単位），一般機関における副専攻相当のプログラム（同420時間）という考え方が提示された。その後，「日本語教育能力検定試験」がこの内容に沿ったかたちで実施され，さらに，日本語教育振興協会が日本語教育施設の認定を行う際の教師の資格としてこの試験を重視するなど，養成プログラムにおける標準的教育内容が定着した。

しかし，1990年代後半ごろから，その，周辺領域との関連の希薄さ，学習者・機関の多様性を反映しきれない限界が指摘され，2000（平成12）年，「日本語教育のための教員養成について」（文化庁）が出されるに至った。そこでは，社会・文化・地域，教育，言語の3領域とその下位分類としての社会・文化・地域，言語と社会，言語と心理，言語と教育，言語の5区分が示されたものの，いかなる内容をいかにカリキュラム化するかは各機関の自主性に委ねられた。自らの特性を生かしたプログラム開

講が可能になった反面，ことに言語と社会，言語と心理の区分で扱う内容に苦慮しているのが各機関の現状だが，今後は，3領域・5区分全般を扱うものと何らかの分野に特化したものとに二極化すると思われる。

　一方，研修プログラムは，あるテーマを設け，その深い理解を目的として行われるが，近年，自ら問題を解決する自己研修型プログラムの増加が顕著である。その背景には，それぞれの個性をもった教師が個々の問題に対処するには上位教師が優れた知識・技能を画一的に提供する従来型のプログラム（teacher training）では不十分で，一人一人の教師が現場の具体的な局面においてそのつど自ら意志決定を下す姿勢を育成するプログラム（teacher development）でなければならないという発想がある。こうした研修の手法としてはアクション・リサーチなどがあるが，それを，初期の養成段階から取り入れる動きも始まっている。

→日本語教員養成（10-B），教師の成長（8-F），アクション・リサーチ（7-F），教師のための試験（10-B）

●参考文献

文化庁文化部国語課（2004）『平成15年度 国内の日本語教育の概要』文化庁．

国際交流基金（2004）『2003年 海外日本語教育機関調査』．

岡崎敏雄・岡崎眸（1997）『日本語教育の実習』アルク．

横溝紳一郎（2000）『日本語教師のためのアクション・リサーチ』凡人社．

[丸山敬介]

■日本語学校の日本語教師

　日本語学校で学ぶ学習者の多くは就学生であり，彼らの学習目的は，大学等高等教育機関への進学（2003年度68.6％）をはじめ，就職，語学研修と多岐にわたる。学習者の出身国・地域および日本における学習・生活環境も多様である。また進学に関しては，2002（平成14）年より日本留学試験が導入され，入試制度が大きく変わった。それに伴い，これまで入試に利用されていた日本語能力試験は，一般的な日本語能力を測定する試験という位置づけに戻った。現場の教師には，こういった変化に柔軟に対応できる能力が求められる。

　さらに日本語学校のもつ特徴として，政治的・社会的変化による影響を受けることが挙げられる。世界や日本国内の動きを冷静に見つめ，学習者と向き合っていく姿勢が現場教師には重要である。

　こういった環境のなかで各日本語学校は独自の教育理念・方針を掲げ，個性豊かな日本語教育の実践を目指している。各校の特色を生かしつつ学習者との関係性を重視した教育が望まれる。

　また日本語学校は地域社会のなかに存在する。その学習活動は，教室内にとどまらず地域教育機関や住民との交流・触れ合いのなかでも行われる。日本語教師である前に一人の社会人として広い視野に立って行動し，多文化共生社会づくりに寄与できる教師であることが期待される。

　このような状況のもとで日本語学校では，問題意識をもち内省しながら歩む「自己研修型教師」が求められている。むろん日本語に関する専門的知識，教師自身の日本語運用能力，そして他分野への関心を深めていく努力も忘れてはならない。そのうえで実践のなかでの教師自身の気づきを軸とした実践研究を積極的に行うことによって，教授活動はより生き生きしたものになる。つねに学びつづけ，高い自己教育力を有する教師の存在が，日本語学校における教育の質の向上につながる。

→日本語教育機関（10-C）

●参考文献

日本語教育振興協会（2004）『日本語教育施設実態調査報告』日本語教育振興協会.

[嶋田和子]

■日本語教育研究・研修

日本語教育学の確立を目指す研究・研修は、大学、研究所、日本語教育機関、学会、各種団体などで盛んに行われている。なかでも会員数の多さで際立っているのが、社団法人日本語教育学会である。

日本語教育学会は、日本語を第一言語としない者に対する日本語教育の研究促進とその振興をはかり、そのことを通じてわが国の学術の発展ならびに諸外国との相互理解および学術文化の交流に寄与することを目的として設立された。1962（昭和37）年6月に「外国人のための日本語教育学会」の名称で発足し、1977（昭和52）年3月に「日本語教育学会」の名称により、外務省・文部省（当時）共管の社団法人になった。

設立目的の達成のために、①国内外の日本語教育に関する資料・情報等の収集・整理・提供、②日本語教育に関する調査研究、③日本語教育に関する研究会・研修会・講演会等の開催、④日本語教育に関する雑誌・資料集・学習参考書等の編集・刊行、⑤日本語を第一言語としない者の日本語能力の測定・検定、⑥日本語教育関係諸団体との連絡・協力、⑦その他学会の目的達成に必要な事業を行うこととしている。

①②に関しては、ウェブサイトを通じての情報提供に加え、調査研究委員会が情報収集・提供などの調査活動を行っている。③に関しては、年2回開催される大会において講演、シンポジウムをはじめ、会員による研究などの口頭発表、ポスター発表、パネルセッション、デモンストレーションなどが行われ、会員の研究活動の成果を発表するとともに研究交流の場ともなっている。また、全国各地で開催される研究集会でも活発な研究交流が行われている。

そのほか、国際会議、学会フォーラムなどを開催すること、また海外で開催される諸会議を共催あるいは協賛することによって、国内外の日本語教育研究領域における多面的な協力・提携や情報交流をはかっている。

研修事業は、国際交流基金の助成による日本語教師研究コースを開設し、とくに海外での日本語教育に従事する意志を有する者を対象として年2期の研修を行っている。これまでに「オンライン研究論文コース」「海外日本語教育研究コース」「日本語教師のためのOn-Line IT講座」が設けられた。そのほか、教育実践に関して夏季に開催する「実践研究フォーラム」もある。

④に関しては、年4回発行される学会誌『日本語教育』がある。1999（平成11）年には100号記念号を刊行した。それぞれの号には、学会員から投稿された論文を審査選考して掲載している。〔注：2010年より年3回刊行〕

2002（平成14）年度からは会員による研究活動・教育活動の奨励策として学会賞、奨励賞などの学会表彰制度が新たに設けられた。

→教師養成・研修（10-C）、研究発表（7-O）

● 参考文献

㈳日本語教育学会ホームページ
http://www.soc.nii.ac.jp/nkg/

[西原鈴子]

■機関間の連携・ネットワーク

● 何のための連携・ネットワークか —— 日本語教育に関連した機関間の連携・ネットワーク構築の場合、その目的として、①日本語教育関連情報の交換、②人的資源の確保・流通・活用、③共通の課題への取り組み、④日本語学習者の環境整備の促進などが考えられる。①や②のためには、それぞれの機関に属する多様な専門分野・領域、年代、立場の人の活用が重要と

なる。③や④のためには，各機関の現状に応じて，日本語教育にかかわる人々の通常の立場を転換させることや，機関の違いを超えてお互いの存在価値や多様性を認め合いながら，交流する工夫の蓄積などが重要となってくる。こうしたことを達成していく過程で，機関や関係者相互は理解の促進をはかりつつ，より対等な関係を構築することが可能となる。また，各機関において必要な情報や人材がより円滑に流通・循環することとなり，緩やかで広い連携関係が構築されることとなる。その結果たとえば，機関相互の事業評価などを，さらに多面的かつ客観的にできるようになったり，事業内容の改善や新たな発想の創出，関係者の意識改革へとつながっていく。また，ネットワークづくり自体が目的ではなく，そのつながりを通して何らかの共通課題を解決する過程こそが大切であり，その過程で築かれる関係性こそが，その後の重要な資源・財産となることもわかってくる。

● 連携関係の継続・発展へ向けて必要なこと
── こうした関係を機関同士で継続・発展させていくためには，①連携・ネットワーク構築の理由や方針（何のために，どの機関（だれ）と，どのくらいの規模で連携していくのか）を関係者が頻繁に確認し，共通認識を維持することが重要である。②共通課題の解決へ向けて，各機関の関係者の能力を持ち寄り，それぞれの立場から自主的に取り組んでいくこと，③取り組んだ結果得られた情報や成果を共有すること，④機関の特徴や持ち味を十分に引き出すためのつなぎ役となるコーディネータを確保することなどが必要となってくる。

● 連携・ネットワークに期待される機能 ── コーディネータを擁する機関同士の連携・ネットワークに期待される機能としては，①情報・人材資源機能，②支援機能，③企画・調整・運営機能，④調査・研究・開発機能，⑤社会変革・改革を促進する機能が挙げられる。まず，行政，国際交流協会，教育機関，民間・企業，NPO/NGO，ボランティア団体などや，その関係者の連携・ネットワークにおいて①〜⑤が適度に機能し協働作業が活性化することが求められる。それにより，現在さまざまな機関が直面している多文化社会構築へ向けての実践的課題である日本語支援の充実や，リソース・センター構築をはじめとした社会基盤の整備や，異文化に対する寛容性・柔軟性の強化へ向けた研修等の充実にも寄与することが可能となろう。

➡ 日本語教育を取り巻く社会的状況（10-A），多文化共生の地域づくり（10-E），ボランティア・ネットワーク（10-E）

● 参考文献

国際日本語普及協会（2002〜2003）『平成13〜14年度文化庁委嘱「地域日本語教育活動の充実」事業報告書　地域日本語教育指導員（コーディネータ）研修・地域日本語教育活動推進シンポジウム』.

国立国語研究所日本語教育センター（編）（1994〜2001）『日本語教育相互研修ネットワーク研修会報告書・日本語教育相互研修ネットワーク資料』（平成5〜12年度）国立国語研究所日本語教育センター.

日本語教育学会（1996〜1997）『平成7〜8年度　文化庁日本語教育研究委嘱国内の日本語教育ネットワークづくりに関する調査研究報告書』.

日本語教育学会（1998〜2000）『平成9〜11年度　文化庁日本語教育研究委嘱日本語教育における教授者の行動ネットワークに関する調査研究報告書』.

野山広（2003）「地域ネットワーキングと異文化間教育──日本語支援活動に焦点を当てながら」（特集：地域ネットワーキングと異文化間教育）異文化間教育学会（編）『異文化間教育』18.

春原憲一郎（1995）「国内における日本語教育

ネットワークの必要性」日本語教育学会『ひろがる日本語教育ネットワーク 最新事例集』(文化庁1994年度委嘱調査研究),大蔵省印刷局.

[野山 広]

■日本語教育関連機関(国際協力)

国際協力に関連した主な機関を表10-1で取り上げ,日本語教育関連の事業に焦点をあててその活動内容を紹介する.

→日本語教育を取り巻く社会的状況(10-A),日本語教育関連省庁(10-C)

● 参考文献

国立国語研究所(編)(2001~2004)『日本語教育年鑑』くろしお出版.

BENSEY (2001)『SCIENCE OF HUMANITY BENSEI〔人文学と情報処理〕』Vol. 33(特集「国際社会に対応する日本語の在り方」)勉誠出版.

[野山 広]

表10-1 国際協力を目的とする日本語教育関連機関

●機関名・URL	●活動内容
⑭国際交流基金 [The Japan Foundation] http://www.jpf.go.jp	国際文化交流事業の実施を目的として1972(昭和47)年に設立された機関である.2003(平成15)年10月1日からそれまでの特殊法人から「独立行政法人国際交流基金」に生まれかわった.その事業の一環として海外の日本語教育に対する支援事業を行っている.実施にあたっては,日本研究部(東京都港区),日本語国際センター(埼玉県さいたま市),関西国際センター(大阪府田尻町)の国内3拠点と海外19都市に設置された海外事務所(日本文化会館,日本文化センターを含む),8都市にある海外日本語センターの連携のもと,さまざまなプログラムを有機的に組み合わせながら,各国の事情に応じた支援事業を展開している. たとえば,日本研究部では,国際交流基金の日本語教育事業の全体的な調整を行うとともに,日本語教育専門家などの海外派遣,海外日本語教育機関に対する助成,北京日本学研究センター事業,海外日本語センター事業などを実施している.日本語国際センターでは,海外日本語教師を対象とした研修事業,教材の開発や寄贈などの制作事業,日本語教育に関する情報の収集や提供を行う情報交流事業を実施している.関西国際センターでは,海外日本語学習者の多様化に対応するための各種研修の実施や日本語能力試験の海外実施業務を担当している.
⑭日本国際教育支援協会 [JEES: Japan Educational Exchange and Servises] http://www.jees.or.jp	⑭日本国際教育支援協会は2004(平成16)年4月1日,それまでの⑭日本国際教育協会の継承公益法人として誕生した.これは日本国際教育協会が,日本英育・内外学生センター・国際学友会・関西学友会との間でその業務を整理統合して,独立行政法人日本学生機構とともに新たなスタートを切ったものである.協会では,日本人学生および外国人留学生などに対する教育・学術交流事業を行い,日本の教育・学術の発展ならびに国際間の理解と親善に努めつつ,幅広い活動を行っている. 日本語教育関連業務としては,日本語能力試験の国内業務(1984〔昭和59〕年~),日本語教育能力検定試験(昭和62年~)の業務を担当(主催)している.なお,これまで担当していた日本留学試験の業務(平成14年~)については日本学生支援機構に引き継がれ実施されている.

10-C 日本語教育および関連機関・組織の動向 —— 961

●機関名・URL	●活動内容
㈱国際協力機構 [JICA: Japan International Cooperation Agency] http://www.jica.go.jp	JICA（2003年10月1日から，それまでの国際協力事業団から「独立行政法人国際協力機構」に生まれかわった）における日本語教育・普及関連事業は，技術協力の一環または技術協力の効果をより高めるための手段として，また移住者・日系人支援事業の一環として，①研修員受け入れにかかわる事業（日本語講習を来日前か来日後に実施），②青年海外協力隊にかかわる事業（現地の人々と生活を共にしながら，開発途上国が必要とする国づくり，人づくりの一環としての日本の青年男女の派遣事業），③移住者・日系人支援にかかわる事業として展開されている。
㈶海外技術者研修協会 [AOTS: The Association for Overseas Technical Scholarship] http://nihongo.aots.or.jp	AOTSは民間による技術協力機関として経済産業省の認可を受け，国内では東京，横浜，関西（大阪市），中部（豊田市）の4ヵ所に計1000人収容の宿泊施設を備えた研修センターをもっている。研修に関しては，主に①開発途上国の技術者・管理者を日本へ招き，研修を実施する受け入れ研修，②海外へ講師を派遣し，現地で技術者・管理者に研修を行う海外研修を実施している。そのほか，日本語教材の開発（『新日本語の基礎Ⅰ・Ⅱ』『新日本語の中級』やインターネットを利用した自習システムの開発など）や，インターネットによるAOTS日本語テストの開発などを行っている。
㈱日本貿易振興機構 [JETRO: Japan External Trade Organization] http://www.jetro.go.jp	ジェトロ（2003年10月1日から，それまでの日本貿易振興会から「独立行政法人日本貿易振興機構」に生まれかわった）は，国内40，海外80の事務所ネットワークを有し，投資の相互交流促進，開発途上国の経済発展協力，国際交流の促進，輸入促進，海外情報の収集・提供などを主な活動分野としている。上記活動の基盤となるビジネス・コミュニケーションの円滑化を促進するため，外国人ビジネス関係者に対し，日本の市場や商習慣に関する情報提供や，ビジネス日本語の学習支援なども行ってきている。こうした活動のなかで，ビジネス関係者からの実用的なビジネス日本語能力を測る公的なテストの開発に対する要望に応えて，ジェトロは1996（平成8）年より「ジェトロビジネス日本語能力テスト」を国内外で実施している。
㈶国際研修協力機構 [JITCO: Japan International Training Cooperation Organization] http://www.jitco.or.jp	JITCOは，研修・技能実習制度の健全かつ円滑な発展のため，外国人研修生受け入れ機関（受け入れ団体・企業）への各種相談業務，申請書類の事前点検サービスや地方入国管理局への申請取り次ぎ，技能実習移行に伴う各種業務，巡回指導など各種支援業務を行っている。研修生に対する日本語教育についてもいくつかの支援活動を行っており，研修生の日本語研修（①出国前事前研修段階，②日本入国時の集合研修段階，③その後の研修・技能実習段階の3ステージに分けて実施），受け入れ機関の生活指導員や研修指導員などを対象にした日本語指導セミナー，外国人研修生・技能実習生の日本語習熟などを支援するとともに，研修・技能実習の効果を上げるため，毎年「日本語作文コンクール」を実施している。

●機関名・URL	●活動内容
㈶自治体国際化協会 [CLAIR: Council of Local Authorities for International Relations] http://www.clair.or.jp	JETプログラムの参加者に対して，日本語に関する講座が実施されている。当講座は，CLAIRの日本語学習機会の充実に向けた取り組みの一環として，JETプログラム参加者の日本語能力向上と，帰国後の日本語普及などを通じた対日理解の促進をはかるために実施されている。講座は全部で5コース（初級，中級，上級コース：通信講座6カ月＝11月～4月：4,200名），翻訳・通訳コース：通信講座6カ月あるいは集合研修5日間＝9月～2月あるいは11月下旬：約100名，言語・教育コース：通信講座6カ月，集合研修5日間＝9月～2月と2月中旬：約60名）を用意しているが，JET参加者は無料でこれらの講座を受講することができる。
㈶国際文化フォーラム [TJF: The Japan Forum] http://www.tjf.or.jp	主にアジア太平洋地域を対象に，若い世代間の対話と相互理解の促進を目指し，国内外の初等中等教育レベルの外国語教育・国際理解（文化理解）教育に関する各種の事業を行っている。とくに日本語教育については，北米，東アジア，大洋州を中心とする小中高校の日本語教育を民間財団の立場からサポートすると同時に，日本国内の外国語教育との連携に力を注いでいる。また文化交流の観点から，各国における日本語教育を通じて，日本と各国の教師間，学習者間のコミュニケーションや相互理解を促進することに取り組んでいる。 日本語教育関連事業としては，たとえば，2001年に，写真教材『であい：7人の高校生の素顔』を出版したほか，日本の若い世代の日常生活に関連する写真を提供する「TJF写真データバンク」をWebに新設した。2002（平成14）年には，こうした写真教材を，写真シートやCD-ROMなどから成る素材キットとして，英語圏の中高校に申込み制で寄贈したり，現地の日本語教師会の協力を得ながら「であい」の活用方法に関するワークショップも実施した（中国，韓国にもモニタリングを兼ねて希望のあった学校に寄贈した）。なお，この素材を日本語教材化するための情報（各種資料，語彙表，カリキュラム，教案・実践活動例等）はホームページ上（http://www.tjf.or.jp/deai/参照）で随時送受信されている。「成長型，教師・生徒参加型の日本語教材」として，この素材の今後の活用の広がりや成長が期待される。
㈶オイスカ [OISCA: The Organization for Industrial, Spiritual and Cultural Advancement - International] http://oisca.org	アジア・太平洋のさまざまな国の研修センターの研修生のなかから，毎年約150名の青年を日本国内4カ所の研修センター（中部，関西，四国，西日本）で受け入れて，農業，養蚕，養豚，果樹などの各自のテーマに沿った研修を約1年間行っている。日本の実際の農家に住み込んで実習を受けることも多く，その際役立つように，研修の一環として，最初の3カ月間で約150～200時間程度（到達目標は日本語能力試験4級程度）の日本語の研修・指導が行われている。

■日本語教育関連省庁

　国際交流の進展や外国人登録者数の増加に伴い，国の内外における日本語学習に対する需要はますます高まっている。こうした状況下，多様な需要に応じたきめ細かな施策の展開を，さまざまな側面からはかれるように，以下のように多くの省庁が日本語教育にかかわっている。

●文化庁──文化部国語課において，主として国内の日本語教育の充実へ向けて，総合的な企画や日本語教育関係諸機関の連絡調整を担当

しながら、さまざまな施策を展開している。具体的には、地域日本語教育関連の事業（教育能力向上のためのボランティア研修，コーディネータ研修，親子の日本語教室の開設など），日本語教育の指導内容・方法に関する調査研究（委嘱）や理解・促進に向けた研究協議会（大会）の開催，インドシナ難民，中国帰国者のための日本語教育への協力，日本語教育能力検定試験や日本語能力試験への協力，ITを活用した「日本語教育支援総合ネットワーク・システム」の構築（現在，運営は独立行政法人国立国語研究所で行っている），日本語教育関連機関の連携・協力の強化へ向けた連絡会議の開催など，多岐に渡っている。

● **文部科学省**——高等教育局留学生課において，留学生に関する施策を担当しており，その関連で，各大学の留学生センター（日本語教育）や，日本国際教育支援協会（日本留学生試験），日本語教育振興協会（日本語学校）などとの関係も深い。

初等中等教育局国際教育課においては，外国人児童生徒に対する日本語指導に関連して，学校教育におけるJSL（Japanese as a Second Language）カリキュラムの開発や年少者用日本語教材の開発，発行，配布，外国人児童生徒など日本語指導研修会の開催などの施策を展開している。また，同課では，たとえば，日本人学校の日本語教室における日本語教育や，外国教育施設日本語指導教員派遣事業（REXプログラム）など，海外の日本語教育への協力も行っている。

● **外務省**——国際交流基金を通して，国際文化交流事業の一環として，海外の日本語教育に対する支援事業を行っているが，この日本語教育関連事業を所管しているのが文化交流部である。また，国際協力機構（JICA）を通して，技術協力の一環として青年海外協力隊やシニア海外ボランティア，日本語教師を派遣している。インドネシア難民に関する事業は，文化庁，厚生労働省と協力してアジア福祉教育財団に委託して行っている。

● **そのほかの省庁**——総務省（旧自治省）では，自治体国際化協会（CLAIR）を通して，JETプログラム参加者に対する日本語関連の研修事業を展開している。厚生労働省では，中国孤児援護基金や国際研修協力機構（JITCO）を通して，中国帰国者や外国人研修生の日本語学習支援を行っている。経済産業省では，日本貿易振興機構（JETRO）を通して，ビジネス日本語能力テストの開発・実施を，さらに，海外技術者研修協会（AOTS）を通して，技術研修生の日本語学習支援を行っている。なお，法務省においては，入国管理に関連して日本語能力の問題に触れたり，外務省や文部科学省とともに日本語教育振興協会の運営（所管）にかかわっている。

➡ 日本語教育を取り巻く社会的状況（10-A），日本語教育関連機関（国際協力）（10-C）

● **参考文献**

国立国語研究所（編）（2001〜2004）『日本語教育年鑑』くろしお出版．

野山広（2002）「地域社会におけるさまざまな日本語支援活動の展開——日本語習得支援だけでなく共に育む場の創造を目指して」『日本語学』21-5．

文化庁（編）（2004）『地域日本語教育支援の充実——共に育む地域社会の構築へ向けて』国立印刷局．

明治書院（編）（1997）『日本語教育——21世紀への展望』（『日本語学』16-6）．

日本語教育学会（柳澤好昭執筆）（1995）『日本語教育の概観』日本語教育学会．

［野山 広］

D──学習者の多様化

■学習者の多様化

　1945（昭和20）年までの日本語学習者は現在以上に多様であり，アジア太平洋各地の住民に応じた教材，教授法が採用されていた。敗戦以降，1970年代までは学習者も少なく，エリートの留学生，研修生，宣教師，ビジネス関係者が中心であった。80年代以降，中国帰国者，インドシナ難民，外国人配偶者，労働者などが定住するようになり，さらに90年代以降は，日系南米人，技能実習生などを受け入れるようになった。また外国人児童・生徒も漸増していった。海外に目を向ければ，過半数を占める初中等教育の子どもたちを筆頭として，観光地やビジネス場面など，日本人が出入りするあらゆるところに日本語学習者が生まれている。学習者の「多様化」に伴い，教師や日本語教育に参画する人も「多様化」した。地域に目を向ければ，ボランティアや行政，医療，公教育，企業など，多様な参加者がいる。海外では90年代以降，日本人日本語教師に代わり現地の日本語教師が主導権をもつようになっていった。

　特定の言語の学び手が「多様化」するというのはどのような事態なのだろうか。英語やフランス語などの旧植民地宗主国の言語が多様化していったように，一部の商人や伝道師だけではなく，特定の言語の宗主国の人たちが，世界諸地域津々浦々に浸透，侵入，侵略していった結果として，多様な学び手がつくり出された。グローバル化とローカル化を巧みに織り合わせ推し進めるファーストフード店や自動車産業などの多国籍企業のように，言語学習者の多様化とは，グローバルな政治・経済・軍事などの展開にローカルの人たちを巻き込んでいく動向である。その過程で，宗主国にも多様な文化・言語背景をもった人たちが流入し，多言語・多文化化が進む。特定の言語の学習者の多様化とは，その言語の本国が多言語・多文化することと車の両輪をなしている。

　一方で，特定の言語の拡大は，throat-cuttingとさえいわれる〈力〉の資本主義であるグローバリゼーションと，多様化に反発・対抗するナショナリズムや自民族中心主義の台頭（「美しい日本語」「正しい日本語」など）と，せめぎ合いながら進む。

　英・仏・中・日本語のような大言語は，まず，大量の「学習者」を生み出す。学習者はさらに，出身地，民族，人種，職業，在留資格の種類，年齢，学習目的や動機などによって細かく分類されていく。そしてカテゴリーごとにニーズ別，目的別の教材や教授法，カリキュラムが設計される。学び手のカテゴリーは，多くの場合，階層化されていく。手厚い公的資金が投入される階層から，ボランティアなどに委ねられる階層，放置される階層などに分けられる。この階層は，「学習」の段階が終わっても，維持される。その典型例が「在日」の人たちである。日本語を第一言語とする世代になっていても，社会的に周縁化されている。学び手の多様化が学び手の階層化となり，差別の再生産とならないためには，日本語や日本社会に潜む規範性や同化圧力について検討し，日本社会の多言語・多文化性や日本語の多様なディスコースを認めていく必要がある。

➡日本語教育を取り巻く社会的状況（10-A）

● 参考文献

伊豫谷登士翁（2001）『グローバリゼーションと移民』有信堂高文社．

中野秀一郎・今津孝次郎（編）（1993）『エスニシティの社会学──日本社会の民族的構成』世界思想社．

［春原憲一郎］

■留学生

勉学を目的として来日した外国人学生には、「留学」または「就学」の在留資格が発給される。「留学」の在留資格が与えられるのは大学、大学院、短大、高等工業専門学校、専修学校（専門課程）などに在籍する者である。本項では、「留学の在留資格」が発給される留学生について解説する。

留学生数は、2003（平成15）年に10万人を超え、1983（昭和58）年度に策定された「留学生受入れ10万人計画」の目標は達成された。2004（平成16）年5月現在、留学生数は11万7302人と過去最高で、前年比7.1％の増加であった。

留学生の出身国上位5ヵ国は、中国（66.3％）、韓国（13.2％）、台湾（3.5％）、マレーシア（1.7％）、タイ（1.4％）となっており、アジア出身者が93.4％を占めている。在学段階では、学部49.7％、大学院25.2％、専修学校20.3％の順になっている。

学部と大学院では必要とされる日本語能力に違いがある。学部留学生は日本人学生と同様に日本語で講義を聴き、試験を受け、レポートを書くのが普通である。したがって、学部教育を受けるのに必要な日本語能力を習得していることが入学の要件とされる。これに対して、大学院の場合には、研究能力が重要視されており、研究分野によっては英語などの外国語が使えることもあるため、日本語能力がきわめて限られている留学生も入学を許可されている。

学部に入学を希望する留学生は、従来は「日本語能力試験」および「私費外国人留学生統一試験」を受けるのが一般的であったが、2002（平成14）年度から両試験に代わるものとして新たに「日本留学試験」が年2回実施されることとなった。この試験は、大学院進学希望者を直接の対象とはしていない。

留学生のなかには本国の大学に在籍したまま1学期あるいは1年間という短期間滞在する者がいる。これを短期留学生と呼ぶ。1995（平成7）年に「短期留学推進制度」が発足し、大学間交流協定などに基づいて来日する短期留学生を対象とする奨学金が設けられるようになった。また、日本語能力がなくても英語などで授業や研究指導が受けられるような体制が整備されてきている。短期留学生数は6907名で、全留学生の5.9％を占めている。

留学生は、日本政府の国費、マレーシア、タイなどの外国政府の派遣および私費に大別される。その数は、それぞれ9804人（8.4％）、1906人（1.6％）、10万5592人（90.0％）である。私費留学生に対しては学習奨励費の給付、授業料減免措置、医療費補助をはじめさまざまな支援策がとられている。しかし、学習奨励費を例にとれば、給付人数はおよそ1万1000人であり必ずしも十分な人数とはいえない。優秀な留学生を日本に引き寄せるには、研究・教育の水準を高めるとともに、生活面の支援をなおいっそう充実させる必要があるとの指摘もなされている。

→留学生受け入れ施策（10-B），学習者のための試験（10-B），日本留学試験（8-E）

● 参考文献

留学生受入れの概況（平成16年版）：http://www.jasso.go.jp/kikaku_chosa/

［尾﨑明人］

■就学生（予備教育）

就学生とは、入国管理法に規定された在留資格の1つである「就学」の在留資格をもって日本に在留し、特定の教育機関で教育を受ける外国人をいう。就学生が「就学」の在留資格で教育を受ける教育機関は、高等学校、もしくは盲学校、聾学校、養護学校の高等部、専修学校の高等課程もしくは一般課程、または各種学校、もしくは設備および編成に関して「これに準ず

る教育機関」とされている。日本語教育機関は，上記の「これに準ずる教育機関」にあたるものとされている。就学生のうち，もっぱら日本語を学ぼうとするものは，財団法人「日本語教育振興協会」が行った審査および証明に基づいて，法務大臣が法務省告示をもって定めた日本語教育施設で日本語を学ぶことになる。大学や短大，高等専門学校などの高等教育機関で学ぶ「留学生」とは，在留資格のうえで区別されている。〔注：2010年より在留資格「就学」は「留学」に一元化された。〕

日本語教育施設で学ぶ就学生の在留資格は，入管法により1年または6ヵ月と定められているが，問題なく活動が継続されていると認められた場合には，最長2年まで当該の教育施設に在籍することが可能である。

就学生の活動は，本来，在留資格にふさわしいものとして，学業に専念することが求められている。したがって，アルバイトを希望する場合は，事前に「資格外活動許可」を受ける必要がある。資格外活動許可は，学業の遂行を阻害しない範囲で受けることができる。その内容は，1日4時間以内，かつ風俗営業やその関連事業以外の職種とされている。また在籍する日本語教育施設での出席状況は，在留資格「就学」に該当する活動が順当になされていることを測るものとしてきわめて重視される。出席率が悪い場合は，在留期間が短縮されたり，更新が認められない場合がある。

日本語教育施設で学ぶ就学生の学習目的は，その多くが日本の大学学部，大学院など高等教育機関への進学である。一方，進学以外の目的をもつ就学生もいる。その状況は日本語教育施設によってさまざまである。

就学生が受ける教育の内容は，進学希望者の場合は進学予備教育であり，それ以外の目的をもつ就学生の場合は，ニーズに合わせた基礎日本語教育がなされるのが一般的である。

就学生の学習形態は，1クラス20人までの定員，週20時間以上の授業で設定するものとされている。

進学予備教育は，進学先の機関が指定する各種の試験のための準備教育，および進学後に必要とされる日本語能力の獲得にある。主な試験として，①日本留学試験，②日本語能力試験，③進学先の機関の独自の試験，などがある。2002（平成14）年度からは，大学学部の入学選考のための「日本留学試験」が実施されており，予備教育として新たな取り組みが必要となってきている。

➡日本語教育機関（10-C），日本留学試験（8-E）
● 参考文献

日本語教育振興協会（編）(1993)『留学生および就学生の入国手続き』日本語教育振興協会.

出入国管理関係法令研究会（編）(2002)『外国人のための入国・在留・登録手続きの手引き』（6刷版）日本加除出版.

出入国管理関係法令研究会（編）(2001)『一目でわかる外国人の入国・在留案内』法務省入国管理局監修・出入国管理関係法令研究会.

日本語教育振興協会（編）(2001)『日本語教育振興協会ニュース』63，日本語教育振興協会.

日本語教育振興協会（編）(2001)『2002年度版日本語教育施設要覧』日本語教育振興協会.

日本語教育振興協会（編）(1998)『日本語学校学生の入国在留手続Q&A』日本語教育振興協会.

[西原純子]

■ビジネス関係者

日本に滞在しビジネスに従事する外国人と海外の企業に勤務し業務上日本語使用を必要とする外国人を指す。2001（平成13）年の厚生労

働省「外国人雇用状況報告」により国内を概観すると，外国人労働者数，事業所数ともに前年より増加している。ビジネス関係者とみられる専門・技術・管理職の割合は生産工程作業員に次いで多く，バブル崩壊後の増加傾向と北米およびヨーロッパ出身者の増加が特徴的である。聞き取り調査により海外状況を概観すると，ヨーロッパのサービス業，製造業と中国のコンピュータ専門職におけるビジネス日本語の需要増加がバブル崩壊後の特徴として挙げられる。このような国内外の状況を背景に，1996（平成8）年より「ジェトロビジネス日本語能力テスト」が16ヵ国32都市で毎年実施されている。

ビジネス関係者に対する日本語教育は，職種や地位，勤務条件などにより内容が著しく異なる。たとえば日本で勤務する管理職の場合，多忙であり仕事は英語で遂行するため，日本語はあいさつ表現の学習だけですませるケースが多い。サービス業や金融関係に勤務する若手社員の場合は，日本人スタッフとの日常会話・業務一般における意思疎通から社外でのビジネス交渉まで，広範な日本語力をつけることが求められる。最近では話す・聞く能力だけでなくeメールを読み書きする能力のニーズも高まっている。このように学習目的と到達目標が多様であるため，ビジネス関係者の教育に携わる際は事前のニーズ調査や学習者との話し合いが重要となる。また，経費を会社が負担する場合は学習当事者だけでなく会社の人事部や直属の上司から会社側の求めている能力を聞く必要がある。さらに，日本語学習は英語などに比べ，表記や待遇表現の複雑性から目標到達までの時間が依頼者の予想以上にかかることがあると事前に説明し理解を求めることも，教師の役割として不可欠である。授業はクラスサイズより個人単位で行うことが多く，時間帯は勤務時間帯を避けるため早朝か夜間に集中する。

一般的に学習者は学習動機が高く，学習時間が限られていることが多い。したがって，教師は学習者の特殊目的に対応しうるコースデザイン能力，効率的な教え方，学習者の業種に関する専門知識が求められる。専門知識が不足している場合は専門家との連携を考慮する必要がある。また，学習者が社会人であるため，敬意表示や対等な関係構築などに留意するメンタルな面でのコミュニケーション能力も求められる。

→ビジネス日本語試験（8-E），学習者のための試験（10-B）

● 参考文献

島田めぐみ・渋川晶（1998）「外国人ビジネス関係者の日本語使用——実態と企業からの要望」『世界の日本語教育』8．

清ルミ（1995）「上級日本語ビジネスピープルのビジネスコミュニケーション上の支障点」『日本語教育』87．

文化庁文化部国語課（1994）『外国人ビジネス関係者のための日本語教育Q＆A』大蔵省印刷局．

［清 ルミ］

■ 技術研修生・技能実習生

技術研修生または研修員，技能実習生を総称して，ここでは「研修生」と呼ぶことにする。研修生というのは在留資格による区分にすぎない。研修生はまず成人社会人であり，母国では企業人として，マネージャー，エンジニア，ワーカーである。そして多くの場合，来日前から帰国後も含め中・長期にわたって，日本の企業文化と接触する人たちである。労働力として，日本とのパイプ役として，本国の技術発展の担い手として，そして本人のキャリアアップとして多様な側面をもった存在が研修生である。

技術研修生には大きく2つのタイプが考えられる。1つは1950年代の戦後賠償とともに始まったJICAやAOTSなどの，開発途上国の次世代を担う技術者を育成することを目的とし

たものであり，大手企業関連や政府関係の研修生が多くを占める。2つ目のタイプは1989（平成1）年の入管法改変によって始まった，労働力を期待されて来日する人たちである。「研修生」は，前者の「技術研修生」型と後者の「技能実習生」型に二極分化しているともいえる。当然その中間にさまざまな濃度の研修生がいることはいうまでもない。技術研修生が社会的にクローズアップされるようになったのは，後者のタイプの研修生が大勢，地域社会に入ってきてからである。たとえば，受け入れ代行の最大手であるアイム・ジャパンは1992（平成4）年から2002（平成14）年までに，インドネシアから1万7000人の研修生を日本の1500社に送り出した。研修生の選抜には，3キロのマラソンを15分以内で走らなくてはならないというものもあり，試験にパスするのは5人に1人といわれる。表10-2にあるように，来日前に，日本語，日本の風俗，習慣，規律などについて4ヵ月間，700時間学ぶ。夜も日本文化の学習があり，訓練生は自由時間の少ない厳しい教育を受ける。このように「規律」を中心とした訓練を受けてきた技能実習生は，研修現場において，下町の町工場の家庭的な環境で温かく迎えられることもあれば，労働に近い厳しい研修環境と支払われる金額の低さに失望する場合もある。

労働力の移動に関しては，日本が満州や南米などに移民を送り出したのと同様，若年労働者の雇用の創出と海外への送り出し，という側面から，派遣国側のニーズも無視できない。しかし過剰労働力と労働力不足はコインの両面であるが，このような労働力調達の観点から研修生の受け入れ枠を広げるという措置には疑問や不安の声も聞かれる。労働関係法令の適用の問題，実務研修中の賃金の問題，研修評価の問題など，課題は多岐にわたっている。技術協力や人材育成支援が，真に貧富の格差の是正や途上国の発展，テクノロジーの平和利用となるためには，このような技術研修生をめぐる議論を継続して行い，諸制度を真の意味で「改正」していく必要があろう。〔注：2010年より「技能実習」という在留資格が創設された。〕

→技術研修生・技能実習生受け入れ政策（10-B）

● 参考文献

国際研修協力機構（JITCO）ホームページ　http://www.jitco.or.jp/

アイム・ジャパン・ホームページ　http://imm.or.jp

〔春原憲一郎〕

■ 中国帰国者

日中国交正常化（1972年）後に永住帰国を果たした中国帰国者と同伴家族は約6300世帯2万人（2004年末現在）にのぼるが，帰国者が定住後に中国から呼び寄せた家族（呼び寄せ家族）を含めるとその数倍〜10倍程度になると見込まれる。

残留邦人本人（「孤児」または「婦人」）と同伴帰国した家族など，国費で帰国した帰国者に対しては日本語の学習を公的に支援している。この支援体制は，1984（昭和59）年に「中国帰国者定着促進センター」（1次センター）が設置されて以来，徐々に整備されてきた。帰国後まず1次センターにおいて約4ヵ月間の初期集中研修を受ける。ここでは，定着後の生活行動場

表10-2　アイム・ジャパンの研修スケジュール

事前研修 〔4ヵ月〕	インドネシアの職業訓練校で日本語，日本の風俗・習慣などを学ぶ
〈入国〉	集合座学研修〔4週間〕
研修 〔1年〕	アイム・ジャパン会員企業で実務中心の研修〔11ヵ月〕
〈帰国〉	
技能実習 〔2年〕	アイム・ジャパン会員企業で技能実習（従業員扱い）

面に沿った指導や周囲の人々との交際を始めるための話題に重点を置いた指導を含め、初歩的な日本語の指導と日中間の文化・習慣の違いに気づき適切な対応ができることを目指した日本事情指導が行われている。義務教育年齢の二世・三世は1次センター修了後速やかに定着地の小中学校に編入されるため、1次センターでは教師や級友との意思疎通と教科学習に入るための日本語指導が組み合わされて行われている。

　1次センター修了後はそれぞれの定着地で「中国帰国者自立研修センター」(2次センター)に約8ヵ月間通学することになる。2次センターでは、1次センターでの学習を引き継ぎ、おおむね初級相当の日本語学習が完了することを目指して研修が行われている。

　満蒙開拓団を送り出した地域など、中国残留邦人の出身地は農山村部も多いことから、帰国者の定着地は全国各地に散らばっている。そのため、1次センター修了後に都市部にある2次センターに通学できない帰国者も少なくない。このような帰国者には、自治体が自立指導員や現地のボランティアと協力して日本語を指導しているが、その質と量は地域によってさまざまである。1次・2次センターを通じて行われる初期研修に相当する学習機会を、公的な支援の対象者となっていない「呼び寄せ家族」を含めてすべての帰国者がどこに定着しても得られるようにすることが帰国者に対する学習支援において大きな課題となっている。

　成年層以上の帰国者は一般に長期にわたって言語コミュニケーションに不全感をもちつづける。日本語の学習もさまざまな場でさまざまなかたちをとって断続的に続けられることになる。帰国当初の学習だけでなく中長期的な学習を支援する体制をつくることがもう一つの大きな課題である。

　2001（平成13）年10月に開設された「中国帰国者支援・交流センター」(3次センター)は、中長期的な観点から定着地での日本語学習支援活動を行うとともに通信教育により多様なコースから帰国者が自分にあった内容を選び自分のペースで学べるように支援する。これが充実し、定着地間の格差や帰国の経緯による学習機会の格差が緩和・解消されることが期待されている。

→学習者の多様化（10-D）、日本語教育関連省庁（10-C）、中国帰国者の言語生活（6-C）

● 参考文献

小林悦夫（1996）「中国帰国者教育の特性と研修カリキュラムおよび教育システムの現状」江畑敬介他（編）『移住と適応』日本評論社.

文化庁（1997）『中国帰国者のための日本語教育Ｑ＆Ａ』大蔵省印刷局.

中国帰国者定着促進センター（1993～2003）『紀要』1～10.

［小林悦夫］

■インドシナ難民

　1975年、ベトナム戦争の終結後、インドシナ半島からベトナム、ラオス、カンボジアの3国の人々が難民となって本国を脱出した。

　日本は1979（昭和54）年7月に閣議了解によりインドシナ難民の受け入れを開始。同年に兵庫県姫路市に姫路定住促進センターを、1980（昭和55）年に神奈川県大和市に大和定住促進センターを設置した。両センターにおける主たる事業は、日本語教育、日本社会生活適応指導、就職斡旋であった。続いて1983（昭和58）年に東京都品川区に国際救援センターが設置され、ここにおいても両センターと同様の業務が行われた。3センターにおける受講者総数は、2004年3月までで3ヵ国合計8,641名である。

● センターにおける日本語教育のカリキュラム

《日本語教育研究協議会の設置》3名の難民日本語教育参与（国立国語研究所日本語教育セン

ター長野元菊雄，大阪外国語大学教授吉田弥寿夫，㈳国際日本語普及協会専務理事西尾珪子（いずれも当時））を含み，インドシナ難民対策連絡調整会議審議官，国立国語研究所，文部省などによる協議会で内容を決定。
《ねらい》日常生活で最低限必要な会話能力および標識・案内などの読み取り能力をつける。学齢児童に対しては，学校生活に適応できる日本語力をつける。
《授業総時間数》492時間（生活指導時間を含む），1988年より572時間。1日6時間。
《1クラス定員》11〜12名。
《主要教材》姫路定住促進センター『日本語入門』。大和定住促進センターおよび国際救援センター『日本語の基礎』（後に『新日本語の基礎』）。補完教材として，視聴覚教材など開発教材多数。児童生徒用には別途開発により作成。
《1日の授業時間》午前3時間，午後3時間。

インドシナ難民に対する日本語教育は，日本に定住する外国人への第二言語としての日本語教育の開始であった。日本社会で自立していくため，また，日本の公立学校で教育を受けていくため，学習内容，教材，教授法のみならず，そのシステムづくりに新しい日本語教育のあり方を示した。

この日本語教育はその後，日本全国の地域社会に暮らす外国人への日本語教育の先例として役立つものとなった。難民の居住地で，地域日本語支援ボランティア活動が始まり，日本語教育が日本社会への生活適応教育の一環として位置づけられるようになった。

1996年，インドシナ難民国際会議運営委員会の決定によりインドシナ難民への特別措置が終了し，1996（平成8）年に姫路定住促進センターが，1998（平成10）年に大和定住促進センターが閉所した。2004年現在，国際救援センターにおける日本語教育は継続されている。〔注：2006年，国際救援センター閉所。〕

→学習者の多様化（10-D），日本語教育関連省庁（10-C）

● 参考文献
アジア福祉教育財団難民事業本部（2000）『インドシナ難民に対する日本語教育20年の軌跡』アジア福祉教育財団難民事業部．

［西尾珪子］

■日系人・就労者

日系人とは，海外に移住した日本人およびその子孫を指す。19世紀末から進められた日本政府の移民政策によって，ハワイや北米，中南米を中心に広がった。現在，海外日系人数は，約250万人，在日日系人数は約31万人に及ぶ（平成11年，海外日系人協会調べ）。すでに三世，四世と世代が受け継がれ，混血化，教育の現地化が進んだため日本語を解さない日系人が増えている。

1990（平成2）年，日本の「出入国管理及び難民認定法」改正に伴い，日系人（非日系の配偶者も含む）の就労を含めた滞在が合法化され，南米各国で日本への「デカセギ」ブームが起こった。通常の外国人労働者には認められない単純労働が可能となったのである。当初は単身で来日した日系人がその後家族を呼び寄せ，日本への定住化が進んだ。

これら日系人の就労先は，機械・電気関係の製造業や食品関係の工場，介護の現場など多岐にわたる。その雇用形態の多くは短期的で不安定なものであり，バブル経済が崩壊した後，職を失う日系人が続出，不安定な生活を余儀なくされている人々も多く，新たな仕事を求めて別の地方へ移動することも少なくない。その裏には，たとえ帰国しても仕事がない，日本滞在が長期化したため母国での生活基盤がなくなるなど，「帰りたくても帰れない」実情もある。

日系人就労者は北関東や甲信，東海地域といった工業都市近辺に集住する傾向があり，なか

には群馬県大泉町のように中南米出身者が人口の約1割を占める自治体も出てきている。このような地域には母国の食品や雑貨を売る店やレストランが建ち並び，私立のブラジル人学校やペルー人学校が設立されているところもある。母語による教会のミサ，ポルトガル語やスペイン語によるラジオ放送や新聞・地域情報誌といったメディアなど，日本語に頼ることなく生活できるコミュニティが成立しつつある。

こうした事情もあり，成人日本語学習者の動機づけは比較的弱い。ボランティアの日本語教室に通う人もいるが，仕事や育児，交通手段の確保などさまざまな事情で続かないことも多い。また，仕事の現場では通訳のできるまとめ役がいたり，ライン作業のため限られた単語を覚えればすんでしまったりするなどの背景もある。

とくに日本語教育の対象として注目され，対応が急がれているのはその子どもたちである。ことばの問題はもちろん，母国でイメージしていた日本と現実の日本とのギャップにとまどい，アイデンティティの危機に陥ったり，来日した年齢によっては環境に適応できず，中学や高校を中退したりする例もある。また帰国した子どもが母国でさらに不適応を起こすという問題も起きている。

一方，中高年になってから来日，就労した日系人は老年期にさしかかってきている。なかにはこれまで日本語を学習する余裕がなく，ごく少数の肉親以外は知り合いがない人もいる。今後こういった人々のサポートも考慮されるべきであろう。

➡定住者受け入れ開始（10-A），学習者の多様化（10-D），地域の国際化推進施策（10-B）

● 参考文献

厚生労働省職業安定局（2001）『外国人雇用状況報告』日本労働研究機構.

藤崎康夫（1991）『出稼ぎ日系外国人労働者』明石書店.

国立国語研究所（編）（2000）『日本語とポルトガル語(2)——ブラジル人と日本人の接触場面』国立国語研究所.

田中ネリ（2004）「在日ラテンアメリカ人の子ども——その背景と支援」『異文化間教育』20，異文化間教育学会.

ワトキンス，M.（2000）『夢のゆくえ——日系移民の子孫，百年後の故郷へ帰る』現代企画室.

渡辺雅子（編著）（1995）『共同研究——出稼ぎ日系ブラジル人（上・下）』明石書店.

[谷 啓子]

■ 外国人配偶者

日本における国際結婚は1980年代後半から急増し，2001（平成13）年には3万9727組，2002（平成14）年には3万5879件，総婚姻件数の約5％を占めている。約8割が夫日本人・妻外国人の結婚で，妻の国籍は，中国，フィリピン，韓国・朝鮮，タイの順である。国際結婚は大都市圏のみならず地方都市や農村部など国内全域で増加しているが，その背景には恒常的な男性の結婚難があるといわれている。現地出会い型の結婚と，国内の仲介者による見合い結婚とがあり，見合い結婚では妻が外国人であるケースが圧倒的に多い。

また，2002年国際結婚家庭の離婚件数は1万5252件（総離婚件数の約5％）で，そのうち夫日本人・妻外国人の離婚は1万2087件で，国際結婚家庭の総離婚件数の約8割を占める。

見合い結婚の場合，家庭内言語は日本語で，妻の母語や母文化理解の必要性に対する認識は必ずしも十分ではないことが多い。結婚時に妻が日本語をまったく使えないというケースも珍しくない。しかも，日本語学習の必要性は認識されているものの，適応や日本語学習を補償す

る公的な支援制度・教育機関は現在、未整備のままである。日常会話力を獲得しても、日本語での読み書きが十分できないために社会参加が困難なケースもある。また、子どもが日本語母語話者として成長するにつれ、母と子のコミュニケーションに困難が生じ、母が家庭内でも孤立するというケースもある。また、国際結婚家庭で離婚が成立した場合、外国人の妻あるいは夫が日本に在留する資格を失い、子どもの養育に困難が生じるというケースもあり、問題となっている。

現在、市民活動と行政とが連携しつつ各地域の特性や制約のもとで国際結婚家庭の外国人メンバーを支援している。行政は、国際交流、社会教育、福祉、地域振興など、それぞれの地域で異なるアプローチによって日本語学習や生活支援を行っている。支援の中核を担うのは市民活動で、地域住民がボランティアとして日本語学習支援・生活支援に取り組んでいる。このような活動は、地域による違いはあるものの国内全域で行われており、先進的な市民活動が地域間ネットワークや行政・専門家とのネットワークを構築しながら支援活動全体を牽引しているというのが現状である。

➡学習者の多様化（10-D），多文化共生の地域づくり（10-E），地域日本語ボランティア研修（10-E），地域の日本語教育活性化のための方策（10-E）

● 参考文献

厚生労働省大臣官房統計情報部（編）（2003）『日本における人口動態――外国人を含む人口動態統計』厚生労働省.

国際結婚を考える会（編）（2002）『国際結婚ハンドブック――外国人と結婚したら…』明石書店.

斎藤弘子・根本厚美（編）（1998）『国際結婚100家庭』明石書店.

日本語ボランティア講座編集委員会（編）（1996）『いま！日本語ボランティア 山形』凡人社.

[富谷玲子]

■ 高校生留学の現状

高校生留学ということばは異文化体験を主目的として家庭に滞在しながら高校に通学する3ヵ月以上1年以内程度の短期の留学を指し、夏休みなどを利用した短期滞在や家族の海外赴任に随行するかたちのものは含めない。2000（平成12）年度の海外への派遣は4358人、国内での受け入れは1434人で、大学などの高等教育機関への留学に比べると派遣、受け入れともに規模はきわめて小さい。近年「国際化」の流れのなかで地域に密着したかたちの高校生留学が注目を集めるようになったが、高校留学生の受け入れはなかなか進まない。

原因として受け入れの支援体制が整っていないことに加え、留学生にかかる時間的経済的負担も大きく、高校側に日本語での意思疎通が困難な生徒を受け入れる余裕がないこと、受け入れ家庭の確保が困難なことなどがある。留学生を受け入れた家庭には生活費以外にも通学費、教育費などの負担、意思疎通の行き違いによって生じる問題、生活習慣、行動様式、価値観の違いなどによる摩擦や誤解、さらに留学生の参加によって引き起こされる家庭内の人間関係の問題などがある。このような問題は当事者だけでは解決が困難である場合も多く、留学生と受け入れ側双方に対する来日前、滞在中、帰国後のオリエンテーションを充実させて、きめ細かくサポートしていくことが必要であろう。

異文化体験が主目的とはいえ、ほとんどの留学生は日本語学習に高い動機づけをもっており1年足らずで外国人であることを感じさせないほどの会話能力を身につけ、流暢で自然な日本語を話せるようになる者も少なくない。非漢字系の留学生でも日本の高校生に劣らない文章を

書くようになる者もいる。高校留学生の場合，適切な指導を受け，意欲的に学習すれば，きわめて高いレベルの日本語能力をつけることが可能である。

留学生のための指導は，日本語教育の専門家ではない教員やボランティアによる個人指導，小規模の指導が中心である。形態は高校内で行う場合，地域の国際交流団体や，個人が行う場合などさまざまである。指導者によってやり方も異なるうえ，母語，学習歴，意欲，環境，適応状態など，留学生の個人差によって学習が左右されるため，指導のノウハウが蓄積されないことが問題である。高校留学生向けの日本語学習教材としては，国際交流団体が作成した教材，ウェブ上からも入手できるリソース教材がある。CAI教材も充実してきているので，コンピュータでの個別学習やインターネットを活用した遠隔地教育も可能になり，選択肢が増えたことで，高校留学生の日本語学習の将来像にも新しい展望が見えてきた。

高校留学生の日本語習得には高校生という年代に特有の問題，高校や家庭での問題などが複雑に絡み合っている。高校留学生を単なる日本語学習者としてみるのではなく，相互の学びという視点から，留学生を取り巻く受け入れ家族，高校，地域社会などがどのような支援をしていけるのかを考えていく必要があるだろう。

→留学生 (10-D)，異文化への対応能力 (6-E)
● 参考文献
村野良子 (2001)『高校留学生に対する日本語教育の方法』東京堂出版．
エイ・エフ・エス日本協会（編）(1999)『AFS高校生留学』英治出版．
エイ・エフ・エス日本協会（著）(2001)『高校生の日本語12か月 練習帳』凡人社．

[村野良子]

■児童・生徒
● 国内の年少者日本語学習者の状況 —— 年少者に対する日本語教育は，国内においては帰国子女，インドシナ難民や中国帰国者の子ども，インターナショナルスクールなど外国学校の生徒などに対して行われてきたが，90年代以降，公立学校に在籍する外国人児童生徒が急増し，年少者に対する日本語教育に対する関心が急激に高まった。これは，国際結婚による定住者や，「出入国管理及び難民認定法」の改正による日系人就労者の増加など，子どもを同伴して入国する，あるいは日本で家族を形成し子どもをもった外国人が急増したことを背景とする。1991（平成3）年には，「日本語指導を必要とする外国人児童生徒数」は約5500人であったが，2004（平成16）年には約2万と，約4倍近くになっている（文部科学省調査による）。

● 海外の年少者日本語学習者 —— 海外で学ぶ子どもたちの大多数は，各国の初等中等教育機関で外国語としての日本語（JFL）を学ぶ子どもたちである。それに対し，中南米などの日系の子どもの場合は，地域社会や家庭に日本文化や日本語環境があり，母語として日本語が保持されている場合もある一方，現地の言語文化への移行が進み，親や祖先からの文化継承として日本語学習が位置づけられる，継承語（JHL）としての日本語教育と捉えることができる。

一方，海外赴任する親に同伴する海外子女，および帰国児童・生徒についても，海外渡航時期の低年齢化，滞在の長期化傾向が進み，日本語力の低下が顕著である。とくに北米など英語圏においては国語教育の枠組みでの指導が困難な子どもに対する日本語教育が深刻な課題となっている。

● 日本語学習と教科学習 —— 日本の学校に通う子どもにとっては，生活場面での日本語コミュニケーション能力（生活言語能力）とともに，教科学習のための高度な認知的活動を支え

る日本語力（学習言語能力）を身につけることが必要となる。文部科学省（旧文部省）は日本語学習と教科学習の統合的学習支援を目指して，日本語教材『にほんごでまなぼう』（冊子体およびマルチメディア版，平成4～12年）の作成や「学校教育におけるJSLカリキュラム」開発などを行ってきているが，教育現場への普及と実践の推進は十分とはいえず，また中等教育段階での教材やカリキュラム開発は手薄な状況である。

●**子どもの発達を視野に入れた日本語教育**
——子どもに対する日本語教育は，日本語習得の側面だけでなく，年齢に応じた子どもの多様な側面における発達を視野に入れる必要がある。認知的発達，精神的発達，社会的発達など，人としての発達全体のなかで日本語教育を位置づけ，家庭，地域，学校が相互に協力体制をとって子どもの可能性を広げる教育が求められる。

また，母語の発達状況に対する配慮は日本語および教科学習の指導方法を考えるうえでも必要であるが，親子間のコミュニケーションやアイデンティティ形成などの重要な側面にもつながる。

年少者対象の日本語教育の充実には，第二言語習得，言語発達，言語教育などをはじめ，バイリンガル教育，発達心理学，異文化間教育，多文化教育，各教科教育など，さまざまな研究領域の学際的連携が不可欠である。同時に，教育現場と研究者との連携，専門性を備えた教員の養成，支援体制や制度の整備など，多くの課題をかかえている。

➡年少者に対する文字教育（5-E），バイリンガル教育（8-A），継承日本語教育（8-A），年少者に関する施策・制度（10-B）

●**参考文献**
伊東祐郎（1999）「外国人児童生徒に対する日本語教育の現状と課題」『日本語教育』100．
川上郁雄他（2004）「年少者日本語教育学の構築へ向けて——『日本語指導が必要な子どもたち』を問い直す」『2004年度日本語教育学会春季大会予稿集』日本語教育学会．
中島和子（2001）『バイリンガル教育の方法——12歳までに親と教師ができること』アルク．
バトラー後藤裕子（2003）『多言語社会の言語文化教育——英語を第二言語とする子どもへのアメリカ教師たちの取り組み』くろしお出版．
西原鈴子（1996）「外国人児童生徒のための日本語教育のあり方」『日本語学』15-2．
縫部義憲（1999）『入国児童のための日本語教育』スリーエーネットワーク．

[石井恵理子]

■**サービス業で働く人たち**

サービス業（喫茶店，レストラン，ショーパブ，コンビニエンスストア，弁当屋）に従事する外国人約200人に，「覚えなければ仕事ができない日本語」を尋ね，頻度の高い順に並べると次のようになった（2002年に小林が調査）。

1.「いらっしゃいませ」，2.「毎度，ありがとうございます」，3.「お客さん」，4.「何になさいますか」，5.「またのお越しを楽しみにしております」

彼らは，このような日本語をどこで覚えるのだろうか。「留学」「就学」での在留資格者は入国前に大学や高校などの日本語の授業で身につけている。日本人家族は配偶者（夫，妻）から，あるいは地域のボランティア教室で学習するケースが多い。

だがサービス業で働く人たちは，在留資格にかかわりなく，「教育」というプロセスをへずに日本語を覚える。「お店でお客さんから日本語を習う」というようなケースだ。たとえば，居酒屋，パブなどでの接客業では，なじみの客

が酔った勢いで，発音や語彙がおぼつかない外国人従業員の日本語を直す場合がある。このようにして日本語を覚えていく人が案外，多い。

サービス業は接客が中心となる。客とのコミュニケーションを通して日本語の語彙が増え，発音が矯正される。飲食業ばかりではない。コンビニエンスストアや弁当屋では，レジを任されるのは外国人にとって絶好のトレーニングとなる。客とお金のやりとりを正確に行わなければならない。おつりを間違えたら自分が弁償しなければならないという緊張感があり，話す・聞くが徹底的に鍛えられるからだ。

これらは一種のオン・ザ・ジョブ・トレーニング（OJT）である。客とのコミュニケーションだけではなく，職場の先輩や同僚から学ぶことも多い。そこでは教科書の日本語ではなく，現場に密着した日本語に触れることができる。自然な言い回しを身につける一方で，接客で覚えたことばが，日本の社会のルールやマナーに反することもある。

サービス業で働く人たちが覚えたそのようなことばについて，日本語教師はなぜルールやマナーに反するかを合理的に説明する必要がある。

➡ 学習環境（8-A），地域社会で生活する女性（10-E）

[小林哲夫]

E──共生のためのネットワーク

■ボランティア・ネットワーク

1990（平成2）年前後より全国各地のボランティアが中心となって定住外国人のための日本語学習支援や日本語交流活動を始めた。そしてこれらの活動の推進，情報交換，交流などを目的にボランティア・グループ間のネットワーキングも活発になった。たとえば，山形，房総，東京，長野，東海地区などでは定期的に会合を開いて組織単位で結束性を保ちながら活動をしている。一方で，組織という形態をもたずに非常に緩やかな結びつきのネットワークを組んでいる地域もある。ネットワーク内の結びつきの強さには，ボランティア・グループの成立の背景や行政との関係，地域のさまざまな状況などが影響している。

ボランティア・ネットワークは，日本語学習支援の目的のためだけではなく，だれにとっても住みやすい地域づくりのために構築されるべきものである。地域社会を構成する住民の個人的なネットワークから，行政・医療・教育・企業などの多様なネットワーク間の連携が重要である。それによって地域住民の多文化共生に向けた意識と行動の変容，制度の変革を有機的に進める可能性が生まれる。このようにボランティア・ネットワークは社会的なつながりと個人のつながりが複雑に影響し合って新たなネットワークを構築する。

➡ 地域日本語ボランティア研修（10-E），多文化共生を模索する地域（10-E）

● 参考文献

文化庁（編）（2004）『地域日本語 学習支援の充実──共に育む地域社会の構築へ向けて』国立印刷局.

日本語教育学会（1995）『ひろがる日本語教育ネットワーク──最新事例』大蔵省印刷局.

春原憲一郎（1992）「ネットワーキング・ストラテジー──交流の戦略に関する基礎研究」『日本語学』11-11.

[足立祐子]

■多文化共生を模索する地域

● 外国人集住地域の出現──1990（平成2）年の「出入国管理及び難民認定法」改正に伴い，ブラジルを中心とした日系人の来日が急増

し，産業基盤をもつ地域で集住化が進んだ。愛知県豊田市にある保見団地は代表的な外国人集住地域の1つである。豊田市では2001（平成13）年に多文化共生推進協議会を発足させ，地域・医療・教育の各分野での取り組みを開始した。保見団地は住民数9200人のうち3900人（2004年）が主に日系ブラジル人住民である。団地内の掲示板やゴミ集積所にはポルトガル語が併記され，毎月第4日曜日に市の相談窓口が開設されている。ブラジル食材店もあり，販売車が並ぶ場所も確保されている。彼らの多くは団地から送迎バスで職場に通い，日本語ができなくても日常生活に支障はない。

● 地域の日本語教室の役割── しかし，公的機関発行の文書，諸手続の方法，医療などの問題に直面し，日曜日に開催されているボランティア日本語教室に相談が持ち込まれる。日本語教室は学習者の日本語習得支援のみではなく，彼らのかかえる問題を共有し，共に考える日本人住民との出会いの場としての役割が期待される。そのために，同じ地域住民としての連携を目指した学習・交流活動，広報活動にも力を注いでいる。多くの活動が団地自治会との共催事業となり，公的機関からの認知度も高まっている。

● 外国人児童生徒の問題── 現在，深刻化しているのは，外国人児童生徒の教育の問題である。保見団地の子どもたちが通う2つの小学校で，外国籍児童生徒の割合は30％と27％，中学校で12％（2004年）を占める。就学前の保育園では70％を超えた。各学校での取り組みは熱心に進められているが，日本国内での移動や帰国後の再来日，在日のブラジル学校卒業後も帰国しないなど，将来の見通しが立たないなか，不就学の子どもたちが増えていることも事実である。子どもたちの居場所づくり，学習支援を目指すボランティア活動も行われている。しかし，子どもたちの教育の問題は公教育の改革なしには解決が難しく，地域だけでは支えきれない状況がある。

➡多文化共生の地域づくり（10-E），ボランティア・ネットワーク（10-E）

● 参考文献

新海英行他（編）（2002）『在日外国人の教育保障──愛知のブラジル人を中心に』大学教育出版．

外国人集住地域ネットワーク報告書作成委員会（編）（2004）『すべての人が住みやすい地域づくりをめざして──平成15年度愛知県多文化共生プロジェクト事業 外国人集住地域ネットワーク報告書』愛知県県民生活部国際課．

Linger, D. T. (2001) *No One Home: Brazilian Selves Remade in Japan*. Stanford University Press.

［米勢治子］

■ フレイレの教育哲学の実践

ブラジルの教育学者パウロ・フレイレ（Paulo Freire 1924-1997）は，第三世界の民衆教育運動や批判的教育学の基礎を築いたことで知られる。その主著『被抑圧者の教育学』（1974）では，教育の基本原理として「課題提起型教育」を提唱した。教師と生徒（または教育者と被教育者）の垂直的な関係のなかで，教師が一方的に生徒に知識を注入する教育を「銀行型教育」と呼び，生徒の客体化と非人間化を進めるものとして否定した。これに対して，教師と生徒が同じ認識主体として，水平的な関係のなかで，課題をめぐる対話を深め，新たな知見を獲得し，現実変革の実践を共にすすめる「課題提起型教育」こそが人間化の教育であると主張した。

識字教育の分野においては，人間性の回復を目指すことを重視しつつ，きわめて短期間に識字力を獲得することのできる新しい方法を開発

した。アルファベットを覚え、読み書きができるようになることを「意識化」の過程として捉える方法であった。「意識化」は、厳しい生活現実や社会状況を批判的に捉える力を獲得して、世界の人間化と自らの人間化のための社会変革の実践を行う力をつけることを意味した。

こうしたフレイレの課題提起型の方法は、アメリカにおいては移民労働者を対象としたESL（第二言語としての英語）教育に応用されており、日本でも地域の日本語教室で課題提起型日本語教育として試みられている。

フレイレは、教育は人間の抑圧ではなく解放のためにあるのであり、中立はありえないと説いた。教育は、人がますます批判的に世界に向き合い、貧困や差別など非人間的な状況にある現実を変革すべく、批判的に世界に介在するためのものであるとする彼の思想は、批判的教育学の基礎を築いた。

→ 対象別日本語教育（8-C）

● 参考文献

フレイレ，P.〔小沢有作他訳〕（1979）『被抑圧者の教育学』亜紀書房.
野元弘幸（2001）「フレイレ的教育学の視点」青木直子他（編）『日本語教育学を学ぶ人のために』世界思想社.

［野元弘幸］

■地域日本語ボランティア研修

地域に多様な外国人が増え定住化するに従い、「近所の外国人を助けたい」という思いから、ボランティア・ベースで日本語を教える日本語ボランティアが出てきた。当初、日本語ボランティアは、各地に点在する日本語教室で、手探りの状態で日本語を教えていた。1990年代に入りボランティア教室や団体のネットワーク化が進むと、日本語ボランティア自身が学習支援活動に関して支援を受ける「支援者支援」の必要性がいわれはじめた。こうした状況下、日本語ボランティアを対象とする研修が、県や市の国際交流協会、日本語ボランティア・ネットワークなどの主催で開かれるようになった。

研修には、ボランティアを始めようとする人が対象のものと、現在活動している人が対象のものがあり、それぞれ「養成」「研修」と区別されることがある。また近年は、活動を円滑に進めるためのコーディネータを育てる「コーディネータ研修」の開催も増加している。研修の受講が、交流協会の日本語ボランティア登録や団体入会の条件となっているところもある。

ボランティア研修は、複数の教室や団体を対象に、外部からいわゆる日本語教育の専門家を講師として招いて行われることが多い。研修の内容はさまざまであるが、「現場ですぐ役立つ」日本語に関する知識や、教え方に関する知識・技術が期待される傾向がある。そのうえ、そうした知識や技術を現場で運用する段階、つまり学習項目の分析や学習活動のデザインなど、実践の段階までが研修に求められる。これは既製の教科書を用いる教室が多いことに起因し、日本語ボランティア研修の特性であるといえる。研修の形態としては、参加型のワークショップが採用されることが多い。

とくに知識や技術を内容とする場合、学習者を視野に入れた研修が行われなければ、「日本語教師」としてのふるまいに焦点があたり、学習者が必要とする学習支援とかけ離れてしまう危険性がある。学習の主体は学習者であるとの前提で、学習者を知り理解するための多角的な視点を養うことも、研修の大切な目的である。また、日本語ボランティアの役割を、教室内だけでなく、社会的な側面から検討することも研修の役割であるといえる。

研修を計画し実施するうえで、主催者や参加者には地域や教室の実情を講師に伝えることが、講師にはそれを十分に理解し共に問題解決の方法を探ろうとする姿勢が求められる。準備

段階では研修の目的・内容・形態について，実施段階では活動をめぐる問題の解決に向けて，参加者と講師は意見交換をしながら進める必要がある．参加者が準備段階から主体的に研修に関与することで，より個別的で現場に即した研修の実現が可能になると思われる．
→ボランティア・ネットワーク（10-E），多文化共生を模索する地域（10-E），地域の日本語教育活性化のための方策（10-E）

● 参考文献

青木直子他（編）（2001）『日本語教育学を学ぶ人のために』世界思想社．

細川英雄（編）（2002）『ことばと文化を結ぶ日本語教育』凡人社．

岡崎洋三他（編）（2003）『人間主義の日本語教育』凡人社．

文化庁（編）（2004）『地域日本語教育学習支援の充実——共に育む地域社会の構築へ向けて』国立印刷局．

［内海由美子］

■地域の日本語教育活性化のための方策

留学生・就学生などを対象とした日本語教育ではなく，地域の日本語教室に通う，日本人の配偶者や中国帰国者やインドシナ難民など，一市民である生活者への日本語教育支援には地域日本語教育のためのコーディネータの養成，および学習者のニーズに応じてフレキシブルな使い方ができるリソース型教材の開発が求められる．

● 地域のためのコーディネータ研修——2001（平成13）年度から文化庁の委嘱を受け，国際日本語普及協会（AJALT）が実施している「地域日本語支援コーディネータ研修」を具体的事例として紹介する．

この研修は全国各地に在住する外国人に対する日本語支援の体制の整備をはかるために，すでにボランティアで外国人に対して日本語などを支援している人々のなかから中核となるコーディネータを輩出させることを目的としている．コーディネータには，都道府県および政令指定都市を活動単位として，外国人市民とともに生きる社会の実現に向かって，日本語ボランティアの役割は何かを考え，行政や一般市民にはたらきかけ，行政と連携して活動するつなぎの役が期待されている．

共生社会実現に向けての意識のもちようはまだまだ地域によって格差があるが，今後このような地域のためのコーディネータ研修が継続して実施されることによって，ネットワークが活性化し，地域在住の外国人に対するさまざまな方策や支援体制の整備について本格的な検討が行われることが望まれる．

● リソース型教材の開発——こうした地域の日本語教育には，具体的にどのような教材が必要なのであろうか．その1つのサンプルとして日本語ボランティアを支援するための教材の素材として開発された『リソース型生活日本語』（国際日本語普及協会著作，文化庁委嘱）がある．

基本シラバスは行動シラバスである．日本語を使ってしなければならない行動を1つの単位として，その行動を達成するために必要な情報ができるだけ盛り込んである．

たとえば「バスで目的地まで行く」「コンビニで宅配便を出す」などの達成すべき行動目標の教材素材が現在合計776項目になっている．

この教材は，地域に在住する異なる文化をもつ人々が，そのもてる力を十分に発揮し，日本人とお互いに助け合って地域住民として快適な生活を送ることを目指している．

→地域日本語ボランティア研修（10-E），ボランティア・ネットワーク（10-E）

● 参考文献

関口明子（2000）「地域に在住する外国人への日本語支援に必要な共有素材を考える——

『リソース型生活日本語』の開発から」『日本語教育学会秋季大会予稿集』日本語教育学会.

関口明子（2001）「データベース『リソース型生活日本語』の概要」『AJALT』24.

関口明子（2004）「地域日本語支援コーディネータ研修」『地域日本語学習支援の充実』文化庁.

㈳国際日本語普及協会（2001〜2003）『文化庁委嘱「日本語ボランティア活動の支援・推進事業」報告書』.

奥村訓代他（編）（2003）「マルチカルチュラリズム──日本語支援コーディネータの展開」『現代のエスプリ』432.

国際日本語普及協会（AJALT）ホームページ
http://www.ajalt.org/

[関口明子]

■多文化共生の地域づくり

ここでは川崎市を例に、多文化共生の地域づくりについて述べる。

川崎市の130万市民のうち外国人市民は約2万7000人（市人口の2％）である。約9300人の韓国・朝鮮人のほか、アジア、南米などからの移住労働者や国際結婚配偶者が1990（平成2）年前後から急増し、今では110以上の国や地域の出身者が市内全域で暮らす多文化の地域になっている（2004年現在）。

人権尊重を市の基本方針に掲げる川崎市では、90年より各区の市民館で「識字・日本語学級」を市民ボランティアの協力を得て開設し、また外国人市民の声を市政に反映するため1996（平成8）年に「外国人市民代表者会議」を設置している。そして最近では、外国人市民が学校の授業に招かれて民族文化を披露したり地域行事に民族色豊かなイベントで参加するなど、外国人市民と日本人市民が地域で共に暮らす隣人として認め合う姿が随所に見られるようになってきた。

このような川崎市の外国人市民施策は、在日韓国・朝鮮人に対する民族差別を克服する取り組みから始まった。国籍条項による差別を是正するとともに、学校などで本名を名乗りづらい状況があることから、1986（昭和61）年に「外国人教育基本方針」を制定して差別をなくし民族性を尊重する教育に努め、また「ふれあい館」を設置して「在日」の子どもに母文化を伝える活動に取り組んできた。ちょうどその頃新渡日者（ニューカマー）の急激な増加が重なったため、外国人市民施策は人権施策の一環として、違いを認め合い、共に生きる地域社会づくりに向け展開されていった経過がある。

なお、ここで特筆すべきは市民の主体的活動である。地域にニューカマーが暮らし始めたとき、市民館などで活動する市民から自然発生的に日本語を教える輪が生まれていった。そして、そこから外国人市民代表者会議や民族文化講師などの活動が始まり、一方で日本人市民の意識も変わっていった。現在では、このような学級が市内で14ヵ所、21学級に広がっている。

外国人市民を地域に迎え入れ、支え、社会参加へと後押しする多くの市民的活動があって、初めて「多文化共生のまちづくり」が可能になったのである。

➡多文化共生を模索する地域（10-E）

● 参考文献

宮島喬（2003）『共に生きられる日本へ──外国人施策とその課題』有斐閣.

川原俊昭（編著）（2004）『自治体の言語サービス──多言語社会への扉をひらく』春風社.

[山崎信喜]

■医療と言語問題

1990年代からニューカマーの増加に伴い、

医療現場でさまざまな問題が顕在化してきた。問診での意思疎通の難しさなどから受診が遅れ、問題が深刻化する外国人のケースがあとを絶たない。

なかでも緊急の課題はベビーブームを迎えたニューカマーの女性たちの医療問題である。医療関係者からは、意思疎通が難しい外国人の妊娠・出産の急増と現場の混乱、また死産率、乳児死亡率、妊産婦死亡率の高さ、さらには、日常会話力の低い妊婦の異常分娩なども報告されてきた。一方、日本語教育においては地域で暮らす外国人の日本語ニーズ調査が行われ、義務教育以下の子どもがいる人が最も切望しているのは、滞在年数にかかわらず、「病院で症状を伝えられる日本語力」であることが明らかになってきた。

このような医療に関する切迫した現状とニーズに後押しされ、NPOやボランティア・行政などから徐々に支援が広がってきた。深刻な言語問題解決のために、医療通訳ボランティア派遣事業、問診表の翻訳、ボランティア教室用の妊娠・出産に関する日本語テキストの試作などがなされている。さらに多言語による医療情報提供も行われるようになった。支援活動の一例としては、長野県南相木村において、外国人の「医職住」に関する権利を守ることを目的として市民・弁護士・医師らが集まり、NPO「佐久国際連帯市民の会（ISSAC）」が生まれ、外国人労働者や女性、HIV感染者などの支援を続けている。これらの問題は多方面からの継続支援が、人権擁護の観点からも必要である。

➡ボランティア・ネットワーク（10-E），多文化共生を模索する地域（10-E）

● 参考文献

㈶横浜市海外交流協会外国人日本語学習調査研究会（編）(1998)『外国人日本語学習ニーズ調査報告書』㈶横浜市海外交流協会．

李節子（編）(1998)『在日外国人の母子保健——日本に生きる世界の母と子』医学書院．

[中村律子]

■非常時対策と日本語教育

地震・台風などの災害やテロ事件などの非常事態に直面した人が、身の安全を確保するために適切な行動をとりうるかどうかは、必要な情報を確実に受け取れるかどうかに左右される部分が大きい。日本語に精通していない被災者が、情報弱者の立場を余儀なくされた阪神・淡路大震災（1995年1月17日）以来、非常時の情報弱者を減らすための日本語教育の役割を探る試みが、各地でさまざまな展開を見せた。

日本語に精通していない人々にとって、非常時には、自身の母語や精通した言語による情報が有益であることに疑いはない。多言語による情報提供には限界があり、それを補完するためには、多言語情報のある所へのアクセス情報をも含めた「やさしい日本語」による情報提供を行うことが提案されている。日本語の初級後半から中級程度のレベルの学習者にもわかりやすくするために、構文上の留意点や語彙の選定方法、音読時のポーズの置き方、表記法、視覚情報の提示のしかたなどを具体的に示した研究があり、やさしい日本語による非常時報道などの日本語も示されている。ほかにも多言語多文化コミュニティを育てる各種の活動において、情報発信の1つの手段として、簡単でわかりやすい日本語を使う実践が、神戸市や横浜市のボランティアグループなどで行われはじめた。

日本で生活する日本語学習者に対しては、非常時に対応できる基礎知識の習得や、情報収集能力の向上をはかる教育も求められる。と同時に、日本語に精通していない人々に対して、非常時に日本語母語話者の側がどのように日本語を調整して情報発信すべきかを研究し、その実践に尽力していくことも、日本語教育の貢献すべき分野である。

→災害時の外国人の避難行動（6-C）
● 参考文献
松田陽子他（2000）「災害時の外国人に対する情報提供のための日本語表現とその有効性に関する試論」『日本語科学』7，国立国語研究所．
外国人地震情報センター（編）（1996）『阪神大震災と外国人──「多文化共生社会」の現状と可能性』明石書店．
弘前大学人文学部国語学研究室（1999）『災害が起こった時に外国人を助けるためのマニュアル（弘前版）』弘前大学人文学部国語学研究室．
松田陽子（1997）「非常時の対応のための日本語教育──阪神大震災関連調査からの考察」『日本語教育』92．
松田陽子（1999）「外国人のための災害時の日本語」『言語』28-8．

[前田理佳子／松田陽子]

■地域社会で生活する女性

地域の日本語教室に対する自治体などによる支援は，公的な施設（公民館など）を会場として無料で提供することや部分的な講師謝金の援助などにとどまることが多く，基本的にほとんどがボランティア・ベースで行われている。

日本語教室に参加する学習者は，地域の工場などで働く技術研修生や日系人，中国帰国者やその関係者などもいるが，中心になるのは，日本人と結婚して定住している東南アジア，東アジアから来た女性たち（以下「アジアからの外国人女性」という）である。アジアからの外国人女性の滞在資格は配偶者ビザであることが多いが，近年は永住ビザに切り替えるケースも増えている。日本国籍を取得するケースはむしろまれである。

アジアからの外国人女性は，定住に至る経緯から，大きく国際結婚型と外国人労働者型の2つに分かれる。国際結婚型のなかには，地方社会のかかえる嫁不足解消のために，結婚斡旋業者などの紹介によって，日本人に嫁いだ外国人女性たちが含まれる。外国人労働者型は，興行ビザや観光ビザで入国し働いていて，その過程で日本人男性と知り合い結婚した女性たちである。アジアからの外国人女性の増加する背景には，日本の地方社会のかかえる構造的な嫁不足の現状がある。

日本語教室でのアジアからの外国人女性への指導は，日本語教育に特化しようとしているところと，育児や家事などの生活習慣の指導，さまざまな悩みごとの相談などまで行っているところと，2つのタイプがあるが，完全に日本語の習得のみに限定することは難しい。

日本語教室のあり方については，ゴウ・鄭（1999）のように，結果的に日本人に便利に使われる外国人を養成する同化教育にすぎないという明確に否定的な当事者からの見解もある。確かに生活ニーズに対応するだけの指導では，そういう意見を退けることは難しい。今後は，地域社会でアジアからの外国人女性が一人の市民として自分で自分の声をあげられるようにするための教育を考えなければならない。

→ボランティア・ネットワーク（10-E），サービス業で働く人たち（10-D）
● 参考文献
ゴウ，リサ／鄭暎惠（1999）『私という旅──ジェンダーとレイシズムを超えて』青土社．
田中望（2000）『日本語教育のかなたに──異領域との対話』アルク．

[田中　望]

11 | 海外の日本語教育

　海外で日本語を学ぶ外国人の数は，国内の外国人日本語学習者と比較できないほどに多い。そしてその特徴は，約65％が中等教育段階以下の学習者であるという点である。また，アニメなど日本のサブカルチャーへの興味を動機とする学習者の増加や，日本人観光客に対応するための日本語教育も注目されている。こうした各国・各分野の日本語教育について考えるためには，その多様性を十分認識することが不可欠である。それぞれに特有の事情があり，一つの物指しで測ることは適切でない。今後，今まで以上に問われなければならないことは，何のための日本語教育か，そして日本語教育はそれにかかわる一人一人の幸せとどのように結びつくのか，というようなことではなかろうか。

　グローバル化の進展に伴い，ともすれば効率的で一元的なコミュニケーションのあり方が強要されがちなのが現状である。しかし，私たちは外国語教育について考えるとき，たとえ効率はよくなくても，また多くの困難が予想されても，多言語主義・多文化主義・相互主義などの理念を目標に，その実現の可能性を模索していくべきであろう。経済・技術・軍事・文化などの面での優位を背景に，特定の言語が独占的な位置を占めることが望ましくないことはいうまでもない。海外で日本語が急速に広がった最大の要因は日本の経済発展であったことは明白であるが，そうした力をバックに，単に学習者の数さえ増えればよいとすることが不適切であることに，それはつながってくる。

　日本語を学ぶ外国人にとって，日本語は第二外国語・第三外国語というケースが多い。韓国では70万人以上の高校生が日本語を学習しており，また，インドネシアやタイでも多くの高校生が日本語を学んでいる。いずれも第二外国語としてである。ひるがえって日本の実状を見ると，高校教育の一環として韓国語が教えられている例はごくわずかであり，インドネシア語やタイ語にいたっては皆無に等しい。なぜ日本の高校では第二外国語学習が一般的でないのかなどについて考え，対外関係の一環としての外国語学習の意味を相互主義の観点から捉え直すことは有益であろう。

　本章の「Aさまざまな日本語教育」では，多彩で性格の異なる日本語教育の活動を19の事例として紹介し，それぞれ現状や課題などについて検討した。次に，「B各国の日本語教育」では，48の国・地域における日本語教育の背景・現状・問題点などについて，学習者の人数や国の大きさにかかわりなく各1ページという体裁で報告した。取り上げる国や地域の選定にあたっては，人口に占める学習者数の割合なども考慮したものの，便宜上，学習者の総数を主たる目安とせざるをえなかった。ここで取り上げることができた事例は限られてはいるが，海外における日本語教育のあり方を手がかりに，望ましい対外関係のあり方について考えるきっかけになれば幸いである。　　［佐久間勝彦］

11 海外の日本語教育 ——————— 見出し項目一覧

A さまざまな日本語教育
——— 985
- 高校生用日本語教材の開発
- 日本語教育におけるコンピュータ利用
- 高校教師対象の研修コース
- 大学教師対象の研修コース
- 青年海外協力隊と日本語教育
- 高校日本語教師の短期養成プロジェクト
- 多文化主義と日本語教育
- 欧州の言語政策における日本語教育
- サブカルチャーと日本語教育
- 日本語教師のネットワークの構築
- 学会・教師会の活動
- 観光に関係する日本語教育
- 学校教育における日本語教育
- 日本研究と日本語教育
- 留学のための日本語教育
- バイリンガリズムと日本語教育
- 日系社会における日本語教育
- 民間教育機関での日本語教育
- 市民講座での日本語教育

B 各国の日本語教育 — 1003
- アメリカ
- アルゼンチン
- イギリス
- イタリア
- インド
- インドネシア
- ウクライナ
- ウズベキスタン
- エジプト
- オーストラリア
- オーストリア
- カナダ
- 韓国
- キルギス
- シンガポール
- スイス
- スウェーデン
- スペイン
- スリランカ
- タイ
- 台湾
- 中国
- デンマーク
- ドイツ
- トルコ
- トンガ
- ニューカレドニア
- ニュージーランド
- パラグアイ
- ハンガリー
- フィジー
- フィリピン
- フィンランド
- ブラジル
- フランス
- ブルネイ
- ベトナム
- ペルー
- ベルギー
- ポーランド
- 香港
- マーシャル諸島
- マレーシア
- ミクロネシア
- メキシコ
- モンゴル
- ルーマニア
- ロシア

●統計出典・参考資料
《学習者・機関・教師数》国際交流基金ホームページ「2003年海外日本語教育機関調査」より[http://www.jpf.go.jp]、2003年。
《人口》外務省ホームページ「世界の国一覧」より[http://www.mofa.go.jp/mofaj/world/ichiran/]、2003年。
《主要言語》外務省ホームページ:「世界の国一覧」より[http://www.mofa.go.jp/mofaj/world/ichiran/]、2003年。
《在日留学生数》日本学生支援機構ホームページ「留学生受入れ概況」(平成16年版)[http://www.jasso.go.jp/kitaku_chosa/ukeire4.html]
《日本語能力試験受験者数》国際交流基金ホームページ「日本語能力検定のひろば」[http://momo.jpf.go.jp/jlpt/j/2002not.html]、2003年。
《対日輸出入》財務省貿易統計:国別総額表[http://www.customs.go.jp/toukei/srch/]、2003年。
《在留邦人》外務省ホームページ「平成15年の海外在留邦人数調査統計」[http://www.mofa.go.jp/mofaj/toko/tokei/hojin/04/index.html]、2003年。
《各国の日本語教育事情》国際交流基金ホームページ「日本語教育国別情報」[http://www.jpf.go.jp/j/urawa/world/kunibetsu/]

A──さまざまな日本語教育

■高校生用日本語教材の開発

●背景──1980年代に増えはじめた初等・中等教育段階での日本語教育は，90年代に入って大きく増加した。国際交流基金による2003年の調査では，海外の日本語学習者の6割強が初等・中等教育機関の学習者であった。

また，同調査によると全体の46.6％の機関が適切な教材の不足を挙げており，日本語教育が多様化するなかで，学習者の年齢，興味や関心，学習レベルに合った教材の不足が問題となっている。こうしたなか，近年，初等・中等教育向けの教材開発が各国で試みられている。以下，インドネシアとタイの事例を紹介する。

●事例──インドネシアでは1994年に普通高校の外国語カリキュラムが改訂され（96年施行），それまでの文法訳読法による文法知識の習得に代わり，コミュニカティブ・アプローチによるコミュニケーション能力の育成が目標とされた。これをきっかけに，現職の高校日本語教師を中心とするワーキングチームが組織され，1999年にインタビューやロールプレイなどの教室活動を集めた『インドネシア普通高校日本語学習書（教室活動集）』が出版された。

この教材は，インドネシアの高校生に適した話題や語彙を扱い，多人数のクラスでも使用しやすいような工夫がなされるなど，現地の事情に合うよう配慮されている。さらに2003年から2004年に，カリキュラム準拠教材の開発も始まっている。また，専門高校（日本の職業高校にあたる）でも1999年にカリキュラムが改訂されたのをきっかけに準拠教材の開発が始まり，2005年に『インドネシアへようこそ　1，2』が完成した。作成された教材は専門高校で観光サービス業務を専攻する高校生を対象としており，観光業務に特化した場面での会話習得を目標としている。本教材は，限られた学習時間で効果を上げるため，仮名学習だけとし，前半はローマ字表記による。

タイでは1990年代に入り日本語教育を実施する中等教育機関が飛躍的に増加した。国際交流基金の調査によると1990年に20機関であったが，2003年には165機関となった。こうしたなか，1998年に教育省普通教育局より「日本語教育開発計画（仏歴2541-44）」が公布されたのを機に，高校教員，大学教員，国際交流基金専門家から成る教材作成チームが組織され，中等教育用教科書の開発が始まった。

作成された教科書は高校での一定期間の試用を経て，2004年に『あきこと友だち 1-6』として出版された。この教材は話題・機能シラバスを基本とし，話す練習を多く取り入れている。これは，それまでタイの中等教育機関で使われていた教材が主として文法シラバスによるものであったのに対し，コミュニケーション中心の教材が現場から強く要望されたことによる。なお，メインテキストの本文は，ホームステイをしながらタイの高校に通う少女の日常生活を通して描かれており，高校生にとって親しみやすい内容となっている。また，本冊のほかに書く練習を中心とした『ワークブック』や『教師用指導書』も作成されている。

●課題──両国のいずれの場合も，現職の高校教師が作成チームに加わっている点が注目される。これにより，現場感覚を生かした，より現地の事情に合った教材が開発されることとなった。一方，いずれの教材もこれまで一般的であった構造シラバスに基づく教材とは異なる概念で作成されているため，戸惑いを感じる教師も少なくない。今後は教師研修などを通じて，教材の使用法の指導も必要となろう。

［山科健吉］

■日本語教育におけるコンピュータ利用

●**背景**——コンピュータとそれを取り巻く技術の進歩に伴って，近年，外国語教育にコンピュータを利用しようという動きが活発化している。いわゆる CALL（computer-assisted language learning）と呼ばれる分野で，外国語教育と IT 融合領域といえる。米国ではとくに 1990 年代後半から 2000 年代にかけてコンピュータ利用環境が大きく進化した。大学から小学校に至るまでコンピュータラボやネットワーク・インフラが充実し，専任教師のほとんどがインターネット接続の専用コンピュータをもつようになった。一方，日本語に関しては，外国語処理機能を標準装備した OS の出現が日本語の使用環境を大きく改善した。そして高度なコンピュータ技能を身につけた教師も増えてきた。以下，米国の事例を見てみる。

●**事例**——米国の日本語教育におけるコンピュータ利用で特筆すべきは，インターネットの普及がさまざまな新しい利用形態を生んでいることである。なかでもウェブ情報は新鮮な生教材がコストをかけずに簡便に得られるため，補助教材や主要読み教材として，さらには個別学習用として広く利用されている。また情報や読み物検索に，あるいは読解支援や語彙表作成に，サーチエンジンやオンライン辞書などのインターネット・ツールを使用することが一般化してきた。電子メールもコミュニケーションや書き練習のために広く取り入れられるようになっている。少し進んだアプリケーションでは，ウェブページ上で文字・語彙・文法・読解・聴解・会話・文化などの教材を提示することや，クイズ・テストの自動化，練習問題のフィードバックの自動化なども一部で行われている。

インターネットの別の利用法としては，学習活動の一環として学生にホームページを作らせる試みもなされている。大規模なインターネットの利用形態としては遠隔教育がある。そこでは，ウェブページ上での教材提示や練習の自動化，電子メールによるコミュニケーションやフィードバックのほか，電子黒板による講義，電子掲示板を使ったディスカッション，ウェブカメラを使った会話練習やパフォーマンス評価などがインターネットを介して行われている。

オフライン利用では，教師の教材作成に今やコンピュータが不可欠となった。教材にはテキストだけでなく画像も取り入れられはじめた。データバンクなど各種の教材作成支援サイトがこれを支援している。文字学習や語彙学習，動詞・形容詞の活用変化，数詞・助詞の学習などは，既成の教育ソフトや簡単なツールでできるのでよく普及している。視聴覚教材のデジタル化への動きも見逃せない。ランゲージ・ラボのコンピュータ化が進み，音声教材が次々にデジタル化され，音声練習は徐々にオーディオ機器からコンピュータに移行しつつある。ビデオについても操作・編集・貯蔵の容易さからデジタル化が進んでおり（たとえば，教室やラボで見せるビデオや学生の録画会話のデジタル化），一部ではマルチメディア技術を使ったインタラクティブな会話練習やパフォーマンスのフィードバックなどが試みられている。さらに，自然言語処理技術を使った自動文法エラー診断や発音指導プログラムも報告されている。

●**課題**——コンピュータの利用環境が整い，日本語教育への利用が進んできたとはいえ，多くの教師がコンピュータをより効率的かつ高度に利用するには，現状は人的・物的資源，時間，専門技能のどれもが決定的に不足している。また生教材の利用を阻む著作権の問題や，一般教師のコンピュータ・リテラシーの問題も大きい。今後の CALL の進展のためにはこうした問題の解決が鍵となる。資源の共用，学校間の協力，他分野との連携，著作権者との交渉，利用者教育など取り組むべき課題は多い。

［筒井通雄］

■高校教師対象の研修コース

●背景——日本語教師の問題として，教師養成プログラム（教師になるための教育：pre-service program）の重要性は言うまでもないが，それと同時に，教師研修プログラム（教師になってからの教育：in-service program）も視野に入れる必要がある。なぜなら，教師の専門性の向上，とくにガイドラインやシラバス，カリキュラムが改訂される場合，教師研修はその実現に重要な意味をもつからである。各国の教師研修を比較することは難しいが，目標や内容以外に，その①位置づけ（資格研修/自主研修），②対象（全国/地域），③実施主体（教育省/各種教育機関/団体/海外機関），④実施地（国内/国外），⑤費用（自費/招聘）の面から考えると，特色が捉えやすい。ここでは，インドネシアの事例を取り上げる。

●事例——インドネシアでは，日本語は第二外国語の１つとして，普通高校，宗教高校，専門高校で教えられている。教師はノンネイティブのインドネシア人教師である。国内で実施される高校の現職日本語教師研修は，狭義には国家教育省が実施する全国レベルの研修を指すが，広義には高校日本語教師会が実施する地域レベルの活動も視野に入れる必要がある。全国レベルの研修は理論やモデル提示の場として機能するが，その成果が教室現場に還元されるには現場でのフォローアップが必要になる。この役割を担っているのが地域レベルの活動だからである。

国家教育省の研修は，普通高校（宗教高校を含む）は語学教員研修所，専門高校は専門高校教員研修所の管轄となっている。語学教員研修所（インドネシア語，英語および第二外国語の研修実施）のプログラムは，「基礎研修」「継続研修」「中級研修」「上級研修」に段階化され，それぞれの研修での成績上位者が次の段階の研修に参加できる。この研修システムは，現職教師のなかから地域の指導者（「インストラクター」）を養成することも目的にしており，2005年現在６名の日本語インストラクターと12名の日本語インストラクター候補がいる。各研修は２週間で，年３回程度開催されている。研修プログラム作成には国際交流基金ジャカルタ日本文化センターが協力し，インドネシア人教師と日本人教師が共に指導にあたる。

一方，専門高校の研修は，日本語教師対象の全国レベルの研修がほぼ隔年で開催されている。期間は４週間で，日本語と日本語教授法の研修を行っている。

これらの研修は，教育省が研修条件に合う教師を招聘し，研修終了後，参加した教師には成績とポイントが与えられ，ポイントは教師等級の昇格につながる。このような全国レベルの研修に対し，高校日本語教師会が実施する地域レベルの小研修や勉強会は，教師の自主的な研鑽の場となっている。

●課題——全国・地域レベルともに研修や勉強会を実施する組織があり，研修への参加が教師の等級昇格に関係するという意味で，インドネシアは教師研修のシステムが整った国といえる。今後，これら研修プログラムの明確な目標設定と研修間の連携がますます重要になろう。また，広い国土をカバーするには，通信教育のような新しい研修手段（2002年度７月から試行中）の活用も必要だろう。さらに，訪日研修（国際交流基金の海外日本語教師研修）を国内研修の延長線上に位置づけ，国内研修で一定の成績を収めた者が参加するようなシステムづくりも必要と思われる。また，教師研修の成果がシラバス開発，教材開発と有機的に結びつき，教師研修や教材開発を企画・実施できるノンネイティブの指導者が多く育っていくことが日本語教育発展の鍵となろう。

［藤長かおる］

■大学教師対象の研修コース

● 背景 ── ここでは、中国について見ることにする。中国は、韓国についで日本語教師の多い国であり、その約半数が高等教育機関に所属していることが特徴である。

新中国成立後、1950年に北京大学が日本語専攻の学生募集を再開したが、50年代前半まで中国の外国語教育の重点はロシア語にあった。57年の対ソ政策の変更に伴い、外国語政策は軌道修正され、60年代初めには次々に大学に日本語専攻科が開設された。当時の日本語教育を担ったのは、主に戦前あるいは戦中に日本語を身につけた人々や帰国華僑であり、また理工系大学に所属する教師のなかにはロシア語教師から転身を迫られた者も少なくなかった。日本語教師の第一世代ともいえる人々である。

その後、文化大革命で中断したが、1972年の日中国交正常化、78年の日中平和友好条約の締結を機に、日本語学習の機運が高まっていった。77年には大学入試も復活し、95年当時日本語教育を行っていた高等教育機関の約3分の1にあたる158機関が75～79年の5年間に日本語教育を開始している。

この頃には、外国語専科学校や大学を卒業したばかりの若手教師が大学の日本語教育の一翼を担いはじめた。第二世代の教師の登場である。諸外国との新しい関係づくりの必要から、国家的な政策として外国語教師の養成と質の向上が求められていたと同時に、第一世代、第二世代の教師とも、異なる側面から教師研修を渇望していたといえる。このような状況のなかで、大規模かつ1年という長期の教師研修が始まった。

● 事例 ──「在中国日本語研修センター」は1980年8月に北京語言学院(現「北京語言大学」)において開講した。研修生は中国各地の大学などで教える日本語教師であり、5期5年間にわたって、計600名に対する研修が行われた。この教師研修は、日中両国政府の合意に基づき、国際交流基金の対中国日本語特別計画として実施されたものである。当時の大平正芳首相の提唱をうけて始まったことから、一般には"大平学校"と呼ばれている。

大平学校では、日本語運用能力向上のための演習授業、誤用分析や日本語学に関する授業のほか、週1回各指導講師のもとに分野別の研究会が開かれていた。日本語能力の向上はもちろんだが、研究手法を学んだことが研修の大きな成果であったと、多くの修了生によって語られている。修了生とくに第二世代の多くは、その後修士以上の学位を取得し、現在各大学の指導的立場にあって、日本語教育を牽引している。

1985年以降は北京外国語大学に場所を移し、「北京日本学研究センター」と改称し、研究者養成と教師研修が併行して行われている。広大な国土の中国においては、一連の教師研修の場が日本語教師間のネットワーク形成に果たした役割も大きい。

● 課題 ── 現在、大学教師の資格は修士以上となってきているが、1994年の現職日本語教師に対する調査では、修士・博士課程修了者が全体の4分の1弱であったことが報告されている。こうした状況を受けて、大学日本語教師の再研修が新たなかたちとなって始まった。2001年9月に北京日本学研究センターに開設した「在職修士課程研修コース」である。修士号取得を目的としたコースで、1年間集中講義を受けた後、職場に戻って修士論文を作成する。中国国内の大学院が「言語・文化」研究を主としているのに対し、日本語教育学を中心に据えたカリキュラム構成が特徴である。

この20年、中国の変容は激しく、大学そして学生・教師をめぐる社会環境も大きく変わった。社会情勢の変化に伴い、教育も質的な変化を迫られている。

[谷部弘子]

■青年海外協力隊と日本語教育

●背景——青年海外協力隊（以下「協力隊」）は国際協力機構（2003年10月，国際協力事業団から改称）傘下の組織で，途上国の国づくりに役立ちたいという人々を支援している。1965（昭和40）年に設立され，技術移転の一環として日本語教師を含むさまざまな職種に携わる隊員を海外に派遣してきた。

2005（平成17）年1月現在までに世界52ヵ国で1187人の教師が日本語教育に携わってきた。最初に協力隊日本語教師が派遣されたのは1965年のラオスで，当時は2人だったが，2005年現在は39ヵ国147人の教師が活躍するほどに拡大し，現地の人々とともに生活し，同僚教師，学校長，教育官庁担当官などをカウンターパートとして活動している。活動内容は，日本語を教えるだけではなく，各国各機関の日本語教育の状況に応じてカリキュラム開発から教材作成まで多岐にわたっている。

ここでは，活動の一例としてマレーシア公立全寮制中高等学校（Residential School, 以下RS）での活動を紹介する。

●事例——マハティール首相の東方政策を背景に，中等教育機関の第二外国語教育の1科目として日本語を取り入れたいというマレーシア教育部からの打診を受けて，協力隊日本語教師を派遣し，1984年RSで日本語が教えられるようになった。以来2000年までの17年間に，101人の協力隊日本語教師が相互に連携し継続的な活動を続け，開始当初の6校から30校にまで拡大したRSの日本語教育を支えてきた。

最初に派遣された6人の教師は，各校校長の裁量のもと設置された時間割に従い，『日本語初歩』を教科書として教えた。その後，各校の学習進度の足並みをそろえること，マレーシアの教育システムに沿った教科書の必要性，マラヤ大学の日本留学予備教育課程とのつながりなどが検討され，日本語シラバス作成，共通テストの実施に向けて，RS全体の日本語教育の基盤を整える活動が加わった。2000年に派遣を打ち切るまでに，教科書『にほんごこんにちは』およびワークブックの作成，共通テストの開発，さらに作文コンテスト，学習者の発表の場としての「日本文化の日」などが企画され，RSの日本語教育にかかわる日本側，マレーシア側双方の努力によって徐々に実現されていった。

1990年，マレーシア教育省がマレーシア人日本語教師の養成に踏み切り，その教師が実際に教えはじめた1995年から協力隊日本語教師の役割は徐々に変わっていく。マレーシア人日本語教師養成プログラムは，現職の中等学校教師から募集し，マラ工科大学で来日前に半年，来日後に財団法人国際学友会（現・日本学生支援機構）東京日本語教育センターで1年間の日本語学習の後，日本語専攻のある日本の大学で4年間日本語教育を専攻するもので，9年間に114名のマレーシア人教師を育てた。マレーシア人教師は，協力隊日本語教師がいる学校に配属されて日本語教育に携わるだけでなく，教科書改訂作業などの共同作業を通して，日本語教育を段階的に日本人教師から引き継いでいった。協力隊はマレーシア人教師の数が増えたのに伴い，2000年にその派遣を終了している。

●課題——複数機関が海外へ日本語教師を派遣している現在でも，協力隊への派遣要請は決して少なくなっていない。しかし，海外からの派遣要請に対する派遣充足率を見てみると，100％応えることはできていない。この背景には，海外からの要求に応じられる力をもった人材確保が難しくなった実状がある。協力隊が実施している派遣前訓練はもとより，日本語教師養成講座の見直しが求められる。さらに派遣国での活動が多岐にわたっている現在，他派遣機関教師と連携して当該国の日本語教育に貢献できるシステム構築も必要となってくるであろう。

［坪山由美子］

■高校日本語教師の短期養成プロジェクト

●背景──2003年に国際交流基金が行った調査では,海外の日本語学習者の約6割半ばが初・中等教育機関の学習者という結果が報告されている。初・中等教育機関での日本語教育は1980年代から1990年代にかけて盛んになっていったが,その背景には1985年のプラザ合意以降のいわゆる強い円の影響や子ども・若者向けの日本製品やアニメ,音楽などの日本のポップカルチャーの海外での人気があると思われる。

一方,教える側の状況はどうか。高校の教師は,その国の高等教育機関で養成されるケースが多い。しかし海外の高校で教えている現地の日本語教師の数は,学習者の急増に対してその養成が追いつかず,いまだ十分とはいえない。先の国際交流基金の調査を見ると,教員1人あたりの平均学習者数が130.4人と多い。また他教科兼任の比率も依然として高く,改善にはなお時間を要するようである。

●事例──もろもろの問題に対してさまざまな方策がとられているが,いくつかの国では国策として緊急避難的に中等教育段階の教員養成が行われている。たとえばタイでは,日本語教育を行う高校が1980年代は微増であったのが,90年代以降,日本語科目の採用を希望する学校が増加し,教員不足が顕在化した。しかし,日本語を専攻した大学生の多くは,雇用条件のよい民間企業への就職を希望し,高校教員にはなりたがらないという傾向にある。

さらに,1997年の通貨危機に端を発した経済不況と将来の少子化傾向を懸念して,タイ教育省では教員の新規採用を控えている。その一方で日本語科目開講希望校の増加がフランス語やドイツ語など他の外国語教員の余剰を生むというおそれが現実になりつつあった。

そのようななかで日本語の教員不足を解消するためにタイ教育省普通教育局は,日本語以外の教科の現職高校教員を対象に1994年から国際交流基金バンコック日本語センターと共催で「中等教育現職教員・日本語教員養成プロジェクト」を開始した。このコースは,原則として日本語学習未経験の現職教員を対象に1期20名を定員とし,まずバンコック日本語センターで約10ヵ月(約730時間)日本語と日本語教授法を主として学習する。その後1年間所属する高校に戻って日本語教師としての実務経験を積み,さらに,さいたま市にある国際交流基金日本語国際センターで約1ヵ月半(約100時間)「日本語」「日本語教授法」「日本事情」の領域でブラッシュアップ研修を受けるシステムになっている。これによって2004年までに9期163名が修了し,内144名が2004年現在,日本語を教えている。これは高校の常勤日本語教師244名の約59%にあたり,プロジェクトの所期の成果を上げている。

タイ以外にもマレーシアでは1990年から1998年まで東方政策の一環として全寮制の中等学校の現職教員を対象に日本語教師を養成する制度が実施された。また韓国でも2000年から2年間,現職高校の独語・仏語教員を対象に同様の日本語教師養成コースを実施した。

●課題──現職教員を対象とした特別養成プログラムには,通常の養成コースに比べ予算と時間が節約されること,対象がすでに一定の教授経験のある教師であること,参加者間のネットワークが形成されやすいなどの利点がある反面,未経験の言語の学習開始年齢が高いことに起因する問題や,日本語を専攻した新卒者の就職先が制限される,特別措置として一定期間養成が行われるため該当する教員が定年を迎える時期が集中するなどの問題点が挙げられる。この特別プロジェクト終了後を視野に入れて,正規の教員養成機関とのコース内容の整合性や連携,修了者への支援として教材の整備や教師研修の充実などが次の課題であると思われる。

[三原龍志]

■多文化主義と日本語教育

●**背景**——国際化とグローバリゼーションによる人的移動に伴い，各国はますます多民族化・多文化化している。移民の子どもたちを含む，国による教育を，新しい国づくりのなかにどう位置づけていくかは，各国に共通する課題といえよう。そのなかでも，国民に対する言語教育政策は多文化共生社会の実現へ向けて重要な位置を占める。

このような言語教育政策にはその国の「国語教育」と「外国語教育」が含まれる。「外国語教育」は近年，「教養としての外国語学習」や「他国の人とコミュニケーションする道具を学習する」という意味から，「多文化共生社会に生きる資質と能力を習得する」という意味に広がってきている。海外における初等・中等教育レベルにおける日本語教育もこのような流れと無縁ではない。

●**事例**——多文化共生社会の外国語教育に国として取り組んでいるのが，オーストラリアである。オーストラリアは，初等・中等教育レベルの日本語学習者数が約37万人で，韓国・中国に次いで多い国である（2003年国際交流基金調査）。

オーストラリアは1970年代初めに採用した国是，"多文化主義"を，言語教育政策にも反映させてきた。1987年には「言語に関する国家政策」（National Policy on Languages）を発表し，①すべての国民には英語の読み書き能力を保障する，②オーストラリア先住民の言語文化を保持する，③すべての国民に英語以外の言語（Languages other than English：LOTE）を学ぶ機会を与える，④言語教育政策を進める公的サービスを拡大する，という4つの指針を示した。これに基づき外国語教育の基本的指針をまとめたのがAustralian Language Levels Guidelines（ALLガイドライン1988）である。このガイドラインは，コミュニケーションを中心に，社会文化の理解，学び方の学習，言語と文化の認識，広い知識が有機的に結びついた外国語学習を提唱している。日本語教育に関しては，このガイドラインに沿ったNational Curriculum Guidelines for Japaneseが1994年に完成し，具体的なカリキュラムが示された。

オーストラリアの"多文化主義"は，移民のもつ母語や文化を尊重し，それを社会的資源として活用し，豊かな国づくりに役立てるという考え方である。その政策の一環である外国語教育は，国民が外国語を学習することによって知的・文化的に豊かになり，国内にいる言語的背景の異なる人々の理解を深め，多文化共生社会を実現すること，また対外的には国際理解を促進し，オーストラリアの地位向上と経済的利益を自国にもたらすことが期待されている。

●**課題**——オーストラリアにおいて，日本語は1980年代のアジア重視政策のなか，優先言語の1つとして重視された。その背景には経済的な日豪関係への期待もあった。したがって，1980年代に比べ，日本語教師の資質の向上や教科書や教材の開発など進展も見られるが，経済的な貢献度と教育の効率化から日本語教育に対する批判も近年出てきている。また「文化理解」という点では，いわゆる日本の伝統的な文化内容を教えることに対する疑問もあり，そのような文化的内容よりも他の教科内容を日本語で学習する，いわゆる内容重視の日本語学習も試みられている。一方，異文化理解や異文化接触を重視し，異なる文化への態度や意識の育成，自文化への振り返り，さらには自文化でも相手の文化でもない「第三の場所」を見いだすような言語教育の可能性についても議論されている。いずれも多文化主義を実際の日本語教育の実践へ展開していくうえの課題といえよう。

［川上郁雄］

■欧州の言語政策における日本語教育

●**背景**── 第二次大戦後、ヨーロッパは平和共存を求め、人権擁護、民主主義確立などを目指し1949年に欧州評議会（Council of Europe）を設立した。多岐にわたる活動分野の1つに、多言語・多文化のヨーロッパにおいて相互理解・多様性の受容が重要との認識に基づく、文化・教育面での活動がある。一方1992年に、ヒト、モノの自由な移動を基本に経済の単一市場を目的とした政治経済統合体である欧州連合（European Union：EU）が誕生した。欧州評議会とEUは目的の異なる独立した機関であるが、欧州統合を目指し協力している。

欧州統合は、平和とともに競争力のある経済圏構築を目指し、自由な人の移動を推進する。必然的に、全ヨーロッパ市民が外国語によるコミュニケーション能力を習得するよう、言語教育政策へ、共通の基準開発へと展開した。

●**事例**── 早くから欧州評議会は言語教育に取り組み、*The Threshold Level*（van Ek, 1975）を出版した。これは、言語を機能・概念から捉え、コミュニケーションに必要な具体的な内容を述べ、当時世界中の外国語教育に影響を与えた。その後1991年、人々の移動が盛んになるなか、欧州評議会はさまざまな既存の言語能力基準や言語学習に関するガイドラインを、一貫した共通の枠組みとして打ち出すことにする。言語能力の記述尺度設定のため、能力記述文を収集、検証し、試行、議論を重ね、10年後の2001年に、それらを基にした枠組み、「ヨーロッパ言語共通参照枠組み」（Common European Framework of Reference for Languages：learning, teaching, assessment）、略してCEF、を発行した。CEFはコミュニケーションのために必要な能力、関連する知識やスキル、さらに場面や領域を詳細に記述している。その中で提唱している言語熟達度の6レベルの尺度は、共通参照レベルとしてヨーロッパではすでに定着しつつあり、多くの国の言語政策、各種機関のカリキュラム制定、教材開発などに利用されている。

CEFを具体的に用いるための教育的ツールとして欧州評議会の下に考案されたのが、ヨーロッパ言語ポートフォリオ（European Language Portfolio：ELP）である。ELPは学習者が所有し、共通参照レベルを利用して、熟達度の自己診断や目標設定など、学習者の自律的学習を促す。また、共通参照レベルはヨーロッパ共通のものであり、各地で違うシステムで学習を進めていても、明確な記録を可能にし、提示ができ、移動を容易にする。

ヨーロッパが推進している言語教育の基本は透明性と比較可能性にあるといえる。透明性と比較可能性をもつCEFのような一貫した共通の枠組みを設けることによって、到達目標や評価基準はだれにもわかり、比較できるものになる。学習者は、自己の言語能力を把握し、評価でき、どこのだれにでも提示できる。教育関係者は、汎用性、互換性のあるカリキュラム、教材作りが可能となる。

EUは言語教育を重要視し、2010年までの10年計画として①母語プラス2言語習得、②早期言語学習、③生涯にわたる言語学習を推奨している。その一方で、外国語の習得度を測定する指標の開発も始めている。

●**課題**── 長年、ヨーロッパでの言語教育は、経済市場論のもとに、ヨーロッパ言語を中心に議論が進んできた。だが、最新の言語政策では、EU加盟国の地域語、移民の言語を含んだすべての言語、そしてEUの主な貿易相手国の言語をも対象としている。したがって、日本語もその中に位置づけられよう。ヨーロッパにおいて、日本語が外国語教育の1つとして主要な位置を獲得、維持するためには、ヨーロッパの動向をしっかり捉え、それを鑑みて進んでいかなければならない。　　　　［田中和美］

■サブカルチャーと日本語教育

●**背景**——ここでは，台湾を例に述べる。1990年代後半から2000年初頭にかけて，若者のあいだで爆発的な日本ブームが起こった。97年には日本のメディアや消費文化を熱狂的に好む若者たちを称して"哈日族"(日本オタク族)ということばも生まれている。

戦後，台湾では，テレビなどでの日本語ならびに日本のテレビ番組の放送が長い間禁止されていた。しかし，1980年代以降の高度経済成長とともに日本との交流が盛んになるにつれて規制は徐々に緩やかになり，88年の李登輝政権発足後，解禁が加速した。93年には地上波チャンネルでの日本番組が解禁となり，ドラマ「おしん」の大ヒットを契機にトレンディードラマなど日本の番組が多く放映されるようになる。

日台間は人の交流も多く，2001年，台湾から日本への出境者は香港・マカオに次いで3位の74万1767人，台湾への入境者は日本からが最も多く97万1190人であった。

2004年現在，日本の番組専門のテレビ局は4局以上で，5人に1人が週に4日以上日本の番組を見るという台北での調査もある。町には日本のファッション，音楽，映画，漫画・アニメなどが氾濫し，日系百貨店は売上げの上位を占めている。商品名やコマーシャルにもしばしば日本語が使用される。

●**事例**——このようなサブカルチャーの流入は，日本語学習者の増加につながった。

とくに，中等教育機関において著しい増加が見られた。高校では，1995年より第二外国語の選択科目として，日本語がドイツ語・フランス語・スペイン語に加わり，1999年から二度にわたる第二外国語推進計画が実施された。そのなかでも日本語の人気は群を抜き，第二外国語履修希望者の7割以上を占めた。2000年には，約4割の高校で5万4691人が学習し，3年前に比べ約1.8倍に増加した。学習動機は，「日本への観光」「日本語への興味」「漫画やアニメの理解」などが挙がっている。日本語教育は一部の中学校でも行われている。

高等教育機関においても，第二外国語の選択科目としての日本語履修者が増加した。それまでの私立大学に加え，1989年国立政治大学の日文組(日本語コース)設立に続く日文系や応用日文系(実用日文学科)の新設とも相まって，2000年，日本語学習者は7万3505人となり，3年前より約1万人増加した。

1999年の日本語の補習班(塾)の数も前年に比べ2.5割の増加が報告されている。

出版社による日本語学習用ホームページの開設，テレビの日本語講座の増加，日本の観光地，食べ歩きや芸能情報記事とともに観光や買い物場面の日本語会話を載せる台湾のオリジナル雑誌が増えたのも日本ブームの時期である。

●**問題**——2003年の調査で，中等教育機関の日本語学習者数は3年前と比べて約3割の減少に転じた。この原因には職業高校の総合高校化による第二外国語授業の縮小が挙げられる。

近年，台湾の教育政策にはさまざまな改革が見られる。初等教育における2001年からの英語教育と母語教育(閩南語，客家語，原住民族諸語)の全面実施，02年からの大学の多元化入試制度などである。入試とは直接関係のない第二外国語を課外授業でしている高校も多い。

しかしながら，若者の日本語人気にさほどの変化は見られない。台湾のマスメディアが日本の偏った大衆文化ばかりを提供しているという批判も一部にはある。しかし，その学習機能が日本文化や日本語そのものへの興味であることから，日本語は受験科目でなくとも人気を保ち続けており，この点は，日本経済隆盛期に実利目的で学習者が増加した状況とは大きく異なる。台湾の文化・社会において，第二外国語としての日本語は定着しつつあるといえよう。

(資料提供：財団法人交流協会)　　[谷口龍子]

■日本語教師のネットワークの構築

●背景——海外での日本語教育従事者の数は年々増え,赴任形態も公的派遣,NGOによる派遣,日本語学校への赴任,個人ルートでの就職と多彩である。教師の力量も専門家レベルから未経験者までと多様であり,赴任国の言語,歴史文化への理解は十分とはいえない。日本語教育を効果的に行ううえで赴任機関の実情理解は不可欠である。赴任国の日本語教育の歴史のみならず,赴任地域と国全体との相関関係をも理解しておかねばならない。赴任先の日本語教育機関の情報と,その地域の他の日本語教育機関の情報,および有効な指導法の蓄積とは,地域の日本語教師に共有されねばならない。地域で支え合う教師相互のネットワークの整備と,情報と経験の蓄積は,派遣先と派遣組織(母胎)にかかわりなく重要である。

●事例——中国では1972年の日中国交正常化後,赴任教師が増え,80年には「在中国日本語研修センター」(大平学校)が開講された。その前年の79年当時には,すでに150を超える高等教育機関で日本語教育が実施され,各機関では日本人教師が渇望されていた。

このようななかで中国政府などの要請に応え,個人をはじめ,都道府県現職教師(79年派遣開始),青年海外協力隊(86年開始,2003年日本語教師隊員41名派遣),日中技能者交流センター(86年開始,2003年84名派遣,最大の派遣組織)などが日本語教師派遣を始めた。このような派遣組織の多様性は,各地域に,①日本語教育のトレーニングを積んだ者,②現職教師,③退職教師,④中国研究者・愛好者,などの多種多様な年齢と経歴を持つ日本語教師の混在を生み,日本語教授法,日本語教育観,教育現場観,中国観,到達目標のどれをとっても,共通理解をもつことは容易ではなかった。さらに最近では高等教育をはじめ,初・中等教育,観光,社会人と校種や対象も多様化し,中・西部地域への派遣増大など地域格差ともからんで教授法は複雑さを増している。

その対策として,全体を見通すことのできる情報を新赴任者に伝え,新資料や教材を交換し,学びあうための組織づくりと連携・協力が必須となり,知見と経験を蓄積するための継続的なネットワークがつくられてきた。その蓄積は,「地域差」・「校種差」を超えて機能しつつある。また,このネットワークは戦前の国語教育から戦後の日本語教育への転換を促す役割も果たした。1996年から7年間実施された国際文化フォーラムによる中国中高校日本語教師研修会は,中国人教師との連携づくりに貢献した。日本人はいずれ帰国するので,蓄積するものは活動の成果を次に生かすものでなければならない。まず日本人教師のあいだにネットワークを定着させ,そこに中国人教師の参加を得て,継続的で強固なものにしてゆく必要がある。中国の日本語教師ネットワークは,長春日本語教師勉強会,瀋陽日本人教師会などが比較的長い活動歴をもつが,全国に広がり各地で根を張りつつある。継続派遣をしている青年海外協力隊や国際交流基金などがこれらのネットワークを今後も支えることが期待されている。

中国では「地域差」と「校種差」の正確な理解が必須であり,それは国別教授法にも反映されなければならない。

●課題——「日本語教育の各国・各地域の歴史,各国の政策と地域の対策,それらのバランスを知らずに突っ走ることの危険性」を,ネットワークづくりの経験は明らかにした。ネットワークは地域での経験と知恵との蓄積を果たし,その成果は再び地域に還元されるべきものである。そうして現地化(現地人教師が主体性をもつこと)がはかられねばならない。この国の日本語教育はこうあるべきだと日本側が言うべきでないことは,戦前の日本語教育に対する痛切な反省であったはずである。　［小林基起］

■学会・教師会の活動

●**背景**——ここでは，韓国を例にとって述べることにする。日本の植民地支配のもと，日本語を「国語」として強要された韓国で，解放後，日本語教育が再開されるのは1961年，韓国外国語大学校の日本語科設置に始まる。中等教育では1973年，教育課程の部分的改正で，高等学校第二外国語の選択科目（ドイツ語・フランス語・スペイン語・中国語）に日本語が加わることにより再開された。2001年からは中学校でも日本語教育が開始された。

●**事例**——2005年現在，韓国学術振興財団に登録されている日本語関連学会は20以上。まず1972年に韓国日本学会，1978年に韓国日語日文学会が設立された。韓国日本学会は現在，傘下に日本語学会，日語教育学会など8つの専門学会・支会を擁し，専門性と学際性を追求し，近隣諸国とも連携するネットワーク型学会をめざしている。1990年以降，韓国日本語文学会，大韓日語日文学会，韓国日本文化学会，韓国日本学協会など多数の日本語関連学会が次々と設立され，全国規模の学会へ発展している。

また韓国日本語教育学会，韓国日語文学会，漢陽日本学会，日本文学会，日韓日語日文学会，韓国日本研究学会，日本言語文化学会などは，特定大学を中心に活動している。さらに9言語の外国語教育関係者による韓国外国語教育学会，マルチメディアの言語教育への活用を考える韓国マルチメディア言語教育学会，日本学を専門とする韓国日本学会などがある。

韓国日本学会では2000年に日本の日本語教育学会との共催で「日本語教育の新しいパラダイム確立のための新構想」をテーマに日本語教育国際シンポジウムを開催したり，現職の日本語教師を対象にした自律研修（日本文化理解，大学入試に対する日本語指導など）を行ったりしている。傘下の日語教育学会でも毎年，日本語教育に関するシンポジウムや日本語教師向け会員研修，OPIの研修などを実施している。韓国日語日文学会では1993〜94年，98〜99年の2度にわたり韓国の高校，大学，教育機関，企業などの日本語教育実態を幅広く調査し，『韓国の日本語教育実態』にまとめている。

一方，日本語教師の研究会も各地に存在している。中等教育の日本語教師による研究会としては，ソウル日本語教育研究会など全国に16の日本語教育研究会がある。これらは2003年に韓国日本語教育研究会という全国規模の連合体を結成するに至った。

これらの研究会では，さまざまな教員研修やシンポジウムなどを行ってきた。たとえばソウル日本語教育研究会では，毎年日本語教師を対象に自律・職務研修を実施するほか，日本語教育国際交流プログラムや日韓教育国際会議，授業研究発表大会，第二外国語教育活性化のための教育問題公開討論会，日韓教師・学生交流などを行っている。

一方在韓日本人教師による日本語教師会としては在韓日本語講師研究会や釜山日本語教師会などがあり，月1回の定例会をもっている。

●**課題**——日本語学習者の過半数は中学・高校生であり，日本語教育研究や教員養成を担当する学会・大学と中等教育現場の日本語教師との連携が求められている。たとえば韓国ではマルチメディアが積極的に活用され，「情報教育化計画」のもと，全国の小・中・高校がインターネット網で連ばれ，日本語教育への活用も始まっている。それらを活用できる教員養成などが大学や学会に求められているが，現場のニーズに十分応えきれていない。また日本語教育を専門とする学科や教官の数，学会での日本語教育に関する研究のいっそうの充実をはかり，日本語教育の学問としての位相を高めていくことも必要であろう。

[森山 新]

■観光に関係する日本語教育

●**背景**── 観光関係の仕事をしている人々や将来観光関係の仕事をしたいと思う人々に対する日本語教育（以下「観光日本語」）は，一般的な特徴として，ガイドのため，ホテル業務のためといった日本語学習の目的が明確なこと，ときには非常に高度なコミュニケーション能力まで要求されること，にもかかわらず学習に十分な時間が与えられないケースの多いこと，などが挙げられ，有効な日本語学習がとくに切望される領域の1つである。しかし，日本語教育の実践や研究が盛んになった今日でも，さまざまな理由から，観光日本語についての本格的な研究は皆無に近い。今後，優秀な日本語教育関係者の意欲的な取り組みが期待される分野だといえるだろう。

●**事例**── ここではインドネシアでの例を取り上げる。東南アジアで日本語学習者の最も多いインドネシアだが，その7割近くは高等学校レベルであり，観光関係の日本語学習者が多いわけではない。しかし，インドネシアにとって観光は外貨獲得のための基幹産業であり，それに関連した日本語教育も重要な意味をもつ。たとえば青年海外協力隊（以下「協力隊」）は，インドネシアにつねに5～7人の日本語教師を送りつづけてきたが，この10年間，ほとんど全員が観光高等専門学校への派遣となっている。

この観光高等専門学校は，インドネシアの文化観光省が優秀な観光業従事者を養成すべく全国に4校設立したものだが，規模や学科構成などが異なり，第二外国語としての日本語の位置づけもさまざまであるため，各校に派遣された協力隊の日本語教師が，それぞれシラバスや教材の作成に尽力し試行錯誤を重ねてきた。しかしやがて，「背景」で述べたような一般的な特徴が十分確認されるようになり，標準的な共通シラバスを求める動きが生まれた。やはり協力隊員が中心となってプロジェクトが起こされ，2001年には，それ以前の蓄積を集大成するかたちで，学習時間100時間を目安とした「観光日本語シラバス」が完成した。現在は，このシラバスをベースに，各校のカリキュラムやコースの特徴に合わせて，提出順を変えたり，項目を加減したりしつつ実践が行われている。

この「観光日本語シラバス」は，観光業の実務に必要な言語要素を厳選し，「機能・文型」「場面」「語彙」の3部構成で整理したものである。観光日本語のミニマムを求めた好例といえよう。たとえば，「場面」シラバスの一覧は，旅行（会社）関係，ホテル関係，レストラン関係の3列で構成され，そのなかの1つ「レストラン関係」には，予約，レストランについての説明，席への案内，メニューの説明，注文，食事中のサービス，バー，ホテルの館内情報，苦情処理，会計などの項目がある。

一般論としても学習時間100時間は何とも少ないが，この現実を無視して「木に竹を接ぐような」改善・発展を望むことはできない。今後も，インドネシア人と日本人の教師が協力しながら地味な努力を続けていくだろう。

●**課題**── 今後私たちが追求すべきは，単に観光業に携わる人々のコミュニケーション能力を効率よく高めていくことだけではない。お金さえ払えば何でもできると勘違いする「旅の恥はかき捨て」的な人々をも含む日本人観光客を相手とする観光産業が多くの問題や課題をかかえるのは必然である。利潤追求の営みに協力しつつも，その国の人々の心身の健康や尊厳，自然環境や文化遺産を護り育てていく努力を続けることが必要になるだろう。経済的な格差は，圧倒的な数の"北"の観光客が"南"を楽しむという不平等をつくり上げているが，豊かな"北"の人々にとっての観光旅行が，開発教育や多文化共生社会実現のための自己啓発の小さな契機となればと願う。　　　［佐久間勝彦］

■学校教育における日本語教育
●背景──2003年の国際交流基金の調査結果では,海外での日本語学習者のうち,学校教育での日本語学習者は全体の約65％であった。しかし,オーストラリア,ニュージーランドなどではほぼ99％が学校教育であるのに対し,ブラジル,インド,スイスなどのように学校教育外での学習者が過半数を占める国もある。

●事例──ここでは,米国での例を見てみよう。学校教育における日本語教育は,1980年代から高等教育で,90年代初期から中等教育で,90年代中期以降初等教育で盛んになった。国際交流基金によると,学習者数は2003年現在小・中・高生8万8000人,大学生が4万2000人で,小中高生が全体(約14万人)の63％を占める。

米国には連邦政府による指導要領や検定教科書のようなものは存在しない。授業時間,教育内容などは州政府や学校区によって決定される。外国語教育についても,どの言語を教えるかは,学校区,または個々の学校に一任されている。確立された日本語カリキュラムのある州も数少ない。

このような独自性から,州や学校区によるレベルや学習内容にばらつきが出てくる。この調整のために,また国全体の教育レベルを高めるために,過去十数年に各教科で全国レベルでのスタンダーズ(基準)が作られてきた。外国語のナショナル・スタンダーズ(Standards for Foreign Language Learning)は1996年に,日本語スタンダーズは1999年にできた。

日本語スタンダーズには,①コミュニケーション(Communication),②異文化理解(Cultures),③他教科との接続(Connections),④言語,文化の比較(Comparisons),⑤コミュニティ(Communities)の,「5C」と呼ばれる5つのゴールがある。そして,ゴール①には3つ,残りのゴールには2つの「スタンダーズ」がある。理想的な外国語教育は,これら11のスタンダーズのバランスのとれたカリキュラムと評価方法をもつものとされている。言語運用能力のみでなく5Cを同等に扱うことにより外国語教育を大きな観点から行なうことに,スタンダーズの大きな特徴がある。

外国語のスタンダーズはK-12,すなわち幼稚園から高校までの初等中等教育を対象として作られた。しかし日本語教育では,初・中・高等教育の一貫性を目指し,スタンダーズをK-16,すなわち幼稚園から大学までの教育として捉えている。スタンダーズの影響として,カリキュラムや教材の充実化に加え,制作,施行を通じてのK-16の協力態勢が見られる。

●課題──連邦政府レベルでの言語政策が存在しない米国では,たとえば,学校区が助成金を得て小学校で日本語教育を始めても,数年で助成金が切れるとプログラムも終了する,というケースが多い。また,中等教育レベルの多数の学校では外国語は選択科目で,予算カットがあると最初に削られる。これらの理由から,K-12を通しての日本語プログラムをもっている学校区は,まだ数えるほどしかない(小数ながら,日本語イマージョン・プログラムがK-12で行われるようになった。また日本語学校,補修校などの単位を認める高校も増えてきている)。

またスタンダーズは強制的ではないので,徹底的に普及しているわけではないし,高等教育機関では,大学本来の日本語教育の目的と相容れないとの考えなどから取り入れないところもある。これからの課題は,同レベルの学校間,およびK-16との連繋を強化していくことであろう。

[片岡裕子]

■日本研究と日本語教育

●**背景**── 米国における日本研究と日本語教育をここでは別個の論題として扱わず,両者の具体的な関連を考察する。米国の日本研究,日本語教育は長い歴史をもつが,とくに第二次世界大戦が大きく影響している。すなわち,軍が開設した日本語学校(Army Language Schools)の参加者から戦後の優れた日本研究者,教育者,指導者が輩出した事実である。米国の日本研究と日本語教育が現在の高いレベルに達したのは,これらの先覚者の努力によるものである。さらに忘れてはならないのは,これらの学校で日本語教育に携わった若い日系人の苦労である。この方々の大半はもちろん日本語教育の訓練を受けておらず,教材は自分たちで作成しなければならなかった。これらの,多くは無名の先輩の献身的な努力と功績を称えたい。歴史,文学を中心とした過去の日本研究は,現在では広義の人文科学の各分野へと広がっている(環境学など特殊な自然科学も含む)。各分野で日本を主題とする研究者は相対的に少数であるが,研究成果は諸学会の会誌,総会などで発表され,単行本として出版されている。出版30年になる *The Journal of Japanese Studies* を見逃してはならない。

日本研究に進もうとする者にとって出発点となる日本語学習においては,大学レベルの日本語プログラムが中心的な役割を果たす。2つの全国組織,Association of Teachers of Japanese(ATJ:大学レベル,現会員900名余)と National Council of Japanese Language Teachers(NCLTJ:小中高校レベル,現会員800名余)が日本研究の将来の発展を支える日本語教育者の組織である。

●**課題**── ここでいくつかの反省を要する点を挙げよう。

(1)米国での日本語教育は,当然日本研究者の養成が目的ではない。そして教材の選択,教授法はまったく現場の教師に任せられている。現場の日本語教育は学問ではないし,現場の「教師と学習者の出会い」である日本語教育は,日本語教育学,応用言語学などと必ずしもつながらないことを,教師は認識するべきである。望まれるのは,日本語学習者の動機,目的が何であれ,スキルを的確に習得させる訓練である。日本研究のためには,学習の過程で少なくとも1年は日本で学び,日本を直接経験することが必須である。大学院でも日本で研究を伴った日本語習得を継続しなければならない。

(2)日本語教育に対する文学研究者の貢献は長期にわたる,大きな価値をもつ。文学専門家の日本語への鋭い,優れた直感は貴重である。米国での日本語教育そして日本研究の推進は文学専門家を除外しては成り立たない。言語学関係と文学の専門家の協力の必要性を改めて確認するべきである。

(3)日本研究者にとって,専門分野によって重点の違いはあろうが,書きことばの習得は必須である。言語の本質は話しことばによる思考,感情などの伝達機能にあるとはいえ,あまりに言語理論にこだわって書きことばの重要性を考慮しないのは間違っている。日常の場で日本語にほとんど触れることがない米国の言語環境に鑑みても,書きことばの教育問題に真剣に取り組む必要がある。

(4)米国での日本研究の将来にとって,中級,上級の教科書の不足と,文語教育の軽視は問題である。文語の導入を反省し,論じようとする動きがあるが,一般的にいって日本語教育者の怠慢は否めない。日本研究の各分野の専門家は,結局各人の強い動機にかられた,たゆまぬ努力が要因で育つのである。たとえ少数であっても堅固な日本語能力に支えられた日本研究者を育成することが,結果として日本語教育に益することを教育者は認識しなければならない。

〔宮地 宏〕

■留学のための日本語教育

●背景── 2004年5月1日現在，日本は世界159ヵ国（地域）から約11万7000人の外国人留学生を受け入れている。そして，留学希望者が大学等の高等教育機関で支障なく教育を受けることができるようにするための教育として，予備教育がある。予備教育では，高等教育を受けるのに必要な日本語と，専攻に応じて日本の大学等の一般教育科目程度の教科の教育が行われる。

国内実施機関としては，独立行政法人日本学生支援機構東京日本語教育センター（旧「国際学友会日本語学校」）や各大学の留学生センターなどがあり，海外実施機関としては，1979年から始まった中国吉林省長春市東北師範大学中国赴日留学生予備学校，1982年から始まった中国吉林省長春市東北師範大学中国赴日留学生予備学校，1982年から始まったマレーシアのマラヤ大学日本留学特別コース（以下，略称 AAJ）などがある。

●事例── マレーシアでの日本留学のための日本語教育は1981年，マハティール首相の東方政策（ルック・イースト）の提唱に始まる。日本・韓国などの東方諸国の勤労倫理，技術，経営哲学を自国に導入して，工業の近代化と発展を促すための人材養成を行う政策である。そして，日本留学のための予備教育が上記AAJで始まった。2001年までに日本へ送り出された留学生総数は1900名を超え，2002年から2010年までは毎年200名の留学生を日本へ送り出そうとしている。

AAJの教育期間は2年間で，1年次には週20時間の初級日本語と27時間のマレー語による教科教育（数学・物理・化学・英語）が行われる。2年次になると，日本語は11時間となり，教科教育は，週25時間で文部科学省から派遣される現役高校教師が行っている。日本語の授業は2年間で1,000時間（1年次約670時間，2年次約320時間）であり，日本語能力試験2級合格を目標としているが，合格者はここ数年5～6割位である。学生は2年次の1月に行われる「文部科学省試験」に合格して初めて日本の国立大学への留学切符を手にすることができる。

高等専門学校への進学を目指した予備教育は，1984年～2000年の間マレーシア工科大学で行われた。高等教育円借款（Help I と呼ばれる）による日本留学コースも拓殖大学（日本語担当）と芝浦工業大学（教科担当）の協力で運営され，1992年から5期にわたり，309名を国立・私立大学に送り出している。しかし，留学費用がかかりすぎるということから，大学教育プログラムの前半をマレーシアで，後半を日本の大学で行うことによって，最終的に日本の大学の学位を取得するツイニングプログラム「日本マレーシア高等教育大学連合プログラム」を開始した。2003年までの5期で400人を送り出した。私立の予備教育期間としては，帝京マレーシア日本語学院がある。1998年から最長18ヵ月の予備教育を行い，約70名を大学，短期大学，専門学校などへ送り出している。

大学院進学教育としては，国際交流基金の支援による Asian Youth Fellowship Program（略称 AYF）がある。1996年から，アジア11ヵ国（ベトナム，カンボジア，タイ，ミャンマー，ラオス，インドネシア，フィリピン，ブルネイ，マレーシア，シンガポール，バングラデシュ）の大学卒業者をマレーシアに集めて，1年間の日本語教育を施し，90人以上を大学院に送り出している。

●課題── 海外で実施されている予備教育は，国内のと比較すると全般的な日本語学習環境に制約がある。そのうえで，いかに日本留学効果を高めるカリキュラムを提供するか継続的な検討が求められる。

［植松 清］

■バイリンガリズムと日本語教育

●**背景**——ここでは，カナダを例にとって述べる。英語とフランス語を公用語とし，その枠組みのなかで多文化主義政策を掲げるカナダでは，人材養成の必要から1970年代からイマージョン方式による英仏バイリンガル教育が全国的規模で盛んになった。主要言語である英語を母語とするカナダ人子女を対象に，学校教育のなかで両言語を教科学習のツールとして計画的に使用することによって，学齢期に2つのことばの力を高めようとする試みである。この方法で幼児からL2（第二言語）に触れると，5000（授業）時間くらいで，L2の聞く力はほぼ母語話者レベル，読解力はそれ以上になり，表出面（話す，書く）はやや劣るが，算数・理科などの学力では弊害が見られないという。

一方，移住者が持ち込む言語文化を言語資源・社会経済的資源とし，親の母語を子どもに継承することが国際貿易や外交の第一線で活躍する人材づくりに役立つという視点から，1984年以降連邦・州政府支援による母語継承教育が盛んになった。少数言語を母語とする言語・文化形成期の幼児～中2を対象とし，その形態は週末プログラムからイマージョン方式まで多様である。継承語の力を高めることにより，出自や親の文化・言語への誇り，安定した帰属意識，親子の交流の質の向上，英語へのプラスの転移などを目的としている。

1970年から80年にかけて，New Canadiansと呼ばれる技術系移民の波を迎え，日本生まれ（準一世）や現地生まれ（二世児）のための継承日本語学校が次々に設立された。経営母体は日系人協会，父母・宗教団体などさまざまであるが，継承語プログラムと認められれば州および連邦政府の援助が得られ，州からは校舎の無料貸与（年間32週/週2.5時間），教師給与の一部（登録生徒25人に1人分），現物給与（コピー機使用など），継承語教師研修会（教育委員会主催），連邦政府からは教材開発，シンポジウム開催などの支援が得られた。

このような体制のもと，日本語教育では英・仏・日のイマージョン校が1校（事例(1)），継承語としての日本語を教える日本語学校が全国に40校ほど散在している（事例(2)）。

●**事例**——(1)東部主要都市トロントの私立校Giles School（幼稚部～高校）は，1989年に設立された英・仏・日（または中国語）の3ヵ国語イマージョン校である。英仏語の基礎がついたところで日本語の授業を毎日約1時間，日本語の話しことばと読み書きを直接法で教え，授業の一部に算数，理科や社会のテーマ学習を取り入れている。

(2)継承日本語学校で最も古い歴史をもつのは1906年に設立された「バンクーバー日本語学校」である。第二次世界大戦の強制閉鎖の頃には1000人以上の生徒を擁していたという。現在は四世，五世の時代になり，非日系人子弟と成人のための「国際語としての日本語教育」プログラムも併設している。また，1976年設立の「トロント国語教室」は戦後技術移民のための継承語プログラムの一例である。日本語に堪能なカナダ市民の育成を目指し国語教科書を使用して準一世・二世児の日本語教育を行ってきた。最近は国際結婚の家庭の子どもや日系三世が中心になり，カリキュラムの抜本的な見直しが必要となっている。

●**課題**——イマージョン教育も継承教育も近年の世界的経済不況のため停滞気味であり，継承語教育も国際語教育の一部に組み込まれ，行政上の特別援助は削減された。しかし，現代の日本の課題である英語教育の質の向上，外国籍の児童生徒の日本語・母語教育を模索するうえで，言語政策理念，2言語育成の教育理論，母語保持伸長教育のあり方など，カナダの経験は貴重であり多くの示唆に富むものである。

［中島和子］

■日系社会における日本語教育

●**背景**── 日本はかつて国策として海外移住を奨励した国であった。日本からの集団的移住は，1868（明治元）年のハワイ移住に始まるが，これは成功せず，政府の送り出し事業である官約移民が始まったのは1885（明治18）年のことである。第二次世界大戦前までで78万人，戦後は26万人の移住者を送り出した事業も2003（平成15）年に廃止となり，時代は個人移住のみへと移っていく。

21世紀の初頭において，海外日系人の数はブラジルの140万人を筆頭に，全世界で250万人にのぼるとされる。しかし250万人のうちの多数が日本語を継承しているとは言いがたい現状がある。米国では移住者の三世は多数派言語しか話せないこともあるとされているが，現代にあっては2世代で言語シフトが完了する例もかなり見られる。日系社会も例外ではない。

●**事例**── 日系社会の日本語教育は移住者の子どもたちに対する教育のかたちで始まった。初期の「日本学校」では，日本への帰国を前提にした日本語による日本人教育がなされた。やがて，それが「日本語学校」となり，「日本語自体を教えること」が目的化しはじめる。子どもたちは家庭で日本語を使い，現地の学校とあわせて日本語学校にも通い，「誠実，正直，勤勉」といった"日本文化"の継承，読解・作文重視の「国語教育」を受けた。やがて，母語教育から継承語教育への転換が起こる。家庭および日系社会での日本語運用機会の低下，日系社会の拡散とともに子どもたちの国語能力は落ちる。ブラジルでも1970年代の終わり頃には，"外国語としての日本語教育"への転換期に入り，構造シラバス重視の時代となる。

さらに，三世，四世の時代に入ると，「日系」といった文化的背景を共有する子どもたちと漫画・アニメ・合気道などから日本に興味をもつ子どもたちが集まり，主として，文化紹介と日本語学習への動機づけ，基礎づくりの場という位置づけに変わる。これとは別に，バイリンガル国際校への流れもある。成人学習者の場合は，出稼ぎ・留学などを前提に，言語構造重視の効率的な言語教育が行われる傾向が強い。これらの日本語教育は，日系社会の子どもたちのためにとボランティア精神で尽くしてきた多くの教師たちの努力によって成立してきた。戦争による禁止期間も乗り越えさせた努力である。

日本の経済成長とともに，1980年代に入ると，いわゆる出稼ぎが活発化する。1990（平成2）年には入管法（出入国管理及び難民認定法）が改正され，南米から「祖国日本」に戻る日系人が急増し，その数はやがて戦後の移住者総数26万人を超えるに至る。バブル経済崩壊後も国内滞在は長期化し，家族滞在が増加し，日本と南米間の往復を繰り返す例も多い。これは現地日系社会のいっそうの拡散と，国内における小さな日系社会の出現を招いた。豊田市・太田市・大泉町などにその例を見ることができる。

●**課題**── 海外日系人大会で，例年要望されるのが日本語教育の充実である。以前はブラジルなどでの教育に対する施策を求めるものであったが，国内での施策を求める方向が出てきている。日系社会の日本語教育を考えるとき，子どもたちに対する教育の"連携"がキーワードとなろう。海外と国内の連携，日本語教育と母語教育との連携，言語教育と教科教育との連携，言語発達と言語教育の連携などである。個人移住が活発化しつづける時代にあって，継承語教育は多くの親子にとって切実な問題となっている。継承日本語教育に関する研究会が，国内にも海外にもつくられ，理論面，実践面の研究が活発化しつつある。オーストラリア，カナダなどの移住先進国から学べる点も多い。

[佐々木倫子]

■民間教育機関での日本語教育

●**背景**——民間の日本語教育の特徴としては，①学習者の年齢層や学歴，学習の目的，動機，過去の学習経験など学習背景が多様であること，②講座を担当する教師のうち日本語母語話者教師の比率がきわめて高いこと，などが挙げられる。民間機関の種類，設置主体，規模などの相対比率は各地の事情によってさまざまである。その全体数も韓国，ブラジルなど機関数が数百に及ぶ国がある一方，イラン，サウジアラビアや，旧ソ連邦，東欧，大洋州の一部のように学校教育以外の日本語教育機関が皆無という地域もある。また東南アジア地域を中心に，日本国内の私立大学などの日本語教育機関が現地分校や渡日予備講座を展開する例もある。ただし，民間の日本語教育については地域によって公式なデータが存在しない場合が多く，実態が把握しがたい。

●**事例**——ここでは，韓国を例にとる。韓国における民間日本語教育機関は一般に「日本語学院」（以下「学院」）と呼ばれる。「学院」とは日本の各種学校・専門学校にあたる。教育部によると 2004 年現在，私設外国語学院数（英語・日本語・中国語など）は 5426 校，このうち日本語を開講しているのは約 500 校といわれているが，かつては韓国教育人的資源部の認可制だったものが届出制になり，一般に「○○外国語学院」という名称で届け出るため日本語講座の有無について正確な数字は見えにくい。都市部には生徒数 500 人以上の大手学院も十数校存在するが，全国的に見れば 50 人以下のものが大半を占めていると思われる。学習者層は大学生・大学院生と会社員がほぼ同数で大半を占め，中高生がこれに続く。コースは毎月開講・毎月修了の 1 ヵ月登録制が一般的である。

授業は 1 日 1 時間，週 3〜5 日で，開講時間は社会人に有利なように早朝と夜間に集中している。コース内容は初級〜上級の総合日本語のほかに「新聞・雑誌講読」「日本の TV ドラマ鑑賞」「漢字ブラッシュアップ」「日本語能力試験対策」など多彩なコースが開設されている。授業の形態は，初級レベルでは韓国人講師が韓国語で教えるが，会話クラスやフリートーキングは日本人が教えるのが一般的である。教科書は日本で出版されたものの韓国版が多く使われているが，一部大手の学院は出版部門をもっている。

特殊なものとして，韓国観光公社による観光通訳学院では通訳ガイド試験受験のための日本語講座が開設されている。

また，韓国外国語大学，延世大学，高麗大学，梨花女子大学，中央大学などソウル地域の一部の大学には一般に「語学堂」と呼ばれる付属の語学センター（公開講座）があるが，これは 3 ヵ月または 10 週間単位の集中講座で，通常 6 学期通って卒業する。

このほか，組織内教育としては，企業が社員研修のために設けている「語学研修院」がある。

●**課題**——以上のほか，デパートなどのカルチャーセンターの日本語講座，教育放送をはじめとするテレビ・ラジオ講座やケーブルテレビによる日本語講座，またサイバー大学やインターネット上の日本語学習サイトや模擬試験サイト，さらには日本語学習誌や若者向け日本情報誌のみならず，一般の雑誌や日刊紙にまで日本語学習記事が連載されている例もあり，まさに百花繚乱といえる。一方で，内容の劣悪なものも多く，教育の質としては玉石混交の状態である。また，教師の人材確保における地域間格差，小規模な機関では多様な背景の学習者を 1 クラスに詰め込むなど，機関の経営規模による教育環境の格差，そして教師養成機関の必要性など，学習者数の増大とニーズの多様化に対する課題は多い。

［星　亨］

■市民講座での日本語教育

●背景―― ここでは，スリランカを例に述べる。1977年のスリランカ経済の自由化後，日本との国および民間レベル双方の交流が盛んになり，1980年代後半から日本語学習者が急増している。この25年間国際交流基金および国際協力機構（旧称「国際協力事業団」）の日本語教育支援プログラムが定着した。スリランカ人教師の質的・量的充実，学習教育機関の地方への広がりなどその成果は多大である。その中心的な役割を果たしてきた市民講座の存在はスリランカの日本語教育の大きな特徴といえる。

2003年の国際交流基金調査では学習者数の機関別割合は初・中等教育機関51％，高等教育機関11％，学校教育機関以外38％で，総数はいずれも1993年の同調査に比べ著しく増加している。しかし，14ある学校教育以外の機関のほとんどが民間の日本語学校であり，その開始年は1990年代後半に集中している。そのなかでスリランカ日本語教育協会付属日本語講座（以下「協会付属日本語講座」）とNYSC（National Youth Service Council）マハラガマ・ユースセンター日本語講座は早期に講座を開始し，長年にわたりその活動を続けている。

●事例―― 協会付属日本語講座は1967年に私塾から始まり，1985年に日本大使館日本語普及講座となった。1994年6月に大使館，国際協力事業団，日本人学校で構成する協会が設立され，その付属日本語講座となった。弁論大会・日本語能力試験なども開催している，スリランカで一番歴史のある講座であり，1985年以降継続して日本人教師が派遣され，優秀なスリランカ人教師もそろっている。入門から上級まで半年ごとのコースが8レベルあり，4年間で日本語能力試験2級を目指す。平日・土日集中クラス，日中・夕方クラス等，多彩なクラスが用意されている。また媒介語をシンハラ語・英語から選ぶことができる。堅実な運営と授業で信頼が厚い講座である。常時約300名が学び，社会人，中・高等学校生，スリランカ在住の外国人など，多彩な学習者がいる。

NYSCマハラガマ・ユースセンター日本語講座は青年問題スポーツ地方開発省管轄の日本語コースで，1987年に一般の学習者を対象に開設された。協会付属日本語講座と同様，1980年代後半から継続して日本人教師が派遣されている。コースには5つのレベルがあり，2年6ヵ月で日本語能力試験3級を目指す。学習者は中・高等学校生，社会人である。

協会付属日本語講座はスリランカの中心的な存在となっている。中等・高等教育機関の日本語学習者もこの講座に通って学んでいるケースが多い。また，同時期（1980年代後半）から日本人教師が派遣され，講座のスリランカ人教師が国際交流基金日本語国際センターで研修を受けている。スリランカで教師養成がまったく行われていなかった時期に，この教育機関から優秀なスリランカ人教師が育ち，現在に至っている。

●課題―― 市民講座がスリランカの日本語教育に貢献した背景には，日本語教師派遣プログラムがある。1980年代後半から中等教育機関や，市民講座に青年海外協力隊員が派遣され，その後シルバーボランティア，国際交流基金専門家などもその活動にかかわってきた。

25年が経過し，スリランカ人主導の指導・運営に大幅にシフトすべきではないかという議論は長年行われてきている。そのためには，さらにスリランカ人教師の教育・養成と運営にかかわる人材の確保が必要である。また今後の長期的な展望を議論し，スリランカ側へ示すことが現在の重要課題である。　　　　［山本和子］

B――各国の日本語教育

アメリカ

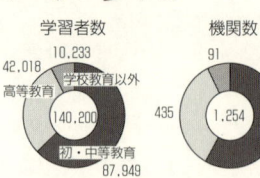

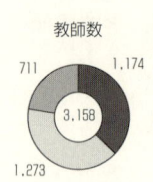

学習者数
42,018 高等教育
10,233 学校教育以外
140,200 初・中等教育
87,949

機関数
91
435
1,254
728

教師数
711
1,174
3,158
1,273

人口—29,400万人
主要言語—英語
学習者1人当たり人口—2,097人
在日留学生—1,456人
日本語能力試験受験者—1,391人
対日輸出—67,635億円　対日輸入—133,811億円
在留邦人—331,677人

●**背景**——20世紀初頭から日本語教育が小規模ながら行われていたようではあるが，本格的には，太平洋戦争の勃発とともに1941年から軍事機関で軍人を対象に行われた日本語教育が始まりである。戦後，日本語教育を行う高等教育機関が徐々に増えたが，日本文学者・日本研究者養成の一環という意味合いが強かった。

日本経済の進展に伴い，1970年代後半から日本語教育を行う高等教育機関が急激に増え，80年代に入り日本語学習ブームが起こった。日本語を教える高校もこの頃から増加し，80年代後半から90年代に入ると，幼稚園・小中学校レベルでも日本語を教える学校が増えた。

1990年代後半から，大学レベルの日本語学習者数は頭打ちの傾向にあるが，幼稚園から高校レベルでは年々増えている。80年代にはビジネスのためなどの経済的な理由が多かったが，最近は日本・日本文化への興味から日本語を学習する者が多い。日本のアニメに対する人気も学習者増加の有力な要因となっている。

●**現状**——学習者数・機関数・教師数は上掲のとおりで，地理的にはハワイ，西海岸が多く，東部，中西部がこれに続く。また，最近は継承語としての日本語教育も注目を浴びている。

外国語教育については，各州および学校区に決定権がある。日本語など教育機会の少ない言語が教えられるかどうかは，連邦政府からの資金援助の有無，親の希望などに左右される場合が多い。日本語の現状は，連邦政府の助成金によるところが大きく，この助成金により，幼稚園，小学校レベルでは文化に興味をもたせることを主目的に日本語を教えるプログラムが各地で作られた。小学校レベルでは，教科内容を日本語で教えるイマージョン方式も盛んである。

●**教師**——高校レベルまでの公立学校で教えるには各州の教師認定資格が必要であり，現在全米で約45の大学に日本語教師認定資格のためのプログラムがあるが，昨今の需要に十分には応じていない。アメリカの日本語教師は日本語を母語とする者と英語を母語とする者がほぼ半々で，教師養成・研修でも2つのタイプの教師に応じた異なるプログラムが要求されているものの，この対応は必ずしも十分ではない。

高校レベルまでの外国語教育は，それを通じた情操教育，文化理解を主目的とする一方，高等教育機関ではスキルの習得が主目的であり，両者の連携も大きな問題となっている。

●**教材**——高校，大学レベルの学習者を対象とした教材も出版されるようになったが，小学校レベルの教材はまだ不足している。また，日本語教育におけるITの使用も盛んで，日本語教育を対象としたウェブページなども多く作られ，教材の配布などを行っている。

●**教師団体**——日本語教師団体には約35年の歴史をもつ，高等機関の日本語教師を中心とした全米日本語教師会（ATJ）と，幼稚園から高校レベルの教師を中心とした全米日本語教育連盟（NCJLT）がある。さらに，これらの統合団体として全米日本語教師会連合（AATJ）がある。　　　　　［當作靖彦］

アルゼンチン

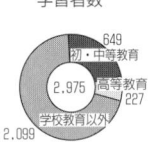

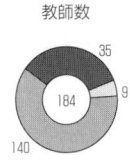

学習者数
- 初・中等教育 649
- 高等教育 227
- 学校教育以外 2,099
- 2,975

機関数
- 1
- 4
- 53
- 48

教師数
- 35
- 9
- 184
- 140

人口―3,626万人
主要言語―公用語はスペイン語
学習者1人当たり人口―12,908人
在日留学生―データなし
日本語能力試験受験者―464人
対日輸出―561億円　対日輸入―352億円
在留邦人―11,958人

●**背景**――1927（昭和2）年，日本からの移住者たちが在亜日本人会付属日本語教習所を設立，子弟に対して読み書きの指導を始めたのが日本語教育の始まりである。戦後も，各地の日系社会のなかで，日系人児童を対象に継承語教育として行われ，長いあいだ，その域を出るものではなかった。しかし，1979年，ブエノスアイレス大学に日本語講座が開設，1984年にはブエノスアイレス日亜学院が教育省の認可を受けたバイリンガル校として開校され，日系以外の日本語学習者に対しても門戸を開放するに至った。

●**現状**――日本語教育は最近まで，日系社会での継承教育と，非日系の日本語教育に二極化し，互いにあまり交流がなかった。しかし，近年，学習者の質的変化と多様化に伴い，両者の区別にとらわれない日本語教育のあり方と，今日の学習者の言語環境やニーズにかなった日本語指導法が求められている。

●**学習者**――全体の4割は日系人で，日系三世が最も多い。かつて日本人の集団移住地に建てられた移住者子弟学校の時代とは異なり，地域や家庭でも現地化が進むなかで，学習動機は薄れ，日系人の日本語学習者は年々減少した。とくに，日系児童の学習者は1993～98年までの5年間に約30％減少した。その一方で，日本製のアニメーションや漫画の影響で，一般のアルゼンチン人の日本語学習者はわずかながら増加の傾向にある。

●**教師**――約半数は日系二世である。職業として成り立ちにくく，また，日本語教師の職に副業以上のものを望んでいないケースもある。しかし，教師には，学習者の質的変化と多様性が進んでいることを認識したうえで，体系的かつ効果的な日本語指導ができるように，研修会などを通じて外国語としての日本語教授法の知識と指導技術の習得が望まれる。

●**教材**――成人の学習者には『日本語初歩』や『日本語の基礎Ⅰ・Ⅱ』，年少者には小学校の国語教科書や漢字練習帳などが長年使用されてきたが，今後は，『みんなの日本語初級Ⅰ・Ⅱ』や『ひろこさんのたのしいにほんご1・2』などを主教材に，現場の状況に応じて，足りない部分を各教師が自作の教材で補完するやり方がとられていくものと思われる。

●**教育機関**――日本人会が経営母体である日本語学校や，私塾などが大半を占めている。正規の学校教育機関としては，バイリンガル教育を行う初等・中等教育機関であるブエノスアイレス日亜学院が必修科目として，高等教育機関であるレングアス・ビバス高等専門学校が選択科目として，日本語を正規の履修単位に認めている。ほかに，公開講座などのかたちでブエノスアイレス大学，ベルグラーノ大学，ラ・プラタ大学，ロサリオ大学，コルドバ大学が日本語講座をもっており（2001年現在），今後，これら公的教育機関の日本語講座をさらに充実させていくことが望まれる。

［八重島　炎］

イギリス

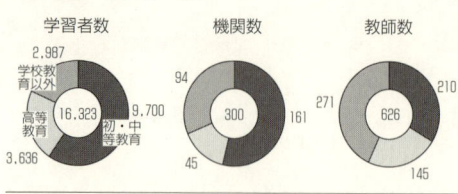

学習者数
- 学校教育以外 2,987
- 高等教育 3,636
- 初・中等教育 9,700
- 16,323

機関数
- 94
- 300
- 161
- 45

教師数
- 271
- 626
- 210
- 145

人口—59,300万人
主要言語—英語。
学習者1人当たり人口—3,633 人
在日留学生—351 人
日本語能力試験受験者—229 人
対日輸出—6,922億円　対日輸入—15,498億円
在留邦人—50,531 人

●**背景**——近年の英国における日本語教育の発展は，1980年代後半からの英国政府の通商・産業政策と密接な関連をもっている。『パーカー・レポート』（1986）は，日本語・日本文化を学ぶ理由を「世界貿易における日本の役割の増大」に関連づけ，また同レポートを受けて発表された英国日本研究協会の見解は，「世界第2位の日本経済の位置にかんがみ，日本研究は英国の大学カリキュラムの中で重要な位置を占めることが望ましい」とうたっている。

●**現状**——1990年代に入り，英国の中等教育段階の日本語教育に重大な影響を及ぼす変化が起こった。第一の変化は，1991年の英国ナショナル・カリキュラムにおいて，日本語が中等教育段階で選択できる19の現代外国語の1つに指定されたことである。これにより外国語教育における日本語の地位が確立された。

第二はランゲージ・カレッジ制度の導入である。同制度は，公立学校を対象に，中等教育段階における教育内容の多様化と英国経済の国際競争力強化に資する人材育成を目標に1995年に導入された。ランゲージ・カレッジに認定された学校には政府から多額の補助金が交付され，生徒の現代外国語能力の水準引き上げと多様な外国語教育の提供が期待されている。2004年末現在，全ランゲージ・カレッジの約半数が日本語をカリキュラムに導入しており，同制度下での日本語の人気は高い。

第三の重要な変化として，中等教育段階における日本語試験の内容改善が挙げられる。とりわけ，1998年から導入された新中等教育修了資格試験（GCSE）は，以前のものと比べ，他の外国語試験との難易度バランスに配慮が加えられ，これにより日本語試験が他の外国語試験に比べて極端に難しく，教えにくい外国語であるという教育関係者の認識が大きく変わった。

●**教師**——1998年3月と翌年3月，英国で相次いで日本語教師ネットワークが設立された。高等教育機関の日本語教師を中心とした英国日本語教育学会（BATJ）と，Association for Language Learning（ALL）内に中等教育機関の日本語教師のために設立された日本語部会である。両教師会は各種ワークショップやセミナーの開催，ニューズレターの発行などを中心に，教師相互の啓発活動を通して，日本語教育の振興と教育水準の維持・向上に大きく貢献している。英国の日本語教育のさらなる展開のために両教師ネットワークがどのような連携をとるかが今後の最重要課題となろう。

●**教材**——英国の教育内容に合った教科書の制作が求められているが，現段階では制作されていない。多くの教師は自ら作成した年間教授計画に従って，さまざまなリソースを組み合わせて活用している。活用されるリソースとしては，オーストラリアで作られたものが多く使用されている。情報技術（ICT教材）の有効活用も叫ばれているが，まだ十分に普及しているとはいえない。教材の開発および教師のITリテラシーの向上の面で今後の発展が望まれる。

［ヘレン・ギルフリー/木谷直之］

イタリア

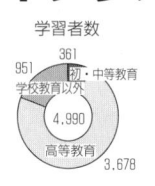

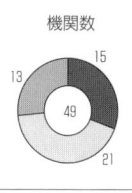

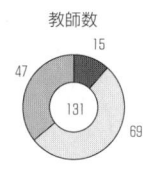

学習者数
- 初・中等教育 361
- 学校教育以外 951
- 高等教育 3,678
- 計 4,990

機関数
- 15
- 13
- 21
- 計 49

教師数
- 15
- 47
- 69
- 計 131

人口—5,740万人
主要言語—公用語はイタリア語
学習者1人当たり人口—11,503人
在日留学生—データなし
日本語能力試験受験者—362人
対日輸出—7,214億円　対日輸入—6,631億円
在留邦人—8,590人

●**背景**——日本語教育が始まったのは1870年代であるが，当初より中心は大学教育に置かれ，ヴェネツィア，ナポリ，ローマが主な拠点であった。

文学と歴史の文献解読を主目的とする大学教育主流の状況は，教育内容や教授法にも影響し，1960年代末に至るまで，書きことばのみが重視され，規範文法と読解・翻訳が学習の主軸であった。70年前後から，文部省の給費留学生として，若い研究者が定期的に来日するようになるとともに，学習・研究活動における話しことばの重要性が認識されてきた。研究分野も多様化して，現代への関心が高まり，高踏的だった従来の教育内容が反省され，機能性，柔軟性が求められるようになった。

同時に教育機関数も増加し，20世紀末には地理的にほぼイタリア全土をカバーするに至る。また，従来，人文科学系に偏っていたコース設定も，社会科学をはじめ，多様化の傾向を見せている。大学外では，ローマ日本文化会館，ローマ，ミラノ，トリノのアフリカ・アジア研究所が活発な活動を行っている。

●**現状**——1980年代に，全国的に学生数が急増し，日本語教育は大きな変革を迫られた。大学入試がないので，機関によっては入門レベルの学習者が1クラス100人を超えるようになった。学習目的・動機も多様化し，文化研究ではなく仕事や実生活に役立つ日本語への要望が高まる一方，クラス内の学習レベルのばらつきといった問題も大きく浮上しはじめた。対応策として，日本人講師をはじめとする教師の増員が急務となったが，教育法の改革も課題となった。1980年代半ばの直接法導入を手はじめに，従来の文法を中心とした翻訳法からの脱皮が進められた。日本語熱の高まりは，大学以外の機関での開講を促し，少数ながら高校や市民講座でも実験的に日本語を取り入れるケースが現れている。教師も，文学の教授がいわば余技として教える状況から，専門の日本語教師を主力とする体制に徐々にではあるが移行している。

こういった変化に大きく寄与したのは，国際交流基金の後押しと，それを受けた教師間の連携，組織化である。1988年設立のイタリア日本語教育協会は，国際交流基金の支援のもとに，毎年，教師研修ゼミを開催している。また，1996年にはパヴィア，2002年にはナポリ，2005年にはローマで日本語学・日本語教育の学会を主催し，国外からも多数の参加者を得た。

機関独自の教材も一部で開発されており，ミラノのボッコーニ大学でのビジネス日本語，レッチェ大学での翻訳者・通訳養成講座など，ニーズに応じた対応も見られる。2001年からの大学制度改革でも，国全体の方針として実用的な言語教育が大きく打ち出された。しかし，イタリア語を母語とする学習者を対象とした教育法の研究は緒についたばかりで，教師養成も含めて今後の大きな課題である。

　　　　　　　［パオロ・カルヴェッティ/鷲山郁子］

インド

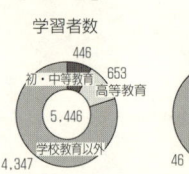

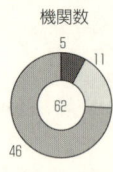

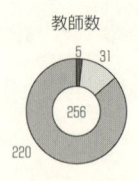

学習者数
- 初・中等教育 446
- 高等教育 653
- 学校教育以外 4,347
- 5,446

機関数
- 5
- 11
- 46
- 62

教師数
- 5
- 31
- 220
- 256

人口—106,550万人
主要言語—ヒンディー語，英語ほか憲法公認語17
学習者1人当たり人口—195,648 人
在日留学生—327人
日本語能力試験受験者—3,837 人
対日輸出—2,577 億円　対日輸入—2,879 億円
在留邦人—1,937 人

●背景── インドにおける日本語教育の歴史は1900年代初頭，タゴールにより開設されたヴィシュヴァー・バラティー大学（東インド・シャンティニケタン）の日本語講座にさかのぼる。1950年代後半に，大使館および総領事館で日本語講座が開設され，本格的な日本語教育の黎明期を迎えた。1960年代後半から1970年代前半にかけて，デリー大学とネルー大学という双璧をなす国立大学で日本語講座が開設されるに至って，日本語教育がインドに定着したといえる。その後，プネー大学で公開講座が始まったものの，日本語で学位を取得できる2大学体制は変わらず，個人経営の塾的な機関が各地で日本語学習者をわずかずつ増やしていく状況が続いた。初等・中等教育での日本語教育はほとんど行われていない。前述の2大学に加え，1999年からヴィシュヴァー・バラティー大学でも日本語学位課程が新設されたが，多くの地方大学で，学位課程の開設を希望しながら，予算上の問題で実現できないでいる。

●現状── 1990年代後半になると，ソフトウェア産業が米国だけではなく，日本をもその市場とするようになったため，翻訳者・通訳および日本語が理解できる技術者の需要が急激に高まり，現在，既存の機関における日本語教育が追いつかない状況である。

インドでは地域によって日本語教育の様相がだいぶ異なっている。デリーを中心とした北インドでは，大学において日本研究・日本語研究とともに日本語教育が行われていることが大きな特徴である。教育機関数の限られるデリー（大学以外に3機関のみ）では，日本語学習者数は，ほぼ一定している。南・西インド地区では，近年，日本との経済的な結びつきが強まり，それが日本語の需要を呼び起こしている。

1990年代後半から日本語能力試験受験者数も急増している。とくに，プネー，バンガロール，チェンナイでの日本語需要が高く，日本語能力試験3級程度で通訳や翻訳の仕事に従事するといった事態が生じている。中・上級向けの日本語教育の充実が急務である。これらの地区では，日本語学習熱の高揚に敏感に反応し，語学学校が急増しているが，企業内で集中的に日本語教育を行うところも増えている。コルカタを中心とした東インドでは，国内で最も古くから日本研究・日本語教育が行われてきた。しかし，近年，日系企業が撤退あるいは縮小傾向にあるため学習者が減少しつつある。

インドの日本語教育は西・南インドを中心にこれから急伸する可能性があるが，教師の慢性的な不足は深刻である。日本語で学士を取った者を民間企業が国立大学の教授と同等あるいはそれ以上の待遇を保証してとり込むため，相対的に日本語教師のなり手は減少する一方である。また，ネイティブの教師も，インド全域で数名ときわめて少ない。

2005年度からの中等教育への日本語の導入も決定し，インドにおける日本語教育の様相が劇的に変化する可能性がある。

［今井新悟/サトヤ・ブシャン・ヴァルマ］

インドネシア

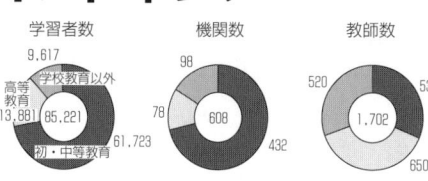

学習者数
9,617 学校教育以外
13,881 高等教育
85,221
61,723 初・中等教育

機関数
98
78
608
432

教師数
520　532
1,702
650

人口―21,094万人
主要言語―公用語はインドネシア語
学習者1人当たり人口―36,027人
在日留学生―1,451人
日本語能力試験受験者―5,855人
対日輸出―18,700億円　対日輸入―8,605億円
在留邦人―11,608人

●**背景**――日イ平和条約が締結された1958年に日本文化学院が設立され，日本語教育が開始された。その後，1963年に国立総合大学であるパジャジャラン大学に日本語日本文学科が開設され，高等教育段階での日本語教育が始まった。中等教育段階では1960年代前半に高校で選択第二外国語科目として開始され，1975年のカリキュラム改訂で日本語が選択必修科目の第二外国語の1つとなった。

1980年代以降はカリキュラムの改訂や日本語教師の供給増などにより高校での日本語教育が盛んになり，現在に至るまで学習者の最大多数は高校生である。

日本語教育の盛んな地域は首都圏だけでなく，地方へも拡大している。日本語教育が盛んな背景には，インドネシアと日本の経済面での強い結びつきがある。学習の目的も日系企業への就職など実利志向が強い。

●**現状**――中等教育段階では，高校での日本語教育は1990年代に行われたカリキュラム改訂によって大きく変化した。すなわち，外国語教育の目的はコミュニケーション能力の育成とされ，教授法もコミュニカティブ・アプローチが推奨された。このようなカリキュラムの変更に伴い，教育省と国際交流基金ジャカルタ日本語センターとの共同プロジェクトによって高校用の新教材の開発が行われている。

高校の教員養成は教員養成課程をもつ大学で行われている。しかし，日本語教員養成課程をもつ大学がないバリ州では他教科の教師が日本語のクラスを受け持つなど，日本語教師としてのトレーニングを受けていない教師の多い地域もある。インドネシアには，教育の質の向上を目的とした小・中・高校教員対象の研修制度があり，日本語教師に対しても研修が実施されている。また，地域ごとに教師会があり，定期的な勉強会を開催するなど，教師の情報交換や相互学習の場として機能している。

高等教育段階では，90年代後半から，日本語の専攻課程を置く大学が急増している。このため，学習者の増加によるニーズの多様化に対応したカリキュラム開発が課題となっている。また，修士や博士の学位を取得するために大学院で勉強中の大学教員が増えているが，日本語関連専攻課程をもつ大学院はインドネシア大学（修士・博士），インドネシア教育大学（修士）の2機関しかない。したがって，専門分野の研究の場が限られており，大学院レベルでの教育の拡充が課題である。

全国レベルのネットワークとしては，インドネシア日本研究者協会とインドネシア日本語教育学会があり，日本研究や日本語教育に関するセミナーや研修を開催している。

学校外教育においては，民間語学学校や組織内（政府機関，民間企業など）で日本語教育が行われている。近年，民間語学学校でも日本語学習者が増加傾向にあるが，その多くは初級レベルである。

［ワワン・ダナサスミタ/小林佳代子］

ウクライナ

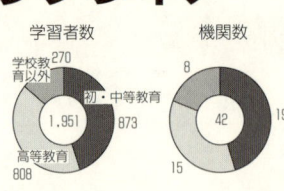

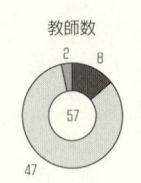

学習者数
- 学校教育以外 270
- 初・中等教育 873
- 高等教育 808
- 1,951

機関数
- 8
- 42
- 15
- 19

教師数
- 2
- 57
- 47
- 8

人口—4,850万人
主要言語—公用語はウクライナ語，他にロシア語
学習者1人当たり人口—24,859人
在日留学生—データなし
日本語能力試験受験者—データなし
対日輸出—122億円　対日輸入—218億円
在留邦人—116人

●背景── ウクライナにおいては，キエフ国立大学で19世紀に一度，また1970年代にも日本語教育が試みられたという記録がある。しかしソビエト時代には外国語教育も制限を受けていたため，本格的な日本語教育は独立後，1990年代に始まった。もともと国内の教育水準が高く，かねてより東洋学に対する興味があったこと，さらに日本の経済力への期待などから，日本語熱は一気に高まった。しかしながら教師となりうる人材は乏しく，教授法および日本語運用能力に問題がある場合でもその任にあたらざるをえないという事態となった。

地理的・歴史的に日本との関係が薄いウクライナにおいては，日本人日本語教師の確保は難しく，現在まで数人の存在が伝えられているにすぎない。しかし1996年には国際交流基金・㈳日本外交協会により，タラス・シェフチェンコ記念キエフ国立大学への日本語教育専門家の派遣が開始され，さらに2001年からはキエフ国立言語大学にも追加派遣が行われるようになり，国内全体の日本語教育の活性化に貢献している。

●現状── 首都キエフのほか，リビウ，ハリコフ，ドニエプロペトロフスク，オデッサ，セワストーポリなど，ほぼすべての主要都市の初等・中等・高等教育機関で日本語が教えられているが，専門的な日本語が安定して学べるのは主にキエフの上記2大学である。キエフでは日本への留学経験をもつ教師の数も増えており，日本語教育のレベルが全体的に上がりつつある。優秀な若手教師も存在するが，低い賃金が彼らの生活を圧迫している。

教師以外の職を希望する卒業生も多いが，観光客も少なく，日本企業の進出も少ないウクライナでは，国内の学習者数に比べて，日本語を使える仕事は圧倒的に少ない。学習者のなかには，学年が進むにつれ現実への失望から学習を放棄する者もある。その一方，伝統的な日本文化や日本文学への，純粋かつ学究的な興味をもちつづける教師・学習者も多い。今後，このような上級学習者の関心に応える専門的な研究領域を充実させながら，旧弊な教授法を徐々に改善し，初中級学習者を中心に，生きた日本語の運用力も高めていく必要がある。

このような状況のなかで，キエフ日本語教師会は，市内の日本語教師・学習者を対象とした研究会を1～2ヵ月に一度開いている。毎年行われる弁論大会のほか，2002年には全国の日本語教師を対象とした日本語教育セミナーも主催した。2005年にはウクライナ日本センターの開設も予定されており，活動の活発化が期待される。

なお，ウクライナと日本との政治・経済面での関係は密ではないが，音楽・バレエなど文化・芸術面での交流，また国内にチェルノブイリ原子力発電所をかかえていた事情から，医学分野やボランティア活動における交流がある。キエフは京都と，オデッサは横浜と姉妹都市提携を結んでおり，都市間での人材交流なども行われている。

[平畑奈美]

ウズベキスタン

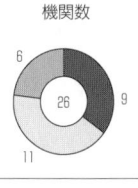

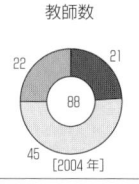

学習者数
学校教育以外 377
初・中等教育 796
高等教育 680
計 1,853

機関数
6
26
11
計 9

教師数
22　21
88
45
[2004年]

人口—2,610万人
主要言語—公用語はウズベク語, 他にロシア語, タジク語
学習者1人当たり人口—18,498人
在日留学生—データなし
日本語能力試験受験者—データなし
対日輸出—115億円　対日輸入—54億円
在留邦人—142人

●**背景**——1990年, ソ連邦崩壊・独立という混沌とした時代のなか, タシケント国立大学東洋学学部で日本語コースが開設されたのが日本語教育の始まりである。その後, 同学部は分離独立し, タシケント国立東洋学大学となり, 1995年, 初めての卒業生を出した。それ以来, 優秀な学生は日本の国費留学生として, また, 若い現地日本語教師たちは国際交流基金日本語国際センターで研修を受け基盤を固めた。

日本政府からの日本語教師派遣も年を追って増え, 1994年より国際交流基金・㈳日本外交協会から NIS(新独立国家)諸国派遣日本語教育専門家がタシケント国立東洋学大学に, 99年度にはそのほかの高等教育機関に国際協力機構(旧称「国際協力事業団」)より青年海外協力隊が派遣された。また, 2001年にウズベキスタン・日本人材開発センターが設立され国際交流基金より日本語教育専門家が派遣されている。

これらの派遣はウズベキスタンの新国家体制建設という社会的要請とそれに伴う日本語学習者の多様化に応えるものであり, ウズベキスタンの日本語教育は新しい時代への人材育成という側面をもつのが特徴的である。

●**教育機関**——当初, タシケント国立東洋学大学への一極集中であったが, 2000年に青年海外協力隊の活動が開始されたことにより, 教師不足から閉鎖しがちであったほかの高等教育機関での日本語コースが継続されるようになった。また, 初・中等教育機関, 一般教育機関への広がりも近年の変化で, これは日本語教師またはアルバイト教師の供給が可能になったことを意味する。地理的には1998年にサマルカンド, フェルガナにも広まり, 幅広く学習者を集めている。

●**教師**——1990年代は学生の教育とともに教師養成を同時に行っている状況で, 日本人教師の比率も高く, 現地教師が総じて若いことから日本人の影響力が強かった。しかし, 現地教師も職務経験を積み, 日本で研修を受けるなどして質量ともに年々向上していることから, 近年は現地化が叫ばれている。日本人教師は現地機関と直接契約を結んだ者と, 公的・私的な機関から派遣された者がいる。タシケント・サマルカンド・フェルガナともにパイオニアは前者であり, 派遣教師は機関の要請による。

ウズベキスタンに教師を派遣している機関には国際交流基金, 国際協力機構, ㈶日本シルバーボランティアズなどがある。

●**学習者**——日本人教師が多いことから口頭のコミュニケーション能力は高い。また, 日本語に文法構造がよく似たチュルク語系のウズベク語の母語話者, またはロシア語とのバイリンガルが多いことも日本語学習の一助となっている。日本の国費留学生が他の中央アジア諸国に比べて多いのも特徴的で, 日本語専攻者のみならず法律・経済など国の諸部門のリーダーとなる者も日本への留学が可能であり, 多くの青年が日本で専門知識を学んでいる。

[福島青史]

エジプト

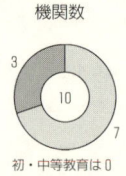

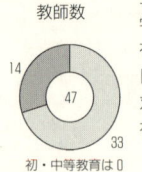

学習者数: 396 学校教育以外 / 759 / 363 高等教育 / 初・中等教育は0
機関数: 3 / 10 / 7 初・中等教育は0
教師数: 14 / 47 / 33 初・中等教育は0

人口―7,190万人
主要言語―公用語はアラビア語
学習者1人当たり人口―94,730人
在日留学生―データなし
日本語能力試験受験者―226人
対日輸出―94億円　対日輸入―844億円
在留邦人―835人

●**背景**――エジプトにおいて，観光ガイドは高収入を得られる職業である。日本語を含む外国語学習に人気がある背景には，こうした事情がある。また，多くの外国語教師の指摘するところであるが，エジプト人の物おじしない国民性が外国語学習のレベルの向上に役立っている。

●**現状**――エジプトにおける日本語教育は，1969年に開講された大使館講座が始まりである。発足当初は受講生20名程度で，在留邦人がボランティアで講師を務めた。さらに，1974年，カイロ大学文学部に日本語日本文学科が創設され，公的な高等教育機関における日本語教育の先駆となった。カイロ大学における日本語教育は，開始当初は日本人教員が担当した。しかし，日本に留学し，博士号・修士号を取得して帰国したエジプト人教員が徐々に教壇に立つようになり，現在では日本人教員は2名のみ（うち1名は国際交流基金青年教師）で，カイロ大における日本語教育はほぼ現地化されている。

1995年には国際交流基金カイロ事務所が開設され，現役教師を対象とした日本語教育セミナー，中上級の学習者を対象とした「ことばと文化」講座などを実施し，あわせて日本語学習者に対する多彩な訪日研修プログラムを提供している。1998年からは，同事務所に日本語教育アドバイザーが配属され，エジプトのみならず中東全域における日本語教育の普及を視野に入れた活動を行っている。また，同年には日本語能力試験が実施されるようになった。それ以降，毎年200名前後が申し込み，すべての級に合格者を出している。この試験には，毎年，シリア，ヨルダン，イエメン，サウジアラビアなど周辺の国からの参加がある。

2001年からは，中東地域の日本語教師のネットワーク形成を目指し，「中東日本語教育シンポジウム」が開催されるようになった。このシンポジウムには，エジプトならびに近隣諸国の日本語教師が参加した。これと同時に，第1回中東日本語弁論大会が実施され，中東8ヵ国の日本語学習者が，日頃の学習の成果を披露した。

2000年秋，19世紀半ばに創設され歴史と伝統を誇る名門アインシャムス大学外国語学部に日本語学科が設置された。同学部は，文科系の最難関の1つであるが，そのなかでも日本語学科は人気が高く，最優秀の学生が入学した。アレキサンドリア大学・ヘルワン大学などの高等教育機関では，日本語が第二外国語として教えられてきた。これにも拡大の動きが見られ，いくつかの大学・高校などで，日本語が教科として採用されたり，採用される動きが見られる。

このように，カイロは，中東地域における"日本語教育のセンター"としての機能を果たしている。カイロにおける日本語教育の興隆を他の中東地域の各国にいかに伝えていくかが，今後の課題となっている。

［荒川友幸］

オーストラリア

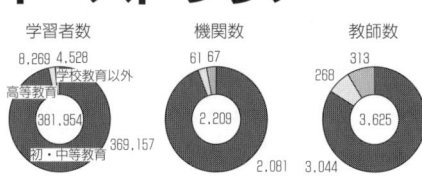

人口―1,970万人
主要言語―英語
学習者1人当たり人口―52人
在日留学生―348人
日本語能力試験受験者―823人
対日輸出―17,581億円　対日輸入―11,819億円
在留邦人―45,124人

学習者数
8,269　4,528
高等教育　学校教育以外
381,954
初・中等教育　369,157

機関数
61　67
2,209
2,081

教師数
313
268
3,625
3,044

●**背景**――国際交流基金の調査（2003年）によると，日本語学習者は38万人を超えた。その背景には連邦政府の「多文化主義」政策と「アジア言語文化教育プログラム」がある。中等教育機関の日本語学習者数は70年代から徐々に増えはじめ，80年代後半には「津波」と呼ばれる最盛期を迎えた。1995年に日本語はアジアの優先言語の1つに指定され，現在では初中等，高等レベルを通じて最も人気のある言語の1つとなっている。学習者全体数の96.6％が初中等レベルの学習者で占められ，学習動機として異文化理解，日本語でのコミュニケーション，日本文化への興味，とくに現代若者文化に対する関心などが挙げられる。

●**現状**――教育に関する大まかな政策は連邦政府が決め，学校教育の施行は8つの州と地域が受け持つ。日本語教育は，各州の言語教育の枠組みの中に位置づけられており，ほとんどの州で言語教育が義務づけられるようになったことが，日本語学習者の増加につながった。言語教育は，異文化理解を取り入れたコミュニケーション能力を養うことを目的としており，多くの学校では交換留学プログラムなどを通じて学生に日本経験の機会を与えている。

初等レベルでの日本語教育は，ここ15年ほどで急激に発展した。週一度の文化紹介中心の授業が多いが，バイリンガル・プログラムも実施されている。初等レベルでの日本語教育の導入に伴い，中等レベルとの連携などの問題が生じている。

とくに初等教育では日本語力があまり高くない教師もいるため，各州の教育機関や教師会は国際交流基金などと協力して，教師向けの日本語，日本語教授法研修を行っている。

高等教育レベルではほとんどの大学に日本語講座があり，日本人の講師が多い。オーストラリアの大学では，学生は外国語と他の専攻を組み合わせて（たとえば日本語と商学など），同時に2つの学位を取ることができる。また，学習経験の有無，韓国語や中国語が母語であるなど，学習者の多様化に対応して，自分のレベルに合ったコースに入ることができるようになっている。多くの大学は日本の大学と交換留学などの提携を結んでいる。

●**教材**――大まかなカリキュラムの枠組みは国レベルで必要に応じて作られ，各州教育省はこのカリキュラムを参考に独自のシラバスを作成し，日本語の教材（ビデオ，CD-ROM，インターネットなどのマルチメディア教材を含む）を開発している。さらに，経験豊富な教師たちによって多数の教科書が執筆され，学習者のニーズに合った教材が出版されている。

また，教育省や大学ではテレビ，衛星通信を使った遠隔教育が行われてきた。最近ではインターネットも活用され，教室の枠を超えたインターアクションや自立学習にも向いているため，今後の発展が大きく期待される。

[キャシー・ジョナック]

オーストリア

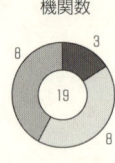

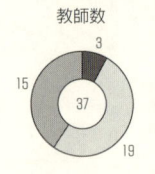

学習者数
- 学校教育以外: 185
- 初・中等教育: 92
- 高等教育: 580
- 857

機関数
- 3
- 8
- 8
- 19

教師数
- 3
- 15
- 19
- 37

人口―810万人
主要言語―公用語はドイツ語
学習者1人当たり人口―9,452人
在日留学生―データなし
日本語能力試験受験者―データなし
対日輸出―1,290億円　対日輸入―1,351億円
在留邦人―1,715人

●**背景**―― オーストリアの日本語教育は戦前にウィーン大学で始まり，戦争による中断の後1965年にウィーン大学で再開された。ウィーン大学は現在でもオーストリアにおける日本語および日本学研究の拠点となっている。

1970年代後半から各地の市民大学で成人向けの講座が徐々に始まり，80年代に入ると他の大学でも日本語講座が設けられるようになった。

最近では漫画やアニメ，Jポップへの関心が学習動機となっている学習者が増えてきた。

●**現状**―― 現在日本語教育を行っているのは，大学，高校，一般向けの市民大学だが，いずれの機関でも学生数が大幅に増えている。また，個人レッスンを受けたいという人も増加の傾向にある。

大学では，ウィーン大学東アジア研究所日本学科が日本学および翻訳学科の学生を対象に，初級から上級までの教育を行っている。初めの2年は集中コースで，オーストリア人教師1名が文法説明，翻訳を担当し，日本人教師4名がコミュニケーションを主体としたタスクや教材を随時，作成して教えている。3年生以上の学生には，さらなる習得のため選択科目が用意されている。日本の大学と交換留学制度を設けていて，毎年7～8人が留学している。

そのほか，ウィーン経済大学・ウィーン電子工学専門大学・グラーツ大学・ザルツブルク大学にも週2～3時間の講座が設けられていて，いずれも学習者の関心は高い。

中等教育では，1980年代後半から課外授業として日本語が導入され，現在，ウィーン，グラーツ，ザルツブルクにおいてそれぞれ1校の高校で教えられている。ウィーンの1校では1991年から正規の選択第二外国語として認められるに至ったが，99年より希望者の数が減り新規のクラス編成が中止された。しかし，課外授業として日本語を取り入れる動きは広がりつつある。

一般人を対象とした市民大学の日本語コースはさまざまな年齢，さまざまなタイプの人々が気軽に少人数のクラスで日本語を学べる場である。現在，ウィーンをはじめ，オーストリアの各主要都市の市民大学で夕方から週1時間半の講座が設けられている。上に進むほど学生数が減るためクラスが成立しなくなる場合があり，なかなか中級まで一貫して進めないという悩みがある。しかし人気は高く，半期ごとに初級コースが新設されている。

教師はオーストリア人と日本人であるが，日本人が圧倒的に多い。オーストリア日本語教師会が，年に2回講演会およびワークショップを開き，教師たちの情報交換，研修の場となっている。

教材は既成の教科書を使用しつつ各教師がそれぞれ独自のものを工夫しているが，日本語教育の裾野が広がりつつあるなか，ドイツ語で書かれた，さまざまなニーズに対応する教科書の開発が望まれる。

［オットー・マダドナー］

カナダ

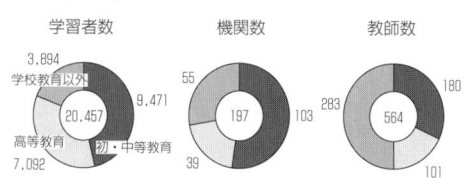

学習者数
3,894 学校教育以外
9,471
20,457 初・中等教育
高等教育 7,092

機関数
55
197
103
39

教師数
283
180
564
101

人口―3,150万人
主要言語―公用語は英語，フランス語
学習者1人当たり人口―1,540人
在日留学生―256人
日本語能力試験受験者―638人
対日輸出―8,706億円　対日輸入―8,381億円
在留邦人―37,955人

● **背景**――カナダにおける日本語教育を歴史的に見てみると，「継承語」と「国際語」としての日本語教育の2つの側面がある。

日本語教育は20世紀初頭，最西端のブリティッシュ・コロンビア州で日本からの移住者子女のために行われたものが最初である。第二次世界大戦前はカナダ生まれの二世のための日本語学校が54校設立され，日系子女の半数以上はカナダの公立校に通う一方で，近所の日本語学校にも通い，「継承語」としての日本語教育を受けた。第二次世界大戦勃発後から1960年代半ばまで，この「継承語」教育は中断するが，戦後，移住者の増加に伴い復活する。

カナダにおける日本語・日本研究が大学などの公的教育機関で初めて行われるようになったのは1956年，ブリティッシュ・コロンビア大学においてであった。ついで1961年，トロント大学がこれに続いた。その後，50年たらずのあいだに日本研究・日本語学習に従事する人々と教育機関の数は飛躍的に伸びた。

● **現状**――連邦政府は1971年，「多文化主義」を国策として打ち出し，民族グループの文化・言語の継承活動を助成し，国民がさまざまな言語・文化を学ぶことを奨励している。この政策が「継承語」および「国際語」としての日本語教育に大きな影響を及ぼしている。

● **学習機関**――最近まで日本・日本語研究は日本学研究者育成のためだけに行われていたような印象があった。しかし，1980年代以降，日本語・日本文化および日本社会は，一般的な学習の対象となってきている。80年代半ばには日本の好景気を背景に，中等教育でも国際語の1つとして日本語コースが設けられた。オンタリオ州とブリティッシュ・コロンビア州では90年代初めには日本語学習熱がピークに達し，年齢を問わず学習人口が拡大したが，ブームは90年代後半には沈静化した。

● **学習者**――現在では，距離的に日本に近い西部のブリティッシュ・コロンビア州に，継承語および中等教育・高等教育レベルの国際語としての日本語学習者が一番集中している。学習者のプロフィールに関し，顕著な傾向が2点挙げられる。第一に，家庭内で日本語が使用されていない家庭の生徒が日本語学校に多く通っていること。このため，日本語学校がひろく日本語・日本文化に関心あるカナダ市民のための語学教育機関という性格をもたざるをえなくなった。また，継承語と国際語という境界線も昨今ではあいまいになっている。第二に，学習者の大多数がアジア系というバックグラウンドをもっていることが挙げられる。ことに，漢字圏の地域から来ている学習者は日本語に親しみやすい。これは，カナダで1970年以降アジア系移住者の数が急増したことと関係がある。これらの学習者は，日本語を学ぶ前から日本の子ども・若者向けのポップ・カルチャーである音楽，漫画，アニメなどに親しんでいる。また，大学に入る前に日本語の学習経験がある学生の数も年々増加している。

［野呂博子］

韓国

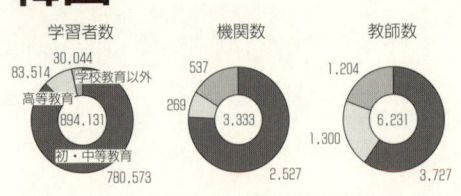

学習者数
83,514 ─ 30,044 学校教育以外
高等教育 894,131
初・中等教育 780,573

機関数
537
269 3,333
2,527

教師数
1,204
6,231
1,300
3,727

人口―4,470万人
主要言語―公用語は韓国語
学習者1人当たり人口―50人
在日留学生―15,533人
日本語能力試験受験者―55,692人
対日輸出―21,478億円　対日輸入―42,159億円
在留邦人―19,685人

●**背景**――すでに朝鮮時代に，外交官養成のため『伊路波』(1492)，『捷解新語』(1618, 1670)，『倭語類解』(1703)，『隣語大方』(1790) のような教材や辞書などがあったことからもわかるように，韓国における日本語教育の歴史は長い。近代学校教育としては1891年6月に「日語学堂」など34校の日本語学校が設けられ，1910年の日韓併合以後36年間は「国語」としての日本語教育が行われた。

1945年の独立後10年近くの空白期をへるが，1973年に高校の正規の外国語科目として日本語が編入されて以来，大学の専攻コースも急増し，世界最多の学習者を記録するに至る。韓国における目立った特徴として，行政主導による学習指導要領に基づく計画的な教育展開が挙げられる。その結果，学習者の8割を年少者が占めるに至り，また大学には教師養成コースが設けられ，大学院には2002年には60の日本語科の修士課程と20の博士課程が設置され，日本語教育の研究も盛んである。

●**教育制度**――日本語教育は，中学，高校の日本語科目のほか，2年制大学や4年制大学の日本語専攻コース，教養講座など，幅広く行われている。1984年からは外国語専門の外国語高校が開設され，2002年には，19校のうち15校に日本学科が設けられている。通信制高校や放送通信大学のほかに，2001年から正規の大学と認められるようになったサイバー大学にも日本語科が設けられるなど，遠隔教育も広がりつつある。そのほか，社会人教育機関としては，500を超える「学院」(民間日本語学校)があり，学習者の多様なニーズに応えている。

●**学習指導要領**――高校日本語科の学習指導要領は，1974年第3次教育改革に始まり，2002年には，第7次を迎えた。第5次学習指導要領期までは，場面中心のシラバスが主流であったが，第6次からは機能中心シラバスが基本となった。とりわけ，第7次からは日本語の特徴を生かした独自の内容になったことや，異文化理解教育が学習内容項目として取り入れられたことなどが大きな特徴といえる。

●**教材**――高校の日本語教材は第3・4次学習指導要領では国定教科書1種類だけであったのが，第5次からは検定制度が導入され，第6次，第7次の検定教科書は12種類にのぼる。なお，第6次からは，外国語高校用の国定教科書10点も並行して出版されている。2001年からは文化理解教育やウェブ検索の学習内容を大幅に取り入れた中学校用国定教科書『生活日本語　こんにちは』も出版されている。

社会人教育機関の教材としては，長沼直兄の『標準日本語読本』(1933)が1961年から90年に至るまで代表的なものであった。1991年からは文化外国語学院の『文化日本語』が主流となって世代交代が実現し，その後90年代半ばには『新日本語の基礎』が，90年代末には『みんなの日本語』が普及した。2001年には，言語文化行動を取り入れたコミュニカティブ・アプローチの『ふれあい日本語』(全3巻)が出版され，教材は新局面を迎えた。　[李　徳奉]

キルギス

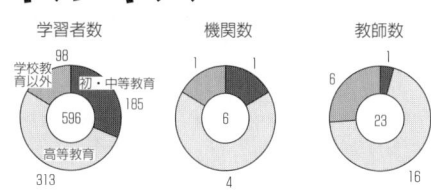

人口―510万人
主要言語―公用語はキルギス語，ロシア語
学習者1人当たり人口―8,557人
在日留学生―データなし
日本語能力試験受験者―データなし
対日輸出―20億円　対日輸入―7億円
在留邦人―43人

学習者数：学校教育以外 98，初・中等教育 185，高等教育 313，596
機関数：1，1，4，6
教師数：6，1，16，23

●**背景**――1991年8月の共和国独立宣言以降，本格的な日本語教育が開始された。同年9月にキルギス国立民族大学，国立ビシケク人文大学に日本語講座が開設され，その後も高等教育機関を中心に日本語教育が進められてきた。初・中等教育機関でも，第一寄宿学校で1991年から日本語教育が行われている。

独立後，日本は，キルギスの市場経済化促進のための援助を始めた。それにより，キルギスでは日本との交易が拡大し，経済分野での日本語の重要性が高まるであろうと考えられ，日本語教育に力が入れられてきた。しかし，当初予想されたような拡大はなく，日本語学習者の受け皿がわずかしかないのが現況である。それにもかかわらず，日本との経済的文化的関係の緊密化を求める声が強い。

●**現状**――1991年に上記2大学で始まった日本語教育は，1998年にキルギス国立教育大学付属東洋言語文化大学でも開始され，日本語教育の中心機関はこの3機関となっている。さらに，いくつかの高等教育機関で第二外国語としての日本語教育が行われている。地方への広がりも徐々に見せはじめており，オッシュ大学とジャララバート大学で日本語教育が行われている。

初・中等教育機関での日本語教育は，英語・ドイツ語・フランス語ほどは重要視されておらず，2機関で実施されているだけである。

高等教育機関での日本語教育は，実学志向が強く，一般日本語の習得が中軸をなす。しかし，大学で学んだ日本語を生かせる場が少なく，希望する職につけない学生が大半である。また，日本語教育の歴史が浅いことから，研究面での立ち遅れが目立っており，若い研究者を輩出する環境にないことが問題となっている。

今後も日本語学習者は一定の数で推移すると思われ，独立後大きな社会変革のあったキルギスで，日本語が単なる語学教育だけではなく，若い人材の育成にどのように関与していけるのかが重要な課題である。

独立当初は個人契約の日本人教師が中心になって教育を行っていたが，卒業生が出ると彼らも教壇に立つようになった。しかし教師養成の場がなく，十分な教育を受けずに教えている。国際交流基金日本語国際センターでの研修が唯一の研修機会であり，国内での教師研修の必要性から，教師会活動の1つとして勉強会が始められたが，まだ十分整備されてはいない。現在は日本の公的機関からの派遣や個人契約による日本人教師が教育をリードしており，現地化促進が課題であるが，教師の待遇面での劣悪さがそれを阻む一要因となっている。しかし，熱意のある若手教師も出ており，将来が期待される。

教材・図書は大半が日本からの寄贈や助成によるものである。ロシア語の教材・辞書は使用されているが，キルギス語のものはわずかで，今後キルギス語の教材・辞書開発が求められる。また，教育機器も不足しており，効果的な教育が施せない機関が多い。

[中林理絵]

シンガポール

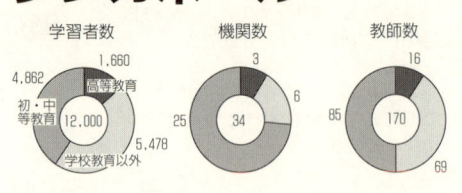

学習者数	機関数	教師数
4,862（初・中等教育 12,000、高等教育 1,660、学校教育以外 5,478）	25／34／3／6（85）	16／170／69

人口―430万人
主要言語―公用語はマレー語，英語，中国語，タミル語
学習者1人当たり人口―358人
在日留学生―データなし
日本語能力試験受験者―3,905人
対日輸出―6,424億円　対日輸入―17,720億円
在留邦人―21,104人

●**背景**―― 多民族国家のシンガポールでは，英語・中国語・マレー語・タミル語が公用語である。学校教育でも第一言語は英語である。民族によって他の公用語を母語として学ぶ二言語政策がとられている。

1965年にマレーシアより独立したシンガポールは，積極的に外国企業を誘致してめざましい経済発展を遂げ，近年はIT先進国として注目されている。1970〜80年代には日本企業が東南アジアへ製造拠点を求めて次々と進出するとともに日本語学習ブームを迎え，政府主導で公的教育機関の日本語教育が始まった。

日本語能力試験の受験者数は，1993年以降いったん減少したが，97年より再び増加の傾向を見せはじめ，2003年には過去最高（約3900名）を記録している。

最近は，日本の食料品や日用品が多く見られ，テレビドラマや音楽・ファッションも日本と同時期にシンガポールで紹介されて若者のあいだで人気が高く，日本語学習動機も進学や就職のほか，趣味や旅行のためなどと幅広い。

●**現状**―― シンガポール国立大学日本研究科では，初級から上級までの日本語教育と社会・文化などに関する研究が行われ，大学院も設置されている。南洋理工大学では，選択科目で初級から中級の日本語を受講することができる。

ポリテクニック（Polytechnic 技術専門学校）では，シンガポール，ナンヤン，タマセック，ニーアンの4校すべてで日本語が受講できる。初級学習者が多く，選択科目のため学習者数も流動的である。IT教育に力を入れているタマセックやナンヤンでは，ITやビデオ会議を積極的に取り入れたコースを開設している。

中等教育で日本語教育を実施しているのは教育省語学センターとラッフルズ高校で，小学校卒業試験で選抜された生徒のみが教育省語学センターで日本語を第三言語として学習でき，中学卒業後はラッフルズ高校か語学センターで2年間学習を続けられる。コース修了者の到達目標は日本の大学に直接入学できるレベルで，中学4年生で日本語能力試験3級，高校2年生で1，2級が到達レベルである。

民間日本語学校での学習者は日本語学習者全体の4割程度で，大半は初級レベルである。星日文化協会は60年代に開講，現在約2000人の学習者をかかえる大規模な学校となっている。

●**教師**―― シンガポール国立大学の常勤講師は修士号・博士号取得者である。日本語教師を目指し日本に国費留学した場合，以前は学士号を取得後，帰国して教育省語学センターに教師として着任していたが，2002年より，日本でさらに修士課程に進学，またはシンガポールの大学で修士号の取得を目指す者も出てきた。

ポリテクニックや民間日本語学校の教師は，大半が日本人教師である。2001年3月にはポリテクニックの教師を中心に「シンガポール日本語教師会」が発足した。

●**教材**―― 日本で出版された教材が多く使われているが，補助教材は現地でも作成している。

[高澤美和子]

スイス

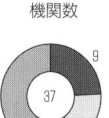

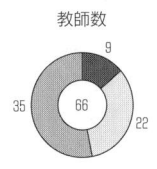

学習者数
- 初・中等教育 92
- 学校教育以外 461
- 高等教育 378
- 926

機関数
- 9
- 22
- 37
- 6

教師数
- 9
- 35
- 66
- 22

人口—720万人
公用言語—公用語はドイツ語，フランス語，イタリア語，ロマンシュ語
学習者1人当たり人口—7,775 人
在日留学生—データなし
日本語能力試験受験者—データなし
対日輸出—4,655 億円　対日輸入—2,378 億円
在留邦人—6,564 人

● **背景**——スイスの言語圏はドイツ語・フランス語・イタリア語・ロマンシュ語圏の4言語圏に分かれている。連邦議会ではドイツ語・フランス語・イタリア語が公用語として認められ，使われている。人口700万余の小国スイスでありながら，歴史背景を見ると複数言語を公用語にしていることは当然のなりゆきである。1人のスイス人が3，4ヵ国語ができるというケースはまれではなく，ほかの外国語学習に積極的な国民である。

スイスでは，大学での日本学専攻教育機関はチューリッヒ大学とジュネーブ大学の2大学のみである。日本語教育が行われている機関数は把握されていなかったが，1993年「日本語教師の会」の発足以後，営利・非営利機関で教えている教師の数や機関名がわかってきた。スイスの小中高校は，各州の教育省の管轄にあり，大学は2校が連邦管理経営で，それ以外は州の管轄である。

日本語学習者の学習動機としては，一番多いのは日本文化への興味，日本人との交流で，そのほか，日本語能力試験・漢字テスト，弁論大会の参加，日本への交換留学，インターネットの普及による情報収集や，コンピュータゲーム，漫画と，以前に比べ多岐にわたっている。

● **現状**——日本語教師の大部分が日本語を母語とする日本人教師である。多くが日本語教育の専門家ではないので日本語教育セミナーや分科会に参加することにより，教師の質の向上をはかっている。「教師の会」の設立以来，国際交流基金や日本大使館と協力することによりセミナーが着実に実施されている。最近は日本語教育の勉強をして日本から来る若い教師も増え，海外通信教育を受ける人も多い。

一方，最近は大学や高校などで日本語が選択科目として採り入れられ（4大学，9高校），現地校とは別に通える継承日本語支援の学校（5校）があり，日本語学習者の年齢が若者層に広がっている。また広く欧州内外の教師会とのネットワークにも参加しており，2003年にはヨーロッパ教師会との共催によるシンポジウムがスイスで開催された。漢字検定試験をはじめ，2001年からのビジネス日本語能力テスト実施，そして，2005年からは首都ベルンで日本語能力試験が実施されており，これらの試験で今後スイス国内で身近に学習評価を得る機会が増え，学習動機づけの強化となることが期待される。

● **教材**——継承日本語として勉強する日本語学習者の需要とレベルに合わせた教科書制作が進められている。一方，一般に使用される教科書はドイツ語圏ならドイツ語で，フランス語圏ならフランス語で書かれているものが望ましいが，現状は英語で書かれたものが大半で，選択肢が狭い。言語背景や需要を考慮し，今後解決していかなければならない課題の1つである。

［スルツベルゲル三木佐和子］

スウェーデン

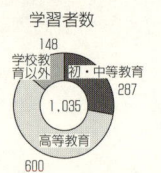

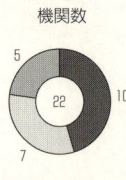

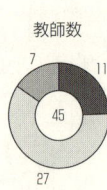

学習者数
- 学校教育以外 148
- 初・中等教育 287
- 高等教育 600
- 1,035

機関数
- 5
- 22
- 10
- 7

教師数
- 7
- 11
- 45
- 27

人口―890万人
主要言語―スウェーデン語
学習者1人当たり人口―8,599人
在日留学生―データなし
日本語能力試験受験者―データなし
対日輸出―2,274億円　対日輸入―1,940億円
在留邦人―2,325人

●**背景**――本格的な日本語教育はウプサラ大学で1950年代に始められた。これは1974年に終了したが，1963年にストックホルム大学で，また1974年にイエテボリ大学で，1980年にルンド大学で，それぞれ日本語講座が開講された。1950，60年代の日本語教育は高等教育における学術研究のための日本語教育の傾向が強かった。しかしこの傾向は1970年代の後半から80年代にかけて，日本経済の発展によって変化し，学習動機が多様化した。

中等教育機関では，ストックホルムと北部のウメオの高等学校で1980年代の後半に，第三外国語として履修できるようになった。中学校での日本語教育は行われていない。

スウェーデンでは上記の教育機関のほかに，種々の市民講座が活発な活動を行っていて，日本語講座を開いている機関も多い。

●**現状**――高等教育の日本語教育はストックホルム，イエテボリ，ルンドの総合大学で，専科として教えられている。この3つの大学では，日本語を3年間，120ポイントまで履修できる。スウェーデンの大学は，2学期制で，フルタイムの就学で1学期通常20ポイント分の講座を履修する。

このほかに王立工科大学（ストックホルム），ベックショー大学では単科の講座として，専門課程外の必修選択科目として教えられている。リーンショーピング大学では，工業経済学の一部門に日本専攻があり，日本語は必修科目となっている。

高校での日本語教育は，1980年代の後半に始まって90年代の前半まで順調な発展を遂げ，日本語の授業を始める高校が最高時6校までになった。しかし90年代から始まった高校改革によって，英語以外の外国語学習への関心が激減し，日本語の授業は生徒数の減少を理由に休止したり，また短期間試験的に始めたりする高校が出て，数の把握を難しくしている。

●**教師**――教師は博士号取得者が原則である大学教授・準教授以外は，どの教育機関も在留邦人がそのほとんどを占めている。

大学の場合，初級の授業は，教授・準教授が初級を担当することはあまりなく，アドジュンクトと呼ばれる日本の常勤講師にあたる教師が担当していることが多い。

高校での日本語教師の資格は日本語を60ポイント以上ともう1教科をやはり60ポイントと教育学40ポイントを履修することで，取得できる。90年代に入ってからスウェーデン人日本語教師が出てきた。

●**教材**――教材は高等・中等教育機関またそれ以外の教育機関のほとんどが既成の教科書を使用している。日本で作られた教科書を主教材として，そのほかに副教材を自分たちでつくる形態が多くの教育機関でとられている。

●**問題**――大学では，初級でやめる学生が多いことが大きな問題である。高校では，現状では恒常的な日本語教育を考えていくのは非常に困難である。

　　　　　　　　　　　　［高宇ドルビーン洋子］

スペイン

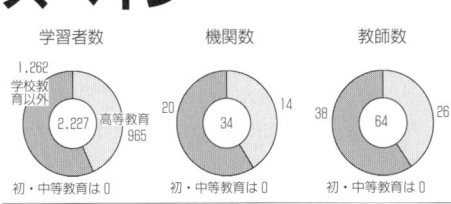

学習者数　機関数　教師数

- 1,262 学校教育以外
- 2,227 高等教育 965
- 初・中等教育は0
- 機関数 20／14 34
- 初・中等教育は0
- 教師数 38／26 64
- 初・中等教育は0

人口—4,110万人
主要言語—公用語はスペイン語
学習者1人当たり人口—18,455人
在留学生—データなし
日本語能力試験受験者—294人
対日輸出—1,626億円　対日輸入—4,449億円
在留邦人—5,549人

●背景——スペイン人で日本語に初めて接触したのは，フランシスコ・ザビエルらキリスト教宣教師であり，その年代は16世紀中葉までさかのぼる。その後，長い沈黙の時代をへて，再びスペイン人が日本語に接するのは19世紀末から20世紀初頭にかけてである。

20世紀に入り，1937年に『和西辞典』が，そして1943年には『日本語文法書』が，それぞれドミニコ会の神父らによって出版された。しかし，スペインにおける日本語教育が本格的に始まったといえるのは1970年代に入ってからで，1975年にマドリード国立語学校（Escuela Oficial de Idiomas）とバルセロナ国立語学校に相次いで正規の日本語コースが開設された。

スペインの日本語教育は，ほかの外国語に比べて学習者の絶対数は少ないながらも，1980年代後半以降相対的には急成長したといえる。その背景には，1970年代以降のスペイン社会の政治的変化（民政移行や78年憲法の制定），社会・経済的変化（EC加盟，オリンピックや万国博覧会の開催）を受けた外国語教育ブームと日本のバブル経済とが重なったためといわれている。

●現状——2003年時点の学習者数は2227人だったが，実数は2500人程度と推測される。また機関数は34校，教師数は64人であった。機関数・教師数・学習者数とも，学校教育とそれ以外の比率は約1：2で，学校教育では高等教育機関のみで日本語教育が行われている。教師は日本人とスペイン人の割合が約4：1である。スペイン人教師の重鎮たちが，"Japanese Language Patterns"の著者アンソニー・アルフォンソ氏の薫陶を直接受けたことは特筆に値する。学習目的では「文化に関する知識を得るため」「将来の就職のため」「日本語に対する興味」が多い。教科書は日本で出版されたものが多く使われているが，スペイン国内で出版されたものも数冊ある。

学校教育では，高等教育機関14校（2001年現在）で日本語教育が行われている。そのうち日本語副専攻が3校（マドリード自治大学，コミーリャス・ポンティフィカル大学，バルセロナ自治大学）あるほか，自由選択単位として認定される大学が数校（バリャドリード大学，サラマンカ大学など）ある。また日本の大学と学術交流による教師招聘を行う大学（アルカラ大学など）もある。

学校教育以外では，バルセロナやマドリードを中心とした私立の語学学校で日本語教育が行われているほか，マドリード，バルセロナ，マラガの国立語学校や，大学が行う公開講座のコースもある。

2003年現在，日本語能力試験がバルセロナで実施されており，300名程度の受験者がある。また，同市には日本語教師会もあり，弁論大会などの活動や意見交換の会合などが行われている。1999年3月にはサラマンカ大学に日西センター（Centro Hispano-Japonés）が開設された。

［太田 亨］

スリランカ

学習者数: 978 学校教育以外, 236 高等教育, 5,219 初・中等教育, 4,005
機関数: 14, 37, 19, 4
教師数: 14, 73, 26, 12

人口—1,910万人
主要言語—公用語はシンハラ語，タミル語。他に英語
学習者1人当たり人口—3,660人
在日留学生—764人
日本語能力試験受験者—1,215人
対日輸出—223億円　対日輸入—431億円
在留邦人—797人

●背景——スリランカにおける日本語教育は，1967年に首都コロンボで始まった私塾が1975年に日本大使館日本語普及講座として受け継がれるかたちで始まった。この講座は1994年にスリランカ日本語教育協会付属日本語講座となり，一般の日本語教育機関の中心的存在となっている。学校教育では1979年にAレベル試験（高校卒業試験）の科目として採用され，1980年にケラニヤ大学で学位コースが開講された。1985年には日本語能力試験コロンボ会場も開設され，1990年代には，中等教育を中心に学習者数は急増した。

日本はスリランカにとって重要な貿易相手国であり，最大の援助供与国である。日本からの輸入品，ODAの建造物など，日本の経済力が日常的に実感される状況で，経済的な期待感が大きな学習動機の1つとなっている。また仏教徒の多いスリランカにおいて，日本は「伝統的な仏教文化を大切にする国」として好意的に受け止められている。

●現状——中等教育では学習者の増加が続いているが，大学と一般機関では減少傾向にある。長く初級レベルの教育が中心であったが，近年，大学と一般の機関で中級シラバスが導入され，中級レベルまでの学習体系が整った。地域的にはコロンボが日本語教育の中心であるが，地方にも学習機会が広まりつつある。

中等教育では1990年代にAレベルの学習者が急増し，2001年にはCレベル試験（中学卒業試験）の選択科目として第1回の試験が実施された。

12大学中（すべて国立），日本語の学位コースがあるのはケラニヤ大学とサバラガムワ大学の2校である。それぞれ1995年，1998年から中級シラバスが導入され，学習者も増加しているが，卒業後に日本語を生かした就職が少なく，卒業後の対策が課題となっている。

一般の日本語講座では，観光業，宝石商など具体的な用途がある成人学習者からAレベル試験受験対策の高校生まで，多様な学習者を受け入れている。中級までの教育，若手教師の研修など，充実した教育活動を行っている機関もあるが，大半は初級までの教育が中心である。

日本語教材は，一般の学習者が書店で購入できるものが非常に少なく，視聴覚教材を利用している機関も限られている。

中級までの学習体系が整ったことから，スリランカ人教師の日本語能力も徐々に向上している。しかし中等教育では政府が認める正規の教師になることができず，待遇が不安定である。高等教育でも教師の養成が長年の課題となっている。日本人教師は，国際交流基金，青年海外協力隊，(財)シルバーボランティアズの派遣が中心である。教師会が2001年に発足し（会員40名程度），毎月の勉強会は教師にとって格好の学習，情報交換の場となっている。

［井上亜子］

タイ

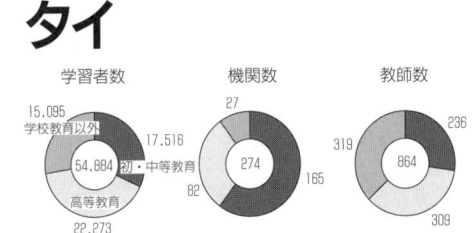

学習者数
- 学校教育以外 15,095
- 初・中等教育 54,884
- 高等教育 22,273
- 17,516

機関数
- 27
- 274
- 82
- 165

教師数
- 236
- 864
- 319
- 309

人口―6,280万人
主要言語―公用語はタイ語。他にラオ語，クメール語，マレー語，中国語
学習者1人当たり人口―1,144人
在日留学生―1,665人
日本語能力試験受験者―7,273人
対日輸出―13,979億円　対日輸入―19,335億円
在留邦人―28,776人

●**背景**――戦前・戦中も一部では日本語教育は行われていたが，本格的には1960年代中頃に，タマサート大学とチュラーロンコーン大学に講座が開設されたことに始まり，その後も大学教育を中心として進んできた。

1980年代までは，バンコク市内の総合大学が日本語教育の拠点となっており，そこからタイ人教師が輩出され，徐々に他の総合大学へも日本語教育は広まっていった。81年には，高校の第二外国語の1つ（8つの外国語から1つを選択）として正式に日本語が加えられた。

これらの背景には80年代のタイと日本の経済的・文化的なつながりがある（1980年のタイの輸出額・輸入額ともに日本が第1位）。そのような経済状況から子どものために日本語を学ばせようとする親が増えた。一方では，日本のアニメやドラマがテレビなどで紹介され，日本に興味をもつ子どもたちも増えていった。

●**現状**――1990年代以降，日本語教育機関が，高校，大学院（タマサート大学・チュラーロンコーン大学），地域総合大学（Rajabhat University，旧教育大学）へと広がる一方，地域的にも，バンコクから地方に広がった。また，教育内容も，一般日本語中心から観光日本語やビジネス日本語などへと幅が広がっている。これら「機関」「地域」「内容」の広がりは相互に影響し合いながら進んでいる。

日本語は1998年から大学入試科目に加えられ，高校での日本語教育は今後も増加が予想される（2004年10月入試で日本語科目での受験者は3802人）。それに伴い，今後は高校から大学への橋渡しの調整が重要な課題となるだろう。また，近年インターナショナル・プログラムの教育が認可され，そのコースで英語を媒介語とする日本語教育も行われはじめた。

●**教師**――1990年代以降は教師にも変化が見られる。タイ人教師については，タイ国内の大学院で修士号取得を目指す大学教師などが増えている。さらに日本などに留学して修士号や博士号を取得したタイ人教師が次々に帰国して大学で教壇に立っている。また，高校への日本語教育の正式な導入の結果，必要となる教師養成のために，1994年から2003年度まで他教科の現職教師に日本語の集中教育を施す研修（タイ教育省と国際交流基金の共催）が実施され163名が受講した。日本人教師については，従来の国際交流基金や国際協力機構などの公的機関による派遣だけではなく，民間のボランティア団体や個人契約の教師が増加している。

教師の研究会もいくつか存在し，セミナーなどの活動も行われ，教師間のネットワークがつくられつつある。

●**教材**――1980年代までは日本で作られた教材が多く使われていたが，80年代後半からタイ国内で教材開発が始まり，90年代に入るとタイ人学習者向け辞書も刊行された。さらに，高校生学習者の増加に合わせてそのための副教材もつくられ，2004年にはタイ教育省と国際交流基金により高校用教科書が作成された。

［北村武士／ウォラウット・チラソンバット］

台湾

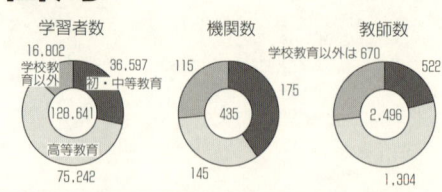

学習者数	機関数	教師数
16,802（学校教育以外）	115（学校教育以外は670）	522
36,597（初・中等教育）	175	2,496
128,641	435	1,304
75,242（高等教育）	145	

人口—2,300万人
主要言語—北京語，台湾語，客家語，原住民言語
学習者1人当たり人口—172人
在日留学生—4,096人
日本語能力試験受験者—37,733人［2004年］
対日輸出—16,932億円　対日輸入—38,142億円
在留邦人—15,709人

●**背景**——戦後の台湾の日本語教育史は，蔡茂豊氏によれば以下の6期に分けられる。

①過渡期（1945-47）。②暗黒期（1947-63）。③転換期（1963-80）：1963年，私立大学に日本語学科が設置されたのがそのきっかけ。④開放期（1980-89）：以降，国立専科学校にも日本語学科ができた。⑤飛躍期（1989-96）：1988年，李登輝政権の登場により民主的な社会に脱皮したこの時期には，経済成長とともに国際化も進展を見せ，国立大学にようやく日本語学科が設置された。⑥多岐期（1996-　）：マスメディアが開放され日本のテレビ放送が見られるようになった。この時期，実務向けの日本語人材養成を目標とした技術学院などに「応用日語科」が一挙に増え，普通高校でも日本語クラスが普及した。その後も多種多様な展開が見られ，2005年現在，改革期に入った。

●**現状**——台湾と日本の特殊な歴史的関係および経済・貿易・観光における依存関係を背景に，戦後，台湾の日本語教育機関数は増加の一途をたどった。1972年以降，台日国交が断絶した後もその趨勢は変わらず，2002年時点で，総合大学・技術学院・専科学校・職業高校などで日本語が専攻科目になっていたほか，第二外国語としての日本語教育も幅広く実施されていた。一方では塾，教育機関付属の日本語センター，公務員クラス，企業内学校，ラジオ・テレビ放送などでも日本語教育が行われている。

こうした最近の日本語教育事情の特徴として次のようなことが挙げられる。①カリキュラムの改革：社会との結合度または専門性とのつながりを考慮したカリキュラム編成に向けて見直しが進んでいる。②教師層の変化：若手教師が増え，世代交代が目立つ。③国際交流：姉妹校協定が盛んになり，単位認定の短期留学，相互訪問が頻繁になっている。④学習リソースの多様化：人的・物的・社会的往来が頻繁になるにつれ，教材・学習リソースが多様化している。⑤段階的なつながり：既習者を受け入れる高等教育機関側の体制変革・カリキュラム編成が注目されている。⑥日本語能力試験：能力向上を目指して日本語能力試験を教育目標としている学校が少なくない。⑦進学希望：高学歴社会であるため進学希望者が少なくない。国内の大学院（2005年現在，マスターコース10，博士コース1）入試を受けるか，日本留学かを選ぶ。⑧学会：2005年現在，台湾日本語文学会，台湾日本語教育学会，台湾日本語言文藝研究学会，台湾応用日語学会があり，定期的に例会発表やシンポジウムが行われている。

●**問題**——急激に多様化した学習者のニーズに対応しきれず，いくつかの問題が見られる。たとえば，高等教育機関の教師の資格として博士号が求められるが，日本語日本文学関係専門の博士号を所有する教師が不足している。また，日本で出版された教材に依存することなく，台湾社会に合った実用的な教材が待望される。オリジナル教科書は構造シラバス中心のものが多く，目的別・専門別コースのための教材開発などが今後の課題である。　　［陳　淑娟］

中国

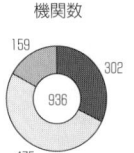

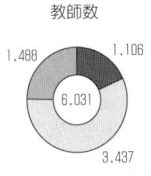

	学習者数	機関数	教師数
学校教育以外	102,782	159	1,488
初・中等教育	79,661	302	1,106
高等教育	387,924	936	6,031
	205,481	475	3,437

人口—130,420万人
主要言語—中国語
学習者1人当たり人口—3,362人
在日留学生—77,713人
日本語能力試験受験者—82,773人
対日輸出—90,152億円 対日輸入—69,664億円
在留邦人—77,184人

● **背景**——中華人民共和国成立後の日本語教育は，日本語の人材育成を目的に一部の高等教育機関で実施されていたが，文化大革命で一時中断した。1972年の日中国交正常化後は何度か日本語ブームが起こり，改革開放政策の推進とともに学習者が急激に増えた。

中等教育では，1970年代末に普通教育で外国語が正式に導入された際に，東北地方を中心に日本語が第一外国語として広く採用された。また，全国に点在する外国語学校や職業高校でも日本語の専門教育が実施されている。

高等教育は，日本語専攻教育と，第一および第二外国語科目として履修する非専攻教育に分かれる。前者のレベルの高さと，後者の裾野の広がりは世界的にも特筆すべきものがある。

正規の学校教育以外では，日本留学希望者と一般社会人の日本語学習が盛んで，民間の日本語学校が各地にある。そのほかラジオ・テレビ講座の種類も多く，独習者も少なくない。

● **現状**——1990年代後半から，日本経済の不振と英語重視の風潮の影響でブームにかげりが出てきたが，日本語は英語に次ぐ第二の外国語の地位を確立している。21世紀を迎え，教育部では各教育段階でのシラバス，カリキュラム改訂と，それに基づく新教材の制作を進めており，日本語教育も新たな局面を迎えている。

中等教育の第一外国語では英語への転換が進み，学習者が大きく減少しているが，第二外国語としての日本語科目の設置や，日本の大学への直接進学を目的とした予備教育が盛んになってきている。

高等教育では，大学入学定員の拡大政策による日本語学科の定員増や新規設置が相次ぎ，日本語専攻の学生の数が急増している。また，日本語・日本研究の修士課程が増えており，大学院レベルの教育も充実してきている。

成人教育では，日系企業の社員や就職希望者以外にも，国家公務員の昇進試験，翻訳・通訳資格試験などの目的で日本語を学習する社会人が少なくない。日本語能力試験の受験者は年々急増しており，近年は高校卒業者向けに日本留学試験対策の予備教育を行う民間日本語学校も出てきている。

各種教材の出版も盛んで，日本で出版された教材の版権を買い取り，翻訳出版するケースも増えている。また，中国ではこれまで小学校の日本語教育はほとんど実施されていなかったが，遼寧省大連市での実績を基に小学生用の教材が制作され，今後の発展が期待できる。

大学の教師は，1980年代の在中国日本語研修センター（通称「大平学校」）とその後身の北京日本学研究センターの出身者を中心に，日本留学で学位を取得した教師も現場に定着しはじめ，レベルの高い研究・教育を行っている。また，中等教育の教師にも研修の機会が増えている。さらに，日本語教育の多様化で教授法，教育研究への関心が高まっており，北京日本学研究センターに日本語教育を専攻とする修士コースが設置されている。

[徐 一平/篠崎摂子]

デンマーク

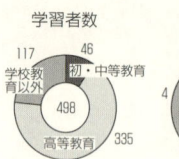

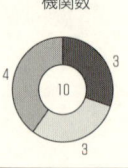

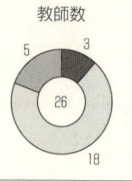

学習者数	機関数	教師数
117 学校教育以外 46 初・中等教育 498 高等教育 335	4 3 10 3	5 3 26 18

人口―540万人
主要言語―公用語はデンマーク語
学習者1人当たり人口―10,843人
在日留学生―データなし
日本語能力試験受験者―データなし
対日輸出―2,867億円　対日輸入―7,431億円
在留邦人―1,260人

●背景―― 1968年にコペンハーゲン大学に日本学の講座が開設されて以来，デンマークにおける日本語教育は順調に発展し，1980年代半ばの日本ブームの波に乗って日本語学習者が急速に増大。以後は着実に学生数を確保して現在に至っている。人口500万の小国でありながら，1970年代の初めにはオーフス大学にも日本学講座が開設され，さらに商科大学が日本語教育を導入，4つの高校でも日本語を選択できるようになった。初期のエキゾチック・ジャパンに対する好奇心を満たすジャパノロジー（日本学）の一環としての日本語教育から，現実的・実務的要求に応えるべき日本研究への方向転換に伴って，コペンハーゲン大学では1980年代半ばに日本語教育のレベルアップが遂行され，92年にはカリキュラムの大幅な改編が実施された。その結果，第1年目に週5日計20時間の集中初級日本語コースが開始されるに至った。オーフス大学でも規模は小さいながら第1年目に行う集中コースによって成果を上げているが，商科大学では2001年から母語ではなく英語で日本語教育を行っており，そのなりゆきが注目される。

●現状―― コミュニケーションに重点を置くビジネス日本語の場合は教え方が異なるが，日本研究の手段として日本語教育を学習する大学においては，現代的な教授法を用い，幅広く効率のよい初級教育を行っている。コペンハーゲン大学では1年目のうちに『日本語初歩』と『日本語中級Ⅰ』を終え，2年目の前半に『日本語中級Ⅱ』を終了するカリキュラムを組んでいる。こうして基礎を固めた後，教科書を離れて生の日本語の素材を扱うようになるのであるが，以後は当然のことながら読解が中心となる。また授業時間数が急減するため，話す・聞く能力を伸ばすためには日本への留学が期待されるが，経費が非常にかさむこともあって日本語教育のネックにもなっている。にもかかわらず，概してデンマークの学生の日本語能力はかなり高いレベルを保っているといえる。中級レベル修了後に古典日本語を，さらに修士課程では漢文を選択することができる。

高校での日本語教育は，残念ながら以前の全盛時代を終えて下火になっている。また，成人教育機関でも日本語コースが設けられているが，いずれも趣味の段階で，初歩のレベル以上まで進むことはまれである。

大学レベルでの日本語教育には大学の正規の教員と日本語教育専門の教員ならびに助手が携わっているが，いずれにもデンマーク人と日本人が加わっており，日本語会話だけを担当する現地雇用の日本語ネイティブ・スピーカー，さらに日本から派遣されてくる日本語教育実習生がそれを補佐している。

最近の傾向として，市販の視聴覚教材ではなく，各教師が独自に編集した衛星放送の番組やビデオテープ，またインターネットからダウンロードした最新の記事を教材として用い，学習者の興味や目的に応じた教育に成功している。

［長島要一］

ドイツ

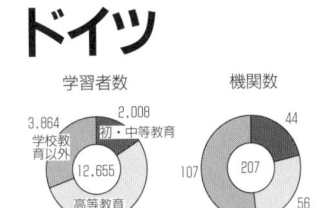

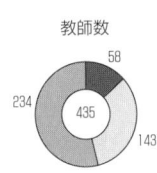

学習者数
- 初・中等教育 2,008
- 学校教育以外 3,864
- 高等教育 6,783
- 12,655

機関数
- 44
- 107
- 207
- 56

教師数
- 58
- 234
- 435
- 143

人口―8,250万人
主要言語―公用語はドイツ語
学習者1人当たり人口―6,519人
在日留学生―315人
日本語能力試験受験者―699人
対日輸出―17,202億円　対日輸入―19,376億円
在留邦人―27,081人

●**背景**――ドイツでの日本語教育の歴史は、ベルリン大学東洋言語学科でドイツ人が教鞭をとった1887年にさかのぼる。1912年に初めての日本学の教授ポストがハンブルク大学に設置され、第二次大戦後までに8つの大学に日本語コースを含む日本学科が設立され、日本語教育は定着した。とくに1980年代の日本経済の驚異的な成長にともなって、大学のみならず中等教育機関および各地の市民大学（一般成人教育機関）でも日本語コースが次々と開設され、学習者数、教育機関数、教師数が飛躍的に増加した。89年のベルリンの壁崩壊後、日本ではバブル経済が崩壊し、日本語教育は衰退するかと懸念された。しかし、実際には学習者数および実施機関数は引き続き増加している。

●**現状**――日本語教育を担っているのは、主にギムナジウムなどの中等教育機関、大学、各都市の市民大学などの公的教育機関である。

中等教育においては、大学進学校にあたるギムナジウムの約40校で日本語が教科として取り入れられている。しかし正規の学科となっているのは数校で、たいていは週1、2時間のクラブ活動的な形態である。1999年に日本語がアビトゥア（高校卒業資格試験科目）として認可され、教科としての地位が格上げされた。

大学においては、現在、日本研究関連学科の設置されている22大学で日本語コースが開講されている。日本研究の内容は、従来の文学・言語・歴史に加え、現代日本の政治・経済など広範囲にわたる。また一般成人を対象とした日本語コースを設けている大学も少なくない。

ドイツでは生涯教育が盛んで、各地方自治体が一般成人対象の市民大学を運営している。そのうち日本語を実施している機関は全国に100以上あり、そこで学ぶ学習者はドイツ全体の約4割を占める。また、ケルン文化会館、州立語学研究所（ボッフム・ヤポニクム）、ベルリン日独センターなどには、公立・私立の一般社会人を対象とした日本語コースがある。

●**教師**――ギムナジウムで教えているのは、ほとんどが日本人である。しかし、ドイツでの正式な教員免許を所持していないため、アビトゥアの試験官などの人材確保が今後の課題である。教師資格を正式に取得するためには、大学の教員養成学部に当該課程が設置されなければならず、大学と中等教育機関の相互情報交流・協力体制が望まれる。大学では、日本研究関連学科における教授職はほとんどドイツ人であるが、日本語教師は常勤・非常勤の日本人が圧倒的に多い。市民大学では近郊に居住する日本人が講師を務めている。

●**教材**――中等教育分野では1985年から4年間ベルリン州で行われた教材開発プロジェクト、さらに1987年から93年に各州の予算を得て実施された「中等教育への日本語導入のための実践研究調査・連邦日本語教育モデル事業」で作成された教科書・教材がある。大学では、自主作成教材か市販の教材を使用している。ドイツ人向けに市販されている教科書・教材は数少ない。

［磯　洋子］

トルコ

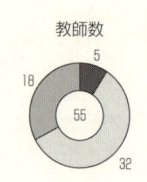

学習者数: 初・中等教育 219、高等教育 662、学校教育以外 348、計 1,299
機関数: 2、8、21、11
教師数: 5、18、55、32

人口―7,130万人
主要言語―トルコ語
学習者1人当たり人口―1,229人
在日留学生―157人
日本語能力試験受験者―232人
対日輸出―243億円　対日輸入―1,735億円
在留邦人―1,165人

●**背景**——トルコでの日本語教育は，1970年代後半にイスタンブールの日土婦人友好文化協会の講座で産声をあげたといわれている。その後1986年，アンカラ大学に日本語日本文学科が開設されて本格的に始まり，1989年にボスポラス大学，中東工科大学でも選択科目として取り入れられた。

もともと親日的なトルコ人のあいだで日本語学習熱が急激に高まったのは，1992年デミレル首相（当時）の訪日がきっかけであった。同年「日本の進んだ技術を取り入れるため」との目的で，トルコテレコム・アナトリア技術高校とイスタンブール商工会議所アナトリア商業高校の2校で日本語の授業が開始された。中等教育機関で日本語教育が行われているのは，中東諸国ではトルコだけである。その後も1993年にチャナッカレ3月18日大学に日本語教育学科が，1994年にエルジェス大学に日本語日本文学コースが開設された。ほかにも5校程度の大学で選択科目として，また民間の一般講座でも日本語講座が開講されるようになり，その勢いは1990年代の中頃まで続いた。近年では，新設の私立大学で選択科目として取り入れられることもある。

●**現状**——現在，日本語教育が行われているのは，高等教育機関では，主専攻として上記の3大学，選択科目（授業時間は週4時間程度）として約10大学，中等教育では上記2高校である。

トルコでは，日本語学習熱は高くはなく，学習者の確保が困難になりつつある。その理由としては，日本語を学んでもそれが就職に結びつかないこと（観光ガイドなどの需要がすでに飽和状態であること，学習者の日本語力が企業の要求水準に達しないことなど）が挙げられる。

トルコ人教師は皆，主専攻大学の卒業生であるが，まだまだ数が少なく，実際に教壇に立っているのは日本人教師がほとんどである。トルコ人教師で学位取得のため日本に留学する者，教師研修受講のため短期間日本へ行く者など人材は育ちつつあるが，彼らがトルコの日本語教育を背負って立つようになるまでにはまだしばらく時間がかかると思われる。一方，日本人教師のうち在留邦人はごく少数で，大部分は日本からの個人契約の教師である。

そのため，教師間の連携が薄く，各教師の努力がその機関内だけにしか及ばないケースがほとんどである。教師会もまだ組織されておらず，情報交換は弁論大会（アンカラ・イスタンブールでそれぞれ年1回ずつ開催）や日本語能力試験（アンカラで開催）などの際に行われているにすぎない。教師研修は，数年に一度，国際交流基金主催の巡回セミナーが開催されるが，それ以外は各機関で独自に行われているだけである。

教材は日本で作られたもの（『日本語初歩』『みんなの日本語』など）が使われており，数種類の辞書を除けばトルコ語で書かれたものはほとんどなく，その開発が待たれる。

［本橋啓子］

トンガ

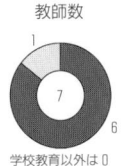

	学習者数	機関数	教師数
高等教育	25	1	1
初・中等教育	199 / 174	5 / 4	7 / 6
学校教育以外	0	0	0

人口―10万人
主要言語―公用語はトンガ語,英語
学習者1人当たり人口―199人
在日留学生―データなし
日本語能力試験受験者―データなし
対日輸出―12億円　対日輸入―2億円
在留邦人―71人

●**背景**――トンガでの日本語教育は,1986年に国立ババウ・ハイスクール(中等教育機関)に青年海外協力隊の日本語教師が派遣されたのが始まりである。翌1987年には私立のアテニシ学院大学部に,1988年にはトンガ・ハイスクールにも協力隊員が派遣された。1992年には教育省の要請を受けて,トンガ独自の中等教育段階の日本語シラバスを作成することになった。4人の日本語教師隊員で委員会を設け,作成に着手した。「学習者中心」を目標に約1年をかけてシラバス案を作成し,1993年に教育省に提出,承認された。このシラバスがその後のトンガの中等教育段階での日本語教育の基礎となっている。その後,エウア・ハイスクール,アテニシ学院高等部,トゥポウ・カレッジでも日本語教育が始まった。2002年には教員養成学校に日本語が導入され,トンガ人の日本語教師の育成が始まった。

●**現状**――日本語の学習者の9割近くがハイスクールの生徒である。ハイスクールでは,Form 3からForm 6までの4学年で選択教科となっている。Form 5終了時には中等教育修了認定試験を受け,合格した者がForm 6へ進む。Form 6終了時には,南太平洋後期中等教育共通試験を受ける。これらの試験の日本語の問題は,教育省に所属する協力隊のシニア隊員が作成している。アテニシ学院大学部では,選択教科として教えられているが,初級文法レベルまでで専門性はない。教員養成学校では,ハイスクールで4年間日本語を学習し共通試験に合格している者が日本語を専攻でき,卒業後は日本語教師になることができる。

トンガには日系企業はなく,日本人観光客も少ないため,日本語の学習が直接将来の仕事に結びつくとは考えられていない。学習目的としては,「日本の文化・社会を知る」や「日本語によるコミュニケーション」「国際理解・異文化理解」などが挙げられる。

●**教師**――1986年以降ほとんどの日本語教師は青年海外協力隊員である。1992年にシラバス作成のために委員会が組織されて以来,トンガ日本語教師会としても活動を続けている。1995年からは教育省にシニア隊員が配属され,日本語のシラバスの改訂や教科書作成プロジェクトの中心となってきた。教員養成学校で日本語を教えているのも隊員である。

2000年からは,アテニシ学院大学部で日本語を4年間学習した卒業生が高等部で日本語を教えている。また2004年には,教員養成学校を卒業したトンガ人日本語教師が協力隊員のカウンターパートとしてトンガ・ハイスクールで教えはじめた。

●**教科書**――ハイスクールではトンガ日本語教師会が作成した教科書『さくらⅠ』～『さくらⅣ』が使用されている。アテニシ学院大学部では,『トンガ人のための日本語1・2』『日本語の基礎』などが用いられている。教員養成学校では,『教科書を作ろう』『Japanese for Busy People』などを使用している。

[関 加代子]

ニューカレドニア

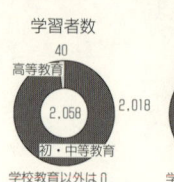

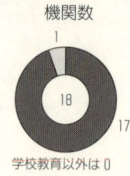

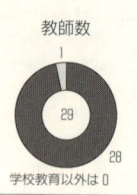

学習者数
- 高等教育 40
- 初・中等教育 2,058
- 2,018
- 学校教育以外は 0

機関数
- 1
- 18
- 17
- 学校教育以外は 0

教師数
- 1
- 29
- 28
- 学校教育以外は 0

人口―21万人
主要言語―公用語はフランス語，他にメラネシア・ポリネシア系諸語
学習者1人当たり人口―102人
在日留学生―データなし
日本語能力試験受験者―データなし
対日輸出―191億円　対日輸入―320億円
在留邦人―158人

●**背景**——東経165度，南緯25度の南太平洋上に位置する仏領ニューカレドニアは，日本からは南へ7000 km，太平洋に数ヵ所点在するフランス領諸島の1つである。そのなかで最大の島，グランドテール島に首都ヌメアがある。

公用語はフランス語。1991年にフランス語教育事務所が設置され，多文化社会における教育研究センターが発足。1995年からは，4つの現地語の教育が公式に学校教育のなかで行われている。

歴史的には，1892年からほぼ30年間，ニッケルの採鉱のために日本人が5000人以上移住した記録がある。このため，日系人が現在も居住し，加えて国際結婚した日本人も多数在住，さらに現在も日本からの新しい移住者が散見される。このため，日本語は継承語としても関心が深く，日本語教育は息長く実施されている。

●**現状**——ニューカレドニアの日本語教育は，初等・中等教育が中心であり，中学2年から第二外国語としての選択が行われている。とくに中・高校の場合は，日本語がバカロレアの科目に入っているため，フランス本国の高等教育と同レベルを目標にしている。諸島内の高等教育機関であるニューカレドニア大学においても日本語授業が行われている。

その他，日本との直行便もあるため，日本とのビジネスや観光産業等のニーズに合わせて，職業訓練や企業のなかでの日本語研修もある。

日本語教師の大半は日系人か，国際結婚の夫人たちで，フランス本国で高等教育を受けた後，日本語が母語であることを利として有資格者となり，島内各所で日本語教育にあたっている。

初等・中等教育の担当者を中心に日本語教師会が編成され，それぞれの学習者に対するカリキュラム，教材などについての研究や情報交換が熱心に行われている。

ニューカレドニアの日本語教育の情報が十分に日本まで届いていないことや，教材や教師研修の支援が表立って行われないのは，この諸島がフランス領であり，教育のカリキュラム・シラバスが主として本国からの指令で行われていることによる。ODAの対象国でないため，日本政府からの援助はほとんどない。

●**課題**——上記のような状況であるため，ほかの太平洋島嶼国のように，日本との関係を直接につくりながら日本語教育が行われているわけではない。すなわち他の独立した島嶼国のように日本から公的に日本語教師を派遣するシステムや，太平洋諸国特有の風土・文化に立脚した教材を開発するための協力体制がない。教師の研修の機会はあるものの，ODA対象国との関係にあるような密度の濃い連携が見られないことが課題として挙げられる。

[西尾珪子]

ニュージーランド

学習者数	機関数	教師数
2,293　12 高等教育　学校教育以外 28,317 初・中等教育 26,012	12　1 259 246	65　3 423 355

人口—390万人
主要言語—公用語は英語，マオリ語
学習者1人当たり人口—138人
在日留学生—データなし
日本語能力試験受験者—499人 [2004年]
対日輸出—2,420億円　対日輸入—2,291億円
在留邦人—11,924人

● **背景**——ニュージーランドの高等教育機関では，1965年にマセイ大学に日本語教育課程が設置された。中等教育機関（16〜17歳の学年）でも同時に数校で試験的に日本語教育が開始された。ニュージーランド教育省の調査では，1977年の日本語学習者は約1800人であった。1996年からは初等教育機関（12〜13歳の学年）でも広く日本語教育が始まった。オーストラリア，韓国などと並んで，初等・中等教育段階の学習者数が多い。

● **現状**——初等教育では，日本語は異文化教育の一部として行われている。異なる言語・文化に"触れる"ことに重点が置かれ，さらに将来の永続的な言語学習の基礎をつくることも主要な学習目標である。学期または，年ごとに言語を変えて，日本語やほかの外国語を教授する学校が多い。中等教育機関では，日本語は選択科目である。アジア系の漢字圏言語話者の学習者がとくに多く，この傾向は学年が上がるに従って，より顕著になる。中等教育後期の試験や最終学年の「中等教育終了試験」に向けて，定められた学習項目の習得がより重要な課題になる。この試験の結果は，就職や高等教育への進学に重大な意味があり，生徒・親・教師の最大の関心事である。

1993年，学校教育全般にわたるカリキュラムの見直し，科目・指導要領の全面的な改定が始まり，日本語には教育省から"Japanese-Draft Syllabus for Schools"が出された。さらに1996年には従前の試験制度の改正が決定し，新しい試験制度をふまえた"Japanese in the New Zealand Curriculum"の作成が開始された。新カリキュラムは1998年から導入されている。

新カリキュラムの学習を終えた生徒は，日本語能力試験4級に合格できる程度のレベルに達する。日本語能力試験は，オークランド，クライストチャーチ，ウェリントンの3ヵ所で行われ，受験者は合計で500人ほど（2004年）だが，留学経験のある高校生のなかには2級に挑戦する者も増えている。

2002年から上記の新しい試験制度が導入されはじめ，中等教育段階では2004年に導入を完了した。新しい試験制度は，従来の偏差値評価を，より記述的な評価に変更したもので，学習者はどのような学習項目がどの程度できるようになったか，達成度を見ることができるようになっている。

1998年，初等から中等まで教員資格および待遇を同等にするように法令が改正された。ニュージーランドの教員資格は厳しい。最近，中等教育機関では2科目以上の教授資格を採用条件にしている学校が多い。現場の必要を満たすべく，教師に対する再研修はさまざまな形式・内容のものが行われている。今後も，さらに質・量ともに充実した再研修の機会が求められていくだろう。

［赤羽三千江］

パラグアイ

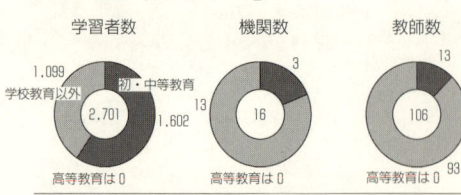

学習者数
- 1,099 学校教育以外
- 2,701
- 初・中等教育 1,602
- 13
- 高等教育は 0

機関数
- 3
- 16
- 13
- 高等教育は 0

教師数
- 13
- 106
- 93
- 高等教育は 0

人口―590万人
主要言語―公用語はスペイン語，グアラニー語
学習者1人当たり人口―2,184人
在日留学生―データなし
日本語能力試験受験者―824人
対日輸出―31億円　対日輸入―39億円
在留邦人―3,689人

●**背景**―― パラグアイでの日本語教育は日本人移住者子弟および日系人に対する日本語教育と非日系のパラグアイ（以下「パラグアイ人」）人に対する日本語教育に大別できる。

日本人移住者子弟に対する日本語教育は1936年から始まった移住の歴史を背景に，母国語の伝達を目的として行われるようになった。一方，パラグアイ人に対する日本語教育は1980年代前半から半ばにかけて，青年海外協力隊日本語教師の派遣により，首都アスンシオンにある国立工業高校とエンカルナシオンにあるエスコバル学園で行われた。その後80年代後半には日本パラグアイ友好センター（通称：人づくりセンター）が首都アスンシオンに建設され，パラグアイ人一般を対象にした日本語教育が行われるようになった。

日本人移住者の功績により，日本とパラグアイは親密な友好関係を保っていて，それがパラグアイ人が日本語を学ぶ動機の1つとなっている。

●**現状**―― 日本人移住者子弟および日系人に対する日本語教育は，各移住地および首都アスンシオンにおいて行われている。その内容は，世代の移り変わりに伴って，いわゆる国語教育から，外国人に対する日本語教育まで，幅広い。

一方，パラグアイ人に対する日本語教育は，カルチャーセンター的性格をもつ日本パラグアイ友好センターにおいて，主に成人を対象として初級レベルの外国人に対する日本語教育が行われている。

そのほか，首都アスンシオンには，日本への留学経験者によって設けられた「日本学校」と，日本人移住者によって設けられた「日本パラグアイ学院」があるなど新しい動きが見られる。日本学校にはパラグアイ人の幼稚園児から高校生までが在籍しており，第二外国語としての日本語や日本の文化・スポーツなどが授業に取り入れられている。また，日本パラグアイ学院は主に日本人移住者・日系人子弟を対象に，日本語とスペイン語のバイリンガル教育ができる高水準の学校づくりを目指している。

●**課題**―― 日本人移住者子弟・日系人・パラグアイ人の日本語学習者は今後も確実に存在しつづけると思われる。学習者の期待・希望に応えるためにも，現地人日本語教師の育成，上級レベルのクラスの充実，当国の実状に即した教科書・教材の開発などが重要である。また1990年代前半に一度試みられた大学での日本語教育にも再度目を向けることが必要であろう。そのほか「日本のアニメがきっかけで，日本語に触れてみたくなった」などの多様な動機にも応えられるようなオープンコースを開設し，より多くの人たちに学習の機会が与えられるような環境づくりが望まれる。

［奥村智紀］

ハンガリー

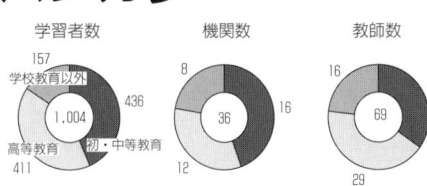

人口―990万人
主要言語―ハンガリー語
学習者1人当たり人口―9,861人
在日留学生―データなし
日本語能力試験受験者―242人
対日輸出―526億円　対日輸入―1,353億円
在留邦人―988人

学習者数
学校教育以外 157
高等教育 411
初・中等教育 436
1,004

機関数
8
16
12
36

教師数
16
24
29
69

● **背景**――ハンガリーの日本語教育は，1922年日本人トヤマ・コウイチを講師としてブダペストのパーズマーニ大学（現ELTE大学）で開講された日本語講座に実質的に始まる。1923年には東洋語学の泰斗で日本語研究のパイオニアであったプレーレ・ヴィルモシュ教授が日本学研究講座を開設し，戦間期の20年間同大学で日本語・日本文学を講義した。しかし，第二次大戦前の日本語教育は体制との結びつきが強かったため，社会主義国となった戦後，同大学で日本語講座が再開されたのは1959年である。1970年代まではELTE大学と市民講座で日本語が教えられていた。84年に外国貿易大学（現ブダペスト商科大学）で第二外国語科目として日本語が正式に導入された後，86年にはELTE大学に日本学専攻が開設され，小学校でも日本語教育が始まった。1980年代に日本語教育の裾野が広がった背景には，伝統的に日本に対する関心が高かったことに加え，この時期，日本を含めた西側への開放を急速に進めたという状況があった。

● **現状**――1990年代に入り，日本との経済・文化交流が著しく発展し，日本人観光客や日系企業が増加するにつれ，子どもに日本語を学ばせようとする親や，日本文化に興味をもつ若者が増えた。これに伴い，日本語教育機関の多様化や地方への広がりが顕著となり，学習人口が飛躍的に増大した。

1993年には東欧で初めて日本語能力試験が実施され現在に至っている。この時期日本語は高校卒業科目として教育省の許可を受けた。

ボローニャ宣言に基づき高等教育改革が進められるなか，2005年度に新たに全国共通の2レベルの大学入学資格試験が導入され，日本語も外国語受験選択科目の1つに加えられた。試験問題は，欧州評議会が策定したヨーロッパ言語共通参照枠組みを基に作成されている。

● **教師**――1989年の体制転換以降，個人契約で教える日本人教師の数が増え，一方ハンガリー人教師は言語学や教育学で博士号を取得する傾向が強まっている。92年から派遣されている青年海外協力隊員は，地方の日本語教育の主要な担い手であったが，2004年のEU加盟に伴い，2006年には派遣が打ち切られる。

日本語教師の養成はELTE大学および私立のカーロリ大学で行われており，卒業生は大学や民間の語学学校などで活躍している。

2001年に小学校から大学までの教員が参加し，ハンガリー日本語教師会が発足した。同会は，セミナーなどの定期的な開催や会報の発行などを通じて，従来つながりが弱かった教師間のネットワークを充実させつつある。

● **教材**――1980年代まではハンガリーで作られた成人向けの教材が使用されていた。90年代に入ると，ニーズの広がりに対応して小学生や高校生向け，成人初級，中級向けなど多様な教材が開発され，また漢字辞典や語彙集なども刊行されはじめた。日本語教育関係者により日本語・ハンガリー語中辞典の編纂も進んでいる。

［佐藤紀子］

フィジー

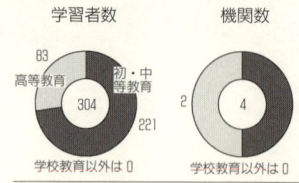

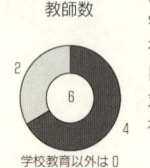

学習者数
- 高等教育: 83
- 初・中等教育: 221
- 304
- 学校教育以外は0

機関数
- 2
- 4
- 2
- 学校教育以外は0

教師数
- 2
- 6
- 4
- 学校教育以外は0

人口—80万人
主要言語—公用語はフィジー語。他に英語, ヒンディー語
学習者1人当たり人口—2,632人
在日留学生—データなし
日本語能力試験受験者—データなし
対日輸出—44億円　対日輸入—50億円
在留邦人—370人

●**背景**——フィジー観光の中心となっている都市ナンディを歩いていると日本語で話しかけられる。土産物商店には日本語の看板があり,大きな店には日本語が話せる店員がいる。四国と同じくらいの国土,人口80万人強の小国だが,日本との関係は深い。観光は砂糖と並んでフィジーの主要な産業となっている。1999年以前は毎年4万人近い日本人観光客が訪れていた。フィジーの日本語教育は観光産業と切り離して考えることはできない。観光産業にもいろいろな職種があり,土産物売り場で働く人,ホテルの営業・フロントの人など,職種に応じて必要とされる日本語も違い,それに合わせたシラバスが要求される。

国際交流基金による2003年の調査では日本語学習者数は304人だが,個人的に日本語を学んだり,観光客から片言の日本語を教えてもらったりする人の数は含まれていない。いろいろなかたちで日本語に接している人を考えれば,日本語の学習者はかなりの数にのぼるだろう。

フィジーはフィジー系とインド系の住民がほぼ半数ずつで,両者のあいだの軋轢が続いている。1987年と1999年に2回のクーデターが起こった。どちらも経済的に優位を占めているインド系住民が政治的にも強い力をもってしまうことへのフィジー系住民の不満から起こったものである。1999年の国会占拠事件の後,2000年の日本人観光客数は半数近くに落ち込んでしまった。

それ以前は,民間の日本語学校が2校,ナンディと観光都市シンガトカにあったが,日本人観光客の減少に伴い,学習者が減ったため,2001年には両校とも閉校してしまった。

●**現状**——2002年現在,フィジーで日本語教育が行われているのは,スバの南太平洋大学とフィジー技術専門学校,それにインターナショナルスクールと民間のボランティア団体によるものだけである。南太平洋諸国・地域が共同で運営している南太平洋大学での日本語教育は一般教養科目として行われている。大学での日本語教育は初級後半程度で,ほかの機関のレベルは初級前半くらいである。国費留学生として毎年何人かが日本に留学しており,彼らの日本語のレベルは高いが,なかなか日本語教育の定着とは結びつかない。

フィジーには仕事のために日本語を必要としている人,日常的に日本語・日本人と接している人たちがおおぜいいる。彼らは日本語を学びたくてもなかなか勉強することができない。これが一番の問題だろう。日本語教育を高度のレベルにまで到達する学習者のみに限って考えるような視点ではフィジーのような小国からは,いずれ日本語教育が消えていってしまうだろう。日本語教育を日本や日本人との接触,お互いのコミュニケーションという大きな見方で捉え,日本語を必要としている人が何らかのかたちで学習を続けられるような環境の整備が求められる。

［新井弘泰］

フィリピン

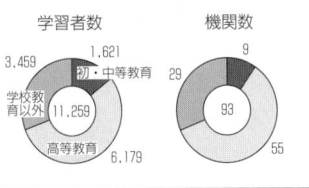

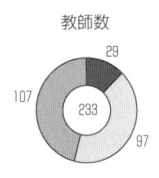

学習者数
3,459 / 1,621 初・中等教育
学校教育以外 11,259
高等教育 6,179

機関数
9
29
93
55

教師数
29
107
233
97

人口—7,632万人
主要言語—公用語はフィリピノ語，英語
学習者1人当たり人口—6,779人
在日留学生—525人
日本語能力試験受験者—966人
対日輸出—8,401億円　対日輸入—10,482億円
在留邦人—10,650人

●**沿革**——フィリピンの日本語教育は，1923年フィリピン大学東洋言語学科において1学期間のみ開講された講座が始まりで，その後日本軍政期に入って約150名の南方派遣日本語教育要員によって計画的・組織的に推進された。

戦後は日本の高度経済成長を追い風とし，大使館文化センター日本語普及講座（1968-97年），それを引き継いだ日本語センター財団（フィリピン側の民間日本語学校）が多くの学習者を集めて中心的役割を担った。

大学関係では，フィリピン大学が国際交流基金日本語教育専門家を受け入れ（1964年-現在）中核機関となっているが，アメリカ統治以来，英語志向の強い学術界・教育界にあって，日本語専攻課程の開設にはいまだ至っていない。

●**現状**——日本との経済格差と地理的近接性から，当国において日本語は観光業関連または就労目的といった実利的な動機によって学ばれる場合がほとんどであったが，近年になってアニメ，ゲームソフト，Jポップなど日本のサブカルチャーに対する興味から日本語を学びはじめる若い学習者が急増し，新しい学習者層を形成して日本語教育の裾野を広げている。

日本語学科はマニラ大学（私立）にしか存在しないとはいえ，全国45の大学で日本語講座が開講されており，日本語教育が高等教育のなかに定着したことは間違いない。地方別に見ても，セブ市，ミンダナオ島ダバオ市を拠点都市としてほぼ全国に広がっている。

中等教育における日本語教育は立ち遅れている。そして，新たに，フィリピン国内の日比混血児童に対する年少者向け日本語教育といったニーズも生まれている。

産業界・労働界では，日本語教育の需要が急伸し，統計をはるかに上回る学習者が存在するものと考えられる。その背景には，特定職業分野の人材を日本の労働市場に送り込もうとしている人材輸出国としてフィリピンがある。2004年の日比経済協力協定交渉をへて，IT技術者，看護師・介護士を大量に日本へ送る計画が進み，とくに看護師・介護士を対象とした日本語研修プログラムおよび教材の開発など具体的な動きが活発になっている。

●**教師**——教師不足は質量ともに深刻であり，当国最大の問題となっている。トリニティ大学修士課程とフィリピン日本語文化学院（前述の日本語センター財団と同系列）に教師養成コースがあるが，学部レベルで日本語・日本語教育を専攻できないことなどから，教師希望者の層がきわめて薄い。また，低すぎる給与水準も優秀な人材が他業種へ流れる要因となっている。

●**教材**——『新日本語の基礎』が大きなシェアを占めていたが，最近では，とくに大学で『みんなの日本語』が使われることが多くなった。当国独自の教材の開発はほとんどなされていない。

［市瀬俊介］

フィンランド

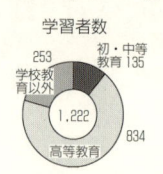

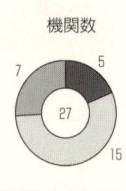

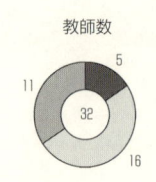

学習者数
- 253 学校教育以外
- 135 初・中等教育
- 834 高等教育
- 1,222

機関数
- 7
- 5
- 15
- 27

教師数
- 11
- 5
- 16
- 32

人口―520万人
主要言語―公用語はフィンランド語，スウェーデン語
学習者1人当たり人口―4,255人
在日留学生―データなし
日本語能力試験受験者―データなし
対日輸出―1,455億円　対日輸入―1,592億円
在留邦人―993人

●**背景** ── フィンランドにおける初めての日本語講座は，1938年，G. J. ラムステッド（1873-1950）によりヘルシンキ大学で1学期間開講された。ラムステッドは，アルタイ言語学の世界的な権威であり，また，初代駐日代理公使として1919年から10年間，日本に滞在し学者公使として日本の言語学者とも交流を深めた。この講座では，比較言語学の視点から初級文法が教えられた。その後，日本公使館の提案により，ヘルシンキ大学に日本文化講座が開講されることになり，日独交換学生としてドイツで哲学を学んでいた桑木務がヘルシンキ大学に客員教授として着任した。桑木は日本研究所を設立し，三井高陽寄贈の書籍をおさめた。一般市民に対し，ドイツ語で日本の思想文化の講義を行う傍ら，1943年，日本語講座も開講した。しかし，講座は1944年の国交断絶により中断され，受講生のケラヴォリによって1945年の学年末まで引き継がれた。20年に及ぶブランクの後，1965年に日本語講座が再開され，日本人の非常勤講師が担当した。1980年には国際交流基金による日本語講師の派遣が始まった。

●**現状** ── 1980年代以降，ヘルシンキ工科大学，トゥルク大学，タンペレ大学，ユバスキュラ大学，オウル大学，ヨエンスー大学などにおいても日本語教育が始まり，地域的な広がりを見せる一方，成人学級やコミュニティカレッジで，また，90年代後半には，一部の小学校や中学校で試験的に日本語教育が取り入れられるなど，学習者層の広がりも見せている。一方，ヘルシンキ大学では，当初，非ヨーロッパとして一くくりにされてきた日本の位置づけも変化し，1987年に東アジア学科が設立され，1993年に日本学の教授ポストが用意された。文献講読のための日本語教育は引き続き重視されていくものと思われる。こうした量的・質的変化は90年代に入り顕著に見られた。

●**学習者** ── 日本語学習の動機として，従来，伝統文化や文字に対する興味，主として東洋のエキゾティズムに対する魅力を挙げる者が多かった。最近の傾向としては，大手IT企業などの日本への進出に伴い，日本でのビジネスチャンスも生まれ，就職のために日本語を選択する学習者も増え，日本語能力が評価され大手企業に就職が決まるケースも報告されるようになった（ヘルシンキ工科大学）。

●**教材** ── フィンランド人向けの教材や小型辞書は以前からあったが，より充実した辞書や昨今の学習者のニーズに合った教材づくりが進められており，学習環境は整備されつつある。

●**教師** ── 1993年，日本語および日本文化の教師の会が設立され，社団法人としてフィンランド文部省より助成金を受けて活動している。弁論大会の開催をはじめ，ワークショップやシンポジウムなどを通じ会員のレベルアップの機会を提供している。

［小川誉子美］

ブラジル

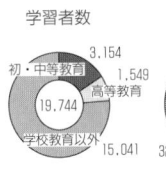

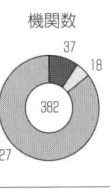

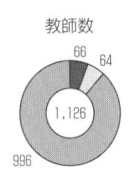

学習者数
- 初・中等教育 3,154
- 高等教育 1,549
- 学校教育以外 15,041
- 19,744

機関数
- 37
- 18
- 327
- 382

教師数
- 66
- 64
- 996
- 1,126

人口―17,850万人
主要言語―公用語はポルトガル語
学習者1人当たり人口―9,041人
在日留学生―330人
日本語能力試験受験者―3,087人
対日輸出―3,410億円　対日輸入―2,144億円
在留邦人―70,782人

● **背景** ―― ブラジルにおける日本語教育は，南米の多くの国と同じように，移民子弟を対象とした国語教育として開始されたため，現在でも学校教育以外で行われている部分が多い。しかし最近は，公教育領域での日本語講座の増加が見られる。初・中等教育では，私立学校19校のほかに，1989年より，サンパウロ州とパラナ州の州立学校で課外講座が行われている。高等教育では，5大学が専攻課程，3大学が選択科目，15大学が課外講座として日本語講座を設置している。さらに，サンパウロ大学には，1996年に大学院修士課程が設置された。

● **現状** ―― 国際交流基金が行った2003年度の調査によると，日本語学習者数が18.4％増加している。1998年度の1万6678人に対して，2003年度は1万9744人の学習者が日本語を学習している。とくに，学校教育で日本語教育を行っている学校数および学習者数の増加が著しい。学習動機としては日本のアニメや漫画への興味，日本への留学が挙げられている。

ブラジルの学制は，日本の小・中学校に相当する8年間，高校3年間の計11年間である。学校の種類としては，私立学校，州立学校と市立学校が存在する。州立学校と市立学校では，5年生から外国語が必修科目として取り入れられている。私立学校のなかには，第一・第二外国語両方を必修としているところも存在するが，州立学校では第一外国語のみが必修となっており，第二外国語は外国語センターで選択科目として学習するかたちをとっている。そのなかには日本語を外国語の1つとして扱っている州立学校が存在する。また高等教育では，日本語・日本文学の専攻課程を有する大学における日本語学科は4年制になっている。

学校教育の場合，教師は，原則として当該言語能力を証明することと，教職課程を修了していることが求められる。大学（専攻課程）の場合は，修士号取得以上の講師を採用することが最近の傾向となっている。

最近，ブラジルの教育制度全体の見直しがなされ，外国語教育制度も変わりつつある。初等・中等教育では，英語重視制度を変え，スペイン語を選択必修科目として取り入れることも検討されている。そのため，日本語が他の外国語と同様に第三外国語として扱われる可能性もあり，これが学習者数減少の原因の1つにもなりうる。このような問題を整理し，ブラジルの日本語教育のあり方を総体的に考えていくため，国際交流基金サンパウロ日本語センターで2001年9月に「日本語協議会」が設立された。この協議会には，サンパウロ総領事館，サンパウロ州教育省外国語教育プログラム担当部門をはじめとして，政府機関，ブラジルの教育機関，さらに，ブラジル日本商工会議所代表者が参加している。2003年9月の会議では，日本語教師専門の講座用シラバスを作成することが決議された。この内容については，専門部会を通じて徐々に具体化していくことになっていた。

[吉川一甲真由美エジナ]

フランス

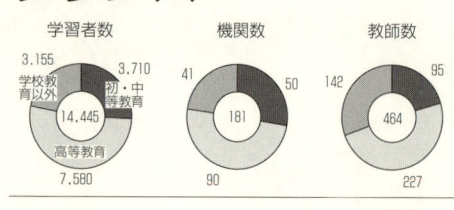

学習者数
- 学校教育以外 3,155
- 初・中等教育 3,710
- 高等教育 14,445
- 7,580

機関数
- 41
- 50
- 181
- 90

教師数
- 142
- 95
- 464
- 227

人口—6,010万人
主要言語—公用語はフランス語
学習者1人当たり人口—4,161人
在日留学生—339人
日本語能力試験受験者—898人
対日輸出—8,662億円　対日輸入—8,537億円
在留邦人—32,372人

●**背景**──フランスの日本語教育の始まりは1863年にさかのぼる。パリの帝国図書館付属東洋語専門学校（現在の国立東洋言語文化研究所：INALCOの前身）に設けられた日本語講座である。この講座開設は，その前年初めて幕府の遣欧使節がパリを訪れたことと無関係ではないだろう。初期の学生数は10人ぐらいであったという。日本語だけではなく，歴史・宗教・文学などの専門教育を行い，優秀な日本学研究者を輩出した。パリのほかの機関（ラシーヌ高校，パリ第七大学）で日本語教育が行われはじめるのは，1960年代末以降である。

70年代から80年代にかけて，政府の地方分散政策に伴い，続々と地方大学（リヨン，グルノーブル，ツールーズ，リール，レンヌ，プロヴァンス，ルアーブルなど）へも日本語教育が広まった。また，70年代後半に，高校の卒業資格試験（バカロレア）の外国語試験で日本語の選択が可能になった。その後，主要地方都市の高校で日本語教育が行われるようになった。

●**現状**──現在でも，高等教育機関での日本語教育の占める割合が，初・中等機関やそのほかの機関と比べて高い。しかし，日本研究を専門とする学生の割合はだんだん低くなり，ほかに専門をもち日本語はプラス・アルファとして学ぶタイプの学生が増えてきている。理科系・経済系のエリート校グランゼコールでも日本語の授業を行うところが増えている。大学の日本語学科でもほかの学部の学生（二重登録の学生）の存在が目立つようになった。

●**教育制度**──フランスの教育制度は，5・4・3制である。第一外国語（必修）は，小学校の高学年から徐々に導入され，中学校に入ると第二外国語（必修）をもう一つ加え，高校で第三外国語（選択）をもう一つ取ることができる。そのため，日本語を第一/第二外国語として選ぶ場合は，大学入学前に4年から8年も勉強することになる。ところが，現在に至るまで各学年の達成目標などを公式に文書にしたものがない。現場の教師の裁量で適宜決められており，教師が替われば，教科書も教え方もすべて変わってしまう。国レベルでの中等教育共通プログラムの作成と，高等機関との連携が今後の重要課題である。

●**教師**──1990年代になると，大学における正規の職（教授・助教授）に，外国籍の人間も就くことができるようになった。そのため，大学の日本人教師が徐々にではあるが増えてきている。しかし，博士号取得者に限られているため，簡単ではない。高等学校で正規の職を得ようとすれば高等教員資格（アグレガシオン）の試験に挑戦しなければならない。さらに，それはフランス国籍所有者に限られており，口頭試験以前に，7時間にわたる論文試験が日本語でも仏語でもあるなど難関であり，1回の試験に2人ほどしか合格しない。結果として，非常勤や契約制の教師のほうが多くなっている。専任の教師数を増やすためには高等教員資格の前段階としての中等教育資格試験（カペス）の実施が待たれる。　　　　　　　　　［大島弘子］

ブルネイ

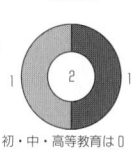

学習者数	機関数	教師数
高等教育 99 249 学校教育以外 150 初・中等教育は 0	2 初・中・高等教育は 0	2 初・中等教育は 0

人口―35万人
主要言語―公用語はマレー語，他に英語，中国語など
学習者1人当たり人口―1,361人
在日留学生―データなし
日本語能力試験受験者―データなし
対日輸出―2,047億円　対日輸入―1,091億円
在留邦人―81人

●**背景**―― ブルネイにおいて日本語教育が組織的に実施されたのは第二次世界大戦の際，日本軍が入ってきてからである。ブルネイの石油を求めてやって来た日本軍は，やがて軍政を敷いた。そして「官吏養成所」を設け，日本語教育を開始した。また，学校教育を通じてその普及をはかろうとし，現地の教師にも日本語を教えた。「南方留学生」として戦時下の日本へ渡った学生もいた。この間の事情は近隣のアジア諸国と酷似している。だが，戦争の終結とともに日本語教育のことは忘れ去られてしまった。日本語教育が再度脚光を浴びるようになったのはブルネイの独立（1984年）以降である。

第二次大戦後からブルネイ独立までの約40年間，日本・ブルネイ間の交流は石油関係者以外はまれであった。ブルネイは1984年に独立したが，その前後から経済活動の活発化に伴い，多くの日本企業，日本人がブルネイにやって来るようになった。

●**現状**―― 日本語教育の分野では次のような発展が見られた。まず，1986年に教育保険省の社会教育事業の一環として日本語講座（現「ブルネイ教育省生涯教育課日本語コース」）が開設された。また，翌1987年には国際交流基金からの日本語教育専門家派遣が開始された。それ以降ブルネイの日本語教育はこの専門家を中心に実施されてきた。

1991年より第一次資源産業省の「観光促進日本語講座」が開設され，年2ヵ月程度の短期集中講座ながら今日まで継続している。

さらに，2001年4月よりサルタン・サイフル・リージャル・テクニカル・カレッジの観光事業学科に「観光日本語クラス」が開設された。同日本語クラスは日本語がブルネイの正規の学校教育科目に加えられた点では画期的なことであった。また，同年9月より当国の最高学府であるブルネイ大学のランゲージセンターに「日本語講座」が開設された。以上，一般成人向けの夜間コースとして教育省の日本語講座，教養目的のブルネイ大学日本語クラス，実用目的の観光日本語コースとして第一次資源産業省や上記カレッジがあり，目的別のクラスができつつある。

●**教師**―― 国際交流基金より派遣された日本語教育専門家を中心に地元のボランティア教師も加わり，日本語教育を担ってきた。「教師会」設立の動きも見られたが，正式発足には至っていない。関係者は近年，日本ブルネイ研究・言語教育に関するセミナーやシンポジウムを開催しており，その報告書が刊行されている。

●**教材**―― ブルネイ独自の教材は開発されていない。これまでに『新日本語の基礎』『ヤンさんと日本の人々』などが主な教材として活用され，その時代に合わせ，教師がハンドアウトを作成してきた。今後，観光日本語の需要も見込まれ，ブルネイの実情に即した教材の開発が望まれている。

［齋藤正雄］

ベトナム

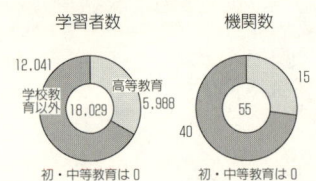

学習者数	機関数	教師数
12,041 学校教育以外 18,029 高等教育 5,988 初・中等教育は0	15 高等教育 55 40 初・中等教育は0	164 558 394 初・中等教育は0

人口―8,140万人
主要言語―公用語はベトナム語
学習者1人当たり人口―1,402人
在日留学生―1,570人
日本語能力試験受験者―2,721人
対日輸出―3,694億円　対日輸入―3,087億円
在留邦人―3,560人

●**背景**――大学での日本語教育は1962年に貿易大学(ハノイ)で日本語講座が開講されたことに始まる。パリ和平協定が締結された後の73年旧正月明けからは同大学で正規の学生に対する本格的な日本語教育が始まった。また、同年、日本語既習者の再教育のためのコース、政府機関派遣の受講者のためのコースも同大学で開講された。ハノイ外国語大学でも73年に日本語教育が始まった。日本との国交が樹立され経済・貿易関係発展への期待が高まった。しかし、78年末のカンボジア進攻により西側諸国から経済制裁を受け、日本との経済関係は後退し、日本語コースも縮小・停止された。

1986年12月、ドイモイ(刷新)政策が提起され経済の自由化がはかられた。ベトナム経済はしだいに活気を帯び、日本との経済・貿易関係も進展した。カンボジアからの撤兵も実現し、92年には日本政府は援助を再開した。こうしたなかで、貿易大学、ハノイ外国語大学で日本語コースが再開されたほか、ハノイ外国語師範大学、ハノイ総合大学などでも日本語コースが開設された。80年代末から90年代初めにかけて日本語学校の設立も相次いだ。

このように、ベトナムでは国の政治的・経済的状況の変化に大きく影響されながら、日本との経済・貿易交流での実務的な要求に応えるために日本語教育が推進されてきた。

●**現状**――1990年代に入って日本語学校を中心に学習者は急増したが、不況に伴う日本企業の撤退などにより96年をピークに学習者数は減少した。しかしその後再び増加に転じ、2005年3月現在、以前のピーク時にも増して、日本語学習・教育は盛んになっている。就職や留学目的の学習者だけでなく、日本での企業研修のための学習者も増加傾向にある。

●**教師**――大学でも日本語学校でも通常ベトナム人教師と日本人教師との協同で日本語教育が行われている。ベトナム人教師の多くは大学の日本語科を卒業した者である。その後日本に留学し修士号を取得した者もいる。日本人教師は、国際交流基金や国際協力機構(JICA)から派遣された者のほか、設立母体や提携機関から派遣された者、個人契約による者などがいる。

教師の数は学習者の数に比してかなり不足しており、優秀なベトナム人教師をいかに確保するかが大きな課題となっている。2002年、日本政府の援助で日越人材協力センターがハノイとホーチミン市に建設されたが、ここで日本語教員の養成も行われるようになった。

●**教材**――教材としては、日本で出版された教科書や、日本で出版された教科書にベトナム語訳や説明をつけて編集・作成したものが使われている。後者は1970年代以来の伝統で、限られた人的・物的条件のなかで学習効果を高めるための工夫である。しかし、そうした努力にもかかわらず、学習者の実情に合った教科書(とくに、中・上級)はほとんどなく教師の大きな悩みとなっている。辞書の不足も深刻である。

［宮原　彬］

ペルー

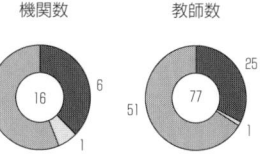

学習者数
- 学校教育以外: 60
- 高等教育: 783
- 初・中等教育: 2,287
- 計: 3,130

機関数
- 9, 16, 6, 1

教師数
- 25, 77, 51, 1

人口—2,720万人
主要言語—公用語はスペイン語。ほかにケチュア語、アイアマラ語
学習者1人当たり人口—8,690人
在日留学生—データなし
日本語能力試験受験者—332人
対日輸出—544億円　対日輸入—246億円
在留邦人—1,518人

●**背景**——ペルーにおける日本語教育は、日本人移住（第1回1899年から24年間）によって始まる。昭和初期にはペルー国内に30校近くが日本の尋常小学校と同様の教科で日本から派遣された教師によって指導された。

第二次大戦時には日本人学校はすべて押収され、公的にはもちろん私的な場でも日本語使用がはばかられた。この10年以上の日本語空白時代に隠れるように日本語を教えていた私塾の1つが1950年に政府公認私立校となり、第一外国語を日本語とした。現在、同様の学校（幼稚部、小学部6年、中学部5年）がリマ市内と郊外に5校ある。

1967年、リマに日系人協会が文化会館を建設し、成人・児童の日本語クラスを開設した。地方の日系人協会もそれに続こうとしたが、教師不足のためあまり実現していない。

ペルーの日本語教育で残念なことは、現在まで政府公認の教育機関（大学など）で日本語教育が実施されたことがないことである。

●**現状**——小・中学校は、週延べ90～220分授業。小学生クラスの教材は現地で作成した絵カードと『ひろこさんのたのしいにほんご』を使用、中学生クラスは『新日本語の基礎』を使用しているところが多い。

さまざまな機関や私塾では、成人クラス週2～5回で90～120分授業が多く、初・中・上級に分かれ、初級を1年6ヵ月～2年としている。教材はどの機関でも日本で出版されたテキスト、VTR、テープを使用している。

●**学習者**——学習者数の日系人（混血を含む）：非日系人の割合は7：3である。学習目的として「留学、研修を目指して」、「日本の文化、習慣に興味をもって」、そして「ビデオで話すことを理解したい」が多い。少数ではあるが、「翻訳者を目指して」という声も聞かれる。日系人の場合は上記以外に「アイデンティティのため」が加わる。

●**教師**——現職教師はペルー在住の日本人が中心で、二世教師のなかで高齢者は多くはバイリンガルである。ペルーの日本語教師会には50名以上が登録しており、彼らの日本語運用能力は高いが、指導の方法についていえば、現在も読み書き中心の国語型授業で、教師中心の授業が主流となっている。

●**課題**——教師側の課題は外国語教師としてのプロ意識をもち、自己研鑽し、共同研究を重ねることである。一方、学校経営者側の課題は、教師の待遇改善として生活が可能な給与水準を保証して有能な者がほかの職業に流出しない対策を講ずることである。また、教師養成コースの常設と共同研究など自己研鑽のための支援体制の強化も求められている。この双方の努力が学習者が満足する授業を可能にし、学習者を確保、増加させることとなる。それがやがて大学など公的教育機関での日本語教育を実現させることになるだろう。

［具志堅美智子］

ベルギー

学習者数: 418 / 753 高等教育 / 335
学校教育以外: 初・中等教育は 0

機関数: 8 / 14 / 6
初・中等教育は 0

教師数: 13 / 29 / 16
初・中等教育は 0

人口―1,030万人
主要言語―公用語はフランス語，オランダ語，他にドイツ語
学習者1人当たり人口―13,679人
在日留学生―データなし
日本語能力試験受験者―データなし
対日輸出―2,104億円　対日輸入―7,008億円
在留邦人―5,848人

●背景――本格的な日本語教育は，1958年，国立ゲント大学の東方・東欧・アフリカ研究所に，そして1963年，ルーヴァン・カトリック大学の極東研究課程に，東方学研究者の養成を目的として講座が設立されたことに始まった。

その後，1980年代には日本への関心の高まりとともに，日本語学習者数が増大し，日本の武道・アニメに興味をもつ学生，仕事上，必要性があるビジネスマンなど，学習者の動機・背景が多様化した。それに伴い，大学は日本語の授業時間を増やし，ほかの高等教育機関，EU委員会本部も日本語講座を設置し，また，私立語学学校の設立などの動きが見られた。

一方，初等・中等教育では，日本語教育は行われていない。それは，ベルギーにはオランダ語，フランス語，ドイツ語と公用語が3つあり，初等・中等レベルでの外国語学習はこれら公用語のほかに英語，スペイン語，イタリア語に限られているためである。

●現状――1990年代に入ってからは日本語教育を行っている機関の数は多少増えたものの，2000年前後は，長期にわたる日本経済の不振，中国の学習，研究対象としての人気の奪還などから学習者はやや減る傾向にあった。

しかし，別の観点からいえば，いわゆる日本語ブームの後，あえて日本語学習を志す学習者の動機はしっかりしており，熱心なため，学習者の質は安定しているといえる。一方，2004年以降，学習者が増加し，数のうえでも安定してきている。

また，日本の大学との大学間協定の締結が進み，長期留学の機会が増えたこと，渡日経費が以前より安価になったこと，インターネットの発達により日本の情報が容易に入手できるようになったことから，日本と学習者間の距離が縮まり，日本と活発な交流が可能になった。このことは今後の日本語教育に寄与するであろう。

●ネットワーク――ヨーロッパでは，現在，経済・文化と多方面にわたり，積極的に人・物の交流を奨励し，相互理解を深める方策を打ち出し，それが実現されつつある。

その動きのなかで，日本語教育の分野においてもさまざまなかたちでネットワークが構築され，充実しつつある。教師間のネットワークとしては，1997年に教師間の情報交換，教育機関間のネットワークづくり，教師の質の向上などを目的としてベルギー日本語教師会が設立された。日本語教育ワークショップ・勉強会・学習者に日本語を話す機会を与えるための集まりを行っている。

さらに同一言語圏での連携もある。ベルギーのルーヴァン・カトリック大学とオランダのライデン大学との共同研究プロジェクトはその好例である。さらに，学生は，EU内の大学への留学がそのまま単位として認められるシステムを利用した留学が盛んであり，日本の大学との協定進行のおかげで日本への長期留学も増えた。現在，日本での単位を正規単位としてベルギーで認可する必要性への認識がもたれはじめている。

[櫻井直子/W. F. ヴァンデワラ]

ポーランド

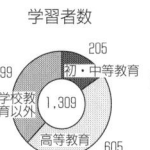

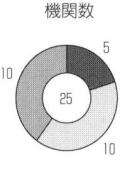

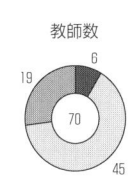

学習者数: 初・中等教育 205、高等教育 605、学校教育以外 499、計 1,309
機関数: 10、25、5、計 10
教師数: 19、70、6、計 45

人口—3,860万人
主要言語—ポーランド語
学習者1人当たり人口—29,488人
在日留学生—データなし
日本語能力試験受験者—83人 [2004年]
対日輸出—161億円　対日輸入—809億円
在留邦人—703人

●背景——1900年代初頭から日本学・日本文学の研究，翻訳出版が盛んになった。なかでもシベリア流刑にあった民族学者ブロニスワフ・ピウスツキ (1866-1918) は1906年，流刑中のアイヌ研究の調査結果の一部をまとめ，日本語で論文を発表した。また，日本滞在中は二葉亭四迷とも親交を深め，両国間交流組織として，ポーランド日本協会の構想を立ち上げた。

1919年，ワルシャワ大学に日本語講座が開設され，1926年にはポーランド日本協会でも日本語講座が開始され，多くの日本文学が翻訳，紹介された。この頃の日本語教育の一翼を担ったのが梅田良忠 (1900-61) であり，戦後日本学科学科長になるビエスワフ・コタニスキは良忠の教え子の1人である。

このように，ポーランドの日本語教育は純粋な日本学研究から始まり，両国間研究者の友情に支えられて根づいていった。アイヌ語研究も同時期に始まったことは，特筆に値する。

戦後の1955年，ワルシャワ大学日本学科で日本語教育が再開され，ポーランドにおける日本語日本学研究の中枢として研究者を育成してきた。1978年，両国間に文化協定が結ばれ，市民レベルでのポーランド日本協会が発足し，各支部（ワルシャワ，ウッジ，クラクフ，ポズナン）で日本語講座が開始され，日本大使館主催日本語弁論大会も開催されるようになった。これらは，学問研究として位置づけられていた日本語教育が市民レベルにまで広がった「ことばからの自由化」と捉えられる。

1987年，ヤギェウオ大学（クラクフ），アダム・ミェツキェビッチ大学（ポズナン）に日本学科が新設された。両大学ともそれ以前から日本語講座が整っており，学習希望者の増加に伴っての設置だった。この3大学が日本語教育の中軸をなす現在のかたちが，このとき出来上がった。ヤギェウオ大学には，国際交流基金が日本語教育専門家を開設以来派遣している。

●現状——1989年，社会主義体制崩壊に伴い，学校教育制度も大幅に変わった。初・中等教育の学習事項の自由選択，私立法人高等教育機関設置などが可能となった。ポーランド日本情報工科大学での選択日本科目などは，その例である。1993年度より青年海外協力隊が派遣されるようになり，2002年には9名の隊員が各地の高校，大学で選択科目を担当して，民間日本語教師派遣機関に引き継がれている。2002年以降，高校生，大学生を中心とした日本語弁論大会が行われている。インターネットを使った，学生の資料収集，情報交換も盛んで，リアルタイムの会話，異文化事情教材への関心が高い。2004年には国立ウッジ民族考古学博物館に，日本語教育文化の地方発信センターとして梅田良忠記念ホールが完成した。

3大学のいずれの日本学科の4年生も（大学は5年制），日本語能力1級合格レベルに達している。卒業しても日本語関係で地元に就職するのは難しく，ビザ相互免除協定以降，卒業後しばらく日本へアルバイトに行くという，以前なら想定外のケースも増えている。［吉田勝一］

香港

学習者数	機関数	教師数
初・中等教育 1,612	10	14 / 46
高等教育 3,872	52 / 8	458
学校教育以外 12,800	34	398
18,284		

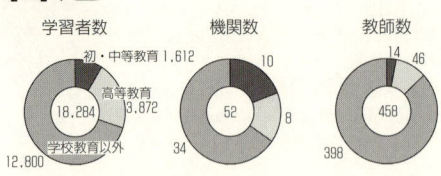

人口―682万人［2002年］
主要言語―中国語，英語，広東語
学習者1人当たり人口―373人
在日留学生―データなし
日本語能力試験受験者―6,375人
対日輸出―1,555億円　対日輸入―35,556億円
在留邦人―26,267人

●**背景**――戦後，香港の日本語教育は1950年代末から60年代にかけて始まった。本格化したのは70年代以降で，香港中文大学（72年開講）と香港大学（79年）で日本語の副専攻課程が，香港理工学院（現・理工大学，76年）では専攻課程と三種言語秘書科課程が開設された。発展期の80〜90年代には，香港大学（85年）と中文大学（92年）に日本研究学科が設立された。理工大学で言語ビジネス学位課程，城市大学で副専攻課程および高級文憑課程（現・副学士課程）が始まった。科学技術大学では日本語が選択科目として履修されるようになった。

社会人対象の教育機関としては，日本総領事館日本語講座（現・日本文化協会日本語講座，68年開講），各大学の校外課程，政府貿易発展局，多くの民間日本語学校などが挙げられる。

このような日本語課程の増設の背景として，70〜80年代の日港間における経済・文化関係の緊密化，日本人観光客の急増，日本の大衆文化や食文化の香港社会への浸透などが挙げられる。

●**現状**――日本語学習者の大部分は成人である。うち9割が社会人学習者で，1割が日本語を主/副専攻，選択科目として学んでいる大学生である。初・中等教育では，ごく少数の学校を除いて，英語以外の外国語は正規科目ではないため，年少者の学習者は少ない。しかし，日本の大衆文化やITの普及により，自習者と年少学習者の増加傾向が近年の特徴である。日本語能力試験受験者数は，1997年から2003年まで，前年比約9〜22％増で毎年増加している。

大学院レベルでは，香港大学と中文大学に研究論文課程が，理工大学には上級話者を対象とした社会人大学院専門日本研究プログラムがある。

中国への返還後，香港特区政府教育署は新言語政策を打ち出している。①普通話（北京語）教育の普及，および，②教育媒介言語の切り替えの結果，大多数の中高校生にとって英語が「第二言語」から「外国語」になったこと，などが主な変化である。在港日系企業の相次ぐ撤退により日本語学習者の就職機会の減少も懸念される。中国のWTO正式加盟（2001年）後，香港が今後どのような国際経済上の役割を果たすのかなども，今後の香港の日本語教育に影響を与える要因と考えられる。

●**ネットワーク**――1978年に創立された香港日本語教育研究会は2003年に25周年を迎えた。会員数は香港・マカオ地区の現職日本語教師，日本研究者を中心に200余名である。個々の会員の日本語教育と日本研究の分野における専門性の向上を目指し，当地域内と世界へのネットワークづくりを推進している。月例会，日本語能力試験の実施，学会誌『日本学刊』の発行，日本語弁論大会の支援，国際シンポジウムの主催などが主な活動である（www.japanese-edu.org.hk）。

［宮副ウォン裕子］

マーシャル諸島

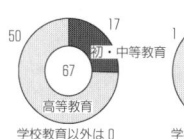

学習者数　機関数　教師数
50　17
67　初・中等教育　1　1
高等教育　2　1　2　1
学校教育以外は0　学校教育以外は0　学校教育以外は0

人口—5万人
主要言語—マーシャル語，英語
学習者1人当たり人口—746人
在日留学生—データなし
日本語能力試験受験者—データなし
対日輸出—4億円　対日輸入—53億円
在留邦人—70人

●**背景**——日本語教育は，1920年代に日本の委任統治が開始されて以降，第二次世界大戦前まで皇民教育という形で行われていた経緯がある。1986年の独立以降，学校教育に日本語が正式に導入されたのは1991年であり，国内最大規模の公立高校であるマーシャル諸島高校（MIHS）で，青年海外協力隊員により選択科目として開始された。そして翌1992年には，国内唯一の高等教育機関であるマーシャル諸島短期大学（CMI）において，やはり青年海外協力隊員によって第二外国語として日本語コースが新設された。

学校教育に第二外国語として日本語が導入された背景には，主に戦前からの日本とのかかわりと，近年の経済的かかわりがある。現在でも日本語が話せる70代以上のお年寄りがおり，また日本人を祖父母とする日系人も数多く，全般的に日本は関係の深い国と捉えられ，親日的でもある。近年では漁業や観光業など経済的な関係も深まり，英語に次いで必要性の高い外国語として「日本語」が選ばれたといえる。

●**現状**——1991年に青年海外協力隊員の派遣が開始されて以来，マーシャル諸島高校，マーシャル諸島短期大学ともに継続派遣により日本語の授業は続けられている。両校とも授業運営は隊員の日本人教師に一任されており，現在までのところ学習段階は入門から初級程度に限られ，マーシャル人日本語教師が育成されるような状況はない。青年海外協力隊員の派遣中止は，そのまま日本語教育の中止に直結しているといえるのが現状である。

現在マーシャル諸島短期大学では『Japanese for Busy People I』を教科書として採用しているが，マーシャル諸島高校では指定された教科書はなく，代々の青年海外協力隊員が工夫して日々の教材を作成している。

教育省では，日本語教育が必要な理由として日本との経済的なかかわりを挙げているが，年間の日本人観光客は550人余りと少なく，日本語の能力が実益に結びつくような状況はない。実際の学習動機としては，「祖父（母）が日本語を話せるから」とか「日本人と話してみたい」という日本への興味が第一のようである。

しかしながらマーシャル諸島短期大学では，社会人を対象とした短期講座や，優秀な高校生を対象とした夏期講座も開講されるようになり，徐々にではあるが日本語教育は広がりを見せており，学習者も増加傾向にある。また国内にある3校の公立高校では，将来的に全校で日本語を第二外国語として導入したいという動きもあり，「日本語」は学校教育における唯一の第二外国語として定着しているといえよう。

マーシャル諸島では基本的に米国の教育システムを採用しているが，学校教育に音楽や美術はない。人口5万人程度の小島嶼国でもあるこの国では，異文化や外国人の考え方，生き方に触れること自体が人的資源開発に大きくつながり，日本語教育の意義もむしろそこにあるといえるだろう。

[伊豆蔵恵美子]

マレーシア

学習者数
- 学校教育以外 5,372
- 初・中等教育 5,562
- 高等教育 6,472
- 17,406

機関数
- 37
- 130
- 22
- 71

教師数
- 66
- 412
- 132
- 214

人口―2,440万人
主要言語―公用語はマレー語，他に英語，中国語，タミール語
学習者1人当たり人口―1,402人
在日留学生―2,010人
日本語能力試験受験者―2,913人
対日輸出―14,610億円　対日輸入―13,268億円
在留邦人―10,769人

●**背景**――戦後の日本語教育は，1960年代半ばに，日本の経済成長，日本企業の進出に伴う日本への関心の高まりから，マラヤ大学，日本大使館，中国系マレーシア人の非営利団体で始まった。その後，80年代初頭に就任したマハティール首相が提唱した東方政策（ルック・イースト）により，日本語学習者が急増した。産業技術研修のための渡日前日本語教育，日本の大学および高等専門学校留学のための予備教育が始まったからである。さらに，東方政策の一環として中等教育段階での日本語教育も始まり，現在に至っている。

90年代半ば以降は，国内の大学における日本語教育の拡充期となっている。国内に次々に大学が新設されるとそれらの大学で日本語クラスが開講され，高等教育段階における日本語学習者が倍増した。

●**現状**――まず，中等教育段階では，1984年から全寮制中等学校6校で第二外国語科目として日本語が導入され，2000年にはほとんどの全寮制中等学校へと広まった。当初は日本から派遣された青年海外協力隊の隊員によって日本語が教えられていた。しかし，1990年からマレーシア政府によるマレーシア人日本語教師養成プログラムが始まり，日本留学を終えたこのプログラム修了者の着任が進み，2000年には日本人教師はいなくなった。また，マレーシア人教師が中心になって，教材や共通試験の作成が進められるようになった。

次に，予備教育では，東方政策のもと，1982年に日本の大学の学部に留学するための予備教育が始まった。高等専門学校の3年次に編入するための予備教育も91年以降マレーシア国内で実施されている。これらの機関では国際交流基金から派遣された日本語教育専門家が日本語教育に携わってきたが，マレーシア人教師と現地在住の日本人教師の数が増えつつある。予備教育とはいえないが，日本の大学への進学の一形態として，2年間をマレーシアで学び3年間を日本で学ぶというツイニング・プログラムが99年から始まっている。

そして，高等教育段階では，1966年にマラヤ大学で始まって以来30年以上がたち，現在はほとんどの大学で日本語教育が実施されている。しかしながら，初級レベルの語学コースのみで，国内に日本語教育を推進していく人材を養成する機関がない状態が長く続いた。

1990年代半ばに複数の大学で日本語を副専攻とするコースが始められた。さらに，98年にはマラヤ大学言語学部に日本語専攻コースが開設された。これにより，ようやく大学において初級レベルを超える日本語教育が行われるようになった。また，日本留学をへて日本語教師になった若手のマレーシア人教師のなかから，国内外の大学院で日本語教育の分野での研究を続ける者が出てきている。今後マレーシア人の専門家が増えることによって，日本語教育が質量ともに充実していくことが期待される。

［阿部洋子］

ミクロネシア

学習者数
- 学校教育以外 71
- 高等教育 125
- 初・中等教育 347
- 計 543

機関数
- 2
- 9
- 5
- 2

教師数
- 5
- 23
- 3
- 15

人口―12万人
主要言語―公用語は英語。他に現地語として、チューク語、ポナペ語、ヤップ語、コスラエ語
学習者1人当たり人口―221人
在日留学生―351人
日本語能力試験受験者―データなし
対日輸出―19億円　対日輸入―11億円
在留邦人―131人

● **背景** ── 第二次大戦終結まで約30年続いた日本統治時代には、日本語教育は初等教育の一環として義務づけられていた。戦後の本格的導入は、同国唯一の高等教育機関、国立ミクロネシア短期大学（COM）に青年海外協力隊員が赴任した1989年で、各州高校でも日本語教育が行われている。戦後の日本語教育導入の背景には、歴史的経緯や日本との政治的・経済的な関係強化への期待がある。日本語を話す祖父母、在留邦人や観光客との接触、日本製品の浸透などから、日本に親近感を抱く人は多い。

● **現状** ── 各教育機関とも日本語教育の継続を望んでいるが、将来を見据えた方針はない。大半は日本語教育の予算がなく、教師の多くが青年海外協力隊員である。授業運営は教師に一任され、教材も規定のものはなく各教師が学習者に合わせてアレンジしている。日本語の授業はもの珍しく、将来役に立つという意識もあって興味を示す学習者は多いが、差し迫った必要はなく学習意欲の維持が難しい。教師は文化紹介などを盛り込んだ楽しい授業を模索し、他校の教師と連携して日本語の合唱コンクールを開くなど、学習意欲の向上を目指したさまざまな試みを行っている。

卒業までの学習時間は高校が約35～300時間、COMが約45～135時間。必修、選択の別は各教育機関により異なる。いずれも初級レベルのみにとどまっているが、カリキュラムの大幅な変革は各機関とも必要としていない。今後の課題は、現地のペースを尊重しながらも、継続学習のための支援を教師が連携して進めていくことである。高校で日本語を学習した学生対象のクラスをCOMで開講したり、日本の教育機関との提携などによって日本留学の可能性を広げるなどの地道な努力も求められる。同時に、日本語は英語（公用語）以外の唯一の外国語科目であり、人格形成期にある青少年が日本語学習を通して米国以外の外国文化や価値観に触れること自体に、異文化理解教育としての意義があることも忘れてはなるまい。

● **現状** ── 経済自立を目指す同国では、観光日本語の実用性が少しずつ認められはじめている。COMのホテル＆レストランマネージメントプログラムでは接客用の日本語が必修（計約90時間）となった。そのねらいは同国の観光業を担う人材の育成とグアムなど海外での雇用機会の増進にある。同国で観光日本語教育に携わる教師は、地域の観光資源や日本人観光客、接客業について熟知することも求められる。

学習者数はおおむね増加傾向にある。近年、小学校でもクラスで日本語が紹介されたり、在留邦人が子どもや社会人向けの日本語学校を開設するなど、学習者の層にも少しずつ広がりをみせている。

［更田恵子］

メキシコ

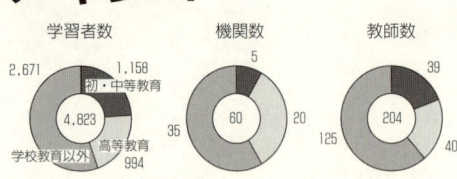

学習者数: 2,671 / 1,158 初・中等教育 / 4,823 / 994 高等教育 / 学校教育以外
機関数: 5 / 35 / 60 / 20
教師数: 39 / 204 / 125 / 40

人口―1億350万人
主要言語―公用語はスペイン語
学習者1人当たり人口―21,460人
在日留学生―133人
日本語能力試験受験者―869人
対日輸出―2,169億円　対日輸入―4,308億円
在留邦人―4,510人

●**背景**── メキシコの日本語教育は20世紀の初め頃から日本人移民子弟のための教育として行われていた。本格的な日本語教育は1960年代に入ってからで，メキシコ市にエル・コレヒオ・デ・メヒコ，メキシコ国立自治大学，日墨文化学院の3機関に日本語講座が開設されたことに始まる。70年代に入ると，メキシコ市に日本メキシコ学院が創立され，幼稚園から高校までの一貫教育のなかに日本語が科目として組み入れられた。80年代になるとそれまでメキシコ市が中心であった日本語教育が他の地域に広がりを見せ，90年代には全35州のうち約半分の州で日本語が教えられるようになった。

これらの背景には，高技術・高品質の日本製品への憧れ，アニメ・漫画・音楽などを通して日本に興味をもつ若者が増えていること，日系企業がさまざまなメキシコの都市に進出していることなども関係している。

●**現状**── 1990年代に入ると日本語教育は地域的な広がりと機関・教師数の増加をみた。しかし，大学の専門課程としての日本語・日本文学課程はない。大学の日本語講座はたいてい言語センターに設けられ，単位にならない一般公開講座である。そのようななか，近年，地方の大学（テック大学モンテレー校，バハ・カリフォルニア自治大学メヒカリ校など）で日本語が外国語選択科目に指定された。教育内容は一般日本語が中心であり，目的別，技能別のクラスをもつ日本語講座は少ない。

学習者の多くは日本語能力試験3・4級程度のレベルだが，全体の日本語力は向上しており，中級の学習者が増えている。今後，一般年少者向けの講座，目的別日本語教育，中・上級日本語教育の確立が重要な課題となろう。

●**教師**── 教師の量的・質的な問題は深刻である。メキシコ人教師の増加が著しいが，1機関に教師が1～2名しかおらず，専門教育を受けていない日本人教師や日本語運用能力が低いメキシコ人教師が講座を担当している。そのため講座を円滑に持続できないという問題が生じている。教師の仕事はメキシコでは経済的に魅力ある仕事ではない。それが長期に日本語教師を続ける人が少ないことの一因になっている。

メキシコには，メキシコ日本語教師連絡協議会（1989年発足）があり，日本語教師育成（研究会，シンポジウム開催），学習者支援（弁論大会）などを国際交流基金などの援助を得て，実施している。98年からメキシコ人日本語教師のための研修会も行っている。2002年には教師会を法人化し，本格的な活動を始めた。地方の教師が参加できるような組織は不十分で，多様化した教師および多地域に広がった日本語教育のレベル向上と日本語普及のため，メキシコ全国レベルの教師会形成が急がれている。

●**教材**── 年少者，大学院レベルなど学習者の目的が明確な機関は独自に開発した教材を使用している。しかし，日本で作られた教材を学習者の状況に合わせながら使用している機関が圧倒的に多い。

［直井恵理子］

モンゴル

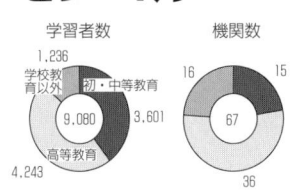

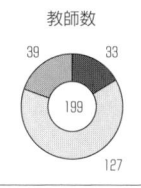

学習者数
- 学校教育以外: 1,236
- 初・中等教育: 3,601
- 高等教育: 9,080
- 4,243

機関数
- 16
- 15
- 67
- 36

教師数
- 39
- 33
- 199
- 127

人口―252万人
主要言語―モンゴル語
学習者1人当たり人口―278人
在日留学生―806人
日本語能力試験受験者―464人
対日輸出―9億円　対日輸入―56億円
在留邦人―330人

●**背景**── 1972年，日本との国交が樹立された。それをうけて，1975年にはモンゴル国立大学文学部モンゴル語学文学科に副専攻としての日本語コースが開設され，国際交流基金からの講師派遣が開始された。1976年には日本への研究留学生の派遣が開始された。1988年にはモンゴル国立大学に夜間コースとして日本語の公開講座が開設され，民間でも成人向けの公開講座が開設されるようになった。

この頃までは，日本語はごく限られた一部の人々が学ぶ程度のものであったが，1989年の民主化以降，日本語教育事情が一変した。民主化で不人気になったロシア語にかわって，英語，日本語，中国語がブームとなった。1990年，モンゴル国立大学の日本語コースが日本学科に昇格した。1991年には，第23学校で，初・中等教育レベルとしては初の日本語教育が開始された。1992年には，青年海外協力隊の日本語教師隊員の派遣も始まった。この頃から，日本語学科のある私立大学が次々に設置された。1994年，モンゴル国立大学主催で，初の日本語教育ワークショップが開催され，その際，日本語教育機関の初の実態調査も行われた。以後，モンゴル国立大学が中心となり，各種セミナーやシンポジウムの開催，教材開発を行っている。

●**現状**── 学習者が激増した民主化直後の日本語ブームも1990年代末から落ち着き，広く定着してきている。家庭でも，モンゴル人力士の活躍ぶりを含め，NHKの放送番組を見ることができるようになり，モンゴル語による日本に関する雑誌の刊行，日本語の本が閲覧できる日本図書館開館など，身近なところで日本や日本語に触れられる環境が整ってきている。成人向けの『モンゴル人のための日本語教科書初級』，『教師用マニュアル』，年少者向けの文字・文法教育を主とした『できるよ』も刊行された。2001年，モンゴル国内で初の日本語能力試験を実施，2002年には，日本政府の援助で，ビジネス教育・日本語教育・文化交流を基本としたモンゴル日本人材開発センタープロジェクトが開設された。

モンゴル国の特徴として，年少の学習者が多いこと，また，民間の学校より公教育機関で学ぶ学習者のほうが多いことが挙げられる。教育省は，英語もしくはロシア語を第一外国語に指定し12歳からの教育を義務づけ，その他の外国語教育については，各機関の裁量に任せている。

そのなかで日本語の人気が高いことの理由として，親からの要望や大学入学試験に日本語科目が入っていることが挙げられる。モンゴルの日本留学者数は1990年代初頭，十数名だったのが飛躍的に増え，2004年には806名となり，出身国別留学生数でも10位になった。日本留学経験者の多くは英語やITリテラシーをも生かして，合弁企業や観光業界で職に就くため，優秀な日本語教師の確保は待遇面の問題もあって今も困難である。

［土屋千尋／ドルゴル・スレン］

ルーマニア

学習者数
- 学校教育以外: 210
- 初・中等教育: 522
- 高等教育: 582
- 1,314

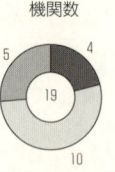

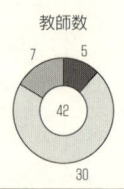

機関数
- 5
- 4
- 10
- 19

教師数
- 7
- 5
- 30
- 42

人口―2,230万人
主要言語―公用語はルーマニア語
学習者1人当たり人口―16,971人
在日留学生―データなし
日本語能力試験受験者―データなし
対日輸出―79億円　対日輸入―82億円
在留邦人―259人

●**背景**── チャウシェスク共産党政権が崩壊した民主化革命(1989年)以前、ルーマニアで日本語教育を実施していた機関は、ブカレスト大学とブカレスト人民大学の2機関であった。

ブカレスト大学では、1975年、外国語・外国文学部内に日本語コースが設置された。1978年には、国際交流基金から日本語教育専門家の派遣が始まり、現在に至っている。

人民大学は、社会人を対象とした国立のカルチャーセンターで、数都市に設置されている。ブカレストにある人民大学では、ルーマニアで最も古く日本語講座が始められた。

民主化革命以後、教育にも大きな変化が起きた。私立大学が設立され、なかには日本語教育を開設する大学も出てきた。初等・中等教育機関では、外国語の授業枠に日本語を導入する学校が現れた。また、一般市民を対象として、地方都市でも日本語講座が開講されはじめた。

1997年から国際協力事業団(現「国際協力機構」)が青年海外協力隊の派遣を開始し、日本語教育分野にも大きくかかわっている。

●**現状**── 21世紀に入り、革命後10年以上たったが、日本語教育を含めすべてが過渡期にある。

高等教育機関では、日本語を開講する大学がある反面、縮小を余儀なくされる大学もある。

初等・中等教育機関では、外国語教育が重要視され、低学年から外国語学習を始め、高校卒業までに2～4言語を学ぶ。英語・フランス語・ドイツ語の履修率が高いが、そのほかの言語も自由に採用されている。日本語の導入は、校長の裁量、親や生徒の希望、日本語教師の有無に左右されるため、不安定である。毎年新たに開講する学校が現れる一方、試みが続かずに取りやめる学校もある。そのなかでイオン・クレアンガ高校(ブカレスト)は、1996年以来、日本語教育を継続している。

一般教育機関では、日本との文化交流を深めるNGO団体や、小・中・高校生の課外活動を行う「子ども宮殿」などで、文化紹介を含めた日本語教育が定着してきている。

今後も日本語講座を開設したり中断したりする機関が併存すると予想される。定着の大きな鍵は、代表者の姿勢と日本語教師の質にあるだろう。国民全体の外国語習得への意欲は高い。日本語を選択した機関および学習者の示す、多様なニーズに応える授業が求められている。

●**教師**── ルーマニア人教師は、大学で日本語を履修した卒業生や、独学後に日本留学した学者など背景はさまざまである。教師間のネットワークづくり、日本人教師との連携、さらに教員養成、現役教師のブラッシュアップが課題である。

●**教材**── 主に日本で作られた教材が使用されている。ルーマニア語解説付き教科書である『日本語入門 Curs de Limba Japoneza』(アンジェラ・ホンドゥル著)を活用している学習者も多い。

[滝野有紀子]

ロシア

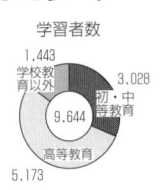

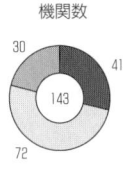

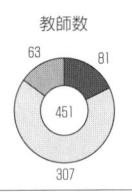

学習者数
- 学校教育以外: 1,443
- 初・中等教育: 3,028
- 高等教育: 9,644
- 5,173

機関数
- 30
- 41
- 143
- 72

教師数
- 63
- 81
- 451
- 307

人口—14,320万人
主要言語—公用語はロシア語
学習者1人当たり人口—14,849人
在日留学生—366人
日本語能力試験受験者—821人
対日輸出—4,932億円　対日輸入—2,362億円
在留邦人—1,702人

● **背景**——ロシアの日本語教育の始まりは18世紀初頭にさかのぼる。当時の女帝が，東方進出にあたっての通訳養成を目的として，1736年に当時の首都ペテルブルグに，漂流民ゴンザを教師とした日本語学校を開いた。19世紀になると日本言語学，日本文学への関心が高まり，19世紀末に極東で，1956年にはモスクワ大学で日本語講座が始められた。

初期の通訳養成を目的とした日本語教育の伝統は，革命時代からソ連邦崩壊の時期を通じて，さらに今日までも引き継がれている。

一方，日露の交流が盛んになった近年では，学習者の動機や目的が多様化し，また学習者層も，これまでの高等教育機関から年少者や社会人にまで広がっている。日露の交流は，ロシア全域においては文化交流，極東を中心とした日露合弁企業の増加などに見られる。日本との貿易では大幅な輸出超過となっている。

● **現状**——日本語学習者数は2003年現在，高等教育機関が全体の半数を上回り，初・中等教育機関が3分の1，そのほかが社会人などを対象とした機関である。教育機関数は，高等教育機関が約半数，初・中等教育機関が3分の1弱，その他が5分の1となっている。一方，教師数を見ると，全体の3分の2が高等教育機関となっており，数のうえでの格差が目立っている。

教育目的は，高等教育では，日本言語学・文学，社会経済，歴史などを専門とする日本研究者の養成と，通訳・翻訳者養成が主である。また外交官養成に目的を特化している機関もある。また近年は第二外国語としての日本語クラスも始まっている。初・中等教育機関では，日本語教育に重点を置いているところが増えており，教育目的は主として日本文化の理解である。また学校以外の機関でも，日本文化や日本社会に関心をもつ人々が日本語を学んでいる。

日本語力の評価の1つとしての日本語能力試験は，モスクワとウラジオストクで行われている。

● **教師**——ロシアでの日本語教育を担っている教師のほとんどはロシア語を母語とする者である。教授法は，文法訳読法を中心としているが，日本で研修を受けた教師あたりから，少しずつ変わってきた点も見られる。

国際交流基金・日本外交協会，日露青年交流センターほかから高等教育機関に派遣されている日本語母語話者教師は，2004年現在約40名，ほかにそれを上回る現地契約の教師もいる。初・中等教育機関への派遣はほとんどない。

● **教材**——教材は，90年代初めの頃まではゴロブニン監修『日本語』3巻本（初〜中級，1971〜73，モスクワ）が中心であったが，その後，多様な教科書が使われるようになった。現在使われている教科書は，①ロシア人教師が作成した初級・中級教科書，②同じくロシア人教師作成の通訳・翻訳者養成用教科書，③日本で出版された初級・中級教科書と，それを補完するロシア人教師が作成した文法解説書などである。

[稲垣滋子]

資料・索引

日本語教育史年表

日本語教育主要統計

日本語教育にかかわる領域

主要参考文献

索引

日本語教育史年表

西暦	和暦	●国内の日本語教育事情
5世紀		『日本書紀』(720年, 舎人親王ら撰進)に, この頃外国人による日本語の学習が行われていたと推測される最古の記録あり。
7世紀初期		『三国史記』(1145年成立, 現存最古の朝鮮の正史)に, この頃日本語教育が行われていたと推測される記述あり。
667年		
672年		
694年	朱鳥9年	
8世紀		『続日本紀』(797年, 藤原継縄ら撰進)に日本語を学ぶために留学してきた朝鮮人学生(2名)に関する記述あり。
710年	和銅3年	
712年	和銅5年	
794年	延暦13年	
9世紀中期		空海『篆隷万象名義』830(天長7)年以降の刊行[わが国でできた現存最古の漢字字書]。
858年	天安2年	
887年	仁和3年	
898年	昌泰1年	昌住『新撰字鏡』12巻(898年~901年)刊行開始[3,000を超える和訓を有する辞書]。
905年	延喜5年	
927年	延長1年	『延喜式』(藤原時平他編)に朝鮮からの語学留学生の派遣が恒常化していることが推測される記述あり。
934年	承平4年	源順(撰)『和名類聚抄』[漢語に和訓を施す]。
1004年	寛弘1年	
12世紀後期		『類聚名義抄』(平安末期)図書寮本[漢字・漢語に異体字, 字音, 和訓を付す]。
1164頃	長寛2年頃	橘忠兼(編)『色葉字類抄』2巻本[最古のいろは引き国語辞書。3巻本(1180年以前)と10巻本(『伊呂波字類抄』と記されている)あり]。
1192年	建久3年	
12-13世紀		『下官集』(藤原定家著とされる歌学書)[音韻変化の結果, 音節と仮名の対応がずれたことに対し使い分けを示す。定家仮名遣いに関する記述あり]。
13世紀		卜部兼方(編著)『釈日本紀』(鎌倉中期)[『日本書紀』に注釈を施す。語分類意識の萌芽]。
1205年	元久2年	
1232年	貞永1年	
1251年	建長3年	
14世紀		『手爾葉大概抄』(鎌倉末期~室町初期)[歌学におけるテニヲハの考察]。
1338年	暦応1年	
1392年	元中9年	

●海外の日本語教育事情	●日本事情・世界事情
	《日本》近江大津京に遷都。
	《日本》飛鳥京に遷都。
	《日本》藤原京に遷都。
	《日本》平城京（奈良）に遷都。
	《日本》『古事記』成る。
	《日本》平安京（京都）に遷都。
	《日本》藤原良房，摂政となる[人民摂政の初め]。
	《日本》藤原基経，関白となる[関白の初め]。
	《日本》『古今和歌集』成る。
	《日本》紫式部『源氏物語』（11世紀初に完成）
	《日本》源頼朝，鎌倉幕府を開く。
	《日本》『新古今和歌集』成る。
	《日本》貞永式目（御成敗式目五十一条）制定。
《中国》羅大経『鶴林玉露』（南宋時代の随筆集，18巻，1248〜52年成立）に，日本語を中国字音で注した数語を含む。	
	《日本》足利尊氏，室町幕府を開く。
	《日本》南北朝の合一成る。

西暦	和暦	●国内の日本語教育事情
1376年	天授2年	
1414年	応永21年	
1492年	明応1年	
1523年	大永3年	
1543年	天文12年	
1549年	天文18年	フランシスコ・ザビエル，鹿児島に上陸しキリスト教の布教を開始。ザビエルの弟子，ホアン・フェルナンデス，日本語学習に励む。
1551年	天文20年	
1564年	永禄7年	
1566年	永禄9年	
1570年	元亀1年	
1573年	天正1年	
1579年	天正7年	
1581年	天正9年	巡察使アレッサンドロ・バリニャーノ，全国を都・豊後・下の3布教区に分け，コレジオ，ノビシアド，セミナリオから成る宣教師養成の教育機関を設ける。日本語学習を従来の個人的レベルの学習から，教育機関における組織的学習へと発展させる。
1582年	天正10年	府内のコレジオで日本語の文典および辞書が編纂されたと伝えられる。
1587年	天正15年	
1590年	天正18年	
1592年	文禄1年	ローマ字本『ドチリナ・キリシタン』『ヒデスの導師』天草で刊行。
1593年	文禄2年	ローマ字による口語習得のための口語訳本『平家物語』『イソップ物語（Esopo no Fabulas)』『金句集』天草で刊行。
1594年	文禄3年	アルバレス『ラテン文典』天草で刊行［一部に，日本語動詞の活用などを含む］。
1595年	文禄4年	『羅葡日対訳辞書』天草で刊行［ラテン語，ポルトガル語，日本語の対訳辞書で，宣教師の日本語学習とともに日本人教徒のラテン語学習のためにも利用された］。
1597年	慶長2年	
1598年	慶長3年	『落葉集』長崎で刊行［キリシタンの漢字学習のための漢字辞書］。
16世紀		『春樹顕秘抄』（室町末期）［姉小路式の叙述を整理し多少増補を加えたもの］。
1600年	慶長5年	ローマ字本『ドチリナ・キリシタン』，国字本『どちりな・きりしたん』『おらしょの翻訳』等長崎で刊行。
1602年	慶長7年	
1603年	慶長8年	『日葡辞書（Vocabulario da Lingoa de Iapam）』長崎で刊行［口語を中心に広い範囲の語彙，約3万3,000語を収載した日本語とポルトガル語の対訳辞書。外国人の日本語学習用に編まれた本邦最初の本格的辞書］。
1604年	慶長9年	
1604-08年	慶長9-13年	ジョアン・ロドリゲス『日本大文典（Arte da Lingoa de Iapam）』長崎学林刊。
1609年	慶長14年	

●海外の日本語教育事情	●日本事情・世界事情
《中国》『書史会要　日本国（巻八）』に，いろは 47 文字を記載し，音注を施す。	
《朝鮮》朝鮮の司訳院で日本語を教え始める。	
《朝鮮》『伊路波』[ハングルで日本語を表記した最古の文献]	
《中国》『日本（国）考略（日本寄語）』[約 350 の日本語を収める]。	
	《日本》ポルトガル人，種子島に漂着[鉄砲伝来]。
《中国》『日本館訳語』(1429 - 1549 に編纂と推定される)[日本語 566 語を収める]。	
《ポルトガル》ドアルテ・ダ・シルバ『日本文典（Arte da Lingoa Japonesa）』刊行[キリシタン宣教師による最初の日本語文法書]。	
《スペイン》ホアン・フェルナンデス『日本文法（Grammatica da Lingoa Japanesa）』刊行。	
《中国》鄭舜功『日本一鑑奇話編』刊行[日本語約 3400 語を収める]。	
	《日本》ポルトガル船，長崎で初交易。
	《日本》室町幕府滅ぶ。
《イタリア》アレッサンドロ・ヴァリニャーノ来日。イエズス会巡察使。宣教師の日本語教育を組織化。	
	《日本》九州の少年使節渡欧。
	《日本》豊臣秀吉，キリスト教の布教を禁止，宣教師を国外追放。
	《日本》豊臣秀吉の天下統一。‖ バリニャーノ，再来日して西洋印刷機を初めて伝える。
《中国》『日本風土記』[56 類 1,146 語の単語にひらがなを付し，さらに和歌や俗謡を紹介]。	
	《日本》朝鮮より活字印刷の技術移植。
	《日本》関ヶ原の戦い
	《オランダ》東インド会社設立。
	《日本》徳川家康，江戸幕府を開く。
	《日本》内外貿易船に朱印状下付。
	《日本》オランダ，平戸に商館を

西暦	和暦	●国内の日本語教育事情
1612年	慶長17年	
1613年	慶長18年	
1615年	元和1年	
1620年	元和6年	
1630年	寛永7年	
1632年	寛永9年	
1633年	寛永10年	
1635年	寛永12年	
1639年		
1676年	延宝4年	
1688-1703年		
1690年	元禄3年	ドイツ人E.ケンペル，オランダ商館医員として来日。
1695年	元禄8年	契沖『和字正濫鈔』[定家仮名遣いの誤りを正す]。
1700年	元禄13年	文雄『磨光韻鏡』[中国古音の研究書。以後の音韻研究に大きな影響を与える。太田全斎の『漢呉音図』（1815年）により集大成される]。
18世紀		
1705年	宝永2年	
1711年	正徳1年	
1715年	正徳5年	
1716年	正徳6年	
1727年	享保12年	
1729年	享保14年	
1736年	元文1年	
1738年	元文3年	
1754年	宝暦4年	
1762年	宝暦12年	
1760年代		

日本語教育史年表 —— 1059

●海外の日本語教育事情	●日本事情・世界事情
	設置。
	《日本》幕府，キリスト教禁止令を発布。
《イギリス》ジョン・セーリス『セーリス日本航海記』刊行［イギリス商船隊長セーリスの日本滞在記。若干の日本語を含む］。	《日本》イギリス，平戸に商館を設置。
	《日本》大坂夏の陣
《ポルトガル》ジョアン・ロドリゲス『日本小文典（Arte Breve da Lingoa Iapoa）』マカオで刊行。	
《スペイン》『日西辞書』マニラで刊行［『日葡辞書』のスペイン語版］。	《日本》キリスト教関係の書籍輸入禁止。
《スペイン》ディエゴ・コリャード『日本文典』［ラテン文による日本語文法書］，『羅西日辞書』［ラテン語，スペイン語，日本語の対訳辞書］および『懺悔録』，ローマで刊行。	
	《日本》鎖国令発布。
	《日本》幕府，外国船の入港，貿易を長崎に限り，日本人の海外渡航，帰国を禁止。
	《日本》鎖国完成。
《朝鮮》康遇聖『捷解新語』刊行［主に会話を日本文と朝鮮語訳文の対訳で示す］。	
	《日本》元禄時代
《ロシア》皇帝ピョートル1世による日本語学習の提案［18世紀からロシア科学アカデミーにおいて日本言語学が提案される］。	
《ロシア》ペテルブルグ日本語学校創設［伝兵衛，最初の日本語教師となる］。	
《ロシア》カムチャッカに漂着した漁民サニマ，ペテルブルグに送られ，伝兵衛の助手として日本語を教える。	
	《日本》新井白石『西洋紀聞』初稿本成る。
	《清》『康熙字典』成る。
《ドイツ》ケンペル『日本誌』刊行［若干の日本語を含む］。	
《ロシア》権左（ゴンザ）と宗左（ソーザ），カムチャッカ半島に漂着。	
《ロシア》権左（ゴンザ）と宗左（ソーザ），ペテルブルグに送られ，この年開校した，ペテルブルグ科学アカデミー付属日本語学校の日本語教師となる。ⅱペテルブルグ日本語学校の監督官アンドレイ・ボグダーノフ，ゴンザとソーザの協力を得て，『日本語会話入門』［619例からなる項目別会話集］，『簡略日本文法』，『新スラブ日本語辞典』（1736～1738）［約1万2,000語収録。薩摩方言が多く見られる］，『露日語彙集』［40項目からなるロシア語と日本語の対訳語彙集］などを作成。	
《スペイン・メキシコ》メルチョール・オヤングレン『日本文典（Arete de la Lengua Japone）』スペイン・メキシコで刊行。	
《ロシア》ペテルブルグ科学アカデミー付属日本語学校，イルクーツクへ移る［漂流民の日本語教師数名，日本語を教える］。	
	《フランス》ルソー『民約論』
	《イギリス》紡績機械の発明。産

西暦	和暦	●国内の日本語教育事情
1765 年	明和 2 年	楫取魚彦『古言梯』[『和字正濫鈔』(1695 年) を増補改訂。のち明治政府が学校教育に採用。歴史的仮名遣い]。
1767 年	明和 4 年	富士谷成章『かざし抄』[副用語にあたるものを「かざし」と名づけ、その意味・用法を説明]。
18 世紀中期		『俚言集覧』26 巻
1771 年	明和 8 年	『てにをは紐鏡』[係り結びを中心としたテニヲハの研究書。『詞玉緒』(1779 年) で解説]。
1773 年	安永 2 年	『あゆひ抄』[助詞・助動詞などを「あゆひ」と名付け、その意味・用法を説明]。
1774 年	安永 3 年	
1775 年	安永 4 年	『物類称呼』[最初の全国方言辞書]
1776 年	安永 5 年	『字音仮字用格』[50 音図のオ・ヲの位置を現在の位置に正す]。
1777 年	安永 6 年	『和訓栞』[50 音順配列の辞書]
1778 年	安永 7 年	
1780 年	安永 9 年	
1782 年	天明 2 年	『御国詞活用抄』[用言の活用の研究書]
1785 年	天明 5 年	『漢字三音考』[漢字字音の研究書]
1787 年	天明 7 年	
1790 年	寛政 2 年	
1791 年	寛政 3 年	
1792 年	寛政 4 年	
1798 年	寛政 10 年	『仮字遣奥山路』[記紀万葉の仮名遣いを整理。橋本進吉により上代特殊仮名遣いとして再発見され昭和における上代語研究の発展の契機を与える]。
1803 年	享保 5 年	『活語断続譜』(1803 年頃) [用言の切れ続きといった語形変化を明らかにしたもの。幕末になって『柳園叢書』に後人の書き入れとともに刊行]。
1804 年	享保 6 年	
1808 年	文化 5 年	『詞八衢』[活用の研究]。
1815 年	文化 12 年	
1816 年	文化 13 年	
1823 年	文政 6 年	『友鏡』[活用, テニヲハの研究]。
1824 年	文政 7 年	『言語四種論』[語の分類]。
1825 年	文政 8 年	
1826 年	文政 9 年	石川雅望『雅言集覧』[上代, 中古の古語・雅言を集めた辞書]。
1828 年	文政 11 年	本居春庭『詞通路』[動詞を, 自他や受身・使役の別から 6 種に分ける]。
1829 年	文政 12 年	富樫広蔭『辞玉襷』[用言の類別, 用言の活用の様, 係り結びのあり方を一枚の図にする。『詞玉橋』(1826 年初稿, 1891 年刊) でそれを解説]。

●海外の日本語教育事情	●日本事情・世界事情
	業革命起こる。
	《日本》杉田玄白『解体新書』
	《日本》ロシア船，蝦夷地に来航。
《朝鮮》洪舜明『倭語類解』刊行［日本語の辞書。約3400の漢字に対する日本語訳をハングルで示す］。	
《ロシア》アンドレイ・タターリノフ『露日辞典』刊行［ロシア語と日本語の対訳辞書。日本語をロシア文字とひらがなとで示す］。	
《ロシア》P. S.パラス『欽定世界言語比較辞典』刊行［ロシア人パラスがエカチェリーナ2世の勅命によって編纂。日本語に関する項目を含む。大黒屋光太夫が日本語改定にあたる］。	
《朝鮮》崔麒齢編『隣語大方』［日本の朝鮮通詞のための朝鮮語学習書を日本語学習書に作り直したもの。商談に必要な文例500あまりを記載］。	《日本》寛政異学の禁
《ロシア》神晶丸の水夫，新蔵と庄蔵，イルクーツク日本語教師に任命される。	
《スウェーデン》C. P.ツンベリー「日本語観察」を『ウプサラ大学紀要』にラテン語で発表。	《日本》ロシア使節，ラクスマン，根室に来航し通商を求める。
《ロシア》ニコライ・ペトロビッチ・レザノフ『文字・初歩文法規則・会話から成る日本語の手引き』刊行。	
《ロシア》N. P.レザノフ『ロシア語アルファベットによる日本語辞典』刊行。	《日本》ロシア使節レザノフ，長崎に来航。
	《日本》杉田玄白『蘭学事始』
《ロシア》イルクーツクの日本語学校閉鎖。	
《ドイツ・フランス》H. J.クラプロート『アジア言語誌（Asia Polyglotta）』刊行［日本語がウラル・アルタイ語系であることを記述］。	《日本》F.シーボルト，オランダ商館医員として来日。
《フランス》J. P. A.レミュザ，H. J.クラプロートら，アジア学会設立。	
《フランス》C.ランドレス『日本文典（Eléments de la grammaire Japonaise）』刊行［フランス語による日本文典］。	
《ドイツ》シーボルト『日本語要略（Epitome Linguae Japonicae）』バタビアで刊行［ラテン語で書かれた簡単な日本文典］。	
	《日本》シーボルト事件

西暦	和暦	●国内の日本語教育事情
1830 年	天保 1 年	
1832 年	天保 3 年	
1833 年	天保 4 年	『和語説 略図』[テニヲハおよび活用にかかわる研究]。 『語学新書』[日本語をオランダ語の文法にそって分析，9 品種に分類]。
1835 年	天保 6 年	
1840 年		
1841 年	天保 12 年	
1843 年	天保 14 年	『活語指南』[将然言（未然言），連用言，截断言，連体言，已然言，希求言などの名称を挙げる]。
1844 年	弘化 1 年	
1851 年	嘉永 4 年	
1853 年	嘉永 6 年	
1854 年	安政 1 年	
1855 年	安政 2 年	
1856 年	安政 3 年	
1857 年	安政 4 年	
1858 年	安政 5 年	
1860 年	万延 1 年	
1861-65 年		
1861 年	文久 1 年	
1862 年	文久 2 年	
1863 年	文久 3 年	

●海外の日本語教育事情	●日本事情・世界事情
《イギリス》W. H.メダースト『英和和英語彙集（An English and Japanese and Japanese and English Vocabulary）』バタビアで刊行［最初の英和和英辞書］。	
《ドイツ》シーボルト『日本』刊行。	
《ドイツ・オランダ》シーボルトとホフマン『日本書誌（Bibliotheca Japonica）』ライデンで刊行［日本研究資料集］。	
《イギリス》W. H.メダースト『Translation of the Chinese, Korean and Japanese Languages』刊行［『倭語類解』（1703年）の翻訳］。	
	《清》アヘン戦争勃発（〜43年）
	《日本》土佐の中浜万次郎，鳥島に漂着。その後，米国の捕鯨船に救助される。
	《日本》オランダ使節，幕府に開国を進言。
《オランダ》ライデン大学教授ヨハン・ホフマン，最初の日本語教授となる。	
《ドイツ》フィッツマイヤー『日本語辞典（Wörterbuch der Japanischen Sprache）』，『日本書誌』刊行。	
	《日本》アメリカ東インド艦隊司令長官ペリー，浦賀来航。
	《日本》日米和親条約（神奈川条約）。
《オランダ》ライデン大学に日本学科設立。	
《フランス》レオン・ド・ロニー『日本語研究序説（Introduction a l'étude de la langue japonaise）』刊行。	
《ロシア》I. A.ゴシケーピッチ，橘耕斎，V. Y.ヤマトフ『和魯通言比考』ペテルブルクで刊行［日本語とロシア語の対訳辞書］。	
《オランダ》オランダ商館長ドンケル・クルチウス『日本語文法試論』（Proeve eener Japansche Spraakkunst）』［オランダ語による日本文典］，ライデンで刊行。	
	《日本》日米修好通商条約調印。
《アメリカ》『英和日用句集（Familiar Phrases in English and Romanized Japanese）』上海で刊行。	
	《アメリカ》南北戦争
《イギリス》オールコック『初学者用日本文法要説（Elements of Japanese Grammar for the Use of Beginners）』刊行。	
《フランス》L.パジェス『日本文典（Essai de grammaire japonaise）』刊行。	
《オランダ》J.ホフマン『蘭英和商用対話（Shopping Dialogues in Dutch English and Japanese）』刊行。	
《オーストリア》ウィーン大学，非公式に日本語講座開始。	《日本》幕府，横浜に英語学校を創設。
《オランダ》J.ホフマン，オランダ植民省日本語通訳官として幕府派遣留学生の通訳にあたる。	
《フランス》『日仏辞書』（1862年〜1868年）『日葡辞書』（1603年イエズス会刊）の仏訳］。	
《フランス》ロニー『日本文集（Recueil de textes japonais）』刊行。∥ロニー，幕府の遣欧使節の通訳にあたり，福沢諭吉らと親交を結ぶ。∥帝立図書館付属東洋言語専門学校，日本語講座開講。	
《イギリス》オールコック『日用日本語対話集（Familiar Dialogues in	

西暦	和暦	●国内の日本語教育事情
1864年	元治1年	
1865年	慶応1年	
1866年	慶応2年	前島密，漢字廃止の議を将軍に建白。
1867年	慶応3年	
1868年	明治1年	
19世紀後半		
1869年	明治2年	
1870年	明治3年	
1871年	明治4年	
1872年	明治5年	日本アジア協会開設。協会誌（The Transaction of Asiatic Society of Japan）を発行。
1873年	明治6年	アーネスト・サトー『会話篇（Kuaiwa Hen, Twenty-five Exercises in the Yedo Colloquial, for the Use of Students, with Notes）』横浜で刊行。
1875年	明治8年	
1876年	明治9年	アーネスト・サトー，石橋政方『口語英和辞典（An English and Japanese Dictionary of the Spoken Language）』刊行。
1877年	明治10年	
1878年	明治11年	
1880年	明治13年	

●海外の日本語教育事情	●日本事情・世界事情
Japanese with English and French Translation)』刊行。 《イタリア》A.セヴェリーニ（ロニーの弟子），王立フィレンツェ高等研究所に日本語講座開設。 《アメリカ》ブラウン『日本語会話（Colloquial Japanese or Conversational Sentences and Dialogues in English and Japanese)』刊行。 《イギリス》T.プレンダーガスト『The Mastery of Languages』刊行。	
	《日本》薩摩藩，森有礼ら19名，英国へ留学させる。
《フランス》メルメ・ド・カション『仏英和辞典（Dictionnaire français-anglais-japonais)』刊行。	《日本》日伊通商条約締結。‖福沢諭吉『西洋事情』刊行。
《アメリカ》J. C.ヘボン『和英語林集成（A Japanese and English Dictionary with an English and Japanese Index)』刊行〔和英の部に2万772語を収める〕。 《オランダ》J.ホフマン『日本文典（Japansche Spraakleer)』（オランダ語版）ライデンで刊行。	《ドイツ》マルクス『資本論』
《フランス》レオン・ド・ロニー，フランス国立東洋学校に日本語講座開講。‖国立東洋学校で日本・日本語研究が始まる〔初代主任教授ロニー〕。‖パジェス『日仏辞書』刊行〔キリシタンの『日葡辞書』をパジェスが編訳したもの〕。 《オランダ》J.ホフマン『日本文典』（英語版）刊行。	《日本》明治維新
《イタリア》A.セヴェリーニ，フィレンツェの国立高等学校に日本語講座を開講。その直後，ローマ大学でC.ヴァレンツィアーニが日本語科の教授に任命される。	
《イギリス》アストン『日本口語小文典（A Short Grammar of the Japanese Spoken Language)』刊行。 《オーストリア》フィッツマイヤー，ウィーン大学で日本語講座開講。	
《ロシア》ペテルブルク大学，東洋学部に日本語講座開講〔初代日本人講師橘耕斎。後に西徳二郎（日本公使館員），安藤謙介（外務省留学生）が講師となる〕。 《フランス》L.ド・ロニー，新聞「よのうはさ」発刊〔すべて平仮名による新聞〕。	
《イタリア》ナポリ東洋研究所，日本語講座開講。	《日本》廃藩置県。‖岩倉具視ら欧米派遣。‖日清修好条規締結。‖文部省設置。
《イギリス》アストン『日本文語文典（Grammar of the Japanese Written Language)』刊行。	《日本》学制発布。文部省に教科書編成係設置。‖森有礼『日本の教育』刊行。‖師範学校篇『小学読本』刊行。
《ドイツ》ベルリン大学付属東洋学校，日本語講座開講。 《イギリス》馬場辰猪『日本語文典初歩（An Elementary Grammar of the Japanese Language)』ロンドンで刊行。 《イタリア》王立高等商業学校，日本語の補助科目講座開始〔吉田要作が教授となる〕。‖岩倉具視視察団訪問後，ヴェネツィアの商業高等学校で実用日本語コースが開設される。	
《イギリス》ブラウン『日本語適用プレンダーガストのマスタリィ・システム（Prendergast's Mastery System)』刊行。	《日本》文部省，国語辞書編集に着手。
《イタリア》ローマ大学，日本語講座開講。	《日本》日朝修好条規締結。
	《日本》東京開成学校と東京医学校が合併し東京大学開学。
《アメリカ》M. D.ベルリッツ，ロードアイランド州に語学校（Berlitz School of Languages）を設立〔ベルリッツ教授法考案。幼児の自然な言語習得課程を外国語教授法に取り入れる。母語使用せず完全な直接法〕。	
《フランス》フランソワ・グアン『言語の教授と学習の方法（L'art d'enseigner	

西暦	和暦	●国内の日本語教育事情
1881年	明治14年	福沢諭吉, 朝鮮から来日した留学生3名のうち2名を受け入れる。
1882年	明治15年	
1883年	明治16年	韓国人留学生44名来日。9名が福沢諭吉の仲介で慶應義塾, 士官学校に入学。
1884年	明治17年	A. D.グリング『対訳漢和英字書 (Eclectic Chinese - Japanese - English Dictionary of Eight thousand Selected Chinese Characters)』刊行。
1885年	明治18年	
1886年	明治19年	お雇い外国人教師(東京帝国大学博言学科教師)バジル・ホール・チェンバレン, 上田万年, 芳賀矢一, 岡倉由三郎らを教える。
1887年	明治20年	文部省, 尋常・高等小学校で約2,000字の漢字を教えることとした。
1888年	明治21年	
1889年	明治22年	
1890年	明治23年	
1891年	明治24年	
1892年	明治25年	文部省, 外国人留学生規程制定。
1893年	明治26年	松宮弥平, アメリカ人宣教師らに日本語を教える。
1894-95年		
1894年	明治27年	
1895年	明治28年	台湾総督府民政局学務部教員編『日本語教授書』刊行。
1896年	明治29年	清国から留学生13名来日。 加納治五郎, 清国からの留学生13名を受け入れる。

●海外の日本語教育事情	●日本事情・世界事情
et d'étudier les langues)」［グアン式教授法を紹介］。	
	《日本》国会開設の詔‖「小学校教則綱領制定［国語科は「読書」と「習字」］。「中学校教則大綱」制定［国語科は「和漢文」と「習字」］。
《ドイツ》W.フィエトル『Der Sprachunterricht muss umkehren!』刊行［文法訳読法に対し新しい外国語教育論を主張。邦訳『言語教育の転換』（1982年）］。	
	《日本》かなもじ運動の「かなのくわい」結成。
	《日本》羅馬字会設立。
《アメリカ》J. C.ヘボン『和英語林集成』（第3版）［ヘボン式ローマ字使用］刊行。 《イギリス》B. H.チェンバレン『日本近世文語文典（A Simplified grammar of the Japanese Language, Modern Written Style）』刊行。‖チェンバレン『ローマ字日本語読本（A Romanized Japanese Reader）』刊行。‖国際音声学協会（I.P.A.）創立。『Le Maître Phonétique』創刊。 《デンマーク》ストックホルム言語学大会で、O.イェスペルセンら外国語教授法の改革を唱える。 《イタリア》アゴスティーノ・コッティン、日本語初歩の公開講座開催。	
《ドイツ》ベルリン大学に東洋言語学科が設立される。‖ルドルフ・ランゲ、ベルリンの東洋語学院の日本語講師となる。	
《イギリス》B. H.チェンバレン『日本口語便覧（A Handbook of Colloquial Japanese）』刊行。	《日本》日墨修好通商条約締結。
	《日本》大日本帝国憲法発布。
《ドイツ》ランゲ『日本語口語教本（Lehrbuch der Japanischen Umgangssprache）』刊行。	《日本》第1回帝国議会開く。‖小学校令公布。‖教育勅語発布。
《朝鮮》岡倉由三郎、朝鮮の京城日語学堂で日本語を教える。	
《ハワイ》「日本週報」発刊［ハワイ初の日系新聞］。 《イギリス》V.ベティスとH.スワン『The Art of Teaching and Studying Languages』刊行［グアン（1880）の英訳］。	
《ハワイ》日本語学校、ハワイ島ハラワ公立学校の校舎を借りて開校［30余名が入学］。	
	日清戦争
《朝鮮》岡倉由三郎『外国語教授新論』刊行［オレンドルフ教授法を紹介］。 《ロシア》黒野義文『露和通俗会話篇』刊行［日常生活用会話文に諺、俚言を付す］。	
《台湾》伊沢修二、台湾総督府学務部長（〜1897年）となり、芝山巌において台湾人に対する日本語教育を開始。‖伊沢修二『日本語教書』（教師用指導書）刊行［語学初歩、日本文法、字音変化の3部から成る］。 《ハワイ》五味環、マウイ島クラのメソジスト教会で日本語学校を開校。	《日本》下関条約調印［台湾割譲］。‖日伯修好通商航海条約調印。‖慶應義塾大学に朝鮮政府派遣留学生113名入学。 《台湾》台湾総督府設置。
《台湾》島民の反日蜂起により台湾総督府学務部員6名、芝山巌において殉職。‖芝山巌において日本語教育再開。‖直轄諸学校官制施行、台湾各地に国語伝習所開校［台湾の国語（日本語）普及を主たる目的とした初等教育機関］。‖台湾総督府学務部編『新日本言集』『会話入門』『国語教授参考書』『国語読本初歩』刊行。‖植民地での国語教育としての初期の教科書『新日本語言集甲号』『台湾適用	

西暦	和暦	●国内の日本語教育事情
1897年	明治30年	大槻文彦『広日本文典』[『言海』(1891年) のために編まれた『語法指南』を増補・改訂。8品詞に分類]。
1898年	明治31年	上田万年, 新村出ら言語学会設立。 東亜同文会設立 [教育事業として1902年南京同文書院, 東京同文書院 (神田) を開校]。 国語教授研究会, 山口喜一郎, 橋本武, 小川尚義らで発会。
1899年	明治32年	
1900年	明治33年	文部省, 小学校での仮名字体の一定化 (変体仮名廃止), 字音仮名遣いの改正, 漢字1,200字制限を発表。
20世紀		
1901年	明治34年	松下大三郎『日本俗語文典』刊行。
1902年	明治35年	清国留学生会館, 東京 (神田) に開設。 文部省, 国語調査会設置。
1903年	明治36年	嘉納治五郎, 宏文学院を創立, 中国人に日本語教育を施す。 小学校教科書国定化。『尋常小学校読本』(第1期) 編纂成る。
1904年	明治37年	松本亀次郎『言文対照・漢訳日本文典』刊行 [昭和半ばまでに40版を重ねる。中国語訳には教え子の留学生が協力]。 『振武学校語文教程 (巻1~7)』編纂, 振武学校刊。 法政 (法政大学) 速成科, 経緯学堂 (明治大学) で留学生教育開始。
1905年	明治38年	在日清国留学生8,000名を超える。 M.ブレブナー (岡倉由三郎訳)『外国語最新教授法』刊行 [The Method of Teaching Modern Languages in Germany を翻訳]。 早稲田大学, 清国留学生部設置。
1906年	明治39年	松本亀次郎『改訂日本語教科書』刊行 [三矢重松, 松下大三郎, 井上翠等の参画によって出来た教科書]。

●海外の日本語教育事情	●日本事情・世界事情
国語読本初歩（上巻）』『台湾適用会話入門（全）』，および教師用指導書『国語教授参考書（3巻）』刊行。 《朝鮮》京城学堂，釜山開成学校，開校［私立の日語学校］。 《ハワイ》日本人小学校開校［日本人子弟に日本的教育を施す。文部省検定済み教科書使用］。	
《台湾》山口喜一郎，講習員として渡台，台湾総督府の日本語教員となる。 《メキシコ》榎本植民団35名，チアパス州アカコヤグア村に到着。	《朝鮮》国号を大韓と改める。
《台湾》台湾に公学校令施行。国語教育の名において国語を課す。‖山口喜一郎，台湾でグアン式教授法を日本語教育に実験的に応用。‖山口喜一郎，橋本武，小川尚義らにより台湾の国語教授研究会発会。 《中国》杭州に日文学堂設立。 《ハワイ》佐藤行信，ハワイ島北コナで日本語指導を始める。 《ロシア》ペテルブルグ大学，日本語・文学講座開講。	《日本》隈板内閣成立（最初の政党内閣）。
《フランス》M.クーラン『日本口語文典（Grammaire de la langue japonaise parlée）』刊行。 《イギリス》B. H.チェンバレン『文字のしるべ（A Practical Introduction to the Study of Japanese Writing）』刊行［漢字の学習書］。‖H.スウィート『言語の実際的研究（The Practical Study of Languages）』刊行。 《ロシア》I. A.ゴシケビッチ『日本語の根源について』刊行［日本語の語源解明と他言語の語源との比較を試みる。没後刊］。	《日本》改正条約施行（治外法権撤廃）。‖早稲田大学に最初の清国留学生2名入学。‖東亜同文会が南京に東京同文書院を設立。
《フランス》P.パッシー，パリ万国教育者大会で直接法の長所を主張。 《アメリカ》カリフォルニア大学バークレイ校，日本語教育開始［1896年より東洋語学科設置］。	
《中国》中国での日本語教育の歴史は明代に端を発するが，清末から民国初期（1900年前後）さらに1930年代に多くの日本語教材，辞書，研究書が出版されている。	
《台湾》台湾総督府，『台湾公学校読本 巻1～巻12』『台湾公学校国語教授要旨』『グアン氏言語教授方案』刊行。 《デンマーク》O.イェスペルセン『Sprogundervisning』刊行［英訳How to Teach a Foreign Language（1904）・邦訳『語学教授法新論』（1941）］。	
《アメリカ》日系人子弟のためのシアトル国語学校，ワシントン州に開講［日本の小学校と同じ教科書を使用。読み書き中心］。	《日本》日英同盟成立。
《インドネシア》インドネシア初の日本語講習会［長山主税による］。 《アメリカ》西本願寺仏教団，桑港（サンフランシスコ）仏教会，明治小学校を開校。‖桜府（サクラメント）仏教会，桜学園を開校。‖佐野圭三，サンフランシスコに日本語学院を開校。 《ドイツ》E. R.エドワーズ『日本語の音声学的研究（Étude phonétique de la langue japonaise）』刊行。 《イギリス》英国最初の日本語学校（シャンド日本語学校），ロンドンに開校［1907年までに76人の生徒が学ぶ］。 《イタリア》G.ガッティノーニ，ナポリ東洋学院（現・国立ナポリ東洋大学）の日本語教授に就任。教材・文法書の作成に着手。	
《中国》『四書和文必讀』［清朝末期の和文漢読の学習法による教科書］‖南金書院民立小学堂，日本語教育開始。 《フランス》J. M.ルマレシャル『和仏大辞典（Dictionnaire japonais-français）』刊行。	日露戦争勃発（～05） 《インドネシア》オランダ領インドネシア成立。
《フランス》E.ラゲ/小野藤太（編）『仏和大辞典（Dictionnaire français-japonais）』刊行。	《日本》ポーツマス条約。 《中国》孫文，日本で中国同盟会結成。
《朝鮮》朝鮮総督府，日本語読本を編纂。 《中国》南満州鉄道沿線に公学堂，中学堂，実業学堂を開設し，日本語の普及に努	

西暦	和暦	●国内の日本語教育事情
1907年	明治40年	朝鮮統監府学務部編『普通学校学徒用日語読本』刊行［近代以降，朝鮮の学校教育で使用された初の日本語教科書］。 ベトナム留学生100名来日。 松下大三郎『漢訳日本口語文典』刊行。
1908年	明治41年	三矢重松『高等日本文法』刊行。 山田孝雄『日本文法論』刊行［独自の体系的文法学説を構築］。 ベトナム留学生200名来日。
1909年	明治42年	
1910年	明治43年	
1911年	明治44年	
1912年	大正1年	
1913年	大正2年	日語学校（東京外国語学校内）開校［初代校長はF.ミュラー，教授主任は松宮弥平。のち日語文化学校と改称］。 文部省，国語調査会を廃止，教育調査委員会を設置。
1914年	大正3年	松本亀次郎『漢訳日本語会話教科書』刊行［嘉納治五郎の委託により，松下大三郎，三矢重松ほかの校訂を経て編纂］。 日語文化学校，第1回日本語教授法講習会開催［受講者30名］。 松本亀次郎，東京・神田に中国人留学生のための東亜高等予備校を開校。
1915年	大正4年	
1916年	大正5年	
1917年	大正6年	

●海外の日本語教育事情	●日本事情・世界事情
める。 《大韓帝国》韓国統監府開庁。学制改正を実施し，実用に資する日本語教育開始。 《カナダ》最初の学校組織「バンクーバー共立国民学校」設立［日系2世の教育にあたる］。 《メキシコ》植物学者である松田英二（内村鑑三の弟子）の「日墨協働会社」，日本人移民入植地のチアパス州アカコヤグラ村で寺子屋式の「暁（アウロラ）小学校」を設立。‖照井亮次郎，日系子弟の教育機関としてアウロラ（暁）小学校を開校。 《アメリカ》イェール大学，日本研究を開始。	
	《日本》小学校令改正（義務教育6年）。
《ブラジル》第1回ブラジル移民，笠戸丸により出発。‖移民が開始された当初から，日系人の間では子弟に対する国語としての日本語教育が行われる。 《ペルー》サンタ・バルバラ日本人小学校，リマ県カニエテ郡サンタ・バルバラ耕地に開校［ペルー最古の日本人学校］。 《ロシア》『露訳漢和字典』刊行［漢字4,200字収録。ロシア人を対象とした日本語字典で1950年代までのもので最も完全な字典］。 《アメリカ》ワシントン大学，東洋言語学科設置。‖ハワイ大学，日本研究コース開設。 《ドイツ》M. D.ベルリッツ『日本語教科書ヨヲロッパ版』刊行［物質教授編，会話編の2部からなる。ベルリン，パリ，ニューヨーク，ロンドン，ペテルブルクでも刊行］。	《日本》日米紳士協約‖文部省，教科用図書調査委員会設置。
《ロシア》ペテルブルク大学，東洋学講座で日本語教育開始。	《日本》韓国併合。
《イタリア》ピエトロ・シルヴィオ・リヴェッタ『口語日本語文法──理論と実際』刊行。	
《朝鮮》『普通学校国語読本（巻1〜8）』（1912年〜1915年）朝鮮書籍印刷刊行［朝鮮総督府が初めて本格的に編纂した朝鮮の国語としての日本語教科書］。 《台湾》『国民読本参照国語科話方教材』刊行［山口喜一郎が中心となり編纂。グアンの教授法の普及に努める］。 《ドイツ》ハンブルク大学，最初の日本学教授ポストを設置。	
《アメリカ》ハーバード大学，日本文明講座開講。 《台湾》『公学校用国民読本（巻1〜8）』［グアン式教授法を応用。巻9〜12は翌1914年刊行］。 《ドイツ》R.ランゲ『Thesaurus Japonicus』［ドイツ語を母国語とする人のための辞典］。	
《中国》奉天外国語学校編『日本語読本』刊行。	第一次世界大戦勃発（〜18） 《日本》郭沫若，日本に留学。
《ブラジル》サンパウロで移住者に対する日本語教育開始。‖サンパウロ市コンデ街に大正小学校創立［ブラジル最古の日本語学校］。 《南洋諸島》南洋群島小学校規則公布。日本語教育，サイパン，ヤップ，パラオ，トラック，ポナペ，ヤルートで開始（委任統括）。	
《チリ》A.ローズイネス『日本語会話初歩（Conversational Japanese for Beginners）』吉川書店から刊行［基本文法概説，練習問題，話言葉の文法，重要語彙解説がある］。 《ロシア》S.エリセーエフ，ペテルブルク大学日本語講師となる。 《スイス》F. de ソシュール『Cours de linguistique générale』刊行［邦訳『言語学原論』（1928），改訳『一般言語学講義』（1972）］。	
《オーストラリア》シドニー大学，ジェームズ・マードックが陸軍士官のための日本語コース開始，日本研究講座開講。	《日本》周恩来，日本に留学。

西暦	和暦	●国内の日本語教育事情
1918 年	大正 7 年	中国留学生受け入れ機関日華学会設立。
1919 年	大正 8 年	松本亀二郎『漢訳日本口語文法教科書』刊行［『改訂日本語教科書』（1906 年）の姉妹編にあたる文法解説書］。 文部省，口語体の訓令を出す。
1920 年	大正 9 年	
1921 年	大正 10 年	
1922 年	大正 11 年	
1923 年	大正 12 年	長沼直兄，アメリカ大使館日本語教官に就任［パーマーの教授法を日本語教育に取り入れる］。 英語教授研究所（The Institute for Research in English Teaching）創立［初代所長 H.E.パーマー（1936 年まで）。幹事は長沼直兄（米大使館日本語教官）］。
1924 年	大正 13 年	松下大三郎『標準日本語文法』刊行。
1925 年	大正 14 年	
1926 年	昭和 1 年	
1927 年	昭和 2 年	松下大三郎『標準日本口語法』刊行。

日本語教育史年表 ——— 1073

●海外の日本語教育事情	●日本事情・世界事情
《オランダ》M. W. de ヴィサーによりライデン大学で日本語講座再開［ヴィサーは1904年〜1910年在日オランダ大使館勤務］。 《イギリス》H. E.パーマー『Scientific Study and Teaching of Languages』刊行。‖ロンドン大学に東洋研究所（The School of Oriental Studies, 1938年にThe School of Oriental and African Studiesに改組）が設立され、教育機関内における日本語教育実施への萌芽が見られた。	
《オーストラリア》中等教育レベルで日本語教育を開始［シドニー市内の私立男子校フォート・ストリート高校で日本語教育が始められる］。 《フランス》リヨン商工会議所、日本語入門講座開講。	《日本》シベリア出兵。 《ドイツ》ドイツ革命
《ポーランド》ワルシャワ大学極東文化学科に日本語講座開設［B.リヒテル教鞭をとる］。	ヴェルサイユ条約調印。
《ペルー》旧リマ日本人学校開校［ペルー中央日本人会経営。ペルー国政府文部省私立小学校認可の学校］。	国際連盟成立。
《アメリカ》E.サピア『Language』刊行［邦訳『言語——ことばの研究』(1957)。「サピア=ウォーフの仮説」を主張。言語相対論、言語決定論ともいわれる］。 《イギリス》E.サトー『一外交官の見た明治維新（A Diplomat in Japan）』刊行［明治初期の日本語学習の記述あり］。 《イギリス》H. E.パーマー『The Oral Method of Teaching Languages』刊行。 《アメリカ》E. L.ソーンダイク『Teacher's Word Book』刊行。	《中国》中国共産党結成。‖魯迅『阿Q正伝』
《デンマーク》O.イェスペルセン『Language: its Nature, Development and Origin』刊行［邦訳『言語——その本質・発達と起源』(1927)］。 《ハンガリー》パーズマーニ大学（現ELTE大学）、外国語教育の一つとして日本語教育開始（〜1941年）。	《ロシア》ソビエト連邦成立。
《台湾》『公学校用国語読本第一種（巻1〜4）』刊行［『巻5〜8』(1924年)、『巻9・10』(1925年)、『巻11・12』(1926年)］。 《朝鮮》『朝鮮国語読本』編纂。 《フィリピン》フィリピン大学東洋言語学科で日本語講座開講。 《アメリカ》ホノルル教育会編『日本語読本』刊行。 《カナダ》加奈陀日本語学校教育会発足。 《チリ》A.ローズイネス『初級日本語読本（Japanese Reading for Beginners）』刊行。 《ソ連》D. M.ポズドネエフ『口語日本語文法』刊行。	《日本》関東大震災
《中国》『初等日本語読本（全8巻）』刊行開始（1924年〜1927年）。	
《中国》山口喜一郎、関東州に移り、日本語教育に従事。 《メキシコ》バハ・カリフォルニア州で「メヒカリ日本語学園」が日本語教育を行う。‖『西日辞典』右文社出版部から刊行［収録語数3万語。発行部数2,000部。日本訳にはすべてローマ字でルビ］。 《南洋諸島》『南洋群島国語読本 本科用』『補習科用（巻1・2）』刊行。 《アメリカ》ベルリッツ『Method for Teaching Modern Languages』刊行。	《日本》治安維持法・普通選挙法公布。‖東京放送局ラジオ放送開始。
《台湾》『話し方教授に関する研究』台湾子供世界社刊［国語科話し方の教材と実践の記録］。 《朝鮮》京城帝国大学創設［国語・国文科（日本語・日本文学科）教授として時枝誠記、高木市之助、麻生磯次らが赴任］。 《イギリス》M.ウェスト『Learning to Read a Foreign Language』刊行。 《ポーランド》ポーランド・日本協会（1922年設立）内に日本語講座開設［梅田良忠が日本人として初めて日本語を教える］。	
《アルゼンチン》ブエノスアイレス日亜学院の前身である日本人会付属の日本語学校設立［日本人会を中心に、日系社会の日本語学習始まる］。 《チリ》A.ローズイネス『漢英辞典（Beginner's Dictionary of Chine-	《日本》金融恐慌

西暦	和暦	●国内の日本語教育事情
1928年	昭和3年	H. E.パーマー『The Teaching of English in Japan』刊行。
1929年	昭和4年	内閣印刷局が『本邦常用漢字の研究』を発表。
1930年	昭和5年	松下大三郎『改撰標準日本文法』刊行。
1931年	昭和6年	長沼直兄『標準日本語読本』刊行（全7巻，1931-34年）［米国大使館勤務時代に作成。「-te form」を紹介］。
1932年	昭和7年	
1933年	昭和8年	土井光知『基礎日本語』刊行。 山口喜一郎『外国語としての我が国語教授法』刊行［1943年に再版］。
1934年	昭和9年	千葉勉『標準日本語発音構図』刊行。 国際文化振興会設立。 長沼直兄『標準日本語読本』巻7まで刊行。 国語審議会設置。 E. H.パーマー『Ten Axioms』刊行。 文部大臣，国語の統制，漢字の調査，仮名遣いの改定，文体の改善を国語審議会に諮問。
1935年	昭和10年	松宮弥平（編）『A Grammar of Spoken Japanese』刊行。 国際学友会設立［外務省外郭団体として。初代会長近衛文麿］。
1936年	昭和11年	国際学友会館開設［日本語教室など開設］。 松宮弥平『日本語教授法』日語文化学校刊［英語国民に対する日本語教授全般についての解説］。
1937年	昭和12年	国際文化振興会，第1回，第2回日本語海外普及に関する協議会を開催。 中国人留学生大量帰国。 訓令式ローマ字，内閣告示。 日本語教授研究所（所長・松宮弥平）設立

●海外の日本語教育事情	●日本事情・世界事情
se-Japanese Characters and Compounds)』刊行。 《イギリス》L.フォーセット『Teaching of English in the Far East』刊行。	
《アメリカ》L.フォーセット『The Teaching of Modern Foreign Languages in the U.S.』(いわゆる Coleman Report) 刊行。‖ コロンビア大学，Japanese Culture Center of America を設置 [担当は角田柳作]。‖ ハワイ教育会『日本語読本 (巻1～6)』改訂完了。‖ 日本語学園編纂委員会『日本語読本 (巻1～6)』青木大成堂 (桑港) 刊 [北米加州日本語学園の日系二世のための教科書]。 《イギリス》G. B.サンソム『日本歴史文典 (A Historical Grammar of Japanese)』刊行。 《フィンランド》ヘルシンキ大学，言語学部に日本語講座開講 (1928年～1929年頃) [主任教授 G. J.ラムステット]。	
《朝鮮》『中等教育国語読本 (巻1～10)』(1930年～1934年)，『速修国語読本』朝鮮書籍印刷刊。 《メキシコ》墨都日本語学園開校。 《オランダ》ユトレヒト大学哲学部に日本学科設置 [初代主任教授 J. L.ピアーソン]。 《ソ連》E. D.ポリワノフ『日本口語文法』刊行 [O. V.プレトネルと共著]。	《日本》ロンドン軍縮条約
《ドイツ》ライプツィヒ大学，日本語講座開講 [担当教授 H.ユーバーシャル (『奥の細道』独訳者)]。	《日本》満州事変
《南洋諸島》『南洋群島国語読本 本科用 (巻1～6)』刊行。	《日本》上海事件‖五・一五事件
《満州国》『速成日本語読本』刊行。 《アメリカ》L.ブルームフィールド『Language』刊行 [行動心理学の立場から，言語を人間の行動の一種特別なものと考える。邦訳『言語』(1962年)]。	《日本》国際連盟脱退。 《アメリカ》ニューディール政策開始。
《満州国》『初級小学校用日本語教科書』『高級小学校用日本語教科書』刊行。 《中華民国》『日文与日語』刊行，『現代日語研究雑誌』創刊。 《インドネシア》私立クサトリアン学院 (バンドン) で外国語科目として日本語教育が行われる (3年間)。 《アメリカ》S. G.エリセーエフ，ハーバード大学東洋語学部教授に就任。‖『実力のつく日本語学習書』刊行。‖ W. M.マクガバン『会話日本語 (Colloquial Japanese)』刊行。 《アルゼンチン》在亜日本語小学校開校 [日本語小学校維持会経営。校長前川留次郎。生徒数131名，週2日間授業]。 《ウルグアイ》Escuela Japon (日本人学校) 開校 [ウルグアイ初の日本語教育機関]。	
《朝鮮》『簡易学校国語読本 (巻1～4)』刊行。 《チリ》サンチャゴ市第5高等女学校，サンチャゴで最初の日本語講座開講 [生徒数70名]。 《ソ連》『日露漢字辞典』刊行。‖ N. I.コンラッド『和露軍事辞典』刊行。	
《アメリカ》『日本語讀本 (巻1～12)』刊行 (1936年～1939年) [ハワイ日本語学園日系二世のために編纂された教科書]。 《パラグアイ》日本人移住者の日系子弟を対象に，日系コミュニティ運営の「私塾」(学校教育以外の機関) で日本語教育開始。 《イギリス》H. E.パーマー/E. L.ソーンダイク/L.フォーセット/M.ウエスト/A. S.ホーンビー『Interim Report on Vocabulary Selection for the Teaching of English as a Foreign Language』刊行。 《ソ連》E. M.コルパクチ『日本語の構造』刊行。	《日本》二・二六事件‖日独防共協定
《台湾》「国語常用家庭」制度を実施。 《満州国》『警察用語日本語読本』刊行。‖『効果的速成式標準日本語読本 (全4巻)』刊行 (1937年～1942年) [日本語普及政策のために導入された語学検定試験対策用に作成]。	《日本》盧溝橋事件起こる [日中戦争 (1937-45年) の始まり]。

西暦	和暦	●国内の日本語教育事情
		『現代口語法教本』刊行 外務省情報部「外国ニ於テ外国人ニ日本文化並ニ日本語ヲ教授スル学校，団体等一覧表」
1938年	昭和13年	国際文化振興会，第3回日本語海外普及に関する協議会を開催。 東京ラジオ放送，日本からブラジルに向け放送開始。 松宮弥平『日本語会話（3巻）』日語文化学校刊［英語国民のための学習書兼教科書。発音をローマ字で示す］。
1939年	昭和14年	文部省主催，国語対策協議会に台湾，関東州，満州国，蒙古，蒙彊，華北，華中の日本語教育関係の代表者が出席。 国府種武『日本語教授の実際』刊行。 コトバの会を改組し，国語文化学会が発足，機関誌『コトバ』創刊。 阿部正直『支那人に対する日本語の教へ方』刊行。 日語文化協会設立［旧日本語教授研究所を改組。『日本語教師養成に関する研究』『支那人に対する日本語教育教授法要綱』作成］。 『正則日本語講座』（1939年～1942年）北京新民印書館刊［日中両国関係者により編纂。直接法による授業法を前提に作成］。 日本語教科用図書調査会を設置［日本語教科書の編集を開始］。
1940年	昭和15年	文部省図書局に国語課を置き，日本語教育を管轄。 日語文化協会，協会内に日本語教育振興会を設置。 『日本語の問題』『日本と国語政策』修文館刊 国際学友会『日本語教科書基礎篇（Basic Japanese）』刊行［中等教育を終えた20歳前後の留学生を対象に編纂。音声教育を重視］。 『日本語入門』『日本語初歩』『日本語大要』『日本語大成』（1940年～1943年）北京新民印書館刊。 北米・カナダ西部向け日本語講座を海外放送。 南米向け日本語講座を海外放送。
1941年	昭和16年	第2回国語政策協議会開催。 『日本語教授法概説』北京新民印書館刊［直接法の精神とその技術を説く］。 文部省の外郭機関として『日本語教育振興会』創立［日本語教科書の刊行，日本語教育に関する研究，日本語教員の研修，養成などを事業内容とする。雑誌『日本語』発刊（～1945年）］。『日本語の世界化』修文館刊［日本語の海外普及に伴う諸問題を解説］。 国際学友会『日本語教科書（巻1）』刊行［『日本語教科書基礎編』（1940年）の発展教材として作成。読本形式。『巻2～4』（1942年）『巻5』（1943年）］。 日本語教育振興会『ハナシコトバ（上・中・下）』刊行［中国大陸向けと南方向けの2種類を編纂］。 日本語教育振興会『日本語読本（巻1）』刊行［『ハナシコトバ（上・中・下）』の続編。中国大陸向けに作成。『巻2・3』（1942年），『巻4・5』（1943年）］。 時枝誠記『国語学原論』刊行［言語過程説を唱える。語を詞と辞に分類］。 日本語教育振興会『ハナシコトバ学習指導書（上・中）』刊行［『ハナシコトバ（上・中・下）』の教師用指導書］。

●海外の日本語教育事情	●日本事情・世界事情
《アメリカ》『布哇日本語教育史』[過去半世紀以上にわたる邦人子弟に対する日本語教育の歴史] 《チリ》A.ローズイネス『An Annotated Dictionary of Chinese - Japanese Characters』吉川書店刊[英語国民が漢字を学ぶための漢英辞典]。 《ブラジル》『日本語読本(全8巻)』『日本語読本教授用参考書(全8巻)』刊行[編纂目的は日本精神と伯国精神との融合をはかり,より高い伯国文化を創造させること]。 《アルゼンチン》在亜日本人会附属日本小学校,公認校となる[日本語およびスペイン語教育を行う。6学級103名]。 《イタリア》O.ヴァカーリとE. E.ヴァカーリ『日本語会話文典(Japanese Conversation Grammar)』刊行。∥中亜極東協会付置東洋語東洋文化学校,日本語日本文化学科開設。 《オーストリア》ウィーン大学,東アジア研究所を設立。	
《満州国》新学制が施行され,日本語が国語として必須科目となる。 《タイ》日本語教授研究所,バンコクに日本文化研究所を設置し,日本語教育を開始。 《満州国》『国民学校日語国民読本』刊行。 《イギリス》ロンドン大学東洋学部,アフリカ部門を加えSOAS (The School of Oriental and African Studies)となる。 《オーストリア》ウィーン大学に日本学研究所設立,日本語教育開始[その後1965年,日本文化研究所として独立]。	《日本》国家総動員法成立。∥張鼓峰事件
《朝鮮》『初等国語読本』刊行。 《アメリカ》L.ブルームフィールド,イェール大学に招聘される。 《メキシコ》文部省派遣教師(吉田?),墨都日本人会(現在の日墨協会の前身)で日本語教育を行う。∥メヒカリ日本語学園開設(日本語補習校)。 《ソ連》V. N.マルコワ『露和辞典』刊行[約1万語収録]。 《チェコスロバキア》V.ヒルスカー(編)『Ucebnice Hovorov e ho Jazyka Japonsk e ho』刊行[日本語の教科書。ヒルスカーは日本近代文学作品を多数翻訳,チェコに紹介]。 《ルーマニア》ラドウ・フランドール『ルーマニア語ー日本語辞典』刊行[青山清松,根津憲三,林不可止と共著]。	《日本》ノモンハン事件 《ドイツ》ドイツ軍,ポーランドに侵攻[第二次世界大戦勃発(～45)]
《タイ》「日タイ友好条約」締結。∥日本留学タイ学生会結成。∥三木栄『日泰会話』(日本ータイ文化研究所)刊行。 《イタリア》『伊日辞典』刊行[軍事用語つき伊日辞典]。	《日本》日独伊三国軍事同盟締結。
《タイ》鈴木忍,外務省文化事業部から派遣され,バンコク日本語学校講師に就任。 《台湾》『台湾における国語音韻論(音質・音量篇)――外地における国語発音の問題』台湾学芸社刊 《アメリカ》アメリカにおいて語学要員養成のため「海軍日本語学校」(Navy Japanese Language School),「陸軍日本語学校」(Army Japanese Language School)の集中日本語計画始まる。∥ S. G.エリセーエフ,海軍語学校の日本語特訓コースで日本語を教える。∥ S. G.エリセーエフ, E. O.ライシャワー『Elementary Japanese for University Students』(上・下)刊行。∥ミシガン大学にEnglish Language Institute (ELI)設立[初代所長C. C.フリーズ]。 《カナダ》太平洋戦争勃発のため,カナダ連邦警察の進言によって54校の日本語学校はすべて自発的に閉鎖となる。 《ブラジル》サンパウロ法科大学,日本語講座開講。∥リオ・デ・ジャネイロ日伯中央協会支部に日本語講座開設。	《日本》真珠湾奇襲[太平洋戦争勃発(～45)]。

西暦	和暦	●国内の日本語教育事情
		日本語教育振興会『重要500漢字とその熟語』刊行。 青年文化協会，海外進出日本語教師養成講座をこの年2回開催。 東京女子大学，特設予科設置。 前田太郎訳『イェスペルセン教授　語学教授法新論』刊行。
1942年	昭和17年	南方派遣日本語教育要員養成所開設，第1回講習（6週間課程）開始［第1回修了者69名。敗戦まで11回開催。日本語教育振興会に委託］。 日本語教育振興会『ハナシコトバ学習指導書（下）』刊行。 『南方地域向日本語教科書』刊行［戦時下における外地用日本語教科書］。 国際文化研究所『日本語練習用日本語基本文型』刊行［基本文型集］。 『話言葉の文法（言葉遺篇）』刊行。 青年文化協会，東南アジア学院設立［『日本語基本文型』，および日本語教育振興会の委託で『タイ国留学生に対する日本語教授法』『日本語教材教授課程』の編集に着手］。 輿水実『日本語教授法』国語文化研究所刊［南方人への教授上の諸問題を中心に教授法，基本文型等を解説］。 松宮弥平『日本語教授の出発点』刊行。 国際学友会，大東亜省の設置に伴い内閣情報局および大東亜省の共管となる。 慶応義塾大学　外国語学校新設。特設語学科をおき，外国人で日本の大学，専門学校入学希望者に日本語を教える。 日語文化協会『日本語教授指針――入門期』「初歩日本語学習用蓄音器レコード」（5枚1組）発刊 日本語教育振興会『日本語読本（1〜5巻）』刊行（1942年〜1943年）［『ハナシコトバ（上・中）』2巻に続くものとして編纂］。 ビルマ，マレー，ジャワ，セレベス，フィリピン各地から留学生が来日し，国際学友会において日本語教育を受ける。 工藤哲四郎著『最新日本語教授法精義』刊行。 岡本千万太郎著『日本語教育と日本語問題』刊行。 情報局編『ニッポンゴ』（日本語教育振興会発行）刊行。
1943年	昭和18年	大東亜省，陸海軍省により選抜された南方特別留学生（ビルマ，ジャワ，タイ，仏印など）116名を受け入れる。 文部省，図書局を廃止。国語課は教学局所管となる。 南方特別留学生育成事業開始。 国際文化振興会設立［1972年国際交流基金に引き継がれる］。 『初等学校用日本語教本（巻1〜3）』（1943年〜1945年）刊行［南方諸地域用に直接法による教授を想定して編纂］。 日本語教育振興会編『日本語教授法の原理』刊行。 日本語教育振興会，『成人用速成日本語読本（上・下巻）』刊行［歴史的仮名遣による本文と新出語彙および新出文型で構成］。 山口喜一郎著『日本語教授法原論』（新紀元社）刊行［日本語教授法の原理とその技術を詳説］。 日本語教育振興会，『外国語としての我が国語教授法』（1933年）の再版『日本文法教本』『日本文法教本学習指導書』刊行。 国際文化振興会，『日本語小文典』刊行［口語文法を概説した第1編と日本語教育文法書としての色彩の濃い第2編から成る］。 国際文化振興会，英語版『A Basic Japanese Grammar』刊行。 中村一著『日本語教授の領域』刊行。 鈴木正蔵著『中国人に対する日本語教授』刊行。 国語文化学会，『外地大陸南方日本語教授実践』刊行。 阪本一郎著『日本語基本語彙』刊行。 長沼直兄，日本語教育振興会常務理事兼総主事となる。 国際学友会，日華学会など12団体は大東亜省の監督下に入る。
1944年	昭和19年	国際文化振興会『日本語表現文典』刊行［文型中心に編纂された話しことばの文法書］。 国語学会創立。 国際文化振興会，『日本語基本語彙』刊行［2003語の基本的語彙を選定，その用法を示す］。 『標準日本語発音大辞典』刊行［発音解説篇・辞典篇の2部構成，辞典篇では重要語8万

●海外の日本語教育事情	●日本事情・世界事情
《ペルー》サン・マルコス大学，日本語講座開講 《メキシコ》メキシコ国立自治大学（UNAM），日本語講座開講	
《インドネシア》バタビヤ日本語学校開校［東インド青年層の指導者養成を目的に］。 《ビルマ》ラングーンに直轄の日本語学校開校［終戦までに約50校が開校される］。 《タイ》国際学友会，タイ国文部省との間に「日泰学生交換協定」を締結。‖日泰文化研究所編著『簡易日泰会話』（日泰文化研究所）刊行。‖日泰文化協定，東京において署名・調印。 《アメリカ》L.ブルームフィールド『Outline Guide for the Practical Study of Foreign Language』刊行［米陸軍による特別訓練プログラムの理論書となる］。‖ W. M.マクガバン『Colloquial Japanese』刊行［日本語の文法的解説。巻末に練習問題と重要語彙表がある］。‖ B.ブロック，G. L.トレーガー『Outline of Linguistic Analysis』刊行。 《イギリス》ロンドン大学東洋学部で軍の日本語要員獲得のための日本語特別コース開始。 《イタリア》グリエルモ・スカリーゼ『日語日本文法』刊行。	《日本》大東亜省設置。
《タイ》国際学友会が大東亜省，陸軍省により選抜された南方特別留学生116名を引き受ける。‖チュラロンコン大学予科に日本語が選択科目として設けられる。‖財日泰文化協会設立される。‖バンコック日本文化会館日本語教務主任に鈴木忍就任。 《アメリカ》アメリカのArmy Specialized Training Program実施。‖ K. E.パイク『Phonetics』刊行。 《イタリア》ピエトロ・シルヴィオ・リヴェッタ『難しい言語 日本語の話し言葉・書き言葉への易しい手引』刊行。	
《タイ》釘本久春『日本語と戦争』刊行。	

西暦	和暦	●国内の日本語教育事情
		5,000語を網羅] 日本語教育振興会,『現代語法の諸問題』刊行［日本語教育叢書の一つ］。 『学習日本語（1・2）』刊行［南方向け読本。フィリピン篇,マライ篇,ジャワ篇,ビルマ篇の4編に分かれている。『学習日本語(3)』は1945年刊行］。
1945年	昭和20年	日本語教育振興会,『中等学校日本語教本（巻1,2）』刊行［南方諸地域の中等学校の4ヵ年課程で毎年1巻ずつ学習させるよう構成］。 日本文化出版『日本語の初歩（First Lessons in Nippongo）』刊行［英語が理解できるアジア圏の学習者を対象としたローマ字表記の教科書］。 日本語教育振興会,GHQの指令により解散。 文部省,国語科を廃止。国語の調査は教学局教学課に移管。 GHQ,標示にヘボン式ローマ字綴りを指定。 国際学友会日本語クラス中止。
1946年	昭和21年	日華学会,満州国留日学生補導協会,善隣協会（蒙古関係）の留学生,国際学友会に引き継がれる。 「財団法人言語文化研究所」設立（理事長,長沼直兄）［文部省・外務省共管の法人となり,旧「財団法人日本語教育振興会」の事業を引き継ぐ］。 当用漢字表（1850字），現代かなづかい告示。
1947年	昭和22年	釘本久春,岩渕悦太郎,宮本敏行『これからの国語』を刊行。 国語審議会,義務教育用漢字（881字）選定。 文部省,「学習指導要領国語科編」発表。 小学校で当用漢字,現代仮名遣いの表記による第6期国定国語教科書使用開始。
1948年	昭和23年	在日国際学生協議会結成。 上甲幹一著『日本語教授の具体的研究』刊行。 文部省,当用漢字別表,当用漢字音訓表告示。 読み書き能力調査委員会,全国2万人以上を対象として日本人の読み書き能力調査を実施。 国立国語研究所設置。 財団法人言語文化研究所付属東京日本語学校,開校（初代校長,長沼直兄）。 『標準日本語読本』の改訂版刊行。 三尾砂著『国語法文章論』刊行。
1949年	昭和24年	文部省,当用漢字字体表告示。 上智大学,日本語集中講座開催。 小学校で検定国語教科書使用開始。
1950年	昭和25年	長沼直兄『Basic Japanese Course』刊行。 長沼直兄『改訂標準日本語読本』シリーズ全8巻を市販。 京都日本語学校,開校 言語文化研究所附属東京日本語学校,第1回日本語教師夏季講習会開催［戦後初の公開日本語教師養成講習会。受講者12名］。 文部省,国語シリーズ「やさしい新聞文章」刊行。
1951年	昭和26年	国際学友会,日本語学校を日本語教育部として復活。
1952年	昭和27年	山口喜一郎没。 米国国務省日本語研修所設立［米国国務省の外交官養成機関であるForeign Service Instituteの日本分校］。 日本語教師連盟,東京日本語学校日本語教師夏季講習会修了者を会員として発足。
1953年	昭和28年	ユネスコ国内委員会第4回総会「外国人留学生の受け入れ体制の強化に関する建議」採択。

●海外の日本語教育事情	●日本事情・世界事情
《アメリカ》B.ブロック，E. H.ジョーデン『Spoken Japanese, Basic Course』アメリカ国防省刊［米軍で実施した日本語学習のテキスト］。‖ C. C. フリーズ『Teaching and Learning English as a Foreign Language』刊行［オーディオリンガル・アプローチの理論と実際が示される］。	《日本》ポツダム宣言受諾［太平洋戦争終結］。 国際連合成立。
《アメリカ》コーネル大学，日本語プログラム開始。‖ E.デール『Audio Visual Methods in Teaching』刊行。 《イギリス》ロンドン大学 SOAS に日本研究講座開講［高等教育レベルにおける日本語教育が始まる］。‖ O.ヴァカーリと E. E.ヴァカーリ『Japanese Readers』（2巻）刊行［初歩から文語文や候文に至る独習用］。	《日本》日本国憲法公布。‖ 六三三四教育体制発表。‖ アメリカ教育施設団来日。 《フィリピン》独立を宣言。
《タイ》ポピット・ピムク高校（カレッジ），戦後のタイで公的機関として初めて日本語教育開始。 《アメリカ》Language Learning 誌創刊。 《ペルー》ビクトリア日本人小学校で第二外国語としての日系人の日本語を指導［日本語教育混乱期］。 《イギリス》ケンブリッジ大学東洋学部，日本語学科設置。 《東ドイツ》M. N.ラミング，ベルリン大学で日本語と日本文学の授業再開。 《チェコスロバキア》カレル大学哲学部，日本学科設置。	《日本》日本国憲法施行。‖ 教育基本法公布。‖ 六三三四制実施。 《インド》インド・パキスタン等独立。
《アメリカ》H. B.ダンケル『Second Language Learning』刊行。	世界人権宣言 《ビルマ》共和国として独立。 《朝鮮》大韓民国・朝鮮民主主義人民共和国成立。
《中国》教育部，「外国語教育7ヵ年計画」制定。 《カナダ》トロント日本語学校，設立［戦後初の日本語学校］。 《西ドイツ》ミュンヘン大学，日本学ゼミナール開設。	北大西洋条約（NATO）調印。 《日本》湯川秀樹，ノーベル物理学賞受賞。 《中国》中華人民共和国成立。 《インドネシア》インドネシア共和国成立。
《チェコスロバキア》外国語学校，日本語教育開始［夜間。在プラハ］。	コロンボプラン発足。 《日本》録音機が普及し始める。 《朝鮮》朝鮮戦争勃発。
《ハンガリー》中東極東大学ロンバルディア支部，日本語日本文化講座開設。	《日本》サンフランシスコ講和条約調印。‖ 日米安全保障条約調印。
《アメリカ》国務省，日本語研修所設立。 《フランス》CREDIF 設立（Ecole Normale Supérieure de Saint Cloud）。	《日本》日米行政協定調印。‖ 日華平和条約
	朝鮮休戦協定調印

西暦	和暦	●国内の日本語教育事情
		インドネシア政府派遣技術研修生60名来日［国際学友会が受け入れ］。 国際学友会に関する文部省・外務省間の「覚書」。 日本学術会議「外国人留学生を招くための奨学金の設定に関する勧告」。 国際基督教大学日本語教育プログラム実施。
1954年	昭和29年	「国費外国人留学生招致制度」発足。（第1期生23名）。 東京外国語大学，大阪外国語大学に一年制の留学生別科を設置。 国際基督教大学日本語専攻課程発足。 鈴木忍他『NIHONGO NO HANASIKATA（"How to Speak Japanese"）』国際学友会刊。 国際学友会，『ひらがなのよみかた』刊行。 早稲田大学，教務課で日本語教育開始。 「ローマ字の綴り方」，内閣告示。
1955年	昭和30年	国費留学生，月2万円の給費では不足と同盟休校。 国際学友会，コロンボプラン技術研修生・カンボジアとビルマ政府派遣留学生・タイ警察学生などを受け入れる［来日学生16ヵ国101名］。 国際基督教大学，日本語専攻課程設置。
1956年	昭和31年	関西国際学友会館開設 中央教育審議会，文相の諮問に答えて「教育・学術・文化に関する国際交流の促進について」を答申。 日本にオーラル・アプローチ紹介される。 ELEC創立。
1957年	昭和32年	文部省の外郭団体「日本国際教育協会」設立［駒場留学生会館開館。収容100名］。 『日本国際教育協会ニュース』（隔月刊），『日本国際教育協会年報』（年1回）創刊。 留学生民間世話団体「アジア学生文化協会」設立［アジア文化会館開館。研修生を含め120名収容］ 国際学友会日本語学校，鈴木忍他著『日本語読本（巻1～4）』（改訂版）刊行。 文部省，教育漢字の学年配当発表。
1958年	昭和33年	ロータリー米山記念奨学会の事業発足［留学生対象の唯一の民間奨学金提供団体］。 慶應義塾大学外国語学校，日本語教育開始［1964年，国際センター日本語科に改組］。
1959年	昭和34年	通産省外郭団体，海外技術者研修協会（AOTS）設立。 鈴木忍他『よみかた』国際学友会刊。 NHK国際放送，英語，インドネシア語地域向けに日本語教育番組放送開始。 「送り仮名のつけ方」，内閣告示。
1960年	昭和35年	「日本国及びインドネシア共和国間賠償協定に基づくインドネシア留学生及び技術訓練生の受け入れに関する閣議了解」に基づき，インドネシア賠償留学生制度発足［向こう5ヵ年毎年100名受け入れ，国際学友会分校で1年の日本語研修ののち各大学に入学］。 国費学部留学生の受け入れ制度改変され3年制の留学生課程設置［理科系は千葉大学に，文科系は東京外国語大学に設置］。 海外技術協力事業団のコロンボ計画による派遣専門家として日本語教師が，カンボジア・シンガポール・インドネシア・ビルマ・タイ・インドへ逐次派遣される。 文部省，日本語教育懇談会を開催。
1961年	昭和36年	文部省調査局内に「日本語教育懇談会」設置［「日本語教育のあり方」を公表］。 国立教育研究所，『留学生教育の実態と問題』（研究所紀要別冊）を発表。 東工大で日本人大学院生によるチューター制度実施。 留学生受け入れ制度の不備が問題化し，千葉大学で留学生がストに突入。

●海外の日本語教育事情	●日本事情・世界事情
	《日本》NHK，テレビ放送開始。《エジプト》共和国宣言。
《インド》国防省所属外国語学校に日本語講座開講。‖ムンバイ（ボンベイ）印日協会日本語講座開講。《フランス》フランス国立教育文献センター，Le Français Elémentaire 発表［第2版は Le Français Fondamental 1er degré 1959］。	インドシナ休戦協定。東南アジア条約機構（SEATO）成立。《日本》自衛隊法可決。‖ビキニ水爆被災事件。‖教育二法成立。‖コロンボプランに参加。
《ポーランド》ワルシャワ大学中国学科に日本学科併設される［コタンスキー（『古事記』研究で有名）が主任に迎えられる］。	第1回アジア・アフリカ会議（バンドン）
《中国》吉林大学，日本語教研室設置。公共日語（日本語非専攻）の教育開始《カナダ》ブリティッシュ・コロンビア大学，日本語教育開始。《スウェーデン》ウプサラ大学，日本語講座開講。《ソ連》東洋大学（1972年に「アジア・アフリカ諸国大学」に改称）創立，以来日本語教育者を養成。《ソ連》N. I.フェリドマン『和露学習字典』刊行［約5,000の漢字を収録。没後『増補改訂第2版』刊行（1977年）］。‖モスクワ国立大学アジア・アフリカ諸国大学（旧東洋語大学）創設［1962年から I. V.ゴロウニン，日本語学科長となる］。	《日本》国際連合加盟。
《南ベトナム》サイゴン大学教養学部付属外国語学校，日本語教育開始［1972年外国語学校として独立。1975年の政変まで日本語教育実施］。《アメリカ》R.ラドー『Linguistics across Culture』刊行。《ドイツ》G.ヴェンク『Japanische Phonetik』刊行。	欧州経済共同体（EEC）成立。《日本》国連安全保障理事会非常任理事国に当選（任期2年）。《ソ連》人工衛星打ち上げに成功。《マラヤ連邦》マラヤ連邦独立
《インド》日本大使館日本語講座，カルカッタ総領事館日本語講座開講。《インドネシア》日本文化学院にて日本語教育開始（機関における日本語教育の開始）。《ベルギー》ヘント大学（オランダ語系），東方・東欧・アフリカ研究所の設立に伴い日本学専任教授ポストを創設。	《アメリカ》人工衛星打ち上げに成功。《エジプト》アラブ連合共和国成立。
《香港》導正日本語学校設立。《中国》「高等教育における外国語学科の設置について」の規定で，日本語も第二外国語として設置認可。	《日本》自民党対外経済協力特別委「対外経済協力の実施強化およびその推進方策」を発表。四本柱の一つは留学生施策。《シンガポール》独立を宣言。
《フィリピン》フィリピン大学，日本語講座開講。	欧州自由貿易連合体（EFTA）成立《日本》日米新安全保障条約調印。‖カラーテレビ放送開始。‖所得倍増高度成長政策発表。
《韓国》韓国外国語大学，日本語科設置［4年制大学において初めて日本語が専攻科目として設置される］。《インドネシア》コロンボ計画による日本語教育専門家を日本文化学院へ派遣。《アメリカ》R.ラドー『Language Testing』刊行。	

西暦	和暦	●国内の日本語教育事情
1962年	昭和37年	「外国人のための日本語教育学会」発足［初代会長鳥養利三郎。『日本語教育』誌創刊］。 早稲田大学，語学教育研究所開設［日本語教育は教務課で1954年よりすでに実施］。 文部省，大学の一般教育の履修に関する留学生の特例措置を実施。 海外技術協力事業団（OTCA）設立［アジア協会の日本語教育事業を引き継ぐ］。 海外技術者研修協会（AOTS），『Practical Japanese Language』編纂［同年一部手直しし『Practical Japanese Conversation』として刊行］。 東京日本語センター 開校
1963年	昭和38年	私費留学生の大学入試に際し，日本国際教育協会第1回私費留学生統一試験実施［以降毎年］。 日本語教育学会主催の「外国人のための日本語教育講習会」が，東京のウィスマ・インドネシア（インドネシア会館）で開催（2年間）。
1964年	昭和39年	文部省に留学生課設置［国費生の招致数100名から200名へ］。 文部省主催，日本語教育学会協力の「日本語教育研修会」開催［主催者は，その後，文化庁から国立国語研究所に代わる］。 寺川喜四男『全ヨーロッパにおける日本語教育の歴史と現況（歴史編）』刊行。 浅野鶴子，付属東京日本語学校2代目校長となる。 「日本語のあり方」報告（文部省調査局） 長沼直兄『再訂標準日本語読本（巻1～5）』刊行始まる（1964年～1967年）［『標準日本語読本』（1931年）の改訂版（全8巻1948年）の再訂版。5巻に縮小］。
1965年	昭和40年	上智大学，A.アルフォンソ『Japanese Language Patterns』第1巻，第2巻刊行。 早稲田大学語学教育研究所，『講座日本語教育』刊行。 青年海外協力隊（当時名称：OTCA日本青年海外協力隊）派遣開始［初代日本語教師隊員をラオスに派遣，以来2005年4月現在まで53ヵ国にのべ1290名の日本語教師を派遣］。
1966年	昭和41年	文化庁，『外国人のための漢字辞典』，『外国人のための専門用語辞典』刊行。 東南アジアの大学に日本研究講座の寄付始まる。青年海外協力隊，日本語教師隊員をマレーシアに派遣開始［2001年までに累計138名の日本語教師をマレーシアに派遣。以来，順次アジアへ派遣］。

●海外の日本語教育事情	●日本事情・世界事情
《アメリカ》E. H.ジョーデン『Beginning Japanese Part Ⅰ』刊行［オーディオリンガル・アプローチに基づく初めての日本語初級教材］。 《ブラジル》第1期『日語教科書（全8巻）』完成。（日伯文化普及会日本語教科書刊行委員会）［『ニッポンゴ』『にっぽんご』『日本語』。ブラジル文化を取り入れ，日系ブラジル人向けに工夫される］。 《ボリビア》サン・ファン小・中・高等学校開校［私設学校。日本人とボリビア人子弟のための学校］。 《イギリス》F. J.ダニエルズ，ロンドン大学で初めての日本学教授就任。	
《中国》『現代日本語実用語法（上・下）』刊行。 《インドネシア》国立メナド教育大学，中国語・日本語学科設置。‖高校での日本語教育開始（選択外国語）。 《アメリカ》アメリカ日本語教育協会（ATJ）設立［アメリカ・カナダを中心とする日本語教育関係者，日本文学，日本文化研究者の国際団体。協会誌 The Journal of the Association of Teachers of Japanese 発行（1963年- ）］。	《日本》日英通商航海条約調印。‖自由貿易始まる。
《台湾》私立大学に初の日本語学科設立。 《インドネシア》国立パジャジャラン大学日本語日本文学科開設，日本語教育専門家派遣。 《アメリカ》E. H.ジョーデン『Beginning Japanese Part Ⅱ』刊行。 《アメリカ・カナダ》アメリカ・カナダ12大学連合日本研究センター設立［旧スタンフォード・センター（1961年設立）が改組。コロンビア大学など12大学が組織する日本語教育機関］。 《カナダ》ブリティッシュ・コロンビア州のマギー高校で日本語教育開始。 《ブラジル》サンパウロ大学，哲学・文学・人文学部東洋学科に日本語講座開講。 《スウェーデン》ストックホルム大学，東洋学部に日本学科開設［担当は Seung - Bok Cho（趙承福）］。	
《中国》大連日本語専科学校（現在の大連外国語学院）設立。 《インドネシア》バンドン教育大学，高等学校日本語教員養成のための日本語・日本文学科設置。 《タイ》タマサート大学，日本語教育開始。‖元日本留学生協会付属日本語学校（民間非営利団体）日本語講座開設。 《ビルマ》ラングーン外国語学院創設［4講座の1つが日本語］。 《フィリピン》フィリピン大学言語学・アジア語学部，日本語講座開講。 《ブラジル》サン・パウロ大学，日本語文学講座開講。 《メキシコ》エル・コレヒオ・デ・メヒコにアジア・アフリカ研究センターが設立され，日本語コース開設［日本語は日本研究科の必修科目となる］。 《イギリス》オックスフォード大学，日本研究を言語，文学，歴史，文化に拡充。 《西ドイツ》H.ツァヘルト『日本語日常会話（Japanische Umgangssprache）』刊行。 《アメリカ》釘本久春，ハワイ大学East - West Center客員教授となる［ハワイ教育会依嘱で『日本語教科書』12巻の作成にあたる］。	《日本》第18回オリンピック，東京で開催。
《インドネシア》国立バンドン教育大学，日本語学科開設［高校の日本語教師養成開始］。 《タイ》タマサート大学，日本語講座開講。 《ニュージーランド》マセイ大学，日本語の学位課程開設。 《西ドイツ》テュービンゲン大学，日本学講座開講。 《アメリカ》N.チョムスキー『Aspects of the Theory of Syntax』刊行。	《日本》日韓基本条約調印。‖朝永振一郎，ノーベル物理学賞受賞。‖国連安全保障理事会非常任理事国に当選（任期2年）。‖日韓国交正常化。
《シンガポール》民間日本語教育機関，シンガポール日本文化協会において日本語講座開講。 《インドネシア》在インドネシア日本大使館広報文化センター，日本語講座開始。 《フィリピン》在フィリピン日本大使館広報文化センター，日本語講座開設［社会人を対象に初級から上級までのクラスを設ける］。 《タイ》チュラロンコン大学，日本研究講座開講（通称寄贈講座）。	《中国》文化大革命，毛林路線成立。

西暦	和暦	●国内の日本語教育事情
1967年	昭和42年	文部省,「留学生担当者研修会」開催［以降毎年］。 東京外国語大学アジア・アフリカ言語文化研究所（AA研），実験的言語研修開始。 早稲田大学語学教育研究所,『外国学生用日本語教科書（初版）』刊行。 文部省,日本語教育用映像機材を企画［1973年までに6本制作］。 海外技術者研修協会（AOTS），『実用日本語会話（Practical Japanese Conversation）』刊行［1962年刊行の改訂版］。 文部省,国内の日本語教育の実態調査を実施。
1968年	昭和43年	大学・団体の留学生担当者の間に「外国人留学生問題研究所」（JAFSA）発足。 文部省,『外国人のための日本語読本（初級・中級・上級）』編纂。 東京外国語大学,特設日本語科（4年制）設置［同大学および千葉大学の留学生課程は廃止］。 文化庁設置。国立国語研究所は文化庁所管機関となる。
1969年	昭和44年	オイスカ産業開発協力団（OISCA）設立。
1970年	昭和45年	東京外国語大学,国費留学生の予備教育のため付属日本語学校を開校。

●海外の日本語教育事情	●日本事情・世界事情
《ネパール》カトマンズに日本語学校設立。 《マレーシア》マラヤ大学，日本語講座開講。 《中国》文化大革命以後，日本語教育および他の外国語教育が停滞。 《ルーマニア》イオン・テイムシュ，ブカレスト文化科学大学にルーマニア初の日本語講座開設。	
《香港》香港中文大学に「日本語文組」が創設され，大学における日本語教育の先駆となる。‖大学に日本から日本研究講座が寄贈される。 《インドネシア》国立インドネシア大学，日本研究講座開設〔日本政府寄付講座，教授等派遣〕。 《スリランカ》首都コロンボで私塾開始。 《フィリピン》大学に日本から日本研究講座が寄贈される。 《インド》大学に日本から日本研究講座が寄贈される。 《シンガポール》シンガポール教育省，中学3・4年生と高校1・2年生を対象に選択科目の一つとして日本語をとり入れる。 《アメリカ/日本》ヒベット，板坂元『Modern Japanese』刊行。 《ニュージーランド》高校レベルで試験的に日本語教育が開始される。‖中等教育に外国語の正規科目として日本語教育がとり入れられる。 《メキシコ》メキシコ国立自治大学文学部に東洋研究所日本語科設置，および日本大使館後援の日本語通訳コース開講（のちに日墨文化学院）。 《アメリカ》ハワイ大学（J. Young and K. Nakajima）『Learn Japanese: College Text』Vol. I -IV刊行（1967年〜1968年）。 《オーストラリア》在オーストラリア日本総領事館 広報活動の一環として日本語・日本文化紹介講座開始。 《フランス》ラシーヌ高校，日本語教育開始。	《日本》太平洋経済委員会設立。第三次中東戦争
《フィリピン》在フィリピン日本国大使館広報文化センター日本語普及講座（初級，中級および会話クラス）開設。 《インド》デリー大学，中日研究学科日本語コース開設。 《マレーシア》マレーシア日本語協会，一般成人を対象とした日本語講座開始。 《韓国》在釜山総領事館，日本語講座開設。 《ブルガリア》ソフィア大学，東洋語学科主催の日本語公開講座開設〔講師トドル・ディチェフ〕。 《西ドイツ》フライブルク大学，日本学講座開講。 《デンマーク》コペンハーゲン大学，日本学科開設。 《スイス》チューリッヒ大学，日本語学専攻学生を対象とした講座開設。 《イスラエル》ヘブライ大学，東洋学科内に日本語課程設置。 《ブラジル》サンパウロ大学日本文化研究所設立。 《オーストラリア》西オーストラリア工科大学，日本語コース設置。 《ニュージーランド》オークランド大学，日本語科設置。	《日本》小笠原諸島日本復帰。‖川端康成，ノーベル文学賞受賞。‖文化庁発足。
《インド》デリー大学，日本研究センター設立。 《インドネシア》日本大使館広報文化センター，日本語講座開設〔市民向け日本語講座〕。 《タイ》在タイ日本国大使館広報文化センター日本語学校，日本語講座開設。 《マレーシア》マラ工科大学，日本語講座開設〔選択外国語として学習〕。 《イギリス》C.マーセル『The Study of Languages Brought back to Its True Principles, or the Art of Thinking in a Foreign Language』刊行。 《スウェーデン》ストックホルム大学東洋学部日本学科に大学院課程が開設される。 《エジプト》エジプトで初の日本語教育機関として，在エジプト日本国大使館日本語講座開講，日本語教育を開始。	
《シンガポール》シンガポール教育省，日本語教師養成講座開設〔シンガポール人日本語教員の養成〕。 《マレーシア》マレーシア科学大学，日本語講座開設〔選択外国語としての日本語教育〕。 《中国》清華大学・復旦大学，外語系日語教研室設置 《アメリカ》ミドルベリー大学夏期日本語学校，夏期外国語学校（独・仏・西・	《日本》日本万国博覧会，大阪で開催。

西暦	和暦	●国内の日本語教育事情
1971年	昭和46年	国費生の給費大幅増額、私費生への医療費半額補助開始 文化庁、『外国人のための基本用例辞典』刊行。 坂田文相、戦後初の留学生招待会を東京・椿山荘で開く。 文部省に「アジア教育協力研究協議会」発足。 海外子女教育振興財団設立。
1972年	昭和47年	中央教育審議会に日本語教育特別委員会が置かれ、「教育・学術・文化の国際交流について」審議開始。 国際交流基金発足。 文化庁、『日本語教授法の諸問題』刊行。 対外経済協力審議会(総理府)、「開発協力のための言語教育の改善について」を発表。
1973年	昭和48年	国立大学における私費生の教育経費予算化。 「当用漢字改訂音訓表」「改訂送り仮名のつけ方」告示。 文化庁、「日本語教育推進施策調査会」設置。 国際交流基金、第1回海外派遣日本語教員研修会、第1回海外日本語教員研修会を開催。 国際交流基金、海外日本語学習成績優秀者研修事業を開始。 日本語教育に関して、国内は文部省・文化庁の担当、国外は外務省・国際交流基金の担当となる。
1974年	昭和49年	国立国語研究所に「日本語教育部」設置。 国際交流基金「海外日本語教師研修会」を実施 [以降、毎年] 中央教育審議会(文部省)、「教育・学術・文化における国際交流について」を答申。 日本語教育推進対策調査会(文化庁)、「外国人に対する日本語教育の推進の具体策について」を発表。 国際交流基金、日本語教材『教師用日本語教育ハンドブック』刊行 [文章表現(74年)、表記(75年)、文法Ⅰ——助詞の諸問題(78年)、文法Ⅱ——助動詞を中心にして(80年)、語彙(81年)、発音(81年)、教授法入門(88年)、別冊・教科書解題(初版)(75年)、のちに新版『日本語教科書ガイド』(76年)を加えたシリーズ]。 東海大学、モスクワ国立大学と交換留学制度発足。 国際交流基金、海外日本語講座現地講師謝金助成事業を開始。 国際協力事業団(JICA)設立 [海外技術協力事業団(OTCA)、海外移住事業団(JEMIS)の業務すべてと海外貿易開発協会と海外農業開発団の業務の一部を引き継ぐ]。
1975年	昭和50年	文化庁、『外国人のための日本語教育の概要』刊行。 木村宗男「日本語教育の歴史と展望」(『言語生活』12月号)。 国立国語研究所、日本語教育映画基礎編ユニット1-6全30巻制作(〜1983年)。 国際交流基金、日本語教育研修会を開始。 国際交流基金、『海外日本語教育機関一覧』刊行 [74年7月-75年3月の調査で機関数898、教師数2,254人、学習者数7万7,827人]。
1976年	昭和51年	日本語教育推進施策調査会(文化庁)、「日本語教員に必要な資質能力及びその向上のための方策について」(報告)を発表。 国立国語研究所の日本語教育部が日本語教育センターとして発足。

●海外の日本語教育事情	●日本事情・世界事情
露・伊・中・日）の一つとして開校［初代校長は宮地宏］。 《メキシコ》日墨文化学院，開校［メキシコ人の成人対象日本語教育。万博記念助成を受け LL 設備，テキスト刊行］。 《イギリス》カウンティーアッパースクール（公立中等教育機関）において，英国の中等教育では初めての日本語教育が開始される。 《フランス》パリ第7大学極東学部日本学科開設。∥パリ東洋語学校，国立東洋言語文化学院（INALCO）と改称。 《ソ連》N.I.コンラッド『和露大辞典』刊行。	
《インド》プネー（プーナ）印日協会日本語教育開始。 《カナダ》連邦政府の多文化政策（Multiculturalism Policy）適用。 《フランス》A.ロブレ『Guide pédagogique pour le professeur de français langue etrangère』刊行。 《デンマーク》オーフス大学，日本学科を開設。 《アメリカ》『Intensive Course in Japanese』（Language Service）刊行。	
《韓国》韓国政府，日本留学を公式認可。∥啓明大学，大学院日語日文学科設置。 《中国》日中国交正常化により第1次日本語ブームとなり，多くの大学で日本語教育が開始される。 《南ベトナム》在ベトナム日本大使館広報文化センター，日本語講座開設（〜1975年） 《ユーゴスラビア》D.ラジッチ，ベオグラードの人民大学に日本語コース開設。 《イタリア》フィレンツェ大学，日本研究講座開講。	《日本》沖縄，日本に復帰。∥田中首相，中国訪問［日中国交正常化］。
《タイ》泰日経済技術振興協会付属日本語学校（民間非営利団体）日本語講座開設。 《中国》北京師範大学，日本語科設置。∥各大学で日本語の教科書や辞書の編纂が始まり，ラジオの日本語講座の放送も始まる。 《韓国》高校教科課程に日本語が第二外国語科目の1つとして導入される。 《ニュージーランド》中等教育修了資格試験に日本語科目が導入される。 《オーストリア》ウィーン大学翻訳通訳研究所，日本語コース開設。 《ポーランド》アダム・ミツキェヴィチ大学，日本語教育開始。 《フランス》レオン・ド・ロニー，国際東洋学者会議開催。	《日本》江崎玲於奈，ノーベル物理学賞受賞。∥第一次オイルショック 《ベトナム》ベトナム和平協定調印（パリ） 第4次中東戦争
《タイ》チュラロンコン大学，日本語専攻課程創設。∥第1回日本語弁論大会開催。 《カンボジア》王立プノンペン大学の日本語講座開設閉鎖。 《スウェーデン》イエテボリ大学東洋学科（現東洋語・アフリカ語学科）が設立され，日本語セクションで日本語講座開講。 《エジプト》カイロ大学，文学部に日本語・日本文学科開設。 《ソ連》モスクワ国立大学，東海大学と交換留学制度発足。	
《スリランカ》大使館で日本語講座が開講。 《モンゴル》モンゴル国立民族大学（現モンゴル国立大学）文学部外国語科，日本語クラス開設。 《マレーシア》マレーシア国民大学，選択外国語としての日本語講座開講。 《メキシコ》メキシコ国立自治大学外国語教育センターに日本語講座開設。 《スペイン》マドリード国立語学学校で正式に日本語教育実施［78年日本語科設置］。 《ルーマニア》ブカレスト大学外国語外国文学部に日本語コース設置。	
《タイ》カセサート大学，日本語教育開始。 《香港》テレビで初級日本語放送（〜1978年） 《イギリス》J. A.ヴァン・エク『The Threshold Level for Modern Language	《日本》神奈川県，都道府県として最初に国際交流課を設置。

西暦	和暦	●国内の日本語教育事情
		国立国語研究所，『日本語教育のあらまし』刊行。 東京外国語大学大学院に日本語学専攻修士課程を設置。 国際交流基金，日本語教育短期巡回指導始まる。 天理大学，日本語教員養成課程設置。 文化庁，第1回日本語教育研究協議会を開催。
1977年	昭和52年	日本語教育学会，社団法人となる。 国際日本語普及協会（AJALT）設立［旧日本語教育研究会西尾グループ］。 ASEAN元日本留学生評議会（ASCOJA）設立。 JICA青年海外協力隊，中近東へ日本語教師隊員派遣開始。 文化行政長期綜合計画懇談会（文化庁）「文化行政長期綜合計画について」を発表。
1978年	昭和53年	国際交流基金，日本語教材「入門シリーズ」（『日本語かな入門』，『日本語漢字入門』，『日本語はつおん』）の刊行。諸言語版の発行。 国際交流基金・日本語教育学会共催で「日本語教育国際会議」を開催。
1979年	昭和54年	「特集・海外の日本語教師」（月刊『言語』3月号） 日本語教育推進対策調査会（文化庁），「日本語教育の内容・方法の整備充実に関する調査研究について」を発表。 アジア福祉教育財団，難民事業本部設置［定住促進センター（姫路・大和）を開設し，インドシナ難民に日本語教育開始］。 日本語・日本文化研修留学生招聘プログラム開始。 国際交流基金，日本語教材開発助成事業の開始。 国際交流基金，中国政府派遣赴日留学生予備校に日本語専門家を派遣。 自由民主党文化振興に関する特別委員会「文化振興に関する今後の施策について」中間報告。 文化庁主導により「日本語教育の方法及び教材の開発・改善に関する実際的研究」が大阪外国語大学，天理大学，早稲田大学，東京外国語大学，慶應義塾大学などの教員で進められる。国立国語研究所を中心に母語別学習辞典作成計画が始まる。
1980年	昭和55年	国際交流基金，北京言語学院に日本語研修センターを開設，日本語教育専門家を派遣（5ヵ年計画）。 国際交流基金，日本語教材シリーズ『教師用日本語教育ハンドブック（文法II──助動詞を中心にして）』刊行。 国内の日本語学習者数2万633人（文化庁国語課調べ）。 国際交流基金，日本語教師養成のため日本語実験実習講座を開設。 JICA青年海外協力隊，大洋州へ日本語教師隊員派遣開始。 JICA，「中南米及びカナダ移住者子弟の日本語教育調査報告書」刊行。
1981年	昭和56年	国際交流基金，『日本語初歩』刊行。 国際交流基金，日本語教材シリーズ『教師用日本語教育ハンドブック（語彙）』および『同

●海外の日本語教育事情	●日本事情・世界事情
Learning in Schools』刊行。 《ブラジル》日本文化研究所，サンパウロ大学構内に建物完成。 《ユーゴスラビア》ベオグラード大学，日本語教育開始。	
《ASEAN》元日本留学生評議会（ASCOJA）設立。 《インドネシア》在スラバヤ日本国総領事館日本語講座開設（市民向け日本語講座）。 《シンガポール》シンガポール政府，日本語を中学生を対象とした第三言語に指定。 《タイ》チェンマイ大学，日本語講座開講。 《中国》南京大学外国語学院，日本語科設置。 《韓国》日本大使館，日本語講座開設［教材として「初級日本語」を編纂］。 《インド》プネー大学，日本語講座開講。 《オーストラリア》中等教育教材『Alfonso Japanese』を発行。 《カナダ》多文化政策に基づき，公用語以外の言語に対しても財政援助がなされる。 《ブラジル》日本文化会館設立（サン・パウロ大学内）。 《メキシコ》小中学生を対象とした日本メキシコ学院が設立され，日本語を必修科目とし総合教育を目指す［高校は1980年開校］。 《スイス》ジュネーブ大学，日本語学専攻学生を対象とした講座が開設される。	
《スリランカ》ケラニア大学，課外コースを開講。 《中国》現・東北師範大学で日本留学生（学部）のための予備教育が開始される。‖ 日本語が大学の入試試験科目に制定される。 《シンガポール》シンガポール教育省，外国語センターを設立。 《ポーランド》ヤギエウォ大学，東洋学科選択科目として日本語講座開講。 《オランダ》S. C.ディック『Functional Grammar』刊行。 《西ドイツ》ケルン大学，日本学講座開設。 《スペイン》マドリード国立語学学校に日本語科設置。	《日本》日中平和友好条約締結。
《韓国》KBSラジオ 日本語講座放送。テキスト「基礎日本語」。 《中国》東北師範大学，赴日留学生予備教育開始。 《スリランカ》日本語が高校卒業試験の選択科目に採用され，高校での日本語教育が始まる。 《ブラジル》リオデジャネイロ連邦大学，日本語講座開講。	《日本》第二次オイルショック。
《スリランカ》ケラニア大学，学位コースを開講。 《中国》国際交流基金，北京語言学院に日本語研修センター（通称「大平学校」）を開設，日本語教育専門家を派遣（5ヵ年計画）［79年12月，中国を訪問した大平正芳首相と華国鋒主席との合意により，中国の大学の現職日本語教師に対して1年間の日本語教育および日本事情に関する集中研修を行う機関として設立されたもので，85年までの5年間に計600名の大学日本語教師の再教育を実施］。‖ 北京語言学院（現，北京言語大学）で「全国日本語教師養成班」開講。 《韓国》KBSテレビ 日本語講座放映。テキスト「やさしい日本語」。 《オーストラリア》オーストラリア日本研究学会（JSAA）を設立。 《スウェーデン》ルンド大学東アジア言語学部が設立され，日本学科で日本語講座が始められる。 《ドイツ》ノルトライン=ヴェストファーレン州立言語研究所ヤポニクム設立，インテンシブコースが実施される。	
《台湾》教育部（文部省に相当）所属の教育テレビに日本語講座が設けられる。 《インドネシア》国立スラバヤ教育大学，日本語学科開設［高校の日本語教師養成	《日本》福井謙一，ノーベル化学賞受賞。‖ 中国残留日本孤児，

西暦	和暦	●国内の日本語教育事情
		(発音)』刊行。 「常用漢字表」内閣告示。 国際交流基金、『海外日本語教育機関一覧』刊行〔機関数1,145機関，教師数4,097人，学習者数12万7,167人〕。 国際交流基金、ニュージーランド教育省への日本語教育専門家派遣を開始。
1982年	昭和57年	高等専門学校、専修学校留学生制度発足。 外国人の日本語能力に関する調査研究協力者会議（文化庁），「外国人留学生の日本語能力の標準と測定（試案）に関する調査研究について」発表。 日本語教育学会編『日本語教育事典』刊行。 国際交流基金、海外派遣日本語教員実習講座を開始。 国立国語研究所『日本語教育文献索引』刊行。 国際交流基金、マラヤ大学予備教育学部への日本語教育専門家派遣を開始。
1983年	昭和58年	国際交流基金、『教科書解題』刊行。 JICA青年海外協力隊、アフリカへ日本語教師隊員派遣開始。 国際救援センター開所。 国際交流基金運営審議会が基本施策について答申。 21世紀留学生政策懇談会（文部省）「21世紀への留学生政策に関する提言」を発表。
1984年	昭和59年	国際交流基金、テレビ日本語講座初級Ｉスキット「ヤンさんと日本の人々」完成。海外でのテレビ日本語番組での使用開始。 国際交流基金、日本語教育用『スライドバンク』完成（「場所シリーズ」「生活シリーズ」「12カ月シリーズ」「留学生シリーズ」「お正月シリーズ」）。 中国帰国孤児定住促進センター開設。 文部省「21世紀への留学生政策の展開について」（留学生10万人計画）を発表。 日本国際教育協会・国際交流基金、「日本語能力試験」を実施。 国立国語研究所、『日本語教育のための基本語彙調査』刊行。 海外で日本語能力試験を開始〔国内は財日本国際教育協会が、海外は国際交流基金が各地の試験実施団体との共催で実施。日本を含む15カ国・地域，21都市で行われ，7,019名が受験〕。 名古屋大学国際交流促進調査研究委員会、『外国人留学生に対する日本語・日本文化の教育に関する調査研究報告書』を刊行。 留学生問題調査・研究に関する協力者会議（文部省），「21世紀への留学生政策及び展開について」を発表。
1985年	昭和60年	日本語教育施策の推進に関する調査研究会（文部省），「日本語教員養成等」について発表。 東京大学・名古屋大学・九州大学・筑波大学等に留学生教育センターを設置（計8校）。 総合研究開発機構『日本語教育および日本語普及活動の現状と課題』刊行。 東京外国語大学、特設日本語科を日本語学科に改称。 筑波大学、日本語・日本文化学類を設置。 日本語普及綜合推進調査会（国際交流基金），「海外における日本語普及の抜本的対応策について」を発表。 国立大学に日本語教員養成学科、課程等の設置。 国際交流基金、海外日本語講師長期研修会（現・海外日本語教師長期研修）開始。
1986年	昭和61年	国際交流基金、海外放映用のテレビ日本語講座初級Ｉ（前半26回分）完成。 外国人就学生受入機関協議会発足。 国際交流基金、中国日本学修士課程研修生訪日研修の開始。 国際交流基金、『基礎日本語学習辞典』（英語版）刊行〔その後，韓国語版，ベンガル語版（1987年），ポルトガル語版，タイ語版（1989年），中国語版，スペイン語版（1992年），マレー語版，ドイツ語版（1993年），ベトナム語版（1997年），ポーランド語版（1998年），シンハラ語版，トルコ語版（2002年）を刊行〕。 JICA日系社会青年ボランティア（当時名称：海外開発青年）派遣開始〔日本語教師を中南米に派遣。以来、2005年4月現在まで9カ国にのべ427名の日本語教師を派遣〕。

●海外の日本語教育事情	●日本事情・世界事情
地方へ拡大]。 《シンガポール》シンガポール国立大学，日本研究学科開設。 《パキスタン》国立近代語学院，日本語科設置。 《中国》北京大学，孫宗光他（編）『基礎日本語（発音編・第1・2・3・4冊）』（1981年〜1987年）商務印書館より刊行。 《ブラジル》ブラジリア大学，日本語講座開講。 《西ドイツ》エルランゲン大学，日本語講座開講。	初の正式来日。 《マレーシア》マハティール首相，「ルック・イースト」政策提唱。
《インド》ジャワハルラル・ネルー大学，博士課程開始。 《インドネシア》インドネシア日本研究協会第1回全国セミナー開催。 《タイ》タマサート大学，日本語専攻課程創設。 《マレーシア》マラヤ大学，日本留学予備教育課程設置。 《中国》『全国日語教学綱要』制定。 《オーストリア》中等教育機関のウィーン22区商業高等アカデミーで，課外選択科目として日本語コースが導入される。 《フランス》日本研究学会発足。 《ドイツ》中等教育機関のギムナジウムでも日本語教育が開始される。	
《タイ》カセサート大学，日本語専攻課程創設。 《アメリカ》S. D.クラッシェンとT. D.テレル『The Natural Approach』刊行。 《スウェーデン》ストックホルム大学東洋学部，東アジア学科開設。 《西ドイツ》ゲッチンゲン大学，日本語講座開設。	《日本》㈶中国残留孤児援護基金設立。
《中国》北京外国語学院（現北京外国語大学）に日本学研究センター設立〔「大平学校」が発展的に解消する形で，日本語教師の再教育と大学院修士課程の学生の教育を並行して実施することを目的に〕。 《タイ》日本語能力試験開始（第1回目）。 《インドネシア》高校外国語教育指導要領改訂〔日本語が選択必須科目となる〕。 《ハンガリー》エォトヴェシ・ローランド大学（ELTE），日本語授業開始。外国貿易大学（現在のブダペスト商科大学），日本語教育開始。	《日本》中国帰国孤児定着促進センター開所。
《中国》日本学研究センターで第1次5ヶ年計画が実施される‖同センターに「大学院修士課程」を設置。 《ブラジル》日本語普及センター設立。	
《タイ》タマサート大学，日本語研究センター創設。 《イギリス》アジア・アフリカの言語，地域研究促進のためピーター・パーカー卿が英国大学助成委員会の委託を受けて作成した調査報告書「未来に向けて——アジア・アフリカ言語および地域研究に対する英国外交・通商上の要請に関する一考察」（通称パーカー・レポート）がまとめられる。 《スウェーデン》ウメオのオストラ高校において，中等教育で初めて日本語が第三外国語として選択可能となる。 《イタリア》ローマで日本語能力試験が実施され始める。 《トルコ》国立アンカラ大学，日本語講座を開設，日本文学，日本語専攻の学科を	《日本》改定現代仮名遣い告示。

西暦	和暦	●国内の日本語教育事情
		JICA 青年海外協力隊，中国へ日本語教師隊員派遣開始。 「改定現代仮名遣い」，内閣告示。
1987年	昭和62年	日本語教育学会監修『ビデオシリーズ日本語授業の実際』(第1集)制作完成。 JET プログラム発足。 国際文化フォーラム設立。 NGO 活動推進センター設立。 国際交流基金，『基礎日本語学習辞典』(韓国語版およびベンガル語版)刊行。 国際交流基金，『海外日本語教育機関一覧』刊行[教育機関数2,620機関，教師数7,217人，学習者数584,934人]。 日本語教員検定制度に関する調査研究会(文部省)，「日本語教員検定制度について」を発表。
1988年	昭和63年	日本国際教育協会，第1回「日本語教育能力検定試験」実施。 国際文化フォーラム・国際交流基金，「日本語教育国際シンポジウム」開催。 日本語学校の標準的基準に関する調査研究協力者会議(文部省)。 「日本語教育施設の運営に関する基準について」発表。 国際交流基金，テレビ日本語講座初級Ⅱスキット「続ヤンさんと日本の人々」完成。 ㈶自治体国際化協会発足。 日本語学校の標準的基準に関する調査研究協力者会議(文部省)，「日本語教育施設の運営に関する基準」を発表。 慶應義塾大学，「福沢基金共同研究科学技術日本語教育のための調査研究」を報告。 総務庁行政監察局が「帰国子女教育等の現状と問題点」，「留学生受け入れ対策の現状と問題点」を報告。 国際交流基金，日本語教材シリーズ『教師用日本語教育ハンドブック(教授法入門)』刊行。
1989年	平成元年	国際交流基金，日本語国際センターを北浦和に開設[海外日本語教師長期研修，海外日本語教師短期研修，在外邦人日本語教師研修開始]。 ㈶日本語教育振興協会発足。 国際交流基金，日本語教育専門員制度を設置。 言語文化研究所付属東京日本語学校，「開講四十年記念シンポジウム」開催。 国際交流基金，『国際文化交流に関する懇談会報告書』刊行。 国際交流基金，日本語教育論集『世界の日本語教育』創刊。 国際交流基金，『基礎日本語学習辞典』(ポルトガル語版およびタイ語版)刊行。
1990年	平成2年	国際交流基金，日本語教材『日本語中級Ⅰ』刊行。 ㈳国際日本語普及協会(文化庁委嘱研究)「一般外国人に対する日本語教育の実態調査に関する調査研究報告書」刊行。 出入国管理及び難民認定法，改正・施行[三世までの南米日系人は日本での定住生活が可能となり，家族を伴った日本語を母語(第一言語)としない地域定住者が増え始める]。
1991年	平成3年	NHK 教育テレビ，「スタンダード日本語講座」放送開始。 大学日本語教員養成課程研究協議会(大養協)設立。 国際研修協力機構(JITCO)設立。 「外来語の表記」，内閣告示。 ㈶NHK インタナショナル，日本紹介ビデオシリーズ『日本人のライフサイクル』制作開始。

●海外の日本語教育事情	●日本事情・世界事情
設置。 《ハンガリー》エオトヴェシ・ローランド大学（ELTE），日本学科開設。	
《チリ》日チ文化協会，学生や社会人等広く一般人を対象とした日本語講座開講。 《オーストラリア》National Policy on Languageを発表。The Australian Language Levels Guidelinesも発表。 《ハンガリー》トルクバーリント実験小学校，日本語教育開始。 《ポーランド》アダム・ミェツキエヴィチ大学，日本語学科を設立。‖ヤギェウオ大学日本講座が日本語学科となる。 《メキシコ》国際交流基金メキシコ事務所開設。	《日本》利根川進，ノーベル医学生理学賞受賞。‖民間日本語教育施設の授業料返還問題起こる。
《タイ》タイ国日本語教育研究会設立。 《ネパール》トリヴァン大学国際言語キャンパスに日本語科設立。 《アメリカ》Educational Exchange Program（北米大学教育交流委員会）による日本語教員派遣開始。 《カナダ》連邦政府，多文化主義法（An Act for the preservation and enhancement of multiculturalism in Canada）制定。 《オーストラリア》アジア教育審議会，National Strategy for the Study of Asia in Australiaを発表。 《フランス》初等教育の私立校，エコール・アクティヴ・ビラングで日本語教育開始。 《イギリス》イギリス通商産業省（DTI），Opportunity Japanキャンペーン実施［英日間の通商促進を最終目的として，高等教育機関での日本語・日本文化関係プログラムへの資金拠出を決定］。‖Japanese Language Association（通称，JLA）設立。 《スウェーデン》ストックホルムのオストラ・レアル高校とフランス・シャウター高校で日本語教育が始まる。	《日本》日本のODA，総額で世界第1位に。‖日本語学習のための就学援助事業の実施（笹川平和財団関係）。‖民間日本語教育施設での授業料返還問題，不法就学，不法滞在，資格外活動などが社会問題化。
《メキシコ》日本語教師連絡協議会が発足（12日本語機関）。 《イタリア》ミラノで日本語能力試験が実施され始める。	《日本》外国人の不法就労，不法滞在，資格外活動が国会で論議される。 《ドイツ》ベルリンの壁崩壊。 《中国》天安門事件［民主化運動弾圧］。
《中国》放送大学「日本語講座」開始。‖「北京日本学研究センター第2次5ヵ年計画」開始［現代日本研究コースを設置］。‖教育部，『大学日本語専攻基礎段階教育大綱』を制定。 《インドネシア》インドネシア大学，大学院日本研究コース（修士課程）開設。‖教育文化省，一般日本語学校用統一カリキュラム作成。 《タイ》国際交流基金，海外日本語センターをバンコクに設置。 《アメリカ》REX（Regional and Educational Exchanges for Mutual Understanding）計画による日本語教員派遣事業開始。 《オーストラリア》中等教育教材Kimonoを発行。 《ポルトガル》国立ノヴァ・リスボン大学，社会人向け日本語講座を開講。 《ブルガリア》ソフィア大学日本語講座，日本語学科に昇格。 《フランス》フランス日本研究学会発足。 《カナダ》国際交流基金トロント事務所開設。	《日本》出入国管理法改正。 《ドイツ》東西ドイツ統一。
《香港》香港中文大学「日本語文組」，「日本語研究学科」に昇格。 《インドネシア》国際交流基金ジャカルタ日本語センター開設。 《タイ》国際交流基金バンコク日本語センター開設。 《オーストラリア》国際交流基金シドニー日本語センター開設。‖Australia's Language/The Australian Language and Literacy Policyを発表。 《ロシア》CIS日本語教師会発足。	《日本》バブル経済崩壊。 ソ連邦消滅。 湾岸戦争勃発。

西暦	和暦	●国内の日本語教育事情
		国際交流基金，ビデオ教材『続ヤンさんと日本の人々』完成。 JICA，日系社会シニア・ボランティア日本語教師の派遣開始［以来，2005年4月までに10ヵ国にのべ201名の日本語教師を派遣］。 JICA，シニア海外ボランティア日本語教師の派遣開始［以来，2005年4月までに24ヵ国にのべ91名の日本語教師を派遣］。 外国人労働者の受け入れに関する技能実習制度，実施。 国立国語研究所，「4年制大学における日本語教員養成の現状」を報告。
1992年	平成4年	「日本語教育学会創立30周年・法人設立15周年記念大会」開催［5月，東京外国語大学］。 文部省，日本国内で学ぶ外国人児童・生徒のための日本語教科書『にほんごをまなぼう』刊行。 JALEX，米国高校への日本語教師助手派遣開始。 国際交流基金，『基礎日本語学習辞典』（中国語版およびスペイン語版）刊行。 国際交流基金，『海外の日本語教育の現状——海外日本語教育機関調査・1990年』刊行［機関数3,917機関，教師13,214人，学習者数981,407人］。 JICA青年海外協力隊，日本語教師の東欧派遣開始。 JICA，『日系人本邦就労実態調査報告書』刊行。 21世紀に向けての留学生政策に関する調査研究協力者会議（文部省），「21世紀を展望した留学生交流の綜合的推進について」を報告。 文部省科学研究費補助金による研究「大学における日本語教員養成課程の現状と課題」（代表・徳川宗賢）の報告を文部省に提出。 東京工業大学工学部日本語教員調査研究会，「工学系研究科における留学生日本語実態調査」を報告。 国立国語研究所，「留学生に求められる日本語能力の水準の策定」を公表。
1993年	平成5年	日本語教育推進施策に関する調査研究協力者会議（文部省），「日本語教育推進施策について——日本語の国際化に向けて」を報告。 国際交流基金，「日本語教育が必要な外国人児童・生徒の受け入れ状況等に関する調査」文部省刊。 国際交流基金，「大韓民国高等学校日本語教師研修」および「中国大学日本語教師研修」開始。 科研費の細目に日本語教育が採用される。 国際交流基金，『基礎日本語学習辞典』（中国語版およびスペイン語版）刊行。
1994年	平成6年	「シンポジウム・地域の外国人と日本語：平成5年度日本語教育相互研修ネットワーク地域研修会札幌会場報告書」国立国語研究所刊。 「外国人技術研修生に対する日本語指導の手引き」文化庁国語課刊。 国立国語研究所新プロ「日本語」，国際社会における日本語についての総合的研究を始める。 国際交流基金・国際日本文化センター共催，「日本研究・京都会議」開催。 国際交流基金・NHKインターナショナル，ビデオ教材『日本人のライフスタイル』完成。 文化庁，第1回「これからの日本語教育を考えるシンポジウム」を開催（7年度から日本語教育大会に吸収）。 文化庁文化部国語課，『異文化理解のための日本語教育Q&A』刊行。 文化庁，地域日本語教育推進事業を開始［最初のモデル地域として群馬県太田市と神奈川県川崎市を指定。その他6地域を指定し，2000年度まで実施。その後，その成果等を地域日本語教育活動の充実方策に関する調査研究協力者会議がまとめ，「地域日本語学習支援の充

●海外の日本語教育事情	●日本事情・世界事情
《バハレーン》野村・バハレーン日本友好基金のイニシアティブで学校教育外の夜間講座が開講される。‖バハレーン大学でも日本語講座が開講，日本研究センターが設置される。 《ハンガリー》国際交流基金ブダペスト事務所開設。	
《インドネシア》テレビ日本語教育番組放送［民間テレビ RCTI］。 《シンガポール》技術専門学校において日本語教育開始。 《アメリカ》国際交流基金ロス・アンジェルス日本語センター開設。NCSTJ（National Council of Secondary Teachers of Japanese）発足［現 NCJLT：National Council of Japanese Language Teachers］。 《トルコ》2つの国立高校で正規科目としての日本語教育開始。 《フランス》レンヌ第1大学に日仏経営大学院を設置。	《日本》国連平和維持活動（PKO）協力法成立。 《アメリカ》日本人高校留学生射殺事件。
《インド》国際交流基金ニューデリー事務所開設。 《カンボジア》青年海外協力隊（JOCV）の日本語教師により，王立プノンペン大学で学生を対象とした初級および中級の日本語教育を開始。 《中国》日本語能力試験実施。 《アメリカ》College Boardのachievement testに日本語が加わる。‖（SAT.）A Framework for Introductory Japanese Language CurriculaがNFLC（National Foreign Language Center）より発表。‖米国において，日本語能力試験実施開始。 《オーストラリア》日本語学習者数が国民全体の1％に達する。‖「YOROSHIKU」シリーズを刊行。 《イギリス》ノッティンガム大学，英国の公立中等教育機関教員資格が得られる日本語教師養成講座開講。 《デンマーク》中等教育において日本語が正式に第三外国語（5言語の中から1つ選択）に認定される。 《トルコ》国立チャナッカレ3月18日大学，日本語講座開講，日本文学，日本語専攻の学科が設置される。 《ベラルーシ》ミンスク国立言語大学で初めて日本語教育を実施。 《ハンガリー》日本語能力試験実施。 《ニュージーランド》ニュージーランド日本語教師会発足。	欧州連合条約発効
《中国》国際交流基金北京日本文化センター開設。 《マレーシア》マレーシア国営ラジオ局で日本語講座開講。 《カンボジア》NGO等の支援により王立プノンペン大学で一般社会人を対象とした日本語講座が行われる。 《シンガポール》南洋工科大学，日本語講座開講。 《アメリカ》NCOLCTL（National Council of Organizations of Less Commonly Taught Languages）発足。‖ワシントン州において日本語スタンダード・カリキュラム完成。 《ブラジル》国際交流基金サン・パウロ日本語センター設立。 《トルコ》国立エンジェス大学，日本語講座を開設，日本文学，日本語専攻の学科を設置。	《日本》中国帰国孤児定着促進センター，「中国帰国者定着促進センター」に改名。‖大江健三郎，ノーベル文学賞受賞。

西暦	和暦	●国内の日本語教育事情
		実──共に育む地域社会の充実に向けて』（国立印刷局）として報告］。
1995年	平成7年	JETROビジネス日本語能力テスト公開模擬試験が1996年度実施に先立って行われる。 国際交流基金，『海外の日本語教育の現状──日本語教育機関調査・1993年』刊行［機関数6,800機関，教師数2万1,034人，学習者数162万3,455人］。 ㈳国際日本語普及協会，文化庁の委嘱研究「一般外国人に対する日本語教育──海外から嫁いだ外国人配偶者の日本語指導に関する調査研究」を報告。 京都外国語大学国際言語平和研究所，「私立大学における外国人留学生に対する教育研究指導の改善に関する調査研究」を報告。 国際交流基金，ビデオ教材『テレビ日本語講座初級Ⅱ』完成。 文化庁『言葉に関する問答集 総集編』刊行。 文化庁「国語に関する世論調査」実施。 文化庁，日本語教育大会を東京・大阪で開催（同大会はその後毎年開催）。 日本語教育学会，『ひろがる日本語教育ネットワーク　最新事例集』（文化庁1994年度委嘱調査研究）刊行。
1996年	平成8年	日本貿易振興会（JETRO），第1回ジェトロビジネス日本語能力テスト実施。 日本貿易振興会（JETRO），ビジネス日本語教材『課長』刊行。 国際交流基金，タイ中等学校日本語教師訪日研修開始。 総務庁行政監察局，「外国人子女及び帰国子女の教育に関する行政監察に基づく勧告」公表。 第15期中央教育審議会，第一次答申「21世紀を展望した我が国の教育の在り方について」。 国際交流基金，海外放映用のテレビ日本語講座初級Ⅱ（後半26回分）完成。 国際交流基金，『日本語中級Ⅱ』刊行。 文化庁，「『これからの日本語教育を考える』衛星通信シンポジウム」（第1回）開催。
1997年	平成9年	国際交流基金関西国際センター開設。 外国人子女の日本語指導に関する調査研究協力者会議（文部省），「外国人子女の日本語指導に関する調査研究」を報告。 WIDE university 開講。 文部省，「教育改革プログラム」発表。 科研費「日本語教員養成」研究グループ，『日本語教員養成課程の現状分析とその将来の展望』刊行。 国際交流基金，『基礎日本語学習辞典』（ベトナム語版）刊行。
1998年	平成10年	「ナガヌマスクール開校50周年記念，講演とシンポジウム：日本語教育の源流・現在・近未来」開催。 国際交流基金，『基礎日本語学習辞典』（ポーランド語版）刊行。
1999年	平成11年	国際交流基金日本語国際センター10周年記念シンポジウム「日本語は役に立つか？」開催。 今後の日本語教育施策の推進に関する調査研究協力者会議（文化庁），「今後の日本語教育の推進について──日本語教育の新たな展開を目指して」を報告。 出入国管理及び難民認定法の一部改訂。 私費留学生統一試験，日本語科目と日本語能力試験の併合による日本語能力試験の実施。 国際交流基金，「中国中等学校日本語教師研修」開始。 文化庁，日本語教育学会の協力を得て，国際シンポジウム「国際化時代の日本語教育支援とネットワーク」開催。 中国帰国者定着促進センターが「「通信」による日本語学習支援の試み」（平成8・9・10年度文化庁委嘱事業・中国帰国者に対する日本語通信教育（試行）報告書）を報告。

●海外の日本語教育事情	●日本事情・世界事情
《中国》「北京日本学研究センター第3次5ヵ年計画」開始。‖北京日本学研究センター「10周年記念シンポジウム」開催。 《マレーシア》国際交流基金クアラルンプール日本語センター開設。 《インドネシア》インドネシア大学大学院日本研究コース（博士課程）開講。 《タイ》国際交流基金制作のテレビ日本語講座が放映される。 《ブラジル》国際交流基金制作のテレビ日本語講座初級がブラジル全土20州で放映開始。 《アメリカ》オレゴン州において日本語スタンダード・カリキュラム完成。‖NCSTが正式にACTFL（American Council on the Teaching of Foreign Languages）に加盟。 《チリ》サンティアゴ大学に5年制の日本語英語翻訳課程開講。 《イギリス》Language College制度が開始［認定校の7割程度が日本語教育を導入］。 《ドイツ》ラインラント=プファルツ州，ヘッセン州，ベルリン州に続き，バイエルン州において日本語がアビトゥア（大学入学資格試験）科目に認定される。 《エジプト》国際交流基金カイロ事務所開設。 《アゼルバイジャン》私立アジア大学，日本語学科設置。	
《中国》「第1回中国中高校日本語教師研修会」（財団法人国際文化フォーラム他主催，後に国際交流基金も共催）開催［東北部の三省と内モンゴル自治区の各地で，2002年まで毎年開催］。 《フィリピン》国際交流基金マニラ事務所開設（2001ステータス獲得）。 《アメリカ》ウィスコンシン州において日本語スタンダード・カリキュラム完成。‖ACTFLによる，"The Standards for Foreign Language Learning for the 21st Century"完成。 《ブラジル》サンパウロ大学，日本語日本文学日本文化大学院開講。	
《タイ》タマサート大学，日本学日本研究専攻修士課程開講。 《イギリス》国際交流基金ロンドン日本語センター開設。 《ベルギー》ベルギー日本語教師会発足。 《アゼルバイジャン》文化センター「日本の世界」設立。 《フランス》国際交流基金パリ日本文化会館開館。‖フランス日本語教師会発足。	《中国》香港，中国に返還。 《韓国》教育先端化政策の一環として教育情報サービスEDUNET開設。
《マレーシア》マラヤ大学，日本語専攻コース開講。 《オーストラリア》日本語学習者数，30万人を超える。 《イギリス》Japanese Language Association（通称，JLA）解散。‖英国日本語教育学会（BATJ）設立。 《ドイツ》全州文部大臣会議で，アビトゥア（大学入学資格試験）の試験科目として，日本語が選択科目に認可。 《エジプト》アフリカ大陸初の日本語能力試験実施［イエメン，サウジアラビアなど周辺諸国からも受験］。‖エジプト日本語教師会発足。	
《台湾》「高等学校における第二外国語推進5ヵ年計画」開始。 《韓国》日本語関連学科が設置されている4年制大学は84大学，計102学科。 《インドネシア》初の全国の日本語教師をつなぐネットワーク「インドネシア日本語教育学会」発足。 《タイ》チュラロンコン大学，大学院修士課程「日本文学及び日本語学研究科」開設。 《フィリピン》トリニティ大学，大学院教育学修士課程（コミュニケーション学「日本語」専攻）開講。 《アメリカ》ATJとNCJLTのAlliance officeとしてAATJ（Alliance of Association of Teachers of Japanese）を開設。‖The Standards for Japanese Language Learning（National Standard）完成。	

西暦	和暦	●国内の日本語教育事情
		文化庁,「衛星通信を活用した教員研修——上級向けの口頭表現の授業を通して」を韓国との間で初めて実施［2000年にはオーストラリアと，2001年にはアメリカとの間で実施］。
2000年	平成12年	国際交流基金,「オーストラリア・ニュージーランド初中等日本語教師訪日研修」開始。 国際交流基金,『海外の日本語教育の現状——日本語教育機関調査・1998』刊行［1998年のアンケート調査のデータをもとに制作。海外115カ国・地域の機関数1万930機関，教師数2万7,611人，学習者数210万2,103人。学習者数が初めて200万人を超える］。 国際交流基金,「北京日本学研究センター第4次5ヵ年計画」開始。 北京外国語大学・国際交流基金共催「北京日本学研究センター15周年記念日本国際学術シンポジウム」開催。 日本語教育学会,「日本語教育における教授者の行動ネットワークに関する調査研究 最終報告」(文化庁1999年度委嘱調査研究）を報告。 日本語教員の養成に関する調査研究協力者会議（文化庁),「日本語教育のための教員養成について」発表。 「日本留学のための新たな試験」調査研究協力者会議,「日本留学のための新たな試験」シラバス（案）提出。 第22期国語審議会,「現代社会における敬意表現」「表外漢字字体表」「国際社会に対応する日本語の在り方」を答申。
2001年	平成13年	JICA, ラオスとウズベキスタンにてJICA日本人材開発センター開所，日本語コース開始。 日本語教育指導者養成プログラム（修士コース）開始（第1回）［国際交流基金日本語国際センター，国立国語研究所，政策研究大学院大学の連携で実施］。 文部省，大学学科卒業要件124単位中60単位までをネットワーク利用による学習と試験で単位認定する制度導入。 国際交流基金,「米国・カナダ・英国初中等教育日本語教師訪日研修」開始。 国立国語研究所から独立行政法人国立国語研究所に組織改編。 文部省，文部科学省に改称。 国語審議会は廃止され，文化審議会が発足［その国語分科会として役割は継続］。 文化庁国語課,「日本語に対する在住外国人の意識に関する実態調査」の結果を報告。 日本語教員養成課程調査研究委員会,「大学日本語教員養成において必要とされる新たな教育内容と方法に関する調査研究報告書」を報告。 日本語教育振興協会，日本語教育施設における教員養成の教育課程に関する調査研究委員会が,「日本語教育施設における日本語教員養成について」（平成12年度文化庁委嘱事業）を報告。 浜松市の呼びかけにより外国人集住都市会議が設立され，公開首長会議を開催［外国人住民が多数居住する地域が連携して課題に取り組むべく,「地域共生についての浜松宣言」と，各都市に共通する「教育」「社会保障」「外国人登録等諸手続」についての提言を採択］。 文化芸術振興基本法施行［その19条において日本語教育の充実がうたわれ，法律の条文に初めて日本語教育に関する文言が記載された］。 日本語教育のための試験の改善に関する調査研究協力者会議（文化庁),「日本語教育のための試験の改善について——日本語能力試験・日本語教育能力検定試験を中心として」を報告。 国立国語研究所，ことばビデオシリーズ「豊かな言語生活を目指して」作成。
2002年	平成14年	国際交流基金,「高校生日本語学習奨励研修」開始。 ベトナム，モンゴル，カザフスタンにてJICA日本人材協力/開発センター開所，日本語コース開始。 大阪市立大学，全学共通教育科目の一部をオンライン講座として一般に公開。

●海外の日本語教育事情	●日本事情・世界事情
《イギリス》Association for Language Learningに日本語部会（JLC）設立［コンピュータ利用日本語教育などのワークショップを開催］。 《スペイン》サラマンカ大学に日西センターがオープンし，日本語講座を含む同大学の日本関係授業が活発化。 《エジプト》中東日本語教師連絡会発足［当初参加国は，エジプトのほかにイラン，サウジアラビア，シリア，トルコ，バハレーンの6ヵ国］。	
《韓国》同徳女子大学において，韓国日本学会・日本語教育学会（日本）の共同主催により，「日本語教育国際シンポジウム：21世紀型総合的日本語教育における語学，文学，文化およびメディアのあり方」開催。‖建国大学をはじめ，多くの大学でコンピュータ利用日本語教育講座開講。 《パキスタン》国立近代語学院の名称がNational University of Modern Languagesに変更され，独立した国立大学の資格を得る。 《マレーシア》「マレーシア日本語教師会」が認可される。 《中国》大学の非専攻日本語教育関係者の全体組織として「大学日本語教学研究会」が設立される。‖「北京日本学研究センター第4次5ヵ年計画」開始。‖「北京日本学研究センター15周年記念日本語国際学術シンポジウム」開催。‖『大学日本語専攻高学年段階教育大綱』を発表。 《イギリス》Nuffield Foundationが英国における外国語教育の抜本的改革の必要性を説く調査報告書『Languages: The next generation』を発行し，これに基づき政府への提言を行った。 《オランダ》フローニンゲン大学，ジャパン・センター開設。 《トルコ》エーゲ大学で日本語教育が始まる。 《アゼルバイジャン》バクー国立大学，東洋学部に日本語学科設置。 《ロシア》シベリア地方の中心都市であるノヴォシビルスクに日本語教師会発足［沿海地方では「ウラジオストク日本語教師会」］。	
《シンガポール》シンガポール日本語教師の会設立。 《中国》教育部，新学習指導要領「全日制義務教育日語課程標準」発表。‖『大学日本語専攻基礎段階教育大綱（修訂本）』発表。 《エジプト》エジプト日本語教育振興会発足。‖在エジプト日本国大使館日本語講座を継承。 《ハンガリー》「ハンガリー日本語教師会」設立。 《韓国》第7次教育課程が施行され，中学校の第二外国語が裁量科目となる。	
《中国》中国日語教学研究会主催「東アジア日本語教育国際シンポジウム」天津で開催。‖日本語専攻の大学4年生を対象とする「大学日語八級考試」試行試験実施。 《メキシコ》メキシコ日本語教師会発足。	

西暦	和暦	●国内の日本語教育事情
		国際交流基金,『基礎日本語学習辞典』(シンハラ語版およびトルコ語版) 刊行。 日本語教育学会,「日本語教育能力に関する試験の実施方法・内容に関する調査研究」(平成13年度文化庁委嘱調査研究) を報告。 新たな学生支援機関の設立構想に関する検討会議 (文部科学省),「新たな学生支援機関の在り方について」を報告。
2003年	平成15年	国際協力事業団から独立行政法人国際協力機構に組織改編。 文化審議会国語分科会,「これからの時代に求められる国語力について (審議経過の概要)」を文化審議会に報告。 日本語教育学会,「日本語教員養成における実践能力の育成及び評価にかかわる基礎的調査研究」(平成14年度文化庁日本語教育研究委嘱) を報告。 文化庁国語課,「諸外国における外国人受入れ施策及び外国人に対する言語教育施策に関する調査研究報告書」を報告。 情報通信技術 (IT) を活用した日本語教育の在り方に関する調査研究協力者会議 (文化庁),「情報通信技術と日本語教育」を報告。 学校教育におけるJSLカリキュラムの開発に係る協力者会議 (文部科学省),「学校教育におけるJSLカリキュラムの開発について――小学校編」最終報告。 中央教育審議会 (文部科学省),「新たな留学生政策の展開について――留学生交流の拡大と質の向上を目指して」を答申。 国際交流基金から独立行政法人国際交流基金に組織改編。
2004年	平成16年	日本学生支援機構設立 [それまで文部科学省・国立大学, 日本育英会, 留学生関係法人 (財団法人日本国際教育協会, 財団法人内外学生センター, 財団法人国際学友会, 財団法人関西学友会) などで行われていた業務が, 4月1日以降, 独立行政法人日本学生支援機構, 都道府県, 財団法人日本国際教育支援協会 (財団法人日本国際教育協会を改組) に分散された]。

●海外の日本語教育事情	●日本事情・世界事情
《韓国》国際交流基金ソウル日本語センター開設。‖第7次教育課程により高校の第二外国語が裁量科目となる。 《ブルガリア》ブルガリア日本語教師会発足。	《日本・韓国》日韓共催のサッカーワールドカップ開催。
《中国》教育部が高校用学習指導要領「普通高中日語課程標準（実験稿）」を制定。	

- 年表作成——池谷貞夫，柳澤好昭，野山広　［作成協力］関正昭，坪山由美子
- 資料提供——アジア学生文化協会，アジア福祉教育財団，オイスカ，海外技術者研修協会，言語文化研究所，厚生労働省，国際学友会，国際教育振興会，国際協力機構，国際研修協力機構，国際交流基金，国際日本語普及協会，国際文化フォーラム，国立国語研究所，中国残留孤児援護基金，日本外交協会，日本語教育学会，日本語教育振興協会，日本国際教育支援協会，日本貿易振興機構，文化庁，文部科学省留学生課

日本語教育主要統計

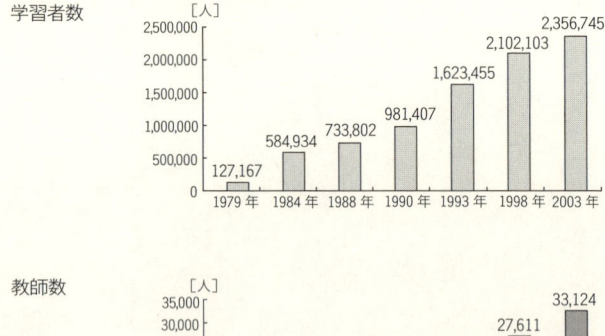

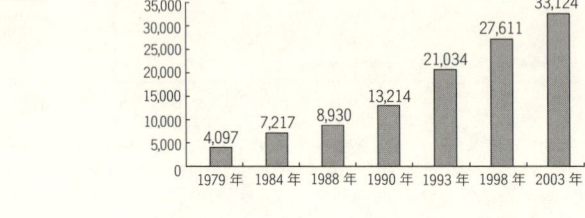

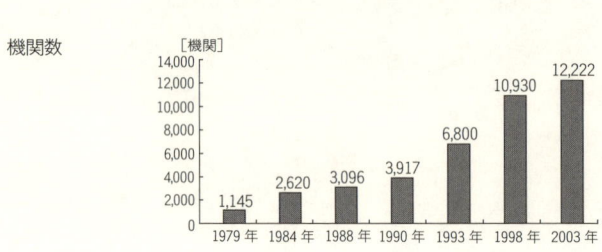

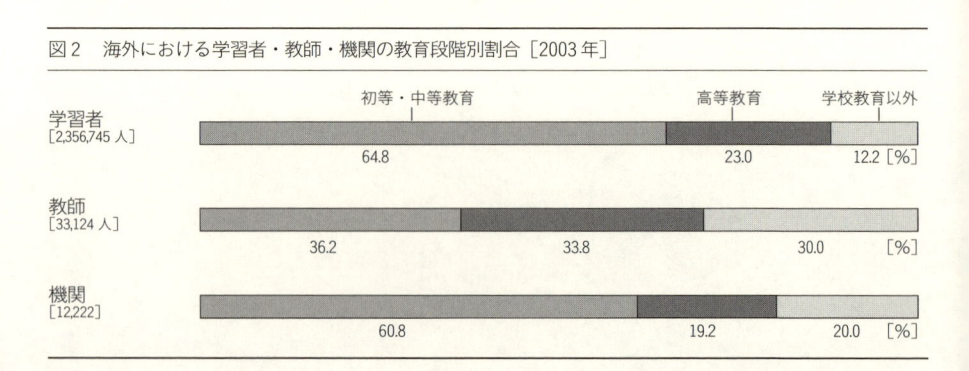

図1　海外における学習者数・教師数・機関数の推移［1979-2003年］

学習者数 ［人］
- 1979年: 127,167
- 1984年: 584,934
- 1988年: 733,802
- 1990年: 981,407
- 1993年: 1,623,455
- 1998年: 2,102,103
- 2003年: 2,356,745

教師数 ［人］
- 1979年: 4,097
- 1984年: 7,217
- 1988年: 8,930
- 1990年: 13,214
- 1993年: 21,034
- 1998年: 27,611
- 2003年: 33,124

機関数 ［機関］
- 1979年: 1,145
- 1984年: 2,620
- 1988年: 3,096
- 1990年: 3,917
- 1993年: 6,800
- 1998年: 10,930
- 2003年: 12,222

図2　海外における学習者・教師・機関の教育段階別割合［2003年］

	初等・中等教育	高等教育	学校教育以外
学習者 ［2,356,745人］	64.8	23.0	12.2 ［%］
教師 ［33,124人］	36.2	33.8	30.0 ［%］
機関 ［12,222］	60.8	19.2	20.0 ［%］

図3 学習者数・教師数・機関数の地域別割合 [2003年]

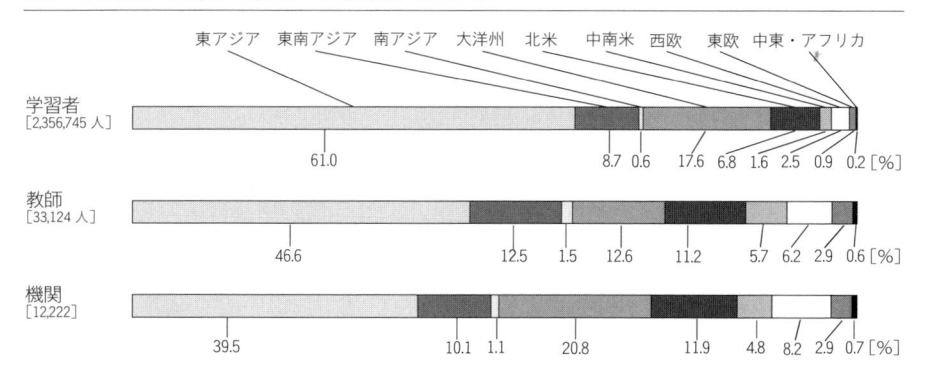

地域区分：東アジア／東南アジア／南アジア／大洋州／北米／中南米／西欧／東欧／中東・アフリカ

学習者 [2,356,745人]：61.0／8.7／0.6／17.6／6.8／1.6／2.5／0.9／0.2 [%]

教師 [33,124人]：46.6／12.5／1.5／12.6／11.2／5.7／6.2／2.9／0.6 [%]

機関 [12,222]：39.5／10.1／1.1／20.8／11.9／4.8／8.2／2.9／0.7 [%]

図4 学習者数の国別割合 [2003年]

国別：韓国／中国／オーストラリア／米国／台湾／インドネシア／タイ／ニュージーランド／カナダ／ブラジル／その他

学習者総数 [2,356,745人]：37.9／16.5／16.2／5.9／5.5／3.6／2.3／1.2／0.9／0.8／9.1 [%]

図5 学習者数上位10ヵ国の教育段階別構成 [2003年]

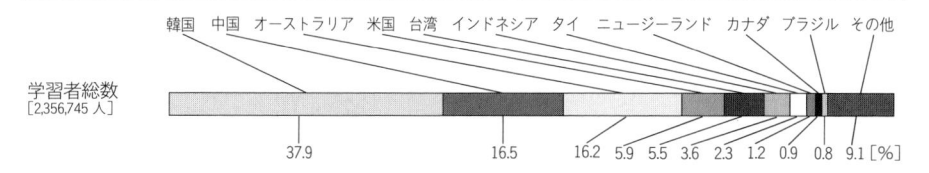

教育段階：初等・中等教育／高等教育／学校教育以外

順位	国・〈地域〉	学習者数 [人]	初等・中等教育	高等教育	学校教育以外
1	韓国	894,131	87.3	9.3	3.4
2	中国	387,924	20.5	53.0	26.5
3	オーストラリア	381,954	96.6	2.2	1.2
4	米国	140,200	62.7	30.0	7.3
5	〈台湾〉	128,641	28.4	58.5	13.1
6	インドネシア	85,221	72.4	16.3	11.3
7	タイ	54,884	31.9	40.6	27.5
8	ニュージーランド	28,317	91.9		8.1
9	カナダ	20,457	46.3	34.7	19.0
10	ブラジル	19,744	16.0	7.8	76.2

出典｜国際交流基金『海外の日本語教育の現状——日本語教育機関調査・2003年（概要版）』（URL：http://www.Jpf.go.jp/j/japan_j/oversea/survey.html）

図6　国別日本語学習者数［2003年］

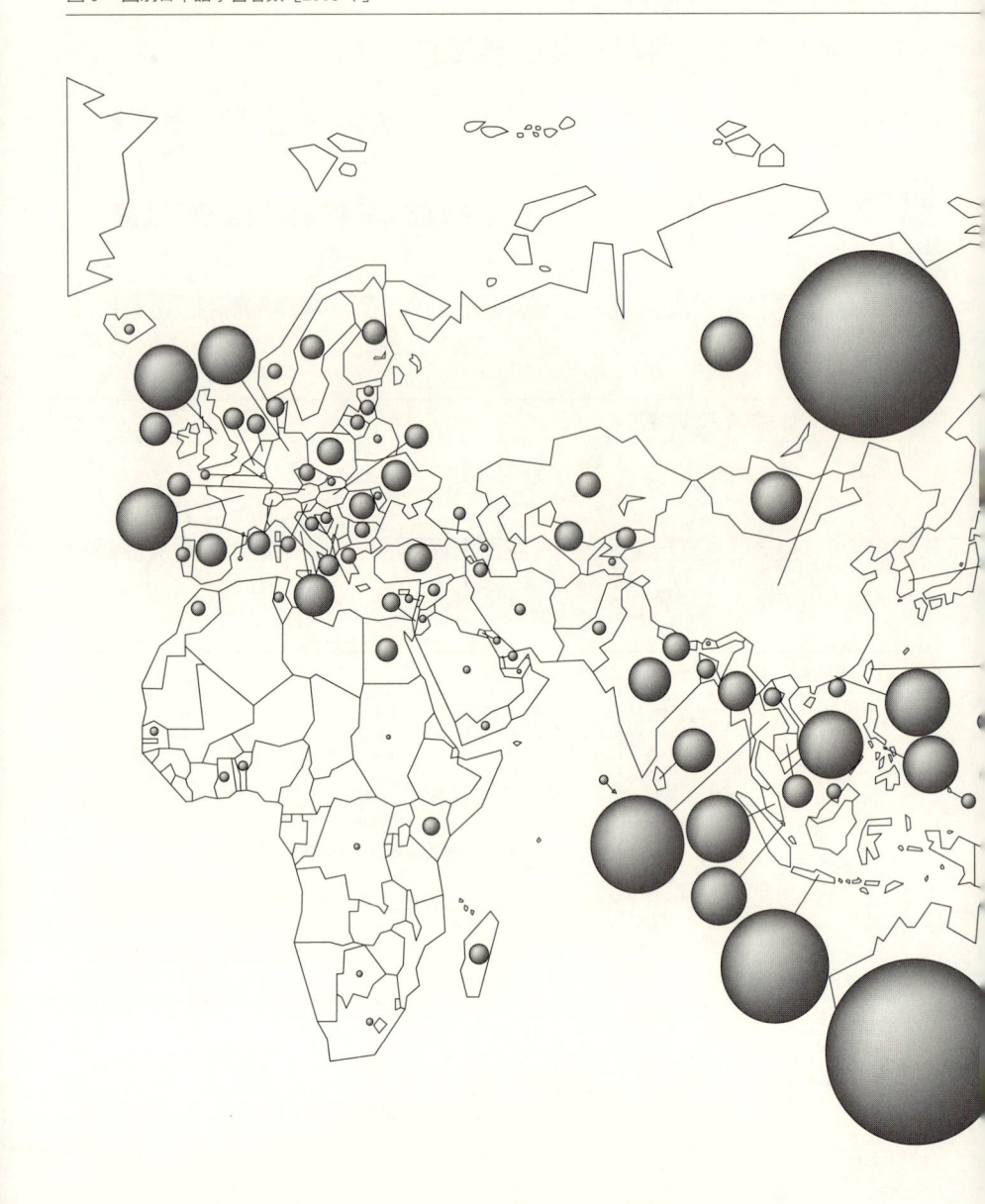

出典　｜国際交流基金『海外の日本語教育の現状——日本語教育機関調査・2003年（概要版）』（URL：http://www.jpf.go.jp/japan_j/oversea/survey.html）

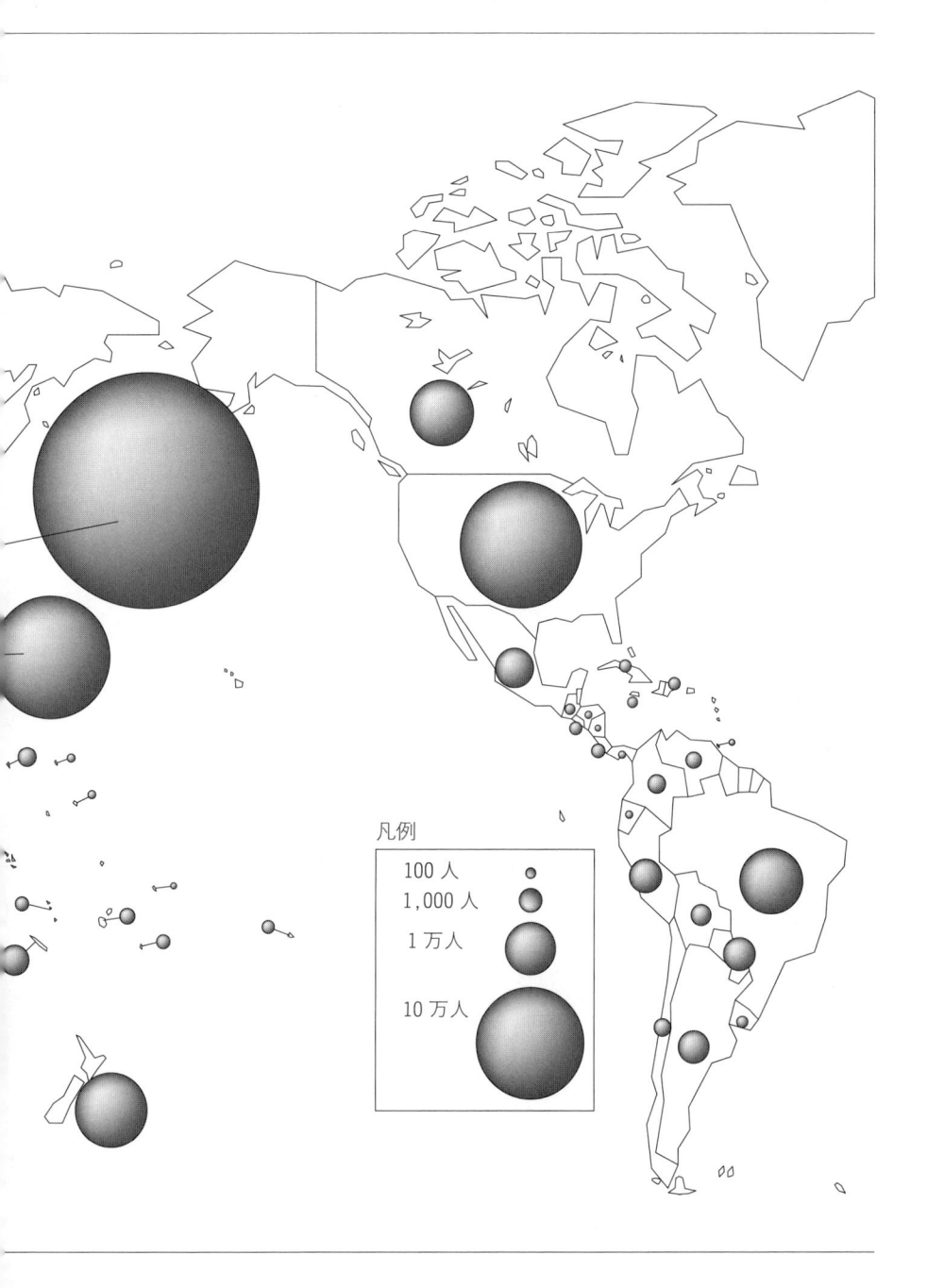

日本語教育主要統計 ——— 1107

凡例
100 人
1,000 人
1 万人
10 万人

日本語教育にかかわる領域

●区分	●主要項目
1　社会・文化・地域	1．世界と日本 (1)諸外国・地域と日本 (2)日本の社会と文化 2．異文化接触 (1)異文化適応・調整 (2)人口の移動（難民・難民政策を含む。） (3)児童生徒の文化間移動 3．日本語教育の歴史と現状 (1)日本語教育史 (2)日本語教育と国語教育 (3)言語政策 (4)日本語の教育哲学 (5)日本語及び日本語教育に関する試験 (6)日本語教育事情：世界の各地域，日本の各地域 4．日本語教員の資質・能力
2　言語と社会	1．言語と社会の関係 (1)社会文化能力 (2)言語接触・言語管理 (3)言語政策 (4)各国の教育制度・教育事情 (5)社会言語学・言語社会学 2．言語使用と社会 (1)言語変種 (2)待遇・敬意表現 (3)言語・非言語行動 (4)コミュニケーション学 3．異文化コミュニケーションと社会 (1)言語・文化相対主義 (2)二言語併用主義（バイリンガリズム（政策）） (3)多文化・多言語主義 (4)アイデンティティ（自己確認，帰属意識）
3　言語と心理	1．言語理解の過程 (1)予測・推測能力 (2)談話理解 (3)記憶・視点 (4)心理言語学・認知言語学 2．言語習得・発達 (1)習得過程（第一言語・第二言語） (2)中間言語 (3)二言語併用主義（バイリンガリズム） (4)ストラテジー（学習方略） (5)学習者タイプ 3．異文化理解と心理 (1)社会的技能・技術（スキル） (2)異文化受容・適応 (3)日本語教育・学習の情意的側面 (4)日本語教育と障害者教育

●区分	●主要項目
4　言語と教育	**1．言語教育法・実技（実習）** (1)実践的知識・能力 (2)コースデザイン（教育課程編成），カリキュラム編成 (3)教授法 (4)評価法 (5)教育実技（実習） (6)自己点検・授業分析能力 (7)誤用分析 (8)教材分析・開発 (9)教室・言語環境の設定 (10)目的・対象別日本語教育法 **2．異文化間教育・コミュニケーション教育** (1)異文化間教育・多文化教育 (2)国際・比較教育 (3)国際理解教育 (4)コミュニケーション教育 (5)異文化受容訓練 (6)言語間対照 (7)学習者の権利 **3．言語教育と情報** (1)データ処理 (2)メディア/情報技術活用能力（リテラシー） (3)学習支援・促進者（ファシリテータ）の養成 (4)教材開発・選択 (5)知的所有権問題 (6)教育工学
5　言語一般	**1．言語の構造一般** (1)言語の類型 (2)世界の諸言語 (3)一般言語学・日本語学・対照言語学 (4)理論言語学・応用言語学 **2．日本語の構造** (1)日本語の構造 (2)音声・音韻体系 (3)形態・語彙体系 (4)文法体系 (5)意味体系 (6)語用論的規範 (7)文字と表記 (8)日本語史 **3．コミュニケーション能力** (1)受容・理解能力 (2)言語運用能力 (3)社会文化能力 (4)対人関係能力 (5)異文化調整能力

出典｜「日本語教育能力検定試験・出題範囲」（日本国際教育支援協会，2004年1月23日更新）

主要参考文献

●日本語学・日本語教育全般

《朝倉日本語講座》北原保雄（監修），朝倉書店．
　『1　世界の中の日本語』（2005）早田輝洋（編）．
　『2　文字・書記』（2005）林史典（編）．
　『3　音声・音韻』（2003）上野善道（編）．
　『4　語彙・意味』（2002）斎藤倫明（編）．
　『5　文法Ⅰ』（2003）北原保雄（編）．
　『6　文法Ⅱ』（2004）尾上圭介（編）．
　『7　文章・談話』（2003）佐久間まゆみ（編）．
　『8　敬語』（2003）菊地康人（編）．
　『9　言語行動』（2003）荻野綱男（編）．
　『10　方言』（2002）江端義夫（編）．

《岩波講座言語の科学》大津由紀雄他（編），岩波書店．
　『1　言語の科学入門』（1997）松本裕治他．
　『2　音声』（1998）田窪行則他．
　『3　単語と辞書』（1997）松本裕治他．
　『4　意味』（1998）郡司隆男他．
　『5　文法』（1997）益岡隆志他．
　『6　生成文法』（1998）田窪行則他．
　『7　談話と文脈』（1999）田窪行則他．
　『8　言語の数理』（1999）長尾真他．
　『9　言語情報処理』（1998）長尾真他．
　『10　言語の獲得と喪失』（1999）橋田浩一他．
　『11　言語科学と関連領域』（1998）大津由紀雄他．

《岩波講座日本語》岩波書店．
　『1　日本語と国語学』（1976）柴田武他．
　『2　言語生活』（1977）國廣哲彌他．
　『3　国語国字問題』（1977）千野栄一他．
　『4　敬語』（1977）南不二男他．
　『5　音韻』（1977）橋本萬太郎他．
　『6　文法Ⅰ』（1976）宮地裕他．
　『7　文法Ⅱ』（1977）大野晋他．
　『8　文字』（1977）河野六郎他．
　『9　語彙と意味』（1977）宮島達夫他．
　『10　文体』（1977）築島裕他．
　『11　方言』（1977）柴田武他．
　『12　日本語の系統と歴史』（1978）風間喜代三他．
　『別巻　日本語研究の周辺』（1978）伊谷純一郎他．

《応用言語学講座》林四郎（編），明治書院．
　『1　日本語の教育』(1985)．
　『2　外国語と日本語』(1986)．
　『3　社会言語学の探究』(1985)．
　『4　知と情意の言語学』(1992)．
　『5　コンピュータと言語』(1992)．
　『6　ことばの林』(1986)．
《教師用日本語教育ハンドブック》国際交流基金（日本語国際センター）（編），凡人社．
　『1　文章表現』(1974)．
　『2　新表記』(1975)．
　『3　文法I——助詞の諸問題』(1973)．
　『4　文法II——助動詞を中心にして』(1980)．
　『5　語彙』(1981)．
　『6　発音』(1981)．
　『7　教授法入門』(1989)．
　『別巻　教科書改題』(1976)
《現代言語学入門》岩波書店．
　『1　言語学の方法』(1999)　郡司隆男・坂本勉．
　『2　日本語の音声』(1999)　窪薗晴夫．
　『3　単語と文の構造』(2002)　郡司隆男．
　『4　意味と文脈』(2000)　金水敏・今仁生美．
《現代語研究シリーズ》森岡健二，明治書院．
　『1　語彙の形成』(1987)．
　『2　文字の機能』(1987)．
　『3　文法の記述』(1988)．
　『4　ことばの教育』(1988)．
　『5　文体と表現』(1988)．
《現代日本語講座》飛田良文・佐藤武義（編），明治書院．
　『1　言語情報』(2001)．
　『2　表現』(2001)．
　『3　発音』(2002)．
　『4　語彙』(2002)．
　『5　文法』(2002)．
　『6　文字・表記』(2002)．
《講座言語》大修館書店．
　『1　言語の構造』(1980)　柴田武（編）．
　『2　言語の変化』(1980)　池上二良（編）．
　『3　言語と行動』(1979)　南不二男（編）．
　『4　言語の芸術』(1980)　千野栄一（編）．
　『5　世界の文字』(1980)　西田龍雄（編）．
　『6　世界の言語』(1981)　北村甫（編）．
《講座日本語学》明治書院．
　『1　総論』(1982)　川端善明他（編）．
　『2　文法史』(1982)　川端善明他（編）．

『3　現代文法との史的対照』(1981)　川端善明他（編）．
『4　語彙史』(1982)　森岡健二他（編）．
『5　現代語彙との史的対照』(1982)　森岡健二他（編）．
『6　現代表記との史的対照』(1982)　森岡健二他（編）．
『7　文体史Ⅰ』(1982)　宮地裕他（編）．
『8　文体史Ⅱ』(1982)　宮地裕他（編）．
『9　敬語史』(1981)　宮地裕他（編）．
『10　外国語との対照Ⅰ』(1982)　寺村秀夫他（編）．
『11　外国語との対照Ⅱ』(1982)　寺村秀夫他（編）．
『12　外国語との対照Ⅲ』(1982)　寺村秀夫他（編）．
『別巻』(1983)　森岡健二他（編）．

《講座日本語と日本語教育》明治書院．
『1　日本語学要説』(1989)　宮地裕（編）．
『2　日本語の音声・音韻（上）』(1989)　杉藤美代子（編）．
『3　日本語の音声・音韻（下）』(1990)　杉藤美代子（編）．
『4　日本語の文法・文体（上）』(1989)　北原保雄（編）．
『5　日本語の文法・文体（下）』(1989)　山口佳紀（編）．
『6　日本語の語彙・意味（上）』(1989)　玉村文郎（編）．
『7　日本語の語彙・意味（下）』(1990)　玉村文郎（編）．
『8　日本語の文字・表記（上）』(1989)　武部良明（編）．
『9　日本語の文字・表記（下）』(1989)　加藤彰彦（編）．
『10　日本語の歴史』(1991)　辻村敏樹（編）．
『11　言語学要説（上）』(1989)　崎山理（編）．
『12　言語学要説（下）』(1990)　宮地裕・近藤達夫（編）．
『13　日本語教育教授法（上）』(1989)　寺村秀夫（編）．
『14　日本語教育教授法（下）』(1991)　寺村秀夫（編）．
『15　日本語教育の歴史』(1991)　木村宗男（編）．
『16　日本語教育の現状と課題』(1991)　上野田鶴子（編）．

《シリーズ言語科学》東京大学出版会．
『1　文法理論──レキシコンと統語』(2002)　伊藤たかね（編）．
『2　認知言語学1　事象構造』(2002)　西村美樹（編）．
『3　認知言語学2　カテゴリー化』(2002)　大堀壽夫（編）．
『4　対照言語学』(2002)　生越直樹（編）．
『5　日本語学と言語教育』(2002)　上田博人（編）．

《シリーズ・日本語のしくみを探る》研究社．
『1　日本語文法のしくみ』(2002)　井上優．
『2　日本語音声学のしくみ』(2003)　猪塚元・恵美子．
『3　言語学のしくみ』(2001)　町田健（編著）．
『4　日本語学のしくみ』(2001)　加藤重弘．
『5　認知意味論のしくみ』(2002)　籾山洋介．
『6　日本語語用のしくみ』(2004)　加藤重弘．

《日本語教育学シリーズ》おうふう．
『1　異文化接触論』(2001)　飛田良文（編）．
『2　日本語行動論』(2001)　飛田良文（編）．

『3　コンピュータ音声学』（2001）城生佰太郎（編）．
『4　電脳意味論』（2001）平澤洋一（編）．
『5　認知文論』（2001）平澤洋一（編）．
『6　映像の言語学』（2002）城生佰太郎（編）．

《日本語教育指導参考書》大蔵省印刷局（現　国立印刷局）発行．
『1　音声と音声教育』（1970）文化庁（編）．
『2　待遇表現』（1971）文化庁（編）．
『3　日本語教授法の諸問題』（1972）文化庁（編）．
『4　日本語の文法（上）』（1978）国立国語研究所（編）．
『5　日本語の文法（下）』（1981）国立国語研究所（編）．
『6　日本語教育の評価法』（1979）国立国語研究所（編）．
『7　中・上級の教授法』（1980）国立国語研究所（編）．
『8　日本語の指示詞』（1981）国立国語研究所（編）．
『9　日本語教育基本語彙7種比較対照表』（1982）国立国語研究所（編）．
『10　日本語教育文献索引』（1982）国立国語研究所（編）．
『11　談話の研究と教育（上）』（1982）国立国語研究所（編）．
『12　語彙の研究と教育（上）』（1984）国立国語研究所（編）．
『13　語彙の研究と教育（下）』（1985）国立国語研究所（編）．
『14　文字・表記の教育』（2003）国立国語研究所（編）．
『15　談話の研究と教育（下）』（1989）国立国語研究所（編）．
『16　外来語の形成とその教育』（1990）国立国語研究所（編）．
『17　敬語教育の基本問題（上）』（1990）国立国語研究所（編）．
『18　敬語教育の基本問題（下）』（1992）国立国語研究所（編）．
『19　副詞の意味と用法』（1991）国立国語研究所（編）．
『20　方言と日本語教育』（1993）国立国語研究所（編）．
『21　視聴覚教育の基礎』（1995）国立国語研究所（編）．
『22　日本語教育のための文法用語』（2001）国立国語研究所（編）．

《日本語教育ブックレット》国立国語研究所（編）．
『1　多言語環境にある子どもの言語能力の評価』（2002）．
『2　日本語教材と著作権』（2002）．
『3　日本語教師のための対照研究入門』（2003）．
『4　第二言語習得の心理学的研究方法』（2003）．
『5　論理的文章作成能力の育成に向けて』（2004）．
『6　地域における日本語学習支援』（2004）．
『7　話しことば教育における学習項目』（2005）．

《日本語と外国語との対照研究》くろしお出版．
『1　日本語とスペイン語1』（1994）国立国語研究所．
『2　マイペンライ1　タイ人の言語行動を特徴づける言葉とその文化的背景についての考察』（1995）国立国語研究所．
『3　日本語とポルトガル語1』（1996）国立国語研究所．
『4　日本語と朝鮮語（上）（下）』（1997）国立国語研究所．
『5　日本語とスペイン語2』（1997）国立国語研究所．
『6　日本語とスペイン語3』（1997）国立国語研究所．
『7　日本語とポルトガル語2　ブラジル人と日本人の接触場面』（2000）国立国語研究所．

『8　マイペンライ2　タイ人の言語行動を特徴づける言葉とその文化的背景についての考察』
　　　（2000）国立国語研究所．
　　『9　日本語とフランス語　音声と非言語行動』（2001）国立国語研究所．
　　『10　対照研究と日本語教育』（2002）国立国語研究所．
《日本の言語学》大修館書店．
　　『1　言語の本質と機能』（1980）川本茂雄・日下部文夫・柴田武他（編）．
　　『2　音韻』（1980）柴田武・北村甫・金田一春彦（編）．
　　『3　文法　Ｉ』（1978）服部四郎・大野晋・阪倉篤義他（編）．
　　『4　文法　II』（1979）服部四郎・大野晋・阪倉篤義他（編）．
　　『5　意味・語彙』（1979）川本茂雄・国広哲弥・林大（編）．
　　『6　方言』（1978）柴田武・加藤正信・徳川宗賢（編）．
　　『7　言語史』（1985）服部四郎・亀井孝・築島裕（編）．
　　『8　総索引』（1985）服部四郎・川本茂雄・柴田武（編）．
池上摩希子他（1998）『日本語教育重要用語1000』バベルプレス．
金田一春彦他（編）（1995）『日本語百科大事典　縮刷版』大修館書店．
国語学会（編）（1980）『国語学大辞典』東京堂出版．
国立国語研究所（編）（1954-2004）『国語年鑑』秀英出版・大日本図書．
国立国語研究所（編）（2000-）『日本語教育年鑑2000年版～』くろしお出版．
日本語教育学会（編）（1987）『日本語教育事典』（縮刷版）大修館書店．
日本語教育学会（編）（1990）『日本語教育ハンドブック』大修館書店．
日本語教育年鑑編集部（1988-1991）『日本語教育年鑑1～3』アルク．

●音声・音韻

天沼寧他（1978）『日本語音声学』くろしお出版．
鹿島央（2002）『日本語教育をめざす人のための基礎から学ぶ音声学　CD付』スリーエーネットワーク．
斎藤純男（1997）『日本語音声学入門』三省堂．
杉藤美代子（監修）（1997）『日本語音声1，2』三省堂．
竹林滋（1996）『英語音声学』研究社．
服部四郎（1984）『音声学　テープ付』岩波書店．

●文法

《日本語の文法》仁田義雄・益岡隆志（編），岩波書店．
　　『1　文の骨格』（2000）仁田義雄・柴谷方良・村木新次郎・矢澤真人・益岡隆志．
　　『2　時・否定と取り立て』（2000）金水敏・工藤真由美・沼田善子．
　　『3　モダリティ』（2000）守山卓郎・仁田義雄・工藤浩．
　　『4　複文と談話』（2002）野田尚史・益岡隆志・佐久間真由美・田窪行則．
庵功雄他（2000）『初級を教える人のための日本語文法ハンドブック』スリーエーネットワーク．
庵功雄他（2001）『中上級を教える人のための日本語文法ハンドブック』スリーエーネットワーク．
池上嘉彦（1981）『「する」と「なる」の言語学』大修館書店．
工藤真由美（1995）『アスペクト・テンス体系とテクスト――現代日本語の時間の表現』ひつじ書房．
久野暲（1978）『談話の文法』大修館書店．
グループ・ジャマシイ（1998）『日本語文型辞典』くろしお出版．
国立国語研究所（1951）『現代語の助詞・助動詞』秀英出版．
国立国語研究所（1972）『動詞の意味・用法の記述的研究』秀英出版．

国立国語研究所（1985）『現代日本語動詞のアスペクトとテンス』秀英出版．
鈴木重幸（1996）『形態論・序説』むぎ書房．
寺村秀夫（1982-1991）『日本語のシンタクスと意味Ⅰ～Ⅲ』くろしお出版．
仁田義雄（1991）『日本語のモダリティと人称』ひつじ書房．
仁田義雄（2002）『副詞的表現の諸相』〈新日本語文法選書3〉くろしお出版．
沼田善子・野田尚史（編）（2003）『日本語のとりたて』くろしお出版．
野田尚史（1996）『「は」と「が」』〈新日本語文法選書1〉くろしお出版．
林四郎（1973）『文の姿勢の研究』明治図書出版．
牧野成一（1980）『くりかえしの文法』大修館書店．
益岡隆志（1987）『命題の文法』くろしお出版．
益岡隆志（1997）『複文』〈新日本語文法選書2〉くろしお出版．
三上章（1953）『現代語法序説』刀江書院（1972年くろしお出版より復刊）．
南不二男（1974）『現代日本語の構造』大修館書店．
宮崎和人他（2002）『モダリティ』〈新日本語文法選書4〉くろしお出版．
森田良行・松木正恵（1989）『日本語表現文型——用例中心・複合辞の意味と用法』アルク．

●語彙・意味

《講座日本語の語彙》佐藤喜代治（編），明治書院．
　『1　語彙原論』（1982）前田富祺他．
　『2　日本の語彙の特色』（1982）佐藤喜代治他．
　『3　古代の語彙』（1982）佐藤喜代治他．
　『4　中世の語彙』（1981）蜂谷清人他．
　『5　近世の語彙』（1982）鈴木丹士郎他．
　『6　近代の語彙』（1982）飛田良文他．
　『7　現代の語彙』（1982）飛田良文他．
　『8　方言の語彙』（1982）加藤正信他．
　『9　語誌1』（1983）．
　『10　語誌2』（1983）．
　『11　語誌3』（1983）．
　『別巻　語彙研究文献語別目録』（1983）．
国広哲弥（1982）『意味論の方法』大修館書店．
斎藤倫明（2004）『語彙論的語構成論』ひつじ書房．
阪倉篤義（1966）『語構成の研究』角川書店．
森田良行（1989）『基礎日本語辞典』角川書店．
森田良行（1996）『意味分析の方法——理論と実践』ひつじ書房．

●ことばと運用

オースティン，J. L.〔坂本百大訳〕（1978）『言語と行為』大修館書店．
ガーフィンケル，H.〔山田富秋・好井裕明・山崎敬一編訳〕（1987）『エスノメソドロジ——社会学的思考の解体』せりか書房．
ガンパース，J.〔井上逸平・花崎美紀・多々良直弘・出原健一・荒木瑞夫訳〕（2004）『認知の相互行為の社会言語学——ディスコース・ストラテジー』松柏社．
グライス，P.〔清塚邦彦訳〕（1998）『論理と会話』勁草書房．
サーサス，G. H./ガーフィンケル，H./サックス，E./シェグロフ，E.〔北澤裕・西阪仰訳〕（1995）『日常性の解剖学——知と会話』（新版）マルジュ社．
サール，J. R.〔坂本百大・土屋俊訳〕（1986）『言語行為』勁草書房．

佐久間まゆみ他（1997）『文章・談話のしくみ』おうふう．
真田信治・渋谷勝己・陣内正敬・杉戸清樹（1992）『社会言語学』桜楓社．
スタッブス，M.〔南出康世他訳〕（1989）『談話分析』研究社出版．
トマス，J.〔浅羽良一監修・田中典子他訳〕（1998）『語用論入門』研究社出版．
橋内武（1999）『ディスコース——談話の織りなす世界』くろしお出版．
ハリデー，M. A. K./ハサン，R.〔安藤貞雄他訳〕（1997）『テクストはどのように構成されるか——言語の結束性』ひつじ書房．
ベイトソン，G.〔佐藤良明訳〕（2000）『精神の生態学』（改訂第2版）新思索社．
堀口純子（1997）『日本語教育と会話分析』くろしお出版．
メイナード，泉子・K.（1993）『会話分析』くろしお出版．
茂呂雄二（編）（1997）『対話と知——談話の認知科学入門』新曜社．
安川一（編）（1991）『ゴフマン世界の再構成——共在の技法と秩序』世界思想社．
山梨正明（1986）『新英文法選書12　発話行為』大田朗・梶田優（編）大修館書店．
ユール，G.〔高司正夫訳〕（2000）『ことばと発話状況——語用論への招待』リーベル出版．
好井裕明・山田富秋・西阪仰（編）（1999）『会話分析への招待』世界思想社．
リーチ，G. N.〔池上嘉彦・河上誓作訳〕（1987）『語用論』紀伊国屋書店．
レビンソン，S. C.〔安井稔・奥田夏子訳〕（1990）『英語語用論』研究社出版．
Brown, P. and Levinson, S. C. (1987) *Politeness: Some Universals in Language Usage*. Cambridge University Press.

● 文字・表記
《漢字講座》佐藤喜代治（編），明治書院．
　『1　漢字とは』（1988）．
　『2　漢字研究の歩み』（1989）．
　『3　漢字と日本語』（1987）．
　『4　漢字と仮名』（1989）．
　『5　古代の漢字とことば』（1988）．
　『6　中世の漢字とことば』（1988）．
　『7　近世の漢字とことば』（1987）．
　『8　近代日本語と漢字』（1988）．
　『9　近代文学と漢字』（1988）．
　『10　現代生活と漢字』（1989）．
　『11　漢字と国語問題』（1989）．
　『12　漢字教育』（1988）．
海保博之・野村幸正（1983）『漢字情報処理の心理学』教育出版．
川口義一他（1995）『日本語教師のための漢字指導アイデアブック』創拓社．
小泉保（1978）『日本語の正書法』大修館書店．
佐藤喜代治他（編）（1996）『漢字百科大事典』明治書院．
武部良明（1991）『文字表記と日本語教育』凡人社．
文化庁（編）（2001）『公用文の書き表し方の基準　（資料集）増補二版』第一法規．

● ことばと社会
《講座国語史》大修館書店．
　『1　国語史総論』（1977）松村明（編）．
　『2　音韻史・文字史』（1972）中田祝夫（編）．
　『3　語彙史』（1971）阪倉篤義（編）．

『4　文法史』（1982）築島裕（編）．
『5　敬語史』（1971）辻村敏樹（編）．
『6　文体史・言語生活史』（1972）佐藤喜代治（編）．
《日本語の歴史》亀井孝・大藤時彦・山田俊雄（編），平凡社．
　『1　民族のことばの誕生』（1963）．
　『2　文字とのめぐりあい』（1963）．
　『3　言語芸術の花ひらく』（1964）．
　『4　移りゆく古代語』（1964）．
　『5　近代語の流れ』（1964）．
　『6　新しい国語への歩み』（1965）．
　『7　世界のなかの日本語』（1965）．
　『別巻　言語史研究入門』（1966）．
東照二（1997）『社会言語学入門』研究社出版．
イ，ヨンスク（1996）『「国語」という思想』岩波書店．
石井敏他（2001）『異文化コミュニケーションの理論』有斐閣．
《講座方言学》飯豊毅一・日野資純・佐藤亮一（編），国書刊行会．
　『1　方言概説』（1986）．
　『2　方言研究法』（1984）．
　『3　方言研究の問題』（1986）．
　『4　北海道・東北地方の方言』（1982）．
　『5　関東地方の方言』（1984）．
　『6　中部地方の方言』（1983）．
　『7　近畿地方の方言』（1982）．
　『8　中国・四国地方の方言』（1982）．
　『9　九州地方の方言』（1983）．
　『10　沖縄・奄美地方の方言』（1984）．
小林隆・大西拓一郎（編）（2003）『ガイドブック方言研究』ひつじ書房．
佐藤和之・米田正人（編）（1999）『どうなる日本のことば　方言と共通語のゆくえ』大修館書店．
真田信治他（1992）『社会言語学』おうふう．
真田信治（編）（1999）『展望現代の方言』白帝社．
真田信治（2001）『標準語の成立事情──日本人の共通のことばはいかにして生まれたか』〈PHP文庫〉PHP研究所．
田中春美・田中幸子（編）（1996）『社会言語学への招待』ミネルヴァ書房．
多仁安代（2000）『大東亜共栄圏と日本語』勁草書房．
徳川宗賢・真田信治（編）（1991）『新・方言学を学ぶ人のために』世界思想社．
トラッドギル，P.〔土田滋訳〕（1975）『言語と社会』〈岩波新書〉岩波書店．
中尾俊夫他（1997）『社会言語学概論』くろしお出版．
ネウストプニー，J. V.（1982）『外国人とのコミュニケーション』〈岩波新書〉岩波書店．
ネウストプニー，J. V.（1995）『新しい日本語教育のために』大修館書店．
《敬語講座》林四郎・南不二男（編），明治書院．
　『1　敬語の体系』（1974）．
　『2　上代・中古の敬語』（1973）．
　『3　中世の敬語』（1974）．
　『4　近世の敬語』（1973）．

『5　明治・大正時代の敬語』(1974).
『6　現代の敬語』(1973).
『7　行動の中の敬語』(1973).
『8　世界の敬語』(1974).
『9　敬語用法辞典』(1974).
『10　敬語研究の方法』(1974).

平山輝男（編集代表）(1997-)『日本のことばシリーズ（1〜48)』明治書院.
細川英雄（1999)『日本語教育と日本事情——異文化を超える』明石書店.
細川英雄（編）(2002)『ことばと文化を結ぶ日本語教育』凡人社.
マーハ，J. C./八代京子（編著）(1991)『日本のバイリンガリズム』研究社.
ロング，D.他（編）(2001)『応用社会言語学を学ぶ人のために』世界思想社.
渡辺実（1997)『日本語史要説』岩波書店.

●言語・言語教育研究の方法

池田央（1992)『テストの科学』日本文化科学社.
海保博之・柏崎秀子（編著）(2002)『日本語教育のための心理学』新曜社.
佐藤学（1996)『教育方法学』岩波書店.
芝祐順（1976)『統計的方法II』新曜社.
ジョンソン，K./ジョンソン，H.（編）〔岡秀夫監訳〕(1999)『外国語教育学大辞典』大修館書店.
関正昭（1997)『日本語教育史研究序説』スリーエーネットワーク.
セリガー，H. W./ショハミー，E.〔土屋武久他訳〕(2001)『外国語教育リサーチマニュアル』大修館書店.
南風原朝和（2002)『心理統計学の基礎——統計的理解のために』〈有斐閣双書〉有斐閣.
ネウストプニー，J. V./宮崎里司（編著）(2002)『言語研究の方法——言語学・日本語学・日本語教育学に携わる人のために』くろしお出版.
畑佐由紀子（編）(2003)『第二言語習得研究への招待』くろしお出版.
細川英雄（2004)『日本語教育は何をめざすか——言語文化活動の理論と実践』明石書店.
マッカーシー，M.〔安藤貞雄・加藤克美訳〕(1995)『語学教師のための談話分析』大修館書店.
箕浦康子（1999)『フィールドワークの技法と実際——マイクロ・エスノグラフィー入門』ミネルヴァ書房.
メイナード，泉子・K.（2004)『談話言語学——日本語のディスコースを創造する構成・レトリック・ストラテジーの研究』くろしお出版.
森敏昭・吉田寿夫（編著）(1990)『心理学のためのデータ解析テクニカルブック』北大路書房.
山梨正明（2000)『認知言語学原理』くろしお出版.
横溝紳一郎（2000)『日本語教師のためのアクション・リサーチ』日本語教育学会（編），凡人社.
吉田寿夫（1998)『本当にわかりやすい　すごく大切なことが書いてある　ごく初歩の統計の本』北大路書房.
鷲尾泰俊（1983)『日常のなかの統計学』岩波書店.
Nunan, D. (1992) *Research Methods in Language Learning*. Cambridge University Press.

●言語習得・教授法

石田敏子（1992)『入門　日本語テスト法』大修館書店.
岡崎敏雄・岡崎眸（1990)『日本語教育におけるコミュニカティブ・アプローチ』凡人社.
岡崎眸・岡崎敏雄（2001)『日本語教育における学習の分析とデザイン——言語習得過程の視点から見た日本語教育』凡人社.
迫田久美子（2002)『日本語教育に生かす第二言語習得研究』アルク.

ショードロン，C.〔田中春美・吉岡薫訳〕（2002）『第2言語クラスルーム研究』リーベル出版．
スカーセラ，R. C./オックスフォード，R. L.〔牧野高吉訳・監修・菅原永一他訳〕（1997）『第2言語習得の理論と実践——タペストリー・アプローチ』松柏社．
田中望（1988）『日本語教育の方法——コースデザインの実際』大修館書店．
田中望・斎藤里美（1993）『日本語教育の理論と実際——学習支援システムの開発』大修館書店．
中島和子（2001）『バイリンガル教育の方法——12歳までに親と教師ができること』アルク．
日本語教育学会（編）（1991）『日本語テストハンドブック』大修館書店．
バックマン，L. F.〔大友賢二他訳〕（1997）『言語テスト法の基礎』C.S.L.学習評価研究所（発行）・みくに出版（発売）．
ブラウン，J. D.〔和田稔訳〕（1999）『言語テストの基礎知識』大修館書店．
村岡英裕（1999）『日本語教師の方法論——教室談話分析と教授ストラテジー』凡人社．
レイヴ，J./ウェグナー，E.〔佐伯胖訳〕（1993）『状況に埋め込まれた学習——正統的周辺参加』産業図書．
Brown, H. D. (2000) *Principles of Language Learning and Teaching*. 4th ed. Longman.
Ellis, R. (1994) *The Study of Second Language Acquisition*. Oxford University Press.
Krashen, S. D. and Terrell, T. (1983) *The Natural Approach*. Pergamon.
Larsen-Freeman, D. and Long, M. H.〔牧野高吉他訳〕（1995）『第2言語習得への招待』鷹書房弓プレス．
Richards, J. C. and Rodgers, T. S. (2001) *Approaches and Methods in Language Teaching*. 2nd. ed. Cambridge University Press.

● 教育・学習メディア
有澤誠（1997）『文科系のコンピュータ概論』岩波書店．
石田晴久（2000）『新パソコン入門』岩波書店．
宇都宮敏男・坂元昂（監修）（1988）『教育情報科学1　教育とシステム』第一法規．
内海成治（1993）『教育メディア開発論——国際協力と教育メディア』北泉社．
大内茂男・中野照海（編）（1982）『教授メディアの選択と活用』図書文化社．
岡崎敏雄（1989）『日本語教育の教材——分析・使用・作成』アルク．
菅井勝雄他（2002）『情報教育論——教育工学のアプローチ』放送大学教育振興会．
日本教育工学会（編）（2000）『教育工学事典』実教出版．
野田一郎（編）（1988）『視聴覚教育』東京書籍．
畑佐一味（2002）『日本語教師のためのITリテラシー入門　CD-ROM付』くろしお出版．
Romiszowski, A. J. (1988) *The Selection and Use of Instructional Media: For Improved Classroom Teaching and for Interactive, Individualized Instruction*. 2nd ed. Kogan Page.

● 国内の日本語教育
岡崎洋三他（2003）『人間主義の日本語教育』凡人社．
加藤清方（2002）『ジェトロビジネス日本語能力テスト公式ガイド』日本貿易振興機構（JETRO）．
国際交流基金・日本国際教育協会（2002）『日本語能力試験　出題基準』（改訂版）凡人社．
総務庁行政監査局（編）（1993）『留学生10万人を目指して——留学生受入対策の現状と課題』大蔵省印刷局．
田尻英三他（2004）『外国人の定住と日本語教育』ひつじ書房．
田中望（2000）『日本語教育のかなたに——異領域との対話』アルク
日本語教育学会（1995）『日本語教育の概観』日本語教育学会
日本語教育学会（編）（1993-）『日本語能力試験の概要1992年版〜』国際交流基金・㈶日本国際教育協会．

日本語教育のための試験の改善に関する調査研究協力者会議（2001）『日本語教育のための試験の改善について――日本語能力試験・日本語教育能力検定試験を中心として』文化庁国語課．
日本語教員養成における実践能力の育成及び評価にかかわる基礎的調査研究委員会（2003）『日本語教員養成における実践能力育成及び評価にかかわる基礎的調査研究（平成14年度文化庁日本語教育研究委嘱）』日本語教育学会．
日本語教員の養成に関する調査研究協力者会議（2000）『日本語教育のための教員養成について』文化庁．
日本留学のための新たな試験調査研究協力者会議（2000）『日本留学のために新たな試験について――渡日前入学許可の実現に向けて』日本国際教育協会．
縫部義憲（1999）『入国児童のための日本語教育』スリーエーネットワーク．
文化庁（編）（2004）『地域日本語学習支援の充実――共に育む地域社会の構築に向けて』国立印刷局．
文化庁文化部国語課（2004）『平成15年度国内の日本語教育の概要』文化庁．
文部科学省高等教育局留学生課（2001）『我が国の留学生制度の概要――受入れ及び派遣』文部科学省．
文部科学省初等中等教育局国際教育課（2003）『学校教育におけるJSLカリキュラムの開発について（最終報告）小学校編』文部科学省．

●定期刊行物
異文化間教育学会『異文化間教育』アカデミア出版会．
『月刊日本語』アルク．
『言語』大修館書店．
国際交流基金日本語国際センター『世界の日本語教育　日本語教育論集』国際交流基金．
国際交流基金日本語国際センター『世界の日本語教育　日本語教育事情報告編』国際交流基金．
第二言語習得研究会『第二言語としての日本語習得研究』凡人社．
『日本語学』明治書院．
『日本語教育』日本語教育学会．
「日本事情」研究会『21世紀の日本事情』（1-5）くろしお出版．
「リテラシーズ」研究会『リテラシーズ　ことば・文化・社会の日本語教育へ』くろしお出版．

索引

●ア

ア 183
あいさつことば 545
あいさつ表現 91
〜あいだ（間） 176
〜あいだに 176
〜あいだ（に）は 176
あいづち 186,335,482
相手言語接触場面 502
相手文化 513,607
アイデンティティ 332,492,494,517,
　716,718,721,971
あいまい検索 909
曖昧文 23
〜合う 116
アウトプット 768
アウトプット仮説 707
アウトラインフォント 888
青空文庫 909
アオリスト的な過去 131
アカデミック・ジャパニーズ 298,
　802,955
アカデミック・ライティング 749
アクション・リサーチ 622,753
アクセス 837,934
アクセント 16,19,37,46,52,53,54,
　454,471,568,890
アクセント音節 42
アクセント核 20
アクセント型 19,20
アクセント活用 78
アクセントの滝 20
アクセントの谷 37
アクセントパターン 48
アクセント類別語彙 455
アクセント練習ソフト 58
アクチオンスアルト 122
〜あげる 206
顎の開き 29
アコモデーション理論 509
脚（あし） 390
アジア系の漢字圏言語話者の学習者
　1031
アジア言語文化教育プログラム 1013
アジア通貨危機 939
アスキー（ASCII） 889
アスペクト 71,72,80,122,134,460,
　583
アスペクト的対立 131
アスペクトにかかわる副詞 129
東鑑体 454
頭高型 20,40,49
圧縮技術 927
圧縮保存 879
アップロード 934
宛字 452
アトキンソン（Atkinson, J. W.）
　869

〜あと（で） 176
アナウンサーのスピード 924
アナログ 837,877,879,881
アナログ情報 831
アビトゥア（高校卒業資格試験科目）
　1027
アフォーダンス 685
アプリケーション 839,841,887
アプリケーションソフト 841
甘え 331
アメリカ 1004
アメリカ構造言語学 57
誤り分析仮説 603
改まり度 744
アラビア語 55
アルゴリズム 852
アルゼンチン 1005
α 係数 794
アルファベット 373
アルフォンソ（Alfonso, A.） 1021
アレン（Allen, D.） 867
アレン（Allen, W.） 905
アン・アクト 931
暗意 572
アンカラ大学 1028
暗示 156
暗示学 734
暗示的知識 694
アンダーソン（Anderson, N. S.）
　854
暗黙知 808

●イ

言い切りの形 142
言いよどみ 188,338
異音 10,16,41,47
異化 18
意外性のとりたて 154,155
閾値 33
意義特徴　⇨意味特徴
息止め 25
息もれ声 6,9
イギリス 1006
異形態 66,232,569
イ形容詞 84
意向形 138
伊澤修二 531
意識化 609,714,977
意識的な学習 694
意志形 138
意思決定プロセス 808
意志性をもたない動詞 138
意志動詞 80,138,139,200
意志の表現 138
移住者 1000,1015,1030
〜以上（は） 170
意匠法 930
位相 228,255,274,348

位相語 274
異体字 394,401
イタリア 1007
イタリア語 38
イタリア日本語教育協会 1007
位置異音 10
一語文 903
一時的滞在者 519
一段動詞 473
一段動詞の五段動詞化 451
1・2人称代名詞 186
1バイト文字 887
一貫性 182,361,599,787
逸脱 523
一拍卓立調 22,24
一般音声学 567
一般化可能性理論 795
一般教養科目 1034
一般条件 166
一般日本語教育（JGP） 761
意図 26,751,923
移動の着点 99
移動の目的 172
居場所づくり 976
意符 387,415
異文化 500
異文化価値論 509
異文化間教育 908
異文化管理 500
異文化教育 1031
異文化交流 504
異文化コミュニケーション 500,503,
　505,606
異文化接触場面 502,529
異文化体験 972
異文化適応 716,820
異文化問題 501
異文化理解 1029
異文化理解教育 1016,1047
「今ここ」の原則 764
イマージョン 606,722,1004
イマージョン教育 1000
イマージョン・プログラム 719,736
意味 268,542,571,730,743
意味格 97
意味記憶 402,406,691
意味公式 704
意味交渉 529,708
忌みことば 546　⇨タブー
意味処理 404
意味的ネットワーク 392,406,412,
　443
意味特徴 268
意味ネットワーク 592
意味のある沈黙 336
意味符号 404
意味分野 227
意味・用法のネットワーク 438

意味論　542,544,553,571
移民コミュニティー　519
移民子弟を対象とした国語教育　1037
イメージ　423,434,439,441,442,842,
　877,892,894
イメージ・スキーマ　556
依頼　141
依頼行動　463
依頼文　140
イラスト　900
イラストレータ　894
イリー（Ely, D. P.）　905
医療問題　980
入れ子型　570
印欧語族　540
因果関係　165,170
隠語　469
印刷メディア　827,850
因子分析　655,794,795
インターアクション　707,713,768
インターアクション能力　501
インターアクション問題　507
陰題文　149,150,151
インターネット　829,831,832,843,
　848,858,859,860,866,876,883,886,
　909,912,932,986
インターネット・サービス・プロバイ
　ダー　849
インターネット利用　934
インターバル　34
インタビュー　513
インタビュー活動　904
インターフェース　694,858,875
インタラクション　487,826,876,901
インタラクティブ　834,866
インタラクティブ性　831
インタレース gif　895
インテンシティ　27,32
インド　1008
咽頭化　9
咽頭化子音音素　55
インド系　1034
インドシナ難民　953,969
インドネシア　985,987,996,1009
インドネシア語　52
インドネシア日本研究者協会　1009
インドネシア日本語教育学会　1009
イントネーション　21,23,26,38,40,
　45,46,47,48,49,52,53,54,55,57,
　568,890
イントネーション・ユニット　324
インフォーマント　617
インフォメーション・ギャップ　610,
　730,766
インプット　706,709,768
インプット仮説　706,733
インプットメソッド　887
韻母　47,48
隠喩　290
引用　933
引用節　152,180
引用の形式　180
韻律　19,890
韻律特徴　26
韻律の表記法　58

韻律表示　56

●ウ
ヴァンネヴァル（Vannevar, B.）
　830
ウイグル語　43
ヴィゴツキー（Vygotsky, L. S.）
　871
ウィドーソン（Widdowson, H. G.）
　599
ウィルス・メール　845
ウィルソン（Wilson, D.）　315
ウィーン大学　1014
上田萬年　497
～うえは　170
ウェーバー（Weber, M.）　614
ウェブページ　894
ウェブユーザビリティ　895
ウェルニッケ（Wernicke, C.）　548,
　685
ウェルニッケ野　548,685
ヴォイス　71,72,107,134,583,586
ヴォイス・バー　30
ウォーミングアップ　764
ウクライナ　1010
受け手尊敬表現　196
受身　205,586
受身形　205
受身動詞　205
受身文　110
受身文の提出順　205
動きの開始前の局面　128
動きの終了後の局面　128
動きの進行中の局面　128
動きの動詞　123
ウズベキスタン　1011
疑いの文　136
ウチ　193,482
ウチ・ソト　330,350
～うちに　175
内の関係　98,178
うなずき　596
「裏」と「表」　331
～うる　114
ウルドゥー語　54
運動感覚成分　402
運動性記憶　406
運筆　430
運用　806
運用力　744

●エ
絵　901
絵（アイコン）　875
映画制作　921
営業独占権　931
英語　37
英語以外の外国語学習　1020
英国ナショナル・カリキュラム　1006
英国日本語教育学会　1006
英語志向　1035
英語重視　1025
衛星通信　832
映像　883,914
映像教材　907

映像メディア　827,908,925
エキスパート　808
エキスパートシステム　551
エキゾチック・ジャパン　1026
エジソン（Edison, T.）　833
エジプト　1012
エスノグラフィー　481,559,615,753
エスノグラフィー研究　559
エスノグラフィックな研究　813
枝分かれプログラム　866
エディタ　880
江戸語　463
エノンシアシオン（発話行為）の言語
　学　552
エピソード記憶　402,691
エラー　704
エラボレーション　735
～える　114
演繹推論　690
演繹的研究　618
遠隔教育　765,835,852,855,861,1013
婉曲的な例示　157
婉曲用法　461
演劇　737
演劇装置　836
演出　922
演出家　921
縁上回　548
円唇　41,43
円唇化　37,46
円唇母音　37,47
演奏権　933
エンパワーメント　737
遠慮　331

●オ
オイスカ　962
欧州協議会　940
欧州評議会　992
欧州連合　992
横断研究　625
応答　186
応答詞　91
応答表現　187
応用言語学　565
応用練習　766
大槻文彦　64
大槻文法　64
大平学校　532,988,1025　⇨日本語研
　修センター
大文字Cの文化　716
～おかげで　170
奥舌母音　44
お～ください　141
送り仮名　379,381,386,392,419
お＋形容詞　196
オーサリングシステム　840
オシログラム　28,567
オースティン（Austin, J. L.）　315,
　326
オーストラリア　991,1013
オーストリア　1014
オーセンティック　439,895
尾高型　20,40
オーディオテープ　908

索引 ―― 1123

オーディオ・リンガル 726
オーディオリンガル・アプローチ 689
オーディオ・リンガル法 565, 729, 766
お＋テ形＋いらっしゃる 196
オート PC アジャスト機構 915
お＋動詞連用形＋する 196
オノマトペ 263
オーバーヘッドプロジェクター 912
オーバーラップ 915
オーバーレイテクニック 913
オペレーティングシステム 839
覚え話 434, 442
親子の日本語教室 963
～折 174
オリエンテーション 411
お＋連用形＋する 195
お＋連用形＋になる 195
恩 331
音 452
音圧 27, 32
音圧レベル 34
音韻 700
音韻規則 568
音韻句 568
音韻語 568
音韻処理 404
音韻体系 36
音韻知識 701
音韻的記憶 405
音韻符号 404
音韻レベル 741
音韻論 13, 544, 567, 568
音楽 924
音環境 27, 33
音響 923, 924
音響学 566
音響学的音声生成理論（音源フィルター理論） 566
音響特性 891
音響分析ソフト 58
音訓 392, 411
音訓索引 444
音形 228
恩恵の授受の表現 206
オン・ザ・ジョブ・トレーニング（OJT） 975
音象徴語 263
音声 5, 35, 567, 696, 700, 878, 914
音声 CD 903
音声圧縮方式 882
音声学 56, 567
音声器官 5, 7
音声教育教材 58
音声教育シラバス 56
音声教材 903
音声言語 369, 370, 740, 903
音声合成 892
音声コミュニケーション能力 56
音声指導 741
音声字母 9
音声処理 889
音声処理技術 889
音声シラバス 897

音声ダビング 923
音声談話 746
音声的場面 346
音声データ 891
音声特徴 36
音声認識 891
音声の合成 890
音声の自動認識 891
音声の知覚 32
音波 27, 28
音波波形 28, 58
音声ファイル作成 28
音声分析 26, 890
音声分析ソフト 889, 891
音声メディア 850
音節 13, 24, 568
音節構造 38, 40, 41, 42, 43, 44, 45, 46, 47, 48, 49, 50, 51, 52, 53, 54, 55
音節高さアクセント 47, 48
音節頭子音 11
音節末の子音 12
音節末要素 46, 47, 48, 49, 50
音節文字 370, 371, 376
音素 9, 374, 568
音素分析 9
音素文字 370, 371, 376
音調 21
音調句 23
女手 453
音の強弱 27
音の長短 27
音便 457
音便形 75
音符 387, 390, 405, 415, 432, 437, 439, 441
音変化 746
音読み 429

●カ

～か 180
～が（格助詞） 98, 99, 103, 105, 150, 152, 192
～が（接続助詞） 171, 173
会意 389
会意文字 388, 391, 430
開音節 38, 40, 41, 43, 52
開音節言語 42
海外移住 1001
海外子女 973
海外での実習 810
海外技術者研修協会 531, 951, 961, 963
海外日本語教員派遣 949
海外の日本語 477
海外派遣 819
回帰直線 795
下位技能 740
回帰分析 794
改行規則 353
下位語 277
開合の別 472
外国語 682
外国語運用能力 804
外国語教育 697
外国語教育観 727

外国語教育制度 1037
外国語教育ブーム 1021
外国語教授法 726, 728, 739
外国語教授法理論 725
外国語としての日本語（JFL） 973
外国語としての日本語教育 1001
外国人 521
外国人児童生徒 759, 973
外国人市民代表者会議 953, 979
外国人なまり 499
外国人配偶者 301, 971
外国人問題 522
外国人労働者 301
外国人労働者型 981
開始 770
介子音 51
カイ 2 乗検定 647, 661
開始部 334
解釈的アプローチ 614
外人 521
解説 149
改善 780
蓋然性 114
ガイド 996
解答形式 792
ガイドライン 300
概念化 556
概念・機能シラバス 211, 730, 755
概念的妥当性 643
開発技法 922
開発計画 923
開発スタッフ 921
外発的動機づけ 711, 869
開発途上国 856
外部借用 252
介母音 49
外務省 963
外来音 456
外来語 20, 52, 226, 248, 252, 256, 260, 381, 382, 383, 386, 426, 429, 743
外来語音 16, 52, 53
カイロ大学文学部 1012
会話 337, 747
会話指導 747
会話の含意 315
会話のしくみ 325
会話のつながり 325
会話分析 337, 342, 480, 539, 590
ガウス分布 670
カウンセラー 815
カウンセリング 732, 815
カウンセリング・マインド 769
科学研究費補助金 673
ガ格をめぐる相互性 116
係助詞 ⇨係（けい）助詞
書き換え問題 790
書きことば 161, 191, 207, 346, 347, 349, 432
書きことばの教育問題 998
書き指導 417
書き順 441
～限り 166
格 97, 582
書く 740
楽音（周期音） 566

角回　548
学習意識　735
学習課題　865
学習活動　725,752,764,765,766,809
学習可能性　687
学習環境　56,767,805,859,870
学習環境要因　710
学習漢字　399,414
学習基本語彙　295,297
学習権　724
学習言語　421
学習言語能力　974
学習語彙　295
学習項目　809
学習指導要領　887,1016
学習者　710,799,804
学習者アンケート　784
学習者オートノミー　773
学習者カルテ　783
学習者間評価　779
学習者コーパス　777
学習者参加型評価　781
学習者主導型　739
学習者層の広がり　1036
学習者中心　870,1029
学習者中心主義　805
学習者特性　407,411,859
学習者の観察　805
学習者の検証　866
学習者の多様化　964
学習者の特徴　871
学習者評価　781
学習者要因　710
学習障害（LD）　607
学習スタイル　409
学習ストラテジー　408,410,441,708,798
学習成果のカテゴリー　871
学習単位（スモールステップ）　866
学習段階　56,757
学習到達目標　899
学習内容　757
学習ニーズ　407
学習の視点　823
学習の周辺参加論　865
学習の場　768
学習プログラム　858,859
学習文脈　759
学習方略　700
学習目的　409,432,434
学習目標　752,867
学習リソース　767
学習理論　864
学術研究のための日本語　1020
格助詞　92,150
格助詞の省略　161
格助詞の用法　104
確信　143
画数　390,431
画数順　444
拡大五十音図　14
カクテルパーティー効果　693
獲得　682
確認　136,143
格標示　561

確率　668
確率分布　669
確率変数　668,669
〜かけている　125
過去　131,132
下降調　38,40,41,42,43,48,52,53,54,55
下降二重母音　37
カザフ語　43
加算的バイリンガリズム　722
加算的バイリンガル　719
仮借　389,452
過剰一般化　35
過剰般化　35,507,700
頭文字語　251
化石化　35,507,508,699,705
仮説検証型　618
仮説生成型　619
カセットテープ　27
画素　894
画像　878,894
仮想空間　911
仮想現実　875
画像情報教育振興協会　893
画像処理　892,895
画像処理検定　893
画素数　894
課題（タスク）　745
課題提起型教育　976
課題内容　792
課題の明確化　852
かたい文体　192
カタカナ　372,381,383,384,413,424,426,428,453,742
カタカナ語　260,262,413,426
可聴周波数帯域　566
学校教育　856,997
学校現場　818
学校通信教育　862
活字　401
活字書体　380
活字メディア　908
カセットテープレコーダー　914
活動理論　692
活版印刷機　931
活版印刷術　931
活用　70,71,80,583
活用形　73,237,583
活用語　71
活用語尾　73
活用タイプ数の減少　451
活用の簡略化　457
家庭言語　723
仮定条件　165,166
仮定節　152
カテゴリー化　692
カテゴリカルな語義　103
カテゴリー知覚　33
カテゴリー分析　812
過渡的構造　699
過渡的モデル　722
ガードナー（Gardner, R.）　609,870
カードリーダー　906
仮名　375,701
カナダ　1000,1015

ガニェ（Gagne, R. M.）　871
可能　204,586
可能動詞　114,123
可能文　114,115
加配教員　955
〜が早いか　177
カバー率　284
カバーリング　913
カプラン（Kaplan, R.B.）　362
構え　390
上一段活用動詞　74
上二段動詞　457
カメラワーク　922
画面デザイン　894
画面の構成　925
〜かもしれない　143,462
〜から　100,102,168
〜からか　169,170
〜からこそ　169,170
〜からだ　189
カラーテレビ方式　915,925
〜からといって　170
〜からには　169,170
カリ型活用　457
カリキュラム　407,751,756,759,899
カリキュラム開発　754,757
カリキュラムデザイン　756
カルチャーショック　716
感覚形容詞　201
間隔尺度　643,659,660,661
簡化字総表　374
環境　827
環境に埋め込まれたジェスチャー　340
環境領域　804
関係の公理　316
漢語　20,226,252,256,259,383,419,451
観光　996
観光ガイド　1012
観光業　1045,1049
観光高等専門学校　996
観光産業　1034
観光促進日本語講座　1039
観光日本語　996,1039,1047
韓国　419,995,1002,1016
韓国外国語教育学会　995
韓国語　45,375
韓国日本学会　995
韓国日本語教育学会　995
喚語訓練　550
観察法　633
漢字　372,383,451,701,742
漢字音　259
漢字家族　435,436
漢字片仮名交じり文　385
漢字仮名交じり　373
漢字仮名交じり文　372,377,381
漢字含有率　386
漢字教育のカリキュラム　414
漢字教育のシラバス　414
漢字系統樹　436
漢字圏　409,410,420,429,742
漢字圏学習者　411,418,438,440,702
漢字実務検定試験　946

漢字辞典　395
漢字使用率　378
漢字シラバス　756
漢字に対する意識　408
漢字の意味関係　392
漢字の意味理解　397
漢字の誤読　418
漢字の使用頻度　397
漢字のテスト　446
漢字の認知　446
漢字の延べ字数　394
漢字の発音　397
漢字の読み　410
漢字配列　443
漢字平仮名交じり文　385
漢字文化圏　399, 402
簡縮化　507
干渉　508, 559, 696, 720
感情　26
感情・感覚形容詞　201
感情・感覚の主体　201
感情・感覚の向けられる対象　99
感情形容詞　201
感情動詞　202
感情の対象　202
完成問題　790
間接受身　206
間接受身文　108, 110, 200
間接受動文　108
間接発話行為　317, 573
観測度数　647
観測変数（測定変数）　656
簡体字　375, 395, 400, 420
感嘆詞　187
感嘆文　148
感動詞　70, 91
間投詞　25
間投助詞　92
監督　921
広東語　48
ガンパース（Gumperz, J.）　343
漢文　454
冠（かんむり）　390
官約移民　1001
換喩　290
関与　587
慣用句　231, 235
管理者　848
簡略化コード　705, 771
関連性　572
関連性理論　547, 572, 575
外国人労働者　519
画面の構成　925

●キ
〜き　460
起因を表すニとデとカラ　102
キエフ国立言語大学　1010
キエフ国立大学　1010
キエフ日本語教師会　1010
記憶　304, 402, 403, 404, 691
記憶術　425
記憶ストラテジー　708
記憶装置　836
記憶法　435

擬音語　227, 263
基幹文型　95
期間を表す時間関係節　175
聞き返し　529
聞き手に対する敬語表現　197
聞き手に対する配慮　197
聞き取り　36, 903, 904
聞き取り練習　741
企業文化　763
聞き分け　36
聞く　740
聞ける　204
記号　536, 556
記号化　575, 923
記号過程　574
記号体系　547
記号の境遇性　182
聞こえる　204
帰国子女　494
擬似標準語　499
きしみ声　7, 9
記述　802
技術研修生　299, 967, 968
技術研修生・技能実習生受け入れ施策　951
技能実習生　968
技術の視点　823
基準音　34
基準関連的妥当性　643
基準準拠テスト　784
基準変数　653
起承転結　352
基数詞　266
キーストーン　913, 915
擬声語　227, 263
規則動詞　74
規則　808
帰属意識　723
基礎語彙　222, 255, 295
基礎文型　95
擬態語　227, 263
期待値　670
期待度数　648
既知　192
吃音　527, 607
吃音者　527
気づかない方言　474, 475
気づき　735, 772, 812
気づき仮説　687 ⇨ Noticing 仮説
基底規範　522
起点領域　593
起点を表すヲとカラ　100
機能　730, 744, 747
機能（スキル）　740
機能・概念シラバス　610
機能局在仮説　548
機能語　222, 571
技能実習制度　952
機能主義　333, 589
機能主義言語学　730
機能シラバス　334, 897
帰納推論　690
帰納的研究　619
帰納的シラバス　755
機能的脳画像研究　549

機能脳画像技法　555
技能別の活動　767
規範　464, 523, 530
基盤コミュニティー　520, 521
気分　26
希望　72
希望文　140
キーボード　836
基本漢字　434
基本義　272
基本形　237
基本語彙　222, 255, 295
基本周波数　27, 28, 566, 890, 891
基本周波数曲線　30, 31
基本ソフト　839, 841, 887
基本文型　95
決まり文句　329
義務　141
帰無仮説　645, 647, 651
ギムナジウム　1027
記銘　404
疑問　52
疑問型上昇調　22
疑問系の依頼文　140
疑問語　192
疑問詞　135
疑問詞疑問文　40, 42, 52, 55, 135
疑問の形式　180
疑問文　41, 45, 48, 53, 55
逆三角形の構成　358
逆条件　155, 167
逆成　249
逆接　91, 173
客観テスト　789
キャリア文　27
吸気　6
休止　25
旧字　394
旧字体　376
旧情報　192, 589, 878
吸着音　7
行　14
教案　770, 809
教育アプローチ　407
教育・学習管理の視点　823
教育・学習法　910
教育・学習メディア　823, 904
教育課程　910
教育環境　870
教育漢字　433
教育現場　810
教育工学　859, 860
教育システム　852, 905
教育実践　860
教育省語学センター　1018
教育ストラテジー　408
教育測定　781
教育的介入　715
教育のコミュニケーションモデル　874
教育の視点　823
教育評価　860
教育メディア　829, 834, 850, 856, 857, 912, 913, 917, 918, 923
教育メディア制作スキル　919

教育メディア選択　920
教育メディア比較研究　863
教育目標　913
教育利用　933
教育利用上の著作権　933
教員資格　1031
教員不足　990
教員養成　816
教科　736
協会付属日本語講座　1003
業界用語　469
教科学習　759,803
教科書　310,898,899
教科書作成プロジェクト　1029
教科書体　380
『教科書を作ろう』　1029
共感　193
共感性　815
共起関係　281
教具　58,911
競合モデル　687
教材　58,752,895,911,917,918
教材開発　919,920,985
教材作成チーム　985
教材シラバス　896
教材データベース　910
教材リソース　909
教師　817
教師教育　812,821
教師研修プログラム　987
教師ジャーナル　638
教師主導型　727
共時態　601
共時態・通時態　562
教師中心　870,1041
教室運営　769
教室外　740,769
教室外の学習　767
教室活動　609,901,903
教室環境　703
教室談話　325,344
教室内の活動　740
教室方言　507
共時的　601
教師トレーニング　821
教師のオートノミー　774
教師の資質　804
教師の質問　707,770
教師の成長　813
教師の役割　805,912
教師の量的・質的問題　1048
教師不足　1035
強弱アクセント　19,48
教授イベント　871
教授開発　923
教授学習過程　856
教授可能性　687
教授監督下　714
教授形態　871
教授システム　852
教授スキル　919
教授内容構成スキル　919
教授能力　805
教授法　725,726,738,739,752
教授メディア　834,850,899,912

教師養成　821
教師養成・研修　956
強勢　9
強勢アクセント　40,52,55
強勢母音　32
狭帯域　30
教壇実習　810
強調　25,26
協調学習　871
強調型上昇調　22
強調構文　186
協調の原理　315
共通言語接触場面　502
共通語　495,497,557,771
共通語イメージ　496
共通語中心社会　496
共通深層能力モデル　719
京都アクセント　455
共同学習　871
協働学習　775,869
共同行為者　116
共同作業　776
共分散構造分析　656
教鞭　916
業務遂行能力　763
共鳴　7
共話　348
許可を与える文　142
許可を求める文　142
漁業　1045
極限法　34
局所的な構造　335
曲用　70
許諾　934
拠点校方式　955
許容　142
許容の使役　112
〜きり　164
義理　331
キリアン（Quillian, R.）　592
キリスト教宣教師　1021
キルギス　1017
キルギス国立民族大学　1017
記録媒体　837,927
記録方式　837
記録メディア　829,833
記録容量　838
キーワード　415,423
キーワード検索　909
緊急情報　489
銀行型教育　976
禁止　140
近似化　35
禁止の規範　545
近代的メディア　918

● ク
句　23
グアン（Gouin, F.）　531
グアンの教授法　728
空間表現　558
空書　402,430,435
ク活用・シク活用の統合　457
〜くせに　170
降り二重母音　47

屈折語　541
グーテンベルク（Gutenberg, J.）　931
句読点　379,385
句頭の上昇　23
句読法　352
グベリナ（Guberina, P.）　57
組み合わせ問題　790
〜くらい　158
クライアント　849
クライエント　815
グライス（Grice, H. P.）　315,575
クラウダー（Crowder, N. A.）　866
クラスサイズ　56
クラス指導　765
クラスター分析　795
クラスルーム・リサーチ　623
クラッシェン（Krashen, S.）　706
グラフィック　855
グラフィックス　892,894
グラフィックスソフト　841
クラブ活動的な形態　1027
繰り返し　336,342
クリティカルディスコース・アナリシス　343
クーリング　915
グリーンバーグ（Greenberg, J.）　542,544
グループ学習　871
グループ研究・共同研究　672
グループ・ワーク　610,765,769
クレオール　540,604
クレオール化　39,604
〜くれる　206
クローズアップ　925
クロス集計　644,661
クローズ・テスト　789
クロス表　645
クロスプラットフォーム　840
クロック周波数　836
グローバル化　503
訓　452
訓点　453
訓読み　392,429
訓令式　382
訓練型　810
訓練技法　550
訓練上の転移　699

● ケ
〜け　460
ケアテイカートーク　707
敬意逓減の法則　451
敬意表現　545
経験記録　588
経験主義　683
経験の円錐　861
敬語　194,195,462,475,482
敬語の運用法の変化　460
敬語の選択　483
経済産業省　963
経済的な格差　996
経済的文化的なつながり　1023
形式への焦点化　703
形式名詞　92,127,179

索引 ──── 1127

形式名詞系のアスペクト形式　127
芸術文　⇨非実用文
継承語　492,973,1015
継承語教育　1001,1005
継承日本語教育　722
係助詞　92
形声　389
軽声　46
形成的評価　446,612,780,783,795,869
形声文字　388,391,430,432,437,439,441
継続学習　762
継続相　132
継続動詞　129
形態　66
形態処理　404
形態素　65,66,67,72,232,374,394,406,569
形態素解析　394
形態素連鎖　17
携帯電話　832,909
形態符号　404
形態論　544,569,584
傾聴態度　815
系統（等間隔）抽出法　629
形容詞　70,83
形容詞述語　123
形容詞述語文　107
形容詞のアクセント活用　78
形容詞の活用　76
計量言語学　559
計量語彙論　283
計量国語学会　560
計量的研究　613
経歴　125
激音　45
ケーススタディ　621,638
結果継続　588
結果状態の継続局面　128
結果存続　124
結果の維持　124
結果副詞　87
結語　359
結束性　181,185,361,576,599,745
結束装置　182
決定係数　795
結尾部　352
〜けむ　461
ゲーム　427,767,901,913
ゲームソフト　842
ケラニヤ大学　1022
〜けり　460
〜けれど　171,173
原因　168,169
原義　272,289
研究支援団体　675
言語　536,877
言語意識　478
言語運用　342,694
言語学習　688,690
言語学習観　739
言語学習ストラテジー　708
言語獲得装置（LAD）　683,684
言語活動　479,764

言語過程説　65
言語観　739
言語環境　407,409
言語環境差　803
言語管理　523,526
言語管理のエージェント　524
言語管理理論　523,530,579
言語記号　538
言語記号の恣意性　536
言語機能　589
言語技能　797
言語教育観　806
言語計画　523
言語形式の焦点化　773
言語形成期　803
言語ゲーム論　691
言語権　943
言語行為論　547,553
言語行動　463,476,478,479,559,797
言語コーパス　777
言語資源　723
言語弱者　528
言語習得　493,523,684,685,706
言語習得仮説　733
言語習得論　602
言語使用　797
言語障害　527
言語情報　26
言語心理学　32,555
言語人類学　558
言語生活　486,554
言語政策　523,525,526,565,605,627
言語生得説　683
言語接触　463,520
言語接触論　604
言語知識の習得　693
言語地図　474
言語聴覚士　607
言語地理学　557
言語治療　607
言語的逸脱の管理　529
言語的少数派　719
言語的多数派　719
言語的知識　364
言語テスター　802
言語データ　398
言語転移　699
言語に関する国家政策　991
言語能力　342,694,797
言語の系統　540
言語の構造　538
言語の最小単位　57
言語の喪失　717
言語の単位　537
言語（の）普遍性　35,544
言語範疇　684
言語病理学　549,608
言語文化　519
言語変化　464,467,557,594
言語変種　600
言語保持　717
言語要素　797
言語理解　555,823
言語類型論　541,544,561
言語練習　764

言語論的展開　553
現在　131
顕在的な威信　468
現在・未来　131
検索　404,442
検索ソフト　398
検索プログラム　777
検索方法　444
減算的バイリンガリズム　722
減算的バイリンガル　719
検字法　396
研修生　967
謙譲語　195,196,197,462
謙譲表現　348
現職者教育　821
現代仮名遣い　376,381,383,386
顕題文　150,151
現地語　491,723
現地雇用の日本語ネイティブ・スピーカー　1026
言調聴覚論　57
顕著な下降調　22
検定　795
限定　159,160
検定教科書　1016
限定的修飾節　179
限定のとりたて　158,159
現場指示　182,183
ケンプ（Kemp, J. E.）　920
原文　365
言文一致　385,454
権利処理　934
原料　102
権力　504

●コ

コ　183
〜後　128
語　65,71,222,228
語アクセント　9
語彙　222,231,701,702
語彙構造　538
語彙項目　231
語彙指導　743
語彙シラバス　897
語彙素　231
語彙体系　702
語彙調査　283
語彙的意味　306
語彙的なヴォイス　108
語彙的な派生　68
語彙的複合　69
語彙の体系　308
語彙のテスト　446
語彙のネットワーク　438,703
語彙要素　231
語彙量　283
語彙論　584
考案　930
行為拘束型　317
行為指導型　317
行為要求　139,140
口演童話　863
口蓋化　41,42,43,472
口蓋化音　49

口蓋化子音　43
公開講座　1049
口蓋垂　5
口蓋垂ふるえ音　40
口蓋垂摩擦音　40
口蓋帆　5
効果音　924
高学歴社会　1024
交換留学制度　1014
後期イマージョン　736
康熙字典体　400
公教育教師の海外派遣　950
工業所有権　930
工業所有権制度　929
公共通訳　528
口腔　5
口腔断面図　58
硬口蓋　5
硬口蓋音　41
硬口蓋化　9
高校教師　985,987
高校生用日本語教材　985
高校生留学　972
高校での日本語教育　1009
高校日本語教師　990
交互作用　859
口語文　454
高コンテクスト　327
硬子音　42,43
高次フォルマント　29
公衆送信権　934
恒常的状態　588
口唱法　415,423,434,435,442
恒常法　34
合成音　33,890
合成語　239,240
構成主義　870
合成法　248,249
構成要素　102,387,390,405,410,411,
　415,416,417,430,436,437,443,444
厚生労働省　963
後舌　43
後舌面　5
構造概念　620
構造言語学　552
構造主義（形式主義）　333
構造主義言語学　729
構造シラバス　610,755
構造的面接法　630
構造文型　95
拘束形態素（束縛形態素）　569
高速フーリエ変換　890
後続文脈　355
広帯域　30
後置詞　92
膠着語　541
高低アクセント　19,37
肯定文　158,160
公的意識　478
公的距離　483
行動　731,864
行動主義　688,864,868
行動主義心理学　729
行動主義理論　706
行動シラバス　978

口頭能力評価　800　⇨OPI
口頭発表　677
行動分析　867
行動様式　763
高度情報メディア　826
後発効果　856
肯否　70,72
構文的ポーズ　25
構文論　570
口母音　39,43
後方一致　909
後方照応　183
「皇民化」政策　940
皇民教育　1045
項目応答理論　794
項目分析　793
項目別テスト　788
項目別能力テスト　784
公用語　37,38,40,41,42,43,44,45,
　50,52,54,525,1042
公用語化　605
公用語条例　605
公用文　379
合理主義　683
効率性　787
交流活動　810
交話的機能　330
声の高低　27
呼応の副詞　89
誤解　481
語学的文体論　358
語幹　72
語感　273
呼気　5
語基　67,232,239
国語　51,52,54
国語審議会　385,524,526
国語調査委員会　498,525
国際音声学会　7
国際化　972
国際学友会　524,531,951
国際救援センター　532,969
国際協力機構　524,531,961,963,989
国際協力事業団　524,531,949,951
国際結婚　723,971,1030
国際結婚型　981
国際研修協力機構（JITCO）　952,
　961,963
国際語　503,1015
国際交流基金　524,526,949,960,963,
　988,990,1007,1010,1011,1012,
　1022,1036
国際交流基金主催の巡回セミナー
　1028
国際交流基金専門家　1003
国際交流基金日本語国際センター
　1017
国際人権規約　954
国際日本語普及協会（AJALT）　978
国際文化フォーラム　962
国字　497
国民性　515,1012
国立国語研究所　485,486,498,524
国立特殊メディア研究所　919
国立ビシケク人文大学　1017

語形　236
語形成論　66
語形の揺れ　237
語形変化　71,80,583
語源　290
語源俗解　291
語構成　66,67,239,432,438,569
語構成論　66
語構造論　66
語根　233
語根創造　247
語誌　291
語種　68,226,255,256
五十音順　413,425
五十音図　14
五十音表　412,422,426,427
語順　96,184,371
語順の類型論　542
個人カルテ　796
個人教授（プライベート・レッスン）
　765
個人研究　671
個人差　711,712
個人的距離　483
個人的資質　816
個人バイリンガリズム　520
コース　897
コースデザイン　751,754
コスメティック効果　867
個性　805
個性的文体　357
コセリウ（Coseriu, E.）　551
コ・ソ・ア　183
語族　540
古代文字　370
コダック式　915
五段化　473
五段活用動詞　74
語中省略　251
コックニー　468
国訓　452
ご丁寧体　194,196,197
コーディネータ　959,977,978
個的意識　478
こと　179
コト　584
コード　536
語頭省略　251
コード化　877
～ことができる　114
ことがら的な意味　134
コード・スイッチング　351,721
異なり語数　283
異なり字数　394
ことばの教室　863
ことばの年齢差　467
ことばの「乱れ」　464
ことばの民族誌　342　⇨エスノグ
　ラフィー
ことばの「ゆれ」　464
コード・ミキシング　720
子どもの権利条約　954
この　184
語の出自　256
語のニュアンス　273

索引 ── 1129

語の認定 229
語の表記 374
個の文化 512,516
語の用法 280,307
語派 540
コーパス 27,287,591,752,828
コーパス言語学 287
語尾 72
語尾省略 251
コピュラの活用 77
ゴフマン (Goffman, E.) 339,498
個別学習 805
個別活動 765
個別対応 761
コペンハーゲン学派 552
コペンハーゲン大学 1026
語弁別機能 42
5母音 51
コマンド 881
コミュニカティブ・アプローチ 57,
 439,610,726,730,753,910
コミュニケーション 730,859,866,
 904
コミュニケーション・アコモデーショ
 ン理論 (CAT) 509
コミュニケーション学 563
コミュニケーション活動 764
コミュニケーション過程 823,857,
 873
コミュニケーション・ギャップ 508
コミュニケーション上の機能 210
コミュニケーション・ストラテジー
 328,503,709,771
コミュニケーション能力 342,518,
 695
コミュニケーションの過程 730
コミュニケーションの視点 823
コミュニケーションの要素 872
コミュニケーション場面 502
コミュニケーション分析 871
コミュニケーション方略 700
コミュニケーションモデル 872,873
コミュニケーション理論 872
コミュニケーション論 539
コミュニティ 519,732
コミュニティ心理学 815
コミュニティー通訳 528
コメント文 361
小文字ｃの文化 716
固有名 252,256
固有名詞 263
誤用 698,744,772,796
誤用研究 697
誤用訂正 610,772
語用能力 704
語用の転移 704
語用論 315,539,553,571,572
語用論的アプローチ 878
語用論的転移（プラグマティック・ト
 ランスファー）316,696
語用論的能力 695
コラボレーション 775
コーラン 55
孤立語 541
頃 174

コロンボ・プラン 951
混淆 248
コンサートセッション 734
コンサルティング 798
コンサルテーション 827
混種語 226,256,261,384
混成語 488
コンソシアム 853
コンテクスト 324,330,616
コンテンツ 823,828
困難度 793
コンパイル 881
コンパクトフラッシュ 928
コンピュータ 398,836,858,932
コンピュータ・ウィルス 846
コンピュータゲーム 830
コンピュータプログラム 838,840
コンピュータラボ 854
コンピュータ・リテラシー 859,887,
 986
コンピュータ利用 776,986
コンポーネント 852,910

●サ
〜さ 147
〜際 147
災害 489
在外日本人 491
在外邦人 494
再帰的動詞 129
差異・共通性抽出仮説 604
最小対立 10
在職修士課程研修コース 988
最大限接触の仮説 719
〜最中 127,175
在中国日本語研修センター 988
再テスト法 787
サイト 909
サイトライセンス 845
在日 942,964
在日外国人 487
サイバースクール 853
最頻値 659,661
蔡茂豊 1024
在来語 252,256
材料を表すカラとデ 102
サイレントウェイ 58,735
サウンドカラーチャート 58
サウンドスペクトログラム 567
〜さえ 154,156
『さくらⅠ』 1029
作文 432,748
作文教育 356
作文指導 433,748
ささやき声 7
サジェストペディア 734
指図の使役 112
〜（さ）せる 204
誘いかけ 139
撮影 925
雑音 30
〜さなか 175
サーバ 849,883,934
サバイバル日本語 747
サピア (Sapir, E.) 542

サピア＝ウォーフの仮説 558
サービスマーク登録制度 930
サブカルチャー 993
サブマージョン 606,722
サブル (SAPL) 739
差別 498
差別語 263
サポート・システム 760
サール (Searl, J. R.) 315,326
サロモン (Salomon, G.) 865
参加構造 340,341
三脚 925
産業財産権 930
3子音連続 53
三重母音 37
3dB（デシベル）32
3人称代名詞 186
散布図 665
散布度 662,663
サンプリング 629,882,926
サンプリング周波数 927
サンプリングレート 28,889
参与観察 558,614,615,617,784

●シ
〜し 173
〜じ 461
詞 64,584
辞 93,585
恣意 228
子音 7,11,30,37,38,40,41,42,43,
 44,45,52,53,54,55
子音過多 43
子音結合 42
子音の音色 27
子音連続 42,43,52
シェアウェア 841
使役 108,112,113,204,586
使役受身 111
使役形 204
使役者 112
使役態 200
使役動詞 204
使役文 112,113,204
ジェスチャー 57
ジェトロビジネス日本語能力テスト
 944,945,961,967
ジェンダー 466
〜し終わる 126
字音 259
字音形態素 67
字音語 259
〜しか 158
視覚イメージ 877
視覚化 26
視覚教育 905
視覚教材 898,902,905
視覚情報シラバス 897
視覚メディア 850
〜しかける 126
時間関係節 175,177
時間節 152
時間的な局面 126
磁気 837
しきい仮説 606

識字　724
識字・日本語学級　979
磁気ディスク　927
識別　32
識別性　791
識別力　793
〜しきる　126
歯茎　6
字形　387,389,391,397,401,410,411,
　　415,424,434,435,440,443,444
字形記憶　405
字形認識　416,417
字形ネットワーク　436
字型パターン　430
自敬表現　462
刺激音　33
刺激の間隔　34
刺激法　550
字源　388,434,436,441
試験問題　933
死語　292
試行錯誤　735
指向性マイク　924
思考動詞　143
思考と表現　518
自己開示　815
自己研修　812,957
自己研修型　810
自己修正　337
自己主導　337
事後調整　772
自己訂正　773
仕事　762
自己反復　336
自己評価　779,782,783,799
自己実現　815
自己分析能力　798
自己ペース　866
自己編集　337
自己モニター　57,441
歯擦音　38
指事　388
指示　218,731
指示語　89
指示詞　181,182,183
指示質問　771
指示対象　182,183,185,192
資質　804,817
事実条件　166
事実陳述型　317
事実的逆接関係　170
事実的条件　168
指示点　916
支持文　353
指示棒　916,918
指事文字　388,391,430
私塾　1005
辞書　311
市場経済化促進　1017
辞書形　237
システムアプローチ　852
システムコンポーネント　852
システムニーズ　852
システムリソース　852
四声　19,46

自然環境　703
自然観察法　633
自然さ　758
自然習得　714
自然習得順序仮説　699
事前調整　772
自然的順序　734
字素　415
持続時間　27,32
シソーラス　279
字体　394,400,401,742
字体の簡略化　375
字体の規範化　374
事態発生の使役　112
〜したが最後　167
舌先顫動音　37
舌先ふるえ音　40
〜しだす　126
自他の対　81
自他の標識　458
自治体国際化協会　962,963
視聴覚機器　858
視聴覚教育　859,861,876,905,908
視聴覚教材　903,904
視聴覚コミュニケーション　873
視聴覚資料　637
視聴覚メディア　834,850,904,907
視聴覚ライブラリー　834
実演家等保護条約　932
〜しつくす　126
実験音声学　567
実験的観察法　633
実現的な可能文　115
実験法　632
実行可能性　792
失語症　548,550,564,607,686
実質語　⇨内容語
実写教材　898
実習　810
実践研究　726
実践知　808
実践的要因　871
〜しつつある　124
〜しつづける　126
質的研究　614,813
質的調査　513
質の公理　316
実物　917
実物教材　917
実物投影機　917
失文法患者　550
質問　770
質問紙法　631
質問の意図　771
質問の依頼表現形式　463
質問の形式　771
質問の焦点　135
実用新案法　930
実用性　763,787
実用的な言語教育　1007
実用文　356
実利志向　1009
実利的動機　1035
〜してある　124
指定指示　184

〜している　123
シテイル形　122,124
シテイル形式　588
私的使用　933
私的複製　934
〜してみろ　167
視点移動　349
視点制約　459
視点（立場）の統一　205
シート　912
指導案　809
始動以前　126
自動詞　81,109,111,113,199,457
自動詞化　458
自動詞・他動詞の対応タイプ　457
自動詞・他動詞両用の動詞　200
自動詞文　111
始動段階　126
指導能力　804
指導方法　725
指導目標　612
〜し通す　126
〜しないか　139
〜しないことには　166
〜しに　172
シニフィアン（言語表現，能記）　580
シニフィエ（言語内容，所記）　580
〜しはじめる　126
自発　113,204,586
自発的な変化　451
自発動詞　116
自発文　114
芝山巌　531
市販ソフト　841
私費外国人留学生統一試験　965
シフトJISコード　889
自文化　513,607
自閉症　607
次末音節　39
シミュレーション　609,827,855,868
シミュレーションゲーム　913
シミュレーション・システム　876
市民講座　1003
市民大学　1014,1027
氏名表示権　934
下一段活用動詞　74
下二段動詞　457
社会　511
社会化　544
社会教育的モデル　609
社会言語学　18,539,553
社会言語学的変数　540
社会言語学的要因　538
社会言語的逸脱の管理　529
社会言語能力　465,481,695
社会行為　616
社会人対象の教育機関　1044
社会調査　513
社会通信教育　862
社会通念　478
社会的関係性　775
社会的距離　483
社会的構成主義　871,872
社会的状況　816
社会的ストラテジー　708

社会的動機づけ 870
社会的役割 823
社会的理性主義 872
社会認識 513
社会バイリンガリズム 520
社会文化的アプローチ 716,717,871
社会文化的要因 710
社会文化能力 501,511
社会方言 468,600
借用 248,252
借用語 43,226,252,256
写真 901
〜じゃないか 137,207
シャノン（Shannon, C. E.） 873
シャノン=ウィーバーの工学的モデル 546
シャノンの情報量 885
ジャパノロジー 1026
ジャパン・リテラシー 511
上海語 47
ジャンプ 909
ジャンル 361
自由異音 10,50
周縁語彙 255,295
重音節 13,16
重回帰分析 654
自由会話 35
就学 965
就学経験 724
就学生 965
習慣形成 689,729
習慣・反復 166
終結局面 126
周圏型 474
周圏分布 469,473
修辞 593
集住地域 976
修飾成分 94,96
終助詞 92
終止・連体形の統合 457
修辞論 576
修正 336
重相関係数（R） 654
従属構造 ⇨統語構造
従属節 161,163,172
従属節におけるテンス 131
従属度 152,161
従属変数 633
集団基準準拠テスト 784,785,793
集団基準準拠評価 785
縦断研究 624
集団 468
集団準拠テスト 784
集団力学（グループ・ダイナミックス） 770
習得 683,698,713,735,740
習得過程 710
重箱読み 262
周波数 29,566,891
自由発話 27
自由変異 10
重母音 46,47,48
自由放出 442
集落抽出法 629
終了部 334

就労者 299
受影受動文 459
主格 94,150,582
主観テスト 789
授業活動単位（AU） 760
授業過程 857
授業観察 638,813
授業記録 783
授業計画 809
授業見学 810
授業研究 770,812 ⇨クラスルーム・リサーチ
主教材 897,900
授業参加 810
授業システム 905
授業の改善 812
授業の実態 812
熟達度 686
熟達度テスト 446
熟知性 403
縮約 ⇨略語
縮約形 17,18,192,382
縮約語 382
熟練者 814
樹形図 570
主語 94
授受動詞 140,459
授受表現 459
主節 162,165,169,172
主節事態 174
主題 94,149,151,153,154,165,193
主体尊敬語 195
主題文 353
主体めあての副詞 87
主題を表す助詞 150
出現頻度 403
述語 71,94
出題範囲 817
出題方法 792
述定 80
出版者 931
出力装置 836
受動 108
受動形 108
受動態 200
受動文 110,458,586
ジュネーブ大学 1019
首尾一貫性 576,745 ⇨一貫性
主な品詞 70
シューマン（Schumann, J. H.） 609
主要品詞 70
シュライヒャー（Schleicher, A.） 541
シュール（Schuell, H. M.） 550
シュルツェ（Schulze, H.） 833
準音節文字 370
循環的プロセス・モデル 546
瞬間動詞 129
順序尺度 643,659,661
順接 91
準体助詞 92
準備作業 810
準備条件 326
〜しよう 139

上位語 277
情意ストラテジー 708
情意的フィルター仮説 734
情意面 791
上映権 933
上演権 933
〜しようか 139
生涯学習 862
生涯学習者 821
使用教材 56
使用基盤モデル 592
小規模メディア 912,919
上級 757,758
上級レベル 758
状況 355,716
状況可能 115
状況的な学習理論 864
状況論的アプローチ 716
象形 388
象形文字 388,391,430
上下関係 482
条件 165
条件異音 10
条件検索 909
条件節 162
条件文 165
畳語 239,243
使用語彙 255,284,296,413,702
証拠に基づく推論 144
上昇イントネーション 49
上昇下降調 42
上昇調 21,38,40,41,43,48,52,53,54,55
上昇二重母音 37
少数コミュニティー 520,521
情操教育 1004
肖像権 873,879,884,934
状態化形式 123
状態述語 131,132
状態性（の）述語 133,165,176
状態動詞 80,123,128,129
上代特殊仮名遣い 456
情緒的側面 732
情のKR 857,869
焦点 185
声点 454
生得説 603
生得的言語能力 544
小脳 685
商標 930
商標法 930
使用頻度 393,399,411,433
情報 877,885
情報教育 876,887
情報検索 551
情報史観 826
情報社会 887
情報弱者 487,980
情報収集 776
情報処理 398,692
情報処理過程 908
情報処理モデル 687
情報通信技術（ICT） 886
情報通信メディア 934
情報提示 864

情報提示物　918
情報の閲覧順序　830
情報のなわ張り　878
情報の発信と受信　823
情報フィルタリング　846
情報メディア　826,885
情報リテラシー　886,908
情報量　878,898
〜しようものなら　167
商用BBS　845
常用漢字　378,384,392,411,433
常用漢字表　374,379,386,394
常用国字標準字体表　374
常用字字形表　374
商用パソコン通信　848
商用プロバイダー　848,849
初級　757
初級文法　744
処遇　865
職能　814
助詞　69,71
書写　410,424,425,430,441
書写指導　411
初心者　808
初心者教師　811
助数詞　67,245,266
序数詞　266
㈶助成財団センター　675
ショット　922
初等教育　997
助動詞　69,71
ショート・メール　845
序破急　352
叙法副詞　147
序論・本論・結論　352
ジョーンズ（Jones, W.）　552
シラバス　300,411,610,752,754,897,
　899,910
シラバスデザイン　752,756
シラビーム言語　473
ジリエロン（Gilliéron, J.）　557
自立　735
自律（的）学習　708,731,773,782,
　798,869
自立語　68
自立拍　16
事例研究　624
シーン　922
唇音化　9
唇音退化　451
シンガポール　1018
シンガポール国立大学　1018
新カリキュラム　1031
真偽疑問文　135
新教授法　726
新語　291
人工現実感　875
進行中の動作　124
新字　394
唇歯音　47
唇歯摩擦音　39
新情報　192,589,878
新シラバス　821
親疎　350
深層格　97,582

深層構造　552
心像性　403
親疎関係　482
身体リズム運動　57
診断的評価　445,780,784,785
診断テスト　788
進捗状況　780
心的距離　466
心的作用，生理的作用を表す動詞
　201
人的資源開発　1045
人的リソース　767
進展過程　125
振動数　28
進歩テスト　788
信念　56,807
信念上のギャップ　807
信念の変容　807
真のコミュニケーション　767
振幅　28
新聞の文体　359
新方言　464
信頼係数　651
信頼性　630,642,786,791,794
信頼度係数　642
心理学　688
心理言語学　13
心理的負担　732
心理表出型　317

●ス
推意　575
水銀ランプ　915
遂行動詞　317,326
遂行分析　573
スイス　1019
推定　461
スイッチング　913
推定値（不偏推定値）　651
推量　143,461
推量形式　136
推論　572
スウェイン（Swain, M.）　707
スウェーデン　1020
数詞　264
数値化　26
数量子　85
数量詞＋「は」　160
数量詞＋「も」　160
数量表現を含む否定の文　121
スキット　737
スキナー（Skinner, B. F.）　866
スキーマ　693,747,904
スキミング　748
スキャニング　748
スクリプト　347,693,881,922
スクリプト言語　393,398
鈴木忍　531,940
勧め　141
スタイル　465
スタイル差　17
スティグマ　498
スティーブンス（Stevens, K. N.）
　566

ステップ　34
ステップ値　34
ステレオタイプ　512,515,518,716
ストラテジー能力　695
ストーリー　423,430,434,439,441,
　442
ストリーミング技術　927
ストリーミング配信　833
ストレス　9
ストレスアクセント　42
ストレス・アクセント言語　32
〜ず（に）　121
スノー（Snow, R. E.）　865
スーパーコンピュータ　837
スパーバー（Sperber, D.）　315
スパム・メール　845
スピーチアクト　704　⇨発話行為
スピーチスタイル　35
スピーチレベル　17,351
スピード　924
図表　901
スペイン　1021
スペイン語　37,51
スペクトル　566,890
スペクトログラム　27,29,891
スマートメディア　928
ズーミング　925
スライド　916
スライドショー　916
スライドフィルム　916
スライドプロジェクター　914,916,
　917
スリランカ　1003,1022
スリランカ日本語教育協会付属日本語
　講座　1003,1022
スル形　122,123,124

●セ
〜ぜ　147
正確さ　698
生活言語　421
生活言語能力　973
生活条件　827
正規分布　670,794
制御装置　836
制限的修飾節　179
正誤問題　790
性差　26,466
政策研究大学院大学　949
製作物　783
性差別表現　466
正字　394
静止画像　883
声質　26
誠実条件　326
政治的・経済的状況　1040
正書法　38,43,379,386,546,581
生成　701
生成文法　556
声帯　5,6
声帯振動　6
生態人類学　543
成長　813
声調　19,46,47,48,49,50,51
声調言語　48

〜せいで 170
声道 7,29
精読 748
生得説 603
制度的談話 344
青年海外協力隊 524,961,989,994,
　996,1011,1022,1029,1032,1043,
　1046,1047,1049,1050
正の転移 35,508,696
政府主導 1018
成分分析 268
声母 46,47,48
声紋 29
声門 6
声門閉鎖音 50,52,55
生理音声学（音声生理学） 567
世界応用言語学会（AILA） 565
世界の知識 364
セキュリティ 846
セキュリティ・ホール 846
セグメンテーション 28,892
接客 975
積極的反応 866
接近 7
接近音 9,37,40,46
舌根 6
接辞 44,67,72,231,239
接辞 -eru 114
接触機会 713
接触による変化 451
接触場面 343,502,507,529,530,709,
　753
接触頻度 403
舌尖 5
接続詞 70,90
接続助詞 92
接続成分 94
接続節 162
接続表現 207
絶対的テンス 131,133
絶対（的）評価 781,785
舌端 5
折衷法 726
接頭語 67
接頭辞 67,244
節の階層性 162
折半法 787
接尾語 67
接尾辞 52,67,245
説明のモダリティ 134,189
説明変数 654
設問 871
狭め 7
線画 883
宣言的知（識） 693,745
先行 125
先行詞 183
先行シラバス 754
先行する動作の直後 177
先行文脈 355
全国共通語 498
宣告命名型 317
潜在因子 655
潜在的可能文 115
潜在的カリキュラム 756

潜在的な威信 468
潜在能力 734
潜在変数（因子） 656
全人的 732
全身反応教授法 731　⇨ TPR
前舌 43
前舌母音 44,49
前舌面 5
戦前の日本語教育 994
全体構造 334
全体構造視聴覚教授法 57
選択疑問文 135
選択的干渉 878
選択的注意 878
センター校方式 955
前提 185
全部否定 120,121
前文 359
全文検索 909
全米日本語教師会 1004
前方一致検索 909
前方照応 183
宣命体 454
全面肯定 156
全面否定 156
専門 758
専門家との連携 762
専門性 817
専門的能力 816
専門日本語 817,944
専門分野別の漢字 399,438
専門分野別の語彙 432
専門分野別の文字学習 422
専門用語 469
全寮制中等学校 1046

●ソ
ソ 183
〜ぞ 147
騒音（非周期音） 566
層化抽出法 629
総括的評価 446,612,780,783
草仮名 453
相関 794
相関関係 664
相関係数（γ） 651,667
相関図 665
早期イマージョン 736
相互依存の仮説 719
総合活動型学習 518
総合的な活動 767
相互学習者 818
相互学習方式 770
相互行為 768
相互行為の社会言語学 343
相互交流主義理論 706
相互作用 768,770,859
造語性 387,438
造語成分 231,246
相互動詞 116
相互内省 775
相互評価 799
造語法 247
造語論 66
総索引 284

操作的定義 620
喪失（言語の） 717
〜そうだ 144,145,207,462
相対的テンス 131,133
相対（的）評価 612,781,785
装定 80
挿入連鎖 338
双方向通信モデル 873
双方向のバイリンガル教育 722
相補（的）分布 10,48,114
総務省 963
候文 454
促音 13,16,37,41,46,49,54,56,76
側音 37,38,40,41,42,43,44,52,53,
　54,55
促音の非促音化 40
属格 582
俗字 394
即時フィードバック 868
属性形容詞 201
属性情報 398
属性や状態を表す語 87
測定 778,786
測定対象者 792
測定方程式と構造方程式 656
側面音 45,46,47,48
側面開放 9
祖語 540
組織的観察法 633
組織内教育 1002
ソシュール（Saussure, F. de） 552,
　562,580,601,602
相互主導 827
ソト 193,482
外付けマイクロホン 27
外の関係 98,178
ソナグラム 30
その 184
ソフトウェア 835,836,838,840,912,
　924
ソフトウェア・プラットフォーム
　840
ソフトの技法 924
粗密波 28
尊敬語 195,462
尊敬表現 348
存在場所 99

●タ
〜た 461
タイ 842,985,990,1023
ダイアリー 636
ダイアリー・スタディ 753
第一言語 39,682,717,718
第一言語の保持 494
第1倍音 30
第一発話部 335
第1フォルマント（F1） 29
大意要約 365
対応する自動詞と他動詞 81
対格 582
大学教師対象の研修コース 988
大学通信教育 862
大学入試科目 1023
大課題設定方式 944

帯気　37
対義　309
帯気音化　9
対義語　277
大規模メディア　912
タイ教育省　990
待遇表現　194,198,747
ダイクシス　182,183
ダイクシス語　182
ダイグロシア　605
タイ語　50
滞在年数　686
第三外国語　1038
第三者言語接触場面　502
第三者の受身　109
第三世代携帯（3G）　833
第3フォルマント　29
大使館講座　1012
対者敬語　194
対照研究　697
対照言語学　541
対照修辞論　362
対照分析　565
対照分析研究　602
対象別教授法　725
対象別日本語教育　760
対象を表すヲとガ　99
対数目盛　31
体制との結びつき　1033
代替的評価法　781
代替フォント　888
対中国日本語特別計画　988
態度　26,712
態度・評価の根拠　170
第二外国語　1009,1038
第二言語　37,39,52,682,717,718,736
第二言語音声習得理論　35
第二言語学習者　35,698
第二言語習得　559,565,689,687
第二言語習得理論　608,687,698
第2倍音　30
第二発話部　335
第2フォルマント（F2）　29
大脳　685
対比　150,152
対比関係　171
対比性　161
対比の「は」　152
代表値　659,662
対比を表す構文　152
太平洋側・日本海側対立型　474
台本　922
タイムシフト　914
代名詞　186
対訳法　727
代用　40,55
第4種の動詞　123,129
対立　10,51
対立型　183
対立的分布　10
代理テスト法　787
ダイレクト・メソッド　728
対話　183,480,769,775
台湾　490,993,1024
ダウンステップ　39

ダウンロード　933
〜だが　207
高さ　9
〜た（か）と思うと　178
〜だから　207
タガログ語　51
多義語　229,270,271,290
多義性　536
タグ　287
濁音符　14
タグつきコーパス　287
タグづけ　591
濁点　14
タクト　24
卓立　154
〜だけ　158,159
〜だけあって　170
タ形　131,133,165,168
〜だけに　170
ダゲール（Daguerre, J.）　833
ダゲレオタイプ　833
多言語使用の学習者　420
多言語情報　980
多言語多文化コミュニティ　980
多言語多文化社会　519
タシケント国立東洋大学　1011
多肢選択問題　790
他者主導　337
他者訂正　773
他者反復　336
多重比較　650
多重文化能力　513
タスク　609,766
タスク重視　750
タスクシラバス　610
ダ体　191,357
多段抽出法（副次抽出法）　629
脱クレオール化　605
達成感　518
〜たって　167
脱方言志向　495
脱落　17,24,40,45
縦書き　379,385,387
建前　331
他動詞　81,111,113,199,457
他動詞化　458
他動詞文　113
妥当性　630,642,643,786,791
妥当性相関係数　643
多読性　392
〜た途端　178
タブー　546
多文化共生　979
多文化共生社会　991
多文化主義　503,991,1015
多文化主義政策　1000,1013
多変量解析　653
タマサート大学　1023
ダミー刺激　34
多民族国家　1018
〜ため　170
〜ため（に）　170,172
多面的・多言語的評価の必要性　803
多様化　761,805
多様性　739,817,818

多様な動機　1032
多様な評価　782
〜たら　165
〜たり（助動詞）　460
〜たり（接続助詞）　173
タルミ（Talmy, L.）　556
垂（たれ）　11
〜だろう　137,142,462
〜だろうか　136
ターン　324,335,336
段　14,354
単一言語国家　521
単一話者型　891
単音　7
単音節言語　48
短期記憶　403,691
単義語　270,290
短期留学　491
短期留学推進制度　948,965
単語　222,230
ターン構成単位（TCU）　336
単語音声認識　891
単語カード　906
単純語　20,239,240
ターンテイキング・システム　342
単鼻母音　39
単母音　46,47,48
短母音　12,37,41,44,45,49,50,54,55
段落　25,352
談話（ディスコース）　333,480,745
談話研究　341
談話構造　903
談話能力　695
談話の管理　528
談話標識　338
談話分析　333,480,539,575,590
談話レベル　745

●チ
地域社会　818
地域日本語支援コーディネータ研修　978
地域の国際化推進施策　952
地域の日本語教室　978,981
チェイフ（Chafe, W. L.）　590
知覚　701
知覚レベル　741
逐次通訳　611
知識　806,817
知識確認　137
知識構造　864
知識の集約と分配　823
知的KR　857,868
知的財産　929
知的財産権　929
知的所有権　826,873,929
地域方言　600
着点　101
チャット　847,861
チャート　901
チャネル　850
〜中　128
中央処理装置　836
中央値　660
中華人民共和国　1025

索引 —— 1135

中間言語　35, 44, 507, 508, 559, 609, 698, 703
中間言語語用論　704
中間言語連続体　699
中期イマージョン　736
中級　757
中級文型　744
中国　988, 994, 1025
中国帰国孤児　494
中国帰国孤児定着促進センター　532
中国帰国者　301, 488, 968
中国帰国者定着促進センター　940, 968
中国残留孤児　488, 519
中国中高校日本語教師研修会　994
中国の漢字　374
中止節　162
注釈づけ　591
注釈・評価の副詞　89
柱状図　658
中心語彙　255, 295
中心文　353
中性母音　44
中等教育　997
中等教育機関　1028, 1029
中等教育現職教員・日本語教員養成プロジェクト　990
中等教育修了認定試験　1029
中東地域　1012
中東日本語教育シンポジウム　1012
中文大学　1044
中立受動文　459
チュートリアル　776
チュラーロンコーン大学　1023
チューリッヒ大学　1019
チューリング（Turing, A.）　550
チュルク諸語　43
チョイス　610
調音　7, 685
長音　13, 37, 49
調音音声学　567
長音化　38
調音器官　7
長音記号　424
調音結合　891
長音節　16
調音点　27, 30, 56
長音の短音化　40
長音の表記　423
調音法　27, 56
聴解　800, 802
聴解教材　903
聴解練習　904
聴覚イメージ　877
長期記憶　403, 691
調査単位　283, 285
聴取実験　33
超（上）級　757
長大語　241
長短差　32
聴読解　802
超分節音　9
長母音　12, 16, 37, 41, 44, 45, 48, 49, 50, 54, 55
直示（性）　182

直接引用　180
直接受身文　108, 110, 199
直接機能性　544
直接法　531, 726, 728, 940
直線的プログラム　866
直前の状態　125
直訳　751
直喩　290
著作権　827, 879, 884, 907, 930, 932
著作権処理　934
著作権制度の発達　931
著作権の存続期間と使用条件　932
著作権の歴史　931
著作権フリー　884
著作権法　896, 929, 932
著作者　930, 931, 932
著作者人格権　930, 934
著作物　826, 929, 930, 933
著作物の複製　896
著作隣接権　934
チョムスキー（Chomsky, N.）　544, 552, 565, 603
陳述　585
陳述副詞　147
沈黙　336, 735

●ツ
～つ　460
ツイニング・プログラム　1046
対連合学習　402, 403
通時言語学　562
通時態　601
通時的　601
通信学習　852
通信教育　862
通信系モデル　873
通信手段　776
通信装置　836
通信・放送メディア　827
通信メディア　829, 832
通鼻母音　39
通訳　528, 750
通訳・翻訳者養成　1051
旁（つくり）　390
～つつ　164
～つつある　125
綴り　374
～って　145, 153, 207
つまる音　16
～つもりだ　138
強さアクセント　38, 41, 43, 44, 55
　⇨強勢アクセント
ツーリスト　519

●テ
～て　463
～で　99, 102
～てあげる　206
～てある　126, 461
デアル体　191
定　193
提案　139
～ていく　125
ディクテーション　789
低コンテクスト　327

提示　857
提示質問　771
提示順　809
定住生活者　301
提出順　204
ディスクール（言説）の言語学　552
訂正　697
訂正問題　790
～ていただきたい　463
ティーチャートーク　345, 507, 705, 707, 903
丁重語　196, 197
丁重体　194, 196, 197, 198
ティーチング・アシスタント（TA）　811
ティーチングマシン　857, 866
ティーチング・ログ（教授経緯記録）　635
程度副詞　88
丁寧語　197, 462
丁寧さ　70, 134, 320, 322
丁寧体　191, 194, 197, 198
丁寧な依頼　140
丁寧な質問　136
定の名詞句　193
低評価のとりたて　157, 158
ティーム・ティーチング　811
提喩　290
定量的研究　613
～ている　461
テイル形　123, 164
デーヴィス（Davis, G. A.）　550
～ておく　126
手鏡　58
手がかり　713
手書き　436
手書き書体　380
手書き文字　401
デカセギ　970
手紙文の文章構成　359
～てから　176
適性　712
テキスト　181, 590, 830, 880, 894
テキストエディタ　880
テキストデータ　879
テキストファイル　880
テキストメディア　829
適性　865
適性処遇交互作用　713, 859, 865
適性処遇交互作用（ATI）研究　864
適性テスト　445, 712, 787
適性（特性）処遇課題交互作用（TTTI）　865
適切さ　758
適切性　698, 745
適切性条件　317
～できる　114
テクスト言語学　333
～てください　463
～てくる　125
～てくれ　463
～てくれる　206
テ形　163, 169
テ形（連用形）　173
デジタル　837, 878, 879, 881, 884

デジタル衛星放送　831
デジタル化　28,831
デジタル・デバイド　844
デジタルテレビ放送　831
デジタルビデオカセット　914
デジタル変換　889
デシベル　27
〜です　191,197
テスト　778,787,788,790,791,792,793
テスト作成　791
テスト情報量　794
です・ます体　194,357
テ節・中止節の用法　163
データ　885
データ記録の規格・方式　927
データ記録媒体　927
データの圧縮　882
データのサイズ　884
データプロジェクター　915
データベース　828,909,911
データベースソフト　842
データマイニング　551
〜てちょうだい　463
手続き的知識　693,745
てにをは　64
〜ては　166
〜ではないか　136
〜ではないだろうか　207
テープレコーダー　27,58,914
〜てほしい　463
テーマ・レーマ　581
〜ても　167
〜でも　155,156,210
〜てもいい　142
〜てもらいたい　463
〜てもらう　206
寺村秀夫　65,585
デリー大学　1008
デール（Dale, E.)　861
テレビ会議　861
テレビ会議システム　855
テレビドラマ　908
テレビ放送　832
電圧　856
転移　507,559,696,716
添加　24
展開部　352
転義　289
電源のソケット　856
添削　749
点字　376
電子辞書　909
電子情報　908
電子図書館　909
点字の漢字　377
電子ブック　908
電子メディア　850
電子メール　829,832,844
電子メール・アドレス　849
天井効果　794
テンス　70,72,80,122,131,134,460,583,587
テンス的対立　131,132
転成　229,248,250

点双列相関係数　793
伝達態度　146
伝達のモダリティ　134
転注　389
伝統失語　549
伝統的メディア　912,918
伝聞用法　144
デンマーク　1026
点訳　377
電話回線　849
電話会話　335
電話機　832

●ト
〜と　165,180
〜という　179
〜というのは　153
ドイツ　1027
ドイツ語　40
ドイモイ　1040
同位語　277
等位構造　⇨並列構造
同音異義語　229,271
同音語　227,229
同音字　393
同音同アクセント　21
等化　803,944
動画　883
同化　18,43,515
同格の「の」　199
同化主義　503,521
等価性　787
動機　711
同義　278
動機づけ　56,711,869
同期的　861
東京アクセント　455
東京語　463
東京日本語学校　531
東京方言　16
道具　827
道具的動機　870
道具的動機づけ　608,711
同訓字　393
同形異語　400
同系語　540
統計処理　34
統計的方法　794
頭語　359
同語異語判別　283
統合ソフト　842
統合的関係　97
統合的指導法　749
統合的テスト　788
統合的動機　870
統合的動機づけ　608,711
統合的能力テスト　784
統語解析　555
統語構造　241
統語処理能力の訓練　550
統語的複合　69 ⇨文法的複合
統語的類型論　542
統語論　536,544,545,552,570,571
東西対立　470,473
東西対立型　474

動作継続　588
動作・現象の繰り返し　166
動作主　110,111
洞察力　804
動作動詞　80,129,131,132
動作主表示　459
動作の経路・通過点　100
動作の様態　164
動作を行う場所　100
動詞　70
頭子音　45,46,47,48,49,50,51
動詞述語　122
動詞述語文　107
同時通訳　611
同一性保持権　934
動詞的名詞　128
動詞のアクセント活用　78
動詞の格支配　103
動詞の活用　73
動詞の結合能力　80
統辞論　536
到達テスト　446,788
到達評価　785,795
到達目標　752,757
頭頂側頭連合野　548
同等的なメンバーシップ　504
導入　766
東方学研究者の養成　1042
東方政策　989,1046
当用漢字　386
当用漢字表　385,386,394
〜と思う　207
〜と思われる　207
〜とき　174,175
時枝文法　65
時枝誠記　65,346,570
時の状況成分　174
時の副詞　87
時を表すニ　101
トーキングカード　906
特異性言語障害　527
独学　765
特殊音響効果　892
特殊子音　43
特殊な歴史的関係　1024
特殊拍　13,16,24,41,53,54
特性　865
特性処遇交互作用　865
得点　792
独立教材型　423,427
独立形態素　569
独立成分　94
独立（independence）の丁寧さ　322
独立変数　633
〜ところ　179
ところが　210
〜ところだ　127
〜ところで　167
度数分布表　657
トータル・イマージョン　736
〜途中　175
読解　432,747,802
読解過程　747
読解教育　356
読解指導　432

索引 ─── 1137

読解ストラテジー 748
読解・文法 800
読解・翻訳 1007
特許法 930
ドット 894
トップダウン 440,692
トップダウン処理 364,746,748
トップダウン的な学習 408
トップページ 850
唱えことば 415,439
〜との 179
〜とは 153
トピック 581,760
トピック・コメント 361,581
トピック・シラバス 755,897
トピック・センテンス 353
ドメイン名 844
トラック 922,925
トラペン 912
ドラマ・メソッド 737
トランスペアレンシー 912
ドリー 922,925
取り込み 714
とりたて助詞 92
とりたての焦点 153
トルコ 1028
トルコ語 43
トルベツコイ（Trubetzkoy, N. S.） 542
ドロー 841
ドロー系 883
ドロー系データ 894
トーン 9,19
トンガ 1029

●ナ
〜な 199
〜な（終助詞） 147
なあ 147
内省 733,805,810,813
内省的実践家 808,821
〜ないで 121
内破 29
内発的動機づけ 711,869
内部借用 252
内容 923
内容語 222,571
内容重視 750,758
内容的な完遂 126
中高型 20,49
なかどめ節 163
長沼直兄 531
〜ながら 164
〜ながらも 164
ナ行変格動詞 457
〜なく（て） 121
「なくて」の使用条件 122
ナ形容詞 84
〜なければいけない 141,142
ナチュラル・アプローチ 733
〜など 156,157
ナビゲーション 894
ナビゲーション機能 895
生教材 895
〜なら 165

並べ換え問題 790
〜なり 164,178,461
ナレーション 923,924
難易 72
難易度 791
難易を表す形式 115
〜なんか 156,157,158
軟口蓋 5,7
軟口蓋音 47
軟口蓋化 9
軟子音 42,43
〜なんて 157
南方方言 42
難民 301,519,941
難民条約 941

●ニ
〜に 99,101,102
ニア・ビデオ・オン・デマンド 849
ニ格をとる動詞 199
2言語環境 493
二言語教育 736
二言語使用能力 720
ニ使役文 200
二次的な表示法 369,370
『21世紀の「日本事情」』 516
二重子音 38
二重調音 7
二重鼻母音 39
二重文化能力 513
二重分節 536
二重母音 12,37,48,49,50,52,53,54
24時間調査 486
ニーズ 56,58,408,416,730,743,753,910
ニーズ調査 752,753
ニーズ分析 753
〜にちがいない 143,462
日常教育学会 995
日常的観察法 633
日越人材協力センター 1040
日韓併合 1016
日系企業への就職 1009
日系三世 1005
日系社会 1001,1005
日系人 970,975,1032
日系人協会 1041
日系二世 1005
入声 47,48
入声音 47
日中技能者交流センター 994
日中国交正常化 1025
2人称代名詞 186
2バイト文字 887
日本外交協会 1010,1011
日本学 1014
日本学研究 1043
日本学研究者 1038
日本学研究センター 532,1025 ⇨北京日本学研究センター
日本学生支援機構 525,960,999
日本学校 1032
日本研究 998,1008,1015,1027
日本研究者の養成 1051
『日本言語地図』 474

『日本語』 531
日本語および日本文化の教師の会 1036
日本語音声習得支援 36
日本語学院 1002
日本語学習支援者 818
日本語学習ブーム 1004
日本語学会 995
日本語学校 491
日本語観国際センサス 485
日本語関連専攻課程をもつ大学院 1009
日本語教育アドバイザー 1012
日本語教育学会 950,951,958
日本語教育機関 955
日本語教育機関の多様化 1033
日本語教育史 626
日本語教育施策 816
日本語教育振興会 531,940
日本語教育振興協会 966
日本語教育専門家 1046
日本語教育専門家の派遣 1050
日本語教育能力検定試験 532,817,944,946,948,956,960
日本語教育の歴史 531
日本語教員 817
日本語教員専門家 1043
日本語教員養成 810,816,948
日本語教員養成課程 1009
日本語協議会 1037
日本語教師会 1041
日本語教師の会 1019
日本語教師のネットワークの構築 994
日本語教授法 725
日本語国際教育協会 524
日本語国際教育支援協会 960
日本語研究 1008
日本語研究センター（通称「大平学校」） 532,1025
日本語国際センター 960
『にほんごこんにちは』 989
日本語作文コンクール 961
日本語使用場面 490
『日本語初歩』 531
日本語スタンダーズ 997
日本語専攻コース 1046
日本語・日本事情 947,955
日本語・日本文学 1033
日本語入力 887
日本語の意味格 98
日本語能力 806
日本語能力試験 299,433,800,944,945,960,965
日本語能力試験4級 1031
日本語の活用の特色 72
日本語の国際化 478
日本語の表層格 97
日本語表記法 9
日本語文法理論 698
日本語への興味 993
日本語母語話者の言語コーパス 777
日本語ボランティア 939
日本語ボランティア教室 943
日本事情 514,515,516,716,900,908

日本社会　511,515
日本人　511,515
日本人移住　1041
日本人移住者　1032
日本人移民　1048
日本人会　1005
日本人学校　492
日本人材開発センター　1011
日本人論　512,517
日本製品への憧れ　1048
日本大使館日本語普及講座　1022
日本との経済・文化交流　1033
日本のアニメや漫画への興味　1037
日本の委任統治　1045
日本の経済成長　1046
日本の経済力　1022
日本の高度経済成長　1035
日本の国費留学生　1011
日本のサブカルチャー　1035
日本の植民地支配　995
日本のテレビ放送　1024
日本のバブル経済　1021
日本の武道・アニメ　1042
日本パラグアイ友好センター　1032
日本ブーム　993,1026
日本文化　515,516,517
日本文化への興味　1019
日本への観光　993
日本への留学　1037
日本貿易振興機構　961,963
日本マレーシア高等教育大学連合プログラム　999
日本や日本人との接触　1034
日本留学試験　298,800,801,942,944,945,947,957,960,965,966
日本留学のための日本語教育　999
〜にもかかわらず　170
入学許可　801
入出力装置　836
入破音　7
入門期　757
ニューカマー　487,979
ニューカレドニア　1030
ニュージーランド　1031
繞（にょう）　390
〜によって　459
「によって」受動文　459
人間工学　874
人間的要因　871
認識人類学　543
認識のモダリティ　134
認証　846
認知　269,547,690,864
認知科学　553,875
認知過程　864,908
認知言語学　269,543,548,556
認知工学　875
認知主義理論　706
認知神経心理学　550,564
認知心理学　689
認知ストラテジー　708
認知的学習理論　864
認知的動機づけ　870
認知的徒弟制　865
認知能力　269

認知発達理論　870
認定　817

●ヌ
〜ぬ　460

●ネ
〜ね　137,147,207
ネガティブ・フェイス　318
ネガティブ・ポライトネス　318,319,320
ネチケット　847
ネットワーク　823,837,842,911,975,977
ネットワーク教材　911
ネットワーク・ソリューションズ社　844
ネルソン（Nelson, T.）　830
ネール大学　1008
年少者　409,422,423
年少者学習者　421
年少者対象の日本語教育　974
年齢差　26,803
年齢要因　686

●ノ
〜の　98,179,207
脳　548,684
濃音　45
能動形　108
能動文　108,110
能力　817
能力可能　115
能力テスト　788
ノカ疑問文　135
〜のだ　189,207
〜のだから　146,169
〜ので　168
〜のではない　120
〜のではないか　135,136,143
ノード　592,842
〜のに　170,172,173
延べ語数　283
ノンネイティブの指導者　987
ノンパラメトリック検定　647,652

●ハ
〜は　150,151,152,153,192
〜ば　165
場（register）　576
場合・時　167
把握　806
倍音　30,891
媒介　817
媒介語　727,771
肺気流　7
排他　150,152,161
媒体　827
排他的権利　929
バイト　879,884
バイナリ・メール　845
ハイパス・フィルター　890
ハイパーテキスト　830
ハイパーメディア　829,830,831,858
配分時間　752

ハイムズ（Hymes, D.）　342,565
バイリンガリズム　520,605,718,1000
バイリンガル　44,493,605,720
バイリンガル環境　723
バイリンガル教育　606,721,736
バイリンガル教育条例　605
バイリンガル児　493
パイロットスタディ　629
ハインズ（Hinds, J.）　362
パウル（Paul, H.）　562
〜ばかり　159
〜ばかりだ　127
〜ばかりに　170
バカロレア　1030,1038
ハ行転呼　456
拍　13,16,20,24
拍の等時性　37
破擦音　10,37,41,42,43,44,45,46,47,48,50,52,53,54,55
ハサン（Hasan, R.）　599
はじき音　37,45,52,54
橋本進吉　65,570
橋本文法　65
パジャジャラン大学　1009
パーシャル・イマージョン　736
場所を表すニとデとヲ　99
〜はずだ　143,189,462
パースペクティブ　922,925
パスワード　846,850
派生　67,72,290
派生形式　458
派生語　239,243
派生法　248,249
パーセンタイル得点　793
パソコン　837,912
パソコン通信　848
パーソナルコンピュータ　837,916
パーソナル・スペース　483
はた迷惑の受身文　199
「はたらきかけ」方式　322
パターン認識　401,402,902
バーチャル・リアリティ　875
波長　28
パーツ　910
撥音　13,16,37,44,46,49,55,56,76
発音矯正　57
発音指導　411,412
発音練習　739,741
バックスライディング　699
発見的方法　852
発言の前置き　166
発語内行為　326
発声　7
バッチ処理　398
発明　929,930
発問(I)-応答(R)-フィードバック(F)　715　⇨IRF
発話　324,480
発話意図　903
発話機能　335
発話行為　481,573,704
発話行為論　315,326,539,571,573
発話総時間　25
発話速度　25,903
発話のアドレス性　344

発話の機能　326
発話の効力　317
発話練習　36
ハードウェア　835, 836, 838, 912, 924
パトスのレトリック　361
ハードディスク　927
ハードディスクドライブ　836, 837
ハードの技法　924
話しことば　161, 191, 207, 346, 347, 349
話す　740
はねる音　16
ハブ　843
パーフェクト　122
パフォーマンス　737
パーマー（Palmer, H. E.）　531, 726
場面　182, 346, 747, 751, 864
場面シラバス　334, 347, 755, 897
場面の公私　483
場面の手がかり　343
パラグアイ　1032
パラグラフ　353
パラ言語　9, 25, 480, 546, 903
パラ言語情報　26, 741, 746
パラメータ　33, 684
パラメトリック検定　652
バリエーション　351, 465, 554, 593
　⇨変種
哈日族（ハーリーズー）　993
ハリデー（Halliday, M. A. K.）　585, 590, 599
ハル（Hall, C. L.）　869
バルセロナ国立語学校　1021
破裂音　10, 30, 46, 47, 48, 49, 50, 55
ハロゲンランプ　915
パロール　552, 611
パワーポイント　916
範囲　662, 663
ハンガリー　1033
ハンガリー日本語教師会　1033
バンクーバー日本語学校　1000
ハングル　375, 400, 419
半構造的面接法　631
万国著作権保護条約　932
半子音　50
反事実（的）条件　165, 166, 167
繁体字　375, 376, 395, 400
半濁点　14
判断基準　735
判断の根拠　168
判断のモダリティ　461
判断保留　737
範疇化　543
範疇知覚　33
判定詞　93, 199
判定詞の活用形としての「の」　199
半導体　837
範読　863
反応　770
反応分析装置　912
反復習慣　588
反復数　34
半母音　37, 38, 43, 44, 49, 52, 53, 54, 55
範列的　153, 157, 158　⇨パラディグマティック

●ヒ

ピアジェ（Piaget, J.）　870
ピア・ラーニング　775
ピア・リーディング　748, 775
ピア・レスポンス　775
非円唇　9, 43
非円唇母音　37, 47
鼻音　37, 38, 40, 41, 42, 43, 44, 45, 46, 47, 48, 49, 50, 52, 53, 54, 55, 472
鼻音化　9
鼻音化母音　16
比較音　34
比較言語学　541
比較構文　88, 153
非過去　131, 132
光磁気　837
光磁気ディスク　929
光ディスク　834, 929
光ファイバー　833
非漢字圏　407, 409, 410, 417, 420, 429, 742
非漢字圏学習者　411, 417, 435, 438, 441, 702
引き継ぎノート　783
比況の用法　144
鼻腔　5
鼻腔開放　9
引く音　16
ピクセル　841, 894
非言語　480
非言語行動　483, 559, 595
非言語情報　26
被験者　35
卑語　194
非口蓋化　42
非構造的面接法　631
非コメント文　361
尾子音　16
被使役者　112
被使役者の表示形式　112
ビジター　768, 769, 819
非実用文　356
ビジネステスター　802
ビジネス日本語　762
ビジネス日本語試験　802
ビジネス場面　802
ビジネスピープル　299
ビジブル・スピーチ　29
被修飾成分　96
被修飾名詞　98, 178
非常時対策　980
非状態述語　131, 132
非状態動詞　123
非情の受身　109, 110
ピジン　540, 604
ピジン化　507
ピジン化仮説　507
ヒストグラム　658
非制限的修飾節　179
非促音　56
筆画　430
筆記書体　380
筆写　428
筆順　390, 406, 425, 430
ピッチ　9, 20, 21, 27
ピッチアクセント　19, 41, 45
ピッチ感　28
ピッチグラム　58
ピッチの知覚　32
ピッチパターン　46
ピッチ変化の検知　32
ビット　879
ビットマップ　841
ビットマップ画像　882
ビットマップデータ　894
ビットマップフォント　888
「必要・使用・有用」を表す表現　172
否定疑問　143
否定疑問文　135, 136
否定述語　119
否定と呼応する副詞　119
非丁寧形　169
否定の依頼表現形式　463
否定の焦点　120
否定のスコープ　120, 160
否定文　120, 158, 160
ビデオ　58, 883
ビデオ・オン・デマンド　848, 883
ビデオストリーミング　835
ビデオの方式　856
ビデオプロジェクター　915, 916
ビデオ編集　922
ビート　24
非同期的　861
独り言　183
避難行動　489
非日系の日本語教育　1005
批判的教育学　976
批判的検討　775
批判読み　748
非平板型　21
鼻母音　13, 40, 43, 54
非母語話者教師　811
ビーマー　915
姫路定住促進センター　969
百科事典的意味　269
比喩　290
ヒューマンインターフェース　875
表意　575
表意文字　578
表音文字　370, 373
評価　752, 776, 777, 779, 780, 783, 797, 799, 803, 855
評価活動　782
評価主体　778
評価スキル　919
描画ソフト　841
評価対象　778
評価的特徴　274
評価・内省能力　814
評価のスケール　158
評価の副詞　147
評価の目的　778
評価のモダリティ　134
評価方法　612
評価を表す表現　141
表記　701
表記法　701
表計算ソフト　841
表形態素文字　371

表現意図　95
表現文型　95,210
表現類型　134
表語性　387,438
表語文字　371,373,387,578
拍子　24
標識　19
標準語　53,385,463,497,499,579
標準語化　605
標準語教育　627
標準字体　374
標準的な教育内容　816
標準得点　793
『標準日本語読本』　531,940,1016
標準パターン　891
標準偏差　662,663,664,793
標準変量　468
表象　877
表象システム　878
表象理論　692
表層格　97,582
表層構造　552
費用対効果　763,858
標本　651,917
標本化　880
標本化周波数　882
標本空間　668
ひらがな　372,381,383,384,412,422,423,426,428,453,742
比率尺度　643
ビリーフ　807
品詞性　391,432,438
品詞分類　69
ヒンディー語　54
頻度　441
頻度副詞　87
閩南語　46

●フ
ファイル形式　927
ファイル名　28
ファント (Fant, G.)　566
フィジー　1034
フィジー系　1034
フィッシング　846
フィードバック　610,731,768,770,772,781,855,857,864,866,868
フィラー　187,188,339
フィリピン　1035
フィリピン大学　1035
フィルター　30,890
フィルタリング　890
フィールドノート　614,616,634
フィールドワーク　513,615,634
フィルモア (Fillmore, C.)　556,592
フィンランド　1036
フェアクロフ (Fairclough, N.)　343
フェイス　318,597
フェイス侵害行為　319　⇨ FTA
フェイス侵害度　319
フェードアウト　915,924
フェードイン　915,924
フォーカス　23,46
フォコニエ (Fauconnier, G.)　556
フォトレタッチソフト　892

フォーマル　18
フォーラムシアター　738
フォリナートーク　503,529,530,705,707
フォルマント　27,29,890,891
フォルマントの遷移（わたり）　30
フォント　888
フォン・ノイマン (von Neuman, J.)　837
付加　40
ブカレスト大学　1050
不規則動詞　74
副教材　897,899
副教材型　427
複合　68
複合格助詞の用法　104
複合形容詞　69
複合検索　909
複合語　18,20,68,229,239,241
複合助動詞　93
複合シラバス　756,897
複合動詞　69
複合法　248,249
複合名詞　18,68
副詞　70
複式指導　765
副詞節　161
副助詞　92
複数言語　1019
複製権　933
複製権侵害　934
幅輳説　603
複文　354
富士谷成章　64
部首　387,388,390,396,410,430,434,437,441,444
不就学　976
不充足　159
部首索引　444
不正アクセス　846
不正競争防止法　931
付属語　93
付帯状況　164
不確かさ　142
不確かさの表現　143
普通形　194
普通体　191,194,197,198
物的リソース　767
フット　24
物理的属性　871
物理的特徴　26
不定　193
不適応　876
不当景品類及び不当表示防止法　931
不特定話者型　891
負の転移　508,696
負の母語転移　35
部分否定　121
普遍的な文法　603　⇨ 普遍文法
普遍文法　550,565,684,687
ブラウン (Brown, P.)　318,320
プラーグ学派　539,552
プラグマティック・テスト　789
プラザ合意　939,951
ブラジル　1001,1037

フラッシュカード　58,424,900,902
フラッシュメモリー　928,929
プラットフォーム　839,888
フランス　1038
フランス語　40
フランス領　1030
フリーウェア　841,892
フーリエ変換　890
振り仮名　378,381
ブリティッシュ・コロンビア州　1015
ふるえ音　38,40,41,42,43,44,50,52,53,54,55
ブルネイ　1039
ブルネイ教育省生涯教育課日本語コース　1039
ブルネイ大学　1039
フル・ラボ　854
プレイトー (PLATO)　854
プレイヤー　914
フレイレ (Freire, P.)　976
フレキシブル学習　862
プレースメント・テスト　445,787
プレゼンテーションソフト　841
プレッシー (Pressy, S. L.)　866
フレーム　592
プレーンテキスト　880
ブローカ (Broca, P.)　548
ブローカ失語　548
ブローカ野　548,685
プロクセミクス　483
プログラミング　840,881
プログラミング言語　840,881
プログラム　840,881
プログラム学習　858,864,866,868
プログラム言語　880,881
プログラム・マネージメント・スキル　919
プログレッシブ jpg　895
プロジェクター　916
プロジェクト・ワーク　609,750,767
プロセサビリティー理論　687
プロセス・シラバス　755
プロソディー　38,40,41,42,43,44,45,47,48,49,50,52,53,54,55
フローチャート　871
フロッピーディスク　834,837,927
プロデューサー　921
プロトコル　635
ブロードバンド通信　833
プロバイダー　849
プロミネンス　23
文化　510,514,715
文学研究者の貢献　998
文学的文体論　358
文化審議会国語分科会　954
文化相対主義的類型論　362
文化庁　962
分割表　645
文化的気づき　512
文化的キーワード　330
文化的特徴　743
文化的背景　807
文化変容　515,716
文化変容仮説　609
文化論　514

索引 ——— 1141

文型　103, 940
文型から見た動詞のタイプ　103
文型・文法積み上げ方式　910
文型練習（パターン・プラクティス）
　　609, 729, 766
文献研究　626
文献講読のための日本語教育　1036
文彩　576
分散　666
分散分析　649, 795
文章　183, 356, 480
文章教材　904
文章構成　352
文章構成能力　748
文章のわかりやすさ　363
文章理解に必要な他の処理　364
文章論　352, 539
分析　805
分析的な傾向　451
文体　207, 357, 454, 744
文体差　743
文体シフト　329
文体的意味　306
文体的特徴　269, 274
文体論　358
文の階層性　95
文の叙述性　147
文の成分を構成するための語順　96
文の成分を配列するための語順　96
文の連接関係　354
文副詞　84, 147
文法　703
文法化　135
文法外コミュニケーション能力　481,
　　501
文法カテゴリー　80, 107
文法カテゴリーの階層性　162
文法構造　538
文法指導　743
文法シラバス　347, 755, 897
文法説明　1014
文法的意味　70, 307
文法的な派生　68
文法的複合　69
文法能力　501, 695
文法範疇　588
文法翻訳法　727
文法訳読法　726, 727, 1051
文法論　584
文末音調　22
文末助詞　22
文脈　57, 355, 704, 716
文脈化の合図　529
文脈化の合図となるキュー　344
文脈効果　692
文脈指示　182, 183
文脈の作り方に関与する文型　96
分離深層能力モデル　719
分裂構文　175
分裂文　169

●ヘ

～へ　101
ペア・ワーク　610, 765, 769
平音　45

閉音節　43
平均　793
平均値　660
米国　986, 997
米国の教育システム　1045
米国の日本研究　998
閉鎖　7, 29
閉鎖音　37, 38, 40, 41, 42, 43, 44, 45,
　　48, 50, 52, 53, 54
平叙文　45, 48, 53, 54, 55
平唇　9
平調　21, 22
平板型　20, 21, 40, 49
平板式アクセント　469
並立助詞　92
並列　173
並列構造　242
並列条件　168
並列助詞　92
並列節　152
ペイント　841
ペイント系　883
ペイント系データ　894
ペイントブラシ　894
～べきだ　142
北京語　45
北京日本学研究センター　988, 1025
ベクター　842
ベクタデータ　894
ベクトル画像　882
～べし　461
ページレイアウトソフト　893
ヘッドホン　27
ベテラン教師　811
ベトナム　1040
ベトナム語　49
ペーパーノイズ　924
ヘボン式　382
ベル（Bell, A. G.）　832
ペルー　1041
ベルギー　1042
ペルシャ語　54
ヘルツ（Hz）　28
ベルヌ条約　932
ペルフェクト的な過去　131
ベルボ・トナル法　57, 58, 738
　　⇨VT法
偏（へん）　390
変異　224
変異性　35, 699
変異理論　593
変音現象　258
変革（innovation）　814
変化結果の状態　124
変化動詞　129, 131, 132
変化の漸時的進展　125
変化の幅　34
変種　351　⇨バリエーション
変体仮名　453
変体漢文　454
弁別　32
弁別的機能　55
弁別的対立　10
弁別的特徴　11

偏旁冠脚　430

●ホ

ボアズ（Boas, F.）　558
ボイス・メール　845
母音　9, 24, 29, 37, 38, 39, 40, 41, 42,
　　43, 44, 45, 49, 52, 53, 54, 55
母音交替　258
母音三角形　30
母音字母　42
ポインター　918
ポインターテクニック　913
母音調和　43, 44
ポインティングデバイス　836
ポイント　888
母音動詞化　457
母音の弱化　38
母音の音色　27
母音の無声化　44, 46, 48, 49
母音連続　16
方言　42, 495, 498, 499, 579
方言イメージ　496
方言学　579
方言区画　470, 600
方言コンプレックス　499
方言主流社会　487, 496
方言使用教育　500
方言と共通語の使い分け　495
方言の教材　500
方言の評価語　496
方言札　498
方言撲滅運動　498
方言理解教育　499
方言量　474
方向性　101
報告の文体　360
放出音　7
棒図表（棒グラフ）　658
放送教育　859, 863, 876
放送メディア　829, 835, 850
冒頭部　352
方法の発明　930
方法論的経験主義　604
方略　576
母語　36, 37, 52, 682, 695, 771
母語干渉　429, 777
母語教育　488, 1001
母語継承教育　1000
母語（の）習得　682, 731
母語転移　35
母語の継承　488
母語場面　502
母語話者　697
母語保持　723
母語話者教師　811
保持　404, 717
ポジティブ・フェイス　318
ポジティブ・ポライトネス　319, 320
補充疑問文　135
補充成分　94
母集団　651
補償　441
補助記号　9, 26
補助技能　740
補助教材　897, 899

補助動詞　93, 206
補助動詞用法　459
補助用言　71
ポーズ　25, 746
ポスター発表　677
ポスト教授法　726
ホスト・コンピュータ　848
補足節　179, 180
ボーダレス　878
ポップ (Bopp, F.)　552
北方方言　42
ホテル業務　996
ポートフォリオ　781
ポートフォリオ評価　612, 781
ボトムアップ　692
ボトムアップ処理　364, 746, 747
ボトムアップ的な学習　408
ホーバン (Hoban, C. F.)　905
ホームページ　831, 850, 894, 933, 934
ポライトネス　316, 318, 320, 596
ボランティア　818, 975, 976, 977, 980
ポーランド　1043
ポーランド語　43
ポーランド日本協会　1043
ホール (Hall, E. T.)　483
ポルトガル語　39
ポロニア　43
香港　1044
香港大学　1044
香港日本語教育研究会　1044
本字　394
本題部　334
本動詞　206
本音　331
本文　359
翻訳　459, 528, 750, 1014

●マ
間　25
マイクロ・エスノグラフィー　616
マイクロティーチング　867, 914
マイクロレッスン　867
マイコン　837
〜前　128
前置き　168, 173
前置き表現　171, 338
〜まえ (に)　175, 176
マーカー　28
巻き舌　41
マクルーハン (McLuhan, M.)　923
マクロ　881
マクロ・エスノグラフィー　616
摩擦音　9, 10, 30, 37, 38, 40, 41, 42, 43, 44, 45, 46, 47, 48, 50, 52, 53, 54, 55
〜まし　461
〜まじ　461
〜ましじ　461
マジシャンエフェクト　913
マーシャル諸島　1045
マーシャル諸島高校　1045
マーシャル諸島短期大学　1045
〜ます　191, 197
マスキング　901
交ぜ書き　378
松下大三郎　65

松下文法　65
マッピング訓練　550
末文　359
松本亀次郎　531
松本亦太郎　874
〜まで　154, 156
マトリックス　871
マドリード国立語学校　1021
学びの過程　782
学ぶ力　759
マハティール首相　989
マハラガマ・ユースセンター日本語講座　1003
〜まま　164
マリノフスキー (Malinowski, B.)　615
マルコーニ (Marconi, G.)　832
マルチスキャンシステム　915
マルチスライドプレゼンテーション　915
マルチメディア　58, 829, 830, 858, 859, 871, 876, 886
マルチメディア・アプローチ　832
マルチメディアカード　928
マルチメディア技術　934
マルチメディア検定　893
マルチメディア・コンテンツ　934
マルチメディア・プレゼンテーション　854, 919
マルチリンガリズム　520
マレーシア　989, 999, 1046
マレーシア語　53
マレーシア人日本語教師の養成　989
漫画　900
漫画やアニメの理解　993
マンツーマン型　765
マンマシンインターフェース　875
万葉仮名　373, 452, 453

●ミ
身内尊敬　475
見える　204
三上章　65
ミクロネシア　1047
ミクロネシア短期大学　1047
ミシガン・メソッド　729
〜みたいだ　144, 462
見出し　286
見出し語　230
未知　192
密接距離　483
ミディアム　826
ミディアムショット　925
南太平洋後期中等教育共通試験　1029
南太平洋大学　1034
ミニマルペア　10, 35, 56, 57, 58, 729
身ぶり　596
ミムメム練習　729, 766
未来　131
未来・現在　132
見られる　204
民間の日本語教育　1002
民衆語源　291
民主化　1049
民主化革命　1050

民族化　503
民族言語的活力　718
民族語　488
民族的コミュニティ　519
民俗分類　558
『みんなの日本語』　532
民法　929

●ム
む　461
無アクセント　45, 471
無アクセント音節　42
無意志動詞　139, 200
ムーヴ　324, 335
無音　29
無音区間　25
無開放　9
無気　48
無気音　47
無響室　27
無契　228
無敬語地域　475
無限回抽出　651
無作為抽出　629
無指向性マイク　924
無助詞　149, 161, 350
無声　9, 52
無声音　6, 46, 48
無声化　55, 472
無声化母音　43, 48
無声母音　12, 45
無声無気音　49
無線通信　832
無体財産権　929
無体財産権制度　929
無題文　150
ムード　585
無答率　794
無標　71, 583
無標形式　142
無方式　930
ムラユ語　52, 53

●メ
明意　572
名義尺度　643, 659, 661
名詞　70, 85
名詞化現象　539
名詞句の省略　185
名詞修飾構造　101
名詞述語　123
名詞述語文　85, 107, 539
名詞節　152, 179
明示的　772
明示的知識　694
名詞の繰り返し　186
命題　134, 570, 584, 877
命題確認　137
命題態度動詞　595
命題内容条件　326
命名　218, 290
命令形　140
命令系の依頼文　140
命令文　140
迷惑の受身　109, 110

迷惑メール 845
メキシコ 1048
目印 28
メタ言語行動表現 329
メタ言語的メッセージ 529
メタ認知ストラテジー 708
メタファー 556,593
メッセージ 904,923
メディア 490,823,826,827,828,859,904
メディア開発技法 922
メディア環境 856
メディアキッチン 919
メディア選択 851,871,876,919,920,924
メディア選択モデル 871
メディア内比較研究 864
メディアの属性 920
メディアの内容 851
メディア比較研究 851
メディアミックス 831,835,871
メディア・リテラシー 876,886,908
メディア・リテラシー教育 886
メディアン 660
メディウス 826
メトニミー 556
メモリースティック 928,929
メーラー 845
〜めり 461
面接テスト 790
面接法 630
メンタル・スペース 594
メンタル・スペース理論 595
面子 481

●モ
〜も 155
模擬授業 810
黙字 38
目的 172
目的外使用 934
目的の節 172
目的地を表すニとへ 101
目的別日本語（JSP） 761
目的別日本語教育 761
目標 809
目標基準準拠テスト 785,793
目標基準準拠評価 785
目標言語 35,371,699,728,753
目標言語調査 752
目標領域 593
もくろみの形式 126
模型 918
文字 369,701,878
文字絵カード 902
文字カード 902,906
文字記憶 405
文字教材 898
文字言語 369,740
文字・語彙 800
文字コード 398,879,880,889
文字指導 742
文字情報 842
文字体系 369,371
文字体系間距離 371

文字的場面 346
文字どおりの意味 481
文字認識 372,842,909
文字能力の訓練 550
文字の定義 369
文字の弁別 372
文字化け 889
モジュール 910
モジュール教材 910
文字列 393
モスクワ大学 1051
モダリティ 22,70,72,134,147,570,585,878
モダリティ形式 134,143
モダリティの副詞 147
モダリティ表現 207
持ち主の受身 109
モデル 918
モデル発音 58
モデル理論的意味論 542
モード 659,661
本居宣長 64
モニター仮説 733
モニター理論 687
〜ものだから 169
〜もので 169
〜ものの 170
物の授受の表現 206
物の発明 930
モノリンガル 720
モーラ（拍） 13,16,18,20,24,568
〜もらう 206
モーラ言語 16
モーラの等時性 25
モーラリズム 24
モールス（Morse, S.） 832
モールス信電機 832
モンゴル 1049
モンゴル語 44
モンゴル国立大学 1049
モンゴル日本人材開発センタープロジェクト 1049
問題解決 690,827,860,885
問題発見解決学習 519
モンタギュー意味論 542
文部科学省 963

●ヤ
〜やいなや 177
役務商標 930
ヤーコブソン（Jakobson, R.） 546
山口喜一郎 531
山田文法 64
山田孝雄 64
やまとことば 257
大和定住促進センター 969
やりもらい 72
やわらかい文体 192

●ユ
有アクセント 471
有意水準 646
有意性検定（無相関検定） 651
有意味度 403
有気 48

有気音 47
有契 228
融合 17
融合型 183
有声 9
有声音 6,46,47,48
有声音化 45
有声子音 30
有声破裂音 49
有声摩擦音 49
有声・無声 27
優先応答体系 337
有題文 150
有題文と無題文の使い分け 150
誘導法 772
有標 71,583
有標形式 142
有標性 35,458
有標性弁別仮説 35
有用性 786,787
床面効果 794
ユーザーID 850
ユーザインターフェース 875
ユーザー名 846
湯桶読み 262
ユニコード 889
ユニット 910

●ヨ
〜よ 147,207
拗音 14,37,41,44,46,48
拗音節 56
拗音の直音化 40
用言複合体 71
洋語 257,260
洋式模倣文典 64
幼児語 467
要旨要約 365
〜ようだ 144,462
様態節 152
様態の公理 316
様態副詞 88
様態副詞の細分化 87
〜よう（に） 172,180
容認発音 468
用法 280
要約 365
要約文 353,365
与格 582
横書き 379,385,387
予測 903
四段動詞 457
四つ仮名 472
予備教育 999
予備実験 34
呼び寄せ家族 969
読み 429
読み書き 446
読み書き能力 724
読み索引 444
読み指導 418
読み手 748
読む 740
ヨーロッパ言語ポートフォリオ 992
ヨーロッパ式 915

4技能 518,740,749,902
4肢選択問題 800

● ラ

ライセンス 846
ライマンの法則 18
ラウドネス 32
ラ行変格動詞 457
〜らし 461
〜らしい 144,145,461
ラジオ国語教室 863
ラジオ放送 832
ラス（Rath, G. S.） 854
ラテン語教育 727
ラテン文字 52,53
ら抜きことば 464
ラネカー（Langacker, R.） 556,592
ラベリング 28,892
ラボフ（Labov, W.） 578
ラポール 815
〜らむ 461
〜（ら）れる 114,205
「〜（ら）れる」形 195
ランガージュ 552
ランキング法 34
ラング 552,611
ラングージ・カレッジ制度 1006
ラングージラボ 854
ラングージ・ラボラトリー 854
ランダム 830
ランバート（Lambert, W.） 870

● リ

〜り 460
理解語彙 255,284,296,413,499,702
理解優先 731
リカスト 773
六書 388
リサーチ・クエスチョン 628
リサーチ・リテラシー 623
離散的 26
離散変量 657
離散量 879
リズム 24,26,46,57,568
リズム・グループ 40
理想認知モデル 592
リソース 56,58,752,798
リソース型教材 311,978
立体商標 930
リップノイズ 924
リテラシー（識字, literacy） 724
理念 725,739,740
リハーサル 691
略語 248,250
略字 394
略熟語 248
理由 168,170
流音 37,43,45,50
留学生 298,519
留学生受け入れ施策 947
留学生受入れ10万人計画 524,532,941,947,949,965
流行語 292,467
理由節 162
量子化 28,880,890

量子化ビット数 882,927
両唇音 47
両唇化 49
量的研究 613
量的調査 513
量的データ 812
量の公理 315
理論 739
「理論検証（グラウンド・セオリー）」タイプ 621
「理論生成（グラウンデッド・セオリー）」タイプ 621
臨界期 508
臨界期仮説 685,701
臨界値 647,649
リンク 592,847
リンクづけ 830
臨時一語 229
隣接ペア 335,337,342

● ル

類縁的関係 309
累加 174
累加のとりたて 155
類義 309
類義語 278,743
類型化 760
類型的文体 357
類推変化 467
類別語彙 455,471
類別詞 267
ル形 123,131,132,133,165
ルック・イースト 1046
ルーティン 808
ルビ 378,381,384
ルーマニア 1050
ルーマニア語解説付き教科書 1050

● レ

レイアウト 893
レイアウトソフト 893
レイコフ（Lakoff, G.） 556,592
例示 156,174
例示のとりたて 156
レイヤー機能 892,895
歴史言語学 562
歴史的仮名遣い 383,385
歴史的コミュニティー 519
レコーダー 914
レーサー（Reiser, R. A.） 871
レーザーディスク（LD） 883
レーザーポインター 916,918
列挙 174
レディネス 752,910
レディネス調査 752
レトリック 361
レビンソン（Levinson, S.） 318,320
連関係数 645
連語 229,231,233
連語型 234
練習刺激 34
連想 309,403,441,443
連想法 413,415,423,425,436
連続音声認識 891
連続的 26

連続変量 657
連続量 879
連体詞 70,89
連体修飾節 98,152,178
連体修飾節主題を表すガとノ 98
連帯（solidarity）の丁寧さ 322
連体用法の数量詞 86
連濁 18,258
連段 354
連読変調 47,48
連文 354
連文型 354
連文節 570
連母音 12
連母音の融合 472
連邦政府の助成金 1004
連用形 163
連用形名詞 250
連用修飾成分 94
連用用法の数量詞 86

● ロ

朗読 35
録音 27
録音技法 924
録音教材 904
録音再生機器 914
録音室 27
録音資料 27
録音テープ 903
録音の規格・方式 926
録画技法 925
ロゴス的なレトリック 361
ロシア 1051
ロシア語 42
ロシア語の教材・辞書 1017
ロドリゲス（Rodriguez, J.） 531
ローパス・フィルター 58,890
ロボット 551
ローマ字 372,382,383,408,412,426,428,742
ローマ字表版式 378
ロールプレイ 609,737,766
ロール・プレイング 868
ロングショット 925
論文 676
論文体テスト 790
論理実証主義 614
論理分析 867

● ワ

〜わ 147
和化漢文 452,454
分かち書き 230,377,378,419
若者ことば 467,469
和漢混交文 454
「わきまえ」方式 322
ワーキングメモリー 685
ワークシート 871
ワークショップ 737
ワークステーション 837
〜わけだ 189
〜わけではない 121
和語 20,226,237,256,257,384
話者交替適確箇所（TRP） 336

索引 —— 1145

和製漢語 452
話速 17,25
話題 353,749
話題敬語 194,198
話題シラバス 610
渡辺実 65
わたり音 37,54
ワープロソフト 841
和文 454
割り付け 893
ワルシャワ大学日本学科 1043

●ヲ
〜を 99,100
ヲ格目的語 199
ヲ格をめぐる相互性 116

●ン
〜んだ 207
〜んだって 145

AAC方式 854
AA方式 854
Acrobat 888
Acrobat Reader 888
ACTFL（米国外国語教育協会） 800
ACTFL Guideline 643
ACTFL口頭能力ガイドライン 800
ADSL 832,849
A/D変換 28
A/D (analog/digital) 変換器 880
AIFF 882
AOTS 961 ⇨海外技術者研修協会
Apple社 830
AP方式 854
ARPAネット 829,832,844
Association of Teachers of Japanese 998
ATI (aptitude treatment interaction) 859,865 ⇨適性処遇交互作用
AU 760 ⇨授業活動単位
audio visual education 861
AVI 882
awareness 735
Basic Variety 687
behavior based 910
blended approach 861
Blue-ray Disc 834
BMP 882
British National Corpus 591
Brown Corpus 591
CA 342 ⇨会話分析
CAI 854,857
CALL 986
CALL教室 883
CAT 509 ⇨コミュニケーション・アコモデーション理論
CATV 849
CBT 945
CD 834
CDR 914,927
CD-ROM 836,837,909,927
CD-RW 927

CEF 992
CF 928
CG-ARTS協会 893
CG検定 893
CLAIR 962 ⇨自治体国際化協会
C-L (Counseling-Learning Approach) 732
CLL 732
coherence 599 ⇨一貫性
cohesion 599 ⇨結束性
COLT 638,640,796
communicative competence（伝達能力） 565
Community Language Learning 732 ⇨CLL
consciousness raising 609 ⇨意識化
contents based 910
Cool Edit 96 892
CPRM (contents protection for recordable media) 834
CPU 836
CRT (criterion-referenced test) 785 ⇨目標基準準拠テスト
DAT 914
D/A変換器 880
DCD 914
declarative knowledge 693 ⇨宣言的知識
dictum 584
DVD 58,834,836,837,914
DVD-R 928
DVD-RAM 834
DVD-ROM 927
DVD+R/RW 834
DVD-R/RW 834
DVD-RW 928
eduNet 853
e-Japan戦略 844
eLC 853
el-ネット 835
e-mail 491,844
ENIAC 829
ergonomics 874
ESP (English for Special Purposes) 753
EU 992
EUCコード 889
explicature 572,575 ⇨明意，表意
explicit knowledge 694 ⇨明示的知識
e-ラーニング 853,860
e-ラーニングシステム 835
F0 30
F0抽出 31
F1（第1フォルマント） 29
F2（第2フォルマント） 29
FAQ 847
FEP (Front End Processor) 888
FIAS 639,640
FLINT 638,639,796
Focus on Form（形式への焦点化） 703
form based 910
FTA（フェイス侵害行為） 319

GB理論 550
GDM (Graded Direct Method) 738
GIF 882
Glenn 853
HDD 836,837
human engineering 874
human factors 874
HyperCard 830
Hz（ヘルツ） 28
ICANN 844
ICT (infomation communication technology) 技術 835
IETF 844
IIJ 844,849
implicature 572,575 ⇨暗意，推意
implicit knowledge 694 ⇨暗示的知識
IMT-2000 833
initiation 770 ⇨開始
IPA 7,9
IPアドレス 843
IRE 325,344
IRF 325,344
ISDN 849
ISP 849
IT技術 861
IT先進国 1018
JEES 960 ⇨日本国際教育支援協会
JETRO 961 ⇨日本貿易振興機構
JICA 961 ⇨国際協力機構
JISコード 889
JITCO 961 ⇨国際研修協力機構
JPEG 879,882
JGP 761 ⇨一般日本語教育
JSL (Japanese as a Second Language) 759
JSLカリキュラム 759,963,974
JSP 761 ⇨目的別日本語
J.TEST実用日本語検定 945
JUNET 844
K-16 997
KR 857,866
KR情報 854,868,869
L1（第一言語） 35
L2（第二言語） 35
LAD 683,684 ⇨言語獲得装置
LAN 843,854
Lancaster-Oslo/Bergen (LOB) Corpus 591
LD 837
lexical item 231
LL 854,912
LOTE 991
MD 58,837,882,914
Memexシステム 830
MIT (Melodic Intonation Therapy) 550
MMC 928
MO 837,928
modus 584
motivation 711
MP3 879,882,926
MPEG 879,882
MPEG Audio Layer-3 926
National Council of Japanese Lan-

guage Teachers 998
Near VOD 849
negative feedback 714
NGfL 853
NHK 526
Noticing (気づき) 仮説 687
NRT (norm-referenced test) 785 ⇨集団基準準拠テスト
NSFnet 844
NTSC 915,926
null hypothesis 645 ⇨帰無仮説
NVOD 849
OCRソフト 842
ODAの対象国 1030
OHP 912,916,917
OISCA 962
OJT (on the job training) 811
Operating System 839
OPI (Oral Proficiency Interview) 800,943,946 ⇨口頭能力評価
OS (基本ソフト) 839,880
PACE (Promoting Aphasics' Communicative Effectiveness) 550
Pagemaker 893
PAL 915,926
paradigmatic relation (選択的関係) 602
PCM方式 927
PCカード 928
PDF 888
peer (仲間) 775
Perl 880
phatic function 330 ⇨交話の機能
PICT 882
PNG 882
Portable Document Format 888
Praat 892

procedural knowledge 693 ⇨手続き的知識
QuarkXPress 893
QuickTime 882
RealAudio 926
Residential School 989
response 770 ⇨反応
REXプログラム 950
RPG (role-playing-game) 868
Ruby 880
SAPL 739 ⇨サプル
SchoolNet 853
SDメモリーカード 928
SECAM 915,926
SEN-SIT 738
SFS 892
SGAV 57
SLA 687 ⇨第二言語習得
Speech Analyzer 892
speech therapist 607 ⇨言語聴覚士
S-P表 793
syntagmatic relation (統合的関係) 602
TCU 336 ⇨ターン構成単位
TESOL 565
text-to-speech (TTS) 890
Threshold Level, The 992
TIFF 882
TP 912
TPR 731 ⇨全身反応教授法
TRP 336 ⇨話者交替適確箇所
TTI (trait treatment interacation) 865 ⇨特性処遇交互作用
TTTI (trait treatment task interaction) 865 ⇨適性 (特性) 処遇課題交互作用
two-way bilingual program 722

⇨双方向のバイリンガル教育
t 検定 647,648,664
t 値 649
UG 565 ⇨普遍文法
Unicode (ユニコード) 889
U.S. Copyright Act 932
VAN 848
VCR 914
VOD 848
VODストリーミング 861
VTR 914
VT法 56,57,738 ⇨ベルボ・トナル法
WAN 843
WAVE 882
Wavesurfer 892
WAVEファイル 926
WBI 853
Web 858,861
Web技術 860
Webサイト 846,847,850
Webサーバ 911
Webブラウザ 911
wh-疑問文 41,45
WIDE 844
WIDEプロジェクト 832
Windows 95 832
Windows Media Audio 926
WMA 926
WWW (World Wide Web) 829, 830,832,844
Xanaduプロジェクト 830
ZIP 837
Z得点 793
α 係数 787,794
「5C」 997

しんぱん に ほん ご きょういく じ てん
新版日本語教育事典
© 公益社団法人 日本語教育学会　2005
　　　　　　　　　　　　NDC 810/xix, 1146p/22cm

初版第1刷────2005年10月1日
　第4刷────2024年4月20日

編　者────　こうえきしゃだんほうじん　に ほん ご きょういくがっかい
　　　　　　公益社団法人 日本語教育学会
発行者────　鈴木一行
発行所────　株式会社大修館書店
　　　　　　〒113-8541　東京都文京区湯島2-1-1
　　　　　　電話　03-3868-2651 販売部／03-3868-2293 編集部
　　　　　　振替　00190-7-40504
　　　　　　［出版情報］http://www.taishukan.co.jp

装丁者────　田中　晋
印刷所────　壮光舎印刷
製本所────　ブロケード

ISBN978-4-469-01276-7　Printed in Japan

R 本書のコピー、スキャン、デジタル化等の無断複製は著作権法上での例外を除き禁じられています。本書を代行業者等の第三者に依頼してスキャンやデジタル化することは、たとえ個人や家庭内での利用であっても著作権法上認められておりません。

- ●本文基本デザイン──田中 晋
- ●編集・校正協力───青山 豊　石川 潔　大木敦子　近藤禎之　法橋 量
- ●編集──────康 駿